Kittner
Arbeits- und Sozialordnung

Kittner

Arbeits- und Sozialordnung

Gesetze/Verordnungen
Einleitungen
Checklisten/Übersichten
Rechtsprechung

Begründet von Michael Kittner
Fortgeführt von Olaf Deinert

45., überarbeitete Auflage 2020

Stand:
Gesetze/Verordnungen: 1. Januar 2020
Rechtsprechung: 1. Dezember 2019

BUND
VERLAG

Bibliografische Information der Deutschen Nationalbibliothek
Die Deutsche Nationalbibliothek verzeichnet diese Publikation in der Deutschen Nationalbibliografie; detaillierte bibliografische Daten sind im Internet über http://dnb.d-nb.de abrufbar.

Die Autoren:
Begründet durch:
Michael Kittner, em. Professor für Wirtschafts-, Arbeits- und Sozialrecht, Universität Kassel; langjähriger Justiziar der IG Metall
Fortgeführt durch:
Olaf Deinert, Professor für Bürgerliches Recht, Arbeits- und Sozialrecht, Universität Göttingen, ehrenamtlicher Richter am Bundesarbeitsgericht

45., überarbeitete Auflage 2020

Stand: 1. Januar 2020
Herstellung: Birgit Fieber
Satz und Druck: Druckerei C. H. Beck, Nördlingen
ISBN 978 – 3 – 7663 – 6951 – 2
Printed in Germany 2020

www.bund-verlag.de

Vorwort zur 45. Auflage

Für diese Auflage der »Arbeits- und Sozialordnung« sind Gesetze und Verordnungen sowie Rechtsprechung und Literatur mit dem Stand 1. Januar 2020 aktualisiert worden (die Rechtsprechungsdokumentation auf den 1. 12. 2019).

Die wesentlichen Änderungen und Neuerungen der 45. Auflage:

- Geschäftsgeheimnisgesetz
- Gesetz zur Modernisierung und Stärkung der beruflichen Bildung
- Fachkräfteeinwanderungsgesetz
- Änderungen des Arbeitsplatzschutzgesetzes durch das Bundes-wehr-Einsatzbereitschaftsstärkungsgesetz
- Pflegelöhneverbesserungsgesetz
- Ausländerbeschäftigungsförderungsgesetz
- Starke-Familien-Gesetz
- Angehörigen-Entlastungsgesetz
- Gesetz gegen illegale Beschäftigung und Sozialleistungsmissbrauch
- Paketboten-Schutzgesetz
- Gesetz für bessere und unabhängige Prüfungen (MDK-Reformgesetz)
- Gesetz zur Anpassung der Berufsausbildungsbeihilfe und des Ausbildungsgeldes

Die komplette »Arbeits- und Sozialordnung« kann auch online genutzt werden. Die Berechtigung zur Nutzung der Online-Ausgabe erfolgt über die Registrierung mit einem individuellen Code. Ausführungen hierzu finden sich auf der ersten Seite des Buches.

Im Exklusiv-Report »Arbeits- und Sozialrecht«, der der Ausgabe 3/2020 der Zeitschrift »Arbeit und Recht« beiliegt, findet sich eine Zusammenfassung der wichtigsten gesetzlichen Änderungen, der im vergangenen Jahr ergangenen höchstrichterlichen Rechtsprechung sowie rechtspolitischer Vorhaben.

Göttingen, im Januar 2020
Olaf Deinert

Inhaltsverzeichnis

Verzeichnis der Checklisten und Übersichten

Abkürzungsverzeichnis

AAG	Aufwendungsausgleichsgesetz
a. a. O.	am angegebenen Orte
ÄArbVtrG	Gesetz über befristete Arbeitsverträge mit Ärzten in der Weiterbildung
ABl.	Amtsblatt
Abs.	Absatz
AEUV	Vertrag über die Arbeitsweise der Europäischen Union
AG	Aktiengesellschaft
Die AG	Die Aktiengesellschaft (Zeitschrift)
AGG	Allgemeines Gleichbehandlungsgesetz
AiB	Arbeitsrecht im Betrieb (Zeitschrift)
AktG	Aktiengesetz
AltTZG	Altersteilzeitgesetz
ANBA	Amtliche Nachrichten der Bundesagentur für Arbeit
Anm.	Anmerkung
AP	Arbeitsrechtliche Praxis (Entscheidungssammlung)
Arbeitgeber	Der Arbeitgeber (Zeitschrift)
AR-Blattei	Arbeitsrechtblattei (Loseblatt-Nachschlagewerk)
ArbG	Arbeitsgericht
ArbGG	Arbeitsgerichtsgesetz
ArbMedVV	Verordnung zur arbeitsmedizinischen Vorsorge
ArbNErfG	Arbeitnehmererfindungsgesetz
ArbPlSchG	Arbeitsplatzschutzgesetz
ArbSchG	Arbeitsschutzgesetz
ArbStättV	Arbeitsstättenverordnung
ArbZG	Arbeitszeitgesetz
Art.	Artikel
ASiG	Arbeitssicherheitsgesetz
AsylVfG	Asylverfahrensgesetz
AuA	Arbeit und Arbeitsrecht (Zeitschrift)
AufenthG	Aufenthaltsgesetz
AÜG	Arbeitnehmerüberlassungsgesetz
AuR	Arbeit und Recht (Zeitschrift)
ausf.	ausführlich
Az.	Aktenzeichen
BA	Bundesagentur (früher: Bundesanstalt) für Arbeit
BAG	Bundesarbeitsgericht
BAnz.	Bundesanzeiger
BArbBl.	Bundesarbeitsblatt (Zeitschrift)
BAT	Bundes-Angestelltentarifvertrag

BB	Betriebs-Berater (Zeitschrift)
BBiG	Berufsbildungsgesetz
Bd.	Band
BDSG	Bundesdatenschutzgesetz
BEEG	Bundeselterngeld- und Elternzeitgesetz
BEM	Betriebliches Eingliederungsmanamgent
ber.	berichtigt
BetrAVG	Gesetz zur Verbesserung der betrieblichen Altersversorgung
BetrVG	Betriebsverfassungsgesetz
BFH	Bundesfinanzhof
BG	Die Berufsgenossenschaft (Zeitschrift)
BGB	Bürgerliches Gesetzbuch
BGBl.	Bundesgesetzblatt
BGH	Bundesgerichtshof
BGHZ	Entscheidungen des Bundesgerichtshofs in Zivilsachen
BMAS	Bundesministerium für Arbeit und Soziales
BR	Betriebsrat
BR-Drs.	Bundesrats-Drucksache
BSG	Bundessozialgericht
BStBl.	Bundessteuerblatt
BT-Drs.	Bundestags-Drucksache
BUrlG	Bundesurlaubsgesetz
BVerfG	Bundesverfassungsgericht
BVerfGE	Entscheidungssammlung des Bundesverfassungsgerichts
BVerwG	Bundesverwaltungsgericht
CI	Computer Information (Zeitschrift)
COM	Komissionsdokument
CR	Computer und Recht (Zeitschrift)
CuA	Computer und Arbeit (Zeitschrift)
DB	Der Betrieb (Zeitschrift)
DGB	Deutscher Gewerkschaftsbund
DKKW	Däubler/Kittner/Klebe/Wedde (Hrsg.), Kommentar zum BetrVG
DRdA	Das Recht der Arbeit (Zeitschrift)
DrittelbG	Drittelbeteiligungsgesetz
DRV	Deutsche Rentenversicherung (Zeitschrift)
DSB	Datenschutz-Berater (Zeitschrift)
DSGVO	Datenschutz-Grundverordnung
DuD	Datenschutz und Datensicherung (Zeitschrift)
EBRG	Gesetz über Europäische Betriebsräte
EFZG	Entgeltfortzahlungsgesetz
EG	Europäische Gemeinschaften

EGBGB	Einführungsgesetz zum BGB
EGMR	Europäischer Gerichtshof für Menschenrechte
EMFV	Arbeitsschutzverordnung zu elektromagnetischen Feldern
EMRK	Europäische Menschenrechtskonvention
EntgTranspG	Entgelttransparenzgesetz
EStG	Einkommensteuergesetz
EU	Europäische Union
EU-DS-GVO	Europäische Datenschutz-Grundverordnung
EuGH	Europäischer Gerichtshof
EuGRZ	Europäische Grundrechts-Zeitung
EuR	Europarecht (Zeitschrift)
EuroAS	Europäisches Arbeits- und Sozialrecht (Zeitschrift)
EuZA	Europäische Zeitschrift für Arbeitsrecht
EuZW	Europäische Zeitschrift für Wirtschaftsrecht
EzA	Entscheidungssammlung zum Arbeitsrecht
FAZ	Frankfurter Allgemeine Zeitung
FLZG	Feiertagslohnzahlungsgesetz
FPfZG	Familienpflegezeitgesetz
FS	Festschrift
GefStoffV	Gefahrstoffverordnung
GewJB	Gewerkschaftsjahrbuch
GewMH	Gewerkschaftliche Monatshefte (Zeitschrift)
GewO	Gewerbeordnung
GewUmschau	Gewerkschaftliche Umschau (Zeitschrift)
GG	Grundgesetz
GmbH	Gesellschaft mit beschränkter Haftung
GMBl.	Gemeinsames Ministerialblatt
GS	Großer Senat (z. B. des BAG)
HAG	Heimarbeitsgesetz
HessStGH	Staatsgerichtshof des Landes Hessen
HGB	Handelsgesetzbuch
Hrsg.	Herausgeber
IAB	Institut für Arbeitsmarkt und Berufsforschung der BA
IAO	Internationale Arbeits-Organisation
info also	Informationen zum Arbeitslosenrecht und Sozialhilferecht (Zeitschrift)
InsO	Insolvenzordnung
IntASO	Internationale Arbeits- und Sozialordnung (Däubler/Kittner/Lörcher)
InvG	Investmentgesetz
IPR	Internationales Privatrecht
IPRax	Praxis des internationalen Privat- und Verfahrensrechts (Zeitschrift)

iwd	Informationsdienst des Instituts der deutschen Wirtschaft
JArbSchG	Jugendarbeitsschutzgesetz
Jura	Juristische Ausbildung (Zeitschrift)
JZ	Juristenzeitung (Zeitschrift)
KG	Kammergericht (Berlin)
KJ	Kritische Justiz (Zeitschrift)
KOM	Kommissionsdokument
KrV	Krankenversicherung (Zeitschrift)
KSchG	Kündigungsschutzgesetz
LAG	Landesarbeitsgericht
LS	Leitsatz
MbErgG	Mitbestimmungsergänzungsgesetz
MiLoG	Mindestlohngesetz
Mitbest.	Die Mitbestimmung (Zeitschrift)
MitbestG	Mitbestimmungsgesetz
MittAB	Mitteilungen aus der Arbeitsmarkt- und Berufsforschung (Zeitschrift)
MontanMbG	Montan-Mitbestimmungsgesetz
MuSchG	Mutterschutzgesetz
NachwG	Nachweisgesetz
NJOZ	Neue Juristische Online-Zeitschrift
NJW	Neue Juristische Wochenschrift (Zeitschrift)
NZA	Neue Zeitschrift für Arbeitsrecht
NZA-RR	Neue Zeitschrift für Arbeitsrecht Rechtsprechungsreport
NZI	Neue Zeitschrift für Insolvenzrecht
NZS	Neue Zeitschrift für Sozialrecht
OGH	Oberster Gerichtshof (Österreich)
OLG	Oberlandesgericht
OS	Orientierungssatz
OVG	Oberverwaltungsgericht
Personalrat	Der Personalrat (Zeitschrift)
PflegeZG	Pflegezeitgesetz
RdA	Recht der Arbeit (Zeitschrift)
RDV	Recht der Datenverarbeitung (Zeitschrift)
RegE	Regierungsentwurf
RGBl.	Reichsgesetzblatt
RGSt	Entscheidungen des Reichsgerichts in Strafsachen
RIW	Recht der Internationalen Wirtschaft (Zeitschrift)
RL	Richtlinie
RV	Rentenversicherung (Zeitschrift)
RV aktuell	Rentenversicherung aktuell (Zeitschrift)
S.	Seite

SchwbG	Schwerbehindertengesetz
SGB	Sozialgesetzbuch
SGb	Die Sozialgerichtsbarkeit (Zeitschrift)
SozFort	Sozialer Fortschritt (Zeitschrift)
SozSich	Soziale Sicherheit (Zeitschrift)
SprAuG	Sprecherausschussgesetz
StGB	Strafgesetzbuch
StPO	Strafprozessordnung
SR	Soziales Recht (Zeitschrift)
SvEV	Sozialversicherungsentgeltverordnung
SZ	Süddeutsche Zeitung
TVG	Tarifvertragsgesetz
TVöD	Tarifvertrag für den öffentlichen Dienst
TzBfG	Teilzeit- und Befristungsgesetz
ULA	Union der leitenden Angestellten
UmwG	Umwandlungsgesetz
UrhG	Urhebergesetz
VBG	Unfallverhütungsvorschrift der Berufsgenossenschaften
VBL	Versorgungsanstalt des Bundes und der Länder
5. VermbG	5. Vermögensbildungsgesetz
VermG	Vermögensgesetz
VG	Verwaltungsgericht
vgl.	vergleiche
VO	Verordnung
WSI	Wirtschafts- und Sozialwissenschaftliches Institut des DGB
WzS	Wege zur Sozialversicherung (Zeitschrift)
ZAF	Zeitschrift für Arbeitsmarktforschung
ZAR	Zeitschrift für Ausländerrecht
ZESAR	Zeitschrift für europäisches Sozial- und Arbeitsrecht
ZfA	Zeitschrift für Arbeitsrecht
ZIP	Zeitschrift für Wirtschaftsrecht
ZPO	Zivilprozessordnung
ZRP	Zeitschrift für Rechtspolitik
ZTR	Zeitschrift für Tarifrecht
ZVI	Zeitschrift für Verbraucher- und Privatinsolvenzrecht

Einführung in die Arbeits- und Sozialordnung

I. Übersicht

1. Grundstruktur des Arbeitsmarktes

Über 90 % der Erwerbstätigen in der Bundesrepublik Deutschland sind Arbeitnehmer. Die Gesamtheit all dieser Arbeitsbeziehungen nennt man den *Arbeitsmarkt*. Sie sind zwar gekennzeichnet durch die zentralen Aspekte von Beschäftigung und Arbeitsentgelt, jedoch lassen sie sich nicht auf diese beiden Aspekte reduzieren. Die – typischerweise einander entgegengesetzten – Interessen von Arbeitgebern und Arbeitnehmern sind vielmehr umfassender und komplex (Übersicht 1). Der Arbeitsmarkt ist durch eine *ungleiche Kräfteverteilung* im Verhältnis zwischen Arbeitgeber und Arbeitnehmer geprägt. Der Arbeitnehmer ist für seinen Lebensunterhalt auf laufendes Arbeitseinkommen angewiesen, kann jedoch typischerweise nicht frei zwischen verschiedenen Arbeitsangeboten wählen bzw. seine Arbeitskraft zurückhalten, bis ihm eine passende Arbeit angeboten wird. Er ist zudem räumlich und persönlich gebunden. Außerdem bringt es die Eigenart des Arbeitsverhältnisses mit sich, dass er sich unter dem Weisungsrecht des Arbeitgebers (§ 106 GewO, Nr. 19; § 611 a Abs. 1 Satz 2 BGB, Nr. 14) einer Arbeitsorganisation aussetzen muss, von der Gefährdungen seiner physischen und psychischen Integrität ausgehen. Dazu kommt, dass der Arbeitsmarkt nach wie vor von fehlenden Arbeitsgelegenheiten für Arbeitsuchende geprägt ist (über viele Jahre hinweg deutlich über 3 Mio. Arbeitslose, Erholungstendenzen des Arbeitsmarktes aber seit etwa 2005, vgl. Einl. III zum SGB III, Nr. 30 III). Es ist die Aufgabe des Arbeits- und Sozialrechts, für diesen Arbeitsmarkt mit seinen vielfältigen Aspekten und divergierenden Interessen einen rechtlichen Rahmen bereitzustellen.

2. Sozialstaat: »Ausgleich gestörter Vertragsparität«

Das Gesellschafts- und Wirtschaftssystem der Bundesrepublik Deutschland ist durch den Grundsatz der Freiheit aller Bürger gekennzeichnet. Seine verfassungsmäßige Verankerung erfährt dieser Grundsatz mit dem Katalog der Grundrechte (Art. 1 bis 19 GG, Nr. 20). Art. 2 und insbesondere Art. 12 GG schützen die Freiheit der Bürger zu wirtschaftlicher Betätigung (insbesondere auch der Arbeitnehmer, *BVerfG* 24.4.1991 – 1 BvR 1341/90, BVerfGE 84, 133, 146). Das Eigentum an privaten Gegenständen wie an Produktionsmitteln wird durch Art. 14 geschützt. Zusammengefasst kann man sagen: Art. 12 GG schützt den Erwerb; Art. 14 GG schützt das Erworbene. Wie aber sind Arbeitnehmer gerade hinsichtlich ihrer Unterlegenheit verfassungsrechtlich geschützt? Was ist die Reaktion der Rechtsordnung auf das Ungleichgewicht am Arbeitsmarkt? Sie ist der gleichen Verfassung zu entnehmen, die den freien Arbeitsmarkt mit dem Risiko der Arbeitslosigkeit ermöglicht.

Übersicht 1: Konfliktbereiche AG – AN

Konfliktbereich	Arbeitgeberinteressen	Arbeitnehmerinteressen
(1) Bestand des Arbeitsplatzes	Einsetzbarkeit der Arbeitskräfte je nach wirtschaftlichen und technischen Vorgaben; »Arbeitsmarktreserve«	sicherer Arbeitsplatz für jeden Arbeitswilligen
(2) Arbeitseinkommen	niedrige Arbeitskosten	ausreichendes, gleichmäßiges und gesichertes Einkommen
(3) Arbeitsinhalt, Qualifikation	Gestaltung nach wirtschaftlichen und technischen Vorgaben; Einsetzbarkeit nach selbst gesetzten Unternehmens- und Betriebszielen	Selbstverwirklichung in der Arbeit und durch hohe und breite Qualifikation
(4) Arbeitszeit	Einsetzbarkeit je nach betrieblichen Anforderungen; hohe Einsatzzeiten für »Kernarbeitskräfte«, kurzzeitige und schwankende Arbeitszeit für »Spitzenbedarf«	Arbeitszeit ohne übermäßige Belastung mit angemessener Erholzeit und Freizeit zur Erholung und Teilnahme am gesellschaftlichen Leben nach eigener Entscheidung über ihre Verteilung
(5) Sonstige Arbeitsbedingungen	niedrige Arbeitskosten; Arbeitsintensivierung; Herrschaftssicherung	physische und psychische Integrität (»menschengerechte Arbeitsbedingungen«)
(6) Arbeitsort	Standortwahl unter dem Gesichtspunkt rentabelster Produktion	frei gewählter Arbeitsort (Familienwohnort)

Das Grundgesetz schützt als obersten Wert die Würde des Menschen (Art. 1 Abs. 1 GG) und es schützt die Freiheitsrechte *aller* Bürger gleichermaßen. Die Bundesrepublik Deutschland ist ein »demokratischer und sozialer Bundesstaat« (Art. 20 Abs. 1 GG). Beide Grundsätze dürfen auch nicht mit verfassungsändernder Mehrheit geändert werden (Art. 79 Abs. 3 GG). Die Verpflichtung des Staates auf seine »soziale« Eigenschaft nennt man »Sozialstaatsprinzip«. Darunter versteht man die Verpflichtung aller staatlichen Organe zur Herstellung einer »gerechten Sozialordnung«. Daraus leitet das *BVerfG* gerade für das Arbeitsleben eine grundlegende Schutzpflicht des Staates ab, mit der den fundamentalen Schwächen des Arbeitnehmers im Verhältnis zum Arbeitgeber Rechnung getragen werden soll: *»Das dem Vertragsrecht zugrunde liegende Prinzip der Privatautonomie kann hinreichenden Schutz nur gewährleisten, soweit die Bedingungen freier Selbstbestimmung gegeben sind. Wo es an einem annähernden Kräftegleichgewicht der Beteiligten fehlt, ist mit den Mitteln des Vertragsrechts allein kein sachgerechter Ausgleich der Interessen zu gewährleisten. Das ist bei Abschluss von Arbeitsverträgen typischerweise der Fall. In einer solchen Lage sind die objektiven Grundentscheidungen der Verfassung im Grundrechtsabschnitt und im Sozialstaatsgebot durch gesetzliche Vorschriften, die sozialem und wirtschaftlichem Ungleichgewicht entgegenwirken, zu verwirklichen«* (*BVerfG* 28. 1. 1992 – 1 BvR 1025/82, 1 BvL 16/83, 1 BvL 10/91, NJW 92, 964, 966). Ziel der staatlichen Schutzpflicht zu Gunsten des Arbeitnehmers ist (in den Worten des *BVerfG*): *»Ausgleich gestörter Vertragsparität«*.
Dieser Ausgleich kann in vielfältiger Weise erfolgen. Dem Staat steht es grundsätzlich frei, wie er dabei vorgeht. Es liegt nahe, dass dies in erster Linie durch die staatliche Gesetzgebung erfolgt **(Staatshilfe)**. Eingriffe in Grundrechtspositionen der Arbeitgeber können sich zudem auf die Sozialpflichtigkeit von Art. 12 und 14 stützen. Gleichzeitig ist aber an das grundlegende Freiheitspostulat zu denken, auf dem unsere Gesellschaft beruht: *»Um seiner (des Menschen) Würde willen muss ihm eine möglichst weit gehende Entfaltung seiner Persönlichkeit gesichert werden. Für den politisch-sozialen Bereich bedeutet das, dass es nicht genügt, wenn eine Obrigkeit sich bemüht, noch so gut für das Wohl von ›Untertanen‹ zu sorgen; der Einzelne soll vielmehr in möglichst weitem Umfang verantwortlich auch an den Entscheidungen für die Gesamtheit mitwirken. Der Staat hat hierzu den Weg zu öffnen.«* (*BVerfG* 17. 8. 1956 – 1 BvB 2/51, BVerfGE 5, 85, 198) Damit ist es nur konsequent, dass Arbeitnehmerschutz nicht nur durch den Staat erfolgt, sondern dass er sogar vorrangig durch die **Selbsthilfe** der Arbeitnehmer verwirklicht wird. Ausdruck dessen sind die Garantie der Koalitionsfreiheit und als ihr Ausfluss das Tarifvertragssystem sowie die Gesetzgebung zur Mitbestimmung.

3. Koalitionsfreiheit

Mit der Koalitionsfreiheit des Art. 9 Abs. 3 GG wird in umfassender Weise die Freiheit der Gründung und Betätigung von Vereinigungen geschützt, deren Zweck die »Wahrung und Förderung der Arbeits- und Wirtschaftsbedingungen« ist. Dieser Schutz gilt sowohl den Vereinigungen der Arbeitnehmer als auch denen der Arbeitgeber. Gleichwohl ist gerade mit Blick auf das verfassungsrechtliche Konzept des »Ausgleichs der gestörten Vertragsparität« im Arbeitsleben unverkennbar, dass damit in erster Linie der verfassungsrechtliche Schutz der Gewerkschaften bezweckt wird. Ihre Existenz zieht notwendigerweise die Bildung von Arbeitgeberverbänden nach sich, die ihrerseits einen entsprechenden verfassungsrechtlichen Schutz wie die Gewerkschaften genießen. Das wichtigste Betätigungsfeld der Gewerkschaften ist das Tarifvertragssystem (vgl. Übersicht 71) mit dem darauf bezogenen Streikrecht (Übersicht 74). Darüber hinaus haben sie vielfältige Rechte innerhalb der Arbeits- und Sozialverfassung:

- Unterstützungsrechte in der betrieblichen Mitbestimmung und Personalvertretung
- Vertretungsrechte in der Unternehmensmitbestimmung
- Prozessvertretung und Benennung von ehrenamtlichen Richtern in der Arbeits- und Sozialgerichtsbarkeit (vgl. Übersichten 14 und 61)
- Beteiligung an der Selbstverwaltung der Sozialversicherung

Außerhalb dieser institutionalisierten Beteiligung haben die Gewerkschaften unmittelbar aus der Verfassung das Recht auf Werbung und Information im Betrieb (*BAG* 14.2.1978 – 1 AZR 280/77, AP Nr. 26 zu Art. 9 GG). Der Gewerkschaftsbegriff ist nicht gesetzlich geregelt. Die Rechtsprechung hat hierzu eine Reihe von Anforderungen entwickelt (vgl. Einl. II 1 a zum TVG, Nr. 31). Die Gewerkschaften in der Bundesrepublik Deutschland sind überwiegend innerhalb des Deutschen Gewerkschaftsbundes (DGB) nach folgenden Prinzipien organisiert:

- Einheitsgewerkschaft: politische und konfessionelle Unabhängigkeit (keine Richtungsgewerkschaft) und
- Industriegewerkschaft: ein Betrieb, eine Gewerkschaft (keine Berufsverbände).

Es gibt aber auch eine Reihe kleinerer Gewerkschaften außerhalb des DGB (vielfach neu entstandene Spezialistenvereinigungen wie der Marburger Bund oder die Vereinigung Cockpit). Über ihren Gewerkschaftsstatus entscheidet die Arbeitsgerichtsbarkeit. Sie ist insbesondere bei Vereinigungen innerhalb des christlichen Gewerkschaftsbundes zweifelhaft und für einige von ihnen gerichtlich verneint worden (Einl. II 1 a zum TVG, Nr. 1; Übersicht bei *Kocher,* in: Berg/Kocher/Schumann, Hrsg., Tarifvertragsgesetz und Arbeitskampfrecht, 6. Aufl. 2018, § 2 TVG Rn. 39).

4. Gesamtsystem des Arbeits- und Sozialrechts

Vor diesem sachlichen und verfassungsrechtlichen Hintergrund stellt sich die Arbeits- und Sozialverfassung der Bundesrepublik Deutschland folgendermaßen dar: **Arbeitsrecht** nennt man die Summe aller Rechtsvorschriften, die zum Schutze der Arbeitnehmer Einfluss auf das Verhalten der Arbeitgeber nehmen. Vorschriften, die es dem Arbeitgeber als stärkerer Vertragspartei verbieten, mit dem Arbeitnehmer zu dessen Nachteil einen bestimmten Vertragsinhalt auszuhandeln (z. B. Urlaubsdauer oder Kündigungsfristen) oder den Arbeitsvertrag nach Belieben zu kündigen, nennt man *Vertragsschutz.* Das kann durch zwingende Vorschriften erfolgen (z. B. das KSchG oder § 622 BGB) oder durch Generalklauseln, die eine Überprüfung von Vertragsinhalten durch die Gerichte ermöglichen (z. B. § 138 BGB; zur Kontrolle Allgemeiner Geschäftsbedingungen nach §§ 305 ff. BGB s.

Übersicht 2: Arbeits- und Sozialverfassung

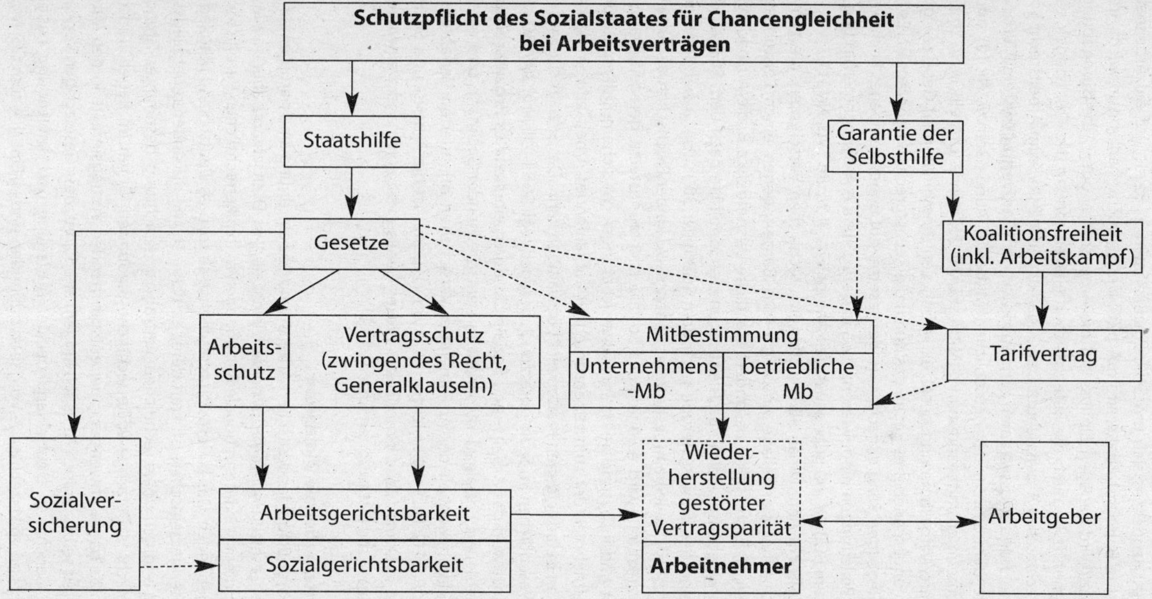

Einl. II 8 zum BGB, Nr. 14). Vorschriften, die den Arbeitnehmer vor Gesundheitsschädigungen bei oder infolge der Arbeit schützen sollen, nennt man *Arbeitsschutz*. Handelt es sich um Schutzmaßnahmen in Bezug auf die Arbeitnehmer selbst (z. B. Höchstarbeitszeit im ArbZG, Nr. 8), spricht man von *sozialem* Arbeitsschutz. Wird dagegen Einfluss auf die Arbeitsmittel oder Arbeitsumgebung genommen (z. B. durch die Betriebssicherheitsverordnung, Nr. 7 d), handelt es sich um *technischen* Arbeitsschutz. Der Gedanke der *Selbsthilfe* im Arbeitsrecht kommt in zwei Handlungssystemen zum Ausdruck: dem Tarifvertragssystem (TVG, Nr. 31) sowie dem System der betrieblichen Mitbestimmung (BetrVG, Nr. 12) und der Unternehmensmitbestimmung (MitbestG, Nr. 26, sowie DrittelBG, Nr. 26 a, und weitere Mitbestimmungsgesetze). Neben den (geschriebenen) Gesetzen gibt es auch ungeschriebenes Recht, das durch die Rechtsprechung geprägt ist. Es hat in der Regel den Rang einfacher Bundesgesetze. Auf ungeschriebenes Recht wird in den Einleitungen hingewiesen, etwa in Bezug auf die Arbeitnehmerhaftung (Einl. II 5 zum BGB, Nr. 14) oder den Arbeitskampf (Einl. II 2 zum TVG, Nr. 31).

Sozialrecht nennt man all die öffentlich-rechtlichen Vorschriften, die zum Ausgleich einer Mangellage Ansprüche des Bürgers gegen einen Leistungsträger regeln. Darunter fallen besondere staatliche Leistungen, z. B. die Ausbildungsförderung, ebenso wie die Basisleistungen der Sozialhilfe nach dem SGB XII (Nr. 30 XII) und der Grundsicherung nach dem SGB II (Nr. 30 II, sog. Arbeitslosengeld II, »Hartz IV«). Soweit ein bestimmtes Lebensrisiko an der Eigenschaft als Arbeitnehmer anknüpft, wird es durch das Sozialversicherungsrecht geregelt. Das Sozialrecht und insbesondere das Sozialversicherungsrecht sichern Risiken ab, die ein Arbeitnehmer, der zum Lebensunterhalt auf laufendes Arbeitseinkommen angewiesen ist, aus eigenen Kräften nicht bewältigen kann. Das Sozialrecht wird heute im Wesentlichen im Sozialgesetzbuch geregelt (vgl. SGB I–XII, Nrn. 30 I–30 XII).

Ergänzt wird das Arbeits- und Sozialrecht durch ein **soziales Prozessrecht**: eine Arbeits- und Sozialgerichtsbarkeit mit entsprechender Sachnähe und einem an der Unterlegenheit der Arbeitnehmer/Versicherten orientierten Verfahrensrecht (vgl. ArbGG, Nr. 5, Übersichten 14 und 61). Damit ist die Arbeits- und Sozialordnung in Deutschland ein hochkomplexes Gebilde von aufeinander einwirkenden Normen und Institutionen (Übersicht 2).

5. Internationale Dimension

Die Grundlage der deutschen Arbeits- und Sozialordnung sind naturgemäß deutsche Gesetze und Verordnungen. Gleichzeitig ist Deutschland aber seit langem und intensiv in internationale Beziehungen mit völkerrechtlichen Verpflichtungen eingebunden. Das äußert sich typischerweise so, dass Deutschland Mitglied einer Staatengemeinschaft ist, kraft derer es sich – so wie die anderen Mitgliedstaaten auch – durch völkerrechtlichen Vertrag zur Beachtung bestimmter Grundsätze verpflichtet. Derartige völkerrechtliche Bindungen führen im Regelfall nicht zur unmittelbaren Anwendung der entsprechenden Vertragsinhalte in den Mitgliedstaaten selbst. Jedoch ist es seit langem anerkannt, dass Gesetzgeber, Verwaltung und Gerichte in Deutschland bei der Auslegung und Anwendung nationalen Rechts an völkerrechtliche Vorgaben gebunden sind (s. Einl. III 4 zum GG, Nr. 20).

Übersicht 3: Internationales Arbeits- und Sozialrecht

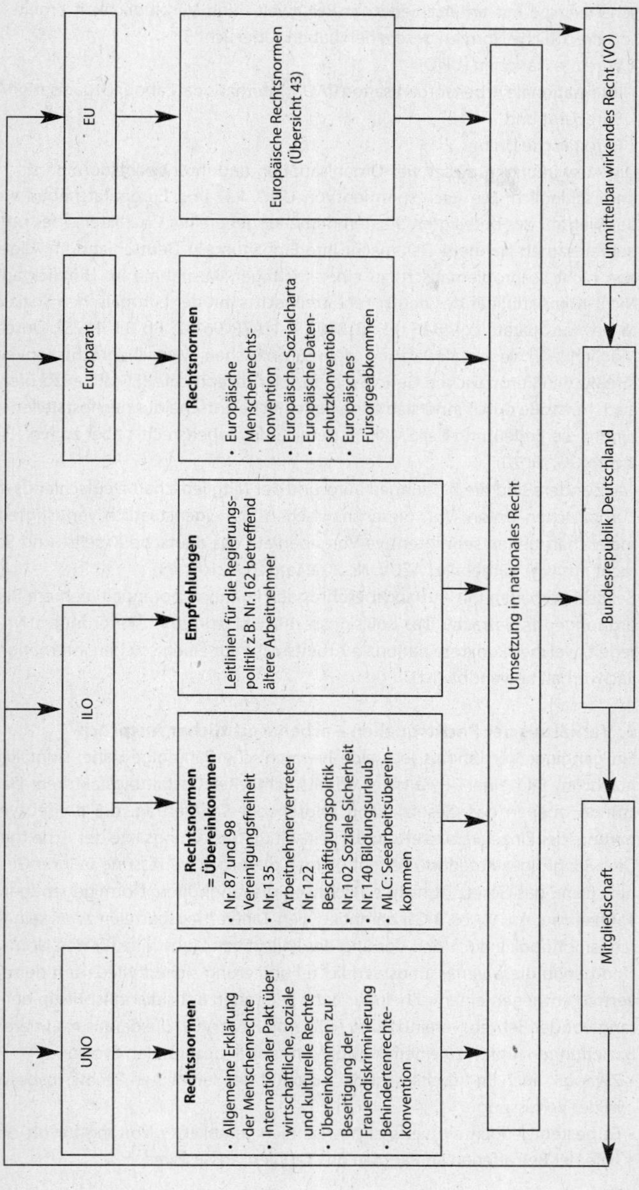

Die Bundesrepublik Deutschland ist Mitglied in vier völkerrechtlichen Gemeinschaften, die mit unterschiedlicher Reichweite und Verbindlichkeit arbeits- und sozialrechtliche Normen geschaffen haben (Übersicht 3):

- Vereinte Nationen (UNO),
- Internationale Arbeitsorganisation (IAO = International Labour Organisation/ILO),
- Europarat und
- Europäische Union.

Die Auswirkungen dieser vier Organisationen und ihrer Rechtsnormen sind sehr unterschiedlich: Die Rechtsnormen von UNO, ILO und Europarat haben wegen der Vielzahl der beteiligten Staaten den eher generellen Charakter eines unteren gemeinsamen Nenners. Das macht ihre Einhaltung in Deutschland im Allgemeinen nicht so problematisch (zu einer wichtigen Ausnahme im Hinblick auf die Nicht-Kompatibilität des deutschen Streikrechts mit der Europäischen Sozialcharta des Europarats vgl. *BAG* 10.12.2002 – 1 AZR 96/02, BB 03, 1125). Durch die Möglichkeit, wegen Verletzung der Europäischen Menschenrechtskonvention (EMRK) den Europäischen Gerichtshof für Menschenrechte (EGMR) anzurufen, der auch Verstöße durch innerstaatliche gerichtliche Entscheidungen feststellen kann, nimmt die Bedeutung der EMRK im Bereich des Arbeitsrechts aber zu (vgl. Einl. III 4 zum GG, Nr. 20).

Ganz anders sind die Bindungen aufgrund der Mitgliedschaft Deutschlands in der Europäischen Union. Von dieser inzwischen fast eigenstaatlich verfestigten Gemeinschaft gehen sehr intensive Vorgaben auf das deutsche Arbeits- und Sozialrecht aus (vgl. eingehend AEUV, Nr. 20 a, und Übersicht 43).

Bei Sachverhalten mit Auslandsberührungen kommen potentiell mehrere Rechtsordnungen in Betracht. Das Kollisionsrecht (Einl. zur Rom I-Verordnung, Nr. 14 a) regelt, welches konkrete nationale Arbeitsrecht auf einen solchen internationalen Sachverhalt anwendbar ist.

6. Verhältnis der Rechtsquellen – arbeitsrechtlicher Anspruch

Ein gängiges Verständnis legt eine hierarchische Rangfolge nahe, sinnfällig gemacht im Bild einer »Pyramide« arbeitsrechtlicher Gestaltungsfaktoren: Danach stünde obenan das Gesetz, dann folgten der Tarifvertrag, die Betriebsvereinbarung, der Einzelarbeitsvertrag und einseitige Gestaltungsakte des Arbeitgebers. Die »Rangfolge«-Kategorie verfehlt jedoch die Arbeitsverfassung in ihrer Gesamtheit. Denn das Gesetz ist nicht schlichtweg die ranghöhere Norm gegenüber dem Tarifvertrag. Art. 9 Abs. 3 GG garantiert den Tarifvertragsparteien zwar kein Regelungsmonopol, jedoch den Vorrang der kollektiven Selbsthilfe für den Normalfall. Und genau diese verfassungsrechtliche Fundierung sichert wiederum dem Tarifvertrag entgegen einem scheinbar nahe liegenden Subsidiaritätsprinzip den Vorrang vor der Betriebsvereinbarung (§ 77 Abs. 3 BetrVG). Die daraus resultierenden Beziehungen führen zu einem komplexen zentral-dezentralen System.

- Zwar gilt auch im Arbeitsrecht die Autorität des staatlichen Rechts, insbesondere der Verfassung.
- Es besteht jedoch ein verfassungsrechtlich verankerter Vorrang für die Selbsthilfe der Betroffenen im Rahmen des Tarifvertragssystems.

Übersicht 4: Arbeitsrechtlicher Anspruch

Frage	Bemerkung
1. Anwendung des Arbeitsrechts	• Eine Vertragsbeziehung muss dadurch gekennzeichnet sein, dass eine Seite als Arbeitnehmer abhängige Arbeit verrichtet, d. h. in die Arbeitsorganisation des Arbeitgebers eingegliedert ist (§ 611a BGB). • Bei einem geringeren Grad arbeitsrechtlicher Abhängigkeit können Vorschriften für eine arbeitnehmerähnliche Person zur Anwendung kommen.
2. Inhalt des Arbeitsvertrages	• Für die Rechtsbeziehungen ist in erster Linie der bestehende Arbeitsvertrag maßgebend. • Zu klären ist jedoch, ob nicht zwingende Vorschriften einer Betriebsvereinbarung/Dienstvereinbarung, eines Tarifvertrags oder eines Gesetzes entgegenstehen.
3. Geltung einer Betriebsvereinbarung/ Dienstvereinbarung	• Es gilt eine für das Arbeitsverhältnis einschlägige Betriebsvereinbarung/Dienstvereinbarung. • Eine abweichende arbeitsvertragliche Regelung geht vor, wenn sie für den Arbeitnehmer günstiger ist. • Ein Tarifvertrag und ein Gesetz gehen immer vor, es sei denn, sie enthalten eine Öffnungsklausel zugunsten der Betriebsparteien.
4. Geltung eines Tarifvertrags (Geltungsbereich)	• Es gilt ein für das Arbeitsverhältnis einschlägiger Tarifvertrag. – Der Tarifvertrag gilt aufgrund Gewerkschaftsmitgliedschaft und Tarifbindung des Arbeitgebers. – Der Tarifvertrag gilt kraft ausdrücklicher Bezugnahme im individuellen Arbeitsvertrag. – Der Tarifvertrag gilt kraft Allgemeinverbindlicherklärung. • Eine abweichende arbeitsvertragliche Regelung geht vor, wenn sie für den Arbeitnehmer günstiger ist. • Eine Betriebsvereinbarung/Dienstvereinbarung geht vor, wenn der Tarifvertrag eine Öffnungsklausel enthält. • Ein Gesetz geht vor, wenn es ausnahmsweise nicht tarifdispositiv ist.
5. Geltung eines Gesetzes	• Es gilt ein einschlägiges Gesetz. • Eine abweichende arbeitsvertragliche Regelung geht vor, wenn sie für den Arbeitnehmer günstiger ist. • Das Gesetz kann Abweichungen durch Tarifvertrag oder Betriebs- bzw. Dienstvereinbarung zulassen.
6. Rechtsverlust	Ein an sich bestehendes Recht kann verloren gehen durch • Erfüllung • Aufrechnung • Vergleich • Verzicht • Verwirkung, oder wegen eines Zurückbehaltungsrechts (zunächst) nicht durchsetzbar sein.
7. Frist	Für die Geltendmachung von Ansprüchen bestehen Fristen: • Ausschlussfrist – tarifvertraglich – einzelvertraglich (insbesondere Bezugnahme auf Tarifvertrag) • Verjährung • Frist für gerichtliche Geltendmachung (z. B. § 4 KSchG)
8. Streitigkeiten	Zuständigkeit des Arbeitsgerichts

- Aus dem gleichen Grund genießt das Tarifvertragssystem gegenüber der Betriebsverfassung Priorität.
- Auf dieser Basis besteht ein Freiraum für die Arbeitsvertragsparteien unter Nutzung des Günstigkeitsprinzips.

Aus alledem resultiert eine komplizierte Abfolge von Prüfschritten, wenn man eine konkrete arbeitsvertragliche Position bestimmen will, sei es einen Entgeltanspruch, sei es die Möglichkeit einer Kündigung (Übersicht 4). Soweit es in diesem Zusammenhang auf das Vorhandensein eines Tarifvertrages oder einer Betriebsvereinbarung ankommt, sind eigene, bereichsspezifische Prüfschritte erforderlich (vgl. Übersichten 32 und 72).

7. Arbeitnehmereigenschaft

Dabei steht obenan die in sich wiederum sehr komplexe Vorfrage, ob auf die fragliche Rechtsbeziehung überhaupt Arbeitsrecht anwendbar ist. Sie ist davon abhängig, ob ein Vertragspartner »Arbeitnehmer« im Rechtssinne ist. Der Arbeitnehmerbegriff war lange Zeit gesetzlich nicht definiert. Seit 1.4.2017 gibt es in § 611 a Abs. 1 BGB eine Regelung des Arbeitsvertrages, die allerdings nur das wiedergibt, was die Rechtsprechung bislang entwickelt hat (*Richardi*, NZA 17, 36; *Wank*, AuR 17, 140; *Preis*, NZA 18, 817). Das BAG hatte sich in ständiger Rspr. eine von *Alfred Hueck* entwickelte Formel zu Eigen gemacht: *»Arbeitnehmer ist, wer aufgrund privatrechtlichen Vertrags im Dienste eines anderen zur Leistung weisungsgebundener, fremdbestimmter Arbeit in persönlicher Abhängigkeit verpflichtet ist.«* (Zu den historischen Ursprüngen: *Kittner*, 50 Urteile, 2019, Nr. 7.) Diese Formel findet sich nunmehr in § 611 a Satz 1 BGB. Die Abgrenzung von einem freien Dienstverhältnis oder selbstständigen Werkvertrag erfolgt nach § 611 a Abs. 1 Satz 3 und 4 BGB: *»Weisungsgebunden ist, wer nicht im Wesentlichen frei seine Tätigkeit gestalten und seine Arbeitszeit bestimmen kann. Der Grad der persönlichen Abhängigkeit hängt dabei auch von der Eigenart der jeweiligen Tätigkeit ab.«* Nach § 611 a Abs. 1 Satz 6 BGB ist dabei auf die tatsächliche Durchführung des Vertragsverhältnisses abzustellen, so dass eine abweichende Bezeichnung nicht daran hindert, dass ein Vertrag als Arbeitsvertrag anzusehen ist.

Entsprechende Grundsätze gelten im Sozialversicherungsrecht zur Abgrenzung des dort »Beschäftigter« genannten Arbeitnehmers (§ 7 Abs. 1 SGB IV; dazu *Deinert*, AiB 11, 254; *Schlegel*, NZA Beilage 1/16, 13) sowie im Steuerrecht für »abhängige Arbeit« als Anknüpfung zur Erhebung von Lohnsteuer (§ 1 LohnsteuerdurchführungsVO). Aus alledem ergibt sich eine Vielzahl von Prüfschritten zur Prüfung der Arbeitnehmereigenschaft des bzw. der Betroffenen (Checkliste 5).

Komplexe Betriebsstrukturen, aber auch das Bedürfnis der Arbeitgeber, Kosten durch »Vermeidung« von Arbeits- und Sozialrecht zu senken, haben zunehmend zum Einsatz von Fremdfirmenbeschäftigten und Soloselbstständigen in den Betrieben geführt. Die Abgrenzung abhängiger Arbeit bzw. der Leiharbeit von (Schein-)Werk- und Dienstverträgen und (Schein-)Selbstständigkeit wird dadurch immer wichtiger, zugleich aber auch schwieriger (vgl. Einl. III 2 zum AÜG, Nr. 4; ausführlich *Deinert*, RdA 14, 65, 72 ff.). Weitere Herausforderungen bringen Matrix-Strukturen mit sich, bei denen Weisungsbeziehungen innerhalb eines Konzerns über klassische Unternehmens-/Arbeitgebergrenzen hinweg bestehen (vgl. *Koll*, AiB 2/18, 31; *Seebacher*, AiB 5/16, 39 ff.).

Bislang noch wenig durchdrungen sind die arbeitsrechtlichen Konsequenzen der »4. industriellen Revolution« (»Industrie 4.0«). Es geht dabei um die Frage, welche Veränderungen die Digitalisierung der Betriebe mit sich bringt und welchen Einfluss dies auf die Beschäftigung und demzufolge den Schutzbedarf von Arbeitnehmern hat (vgl. *Däubler*, SR Sonderausgabe 16, 2 ff.; *Krause*, NZA 16, 1004 ff.; *Thüsing*, SR 16, 87 ff.). Ganz neue Herausforderungen bringt insbesondere das so genannte Crowdsourcing mit sich. Unternehmen vergeben Aufträge über Online-Plattformen zur Bewältigung abgeschlossener Aufgaben, die digital von irgendwo in der Welt erfüllt werden können (zur Entwicklung Böckler impuls 6/2016, 7). Das wirft nicht nur die Frage nach dem Vorliegen von Arbeitsverhältnissen auf, sondern erzeugt ganz unabhängig davon Druck auf die Arbeitsbedingungen (vgl. »Moderne Sklaverei«, SZ v. 20. 10. 14, S. 17; *Böhm*, AiB 11/14, 39 ff.; *Klebe*, AuR 16, 277 ff.; umfassend: *Benner* [Hrsg.], Crowdwork – zurück in die Zukunft? [2014]; insgesamt zu den arbeitsrechtlichen Fragen: *Däubler/Klebe*, NZA 15, 1032 ff.). Dies sollte durch die Betriebsräte zumindest mitgestaltet werden (zu den Betriebsratsrechten s. *Klebe*, in: Benner [Hrsg.], a. a. O., S. 277 ff.). Für die Beschäftigten ergeben sich erhebliche Schutzlücken, wenn auf sie arbeitsrechtliche Regelungen nicht mehr angewendet werden (zum Schutz außerhalb des Arbeitsrechts s. *Däubler*, in: Benner [Hrsg.], a. a. O., S. 243 ff.). Das Bundesministerium für Arbeit und Soziales hat die möglichen Entwicklungsszenarien infolge der Digitalisierung, bezeichnet als »Arbeiten 4.0«, und die daraus abzuleitenden Anforderungen an an die Gestaltung des Arbeitsrechts der Zukunft zunächst in einem Grünbuch zusammengefasst und 2017 ein »Weißbuch Arbeiten 4.0« vorgelegt und damit beschrieben, welche Herausforderungen sich nicht nur für Gesetzgebung, sondern auch für die Sozialpartnerschaft in den kommenden Jahren ergeben (dazu *Hanau*, RdA 17, 213).

Für den Fall, dass die Arbeitnehmereigenschaft verneint wird, muss jedoch noch geprüft werden, ob man nicht wenigstens von einer »arbeitnehmerähnlichen Person« sprechen kann, für die zumindest einzelne arbeitsrechtliche Vorschriften gelten (Übersicht 6). Darüber hinaus gibt es weitere Formen der Tätigkeit für ein Unternehmen oder eine Behörde, bei denen zumindest teilweise Fremdbestimmung gegeben ist oder Gefahren aus der fremden Betriebsorganisation drohen. Gerade in neueren arbeitsrechtlichen Gesetzen werden diese, zunehmend unter dem Einfluss europarechtlicher Vorgaben (s. o. 5), unter dem Begriff des »Beschäftigten« zusammengefasst (vgl. *Forst*, RdA 14, 157 ff.) und genießen damit gleiche oder vergleichbare Rechte (s. etwa § 2 Abs. 2 ArbSchG, Nr. 7 oder § 6 Abs. 1 AGG, Nr. 2). Diese Gruppe von Beschäftigten schließt regelmäßig die arbeitnehmerähnlichen Personen mit ein. Eine zentrale Fragestellung einer sich verändernden Arbeitswelt ist dabei, ob angesichts zunehmender Möglichkeiten bestimmte Aufgaben nicht mehr an Arbeitnehmer, sondern an (Solo-)Selbstständige heranzutragen sind, der Arbeitnehmerbegriff doch noch einmal in einem erweiterten Sinne neu definiert werden sollte oder ob ein maßgeschneidertes Schutzrecht für eine Gruppe schutzbedürftiger Selbstständiger durch dieses Konzept der Arbeitnehmerähnlichkeit oder nach dem Vorbild des Heimarbeitsrechts (so ein Vorschlag von *Preis*, SR 17, 173; zum Heimarbeitsrecht Einl. IV zum HAG, Nr. 22) ausgebaut werden sollte oder es zumindest einer gewissen Mindestvergütung für Selbstständige bedarf (dazu *Bayreuther*, NJW 17, 357).

8. Schwellenwerte im Arbeitsrecht

Das Arbeitsrecht gilt nicht uneingeschränkt, wenn nur die Arbeitnehmereigenschaft bejaht wird, mithin ein Arbeitsverhältnis gegeben ist. Viele Vorschriften lassen einen bestimmten Arbeitnehmerschutz bzw. Rechte von Arbeitnehmervertretungen nur ab einer bestimmten Beschäftigtenzahl eintreten. Man spricht dabei von sog. Schwellenwerten (Übersicht 7).

Checkliste 5: Arbeitnehmereigenschaft

I. Grundentscheidung für arbeitsrechtliche Fragestellung

- Arbeit im wirtschaftlichen Sinne
- privatrechtliche oder öffentlich-rechtliche Rechtsbeziehung

II. Formelle Kriterien

- Behandlung durch die Sozialversicherung
- Behandlung durch das Finanzamt
- formelle Merkmale der Vertragsdurchführung

III. Vertragsbezogene Kriterien

- Vorliegen eines Vertrags
- Bezeichnung der Tätigkeit im Vertrag/Parteiwille
- Dienstvertrag oder anderer Vertragstyp
- Verpflichtung zur Auftragsübernahme
- Leistungskonkretisierung im Vertrag
- Leistungsort
- Arbeitszeit
- Arbeitsmittel
- Dauer des Dienstverhältnisses
- fachliche Weisungsgebundenheit
- Vergütungsart und -höhe
- persönliche Leistungsverpflichtung
- Dienstbereitschaft

IV. Tatsächliche Vertragsdurchführung

- Eingliederung in die Arbeitsorganisation
- Weisungsgebundenheit
- Arbeitsdurchführung
- tatsächliche Ausübung des Direktionsrechts
- Aufnahme im Dienstplan
- Einbindung in die Arbeitsorganisation
- Umfang der Tätigkeit
- Einsatz eigenen Kapitals
- unternehmerische Chancen und Risiken
- Teilnahme an Schulungs-/Trainingsmaßnahmen
- wirtschaftliche Abhängigkeit
- Einordnung vergleichbarer Vertragspartner

V. Arbeitnehmerähnlichkeit

- Bei Verneinung der Arbeitnehmereigenschaft: arbeitnehmerähnliche Person? (Checkliste 6)

Checkliste 6: Arbeitnehmerähnliche Person

- Vertragstyp
- Sonderfall: Heimarbeiter (vgl. HAG, Nr. 22)
- Sonderfall: Handelsvertreter (vgl. HGB, Nr. 21)
- Sonderfall: Werkstätten für behinderte Menschen (vgl. SGB IX, Nr. 30 IX)
- wirtschaftliche Abhängigkeit
- überwiegende Arbeit für einen Vertragspartner
- mehr als die Hälfte des Einkommens von einem Vertragspartner
- Schutzbedürftigkeit wie ein Arbeitnehmer
- Dauerhaftigkeit der Vertragsbeziehung
- Einkommenshöhe
- persönliche Leistungserbringung

Übersicht 7: Schwellenwerte im Arbeitsrecht – Arbeitsrechtliche Vorschriften in Abhängigkeit von der Arbeitnehmerzahl im Betrieb oder Unternehmen

AN-Zahl	AN-Besonderheit	Sachverhalt	Vorschrift
bis 5	ohne Azubi, Teilzeit anteilig	Wehrdienst von mehr als 6 Monaten als wichtiger Grund für außerordentliche Kündigung	2 III ArbPlSchG
ab 5	Wahlberechtigte	Wahl eines BR	1 BetrVG
	Azubi unter 25 Jahren oder AN unter 18 Jahren	Wahl einer Jugend- und Auszubildendenvertretung	60 BetrVG
	schwerbehinderte Menschen	Wahl einer Schwerbehindertenvertretung	177 SGB IX
ab 6	Teilzeit anteilig	Geltung KSchG	23 II KSchG
bis 10		Nichtgeltung KSchG bei Neueinstellung	23 I KSchG
ab 10	leitende Angestellte	Wahl eines Sprecherausschusses der leitenden Angestellten	1 SprAuG
ab 11	Beschäftigte, Teilzeit anteilig	Dokumentationspflicht zur Gefährdungsbeurteilung gem. § 5 ArbSchG	6 I 2 ArbSchG
ab 16	ohne Azubi	Anspruch auf Teilzeitarbeit	8 VII TzBfG
	Teilzeit anteilig	Anspruch auf Pflegeteilzeit	3 I 2 PflegeZG
bis 20	ohne Azubi, Teilzeit anteilig	Einzelvertraglich kürzere Kündigungsfrist	622 V 1 Nr. 2 BGB
ab 20		Beschäftigungspflicht für schwerbehinderte Menschen und Abgabe (reduziert bis 39 bzw. 59 AN)	154, 160 II SGB IX
	personenbezogene Daten verarbeitende AN	Bestellung eines betrieblichen Datenschutzbeauftragten	37 DSGVO 38 BDSG
ab 21	AN	Anzeige Entlassung von mehr als 5 AN	17 I KSchG
	Wahlberechtigte	3 BR-Mitglieder	9 BetrVG
	Wahlberechtigte	Pflicht zur Geschlechterrepräsentanz im BR	15 II BetrVG
	Wahlberechtigte	BR-Zustimmung bei personellen Einzelmaßnahmen	99 BetrVG
	Wahlberechtigte	BR-Beteiligung bei Betriebsänderung, Interessenausgleich und Sozialplan	111, 112 BetrVG
	Wahlberechtigte	AN-Unterrichtung in Betrieben ohne WA	110 II BetrVG
	Beschäftigte	Bestellung Sicherheitsbeauftragter[1]	22 SGB VII
	Teilzeit anteilig Errichtung	Arbeitsschutzausschuss[2]	11 ASiG
bis 30		Umlage für Entgeltfortzahlung	1 I AAG
mehr als 45	AN	Brückenteilzeit	9a TzBfG
bis 50	Wahlberechtigte	vereinfachtes BR-Wahlverfahren	14a I BetrVG
ab 51	Wahlberechtigte	5 BR-Mitglieder	9 BetrVG
	Wahlberechtigte	Vereinbarung des vereinfachten BR-Wahlverfahrens	14a V BetrVG
ab 60		Anzeige Entlassung von mehr als 10 % der Belegschaft bzw. 25 AN	17 I KSchG

[1] Erhöhung der Zahl 20 durch BG bei geringerer Gefahr möglich.
[2] BG kann die Zahl 20 erhöhen oder verringern.

AN-Zahl	AN-Besonderheit	Sachverhalt	Vorschrift
		volle Abgabenhöhe bei Nichtbeschäftigung von Schwerbehinderten	154, 160 II SGB IX
ab 101		7 BR-Mitglieder	9 BetrVG
		BR-Ausschüsse möglich	28 I BetrVG
		Aufgabenübertragung an Arbeitsgruppen möglich	28a BetrVG
		Errichtung WA	106 BetrVG
		schriftliche Begründung der Ablehnung von BR-Vorschlägen zu Beschäftigungssicherung	92a BetrVG
ab 200		mindestens 1 freigestelltes BR-Mitglied	38 BetrVG
ab 201		9 BR-Mitglieder	9 BetrVG
		Betriebsausschuss des BR	27 BetrVG
		Auskunftsanspruch Vergleichsentgelt	12 EntgTranspG
		kein Überforderungsschutz des AG bei Brückenteilzeit	9a II TzBfG
ab 301		Anspruch BR auf Experten	111 BetrVG
ab 401		11 BR-Mitglieder	9 BetrVG
bis 500		AN-Vertreter im Aufsichtsrat von Alt-AG	1 I 1 DrittelbG
ab 500		Anzeige der Entlassung von mindestens 30 AN	17 KSchG
ab 501		mindestens 2 freigestellte BR-Mitglieder	38 BetrVG
		BR kann Auswahlrichtlinien verlangen	95 II BetrVG
		Arbeitnehmervertreter im Aufsichtsrat von Kapitalgesellschaften	1 I DrittelbG
		Prüfverfahren Entgeltgleichheit	17 EntgTranspG
		Berichtspflicht Entgeltgleichheit	21 EntgTranspG
ab 701		13 BR-Mitglieder	9 BetrVG
ab 901		mindestens 3 freigestellte BR-Mitglieder	38 BetrVG
ab 1000	AN in EU-Mitgliedstaaten, mindestens je 150 AN in 2 Staaten	Errichtung Euro-BR	3 EBRG
ab 1001		15 BR-Mitglieder	9 BetrVG
		vierteljährliche Unterrichtung der Belegschaft über wirtschaftliche Lage	110 I BetrVG
		Montanmitbestimmung in Kohle und Stahl erzeugenden Unternehmen	1 II Montan-MbG
ab 1501		17 BR Mitglieder	9 BetrVG
		mindestens 4 freigestellte BR-Mitglieder	38 BetrVG
ab 2001		19 BR-Mitglieder	9 BetrVG
		mindestens 5 freigestellte BR-Mitglieder	38 BetrVG
		Mitbestimmung nach dem MitbestG (12 Aufsichtsratsmitglieder)	1 MitbestG
ab 2501		je angefangene weitere 500 AN weitere 2 BR-Mitglieder	9 BetrVG

AN-Zahl	AN-Besonderheit	Sachverhalt	Vorschrift
ab 3001		je angefangene weitere 1000 AN ein weiteres freigestelltes BR-Mitglied	38 BetrVG
ab 9001		je angefangene weitere 3000 AN weitere 2 BR-Mitglieder	9 BetrVG
bis 8000		Aufsichtsratswahl nach dem MitbestG als Urwahl die Regel	9 II MitbestG
ab 8000		Aufsichtsratswahl als Delegiertenwahl die Regel	9 I MitbestG
ab 10001		je angefangene weitere 2000 AN ein weiteres freigestelltes BR-Mitglied	38 BetrVG
		Aufsichtsrat nach dem MitbestG: 16 Mitglieder	7 I 2 MitbestG
ab 20001		Aufsichtsrat nach dem MitbestG: 20 Mitglieder	7 I 3 MitbestG

II. Weiterführende Literatur und Internet-Adressen

Handbücher, Lehrbücher, Grundrisse

Deinert/Heuschmid/Zwanziger (Hrsg.), Arbeitsrecht – Handbuch für die Praxis, 10. Aufl. (2019); zitiert: Deinert/Heuschmid/Zwanziger-*Bearbeiter*

Brox/Rüthers/Henssler, Arbeitsrecht, 19. Aufl. (2016)

Däubler, Arbeitsrecht, 12. Aufl. (2017)

Däubler, Das Arbeitsrecht 1 (2006) und 2 (2009)

Däubler/Hjort/Schubert/Wolmerath (Hrsg.), Arbeitsrecht, 4. Aufl. (2017)

Dütz/Thüsing, Arbeitsrecht, 24. Aufl. (2019)

Erfurter Kommentar zum Arbeitsrecht, 20. Aufl. (2020)

Hromadka/Maschmann, Arbeitsrecht, Bd. 1, 7. Aufl. (2018), Bd. 2, 7. Aufl. (2017)

Junker, Grundkurs Arbeitsrecht, 18. Aufl. (2019)

Kittner/Deinert, Arbeits- und Sozialrecht kompakt, 9. Aufl. (2013)

Krause, Arbeitsrecht, 3. Aufl. (2015)

Küttner (Hrsg.), Personalbuch 2019, 26. Aufl. (2019)

Müller/Preis, Arbeitsrecht im öffentlichen Dienst, 7. Aufl. (2009)

Otto, Arbeitsrecht, 4. Aufl. (2008)

Preis/Greiner, Arbeitsrecht, Kollektivarbeitsrecht, 5. Aufl. (2020)

Preis/Temming, Arbeitsrecht, Individualarbeitsrecht, 6. Aufl. (2020)

Schaub, Arbeitsrechts-Handbuch, 18. Aufl. (2019)

Waltermann, Arbeitsrecht, 19. Aufl. (2018)

Wedde (Hrsg.), Arbeitsrecht, 6. Aufl. (2018)

Geschichte des Arbeitsrechts

»Arbeit und Rechtsgeschichte«, Reihe in AuR, jährlich, S. G1 ff.

Blanke/Erd/Mückenberger/Stascheit (Hrsg.), Kollektives Arbeitsrecht – Quellentexte zur Geschichte des Arbeitsrechts in Deutschland, Bd. 1 (1840 – 1933) und Bd. 2 (1933 bis zur Gegenwart) (1975)

Kittner, Arbeitskampf (2005)

Kittner, 50 Urteile, Arbeitsgerichte schreiben Rechtsgeschichte (2019)

Kocher, Das BGB von 1896/1900: Regelungen gegen Bauschwindler, AuR 2015, S. G1

Einführung

Preis, Von der Antike zur digitalen Arbeitswelt, Herkunft, Gegenwart und Zukunft des Arbeitsrechts, RdA 2019, S. 75

Ramm (Hrsg.), Arbeitsrecht und Politik – Quellentexte 1918 – 1933 (1966)

Sinzheimer, Arbeitsrecht und Rechtssoziologie, Reden, Schriftenreihe der Otto Brenner Stiftung, Band 4 (1976)

Neuere Entwicklungen

Bundesministerium für Arbeit und Soziales, Weißbuch Arbeiten 4.0 (2017)

Deinert/Kittner, Arbeits- und Sozialrecht, Rückblick 2017, Ausblick 2018 (Beilage zu AuR 2018)

Deinert/Kittner, Arbeits- und Sozialrecht, Rückblick 2018, Ausblick 2019 (Beilage zu AuR 2019)

Deinert/Kittner, Arbeits- und Sozialrecht, Rückblick 2019, Ausblick 2020 (Beilage zu AuR 2020)

Deinert/Kittner, Die arbeitsrechtliche Bilanz der Großen Koalition 2005 – 2009, RdA 2009, S. 265

Deinert/Kittner, Die arbeitsrechtliche Bilanz der schwarz-gelben Koalition 2009 – 2013, RdA 2013, S. 257

Deinert/Kittner, Die arbeitsrechtliche Bilanz der Großen Koalition 2013 – 2017, RdA 2017, S. 342

Deinert/Maksimek/Sutterer-Kipping, Die Rechtspolitik des Sozial- und Arbeitsrechts (2019)

Walwei, Von der Deregulierung zur Re-Regulierung: Trendwende im Arbeitsrecht und ihre Konsequenzen für den Arbeitsmarkt, Industrielle Beziehungen 2015, S. 13

WSI-Mitt., Schwerpunktheft 1/2017: »Wird atypisch normal? Beschäftigung im Wandel«

Aufsätze

Däubler, Digitalisierung und Arbeitsrecht, SR Sonderausgabe 2016, S. 2

Däubler, Entgrenzung der Arbeit – ein Problem des Arbeitsrechts?, SR 2014, S. 45

Däubler, Zukunft des Arbeitsrechts, AuR 2005, S. 1

Deinert, Kernbelegschaften – Randbelegschaften – Fremdbelegschaften, RdA 2014, S. 65

Deinert, Neuregelung des Fremdpersonaleinsatzes im Betrieb, RdA 2017, S. 65

Henssler, Fremdpersonaleinsatz durch On-Site-Werkverträge und Arbeitnehmerüberlassung – offene Fragen und Anwendungsprobleme des neuen Rechts, RdA 2017, S.

Hohendanner/Walwei, Arbeitsmarkteffekte atypischer Beschäftigung, WSI-Mitt. 2013, S. 239

Kittner, Arbeitsrecht und marktwirtschaftliche Unternehmensführung – ein Gegensatz?, AuR 1995, S. 385

Klebe, Crowdwork: Faire Arbeit im Netz?, AuR 2016, S. 277

Kocher, Diskontinuität von Erwerbsbiografien und das Normalarbeitsverhältnis, NZA 2010, S. 841

Kocher, Hausangestellte im deutschen Arbeitsrecht, NZA 2013, S. 929

Kocher/Hensel, Herausforderungen des Arbeitsrechts durch digitale Plattformen – ein neuer Koordinationsmodus von Erwerbsarbeit, NZA 2016, S. 984

Kohte, Arbeitsschutz in der digitalen Arbeitswelt, NZA 2015, S. 1417

Krause, Digitalisierung der Arbeitswelt – Herausforderungen und Regelungsbedarf, NZA 2016, S. 1004

Nebe, Spaltung des Arbeitsmarktes durch Krisengesetzgebung – eine kritische Analyse des deutschen Arbeits- und Sozialrechts vor und nach der Krise, SR 2013, S. 1

Preis, § 611 a BGB – Potenziale des Arbeitnehmerbegriffes, NZA 2018, S. 817

Reinecke, Neues zum Arbeitnehmerbegriff?, AuR 2019, S. 56

Reinecke, Rolle des Strafrechts bei der Durchsetzung des Arbeitsrechts, AuR 1997, S. 139

Rinck, Der Arbeitnehmerbegriff im Wandel – Entwicklungen und Perspektiven, RdA 2019, S. 127

Schmidt, Verschiebung von Konflikten und Lösungen zwischen dem Arbeitsrecht und dem Sozialrecht, AuR 1997, S. 461

Thüsing, Digitalisierung der Arbeitswelt – Impulse zur rechtlichen Bewältigung der Herausforderung gewandelter Arbeitsformen, SR 2016, S. 87

Wank, Der Arbeitnehmer-Begriff im neuen § 611 a BGB, AuR 2017, S. 140

Waltermann, Abschied vom Normalarbeitsverhältnis?, NJW-Beilage 2010, S. 81

Zachert, Individuum und Kollektiv im Arbeitsrecht, AuR 2002, S. 41

Internet-Adressen

www.bundesarbeitsgericht.de (→ Entscheidungen des Bundesarbeitsgerichts)

www.bsg.bund.de (→ Entscheidungen des Bundessozialgerichts)

www.bundesverfassungsgericht.de (→ Entscheidungen des Bundesverfassungsgerichts)

www.eur-lex.europa.eu (→ Europäisches Justizportal)

www.bmas.bund.de (→ Arbeitsrecht)

www.igmetall.de (→ Ratgeber & Bildung→ Urteile zum Betriebsverfassungsgesetz)

www.arbeitgeber.de (→ Themen→ Arbeitsrecht)

www.arbeitsrecht.de (→ Recht Kompakt→ Rechtsprechung)

III. Benutzungshinweise

1. Soweit der Text einzelner Vorschriften gegenstandslos oder dadurch überholt ist, dass andere Vorschriften oder Begriffe, auf die verwiesen worden ist, sich geändert haben oder weggefallen sind, wird dies durch *Kursivschrift* kenntlich gemacht. Im Text der Einleitungen verwendete *Kursivschrift* dient dagegen lediglich der Hervorhebung der betreffenden Worte.
2. Soweit in den Einleitungen auf Paragraphen ohne weitere Zusätze verwiesen wird, bezieht sich dies auf das jeweils zur Einleitung gehörende Gesetz.
3. Soweit in Einleitungen auf Nummern verwiesen wird, betreffen sie die Nummer des Gesetzes in dieser Sammlung.

4. Das Stichwortverzeichnis bezieht sich auf die Gesetzestexte.
5. Paragraphenüberschriften in eckigen Klammern [ ] sind nicht amtlicher, sondern redaktioneller Natur.
6. Eine alphabetische Schnellübersicht der abgedruckten Gesetze und Verordnungen befindet sich auf der Buchrückseite.

1. Aktiengesetz (AktG)

Einleitung

I. Geschichtliche Entwicklung

Mit der Aktiengesellschaft, deren Rechtsverhältnisse das Aktiengesetz regelt, wird eine Rechtsform zum Betreiben eines Unternehmens zur Verfügung gestellt, die insbesondere durch folgende Merkmale gekennzeichnet ist: Auf Grund der Trennung zwischen Kapitaleigentum (= Aktionäre) und Unternehmensführung (= Vorstand) können Kapitalgeber gewonnen werden, die über Renditeinteressen hinaus nichts mit dem Unternehmen verbindet. Diese Stellung des Aktionärs findet ihren Ausdruck darin, dass er für Verbindlichkeiten der Aktiengesellschaft nur in Höhe des von ihm zu erbringenden Nennbetrages bzw. eines höheren Ausgabebetrages der Aktien haftet. Schließlich hat er die Möglichkeit eines jederzeitigen Verkaufs der Aktie.

In diesen Merkmalen finden sich die ökonomischen Bedürfnisse wieder, die im 19. Jahrhundert den Anstoß zur Herausbildung einer Rechtsform wie der heutigen Aktiengesellschaft geführt haben: die Erschließung eines Kapitalmarktes auch kleinster Einzelbeträge zur Finanzierung der immer größeren Unternehmenseinheiten und die Herausbildung eines modernen eigentumslosen Unternehmensmanagements. Diese Grundstrukturen bestimmen auch heute – nach einer langen Reihe gesetzgeberischer Etappen – das geltende Aktiengesetz.

Nachdem das Recht der Aktiengesellschaft zunächst im HGB geregelt gewesen war, wurde es 1937 zu einem eigenen Aktiengesetz ausgegliedert. Diese nationalsozialistische Rechtsänderung stand ganz im Zeichen der Stärkung des Vorstandes gegenüber Aufsichtsrat und Hauptversammlung. Sie wurde 1965 im Zuge der sog. großen Aktienrechtsreform abgelöst, mit der das heute geltende AktG geschaffen wurde (zu einer Bilanz nach 25 Jahren *Claussen,* AG 90, 509 und 91, 10).

Die Bedeutung der AG unter dem Gesichtspunkt der Beschränkung der persönlichen Haftung ist durch die Einführung der GmbH im Jahre 1892 stark relativiert worden. Im Gegensatz zur AG sind die Gesellschaftsanteile an der GmbH nicht frei, sondern nur mit Zustimmung der übrigen Gesellschafter veräußerlich. Mit ihr lassen sich zwei Faktoren kombinieren: Haftungsbeschränkung auf das Stammkapital und flexible Gesellschaftsgestaltung im Innenverhältnis. Seit 1980 kann eine GmbH bereits als Ein-Mann-Gesellschaft gegründet werden (zu einem Überblick »100 Jahre GmbH« *Zöllner,* JZ 92, 381).

Die vorrangige Bedeutung des Aktienrechts im Zusammenhang mit der Arbeits- und Sozialordnung liegt in der Beteiligung von Arbeitnehmervertretern im Aufsichtsrat der AG. Diese Mitbestimmungsform ist damit – abgesehen von der zahlenmäßigen Präsenz von Arbeitnehmervertretern – zunächst einmal von der gesellschaftsrechtlichen Stellung des Aufsichtsrats und seinen Einflussmöglichkeiten abhängig (s. u. III 3).

Seit der Zugehörigkeit zur EU wird das Gesellschaftsrecht zunehmend auch durch Unionsrecht geprägt, und zwar vornehmlich in Form gesellschaftsrechtlicher Richtlinien, nach deren Erlass die Mitgliedstaaten verpflichtet sind, ihr nationales Recht diesem EU-Recht anzupassen (zum Stand des Europäischen Unternehmensrechts vgl. Einl. zur Europäischen Gesellschaft Nr. 26 b).

Das AktG ist in den letzten Jahren verhältnismäßig oft und insbesondere hinsichtlich der Aspekte Transparenz und Kontrolle verändert worden. Das »Gesetz zur Kontrolle und Transparenz im Unternehmensbereich« (KonTraG) vom 27.4.1998 (BGBl. I 786) zielte, wie der Name sagt, auf eine verbesserte Kontrolle von Unternehmensvorständen (zum Gesetz vgl. *Deckert,* NZG 98, 710; *Förschle u. a.,* DB 98, 889; *Hommelhoff/Mattheus,* Die AG 98, 249). Die mit dem KonTraG angestoßene Entwicklung einer an Kapitalmarktinteressen orientierten Weiterentwicklung der Unternehmenskontrolle und -publizität ist mit dem Transparenz- und Publizitätsgesetz (TransPuG) vom 19.7.2002 (BGBl. I 2681) fortgesetzt worden (zum Gesetz vgl. *Köstler/Müller,* Mitbestimmung 9/01, 52).

Im Zuge der Finanz- und Wirtschaftskrise wurden bereits zuvor vorhandene Bestrebungen zur Begrenzung von Managervergütungen durch das sog. VorstAG (Gesetz zur Angemessenheit der Vorstandsvergütung vom 31.7.2009, BGBl. I 2509) umgesetzt.

II. Wesentlicher Gesetzesinhalt

1. AktG

Im AktG werden die Rechte und Pflichten der Aktionäre, die Rechtsverhältnisse der Verwaltung der Aktiengesellschaft (Vorstand und Aufsichtsrat) und die Interessen möglicher Aktienkäufer (durch Publizitäts- und Konzernrechtsvorschriften) geregelt. So gesehen, ist das AktG ausschließlich kapitalorientiertes Gesellschaftsrecht (Übersicht 8).

In diesem Sinne ist die Hauptversammlung das Basisorgan der AG. In ihr bestimmen die Aktionäre und ihre Vertreter (vielfach Banken über das sog. Depotstimmrecht) in letzter Instanz über die grundlegenden Fragen der Gesellschaft (z. B. Auflösung, Fusion, Konzernverträge) und wählen die Anteilseignervertreter in den Aufsichtsrat. Dieser bestellt den Vorstand, der die Gesellschaft unter eigener Verantwortung leitet (§ 76 Abs. 1). Die Bezüge der einzelnen Vorstandsmitglieder börsennotierter Aktiengesellschaften sind im Jahresabschluss offen zu legen (Vorstandsvergütungs-Offenlegungsgesetz vom 3.8.2005, BGBl. I 2267). Mit dem VorstAG (s. o. I.) wurde insbesondere § 87 AktG geändert und der Aufsichtsrat zu einer angemessenen Vergütungsgestaltung angehalten. Für die Vorstandsvergütungen ist nunmehr das Plenum des Aufsichtsrates zuständig. Die Angelegenheit kann nicht in einem Ausschuss, aus dem die Arbeitnehmervertreter des Aufsichtsrates herausgehalten sind, behandelt werden. Der Vorstand hat zur Sicherung der Gesellschaft vor gefährlichen Entwicklungen ein Überwachungssystem einzurichten (§ 91 Abs. 2). Der Aufsichtsrat hat die Geschäftsführung zu überwachen (§ 111 Abs. 1). Der Vorstand hat ihm hierzu die erforderlichen Informationen zu liefern (§ 90). Dazu gehört auch die Information über die Unternehmensplanung (§ 90 Abs. 1 Nr. 1). Der *BGH* räumt einzelnen Aufsichtsratsmitgliedern (auch der gesamten Arbeitnehmerbank) nicht das Recht ein, gegen rechtswidrige Maßnahmen der Geschäftsführung im Wege der Klage vorzugehen (28.11.1988 – II ZR 57/88, Mitb 89, 137, mit Anm. *Köstler*). Maßnahmen der Geschäftsführung können dem Aufsichtsrat nicht übertragen werden (§ 111 Abs. 4 Satz 1). Als Ausnahme hiervon können bestimmte Geschäfte des Vorstands von der Zustimmung des Aufsichtsrates abhängig gemacht werden. Dies bedarf des Beschlusses des Aufsichtsrates oder der Hauptversammlung (§ 111 Abs. 4 Satz 2). Unter bestimmten Umständen kann der Aufsichtsrat sogar zur Verhinderung einer gesetzwidrigen Maßnahme des Vorstands zur Einführung eines Zustimmungsvorbehalts verpflichtet sein (*BGH* 15.11.1993 – II ZR 235/92, BB 94, 107; hierzu *Köstler*, WiB 94, 714). Verweigert der Aufsichtsrat zu einem zustimmungsbedürftigen Geschäft des Vorstandes seine Zustimmung, so kann dieser die Hauptversammlung anrufen. Die Hauptversammlung kann die Zustimmung mit drei Vierteln der abgegebenen Stimmen ersetzen.

Die Mitglieder des Aufsichtsrates haben für eine verantwortungsbewusste und sorgfältige Wahrnehmung ihres Amtes einzustehen. Sie sind in diesem Zusammenhang zur Verschwiegenheit verpflichtet, soweit dies im Interesse des Unternehmens erforderlich ist (§§ 116, 93).

Aufgrund des TransPuG (s. o.) ist § 116 um einen Satz ergänzt worden, der die ausdrückliche Verschwiegenheit von Aufsichtsratsmitgliedern über vertrauliche Berichte und Beratungen verlangt. Daraus könnten Konflikte im Hinblick auf die unumgängliche Rückkopplung von Arbeitnehmervertretern mit ihren Wählern, den Arbeitnehmern des Unternehmens, entstehen. Das *BAG* hat allerdings davon abgesehen, Vertraulichkeitsanordnungen daran zu messen, ob sie einer Abwägung berechtigter Geheimhaltungsinteressen gegenüber dem Informationsbedarf der Arbeitnehmer standhalten. Es hat sich für eine formale Definition der Verschwiegenheitspflicht entschieden und dem Aufsichtsratsmitglied sogar Informationen gegenüber dem Betriebsrat versagt (*BAG* 23.10.2008 – 2 ABR 59/07, DB 09, 1131).

Nach den Änderungen aufgrund des TransPuG verlangt § 161, dass eine börsennotierte AG jährlich erklärt, ob und in welchem Umfang sie den Empfehlungen der »Regierungskommission Deutscher Corporate Governance Codex« entspricht (www.dcgk.de/de/). Der »Deutsche Corporate Governance Kodex« schafft kein neues Recht, sondern verdeutlicht die geltende Rechtslage und macht Vorschläge einer guten und verantwortungsvollen Unternehmensführung und Kontrolle durch Regeln über das Verhalten von Aufsichtsratsmitgliedern und das Zusammenwirken von Vorstand und Aufsichtsrat (hierzu *Köstler*, Mitbestimmung 3/02, 50). Für die Arbeit des Aufsichtsrates von besonderer Bedeutung sind folgende Elemente (zur aktuellen Version des Kodex *v. Werder*, DB 19, 1721):

- Sicherstellung einer regelmäßigen, zeitnahen und umfassenden Information anhand rechtzeitig übermittelter Unterlagen (Grundsätze 15 und 16) und
- Bildung von Ausschüssen für fachlich komplexe Fragen (Grundsatz 14), dabei besonders einen Prüfungsausschuss (»Audit Committee«, Empfehlung D.3).

Daneben regelt das AktG die Beziehungen zwischen verbundenen Unternehmen. Insbesondere enthält es Schutzvorschriften für Minderheitsaktionäre und Gläubiger, wenn ein Unternehmen in einem Konzern (siehe § 18) von einem anderen abhängig ist (zur Einschaltung der Aufsichtsräte siehe § 308 Abs. 3; hierzu *Köstler,* Mitbest. 11/92, 43; *Hommelhoff,* ZGR 96, 144; *Hoffmann-Becking,* ZHR 95, 325; *Martens,* ZHR 95, 567). Beim sog. Vertragskonzern kann das herrschende Unternehmen dem abhängigen Unternehmen Weisungen erteilen, haftet dafür aufgrund des Ergebnisübernahmevertrages gemäß § 302 bzw. § 303. Beim sog. faktischen Konzern hielt der *BGH* früher eine Durchgriffshaftung in Durchbrechung der Trennung von Gesellschaft und Gesellschafter für möglich (allg. vgl. *BGH* 16.9.1985 – II ZR 275/84, BGHZ 95, 330; *BGH* 29.3.1993 – II ZR 265/91, NJW 93, 1200 – »TBB«; für Arbeitnehmeransprüche *BAG* 15.1.1991 – 1 AZR 94/90, AG 91, 434). Inzwischen hat er dies zu Gunsten einer Existenzvernichtungshaftung aufgegeben: vielmehr soll im Falle einer missbräuchlichen Schädigung des Gesellschaftsvermögens der Gesellschafter gemäß § 826 BGB der Gesellschaft gegenüber haften (*BGHZ* 173, 246 – »Trihotel«). Gläubiger, zu denen auch Arbeitnehmer zählen, können zur Durchsetzung nicht befriedigter Ansprüche gegen die Gesellschaft einen solchen Schadensersatzanspruch pfänden. Das *BAG* (15.3.2011 – 1 ABR 97/09, DB 11, 1698; 9.6.2011 – 6 AZR 687/09, DB 11, 1699; dazu *Löwisch,* ZIP 15, 209 ff.) hat angedeutet, dass es diese Rechtsprechung bei der Frage der Sozialplandotierung bei einer Betriebsänderung entsprechend heranziehen könnte. Demgegenüber hat es einen solchen Berechnungsdurchgriff bei der Betriebsrentenanpassung abgelehnt (*BAG* 15.1.2013 – 3 AZR 638/10, NZA 14, 87; zur Kritik Deinert/Heuschmid/Zwanziger-*Deinert,* § 5 Rn. 81).

Außerdem sieht das AktG die Verpflichtung der AG zur jährlichen öffentlichen Rechnungslegung vor. Im Regelfall stellen Vorstand und Aufsichtsrat den Jahresabschluss gemeinsam fest; stimmt der Aufsichtsrat nicht zu, so stellt ihn die Hauptversammlung fest (§§ 172, 173; hierzu *Bechthold,* Mitbest. 7/92, 60). Der Jahresabschluss ist vom durch den Aufsichtsrat zu bestellenden Abschlussprüfer zu prüfen. Der Abschlussprüfer nimmt an den entsprechenden Aufsichtsratssitzungen teil (§ 171). Die Prüfberichte sind jedem Aufsichtsratsmitglied bzw. den Mitgliedern eines Aufsichtsratsausschusses auszuhändigen (§ 170 Abs. 3).

Die AG kann durch Beschluss der Hauptversammlung eigene Aktien zum Bezug durch Vorstandsmitglieder und Arbeitnehmer ausgeben (zu derartigen Aktienoptionsplänen vgl. *Schwarz/Michel,* BB 98, 489; *Baeck/Diller,* DB 96, 1405). Arbeitnehmer können insoweit steuerlich gefördert werden (s. u. Nr. 34).

2. Wertpapierhandelsgesetz

Mit diesem Gesetz soll die unerlaubte Ausnutzung von Insiderwissen beim Wertpapierhandel unterbunden werden. Es verpflichtet den Vorstand zur Information der Öffentlichkeit über kursrelevante Tatsachen (»Ad-hoc-Publizität«) und stellt die Ausnutzung von Insiderinformationen beim Handel mit Insiderpapieren unter Strafe (vgl. Schwerpunktheft »Das Wertpapierhandelsgesetz in der Praxis«, AG 2/97; *Assmann,* AG 97, 50).

Das Gesetz richtet sich in erster Linie an Organmitglieder der AG, also Vorstands- und Aufsichtsratsmitglieder. Es gilt aber auch für sonstige Insider im Unternehmen. Dies können Arbeitnehmer, aber auch Betriebsrats- und Wirtschaftsausschussmitglieder sein. Eine Veränderung der vorhandenen gesetzlichen Verschwiegenheitspflichten (§§ 116, 93 AktG; 79 BetrVG; 29 SprAuG) tritt durch das WpHG nicht ein (*Schleifer/Kliemt,* DB 95, 2214). Ebenso dürfen durch die sog. Ad-hoc-Publizität die Informations- und Beschlussrechte des Aufsichtsrats nicht beschnitten werden (vgl. *Köstler,* Mitbest. 4/98, 62).

3. Wertpapiererwerbs- und Übernahmegesetz

Mit diesem Gesetz werden Regeln zur Übernahme von Unternehmen durch den Erwerb von Aktienpaketen aufgestellt. Der wesentliche Gesetzesinhalt betrifft Folgendes:

- Gewährleistung eines fairen und geordneten Verfahrens, das sich im Wesentlichen an folgenden Grundsätzen orientiert:
  - Verpflichtung des Bieters, Aktionäre unter gleichen Bedingungen gleich zu behandeln,
  - Verpflichtung des Bieters zur umfassenden Information der Aktionäre,
  - Verpflichtung des Bieters, die Finanzierung des Angebots sicherzustellen,
  - Gebot, die Zielgesellschaft in ihrer Geschäftstätigkeit nicht über einen angemessenen Zeitraum hinaus durch das Übernahmeangebot zu behindern und generell rasche Durchführung des Verfahrens;
- Gewährleistung umfassender Information und Transparenz für die Anteilseigner der Zielgesellschaft und deren Arbeitnehmer, auch durch Abgabe einer begründeten Stellungnahme des Vorstandes zu dem Angebot, in die auch die Position der Arbeitnehmer aufzunehmen ist;
- Pflichtangebot an die Minderheitsaktionäre;
- angemessene Gegenleistung des Bieters;
- Schaffung klarer Vorgaben für das Management einer Zielgesellschaft im Hinblick auf Handlungen, durch die der Erfolg eines Angebots verhindert werden könnte (zu arbeitsrechtlichen Aspekten des Gesetzes vgl. *Grobys,* NZA 02, 1).

III. Anwendungsprobleme und Rechtstatsachen

1. Bedeutung der AG

Die Aktiengesellschaft ist in der Bundesrepublik Deutschland nach wie vor die wichtigste Rechtsform für Großunternehmen. 2015 gab es 7732 steuerpflichtige Aktiengesellschaften. Der Anteil der Aktien an der Unternehmensfinanzierung ist – von Ausnahmen abgesehen – nachrangig. Viele Jahrzehnte lang war dies ein Finanzierungsinstrument vor allem von Großunternehmen. Mit dem einsetzenden Boom der Aktienmärkte in den 1990er Jahren haben sich allerdings zunehmend auch kleine und mittlere Unternehmen an die Börse begeben (vor allem im sog. Neuen Markt für »Technologiewerte«). Seit dem Kurseinbruch 2001/2002 ist dies für Unternehmen aller Größenordnungen sowohl schwieriger als auch unattraktiver geworden. In Deutschland betrug die Zahl der Aktionäre (direkt oder über Fonds) im Jahre 2006 etwa 9,9 Mio. (nach 13,4 Mio. als Höchststand 2001). Sie ist im Gefolge krisenhafter Entwicklungen an den Aktienmärkten wieder deutlich gesunken. Im Jahr 2018 lag sie bei inzwischen wieder gut 10,3 Mio. Im Interesse der Anleger gilt für Neuemissionen die sog. Prospekthaftung in Bezug auf eine wahrheitsgemäße Darstellung der Lage des Unternehmens (Wertpapierprospektgesetz vom 22.6.2015, BGBl. I 1698).

2. Machtverteilung in der AG

Die Machtverteilung in den vorhandenen Aktiengesellschaften weicht von Idealvorstellungen des Gesetzgebers in zweierlei Hinsicht völlig ab: Der eine Teil wird von einem Großaktionär allein oder zusammen mit anderen beherrscht. Hieraus erwachsen besondere Herausforderungen zur Kontrolle des Konzernmanagements in Konzernaufsichtsräten (*Köstler,* Mitbest. 11/92, 43). Zum anderen Teil handelt es sich um sog. Publikumsaktiengesellschaften, deren Aktionärsstruktur sehr unterschiedlich ist. Individuelle Kleinanleger lassen ihre Aktien überwiegend durch Banken verwalten, die über ihr daraus rührendes Depotstimmrecht einen überproportionalen Einfluss auf Hauptversammlungen haben. Hinzu kommt die zunehmende Rolle von Kapitalanlagegesellschaften der unterschiedlichsten Art (Fonds). Daraus wird deutlich, in welcher Weise das gesetzliche Modell der Aktiengesellschaft je nach den Verhältnissen auf der Kapitalseite in der Realität völlig unterschiedlich ausgefüllt wird. Auch wird immer wieder deutlich, wie begrenzt Einfluss und tatsächliche Informationsmöglichkeiten eines Aufsichtsrates insgesamt, geschweige einer Minderheit in ihm, sind (vgl. bereits *Wiethölter,* Interessen und Organisation in der Aktiengesellschaft im amerikanischen und deutschen Recht, 1961).

Seit Jahren gewinnt das sog. Shareholder-value-Konzept an Bedeutung. Die wörtliche Übersetzung des aus dem Amerikanischen kommenden Begriffs weist die Richtung: Es geht um eine am Wert der Gesellschaftsanteile (Börsenwert) orientierte Art der Unternehmensführung. Damit wird die Erwartung verbunden, kurzfristig mehr Gewinne auszuschütten, was offenkundig längerfristige Vorhaben zur Zukunftssicherung des Unternehmens gefährden kann. Naturgemäß folgt daraus auch ein erhöhter Druck auf die Arbeitnehmer zur Senkung der Lohnkosten (vgl. *Grünewälder,* AG 96, 447; *Kittner,* DB 97, 2285). Seit einigen Jahren werden dem Erwägungen zur Berücksichtigung der Interessen anderer am Unternehmen beteiligter Personengruppen (stakeholder, vgl. sogleich u. 3) sowie weiterer öffentlicher Interessen entgegengehalten.

3. AG und Mitbestimmung – Unternehmensrecht

Trotz seiner konzeptionellen Herkunft als Anteilseignergremium ist der Aufsichtsrat der Aktiengesellschaft Ansatzpunkt für die Verwirklichung von Mitbestimmung auf der Unternehmensebene (hierzu siehe die Einleitungen zum MontanMbG, Nr. 27, und MitbestG, Nr. 26). Das entspricht insoweit der Vorstellung von Mitbestimmung als gleichberechtigter Legitimation der Unternehmensführung durch Arbeit und Kapital, als der Aufsichtsrat den Vorstand der Aktiengesellschaft bestellt (§ 84). Es bleibt jedoch die Tatsache bestehen, dass das AktG ausschließlich geschaffen wurde, um die Rechtsverhältnisse von Kapitalgebern und deren Beauftragten zu regeln. Demgemäß liegt es zum Beispiel in der Hand der Aktionäre bzw. ihrer Vertreter im Aufsichtsrat, ob bestimmte Geschäfte des Vorstandes überhaupt als der Zustimmung des Aufsichtsrates bedürftig bezeichnet werden

(§ 111 Abs. 4). Auch hat die Hauptversammlung bei Uneinigkeit zwischen Vorstand und Aufsichtsrat immer das letzte Wort (für zustimmungsbedürftige Geschäfte: § 111 Abs. 4; beim Jahresabschluss: § 173 Abs. 1) oder ist ausschließlich zuständig (z. B. für Fusionen, § 13 UmwG). Mit diesen und ähnlichen Problemen einer Fortentwicklung des Gesellschaftsrechts zu einem Unternehmensrecht hat sich die von der Bundesregierung eingesetzte »Unternehmensrechtskommission« befasst (s. Bericht der Unternehmensrechtskommission, 1980; vgl. auch *Kübler*, AG 94, 141). Für das geltende Recht sind unternehmensrechtliche Ansätze z. B. bereits insoweit anerkannt, als der *BGH* in seiner Entscheidung zur Verschwiegenheitspflicht der Aufsichtsratsmitglieder (5. 6. 1975 – II ZR 156/73, DB 75, 1308) davon ausgeht, das Aufsichtsratsmitglied habe sich in seiner Pflichterfüllung am Wohl des Unternehmens zu orientieren und damit alle im Unternehmen zusammengefassten Interessen einzubeziehen und abzuwägen (s. o. II 1).
Das Gesetz für die gleichberechtigte Teilhabe von Frauen und Männern in Führungspositionen (v. 24. 4. 15, BGBl. I 642; dazu *Herb*, DB 15, 964; *Winter/Marx/De Decker*, DB 15, 1331; *Röder/Arnold*, NZA 15, 1281) verlangt für börsennotierte Unternehmen, die paritätisch mitbestimmt sind, einen Frauenanteil von 30 % im Aufsichtsrat (§ 96 Abs. 2). Für Unternehmen, die entweder börsennotiert oder mitbestimmt sind, gibt es lediglich die Pflicht zur Festlegung einer Zielgröße für die Geschlechterverteilung im Aufsichtsrat, der Geschäftsleitung und in den beiden obersten Managementebenen (§§ 76 Abs. 4, 111 Abs. 5). Angesichts eines derzeitigen Frauenanteils von gut 10 % schien das dringend geboten. Die Quote hat tatsächlich zu einer Erhöhung des Frauenanteils in den Aufsichtsräten der betroffenen Unternehmen geführt, regelmäßig aber kaum über die Zielvorgaben hinaus (Böckler impuls 2/19, S. 1). Das IAB hat eine ernüchternde Bilanz aus der Einführung der Regelung gezogen (*Kohaut/Möller*, IAB-Kurzbericht 23/19). Derzeit gibt es einen Kommissionsvorschlag der EU für eine 40 %-Frauenquote in Aufsichtsräten börsennotierter Unternehmen (KOM. [2012] 614 endg.).

Weiterführende Literatur

(s. auch Literaturhinweise zum MitbestG [Nr. 26])

Monographien

Bachner, Neu im Aufsichtsrat, Tipps und Hinweise für Arbeitnehmervertreter und Betriebsräte, 2. Aufl. (2016)
Fuchs/Köstler/Pütz, Handbuch zur Aufsichtsratswahl, 6. Aufl. (2016)
Köstler/Müller/Sick, Aufsichtsratspraxis, 10. Aufl. (2013)
Semler/v.Schenck (Hrsg.), Arbeitshandbuch für Aufsichtsratsmitglieder, 4. Aufl. (2013)
Theisen, Information und Berichterstattung des Aufsichtsrats, 4. Aufl. (2007)
Unternehmensrechtskommission, Bericht der Unternehmensrechtskommission (1980)
WSI-Projektgruppe, Vorschläge zum Unternehmensrecht (1981)

Aufsatz

Thannheiser, Aufsichtsrat – Risiken und Chancen, AiB 2003, S. 735; AiB 2004, S. 174 und 301

Übersicht 8: Unternehmensmitbestimmung in einer Kapitalgesellschaft

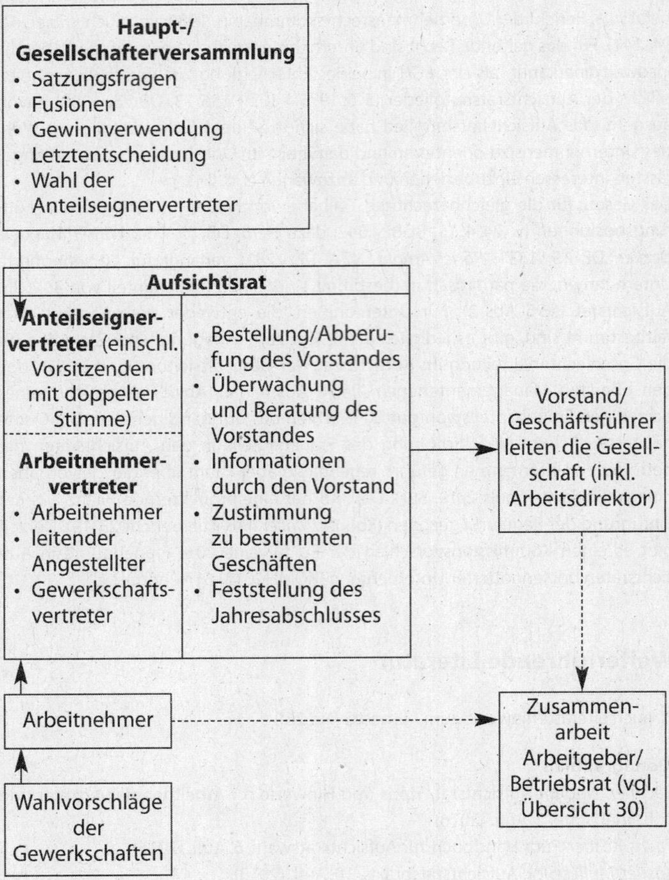

Aktiengesetz (AktG)

vom 6. September 1965 (BGBl. I 1089),
zuletzt geändert durch Gesetz vom 12. Dezember 2019 (BGBl. I 2637)
(Abgedruckte Vorschriften: §§ 15–19, 76–116, 118, 119, 125, 161, 170–173, 192, 278, 302, 308, 317, 404)

Erstes Buch – Aktiengesellschaft (§§ 1–277)

Erster Teil – Allgemeine Vorschriften

...

§ 15 Verbundene Unternehmen Verbundene Unternehmen sind rechtlich selbständige Unternehmen, die im Verhältnis zueinander in Mehrheitsbesitz stehende Unternehmen und mit Mehrheit beteiligte Unternehmen (§ 16), abhängige und herrschende Unternehmen (§ 17), Konzernunternehmen (§ 18), wechselseitig beteiligte Unternehmen (§ 19) oder Vertragsteile eines Unternehmensvertrags (§§ 291, 292) sind.

§ 16 In Mehrheitsbesitz stehende Unternehmen und mit Mehrheit beteiligte Unternehmen (1) Gehört die Mehrheit der Anteile eines rechtlich selbständigen Unternehmens einem anderen Unternehmen oder steht einem anderen Unternehmen die Mehrheit der Stimmrechte zu (Mehrheitsbeteiligung), so ist das Unternehmen ein in Mehrheitsbesitz stehendes Unternehmen, das andere Unternehmen ein an ihm mit Mehrheit beteiligtes Unternehmen.
(2) Welcher Teil der Anteile einem Unternehmen gehört, bestimmt sich bei Kapitalgesellschaften nach dem Verhältnis des Gesamtnennbetrages der ihm gehörenden Anteile zum Nennkapital, bei Gesellschaften mit Stückaktien nach der Zahl der Aktien. Eigene Anteile sind bei Kapitalgesellschaften vom Nennkapital, bei Gesellschaften mit Stückaktien von der Zahl der Aktien abzusetzen. Eigenen Anteilen des Unternehmens stehen Anteile gleich, die einem anderen für Rechnung des Unternehmens gehören.
(3) Welcher Teil der Stimmrechte einem Unternehmen zusteht, bestimmt sich nach dem Verhältnis der Zahl der Stimmrechte, die es aus den ihm gehörenden Anteilen ausüben kann, zur Gesamtzahl aller Stimmrechte. Von der Gesamtzahl aller Stimmrechte sind die Stimmrechte aus eigenen Anteilen sowie aus Anteilen, die nach Absatz 2 Satz 3 eigenen Anteilen gleichstehen, abzusetzen.
(4) Als Anteile, die einem Unternehmen gehören, gelten auch die Anteile, die einem von ihm abhängigen Unternehmen oder einem anderen für Rechnung des Unternehmens oder eines von diesem abhängigen Unternehmens gehören

und, wenn der Inhaber des Unternehmens ein Einzelkaufmann ist, auch die Anteile, die sonstiges Vermögen des Inhabers sind.

§ 17 Abhängige und herrschende Unternehmen (1) Abhängige Unternehmen sind rechtlich selbständige Unternehmen, auf die ein anderes Unternehmen (herrschendes Unternehmen) unmittelbar oder mittelbar einen beherrschenden Einfluß ausüben kann.
(2) Von einem in Mehrheitsbesitz stehenden Unternehmen wird vermutet, daß es von dem an ihm mit Mehrheit beteiligten Unternehmen abhängig ist.

§ 18 Konzern und Konzernunternehmen (1) Sind ein herrschendes und ein oder mehrere abhängige Unternehmen unter der einheitlichen Leitung des herrschenden Unternehmens zusammengefaßt, so bilden sie einen Konzern; die einzelnen Unternehmen sind Konzernunternehmen. Unternehmen, zwischen denen ein Beherrschungsvertrag (§ 291) besteht oder von denen das eine in das andere eingegliedert ist (§ 319), sind als unter einheitlicher Leitung zusammengefaßt anzusehen. Von einem abhängigen Unternehmen wird vermutet, daß es mit dem herrschenden Unternehmen einen Konzern bildet.
(2) Sind rechtlich selbständige Unternehmen, ohne daß das eine Unternehmen von dem anderen abhängig ist, unter einheitlicher Leitung zusammengefaßt, so bilden sie auch einen Konzern; die einzelnen Unternehmen sind Konzernunternehmen.

§ 19 Wechselseitig beteiligte Unternehmen (1) Wechselseitig beteiligte Unternehmen sind Unternehmen mit Sitz im Inland in der Rechtsform einer Kapitalgesellschaft, die dadurch verbunden sind, daß jedem Unternehmen mehr als der vierte Teil der Anteile des anderen Unternehmens gehört. Für die Feststellung, ob einem Unternehmen mehr als der vierte Teil der Anteile des anderen Unternehmens gehört, gilt § 16 Abs. 2 Satz 1, Abs. 4.
(2) Gehört einem wechselseitig beteiligten Unternehmen an dem anderen Unternehmen eine Mehrheitsbeteiligung oder kann das eine auf das andere Unternehmen unmittelbar oder mittelbar einen beherrschenden Einfluß ausüben, so ist das eine als herrschendes, das andere als abhängiges Unternehmen anzusehen.
(3) Gehört jedem der wechselseitig beteiligten Unternehmen an dem anderen Unternehmen eine Mehrheitsbeteiligung oder kann jedes auf das andere unmittelbar oder mittelbar einen beherrschenden Einfluß ausüben, so gelten beide Unternehmen als herrschend und als abhängig.
(4) § 328 ist auf Unternehmen, die nach Absatz 2 oder 3 herrschende oder abhängige Unternehmen sind, nicht anzuwenden.
…

Vierter Teil – Verfassung der Aktiengesellschaft

Erster Abschnitt – Vorstand

§ 76 Leitung der Aktiengesellschaft (1) Der Vorstand hat unter eigener Verantwortung die Gesellschaft zu leiten.[1]
(2) Der Vorstand kann aus einer oder mehreren Personen bestehen. Bei Gesellschaften mit einem Grundkapital von mehr als drei Millionen Euro hat er aus mindestens zwei Personen zu bestehen, es sei denn, die Satzung bestimmt, daß er aus einer Person besteht. Die Vorschriften über die Bestellung eines Arbeitsdirektors bleiben unberührt.[2]

---

1 Entgegen der eigenverantwortlichen Leitung der Gesellschaft durch den Vorstand bei der AG ist eine *GmbH* gekennzeichnet durch die Abhängigkeit der Geschäftsführer von Richtlinien und Weisungen der Gesellschafterversammlung:
GmbH-Gesetz:
§ 35 Vertretung der Gesellschaft (1) Die Gesellschaft wird durch die Geschäftsführer gerichtlich und außergerichtlich vertreten. Hat eine Gesellschaft keinen Geschäftsführer (Führungslosigkeit), wird die Gesellschaft für den Fall, dass ihr gegenüber Willenserklärungen abgegeben oder Schriftstücke zugestellt werden, durch die Gesellschafter vertreten.
(2) …
(3) …
…
§ 36 Zielgrößen und Fristen zur gleichberechtigten Teilhabe von Frauen und Männern Die Geschäftsführer einer Gesellschaft, die der Mitbestimmung unterliegt, legen für den Frauenanteil in den beiden Führungsebenen unterhalb der Geschäftsführer Zielgrößen fest. Liegt der Frauenanteil bei Festlegung der Zielgrößen unter 30 Prozent, so dürfen die Zielgrößen den jeweils erreichten Anteil nicht mehr unterschreiten. Gleichzeitig sind Fristen zur Erreichung der Zielgrößen festzulegen. Die Fristen dürfen jeweils nicht länger als fünf Jahre sein.
§ 37 Beschränkungen der Vertretungsbefugnis (1) Die Geschäftsführer sind der Gesellschaft gegenüber verpflichtet, die Beschränkungen einzuhalten, welche für den Umfang ihrer Befugnis, die Gesellschaft zu vertreten, durch den Gesellschaftsvertrag oder, soweit dieser nicht ein anderes bestimmt, durch die Beschlüsse der Gesellschafter festgesetzt sind.
(2) …
…
§ 45 Rechte der Gesellschafter (1) Die Rechte, welche den Gesellschaftern in den Angelegenheiten der Gesellschaft, insbesondere in bezug auf die Führung der Geschäfte zustehen, sowie die Ausübung derselben bestimmen sich, soweit nicht gesetzliche Vorschriften entgegenstehen, nach dem Gesellschaftsvertrag.
(2) …
…
§ 52 Aufsichtsrat (1) …
(2) Ist nach dem Drittelbeteiligungsgesetz ein Aufsichtsrat zu bestellen, so legt die Gesellschafterversammlung für den Frauenanteil im Aufsichtsrat und unter den Geschäftsführern Zielgrößen fest, es sei denn, sie hat dem Aufsichtsrat diese Aufgabe übertragen. Ist nach dem Mitbestimmungsgesetz, dem Montan-Mitbestimmungsgesetz oder dem Mitbestimmungsergänzungsgesetz ein Aufsichtsrat zu bestellen, so legt der Aufsichtsrat für den Frauenanteil im Aufsichtsrat und unter den Geschäftsführern Zielgrößen fest. Liegt der Frauenanteil bei Festlegung der Zielgrößen unter 30 Prozent, so dürfen die Zielgrößen den jeweils erreichten Anteil nicht mehr unterschreiten. Gleichzeitig sind Fristen zur Erreichung der Zielgrößen festzulegen. Die Fristen dürfen jeweils nicht länger als fünf Jahre sein.
…

2 Vgl. § 13 **Montan-Mitbestimmungsgesetz** (MontanMitbestG) und § 13 **Montan-Mitbestimmungsergänzungsgesetz** (MontanMitbErgG).

(3) Mitglied des Vorstands kann nur eine natürliche, unbeschränkt geschäftsfähige Person sein. Mitglied des Vorstands kann nicht sein, wer
1. als Betreuter bei der Besorgung seiner Vermögensangelegenheiten ganz oder teilweise einem Einwilligungsvorbehalt (§ 1903 des Bürgerlichen Gesetzbuchs) unterliegt,
2. aufgrund eines gerichtlichen Urteils oder einer vollziehbaren Entscheidung einer Verwaltungsbehörde einen Beruf, einen Berufszweig, ein Gewerbe oder einen Gewerbezweig nicht ausüben darf, sofern der Unternehmensgegenstand ganz oder teilweise mit dem Gegenstand des Verbots übereinstimmt,
3. wegen einer oder mehrerer vorsätzlich begangener Straftaten
   a) des Unterlassens der Stellung des Antrags auf Eröffnung des Insolvenzverfahrens (Insolvenzverschleppung),
   b) nach den §§ 283 bis 283 d des Strafgesetzbuchs (Insolvenzstraftaten),
   c) der falschen Angaben nach § 399 dieses Gesetzes oder § 82 des Gesetzes betreffend die Gesellschaften mit beschränkter Haftung,
   d) der unrichtigen Darstellung nach § 400 dieses Gesetzes, § 331 des Handelsgesetzbuchs, § 313 des Umwandlungsgesetzes oder § 17 des Publizitätsgesetzes,
   e) nach den §§ 263 bis 264 a oder den §§ 265 b bis 266 a des Strafgesetzbuchs zu einer Freiheitsstrafe von mindestens einem Jahr

   verurteilt worden ist; dieser Ausschluss gilt für die Dauer von fünf Jahren seit der Rechtskraft des Urteils, wobei die Zeit nicht eingerechnet wird, in welcher der Täter auf behördliche Anordnung in einer Anstalt verwahrt worden ist.

Satz 2 Nr. 3 gilt entsprechend bei einer Verurteilung im Ausland wegen einer Tat, die mit den in Satz 2 Nr. 3 genannten Taten vergleichbar ist.

(4) Der Vorstand von Gesellschaften, die börsennotiert sind oder der Mitbestimmung unterliegen, legt für den Frauenanteil in den beiden Führungsebenen unterhalb des Vorstands Zielgrößen fest. Liegt der Frauenanteil bei Festlegung der Zielgrößen unter 30 Prozent, so dürfen die Zielgrößen den jeweils erreichten Anteil nicht mehr unterschreiten. Gleichzeitig sind Fristen zur Erreichung der Zielgrößen festzulegen. Die Fristen dürfen jeweils nicht länger als fünf Jahre sein.

§ 77 Geschäftsführung (1) Besteht der Vorstand aus mehreren Personen, so sind sämtliche Vorstandsmitglieder nur gemeinschaftlich zur Geschäftsführung befugt. Die Satzung oder die Geschäftsordnung des Vorstands kann Abweichendes bestimmen; es kann jedoch nicht bestimmt werden, daß ein oder mehrere Vorstandsmitglieder Meinungsverschiedenheiten im Vorstand gegen die Mehrheit seiner Mitglieder entscheiden.

(2) Der Vorstand kann sich eine Geschäftsordnung geben, wenn nicht die Satzung den Erlaß der Geschäftsordnung dem Aufsichtsrat übertragen hat oder der Aufsichtsrat eine Geschäftsordnung für den Vorstand erläßt. Die Satzung kann Einzelfragen der Geschäftsordnung bindend regeln. Beschlüsse des Vorstands über die Geschäftsordnung müssen einstimmig gefaßt werden.

§ 78 Vertretung (1) Der Vorstand vertritt die Gesellschaft gerichtlich und außergerichtlich. Hat eine Gesellschaft keinen Vorstand (Führungslosigkeit), wird die Gesellschaft für den Fall, dass ihr gegenüber Willenserklärungen abgegeben oder Schriftstücke zugestellt werden, durch den Aufsichtsrat vertreten.
(2) Besteht der Vorstand aus mehreren Personen, so sind, wenn die Satzung nichts anderes bestimmt, sämtliche Vorstandsmitglieder nur gemeinschaftlich zur Vertretung der Gesellschaft befugt. Ist eine Willenserklärung gegenüber der Gesellschaft abzugeben, so genügt die Abgabe gegenüber einem Vorstandsmitglied oder im Fall des Absatzes 1 Satz 2 gegenüber einem Aufsichtsratsmitglied. An die Vertreter der Gesellschaft nach Absatz 1 können unter der im Handelsregister eingetragenen Geschäftsanschrift Willenserklärungen gegenüber der Gesellschaft abgegeben und Schriftstücke für die Gesellschaft zugestellt werden. Unabhängig hiervon können die Abgabe und die Zustellung auch unter der eingetragenen Anschrift der empfangsberechtigten Person nach § 39 Abs. 1 Satz 2 erfolgen.
(3) Die Satzung kann auch bestimmen, daß einzelne Vorstandsmitglieder allein oder in Gemeinschaft mit einem Prokuristen zur Vertretung der Gesellschaft befugt sind. Dasselbe kann der Aufsichtsrat bestimmen, wenn die Satzung ihn hierzu ermächtigt hat. Absatz 2 Satz 2 gilt in diesen Fällen sinngemäß.
(4) Zur Gesamtvertretung befugte Vorstandsmitglieder können einzelne von ihnen zur Vornahme bestimmter Geschäfte oder bestimmter Arten von Geschäften ermächtigen. Dies gilt sinngemäß, wenn ein einzelnes Vorstandsmitglied in Gemeinschaft mit einem Prokuristen zur Vertretung der Gesellschaft befugt ist.

§ 79 *(weggefallen)*

§ 80 Angaben auf Geschäftsbriefen (1) Auf allen Geschäftsbriefen gleichviel welcher Form, die an einen bestimmten Empfänger gerichtet werden, müssen die Rechtsform und der Sitz der Gesellschaft, das Registergericht des Sitzes der Gesellschaft und die Nummer, unter der die Gesellschaft in das Handelsregister eingetragen ist, sowie alle Vorstandsmitglieder und der Vorsitzende des Aufsichtsrats mit dem Familiennamen und mindestens einem ausgeschriebenen Vornamen angegeben werden. Der Vorsitzende des Vorstands ist als solcher zu bezeichnen. Werden Angaben über das Kapital der Gesellschaft gemacht, so müssen in jedem Falle das Grundkapital sowie, wenn auf die Aktien der Ausgabebetrag nicht vollständig eingezahlt ist, der Gesamtbetrag der ausstehenden Einlagen angegeben werden.
(2) Der Angaben nach Absatz 1 Satz 1 und 2 bedarf es nicht bei Mitteilungen oder Berichten, die im Rahmen einer bestehenden Geschäftsverbindung ergehen und für die üblicherweise Vordrucke verwendet werden, in denen lediglich die im Einzelfall erforderlichen besonderen Angaben eingefügt zu werden brauchen.
(3) Bestellscheine gelten als Geschäftsbriefe im Sinne des Absatzes 1. Absatz 2 ist auf sie nicht anzuwenden.

(4) Auf allen Geschäftsbriefen und Bestellscheinen, die von einer Zweigniederlassung einer Aktiengesellschaft mit Sitz im Ausland verwendet werden, müssen das Register, bei dem die Zweigniederlassung geführt wird, und die Nummer des Registereintrags angegeben werden; im übrigen gelten die Vorschriften der Absätze 1 bis 3 für die Angaben bezüglich der Haupt- und der Zweigniederlassung, soweit nicht das ausländische Recht Abweichungen nötig macht. Befindet sich die ausländische Gesellschaft in Abwicklung, so sind auch diese Tatsache sowie alle Abwickler anzugeben.

§ 81 Änderung des Vorstands und der Vertretungsbefugnis seiner Mitglieder
(1) Jede Änderung des Vorstands oder der Vertretungsbefugnis eines Vorstandsmitglieds hat der Vorstand zur Eintragung in das Handelsregister anzumelden.
(2) Der Anmeldung sind die Urkunden über die Änderung in Urschrift oder öffentlich beglaubigter Abschrift beizufügen.
(3) Die neuen Vorstandsmitglieder haben in der Anmeldung zu versichern, daß keine Umstände vorliegen, die ihrer Bestellung nach § 76 Abs. 3 Satz 2 Nr. 2 und 3 sowie Satz 3 entgegenstehen, und daß sie über ihre unbeschränkte Auskunftspflicht gegenüber dem Gericht belehrt worden sind. § 37 Abs. 2 Satz 2 ist anzuwenden.
(4) *(weggefallen)*

§ 82 Beschränkungen der Vertretungs- und Geschäftsführungsbefugnis (1) Die Vertretungsbefugnis des Vorstands kann nicht beschränkt werden.
(2) Im Verhältnis der Vorstandsmitglieder zur Gesellschaft sind diese verpflichtet, die Beschränkungen einzuhalten, die im Rahmen der Vorschriften über die Aktiengesellschaft die Satzung, der Aufsichtsrat, die Hauptversammlung und die Geschäftsordnungen des Vorstands und des Aufsichtsrats für die Geschäftsführungsbefugnis getroffen haben.

§ 83 Vorbereitung und Ausführung von Hauptversammlungsbeschlüssen (1) Der Vorstand ist auf Verlangen der Hauptversammlung verpflichtet, Maßnahmen, die in die Zuständigkeit der Hauptversammlung fallen, vorzubereiten. Das gleiche gilt für die Vorbereitung und den Abschluß von Verträgen, die nur mit Zustimmung der Hauptversammlung wirksam werden. Der Beschluß der Hauptversammlung bedarf der Mehrheiten, die für die Maßnahmen oder für die Zustimmung zu dem Vertrag erforderlich sind.
(2) Der Vorstand ist verpflichtet, die von der Hauptversammlung im Rahmen ihrer Zuständigkeit beschlossenen Maßnahmen auszuführen.

§ 84 Bestellung und Abberufung des Vorstands (1) Vorstandsmitglieder bestellt der Aufsichtsrat auf höchstens fünf Jahre. Eine wiederholte Bestellung oder Verlängerung der Amtszeit, jeweils für höchstens fünf Jahre, ist zulässig. Sie bedarf eines erneuten Aufsichtsratsbeschlusses, der frühestens ein Jahr vor Ablauf der bisherigen Amtszeit gefaßt werden kann. Nur bei einer

Bestellung auf weniger als fünf Jahre kann eine Verlängerung der Amtszeit ohne neuen Aufsichtsratsbeschluß vorgesehen werden, sofern dadurch die gesamte Amtszeit nicht mehr als fünf Jahre beträgt. Dies gilt sinngemäß für den Anstellungsvertrag; er kann jedoch vorsehen, daß er für den Fall einer Verlängerung der Amtszeit bis zu deren Ablauf weitergilt.
(2) Werden mehrere Personen zu Vorstandsmitgliedern bestellt, so kann der Aufsichtsrat ein Mitglied zum Vorsitzenden des Vorstands ernennen.
(3) Der Aufsichtsrat kann die Bestellung zum Vorstandsmitglied und die Ernennung zum Vorsitzenden des Vorstands widerrufen, wenn ein wichtiger Grund vorliegt. Ein solcher Grund ist namentlich grobe Pflichtverletzung, Unfähigkeit zur ordnungsmäßigen Geschäftsführung oder Vertrauensentzug durch die Hauptversammlung, es sei denn, daß das Vertrauen aus offenbar unsachlichen Gründen entzogen worden ist. Dies gilt auch für den vom ersten Aufsichtsrat bestellten Vorstand. Der Widerruf ist wirksam, bis seine Unwirksamkeit rechtskräftig festgestellt ist. Für die Ansprüche aus dem Anstellungsvertrag gelten die allgemeinen Vorschriften.
(4) Die Vorschriften des Gesetzes über die Mitbestimmung der Arbeitnehmer in den Aufsichtsräten und Vorständen der Unternehmen des Bergbaus und der Eisen und Stahl erzeugenden Industrie in der im Bundesgesetzblatt Teil III, Gliederungsnummer 801 – 2, veröffentlichten bereinigten Fassung – Montan-Mitbestimmungsgesetz – über die besonderen Mehrheitserfordernisse für einen Aufsichtsratsbeschluß über die Bestellung eines Arbeitsdirektors oder den Widerruf seiner Bestellung bleiben unberührt.

§ 85 Bestellung durch das Gericht (1) Fehlt ein erforderliches Vorstandsmitglied, so hat in dringenden Fällen das Gericht auf Antrag eines Beteiligten das Mitglied zu bestellen. Gegen die Entscheidung ist die Beschwerde zulässig.
(2) Das Amt des gerichtlich bestellten Vorstandsmitglieds erlischt in jedem Fall, sobald der Mangel behoben ist.
(3) Das gerichtlich bestellte Vorstandsmitglied hat Anspruch auf Ersatz angemessener barer Auslagen und auf Vergütung für seine Tätigkeit. Einigen sich das gerichtlich bestellte Vorstandsmitglied und die Gesellschaft nicht, so setzt das Gericht die Auslagen und die Vergütung fest. Gegen die Entscheidung ist die Beschwerde zulässig; die Rechtsbeschwerde ist ausgeschlossen. Aus der rechtskräftigen Entscheidung findet die Zwangsvollstreckung nach der Zivilprozeßordnung statt.

§ 86 *(weggefallen)*

§ 87 Grundsätze für die Bezüge der Vorstandsmitglieder (1) Der Aufsichtsrat hat bei der Festsetzung der Gesamtbezüge des einzelnen Vorstandsmitglieds (Gehalt, Gewinnbeteiligungen, Aufwandsentschädigungen, Versicherungsentgelte, Provisionen, anreizorientierte Vergütungszusagen wie zum Beispiel Aktienbezugsrechte und Nebenleistungen jeder Art) dafür zu sorgen, dass diese in einem angemessenen Verhältnis zu den Aufgaben und Leistungen des Vor-

standsmitglieds sowie zur Lage der Gesellschaft stehen und die übliche Vergütung nicht ohne besondere Gründe übersteigen. Die Vergütungsstruktur ist bei börsennotierten Gesellschaften auf eine nachhaltige und langfristige Entwicklung der Gesellschaft auszurichten. Variable Vergütungsbestandteile sollen daher eine mehrjährige Bemessungsgrundlage haben; für außerordentliche Entwicklungen soll der Aufsichtsrat eine Begrenzungsmöglichkeit vereinbaren. Satz 1 gilt sinngemäß für Ruhegehalt, Hinterbliebenenbezüge und Leistungen verwandter Art.
(2) Verschlechtert sich die Lage der Gesellschaft nach der Festsetzung so, dass die Weitergewährung der Bezüge nach Absatz 1 unbillig für die Gesellschaft wäre, so soll der Aufsichtsrat oder im Falle des § 85 Absatz 3 das Gericht auf Antrag des Aufsichtsrats die Bezüge auf die angemessene Höhe herabsetzen. Ruhegehalt, Hinterbliebenenbezüge und Leistungen verwandter Art können nur in den ersten drei Jahren nach Ausscheiden aus der Gesellschaft nach Satz 1 herabgesetzt werden. Durch eine Herabsetzung wird der Anstellungsvertrag im Übrigen nicht berührt. Das Vorstandsmitglied kann jedoch seinen Anstellungsvertrag für den Schluß des nächsten Kalendervierteljahres mit einer Kündigungsfrist von sechs Wochen kündigen.
(3) Wird über das Vermögen der Gesellschaft das Insolvenzverfahren eröffnet und kündigt der Insolvenzverwalter den Anstellungsvertrag eines Vorstandsmitglieds, so kann es Ersatz für den Schaden, der ihm durch die Aufhebung des Dienstverhältnisses entsteht, nur für zwei Jahre seit dem Ablauf des Dienstverhältnisses verlangen.
(4) Die Hauptversammlung kann auf Antrag nach § 122 Absatz 2 Satz 1 die nach § 87 a Absatz 1 Satz 2 Nummer 1 festgelegte Maximalvergütung herabsetzen.

§ 88 Wettbewerbsverbot (1) Die Vorstandsmitglieder dürfen ohne Einwilligung des Aufsichtsrats weder ein Handelsgewerbe betreiben noch im Geschäftszweig der Gesellschaft für eigene oder fremde Rechnung Geschäfte machen. Sie dürfen ohne Einwilligung auch nicht Mitglied des Vorstands oder Geschäftsführer oder persönlich haftender Gesellschafter einer anderen Handelsgesellschaft sein. Die Einwilligung des Aufsichtsrats kann nur für bestimmte Handelsgewerbe oder Handelsgesellschaften oder für bestimmte Arten von Geschäften erteilt werden.
(2) Verstößt ein Vorstandsmitglied gegen dieses Verbot, so kann die Gesellschaft Schadenersatz fordern. Sie kann statt dessen von dem Mitglied verlangen, daß es die für eigene Rechnung gemachten Geschäfte als für Rechnung der Gesellschaft eingegangen gelten läßt und die aus Geschäften für fremde Rechnung bezogene Vergütung herausgibt oder seinen Anspruch auf die Vergütung abtritt.
(3) Die Ansprüche der Gesellschaft verjähren in drei Monaten seit dem Zeitpunkt, in dem die übrigen Vorstandsmitglieder und die Aufsichtratsmitglieder von der zum Schadensersatz verpflichtenden Handlung Kenntnis erlangen oder ohne grobe Fahrlässigkeit erlangen müssten. Sie verjähren ohne Rücksicht auf diese Kenntnis oder grob fahrlässige Unkenntnis in fünf Jahren von ihrer Entstehung an.

§ 89 Kreditgewährung an Vorstandsmitglieder (1) Die Gesellschaft darf ihren Vorstandsmitgliedern Kredit nur auf Grund eines Beschlusses des Aufsichtsrats gewähren. Der Beschluß kann nur für bestimmte Kreditgeschäfte oder Arten von Kreditgeschäften und nicht für länger als drei Monate im voraus gefaßt werden. Er hat die Verzinsung und Rückzahlung des Kredits zu regeln. Der Gewährung eines Kredits steht die Gestattung einer Entnahme gleich, die über die dem Vorstandsmitglied zustehenden Bezüge hinausgeht, namentlich auch die Gestattung der Entnahme von Vorschüssen auf Bezüge. Dies gilt nicht für Kredite, die ein Monatsgehalt nicht übersteigen.
(2) Die Gesellschaft darf ihren Prokuristen und zum gesamten Geschäftsbetrieb ermächtigten Handlungsbevollmächtigten Kredit nur mit Einwilligung des Aufsichtsrats gewähren. Eine herrschende Gesellschaft darf Kredite an gesetzliche Vertreter, Prokuristen oder zum gesamten Geschäftsbetrieb ermächtigte Handlungsbevollmächtigte eines abhängigen Unternehmens nur mit Einwilligung ihres Aufsichtsrats, eine abhängige Gesellschaft darf Kredite an gesetzliche Vertreter, Prokuristen oder zum gesamten Geschäftsbetrieb ermächtigte Handlungsbevollmächtigte des herrschenden Unternehmens nur mit Einwilligung des Aufsichtsrats des herrschenden Unternehmens gewähren. Absatz 1 Satz 2 bis 5 gilt sinngemäß.
(3) Absatz 2 gilt auch für Kredite an den Ehegatten, Lebenspartner oder an ein minderjähriges Kind eines Vorstandsmitglieds, eines anderen gesetzlichen Vertreters, eines Prokuristen oder eines zum gesamten Geschäftsbetrieb ermächtigten Handlungsbevollmächtigten. Er gilt ferner für Kredite an einen Dritten, der für Rechnung dieser Personen oder für Rechnung eines Vorstandsmitglieds, eines anderen gesetzlichen Vertreters, eines Prokuristen oder eines zum gesamten Geschäftsbetrieb ermächtigten Handlungsbevollmächtigten handelt.
(4) Ist ein Vorstandsmitglied, ein Prokurist oder ein zum gesamten Geschäftsbetrieb ermächtigter Handlungsbevollmächtigter zugleich gesetzlicher Vertreter oder Mitglied des Aufsichtsrats einer anderen juristischen Person oder Gesellschafter einer Personenhandelsgesellschaft, so darf die Gesellschaft der juristischen Person oder der Personenhandelsgesellschaft Kredit nur mit Einwilligung des Aufsichtsrats gewähren; Absatz 1 Satz 2 und 3 gilt sinngemäß. Dies gilt nicht, wenn die juristische Person oder die Personenhandelsgesellschaft mit der Gesellschaft verbunden ist oder wenn der Kredit für die Bezahlung von Waren gewährt wird, welche die Gesellschaft der juristischen Person oder der Personenhandelsgesellschaft liefert.
(5) Wird entgegen den Absätzen 1 bis 4 Kredit gewährt, so ist der Kredit ohne Rücksicht auf entgegenstehende Vereinbarungen sofort zurückzugewähren, wenn nicht der Aufsichtsrat nachträglich zustimmt.
(6) Ist die Gesellschaft ein Kreditinstitut oder Finanzdienstleistungsinstitut, auf das § 15 des Gesetzes über das Kreditwesen anzuwenden ist, gelten anstelle der Absätze 1 bis 5 die Vorschriften des Gesetzes über das Kreditwesen.

§ 90 Berichte an den Aufsichtsrat (1) Der Vorstand hat dem Aufsichtsrat zu berichten über

1. die beabsichtigte Geschäftspolitik und andere grundsätzliche Fragen der Unternehmensplanung (insbesondere die Finanz-, Investitions- und Personalplanung), wobei auf Abweichungen der tatsächlichen Entwicklung von früher berichteten Zielen unter Angabe von Gründen einzugehen ist;
2. die Rentabilität der Gesellschaft, insbesondere die Rentabilität des Eigenkapitals;
3. den Gang der Geschäfte, insbesondere den Umsatz, und die Lage der Gesellschaft;
4. Geschäfte, die für die Rentabilität oder Liquidität der Gesellschaft von erheblicher Bedeutung sein können.

Ist die Gesellschaft Mutterunternehmen (§ 290 Abs. 1, 2 des Handelsgesetzbuchs), so hat der Bericht auch auf Tochterunternehmen und auf Gemeinschaftsunternehmen (§ 310 Abs. 1 des Handelsgesetzbuchs) einzugehen. Außerdem ist dem Vorsitzenden des Aufsichtsrats aus sonstigen wichtigen Anlässen zu berichten; als wichtiger Anlaß ist auch ein dem Vorstand bekanntgewordener geschäftlicher Vorgang bei einem verbundenen Unternehmen anzusehen, der auf die Lage der Gesellschaft von erheblichem Einfluß sein kann.

(2) Die Berichte nach Absatz 1 Satz 1 Nr. 1 bis 4 sind wie folgt zu erstatten:

1. die Berichte nach Nummer 1 mindestens einmal jährlich, wenn nicht Änderungen der Lage oder neue Fragen eine unverzügliche Berichterstattung gebieten;
2. die Berichte nach Nummer 2 in der Sitzung des Aufsichtsrats, in der über den Jahresabschluß verhandelt wird;
3. die Berichte nach Nummer 3 regelmäßig, mindestens vierteljährlich;
4. die Berichte nach Nummer 4 möglichst so rechtzeitig, daß der Aufsichtsrat vor Vornahme der Geschäfte Gelegenheit hat, zu ihnen Stellung zu nehmen.

(3) Der Aufsichtsrat kann vom Vorstand jederzeit einen Bericht verlangen über Angelegenheiten der Gesellschaft, über ihre rechtlichen und geschäftlichen Beziehungen zu verbundenen Unternehmen sowie über geschäftliche Vorgänge bei diesen Unternehmen, die auf die Lage der Gesellschaft von erheblichem Einfluß sein können. Auch ein einzelnes Mitglied kann einen Bericht, jedoch nur an den Aufsichtsrat, verlangen.

(4) Die Berichte haben den Grundsätzen einer gewissenhaften und getreuen Rechenschaft zu entsprechen. Sie sind möglichst rechtzeitig und, mit Ausnahme des Berichts nach Absatz 1 Satz 3, in der Regel in Textform zu erstatten.

(5) Jedes Aufsichtsratsmitglied hat das Recht, von den Berichten Kenntnis zu nehmen. Soweit die Berichte in Textform erstattet worden sind, sind sie auch jedem Aufsichtsratsmitglied auf Verlangen zu übermitteln, soweit der Aufsichtsrat nichts anderes beschlossen hat. Der Vorsitzende des Aufsichtsrats hat die Aufsichtsratsmitglieder über die Berichte nach Absatz 1 Satz 3 spätestens in der nächsten Aufsichtsratssitzung zu unterrichten.

§ 91 Organisation; Buchführung (1) Der Vorstand hat dafür zu sorgen, daß die erforderlichen Handelsbücher geführt werden.

(2) Der Vorstand hat geeignete Maßnahmen zu treffen, insbesondere ein Über-

wachungssystem einzurichten, damit den Fortbestand der Gesellschaft gefährdende Entwicklungen früh erkannt werden.

§ 92 Vorstandspflichten bei Verlust, Überschuldung oder Zahlungsunfähigkeit (1) Ergibt sich bei Aufstellung der Jahresbilanz oder einer Zwischenbilanz oder ist bei pflichtmäßigem Ermessen anzunehmen, daß ein Verlust in Höhe der Hälfte des Grundkapitals besteht, so hat der Vorstand unverzüglich die Hauptversammlung einzuberufen und ihr dies anzuzeigen.
(2) Nachdem die Zahlungsunfähigkeit der Gesellschaft eingetreten ist oder sich ihre Überschuldung ergeben hat, darf der Vorstand keine Zahlungen leisten. Dies gilt nicht von Zahlungen, die auch nach diesem Zeitpunkt mit der Sorgfalt eines ordentlichen und gewissenhaften Geschäftsleiters vereinbar sind. Die gleiche Verpflichtung trifft den Vorstand für Zahlungen an Aktionäre, soweit diese zur Zahlungsunfähigkeit der Gesellschaft führen mussten, es sei denn, dies war auch bei Beachtung der in § 93 Abs. 1 Satz 1 bezeichneten Sorgfalt nicht erkennbar.

§ 93 Sorgfaltspflicht und Verantwortlichkeit der Vorstandsmitglieder[1] (1) Die Vorstandsmitglieder haben bei ihrer Geschäftsführung die Sorgfalt eines ordentlichen und gewissenhaften Geschäftsleiters anzuwenden. Eine Pflichtverletzung liegt nicht vor, wenn das Vorstandsmitglied bei einer unternehmerischen Entscheidung vernünftigerweise annehmen durfte, auf der Grundlage angemessener Information zum Wohle der Gesellschaft zu handeln. Über vertrauliche Angaben und Geheimnisse der Gesellschaft, namentlich Betriebs- oder Geschäftsgeheimnisse, die den Vorstandsmitgliedern durch ihre Tätigkeit im Vorstand bekanntgeworden sind, haben sie Stillschweigen zu bewahren. Die Pflicht des Satzes 3 gilt nicht gegenüber einer nach § 342 b des Handelsgesetzbuchs anerkannten Prüfstelle im Rahmen einer von dieser durchgeführten Prüfung.

---

1 Zu einer besonderen Ausformulierung von Verhaltenspflichten von Organmitgliedern – aber auch anderen Insidern (vgl. Einl. II 2) – siehe das **Wertpapierhandelsgesetz** (WpHG) vom 25. 7. 1994 (BGBl. I 1749), zuletzt geändert durch Gesetz vom 12. 12. 2019 (BGBl. I 2637):

…

§ 2 Begriffsbestimmungen (1) Wertpapiere im Sinne dieses Gesetzes sind, auch wenn keine Urkunden über sie ausgestellt sind, alle Gattungen von übertragbaren Wertpapieren mit Ausnahme von Zahlungsinstrumenten, die ihrer Art nach auf den Finanzmärkten handelbar sind, insbesondere

1. Aktien,
2. andere Anteile an in- oder ausländischen juristischen Personen, Personengesellschaften und sonstigen Unternehmen, soweit sie Aktien vergleichbar sind, sowie Hinterlegungsscheine, die Aktien vertreten,
3. Schuldtitel,
   a) insbesondere Genussscheine und Inhaberschuldverschreibungen und Orderschuldverschreibungen sowie Hinterlegungsscheine, die Schuldtitel vertreten,
   b) sonstige Wertpapiere, die zum Erwerb oder zur Veräußerung von Wertpapieren nach den Nummern 1 und 2 berechtigen oder zu einer Barzahlung führen, die in Abhängigkeit von Wertpapieren, von Währungen, Zinssätzen oder anderen Erträgen, von Waren, Indices oder Messgrößen bestimmt wird;

…

(2) Vorstandsmitglieder, die ihre Pflichten verletzen, sind der Gesellschaft zum Ersatz des daraus entstehenden Schadens als Gesamtschuldner verpflichtet. Ist streitig, ob sie die Sorgfalt eines ordentlichen und gewissenhaften Geschäftsleiters angewandt haben, so trifft sie die Beweislast. Schließt die Gesellschaft eine Versicherung zur Absicherung eines Vorstandsmitglieds gegen Risiken aus dessen beruflicher Tätigkeit für die Gesellschaft ab, ist ein Selbstbehalt von mindestens 10 Prozent des Schadens bis mindestens zur Höhe des Eineinhalbfachen der festen jährlichen Vergütung des Vorstandsmitglieds vorzusehen.
(3)–(5) …
(6) Die Ansprüche aus diesen Vorschriften verjähren bei Gesellschaften, die zum Zeitpunkt der Pflichtverletzung börsennotiert sind, in zehn Jahren, bei anderen Gesellschaften in fünf Jahren.

§ 94 Stellvertreter von Vorstandsmitgliedern Die Vorschriften für die Vorstandsmitglieder gelten auch für ihre Stellvertreter.

Zweiter Abschnitt – Aufsichtsrat

§ 95 Zahl der Aufsichtsratsmitglieder Der Aufsichtsrat besteht aus drei Mitgliedern. Die Satzung kann eine bestimmte höhere Zahl festsetzen. Die Zahl muß durch drei teilbar sein, wenn dies zur Erfüllung mitbestimmungspflichtiger Vorgaben erforderlich ist. Die Höchstzahl der Aufsichtsratsmitglieder beträgt bei Gesellschaften mit einem Grundkapital

bis zu	1 500 000 Euro neun,
von mehr als	1 500 000 Euro fünfzehn,
von mehr als	10000000 Euro einundzwanzig.

Durch die vorstehenden Vorschriften werden hiervon abweichende Vorschriften des Mitbestimmungsgesetzes vom 4. Mai 1976 (BGBl. I S. 1153), des Montan-Mitbestimmungsgesetzes und des Gesetzes zur Ergänzung des Gesetzes über die Mitbestimmung der Arbeitnehmer in den Aufsichtsräten und Vorständen der Unternehmen des Bergbaus und der Eisen und Stahl erzeugenden Industrie in der im Bundesgesetzblatt Teil III, Gliederungsnummer 801 – 3, veröffentlichten bereinigten Fassung – Mitbestimmungsergänzungsgesetz – nicht berührt.

§ 96 Zusammensetzung des Aufsichtsrats (1) Der Aufsichtsrat setzt sich zusammen
bei Gesellschaften, für die das Mitbestimmungsgesetz gilt, aus Aufsichtsratsmitgliedern der Aktionäre und der Arbeitnehmer,
bei Gesellschaften, für die das Montan-Mitbestimmungsgesetz gilt, aus Aufsichtsratsmitgliedern der Aktionäre und der Arbeitnehmer und aus weiteren Mitgliedern,
bei Gesellschaften, für die die §§ 5 bis 13 des Mitbestimmungsergänzungsgeset-

zes gelten, aus Aufsichtsratsmitgliedern der Aktionäre und der Arbeitnehmer und aus einem weiteren Mitglied,
bei Gesellschaften, für die das Drittelbeteiligungsgesetz gilt, aus Aufsichtsratsmitgliedern der Aktionäre und der Arbeitnehmer,
bei Gesellschaften, für die das Gesetz über die Mitbestimmung der Arbeitnehmer bei einer grenzüberschreitenden Verschmelzung vom 21. Dezember 2006 (BGBl. I S. 3332) gilt, aus Aufsichtsratsmitgliedern der Aktionäre und der Arbeitnehmer,
bei den übrigen Gesellschaften nur aus Aufsichtsratsmitgliedern der Aktionäre.
(2) Bei börsennotierten Gesellschaften, für die das Mitbestimmungsgesetz, das Montan-Mitbestimmungsgesetz oder das Mitbestimmungsergänzungsgesetz gilt, setzt sich der Aufsichtsrat zu mindestens 30 Prozent aus Frauen und zu mindestens 30 Prozent aus Männern zusammen. Der Mindestanteil ist vom Aufsichtsrat insgesamt zu erfüllen. Widerspricht die Seite der Anteilseigner- oder Arbeitnehmervertreter auf Grund eines mit Mehrheit gefassten Beschlusses vor der Wahl der Gesamterfüllung gegenüber dem Aufsichtsratsvorsitzenden, so ist der Mindestanteil für diese Wahl von der Seite der Anteilseigner und der Seite der Arbeitnehmer getrennt zu erfüllen. Es ist in allen Fällen auf volle Personenzahlen mathematisch auf- beziehungsweise abzurunden. Verringert sich bei Gesamterfüllung der höhere Frauenanteil einer Seite nachträglich und widerspricht sie nun der Gesamterfüllung, so wird dadurch die Besetzung auf der anderen Seite nicht unwirksam. Eine Wahl der Mitglieder des Aufsichtsrats durch die Hauptversammlung und eine Entsendung in den Aufsichtsrat unter Verstoß gegen das Mindestanteilsgebot ist nichtig. Ist eine Wahl aus anderen Gründen für nichtig erklärt, so verstoßen zwischenzeitlich erfolgte Wahlen insoweit nicht gegen das Mindestanteilsgebot. Auf die Wahl der Aufsichtsratsmitglieder der Arbeitnehmer sind die in Satz 1 genannten Gesetze zur Mitbestimmung anzuwenden.
(3) Bei börsennotierten Gesellschaften, die aus einer grenzüberschreitenden Verschmelzung hervorgegangen sind und bei denen nach dem Gesetz über die Mitbestimmung der Arbeitnehmer bei einer grenzüberschreitenden Verschmelzung das Aufsichts- oder Verwaltungsorgan aus derselben Zahl von Anteilseigner- und Arbeitnehmervertretern besteht, müssen in dem Aufsichts- oder Verwaltungsorgan Frauen und Männer jeweils mit einem Anteil von mindestens 30 Prozent vertreten sein. Absatz 2 Satz 2, 4, 6 und 7 gilt entsprechend.
(4) Nach anderen als den zuletzt angewandten gesetzlichen Vorschriften kann der Aufsichtsrat nur zusammengesetzt werden, wenn nach § 97 oder nach § 98 die in der Bekanntmachung des Vorstands oder in der gerichtlichen Entscheidung angegebenen gesetzlichen Vorschriften anzuwenden sind.

§ 97 Bekanntmachung über die Zusammensetzung des Aufsichtsrats (1) Ist der Vorstand der Ansicht, daß der Aufsichtsrat nicht nach den für ihn maßgebenden gesetzlichen Vorschriften zusammengesetzt ist, so hat er dies unverzüglich in den Gesellschaftsblättern und gleichzeitig durch Aushang in sämtlichen Betrieben der Gesellschaft und ihrer Konzernunternehmen bekanntzumachen. In der Bekanntmachung sind die nach Ansicht des Vorstands maßgebenden gesetzlichen Vorschriften anzugeben. Es ist darauf hinzuweisen, daß der Aufsichtsrat nach diesen Vorschriften zusammengesetzt wird, wenn nicht Antragsberechtigte nach § 98 Abs. 2 innerhalb eines Monats nach der Bekanntmachung im elektronischen Bundesanzeiger das nach § 98 Abs. 1 zuständige Gericht anrufen.

(2) Wird das nach § 98 Abs. 1 zuständige Gericht nicht innerhalb eines Monats nach der Bekanntmachung im elektronischen Bundesanzeiger angerufen, so ist der neue Aufsichtsrat nach den in der Bekanntmachung des Vorstands angegebenen gesetzlichen Vorschriften zusammenzusetzen. Die Bestimmungen der Satzung über die Zusammensetzung des Aufsichtsrats, über die Zahl der Aufsichtsratsmitglieder sowie über die Wahl, Abberufung und Entsendung von Aufsichtsratsmitgliedern treten mit der Beendigung der ersten Hauptversammlung, die nach Ablauf der Anrufungsfrist einberufen wird, spätestens sechs Monate nach Ablauf dieser Frist insoweit außer Kraft, als sie den nunmehr anzuwendenden gesetzlichen Vorschriften widersprechen. Mit demselben Zeitpunkt erlischt das Amt der bisherigen Aufsichtratsmitglieder. Eine Hauptversammlung, die innerhalb der Frist von sechs Monaten stattfindet, kann an Stelle der außer Kraft tretenden Satzungsbestimmungen mit einfacher Stimmenmehrheit neue Satzungsbestimmungen beschließen.

(3) Solange ein gerichtliches Verfahren nach §§ 98, 99 anhängig ist, kann eine Bekanntmachung über die Zusammensetzung des Aufsichtsrats nicht erfolgen.

§ 98 Gerichtliche Entscheidung über die Zusammensetzung des Aufsichtsrats (1) Ist streitig oder ungewiss, nach welchen gesetzlichen Vorschriften der Aufsichtsrat zusammenzusetzen ist, so entscheidet darüber auf Antrag ausschließlich das Landgericht, in dessen Bezirk die Gesellschaft ihren Sitz hat.

(2) Antragsberechtigt sind

1. der Vorstand,
2. jedes Aufsichtsratsmitglied,
3. jeder Aktionär,
4. der Gesamtbetriebsrat der Gesellschaft oder, wenn in der Gesellschaft nur ein Betriebsrat besteht, der Betriebsrat,
5. der Gesamt- oder Unternehmenssprecherausschuss der Gesellschaft oder, wenn in der Gesellschaft nur ein Sprecherausschuss besteht, der Sprecherausschuss,
6. der Gesamtbetriebsrat eines anderen Unternehmens, dessen Arbeitnehmer nach den gesetzlichen Vorschriften, deren Anwendung streitig oder ungewiß ist, selbst oder durch Delegierte an der Wahl von Aufsichtsratsmitgliedern der Gesellschaft teilnehmen, oder, wenn in dem anderen Unternehmen nur ein Betriebsrat besteht, der Betriebsrat,
7. der Gesamt- oder Unternehmenssprecherausschuss eines anderen Unternehmens, dessen Arbeitnehmer nach den gesetzlichen Vorschriften, deren Anwendung streitig oder ungewiss ist, selbst oder durch Delegierte an der Wahl von Aufsichtsratsmitgliedern der Gesellschaft teilnehmen, oder, wenn

in dem anderen Unternehmen nur ein Sprecherausschuss besteht, der Sprecherausschuss,
8. mindestens ein Zehntel oder einhundert der Arbeitnehmer, die nach den gesetzlichen Vorschriften, deren Anwendung streitig oder ungewiß ist, selbst oder durch Delegierte an der Wahl von Aufsichtsratsmitgliedern der Gesellschaft teilnehmen,
9. Spitzenorganisationen der Gewerkschaften, die nach den gesetzlichen Vorschriften, deren Anwendung streitig oder ungewiß ist, ein Vorschlagsrecht hätten,
10. Gewerkschaften, die nach den gesetzlichen Vorschriften, deren Anwendung streitig oder ungewiß ist, ein Vorschlagsrecht hätten.

Ist die Anwendung des Mitbestimmungsgesetzes oder die Anwendung von Vorschriften des Mitbestimmungsgesetzes streitig oder ungewiß, so sind außer den nach Satz 1 Antragsberechtigten auch je ein Zehntel der wahlberechtigten in § 3 Abs. 1 Nr. 1 des Mitbestimmungsgesetzes bezeichneten Arbeitnehmer oder der wahlberechtigten leitenden Angestellten im Sinne des Mitbestimmungsgesetzes antragsberechtigt.

(3) Die Absätze 1 und 2 gelten sinngemäß, wenn streitig ist, ob der Abschlußprüfer das nach § 3 oder § 16 des Mitbestimmungsergänzungsgesetzes maßgebliche Umsatzverhältnis richtig ermittelt hat.

(4) Entspricht die Zusammensetzung des Aufsichtsrats nicht der gerichtlichen Entscheidung, so ist der neue Aufsichtsrat nach den in der Entscheidung angegebenen gesetzlichen Vorschriften zusammenzusetzen. § 97 Abs. 2 gilt sinngemäß mit der Maßgabe, daß die Frist von sechs Monaten mit dem Eintritt der Rechtskraft beginnt.

§ 99 Verfahren (1) Auf das Verfahren ist das Gesetz über das Verfahren in Familiensachen und in den Angelegenheiten der freiwilligen Gerichtsbarkeit anzuwenden, soweit in den Absätzen 2 bis 5 nichts anderes bestimmt ist.

(2) Das Landgericht hat den Antrag in den Gesellschaftsblättern bekanntzumachen. Der Vorstand und jedes Aufsichtsratsmitglied sowie die nach § 98 Abs. 2 antragsberechtigten Betriebsräte, Sprecherausschüsse, Spitzenorganisationen und Gewerkschaften sind zu hören.

(3) Das Landgericht entscheidet durch einen mit Gründen versehenen Beschluss. Gegen die Entscheidung des Landgerichts findet die Beschwerde statt. Sie kann nur auf eine Verletzung des Rechts gestützt werden; § 72 Abs. 1 Satz 2 und § 74 Abs. 2 und 3 des Gesetzes über das Verfahren in Familiensachen und in den Angelegenheiten der freiwilligen Gerichtsbarkeit sowie § 547 der Zivilprozessordnung gelten sinngemäß. Die Beschwerde kann nur durch die Einreichung einer von einem Rechtsanwalt unterzeichneten Beschwerdeschrift eingelegt werden. Die Landesregierung kann durch Rechtsverordnung die Entscheidung über die Beschwerde für die Bezirke mehrerer Oberlandesgerichte einem der Oberlandesgerichte oder dem Obersten Landesgericht übertragen, wenn dies der Sicherung einer einheitlichen Rechtsprechung dient. Die Lan-

desregierung kann die Ermächtigung auf die Landesjustizverwaltung übertragen.

(4) Das Gericht hat seine Entscheidung dem Antragsteller und der Gesellschaft zuzustellen. Es hat sie ferner ohne Gründe in den Gesellschaftsblättern bekanntzumachen. Die Beschwerde steht jedem nach § 98 Abs. 2 Antragsberechtigten zu. Die Beschwerdefrist beginnt mit der Bekanntmachung der Entscheidung im elektronischen Bundesanzeiger, für den Antragsteller und die Gesellschaft jedoch nicht vor der Zustellung der Entscheidung.

(5) Die Entscheidung wird erst mit der Rechtskraft wirksam. Sie wirkt für und gegen alle. Der Vorstand hat die rechtskräftige Entscheidung unverzüglich zum Handelsregister einzureichen.

(6) Die Kosten können ganz oder zum Teil dem Antragsteller auferlegt werden, wenn dies der Billigkeit entspricht. Kosten der Beteiligten werden nicht erstattet.

§ 100 Persönliche Voraussetzungen für Aufsichtsratsmitglieder (1) Mitglied des Aufsichtsrats kann nur eine natürliche, unbeschränkt geschäftsfähige Person sein. Ein Betreuter, der bei der Besorgung seiner Vermögensangelegenheiten ganz oder teilweise einem Einwilligungsvorbehalt (§ 1903 des Bürgerlichen Gesetzbuchs) unterliegt, kann nicht Mitglied des Aufsichtsrats sein.

(2) Mitglied des Aufsichtsrats kann nicht sein, wer

1. bereits in zehn Handelsgesellschaften, die gesetzlich einen Aufsichtsrat zu bilden haben, Aufsichtsratsmitglied ist,
2. gesetzlicher Vertreter eines von der Gesellschaft abhängigen Unternehmens ist,
3. gesetzlicher Vertreter einer anderen Kapitalgesellschaft ist, deren Aufsichtsrat ein Vorstandsmitglied der Gesellschaft angehört, oder
4. in den letzten zwei Jahren Vorstandsmitglied derselben börsennotierten Gesellschaft war, es sei denn, seine Wahl erfolgt auf Vorschlag von Aktionären, die mehr als 25 Prozent der Stimmrechte an der Gesellschaft halten.

Auf die Höchstzahl nach Satz 1 Nr. 1 sind bis zu fünf Aufsichtsratssitze nicht anzurechnen, die ein gesetzlicher Vertreter (beim Einzelkaufmann der Inhaber) des herrschenden Unternehmens eines Konzerns in zum Konzern gehörenden Handelsgesellschaften, die gesetzlich einen Aufsichtsrat zu bilden haben, innehat. Auf die Höchstzahl nach Satz 1 Nr. 1 sind Aufsichtsratsämter im Sinne der Nummer 1 doppelt anzurechnen, für die das Mitglied zum Vorsitzenden gewählt worden ist.

(3) Die anderen persönlichen Voraussetzungen der Aufsichtsratsmitglieder der Arbeitnehmer sowie der weiteren Mitglieder bestimmen sich nach dem Mitbestimmungsgesetz, dem Montan-Mitbestimmungsgesetz, dem Mitbestimmungsergänzungsgesetz, dem Drittelbeteiligungsgesetz und dem Gesetz über die Mitbestimmung der Arbeitnehmer bei einer grenzüberschreitenden Verschmelzung.

(4) Die Satzung kann persönliche Voraussetzungen nur für Aufsichtsratsmitglieder fordern, die von der Hauptversammlung ohne Bindung an Wahlvor-

schläge gewählt oder auf Grund der Satzung in den Aufsichtsrat entsandt werden.
(5) Bei Gesellschaften, die kapitalmarktorientiert im Sinne des § 264 d des Handelsgesetzbuchs, die CRR-Kreditinstitute im Sinne des § 1 Absatz 3 d Satz 1 des Kreditwesengesetzes, mit Ausnahme der in § 2 Absatz 1 Nummer 1 und 2 des Kreditwesengesetzes genannten Institute, oder die Versicherungsunternehmen im Sinne des Artikels 2 Absatz 1 der Richtlinie 91/674/EWG des Rates vom 19. Dezember 1991 über den Jahresabschluß und den konsoldierten Abschluß von Versicherungsunternehmen (ABl. L 374 vom 31. 12. 1991, S. 7), die zuletzt durch die Richtlinie 2006/46/EG (ABl. L 224 vom 16. 8. 2006, S. 1) geändert worden ist, sind, muss mindestens ein Mitglied des Aufsichtsrats über Sachverstand auf den Gebieten Rechnungslegung oder Abschlussprüfung verfügen; die Mitglieder müssen in ihrer Gesamtheit mit dem Sektor, in dem die Gesellschaft tätig ist, vertraut sein.

§ 101 Bestellung der Aufsichtsratsmitglieder (1) Die Mitglieder des Aufsichtsrats werden von der Hauptversammlung gewählt, soweit sie nicht in den Aufsichtsrat zu entsenden oder als Aufsichtsratsmitglieder der Arbeitnehmer nach dem Mitbestimmungsgesetz, dem Mitbestimmungsergänzungsgesetz, dem Drittelbeteiligungsgesetz oder dem Gesetz über die Mitbestimmung der Arbeitnehmer bei einer grenzüberschreitenden Verschmelzung zu wählen sind. An Wahlvorschläge ist die Hauptversammlung nur gemäß §§ 6 und 8 des Montan-Mitbestimmungsgesetzes gebunden.
(2) Ein Recht, Mitglieder in den Aufsichtsrat zu entsenden, kann nur durch die Satzung und nur für bestimmte Aktionäre oder für die jeweiligen Inhaber bestimmter Aktien begründet werden. Inhaber bestimmter Aktien kann das Entsendungsrecht nur eingeräumt werden, wenn die Aktien auf Namen lauten und ihre Übertragung an die Zustimmung der Gesellschaft gebunden ist. Die Aktien der Entsendungsberechtigten gelten nicht als eine besondere Gattung. Die Entsendungsrechte können insgesamt höchstens für ein Drittel der sich aus dem Gesetz oder der Satzung ergebenden Zahl der Aufsichtsratsmitglieder der Aktionäre eingeräumt werden.
(3) Stellvertreter von Aufsichtsratsmitgliedern können nicht bestellt werden. Jedoch kann für jedes Aufsichtsratsmitglied mit Ausnahme des weiteren Mitglieds, das nach dem Montan-Mitbestimmungsgesetz oder dem Mitbestimmungsergänzungsgesetz auf Vorschlag der übrigen Aufsichtsratsmitglieder gewählt wird, ein Ersatzmitglied bestellt werden, das Mitglied des Aufsichtsrats wird, wenn das Aufsichtsratsmitglied vor Ablauf seiner Amtszeit wegfällt. Das Ersatzmitglied kann nur gleichzeitig mit dem Aufsichtsratsmitglied bestellt werden. Auf seine Bestellung sowie die Nichtigkeit und Anfechtung seiner Bestellung sind die für das Aufsichtsratsmitglied geltenden Vorschriften anzuwenden.

§ 102 Amtszeit der Aufsichtsratsmitglieder (1) Aufsichtsratsmitglieder können nicht für längere Zeit als bis zur Beendigung der Hauptversammlung

bestellt werden, die über die Entlastung für das vierte Geschäftsjahr nach dem Beginn der Amtszeit beschließt. Das Geschäftsjahr, in dem die Amtszeit beginnt, wird nicht mitgerechnet.
(2) Das Amt des Ersatzmitglieds erlischt spätestens mit Ablauf der Amtszeit des weggefallenen Aufsichtsratsmitglieds.

§ 103 Abberufung der Aufsichtsratsmitglieder (1) Aufsichtsratsmitglieder, die von der Hauptversammlung ohne Bindung an einen Wahlvorschlag gewählt worden sind, können von ihr vor Ablauf der Amtszeit abberufen werden. Der Beschluß bedarf einer Mehrheit, die mindestens drei Viertel der abgegebenen Stimmen umfaßt. Die Satzung kann eine andere Mehrheit und weitere Erfordernisse bestimmen.
(2) Ein Aufsichtsratsmitglied, das auf Grund der Satzung in den Aufsichtsrat entsandt ist, kann von dem Entsendungsberechtigten jederzeit abberufen und durch ein anderes ersetzt werden. Sind die in der Satzung bestimmten Voraussetzungen des Entsendungsrechts weggefallen, so kann die Hauptversammlung das entsandte Mitglied mit einfacher Stimmenmehrheit abberufen.
(3) Das Gericht hat auf Antrag des Aufsichtsrats ein Aufsichtsratsmitglied abzuberufen, wenn in dessen Person ein wichtiger Grund vorliegt. Der Aufsichtsrat beschließt über die Antragstellung mit einfacher Mehrheit. Ist das Aufsichtsratsmitglied auf Grund der Satzung in den Aufsichtsrat entsandt worden, so können auch Aktionäre, deren Anteile zusammen den zehnten Teil des Grundkapitals oder den anteiligen Betrag von einer Million Euro erreichen, den Antrag stellen. Gegen die Entscheidung ist die Beschwerde zulässig.
(4) Für die Abberufung der Aufsichtsratsmitglieder, die weder von der Hauptversammlung ohne Bindung an einen Wahlvorschlag gewählt worden sind noch auf Grund der Satzung in den Aufsichtsrat entsandt sind, gelten außer Absatz 3 das Mitbestimmungsgesetz, das Montan-Mitbestimmungsgesetz, das Mitbestimmungsergänzungsgesetz, das Drittelbeteiligungsgesetz, das SE-Beteiligungsgesetz und das Gesetz über die Mitbestimmung der Arbeitnehmer bei einer grenzüberschreitenden Verschmelzung.
(5) Für die Abberufung eines Ersatzmitglieds gelten die Vorschriften über die Abberufung des Aufsichtsratsmitglieds, für das es bestellt ist.

§ 104 Bestellung durch das Gericht (1) Gehört dem Aufsichtsrat die zur Beschlußfähigkeit nötige Zahl von Mitgliedern nicht an, so hat ihn das Gericht auf Antrag des Vorstands, eines Aufsichtsratsmitglieds oder eines Aktionärs auf diese Zahl zu ergänzen. Der Vorstand ist verpflichtet, den Antrag unverzüglich zu stellen, es sei denn, daß die rechtzeitige Ergänzung vor der nächsten Aufsichtsratssitzung zu erwarten ist. Hat der Aufsichtsrat auch aus Aufsichtsratsmitgliedern der Arbeitnehmer zu bestehen, so können auch den Antrag stellen
1. der Gesamtbetriebsrat der Gesellschaft oder, wenn in der Gesellschaft nur ein Betriebsrat besteht, der Betriebsrat, sowie, wenn die Gesellschaft herrschendes Unternehmen eines Konzerns ist, der Konzernbetriebsrat,
2. der Gesamt- oder Unternehmenssprecherausschuss der Gesellschaft oder,

wenn in der Gesellschaft nur ein Sprecherausschuss besteht, der Sprecherausschuss sowie, wenn die Gesellschaft herrschendes Unternehmen eines Konzerns ist, der Konzernsprecherausschuss,
3. der Gesamtbetriebsrat eines anderen Unternehmens, dessen Arbeitnehmer selbst oder durch Delegierte an der Wahl teilnehmen, oder, wenn in dem anderen Unternehmen nur ein Betriebsrat besteht, der Betriebsrat,
4. der Gesamt- oder Unternehmenssprecherausschuss eines anderen Unternehmens, dessen Arbeitnehmer selbst oder durch Delegierte an der Wahl teilnehmen, oder, wenn in dem anderen Unternehmen nur ein Sprecherausschuss besteht, der Sprecherausschuss,
5. mindestens ein Zehntel oder einhundert der Arbeitnehmer, die selbst oder durch Delegierte an der Wahl teilnehmen,
6. Spitzenorganisationen der Gewerkschaften, die das Recht haben, Aufsichtsratsmitglieder der Arbeitnehmer vorzuschlagen,
7. Gewerkschaften, die das Recht haben, Aufsichtsratsmitglieder der Arbeitnehmer vorzuschlagen.

Hat der Aufsichtsrat nach dem Mitbestimmungsgesetz auch aus Aufsichtsratsmitgliedern der Arbeitnehmer zu bestehen, so sind außer den nach Satz 3 Antragsberechtigten auch je ein Zehntel der wahlberechtigten in § 3 Abs. 1 Nr. 1 des Mitbestimmungsgesetzes bezeichneten Arbeitnehmer oder der wahlberechtigten leitenden Angestellten im Sinne des Mitbestimmungsgesetzes antragsberechtigt. Gegen die Entscheidung ist die Beschwerde zulässig.

(2) Gehören dem Aufsichtsrat länger als drei Monate weniger Mitglieder als die durch Gesetz oder Satzung festgesetzte Zahl an, so hat ihn das Gericht auf Antrag auf diese Zahl zu ergänzen. In dringenden Fällen hat das Gericht auf Antrag den Aufsichtsrat auch vor Ablauf der Frist zu ergänzen. Das Antragsrecht bestimmt sich nach Absatz 1. Gegen die Entscheidung ist die Beschwerde zulässig.

(3) Absatz 2 ist auf einen Aufsichtsrat, in dem die Arbeitnehmer ein Mitbestimmungsrecht nach dem Mitbestimmungsgesetz, dem Montan-Mitbestimmungsgesetz oder dem Mitbestimmungsergänzungsgesetz haben, mit der Maßgabe anzuwenden,
1. daß das Gericht den Aufsichtsrat hinsichtlich des weiteren Mitglieds, das nach dem Montan-Mitbestimmungsgesetz oder dem Mitbestimmungsergänzungsgesetz auf Vorschlag der übrigen Aufsichtsratsmitglieder gewählt wird, nicht ergänzen kann,
2. daß es stets ein dringender Fall ist, wenn dem Aufsichtsrat, abgesehen von dem in Nummer 1 genannten weiteren Mitglied, nicht alle Mitglieder angehören, aus denen er nach Gesetz oder Satzung zu bestehen hat.

(4) Hat der Aufsichtsrat auch aus Aufsichtsratsmitgliedern der Arbeitnehmer zu bestehen, so hat das Gericht ihn so zu ergänzen, daß das für seine Zusammensetzung maßgebende zahlenmäßige Verhältnis hergestellt wird. Wenn der Aufsichtsrat zur Herstellung seiner Beschlußfähigkeit ergänzt wird, gilt dies nur, soweit die zur Beschlußfähigkeit nötige Zahl der Aufsichtsrats-

mitglieder die Wahrung dieses Verhältnisses möglich macht. Ist ein Aufsichtsratsmitglied zu ersetzen, das nach Gesetz oder Satzung in persönlicher Hinsicht besonderen Voraussetzungen entsprechen muß, so muß auch das vom Gericht bestellte Aufsichtsratsmitglied diesen Voraussetzungen entsprechen. Ist ein Aufsichtsratsmitglied zu ersetzen, bei dessen Wahl eine Spitzenorganisation der Gewerkschaften, eine Gewerkschaft oder die Betriebsräte ein Vorschlagsrecht hätten, so soll das Gericht Vorschläge dieser Stellen berücksichtigen, soweit nicht überwiegende Belange der Gesellschaft oder der Allgemeinheit der Bestellung des Vorgeschlagenen entgegenstehen; das gleiche gilt, wenn das Aufsichtsratsmitglied durch Delegierte zu wählen wäre, für gemeinsame Vorschläge der Betriebsräte der Unternehmen, in denen Delegierte zu wählen sind.

(5) Die Ergänzung durch das Gericht ist bei börsennotierten Gesellschaften, für die das Mitbestimmungsgesetz, das Montan-Mitbestimmungsgesetz oder das Mitbestimmungsergänzungsgesetz gilt, nach Maßgabe des § 96 Absatz 2 Satz 1 bis 5 vorzunehmen.

(6) Das Amt des gerichtlich bestellten Aufsichtsratsmitglieds erlischt in jedem Fall, sobald der Mangel behoben ist.

(7) Das gerichtlich bestellte Aufsichtsratsmitglied hat Anspruch auf Ersatz angemessener barer Auslagen und, wenn den Aufsichtsratsmitgliedern der Gesellschaft eine Vergütung gewährt wird, auf Vergütung für seine Tätigkeit. Auf Antrag des Aufsichtsratsmitglieds setzt das Gericht die Auslagen und die Vergütung fest. Gegen die Entscheidung ist die Beschwerde zulässig; die Rechtsbeschwerde ist ausgeschlossen. Aus der rechtskräftigen Entscheidung findet die Zwangsvollstreckung nach der Zivilprozeßordnung statt.

§ 105 Unvereinbarkeit der Zugehörigkeit zum Vorstand und zum Aufsichtsrat (1) Ein Aufsichtsratsmitglied kann nicht zugleich Vorstandsmitglied, dauernd Stellvertreter von Vorstandsmitgliedern, Prokurist oder zum gesamten Geschäftsbetrieb ermächtigter Handlungsbevollmächtigter der Gesellschaft sein.

(2) Nur für einen im voraus begrenzten Zeitraum, höchstens für ein Jahr, kann der Aufsichtsrat einzelne seiner Mitglieder zu Stellvertretern von fehlenden oder verhinderten Vorstandsmitgliedern bestellen. Eine wiederholte Bestellung oder Verlängerung der Amtszeit ist zulässig, wenn dadurch die Amtszeit insgesamt ein Jahr nicht übersteigt. Während ihrer Amtszeit als Stellvertreter von Vorstandsmitgliedern können die Aufsichtsratsmitglieder keine Tätigkeit als Aufsichtsratsmitglied ausüben. Das Wettbewerbsverbot des § 88 gilt für sie nicht.

§ 106 Bekanntmachung der Änderungen im Aufsichtsrat Der Vorstand hat bei jeder Änderung in den Personen der Aufsichtsratsmitglieder unverzüglich eine Liste der Mitglieder des Aufsichtsrats, aus welcher Name, Vorname, ausgeübter Beruf und Wohnort der Mitglieder ersichtlich ist, zum Handelsregister einzureichen; das Gericht hat nach § 10 des Handelsgesetzbuchs einen Hinweis darauf bekannt zu machen, dass die Liste zum Handelsregister eingereicht worden ist.

§ 107 Innere Ordnung des Aufsichtsrats (1) Der Aufsichtsrat hat nach näherer Bestimmung der Satzung aus seiner Mitte einen Vorsitzenden und mindestens einen Stellvertreter zu wählen. Der Vorstand hat zum Handelsregister anzumelden, wer gewählt ist. Der Stellvertreter hat nur dann die Rechte und Pflichten des Vorsitzenden, wenn dieser verhindert ist.
(2) Über die Sitzungen des Aufsichtsrats ist eine Niederschrift anzufertigen, die der Vorsitzende zu unterzeichnen hat. In der Niederschrift sind der Ort und der Tag der Sitzung, die Teilnehmer, die Gegenstände der Tagesordnung, der wesentliche Inhalt der Verhandlungen und die Beschlüsse des Aufsichtsrats anzugeben. Ein Verstoß gegen Satz 1 oder Satz 2 macht einen Beschluß nicht unwirksam. Jedem Mitglied des Aufsichtsrats ist auf Verlangen eine Abschrift der Sitzungsniederschrift auszuhändigen.
(3) Der Aufsichtsrat kann aus seiner Mitte einen oder mehrere Ausschüsse bestellen, namentlich, um seine Verhandlungen und Beschlüsse vorzubereiten oder die Ausführung seiner Beschlüsse zu überwachen. Er kann insbesondere einen Prüfungsausschuss bestellen, der sich mit der Überwachung des Rechnungslegungsprozesses, der Wirksamkeit des internen Kontrollsystems, des Risikomanagementsystems und des internen Revisionssystems sowie der Abschlussprüfung, hier insbesondere der Auswahl und der Unabhängigkeit des Abschlussprüfers und der vom Abschlussprüfer zusätzlich erbrachten Leistungen, befasst. Der Prüfungsausschuss kann Empfehlungen oder Vorschläge zur Gewährleistung der Integrität des Rechnungslegungsprozesses unterbreiten. Der Aufsichtsrat der börsennotierten Gesellschaft kann außerdem einen Ausschuss bestellen, der über die Zustimmung nach § 111 b Absatz 1 beschließt. An dem Geschäft beteiligte nahestehende Personen im Sinne des § 111 a Absatz 1 Satz 2 können nicht Mitglieder des Ausschusses sein. Er muss mehrheitlich aus Mitgliedern zusammengesetzt sein, bei denen keine Besorgnis eines Interessenkonfliktes auf Grund ihrer Beziehungen zu einer nahestehenden Person besteht. Die Aufgaben nach Absatz 1 Satz 1, § 59 Abs. 3, § 77 Abs. 2 Satz 1, § 84 Abs. 1 Satz 1 und 3, Abs. 2 und Abs. 3 Satz 1, § 87 Abs. 1 und Abs. 2 Satz 1 und 2, § 111 Abs. 3, §§ 171, 314 Abs. 2 und 3 sowie Beschlüsse, daß bestimmte Arten von Geschäften nur mit Zustimmung des Aufsichtsrats vorgenommen werden dürfen, können einem Ausschuß nicht an Stelle des Aufsichtsrats zur Beschlußfassung überwiesen werden. Dem Aufsichtsrat ist regelmäßig über die Arbeit der Ausschüsse zu berichten.
(4) Richtet der Aufsichtsrat einer Gesellschaft, die kapitalmarktorientiert im Sinne des § 264 d des Handelsgesetzbuchs, die CRR-Kreditinstitut im Sinne des § 1 Absatz 3 d Satz 1 des Kreditwesengesetzes, mit Ausnahme der in § 2 Absatz 1 Nummer 1 und 2 des Kreditwesengesetzes geannten Institute, oder die Versicherungsunternehmen im Sinne des Artikels 2 Absatz 1 der Richtlinie 91/674/ EWG ist, einen Prüfungsausschuss im Sinn des Absatzes 3 Satz 2 ein, so müssen die Voraussetzungen des § 100 Absatz 5 erfüllt sein.

§ 108 Beschlußfassung des Aufsichtsrats (1) Der Aufsichtsrat entscheidet durch Beschluß.

(2) Die Beschlußfähigkeit des Aufsichtsrats kann, soweit sie nicht gesetzlich geregelt ist, durch die Satzung bestimmt werden. Ist sie weder gesetzlich noch durch die Satzung geregelt, so ist der Aufsichtsrat nur beschlußfähig, wenn mindestens die Hälfte der Mitglieder, aus denen er nach Gesetz oder Satzung insgesamt zu bestehen hat, an der Beschlußfassung teilnimmt. In jedem Fall müssen mindestens drei Mitglieder an der Beschlußfassung teilnehmen. Der Beschlußfähigkeit steht nicht entgegen, daß dem Aufsichtsrat weniger Mitglieder als die durch Gesetz oder Satzung festgesetzte Zahl angehören, auch wenn das für seine Zusammensetzung maßgebende zahlenmäßige Verhältnis nicht gewahrt ist.

(3) Abwesende Aufsichtsratsmitglieder können dadurch an der Beschlußfassung des Aufsichtsrats und seiner Ausschüsse teilnehmen, daß sie schriftliche Stimmabgaben überreichen lassen. Die schriftlichen Stimmabgaben können durch andere Aufsichtsratsmitglieder überreicht werden. Sie können auch durch Personen, die nicht dem Aufsichtsrat angehören, übergeben werden, wenn diese nach § 109 Abs. 3 zur Teilnahme an der Sitzung berechtigt sind.

(4) Schriftliche, fernmündliche oder andere vergleichbare Formen der Beschlussfassung des Aufsichtsrats und seiner Ausschüsse sind vorbehaltlich einer näheren Regelung durch die Satzung oder eine Geschäftsordnung des Aufsichtsrats nur zulässig, wenn kein Mitglied diesem Verfahren widerspricht.

§ 109 Teilnahme an Sitzungen des Aufsichtsrats und seiner Ausschüsse (1) An den Sitzungen des Aufsichtsrats und seiner Ausschüsse sollen Personen, die weder dem Aufsichtsrat noch dem Vorstand angehören, nicht teilnehmen. Sachverständige und Auskunftspersonen können zur Beratung über einzelne Gegenstände zugezogen werden.

(2) Aufsichtsratsmitglieder, die dem Ausschuß nicht angehören, können an den Ausschußsitzungen teilnehmen, wenn der Vorsitzende des Aufsichtsrats nichts anderes bestimmt.

(3) Die Satzung kann zulassen, daß an den Sitzungen des Aufsichtsrats und seiner Ausschüsse Personen, die dem Aufsichtsrat nicht angehören, an Stelle von verhinderten Aufsichtsratsmitgliedern teilnehmen können, wenn diese sie hierzu in Textform ermächtigt haben.

(4) Abweichende gesetzliche Vorschriften bleiben unberührt.

§ 110 Einberufung des Aufsichtsrats (1) Jedes Aufsichtsratsmitglied oder der Vorstand kann unter Angabe des Zwecks und der Gründe verlangen, daß der Vorsitzende des Aufsichtsrats unverzüglich den Aufsichtsrat einberuft. Die Sitzung muß binnen zwei Wochen nach der Einberufung stattfinden.

(2) Wird dem Verlangen nicht entsprochen, so kann das Aufsichtsratsmitglied oder der Vorstand unter Mitteilung des Sachverhalts und der Angabe einer Tagesordnung selbst den Aufsichtsrat einberufen.

(3) Der Aufsichtsrat muss zwei Sitzungen im Kalenderhalbjahr abhalten. In

nichtbörsennotierten Gesellschaften kann der Aufsichtsrat beschließen, dass eine Sitzung im Kalenderhalbjahr abzuhalten ist.

§ 111 Aufgaben und Rechte des Aufsichtsrats (1) Der Aufsichtsrat hat die Geschäftsführung zu überwachen.
(2) Der Aufsichtsrat kann die Bücher und Schriften der Gesellschaft sowie die Vermögensgegenstände, namentlich die Gesellschaftskasse und die Bestände an Wertpapieren und Waren, einsehen und prüfen. Er kann damit auch einzelne Mitglieder oder für bestimmte Aufgaben besondere Sachverständige beauftragen. Er erteilt dem Abschlußprüfer den Prüfungsauftrag für den Jahres- und den Konzernabschluß gemäß § 290 des Handelsgesetzbuchs. Er kann darüber hinaus eine externe inhaltliche Überprüfung der nichtfinanziellen Erklärung oder des gesonderten nichtfinanziellen Berichts (§ 289 b des Handelsgesetzbuchs), der nichtfinanziellen Konzernerklärung oder des gesonderten nichtfinanziellen Konzernberichts (§ 315 b des Handelsgesetzbuchs) beauftragen.
(3) Der Aufsichtsrat hat eine Hauptversammlung einzuberufen, wenn das Wohl der Gesellschaft es fordert. Für den Beschluß genügt die einfache Mehrheit.
(4) Maßnahmen der Geschäftsführung können dem Aufsichtsrat nicht übertragen werden. Die Satzung oder der Aufsichtsrat hat jedoch zu bestimmen, daß bestimmte Arten von Geschäften nur mit seiner Zustimmung vorgenommen werden dürfen. Verweigert der Aufsichtsrat seine Zustimmung, so kann der Vorstand verlangen, daß die Hauptversammlung über die Zustimmung beschließt. Der Beschluß, durch den die Hauptversammlung zustimmt, bedarf einer Mehrheit, die mindestens drei Viertel der abgegebenen Stimmen umfaßt. Die Satzung kann weder eine andere Mehrheit noch weitere Erfordernisse bestimmen.
(5) Der Aufsichtsrat von Gesellschaften, die börsennotiert sind oder der Mitbestimmung unterliegen, legt für den Frauenanteil im Aufsichtsrat und im Vorstand Zielgrößen fest. Liegt der Frauenanteil bei Festlegung der Zielgrößen unter 30 Prozent, so dürfen die Zielgrößen den jeweils erreichten Anteil nicht mehr unterschreiten. Gleichzeitig sind Fristen zur Erreichung der Zielgrößen festzulegen. Die Fristen dürfen jeweils nicht länger als fünf Jahre sein. Soweit für den Aufsichtsrat bereits eine Quote nach § 96 Absatz 2 gilt, sind die Festlegungen nur für den Vorstand vorzunehmen.
(6) Die Aufsichtsratsmitglieder können ihre Aufgaben nicht durch andere wahrnehmen lassen.

§§ 111 a – 111 c *(nicht abgedruckt)*

§ 112 Vertretung der Gesellschaft gegenüber Vorstandsmitgliedern Vorstandsmitgliedern gegenüber vertritt der Aufsichtsrat die Gesellschaft gerichtlich und außergerichtlich. § 78 Abs. 2 Satz 2 gilt entsprechend.

§ 113 Vergütung der Aufsichtsratsmitglieder (1) Den Aufsichtsratsmitgliedern kann für ihre Tätigkeit eine Vergütung gewährt werden. Sie kann in der

Satzung festgesetzt oder von der Hauptversammlung bewilligt werden. Sie soll in einem angemessenen Verhältnis zu den Aufgaben der Aufsichtsratsmitglieder und zur Lage der Gesellschaft stehen.
(2) Den Mitgliedern des ersten Aufsichtsrats kann nur die Hauptversammlung eine Vergütung für ihre Tätigkeit bewilligen. Der Beschluß kann erst in der Hauptversammlung gefaßt werden, die über die Entlastung der Mitglieder des ersten Aufsichtsrats beschließt.
(3) Bei börsennotierten Gesellschaften ist mindestens alle vier Jahre über die Vergütung der Aufsichtsratsmitglieder Beschluss zu fassen. Ein die Vergütung bestätigender Beschluss ist zulässig; im Übrigen gilt Absatz 1 Satz 2. In dem Beschluss sind die nach § 87 a Absatz 1 Satz 2 erforderlichen Angaben sinngemäß und in klarer und verständlicher Form zu machen oder in Bezug zu nehmen. Die Angaben können in der Satzung unterbleiben, wenn die Vergütung in der Satzung festgesetzt wird. Der Beschluss ist wegen eines Verstoßes gegen Satz 3 nicht anfechtbar. § 120 a Absatz 2 und 3 ist sinngemäß anzuwenden.

§ 114 Verträge mit Aufsichtsratsmitgliedern (1) Verpflichtet sich ein Aufsichtsratsmitglied außerhalb seiner Tätigkeit im Aufsichtsrat durch einen Dienstvertrag, durch den ein Arbeitsverhältnis nicht begründet wird, oder durch einen Werkvertrag gegenüber der Gesellschaft zu einer Tätigkeit höherer Art, so hängt die Wirksamkeit des Vertrags von der Zustimmung des Aufsichtsrats ab.
(2) Gewährt die Gesellschaft auf Grund eines solchen Vertrags dem Aufsichtsratsmitglied eine Vergütung, ohne daß der Aufsichtsrat dem Vertrag zugestimmt hat, so hat das Aufsichtsratsmitglied die Vergütung zurückzugewähren, es sei denn, daß der Aufsichtsrat den Vertrag genehmigt. Ein Anspruch des Aufsichtsratsmitglieds gegen die Gesellschaft auf Herausgabe der durch die geleistete Tätigkeit erlangten Bereicherung bleibt unberührt; der Anspruch kann jedoch nicht gegen den Rückgewähranspruch aufgerechnet werden.

§ 115 Kreditgewährung an Aufsichtsratsmitglieder (1) Die Gesellschaft darf ihren Aufsichtsratsmitgliedern Kredit nur mit Einwilligung des Aufsichtsrats gewähren. Eine herrschende Gesellschaft darf Kredite an Aufsichtsratsmitglieder eines abhängigen Unternehmens nur mit Einwilligung ihres Aufsichtsrats, eine abhängige Gesellschaft darf Kredite an Aufsichtsratsmitglieder des herrschenden Unternehmens nur mit Einwilligung des Aufsichtsrats des herrschenden Unternehmens gewähren. Die Einwilligung kann nur für bestimmte Kreditgeschäfte oder Arten von Kreditgeschäften und nicht für länger als drei Monate im voraus erteilt werden. Der Beschluß über die Einwilligung hat die Verzinsung und Rückzahlung des Kredits zu regeln. Betreibt das Aufsichtsratsmitglied ein Handelsgewerbe als Einzelkaufmann, so ist die Einwilligung nicht erforderlich, wenn der Kredit für die Bezahlung von Waren gewährt wird, welche die Gesellschaft seinem Handelsgeschäft liefert.

(2) Absatz 1 gilt auch für Kredite an den Ehegatten, Lebenspartner oder an ein minderjähriges Kind eines Aufsichtsratsmitglieds und für Kredite an einen Dritten, der für Rechnung dieser Personen oder für Rechnung eines Aufsichtsratsmitglieds handelt.
(3) Ist ein Aufsichtsratsmitglied zugleich gesetzlicher Vertreter einer anderen juristischen Person oder Gesellschafter einer Personenhandelsgesellschaft, so darf die Gesellschaft der juristischen Person oder der Personenhandelsgesellschaft Kredit nur mit Einwilligung des Aufsichtsrats gewähren; Absatz 1 Satz 3 und 4 gilt sinngemäß. Dies gilt nicht, wenn die juristische Person oder die Personenhandelsgesellschaft mit der Gesellschaft verbunden ist oder wenn der Kredit für die Bezahlung von Waren gewährt wird, welche die Gesellschaft der juristischen Person oder der Personenhandelsgesellschaft liefert.
(4) Wird entgegen den Absätzen 1 bis 3 Kredit gewährt, so ist der Kredit ohne Rücksicht auf entgegenstehende Vereinbarungen sofort zurückzugewähren, wenn nicht der Aufsichtsrat nachträglich zustimmt.
(5) Ist die Gesellschaft ein Kreditinstitut oder Finanzdienstleistungsinstitut, auf das § 15 des Gesetzes über das Kreditwesen anzuwenden ist, gelten anstelle der Absätze 1 bis 4 die Vorschriften des Gesetzes über das Kreditwesen.

§ 116 Sorgfaltspflicht und Verantwortlichkeit der Aufsichtsratsmitglieder Für die Sorgfaltspflicht und Verantwortlichkeit der Aufsichtsratsmitglieder gilt § 93 mit Ausnahme des Absatzes 2 Satz 3 über die Sorgfaltspflicht und Verantwortlichkeit der Vorstandsmitglieder sinngemäß. Die Aufsichtsratsmitglieder sind insbesondere zur Verschwiegenheit über erhaltene vertrauliche Berichte und vertrauliche Beratungen verpflichtet.
…

Vierter Abschnitt – Hauptversammlung

§ 118 Allgemeines (1) Die Aktionäre üben ihre Rechte in den Angelegenheiten der Gesellschaft in der Hauptversammlung aus, soweit das Gesetz nichts anderes bestimmt. Die Satzung kann vorsehen oder den Vorstand dazu ermächtigen vorzusehen, dass die Aktionäre an der Hauptversammlung auch ohne Anwesenheit an deren Ort und ohne einen Bevollmächtigten teilnehmen und sämtliche oder einzelne ihrer Rechte ganz oder teilweise im Wege elektronischer Kommunikation ausüben können. Bei elektronischer Ausübung des Stimmrechts ist dem Abgebenden der Zugang der elektronisch abgegebenen Stimme nach den Anforderungen gemäß Artikel 7 Absatz 1 und Artikel 9 Absatz 5 Unterabsatz 1 der Durchführungsverordnung (EU) 2018/1212 von der Gesellschaft elektronisch zu bestätigen. Sofern die Bestätigung einem Intermediär erteilt wird, hat dieser die Bestätigung unverzüglich dem Aktionär zu übermitteln. § 67 a Absatz 2 Satz 1 und Absatz 3 gilt entsprechend.
(2) Die Satzung kann vorsehen oder den Vorstand dazu ermächtigen vorzusehen, dass Aktionäre ihre Stimmen, auch ohne an der Versammlung teilzuneh-

men, schriftlich oder im Wege elektronischer Kommunikation abgeben dürfen (Briefwahl). Absatz 1 Satz 3 bis 5 gilt entsprechend.

(3) Die Mitglieder des Vorstands und des Aufsichtsrats sollen an der Hauptversammlung teilnehmen. Die Satzung kann jedoch bestimmte Fälle vorsehen, in denen die Teilnahme von Mitgliedern des Aufsichtsrats im Wege der Bild- und Tonübertragung erfolgen darf.

(4) Die Satzung oder die Geschäftsordnung gemäß § 129 Abs. 1 kann vorsehen oder den Vorstand oder den Versammlungsleiter dazu ermächtigen vorzusehen, die Bild- und Tonübertragung der Versammlung zuzulassen.

§ 119 Rechte der Hauptversammlung (1) Die Hauptversammlung beschließt in den im Gesetz und in der Satzung ausdrücklich bestimmten Fällen, namentlich über

1. die Bestellung der Mitglieder des Aufsichtsrats, soweit sie nicht in den Aufsichtsrat zu entsenden oder als Aufsichtsratsmitglied der Arbeitnehmer nach dem Mitbestimmungsgesetz, dem Mitbestimmungsergänzungsgesetz, dem Drittelbeteiligungsgesetz oder dem Gesetz über die Mitbestimmung der Arbeitnehmer bei einer grenzüberschreitenden Verschmelzung zu wählen sind;
2. die Verwendung des Bilanzgewinns;
3. das Vergütungssystem und den Vergütungsbericht für Mitglieder des Vorstands und des Aufsichtsrats der börsennotierten Gesellschaft;
4. die Entlastung der Mitglieder des Vorstands und des Aufsichtsrats;
5. die Bestellung des Abschlußprüfers;
6. Satzungsänderungen;
7. Maßnahmen der Kapitalbeschaffung und der Kapitalherabsetzung;
8. die Bestellung von Prüfern zur Prüfung von Vorgängen bei der Gründung oder der Geschäftsführung;
9. die Auflösung der Gesellschaft.

(2) Über Fragen der Geschäftsführung kann die Hauptversammlung nur entscheiden, wenn der Vorstand es verlangt.

…

§ 125 Mitteilungen für die Aktionäre und an Aufsichtsratsmitglieder (1) Der Vorstand einer Gesellschaft, die nicht ausschließlich Namensaktien ausgegeben hat, hat die Einberufung der Hauptversammlung mindestens 21 Tage vor derselben wie folgt mitzuteilen:

1. den Intermediären, die Aktien der Gesellschaft verwahren,
2. den Aktionären und Intermediären, die die Mitteilung verlangt haben, und
3. den Vereinigungen von Aktionären, die die Mitteilung verlangt haben oder die in der letzten Hauptversammlung Stimmrechte ausgeübt haben.

Ist die Tagesordnung nach § 122 Abs. 2 zu ändern, so ist bei börsennotierten Gesellschaften die geänderte Tagesordnung mitzuteilen. In der Mitteilung ist auf die Möglichkeiten der Ausübung des Stimmrechts durch einen Bevollmächtigten, auch durch eine Vereinigung von Aktionären, hinzuweisen. Bei börsen-

notierten Gesellschaften sind einem Vorschlag zur Wahl von Aufsichtsratsmitgliedern Angaben zu deren Mitgliedschaft in anderen gesetzlich zu bildenden Aufsichtsräten beizufügen; Angaben zu ihrer Mitgliedschaft in vergleichbaren in- und ausländischen Kontrollgremien von Wirtschaftsunternehmen sollen beigefügt werden.
(2) Die gleiche Mitteilung hat der Vorstand einer Gesellschaft, die Namensaktien ausgegeben hat, den zu Beginn des 21. Tages vor der Hauptversammlung im Aktienregister Eingetragenen zu machen sowie den Aktionären und Intermediären, die die Mitteilung verlangt haben, und den Vereinigungen von Aktionären, die die Mitteilung verlangt oder die in der letzten Hauptversammlung Stimmrecht ausgeübt haben.
(3) Jedes Aufsichtsratsmitglied kann verlangen, daß ihm der Vorstand die gleichen Mitteilungen übersendet.
(4) …
…

Fünfter Teil – Rechnungslegung. Gewinnverwendung

…

Erster Abschnitt – Jahresabschluss und Lagebericht; Entsprechenserklärung und Vergütungsbericht

§ 161 Erklärung zum Corporate Governance Kodex (1) Vorstand und Aufsichtsrat der börsennotierten Gesellschaft erklären jährlich, dass den vom Bundesministerium der Justiz und für Verbraucherschutz im amtlichen Teil des elektronischen Bundesanzeigers bekannt gemachten Empfehlungen der »Regierungskommission Deutscher Corporate Governance Kodex« entsprochen wurde und wird oder welche Empfehlungen nicht angewendet wurden oder werden und warum nicht. Gleiches gilt für Vorstand und Aufsichtsrat einer Gesellschaft, die ausschließlich andere Wertpapiere als Aktien zum Handel an einem organisierten Markt im Sinn des § 2 Absatz 11 des Wertpapierhandelsgesetzes ausgegeben hat und deren ausgegebene Aktien auf eigene Veranlassung über ein multilaterales Handelssystem im Sinn des § 2 Absatz 8 Satz 1 Nummer 8 des Wertpapierhandelsgesetzes gehandelt werden.
(2) Die Erklärung ist auf der Internetseite der Gesellschaft dauerhaft öffentlich zugänglich zu machen.
…

Zweiter Abschnitt – Prüfung des Jahresabschlusses

§ 170 Vorlage an den Aufsichtsrat (1) Der Vorstand hat den Jahresabschluß und den Lagebericht unverzüglich nach ihrer Aufstellung dem Aufsichtsrat vorzulegen. Satz 1 gilt entsprechend für einen Einzelabschluss nach § 325 Abs. 2 a des Handelsgesetzbuchs sowie bei Mutterunternehmen (§ 290 Abs. 1, 2 des Handelsgesetzbuchs) für den Konzernabschluss und den Konzernlagebericht. Nach Satz 1 vorzulegen sind auch der gesonderte nichtfinanzielle Bericht (§ 289 b des Handelsgesetzbuchs) und der gesonderte nichtfinanzielle Konzernbericht (§ 315 b des Handelsgesetzbuchs), sofern sie erstellt wurden.
(2) Zugleich hat der Vorstand dem Aufsichtsrat den Vorschlag vorzulegen, den er der Hauptversammlung für die Verwendung des Bilanzgewinns machen will. Der Vorschlag ist, sofern er keine abweichende Gliederung bedingt, wie folgt zu gliedern:
1. Verteilung an die Aktionäre …
2. Einstellung in Gewinnrücklagen …
3. Gewinnvortrag …
4. Bilanzgewinn …
(3) Jedes Aufsichtsratsmitglied hat das Recht, von den Vorlagen und Prüfungsberichten Kenntnis zu nehmen. Die Vorlagen und Prüfungsberichte sind auch jedem Aufsichtsratsmitglied oder, soweit der Aufsichtsrat dies beschlossen hat, den Mitgliedern eines Ausschusses zu übermitteln.

§ 171 Prüfung durch den Aufsichtsrat (1) Der Aufsichtsrat hat den Jahresabschluß, den Lagebericht und den Vorschlag für die Verwendung des Bilanzgewinns zu prüfen, bei Mutterunternehmen (§ 290 Abs. 1, 2 des Handelsgesetzbuchs) auch den Konzernabschluß und den Konzernlagebericht. Ist der Jahresabschluss oder der Konzernabschluss durch einen Abschlussprüfer zu prüfen, so hat dieser an den Verhandlungen des Aufsichtsrats oder des Prüfungsausschusses über diese Vorlagen teilzunehmen und über die wesentlichen Ergebnisse seiner Prüfung, insbesondere wesentliche Schwächen des internen Kontroll- und des Risikomanagements bezogen auf den Rechnungslegungsprozess, zu berichten. Er informiert über Umstände, die seine Befangenheit besorgen lassen und über Leistungen, die er zusätzlich zu den Abschlussprüfungsleistungen erbracht hat. Der Aufsichtsrat hat auch den gesonderten nichtfinanziellen Bericht (§ 289 b des Handelsgesetzbuchs) und den gesonderten nichtfinanziellen Konzernbericht (§ 315 b des Handelsgesetzbuchs) zu prüfen, sofern sie erstellt wurden.
(2) Der Aufsichtsrat hat über das Ergebnis der Prüfung schriftlich an die Hauptversammlung zu berichten. In dem Bericht hat der Aufsichtsrat auch mitzuteilen, in welcher Art und in welchem Umfang er die Geschäftsführung der Gesellschaft während des Geschäftsjahrs geprüft hat; bei börsennotierten Gesellschaften hat er insbesondere anzugeben, welche Ausschüsse gebildet worden sind, sowie die Zahl seiner Sitzungen und die der Ausschüsse mitzuteilen. Ist der Jahresabschluß durch einen Abschlußprüfer zu prüfen, so hat der Aufsichtsrat

ferner zu dem Ergebnis der Prüfung des Jahresabschlusses durch den Abschlußprüfer Stellung zu nehmen. Am Schluß des Berichts hat der Aufsichtsrat zu erklären, ob nach dem abschließenden Ergebnis seiner Prüfung Einwendungen zu erheben sind und ob er den vom Vorstand aufgestellten Jahresabschluß billigt. Bei Mutterunternehmen (§ 290 Abs. 1, 2 des Handelsgesetzbuchs) finden die Sätze 3 und 4 entsprechende Anwendung auf den Konzernabschluss.

(3) Der Aufsichtsrat hat seinen Bericht innerhalb eines Monats, nachdem ihm die Vorlagen zugegangen sind, dem Vorstand zuzuleiten. Wird der Bericht dem Vorstand nicht innerhalb der Frist zugeleitet, hat der Vorstand dem Aufsichtsrat unverzüglich eine weitere Frist von nicht mehr als einem Monat zu setzen. Wird der Bericht dem Vorstand nicht vor Ablauf der weiteren Frist zugeleitet, gilt der Jahresabschluß als vom Aufsichtsrat nicht gebilligt; bei Mutterunternehmen (§ 290 Abs. 1, 2 des Handelsgesetzbuchs) gilt das Gleiche hinsichtlich des Konzernabschlusses.

(4) Die Absätze 1 bis 3 gelten auch hinsichtlich eines Einzelabschlusses nach § 325 Abs. 2 a des Handelsgesetzbuchs. Der Vorstand darf den in Satz 1 genannten Abschluss erst nach dessen Billigung durch den Aufsichtsrat offen legen.

Dritter Abschnitt – Feststellung des Jahresabschlusses. Gewinnverwendung

§ 172 Feststellung durch Vorstand und Aufsichtsrat Billigt der Aufsichtsrat den Jahresabschluß, so ist dieser festgestellt, sofern nicht Vorstand und Aufsichtsrat beschließen, die Feststellung des Jahresabschlusses der Hauptversammlung zu überlassen. Die Beschlüsse des Vorstands und des Aufsichtsrats sind in den Bericht des Aufsichtsrats an die Hauptversammlung aufzunehmen.

§ 173 Feststellung durch die Hauptversammlung (1) Haben Vorstand und Aufsichtsrat beschlossen, die Feststellung des Jahresabschlusses der Hauptversammlung zu überlassen, oder hat der Aufsichtsrat den Jahresabschluß nicht gebilligt, so stellt die Hauptversammlung den Jahresabschluß fest. Hat der Aufsichtsrat eines Mutterunternehmens (§ 290 Abs. 1, 2 des Handelsgesetzbuchs) den Konzernabschluss nicht gebilligt, so entscheidet die Hauptversammlung über die Billigung.

(2) …

(3) …

…

Sechster Teil – Satzungsänderung. Maßnahmen der Kapitalbeschaffung und Kapitalherabsetzung

…

Zweiter Abschnitt – Maßnahmen der Kapitalbeschaffung

§ 192 Voraussetzungen (1) Die Hauptversammlung kann eine Erhöhung des Grundkapitals beschließen, die nur so weit durchgeführt werden soll, wie von einem Umtausch- oder Bezugsrecht Gebrauch gemacht wird, das die Gesellschaft hat oder auf die neuen Aktien (Bezugsaktien) einräumt (bedingte Kapitalerhöhung).
(2) Die bedingte Kapitalerhöhung soll nur zu folgenden Zwecken beschlossen werden:
1. zur Gewährung von Umtausch- oder Bezugsrechten auf Grund von Wandelschuldverschreibungen;
2. zur Vorbereitung des Zusammenschlusses mehrerer Unternehmen;
3. zur Gewährung von Bezugsrechten an Arbeitnehmer und Mitglieder der Geschäftsführung der Gesellschaft oder eines verbundenen Unternehmens im Wege des Zustimmungs- oder Ermächtigungsbeschlusses.

(3)–(5) *(nicht abgedruckt)*

…

Zweites Buch – Kommanditgesellschaft auf Aktien (§§ 278–290)

§ 278 Wesen der Kommanditgesellschaft auf Aktien (1) Die Kommanditgesellschaft auf Aktien ist eine Gesellschaft mit eigener Rechtspersönlichkeit, bei der mindestens ein Gesellschafter den Gesellschaftsgläubigern unbeschränkt haftet (persönlich haftender Gesellschafter) und die übrigen an dem in Aktien zerlegten Grundkapital beteiligt sind, ohne persönlich für die Verbindlichkeiten der Gesellschaft zu haften (Kommanditaktionäre).
(2) Das Rechtsverhältnis der persönlich haftenden Gesellschafter untereinander und gegenüber der Gesamtheit der Kommanditaktionäre sowie gegenüber Dritten, namentlich die Befugnis der persönlich haftenden Gesellschafter zur Geschäftsführung und zur Vertretung der Gesellschaft, bestimmt sich nach den Vorschriften des Handelsgesetzbuchs über die Kommanditgesellschaft.
(3) Im Übrigen gelten für die Kommanditgesellschaft auf Aktien, soweit sich aus den folgenden Vorschriften oder aus dem Fehlen eines Vorstands nicht anderes ergibt, die Vorschriften des Ersten Buchs über die Aktiengesellschaft sinngemäß.

…

Drittes Buch – Verbundene Unternehmen (§§ 291–338)

Erster Teil – Unternehmensverträge

…

Dritter Abschnitt – Sicherung der Gesellschaft und der Gläubiger

§ 302 Verlustübernahme (1) Besteht ein Beherrschungs- oder ein Gewinnabführungsvertrag, so hat der andere Vertragsteil jeden während der Vertragsdauer sonst entstehenden Jahresfehlbetrag auszugleichen, soweit dieser nicht dadurch ausgeglichen wird, daß den anderen Gewinnrücklagen Beträge entnommen werden, die während der Vertragsdauer in sie eingestellt worden sind.
(2) Hat eine abhängige Gesellschaft den Betrieb ihres Unternehmens dem herrschenden Unternehmen verpachtet oder sonst überlassen, so hat das herrschende Unternehmen jeden während der Vertragsdauer sonst entstehenden Jahresfehlbetrag auszugleichen, soweit die vereinbarte Gegenleistung das angemessene Entgelt nicht erreicht.
(3) Die Gesellschaft kann auf den Anspruch auf Ausgleich erst drei Jahre nach dem Tage, an dem die Eintragung der Beendigung des Vertrags in das Handelsregister nach § 10 des Handelsgesetzbuchs bekannt gemacht worden ist, verzichten oder sich über ihn vergleichen. Dies gilt nicht, wenn der Ausgleichspflichtige zahlungsunfähig ist und sich zur Abwendung des Insolvenzverfahrens mit seinen Gläubigern vergleicht oder wenn die Ersatzpflicht in einem Insolvenzplan geregelt wird. Der Verzicht oder Vergleich wird nur wirksam, wenn die außenstehenden Aktionäre durch Sonderbeschluß zustimmen und nicht eine Minderheit, deren Anteile zusammen den zehnten Teil des bei der Beschlußfassung vertretenen Grundkapitals erreichen, zur Niederschrift Widerspruch erhebt.
(4) Die Ansprüche aus diesen Vorschriften verjähren in zehn Jahren seit dem Tag, an dem die Eintragung der Beendigung des Vertrags in das Handelsregister nach § 10 des Handelsgesetzbuchs bekannt gemacht worden ist.
…

Zweiter Teil – Leitungsmacht und Verantwortlichkeit bei Abhängigkeit von Unternehmen

Erster Abschnitt – Leitungsmacht und Verantwortlichkeit bei Bestehen eines Beherrschungsvertrags

§ 308 Leitungsmacht (1) Besteht ein Beherrschungsvertrag, so ist das herrschende Unternehmen berechtigt, dem Vorstand der Gesellschaft hinsichtlich der Leitung der Gesellschaft Weisungen zu erteilen. Bestimmt der Vertrag nichts anderes, so können auch Weisungen erteilt werden, die für die Gesellschaft nachteilig sind, wenn sie den Belangen des herrschenden Unternehmens oder der mit ihm und der Gesellschaft konzernverbundenen Unternehmen dienen.
(2) Der Vorstand ist verpflichtet, die Weisungen des herrschenden Unterneh-

mens zu befolgen. Er ist nicht berechtigt, die Befolgung einer Weisung zu verweigern, weil sie nach seiner Ansicht nicht den Belangen des herrschenden Unternehmens oder der mit ihm und der Gesellschaft konzernverbundenen Unternehmen dient, es sei denn, daß sie offensichtlich nicht diesen Belangen dient.
(3) Wird der Vorstand angewiesen, ein Geschäft vorzunehmen, das nur mit Zustimmung des Aufsichtsrats der Gesellschaft vorgenommen werden darf, und wird diese Zustimmung nicht innerhalb einer angemessenen Frist erteilt, so hat der Vorstand dies dem herrschenden Unternehmen mitzuteilen. Wiederholt das herrschende Unternehmen nach dieser Mitteilung die Weisung, so ist die Zustimmung des Aufsichtsrats nicht mehr erforderlich; die Weisung darf, wenn das herrschende Unternehmen einen Aufsichtsrat hat, nur mit dessen Zustimmung wiederholt werden.
…

Zweiter Abschnitt – Verantwortlichkeit bei Fehlen eines Beherrschungsvertrags

§ 317 Verantwortlichkeit des herrschenden Unternehmens und seiner gesetzlichen Vertreter (1) Veranlaßt ein herrschendes Unternehmen eine abhängige Gesellschaft, mit der kein Beherrschungsvertrag besteht, ein für sie nachteiliges Rechtsgeschäft vorzunehmen oder zu ihrem Nachteil eine Maßnahme zu treffen oder zu unterlassen, ohne daß es den Nachteil bis zum Ende des Geschäftsjahrs tatsächlich ausgleicht oder der abhängigen Gesellschaft einen Rechtsanspruch auf einen zum Ausgleich bestimmten Vorteil gewährt, so ist es der Gesellschaft zum Ersatz des ihr daraus entstehenden Schadens verpflichtet. Es ist auch den Aktionären zum Ersatz des ihnen daraus entstehenden Schadens verpflichtet, soweit sie, abgesehen von einem Schaden, der ihnen durch Schädigung der Gesellschaft zugefügt worden ist, geschädigt worden sind.
(2) Die Ersatzpflicht tritt nicht ein, wenn auch ein ordentlicher und gewissenhafter Geschäftsleiter einer unabhängigen Gesellschaft das Rechtsgeschäft vorgenommen oder die Maßnahme getroffen oder unterlassen hätte.
(3) Neben dem herrschenden Unternehmen haften als Gesamtschuldner die gesetzlichen Vertreter des Unternehmens, die die Gesellschaft zu dem Rechtsgeschäft oder der Maßnahme veranlaßt haben.
(4) § 309 Abs. 3 bis 5 gilt sinngemäß.
…

Viertes Buch – Sonder-, Straf- und Schlußvorschriften (§§ 394–410)

Dritter Teil – Straf- und Bußgeldvorschriften. Schlußvorschriften

…

§ 404 Verletzung der Geheimhaltungspflicht (1) Mit Freiheitsstrafe bis zu einem Jahr, bei börsennotierten Gesellschaften bis zu zwei Jahren, oder mit Geldstrafe wird bestraft, wer ein Geheimnis der Gesellschaft, namentlich ein Betriebs- oder Geschäftsgeheimnis, das ihm in seiner Eigenschaft als
1. Mitglied des Vorstands oder des Aufsichtsrats oder Abwickler,
2. Prüfer oder Gehilfe eines Prüfers

bekanntgeworden ist, unbefugt offenbart; im Falle der Nummer 2 jedoch nur, wenn die Tat nicht in § 333 des Handelsgesetzbuches mit Strafe bedroht ist.

(2) Handelt der Täter gegen Entgelt oder in der Absicht, sich oder einen anderen zu bereichern oder einen anderen zu schädigen, so ist die Strafe Freiheitsstrafe bis zu zwei Jahren, bei börsennotierten Gesellschaften bis zu drei Jahren, oder Geldstrafe. Ebenso wird bestraft, wer ein Geheimnis der in Absatz 1 bezeichneten Art, namentlich ein Betriebs- oder Geschäftsgeheimnis, das ihm unter den Voraussetzungen des Absatzes 1 bekanntgeworden ist, unbefugt verwertet.

(3) Die Tat wird nur auf Antrag der Gesellschaft verfolgt. Hat ein Mitglied des Vorstands oder ein Abwickler die Tat begangen, so ist der Aufsichtsrat, hat ein Mitglied des Aufsichtsrats die Tat begangen, so sind der Vorstand oder die Abwickler antragsberechtigt.

…

2. Allgemeines Gleichbehandlungsgesetz (AGG)

Aktuelle höchstrichterliche Rechtsprechung

Datum	Gericht/Az.	Fundstelle	Thema
16.7.19	BAG 1 AZR 842/16	NZA 19, 1432	Sozialplan, Benachteiligung wegen Behinderung
20.6.19	EuGH C-404/18	NZA 19, 1041	Schutz des Unterstützers eines Diskriminierungsopfers
28.5.19	BAG 8 AZN 268/19	NZA 19, 1311	Entschädigung, beschränkte Revisionszulassung
16.5.19	BAG 8 AZR 315/18	NZA 19, 1419	Benachteiligung wegen Behinderung, Einladung zu Vorstellungsgespräch
8.5.19	EuGH C-486/18	NZA 19, 1131	Diskriminierung bei Entlassungsentschädigung im Falle der Elternteilzeit
7.5.19	BAG 1 ABR 54/17	NZA 19, 1295	Sozialplan, Leistungsausschluss für rentennahe Arbeitnehmer
26.3.19	BGH II ZR 244/17	NZA 19, 706	Fremdgeschäftsführer Arbeitnehmereigenschaft
20.3.19	BAG 7 AZR 237/17	NZA 19, 1492	Altersdiskriminierung wegen Nichtverlängerung
20.2.19	BAG 2 AZR 746/14	NZA 19, 901	Kündigung durch katholische Kirche wegen Widerverheiratung
19.2.19	BAG 3 AZR 215/18	NZA 19, 997	Spätehenklausel in der Hinterbliebenenversorgung
19.2.19	BAG 3 AZR 198/18	NZA 19, 1016 (OS)	Spätehenklausel
14.2.19	EuGH C-154/18	NZA 19, 444	Neue Entgeltskala, Altersdiskriminierung
7.2.19	EuGH C-49/18	NZA 19, 241	Gehaltskürzung, Altersdiskriminierung

Datum	Gericht/Az.	Fundstelle	Thema
30.1.19	BAG 10 AZR 299/18 (A)	NZA 19, 693	Kopftuchverbot
22.1.19	EuGH C-193/17	NZA 19, 297	Feiertag nur für Angehörige einer Religionsgemeinschaft
11.12.18	BAG 9 AZR 161/18	NZA 19, 634	Diskriminierung durch Altersstaffelung des Urlaubs
4.12.18	EuGH C-378/17	NZA 19, 27	Rechtsanwendung durch Antidiskriminierungsstelle
25.10.18	BAG 8 AZR 562/16	NZA 19, 527	Benachteiligung wegen Religion, Entschädigung, Rechtsmissbrauch
25.10.18	BAG 8 AZR 501/14	NZA 19, 455	Kirchenmitgliedschaft als berufliche Anforderung bei Kirchen

Einleitung

I. Geschichtliche Entwicklung

Der Schutz vor diskriminierender Behandlung im Arbeitsleben ist seit langem Gegenstand entsprechender rechtlicher Aktivitäten. Am ältesten sind die Bemühungen zur Gleichbehandlung von Frauen und Männern, insbesondere hinsichtlich der Entlohnung, auf der Grundlage des Art. 3 Abs. 2 und 3 GG (Nr. 20). Am Beginn einer seither immer differenzierteren und tiefergreifenden Rechtsprechung stand die Entscheidung des *BAG* (15.1.1955 – 1 AZR 305/54, AP Nr. 4 zu Art. 3 GG) zur Unzulässigkeit von Lohnabschlägen für Frauen (vgl. *Kittner*, 50 Urteile, Nr. 9). Daneben hat das Schwerbehindertenrecht (Nr. 30 IX) sich zunehmend der Diskriminierungsproblematik angenommen. Alle derartigen rechtlichen Vorkehrungen sind seit Ende 2006 im »Allgemeinen Gleichbehandlungsgesetz« (AGG) zusammengefasst (s. u. 2 und II), nun ergänzt durch das EntgTranspG (Nr. 2 a, dazu u. II 4).

1. Gleichbehandlung von Frauen und Männern im Arbeitsleben

Als wichtiger Motor für eine über Art. 3 GG hinausgehende Rechtspolitik zur Gleichbehandlung von Frauen und Männern im Arbeitsleben hat sich das europäische Recht erwiesen. Dort sichert Art. 157 AEUV (ursprünglich Art. 119 EWG-Vertrag) den Grundsatz der Lohngleichheit. Davon ausgehend sind Richtlinien zur Gleichstellung von Männern und Frauen im Arbeitsleben ergangen, heute ist der Komplex geregelt in der Richtlinie 2006/54/EG v. 5.7.2006 (ABl. L 204/23).

2. Umfassende Antidiskriminierungsgesetzgebung

In den Jahren 2000 bis 2004 sind vier europäische Richtlinien zum Schutz vor Diskriminierung erlassen worden:

- 2000/43/EG v. 29.6.2000 gegen rassistische und ethnische Diskriminierung (ABl. L 180/24),
- 2000/78/EG v. 27.11.2000 für Gleichbehandlung in Beschäftigung und Beruf (ABl. L 303/16),
- 2002/73/EG v. 22.11.2000 für Gleichberechtigung von Männern und Frauen hinsichtlich des Zugangs zur Beschäftigung, Berufsbildung und zum beruflichen Aufstieg sowie in Bezug auf die Arbeitsbedingungen (ABl. 269/15, inzwischen ersetzt durch RL 2006/54/EG, s. o. 1) und
- 2004/113/EG v. 13.12.2004 für Gleichbehandlung wegen des Geschlechts außerhalb der Arbeitswelt (ABl. L 373/37).

Nachdem eine Umsetzung in der 15. Wahlperiode gescheitert war, legte die große Koalition einen Vorschlag vor (BR-Drs. 329/06), der in die Verabschiedung des am 18.8.2006 in Kraft getretenen AGG mündete (vgl. *Nollert-Borasio/Perreng*, AiB 06, 459, und PersR 06, 316; *Annuß*, BB 06, 1629; *Richardi*, NZA 06, 881; ausführlich zur Vorgeschichte in der 36. Aufl.). Bereits zwei Monate später wurde das Gesetz zur Behebung redaktioneller Mängel geändert (Gesetz vom 2.12.2006, BGBl. I 2742; hierzu *Löwisch*, BB 06, 2582; *Bauer/Preis/Schunder*, NZA 06, 1246). Das Gesetz ist auch auf Diskriminierungstatbestände anwendbar, die im Zeitpunkt des Inkrafttretens des AGG noch nicht abgeschlossen waren (*BAG* 25.3.2015 – 5 AZR 458/13, NZA 15, 1059, Rn. 24). Da Frauen ungeachtet des Diskriminierungsverbotes für gleiche oder gleichwertige Arbeit oftmals immer noch weniger Entgelt erhalten, wird das AGG nunmehr durch das EntgTranspG ergänzt, das Informationen in Bezug auf mögliche Entgeltdiskriminierungen verschaffen soll und das Verbot der Diskriminierung wegen des Geschlechts in Bezug auf das Entgelt noch einmal verdeutlicht (s. u. II 4).

II. Wesentlicher Inhalt des Gesetzes

1. Grundsatz und Anwendungsbereich

Ziel des Gesetzes ist die Verhinderung bzw. Beseitigung der wichtigsten im gesellschaftlichen Leben vorkommenden Benachteiligungen (§ 1). Dazu werden Verbote formuliert, Sanktionen angedroht und institutionelle Vorkehrungen zur Unterstützung diskriminierter Personen geschaffen (Übersicht 9). Das Gesetz vermeidet jedoch den Begriff der »Diskriminierung«, um deutlich zu machen, dass nicht jede Ungleichbehandlung unzulässig ist. Dementsprechend enthält es eine Vielzahl von Vorschriften, die Ungleichbehandlungen erlauben (u. 3).

Der Schwerpunkt des AGG liegt im Bereich des Arbeitsrechts. Es gibt jedoch auch einen – hier nicht abgedruckten – Abschnitt zum »Schutz vor Benachteiligungen im Zivilrechtsverkehr« (z. B. bei Mietverhältnissen, §§ 19–21). Im Arbeitsrecht sind alle Stadien des Arbeitsverhältnisses erfasst (zur Kündigung s. aber u. 7). Persönlich sind nicht nur Arbeitnehmer erfasst, sondern auch arbeitnehmerähnliche Personen (Allg. Einführung I 7; zum Schutz von GmbH-Fremdgeschäftsführern bei Beendigung des Dienstverhältnisses *BGH* 26.3.2019 – II ZR 244/17, NJW 19, 2086)

und Stellenbewerber sowie Personen nach Beendigung eines Arbeitsverhältnisses (§ 6). Die betriebliche Altersversorgung ist ebenfalls dem AGG unterstellt, soweit es keine betriebsrentenrechtlichen Sonderregeln gibt (vgl. § 2 Abs. 2 Satz 2 und dazu *BAG* 11. 12. 2007 – 3 AZR 249/06, BB 08, 557). Wegen dieses weiten Anwendungsbereichs spricht das Gesetz nicht von »Arbeitnehmern«, sondern von »Beschäftigten« (vgl. Allg. Einführung I 7). Das Benachteiligungsverbot erstreckt sich auch auf die Mitgliedschaft in Arbeitgebervereinigungen und Gewerkschaften (§ 18). Für Beamte gelten die Grundsätze des AGG entsprechend (§ 24).
Mit dem AGG ist ein Teil der bisherigen Vorschriften zum Diskriminierungsschutz außer Kraft getreten (§§ 611 a, 611 b, 612 Abs. 3 BGB und das Beschäftigtenschutzgesetz; s. Nr. 14 b bis zur 31. Aufl.). Die entsprechenden Vorschriften in den Mitbestimmungsgesetzen (z. B. §§ 75 BetrVG und 67 BPersVG) und im Schwerbehindertenrecht sind geblieben und an das AGG angepasst worden.

2. Verbotene Benachteiligungen

Das Gesetz verbietet die nicht gerechtfertigte Benachteiligung aus Gründen der Rasse, der ethnischen Herkunft, des Geschlechts, der Weltanschauung, einer Behinderung, des Alters oder der sexuellen Identität (§ 7 Abs. 1 i. V. mit § 1). Eine – insbesondere sexuelle – Belästigung gilt unter bestimmten Umständen als Benachteiligung (§ 3 Abs. 3 und 4, vgl. *BAG* 24. 9. 2009 – 8 AZR 705/08, DB 2010, 618). Eine sexuelle Belästigung ist dabei nicht von einer sexuellen Motivation des Belästigenden abhängig (*BAG* 29. 6. 2017 – 2 AZR 302/16, NZA 17, 1121). Nicht als Benachteiligung gelten positive Maßnahmen zur Förderung bisher benachteiligter Gruppen (§ 5), die jedoch die Rechtspositionen der übrigen Beschäftigten nicht unangemessen beeinträchtigen dürfen (zur Unzulässigkeit leistungsunabhängiger Frauenquoten s. u. 5 b). Vertragsklauseln, die eine nicht gerechtfertigte Benachteiligung enthalten bzw. herbeiführen, sind unwirksam (§ 7 Abs. 2).
Es wird zwischen unmittelbarer und mittelbarer Benachteiligung unterschieden. Eine *unmittelbare* Benachteiligung liegt vor, wenn Beschäftigte *wegen* eines in § 1 genannten Grundes schlechter behandelt werden als andere Beschäftigte (§ 3 Abs. 1). »Wegen« eines solchen Grundes wird benachteiligt, wenn dieser Grund im Rahmen eines Motivbündels mit eine Rolle gespielt und die Entscheidung beeinflusst hat. Ob tatsächlich das Merkmal vorliegt, ist nicht entscheidend, vielmehr genügt schon eine entsprechende Annahme (z. B. dass eine Behinderung vorliege, *BAG* 17. 12. 2009 – 8 AZR 670/08, NZA 10, 383). Hat der Arbeitgeber keine Kenntnis von dem jeweiligen Umstand, kann es sich nicht um eine unzulässige unmittelbare Benachteiligung handeln. Eine Kündigung in Unkenntnis der Schwangerschaft stellt, obwohl sie nach § 9 MuSchG unwirksam ist, deshalb keine Diskriminierung wegen des Geschlechts dar (*BAG* 17. 10. 2013 – 8 AZR 742/12, NZA 14, 303). Der Grund muss nicht unbedingt in der Person des Beschäftigten selbst liegen. So ist z. B. auch die Benachteiligung einer Arbeitnehmerin wegen der Behinderung ihres Kindes unzulässig (*EuGH* 17. 7. 2008 – C-303/06, NZA 08, 932 – Coleman). Die Benachteiligung setzt eine vergleichbare Lage mit den Arbeitnehmern voraus, die besser behandelt wurden.
Wer sich nicht ernsthaft auf eine Stelle beworben hat, sondern nur, um eine

eventuelle Entschädigung wegen Diskriminierung einfordern zu können, fällt nicht in den Anwendungsbereich des Antidiskriminierungsrechts, das nur Gleichbehandlung in Bezug auf eine tatsächlich beabsichtigte Beschäftigung verlangt, und handelt rechtsmissbräuchlich; er genießt daher keine auf das Antidiskriminierungsrecht gestützten Ansprüche (*EuGH* 28.7.2016 – C-423/15, NZA 16, 1014 – Kratzer). Dementsprechend hat das *BAG* (11.8.2016 – 8 AZR 4/15, NZA 17, 310) entschieden, dass Bewerber, die sich nur deshalb beworben haben, damit sie eine Entschädigung verlangen können, nicht aber um die ausgeschriebene Stelle erlangen zu können, rechtsmissbräuchlich handeln und daher keine Ansprüche geltend machen können. Allerdings hat das *BAG* auch klargestellt, dass dies noch nicht aus dem bloßen Fehlen der objektiven Eignung herzuleiten ist.

Von einer *mittelbaren* Benachteiligung spricht man, wenn anscheinend neutrale Maßnahmen oder Vorschriften Personen wegen eines relevanten Grundes im Ergebnis in besonderer Weise schlechter stellen und dafür kein rechtfertigender Grund vorliegt (§ 3 Abs. 2). Nicht mehr zwingend erforderlich ist der Nachweis der mittelbaren Benachteiligung durch Statistiken. Vielmehr genügt der Nachweis von Benachteiligungen durch Hinweis auf hypothetische Vergleichspersonen, die, wenn es sie denn nur gäbe, anders behandelt worden wären (*Däubler*, ZfA 06, 479, 481 f.; *Schlachter*, ZESAR 06, 391, 394). Der *EuGH* hat als rechtfertigende Kriterien anerkannt: Flexibilität im Sinne der Anpassung an unterschiedliche Arbeitszeiten und -orte sowie die hierfür erforderliche Berufsausbildung und die Dauer der Betriebszugehörigkeit (17.10.1989 – Rs. 109/88, NZA 90, 772 – Danfoss). Ebenso ist das Dienstalter als ausschlaggebendes Kriterium beim Gehalt zur Honorierung betriebsspezifischer Erfahrungen zulässig (*EuGH* 3.10.2006 – C-17/05, NZA 06, 1205 – Cadman). Soll eine mittelbare Diskriminierung aus einer Statistik hergeleitet werden, müssen die Vergleichsgruppen eine hinreichende Größe aufweisen und konjunkturelle und rein zufällige Erscheinungen ausschließen (*EuGH* 28.2.2013 – C-427/11, NZA 13, 315, Rn. 45 – Kenny).

Eine Diskriminierung hängt nicht davon ab, dass es ein Opfer gibt (*EuGH* 10.7.2008 – C-54/07, NZA 08, 929 – Feryn: öffentliche Erklärung, Arbeitnehmer bestimmter Herkunft in Hinblick auf die Präferenzen der Kundschaft nicht einstellen zu wollen), so dass diejenigen, die allgemein zur Rechtskontrolle berufen sind (z. B. der Betriebsrat gemäß § 80 Abs. 1 Nr. 1 BetrVG, Nr. 12), bereits im Vorfeld konkreter Rechtsverletzungen einschreiten können.

Über diese Benachteiligungen sowie Belästigungen hinaus sind auch Anweisungen zur Diskriminierung (u. 6) verboten.

3. Berechtigung zur Ungleichbehandlung

Abgesehen von der bereits zum Benachteiligungstatbestand gehörenden Frage der Berechtigung einer mittelbaren Ungleichbehandlung legt das Gesetz für einzelne Ungleichbehandlungstatbestände Gründe fest, aus denen Ungleichbehandlungen zulässig sind. Im Falle einer Ungleichbehandlung aus mehreren Gründen, muss sich die Rechtfertigung auf alle erstrecken (§ 4).

Die Ungleichbehandlung wegen eines in § 1 genannten Grundes ist zulässig, wenn dieser wesentliche und entscheidende berufliche Anforderung ist (§ 8

Abs. 1). Das immer wieder genannte Beispiel ist etwa das Geschlecht für Schauspielerrollen. Unzulässig ist im Allgemeinen die geschlechtsspezifische Differenzierung für die Tätigkeit als Gleichstellungsbeauftragte/r (*BAG* 12. 11. 1998 – 8 AZR 365/97, NZA 99, 371). Je nach konkreter Tätigkeit kann das Geschlecht aber unverzichtbare Voraussetzung sein. Dann genügt es im Übrigen schon, wenn nur ein Teil der Tätigkeit (im konkreten Fall Integrationsarbeit mit zugewanderten muslimischen Frauen) nur von Angehörigen eines bestimmten Geschlechts erbracht werden kann (*BAG* 18. 3. 2010 – 8 AZR 77/09, NZA 10, 872, 875). Ein geringeres Entgelt nur deswegen, weil wegen eines in § 1 genannten Grundes besondere Schutzvorschriften gelten (Mutterschutz oder Schwerbehindertenschutz), ist unzulässig (§ 8 Abs. 2).
Religions- und Weltanschauungsgemeinschaften dürfen ihre Beschäftigten ungleich behandeln, wenn die Religion oder Weltanschauung eine gerechtfertigte berufliche Anforderung darstellt (§ 9 Abs. 1, s. u. 5 c).
Eine unterschiedliche Behandlung wegen des Alters wird in § 10 unter insgesamt 6 Aspekten gerechtfertigt.

4. Entgelttransparenzgesetz

Obwohl das AGG Diskriminierungen wegen des Geschlechts in jeder Hinsicht ebenso verbietet wie Art. 157 AEUV mit Blick auf das Entgelt, ist zu beklagen, dass Frauen offenkundig immer noch häufig deutlich weniger für gleiche oder gleichwertige Arbeit erhalten als Männer. Immer noch verdienen Frauen deutlich weniger und haben auch schlechtere Karrierechancen als Männer (Böckler impuls 4/09, S. 1; 14/10, S. 2; 5/12, S. 1). Der Durchschnittsverdienst von Frauen lag 2016 um 21 % niedriger als der von Männern. Bereinigt auf gleiche und gleichwertige Arbeit wird von einem Unterschied von 7 % ausgegangen (BT-Drs. 18/11133, S. 1). Dem will das EntgTranspG (Gesetz zur Förderung der Transparenz von Entgeltstrukturen v. 30. 6. 17, BGBl. I 2152; dazu *Bauer/Günther/Romero*, NZA 17, 809; *Franzen*, NZA 17, 814; *Kocher*, AuR 18, 8; *Kuhn/Schwindling*, DB 17, 785; *Oberthür*, NJW 17, 2228; *Roloff*, RdA 19, 28; *Wank*, RdA 18, 34; Entwurf: BT-Drs. 18/11133) begegnen. Es fasst das Verbot der Diskriminierung wegen des Geschlechts beim Entgelt in § 3 zusammen. Aus dieser Bestimmung ist auch ein Anspruch auf Gleichbehandlung im Falle unzulässiger Diskriminierung herzuleiten (*Oberthür*, NJW 17, 2228, 2230; zum Gleichbehandlungsanspruch nach dem AGG s. u. 7). Nach § 4 Abs. 4 EntgTranspG muss der Arbeitgeber Entgeltsysteme diskriminierungsfrei ausgestalten. Allerdings wird für tarifliche und gesetzliche Systeme vermutet, dass unterschiedliche Entgeltgruppen auch Tätigkeiten betreffen, die nicht gleichwertig sind.
Arbeitnehmer haben einen individuellen Auskunftsanspruch über Verfahren der Entgeltfindung und Vergleichsentgelte als statistischer Median gemäß §§ 10 ff. EntgTranspG. Der Anspruch entsteht gemäß § 10 Abs. 2 EntgTranspG frühestens nach 2 Jahren erneut, wenn sich die Voraussetzungen nicht wesentlich verändert haben. Die Information erfolgt durch den Betriebsrat, wenn dieser nicht Auskunft unmittelbar durch den Arbeitgeber verlangt. Ein tarifgebundener Arbeitgeber kann hinsichtlich des Entgeltfindungsverfahrens auf den Tarifvertrag verweisen.

Die Kenntnis eines Vergleichsmedian taugt noch nicht als Indiz für eine Diskriminierung im Sinne des § 22 AGG (unten 7). Allerdings kann er zusammen mit weiteren Umständen Grundlage einer Beweislastumkehr nach dieser Bestimmung sein (*Franzen*, NZA 17, 814, 816 f.). § 15 Abs. 5 EntgTranspG bewirkt eine eventuelle weitere Beweislasterleichterung. Ein nicht tarifgebundener bzw. tarifanwendender Arbeitgeber, der den Auskunftsanspruch nicht erfüllt, muss im Streitfall beweisen, dass er das Entgeltgleichheitsgebot nicht verletzt hat. Für den tarifgebundenen Arbeitgeber gilt diese Regelung aber nicht. Hier muss der Arbeitnehmer gegebenenfalls auf Auskunft klagen (*Franzen*, NZA 17, 814, 819).

Für große Unternehmen mit mehr als 500 Beschäftigten besteht nach §§ 17 ff. EntgTranspG eine Pflicht zur Überprüfung der Einhaltung des Entgeltgleichheitsgebots. Der Betriebsrat hat dazu nur ein Unterrichtungsrecht nach § 20 EntgTranspG. Für nach § 289 a HGB lageberichtspflichtpflichtige Unternehmen kommt die Pflicht zur Erstellung eines Berichts zur Gleichstellung und Entgeltgleichheit, der im Bundesanzeiger zu veröffentlichen ist, nach §§ 20 f. EntgTranspG hinzu.

5. Rechtsprechung zu einzelnen Diskriminierungsmerkmalen

a) Benachteiligung wegen des Alters

Während der *EuGH* die erleichterte Befristung für ältere Arbeitnehmer für eine unzulässige Altersdiskriminierung hielt (*EuGH* 22.11.2005 – C-144/04, NZA 05, 1345 – Mangold), hält er tarifvertragliche Altersgrenzen als Zwangspensionierungen jedenfalls dann für zulässig, wenn sie voraussetzen, dass der Arbeitnehmer eine Altersrente erhält (zu Einzelheiten Einl. II 1 a zum TzBfG, Nr. 32). Ein tarifvertragliches Einstellungshöchstalter für Piloten hat das *BAG* (8.12.2010 – 7 ABR 98/09, NZA 11, 751) nicht akzeptiert.

Dass das Kriterium des Lebensalters bei der Sozialauswahl nach § 1 Abs. 3 KSchG zu berücksichtigen ist, stellt keine Diskriminierung wegen des Alters dar (*BAG* 15.12.2011 – 2 AZR 42/10, DB 12, 1445). Ebenso ist die Bildung von Altersgruppen bei der Sozialauswahl keine unzulässige Altersdiskriminierung (vgl. Einl. III 2 zum KSchG, Nr. 25). Zur gesetzlichen Staffelung von Kündigungsfristen s. Einl. II 2 zum BGB, Nr. 14).

Staffelungen von Sozialplanleistungen nach Lebensalter oder Betriebszugehörigkeit sind ebenso zulässig wie deren Reduktion oder Ausschluss für rentenberechtigte Arbeitnehmer (*BAG* 12.4.2011 – 1 AZR 764/09, DB 09, 849). Das gilt auch für Arbeitnehmer, die nach Bezug von Arbeitslosengeld in vorzeitige Altersrente mit Abschlägen überwechseln können (*BAG* 7.5.2019 – 1 ABR 54/17, NZA 19, 1295). Das hat der *EuGH* in einem Fall gebilligt, in dem die betroffenen Arbeitnehmer immerhin die Hälfte der regulären Sozialplanleistungen beanspruchen konnten (*EuGH* 6.12.2012 – C-152/11, NZA 12, 1435 – Odar). Daraus folgt aber nicht, dass geringere Sozialplanleistungen für rentennahe Arbeitnehmer immer die Hälfte der regulären Sozialplanansprüche umfassen müssen (*BAG* 23.4.2013 – 1 AZR 916/11, NZA 13, 980, Rn. 37 ff.). Das *BAG* verlangt aber, dass den betreffenden Arbeitnehmern keine unangemessenen Nachteile zugefügt werden. Das entspricht jedenfalls der neueren Rechtsprechung des *EuGH*, wonach der Ausschluss einer Abfindung zulässig ist, wenn der Arbeitnehmer ohne Nachteil infolge eines

vorzeitigen Renteneintritts in den Rentenbezug wechseln kann (*EuGH* 26.2.2015 – C-515/13, NZA 15, 473 – Landin). Das *BAG* hat es für angemessen gehalten, wenn durch einen pauschalierten Nettolohnausgleich für die Zwischenzeit bis zur Rente keine nennenswerten wirtschaftlichen Nachteile entstehen (26.3.2013 – 1 AZR 813/11, NZA 13, 921, Rn. 35). Unzulässig ist es aber grundsätzlich, Sozialplanleistungen zu reduzieren im Hinblick auf die Möglichkeit, eine vorgezogene Altersrente wegen Behinderung zu erhalten (*EuGH* 6.12.2012 – C-152/11, NZA 12, 1435 – Odar; *BAG* 17.11.2015 – 1 AZR 938/13, NZA 16, 501). Dasselbe muss beim Abstellen auf einen vorgezogenen Renteneintritt für Frauen gelten (*Zange*, NZA 13, 601, 603), nicht aber für vorgezogene Altersrenten nach Arbeitslosigkeit (*BAG* 23.4.2013 – 1 AZR 916/11, NZA 13, 980).
Die Staffelung der Urlaubslänge nach dem Alter bedarf einer Rechtfertigung durch den Schutz älterer Beschäftigter, wobei dem Arbeitgeber ein Einschätzungsspielraum in Bezug auf die Situation seines Unternehmens zukommt (*BAG* 21.10.2014 – 9 AZR 956/12, NZA 15, 297). Mangels einer solchen Rechtfertigung haben die benachteiligten Arbeitnehmer Anspruch auf eine Urlaubslänge nach der höchsten Altersstufe (*BAG* 20.3.2012 – 9 AZR 529/10, NZA 12, 803).
Die Vergütung nach Lebensaltersstufen stellt eine ungerechtfertigte Diskriminierung wegen des Alters dar. Die benachteiligten Arbeitnehmer können Vergütung nach der höchsten Lebensaltersstufe verlangen (*BAG* 10.11.2011 – 6 AZR 481/09, NZA 12, 161; NZA-RR 12, 100). Sofern Tarifvertragsparteien allerdings zu einem diskriminierungsfreien System übergehen, können sie eine vorübergehende Besitzstandswahrung regeln (*EuGH* 8.9.2011 – C-297/10, C-298/10, NZA 11, 1100 – Hennigs und Mai). Im Übrigen stellt ein Wechsel zu einem neuen Vergütungssystem für neu eingestellte Arbeitnehmer für sich keine mittelbare Diskriminierung wegen des Alters dar (*EuGH* 14.2.2019 – C-154/18, NZA 19, 444 – Horgan u.a.).
Zu Fragen der Altersdiskriminierung in der Betrieblichen Altersversorgung s. Einl. II 10 zum BetrAVG (Nr. 11).

b) Benachteiligung wegen des Geschlechts

Eine unzulässige Benachteiligung wegen des Geschlechts ist die Bildung nur von »Ehefrauenzulagen« (*BAG* 13.11.1985 – 4 AZR 234/84, DB 86, 542). Auch eine ungleiche übertarifliche Bezahlung von Frauen und Männern ist mit dem Diskriminierungsverbot nicht vereinbar (*BAG* 23.9.1992 – 4 AZR 30/92, NJW 93, 3091).
Es stellt auch eine unzulässige Diskriminierung wegen des Geschlechts dar, wenn die Einstellung Schwangerer in ein befristetes Arbeitsverhältnis aus diesem Grunde verweigert wird, auch wenn dadurch über einen wesentlichen Zeitraum des Arbeitsverhältnisses hinweg nicht gearbeitet werden kann (*EuGH*, NZA 01, 1241 – Tele Danmark).
Eine wichtige praktische Möglichkeit zur Herstellung von Chancengleichheit zwischen Männern und Frauen bieten sog. Quoten. Eine *automatische* Bevorzugung von Frauen gleicher Qualifikation gegenüber Männern bei der Einstellung in einen Bereich mit Unterrepräsentation von Frauen ist jedoch eine unzulässige

Diskriminierung (*EuGH* 6.7.2000 – C-407/98, EuZW 00, 540 – Abrahamson; 17.10.1995 – C-450/93, NZA 95, 1095 – Kalanke), zulässig ist aber eine Regelung mit *Öffnungsklausel* zur Berücksichtigung individueller Umstände (*EuGH* 11.11.1997 – C-409/95, DB 97, 2383 – Marschall; vgl. *Goergens*, AiB 98, 124; *Sachs*, RdA 98, 129; *Pfarr*, NZA 95, 809).

Eine mittelbare Diskriminierung wegen des Geschlechts liegt vor, wenn der tarifliche Bewährungsaufstieg für Teilzeitkräfte länger dauert als für Vollzeitkräfte (*EuGH*, AP Nr. 25 zu § 23 a BAT – Nimz; *BAG* 2.12.1992 – 4 AZR 152/92, AuR 93, 225 mit Anm. *Richter*). Insgesamt ist die Benachteiligung von Teilzeitkräften regelmäßig eine mittelbare Diskriminierung von Frauen, weil überwiegend Frauen in Teilzeitarbeit arbeiten (vgl. bei tariflichen Sonderzahlungen: *EuGH* 9.9.1999 – C-281/97, NZA 99, 1151 – Krüger; im Bereich der betrieblichen Altersversorgung: *BAG* 14.1.1986 – 3 AZR 456/84, DB 86, 2237; *EuGH* 13.5.1986 – Rs. 170/84, NZA 86, 599 – Bilka; hierzu *Kittner*, 50 Urteile, 2019, Nr. 8; *Pfarr*, NZA 86, 599; *BVerfG* 28.9.1992 – 1 BvR 496/87, ZIP 93, 140).

Unzulässig ist auch die Bildung von »Leichtlohngruppen«, vielmehr bedarf es einer Berücksichtigung auch sensomotorischer Anforderungen neben muskulären (*BAG* 27.4.1988 – 4 AZR 707/87, DB 88, 1657; *EuGH* 1.7.1986 – Rs. 237/85, AiB 86, 200 – Rummler).

c) Benachteiligung wegen der Religion

Kopftuchverbote haben die Rechtsprechung unter verschiedenen Gesichtspunkten beschäftigt (vgl. *Preis/Morgenbrodt*, ZESAR 17, 309; *Sagan*, EuZW 17, 457). Allein der Umstand, dass ein Kunde des Arbeitgebers verlangt, dass Leistungen nicht mehr von einer Arbeitnehmerin ausgeführt werden, die ein islamisches Kopftuch trägt, kann eine Ungleichbehandlung wegen der Religion nicht rechtfertigen (*EuGH* 14.3.2017 – C-188/15, NZA 17, 375 – Bougnaoui). Demgegenüber kann der Arbeitgeber nach der Rechtsprechung des *EuGH* (14.3.2017 – C-157/15 – Achbita) verlangen, dass seine Arbeitnehmer keinerlei politische, philosophische oder religiöse Zeichen am Arbeitsplatz tragen, um eine Neutralitätspolitik gegenüber seinen Kunden zu verfolgen. Durch diese Rechtsprechung sind allerdings nur die Grenzen nach den Diskriminierungsverboten abgesteckt. Demgegenüber kann nach dem Grundrecht der Religionsfreiheit im GG eine weitergehende Rücksichtnahme des Arbeitgebers geboten sein (Einl. III 4 zum GG, Nr. 20). In dem Zusammenhang geht das *BAG* davon aus, dass die Religionsfreiheit des Arbeitnehmers im Rahmen einer Abwägung gegen die Interessen des Arbeitgebers am Verbot des Zeigens entsprechender Symbole zu berücksichtigen sei. Es hat daher ein Vorabentscheidungsersuchen an den *EuGH* mit der Frage gerichtet, ob dieses Verständnis mit der Richtlinie vereinbar ist. Für den Fall, dass die Richtlinie Derartiges nicht vorsehen sollte, möchte das *BAG* überdies wissen, ob es gleichwohl die Religionsfreiheit im Sinne eines weitergehenden Schutzes des Arbeitnehmers nach nationalem Recht berücksichtigen darf. Im Ausgangsfall beschränkte sich das Verbot allerdings auf das Zeigen auffälliger großflächiger religiöser, politischer oder sonstiger weltanschaulicher Zeichen am Arbeitsplatz. Ob ein solches Verbot, das sich nicht generell auf sämtliche auch unauffällige Zeichen be-

schränkt, überhaupt gerechtfertigt werden kann, möchte das *BAG* in dem Zusammenhang ebenfalls geklärt wissen (30. 1. 2019 – 10 AZR 299/18 [A], NZA 19, 693). Eine Ungleichbehandlung wegen der Religion kann nach § 9 Abs. 1 auch gerechtfertigt sein, wenn eine Religionsgemeinschaft eine bestimmte Religion als berufliche Anforderung verlangt. Dies soll auch »im Hinlick auf ihr Selbstbestimmungsrecht« möglich sein. Denn bislang gestand die Rechtsprechung den Religionsgemeinschaften eine weitgehend autonome Bestimmung von Glaubensanforderungen an ihr Personal zu (vgl. *BVerfG* 11. 10. 1977 – 2 BvR 209/76, DB 77, 2379; *BAG* 25. 4. 1978 – 1 AZR 70/76, DB 78, 2175). Das war offenkundig unvereinbar mit der Richtlinie 2000/78/EG insofern diese einen gewissen Tätigkeitsbezug für die Aufstellung von Erwartungen an die Beschäftigten von Religionsgemeinschaften fordert (vgl. *Deinert*, EuZA 09, 332). Entsprechend verlangt der *EuGH* eine wirksame gerichtliche Kontrolle von Glaubensanforderungen, die sich aufgrund der Tätigkeit oder der Umstände ihrer Ausübung ergeben müssen (17. 4. 2018 – C-414/16, NZA 18, 569 – Egenberger; dazu *Heuschmid/Höller,* AuR 18, 586; *Junker*, NJW 18, 1850; *Klocke/Wolters*, BB 18, 1460). Danach bestimmen die Kirchen zwar in Ausübung ihrer Autonomie das Ethos, die Gerichte prüfen indes, ob die gestellten Religionsanforderungen hinsichtlich der konkreten Tätigkeit mit Blick auf das Ethos gerechtfertigt sind. Das *BAG* hält dementsprechend eine Rechtfertigung einer unterschiedlichen Behandlung mit Anforderungen unter Berufung auf das kirchliche Selbstbestimmungsrecht für ausgeschlossen, § 9 Abs. 1 Alt. 1 mithin für unanwendbar und lässt nur eine Rechtfertigung mit Rücksicht auf die Art der Tätigkeit nach Alt. 2 der Bestimmung zu (25. 10. 2018 – 8 AZR 501/14, NZA 2019, 455). Abzuwarten bleibt, ob das *BVerfG* dieses Verständnis zum Anlass nehmen wird, seine Rechtsprechung zur kirchenautonomen Bestimmung von Religionsanforderungen ebenfalls zu ändern.
Nach § 9 Abs. 2 können die Kirchen von ihren Beschäftigten loyales und aufrichtiges Verhalten hinsichtlich ihres Selbstverständnisses verlangen. Auch hier stellt sich die Frage nach der Reichweite der Kirchenautonomie bei der Bestimmung derartiger Loyalitätserwartungen (vgl. dazu Einl. III 4 zum GG, Nr. 20).

d) Benachteiligung wegen der sexuellen Identität

Eine Benachteiligung wegen der Transsexualität kann – außer einer Benachteiligung wegen des Geschlechts – auch eine Benachteiligung wegen der sexuellen Identität bedeuten (*BAG* 17. 12. 2015 – 8 AZR 421/14, NZA 16, 888). Unzulässig ist der Ausschluss eingetragener Lebenspartner von tariflichen Leistungen, die nur für Ehegatten vorgesehen sind (*EuGH* 12. 12. 2013 – C-267/12, NZA 14, 153 – Hay). Zu Fragen unzulässiger Gestaltungen betrieblicher Versorgungsordnungen s. Einl. II 10 zum BetrAVG (Nr. 11).

e) Benachteiligung wegen einer Behinderung

Benachteiligungen wegen einer Behinderung liegen in den meisten Fällen in der verweigerten Einstellung. Das Hauptproblem liegt im Nachweis, dass die unterbliebene Einstellung *wegen* der Behinderung erfolgte (zur Beweislast s. u. 7). Bei der Frage, ob die Abwesenheit der Behinderung wesentliche und entscheidende berufliche Anforderung im Sinne des § 8 AGG ist, was die Benachteiligung rechtfertigen würde, ist zu berücksichtigen, dass der Arbeitgeber einer gesteigerten Fürsorgepflicht unterliegt und angemessene Vorkehrungen für die Beschäftigung behinderter Menschen ergreifen muss (*BAG* 19. 12. 2013 – 6 AZR 190/12, NZA 14, 372). Nur wenn auch unter Berücksichtigung dieser Verpflichtung eine Erfüllung der Arbeitsleistung nicht möglich ist, hat man es mit einer wesentlichen und entscheidenden Bedingung zu tun. Darüber hinaus kommen Diskriminierungen häufig in Betracht, wenn es um Leistungseinschränkungen oder -kürzungen geht, die an die Möglichkeit einer vorgezogenen Altersrente wegen Behinderung knüpfen (vgl. *EuGH* 6. 12. 2012 – C-152/11, NZA 12, 1435 – Odar). In dem Zusammenhang hat der *EuGH* klargestellt, dass die Einstellung einer tarifvertraglichen Überbrückungsleistung bei Erreichen der Voraussetzungen einer vorgezogenen Altersrente eine unzulässige Diskriminierung wegen der Behinderung darstellt, weil eine vorgezogene Rente für schwerbehinderte Menschen nur mit Abschlägen bezogen werden kann (19. 9. 2018 – C-312/17, NZA 18, 1268 – Bedi). Dementsprechend ist eine im Hinblick auf einen vorgezogenen Rentenbeginn erfolgende Verkürzung der Laufzeit eines Vorruhestandsverhältnisses eine unzulässige Benachteiligung wegen der Behinderung (*BAG* 21. 11. 2017 – 9 AZR 141/17, NZA 18, 786). Eine tarifliche Regelung, wonach die Gewährung einer Erwerbsminderungsrente auf Dauer zur Auflösung des Arbeitsverhältnisses führt, ist nach der Rechtsprechung im Hinblick auf das Ziel gerechtfertigt, ein Arbeitsverhältnis zu beenden, das nicht mehr erfüllt werden kann, während der Arbeitnehmer seinen Lebensstandard durch die Rente sichern kann (*BAG* 10. 12. 2014 – 7 AZR 1002/12, NZA-RR 16, 83).

6. Pflichten und Maßnahmen des Arbeitgebers und der Arbeitnehmer

Arbeitgeber werden durch das Gesetz in mehrfacher Hinsicht in die Pflicht genommen. Von ihnen selbst herbeigeführte Benachteiligungen gelten als Vertragsverletzung (§ 7 Abs. 3). Die Weisung an Beschäftigte zu einer Benachteiligung anderer Beschäftigter wird dem Anweisenden als eigene Benachteiligung zugerechnet (§ 3 Abs. 5). Der Arbeitgeber muss seine Arbeitnehmer auch vor Benachteiligungen Dritter (z. B. im Betrieb tätige Fremdfirmen und Kunden) schützen (§ 12 Abs. 3 und 4). Die Verletzung dieser Pflicht dürfte auch strafrechtlich relevant werden (vgl. *Schramm*, Anm. zu *BGH* 20. 10. 2011 – 4 StR 71/11, JZ 12, 967, 969 ff.). Der *BGH* hat in einer entgegengesetzten Entscheidung v. 20. 10. 11 (20. 10. 2011 – 4 StR 71/11, JZ 12, 967) sowohl das Verbot der Belästigung wegen einer Behinderung als auch § 12 AGG übersehen (vgl. *Ladiges*, SR 13, 29 ff.).

Gemäß § 11 ist es verboten, eine Stelle so auszuschreiben, dass damit eine Benachteiligung wegen eines der Merkmale des § 1 verbunden ist.

Innerhalb des Betriebes hat der Arbeitgeber alles ihm Mögliche zur Unterbindung benachteiligender Maßnahmen zu veranlassen (§ 12). Die Schulung der Beschäftigten mit dieser Zielrichtung gilt als Erfüllung dieser Verpflichtung (§ 12 Abs. 2). Den Beschäftigten ist demgegenüber jede Diskriminierung anderer Beschäftigter verboten. Eine solche Diskriminierung stellt gemäß § 7 Abs. 3 AGG eine Vertragspflichtverletzung dar. Sie kann den Arbeitgeber zur außerordentlichen Kündigung nach § 626 Abs. 1 BGB berechtigen (*BAG* 10. 11. 2014 – 2 AZR 651/13, NZA 15, 294). Außerdem hat der Arbeitgeber den Beschäftigten eine für Beschwerden zuständige Stelle zu benennen. Die Einrichtung einer solchen Beschwerdestelle ist mitbestimmungspflichtig (*BAG* 21. 7. 2009 – 1 ABR 42/08, DB 09, 1993). Diese Stelle und der Text des AGG wie des § 61 b ArbGG sind im Betrieb bekannt zu machen (§ 12 Abs. 5).

7. Rechte der Beschäftigten

Die Beschäftigten haben das Recht, sich über eine (vermeintliche) Benachteiligung bei der vom Arbeitgeber hierfür benannten Stelle zu beschweren (§ 13). Die Beschwerde ist zu prüfen; das Ergebnis muss dem Beschwerdeführer mitgeteilt werden. Ergreift der Arbeitgeber keine oder ungeeignete Maßnahmen zur Unterbindung einer Belästigung bzw. sexuellen Belästigung, können die betroffenen Beschäftigten die Arbeit bei weiterbestehendem Entgeltanspruch verweigern (§ 14).

Unzulässig benachteiligte Beschäftigte haben Anspruch auf Schadensersatz bzw. Entschädigung. Das Gesetz unterscheidet zwischen materiellem und immateriellem Schaden. Ein materieller Schaden (z. B. entgangener Verdienst) ist gemäß § 15 Abs. 1 nur zu ersetzen, wenn der Arbeitgeber ihn zu vertreten hat (verschuldensabhängiger Schadensersatz). Letzteres ist allerdings mit den europäischen Vorgaben nicht zu vereinbaren (*Thüsing*, NZA Sonderbeil. zu Heft 22/04, S. 3, 16; offengelassen von *BAG* 18. 5. 2017 – 8 AZR 74/16, NZA 18, 1530, Rn. 51 ff.). Der Anspruch muss daher unabhängig von einem Verschulden eingreifen. Er ist nach oben hin nicht begrenzt. Wegen eines immateriellen Schadens (z. B. bei Persönlichkeitsrechtsbeeinträchtigung) ist dagegen ohne Rücksicht auf ein Verschulden des Arbeitgebers eine »Entschädigung« zu leisten (§ 15 Abs. 2; *BAG* 22. 1. 2009 – 8 AZR 906/07, NZA 09, 945). Auch sie ist im Allgemeinen nicht nach oben hin begrenzt. Nur bei einer Nichteinstellung ist die Entschädigung auf drei Monatsgehälter »gedeckelt«, wenn der oder die Betroffene auch bei benachteiligungsfreier Auswahl nicht eingestellt worden wäre (§ 15 Abs. 2 Satz 2). Der Abschluss eines Beschäftigungsverhältnisses kann nicht eingeklagt werden (§ 15 Abs. 6). Demgegenüber steht § 15 Abs. 6 nicht dem Anspruch auf Fortführung eines Rechtsverhältnisses entgegen, das in diskriminierender Weise beendet werden sollte (*BAG* 21. 11. 2017 – 9 AZR 141/17, NZA 18, 786, Rn. 39). Entschädigungsansprüche stehen aber unter dem Vorbehalt des Rechtsmissbrauchs (s. o. 2).

Für Schadensersatz und Entschädigung gilt nach § 15 Abs. 4 eine nach der Rechtsprechung des *BAG* europarechtskonforme (*BAG* 18. 5. 2017 – 8 AZR 74/16, NZA 18, 1530) Ausschlussfrist von 2 Monaten, zu deren Wahrung es genügt, wenn der Anspruch auf Entschädigung ohne konkrete Bezifferung geltend gemacht wird (*BAG* 22. 1. 2009 – 8 AZR 906/07, NZA 09, 945). Die für die Geltendmachung des Anspruchs geforderte Schriftform kann auch dadurch gewahrt werden, dass der Arbeitnehmer eine Klage gegen den Arbeitgeber erhebt (*BAG* 22. 5. 2014 – 8 AZR 662/13, NZA 14, 924). Nicht genügend ist aber die Erhebung einer sog. Entfristungsklage, wenn der Entschädigungsanspruch auf die Benachteiligung bei der Besetzung einer unbefristeten Stelle gestützt wird (*BAG* 21.2.2013 – 8 AZR 68/12, NJW 13, 2699). Ab Geltendmachung des Anspruchs greift eine 3-monatige Klagefrist gemäß § 61 b Abs. 1 ArbGG. Auch hier kann die Entschädigung ohne bezifferten Klageantrag eingefordert werden (*BAG* 22.1.2009 – 8 AZR 906/07, NZA 09, 945). Die Ausschlussfrist beginnt mit Kenntnis von der Benachteiligung, im Falle einer Bewerbung mit der Ablehnung. Das kann bedeuten, dass der Arbeitnehmer durch die Ablehnung zwar weiß, dass er nicht berücksichtigt wurde, nicht aber, dass dies auf einer Benachteiligung beruht. Das hätte zur Folge, dass die Frist laufen würde, ohne dass er davon wüsste. Nach der Rechtsprechung ist diese Regelung aber nur mit EU-Recht vereinbar, wenn man sie dahin auslegt, dass die Frist in jedem Fall erst ab Kenntnis von der Benachteiligung zu laufen beginnt (*EuGH*, NZA 10, 869 – Bulicke). Das hat das *BAG* (15.3.2012 – 8 AZR 37/11, DB 12, 1873) nun klargestellt: Auch bei einer Ablehnung beginnt die Frist erst ab Kenntnis von der Benachteiligung. Die Ausschlussfrist gilt nicht für Ansprüche, die auf anderen Anspruchsgrundlagen beruhen, sofern nicht auch für solche Ansprüche die Beweiserleichterung des § 22 AGG (dazu sogleich) eingreift (*BAG* 18.5.2017 – 8 AZR 74/16, NZA 18, 1530, Rn. 90 ff.; tendenziell weitergehend noch *BAG* 21.6.2012 – 8 AZR 188/11, DB 12, 2521).

Bei diskriminierender Vorenthaltung von Leistungen hat der Arbeitnehmer Anspruch auf dieselben Vorteile, die der privilegierten Arbeitnehmergruppe gewährt werden. Zur Geltendmachung eines solchen Anspruchs auf Gleichbehandlung muss die Ausschlussfrist des § 15 Abs. 4 nicht eingehalten werden (*BAG* 22.10.2015 – 8 AZR 168/14, NZA 16, 1081)

Zur Erleichterung der Rechtsdurchsetzung unzulässig benachteiligter Personen regelt § 22 die Beweislast: Diese müssen zunächst nur Indizien beweisen, die eine unzulässige Benachteiligung vermuten lassen. Gelingt dies, hat der Arbeitgeber zu beweisen, dass kein Verstoß gegen die Bestimmungen zum Schutz vor Benachteiligung vorgelegen hat (*BAG* 24.4.2008 – 8 AZR 257/07, NZA 08, 1351: es genügt eine überwiegende Wahrscheinlichkeit für eine unzulässige Benachteiligung). Ein solches Indiz liegt etwa vor, wenn der öffentliche Arbeitgeber pflichtwidrig schwerbehinderte Bewerber nicht zu einem Vorstellungsgespräch einlädt (*BAG* 12.9.2006 – 9 AZR 807/05, DB 07, 747, Ausnahme: offensichtliches Fehlen der fachlichen Eignung, *BAG* 21.7.2009 – 9 AZR 431/08, NZA 09, 1087). Das soll aber nicht gelten, wenn dem Arbeitgeber die Behinderung nicht aus dem Anschreiben oder dem Lebenslauf des Bewerbers bekannt ist (*BAG* 22.10.2015 – 8 AZR 384/14, NZA 16, 625). Ein Indiz für eine Benachteiligung wegen der Schwerbehinderung kann auch gegeben sein, wenn die Schwerbehindertenvertretung entgegen § 164 Abs. 1 SGB IX nicht beteiligt wurde (*BAG* 20.1.2016 – 8 AZR 194/14, NZA 2016, 681), wenn ein behinderter Bewerber entgegen § 164 Abs. 1 Satz 9 SGB IX nicht von der Einstellungsentscheidung unterrichtet wird (*BAG* 28.9.2017 – 8 AZR 492/16, NZA 18, 519), oder wenn ein Arbeitgeber nach Krankheiten fragt, was nach den Einzelfallumständen auf eine Erkundigung nach einer Behinderung hindeutet (*BAG* 17.12.2009 – 8 AZR 670/08, NZA 10, 383, 385). Die Missachtung der Schutzvorschriften des MuSchG ist ein Indiz für eine Benachteiligung wegen des Geschlechts (*BAG* 12.12.2013 – 8 AZR 838/12, NZA 14, 722, Rn. 31). Wenn der Arbeit-

geber entgegen § 11 in einer Stellenausschreibung das Vorliegen oder Fehlen bestimmter Merkmale verlangt, ohne dass dies nach dem AGG gerechtfertigt wäre, kann dies ebenfalls ein Indiz für eine Diskriminierung darstellen (*BAG* 15.12.2016 – 8 AZR 454/15, BB 17, 953). Kein Indiz für eine Altersdiskriminierung soll in der Wendung »junges, dynamische Unternehmen« in einer Stellenbeschreibung liegen (*BAG* 23.11.2017 – 8 AZR 604/16, NZA 18, 584). Auch mit aussagekräftigen Statistiken können Indizien bewiesen werden (*BAG* 22.7.2010 – 8 AZR 1012/08, DB 11, 177). Einen expliziten Auskunftsanspruch über die Gründe für eine Entscheidung des Arbeitgebers kennt das Gesetz nicht. Das Unionsrecht verlangt einen solchen auch nicht, der *EuGH* hat allerdings darauf hingewiesen, dass die Verweigerung jeglicher Information zusammen mit anderen Umständen ein Indiz für eine Benachteiligung bedeuten kann (*EuGH* 19.4.2012 – C-415/10, NZA 12, 493 – Meister; dazu *Braunroth*, AuR 12, 343; *Gola*, NZA 13, 360; *BAG* 11.12.2012 – 9 AZR 136/11, DB 13, 2509). Ein Indiz kann sich auch aus Äußerungen Dritter ergeben, die vorgeben Einfluss auf die Entscheidungspraxis des Arbeitgebers zu haben, vorausgesetzt, dass der Arbeitgeber sich davon nicht distanziert hat (*EuGH* 25.4.2013 – C-81/12, EuZW 13, 469 – ACCEPT).
Der Arbeitgeber darf Beschäftigten, die Rechte nach dem AGG in Anspruch nehmen oder sich weigern eine unzulässige Weisung auszuführen, nicht maßregeln (§ 16). Geschieht dies doch, kann der Arbeitnehmer darauf aber keinen Schadensersatz- oder Entschädigungsanspruch nach § 15 AGG stützen (*BAG* 18.5.2017 – 8 AZR 74/16, NZA 18, 1530, Rn. 86).

8. AGG und Kündigungsrecht

Eine außerordentlich problematische Behandlung erfahren Kündigungen. Auf sie sollen nach § 2 Abs. 4 ausschließlich die Vorschriften über den allgemeinen und besonderen Kündigungsschutz Anwendung finden. Das widerspricht auf den ersten Blick den europarechtlichen Vorgaben, denn selbstverständlich beziehen sich diese Benachteiligungsverbote auch und gerade auf Kündigungen (*EuGH* 11.7.2006 – C-13/05, NZA 06, 839 – Chacón Navas). Deshalb müssen die Diskriminierungsverbote des AGG im Rahmen des Kündigungsschutzrechts zur Anwendung gebracht werden (*BAG* 6.11.2008 – 2 AZR 523/07, DB 09, 626). Das KSchG ist daher richtlinienkonform so auszulegen, dass unzulässige Diskriminierungen ausgeschlossen werden. Ist das KSchG nicht anwendbar, etwa während der sechsmonatigen Wartezeit gemäß § 1 Abs. 1 KSchG, ist die Kündigung wegen Verstoßes gegen das AGG gemäß § 134 BGB nichtig, ohne dass § 2 Abs. 4 AGG dem entgegen stünde (*BAG* 19.12.2013 – 6 AZR 190/12, NZA 14, 372). Entschädigungsansprüche wegen einer diskriminierenden Kündigung werden durch § 2 Abs. 4 AGG nicht ausgeschlossen (*BAG* 12.12.2013 – 8 AZR 838/12, NZA 14, 722).

9. AGG und Kollektivverträge

Das AGG bezieht sich gemäß § 2 Abs. 1 Nr. 2 auch auf »kollektivrechtliche Vereinbarungen«, also Betriebs- bzw. Dienstvereinbarungen und Tarifverträge. In dieser Hinsicht liegt das Gesetz auf einer Linie mit der bisherigen Rechtsprechung des *EuGH*, der Tarifverträge ebenfalls einer Diskriminierungskontrolle unterwirft (vgl. *EuGH* 31.5.1995 – C-400/93, AP EWG-Vertrag Art. 119 Nr. 68 – Royal Copenhagen). Das ist insofern nicht unproblematisch, als jedenfalls Tarifverträge unter dem Schutz des Art. 28 der Grundrechte-Charta (Nr. 20 b) stehen. Dieser Konflikt ist noch nicht abschließend geklärt. Der *EuGH* erkennt zwar den Tarifparteien einen Ermessensspielraum hinsichtlich ihrer tarifpolitischen Ziele zu, misst tarifliche Regelungen aber zuweilen im nächsten Schritt an Geeignetheit und Erforderlichkeit für diese Ziele, ohne ihnen insoweit eine Einschätzungsprärogative zuzubilligen (etwa *EuGH* 8.9.2011 – C-297/10, C-298/10, NZA 11, 1100 – Hennigs und Mai; anders *BAG* 19.1.2011 – 3 AZR 29/09, NZA 11, 860).

10. Kollektive Aktionen und institutionelle Vorkehrungen
Damit die Beschäftigten bei der Durchsetzung ihrer Rechte aus dem AGG nicht auf sich allein gestellt bleiben, schafft das Gesetz Verantwortlichkeiten und Rechte kollektiver Akteure sowie institutionelle Unterstützung. Gemäß § 17 Abs. 1 werden vor allem Tarifvertrags- und Betriebsparteien aufgefordert, an der Verwirklichung der Ziele des AGG mitzuwirken. Betriebsräte und Gewerkschaften erhalten das Recht, grobe Verstöße des Arbeitgebers entsprechend § 23 Abs. 3 BetrVG geltend zu machen. Antidiskriminierungsverbände können in Gerichtsverhandlungen als Beistände, also nicht als Prozessvertreter, auftreten (§ 23 Abs. 2). Wer der Ansicht ist, unzulässig benachteiligt zu sein, kann die Antidiskriminierungsstelle des Bundes anrufen (§ 27 Abs. 1). Sie kann Auskunft über die Rechtslage geben, die Beratung durch andere Stellen vermitteln oder sich selbst um gütliche Beilegung des Streits bemühen (§ 27 Abs. 2).

III. Anwendungsprobleme und Rechtstatsachen
Bereits kurz nach Inkrafttreten entbrannte eine Diskussion um eine mögliche missbräuchliche Ausnutzung von Fehlern der Arbeitgeber, um Entschädigungsleistungen zu erhalten. Derartigen Praktiken schiebt die Rspr. allerdings einen Riegel vor (s. o. II 2). Von einer nennenswerten Zahl an Fällen ist nichts bekannt geworden. Ein entsprechendes »AGG-Archiv«, in dem die Namen potenzieller »AGG-Hopper« gespeichert werden, wurde vom baden-württembergischen Datenschutz beanstandet.
In einem Pilotprojekt wurde ein Verfahren anonymer Bewerbung getestet, bei dem die erste Vorauswahl von Bewerbern in Unkenntnis potentiell diskriminierungsverdächtiger Merkmale erfolgte. Die Antidiskriminierungsstelle des Bundes hat im April 2012 nach dessen Ende ein positives Fazit gezogen. Derzeit gibt es aber keine Gesetzesinitiative für die flächendeckende Einführung der anonymisierten Bewerbung.
Die Antidiskriminierungsstelle des Bundes hat 2016 einen Evaluationsbericht vorgelegt, der auf Schutzlücken für die Beschäftigten hinweist. Kritisiert werden u. a. die kurzen Fristen für die Geltendmachung von Ansprüchen und das Fehlen eines Verbandsklagerechts. Außerdem wird ein Unterstützungsrecht für die Antidiskriminierungsstelle des Bundes vorgeschlagen. Kritisiert wird darüber hinaus, dass die Versagung angemessener Vorkehrungen zwar im Rechtssinne als Diskriminierung anzusehen ist (s. o. II 5 e), dies aber nicht im Gesetz klargestellt wird. Die

Maßnahmen, die Arbeitgeber zum Schutz vor Diskriminierungen ergreifen müssen (s. o. II 6), werden als nicht hinreichend konkretisiert betrachtet. Schließlich wird auch für Fremdpersonal Diskriminierungsschutz gegenüber dem Arbeitgeber des Einsatzbetriebes eingefordert. Die BDA lehnt sämtliche genannten Vorschläge ab.
Eine erste Bilanz des Entgelttransparenzgesetzes fiel ernüchternd aus, das Gesetz wurde in den Betrieben kaum umgesetzt (Böckler impuls 1/19, S. 1).
Der Benachteiligung von Frauen im Hinblick auf ihre Arbeitsmarktchancen durch die unterschiedliche Beanspruchung bei der Verbindung von Familien- und Erwerbsarbeit soll die Richtlinie (EU) 2019/1158 zur Vereinbarkeit von Beruf und Privatleben für Eltern und pflegende Angehörige begegnen (ABl. L 188/79). Sie zielt auf Ansprüche auf Eltern- und Pflegezeiten und deren gleichberechtigte Inanspruchnahme auch durch Männer sowie individuelle Ansprüche auf Vaterschaftsurlaub bei Geburt eines Kindes. Die Richtlinie ist bis zum 2. 8. 2022 umzusetzen.

Weiterführende Literatur

Evaluationsbericht

Antidiskriminierungsstelle des Bundes, Evaluation des Allgemeinen Gleichbehandlungsgesetzes (2016)

Handbücher und Kommentare

Deinert/Heuschmid/Zwanziger-*Zwanziger*, Arbeitsrecht, § 93 (Gleichbehandlung)
Bauer/Krieger/Günther, Allgemeines Gleichbehandlungsgesetz, 5. Aufl. (2018)
Däubler/Bertzbach, Handkommentar zum AGG, 4. Aufl. (2018)
Dieckerhoff-Borello/Nollert-Borasio/Wenckebach, Allgemeines Gleichbehandlungsgesetz (AGG), Basiskommentar, 5. Aufl. (2019)
Hey/Forst, AGG, 2. Aufl. (2015)
Meinel/Heyn/Herms, AGG, 2. Aufl. (2010)
Rust/Falke (Hrsg.), Allgemeines Gleichbehandlungsgesetz (2007)
Schiek (Hrsg.), Allgemeines Gleichbehandlungsgesetz (2007)
Schleusener/Suckow/Plum, AGG, 5. Aufl. (2019)
Thüsing, Arbeitsrechtlicher Diskriminierungsschutz, 2. Aufl. (2013)
Wendeling-Schröder/Stein, Allgemeines Gleichbehandlungsgesetz (2008)

Aufsätze zum AGG

Besgen, Die Auswirkungen des AGG auf das Betriebsverfassungsrecht, BB 2007, S. 213
Cisch/Böhm, Das Allgemeine Gleichbehandlungsgesetz und die betriebliche Altersversorgung in Deutschland, BB 2007, S. 602
Däubler, Die Kündigung als unmittelbare Diskriminierung, AiB 2007, S. 27
Däubler, Die Kündigung als mittelbare Diskriminierung, AiB 2007, S. 97

Deinert, Anwendungsprobleme der arbeitsrechtlichen Schadensersatzvorschriften im AGG, DB 2007, S. 398

Dzida/Groh, Diskriminierung nach dem AGG beim Einsatz von Algorithmen im Bewerbungsverfahren, NJW 2018, S. 1917

Gach/Julis, Beschwerdestelle und -verfahren nach § 13 Allgemeines Gleichbehandlungsgesetz, BB 2007, S. 773

Schmitz-Scholemann/Brune, Die Rechtsprechung des Bundesarbeitsgerichts zum Allgemeinen Gleichbehandlungsgesetz – Eine Zwischenbilanz, RdA 2011, S. 129

Literatur zum EntgTranspG

Themenheft Engeltgerechtigkeit, AiB 10/2018

Bauer/Günther/Romero, Offene Fragen des Entgelttransparenzgesetzes – was Arbeitgeber beachten sollten, NZA 2017, S. 809

Bauer/Romero, Der individuelle Auskunftsanspruch nach dem Entgelttransparenzgesetz, NZA 2017, S. 409

Brune/Brune, Das Entgelttransparenzgesetz – auch ein Auftrag für die Gerichte, BB 2019, S. 436

Franzen, Anwendungsfragen des Auskunftsanspruchs nach dem Entgelttransparenzgesetz (EntgTranspG), NZA 2017, S. 814

Kania, Betriebsratsbeteiligung bei der Durchsetzung von Entgelttransparenz, NZA 2017, S. 809

Kocher, Das Entgelttransparenzgesetz: ein Gesetz (nur) für Betriebsräte?, AuR 2018, S. 8

Kuhn/Schwindling, Eine Chance auf Lohngerechtigkeit?!, DB 2017, S. 785

Lillemeier, Entgeltgleichheit. – Anforderungen einer geschlechtsneutralen Arbeitsbewertung und Entlohnung, AuR 2018, S. 119

Oberthür, Das Gesetz zur Förderung der Transparenz von Entgeltstrukturen, NJW 2017, S. 2228

Oerder/Wenckebach, Entgelttransparenzgesetz (2018)

Roloff, Erst die Auskunft, dann das gleiche Entgelt, RdA 2019, S. 28

Wank, Das Entgelttransparenzgesetz – Prämissen und Umsetzung, RdA 2018, S. 34

Übersicht 9: Gleichbehandlung

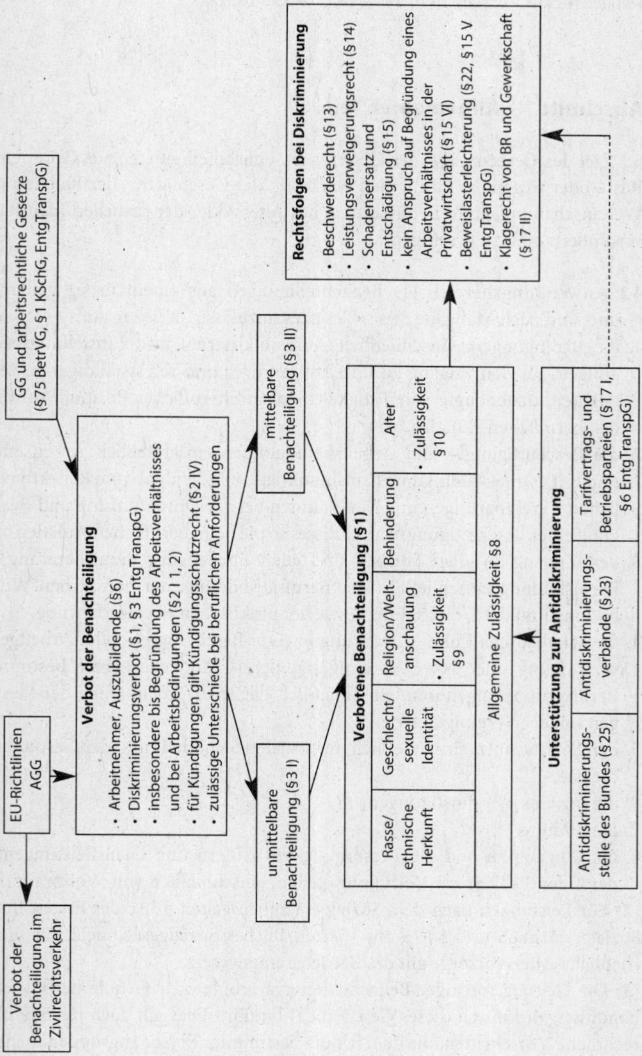

Allgemeines Gleichbehandlungsgesetz (AGG)

vom 14. August 2006 (BGBl. I 1897),
zuletzt geändert durch Gesetz vom 3. April 2013 (BGBl. I 610)

(Abgedruckte Vorschriften: §§ 1–18, 22–33 Abs. 1)

Abschnitt 1 – Allgemeiner Teil

§ 1 Ziel des Gesetzes Ziel des Gesetzes ist, Benachteiligungen aus Gründen der Rasse oder wegen der ethnischen Herkunft, des Geschlechts, der Religion oder Weltanschauung, einer Behinderung, des Alters oder der sexuellen Identität zu verhindern oder zu beseitigen.

§ 2 Anwendungsbereich (1) Benachteiligungen aus einem in § 1 genannten Grund sind nach Maßgabe dieses Gesetzes unzulässig in Bezug auf:

1. die Bedingungen, einschließlich Auswahlkriterien und Einstellungsbedingungen, für den Zugang zu unselbstständiger und selbstständiger Erwerbstätigkeit, unabhängig von Tätigkeitsfeld und beruflicher Position, sowie für den beruflichen Aufstieg,
2. die Beschäftigungs- und Arbeitsbedingungen einschließlich Arbeitsentgelt und Entlassungsbedingungen, insbesondere in individual- und kollektivrechtlichen Vereinbarungen und Maßnahmen bei der Durchführung und Beendigung eines Beschäftigungsverhältnisses sowie beim beruflichen Aufstieg,
3. den Zugang zu allen Formen und allen Ebenen der Berufsberatung, der Berufsbildung einschließlich der Berufsausbildung, der beruflichen Weiterbildung und der Umschulung sowie der praktischen Berufserfahrung,
4. die Mitgliedschaft und Mitwirkung in einer Beschäftigten- oder Arbeitgebervereinigung oder einer Vereinigung, deren Mitglieder einer bestimmten Berufsgruppe angehören, einschließlich der Inanspruchnahme der Leistungen solcher Vereinigungen,
5. den Sozialschutz, einschließlich der sozialen Sicherheit und der Gesundheitsdienste,
6. die sozialen Vergünstigungen,
7. die Bildung,
8. den Zugang zu und die Versorgung mit Gütern und Dienstleistungen, die der Öffentlichkeit zur Verfügung stehen, einschließlich von Wohnraum.

(2) Für Leistungen nach dem Sozialgesetzbuch gelten § 33 c des Ersten Buches Sozialgesetzbuch und § 19 a des Vierten Buches Sozialgesetzbuch. Für die betriebliche Altersvorsorge gilt das Betriebsrentengesetz.

(3) Die Geltung sonstiger Benachteiligungsverbote oder Gebote der Gleichbehandlung wird durch dieses Gesetz nicht berührt. Dies gilt auch für öffentlich-rechtliche Vorschriften, die dem Schutz bestimmter Personengruppen dienen.

(4) Für Kündigungen gelten ausschließlich die Bestimmungen zum allgemeinen und besonderen Kündigungsschutz.

§ 3 Begriffsbestimmungen (1) Eine unmittelbare Benachteiligung liegt vor, wenn eine Person wegen eines in § 1 genannten Grundes eine weniger günstige Behandlung erfährt, als eine andere Person in einer vergleichbaren Situation erfährt, erfahren hat oder erfahren würde. Eine unmittelbare Benachteiligung wegen des Geschlechts liegt in Bezug auf § 2 Abs. 1 Nr. 1 bis 4 auch im Falle einer ungünstigeren Behandlung einer Frau wegen Schwangerschaft oder Mutterschaft vor.
(2) Eine mittelbare Benachteiligung liegt vor, wenn dem Anschein nach neutrale Vorschriften, Kriterien oder Verfahren Personen wegen eines in § 1 genannten Grundes gegenüber anderen Personen in besonderer Weise benachteiligen können, es sei denn, die betreffenden Vorschriften, Kriterien oder Verfahren sind durch ein rechtmäßiges Ziel sachlich gerechtfertigt und die Mittel sind zur Erreichung dieses Ziels angemessen und erforderlich.
(3) Eine Belästigung ist eine Benachteiligung, wenn unerwünschte Verhaltensweisen, die mit einem in § 1 genannten Grund in Zusammenhang stehen, bezwecken oder bewirken, dass die Würde der betreffenden Person verletzt und ein von Einschüchterungen, Anfeindungen, Erniedrigungen, Entwürdigungen oder Beleidigungen gekennzeichnetes Umfeld geschaffen wird.
(4) Eine sexuelle Belästigung ist eine Benachteiligung in Bezug auf § 2 Abs. 1 Nr. 1 bis 4, wenn ein unerwünschtes, sexuell bestimmtes Verhalten, wozu auch unerwünschte sexuelle Handlungen und Aufforderungen zu diesen, sexuell bestimmte körperliche Berührungen, Bemerkungen sexuellen Inhalts sowie unerwünschtes Zeigen und sichtbares Anbringen von pornographischen Darstellungen gehören, bezweckt oder bewirkt, dass die Würde der betreffenden Person verletzt wird, insbesondere wenn ein von Einschüchterungen, Anfeindungen, Erniedrigungen, Entwürdigungen oder Beleidigungen gekennzeichnetes Umfeld geschaffen wird.
(5) Die Anweisung zur Benachteiligung einer Person aus einem in § 1 genannten Grund gilt als Benachteiligung. Eine solche Anweisung liegt in Bezug auf § 2 Abs. 1 Nr. 1 bis 4 insbesondere vor, wenn jemand eine Person zu einem Verhalten bestimmt, das einen Beschäftigten oder eine Beschäftigte wegen eines in § 1 genannten Grundes benachteiligt oder benachteiligen kann.

§ 4 Unterschiedliche Behandlung wegen mehrerer Gründe Erfolgt eine unterschiedliche Behandlung wegen mehrerer der in § 1 genannten Gründe, so kann diese unterschiedliche Behandlung nach den §§ 8 bis 10 und 20 nur gerechtfertigt werden, wenn sich die Rechtfertigung auf alle diese Gründe erstreckt, derentwegen die unterschiedliche Behandlung erfolgt.

§ 5 Positive Maßnahmen Ungeachtet der in den §§ 8 bis 10 sowie in § 20 benannten Gründe ist eine unterschiedliche Behandlung auch zulässig, wenn durch geeignete und angemessene Maßnahmen bestehende Nachteile wegen eines in § 1 genannten Grundes verhindert oder ausgeglichen werden sollen.

Abschnitt 2 – Schutz der Beschäftigten vor Benachteiligung

Unterabschnitt 1 – Verbot der Benachteiligung

§ 6 Persönlicher Anwendungsbereich (1) Beschäftigte im Sinne dieses Gesetzes sind

1. Arbeitnehmerinnen und Arbeitnehmer,
2. die zu ihrer Berufsbildung Beschäftigten,
3. Personen, die wegen ihrer wirtschaftlichen Unselbstständigkeit als arbeitnehmerähnliche Personen anzusehen sind; zu diesen gehören auch die in Heimarbeit Beschäftigten und die ihnen Gleichgestellten.

Als Beschäftigte gelten auch die Bewerberinnen und Bewerber für ein Beschäftigungsverhältnis sowie die Personen, deren Beschäftigungsverhältnis beendet ist.

(2) Arbeitgeber (Arbeitgeber und Arbeitgeberinnen) im Sinne dieses Abschnitts sind natürliche und juristische Personen sowie rechtsfähige Personengesellschaften, die Personen nach Absatz 1 beschäftigen. Werden Beschäftigte einem Dritten zur Arbeitsleistung überlassen, so gilt auch dieser als Arbeitgeber im Sinne dieses Abschnitts. Für die in Heimarbeit Beschäftigten und die ihnen Gleichgestellten tritt an die Stelle des Arbeitgebers der Auftraggeber oder Zwischenmeister.

(3) Soweit es die Bedingungen für den Zugang zur Erwerbstätigkeit sowie den beruflichen Aufstieg betrifft, gelten die Vorschriften dieses Abschnitts für Selbstständige und Organmitglieder, insbesondere Geschäftsführer oder Geschäftsführerinnen und Vorstände, entsprechend.

§ 7 Benachteiligungsverbot (1) Beschäftigte dürfen nicht wegen eines in § 1 genannten Grundes benachteiligt werden; dies gilt auch, wenn die Person, die die Benachteiligung begeht, das Vorliegen eines in § 1 genannten Grundes bei der Benachteiligung nur annimmt.

(2) Bestimmungen in Vereinbarungen, die gegen das Benachteiligungsverbot des Absatzes 1 verstoßen, sind unwirksam.

(3) Eine Benachteiligung nach Absatz 1 durch Arbeitgeber oder Beschäftigte ist eine Verletzung vertraglicher Pflichten.

§ 8 Zulässige unterschiedliche Behandlung wegen beruflicher Anforderungen (1) Eine unterschiedliche Behandlung wegen eines in § 1 genannten Grundes ist zulässig, wenn dieser Grund wegen der Art der auszuübenden Tätigkeit oder der Bedingungen ihrer Ausübung eine wesentliche und entscheidende berufliche Anforderung darstellt, sofern der Zweck rechtmäßig und die Anforderung angemessen ist.

(2) Die Vereinbarung einer geringeren Vergütung für gleiche oder gleichwertige Arbeit wegen eines in § 1 genannten Grundes wird nicht dadurch gerechtfertigt, dass wegen eines in § 1 genannten Grundes besondere Schutzvorschriften gelten.

§ 9 Zulässige unterschiedliche Behandlung wegen der Religion oder Weltanschauung (1) Ungeachtet des § 8 ist eine unterschiedliche Behandlung wegen der Religion oder der Weltanschauung bei der Beschäftigung durch Religionsgemeinschaften, die ihnen zugeordneten Einrichtungen ohne Rücksicht auf ihre Rechtsform oder durch Vereinigungen, die sich die gemeinschaftliche Pflege einer Religion oder Weltanschauung zur Aufgabe machen, auch zulässig, wenn eine bestimmte Religion oder Weltanschauung unter Beachtung des Selbstverständnisses der jeweiligen Religionsgemeinschaft oder Vereinigung im Hinblick auf ihr Selbstbestimmungsrecht oder nach der Art der Tätigkeit eine gerechtfertigte berufliche Anforderung darstellt.
(2) Das Verbot unterschiedlicher Behandlung wegen der Religion oder der Weltanschauung berührt nicht das Recht der in Absatz 1 genannten Religionsgemeinschaften, der ihnen zugeordneten Einrichtungen ohne Rücksicht auf ihre Rechtsform oder der Vereinigungen, die sich die gemeinschaftliche Pflege einer Religion oder Weltanschauung zur Aufgabe machen, von ihren Beschäftigten ein loyales und aufrichtiges Verhalten im Sinne ihres jeweiligen Selbstverständnisses verlangen zu können.

§ 10 Zulässige unterschiedliche Behandlung wegen des Alters Ungeachtet des § 8 ist eine unterschiedliche Behandlung wegen des Alters auch zulässig, wenn sie objektiv und angemessen und durch ein legitimes Ziel gerechtfertigt ist. Die Mittel zur Erreichung dieses Ziels müssen angemessen und erforderlich sein. Derartige unterschiedliche Behandlungen können insbesondere Folgendes einschließen:

1. die Festlegung besonderer Bedingungen für den Zugang zur Beschäftigung und zur beruflichen Bildung sowie besonderer Beschäftigungs- und Arbeitsbedingungen, einschließlich der Bedingungen für Entlohnung und Beendigung des Beschäftigungsverhältnisses, um die berufliche Eingliederung von Jugendlichen, älteren Beschäftigten und Personen mit Fürsorgepflichten zu fördern oder ihren Schutz sicherzustellen,
2. die Festlegung von Mindestanforderungen an das Alter, die Berufserfahrung oder das Dienstalter für den Zugang zur Beschäftigung oder für bestimmte mit der Beschäftigung verbundene Vorteile,
3. die Festsetzung eines Höchstalters für die Einstellung auf Grund der spezifischen Ausbildungsanforderungen eines bestimmten Arbeitsplatzes oder auf Grund der Notwendigkeit einer angemessenen Beschäftigungszeit vor dem Eintritt in den Ruhestand,
4. die Festsetzung von Altersgrenzen bei den betrieblichen Systemen der sozialen Sicherheit als Voraussetzung für die Mitgliedschaft oder den Bezug von Altersrente oder von Leistungen bei Invalidität einschließlich der Festsetzung unterschiedlicher Altersgrenzen im Rahmen dieser Systeme für bestimmte Beschäftigte oder Gruppen von Beschäftigten und die Verwendung von Alterskriterien im Rahmen dieser Systeme für versicherungsmathematische Berechnungen,
5. eine Vereinbarung, die die Beendigung des Beschäftigungsverhältnisses ohne Kündigung zu einem Zeitpunkt vorsieht, zu dem der oder die Beschäftigte

eine Rente wegen Alters beantragen kann; § 41 des Sechsten Buches Sozialgesetzbuch bleibt unberührt,

6. Differenzierungen von Leistungen in Sozialplänen im Sinne des Betriebsverfassungsgesetzes, wenn die Parteien eine nach Alter oder Betriebszugehörigkeit gestaffelte Abfindungsregelung geschaffen haben, in der die wesentlich vom Alter abhängenden Chancen auf dem Arbeitsmarkt durch eine verhältnismäßig starke Betonung des Lebensalters erkennbar berücksichtigt worden sind, oder Beschäftigte von den Leistungen des Sozialplans ausgeschlossen haben, die wirtschaftlich abgesichert sind, weil sie, gegebenenfalls nach Bezug von Arbeitslosengeld, rentenberechtigt sind.

Unterabschnitt 2 – Organisationspflichten des Arbeitgebers

§ 11 Ausschreibung Ein Arbeitsplatz darf nicht unter Verstoß gegen § 7 Abs. 1 ausgeschrieben werden.

§ 12 Maßnahmen und Pflichten des Arbeitgebers (1) Der Arbeitgeber ist verpflichtet, die erforderlichen Maßnahmen zum Schutz vor Benachteiligungen wegen eines in § 1 genannten Grundes zu treffen. Dieser Schutz umfasst auch vorbeugende Maßnahmen.

(2) Der Arbeitgeber soll in geeigneter Art und Weise, insbesondere im Rahmen der beruflichen Aus- und Fortbildung, auf die Unzulässigkeit solcher Benachteiligungen hinweisen und darauf hinwirken, dass diese unterbleiben. Hat der Arbeitgeber seine Beschäftigten in geeigneter Weise zum Zwecke der Verhinderung von Benachteiligung geschult, gilt dies als Erfüllung seiner Pflichten nach Absatz 1.

(3) Verstoßen Beschäftigte gegen das Benachteiligungsverbot des § 7 Abs. 1, so hat der Arbeitgeber die im Einzelfall geeigneten, erforderlichen und angemessenen Maßnahmen zur Unterbindung der Benachteiligung wie Abmahnung, Umsetzung, Versetzung oder Kündigung zu ergreifen.

(4) Werden Beschäftigte bei der Ausübung ihrer Tätigkeit durch Dritte nach § 7 Abs. 1 benachteiligt, so hat der Arbeitgeber die im Einzelfall geeigneten, erforderlichen und angemessenen Maßnahmen zum Schutz der Beschäftigten zu ergreifen.

(5) Dieses Gesetz und § 61 b des Arbeitsgerichtsgesetzes sowie Informationen über die für die Behandlung von Beschwerden nach § 13 zuständigen Stellen sind im Betrieb oder in der Dienststelle bekannt zu machen. Die Bekanntmachung kann durch Aushang oder Auslegung an geeigneter Stelle oder den Einsatz der im Betrieb oder der Dienststelle üblichen Informations- und Kommunikationstechnik erfolgen.

Unterabschnitt 3 – Rechte der Beschäftigten

§ 13 Beschwerderecht (1) Die Beschäftigten haben das Recht, sich bei den zuständigen Stellen des Betriebs, des Unternehmens oder der Dienststelle zu beschweren, wenn sie sich im Zusammenhang mit ihrem Beschäftigungsverhältnis vom Arbeitgeber, von Vorgesetzten, anderen Beschäftigten oder Dritten wegen eines in § 1 genannten Grundes benachteiligt fühlen. Die Beschwerde ist zu prüfen und das Ergebnis der oder dem beschwerdeführenden Beschäftigten mitzuteilen.
(2) Die Rechte der Arbeitnehmervertretungen bleiben unberührt.

§ 14 Leistungsverweigerungsrecht Ergreift der Arbeitgeber keine oder offensichtlich ungeeignete Maßnahmen zur Unterbindung einer Belästigung oder sexuellen Belästigung am Arbeitsplatz, sind die betroffenen Beschäftigten berechtigt, ihre Tätigkeit ohne Verlust des Arbeitsentgelts einzustellen, soweit dies zu ihrem Schutz erforderlich ist. § 273 des Bürgerlichen Gesetzbuchs bleibt unberührt.

§ 15 Entschädigung und Schadensersatz (1) Bei einem Verstoß gegen das Benachteiligungsverbot ist der Arbeitgeber verpflichtet, den hierdurch entstandenen Schaden zu ersetzen. Dies gilt nicht, wenn der Arbeitgeber die Pflichtverletzung nicht zu vertreten hat.
(2) Wegen eines Schadens, der nicht Vermögensschaden ist, kann der oder die Beschäftigte eine angemessene Entschädigung in Geld verlangen. Die Entschädigung darf bei einer Nichteinstellung drei Monatsgehälter nicht übersteigen, wenn der oder die Beschäftigte auch bei benachteiligungsfreier Auswahl nicht eingestellt worden wäre.
(3) Der Arbeitgeber ist bei der Anwendung kollektivrechtlicher Vereinbarungen nur dann zur Entschädigung verpflichtet, wenn er vorsätzlich oder grob fahrlässig handelt.
(4) Ein Anspruch nach Absatz 1 oder 2 muss innerhalb einer Frist von zwei Monaten schriftlich geltend gemacht werden, es sei denn, die Tarifvertragsparteien haben etwas anderes vereinbart. Die Frist beginnt im Falle einer Bewerbung oder eines beruflichen Aufstiegs mit dem Zugang der Ablehnung[1] und in den sonstigen Fällen einer Benachteiligung zu dem Zeitpunkt, in dem der oder die Beschäftigte von der Benachteiligung Kenntnis erlangt.
(5) Im Übrigen bleiben Ansprüche gegen den Arbeitgeber, die sich aus anderen Rechtsvorschriften ergeben, unberührt.
(6) Ein Verstoß des Arbeitgebers gegen das Benachteiligungsverbot des § 7 Abs. 1 begründet keinen Anspruch auf Begründung eines Beschäftigungsverhältnisses, Berufsausbildungsverhältnisses oder einen beruflichen Aufstieg, es sei denn, ein solcher ergibt sich aus einem anderen Rechtsgrund.

---
1 Die Frist beginnt aber nicht vor Kenntnis von der Benachteiligung (*BAG*, DB 12, 1873).

§ 16 Maßregelungsverbot (1) Der Arbeitgeber darf Beschäftigte nicht wegen der Inanspruchnahme von Rechten nach diesem Abschnitt oder wegen der Weigerung, eine gegen diesen Abschnitt verstoßende Anweisung auszuführen, benachteiligen. Gleiches gilt für Personen, die den Beschäftigten hierbei unterstützen oder als Zeuginnen oder Zeugen aussagen.
(2) Die Zurückweisung oder Duldung benachteiligender Verhaltensweisen durch betroffene Beschäftigte darf nicht als Grundlage für eine Entscheidung herangezogen werden, die diese Beschäftigten berührt. Absatz 1 Satz 2 gilt entsprechend.
(3) § 22 gilt entsprechend.

Unterabschnitt 4 – Ergänzende Vorschriften

§ 17 Soziale Verantwortung der Beteiligten (1) Tarifvertragsparteien, Arbeitgeber, Beschäftigte und deren Vertretungen sind aufgefordert, im Rahmen ihrer Aufgaben und Handlungsmöglichkeiten an der Verwirklichung des in § 1 genannten Ziels mitzuwirken.
(2) In Betrieben, in denen die Voraussetzungen des § 1 Abs. 1 Satz 1 des Betriebsverfassungsgesetzes vorliegen, können bei einem groben Verstoß des Arbeitgebers gegen Vorschriften aus diesem Abschnitt der Betriebsrat oder eine im Betrieb vertretene Gewerkschaft unter der Voraussetzung des § 23 Abs. 3 Satz 1 des Betriebsverfassungsgesetzes die dort genannten Rechte gerichtlich geltend machen; § 23 Abs. 3 Satz 2 bis 5 des Betriebsverfassungsgesetzes gilt entsprechend. Mit dem Antrag dürfen nicht Ansprüche des Benachteiligten geltend gemacht werden.

§ 18 Mitgliedschaft in Vereinigungen (1) Die Vorschriften dieses Abschnitts gelten entsprechend für die Mitgliedschaft oder die Mitwirkung in einer
1. Tarifvertragspartei,
2. Vereinigung, deren Mitglieder einer bestimmten Berufsgruppe angehören oder die eine überragende Machtstellung im wirtschaftlichen oder sozialen Bereich innehat, wenn ein grundlegendes Interesse am Erwerb der Mitgliedschaft besteht,

sowie deren jeweiligen Zusammenschlüssen.
(2) Wenn die Ablehnung einen Verstoß gegen das Benachteiligungsverbot des § 7 Abs. 1 darstellt, besteht ein Anspruch auf Mitgliedschaft oder Mitwirkung in den in Absatz 1 genannten Vereinigungen.

Abschnitt 3 – Schutz vor Benachteiligung im Zivilrechtsverkehr

§§ 19–21 *(nicht abgedruckt)*

Abschnitt 4 – Rechtsschutz

§ 22 Beweislast Wenn im Streitfall die eine Partei Indizien beweist, die eine Benachteiligung wegen eines in § 1 genannten Grundes vermuten lassen, trägt die andere Partei die Beweislast dafür, dass kein Verstoß gegen die Bestimmungen zum Schutz vor Benachteiligung vorgelegen hat.

§ 23 Unterstützung durch Antidiskriminierungsverbände (1) Antidiskriminierungsverbände sind Personenzusammenschlüsse, die nicht gewerbsmäßig und nicht nur vorübergehend entsprechend ihrer Satzung die besonderen Interessen von benachteiligten Personen oder Personengruppen nach Maßgabe von § 1 wahrnehmen. Die Befugnisse nach den Absätzen 2 bis 4 stehen ihnen zu, wenn sie mindestens 75 Mitglieder haben oder einen Zusammenschluss aus mindestens sieben Verbänden bilden.
(2) Antidiskriminierungsverbände sind befugt, im Rahmen ihres Satzungszwecks in gerichtlichen Verfahren als Beistände Benachteiligter in der Verhandlung aufzutreten. Im Übrigen bleiben die Vorschriften der Verfahrensordnungen, insbesondere diejenigen, nach denen Beiständen weiterer Vortrag untersagt werden kann, unberührt.
(3) Antidiskriminierungsverbänden ist im Rahmen ihres Satzungszwecks die Besorgung von Rechtsangelegenheiten Benachteiligter gestattet.
(4) Besondere Klagerechte und Vertretungsbefugnisse von Verbänden zu Gunsten von behinderten Menschen bleiben unberührt.

Abschnitt 5 – Sonderregelungen für öffentlich-rechtliche Dienstverhältnisse

§ 24 Sonderregelung für öffentlich-rechtliche Dienstverhältnisse Die Vorschriften dieses Gesetzes gelten unter Berücksichtigung ihrer besonderen Rechtsstellung entsprechend für

1. Beamtinnen und Beamte des Bundes, der Länder, der Gemeinden, der Gemeindeverbände sowie der sonstigen der Aufsicht des Bundes oder eines Landes unterstehenden Körperschaften, Anstalten und Stiftungen des öffentlichen Rechts,
2. Richterinnen und Richter des Bundes und der Länder,
3. Zivildienstleistende sowie anerkannte Kriegsdienstverweigerer, soweit ihre Heranziehung zum Zivildienst betroffen ist.

Abschnitt 6 – Antidiskriminierungsstelle

§ 25 Antidiskriminierungsstelle des Bundes (1) Beim Bundesministerium für Familie, Senioren, Frauen und Jugend wird unbeschadet der Zuständigkeit der Beauftragten des Deutschen Bundestages oder der Bundesregierung die Stelle

des Bundes zum Schutz vor Benachteiligungen wegen eines in § 1 genannten Grundes (Antidiskriminierungsstelle des Bundes) errichtet.
(2) Der Antidiskriminierungsstelle des Bundes ist die für die Erfüllung ihrer Aufgaben notwendige Personal und Sachausstattung zur Verfügung zu stellen. Sie ist im Einzelplan des Bundesministeriums für Familie, Senioren, Frauen und Jugend in einem eigenen Kapitel auszuweisen.

§ 26 Rechtsstellung der Leitung der Antidiskriminierungsstelle des Bundes
(1) Die Bundesministerin oder der Bundesminister für Familie, Senioren, Frauen und Jugend ernennt auf Vorschlag der Bundesregierung eine Person zur Leitung der Antidiskriminierungsstelle des Bundes. Sie steht nach Maßgabe dieses Gesetzes in einem öffentlichrechtlichen Amtsverhältnis zum Bund. Sie ist in Ausübung ihres Amtes unabhängig und nur dem Gesetz unterworfen.
(2) Das Amtsverhältnis beginnt mit der Aushändigung der Urkunde über die Ernennung durch die Bundesministerin oder den Bundesminister für Familie, Senioren, Frauen und Jugend.
(3) Das Amtsverhältnis endet außer durch Tod
1. mit dem Zusammentreten eines neuen Bundestages,
2. durch Ablauf der Amtszeit mit Erreichen der Altersgrenze nach § 51 Abs. 1 und 2 des Bundesbeamtengesetzes,
3. mit der Entlassung.

Die Bundesministerin oder der Bundesminister für Familie, Senioren, Frauen und Jugend entlässt die Leiterin oder den Leiter der Antidiskriminierungsstelle des Bundes auf deren Verlangen oder wenn Gründe vorliegen, die bei einer Richterin oder einem Richter auf Lebenszeit die Entlassung aus dem Dienst rechtfertigen. Im Falle der Beendigung des Amtsverhältnisses erhält die Leiterin oder der Leiter der Antidiskriminierungsstelle des Bundes eine von der Bundesministerin oder dem Bundesminister für Familie, Senioren, Frauen und Jugend vollzogene Urkunde. Die Entlassung wird mit der Aushändigung der Urkunde wirksam.
(4) Das Rechtsverhältnis der Leitung der Antidiskriminierungsstelle des Bundes gegenüber dem Bund wird durch Vertrag mit dem Bundesministerium für Familie, Senioren, Frauen und Jugend geregelt. Der Vertrag bedarf der Zustimmung der Bundesregierung.
(5) Wird eine Bundesbeamtin oder ein Bundesbeamter zur Leitung der Antidiskriminierungsstelle des Bundes bestellt, scheidet er oder sie mit Beginn des Amtsverhältnisses aus dem bisherigen Amt aus. Für die Dauer des Amtsverhältnisses ruhen die aus dem Beamtenverhältnis begründeten Rechte und Pflichten mit Ausnahme der Pflicht zur Amtsverschwiegenheit und des Verbots der Annahme von Belohnungen oder Geschenken. Bei unfallverletzten Beamtinnen oder Beamten bleiben die gesetzlichen Ansprüche auf das Heilverfahren und einen Unfallausgleich unberührt.

§ 27 Aufgaben (1) Wer der Ansicht ist, wegen eines in § 1 genannten Grundes benachteiligt worden zu sein, kann sich an die Antidiskriminierungsstelle des Bundes wenden.

(2) Die Antidiskriminierungsstelle des Bundes unterstützt auf unabhängige Weise Personen, die sich nach Absatz 1 an sie wenden, bei der Durchsetzung ihrer Rechte zum Schutz vor Benachteiligungen. Hierbei kann sie insbesondere

1. über Ansprüche und die Möglichkeiten des rechtlichen Vorgehens im Rahmen gesetzlicher Regelungen zum Schutz vor Benachteiligungen informieren,
2. Beratung durch andere Stellen vermitteln,
3. eine gütliche Beilegung zwischen den Beteiligten anstreben.

Soweit Beauftragte des Deutschen Bundestages oder der Bundesregierung zuständig sind, leitet die Antidiskriminierungsstelle des Bundes die Anliegen der in Absatz 1 genannten Personen mit deren Einverständnis unverzüglich an diese weiter.

(3) Die Antidiskriminierungsstelle des Bundes nimmt auf unabhängige Weise folgende Aufgaben wahr, soweit nicht die Zuständigkeit der Beauftragten der Bundesregierung oder des Deutschen Bundestages berührt ist:

1. Öffentlichkeitsarbeit,
2. Maßnahmen zur Verhinderung von Benachteiligungen aus den in § 1 genannten Gründen,
3. Durchführung wissenschaftlicher Untersuchungen zu diesen Benachteiligungen.

(4) Die Antidiskriminierungsstelle des Bundes und die in ihrem Zuständigkeitsbereich betroffenen Beauftragten der Bundesregierung und des Deutschen Bundestages legen gemeinsam dem Deutschen Bundestag alle vier Jahre Berichte über Benachteiligungen aus den in § 1 genannten Gründen vor und geben Empfehlungen zur Beseitigung und Vermeidung dieser Benachteiligungen. Sie können gemeinsam wissenschaftliche Untersuchungen zu Benachteiligungen durchführen.

(5) Die Antidiskriminierungsstelle des Bundes und die in ihrem Zuständigkeitsbereich betroffenen Beauftragten der Bundesregierung und des Deutschen Bundestages sollen bei Benachteiligungen aus mehreren der in § 1 genannten Gründe zusammenarbeiten.

§ 28 Befugnisse (1) Die Antidiskriminierungsstelle des Bundes kann in Fällen des § 27 Abs. 2 Satz 2 Nr. 3 Beteiligte um Stellungnahmen ersuchen, soweit die Person, die sich nach § 27 Abs. 1 an sie gewandt hat, hierzu ihr Einverständnis erklärt.

(2) Alle Bundesbehörden und sonstigen öffentlichen Stellen im Bereich des Bundes sind verpflichtet, die Antidiskriminierungsstelle des Bundes bei der Erfüllung ihrer Aufgaben zu unterstützen, insbesondere die erforderlichen Auskünfte zu erteilen. Die Bestimmungen zum Schutz personenbezogener Daten bleiben unberührt.

§ 29 Zusammenarbeit mit Nichtregierungsorganisationen und anderen Einrichtungen Die Antidiskriminierungsstelle des Bundes soll bei ihrer Tätigkeit

Nichtregierungsorganisationen sowie Einrichtungen, die auf europäischer, Bundes-, Landes oder regionaler Ebene zum Schutz vor Benachteiligungen wegen eines in § 1 genannten Grundes tätig sind, in geeigneter Form einbeziehen.

§ 30 Beirat (1) Zur Förderung des Dialogs mit gesellschaftlichen Gruppen und Organisationen, die sich den Schutz vor Benachteiligungen wegen eines in § 1 genannten Grundes zum Ziel gesetzt haben, wird der Antidiskriminierungsstelle des Bundes ein Beirat beigeordnet. Der Beirat berät die Antidiskriminierungsstelle des Bundes bei der Vorlage von Berichten und Empfehlungen an den Deutschen Bundestag nach § 27 Abs. 4 und kann hierzu sowie zu wissenschaftlichen Untersuchungen nach § 27 Abs. 3 Nr. 3 eigene Vorschläge unterbreiten.
(2) Das Bundesministerium für Familie, Senioren, Frauen und Jugend beruft im Einvernehmen mit der Leitung der Antidiskriminierungsstelle des Bundes sowie den entsprechend zuständigen Beauftragten der Bundesregierung oder des Deutschen Bundestages die Mitglieder dieses Beirats und für jedes Mitglied eine Stellvertretung. In den Beirat sollen Vertreterinnen und Vertreter gesellschaftlicher Gruppen und Organisationen sowie Expertinnen und Experten in Benachteiligungsfragen berufen werden. Die Gesamtzahl der Mitglieder des Beirats soll 16 Personen nicht überschreiten. Der Beirat soll zu gleichen Teilen mit Frauen und Männern besetzt sein.
(3) Der Beirat gibt sich eine Geschäftsordnung, die der Zustimmung des Bundesministeriums für Familie, Senioren, Frauen und Jugend bedarf.
(4) Die Mitglieder des Beirats üben die Tätigkeit nach diesem Gesetz ehrenamtlich aus. Sie haben Anspruch auf Aufwandsentschädigung sowie Reisekostenvergütung, Tagegelder und Übernachtungsgelder. Näheres regelt die Geschäftsordnung.

Abschnitt 7 – Schlussvorschriften

§ 31 Unabdingbarkeit Von den Vorschriften dieses Gesetzes kann nicht zu Ungunsten der geschützten Personen abgewichen werden.

§ 32 Schlussbestimmung Soweit in diesem Gesetz nicht Abweichendes bestimmt ist, gelten die allgemeinen Bestimmungen.

§ 33 Übergangsbestimmungen (1) Bei Benachteiligungen nach den §§ 611 a, 611 b und 612 Abs. 3 des Bürgerlichen Gesetzbuchs oder sexuellen Belästigungen nach dem Beschäftigtenschutzgesetz ist das vor dem 18. August 2006 maßgebliche Recht anzuwenden.
(2)–(5) *(nicht abgedruckt)*

2 a. Gesetz zur Förderung der Entgelttransparenz zwischen Frauen und Männern (Entgelttransparenzgesetz – EntgTranspG)

vom 30. Juni 2017 (BGBl. I 2152)

Einleitung

(siehe bei Nr. 2, II 4)

Gesetzestext

vom 30. Juni 2017 (BGBl. I 2125)

Abschnitt 1 – Allgemeine Bestimmungen

§ 1 Ziel des Gesetzes Ziel des Gesetzes ist es, das Gebot des gleichen Entgelts für Frauen und Männer bei gleicher oder gleichwertiger Arbeit durchzusetzen.

§ 2 Anwendungsbereich (1) Dieses Gesetz gilt für das Entgelt von Beschäftigten nach § 5 Absatz 2, die bei Arbeitgebern nach § 5 Absatz 3 beschäftigt sind, soweit durch dieses Gesetz nichts anderes bestimmt wird.
(2) Das Allgemeine Gleichbehandlungsgesetz bleibt unberührt. Ebenfalls unberührt bleiben sonstige Benachteiligungsverbote und Gebote der Gleichbehandlung sowie öffentlich-rechtliche Vorschriften, die dem Schutz oder der Förderung bestimmter Personengruppen dienen.

§ 3 Verbot der unmittelbaren und mittelbaren Entgeltbenachteiligung wegen des Geschlechts (1) Bei gleicher oder gleichwertiger Arbeit ist eine unmittelbare oder mittelbare Benachteiligung wegen des Geschlechts im Hinblick auf sämtliche Entgeltbestandteile und Entgeltbedingungen verboten.
(2) Eine unmittelbare Entgeltbenachteiligung liegt vor, wenn eine Beschäftigte oder ein Beschäftigter wegen des Geschlechts bei gleicher oder gleichwertiger Arbeit ein geringeres Entgelt erhält, als eine Beschäftigte oder ein Beschäftigter des jeweils anderen Geschlechts erhält, erhalten hat oder erhalten würde. Eine unmittelbare Benachteiligung liegt auch im Falle eines geringeren Entgelts einer Frau wegen Schwangerschaft oder Mutterschaft vor.
(3) Eine mittelbare Entgeltbenachteiligung liegt vor, wenn dem Anschein nach neutrale Vorschriften, Kriterien oder Verfahren Beschäftigte wegen des Ge-

schlechts gegenüber Beschäftigten des jeweils anderen Geschlechts in Bezug auf das Entgelt in besonderer Weise benachteiligen können, es sei denn, die betreffenden Vorschriften, Kriterien oder Verfahren sind durch ein rechtmäßiges Ziel sachlich gerechtfertigt und die Mittel sind zur Erreichung dieses Ziels angemessen und erforderlich. Insbesondere arbeitsmarkt-, leistungs- und arbeitsergebnisbezogene Kriterien können ein unterschiedliches Entgelt rechtfertigen, sofern der Grundsatz der Verhältnismäßigkeit beachtet wurde.
(4) Die §§ 5 und 8 des Allgemeinen Gleichbehandlungsgesetzes bleiben unberührt.

§ 4 Feststellung von gleicher oder gleichwertiger Arbeit, benachteiligungsfreie Entgeltsysteme (1) Weibliche und männliche Beschäftigte üben eine gleiche Arbeit aus, wenn sie an verschiedenen Arbeitsplätzen oder nacheinander an demselben Arbeitsplatz eine identische oder gleichartige Tätigkeit ausführen.
(2) Weibliche und männliche Beschäftigte üben eine gleichwertige Arbeit im Sinne dieses Gesetzes aus, wenn sie unter Zugrundelegung einer Gesamtheit von Faktoren als in einer vergleichbaren Situation befindlich angesehen werden können. Zu den zu berücksichtigenden Faktoren gehören unter anderem die Art der Arbeit, die Ausbildungsanforderungen und die Arbeitsbedingungen. Es ist von den tatsächlichen, für die jeweilige Tätigkeit wesentlichen Anforderungen auszugehen, die von den ausübenden Beschäftigten und deren Leistungen unabhängig sind.
(3) Beschäftigte in unterschiedlichen Rechtsverhältnissen nach § 5 Absatz 2 können untereinander nicht als vergleichbar nach Absatz 1 oder als in einer vergleichbaren Situation nach Absatz 2 befindlich angesehen werden.
(4) Verwendet der Arbeitgeber für das Entgelt, das den Beschäftigten zusteht, ein Entgeltsystem, müssen dieses Entgeltsystem als Ganzes und auch die einzelnen Entgeltbestandteile so ausgestaltet sein, dass eine Benachteiligung wegen des Geschlechts ausgeschlossen ist. Dazu muss es insbesondere
1. die Art der zu verrichtenden Tätigkeit objektiv berücksichtigen,
2. auf für weibliche und männliche Beschäftigte gemeinsamen Kriterien beruhen,
3. die einzelnen Differenzierungskriterien diskriminierungsfrei gewichten sowie
4. insgesamt durchschaubar sein.

(5) Für tarifvertragliche Entgeltregelungen sowie für Entgeltregelungen, die auf einer bindenden Festsetzung nach § 19 Absatz 3 des Heimarbeitsgesetzes beruhen, gilt eine Angemessenheitsvermutung. Tätigkeiten, die aufgrund dieser Regelungen unterschiedlichen Entgeltgruppen zugewiesen werden, werden als nicht gleichwertig angesehen, sofern die Regelungen nicht gegen höherrangiges Recht verstoßen.
(6) Absatz 5 ist sinngemäß auch auf gesetzliche Entgeltregelungen anzuwenden.

§ 5 Allgemeine Begriffsbestimmungen (1) Entgelt im Sinne dieses Gesetzes sind alle Grund- oder Mindestarbeitsentgelte sowie alle sonstigen Vergütungen, die unmittelbar oder mittelbar in bar oder in Sachleistungen aufgrund eines Beschäftigungsverhältnisses gewährt werden.

(2) Beschäftigte im Sinne dieses Gesetzes sind

1. Arbeitnehmerinnen und Arbeitnehmer,
2. Beamtinnen und Beamte des Bundes sowie der sonstigen der Aufsicht des Bundes unterstehenden Körperschaften, Anstalten und Stiftungen des öffentlichen Rechts,
3. Richterinnen und Richter des Bundes,
4. Soldatinnen und Soldaten,
5. die zu ihrer Berufsbildung Beschäftigten sowie
6. die in Heimarbeit Beschäftigten sowie die ihnen Gleichgestellten.

(3) Arbeitgeber im Sinne dieses Gesetzes sind natürliche und juristische Personen sowie rechtsfähige Personengesellschaften, die Personen nach Absatz 2 beschäftigen, soweit durch dieses Gesetz nichts anderes bestimmt wird. Für die in Heimarbeit Beschäftigten und die ihnen Gleichgestellten tritt an die Stelle des Arbeitgebers der Auftraggeber oder Zwischenmeister.

(4) Tarifgebundene Arbeitgeber im Sinne dieses Gesetzes sind Arbeitgeber, die einen Entgelttarifvertrag oder Entgeltrahmentarifvertrag aufgrund von § 3 Absatz 1 des Tarifvertragsgesetzes anwenden. Von Satz 1 erfasst werden auch Arbeitgeber, die einen Entgelttarifvertrag aufgrund der Tarifgeltung einer Allgemeinverbindlichkeitserklärung nach § 5 des Tarifvertragsgesetzes oder Entgeltregelungen aufgrund einer bindenden Festsetzung nach § 19 Absatz 3 des Heimarbeitsgesetzes anwenden.

(5) Tarifanwendende Arbeitgeber im Sinne dieses Gesetzes sind Arbeitgeber, die im Geltungsbereich eines Entgelttarifvertrages oder Entgeltrahmentarifvertrages die tariflichen Regelungen zum Entgelt durch schriftliche Vereinbarung zwischen Arbeitgeber und Beschäftigten verbindlich und inhaltsgleich für alle Tätigkeiten und Beschäftigten übernommen haben, für die diese tariflichen Regelungen zum Entgelt angewendet werden.

§ 6 Aufgaben von Arbeitgebern, Tarifvertragsparteien und betrieblichen Interessenvertretungen (1) Arbeitgeber, Tarifvertragsparteien und die betrieblichen Interessenvertretungen sind aufgefordert, im Rahmen ihrer Aufgaben und Handlungsmöglichkeiten an der Verwirklichung der Entgeltgleichheit zwischen Frauen und Männern mitzuwirken. Die zuständigen Tarifvertragsparteien benennen Vertreterinnen und Vertreter zur Einhaltung des Entgeltgleichheitsgebots im Sinne dieses Gesetzes und zur Wahrnehmung der Aufgaben nach § 14 Absatz 3.

(2) Arbeitgeber sind verpflichtet, die erforderlichen Maßnahmen zu treffen, um die Beschäftigten vor Benachteiligungen wegen des Geschlechts in Bezug auf das Entgelt zu schützen. Dieser Schutz umfasst auch vorbeugende Maßnahmen.

§ 7 Entgeltgleichheitsgebot Bei Beschäftigungsverhältnissen darf für gleiche oder für gleichwertige Arbeit nicht wegen des Geschlechts der oder des Beschäftigten ein geringeres Entgelt vereinbart oder gezahlt werden als bei einer oder einem Beschäftigten des anderen Geschlechts.

§ 8 Unwirksamkeit von Vereinbarungen (1) Bestimmungen in Vereinbarungen, die gegen § 3 oder § 7 verstoßen, sind unwirksam.
(2) Die Nutzung der in einem Auskunftsverlangen erlangten Informationen ist auf die Geltendmachung von Rechten im Sinne dieses Gesetzes beschränkt. Die Veröffentlichung personenbezogener Gehaltsangaben und die Weitergabe an Dritte sind von dem Nutzungsrecht nicht umfasst.

§ 9 Maßregelungsverbot Der Arbeitgeber darf Beschäftigte nicht wegen der Inanspruchnahme von Rechten nach diesem Gesetz benachteiligen. Gleiches gilt für Personen, welche die Beschäftigten hierbei unterstützen oder als Zeuginnen oder Zeugen aussagen. § 16 des Allgemeinen Gleichbehandlungsgesetzes bleibt unberührt.

Abschnitt 2 – Individuelle Verfahren zur Überprüfung von Entgeltgleichheit

§ 10 Individueller Auskunftsanspruch (1) Zur Überprüfung der Einhaltung des Entgeltgleichheitsgebots im Sinne dieses Gesetzes haben Beschäftigte einen Auskunftsanspruch nach Maßgabe der §§ 11 bis 16. Dazu haben die Beschäftigten in zumutbarer Weise eine gleiche oder gleichwertige Tätigkeit (Vergleichstätigkeit) zu benennen. Sie können Auskunft zu dem durchschnittlichen monatlichen Bruttoentgelt nach § 5 Absatz 1 und zu bis zu zwei einzelnen Entgeltbestandteilen verlangen.
(2) Das Auskunftsverlangen hat in Textform zu erfolgen. Vor Ablauf von zwei Jahren nach Einreichen des letzten Auskunftsverlangens können Beschäftigte nur dann erneut Auskunft verlangen, wenn sie darlegen, dass sich die Voraussetzungen wesentlich verändert haben.
(3) Das Auskunftsverlangen ist mit der Antwort nach Maßgabe der §§ 11 bis 16 erfüllt.
(4) Sonstige Auskunftsansprüche bleiben von diesem Gesetz unberührt.

§ 11 Angabe zu Vergleichstätigkeit und Vergleichsentgelt (1) Die Auskunftsverpflichtung erstreckt sich auf die Angabe zu den Kriterien und Verfahren der Entgeltfindung nach Absatz 2 und auf die Angabe zum Vergleichsentgelt nach Absatz 3.
(2) Die Auskunftsverpflichtung zu den Kriterien und Verfahren der Entgeltfindung erstreckt sich auf die Information über die Festlegung des eigenen Entgelts sowie des Entgelts für die Vergleichstätigkeit. Soweit die Kriterien und Verfahren der Entgeltfindung auf gesetzlichen Regelungen, auf tarifvertraglichen Entgeltregelungen oder auf einer bindenden Festsetzung nach § 19 Absatz 3 des Heimarbeitsgesetzes beruhen, sind als Antwort auf das Auskunftsverlangen die

Nennung dieser Regelungen und die Angabe, wo die Regelungen einzusehen sind, ausreichend.

(3) Die Auskunftsverpflichtung in Bezug auf das Vergleichsentgelt erstreckt sich auf die Angabe des Entgelts für die Vergleichstätigkeit (Vergleichsentgelt). Das Vergleichsentgelt ist anzugeben als auf Vollzeitäquivalente hochgerechneter statistischer Median des durchschnittlichen monatlichen Bruttoentgelts sowie der benannten Entgeltbestandteile, jeweils bezogen auf ein Kalenderjahr, nach folgenden Vorgaben:

1. in den Fällen des § 14 sowie in den Fällen einer gesetzlichen Entgeltregelung ist das Vergleichsentgelt der Beschäftigten des jeweils anderen Geschlechts anzugeben, die in die gleiche Entgelt- oder Besoldungsgruppe eingruppiert sind wie der oder die auskunftverlangende Beschäftigte;
2. in den Fällen des § 15 ist das Vergleichsentgelt aller Beschäftigten des jeweils anderen Geschlechts anzugeben, die die erfragte Vergleichstätigkeit oder die nach § 15 Absatz 4 ermittelte Vergleichstätigkeit ausüben.

(4) Auf kollektiv-rechtliche Entgeltregelungen der Kirchen oder der öffentlich-rechtlichen Religionsgesellschaften ist Absatz 2 Satz 2 und Absatz 3 Nummer 1 entsprechend anzuwenden.

§ 12 Reichweite (1) Der Anspruch nach § 10 besteht für Beschäftigte nach § 5 Absatz 2 in Betrieben mit in der Regel mehr als 200 Beschäftigten bei demselben Arbeitgeber.

(2) Die Auskunftspflicht nach § 10 umfasst

1. nur Entgeltregelungen, die in demselben Betrieb und bei demselben Arbeitgeber angewendet werden,
2. keine regional unterschiedlichen Entgeltregelungen bei demselben Arbeitgeber und
3. keinen Vergleich der Beschäftigtengruppen nach § 5 Absatz 2 untereinander.

(3) Bei der Beantwortung eines Auskunftsverlangens ist der Schutz personenbezogener Daten der auskunftverlangenden Beschäftigten sowie der vom Auskunftsverlangen betroffenen Beschäftigten zu wahren. Insbesondere ist das Vergleichsentgelt nicht anzugeben, wenn die Vergleichstätigkeit von weniger als sechs Beschäftigten des jeweils anderen Geschlechts ausgeübt wird. Es ist sicherzustellen, dass nur die mit der Beantwortung betrauten Personen Kenntnis von den hierfür notwendigen Daten erlangen.

§ 13 Aufgaben und Rechte des Betriebsrates (1) Im Rahmen seiner Aufgabe nach § 80 Absatz 1 Nummer 2 a des Betriebsverfassungsgesetzes fördert der Betriebsrat die Durchsetzung der Entgeltgleichheit von Frauen und Männern im Betrieb. Dabei nimmt der Betriebsrat insbesondere die Aufgaben nach § 14 Absatz 1 und § 15 Absatz 2 wahr. Betriebsverfassungsrechtliche, tarifrechtliche oder betrieblich geregelte Verfahren bleiben unberührt.

(2) Der Betriebsausschuss nach § 27 des Betriebsverfassungsgesetzes oder ein nach § 28 Absatz 1 Satz 3 des Betriebsverfassungsgesetzes beauftragter Ausschuss hat für die Erfüllung seiner Aufgaben nach Absatz 1 das Recht, die Listen

über die Bruttolöhne und -gehälter im Sinne des § 80 Absatz 2 Satz 2 des Betriebsverfassungsgesetzes einzusehen und auszuwerten. Er kann mehrere Auskunftsverlangen bündeln und gemeinsam behandeln.
(3) Der Arbeitgeber hat dem Betriebsausschuss Einblick in die Listen über die Bruttolöhne und -gehälter der Beschäftigten zu gewähren und diese aufzuschlüsseln. Die Entgeltlisten müssen nach Geschlecht aufgeschlüsselt alle Entgeltbestandteile enthalten einschließlich übertariflicher Zulagen und solcher Zahlungen, die individuell ausgehandelt und gezahlt werden. Die Entgeltlisten sind so aufzubereiten, dass der Betriebsausschuss im Rahmen seines Einblicksrechts die Auskunft ordnungsgemäß erfüllen kann.
(4) Leitende Angestellte wenden sich für ihr Auskunftsverlangen nach § 10, abweichend von den §§ 14 und 15, an den Arbeitgeber.
(5) Der Arbeitgeber erklärt schriftlich oder in Textform gegenüber dem Betriebsrat für dessen Beantwortung des Auskunftsverlangens, ob eine § 5 Absatz 5 entsprechende Anwendung der tariflichen Regelungen zum Entgelt erfolgt. Der Betriebsrat bestätigt gegenüber den Beschäftigten schriftlich oder in Textform die Abgabe dieser Erklärung. Die Sätze 1 und 2 gelten in den Fällen des § 14 Absatz 3 Satz 3 entsprechend.
(6) Gesetzliche und sonstige kollektiv-rechtlich geregelte Beteiligungsrechte des Betriebsrates bleiben von diesem Gesetz unberührt.

§ 14 Verfahren bei tarifgebundenen und tarifanwendenden Arbeitgebern (1) Beschäftigte tarifgebundener und tarifanwendender Arbeitgeber wenden sich für ihr Auskunftsverlangen nach § 10 an den Betriebsrat. Die Vorgaben bestimmen sich nach § 13. Der Betriebsrat hat den Arbeitgeber über eingehende Auskunftsverlangen in anonymisierter Form umfassend zu informieren. Abweichend von Satz 1 kann der Betriebsrat verlangen, dass der Arbeitgeber die Auskunftsverpflichtung übernimmt.
(2) Abweichend von Absatz 1 Satz 1 kann der Arbeitgeber die Erfüllung der Auskunftsverpflichtung generell oder in bestimmten Fällen übernehmen, wenn er dies zuvor gegenüber dem Betriebsrat erläutert hat. Die Übernahme kann jeweils längstens für die Dauer der Amtszeit des jeweils amtierenden Betriebsrates erfolgen. Übernimmt der Arbeitgeber die Erfüllung der Auskunftsverpflichtung, hat er den Betriebsrat umfassend und rechtzeitig über eingehende Auskunftsverlangen sowie über seine Antwort zu informieren. Die Beschäftigten sind jeweils darüber zu informieren, wer die Auskunft erteilt.
(3) Besteht kein Betriebsrat, wenden sich die Beschäftigten an den Arbeitgeber. Der Arbeitgeber informiert die Vertreterinnen und Vertreter der zuständigen Tarifvertragsparteien nach § 6 Absatz 1 Satz 2 über seine Antwort zu eingegangenen Auskunftsverlangen. Der Arbeitgeber sowie die Vertreterinnen und Vertreter der zuständigen Tarifvertragsparteien können vereinbaren, dass die Vertreterinnen und Vertreter der zuständigen Tarifvertragsparteien die Beantwortung von Auskunftsverlangen übernehmen. In diesem Fall informiert der Arbeitgeber diese umfassend und rechtzeitig über eingehende Auskunftsverlangen. Die Beschäftigten sind jeweils darüber zu informieren, wer die Auskunft erteilt.

(4) Soweit die Vertreterinnen und Vertreter der zuständigen Tarifvertragsparteien nach Absatz 3 Satz 3 das Auskunftsverlangen beantworten, hat der Arbeitgeber diesen auf Verlangen die zur Erfüllung ihrer Aufgaben erforderlichen Informationen bereitzustellen. Diese unterliegen im Rahmen ihrer Aufgaben der Verschwiegenheitspflicht.

§ 15 Verfahren bei nicht tarifgebundenen und nicht tarifanwendenden Arbeitgebern (1) Beschäftigte nicht tarifgebundener und nicht tarifanwendender Arbeitgeber wenden sich für ihr Auskunftsverlangen nach § 10 an den Arbeitgeber.

(2) Besteht ein Betriebsrat, gilt § 14 Absatz 1 und 2 entsprechend.

(3) Der Arbeitgeber oder der Betriebsrat ist verpflichtet, die nach § 10 verlangten Auskünfte innerhalb von drei Monaten nach Zugang des Auskunftsverlangens in Textform zu erteilen. Droht Fristversäumnis, hat der Arbeitgeber oder der Betriebsrat die auskunftverlangende Beschäftigte oder den auskunftverlangenden Beschäftigten darüber zu informieren und die Antwort ohne weiteres Verzögern zu erteilen.

(4) Der Arbeitgeber oder der Betriebsrat gibt an, inwiefern die benannte Vergleichstätigkeit überwiegend von Beschäftigten des jeweils anderen Geschlechts ausgeübt wird. Hält der Arbeitgeber oder der Betriebsrat die erfragte Vergleichstätigkeit nach den im Betrieb angewendeten Maßstäben für nicht gleich oder nicht gleichwertig, hat er dies anhand dieser Maßstäbe nachvollziehbar zu begründen. Dabei sind die in § 4 genannten Kriterien zu berücksichtigen. Der Arbeitgeber oder der Betriebsrat hat in diesem Fall seine Auskunft auf eine seines Erachtens nach gleiche oder gleichwertige Tätigkeit zu beziehen. Soweit der Betriebsrat für die Beantwortung des Auskunftsverlangens zuständig ist, hat der Arbeitgeber dem Betriebsrat auf Verlangen die zur Erfüllung seiner Aufgaben erforderlichen Informationen bereitzustellen.

(5) Unterlässt der Arbeitgeber die Erfüllung seiner Auskunftspflicht, trägt er im Streitfall die Beweislast dafür, dass kein Verstoß gegen das Entgeltgleichheitsgebot im Sinne dieses Gesetzes vorliegt. Dies gilt auch, wenn der Betriebsrat aus Gründen, die der Arbeitgeber zu vertreten hat, die Auskunft nicht erteilen konnte.

§ 16 Öffentlicher Dienst Der Anspruch nach § 10 besteht auch für Beschäftigte des öffentlichen Dienstes nach § 5 Absatz 2 Nummer 1 bis 5 in Dienststellen mit in der Regel mehr als 200 Beschäftigten. Die §§ 11 bis 14 sind sinngemäß anzuwenden.

Abschnitt 3 – Betriebliche Verfahren zur Überprüfung und Herstellung von Entgeltgleichheit

§ 17 Betriebliche Prüfverfahren (1) Private Arbeitgeber mit in der Regel mehr als 500 Beschäftigten sind aufgefordert, mithilfe betrieblicher Prüfverfahren ihre

Entgeltregelungen und die verschiedenen gezahlten Entgeltbestandteile sowie deren Anwendung regelmäßig auf die Einhaltung des Entgeltgleichheitsgebots im Sinne dieses Gesetzes zu überprüfen. Nimmt in einem Konzern das herrschende Unternehmen auf die Entgeltbedingungen mindestens eines Konzernunternehmens entscheidenden Einfluss, kann das herrschende Unternehmen das betriebliche Prüfverfahren nach Satz 1 für alle Konzernunternehmen durchführen.
(2) Wird ein betriebliches Prüfverfahren durchgeführt, hat dies in eigener Verantwortung der Arbeitgeber mithilfe der Verfahren nach § 18 und unter Beteiligung der betrieblichen Interessenvertretungen zu erfolgen.

§ 18 Durchführung betrieblicher Prüfverfahren (1) In das betriebliche Prüfverfahren sind die Tätigkeiten einzubeziehen, die demselben Entgeltsystem unterliegen, unabhängig davon, welche individualrechtlichen, tarifvertraglichen und betrieblichen Rechtsgrundlagen zusammenwirken.
(2) Betriebliche Prüfverfahren haben aus Bestandsaufnahme, Analyse und Ergebnisbericht zu bestehen. Der Arbeitgeber ist unter Berücksichtigung betrieblicher Mitwirkungsrechte frei in der Wahl von Analysemethoden und Arbeitsbewertungsverfahren. Es sind valide statistische Methoden zu verwenden. Die Daten sind nach Geschlecht aufzuschlüsseln. Dabei ist der Schutz personenbezogener Daten zu wahren.
(3) Bestandsaufnahme und Analyse haben die aktuellen Entgeltregelungen, Entgeltbestandteile und Arbeitsbewertungsverfahren zu erfassen und diese und deren Anwendung im Hinblick auf die Einhaltung des Entgeltgleichheitsgebots im Sinne dieses Gesetzes auszuwerten. Dabei ist § 4 zu beachten. § 12 Absatz 1 und 2 ist sinngemäß anzuwenden. Bei gesetzlichen, bei tarifvertraglichen Entgeltregelungen und bei Entgeltregelungen, die auf einer bindenden Festsetzung nach § 19 Absatz 3 des Heimarbeitsgesetzes beruhen, besteht keine Verpflichtung zur Überprüfung der Gleichwertigkeit von Tätigkeiten. Auf kollektivrechtliche Entgeltregelungen der Kirchen oder der öffentlich-rechtlichen Religionsgesellschaften ist Satz 4 entsprechend anzuwenden.
(4) Die Ergebnisse von Bestandsaufnahme und Analyse werden zusammengefasst und können betriebsintern veröffentlicht werden.

§ 19 Beseitigung von Entgeltbenachteiligungen Ergeben sich aus einem betrieblichen Prüfverfahren Benachteiligungen wegen des Geschlechts in Bezug auf das Entgelt, ergreift der Arbeitgeber die geeigneten Maßnahmen zur Beseitigung der Benachteiligung.

§ 20 Mitwirkung und Infomation (1) Der Arbeitgeber hat den Betriebsrat über die Planung des betrieblichen Prüfverfahrens rechtzeitig unter Vorlage der erforderlichen Unterlagen zu unterrichten.
(2) Die Beschäftigten sind über die Ergebnisse des betrieblichen Prüfverfahrens zu informieren. § 43 Absatz 2 und § 53 Absatz 2 des Betriebsverfassungsgesetzes sind zu beachten.

Abschnitt 4 – Berichtspflichten für Arbeitgeber

§ 21 Bericht zur Gleichstellung und Entgeltgleichheit (1) Arbeitgeber mit in der Regel mehr als 500 Beschäftigten, die zur Erstellung eines Lageberichts nach den §§ 264 und 289 des Handelsgesetzbuches verpflichtet sind, erstellen einen Bericht zur Gleichstellung und Entgeltgleichheit, in dem sie Folgendes darstellen:

1. ihre Maßnahmen zur Förderung der Gleichstellung von Frauen und Männern und deren Wirkungen sowie
2. ihre Maßnahmen zur Herstellung von Entgeltgleichheit für Frauen und Männer.

Arbeitgeber, die keine Maßnahmen im Sinne des Satzes 1 Nummer 1 oder 2 durchführen, haben dies in ihrem Bericht zu begründen.

(2) Der Bericht enthält außerdem nach Geschlecht aufgeschlüsselte Angaben

1. zu der durchschnittlichen Gesamtzahl der Beschäftigten sowie
2. zu der durchschnittlichen Zahl der Vollzeit- und Teilzeitbeschäftigten.

§ 22 Berichtszeitraum und Veröffentlichung (1) Arbeitgeber nach § 21 Absatz 1, die tarifgebunden nach § 5 Absatz 4 sind oder die tarifanwendend nach § 5 Absatz 5 sind und die gemäß § 13 Absatz 5 erklärt haben, tarifliche Regelungen zum Entgelt nach § 5 Absatz 5 anzuwenden, erstellen den Bericht alle fünf Jahre. Der Berichtszeitraum umfasst die vergangenen fünf Jahre.

(2) Alle anderen Arbeitgeber nach § 21 Absatz 1 erstellen den Bericht alle drei Jahre. Der Berichtszeitraum umfasst die vergangenen drei Jahre.

(3) Die Angaben nach § 1 Absatz 2 beziehen sich nur auf das jeweils letzte Kalenderjahr im Berichtszeitraum. Ab dem zweiten Bericht sind für die genannten Angaben die Veränderungen im Vergleich zum letzten Bericht anzugeben.

(4) Der Bericht nach § 21 ist dem nächsten Lagebericht nach § 289 des Handelsgesetzbuches, der dem jeweiligen Berichtszeitraum folgt, als Anlage beizufügen und im Bundesanzeiger zu veröffentlichen.

Abschnitt 5 – Evaluation, Aufgabe der Gleichstellungsbeauftragten, Übergangsbestimmungen

§ 23 Evaluation und Berichterstattung (1) Die Bundesregierung evaluiert nach Inkrafttreten dieses Gesetzes laufend die Wirksamkeit dieses Gesetzes und informiert alle vier Jahre, erstmals zwei Jahre nach Inkrafttreten, über die Ergebnisse. Die Evaluation hat die Umsetzung des Gebots des gleichen Entgelts für Frauen und Männer bei gleicher oder gleichwertiger Arbeit in allen Betriebs- und Unternehmensformen und -größen darzustellen, die unter den Anwendungsbereich des Abschnittes 2 dieses Gesetzes unterfallen.

(2) Über die Entwicklung des Gebots des gleichen Entgelts für Frauen und Männer bei gleicher oder gleichwertiger Arbeit in Betrieben mit in der Regel

weniger als 200 Beschäftigten berichtet die Bundesregierung alle vier Jahre, erstmals zwei Jahre nach Inkrafttreten dieses Gesetzes.
(3) Die Bundesregierung hat in die Evaluation nach Absatz 1 und in die Berichterstattung nach Absatz 2 die Stellungnahme der Sozialpartner miteinzubeziehen.

§ 24 Aufgabe der Gleichstellungsbeauftragten Die Gleichstellungsbeauftragten in der Bundesverwaltung und in den Unternehmen und den Gerichten des Bundes sowie die Beauftragten, die in Unternehmen für die Gleichstellung von Frauen und Männern zuständig sind, haben die Aufgabe, den Vollzug dieses Gesetzes in Bezug auf die Durchsetzung des Gebots des gleichen Entgelts bei gleicher oder gleichwertiger Arbeit für Frauen und Männer zu fördern.

§ 25 Übergangsbestimmungen (1) Der Auskunftsanspruch nach § 10 kann erstmals sechs Kalendermonate nach dem 6. Juli 2017 geltend gemacht werden. Soweit der Auskunftsanspruch nach Satz 1 dann innerhalb von drei Kalenderjahren erstmals geltend gemacht wird, können Beschäftigte abweichend von § 10 Absatz 2 Satz 2 erst nach Ablauf von drei Kalenderjahren erneut Auskunft verlangen. Satz 2 gilt nicht, soweit die Beschäftigten darlegen, dass sich die Voraussetzungen wesentlich verändert haben.
(2) Der Bericht nach § 21 ist erstmals im Jahr 2018 zu erstellen.
(3) Abweichend von § 22 Absatz 1 Satz 2 und Absatz 2 Satz 2 umfasst der Berichtszeitraum für den ersten Bericht nur das letzte abgeschlossene Kalenderjahr, das dem Jahr 2017 vorausgeht.

3. Gesetz über Arbeitnehmererfindungen

Aktuelle höchstrichterliche Rechtsprechung

Datum	Gericht/Az.	Fundstelle	Thema
27.3.19	BAG 5 AZR 71/18	NZA 19, 1228	Urhebervergütung

Einleitung

(zugleich für UrhG, Nr. 3 a)

I. Geschichtliche Entwicklung

Mit dem Wachstum der Industrie und der damit einhergehenden Zunahme der Arbeitsteilung trat die Figur des individuellen Erfinders zunehmend zurück hinter Erfindungen im Dienste anderer (d. h. von Unternehmen). Derzeit werden etwa 80 % der wertvollen Erfindungen von Arbeitnehmern gemacht (*Schwab,* AiB 09, 545). Seit es Patentgesetze zum Schutze von Erfindungen gibt, stellt sich deshalb die Frage des Erfinderschutzes für Arbeitnehmer. Es kollidiert der Gedanke des individuellen Schutzrechts, des Patents, mit dem Grundsatz, dass dem Arbeitgeber das Recht am Arbeitsergebnis zusteht (wie er eigentumsrechtlich in der herrschenden Meinung zu § 950 BGB zum Ausdruck kommt, vgl. Einl. I 1 zum BGB, Nr. 14). Bis zur vorigen Jahrhundertwende ging die arbeitsrechtliche Vertragsauslegung durchweg davon aus, dass – falls ausdrücklich nichts anderes vereinbart war – dem Arbeitgeber das Eigentum an Arbeitnehmererfindungen zustehe und dies durch das Arbeitsentgelt mit abgegolten sei.

Diese Sicht wurde mit der Entscheidung des *Reichsgerichts* vom 17.4.1907 (Blatt für Patent-, Muster- und Zeichenwesen 1907, 176) folgendermaßen weiterentwickelt: »Eine während des Laufs eines Dienstvertrages gemachte Erfindung des Dienstverpflichteten fällt nur dann dem Dienstberechtigten zu, wenn dies im Dienstvertrag ausdrücklich vereinbart oder entweder die Erfindung im besonderen Auftrage des Dienstberechtigten gemacht ist oder aber im Bereiche der besonderen, dem Dienstverpflichteten zufallenden Aufgaben liegt.« Damit wurde der Grundstein für die heutige Betrachtungsweise gelegt: Bei Anerkennung der Rechtsträgerschaft des Arbeitnehmers für das Patent ist die Frage seiner Zuordnung, Verwertung und Vergütung arbeitsrechtlich zu klären. Hinsichtlich der Zuordnung der Erfindung unterschied die Rechtsprechung später vor dem Hintergrund einer entsprechenden rechtswissenschaftlichen Diskussion zwischen Diensterfindungen, Betriebserfindungen und freien Erfindungen (vgl. *Volmer/Gaul,* Arbeitnehmererfindergesetz, 2. Aufl., 1983, Einl. Rn. 43).

Gesetzgeberisch wurden die damit beschriebenen Probleme durch einen Gesetzentwurf der Reichsregierung 1913 aufgegriffen. Mit ihm sollte zum einen das Recht des Erfinders auf seine Erfindung hinsichtlich materiellen Schutzes und Erfinderehre anerkannt und zum anderen der Erfinderlohn für Arbeitnehmer-Erfinder gesichert werden. Der Entwurf wurde insbesondere von der Industrie strikt abgelehnt und deshalb sowie im Hinblick auf den Ausbruch des 1. Weltkrieges nicht verabschiedet (vgl. näher *Volmer/Gaul,* Einl. Rn. 50 ff.).

Das gesetzgeberische Vakuum wurde in der Zeit nach dem 1. Weltkrieg durch eine Vielzahl von Tarifverträgen über Arbeitnehmererfindungen gefüllt (ca. 4000 Tarifverträge in den 20er Jahren, vgl. RArbBl. 22, Nichtamtlicher Teil 720). Der bedeutendste von ihnen war der Tarifvertrag zwischen dem Arbeitgeberverband der chemischen Industrie Deutschlands und dem Bund der angestellten Akademiker und Ingenieure sowie der Vereinigung der leitenden Angestellten in Handel und Industrie. Er wurde vom Reichsarbeitsminister für allgemeinverbindlich erklärt und gilt z. T. noch heute (*Volmer/Gaul,* Einl. Rn. 58). Als Folge dieses Reichstarifvertrages erklärte sich der Präsident des Deutschen Patentamtes 1922 bereit, Erfindernennungen von Arbeitnehmern entgegenzunehmen und auf der Patenturkunde zu vermerken (RArbBl. 22, Amtlicher Teil 151). Die damit geförderte Entwicklung des sog. Erfinderpersönlichkeitsrechts auch für Arbeitnehmer hat die spätere Gesetzgebung wesentlich beeinflusst.

Die erste Regelung des Arbeitnehmererfinderrechts erfolgte 1942 zur Stärkung der Kriegswirtschaft mit der »VO über die Behandlung von Erfindungen von Gefolgschaftsmitgliedern« vom 12. 7. 1942 (RGBl. I 466) und der DurchführungsVO vom 20. 3. 1943 (RGBl. I 257, die rückwirkend zum 22. 7. 1942, dem Tag des Inkrafttretens der grundlegenden VO, in Kraft gesetzt wurde). Gleichzeitig mit der DVO erließ der Reichsminister für Rüstung und Kriegsproduktion »Richtlinien für die Vergütung von Erfindungen von Gefolgschaftsmitgliedern« (Reichsanzeiger Nr. 70 vom 25. 3. 1943; i. d. F. vom 10. 10. 44, RAnz. Nr. 271 vom 5. 12. 44), die zwar keinen normativen Charakter hatten, gleichwohl durchweg befolgt wurden (vgl. *BAG* 1. 11. 1956 – 2 AZR 268/54, AP Nr. 4 zu § 2 ArbNErfindVO). Das Ziel dieser »Göring-Speer-Verordnungen« genannten Vorschriften wurde in der Präambel der VO von 1942 folgendermaßen beschrieben: »Erfindungen von Gefolgschaftsmitgliedern steigern die Leistung der Wirtschaft. Sie dienen vor allem der Rüstung und müssen tatkräftig gefördert, ausgewertet und geschützt werden.« Kern der Regelung war § 2: »Jedes Gefolgschaftsmitglied ist verpflichtet, die von ihm gemachten Erfindungen, soweit sie aus seiner Arbeit im Betriebe heraus entstanden sind, dem Unternehmer zur Verfügung zu stellen. Der Unternehmer hat dafür eine angemessene Vergütung zu zahlen.« Bei der Bemessung der Vergütung waren »insbesondere die Verwertbarkeit der Erfindung, das Ausmaß der schöpferischen Leistung, die Höhe des Arbeitsentgelts und die Aufgabe des Gefolgschaftsmitglieds im Betrieb zu berücksichtigen« (§ 5 DVO). *Wilhelm Herschel* hat diese Regelungen ungeachtet ihres kriegswirtschaftlichen Anlasses folgendermaßen charakterisiert: »Diese Verordnungen waren sachlich und praktikabel; sie waren nur mit einigen nationalsozialistischen Ornamenten ausgestattet. Deshalb galten sie noch nach dem Zusammenbruch unbeanstandet weiter.« (RdA 82, 265, 266;

zur Weitergeltung nach 1945 *BGH* 23.5.1952 – I ZR 149/51, BB 52, 663; *BAG* 1.11.1956 – 2 AZR 268/54, AP Nr. 4 zu § 2 ArbNErfindVO).

In der Bundesrepublik Deutschland wurde die eigene gesetzliche Fortentwicklung des Arbeitnehmererfinderrechts schon in der ersten Legislaturperiode mit einem Regierungsentwurf von 1952 (BT I/3343) aufgegriffen, der jedoch nicht zur Verabschiedung kam. Der zunächst unveränderte (BT II/181), später überarbeitete Entwurf (BT II/1648) wurde in der 2. Legislaturperiode erneut eingebracht. Das Gesetz wurde nach Ausschussberatungen (vgl. BT II/3327) am 3.5.1957 im Bundestag in dritter Lesung einstimmig verabschiedet (BT-Prot. 206. Sitzung, S. 11759; zur Zustimmung des Bundesrates BR-Prot. 1957, Nr. 177, S. 658). Das Gesetz baut auf der allseits akzeptierten Grundvorstellung der VO von 1942 auf, dass die Erfinderrechte zunächst dem Arbeitnehmer als Erfinder zustehen und der Arbeitgeber hinsichtlich der Diensterfindung eine zeitlich begrenzte Anwartschaft hat (vgl. *Volmer,* RdA 57, 241, 242). Das ist in anderen Rechtsordnungen unterschiedlich und durchaus auch anders geregelt (*Deinert*, Internationales Arbeitsrecht, 2013, § 12 Rn. 3).

Zu dem Gesetz sind zwei Verordnungen erlassen worden: die Erste VO zur Durchführung des ArbNErfG vom 1.10.1957 (BGBl. I 1679), mit welcher eine Schiedsstelle beim Patent- und Markenamt München eingerichtet wurde, und die Zweite VO zur Durchführung des ArbNErfG vom 1.10.1957 (BGBl. I 1680, zuletzt geändert durch Gesetz vom 31.7.2009, s. o.) über Berufung und Rechtsstellung der Beisitzer der Schiedsstelle gemäß § 30 Abs. 4 und 5.

Der Bundesminister für Arbeit hat Richtlinien über die Bemessung der Vergütung gemäß § 11 erlassen (abgedruckt bei *Schwab,* Anh.; zur Handhabung *Schoden,* BetrR 82, 127).

Durch das Gesetz zur Vereinfachung und Modernisierung des Patentrechts vom 31.7.2009 (BGBl. I 2521; dazu *Schwab*, AiB 09, 545 ff.; *Bayreuther*, NZA 09, 1123 ff.; *Schreyer-Bestmann/Garbers-von Boehm*, DB 09, 2266 ff.; *Gärtner/Simon*, BB 11, 1909 ff.) wurden wesentlich folgende Neuerungen eingeführt:

- Beseitigung der Möglichkeit einer beschränkten Inanspruchnahme der Erfindung durch den Arbeitgeber
- Fiktion einer Inanspruchnahme der Erfindung mangels Freigabe innerhalb von 4 Monaten
- insolvenzrechtliche Regelungen in § 27.

II. Wesentlicher Gesetzesinhalt

1. ArbNErfG

Das Gesetz regelt die arbeitsrechtliche Behandlung von Erfindungen und technischen Verbesserungsvorschlägen (§ 1; Übersicht 10). Erfindungen im Sinne des Gesetzes sind nur Erfindungen, die patent- oder gebrauchsmusterfähig sind. Dabei handelt es sich um Patente i.S. des Patentgesetzes i.d.F. der Bekanntmachung vom 16.12.1980 (BGBl. I 81) und um Gebrauchsmuster i.S. des Gebrauchsmustergesetzes i.d.F. der Bekanntmachung vom 28.8.1986 (BGBl. I 24). Patente und Gebrauchsmuster unterscheiden sich nach der sog. Erfindungshöhe, d.h. Gebrauchsmuster sind »kleinere technische Erfindungen«.

Technische Verbesserungsvorschläge sind Vorschläge für Neuerungen, die nicht patent- oder gebrauchsmusterfähig sind (§ 3; zur Abgrenzung *Gaul,* BB 92, 1710; *Becher,* BB 93, 353). Soweit sie dem Arbeitgeber eine ähnliche Vorzugsstellung gewähren wie ein gewerbliches Schutzrecht (eine tatsächliche Monopolstellung), spricht man von »qualifizierten Verbesserungsvorschlägen«. Der Arbeitnehmer hat einen Anspruch auf angemessene Vergütung, sobald der Arbeitgeber einen solchen Vorschlag verwertet (§ 20 Abs. 1 mit Verweisung auf §§ 9, 12). Diese Vergütung ist im Streitfall im arbeitsgerichtlichen Urteilsverfahren geltend zu machen (*BAG* 30. 4. 1965 – 3 AZR 291/63, AP Nr. 1 zu § 20 ArbNErfG). § 20 schließt als gesetzliche Regelung ein Mitbestimmungsrecht des Betriebsrats hinsichtlich der Vergütung aus. Für sog. einfache Verbesserungsvorschläge gelten Tarifverträge, Betriebsvereinbarungen (§ 20 Abs. 2) oder hilfsweise der Einzelarbeitsvertrag. Hinsichtlich ihrer Behandlung besteht ein volles Mitbestimmungsrecht des Betriebsrats gemäß § 87 Abs. 1 Nr. 12 BetrVG (vgl. *Schwab,* AiB 99, 445; zum Entwurf einer »Rahmenbetriebsvereinbarung ›Innovation‹« s. bei *Heilmann/Taeger,* BB 90, 1669).

Hauptgegenstand des Gesetzes sind Erfindungen, die unterschieden werden in Diensterfindungen und freie Erfindungen (§ 4 Abs. 1). Diensterfindungen (auch »gebundene Erfindungen«) werden in § 4 bezüglich ihres Zusammenhangs mit dem Arbeitsverhältnis definiert. Sie erfassen sog. Auftragserfindungen, zu denen der Arbeitnehmer beauftragt wurde oder die mit seiner Tätigkeit in einem inneren Zusammenhang stehen (§ 4 Abs. 2 Nr. 1), und sog. Erfahrungserfindungen, die zustande gekommen sind, weil die betriebliche Tätigkeit dem Erfinder die Anregung zur Erfindung gegeben hat (§ 4 Abs. 2 Nr. 2). Alle anderen Erfindungen von Arbeitnehmern sind »freie Erfindungen« (§ 4 Abs. 3). Sie unterliegen nur den in §§ 18, 19 geregelten Beschränkungen: Der Arbeitnehmer hat während der Dauer des Arbeitsverhältnisses gemachte freie Erfindungen dem Arbeitgeber mitzuteilen (§ 18) und unter bestimmten Bedingungen zur beschränkten Nutzung anzubieten (§ 19).

Diensterfindungen hat der Arbeitnehmer dem Arbeitgeber in Textform (§ 126 b BGB) anzuzeigen (§ 5), der sich dann entscheiden kann, ob er sie in Anspruch nehmen (§ 6) oder freigeben (§ 8) will, wobei mangels Freigabe innerhalb von 4 Monaten eine Inanspruchnahme vorliegt (§ 6 Abs. 2). Auch nach der Inanspruchnahme durch den Arbeitgeber verbleibt das Recht der Erfinderbenennung beim Arbeitnehmer-Erfinder, für den es der Arbeitgeber beim Patentamt anzumelden hat (§ 13, außer im Falle der Gefährdung von Betriebsgeheimnissen, § 17). Hat der Arbeitnehmer die Erfindung zu Unrecht selbst angemeldet, muss der Arbeitgeber sich das Patent im Falle der Inanspruchnahme der Erfindung übertragen lassen (*BGH* 22. 4. 2011 – X ZR 72/10, NZA-RR 11, 479).

Bei Inanspruchnahme der Erfindung hat der Arbeitgeber dem Arbeitnehmer eine »angemessene Vergütung« zu bezahlen (§ 9), für deren Bemessung der Bundesarbeitsminister Richtlinien erlässt (§ 11; s. I). Für die Höhe der Vergütung sind insbesondere die wirtschaftliche Verwertbarkeit der Erfindung, die Aufgaben und Stellung des Arbeitnehmers im Betrieb sowie sein Anteil am Zustandekommen der Erfindung maßgebend (§ 9 Abs. 2). Die Regelung ist verfassungsgemäß

(*BVerfG* 24.4.1998 – 1 BvR 587/88, NJW 98, 3704). Die gemäß § 11 erlassenen Richtlinien geben nur eine Orientierung zur Ermittlung der Angemessenheit. Sie sind rechtlich nicht verbindlich (vgl. *Schwab*, NZA-RR 14, 281, 284). Kommt über die Vergütung keine Einigung zustande, wird sie durch den Arbeitgeber festgesetzt (§ 12 Abs. 3). Ist der Arbeitnehmer mit der Festsetzung der Vergütung nicht einverstanden, muss er binnen 2 Monaten widersprechen (§ 12 Abs. 4). Danach ist der Rechtsweg zum Landgericht offen (§ 39 Abs. 1); lediglich Leistungsklagen aus verbindlich festgesetzten Vergütungen kommen vor die Arbeitsgerichtsbarkeit (§ 39 Abs. 2; hierzu kritisch *Kunze,* RdA 75, 42, 46). Diese Zuständigkeit der Arbeitsgerichte bleibt auch erhalten, wenn patentrechtliche Fragestellungen in diesem Rahmen zu klären sind (*BAG* 31.5.16 – 9 AZB 3/16, NZA-RR 16, 548). Der Arbeitnehmererfinder hat gegenüber dem Arbeitgeber einen Rechnungslegungsanspruch gemäß § 259 BGB (*BGH* 17.5.1994 – X ZR 82/92, NJW 95, 386). Auf Verlangen des Arbeitnehmers muss der Arbeitgeber grundsätzlich auch die mit den erfindungsgemäßen Produkten erzielten Gewinne einschließlich einzelner Kostenfaktoren offenbaren (*BGH* 13.11.1997 – X ZR 132/95, DB 98, 771; zu den Grenzen dieses Anspruchs *BGH* 13.11.1997 – X ZR 6/96, NZA 98, 313).

Als freiwillige Möglichkeit der Streitschlichtung besteht eine beim Deutschen Patentamt eingerichtete Schiedsstelle (§§ 28 ff.).

Das Gesetz gilt auch im öffentlichen Dienst und dort auch für Beamte und Soldaten (§ 1). Die Erfindungen von Hochschulbeschäftigten im Rahmen ihrer Forschungstätigkeit unterliegen im Hinblick auf die grundrechtlich geschützte Freiheit von Forschung und Lehre (Art. 5 Abs. 3 GG) besonderen Regeln, die auf die Forschungsautonomie Rücksicht nehmen (§ 42).

Die Vergütungen für Diensterfindungen und Verbesserungsvorschläge werden steuerlich wie Arbeitseinkommen behandelt (vgl. BT-Drs. 12/7488).

2. UrhG

Eine ähnliche Problematik für die Erfindungen im Arbeitsverhältnis ergibt sich für geschützte Werke, die Urheber in Erfüllung einer Verpflichtung aus dem Arbeitsverhältnis geschaffen haben bzw. für angestellte ausübende Künstler. Für sie gilt das Urheberrechtsgesetz.

Gemessen am Arbeitnehmererfinderrecht ist das Recht der Arbeitnehmer-Urheber nur sehr knapp geregelt (zum Folgenden *Rehbinder,* WiB 94, 461). Das UrhG geht davon aus, dass der Arbeitnehmer alle Urheberrechte an von ihm geschaffenen Werken hat (§§ 7, 11). Durch §§ 43 und 79 wird darauf verwiesen, in welchem Umfang der Arbeitnehmer-Urheber anderen Nutzungsrechte einräumen kann. Das ergibt sich im Hinblick auf § 31 Abs. 5 typischerweise aus dem Arbeitsvertrag. M. a. W.: Das Gesetz regelt im Wesentlichen die Verweisung auf die vertragliche Regelung im Einzelfall. Ist demnach Gegenstand der geschuldeten Arbeitsleistung die Schaffung eines geschützten Werkes, so liegt im Zweifel das ausschließliche Nutzungsrecht ohne zusätzliche Vergütung beim Arbeitgeber. Will der Urheber sich eine bestimmte Verwertung vorbehalten, muss er dies ausdrücklich ausschließen (vgl. *BAG* 12.3.1997 – 5 AZR 669/95, BB 97, 2112; *BGH* 22.2.1974 – I ZR 128/72, NJW 74, 904; vgl. *Kunze,* RdA 75, 42, 48). Eine tarifvertragliche Vergütungsregelung geht aber einer vertraglichen Regelung, wonach die urheberrechtliche Vergütung durch die arbeitsvertragliche Entlohnung abgegolten sein soll, wegen § 4 Abs. 3 TVG vor (*BAG* 27.3.2019 – 5 AZR 71/18, NZA 19, 1228, Rn. 18 ff.). Auch das mit dem Gesetz zur verbesserten Durchsetzung des Anspruchs der Urheber und ausübenden Künstler auf angemessene Vergütung und zur Regelung von Fragen der Verlegerbeteiligung v. 20.12.16 (BGBl. I 3037) in § 40 a UrhG eingefügte Recht auf Zweitverwertung muss als mit der Vergütung abgegolten angesehen werden (vgl. BT-Drs. 18/8625, S. 30; *Konertz*, NZA 17, 614, 617). Strittig ist, ob der Arbeitnehmer mit der Einräumung des Urheberrechts zugleich stillschweigend darauf verzichtet hat, dass auch sein Name bei der Verwertung genannt wird (eingehend *Schwab*, NZA 00, 1254). Eine Sondervergütung kommt in Betracht, wenn der Arbeitnehmer eine höhere als die im Arbeitsvertrag vorgesehene Leistung erbracht hat. Gelegenheitswerke, deren Erstellung vertraglich nicht geschuldet ist, stehen dem Arbeitnehmer uneingeschränkt zu. Er ist nach h. M. auch nicht verpflichtet, diese dem Arbeitgeber anzubieten, wie dies nach dem Arbeitnehmer-Erfindungsgesetz der Fall wäre (*Schwab*, NZA-RR 15, 5, 7).

Der gleiche Schutz gilt für Computerprogramme, was früher richterrechtlich geregelt war (vgl. *BAG* 13.9.1983 – 3 AZR 371/81, AuR 85, 197) und seit Juni 1993 durch §§ 69 a ff. UrhG gesetzlich geregelt ist (hierzu *Brandi-Dohrn*, BB 94, 658). Der Arbeitnehmer-Urheber muss seine Rechte ausdrücklich vereinbaren, sonst liegen sie gemäß § 69 b UrhG beim Arbeitgeber (vgl. *KG Berlin*, NZA 97, 718). Wenn die Erstellung des Programms zu den Leistungspflichten gehört, scheidet eine über das Arbeitsentgelt hinausgehende Vergütung aus (*BGH* 24.10.2000 – X ZR 72/98, BB 01, 66 – Wetterführungspläne I). Das alles gilt aber nur, wenn ein Computerprogramm nicht gemäß § 1 PatG patentfähig ist. Ist dies wegen technischer Komponenten ausnahmsweise doch der Fall, kommt das ArbnErfG zur Anwendung (s. o. 1; vgl. *BGH* 23.10.2001 – X ZR 72/98, NZA-RR 02, 202 – Wetterführungspläne II).

Für Ansprüche aus dem UrhG sind die Landgerichte nach §§ 102, 105 UrhG zuständig. Nur für Streitigkeiten aus Arbeitsverhältnissen, die die Leistung einer vereinbarten Vergütung betreffen, sind die Arbeitsgerichte nach § 104 Satz 2 UrhG, § 2 Abs. 2 b ArbGG zuständig. Das gilt auch, wenn in dem Rechtsstreit urheberrechtliche Fragen zu klären sind (*BAG* 27.3.2019 – 5 AZR 71/18, NZA 19, 1228, Rn. 13).

An dieser Rechtslage hat die sog. Urheberrechtsreform durch das am 1.7.2002 in Kraft getretene »Gesetz zur Stärkung der vertraglichen Rechte von Urhebern und ausübenden Künstlern« vom 28.3.2002 nichts Grundsätzliches geändert, weil die für Arbeitnehmer geltenden Vorschriften (§§ 43 und 69 b UrhG) unberührt blieben. Es spricht jedoch viel dafür, dass auch Arbeitnehmer einen Anspruch auf eine »angemessene Vergütung« haben sollen (§§ 11 Satz 2, 32 Abs. 1 UrhG; zur Verfassungsmäßigkeit des Anspruchs des Urhebers auf eine angemessene Vergütung *BVerfG* 23.10.2013 – 1 BvR 1842/11 u.a., NJW 14, 46). Man kann zwar für den Regelfall unterstellen, dass eine solche im Arbeitsentgelt enthalten ist, jedoch bleibt dem Arbeitnehmer die Möglichkeit nachzuweisen, dass dies im Einzelfall z. B. wegen eines nur unterdurchschnittlichen Entgelts nicht der Fall ist (eingehend *Grobys/Foerstl,* NZA 02, 1015). Gemäß § 32 Abs. 4 UrhG kann die Vergütung tarifvertraglich geregelt werden.

Eine § 69 b vergleichbare Regelung enthalten das

- Halbleiterschutzgesetz und das
- Designgesetz (zu beiden s. Fn. zu § 69 b).

III. Anwendungsprobleme/Rechtstatsachen/Rechtspolitische Diskussion

Trotz Kritik an der zu geringen Höhe der üblichen Arbeitnehmervergütung (*Schoden,* BetrR 82, 119, 142) und der fehlenden vollständigen Zuordnung zur Arbeitsgerichtsbarkeit (*Kunze,* RdA 75, 42, 46) sind nachhaltige rechtspolitische Impulse zur Veränderung des Gesetzes ausgeblieben. Das mag mit einen Grund in der Betriebsvereinbarungspraxis zum betrieblichen Vorschlagswesen haben (vgl. *Gaul,* AuR 87, 349). Im Jahr 1999 wurden insgesamt ca. 1,1 Mio. Verbesserungsvorschläge gemacht. Aus ihnen resultierten Einsparungen von ca. 1,86 Mrd. DM allein in diesem Jahr. An Arbeitnehmer wurden Prämien von insgesamt ca. 330 Mio. DM gezahlt (Spitzenprämie 563000 DM in der Automobilindustrie, vgl. iwd, 16/2000, S. 8). Die formal nur freiwillige Schiedsstelle beim Bundespatentamt ist in dem Sinne »angenommen« worden, dass nur noch sehr wenige derartiger Rechtsstreitigkeiten zu den Gerichten kommen, die nicht vorher die Schiedsstelle durchlaufen haben; rund 70 % ihrer Einigungsvorschläge bleiben widerspruchslos (*Schwab,* § 36 Rn. 3).

Weiterführende Literatur

Kommentare und Handbücher

Deinert/Heuschmid/Zwanziger-*Becker,* Arbeitsrecht, § 57 (Recht am Arbeitsergebnis)

Bartenbach, Arbeitnehmererfindungen im Konzern, 4. Aufl. (2018)

Bartenbach/Volz, Arbeitnehmererfindervergütung, 4. Aufl. (2017)

Bartenbach/Volz, Arbeitnehmererfindungsgesetz, 6. Aufl. (2019)

Boemke/Kursawe, ArbNErfG (2015)

Rehbinder/Peukert, Urheberrecht, 18. Aufl. (2018)

Schoden, Betriebliche Arbeitnehmererfindungen und betriebliches Vorschlagswesen (1995)

Schwab, Arbeitnehmererfindungsrecht, 4. Aufl. (2018)

Aufsätze/Monographien

Balle, Der urheberrechtliche Schutz von Arbeitsergebnissen, NZA 1997, S. 868

Czernik, Eine urheberrechtliche Betrachtung des Dienstverpflichteten, RdA 2014, S. 354

Gaul, Einflussrechte des Betriebsrats bei Arbeitnehmererfindungen – 30 Jahre Arbeitnehmererfindungsgesetz, AuR 1987, S. 359

Herschel, 25 Jahre Arbeitnehmererfindungsgesetz, RdA 1982, S. 265

Kästle/Schmoll, Arbeitnehmererfindungen bei M&A-Transaktionen und Umstrukturierungen, BB 2018, S. 820
Konertz, Die Sondervergütung und das Recht auf Zweitverwertung im Arbeitnehmerurheberrecht, NZA 2017, S. 614
Leuze, Urheberrechte an bzw. in Tarifverträgen, AuR 2013, S. 475
Schwab, Der Arbeitnehmer als Erfinder, NZA-RR 2014, S. 281
Schwab, Der Arbeitnehmer als Urheber, NZA-RR 2015, S. 5
Schwab, Der Arbeitnehmer als Vorschlagseinreicher, NZA-RR 2015, S. 225
Schwab, Betriebsrat und betriebliches Vorschlagswesen, AiB 1999, S. 445
Schwab, Warum kein Arbeitnehmerurheberrecht?, AuR 1993, S. 129

Übersicht 10: Arbeitnehmererfindungen

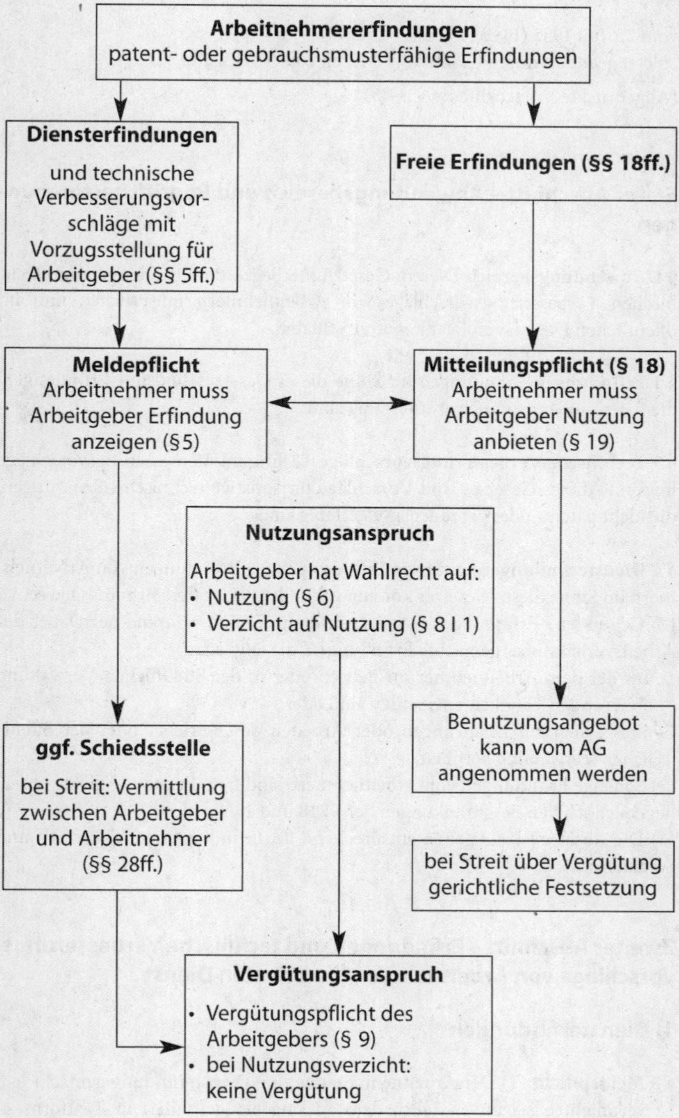

Gesetz über Arbeitnehmererfindungen

vom 25. Juli 1957 (BGBl. I 756),
zuletzt geändert durch Gesetz vom 31. Juli 2009 (BGBl. I 2521)

(Abgedruckte Vorschriften: §§ 1–45)

Erster Abschnitt – Anwendungsbereich und Begriffsbestimmungen

§ 1 Anwendungsbereich Diesem Gesetz unterliegen die Erfindungen und technischen Verbesserungsvorschläge von Arbeitnehmern im privaten und im öffentlichen Dienst, von Beamten und Soldaten.

§ 2 Erfindungen Erfindungen im Sinne dieses Gesetzes sind nur Erfindungen, die patent- oder gebrauchsmusterfähig sind.

§ 3 Technische Verbesserungsvorschläge Technische Verbesserungsvorschläge im Sinne dieses Gesetzes sind Vorschläge für sonstige technische Neuerungen, die nicht patent- oder gebrauchsmusterfähig sind.

§ 4 Diensterfindungen und freie Erfindungen (1) Erfindungen von Arbeitnehmern im Sinne dieses Gesetzes können gebundene oder freie Erfindungen sein.
(2) Gebundene Erfindungen (Diensterfindungen) sind während der Dauer des Arbeitsverhältnisses gemachte Erfindungen, die entweder
1. aus der dem Arbeitnehmer im Betrieb oder in der öffentlichen Verwaltung obliegenden Tätigkeit entstanden sind oder
2. maßgeblich auf Erfahrungen oder Arbeiten des Betriebes oder der öffentlichen Verwaltung beruhen.

(3) Sonstige Erfindungen von Arbeitnehmern sind freie Erfindungen. Sie unterliegen jedoch den Beschränkungen der §§ 18 und 19.
(4) Die Absätze 1 bis 3 gelten entsprechend für Erfindungen von Beamten und Soldaten.

Zweiter Abschnitt – Erfindungen und technische Verbesserungsvorschläge von Arbeitnehmern im privaten Dienst

1. Diensterfindungen

§ 5 Meldepflicht (1) Der Arbeitnehmer, der eine Diensterfindung gemacht hat, ist verpflichtet, sie unverzüglich dem Arbeitgeber gesondert in Textform zu melden und hierbei kenntlich zu machen, daß es sich um die Meldung einer

Erfindung handelt. Sind mehrere Arbeitnehmer an dem Zustandekommen der Erfindung beteiligt, so können sie die Meldung gemeinsam abgeben. Der Arbeitgeber hat den Zeitpunkt des Eingangs der Meldung dem Arbeitnehmer unverzüglich in Textform zu bestätigen.
(2) In der Meldung hat der Arbeitnehmer die technische Aufgabe, ihre Lösung und das Zustandekommen der Diensterfindung zu beschreiben. Vorhandene Aufzeichnungen sollen beigefügt werden, soweit sie zum Verständnis der Erfindung erforderlich sind. Die Meldung soll dem Arbeitnehmer dienstlich erteilte Weisungen oder Richtlinien, die benutzten Erfahrungen oder Arbeiten des Betriebes, die Mitarbeiter sowie Art und Umfang ihrer Mitarbeit angeben und soll hervorheben, was der meldende Arbeitnehmer als seinen eigenen Anteil ansieht.
(3) Eine Meldung, die den Anforderungen des Absatzes 2 nicht entspricht, gilt als ordnungsgemäß, wenn der Arbeitgeber nicht innerhalb von zwei Monaten erklärt, daß und in welcher Hinsicht die Meldung einer Ergänzung bedarf. Er hat den Arbeitnehmer, soweit erforderlich, bei der Ergänzung der Meldung zu unterstützen.

§ 6 Inanspruchnahme (1) Der Arbeitgeber kann eine Diensterfindung durch Erklärung gegenüber dem Arbeitnehmer in Anspruch nehmen.
(2) Die Inanspruchnahme gilt als erklärt, wenn der Arbeitgeber die Diensterfindung nicht bis zum Ablauf von vier Monaten nach Eingang der ordnungsgemäßen Meldung (§ 5 Abs. 2 Satz 1 und 3) gegenüber dem Arbeitnehmer durch Erklärung in Textform freigibt.

§ 7 Wirkung der Inanspruchnahme (1) Mit der Inanspruchnahme gehen alle vermögenswerten Rechte an der Diensterfindung auf den Arbeitgeber über.
(2) Verfügungen, die der Arbeitnehmer über eine Diensterfindung vor der Inanspruchnahme getroffen hat, sind dem Arbeitgeber gegenüber unwirksam, soweit seine Rechte beeinträchtigt werden.

§ 8 Frei gewordene Diensterfindungen Eine Diensterfindung wird frei, wenn der Arbeitgeber sie durch Erklärung in Textform freigibt. Über eine frei gewordene Diensterfindung kann der Arbeitnehmer ohne die Beschränkungen der §§ 18 und 19 verfügen.

§ 9 Vergütung bei Inanspruchnahme (1) Der Arbeitnehmer hat gegen den Arbeitgeber einen Anspruch auf angemessene Vergütung, sobald der Arbeitgeber die Diensterfindung in Anspruch genommen hat.
(2) Für die Bemessung der Vergütung sind insbesondere die wirtschaftliche Verwertbarkeit der Diensterfindung, die Aufgaben und die Stellung des Arbeitnehmers im Betrieb sowie der Anteil des Betriebes an dem Zustandekommen der Diensterfindung maßgebend.

§ 10 *(weggefallen)*

§ 11 Vergütungsrichtlinien Der Bundesminister für Arbeit erläßt nach Anhörung der Spitzenorganisationen der Arbeitgeber und der Arbeitnehmer (§ 12 des Tarifvertragsgesetzes) Richtlinien über die Bemessung der Vergütung.

§ 12 Feststellung oder Festsetzung der Vergütung (1) Die Art und Höhe der Vergütung soll in angemessener Frist nach Inanspruchnahme der Diensterfindung durch Vereinbarung zwischen dem Arbeitgeber und dem Arbeitnehmer festgestellt werden.
(2) Wenn mehrere Arbeitnehmer an der Diensterfindung beteiligt sind, ist die Vergütung für jeden gesondert festzustellen. Die Gesamthöhe der Vergütung und die Anteile der einzelnen Erfinder an der Diensterfindung hat der Arbeitgeber den Beteiligten bekanntzugeben.
(3) Kommt eine Vereinbarung über die Vergütung in angemessener Frist nach Inanspruchnahme der Diensterfindung nicht zustande, so hat der Arbeitgeber die Vergütung durch eine begründete Erklärung in Textform an den Arbeitnehmer festzusetzen und entsprechend der Festsetzung zu zahlen. Die Vergütung ist spätestens bis zum Ablauf von drei Monaten nach Erteilung des Schutzrechts festzusetzen.
(4) Der Arbeitnehmer kann der Festsetzung innerhalb von zwei Monaten durch Erklärung in Textform widersprechen, wenn er mit der Festsetzung nicht einverstanden ist. Widerspricht er nicht, so wird die Festsetzung für beide Teile verbindlich.
(5) Sind mehrere Arbeitnehmer an der Diensterfindung beteiligt, so wird die Festsetzung für alle Beteiligten nicht verbindlich, wenn einer von ihnen der Festsetzung mit der Begründung widerspricht, daß sein Anteil an der Diensterfindung unrichtig festgesetzt sei. Der Arbeitgeber ist in diesem Falle berechtigt, die Vergütung für alle Beteiligten neu festzusetzen.
(6) Arbeitgeber und Arbeitnehmer können voneinander die Einwilligung in eine andere Regelung der Vergütung verlangen, wenn sich Umstände wesentlich ändern, die für die Feststellung oder Festsetzung der Vergütung maßgebend waren. Rückzahlung einer bereits geleisteten Vergütung kann nicht verlangt werden. Die Absätze 1 bis 5 sind nicht anzuwenden.

§ 13 Schutzrechtsanmeldung im Inland (1) Der Arbeitgeber ist verpflichtet und allein berechtigt, eine gemeldete Diensterfindung im Inland zur Erteilung eines Schutzrechts anzumelden. Eine patentfähige Diensterfindung hat er zur Erteilung eines Patents anzumelden, sofern nicht bei verständiger Würdigung der Verwertbarkeit der Erfindung der Gebrauchsmusterschutz zweckdienlicher erscheint. Die Anmeldung hat unverzüglich zu geschehen.
(2) Die Verpflichtung des Arbeitgebers zur Anmeldung entfällt,
1. wenn die Diensterfindung freigeworden ist (§ 8);
2. wenn der Arbeitnehmer der Nichtanmeldung zustimmt;
3. wenn die Voraussetzungen des § 17 vorliegen.
(3) Genügt der Arbeitgeber nach Inanspruchnahme der Diensterfindung seiner Anmeldepflicht nicht und bewirkt er die Anmeldung auch nicht innerhalb einer

ihm vom Arbeitnehmer gesetzten angemessenen Nachfrist, so kann der Arbeitnehmer die Anmeldung der Diensterfindung für den Arbeitgeber auf dessen Namen und Kosten bewirken.
(4) Ist die Diensterfindung freigeworden, so ist nur der Arbeitnehmer berechtigt, sie zur Erteilung eines Schutzrechts anzumelden. Hatte der Arbeitgeber die Diensterfindung bereits zur Erteilung eines Schutzrechts angemeldet, so gehen die Rechte aus der Anmeldung auf den Arbeitnehmer über.

§ 14 Schutzrechtsanmeldung im Ausland (1) Nach Inanspruchnahme der Diensterfindung ist der Arbeitgeber berechtigt, diese auch im Ausland zur Erteilung von Schutzrechten anzumelden.
(2) Für ausländische Staaten, in denen der Arbeitgeber Schutzrechte nicht erwerben will, hat er dem Arbeitnehmer die Diensterfindung freizugeben und ihm auf Verlangen den Erwerb von Auslandsschutzrechten zu ermöglichen. Die Freigabe soll so rechtzeitig vorgenommen werden, daß der Arbeitnehmer die Prioritätsfristen der zwischenstaatlichen Verträge auf dem Gebiet des gewerblichen Rechtsschutzes ausnutzen kann.
(3) Der Arbeitgeber kann sich gleichzeitig mit der Freigabe nach Absatz 2 ein nichtausschließliches Recht zur Benutzung der Diensterfindung in den betreffenden ausländischen Staaten gegen angemessene Vergütung vorbehalten und verlangen, daß der Arbeitnehmer bei der Verwertung der freigegebenen Erfindung in den betreffenden ausländischen Staaten die Verpflichtungen des Arbeitgebers aus den im Zeitpunkt der Freigabe bestehenden Verträgen über die Diensterfindung gegen angemessene Vergütung berücksichtigt.

§ 15 Gegenseitige Rechte und Pflichten beim Erwerb von Schutzrechten (1) Der Arbeitgeber hat dem Arbeitnehmer zugleich mit der Anmeldung der Diensterfindung zur Erteilung eines Schutzrechts Abschriften der Anmeldeunterlagen zu geben. Er hat ihn von dem Fortgang des Verfahrens zu unterrichten und ihm auf Verlangen Einsicht in den Schriftwechsel zu gewähren.
(2) Der Arbeitnehmer hat den Arbeitgeber auf Verlangen beim Erwerb von Schutzrechten zu unterstützen und die erforderlichen Erklärungen abzugeben.

§ 16 Aufgabe der Schutzrechtsanmeldung oder des Schutzrechts (1) Wenn der Arbeitgeber vor Erfüllung des Anspruchs des Arbeitnehmers auf angemessene Vergütung die Anmeldung der Diensterfindung zur Erteilung eines Schutzrechts nicht weiterverfolgen oder das auf die Diensterfindung erteilte Schutzrecht nicht aufrechterhalten will, hat er dies dem Arbeitnehmer mitzuteilen und ihm auf dessen Verlangen und Kosten das Recht zu übertragen sowie die zur Wahrung des Rechts erforderlichen Unterlagen auszuhändigen.
(2) Der Arbeitgeber ist berechtigt, das Recht aufzugeben, sofern der Arbeitnehmer nicht innerhalb von drei Monaten nach Zugang der Mitteilung die Übertragung des Rechts verlangt.

(3) Gleichzeitig mit der Mitteilung nach Absatz 1 kann sich der Arbeitgeber ein nichtausschließliches Recht zur Benutzung der Diensterfindung gegen angemessene Vergütung vorbehalten.

§ 17 Betriebsgeheimnisse (1) Wenn berechtigte Belange des Betriebes es erfordern, eine gemeldete Diensterfindung nicht bekannt werden zu lassen, kann der Arbeitgeber von der Erwirkung eines Schutzrechts absehen, sofern er die Schutzfähigkeit der Diensterfindung gegenüber dem Arbeitnehmer anerkennt.
(2) Erkennt der Arbeitgeber die Schutzfähigkeit der Diensterfindung nicht an, so kann er von der Erwirkung eines Schutzrechts absehen, wenn er zur Herbeiführung einer Einigung über die Schutzfähigkeit der Diensterfindung die Schiedsstelle (§ 29) anruft.
(3) Bei der Bemessung der Vergütung für eine Erfindung nach Absatz 1 sind auch die wirtschaftlichen Nachteile zu berücksichtigen, die sich für den Arbeitnehmer daraus ergeben, daß auf die Diensterfindung kein Schutzrecht erteilt worden ist.

2. Freie Erfindungen

§ 18 Mitteilungspflicht (1) Der Arbeitnehmer, der während der Dauer des Arbeitsverhältnisses eine freie Erfindung gemacht hat, hat dies dem Arbeitgeber unverzüglich durch Erklärung in Textform mitzuteilen. Dabei muß über die Erfindung und, wenn dies erforderlich ist, auch über ihre Entstehung so viel mitgeteilt werden, daß der Arbeitgeber beurteilen kann, ob die Erfindung frei ist.
(2) Bestreitet der Arbeitgeber nicht innerhalb von drei Monaten nach Zugang der Mitteilung durch Erklärung in Textform an den Arbeitnehmer, daß die ihm mitgeteilte Erfindung frei sei, so kann die Erfindung nicht mehr als Diensterfindung in Anspruch genommen werden (§ 6).
(3) Eine Verpflichtung zur Mitteilung freier Erfindungen besteht nicht, wenn die Erfindung offensichtlich im Arbeitsbereich des Betriebes des Arbeitgebers nicht verwendbar ist.

§ 19 Anbietungspflicht (1) Bevor der Arbeitnehmer eine freie Erfindung während der Dauer des Arbeitsverhältnisses anderweitig verwertet, hat er zunächst dem Arbeitgeber mindestens ein nichtausschließliches Recht zur Benutzung der Erfindung zu angemessenen Bedingungen anzubieten, wenn die Erfindung im Zeitpunkt des Angebots in den vorhandenen oder vorbereiteten Arbeitsbereich des Betriebes des Arbeitgebers fällt. Das Angebot kann gleichzeitig mit der Mitteilung nach § 18 abgegeben werden.
(2) Nimmt der Arbeitgeber das Angebot innerhalb von drei Monaten nicht an, so erlischt das Vorrecht.
(3) Erklärt sich der Arbeitgeber innerhalb der Frist des Absatzes 2 zum Erwerb des ihm angebotenen Rechts bereit, macht er jedoch geltend, daß die

Bedingungen des Angebots nicht angemessen seien, so setzt das Gericht auf Antrag des Arbeitgebers oder des Arbeitnehmers die Bedingungen fest.
(4) Der Arbeitgeber oder der Arbeitnehmer kann eine andere Festsetzung der Bedingungen beantragen, wenn sich Umstände wesentlich ändern, die für die vereinbarten oder festgesetzten Bedingungen maßgebend waren.

3. Technische Verbesserungsvorschläge

§ 20 (1) Für technische Verbesserungsvorschläge, die dem Arbeitgeber eine ähnliche Vorzugsstellung gewähren wie ein gewerbliches Schutzrecht, hat der Arbeitnehmer gegen den Arbeitgeber einen Anspruch auf angemessene Vergütung, sobald dieser sie verwertet. Die Bestimmungen der §§ 9 und 12 sind sinngemäß anzuwenden.
(2) Im übrigen bleibt die Behandlung technischer Verbesserungsvorschläge der Regelung durch Tarifvertrag oder Betriebsvereinbarung überlassen.

4. Gemeinsame Bestimmungen

§ 21 *(weggefallen)*

§ 22 Unabdingbarkeit Die Vorschriften dieses Gesetzes können zuungunsten des Arbeitnehmers nicht abgedungen werden. Zulässig sind jedoch Vereinbarungen über Diensterfindungen nach ihrer Meldung, über freie Erfindungen und technische Verbesserungsvorschläge (§ 20 Abs. 1) nach ihrer Mitteilung.

§ 23 Unbilligkeit (1) Vereinbarungen über Diensterfindungen, freie Erfindungen oder technische Verbesserungsvorschläge (§ 20 Abs. 1), die nach diesem Gesetz zulässig sind, sind unwirksam, soweit sie in erheblichem Maße unbillig sind. Das gleiche gilt für die Festsetzung der Vergütung (§ 12 Abs. 4).
(2) Auf die Unbilligkeit einer Vereinbarung oder einer Festsetzung der Vergütung können sich Arbeitgeber und Arbeitnehmer nur berufen, wenn sie die Unbilligkeit spätestens bis zum Ablauf von sechs Monaten nach Beendigung des Arbeitsverhältnisses durch Erklärung in Textform gegenüber dem anderen Teil geltend machen.

§ 24 Geheimhaltungspflicht (1) Der Arbeitgeber hat die ihm gemeldete oder mitgeteilte Erfindung eines Arbeitnehmers so lange geheimzuhalten, als dessen berechtigte Belange dies erfordern.
(2) Der Arbeitnehmer hat eine Diensterfindung so lange geheimzuhalten, als sie nicht freigeworden ist (§ 8).
(3) Sonstige Personen, die auf Grund dieses Gesetzes von einer Erfindung Kenntnis erlangt haben, dürfen ihre Kenntniss weder auswerten noch bekanntgeben.

§ 25 Verpflichtungen aus dem Arbeitsverhältnis Sonstige Verpflichtungen, die sich für den Arbeitgeber und den Arbeitnehmer aus dem Arbeitsverhältnis ergeben, werden durch die Vorschriften dieses Gesetzes nicht berührt, soweit sich nicht daraus, daß die Erfindung freigeworden ist (§ 8), etwas anderes ergibt.

§ 26 Auflösung des Arbeitsverhältnisses Die Rechte und Pflichten aus diesem Gesetz werden durch die Auflösung des Arbeitsverhältnisses nicht berührt.

§ 27 Insolvenzverfahren Wird nach Inanspruchnahme der Diensterfindung das Insolvenzverfahren über das Vermögen des Arbeitgebers eröffnet, so gilt folgendes:

1. Veräußert der Insolvenzverwalter die Diensterfindung mit dem Geschäftsbetrieb, so tritt der Erwerber für die Zeit von der Eröffnung des Insolvenzverfahrens an in die Vergütungspflicht des Arbeitgebers ein.
2. Verwertet der Insolvenzverwalter die Diensterfindung im Unternehmen des Schuldners, so hat er dem Arbeitnehmer eine angemessene Vergütung für die Verwertung aus der Insolvenzmasse zu zahlen.
3. In allen anderen Fällen hat der Insolvenzverwalter dem Arbeitnehmer die Diensterfindung sowie darauf bezogene Schutzrechtspositionen spätestens nach Ablauf eines Jahres nach Eröffnung des Insolvenzverfahrens anzubieten; im Übrigen gilt § 16 entsprechend. Nimmt der Arbeitnehmer das Angebot innerhalb von zwei Monaten nach dessen Zugang nicht an, kann der Insolvenzverwalter die Erfindung ohne Geschäftsbetrieb veräußern oder das Recht aufgeben. Im Fall der Veräußerung kann der Insolvenzverwalter mit dem Erwerber vereinbaren, dass sich dieser verpflichtet, dem Arbeitnehmer die Vergütung nach § 9 zu zahlen. Wird eine solche Vereinbarung nicht getroffen, hat der Insolvenzverwalter dem Arbeitnehmer die Vergütung aus dem Veräußerungserlös zu zahlen.
4. Im Übrigen kann der Arbeitnehmer seine Vergütungsansprüche nach den §§ 9 bis 12 nur als Insolvenzgläubiger geltend machen.

5. Schiedsverfahren

§ 28 Gütliche Einigung In allen Streitfällen zwischen Arbeitgeber und Arbeitnehmer auf Grund dieses Gesetzes kann jederzeit die Schiedsstelle angerufen werden. Die Schiedsstelle hat zu versuchen, eine gütliche Einigung herbeizuführen.

§ 29 Errichtung der Schiedsstelle (1) Die Schiedsstelle wird beim Patentamt errichtet.

(2) Die Schiedsstelle kann außerhalb ihres Sitzes zusammentreten.

§ 30 Besetzung der Schiedsstelle (1) Die Schiedsstelle besteht aus einem Vorsitzenden oder seinem Vertreter und zwei Beisitzern.

(2) Der Vorsitzende und sein Vertreter sollen die Befähigung zum Richteramt nach dem Deutschen Richtergesetz besitzen. Sie werden vom Bundesminister der Justiz für die Dauer von vier Jahren berufen. Eine Wiederberufung ist zulässig.
(3) Die Beisitzer sollen auf dem Gebiet der Technik, auf das sich die Erfindung oder der technische Verbesserungsvorschlag bezieht, besondere Erfahrung besitzen. Sie werden vom Präsidenten des Patentamtes aus den Mitgliedern oder Hilfsmitgliedern des Patentamtes für den einzelnen Streitfall berufen.
(4) Auf Antrag eines Beteiligten ist die Besetzung der Schiedsstelle um je einen Beisitzer aus Kreisen der Arbeitgeber und der Arbeitnehmer zu erweitern. Diese Beisitzer werden vom Präsidenten des Patentamtes aus Vorschlagslisten ausgewählt und für den einzelnen Streitfall bestellt. Zur Einreichung von Vorschlagslisten sind berechtigt die in § 11 genannten Spitzenorganisationen, ferner die Gewerkschaften und die selbständigen Vereinigungen von Arbeitnehmern mit sozial- oder berufspolitischer Zwecksetzung, die keiner dieser Spitzenorganisationen angeschlossen sind, wenn ihnen eine erhebliche Zahl von Arbeitnehmern angehört, von denen nach der ihnen im Betrieb obliegenden Tätigkeit erfinderische Leistungen erwartet werden.
(5) Der Präsident des Patentamtes soll den Beisitzer nach Absatz 4 aus der Vorschlagsliste derjenigen Organisation auswählen, welcher der Beteiligte angehört, wenn der Beteiligte seine Zugehörigkeit zu einer Organisation vor der Auswahl der Schiedsstelle mitgeteilt hat.
(6) Die Dienstaufsicht über die Schiedsstelle führt der Vorsitzende, die Dienstaufsicht über den Vorsitzenden der Präsident des Patentamts. Die Mitglieder der Schiedsstelle sind an Weisungen nicht gebunden.

§ 31 Anrufung der Schiedsstelle (1) Die Anrufung der Schiedsstelle erfolgt durch schriftlichen Antrag. Der Antrag soll in zwei Stücken eingereicht werden. Er soll eine kurze Darstellung des Sachverhalts sowie Namen und Anschrift des anderen Beteiligten enthalten.
(2) Der Antrag wird vom Vorsitzenden der Schiedsstelle dem anderen Beteiligten mit der Aufforderung zugestellt, sich innerhalb einer bestimmten Frist zu dem Antrag schriftlich zu äußern.

§ 32 Antrag auf Erweiterung der Schiedsstelle Der Antrag auf Erweiterung der Besetzung der Schiedsstelle ist von demjenigen, der die Schiedsstelle anruft, zugleich mit der Anrufung (§ 31 Abs. 1), von dem anderen Beteiligten innerhalb von zwei Wochen nach Zustellung des die Anrufung enthaltenen Antrags (§ 31 Abs. 2) zu stellen.

§ 33 Verfahren vor der Schiedsstelle (1) Auf das Verfahren vor der Schiedsstelle sind §§ 41 bis 48, 1042 Abs. 1 und § 1050 der Zivilprozeßordnung sinngemäß anzuwenden. § 1042 Abs. 2 der Zivilprozeßordnung ist mit der Maßgabe sinngemäß anzuwenden, daß auch Patentanwälte und Erlaubnisscheininhaber

(Art. 3 des Zweiten Gesetzes zur Änderung und Überleitung von Vorschriften auf dem Gebiet des gewerblichen Rechtsschutzes vom 2. Juli 1949 – WiGBl. S. 179) sowie Verbandsvertreter im Sinne des § 11 des Arbeitsgerichtsgesetzes von der Schiedsstelle nicht zurückgewiesen werden dürfen.
(2) Im übrigen bestimmt die Schiedsstelle das Verfahren selbst.

§ 34 Einigungsvorschlag der Schiedsstelle (1) Die Schiedsstelle faßt ihre Beschlüsse mit Stimmenmehrheit. § 196 Abs. 2 des Gerichtsverfassungsgesetzes ist anzuwenden.
(2) Die Schiedsstelle hat den Beteiligten einen Einigungsvorschlag zu machen. Der Einigungsvorschlag ist zu begründen und von sämtlichen Mitgliedern der Schiedsstelle zu unterschreiben. Auf die Möglichkeit des Widerspruchs und die Folgen bei Versäumung der Widerspruchsfrist ist in dem Einigungsvorschlag hinzuweisen. Der Einigungsvorschlag ist den Beteiligten zuzustellen.
(3) Der Einigungsvorschlag gilt als angenommen und eine dem Inhalt des Vorschlages entsprechende Vereinbarung als zustande gekommen, wenn nicht innerhalb eines Monats nach Zustellung des Vorschlages ein schriftlicher Widerspruch eines der Beteiligten bei der Schiedsstelle eingeht.
(4) Ist einer der Beteiligten durch unabwendbaren Zufall verhindert worden, den Widerspruch rechtzeitig einzulegen, so ist er auf Antrag wieder in den vorigen Stand einzusetzen. Der Antrag muß innerhalb eines Monats nach Wegfall des Hindernisses schriftlich bei der Schiedsstelle eingereicht werden. Innerhalb dieser Frist ist der Widerspruch nachzuholen. Der Antrag muß die Tatsachen, auf die er gestützt wird, und die Mittel angeben, mit denen diese Tatsachen glaubhaft gemacht werden. Ein Jahr nach Zustellung des Einigungsvorschlages kann die Wiedereinsetzung nicht mehr beantragt und der Widerspruch nicht mehr nachgeholt werden.
(5) Über den Wiedereinsetzungsantrag entscheidet die Schiedsstelle. Gegen die Entscheidung der Schiedsstelle findet die sofortige Beschwerde nach den Vorschriften der Zivilprozeßordnung an das für den Sitz des Antragstellers zuständige Landgericht statt.

§ 35 Erfolglose Beendigung des Schiedsverfahrens (1) Das Verfahren vor der Schiedsstelle ist erfolglos beendet,

1. wenn sich der andere Beteiligte innerhalb der ihm nach § 31 Abs. 2 gesetzten Frist nicht geäußert hat;
2. wenn er es abgelehnt hat, sich auf das Verfahren vor der Schiedsstelle einzulassen;
3. wenn innerhalb der Frist des § 34 Abs. 3 ein schriftlicher Widerspruch eines der Beteiligten bei der Schiedsstelle eingegangen ist.

(2) Der Vorsitzende der Schiedsstelle teilt die erfolglose Beendigung des Schiedsverfahrens den Beteiligten mit.

§ 36 Kosten des Schiedsverfahrens Im Verfahren vor der Schiedsstelle werden keine Gebühren oder Auslagen erhoben.

6. Gerichtliches Verfahren

§ 37 Voraussetzungen für die Erhebung der Klage (1) Rechte oder Rechtsverhältnisse, die in diesem Gesetz geregelt sind, können im Wege der Klage erst geltend gemacht werden, nachdem ein Verfahren vor der Schiedsstelle vorausgegangen ist.

(2) Dies gilt nicht,

1. wenn mit der Klage Rechte aus einer Vereinbarung (§§ 12, 19, 22, 34) geltend gemacht werden oder die Klage darauf gestützt wird, daß die Vereinbarung nicht rechtswirksam sei;
2. wenn seit der Anrufung der Schiedsstelle sechs Monate verstrichen sind;
3. wenn der Arbeitnehmer aus dem Betrieb des Arbeitgebers ausgeschieden ist;
4. wenn die Parteien vereinbart haben, von der Anrufung der Schiedsstelle abzusehen. Diese Vereinbarung kann erst getroffen werden, nachdem der Streitfall (§ 28) eingetreten ist. Sie bedarf der Schriftform.

(3) Einer Vereinbarung nach Absatz 2 Nr. 4 steht es gleich, wenn beide Parteien zur Hauptsache mündlich verhandelt haben, ohne geltend zu machen, daß die Schiedsstelle nicht angerufen worden ist.

(4) Der vorherigen Anrufung der Schiedsstelle bedarf es ferner nicht für Anträge auf Anordnung eines Arrestes oder einer einstweiligen Verfügung.

(5) Die Klage ist nach Erlaß eines Arrestes oder einer einstweiligen Verfügung ohne die Beschränkung des Absatzes 1 zulässig, wenn der Partei nach den §§ 926, 936 der Zivilprozeßordnung eine Frist zur Erhebung der Klage bestimmt worden ist.

§ 38 Klage auf angemessene Vergütung Besteht Streit über die Höhe der Vergütung, so kann die Klage auch auf Zahlung eines vom Gericht zu bestimmenden angemessenen Betrages gerichtet werden.

§ 39 Zuständigkeit (1) Für alle Rechtsstreitigkeiten über Erfindungen eines Arbeitnehmers sind die für Patentstreitsachen zuständigen Gerichte (§ 143 des Patentgesetzes) ohne Rücksicht auf den Streitwert ausschließlich zuständig. Die Vorschriften über das Verfahren in Patentstreitsachen sind anzuwenden.

(2) Ausgenommen von der Regelung des Absatzes 1 sind Rechtsstreitigkeiten, die ausschließlich Ansprüche auf Leistung einer festgestellten oder festgesetzten Vergütung für eine Erfindung zum Gegenstand haben.

Dritter Abschnitt – Erfindungen und technische Verbesserungsvorschläge von Arbeitnehmern im öffentlichen Dienst, von Beamten und Soldaten

§ 40 Arbeitnehmer im öffentlichen Dienst Auf Erfindungen und technische Verbesserungsvorschläge von Arbeitnehmern, die in Betrieben und Verwaltungen des Bundes, der Länder, der Gemeinden und sonstigen Körperschaften, Anstalten und Stiftungen des öffentlichen Rechts beschäftigt sind, sind die Vorschriften für Arbeitnehmer im privaten Dienst mit folgender Maßgabe anzuwenden:

1. An Stelle der Inanspruchnahme der Diensterfindung kann der Arbeitgeber eine angemessene Beteiligung an dem Ertrage der Diensterfindung in Anspruch nehmen, wenn dies vorher vereinbart worden ist. Über die Höhe der Beteiligung können im voraus bindende Abmachungen getroffen werden. Kommt eine Vereinbarung über die Höhe der Beteiligung nicht zustande, so hat der Arbeitgeber sie festzusetzen. § 12 Abs. 3 bis 6 ist entsprechend anzuwenden.
2. Die Behandlung von technischen Verbesserungsvorschlägen nach § 20 Abs. 2 kann auch durch Dienstvereinbarung geregelt werden; Vorschriften, nach denen die Einigung über die Dienstvereinbarung durch die Entscheidung einer höheren Dienststelle oder einer dritten Stelle ersetzt werden kann, finden keine Anwendung.
3. Dem Arbeitnehmer können im öffentlichen Interesse durch allgemeine Anordnung der zuständigen obersten Dienstbehörde Beschränkungen hinsichtlich der Art der Verwertung der Diensterfindung auferlegt werden.
4. Zur Einreichung von Vorschlagslisten für Arbeitgeberbeisitzer (§ 30 Abs. 4) sind auch die Bundesregierung und die Landesregierungen berechtigt.
5. Soweit öffentliche Verwaltungen eigene Schiedsstellen zur Beilegung von Streitigkeiten auf Grund dieses Gesetzes errichtet haben, finden die Vorschriften der §§ 29 bis 32 keine Anwendung.

§ 41 Beamte, Soldaten Auf Erfindungen und technische Verbesserungsvorschläge von Beamten und Soldaten sind die Vorschriften für Arbeitnehmer im öffentlichen Dienst entsprechend anzuwenden.

§ 42 Besondere Bestimmungen für Erfindungen an Hochschulen Für Erfindungen der an einer Hochschule Beschäftigten gelten folgende besonderen Bestimmungen:

1. Der Erfinder ist berechtigt, die Diensterfindung im Rahmen seiner Lehr- und Forschungstätigkeit zu offenbaren, wenn er dies dem Dienstherrn rechtzeitig, in der Regel zwei Monate zuvor, angezeigt hat. § 24 Abs. 2 findet insoweit keine Anwendung.
2. Lehnt ein Erfinder aufgrund seiner Lehr- und Forschungsfreiheit die Offenbarung seiner Diensterfindung ab, so ist er nicht verpflichtet, die Erfindung dem Dienstherrn zu melden. Will der Erfinder seine Erfindung zu einem späteren Zeitpunkt offenbaren, so hat er dem Dienstherrn die Erfindung unverzüglich zu melden.
3. Dem Erfinder bleibt im Fall der Inanspruchnahme der Diensterfindung ein nichtausschließliches Recht zur Benutzung der Diensterfindung im Rahmen seiner Lehr- und Forschungstätigkeit.

4. Verwertet der Dienstherr die Erfindung, beträgt die Höhe der Vergütung 30 vom Hundert der durch die Verwertung erzielten Einnahmen.
5. § 40 Nr. 1 findet keine Anwendung.

Vierter Abschnitt – Übergangs- und Schlußbestimmungen

§ 43 Übergangsvorschrift (1) § 42 in der am 7. Februar 2002 (BGBl. I S. 414) geltenden Fassung dieses Gesetzes findet nur Anwendung auf Erfindungen, die nach dem 6. Februar 2002 gemacht worden sind. Abweichend von Satz 1 ist in den Fällen, in denen sich Professoren, Dozenten oder wissenschaftliche Assistenten an einer wissenschaftlichen Hochschule zur Übertragung der Rechte an einer Erfindung gegenüber einem Dritten vor dem 18. Juli 2001 vertraglich verpflichtet haben, § 42 des Gesetzes über Arbeitnehmererfindungen in der bis zum 6. Februar 2002 geltenden Fassung bis zum 7. Februar 2003 weiter anzuwenden.
(2) Für die vor dem 7. Februar 2002 von den an einer Hochschule Beschäftigten gemachten Erfindungen sind die Vorschriften des Gesetzes über Arbeitnehmererfindungen in der bis zum 6. Februar 2002 geltenden Fassung anzuwenden. Das Recht der Professoren, Dozenten und wissenschaftlichen Assistenten an einer wissenschaftlichen Hochschule, dem Dienstherrn ihre vor dem 6. Februar 2002 gemachten Erfindungen anzubieten, bleibt unberührt.
(3) Auf Erfindungen, die vor dem 1. Oktober 2009 gemeldet wurden, sind die Vorschriften dieses Gesetzes in der bis zum 30. September 2009 geltenden Fassung weiter anzuwenden. Für technische Verbesserungsvorschläge gilt Satz 1 entsprechend.

§ 44 *(weggefallen)*

§ 45 Durchführungsbestimmungen Der Bundesminister der Justiz wird ermächtigt, im Einvernehmen mit dem Bundesminister für Arbeit die für die Erweiterung der Besetzung der Schiedsstelle (§ 30 Abs. 4 und 5) erforderlichen Durchführungsbestimmungen[1] zu erlassen. Insbesondere kann er bestimmen,
1. welche persönlichen Voraussetzungen Personen erfüllen müssen, die als Beisitzer aus Kreisen der Arbeitgeber oder der Arbeitnehmer vorgeschlagen werden;
2. wie die auf Grund der Vorschlagslisten ausgewählten Beisitzer für ihre Tätigkeit zu entschädigen sind.

§§ 46–49 *(nicht abgedruckt)*

---

1 Vgl. **Zweite VO zur Durchführung des Gesetzes über Arbeitnehmererfindungen** (ArbnErfGDV 2) vom 1. 10. 1957 (BGBl. I 1680), zuletzt geändert durch Gesetz vom 31. 7. 2009 (BGBl. I 2521).

3 a. Gesetz über Urheberrechte und verwandte Schutzrechte (Urheberrechtsgesetz – UrhG)

vom 9. September 1965 (BGBl. I 1273),
zuletzt geändert durch Gesetz vom 28. November 2018 (BGBl. I 2014)

(Abgedruckte Vorschriften: §§ 11, 31, 32, 43, 69 b, 79 Abs. 1 und 2)

Einleitung

(siehe bei Nr. 3, II 2)

Gesetzestext

Erster Teil – Urheberrecht

Vierter Abschnitt – Inhalt des Urheberrechts

§ 11 Allgemeines Das Urheberrecht schützt den Urheber in seinen geistigen und persönlichen Beziehungen zum Werk und in der Nutzung des Werkes. Es dient zugleich der Sicherung einer angemessenen Vergütung für die Nutzung des Werkes.

…

Fünfter Abschnitt – Rechtsverkehr im Urheberrecht

§ 31 Einräumung von Nutzungsrechten (1) Der Urheber kann einem anderen das Recht einräumen, das Werk auf einzelne oder alle Nutzungsarten zu nutzen (Nutzungsrecht). Das Nutzungsrecht kann als einfaches oder ausschließliches Recht sowie räumlich, zeitlich oder inhaltlich beschränkt eingeräumt werden.

(2) Das einfache Nutzungsrecht berechtigt den Inhaber, das Werk auf die erlaubte Art zu nutzen, ohne dass eine Nutzung durch andere ausgeschlossen ist.

(3) Das ausschließliche Nutzungsrecht berechtigt den Inhaber, das Werk unter Ausschluss aller anderen Personen auf die ihm erlaubte Art zu nutzen und Nutzungsrechte einzuräumen. Es kann bestimmt werden, dass die Nutzung durch den Urheber vorbehalten bleibt. § 35 bleibt unberührt.

(4) *(weggefallen)*

(5) Sind bei der Einräumung eines Nutzungsrechts die Nutzungsarten nicht ausdrücklich einzeln bezeichnet, so bestimmt sich nach dem von beiden Partnern zugrunde gelegten Vertragszweck, auf welche Nutzungsarten es sich erstreckt. Entsprechendes gilt für die Frage, ob ein Nutzungsrecht eingeräumt wird, ob es sich um ein einfaches oder ausschließliches Nutzungsrecht handelt, wie weit Nutzungsrecht und Verbotsrecht reichen und welchen Einschränkungen das Nutzungsrecht unterliegt.

§ 32 Angemessene Vergütung (1) Der Urheber hat für die Einräumung von Nutzungsrechten und die Erlaubnis zur Werknutzung Anspruch auf die vertraglich vereinbarte Vergütung. Ist die Höhe der Vergütung nicht bestimmt, gilt die angemessene Vergütung als vereinbart. Soweit die vereinbarte Vergütung nicht angemessen ist, kann der Urheber von seinem Vertragspartner die Einwilligung in die Änderung des Vertrages verlangen, durch die dem Urheber die angemessene Vergütung gewährt wird.
(2) Eine nach einer gemeinsamen Vergütungsregel (§ 36) ermittelte Vergütung ist angemessen. Im Übrigen ist die Vergütung angemessen, wenn sie im Zeitpunkt des Vertragsschlusses dem entspricht, was im Geschäftsverkehr nach Art und Umfang der eingeräumten Nutzungsmöglichkeit, insbesondere nach Dauer, Häufigkeit, Ausmaß und Zeitpunkt der Nutzung, unter Berücksichtigung aller Umstände üblicher- und redlicherweise zu leisten ist.
(2 a) Eine gemeinsame Vergütungsregel kann zur Ermittlung der angemessenen Vergütung auch bei Verträgen herangezogen werden, die vor ihrem zeitlichen Anwendungsbereich abgeschlossen wurden.
(3) Auf eine Vereinbarung, die zum Nachteil des Urhebers von den Absätzen 1 bis 2 a abweicht, kann der Vertragspartner sich nicht berufen. Die in Satz 1 bezeichneten Vorschriften finden auch Anwendung, wenn sie durch anderweitige Gestaltungen umgangen werden. Der Urheber kann aber unentgeltlich ein einfaches Nutzungsrecht für jedermann einräumen.
(4) Der Urheber hat keinen Anspruch nach Absatz 1 Satz 3, soweit die Vergütung für die Nutzung seiner Werke tarifvertraglich bestimmt ist.
…

§ 43 Urheber in Arbeits- oder Dienstverhältnissen Die Vorschriften dieses Unterabschnitts sind auch anzuwenden, wenn der Urheber das Werk in Erfüllung seiner Verpflichtungen aus einem Arbeits- oder Dienstverhältnis geschaffen hat, soweit sich aus dem Inhalt oder dem Wesen des Arbeits- oder Dienstverhältnisses nichts anderes ergibt.[1]
…

1 Die Rechtsprechung geht im Hinblick auf § 31 Abs. 5 davon aus, dass das ausschließliche Nutzungsrecht im Zweifel ohne zusätzliche Vergütung beim Arbeitgeber liegt. Etwas anderes muss ausdrücklich vereinbart sein (*BGH*, NJW 74, 904; *BAG*, BB 97, 2112).

Achter Abschnitt – Besondere Bestimmungen für Computerprogramme

§ 69 b Urheber in Arbeits- und Dienstverhältnissen[1,2] (1) Wird ein Computerprogramm von einem Arbeitnehmer in Wahrnehmung seiner Aufgaben oder nach den Anweisungen seines Arbeitgebers geschaffen, so ist ausschließlich der Arbeitgeber zur Ausübung aller vermögensrechtlichen Befugnisse an dem Computerprogramm berechtigt, sofern nichts anderes vereinbart ist.
(2) Absatz 1 ist auf Dienstverhältnisse entsprechend anzuwenden.

Zweiter Teil – Verwandte Schutzrechte

Dritter Abschnitt – Schutz des ausübenden Künstlers

§ 79 Nutzungsrechte (1) Der ausübende Künstler kann seine Rechte und Ansprüche aus den §§ 77 und 78 übertragen. § 78 Abs. 3 und 4 bleibt unberührt.
(2) Der ausübende Künstler kann einem anderen das Recht einräumen, die Darbietung auf einzelne oder alle der ihm vorbehaltenen Nutzungsarten zu nutzen.
…

1 Vgl. auch § 2 Abs. 2 des Gesetzes über den Schutz der Topographien von mikroelektronischen Halbleitererzeugnissen **(Halbleiterschutzgesetz – HalblSchG)** vom 22. 10. 1987 (BGBl. I 2294), zuletzt geändert durch Gesetz vom 17. 7. 2017 (BGBl. I 2541): Ist die Topographie im Rahmen eines Arbeitsverhältnisses oder im Auftrag eines anderen geschaffen worden, so steht das Recht auf den Schutz der Topographie dem Arbeitgeber oder dem Auftraggeber zu, soweit durch Vertrag nichts anderes bestimmt ist.

2 Vgl. § 7 Abs. 2 **DesignG** in der Fassung der Bekanntmachung vom 24. Februar 2014 (BGBl. I 122), zuletzt geändert durch Gesetz vom 17. 7. 2017 (BGBl. I 2541): Wird ein Design von einem Arbeitnehmer in Ausübung seiner Aufgaben oder nach den Weisungen seines Arbeitgebers entworfen, so steht das Recht an dem eingetragenen Design dem Arbeitgeber zu, sofern vertraglich nichts anderes vereinbart wurde.

4. Gesetz zur Regelung der Arbeitnehmerüberlassung (Arbeitnehmerüberlassungsgesetz – AÜG)

Aktuelle höchstrichterliche Rechtsprechung

Datum	Gericht/Az.	Fundstelle	Thema
25.6.19	BGH II ZB 21/18	NZA 19, 1232	Berücksichtigung von LeihAN bei Schwellenwerten der Mitbestimmung
12.2.19	BVerfG 1 BvR 842/17	NZA 19, 415	Verbot des Einsatzes als Streikbrecher, keine einstweilige Anordnung gegen Gesetzesvollzug

Einleitung

I. Geschichtliche Entwicklung

1. Allgemeines

Das AÜG geht zurück auf eine Entscheidung des *BVerfG* (4.4.1967 – 1 BvR 84/65, NJW 67, 974), mit welcher § 37 Abs. 3 des damaligen Gesetzes über Arbeitsvermittlung und Arbeitslosenversicherung (AVAVG), der Arbeitnehmer-Überlassungsverträge in das Arbeitsvermittlungsmonopol der Arbeitsämter einbezog, als mit dem Grundrecht der freien Berufswahl (Art. 12 GG) nicht vereinbar erklärt worden war. Das *BVerfG* hatte zwar anerkannt, dass Arbeitnehmer-Überlassungsverträge mit der Arbeitsvermittlung »gewisse wirtschaftliche Funktionen gemeinsam« haben. Den wesentlichen Unterschied zur Arbeitsvermittlung – die der Bundesanstalt für Arbeit (= BA, heute Bundesagentur für Arbeit) vorbehalten war – hat es jedoch darin gesehen, dass beim Arbeitnehmer-Überlassungsvertrag die Rechtsbeziehungen zwischen dem Überlassenden und dem überlassenen Arbeitnehmer von Dauer seien und insbesondere während der Zeit bestehen bleiben, in der der Arbeitnehmer im fremden Betrieb tätig wird. Bei diesem Unterschied seien Arbeitnehmer-Überlassungsverträge kein geeignetes Mittel, um die Arbeitsvermittlung in nennenswertem Umfang zu umgehen. Es komme sogar noch hinzu, dass Arbeitnehmer-Überlassungsverträge ein besonderes wirtschaftliches Interesse dadurch erfüllen könnten, dass sie die Arbeitskraft solcher Arbeitnehmer mobilisieren, die aus verschiedenen Gründen keine Dauerstellung annehmen können oder wollen. Diese Entscheidungsgründe sind nach wie vor wichtig: Sie haben den tragenden Gedanken für die gesetzliche Regelung der Leiharbeit (eigentlich ein falscher Ausdruck, da der Arbeitnehmer nicht unentgeltlich überlassen wird; »Mietarbeitnehmer« wäre juristisch korrekt, aber inhaltlich entlarvend) durch das AÜG geliefert; dieses stellt arbeitsrechtliche Beziehungen nur zwischen Verleiher und Leiharbeitnehmer her, nicht aber zwischen Arbeitnehmer und Entleiher.

Im Gefolge der *BVerfG*-Entscheidung nahm die Zahl der Verleihfirmen sprunghaft zu (von 145, die der BA Ende 1968 bekannt waren, auf 1046 zum 30.6.1972), während das *BVerfG* auf Grund einer Stellungnahme des Deutschen Industrie- und Handelstages noch davon ausging, dass solche Verleiher selten waren. Die Freigabe der Arbeitnehmerüberlassung führte bald zu erheblichen Missständen (Vermittlung ausländischer Arbeitnehmer ohne Arbeitserlaubnis, Nichtabführung von Sozialversicherungsbeiträgen, Vorenthaltung von Lohn). Diese Missstände sollten durch das AÜG beseitigt werden, das am 21.6.1972 vom Deutschen Bundestag verabschiedet worden ist. Seine Grundkonzeption ging dahin, die Arbeitnehmerüberlassung von der Arbeitsvermittlung abzugrenzen, was insbesondere durch das (inzwischen wieder abgeschaffte) sog. Synchronisierungsverbot bewirkt werden sollte. Die Höhe des vom Verleiher gezahlten Entgelts konnte unter dem für vergleichbare Arbeitnehmer des Entleihbetriebs liegen.

2. Änderungen

a) Entwicklung bis zu den »Hartz-Gesetzen«

Das AÜG ist seit seinem Inkrafttreten vielmals geändert worden. Dabei ist insbesondere die zulässige Höchstdauer einer Überlassung laufend erhöht worden – von ursprünglich 3 Monaten auf zuletzt 24 Monate durch das »Job-AQTIV-Gesetz« vom 10.12.2001 (BGBl. I 3443; hierzu *Ulber,* AuR 01, 451). Dieses Gesetz brachte allerdings erstmals ab einer Überlassungsdauer von 12 Monaten die Pflicht zur Zahlung des gleichen Entgelts wie für vergleichbare Arbeitnehmer des Entleihbetriebs (§ 10 Abs. 5 a.F.).

Die radikalste Änderung hat das AÜG jedoch durch das Ende 2002 verabschiedete »Erste Gesetz für moderne Dienstleistungen am Arbeitsmarkt« vom 23.12.2002 (BGBl. I 4607) erfahren. Dieses Gesetz beruht auf den Vorschlägen der sog. *Hartz*-Kommission (s. Einl. I 2 zum SGB III, Nr. 30 III) und will die Leiharbeit als Instrument zur Verringerung der Arbeitslosigkeit aufwerten. Dazu wird die Grundkonzeption des bisherigen Rechts vollständig verlassen:

- Leiharbeitnehmer erhalten einen Anspruch auf das gleiche Entgelt wie vergleichbare Arbeitnehmer des Entleihbetriebs. Davon konnte für zuvor arbeitslose Leiharbeitnehmer in den ersten sechs Wochen oder aufgrund eines Tarifvertrages abgewichen werden.
- Im Hinblick auf diese Aufwertung der Leiharbeit werden das Synchronisationsverbot und das Prinzip einer Höchstdauer der Überlassung aufgegeben (zum Gesetz *Ankersen,* NZA 03, 421; *Böhm,* NZA 03, 828; *Kokemoor,* NZA 03, 238; *Marschner,* DB 04, 380; *Reim,* ZTR 03, 106; *Ulber,* AuR 03, 7). Das Gesetz ist verfassungsgemäß (*BVerfG* 29.12.2004 – 1 BvR 2283/03, DB 05, 110).

b) Umsetzung der europäischen Leiharbeitsrichtlinie und weitere Änderungen

Die Leiharbeitsrichtlinie 2008/104/EG v. 19.11.2008 (ABl. L 327/9; Überblick in gute Arbeit. 11/2008, S. 7 ff.; vgl. *Boemke*, RIW 09, 177 ff.; *Ulber*, AuR 10, 10 ff.; *Waas*, ZESAR 09, 207 ff.; *Schüren/Wank*, RdA 11, 1 ff.) sieht eine Harmonisierung des Rechts der Leiharbeit in den EU-Mitgliedstaaten vor. Sie enthält gleichermaßen das »Equal Pay«-Gebot, ermöglicht aber tarifvertragliche Abweichungen (ob Letzteres mit Art. 20 der Grundrechtecharta [Nr. 20 b] vereinbar ist, erscheint im Hinblick auf die Möglichkeit flächendeckender Abweichung vom Gleichbehandlungsgrundsatz [s. u. III 3] zweifelhaft, *Heuschmid/Klauk*, SR 12, 84 ff.). Sie verlangt auch ein Informationsrecht über freie Arbeitsplätze und ein Zugangsrecht zu Gemeinschaftseinrichtungen und -diensten beim Entleiher, ferner Zugang zu Fort- und Weiterbildungsangeboten des Verleihers und des Entleihers. Die Richtlinie war nach ihrem Art. 11 Abs. 1 bis zum 5.12.2011 umzusetzen. Zur Umsetzung wurde das Erste Gesetz zur Änderung des Arbeitnehmerüberlassungsgesetzes – Verhinderung von Missbrauch der Arbeitnehmerüberlassung v. 28.4.11 (BGBl. I 642) erlassen (vgl. *Ulber*, AiB 11, 351 ff.; *Leuchten*, NZA 11, 608 ff.; *Düwell*, DB 11, 1520 ff.; *Hamann*, RdA 11, 321 ff.). Nach seiner Neufassung gilt das Gesetz nicht mehr nur für die gewerbsmäßige Arbeitnehmerüberlassung, sondern für jede Arbeitnehmerüberlassung im Rahmen wirtschaftlicher Tätigkeit. Die Stellung der Leiharbeitnehmer im Entleiherbetrieb wurde ein wenig gestärkt (s. II 7). Vom Gleichbehandlungsgrundsatz (s. II 6) kann zwar noch durch Tarifvertrag, nicht aber mehr in den ersten sechs Wochen nach Arbeitslosigkeit abgewichen werden. Außerdem wurde eine Karenzzeit von sechs Monaten für Abweichungen vom Gleichbehandlungsgrundsatz im Falle konzerninterner Rückausleihe (Ausgliederung und Verleih an den alten Arbeitsplatz) eingeführt (vgl. *Schuster/Grüneberg*, AiB 12, 81 ff.). Darüber hinaus stellte § 1 Abs. 1 Satz 2 klar, dass die Überlassung vorübergehend erfolgt (vgl. II 5). Schließlich wurde die Möglichkeit zur Festsetzung tariflicher Mindestentgelte als verbindliche Lohnuntergrenze in § 3 a eingeführt. Sie hindert auch die Abweichung vom Gleichbehandlungsgrundsatz durch Tarifvertrag, wenn dieser unter der Lohnuntergrenze bleibt. Dies war letztlich das Zugeständnis an die Opposition im Rahmen des Hartz IV-Kompromisses (vgl. Einl. I zum SGB II, Nr. 30 II) in Bezug auf deren Forderung nach einem Mindestlohn für die Leiharbeit.

Reformen des Kontrollinstrumentariums wurden durch das Gesetz zur Änderung des Arbeitnehmerüberlassungsgesetzes und des Schwarzarbeitsbekämpfungsgesetzes v. 20.7.11 (BGBl. I 1506) in den §§ 17 ff. durchgeführt.

Im Zuge des TarifautonomiestärkungsG (v. 11.8.14, BGBl. I 1348, s. dazu Einl. I 1 d zum TVG, Nr. 31, und auch Einl. A zum AEntG, Nr. 31 a) wurden die Regelungen zur Lohnuntergrenze mit anderen Regelungen über die Erstreckung von Mindestlöhnen koordiniert und geringfügige Änderungen im Ordnungswidrigkeiten- und Verwaltungsrecht vorgenommen.

c) AÜG-Änderungsgesetz 2017

Durch das Gesetz zur Änderung des Arbeitnehmerüberlassungsgesetzes und anderer Gesetze v. 21.2.17 (BGBl. I 258; dazu *Absenger*, WSI-Mitt. 17, 70; *Deinert*, RdA 17, 65; *Henssler*, RdA 17, 83; *Lembke*, NZA 17, 1; *Ulber*, AiB 1/17, 27; *ders.*, AuR 17, 238; *Wank*, RdA 17, 100; Entwurf: BT-Drs. 18/9232) wurde das AÜG mit Wirkung ab 1.4.2017 erneut reformiert. Ziel des Gesetzes ist die Rückführung der Arbeitnehmerüberlassung auf ihre Kernfunktionen zur Überwindung vorübergehender Personalengpässe sowie die Abgrenzung echter Werkverträge von Arbeitnehmerüberlassung in Form verdeckter Werkverträge. Dazu wurden folgende gesetzliche Maßnahmen ergriffen:

- Fiktion eines Arbeitsverhältnisses mit dem Entleiher bei verdeckter Arbeitnehmerüberlassung sowie bei Überschreitung der Höchstüberlassungsdauer,
- Widerspruchsrecht des Leiharbeiters gegen fingiertes Arbeitsverhältnis zum Entleiher,
- Höchstüberlassungsdauer von 18 Monaten beim Entleiher mit Abweichungsmöglichkeiten nur in tarifgebundenen Betrieben; in nicht tarifgebundenen Betrieben besteht die Abweichungsmöglichkeit nur durch Bezugnahme auf abweichende Tarifverträge in einer Betriebs- oder Dienstvereinbarung,
- endgültige Gleichstellung von Leiharbeitnehmern mit Stammbeschäftigten nach 9 Monaten mit Abweichungsmöglichkeiten durch Branchenzuschlagstarifvertrag um weitere 6 Monate,
- Verbot des Einsatzes von Leiharbeitern als Streikbrecher,
- Berücksichtigung von Leiharbeitern bei den Schwellenwerten nach BetrVG und Mitbestimmungsgesetzen,
- Klarstellung des Informationsrechts des Betriebsrats in Bezug auf Fremdfirmenpersonal.

II. Wesentlicher Gesetzesinhalt

1. Gesamtkonzept

Das zentrale Anliegen des AÜG besteht in dreierlei:

- der Abgrenzung (erlaubter) Arbeitnehmerüberlassung von (unerlaubter) Arbeitsvermittlung und dabei der Formulierung von Bedingungen, unter denen Leiharbeit zulässig ist,
- der Formulierung von Mindestbedingungen für die Rechtsstellung des Leiharbeitnehmers und
- Sicherungen für den Leiharbeitnehmer im Falle verbotener Arbeitnehmerüberlassung.

Die rechtliche Bedeutung des AÜG hat sich in diesem Zusammenhang relativiert: Als es geschaffen wurde, gab es noch das Arbeitsvermittlungsmonopol der Bundesanstalt für Arbeit. Entsprechend schwerwiegend war das in jeder privaten Arbeitsverschaffung angelegte Problem der Umgehung dieses Vermittlungsmonopols. Heute ist die private Arbeitsvermittlung zulässig (vgl. §§ 292 ff. SGB III). Damit ist der Schutz des Leiharbeitnehmers einerseits vor unangemessenen Arbeitsbedingungen und andererseits vor Nachteilen aus der gespaltenen Arbeitgeberstellung von Verleiher und Entleiher im Besonderen in den Vordergrund gerückt. Dieser Schutz war durch die Deregulierungen im Zuge des Ersten Gesetzes für moderne Dienstleistungen am Arbeitsmarkt (s. o. I 2) teilweise erheblich relativiert worden, so dass Leiharbeit in großem Umfang als Instrument eingesetzt wurde, um Arbeitnehmer unter einem »billigeren Arbeitsrecht« zu beschäftigen. Durch ein Zusammenspiel von Gesetzgeber (Gesetz v. 28.4.11, s.o. I 2b), Tarifvertragsparteien (s.u. III 1) und Rechtsprechung zur Tarifunfähigkeit der CGZP (s.u. III 3) wurde die Leiharbeit aber auf ein personalpolitisches Instrument zur Bewältigung vorübergehenden Personalbedarfs zurückgeführt (*Deinert*, RdA 14, 65, 69ff.). Durch das AÜG-Änderungsgesetz von 2017 wurde diese Entwicklung abgeschlossen.

2. Erlaubnisabhängigkeit, offene Arbeitnehmerüberlassung, fingiertes Arbeitsverhältnis bei Rechtsverstoß

Arbeitnehmerüberlassung darf nur mit einer Erlaubnis der Bundesagentur für Arbeit betrieben werden (§ 1). Das gilt auch für Arbeitnehmerüberlassung von Deutschland aus ins Ausland und für ausländische Verleiher, die Arbeitnehmer nach Deutschland verleihen (vgl. *Kienle/Koch,* DB 01, 922; zur Arbeitnehmerentsendung vgl. das AEntG, Nr. 31a). Arbeitnehmerüberlassung liegt vor, wenn ein Wirtschaftsunternehmen im Rahmen seiner Tätigkeit Arbeitnehmer Dritten überlässt (das ist wichtig für die Fälle, in denen strittig ist, ob ein Unternehmen im Rahmen eines erlaubnisfreien Dienst- oder Werkvertrages tätig wurde, s.u. III 2). Eine Erlaubnis ist unter den Bedingungen des § 3 zu versagen bzw. zurückzunehmen. Keiner Erlaubnis bedarf der Arbeitnehmerverleih in folgenden Fällen:

- zwischen Mitgliedern einer Arbeitsgemeinschaft bei Tarifvertragsidentität (§ 1 Abs. 1);
- zwischen Arbeitgebern eines Wirtschaftszweiges zur Vermeidung von Kurzarbeit aufgrund eines Tarifvertrages (§ 1 Abs. 3 Nr. 1);
- zwischen Konzernunternehmen, sofern der Arbeitnehmer nicht zur Überlassung eingestellt und beschäftigt wird (§ 1 Abs. 3 Nr. 2);
- zwischen Arbeitgebern bei nur gelegentlicher Überlassung, wenn der Arbeitnehmer nicht zum Zweck der Überlassung eingestellt und beschäftigt wird (§ 1 Abs. 3 Nr. 2a),
- bei Gestellungen im öffentlichen Dienst auf tarifvertraglicher Grundlage (§ 1 Abs. 3 Nr. 2b) und
- bei Überlassungen innerhalb des öffentlichen Dienstes oder einer öffentlichrechtlichen Religionsgesellschaft im Fall der Anwendung von Tarifverträgen des öffentlichen Dienstes bzw. entsprechender kirchlicher Regelungen (§ 1 Abs. 3 Nr. 2c).

Ob das AÜG auch anwendbar ist bei der Gestellung im Rahmen der Tätigkeit von Vereinsmitgliedern, was im Gesundheitsbereich namentlich im Hinblick auf Rote-Kreuz-Schwestern von erheblicher Bedeutung ist, war zweifelhaft geworden. Der *EuGH* (17.11.2016 – C-216/15, NZA 17, 41 – Ruhrlandklinik; dazu Anm. *Heuschmid/Hlava*, AuR 17, 121) hatte dazu auf Vorlage des *BAG* (17.3.2015 – 1 ABR 62/12 (A), BAGE 151, 131) entschieden, dass derartige Gestellungen in den Anwendungsbereich der Leiharbeitsrichtlinie fallen, wenn die Mitglieder nach innerstaatlichem Recht aufgrund dieser Arbeitsleistung geschützt werden. Dementsprechend hatte das *BAG* (21.2.2017 – 1 ABR 62/12, NZA 17, 662) entschieden, dass in solchen

Gestaltungen vereinsrechtlicher Gestellungen Arbeitnehmerüberlassung i. S. d. § 1 Abs. 1 vorliege. Dies wurde durch Anfügung von § 2 Abs. 4 DRKG (Art. 9 des Rentenüberleitungsabschlussgesetzes v. 17. 7. 2017, BGBl. I 2575) korrigiert, ein offenkundig europarechtswidriges Gesetz.
Arbeitnehmerüberlassung muss offen geschehen (§ 1 Abs. 1 Satz 5) und darf nicht unter dem Deckmantel eines Werk- oder freien Dienstvertrages betrieben werden (dazu *Kainer/Schweipert*, NZA 17, 13).
Wichtigste arbeitsrechtliche Sanktion für eine Einhaltung der Bedingungen des § 3 Abs. 1 ist § 9 Nr. 1 – 1 b in Verbindung mit § 10 Abs. 1: Fehlt die erforderliche Erlaubnis, wird die Höchstüberlassungsdauer (s. u. 5) überschritten oder erfolgt die Überlassung verdeckt (also ohne Offenlegung, dass tatsächliche Abreitnehmerüberlassung vorliegt), sind die Verträge unwirksam und es gilt ein Arbeitsverhältnis zwischen Entleiher und Leiharbeitnehmer als zustande gekommen (zur Bestimmung dessen Inhalts vgl. *BAG* 20. 9. 2016 – 9 AZR 735/15, DB 17, 434). Das Recht, sich auf dieses fingierte Arbeitsverhältnis zu berufen, wird jedenfalls nicht schon dadurch verwirkt, dass der Arbeitnehmer zunächst woanders als beim Entleiher die Arbeit wieder aufnimmt (*BAG* 20. 3. 2018 – 9 AZR 508/17, NZA 18, 931). Auch aus sozialversicherungsrechtlicher Sicht besteht damit eine entgeltliche Beschäftigung zum Entleiher (*BSG* 29. 6. 2016 – B 12 R 8/14 R, NZS 17, 237). Das hat unmittelbare Wirkung in all den Fällen, in denen von vornherein ohne Erlaubnis operiert wurde (z. B. bei unzutreffender Berufung auf einen selbstständigen Dienst- oder Werkvertrag, s. u. III 2). Wird die Erlaubnis entzogen, gilt sie gemäß §§ 4 Abs. 1 Satz 2 und 5 Abs. 2 Satz 2 in Verbindung mit § 2 Abs. 4 Satz 4 noch ein Jahr als fortbestehend, weshalb aus dieser Konstellation kaum Arbeitsverhältnisse über § 10 Abs. 1 entstehen dürften. Das *Hessische LAG* (6. 3. 2001 – 2/9 Sa 1246/00, NZA-RR 02, 73) hielt die Regelung insoweit für verfassungswidrig, als das Arbeitsverhältnis mit dem Entleiher nicht dem Willen des Arbeitnehmers entspreche. Der Gesetzgeber hat dies aufgegriffen und dem Leiharbeiter ein Widerspruchsrecht eingeräumt (dazu *Hamann/Rudnik*, NZA 17, 22). Dessen Ausübung ist zur Vermeidung von Missbräuchen an eine Identitäts- und Aktualitätsprüfung durch die Arbeitsagentur nach § 9 Abs. 2 gebunden.
Daneben soll die Einhaltung des Gesetzes durch einen umfangreichen Katalog von Ordnungswidrigkeiten sichergestellt werden (§ 16). Die illegale Überlassung von ausländischen Arbeitnehmern erfüllt besondere Straftatbestände (§§ 15, 15 a). Zur besseren Verfolgung illegaler Arbeitnehmerüberlassung arbeitet die Bundesagentur mit allen übrigen in Frage kommenden Behörden zusammen (§ 18).

3. Verbot der Leiharbeit

§ 1 b Satz 1 verbietet die Arbeitnehmerüberlassung im Baugewerbe für Arbeiten, die üblicherweise von Arbeitern verrichtet werden. Das *BVerfG* hat die inhaltsgleiche Vorgängervorschrift (§ 12 a AFG) als verfassungsgemäß bezeichnet (*BVerfG* 6. 10. 1987 – 1 BvR 1986/82, DB 88, 605; insgesamt *Düwell*, BB 95, 1082). § 1 b dient der Beseitigung von Wettbewerbsverzerrungen und der Erhöhung der Flexibilität im Baugewerbe (vgl. *Sahl/Bachner*, NZA 94, 1063). Das Verbot der Leiharbeit am

Bau gilt nicht für den Verleih zwischen Bauunternehmen, die denselben Bautarifverträgen unterfallen (§ 1 b Satz 2 Buchst. b). Auch kann ein für allgemeinverbindlich erklärter Tarifvertrag Ausnahmen vorsehen (§ 1 b Satz 2 Buchst. a). Nachdem dies vom *EuGH* als europarechtlich geboten bezeichnet worden war (*EuGH* 25. 10. 2011 – C-493/99, BB 01, 2427 – Kommission/Deutschland), stellt § 1 b Satz 2 ausländische Unternehmen, für die die deutschen Bautarifverträge nicht gelten, von diesem Verbot frei. Obwohl Bedenken im Hinblick auf die Vereinbarkeit mit der Leiharbeitsrichtlinie (oben I 2) geltend gemacht wurden (vgl. *Boemke*, RIW 09, 177, 181; *Waas*, ZESAR 2009, 207, 209), wurde das Verbot bei deren Umsetzung aufrechterhalten.

4. Rechtsbeziehungen zwischen Verleiher, Leiharbeitnehmer und Entleiher

Das AÜG geht von folgender rechtlichen Dreiecksbeziehung aus: Der Verleiher ist der Arbeitgeber des Leiharbeitnehmers. Er räumt dem Entleiher aufgrund eines Arbeitsverschaffungsvertrages das Recht ein, über den konkreten Arbeitseinsatz des Leiharbeitnehmers zu verfügen, m. a. W., er überträgt ihm das sog. Direktionsrecht gegenüber dem Leiharbeitnehmer (Übersicht 11). Erforderlich ist allerdings, dass der Arbeitnehmer tatsächlich dem Entleiher zur Verfügung steht und nicht etwa nur Arbeiten verrichtet, zu denen sein Arbeitgeber gegenüber dem »Entleiher« verpflichtet ist (zur darin liegenden Abgrenzung zwischen einem selbstständigen Dienst- bzw. Werkvertrag und einer Arbeitnehmerüberlassung s. u. III 2). Zwar ist die europäische Befristungsrichtlinie (Einl. II 1 a zum TzBfG, Nr. 32) auf Leiharbeitsverhältnisse nicht anwendbar (*EuGH* 11. 4. 2013 – C-290/12, NZA 13, 495 – Della Rocca; dazu *Lembke*, NZA 13, 815 ff.). Leiharbeitnehmer genießen aber im Verhältnis zum Verleiher nach deutschem Recht denselben Schutz vor Vertragsbefristungen wie andere Arbeitnehmer (*BAG* 15. 5. 2013 – 7 AZR 525/11, DB 13, 2276, Rn. 19). Von der vertragsbezogenen Befristung zu unterscheiden ist die Regelung des § 1 Abs. 1 Satz 4, wonach die Überlassung vorübergehend erfolgen muss (s. u. 5).

Kann der Verleiher den Leiharbeitnehmer nicht einsetzen, trägt er nach § 11 Abs. 4 Satz 2 AÜG das Beschäftigungsrisiko und damit die Gefahr, dennoch die Vergütung zahlen zu müssen. Dies darf nicht durch entsprechenden Einsatz eines Arbeitszeitkontos umgangen werden (*BAG* 16. 4. 2014 – 5 AZR 483/12, NZA 14, 1262). Der Verleiher hat mangels Einsetzbarkeit aber die Möglichkeit der betriebsbedingten ordentlichen Kündigung, muss freilich – wie für diese Art der Kündigung sonst auch erforderlich (vgl. Einl. III 2 zum KSchG, Nr. 25) – nachweisen, dass sein Auftragsrückgang dauerhaft ist (*BAG* 18. 5. 2006 – 2 AZR 412/05, DB 06, 1962; *Dahl*, DB 06, 2519). Befristet bis 31. 3. 2011 bestand aber als milderes Mittel zur Kündigung die Möglichkeit von Kurzarbeit mit Kurzarbeitergeldbezug (vgl. Einl. II 2 b zum SGB III, Nr. 30 III).

Der Vertrag zwischen Verleiher und Entleiher bedarf der Schriftform und muss die Art des Arbeitseinsatzes spezifizieren (§ 12). Das gilt nicht gleichermaßen für den Arbeitsvertrag zwischen Verleiher und Leiharbeitnehmer. Jedoch muss der Verleiher dem Leiharbeitnehmer eine Urkunde mit den wesentlichen Vertragsinhalten aushändigen (§ 11; so wie bei jedem »normalen« Arbeitnehmer aufgrund des

Nachweisgesetzes, Nr. 29). Die Nachweispflicht umfasst allerdings nicht die (für den Anspruch auf Gleichbehandlung, s. u. 6, wichtigen) Vertragsbedingungen, die beim Entleiher gelten (*BAG* 25. 3. 2015 – 5 AZR 368/12, NZA 15, 877).

Zwischen dem Leiharbeitnehmer und dem Entleiher wiederum bestehen über diese Weisungsunterworfenheit hinaus keine arbeitsvertraglichen Beziehungen. Um der Abgrenzung zur unerlaubten Arbeitsvermittlung willen lässt das AÜG im Prinzip Arbeitgeber-Arbeitnehmer-Beziehungen nur zwischen Verleih-Unternehmen und Leih-Arbeitnehmer zu. Diese Konzeption zeitigt aber arbeitsrechtliche Ungereimtheiten, da es nun einmal das entleihende Unternehmen ist, in dessen betrieblicher Organisation und unter dessen Direktionsgewalt der Leiharbeitnehmer produktiv tätig wird. Das Gesetz trägt dem an verschiedenen Stellen Rechnung:

Gemäß § 11 Abs. 6 gelten die für den Entleiher geltenden öffentlich-rechtlichen Arbeitsschutzvorschriften auch für dort beschäftigte Leiharbeitnehmer. Der Entleiher ist für die entsprechende Unterweisung verantwortlich (§ 12 Abs. 2 ArbSchG).

Auch haftet der Entleiher für die Abführung der Sozialversicherungsbeträge durch den Verleiher wie ein selbstschuldnerischer Bürge (§ 28 e Abs. 2 SGB IV).

Durch Gesetz v. 28. 4. 11 (o. I 2) wurde ein neuer § 13 a eingeführt, wonach der Entleiher zur Information über freie Arbeitsplätze verpflichtet ist, § 13 b verschafft dem Leiharbeitnehmer Zugang zu Gemeinschaftseinrichtungen und -diensten des Entleihers (*Forst*, AuR 12, 97; *Kock*, BB 12, 323). Auch nach Umsetzung der Richtlinie fehlt es allerdings an den von Art. 6 Abs. 5 geforderten Maßnahmen zum verbesserten Zugang zu Fort- und Weiterbildungsangeboten des Verleihers und des Entleihers (krit. deshalb *Ulber*, AuR 10, 412, 415).

Auch betriebsverfassungsrechtlich geht das Gesetz entsprechend seiner Grundkonzeption davon aus, dass Leiharbeitnehmer Angehörige des entsendenden Betriebs des Verleihers bleiben (§ 14 Abs. 1, zur Frage eines Zutrittsrechts zum Entleiherbetrieb s. *BAG* 15. 10. 2014 – 7 ABR 74/12, NZA 15, 560). Aufgrund des BetrVerf-ReformG haben jedoch Leiharbeitnehmer, die länger als 3 Monate in einem Betrieb eingesetzt sind, dort das aktive Wahlrecht (§ 7 Abs. 1 Satz 2 BetrVG). Sie sind aber nicht wählbar (§ 7 Satz 2 BetrVG, § 14 Abs. 2 Satz 1 AÜG und § 10 Abs. 2 MitbestG), auch nicht im Falle nicht gewerbsmäßiger Arbeitnehmerüberlassung (*BAG* 17. 2. 2010 – 7 ABR 51/08, DB 10, 1298). Allerdings wird die Tätigkeit als Leiharbeitnehmer im Falle einer späteren Übernahme durch den Entleiher auf die Beschäftigungszeit für das passive Wahlrecht nach § 8 BetrVG angerechnet (*BAG,* AP Nr. 15 zu § 8 BetrVG 1972). Darüber hinaus hat die Rechtsprechung beim Schwellenwert nach § 9 BetrVG zur Bestimmung der Betriebsratsgröße Leiharbeitnehmer mitgezählt (*BAG,* NZA 13, 789; anders noch *BAG,* DB 04, 1836), ebenso beim Schwellenwert des § 111 Satz 1 BetrVG hinsichtlich der Mitwirkung bei Betriebsänderungen (*BAG*, NZA 12, 221). Genauso hat das BAG für den Schwellenwert für das Wahlverfahren nach § 9 MitbestG entschieden (*BAG*, NZA 16, 559). Seit 1. 4. 2017 ist in § 14 Abs. 2 Satz 4 – 6 die Berücksichtigung von Leiharbeitern bei Schwellenwerten in den Gesetzen über die betriebliche Mitbestimmung vorgesehen; dasselbe gilt für die Gesetze über die Unternehmensmitbestimmung, soweit Leiharbeiter länger als 6 Monate eingesetzt sind (dazu *Fuchs/Köstler/Pütz*, AG-Report 7/14, R104; *Oetker*, NZA 17, 29). Dabei kommt es zur Bestimmung der Einsatzdauer nicht darauf an, wie lange der einzelne Leiharbeiter eingesetzt wird, sondern es ist auch bei wechselnder Besetzung auf den Arbeitsplatz abzustellen (*BGH* 25.6.2019 – II ZB 21/18, NZA 19, 1232). Leiharbeiter sind nach allem betriebsverfassungsrechtlich sowohl dem Verleih- als auch dem Entleihbetrieb zuzuordnen. Dabei richtet sich die Zuständigkeit der beiden Betriebsräte nach dem Gegenstand des Mitbestimmungsrechts und der darauf bezogenen Entscheidungsmacht des Verleih- oder des Einsatzarbeitgebers (*BAG* 24.8.2016 – 7 ABR 2/15, NZA 17, 269).

Der Eingliederung der Leiharbeitnehmer in das betriebliche Geschehen beim Entleiher wird durch einige eher marginale Vorschriften Rechnung getragen: Sie dürfen die Sprechstunde des Betriebsrats aufsuchen und an Betriebsversammlungen teilnehmen; der Arbeitgeber ist ihnen gegenüber zur Unterrichtung und Erörterung hinsichtlich ihrer Arbeitsaufgaben verpflichtet. Leiharbeitnehmer können sich an den Betriebsrat mit Beschwerden wenden (§ 14 Abs. 2). Schließlich hat der Betriebsrat vor der Arbeitsaufnahme ein Mitbestimmungsrecht gemäß § 99 BetrVG. Der Betriebsrat hat zwar kein Zustimmungsverweigerungsrecht bei Verletzung des Gleichbehandlungsgrundsatzes (s. o. 6), wohl aber dann, wenn der Leiharbeitnehmer nicht vorübergehend (s. o. 5) eingesetzt werden soll (*BAG* 10.7.2013 – 7 ABR 91/11, DB 13, 2629). Die Rechtsprechung hat darüber hinaus dem Betriebsrat auch ein Mitbestimmungsrecht hinsichtlich der Arbeitszeit der Leiharbeitnehmer gemäß § 87 Abs. 1 Nr. 2 BetrVG eingeräumt (vgl. *BAG* 15.12.1992 – 1 ABR 38/92, AiB 93, 316).

Der Einsatz von Leiharbeitnehmern als Streikbrecher ist nach § 11 Abs. 5 unzulässig (dazu *Boemke*, ZfA 17, 1; *Klein/Leist*, AuR 17, 100; *dies.*, SR 17, 31). Gegen die Regelung wurde Verfassungsbeschwerde erhoben. Das *BVerfG* hat aber den Erlass einer einstweiligen Anordnung abgelehnt, da die Interessen an der Anwendung des Gesetzes bis zur Entscheidung des Gerichts in der Hauptsache die drohenden Nachteile überwiegen (25.2.2019 – 1 BvR 842/17, NZA 19, 415).

Wenn im Entleiherbetrieb eine Kündigung von Stammkräften (Arbeitnehmern des Entleihers) ansteht, sind bei der Ermittlung des Schwellenwertes nach § 23 KSchG (Nr. 25) als Voraussetzung für die Anwendbarkeit des sozialen Kündigungsschutzes auch die regelmäßig beschäftigten Leiharbeiter zu berücksichtigen (*BAG* 24.1.2013 – 2 AZR 140/12, DB 13, 1494). Ob Leiharbeiter für die Betriebsgrößenberechnung bei Massenentlassungen nach §§ 17 ff. KSchG mitzählen, war Gegenstand eines vom *BAG* an den *EuGH* gerichteten Vorabentscheidungsersuchens (16.11.2017 – 2 AZR 90/17, NZA 18, 245), das sich aber zwischenzeitlich erledigt hatte (vgl. ABl. 2018 C 276/34).

5. Nur vorübergehender Einsatz

Im Zuge des Änderungsgesetzes 2017 (o. I 2 c) wurde als wesentliches Element der Rückführung der Leiharbeit auf ihre Kernfunktionen als Instrument zur Überbrückung vorübergehenden Arbeitskräftebedarfs eine gesetzliche Höchstüberlassungsdauer von 18 Monaten in § 1 Abs. 1 b geregelt (dazu *Hamann/Klengel*, EuZA

17, 194; *Löwisch*, DB 17, 1449). Damit sind dann drei problematische Fragen geklärt, die zum bisherigen Recht umstritten waren (vgl. 41. Aufl.):

- Der vorübergehende Charakter der Arbeitnehmerüberlassung ist ein zwingendes Gebot (so bereits zum früheren Recht *BAG* 30. 9. 2014 – 1 ABR 79/12, NZA 15, 240).
- Was noch als vorübergehend anzusehen ist, ist mit 18 Monaten gesetzlich definiert. Mehrere Überlassungszeiträume werden zusammengerechnet, wenn die Zeit dazwischen nicht mehr als 3 Monate beträgt. Die Höchstüberlassungsdauer kann allerdings in einem Tarifvertrag der Einsatzbranche verlängert werden. Nicht tarifgebundene Arbeitgeber profitieren von einem solchen Tarifvertrag nur, wenn sie eine Betriebs- oder Dienstvereinbarung abschließen, die einen solchen Tarifvertrag in Bezug nimmt. Tarifverträge der Einsatzbranche können eine Öffnungsklausel zugunsten betrieblicher Regelungen über die Höchstüberlassungsdauer enthalten, bei nicht tarifgebundenen Arbeitgebern darf die Höchstüberlassungsdauer aber maximal 24 Monate umfassen, wenn die Tarifvertragsparteien nicht eine darüberhinausgehende Dauer zugelassen haben (§ 1 Abs. 1 b).
- Das Verbot vorübergehender Überlassung ist arbeitnehmerbezogen zu begreifen und nicht arbeitsplatzbezogen. Ob ein solches Verständnis des vorübergehenden Charakters der Arbeitnehmerüberlassung europarechtlich zulässig ist, ist in einem Verfahren vor dem *EuGH* (17. 3. 2015 – C-533/13, EuZW 15, 385 – AKT) offengeblieben.

Die Überschreitung der Überlassungshöchstdauer führt ab 1. 4. 2017 zur Unwirksamkeit des Arbeitsvertrages nach § 9 Nr. 1 c AÜG mit der Folge, dass nach § 10 ein Arbeitsverhältnis mit dem Entleiher fingiert wird, wenn der Arbeitnehmer der Unwirksamkeitsfolge nicht widerspricht (s. o. 2). Die Regelung war geboten, nachdem das *BAG* (10. 12. 2013 – 9 AZR 51/13, NZA 14, 196) zum bisherigen Recht davon ausgegangen war, dass die nicht vorübergehende Leiharbeit nicht zur Begründung eines Arbeitsverhältnisses mit dem Entleiher führe. Freilich hatte und hat der Betriebsrat des Einsatzbetriebes ggf. ein Zustimmungsverweigerungsrecht (vgl. u. 7).

6. Gleichbehandlungsprinzip

Die Rechtsbeziehungen zwischen Verleiher, Entleiher und Leiharbeitnehmer sind mit dem Gesetz von Ende 2002 drastisch vereinfacht worden (s. o. I 2). Kernpunkt ist die Pflicht des Verleihers, einem Leiharbeitnehmer die gleichen Arbeitsbedingungen zu gewähren wie einem vergleichbaren Arbeitnehmer des Einsatzbetriebs (*Wass*, ZESAR 12, 7 ff.; *Zimmer*, NZA 13, 289 ff.; zur Verfassungsmäßigkeit *BVerfG* 29. 12. 2004 – 1 BvR 2283/03, DB 05, 110; zur Anwendung bei Auslandseinsätzen *BAG* 28. 5. 2014 – 5 AZR 422/12, NZA 14, 1264). Entscheidend für den Vergleich ist die Tätigkeit, die der Entleiher dem Leiharbeiter zugewiesen hat (*BAG* 23. 11. 2016 – 5 AZR 53/16, NZA 17, 380). Die Gleichbehandlung war bislang in §§ 9 und 10 vorgeschrieben, seit 1. 4. 2017 ist sie in § 8 geregelt (dazu *Bayreuther*, NZA 17, 18; *Greiner*, RdA 17, 153). Sie bezieht sich auf die wesentlichen Arbeitsbedingungen, also nicht nur das Entgelt. Dazu gehören beispielsweise auch die

Dauer der Arbeitszeit (*BAG* 18.3.2014 – 9 AZR 669/12, DB 14, 1688 [OS]) oder der Urlaubsanspruch (*BAG* 23.20.2013 – 5 AZR 135/12, NZA 14, 200, Rn. 34). Zur Ermittlung, ob der Gleichstellungsgrundsatz gewahrt wurde, sind die Leistungen, die gewährt wurden, und die Leistungen, die ein vergleichbarer Stammarbeitnehmer erhalten würde, für die gesamte Dauer des Einsatzes beim Entleiher zu summieren und einander gegenüberzustellen (*BAG* 21.10.2015 – 5 AZR 604/14, NZA 16, 422). Aus dem Gleichstellungsgebot folgt allerdings nicht, dass der Leiharbeitnehmer die tariflichen Ausschlussfristen, die im Einsatzbetrieb gelten, einhalten muss (*BAG* 23.3.2011 – 5 AZR 7/10, NZA 11, 850). Wenn das Tarifentgelt des Einsatzbetriebes gewahrt wird, wird nach § 8 Abs. 1 Satz 2 widerleglich vermutet, dass dadurch der Gleichstellungsgrundsatz eingehalten ist.

Vom Gleichbehandlungsgrundsatz kann aufgrund eines Tarifvertrages abgewichen werden (§ 8 Abs. 2), sofern nicht die Lohnuntergrenze des § 3 a unterschritten wird. Hierzu gibt es namentlich Tarifverträge zwischen einer DGB-Tarifgemeinschaft und IGZ bzw. BAP. Konkurrierende Tarifverträge der »Tarifgemeinschaft Christlicher Gewerkschaften für Zeitarbeit und Personalserviceagenturen« (CGZP) haben sich durch die Tarifunfähigkeit der CGZP erledigt. Zur Problematik s. u. III 3. Die Abweichung aufgrund eines Tarifvertrages ist auch durch Bezugnahme auf einen solchen Tarifvertrag möglich. Nach dem AÜG-Änderungsgesetz 2017 (s. o. I 2 c) ist die Abweichung vom Gleichstellungsgrundsatz prinzipiell nur noch während der ersten 9 Monate der Überlassung zulässig. Abweichungen sind aber nach § 8 Abs. 4 in Branchenzuschlagstarifverträgen zulässig, wenn im Rahmen einer stufenweisen Heranführung nach einer Einarbeitungszeit von längstens 6 Wochen spätestens nach 15 Monaten der Überlassung das Vergleichsentgelt eines Stammbeschäftigten erreicht wird. Bei dieser Regelung ist ebenfalls die Möglichkeit einer Bezugnahme durch nicht tarifgebundene Arbeitsvertragsparteien auf die tariflichen Bestimmungen gegeben. Auch im Rahmen der Regelungen zur maximalen Dauer der Abweichungen vom Gleichstellungsgrundsatz sind vorübergehende Einsatzzeiten, die nicht mehr als 3 Monate zurückliegen, zu berücksichtigen (§ 8 Abs. 4 Satz 4).

Der Leiharbeitnehmer hat gemäß § 13 einen Anspruch gegen den Entleiher auf Auskunft über die wesentlichen Arbeitsbedingungen für vergleichbare Arbeitnehmer im Betrieb des Entleihers. Für schuldhaft verspätete oder unzutreffende Auskünfte haftet der Entleiher dem Leiharbeitnehmer auf Schadensersatz gemäß § 280 Abs. 1 BGB (*BAG* 24.4.2014 – 8 AZR 1081/12, NZA 14, 968). Hat der Arbeitnehmer die Auskunft erhalten, enthält diese implizit auch eine Aussage zur Vergleichbarkeit. Der Leiharbeitgeber muss dann darlegen, warum er die Vergleichbarkeit bezweifelt (*BAG* 10.9.2007 – 4 AZR 656/06, DB 08, 243). Der Arbeitnehmer kann die Voraussetzungen des Gleichbehandlungsanspruchs aber auch unter Benennung eines vergleichbaren Stammarbeitnehmers und dessen Vergütung darlegen. Ferner kann er ein betriebliches Vergütungssystem benennen und muss dazu dessen tatsächliche Anwendung im Betrieb darlegen (*BAG* 13.3.2013 – 5 AZR 146/12, NZA 13, 782).

Verstößt der Vertrag zwischen Verleiher und Leiharbeitnehmer gegen das Gleichstellungsgebot, kann der Betriebsrat des Entleiherbetriebs deswegen nicht die

Zustimmung zur Einstellung verweigern (*BAG* 21.7.2009 – 1 ABR 35/08, DB 09, 2157).

III. Anwendungsprobleme und Rechtstatsachen

1. Größenordnung und Bedeutung sowie Missbrauchspotential

Die Zahlen über die bei der Bundesagentur für Arbeit registrierten erlaubten Aktivitäten im Bereich der gewerblichen Arbeitnehmerüberlassung zeigen die starke Konjunkturabhängigkeit dieser Branche. Anfang 2006 gab es 4700 Zeitarbeitsfirmen mit 450000 Mitarbeitern, über 125000 mehr als 2003 (iwd 26–06, 2). Am 30.6.2006 lag die Zahl der Zeitarbeiter bereits bei 516000; für 2007 wurde sie auf über 600000 Vollzeitstellen beziffert (Böckler impuls 3/09, S.7). Nachdem die Rechtsprechung durch Feststellung der Tarifunfähigkeit der CGZP zunächst ein Unterlaufen der Gleichbehandlung durch niedrige Tarifabschlüsse ausgeschlossen hatte und für die Zukunft ein solches Unterlaufen durch die Festsetzung der Lohnuntergrenze nach §3a ausgeschlossen werden kann, hat die relative Bedeutung von Leiharbeit seit 2012 abgenommen und ist unter 2% gesunken, die absolute Zahl sank nach einem zwischenzeitlichen Höchststand von 927000 im August 2011 auf 720000 im April 2013 (vgl. m.w.N. *Deinert*, RdA 14, 65, 72). Die Leiharbeit ist insgesamt unattraktiver als Instrument zur Ersetzung von Stammbelegschaften geworden (s.o. II 1). Ende Juni 2014 waren es aber bereits wieder 882000 Leiharbeitnehmer (BT-Drs. 18/5068), für 2015 wurde eine Zahl von 961000 ermittelt; im Dezember 2017 waren es 1,03 Mio. Arbeitnehmer, was einem Anteil von 2,8% aller Beschäftigten entspricht (BT-Drs. 19/4148, S.2).

Gründe für das Interesse von Unternehmen am Einsatz von Leiharbeitnehmern sind seit Inkrafttreten des Gesetzes unverändert die gleichen:

- Einsparung von direkten Personal-, einschließlich Lohnfortzahlungskosten (überdurchschnittlich viele Leiharbeiter arbeiten im Niedriglohnbereich, BT-Drs. 18/4786, S.2);
- Minderung des Verwaltungsaufwands;
- kurzfristiger Ausgleich erhöhten Arbeitsanfalls;
- keine Einhaltung von Kündigungsfristen und Fortfall arbeitsrechtlicher Auseinandersetzungen bei Beendigung der Tätigkeit der Leiharbeitnehmer;
- Entlastung des Personalhaushalts, da Abwicklung über »Einkaufskonten«, »Fremdunternehmensleistung« oder »sächlicher Aufwand« erfolgt (Erfahrungsbericht der Bundesregierung 1976/77; aus der Sicht der Arbeitgeber *Hagedorn*, Arbeitgeber 92, 891).

Demgemäß spricht der Europäische Gerichtshof davon, »dass die Überlassung von Arbeitnehmern einen aus beruflicher und sozialer Sicht besonders sensiblen Bereich darstellt. Wegen der Besonderheiten der mit dieser Art von Tätigkeit verbundenen Arbeitsbeziehungen wirkt sich die Ausübung dieser Tätigkeit sowohl auf die Verhältnisse auf dem Arbeitsmarkt als auch auf die berechtigten Interessen der betroffenen Arbeitnehmer aus« (*EuGH* 17.12.1981 – Rs.279/80, NJW 82, 1203f. – Webb). Die Deregulierung der Leiharbeit durch das 1. Hartz-Gesetz (I 2) führte zu einer teilweisen Ersetzung von Stammbelegschaften durch Leiharbeiter. Dies rechnet sich für Unternehmen immer dann, wenn die Verrech-

nungssätze, die der Entleiher an den Verleiher zahlen muss, hinter den Kosten regulärer Beschäftigung von Arbeitnehmern zurückbleiben. Der Druck auf die Lohnkosten von Leiharbeitnehmern ist deshalb erheblich. Davon ausgehend ergab sich inzwischen auch ein zusätzlicher Druck auf die Arbeitsbedingungen von Stammbeschäftigten (Böckler impuls 5/09, S. 7; *gute* ARBEIT. 10, S. 6 ff.). Besonders spektakulär war insoweit die Überführung von Belegschaften in ein konzernangehöriges Leiharbeitsunternehmen mit Rückausleihe (vgl. »Fall Schlecker beunruhigt Zeitarbeitsbranche«, FAZ v. 12. 1. 10). Dem begegnet das Reformgesetz vom 28. 4. 2011 (I 2) nur ungenügend. Die Regelung, die sich inzwischen in § 8 Abs. 3 findet, ist umgehungsanfällig und im Übrigen europarechtlich bedenklich, weil sie im Umkehrschluss grundsätzlich die Ausgliederung mit Rückverleih gestattet (vgl. *Ulber*, AuR 10, 412, 414). Vor diesem Hintergrund ist die Lohnuntergrenze des § 3 a ein wichtiger Schritt. Sie liegt derzeit bei 9,96 € (West) bzw. 9,66 € (Ost). Sie ist auch deshalb wichtig, weil die endgültige Gleichstellung nach 9 Monaten für viele Leiharbeitnehmer nicht wirkt, denn für mehr als 70 % der Leiharbeiter endet das Arbeitsverhältnis bereits vorher, für mehr als die Hälfte der Leiharbeiter sogar bereits nach 2,7 Monaten (vgl. BT-Drs. 19/4148, S. 9).
Insgesamt ist der sog. Klebeeffekt, wonach Leiharbeit in reguläre Beschäftigung beim Entleihunternehmen führt, in Frage gestellt. Zwar wurde durch Untersuchungen ermittelt, dass etwa 30 % der Leiharbeiter hinterher eine feste Stelle fänden. Jedoch ist weder feststellbar, ob diese Arbeitnehmer sonst keine Festanstellung gefunden hätten (vgl. Böckler impuls 8/08, S. 1). Noch ist gesichert, dass eine solche Anstellung dauerhaft ist. Vielmehr kommt auch eine befristete Beschäftigung bis zur Dauer von zwei Jahren ohne Sachgrund gemäß § 14 Abs. 2 TzBfG in Betracht. Ob nach Ablauf der Befristungsdauer dann erneut Leiharbeiter eingesetzt werden oder reguläre Beschäftigte, ist überhaupt nicht empirisch untersucht. Nach einer Untersuchung des IAB hat die Ausweitung der Leiharbeit durchaus zu Beschäftigungszuwächsen geführt, die allerdings in nennenswertem Umfang auf Kosten der regulär Beschäftigten erfolgte (*Jahn/Weber*, IAB-Kurzbericht 2/13).
Auf der anderen Seite gibt es eine »natürliche Grenze« für den Einsatz von Leiharbeitnehmern anstelle von Stammpersonal überall dort, wo Erfahrungen der Arbeitnehmer und betriebliche Zusammenarbeit für die Qualität des Arbeitsergebnisses unverzichtbar sind.
Leiharbeit wird als Frühindikator am Arbeitsmarkt bezeichnet. Sie ist mit einer besonderen Arbeitsplatzgefährdung verbunden (vgl. SZ v. 21. 3. 11, S. 19). Das bedeutet, dass im Zuge einer Krise wie 2008/09 Leiharbeiter in der Regel die ersten sind, deren Beschäftigungsverhältnisse infrage stehen, während sie bei einem Aufschwung auch als erste profitieren (vgl. FAZ v. 13. 3. 2009, S. 19).

2. Werk- und Dienstverträge, Scheinwerkverträge und illegale Leiharbeit
Nachdem die Attraktivität von Leiharbeit als Ersatz von Kernbelegschaften abgenommen hat (s. o. 1), reagierten Arbeitgeber darauf mit Ausweichstrategien. Die wichtigste Grauzone wird dadurch eröffnet, dass Hauptunternehmen im Rahmen von selbstständigen Dienstleistungs- oder Werkverträgen auf Subunternehmer

zurückgreifen, die ihrerseits wieder mit einem anderen Unternehmen entsprechende Verträge abschließen. Die Abgrenzung zwischen selbstständigem Dienst- bzw. Werkvertrag und Arbeitsvertrag gewinnt zunehmend an Bedeutung (vgl. *Schuster*, AiB 12, 151 ff.; zu Strategien aus betrieblicher und gewerkschaftlicher Sicht *Klebe*, AiB 12, 559 ff.). Dasselbe gilt für die Abgrenzung von Werk- und Dienstverträgen mit Einsatz eigener Arbeitnehmer des Vertragspartners und Leiharbeit. Entscheidend für die Abgrenzung ist gemäß § 1 Abs. 1 Satz 2, ob dem Arbeitgeber des Einsatzbetriebes ein Weisungsrecht zusteht und der Arbeitnehmer in dessen Arbeitsorganisation eingegliedert wird. Ob ein echter selbständiger Werk- oder Dienstvertrag oder in Wirklichkeit Arbeitnehmerüberlassung vorliegt, richtet sich nicht nach dem Wortlaut eines Vertrages, sondern danach, welchen Inhalt der Vertrag nach seiner praktischen Durchführung hat (§ 11 Abs. 1 Satz 2). Zur Anerkennung eines selbstständigen Dienst- oder Werkvertrages ist in jedem Falle erforderlich, dass der Werk- oder Dienstleistungsunternehmer über die betrieblichen personellen Voraussetzungen verfügt, um die Tätigkeit der Arbeitnehmer beim Dritten vor Ort zu organisieren und ihnen Weisungen zu erteilen (*BAG* 9. 11. 1994 – 7 AZR 217/94, NZA 95, 572). Wenn der Einsatzbetrieb über die Bestimmung der Leistungen des vermeintlichen Werkvertragspartners auch über Inhalt, Durchführung, Zeit, Dauer und Ort der Tätigkeit des Fremdpersonals mit entscheidet, kann darin ein Indiz dafür liegen, dass in Wirklichkeit keine werkvertragliche, sondern eine arbeitsvertragliche Beziehung vorliegt (*BAG* 25. 9. 2013 – 10 AZR 282/12, DB 13, 2626). Für die Mitbestimmung bei Einstellungen nach § 99 BetrVG betont das *BAG* (13. 5. 2014 – 1 ABR 50/12, NZA 14, 1149), dass nicht das Rechtsverhältnis, in dem die jeweilige Person zum Arbeitgeber steht, entscheidend ist, sondern ob der Beschäftigte so in die betriebliche Organisation integriert ist, dass der Arbeitgeber ein typisches Weisungsrecht hat und Entscheidungen über Inhalt, Ort und Zeit der Tätigkeit trifft. Dazu genügt noch nicht, dass die Arbeitnehmer im Betrieb des Auftraggebers tätig werden und ihre Arbeiten in den betrieblichen Prozess eingeplant und detailliert beschrieben sind (*BAG* 8. 11. 2016 – 1 ABR 57/14, NZA-RR 17, 134).
Erweist sich ein Dienst- oder Werkvertrag in Wahrheit als Arbeitnehmerüberlassung und ist diese nicht als solche kenntlich gemacht (verdeckt), führt das – anders als nach bisheriger Rechtsprechung (*BAG* 12. 7. 2016 – 9 AZR 352/15, BB 16, 2686) – zur Unwirksamkeit des Arbeitsvertrages und zur Fiktion eines Arbeitsverhältnisses mit dem Entleiher, wobei der Leiharbeitnehmer aber ein Widerspruchsrecht hat (s. o. II 2). Dieses Risiko soll die Beteiligten dazu verleiten, klare Abgrenzungen herzustellen.

3. Tarifliche Regelung der Leiharbeit und Missbrauch tariflicher Normsetzungsmacht

Wegen des erheblichen Drucks auf die Vergütung von Leiharbeitern, damit Verleiher konkurrenzfähig Leiharbeitnehmer anbieten können, war ein enormer Run auf Tarifverträge für Leiharbeit entstanden: Der sog. Equal Pay-Grundsatz (s. o. II 6) kann durchbrochen werden, wenn ein Tarifvertrag Abweichendes vorsieht. Die Leiharbeitsbranche war daher sehr daran interessiert, Tarifverträge zu niedrigeren

Bedingungen als dem Niveau im Entleiherbetrieb abzuschließen. Dies ist in bemerkenswertem Maße gelungen. Hier haben sich Akteure gefunden, die in einen wahrhaften Unterbietungswettbewerb eingetreten sind (vgl. *Deinert*, NZA 09, 1176, 1177; ausf. *Zimmer* [Hg.], Rechtsprobleme der tariflichen Unterbietungskonkurrenz, 2011). Namentlich die Tarifgemeinschaft Christlicher Gewerkschaften für Zeitarbeit und PSA (CGZP) ist hier zu nennen. In dem Zusammenhang wird ein Missbrauch der tariflichen Normsetzungsbefugnis angenommen (*Schüren*, AuR 08, 239). Die Tarifunfähigkeit der CGZP steht zwar inzwischen rechtskräftig fest (vgl. Einl. II 1 a zum TVG, Nr. 31), die Arbeitgeber waren aber nun dazu übergegangen, mit den Einzelgewerkschaften Tarifverträge zu schließen (*Düwell/Dahl*, DB 10, 1759). Dadurch ist auch Druck auf die DGB-Gewerkschaften entstanden, die Mühe haben, sich vom gesetzlichen Mindestlohnniveau abzusetzen. Insgesamt führt Leiharbeit bislang in der Mehrzahl der Fälle nicht zu gleichen Arbeitsbedingungen im Vergleich mit den Stammbeschäftigten des Entleiherbetriebs (*Seifert/Krehmer*, WSI-Mitt. 08, S. 335).

Die Gewerkschaften versuchten daher, über die Entleiherbetriebe den Gleichstellungsgrundsatz durchzusetzen. Erstmals in der Stahlindustrie war der Abschluss eines tarifvertraglichen Gleichbehandlungsgebots gelungen (»Erstmals gleicher Lohn für Leiharbeiter«, SZ vom 2. 10. 10, S. 2). In der Tarifrunde 2012 gelang auch für die Metallindustrie eine Ausweitung des Schutzes von Leiharbeitern über Tarifverträge mit den Entleihern, insbesondere durch Verpflichtung auf Einsatz von Leiharbeitnehmern aus Unternehmen, die tarifgerecht bezahlen, Mitbestimmung des Betriebsrats sowie mit den Verleihern Einführung eines Branchenzuschlags nach sechs Wochen Einsatzzeit (vgl. IGM direkt 7/12, S. 3; iwd 22/12, S. 1 f.; dazu *Krause*, NZA 12, 830 ff.; Schumann, AiB 12, 423 ff.). Inzwischen gibt es eine Reihe weiterer Branchen mit Branchenzuschlagstarifverträgen, etwa Chemische Industrie, Schienenverkehr, Papier, Pappe, Kunststoff oder gewerblicher Bereich der Druckindustrie (BT-Drs. 18/673, S. 14). Der Gesetzgeber hat die Möglichkeit des Abschlusses von Branchenzuschlagstarifverträgen aufgegriffen und in dem Zusammenhang eine Verlängerung der Möglichkeiten zur Abweichung vom Gleichstellungsgrundsatz auf 15 Monate anerkannt (s. o. II 6).

Nachdem die Tarifunfähigkeit der CGZP feststand, ergaben sich Folgefragen. Grundsätzlich konnten die betroffenen Arbeitnehmer Vergütung auf Grundlage des Gleichbehandlungsgrundsatzes und die Sozialversicherungsträger entsprechende Beitragsansprüche nachfordern (zu Einzelheiten s. 40. Aufl.). Arbeitgeber waren davor nicht durch den rechtsstaatlichen Grundsatz des Vertrauensschutzes geschützt (*BVerfG* 25. 4. 2015 – 1 BvR 2314/12, NZA 15, 757). Allerdings sind der Nachforderung Grenzen gesetzt. So unterliegen Ansprüche auf Gleichbehandlung eventuellen vertraglichen Ausschlussfristen (nicht aber Ausschlussfristen aus unwirksamen Tarifverträgen, *BAG* 13. 3. 2013 – 5 AZR 954/11, NZA 13, 680, Rn. 35), ferner der Verjährung. Dabei beginnt die (gemäß § 195 BGB 3-jährige) Verjährungsfrist mit Fälligkeit des Anspruchs auf die Vergütung. Die Verjährungsfrist für Gleichbehandlungsansprüche begann daher nicht erst mit der Entscheidung des *BAG* zur Tarifunfähigkeit der CGZP (*BAG* 13. 3. 2013 – 5 AZR 424/12, DB 13, 1496). Die Deutsche Rentenversicherung Bund hatte die Nachentrichtung von Sozialversicherungsbeiträgen betrieben und bis Ende Mai 2013 in Höhe von mehr als 200 Millionen Euro (mit Säumniszuschlägen) nachgefordert (»Kleiner Sieg für die Sozialkassen«, SZ v. 21. 10. 14, S. 19). Dabei hing die Nachforderung von Beiträgen wegen des sozialversicherungsrechtlichen Entstehungsprinzips allein davon ab, in welcher Höhe der Arbeitnehmer Ansprüche auf Vergütung nach dem Gleichstellungsgrundsatz hatte, nicht aber davon, ob er sie auch geltend gemacht oder realisiert hat (*BSG* 18. 1. 2018 – B 12 R 3/16 R, BSGE 125, 105).

Zwar gestattet auch die europäische Leiharbeitsrichtlinie die Abweichung vom Gleichbehandlungsgrundsatz durch Tarifvertrag. Dies muss aber unter Achtung des Gesamtschutzes der Leiharbeitnehmer geschehen. Das ist im AÜG konzeptionell nicht vorgesehen und angesichts des bislang zu beobachtenden Unterbietungswettbewerbs um schlechtere Tarifverträge geradezu aktiv in Frage gestellt (vgl. *Fuchs*, NZA 09, 57, 61 ff.; *Schüren/Wank*, RdA 11, 1, 5). Die derzeitige Rechtslage ist deshalb auch europarechtlich bedenklich (*Waltermann*, NZA 10, 482, 485; ausführlich zu den europarechtlichen Anforderungen hinsichtlich der Gleichbehandlung *Blanke*, DB 10, 1528), abgesehen davon, dass die Vereinbarkeit der Richtlinie mit der Grundrechtecharta zweifelhaft ist, insoweit sie in großem Umfang Abweichungen von der Gleichbehandlung zulässt (s. o. I 2). Ohnehin dürfte die Richtlinie aber Abweichungen durch bloße Verweisung auf einen Leiharbeitstarifvertrag nicht decken (*Rödl/Ulber*, NZA 12, 841 ff.).

IV. Reformbestrebungen

Nach Schaffung des jüngsten Änderungsgesetzes (s. o. I 2 c) gibt es aktuell keine Reformbestrebungen.

Weiterführende Literatur

Zwölfter Bericht der *Bundesregierung* über Erfahrungen bei der Anwendung des Arbeitnehmerüberlassungsgesetzes, BT-Drs. 18/673

Handbücher und Kommentare

Deinert/Heuschmid/Zwanziger-*Bachner/Walser*, Arbeitsrecht, § 113 (Arbeitnehmerüberlassung)

Boemke/Lembke, Arbeitnehmerüberlassungsgesetz, 4. Aufl. (2019)

Schüren/Hamann, Arbeitnehmerüberlassungsgesetz, 5. Aufl. (2018)

Steiner/Mittländer, Leiharbeit, Werkverträge und andere prekäre Beschäftigungsverhältnisse, Handlungshilfe für Betriebsräte, 3. Aufl. (2017)

Thüsing, Arbeitnehmerüberlassungsgesetz, 4. Aufl. (2018)

Ulber, Arbeitnehmerüberlassungsgesetz, Kommentar für die Praxis, 5. Aufl. (2017)

Ulber, Arbeitnehmerüberlassungsgesetz, Basiskommentar, 2. Aufl. (2014)

Ulber, Leiharbeit, Ratgeber für Betriebsräte und Beschäftigte, 2. Aufl. (2018)

Aufsätze

Absenger, Die Reform von Leiharbeit und Werkverträgen: erfreuliche Neuregelungen, aber auch viele Schwächen, WSI-Mitt. 2017, S. 70

Bayreuther, Vergütungsstrukturen und Equal-pay in der Arbeitnehmerüberlassung nach der AÜG-Reform, NZA 2017, S. 18

Deinert, Kernbelegschaften – Randbelegschaften – Fremdbelegschaften, RdA 2014, S. 65

Deinert, Neuregelung des Fremdpersonaleinsatzes im Betrieb, RdA 2017, S. 65

Hamann, Fremdpersonal im Unternehmen – Industriedienstleistung statt Leiharbeit?, NZA Beilage 1/2014, S. 3

Hamann/Klengel, Zutritt verboten für den Betriebsrat?, Zum Zugangsrecht des BR des Verleihers zu den Arbeitsplätzen der Leiharbeitnehmer im Entleiherbetrieb, AuR 2016, S. 99

Hamann/Klengel, Die AÜG-Reform 2017 im Lichte der Richtlinie Leiharbeit, EuZA 2017, S. 485

Hamann/Klengel, Die Überlassungsdauer des reformierten AÜG im Lichte des Unionsrechts, EuZA 2017, S. 194

Hamann/Rudnik, Mitbestimmung nach § 87 BetrVG bei Onsite-Werkverträgen, NZA 2016, S. 1368

Henssler, Fremdpersonaleinsatz durch On-Site-Werkverträge und Arbeitnehmerüberlassung – offene Fragen und Anwendungsprobleme des neuen Rechts, RdA 2017, S. 83

Hertwig/Kirsch, Betriebsübergreifender Personaleinsatz: Arbeitgeberzusammenschlüsse und tarifvertragliche Arbeitnehmerüberlassung, WSI-Mitt. 2013, S. 107

Kainer/Schweipert, Werkverträge und verdeckte Leiharbeit nach dem neuen AÜG, NZA 2017, S. 13

Kainzbauer-Hilbert, Arbeitnehmerüberlassung zur Erbringung von Bauleistungen, DB 2016, S. 954

Klein/Leist, Kein Einsatz von Leiharbeitnehmern als Streikbrecher – Die Neuregelung in § 11 Abs. 5 AÜG n. F. im Hinblick auf Auslegung, Schutzlücken, Rechtsfolgen und Durchsetzung, AuR 2017, S. 100

Krause, Arbeit in der Holzklasse – Gesetzliche und kollektivvertragliche Rahmung der Leiharbeit, KJ 2013, S. 119

Lembke, AÜG-Reform 2017 – Eine Reformatio in Peius, NZA 2017, S. 1

Linsenmaier/Kiel, Der Leiharbeitnehmer in der Betriebsverfassung – »Zwei-Komponenten-Lehre« und normzweckorientierte Gesetzesauslegung, RdA 2014, S. 135

Oetker, Arbeitnehmerüberlassung und Unternehmensmitbestimmung im entleihenden Unternehmen nach § 14 II 5 und 6 AÜG, NZA 2017, S. 29

Ulber, Das neue AÜG, AiB 1/2017, S. 27

Ulber, Die AÜG-Reform: Neuregelung zur Diskriminierung und zum funktionswidrigen Einsatz von Leiharbeitnehmern, AuR 2017, S. 65

Voss/Vitols, Leiharbeit in Europa: zwischen Flexibilität und Sicherheit, WSI-Mitt. 2013, S. 580

Wank, Änderungen im Leiharbeitsrecht, RdA 2017, S. 100

Wank, Genügt das reformierte AÜG dem Unionsrecht?, AuR 2018, S. 1909
Waltermann, Fehlentwicklung in der Leiharbeit, NZA 2010, S. 482
Schwerpunktheft »Werkverträge, Die knallharte Outsourcing-Strategie«, Mitb. 7+8/2015

Übersicht 11: Arbeitnehmerüberlassung/Werkvertrag

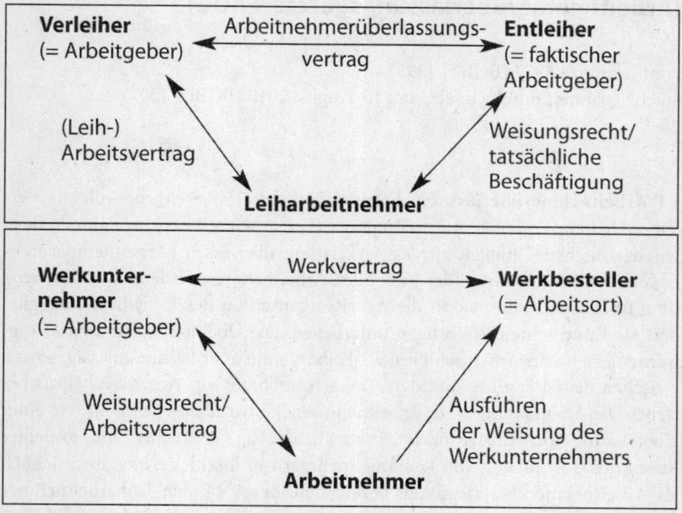

Checkliste 12: Fragen zum Scheinwerkvertrag

- Gibt der Einsatzbetrieb Anweisungen bzgl. der Ausführung der Arbeiten?
- Arbeiten die Stammarbeiter und die fremdfirmenbeschäftigten vermischt (z. B. in Gruppen) zusammen?
- Nimmt der Einsatzbetrieb Einfluss auf Zahl, Qualifikation oder Arbeitszeit der Fremdfirmenarbeitnehmer?
- Werden die Fremdfirmenbeschäftigten vom Leitungspersonal des Einsatzbetriebes eingesetzt, beaufsichtigt oder angewiesen?
- Hat das Fremdunternehmen kein eigenes Leitungspersonal im Einsatzbetrieb eingesetzt?
- Werden Stundenzettel vom Einsatzbetrieb abgezeichnet oder dessen Zeiterfassungsgeräte benutzt?
- Werden die Arbeiten des Fremdunternehmens nach Stunden abgerechnet?
- Werden Maschinen, Werkzeug oder Material vom Einsatzbetrieb gestellt?

Wird eine der Fragen positiv beantwortet, deutet dies darauf hin, dass ein Scheinwerkvertrag, d. h. Arbeitnehmerüberlassung, vorliegt (vgl. Ulber, Arbeitnehmer in Zeitarbeitsfirmen, 2. Aufl. 2004, S. 37).

Gesetz zur Regelung der Arbeitnehmerüberlassung (Arbeitnehmerüberlassungsgesetz – AÜG)

vom 7. August 1972 (BGBl. I 1393),
zuletzt geändert durch Gesetz vom 15. August 2019 (BGBl. I 1307)

§ 1 Arbeitnehmerüberlassung, Erlaubnispflicht (1) Arbeitgeber, die als Verleiher Dritten (Entleihern) Arbeitnehmer (Leiharbeitnehmer) im Rahmen ihrer wirtschaftlichen Tätigkeit zur Arbeitsleistung überlassen (Arbeitnehmerüberlassung) wollen, bedürfen der Erlaubnis. Arbeitnehmer werden zur Arbeitsleistung überlassen, wenn sie in die Arbeitsorganisation des Entleihers eingegliedert sind und seinen Weisungen unterliegen. Die Überlassung und das Tätigwerdenlassen von Arbeitnehmern als Leiharbeitnehmer ist nur zulässig, soweit zwischen dem Verleiher und dem Leiharbeitnehmer ein Arbeitsverhältnis besteht. Die Überlassung von Arbeitnehmern ist vorübergehend bis zu einer Überlassungshöchstdauer nach Absatz 1 b zulässig.[1] Verleiher und Entleiher haben die Überlassung von Leiharbeitnehmern in ihrem Vertrag ausdrücklich als Arbeitnehmerüberlassung zu bezeichnen, bevor sie den Leiharbeitnehmer überlassen oder tätig werden lassen. Vor der Überlassung haben sie die Person des Leiharbeitnehmers unter Bezugnahme auf diesen Vertrag zu konkretisieren.
(1 a) Die Abordnung von Arbeitnehmern zu einer zur Herstellung eines Werkes gebildeten Arbeitsgemeinschaft ist keine Arbeitnehmerüberlassung, wenn der Arbeitgeber Mitglied der Arbeitsgemeinschaft ist, für alle Mitglieder der Arbeitsgemeinschaft Tarifverträge desselben Wirtschaftszweiges gelten und alle Mitglieder auf Grund des Arbeitsgemeinschaftsvertrages zur selbständigen Erbringung von Vertragsleistungen verpflichtet sind. Für einen Arbeitgeber mit Geschäftssitz in einem anderen Mitgliedstaat des Europäischen Wirtschaftsraumes ist die Abordnung von Arbeitnehmern zu einer zur Herstellung eines Werkes gebildeten Arbeitsgemeinschaft auch dann keine Arbeitnehmerüberlassung, wenn für ihn deutsche Tarifverträge desselben Wirtschaftszweiges wie für die anderen Mitglieder der Arbeitsgemeinschaft nicht gelten, er aber die übrigen Voraussetzungen des Satzes 1 erfüllt.
(1 b) Der Verleiher darf denselben Leiharbeitnehmer nicht länger als 18 aufeinander folgende Monate demselben Entleiher überlassen; der Entleiher darf denselben Leiharbeitnehmer nicht länger als 18 aufeinander folgende Monate tätig werden lassen. Der Zeitraum vorheriger Überlassungen durch denselben oder einen anderen Verleiher an denselben Entleiher ist vollständig anzurech-

---

1 Vgl. § 2 Abs. 4 des Gesetzes über das Deutsche Rote Kreuz und andere freiwillige Hilfsgesellschaften im Sinne der Genfer Rotkreuz-Abkommen (**DRK-Gesetz – DRKG**) vom 5. 12. 2008 (BGBl. I 2346), zuletzt geändert durch Gesetz vom 15. 11. 2019 (BGBl. I 1604): Für die Gestellung von Mitgliedern einer Schwesternschaft vom Deutschen Roten Kreuz gilt das Arbeitnehmerüberlassungsgesetz mit der Maßgabe, dass § 1 Absatz 1 Satz 4 und Absatz 1 b des Arbeitnehmerüberlassungsgesetzes nicht anwendbar ist.

nen, wenn zwischen den Einsätzen jeweils nicht mehr als drei Monate liegen. In einem Tarifvertrag von Tarifvertragsparteien der Einsatzbranche kann eine von Satz 1 abweichende Überlassungshöchstdauer festgelegt werden. Im Geltungsbereich eines Tarifvertrages nach Satz 3 können abweichende tarifvertragliche Regelungen im Betrieb eines nicht tarifgebundenen Entleihers durch Betriebs- oder Dienstvereinbarung übernommen werden. In einer auf Grund eines Tarifvertrages von Tarifvertragsparteien der Einsatzbranche getroffenen Betriebs- oder Dienstvereinbarung kann eine von Satz 1 abweichende Überlassungshöchstdauer festgelegt werden. Können auf Grund eines Tarifvertrages nach Satz 5 abweichende Regelungen in einer Betriebs- oder Dienstvereinbarung getroffen werden, kann auch in Betrieben eines nicht tarifgebundenen Entleihers bis zu einer Überlassungshöchstdauer von 24 Monaten davon Gebrauch gemacht werden, soweit nicht durch diesen Tarifvertrag eine von Satz 1 abweichende Überlassungshöchstdauer für Betriebs- oder Dienstvereinbarungen festgelegt ist. Unterfällt der Betrieb des nicht tarifgebundenen Entleihers bei Abschluss einer Betriebs- oder Dienstvereinbarung nach Satz 4 oder Satz 6 den Geltungsbereichen mehrerer Tarifverträge, ist auf den für die Branche des Entleihers repräsentativen Tarifvertrag abzustellen. Die Kirchen und die öffentlich-rechtlichen Religionsgesellschaften können von Satz 1 abweichende Überlassungshöchstdauern in ihren Regelungen vorsehen.[1]

(2) Werden Arbeitnehmer Dritten zur Arbeitsleistung überlassen und übernimmt der Überlassende nicht die üblichen Arbeitgeberpflichten oder das Arbeitgeberrisiko (§ 3 Abs. 1 Nr. 1 bis 3), so wird vermutet, daß der Überlassende Arbeitsvermittlung betreibt.

(3) Dieses Gesetz ist mit Ausnahme des § 1 b Satz 1, des § 16 Absatz 1 Nummer 1 f und Absatz 2 bis 5 sowie der §§ 17 und 18 nicht anzuwenden auf die Arbeitnehmerüberlassung

1. zwischen Arbeitgebern desselben Wirtschaftszweiges zur Vermeidung von Kurzarbeit oder Entlassungen, wenn ein für den Entleiher und Verleiher geltender Tarifvertrag dies vorsieht,
2. zwischen Konzernunternehmen im Sinne des § 18 des Aktiengesetzes, wenn der Arbeitnehmer nicht zum Zweck der Überlassung eingestellt und beschäftigt wird,

2 a. zwischen Arbeitgebern, wenn die Überlassung nur gelegentlich erfolgt und der Arbeitnehmer nicht zum Zweck der Überlassung eingestellt und beschäftigt wird,

2 b. zwischen Arbeitgebern, wenn Aufgaben eines Arbeitnehmers von dem bisherigen zu dem anderen Arbeitgeber verlagert werden und auf Grund eines Tarifvertrages des öffentlichen Dienstes
   a) das Arbeitsverhältnis mit dem bisherigen Arbeitgeber weiter besteht und
   b) die Arbeitsleistung zukünftig bei dem anderen Arbeitgeber erbracht wird,

2 c. zwischen Arbeitgebern, wenn diese juristische Personen des öffentlichen

1 Vgl. § 2 Abs. 4 DRKG (siehe Fn. zu § 1 Abs. 1 Satz 4).

Rechts sind und Tarifverträge des öffentlichen Dienstes oder Regelungen der öffentlich-rechtlichen Religionsgesellschaften anwenden, oder
3. in das Ausland, wenn der Leiharbeitnehmer in ein auf der Grundlage zwischenstaatlicher Vereinbarungen begründetes deutsch-ausländisches Gemeinschaftsunternehmen verliehen wird, an dem der Verleiher beteiligt ist.

§ 1 a Anzeige der Überlassung (1) Keiner Erlaubnis bedarf ein Arbeitgeber mit weniger als 50 Beschäftigten, der zur Vermeidung von Kurzarbeit oder Entlassungen an einen Arbeitgeber einen Arbeitnehmer, der nicht zum Zweck der Überlassung eingestellt und beschäftigt wird, bis zur Dauer von zwölf Monaten überläßt, wenn er die Überlassung vorher schriftlich der Bundesagentur für Arbeit angezeigt hat.
(2) In der Anzeige sind anzugeben
1. Vor- und Familiennamen, Wohnort und Wohnung, Tag und Ort der Geburt des Leiharbeitnehmers,
2. Art der vom Leiharbeitnehmer zu leistenden Tätigkeit und etwaige Pflicht zur auswärtigen Leistung,
3. Beginn und Dauer der Überlassung,
4. Firma und Anschrift des Entleihers.

§ 1 b Einschränkungen im Baugewerbe Arbeitnehmerüberlassung nach § 1 in Betriebe des Baugewerbes für Arbeiten, die üblicherweise von Arbeitern verrichtet werden, ist unzulässig. Sie ist gestattet
a) zwischen Betrieben des Baugewerbes und anderen Betrieben, wenn diese Betriebe erfassende, für allgemeinverbindlich erklärte Tarifverträge dies bestimmen,
b) zwischen Betrieben des Baugewerbes, wenn der verleihende Betrieb nachweislich seit mindestens drei Jahren von denselben Rahmen- und Sozialkassentarifverträgen oder von deren Allgemeinverbindlichkeit erfasst wird.

Abweichend von Satz 2 ist für Betriebe des Baugewerbes mit Geschäftssitz in einem anderen Mitgliedstaat des Europäischen Wirtschaftsraumes Arbeitnehmerüberlassung auch gestattet, wenn die ausländischen Betriebe nicht von deutschen Rahmen- und Sozialkassentarifverträgen oder für allgemeinverbindlich erklärten Tarifverträgen erfasst werden, sie aber nachweislich seit mindestens drei Jahren überwiegend Tätigkeiten ausüben, die unter den Geltungsbereich derselben Rahmen- und Sozialkassentarifverträge fallen, von denen der Betrieb des Entleihers erfasst wird.

§ 2 Erteilung und Erlöschen der Erlaubnis (1) Die Erlaubnis wird auf schriftlichen Antrag erteilt.
(2) Die Erlaubnis kann unter Bedingungen erteilt und mit Auflagen verbunden werden, um sicherzustellen, daß keine Tatsachen eintreten, die nach § 3 die Versagung der Erlaubnis rechtfertigen. Die Aufnahme, Änderung oder Ergänzung von Auflagen sind auch nach Erteilung der Erlaubnis zulässig.

(3) Die Erlaubnis kann unter dem Vorbehalt des Widerrufs erteilt werden, wenn eine abschließende Beurteilung des Antrags noch nicht möglich ist.
(4) Die Erlaubnis ist auf ein Jahr zu befristen. Der Antrag auf Verlängerung der Erlaubnis ist spätestens drei Monate vor Ablauf des Jahres zu stellen. Die Erlaubnis verlängert sich um ein weiteres Jahr, wenn die Erlaubnisbehörde die Verlängerung nicht vor Ablauf des Jahres ablehnt. Im Fall der Ablehnung gilt die Erlaubnis für die Abwicklung der nach § 1 erlaubt abgeschlossenen Verträge als fortbestehend, jedoch nicht länger als zwölf Monate.
(5) Die Erlaubnis kann unbefristet erteilt werden, wenn der Verleiher drei aufeinanderfolgende Jahre lang nach § 1 erlaubt tätig war. Sie erlischt, wenn der Verleiher von der Erlaubnis drei Jahre lang keinen Gebrauch gemacht hat.

§ 2 a Gebühren und Auslagen (1) Für die Bearbeitung von Anträgen auf Erteilung und Verlängerung der Erlaubnis werden vom Antragsteller Gebühren und Auslagen erhoben.
(2) Die Bundesregierung wird ermächtigt, durch Rechtsverordnung die gebührenpflichtigen Tatbestände näher zu bestimmen und dabei feste Sätze und Rahmensätze vorzusehen. Die Gebühr darf im Einzelfall 2500 Euro nicht überschreiten.

§ 3 Versagung (1) Die Erlaubnis oder ihre Verlängerung ist zu versagen, wenn Tatsachen die Annahme rechtfertigen, daß der Antragsteller
1. die für die Ausübung der Tätigkeit nach § 1 erforderliche Zuverlässigkeit nicht besitzt, insbesondere weil er die Vorschriften des Sozialversicherungsrechts, über die Einbehaltung und Abführung der Lohnsteuer, über die Arbeitsvermittlung, über die Anwerbung im Ausland oder über die Ausländerbeschäftigung, über die Überlassungshöchstdauer nach § 1 Absatz 1 b, die Vorschriften des Arbeitsschutzrechts oder die arbeitsrechtlichen Pflichten nicht einhält;
2. nach der Gestaltung seiner Betriebsorganisation nicht in der Lage ist, die üblichen Arbeitgeberpflichten ordnungsgemäß zu erfüllen;
3. dem Leiharbeitnehmer die ihm nach § 8 zustehenden Arbeitsbedingungen einschließlich des Arbeitsentgelts nicht gewährt.

(2) Die Erlaubnis oder ihre Verlängerung ist ferner zu versagen, wenn für die Ausübung der Tätigkeit nach § 1 Betriebe, Betriebsteile oder Nebenbetriebe vorgesehen sind, die nicht in einem Mitgliedstaat der Europäischen Wirtschaftsgemeinschaft oder einem anderen Vertragsstaat des Abkommens über den Europäischen Wirtschaftsraum liegen.
(3) Die Erlaubnis kann versagt werden, wenn der Antragsteller nicht Deutscher im Sinne des Artikels 116 des Grundgesetzes ist oder wenn eine Gesellschaft oder juristische Person den Antrag stellt, die entweder nicht nach deutschem Recht gegründet ist oder die weder ihren satzungsmäßigen Sitz noch ihre Hauptverwaltung noch ihre Hauptniederlassung im Geltungsbereich dieses Gesetzes hat.
(4) Staatsangehörige der Mitgliedstaaten der Europäischen Wirtschaftsgemeinschaft oder eines anderen Vertragsstaates des Abkommens über den Europäischen Wirtschaftsraum erhalten die Erlaubnis unter den gleichen Vorausset-

zungen wie deutsche Staatsangehörige. Den Staatsangehörigen dieser Staaten stehen gleich Gesellschaften und juristische Personen, die nach den Rechtsvorschriften dieser Staaten gegründet sind und ihren satzungsgemäßen Sitz, ihre Hauptverwaltung oder ihre Hauptniederlassung innerhalb dieser Staaten haben. Soweit diese Gesellschaften oder juristische Personen zwar ihren satzungsmäßigen Sitz, jedoch weder ihre Hauptverwaltung noch ihre Hauptniederlassung innerhalb dieser Staaten haben, gilt Satz 2 nur, wenn ihre Tätigkeit in tatsächlicher und dauerhafter Verbindung mit der Wirtschaft eines Mitgliedstaates oder eines Vertragsstaates des Abkommens über den Europäischen Wirtschaftsraum steht.
(5) Staatsangehörige anderer als der in Absatz 4 genannten Staaten, die sich aufgrund eines internationalen Abkommens im Geltungsbereich dieses Gesetzes niederlassen und hierbei sowie bei ihrer Geschäftstätigkeit nicht weniger günstig behandelt werden dürfen als deutsche Staatsangehörige, erhalten die Erlaubnis unter den gleichen Voraussetzungen wie deutsche Staatsangehörige. Den Staatsangehörigen nach Satz 1 stehen gleich Gesellschaften, die nach den Rechtsvorschriften des anderen Staates gegründet sind.

§ 3 a Lohnuntergrenze (1) Gewerkschaften und Vereinigungen von Arbeitgebern, die zumindest auch für ihre jeweiligen in der Arbeitnehmerüberlassung tätigen Mitglieder zuständig sind (vorschlagsberechtigte Tarifvertragsparteien) und bundesweit tarifliche Mindeststundenentgelte im Bereich der Arbeitnehmerüberlassung miteinander vereinbart haben, können dem Bundesministerium für Arbeit und Soziales gemeinsam vorschlagen, diese als Lohnuntergrenze in einer Rechtsverordnung verbindlich festzusetzen; die Mindeststundenentgelte können nach dem jeweiligen Beschäftigungsort differenzieren und auch Regelungen zur Fälligkeit entsprechender Ansprüche einschließlich hierzu vereinbarter Ausnahmen und deren Voraussetzungen umfassen. Der Vorschlag muss für Verleihzeiten und verleihfreie Zeiten einheitliche Mindeststundenentgelte sowie eine Laufzeit enthalten. Der Vorschlag ist schriftlich zu begründen.
(2) Das Bundesministerium für Arbeit und Soziales kann, wenn dies im öffentlichen Interesse geboten erscheint, in einer Rechtsverordnung ohne Zustimmung des Bundesrates bestimmen, dass die vorgeschlagenen tariflichen Mindeststundenentgelte nach Absatz 1 als verbindliche Lohnuntergrenze auf alle in den Geltungsbereich der Verordnung fallenden Arbeitgeber sowie Leiharbeitnehmer Anwendung findet. Der Verordnungsgeber kann den Vorschlag nur inhaltlich unverändert in die Rechtsverordnung übernehmen.
(3) Der Verordnungsgeber hat bei seiner Entscheidung nach Absatz 2 im Rahmen einer Gesamtabwägung neben den Zielen dieses Gesetzes zu prüfen, ob eine Rechtsverordnung nach Absatz 2 insbesondere geeignet ist, die finanzielle Stabilität der sozialen Sicherungssysteme zu gewährleisten. Der Verordnungsgeber hat zu berücksichtigen

1. die bestehenden bundesweiten Tarifverträge in der Arbeitnehmerüberlassung und
2. die Repräsentativität der vorschlagenden Tarifvertragsparteien.

(4) Liegen mehrere Vorschläge nach Absatz 1 vor, hat der Verordnungsgeber bei seiner Entscheidung nach Absatz 2 im Rahmen der nach Absatz 3 erforderlichen Gesamtabwägung die Repräsentativität der vorschlagenden Tarifvertragsparteien besonders zu berücksichtigen. Bei der Feststellung der Repräsentativität ist vorrangig abzustellen auf
1. die Zahl der jeweils in den Geltungsbereich einer Rechtsverordnung nach Absatz 2 fallenden Arbeitnehmer, die bei Mitgliedern der vorschlagenden Arbeitgebervereinigung beschäftigt sind;
2. die Zahl der jeweils in den Geltungsbereich einer Rechtsverordnung nach Absatz 2 fallenden Mitglieder der vorschlagenden Gewerkschaften.

(5) Vor Erlass ist ein Entwurf der Rechtsverordnung im Bundesanzeiger bekannt zu machen. Das Bundesministerium für Arbeit und Soziales gibt Verleihern und Leiharbeitnehmern sowie den Gewerkschaften und Vereinigungen von Arbeitgebern, die im Geltungsbereich der Rechtsverordnung zumindest teilweise tarifzuständig sind, Gelegenheit zur schriftlichen Stellungnahme innerhalb von drei Wochen ab dem Tag der Bekanntmachung des Entwurfs der Rechtsverordnung im Bundesanzeiger. Nach Ablauf der Stellungnahmefrist wird der in § 5 Absatz 1 Satz 1 des Tarifvertragsgesetzes genannte Ausschluss mit dem Vorschlag befasst.

(6) Nach Absatz 1 vorschlagsberechtigte Tarifvertragsparteien können gemeinsam die Änderung einer nach Absatz 2 erlassenen Rechtsverordnung vorschlagen. Die Absätze 1 bis 5 finden entsprechend Anwendung.

§ 4 Rücknahme (1) Eine rechtswidrige Erlaubnis kann mit Wirkung für die Zukunft zurückgenommen werden. § 2 Abs. 4 Satz 4 gilt entsprechend.

(2) Die Erlaubnisbehörde hat dem Verleiher auf Antrag den Vermögensnachteil auszugleichen, den dieser dadurch erleidet, daß er auf den Bestand der Erlaubnis vertraut hat, soweit sein Vertrauen unter Abwägung mit dem öffentlichen Interesse schutzwürdig ist. Auf Vertrauen kann sich der Verleiher nicht berufen, wenn er
1. die Erlaubnis durch arglistige Täuschung, Drohung oder eine strafbare Handlung erwirkt hat;
2. die Erlaubnis durch Angaben erwirkt hat, die in wesentlicher Beziehung unrichtig oder unvollständig waren, oder
3. die Rechtswidrigkeit der Erlaubnis kannte oder infolge grober Fahrlässigkeit nicht kannte.

Der Vermögensnachteil ist jedoch nicht über den Betrag des Interesses hinaus zu ersetzen, das der Verleiher an dem Bestand der Erlaubnis hat. Der auszugleichende Vermögensnachteil wird durch die Erlaubnisbehörde festgesetzt. Der Anspruch kann nur innerhalb eines Jahres geltend gemacht werden; die Frist beginnt, sobald die Erlaubnisbehörde den Verleiher auf sie hingewiesen hat.

(3) Die Rücknahme ist nur innerhalb eines Jahres seit dem Zeitpunkt zulässig, in dem die Erlaubnisbehörde von den Tatsachen Kenntnis erhalten hat, die die Rücknahme der Erlaubnis rechtfertigen.

§ 5 Widerruf (1) Die Erlaubnis kann mit Wirkung für die Zukunft widerrufen werden, wenn
1. der Widerruf bei ihrer Erteilung nach § 2 Abs. 3 vorbehalten worden ist;
2. der Verleiher eine Auflage nach § 2 nicht innerhalb einer ihm gesetzten Frist erfüllt hat;
3. die Erlaubnisbehörde aufgrund nachträglich eingetretener Tatsachen berechtigt wäre, die Erlaubnis zu versagen, oder
4. die Erlaubnisbehörde aufgrund einer geänderten Rechtslage berechtigt wäre, die Erlaubnis zu versagen; § 4 Abs. 2 gilt entsprechend.

(2) Die Erlaubnis wird mit dem Wirksamwerden des Widerrufs unwirksam. § 2 Abs. 4 Satz 4 gilt entsprechend.

(3) Der Widerruf ist unzulässig, wenn eine Erlaubnis gleichen Inhalts erneut erteilt werden müßte.

(4) Der Widerruf ist nur innerhalb eines Jahres seit dem Zeitpunkt zulässig, in dem die Erlaubnisbehörde von den Tatsachen Kenntnis erhalten hat, die den Widerruf der Erlaubnis rechtfertigen.

§ 6 Verwaltungszwang Werden Leiharbeitnehmer von einem Verleiher ohne die erforderliche Erlaubnis überlassen, so hat die Erlaubnisbehörde dem Verleiher dies zu untersagen und das weitere Überlassen nach den Vorschriften des Verwaltungsvollstreckungsgesetzes zu verhindern.

§ 7 Anzeigen und Auskünfte (1) Der Verleiher hat der Erlaubnisbehörde nach Erteilung der Erlaubnis unaufgefordert die Verlegung, Schließung und Errichtung von Betrieben, Betriebsteilen oder Nebenbetrieben vorher anzuzeigen, soweit diese die Ausübung der Arbeitnehmerüberlassung zum Gegenstand haben. Wenn die Erlaubnis Personengesamtheiten, Personengesellschaften oder juristischen Personen erteilt ist und nach ihrer Erteilung eine andere Person zur Geschäftsführung oder Vertretung nach Gesetz, Satzung oder Gesellschaftsvertrag berufen wird, ist auch dies unaufgefordert anzuzeigen.

(2) Der Verleiher hat der Erlaubnisbehörde auf Verlangen die Auskünfte zu erteilen, die zur Durchführung des Gesetzes erforderlich sind. Die Auskünfte sind wahrheitsgemäß, vollständig, fristgemäß und unentgeltlich zu erteilen. Auf Verlangen der Erlaubnisbehörde hat der Verleiher die geschäftlichen Unterlagen vorzulegen, aus denen sich die Richtigkeit seiner Angaben ergibt, oder seine Angaben auf sonstige Weise glaubhaft zu machen. Der Verleiher hat seine Geschäftsunterlagen drei Jahre lang aufzubewahren.

(3) In begründeten Einzelfällen sind die von der Erlaubnisbehörde beauftragten Personen befugt, Grundstücke und Geschäftsräume des Verleihers zu betreten und dort Prüfungen vorzunehmen. Der Verleiher hat die Maßnahmen nach Satz 1 zu dulden. Das Grundrecht der Unverletzlichkeit der Wohnung (Artikel 13 des Grundgesetzes) wird insoweit eingeschränkt.

(4) Durchsuchungen können nur auf Anordnung des Richters bei dem Amtsgericht, in dessen Bezirk die Durchsuchung erfolgen soll, vorgenommen werden. Auf die Anfechtung dieser Anordnung finden die §§ 304 bis 310 der Straf-

prozeßordnung entsprechende Anwendung. Bei Gefahr im Verzuge können die von der Erlaubnisbehörde beauftragten Personen während der Geschäftszeit die erforderlichen Durchsuchungen ohne richterliche Anordnung vornehmen. An Ort und Stelle ist eine Niederschrift über die Durchsuchung und ihr wesentliches Ergebnis aufzunehmen, aus der sich, falls keine richterliche Anordnung ergangen ist, auch die Tatsachen ergeben, die zur Annahme einer Gefahr im Verzuge geführt haben.
(5) Der Verleiher kann die Auskunft auf solche Fragen verweigern, deren Beantwortung ihn selbst oder einen der in § 383 Abs. 1 Nr. 1 bis 3 der Zivilprozeßordnung bezeichneten Angehörigen der Gefahr strafgerichtlicher Verfolgung oder eines Verfahrens nach dem Gesetz über Ordnungswidrigkeiten aussetzen würde.

§ 8 Grundsatz der Gleichstellung (1) Der Verleiher ist verpflichtet, dem Leiharbeitnehmer für die Zeit der Überlassung an den Entleiher die im Betrieb des Entleihers für einen vergleichbaren Arbeitnehmer des Entleihers geltenden wesentlichen Arbeitsbedingungen einschließlich des Arbeitsentgelts zu gewähren (Gleichstellungsgrundsatz). Erhält der Leiharbeitnehmer das für einen vergleichbaren Arbeitnehmer des Entleihers im Entleihbetrieb geschuldete tarifvertragliche Arbeitsentgelt oder in Ermangelung eines solchen ein für vergleichbare Arbeitnehmer in der Einsatzbranche geltendes tarifvertragliches Arbeitsentgelt, wird vermutet, dass der Leiharbeitnehmer hinsichtlich des Arbeitsentgelts im Sinne von Satz 1 gleichgestellt ist. Werden im Betrieb des Entleihers Sachbezüge gewährt, kann ein Wertausgleich in Euro erfolgen.
(2) Ein Tarifvertrag kann vom Gleichstellungsgrundsatz abweichen, soweit er nicht die in einer Rechtsverordnung nach § 3 a Absatz 2 festgesetzten Mindeststundenentgelte unterschreitet. Soweit ein solcher Tarifvertrag vom Gleichstellungsgrundsatz abweicht, hat der Verleiher dem Leiharbeitnehmer die nach diesem Tarifvertrag geschuldeten Arbeitsbedingungen zu gewähren. Im Geltungsbereich eines solchen Tarifvertrages können nicht tarifgebundene Arbeitgeber und Arbeitnehmer die Anwendung des Tarifvertrages vereinbaren. Soweit ein solcher Tarifvertrag die in einer Rechtsverordnung nach § 3 a Absatz 2 festgesetzten Mindeststundenentgelte unterschreitet, hat der Verleiher dem Leiharbeitnehmer für jede Arbeitsstunde das im Betrieb des Entleihers für einen vergleichbaren Arbeitnehmer des Entleihers für eine Arbeitsstunde zu zahlende Arbeitsentgelt zu gewähren.
(3) Eine abweichende tarifliche Regelung im Sinne von Absatz 2 gilt nicht für Leiharbeitnehmer, die in den letzten sechs Monaten vor der Überlassung an den Entleiher aus einem Arbeitsverhältnis bei diesem oder einem Arbeitgeber, der mit dem Entleiher einen Konzern im Sinne des § 18 des Aktiengesetzes bildet, ausgeschieden sind.
(4) Ein Tarifvertrag im Sinne des Absatzes 2 kann hinsichtlich des Arbeitsentgelts vom Gleichstellungsgrundsatz für die ersten neun Monate einer Überlassung an einen Entleiher abweichen. Eine längere Abweichung durch Tarifvertrag ist nur zulässig, wenn

1. nach spätestens 15 Monaten einer Überlassung an einen Entleiher mindestens ein Arbeitsentgelt erreicht wird, das in dem Tarifvertrag als gleichwertig mit dem tarifvertraglichen Arbeitsentgelt vergleichbarer Arbeitnehmer in der Einsatzbranche festgelegt ist, und
2. nach einer Einarbeitungszeit von längstens sechs Wochen eine stufenweise Heranführung an dieses Arbeitsentgelt erfolgt.

Im Geltungsbereich eines solchen Tarifvertrages können nicht tarifgebundene Arbeitgeber und Arbeitnehmer die Anwendung der tariflichen Regelungen vereinbaren. Der Zeitraum vorheriger Überlassungen durch denselben oder einen anderen Verleiher an denselben Entleiher ist vollständig anzurechnen, wenn zwischen den Einsätzen jeweils nicht mehr als drei Monate liegen.

(5) Der Verleiher ist verpflichtet, dem Leiharbeitnehmer mindestens das in einer Rechtsverordnung nach § 3 a Absatz 2 für die Zeit der Überlassung und für Zeiten ohne Überlassung festgesetzte Mindeststundenentgelt zu zahlen.

§ 9 Unwirksamkeit (1) Unwirksam sind:

1. Verträge zwischen Verleihern und Entleihern sowie zwischen Verleihern und Leiharbeitnehmern, wenn der Verleiher nicht die nach § 1 erforderliche Erlaubnis hat; der Vertrag zwischen Verleiher und Leiharbeitnehmer wird nicht unwirksam, wenn der Leiharbeitnehmer schriftlich bis zum Ablauf eines Monats nach dem zwischen Verleiher und Entleiher für den Beginn der Überlassung vorgesehenen Zeitpunkt gegenüber dem Verleiher oder dem Entleiher erklärt, dass er an dem Arbeitsvertrag mit dem Verleiher festhält; tritt die Unwirksamkeit erst nach Aufnahme der Tätigkeit beim Entleiher ein, so beginnt die Frist mit Eintritt der Unwirksamkeit,

1 a. Arbeitsverträge zwischen Verleihern und Leiharbeitnehmern, wenn entgegen § 1 Absatz 1 Satz 5 und 6 die Arbeitnehmerüberlassung nicht ausdrücklich als solche bezeichnet und die Person des Leiharbeitnehmers nicht konkretisiert worden ist, es sei denn, der Leiharbeitnehmer erklärt schriftlich bis zum Ablauf eines Monats nach dem zwischen Verleiher und Entleiher für den Beginn der Überlassung vorgesehenen Zeitpunkt gegenüber dem Verleiher oder dem Entleiher, dass er an dem Arbeitsvertrag mit dem Verleiher festhält,

1 b. Arbeitsverträge zwischen Verleihern und Leiharbeitnehmern mit dem Überschreiten der zulässigen Überlassungshöchstdauer nach § 1 Absatz 1 b, es sei denn, der Leiharbeitnehmer erklärt schriftlich bis zum Ablauf eines Monats nach Überschreiten der zulässigen Überlassungshöchstdauer gegenüber dem Verleiher oder dem Entleiher, dass er an dem Arbeitsvertrag mit dem Verleiher festhält,

2. Vereinbarungen, die für den Leiharbeitnehmer schlechtere als die ihm nach § 8 zustehenden Arbeitsbedingungen einschließlich des Arbeitsentgelts vorsehen,

2 a. Vereinbarungen, die den Zugang des Leiharbeitnehmers zu dem Gemeinschaftseinrichtungen oder -diensten im Unternehmen des Entleihers entgegen § 13 b beschränken,

3. Vereinbarungen, die dem Entleiher untersagen, den Leiharbeitnehmer zu einem Zeitpunkt einzustellen, in dem dessen Arbeitsverhältnis zum Verleiher nicht mehr besteht; dies schließt die Vereinbarung einer angemessenen Vergütung zwischen Verleiher und Entleiher für die nach vorangegangenem Verleih oder mittels vorangegangenem Verleih erfolgte Vermittlung nicht aus,
4. Vereinbarungen, die dem Leiharbeitnehmer untersagen, mit dem Entleiher zu einem Zeitpunkt, in dem das Arbeitsverhältnis zwischen Verleiher und Leiharbeitnehmer nicht mehr besteht, ein Arbeitsverhältnis einzugehen,
5. Vereinbarungen, nach denen der Leiharbeitnehmer eine Vermittlungsvergütung an den Verleiher zu zahlen hat.

(2) Die Erklärung nach Absatz 1 Nummer 1, 1 a oder 1 b (Festhaltenserklärung) ist nur wirksam, wenn
1. der Leiharbeitnehmer diese vor ihrer Abgabe persönlich in einer Agentur für Arbeit vorlegt,
2. die Agentur für Arbeit die abzugebende Erklärung mit dem Datum des Tages der Vorlage und dem Hinweis versieht, dass sie die Identität des Leiharbeitnehmers festgestellt hat, und
3. die Erklärung spätestens am dritten Tag nach der Vorlage in der Agentur für Arbeit dem Ver- oder Entleiher zugeht.

(3) Eine vor Beginn einer Frist nach Absatz 1 Nummer 1 bis 1 b abgegebene Festhaltenserklärung ist unwirksam. Wird die Überlassung nach der Festhaltenserklärung fortgeführt, gilt Absatz 1 Nummer 1 bis 1 b. Eine erneute Festhaltenserklärung ist unwirksam. § 28 e Absatz 2 Satz 4 des Vierten Buches Sozialgesetzbuch gilt unbeschadet der Festhaltenserklärung.

§ 10 Rechtsfolgen bei Unwirksamkeit (1) Ist der Vertrag zwischen einem Verleiher und einem Leiharbeitnehmer nach § 9 unwirksam, so gilt ein Arbeitsverhältnis zwischen Entleiher und Leiharbeitnehmer zu dem zwischen dem Entleiher und dem Verleiher für den Beginn der Tätigkeit vorgesehenen Zeitpunkt als zustande gekommen; tritt die Unwirksamkeit erst nach Aufnahme der Tätigkeit beim Entleiher ein, so gilt das Arbeitsverhältnis zwischen Entleiher und Leiharbeitnehmer mit dem Eintritt der Unwirksamkeit als zustande gekommen. Das Arbeitsverhältnis nach Satz 1 gilt als befristet, wenn die Tätigkeit des Leiharbeitnehmers bei dem Entleiher nur befristet vorgesehen war und ein die Befristung des Arbeitsverhältnisses sachlich rechtfertigender Grund vorliegt. Für das Arbeitsverhältnis nach Satz 1 gilt die zwischen dem Verleiher und dem Entleiher vorgesehene Arbeitszeit als vereinbart. Im übrigen bestimmen sich Inhalt und Dauer dieses Arbeitsverhältnisses nach den für den Betrieb des Entleihers geltenden Vorschriften und sonstigen Regelungen; sind solche nicht vorhanden, gelten diejenigen vergleichbarer Betriebe. Der Leiharbeitnehmer hat gegen den Entleiher mindestens Anspruch auf das mit dem Verleiher vereinbarte Arbeitsentgelt.

(2) Der Leiharbeitnehmer kann im Fall der Unwirksamkeit seines Vertrages mit dem Verleiher nach § 9 von diesem Ersatz des Schadens verlangen, den er

dadurch erleidet, daß er auf die Gültigkeit des Vertrages vertraut. Die Ersatzpflicht tritt nicht ein, wenn der Leiharbeitnehmer den Grund der Unwirksamkeit kannte.

(3) Zahlt der Verleiher das vereinbarte Arbeitsentgelt oder Teile des Arbeitsentgelts an den Leiharbeitnehmer, obwohl der Vertrag nach § 9 unwirksam ist, so hat er auch sonstige Teile des Arbeitsentgelts, die bei einem wirksamen Arbeitsvertrag für den Leiharbeitnehmer an einen anderen zu zahlen wären, an den anderen zu zahlen. Hinsichtlich dieser Zahlungspflicht gilt der Verleiher neben dem Entleiher als Arbeitgeber; beide haften insoweit als Gesamtschuldner.

(4), (5) *(weggefallen)*

§ 10 a Rechtsfolgen bei Überlassung durch eine andere Person als den Arbeitgeber Werden Arbeitnehmer entgegen § 1 Absatz 1 Satz 3 von einer anderen Person überlassen und verstößt diese Person hierbei gegen § 1 Absatz 1 Satz 1, 5 und 6 oder Absatz 1 b, gelten für das Arbeitsverhältnis des Leiharbeitnehmers § 9 Absatz 1 Nummer 1 bis 1 b und § 10 entsprechend.

§ 11 Sonstige Vorschriften über das Leiharbeitsverhältnis (1) Der Nachweis der wesentlichen Vertragsbedingungen des Leiharbeitsverhältnisses richtet sich nach den Bestimmungen des Nachweisgesetzes. Zusätzlich zu den in § 2 Abs. 1 des Nachweisgesetzes genannten Angaben sind in die Niederschrift aufzunehmen:

1. Firma und Anschrift des Verleihers, die Erlaubnisbehörde sowie Ort und Datum der Erteilung der Erlaubnis nach § 1,
2. Art und Höhe der Leistungen für Zeiten, in denen der Leiharbeitnehmer nicht verliehen ist.

(2) Der Verleiher ist ferner verpflichtet, dem Leiharbeitnehmer bei Vertragsschluß ein Merkblatt der Erlaubnisbehörde über den wesentlichen Inhalt dieses Gesetzes auszuhändigen. Nichtdeutsche Leiharbeitnehmer erhalten das Merkblatt und den Nachweis nach Absatz 1 auf Verlangen in ihrer Muttersprache. Die Kosten des Merkblatts trägt der Verleiher. Der Verleiher hat den Leiharbeitnehmer vor jeder Überlassung darüber zu informieren, dass er als Leiharbeitnehmer tätig wird.

(3) Der Verleiher hat den Leiharbeitnehmer unverzüglich über den Zeitpunkt des Wegfalls der Erlaubnis zu unterrichten. In den Fällen der Nichtverlängerung (§ 2 Abs. 4 Satz 3), der Rücknahme (§ 4) oder des Widerrufs (§ 5) hat er ihn ferner auf das voraussichtliche Ende der Abwicklung (§ 2 Abs. 4 Satz 4) und die gesetzliche Abwicklungsfrist (§ 2 Abs. 4 Satz 4 letzter Halbsatz) hinzuweisen.

(4) § 622 Abs. 5 Nr. 1 des Bürgerlichen Gesetzbuchs ist nicht auf Arbeitsverhältnisse zwischen Verleihern und Leiharbeitnehmern anzuwenden. Das Recht des Leiharbeitnehmers auf Vergütung bei Annahmeverzug des Verleihers (§ 615 Satz 1 des Bürgerlichen Gesetzbuchs) kann nicht durch Vertrag aufgehoben oder beschränkt werden; § 615 Satz 2 des Bürgerlichen Gesetzbuchs bleibt unberührt. Das Recht des Leiharbeitnehmers auf Vergütung kann durch Vereinbarung von Kurzarbeit für die Zeit aufgehoben werden, für die dem Leiharbeit-

nehmer Kurzarbeitergeld nach dem Dritten Buch Sozialgesetzbuch gezahlt wird; eine solche Vereinbarung kann das Recht des Leiharbeitnehmers auf Vergütung bis längstens zum 31. März 2011 ausschließen.

(5) Der Entleiher darf Leiharbeitnehmer nicht tätig werden lassen, wenn sein Betrieb unmittelbar durch einen Arbeitskampf betroffen ist. Satz 1 gilt nicht, wenn der Entleiher sicherstellt, dass Leiharbeitnehmer keine Tätigkeiten übernehmen, die bisher von Arbeitnehmern erledigt wurden, die

1. sich im Arbeitskampf befinden oder
2. ihrerseits Tätigkeiten von Arbeitnehmern, die sich im Arbeitskampf befinden, übernommen haben.

Der Leiharbeitnehmer ist nicht verpflichtet, bei einem Entleiher tätig zu sein, soweit dieser durch einen Arbeitskampf unmittelbar betroffen ist. In den Fällen eines Arbeitskampfes hat der Verleiher den Leiharbeitnehmer auf das Recht, die Arbeitsleistung zu verweigern, hinzuweisen.

(6) Die Tätigkeit des Leiharbeitnehmers bei dem Entleiher unterliegt den für den Betrieb des Entleihers geltenden öffentlich-rechtlichen Vorschriften des Arbeitsschutzrechts; die hieraus sich ergebenden Pflichten für den Arbeitgeber obliegen dem Entleiher unbeschadet der Pflichten des Verleihers. Insbesondere hat der Entleiher den Leiharbeitnehmer vor Beginn der Beschäftigung und bei Veränderungen in seinem Arbeitsbereich über Gefahren für Sicherheit und Gesundheit, denen er bei der Arbeit ausgesetzt sein kann, sowie über die Maßnahmen und Einrichtungen zur Abwendung dieser Gefahren zu unterrichten. Der Entleiher hat den Leiharbeitnehmer zusätzlich über die Notwendigkeit besonderer Qualifikationen oder beruflicher Fähigkeiten oder einer besonderen ärztlichen Überwachung sowie über erhöhte besondere Gefahren des Arbeitsplatzes zu unterrichten.

(7) Hat der Leiharbeitnehmer während der Dauer der Tätigkeit bei dem Entleiher eine Erfindung oder einen technischen Verbesserungsvorschlag gemacht, so gilt der Entleiher als Arbeitgeber im Sinne des Gesetzes über Arbeitnehmererfindungen.

§ 12 Rechtsbeziehungen zwischen Verleiher und Entleiher (1) Der Vertrag zwischen dem Verleiher und dem Entleiher bedarf der Schriftform. Wenn der Vertrag und seine tatsächliche Durchführung einander widersprechen, ist für die rechtliche Einordnung des Vertrages die tatsächliche Durchführung maßgebend. In der Urkunde hat der Verleiher zu erklären, ob er die Erlaubnis nach § 1 besitzt. Der Entleiher hat in der Urkunde anzugeben, welche besonderen Merkmale die für den Leiharbeitnehmer vorgesehene Tätigkeit hat und welche berufliche Qualifikation dafür erforderlich ist sowie welche im Betrieb des Entleihers für einen vergleichbaren Arbeitnehmer des Entleihers wesentlichen Arbeitsbedingungen einschließlich des Arbeitsentgelts gelten; Letzteres gilt nicht, soweit die Voraussetzungen der in § 8 Absatz 2 und 4 Satz 2 genannten Ausnahme vorliegen.

(2) Der Verleiher hat den Entleiher unverzüglich über den Zeitpunkt des Wegfalls der Erlaubnis zu unterrichten. In den Fällen der Nichtverlängerung (§ 2 Abs. 4 Satz 3), der Rücknahme (§ 4) oder des Widerrufs (§ 5) hat er ihn ferner auf

das voraussichtliche Ende der Abwicklung (§ 2 Abs. 4 Satz 4) und die gesetzliche Abwicklungsfrist (§ 2 Abs. 4 Satz 4 letzter Halbsatz) hinzuweisen.
(3) *(weggefallen)*

§ 13 Auskunftsanspruch des Leiharbeitnehmers Der Leiharbeitnehmer kann im Falle der Überlassung von seinem Entleiher Auskunft über die im Betrieb des Entleihers für einen vergleichbaren Arbeitnehmer des Entleihers geltenden wesentlichen Arbeitsbedingungen einschließlich des Arbeitsentgelts verlangen; dies gilt nicht, soweit die Voraussetzungen der in § 8 Absatz 2 und 4 Satz 2 genannten Ausnahme vorliegen.

§ 13 a Informationspflicht des Entleihers über freie Arbeitsplätze Der Entleiher hat den Leiharbeitnehmer über Arbeitsplätze des Entleihers, die besetzt werden sollen, zu informieren. Die Information kann durch allgemeine Bekanntgabe an geeigneter, dem Leiharbeitnehmer zugänglicher Stelle im Betrieb und Unternehmen des Entleihers erfolgen.

§ 13 b Zugang des Leiharbeitnehmers zu Gemeinschaftseinrichtungen oder -diensten Der Entleiher hat dem Leiharbeitnehmer Zugang zu den Gemeinschaftseinrichtungen oder -diensten im Unternehmen unter den gleichen Bedingungen zu gewähren wie vergleichbaren Arbeitnehmern in dem Betrieb, in dem der Leiharbeitnehmer seine Arbeitsleistung erbringt, es sei denn, eine unterschiedliche Behandlung ist aus sachlichen Gründen gerechtfertigt. Gemeinschaftseinrichtungen oder -dienste im Sinne des Satzes 1 sind insbesondere Kinderbetreuungseinrichtungen, Gemeinschaftsverpflegung und Beförderungsmittel.

§ 14 Mitwirkungs- und Mitbestimmungsrechte (1) Leiharbeitnehmer bleiben auch während der Zeit ihrer Arbeitsleistung bei einem Entleiher Angehörige des entsendenden Betriebs des Verleihers.
(2) Leiharbeitnehmer sind bei der Wahl der Arbeitnehmervertreter in den Aufsichtsrat im Entleiherunternehmen und bei der Wahl der betriebsverfassungsrechtlichen Arbeitnehmervertretungen im Entleiherbetrieb nicht wählbar. Sie sind berechtigt, die Sprechstunden dieser Arbeitnehmervertretungen aufzusuchen und an den Betriebs- und Jugendversammlungen im Entleiherbetrieb teilzunehmen. Die §§ 81, 82 Abs. 1 und die §§ 84 bis 86 des Betriebsverfassungsgesetzes gelten im Entleiherbetrieb auch in bezug auf die dort tätigen Leiharbeitnehmer. Soweit Bestimmungen des Betriebsverfassungsgesetzes mit Ausnahme des § 112 a, des Europäische Betriebsräte-Gesetzes oder der auf Grund der jeweiligen Gesetze erlassenen Wahlordnungen eine bestimmte Anzahl oder einen bestimmten Anteil von Arbeitnehmern voraussetzen, sind Leiharbeitnehmer auch im Entleiherbetrieb zu berücksichtigen. Soweit Bestimmungen des Mitbestimmungsgesetzes, des Montan-Mitbestimmungsgesetzes, des Mitbestimmungsergänzungsgesetzes, des Drittelbeteiligungsgesetzes, des Gesetzes über die Mitbestimmung der Arbeitnehmer bei einer grenzüberschreitenden

Verschmelzung, des SE- und des SCE-Beteiligungsgesetzes oder der auf Grund der jeweiligen Gesetze erlassenen Wahlordnungen eine bestimmte Anzahl oder einen bestimmten Anteil von Arbeitnehmern voraussetzen, sind Leiharbeitnehmer auch im Entleiherunternehmen zu berücksichtigen. Soweit die Anwendung der in Satz 5 genannten Gesetze eine bestimmte Anzahl oder einen bestimmten Anteil von Arbeitnehmern erfordert, sind Leiharbeitnehmer im Entleiherunternehmen nur zu berücksichtigen, wenn die Einsatzdauer sechs Monate übersteigt.

(3) Vor der Übernahme eines Leiharbeitnehmers zur Arbeitsleistung ist der Betriebsrat des Entleiherbetriebs nach § 99 des Betriebsverfassungsgesetzes zu beteiligen. Dabei hat der Entleiher dem Betriebsrat auch die schriftliche Erklärung des Verleihers nach § 12 Absatz 1 Satz 3 vorzulegen. Er ist ferner verpflichtet, Mitteilungen des Verleihers nach § 12 Abs. 2 unverzüglich dem Betriebsrat bekanntzugeben.

(4) Die Absätze 1 und 2 Satz 1 und 2 sowie Abs. 3 gelten für die Anwendung des Bundespersonalvertretungsgesetzes sinngemäß.

§ 15 Ausländische Leiharbeitnehmer ohne Genehmigung (1) Wer als Verleiher einen Ausländer, der einen erforderlichen Aufenthaltstitel nach § 4 a Absatz 5 Satz 1 des Aufenthaltsgesetzes, eine Erlaubnis oder Berechtigung nach § 4 a Absatz 5 Satz 2 in Verbindung mit Absatz 4 des Aufenthaltsgesetzes, eine Aufenthaltsgestattung oder eine Duldung, die zur Ausübung der Beschäftigung berechtigen, oder eine Genehmigung nach § 284 Abs. 1 des Dritten Buches Sozialgesetzbuch nicht besitzt, entgegen § 1 einem Dritten ohne Erlaubnis überläßt, wird mit Freiheitsstrafe bis zu drei Jahren oder mit Geldstrafe bestraft.

(2) In besonders schweren Fällen ist die Strafe Freiheitsstrafe von sechs Monaten bis zu fünf Jahren. Ein besonders schwerer Fall liegt in der Regel vor, wenn der Täter gewerbsmäßig oder aus grobem Eigennutz handelt.

§ 15 a Entleih von Ausländern ohne Genehmigung (1) Wer als Entleiher einen ihm überlassenen Ausländer, der einen erforderlichen Aufenthaltstitel nach § 4 a Absatz 5 Satz 1 des Aufenthaltsgesetzes, eine Erlaubnis oder Berechtigung nach § 4 a Absatz 5 Satz 2 in Verbindung mit Absatz 4 des Aufenthaltsgesetzes, eine Aufenthaltsgestattung oder eine Duldung, die zur Ausübung der Beschäftigung berechtigen, oder eine Genehmigung nach § 284 Abs. 1 des Dritten Buches Sozialgesetzbuch nicht besitzt, zu Arbeitsbedingungen des Leiharbeitsverhältnisses tätig werden läßt, die in einem auffälligen Mißverhältnis zu den Arbeitsbedingungen deutscher Leiharbeitnehmer stehen, die die gleiche oder eine vergleichbare Tätigkeit ausüben, wird mit Freiheitsstrafe bis zu drei Jahren oder mit Geldstrafe bestraft. In besonders schweren Fällen ist die Strafe Freiheitsstrafe von sechs Monaten bis zu fünf Jahren; ein besonders schwerer Fall liegt in der Regel vor, wenn der Täter gewerbsmäßig oder aus grobem Eigennutz handelt.

(2) Wer als Entleiher

1. gleichzeitig mehr als fünf Ausländer, die einen erforderlichen Aufenthaltstitel

nach § 4 a Absatz 5 Satz 1 des Aufenthaltsgesetzes, eine Erlaubnis oder Berechtigung nach § 4 a Absatz 5 Satz 2 in Verbindung mit Absatz 4 des Aufenthaltsgesetzes, eine Aufenthaltsgestattung oder eine Duldung, die zur Ausübung der Beschäftigung berechtigen, oder eine Genehmigung nach § 284 Abs. 1 des Dritten Buches Sozialgesetzbuch nicht besitzen, tätig werden läßt oder
2. eine in § 16 Abs. 1 Nr. 2 bezeichnete vorsätzliche Zuwiderhandlung beharrlich wiederholt,

wird mit Freiheitsstrafe bis zu einem Jahr oder mit Geldstrafe bestraft. Handelt der Täter aus grobem Eigennutz, ist die Strafe Freiheitsstrafe bis zu drei Jahren oder Geldstrafe.

§ 16 Ordnungswidrigkeiten (1) Ordnungswidrig handelt, wer vorsätzlich oder fahrlässig
1. entgegen § 1 einen Leiharbeitnehmer einem Dritten ohne Erlaubnis überläßt,
1 a. einen ihm von einem Verleiher ohne Erlaubnis überlassenen Leiharbeitnehmer tätig werden läßt,
1 b. entgegen § 1 Absatz 1 Satz 3 einen Arbeitnehmer überlässt oder tätig werden lässt,
1 c. entgegen § 1 Absatz 2 Satz 5 eine dort genannte Überlassung nicht, nicht richtig oder nicht rechtzeitig bezeichnet,
1 d. entgegen § 1 Absatz 1 Satz 6 die Person nicht, nicht richtig oder nicht rechtzeitig konkretisiert,
1 e. entgegen § 1 Absatz 1 b Satz 1 einen Leiharbeitnehmer überlässt,
1 f. entgegen § 1 b Satz 1 Arbeitnehmer überläßt oder tätig werden läßt,
2. einen ihm überlassenen ausländischen Leiharbeitnehmer, der einen erforderlichen Aufenthaltstitel nach § 4 a Absatz 5 Satz 1 des Aufenthaltsgesetzes, eine Erlaubnis oder Berechtigung nach § 4 a Absatz 5 Satz 2 in Verbindung mit Absatz 4 des Aufenthaltsgesetzes, eine Aufenthaltsgestattung oder eine Duldung, die zur Ausübung der Beschäftigung berechtigen, oder eine Genehmigung nach § 284 Abs. 1 des Dritten Buches Sozialgesetzbuch nicht besitzt, tätig werden läßt,
2 a. eine Anzeige nach § 1 a nicht richtig, nicht vollständig oder nicht rechtzeitig erstattet,
3. einer Auflage nach § 2 Abs. 2 nicht, nicht vollständig oder nicht rechtzeitig nachkommt,
4. eine Anzeige nach § 7 Abs. 1 nicht, nicht richtig, nicht vollständig oder nicht rechtzeitig erstattet,
5. eine Auskunft nach § 7 Abs. 2 Satz 1 nicht, nicht richtig, nicht vollständig oder nicht rechtzeitig erteilt,
6. seiner Aufbewahrungspflicht nach § 7 Abs. 2 Satz 4 nicht nachkommt,
6 a. entgegen § 7 Abs. 3 Satz 2 eine dort genannte Maßnahme nicht duldet,
7. *(aufgehoben)*

7 a. entgegen § 8 Absatz 1 Satz 1 oder Absatz 2 Satz 2 oder 4 eine Arbeitsbedingung nicht gewährt,
7 b. entgegen § 8 Absatz 5 in Verbindung mit einer Rechtsverordnung nach § 3 a Absatz 2 Satz 1 das dort genannte Mindeststundenentgelt nicht oder nicht rechtzeitig zahlt,
8. einer Pflicht nach § 11 Abs. 1 oder Absatz 2 nicht nachkommt,
8 a. entgegen § 11 Absatz 5 Satz 1 einen Leiharbeitnehmer tätig werden lässt,
9. entgegen § 13 a Satz 1 den Leiharbeitnehmer nicht, nicht richtig oder nicht vollständig informiert oder
10. entgegen § 13 b Satz 1 Zugang nicht gewährt,
11. entgegen § 17 a in Verbindung mit § 5 Absatz 1 Satz 1 Nummer 1 oder 3 des Schwarzarbeitsbekämpfungsgesetzes eine Prüfung nicht duldet oder bei dieser Prüfung nicht mitwirkt,
12. entgegen § 17 a in Verbindung mit § 5 Absatz 1 Satz 1 Nummer 2 des Schwarzarbeitsbekämpfungsgesetzes das Betreten eines Grundstücks oder Geschäftsraums nicht duldet,
13. entgegen § 17 a in Verbindung mit § 5 Absatz 5 Satz 1 des Schwarzarbeitsbekämpfungsgesetzes Daten nicht, nicht richtig, nicht vollständig, nicht in der vorgeschriebenen Weise oder nicht rechtzeitig übermittelt,
14. entgegen § 17 b Absatz 1 Satz 1 eine Anmeldung nicht, nicht richtig, nicht vollständig, nicht in der vorgeschriebenen Weise oder nicht rechtzeitig zuleitet,
15. entgegen § 17 b Absatz 1 Satz 2 eine Änderungsmeldung nicht, nicht richtig, nicht vollständig, nicht in der vorgeschriebenen Weise oder nicht rechtzeitig macht,
16. entgegen § 17 b Absatz 2 eine Versicherung nicht beifügt,
17. entgegen § 17 c Absatz 1 eine Aufzeichnung nicht, nicht richtig, nicht vollständig oder nicht rechtzeitig erstellt oder nicht oder nicht mindestens zwei Jahre aufbewahrt oder
18. entgegen § 17 c Absatz 2 eine Unterlage nicht, nicht richtig, nicht vollständig oder nicht in der vorgeschriebenen Weise bereithält.

(2) Die Ordnungswidrigkeit nach Absatz 1 Nummer 1 bis 1 f, 6 und 11 bis 18 kann mit einer Geldbuße bis zu dreißigtausend Euro, die Ordnungswidrigkeit nach Absatz 1 Nummer 2, 7 a, 7 b und 8 a mit einer Geldbuße bis zu fünfhunderttausend Euro, die Ordnungswidrigkeit nach Absatz 1 Nummer 2 a, 3, 9 und 10 mit einer Geldbuße bis zu zweitausendfünfhundert Euro, die Ordnungswidrigkeit nach Absatz 1 Nummer 4, 5, 6 a und 8 mit einer Geldbuße bis zu tausend Euro geahndet werden.

(3) Verwaltungsbehörden im Sinne des § 36 Absatz 1 Nummer 1 des Gesetzes über Ordnungswidrigkeiten sind in den Fällen des Absatzes 1 Nummer 1, 1 a, 1 c, 1 d, 1 f, 2, 2 a und 7 b sowie 11 bis 18 die Behörden der Zollverwaltung jeweils für ihren Geschäftsbereich, in den Fällen des Absatzes 1 Nummer 1 b, 1 e, 3 bis 7 a sowie 8 bis 10 die Bundesagentur für Arbeit.

(4) § 66 des Zehnten Buches Sozialgesetzbuch gilt entsprechend.

(5) Die Geldbußen fließen in die Kasse der zuständigen Verwaltungsbehörde.

Sie trägt abweichend von § 105 Abs. 2 des Gesetzes über Ordnungswidrigkeiten die notwendigen Auslagen und ist auch ersatzpflichtig im Sinne des § 110 Abs. 4 des Gesetzes über Ordnungswidrigkeiten.

§ 17 Durchführung (1) Die Bundesagentur für Arbeit führt dieses Gesetz nach fachlichen Weisungen des Bundesministeriums für Arbeit und Soziales durch. Verwaltungskosten werden nicht erstattet.
(2) Die Prüfung der Arbeitsbedingungen nach § 8 Absatz 5 obliegt zudem den Behörden der Zollverwaltung nach Maßgabe der §§ 17 a bis 18 a.

§ 17 a Befugnisse der Behörden der Zollverwaltung Die §§ 2, 3 bis 6 und 14 bis 20, 22, 23 des Schwarzarbeitsbekämpfungsgesetzes sind entsprechend anzuwenden mit der Maßgabe, dass die dort genannten Behörden nach Einsicht in Arbeitsverträge, Niederschriften nach § 2 des Nachweisgesetzes und andere Geschäftsunterlagen nehmen können, die mittelbar oder unmittelbar Auskunft über die Einhaltung der Arbeitsbedingungen nach § 8 Absatz 5 geben.

§ 17 b Meldepflicht (1) Überlässt ein Verleiher mit Sitz im Ausland einen Leiharbeitnehmer zur Arbeitsleistung einem Entleiher, hat der Entleiher, sofern eine Rechtsverordnung nach § 3 a auf das Arbeitsverhältnis Anwendung findet, vor Beginn jeder Überlassung der zuständigen Behörde der Zollverwaltung eine schriftliche Anmeldung in deutscher Sprache mit folgenden Angaben zuzuleiten:
1. Familienname, Vornamen und Geburtsdatum des überlassenen Leiharbeitnehmers,
2. Beginn und Dauer der Überlassung,[1]

1 **Verordnung über Meldepflichten nach dem Mindestlohngesetz, dem Arbeitnehmer-Entsendegesetz und dem Arbeitnehmerüberlassungsgesetz** (Mindestlohnmeldeverordnung – MiLoMeldV) vom 26. 11. 2014 (BGBl. I 1825), geändert durch Verordnung vom 31. 10. 2016 (BGBl. I 2494)
§ 1 Meldungen (1) Der Arbeitgeber mit Sitz im Ausland soll die Meldungen nach § 16 Absatz 1 des Mindestlohngesetzes und § 18 Absatz 1 des Arbeitnehmer-Entsendegesetzes sowie die Versicherung nach § 16 Absatz 2 des Mindestlohngesetzes und § 18 Absatz 2 des Arbeitnehmer-Entsendegesetzes elektronisch übermitteln. Für die elektronische Übermittlung hat er das Internetportal zu nutzen, das die Zollverwaltung zur Verfügung stellt.
(2) Absatz 1 gilt entsprechend für Entleiher
1. bei Meldungen
   a) nach § 16 Absatz 3 des Mindestlohngesetzes,
   b) nach § 18 Absatz 3 des Arbeitnehmer-Entsendegesetzes und
   c) nach § 17 b Absatz 1 des Arbeitnehmerüberlassungsgesetzes sowie
2. bei der Versicherung
   a) nach § 16 Absatz 4 des Mindestlohngesetzes,
   b) nach § 18 Absatz 4 des Arbeitnehmer-Entsendegesetzes und
   c) nach § 17 b Absatz 2 des Arbeitnehmerüberlassungsgesetzes.
(3) Bei der elektronischen Übermittlung nach den Absätzen 1 und 2 hat die Zollverwaltung Verfahren einzusetzen, die dem jeweiligen Stand der Technik entsprechen sowie die Vertraulichkeit und Integrität der Daten gewährleisten. Bei Nutzung allgemein zugänglicher Netze sind die Daten über das Internetportal Ende-zu-Ende zu verschlüsseln. Jede Meldung sowie die darin enthaltenen Datensätze sind systemseitig mit einem eindeutigen Kennzeichen zur Identifizierung zu versehen.
§ 2 Abwandlung der Anmeldung (1) Abweichend von der Meldepflicht nach § 16 Absatz 1

3. Ort der Beschäftigung,
4. Ort im Inland, an dem die nach § 17 c erforderlichen Unterlagen bereitgehalten werden,
5. Familienname, Vornamen und Anschrift in Deutschland eines oder einer Zustellungsbevollmächtigten des Verleihers,

---

Satz 1 und 2 des Mindestlohngesetzes und § 18 Absatz 1 Satz 1 und 2 des Arbeitnehmer-Entsendegesetzes ist in den Fällen, in denen ein Arbeitgeber mit Sitz im Ausland Arbeitnehmerinnen und Arbeitnehmer
1. an einem Beschäftigungsort
   a) zumindest teilweise vor 6 Uhr oder nach 22 Uhr oder
   b) in Schichtarbeit,
2. an mehreren Beschäftigungsorten am selben Tag oder
3. in ausschließlich mobiler Tätigkeit

beschäftigt, eine Einsatzplanung vorzulegen.

(2) In den Fällen des Absatzes 1 Nummer 1 und 2 hat der Arbeitgeber in der Einsatzplanung für jeden Beschäftigungsort die dort eingesetzten Arbeitnehmerinnen und Arbeitnehmer mit Geburtsdatum auszuweisen. Die Angaben zum Beschäftigungsort müssen die Ortsbezeichnung, die Postleitzahl und, soweit vorhanden, den Straßennamen sowie die Hausnummer enthalten. Der Einsatz der Arbeitnehmerinnen und Arbeitnehmer am Beschäftigungsort wird durch die Angabe von Datum und Uhrzeiten konkretisiert. Die Einsatzplanung kann einen Zeitraum von bis zu drei Monaten umfassen. Beim Einsatz von Arbeitnehmerinnen und Arbeitnehmern im Geltungsbereich von Tarifverträgen für Bergbauspezialarbeiten auf Steinkohlebergwerken gilt der Schacht als Ort der Beschäftigung.

(3) In den Fällen des Absatzes 1 Nummer 3 hat der Arbeitgeber in der Einsatzplanung den Beginn und die voraussichtliche Dauer der Werk- oder Dienstleistung, die voraussichtlich eingesetzten Arbeitnehmerinnen und Arbeitnehmer mit Geburtsdatum sowie die Anschrift, an der Unterlagen bereitgehalten werden, zu melden. Die Einsatzplanung kann je nach Auftragssicherheit einen Zeitraum von bis zu sechs Monaten umfassen. Sofern die Unterlagen im Ausland bereitgehalten werden, ist der Einsatzplanung eine Versicherung beizufügen, dass die Unterlagen auf Anforderung der Behörden der Zollverwaltung für die Prüfung in deutscher Sprache im Inland bereitgestellt werden. Diesen Unterlagen sind auch Angaben zu den im gemeldeten Zeitraum tatsächlich erbrachten Werk- oder Dienstleistungen sowie den jeweiligen Auftraggebern beizufügen.

(4) Bei einer ausschließlich mobilen Tätigkeit im Sinne des Absatzes 1 Nummer 3 handelt es sich um eine Tätigkeit, die nicht an Beschäftigungsorte gebunden ist. Eine ausschließlich mobile Tätigkeit liegt insbesondere bei der Zustellung von Briefen, Paketen und Druckerzeugnissen, der Abfallsammlung, der Straßenreinigung, dem Winterdienst, dem Gütertransport und der Personenbeförderung vor. Das Erbringen ambulanter Pflegeleistungen wird einer ausschließlich mobilen Tätigkeit gleichgestellt.

(5) Die Absätze 1 bis 4 gelten entsprechend für Angaben des Entleihers auf Grund des § 16 Absatz 3 des Mindestlohngesetzes, des § 18 Absatz 3 des Arbeitnehmer-Entsendegesetzes und des § 17 b Absatz 1 des Arbeitnehmerüberlassungsgesetzes.

§ 3 Änderungsmeldung (1) Eine Abweichung der Beschäftigung von den in der gemeldeten Einsatzplanung nach § 2 Absatz 2 gemachten Angaben müssen Arbeitgeber oder Entleiher entgegen § 16 Absatz 1 Satz 3 und Absatz 3 Satz 2 des Mindestlohngesetzes, § 18 Absatz 1 Satz 3 und Absatz 3 Satz 2 des Arbeitnehmer-Entsendegesetzes und § 17 b Absatz 1 Satz 2 des Arbeitnehmerüberlassungsgesetzes nur melden, wenn der Einsatz am gemeldeten Ort um mindestens acht Stunden verschoben wird.

(2) Eine Abweichung der Beschäftigung von den in der gemeldeten Einsatzplanung nach § 2 Absatz 3 gemachten Angaben müssen Arbeitgeber oder Entleiher entgegen § 16 Absatz 1 Satz 3 und Absatz 3 Satz 2 des Mindestlohngesetzes, § 18 Absatz 1 Satz 3 und Absatz 3 Satz 2 des Arbeitnehmer-Entsendegesetzes und § 17 b Absatz 1 Satz 2 des Arbeitnehmerüberlassungsgesetzes nicht melden.

…

6. Branche, in die die Leiharbeitnehmer überlassen werden sollen, und
7. Familienname, Vornamen oder Firma sowie Anschrift des Verleihers.

Änderungen bezüglich dieser Angaben hat der Entleiher unverzüglich zu melden.

(2) Der Entleiher hat der Anmeldung eine Versicherung des Verleihers beizufügen, dass dieser seine Verpflichtungen nach § 8 Absatz 5 einhält.

(3) Das Bundesministerium der Finanzen kann durch Rechtsverordnung im Einvernehmen mit dem Bundesministerium für Arbeit und Soziales ohne Zustimmung des Bundesrates bestimmen,

1. dass, auf welche Weise und unter welchen technischen und organisatorischen Voraussetzungen eine Anmeldung, Änderungsmeldung und Versicherung abweichend von den Absätzen 1 und 2 elektronisch übermittelt werden kann,
2. unter welchen Voraussetzungen eine Änderungsmeldung ausnahmsweise entfallen kann und
3. wie das Meldeverfahren vereinfacht oder abgewandelt werden kann.

(4) Das Bundesministerium der Finanzen kann durch Rechtsverordnung ohne Zustimmung des Bundesrates die zuständige Behörde nach Absatz 1 Satz 1 bestimmen.

§ 17 c Erstellen und Bereithalten von Dokumenten (1) Sofern eine Rechtsverordnung nach § 3 a auf ein Arbeitsverhältnis Anwendung findet, ist der Entleiher verpflichtet, Beginn, Ende und Dauer der täglichen Arbeitszeit des Leiharbeitnehmers spätestens bis zum Ablauf des siebten auf den Tag der Arbeitsleistung folgenden Kalendertages aufzuzeichnen und diese Aufzeichnungen mindestens zwei Jahre beginnend ab dem für die Aufzeichnung maßgeblichen Zeitpunkt aufzubewahren.[1]

(2) Jeder Verleiher ist verpflichtet, die für die Kontrolle der Einhaltung einer Rechtsverordnung nach § 3 a erforderlichen Unterlagen im Inland für die gesamte Dauer der tatsächlichen Beschäftigung des Leiharbeitnehmers im Geltungsbereich dieses Gesetzes, insgesamt jedoch nicht länger als zwei Jahre, in deutscher Sprache bereitzuhalten. Auf Verlangen der Prüfbehörde sind die Unterlagen auch am Ort der Beschäftigung bereitzuhalten.

§ 18 Zusammenarbeit mit anderen Behörden (1) Zur Verfolgung und Ahndung der Ordnungswidrigkeiten nach § 16 arbeiten die Bundesagentur für Arbeit und die Behörden der Zollverwaltung insbesondere mit folgenden Behörden zusammen:

1. den Trägern der Krankenversicherung als Einzugsstellen für die Sozialversicherungsbeiträge,
2. den in § 71 des Aufenthaltsgesetzes genannten Behörden,
3. den Finanzbehörden,
4. den nach Landesrecht für die Verfolgung und Ahndung von Ordnungswid-

1 S. auch § 6 GSA Fleisch, abgedruckt in Fn. zu § 28 e SGB IV (Nr. 30 IV).

rigkeiten nach dem Schwarzarbeitsbekämpfungsgesetz zuständigen Behörden,
5. den Trägern der Unfallversicherung,
6. den für den Arbeitsschutz zuständigen Landesbehörden,
7. den Rentenversicherungsträgern,
8. den Trägern der Sozialhilfe.

(2) Ergeben sich für die Bundesagentur für Arbeit oder die Behörden der Zollverwaltung bei der Durchführung dieses Gesetzes im Einzelfall konkrete Anhaltspunkte für
1. Verstöße gegen das Schwarzarbeitsbekämpfungsgesetz,
2. eine Beschäftigung oder Tätigkeit von Ausländern ohne erforderlichen Aufenthaltstitel nach § 4 a Absatz 5 Satz 1 des Aufenthaltsgesetzes, eine Erlaubnis oder Berechtigung nach § 4 a Absatz 5 Satz 2 in Verbindung mit Absatz 4 des Aufenthaltsgesetzes, eine Aufenthaltsgestattung oder eine Duldung, die zur Ausübung der Beschäftigung berechtigen, oder eine Genehmigung nach § 284 Abs. 1 des Dritten Buches Sozialgesetzbuch,
3. Verstöße gegen die Mitwirkungspflicht nach § 60 Abs. 1 Satz 1 Nr. 2 des Ersten Buches Sozialgesetzbuch gegenüber einer Dienststelle der Bundesagentur für Arbeit, einem Träger der gesetzlichen Kranken-, Pflege-, Unfall- oder Rentenversicherung oder einem Träger der Sozialhilfe oder gegen die Meldepflicht nach § 8 a des Asylbewerberleistungsgesetzes,
4. Verstöße gegen die Vorschriften des Vierten und Siebten Buches Sozialgesetzbuch über die Verpflichtung zur Zahlung von Sozialversicherungsbeiträgen, soweit sie im Zusammenhang mit den in den Nummern 1 bis 3 genannten Verstößen sowie mit Arbeitnehmerüberlassung entgegen § 1 stehen,
5. Verstöße gegen die Steuergesetze,
6. Verstöße gegen das Aufenthaltsgesetz,

unterrichten sie die für die Verfolgung und Ahndung zuständigen Behörden, die Träger der Sozialhilfe sowie die Behörden nach § 71 des Aufenthaltsgesetzes.

(3) In Strafsachen, die Straftaten nach den §§ 15 und 15 a zum Gegenstand haben, sind der Bundesagentur für Arbeit und den Behörden der Zollverwaltung zur Verfolgung von Ordnungswidrigkeiten
1. bei Einleitung des Strafverfahrens die Personendaten des Beschuldigten, der Straftatbestand, die Tatzeit und der Tatort,
2. im Falle der Erhebung der öffentlichen Klage die das Verfahren abschließende Entscheidung mit Begründung

zu übermitteln. Ist mit der in Nummer 2 genannten Entscheidung ein Rechtsmittel verworfen worden oder wird darin auf die angefochtene Entscheidung Bezug genommen, so ist auch die angefochtene Entscheidung zu übermitteln. Die Übermittlung veranlaßt die Strafvollstreckungs- oder die Strafverfolgungsbehörde. Eine Verwendung
1. der Daten der Arbeitnehmer für Maßnahmen zu ihren Gunsten,
2. der Daten des Arbeitgebers zur Besetzung seiner offenen Arbeitsplätze, die im Zusammenhang mit dem Strafverfahren bekanntgeworden sind,

3. der in den Nummern 1 und 2 genannten Daten für Entscheidungen über die Einstellung oder Rückforderung von Leistungen der Bundesagentur für Arbeit

ist zulässig.

(4) *(aufgehoben)*

(5) Die Behörden der Zollverwaltung unterrichten die zuständigen örtlichen Landesfinanzbehörden über den Inhalt von Meldungen nach § 17 b.

(6) Die Behörden der Zollverwaltung und die übrigen in § 2 des Schwarzarbeitsbekämpfungsgesetzes genannten Behörden dürfen nach Maßgabe der jeweils einschlägigen datenschutzrechtlichen Bestimmungen auch mit Behörden anderer Vertragsstaaten des Abkommens über den Europäischen Wirtschaftsraum zusammenarbeiten, die dem § 17 Absatz 2 entsprechende Aufgaben durchführen oder für die Bekämpfung illegaler Beschäftigung zuständig sind oder Auskünfte geben können, ob ein Arbeitgeber seine Verpflichtungen nach § 8 Absatz 5 erfüllt. Die Regelungen über die internationale Rechtshilfe in Strafsachen bleiben hiervon unberührt.

§ 18 a Ersatzzustellung an den Verleiher Für die Ersatzzustellung an den Verleiher auf Grund von Maßnahmen nach diesem Gesetz gilt der im Inland gelegene Ort der konkreten Beschäftigung des Leiharbeitnehmers sowie das vom Verleiher eingesetzte Fahrzeug als Geschäftsraum im Sinne des § 5 Absatz 2 Satz 2 Nummer 1 des Verwaltungszustellungsgesetzes in Verbindung mit § 178 Absatz 1 Nummer 1 der Zivilprozessordnung.

§ 19 Übergangsvorschrift (1) § 8 Absatz 3 findet keine Anwendung auf Leiharbeitsverhältnisse, die vor dem 15. Dezember 2010 begründet worden sind.

(2) Überlassungszeiten vor dem 1. April 2017 werden bei der Berechnung der Überlassungshöchstdauer nach § 1 Absatz 1 b und der Berechnung der Überlassungszeiten nach § 8 Absatz 4 Satz 1 nicht berücksichtigt.

§ 20 Evaluation Die Anwendung dieses Gesetzes ist im Jahr 2020 zu evaluieren.

5. Arbeitsgerichtsgesetz (ArbGG)

Aktuelle höchstrichterliche Rechtsprechung

Datum	Gericht/Az.	Fundstelle	Thema
11.7.19	EuGH C-716/17	NZA 19, 1093	Abhängigkeit einer Gerichtsstandsregel von Wohnsitz
3.4.19	BGH IV ZB 17/18	DB 19, 1214	Rechtsweg, Pensionskasse
28.3.19	BAG 8 AZR 366/16	NZA 19, 1301	Rechtsweg
26.3.19	BGH II ZR 244/17	NZA 19, 706	Fremdgeschäftsführer Arbeitnehmereigenschaft
21.1.19	BAG 9 AZB 23/18	NZA 19, 490	Fremdgeschäftsführer keine arbeitnehmerähnliche Person
19.12.18	BAG 7 ABR 79/16	NZA 19, 940	Beteiligtenfähigkeit im Beschlussverfahren, Ende der Amtszeit

Einleitung

I. Geschichtliche Entwicklung

Die Herausbildung einer von der »ordentlichen« Gerichtsbarkeit abgetrennten Arbeitsgerichtsbarkeit geht zurück auf im Jahre 1806 von Napoleon I. geschaffene Sondergerichte zur Entscheidung von Rechtsstreitigkeiten zwischen Fabrikanten und Arbeitern. Nachdem diese Einrichtung im (von Frankreich besetzten) linksrheinischen Deutschland übernommen worden und später unter dem Namen »Fabrikgericht« in Preußen weiterverbreitet worden war, wurden durch das Gewerbegerichtsgesetz von 1890 und das Kaufmannsgerichtsgesetz von 1904 in größeren Gemeinden besondere, mit Arbeitgeber- und Arbeitnehmerbeisitzern paritätisch besetzte Gerichte errichtet. Am 23.12.1926 wurde das Arbeitsgerichtsgesetz verabschiedet, mit welchem eine einheitliche staatliche Gerichtsbarkeit für Arbeitssachen geschaffen wurde. Allerdings blieben die Landesarbeitsgerichte und das Reichsarbeitsgericht den Landgerichten und dem Reichsgericht organisatorisch angegliedert. Erst das ArbGG von 1953, das sich im Übrigen eng an das ArbGG von 1926 anlehnt, schuf die nunmehr in allen drei Instanzen organisatorisch selbstständige Arbeitsgerichtsbarkeit (Übersicht 14; zur Geschichte der Arbeitsgerichtsbarkeit *Linsenmaier,* NZA 04, 401; *Opolony,* NZA 04, 519; *Hanau,* NZA 04, 625).

Das Arbeitsgerichtsgesetz ist immer wieder, vor allem mit dem Hauptziel einer Beschleunigung der Verfahren, geändert worden (vgl. 29. Auflage). Rechtsschutz gegen überlange Verfahrensdauern wurde durch Gesetz v. 24.11.2011 (BGBl. I 2302) in § 9 ArbGG i. V. m. §§ 198 ff. GVG eingeführt.

Das Gesetz ist wegen seiner vielen Verweisungen auf die ZPO auch immer von den dort häufigen Gesetzesänderungen betroffen. Regelungen zur Mediation wurden durch das Gesetz zur Förderung der Mediation und anderer Verfahren der außergerichtlichen Konfliktbeilegung v. 21.7.2012 (BGBl. I 1577) geschaffen (unten III 1). Damit wurde die europäische Mediationsrichtlinie 2008/52/EG »über bestimmte Aspekte der Mediation in Zivil- und Handelssachen« (v. 21.5.2008, ABl. L 136/3) umgesetzt. Änderungen mit Auswirkungen auf die Arbeitsgerichtsbarkeit gab es ferner durch das Gesetz zur Änderung des Prozesskostenhilfe- und Beratungshilferechts v. 31.8.2013 (BGBl. I 3533; vgl. Einl. II zur ZPO, Nr. 35). Durch das Gesetz zur Einführung des elektronischen Rechtsverkehrs mit den Gerichten v. 10.10.2013 (BGBl. I 3786) wurde u. a. die Übermittlung elektronischer Dokumente im arbeitsgerichtlichen Verfahren geregelt. Durch das Gesetz zur Einführung der elektronischen Akte in der Justiz und zur weiteren Förderung des elektronischen Rechtsverkehrs v. 5.7.2017 (BGBl. I 2208) wurden Regelungen zur verpflichtenden elektronischen Aktenführung ab 2026 in § 46 a eingefügt.

Darüber hinaus hat das Gesetz zahlreiche Begleitänderungen im Zuge von Reformen des materiellen Arbeitsrechts erfahren (vgl. zu jüngeren diesbezüglichen Änderungen Einl. I zum ArbGG in der 44. Aufl.).

II. Wesentlicher Gesetzesinhalt

Die Gerichtsbarkeit in Arbeitssachen wird ausgeübt durch die Arbeitsgerichte (ArbG), die Landesarbeitsgerichte (LAG) und das Bundesarbeitsgericht (BAG; mit Sitz in Erfurt). Die internationale Zuständigkeit der deutschen Arbeitsgerichte wird vor allem durch einen inländischen Arbeitsort begründet (Einzelheiten bei Einl. II zu Nr. 14 a).

Das Urteilsverfahren wird vor allem in individuellen Vertragsstreitigkeiten zwischen Arbeitgeber und Arbeitnehmer, das Beschlussverfahren vor allem bei Streitigkeiten zwischen Arbeitgeber und Betriebsrat durchgeführt. Der Arbeitnehmerbegriff (vgl. Einführung, I 7) ist damit auch wesentlich für den Zugang zur Arbeitsgerichtsbarkeit anstelle der ordentlichen Gerichtsbarkeit (Amts- und Landgerichte). § 5 Abs. 1 Satz 1 erstreckt die Zuständigkeit der Arbeitsgerichte aber auch auf arbeitnehmerähnliche Personen.

In erster Instanz sind die Arbeitsgerichte ohne Rücksicht auf den Streitwert zuständig. Gegen ihre Urteile ist Berufung bzw. Beschwerde vor den Landesarbeitsgerichten zulässig (§§ 64 Abs. 1, 78, 87). Die Zulassung zur zweiten Instanz im Urteilsverfahren ist an den Streitwert bzw. die ausdrückliche Zulassung durch das Arbeitsgericht gebunden. Der Wert des Streitgegenstandes muss 600 € übersteigen. Darüber hinaus ist die Berufung in Kündigungssachen immer zulässig. Das BAG entscheidet in dritter und letzter Instanz. Voraussetzung ist, dass das LAG die Revision bzw. – in Beschlussverfahren – Rechtsbeschwerde wegen der grundsätzlichen Bedeutung der Rechtssache oder wegen Abweichung von einer anderen obergerichtlichen Entscheidung zugelassen hat (§§ 72 Abs. 2, 92). Im Revisionsverfahren bzw. im Rechtsbeschwerdeverfahren (§§ 74, 92) wird nur noch über Rechtsfragen entschieden. Sind die Verfahrensbeteiligten darüber einig, können sie auf eine Berufung verzichten, und falls das ArbG dies zulässt, direkt das BAG anrufen (sog. Sprungrevision bzw. Sprungrechtsbeschwerde, §§ 76, 96 a). Arbeitsgerichte und Landesarbeitsgerichte sind mit einem hauptamtlichen Vorsitzenden Richter und zwei ehrenamtlichen Richtern (Beisitzer), das BAG mit drei Berufsrichtern (einschließlich Vorsitzenden) und zwei ehrenamtlichen Richtern besetzt. Die ehrenamtlichen Richter werden je zur Hälfte aus Kreisen der Arbeitnehmer und Arbeitgeber entnommen (§ 16). Sie werden aus Vorschlagslisten ausgewählt, die von Gewerkschaften, Arbeitgeberverbänden und öffentlichen Körperschaften eingereicht werden. Die ehrenamtliche Richtertätigkeit erfolgt unentgeltlich. Den ehrenamtlichen Richtern ist jedoch eine Aufwandsentschädigung zu entrichten.

Seit im Jahre 1926 das Verfahren vor den Gerichten für Arbeitssachen zum ersten Mal geregelt wurde, ist es immer wieder das Bestreben des Gesetzgebers gewesen, das Verfahren vor diesem Gerichtsbarkeitszweig durchsichtiger, schneller, billiger und rationeller als vor den Gerichten der allgemeinen Zivilgerichtsbarkeit zu gestalten (zum Kostenrecht *Roloff*, NZA 07, 900). Häufig sind Vorschriften des ArbGG, die sich bewährt hatten, später in die Zivilprozessordnung (ZPO) übernommen worden. Die wesentlichsten Unterschiede gegenüber dem ZPO-Verfahren sind:

- die Einflussmöglichkeiten der ehrenamtlichen Richter, die in den ersten beiden Instanzen den Berufsrichter überstimmen können (was freilich so gut wie nie vorkommt);
- die (fast völlige) Gleichstellung der Rechtsschutzvertreter der Gewerkschaften (auch der »DGB Rechtsschutz GmbH«, *LAG Schleswig-Holstein*, AuR 98, 296) und Arbeitgeberverbände mit Rechtsanwälten (seit 2008 können sie auch vor dem BAG vertreten);
- die Verkürzung der Rechtsbehelfs- und Rechtsmittelfristen in den ersten beiden Instanzen;
- keine Kostenvorschüsse an das Gericht; geringere Gerichtsgebühren; Gerichtskostenfreiheit in vielen Fällen (vgl. § 2 II GKG; zur Prozesskostenhilfe s. Einl. II zur ZPO, Nr. 35); der Zugang zu den Gerichten darf nicht durch Kostenregelungen praktisch unmöglich gemacht werden;
- keine Kostenerstattung in erster Instanz (§ 12 a); im Hinblick auf die Kostenfreiheit geht das *BAG* davon aus, dass auch außergerichtliche Kosten für die Beitreibung von Ansprüchen nicht zu ersetzen sind, so dass die Verzugskostenpauschale nach § 288 Abs. 5 Satz 1 BGB (Nr. 14) für alle bis zum Ende der ersten Instanz angefallenen Kosten ausgeschlossen ist (25. 9. 2018 – 8 AZR 26/18, NZA 19, 121; 12. 12. 2018 – 5 AZR 588/17, NZA 19, 775, Rn. 46 ff.; a. A. *Sächs. LAG* 17. 7. 2019 – 2 Sa 364/18, BB 19, 2298, n. rkr.).
- Urteile der Arbeitsgerichte sind (§ 62) grundsätzlich vorläufig vollstreckbar;
- ausgeprägtes Güteverfahren (§§ 54, 55), in welchem 40 % der Verfahren beendet werden.

Überall da, wo das ArbGG schweigt, gilt für das Urteilsverfahren (siehe § 2) die ZPO (vgl. §§ 46 Abs. 2, 64 Abs. 6, 72 Abs. 5). In diesem Verfahren besteht zwar die Pflicht des Vorsitzenden (§ 139 ZPO), auf die Stellung sachdienlicher Anträge hinzuwirken, es ist jedoch grundsätzlich Aufgabe der Parteien, dem Gericht die Tatsachen vorzutragen (Beibringungsgrundsatz). Etwas anderes gilt nur beim (vor allem in Angelegenheiten der Betriebsverfassung maßgeblichen) Beschlussverfahren (siehe § 2 a), bei dem es Aufgabe des Gerichtes ist, die Tatsachen zu ermitteln (Untersuchungsgrundsatz, §§ 80 ff., insbes. § 83 Abs. 1; zum Verfahren *Molkenbur,* DB 92, 425). Da die Entscheidungen Wirkungen für eine Vielzahl von Personen entfalten, darf das Ergebnis nicht von der Beibringung durch die Beteiligten abhängen.

Die arbeitsrechtliche Rechtsberatung ihrer Mitglieder außerhalb und im Vorfeld eines Gerichtsverfahrens ist den Gewerkschaften und Arbeitgeberverbänden aufgrund § 7 des Rechtsdienstleistungsgesetzes erlaubt. Im Hinblick auf diese verbandsmäßige Selbsthilfe (einschließlich der Möglichkeit der Prozessvertretung gemäß § 11) hatte das Beratungshilfegesetz eine staatlich finanzierte Rechtsberatung Minderbemittelter in Arbeitsrechtsfragen ausgeschlossen. Das ist vom *BVerfG* (2. 12. 1992 – 1 BvR 296/88, NZA 93, 427) als Verstoß gegen das Gleichbehandlungsgebot (Art. 3 Abs. 1 GG) gewertet worden. Seit 1994 erstreckt sich das BeratungshilfeG auch auf Angelegenheiten der Arbeitsgerichtsbarkeit (vgl. § 11 a Fußn. 1). Die Prozesskostenhilfe für eine nicht organisierte minderbemittelte Partei ist in § 11 a geregelt (hierzu *App,* AuA 93, 304; *Schwab,* NZA 95, 115). Zur Prozesskostenhilfe s. Einl. II zur ZPO (Nr. 35).

III. Anwendungsprobleme und Rechtstatsachen

1. Funktion der Arbeitsgerichtsbarkeit

Die Beurteilung eines Prozessgesetzes hat von dessen dienender Funktion auszugehen. Es hat zu gewährleisten, dass das materielle Recht schnell, wirtschaftlich und in einem für den rechtsuchenden Bürger überschaubaren Verfahren verwirklicht wird. Dies kann freilich nur in dem Umfang geschehen, in dem das materielle Recht selbst Ansprüche bereitstellt und darüber hinaus sich ein Berechtigter um die Durchsetzung seiner Ansprüche bemüht (»Wo kein Kläger, da kein Richter«). Was das Letztere angeht, muss man allerdings davon ausgehen, dass es sehr viele Arbeitnehmer aus Angst vor weiteren Nachteilen während des Bestands eines Arbeitsverhältnisses nicht wagen, strittige Fragen vor das Arbeitsgericht zu tragen und ihr Recht durchzusetzen: *Ramm* (KJ 70, 175) hat bereits für Zeiten guter Wirtschaftskonjunktur festgestellt, dass etwa 80 % der gewerkschaftlich organisierten Arbeitnehmer erst nach Beendigung ihres Arbeitsverhältnisses gegen den Arbeitgeber prozessieren. Bei den restlichen 20 %, die auch innerhalb eines bestehenden Arbeitsverhältnisses ihre Ansprüche einklagen, handelt es sich überwiegend um Angehörige des öffentlichen Dienstes und zum geringeren Teil um Arbeitnehmer aus Großbetrieben, in deren Augen dieses zusätzliche Risiko eines Prozesses geringer wiegt. Umgekehrt kann eine gut funktionierende Mitbestimmung Rechtsstreite überflüssig machen (deutlich sichtbar beim geringen Klageaufkommen aus dem Bereich der Montanmitbestimmung).

Im Übrigen ist beachtlich, wie im Urteilsverfahren die Prozessführungslast typischerweise beim Arbeitnehmer liegt (fast 95 % aller eingereichten Klagen). Das ist Ausdruck des sozialen Ungleichgewichts beider Seiten: Arbeitgeber können strittige Dinge in der Regel einseitig durch Direktionsrecht, Verweigerung o. Ä. »regeln« (hierzu s. *Kittner/Breinlinger*, Zeitschrift für Rechtssoziologie 81, 53). Im Beschlussverfahren zwischen Betriebsrat und Arbeitgeber sieht das Verhältnis mit etwa 75 : 25 zwar immer noch einseitig, aber doch erheblich anders aus (siehe Übersicht 13).

Die Arbeitsgerichtsbarkeit hat eine im Verhältnis zu anderen Gerichtszweigen besonders schwierige Aufgabe der Konfliktlösung. Hinter fast jedem Fall steht der soziale Konflikt zwischen Arbeit und Kapital, und vielfach existieren keine eindeutigen Kriterien zur Rechtsauslegung. Das rückt die Arbeitsgerichtsbarkeit – zumal dort, wo sie rechtsschöpferisch tätig werden muss, wie im Arbeitskampfrecht – unvermeidlich in die (legitime) politische Auseinandersetzung. In diesem Zusammenhang ist – ausgehend vom Vorgehen des Chemieunternehmens Hoechst gegen einen missliebigen Arbeitsrichter – das Koalitionsrecht der Arbeitsrichter in Frage gestellt worden (zu diesem spektakulären Vorgang s. *Bobke/Unterhinninghofen* in Kittner, GewJB 84, 413; *Reifner*, AiB 84, 56; kritisch *Rüthers*, DB 84, 1620 mit Erwiderung *Schuldt*, DB 84, 2509). Das *BVerfG* hat eine Verfassungsbeschwerde der Fa. Hoechst wegen fehlender Erfolgsaussicht nicht angenommen und in diesem Zusammenhang ausgeführt: »Richtern – auch der Arbeitsgerichtsbarkeit – ist es daher von Verfassungs wegen gestattet, sich gewerkschaftlich zu betätigen. Dazu gehört die Teilnahme an einem Arbeitskreis ›Recht‹ der Gewerkschaft ÖTV, selbst wenn dabei sich vor den Arbeitsgerichten auftretende Anwälte an der allgemeinen Erörterung aktueller arbeitsrechtlicher Probleme beteiligen« (*BVerfG* 15. 3. 1984 – 1 BvR 200/84, BB 84, 787).

Insgesamt zeigt die Statistik der arbeitsgerichtlichen Tätigkeit (s. u. 5), in welch hohem Maße die Arbeitsgerichte streitschlichtend wirken: nur ca. 7 % aller Klagen werden durch streitiges Urteil entschieden, dagegen enden mehr als 80 % aller Verfahren durch Vergleich oder auf andere Weise (Übersicht 13). Die Bedeutung der Konfliktlösung ohne Urteil wurde durch das Mediationsgesetz (s. o. I) zusätzlich ausgeweitet (zum Gesetz: *Ahrens*, NJW 12, 2465 ff.; aus arbeitsrechtlicher Sicht *Düwell*, BB 12, 1921 ff.; *Francken*, NZA 12, 836; *Niedostadek*, ZESAR 12, 319; *Stoppkotte/Stiel*, AuR 12, 385). Mediation ist ein Verfahren, bei dem die Parteien mithilfe von Dritten (Mediatoren) freiwillig und eigenverantwortlich eine einvernehmliche Beilegung ihres Konfliktes anstreben. Für die grenzüberschreitende Mediation gibt es die EU-Richtlinie 2008/52/EG, die bis zum 21. 5. 2011 umzusetzen war (s. o. I). Das dadurch veranlasste Gesetz sieht die Mediation auch für die Arbeitsgerichtsbarkeit vor, und zwar nicht nur bei grenzüberschreitenden Fällen (zum Gesetz s. o. I, Entwurf: BR-Drs. 60/11; vgl. 37. Aufl., Einl. III 6 zum ArbGG; dazu *Francken*, NZA 11, 1001 ff.; *Stiel/Stoppkotte*, AiB 12, 631 ff., zur Entwicklung im Laufe der Beratungen s. 40. Aufl.). Es folgt dem sog. erweiterten Güterichterkonzept, das einer außergerichtlichen Mediation nicht im Wege steht. Nach § 54 Abs. 6 kann der Vorsitzende die Parteien an einen Güterichter verweisen, diese müssen einverstanden sein (*Francken*, NZA 12, 836, 838). Der Güterichter kann alle

Methoden der Konfliktbeilegung einsetzen. Das schließt die Möglichkeit der Mediation ein. Im Übrigen kann das Gericht nach § 54 a ArbGG den Parteien eine Mediation oder ein anderes Verfahren der außergerichtlichen Konfliktbeilegung vorschlagen. Entscheiden die Parteien sich dafür, ruht das Verfahren und wird nach drei Monaten wieder aufgenommen, wenn sie nicht erklären, noch eine Mediation oder außergerichtliche Konfliktbeilegung zu betreiben.

2. Prozessdauer

Der wundeste Punkt der gegenwärtigen Arbeitsgerichtspraxis ist die Prozessdauer, auch wenn man berücksichtigt, dass die Verfahrensdauer bei anderen Gerichten, etwa bei den Verwaltungsgerichten, noch deutlich länger sind: Die durchschnittliche Dauer eines Arbeitsgerichtsverfahrens (vom Klageeingang bis zur Urteilszustellung) beträgt ca. 7 Monate, beim LAG kommt ein gutes halbes Jahr hinzu, beim BAG noch ein halbes bis ein Dreivierteljahr. Kurz – bei Ausschöpfung aller Rechtsmittel muss mit leicht 2 Jahren Prozessdauer gerechnet werden. Derartige Verfahrenslängen bedeuten in vielen Fällen »Rechtsverweigerung« in dem Sinne, dass, wo ein Arbeitnehmer schon nicht vor dem Prozess abgeschreckt wird, er selbst von einem obsiegenden Urteil nichts hat. Das gilt vor allem bei Kündigungsschutzprozessen (s. u. 3) und trifft z. B. ausländische Arbeitnehmer, die schon wieder in ihr Heimatland zurückgekehrt sind, besonders hart.
Dieser Zustand beruht vor allem auf der völlig unzulänglichen Besetzung der Arbeitsgerichte. Eine vorübergehende Besserung, nachdem im Zuge der deutschen Vereinigung die Gerichtsbesetzungen erhöht wurden, mit Abnahme der Prozesse aber nicht in gleichem Maße wieder abgebaut werden konnten, ebbt langsam wieder ab. Vor allem infolge der Wirtschaftskrise nahm auch die Zahl der Verfahren vor den Arbeitsgerichten wieder zu (vgl. einblick 3/09, S. 5). Das *BAG* hatte 2012 die höchste Eingangszahl seit Gründung des Gerichts überhaupt (vgl. Pressemitteilung des Gerichts Nr. 8/13).

3. Sonderfall: Kündigungsschutzprozess

In besonderer Weise mit der Beurteilung des Prozessverlaufes verwoben ist das materielle Recht bei Kündigungsschutzprozessen, die mehr als die Hälfte aller erledigten Urteilsverfahren ausmachen. Einerseits muss der faktisch nicht bestehende Schutz vor der Beendigung eines Arbeitsverhältnisses gesehen werden (siehe Einl. zum KSchG, Nr. 25). Bei der Klage gegen eine betriebsbedingte Kündigung wirkt sich zu Lasten des Arbeitnehmers überdies die Tatsache aus, dass ihm die Beweislast dafür obliegt, dass andere Arbeitnehmer des Betriebes weniger schutzwürdig sind. Andererseits steht und fällt die Durchsetzung des materiellen Rechts gerade beim Kündigungsschutzprozess mit der Dauer des Gerichtsverfahrens (das gilt jedenfalls so lange, als nicht eine durchgängige Weiterbeschäftigung des gekündigten Arbeitnehmers bis zum rechtskräftigen Abschluss des Kündigungsschutzprozesses zumindest in den Fällen sichergestellt ist, in denen der Betriebsrat der Kündigung widersprochen hat, vgl. Einl. zum KSchG, Nr. 25). Zum Mindesten wäre erforderlich, dass ein erstinstanzliches Urteil über die Rechtmäßigkeit einer Kündigung vor Ablauf der Kündigungsfrist vorliegt.

4. Verhältnis der deutschen Arbeitsgerichtsbarkeit zum EuGH

Zunehmend gewinnen europäische Rechtsgrundlagen Bedeutung auch für das deutsche Arbeitsleben (vgl. die allgemeinen Literaturhinweise). Deren verbindliche Auslegung ist Sache des *EuGH.* Er kann gemäß Art. 267 AEUV (Nr. 20 a) von jedem nationalen (Arbeits-)Gericht auch unter Übergehung des *BAG* zur Vorabentscheidung einer europarechtlichen Frage angerufen werden (vgl. *Maschmann,* NZA 95, 920). Daraus können Auslegungsprobleme im Verhältnis zwischen *BAG* und *EuGH* erwachsen (vgl. *Wißmann,* AuR 01, 370). Letztinstanzliche Gerichte wie das *BAG* müssen bei europarechtlichen Auslegungsfragen ein Vorabentscheidungsersuchen an den *EuGH* richten, was eine einheitliche Rechtsprechung gewährleisten soll.

5. Statistik

Übersicht 13: Tätigkeit der Arbeitsgerichte 2017 und 2018

Zeilen-Nr.	Anhängige Verfahren	2018	2017
1	**Urteilsverfahren**		
11	Unerledigte Klagen zu Jahresbeginn	96677	105713
12	Eingereichte Klagen	320094	330832
13	Klagen insgesamt	416771	436545
14	Erledigte Klagen	319381	339794
	davon eingereicht durch:		
	Arbeitnehmer, Gewerkschaften, Betriebsräte	304729	322316
	Arbeitgeber und ihre Organisationen	14627	17440
	Länder (§ 25 HAG und § 14 MindArbBG)	25	38
142	Nach Art der Erledigung:		
1421	durch streitiges Urteil	23109	24882
1422	durch sonstiges Urteil	24020	22722
1423	durch Vergleich	202341	211672
1424	auf andere Weise	69911	80518
143	Nach Streitgegenständen:		
	Zahlungsklagen	124424	133989

Zeilen-Nr.	Anhängige Verfahren	2018	2017
1433	Bestandsstreitigkeiten (§ 61 a ArbGG)	180891	189518
14331	darunter Kündigungen	173096	180886
1436	tarifliche Eingruppierung	2993	2832
1437	Sonstiges	112125	108104
144	Streitgegenstände zusammen	420433	434443
1441	darunter Klagen mit mehreren Streitgegenständen	17292	83184
145	Nach Dauer des Verfahrens:		
1451	Bei Bestandsstreitigkeiten (§ 61 a ArbGG):		
14511	bis zu einem Monat	51103	54932
14512	über 1 bis 3 Monate	81034	82760
14513	über 3 bis 6 Monate	32269	33545
14514	über 6 bis 12 Monate	16164	16465
14515	über 12 Monate	2764	2809
1452	Bei den übrigen Verfahren:		
14521	bis zu einem Monat	33793	38568
14522	über 1 bis 3 Monate	49251	51773
14523	über 3 bis 6 Monate	26462	28630
14524	über 6 bis 12 Monate	20070	23979
14525	über 12 Monate	6471	6333
15	Unerledigte Klagen am JE	97329	96751
2	**Sonstige Verfahren (ohne Ziff. 3)**		
21	Arreste und einstweilige Verfügungen:		
212	Ergangene Entscheidungen	3719	4127
22	Eingegangene Mahnverfahren	47680	67315

Zeilen-Nr.	Anhängige Verfahren	2018	2017
3	**Beschlussverfahren**		
31	Unerledigte Beschlusssachen zu Jahresbeginn	3943	5000
32	Eingereichte Anträge	10292	10426
34	Erledigte Beschlusssachen	10238	11510
	davon eingereicht durch		
321	Arbeitnehmer, Gewerkschaften, Betriebsräte, Wahlvorstände	7973	9008
322	Arbeitgeber und ihre Vereinigungen	2264	2500
323	oberste Arbeitsbehörden	1	2
33	Beschlusssachen insgesamt	14234	15426
341	Nach Art der Erledigung:		
3411	durch Beschluss (§ 84 ArbGG)	2624	2878
3412	durch Vergleich oder Erledigungserklärung (§ 83 a Abs. 1 ArbGG)	3837	4351
3413	auf andere Weise	3777	4281
342	Nach Dauer des Verfahrens:		
3421	bis zu einem Monat	2805	2984
3422	über 1 bis 3 Monate	2443	2647
3423	über 3 bis 6 Monate	2441	2967
3424	über 6 bis 12 Monate	1989	2451
3425	über 12 Monate	560	461
35	Unerledigte Beschlusssachen zum Jahresende	3989	3916

Quelle: Bundesministerium für Arbeit und Soziales

Weiterführende Literatur

Handbücher und Kommentare

Deinert/Heuschmid/Zwanziger-*Zwanziger,* Arbeitsrecht, §§ 127 – 133 (Arbeitsgerichtsverfahren)

Düwell/Lipke (Hrsg.), Arbeitsgerichtsgesetz, 4. Aufl. (2016)

Germelmann/Matthes/Prütting, ArbGG, 9. Aufl. (2017)

Grunsky/Waas/Benecke/Greiner, ArbGG, 8. Aufl. (2014)

Hauck/Helml/Biebl, ArbGG, 4. Aufl. (2011)

Lakies, Arbeitsgerichtsgesetz, Basiskommentar (2010)

Schwab/Weth, ArbGG, 5. Aufl. (2017)

Aufsätze

Greiner, Wo kein Kläger, da kein Richter – Ansätze zur Unterbindung der Divergenz von Rechtslage und Rechtswirklichkeit im Arbeitsrecht, AuR 2016, S. 92

Grotmann-Höfling, Die Arbeitsgerichtsbarkeit 2018 im Lichte der Statistik, AuR 2019, S. 452

Grotmann-Höfling, Vertretung vor den Gerichten für Arbeitssachen, AuR 2009, S. 392

Hanau, 60 Jahre Bundesarbeitsgericht, Eine Chronik (2014)

Hanau, Gedanken zum 100-jährigen Bestehen des Deutschen Arbeitsgerichtsverbandes, NZA 1993, S. 338

Höland, Der arbeitsgerichtliche Rechtsschutz während des Arbeitsverhältnisses – einige Schwächen, ihre Gründe und ihre Folgen, AuR 2010, S. 452

Kerwer, Die Arbeitsgerichtsbarkeit, JuS 1999, S. 250

Kissel, 40 Jahre Arbeitsgerichtsbarkeit, RdA 1994, S. 323

Reinfelder, Arbeitsgerichtliche Streitigkeiten und die Insolvenz des Arbeitnehmers, NZA 2009, S. 124

Schmidt, Arbeitsrecht und Arbeitsgerichtsbarkeit im Fokus der Politologie, SR 2013, S. 109

Weth, Besonderheiten der Arbeitsgerichtsbarkeit, NZA 1998, S. 680

Übersicht 14: Arbeitsgerichtsbarkeit

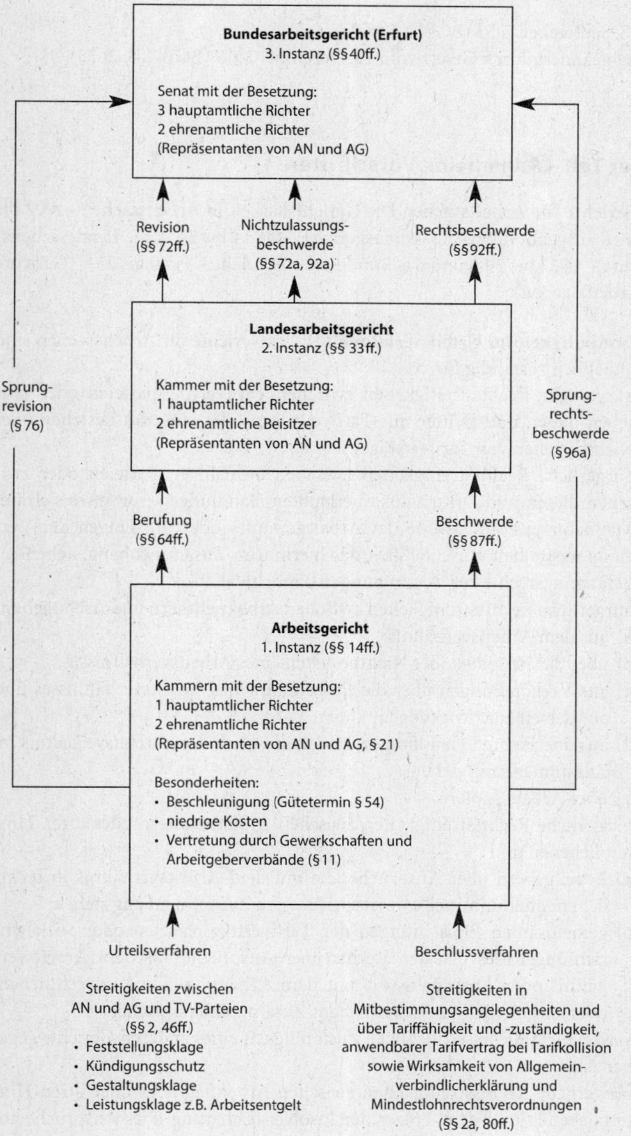

Arbeitsgerichtsgesetz (ArbGG)

vom 3. September 1953 (BGBl. I 1267),
zuletzt geändert durch Gesetz vom 12. Dezember 2019 (BGBl I. S. 2633)

Erster Teil – Allgemeine Vorschriften

§ 1 Gerichte für Arbeitssachen Die Gerichtsbarkeit in Arbeitssachen – §§ 2 bis 3 – wird ausgeübt durch die Arbeitsgerichte – §§ 14 bis 31 –, die Landesarbeitsgerichte – §§ 33 bis 39 – und das Bundesarbeitsgericht – §§ 40 bis 45 – (Gerichte für Arbeitssachen).

§ 2 Zuständigkeit im Urteilsverfahren (1) Die Gerichte für Arbeitssachen sind ausschließlich zuständig für

1. bürgerliche Rechtsstreitigkeiten zwischen Tarifvertragsparteien oder zwischen diesen und Dritten aus Tarifverträgen oder über das Bestehen oder Nichtbestehen von Tarifverträgen;
2. bürgerliche Rechtsstreitigkeiten zwischen tariffähigen Parteien oder zwischen diesen und Dritten aus unerlaubten Handlungen, soweit es sich um Maßnahmen zum Zwecke des Arbeitskampfes oder um Fragen der Vereinigungsfreiheit einschließlich des hiermit im Zusammenhang stehenden Betätigungsrechts der Vereinigungen handelt;
3. bürgerliche Rechtsstreitigkeiten zwischen Arbeitnehmern und Arbeitgebern
   a) aus dem Arbeitsverhältnis;
   b) über das Bestehen oder Nichtbestehen eines Arbeitsverhältnisses;
   c) aus Verhandlungen über die Eingehung eines Arbeitsverhältnisses und aus dessen Nachwirkungen;
   d) aus unerlaubten Handlungen, soweit diese mit dem Arbeitsverhältnis im Zusammenhang stehen;
   e) über Arbeitspapiere;
4. bürgerliche Rechtsstreitigkeiten zwischen Arbeitnehmern oder ihren Hinterbliebenen und
   a) Arbeitgebern über Ansprüche, die mit dem Arbeitsverhältnis in rechtlichem oder unmittelbar wirtschaftlichem Zusammenhang stehen;
   b) gemeinsamen Einrichtungen der Tarifvertragsparteien oder Sozialeinrichtungen des privaten Rechts über Ansprüche aus dem Arbeitsverhältnis oder Ansprüche, die mit dem Arbeitsverhältnis in rechtlichem oder unmittelbar wirtschaftlichem Zusammenhang stehen,

   soweit nicht die ausschließliche Zuständigkeit eines anderen Gerichts gegeben ist;
5. bürgerliche Rechtsstreitigkeiten zwischen Arbeitnehmern oder ihren Hinterbliebenen und dem Träger der Insolvenzsicherung über Ansprüche auf

Leistungen der Insolvenzsicherung nach dem Vierten Abschnitt des Ersten Teils des Gesetzes zur Verbesserung der betrieblichen Altersversorgung;

6. bürgerliche Rechtsstreitigkeiten zwischen Arbeitgebern und Einrichtungen nach Nummer 4 Buchstabe b und Nummer 5 sowie zwischen diesen Einrichtungen, soweit nicht die ausschließliche Zuständigkeit eines anderen Gerichts gegeben ist;
7. bürgerliche Rechtsstreitigkeiten zwischen Entwicklungshelfern und Trägern des Entwicklungsdienstes nach dem Entwicklungshelfergesetz;
8. bürgerliche Rechtsstreitigkeiten zwischen den Trägern des freiwilligen sozialen oder ökologischen Jahres oder den Einsatzstellen und Freiwilligen nach dem Jugendfreiwilligendienstegesetz;

8 a. bürgerliche Rechsstreitigkeiten zwischen dem Bund oder den Einsatzstellen des Bundesfreiwilligendienstes oder deren Trägern und Freiwilligen nach dem Bundesfreiwilligendienstgesetz;

9. bürgerliche Rechtsstreitigkeiten zwischen Arbeitnehmern aus gemeinsamer Arbeit und aus unerlaubten Handlungen, soweit diese mit dem Arbeitsverhältnis im Zusammenhang stehen;
10. bürgerliche Rechtsstreitigkeiten zwischen behinderten Menschen im Arbeitsbereich von Werkstätten für behinderte Menschen und den Trägern der Werkstätten aus den in § 221 des Neunten Buches Sozialgesetzbuch geregelten arbeitnehmerähnlichen Rechtsverhältnissen.

(2) Die Gerichte für Arbeitssachen sind auch zuständig für bürgerliche Rechtsstreitigkeiten zwischen Arbeitnehmern und Arbeitgebern,

a) die ausschließlich Ansprüche auf Leistung einer festgestellten oder festgesetzten Vergütung für eine Arbeitnehmererfindung oder für einen technischen Verbesserungsvorschlag nach § 20 Abs. 1 des Gesetzes über Arbeitnehmererfindungen zum Gegenstand haben;
b) die als Urheberrechtsstreitsachen aus Arbeitsverhältnissen ausschließlich Ansprüche auf Leistung einer vereinbarten Vergütung zum Gegenstand haben.

(3) Vor die Gerichte für Arbeitssachen können auch nicht unter die Absätze 1 und 2 fallende Rechtsstreitigkeiten gebracht werden, wenn der Anspruch mit einer bei einem Arbeitsgericht anhängigen oder gleichzeitig anhängig werdenden bürgerlichen Rechtsstreitigkeit der in den Absätzen 1 und 2 bezeichneten Art in rechtlichem oder unmittelbar wirtschaftlichem Zusammenhang steht und für seine Geltendmachung nicht die ausschließliche Zuständigkeit eines anderen Gerichts gegeben ist.

(4) Auf Grund einer Vereinbarung können auch bürgerliche Rechtsstreitigkeiten zwischen juristischen Personen des Privatrechts und Personen, die kraft Gesetzes allein oder als Mitglieder des Vertretungsorgans der juristischen Person zu deren Vertretung berufen sind, vor die Gerichte für Arbeitssachen gebracht werden.

(5) In Rechtsstreitigkeiten nach diesen Vorschriften findet das Urteilsverfahren statt.

§ 2 a Zuständigkeit im Beschlußverfahren (1) Die Gerichte für Arbeitssachen sind ferner ausschließlich zuständig für

1. Angelegenheiten aus dem Betriebsverfassungsgesetz, soweit nicht für Maßnahmen nach seinen §§ 119 bis 121 die Zuständigkeit eines anderen Gerichts gegeben ist;
2. Angelegenheiten aus dem Sprecherausschußgesetz, soweit nicht für Maßnahmen nach seinen §§ 35 bis 36 die Zuständigkeit eines anderen Gerichts gegeben ist;
3. Angelegenheiten aus dem Mitbestimmungsgesetz, dem Mitbestimmungsergänzungsgesetz und dem Drittelbeteiligungsgesetz, soweit über die Wahl von Vertretern der Arbeitnehmer in den Aufsichtsrat und über ihre Abberufung mit Ausnahme der Abberufung nach § 103 Abs. 3 des Aktiengesetzes zu entscheiden ist;

3 a. Angelegenheiten aus den §§ 177, 178 und 222 des Neunten Buches Sozialgesetzbuch;

3 b. Angelegenheiten aus den Gesetz über Europäische Betriebsräte, soweit nicht für Maßnahmen nach seinen §§ 43 bis 45 die Zuständigkeit eines anderen Gerichts gegeben ist;

3 c. Angelegenheiten aus § 51 des Berufsbildungsgesetzes;

3 d. Angelegenheiten aus § 10 des Bundesfreiwilligendienstgesetzes;

3 e. Angelegenheiten aus dem SE-Beteiligungsgesetz vom 22. Dezember 2004 (BGBl. I S. 3675, 3686) mit Ausnahme der §§ 45 und 46 und nach den §§ 34 bis 39 nur insoweit, als über die Wahl von Vertretern der Arbeitnehmer in das Aufsichts- oder Verwaltungsorgan sowie deren Abberufung mit Ausnahme der Abberufung nach § 103 Abs. 3 des Aktiengesetzes zu entscheiden ist;

3 f. Angelegenheiten aus dem SCE-Beteiligungsgesetz vom 14. August 2006 (BGBl. I S. 1911, 1917) mit Ausnahme der §§ 47 und 48 und nach den §§ 34 bis 39 nur insoweit, als über die Wahl von Vertretern der Arbeitnehmer in das Aufsichts- oder Verwaltungsorgan sowie deren Abberufung zu entscheiden ist;

3 g. Angelegenheiten aus dem Gesetz über die Mitbestimmung der Arbeitnehmer bei einer grenzüberschreitenden Verschmelzung vom 21. Dezember 2006 (BGBl. I S. 3332) mit Ausnahme der §§ 34 und 35 und nach den §§ 23 bis 28 nur insoweit, als über die Wahl von Vertretern der Arbeitnehmer in das Aufsichts- oder Verwaltungsorgan sowie deren Abberufung mit Ausnahme der Abberufung nach § 103 Abs. 3 des Aktiengesetzes zu entscheiden ist;

4. die Entscheidung über die Tariffähigkeit und die Tarifzuständigkeit einer Vereinigung;
5. die Entscheidung über die Wirksamkeit einer Allgemeinverbindlicherklärung nach § 5 des Tarifvertragsgesetzes, einer Rechtsverordnung nach § 7 oder § 7 a des Arbeitnehmer-Entsendegesetzes und einer Rechtsverordnung nach § 3 a des Arbeitnehmerüberlassungsgesetzes;
6. die Entscheidung über den nach § 4 a Absatz 2 Satz 2 des Tarifvertragsgesetzes im Betrieb anwendbaren Tarifvertrag.

(2) In Streitigkeiten nach diesen Vorschriften findet das Beschlußverfahren statt.

§ 3 Zuständigkeit in sonstigen Fällen Die in den §§ 2 und 2 a begründete Zuständigkeit besteht auch in den Fällen, in denen der Rechtsstreit durch einen Rechtsnachfolger oder durch eine Person geführt wird, die kraft Gesetzes an Stelle des sachlich Berechtigten oder Verpflichteten hierzu befugt ist.

§ 4 Ausschluß der Arbeitsgerichtsbarkeit In den Fällen des § 2 Abs. 1 und Abs. 2 kann die Arbeitsgerichtsbarkeit nach Maßgabe der §§ 101 bis 110 ausgeschlossen werden.

§ 5 Begriff des Arbeitnehmers (1) Arbeitnehmer im Sinne dieses Gesetzes sind Arbeiter und Angestellte sowie die zu ihrer Berufsausbildung Beschäftigten. Als Arbeitnehmer gelten auch die in Heimarbeit Beschäftigten und die ihnen Gleichgestellten (§ 1 des Heimarbeitsgesetzes vom 14. März 1951 – Bundesgesetzbl. I S. 191 –) sowie sonstige Personen, die wegen ihrer wirtschaftlichen Unselbständigkeit als arbeitnehmerähnliche Personen anzusehen sind. Als Arbeitnehmer gelten nicht in Betrieben einer juristischen Person oder einer Personengesamtheit Personen, die kraft Gesetzes, Satzung oder Gesellschaftsvertrag allein oder als Mitglieder des Vertretungsorgans zur Vertretung der juristischen Person oder der Personengesamtheit berufen sind.
(2) Beamte sind als solche keine Arbeitnehmer.
(3) Handelsvertreter gelten nur dann als Arbeitnehmer im Sinne dieses Gesetzes, wenn sie zu dem Personenkreis gehören, für den nach § 92 a des Handelsgesetzbuchs die untere Grenze der vertraglichen Leistungen des Unternehmers festgesetzt werden kann, und wenn sie während der letzten sechs Monate des Vertragsverhältnisses, bei kürzerer Vertragsdauer während dieser, im Durchschnitt monatlich nicht mehr als 1000 Euro auf Grund des Vertragsverhältnisses an Vergütung einschließlich Provision und Ersatz für im regelmäßigen Geschäftsbetrieb entstandene Aufwendungen bezogen haben. Das Bundesministerium für Arbeit und Soziales und das Bundesministerium der Justiz und für Verbraucherschutz können im Einvernehmen mit dem Bundesministerium für Wirtschaft und Energie die in Satz 1 bestimmte Vergütungsgrenze durch Rechtsverordnung, die nicht der Zustimmung des Bundesrates bedarf, den jeweiligen Lohn- und Preisverhältnissen anpassen.

§ 6 Besetzung der Gerichte für Arbeitssachen (1) Die Gerichte für Arbeitssachen sind mit Berufsrichtern und mit ehrenamtlichen Richtern aus den Kreisen der Arbeitnehmer und Arbeitgeber besetzt.
(2) *(weggefallen)*

§ 6 a Allgemeine Vorschriften über das Präsidium und die Geschäftsverteilung Für die Gerichte für Arbeitssachen gelten die Vorschriften des Zweiten

Titels des Gerichtsverfassungsgesetzes nach Maßgabe der folgenden Vorschriften entsprechend:

1. Bei einem Arbeitsgericht mit weniger als drei Richterplanstellen werden die Aufgaben des Präsidiums durch den Vorsitzenden oder, wenn zwei Vorsitzende bestellt sind, im Einvernehmen der Vorsitzenden wahrgenommen. Einigen sich die Vorsitzenden nicht, so entscheidet das Präsidium des Landesarbeitsgerichts oder, soweit ein solches nicht besteht, der Präsident dieses Gerichts.
2. Bei einem Landesarbeitsgericht mit weniger als drei Richterplanstellen werden die Aufgaben des Präsidiums durch den Präsidenten, soweit ein zweiter Vorsitzender vorhanden ist, im Benehmen mit diesem wahrgenommen.
3. Der aufsichtführende Richter bestimmt, welche richterlichen Aufgaben er wahrnimmt.
4. Jeder ehrenamtliche Richter kann mehreren Spruchkörpern angehören.
5. Den Vorsitz in den Kammern der Arbeitsgerichte führen die Berufsrichter.

§ 7 Geschäftsstelle, Aufbringung der Mittel (1) Bei jedem Gericht für Arbeitssachen wird eine Geschäftsstelle eingerichtet, die mit der erforderlichen Zahl von Urkundsbeamten besetzt wird. Die Einrichtung der Geschäftsstelle bestimmt bei dem Bundesarbeitsgericht das Bundesministerium für Arbeit und Soziales im Benehmen mit dem Bundesministerium der Justiz und für Verbraucherschutz. Die Einrichtung der Geschäftsstelle bestimmt bei den Arbeitsgerichten und Landesarbeitsgerichten die zuständige oberste Landesbehörde.

(2) Die Kosten der Arbeitsgerichte und der Landesarbeitsgerichte trägt das Land, das sie errichtet. Die Kosten des Bundesarbeitsgerichts trägt der Bund.

§ 8 Gang des Verfahrens (1) Im ersten Rechtszug sind die Arbeitsgerichte zuständig, soweit durch Gesetz nichts anderes bestimmt ist.

(2) Gegen die Urteile der Arbeitsgerichte findet die Berufung an die Landesarbeitsgerichte nach Maßgabe des § 64 Abs. 1 statt.

(3) Gegen die Urteile der Landesarbeitsgerichte findet die Revision an das Bundesarbeitsgericht nach Maßgabe des § 72 Abs. 1 statt.

(4) Gegen die Beschlüsse der Arbeitsgerichte und ihrer Vorsitzenden im Beschlußverfahren findet die Beschwerde an das Landesarbeitsgericht nach Maßgabe des § 87 statt.

(5) Gegen die Beschlüsse der Landesarbeitsgerichte im Beschlußverfahren findet die Rechtsbeschwerde an das Bundesarbeitsgericht nach Maßgabe des § 92 statt.

§ 9 Allgemeine Verfahrensvorschriften und Rechtsschutz bei überlangen Gerichtsverfahren (1) Das Verfahren ist in allen Rechtszügen zu beschleunigen.

(2) Die Vorschriften des Gerichtsverfassungsgesetzes über Zustellungs- und Vollstreckungsbeamte, über die Aufrechterhaltung der Ordnung in der Sitzung,

über die Gerichtssprache, über die Wahrnehmung richterlicher Geschäfte durch Referendare und über Beratung und Abstimmung gelten in allen Rechtszügen entsprechend. Die Vorschriften des Siebzehnten Titels des Gerichtsverfassungsgesetzes sind mit der Maßgabe entsprechend anzuwenden, dass an die Stelle des Oberlandesgerichts das Landesarbeitsgericht, an die Stelle des Bundesgerichtshofs das Bundesarbeitsgericht und an die Stelle der Zivilprozessordnung das Arbeitsgerichtsgesetz tritt.
(3) Die Vorschriften über die Wahrnehmung der Geschäfte bei den ordentlichen Gerichten durch Rechtspfleger gelten in allen Rechtszügen entsprechend. Als Rechtspfleger können nur Beamte bestellt werden, die die Rechtspflegerprüfung oder die Prüfung für den gehobenen Dienst bei der Arbeitsgerichtsbarkeit bestanden haben.
(4) Zeugen und Sachverständige erhalten eine Entschädigung oder Vergütung nach dem Justizvergütungs- und -entschädigungsgesetz.
(5) Alle mit einem befristeten Rechtsmittel anfechtbaren Entscheidungen enthalten die Belehrung über das Rechtsmittel. Soweit ein Rechtsmittel nicht gegeben ist, ist eine entsprechende Belehrung zu erteilen. Die Frist für ein Rechtsmittel beginnt nur, wenn die Partei oder der Beteiligte über das Rechtsmittel und das Gericht, bei dem das Rechtsmittel einzulegen ist, die Anschrift des Gerichts und die einzuhaltende Frist und Form schriftlich belehrt worden ist. Ist die Belehrung unterblieben oder unrichtig erteilt, so ist die Einlegung des Rechtsmittels nur innerhalb eines Jahres seit Zustellung der Entscheidung zulässig, außer wenn die Einlegung vor Ablauf der Jahresfrist infolge höherer Gewalt unmöglich war oder eine Belehrung dahin erfolgt ist, daß ein Rechtsmittel nicht gegeben sei; § 234 Abs. 1, 2 und § 236 Abs. 2 der Zivilprozeßordnung gelten für den Fall höherer Gewalt entsprechend.

§ 10 Parteifähigkeit Parteifähig im arbeitsgerichtlichen Verfahren sind auch Gewerkschaften und Vereinigungen von Arbeitgebern sowie Zusammenschlüsse solcher Verbände; in den Fällen des § 2 a Abs. 1 Nr. 1 bis 3 f sind auch die nach dem Betriebsverfassungsgesetz, dem Sprecherausschussgesetz, dem Mitbestimmungsgesetz, dem Mitbestimmungsergänzungsgesetz, dem Drittelbeteiligungsgesetz, dem § 222 des Neunten Buches Sozialgesetzbuch, dem § 51 des Berufsbildungsgesetzes und den zu diesen Gesetzen ergangenen Rechtsverordnungen sowie die nach dem Gesetz über Europäische Betriebsräte, dem SE-Beteiligungsgesetz, dem SCE-Beteiligungsgesetz und dem Gesetz über die Mitbestimmung der Arbeitnehmer bei einer grenzüberschreitenden Verschmelzung beteiligten Personen und Stellen Beteiligte. Parteifähig im arbeitsgerichtlichen Verfahren sind in den Fällen des § 2 a Abs. 1 Nr. 4 auch die beteiligten Vereinigungen von Arbeitnehmern und Arbeitgebern sowie die oberste Arbeitsbehörde des Bundes oder derjenigen Länder, auf deren Bereich sich die Tätigkeit der Vereinigung erstreckt. Parteifähig im arbeitsgerichtlichen Verfahren sind in den Fällen des § 2 a Absatz 1 Nummer 5 auch die oberste Arbeitsbehörde des Bundes oder die oberste Arbeitsbehörde eines Landes, soweit ihr nach § 5 Absatz 6 des Tarifvertragsgesetzes Rechte übertragen sind.

§ 11 Prozessvertretung (1) Die Parteien können vor dem Arbeitsgericht den Rechtsstreit selbst führen. Parteien, die eine fremde oder ihnen zum Zweck der Einziehung auf fremde Rechnung abgetretene Geldforderung geltend machen, müssen sich durch einen Rechtsanwalt als Bevollmächtigten vertreten lassen, soweit sie nicht nach Maßgabe des Absatzes 2 zur Vertretung des Gläubigers befugt wären oder eine Forderung einziehen, deren ursprünglicher Gläubiger sie sind.

(2) Die Parteien können sich durch einen Rechtsanwalt als Bevollmächtigten vertreten lassen. Darüber hinaus sind als Bevollmächtigte vor dem Arbeitsgericht vertretungsbefugt nur

1. Beschäftigte der Partei oder eines mit ihr verbundenen Unternehmens (§ 15 des Aktiengesetzes); Behörden und juristische Personen des öffentlichen Rechts einschließlich der von ihnen zur Erfüllung ihrer öffentlichen Aufgaben gebildeten Zusammenschlüsse können sich auch durch Beschäftigte anderer Behörden oder juristischer Personen des öffentlichen Rechts einschließlich der von ihnen zur Erfüllung ihrer öffentlichen Aufgaben gebildeten Zusammenschlüsse vertreten lassen,
2. volljährige Familienangehörige (§ 15 der Abgabenordnung, § 11 des Lebenspartnerschaftsgesetzes), Personen mit Befähigung zum Richteramt und Streitgenossen, wenn die Vertretung nicht im Zusammenhang mit einer entgeltlichen Tätigkeit steht,
3. selbständige Vereinigungen von Arbeitnehmern mit sozial- oder berufspolitischer Zwecksetzung für ihre Mitglieder,
4. Gewerkschaften und Vereinigungen von Arbeitgebern sowie Zusammenschlüsse solcher Verbände für ihre Mitglieder oder für andere Verbände oder Zusammenschlüsse mit vergleichbarer Ausrichtung und deren Mitglieder,
5. juristische Personen, deren Anteile sämtlich im wirtschaftlichen Eigentum einer der in Nummer 4 bezeichneten Organisationen stehen, wenn die juristische Person ausschließlich die Rechtsberatung und Prozessvertretung dieser Organisation und ihrer Mitglieder oder anderer Verbände oder Zusammenschlüsse mit vergleichbarer Ausrichtung und deren Mitglieder entsprechend deren Satzung durchführt, und wenn die Organisation für die Tätigkeit der Bevollmächtigten haftet.

Bevollmächtigte, die keine natürlichen Personen sind, handeln durch ihre Organe und mit der Prozessvertretung beauftragten Vertreter.

(3) Das Gericht weist Bevollmächtigte, die nicht nach Maßgabe des Absatzes 2 vertretungsbefugt sind, durch unanfechtbaren Beschluss zurück. Prozesshandlungen eines nicht vertretungsbefugten Bevollmächtigten und Zustellungen oder Mitteilungen an diesen Bevollmächtigten sind bis zu seiner Zurückweisung wirksam. Das Gericht kann den in Absatz 2 Satz 2 Nr. 1 bis 3 bezeichneten Bevollmächtigten durch unanfechtbaren Beschluss die weitere Vertretung untersagen, wenn sie nicht in der Lage sind, das Sach- und Streitverhältnis sachgerecht darzustellen.

(4) Vor dem Bundesarbeitsgericht und dem Landesarbeitsgericht müssen sich die Parteien, außer im Verfahren vor einem beauftragten oder ersuchten Richter und

bei Prozesshandlungen, die vor dem Urkundsbeamten der Geschäftsstelle vorgenommen werden können, durch Prozessbevollmächtigte vertreten lassen. Als Bevollmächtigte sind außer Rechtsanwälten nur die in Absatz 2 Satz 2 Nr. 4 und 5 bezeichneten Organisationen zugelassen. Diese müssen in Verfahren vor dem Bundesarbeitsgericht durch Personen mit Befähigung zum Richteramt handeln. Eine Partei, die nach Maßgabe des Satzes 2 zur Vertretung berechtigt ist, kann sich selbst vertreten; Satz 3 bleibt unberührt.

(5) Richter dürfen nicht als Bevollmächtigte vor dem Gericht auftreten, dem sie angehören. Ehrenamtliche Richter dürfen, außer in den Fällen des Absatzes 2 Satz 2 Nr. 1, nicht vor einem Spruchkörper auftreten, dem sie angehören. Absatz 3 Satz 1 und 2 gilt entsprechend.

(6) In der Verhandlung können die Parteien mit Beiständen erscheinen. Beistand kann sein, wer in Verfahren, in denen die Parteien den Rechtsstreit selbst führen können, als Bevollmächtigter zur Vertretung in der Verhandlung befugt ist. Das Gericht kann andere Personen als Beistand zulassen, wenn dies sachdienlich ist und hierfür nach den Umständen des Einzelfalls ein Bedürfnis besteht. Absatz 3 Satz 1 und 3 und Absatz 5 gelten entsprechend. Das von dem Beistand Vorgetragene gilt als von der Partei vorgebracht, soweit es nicht von dieser sofort widerrufen oder berichtigt wird.

§ 11 a Beiordnung eines Rechtsanwalts, Prozeßkostenhilfe[1] (1) Die Vorschriften der Zivilprozessordnung über die Prozesskostenhilfe und über die grenzüberschreitende Prozesskostenhilfe innerhalb der Europäischen Union nach der Richtlinie 2003/8/EG gelten in Verfahren vor den Gerichten für Arbeitssachen entsprechend.

(2) Das Bundesministerium für Arbeit und Soziales wird ermächtigt, zur Vereinfachung und Vereinheitlichung des Verfahrens durch Rechtsverordnung mit Zustimmung des Bundesrates Formulare für die Erklärung der Partei über ihre persönlichen und wirtschaftlichen Verhältnisse (§ 117 Abs. 2 der Zivilprozeßordnung) einzuführen.

§ 12 Kosten Das Justizverwaltungskostengesetz und das Justizbeitreibungsgesetz gelten entsprechend, soweit sie nicht unmittelbar Anwendung finden. Bei Einziehung der Gerichts- und Verwaltungskosten leisten die Vollstreckungsbehörden der Justizverwaltung oder die sonst nach Landesrecht zuständigen Stellen den Gerichten für Arbeitssachen Amtshilfe, soweit sie diese Aufgabe nicht als eigene wahrnehmen. Vollstreckungsbehörde ist für die Ansprüche, die beim Bundesarbeitsgericht entstehen, die Justizbeitreibungsstelle des Bundesarbeitsgerichts.

---

1 Für die außergerichtliche Beratung bei geringem Einkommen gilt das Gesetz über Rechtsberatung und Vertretung für Bürger mit geringem Einkommen **(Beratungshilfegesetz – BerHG)** vom 18. 6. 1980 (BGBl. I 689), zuletzt geändert durch Verordnung vom 31. 8. 2015 (BGBl. I 1474). Aufgrund des Gesetzes vom 14. 9. 1994 (BGBl. I 2323) erstreckt sich diese Beratung auch auf Angelegenheiten der Arbeitsgerichtsbarkeit (§ 2 Abs. 2 Satz 1 BerHG). Über den Antrag auf Beratungshilfe entscheidet das Amtsgericht, in dessen Bezirk der Hilfesuchende seinen allgemeinen Gerichtsstand hat (§ 4 Abs. 1 BerHG).

§ 12 a Kostentragungspflicht (1) In Urteilsverfahren des ersten Rechtszugs besteht kein Anspruch der obsiegenden Partei auf Entschädigung wegen Zeitversäumnis und auf Erstattung der Kosten für die Zuziehung eines Prozeßbevollmächtigten oder Beistandes. Vor Abschluß der Vereinbarung über die Vertretung ist auf den Ausschluß der Kostenerstattung nach Satz 1 hinzuweisen. Satz 1 gilt nicht für Kosten, die dem Beklagten dadurch entstanden sind, daß der Kläger ein Gericht der ordentlichen Gerichtsbarkeit, der allgemeinen Verwaltungsgerichtsbarkeit, der Finanz- oder Sozialgerichtsbarkeit angerufen und dieses den Rechtsstreit an das Arbeitsgericht verwiesen hat.
(2) Werden im Urteilsverfahren des zweiten und dritten Rechtszugs die Kosten nach § 92 Abs. 1 der Zivilprozeßordnung verhältnismäßig geteilt und ist die eine Partei durch einen Rechtsanwalt, die andere Partei durch einen Verbandsvertreter nach § 11 Abs. 2 Satz 2 Nr. 4 und 5 vertreten, so ist diese Partei hinsichtlich der außergerichtlichen Kosten so zu stellen, als wenn sie durch einen Rechtsanwalt vertreten worden wäre. Ansprüche auf Erstattung stehen ihr jedoch nur insoweit zu, als ihr Kosten im Einzelfall tatsächlich erwachsen sind.

§ 13 Rechtshilfe (1) Die Arbeitsgerichte leisten den Gerichten für Arbeitssachen Rechtshilfe. Ist die Amtshandlung außerhalb des Sitzes eines Arbeitsgerichts vorzunehmen, so leistet das Amtsgericht Rechtshilfe.
(2) Die Vorschriften des Gerichtsverfassungsgesetzes über Rechtshilfe und des Einführungsgesetzes zum Gerichtsverfassungsgesetz über verfahrensübergreifende Mitteilungen von Amts wegen finden entsprechende Anwendung.

§ 13 a Internationale Verfahren Die Vorschriften des Buches 11 der Zivilprozessordnung über die justizielle Zusammenarbeit in der Europäischen Union finden in Verfahren vor den Gerichten für Arbeitssachen Anwendung, soweit dieses Gesetz nichts anderes bestimmt.

Zweiter Teil – Aufbau der Gerichte für Arbeitssachen

Erster Abschnitt – Arbeitsgerichte

§ 14 Errichtung und Organisation (1) In den Ländern werden Arbeitsgerichte errichtet.
(2) Durch Gesetz werden angeordnet
1. die Errichtung und Aufhebung eines Arbeitsgerichts;
2. die Verlegung eines Gerichtssitzes;
3. Änderungen in der Abgrenzung der Gerichtsbezirke;
4. die Zuweisung einzelner Sachgebiete an ein Arbeitsgericht für die Bezirke mehrerer Arbeitsgerichte;
5. die Errichtung von Kammern des Arbeitsgerichts an anderen Orten;

6. der Übergang anhängiger Verfahren auf ein anderes Gericht bei Maßnahmen nach den Nummern 1, 3 und 4, wenn sich die Zuständigkeit nicht nach den bisher geltenden Vorschriften richten soll.

(3) Mehrere Länder können die Errichtung eines gemeinsamen Arbeitsgerichts oder gemeinsamer Kammern eines Arbeitsgerichts oder die Ausdehnung von Gerichtsbezirken über die Landesgrenzen hinaus, auch für einzelne Sachgebiete, vereinbaren.

(4) Die zuständige oberste Landesbehörde kann anordnen, daß außerhalb des Sitzes des Arbeitsgerichts Gerichtstage abgehalten werden. Die Landesregierung kann ferner durch Rechtsverordnung bestimmen, daß Gerichtstage außerhalb des Sitzes des Arbeitsgerichts abgehalten werden. Die Landesregierung kann die Ermächtigung nach Satz 2 durch Rechtsverordnung auf die zuständige oberste Landesbehörde übertragen.

(5) Bei der Vorbereitung gesetzlicher Regelungen nach Absatz 2 Nr. 1 bis 5 und Absatz 3 sind die Gewerkschaften und Vereinigungen von Arbeitgebern, die für das Arbeitsleben im Landesgebiet wesentliche Bedeutung haben, zu hören.

§ 15 Verwaltung und Dienstaufsicht (1) Die Geschäfte der Verwaltung und Dienstaufsicht führt die zuständige oberste Landesbehörde. Vor Erlaß allgemeiner Anordnungen, die die Verwaltung und Dienstaufsicht betreffen, soweit sie nicht rein technischer Art sind, sind die in § 14 Abs. 5 genannten Verbände zu hören.

(2) Die Landesregierung kann durch Rechtsverordnung Geschäfte der Verwaltung und Dienstaufsicht dem Präsidenten des Landesarbeitsgerichts oder dem Vorsitzenden des Arbeitsgerichts oder, wenn mehrere Vorsitzende vorhanden sind, einem von ihnen übertragen. Die Landesregierung kann die Ermächtigung nach Satz 1 durch Rechtsverordnung auf die zuständige oberste Landesbehörde übertragen.

§ 16 Zusammensetzung (1) Das Arbeitsgericht besteht aus der erforderlichen Zahl von Vorsitzenden und ehrenamtlichen Richtern. Die ehrenamtlichen Richter werden je zur Hälfte aus den Kreisen der Arbeitnehmer und der Arbeitgeber entnommen.

(2) Jede Kammer des Arbeitsgerichts wird in der Besetzung mit einem Vorsitzenden und je einem ehrenamtlichen Richter aus Kreisen der Arbeitnehmer und der Arbeitgeber tätig.

§ 17 Bildung von Kammern (1) Die zuständige oberste Landesbehörde bestimmt die Zahl der Kammern. Die Landesregierung kann diese Befugnis durch Rechtsverordnung auf die Präsidentin oder den Präsidenten des Landesarbeitsgerichts übertragen. Vor Bestimmung der Zahl der Kammern sind die in § 14 Absatz 5 genannten Verbände zu hören.

(2) Soweit ein Bedürfnis besteht, kann die Landesregierung durch Rechtsverordnung für die Streitigkeiten bestimmter Berufe und Gewerbe und bestimmter

Gruppen von Arbeitnehmern Fachkammern bilden. Die Zuständigkeit einer Fachkammer kann durch Rechtsverordnung auf die Bezirke anderer Arbeitsgerichte oder Teile von ihnen erstreckt werden, sofern die Erstreckung für eine sachdienliche Förderung oder schnellere Erledigung der Verfahren zweckmäßig ist. Die Rechtsverordnungen auf Grund der Sätze 1 und 2 treffen Regelungen zum Übergang anhängiger Verfahren auf ein anderes Gericht, sofern die Regelungen zur sachdienlichen Erledigung der Verfahren zweckmäßig sind und sich die Zuständigkeit nicht nach den bisher geltenden Vorschriften richten soll. § 14 Abs. 5 ist entsprechend anzuwenden.
(3) Die Landesregierung kann die Ermächtigung nach Absatz 2 durch Rechtsverordnung auf die zuständige oberste Landesbehörde übertragen.

§ 18 Ernennung der Vorsitzenden (1) Die Vorsitzenden werden auf Vorschlag der zuständigen obersten Landesbehörde nach Beratung mit einem Ausschuß entsprechend den landesrechtlichen Vorschriften bestellt.
(2) Der Ausschuß ist von der zuständigen obersten Landesbehörde zu errichten. Ihm müssen in gleichem Verhältnis Vertreter der in § 14 Abs. 5 genannten Gewerkschaften und Vereinigungen von Arbeitgebern sowie der Arbeitsgerichtsbarkeit angehören.
(3) Einem Vorsitzenden kann zugleich ein weiteres Richteramt bei einem anderen Arbeitsgericht übertragen werden.
(4)–(6) *(weggefallen)*
(7) Bei den Arbeitsgerichten können Richter auf Probe und Richter kraft Auftrags verwendet werden.

§ 19 Ständige Vertretung (1) Ist ein Arbeitsgericht nur mit einem Vorsitzenden besetzt, so beauftragt das Präsidium des Landesarbeitsgerichts einen Richter seines Bezirks mit der ständigen Vertretung des Vorsitzenden.
(2) Wird an einem Arbeitsgericht die vorübergehende Vertretung durch einen Richter eines anderen Gerichts nötig, so beauftragt das Präsidium des Landesarbeitsgerichts einen Richter seines Bezirks längstens für zwei Monate mit der Vertretung. In Eilfällen kann an Stelle des Präsidiums der Präsident des Landesarbeitsgerichts einen zeitweiligen Vertreter bestellen. Die Gründe für die getroffene Anordnung sind schriftlich niederzulegen.

§ 20 Berufung der ehrenamtlichen Richter (1) Die ehrenamtlichen Richter werden von der zuständigen obersten Landesbehörde oder von der von der Landesregierung durch Rechtsverordnung beauftragten Stelle auf die Dauer von fünf Jahren berufen. Die Landesregierung kann die Ermächtigung nach Satz 1 durch Rechtsverordnung auf die zuständige oberste Landesbehörde übertragen.
(2) Die ehrenamtlichen Richter sind in angemessenem Verhältnis unter billiger Berücksichtigung der Minderheiten aus den Vorschlagslisten zu entnehmen, die der zuständigen Stelle von den im Land bestehenden Gewerkschaften, selbständigen Vereinigungen von Arbeitnehmern mit sozial- oder berufspolitischer Zwecksetzung und Vereinigungen von Arbeitgebern sowie von den in § 22

Abs. 2 Nr. 3 bezeichneten Körperschaften oder deren Arbeitgebervereinigungen eingereicht werden.

§ 21 Voraussetzungen für die Berufung als ehrenamtlicher Richter (1) Als ehrenamtliche Richter sind Arbeitnehmer und Arbeitgeber zu berufen, die das 25. Lebensjahr vollendet haben und im Bezirk des Arbeitsgerichts tätig sind oder wohnen.

(2) Vom Amt des ehrenamtlichen Richters ist ausgeschlossen,

1. wer infolge Richterspruchs die Fähigkeit zur Bekleidung öffentlicher Ämter nicht besitzt oder wegen einer vorsätzlichen Tat zu einer Freiheitsstrafe von mehr als sechs Monaten verurteilt worden ist;
2. wer wegen einer Tat angeklagt ist, die den Verlust der Fähigkeit zur Bekleidung öffentlicher Ämter zur Folge haben kann;
3. wer das Wahlrecht zum Deutschen Bundestag nicht besitzt.

Personen, die in Vermögensverfall geraten sind, sollen nicht als ehrenamtliche Richter berufen werden.

(3) Beamte und Angestellte eines Gerichts für Arbeitssachen dürfen nicht als ehrenamtliche Richter berufen werden.

(4) Das Amt des ehrenamtlichen Richters, der zum ehrenamtlichen Richter in einem höheren Rechtszug berufen wird, endet mit Beginn der Amtszeit im höheren Rechtszug. Niemand darf gleichzeitig ehrenamtlicher Richter der Arbeitnehmerseite und der Arbeitgeberseite sein oder als ehrenamtlicher Richter bei mehr als einem Gericht für Arbeitssachen berufen werden.

(5) Wird das Fehlen einer Voraussetzung für die Berufung nachträglich bekannt oder fällt eine Voraussetzung nachträglich fort, so ist der ehrenamtliche Richter auf Antrag der zuständigen Stelle (§ 20) oder auf eigenen Antrag von seinem Amt zu entbinden. Über den Antrag entscheidet die vom Präsidium für jedes Geschäftsjahr im voraus bestimmte Kammer des Landesarbeitsgerichts. Vor der Entscheidung ist der ehrenamtliche Richter zu hören. Die Entscheidung ist unanfechtbar. Die nach Satz 2 zuständige Kammer kann anordnen, daß der ehrenamtliche Richter bis zu der Entscheidung über die Entbindung vom Amt nicht heranzuziehen ist.

(6) Verliert der ehrenamtliche Richter seine Eigenschaft als Arbeitnehmer oder Arbeitgeber wegen Erreichens der Altersgrenze, findet Absatz 5 mit der Maßgabe Anwendung, daß die Entbindung vom Amt nur auf Antrag des ehrenamtlichen Richters zulässig ist.

§ 22 Ehrenamtlicher Richter aus Kreisen der Arbeitgeber (1) Ehrenamtlicher Richter aus Kreisen der Arbeitgeber kann auch sein, wer vorübergehend oder regelmäßig zu gewissen Zeiten des Jahres keine Arbeitnehmer beschäftigt.

(2) Zu ehrenamtlichen Richtern aus Kreisen der Arbeitgeber können auch berufen werden

1. bei Betrieben einer juristischen Person oder einer Personengesamtheit Personen, die kraft Gesetzes, Satzung oder Gesellschaftsvertrag allein oder als

Mitglieder des Vertretungsorgans zur Vertretung der juristischen Person oder der Personengesamtheit berufen sind;
2. Geschäftsführer, Betriebsleiter oder Personalleiter, soweit sie zur Einstellung von Arbeitnehmern in den Betrieb berechtigt sind, oder Personen, denen Prokura oder Generalvollmacht erteilt ist;
3. bei dem Bund, den Ländern, den Gemeinden, den Gemeindeverbänden und anderen Körperschaften, Anstalten und Stiftungen des öffentlichen Rechts Beamte und Angestellte nach näherer Anordnung der zuständigen obersten Bundes- oder Landesbehörde;
4. Mitglieder und Angestellte von Vereinigungen von Arbeitgebern sowie Vorstandsmitglieder und Angestellte von Zusammenschlüssen solcher Vereinigungen, wenn diese Personen kraft Satzung oder Vollmacht zur Vertretung befugt sind.

§ 23 Ehrenamtlicher Richter aus Kreisen der Arbeitnehmer (1) Ehrenamtlicher Richter aus Kreisen der Arbeitnehmer kann auch sein, wer arbeitslos ist.
(2) Den Arbeitnehmern stehen für die Berufung als ehrenamtliche Richter Mitglieder und Angestellte von Gewerkschaften, von selbständigen Vereinigungen von Arbeitnehmern mit sozial- oder berufspolitischer Zwecksetzung sowie Vorstandsmitglieder und Angestellte von Zusammenschlüssen von Gewerkschaften gleich, wenn diese Personen kraft Satzung oder Vollmacht zur Vertretung befugt sind. Gleiches gilt für Bevollmächtigte, die als Angestellte juristischer Personen, deren Anteile sämtlich im wirtschaftlichen Eigentum einer der in Satz 1 genannten Organisationen stehen, handeln und wenn die juristische Person ausschließlich die Rechtsberatung und Prozeßvertretung der Mitglieder der Organisation entsprechend deren Satzung durchführt.

§ 24 Ablehnung und Niederlegung des ehrenamtlichen Richteramts (1) Das Amt des ehrenamtlichen Richters kann ablehnen oder niederlegen
1. wer die Regelaltersgrenze nach dem Sechsten Buch erreicht hat;
2. wer aus gesundheitlichen Gründen daran gehindert ist, das Amt ordnungsgemäß auszuüben;
3. wer durch ehrenamtliche Tätigkeit für die Allgemeinheit so in Anspruch genommen ist, daß ihm die Übernahme des Amtes nicht zugemutet werden kann;
4. wer in den zehn der Berufung vorhergehenden Jahren als ehrenamtlicher Richter bei einem Gericht für Arbeitssachen tätig gewesen ist;
5. wer glaubhaft macht, daß ihm wichtige Gründe, insbesondere die Fürsorge für seine Familie, die Ausübung des Amtes in besonderem Maß erschweren.

(2) Über die Berechtigung zur Ablehnung oder Niederlegung entscheidet die zuständige Stelle (§ 20). Die Entscheidung ist endgültig.

§ 25 *(weggefallen)*

§ 26 Schutz der ehrenamtlichen Richter (1) Niemand darf in der Übernahme oder Ausübung des Amtes als ehrenamtlicher Richter beschränkt oder wegen der Übernahme oder Ausübung des Amtes benachteiligt werden.
(2) Wer einen anderen in der Übernahme oder Ausübung seines Amtes als ehrenamtlicher Richter beschränkt oder wegen der Übernahme oder Ausübung des Amtes benachteiligt, wird mit Freiheitsstrafe bis zu einem Jahr oder mit Geldstrafe bestraft.

§ 27 Amtsenthebung der ehrenamtlichen Richter Ein ehrenamtlicher Richter ist auf Antrag der zuständigen Stelle (§ 20) seines Amtes zu entheben, wenn er seine Amtspflicht grob verletzt. § 21 Abs. 5 Satz 2 bis 5 ist entsprechend anzuwenden.

§ 28 Ordnungsgeld gegen ehrenamtliche Richter Die vom Präsidium für jedes Geschäftsjahr im voraus bestimmte Kammer des Landesarbeitsgerichts kann auf Antrag des Vorsitzenden des Arbeitsgerichts gegen einen ehrenamtlichen Richter, der sich der Erfüllung seiner Pflichten entzieht, insbesondere ohne genügende Entschuldigung nicht oder nicht rechtzeitig zu den Sitzungen erscheint, ein Ordnungsgeld festsetzen. Vor dem Antrag hat der Vorsitzende des Arbeitsgerichts den ehrenamtlichen Richter zu hören. Die Entscheidung ist endgültig.

§ 29 Ausschuß der ehrenamtlichen Richter (1) Bei jedem Arbeitsgericht mit mehr als einer Kammer wird ein Ausschuß der ehrenamtlichen Richter gebildet. Er besteht aus mindestens je drei ehrenamtlichen Richtern aus den Kreisen der Arbeitnehmer und der Arbeitgeber in gleicher Zahl, die von den ehrenamtlichen Richtern aus den Kreisen der Arbeitnehmer und der Arbeitgeber in getrennter Wahl gewählt werden. Der Ausschuß tagt unter der Leitung des aufsichtführenden oder, wenn ein solcher nicht vorhanden oder verhindert ist, des dienstältesten Vorsitzenden des Arbeitsgerichts.
(2) Der Ausschuß ist vor der Bildung von Kammern, vor der Geschäftsverteilung, vor der Verteilung der ehrenamtlichen Richter auf die Kammern und vor der Aufstellung der Listen über die Heranziehung der ehrenamtlichen Richter zu den Sitzungen mündlich oder schriftlich zu hören. Er kann den Vorsitzenden des Arbeitsgerichts und den die Verwaltung und Dienstaufsicht führenden Stellen (§ 15) Wünsche der ehrenamtlichen Richter übermitteln.

§ 30 Besetzung der Fachkammern Die ehrenamtlichen Richter einer Fachkammer sollen aus den Kreisen der Arbeitnehmer und der Arbeitgeber entnommen werden, für die die Fachkammer gebildet ist. Werden für Streitigkeiten der in § 22 Abs. 2 Nr. 2 bezeichneten Angestellten Fachkammern gebildet, so dürfen ihnen diese Angestellten nicht als ehrenamtliche Richter aus Kreisen der Arbeitgeber angehören. Wird die Zuständigkeit einer Fachkammer gemäß § 17 Abs. 2 erstreckt, so sollen die ehrenamtlichen Richter dieser Kammer aus den Bezirken derjenigen Arbeitsgerichte berufen werden, für deren Bezirke die Fachkammer zuständig ist.

§ 31 Heranziehung der ehrenamtlichen Richter (1) Die ehrenamtlichen Richter sollen zu den Sitzungen nach der Reihenfolge einer Liste herangezogen werden, die der Vorsitzende vor Beginn des Geschäftsjahrs oder vor Beginn der Amtszeit neu berufener ehrenamtlicher Richter gemäß § 29 Abs. 2 aufstellt.
(2) Für die Heranziehung von Vertretern bei unvorhergesehener Verhinderung kann eine Hilfsliste von ehrenamtlichen Richtern aufgestellt werden, die am Gerichtssitz oder in der Nähe wohnen oder ihren Dienstsitz haben.

§ 32 *(weggefallen)*

Zweiter Abschnitt – Landesarbeitsgerichte

§ 33 Errichtung und Organisation In den Ländern werden Landesarbeitsgerichte errichtet. § 14 Abs. 2 bis 5 ist entsprechend anzuwenden.

§ 34 Verwaltung und Dienstaufsicht (1) Die Geschäfte der Verwaltung und Dienstaufsicht führt die zuständige oberste Landesbehörde. § 15 Abs. 1 Satz 2 gilt entsprechend.
(2) Die Landesregierung kann durch Rechtsverordnung Geschäfte der Verwaltung und Dienstaufsicht dem Präsidenten des Landesarbeitsgerichts übertragen. Die Landesregierung kann die Ermächtigung nach Satz 1 durch Rechtsverordnung auf die zuständige oberste Landesbehörde übertragen.

§ 35 Zusammensetzung, Bildung von Kammern (1) Das Landesarbeitsgericht besteht aus dem Präsidenten, der erforderlichen Zahl von weiteren Vorsitzenden und von ehrenamtlichen Richtern. Die ehrenamtlichen Richter werden je zur Hälfte aus den Kreisen der Arbeitnehmer und der Arbeitgeber entnommen.
(2) Jede Kammer des Landesarbeitsgerichts wird in der Besetzung mit einem Vorsitzenden und je einem ehrenamtlichen Richter aus den Kreisen der Arbeitnehmer und der Arbeitgeber tätig.
(3) Die zuständige oberste Landesbehörde bestimmt die Zahl der Kammern. § 17 gilt entsprechend.

§ 36 Vorsitzende Der Präsident und die weiteren Vorsitzenden werden auf Vorschlag der zuständigen obersten Landesbehörde nach Anhörung der in § 14 Abs. 5 genannten Gewerkschaften und Vereinigungen von Arbeitgebern als Richter auf Lebenszeit entsprechend den landesrechtlichen Vorschriften bestellt.

§ 37 Ehrenamtliche Richter (1) Die ehrenamtlichen Richter müssen das dreißigste Lebensjahr vollendet haben und sollen mindestens fünf Jahre ehrenamtliche Richter eines Gerichts für Arbeitssachen gewesen sein.
(2) Im Übrigen gelten für die Berufung und Stellung der ehrenamtlichen

Richter sowie für die Amtsenthebung und die Amtsentbindung die §§ 20 bis 28 entsprechend.

§ 38 Ausschuß der ehrenamtlichen Richter Bei jedem Landesarbeitsgericht wird ein Ausschuß der ehrenamtlichen Richter gebildet. Die Vorschriften des § 29 Abs. 1 Satz 2 und 3 und Abs. 2 gelten entsprechend.

§ 39 Heranziehung der ehrenamtlichen Richter Die ehrenamtlichen Richter sollen zu den Sitzungen nach der Reihenfolge einer Liste herangezogen werden, die der Vorsitzende vor Beginn des Geschäftsjahrs oder vor Beginn der Amtszeit neu berufener ehrenamtlicher Richter gemäß § 38 Satz 2 aufstellt. § 31 Abs. 2 ist entsprechend anzuwenden.

Dritter Abschnitt – Bundesarbeitsgericht

§ 40 Errichtung (1) Das Bundesarbeitsgericht hat seinen Sitz in Erfurt.
(1 a) *(weggefallen)*
(2) Die Geschäfte der Verwaltung und Dienstaufsicht führt das Bundesministerium für Arbeit und Soziales im Einvernehmen mit dem Bundesministerium der Justiz. Das Bundesministerium für Arbeit und Soziales kann im Einvernehmen mit dem Bundesministerium der Justiz und für Verbraucherschutz Geschäfte der Verwaltung und Dienstaufsicht auf den Präsidenten des Bundesarbeitsgerichts übertragen.

§ 41 Zusammensetzung, Senate (1) Das Bundesarbeitsgericht besteht aus dem Präsidenten, der erforderlichen Zahl von Vorsitzenden Richtern, von berufsrichterlichen Beisitzern sowie ehrenamtlichen Richtern. Die ehrenamtlichen Richter werden je zur Hälfte aus den Kreisen der Arbeitnehmer und der Arbeitgeber entnommen.
(2) Jeder Senat wird in der Besetzung mit einem Vorsitzenden, zwei berufsrichterlichen Beisitzern und je einem ehrenamtlichen Richter aus den Kreisen der Arbeitnehmer und der Arbeitgeber tätig.
(3) Die Zahl der Senate bestimmt das Bundesministerium für Arbeit und Soziales im Einvernehmen mit dem Bundesministerium der Justiz und für Verbraucherschutz.

§ 42 Bundesrichter (1) Für die Berufung der Bundesrichter (Präsident, Vorsitzende Richter und berufsrichterliche Beisitzer nach § 41 Abs. 1 Satz 1) gelten die Vorschriften des Richterwahlgesetzes. Zuständiges Ministerium im Sinne des § 1 Abs. 1 des Richterwahlgesetzes ist das Bundesministerium für Arbeit und Soziales; es entscheidet im Benehmen mit dem Bundesministerium der Justiz und für Verbraucherschutz.
(2) Die zu berufenden Personen müssen das fünfunddreißigste Lebensjahr vollendet haben.

§ 43 Ehrenamtliche Richter (1) Die ehrenamtlichen Richter werden vom Bundesministerium für Arbeit und Soziales für die Dauer von fünf Jahren berufen. Sie sind im angemessenen Verhältnis unter billiger Berücksichtigung der Minderheiten aus den Vorschlagslisten zu entnehmen, die von den Gewerkschaften, den selbständigen Vereinigungen von Arbeitnehmern mit sozial- oder berufspolitischer Zwecksetzung und Vereinigungen von Arbeitgebern, die für das Arbeitsleben des Bundesgebiets wesentliche Bedeutung haben, sowie von den in § 22 Abs. 2 Nr. 3 bezeichneten Körperschaften eingereicht worden sind.
(2) Die ehrenamtlichen Richter müssen das fünfunddreißigste Lebensjahr vollendet haben, besondere Kenntnisse und Erfahrungen auf dem Gebiet des Arbeitsrechts und des Arbeitslebens besitzen und sollen mindestens fünf Jahre ehrenamtlicher Richter eines Gerichts für Arbeitssachen gewesen sein. Sie sollen längere Zeit in Deutschland als Arbeitnehmer oder als Arbeitgeber tätig gewesen sein.
(3) Für die Berufung, Stellung und Heranziehung der ehrenamtlichen Richter sowie für die Amtsenthebung und die Amtsentbindung sind im Übrigen die Vorschriften der §§ 21 bis 28 und des § 31 entsprechend anzuwenden mit der Maßgabe, daß die in § 21 Abs. 5, § 27 Satz 2 und § 28 Satz 1 bezeichneten Entscheidungen durch den vom Präsidium für jedes Geschäftsjahr im voraus bestimmten Senat des Bundesarbeitsgerichts getroffen werden.

§ 44 Anhörung der ehrenamtlichen Richter, Geschäftsordnung (1) Bevor zu Beginn des Geschäftsjahrs die Geschäfte verteilt sowie die berufsrichterlichen Beisitzer und die ehrenamtlichen Richter den einzelnen Senaten und dem Großen Senat zugeteilt werden, sind je die beiden lebensältesten ehrenamtlichen Richter aus den Kreisen der Arbeitnehmer und der Arbeitgeber zu hören.
(2) Der Geschäftsgang wird durch eine Geschäftsordnung geregelt, die das Präsidium beschließt. Absatz 1 gilt entsprechend.

§ 45 Großer Senat (1) Bei dem Bundesarbeitsgericht wird ein Großer Senat gebildet.
(2) Der Große Senat entscheidet, wenn ein Senat in einer Rechtsfrage von der Entscheidung eines anderen Senats oder des Großen Senats abweichen will.
(3) Eine Vorlage an den Großen Senat ist nur zulässig, wenn der Senat, von dessen Entscheidung abgewichen werden soll, auf Anfrage des erkennenden Senats erklärt hat, daß er an seiner Rechtsauffassung festhält. Kann der Senat, von dessen Entscheidung abgewichen werden soll, wegen einer Änderung des Geschäftsverteilungsplanes mit der Rechtsfrage nicht mehr befaßt werden, tritt der Senat an seine Stelle, der nach dem Geschäftsverteilungsplan für den Fall, in dem abweichend entschieden wurde, nunmehr zuständig wäre. Über die Anfrage und die Antwort entscheidet der jeweilige Senat durch Beschluß in der für Urteile erforderlichen Besetzung.
(4) Der erkennende Senat kann eine Frage von grundsätzlicher Bedeutung dem Großen Senat zur Entscheidung vorlegen, wenn das nach seiner Auffassung zur

Fortbildung des Rechts oder zur Sicherung einer einheitlichen Rechtsprechung erforderlich ist.

(5) Der Große Senat besteht aus dem Präsidenten, je einem Berufsrichter der Senate, in denen der Präsident nicht den Vorsitz führt, und je drei ehrenamtlichen Richtern aus den Kreisen der Arbeitnehmer und Arbeitgeber. Bei einer Verhinderung des Präsidenten tritt ein Berufsrichter des Senats, dem er angehört, an seine Stelle.

(6) Die Mitglieder und die Vertreter werden durch das Präsidium für ein Geschäftsjahr bestellt. Den Vorsitz im Großen Senat führt der Präsident, bei Verhinderung das dienstälteste Mitglied. Bei Stimmengleichheit gibt die Stimme des Vorsitzenden den Ausschlag.

(7) Der Große Senat entscheidet nur über die Rechtsfrage. Er kann ohne mündliche Verhandlung entscheiden. Seine Entscheidung ist in der vorliegenden Sache für den erkennenden Senat bindend.

Dritter Teil – Verfahren vor den Gerichten für Arbeitssachen

Erster Abschnitt – Urteilsverfahren

Erster Unterabschnitt – Erster Rechtszug

§ 46 Grundsatz (1) Das Urteilsverfahren findet in den in § 2 Abs. 1 bis 4 bezeichneten bürgerlichen Rechtsstreitigkeiten Anwendung.

(2) Für das Urteilsverfahren des ersten Rechtszugs gelten die Vorschriften der Zivilprozeßordnung über das Verfahren vor den Amtsgerichten entsprechend, soweit dieses Gesetz nichts anderes bestimmt. Die Vorschriften über den frühen ersten Termin zur mündlichen Verhandlung und das schriftliche Vorverfahren (§§ 275 bis 277 der Zivilprozeßordnung), über das vereinfachte Verfahren (§ 495 a der Zivilprozeßordnung), über den Urkunden- und Wechselprozeß (§§ 592 bis 605 a der Zivilprozeßordnung), über die Musterfeststellungsklage (§§ 606 bis 613 der Zivilprozessordnung), über die Entscheidung ohne mündliche Verhandlung (§ 128 Abs. 2 der Zivilprozeßordnung) und über die Verlegung von Terminen in der Zeit vom 1. Juli bis 31. August (§ 227 Abs. 3 Satz 1 der Zivilprozeßordnung) finden keine Anwendung. § 127 Abs. 2 der Zivilprozessordnung findet mit der Maßgabe Anwendung, dass die sofortige Beschwerde bei Bestandsschutzstreitigkeiten unabhängig von einem Streitwert zulässig ist.

§ 46 a Mahnverfahren (1) Für das Mahnverfahren vor den Gerichten für Arbeitssachen gelten die Vorschriften der Zivilprozeßordnung über das Mahnverfahren einschließlich der maschinellen Bearbeitung entsprechend, soweit dieses Gesetz nichts anderes bestimmt. § 702 Absatz 2 Satz 2 der Zivilprozessordnung ist nicht anzuwenden.

(2) Zuständig für die Durchführung des Mahnverfahrens ist das Arbeitsgericht,

das für die im Urteilsverfahren erhobene Klage zuständig sein würde. Die Landesregierungen werden ermächtigt, einem Arbeitsgericht durch Rechtsverordnung Mahnverfahren für die Bezirke mehrerer Arbeitsgerichte zuzuweisen. Die Zuweisung kann auf Mahnverfahren beschränkt werden, die maschinell bearbeitet werden. Die Landesregierungen können die Ermächtigung durch Rechtsverordnung auf die jeweils zuständige oberste Landesbehörde übertragen. Mehrere Länder können die Zuständigkeit eines Arbeitsgerichts über die Landesgrenzen hinaus vereinbaren.

(3) Die in den Mahnbescheid nach § 692 Abs. 1 Nr. 3 der Zivilprozeßordnung aufzunehmende Frist beträgt eine Woche.

(4) Wird rechtzeitig Widerspruch erhoben und beantragt eine Partei die Durchführung der mündlichen Verhandlung, so gibt das Gericht, das den Mahnbescheid erlassen hat, den Rechtsstreit von Amts wegen an das Gericht ab, das in dem Mahnbescheid gemäß § 692 Absatz 1 Nummer 1 der Zivilprozessordnung bezeichnet worden ist. Verlangen die Parteien übereinstimmend die Abgabe an ein anderes als das im Mahnbescheid bezeichnete Gericht, erfolgt die Abgabe dorthin. Die Geschäftsstelle hat dem Antragsteller unverzüglich aufzugeben, seinen Anspruch binnen zwei Wochen schriftlich zu begründen. Bei Eingang der Anspruchsbegründung bestimmt der Vorsitzende den Termin zur mündlichen Verhandlung. Geht die Anspruchsbegründung nicht rechtzeitig ein, so wird bis zu ihrem Eingang der Termin nur auf Antrag des Antragsgegners bestimmt.

(5) Die Streitsache gilt als mit Zustellung des Mahnbescheids rechtshängig geworden, wenn alsbald nach Erhebung des Widerspruchs Termin zur mündlichen Verhandlung bestimmt wird.

(6) Im Fall des Einspruchs hat das Gericht von Amts wegen zu prüfen, ob der Einspruch an sich statthaft und ob er in der gesetzlichen Form und Frist eingelegt ist. Fehlt es an einem dieser Erfordernisse, so ist der Einspruch als unzulässig zu verwerfen. Ist der Einspruch zulässig, hat die Geschäftsstelle dem Antragsteller unverzüglich aufzugeben, seinen Anspruch binnen zwei Wochen schriftlich zu begründen. Nach Ablauf der Begründungsfrist bestimmt der Vorsitzende unverzüglich Termin zur mündlichen Verhandlung.

(7) Das Bundesministerium für Arbeit und Soziales wird ermächtigt, durch Rechtsverordnung mit Zustimmung des Bundesrates den Verfahrensablauf zu regeln, soweit dies für eine einheitliche maschinelle Bearbeitung der Mahnverfahren erforderlich ist (Verfahrensablaufplan).

(8) Das Bundesministerium für Arbeit und Soziales wird ermächtigt, durch Rechtsverordnung mit Zustimmung des Bundesrates zur Vereinfachung des Mahnverfahrens und zum Schutze der in Anspruch genommenen Partei Formulare einzuführen. Dabei können für Mahnverfahren bei Gerichten, die die Verfahren maschinell bearbeiten, und für Mahnverfahren bei Gerichten, die die Verfahren nicht maschinell bearbeiten, unterschiedliche Formulare eingeführt werden. Die Rechtsverordnung kann ein elektronisches Formular vorsehen; § 130 c Satz 2 bis 4 der Zivilprozessordnung gilt entsprechend.

§ 46 b Europäisches Mahnverfahren nach der Verordnung (EG) Nr. 1896/2006 (1) Für das Europäische Mahnverfahren nach der Verordnung (EG) Nr. 1896/2006 des Europäischen Parlaments und des Rates vom 12. Dezember 2006 zur Einführung eines Europäischen Mahnverfahrens (ABl. EU Nr. L 399 S. 1) gelten die Vorschriften des Abschnitts 5 des Buchs 11 der Zivilprozessordnung entsprechend, soweit dieses Gesetz nichts anderes bestimmt.
(2) Für die Bearbeitung von Anträgen auf Erlass und Überprüfung sowie die Vollstreckbarerklärung eines Europäischen Zahlungsbefehls nach der Verordnung (EG) Nr. 1896/2006 ist das Arbeitsgericht zuständig, das für die im Urteilsverfahren erhobene Klage zuständig sein würde.
(3) Im Fall des Artikels 17 Abs. 1 der Verordnung (EG) Nr. 1896/2006 ist § 46 a Abs. 4 und 5 entsprechend anzuwenden. Der Antrag auf Durchführung der mündlichen Verhandlung gilt als vom Antragsteller gestellt.

§ 46 c Elektronisches Dokument (1) Vorbereitende Schriftsätze und deren Anlagen, schriftlich einzureichende Anträge und Erklärungen der Parteien sowie schriftlich einzureichende Auskünfte, Aussagen, Gutachten, Übersetzungen und Erklärungen Dritter können nach Maßgabe der folgenden Absätze als elektronische Dokumente bei Gericht eingereicht werden.
(2) Das elektronische Dokument muss für die Bearbeitung durch das Gericht geeignet sein. Die Bundesregierung bestimmt durch Rechtsverordnung mit Zustimmung des Bundesrates die für die Übermittlung und Bearbeitung geeigneten technischen Rahmenbedingungen.
(3) Das elektronische Dokument muss mit einer qualifizierten elektronischen Signatur der verantwortenden Person signiert und auf einem sicheren Übermittlungsweg eingereicht werden. Satz 1 gilt nicht für Anlagen, die vorbereitenden Schriftsätzen beigefügt sind.
(4) Sichere Übermittlungswege sind

1. der Postfach- und Versanddienst eines De-Mail-Kontos, wenn der Absender bei Versand der Nachricht sicher im Sinne des § 4 Absatz 1 Satz 2 des De-Mail-Gesetzes angemeldet ist und er sich die sichere Anmeldung gemäß § 5 Absatz 5 des De-Mail-Gesetzes bestätigen lässt,
2. der Übermittlungsweg zwischen dem besonderen elektronischen Anwaltspostfach nach § 31 a der Bundesrechtsanwaltsordnung oder einem entsprechenden, auf gesetzlicher Grundlage errichteten elektronischen Postfach und der elektronischen Poststelle des Gerichts,
3. der Übermittlungsweg zwischen einem nach Durchführung eines Identifizierungsverfahrens eingerichteten Postfach einer Behörde oder einer juristischen Person des öffentlichen Rechts und der elektronischen Poststelle des Gerichts; das Nähe regelt die Verordnung nach Absatz 2 Satz 2,
4. sonstige bundeseinheitliche Übermittlungswege, die durch Rechtsverordnung der Bundesregierung mit Zustimmung des Bundesrates festgelegt werden, bei denen die Authenzität und Integrität der Daten sowie die Barrierefreiheit gewährleistet sind.

(5) Ein elektronisches Dokument ist eingegangen, sobald es auf der für den

Empfang bestimmten Einrichtung des Gerichts gespeichert ist. Dem Absender ist eine automatisierte Bestätigung über den Zeitpunkt des Eingangs zu erteilen.
(6) Ist ein elektronisches Dokument für das Gericht zur Bearbeitung nicht geeignet, ist dies dem Absender unter Hinweis auf die Unwirksamkeit des Eingangs und die geltenden technischen Rahmenbedingungen unverzüglich mitzuteilen. Das Dokument gilt als zum Zeitpunkt der früheren Einreichung eingegangen, sofern der Absender es unverzüglich in einer für das Gericht zur Bearbeitung geeigneten Form nachreicht und glaubhaft macht, dass es mit dem zuerst eingereichten Dokument inhaltlich übereinstimmt.

§ 46 d Gerichtliches elektronisches Dokument Soweit dieses Gesetz dem Richter, dem Rechtspfleger, dem Urkundsbeamten der Geschäftsstelle oder dem Gerichtsvollzieher die handschriftliche Unterzeichnung vorschreibt, genügt dieser Form die Aufzeichnung als elektronisches Dokument, wenn die verantwortenden Personen am Ende des Dokuments ihren Namen hinzufügen und das Dokument mit einer qualifizierten elektronischen Signatur versehen. Der in Satz 1 genannten Form genügt auch ein elektronisches Dokument, in welches das handschriftlich unterzeichnete Schriftstück gemäß § 46 e Absatz 2 übertragen worden ist.

§ 46 e Elektronische Akte; Verordnungsermächtigung (1) Die Prozessakten können elektronisch geführt werden. Die Bundesregierung und die Landesregierungen bestimmen für ihren Bereich durch Rechtsverordnung den Zeitpunkt, von dem an elektronische Akten geführt werden sowie die hierfür geltenden organisatorisch-technischen Rahmenbedingungen für die Bildung, Führung und Aufbewahrung der elektronischen Akten. Die Landesregierungen können die Ermächtigung durch Rechtsverordnung auf die jeweils zuständige oberste Landesbehörde übertragen. Die Zulassung der elektronischen Akte kann auf einzelne Gerichte oder Verfahren beschränkt werden; wird von dieser Möglichkeit Gebrauch gemacht, kann in der Rechtsverordnung bestimmt werden, dass durch Verwaltungsvorschrift, die öffentlich bekanntzumachen ist, geregelt wird, in welchen Verfahren die Akten elektronisch zu führen sind.
(1 a) Die Prozessakten werden ab dem 1. Januar 2026 elektronisch geführt. Die Bundesregierung und die Landesregierungen bestimmen jeweils für ihren Bereich durch Rechtsverordnung die organisatorischen und dem Stand der Technik entsprechenden technischen Rahmenbedingungen für die Bildung, Führung und Aufbewahrung der elektronischen Akten einschließlich der einzuhaltenden Anforderungen der Barrierefreiheit. Die Bundesregierung und die Landesregierungen können jeweils für ihren Bereich durch Rechtsverordnung bestimmen, dass Akten, die in Papierform angelegt wurden, in Papierform weitergeführt werden. Die Landesregierungen können die Ermächtigungen nach den Sätzen 2 und 3 durch Rechtsverordnung auf die für die Arbeitsgerichtsbarkeit zuständigen obersten Landesbehörden übertragen. Die Rechtsverordnungen der Bundesregierung bedürfen nicht der Zustimmung des Bundesrates.

(2) In Papierform eingereichte Schriftstücke und sonstige Unterlagen sollen nach dem Stand der Technik in ein elektronisches Dokument übertragen werden. Es ist sicherzustellen, dass das elektronische Dokument mit den eingereichten Schriftstücken und sonstigen Unterlagen bildlich und inhaltlich übereinstimmt. Die in Papierform eingereichten Schriftstücke und sonstigen Unterlagen können sechs Monate nach der Übertragung vernichtet werden, sofern sie nicht rückgabepflichtig sind.

§ 46 f Formulare; Verordnungsermächtigung Das Bundesministerium für Arbeit und Soziales kann durch Rechtsverordnung mit Zustimmung des Bundesrates elektronische Formulare einführen. Die Rechtsverordnung kann bestimmen, dass die in den Formularen enthaltenen Angaben ganz oder teilweise in strukturierter maschinenlesbarer Form zu übermitteln sind. Die Formulare sind auf einer in der Rechtsverordnung zu bestimmenden Kommunikationsplattform im Internet zur Nutzung bereitzustellen. Die Rechtsverordnung kann bestimmen, dass eine Identifikation des Formularverwenders abweichend von § 46 c Absatz 3 auch durch Nutzung des elektronischen Identitätsnachweises nach § 18 des Personalausweisgesetzes, § 12 des eID-Karte-Gesetzes oder § 78 Absatz 5 des Aufenthaltsgesetzes erfolgen kann.

§ 47 Sondervorschriften über Ladung und Einlassung[1] (1) Die Klageschrift muß mindestens eine Woche vor dem Termin zugestellt sein.
(2) Eine Aufforderung an den Beklagten, sich auf die Klage schriftlich zu äußern, erfolgt in der Regel nicht.

§ 48 Rechtsweg und Zuständigkeit[2] (1) Für die Zulässigkeit des Rechtsweges

---

1 Die Worte »Ladung und« sind gegenstandslos.

2 Die internationale Zuständigkeit richtet sich nach der **VO (EU) Nr. 1215/2012** v. 12. 12. 2012 (ABl. L 351/1):

Art. 5

(1) Personen, die ihren Wohnsitz im Hoheitsgebiet eines Mitgliedstaats haben, können vor den Gerichten eines anderen Mitgliedstaats nur gemäß den Vorschriften der Abschnitte 2 bis 7 dieses Kapitels verklagt werden.

...

Abschnitt 5 – Zuständigkeit für individuelle Arbeitsverträge

Art. 20

(1) Bilden ein individueller Arbeitsvertrag oder Ansprüche aus einem individuellen Arbeitsvertrag den Gegenstand des Verfahrens, so bestimmt sich die Zuständigkeit unbeschadet des Artikels 6, des Artikels 7 Nummer 5 und, wenn die Klage gegen den Arbeitgeber erhoben wurde, des Artikels 8 Nummer 1 nach diesem Abschnitt.

(2) Hat der Arbeitgeber, mit dem der Arbeitnehmer einen individuellen Arbeitsvertrag geschlossen hat, im Hoheitsgebiet eines Mitgliedstaats keinen Wohnsitz, besitzt er aber in einem Mitgliedstaat eine Zweigniederlassung, Agentur oder sonstige Niederlassung, so wird er für Streitigkeiten aus ihrem Betrieb so behandelt, wie wenn er seinen Wohnsitz im Hoheitsgebiet dieses Mitgliedstaats hätte.

Art. 21

(1) Ein Arbeitgeber, der seinen Wohnsitz im Hoheitsgebiet eines Mitgliedstaats hat, kann verklagt werden:

a) vor den Gerichten des Mitgliedstaats, in dem er seinen Wohnsitz hat, oder und der Verfahrensart sowie für die sachliche und örtliche Zuständigkeit gelten die §§ 17 bis 17b des Gerichtsverfassungsgesetzes mit folgender Maßgabe entsprechend:

1. Beschlüsse entsprechend § 17a Abs. 2 und 3 des Gerichtsverfassungsgesetzes über die örtliche Zuständigkeit sind unanfechtbar.
2. Der Beschluß nach § 17a Abs. 4 des Gerichtsverfassungsgesetzes ergeht, sofern er nicht lediglich die örtliche Zuständigkeit zum Gegenstand hat, auch außerhalb der mündlichen Verhandlung stets durch die Kammer.

(1 a) Für Streitigkeiten nach § 2 Abs. 1 Nr. 3, 4 a, 7, 8 und 10 sowie Abs. 2 ist auch das Arbeitsgericht zuständig, in dessen Bezirk der Arbeitnehmer gewöhnlich seine Arbeit verrichtet oder zuletzt gewöhnlich verrichtet hat. Ist ein gewöhnlicher Arbeitsort im Sinne des Satzes 1 nicht feststellbar, ist das Arbeitsgericht örtlich zuständig, von dessen Bezirk aus der Arbeitnehmer gewöhnlich seine Arbeit verrichtet oder zuletzt gewöhnlich verrichtet hat.

(2) Die Tarifvertragsparteien können im Tarifvertrag die Zuständigkeit eines an sich örtlich unzuständigen Arbeitsgerichts festlegen für

1. bürgerliche Rechtsstreitigkeiten zwischen Arbeitnehmern und Arbeitgebern aus einem Arbeitsverhältnis und aus Verhandlungen über die Eingehung eines Arbeitsverhältnisses, das sich nach einem Tarifvertrag bestimmt,
2. bürgerliche Rechtsstreitigkeiten aus dem Verhältnis einer gemeinsamen Einrichtung der Tarifvertragsparteien zu den Arbeitnehmern oder Arbeitgebern.

Im Geltungsbereich eines Tarifvertrags nach Satz 1 Nr. 1 gelten die tarifvertraglichen Bestimmungen über das örtlich zuständige Arbeitsgericht zwischen nicht tarifgebundenen Arbeitgebern und Arbeitnehmern, wenn die Anwendung des gesamten Tarifvertrags zwischen ihnen vereinbart ist. Die in § 38 Abs. 2 und 3 der Zivilprozeßordnung vorgesehenen Beschränkungen finden keine Anwendung.

---

b) in einem anderen Mitgliedstaat
   i) vor dem Gericht des Ortes, an dem oder von dem aus der Arbeitnehmer gewöhnlich seine Arbeit verrichtet oder zuletzt gewöhnlich verrichtet hat, oder
   ii) wenn der Arbeitnehmer seine Arbeit gewöhnlich nicht in ein und demselben Staat verrichtet oder verrichtet hat, vor dem Gericht des Ortes, an dem sich die Niederlassung, die den Arbeitnehmer eingestellt hat, befindet oder befand.

(2) Ein Arbeitgeber, der seinen Wohnsitz nicht im Hoheitsgebiet eines Mitgliedstaats hat, kann vor dem Gericht eines Mitgliedstaats gemäß Absatz 1 Buchstabe b verklagt werden.

Art. 22

(1) Die Klage des Arbeitgebers kann nur vor den Gerichten des Mitgliedstaats erhoben werden, in dessen Hoheitsgebiet der Arbeitnehmer seinen Wohnsitz hat.

(2) Die Vorschriften dieses Abschnitts lassen das Recht unberührt, eine Widerklage vor dem Gericht zu erheben, bei dem die Klage selbst gemäß den Bestimmungen dieses Abschnitts anhängig ist.

Art. 23

Von den Vorschriften dieses Abschnitts kann im Wege der Vereinbarung nur abgewichen werden,

1. wenn die Vereinbarung nach der Entstehung der Streitigkeit getroffen wird oder
2. wenn sie dem Arbeitnehmer die Befugnis einräumt, andere als die in diesem Abschnitt angeführten Gerichte anzurufen.

§ 48 a *(aufgehoben)*

§ 49 Ablehnung von Gerichtspersonen (1) Über die Ablehnung von Gerichtspersonen entscheidet die Kammer des Arbeitsgerichts.
(2) Wird sie durch das Ausscheiden des abgelehnten Mitgliedes beschlußunfähig, so entscheidet das Landesarbeitsgericht.
(3) Gegen den Beschluß findet kein Rechtsmittel statt.

§ 50 Zustellung (1) Die Urteile werden von Amts wegen binnen drei Wochen seit Übermittlung an die Geschäftsstelle zugestellt. § 317 Abs. 1 Satz 3 der Zivilprozeßordnung ist nicht anzuwenden.
(2) Die §§ 174, 178 Abs. 1 Nr. 2 der Zivilprozessordnung sind auf die nach § 11 zur Prozessvertretung zugelassenen Personen entsprechend anzuwenden.
(3) *(weggefallen)*

§ 51 Persönliches Erscheinen der Parteien (1) Der Vorsitzende kann das persönliche Erscheinen der Parteien in jeder Lage des Rechtsstreits anordnen. Im Übrigen finden die Vorschriften des § 141 Abs. 2 und 3 der Zivilprozeßordnung entsprechende Anwendung.
(2) Der Vorsitzende kann die Zulassung eines Prozeßbevollmächtigten ablehnen, wenn die Partei trotz Anordnung ihres persönlichen Erscheinens unbegründet ausgeblieben ist und hierdurch der Zweck der Anordnung vereitelt wird. § 141 Abs. 3 Satz 2 und 3 der Zivilprozeßordnung findet entsprechende Anwendung.

§ 52 Öffentlichkeit Die Verhandlungen vor dem erkennenden Gericht einschließlich der Beweisaufnahme und der Verkündung der Entscheidung ist öffentlich. Das Arbeitsgericht kann die Öffentlichkeit für die Verhandlung oder für einen Teil der Verhandlung ausschließen, wenn durch die Öffentlichkeit eine Gefährdung der öffentlichen Ordnung, insbesondere der Staatssicherheit, oder eine Gefährdung der Sittlichkeit zu besorgen ist oder wenn eine Partei den Ausschluß der Öffentlichkeit beantragt, weil Betriebs-, Geschäfts- oder Erfindungsgeheimnisse zum Gegenstand der Verhandlung oder der Beweisaufnahme gemacht werden; außerdem ist § 171 b des Gerichtsverfassungsgesetzes entsprechend anzuwenden. Im Güteverfahren kann es die Öffentlichkeit auch aus Zweckmäßigkeitsgründen ausschließen. § 169 Absatz 1 Satz 2 bis 5, Absatz 2 und 4 sowie die §§ 173 bis 175 des Gerichtsverfassungsgesetzes sind entsprechend anzuwenden.

§ 53 Befugnisse des Vorsitzenden und der ehrenamtlichen Richter (1) Die nicht auf Grund einer mündlichen Verhandlung ergehenden Beschlüsse und Verfügungen erläßt, soweit nichts anderes bestimmt ist, der Vorsitzende allein. Entsprechendes gilt für Amtshandlungen auf Grund eines Rechtshilfeersuchens.
(2) Im Übrigen gelten für die Befugnisse des Vorsitzenden und der ehrenamtlichen Richter die Vorschriften der Zivilprozeßordnung über das landgerichtliche Verfahren entsprechend.

§ 54 Güteverfahren (1) Die mündliche Verhandlung beginnt mit einer Verhandlung vor dem Vorsitzenden zum Zwecke der gütlichen Einigung der Parteien (Güteverhandlung). Der Vorsitzende hat zu diesem Zweck das gesamte Streitverhältnis mit den Parteien unter freier Würdigung aller Umstände zu erörtern. Zur Aufklärung des Sachverhalts kann er alle Handlungen vornehmen, die sofort erfolgen können. Eidliche Vernehmungen sind jedoch ausgeschlossen. Der Vorsitzende kann die Güteverhandlung mit Zustimmung der Parteien in einem weiteren Termin, der alsbald stattzufinden hat, fortsetzen.

(2) Die Klage kann bis zum Stellen der Anträge ohne Einwilligung des Beklagten zurückgenommen werden. In der Güteverhandlung erklärte gerichtliche Geständnisse nach § 288 der Zivilprozeßordnung haben nur dann bindende Wirkung, wenn sie zu Protokoll erklärt worden sind. § 39 Satz 1 und § 282 Abs. 3 Satz 1 der Zivilprozeßordnung sind nicht anzuwenden.

(3) Das Ergebnis der Güteverhandlung, insbesondere der Abschluß eines Vergleichs, ist in das Protokoll aufzunehmen.

(4) Erscheint eine Partei in der Güteverhandlung nicht oder ist die Güteverhandlung erfolglos, schließt sich die weitere Verhandlung unmittelbar an oder es ist, falls der weiteren Verhandlung Hinderungsgründe entgegenstehen, Termin zur streitigen Verhandlung zu bestimmen; diese hat alsbald stattzufinden.

(5) Erscheinen oder verhandeln beide Parteien in der Güteverhandlung nicht, ist das Ruhen des Verfahrens anzuordnen. Auf Antrag einer Partei ist Termin zur streitigen Verhandlung zu bestimmen. Dieser Antrag kann nur innerhalb von sechs Monaten nach der Güteverhandlung gestellt werden. Nach Ablauf der Frist ist § 269 Abs. 3 bis 5 der Zivilprozeßordnung entsprechend anzuwenden.

(6) Der Vorsitzende kann die Parteien für die Güteverhandlung sowie deren Fortsetzung vor einen hierfür bestimmten und nicht entscheidungsbefugten Richter (Güterichter) verweisen. Der Güterichter kann alle Methoden der Konfliktbeilegung einschließlich der Mediation einsetzen.

§ 54 a Mediation, außergerichtliche Konfliktbeilegung[1] (1) Das Gericht kann

---

1 Vgl. **Mediationsgesetz** (MediationsG) vom 21. 7. 2012 (BGBl. I 1577), geändert durch Verordnung vom 31. 8. 2015 (BGBl. I 1474):

§ 1 Begriffsbestimmungen (1) Mediation ist ein vertrauliches und strukturiertes Verfahren, bei dem Parteien mithilfe eines oder mehrerer Mediatoren freiwillig und eigenverantwortlich eine einvernehmliche Beilegung ihres Konflikts anstreben.

(2) Ein Mediator ist eine unabhängige und neutrale Person ohne Entscheidungsbefugnis, die die Parteien durch die Mediation führt.

§ 2 Verfahren; Aufgaben des Mediators (1) Die Parteien wählen den Mediator aus.

(2) Der Mediator vergewissert sich, dass die Parteien die Grundsätze und den Ablauf des Mediationsverfahrens verstanden haben und freiwillig an der Mediation teilnehmen.

(3) Der Mediator ist allen Parteien gleichermaßen verpflichtet. Er fördert die Kommunikation der Parteien und gewährleistet, dass die Parteien in angemessener und fairer Weise in die Mediation eingebunden sind. Er kann im allseitigen Einverständnis getrennte Gespräche mit den Parteien führen.

(4) Dritte können nur mit Zustimmung aller Parteien in die Mediation einbezogen werden.

(5) Die Parteien können die Mediation jederzeit beenden. Der Mediator kann die Mediation beenden, insbesondere wenn er der Auffassung ist, dass eine eigenverantwortliche Kommunikation oder eine Einigung der Parteien nicht zu erwarten ist.

den Parteien eine Mediation oder ein anderes Verfahren der außergerichtlichen Konfliktbeilegung vorschlagen.
(2) Entscheiden sich die Parteien zur Durchführung einer Mediation oder eines anderen Verfahrens der außergerichtlichen Konfliktbeilegung, ordnet das Gericht das Ruhen des Verfahrens an. Auf Antrag einer Partei ist Termin zur mündlichen Verhandlung zu bestimmen. Im Übrigen nimmt das Gericht das Verfahren nach drei Monaten wieder auf, es sei denn, die Parteien legen übereinstimmend dar, dass eine Mediation oder eine außergerichtliche Konfliktbeilegung noch betrieben wird.

§ 55 Alleinentscheidung durch den Vorsitzenden (1) Der Vorsitzende entscheidet außerhalb der streitigen Verhandlung allein
1. bei Zurücknahme der Klage;
2. bei Verzicht auf den geltend gemachten Anspruch;
3. bei Anerkenntnis des geltend gemachten Anspruchs;
4. bei Säumnis einer Partei;
4a. über die Verwerfung des Einspruchs gegen ein Versäumnisurteil oder einen Vollstreckungsbescheid als unzulässig;
5. bei Säumnis beider Parteien;
6. über die einstweilige Einstellung der Zwangsvollstreckung;
7. über die örtliche Zuständigkeit;
8. über die Aussetzung und Anordnung des Ruhens des Verfahrens;
9. wenn nur noch über die Kosten zu entscheiden ist;
10. bei Entscheidungen über eine Berichtigung des Tatbestandes, soweit nicht eine Partei eine mündliche Verhandlung hierüber beantragt;

---

(6) Der Mediator wirkt im Falle einer Einigung darauf hin, dass die Parteien die Vereinbarung in Kenntnis der Sachlage treffen und ihren Inhalt verstehen. Er hat die Parteien, die ohne fachliche Beratung an der Mediation teilnehmen, auf die Möglichkeit hinzuweisen, die Vereinbarung bei Bedarf durch externe Berater überprüfen zu lassen. Mit Zustimmung der Parteien kann die erzielte Einigung in einer Abschlussvereinbarung dokumentiert werden.
§ 3 Offenbarungspflichten; Tätigkeitsbeschränkungen (1) Der Mediator hat den Parteien alle Umstände offenzulegen, die seine Unabhängigkeit und Neutralität beeinträchtigen können. Er darf bei Vorliegen solcher Umstände nur als Mediator tätig werden, wenn die Parteien dem ausdrücklich zustimmen.
(2) Als Mediator darf nicht tätig werden, wer vor der Mediation in derselben Sache für eine Partei tätig gewesen ist. Der Mediator darf auch nicht während oder nach der Mediation für eine Partei in derselben Sache tätig werden.
(3) Eine Person darf nicht als Mediator tätig werden, wenn eine mit ihr in derselben Berufsausübungs- oder Bürogemeinschaft verbundene andere Person vor der Mediation in derselben Sache für eine Partei tätig gewesen ist. Eine solche andere Person darf auch nicht während oder nach der Mediation für eine Partei in derselben Sache tätig werden.
(4) Die Beschränkungen des Absatzes 3 gelten nicht, wenn sich die betroffenen Parteien im Einzelfall nach umfassender Information damit einverstanden erklärt haben und Belange der Rechtspflege dem nicht entgegenstehen.
(5) Der Mediator ist verpflichtet, die Parteien auf deren Verlangen über seinen fachlichen Hintergrund, seine Ausbildung und seine Erfahrung auf dem Gebiet der Mediation zu informieren.
…

11. im Fall des § 11 Abs. 3 über die Zurückweisung des Bevollmächtigten oder die Untersagung der weiteren Vertretung.

(2) Der Vorsitzende kann in den Fällen des Absatzes 1 Nr. 1, 3 und 4 a bis 10 eine Entscheidung ohne mündliche Verhandlung treffen. Dies gilt mit Zustimmung der Parteien auch in dem Fall des Absatzes 1 Nr. 2.

(3) Der Vorsitzende entscheidet ferner allein, wenn in der Verhandlung, die sich unmittelbar an die Güteverhandlung anschließt, eine das Verfahren beendende Entscheidung ergehen kann und die Parteien übereinstimmend eine Entscheidung durch den Vorsitzenden beantragen; der Antrag ist in das Protokoll aufzunehmen.

(4) Der Vorsitzende kann vor der streitigen Verhandlung einen Beweisbeschluß erlassen, soweit er anordnet

1. eine Beweisaufnahme durch den ersuchten Richter;
2. eine schriftliche Beantwortung der Beweisfrage nach § 377 Abs. 3 der Zivilprozeßordnung;
3. die Einholung schriftlicher Auskünfte;
4. eine Parteivernehmung;
5. die Einholung eines schriftlichen Sachverständigengutachtens.

Anordnungen nach Nummer 1 bis 3 und 5 können vor der streitigen Verhandlung ausgeführt werden.

§ 56 Vorbereitung der streitigen Verhandlung (1) Der Vorsitzende hat die streitige Verhandlung so vorzubereiten, daß sie möglichst in einem Termin zu Ende geführt werden kann. Zu diesem Zweck soll er, soweit es sachdienlich erscheint, insbesondere

1. den Parteien die Ergänzung oder Erläuterung ihrer vorbereitenden Schriftsätze sowie die Vorlegung von Urkunden und von anderen zur Niederlegung bei Gericht geeigneten Gegenständen aufgeben, insbesondere eine Frist zur Erklärung über bestimmte klärungsbedürftige Punkte setzen;
2. Behörden oder Träger eines öffentlichen Amtes um Mitteilung von Urkunden oder um Erteilung amtlicher Auskünfte ersuchen;
3. das persönliche Erscheinen der Parteien anordnen;
4. Zeugen, auf die sich eine Partei bezogen hat, und Sachverständige zur mündlichen Verhandlung laden sowie eine Anordnung nach § 378 der Zivilprozeßordnung treffen.

Von diesen Maßnahmen sind die Parteien zu benachrichtigen.

(2) Angriffs- und Verteidigungsmittel, die erst nach Ablauf einer nach Absatz 1 Satz 2 Nr. 1 gesetzten Frist vorgebracht werden, sind nur zuzulassen, wenn nach der freien Überzeugung des Gerichts ihre Zulassung die Erledigung des Rechtsstreits nicht verzögern würde oder wenn die Partei die Verspätung genügend entschuldigt. Die Parteien sind über die Folgen der Versäumung der nach Absatz 1 Satz 2 Nr. 1 gesetzten Frist zu belehren.

§ 57 Verhandlung vor der Kammer (1) Die Verhandlung ist möglichst in einem Termin zu Ende zu führen. Ist das nicht durchführbar, insbesondere

weil eine Beweisaufnahme nicht sofort stattfinden kann, so ist der Termin zur weiteren Verhandlung, die sich alsbald anschließen soll, sofort zu verkünden.
(2) Die gütliche Erledigung des Rechtsstreits soll während des ganzen Verfahrens angestrebt werden.

§ 58 Beweisaufnahme (1) Soweit die Beweisaufnahme an der Gerichtsstelle möglich ist, erfolgt sie vor der Kammer. In den übrigen Fällen kann die Beweisaufnahme, unbeschadet des § 13, dem Vorsitzenden übertragen werden.
(2) Zeugen und Sachverständige werden nur beeidigt, wenn die Kammer dies im Hinblick auf die Bedeutung des Zeugnisses für die Entscheidung des Rechtsstreits für notwendig erachtet. Im Falle des § 377 Abs. 3 der Zivilprozeßordnung ist die eidesstattliche Versicherung nur erforderlich, wenn die Kammer sie aus dem gleichen Grunde für notwendig hält.
(3) Insbesondere über die Zahl der in einem Arbeitsverhältnis stehenden Mitglieder oder das Vertretensein einer Gewerkschaft in einem Betrieb kann Beweis auch durch die Vorlegung öffentlicher Urkunden angetreten werden.

§ 59 Versäumnisverfahren Gegen ein Versäumnisurteil kann eine Partei, gegen die das Urteil ergangen ist, binnen einer Notfrist von einer Woche nach seiner Zustellung Einspruch einlegen. Der Einspruch wird beim Arbeitsgericht schriftlich oder durch Abgabe einer Erklärung zu Protokoll der Geschäftsstelle eingelegt. Hierauf ist die Partei zugleich mit der Zustellung des Urteils schriftlich hinzuweisen. § 345 der Zivilprozeßordnung bleibt unberührt.

§ 60 Verkündung des Urteils (1) Zur Verkündung des Urteils kann ein besonderer Termin nur bestimmt werden, wenn die sofortige Verkündung in dem Termin, auf Grund dessen es erlassen wird, aus besonderen Gründen nicht möglich ist, insbesondere weil die Beratung nicht mehr am Tage der Verhandlung stattfinden kann. Der Verkündungstermin wird nur dann über drei Wochen hinaus angesetzt, wenn wichtige Gründe, insbesondere der Umfang oder die Schwierigkeit der Sache, dies erfordern. Dies gilt auch dann, wenn ein Urteil nach Lage der Akten erlassen wird.
(2) Bei Verkündung des Urteils ist der wesentliche Inhalt der Entscheidungsgründe mitzuteilen. Dies gilt nicht, wenn beide Parteien abwesend sind; in diesem Fall genügt die Bezugnahme auf die unterschriebene Urteilsformel.
(3) Die Wirksamkeit der Verkündung ist von der Anwesenheit der ehrenamtlichen Richter nicht abhängig. Wird ein von der Kammer gefälltes Urteil ohne Zuziehung der ehrenamtlichen Richter verkündet, so ist die Urteilsformel vorher von dem Vorsitzenden und den ehrenamtlichen Richtern zu unterschreiben.
(4) Das Urteil nebst Tatbestand und Entscheidungsgründen ist vom Vorsitzenden zu unterschreiben. Wird das Urteil nicht in dem Termin verkündet, in dem die mündliche Verhandlung geschlossen wird, so muß es bei der Verkündung in vollständiger Form abgefaßt sein. Ein Urteil, das in dem Termin, in dem die

mündliche Verhandlung geschlossen wird, verkündet wird, ist vor Ablauf von drei Wochen, vom Tage der Verkündung an gerechnet, vollständig abgefaßt der Geschäftsstelle zu übermitteln; kann dies ausnahmsweise nicht geschehen, so ist innerhalb dieser Frist das von dem Vorsitzenden unterschriebene Urteil ohne Tatbestand und Entscheidungsgründe der Geschäftsstelle zu übermitteln. In diesem Fall sind Tatbestand und Entscheidungsgründe alsbald nachträglich anzufertigen, von dem Vorsitzenden besonders zu unterschreiben und der Geschäftsstelle zu übermitteln.

§ 61 Inhalt des Urteils (1) Den Wert des Streitgegenstandes setzt das Arbeitsgericht im Urteil fest.
(2) Spricht das Urteil die Verpflichtung zur Vornahme einer Handlung aus, so ist der Beklagte auf Antrag des Klägers zugleich für den Fall, daß die Handlung nicht binnen einer bestimmten Frist vorgenommen ist, zur Zahlung einer vom Arbeitsgericht nach freiem Ermessen festzusetzenden Entschädigung zu verurteilen. Die Zwangsvollstreckung nach §§ 887 und 888 der Zivilprozeßordnung ist in diesem Fall ausgeschlossen.
(3) Ein über den Grund des Anspruchs vorab entscheidendes Zwischenurteil ist wegen der Rechtsmittel nicht als Endurteil anzusehen.

§ 61 a Besondere Prozeßförderung in Kündigungsverfahren (1) Verfahren in Rechtsstreitigkeiten über das Bestehen, das Nichtbestehen oder die Kündigung eines Arbeitsverhältnisses sind nach Maßgabe der folgenden Vorschriften vorrangig zu erledigen.
(2) Die Güteverhandlung soll innerhalb von zwei Wochen nach Klageerhebung stattfinden.
(3) Ist die Güteverhandlung erfolglos oder wird das Verfahren nicht in einer sich unmittelbar anschließenden weiteren Verhandlung abgeschlossen, fordert der Vorsitzende den Beklagten auf, binnen einer angemessenen Frist, die mindestens zwei Wochen betragen muß, im einzelnen unter Beweisantritt schriftlich die Klage zu erwidern, wenn der Beklagte noch nicht oder nicht ausreichend auf die Klage erwidert hat.
(4) Der Vorsitzende kann dem Kläger eine angemessene Frist, die mindestens zwei Wochen betragen muß, zur schriftlichen Stellungnahme auf die Klageerwiderung setzen.
(5) Angriffs- und Verteidigungsmittel, die erst nach Ablauf der nach Absatz 3 oder 4 gesetzten Fristen vorgebracht werden, sind nur zuzulassen, wenn nach der freien Überzeugung des Gerichts ihre Zulassung die Erledigung des Rechtsstreits nicht verzögert oder wenn die Partei die Verspätung genügend entschuldigt.
(6) Die Parteien sind über die Folgen der Versäumung der nach Absatz 3 oder 4 gesetzten Fristen zu belehren.

§ 61 b Klage wegen Benachteiligung (1) Eine Klage auf Entschädigung nach

§ 15 des Allgemeinen Gleichbehandlungsgesetzes muss innerhalb von drei Monaten, nachdem der Anspruch geltend gemacht worden ist, erhoben werden.
(2) Machen mehrere Bewerber wegen Benachteiligung bei der Begründung eines Arbeitsverhältnisses oder beim beruflichen Aufstieg eine Entschädigung nach § 15 des Allgemeinen Gleichbehandlungsgesetzes gerichtlich geltend, so wird auf Antrag des Arbeitgebers das Arbeitsgericht, bei dem die erste Klage erhoben ist, auch für die übrigen Klagen ausschließlich zuständig. Die Rechtsstreitigkeiten sind von Amts wegen an dieses Arbeitsgericht zu verweisen; die Prozesse sind zur gleichzeitigen Verhandlung und Entscheidung zu verbinden.
(3) Auf Antrag des Arbeitgebers findet die mündliche Verhandlung nicht vor Ablauf von sechs Monaten seit Erhebung der ersten Klage statt.

§ 62 Zwangsvollstreckung (1) Urteile der Arbeitsgerichte, gegen die Einspruch oder Berufung zulässig ist, sind vorläufig vollstreckbar. Macht der Beklagte glaubhaft, daß die Vollstreckung ihm einen nicht zu ersetzenden Nachteil bringen würde, so hat das Arbeitsgericht auf seinen Antrag die vorläufige Vollstreckbarkeit im Urteil auszuschließen. In den Fällen des § 707 Abs. 1 und des § 719 Abs. 1 der Zivilprozeßordnung kann die Zwangsvollstreckung nur unter derselben Voraussetzung eingestellt werden. Die Einstellung der Zwangsvollstreckung nach Satz 3 erfolgt ohne Sicherheitsleistung. Die Entscheidung ergeht durch unanfechtbaren Beschluss.
(2) Im Übrigen finden auf die Zwangsvollstreckung einschließlich des Arrests und der einstweiligen Verfügung die Vorschriften des Achten Buchs der Zivilprozeßordnung Anwendung. Die Entscheidung über den Antrag auf Erlaß einer einstweiligen Verfügung kann in dringenden Fällen, auch dann, wenn der Antrag zurückzuweisen ist, ohne mündliche Verhandlung ergehen. Eine in das Schutzschriftenregister nach § 945 a Absatz 1 der Zivilprozessordnung eingestellte Schutzschrift gilt auch als bei allen Arbeitsgerichten der Länder eingereicht.

§ 63 Übermittlung von Urteilen in Tarifvertragssachen Rechtskräftige Urteile, die in bürgerlichen Rechtsstreitigkeiten zwischen Tarifvertragsparteien aus dem Tarifvertrag oder über das Bestehen oder Nichtbestehen des Tarifvertrags ergangen sind, sind alsbald der zuständigen obersten Landesbehörde und dem Bundesministerium für Arbeit und Soziales in vollständiger Form abschriftlich zu übersenden oder elektronisch zu übermitteln. Ist die zuständige oberste Landesbehörde die Landesjustizverwaltung, so sind die Urteilsabschriften oder das Urteil in elektronischer Form auch der obersten Arbeitsbehörde des Landes zu übermitteln.

Zweiter Unterabschnitt – Berufungsverfahren

§ 64 Grundsatz (1) Gegen die Urteile der Arbeitsgerichte findet, soweit nicht nach § 78 das Rechtsmittel der sofortigen Beschwerde gegeben ist, die Berufung an die Landesarbeitsgerichte statt.

(2) Die Berufung kann nur eingelegt werden,

a) wenn sie in dem Urteil des Arbeitsgerichts zugelassen worden ist,
b) wenn der Wert des Beschwerdegegenstandes 600 Euro übersteigt,
c) in Rechtsstreitigkeiten über das Bestehen, das Nichtbestehen oder die Kündigung eines Arbeitsverhältnisses oder
d) wenn es sich um ein Versäumnisurteil handelt, gegen das der Einspruch an sich nicht statthaft ist, wenn die Berufung oder Anschlussberufung darauf gestützt wird, dass der Fall der schuldhaften Versäumung nicht vorgelegen habe.

(3) Das Arbeitsgericht hat die Berufung zuzulassen, wenn

1. die Rechtssache grundsätzliche Bedeutung hat,
2. die Rechtssache Rechtsstreitigkeiten betrifft
   a) zwischen Tarifvertragsparteien aus Tarifverträgen oder über das Bestehen oder Nichtbestehen von Tarifverträgen,
   b) über die Auslegung eines Tarifvertrags, dessen Geltungsbereich sich über den Bezirk eines Arbeitsgerichts hinaus erstreckt, oder
   c) zwischen tariffähigen Parteien oder zwischen diesen und Dritten aus unerlaubten Handlungen, soweit es sich um Maßnahmen zum Zwecke des Arbeitskampfs oder um Fragen der Vereinigungsfreiheit einschließlich des hiermit im Zusammenhang stehenden Betätigungsrechts der Vereinigungen handelt, oder
3. das Arbeitsgericht in der Auslegung einer Rechtsvorschrift von einem ihm im Verfahren vorgelegten Urteil, das für oder gegen eine Partei des Rechtsstreits ergangen ist, oder von einem Urteil des im Rechtszug übergeordneten Landesarbeitsgerichts abweicht und die Entscheidung auf dieser Abweichung beruht.

(3 a) Die Entscheidung des Arbeitsgerichts, ob die Berufung zugelassen oder nicht zugelassen wird, ist in den Urteilstenor aufzunehmen. Ist dies unterblieben, kann binnen zwei Wochen ab Verkündung des Urteils eine entsprechende Ergänzung beantragt werden. Über den Antrag kann die Kammer ohne mündliche Verhandlung entscheiden.

(4) Das Landesarbeitsgericht ist an die Zulassung gebunden.

(5) Ist die Berufung nicht zugelassen worden, hat der Berufungskläger den Wert des Beschwerdegegenstands glaubhaft zu machen; zur Versicherung an Eides Statt darf er nicht zugelassen werden.

(6) Für das Verfahren vor den Landesarbeitsgerichten gelten, soweit dieses Gesetz nichts anderes bestimmt, die Vorschriften der Zivilprozeßordnung über die Berufung entsprechend. Die Vorschriften über das Verfahren vor dem Einzelrichter finden keine Anwendung.

(7) Die Vorschriften des § 49 Abs. 1 und 3, des § 50, des § 51 Abs. 1, der §§ 52, 53, 55 Abs. 1 Nr. 1 bis 9, Abs. 2 und 4, des § 54 Absatz 6, des § 54 a, der §§ 56 bis 59, 61 Abs. 2 und 3 und der §§ 62 und 63 über Ablehnung von Gerichtspersonen, Zustellungen, persönliches Erscheinen der Parteien, Öffentlichkeit,

Befugnisse des Vorsitzenden und der ehrenamtlichen Richter, Güterichter, Mediation und außergerichtliche Konfliktbeilegung, Vorbereitung der streitigen Verhandlung, Verhandlung vor der Kammer, Beweisaufnahme, Versäumnisverfahren, Inhalt des Urteils, Zwangsvollstreckung und Übersendung von Urteilen in Tarifvertragssachen gelten entsprechend.
(8) Berufungen in Rechtsstreitigkeiten über das Bestehen, das Nichtbestehen oder die Kündigung eines Arbeitsverhältnisses sind vorrangig zu erledigen.

§ 65 Beschränkung der Berufung Das Berufungsgericht prüft nicht, ob der beschrittene Rechtsweg und die Verfahrensart zulässig sind, ob bei der Berufung der ehrenamtlichen Richter Verfahrensmängel unterlaufen sind oder Umstände vorgelegen haben, die die Berufung eines ehrenamtlichen Richters zu seinem Amte ausschließen.

§ 66 Einlegung der Berufung, Terminbestimmung (1) Die Frist für die Einlegung der Berufung beträgt einen Monat, die Frist für die Begründung der Berufung zwei Monate. Beide Fristen beginnen mit der Zustellung des in vollständiger Form abgefassten Urteils, spätestens aber mit Ablauf von fünf Monaten nach der Verkündung. Die Berufung muß innerhalb einer Frist von einem Monat nach Zustellung der Berufungsbegründung beantwortet werden. Mit der Zustellung der Berufungsbegründung ist der Berufungsbeklagte auf die Frist für die Berufungsbeantwortung hinzuweisen. Die Fristen zur Begründung der Berufung und zur Berufungsbeantwortung können vom Vorsitzenden einmal auf Antrag verlängert werden, wenn nach seiner freien Überzeugung der Rechtsstreit durch die Verlängerung nicht verzögert wird oder wenn die Partei erhebliche Gründe darlegt.
(2) Die Bestimmung des Termins zur mündlichen Verhandlung muss unverzüglich erfolgen. § 522 Abs. 1 der Zivilprozessordnung bleibt unberührt; die Verwerfung der Berufung ohne mündliche Verhandlung ergeht durch Beschluss des Vorsitzenden. § 522 Abs. 2 und 3 der Zivilprozessordnung findet keine Anwendung.

§ 67 Zulassung neuer Angriffs- und Verteidigungsmittel (1) Angriffs- und Verteidigungsmittel, die im ersten Rechtszug zu Recht zurückgewiesen worden sind, bleiben ausgeschlossen.
(2) Neue Angriffs- und Verteidigungsmittel, die im ersten Rechtszug entgegen einer hierfür nach § 56 Abs. 1 Satz 2 Nr. 1 oder § 61 a Abs. 3 oder 4 gesetzten Frist nicht vorgebracht worden sind, sind nur zuzulassen, wenn nach der freien Überzeugung des Landesarbeitsgerichts ihre Zulassung die Erledigung des Rechtsstreits nicht verzögern würde oder wenn die Partei die Verspätung genügend entschuldigt. Der Entschuldigungsgrund ist auf Verlangen des Landesarbeitsgerichts glaubhaft zu machen.
(3) Neue Angriffs- und Verteidigungsmittel, die im ersten Rechtszug entgegen § 282 Abs. 1 der Zivilprozessordnung nicht rechtzeitig vorgebracht oder entgegen § 282 Abs. 2 der Zivilprozessordnung nicht rechtzeitig mitgeteilt worden

sind, sind nur zuzulassen, wenn ihre Zulassung nach der freien Überzeugung des Landesarbeitsgerichts die Erledigung des Rechtsstreits nicht verzögern würde oder wenn die Partei das Vorbringen im ersten Rechtszug nicht aus grober Nachlässigkeit unterlassen hatte.
(4) Soweit das Vorbringen neuer Angriffs- und Verteidigungsmittel nach den Absätzen 2 und 3 zulässig ist, sind diese vom Berufungskläger in der Berufungsbegründung, vom Berufungsbeklagten in der Berufungsbeantwortung vorzubringen. Werden sie später vorgebracht, sind sie nur zuzulassen, wenn sie nach der Berufungsbegründung oder der Berufungsbeantwortung entstanden sind oder das verspätete Vorbringen nach der freien Überzeugung des Landesarbeitsgerichts die Erledigung des Rechtsstreits nicht verzögern würde oder nicht auf Verschulden der Partei beruht.

§ 67 a *(aufgehoben)*

§ 68 Zurückverweisung Wegen eines Mangels im Verfahren des Arbeitsgerichts ist die Zurückverweisung unzulässig.

§ 69 Urteil (1) Das Urteil nebst Tatbestand und Entscheidungsgründen ist von sämtlichen Mitgliedern der Kammer zu unterschreiben. § 60 Abs. 1 bis 3 und Abs. 4 Satz 2 bis 4 ist entsprechend mit der Maßgabe anzuwenden, dass die Frist nach Absatz 4 Satz 3 vier Wochen beträgt und im Falle des Absatzes 4 Satz 4 Tatbestand und Entscheidungsgründe von sämtlichen Mitgliedern der Kammer zu unterschreiben sind.
(2) Im Urteil kann von der Darstellung des Tatbestandes und, soweit das Berufungsgericht den Gründen der angefochtenen Entscheidung folgt und dies in seinem Urteil feststellt, auch von der Darstellung der Entscheidungsgründe abgesehen werden.
(3) Ist gegen das Urteil die Revision statthaft, so soll der Tatbestand eine gedrängte Darstellung des Sach- und Streitstandes auf der Grundlage der mündlichen Vorträge der Parteien enthalten. Eine Bezugnahme auf das angefochtene Urteil sowie auf Schriftsätze, Protokolle und andere Unterlagen ist zulässig, soweit hierdurch die Beurteilung des Parteivorbringens durch das Revisionsgericht nicht wesentlich erschwert wird.
(4) § 540 Abs. 1 der Zivilprozessordnung findet keine Anwendung. § 313 a Abs. 1 Satz 2 der Zivilprozessordnung findet mit der Maßgabe entsprechende Anwendung, dass es keiner Entscheidungsgründe bedarf, wenn die Parteien auf sie verzichtet haben; im Übrigen sind die §§ 313 a und 313 b der Zivilprozessordnung entsprechend anwendbar.

§ 70 *(aufgehoben)*

§ 71 *(aufgehoben)*

Dritter Unterabschnitt – Revisionsverfahren

§ 72 Grundsatz (1) Gegen das Endurteil eines Landesarbeitsgerichts findet die Revision an das Bundesarbeitsgericht statt, wenn sie in dem Urteil des Landesarbeitsgerichts oder in dem Beschluß des Bundesarbeitsgerichts nach § 72 a Abs. 5 Satz 2 zugelassen worden ist. § 64 Abs. 3 a ist entsprechend anzuwenden.

(2) Die Revision ist zuzulassen, wenn

1. eine entscheidungserhebliche Rechtsfrage grundsätzliche Bedeutung hat,
2. das Urteil von einer Entscheidung des Bundesverfassungsgerichts, von einer Entscheidung des Gemeinsamen Senats der obersten Gerichtshöfe des Bundes, von einer Entscheidung des Bundesarbeitsgerichts oder, solange eine Entscheidung des Bundesarbeitsgerichts in der Rechtsfrage nicht ergangen ist, von einer Entscheidung einer anderen Kammer desselben Landesarbeitsgerichts oder eines anderen Landesarbeitsgerichts abweicht und die Entscheidung auf dieser Abweichung beruht oder
3. ein absoluter Revisionsgrund gemäß § 547 Nr. 1 bis 5 der Zivilprozessordnung oder eine entscheidungserhebliche Verletzung des Anspruchs auf rechtliches Gehör geltend gemacht wird und vorliegt.

(3) Das Bundesarbeitsgericht ist an die Zulassung der Revision durch das Landesarbeitsgericht gebunden.

(4) Gegen Urteile, durch die über die Anordnung, Abänderung oder Aufhebung eines Arrests oder einer einstweiligen Verfügung entschieden wird, ist die Revision nicht zulässig.

(5) Für das Verfahren vor dem Bundesarbeitsgericht gelten, soweit dieses Gesetz nichts anderes bestimmt, die Vorschriften der Zivilprozeßordnung über die Revision mit Ausnahme der § 566 entsprechend.

(6) Die Vorschriften des § 49 Abs. 1, der §§ 50, 52 und 53, des § 57 Abs. 2, des § 61 Abs. 2 und des § 63 dieses Gesetzes über Ablehnung von Gerichtspersonen, Zustellung, Öffentlichkeit, Befugnisse des Vorsitzenden und der ehrenamtlichen Richter, gütliche Erledigung des Rechtsstreits sowie Inhalt des Urteils und Übersendung von Urteilen in Tarifvertragssachen und des § 169 Absatz 3 und 4 des Gerichtsverfassungsgesetzes über die Ton- und Fernseh-Rundfunkaufnahmen sowie Ton- und Filmaufnahmen bei der Entscheidungsverkündung gelten entsprechend.

§ 72 a Nichtzulassungsbeschwerde (1) Die Nichtzulassung der Revision durch das Landesarbeitsgericht kann selbständig durch Beschwerde angefochten werden.

(2) Die Beschwerde ist bei dem Bundesarbeitsgericht innerhalb einer Notfrist von einem Monat nach Zustellung des in vollständiger Form abgefaßten Urteils schriftlich einzulegen. Der Beschwerdeschrift soll eine Ausfertigung oder beglaubigte Abschrift des Urteils beigefügt werden, gegen das die Revision eingelegt werden soll.

(3) Die Beschwerde ist innerhalb einer Notfrist von zwei Monaten nach Zustellung des in vollständiger Form abgefaßten Urteils zu begründen. Die Begründung muss enthalten:

1. die Darlegung der grundsätzlichen Bedeutung einer Rechtsfrage und deren Entscheidungserheblichkeit,
2. die Bezeichnung der Entscheidung, von der das Urteil des Landesarbeitsgerichts abweicht, oder
3. die Darlegung eines absoluten Revisionsgrundes nach § 547 Nr. 1 bis 5 der Zivilprozessordnung oder der Verletzung des Anspruchs auf rechtliches Gehör und der Entscheidungserheblichkeit der Verletzung.

(4) Die Einlegung der Beschwerde hat aufschiebende Wirkung. Die Vorschriften des § 719 Abs. 2 und 3 der Zivilprozeßordnung sind entsprechend anzuwenden.

(5) Das Landesarbeitsgericht ist zu einer Änderung seiner Entscheidung nicht befugt. Das Bundesarbeitsgericht entscheidet unter Hinzuziehung der ehrenamtlichen Richter durch Beschluß, der ohne mündliche Verhandlung ergehen kann. Die ehrenamtlichen Richter wirken nicht mit, wenn die Nichtzulassungsbeschwerde als unzulässig verworfen wird, weil sie nicht statthaft oder nicht in der gesetzlichen Form und Frist eingelegt und begründet ist. Dem Beschluss soll eine kurze Begründung beigefügt werden. Von einer Begründung kann abgesehen werden, wenn sie nicht geeignet wäre, zur Klärung der Voraussetzungen beizutragen, unter denen eine Revision zuzulassen ist, oder wenn der Beschwerde stattgegeben wird. Mit der Ablehnung der Beschwerde durch das Bundesarbeitsgericht wird das Urteil rechtskräftig.

(6) Wird der Beschwerde stattgegeben, so wird das Beschwerdeverfahren als Revisionsverfahren fortgesetzt. In diesem Fall gilt die form- und fristgerechte Einlegung der Nichtzulassungsbeschwerde als Einlegung der Revision. Mit der Zustellung der Entscheidung beginnt die Revisionsbegründungsfrist.

(7) Hat das Landesarbeitsgericht den Anspruch des Beschwerdeführers auf rechtliches Gehör in entscheidungserheblicher Weise verletzt, so kann das Bundesarbeitsgericht abweichend von Absatz 6 in dem der Beschwerde stattgebenden Beschluss das angefochtene Urteil aufheben und den Rechtsstreit zur neuen Verhandlung und Entscheidung an das Landesarbeitsgericht zurückverweisen.

§ 72 b Sofortige Beschwerde wegen verspäteter Absetzung des Berufungsurteils (1) Das Endurteil eines Landesarbeitsgerichts kann durch sofortige Beschwerde angefochten werden, wenn es nicht binnen fünf Monaten nach der Verkündung vollständig abgefasst und mit den Unterschriften sämtlicher Mitglieder der Kammer versehen der Geschäftsstelle übergeben worden ist. § 72 a findet keine Anwendung.

(2) Die sofortige Beschwerde ist innerhalb einer Notfrist von einem Monat beim Bundesarbeitsgericht einzulegen und zu begründen. Die Frist beginnt mit dem Ablauf von fünf Monaten nach der Verkündung des Urteils des Landesarbeitsgerichts. § 9 Abs. 5 findet keine Anwendung.

(3) Die sofortige Beschwerde wird durch Einreichung einer Beschwerdeschrift

eingelegt. Die Beschwerdeschrift muss die Bezeichnung der angefochtenen Entscheidung sowie die Erklärung enthalten, dass Beschwerde gegen diese Entscheidung eingelegt werde. Die Beschwerde kann nur damit begründet werden, dass das Urteil des Landesarbeitsgerichts mit Ablauf von fünf Monaten nach der Verkündung noch nicht vollständig abgefasst und mit den Unterschriften sämtlicher Mitglieder der Kammer versehen der Geschäftsstelle übergeben worden ist.
(4) Über die sofortige Beschwerde entscheidet das Bundesarbeitsgericht ohne Hinzuziehung der ehrenamtlichen Richter durch Beschluss, der ohne mündliche Verhandlung ergehen kann. Dem Beschluss soll eine kurze Begründung beigefügt werden.
(5) Ist die sofortige Beschwerde zulässig und begründet, ist das Urteil des Landesarbeitsgerichts aufzuheben und die Sache zur neuen Verhandlung und Entscheidung an das Landesarbeitsgericht zurückzuverweisen. Die Zurückverweisung kann an eine andere Kammer des Landesarbeitsgerichts erfolgen.

§ 73 Revisionsgründe (1) Die Revision kann nur darauf gestützt werden, daß das Urteil des Landesarbeitsgerichts auf der Verletzung einer Rechtsnorm beruht. Sie kann nicht auf die Gründe des § 72 b gestützt werden.
(2) § 65 findet entsprechende Anwendung.

§ 74 Einlegung der Revision, Terminbestimmung (1) Die Frist für die Einlegung der Revision beträgt einen Monat, die Frist für die Begründung der Revision zwei Monate. Beide Fristen beginnen mit der Zustellung des in vollständiger Form abgefassten Urteils, spätestens aber mit Ablauf von fünf Monaten nach der Verkündung. Die Revisionsbegründungsfrist kann einmal bis zu einem weiteren Monat verlängert werden.
(2) Die Bestimmung des Termins zur mündlichen Verhandlung muß unverzüglich erfolgen. § 552 Abs. 1 der Zivilprozeßordnung bleibt unberührt. Die Verwerfung der Revision ohne mündliche Verhandlung ergeht durch Beschluß des Senats und ohne Zuziehung der ehrenamtlichen Richter.

§ 75 Urteil (1) Die Wirksamkeit der Verkündung des Urteils ist von der Anwesenheit der ehrenamtlichen Richter nicht abhängig. Wird ein Urteil in Abwesenheit der ehrenamtlichen Richter verkündet, so ist die Urteilsformel vorher von sämtlichen Mitgliedern des erkennenden Senats zu unterschreiben.
(2) Das Urteil nebst Tatbestand und Entscheidungsgründen ist von sämtlichen Mitgliedern des erkennenden Senats zu unterschreiben.

§ 76 Sprungrevision (1) Gegen das Urteil eines Arbeitsgerichts kann unter Übergehung der Berufungsinstanz unmittelbar die Revision eingelegt werden (Sprungrevision), wenn der Gegner schriftlich zustimmt und wenn sie vom Arbeitsgericht auf Antrag im Urteil oder nachträglich durch Beschluß zugelassen wird. Der Antrag ist innerhalb einer Notfrist von einem Monat nach

Zustellung des in vollständiger Form abgefaßten Urteils schriftlich zu stellen. Die Zustimmung des Gegners ist, wenn die Revision im Urteil zugelassen ist, der Revisionsschrift, andernfalls dem Antrag beizufügen.

(2) Die Sprungrevision ist nur zuzulassen, wenn die Rechtssache grundsätzliche Bedeutung hat und Rechtsstreitigkeiten betrifft

1. zwischen Tarifvertragsparteien aus Tarifverträgen oder über das Bestehen oder Nichtbestehen von Tarifverträgen,
2. über die Auslegung eines Tarifvertrags, dessen Geltungsbereich sich über den Bezirk des Landesarbeitsgerichts hinaus erstreckt, oder
3. zwischen tariffähigen Parteien oder zwischen diesen und Dritten aus unerlaubten Handlungen, soweit es sich um Maßnahmen zum Zwecke des Arbeitskampfs oder um Fragen der Vereinigungsfreiheit einschließlich des hiermit im Zusammenhang stehenden Betätigungsrechts der Vereinigungen handelt.

Das Bundesarbeitsgericht ist an die Zulassung gebunden. Die Ablehnung der Zulassung ist unanfechtbar.

(3) Lehnt das Arbeitsgericht den Antrag auf Zulassung der Revision durch Beschluß ab, so beginnt mit der Zustellung dieser Entscheidung der Lauf der Berufungsfrist von neuem, sofern der Antrag in der gesetzlichen Form und Frist gestellt und die Zustimmungserklärung beigefügt war. Läßt das Arbeitsgericht die Revision durch Beschluß zu, so beginnt mit der Zustellung dieser Entscheidung der Lauf der Revisionsfrist.

(4) Die Revision kann nicht auf Mängel des Verfahrens gestützt werden.

(5) Die Einlegung der Revision und die Zustimmung gelten als Verzicht auf die Berufung, wenn das Arbeitsgericht die Revision zugelassen hat.

(6) Verweist das Bundesarbeitsgericht die Sache zur anderweitigen Verhandlung und Entscheidung zurück, so kann die Zurückverweisung nach seinem Ermessen auch an dasjenige Landesarbeitsgericht erfolgen, das für die Berufung zuständig gewesen wäre. In diesem Falle gelten für das Verfahren vor dem Landesarbeitsgericht die gleichen Grundsätze, wie wenn der Rechtsstreit auf eine ordnungsmäßig eingelegte Berufung beim Landesarbeitsgericht anhängig geworden wäre. Das Arbeitsgericht und das Landesarbeitsgericht haben die rechtliche Beurteilung, die der Aufhebung zugrunde gelegt ist, auch ihrer Entscheidung zugrunde zu legen. Von der Einlegung der Revision nach Absatz 1 hat die Geschäftsstelle des Bundesarbeitsgerichts der Geschäftsstelle des Arbeitsgerichts unverzüglich Nachricht zu geben.

§ 77 Revisionsbeschwerde Gegen den Beschluss des Landesarbeitsgerichts, der die Berufung als unzulässig verwirft, findet die Rechtsbeschwerde statt, wenn das Landesarbeitsgericht sie in dem Beschluss oder das Bundesarbeitsgericht sie zugelassen hat. Für die Zulassung der Rechtsbeschwerde gelten § 72 Absatz 2 und § 72 a entsprechend. Über die Nichtzulassungsbeschwerde und die Revisionsbeschwerde entscheidet das Bundesarbeitsgericht ohne Hinzuziehung der ehrenamtlichen Richter. Die Vorschriften der Zivilprozessordnung über die Rechtsbeschwerde gelten entsprechend.

Vierter Unterabschnitt – Beschwerdeverfahren, Abhilfe bei Verletzung des Anspruchs auf rechtliches Gehör

§ 78 Beschwerdeverfahren Hinsichtlich der Beschwerde gegen Entscheidungen der Arbeitsgerichte oder ihrer Vorsitzenden gelten die für die Beschwerde gegen Entscheidungen der Amtsgerichte maßgebenden Vorschriften der Zivilprozessordnung entsprechend. Für die Zulassung der Rechtsbeschwerde gilt § 72 Abs. 2 entsprechend. Über die sofortige Beschwerde entscheidet das Landesarbeitsgericht ohne Hinzuziehung der ehrenamtlichen Richter, über die Rechtsbeschwerde das Bundesarbeitsgericht.

§ 78 a Abhilfe bei Verletzung des Anspruchs auf rechtliches Gehör (1) Auf die Rüge der durch die Entscheidung beschwerten Partei ist das Verfahren fortzuführen, wenn
1. ein Rechtsmittel oder ein anderer Rechtsbehelf gegen die Entscheidung nicht gegeben ist und
2. das Gericht den Anspruch dieser Partei auf rechtliches Gehör in entscheidungserheblicher Weise verletzt hat.

Gegen eine der Endentscheidung vorausgehende Entscheidung findet die Rüge nicht statt.

(2) Die Rüge ist innerhalb einer Notfrist von zwei Wochen nach Kenntnis von der Verletzung des rechtlichen Gehörs zu erheben; der Zeitpunkt der Kenntniserlangung ist glaubhaft zu machen. Nach Ablauf eines Jahres seit Bekanntgabe der angegriffenen Entscheidung kann die Rüge nicht mehr erhoben werden. Formlos mitgeteilte Entscheidungen gelten mit dem dritten Tage nach Aufgabe zur Post als bekannt gegeben. Die Rüge ist schriftlich bei dem Gericht zu erheben, dessen Entscheidung angegriffen wird. Die Rüge muss die angegriffene Entscheidung bezeichnen und das Vorliegen der in Absatz 1 Satz 1 Nr. 2 genannten Voraussetzungen darlegen.

(3) Dem Gegner ist, soweit erforderlich, Gelegenheit zur Stellungnahme zu geben.

(4) Das Gericht hat von Amts wegen zu prüfen, ob die Rüge an sich statthaft und ob sie in der gesetzlichen Form und Frist erhoben ist. Mangelt es an einem dieser Erfordernisse, so ist die Rüge als unzulässig zu verwerfen. Ist die Rüge unbegründet, weist das Gericht sie zurück. Die Entscheidung ergeht durch unanfechtbaren Beschluss. Der Beschluss soll kurz begründet werden.

(5) Ist die Rüge begründet, so hilft ihr das Gericht ab, indem es das Verfahren fortführt, soweit dies aufgrund der Rüge geboten ist. Das Verfahren wird in die Lage zurückversetzt, in der es sich vor dem Schluss der mündlichen Verhandlung befand. § 343 der Zivilprozessordnung gilt entsprechend. In schriftlichen Verfahren tritt an die Stelle des Schlusses der mündlichen Verhandlung der Zeitpunkt, bis zu dem Schriftsätze eingereicht werden können.

(6) Die Entscheidungen nach den Absätzen 4 und 5 erfolgen unter Hinzuziehung der ehrenamtlichen Richter. Die ehrenamtlichen Richter wirken nicht mit, wenn die Rüge als unzulässig verworfen wird oder sich gegen eine

Entscheidung richtet, die ohne Hinzuziehung der ehrenamtlichen Richter erlassen wurde.
(7) § 707 der Zivilprozessordnung ist unter der Voraussetzung entsprechend anzuwenden, dass der Beklagte glaubhaft macht, dass die Vollstreckung ihm einen nicht zu ersetzenden Nachteil bringen würde.
(8) Auf das Beschlussverfahren finden die Absätze 1 bis 7 entsprechende Anwendung.

Fünfter Unterabschnitt – Wiederaufnahme des Verfahrens

§ 79 Die Vorschriften der Zivilprozeßordnung über die Wiederaufnahme des Verfahrens gelten für Rechtsstreitigkeiten nach § 2 Abs. 1 bis 4 entsprechend. Die Nichtigkeitsklage kann jedoch nicht auf Mängel des Verfahrens bei der Berufung der ehrenamtlichen Richter oder auf, Umstände, die die Berufung eines ehrenamtlichen Richters zu seinem Amt ausschließen, gestützt werden.

Zweiter Abschnitt – Beschlußverfahren

Erster Unterabschnitt – Erster Rechtszug

§ 80 Grundsatz (1) Das Beschlußverfahren findet in den in § 2 a bezeichneten Fällen Anwendung.
(2) Für das Beschlußverfahren des ersten Rechtszugs gelten die für das Urteilsverfahren des ersten Rechtszugs maßgebenden Vorschriften über Prozeßfähigkeit, Prozeßvertretung, Ladungen, Termine und Fristen, Ablehnung und Ausschließung von Gerichtspersonen, Zustellungen, persönliches Erscheinen der Parteien, Öffentlichkeit, Befugnisse des Vorsitzenden und der ehrenamtlichen Richter, Mediation und außergerichtliche Konfliktbeilegung, Vorbereitung der streitigen Verhandlung, Verhandlung vor der Kammer, Beweisaufnahme, gütliche Erledigung des Verfahrens, Wiedereinsetzung in den vorigen Stand und Wiederaufnahme des Verfahrens entsprechend, soweit sich aus den §§ 81 bis 84 nichts anderes ergibt. Der Vorsitzende kann ein Güteverfahren ansetzen; die für das Urteilsverfahren des ersten Rechtszugs maßgebenden Vorschriften über das Güteverfahren gelten entsprechend.
(3) § 48 Abs. 1 findet entsprechende Anwendung.

§ 81 Antrag (1) Das Verfahren wird nur auf Antrag eingeleitet; der Antrag ist bei dem Arbeitsgericht schriftlich einzureichen oder bei seiner Geschäftsstelle mündlich zu Protokoll anzubringen.
(2) Der Antrag kann jederzeit in derselben Form zurückgenommen werden. In diesem Fall ist das Verfahren vom Vorsitzenden des Arbeitsgerichts einzustellen. Von der Einstellung ist den Beteiligten Kenntnis zu geben, soweit ihnen der Antrag vom Arbeitsgericht mitgeteilt worden ist.

(3) Eine Änderung des Antrags ist zulässig, wenn die übrigen Beteiligten zustimmen oder das Gericht die Änderung für sachdienlich hält. Die Zustimmung der Beteiligten zu der Änderung des Antrags gilt als erteilt, wenn die Beteiligten sich, ohne zu widersprechen, in einem Schriftsatz oder in der mündlichen Verhandlung auf den geänderten Antrag eingelassen haben. Die Entscheidung, daß eine Änderung des Antrags nicht vorliegt oder zugelassen wird, ist unanfechtbar.

§ 82 Örtliche Zuständigkeit (1) Zuständig ist das Arbeitsgericht, in dessen Bezirk der Betrieb liegt. In Angelegenheiten des Gesamtbetriebsrats, des Konzernbetriebsrats, der Gesamtjugendvertretung oder der Gesamt-Jugend- und Auszubildendenvertretung, des Wirtschaftsausschusses und der Vertretung der Arbeitnehmer im Aufsichtsrat ist das Arbeitsgericht zuständig, in dessen Bezirk das Unternehmen seinen Sitz hat. Satz 2 gilt entsprechend in Angelegenheiten des Gesamtsprecherausschusses, des Unternehmenssprecherausschusses und des Konzernsprecherausschusses.
(2) In Angelegenheiten eines Europäischen Betriebsrats, im Rahmen eines Verfahrens zur Unterrichtung und Anhörung oder des besonderen Verhandlungsgremiums ist das Arbeitsgericht zuständig, in dessen Bezirk das Unternehmen oder das herrschende Unternehmen nach § 2 des Gesetzes über Europäische Betriebsräte seinen Sitz hat. Bei einer Vereinbarung nach § 41 Absatz 1 bis 7 des Gesetzes über Europäische Betriebsräte ist der Sitz des vertragschließenden Unternehmens maßgebend.
(3) In Angelegenheiten aus dem SE-Beteiligungsgesetz ist das Arbeitsgericht zuständig, in dessen Bezirk die Europäische Gesellschaft ihren Sitz hat; vor ihrer Eintragung ist das Arbeitsgericht zuständig, in dessen Bezirk die Europäische Gesellschaft ihren Sitz haben soll.
(4) In Angelegenheiten nach dem SCE-Beteiligungsgesetz ist das Arbeitsgericht zuständig, in dessen Bezirk die Europäische Genossenschaft ihren Sitz hat; vor ihrer Eintragung ist das Arbeitsgericht zuständig, in dessen Bezirk die Europäische Genossenschaft ihren Sitz haben soll.
(5) In Angelegenheiten nach dem Gesetz über die Mitbestimmung der Arbeitnehmer bei einer grenzüberschreitenden Verschmelzung ist das Arbeitsgericht zuständig, in dessen Bezirk die aus der grenzüberschreitenden Verschmelzung hervorgegangene Gesellschaft ihren Sitz hat; vor ihrer Eintragung ist das Arbeitsgericht zuständig, in dessen Bezirk die aus der grenzüberschreitenden Verschmelzung hervorgehende Gesellschaft ihren Sitz haben soll.

§ 83 Verfahren (1) Das Gericht erforscht den Sachverhalt im Rahmen der gestellten Anträge von Amts wegen. Die am Verfahren Beteiligten haben an der Aufklärung des Sachverhalts mitzuwirken.
(1 a) Der Vorsitzende kann den Beteiligten eine Frist für ihr Vorbringen setzen. Nach Ablauf einer nach Satz 1 gesetzten Frist kann das Vorbringen zurückgewiesen werden, wenn nach der freien Überzeugung des Gerichts seine Zulassung die Erledigung des Beschlussverfahrens verzögern würde und der Betei-

ligte die Verspätung nicht genügend entschuldigt. Die Beteiligten sind über die Folgen der Versäumung der nach Satz 1 gesetzten Frist zu belehren.
(2) Zur Aufklärung des Sachverhalts können Urkunden eingesehen, Auskünfte eingeholt, Zeugen, Sachverständige und Beteiligte vernommen und der Augenschein eingenommen werden.
(3) In dem Verfahren sind der Arbeitgeber, die Arbeitnehmer und die Stellen zu hören, die nach dem Betriebsverfassungsgesetz, dem Sprecherausschussgesetz, dem Mitbestimmungsgesetz, dem Mitbestimmungsergänzungsgesetz, dem Drittelbeteiligungsgesetz, den §§ 177, 178 und 222 des Neunten Buches Sozialgesetzbuch, dem § 18 a des Berufsbildungsgesetzes und den zu diesen Gesetzen ergangenen Rechtsverordnungen sowie nach dem Gesetz über Europäische Betriebsräte, dem SE-Beteiligungsgesetz, dem SCE-Beteiligungsgesetz und dem Gesetz über die Mitbestimmung der Arbeitnehmer bei einer grenzüberschreitenden Verschmelzung im einzelnen Fall beteiligt sind.
(4) Die Beteiligten können sich schriftlich äußern. Bleibt ein Beteiligter auf Ladung unentschuldigt aus, so ist der Pflicht zur Anhörung genügt; hierauf ist in der Ladung hinzuweisen. Mit Einverständnis der Beteiligten kann das Gericht ohne mündliche Verhandlung entscheiden.
(5) Gegen Beschlüsse und Verfügungen des Arbeitsgerichts oder seines Vorsitzenden findet die Beschwerde nach Maßgabe des § 78 statt.

§ 83 a Vergleich, Erledigung des Verfahrens (1) Die Beteiligten können, um das Verfahren ganz oder zum Teil zu erledigen, zu Protokoll des Gerichts oder des Vorsitzenden oder des Güterichters einen Vergleich schließen, soweit sie über den Gegenstand des Vergleichs verfügen können, oder das Verfahren für erledigt erklären.
(2) Haben die Beteiligten das Verfahren für erledigt erklärt, so ist es vom Vorsitzenden des Arbeitsgerichts einzustellen. § 81 Abs. 2 Satz 3 ist entsprechend anzuwenden.
(3) Hat der Antragsteller das Verfahren für erledigt erklärt, so sind die übrigen Beteiligten binnen einer von dem Vorsitzenden zu bestimmenden Frist von mindestens zwei Wochen aufzufordern, mitzuteilen, ob sie der Erledigung zustimmen. Die Zustimmung gilt als erteilt, wenn sich der Beteiligte innerhalb der vom Vorsitzenden bestimmten Frist nicht äußert.

§ 84 Beschluß Das Gericht entscheidet nach seiner freien, aus dem Gesamtergebnis des Verfahrens gewonnenen Überzeugung. Der Beschluß ist schriftlich abzufassen. § 60 ist entsprechend anzuwenden.

§ 85 Zwangsvollstreckung (1) Soweit sich aus Absatz 2 nichts anderes ergibt, findet aus rechtskräftigen Beschlüssen der Arbeitsgerichte oder gerichtlichen Vergleichen, durch die einem Beteiligten eine Verpflichtung auferlegt wird, die Zwangsvollstreckung statt. Beschlüsse der Arbeitsgerichte in vermögensrechtlichen Streitigkeiten sind vorläufig vollstreckbar; § 62 Abs. 1 Satz 2 bis 5 ist

entsprechend anzuwenden. Für die Zwangsvollstreckung gelten die Vorschriften des Achten Buches der Zivilprozeßordnung entsprechend mit der Maßgabe, daß der nach dem Beschluß Verpflichtete als Schuldner, derjenige, der die Erfüllung der Verpflichtung auf Grund des Beschlusses verlangen kann, als Gläubiger gilt und in den Fällen des § 23 Abs. 3, des § 98 Abs. 5 sowie der §§ 101 und 104 des Betriebsverfassungsgesetzes eine Festsetzung von Ordnungs- oder Zwangshaft nicht erfolgt.
(2) Der Erlaß einer einstweiligen Verfügung ist zulässig. Für das Verfahren gelten die Vorschriften des Achten Buches der Zivilprozeßordnung über die einstweilige Verfügung entsprechend mit der Maßgabe, daß die Entscheidungen durch Beschluß der Kammer ergehen, erforderliche Zustellungen von Amts wegen erfolgen und ein Anspruch auf Schadensersatz nach § 945 der Zivilprozeßordnung in Angelegenheiten des Betriebsverfassungsgesetzes nicht besteht. Eine in das Schutzschriftenregister nach § 945 a Absatz 1 der Zivilprozessordnung eingestellte Schutzschrift gilt auch als bei allen Arbeitsgerichten des Länder eingereicht.

§ 86 *(weggefallen)*

Zweiter Unterabschnitt – Zweiter Rechtszug

§ 87 Grundsatz (1) Gegen die das Verfahren beendenden Beschlüsse der Arbeitsgerichte findet die Beschwerde an das Landesarbeitsgericht statt.
(2) Für das Beschwerdeverfahren gelten die für das Berufungsverfahren maßgebenden Vorschriften über die Einlegung der Berufung und ihre Begründung, über Prozeßfähigkeit, Ladungen, Termine und Fristen, Ablehnung und Ausschließung von Gerichtspersonen, Zustellungen, persönliches Erscheinen der Parteien, Öffentlichkeit, Befugnisse des Vorsitzenden und der ehrenamtlichen Richter, Güterichter, Mediation und außergerichtliche Konfliktbeilegung, Vorbereitung der streitigen Verhandlung, Verhandlung vor der Kammer, Beweisaufnahme, gütliche Erledigung des Rechtsstreits, Wiedereinsetzung in den vorigen Stand und Wiederaufnahme des Verfahrens sowie die Vorschriften des § 85 über die Zwangsvollstreckung entsprechend. Für die Vertretung der Beteiligten gilt § 11 Abs. 1 bis 3 und 5 entsprechend. Der Antrag kann jederzeit mit Zustimmung der anderen Beteiligten zurückgenommen werden; § 81 Abs. 2 Satz 2 und 3 und Absatz 3 ist entsprechend anzuwenden.
(3) In erster Instanz zu Recht zurückgewiesenes Vorbringen bleibt ausgeschlossen. Neues Vorbringen, das im ersten Rechtszug entgegen einer hierfür nach § 83 Abs. 1 a gesetzten Frist nicht vorgebracht wurde, kann zurückgewiesen werden, wenn seine Zulassung nach der freien Überzeugung des Landesarbeitsgerichts die Erledigung des Beschlussverfahrens verzögern würde und der Beteiligte die Verzögerung nicht genügend entschuldigt. Soweit neues Vorbringen nach Satz 2 zulässig ist, muss es der Beschwerdeführer in der Beschwerdebegründung, der Beschwerdegegner in der Beschwerdebeantwortung vortragen.

Wird es später vorgebracht, kann es zurückgewiesen werden, wenn die Möglichkeit es vorzutragen vor der Beschwerdebegründung oder der Beschwerdebeantwortung entstanden ist und das verspätete Vorbringen nach der freien Überzeugung des Landesarbeitsgerichts die Erledigung des Rechtsstreits verzögern würde und auf dem Verschulden des Beteiligten beruht.
(4) Die Einlegung der Beschwerde hat aufschiebende Wirkung; § 85 Abs. 1 Satz 2 bleibt unberührt.

§ 88 Beschränkung der Beschwerde § 65 findet entsprechende Anwendung.

§ 89 Einlegung (1) Für die Einlegung und Begründung der Beschwerde gilt § 11 Abs. 4 und 5 entsprechend.
(2) Die Beschwerdeschrift muss den Beschluss bezeichnen, gegen den die Beschwerde gerichtet ist, und die Erklärung enthalten, dass gegen diesen Beschluß die Beschwerde eingelegt wird. Die Beschwerdebegründung muss angeben, auf welche im einzelnen anzuführenden Beschwerdegründe sowie auf welche neuen Tatsachen die Beschwerde gestützt wird.
(3) Ist die Beschwerde nicht in der gesetzlichen Form oder Frist eingelegt oder begründet, so ist sie als unzulässig zu verwerfen. Der Beschluss kann ohne vorherige mündliche Verhandlung durch den Vorsitzenden ergehen; er ist unanfechtbar. Er ist dem Beschwerdeführer zuzustellen. § 522 Abs. 2 und 3 der Zivilprozessordnung ist nicht anwendbar.
(4) Die Beschwerde kann jederzeit in der für ihre Einlegung vorgeschriebenen Form zurückgenommen werden. Im Falle der Zurücknahme stellt der Vorsitzende das Verfahren ein. Er gibt hiervon den Beteiligten Kenntnis, soweit ihnen die Beschwerde zugestellt worden ist.

§ 90 Verfahren (1) Die Beschwerdeschrift und die Beschwerdebegründung werden den Beteiligten zur Äußerung zugestellt. Die Äußerung erfolgt durch Einreichung eines Schriftsatzes beim Beschwerdegericht oder durch Erklärung zu Protokoll der Geschäftsstelle des Arbeitsgerichts, das den angefochtenen Beschluss erlassen hat.
(2) Für das Verfahren sind die §§ 83 und 83 a entsprechend anzuwenden.
(3) Gegen Beschlüsse und Verfügungen des Landesarbeitsgerichts oder seines Vorsitzenden findet kein Rechtsmittel statt.

§ 91 Entscheidung (1) Über die Beschwerde entscheidet das Landesarbeitsgericht durch Beschluß. Eine Zurückverweisung ist nicht zulässig. § 84 Satz 2 gilt entsprechend.
(2) Der Beschluß nebst Gründen ist von den Mitgliedern der Kammer zu unterschreiben und den Beteiligten zuzustellen. § 69 Abs. 1 Satz 2 gilt entsprechend.

Dritter Unterabschnitt – Dritter Rechtszug

§ 92 Rechtsbeschwerdeverfahren, Grundsatz (1) Gegen den das Verfahren beendenden Beschluß eines Landesarbeitsgerichts findet die Rechtsbeschwerde an das Bundesarbeitsgericht statt, wenn sie in dem Beschluß des Landesarbeitsgerichts oder in dem Beschluß des Bundesarbeitsgerichts nach § 92 a Satz 2 zugelassen wird. § 72 Abs. 1 Satz 2, Abs. 2 und 3 ist entsprechend anzuwenden. In den Fällen des § 85 Abs. 2 findet die Rechtsbeschwerde nicht statt.
(2) Für das Rechtsbeschwerdeverfahren gelten die für das Revisionsverfahren maßgebenden Vorschriften über Einlegung der Revision und ihre Begründung, Prozeßfähigkeit, Ladung, Termine und Fristen, Ablehnung und Ausschließung von Gerichtspersonen, Zustellungen, persönliches Erscheinen der Parteien, Öffentlichkeit, Befugnisse des Vorsitzenden und der Beisitzer, gütliche Erledigung des Rechtsstreits, Wiedereinsetzung in den vorigen Stand und Wiederaufnahme des Verfahrens sowie die Vorschriften des § 85 über die Zwangsvollstreckung entsprechend, soweit sich aus den §§ 93 bis 96 nichts anderes ergibt. Für die Vertretung der Beteiligten gilt § 11 Abs. 1 bis 3 und 5 entsprechend. Der Antrag kann jederzeit mit Zustimmung der anderen Beteiligten zurückgenommen werden; § 81 Abs. 2 Satz 2 und 3 ist entsprechend anzuwenden.
(3) Die Einlegung der Rechtsbeschwerde hat aufschiebende Wirkung. § 85 Abs. 1 Satz 2 bleibt unberührt.

§ 92 a Nichtzulassungsbeschwerde Die Nichtzulassung der Rechtsbeschwerde durch das Landesarbeitsgericht kann selbständig durch Beschwerde angefochten werden. § 72 a Abs. 2 bis 7 ist entsprechend anzuwenden.

§ 92 b Sofortige Beschwerde wegen verspäteter Absetzung der Beschwerdeentscheidung Der Beschluss eines Landesarbeitsgerichts nach § 91 kann durch sofortige Beschwerde angefochten werden, wenn er nicht binnen fünf Monaten nach der Verkündung vollständig abgefasst und mit den Unterschriften sämtlicher Mitglieder der Kammer versehen der Geschäftsstelle übergeben worden ist. § 72 b Abs. 2 bis 5 gilt entsprechend. § 92 a findet keine Anwendung.

§ 93 Rechtsbeschwerdegründe (1) Die Rechtsbeschwerde kann nur darauf gestützt werden, daß der Beschluß des Landesarbeitsgerichts auf der Nichtanwendung oder der unrichtigen Anwendung einer Rechtsnorm beruht. Sie kann nicht auf die Gründe des § 92 b gestützt werden.
(2) § 65 findet entsprechende Anwendung.

§ 94 Einlegung (1) Für die Einlegung und Begründung der Rechtsbeschwerde gilt § 11 Abs. 4 und 5 entsprechend.
(2) Die Rechtsbeschwerdeschrift muß den Beschluß bezeichnen, gegen den die Rechtsbeschwerde gerichtet ist, und die Erklärung enthalten, daß gegen diesen Beschluß die Rechtsbeschwerde eingelegt werde. Die Rechtsbeschwerdebegründung muß angeben, inwieweit die Abänderung des angefochtenen Beschlusses

beantragt wird, welche Bestimmungen verletzt sein sollen und worin die Verletzung bestehen soll. § 74 Abs. 2 ist entsprechend anzuwenden.
(3) Die Rechtsbeschwerde kann jederzeit in der für ihre Einlegung vorgeschriebenen Form zurückgenommen werden. Im Fall der Zurücknahme stellt der Vorsitzende das Verfahren ein. Er gibt hiervon den Beteiligten Kenntnis, soweit ihnen die Rechtsbeschwerde zugestellt worden ist.

§ 95 Verfahren Die Rechtsbeschwerdeschrift und die Rechtsbeschwerdebegründung werden den Beteiligten zur Äußerung zugestellt. Die Äußerung erfolgt durch Einreichung eines Schriftsatzes beim Bundesarbeitsgericht oder durch Erklärung zu Protokoll der Geschäftsstelle des Landesarbeitsgerichts, das den angefochtenen Beschluß erlassen hat. Geht von einem Beteiligten die Äußerung nicht rechtzeitig ein, so steht dies dem Fortgang des Verfahrens nicht entgegen. § 83 a ist entsprechend anzuwenden.

§ 96 Entscheidung (1) Über die Rechtsbeschwerde entscheidet das Bundesarbeitsgericht durch Beschluß. Die §§ 562, 563 der Zivilprozeßordnung gelten entsprechend.
(2) Der Beschluß nebst Gründen ist von sämtlichen Mitgliedern des Senats zu unterschreiben und den Beteiligten zuzustellen.

§ 96 a Sprungrechtsbeschwerde (1) Gegen den das Verfahren beendenden Beschluß eines Arbeitsgerichts kann unter Übergehung der Beschwerdeinstanz unmittelbar Rechtsbeschwerde eingelegt werden (Sprungrechtsbeschwerde), wenn die übrigen Beteiligten schriftlich zustimmen und wenn sie vom Arbeitsgericht wegen grundsätzlicher Bedeutung der Rechtssache auf Antrag in dem verfahrensbeendenden Beschluß oder nachträglich durch gesonderten Beschluß zugelassen wird. Der Antrag ist innerhalb einer Notfrist von einem Monat nach Zustellung des in vollständiger Form abgefaßten Beschlusses schriftlich zu stellen. Die Zustimmung der übrigen Beteiligten ist, wenn die Sprungrechtsbeschwerde in dem verfahrensbeendenden Beschluß zugelassen ist, der Rechtsbeschwerdeschrift, andernfalls dem Antrag beizufügen.
(2) § 76 Abs. 2 Satz 2, 3, Abs. 3 bis 6 ist entsprechend anzuwenden.

Vierter Unterabschnitt – Beschlußverfahren in besonderen Fällen

§ 97 Entscheidung über die Tariffähigkeit oder Tarifzuständigkeit einer Vereinigung (1) In den Fällen des § 2 a Abs. 1 Nr. 4 wird das Verfahren auf Antrag einer räumlich und sachlich zuständigen Vereinigung von Arbeitnehmern oder von Arbeitgebern oder der obersten Arbeitsbehörde des Bundes oder der obersten Arbeitsbehörde eines Landes, auf dessen Gebiet sich die Tätigkeit der Vereinigung erstreckt, eingeleitet.
(2) Für Verfahren nach § 2 a Absatz 1 Nummer 4 ist das Landesarbeitsgericht

zuständig, in dessen Bezirk die Vereinigung, über deren Tariffähigkeit oder Tarifzuständigkeit zu entscheiden ist, ihren Sitz hat.

(2 a) Für das Verfahren sind § 80 Absatz 1, 2 Satz 1 und Absatz 3, §§ 81, 83 Absatz 1 und 2 bis 4, §§ 83 a, 84 Satz 1 und 2, § 90 Absatz 3, § 91 Absatz 2 und §§ 92 bis 96 entsprechend anzuwenden. Für die Vertretung der Beteiligten gilt § 11 Absatz 4 und 5 entsprechend.

(3) Der rechtskräftige Beschluss über die Tariffähigkeit oder Tarifzuständigkeit einer Vereinigung wirkt für und gegen jedermann. Die Vorschrift des § 63 über die Übersendung von Urteilen gilt entsprechend für die rechtskräftigen Beschlüsse von Gerichten für Arbeitssachen im Verfahren nach § 2 a Abs. 1 Nr. 4.

(4) In den Fällen des § 2 a Abs. 1 Nr. 4 findet eine Wiederaufnahme des Verfahrens auch dann statt, wenn die Entscheidung über die Tariffähigkeit oder Tarifzuständigkeit darauf beruht, daß ein Beteiligter absichtlich unrichtige Angaben oder Aussagen gemacht hat. § 581 der Zivilprozeßordnung findet keine Anwendung.

(5) Hängt die Entscheidung eines Rechtsstreits davon ab, ob eine Vereinigung tariffähig oder ob die Tarifzuständigkeit der Vereinigung gegeben ist, so hat das Gericht das Verfahren bis zur Erledigung des Beschlußverfahrens nach § 2 a Abs. 1 Nr. 4 auszusetzen. Im Falle des Satzes 1 sind die Parteien des Rechtsstreits auch im Beschlußverfahren nach § 2 a Abs. 1 Nr. 4 antragsberechtigt.

§ 98 Entscheidung über die Wirksamkeit einer Allgemeinverbindlicherklärung oder einer Rechtsverordnung (1) In den Fällen des § 2 a Absatz 1 Nummer 5 wird das Verfahren eingeleitet auf Antrag

1. jeder natürlichen oder juristischen Person oder
2. einer Gewerkschaft oder einer Vereinigung von Arbeitgebern,

die nach Bekanntmachung der Allgemeinverbindlicherklärung oder der Rechtsverordnung geltend macht, durch die Allgemeinverbindlicherklärung oder die Rechtsverordnung oder deren Anwendung in ihren Rechten verletzt zu sein oder in absehbarer Zeit verletzt zu werden.

(2) Für Verfahren nach § 2 a Absatz 1 Nummer 5 ist das Landesarbeitsgericht zuständig, in dessen Bezirk die Behörde ihren Sitz hat, die den Tarifvertrag für allgemeinverbindlich erklärt hat oder die Rechtsverordnung erlassen hat.

(3) Für das Verfahren sind § 80 Absatz 1, 2 Satz 1 und Absatz 3, §§ 81, 83 Absatz 1 und 2 bis 4, §§ 83 a, 84 Satz 1 und 2, § 90 Absatz 3, § 91 Absatz 2 und §§ 92 bis 96 entsprechend anzuwenden. Für die Vertretung der Beteiligten gilt § 11 Absatz 4 und 5 entsprechend. In dem Verfahren ist die Behörde, die den Tarifvertrag für allgemeinverbindlich erklärt hat oder die Rechtsverordnung erlassen hat, Beteiligte.

(4) Der rechtskräftige Beschluss über die Wirksamkeit einer Allgemeinverbindlicherklärung oder einer Rechtsverordnung wirkt für und gegen jedermann. Rechtskräftige Beschlüsse von Gerichten für Arbeitssachen im Verfahren nach § 2 a Absatz 1 Nummer 5 sind alsbald der obersten Arbeitsbehörde des Bundes in vollständiger Form abschriftlich zu übersenden oder elektronisch zu über-

mitteln. Soweit eine Allgemeinverbindlicherklärung oder eine Rechtsverordnung rechtskräftig als wirksam oder unwirksam festgestellt wird, ist die Entscheidungsformel durch die oberste Arbeitsbehörde des Bundes im Bundesanzeiger bekannt zu machen.

(5) In den Fällen des § 2 a Absatz 1 Nummer 5 findet eine Wiederaufnahme des Verfahrens auch dann statt, wenn die Entscheidung über die Wirksamkeit einer Allgemeinverbindlicherklärung oder einer Rechtsverordnung darauf beruht, dass ein Beteiligter absichtlich unrichtige Angaben oder Aussagen gemacht hat. § 581 der Zivilprozessordnung findet keine Anwendung.

(6) Hängt die Entscheidung eines Rechtsstreits davon ab, ob eine Allgemeinverbindlicherklärung oder eine Rechtsverordnung wirksam ist und hat das Gericht ernsthafte Zweifel nichtverfassungsrechtlicher Art an der Wirksamkeit der Allgemeinverbindlicherklärung oder der Rechtsverordnung, so hat das Gericht das Verfahren bis zur Erledigung des Beschlussverfahrens nach § 2 a Absatz 1 Nummer 5 auszusetzen. Setzt ein Gericht für Arbeitssachen nach Satz 1 einen Rechtsstreit über den Leistungsanspruch einer gemeinsamen Einrichtung aus, hat das Gericht auf deren Antrag den Beklagten zur vorläufigen Leistung zu verpflichten. Die Anordnung unterbleibt, wenn das Gericht die Allgemeinverbindlicherklärung oder die Rechtsverordnung nach dem bisherigen Sach- und Streitstand für offensichtlich unwirksam hält oder der Beklagte glaubhaft macht, dass die vorläufige Leistungspflicht ihm einen nicht zu ersetzenden Nachteil bringen würde. Auf die Entscheidung über die vorläufige Leistungspflicht finden die Vorschriften über die Aussetzung entsprechend Anwendung; die Entscheidung ist ein Vollstreckungstitel gemäß § 794 Absatz 1 Nummer 3 der Zivilprozessordnung. Auch außerhalb eines Beschwerdeverfahrens können die Parteien die Änderung oder Aufhebung der Entscheidung über die vorläufige Leistungspflicht wegen veränderter oder im ursprünglichen Verfahren ohne Verschulden nicht geltend gemachter Umstände beantragen. Ergeht nach Aufnahme des Verfahrens eine Entscheidung, gilt § 717 der Zivilprozessordnung entsprechend. Im Falle des Satzes 1 sind die Parteien des Rechtsstreits auch im Beschlussverfahren nach § 2 a Absatz 1 Nummer 5 antragsberechtigt.

§ 99 Entscheidung über den nach § 4 a Absatz 2 Satz 2 des Tarifvertragsgesetzes im Betrieb anwendbaren Tarifvertrag (1) In den Fällen des § 2 a Absatz 1 Nummer 6 wird das Verfahren auf Antrag einer Tarifvertragspartei eines kollidierenden Tarifvertrags eingeleitet.

(2) Für das Verfahren sind die §§ 80 bis 82 Absatz 1 Satz 1, die §§ 83 bis 84 und 87 bis 96 a entsprechend anzuwenden.

(3) Der rechtskräftige Beschluss über den nach § 4 a Absatz 2 Satz 2 des Tarifvertragsgesetzes im Betrieb anwendbaren Tarifvertrag wirkt für und gegen jedermann.

(4) In den Fällen des § 2 a Absatz 1 Nummer 6 findet eine Wiederaufnahme des Verfahrens auch dann statt, wenn die Entscheidung über den nach § 4 a Absatz 2 Satz 2 des Tarifvertragsgesetzes im Betrieb anwendbaren Tarifvertrag

darauf beruht, dass ein Beteiligter absichtlich unrichtige Angaben oder Aussagen gemacht hat. § 581 der Zivilprozessordnung findet keine Anwendung.

§ 100 Entscheidung über die Besetzung der Einigungsstelle (1) In den Fällen des § 76 Abs. 2 Satz 2 und 3 des Betriebsverfassungsgesetzes entscheidet der Vorsitzende allein. Wegen fehlender Zuständigkeit der Einigungsstelle können die Anträge nur zurückgewiesen werden, wenn die Einigungsstelle offensichtlich unzuständig ist. Für das Verfahren gelten die §§ 80 bis 84 entsprechend. Die Einlassungs- und Ladungsfristen betragen 48 Stunden. Ein Richter darf nur dann zum Vorsitzenden der Einigungsstelle bestellt werden, wenn aufgrund der Geschäftsverteilung ausgeschlossen ist, dass er mit der Überprüfung, der Auslegung oder der Anwendung des Spruchs der Einigungsstelle befasst wird. Der Beschluss des Vorsitzenden soll den Beteiligten innerhalb von zwei Wochen nach Eingang des Antrags zugestellt werden; er ist den Beteiligten spätestens innerhalb von vier Wochen nach diesem Zeitpunkt zuzustellen.
(2) Gegen die Entscheidungen des Vorsitzenden findet die Beschwerde an das Landesarbeitsgericht statt. Die Beschwerde ist innerhalb einer Frist von zwei Wochen einzulegen und zu begründen. Für das Verfahren gelten § 87 Abs. 2 und 3 und die §§ 88 bis 90 Abs. 1 und 2 sowie § 91 Abs. 1 und 2 entsprechend mit der Maßgabe, dass an die Stelle der Kammer des Landesarbeitsgerichts der Vorsitzende tritt. Gegen dessen Entscheidung findet kein Rechtsmittel statt.

Vierter Teil – Schiedsvertrag in Arbeitsstreitigkeiten

§ 101 Grundsatz (1) Für bürgerliche Rechtsstreitigkeiten zwischen Tarifvertragsparteien aus Tarifverträgen oder über das Bestehen oder Nichtbestehen von Tarifverträgen können die Parteien des Tarifvertrags die Arbeitsgerichtsbarkeit allgemein oder für den Einzelfall durch die ausdrückliche Vereinbarung ausschließen, daß die Entscheidung durch ein Schiedsgericht erfolgen soll.
(2) Für bürgerliche Rechtsstreitigkeiten aus einem Arbeitsverhältnis, das sich nach einem Tarifvertrag bestimmt, können die Parteien des Tarifvertrags die Arbeitsgerichtsbarkeit im Tarifvertrag durch die ausdrückliche Vereinbarung ausschließen, daß die Entscheidung durch ein Schiedsgericht erfolgen soll, wenn der persönliche Geltungsbereich des Tarifvertrags überwiegend Bühnenkünstler, Filmschaffende oder Artisten umfaßt. Die Vereinbarung gilt nur für tarifgebundene Personen. Sie erstreckt sich auf Parteien, deren Verhältnisse sich aus anderen Gründen nach dem Tarifvertrag regeln, wenn die Parteien dies ausdrücklich und schriftlich vereinbart haben; der Mangel der Form wird durch Einlassung auf die schiedsgerichtliche Verhandlung zur Hauptsache geheilt.
(3) Die Vorschriften der Zivilprozeßordnung über das schiedsrichterliche Verfahren finden in Arbeitssachen keine Anwendung.

§ 102 Prozeßhindernde Einrede (1) Wird das Arbeitsgericht wegen einer

Rechtsstreitigkeit angerufen, für die die Parteien des Tarifvertrages einen Schiedsvertrag geschlossen haben, so hat das Gericht die Klage als unzulässig abzuweisen, wenn sich der Beklagte auf den Schiedsvertrag beruft.

(2) Der Beklagte kann sich nicht auf den Schiedsvertrag berufen,

1. wenn in einem Fall, in dem die Streitparteien selbst die Mitglieder des Schiedsgerichts zu ernennen haben, der Kläger dieser Pflicht nachgekommen ist, der Beklagte die Ernennung aber nicht binnen einer Woche nach der Aufforderung des Klägers vorgenommen hat;
2. wenn in einem Falle, in dem nicht die Streitparteien, sondern die Parteien des Schiedsvertrags die Mitglieder des Schiedsgerichts zu ernennen haben, das Schiedsgericht nicht gebildet ist und die den Parteien des Schiedsvertrags von dem Vorsitzenden des Arbeitsgerichts gesetzte Frist zur Bildung des Schiedsgerichts fruchtlos verstrichen ist;
3. wenn das nach dem Schiedsvertrag gebildete Schiedsgericht die Durchführung des Verfahrens verzögert und die ihm von dem Vorsitzenden des Arbeitsgerichts gesetzte Frist zur Durchführung des Verfahrens fruchtlos verstrichen ist;
4. wenn das Schiedsgericht den Parteien des streitigen Rechtsverhältnisses anzeigt, daß die Abgabe eines Schiedsspruchs unmöglich ist.

(3) In den Fällen des Absatzes 2 Nummern 2 und 3 erfolgt die Bestimmung der Frist auf Antrag des Klägers durch den Vorsitzenden des Arbeitsgerichts, das für die Geltendmachung des Anspruchs zuständig wäre.

(4) Kann sich der Beklagte nach Absatz 2 nicht auf den Schiedsvertrag berufen, so ist eine schiedsrichterliche Entscheidung des Rechtsstreits auf Grund des Schiedsvertrags ausgeschlossen.

§ 103 Zusammensetzung des Schiedsgerichts (1) Das Schiedsgericht muß aus einer gleichen Zahl von Arbeitnehmern und von Arbeitgebern bestehen; außerdem können ihm Unparteiische angehören. Personen, die infolge Richterspruchs die Fähigkeit zur Bekleidung öffentlicher Ämter nicht besitzen, dürfen ihm nicht angehören.

(2) Mitglieder des Schiedsgerichts können unter denselben Voraussetzungen abgelehnt werden, die zur Ablehnung eines Richters berechtigen.

(3) Über die Ablehnung beschließt die Kammer des Arbeitsgerichts, das für die Geltendmachung des Anspruchs zuständig wäre. Vor dem Beschluß sind die Streitparteien und das abgelehnte Mitglied des Schiedsgerichts zu hören. Der Vorsitzende des Arbeitsgerichts entscheidet, ob sie mündlich oder schriftlich zu hören sind. Die mündliche Anhörung erfolgt vor der Kammer. Gegen den Beschluß findet kein Rechtsmittel statt.

§ 104 Verfahren vor dem Schiedsgericht Das Verfahren vor dem Schiedsgericht regelt sich nach den §§ 105 bis 110 und dem Schiedsvertrag, im Übrigen nach dem freien Ermessen des Schiedsgerichts.

§ 105 Anhörung der Parteien (1) Vor der Fällung des Schiedsspruchs sind die Streitparteien zu hören.
(2) Die Anhörung erfolgt mündlich. Die Parteien haben persönlich zu erscheinen oder sich durch einen mit schriftlicher Vollmacht versehenen Bevollmächtigten vertreten zu lassen. Die Beglaubigung der Vollmachtsurkunde kann nicht verlangt werden. Die Vorschrift des § 11 Abs. 1 bis 3 gilt entsprechend, soweit der Schiedsvertrag nicht anderes bestimmt.
(3) Bleibt eine Partei in der Verhandlung unentschuldigt aus oder äußert sie sich trotz Aufforderung nicht, so ist der Pflicht zur Anhörung genügt.

§ 106 Beweisaufnahme (1) Das Schiedsgericht kann Beweise erheben, soweit die Beweismittel ihm zur Verfügung gestellt werden. Zeugen und Sachverständige kann das Schiedsgericht nicht beeidigen, eidesstattliche Versicherungen nicht verlangen oder entgegennehmen.
(2) Hält das Schiedsgericht eine Beweiserhebung für erforderlich, die es nicht vornehmen kann, so ersucht es um die Vornahme den Vorsitzenden desjenigen Arbeitsgerichts oder, falls dies aus Gründen der örtlichen Lage zweckmäßiger ist, dasjenige Amtsgericht, in dessen Bezirk die Beweisaufnahme erfolgen soll. Entsprechend ist zu verfahren, wenn das Schiedsgericht die Beeidigung eines Zeugen oder Sachverständigen gemäß § 58 Abs. 2 Satz 1 für notwendig oder eine eidliche Parteivernehmung für sachdienlich erachtet. Die durch die Rechtshilfe entstehenden baren Auslagen sind dem Gericht zu ersetzen; § 22 Abs. 1 und § 29 des Gerichtskostengesetzes finden entsprechende Anwendung.

§ 107 Vergleich Ein vor dem Schiedsgericht geschlossener Vergleich ist unter Angabe des Tages seines Zustandekommens von den Streitparteien und den Mitgliedern des Schiedsgerichts zu unterschreiben.

§ 108 Schiedsspruch (1) Der Schiedsspruch ergeht mit einfacher Mehrheit der Stimmen der Mitglieder des Schiedsgerichts, falls der Schiedsvertrag nichts anderes bestimmt.
(2) Der Schiedsspruch ist unter Angabe des Tages seiner Fällung von den Mitgliedern des Schiedsgerichts zu unterschreiben und muß schriftlich begründet werden, soweit die Parteien nicht auf schriftliche Begründung ausdrücklich verzichten. Eine vom Verhandlungsleiter unterschriebene Ausfertigung des Schiedsspruchs ist jeder Streitpartei zuzustellen. Die Zustellung kann durch eingeschriebenen Brief gegen Rückschein erfolgen.
(3) Eine vom Verhandlungsleiter unterschriebene Ausfertigung des Schiedsspruchs soll bei dem Arbeitsgericht, das für die Geltendmachung des Anspruchs zuständig wäre, niedergelegt werden. Die Akten des Schiedsgerichts oder Teile der Akten können ebenfalls dort niedergelegt werden.
(4) Der Schiedsspruch hat unter den Parteien dieselben Wirkungen wie ein rechtskräftiges Urteil des Arbeitsgerichts.

§ 109 Zwangsvollstreckung (1) Die Zwangsvollstreckung findet aus dem Schiedsspruch oder aus einem vor dem Schiedsgericht geschlossenen Vergleich nur statt, wenn der Schiedsspruch oder der Vergleich von dem Vorsitzenden des Arbeitsgerichts, das für die Geltendmachung des Anspruchs zuständig wäre, für vollstreckbar erklärt worden ist. Der Vorsitzende hat vor der Erklärung den Gegner zu hören. Wird nachgewiesen, daß auf Aufhebung des Schiedsspruchs geklagt ist, so ist die Entscheidung bis zur Erledigung dieses Rechtsstreits auszusetzen.
(2) Die Entscheidung des Vorsitzenden ist endgültig. Sie ist den Parteien zuzustellen.

§ 110 Aufhebungsklage (1) Auf Aufhebung des Schiedsspruchs kann geklagt werden,
1. wenn das schiedsgerichtliche Verfahren unzulässig war;
2. wenn der Schiedsspruch auf der Verletzung einer Rechtsnorm beruht;
3. wenn die Voraussetzungen vorliegen, unter denen gegen ein gerichtliches Urteil nach § 580 Nr. 1 bis 6 der Zivilprozeßordnung die Restitutionsklage zulässig wäre.

(2) Für die Klage ist das Arbeitsgericht zuständig, das für die Geltendmachung des Anspruchs zuständig wäre.
(3) Die Klage ist binnen einer Notfrist von zwei Wochen zu erheben. Die Frist beginnt in den Fällen des Absatzes 1 Nr. 1 und 2 mit der Zustellung des Schiedsspruchs. Im Falle des Absatzes 1 Nr. 3 beginnt sie mit der Rechtskraft des Urteils, das die Verurteilung wegen der Straftat ausspricht, oder mit dem Tage, an dem der Partei bekannt geworden ist, daß die Einleitung oder die Durchführung des Verfahrens nicht erfolgen kann; nach Ablauf von zehn Jahren, von der Zustellung des Schiedsspruchs an gerechnet, ist die Klage unstatthaft.
(4) Ist der Schiedsspruch für vollstreckbar erklärt, so ist in dem der Klage stattgebenden Urteil auch die Aufhebung der Vollstreckbarkeitserklärung auszusprechen.

Fünfter Teil – Übergangs- und Schlußvorschriften

§ 111 Änderung von Vorschriften (1) Soweit nach anderen Rechtsvorschriften andere Gerichte, Behörden oder Stellen zur Entscheidung oder Beilegung von Arbeitssachen zuständig sind, treten an ihre Stelle die Arbeitsgerichte. Dies gilt nicht für Seemannsämter, soweit sie zur vorläufigen Entscheidung von Arbeitssachen zuständig sind.
(2) Zur Beilegung von Streitigkeiten zwischen Ausbildenden und Auszubildenden aus einem bestehenden Berufsausbildungsverhältnis können im Bereich des Handwerks die Handwerksinnungen, im übrigen die zuständigen Stellen im Sinne des Berufsbildungsgesetzes Ausschüsse bilden, denen Arbeitgeber und Arbeitnehmer in gleicher Zahl angehören müssen. Der Ausschuß hat die Par-

teien mündlich zu hören. Wird der von ihm gefällte Spruch nicht innerhalb einer Woche von beiden Parteien anerkannt, so kann binnen zwei Wochen nach ergangenem Spruch Klage beim zuständigen Arbeitsgericht erhoben werden. § 9 Abs. 5 gilt entsprechend. Der Klage muß in allen Fällen die Verhandlung vor dem Ausschuß vorangegangen sein. Aus Vergleichen, die vor dem Ausschuß geschlossen sind, und aus Sprüchen des Ausschusses, die von beiden Seiten anerkannt sind, findet die Zwangsvollstreckung statt. Die §§ 107 und 109 gelten entsprechend.

§ 112 Übergangsregelung Für Beschlussverfahren nach § 2 a Absatz 1 Nummer 4, die bis zum Ablauf des 15. August 2014 anhängig gemacht worden sind, gilt § 97 in der an diesem Tag geltenden Fassung bis zum Abschluss des Verfahrens durch einen rechtskräftigen Beschluss fort.

§ 113 Berichterstattung Die Bundesregierung berichtet dem Deutschen Bundestag bis zum 8. September 2020 über die Auswirkungen der vorläufigen Leistungspflicht nach § 98 Absatz 6 Satz 2 und gibt eine Einschätzung dazu ab, ob die Regelung fortbestehen soll.

§§ 114–116 *(weggefallen)*

§ 117 Verfahren bei Meinungsverschiedenheiten der beteiligten Verwaltungen Soweit in den Fällen der §§ 40 und 41 das Einvernehmen nicht erzielt wird, entscheidet die Bundesregierung.

§§ 118–122 *(weggefallen)*

6. Gesetz über den Schutz des Arbeitsplatzes bei Einberufung zum Wehrdienst (Arbeitsplatzschutzgesetz – ArbPlSchG)

Einleitung

I. Schutz des Arbeitsplatzes bei Wehrdienst

Mit dem ArbPlSchG soll Arbeitnehmern, die zum Grundwehrdienst oder zu Wehrübungen eingezogen werden, der Arbeitsplatz erhalten werden (Übersicht 15). Obwohl die Wehrpflicht durch Gesetz vom 28.4.2011 (BGBl. I 678) ausgesetzt worden ist, behält das Gesetz weiterhin seine Geltung, weil der Wehrdienst weiterhin freiwillig möglich ist und auf diesen die Vorschriften des Gesetzes zum Arbeitsplatzschutz beim Grundwehrdienst anzuwenden sind (§ 16 Abs. 7; im Übrigen bleibt es bei der Wehrpflicht im Spannungs- und Verteidigungsfall). Die praktische Bedeutung des Gesetzes hat durch die Aussetzung der Wehrpflicht aber erheblich abgenommen. Seine Relevanz behält das Gesetz darüber hinaus aber auch für Staatsangehörige von Vertragsstaaten der Europäischen Sozialcharta bei deren Ableistung des Wehrdienstes im Heimatsstaat gemäß § 16 Abs. 6. Es wurde im Rahmen des Bundeswehreinsatzbereitschaftsstärkungsgesetzes (v. 4.8.2019, BGBl. I 1147) reformiert im Hinblick auf eine Entlastung von Arbeitgebern bei der Teilnahme an Wehrübungen. Zudem wurde ein generelles Benachteiligungsverbot für die betroffenen Arbeitnehmer eingeführt (§ 5).

Zum Schutze der Wehrdienstleistenden ordnet das Gesetz das Ruhen des Arbeitsverhältnisses während des Wehrdienstes an und erschwert Kündigungen. Lediglich in Kleinstbetrieben mit weniger als fünf Beschäftigten (ohne Auszubildende) wird die Einberufung als wichtiger Kündigungsgrund zugelassen (§ 2 Abs. 3). Da das Arbeitsverhältnis lediglich ruht, behalten die Einberufenen ihr aktives und passives Wahlrecht zum Betriebsrat, zur Jugendvertretung und zum Aufsichtsrat. Auch die Gewerkschaftsmitgliedschaft bleibt aufrechterhalten (z. B. § 5 Ziff. 7 der Satzung der IG Metall). Die Zeit des Grundwehrdienstes und von Übungen wird auf die Berufs- und Betriebszugehörigkeit angerechnet (§ 6 Abs. 2; hierzu *Nitschke,* DB 86, 2384). Die Übernahme eines Auszubildenden in ein Arbeitsverhältnis sowie die Verlängerung eines befristeten Arbeitsvertrages oder die Übernahme eines befristet eingestellten Arbeitnehmers in ein Arbeitsverhältnis darf nicht aus Anlass des Wehrdienstes verweigert werden (§ 2 Abs. 5, zur Vorgeschichte vgl. 34. Aufl.). Wenn der Arbeitgeber bei Abwesenheit des Arbeitnehmers zum Zwecke einer Wehrübung eine Ersatzkraft einstellt, können ihm nach § 2 Abs. 6 zusätzliche Kosten im Rahmen verfügbarer Haushaltsmittel erstattet werden.

II. Arbeitsrechtliche Regelungen in Bezug auf Freiwillige nach dem Bundesfreiwilligendienstgesetz

Durch Aussetzung der Wehrpflicht ist der Zivildienst entfallen. Zum Schutz der sozialen Infrastruktur wurde deshalb der Bundesfreiwilligendienst mit dem BFDG (Gesetz zur Einführung eines Bundesfreiwilligendienstes v. 28.4.11, BGBl. I 687, nachstehend Nr. 6 a) eingeführt (vgl. auch *DGB*, Das Bundesfreiwilligendienstgesetz – eine verpasste Chance, 2012). Das ArbPlSchG ist auf diesen Dienst nicht anwendbar. Der Freiwilligendienst wird durch schriftliche Vereinbarung gemäß § 8 BFDG begründet. Es handelt sich nicht um ein Arbeitsverhältnis, sondern um ein Dienstverhältnis eigener Art (BT-Drs. 17/4803, S. 17; zu den verbleibenden arbeitsrechtlichen Fragen *Klenter*, AiB 13, 316 ff.). Dieses dürfte bürgerlich-rechtlicher Natur sein, da die Arbeitsgerichte gemäß § 2 Abs. 1 Nr. 8 a ArbGG zuständig sind (vgl. *Düwell*, JurisPR-ArbR 29/11, Anm. 7). Die Dienstleistenden werden in verschiedener Hinsicht wie Arbeitnehmer behandelt, etwa hinsichtlich der Haftung (§ 9 Abs. 2 BFDG) oder der Anwendung des Arbeitsschutzrechts (§ 13 Abs. 1 BFDG). Zum Unfallversicherungsschutz vgl. *Leube*, SGb 11, 378 ff.; zur Einbeziehung in die Interessenvertretung *Leube*, ZTR 12, 207 ff.

Weiterführende Literatur

Deinert/Heuschmid/Zwanziger-*Bachner/Walser*, Arbeitsrecht, § 108 (Freiwilliger Wehrdienst, Bundesfreiwilligendienst)

Gutmann, Kündigungsschutz von Drittstaatsangehörigen wegen des Wehrdienstes, NZA 2017, S. 889

Klenter, Freiwilligendienst und prekäre Beschäftigung. Arbeitsmarktneutralität und Handlungsmöglichkeiten für den BR, AiB 2013, S. 316

Übersicht 15: Arbeitsplatzschutz für Wehrdienstleistende

Wehrdienst

↓

Auswirkungen auf das Arbeitsverhältnis

↓

Ruhen der arbeitsvertraglichen Pflichten

- Arbeitsverhältnis bleibt während Wehrdienst bestehen (§ 1 I)
- Wohnraum und Sachbezüge sind weiter zu überlassen/gewähren (§ 3)
- befristete Arbeitsverhältnisse werden durch Zeiten der Einberufung nicht verlängert (§ 1 IV)
- Kürzung des Erholungsurlaubs (§ 4)

↓

Fortsetzung des Arbeitsverhältnisses

- Benachteiligungsverbot bei Wiederaufnahme der Arbeit (§6 I)

↓

Besonderer Kündigungsschutz

- Kündigungsverbot während Wehrdienst (§ 2 I)
- Ausnahme: Kündigung aus wichtigem Grund (§ 2 III)
- Wehrdienst ist kein wichtiger Kündigungsgrund (Ausnahme: Unzumutbarkeit in Betrieben bis 5 Arbeitnehmer (§ 2 III)
- 3-Wochen-Frist für Kündigungsschutzklage beginnt erst 2 Wochen nach Ende des Wehrdienstes (§ 2 IV)
- Wehrdienst darf nicht zum Anlass einer Vertragsverweigerung genommen werden (§ 2 V)

↓

Anrechnungszeiten

- Zeiten des Wehrdienstes werden auf Betriebszugehörigkeit angerechnet (§ 6 II) (Ausnahme: bei Auszubildenden erst nach Abschluss der Ausbildung)
- Nichtanrechnung auf Probe-, Bewährungs- und Ausbildungszeiten (§ 6 III, IV)

Gesetz über den Schutz des Arbeitsplatzes bei Einberufung zum Wehrdienst (Arbeitsplatzschutzgesetz – ArbPlSchG)

vom 30. März 1957 (BGBl. I 293),
in der Fassung der Bekanntmachung vom 16. Juli 2009 (BGBl. I 2055),
zuletzt geändert durch Gesetz vom 4. August 2019 (BGBl. I 1147)

(Abgedruckte Vorschriften: §§ 1–16 a)

Abschnitt 1 – Grundwehrdienst und Wehrübungen

§ 1 Ruhen des Arbeitsverhältnisses (1) Wird ein Arbeitnehmer zum Grundwehrdienst oder zu einer Wehrübung einberufen, so ruht das Arbeitsverhältnis während des Wehrdienstes.

(2) Einem Arbeitnehmer im öffentlichen Dienst hat der Arbeitgeber während einer Wehrübung Arbeitsentgelt wie bei einem Erholungsurlaub zu zahlen. Zum Arbeitsentgelt gehören nicht besondere Zuwendungen, die mit Rücksicht auf den Erholungsurlaub gewährt werden. Auf Antrag erstattet der Bund im Rahmen verfügbarer Haushaltsmittel dem Arbeitgeber für eine Wehrübung im Kalenderjahr das ausgezahlte, um die gesetzlichen Abzüge geminderte Arbeitsentgelt (§ 14 des Vierten Buches Sozialgesetzbuch) für den 15. bis 30. Wehrübungstag; der Antrag ist nur zulässig, wenn er spätestens einen Monat vor Beginn der Wehrübung gestellt wird. Satz 3 gilt nicht, wenn der Bund selbst Arbeitgeber ist.

(3) Der Arbeitnehmer hat den Einberufungsbescheid unverzüglich seinem Arbeitgeber vorzulegen.

(4) Ein befristetes Arbeitsverhältnis wird durch Einberufung zum Grundwehrdienst oder zu einer Wehrübung nicht verlängert; das Gleiche gilt, wenn ein Arbeitsverhältnis aus anderen Gründen während des Wehrdienstes geendet hätte.

(5) Wird der Einberufungsbescheid zum Grundwehrdienst oder zu einer Wehrübung vor Diensteintritt aufgehoben oder wird der Grundwehrdienst oder die Wehrübung vorzeitig beendet und muss der Arbeitgeber vorübergehend für zwei Personen am gleichen Arbeitsplatz Lohn oder Gehalt zahlen, so werden ihm die hierdurch ohne sein Verschulden entstandenen Mehraufwendungen vom Bund auf Antrag erstattet. Der Antrag ist innerhalb von sechs Monaten, nachdem die Mehraufwendungen entstanden sind, bei der vom Bundesministerium der Verteidigung bestimmten Stelle zu stellen.

(6) Auf Antrag erstattet der Bund einem Arbeitgeber, der kein Arbeitgeber des öffentlichen Dienstes ist, die zusätzlichen Kosten für die Einstellung einer Ersatzkraft auf Grund einer Wehrübung im Kalenderjahr. Die Erstattung erfolgt im Rahmen verfügbarer Haushaltsmittel in Höhe eines Drittels der dem Arbeit-

nehmer zustehenden Mindestleistung nach § 8 Absatz 1 in Verbindung mit Anlage 1 des Unterhaltssicherungsgesetzes. Sie erfolgt nur, wenn der Arbeitgeber nachweist, dass er eine fachlich gleichwertige Ersatzkraft eingestellt hat. Der Anspruch besteht für jeden Tag der Wehrübung ab dem 21. Tag, höchstens jedoch für 30 Tage. Der Antrag ist nur zulässig, wenn er spätestens einen Monat vor Beginn der Wehrübung gestellt wird.

§ 2 Kündigungsschutz für Arbeitnehmer, Weiterbeschäftigung nach der Berufsausbildung (1) Von der Zustellung des Einberufungsbescheides bis zur Beendigung des Grundwehrdienstes sowie während einer Wehrübung darf der Arbeitgeber das Arbeitsverhältnis nicht kündigen.
(2) Im Übrigen darf der Arbeitgeber das Arbeitsverhältnis nicht aus Anlass des Wehrdienstes kündigen. Muss er aus dringenden betrieblichen Erfordernissen (§ 1 Absatz 2 des Kündigungsschutzgesetzes) Arbeitnehmer entlassen, so darf er bei der Auswahl der zu Entlassenden den Wehrdienst eines Arbeitnehmers nicht zu dessen Ungunsten berücksichtigen. Ist streitig, ob der Arbeitgeber aus Anlass des Wehrdienstes gekündigt oder bei der Auswahl der zu Entlassenden den Wehrdienst zu Ungunsten des Arbeitnehmers berücksichtigt hat, so trifft die Beweislast den Arbeitgeber.
(3) Das Recht zur Kündigung aus wichtigem Grunde bleibt unberührt. Die Einberufung des Arbeitnehmers zum Wehrdienst ist kein wichtiger Grund zur Kündigung; dies gilt im Falle des Grundwehrdienstes von mehr als sechs Monaten nicht für unverheiratete Arbeitnehmer in Betrieben mit in der Regel fünf oder weniger Arbeitnehmern ausschließlich der zu ihrer Berufsbildung Beschäftigten, wenn dem Arbeitgeber infolge Einstellung einer Ersatzkraft die Weiterbeschäftigung des Arbeitnehmers nach Entlassung aus dem Wehrdienst nicht zugemutet werden kann. Bei der Feststellung der Zahl der beschäftigten Arbeitnehmer nach Satz 2 sind teilzeitbeschäftigte Arbeitnehmer mit einer regelmäßigen wöchentlichen Arbeitszeit von nicht mehr als 20 Stunden mit 0,5 und nicht mehr als 30 Stunden mit 0,75 zu berücksichtigen. Eine nach Satz 2 zweiter Halbsatz zulässige Kündigung darf jedoch nur unter Einhaltung einer Frist von zwei Monaten für den Zeitpunkt der Entlassung aus dem Wehrdienst ausgesprochen werden.
(4) Geht dem Arbeitnehmer nach der Zustellung des Einberufungsbescheides oder während des Wehrdienstes eine Kündigung zu, so beginnt die Frist des § 4 Satz 1 des Kündigungsschutzgesetzes erst zwei Wochen nach Ende des Wehrdienstes.
(5) Der Ausbildende darf die Übernahme eines Auszubildenden in ein Arbeitsverhältnis auf unbestimmte Zeit nach Beendigung des Berufsausbildungsverhältnisses nicht aus Anlass des Wehrdienstes ablehnen. Absatz 2 Satz 3 gilt entsprechend. Der Arbeitgeber darf die Verlängerung eines befristeten Arbeitsverhältnisses oder die Übernahme des Arbeitnehmers in ein unbefristetes Arbeitsverhältnis nicht aus Anlass des Wehrdienstes ablehnen.

§ 3 Wohnraum und Sachbezüge (1) Das Ruhen des Arbeitsverhältnisses (§ 1 Absatz 1) lässt eine Verpflichtung zum Überlassen von Wohnraum unberührt.
(2) Für die Auflösung eines Mietverhältnisses über Wohnraum, der mit Rücksicht auf das Arbeitsverhältnis zur Unterbringung des Arbeitnehmers und seiner Familie überlassen ist, darf die durch den Grundwehrdienst oder eine Wehrübung veranlasste Abwesenheit des Arbeitnehmers nicht zu seinem Nachteil berücksichtigt werden. Dies gilt entsprechend für allein stehende Arbeitnehmer, die den Wohnraum während ihrer Abwesenheit aus besonderen Gründen benötigen.
(3) Bildet die Überlassung des Wohnraums einen Teil des Arbeitsentgelts, so hat der Arbeitnehmer für die Weitergewährung an den Arbeitgeber eine Entschädigung zu zahlen, die diesem Teil des Arbeitsentgelts entspricht. Ist kein bestimmter Betrag vereinbart, so hat der Arbeitnehmer eine angemessene Entschädigung zu zahlen.
(4) Sachbezüge sind während des Grundwehrdienstes oder während einer Wehrübung auf Verlangen weiterzugewähren. Absatz 3 gilt sinngemäß.
(5) Die Absätze 3 und 4 finden keine Anwendung, wenn der Arbeitgeber nach diesem Gesetz das Arbeitsentgelt während des Wehrdienstes weiterzuzahlen hat.

§ 4 Erholungsurlaub (1) Der Arbeitgeber kann den Erholungsurlaub, der dem Arbeitnehmer für ein Urlaubsjahr aus dem Arbeitsverhältnis zusteht, für jeden vollen Kalendermonat, den der Arbeitnehmer Wehrdienst leistet, um ein Zwölftel kürzen. Dem Arbeitnehmer ist der ihm zustehende Erholungsurlaub auf Verlangen vor Beginn des Wehrdienstes zu gewähren.
(2) Hat der Arbeitnehmer den ihm zustehenden Urlaub vor seiner Einberufung nicht oder nicht vollständig erhalten, so hat der Arbeitgeber den Resturlaub nach dem Wehrdienst im laufenden oder im nächsten Urlaubsjahr zu gewähren.
(3) Endet das Arbeitsverhältnis während des Wehrdienstes oder setzt der Arbeitnehmer im Anschluss an den Wehrdienst das Arbeitsverhältnis nicht fort, so hat der Arbeitgeber den noch nicht gewährten Urlaub abzugelten.
(4) Hat der Arbeitnehmer vor seiner Einberufung mehr Urlaub erhalten als ihm nach Absatz 1 zustand, so kann der Arbeitgeber den Urlaub, der dem Arbeitnehmer nach seiner Entlassung aus dem Wehrdienst zusteht, um die zu viel gewährten Urlaubstage kürzen.
(5) Für die Zeit des Wehrdienstes richtet sich der Urlaub nach den Urlaubsvorschriften für Soldaten.

§ 5 Benachteiligungsverbot Einem Arbeitnehmer, der Grundwehrdienst leistet oder an einer Wehrübung teilnimmt, darf in beruflicher und betrieblicher Hinsicht kein Nachteil entstehen.

§ 6 Fortsetzung des Arbeitsverhältnisses (1) Die Zeit des Grundwehrdienstes oder einer Wehrübung wird auf die Berufs- und Betriebszugehörigkeit ange-

rechnet; bei Auszubildenden und sonstigen in Berufsausbildung Beschäftigten wird die Wehrdienstzeit auf die Berufszugehörigkeit jedoch erst nach Abschluss der Ausbildung angerechnet. Die Zeit des Grundwehrdienstes oder einer Wehrübung gilt als Dienst- und Beschäftigungszeit im Sinne der Tarifordnungen und Tarifverträge des öffentlichen Dienstes.
(2) Auf Probe- und Ausbildungszeiten wird die Zeit des Grundwehrdienstes oder einer Wehrübung nicht angerechnet.
(3) Auf Bewährungszeiten, die für die Einstufung in eine höhere Lohn- oder Vergütungsgruppe vereinbart sind, wird die Zeit des Grundwehrdienstes nicht angerechnet. Während der Zeit, um die sich die Einstufung in eine höhere Lohn- oder Vergütungsgruppe hierdurch verzögert, erhält der Arbeitnehmer von seinem Arbeitgeber zum Arbeitsentgelt eine Zulage in Höhe des Unterschiedsbetrages zwischen seinem Arbeitsentgelt und dem Arbeitsentgelt, das ihm bei der Einstufung in die höhere Lohn- oder Vergütungsgruppe zustehen würde.

§ 7 Vorschriften für in Heimarbeit Beschäftigte (1) Für in Heimarbeit Beschäftigte, die ihren Lebensunterhalt überwiegend aus der Heimarbeit beziehen, gelten die §§ 1 bis 4 sowie § 6 Absatz 1 sinngemäß.
(2) Vor und nach dem Wehrdienst dürfen in Heimarbeit Beschäftigte aus Anlass des Wehrdienstes bei der Ausgabe von Heimarbeit im Vergleich zu den anderen in Heimarbeit Beschäftigten des gleichen Auftraggebers oder Zwischenmeisters nicht benachteiligt werden; andernfalls haben sie Anspruch auf das dadurch entgangene Entgelt. Der Berechnung des entgangenen Entgelts ist das Entgelt zu Grunde zu legen, das der in Heimarbeit Beschäftigte im Durchschnitt der letzten 52 Wochen vor der Vorlage des Einberufungsbescheides beim Auftraggeber oder Zwischenmeister erzielt hat.

§ 8 Vorschriften für Handelsvertreter (1) Das Vertragsverhältnis zwischen einem Handelsvertreter und einem Unternehmer wird durch Einberufung des Handelsvertreters zum Grundwehrdienst oder zu einer Wehrübung nicht gelöst.
(2) Der Handelsvertreter hat den Einberufungsbescheid unverzüglich den Unternehmern vorzulegen, mit denen er in einem Vertragsverhältnis steht.
(3) Ein befristetes Vertragsverhältnis wird durch Einberufung zum Grundwehrdienst oder zu einer Wehrübung nicht verlängert; das Gleiche gilt, wenn ein Vertragsverhältnis aus anderen Gründen während des Wehrdienstes geendet hätte.
(4) Der Unternehmer darf das Vertragsverhältnis aus Anlass der Einberufung des Handelsvertreters zum Grundwehrdienst oder zu einer Wehrübung nicht kündigen.
(5) Ist dem Handelsvertreter ein bestimmter Bezirk oder ein bestimmter Kundenkreis zugewiesen und kann er während des Grundwehrdienstes oder während einer Wehrübung seine Vertragspflichten nicht in dem notwendigen Umfange erfüllen, so kann der Unternehmer aus diesem Grund erforderliche Auf-

wendungen von dem Handelsvertreter ersetzt verlangen. Zu ersetzen sind nur die Aufwendungen, die dem Unternehmer dadurch entstehen, dass er die dem Handelsvertreter obliegende Tätigkeit selbst ausübt oder durch Angestellte oder durch andere Handelsvertreter ausüben lässt; soweit der Unternehmer selbst die Tätigkeit ausübt, kann er nur die aufgewendeten Reisekosten ersetzt verlangen. Die Aufwendungen sind nur bis zur Höhe der Vergütung des Handelsvertreters zu ersetzen; sie können mit ihr verrechnet werden.
(6) Der Unternehmer ist, auch wenn der Handelsvertreter zum Alleinvertreter bestellt ist, während des Grundwehrdienstes oder einer Wehrübung des Handelsvertreters berechtigt, selbst oder durch Angestellte oder durch andere Handelsvertreter sich um die Vermittlung oder den Abschluss von Geschäften zu bemühen.

§ 9 Vorschriften für Beamte und Richter (1) Wird ein Beamter zum Grundwehrdienst einberufen, so ist er für die Dauer des Grundwehrdienstes ohne Bezüge beurlaubt.
(2) Wird ein Beamter zu einer Wehrübung einberufen, so ist er für die Dauer der Wehrübung mit Bezügen beurlaubt. Der Dienstherr hat ihm während dieser Zeit die Bezüge wie bei einem Erholungsurlaub zu zahlen. Zu den Bezügen gehören nicht besondere Zuwendungen, die mit Rücksicht auf den Erholungsurlaub gewährt werden. Auf Antrag erstattet der Bund im Rahmen verfügbarer Haushaltsmittel dem Dienstherrn für eine Wehrübung im Kalenderjahr die um die gesetzlichen Abzüge geminderten Bezüge für den 15. bis 30. Wehrübungstag; der Antrag ist nur zulässig, wenn er spätestens einen Monat vor Beginn der Wehrübung gestellt wird. Satz 3 gilt nicht für Dienstherren nach § 2 des Bundesbeamtengesetzes.
(3) Absatz 2 Satz 2 gilt für die bei der Deutschen Post AG, der Deutschen Postbank AG und der Deutschen Telekom AG beschäftigten Beamten mit der Maßgabe, dass der Bund den Aktiengesellschaften die Bezüge der Beamten für die Dauer der Wehrübung zu erstatten hat. Der Antrag ist innerhalb von sechs Monaten nach Beendigung des Wehrdienstes bei der vom Bundesministerium der Verteidigung bestimmten Stelle zu stellen.
(4) Der Beamte hat den Einberufungsbescheid unverzüglich seinem Dienstvorgesetzten vorzulegen.
(5) Dienstverhältnisse auf Zeit werden durch Einberufung zum Grundwehrdienst oder zu einer Wehrübung nicht verlängert.
(6) Der Beamte darf aus Anlass der Einberufung zum Grundwehrdienst oder zu einer Wehrübung nicht entlassen werden.
(7) Dem Beamten dürfen aus der Abwesenheit, die durch den Wehrdienst veranlasst war, keine dienstlichen Nachteile entstehen.
(8) Vorbereitungsdienst und Probezeiten werden um die Zeit des Grundwehrdienstes verlängert. Der Vorbereitungsdienst wird um die Zeit der Wehrübungen verlängert, die sechs Wochen im Kalenderjahr überschreitet. Die Verzögerungen, die sich daraus für den Beginn des Besoldungsdienstalters oder, bei Beamten und Richtern des Bundes, für den Beginn der Erfahrungszeit ergeben,

sind auszugleichen. Auch die sich daraus ergebenden beruflichen Verzögerungen sind angemessen auszugleichen.
(9) § 4 Absatz 1, 2, 4 und 5 gilt für Beamte entsprechend.
(10) Die Einstellung als Beamter darf wegen der Einberufung zum Grundwehrdienst oder zu einer Wehrübung nicht verzögert werden. Wird ein Soldat während des Grundwehrdienstes oder einer Wehrübung eingestellt, so sind die Absätze 1, 2 und 4 bis 9 entsprechend anzuwenden.
(11) Die Absätze 1, 2 und 4 bis 10 gelten für Richter entsprechend.

§ 10 Freiwillige Wehrübungen Wird der Wehrpflichtige zu einer Wehrübung auf Grund freiwilliger Verpflichtung (§ 4 Absatz 3 Satz 1 und 2 des Wehrpflichtgesetzes) einberufen, so gelten die §§ 1 bis 4 und 6 bis 9 nur, soweit diese Wehrübung allein oder zusammen mit anderen freiwilligen Wehrübungen im Kalenderjahr nicht länger als sechs Wochen dauert.

§ 11 *(weggefallen)*

§ 11 a Bevorzugte Einstellung in den öffentlichen Dienst (1) Bewirbt sich ein Soldat oder entlassener Soldat bis zum Ablauf von sechs Monaten nach Beendigung des Grundwehrdienstes um Einstellung in den öffentlichen Dienst, so hat er Vorrang vor gesetzlich nicht bevorrechtigten Bewerbern gleicher Eignung. Das Gleiche gilt für Wehrpflichtige, die im Anschluss an den Grundwehrdienst eine für den künftigen Beruf im öffentlichen Dienst vorgeschriebene, über die allgemeinbildende Schulbildung hinausgehende Ausbildung ohne unzulässige Überschreitung der Regelzeit durchlaufen, wenn sie sich innerhalb von sechs Monaten nach Abschluss dieser Ausbildung um Einstellung bewerben.
(2) Haben sich die Anforderungen an die fachliche Eignung für die Einstellung in den öffentlichen Dienst für Wehrpflichtige im Sinne des Absatzes 1 Satz 2 während der wehrdienstbedingten Verzögerung ihrer Bewerbung um Einstellung erhöht, so ist der Grad ihrer fachlichen Eignung nach den Anforderungen zu prüfen, die zu einem Zeitpunkt bestanden haben, zu dem sie sich ohne den Grundwehrdienst hätten bewerben können. Führt die Prüfung zu dem Ergebnis, dass ein Wehrpflichtiger ohne diese Verzögerung eingestellt worden wäre, kann er vor Bewerbern ohne Grundwehrdienst eingestellt werden. Die Zahl der Stellen, die Wehrpflichtigen in einem Einstellungstermin vorbehalten werden kann, bestimmt sich nach dem zahlenmäßigen Verhältnis der Bewerber mit wehrdienstbedingter Verzögerung zu denjenigen, bei denen eine solche nicht vorliegt; Bruchteile von Stellen sind zugunsten der Wehrpflichtigen aufzurunden.

§ 12 Anrechnung der Wehrdienstzeit und der Zeit einer Berufsförderung bei Einstellung entlassener Soldaten (1) Wird ein entlassener Soldat im Anschluss an den Grundwehrdienst oder an eine Wehrübung als Arbeitnehmer eingestellt, gilt § 6, nachdem er sechs Monate lang dem Betrieb oder der Verwaltung angehört. Das Gleiche gilt für Wehrpflichtige, die im Anschluss an den Grundwehrdienst oder eine Wehrübung eine für den künftigen Beruf als Arbeitnehmer förderliche, über die allgemein bildende Schulbildung hinausgehende Ausbildung ohne unzulässige Überschreitung der Regelzeit durchlaufen und im Anschluss daran als Arbeitnehmer eingestellt werden. In einer betrieblichen oder überbetrieblichen Altersversorgung beschränkt sich eine Anrechnung nach Satz 1 auf die Berücksichtigung bei den Unverfallbarkeitsfristen nach dem Betriebsrentengesetz. Ist dem Soldaten infolge einer Wehrdienstbeschädigung nach Entlassung aus der Bundeswehr auf Grund des Soldatenversorgungsgesetzes Berufsumschulung oder Berufsfortbildung gewährt worden, so wird auch die hierfür erforderliche Zeit auf die Berufs- und Betriebszugehörigkeit oder als Dienst- und Beschäftigungszeit angerechnet.

(2) Die Besoldungsgesetze regeln unter Berücksichtigung des § 9 Absatz 7 und 11 die Anrechnung der Wehrdienstzeit auf das Besoldungsdienstalter für entlassene Soldaten, die nach dem Grundwehrdienst oder nach einer Wehrübung als Beamter oder Richter eingestellt werden. Bei Einstellung als Beamter oder Richter des Bundes gilt Satz 1 mit der Maßgabe, dass an die Stelle des Besoldungsdienstalters die Erfahrungszeit tritt.

(3) Bewirbt sich ein Soldat oder entlassener Soldat bis zum Ablauf von sechs Monaten nach Beendigung des Grundwehrdienstes oder einer Wehrübung um Einstellung als Beamter und wird er in den Vorbereitungsdienst eingestellt, so gelten Absatz 2 und § 9 Absatz 8 Satz 4 entsprechend.

(4) Absatz 3 gilt entsprechend für einen Arbeitnehmer, dessen Ausbildung für ein späteres Beamtenverhältnis durch eine festgesetzte mehrjährige Tätigkeit im Arbeitsverhältnis anstelle des sonst vorgeschriebenen Vorbereitungsdienstes durchgeführt wird.

§ 13 Anrechnung des Wehrdienstes im späteren Berufsleben (1) Die Zeit des Grundwehrdienstes und der Wehrübungen wird auf die bei der Zulassung zu weiterführenden Prüfungen im Beruf nachzuweisende Zeit einer mehrjährigen Tätigkeit nach der Lehrabschlussprüfung angerechnet, soweit eine Zeit von einem Jahr nicht unterschritten wird.

(2) Beginnt ein entlassener Soldat im Anschluss an den Grundwehrdienst oder eine Wehrübung eine für den künftigen Beruf als Beamter oder Richter über die allgemein bildende Schulbildung hinausgehende vorgeschriebene Ausbildung (Hochschul-, Fachhochschul-, Fachschul- oder andere berufliche Ausbildung) oder wird diese durch den Grundwehrdienst oder durch Wehrübungen unterbrochen, so gelten für Beamte § 9 Absatz 8 Satz 4 und § 12 Absatz 2, für Richter § 9 Absatz 11 und § 12 Absatz 2 entsprechend, wenn er sich bis zum Ablauf von sechs Monaten nach Abschluss der Ausbildung um Einstellung als Beamter oder Richter bewirbt und auf Grund dieser Bewerbung eingestellt wird.

(3) Für einen Arbeitnehmer, dessen Ausbildung für ein späteres Beamtenverhältnis durch eine festgesetzte mehrjährige Tätigkeit im Arbeitsverhältnis an Stelle des sonst vorgeschriebenen Vorbereitungsdienstes durchgeführt wird, gelten § 9 Absatz 8 Satz 4 und § 12 Absatz 2 entsprechend.

Abschnitt 2 – Meldung

§ 14 Weiterzahlung des Arbeitsentgelts (1) Wird ein Arbeitnehmer nach Maßgabe des Wehrpflichtgesetzes von den Karrierecentern der Bundeswehr aufgefordert, sich persönlich zu melden oder vorzustellen, so hat der Arbeitgeber für die ausfallende Arbeitszeit das Arbeitsentgelt weiterzuzahlen.
(2) Der Arbeitnehmer hat die Ladung unverzüglich seinem Arbeitgeber vorzulegen.
(3) Die Absätze 1 und 2 gelten entsprechend für den Arbeitnehmer, der zu Dienstleistungen nach dem Vierten Abschnitt des Soldatengesetzes herangezogen werden soll.

Abschnitt 3 – Alters- und Hinterbliebenenversorgung

§ 14 a Zusätzliche Alters- und Hinterbliebenenversorgung für Arbeitnehmer
(1) Eine bestehende Versicherung in der zusätzlichen Alters- und Hinterbliebenenversorgung für Arbeitnehmer im öffentlichen Dienst wird durch Einberufung zum Grundwehrdienst oder zu einer Wehrübung nicht berührt.
(2) Der Arbeitgeber hat während des Wehrdienstes die Beiträge (Arbeitgeber- und Arbeitnehmeranteil) weiterzuentrichten, und zwar in der Höhe, in der sie zu entrichten gewesen wären, wenn das Arbeitsverhältnis aus Anlass der Einberufung des Arbeitnehmers nicht ruhen würde. Nach Ende des Wehrdienstes meldet der Arbeitgeber die auf die Zeit des Wehrdienstes entfallenden Beiträge beim Bundesministerium der Verteidigung oder der von ihm bestimmten Stelle zur Erstattung an. Satz 2 gilt nicht im Falle des § 1 Absatz 2. Veränderungen in der Beitragshöhe, die nach dem Wehrdienst eintreten, bleiben unberücksichtigt.
(3) Für Arbeitnehmer, die einer Pensionskasse angehören oder als Leistungsempfänger einer anderen Einrichtung oder Form der betrieblichen oder überbetrieblichen Alters- und Hinterbliebenenversorgung in Betracht kommen, gelten die Absätze 1 und 2 Satz 1, 2 und 4 sinngemäß. Betriebliche oder überbetriebliche Alters- und Hinterbliebenenversorgungen sind Versicherungen in Einrichtungen nach dem Betriebsrentengesetz, freiwillige Versicherungen in einem Zweig der gesetzlichen Rentenversicherung und Versicherungen in öffentlich-rechtlichen Versicherungs- oder Versorgungseinrichtungen einer Berufsgruppe.
(4) Einem Arbeitnehmer, der aus seinem Arbeitseinkommen freiwillig Beiträge zur gesetzlichen Rentenversicherung oder zu einer sonstigen Alters- und Hinterbliebenenversorgung leistet, werden diese auf Antrag für die Zeit des Wehrdienstes in Höhe des Betrages erstattet, der für die letzten zwölf Monate vor Beginn des Wehrdienstes durchschnittlich entrichtet worden ist, wenn die den Aufwendungen zu Grunde liegende Versicherung bei Beginn des Wehrdienstes mindestens zwölf Monate besteht und der Arbeitgeber nach den Absätzen 1 bis 3 nicht zur Weiterentrichtung verpflichtet ist; Einkünfte aus geringfügiger Beschäftigung im Sinne des § 8 des Vierten Buches Sozialgesetz-

buch bleiben außer Betracht. Die Leistungen nach diesem Absatz. dürfen, wenn Beiträge des Bundes zur gesetzlichen Rentenversicherung für die Zeit des Wehrdienstes entrichtet werden, 40 vom Hundert des Höchstbeitrages, der für die freiwillige Versicherung in der allgemeinen Rentenversicherung entrichtet werden kann, ansonsten den Höchstbeitrag nicht übersteigen. Die Sätze 1 und 2 gelten nicht bei Zahlung des Arbeitsentgelts nach § 1 Absatz 2, bei Anspruch auf Leistungen nach den §§ 5 bis 8 des Unterhaltssicherungsgesetzes oder für Elternzeit.

§ 14 b Alters- und Hinterbliebenenversorgung in besonderen Fällen (1) Einem Wehrpflichtigen, der am Tage vor Beginn des Wehrdienstverhältnisses (§ 2 des Soldatengesetzes) auf Grund einer durch Gesetz angeordneten oder auf Gesetz beruhenden Verpflichtung Mitglied einer öffentlich-rechtlichen Versicherungs- oder Versorgungseinrichtung seiner Berufsgruppe ist und von der Versicherungspflicht in der gesetzlichen Rentenversicherung befreit ist oder vor der Wehrdienstleistung in einem Zweig der gesetzlichen Rentenversicherung freiwillig versichert war, werden die Beiträge zu dieser Einrichtung auf Antrag in der Höhe erstattet, in der sie nach der Satzung oder den Versicherungsbedingungen für die Zeit des Wehrdienstes zu zahlen sind. Die Leistungen dürfen den Betrag nicht übersteigen, den der Bund für die Zeit des Wehrdienstes in der gesetzlichen Rentenversicherung zu entrichten hätte, wenn der Wehrpflichtige nicht von der Versicherungspflicht befreit worden wäre. Die Sätze 1 und 2 gelten nicht bei Zahlung des Arbeitsentgelts nach § 1 Absatz 2, der Bezüge nach § 9 Absatz 2, bei Anspruch auf Leistungen nach § 6 Absatz 1 und nach § 7 des Unterhaltssicherungsgesetzes oder für Elternzeit.
(2) Einem Wehrpflichtigen, der nach § 14 a nicht anspruchsberechtigt ist und Beiträge zur gesetzlichen Rentenversicherung oder zu einer sonstigen Alters- und Hinterbliebenenversorgung leistet, werden die Beiträge auf Antrag für die Zeit des Wehrdienstes erstattet. Beiträge, die freiwillig zur gesetzlichen Rentenversicherung entrichtet werden, soweit sie die Beiträge des Bundes zur gesetzlichen Rentenversicherung für die Zeit des Wehrdienstes übersteigen, und Beiträge zu einer sonstigen Alters- und Hinterbliebenenversorgung, die freiwillig entrichtet werden, werden nur in Höhe des Betrages erstattet, der für die letzten zwölf Monate vor Beginn des Wehrdienstes durchschnittlich entrichtet worden ist, wenn die den Aufwendungen zugrundeliegende Versicherung bei Beginn des Wehrdienstes mindestens zwölf Monate besteht. Diese Beiträge müssen aus eigenen Einkünften aus Land- und Forstwirtschaft, Gewerbebetrieb, selbständiger Arbeit, nichtselbständiger Arbeit oder Lohnersatzleistungen geleistet worden sein; Einkünfte aus geringfügiger Beschäftigung im Sinne des § 8 des Vierten Buches Sozialgesetzbuch bleiben außer Betracht. Sind Zuschüsse zum Beitrag nach § 32 des Gesetzes über die Alterssicherung der Landwirte gewährt worden, ist mit den für den gleichen Zeitraum gezahlten Zuschüssen gegen den Erstattungsanspruch aufzurechnen. Die Sätze 1 bis 4 gelten nicht bei Zahlung des Arbeitsentgelts nach § 1 Absatz 2, der Bezüge nach § 9 Absatz 2, bei An-

spruch auf Leistungen nach den §§ 6 bis 9 des Unterhaltssicherungsgesetzes oder für Elternzeit.

(3) Die Leistungen nach Absatz 2 dürfen, wenn Beiträge des Bundes zur gesetzlichen Rentenversicherung für die Zeit des Wehrdienstes entrichtet oder Beiträge nach Absatz 1 erstattet werden, 40 vom Hundert des Höchstbeitrages, der für die freiwillige Versicherung in der allgemeinen Rentenversicherung entrichtet werden kann, ansonsten den Höchstbeitrag nicht übersteigen.

§ 14 c Verfahren (1) Ist seit der Beendigung des Wehrdienstes ein Jahr verstrichen, können Beiträge nicht mehr nach § 14 a Absatz 2 Satz 2 angemeldet und können Anträge nach § 14 b Absatz 1 und 2 nicht mehr gestellt werden. Über die Erstattungsanträge entscheidet das Bundesamt für das Personalmanagement der Bundeswehr. Leistungen nach den §§ 14 a und 14 b werden an die Einrichtung der Alters- und Hinterbliebenenversorgung ausgezahlt.

(2) Der Wehrpflichtige hat die Unterlagen zur Begründung der Erstattungsantrags drei Jahre aufzubewahren. Die Aufbewahrungsfrist beginnt mit dem Datum der Entscheidung über den Erstattungsantrag.

Abschnitt 4 – Schlussvorschriften

§ 15 Begriffsbestimmungen (1) Arbeitnehmer im Sinne dieses Gesetzes sind Arbeiter und Angestellte sowie die zu ihrer Berufsausbildung Beschäftigten.

(2) Öffentlicher Dienst im Sinne dieses Gesetzes ist die Tätigkeit im Dienst des Bundes, eines Landes, einer Gemeinde (eines Gemeindeverbandes) oder anderer Körperschaften, Anstalten und Stiftungen des öffentlichen Rechts oder der Verbände von solchen; ausgenommen ist die Tätigkeit bei öffentlich-rechtlichen Religionsgesellschaften oder ihren Verbänden.

§ 16 Sonstige Geltung des Gesetzes (1) Dieses Gesetz gilt auch im Falle des unbefristeten Wehrdienstes im Spannungs- oder Verteidigungsfall mit der Maßgabe, dass die Vorschriften über Wehrübungen anzuwenden sind.

(2) Dieses Gesetz gilt auch im Falle des sich an den Grundwehrdienst anschließenden freiwilligen zusätzlichen Wehrdienstes (§ 6 b des Wehrpflichtgesetzes) mit der Maßgabe, dass die Vorschriften über den Grundwehrdienst anzuwenden sind.

(3) Dieses Gesetz gilt auch im Falle des freiwilligen Wehrdienstes in besonderer Auslandsverwendung (§ 6 a des Wehrpflichtgesetzes) mit der Maßgabe, dass die Vorschriften über Wehrübungen entsprechend anzuwenden sind. § 10 findet keine Anwendung.

(4) Dieses Gesetz ist ferner anzuwenden auf Arbeits- und Dienstverhältnisse von Personen, die zu Dienstleistungen nach dem Vierten Abschnitt des Soldatengesetzes herangezogen werden, mit der Maßgabe, dass die Vorschriften über Wehrübungen entsprechend anzuwenden sind. § 10 ist nur bei Übungen

(§ 61 des Soldatengesetzes) und Wehrdienst zur temporären Verbesserung der personellen Einsatzbereitschaft (§ 63 b des Soldatengesetzes) anzuwenden.
(5) Dieses Gesetz gilt auch im Falle der Hilfeleistung im Innern (§ 6 c des Wehrpflichtgesetzes) und der Hilfeleistung im Ausland (§ 6 d des Wehrpflichtgesetzes) mit der Maßgabe, dass die Vorschriften über Wehrübungen entsprechend anzuwenden sind. Absatz 3 Satz 2 gilt entsprechend.
(6) § 1 Absatz 1, 3 und 4 und die §§ 2 bis 8 dieses Gesetzes gelten auch für in Deutschland beschäftigte Ausländer, wenn diese in ihrem Heimatstaat zur Erfüllung ihrer dort bestehenden Wehrpflicht zum Wehrdienst herangezogen werden. Dies gilt nur für Ausländer, die Staatsangehörige der Vertragsparteien der Europäischen Sozialcharta vom 18. Oktober 1961 (BGBl. 1964 II S. 1262) sind und die ihren rechtmäßigen Aufenthalt in Deutschland haben.
(7) Dieses Gesetz gilt auch im Falle des freiwilligen Wehrdienstes nach § 58 b des Soldatengesetzes mit der Maßgabe, dass die Vorschriften über den Grundwehrdienst anzuwenden sind.

§ 16 a Wehrdienst als Soldat auf Zeit (1) Dieses Gesetz gilt auch im Falle des Wehrdienstes als Soldat auf Zeit
1. für die zunächst auf sechs Monate festgesetzte Dienstzeit,
2. für die endgültig auf insgesamt nicht mehr als zwei Jahre festgesetzte Dienstzeit

mit der Maßgabe, dass die für den Grundwehrdienst der Wehrpflichtigen geltenden Vorschriften anzuwenden sind, ausgenommen § 9 Abs. 8 Satz 3, §§ 14 a und 14 b.
(2) In den Fällen des Absatzes 1 Nr. 1 und 2 sind § 125 Abs. 1 Satz 1 des Beamtenrechtsrahmengesetzes oder § 31 Absatz 1 Satz 1 Nummer 2 des Bundesbeamtengesetzes und § 22 Abs. 2 Satz 1 des Beamtenstatusgesetzes nicht anzuwenden.
(3) *(weggefallen)*
(4) Wird die Dienstzeit auf insgesamt mehr als zwei Jahre festgesetzt, so ist der Arbeitgeber durch die zuständige Dienststelle der Streitkräfte unverzüglich zu benachrichtigen. Das Gleiche gilt, wenn ein Wehrpflichtiger während des Grundwehrdienstes zum Soldaten auf Zeit ernannt wird.
(5) Die Absätze 1 bis 4 gelten entsprechend im Falle einer Verlängerung der Dienstzeit nach Absatz 1 aus zwingenden Gründen der Verteidigung (§ 54 Abs. 3 des Soldatengesetzes).

§ 17 Übergangsvorschrift *(nicht abgedruckt)*

6 a. Gesetz über den Bundesfreiwilligendienst (Bundesfreiwilligendienstgesetz – BFDG)

vom 28. April 2011 (BGBl. I 687),
geändert durch Gesetz vom 6. Mai 2019 (BGBl. I 644)
(Abgedruckte Vorschriften: §§ 6 Abs. 1, 8 Abs. 1 Satz 1, 9 Abs. 2, 11, 13 Abs. 1)

Einleitung

(siehe bei Nr. 6, II)

Gesetzestext

§ 6 Einsatzstellen (1) Die Freiwilligen leisten den Bundesfreiwilligendienst in einer dafür anerkannten Einsatzstelle.

…

§ 8 Vereinbarung (1) Der Bund und die oder der Freiwillige schließen vor Beginn des Bundesfreiwilligendienstes auf gemeinsamen Vorschlag der oder des Freiwilligen und der Einsatzstelle eine schriftliche Vereinbarung ab. …

…

§ 9 Haftung (1) …

(2) Für Schäden bei der Ausübung ihrer Tätigkeit haften Freiwillige nur wie Arbeitnehmerinnen und Arbeitnehmer.

§ 11 Bescheinigung, Zeugnis (1) Die Einsatzstelle stellt der oder dem Freiwilligen nach Abschluss des Dienstes eine Bescheinigung über den geleisteten Dienst aus. Eine Zweitausfertigung der Bescheinigung ist der zuständigen Bundesbehörde zuzuleiten.

(2) Bei Beendigung des freiwilligen Dienstes erhält die oder der Freiwillige von der Einsatzstelle ein schriftliches Zeugnis über die Art und Dauer des freiwilligen Dienstes. Das Zeugnis ist auf die Leistungen und die Führung während der Dienstzeit zu erstrecken. Dabei sind in das Zeugnis berufsqualifizierende Merkmale des Bundesfreiwilligendienstes aufzunehmen.

…

§ 13 Anwendung arbeitsrechtlicher, arbeitsschutzrechtlicher und sonstiger Bestimmungen (1) Für eine Tätigkeit im Rahmen eines Bundesfreiwilligendienstes im Sinne dieses Gesetzes sind die Arbeitsschutzbestimmungen, das Jugendarbeitsschutzgesetz und das Bundesurlaubsgesetz entsprechend anzuwenden.

…

7. Gesetz über die Durchführung von Maßnahmen des Arbeitsschutzes und zur Verbesserung der Sicherheit und des Gesundheitsschutzes der Beschäftigten bei der Arbeit (Arbeitsschutzgesetz – ArbSchG)

Aktuelle höchstrichterliche Rechtsprechung

Datum	Gericht/Az.	Fundstelle	Thema
12.3.19	BAG 1 ABR 48/17	NZA 19, 850	Auskunftsanspruch, Arbeitsunfälle von Drittpersonal

Einleitung

I. Gesamtsystem des Arbeitsschutzes

1. Nationales Recht

»Der Arbeitsschutz umfaßt alle rechtlichen, organisatorischen, technischen und medizinischen Maßnahmen, die getroffen werden müssen, um die körperliche und psychische Unversehrtheit der in die Arbeitsorganisation des Arbeitgebers eingegliederten Arbeitnehmer zu schützen; ferner aber auch, um bestimmte Persönlichkeitsrechte der Arbeitnehmer im Arbeitsprozeß zu wahren. Die Zielrichtung des Arbeitsschutzes ist abwehrender Art (gegen Gefahren, Schäden, Belästigungen, vermeidbare Belastungen) wie gestaltender Art (Herstellung möglichst menschengerechter Arbeitsplätze, Arbeitsabläufe, Arbeitsumgebungen). Das so zu kennzeichnende Arbeitsschutzrecht ist der älteste Teil des dem Schutz der Arbeitnehmer insgesamt dienenden Arbeitsrechts.« (*Wlotzke*, Arbeitsschutzrecht – Aspekte zum Stand, Arbeitsschutz 1978, S. 147)

Der Arbeitsschutz dient auch dem umfassenden Ziel des Schutzes der menschlichen Gesundheit im Sinne des Gesundheitsbegriffs der Weltgesundheitsorganisation: »Zustand vollständigen körperlichen, geistigen und sozialen Wohlbefindens«. Dies wird seit 2015 durch die Verknüpfung des Arbeitsschutzes mit den Zielen der Prävention und der Gesundheitsförderung gemäß §§ 20 ff. SGB V verstärkt (s. u.).

Dem Gesetzgeber ist nicht freigestellt, ob er überhaupt Arbeitsschutzvorschriften erlässt. Zur Sicherung des Grundrechts auf Leben und körperliche Unversehrtheit trifft ihn eine verfassungsrechtliche Schutzpflicht (*BVerfG* 28.1.1992 – 1 BvR 1052/82, 1 BvL 16/83, 1 BvL 10/91, NJW 92, 964, 966). Das kann durch die Festlegung privat- und öffentlich-rechtlicher Pflichten, aber auch durch eine geeignete Organisation und ein adäquates Verfahren geschehen (*BVerfG* 20.12.1979 – 1 BvR 385/77, BVerfGE 53, 30, 65).

Privatrechtlich sind die §§ 618 BGB und 62 HGB von Bedeutung. Sie verpflichten den Arbeitgeber zu Maßnahmen des Arbeitsschutzes für den Arbeitnehmer im Rahmen des Arbeitsverhältnisses. Die Maßstäbe dieser Verpflichtung werden durch die öffentlich-rechtlichen Arbeitsschutzvorschriften gesetzt, wenn diese geeignet sind, Gegenstand einer vertraglichen Vereinbarung zu sein. Als Rechtsfolgen bei ihrer Verletzung kommen Ansprüche auf Erfüllung, Unterlassung, Leistungszurückbehaltung und Schadensersatz in Betracht. So haben Arbeitnehmer gemäß § 618 BGB z.B. einen privatrechtlichen Anspruch auf Beurteilung der Arbeitsbedingungen (*BAG* 12.8.2008 – 9 AZR 1117/06, AuR 08, 360). Kollektive Rechte von Betriebs- und Personalrat ergeben sich aus dem BetrVG bzw. den PersVG (s.u. II 11).

Ausgehend vom grundrechtlichen Anspruch auf Leben und körperliche Unversehrtheit (Art. 2 GG) und dem Sozialstaatsgebot (Art. 20 GG) beruht die Ausgestaltung des öffentlich-rechtlichen Arbeitsschutzes in der Bundesrepublik Deutschland seit der letzten Hälfte des 19. Jahrhunderts auf zwei Säulen (sog. »Duales Arbeitsschutzsystem«):

- dem staatlichen Arbeitsschutz, dem zugleich die Rechtsetzung durch Gesetze und Verordnungen (Bund) und die Überwachung (staatliche Arbeitsschutzaufsicht der Länder) sowie eine Garantenstellung zur Wahrung der Grundrechte obliegt, und
- dem autonomen Arbeitsschutz der Träger der gesetzlichen Unfallversicherung, die im Rahmen der gesetzlich vorgesehenen Selbstverwaltung nach dem SGB VII (vgl. Nr. 31 VII) durch, in stark zurückgehendem Maße, Unfallverhütungsvorschriften (UVV) und deren Überwachung durch Aufsichtspersonen (seit dem 1.1.2004 können die Aufsichtspersonen auch die Einhaltung staatlicher Arbeitsschutzvorschriften im Rahmen ihres Auftrags nach SGB VII überwachen; vgl. § 2 Abs. 1 UVV DGUV Vorschrift 1).

Daneben hat die gesetzliche Krankenversicherung gemäß § 20 b SGB V die Verpflichtung zur Förderung von den Arbeitsschutz ergänzenden Maßnahmen der betrieblichen Gesundheitsförderung zum Aufbau und zur Stärkung gesundheitsförderlicher Strukturen. § 14 Abs. 2 SGB VII bzw. § 20 b Abs. 2 SGB V enthalten hierzu ein Kooperationsgebot mit der gesetzlichen Unfallversicherung sowie den für den Arbeitsschutz zuständigen Behörden der Länder.

Die staatlichen und »autonomen« Institutionen des überbetrieblichen Arbeitsschutzsystems haben einen gesetzlichen Beratungsauftrag und sind gegenseitig zur Kooperation verpflichtet (§ 21 Abs. 3 ArbSchG, § 20 SGB VII). Seit 2006 wurde in Anknüpfung an den europäischen Rahmen eine gemeinsame deutsche Arbeitsschutzstrategie (GDA) erarbeitet, die diese Kooperation auf der Basis abgestimmter Ziele und Arbeitsschwerpunkte verbessern soll. Mit dem Unfallversicherungsmodernisierungsgesetz (UVMG) vom 26.6.2008 (BGBl. I 2130) wurde dieser Ansatz im ArbSchG und im SGB VII verankert (vgl. §§ 20 a, b ArbSchG, § 20 SGB VII; vgl. Nr. 30 VII).

Neben dem dualen Arbeitsschutzsystem und der GDA besteht seit 2015 eine

»Nationale Präventionsstrategie« im Rahmen von Maßnahmen der Prävention und der (betrieblichen) Gesundheitsförderung der Träger der gesetzlichen Krankenversicherung, die mit der GDA punktuell verknüpft ist (§ 20 d SGB V, Nr. 30 V).
Ein wichtiges Gestaltungsfeld im Rahmen des staatlichen Vorschriften- und Regelwerks ist die Erarbeitung von »(Technischen) Regeln«. Technische und andere Regeln werden insbesondere in den durch staatliches Recht (VO, MuSchG) geschaffenen Ausschüssen erarbeitet und konkretisieren die dort inzwischen überwiegend als Schutzzielbestimmungen formulierten arbeitsschutzrechtlichen Anforderungen. Die in den pluralistisch zusammengesetzten staatlichen Ausschüssen erarbeiteten Regeln sind rechtlich nicht zwingend, lösen aber eine Vermutungswirkung zugunsten des Rechtsanwenders, d. h. des Arbeitgebers oder der sonst verantwortlichen Personen aus. An der Entwicklung der Regeln sind in unterschiedlicher Ausprägung Bund, Länder, Unfallversicherungsträger, Wissenschaft und die Sozialpartner beteiligt (vgl. unter www.baua.de/DE/Aufgaben/Geschaeftsfuehrung-von-Ausschuessen/Geschaeftsfuehrung-von-Ausschuessen_node.html).
Daneben sind der Stand von Technik, Hygiene, Arbeitsmedizin sowie sonstige gesicherte arbeitswissenschaftliche Erkenntnisse von Bedeutung, d. h. anerkannte Resultate aus arbeitswissenschaftlicher Forschung und Forschungsanwendung, die der Arbeitgeber gemäß § 4 Nr. 3 ArbSchG bei der Durchführung von Maßnahmen des Arbeitsschutzes berücksichtigen muss. Im Rahmen von Arbeitsschutzverordnungen nach §§ 18, 19 ArbSchG muss der Arbeitgeber Schutzmaßnahmen auf der Grundlage der Gefährdungsbeurteilung nach dem Stand der Technik sowie ggf. nach gesicherten wissenschaftlichen Erkenntnissen festlegen und ergreifen (zum Begriff »Stand der Technik« vgl. insbesondere TRGS 460 und EmpfBS 1114). Eine wichtige Quelle und Fundstelle für Regeln und Erkenntnisse sind insbesondere die Bundesanstalt für Arbeitsschutz und Arbeitsmedizin (www.baua.de) wie auch die vergleichbaren Einrichtungen der Bundesländer (z. B. www.lia.nrw.de) und der Träger der gesetzlichen Unfallversicherung (www.dguv.de) sowie weitere Forschungsinstitute.

2. Europäisches und Internationales Recht

Im Rahmen des europäischen Integrationsprozesses spielt die Harmonisierung des Arbeitsschutzes eine zentrale Rolle bei der Herausbildung eines gemeinsamen Wirtschafts- und Sozialraumes. Dabei werden die Organe der EU, gestützt auf unterschiedliche Rechtsgrundlagen, in zweierlei Hinsicht tätig:

- betrieblicher Arbeitsschutz (Richtlinien nach Art. 153 AEUV zum Schutz der Beschäftigten) und
- vorgreifender Arbeitsschutz (EU-Binnenmarktrichtlinien bzw. -verordnungen mit sicherheitstechnischen Anforderungen an das Inverkehrbringen von Produkten und Stoffen, Art. 114 AEUV).

EU-Richtlinien nach Art. 153 AEUV sind Mindestvorschriften, die einen höheren nationalen Standard zulassen und fördern.
EU-Richtlinien nach Art. 114 AEUV sind in ihrem Sicherheitsniveau verbindlich, mit dem Ziel, Wettbewerbshindernisse im Gemeinsamen Markt abzubauen. Ein Bei-

spiel stellt die EG-Maschinenrichtlinie 2006/42/EG (Vorläufer 98/37/EG bzw. 89/392/EWG) dar, die grundlegende Sicherheits- und Gesundheitsanforderungen an die Herstellung von Maschinen stellt und in Deutschland durch das ProdSG und die ProdSG-MaschinenVO umgesetzt worden ist. EU-Verordnungen nach Art. 114 AEUV sind demgegenüber verbindlich und entfalten eine unmittelbare Wirkung (wie z. B. die EU-REACH- oder die EU-CLP-VO, durch die das europäische und nationale Chemikalienrecht neu geregelt wurde). Ein wesentlicher Aspekt der Binnenmarktvorschriften nach Art. 114 AEUV ist das Zusammenspiel von öffentlich-rechtlichen Anforderungen und der privatrechtlich organisierten Normung: Die Konkretisierung sehr abstrakt formulierter Sicherheitsziele wird den privatrechtlich organisierten europäischen Normungsorganisationen CEN (Europäisches Komitee für Normung) und CENELEC (Europäisches Komitee für elektrotechnische Normung) übertragen. Ihnen gehören die nationalen Normungsinstitute an (Deutschland: DIN). Hält ein Mitgliedstaat die dort gefundenen Lösungen für nicht ausreichend, findet ein Verfahren bei der EU-Kommission statt. Letztlich entscheidet der EuGH.

Die EU hat in beiden Bereichen bereits eine Vielzahl von Rechtsvorschriften erlassen. Im Bereich des betrieblichen Arbeitsschutzes (Art. 153 AEUV) existieren eine Rahmenrichtlinie über Maßnahmen zur Verbesserung der Sicherheit und der Gesundheit der Arbeitnehmer bei der Arbeit (89/391/EWG, ABl.EG L 183; umgesetzt durch das ArbSchG) und eine Reihe konkretisierender Einzelrichtlinien (zum Arbeitszeitschutz sowie zum sozialen Arbeitsschutz vgl. Nr. 8 (ArbZG) sowie Nr. 24/24 a/24 b (JArbSchG) und Nr. 28 (MuSchG)). Durch die Umsetzung von Richtlinien nach Art. 153 AEUV sind weiterhin die folgenden Rechtsvorschriften neu geschaffen bzw. geändert worden:

- Arbeitsschutzgesetz (1996, zuletzt geändert 2013, Nr. 7)
- Arbeitssicherheitsgesetz (1973, zuletzt geändert 2013, Nr. 7 a),
- Arbeitnehmerüberlassungsgesetz (zuletzt geändert 2017, Nr. 4),
- LastenhandhabungsVO (1996, zuletzt geändert 2017, Nr. 7 e),
- PSA-BenutzungsVO (1996, Nr. 7 f),
- BildschirmarbeitsVO (1996, 2016 in ArbStättV überführt und aufgehoben),
- BaustellenVO (1998, zuletzt geändert 2017)
- BiostoffVO (1999, neu gefasst 2013, zuletzt geändert 2017)
- BetriebssicherheitsVO (2002, neu gefasst 2015, zuletzt geändert 2017; 1997: AMBV; Nr. 7 d)
- ArbeitsstättenVO (1976, geändert 1996, neu gefasst 2004, geändert 2010, geändert 2016, zuletzt geändert 2017; Nr. 7 b)
- GefahrstoffVO (1986, neu gefasst 2005 und 2010, zuletzt geändert 2016; Nr. 7 c)
- Lärm- und VibrationsarbeitsschutzVO (2007, zuletzt geändert 2017, Nr. 7 g)
- ArbeitsmedizinvorsorgeVO (2008, neu gefasst 2013, zuletzt geändert 2019; Nr. 7 h)
- ArbeitsschutzVO zu künstlicher optischer Strahlung (2010, zuletzt geändert 2017, Nr. 7 i)
- ArbeitsschutzVO zu elektromagnetischen Feldern (2016, Nr. 7 j)

Die Europäische Kommission hat zur Förderung des betrieblichen Arbeitsschutzes eine »Europäische Agentur für Sicherheit und Gesundheitsschutz am Arbeitsplatz« mit Sitz in Bilbao eingerichtet (EuZW 94, 483).

Neben der EU wirkt auf internationaler Ebene die ILO mit den in ihrem Rahmen verabschiedeten Übereinkommen, die durch den nationalen Gesetzgeber ratifiziert werden, auf das nationale Arbeitsschutzrecht ein.

II. Zu einzelnen Arbeitsschutzvorschriften

Die nachfolgenden, kurzen Ausführungen zu einzelnen Arbeitsschutzvorschriften sind in einen allgemeinen inhaltlichen Rahmen einzuordnen: Vor dem Hintergrund des immensen Einflusses des europäischen Arbeitsschutzrechts hatten sich 1999 die interessierten Kreise in Deutschland (Staat, Unfallversicherungsträger, Sozialpartner) auf Grundsätze zur Neuordnung des Arbeitsschutzrechts verständigt (BArbBl. 10/1999, 46):

- Die Umsetzung des EG-Arbeitsschutzrechts erfolgt regelmäßig durch staatliche Vorschriften.
- Neue Vorschriften sollen nur bei Regelungsdefiziten geschaffen werden.
- Doppelregelungen sollen vermieden bzw. abgebaut werden.
- Das Verhältnis von Vorschriften und konkretisierendem Regelwerk soll deutlicher werden.
- Das Regelwerk soll Spielräume für Innovation und Flexibilität enthalten.

Weiter konkretisiert wurden die Grundsätze von 1999 durch Leitlinien zur Gestaltung des Vorschriften- und Regelwerks vom Juni 2003 (BArbBl. 6/2003, 48). Die interessierten Kreise verständigten sich in diesen Leitlinien darauf, dass

- UVV nur noch in Bereichen erlassen werden, in denen es einer diesbezüglichen Ergänzung oder Konkretisierung staatlicher Arbeitsschutzvorschriften bedarf,
- staatliche Arbeitsschutzvorschriften und UVV miteinander verknüpft sein müssen,
- Hilfen zur praxisgerechten Anwendung erarbeitet werden.

Im August 2011 wurde im Rahmen der Gemeinsamen Deutschen Arbeitsschutzstrategie (GDA) ein neues Leitlinienpapier zur Neuordnung des Vorschriften- und Regelwerks im Arbeitsschutz verabschiedet. Dieses definiert das Verhältnis von staatlichem Recht zu autonomem Recht der Unfallversicherungsträger und beschreibt die Verfahren, mit denen die beiden Rechtsbereiche aufeinander abgestimmt werden. Zentrale Elemente des Leitlinienpapiers sind:

- Vorrang von staatlichen Vorschriften und Regeln
- Bedarfsprüfung für Unfallverhütungsvorschriften
- Vermutungswirkung nur bei staatlichen Regeln, die von den zuständigen Ausschüssen erarbeitet und vom BMAS bekannt gemacht werden
- Kooperations- und Kombinationsmodell zum Zusammenwirken von staatlichen Regeln und Regeln der Unfallversicherungsträger.

Eine Konsequenz der Neuordnung des Arbeitsschutzrechts auf dieser Grundlage ist eine erhebliche Abnahme der Zahl an geltenden Unfallverhütungsvorschriften. Ziel der Unfallversicherungsträger ist es, von ehemals ca. 180 UVV, die zum 1.1.2005, nach einem grundlegenden Einschnitt durch das europäische Binnenmarktrecht Anfang der 1990er Jahre, auf 59 und bei einzelnen gewerblichen

Berufsgenossenschaften zwischenzeitlich weiter reduziert worden sind (z.B. BGN: 13 in 2018, http://vorschriften.portal.bgn.de/9418?wc_lkm=7204), nur noch wenige grundlegende UVV vorzugeben; dies gilt auch für die Unfallkassen, auf Ebene der Spitzenverbände seit 2008 zur DGUV verbunden. Ein Teil der Aktivitäten der Unfallversicherungsträger hat sich dementsprechend auf die Erarbeitung des konkretisierenden Regelwerks der staatlichen Arbeitsschutzvorschriften verlagert, einschließlich deren partielle Überwachung durch ihre Aufsichtspersonen (vgl. § 2 Abs. 1 UVV DGUV Vorschrift 1; Übersicht 16). Daneben wird mit dem Konzept der Branchen-Regeln ein übergreifender Ansatz umgesetzt, der alle maßgeblichen Informationen zum Arbeitsschutz in einer Branche zusammenfasst und Vorschläge für Maßnahmen beinhaltet (vgl. www.bgrci.de/praevention/vorschriften-und-regeln/branchenregeln/). Zum 1.5.2014 wurde erneut die Systematik des Vorschriften- und Regelwerks der Träger der gesetzlichen Unfallversicherung geändert. Durchgängig ist dieses seitdem in vier Kategorien eingeteilt: DGUV Vorschriften, DGUV Regeln, DGUV Informationen und DGUV Grundsätze.

1. Arbeitsschutzgesetz (ArbSchG) – Grundgesetz des betrieblichen Arbeitsschutzes (Nr. 7)

Das ArbSchG ist die nationale Umsetzung der Rahmenrichtlinie 89/391/EWG über Maßnahmen zur Verbesserung der Sicherheit und des Gesundheitsschutzes der Arbeitnehmer bei der Arbeit (Übersicht 17). Zweck des Gesetzes ist es, Sicherheit und Gesundheitsschutz der Beschäftigten bei der Arbeit durch Maßnahmen des Arbeitsschutzes zu sichern und zu verbessern (§ 1 Abs. 1). Es gilt in allen Tätigkeitsbereichen (§ 1 Abs. 1 Satz 2), d.h. insbesondere auch im öffentlichen Dienst. Nicht erfasst werden lediglich Hausangestellte in privaten Haushalten (§ 1 Abs. 2; vgl. § 2 Abs. 2 zum Beschäftigtenbegriff).

Der Arbeitgeber wird zum vorbeugenden Arbeitsschutz (Prävention) einschließlich der menschengerechten Gestaltung der Arbeit verpflichtet (§ 2 Abs. 1).

Die Pflichten des Arbeitgebers beim Arbeitsschutz sind »dynamisch«. Sie orientieren sich am jeweiligen Stand von Technik, Arbeitsmedizin und Hygiene sowie sonstigen gesicherten arbeitswissenschaftlichen Erkenntnissen. § 3 Abs. 1 verpflichtet den Arbeitgeber, die erforderlichen Maßnahmen des Arbeitsschutzes unter Berücksichtigung der Umstände zu treffen, die die Sicherheit und Gesundheit der Beschäftigten bei der Arbeit beeinflussen. Die getroffenen Maßnahmen sind auf ihre Wirksamkeit zu überprüfen und erforderlichenfalls sich ändernden Gegebenheiten anzupassen sowie kontinuierlich zu verbessern. Die Maßnahmen des ArbSchG zielen auf die Vermeidung von Gefährdungen für die physische und psychische Gesundheit (§ 4 Nr. 1) und müssen durch eine geeignete Organisation, geeignete Anweisungen sowie die Mitwirkung der Beschäftigen realisiert werden (§ 3 Abs. 2, § 4 Nr. 7); die Kosten dafür hat der Arbeitgeber zu tragen (§ 3 Abs. 3).

Der Präventionsgedanke kommt umfassend und differenziert in § 4 ArbSchG zum Ausdruck. In dieser Vorschrift sind allgemeine Grundsätze für die Planung und Durchführung von Maßnahmen des Arbeitsschutzes festgelegt, die eine Rangfolge von Maßnahmen, die Berücksichtigung von wissenschaftlichen Erkenntnis-

sen, eine übergreifende betriebliche Präventionspolitik sowie den Schutz besonders schutzbedürftiger Beschäftigter und die Prävention gegenüber Diskriminierung umfassen.
Als Grundlage für die systematische Durchführung wird der Arbeitgeber zu einer Beurteilung der Arbeitsbedingungen verpflichtet (§ 5; www.gefaehrdungsbeurteilung.de). Deren Ergebnisse und die hieraus gezogenen Schlussfolgerungen (Festlegung von Maßnahmen und deren Wirksamkeitsüberprüfung) sind in einer Dokumentation der Gefährdungsbeurteilung festzuhalten (§ 6).
Gemäß § 7 hat der Arbeitgeber die Befähigung der Beschäftigten zu prüfen, die bei der Aufgabenerfüllung zu beachtenden Bestimmungen und Maßnahmen einzuhalten.
§ 8 trägt der Situation Rechnung, dass Beschäftigte zwar in räumlicher Beziehung (d. h. im Kontext von Arbeitssystemen) zueinander tätig werden können, jedoch nicht notwendigerweise alle beim selben Arbeitgeber beschäftigt sind. Demgemäß werden die beteiligten Arbeitgeber verpflichtet, bei der Durchführung der Sicherheits- und Gesundheitsschutzbestimmungen zusammenzuarbeiten. Sie haben sich gegenseitig und ihre Beschäftigten über Gefahren zu unterrichten und Maßnahmen zu deren Verhütung abzustimmen (§ 8 Abs. 1 Satz 2). Dementsprechend trifft einen Arbeitgeber auch die Verantwortung dafür, dass in seinem Betrieb tätige Beschäftigte von sog. Fremdfirmen/Kontraktoren die angemessenen Anweisungen zum Arbeitsschutz erhalten haben (§ 8 Abs. 2).
Im Hinblick auf besondere Gefahren werden dem Arbeitgeber zusätzliche Pflichten auferlegt. Er muss die Beschäftigten besonders instruieren und es ihnen ermöglichen, die geeigneten Maßnahmen zur Gefahrenabwehr und Schadensbegrenzung notfalls selbst treffen zu können (§ 9 Abs. 1). Bei unmittelbarer erheblicher Gefahr muss es den Beschäftigten möglich sein, sich durch sofortiges Verlassen der Arbeitsplätze in Sicherheit zu bringen (§ 9 Abs. 2).
Der Arbeitgeber hat ein angemessenes System der Ersten Hilfe, des Brandschutzes und des Notfallmanagements zu organisieren (§ 10) und den Beschäftigten auf deren Wunsch und gefährdungsbezogen die Möglichkeit arbeitsmedizinischer Vorsorge zu eröffnen (§ 11; vgl. auch ArbMedVV, II 9).
Die Beschäftigten sind während der Arbeitszeit ausreichend und angemessen, d. h. angepasst an die bestehenden Gefährdungen und zu treffenden Maßnahmen des Arbeitsschutzes zu unterweisen (§ 12).
Die Beschäftigten werden auf Grundlage der Maßnahmen des Arbeitgebers dazu verpflichtet, im Rahmen ihrer Möglichkeiten und gemäß der ihnen gegebenen Unterweisungen für ihre Sicherheit und Gesundheit bei der Arbeit Sorge zu tragen (§ 15 Abs. 1; Checkliste 18). Hierzu gehört insbesondere die bestimmungsgemäße Verwendung von PSA und Arbeitsmitteln (§ 15 Abs. 2). Die Beschäftigten haben dem Arbeitgeber oder dem zuständigen Vorgesetzten unmittelbare erhebliche Gefahren für die Sicherheit und Gesundheit sowie Defekte an Schutzsystemen unverzüglich zu melden (§ 16). Sie können dem Arbeitgeber jederzeit Vorschläge zu allen Fragen der Sicherheit und des Gesundheitsschutzes machen (§ 17 Abs. 1). Reagiert der Arbeitgeber nicht auf derartige Beschwerden, können die Beschäftigten sich gemäß § 17 Abs. 2 an die zuständige Behörde wenden (zur

innerbetrieblichen Beschwerde unter Beteiligung des Betriebsrates vgl. § 84 BetrVG).

Über die Möglichkeit einer Entfernung der Beschäftigten bei unmittelbarer erheblicher Gefahr (§ 9 Abs. 3) hinaus geht das ArbSchG nicht auf die Frage ein, ob ein Arbeitnehmer bei der Vernachlässigung von Arbeitsschutzpflichten durch den Arbeitgeber seine Arbeit einstellen kann. Diese Rechtsfrage ist nach den Grundsätzen des § 273 BGB über die Ausübung des Zurückbehaltungsrechts zu lösen, das vom *BAG* im Grundsatz bejaht wird (*BAG* 8. 5. 1996 – 5 AZR 315/95, NZA 97, 86; 19. 2. 1997 – 5 AZR 982/94, BB 97, 1364).

Die Überwachung des ArbSchG und der auf dieses gestützten ArbeitsschutzVO obliegt der staatlichen Arbeitsschutzaufsicht (§ 21 Abs. 1, 2). Das Gesetz verpflichtet die zuständigen Behörden (z. B. Gewerbeaufsicht) zum Zusammenwirken mit den Trägern der gesetzlichen Unfallversicherung (Berufsgenossenschaften, Unfallkassen, § 21 Abs. 3, 4). Die »Gemeinsame deutsche Arbeitsschutzstrategie« (GDA) soll diese Kooperation verbessern (§§ 20 a, 20 b ArbSchG; www.gda-portal.de).

Ein wesentliches Merkmal des ArbSchG ist es, dass es keine Detailregelungen und unmittelbare Vorgaben trifft, sondern weit gefasste, z. T. generalisierende Formulierungen enthält. Der Gesetzgeber wollte damit bewusst Spielraum für die betriebliche Situation lassen (Übersicht 19). Das wiederum führt zu einem Mitbestimmungsrecht des Betriebsrates bei der Umsetzung des Gesetzes gemäß § 87 Abs. 1 Nr. 7 BetrVG. Dieses Mitbestimmungsrecht bezieht sich z. B. auf die Beurteilung der Arbeitsbedingungen gemäß § 5 ArbSchG, die Organisationsverpflichtungen gemäß § 3 Abs. 2, die Unterweisung gemäß § 12 sowie entsprechende Regelungen in den Arbeitsschutzverordnungen nach §§ 18, 19.

In Betrieben, in denen kein Betriebsrat besteht, hat der Arbeitgeber die Arbeitnehmer zu allen Maßnahmen zu hören, die Auswirkungen auf ihre Sicherheit und Gesundheit haben können (§ 81 Abs. 3 BetrVG; für den öffentlichen Dienst vgl. § 14 ArbSchG).

2. Arbeitssicherheitsgesetz (ASiG) – Grundgesetz der betrieblichen Arbeitsschutzorganisation (Nr. 7 a)

Das ASiG (in Kraft getreten 1974) verpflichtet die Arbeitgeber zur Bestellung von Betriebsärzten (§ 2) und Fachkräften für Arbeitssicherheit (§ 5). Diese haben die Aufgabe, den Arbeitgeber bei der Durchführung des betrieblichen Arbeitsschutzes zu beraten und zu unterstützen (vgl. § 1 ASiG). Fachkraft und Betriebsarzt unterstehen direkt dem Arbeitgeber und üben im Unterschied zum Arbeitgeber und zu weiteren verantwortlichen Personen nach § 13 ArbSchG eine Stabsfunktion aus; eine organisatorische und disziplinarische Unterstellung einer Fachkraft unter einen Abteilungsleiter ist nicht zulässig (*LAG Köln* 3. 4. 2003 – 10 (1) Sa 1231/02, NZA-RR 2004, 319; vgl. auch *BAG* 15. 12. 2009 – 9 AZR 769/08, NZA 10, 506); bei der Anwendung ihrer Fachkunde sind sie weisungsfrei und dürfen deswegen nicht benachteiligt werden (§ 8).

Der Arbeitgeber kann auch einen überbetrieblichen Dienst verpflichten (§ 19). Allerdings ist der Arbeitgeber verpflichtet, vorrangig zu prüfen, ob betriebliche

Experten bestellt werden können (*LAG Berlin-Brandenburg* 7.7.2016 – 21 TaBV 195/16).

In Betrieben mit mehr als 20 Beschäftigten ist ein beratender Arbeitsschutzausschuss zu bilden (§ 11).

Von besonderer Bedeutung bei der Umsetzung des ASiG ist die Beteiligung des Betriebsrates (§ 9). Seine Mitbestimmung bei der Bestellung und Abberufung der Betriebsärzte und Fachkräfte für Arbeitssicherheit ist erforderlich, um diesen die notwendige Unabhängigkeit gegenüber dem Arbeitgeber zu verleihen (siehe *BAG* 10.4.1979 – 1 ABR 34/77, DB 79, 1995; vgl. *Bösche/Grimberg,* AiB 91, 135). Hinzu kommt die Beteiligung im Arbeitsschutzausschuss (§ 11), die von Seiten des Betriebsrates stets im Zusammenhang mit seinen Initiativ-, Mitwirkungs- und Mitbestimmungsrechten aus dem BetrVG (§ 87 Abs. 1 Nr. 7, §§ 89, 90, 91) zu sehen ist.

Dieses betriebliche Arbeitsschutzsystem wird durch das ASiG an die Tätigkeit der Berufsgenossenschaften und Unfallkassen angebunden: Gemäß § 15 Abs. 1 Nr. 6 SGB VII können die gesetzlichen Unfallversicherungsträger Vorschriften über die Verpflichtungen der Unternehmer zur Ausfüllung des ASiG erlassen (vgl. UVV DGUV Vorschrift 2 »Betriebsärzte und Fachkräfte für Arbeitssicherheit«). Sie können überbetriebliche arbeitsmedizinische und sicherheitstechnische Dienste einrichten und die Unternehmer verpflichten, sich einem solchen Dienst anzuschließen. Außerdem sind sie durch das ASiG verpflichtet worden, für die Ausbildung derjenigen Personen zu sorgen, die mit der Durchführung des Arbeitsschutzes und der Unfallverhütung in den Unternehmen betraut sind (Übersicht 20).

3. Betriebssicherheitsverordnung (Nr. 7 d)

Ziel der BetrSichV 2015 ist die Verbesserung von Sicherheit und Gesundheitsschutz der Beschäftigten durch Maßnahmen des Arbeitsschutzes bei der Arbeit im Hinblick auf die Verwendung von Arbeitsmitteln. Die BetrSichV 2015 trägt besonderen Präventionsschwerpunkten Rechnung: Instandhaltung, besondere Betriebszustände, Betriebsstörungen, Manipulation von Schutzeinrichtungen und unsachgemäße Verwendung. Verbunden mit der Stärkung der Verpflichtung des Arbeitgebers zur Ermittlung und Beurteilung von Gefährdungen (§ 3 BetrSichV 2015) werden Vorgaben zur Gebrauchstauglichkeit von Arbeitsmitteln, d. h. von ergonomischer bzw. alters- und alternsgerechter Gestaltung, sowie, damit verknüpft, zur sicheren und gesundheitsgerechten Optimierung von physischen und psychischen Belastungen bei der Verwendung von Arbeitsmitteln aufgenommen, die bislang nur implizit aus dem Begriff der menschengerechten Gestaltung der Arbeit als Teil von Maßnahmen des Arbeitsschutzes gemäß § 2 Abs. 1 ArbSchG abgeleitet werden konnten. Ein gesonderter Abschnitt regelt zusätzliche Vorschriften für überwachungsbedürftige Anlagen. Arbeitsmitteln, bei deren Verwendung besondere Gefährdungen auftreten können, wird insbesondere durch besondere Prüfungen Rechnung getragen.

4. Arbeitsstättenverordnung (Nr. 7 b)

Die ArbeitsstättenVO (ArbStättV 2016) dient der Sicherheit und dem Gesundheitsschutz der Beschäftigten bei Einrichtung und Betrieb von Arbeitsstätten. Die ArbStättV 2016 gilt grundsätzlich auch für Baustellen, wobei organisationsbezogene Anforderungen (insbesondere Koordinierung) in Bezug auf Sicherheit und Gesundheitsschutz durch die BaustellV geregelt werden. Bestimmte Regelungen der ArbStättV 2016 gelten auch für Telearbeitsplätze, d. h. für Bildschirmarbeitsplätze im Privatbereich der Beschäftigten. Mobile Telearbeit wird durch die Regelungen des ArbSchG sowie der BetrSichV erfasst (vgl. 1 und 3).

Mit dem Versuch einer weiteren Änderung der ArbStättV, samt Integration der BildscharbV, verfolgte die Bundesregierung im Jahre 2014 nach eigener Aussage das Ziel, durch eine präzisere Terminologie und durch weitere Klarstellungen ein höheres Maß Rechtssicherheit zu schaffen und die ArbStättV, insbesondere bezogen auf den Stand der Technik sowie der gesicherten arbeitswissenschaftlichen Erkenntnisse, zu aktualisieren. Auf diese Weise sollten die Sicherheit und der Schutz der Gesundheit der Beschäftigten in Arbeitsstätten weiter verbessert werden (vgl. BR-Drs. 509/14, S. 1). Der Entwurf der Bundesregierung zielte insbesondere auf eine Klarstellung der Formulierung »möglichst ausreichend Tageslicht« bzw. »Sichtverbindung« sowie auf die Einbeziehung von Anforderungen an Bildschirm- und Telearbeitsplätze (vgl. ebd.). Dem Entwurf der Bundesregierung vom 30. 10. 2014 stimmte der Bundesrat am 15. 12. 2014 mit der Maßgabe von Änderungen zu (BR-Drs. 509/14[B]). Aufgrund öffentlicher Interventionen der Arbeitgeber wurde das Rechtsetzungsverfahren nicht zum Abschluss gebracht. In einer Entschließung v. 27. 11. 2015 forderte der Bundesrat die Bundesregierung auf, das Verfahren möglichst umgehend zum Abschluss zu bringen bzw. zu möglichen Hinderungsgründen Stellung zu nehmen (BR-Drs. 531/15[B]). Schließlich beschloss der Bundesrat, auf der Grundlage eines Entwurfs mehrerer Bundesländer (BR-Drs. 506/16) in seiner 948. Sitzung am 23. 9. 2016, die Vorlage für den Erlass einer Rechtsverordnung gemäß Art. 80 Abs. 3 GG der Bundesregierung zuzuleiten. Ferner beschloss der Bundesrat, dass der Beschluss über die Zuleitung der Vorlage für den Erlass einer Rechtsverordnung an die Bundesregierung gemäß Art. 80 Abs. 3 GG die Zustimmung des Bundesrates zum unmittelbaren Erlass einer solchen Rechtsverordnung gemäß Art. 80 Abs. 2 GG umfasst (BR-Drs. 506 – 16[B]). Die Bundesregierung folgte diesem Beschluss per Kabinettsbeschluss am 2. 11. 2016. Schließlich wurde die Verordnung zur Änderung von Arbeitsschutzverordnungen v. 30. 11. 2016 (Art. 1: Änderung der ArbStättV, Art. 2: Änderung der OStrV) erlassen (BGBl. I 2681). Zur Begründung für die Vorlage verwies der Bundesrat allgemein auf

- diverse notwendige Änderungen und Ergänzungen (die inhaltlich schon in der BR-Drs. 509/14 enthalten waren, s. o., allerdings abgeschwächt wurden) sowie
- auf die Übernahme und Ergänzung der Anforderungen zur Gestaltung von Bildschirmarbeitsplätzen aus der aufgehobenen BildscharbV in den Text der ArbStättV, die grundsätzlich auch für Telearbeitsplätze gelten (vgl. insbesondere Nr. 6 Anhang ArbStättV 2016).

Im Rahmen dieser Änderungen wurden laut Bundesrat Synergieeffekte genutzt und nur die Anforderungen integriert, die bislang nicht ausdrücklich in der ArbStättV (z. B. psychische Belastungen) enthalten waren (vgl. BR-Drs. 506/16[B], S. 34).

Von besonderer Bedeutung für die Konkretisierung der allgemeinen Forderungen der ArbStättV 2016 sind die in § 7 Abs. 4 vorgesehenen Technischen Regeln für Arbeitsstätten (ASR), die der Arbeitgeber im Hinblick auf Errichtung und Betrieb zu berücksichtigen hat. Bei Einhaltung dieser Regeln ist davon auszugehen, dass die in der VO gestellten Anforderungen diesbezüglich erfüllt sind. Wendet der Arbeitgeber die Regeln nicht an, muss er durch andere Maßnahmen die gleiche Sicherheit und den gleichen Gesundheitsschutz der Beschäftigten erreichen.
Zur Beurteilung der Arbeitsbedingungen waren in der ArbStättV 2004 keine spezifischen Regelungen vorgesehen. Daher war im Hinblick auf die Errichtung und den Betrieb von Arbeitsstätten auf die allgemeine Verpflichtung des Arbeitgebers zur Gefährdungsbeurteilung nach § 5 ArbSchG hinzuweisen. Im Rahmen der 2010 erfolgten Änderung wurde ein neuer § 3 ArbStättV mit einer solchen, speziellen Verpflichtung eingefügt.
Ausgehend von der Zielsetzung sind in § 3 a Abs. 1 ArbStättV 2016 allgemeine Anforderungen an Arbeitsstätten festgelegt, die insbesondere durch die Anforderungen im Anhang der ArbStättV konkretisiert werden. Danach ist der Arbeitgeber verpflichtet, auf Basis der Gefährdungsbeurteilung dafür zu sorgen, dass Arbeitsstätten den Vorschriften dieser VO einschließlich ihres Anhanges entsprechend so eingerichtet und betrieben werden, dass Gefährdungen für die Sicherheit und die Gesundheit der Beschäftigten vermieden oder minimiert werden. Gefordert wird, im Falle einer Beschäftigung behinderter Menschen, eine barrierefreie Gestaltung der Arbeitsstätten (§ 3 a Abs. 2 ArbStättV 2016). Die zuständige Behörde kann auf Antrag des Arbeitgebers Ausnahmen zulassen (§ 3 a Abs. 3 ArbStättV 2016). Aus den Regelungen der ArbStättV ergeben sich für die betriebliche Ebene und damit für die Mitbestimmung erhebliche Gestaltungsmöglichkeiten und -notwendigkeiten. Ausdrücklich werden den Betrieben flexible Grundvorschriften für an ihre Situation angepasste Arbeitsschutzmaßnahmen gegeben. Schutzmaßnahmen im Hinblick auf besondere Anforderungen an den Betrieb von Arbeitsstätten enthält § 4 ArbStättV 2016. Diese beziehen sich auf Instandhaltung und Mängelbeseitigung, Hygiene, Sicherheitseinrichtungen (z. B. Feuerlöscheinrichtungen), Verkehrs- und Fluchtwege, Notausgänge und entsprechende Pläne sowie Mittel und Einrichtungen zur Ersten Hilfe. Der Arbeitgeber muss weiterhin für den Schutz von nicht rauchenden Beschäftigten sorgen, mit Einschränkungen für Arbeitsstätten mit Publikumsverkehr (vgl. § 5 ArbStättV 2016). Die Verpflichtung zur Unterweisung der Beschäftigten ergibt sich aus § 6 ArbStättV 2016. Im Übrigen regelt ein Anhang zur ArbStättV weitere, spezifische Anforderungen und Maßnahmen an Einrichtung und Betrieb von Arbeitsstätten und Arbeitsplätzen, die überwiegend als Schutzzielbestimmungen formuliert sind. In Nr. 6 wurden 2016 die Anforderungen der aufgehobenen BildscharbV an Bildschirmarbeitsplätze übernommen, die auch für Telearbeitsplätze i. S. der ArbStättV anzuwenden sind.
Die VO über Sicherheit und Gesundheitsschutz bei Arbeit an Bildschirmgeräten war Bestandteil der »Verordnung zur Umsetzung von EG-Einzelrichtlinien zur EG-Rahmenrichtlinie Arbeitsschutz« vom 4. 12. 1996 (BGBl. I 1841). Ende 2016 ist eine Überführung der Inhalte der VO in die ArbStättV erfolgt (vgl. o. 4 sowie IV 1). Die BildscharbV wurde aufgehoben.

5. Gefahrstoffverordnung/Biostoffverordnung (Nr. 7 c)

Zweck der GefStoffV ist der Schutz der Beschäftigten bei Tätigkeiten mit Gefahrstoffen. Die GefStoffV, basierend auf ihrem Grundkonzept aus 2010, enthält, ausgehend von den Pflichten zur Informationsermittlung und Gefährdungsbeurteilung in § 6, einen Katalog von Grundpflichten (Minimierungs-, Substitutionsgebot, Rangfolge der Schutzmaßnahmen; Bestimmungen zur Expositionsermittlung usw.; vgl. § 7). Die §§ 8 bis 11 enthalten die Schutzmaßnahmenpakete, die gefährdungsbezogen aufeinander aufbauen (vgl. im folgenden *Klein* u. a., sis 11 – 2010, S. 476 ff.).

Zusätzliche Schutzmaßnahmen nach § 9 sind insbesondere dann zu beachten, wenn

- Arbeitsplatzgrenzwerte oder biologische Grenzwerte nicht eingehalten werden können,
- bei hautresorptiven oder haut- oder augenschädigenden Gefahrstoffen eine Gefährdung durch Haut- oder Augenkontakt besteht oder
- bei Gefahrstoffen ohne Arbeitsplatzgrenzwert auf Grund der ihnen zugeordneten Gefährlichkeitsmerkmale und einer vorhandenen inhalativen Exposition eine Gefährdung angenommen werden kann.

Besondere Schutzmaßnahmen nach § 10 beinhalten die durch die EG-Krebsrichtlinie vorgegebene besondere Maßnahmen, welche zusätzlich bei Tätigkeiten mit krebserzeugenden, erbgutverändernden und fruchtbarkeitsgefährdenden Stoffen oder Zubereitungen zu beachten sind.

Besondere Schutzmaßnahmen gegen physikalisch-chemische Einwirkungen, insbesondere gegen Brand- und Explosionsgefährdungen nach § 11 ergänzen die Grundmaßnahmen nach § 8.

Die GefStoffV enthält darüber hinaus Regelungen zu Betriebsstörungen, Unfällen und Notfällen (§ 13), zur Unterrichtung und Unterweisung der Beschäftigten (§ 14), sowie zur Zusammenarbeit verschiedener Firmen (§ 15). Die arbeitsmedizinische Vorsorge bei Tätigkeiten mit Gefahrstoffen richtet sich nach der ArbMedVV (Übersicht 22).

Ergänzend und in Abgrenzung zur GefStoffV regelt die BioStoffV in ihrer Neufassung v. 15. 7. 2013 (BGBl. I 2514) Sicherheit und Gesundheitsschutz der Beschäftigten bei Tätigkeiten mit biologischen Arbeitsstoffen (vgl. zum Ganzen *Pieper*, Teil III, BioStoffV; zur Neufassung der BioStoffV vgl. *Smola u. a.*, sis 9/2013, S. 423 ff.).

6. Lastenhandhabungsverordnung (Nr. 7 e)

Ziel der LastenhandhabungsVO (LasthandhabV) ist die Gewährleistung und Verbesserung von Sicherheit und Gesundheitsschutz der Beschäftigten durch Maßnahmen des Arbeitsschutzes bei der Arbeit im Hinblick auf die manuelle Handhabung von Lasten, die die Sicherheit und die Gesundheit der Beschäftigten gefährden kann. Weitere Regelungen im Hinblick auf physische Belastungen tritt insbesondere die BetrSichV (4). Primär hat der Arbeitgeber zu prüfen, ob durch geeignete organisatorische Maßnahmen oder den Einsatz geeigneter Arbeitsmittel, insbesondere mechanische Ausrüstungen, manuelle Handhabungen von Lasten, die für die Beschäftigten eine Gefährdung für Sicherheit und Gesundheit, insbesondere der Lendenwirbelsäule mit sich bringen, vermieden werden können (vgl. § 2 Abs. 1 LasthandhabV). Zur Ermittlung der sekundären Schutzmaßnahmen nach § 2 Abs. 2 (Minimierungsgebot) sind die entsprechenden Gefährdungen in die Beurteilung der Arbeitsbedingungen einzubeziehen (vgl. § 2 LasthandhabV, § 5 ArbSchG). Die Beurteilung erfolgt unter Zugrundelegung des Anhangs der LasthandhabV; mindestens gehören zur Beurteilung die Körperhaltung bei der Lastenhandhabung, das Lastgewicht und die Dauer der Häufigkeit der manuellen Handhabung der Last. Dazu kommen die Schutzmaßnahmen im Hinblick auf die Übertragung von Aufgaben (§ 3 LasthandhabV). Bei der Unterweisung nach § 12 ArbSchG hat der Arbeitgeber insbesondere den Anhang und die körperliche Eignung der Beschäftigten zu berücksichtigen. Er hat den Beschäftigten, soweit dies möglich ist, genaue Angaben zu machen über die sachgemäße manuelle Handhabung von Lasten und über die Gefahren, denen die Beschäftigten insbesondere bei unsachgemäßer Ausführung der Tätigkeit ausgesetzt sind (§ 4 LasthandhabV).

7. Rechtsvorschriften zu physikalischen Gefährdungen (Druckluft, Elektromagnetische Felder, Lärm, optische Strahlung, Vibrationen) (Nr. 7 g, i und j)

Mit den EG-Richtlinien 2004/40/EG bzw. 2013/35/EU (elektromagnetische Felder) und 2006/25/EG (künstliche optische Strahlung) liegen zu physikalischen Gefährdungen für Beschäftigte bei der Arbeit nunmehr alle erforderlichen Regelungen im Grundsatz vor (Lärm, Vibrationen, künstliche optische Strahlung, elektromagnetische Felder). Daneben besteht noch auf nationaler Ebene die DruckluftVO sowie die Strahlenschutz- und die RöntgenVO; Letztere basieren auf dem deutschen Atomgesetz. Die EG-Richtlinien Lärm und Vibrationen sind durch die VO zum Schutz der Beschäftigten vor Gefährdungen durch Lärm und Vibrationen (LärmVibrationsArbSchV) vom 6. 3. 2007 (BGBl. I 261) in deutsches Recht umgesetzt worden (Nr. 7 g); die EG-Richtlinie künstliche optische Strahlung durch die VO vom 19. 7. 2010 (Nr. 7 i), die EU-Richtlinie elektromagnetische Felder durch die VO v. 15. 11. 2016 (BGBl. I 2531) (Nr. 7 j).

Grundlegend für die Durchführung von Maßnahmen zum Schutz vor Gefährdungen der Beschäftigten durch physikalische Gefährdungen bei der Arbeit ist die *Gefährdungsbeurteilung*, ausgehend von § 5 ArbSchG. In den entsprechenden Vorschriften sind spezifische Anforderungen an diese Gefährdungsbeurteilung aufgeführt. Vor die Klammer gezogen, und unter Einbeziehung der noch ausstehenden Umsetzung der zwei o. g. EG-Richtlinien, sehen diese Bestimmungen die Ermittlung und Beurteilung von physikalischen Einwirkungen ausgehenden Gefährdungen für die Gesundheit und Sicherheit der Beschäftigten sowie die dafür erforderliche Informationsbeschaffung vor (vgl. § 3 Abs. 1 LärmVibrationsArbSchV). Für die jeweilige Gefährdung (Lärm, Vibration, elektromagnetische Felder, optische Strahlung, ionisierende Strahlung, Arbeiten in Druckluft) werden für die Gefährdungsbeurteilung spezifische Festlegungen getroffen bzw. Bewertungskriterien und Grenzwerte vorgegeben. Hierauf basieren die entsprechenden Schutzmaßnahmen.

8. PSA-Benutzungsverordnung (Nr. 7 f)

Ziel der PSA-BV ist die Gewährleistung und Verbesserung von Sicherheit und Gesundheitsschutz der Beschäftigten durch Maßnahmen des Arbeitsschutzes bei der Arbeit im Hinblick auf die Benutzung von persönlicher Schutzausrüstung (PSA). Die in der PSA-BV geregelten Arbeitgeberpflichten bilden die notwendige Ergänzung des sog. vorgreifenden (produktbezogenen) Arbeitsschutzes bei PSA. Die bloße Bereitstellung von PSA, die den grundlegenden Anforderungen an Sicherheit und Gesundheit entsprechen muss, die für ihr Inverkehrbringen gefordert werden, ist aus der Sicht des betrieblichen Arbeitsschutzes nicht ausreichend: Der Arbeitgeber muss zusätzlich bei Auswahl, Erwerb und Einsatz der PSA die spezifischen betrieblichen Verhältnisse berücksichtigen (vgl. umfassend sis 3/2013). Grundlage für die Durchführung von Maßnahmen des Arbeitsschutzes ist auch bei der Benutzung von Arbeitsmitteln die Beurteilung der Arbeitsbedingungen nach § 5 ArbSchG (vgl. § 3 PSA-BV). Die allgemeinen Pflichten des Arbeitgebers und die Pflichten und Rechte der Beschäftigten nach dem ArbSchG sind entsprechend dieser Zielsetzung in Bezug auf die Benutzung von PSA bei der Arbeit umzusetzen. In diesem Kontext ist insbesondere auf die Verpflichtung des Arbeitgebers hinzuweisen, bei Maßnahmen des Arbeitsschutzes von der Nachrangigkeit individueller Schutzmaßnahmen gegenüber anderen Maßnahmen auszugehen. Dabei sind der Stand der Technik und sonstige gesicherte arbeitswissenschaftliche Erkenntnisse zu berücksichtigen (§ 4 Nr. 5 und 3 ArbSchG). Immer dann, wenn durch andere Maßnahmen des Arbeitsschutzes kein ausreichender Schutz der Beschäftigten sichergestellt ist, haben die Arbeitgeber – ob in einem Stahlwerk, auf einer Baustelle oder in einem Krankenhaus – geeignete PSA bereitzustellen. Der Arbeitgeber darf nur PSA auswählen und den Beschäftigten bereitstellen, die

- den Anforderungen der ProSG-VO über das Inverkehrbringen von PSA entsprechen,
- Schutz gegenüber der zu verhütenden Gefährdung bieten, ohne selbst eine größere Gefährdung mit sich zu bringen,
- für die am Arbeitsplatz gegebenen Bedingungen geeignet sind und
- den ergonomischen Anforderungen und den gesundheitlichen Erfordernissen der Beschäftigten entsprechen.
- Weiterhin muss PSA den Beschäftigten individuell passen. Sie sind grundsätzlich für den Gebrauch durch eine Person bestimmt. Erfordern die Umstände eine Benutzung durch verschiedene Beschäftigte, hat der Arbeitgeber dafür zu sorgen, dass Gesundheitsgefahren oder hygienische Probleme nicht auftreten. Werden mehrere persönliche Schutzausrüstungen gleichzeitig von einer oder einem Beschäftigten benutzt, muss der Arbeitgeber diese PSA so aufeinander abstimmen, dass die Schutzwirkung der einzelnen Ausrüstungen nicht beeinträchtigt wird. Durch Wartungs-, Reparatur- und Ersatzmaßnahmen sowie durch ordnungsgemäße Lagerung trägt der Arbeitgeber dafür Sorge, dass die PSA während der gesamten Benutzungsdauer gut funktionieren und sich in einem hygienisch einwandfreien Zustand befinden. Bei der Unterweisung nach § 12 ArbSchG hat der Arbeitgeber die Beschäftigten zu qualifizieren, wie die PSA

sicherheitsgerecht benutzt wird. Soweit erforderlich, führt er eine Schulung in der Benutzung durch. Für jede bereitgestellte PSA hat der Arbeitgeber erforderliche Informationen für die Benutzung in für die Beschäftigten verständlicher Form und Sprache bereitzuhalten.

9. Arbeitsmedizinvorsorgeverordnung (Nr. 7 h)

Mit der ArbMedVV wurde eine Reihe von Regelungen zur arbeitsmedizinischen Vorsorge zentral in einer Rechtsvorschrift zusammengeführt.
Mit ihrem auf das Individuum ausgerichteten Ansatz regelt die ArbMedVV einen Teilbereich arbeitsmedizinischer Präventionsmaßnahmen. Die Beteiligung der Arbeitsmedizin an sonstigen Maßnahmen des Arbeitsschutzes bleibt von der VO unberührt und richtet sich weiter nach dem ASiG i. V. m. der UVV DGUV Vorschrift 2 bzw. nach den Vorschriften zur Gefährdungsbeurteilung und zur Unterweisung der Beschäftigten im ArbSchG sowie in der GefStoffV, BioStoffV, LärmVibrationsArbSchV und OStrV. Gegenstand der ArbMedVV ist daher die arbeitsmedizinische Sekundärprävention (arbeitsmedizinische Vorsorge einschließlich individueller arbeitsmedizinischer Beratungen). Die ArbMedVV führt dementsprechend im Vorschriftenteil die allgemeinen Regelungen zur arbeitsmedizinischen Vorsorge aus bestehenden ArbeitsschutzVO zusammen bzw. vereinheitlicht die Regelungen. In einem Anhang werden die Vorsorgeanlässe aufgelistet. Dabei folgt eine Untergliederung nach Tätigkeiten mit Gefahrstoffen, Tätigkeiten mit biologischen Arbeitsstoffen, Tätigkeiten mit physikalischen Einwirkungen und sonstigen Tätigkeiten (z. B. Bildschirmarbeit, Hitzearbeit, Kältearbeit). Die Zusammenführung der Vorsorgeanlässe schafft Transparenz über Pflicht- und Angebotsvorsorge.
Die VO bezieht neben der Pflicht- und Angebotsvorsorge, einschließlich nachgehender Vorsorge, auch die sog. Wunschvorsorge nach § 11 ArbSchG ein. Danach hat der Arbeitgeber den Beschäftigten auf ihren Wunsch hin arbeitsmedizinische Vorsorge zu ermöglichen, es sei denn, aufgrund der Gefährdungsbeurteilung ist nicht mit einem Gesundheitsschaden zu rechnen.
Die ArbMedVV verlangt dem oder der Beschäftigten nicht ab, den Nachweis der Eignung für eine Tätigkeit zu erbringen. Ein Untersuchungsverlangen des Arbeitgebers zur Feststellung der Eignung eines oder einer Beschäftigten für eine bestimmte Tätigkeit muss auf Rechtsgrundlagen außerhalb des Arbeitsschutzrechts gestützt werden. In Betracht kommen hier neben Rechtsvorschriften zum allgemeinen Schutz der Bevölkerung (z. B. Fahrerlaubnisverordnung) Betriebsvereinbarungen, Tarifverträge und allgemeine arbeitsrechtliche Grundsätze. Dementsprechend wurden keine Maßnahmen in den Anhang zur ArbMedVV aufgenommen, die allein oder überwiegend der Feststellung der Eignung einer bestimmten Person für eine bestimmte Tätigkeit dienen und nicht vorrangig der Verhütung arbeitsbedingter Gesundheitsgefahren.
Zum Zweck der Konkretisierung der VO wurde ein Ausschuss für Arbeitsmedizin gebildet, der unter Nutzung bereits bestehender Strukturen und Gremien im Arbeitsschutz bzw. in der Arbeitsmedizin Regeln, Erkenntnisse und Empfehlungen erarbeiten und das BMAS beraten soll.

10. Gesetzliche Unfallversicherung/SGB VII

Parallel zum staatlichen Arbeitsschutzrecht steht die gesetzliche Unfallversicherung (SGB VII). Die Aktivitäten der gesetzlichen Unfallversicherungsträger auf dem Gebiet der Prävention und der durch das SGB VII ergänzend neben den Regelungen des ASiG (II 2) bestehende betriebliche Funktion der Sicherheitsbeauftragten bilden die »zweite Säule« des dualen Arbeitsschutzsystems (eingehend Nr. 30 VII).

11. Mitbestimmung (BetrVG/PersVG)

Von zentraler Bedeutung für die betriebliche Umsetzung insbesondere des seit 1996 neu geschaffenen Arbeitsschutzrechts (ArbSchG, ArbeitsschutzVO, technisches Regelwerk), des ASiG sowie der UVV sind die Mitwirkungs- und Mitbestimmungsrechte des Betriebs- bzw. Personalrats. Sie haben die Durchführung der Verpflichtungen aufgrund der Arbeitsschutzvorschriften zu überwachen (§§ 80 Abs. 1 Nr. 1, 89 BetrVG bzw. §§ 68 Abs. 1 Nr. 2, 81 BPersVG). Im Rahmen der Unterrichtungsrechte gemäß § 80 Abs. 2 BetrVG bzw. § 68 Abs. 2 BPersVG sind die entsprechenden Unterlagen dem Betriebs- bzw. Personalrat zur Verfügung zu stellen (vgl. allgemein zu den Unterrichtungsrechten *Pieper,* BetrVG Rn. 6 ff., BPersVG Rn. 3; zu den Unterrichtungsrechten der einzelnen Beschäftigten vgl. ebd., BetrVG Rn. 47 ff. und § 14 Rn. 1 ff.). Das *BAG* hat anerkannt, dass Schulungen über Arbeitsschutz und Unfallverhütung grundsätzlich als »erforderlich« im Sinne des § 37 Abs. 6 BetrVG anzusehen sind, und zwar mindestens für jedes Mitglied des Arbeitsschutzausschusses nach § 11 ASiG (*BAG* 15. 5. 1986 – 6 ABR 74/83, DB 86, 2496). Darüber hinaus handelt es sich bei allen gesetzlichen Regelungen, die Handlungsspielräume für die betriebliche Ausgestaltung enthalten, um Rahmenvorschriften im Sinne von § 87 Abs. 1 Nr. 7 BetrVG; bei entsprechenden Maßnahmen des Arbeitgebers besteht daher grundsätzlich ein Mitbestimmungsrecht des Betriebsrats (zuletzt *BAG* 28. 3. 2017 – 1 ABR 25/15, NZA 17, 1132).

Dem Mitbestimmungsrecht des Personalrats gemäß § 75 Abs. 3 Nr. 11 BPersVG sind, aufgrund des von § 87 Abs. 1 Nr. 7 BetrVG abweichenden Wortlauts, durch die Rechtsprechung des *BVerwG* Grenzen gesetzt worden. Danach unterliegt eine in Zusammenhang mit der Gefährdungsbeurteilung gemäß §§ 5, 6 ArbSchG durchgeführte Befragung der Beschäftigten durch den Dienststellenleiter nicht der Mitbestimmung des Personalrats (14. 10. 2002 – 6 P 7.01); außerdem: keine Mitbestimmung bei Gefährdungsbeurteilung (*BVerwG* 5. 3. 2012 – 6 PB 25.11, NZA-RR 12, 447). Demgegenüber unterliegen Maßnahmen des Arbeitsschutzes der Mitbestimmung nach § 75 Abs. 3 Nr. 11 BPersVG, wenn diese der Verhütung von Gesundheitsgefahren dienen, die einen Bezug zur Tätigkeit der Beschäftigten in der Dienststelle haben. Weiterhin steht der Anerkennung arbeitsbedingter Gesundheitsgefahren nicht entgegen, dass diese Gefahren auch durch die persönliche Konstitution oder Situation der Beschäftigten beeinflusst werden können (*BVerwG* 14. 2. 2013 – 6 PB 1.13, PersR 13, 176). Maßnahmen des Arbeitsschutzes, die der Verhütung von Gesundheitsgefahren dienen, die einen Bezug zur Tätigkeit der Beschäftigten in der Dienststelle haben, unterliegen der Mitbestimmung nach § 75 Abs. 3 Nr. 11 BPersVG (*BVerwG* 14. 2. 2013 – 6 PB 1.13); der Anerkennung arbeitsbedingter Gesundheitsgefahren steht nicht entgegen, dass diese Gefahren auch durch die persönliche Konstitution oder Situation der Beschäftigten beeinflusst werden können.

III. Anwendungsprobleme und Rechtstatsachen

1. Entwicklung der Arbeitsbedingungen

Blickt man allein auf die Entwicklung der Arbeitsunfälle in den letzten sechs Jahrzehnten, ist festzustellen, dass 2017 nach dem jährlichen Bericht der Bundesregierung »Sicherheit und Gesundheit bei der Arbeit« auf je 1000 Vollarbeiter in Deutschland 22,5 meldepflichtige Arbeitsunfälle entfielen, 1960 waren es noch über 100. In absoluten Zahlen ausgedrückt kam es Anfang der 1960er Jahre noch zu fast drei Mio. Arbeitsunfällen, 2004 waren es »nur« noch etwa 1 029 520, 2018 waren es 876952. Zu tödlichen Unfällen (ohne Wegeunfälle) kam es 2018 noch 430 Mal, Anfang der 1960er Jahre waren es noch weit über 5000. Festgemacht an Branchen erweisen sich regelmäßig die Bau-, Holz- und Landwirtschaft nach wie vor als die unfallträchtigsten. Auch die Bereiche Steine und Erden, Metall, Nahrung- und Genussmittel, Verkehr, Landwirtschaft und öffentlicher Dienst liegen über dem Durchschnitt.

Bezogen auf arbeitsbedingte Erkrankungen gingen bei einer Teilmenge dieser Erkrankungen, den Berufskrankheiten, bei den gesetzlichen Unfallversicherungsträgern 2018 77329 Verdachtsanzeigen ein. 1960 waren es noch weniger als 40000, zu Anfang der 90er Jahre (deutsche Einigung) waren es über 100000. Die Schwerpunkte liegen dabei seit Jahren in den Bereichen Haut, Lärm und Rücken. Nur ein relativ kleiner Teil dieser Anträge führt letztlich zu einer Anerkennung (2017: 21772).

Mit Blick auf europäische und nationale Erhebungen wird der Handlungsbedarf zur Verbesserung von Sicherheit und Gesundheitsschutz, insbesondere im Hinblick auf arbeitsbedingte Erkrankungen, noch deutlicher. Die Europäische Stiftung zur Verbesserung der Arbeits- und Lebensbedingungen in Dublin untersuchte regelmäßig die Arbeitsbedingungen in Europa. Danach sahen im Jahre 2007 ein Drittel der Beschäftigten Risiken für ihre Sicherheit und Gesundheit. Die am häufigsten genannten arbeitsbedingten Gesundheitsprobleme sind:

- Rückenschmerzen
- Stress
- Muskelschmerzen im Nacken- und Schulterbereich
- allgemeine Erschöpfungssymptome

Wie regelmäßig Erhebungen z. B. solche der Europäischen Arbeitsschutzagentur, der BAuA oder des LIA NRW, belegen, weisen diese Gesundheitsprobleme nach wie vor eine steigende bzw. anhaltend stabile Tendenz auf und korrelieren regelmäßig mit nicht gesundheitsgerecht gestalteten Arbeitsbedingungen und -verhältnissen. Nach wie vor weit verbreitet sind zudem Arbeitsplätze mit stark belastenden Arbeitsbedingungen (Lärm, Vibration, gefährliche Stoffe, Hitze, Kälte, schweres Heben und Tragen, arbeiten unter Zwangshaltung, repetitive Tätigkeiten etc.).

Im Hinblick auf Intensivierung bzw. Verdichtung der Arbeit hatte bereits 2001 die Europäische Stiftung die Auffassung vertreten, dass insbesondere eine einseitig forcierte Flexibilität nicht förderlich für gesundheitsgerechte Arbeitsbedingungen ist. Dies bezog sich auf die anhaltende Flexibilisierung der Arbeitszeit, der Arbeitsorganisation und des Arbeitsmarktes. Diese Tendenz setzt sich fort (vgl. BAuA, Stressreport 2012, www.bmas.de/SharedDocs/Downloads/DE/Publikationen-extern/Publikation-baua-Stressreport.html).

Aus diversen Erhebungen ergibt sich ebenfalls, dass weiterhin eine verstärkte Kunden-, d. h. Marktorientierung und insbesondere die umfassende Verwendung von informationstechnisch gestützten Arbeitsmitteln (»Digitalisierung«) die Veränderung der Betriebs- und Arbeitsorganisation wesentlich bestimmen. Dies kann bei Nichtbeachtung der Grundsätze einer menschengerechten Gestaltung der Arbeit negative Folgen für die Beschäftigten haben, insbesondere mit Blick auf psychische und physische Belastungen (vgl. hierzu IV 1).

Zudem ist eine diskriminierungsfreie Arbeitsgestaltung in vielen Bereichen nicht realisiert. Dabei gehört es in Deutschland zu den vom Arbeitgeber zu beachtenden Grundsätzen des Arbeitsschutzes, dass mittelbar oder unmittelbar geschlechtsspezifisch wirkende Regelungen nur zulässig sind, wenn dies aus biologischen Gründen zwingend geboten ist (vgl. § 4 Nr. 8 ArbSchG).

Im Hinblick auf die Entwicklung in der Bundesrepublik Deutschland ist insbesondere auf die BiBB/BAuA-Erhebungen 2006, 2012 und 2018 hinzuweisen (vgl. www.baua.de/DE/Themen/Arbeitswelt-und-Arbeitsschutz-im-Wandel/Arbeitsweltberichterstattung/Arbeitsbedingungen/Arbeitsbedingungen_node.html).

Der vielfach konstatierte demografische Wandel spitzt eine Reihe dieser Entwicklungen zu. Präventive Maßnahmen zur menschengerechten Gestaltung der Arbeit sind vor diesem Hintergrund weiterzuentwickeln (vgl. *Richter/Bode/Köper*, [Hrsg.: *BAuA*], Demografischer Wandel in der Arbeitswelt, 2012; www.baua.de/DE/Themen/Arbeitswelt-und-Arbeitsschutz-im-Wandel/Demografischer-Wandel/_functions/BereichsPublikationssuche_Formular.html?nn=8688924).

Hinsichtlich der absoluten Zahlen der Arbeitsunfähigkeit stehen Krankheiten des Muskel-Skelett- und des Atmungssystems an der Spitze der Arbeitsunfähigkeitsstatistiken; danach folgen Krankheiten des Kreislaufsystems. Während die Anzahl der Arbeitsunfähigkeitstage (AU-Tage) auf Grund dieser Erkrankungen seit 2008 wesentliche Änderung erkennen lässt, ist der Trend für psychische und sog. Verhaltensstörungen tendenziell steigend: Die Anzahl der AU-Tage aufgrund psychischer Erkrankungen stieg von 41 Millionen Tage im Jahr 2008 auf 59,2 Millionen Tage im Jahr 2011 bzw. von neun Prozent der AU-Tage insgesamt in 2008 auf 13 Prozent in 2011 (vgl. hierzu den Stressreport 2012 der BAuA; s. o.) und 16,6 Prozent in 2018 (vgl. www.psyga.info/psychische-gesundheit/daten-fakten).

2. Beratung des Arbeitgebers und betriebliche Arbeitsschutzorganisation

ArbSchG und ASiG (Gesetz zur Bestellung von Betriebsärzten, Sicherheitsingenieuren und anderen Fachkräften für Arbeitssicherheit) sind hinsichtlich ihrer Zielsetzungen fachlich eng miteinander verknüpft. Im Regierungsentwurf für ein Arbeitsschutzrahmengesetz vom 3. 2. 1994 war dementsprechend eine Integration der Vorschriften des ASiG vorgesehen (BT-Drs. 12/6752). In einer ursprünglichen Konzeption zur Umsetzung der EG-Rahmenrichtlinie Arbeitsschutz war das damalige BMA sogar von einer Novellierung des ASiG als Basis für diese Umsetzung ausgegangen (vgl. *BMA*, SozSich 91, 137 f.). Auch nachdem diese Integrationsbemühungen zusammen mit dem ArbSchRGE gescheitert sind, woraus sich Widersprüchlichkeiten vor allem im Hinblick auf den Anwendungsbereich ergeben, ist es immer noch sinnvoll, dies nachzuholen (vgl. schon *Wlotzke*, NZA 96, 1024).

Aufgrund der Anforderungen an einen präventiven Arbeitsschutz und damit an die fachkundige Beratung des Arbeitgebers sind die folgenden Resultate der Weiterentwicklung des ASiG durch die konkretisierende UVV DGUV Vorschrift 2 festzuhalten:

- die Entwicklung alternativer Betreuungsformen für Kleinbetriebe bis ca. 50 Beschäftigten,
- die Verbesserung der Aus- und Fortbildung, insbesondere der Fachkräfte für Arbeitssicherheit,
- die Qualitätssicherung der Betreuung,
- die Neuordnung der Regelbetreuung in Betrieben mit bis zu 10 und mit mehr als 10 Beschäftigten.

Die UVV DGUV Vorschrift 2 »Betriebsärzte und Fachkräfte für Arbeitssicherheit« hat zum 1. 1. 2011 die bisherigen Vorschriften BGV A2 bzw. GUV-V A6/A7 abgelöst. Damit wurde ein einheitliches Konzept der gewerblichen Berufsgenossenschaften sowie der Unfallkassen umgesetzt, dessen Wirkungen weiter evaluiert werden müssen. Dies gilt für das Wirksamwerden der vom Arbeitgeber zu bestellenden fachkundigen Personen sowie für deren Kompetenzen. Und es gilt in Bezug auf die erweiterten Mitbestimmungsmöglichkeiten der Betriebs- und Personalräte bei der Verteilung der Einsatzzeiten und der Bestimmung des Umfangs der betriebsspezifischen Betreuung im Rahmen der Regelbetreuung.

Weiterhin ist auf Pflicht des Unternehmers gemäß § 22 SGB VII hinzuweisen, nach der in Unternehmen mit mehr als 20 Beschäftigten Sicherheitsbeauftragte zu bestellen sind; die DGUV Vorschrift 1 konkretisiert diese Anforderungen.

3. Vollzug

Das Vorschriften- und Regelwerk des Arbeitsschutzes wird gemäß §§ 21 ff. ArbSchG durch die Aufsichtsbehörden der Länder und gemäß §§ 17 ff. SGB VII durch die Aufsicht der gesetzlichen Unfallversicherungsträger z. B. den gewerblichen Berufsgenossenschaften überwacht. Dies schließt die Aufgabe zur Beratung ein. Dafür standen 2017 bundesweit 3151 (1996: 4435) Gewerbeaufsichtsbeamte (davon in 2017 1456 mit Arbeitsschutzaufgaben) und 2130 (1996: 3082) Aufsichtspersonen der Träger der gesetzlichen Unfallversicherung zur Verfügung. Der sich bislang stetig verringernde Personalbestand und grundlegende Organisationsveränderungen vor dem Hintergrund fiskalischer Argumente bergen die Gefahr erheblicher Beratungs- und Überwachungslücken. Dies zeigt sich z. B. bei den massiven Rückgängen der Betriebsbesichtigungen der staatlichen Arbeitsschutzaufsicht von 541 694 (1998) auf 182 504 (2017); bei der gesetzlichen Unfallversicherung wurden 2017 524 355 Betriebsbesichtigungen (1998: 1 027 317) durchgeführt.

In Zusammenhang mit den knapper gemachten Ressourcen des Vollzugs ist insbesondere auf die Möglichkeiten der Interessenvertretung im Hinblick auf eine sichere, gesundheits- und menschengerechte Gestaltung der Arbeitsbedingungen hinzuweisen. Insbesondere betriebs- und tarifpolitische Konzepte sowie mitbestimmte betriebliche Regelungen durch Betriebs- und Personalräte bzw. tarifvertragliche Regelungen der Gewerkschaften sind dabei von Bedeutung (vgl. IV 1).

Hilfreich für die betrieblichen Akteure sind z. B. die folgenden Informationsquellen und Datenbanken: www.baua.de, www.dguv.de, www.komnet.nrw.de (Kompetenznetz »Moderne Arbeit«).

IV. Rechtspolitische Diskussion

1. Bundesrepublik

Nach der Umsetzung der europäischen Arbeitsschutzrichtlinien in das deutsche Arbeitsschutzrecht und seine Neuordnung begann Mitte 2003 eine intensive Diskussion um das duale Arbeitsschutzsystem in Deutschland, die mit den Bemühungen um eine Gemeinsame Deutsche Arbeitsschutzstrategie (GDA) und dem Unfallversicherungsmodernisierungsgesetz 2008 (vgl. §§ 20 a, b, 23 ArbSchG, § 20 SGB VII) zu einem vorläufigem Abschluss gekommen sind (vgl. www.gda-portal.de).

Das Thema der psychischen Belastungen bildet nach wie vor einen besonderen arbeits- und rechtspolitischen Schwerpunkt. Im Juni 2012 legte die IG Metall einen Vorschlag für eine VO zum Schutz vor Gefährdungen der Beschäftigten durch psychische Belastungen bei der Arbeit vor. Durch entsprechende Ergänzungen in §§ 4, 5 ArbSchG wurde mit dem Gesetz zur Neuordnung der bundesunmittelbaren Unfallkassen, zur Änderung des Sozialgerichtsgesetzes und zur Änderung anderer Gesetze v. 19. 10. 2013 (BUK-Neuorganisationsgesetz, BGBl. I 3836) klargestellt, dass sich Arbeitsschutz auch auf den Schutz der Gesundheit vor psychischen Gefährdungen erstreckt (vgl. § 5 Abs. 3 Nr. 7). Der Bundesrat hatte zuvor, im Mai 2013, einen Antrag an die Bundesregierung für eine »Verordnung zum Schutz vor Gefährdungen durch psychische Belastung bei der Arbeit« beschlossen (BR-Drs. 315/13). Der Koalitionsvertrag für eine Große Koalition v. 27. 11. 2013 sah in unverbindlicher Form vor, dass ein ganzheitlicher Gesundheitsschutz bei der Arbeit das Leitbild für künftige Änderungen sein soll, bei dem physische und psychische Belastungen gleichermaßen berücksichtigt werden. Am 12. 3. 2014 hat die Bundesregierung zur BR-Initiative wie folgt Stellung genommen: »Die Bundesregierung schließt … verbindliche Regelungen in Form einer Verordnung gegen arbeitsbedingte psychische Erkrankungen nicht aus. Eine Entscheidung über die Handlungsoption einer eigenständigen Verordnung zur psychischen Gesundheit bei der Arbeit kann allerdings erst im Lichte weiterer wissenschaftlicher Erkenntnisse getroffen werden« (zu BR-Drs. 315/13 [Beschluss]; vgl. hierzu die Ergebnisse des forschungsorientierten BAuA-Projekts »Psychische Gesundheit in der Arbeitswelt« unter www.baua.de sowie des forschungsanwendungsorientiertes Projekts psyGA: http://psyga.info).

Die Rolle der physischen Belastungen bei der Arbeit und auch die Wechsel- bzw.

Kombinationswirkungen mit psychischen Belastungen belegen daneben das Erfordernis einer Nachbesserung in diesem Bereich: Die LasthandhabV beschränkt sich auf Gefährdungen durch die manuelle Handhabung von Lasten, die aufgrund ihrer Merkmale oder ungünstiger ergonomischer Bedingungen für die Beschäftigten eine Gefährdung für Sicherheit und Gesundheit, insbesondere der Lendenwirbelsäule, mit sich bringt.

Eine arbeitssystembezogene Zusammenführung von Regelungen unter Einschluss sich verändernder Arbeitsformen (z. B. mobiles Arbeiten) und sich verändernder Beschäftigungsverhältnisses wäre zielführend.

Auch die Tätigkeit der Ausschüsse nach § 18 Nr. 5 ArbSchG sollte effektiver gestaltet werden, wobei ein übergreifender Ausschuss auf der Ebene des ArbSchG hierzu hilfreich sein könnte, zumal zwischenzeitlich der Ausschuss für Mutterschutz (AfMu) im Rahmen des MuSchG gebildet wurde. Schließlich ist eine Verbesserung der Ressourcen der für den Vollzug und die Beratung zuständigen Behörden einschließlich der Aufsichtspersonen der Träger der gesetzlichen Unfallversicherung unter Einbeziehung der Krankenkassen anzustreben. Die Gemeinsame deutsche Arbeitsschutzstrategie (ArbSchG/SGB VII) und die nationale Präventionsstrategie (SGB V) sind dafür die geeignete Diskussionsplattformen.

Das Überwiegen gestaltungsoffener Rahmenvorschriften mit Schutzzielbestimmungen in den geltenden öffentlich-rechtlichen Arbeitsschutzvorschriften und die Herausforderung der Arbeitsschutzaufsicht werfen, auch bezogen auf die Probleme bei der betrieblichen Mitbestimmung (vgl. II 12), die Frage auf, ob Sicherheit und Gesundheit bei der Arbeit nicht zukünftig stärker zum Gegenstand von Tarifverträgen werden sollten. Ansätze hierzu gab es in der Metallindustrie bereits in den 1970er Jahren, und zwar im Zuge der sog. Humanisierungsdiskussion (vgl. *Schweres*, ZArbWiss 3/2008, 227). Auch das Entgelt-Rahmenabkommen (ERA) aus dem Jahr 2003 in der Metallindustrie bezieht sich auf die Thematik »Belastungen/ Erschwernisse«. Für Beschäftigte in Kindertagesstätten gelten seit 2009 Regelungen eines »Tarifvertrags Gesundheitsschutz«, der neben Verweisen auf die gesetzlichen Regelungen einen individuellen Anspruch der Beschäftigten auf eine Gefährdungsbeurteilung, die Bildung einer betrieblichen Kommission und das Recht auf die Einrichtung von Gesundheitszirkeln im Betrieb vorsieht. Weitere Anknüpfungspunkte ergeben sich aus »Demografie«-Tarifverträgen z. B. in der Eisen- und Stahl- sowie in der Chemieindustrie. Weitere Beispiele sind der Firmentarifvertrag bei IBM (vgl. Gute Arbeit 11/2015) oder der Tarifvertrag über Gesundheitsschutz und Mindestbesetzungsregelungen in der Pflege bei der Berliner Charité (vgl. https://gesundheit-soziales.verdi.de/themen/entlastung/++co++306 f0760-aa7 e-11 e7 – 8cd5 – 525hairsp;400hairsp;423 e78).

2. EU

Auf EU-Ebene sind mit den »Physikalien«-Richtlinien die grundlegenden Rechtsetzungsaktivitäten abgeschlossen worden. Im Hinblick auf die Wirksamkeit ihrer Rechtsetzung legte die EU den Schwerpunkt ihrer Aktivitäten seit 2002 insbesondere auf die Umsetzung, Überwachung und Anpassung des bestehenden Rechtsrahmens. Sehr deutlich klang dabei an, dass vor allem die materielle Umsetzung in den Mitgliedstaaten verbesserungsbedürftig sei und verbessert werden solle: Es bestünde »Anlass zu erhöhter Aufmerksamkeit, weil … das in den Gemeinschaftsrichtlinien definierte Präventionskonzept von den Betroffenen noch nicht völlig verstanden und verinnerlicht wurde und vor Ort noch nicht auf wirksame Weise umgesetzt wird. Dies gilt vor allem für die mittel- und osteuropäischen Beitrittsländer. Außerdem … (bestehen) Gründe, ein globaleres Arbeitsschutzkonzept zu entwickeln, da sich die Qualität der Beschäftigung aus verschiedenen miteinander zusammenhängenden Elementen zusammensetzt: erforderliche Qualifikationen, Ausbildungsstand der Arbeitnehmer, Art des Beschäftigungsverhältnisses, Organisation der Arbeit und der Arbeitszeit«. Das Hauptaugenmerk des Arbeitsschutzprogramms der EU 2002 – 2006 (KOM [2002] 118 endgültig vom 11. 3. 2002) lag daher konsequenterweise auf Fragen der qualitativen und umsetzungsorientierten Weiterentwicklung des im europäischen Arbeitsschutzrecht verankerten, umfassenden Ansatzes für Sicherheit und Gesundheitsschutz bei der Arbeit.

Die auf das Programm von 2002 folgende Aktivität war die am 21. 2. 2007 von der Kommission vorgelegte Strategie (KOM [2007] 62): »Die Arbeitsplatzqualität verbessern und die Arbeitsproduktivität steigern: Gemeinschaftsstrategie für Gesundheit und Sicherheit am Arbeitsplatz 2007 – 2012«. Diese Strategie hatte zum Ziel, die Berufskrankheiten (»Work-related illness«) und Arbeitsunfälle EU-weit um insgesamt 25 % zu reduzieren. Sie umfasste eine Reihe von Maßnahmen auf europäischer und nationaler Ebene, die insbesondere der besseren Anwendung des geltenden Rechts dienen sollten.

Am 6. 6. 2014 hat die Kommission eine Mitteilung über einen strategischen Rahmen der EU für Gesundheit und Sicherheit am Arbeitsplatz 2014 – 2020 bekannt gegeben (KOM [2014] 332 final). Im Januar 2017 nahm die Kommission ihre Mitteilung »Sicherere und gesündere Arbeitsbedingungen für alle – Modernisierung der Rechtsvorschriften und Maßnahmen der EU im Bereich Sicherheit und Gesundheitsschutz am Arbeitsplatz« (COM/2017/012 final) an. Konkrete Aktivitäten sind im Bereich der krebserzeugenden Gefahrstoffe zu beobachten (vgl. zuletzt Richtlinie (EU) 2019/130 v. 16. 1. 2019 (ABl. 2019 L 30 S. 112).

Weiterführende Literatur (ausgewählte Schwerpunkte)

I. Zum gesamten Arbeitsschutz

Deinert/Heuschmid/Zwanziger-*Bantle*, Arbeitsrecht, § 94 (Arbeitsschutz)

Cusumano u. a., Psychische Gefährdungen am Arbeitsplatz: Herausforderungen aus sozialversicherungswissenschaftlicher Perspektive, SR 2017, S. 58

Kern, Zur Wirkungsgeschichte der Arbeiterschutzkonferenz im internationalen Bereich, ZfA 1991, S. 323

Kohte/Faber/Feldhoff (Hrsg.), Arbeitsschutzrecht, Handkommentar, 2. Aufl. (2017)

Kollmer/Klindt/Schucht (Hrsg.), Arbeitsschutzgesetz, 3. Aufl. (2016)

Kutz/Elwert, Industrie 4.0 – Arbeitssicherheit braucht einen Kulturwandel, Betriebliche Prävention 3/2017, S. 109
Pieper, Arbeitsschutzrecht – ArbSchR, Kommentar für die Praxis, 6. Aufl. (2017)
Pieper, Arbeitsschutzgesetz, Basiskommentar, 8. Aufl. (2018)
Pieper, 10 Jahre Arbeitsschutzgesetz, AiB 2006, S. 523
Pieper, Zwischen europäischem Verfassungsauftrag und Deregulierung: Arbeitsschutzrecht in der Bewährung, AuR 2005, S. 248
Schorn, Die straf- und ordnungswidrigkeitenrechtliche Verantwortlichkeit im Arbeitsschutzrecht und deren Abwälzung, BB 2010, S. 1345
Jahrbuch »Gute Arbeit«, 2009 ff.
Schwerpunktheft »Schutz vor psychischen Belastungen«, Gute Arbeit 7 – 8/2017
Schwerpunktheft »Schwächen des Arbeits- und Gesundheitsschutzes in veränderten Arbeitswelten«, WSI-Mitteilungen 3/2015

II. Zum ArbSchG (vgl. auch I.)

Pieper, Arbeitsschutzrecht, Kommentar für die Praxis, Teil II, ArbSchG, 6. Aufl. (2017)
Pieper, Arbeitsschutzgesetz, Basiskommentar, 8. Aufl. (2018)
Pieper, 20 Jahre Arbeitsschutzgesetz, BPUVZ 2016, S. 473

III. Zum ASiG

Anzinger/Bieneck, Kommentar zum Arbeitssicherheitsgesetz (1998)
Pieper, Arbeitsschutzrecht, Teil IV, ASiG, 6. Aufl. (2017)

IV. Zur Unfallversicherung (SGB VII)

s. Literaturhinweise bei der Einl. zum SGB VII (Nr. 30 VII)

V. Zur ArbStättV

Çakir, Arbeitsstättenrecht neu geregelt, CuA 7 – 8/2017, S. 21
Çakir, Bildschirmarbeit neu verpackt, CuA 7 – 8/2017, S. 27
Opfermann/Streit u. a., Arbeitsstättenverordnung, Loseblattsammlung (1976 ff., 2004 ff.)
Pieper, Arbeitsschutzrecht, Teil III, ArbStättV, 6. Aufl. (2017)
Pieper, Arbeitsstättenverordnung, Basiskommentar, 4. Aufl. (2019)
Pieper, Menschengerechte Gestaltung von Arbeitsplätzen, Arbeitsräumen, Arbeitsstätten, AuR 2017, S. 188
Wiebauer, Die Novelle der Arbeitsstättenverordnung 2016, NZA 2017, S. 220

VI. Zur GefStoffV

Pieper, Arbeitsschutzrecht, Teil III, GefStoffV, 6. Aufl. (2017)
Pieper, Gefahrstoffverordnung, Basiskommentar, 2. Aufl. (2020)
Sohn/Au, Gefahrstoffmanagement (2012)
Weinmann/Thomas/Klein, Gefahrstoffverordnung (1996 ff.)

VII. Zur BetrSichV

Kolbitsch, Die neue Betriebssicherheitsverordnung 2015: Eine grundlegende Rechts- und Strukturreform für einen wirksameren Arbeitsschutz, BPUVZ 2015, S. 218

Pieper, Betriebssicherheitsverordnung, Basiskommentar (2015)

Pieper, Die novellierte Betriebssicherheitsverordnung ist in Kraft, *gute* ARBEIT. 6/2015, S. 24

Raths/Klein, Betriebssicherheitsverordnung 2015 (2018)

Schucht, Die neue Betriebssicherheitsverordnung, NZA 2015, S. 333

Wilrich, Die Betriebssicherheitsverordnung 2015, DB 2015, S. 981

VIII. Zur LasthandhabV

Pieper, Arbeitsschutzrecht, Teil III, LasthandhabV, 6. Aufl. (2017)

IX. Zur PSA-BV

Pieper, Arbeitsschutzrecht, Teil III, PSA-BV, 6. Aufl. (2017)

sicher ist sicher, Schwerpunktheft 3/2013, und regelmäßige Informationen des FB PSA der DGUV

X. Zur LärmVibrationsArbSchV

Hecker/Christ/Liedtge/Ponto/Sickert, Lärm- und Vibrations-Arbeitsschutzverordnung, Praxiskommentar (2007)

Pieper, Arbeitsschutzrecht, Teil III, LärmVibrationsArbSchV, 6. Aufl. (2017)

sicher ist sicher, Schwerpunkthefte 6/2009 und 6/2010

XI. Zur ArbMedVV

Pieper, Arbeitsschutzrecht, Teil III, ArbMedVV, 6. Aufl. (2017)

Übersicht 16: Gesamtsystem Arbeitsschutz

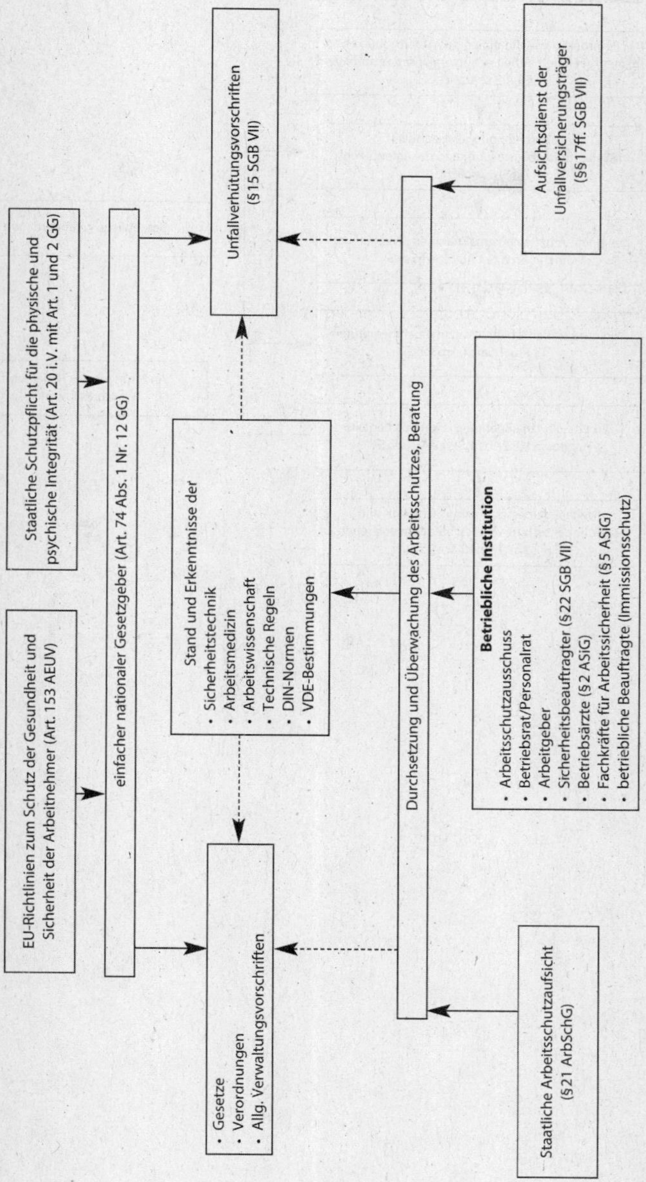

Übersicht 17: Hauptaktivitäten aufgrund des ArbSchG

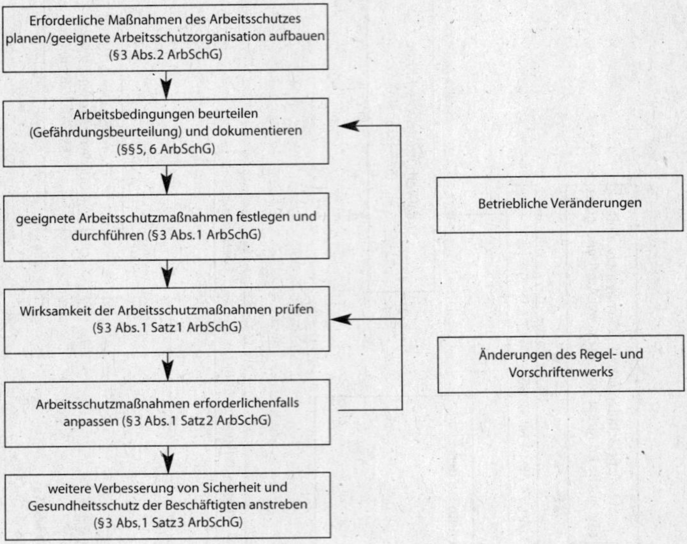

Checkliste 18: Pflichten und Rechte der Beschäftigten im Arbeitsschutz

I. Pflichten

- Sorge für die eigene Sicherheit und Gesundheit tragen (§ 15 I S. 1 ArbSchG)
  Maßstab: übliche Sorgfalt in eigenen Angelegenheiten.
- Sorge für die Sicherheit und Gesundheit von Dritten tragen (§ 15 I S. 2 ArbSchG)
  »Dritte« sind insbesondere alle anderen Beschäftigten, die von den Handlungen oder Unterlassungen der Beschäftigten betroffen sind.
- bestimmungsgemäße Verwendung von Arbeitsmitteln (§ 15 II ArbSchG)
  v. a. Maschinen, Geräte, Werkzeuge, Arbeitsstoffe, Transportmittel sowie zur Verfügung gestellte Schutzausrüstungen
- Arbeitsschutzbezogene Meldepflichten gegenüber dem Arbeitgeber oder dem zuständigen Vorgesetzten (§ 16 II ArbSchG)
- sonstige Unterstützungspflichten gemeinsam mit dem Betriebsarzt und der Fachkraft für Arbeitssicherheit (§ 16 II ArbSchG)

II. Rechte

- Erfüllungsanspruch aufgrund des Arbeitsvertrages gem. § 618 BGB, insbesondere auf Beurteilung der Arbeitsbedingungen gem. § 5 ArbSchG
- Leistungsverweigerungs- bzw. Zurückbehaltungsrecht bei Nichterfüllung der Arbeitgeberpflichten (§ 273 BGB)
- Entfernungsrecht bei unmittelbarer erheblicher Gefahr (§ 9 III ArbSchG)
- Vorschlagsrecht gegenüber dem Arbeitgeber zu allen Fragen der Sicherheit und des Gesundheitsschutzes bei der Arbeit (§ 17 I S. 1 ArbSchG)
- Recht auf Gefährdungs-/Überlastungsanzeige im Rahmen zivilrechtlicher, arbeitsvertraglicher Bestimmungen
- außerbetriebliches Beschwerderecht d.h. die Möglichkeit, sich nach Ausschöpfung innerbetrieblicher Möglichkeit an die jeweils zuständige Behörde zu wenden (§ 17 II ArbSchG)
- arbeitsmedizinische Vorsorge:
  auf Wunsch des Beschäftigten grundsätzlich regelmäßige arbeitsmedizinische Untersuchung (§ 11 ArbSchG; vgl. § 5a ArbMedVV)

Übersicht 19: Ausfüllungsbedürftige Rahmenvorschriften im ArbSchG und mitbestimmte Gestaltungen

§§	Gegenstand	Gestaltung
3 I	Grundpflichten des Arbeitgebers: das Treffen von Arbeitsschutzmaßnahmen, Wirksamkeitsüberprüfung, Anpassung sowie Verbesserung des betrieblichen Arbeitsschutzes	Entwickeln von betrieblichen Arbeitsschutz- bzw. Gesundheitsförderungsprogrammen
3 II	geeignete betriebliche Organisation und Vorkehrungen zur Beachtung der Arbeitsschutzmaßnahmen, Beteiligung der Beschäftigten	Aufbau und Weiterentwicklung einer geeigneten Organisation sowie der Organisation des Arbeitsschutzes, Arbeitsschutzmanagement, Gestalten der betrieblichen Aufbau- und Ablauforganisation unter Arbeitsschutzaspekten, Gesundheits- oder Qualitätszirkel
4	Allgemeine Grundsätze für die Durchführung von Arbeitsschutzmaßnahmen	Verfahren zur Einhaltung der Rangfolge von Schutzmaßnahmen, Durchführen ergonomischer Maßnahmen unter Berücksichtigung des Stands der Technik und sonstiger gesicherter arbeitswissenschaftlicher Erkenntnisse bei Handlungsspielraum der Betriebsparteien
5	Beurteilung der Arbeitsbedingungen (Gefährdungsbeurteilung)	Auswahl, Entwicklung und Einführung von Methoden zur Beurteilung der Arbeitsbedingungen
6	Dokumentation	Ausgestaltung der Dokumentation
7	Übertragen von Aufgaben an entsprechend geeignete und qualifizierte Beschäftigte	Kriterienkatalog für Eignung
8 I	Zusammenarbeit mehrerer Arbeitgeber	Koordinieren von Sicherheit und Gesundheitsschutz im Falle der Anwesenheit von Beschäftigten mehrerer Arbeitgeber an einem Arbeitsplatz
8 II	Unterweisung von Fremdfirmenbeschäftigten	Art und Weise sowie Umfang der Pflicht des Arbeitgebers, sich über den Stand der Unterweisung von Fremdfirmenbeschäftigten in seinem Betrieb zu vergewissern
9	Arbeitsschutzmaßnahmen bei besonderen Gefahren	
11	arbeitsmedizinischen Vorsorge auf Wunsch der Beschäftigten	Art und Weise sowie Umfang der arbeitsmedizinischen Vorsorge
12	Unterweisung der Beschäftigten	Art und Weise sowie Umfang der Unterweisung über Sicherheit und Gesundheitsschutz

Checkliste 20: Arbeitssicherheitsgesetz

I. Anwendungsbereich

- für alle Tätigkeitsbereiche mit Ausnahme des öffentlichen Dienstes (§ 16)
- weitere Ausnahmen gemäß § 17 ASiG bei Hausangestellten, in privaten Haushalten, im Bereich der Seeschifffahrt und des Bergbaus.

II. Themenkomplexe

- Organisation des betrieblichen Arbeitsschutzes
- Bestellung von Betriebsärzten und Fachkräften für Arbeitssicherheit, denen eine beratende Funktion zukommt (§ 1)

III. Arbeitgeberpflichten

- Bestellung von Betriebsärzten und Fachkräften für Arbeitssicherheit (§§ 2, 5); der Arbeitgeber kann auch einen überbetrieblichen Dienst bestellen (§ 19)
- Überwachungspflicht der beauftragten Personen bzw. Dienste mit dem Instrument des Direktionsrechts oder, bei überbetrieblichen Diensten, des vertraglichen Erfüllungsanspruchs (§§ 2 II bzw. 5 II)
- Allgemeine Unterstützungspflicht der beauftragten Personen bzw. Dienste (§§ 2 II bzw. 5 II)
- Besondere Unterstützungspflicht im Hinblick auf Bereitstellung von Hilfspersonal sowie Sachmitteln (§§ 2 II bzw. 5 II)
- Besondere Informationspflicht der beauftragten Personen bzw. Dienste hinsichtlich Personen, die mit einem befristeten Arbeitsvertrag beschäftigt bzw. zur Arbeitsleistung überlassen sind (§§ 2 II bzw. 5 II)
- Den beauftragten Personen ist die erforderliche Fortbildung zur Erfüllung ihrer Aufgaben zu ermöglichen (§§ 2 III bzw. 5 III)

IV. Aufgaben von Betriebsärzten und Fachkräften für Arbeitssicherheit

- Unterstützung des Arbeitgebers beim Arbeitsschutz und bei der Unfallverhütung (vgl. insbesondere die Aufgabenkataloge in § 3 I und § 6)
- Zusammenarbeit untereinander (§ 10 Satz 1), insbesondere durch gemeinsame Betriebsbegehungen
- Zusammenarbeit mit dem Betriebsrat (§ 9), Mitbestimmung bei Bestellung und Abberufung sowie bei Aufgabenerweiterung oder -einschränkung
- Zusammenarbeit mit anderen betrieblichen Beauftragten, z. B. Sicherheitsbeauftragte, Immissionsschutzbeauftragte, Gefahrgutbeauftragte (§ 10 Satz 3)

V. Betriebliche Stellung der Betriebsärzte und Fachkräfte für Arbeitssicherheit

- Weisungsfreiheit bei der Anwendung ihrer arbeitsmedizinischen und sicherheitstechnischen Fachkunde (§ 8 I)
- Benachteiligungsverbot (§ 8 I)
- Direkt dem Betriebsleiter unterstellt (§ 8 II)
- Bei Konflikten mit dem Betriebsleiter umfangreiche Vorschlagsrechte direkt dem Arbeitgeber gegenüber (§ 8 III)

VI. Arbeitsschutzausschuss (§ 11)

Übersicht 21: Ausfüllungsbedürftige Rahmenbestimmungen in der ArbStättV und mitbestimmte Gestaltungen

§§	Regelungsgegenstand	Gestaltung
3	Gefährdungsbeurteilung	• Ermittlung und Beurteilung von arbeitsstättenbezogenen Gefährdungen und Bestimmung der anzuwendenden, notwendigen Maßnahmen
3a	Einrichten und Betreiben von Arbeitsstätten	• Treffen von Maßnahmen bei Einrichten und Betrieb von Arbeitsstätten • Maßnahmen zur behindertengerechten Gestaltung • Treffen von Ausnahmemaßnahmen
4	Besondere Anforderungen an das Betreiben von Arbeitsstätten	• Maßnahmen zur Instandhaltung, Sicherstellung der Hygiene, Wartung und Prüfung von Sicherheitseinrichtungen, Planung von Flucht- und Rettungswegen, Planung der Ersten Hilfe
5	Nichtraucherschutz	• Durchführung von Maßnahmen des Nichtraucherschutzes • Durchführung von Maßnahmen in Arbeitsstätten mit Publikumsverkehr
6	Unterweisung	• Art und Weise sowie Umfang der Unterweisung über Sicherheit und Gesundheitsschutz
Anhang zu § 3a Abs. 1	Allgemeine Anforderungen Maßnahmen zum Schutz vor besonderen Gefahren Arbeitsbedingungen Sanitär-, Pausen- und Bereitschaftsräume, Kantinen, Erste-Hilfe-Räume, Unterkünfte Ergänzende Anforderungen und Maßnahmen für besondere Arbeitsstätten und Arbeitsplätze Maßnahmen zur Gestaltung von Bildschirmarbeitsplätzen	• Ermittlung und Festlegung von Maßnahmen zur Durchführung der im Anhang aufgeführten Pflichten des Arbeitgebers

Übersicht 22: Ausfüllungsbedürftige Rahmenbestimmungen in der GefStoffV und mitbestimmte Gestaltungen

§§	Regelungsgegenstand	Gestaltung
6	Informationsermittlung und Gefährdungsbeurteilung	• Ermittlung und Beurteilung, Festlegung der anzuwendenden Schutzmaßnahmen • Dokumentation • Erstellung eines Gefahrstoffverzeichnisses • Auswahl fachkundiger Personen
7	Grundpflichten	• Durchführung allgemeiner Schutzmaßnahmen • Maßnahmen zur Substitution • Verwendung von PSA • Wirksamkeitsüberprüfung
8	Allgemeine Schutzmaßnahmen	• Durchführung von Schutzmaßnahmen • Hygienemaßnahmen • Lagerung • Maßnahmen bei besonderen Tätigkeiten
9	Zusätzliche Schutzmaßnahmen	• Maßnahmen bei Überschreitung von Grenzwerten • Maßnahmen zur Wirksamkeitsüberprüfung von Maßnahmen ohne Grenzwerte • Maßnahmen zur Substitution oder zur Verwendung in geschlossenen Systemen • Regelungen zur Alleinarbeit
10	Besondere Schutzmaßnahmen bei Tätigkeiten mit krebserzeugenden, keimzellmutagenen und reproduktionstoxischen Gefahrstoffen der Kategorie 1A und 1 B	• Maßnahmen zur Durchführung bei Nichteinhaltung von Arbeitsplatzgrenzwerten bzw. VSK
11	Besondere Schutzmaßnahmen gegen physikalisch-chemische Einwirkungen	• Maßnahmen zur Vermeidung von Brand- und Explosionsgefahren

13	Betriebsstörungen, Unfälle und Notfälle	• Festlegung von Notfallmaßnahmen • Durchführung von Notfallmaßnahmen
14	Unterrichtung und Unterweisung der Beschäftigten	• Erstellung von Betriebsanweisungen • Konzeption und Durchführung von Unterweisungen zu Maßnahmen bei Tätigkeiten mit bestimmten Gefahrstoffen
15	Zusammenarbeit verschiedener Firmen	• Einbeziehung arbeitsschutzbezogener Gesichtspunkte bei der Auswahl von Fremdfirmen • Auswahl eines geeigneten Koordinators • Zusammenwirken und Abstimmung bei der Durchführung der Gefährdungsbeurteilung

Übersicht 23: *Derzeit nicht besetzt*

Übersicht 24: Ausfüllungsbedürftige Rahmenbestimmungen in der BetrSichV und mitbestimmte Gestaltungen

§§	Regelungsgegenstand	Gestaltung
3	Gefährdungsbeurteilung	Ermittlung und Beurteilung von Gefährdungen in Bezug auf die Verwendung von Arbeitsmitteln zur Festlegung von Schutzmaßnahmen
4	Grundpflichten des Arbeitgebers	Einhaltung der Rangfolge von Schutzmaßnahmen Ermittlung und Durchführung von Prüfungen Wirksamkeitsüberprüfungen Verfahren und Maßnahmen zur Einbindung der Belange des Arbeitsschutzes in die betriebliche Organisation
5	Anforderungen an die zur Verfügung gestellten Arbeitsmittel	Festlegung und Durchführung von Verfahren und Maßnahmen im Hinblick auf die Zurfügungstellung sicherer und gesundheitsgerechter Arbeitsmittel
6	Grundlegende Schutzmaßnahmen bei der Verwendung von Arbeitsmitteln	Festlegung und Durchführung von Maßnahmen zur sicheren und ergonomische Verwendung von Arbeitsmitteln
7	Vereinfachte Vorgehensweise bei der Verwendung von Arbeitsmitteln	Festlegung von Verfahren
8	Schutzmaßnahmen bei Gefährdungen durch Energien, Ingangsetzen und Stillsetzen	Festlegung und Durchführung besonderer Schutzmaßnahmen
9	Weitere Schutzmaßnahmen bei der Verwendung von Arbeitsmitteln	Festlegung und Durchführung der weiteren Schutzmaßnahmen
10	Instandhaltung und Änderung von Arbeitsmitteln	Festlegung bzw. Durchführung von Verfahren und Maßnahmen im Hinblick auf die Durchführung der Instandhaltung bzw. bei der Änderung von Arbeitsmitteln
11	Besondere Betriebszustände, Betriebsstörungen und Unfälle	Festlegung und Durchführung von Maßnahmen im Hinblick auf besondere Betriebszustände, Betriebsstörungen und Unfälle
12	Unterweisung und besondere Beauftragung von Beschäftigten	Festlegung und Durchführung der Unterweisung
13	Zusammenarbeit verschiedener Arbeitgeber	Festlegung und Durchführung von Verfahren und Maßnahmen zur Zusammenarbeit
14	Prüfung von Arbeitsmitteln	Festlegung und Durchführung von Verfahren und Maßnahmen zur Prüfung von Arbeitsmitteln

Übersicht 25: Pflicht-, Angebots- und Wunschvorsorge (§ 2 Abs. 2 – 4 ArbMedVV)

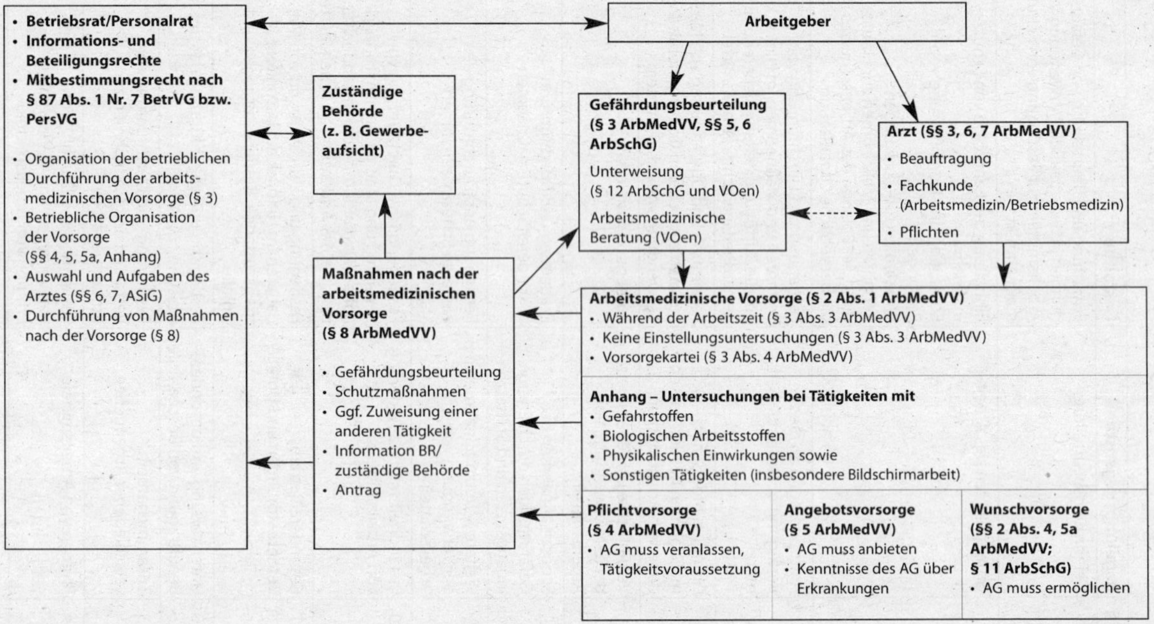

Gesetz über die Durchführung von Maßnahmen des Arbeitsschutzes und zur Verbesserung der Sicherheit und des Gesundheitsschutzes der Beschäftigten bei der Arbeit (Arbeitsschutzgesetz – ArbSchG)

vom 7. August 1996 (BGBl. I 1246),
zuletzt geändert durch Gesetz vom 20. November 2019 (BGBl. I 1626)

Erster Abschnitt – Allgemeine Vorschriften

§ 1 Zielsetzung und Anwendungsbereich (1) Dieses Gesetz dient dazu, Sicherheit und Gesundheitsschutz der Beschäftigten bei der Arbeit durch Maßnahmen des Arbeitsschutzes zu sichern und zu verbessern. Es gilt in allen Tätigkeitsbereichen und findet im Rahmen der Vorgaben des Seerechtsübereinkommens der Vereinten Nationen vom 10. Dezember 1982 (BGBl. I 1994 II S. 1799) auch in der ausschließlichen Wirtschaftszone Anwendung.
(2) Dieses Gesetz gilt nicht für den Arbeitsschutz von Hausangestellten in privaten Haushalten. Es gilt nicht für den Arbeitsschutz von Beschäftigten auf Seeschiffen und in Betrieben, die dem Bundesberggesetz unterliegen, soweit dafür entsprechende Rechtsvorschriften bestehen.
(3) Pflichten, die die Arbeitgeber zur Gewährleistung von Sicherheit und Gesundheitsschutz der Beschäftigten bei der Arbeit nach sonstigen Rechtsvorschriften haben, bleiben unberührt. Satz 1 gilt entsprechend für Pflichten und Rechte der Beschäftigten. Unberührt bleiben Gesetze, die andere Personen als Arbeitgeber zu Maßnahmen des Arbeitsschutzes verpflichten.
(4) Bei öffentlich-rechtlichen Religionsgemeinschaften treten an die Stelle der Betriebs- oder Personalräte die Mitarbeitervertretungen entsprechend dem kirchlichen Recht.

§ 2 Begriffsbestimmungen (1) Maßnahmen des Arbeitsschutzes im Sinne dieses Gesetzes sind Maßnahmen zur Verhütung von Unfällen bei der Arbeit und arbeitsbedingten Gesundheitsgefahren einschließlich Maßnahmen der menschengerechten Gestaltung der Arbeit.
(2) Beschäftigte im Sinne dieses Gesetzes sind:
1. Arbeitnehmerinnen und Arbeitnehmer,
2. die zu ihrer Berufsbildung Beschäftigten,
3. arbeitnehmerähnliche Personen im Sinne des § 5 Abs. 1 des Arbeitsgerichtsgesetzes, ausgenommen die in Heimarbeit Beschäftigten und die ihnen Gleichgestellten,
4. Beamtinnen und Beamte,
5. Richterinnen und Richter,
6. Soldatinnen und Soldaten,
7. die in Werkstätten für Behinderte Beschäftigten.

(3) Arbeitgeber im Sinne dieses Gesetzes sind natürliche und juristische Personen und rechtsfähige Personengesellschaften, die Personen nach Absatz 2 beschäftigen.
(4) Sonstige Rechtsvorschriften im Sinne dieses Gesetzes sind Regelungen über Maßnahmen des Arbeitsschutzes in anderen Gesetzen, in Rechtsverordnungen und Unfallverhütungsvorschriften.
(5) Als Betriebe im Sinne dieses Gesetzes gelten für den Bereich des öffentlichen Dienstes die Dienststellen. Dienststellen sind die einzelnen Behörden, Verwaltungsstellen und Betriebe der Verwaltungen des Bundes, der Länder, der Gemeinden und der sonstigen Körperschaften, Anstalten und Stiftungen des öffentlichen Rechts, die Gerichte des Bundes und der Länder sowie die entsprechenden Einrichtungen der Streitkräfte.

Zweiter Abschnitt – Pflichten des Arbeitgebers

§ 3 Grundpflichten des Arbeitgebers (1) Der Arbeitgeber ist verpflichtet, die erforderlichen Maßnahmen des Arbeitsschutzes unter Berücksichtigung der Umstände zu treffen, die Sicherheit und Gesundheit der Beschäftigten bei der Arbeit beeinflussen. Er hat die Maßnahmen auf ihre Wirksamkeit zu überprüfen und erforderlichenfalls sich ändernden Gegebenheiten anzupassen. Dabei hat er eine Verbesserung von Sicherheit und Gesundheitsschutz der Beschäftigten anzustreben.
(2) Zur Planung und Durchführung der Maßnahmen nach Absatz 1 hat der Arbeitgeber unter Berücksichtigung der Art der Tätigkeiten und der Zahl der Beschäftigten

1. für eine geeignete Organisation zu sorgen und die erforderlichen Mittel bereitzustellen sowie
2. Vorkehrungen zu treffen, daß die Maßnahmen erforderlichenfalls bei allen Tätigkeiten und eingebunden in die betrieblichen Führungsstrukturen beachtet werden und die Beschäftigten ihren Mitwirkungspflichten nachkommen können.

(3) Kosten für Maßnahmen nach diesem Gesetz darf der Arbeitgeber nicht den Beschäftigten auferlegen.

§ 4 Allgemeine Grundsätze Der Arbeitgeber hat bei Maßnahmen des Arbeitsschutzes von folgenden allgemeinen Grundsätzen auszugehen:

1. Die Arbeit ist so zu gestalten, daß eine Gefährdung für das Leben sowie die physische und die psychische Gesundheit möglichst vermieden und die verbleibende Gefährdung möglichst gering gehalten wird;
2. Gefahren sind an ihrer Quelle zu bekämpfen;
3. bei den Maßnahmen sind der Stand von Technik, Arbeitsmedizin und Hygiene sowie sonstige gesicherte arbeitswissenschaftliche Erkenntnisse zu berücksichtigen;

4. Maßnahmen sind mit dem Ziel zu planen, Technik, Arbeitsorganisation, sonstige Arbeitsbedingungen, soziale Beziehungen und Einfluß der Umwelt auf den Arbeitsplatz sachgerecht zu verknüpfen;
5. individuelle Schutzmaßnahmen sind nachrangig zu anderen Maßnahmen;
6. spezielle Gefahren für besonders schutzbedürftige Beschäftigtengruppen sind zu berücksichtigen;
7. den Beschäftigten sind geeignete Anweisungen zu erteilen;
8. mittelbar oder unmittelbar geschlechtsspezifisch wirkende Regelungen sind nur zulässig, wenn dies aus biologischen Gründen zwingend geboten ist.

§ 5 Beurteilung der Arbeitsbedingungen (1) Der Arbeitgeber hat durch eine Beurteilung der für die Beschäftigten mit ihrer Arbeit verbundenen Gefährdung zu ermitteln, welche Maßnahmen des Arbeitsschutzes erforderlich sind.
(2) Der Arbeitgeber hat die Beurteilung je nach Art der Tätigkeiten vorzunehmen. Bei gleichartigen Arbeitsbedingungen ist die Beurteilung eines Arbeitsplatzes oder einer Tätigkeit ausreichend.
(3) Eine Gefährdung kann sich insbesondere ergeben durch
1. die Gestaltung und die Einrichtung der Arbeitsstätte und des Arbeitsplatzes,
2. physikalische, chemische und biologische Einwirkungen,
3. die Gestaltung, die Auswahl und den Einsatz von Arbeitsmitteln, insbesondere von Arbeitsstoffen, Maschinen, Geräten und Anlagen sowie den Umgang damit;
4. die Gestaltung von Arbeits- und Fertigungsverfahren, Arbeitsabläufen und Arbeitszeit und deren Zusammenwirken,
5. unzureichende Qualifikation und Unterweisung der Beschäftigten,
6. psychische Belastungen bei der Arbeit.

§ 6 Dokumentation (1) Der Arbeitgeber muß über die je nach Art der Tätigkeiten und der Zahl der Beschäftigten erforderlichen Unterlagen verfügen, aus denen das Ergebnis der Gefährdungsbeurteilung, die von ihm festgelegten Maßnahmen des Arbeitsschutzes und das Ergebnis ihrer Überprüfung ersichtlich sind. Bei gleichartiger Gefährdungssituation ist es ausreichend, wenn die Unterlagen zusammengefaßte Angaben enthalten.
(2) Unfälle in seinem Betrieb, bei denen ein Beschäftigter getötet oder so verletzt wird, daß er stirbt oder für mehr als drei Tage völlig oder teilweise arbeits- oder dienstunfähig wird, hat der Arbeitgeber zu erfassen.

§ 7 Übertragung von Aufgaben Bei der Übertragung von Aufgaben auf Beschäftigte hat der Arbeitgeber je nach Art der Tätigkeiten zu berücksichtigen, ob die Beschäftigten befähigt sind, die für die Sicherheit und den Gesundheitsschutz bei der Aufgabenerfüllung zu beachtenden Bestimmungen und Maßnahmen einzuhalten.

§ 8 Zusammenarbeit mehrerer Arbeitgeber (1) Werden Beschäftigte mehrerer Arbeitgeber an einem Arbeitsplatz tätig, sind die Arbeitgeber verpflichtet, bei

der Durchführung der Sicherheits- und Gesundheitsschutzbestimmungen zusammenzuarbeiten. Soweit dies für die Sicherheit und den Gesundheitsschutz der Beschäftigten bei der Arbeit erforderlich ist, haben die Arbeitgeber je nach Art der Tätigkeiten insbesondere sich gegenseitig und ihre Beschäftigten über die mit den Arbeiten verbundenen Gefahren für Sicherheit und Gesundheit der Beschäftigten zu unterrichten und Maßnahmen zur Verhütung dieser Gefahren abzustimmen.
(2) Der Arbeitgeber muß sich je nach Art der Tätigkeit vergewissern, daß die Beschäftigten anderer Arbeitgeber, die in seinem Betrieb tätig werden, hinsichtlich der Gefahren für ihre Sicherheit und Gesundheit während ihrer Tätigkeit in seinem Betrieb angemessene Anweisungen erhalten haben.

§ 9 Besondere Gefahren (1) Der Arbeitgeber hat Maßnahmen zu treffen, damit nur Beschäftigte Zugang zu besonders gefährlichen Arbeitsbereichen haben, die zuvor geeignete Anweisungen erhalten haben.
(2) Der Arbeitgeber hat Vorkehrungen zu treffen, daß alle Beschäftigten, die einer unmittelbaren erheblichen Gefahr ausgesetzt sind oder sein können, möglichst frühzeitig über diese Gefahr und die getroffenen oder zu treffenden Schutzmaßnahmen unterrichtet sind. Bei unmittelbarer erheblicher Gefahr für die eigene Sicherheit oder die Sicherheit anderer Personen müssen die Beschäftigten die geeigneten Maßnahmen zur Gefahrenabwehr und Schadensbegrenzung selbst treffen können, wenn der zuständige Vorgesetzte nicht erreichbar ist; dabei sind die Kenntnisse der Beschäftigten und die vorhandenen technischen Mittel zu berücksichtigen. Den Beschäftigten dürfen aus ihrem Handeln keine Nachteile entstehen, es sei denn, sie haben vorsätzlich oder grob fahrlässig ungeeignete Maßnahmen getroffen.
(3) Der Arbeitgeber hat Maßnahmen zu treffen, die es den Beschäftigten bei unmittelbarer erheblicher Gefahr ermöglichen, sich durch sofortiges Verlassen der Arbeitsplätze in Sicherheit zu bringen. Den Beschäftigten dürfen hierdurch keine Nachteile entstehen. Hält die unmittelbare erhebliche Gefahr an, darf der Arbeitgeber die Beschäftigten nur in besonders begründeten Ausnahmefällen auffordern, ihre Tätigkeit wieder aufzunehmen. Gesetzliche Pflichten der Beschäftigten zur Abwehr von Gefahren für die öffentliche Sicherheit sowie die §§ 7 und 11 des Soldatengesetzes bleiben unberührt.

§ 10 Erste Hilfe und sonstige Notfallmaßnahmen (1) Der Arbeitgeber hat entsprechend der Art der Arbeitsstätte und der Tätigkeiten sowie der Zahl der Beschäftigten die Maßnahmen zu treffen, die zur Ersten Hilfe, Brandbekämpfung und Evakuierung der Beschäftigten erforderlich sind. Dabei hat er der Anwesenheit anderer Personen Rechnung zu tragen. Er hat auch dafür zu sorgen, daß im Notfall die erforderlichen Verbindungen zu außerbetrieblichen Stellen, insbesondere in den Bereichen der Ersten Hilfe, der medizinischen Notversorgung, der Bergung und der Brandbekämpfung eingerichtet sind.
(2) Der Arbeitgeber hat diejenigen Beschäftigten zu benennen, die Aufgaben

der Ersten Hilfe, Brandbekämpfung und Evakuierung der Beschäftigten übernehmen. Anzahl, Ausbildung und Ausrüstung der nach Satz 1 benannten Beschäftigten müssen in einem angemessenen Verhältnis zur Zahl der Beschäftigten und zu den bestehenden besonderen Gefahren stehen. Vor der Benennung hat der Arbeitgeber den Betriebs- oder Personalrat zu hören. Weitergehende Beteiligungsrechte bleiben unberührt. Der Arbeitgeber kann die in Satz 1 genannten Aufgaben auch selbst wahrnehmen, wenn er über die nach Satz 2 erforderliche Ausbildung und Ausrüstung verfügt.

§ 11 Arbeitsmedizinische Vorsorge Der Arbeitgeber hat den Beschäftigten auf ihren Wunsch unbeschadet der Pflichten aus anderen Rechtsvorschriften zu ermöglichen, sich je nach den Gefahren für Sicherheit und Gesundheit bei der Arbeit regelmäßig arbeitsmedizinisch untersuchen zu lassen, es sei denn, auf Grund der Beurteilung der Arbeitsbedingungen und der getroffenen Schutzmaßnahmen ist nicht mit einem Gesundheitsschaden zu rechnen.

§ 12 Unterweisung (1) Der Arbeitgeber hat die Beschäftigten über Sicherheit und Gesundheitsschutz bei der Arbeit während ihrer Arbeitszeit ausreichend und angemessen zu unterweisen. Die Unterweisung umfaßt Anweisungen und Erläuterungen, die eigens auf den Arbeitsplatz oder den Aufgabenbereich der Beschäftigten ausgerichtet sind. Die Unterweisung muß bei der Einstellung, bei Veränderungen im Aufgabenbereich, der Einführung neuer Arbeitsmittel oder einer neuen Technologie vor Aufnahme der Tätigkeit der Beschäftigten erfolgen. Die Unterweisung muß an die Gefährdungsentwicklung angepaßt sein und erforderlichenfalls regelmäßig wiederholt werden.
(2) Bei einer Arbeitnehmerüberlassung trifft die Pflicht zur Unterweisung nach Absatz 1 den Entleiher. Er hat die Unterweisung unter Berücksichtigung der Qualifikation und der Erfahrung der Personen, die ihm zur Arbeitsleistung überlassen werden, vorzunehmen. Die sonstigen Arbeitsschutzpflichten des Verleihers bleiben unberührt.

§ 13 Verantwortliche Personen (1) Verantwortlich für die Erfüllung der sich aus diesem Abschnitt ergebenden Pflichten sind neben dem Arbeitgeber
1. sein gesetzlicher Vertreter,
2. das vertretungsberechtigte Organ einer juristischen Person,
3. der vertretungsberechtigte Gesellschafter einer Personenhandelsgesellschaft,
4. Personen, die mit der Leitung eines Unternehmens oder eines Betriebes beauftragt sind, im Rahmen der ihnen übertragenen Aufgaben und Befugnisse,
5. sonstige nach Absatz 2 oder nach einer auf Grund dieses Gesetzes erlassenen Rechtsverordnung oder nach einer Unfallverhütungsvorschrift verpflichtete Personen im Rahmen ihrer Aufgaben und Befugnisse.

(2) Der Arbeitgeber kann zuverlässige und fachkundige Personen schriftlich damit beauftragen, ihm obliegende Aufgaben nach diesem Gesetz in eigener Verantwortung wahrzunehmen.

§ 14 Unterrichtung und Anhörung der Beschäftigten des öffentlichen Dienstes (1) Die Beschäftigten des öffentlichen Dienstes sind vor Beginn der Beschäftigung und bei Veränderungen in ihren Arbeitsbereichen über Gefahren für Sicherheit und Gesundheit, denen sie bei der Arbeit ausgesetzt sein können, sowie über die Maßnahmen und Einrichtungen zur Verhütung dieser Gefahren und die nach § 10 Abs. 2 getroffenen Maßnahmen zu unterrichten.

(2) Soweit in Betrieben des öffentlichen Dienstes keine Vertretung der Beschäftigten besteht, hat der Arbeitgeber die Beschäftigten zu allen Maßnahmen zu hören, die Auswirkungen auf Sicherheit und Gesundheit der Beschäftigten haben können.

Dritter Abschnitt – Pflichten und Rechte der Beschäftigten

§ 15 Pflichten der Beschäftigten (1) Die Beschäftigten sind verpflichtet, nach ihren Möglichkeiten sowie gemäß der Unterweisung und Weisung des Arbeitgebers für ihre Sicherheit und Gesundheit bei der Arbeit Sorge zu tragen. Entsprechend Satz 1 haben die Beschäftigten auch für die Sicherheit und Gesundheit der Personen zu sorgen, die von ihren Handlungen oder Unterlassungen bei der Arbeit betroffen sind.

(2) Im Rahmen des Absatzes 1 haben die Beschäftigten insbesondere Maschinen, Geräte, Werkzeuge, Arbeitsstoffe, Transportmittel und sonstige Arbeitsmittel sowie Schutzvorrichtungen und die ihnen zur Verfügung gestellte persönliche Schutzausrüstung bestimmungsgemäß zu verwenden.

§ 16 Besondere Unterstützungspflichten (1) Die Beschäftigten haben dem Arbeitgeber oder dem zuständigen Vorgesetzten jede von ihnen festgestellte unmittelbare erhebliche Gefahr für die Sicherheit und Gesundheit sowie jeden an den Schutzsystemen festgestellten Defekt unverzüglich zu melden.

(2) Die Beschäftigten haben gemeinsam mit dem Betriebsarzt und der Fachkraft für Arbeitssicherheit den Arbeitgeber darin zu unterstützen, die Sicherheit und den Gesundheitsschutz der Beschäftigten bei der Arbeit zu gewährleisten und seine Pflichten entsprechend den behördlichen Auflagen zu erfüllen. Unbeschadet ihrer Pflicht nach Absatz 1 sollen die Beschäftigten von ihnen festgestellte Gefahren für Sicherheit und Gesundheit und Mängel an den Schutzsystemen auch der Fachkraft für Arbeitssicherheit, dem Betriebsarzt oder dem Sicherheitsbeauftragten nach § 22 des Siebten Buches Sozialgesetzbuch mitteilen.

§ 17 Rechte der Beschäftigten (1) Die Beschäftigten sind berechtigt, dem Arbeitgeber Vorschläge zu allen Fragen der Sicherheit und des Gesundheitsschutzes bei der Arbeit zu machen. Für Beamtinnen und Beamte des Bundes ist § 125 des Bundesbeamtengesetzes anzuwenden. Entsprechendes Landesrecht bleibt unberührt.

(2) Sind Beschäftigte auf Grund konkreter Anhaltspunkte der Auffassung, daß die vom Arbeitgeber getroffenen Maßnahmen und bereitgestellten Mittel nicht ausreichen, um die Sicherheit und den Gesundheitsschutz bei der Arbeit zu gewährleisten, und hilft der Arbeitgeber darauf gerichteten Beschwerden von Beschäftigten nicht ab, können sich diese an die zuständige Behörde wenden. Hierdurch dürfen den Beschäftigten keine Nachteile entstehen. Die in Absatz 1 Satz 2 und 3 genannten Vorschriften sowie die Vorschriften der Wehrbeschwerdeordnung und des Gesetzes über den Wehrbeauftragten des Deutschen Bundestages bleiben unberührt.

Vierter Abschnitt – Verordnungsermächtigungen

§ 18 Verordnungsermächtigungen (1) Die Bundesregierung wird ermächtigt, durch Rechtsverordnung mit Zustimmung des Bundesrates vorzuschreiben, welche Maßnahmen der Arbeitgeber und die sonstigen verantwortlichen Personen zu treffen haben und wie sich die Beschäftigten zu verhalten haben, um ihre jeweiligen Pflichten, die sich aus diesem Gesetz ergeben, zu erfüllen. In diesen Rechtsverordnungen kann auch bestimmt werden, daß bestimmte Vorschriften des Gesetzes zum Schutz anderer als in § 2 Abs. 2 genannter Personen anzuwenden sind.

(2) Durch Rechtsverordnungen nach Absatz 1 kann insbesondere bestimmt werden,

1. daß und wie zur Abwehr bestimmter Gefahren Dauer oder Lage der Beschäftigung oder die Zahl der Beschäftigten begrenzt werden muß,
2. daß der Einsatz bestimmter Arbeitsmittel oder -verfahren mit besonderen Gefahren für die Beschäftigten verboten ist oder der zuständigen Behörde angezeigt oder von ihr erlaubt sein muß oder besonders gefährdete Personen dabei nicht beschäftigt werden dürfen,
3. daß bestimmte, besonders gefährliche Betriebsanlagen einschließlich der Arbeits- und Fertigungsverfahren vor Inbetriebnahme, in regelmäßigen Abständen oder auf behördliche Anordnung fachkundig geprüft werden müssen,
4. daß Beschäftigte, bevor sie eine bestimmte gefährdende Tätigkeit aufnehmen oder fortsetzen oder nachdem sie sie beendet haben, arbeitsmedizinisch zu untersuchen sind und welche besonderen Pflichten der Arzt dabei zu beachten hat,
5. daß Ausschüsse zu bilden sind, denen die Aufgabe übertragen wird, die Bundesregierung oder das zuständige Bundesministerium zur Anwendung der Rechtsverordnungen zu beraten, dem Stand der Technik, Arbeitsmedizin und Hygiene entsprechende Regeln und sonstige gesicherte arbeitswissenschaftliche Erkenntnisse zu ermitteln sowie Regeln zu ermitteln, wie die in den Rechtsverordnungen gestellten Anforderungen erfüllt werden können. Das Bundesministerium für Arbeit und Soziales kann die Regeln und Erkenntnisse amtlich bekannt machen.

§ 19 Rechtsakte der Europäischen Gemeinschaften und zwischenstaatliche Vereinbarungen Rechtsverordnungen[1] nach § 18 können auch erlassen werden, soweit dies zur Durchführung von Rechtsakten des Rates oder der Kommission der Europäischen Gemeinschaften oder von Beschlüssen internationaler Organisationen oder von zwischenstaatlichen Vereinbarungen, die Sachbereiche dieses Gesetzes betreffen, erforderlich ist, insbesondere um Arbeitsschutzpflichten für andere als in § 2 Abs. 3 genannte Personen zu regeln.

§ 20 Regelungen für den öffentlichen Dienst (1) Für die Beamten der Länder, Gemeinden und sonstigen Körperschaften, Anstalten und Stiftungen des öffentlichen Rechts regelt das Landesrecht, ob und inwieweit die nach § 18 erlassenen Rechtsverordnungen gelten.
(2) Für bestimmte Tätigkeiten im öffentlichen Dienst des Bundes, insbesondere bei der Bundeswehr, der Polizei, den Zivil- und Katastrophenschutzdiensten, dem Zoll oder den Nachrichtendiensten, können das Bundeskanzleramt, das Bundesministerium des Innern, das Bundesministerium für Verkehr und digitale Infrastruktur, das Bundesministerium der Verteidigung oder das Bundesministerium der Finanzen, soweit sie hierfür jeweils zuständig sind, durch Rechtsverordnung ohne Zustimmung des Bundesrates bestimmen, daß Vorschriften dieses Gesetzes ganz oder zum Teil nicht anzuwenden sind, soweit öffentliche Belange dies zwingend erfordern, insbesondere zur Aufrechterhaltung oder Wiederherstellung der öffentlichen Sicherheit. Rechtsverordnungen nach Satz 1 werden im Einvernehmen mit dem Bundesministerium für Arbeit und Soziales und, soweit nicht das Bundesministerium des Innern selbst ermächtigt ist, im Einvernehmen mit diesem Ministerium erlassen.[2] In den Rechtsverordnungen ist gleichzeitig festzulegen, wie die Sicherheit und der Gesundheitsschutz bei der Arbeit unter Berücksichtigung der Ziele dieses Gesetzes auf andere Weise gewährleistet werden. Für Tätigkeiten im öffentlichen Dienst der Länder, Gemeinden und sonstigen landesunmittelbaren Körperschaften, Anstalten und Stiftungen des öffentlichen Rechts können den Sätzen 1 und 3 entsprechende Regelungen durch Landesrecht getroffen werden.

Fünfter Abschnitt – Gemeinsame deutsche Arbeitsschutzstrategie

§ 20 a Gemeinsame deutsche Arbeitsschutzstrategie (1) Nach den Bestimmungen dieses Abschnitts entwickeln Bund, Länder und Unfallversicherungs-

---

1 Vgl. **VO zur Umsetzung von EG-Einzelrichtlinien zur EG-Rahmenrichtlinie Arbeitsschutz** vom 4. 12. 1996 (BGBl. I 1841); deutsche Umsetzungsverordnungen sind abgedruckt unter Nr. 7 b ff.

2 Vgl. **Verordnung über die modifizierte Anwendung** von Vorschriften des Arbeitsschutzgesetzes für bestimmte Tätigkeiten im öffentlichen Dienst des Bundes im Geschäftsbereich
- des Bundesministeriums des Innern vom 8. 2. 2000 (BGBl. I 114), geändert durch Gesetz vom 21. 6. 2005 (BGBl. I 1818),
- des Bundesministeriums der Verteidigung vom 3. 6. 2002 (BGBl. I 1850).

träger im Interesse eines wirksamen Arbeitsschutzes eine gemeinsame deutsche Arbeitsschutzstrategie und gewährleisten ihre Umsetzung und Fortschreibung. Mit der Wahrnehmung der ihnen gesetzlich zugewiesenen Aufgaben zur Verhütung von Arbeitsunfällen, Berufskrankheiten und arbeitsbedingten Gesundheitsgefahren sowie zur menschengerechten Gestaltung der Arbeit tragen Bund, Länder und Unfallversicherungsträger dazu bei, die Ziele der gemeinsamen deutschen Arbeitsschutzstrategie zu erreichen.

(2) Die gemeinsame deutsche Arbeitsschutzstrategie umfasst

1. die Entwicklung gemeinsamer Arbeitsschutzziele,
2. die Festlegung vorrangiger Handlungsfelder und von Eckpunkten für Arbeitsprogramme sowie deren Ausführung nach einheitlichen Grundsätzen,
3. die Evaluierung der Arbeitsschutzziele, Handlungsfelder und Arbeitsprogramme mit geeigneten Kennziffern,
4. die Festlegung eines abgestimmten Vorgehens der für den Arbeitsschutz zuständigen Landesbehörden und der Unfallversicherungsträger bei der Beratung und Überwachung der Betriebe,
5. die Herstellung eines verständlichen, überschaubaren und abgestimmten Vorschriften- und Regelwerks.

§ 20 b Nationale Arbeitsschutzkonferenz (1) Die Aufgabe der Entwicklung, Steuerung und Fortschreibung der gemeinsamen deutschen Arbeitsschutzstrategie nach § 20 a Abs. 1 Satz 1 wird von der Nationalen Arbeitsschutzkonferenz wahrgenommen. Sie setzt sich aus jeweils drei stimmberechtigten Vertretern von Bund, Ländern und den Unfallversicherungsträgern zusammen und bestimmt für jede Gruppe drei Stellvertreter. Außerdem entsenden die Spitzenorganisationen der Arbeitgeber und Arbeitnehmer für die Behandlung von Angelegenheiten nach § 20 a Abs. 2 Nr. 1 bis 3 und 5 jeweils bis zu drei Vertreter in die Nationale Arbeitsschutzkonferenz; sie nehmen mit beratender Stimme an den Sitzungen teil. Die Nationale Arbeitsschutzkonferenz gibt sich eine Geschäftsordnung; darin werden insbesondere die Arbeitsweise und das Beschlussverfahren festgelegt. Die Geschäftsordnung muss einstimmig angenommen werden.

(2) Alle Einrichtungen, die mit Sicherheit und Gesundheit bei der Arbeit befasst sind, können der Nationalen Arbeitsschutzkonferenz Vorschläge für Arbeitsschutzziele, Handlungsfelder und Arbeitsprogramme unterbreiten.

(3) Die Nationale Arbeitsschutzkonferenz wird durch ein Arbeitsschutzforum unterstützt, das in der Regel einmal jährlich stattfindet. Am Arbeitsschutzforum sollen sachverständige Vertreter der Spitzenorganisationen der Arbeitgeber und Arbeitnehmer, der Berufs- und Wirtschaftsverbände, der Wissenschaft, der Kranken- und Rentenversicherungsträger, von Einrichtungen im Bereich Sicherheit und Gesundheit bei der Arbeit sowie von Einrichtungen, die der Förderung der Beschäftigungsfähigkeit dienen, teilnehmen. Das Arbeitsschutzforum hat die Aufgabe, eine frühzeitige und aktive Teilhabe der sachverständigen Fachöffentlichkeit an der Entwicklung und Fortschreibung der gemeinsamen deutschen Arbeitsschutzstrategie sicherzustellen und die Nationale Arbeitsschutzkonferenz entsprechend zu beraten.

(4) Einzelheiten zum Verfahren der Einreichung von Vorschlägen nach Absatz 2 und zur Durchführung des Arbeitsschutzforums nach Absatz 3 werden in der Geschäftsordnung der Nationalen Arbeitsschutzkonferenz geregelt.
(5) Die Geschäfte der Nationalen Arbeitsschutzkonferenz und des Arbeitsschutzforums führt die Bundesanstalt für Arbeitsschutz und Arbeitsmedizin. Einzelheiten zu Arbeitsweise und Verfahren werden in der Geschäftsordnung der Nationalen Arbeitsschutzkonferenz festgelegt.

Sechster Abschnitt – Schlußvorschriften

§ 21 Zuständige Behörden, Zusammenwirken mit den Trägern der gesetzlichen Unfallversicherung (1) Die Überwachung des Arbeitsschutzes nach diesem Gesetz ist staatliche Aufgabe. Die zuständigen Behörden haben die Einhaltung dieses Gesetzes und der auf Grund dieses Gesetzes erlassenen Rechtsverordnungen zu überwachen und die Arbeitgeber bei der Erfüllung ihrer Pflichten zu beraten.
(2) Die Aufgaben und Befugnisse der Träger der gesetzlichen Unfallversicherung richten sich, soweit nichts anderes bestimmt ist, nach den Vorschriften des Sozialgesetzbuchs. Soweit die Träger der gesetzlichen Unfallversicherung nach dem Sozialgesetzbuch im Rahmen ihres Präventionsauftrags auch Aufgaben zur Gewährleistung von Sicherheit und Gesundheitsschutz der Beschäftigten wahrnehmen, werden sie ausschließlich im Rahmen ihrer autonomen Befugnisse tätig.
(3) Die zuständigen Landesbehörden und die Unfallversicherungsträger wirken auf der Grundlage einer gemeinsamen Beratungs- und Überwachungsstrategie nach § 20 a Abs. 2 Nr. 4 eng zusammen und stellen den Erfahrungsaustausch sicher. Diese Strategie umfasst die Abstimmung allgemeiner Grundsätze zur methodischen Vorgehensweise bei
1. der Beratung und Überwachung der Betriebe,
2. der Festlegung inhaltlicher Beratungs- und Überwachungsschwerpunkte, aufeinander abgestimmter und gemeinsamer Schwerpunktaktionen und Arbeitsprogramme und
3. der Förderung eines Daten- und sonstigen Informationsaustausches, insbesondere über Betriebsbesichtigungen und deren wesentliche Ergebnisse.

Die zuständigen Landesbehörden vereinbaren mit den Unfallversicherungsträgern nach § 20 Abs. 2 Satz 3 des Siebten Buches Sozialgesetzbuch die Maßnahmen, die zur Umsetzung der gemeinsamen Arbeitsprogramme nach § 20 a Abs. 2 Nr. 2 und der gemeinsamen Beratungs- und Überwachungsstrategie notwendig sind; sie evaluieren deren Zielerreichung mit den von der Nationalen Arbeitsschutzkonferenz nach § 20 a Abs. 2 Nr. 3 bestimmten Kennziffern.
(4) Die für den Arbeitsschutz zuständige oberste Landesbehörde kann mit Trägern der gesetzlichen Unfallversicherung vereinbaren, daß diese in näher zu bestimmenden Tätigkeitsbereichen die Einhaltung dieses Gesetzes, bestimmter Vorschriften dieses Gesetzes oder der auf Grund dieses Gesetzes erlassenen

Rechtsverordnungen überwachen. In der Vereinbarung sind Art und Umfang der Überwachung sowie die Zusammenarbeit mit den staatlichen Arbeitsschutzbehörden festzulegen.
(5) Soweit nachfolgend nichts anderes bestimmt ist, ist zuständige Behörde für die Durchführung dieses Gesetzes und der auf dieses Gesetz gestützten Rechtsverordnungen in den Betrieben und Verwaltungen des Bundes die Zentralstelle für Arbeitsschutz beim Bundesministerium des Innern. Im Auftrag der Zentralstelle handelt, soweit nichts anderes bestimmt ist, die Unfallversicherung Bund und Bahn, die insoweit der Aufsicht des Bundesministeriums des Innern unterliegt; Aufwendungen werden nicht erstattet. Im öffentlichen Dienst im Geschäftsbereich des Bundesministeriums für Verkehr und digitale Infrastruktur führt die Unfallversicherung Bund und Bahn, soweit die Eisenbahn-Unfallkasse bis zum 31. Dezember 2014 Träger der Unfallversicherung war, dieses Gesetz durch. Für Betriebe und Verwaltungen in den Geschäftsbereichen des Bundesministeriums der Verteidigung und des Auswärtigen Amtes hinsichtlich seiner Auslandsvertretungen führt das jeweilige Bundesministerium, soweit es jeweils zuständig ist, oder die von ihm jeweils bestimmte Stelle dieses Gesetz durch. Im Geschäftsbereich des Bundesministeriums der Finanzen führt die Berufsgenossenschaft Verkehrswirtschaft Post-Logistik Telekommunikation dieses Gesetz durch, soweit der Geschäftsbereich des ehemaligen Bundesministeriums für Post und Telekommunikation betroffen ist. Die Sätze 1 bis 4 gelten auch für Betriebe und Verwaltungen, die zur Bundesverwaltung gehören, für die aber eine Berufsgenossenschaft Träger der Unfallversicherung ist. Die zuständigen Bundesministerien können mit den Berufsgenossenschaften für diese Betriebe und Verwaltungen vereinbaren, daß das Gesetz von den Berufsgenossenschaften durchgeführt wird; Aufwendungen werden nicht erstattet.

§ 22 Befugnisse der zuständigen Behörden (1) Die zuständige Behörde kann vom Arbeitgeber oder von den verantwortlichen Personen die zur Durchführung ihrer Überwachungsaufgabe erforderlichen Auskünfte und die Überlassung von entsprechenden Unterlagen verlangen. Die auskunftspflichtige Person kann die Auskunft auf solche Fragen oder die Vorlage derjenigen Unterlagen verweigern, deren Beantwortung oder Vorlage sie selbst oder einen ihrer in § 383 Abs. 1 Nr. 1 bis 3 der Zivilprozeßordnung bezeichneten Angehörigen der Gefahr der Verfolgung wegen einer Straftat oder Ordnungswidrigkeit aussetzen würde. Die auskunftspflichtige Person ist darauf hinzuweisen.
(2) Die mit der Überwachung beauftragten Personen sind befugt, zu den Betriebs- und Arbeitszeiten Betriebsstätten, Geschäfts- und Betriebsräume zu betreten, zu besichtigen und zu prüfen sowie in die geschäftlichen Unterlagen der auskunftspflichtigen Person Einsicht zu nehmen, soweit dies zur Erfüllung ihrer Aufgaben erforderlich ist. Außerdem sind sie befugt, Betriebsanlagen, Arbeitsmittel und persönliche Schutzausrüstungen zu prüfen, Arbeitsverfahren und Arbeitsabläufe zu untersuchen, Messungen vorzunehmen und insbesondere arbeitsbedingte Gesundheitsgefahren festzustellen und zu untersuchen, auf welche Ursachen ein Arbeitsunfall, eine arbeitsbedingte Erkrankung oder ein

Schadensfall zurückzuführen ist. Sie sind berechtigt, die Begleitung durch den Arbeitgeber oder eine von ihm beauftragte Person zu verlangen. Der Arbeitgeber oder die verantwortlichen Personen haben die mit der Überwachung beauftragten Personen bei der Wahrnehmung ihrer Befugnisse nach den Sätzen 1 und 2 zu unterstützen. Außerhalb der in Satz 1 genannten Zeiten, oder wenn die Arbeitsstätte sich in einer Wohnung befindet, dürfen die mit der Überwachung beauftragten Personen ohne Einverständnis des Arbeitgebers die Maßnahmen nach den Sätzen 1 und 2 nur zur Verhütung dringender Gefahren für die öffentliche Sicherheit oder Ordnung treffen. Die auskunftspflichtige Person hat die Maßnahmen nach den Sätzen 1, 2 und 5 zu dulden. Die Sätze 1 und 5 gelten entsprechend, wenn nicht feststeht, ob in der Arbeitsstätte Personen beschäftigt werden, jedoch Tatsachen gegeben sind, die diese Annahme rechtfertigen. Das Grundrecht der Unverletzlichkeit der Wohnung (Artikel 13 des Grundgesetzes) wird insoweit eingeschränkt.

(3) Die zuständige Behörde kann im Einzelfall anordnen,

1. welche Maßnahmen der Arbeitgeber und die verantwortlichen Personen oder die Beschäftigten zur Erfüllung der Pflichten zu treffen haben, die sich aus diesem Gesetz und den auf Grund dieses Gesetzes erlassenen Rechtsverordnungen ergeben,
2. welche Maßnahmen der Arbeitgeber und die verantwortlichen Personen zur Abwendung einer besonderen Gefahr für Leben und Gesundheit der Beschäftigten zu treffen haben.

Die zuständige Behörde hat, wenn nicht Gefahr im Verzug ist, zur Ausführung der Anordnung eine angemessene Frist zu setzen. Wird eine Anordnung nach Satz 1 nicht innerhalb einer gesetzten Frist oder eine für sofort vollziehbar erklärte Anordnung nicht sofort ausgeführt, kann die zuständige Behörde die von der Anordnung betroffene Arbeit oder die Verwendung oder den Betrieb der von der Anordnung betroffenen Arbeitsmittel untersagen. Maßnahmen der zuständigen Behörde im Bereich des öffentlichen Dienstes, die den Dienstbetrieb wesentlich beeinträchtigen, sollen im Einvernehmen mit der obersten Bundes- oder Landesbehörde oder dem Hauptverwaltungsbeamten der Gemeinde getroffen werden.

§ 23 Betriebliche Daten, Zusammenarbeit mit anderen Behörden, Jahresbericht (1) Der Arbeitgeber hat der zuständigen Behörde zu einem von ihr bestimmten Zeitpunkt Mitteilungen über

1. die Zahl der Beschäftigten und derer, an die er Heimarbeit vergibt, aufgegliedert nach Geschlecht, Alter und Staatsangehörigkeit,
2. den Namen oder die Bezeichnung und Anschrift des Betriebs, in dem er sie beschäftigt,
3. seinen Namen, seine Firma und seine Anschrift sowie
4. den Wirtschaftszweig, dem sein Betrieb angehört,

zu machen. Das Bundesministerium für Arbeit und Soziales wird ermächtigt, durch Rechtsverordnung mit Zustimmung des Bundesrates zu bestimmen, daß die Stellen der Bundesverwaltung, denen der Arbeitgeber die in Satz 1 genannten Mitteilungen bereits auf Grund einer Rechtsvorschrift mitgeteilt hat, diese Angaben an die für die Behörden nach Satz 1 zuständigen obersten Landesbehörden als Schreiben oder auf maschinell verwertbaren Datenträgern oder durch Datenübertragung weiterzuleiten haben. In der Rechtsverordnung können das Nähere über die Form der weiterzuleitenden Angaben sowie die Frist für die Weiterleitung bestimmt werden. Die weitergeleiteten Angaben dürfen nur zur Erfüllung der in der Zuständigkeit der Behörden nach § 21 Abs. 1 liegenden Arbeitsschutzaufgaben verarbeitet werden.

(2) Die mit der Überwachung beauftragten Personen dürfen die ihnen bei ihrer Überwachungstätigkeit zur Kenntnis gelangenden Geschäfts- und Betriebsgeheimnisse nur in den gesetzlich geregelten Fällen oder zur Verfolgung von Gesetzwidrigkeiten oder zur Erfüllung von gesetzlich geregelten Aufgaben zum Schutz der Versicherten dem Träger der gesetzlichen Unfallversicherung oder zum Schutz der Umwelt den dafür zuständigen Behörden offenbaren. Soweit es sich bei Geschäfts- und Betriebsgeheimnissen um Informationen über die Umwelt im Sinne des Umweltinformationsgesetzes handelt, richtet sich die Befugnis zu ihrer Offenbarung nach dem Umweltinformationsgesetz.

(3) Ergeben sich im Einzelfall für die zuständigen Behörden konkrete Anhaltspunkte für

1. eine Beschäftigung oder Tätigkeit von Ausländern ohne den erforderlichen Aufenthaltstitel nach § 4 Abs. 3 des Aufenthaltsgesetzes, eine Aufenthaltsgestattung oder eine Duldung, die zur Ausübung der Beschäftigung berechtigen, oder eine Genehmigung nach § 284 Abs. 1 des Dritten Buches Sozialgesetzbuch,
2. Verstöße gegen die Mitwirkungspflicht nach § 60 Abs. 1 Satz 1 Nr. 2 des Ersten Buches Sozialgesetzbuch gegenüber einer Dienststelle der Bundesagentur für Arbeit, einem Träger der gesetzlichen Kranken-, Pflege-, Unfall- oder Rentenversicherung oder einem Träger der Sozialhilfe oder gegen die Meldepflicht nach § 8 a des Asylbewerberleistungsgesetzes,
3. Verstöße gegen das Gesetz zur Bekämpfung der Schwarzarbeit,
4. Verstöße gegen das Arbeitnehmerüberlassungsgesetz,
5. Verstöße gegen die Vorschriften des Vierten und Siebten Buches Sozialgesetzbuch über die Verpflichtung zur Zahlung von Sozialversicherungsbeiträgen,
6. Verstöße gegen das Aufenthaltsgesetz,
7. Verstöße gegen die Steuergesetze,

unterrichten sie die für die Verfolgung und Ahndung der Verstöße nach den Nummern 1 bis 7 zuständigen Behörden, die Träger der Sozialhilfe sowie die Behörden nach § 71 des Aufenthaltsgesetzes. In den Fällen des Satzes 1 arbeiten die zuständigen Behörden insbesondere mit den Agenturen für Arbeit, den Hauptzollämtern, den Rentenversicherungsträgern, den Krankenkassen als Einzugsstellen für die Sozialversicherungsbeiträge, den Trägern der gesetzlichen Unfallversicherung, den nach Landesrecht für die Verfolgung und Ahndung von Verstößen gegen das Gesetz zur Bekämpfung der Schwarzarbeit zuständigen Behörden, den Trägern der Sozialhilfe, den in § 71 des Aufenthaltsgesetzes genannten Behörden und den Finanzbehörden zusammen.

(4) Die zuständigen obersten Landesbehörden haben über die Überwachungstätigkeit der ihnen unterstellten Behörden einen Jahresbericht zu veröffentlichen. Der Jahresbericht umfaßt auch Angaben zur Erfüllung von Unterrichtungspflichten aus internationalen Übereinkommen oder Rechtsakten der Europäischen Gemeinschaften, soweit sie den Arbeitsschutz betreffen.

§ 24 Ermächtigung zum Erlaß von allgemeinen Verwaltungsvorschriften Das Bundesministerium für Arbeit und Soziales kann mit Zustimmung des Bundesrates allgemeine Verwaltungsvorschriften erlassen

1. zur Durchführung dieses Gesetzes und der auf Grund dieses Gesetzes erlassenen Rechtsverordnungen, soweit die Bundesregierung zu ihrem Erlaß ermächtigt ist,
2. über die Gestaltung der Jahresberichte nach § 23 Abs. 4 und
3. über die Angaben, die die zuständigen obersten Landesbehörden dem Bundesministerium für Arbeit und Soziales für den Unfallverhütungsbericht nach § 25 Abs. 2 des Siebten Buches Sozialgesetzbuch bis zu einem bestimmten Zeitpunkt mitzuteilen haben.

Verwaltungsvorschriften, die Bereiche des öffentlichen Dienstes einbeziehen, werden im Einvernehmen mit dem Bundesministerium des Innern erlassen.

§ 25 Bußgeldvorschriften (1) Ordnungswidrig handelt, wer vorsätzlich oder fahrlässig

1. einer Rechtsverordnung nach § 18 Abs. 1 oder § 19 zuwiderhandelt, soweit sie für einen bestimmten Tatbestand auf diese Bußgeldvorschrift verweist, oder
2. a) als Arbeitgeber oder als verantwortliche Person einer vollziehbaren Anordnung nach § 22 Abs. 3 oder
   b) als Beschäftigter einer vollziehbaren Anordnung nach § 22 Abs. 3 Satz 1 Nr. 1

   zuwiderhandelt.

(2) Die Ordnungswidrigkeit kann in den Fällen des Absatzes 1 Nr. 1 und 2 Buchstabe b mit einer Geldbuße bis zu fünftausend Euro, in den Fällen des Absatzes 1 Nr. 2 Buchstabe a mit einer Geldbuße bis zu fünfundzwanzigtausend Euro geahndet werden.

§ 26 Strafvorschriften Mit Freiheitsstrafe bis zu einem Jahr oder mit Geldstrafe wird bestraft, wer

1. eine in § 25 Abs. 1 Nr. 2 Buchstabe a bezeichnete Handlung beharrlich wiederholt oder
2. durch eine in § 25 Abs. 1 Nr. 1 oder Nr. 2 Buchstabe a bezeichnete vorsätzliche Handlung Leben oder Gesundheit eines Beschäftigten gefährdet.

7 a. Gesetz über Betriebsärzte, Sicherheitsingenieure und andere Fachkräfte für Arbeitssicherheit (Arbeitssicherheitsgesetz – ASiG)

vom 12. Dezember 1973 (BGBl. I 1885),
zuletzt geändert durch Gesetz vom 20. April 2013 (BGBl. I 868)
(Abgedruckte Vorschriften: §§ 1–20)

Einleitung

(siehe bei Nr. 7, II 2)

Gesetzestext

Erster Abschnitt

§ 1 Grundsatz Der Arbeitgeber hat nach Maßgabe dieses Gesetzes Betriebsärzte und Fachkräfte für Arbeitssicherheit zu bestellen. Diese sollen ihn beim Arbeitsschutz und bei der Unfallverhütung unterstützen. Damit soll erreicht werden, daß

1. die dem Arbeitsschutz und der Unfallverhütung dienenden Vorschriften den besonderen Betriebsverhältnissen entsprechend angewandt werden,
2. gesicherte arbeitsmedizinische und sicherheitstechnische Erkenntnisse zur Verbesserung des Arbeitsschutzes und der Unfallverhütung verwirklicht werden können,
3. die dem Arbeitsschutz und der Unfallverhütung dienenden Maßnahmen einen möglichst hohen Wirkungsgrad erreichen.

Zweiter Abschnitt – Betriebsärzte

§ 2 Bestellung von Betriebsärzten (1) Der Arbeitgeber hat Betriebsärzte schriftlich zu bestellen und ihnen die in § 3 genannten Aufgaben zu übertragen, soweit dies erforderlich ist im Hinblick auf

1. die Betriebsart und die damit für die Arbeitnehmer verbundenen Unfall- und Gesundheitsgefahren,
2. die Zahl der beschäftigten Arbeitnehmer und die Zusammensetzung der Arbeitnehmerschaft und
3. die Betriebsorganisation, insbesondere im Hinblick auf die Zahl und die Art der für den Arbeitsschutz und die Unfallverhütung verantwortlichen Personen.

(2) Der Arbeitgeber hat dafür zu sorgen, daß die von ihm bestellten Betriebsärzte ihre Aufgaben erfüllen. Er hat sie bei der Erfüllung ihrer Aufgaben zu unterstützen; insbesondere ist er verpflichtet, ihnen, soweit dies zur Erfüllung ihrer Aufgaben erforderlich ist, Hilfspersonal sowie Räume, Einrichtungen, Geräte und Mittel zur Verfügung zu stellen. Er hat sie über den Einsatz von Personen zu unterrichten, die mit einem befristeten Arbeitsvertrag beschäftigt oder ihm zur Arbeitsleistung überlassen sind.

(3) Der Arbeitgeber hat den Betriebsärzten die zur Erfüllung ihrer Aufgaben erforderliche Fortbildung unter Berücksichtigung der betrieblichen Belange zu ermöglichen. Ist der Betriebsarzt als Arbeitnehmer eingestellt, so ist er für die Zeit der Fortbildung unter Fortentrichtung der Arbeitsvergütung von der Arbeit freizustellen. Die Kosten der Fortbildung trägt der Arbeitgeber. Ist der Betriebsarzt nicht als Arbeitnehmer eingestellt, so ist er für die Zeit der Fortbildung von der Erfüllung der ihm übertragenen Aufgaben freizustellen.

§ 3 Aufgaben der Betriebsärzte (1) Die Betriebsärzte haben die Aufgabe, den Arbeitgeber beim Arbeitsschutz und bei der Unfallverhütung in allen Fragen des Gesundheitsschutzes zu unterstützen. Sie haben insbesondere

1. den Arbeitgeber und die sonst für den Arbeitsschutz und die Unfallverhütung verantwortlichen Personen zu beraten, insbesondere bei
   a) der Planung, Ausführung und Unterhaltung von Betriebsanlagen und von sozialen und sanitären Einrichtungen,
   b) der Beschaffung von technischen Arbeitsmitteln und der Einführung von Arbeitsverfahren und Arbeitsstoffen,
   c) der Auswahl und Erprobung von Körperschutzmitteln,
   d) arbeitsphysiologischen, arbeitspsychologischen und sonstigen ergonomischen sowie arbeitshygienischen Fragen, insbesondere des Arbeitsrhythmus, der Arbeitszeit und der Pausenregelung, der Gestaltung der Arbeitsplätze, des Arbeitsablaufs und der Arbeitsumgebung,
   e) der Organisation der »Ersten Hilfe« im Betrieb,
   f) Fragen des Arbeitsplatzwechsels sowie der Eingliederung und Wiedereingliederung Behinderter in den Arbeitsprozeß,
   g) der Beurteilung der Arbeitsbedingungen,
2. die Arbeitnehmer zu untersuchen, arbeitsmedizinisch zu beurteilen und zu beraten sowie die Untersuchungsergebnisse zu erfassen und auszuwerten,
3. die Durchführung des Arbeitsschutzes und der Unfallverhütung zu beobachten und im Zusammenhang damit
   a) die Arbeitsstätten in regelmäßigen Abständen zu begehen und festgestellte Mängel dem Arbeitgeber oder der sonst für den Arbeitsschutz und die Unfallverhütung verantwortlichen Person mitzuteilen, Maßnahmen zur Beseitigung dieser Mängel vorzuschlagen und auf deren Durchführung hinzuwirken,
   b) auf die Benutzung der Körperschutzmittel zu achten,
   c) Ursachen von arbeitsbedingten Erkrankungen zu untersuchen, die Unter-

suchungsergebnisse zu erfassen und auszuwerten und dem Arbeitgeber Maßnahmen zur Verhütung dieser Erkrankungen vorzuschlagen,

4. darauf hinzuwirken, daß sich alle im Betrieb Beschäftigten den Anforderungen des Arbeitsschutzes und der Unfallverhütung entsprechend verhalten, insbesondere sie über die Unfall- und Gesundheitsgefahren, denen sie bei der Arbeit ausgesetzt sind, sowie über die Einrichtungen und Maßnahmen zur Abwendung dieser Gefahren zu belehren und bei der Einsatzplanung und Schulung der Helfer in »Erster Hilfe« und des medizinischen Hilfspersonals mitzuwirken.

(2) Die Betriebsärzte haben auf Wunsch des Arbeitnehmers diesem das Ergebnis arbeitsmedizinischer Untersuchungen mitzuteilen; § 8 Abs. 1 Satz 3 bleibt unberührt.

(3) Zu den Aufgaben der Betriebsärzte gehört es nicht, Krankmeldungen der Arbeitnehmer auf ihre Berechtigung zu überprüfen.

§ 4 Anforderungen an Betriebsärzte Der Arbeitgeber darf als Betriebsärzte nur Personen bestellen, die berechtigt sind, den ärztlichen Beruf auszuüben, und die über die zur Erfüllung der ihnen übertragenen Aufgaben erforderliche arbeitsmedizinische Fachkunde verfügen.

Dritter Abschnitt – Fachkräfte für Arbeitssicherheit

§ 5 Bestellung von Fachkräften für Arbeitssicherheit (1) Der Arbeitgeber hat Fachkräfte für Arbeitssicherheit (Sicherheitsingenieure, -techniker, -meister) schriftlich zu bestellen und ihnen die in § 6 genannten Aufgaben zu übertragen, soweit dies erforderlich ist im Hinblick auf

1. die Betriebsart und die damit für die Arbeitnehmer verbundenen Unfall- und Gesundheitsgefahren,
2. die Zahl der beschäftigten Arbeitnehmer und die Zusammensetzung der Arbeitnehmerschaft,
3. die Betriebsorganisation, insbesondere im Hinblick auf die Zahl und Art der für den Arbeitsschutz und die Unfallverhütung verantwortlichen Personen,
4. die Kenntnisse und die Schulung des Arbeitgebers oder der nach § 13 Abs. 1 Nr. 1, 2 oder 3 des Arbeitsschutzgesetzes verantwortlichen Personen in Fragen des Arbeitsschutzes.

(2) Der Arbeitgeber hat dafür zu sorgen, daß die von ihm bestellten Fachkräfte für Arbeitssicherheit ihre Aufgaben erfüllen. Er hat sie bei der Erfüllung ihrer Aufgaben zu unterstützen; insbesondere ist er verpflichtet, ihnen, soweit dies zur Erfüllung ihrer Aufgaben erforderlich ist, Hilfspersonal sowie Räume, Einrichtungen, Geräte und Mittel zur Verfügung zu stellen. Er hat sie über den Einsatz von Personen zu unterrichten, die mit einem befristeten Arbeitsvertrag beschäftigt oder ihm zur Arbeitsleistung überlassen sind.

(3) Der Arbeitgeber hat den Fachkräften für Arbeitssicherheit die zur Erfüllung ihrer Aufgaben erforderliche Fortbildung unter Berücksichtigung der betrieb-

lichen Belange zu ermöglichen. Ist die Fachkraft für Arbeitssicherheit als Arbeitnehmer eingestellt, so ist sie für die Zeit der Fortbildung unter Fortentrichtung der Arbeitsvergütung von der Arbeit freizustellen. Die Kosten der Fortbildung trägt der Arbeitgeber. Ist die Fachkraft für Arbeitssicherheit nicht als Arbeitnehmer eingestellt, so ist sie für die Zeit der Fortbildung von der Erfüllung der ihr übertragenen Aufgaben freizustellen.

§ 6 Aufgaben der Fachkräfte für Arbeitssicherheit Die Fachkräfte für Arbeitssicherheit haben die Aufgabe, den Arbeitgeber beim Arbeitsschutz und bei der Unfallverhütung in allen Fragen der Arbeitssicherheit einschließlich der menschengerechten Gestaltung der Arbeit zu unterstützen. Sie haben insbesondere

1. den Arbeitgeber und die sonst für den Arbeitsschutz und die Unfallverhütung verantwortlichen Personen zu beraten, insbesondere bei
   a) der Planung, Ausführung und Unterhaltung von Betriebsanlagen und von sozialen und sanitären Einrichtungen,
   b) der Beschaffung von technischen Arbeitsmitteln und der Einführung von Arbeitsverfahren und Arbeitsstoffen,
   c) der Auswahl und Erprobung von Körperschutzmitteln,
   d) der Gestaltung der Arbeitsplätze, des Arbeitsablaufs, der Arbeitsumgebung und in sonstigen Fragen der Ergonomie,
   e) der Beurteilung der Arbeitsbedingungen,
2. die Betriebsanlagen und die technischen Arbeitsmittel insbesondere vor der Inbetriebnahme und Arbeitsverfahren insbesondere vor ihrer Einführung sicherheitstechnisch zu überprüfen,
3. die Durchführung des Arbeitsschutzes und der Unfallverhütung zu beobachten und im Zusammenhang damit
   a) die Arbeitsstätten in regelmäßigen Abständen zu begehen und festgestellte Mängel dem Arbeitgeber oder der sonst für den Arbeitsschutz und die Unfallverhütung verantwortlichen Person mitzuteilen, Maßnahmen zur Beseitigung dieser Mängel vorzuschlagen und auf deren Durchführung hinzuwirken,
   b) auf die Benutzung der Körperschutzmittel zu achten,
   c) Ursachen von Arbeitsunfällen zu untersuchen, die Untersuchungsergebnisse zu erfassen und auszuwerten und dem Arbeitgeber Maßnahmen zur Verhütung dieser Arbeitsunfälle vorzuschlagen,
4. darauf hinzuwirken, daß sich alle im Betrieb Beschäftigten den Anforderungen des Arbeitsschutzes und der Unfallverhütung entsprechend verhalten, insbesondere sie über die Unfall- und Gesundheitsgefahren, denen sie bei der Arbeit ausgesetzt sind, sowie über die Einrichtungen und Maßnahmen zur Abwendung dieser Gefahren zu belehren und bei der Schulung der Sicherheitsbeauftragten mitzuwirken.

§ 7 Anforderungen an Fachkräfte für Arbeitssicherheit (1) Der Arbeitgeber darf als Fachkräfte für Arbeitssicherheit nur Personen bestellen, die den nachstehenden Anforderungen genügen: Der Sicherheitsingenieur muß berechtigt

sein, die Berufsbezeichnung Ingenieur zu führen und über die zur Erfüllung der ihm übertragenen Aufgaben erforderliche sicherheitstechnische Fachkunde verfügen. Der Sicherheitstechniker oder -meister muß über die zur Erfüllung der ihm übertragenen Aufgaben erforderliche sicherheitstechnische Fachkunde verfügen.
(2) Die zuständige Behörde kann es im Einzelfall zulassen, daß an Stelle eines Sicherheitsingenieurs, der berechtigt ist, die Berufsbezeichnung Ingenieur zu führen, jemand bestellt werden darf, der zur Erfüllung der sich aus § 6 ergebenden Aufgaben über entsprechende Fachkenntnisse verfügt.

Vierter Abschnitt – Gemeinsame Vorschriften

§ 8 Unabhängigkeit bei der Anwendung der Fachkunde (1) Betriebsärzte und Fachkräfte für Arbeitssicherheit sind bei der Anwendung ihrer arbeitsmedizinischen und sicherheitstechnischen Fachkunde weisungsfrei. Sie dürfen wegen der Erfüllung der ihnen übertragenen Aufgaben nicht benachteiligt werden. Betriebsärzte sind nur ihrem ärztlichen Gewissen unterworfen und haben die Regeln der ärztlichen Schweigepflicht zu beachten.
(2) Betriebsärzte und Fachkräfte für Arbeitssicherheit oder, wenn für einen Betrieb mehrere Betriebsärzte oder Fachkräfte für Arbeitssicherheit bestellt sind, der leitende Betriebsarzt und die leitende Fachkraft für Arbeitssicherheit, unterstehen unmittelbar dem Leiter des Betriebs.
(3) Können sich Betriebsärzte oder Fachkräfte für Arbeitssicherheit über eine von ihnen vorgeschlagene arbeitsmedizinische oder sicherheitstechnische Maßnahme mit dem Leiter des Betriebs nicht verständigen, so können sie ihren Vorschlag unmittelbar dem Arbeitgeber und, wenn dieser eine juristische Person ist, dem zuständigen Mitglied des zur gesetzlichen Vertretung berufenen Organs unterbreiten. Ist für einen Betrieb oder ein Unternehmen ein leitender Betriebsarzt oder eine leitende Fachkraft für Arbeitssicherheit bestellt, steht diesen das Vorschlagsrecht nach Satz 1 zu. Lehnt der Arbeitgeber oder das zuständige Mitglied des zur gesetzlichen Vertretung berufenen Organs den Vorschlag ab, so ist dies den Vorschlagenden schriftlich mitzuteilen und zu begründen; der Betriebsrat erhält eine Abschrift.

§ 9 Zusammenarbeit mit dem Betriebsrat (1) Die Betriebsärzte und die Fachkräfte für Arbeitssicherheit haben bei der Erfüllung ihrer Aufgaben mit dem Betriebsrat zusammenzuarbeiten.
(2) Die Betriebsärzte und die Fachkräfte für Arbeitssicherheit haben den Betriebsrat über wichtige Angelegenheiten des Arbeitsschutzes und der Unfallverhütung zu unterrichten; sie haben ihm den Inhalt eines Vorschlages mitzuteilen, den sie nach § 8 Abs. 3 dem Arbeitgeber machen. Sie haben den Betriebsrat auf sein Verlangen in Angelegenheiten des Arbeitsschutzes und der Unfallverhütung zu beraten.
(3) Die Betriebsärzte und Fachkräfte für Arbeitssicherheit sind mit Zustimmung

des Betriebsrats zu bestellen und abzuberufen. Das gleiche gilt, wenn deren Aufgaben erweitert oder eingeschränkt werden sollen; im übrigen gilt § 87 in Verbindung mit § 76 des Betriebsverfassungsgesetzes. Vor der Verpflichtung oder Entpflichtung eines freiberuflich tätigen Arztes, einer freiberuflich tätigen Fachkraft für Arbeitssicherheit oder eines überbetrieblichen Dienstes ist der Betriebsrat zu hören.

§ 10 Zusammenarbeit der Betriebsärzte und der Fachkräfte für Arbeitssicherheit Die Betriebsärzte und die Fachkräfte für Arbeitssicherheit haben bei der Erfüllung ihrer Aufgaben zusammenzuarbeiten. Dazu gehört es insbesondere, gemeinsame Betriebsbegehungen vorzunehmen. Die Betriebsärzte und die Fachkräfte für Arbeitssicherheit arbeiten bei der Erfüllung ihrer Aufgaben mit den anderen im Betrieb für Angelegenheiten der technischen Sicherheit, des Gesundheits- und des Umweltschutzes beauftragten Personen zusammen.

§ 11 Arbeitsschutzausschuß Soweit in einer sonstigen Rechtsvorschrift nichts anderes bestimmt ist, hat der Arbeitgeber in Betrieben mit mehr als zwanzig Beschäftigten einen Arbeitsschutzausschuß zu bilden; bei der Feststellung der Zahl der Beschäftigten sind Teilzeitbeschäftigte mit einer regelmäßigen wöchentlichen Arbeitszeit von nicht mehr als 20 Stunden mit 0,5 und nicht mehr als 30 Stunden mit 0,75 zu berücksichtigen. Dieser Ausschuß setzt sich zusammen aus:
dem Arbeitgeber oder einem von ihm Beauftragten,
zwei vom Betriebsrat bestimmten Betriebsratsmitgliedern,
Betriebsärzten,
Fachkräften für Arbeitssicherheit und
Sicherheitsbeauftragten nach § 22 des Siebten Buches Sozialgesetzbuch.
Der Arbeitsschutzausschuß hat die Aufgabe, Anliegen des Arbeitsschutzes und der Unfallverhütung zu beraten. Der Arbeitsschutzausschuß tritt mindestens einmal vierteljährlich zusammen.

§ 12 Behördliche Anordnungen (1) Die zuständige Behörde kann im Einzelfall anordnen, welche Maßnahmen der Arbeitgeber zur Erfüllung der sich aus diesem Gesetz und den die gesetzlichen Pflichten näher bestimmenden Rechtsverordnungen und Unfallverhütungsvorschriften ergebenden Pflichten, insbesondere hinsichtlich der Bestellung von Betriebsärzten und Fachkräften für Arbeitssicherheit, zu treffen hat.
(2) Die zuständige Behörde hat, bevor sie eine Anordnung trifft,
1. den Arbeitgeber und den Betriebsrat zu hören und mit ihnen zu erörtern, welche Maßnahmen angebracht erscheinen und
2. dem zuständigen Träger der gesetzlichen Unfallversicherung Gelegenheit zu geben, an der Erörterung mit dem Arbeitgeber teilzunehmen und zu der von der Behörde in Aussicht genommenen Anordnung Stellung zu nehmen.

(3) Die zuständige Behörde hat dem Arbeitgeber zur Ausführung der Anordnung eine angemessene Frist zu setzen.

(4) Die zuständige Behörde hat den Betriebsrat über eine gegenüber dem Arbeitgeber getroffene Anordnung schriftlich in Kenntnis zu setzen.

§ 13 Auskunfts- und Besichtigungsrechte (1) Der Arbeitgeber hat der zuständigen Behörde auf deren Verlangen die zur Durchführung des Gesetzes erforderlichen Auskünfte zu erteilen. Er kann die Auskunft auf solche Fragen verweigern, deren Beantwortung ihn selbst oder einen der in § 383 Abs. 1 Nr. 1 bis 3 der Zivilprozeßordnung bezeichneten Angehörigen der Gefahr strafgerichtlicher Verfolgung oder eines Verfahrens nach dem Gesetz über Ordnungswidrigkeiten aussetzen würde.
(2) Die Beauftragten der zuständigen Behörde sind berechtigt, die Arbeitsstätten während der üblichen Betriebs- und Arbeitszeit zu betreten und zu besichtigen; außerhalb dieser Zeit oder wenn sich die Arbeitsstätten in einer Wohnung befinden, dürfen sie nur zur Verhütung von dringenden Gefahren für die öffentliche Sicherheit und Ordnung betreten und besichtigt werden. Das Grundrecht der Unverletzlichkeit der Wohnung (Artikel 13 des Grundgesetzes) wird insoweit eingeschränkt.

§ 14 Ermächtigung zum Erlaß von Rechtsverordnungen (1) Das Bundesministerium für Arbeit und Soziales kann mit Zustimmung des Bundesrates durch Rechtsverordnung bestimmen, welche Maßnahmen der Arbeitgeber zur Erfüllung der sich aus diesem Gesetz ergebenden Pflichten zu treffen hat. Soweit die Träger der gesetzlichen Unfallversicherung ermächtigt sind, die gesetzlichen Pflichten durch Unfallverhütungsvorschriften näher zu bestimmen, macht das Bundesministerium für Arbeit und Soziales von der Ermächtigung erst Gebrauch, nachdem innerhalb einer von ihm gesetzten angemessenen Frist der Träger der gesetzlichen Unfallversicherung eine entsprechende Unfallverhütungsvorschrift nicht erlassen hat oder eine unzureichend gewordene Unfallverhütungsvorschrift nicht ändert.
(2) *(weggefallen)*

§ 15 Ermächtigung zum Erlaß von allgemeinen Verwaltungsvorschriften Das Bundesministerium für Arbeit und Soziales erläßt mit Zustimmung des Bundesrates allgemeine Verwaltungsvorschriften zu diesem Gesetz und den auf Grund des Gesetzes erlassenen Rechtsverordnungen.

§ 16 Öffentliche Verwaltung In Verwaltungen und Betrieben des Bundes, der Länder, der Gemeinden und der sonstigen Körperschaften, Anstalten und Stiftungen des öffentlichen Rechts ist ein den Grundsätzen dieses Gesetzes gleichwertiger arbeitsmedizinischer und sicherheitstechnischer Arbeitsschutz zu gewährleisten.

§ 17 Nichtanwendung des Gesetzes (1) Dieses Gesetz ist nicht anzuwenden, soweit Arbeitnehmer im Haushalt beschäftigt werden.
(2) Soweit im Seearbeitsgesetz und in anderen Vorschriften im Bereich der

Seeschifffahrt gleichwertige Regelungen enthalten sind, gelten diese Regelungen für die Besatzungsmitglieder auf Kauffahrteischiffen unter deutscher Flagge. Soweit dieses Gesetz auf die Seeschiffahrt nicht anwendbar ist, wird das Nähere durch Rechtsverordnung geregelt.
(3) Soweit das Bergrecht diesem Gesetz gleichwertige Regelungen enthält, gelten diese Regelungen. Im übrigen gilt dieses Gesetz.

§ 18 Ausnahmen Die zuständige Behörde kann dem Arbeitgeber gestatten, auch solche Betriebsärzte und Fachkräfte für Arbeitssicherheit zu bestellen, die noch nicht über die erforderliche Fachkunde im Sinne des § 4 oder § 7 verfügen, wenn der Arbeitgeber sich verpflichtet, in einer festzulegenden Frist den Betriebsarzt oder die Fachkraft für Arbeitssicherheit entsprechend fortbilden zu lassen.

§ 19 Überbetriebliche Dienste Die Verpflichtung des Arbeitgebers, Betriebsärzte und Fachkräfte für Arbeitssicherheit zu bestellen, kann auch dadurch erfüllt werden, daß der Arbeitgeber einen überbetrieblichen Dienst von Betriebsärzten oder Fachkräften für Arbeitssicherheit zur Wahrnehmung der Aufgaben nach § 3 oder § 6 verpflichtet.

§ 20 Ordnungswidrigkeiten (1) Ordnungswidrig handelt, wer vorsätzlich oder fahrlässig
1. einer vollziehbaren Anordnung nach § 12 Abs. 1 zuwiderhandelt,
2. entgegen § 13 Abs. 1 Satz 1 eine Auskunft nicht, nicht richtig oder nicht vollständig erteilt oder
3. entgegen § 13 Abs. 2 Satz 1 eine Besichtigung nicht duldet.

(2) Eine Ordnungswidrigkeit nach Absatz 1 Nr. 1 kann mit einer Geldbuße bis zu 25000 Euro, eine Ordnungswidrigkeit nach Absatz 1 Nr. 2 und 3 mit einer Geldbuße bis zu 500 Euro geahndet werden.

§§ 21–23 *(nicht abgedruckt)*

7 b. Verordnung über Arbeitsstätten[1] (Arbeitsstättenverordnung – ArbStättV)

vom 12. August 2004 (BGBl. I 2179),
zuletzt geändert durch Verordnung vom 18. Oktober 2017 (BGBl. I 3584)

Einleitung

(siehe bei Nr. 7, II 4)

Verordnungstext

§ 1 Ziel, Anwendungsbereich (1) Diese Verordnung dient der Sicherheit und dem Schutz der Gesundheit der Beschäftigten beim Einrichten und Betreiben von Arbeitsstätten.

(2) Für folgende Arbeitsstätten gelten nur § 5 und der Anhang Nummer 1.3:
1. Arbeitsstätten im Reisegewerbe und im Marktverkehr,
2. Transportmittel, die im öffentlichen Verkehr eingesetzt werden,
3. Felder, Wälder und sonstige Flächen, die zu einem land- oder forstwirtschaftlichen Betrieb gehören, aber außerhalb der von ihm bebauten Fläche liegen.

(3) Für Telearbeitsplätze gelten nur
1. § 3 bei der erstmaligen Beurteilung der Arbeitsbedingungen und des Arbeitsplatzes,
2. § 6 und der Anhang Nummer 6,

soweit der Arbeitsplatz von dem im Betrieb abweicht. Die in Satz 1 genannten Vorschriften gelten, soweit Anforderungen unter Beachtung der Eigenart von Telearbeitsplätzen auf diese anwendbar sind.

(4) Der Anhang Nummer 6 gilt nicht für
1. Bedienerplätze von Maschinen oder Fahrerplätze von Fahrzeugen mit Bildschirmgeräten,
2. tragbare Bildschirmgeräte für die ortsveränderliche Verwendung, die nicht regelmäßig an einem Arbeitsplatz verwendet werden,
3. Rechenmaschinen, Regristrierkassen oder andere Arbeitsmittel mit einer kleinen Daten- oder Messwertanzeigevorrichtung, die zur unmittelbaren Benutzung des Arbeitsmittels erforderlich ist und

---

1 Diese Verordnung dient der Umsetzung
1. der EG-Richtlinie 89/654/EWG des Rates vom 30. November 1989 über Mindestvorschriften für Sicherheit und Gesundheitsschutz in Arbeitsstätten (Erste Einzelrichtlinie im Sinne des Artikels 16 Absatz 1 der Richtlinie 89/391/EWG) (ABl. EG Nr. L 393 S. 1) und
2. der Richtlinie 92/58/EWG des Rates vom 24. Juni 1992 über Mindestvorschriften für die Sicherheits- und/oder Gesundheitsschutzkennzeichnung am Arbeitsplatz (Neunte Einzelrichtlinie im Sinne des Artikels 16 Absatz 1 der Richtlinie 89/391/EWG) (ABl. EG Nr. L 245 S. 23) und
3. des Anhangs IV (Mindestvorschriften für Sicherheit und Gesundheitsschutz auf Baustellen) der Richtlinie 92/57/EWG des Rates vom 24. Juni 1992 über die auf zeitlich begrenzte oder ortsveränderliche Baustellen anzuwendenden Mindestvorschriften für die Sicherheit und den Gesundheitsschutz (Achte Einzelrichtlinie im Sinne des Artikels 16 Absatz 1 der Richtlinie 89/391/EWG) (ABl. EG Nr. L 245 S. 6).

4. Schreibmaschinen klassischer Bauart mit einem Display.

(5) Diese Verordnung ist für Arbeitsstätten in Betrieben, die dem Bundesberggesetz unterliegen, nur für Bildschirmarbeitsplätze einschließlich Telearbeitsplätze anzuwenden.

(6) Das Bundeskanzleramt, das Bundesministerium des Innern, das Bundesministerium für Verkehr und digitale Infrastruktur, das Bundesministerium für Umwelt, Naturschutz, Bau und Reaktorsicherheit, das Bundesministerium der Verteidigung oder das Bundesministerium der Finanzen können, soweit sie hierfür jeweils zuständig sind, im Einvernehmen mit dem Bundesministerium für Arbeit und Soziales und, soweit nicht das Bundesministerium des Innern selbst zuständig ist, im Einvernehmen mit dem Bundesministerium des Innern Ausnahmen von den Vorschriften dieser Verordnung zulassen, soweit öffentliche Belange dies zwingend erfordern, insbesondere zur Aufrechterhaltung oder Wiederherstellung der öffentlichen Sicherheit. In diesem Fall ist gleichzeitig festzulegen, wie die Sicherheit und der Schutz der Gesundheit der Beschäftigten nach dieser Verordnung auf andere Weise gewährleistet werden.

§ 2 Begriffsbestimmungen (1) Arbeitsstätten sind:

1. Arbeitsräume oder andere Orte in Gebäuden auf dem Gelände eines Betriebes,
2. Orte im Freien auf dem Gelände eines Betriebes,
3. Orte auf Baustellen,

sofern sie zur Nutzung für Arbeitsplätze vorgesehen sind.

(2) Zur Arbeitsstätte gehören insbesondere auch:

1. Orte auf dem Gelände eines Betriebes oder einer Baustelle, zu denen Beschäftigte im Rahmen ihrer Arbeit Zugang haben,
2. Verkehrswege, Fluchtwege, Notausgänge, Lager-, Maschinen- und Nebenräume, Sanitärräume, Kantinen, Pausen- und Bereitschaftsräume, Erste-Hilfe-Räume, Unterkünfte sowie
3. Einrichtungen, die dem Betreiben der Arbeitsstätte dienen, insbesondere Sicherheitsbeleuchtungen, Feuerlöscheinrichtungen, Versorgungs-einrichtungen, Beleuchtungsanlagen, raumlufttechnische Anlagen, Signalanlagen, Energieverteilungsanlagen, Türen und Tore, Fahrsteige, Fahrtreppen, Laderampen und Steigleitern.

(3) Arbeitsräume sind die Räume, in denen Arbeitsplätze innerhalb von Gebäuden dauerhaft eingerichtet sind.

(4) Arbeitsplätze sind Bereiche, in denen Beschäftigte im Rahmen ihrer Arbeit tätig sind.

(5) Bildschirmarbeitsplätze sind Arbeitsplätze, die sich in Arbeitsräumen befinden und die mit Bildschirmgeräten und sonstigen Arbeitsmitteln ausgestattet sind.

(6) Bildschirmgeräte sind Funktionseinheiten, zu denen insbesondere Bildschirme zur Darstellung von visuellen Informationen, Einrichtungen zur Datenein- und -ausgabe, sonstige Steuerungs- und Kommunikationseinheiten (Rechner) sowie eine Software zur Steuerung und Umsetzung der Arbeitsaufgabe gehören.

(7) Telearbeitsplätze sind vom Arbeitgeber fest eingerichtete Bildschirmarbeitsplätze im Privatbereich der Beschäftigten, für die der Arbeitgeber eine mit den Beschäftigten vereinbarte wöchentliche Arbeitszeit und die Dauer der Einrichtung festgelegt hat. Ein Telearbeitsplatz ist vom Arbeitgeber erst dann eingerichtet, wenn Arbeitgeber und Beschäftigte die Bedingungen der Telearbeit arbeitsvertraglich oder im Rahmen einer Vereinbarung festgelegt haben und die benötigte Ausstattung des Telearbeitsplatzes mit Mobiliar, Arbeitsmitteln einschließlich der Kommunikationseinrichtungen durch den Arbeitgeber oder eine von ihm beauftragte Person im Privatbereich des Beschäftigten bereitgestellt und installiert ist.

(8) Einrichten ist das Bereitstellen und Ausgestalten der Arbeitsstätte. Das Einrichten umfasst insbesondere:
1. bauliche Maßnahmen oder Veränderungen,
2. das Ausstatten mit Maschinen, Anlagen, anderen Arbeitsmitteln und Mobiliar sowie mit Beleuchtungs-, Lüftungs-, Heizungs-, Feuerlösch- und Versorgungseinrichtungen,
3. das Anlegen und Kennzeichnen von Verkehrs- und Fluchtwegen sowie das Kennzeichnen von Gefahrenstellen und brandschutztechnischen Ausrüstungen und
4. das Festlegen von Arbeitsplätzen.

(9) Das Betreiben von Arbeitsstätten umfasst das Benutzen, Instandhalten und Optimieren der Arbeitsstätten sowie die Organisation und Gestaltung der Arbeit einschließlich der Arbeitsabläufe in Arbeitsstätten.

(10) Instandhalten ist die Wartung, Inspektion, Instandsetzung oder Verbesserung der Arbeitsstätten zum Erhalt des baulichen und technischen Zustandes.

(11) Stand der Technik ist der Entwicklungsstand fortschrittlicher Verfahren, Einrichtungen oder Betriebsweisen, der die praktische Eignung einer Maßnahme zur Gewährleistung der Sicherheit und zum Schutz der Gesundheit der Beschäftigten gesichert erscheinen lässt. Bei der Bestimmung des Stands der Technik sind insbesondere vergleichbare Verfahren, Einrichtungen oder Betriebsweisen heranzuziehen, die mit Erfolg in der Praxis erprobt worden sind. Gleiches gilt für die Anforderungen an die Arbeitsmedizin und die Hygiene.

(12) Fachkundig ist, wer über die zur Ausübung einer in dieser Verordnung bestimmten Aufgabe erforderlichen Fachkenntnisse verfügt. Die Anforderungen an die Fachkunde sind abhängig von der jeweiligen Art der Aufgabe. Zu den Anforderungen zählen eine entsprechende Berufsausbildung, Berufserfahrung oder eine zeitnah ausgeübte entsprechende berufliche Tätigkeit. Die Fachkenntnisse sind durch Teilnahme an Schulungen auf aktuellem Stand zu halten.

§ 3 Gefährdungsbeurteilung (1) Bei der Beurteilung der Arbeitsbedingungen nach § 5 des Arbeitsschutzgesetzes hat der Arbeitgeber zunächst festzustellen, ob die Beschäftigten Gefährdungen beim Einrichten und Betreiben von Arbeitsstätten ausgesetzt sind oder ausgesetzt sein können. Ist dies der Fall, hat er alle möglichen Gefärdungen der Sicherheit und der Gesundheit der Beschäftigten zu beurteilen und dabei die Auswirkungen der Arbeitsorganisation und der Arbeitsabläufe in der Arbeitsstätte zu berücksichtigen. Bei der Gefährdungsbeurteilung hat er die physischen und psychischen Belastungen sowie bei Bildschirmarbeitsplätzen insbesondere die Belastungen der Augen oder die Gefährdung des Sehvermögens der Beschäftigten zu berücksichtigen. Entsprechend dem Ergebnis der Gefährdungsbeurteilung hat der Arbeitgeber Maßnahmen zum Schutz der Beschäftigten gemäß den Vorschriften dieser Verordnung einschließlich ihres Anhangs nach dem Stand der Technik, Arbeitsmedizin und Hygiene festzulegen. Sonstige gesicherte arbeitswissenschaftliche Erkenntnisse sind zu berücksichtigen.

(2) Der Arbeitgeber hat sicherzustellen, dass die Gefährdungsbeurteilung fachkundig durchgeführt wird. Verfügt der Arbeitgeber nicht selbst über die entsprechenden Kenntnisse, hat er sich fachkundig beraten zu lassen.

(3) Der Arbeitgeber hat die Gefährdungsbeurteilung vor Aufnahme der Tätigkeiten zu dokumentieren. In der Dokumentation ist anzugeben, welche Gefährdungen am Arbeitsplatz auftreten können und welche Maßnahmen nach Absatz 1 Satz 4 durchgeführt werden müssen.

§ 3 a Einrichten und Betreiben von Arbeitsstätten (1) Der Arbeitgeber hat dafür zu sorgen, dass Arbeitsstätten so eingerichtet und betrieben werden, dass Gefährdungen für die Sicherheit und die Gesundheit der Beschäftigten möglichst vermieden und verbleibende Gefährdungen möglichst gering gehalten werden. Beim Einrichten und Betreiben der Arbeitsstätten hat der Arbeitgeber die Maßnahmen nach § 3 Absatz 1 durchzuführen und dabei den Stand der Technik, Arbeitsmedizin und Hygiene, die ergonomischen Anforderungen sowie insbesondere die vom Bundesministerium für Arbeit und Soziales nach § 7 Absatz 4 bekannt gemachten Regeln und Erkenntnisse zu berücksichtigen. Bei Einhaltung der bekannt gemachten Regeln ist davon auszugehen, dass die in dieser Verordnung gestellten Anforderungen diesbezüglich erfüllt sind. Wendet der Arbeitgeber diese Regeln nicht an, so muss er durch andere Maßnahmen die gleiche Sicherheit und den gleichen Schutz der Gesundheit der Beschäftigten erreichen.

(2) Beschäftigt der Arbeitgeber Menschen mit Behinderungen, hat er die Arbeitsstätte so einzurichten und zu betreiben, dass die besonderen Belange dieser Beschäftigten im Hinblick auf die Sicherheit und den Schutz der Gesundheit berücksichtigt werden. Dies gilt insbesondere für die barrierefreie Gestaltung von Arbeitsplätzen, Sanitär-, Pausen- und Bereitschaftsräumen, Kantinen, Erste-Hilfe-Räumen und Unterkünften sowie den zugehörigen Türen, Verkehrswegen, Fluchtwegen, Notausgängen, Treppen und Orientierungssystemen, die von den Beschäftigten mit Behinderungen benutzt werden.

(3) Die zuständige Behörde kann auf schriftlichen Antrag des Arbeitgebers Ausnahmen von den Vorschriften dieser Verordnung einschließlich ihres Anhanges zulassen, wenn

1. der Arbeitgeber andere, ebenso wirksame Maßnahmen trifft oder
2. die Durchführung der Vorschrift im Einzelfall zu einer unverhältnismäßigen Härte führen würde und die Abweichung mit dem Schutz der Beschäftigten vereinbar ist.

Der Antrag des Arbeitgebers kann in Papierform oder elektronisch übermittelt werden. Bei der Beurteilung sind die Belange der kleineren Betriebe besonders zu berücksichtigen.

(4) Anforderungen in anderen Rechtsvorschriften, insbesondere im Bauordnungsrecht der Länder, gelten vorrangig, soweit sie über die Anforderungen dieser Verordnung hinausgehen.

§ 4 Besondere Anforderungen an das Betreiben von Arbeitsstätten (1) Der Arbeitgeber hat die Arbeitsstätte instand zu halten und dafür zu sorgen, dass festgestellte Mängel unverzüglich beseitigt werden. Können Mängel, mit denen eine unmittelbare erhebliche Gefahr verbunden ist, nicht sofort beseitigt werden, hat er dafür zu sorgen, dass die gefährdeten Beschäftigten ihre Tätigkeit unverzüglich einstellen.

(2) Der Arbeitgeber hat dafür zu sorgen, dass Arbeitsstätten den hygienischen Erfordernissen entsprechend gereinigt werden. Verunreinigungen und Ablagerungen, die zu Gefährdungen führen können, sind unverzüglich zu beseitigen.

(3) Der Arbeitgeber hat die Sicherheitseinrichtungen, insbesondere Sicherheitsbeleuchtung, Brandmelde- und Feuerlöscheinrichtungen, Signalanlagen, Notaggregate und Notschalter sowie raumlufttechnische Anlagen instand zu halten und in regelmäßigen Abständen auf ihre Funktionsfähigkeit prüfen zu lassen.

(4) Der Arbeitgeber hat dafür zu sorgen, dass Verkehrswege, Fluchtwege und Notausgänge ständig freigehalten werden, damit sie jederzeit benutzbar sind. Der Arbeitgeber hat Vorkehrungen so zu treffen, dass die Beschäftigten bei Gefahr sich unverzüglich in Sicherheit bringen und schnell gerettet werden können. Der Arbeitgeber hat einen Flucht- und Rettungsplan aufzustellen, wenn Lage, Ausdehnung und Art der Benutzung der Arbeitsstätte dies erfordern. Der Plan ist an geeigneten Stellen in der Arbeitsstätte auszulegen oder auszuhängen. In angemessenen Zeitabständen ist entsprechend diesem Plan zu üben.

(5) Der Arbeitgeber hat beim Einrichten und Betreiben von Arbeitsstätten Mittel und

Einrichtungen zur Ersten Hilfe zur Verfügung zu stellen und regelmäßig auf ihre Vollständigkeit und Verwendungsfähigkeit prüfen zu lassen.

§ 5 Nichtraucherschutz (1) Der Arbeitgeber hat die erforderlichen Maßnahmen zu treffen, damit die nicht rauchenden Beschäftigten in Arbeitsstätten wirksam vor den Gesundheitsgefahren durch Tabakrauch geschützt sind. Soweit erforderlich, hat der Arbeitgeber ein allgemeines oder auf einzelne Bereiche der Arbeitsstätte beschränktes Rauchverbot zu erlassen.

(2) In Arbeitsstätten mit Publikumsverkehr hat der Arbeitgeber beim Einrichten und Betreiben von Arbeitsräumen der Natur des Betriebes entsprechende und der Art der Beschäftigung angepasste technische oder organisatorische Maßnahmen nach Absatz 1 zum Schutz der nicht rauchenden Beschäftigten zu treffen.

§ 6 Unterweisung der Beschäftigten (1) Der Arbeitgeber hat den Beschäftigten ausreichende und angemessene Informationen anhand der Gefährdungsbeurteilung in einer für die Beschäftigten verständlichen Form und Sprache zur Verfügung zu stellen über

1. das bestimmungsgemäße Betreiben der Arbeitsstätte,
2. alle gesundheits- und sicherheitsrelevanten Fragen im Zusammenhang mit ihrer Tätigkeit,
3. Maßnahmen, die zur Gewährleistung der Sicherheit und zum Schutz der Gesundheit der Beschäftigten durchgeführt werden müssen, und
4. arbeitsplatzspezifische Maßnahmen, insbesondere bei Tätigkeiten auf Baustellen oder an Bildschirmgeräten,

und sie anhand dieser Informationen zu unterweisen.

(2) Die Unterweisung nach Absatz 1 muss sich auf Maßnahmen im Gefahrenfall erstrecken, insbesondere auf

1. die Bedienung von Sicherheits- und Warneinrichtungen,
2. die Erste Hilfe und die dazu vorgehaltenen Mittel und Einrichtungen und
3. den innerbetrieblichen Verkehr.

(3) Die Unterweisung nach Absatz 1 muss sich auf Maßnahmen der Brandverhütung und Verhaltensmaßnahmen im Brandfall erstrecken, insbesondere auf die Nutzung der Fluchtwege und Notausgänge. Diejenigen Beschäftigten, die Aufgaben der Brandbekämpfung übernehmen, hat der Arbeitgeber in der Bedienung der Feuerlöscheinrichtungen zu unterweisen.

(4) Die Unterweisungen müssen vor Aufnahme der Tätigkeit stattfinden. Danach sind sie mindestens jährlich zu wiederholen. Sie haben in einer für die Beschäftigten verständlichen Form und Sprache zu erfolgen. Unterweisungen sind unverzüglich zu wiederholen, wenn sich die Tätigkeiten der Beschäftigten, die Arbeitsorganisation, die Arbeits- und Fertigungsverfahren oder die Einrichtungen und Betriebsweisen in der Arbeitsstätte wesentlich verändern und die Veränderung mit zusätzlichen Gefährdungen verbunden ist.

§ 7 Ausschuss für Arbeitsstätten (1) Beim Bundesministerium für Arbeit und Soziales wird ein Ausschuss für Arbeitsstätten gebildet, in dem fachkundige Vertreter der Arbeitgeber, der Gewerkschaften, der Länderbehörden, der gesetzlichen Unfallversicherung und weitere fachkundige Personen, insbesondere der Wissenschaft, in angemessener Zahl vertreten sein sollen. Die Gesamtzahl der Mitglieder soll 16 Personen nicht überschreiten. Für jedes Mitglied ist ein stellvertretendes Mitglied zu benennen. Die Mitgliedschaft im Ausschuss für Arbeitsstätten ist ehrenamtlich.

(2) Das Bundesministerium für Arbeit und Soziales beruft die Mitglieder des Ausschusses

und die stellvertretenden Mitglieder. Der Ausschuss gibt sich eine Geschäftsordnung und wählt den Vorsitzenden aus seiner Mitte. Die Geschäftsordnung und die Wahl des Vorsitzenden bedürfen der Zustimmung des Bundesministeriums für Arbeit und Soziales.

(3) Zu den Aufgaben des Ausschusses gehört es,

1. dem Stand der Technik, Arbeitsmedizin und Hygiene entsprechende Regeln und sonstige gesicherte wissenschaftliche Erkenntnisse für die Sicherheit und Gesundheit der Beschäftigten in Arbeitsstätten zu ermitteln,
2. Regeln und Erkenntnisse zu ermitteln, wie die Anforderungen dieser Verordnung erfüllt werden können, sowie Empfehlungen für weitere Maßnahmen zur Gewährleistung der Sicherheit und zum Schutz der Gesundheit der Beschäftigten auszuarbeiten und
3. das Bundesministerium für Arbeit und Soziales in allen Fragen der Sicherheit und der Gesundheit der Beschäftigten in Arbeitsstätten zu beraten.

Bei der Wahrnehmung seiner Aufgaben soll der Ausschuss die allgemeinen Grundsätze des Arbeitsschutzes nach § 4 des Arbeitsschutzgesetzes berücksichtigen. Das Arbeitsprogramm des Ausschusses für Arbeitsstätten wird mit dem Bundesministerium für Arbeit und Soziales abgestimmt. Der Ausschuss arbeitet eng mit den anderen Ausschüssen beim Bundesministerium für Arbeit und Soziales zusammen. Die Sitzungen des Ausschusses sind nicht öffentlich. Beratungs- und Abstimmungsergebnisse des Ausschusses sowie Niederschriften der Untergremien sind vertraulich zu behandeln, soweit die Erfüllung der Aufgaben, die den Untergremien oder den Mitgliedern des Ausschusses obliegen, dem nicht entgegenstehen.

(4) Das Bundesministerium für Arbeit und Soziales kann die vom Ausschuss nach Absatz 3 ermittelten Regeln und Erkenntnisse sowie Empfehlungen im Gemeinsamen Ministerialblatt bekannt machen.

(5) Die Bundesministerien sowie die zuständigen obersten Landesbehörden können zu den Sitzungen des Ausschusses Vertreter entsenden. Diesen ist auf Verlangen in der Sitzung das Wort zu erteilen.

(6) Die Geschäfte des Ausschusses führt die Bundesanstalt für Arbeitsschutz und Arbeitsmedizin.

§ 8 Übergangsvorschriften (1) Soweit für Arbeitsstätten,

1. die am 1. Mai 1976 eingerichtet waren oder mit deren Einrichtung vor diesem Zeitpunkt begonnen worden war oder
2. die am 20. Dezember 1996 eingerichtet waren oder mit deren Einrichtung vor diesem Zeitpunkt begonnen worden war und für die zum Zeitpunkt der Einrichtung die Gewerbeordnung keine Anwendung fand,

in dieser Verordnung Anforderungen gestellt werden, die umfangreiche Änderungen der Arbeitsstätte, der Betriebseinrichtungen, Arbeitsverfahren oder Arbeitsabläufe notwendig machen, gelten hierfür bis zum 31. Dezember 2020 mindestens die entsprechenden Anforderungen des Anhangs II der Richtlinie 89/654/EWG des Rates vom 30. November 1989 über Mindestvorschriften für Sicherheit und Gesundheitsschutz in Arbeitsstätten (ABl. EG Nr. L 393 S. 1). Soweit diese Arbeitsstätten oder ihre Betriebseinrichtungen wesentlich erweitert oder umgebaut oder die Arbeitsverfahren oder Arbeitsabläufe wesentlich umgestaltet werden, hat der Arbeitgeber die erforderlichen Maßnahmen zu treffen, damit diese Änderungen, Erweiterungen oder Umgestaltungen mit den Anforderungen dieser Verordnung übereinstimmen.

(2) Bestimmungen in vom Ausschuss für Arbeitsstätten ermittelten und vom Bundesministerium für Arbeit und Soziales im Gemeinsamen Ministerialblatt bekannt gemachten Regeln für Arbeitsstätten, die Anforderungen an den Arbeitsplatz enthalten, gelten unter

Berücksichtigung der Begriffsbestimmung des Arbeitsplatzes in § 2 Absatz 2 der Arbeitsstättenverordnung vom 12. August 2004 (BGBl. I S. 2179), die zuletzt durch Artikel 282 der Verordnung vom 31. August 2015 (BGBl. I S. 1474) geändert worden ist, solange fort, bis sie vom Ausschuss für Arbeitsstätten überprüft und erforderlichenfalls vom Bundesministerium für Arbeit und Soziales im Gemeinsamen Ministerialblatt neu bekannt gemacht worden sind.

§ 9 Straftaten und Ordnungswidrigkeiten (1) Ordnungswidrig im Sinne des § 25 Absatz 1 Nummer 1 des Arbeitsschutzgesetzes handelt, wer vorsätzlich oder fahrlässig

1. entgegen § 3 Absatz 3 eine Gefährdungsbeurteilung nicht richtig, nicht vollständig oder nicht rechtzeitig dokumentiert,
2. entgegen § 3 a Absatz 1 Satz 1 nicht dafür sorgt, dass eine Arbeitsstätte in der dort vorgeschriebenen Weise eingerichtet ist oder betrieben wird,
3. entgegen § 3 a Absatz 1 Satz 2 in Verbindung mit Nummer 4.1 Absatz 1 des Anhangs einen dort genannten Toilettenraum oder eine dort genannte mobile, anschlussfreie Toilettenkabine nicht oder nicht in der vorgeschriebenen Weise zur Verfügung stellt,
4. entgegen § 3 a Absatz 1 Satz 2 in Verbindung mit Nummer 4.2 Absatz 1 des Anhangs einen dort genannten Pausenraum oder einen dort genannten Pausenbereich nicht oder nicht in der vorgeschriebenen Weise zur Verfügung stellt,
5. entgegen § 3 a Absatz 2 eine Arbeitsstätte nicht in der dort vorgeschriebenen Weise einrichtet oder betreibt,
6. entgegen § 4 Absatz 1 Satz 2 nicht dafür sorgt, dass die gefährdeten Beschäftigten ihre Tätigkeit unverzüglich einstellen,
7. entgegen § 4 Absatz 4 Satz 1 nicht dafür sorgt, dass Verkehrswege, Fluchtwege und Notausgänge freigehalten werden,
8. entgegen § 4 Absatz 5 ein Mittel oder eine Einrichtung zur Ersten Hilfe nicht zur Verfügung stellt,
9. entgegen § 6 Absatz 4 Satz 1 nicht sicherstellt, dass die Beschäftigten vor Aufnahme der Tätigkeit unterwiesen werden.

(2) Wer durch eine in Absatz 1 bezeichnete vorsätzliche Handlung das Leben oder die Gesundheit von Beschäftigten gefährdet, ist nach § 26 Nummer 2 des Arbeitsschutzgesetzes strafbar.

Anhang
Anforderungen und Maßnahmen für Arbeitsstätten nach § 3 Absatz 1

Inhaltsübersicht

1 Allgemeine Anforderungen

1.1 Anforderungen an Konstruktion und Festigkeit von Gebäuden

Gebäude für Arbeitsstätten müssen eine der Nutzungsart entsprechende Konstruktion und Festigkeit aufweisen.

1.2 Abmessungen von Räumen, Luftraum

(1) Arbeitsräume, Sanität-, Pausen- und Bereitschaftsräume, Kantinen, Erste-Hilfe-Räume und Unterkünfte müssen eine ausreichende Grundfläche und eine, in Abhängigkeit von der Größe der Grundfläche der Räume, ausreichende lichte Höhe aufweisen, so dass die Beschäftigten ohne Beeinträchtigung ihrer Sicherheit, ihrer Gesundheit oder ihres Wohlbefindens die Räume nutzen oder ihre Arbeit verrichten können.
(2) Die Abmessungen der Räume richten sich nach der Art ihrer Nutzung.

(3) Die Größe des notwendigen Luftraumes ist in Abhängigkeit von der Art der physischen Belastung und der Anzahl der Beschäftigten sowie der sonstigen anwesenden Personen zu bemessen.

1.3 Sicherheits- und Gesundheitsschutzkennzeichnung

(1) Unberührt von den nachfolgenden Anforderungen sind Sicherheits- und Gesundheitsschutzkennzeichnungen einzusetzen, wenn Gefährdungen der Sicherheit und Gesundheit der Beschäftigten nicht durch technische oder organisatorische Maßnahmen vermieden oder ausreichend begrenzt werden können. Das Ergebnis der Gefährdungsbeurteilung und die Maßnahmen nach § 3 Absatz 1 sind dabei zu berücksichtigen.

(2) Die Kennzeichnung ist nach der Art der Gefährdung dauerhaft oder vorübergehend nach den Vorgaben der Richtlinie 92/58/EWG des Rates vom 24. Juni 1992 über Mindestvorschriften für die Sicherheits- und/oder Gesundheitsschutzkennzeichnung am Arbeitsplatz (Neunte Einzelrichtlinie im Sinne des Artikels 16 Absatz 1 der Richtlinie 89/391/EWG) (ABl. EG Nr. L 245 S. 23) auszuführen. Diese Richtlinie gilt in der jeweils aktuellen Fassung. Wird diese Richtlinie geändert oder nach den in dieser Richtlinie vorgesehenen Verfahren an den technischen Fortschritt angepasst, gilt sie in der geänderten im Amtsblatt der Europäischen Gemeinschaften veröffentlichten Fassung nach Ablauf der in der Änderungs- oder Anpassungsrichtlinie festgelegten Umsetzungsfrist. Die geänderte Fassung kann bereits ab Inkrafttreten der Änderungs- oder Anpassungsrichtlinie angewendet werden.

1.4 Energieverteilungsanlagen

Anlagen, die der Versorgung der Arbeitsstätte mit Energie dienen, müssen so ausgewählt, installiert und betrieben werden, dass die Beschäftigten vor dem direkten oder indirekten Berühren spannungsführender Teile geschützt sind und dass von den Anlagen keine Brand- oder Explosionsgefahren ausgehen. Bei der Konzeption und der Ausführung sowie der Wahl des Materials und der Schutzvorrichtungen sind Art und Stärke der verteilten Energie, die äußeren Einwirkbedingungen und die Fachkenntnisse der Personen zu berücksichtigen, die zu Teilen der Anlage Zugang haben.

1.5 Fußböden, Wände, Decken, Dächer

(1) Die Oberflächen der Fußböden, Wände und Decken der Räume müssen so gestaltet sein, dass sie den Erfordernissen des sicheren Betreibens entsprechen sowie leicht und sicher zu reinigen sind. Arbeitsräume müssen unter Berücksichtigung der Art des Betriebes und der physischen Belastungen eine angemessene Dämmung gegen Wärme und Kälte sowie eine ausreichende Isolierung gegen Feuchtigkeit aufweisen. Auch Sanitär-, Pausen- und Bereitschaftsräume, Kantinen, Erste-Hilfe-Räume und Unterkünfte müssen über eine angemessene Dämmung gegen Wärme und Kälte sowie eine ausreichende Isolierung gegen Feuchtigkeit verfügen.

(2) Die Fußböden der Räume dürfen keine Unebenheiten, Löcher, Stolperstellen oder gefährlichen Schrägen aufweisen. Sie müssen gegen Verrutschen gesichert, tragfähig, trittsicher und rutschhemmend sein.

(3) Durchsichtige oder lichtdurchlässige Wände, insbesondere Ganzglaswände in Arbeitsräumen oder im Bereich von Verkehrswegen, müssen deutlich gekennzeichnet sein. Sie müssen entweder aus bruchsicherem Werkstoff bestehen oder so gegen die Arbeitsplätze in Arbeitsräumen oder die Verkehrswege abgeschirmt sein, dass die Beschäftigten nicht mit den Wänden in Berührung kommen und beim Zersplittern der Wände nicht verletzt werden können.

(4) Dächer aus nicht durchtrittsicherem Material dürfen nur betreten werden, wenn Ausrüstungen benutzt werden, die ein sicheres Arbeiten ermöglichen.

1.6 Fenster, Oberlichter

(1) Fenster, Oberlichter und Lüftungsvorrichtungen müssen sich von den Beschäftigten sicher öffnen, schließen, verstellen und arretieren lassen. Sie dürfen nicht so angeordnet sein, dass sie in geöffnetem Zustand eine Gefahr für die Beschäftigten darstellen.

(2) Fenster und Oberlichter müssen so ausgewählt oder ausgerüstet und eingebaut sein, dass sie ohne Gefährdung der Ausführenden und anderer Personen gereinigt werden können.

1.7 Türen, Tore

(1) Die Lage, Anzahl, Abmessungen und Ausführung insbesondere hinsichtlich der verwendeten Werkstoffe von Türen und Toren müssen sich nach der Art und Nutzung der Räume oder Bereiche richten.

(2) Durchsichtige Türen müssen in Augenhöhe gekennzeichnet sein.

(3) Pendeltüren und -tore müssen durchsichtig sein oder ein Sichtfenster haben.

(4) Bestehen durchsichtige oder lichtdurchlässige Flächen von Türen und Toren nicht aus bruchsicherem Werkstoff und ist zu befürchten, dass sich die Beschäftigten beim Zersplittern verletzen können, sind diese Flächen gegen Eindrücken zu schützen.

(5) Schiebetüren und -tore müssen gegen Ausheben und Herausfallen gesichert sein. Türen und Tore, die sich nach oben öffnen, müssen gegen Herabfallen gesichert sein.

(6) In unmittelbarer Nähe von Toren, die vorwiegend für den Fahrzeugverkehr bestimmt sind, müssen gut sichtbar gekennzeichnete, stets zugängliche Türen für Fußgänger vorhanden sein. Diese Türen sind nicht erforderlich, wenn der Durchgang durch die Tore für Fußgänger gefahrlos möglich ist.

(7) Kraftbetätigte Türen und Tore müssen sicher benutzbar sein. Dazu gehört, dass sie

a) ohne Gefährdung der Beschäftigten bewegt werden oder zum Stillstand kommen können,
b) mit selbsttätig wirkenden Sicherungen ausgestattet sind,
c) auch von Hand zu öffnen sind, sofern sie sich bei Stromausfall nicht automatisch öffnen.

(8) Besondere Anforderungen gelten für Türen im Verlauf von Fluchtwegen (Nummer 2.3).

1.8 Verkehrswege

(1) Verkehrswege, einschließlich Treppen, fest angebrachte Steigleitern und Laderampen müssen so angelegt und bemessen sein, dass sie je nach ihrem Bestimmungszweck leicht und sicher begangen oder befahren werden können und in der Nähe Beschäftigte nicht gefährdet werden.

(2) Die Bemessung der Verkehrswege, die dem Personenverkehr, Güterverkehr oder Personen- und Güterverkehr dienen, muss sich nach der Anzahl der möglichen Benutzer und der Art des Betriebes richten.

(3) Werden Transportmittel auf Verkehrswegen eingesetzt, muss für Fußgänger ein ausreichender Sicherheitsabstand gewahrt werden.

(4) Verkehrswege für Fahrzeuge müssen an Türen und Toren, Durchgängen, Fußgängerwegen und Treppenaustritten in ausreichendem Abstand vorbeiführen.

(5) Soweit Nutzung und Einrichtung der Räume es zum Schutz der Beschäftigten erfordern, müssen die Begrenzungen der Verkehrswege gekennzeichnet sein.

(6) Besondere Anforderungen gelten für Fluchtwege (Nummer 2.3).

1.9 Fahrtreppen, Fahrsteige

Fahrtreppen und Fahrsteige müssen so ausgewählt und installiert sein, dass sie sicher funktionieren und sicher benutzbar sind. Dazu gehört, dass die Notbefehlseinrichtungen gut erkennbar und leicht zugänglich sind und nur solche Fahrtreppen und Fahrsteige eingesetzt werden, die mit den notwendigen Sicherheitsvorrichtungen ausgestattet sind.

1.10 Laderampen

(1) Laderampen sind entsprechend den Abmessungen der Transportmittel und der Ladung auszulegen.
(2) Sie müssen mindestens einen Abgang haben; lange Laderampen müssen, soweit betriebstechnisch möglich, an jedem Endbereich einen Abgang haben.
(3) Sie müssen einfach und sicher benutzbar sein. Dazu gehört, dass sie nach Möglichkeit mit Schutzvorrichtungen gegen Absturz auszurüsten sind; das gilt insbesondere in Bereichen von Laderampen, die keine ständigen Be- und Entladestellen sind.

1.11 Steigleitern, Steigeisengänge

Steigleitern und Steigeisengänge müssen sicher benutzbar sein. Dazu gehört, dass sie
a) nach Notwendigkeit über Schutzvorrichtungen gegen Absturz, vorzugsweise über Steigschutzeinrichtungen verfügen,
b) an ihren Austrittsstellen eine Haltevorrichtung haben,
c) nach Notwendigkeit in angemessenen Abständen mit Ruhebühnen ausgerüstet sind.

2 Maßnahmen zum Schutz vor besonderen Gefahren

2.1 Schutz vor Absturz und herabfallenden Gegenständen, Betreten von Gefahrenbereichen

(1) Arbeitsplätze und Verkehrswege, bei denen eine Absturzgefahr für Beschäftigte oder die Gefahr des Herabfallens von Gegenständen besteht, müssen mit Schutzvorrichtungen versehen sein, die verhindern, dass Beschäftigte abstürzen oder durch herabfallende Gegenstände verletzt werden können. Sind aufgrund der Eigenart des Arbeitsplatzes oder der durchzuführenden Arbeiten Schutzvorrichtungen gegen Absturz nicht geeignet, muss der Arbeitgeber die Sicherheit der Beschäftigten durch andere wirksame Maßnahmen gewährleisten. Eine Absturzgefahr besteht bei einer Absturzhöhe von mehr als einem Meter.
(2) Arbeitsplätze und Verkehrswege, die an Gefahrenbereiche grenzen, müssen mit Schutzvorrichtungen versehen sein, die verhindern, dass Beschäftigte in die Gefahrenbereiche gelangen.
(3) Die Arbeitsplätze und Verkehrswege nach den Absätzen 1 und 2 müssen gegen unbefugtes Betreten gesichert und gut sichtbar als Gefahrenbereiche gekennzeichnet sein. Zum Schutz derjenigen, die diese Bereiche betreten müssen, sind geeignete Maßnahmen zu treffen.

2.2 Maßnahmen gegen Brände

(1) Arbeitsstätten müssen je nach
a) Abmessung und Nutzung,
b) der Brandgefährdung vorhandener Einrichtungen und Materialien,
c) der größtmöglichen Anzahl anwesender Personen

mit einer ausreichenden Anzahl geeigneter Feuerlöscheinrichtungen und erforderlichenfalls Brandmeldern und Alarmanlagen ausgestattet sein.
(2) Nicht selbsttätige Feuerlöscheinrichtungen müssen als solche dauerhaft gekennzeichnet, leicht zu erreichen und zu handhaben sein.

(3) Selbsttätig wirkende Feuerlöscheinrichtungen müssen mit Warneinrichtungen ausgerüstet sein, wenn bei ihrem Einsatz Gefahren für die Beschäftigten auftreten können.

2.3 Fluchtwege und Notausgänge

(1) Fluchtwege und Notausgänge müssen

a) sich in Anzahl, Anordnung und Abmessung nach der Nutzung, der Einrichtung und den Abmessungen der Arbeitsstätte sowie nach der höchstmöglichen Anzahl der dort anwesenden Personen richten,

b) auf möglichst kurzem Weg ins Freie oder, falls dies nicht möglich ist, in einen gesicherten Bereich führen,

c) in angemessener Form und dauerhaft gekennzeichnet sein.

Sie sind mit einer Sicherheitsbeleuchtung auszurüsten, wenn das gefahrlose Verlassen der Arbeitsstätte für die Beschäftigten, insbesondere bei Ausfall der allgemeinen Beleuchtung, nicht gewährleistet ist.

(2) Türen im Verlauf von Fluchtwegen oder Türen von Notausgängen müssen

a) sich von innen ohne besondere Hilfsmittel jederzeit leicht öffnen lassen, solange sich Beschäftigte in der Arbeitsstätte befinden,

b) in angemessener Form und dauerhaft gekennzeichnet sein.

Türen von Notausgängen müssen sich nach außen öffnen lassen. In Notausgängen, die ausschließlich für den Notfall konzipiert und ausschließlich im Notfall benutzt werden, sind Karussell- und Schiebetüren nicht zulässig.

3 Arbeitsbedingungen

3.1 Bewegungsfläche

(1) Die freie unverstellte Fläche am Arbeitsplatz muss so bemessen sein, dass sich die Beschäftigten bei ihrer Tätigkeit ungehindert bewegen können.

(2) Ist dies nicht möglich, muss den Beschäftigten in der Nähe des Arbeitsplatzes eine andere ausreichend große Bewegungsfläche zur Verfügung stehen.

3.2 Anordnung der Arbeitsplätze

Arbeitsplätze sind in der Arbeitsstätte so anzuordnen, dass Beschäftigte

a) sie sicher erreichen und verlassen können,

b) sich bei Gefahr schnell in Sicherheit bringen können,

c) durch benachbarte Arbeitsplätze, Transporte oder Einwirkungen von außerhalb nicht gefährdet werden.

3.3 Ausstattung

(1) Jedem Beschäftigten muss mindestens eine Kleiderablage zur Verfügung stehen, sofern keine Umkleideräume vorhanden sind.

(2) Kann die Arbeit ganz oder teilweise sitzend verrichtet werden oder lässt es der Arbeitsablauf zu, sich zeitweise zu setzen, sind den Beschäftigten am Arbeitsplatz Sitzgelegenheiten zur Verfügung zu stellen. Können aus betriebstechnischen Gründen keine Sitzgelegenheiten unmittelbar am Arbeitsplatz aufgestellt werden, obwohl es der Arbeitsablauf zulässt, sich zeitweise zu setzen, müssen den Beschäftigten in der Nähe der Arbeitsplätze Sitzgelegenheiten bereitgestellt werden.

3.4 Beleuchtung und Sichtverbindung

(1) Der Arbeitgeber darf als Arbeitsräume nur solche Räume betreiben, die möglichst ausreichend Tageslicht erhalten und die eine Sichtverbindung nach außen haben.

Dies gilt nicht für
1. Räume, bei denen betriebs-, produktions- oder bautechnische Gründe Tageslicht oder einer Sichtverbindung nach außen entgegenstehen,
2. Räume, in denen sich Beschäftigte zur Verrichtung ihrer Tätigkeit regelmäßig nicht über einen längeren Zeitraum oder im Verlauf der täglichen Arbeitszeit nur kurzzeitig aufhalten müssen, insbesondere Archive, Lager-, Maschinen- und Nebenräume, Teeküchen,
3. Räume, die vollständig unter Erdgleiche liegen, soweit es sich dabei um Tiefgaragen oder ähnliche Einrichtungen, um kulturelle Einrichtungen, um Verkaufsräume oder um Schank- und Speiseräume handelt,
4. Räume in Bahnhofs- oder Flughafenhallen, Passagen oder innerhalb von Kaufhäusern und Einkaufszentren,
5. Räume mit einer Grundfläche von mindestens 2000 m^2, sofern Oberlichter oder andere bauliche Vorrichtungen vorhanden sind, die Tageslicht in den Arbeitsraum lenken.

(2) Pausen- und Bereitschaftsräume sowie Unterkünfte müssen möglichst ausreichend mit Tageslicht beleuchtet sein und eine Sichtverbindung nach außen haben. Kantinen sollen möglichst ausreichend Tageslicht erhalten und eine Sichtverbindung nach außen haben.

(3) Räume, die bis zum 3. Dezember 2016 eingerichtet worden sind oder mit deren Einrichtung begonnen worden war und die die Anforderungen nach Absatz 1 Satz 1 oder Absatz 2 nicht erfüllen, dürfen ohne eine Sichtverbindung nach außen weiter betrieben werden, bis sie wesentlich erweitert oder umgebaut werden.

(4) In Arbeitsräumen muss die Stärke des Tageslichteinfalls am Arbeitsplatz je nach Art der Tätigkeit reguliert werden können.

(5) Arbeitsstätten müssen mit Einrichtungen ausgestattet sein, die eine angemessene künstliche Beleuchtung ermöglichen, so dass die Sicherheit und der Schutz der Gesundheit der Beschäftigten gewährleistet sind.

(6) Die Beleuchtungsanlagen sind so auszuwählen und anzuordnen, dass dadurch die Sicherheit und die Gesundheit der Beschäftigten nicht gefährdet werden.

(7) Arbeitsstätten, in denen bei Ausfall der Allgemeinbeleuchtung die Sicherheit der Beschäftigten gefährdet werden kann, müssen eine ausreichende Sicherheitsbeleuchtung haben.

3.5 Raumtemperatur

(1) Arbeitsräume, in denen aus betriebstechnischer Sicht keine spezifischen Anforderungen an die Raumtemperatur gestellt werden, müssen während der Nutzungsdauer unter Berücksichtigung der Arbeitsverfahren und der physischen Belastungen der Beschäftigten eine gesundheitlich zuträgliche Raumtemperatur haben.

(2) Sanitär-, Pausen- und Bereitschaftsräume, Kantinen, Erste-Hilfe-Räume und Unterkünfte müssen während der Nutzungsdauer unter Berücksichtigung des spezifischen Nutzungszwecks eine gesundheitlich zuträgliche Raumtemperatur haben.

(3) Fenster, Oberlichter und Glaswände müssen unter Berücksichtigung der Arbeitsverfahren und der Art der Arbeitsstätte eine Abschirmung gegen übermäßige Sonneneinstrahlung ermöglichen.

3.6 Lüftung

(1) In Arbeitsräumen, Sanitär-, Pausen- und Bereitschaftsräumen, Kantinen, Erste- Hilfe-Räumen und Unterkünften muss unter Berücksichtigung des spezifischen Nutzungszwecks, der Arbeitsverfahren, der physischen Belastungen und der Anzahl der Beschäftigten sowie der sonstigen anwesenden Personen während der Nutzungsdauer ausreichend gesundheitlich zuträgliche Atemluft vorhanden sein.

(2) Ist für das Betreiben von Arbeitsstätten eine raumlufttechnische Anlage erforderlich, muss diese jederzeit funktionsfähig sein. Bei raumlufttechnischen Anlagen muss eine Störung durch eine selbsttätige Warneinrichtung angezeigt werden. Es müssen Vorkehrungen getroffen sein, durch die die Beschäftigten im Fall einer Störung gegen Gesundheitsgefahren geschützt sind.
(3) Werden raumlufttechnische Anlagen verwendet, ist sicherzustellen, dass die Beschäftigten keinem störenden Luftzug ausgesetzt sind.
(4) Ablagerungen und Verunreinigungen in raumlufttechnischen Anlagen, die zu einer unmittelbaren Gesundheitsgefährdung durch die Raumluft führen können, müssen umgehend beseitigt werden.

3.7 Lärm
In Arbeitsstätten ist der Schalldruckpegel so niedrig zu halten, wie es nach der Art des Betriebes möglich ist. Der Schalldruckpegel am Arbeitsplatz in Arbeitsräumen ist in Abhängigkeit von der Nutzung und den zu verrichtenden Tätigkeiten so weit zu reduzieren, dass keine Beeinträchtigungen der Gesundheit der Beschäftigten entstehen.

4 Sanitär-, Pausen- und Bereitschaftsräume, Kantinen, Erste-Hilfe-Räume und Unterkünfte
4.1 Sanitärräume
(1) Der Arbeitgeber hat Toilettenräume zur Verfügung zu stellen. Toilettenräume sind für Männer und Frauen getrennt einzurichten oder es ist eine getrennte Nutzung zu ermöglichen. Toilettenräume sind mit verschließbaren Zugängen, einer ausreichenden Anzahl von Toilettenbecken und Handwaschgelegenheiten zur Verfügung zu stellen. Sie müssen sich sowohl in der Nähe der Arbeitsräume als auch in der Nähe von Kantinen, Pausen- und Bereitschaftsräumen, Wasch- und Umkleideräumen befinden. Bei Arbeiten im Freien und auf Baustellen mit wenigen Beschäftigten sind mobile, anschlussfreie Toilettenkabinen in der Nähe der Arbeitsplätze ausreichend.
(2) Der Arbeitgeber hat – wenn es die Art der Tätigkeit oder gesundheitliche Gründe erfordern – Waschräume zur Verfügung zu stellen. Diese sind für Männer und Frauen getrennt einzurichten oder es ist eine getrennte Nutzung zu ermöglichen. Bei Arbeiten im Freien und auf Baustellen mit wenigen Beschäftigten sind Waschgelegenheiten ausreichend. Waschräume sind

a) in der Nähe von Arbeitsräumen und sichtgeschützt einzurichten,
b) so zu bemessen, dass die Beschäftigten sich den hygienischen Erfordernissen entsprechend und ungehindert reinigen können; dazu müssen fließendes warmes und kaltes Wasser, Mittel zum Reinigen und gegebenenfalls zum Desinfizieren sowie zum Abtrocknen der Hände vorhanden sein,
c) mit einer ausreichenden Anzahl geeigneter Duschen zur Verfügung zu stellen, wenn es die Art der Tätigkeit oder gesundheitliche Gründe erfordern.

Sind Waschräume nicht erforderlich, müssen in der Nähe des Arbeitsplatzes und der Umkleideräume ausreichende und angemessene Waschgelegenheiten mit fließendem Wasser (erforderlichenfalls mit warmem Wasser), Mitteln zum Reinigen und zum Abtrocknen der Hände zur Verfügung stehen.
(3) Der Arbeitgeber hat geeignete Umkleideräume zur Verfügung zu stellen, wenn die Beschäftigten bei ihrer Tätigkeit besondere Arbeitskleidung tragen müssen und es ihnen nicht zuzumuten ist, sich in einem anderen Raum umzukleiden. Umkleideräume sind für Männer und Frauen getrennt einzurichten oder es ist eine getrennte Nutzung zu ermöglichen. Umkleideräume müssen

a) leicht zugänglich und von ausreichender Größe und sichtgeschützt eingerichtet werden; entsprechend der Anzahl gleichzeitiger Benutzer muss genügend freie Bodenfläche für ungehindertes Umkleiden vorhanden sein,
b) mit Sitzgelegenheiten sowie mit verschließbaren Einrichtungen ausgestattet sein, in denen jeder Beschäftigte seine Kleidung aufbewahren kann.

Kleiderschränke für Arbeitskleidung und Schutzkleidung sind von Kleiderschränken für persönliche Kleidung und Gegenstände zu trennen, wenn die Umstände dies erfordern.
(4) Wasch- und Umkleideräume, die voneinander räumlich getrennt sind, müssen untereinander leicht erreichbar sein.

4.2 Pausen- und Bereitschaftsräume

(1) Bei mehr als zehn Beschäftigten oder wenn die Sicherheit und der Schutz der Gesundheit es erfordern, ist den Beschäftigten ein Pausenraum oder ein entsprechender Pausenbereich zur Verfügung zu stellen. Dies gilt nicht, wenn die Beschäftigten in Büroräumen oder vergleichbaren Arbeitsräumen beschäftigt sind und dort gleichwertige Voraussetzungen für eine Erholung während der Pause gegeben sind. Fallen in die Arbeitszeit regelmäßig und häufig Arbeitsbereitschaftszeiten oder Arbeitsunterbrechungen und sind keine Pausenräume vorhanden, so sind für die Beschäftigten Räume für Bereitschaftszeiten einzurichten. Schwangere Frauen und stillende Mütter müssen sich während der Pausen und, soweit es erforderlich ist, auch während der Arbeitszeit unter geeigneten Bedingungen hinlegen und ausruhen können.
(2) Pausenräume oder entsprechende Pausenbereiche sind
a) für die Beschäftigten leicht erreichbar an ungefährdeter Stelle und in ausreichender Größe bereitzustellen,
b) entsprechend der Anzahl der gleichzeitigen Benutzer mit leicht zu reinigenden Tischen und Sitzgelegenheiten mit Rückenlehne auszustatten,
c) als separate Räume zu gestalten, wenn die Beurteilung der Arbeitsbedingungen und der Arbeitsstätte dies erfordern.

(3) Bereitschaftsräume und Pausenräume, die als Bereitschaftsräume genutzt werden, müssen dem Zweck entsprechend ausgestattet sein.

4.3 Erste-Hilfe-Räume

(1) Erste-Hilfe-Räume oder vergleichbare Bereiche sind entsprechend der Art der Gefährdungen in der Arbeitsstätte oder der Anzahl der Beschäftigten, der Art der auszuübenden Tätigkeiten sowie der räumlichen Größe der Betriebe zur Verfügung zu stellen.
(2) Erste-Hilfe-Räume müssen an ihren Zugängen als solche gekennzeichnet und für Personen mit Rettungstransportmitteln leicht zugänglich sein.
(3) Sie sind mit den erforderlichen Mitteln und Einrichtungen zur Ersten Hilfe auszustatten. An einer deutlich gekennzeichneten Stelle müssen Anschrift und Telefonnummer der örtlichen Rettungsdienste angegeben sein.
(4) Darüber hinaus sind überall dort, wo es die Arbeitsbedingungen erfordern, Mittel und Einrichtungen zur Ersten Hilfe aufzubewahren. Sie müssen leicht zugänglich und einsatzbereit sein. Die Aufbewahrungsstellen müssen als solche gekennzeichnet und gut erreichbar sein.

4.4 Unterkünfte

(1) Der Arbeitgeber hat angemessene Unterkünfte für Beschäftigte zur Verfügung zu stellen, gegebenenfalls auch außerhalb der Arbeitsstätte, wenn es aus Gründen der Sicherheit und zum Schutz der Gesundheit erforderlich ist. Die Bereitstellung angemessener Unterkünfte

kann insbesondere wegen der Abgelegenheit der Arbeitsstätte, der Art der auszuübenden Tätigkeiten oder der Anzahl der im Betrieb beschäftigten Personen erforderlich sein. Kann der Arbeitgeber erforderliche Unterkünfte nicht zur Verfügung stellen, hat er für eine andere angemessene Unterbringung der Beschäftigten zu sorgen.

(2) Unterkünfte müssen entsprechend ihrer Belegungszahl ausgestattet sein mit:

a) Wohn- und Schlafbereich (Betten, Schränken, Tischen, Stühlen),
b) Essbereich,
c) Sanitäreinrichtungen.

(3) Wird die Unterkunft von Männern und Frauen gemeinsam genutzt, ist dies bei der Zuteilung der Räume zu berücksichtigen.

5 Ergänzende Anforderungen und Maßnahmen für besondere Arbeitsstätten und Arbeitsplätze

5.1 Arbeitsplätze in nicht allseits umschlossenen Arbeitsstätten und Arbeitsplätze im Freien

Arbeitsplätze in nicht allseits umschlossenen Arbeitsstätten und Arbeitsplätze im Freien sind so einzurichten und zu betreiben, dass sie von den Beschäftigten bei jeder Witterung sicher und ohne Gesundheitsgefährdung erreicht, benutzt und wieder verlassen werden können. Dazu gehört, dass Arbeitsplätze gegen Witterungseinflüsse geschützt sind oder den Beschäftigten geeignete persönliche Schutzausrüstungen zur Verfügung gestellt werden.

Werden die Beschäftigten auf Arbeitsplätzen im Freien beschäftigt, so sind die Arbeitsplätze nach Möglichkeit so einzurichten, dass diese die Beschäftigten nicht gesundheitsgefährdenden äußeren Einwirkungen ausgesetzt sind.

5.2 Baustellen

(1) Die Beschäftigten müssen

a) sich gegen Witterungseinflüsse geschützt umkleiden, waschen und wärmen können,
b) über Einrichtungen verfügen, um ihre Mahlzeiten einnehmen und gegebenenfalls auch zubereiten zu können,
c) in der Nähe der Arbeitsplätze über Trinkwasser oder ein anderes alkoholfreies Getränk verfügen können.

Weiterhin sind auf Baustellen folgende Anforderungen umzusetzen:

d) Sind Umkleideräume nicht erforderlich, muss für jeden regelmäßig auf der Baustelle anwesenden Beschäftigten eine Kleiderablage und ein abschließbares Fach vorhanden sein, damit persönliche Gegenstände unter Verschluss aufbewahrt werden können.
e) Unter Berücksichtigung der Arbeitsverfahren und der physischen Belastungen der Beschäftigten ist dafür zu sorgen, dass ausreichend gesundheitlich zuträgliche Atemluft vorhanden ist.
f) Beschäftigte müssen die Möglichkeit haben, Arbeitskleidung und Schutzkleidung außerhalb der Arbeitszeit zu lüften und zu trocknen.
g) In regelmäßigen Abständen sind geeignete Versuche und Übungen an Feuerlöscheinrichtungen und Brandmelde- und Alarmanlagen durchzuführen.

(2) Schutzvorrichtungen, die ein Abstürzen von Beschäftigten an Arbeitsplätzen und Verkehrswegen auf Baustellen verhindern, müssen vorhanden sein:

1. unabhängig von der Absturzhöhe bei
   a) Arbeitsplätzen am und über Wasser oder an und über anderen festen oder flüssigen Stoffen, in denen man versinken kann,
   b) Verkehrswegen über Wasser oder anderen festen oder flüssigen Stoffen, in denen man versinken kann,

2. bei mehr als 1,00 m Absturzhöhe an Wandöffnungen, an freiliegenden Treppenläufen und -absätzen und
3. bei mehr als 2,00 m Absturzhöhe an allen übrigen Arbeitsplätzen.

Bei einer Absturzhöhe bis zu 3,00 m ist eine Schutzvorrichtung entbehrlich an Arbeitsplätzen und Verkehrswegen auf Dächern und Geschossdecken von baulichen Anlagen mit bis zu 22,5 Grad Neigung und nicht mehr als 50,00 m^2 Grundfläche, sofern die Arbeiten von hierfür fachlich qualifizierten und körperlich geeigneten Beschäftigten ausgeführt werden und diese Beschäftigten besonders unterwiesen sind. Die Absturzkante muss für die Beschäftigten deutlich erkennbar sein.

(3) Räumliche Begrenzungen der Arbeitsplätze, Materialien, Ausrüstungen und ganz allgemein alle Elemente, die durch Ortsveränderung die Sicherheit und die Gesundheit der Beschäftigten beeinträchtigen können, müssen auf geeignete Weise stabilisiert werden. Hierzu zählen auch Maßnahmen, die verhindern, dass Fahrzeuge, Erdbaumaschinen und Förderzeuge abstürzen, umstürzen, abrutschen oder einbrechen.

(4) Werden Beförderungsmittel auf Verkehrswegen verwendet, so müssen für andere, den Verkehrsweg nutzende Personen ein ausreichender Sicherheitsabstand oder geeignete Schutzvorrichtungen vorgesehen werden. Die Wege müssen regelmäßig überprüft und gewartet werden.

(5) Bei Arbeiten, aus denen sich im besonderen Maße Gefährdungen für die Beschäftigten ergeben können, müssen geeignete Sicherheitsvorkehrungen getroffen werden. Dies gilt insbesondere für Abbrucharbeiten sowie Montage- und Demontagearbeiten. Zur Erfüllung der Schutzmaßnahmen des Satzes 1 sind

a) bei Arbeiten an erhöhten oder tiefer gelegenen Standorten Standsicherheit und Stabilität der Arbeitsplätze und ihrer Zugänge auf geeignete Weise zu gewährleisten und zu überprüfen, insbesondere nach einer Veränderung der Höhe oder Tiefe des Arbeitsplatzes,
b) bei Aushubarbeiten, Brunnenbauarbeiten, unterirdischen oder Tunnelarbeiten die Erd- oder Felswände so abzuböschen, zu verbauen oder anderweitig so zu sichern, dass sie während der einzelnen Bauzustände standsicher sind; vor Beginn von Erdarbeiten sind geeignete Maßnahmen durchzuführen, um die Gefährdung durch unterirdisch verlegte Kabel und andere Versorgungsleitungen festzustellen und auf ein Mindestmaß zu verringern,
c) bei Arbeiten, bei denen Sauerstoffmangel auftreten kann, geeignete Maßnahmen zu treffen, um einer Gefahr vorzubeugen und eine wirksame und sofortige Hilfeleistung zu ermöglichen; Einzelarbeitsplätze in Bereichen, in denen erhöhte Gefährdung durch Sauerstoffmangel besteht, sind nur zulässig, wenn diese ständig von außen überwacht werden und alle geeigneten Vorkehrungen getroffen sind, um eine wirksame und sofortige Hilfeleistung zu ermöglichen,
d) beim Auf-, Um- sowie Abbau von Spundwänden und Senkkästen angemessene Vorrichtungen vorzusehen, damit sich die Beschäftigten beim Eindringen von Wasser und Material retten können,
e) bei Laderampen Absturzsicherungen vorzusehen,
f) bei Arbeiten, bei denen mit Gefährdungen aus dem Verkehr von Land-, Wasser-, oder Luftfahrzeugen zu rechnen ist, geeignete Vorkehrungen zu treffen.

Abbrucharbeiten, Montage- oder Demontagearbeiten, insbesondere der Auf- oder Abbau von Stahl- oder Betonkonstruktionen, die Montage oder Demontage von Verbau zur Sicherung von Erd- oder Felswänden oder Senkkästen sind fachkundig zu planen und nur unter fachkundiger Aufsicht sowie nach schriftlicher Abbruch-, Montage- oder Demontageanweisung durchzuführen; die Abbruch-, Montage- oder Demontageanweisung muss

die erforderlichen sicherheitstechnischen Angaben enthalten; auf die Schriftform kann verzichtet werden, wenn für die jeweiligen Abbruch-, Montage- oder Demontagearbeiten besondere sicherheitstechnische Angaben nicht erforderlich sind.
(6) Vorhandene elektrische Freileitungen müssen nach Möglichkeit außerhalb des Baustellengeländes verlegt oder freigeschaltet werden. Wenn dies nicht möglich ist, sind geeignete Abschrankungen, Abschirmungen oder Hinweise anzubringen, um Fahrzeuge und Einrichtungen von diesen Leitungen fern zu halten.

6 Maßnahmen zur Gestaltung von Bildschirmarbeitsplätzen

6.1 Allgemeine Anforderungen an Bildschirmarbeitsplätze

(1) Bildschirmarbeitsplätze sind so einzurichten und zu betreiben, dass die Sicherheit und der Schutz der Gesundheit der Beschäftigten gewährleistet sind. Die Grundsätze der Ergonomie sind auf die Bildschirmarbeitsplätze und die erforderlichen Arbeitsmittel sowie die für die Informationsverarbeitung durch die Beschäftigten erforderlichen Bildschirmgeräte entsprechend anzuwenden.
(2) Der Arbeitgeber hat dafür zu sorgen, dass die Tätigkeiten der Beschäftigten an Bildschirmgeräten insbesondere durch andere Tätigkeiten oder regelmäßige Erholungszeiten unterbrochen werden.
(3) Für die Beschäftigten ist ausreichend Raum für wechselnde Arbeitshaltungen und -bewegungen vorzusehen.
(4) Die Bildschirmgeräte sind so aufzustellen und zu betreiben, dass die Oberflächen frei von störenden Reflexionen und Blendungen sind.
(5) Die Arbeitstische oder Arbeitsflächen müssen eine reflexionsarme Oberfläche haben und so aufgestellt werden, dass die Oberflächen bei der Arbeit frei von störenden Reflexionen und Blendungen sind.
(6) Die Arbeitsflächen sind entsprechend der Arbeitsaufgabe so zu bemessen, dass alle Eingabemittel auf der Arbeitsfläche variabel angeordnet werden können und eine flexible Anordnung des Bildschirms, des Schriftguts und der sonstigen Arbeitsmittel möglich ist. Die Arbeitsfläche vor der Tastatur muss ein Auflegen der Handballen ermöglichen.
(7) Auf Wunsch der Beschäftigten hat der Arbeitgeber eine Fußstütze und einen Manuskripthalter zur Verfügung zu stellen, wenn eine ergonomisch günstige Arbeitshaltung auf andere Art und Weise nicht erreicht werden kann.
(8) Die Beleuchtung muss der Art der Arbeitsaufgabe entsprechen und an das Sehvermögen der Beschäftigten angepasst sein; ein angemessener Kontrast zwischen Bildschirm und Arbeitsumgebung ist zu gewährleisten. Durch die Gestaltung des Bildschirmarbeitsplatzes sowie der Auslegung und der Anordnung der Beleuchtung sind störende Blendungen, Reflexionen oder Spiegelungen auf dem Bildschirm und den sonstigen Arbeitsmitteln zu vermeiden.
(9) Werden an einem Arbeitsplatz mehrere Bildschirmgeräte oder Bildschirme betrieben, müssen diese ergonomisch angeordnet sein. Die Eingabegeräte müssen sich eindeutig dem jeweiligen Bildschirmgerät zuordnen lassen.
(10) Die Arbeitsmittel dürfen nicht zu einer erhöhten, gesundheitlich unzuträglichen Wärmebelastung am Arbeitsplatz führen.

6.2 Allgemeine Anforderungen an Bildschirme und Bildschirmgeräte

(1) Die Text- und Grafikdarstellungen auf dem Bildschirm müssen entsprechend der Arbeitsaufgabe und dem Sehabstand scharf und deutlich sowie ausreichend groß sein. Der Zeichen- und der Zeilenabstand müssen angemessen sein. Die Zeichengröße und der Zeilenabstand müssen auf dem Bildschirm individuell eingestellt werden können.

(2) Das auf dem Bildschirm dargestellte Bild muss flimmerfrei sein. Das Bild darf keine Verzerrungen aufweisen.

(3) Die Helligkeit der Bildschirmanzeige und der Kontrast der Text- und Grafikdarstellungen auf dem Bildschirm müssen von den Beschäftigten einfach eingestellt werden können. Sie müssen den Verhältnissen der Arbeitsumgebung individuell angepasst werden können.

(4) Die Bildschirmgröße und -form müssen der Arbeitsaufgabe angemessen sein.

(5) Die von den Bildschirmgeräten ausgehende elektromagnetische Strahlung muss so niedrig gehalten werden, dass die Sicherheit und die Gesundheit der Beschäftigten nicht gefährdet werden.

6.3 Anforderungen an Bildschirmgeräte und Arbeitsmittel für die ortsgebundene Verwendung an Arbeitsplätzen

(1) Bildschirme müssen frei und leicht dreh- und neigbar sein sowie über reflexionsarme Oberflächen verfügen. Bildschirme, die über reflektierende Oberflächen verfügen, dürfen nur dann betrieben werden, wenn dies aus zwingenden aufgabenbezogenen Gründen erforderlich ist.

(2) Tastaturen müssen die folgenden Eigenschaften aufweisen:

1. sie müssen vom Bildschirm getrennte Einheiten sein,
2. sie müssen neigbar sein,
3. die Oberflächen müssen reflexionsarm sein,
4. die Form und der Anschlag der Tasten müssen den Arbeitsaufgaben angemessen sein und eine ergonomische Bedienung ermöglichen,
5. die Beschriftung der Tasten muss sich vom Untergrund deutlich abheben und bei normaler Arbeitshaltung gut lesbar sein.

(3) Alternative Eingabemittel (zum Beispiel Eingabe über den Bildschirm, Spracheingabe, Scanner) dürfen nur eingesetzt werden, wenn dadurch die Arbeitsaufgaben leichter ausgeführt werden können und keine zusätzlichen Belastungen für die Beschäftigten entstehen.

6.4 Anforderungen an tragbare Bildschirmgeräte für die ortsveränderliche Verwendung an Arbeitsplätzen

(1) Größe, Form und Gewicht tragbarer Bildschirmgeräte müssen der Arbeitsaufgabe entsprechend angemessen sein.

(2) Tragbare Bildschirmgeräte müssen

1. über Bildschirme mit reflexionsarmen Oberflächen verfügen und
2. so betrieben werden, dass der Bildschirm frei von störenden Reflexionen und Blendungen ist.

(3) Tragbare Bildschirmgeräte ohne Trennung zwischen Bildschirm und externem Eingabemittel (insbesondere Geräte ohne Tastatur) dürfen nur an Arbeitsplätzen betrieben werden, an denen die Geräte nur kurzzeitig verwendet werden oder an denen die Arbeitsaufgaben mit keinen anderen Bildschirmgeräten ausgeführt werden können.

(4) Tragbare Bildschirmgeräte mit alternativen Eingabemitteln sind den Arbeitsaufgaben angemessen und mit dem Ziel einer optimalen Entlastung der Beschäftigten zu betreiben.

(5) Werden tragbare Bildschirmgeräte ortsgebunden an Arbeitsplätzen verwendet, gelten zusätzlich die Anforderungen nach Nummer 6.1.

6.5 Anforderungen an die Benutzerfreundlichkeit von Bildschirmarbeitsplätzen

(1) Beim Betreiben der Bildschirmarbeitsplätze hat der Arbeitgeber dafür zu sorgen, dass der Arbeitsplatz den Arbeitsaufgaben angemessen gestaltet ist. Er hat insbesondere geeignete Softwaresysteme bereitzustellen.

(2) Die Bildschirmgeräte und die Software müssen entsprechend den Kenntnissen und Erfahrungen der Beschäftigten im Hinblick auf die jeweilige Arbeitsaufgabe angepasst werden können.

(3) Das Softwaresystem muss den Beschäftigten Angaben über die jeweiligen Dialogabläufe machen.

(4) Die Bildschirmgeräte und die Software müssen es den Beschäftigten ermöglichen, die Dialogabläufe zu beeinflussen. Sie müssen eventuelle Fehler bei der Handhabung beschreiben und eine Fehlerbeseitigung mit begrenztem Arbeitsaufwand erlauben.

(5) Eine Kontrolle der Arbeit hinsichtlich der qualitativen oder quantitativen Ergebnisse darf ohne Wissen der Beschäftigten nicht durchgeführt werden.

7 c. Verordnung zum Schutz vor Gefahrstoffen (Gefahrstoffverordnung – GefStoffV)

vom 26. November 2010 (BGBl. I 1643, 1644),
zuletzt geändert durch Gesetz vom 29. März 2017 (BGBl. I 626)

(Abgedruckte Vorschriften: §§ 1–20)

Einleitung

(siehe bei Nr. 7, II 5)

Verordnungstext

Abschnitt 1 – Zielsetzung, Anwendungsbereich und Begriffsbestimmungen

§ 1 Zielsetzung und Anwendungsbereich (1) Ziel dieser Verordnung ist es, den Menschen und die Umwelt vor stoffbedingten Schädigungen zu schützen durch

1. Regelungen zur Einstufung, Kennzeichnung und Verpackung gefährlicher Stoffe und Gemische,
2. Maßnahmen zum Schutz der Beschäftigten und anderer Personen bei Tätigkeiten mit Gefahrstoffen und
3. Beschränkungen für das Herstellen und Verwenden bestimmter gefährlicher Stoffe, Gemische und Erzeugnisse.

(2) Abschnitt 2 gilt für das Inverkehrbringen von

1. gefährlichen Stoffen und Gemischen,
2. bestimmten Stoffen, Gemischen und Erzeugnissen, die mit zusätzlichen Kennzeichnungen zu versehen sind, nach Maßgabe der Richtlinie 96/59/EG des Rates vom 16. September 1996 über die Beseitigung polychlorierter Biphenyle und polychlorierter Terphenyle (PCB/PCT) (ABl. L 243 vom 24. 9. 1996, S. 31), die durch die Verordnung (EG) Nr. 596/2009 (ABl. L 188 vom 18. 7. 2009, S. 14) geändert worden ist.
3. Biozid-Produkten im Sinne des § 3 Nummer 11 des Chemikaliengesetzes, die keine gefährlichen Stoffe oder Gemische sind, sowie
4. Biozid-Werkstoffen im Sinne des § 3 Nummer 12 des Chemikaliengesetzes, die biologische Arbeitsstoffe im Sinne der Biostoffverordnung sind, und Biozid-Produkten im Sinne des § 3 Nummer 11 des Chemikaliengesetzes, die als Wirkstoffe solche biologischen Arbeitsstoffe enthalten.

Abschnitt 2 gilt nicht für Lebensmittel oder Futtermittel in Form von Fertigerzeugnissen, die für den Endverbraucher bestimmt sind.

(3) Die Abschnitte 3 bis 6 gelten für Tätigkeiten, bei denen Beschäftigte Gefährdungen ihrer Gesundheit und Sicherheit durch Stoffe, Gemische oder Erzeugnisse ausgesetzt sein können. Sie gelten auch, wenn die Sicherheit und Gesundheit anderer Personen aufgrund von

Tätigkeiten im Sinne von § 2 Absatz 5 gefährdet sein können, die durch Beschäftigte oder Unternehmer ohne Beschäftigte ausgeübt werden. Die Sätze 1 und 2 finden auch Anwendung auf Tätigkeiten, die im Zusammenhang mit der Beförderung von Stoffen, Gemischen und Erzeugnissen ausgeübt werden. Die Vorschriften des Gefahrgutbeförderungsgesetzes und der darauf gestützten Rechtsverordnungen bleiben unberührt.

(4) Sofern nicht ausdrücklich etwas anderes bestimmt ist, gilt diese Verordnung nicht für
1. biologische Arbeitsstoffe im Sinne der Biostoffverordnung und
2. private Haushalte.

Diese Verordnung gilt ferner nicht für Betriebe, die dem Bundesberggesetz unterliegen, soweit dort oder in Rechtsverordnungen, die auf Grund dieses Gesetzes erlassen worden sind, entsprechende Rechtsvorschriften bestehen.

§ 2 Begriffsbestimmungen (1) Gefahrstoffe im Sinne dieser Vorschrift sind
1. gefährliche Stoffe und Gemische nach § 3,
2. Stoffe, Gemische und Erzeugnisse, die explosionsfähig sind,
3. Stoffe, Gemische und Erzeugnisse, aus denen bei der Herstellung oder Verwendung Stoffe nach Nummer 1 oder Nummer 2 entstehen oder freigesetzt werden können,
4. Stoffe und Gemische, die die Kriterien nach den Nummern 1 bis 3 nicht erfüllen, aber auf Grund ihrer physikalisch-chemischen, chemischen oder toxischen Eigenschaften und der Art und Weise, wie sie am Arbeitsplatz vorhanden sind oder verwendet werden, die Gesundheit und die Sicherheit der Beschäftigten gefährden können,
5. alle Stoffe, denen ein Arbeitsplatzgrenzwert zugewiesen worden ist.

(2) Für die Begriffe Stoff, Gemisch, Erzeugnis, Lieferant, nachgeschalteter Anwender und Hersteller gelten die Begriffsbestimmungen nach Artikel 2 der Verordnung (EG) Nr. 1272/2008 des Europäischen Parlaments und des Rates vom 16. Dezember 2008 über die Einstufung, Kennzeichnung und Verpackung von Stoffen und Gemischen, zur Änderung und Aufhebung der Richtlinien 67/548/EWG und 1999/45/EG und zur Änderung der Verordnung (EG) Nr. 1907/2006 (ABl. L 353 vom 21. 12. 2008, S. 1), die zuletzt durch die Verordnung (EU) 2015/1221 (ABl. L 197 vom 25. 7. 2015, S. 10) geändert worden ist.

(2 a) Umweltgefährlich sind, über die Gefahrenklasse gewässergefährdend nach der Verordnung (EG) Nr. 1272/2008 hinaus, Stoffe oder Gemische, wenn sie selbst oder ihre Umwandlungsprodukte geeignet sind, die Beschaffenheit von Naturhaushalt, Boden oder Luft, Klima, Tieren, Pflanzen oder Mikroorganismen derart zu verändern, dass dadurch sofort oder später Gefahren für die Umwelt herbeigeführt werden können.

(3) Krebserzeugend, keimzellmutagen oder reproduktionstoxisch sind
1. Stoffe, die in Anhang VI der Verordnung (EG) Nr. 1272/2008 in der jeweils geltenden Fassung als karzinogen, keimzellmutagen oder reproduktionstoxisch eingestuft sind,
2. Stoffe, welche die Kriterien für die Einstufung als karzinogen, keimzellmutagen oder reporduktionstoxisch nach Anhang I der Verordnung (EG) Nr. 1272/2008 in der jeweils geltenden Fassung erfüllen,
3. Gemische, die einen oder mehrere der in § 2 Absatz 3 Nummer 1 oder 2 genannten Stoffe enthalten, wenn die Konzentration dieses Stoffs oder dieser Stoffe die stoffspezifischen oder die allgemeinen Konzentrationsgrenzen nach der Verordnung (EG) Nr. 1272/2008 in der jeweils geltenden Fassung erreicht oder übersteigt, die für die Einstufung eines Gemischs als karzinogen, keimzellmutagen oder reproduktionstoxisch festgelegt sind,
4. Stoffe, Gemische oder Verfahren, die in den nach § 20 Absatz 4 bekannt gegebenen Regeln und Erkenntnissen als krebserzeugend, keimzellmutagen oder reproduktionstoxisch bezeichnet werden.

(4) Organische Peroxide im Sinne des § 11 Absatz 4 und des Anhangs III sind Stoffe, die sich vom Wasserstoffperoxid dadurch ableiten, dass ein oder beide Wasserstoffatome durch organische Gruppen ersetzt sind, sowie Gemische, die diese Stoffe enthalten.

(5) Eine Tätigkeit ist jede Arbeit mit Stoffen, Gemischen oder Erzeugnissen, einschließlich Herstellung, Mischung, Ge- und Verbrauch, Lagerung, Aufbewahrung, Be- und Verarbeitung, Ab- und Umfüllung, Entfernung, Entsorgung und Vernichtung. Zu den Tätigkeiten zählen auch das innerbetriebliche Befördern sowie Bedien- und Überwachungsarbeiten.

(6) Lagern ist das Aufbewahren zur späteren Verwendung sowie zur Abgabe an andere. Es schließt die Bereitstellung zur Beförderung ein, wenn die Beförderung nicht innerhalb von 24 Stunden nach der Bereitstellung oder am darauffolgenden Werktag erfolgt. Ist dieser Werktag ein Samstag, so endet die Frist mit Ablauf des nächsten Werktags.

(7) Es stehen gleich

1. den Beschäftigten die in Heimarbeit beschäftigten Personen sowie Schülerinnen und Schüler, Studierende und sonstige, insbesondere an wissenschaftlichen Einrichtungen tätige Personen, die Tätigkeiten mit Gefahrstoffen ausüben; für Schülerinnen und Schüler und Studierende gelten jedoch nicht die Regelungen dieser Verordnung über die Beteiligung der Personalvertretungen,
2. dem Arbeitgeber der Unternehmer ohne Beschäftigte sowie der Auftraggeber und der Zwischenmeister im Sinne des Heimarbeitsgesetzes in der im Bundesgesetzblatt Teil III, Gliederungsnummer 804-1, veröffentlichten bereinigten Fassung, das zuletzt durch Artikel 225 der Verordnung vom 31. Oktober 2006 (BGBl. I S. 2407) geändert worden ist.

(8) Der Arbeitsplatzgrenzwert ist der Grenzwert für die zeitlich gewichtete durchschnittliche Konzentration eines Stoffs in der Luft am Arbeitsplatz in Bezug auf einen gegebenen Referenzzeitraum. Er gibt an, bis zu welcher Konzentration eines Stoffes akute oder chronische schädliche Auswirkungen auf die Gesundheit von Beschäftigten im Allgemeinen nicht zu erwarten sind.

(9) Der biologische Grenzwert ist der Grenzwert für die toxikologisch-arbeitsmedizinisch abgeleitete Konzentration eines Stoffs, seines Metaboliten oder eines Beanspruchungsindikators im entsprechenden biologischen Material. Er gibt an, bis zu welcher Konzentration die Gesundheit von Beschäftigten im Allgemeinen nicht beeinträchtigt wird.

(9 a) Physikalisch-chemische Einwirkungen umfassen Gefährdungen, die hervorgerufen werden können durch Tätigkeiten mit

1. Stoffen, Gemischen oder Erzeugnissen mit einer physikalischen Gefahr nach der Verordnung (EG) Nr. 1272/2008 oder
2. weiteren Gefahrstoffen, die nach der Verordnung (EG) Nr. 1272/2008 nicht mit einer physikalischen Gefahr eingestuft sind, die aber miteinander oder aufgrund anderer Wechselwirkungen so reagieren können, dass Brände oder Explosionen entstehen können.

(10) Ein explosionsfähiges Gemisch ist ein Gemisch aus brennbaren Gasen, Dämpfen, Nebeln oder aufgewirbelten Stäuben und Luft oder einem anderen Oxidationsmittel, das nach Wirksamwerden einer Zündquelle in einer sich selbsttätig fortpflanzenden Flammenausbreitung reagiert, sodass im Allgemeinen ein sprunghafter Temperatur- und Druckanstieg hervorgerufen wird.

(11) Chemisch instabile Gase, die auch ohne ein Oxidationsmittel nach Wirksamwerden einer Zündquelle in einer sich selbsttätig fortpflanzenden Flammenausbreitung reagieren können, sodass ein sprunghafter Temperatur- und Druckanstieg hervorgerufen wird, stehen explosionsfähigen Gemischen nach Absatz 10 gleich.

(12) Ein gefährliches explosionsfähiges Gemisch ist ein explosionsfähiges Gemisch, das in solcher Menge auftritt, dass besondere Schutzmaßnahmen für die Aufrechterhaltung der Gesundheit und Sicherheit der Beschäftigten oder anderer Personen erforderlich werden.
(13) Gefährliche explosionsfähige Atmosphäre ist ein gefährliches explosionsfähiges Gemisch mit Luft als Oxidationsmittel unter atmosphärischen Bedingungen (Umgebungstemperatur von –20 °C bis +60 °C und Druck von 0,8 Bar bis 1,1 Bar).
(14) Explosionsgefährdeter Bereich ist der Gefahrenbereich, in dem gefährliche explosionsfähige Atmosphäre auftreten kann.
(15) Der Stand der Technik ist der Entwicklungsstand fortschrittlicher Verfahren, Einrichtungen oder Betriebsweisen, der die praktische Eignung einer Maßnahme zum Schutz der Gesundheit und zur Sicherheit der Beschäftigten gesichert erscheinen lässt. Bei der Bestimmung des Stands der Technik sind insbesondere vergleichbare Verfahren, Einrichtungen oder Betriebsweisen heranzuziehen, die mit Erfolg in der Praxis erprobt worden sind. Gleiches gilt für die Anforderungen an die Arbeitsmedizin und die Arbeitsplatzhygiene.
(16) Fachkundig ist, wer zur Ausübung einer in dieser Verordnung bestimmten Aufgabe über die erforderlichen Fachkenntnisse verfügt. Die Anforderungen an die Fachkunde sind abhängig von der jeweiligen Art der Aufgabe. Zu den Anforderungen zählen eine entsprechende Berufsausbildung, Berufserfahrung oder eine zeitnah ausgeübte entsprechende berufliche Tätigkeit sowie die Teilnahme an spezifischen Fortbildungsmaßnahmen
(17) Sachkundig ist, wer seine bestehende Fachkunde durch Teilnahme an einem behördlich anerkannten Sachkundelehrgang erweitert hat. In Abhängigkeit vom Aufgabengebiet kann es zum Erwerb der Sachkunde auch erforderlich sein, den Lehrgang mit einer erfolgreichen Prüfung abzuschließen. Sachkundig ist ferner, wer über eine von der zuständigen Behörde als gleichwertig anerkannte oder in dieser Verordnung als gleichwertig bestimmte Qualifikation verfügt.

Abschnitt 2 – Gefahrstoffinformation

§ 3 Gefahrenklassen (1) Gefährlich im Sinne dieser Verordnung sind Stoffe, Gemische und bestimmte Erzeugnisse, die den in Anhang I der Verordnung (EG) Nr. 1272/2008 dargelegten Kriterien entsprechen.
(2) Die folgenden Gefahrenklassen geben die Art der Gefährdung wieder und werden unter Angabe der Nummerierung des Anhangs I der Verordnung (EG) Nr. 1272/2008 aufgelistet:

	Nummerierung nach Anhang I der Verordnung (EG) Nr. 1272/2008
1. Physikalische Gefahren	2
a) Explosive Stoffe/Gemische und Erzeugnisse mit Explosivstoff	2.1
b) Entzündbare Gase	2.2
c) Aerosole	2.3
d) Oxidierende Gase	2.4
e) Gase unter Druck	2.5
f) Entzündbare Flüssigkeiten	2.6
g) Entzündbare Feststoffe	2.7
h) Selbstzersetzliche Stoffe und Gemische	2.8
i) Pyrophore Flüssigkeiten	2.9

j) Pyrophore Feststoffe	2.10
k) Selbsterhitzungsfähige Stoffe und Gemische	2.11
l) Stoffe und Gemische, die in Berührung mit Wasser entzündbare Gase entwickeln	2.12
m) Oxidierende Flüssigkeiten	2.13
n) Oxidierende Feststoffe	2.14
o) Organische Peroxide	2.15
p) Korrosiv gegenüber Metallen	2.16
2. Gesundheitsgefahren	3
a) Akute Toxizität (oral, dermal und inhalativ)	3.1
b) Ätz-/Reizwirkung auf die Haut	3.2
c) Schwere Augenschädigung/Augenreizung	3.3
d) Sensibilisierung der Atemwege oder der Haut	3.4
e) Keimzellmutagenität	3.5
f) Karzinogenität	3.6
g) Reproduktionstoxizität	3.7
h) Spezifische Zeilorgan-Toxizität, einmalige Exposition (STOT SE)	3.8
i) Spezifische Zielorgan-Toxizität, wiederholte Exposition (STOT RE)	3.9
j) Aspirationsgefahr	3.10
3. Umweltgefahren	4
Gewässergefährdend (akut und langfristig)	4.1
4. Weitere Gefahren	5
Die Ozonschicht schädigend	5.1

§ 4 Einstufung, Kennzeichnung, Verpackung (1) Die Einstufung, Kennzeichnung und Verpackung von Stoffen und Gemischen sowie von Erzeugnissen mit Explosivstoff richten sich nach den Bestimmungen der Verordnung (EG) Nr. 1272/2008. Gemische, die bereits vor dem 1. Juni 2015 in Verkehr gebracht worden sind und die nach den Bestimmungen der Richtlinie 1999/45/EG gekennzeichnet und verpackt sind, müssen bis 31. Mai 2017 nicht nach der Verordnung (EG) 1272/2008 eingestuft, gekennzeichnet und verpackt werden.

(2) Bei der Einstufung von Stoffen und Gemischen sind die nach § 20 Absatz 4 bekannt gegebenen Regeln und Erkenntnisse zu beachten.

(3) Die Kennzeichnung von Stoffen und Gemischen, die in Deutschland in Verkehr gebracht werden, muss in deutscher Sprache erfolgen.

(4) Werden gefährliche Stoffe oder gefährliche Gemische unverpackt in Verkehr gebracht, sind jeder Liefereinheit geeignete Sicherheitsinformationen oder ein Sicherheitsdatenblatt in deutscher Sprache beizufügen.

(5) Lieferanten eines Biozid-Produkts, für das ein Dritter der Zulassungsinhaber ist, haben über die in Absatz 1 erwähnten Kennzeichnungspflichten hinaus sicherzustellen, dass die vom Zulassungsinhaber nach Artikel 69 Absatz 2 Satz 2 der Verordnung (EU) Nr. 528/2012 anzubringende Zusatzkennzeichnung bei der Abgabe an Dritte erhalten oder neu angebracht ist. Biozid-Produkte, die aufgrund des § 28 Absatz 8 des Chemikaliengesetzes ohne Zulassung auf dem Markt bereitgestellt werden, sind zusätzlich zu der in Absatz 1 erwähnten Kennzeichnung entsprechend Artikel 69 Absatz 2 Satz 2 und 3 der Verordnung (EU) Nr. 528/2012 zu kennzeichnen, wobei die dort in Satz 2 Buchstabe c und d aufgeführten Angaben entfallen und die Angaben nach Satz 2 Buchstabe f und g auf die vorgesehenen Anwendungen zu beziehen sind.

(6) Biozid-Wirkstoffe, die biologische Arbeitsstoffe nach § 2 Absatz 1 der Biostoffverordnung sind, sind zusätzlich nach § 3 der Biostoffverordnung einzustufen. Biozid-Wirkstoffe nach Satz 1 sowie Biozid-Produkte, bei denen der Wirkstoff ein biologischer Arbeitsstoff ist, sind zusätzlich mit den folgenden Elementen zu kennzeichnen:

1. Identität des Organismus nach Anhang II Titel 2 Nummer 2.1 und 2.2 der Verordnung (EU) Nr. 528/2012,
2. Einstufung der Mikroorganismen in Risikogruppen nach § 3 der Biostoffverordnung und
3. im Falle einer Einstufung in die Risikogruppe 2 und höher nach § 3 der Biostoffverordnung Hinzufügung des Symbols für Biogefährdung nach Anhang I der Biostoffverordnung.

(7) Dekontaminierte PCB-haltige Geräte im Sinne der Richtlinie 96/59/EG müssen nach dem Anhang dieser Richtlinie gekennzeichnet werden.

(8) Die Kennzeichnung bestimmter, beschränkter Stoffe, Gemische und Erzeugnisse richtet sich zusätzlich nach Artikel 67 in Verbindung mit Anhang XVII der Verordnung (EG) Nr. 1907/2006 in ihrer jeweils geltenden Fassung.

(9) Der Lieferant eines Gemischs oder eines Stoffs hat einem nachgeschalteten Anwender auf Anfrage unverzüglich alle Informationen zur Verfügung zu stellen, die dieser für eine ordnungsgemäße Einstufung neuer Gemische benötigt, wenn

1. der Informationsgehalt der Kennzeichnung oder des Sicherheitsdatenblatts des Gemisches oder
2. die Information über eine Verunreinigung oder Beimengung auf dem Kennzeichnungsetikett oder im Sicherheitsdatenblatt des Stoffs

dafür nicht ausreicht.

§ 5 Sicherheitsdatenblatt und sonstige Informationspflichten (1) Die vom Lieferanten hinsichtlich des Sicherheitsdatenblattes beim Inverkehrbringen von Stoffen oder Gemischen zu beachtenden Anforderungen ergeben sich aus Artikel 31 in Verbindung mit Anhang II der Verordnung (EG) Nr. 1907/2006. Ist nach diesen Vorschriften die Übermittlung eines Sicherheitsdatenblatts nicht erforderlich, richten sich die Informationspflichten nach Artikel 32 der Verordnung (EG) Nr. 1907/2006.

(2) Bei den Angaben, die nach den Nummern 15 und 16 des Anhangs II der Verordnung (EG) Nr. 1907/2006 zu machen sind, sind insbesondere die nach § 20 Absatz 4 bekannt gegebenen Regeln und Erkenntnisse zu berücksichtigen, nach denen Stoffe oder Tätigkeiten als krebserzeugend, keimzellmutagen oder reproduktionstoxisch bezeichnet werden.

Abschnitt 3 – Gefährdungsbeurteilung und Grundpflichten

§ 6 Informationsermittlung und Gefährdungsbeurteilung (1) Im Rahmen einer Gefährdungsbeurteilung als Bestandteil der Beurteilung der Arbeitsbedingungen nach § 5 des Arbeitsschutzgesetzes hat der Arbeitgeber festzustellen, ob die Beschäftigten Tätigkeiten mit Gefahrstoffen ausüben oder ob bei Tätigkeiten Gefahrstoffe entstehen oder freigesetzt werden können. Ist dies der Fall, so hat er alle hiervon ausgehenden Gefährdungen der Gesundheit und Sicherheit der Beschäftigten unter folgenden Gesichtspunkten zu beurteilen:

1. gefährliche Eigenschaften der Stoffe oder Gemische, einschließlich ihrer physikalisch-chemischen Wirkungen,

2. Informationen des Lieferanten zum Gesundheitsschutz und zur Sicherheit insbesondere im Sicherheitsdatenblatt,
3. Art und Ausmaß der Exposition unter Berücksichtigung aller Expositionswege; dabei sind die Ergebnisse der Messungen und Ermittlungen nach § 7 Absatz 8 zu berücksichtigen,
4. Möglichkeiten einer Substitution,
5. Arbeitsbedingungen und Verfahren, einschließlich der Arbeitsmittel und der Gefahrstoffmenge,
6. Arbeitsplatzgrenzwerte und biologische Grenzwerte,
7. Wirksamkeit der ergriffenen oder zu ergreifenden Schutzmaßnahmen,
8. Erkenntnisse aus arbeitsmedizinischen Vorsorgeuntersuchungen nach der Verordnung zur arbeitsmedizinischen Vorsorge.

(2) Der Arbeitgeber hat sich die für die Gefährdungsbeurteilung notwendigen Informationen beim Lieferanten oder aus anderen, ihm mit zumutbarem Aufwand zugänglichen Quellen zu beschaffen. Insbesondere hat der Arbeitgeber die Informationen zu beachten, die ihm nach Titel IV der Verordnung (EG) Nr. 1907/2006 zur Verfügung gestellt werden; dazu gehören Sicherheitsdatenblätter und die Informationen zu Stoffen oder Gemischen, für die kein Sicherheitsdatenblatt zu erstellen ist. Sofern die Verordnung (EG) Nr. 1907/2006 keine Informationspflicht vorsieht, hat der Lieferant dem Arbeitgeber auf Anfrage die für die Gefährdungsbeurteilung notwendigen Informationen über die Gefahrstoffe zur Verfügung zu stellen.

(3) Stoffe und Gemische, die nicht von einem Lieferanten nach § 4 Absatz 1 eingestuft und gekennzeichnet worden sind, beispielsweise innerbetrieblich hergestellte Stoffe oder Gemische, hat der Arbeitgeber selbst einzustufen. Zumindest aber hat er die von den Stoffen oder Gemischen ausgehenden Gefährdungen der Beschäftigten zu ermitteln; dies gilt auch für Gefahrstoffe nach § 2 Absatz 1 Nummer 4.

(4) Der Arbeitgeber hat festzustellen, ob die verwendeten Stoffe, Gemische und Erzeugnisse bei Tätigkeiten, auch unter Berücksichtigung verwendeter Arbeitsmittel, Verfahren und der Arbeitsumgebung sowie ihrer möglichen Wechselwirkungen, zu Brand- oder Explosionsgefährdungen führen können. Dabei hat er zu beurteilen,

1. ob gefährliche Mengen oder Konzentrationen von Gefahrstoffen, die zu Brand- und Explosionsgefährdungen führen können, auftreten; dabei sind sowohl Stoffe und Gemische mit physikalischen Gefährdungen nach der Verordnung (EG) Nr. 1272/2008 wie auch andere Gefahrstoffe, die zu Brand- und Explosionsgefährdungen führen können, sowie Stoffe, die in gefährlicher Weise miteinander reagieren können, zu berücksichtigen,
2. ob Zündquellen oder Bedingungen, die Brände oder Explosionen auslösen können, vorhanden sind und
3. ob schädliche Auswirkungen von Bränden oder Explosionen auf die Gesundheit und Sicherheit der Beschäftigten möglich sind.

Insbesondere hat er zu ermitteln, ob die Stoffe, Gemische und Erzeugnisse auf Grund ihrer Eigenschaften und der Art und Weise, wie sie am Arbeitsplatz vorhanden sind oder verwendet werden, explosionsfähige Gemische bilden können. Im Fall von nicht atmosphärischen Bedingungen sind auch die möglichen Veränderungen der für den Explosionsschutz relevanten sicherheitstechnischen Kenngrößen zu ermitteln und zu berücksichtigen.

(5) Bei der Gefährdungsbeurteilung sind ferner Tätigkeiten zu berücksichtigen, bei denen auch nach Ausschöpfung sämtlicher technischer Schutzmaßnahmen die Möglichkeit einer Gefährdung besteht. Dies gilt insbesondere für Instandhaltungsarbeiten, einschließlich Wartungsarbeiten. Darüber hinaus sind auch andere Tätigkeiten wie Bedien- und Über-

wachungsarbeiten zu berücksichtigen, wenn diese zu einer Gefährdung von Beschäftigten durch Gefahrstoffe führen können.

(6) Die mit den Tätigkeiten verbundenen inhalativen, dermalen und physikalisch-chemischen Gefährdungen sind unabhängig voneinander zu beurteilen und in der Gefährdungsbeurteilung zusammenzuführen. Treten bei einer Tätigkeit mehrere Gefahrstoffe gleichzeitig auf, sind Wechsel- oder Kombinationswirkungen der Gefahrstoffe, die Einfluss auf die Gesundheit und Sicherheit der Beschäftigten haben, bei der Gefährdungsbeurteilung zu berücksichtigen, soweit solche Wirkungen bekannt sind.

(7) Der Arbeitgeber kann bei der Festlegung der Schutzmaßnahmen eine Gefährdungsbeurteilung übernehmen, die ihm der Lieferant mitgeliefert hat, sofern die Angaben und Festlegungen in dieser Gefährungsbeurteilung den Arbeitsbedigungen und Verfahren, einschließlich der Arbeitsmittel und der Gefahrstoffmenge, im eigenen Betrieb entsprechen.

(8) Der Arbeitgeber hat die Gefährdungsbeurteilung unabhängig von der Zahl der Beschäftigten erstmals vor Aufnahme der Tätigkeit zu dokumentieren. Dabei ist Folgendes anzugeben:

1. die Gefährdungen bei Tätigkeiten mit Gefahrstoffen,
2. das Ergebnis der Prüfung auf Möglichkeiten einer Substitution nach Absatz 1 Satz 2 Nummer 4,
3. eine Begründung für einen Verzicht auf eine technisch mögliche Substitution, sofern Schutzmaßnahmen nach § 9 oder § 10 zu ergreifen sind,
4. die durchzuführenden Schutzmaßnahmen einschließlich derer,
   a) die wegen der Überschreitung eines Arbeitsplatzgrenzwerts zusätzlich ergriffen wurden sowie der geplanten Schutzmaßnahmen, die zukünftig ergriffen werden sollen, um den Arbeitsplatzgrenzwert einzuhalten, oder
   b) die unter Berücksichtigung eines Beurteilungsmaßstabs für krebserzeugende Gefahrstoffe, der nach § 20 Absatz 4 bekannt gegeben worden ist, zusätzlich getroffen worden sind oder zukünftig getroffen werden sollen (Maßnahmenplan),
5. eine Begründung, wenn von den nach § 20 Absatz 4 bekannt gegebenen Regeln und Erkenntnissen abgewichen wird, und
6. die Ermittlungsergebnisse, die belegen, dass der Arbeitsplatzgrenzwert eingehalten wird oder, bei Stoffen ohne Arbeitsplatzgrenzwert, die ergriffenen technischen Schutzmaßnahmen wirksam sind.

Im Rahmen der Dokumentation der Gefährdungsbeurteilung können auch vorhandene Gefährdungsbeurteilungen, Dokumente oder andere gleichwertige Berichte verwendet werden, die auf Grund von Verpflichtungen nach anderen Rechtsvorschriften erstellt worden sind.

(9) Bei der Dokumentation nach Absatz 8 hat der Arbeitgeber in Abhängigkeit der Feststellungen nach Absatz 4 die Gefährdungen durch gefährliche explosionsfähige Gemische besonders auszuweisen (Explosionsschutzdokument). Daraus muss insbesondere hervorgehen,

1. dass die Explosionsgefährdungen ermittelt und einer Bewertung unterzogen worden sind,
2. dass angemessene Vorkehrungen getroffen werden, um die Ziele des Explosionsschutzes zu erreichen (Darlegung eines Explosionsschutzkonzeptes),
3. ob und welche Bereiche entsprechend Anhang I Nummer 1.7 in Zonen eingeteilt wurden,
4. für welche Bereiche Explosionsschutzmaßnahmen nach § 11 und Anhang I Nummer 1 getroffen wurden,
5. wie die Vorgaben nach § 15 umgesetzt werden und

6. welche Überprüfungen nach § 7 Absatz 7 und welche Prüfungen zum Explosionsschutz nach Anhang 2 Abschnitt 3 der Betriebssicherheitsverordnung durchzuführen sind.

(10) Bei Tätigkeiten mit geringer Gefährdung nach Absatz 13 kann auf eine detaillierte Dokumentation verzichtet werden. Falls in anderen Fällen auf eine detaillierte Dokumentation verzichtet wird, ist dies nachvollziehbar zu begründen. Die Gefährdungsbeurteilung ist regelmäßig zu überprüfen und bei Bedarf zu aktualisieren. Sie ist umgehend zu aktualisieren, wenn maßgebliche Veränderungen oder neue Informationen dies erfordern oder wenn sich eine Aktualisierung auf Grund der Ergebnisse der arbeitsmedizinischen Vorsorge nach der Verordnung zur arbeitsmedizinischen Vorsorge als notwendig erweist.

(11) Die Gefährdungsbeurteilung darf nur von fachkundigen Personen durchgeführt werden. Verfügt der Arbeitgeber nicht selbst über die entsprechenden Kenntnisse, so hat er sich fachkundig beraten zu lassen. Fachkundig können insbesondere die Fachkraft für Arbeitssicherheit und die Betriebsärztin oder der Betriebsarzt sein.

(12) Der Arbeitgeber hat nach Satz 2 ein Verzeichnis der im Betrieb verwendeten Gefahrstoffe zu führen, in dem auf die entsprechenden Sicherheitsdatenblätter verwiesen wird. Das Verzeichnis muss mindestens folgende Angaben enthalten:

1. Bezeichnung des Gefahrstoffs,
2. Einstufung des Gefahrstoffs oder Angaben zu den gefährlichen Eigenschaften,
3. Angaben zu den im Betrieb verwendeten Mengenbereichen,
4. Bezeichnung der Arbeitsbereiche, in denen Beschäftigte dem Gefahrstoff ausgesetzt sein können.

Die Sätze 1 und 2 gelten nicht, wenn nur Tätigkeiten mit geringer Gefährdung nach Absatz 13 ausgeübt werden. Die Angaben nach Satz 2 Nummer 1, 2 und 4 müssen allen betroffenen Beschäftigten und ihrer Vertretung zugänglich sein.

(13) Ergibt sich aus der Gefährdungsbeurteilung für bestimmte Tätigkeiten auf Grund

1. der gefährlichen Eigenschaften des Gefahrstoffs,
2. einer geringen verwendeten Stoffmenge,
3. einer nach Höhe und Dauer niedrigen Exposition und
4. der Arbeitsbedingungen

insgesamt eine nur geringe Gefährdung der Beschäftigten und reichen die nach § 8 zu ergreifenden Maßnahmen zum Schutz der Beschäftigten aus, so müssen keine weiteren Maßnahmen des Abschnitts 4 ergriffen werden.

(14) Liegen für Stoffe oder Gemische keine Prüfdaten oder entsprechende aussagekräftige Informationen zur akut toxischen, reizenden, hautsensibilisierenden oder keimzellmutagenen Wirkung oder zur spezifischen Zielorgan-Toxizität bei wiederholter Exposition vor, sind die Stoffe oder Gemische bei der Gefährdungsbeurteilung wie Stoffe der Gefahrenklasse Akute Toxizität (oral, dermal und inhalativ) Kategorie 3, Ätz-/Reizwirkung auf die Haut Kategorie 2, Sensibilisierung der Haut Kategorie 1, Keimzellmutagenität Kategorie 2 oder Spezifische Zielorgan-Toxizität, wiederholte Exposition (STOT RE) Kategorie 2 zu behandeln. Hinsichtlich der Spezifizierung der anzuwendenden Einstufungskategorien sind die entsprechenden nach § 20 Absatz 4 Nummer 1 bekannt gegebenen Regeln und Erkenntnisse zu berücksichtigen.

§ 7 **Grundpflichten** (1) Der Arbeitgeber darf eine Tätigkeit mit Gefahrstoffen erst aufnehmen lassen, nachdem eine Gefährdungsbeurteilung nach § 6 durchgeführt und die erforderlichen Schutzmaßnahmen nach Abschnitt 4 ergriffen worden sind.

(2) Um die Gesundheit und Sicherheit der Beschäftigten bei allen Tätigkeiten mit Gefahrstoffen zu gewährleisten, hat der Arbeitgeber die erforderlichen Maßnahmen nach dem Arbeitsschutzgesetz und zusätzlich die nach dieser Verordnung erforderlichen Maßnah-

men zu ergreifen. Dabei hat er die nach § 20 Absatz 4 bekannt gegebenen Regeln und Erkenntnisse zu berücksichtigen. Bei Einhaltung dieser Regeln und Erkenntnisse ist in der Regel davon auszugehen, dass die Anforderungen dieser Verordnung erfüllt sind. Von diesen Regeln und Erkenntnissen kann abgewichen werden, wenn durch andere Maßnahmen zumindest in vergleichbarer Weise der Schutz der Gesundheit und die Sicherheit der Beschäftigten gewährleistet werden.

(3) Der Arbeitgeber hat auf der Grundlage des Ergebnisses der Substitutionsprüfung nach § 6 Absatz 1 Satz 2 Nummer 4 vorrangig eine Substitution durchzuführen. Er hat Gefahrstoffe oder Verfahren durch Stoffe, Gemische oder Erzeugnisse oder Verfahren zu ersetzen, die unter den jeweiligen Verwendungsbedingungen für die Gesundheit und Sicherheit der Beschäftigten nicht oder weniger gefährlich sind.

(4) Der Arbeitgeber hat Gefährdungen der Gesundheit und der Sicherheit der Beschäftigten bei Tätigkeiten mit Gefahrstoffen auszuschließen. Ist dies nicht möglich, hat er sie auf ein Minimum zu reduzieren. Diesen Geboten hat der Arbeitgeber durch die Festlegung und Anwendung geeigneter Schutzmaßnahmen Rechnung zu tragen. Dabei hat er folgende Rangfolge zu beachten:

1. Gestaltung geeigneter Verfahren und technischer Steuerungseinrichtungen von Verfahren, den Einsatz emissionsfreier oder emissionsarmer Verwendungsformen sowie Verwendung geeigneter Arbeitsmittel und Materialien nach dem Stand der Technik,
2. Anwendung kollektiver Schutzmaßnahmen technischer Art an der Gefahrenquelle, wie angemessene Be- und Entlüftung, und Anwendung geeigneter organisatorischer Maßnahmen,
3. sofern eine Gefährdung nicht durch Maßnahmen nach den Nummern 1 und 2 verhütet werden kann, Anwendung von individuellen Schutzmaßnahmen, die auch die Bereitstellung und Verwendung von persönlicher Schutzausrüstung umfassen.

(5) Beschäftigte müssen die bereitgestellte persönliche Schutzausrüstung verwenden, solange eine Gefährdung besteht. Die Verwendung von belastender persönlicher Schutzausrüstung darf keine Dauermaßnahme sein. Sie ist für jeden Beschäftigten auf das unbedingt erforderliche Maß zu beschränken.

(6) Der Arbeitgeber stellt sicher, dass

1. die persönliche Schutzausrüstung an einem dafür vorgesehenen Ort sachgerecht aufbewahrt wird,
2. die persönliche Schutzausrüstung vor Gebrauch geprüft und nach Gebrauch gereinigt wird und
3. schadhafte persönliche Schutzausrüstung vor erneutem Gebrauch ausgebessert oder ausgetauscht wird.

(7) Der Arbeitgeber hat die Funktion und die Wirksamkeit der technischen Schutzmaßnahmen regelmäßig, mindestens jedoch jedes dritte Jahr, zu überprüfen. Das Ergebnis der Prüfungen ist aufzuzeichnen und vorzugsweise zusammen mit der Dokumentation nach § 6 Absatz 8 aufzubewahren.

(8) Der Arbeitgeber stellt sicher, dass die Arbeitsplatzgrenzwerte eingehalten werden. Er hat die Einhaltung durch Arbeitsplatzmessungen oder durch andere geeignete Methoden zur Ermittlung der Exposition zu überprüfen. Ermittlungen sind auch durchzuführen, wenn sich die Bedingungen ändern, welche die Exposition der Beschäftigten beeinflussen können. Die Ermittlungsergebnisse sind aufzuzeichnen, aufzubewahren und den Beschäftigten und ihrer Vertretung zugänglich zu machen. Werden Tätigkeiten entprechend einem verfahrens- und stoffspezifischen Kriterium ausgeübt, das nach § 20 Absatz 4 bekannt gegeben worden ist, kann der Arbeitgeber in der Regel davon ausgehen, dass die Arbeitsplatzgrenzwerte eingehalten werden; in diesem Fall findet Satz 2 keine Anwendung.

(9) Sofern Tätigkeiten mit Gefahrstoffen ausgeübt werden, für die kein Arbeitsplatzgrenzwert vorliegt, hat der Arbeitgeber regelmäßig die Wirksamkeit der ergriffenen technischen Schutzmaßnahmen durch geeignete Ermittlungsmethoden zu überprüfen, zu denen auch Arbeitsplatzmessungen gehören.

(10) Wer Arbeitsplatzmessungen von Gefahrstoffen durchführt, muss fachkundig sein und über die erforderlichen Einrichtungen verfügen. Wenn ein Arbeitgeber eine für Messungen von Gefahrstoffen an Arbeitsplätzen akkreditierte Messstelle beauftragt, kann der Arbeitgeber in der Regel davon ausgehen, dass die von dieser Messstelle gewonnenen Erkenntnisse zutreffend sind.

(11) Der Arbeitgeber hat bei allen Ermittlungen und Messungen die nach § 20 Absatz 4 bekannt gegebenen Verfahren, Messregeln und Grenzwerte zu berücksichtigen, bei denen die entsprechenden Bestimmungen der folgenden Richtlinien berücksichtigt worden sind:

1. der Richtlinie 98/24/EG des Rates vom 7. April 1998 zum Schutz von Gesundheit und Sicherheit der Arbeitnehmer vor der Gefährdung durch chemische Arbeitsstoffe bei der Arbeit (vierzehnte Einzelrichtlinie im Sinne des Artikels 16 Absatz 1 der Richtlinie 89/391/EWG) (ABl. L 131 vom 5. 5. 1998, S. 11), die zuletzt durch die Richtlinie 2014/27/EU (ABl. L 65 vom 5. 3. 2014, S. 1) geändert worden ist, einschließlich der Richtlinien über Arbeitsplatzgrenzwerte, die nach Artikel 3 Absatz 2 der Richtlinie 98/24/EG erlassen wurden,
2. der Richtlinie 2004/37/EG des Europäischen Parlaments und des Rates vom 29. April 2004 über den Schutz der Arbeitnehmer gegen Gefährdung durch Karzinogene oder Mutagene bei der Arbeit (Sechste Einzelrichtlinie im Sinne von Artikel 16 Absatz 1 der Richtlinie 89/391/EWG des Rates) (kodifizierte Fassung) (ABl. L 158 vom 30. 4. 2004, S. 50, L 229 vom 29. 6. 2004, S. 23, L 204 vom 4. 8. 2007, S. 28), die zuletzt durch die Richtlinie 2014/27/EU geändert worden ist, sowie
3. der Richtlinie 2009/148/EG des Europäischen Parlaments und des Rates vom 30. November 2009 über den Schutz der Arbeitnehmer gegen Gefährdung durch Asbest am Arbeitsplatz (ABl. L 330 vom 16. 12. 2009, S. 28).

Abschnitt 4 – Schutzmaßnahmen

§ 8 Allgemeine Schutzmaßnahmen (1) Der Arbeitgeber hat bei Tätigkeiten mit Gefahrstoffen die folgenden Schutzmaßnahmen zu ergreifen:

1. geeignete Gestaltung des Arbeitsplatzes und geeignete Arbeitsorganisation,
2. Bereitstellung geeigneter Arbeitsmittel für Tätigkeiten mit Gefahrstoffen und geeignete Wartungsverfahren zur Gewährleistung der Gesundheit und Sicherheit der Beschäftigten bei der Arbeit,
3. Begrenzung der Anzahl der Beschäftigten, die Gefahrstoffen ausgesetzt sind oder ausgesetzt sein können,
4. Begrenzung der Dauer und der Höhe der Exposition,
5. angemessene Hygienemaßnahmen, insbesondere zur Vermeidung von Kontaminationen, und die regelmäßige Reinigung des Arbeitsplatzes,
6. Begrenzung der am Arbeitsplatz vorhandenen Gefahrstoffe auf die Menge, die für den Fortgang der Tätigkeiten erforderlich ist,
7. geeignete Arbeitsmethoden und Verfahren, welche die Gesundheit und Sicherheit der Beschäftigten nicht beeinträchtigen oder die Gefährdung so gering wie möglich halten, einschließlich Vorkehrungen für die sichere Handhabung, Lagerung und Beförderung von Gefahrstoffen und von Abfällen, die Gefahrstoffe enthalten, am Arbeitsplatz.

(2) Der Arbeitgeber hat sicherzustellen, dass
1. alle verwendeten Stoffe und Gemische identifizierbar sind,
2. gefährliche Stoffe und Gemische innerbetrieblich mit einer Kennzeichnung versehen sind, die ausreichende Informationen über die Einstufung, über die Gefahren bei der Handhabung und über dei zu beachtenden Sicherheitsmaßnahmen enthält; vorzugsweise ist eine Kennzeichnung zu wählen, die der Verordnung (EG) Nr. 1272/2008 entspricht,
3. Apparaturen und Rohrleitungen so gekennzeichnet sind, dass mindestens die enthaltenen Gefahrstoffe sowie die davon ausgehenden Gefahren eindeutig identifizierbar sind.

Kennzeichnungspflichten nach anderen Rechtsvorschriften bleiben unberührt. Solange der Arbeitgeber den Verpflichtungen nach Satz 1 nicht nachgekommen ist, darf er Tätigkeiten mit den dort genannten Stoffen und Gemischen nicht ausüben lassen. Satz 1 Nummer 2 gilt nicht für Stoffe, die für Forschungs- und Entwicklungszwecke oder für wissenschaftliche Lehrzwecke neu hergestellt worden sind und noch nicht geprüft werden konnten. Eine Exposition der Beschäftigten bei Tätigkeiten mit diesen Stoffen ist zu vermeiden.

(3) Der Arbeitgeber hat gemäß den Ergebnissen der Gefährdungsbeurteilung nach § 6 sicherzustellen, dass die Beschäftigten in Arbeitsbereichen, in denen sie Gefahrstoffen ausgesetzt sein können, keine Nahrungs- oder Genussmittel zu sich nehmen. Der Arbeitgeber hat hierfür vor Aufnahme der Tätigkeiten geeignete Bereiche einzurichten.

(4) Der Arbeitgeber hat sicherzustellen, dass durch Verwendung verschließbarer Behälter eine sichere Lagerung, Handhabung und Beförderung von Gefahrstoffen auch bei der Abfallentsorgung gewährleistet ist.

(5) Der Arbeitgeber hat sicherzustellen, dass Gefahrstoffe so aufbewahrt oder gelagert werden, dass sie weder die menschliche Gesundheit noch die Umwelt gefährden. Er hat dabei wirksame Vorkehrungen zu treffen, um Missbrauch oder Fehlgebrauch zu verhindern. Insbesondere dürfen Gefahrstoffe nicht in solchen Behältern aufbewahrt werden, durch deren Form oder Bzeichnung der Inhalt mit Lebensmitteln verwechselt werden kann. Sie dürfen nur übersichtlich geordnet und nicht in unmittelbarer Nähe von Arznei-, Lebens- oder Futtermitteln, einschließlich deren Zusatzstoffe, aufbewahrt oder gelagert werden. Bei der Aufbewahrung zur Abgabe oder zur sofortigen Verwendung muss eine Kennzeichnung nach Absatz 2 deutlich sichtbar und lesbar angebraucht sein.

(6) Der Arbeitgeber hat sicherzustellen, dass Gefahrstoffe, die nicht mehr benötigt werden, und entleerte Behälter, die noch Reste von Gefahrstoffen enthalten können, sicher gehandhabt, vom Arbeitsplatz entfernt und sachgerecht gelagert oder entsorgt werden.

(7) Der Arbeitgeber hat sicherzustellen, dass Stoffe und Gemische, die als akut toxisch Kategorie 1, 2 oder 3, spezifisch zielorgantoxisch Kategorie 1, krebserzeugend Kategorie 1A oder 1B oder keimzellmutagen Kategorie 1A oder 1B eingestuft sind, unter Verschluss oder so aufbewahrt oder gelagert werden, dass nur fachkundige und zuverlässige Personen Zugang haben. Tätigkeiten mit diesen Stoffen und Gemischen dürfen nur von fachkundigen oder besonders unterwiesenen Personen ausgeführt werden. Satz 2 gilt auch für Tätigkeiten mit Stoffen und Gemischen, die als reproduktionstoxisch Kategorie 1A oder 1B oder als atemwegssensibilisierend eingestuft sind. Die Sätze 1 und 2 gilten nicht für Kraftstoffe an Tankstellen oder sonstigen Betankungseinrichtungen sowie für Stoffe und Gemische, die als akut toxisch Kategorie 3 eingestuft sind, sofern diese vormals nach der Richtlinie 67/548/EWG oder der Richtlinie 1999/45/EG als gesundheitsschädlich bewertet wurden. Hinsichtlich der Bewertung als gesundheitsschädlich sind die entsprechenden nach § 20 Absatz 4 Nummer 1 bekannt gegebenen Regeln und Erkenntnisse zu berücksichtigen.

(8) Der Arbeitgeber hat bei Tätigkeiten mit Gefahrstoffen nach Anhang I Nummer 2 bis 5

sowohl die §§ 6 bis 18 als auch die betreffenden Vorschriften des Anhangs I Nummer 2 bis 5 zu beachten.

§ 9 Zusätzliche Schutzmaßnahmen (1) Sind die allgemeinen Schutzmaßnahmen nach § 8 nicht ausreichend, um Gefährdungen durch Einatmen, Aufnahme über die Haut oder Verschlucken entgegenzuwirken, hat der Arbeitgeber zusätzlich diejenigen Maßnahmen nach den Absätzen 2 bis 7 zu ergreifen, die auf Grund der Gefährdungsbeurteilung nach § 6 erforderlich sind. Dies gilt insbesondere, wenn

1. Arbeitsplatzgrenzwerte oder biologische Grenzwerte überschritten werden,
2. bei hautresorptiven oder haut- oder augenschädigenden Gefahrstoffen eine Gefährdung durch Haut- oder Augenkontakt besteht oder
3. bei Gefahrstoffen ohne Arbeitsplatzgrenzwert und ohne biologischen Grenzwert eine Gefährdung auf Grund der ihnen zugeordneten Gefahrenklasse nach § 3 und der inhalativen Exposition angenommen werden kann.

(2) Der Arbeitgeber hat sicherzustellen, dass Gefahrstoffe in einem geschlossenen System hergestellt und verwendet werden, wenn

1. die Substitution der Gefahrstoffe nach § 7 Absatz 3 durch solche Stoffe, Gemische, Erzeugnisse oder Verfahren, die bei ihrer Verwendung nicht oder weniger gefährlich für die Gesundheit und Sicherheit sind, technisch nicht möglich ist und
2. eine erhöhte Gefährdung der Beschäftigten durch inhalative Exposition gegenüber diesen Gefahrstoffen besteht.

Ist die Anwendung eines geschlossenen Systems technisch nicht möglich, so hat der Arbeitgeber dafür zu sorgen, dass die Exposition der Beschäftigten nach dem Stand der Technik und unter Beachtung von § 7 Absatz 4 so weit wie möglich verringert wird.

(3) Bei Überschreitung eines Arbeitsplatzgrenzwerts muss der Arbeitgeber unverzüglich die Gefährdungsbeurteilung nach § 6 erneut durchführen und geeignete zusätzliche Schutzmaßnahmen ergreifen, um den Arbeitsplatzgrenzwert einzuhalten. Wird trotz Ausschöpfung aller technischen und organisatorischen Schutzmaßnahmen der Arbeitsplatzgrenzwert nicht eingehalten, hat der Arbeitgeber unverzüglich persönliche Schutzausrüstung bereitszustellen. Dies gilt insbesondere für Abbruch-, Sanierungs- und Instandhaltungsarbeiten.

(4) Besteht trotz Ausschöpfung aller technischen und organisatorischen Schutzmaßnahmen bei hautresorptiven, haut- oder augenschädigenden Gefahrstoffen eine Gefährdung durch Haut- oder Augenkontakt, hat der Arbeitgeber unverzüglich persönliche Schutzausrüstung bereitszustellen.

(5) Der Arbeitgeber hat getrennte Aufbewahrungsmöglichkeiten für die Arbeits- und Schutzkleidung einerseits und die Straßenkleidung andererseits zur Verfügung zu stellen. Der Arbeitgeber hat die durch Gefahrstoffe verunreinigte Arbeitskleidung zu reinigen.

(6) Der Arbeitgeber hat geeignete Maßnahmen zu ergreifen, die gewährleisten, dass Arbeitsbereiche, in denen eine erhöhte Gefährdung der Beschäftigten besteht, nur den Beschäftigten zugänglich sind, die sie zur Ausübung ihrer Arbeit oder zur Durchführung bestimmter Aufgaben betreten müssen.

(7) Wenn Tätigkeiten mit Gefahrstoffen von einer oder einem Beschäftigten allein ausgeübt werden, hat der Arbeitgeber zusätzliche Schutzmaßnahmen zu ergreifen oder eine angemessene Aufsicht zu gewährleisten. Dies kann auch durch den Einsatz technischer Mittel sichergestellt werden.

§ 10 Besondere Schutzmaßnahmen bei Tätigkeiten mit krebserzeugenden, keimzellmutagenen und reproduktionstoxischen Gefahrstoffen der Kategorie 1A und 1B (1) Bei Tätigkeiten mit krebserzeugenden Gefahrstoffen der Kategorie 1 oder 2, für die kein

Arbeitplatzgrenzwert nach § 20 Absatz 4 bekannt gegeben worden ist, hat der Arbeitgeber ein geeignetes, risikobezogenes Maßnahmenkonzept anzuwenden, um das Minimierungsgebot nach § 7 Absatz 4 umzusetzen. Hierbei sind die nach § 20 Absatz 4 bekannt gegebenen Regeln, Erkenntnisse und Beurteilungsmaßstäbe zu berücksichtigen. Bei Tätigkeiten mit krebserzeugenden, keimzellmutagenen oder reproduktionstoxischen Gefahrstoffen der Kategorie 1A oder 1B hat der Arbeitgeber, unbeschadet des Absatzes 2, zusätzlich die Bestimmungen nach den Absätzen 3 bis 5 zu erfüllen. Die besonderen Bestimmungen des Anhangs II Nummer 6 sind zu beachten.

(2) Die Absätze 3 bis 5 gelten nicht, wenn

1. ein Arbeitsplatzgrenzwert nach § 20 Absatz 4 bekannt gegeben worden ist, dieser eingehalten und dies durch Arbeitsplatzmessung oder durch andere geeignete Methoden zur Ermittlung der Exposition belegt wird oder
2. Tätigkeiten entsprechend einem nach § 20 Absatz 4 bekannt gegebenen verfahrens- und stoffspezifischen Kriterium ausgeübt werden.

(3) Wenn Tätigkeiten mit krebserzeugenden, erbgutverändernden oder fruchtbarkeitsgefährdenden Gefahrstoffen der Kategorie 1A oder 1B ausgeübt werden, hat der Arbeitgeber

1. die Exposition der Beschäftigten durch Arbeitsplatzmessungen oder durch andere geeignete Ermittlungsmethoden zu bestimmen, auch um erhöhte Expositionen infolge eines unvorhersehbaren Ereignisses oder eines Unfalls schnell erkennen zu können,
2. Gefahrenbereiche abzugrenzen, in denen Beschäftigte diesen Gefahrstoffen ausgesetzt sind oder ausgesetzt sein können, und Warn- und Sicherheitszeichen anzubringen, einschließlich der Verbotszeichen »Zutritt für Unbefugte verboten« und »Rauchen verboten« nach Anhang II Nummer 3.1 der Richtlinie 92/85/EWG des Rates vom 24. Juni 1992 über Mindestvorschriften für die Sicherheits- und/oder Gesundheitsschutzkennzeichnung am Arbeitsplatz (ABl. L 245 vom 26. 8. 1992, S. 23), die zuletzt durch die Richtlinie 2014/27/EU (ABl. L 65 vom 5. 3. 2014, S. 1) geändert worden ist.

(4) Bei Tätigkeiten, bei denen eine beträchtliche Erhöhung der Exposition der Beschäftigten durch krebserzeugende, keimzellmutagene oder reproduktionstoxische Gefahrstoffe der Kategorie 1A oder 1B zu erwarten ist und bei denen jede Möglichkeit weiterer technischer Schutzmaßnahmen zur Begrenzung dieser Exposition bereits ausgeschöpft wurde, hat der Arbeitgeber nach Beratung mit den Beschäftigten oder mit ihrer Vertretung Maßnahmen zu ergreifen, um die Dauer der Exposition der Beschäftigten so weit wie möglich zu verkürzen und den Schutz der Beschäftigten während dieser Tätigkeiten zu gewährleisten. Er hat den betreffenden Beschäftigten persönliche Schutzausrüstung zur Verfügung zu stellen, die sie während der gesamten Dauer der erhöhten Exposition tragen müssen.

(5) Werden in einem Arbeitsbereich Tätigkeiten mit krebserzeugenden, keimzellmutagenen oder reproduktionstoxischen Gefahrstoffen der Kategorie 1A oder 1B ausgeübt, darf die dort abgesaugte Luft nicht in den Arbeitsbereich zurückgeführt werden. Dies gilt nicht, wenn die Luft unter Anwendung von behördlich oder von den Trägern der gesetzlichen Unfallversicherung anerkannten Verfahren oder Geräte ausreichend von solchen Stoffen gereinigt ist. Die Luft muss dann so geführt oder gereinigt werden, dass krebserzeugende, keimzellmutagene oder reproduktionstoxische Stoffe nicht in die Atemluft anderer Beschäftigter gelangen.

§ 11 Besondere Schutzmaßnahmen gegen physikalisch-chemische Einwirkungen, insbesondere gegen Brand- und Explosionsgefährdungen (1) Der Arbeitgeber hat auf der Grundlage der Gefährdungsbeurteilung Maßnahmen zum Schutz der Beschäftigten und anderer Personen vor physikalisch-chemischen Einwirkungen zu ergreifen. Er hat die Maßnahmen so festzulegen, dass die Gefährdungen vermieden oder so weit wie möglich verringert werden. Dies gilt insbesondere bei Tätigkeiten einschließlich Lagerung, bei denen es zu Brand- und Explosionsgefährdungen kommen kann. Dabei hat der Arbeitgeber Anhang I Nummer 1 und 5 zu beachten. Die Vorschriften des Sprengstoffgesetzes und der darauf gestützten Rechtsvorschriften bleiben unberührt.

(2) Zur Vermeidung von Brand- und Explosionsgefährdungen hat der Arbeitgeber Maßnahmen nach folgender Rangfolge zu ergreifen:

1. gefährliche Mengen oder Konzentrationen von Gefahrstoffen, die zu Brand- oder Explosionsgefährdungen führen können, sind zu vermeiden,
2. Zündquellen oder Bedingungen, die Brände oder Explosionen auslösen können, sind zu vermeiden,
3. schädliche Auswirkungen von Bränden oder Explosionen auf die Gesundheit und Sicherheit der Beschäftigten und anderer Personen sind so weit wie möglich zu verringern.

(3) Arbeitsbereiche, Arbeitsplätze, Arbeitsmittel und deren Verbindungen untereinander müssen so konstruiert, errichtet, zusammengebaut, installiert, verwendet und instand gehalten werden, dass keine Brand- und Explosionsgefährdungen auftreten.

(4) Bei Tätigkeiten mit organischen Peroxiden hat der Arbeitgeber über die Bestimmungen der Absätze 1 und 2 sowie des Anhangs I Nummer 1 hinaus insbesondere Maßnahmen zu treffen, die die

1. Gefahr einer unbeabsichtigten Explosion minimieren und
2. Auswirkungen von Bränden und Explosionen beschränken.

Dabei hat der Arbeitgeber Anhang III zu beachten.

§ 12 *(weggefallen)*

§ 13 Betriebsstörungen, Unfälle und Notfälle (1) Um die Gesundheit und die Sicherheit der Beschäftigten bei Betriebsstörungen, einem Unfällen oder Notfällen zu schützen, hat der Arbeitgeber rechtzeitig die Notfallmaßnahmen festzulegen, die beim Eintreten eines derartigen Ereignisses zu ergreifen sind. Dies schließt die Bereitstellung angemessener Erste-Hilfe-Einrichtungen und die Durchführung von Sicherheitsübungen in regelmäßigen Abständen ein.

(2) Tritt eines der in Absatz 1 Satz 1 genannten Ereignisse ein, so hat der Arbeitgeber unverzüglich die gemäß Absatz 1 festgelegten Maßnahmen zu ergreifen, um

1. betroffene Beschäftigte über die durch das Ereignis hervorgerufene Gefahrensituation im Betrieb zu informieren,
2. die Auswirkungen des Ereignisses zu mindern und
3. wieder einen normalen Betriebsablauf herbeizuführen.

Neben den Rettungskräften dürfen nur die Beschäftigten im Gefahrenbereich verbleiben, die Tätigkeiten zur Erreichung der Ziele nach Satz 1 Nummer 2 und 3 ausüben.

(3) Der Arbeitgeber hat Beschäftigten, die im Gefahrenbereich tätig werden, vor Aufnahme ihrer Tätigkeit geeignete Schutzkleidung und persönliche Schutzausrüstung sowie gegebenenfalls erforderliche spezielle Sicherheitseinrichtungen und besondere Arbeitsmittel zur Verfügung zu stellen. Im Gefahrenbereich müssen die Beschäftigten die Schutzkleidung und die persönliche Schutzausrüstung für die Dauer des nicht bestimmungsgemäßen Betriebsablaufs verwenden. Die Verwendung belastender persönlicher Schutzausrüstung muss für die einzelnen Beschäftigten zeitlich begrenzt sein. Ungeschützte und unbefugte Personen dürfen sich nicht im festzulegenden Gefahrenbereich aufhalten.

(4) Der Arbeitgeber hat Warn- und sonstige Kommunikationssysteme, die eine erhöhte Gefährdung der Gesundheit und Sicherheit anzeigen, zur Verfügung zu stellen, so dass eine angemessene Reaktion möglich ist und unverzüglich Abhilfemaßnahmen sowie Hilfs-, Evakuierungs- und Rettungsmaßnahmen eingeleitet werden können.

(5) Der Arbeitgeber hat sicherzustellen, dass Informationen über Maßnahmen bei Notfällen mit Gefahrstoffen zur Verfügung stehen. Die zuständigen innerbetrieblichen und betriebsfremden Unfall- und Notfalldienste müssen Zugang zu diesen Informationen erhalten. Zu diesen Informationen zählen:

1. eine Vorabmitteilung über einschlägige Gefahren bei der Arbeit, über Maßnahmen zur Feststellung von Gefahren sowie über Vorsichtsmaßregeln und Verfahren, damit die Notfalldienste ihre eigenen Abhilfe- und Sicherheitsmaßnahmen vorbereiten können,
2. alle verfügbaren Informationen über spezifische Gefahren, die bei einem Unfall oder Notfall auftreten oder auftreten können, einschließlich der Informationen über die Verfahren nach den Absätzen 1 bis 4.

§ 14 Unterrichtung und Unterweisung der Beschäftigten (1) Der Arbeitgeber hat sicherzustellen, dass den Beschäftigten eine schriftliche Betriebsanweisung, die der Gefährdungsbeurteilung nach § 6 Rechnung trägt, in einer für die Beschäftigten verständlichen Form und Sprache zugänglich gemacht wird. Die Betriebsanweisung muss mindestens Folgendes enthalten:

1. Informationen über die am Arbeitsplatz vorhandenen oder entstehenden Gefahrstoffe, wie beispielsweise die Bezeichnung der Gefahrstoffe, ihre Kennzeichnung sowie mögliche Gefährdungen der Gesundheit und der Sicherheit,
2. Informationen über angemessene Vorsichtsmaßregeln und Maßnahmen, die die Beschäftigten zu ihrem eigenen Schutz und zum Schutz der anderen Beschäftigten am Arbeitsplatz durchzuführen haben; dazu gehören insbesondere
   a) Hygienevorschriften,
   b) Informationen über Maßnahmen, die zur Verhütung einer Exposition zu ergreifen sind,
   c) Informationen zum Tragen und Verwenden von persönlicher Schutzausrüstung und Schutzkleidung,
3. Informationen über Maßnahmen, die bei Betriebsstörungen, Unfällen und Notfällen und zur Verhütung dieser von den Beschäftigten, insbesondere von Rettungsmannschaften, durchzuführen sind.

Die Betriebsanweisung muss bei jeder maßgeblichen Veränderung der Arbeitsbedingungen aktualisiert werden. Der Arbeitgeber hat ferner sicherzustellen, dass die Beschäftigten

1. Zugang haben zu allen Informationen nach Artikel 35 der Verordnung (EG) Nr. 1907/2006 über die Stoffe und Gemische, mit denen sie Tätigkeiten ausüben, insbesondere zu Sicherheitsdatenblättern, und
2. über Methoden und Verfahren unterrichtet werden, die bei der Verwendung von Gefahrstoffen zum Schutz der Beschäftigten angewendet werden müssen.

(2) Der Arbeitgeber hat sicherzustellen, dass die Beschäftigten anhand der Betriebsanweisung nach Absatz 1 über alle auftretenden Gefährdungen und entsprechende Schutzmaßnahmen mündlich unterwiesen werden. Teil dieser Unterweisung ist ferner eine allgemeine arbeitsmedizinisch-toxikologische Beratung. Diese dient auch zur Information der Beschäftigten über die Voraussetzungen, unter denen sie Anspruch auf arbeitsmedizinische Vorsorgeuntersuchungen nach der Verordnung zur arbeitsmedizinischen Vorsorge haben, und über den Zweck dieser Vorsorgeuntersuchungen. Die Beratung ist unter Beteiligung der Ärztin oder des Arztes nach § 7 Absatz 1 der Verordnung zur arbeitsmedizinischen Vor-

sorge durchzuführen, falls dies erforderlich sein sollte. Die Unterweisung muss vor Aufnahme der Beschäftigung und danach mindestens jährlich arbeitsplatzbezogen durchgeführt werden. Sie muss in für die Beschäftigten verständlicher Form und Sprache erfolgen. Inhalt und Zeitpunkt der Unterweisung sind schriftlich festzuhalten und von den Unterwiesenen durch Unterschrift zu bestätigen.

(3) Der Arbeitgeber hat bei Tätigkeiten mit krebserzeugenden, keimzellmutagenen oder reproduktionstoxischen Gefahrstoffen der Kategorie 1A oder 1B sicherzustellen, dass

1. die Beschäftigten und ihre Vertreter nachprüfen können, ob die Bestimmungen dieser Verordnung eingehalten werden, und zwar insbesondere in Bezug auf
   a) die Auswahl und Verwendung der persönlichen Schutzausrüstung und die damit verbundenen Belastungen der Beschäftigten,
   b) durchzuführende Maßnahmen im Sinne des § 10 Absatz 4 Satz 1,
2. die Beschäftigten und ihre Vertretung bei einer erhöhten Exposition, einschließlich der in § 10 Absatz 4 Satz 1 genannten Fälle, unverzüglich unterrichtet und über die Ursachen sowie über die bereits ergriffenen oder noch zu ergreifenden Gegenmaßnahmen informiert werden,
3. ein aktualisiertes Verzeichnis über die Beschäftigten geführt wird, die Tätigkeiten mit krebserzeugenden oder keimzellmutagenen Gefahrstoffen der Kategorie 1A oder 1B ausüben, bei denen die Gefährdungsbeurteilung nach § 6 eine Gefährdung der Gesundheit oder der Sicherheit der Beschäftigten ergibt; in dem Verzeichnis ist auch die Höhe und die Dauer der Exposition anzugeben, der die Beschäftigten augesetzt waren,
4. das Verzeichnis nach Nummer 3 mit allen Aktualisierungen 40 Jahre nach Ende der Exposition aufbewahrt wird; bei Beendigung von Beschäftigungsverhältnissen hat der Arbeitgeber den Beschäftigten einen Auszug über die sie betreffenden Angaben des Verzeichnisses auszuhändigen und einen Nachweis hierüber wie Personalunterlagen aufzubewahren,
5. die Ärztin oder der Arzt nach § 7 Absatz 1 der Verordnung zur arbeitsmedizinischen Vorsorge, die zuständige Behörde sowie jede für die Gesundheit und die Sicherheit am Arbeitsplatz verantwortliche Person Zugang zu dem Verzeichnis nach Nummer 3 haben,
6. alle Beschäftigten Zugang zu den sie persönlich betreffenden Angaben in dem Verzeichnis haben,
7. die Beschäftigten und ihre Vertretung Zugang zu den nicht personenbezogenen Informationen allgemeiner Art in dem Verzeichnis haben.

(4) Der Arbeitgeber kann mit Einwilligung des betroffenen Beschäftigten die Aufbewahrungs- einschließlich der Aushändigungspflicht nach Absatz 3 Nummer 4 auf den zuständigen gesetzlichen Unfallversicherungsträger übertragen. Dafür übergibt der Arbeitgeber dem Unfallversicherungsträger die erforderlichen Unterlagen in einer für die elektronische Datenverarbeitung geeigneten Form. Der Unfallversicherungsträger händigt der betroffenen Person auf Anforderung einen Auszug des Verzeichnisses mit den sie betreffenden Angaben aus.

§ 15 Zusammenarbeit verschiedener Firmen (1) Soweit in einem Betrieb Fremdfirmen Tätigkeiten mit Gefahrstoffen ausüben, hat der Arbeitgeber als Auftraggeber sicherzustellen, dass nur solche Fremdfirmen herangezogen werden, die über die Fachkenntnisse und Erfahrungen verfügen, die für diese Tätigkeiten erforderlich sind. Der Arbeitgeber als Auftraggeber hat die Fremdfirmen über Gefahrenquellen und spezifische Verhaltensregeln zu informieren.

(2) Kann bei Tätigkeiten von Beschäftigten eines Arbeitgebers eine Gefährdung von Beschäftigten anderer Arbeitgeber durch Gefahrstoffe nicht ausgeschlossen werden, so

haben alle betroffenen Arbeitgeber bei der Durchführung ihrer Gefährdungsbeurteilungen nach § 6 zusammenzuwirken und die Schutzmaßnahmen abzustimmen. Dies ist zu dokumentieren. Die Arbeitgeber haben dabei sicherzustellen, dass Gefährdungen der Beschäftigten aller beteiligten Unternehmen durch Gefahrstoffe wirksam begegnet wird.

(3) Jeder Arbeitgeber ist dafür verantwortlich, dass seine Beschäftigten die gemeinsam festgelegten Schutzmaßnahmen anwenden.

(4) Besteht bei Tätigkeiten von Beschäftigten eines Arbeitgebers eine erhöhte Gefährdung von Beschäftigten anderer Arbeitgeber durch Gefahrstoffe, ist durch die beteiligten Arbeitgeber ein Koordinator zu bestellen. Wurde ein Koordinator nach den Bestimmungen der Baustellenverordnung vom 10. Juni 1998 (BGBl. I S. 1283), die durch Artikel 15 der Verordnung vom 23. Dezember 2004 (BGBl. I S. 3758) geändert worden ist, bestellt, gilt die Pflicht nach Satz 1 als erfüllt. Dem Koordinator sind von den beteiligten Arbeitgebern alle erforderlichen sicherheitsrelevanten Informationen sowie Informationen zu den festgelegten Schutzmaßnahmen zur Verfügung zu stellen. Die Bestellung eines Koordinators entbindet die Arbeitgeber nicht von ihrer Verantwortung nach dieser Verordnung.

(5) Vor dem Beginn von Abbruch-, Sanierungs- und Instandhaltungsarbeiten oder Bauarbeiten muss der Arbeitgeber für die Gefährdungsbeurteilung nach § 6 Informationen, insbesondere vom Auftraggeber oder Bauherrn, darüber einholen, ob entsprechend der Nutzungs- oder Baugeschichte des Objekts Gefahrstoffe, insbesondere Asbest, vorhanden oder zu erwarten sind. Weiter reichende Informations-, Schutz- und Überwachungspflichten, die sich für den Auftraggeber oder Bauherrn nach den anderen Rechtsvorschriften ergeben, bleiben unberührt.

Abschnitt 5 – Verbote und Beschränkungen

§ 16 Herstellungs- und Verwendungsbeschränkungen (1) Herstellungs- und Verwendungsbeschränkungen für bestimmte Stoffe, Gemische und Erzeugnisse ergeben sich aus Artikel 67 in Verbindung mit Anhang XVII der Verordnung (EG) Nr. 1907/2006.

(2) Nach Maßgabe des Anhangs II bestehen weitere Herstellungs- und Verwendungsbeschränkungen für dort genannte Stoffe, Gemische und Erzeugnisse.

(3) Biozid-Produkte dürfen nicht verwendet werden, soweit damit zu rechnen ist, dass ihre Verwendung im einzelnen Anwendungsfall schädliche Auswirkungen auf die Gesundheit von Menschen, Nicht-Zielorganismen oder auf die Umwelt hat. Wer Biozid-Produkte verwendet, hat dies ordnungsgemäß zu tun. Zur ordnungsgemäßen Verwendung gehört insbesondere, dass

1. ein Biozid-Produkt nur für die in der Kennzeichnung ausgewiesenen Verwendungszwecke eingesetzt wird,
2. die sich aus der Kennzeichnung und der Zulassung ergebenden Verwendungsbedingungen eingehalten werden und
3. der Einsatz von Biozid-Produkten durch eine sachgerechte Berücksichtigung physikalischer, biologischer, chemischer und sonstiger Alternativen auf das Minimum begrenzt wird.

Die Sätze 1 bis 3 gelten auch für private Haushalte.

(4) Der Arbeitgeber darf in Heimarbeit beschäftigte Personen nur Tätigkeiten mit geringer Gefährdung im Sinne des § 6 Absatz 11 ausüben lassen.

§ 17 *(nicht abgedruckt)*

Abschnitt 6 – Vollzugsregelungen und Ausschuss für Gefahrstoffe

§ 18 Unterrichtung der Behörde (1) Der Arbeitgeber hat der zuständigen Behörde unverzüglich anzuzeigen

1. jeden Unfall und jede Betriebsstörung, die bei Tätigkeiten mit Gefahrstoffen zu einer ernsten Gesundheitsschädigung von Beschäftigten geführt haben,
2. Krankheits- und Todesfälle, bei denen konkrete Anhaltspunkte dafür bestehen, dass sie durch die Tätigkeit mit Gefahrstoffen verursacht worden sind, mit der genauen Angabe der Tätigkeit und der Gefährdungsbeurteilung nach § 6.

Lassen sich die für die Anzeige nach Satz 1 erforderlichen Angaben gleichwertig aus Anzeigen nach anderen Rechtsvorschriften entnehmen, kann die Anzeigepflicht auch durch Übermittlung von Kopien dieser Anzeigen an die zuständige Behörde erfüllt werden. Der Arbeitgeber hat den betroffenen Beschäftigten oder ihrer Vertretung Kopien der Anzeigen nach Satz 1 oder Satz 2 zur Kenntnis zu geben.

(2) Unbeschadet des § 22 des Arbeitsschutzgesetzes hat der Arbeitgeber der zuständigen Behörde auf Verlangen Folgendes mitzuteilen:

1. das Ergebnis der Gefährdungsbeurteilung nach § 6 und die ihr zugrunde liegenden Informationen, einschließlich der Dokumentation der Gefährdungsbeurteilung,
2. die Tätigkeiten, bei denen Beschäftigte tatsächlich oder möglicherweise gegenüber Gefahrstoffen exponiert worden sind, und die Anzahl dieser Beschäftigten,
3. die nach § 13 des Arbeitsschutzgesetzes verantwortlichen Personen,
4. die durchgeführten Schutz- und Vorsorgemaßnahmen, einschließlich der Betriebsanweisungen.

(3) Der Arbeitgeber hat der zuständigen Behörde bei Tätigkeiten mit krebserzeugenden, keimzellmutagenen oder reproduktionstoxischen Gefahrstoffen der Kategorie 1A oder 1B zusätzlich auf Verlangen Folgendes mitzuteilen:

1. das Ergebnis der Substitutionsprüfung,
2. Informationen über
   a) ausgübte Tätigkeiten und angewandte industrielle Verfahren und die Gründe für die Verwendung dieser Gefahrstoffe,
   b) die Menge der hergestellten oder verwendeten Gefahrstoffe,
   c) die Art der zu verwendenden Schutzausrüstung,
   d) Art und Ausmaß der Exposition,
   e) durchgeführte Substitutionen.

(4) Auf Verlangen der zuständigen Behörde ist die nach Anhang II der Verordnung (EG) Nr. 1907/2006 geforderte Fachkunde für die Erstellung von Sicherheitsdatenblättern nachzuweisen.

§ 19 Behördliche Ausnahmen, Anordnungen und Befugnisse (1) Die zuständige Behörde kann auf schriftlichen oder elektronsichen Antrag des Arbeitgebers Ausnahmen von den §§ 6 bis 15 zulassen, wenn die Anwendung dieser Vorschriften im Einzelfall zu einer unverhältnismäßigen Härte führen würde und die Abweichung mit dem Schutz der Beschäftigten vereinbar ist. Der Arbeitgeber hat der zuständigen Behörde im Ausnahmeantrag darzulegen:

1. den Grund für die Beantragung der Ausnahme,
2. die jährlich zu verwendende Menge des Gefahrstoffs,
3. die betroffenen Tätigkeiten und Verfahren,
4. die Zahl der voraussichtlich betroffenen Beschäftigen,

5. die geplanten Maßnahmen zur Gewährleistung des Gesundheitsschutzes und der Sicherheit der betroffenen Beschäftigten,
6. die technischen und organisatorischen Maßnahmen, die zur Verringerung oder Vermeidung einer Exposition der Beschäftigten ergriffen werden sollen.

(2) Eine Ausnahme nach Absatz 1 kann auch im Zusammenhang mit Verwaltungsverfahren nach anderen Rechtsvorschriften beantragt werden.

(3) Die zuständige Behörde kann unbeschadet des § 23 des Chemikaliengesetzes im Einzelfall Maßnahmen anordnen, die der Hersteller, Lieferant oder Arbeitgeber zu ergreifen hat, um die Pflichten nach den Abschnitten 2 bis 5 dieser Verordnung zu erfüllen; dabei kann sie insbesondere anordnen, dass der Arbeitgeber

1. die zur Bekämpfung besonderer Gefahren notwendigen Maßnahmen ergreifen muss,
2. festzustellen hat, ob und in welchem Umfang eine vermutete Gefahr tatsächlich besteht und welche Maßnahmen zur Bekämpfung der Gefahr ergriffen werden müssen,
3. die Arbeit, bei der die Beschäftigten gefährdet sind, einstellen zu lassen hat, wenn der Arbeitgeber die zur Bekämpfung der Gefahr angeordneten notwendigen Maßnahmen nicht unverzüglich oder nicht innerhalb der gesetzten Frist ergreift.

Bei Gefahr im Verzug können die Anordnungen auch gegenüber weisungsberechtigten Personen im Betrieb erlassen werden.

(4) Der zuständigen Behörde ist auf Verlangen ein Nachweis vorzulegen, dass die Gefährdungsbeurteilung fachkundig nach § 6 Absatz 9 erstellt wurde.

(5) Die zuständige Behörde kann dem Arbeitgeber untersagen, Tätigkeiten mit Gefahrstoffen auszuüben oder ausüben zu lassen, und insbesondere eine Stilllegung der betroffenen Arbeitsbereiche anordnen, wenn der Arbeitgeber der Mitteilungspflicht nach § 18 Absatz 2 Nummer 1 nicht nachkommt.

§ 20 Ausschuss für Gefahrstoffe (1) Beim Bundesministerium für Arbeit und Soziales wird ein Ausschuss für Gefahrstoffe (AGS) gebildet, in dem geeignete Personen vonseiten der Arbeitgeber, der Gewerkschaften, der Länderbehörden, der gesetzlichen Unfallversicherung und weitere geeignete Personen, insbesondere aus der Wissenschaft, vertreten sein sollen. Die Gesamtzahl der Mitglieder soll 21 Personen nicht überschreiten. Für jedes Mitglied ist ein stellvertretendes Mitglied zu benennen. Die Mitgliedschaft im Ausschuss für Gefahrstoffe ist ehrenamtlich.

(2) Das Bundesministerium für Arbeit und Soziales beruft die Mitglieder des Ausschusses und die stellvertretenden Mitglieder. Der Ausschuss gibt sich eine Geschäftsordnung und wählt die Vorsitzende oder den Vorsitzenden aus seiner Mitte. Die Geschäftsordnung und die Wahl der oder des Vorsitzenden bedürfen der Zustimmung des Bundesministeriums für Arbeit und Soziales.

(3) Zu den Aufgaben des Ausschusses gehört es:

1. den Stand der Wissenschaft, Technik, Arbeitsmedizin und Arbeitshygiene sowie sonstige gesicherte Erkenntnisse für Tätigkeiten mit Gefahrstoffen einschließlich deren Einstufung und Kennzeichnung zu ermitteln und entsprechende Empfehlungen auszusprechen,
2. zu ermitteln, wie die in dieser Verordnung gestellten Anforderungen erfüllt werden können und dazu die dem jeweiligen Stand von Technik und Medizin entsprechenden Regeln und Erkenntnisse zu erarbeiten,
3. das Bundesministerium für Arbeit und Soziales in allen Fragen zu Gefahrstoffen und zur Chemikaliensicherheit zu beraten und
4. Arbeitsplatzgrenzwerte, biologische Grenzwerte und andere Beurteilungsmaßstäbe für Gefahrstoffe vorzuschlagen und regelmäßig zu überprüfen, wobei Folgendes zu berücksichtigen ist:

a) bei der Festlegung der Grenzwerte und Beurteilungsmaßstäbe ist sicherzustellen, dass der Schutz der Gesundheit der Beschäftigten gewahrt ist,
b) für jeden Stoff, für den ein Arbeitsplatzgrenzwert oder ein biologischer Grenzwert in Rechtsakten der Europäischen Union festgelegt worden ist, ist unter Berücksichtigung dieses Grenzwerts ein nationaler Grenzwert vorzuschlagen.

Das Arbeitsprogramm des Ausschusses für Gefahrstoffe wird mit dem Bundesministerium für Arbeit und Soziales abgestimmt, wobei die Letztentscheidungsbefugnis beim Bundesministerium für Arbeit und Soziales liegt. Der Ausschuss arbeitet eng mit den anderen Ausschüssen beim Bundesministerium für Arbeit und Soziales zusammen.

(4) Nach Prüfung kann das Bundesministerium für Arbeit und Soziales

1. die vom Ausschuss für Gefahrstoffe ermittelten Regeln und Erkenntnisse nach Absatz 3 Satz 1 Nummer 2 sowie die Arbeitsplatzgrenzwerte und Beurteilungsmaßstäbe nach Absatz 3 Satz 1 Nummer 4 im Gemeinsamen Ministerialblatt bekannt geben und
2. die Empfehlungen nach Absatz 3 Satz 1 Nummer 1 sowie die Beratungsergebnisse nach Absatz 3 Nummer 3 in geeigneter Weise veröffentlichen.

(5) Die Bundesministerien sowie die obersten Landesbehörden können zu den Sitzungen des Ausschusses Vertreterinnen oder Vertreter entsenden. Auf Verlangen ist diesen in der Sitzung das Wort zu erteilen.

(6) Die Bundesanstalt für Arbeitsschutz und Arbeitsmedizin führt die Geschäfte des Ausschusses.

Abschnitt 7 – Ordnungswidrigkeiten und Straftaten

§§ 21–24 *(nicht abgedruckt)*

7 d. Betriebssicherheitsverordnung (BetrSichV)

vom 3. Februar 2015 (BGBl. I 49),
zuletzt geändert durch Verordnung vom 30. April 2019 (BGBl. I 554)

(Abgedruckte Vorschriften: §§ 1–14, 22, 23)

Einleitung

(siehe bei Nr. 7, II 3)

Verordnungstext

Abschnitt 1 – Anwendungsbereich und Begriffsbestimmungen

§ 1 Anwendungsbereich und Zielsetzung (1) Diese Verordnung gilt für die Verwendung von Arbeitsmitteln. Ziel dieser Verordnung ist es, die Sicherheit und den Schutz der Gesundheit von Beschäftigten bei der Verwendung von Arbeitsmitteln zu gewährleisten. Dies soll insbesondere erreicht werden durch

1. die Auswahl geeigneter Arbeitsmittel und deren sichere Verwendung,
2. die für den vorgesehenen Verwendungszweck geeignete Gestaltung von Arbeits- und Fertigungsverfahren sowie
3. die Qualifikation und Unterweisung der Beschäftigten.

Diese Verordnung regelt hinsichtlich der in § 18 und in Anhang 2 genannten überwachungsbedürftigen Anlagen zugleich Maßnahmen zum Schutz anderer Personen im Gefahrenbereich, soweit diese aufgrund der Verwendung dieser Anlagen durch Arbeitgeber im Sinne des § 2 Absatz 3 gefährdet werden können.

(2) Diese Verordnung gilt nicht in Betrieben, die dem Bundesberggesetz unterliegen, soweit dafür entsprechende Rechtsvorschriften bestehen. Abweichend von Satz 1 gilt sie jedoch für überwachungsbedürftige Anlagen in Tagesanlagen, mit Ausnahme von Rohrleitungen nach Anhang 2 Abschnitt 4 Nummer 2.1 Satz 1 Buchstabe d.

(3) Diese Verordnung gilt nicht auf Seeschiffen unter fremder Flagge und auf Seeschiffen, für die das Bundesministerium für Verkehr und digitale Infrastruktur nach § 10 des Flaggenrechtsgesetzes die Befugnis zur Führung der Bundesflagge lediglich für die erste Überführungsreise in einen anderen Hafen verliehen hat.

(4) Abschnitt 3 gilt nicht für Energieanlagen im Sinne des § 3 Nummer 15 des Energiewirtschaftsgesetzes, soweit sie Druckanlagen im Sinne des Anhangs 2 Abschnitt 4 Nummer 2.1 Buchstabe b, c oder d dieser Verordnung sind. Satz 1 gilt nicht für Gasfüllanlagen, die Energieanlagen im Sinne des § 3 Nummer 15 des Energiewirtschaftsgesetzes sind und nicht auf dem Betriebsgelände von Unternehmen der öffentlichen Gasversorgung von diesen errichtet und betrieben werden.

(5) Das Bundesministerium der Verteidigung kann Ausnahmen von den Vorschriften dieser Verordnung zulassen, wenn zwingende Gründe der Verteidigung oder die Erfüllung

zwischenstaatlicher Verpflichtungen der Bundesrepublik Deutschland dies erfordern und die Sicherheit auf andere Weise gewährleistet ist.

§ 2 Begriffsbestimmungen (1) Arbeitsmittel sind Werkzeuge, Geräte, Maschinen oder Anlagen, die für die Arbeit verwendet werden, sowie überwachungsbedürftige Anlagen.
(2) Die Verwendung von Arbeitsmitteln umfasst jegliche Tätigkeit mit diesen. Hierzu gehören insbesondere das Montieren und Installieren, Bedienen, An- oder Abschalten oder Einstellen, Gebrauchen, Betreiben, Instandhalten, Reinigen, Prüfen, Umbauen, Erproben, Demontieren, Transportieren und Überwachen.
(3) Arbeitgeber ist, wer nach § 2 Absatz 3 des Arbeitsschutzgesetzes als solcher bestimmt ist. Dem Arbeitgeber steht gleich,
1. wer, ohne Arbeitgeber zu sein, zu gewerblichen oder wirtschaftlichen Zwecken eine überwachungsbedürftige Anlage verwendet, sowie
2. der Auftraggeber und der Zwischenmeister im Sinne des Heimarbeitsgesetzes.

(4) Beschäftigte sind Personen, die nach § 2 Absatz 2 des Arbeitsschutzgesetzes als solche bestimmt sind. Den Beschäftigten stehen folgende Personen gleich, sofern sie Arbeitsmittel verwenden:
1. Schülerinnen und Schüler sowie Studierende,
2. in Heimarbeit Beschäftigte nach § 1 Absatz 1 des Heimarbeitsgesetzes sowie
3. sonstige Personen, insbesondere Personen, die in wissenschaftlichen Einrichtungen tätig sind.

(5) Fachkundig ist, wer zur Ausübung einer in dieser Verordnung bestimmten Aufgabe über die erforderliche Fachkenntnis verfügt. Die Anforderungen sind abhängig von der jeweiligen Art der Aufgabe. Zu den Anforderungen zählen eine entsprechende Berufsausbildung, Berufserfahrung oder eine zeitnah ausgeübte entsprechende berufliche Tätigkeit. Die Fachkenntnisse sich durch Teilnahme an Schulungen auf aktuellem Stand zu halten.
(6) Zur Prüfung befähigte Person ist eine Person, die durch ihre Berufsausbildung, ihre Berufserfahrung und ihre zeitnahe berufliche Tätigkeit über die erforderlichen Kenntnisse zur Prüfung von Arbeitsmitteln verfügt; soweit hinsichtlich der Prüfung von Arbeitsmitteln in den Anhängen 2 und 3 weitergehende Anforderungen festgelegt sind, sind diese zu erfüllen.
(7) Instandhaltung ist die Gesamtheit aller Maßnahmen zur Erhaltung des sicheren Zustands oder der Rückführung in diesen. Instandhaltung umfasst insbesondere Inspektion, Wartung und Instandsetzung.
(8) Prüfung ist die Ermittlung des Istzustands, der Vergleich des Istzustands mit dem Sollzustand sowie die Bewertung der Abweichung des Istzustands vom Sollzustand.
(9) Prüfpflichtige Änderung ist jede Maßnahme, durch welche die Sicherheit eines Arbeitsmittels beeinflusst wird. Auch Instandsetzungsarbeiten können solche Maßnahmen sein.
(10) Stand der Technik ist der Entwicklungsstand fortschrittlicher Verfahren, Einrichtungen oder Betriebsweisen, der die praktische Eignung einer Maßnahme oder Vorgehensweise zum Schutz der Gesundheit und zur Sicherheit der Beschäftigten oder anderer Personen gesichert erscheinen lässt. Bei der Bestimmung des Stands der Technik sind insbesondere vergleichbare Verfahren, Einrichtungen oder Betriebsweisen heranzuziehen, die mit Erfolg in der Praxis erprobt worden sind.
(11) Gefahrenbereich ist der Bereich innerhalb oder im Umkreis eines Arbeitsmittels, in dem die Sicherheit oder die Gesundheit von Beschäftigten und anderen Personen durch die Verwendung des Arbeitsmittels gefährdet ist.
(12) Errichtung umfasst die Montage und Installation am Verwendungsort.

(13) Überwachungsbedürftige Anlagen sind Anlagen nach § 2 Nummer 30 Satz 1 des Produktsicherheitsgesetzes, soweit sie nach dieser Verordnung in Anhang 2 genannt oder nach § 18 Absatz 1 erlaubnispflichtig sind. Zu den überwachungsbedürftigen Anlagen gehören auch Mess-, Steuer- und Regeleinrichtungen, die dem sicheren Betrieb dieser überwachungsbedürftigen Anlage dienen.
(14) Zugelassene Überwachungsstellen sind die in Anhang 2 Abschnitt 1 genannten Stellen.
(15) Andere Personen sind Personen, die nicht Beschäftigte oder Gleichgestellte nach Absatz 4 sind und sich im Gefahrenbereich einer überwachungsbedürftigen Anlage innerhalb oder außerhalb eines Betriebsgeländes befinden.

Abschnitt 2 – Gefährdungsbeurteilung und Schutzmaßnahmen

§ 3 Gefährdungsbeurteilung (1) Der Arbeitgeber hat vor der Verwendung von Arbeitsmitteln die auftretenden Gefährdungen zu beurteilen (Gefährdungsbeurteilung) und daraus notwendige und geeignete Schutzmaßnahmen abzuleiten. Das Vorhandensein einer CE-Kennzeichnung am Arbeitsmittel entbindet nicht von der Pflicht zur Durchführung einer Gefährdungsbeurteilung. Für Aufzugsanlagen gilt Satz 1 nur, wenn sie von einem Arbeitgeber im Sinne des § 2 Absatz 3 Satz 1 verwendet werden.
(2) In die Beurteilung sind alle Gefährdungen einzubeziehen, die bei der Verwendung von Arbeitsmitteln ausgehen, und zwar von
1. den Arbeitsmitteln selbst,
2. der Arbeitsumgebung und
3. den Arbeitsgegenständen, an denen Tätigkeiten mit Arbeitsmitteln durchgeführt werden.

Bei der Gefährdungsbeurteilung ist insbesondere Folgendes zu berücksichtigen:
1. die Gebrauchstauglichkeit von Arbeitsmitteln einschließlich der ergonomischen, alters- und alternsgerechten Gestaltung,
2. die sicherheitsrelevanten einschließlich der ergonomischen Zusammenhänge zwischen Arbeitsplatz, Arbeitsmittel, Arbeitsverfahren, Arbeitsorganisation, Arbeitsablauf, Arbeitszeit und Arbeitsaufgabe,
3. die physischen und psychischen Belastungen der Beschäftigten, die bei der Verwendung von Arbeitsmitteln auftreten,
4. vorhersehbare Betriebsstörungen und die Gefährdung bei Maßnahmen zu deren Beseitigung.

(3) Die Gefährdungsbeurteilung soll bereits vor der Auswahl und der Beschaffung der Arbeitsmittel begonnen werden. Dabei sind insbesondere die Eignung des Arbeitsmittels für die geplante Verwendung, die Arbeitsabläufe und die Arbeitsorganisation zu berücksichtigen. Die Gefährdungsbeurteilung darf nur von fachkundigen Personen durchgeführt werden. Verfügt der Arbeitgeber nicht selbst über die entsprechenden Kenntnisse, so hat er sich fachkundig beraten zu lassen.
(4) Der Arbeitgeber hat sich die Informationen zu beschaffen, die für die Gefährdungsbeurteilung notwendig sind. Dies sind insbesondere die nach § 21 Absatz 6 Nummer 1 bekannt gegebenen Regeln und Erkenntnisse, Gebrauchs- und Betriebsanleitungen sowie die ihm zugänglichen Erkenntnisse aus der arbeitsmedizinischen Vorsorge. Der Arbeitgeber darf diese Informationen übernehmen, sofern sie auf die Arbeitsmittel, Arbeitsbedingungen und Verfahren in seinem Betrieb anwendbar sind. Bei der Informationsbeschaffung kann der Arbeitgeber davon ausgehen, dass die vom Hersteller des Arbeitsmittels mitgelieferten Informationen zutreffend sind, es sei denn, dass er über andere Erkenntnisse verfügt.

(5) Der Arbeitgeber kann bei der Festlegung der Schutzmaßnahmen bereits vorhandene Gefährdungsbeurteilungen, hierzu gehören auch gleichwertige Unterlagen, die ihm der Hersteller oder Inverkehrbringer mitgeliefert hat, übernehmen, sofern die Angaben und Festlegungen in dieser Gefährdungsbeurteilung den Arbeitsmitteln einschließlich der Arbeitsbedingungen und -verfahren, im eigenen Betrieb entsprechen.

(6) Der Arbeitgeber hat Art und Umfang erforderlicher Prüfungen von Arbeitsmitteln sowie die Fristen von wiederkehrenden Prüfungen nach den §§ 14 und 16 zu ermitteln und festzulegen, soweit diese Verordnung nicht bereits entsprechende Vorgaben enthält. Satz 1 gilt auch für Aufzugsanlagen. Die Fristen für die wiederkehrenden Prüfungen sind so festzulegen, dass die Arbeitsmittel bis zur nächsten festgelegten Prüfung sicher verwendet werden können. Bei der Festlegung der Fristen für die wiederkehrenden Prüfungen nach § 14 Absatz 2 Satz 1 für die in Anhang 3 genannten Arbeitsmittel dürfen die dort genannten Prüffristen nicht überschritten werden. Bei der Festlegung der Fristen für die wiederkehrenden Prüfungen nach § 16 dürfen die in Anhang 2 Abschnitt 5.1 bis 5.3 und Abschnitt 4 Nummer 5.8 in Verbindung mit Tabelle 1 genannten Höchstfristen nicht überschritten werden, es sei denn, dass in den genannten Anhängen etwas anderes bestimmt ist. Ferner hat der Arbeitgeber zu ermitteln und festzulegen, welche Voraussetzungen die zur Prüfung befähigten Personen erfüllen müssen, die von ihm mit den Prüfungen von Arbeitsmitteln nach den §§ 14, 15 und 16 zu beauftragen sind.

(7) Die Gefährdungsbeurteilung ist regelmäßig zu überprüfen. Dabei ist der Stand der Technik zu berücksichtigen. Soweit erforderlich, sind die Schutzmaßnahmen bei der Verwendung von Arbeitsmitteln entsprechend anzupassen. Der Arbeitgeber hat die Gefährdungsbeurteilung unverzüglich zu aktualisieren, wenn

1. sicherheitsrelevante Veränderungen der Arbeitsbedingungen einschließlich der Änderung von Arbeitsmitteln dies erfordern,
2. neue Informationen, insbesondere Erkenntnisse aus dem Unfallgeschehen oder aus der arbeitsmedizinischen Vorsorge, vorliegen oder
3. die Überprüfung der Wirksamkeit der Schutzmaßnahmen nach § 4 Absatz 5 ergeben, dass die festgelegten Schutzmaßnahmen nicht wirksam oder nicht ausreichend sind.

Ergibt die Überprüfung der Gefährdungsbeurteilung, dass keine Aktualisierung erforderlich ist, so hat der Arbeitgeber dies unter Angabe des Datums der Überprüfung in der Dokumentation nach Absatz 8 zu vermerken.

(8) Der Arbeitgeber hat das Ergebnis seiner Gefährdungsbeurteilung vor der erstmaligen Verwendung der Arbeitsmittel zu dokumentieren. Dabei sind mindestens anzugeben

1. die Gefährdungen, die bei der Verwendung der Arbeitsmittel auftreten,
2. die zu ergreifenden Schutzmaßnahmen,
3. wie die Anforderungen dieser Verordnung eingehalten werden, wenn von den nach § 21 Absatz 6 Nummer 1 bekannt gegebenen Regeln und Erkenntnissen abgewichen wird,
4. Art und Umfang der erforderlichen Prüfungen sowie die Fristen der wiederkehrenden Prüfungen (Absatz 6 Satz 1) und
5. das Ergebnis der Überprüfung der Wirksamkeit der Schutzmaßnahmen nach § 4 Absatz 5.

Die Dokumentation kann auch in elektronischer Form vorgenommen werden.

(9) Sofern der Arbeitgeber von § 7 Absatz 1 Gebrauch macht und die Gefährdungsbeurteilung ergibt, dass die Voraussetzungen nach § 7 Absatz 1 vorliegen, ist eine Dokumentation dieser Voraussetzungen ausreichend.

§ 4 Grundpflichten des Arbeitgebers (1) Arbeitsmittel dürfen erst verwendet werden, nachdem der Arbeitgeber

1. eine Gefährdungsbeurteilung durchgeführt hat,
2. die dabei ermittelten Schutzmaßnahmen nach dem Stand der Technik getroffen hat und
3. festgestellt hat, dass die Verwendung der Arbeitsmittel nach dem Stand der Technik sicher ist.

(2) Ergibt sich aus der Gefährdungsbeurteilung, dass Gefährdungen durch technische Schutzmaßnahmen nach dem Stand der Technik nicht oder nur unzureichend vermieden werden können, hat der Arbeitgeber geeignete organisatorische und personenbezogene Schutzmaßnahmen zu treffen. Technische Schutzmaßnahmen haben Vorrang vor organisatorischen, diese haben wiederum Vorrang vor personenbezogenen Schutzmaßnahmen. Die Verwendung persönlicher Schutzausrüstung ist für jeden Beschäftigten auf das erforderliche Minimum zu beschränken.

(3) Bei der Festlegung der Schutzmaßnahmen hat der Arbeitgeber die Vorschriften dieser Verordnung einschließlich der Anhänge zu beachten und die nach § 21 Absatz 6 Nummer 1 bekannt gegebenen Regeln und Erkenntnisse zu berücksichtigen. Bei Einhaltung dieser Regeln und Erkenntnisse ist davon auszugehen, dass die in dieser Verordnung gestellten Anforderungen erfüllt sind. Von den Regeln und Erkenntnissen kann abgewichen werden, wenn Sicherheit und Gesundheit durch andere Maßnahmen zumindest in vergleichbarer Weise gewährleistet werden.

(4) Der Arbeitgeber hat dafür zu sorgen, dass Arbeitsmittel, für die in § 14 und im Abschnitt 3 dieser Verordnung Prüfungen vorgeschrieben sind, nur verwendet werden, wenn diese Prüfungen durchgeführt und dokumentiert wurden.

(5) Der Arbeitgeber hat die Wirksamkeit der Schutzmaßnahmen vor der erstmaligen Verwendung der Arbeitsmittel zu überprüfen. Satz 1 gilt nicht, soweit entsprechende Prüfungen nach § 14 oder § 15 durchgeführt wurden. Der Arbeitgeber hat weiterhin dafür zu sorgen, dass Arbeitsmittel vor ihrer jeweiligen Verwendung auf offensichtliche Mängel, die die sichere Verwendung beeinträchtigen können, kontrolliert werden und dass Schutz- und Sicherheitseinrichtungen einer regelmäßigen Kontrolle ihrer Funktionsfähigkeit unterzogen werden. Satz 3 gilt auch bei Arbeitsmitteln, für die wiederkehrende Prüfungen nach § 14 oder § 16 vorgeschrieben sind.

(6) Der Arbeitgeber hat die Belange des Arbeitsschutzes in Bezug auf die Verwendung von Arbeitsmitteln angemessen in seine betriebliche Organisation einzubinden und hierfür die erforderlichen personellen, finanziellen und organisatorischen Voraussetzungen zu schaffen. Insbesondere hat er dafür zu sorgen, dass bei der Gestaltung der Arbeitsorganisation, des Arbeitsverfahrens und des Arbeitsplatzes sowie bei der Auswahl und beim Zur-Verfügung-Stellen der Arbeitsmittel alle mit der Sicherheit und Gesundheit der Beschäftigten zusammenhängenden Faktoren, einschließlich der psychischen, ausreichend berücksichtigt werden.

§ 5 Anforderungen an die zur Verfügung gestellten Arbeitsmittel (1) Der Arbeitgeber darf nur solche Arbeitsmittel zur Verfügung stellen und verwenden lassen, die unter Berücksichtigung der vorgesehenen Einsatzbedingungen bei der Verwendung sicher sind. Die Arbeitsmittel müssen

1. für die Art der auszuführenden Arbeiten geeignet sein,
2. den gegebenen Einsatzbedingungen und den vorhersehbaren Beanspruchungen angepasst sein und
3. über die erforderlichen sicherheitsrelevanten Ausrüstungen verfügen,

sodass eine Gefährdung durch ihre Verwendung so gering wie möglich gehalten wird. Kann durch Maßnahmen nach den Sätzen 1 und 2 die Sicherheit und Gesundheit nicht gewärleistet werden, so hat der Arbeitgeber andere geeignete Schutzmaßnahmen zu treffen, um die Gefährdung so weit wie möglich zu reduzieren.

(2) Der Arbeitgeber darf Arbeitsmittel nicht zur Verfügung stellen und verwenden lassen, wenn sie Mängel aufweisen, welche die sichere Verwendung beeinträchtigen.

(3) Der Arbeitgeber darf nur solche Arbeitsmittel zur Verfügung stellen und verwenden lassen, die den für sie geltenden Rechtsvorschriften über Sicherheit und Gesundheitsschutz entsprechen. Zu diesen Rechtsvorschriften gehören neben den Vorschriften dieser Verordnung insbesondere Rechtsvorschriften, mit denen Gemeinschaftsrichtlinien in deutsches Recht umgesetzt wurden und die für die Arbeitsmittel zum Zeitpunkt des Bereitstellens auf dem Markt gelten. Arbeitsmittel, die der Arbeitgeber für eigene Zwecke selbst hergestellt hat, müssen den grundlegenden Sicherheitsanforderungen der anzuwendenden Gemeinschaftsrichtlinien entsprechen. Den formalen Anforderungen dieser Richtlinien brauchen sie nicht zu entsprechen, es sei denn, es ist in der jeweiligen Richtlinie ausdrücklich anders bestimmt.

(4) Der Arbeitgeber hat dafür zu sorgen, dass Beschäftigte nur die Arbeitsmittel verwenden, die er ihnen zur Verfügung gestellt hat oder deren Verwendung er ihnen ausdrücklich gestattet hat.

§ 6 Grundlegende Schutzmaßnahmen bei der Verwendung von Arbeitsmitteln (1) Der Arbeitgeber hat dafür zu sorgen, dass die Arbeitsmittel sicher verwendet und dabei die Grundsätze der Ergonomie beachtet werden. Dabei ist Anhang 1 zu beachten. Die Verwendung der Arbeitsmittel ist so zu gestalten und zu organisieren, dass Belastungen und Fehlbeanspruchungen, die die Gesundheit und die Sicherheit der Beschäftigten gefährden können, vermieden oder, wenn dies nicht möglich ist, auf ein Mindestmaß reduziert werden. Der Arbeitgeber hat darauf zu achten, dass die Beschäftigten in der Lage sind, die Arbeitsmittel zu verwenden, ohne sich oder andere Personen zu gefährden. Insbesondere sind folgende Grundsätze einer menschengerechten Gestaltung der Arbeit zu berücksichtigen:

1. die Arbeitsmittel einschließlich ihrer Schnittstelle zum Menschen müssen an die körperlichen Eigenschaften und die Kompetenz der Beschäftigten angepasst sein sowie biomechanische Belastungen bei der Verwendung vermieden sein. Zu berücksichtigen sind hierbei die Arbeitsumgebung, die Lage der Zugriffstellen und des Schwerpunktes des Arbeitsmittels, die erforderliche Körperhaltung, die Körperbewegung, die Entfernung zum Körper, die benötigte persönliche Schutzausrüstung sowie die psychische Belastung der Beschäftigten,
2. die Beschäftigten müssen über einen ausreichenden Bewegungsfreiraum verfügen,
3. es sind ein Arbeitstempo und ein Arbeitsrhythmus zu vermeiden, die zu Gefährdungen der Beschäftigten führen können,
4. es sind Bedien- und Überwachungstätigkeiten zu vermeiden, die eine uneingeschränkte und dauernde Aufmerksamkeit erfordern.

(2) Der Arbeitgeber hat dafür zu sorgen, dass vorhandene Schutzeinrichtungen und zur Verfügung gestellte persönliche Schutzausrüstungen verwendet werden, dass erforderliche Schutz- oder Sicherheitseinrichtungen funktionfähig sind und nicht auf einfache Weise manipuliert oder umgangen werden. Der Arbeitgeber hat ferner durch geeignete Maßnahmen dafür zu sorgen, dass Beschäftigte bei der Verwendung der Arbeitsmittel, die nach § 12 erhaltenen Informationen sowie Kennzeichnungen und Gefahrenhinweise beachten.

(3) Der Arbeitgeber hat dafür zu sorgen, dass

1. die Errichtung von Arbeitsmitteln, der Auf- und Abbau, die Erprobung sowie die Instandhaltung und Prüfung von Arbeitsmitteln unter Berücksichtigung der sicherheitsrelevanten Aufstellungs- und Umgebungsbedingungen nach dem Stand der Technik erfolgen und sicher durchgeführt werden,

2. erforderliche Sicherheits- und Schutzabstände eingehalten werden und
3. alle verwendeten oder erzeugten Energieformen und Materialien sicher zu- und abgeführt werden können.

Werden Arbeitsmittel im Freien verwendet, hat der Arbeitgeber dafür zu sorgen, dass die sichere Verwendung der Arbeitsmittel ungeachtet der Witterungsverhältnisse stets gewährleistet ist.

§ 7 Vereinfachte Vorgehensweise bei der Verwendung von Arbeitsmitteln (1) Der Arbeitgeber kann auf weitere Maßnahmen nach den §§ 8 und 9 verzichten, wenn sich aus der Gefährdungsbeurteilung ergibt, dass

1. die Arbeitsmittel mindestens den sicherheitstechnischen Anforderungen der für sie zum Zeitpunkt der Verwendung geltenden Rechtsvorschriften zum Bereitstellen von Arbeitsmitteln auf dem Markt entsprechen,
2. die Arbeitsmittel ausschließlich bestimmungsgemäß entsprechend den Vorgaben des Herstellers verwendet werden,
3. keine zusätzlichen Gefährdungen der Beschäftigten unter Berücksichtigung der Arbeitsumgebung, der Arbeitsgegenstände, der Arbeitsabläufe sowie der Dauer und der zeitlichen Lage der Arbeitszeit auftreten und
4. Instandhaltungsmaßnahmen nach § 10 getroffen und Prüfungen nach § 14 durchgeführt werden.

(2) Absatz 1 gilt nicht für überwachungsbedürftige Anlagen und die in Anhang 3 genannten Arbeitsmittel.

§ 8 Schutzmaßnahmen bei Gefährdungen durch Energien, Ingangsetzen und Stillsetzen
(1) Der Arbeitgeber darf nur solche Arbeitsmittel verwenden lassen, die gegen Gefährdungen ausgelegt sind durch

1. die von ihnen ausgehenden oder verwendeten Energien,
2. direktes oder indirektes Berühren von Teilen, die unter elektrischer Spannung stehen, oder
3. Störungen ihrer Energieversorgung.

Die Arbeitsmittel müssen ferner so gestaltet sein, dass eine gefährliche elektrostatische Aufladung vermieden oder begrenzt wird. Ist dies nicht möglich, müssen sie mit Einrichtungen zum Ableiten solcher Aufladungen ausgestattet sein.

(2) Der Arbeitgeber hat dafür zu sorgen, dass Arbeitsmittel mit den sicherheitstechnisch erforderlichen Mess-, Steuer- und Regeleinrichtungen ausgestattet sind, damit sie sicher und zuverlässig verwendet werden.

(3) Befehlseinrichtungen, die Einfluss auf die sichere Verwendung der Arbeitsmittel haben, müssen insbesondere

1. als solche deutlich erkennbar, außerhalb des Gefahrenbereichs angeordnet und leicht und ohne Gefährdung erreichbar sein; ihre Betätigung darf zu keiner zusätzlichen Gefährdung führen,
2. sicher beschaffen und auf vorhersehbare Störungen, Beanspruchungen und Zwänge ausgelegt sein,
3. gegen unbeabsichtigtes oder unbefugtes Betätigen gesichert sein.

(4) Arbeitsmittel dürfen nur absichtlich in Gang gesetzt werden können. Soweit erforderlich, muss das Ingangsetzen sicher verhindert werden können oder müssen sich die Beschäftigten Gefährdungen durch das in Gang gesetzte Arbeitsmittel rechtzeitig entziehen können. Hierbei und bei Änderungen des Betriebszustands muss auch die Sicherheit im Gefahrenbereich durch geeignete Maßnahmen gewährleistet werden.

(5) Vom Standort der Bedienung des Arbeitsmittels aus muss dieses als Ganzes oder in Teilen so stillgesetzt und von jeder einzelnen Energiequelle dauerhaft sicher getrennt werden können, dass ein sicherer Zustand gewährleistet ist. Die hierfür vorgesehenen Befehlseinrichtungen müssen leicht und ungehindert erreichbar und deutlich erkennbar gekennzeichnet sein. Der Befehl zum Stillsetzen eines Arbeitsmittels muss gegenüber dem Befehl zum Ingangsetzen Vorrang haben. Können bei Arbeitsmitteln, die über Systeme mit Speicherwirkung verfügen, nach dem Trennen von jeder Energiequelle nach Satz 1 noch Energien gespeichert sein, so müssen Einrichtungen vorhanden sein, mit denen diese Systeme energiefrei gemacht werden können. Diese Einrichtungen müssen gekennzeichnet sein. Ist ein vollständiges Energiefreimachen nicht möglich, müssen an den Arbeitsmitteln entsprechende Gefahrenhinweise vorhanden sein.

(6) Kraftbetriebene Arbeitsmittel müssen mit einer schnell erreichbaren und auffällig gekennzeichneten Notbefehlseinrichtunge zum sicheren Stillsetzen des gesamten Arbeitsmittels ausgerüstet sein, mit der Gefahr bringende Bewegungen oder Prozesse ohne zusätzliche Gefährdungen unverzüglich stillgesetzt werden können. Auf eine Notbefehlseinrichtung kann verzichtet werden, wenn sie die Gefährdung nicht mindern würde; in diesem Fall ist die Sicherheit auf andere Weise zu gewährleisten. Vom jeweiligen Bedienungsort des Arbeitsmittels aus muss feststellbar sein, ob sich Personen oder Hindernisse im Gefahrenbereich befinden, oder dem Ingangsetzen muss ein automatisch ansprechendes Sicherheitssystem vorgeschaltet sein, das das Ingangsetzen verhindert, solange sich Beschäftigte im Gefahrenbereich aufhalten. Ist dies nicht möglich, müssen ausreichende Möglichkeiten zur Verständigung und Warnung vor dem Ingangsetzen vorhanden sein. Soweit erforderlich, muss das Ingangsetzen sicher verhindert werden können, oder die Beschäftigten müssen sich Gefährdungen durch das in Gang gesetzte Arbeitsmittel rechtzeitig entziehen können.

§ 9 Weitere Schutzmaßnahmen bei der Verwendung von Arbeitsmitteln (1) Der Arbeitgeber hat dafür zu sorgen, dass Arbeitsmittel unter Berücksichtigung der zu erwartenden Betriebsbedingungen so verwendet werden, dass Beschäftigte gegen vorhersehbare Gefährdungen ausreichend geschützt sind. Insbesondere müssen

1. Arbeitsmittel ausreichend standsicher sein und, falls erforderlich, gegen unbeabsichtigte Positions- und Lageänderungen stabilisiert werden,
2. Arbeitsmittel mit den erforderlichen sicherheitstechnischen Ausrüstungen versehen sein,
3. Arbeitsmittel, ihre Teile und die Verbindungen untereinander den Belastungen aus inneren und äußeren Kräften standhalten,
4. Schutzeinrichtungen bei Splitter- oder Bruchgefahr sowie gegen herabfallende oder herausschleudernde Gegenstände vorhanden sein,
5. sichere Zugänge zu Arbeitsplätzen an und in Arbeitsmitteln gewährleistet und ein gefahrloses Aufenthalt dort möglich sein,
6. Schutzmaßnahmen getroffen werden, die sowohl einen Absturz von Beschäftigten als auch von Arbeitsmitteln sicher verhindern,
7. Maßnahmen getroffen werden, damit Personen nicht unbeabsichtigt in Arbeitsmitteln eingeschlossen werden; im Notfall müssen eingeschlossene Personen aus Arbeitsmitteln in angemessener Zeit befreit werden können,
8. Schutzmaßnahmen gegen Gefährdungen durch bewegliche Teile getroffen werden; hierzu gehören auch Maßnahmen, die den unbeabsichtigten Zugang zum Gefahrenbereich von beweglichen Teilen von Arbeitsmitteln verhindern oder die beweglichen Teile vor dem Erreichen des Gefahrenbereichs stillsetzen,

9. Maßnahmen getroffen werden, die verhindern, dass die sichere Verwendung der Arbeitsmittel durch äußere Einwirkungen beeinträchtigt wird,
10. Leitungen so verlegt sein, dass Gefährdungen vermieden werden, und
11. Maßnahmen getroffen werden, die verhindern, dass außer Betrieb gesetzte Arbeitsmittel zu Gefährdungen führen.

(2) Der Arbeitgeber hat Schutzmaßnahmen gegen Gefährdungen durch heiße oder kalte Teile, scharfe Ecken und Kanten und raue Oberflächen von Arbeitsmitteln zu treffen.

(3) Der Arbeitgeber hat weiterhin dafür zu sorgen, dass Schutzeinrichtungen
1. einen ausreichenden Schutz gegen Gefährdungen bieten,
2. stabil gebaut sind,
3. sicher in Position gehalten werden,
4. die Eingriffe, die für den Einbau oder den Austausch von Teilen sowie für Instandhaltungsarbeiten erforderlich sind, möglichst ohne Demontage der Schutzeinrichtungen zulassen,
5. keine zusätzlichen Gefährdungen verursachen,
6. nicht auf einfache Weise umgangen oder unwirksam gemacht werden können und
7. die Beobachtung und Durchführung des Arbeitszyklus nicht mehr als notwendig einschränken.

(4) Werden Arbeitsmittel in Bereichen mit gefährlicher explosionsfähiger Atmosphäre verwendet oder kommt es durch deren Verwendung zur Bildung gefährlicher explosionsfähiger Atmosphäre, müssen unter Beachtung der Gefahrstoffverordnung die erforderlichen Schutzmaßnahmen getroffen werden, insbesondere sind die für die jeweilige Zone geeigneten Geräte und Schutzsysteme im Sinne der Richtlinie 2014/34/EU des Europäischen Parlaments und des Rates vom 26. Februar 2014 zur Harmonisierung der Rechtsvorschriften der Mitgliedstaaten für Geräte und Schutzsysteme zur bestimmungsgemäßen Verwendung in explosionsgefährdeten Bereichen (ABl. L 96 vom 29. 3. 2014, S. 309) einzusetzen. Diese Schutzmaßnahmen sind vor der erstmaligen Verwendung der Arbeitsmittel im Explosionsschutzdokument nach § 6 Absatz 9 der Gefahrstoffverordnung zu dokumentieren.

(5) Soweit nach der Gefährdungsbeurteilung erforderlich, müssen an Arbeitsmitteln oder in deren Gefahrenbereich ausreichende, verständliche und gut wahrnehmbare Sicherheitskennzeichnungen und Gefahrenhinweise sowie Einrichtungen zur angemessenen, unmissverständlichen und leicht wahrnehmbaren Warnung im Gefahrenfall vorhanden sein.

§ 10 Instandhaltung und Änderung von Arbeitsmitteln (1) Der Arbeitgeber hat Instandhaltungsmaßnahmen zu treffen, damit die Arbeitsmittel während der gesamten Verwendungsdauer den für sie geltenden Sicherheits- und Gesundheitsschutzanforderungen entsprechen und in einem sicheren Zustand erhalten werden. Dabei sind die Angaben des Herstellers zu berücksichtigen. Notwendige Instandhaltungsmaßnahmen nach Satz 1 sind unverzüglich durchzuführen und die dabei erforderlichen Schutzmaßnahmen zu treffen.

(2) Der Arbeitgeber hat Instandhaltungsmaßnahmen auf der Grundlage einer Gefährdungsbeurteilung sicher durchführen zu lassen und dabei die Betriebsanleitung des Herstellers zu berücksichtigen. Instandhaltungsmaßnahmen dürfen nur von fachkundigen, beauftragten und unterwiesenen Beschäftigten oder von sonstigen für die Durchführung der Instandhaltungsarbeiten geeigneten Auftragnehmern mit vergleichbarer Qualifikation durchgeführt werden.

(3) Der Arbeitgeber hat alle erforderlichen Maßnahmen zu treffen, damit Instandhaltungsarbeiten sicher durchgeführt werden können. Dabei hat er insbesondere

1. die Verantwortlichkeiten für die Durchführung der erforderlichen Sicherungsmaßnahmen festzulegen,
2. eine ausreichende Kommunikation zwischen Bedien- und Instandhaltungspersonal sicherzustellen,
3. den Arbeitsbereich während der Instandhaltungsarbeiten abzusichern,
4. das Betreten des Arbeitsbereichs durch Unbefugte zu verhindern, soweit das nach der Gefährdungsbeurteilung erforderlich ist,
5. sichere Zugänge für das Instandhaltungspersonal vorzusehen,
6. Gefährdungen durch bewegte oder angehobene Arbeitsmittel oder deren Teile sowie durch gefährliche Energien oder Stoffe zu vermeiden,
7. dafür zu sorgen, dass Einrichtungen vorhanden sind, mit denen Energien beseitigt werden können, die nach einer Trennung des instand zu haltenden Arbeitsmittels von Energiequellen noch gespeichert sind; diese Einrichtungen sind entsprechend zu kennzeichnen,
8. sichere Arbeitsverfahren für solche Arbeitsbedingungen festzulegen, die vom Normalzustand abweichen,
9. erforderliche Warn- und Gefahrenhinweise bezogen auf Instandhaltungsarbeiten an den Arbeitsmitteln zur Verfügung zu stellen,
10. dafür zu sorgen, dass nur geeignete Geräte und Werkzeuge und eine geeignete persönliche Schutzausrüstung verwendet werden,
11. bei Auftreten oder Bildung gefährlicher explosionsfähiger Atmosphäre Schutzmaßnahmen entsprechend § 9 Absatz 4 Satz 1 zu treffen,
12. Systeme für die Freigabe bestimmter Arbeiten anzuwenden.

(4) Werden bei Instandhaltungsmaßnahmen an Arbeitsmitteln die für den Normalbetrieb getroffenen technischen Schutzmaßnahmen ganz oder teilweise außer Betrieb gesetzt oder müssen solche Arbeiten unter Gefährdung durch Energie durchgeführt werden, so ist die Sicherheit der Beschäftigten während der Dauer dieser Arbeiten durch andere geeignete Maßnahmen zu gewährleisten.

(5) Werden Änderungen an Arbeitsmitteln durchgeführt, gelten die Absätze 1 bis 3 entsprechend. Der Arbeitgeber hat sicherzustellen, dass die geänderten Arbeitsmittel die Sicherheits- und Gesundheitsschutzanforderungen nach § 5 Absatz 1 und 2 erfüllen. Bei Änderungen von Arbeitsmitteln hat der Arbeitgeber zu beurteilen, ob es sich um prüfpflichtige Änderungen handelt. Er hat auch zu beurteilen, ob er bei den Änderungen von Arbeitsmitteln Herstellerpflichten zu beachten hat, die sich aus anderen Rechtsvorschriften, insbesondere dem Produktsicherheitsgesetz oder einer Verordnung nach § 8 Absatz 1 des Produktsicherheitsgesetzes ergeben.

§ 11 Besondere Betriebszustände, Betriebsstörungen und Unfälle (1) Der Arbeitgeber hat Maßnahmen zu ergreifen, durch die unzulässige oder instabile Betriebszustände von Arbeitsmitteln verhindert werden. Können instabile Zustände nicht sicher verhindert werden, hat der Arbeitgeber Maßnahmen zu ihrer Beherrschung zu treffen. Die Sätze 1 und 2 gelten insbesondere für An- und Abfahr- sowie Erprobungsvorgänge.

(2) Der Arbeitgeber hat dafür zu sorgen, dass Beschäftigte und andere Personen bei einem Unfall oder bei einem Notfall unverzüglich gerettet und ärztlich versorgt werden können. Dies schließt die Bereitstellung geeigneter Zugänge zu den Arbeitsmitteln und in diese sowie die Bereitstellung erforderlicher Befestigungsmöglichkeiten für Rettungseinrichtungen an und in den Arbeitsmitteln ein. Im Notfall müssen Zugangssperren gefahrlos selbsttätig in einen sicheren Bereich öffnen. Ist dies nicht möglich, müssen Zugangssperren über eine Notentriegelung leicht zu öffnen sein, wobei an der Notentriegelung und an der

Zugangssperre auf die noch bestehenden Gefahren besonders hingewiesen werden muss. Besteht die Möglichkeit, in ein Arbeitsmittel eingezogen zu werden, muss die Rettung eingezogener Personen möglich sein.
(3) Der Arbeitgeber hat dafür zu sorgen, dass die notwendigen Informationen über Maßnahmen bei Notfällen zur Verfügung stehen. Die Informationen müssen auch Rettungsdiensten zur Verfügung stehen, soweit sie für Rettungseinsätze benötigt werden. Zu den Informationen zählen:

1. eine Vorabmitteilung über einschlägige Gefährdungen bei der Arbeit, über Maßnahmen zur Feststellung von Gefährdungen sowie über Vorsichtsmaßnahmen und Verfahren, damit die Rettungsdienste ihre eigenen Abhilfe- und Sicherheitsmaßnahmen vorbereiten können,
2. Informationen über einschlägige und spezifische Gefährdungen, die bei einem Unfall oder Notfall auftreten können, einschließlich der Informationen über die Maßnahmen nach den Absätzen 1 und 2.

Treten durch besondere Betriebszustände oder Betriebsstörungen Gefährdungen auf, hat der Arbeitgeber dafür zu sorgen, dass dies durch Warneinrichtungen angezeigt wird.
(4) Werden bei Rüst-, Einrichtungs- und Erprobungsarbeiten oder vergleichbaren Arbeiten an Arbeitsmitteln die für den Normalbetrieb getroffenen technischen Schutzmaßnahmen ganz oder teilweise außer Betrieb gesetzt oder müssen solche Arbeiten unter Gefährdung durch Energie durchgeführt werden, so ist die Sicherheit der Beschäftigten während der Dauer dieser Arbeiten durch andere geeignete Maßnahmen zu gewährleisten. Die Arbeiten nach Satz 1 dürfen nur von fachkundigen Personen durchgeführt werden.
(5) Insbesondere bei Rüst- und Einrichtungsarbeiten, der Erprobung und der Prüfung von Arbeitsmitteln sowie bei der Fehlersuche sind Gefahrenbereiche festzulegen. Ist ein Aufenthalt im Gefahrenbereich von Arbeitsmitteln erforderlich, sind auf der Grundlage der Gefährdungsbeurteilung weitere Maßnahmen zu treffen, welche die Sicherheit der Beschäftigten gewährleisten.

§ 12 Unterweisung und besondere Beauftragung von Beschäftigten (1) Bevor Beschäftigte Arbeitsmittel erstmalig verwenden, hat der Arbeitgeber ihnen ausreichende und angemessene Informationen anhand der Gefährdungsbeurteilung in einer für die Beschäftigten verständlichen Form und Sprache zur Verfügung zu stellen über

1. vorhandene Gefährdungen bei der Verwendung von Arbeitsmitteln einschließlich damit verbundener Gefährdungen durch die Arbeitsumgebung,
2. erforderliche Schutzmaßnahmen und Verhaltensregelungen und
3. Maßnahmen bei Betriebsstörungen, Unfällen und zur Ersten Hilfe bei Notfällen.

Der Arbeitgeber hat die Beschäftigten vor Aufnahme der Verwendung von Arbeitsmitteln tätigkeitsbezogen anhand der Informationen nach Satz 1 zu unterweisen. Dennoch hat er in regelmäßigen Abständen, mindestens jedoch einmal jährlich, weitere Unterweisungen durchzuführen. Das Datum einer jeden Unterweisung und die Namen der Unterwiesenen hat er schriftlich festzuhalten.
(2) Bevor Beschäftigte Arbeitsmittel erstmalig verwenden, hat der Arbeitgeber ihnen eine schriftliche Betriebsanweisung für die Verwendung des Arbeitsmittels in einer für die Beschäftigten verständlichen Form und Sprache an geeigneter Stelle zur Verfügung zu stellen. Satz 1 gilt nicht für Arbeitsmittel, für die keine Gebrauchsanleitung nach § 3 Absatz 4 des Produktsicherheitsgesetzes mitgeliefert werden muss. Anstelle einer Betriebsanweisung kann der Arbeitgeber auch eine bei der Bereitstellung des Arbeitsmittels auf dem Markt mitgelieferte Gebrauchsanleitung oder Betriebsanleitung zur Verfügung stellen, wenn diese Informationen enthalten, die einer Betriebsanweisung entsprechen. Die Be-

triebsanweisung ist bei sicherheitsrelevanten Änderungen der Arbeitsbedingungen zu aktualisieren und bei der regelmäßig wiederkehrenden Unterweisung nach § 12 des Arbeitsschutzgesetzes in Bezug zu nehmen.
(3) Ist die Verwendung von Arbeitsmitteln mit besonderen Gefährdungen verbunden, hat der Arbeitgeber dafür zu sorgen, dass diese nur von hierzu beauftragten Beschäftigten verwendet werden.

§ 13 Zusammenarbeit verschiedener Arbeitgeber (1) Beabsichtigt der Arbeitgeber, in seinem Betrieb Arbeiten durch eine betriebsfremde Person (Auftragnehmer) durchführen zu lassen, so darf er dafür nur solche Auftragnehmer heranziehen, die über die für die geplanten Arbeiten erforderliche Fachkunde verfügen. Der Arbeitgeber als Auftraggeber hat die Auftragnehmer, die ihrerseits Arbeitgeber sind, über die von seinen Arbeitsmitteln ausgehenden Gefährdungen und über spezifische Verhaltensregeln zu informieren. Der Auftragnehmer hat den Auftraggeber und andere Arbeitgeber über Gefährdungen durch seine Arbeiten für Beschäftigte des Auftraggebers und anderer Arbeitgeber zu informieren.
(2) Kann eine Gefährdung von Beschäftigten anderer Arbeitgeber nicht ausgeschlossen werden, so haben alle betroffenen Arbeitgeber bei ihren Gefährdungsbeurteilungen zusammenzuwirken und die Schutzmaßnahmen so abzustimmen und durchzuführen, dass diese wirksam sind. Jeder Arbeitgeber ist dafür verantwortlich, dass seine Beschäftigten die gemeinsam festgelegten Schutzmaßnahmen anwenden.
(3) Besteht bei der Verwendung von Arbeitsmitteln eine erhöhte Gefährdung von Beschäftigten anderer Arbeitgeber, ist für die Abstimmung der jeweils erforderlichen Schutzmaßnahmen durch die beteiligten Arbeitgeber ein Koordinator/eine Koordinatorin schriftlich zu bestellen. Sofern aufgrund anderer Arbeitsschutzvorschriften bereits ein Koordinator/eine Koordinatorin bestellt ist, kann dieser/diese auch die Koordinationsaufgaben nach dieser Verordnung übernehmen. Dem Koordinator/der Koordinatorin sind von den beteiligten Arbeitgebern alle erforderlichen sicherheitsrelevanten Informationen sowie Informationen zu den festgelegten Schutzmaßnahmen zur Verfügung zu stellen. Die Bestellung eines Koordinators/einer Koordinatorin entbindet die Arbeitgeber nicht von ihrer Verantwortung nach dieser Verordnung.

§ 14 Prüfung von Arbeitsmitteln (1) Der Arbeitgeber hat Arbeitsmittel, deren Sicherheit von den Montagebedingungen abhängt, vor der erstmaligen Verwendung von einer zur Prüfung befähigten Person prüfen zu lassen. Die Prüfung umfasst Folgendes:

1. die Kontrolle der vorschriftsmäßigen Montage oder Installation und der sicheren Funktion dieser Arbeitsmittel,
2. die rechtzeitige Feststellung von Schäden,
3. die Feststellung, ob die getroffenen sicherheitstechnischen Maßnahmen geeignet und funktionsfähig sind.

Prüfinhalte, die im Rahmen eines Konformitätsbewertungsverfahrens geprüft und dokumentiert wurden, müssen nicht erneut geprüft werden. Die Prüfung muss vor jeder Inbetriebnahme nach einer Montage stattfinden.
(2) Arbeitsmittel, die Schäden verursachenden Einflüssen ausgesetzt sind, die zu Gefährdungen der Beschäftigten führen können, hat der Arbeitgeber wiederkehrend von einer zur Prüfung befähigten Person prüfen zu lassen. Die Prüfung muss entsprechend den nach § 3 Absatz 6 ermittelten Fristen stattfinden. Ergibt die Prüfung, dass ein Arbeitsmittel nicht bis zu der nach § 3 Absatz 6 ermittelten nächsten wiederkehrenden Prüfung sicher betrieben werden kann, ist die Prüffrist neu festzulegen.
(3) Arbeitsmittel sind nach prüfpflichtigen Änderungen vor ihrer nächsten Verwendung

durch eine zur Prüfung befähigte Person prüfen zu lassen. Arbeitsmittel, die von außergewöhnlichen Ereignissen betroffen sind, die schädigende Auswirkungen auf ihre Sicherheit haben können, durch die Beschäftigte gefährdet werden können, sind vor ihrer weiteren Verwendung einer außerordentlichen Prüfung durch eine zur Prüfung befähigte Person unterziehen zu lassen. Außergewöhnliche Ereignisse können insbesondere Unfälle, längere Zeiträume der Nichtverwendung der Arbeitsmittel oder Naturereignisse sein.

(4) Bei der Prüfung der in Anhang 3 genannten Arbeitsmittel gelten die dort genannten Vorgaben zusätzlich zu den Vorgaben der Absätze 1 bis 3.

(5) Der Fälligkeitstermin von wiederkehrenden Prüfungen wird jeweils mit dem Monat und dem Jahr angegeben. Die Frist für die nächste wiederkehrende Prüfung beginnt mit dem Fälligkeitstermin der letzten Prüfung. Wird eine Prüfung vor dem Fälligkeitstermin durchgeführt, beginnt die Frist für die nächste Prüfung mit dem Monat und Jahr der Durchführung. Für Arbeitsmittel mit einer Prüffrist von mehr als zwei Jahren gilt Satz 3 nur, wenn die Prüfung mehr als zwei Monate vor dem Fälligkeitstermin durchgeführt wird. Ist ein Arbeitsmittel zum Fälligkeitstermin der wiederkehrenden Prüfung außer Betrieb gesetzt, so darf es erst wieder in Betrieb genommen werden, nachdem diese Prüfung durchgeführt worden ist; in diesem Fall beginnt die Frist für die nächste wiederkehrende Prüfung mit dem Termin der Prüfung. Eine wiederkehrende Prüfung gilt als fristgerecht durchgeführt, wenn sie spätestens zwei Monate nach dem Fälligkeitstermin durchgeführt wurde. Dieser Absatz ist nur anzuwenden, soweit es sich um Arbeitsmittel nach Anhang 2 Abschnitt 2 bis 4 und Anhang 3 handelt.

(6) Zur Prüfung befähigte Personen nach § 2 Absatz 6 unterliegen bei der Durchführung der nach dieser Verordnung vorgeschriebenen Prüfungen keinen fachlichen Weisungen durch den Arbeitgeber. Zur Prüfung befähigte Personen dürfen vom Arbeitgeber wegen ihrer Prüftätigkeit nicht benachteiligt werden.

(7) Der Arbeitgeber hat dafür zu sorgen, dass das Ergebnis der Prüfung nach den Absätzen 1 bis 4 aufgezeichnet und mindestens bis zur nächsten Prüfung aufbewahrt wird. Dabei hat er dafür zu sorgen, dass die Aufzeichnungen nach Satz 1 mindestens Auskunft geben über:

1. Art der Prüfung,
2. Prüfungumfang,
3. Ergebnis der Prüfung und
4. Name und Unterschrift der zur Prüfung befähigten Person; bei ausschließlich elektronisch übermittelten Dokumenten elektronische Signatur.

Aufzeichnungen können auch in elektronischer Form aufbewahrt werden. Werden Arbeitsmittel nach den Absätzen 1 und 2 sowie Anhang 3 an unterschiedlichen Betriebsorten verwendet, ist am Einsatzort ein Nachweis über die Durchführung der letzten Prüfung vorzuhalten.

(8) Die Absätze 1 bis 3 gelten nicht für überwachungsbedürftige Anlagen, soweit entsprechende Prüfungen in den §§ 15 und 16 vorgeschrieben sind. Absatz 7 gilt nicht für überwachungsbedürftige Anlagen, soweit entsprechende Aufzeichnungen in § 17 vorgeschrieben sind.

Abschnitt 3 – Zusätzliche Vorschriften für überwachungsbedürftige Anlagen

§§ 15–18 *(nicht abgedruckt)*

Abschnitt 4 – Vollzugsregelungen und Ausschuss für Betriebssicherheit

§§ 19 – 21 *(nicht abgedruckt)*

Abschnitt 5 – Ordnungswidrigkeiten und Straftaten, Schlussvorschriften

§ 22 Ordnungswidrigkeiten (1) Ordnungswidrig im Sinne des § 25 Absatz 1 Nummer 1 des Arbeitsschutzgesetzes handelt, wer vorsätzlich oder fahrlässig

1. entgegen § 3 Absatz 1 Satz 1 eine Gefährdung nicht, nicht richtig oder nicht rechtzeitig beurteilt,
2. entgegen § 3 Absatz 3 Satz 3 eine Gefährdungsbeurteilung durchführt,
3. *(aufgehoben)*
4. *(aufgehoben)*
5. entgegen § 3 Absatz 7 Satz 4 eine Gefährdungsbeurteilung nicht oder nicht rechtzeitig aktualisiert,
6. entgegen § 3 Absatz 8 Satz 1 ein dort genanntes Ergebnis nicht oder nicht rechtzeitig dokumentiert,
7. entgegen § 4 Absatz 1 ein Arbeitsmittel verwendet,
8. entgegen § 4 Absatz 4 nicht dafür sorgt, dass Arbeitsmittel, für die in § 14 oder in Abschnitt 3 dieser Verordnung Prüfungen vorgeschrieben sind, nur verwendet werden, wenn diese Prüfungen durchgeführt und dokumentiert wurden,
9. entgegen § 5 Absatz 2 ein Arbeitsmittel verwenden lässt,
10. entgegen § 5 Absatz 4 nicht dafür sorgt, dass ein Beschäftigter nur ein dort genanntes Arbeitsmittel verwendet,
11. entgegen § 6 Absatz 1 Satz 2 in Verbindung mit Anhang 1 Nummer 1.3 Satz 1 nicht dafür sorgt, dass ein Beschäftigter nur auf einem dort genannten Platz mitfährt,
12. entgegen § 6 Absatz 1 Satz 2 in Verbindung mit Anhang 1 Nummer 1.4 Satz 1 nicht dafür sorgt, dass eine dort genannte Einrichtung vorhanden ist,
13. entgegen § 6 Absatz 1 Satz 2 in Verbindung mit Anhang 1 Nummer 1.5 eine dort genannte Maßnahme nicht oder nicht rechtzeitig trifft,
14. entgegen § 6 Absatz 1 Satz 2 in Verbindung mit Anhang 1 Nummer 1.7 Satz 1 nicht dafür sorgt, dass die dort genannte Geschwindigkeit angepasst werden kann,
15. entgegen § 6 Absatz 1 Satz 2 in Verbindung mit Anhang 1 Nummer 1.8 Satz 1 Buchstabe a nicht dafür sorgt, dass eine Verbindungseinrichtung gesichert ist,
16. entgegen § 6 Absatz 1 Satz 2 in Verbindung mit Anhang 1 Nummer 2.1 Satz 1 nicht dafür sorgt, dass die Standsicherheit oder die Festigkeit eines dort genannten Arbeitsmittels sichergestellt ist,
17. entgegen § 6 Absatz 1 Satz 2 in Verbindung mit Anhang 1 Nummer 2.1 Satz 5 ein dort genanntes Arbeitsmittel nicht richtig aufgestellt oder nicht richtig verwendet,
18. entgegen § 6 Absatz 1 Satz 2 in Verbindung mit Anhang 1 Nummer 2.2 Satz 1 nicht dafür sorgt, dass ein Arbeitsmittel mit einem dort genannten Hinweis versehen ist,
19. entgegen § 6 Absatz 1 Satz 2 in Verbindung mit Anhang 1 Nummer 2.3.2 nicht dafür sorgt, dass ein dort genanntes Arbeitsmittel abgebremst und eine ungewollte Bewegung verhindert werden kann,
20. entgegen § 6 Absatz 1 Satz 2 in Verbindung mit Anhang 1 Nummer 2.4 Satz 2 nicht dafür sorgt, dass das Heben eines Beschäftigten nur mit einem dort genannten Arbeitsmittel erfolgt,

21. entgegen § 6 Absatz 1 Satz 2 in Verbindung mit Anhang 1 Nummer 2.5 Buchstabe b oder Buchstabe c nicht dafür sorgt, dass Lasten sicher angeschlagen werden oder Lasten oder Lastaufnahme- oder Anschlagmittel sich nicht unbeabsichtigt lösen oder verschieben können,
22. entgegen § 6 Absatz 1 Satz 2 in Verbindung mit Anhang 1 Nummer 3.2.3 Satz 2 nicht dafür sorgt, dass ein dort genanntes Gerüst verankert wird,
23. entgegen § 6 Absatz 1 Satz 2 in Verbindung mit Anhang 1 Nummer 3.2.6 Satz 1 nicht dafür sorgt, dass ein Gerüst nur in der dort genannten Weise auf-, ab- oder umgebaut wird,
24. entgegen § 6 Absatz 2 Satz 1 nicht dafür sorgt, dass eine Schutzeinrichtung verwendet wird,
25. entgegen § 12 Absatz 1 Satz 1 eine Information nicht, nicht vollständig oder nicht rechtzeitig zur Verfügung stellt,
26. entgegen § 12 Absatz 1 Satz 2 einen Beschäftigten nicht, nicht richtig, nicht vollständig oder nicht rechtzeitig unterweist,
27. entgegen § 12 Absatz 2 Satz 1 eine Betriebsanweisung nicht, nicht richtig, nicht vollständig oder nicht rechtzeitig zur Verfügung stellt,
28. entgegen § 14 Absatz 1 Satz 1 oder Absatz 4 Satz 1 ein Arbeitsmittel nicht oder nicht rechtzeitig prüfen lässt,
29. entgegen § 14 Absatz 3 Satz 2 ein Arbeitsmittel einer außerordentlichen Prüfung nicht oder nicht rechtzeitig unterziehen lässt,
30. entgegen § 14 Absatz 7 Satz 1 nicht dafür sorgt, dass ein Ergebnis aufgezeichnet und aufbewahrt wird,
31. entgegen § 14 Absatz 7 Satz 2 nicht dafür sorgt, dass eine Aufzeichnung eine dort genannte Auskunft gibt,
32. entgegen § 19 Absatz 1 bei einem Arbeitsmittel nach Anhang 3 Abschnitt 1 Nummer 1.1, Abschnitt 2 Nummer 1.1 Satz 1 oder Abschnitt 3 Nummer 1.1 Satz 1 eine Anzeige nicht, nicht richtig, nicht vollständig oder nicht rechtzeitig erstattet oder
33. entgegen § 19 Absatz 3 eine Dokumentation, eine Information, einen Nachweis oder eine Angabe nicht, nicht richtig, nicht vollständig oder nicht rechtzeitig übermittelt.

(2) Ordnungswidrig im Sinne des § 39 Absatz 1 Nummer 7 Buchstabe a des Produktsicherheitsgesetzes handelt, wer vorsätzlich oder fahrlässig

1. entgegen § 6 Absatz 1 Satz 2 in Verbindung mit Anhang 1 Nummer 4.1 Satz 1 nicht dafür sorgt, dass ein Kommunikationssystem wirksam ist,
2. entgegen § 6 Absatz 1 Satz 2 in Verbindung mit Anhang 1 Nummer 4.1 Satz 2 einen Notfallplan nicht oder nicht rechtzeitig zur Verfügung stellt,
3. entgegen § 6 Absatz 1 Satz 2 in Verbindung mit Anhang 1 Nummer 4.1 Satz 5 eine dort genannte Einrichtung nicht oder nicht rechtzeitig bereitstellt,
4. entgegen § 6 Absatz 1 Satz 2 in Verbindung mit Anhang 1 Nummer 4.1 Satz 6 nicht dafür sorgt, dass eine Person Hilfe herbeirufen kann,
5. entgegen § 6 Absatz 1 Satz 2 in Verbindung mit Anhang 1 Nummer 4.4 Satz 1 nicht dafür sorgt, dass ein Personenumlaufaufzug nur von Beschäftigten verwendet wird,

5 a. entgegen § 6 Absatz 1 Satz 2 in Verbindung mit Anhang 1 Nummer 4.4 Satz 2 einen Personenumlaufaufzug durch eine andere Person verwenden lässt,

6. entgegen § 15 Absatz 1 Satz 1 nicht sicherstellt, dass eine überwachungsbedürftige Anlage geprüft wird,
7. entgegen § 16 Absatz 1 in Verbindung mit Anhang 2 Abschnitt 3 Nummer 5.1 Satz 1 bis 3 oder 4, Nummer 5.2 Satz 1 oder Nummer 5.3 Satz 1 oder Abschnitt 4 Nummer 5.1 Satz 1, 2 oder 3, Nummer 5.2 bis 5.4 oder 5.5, Nummer 5.7 Satz 3, Nummer 5.8 oder

Nummer 5.9 Satz 1 nicht sicherstellt, dass eine überwachungsbedürftige Anlage geprüft wird,
8. ohne Erlaubnis nach § 18 Absatz 1 Satz 1 eine dort genannte Anlage errichtet, betreibt oder ändert,
9. einer vollziehbaren Anordnung nach § 19 Absatz 5 Satz 1 zuwiderhandelt oder
10. eine in Absatz 1 Nummer 9 oder Nummer 24 bezeichnete Handlung in Bezug auf eine überwachungsbedürftige Anlage nach § 2 Nummer 30 des Produktsicherheitsgesetzes begeht.

(3) Ordnungswidrig im Sinne des § 39 Absatz 1 Nummer 7 Buchstabe g des Produktsicherheitsgesetzes handelt, wer vorsätzlich oder fahrlässig entgegen § 19 Absatz 1 bei einem Arbeitsmittel nach Anhang 2 Abschnitt 2 Nummer 2 Buchstabe a, Buchstabe b Satz 1 oder Buchstabe c, Abschnitt 3 Nummer 2 oder Abschnitt 4 Nummer 2.1, 2.2 oder 2.3 eine Anzeige nicht, nicht richtig, nicht vollständig oder nicht rechtzeitig erstattet.

§ 23 Straftaten (1) Wer durch eine in § 22 Absatz 1 bezeichnete vorsätzliche Handlung Leben oder Gesundheit eines Beschäftigten gefährdet, ist nach § 26 Nummer 2 des Arbeitsschutzgesetzes strafbar.

(2) Wer eine in § 22 Absatz 2 bezeichnete vorsätzliche Handlung beharrlich wiederholt oder durch eine solche vorsätzliche Handlung Leben oder Gesundheit eines anderen oder fremde Sachen von bedeutendem Wert gefährdet, ist nach § 40 des Produktsicherheitsgesetzes strafbar.

§ 24 Übergangsvorschriften *(nicht abgedruckt)*

Anhang 1 (zu § 6 Absatz 1 Satz 2) Besondere Vorschriften für bestimmte Arbeitsmittel

(nicht abgedruckt)

Anhang 2 (zu den §§ 15 und 16) Prüfvorschriften für überwachungsbedürftige Anlagen

(nicht abgedruckt)

Anhang 3 (zu § 14 Absatz 4) Prüfvorschriften für bestimmte Arbeitsmittel

(nicht abgedruckt)

7 e. Verordnung über Sicherheit und Gesundheitsschutz bei der manuellen Handhabung von Lasten bei der Arbeit (Lastenhandhabungsverordnung – LasthandhabV)

vom 4. Dezember 1996 (BGBl. I 1842),
zuletzt geändert durch Verordnung vom 18. Oktober 2017 (BGBl. I 3584)

Einleitung

(siehe bei Nr. 7, II 6)

Verordnungstext

§ 1 Anwendungsbereich (1) Diese Verordnung gilt für die manuelle Handhabung von Lasten, die aufgrund ihrer Merkmale oder ungünstiger ergonomischer Bedingungen für die Beschäftigten eine Gefährdung für Sicherheit und Gesundheit, insbesondere der Lendenwirbelsäule, mit sich bringt.
(2) Manuelle Handhabung im Sinne dieser Verordnung ist jedes Befördern oder Abstützen einer Last durch menschliche Kraft, unter anderem das Heben, Absetzen, Schieben, Ziehen, Tragen oder Bewegen einer Last.
(3) Das Bundeskanzleramt, das Bundesministerium des Innern, das Bundesministerium für Verkehr und digitale Infrastruktur, das Bundesministerium der Verteidigung oder das Bundesministerium der Finanzen können, soweit sie hierfür jeweils zuständig sind, im Einvernehmen mit dem Bundesministerium für Arbeit und Soziales und, soweit nicht das Bundesministerium des Innern selbst zuständig ist, im Einvernehmen mit dem Bundesministerium des Innern bestimmen, daß für bestimmte Tätigkeiten im öffentlichen Dienst des Bundes, insbesondere bei der Bundeswehr, der Polizei, den Zivil- und Katastrophenschutzdiensten, dem Zoll oder den Nachrichtendiensten, Vorschriften dieser Verordnung ganz oder zum Teil nicht anzuwenden sind, soweit öffentliche Belange dies zwingend erfordern, insbesondere zur Aufrechterhaltung oder Wiederherstellung der öffentlichen Sicherheit. In diesem Fall ist gleichzeitig festzulegen, wie die Sicherheit und der Gesundheitsschutz der Beschäftigten nach dieser Verordnung auf andere Weise gewährleistet werden.

§ 2 Maßnahmen (1) Der Arbeitgeber hat unter Zugrundelegung des Anhangs geeignete organisatorische Maßnahmen zu treffen oder geeignete Arbeitsmittel, insbesondere mechanische Ausrüstungen, einzusetzen, um manuelle Handhabungen von Lasten, die für die Beschäftigten eine Gefährdung für Sicherheit und Gesundheit, insbesondere der Lendenwirbelsäule mit sich bringen, zu vermeiden.
(2) Können diese manuellen Handhabungen von Lasten nicht vermieden werden, hat der

Arbeitgeber bei der Beurteilung der Arbeitsbedingungen nach § 5 des Arbeitsschutzgesetzes die Arbeitsbedingungen insbesondere unter Zugrundelegung des Anhangs zu beurteilen. Aufgrund der Beurteilung hat der Arbeitgeber geeignete Maßnahmen zu treffen, damit eine Gefährdung von Sicherheit und Gesundheit der Beschäftigten möglichst gering gehalten wird.

§ 3 Übertragung von Aufgaben Bei der Übertragung von Aufgaben der manuellen Handhabung von Lasten, die für die Beschäftigten zu einer Gefährdung für Sicherheit und Gesundheit führen, hat der Arbeitgeber die körperliche Eignung der Beschäftigten zur Ausführung der Aufgaben zu berücksichtigen.

§ 4 Unterweisung Bei der Unterweisung nach § 12 des Arbeitsschutzgesetzes hat der Arbeitgeber insbesondere den Anhang und die körperliche Eignung der Beschäftigten zu berücksichtigen. Er hat den Beschäftigten, soweit dies möglich ist, genaue Angaben zu machen über die sachgemäße manuelle Handhabung von Lasten und über die Gefahren, denen die Beschäftigten insbesondere bei unsachgemäßer Ausführung der Tätigkeit ausgesetzt sind.

Anhang

Merkmale, aus denen sich eine Gefährdung von Sicherheit und Gesundheit, insbesondere der Lendenwirbelsäule, der Beschäftigten ergeben kann:

(1) Im Hinblick auf die zu handhabende Last insbesondere

1. ihr Gewicht, ihre Form und Größe,
2. die Lage der Zugriffsstellen,
3. die Schwerpunktlage und
4. die Möglichkeit einer unvorhergesehenen Bewegung.

(2) Im Hinblick auf die von den Beschäftigten zu erfüllende Arbeitsaufgabe insbesondere

1. die erforderliche Körperhaltung oder Körperbewegung, insbesondere Drehbewegung,
2. die Entfernung der Last vom Körper,
3. die durch das Heben, Senken oder Tragen der Last zu überbrückende Entfernung,
4. das Ausmaß, die Häufigkeit und die Dauer des erforderlichen Kraftaufwandes,
5. die erforderliche persönliche Schutzausrüstung,
6. das Arbeitstempo infolge eines nicht durch die Beschäftigten zu ändernden Arbeitsablaufs und
7. die zur Verfügung stehende Erholungs- oder Ruhezeit.

(3) Im Hinblick auf die Beschaffenheit des Arbeitsplatzes und der Arbeitsumgebung insbesondere

1. der in vertikaler Richtung zur Verfügung stehende Platz und Raum,
2. der Höhenunterschied über verschiedene Ebenen,
3. die Temperatur, Luftfeuchtigkeit und Luftgeschwindigkeit,
4. die Beleuchtung,
5. die Ebenheit, Rutschfestigkeit oder Stabilität der Standfläche und
6. die Bekleidung, insbesondere das Schuhwerk.

7 f. Verordnung über Sicherheit und Gesundheitsschutz bei der Benutzung persönlicher Schutzausrüstungen bei der Arbeit (PSA-Benutzungsverordnung – PSA-BV)

vom 4. Dezember 1996 (BGBl. I S. 1841)

Einleitung

(siehe bei Nr. 7, II 8)

Verordnungstext

§ 1 Anwendungsbereich (1) Diese Verordnung gilt für die Bereitstellung persönlicher Schutzausrüstungen durch Arbeitgeber sowie für die Benutzung persönlicher Schutzausrüstungen durch Beschäftigte bei der Arbeit.

(2) Persönliche Schutzausrüstung im Sinne dieser Verordnung ist jede Ausrüstung, die dazu bestimmt ist, von den Beschäftigten benutzt oder getragen zu werden, um sich gegen eine Gefährdung für ihre Sicherheit und Gesundheit zu schützen, sowie jede mit demselben Ziel verwendete und mit der persönlichen Schutzausrüstung verbundene Zusatzausrüstung.

(3) Als persönliche Schutzausrüstungen im Sinne des Absatzes 2 gelten nicht:

1. Arbeitskleidung und Uniformen, die nicht speziell der Sicherheit und dem Gesundheitsschutz der Beschäftigten dienen,
2. Ausrüstungen für Not- und Rettungsdienste,
3. persönliche Schutzausrüstungen für die Bundeswehr, den Zivil- und Katastrophenschutz, die Polizeien des Bundes und der Länder sowie sonstige Einrichtungen, die der öffentlichen Sicherheit oder der öffentlichen Ordnung dienen,
4. persönliche Schutzausrüstungen für den Straßenverkehr, soweit sie verkehrsrechtlichen Vorschriften unterliegen,
5. Sportausrüstungen,
6. Selbstverteidigungs- und Abschreckungsmittel,
7. tragbare Geräte zur Feststellung und Signalisierung von Gefahren und Gefahrstoffen.

(4) Die Verordnung gilt nicht in Betrieben, die dem Bundesberggesetz unterliegen.

§ 2 Bereitstellung und Benutzung (1) Unbeschadet seiner Pflichten nach den §§ 3, 4 und 5 des Arbeitsschutzgesetzes darf der Arbeitgeber nur persönliche Schutzausrüstungen auswählen und den Beschäftigten bereitstellen, die

1. den Anforderungen der Verordnung über das Inverkehrbringen von persönlichen Schutzausrüstungen entsprechen,
2. Schutz gegenüber der zu verhütenden Gefährdung bieten, ohne selbst eine größere Gefährdung mit sich zu bringen,

3. für die am Arbeitsplatz gegebenen Bedingungen geeignet sind und
4. den ergonomischen Anforderungen und den gesundheitlichen Erfordernissen der Beschäftigten entsprechen.

(2) Persönliche Schutzausrüstungen müssen den Beschäftigten individuell passen. Sie sind grundsätzlich für den Gebrauch durch eine Person bestimmt. Erfordern die Umstände eine Benutzung durch verschiedene Beschäftigte, hat der Arbeitgeber dafür zu sorgen, daß Gesundheitsgefahren oder hygienische Probleme nicht auftreten.

(3) Werden mehrere persönliche Schutzausrüstungen gleichzeitig von einer oder einem Beschäftigten benutzt, muß der Arbeitgeber diese Schutzausrüstungen so aufeinander abstimmen, daß die Schutzwirkung der einzelnen Ausrüstungen nicht beeinträchtigt wird.

(4) Durch Wartungs-, Reparatur- und Ersatzmaßnahmen sowie durch ordnungsgemäße Lagerung trägt der Arbeitgeber dafür Sorge, daß die persönlichen Schutzausrüstungen während der gesamten Benutzungsdauer gut funktionieren und sich in einem hygienisch einwandfreien Zustand befinden.

§ 3 Unterweisung (1) Bei der Unterweisung nach § 12 des Arbeitsschutzgesetzes hat der Arbeitgeber die Beschäftigten darin zu unterweisen, wie die persönlichen Schutzausrüstungen sicherheitsgerecht benutzt werden. Soweit erforderlich, führt er eine Schulung in der Benutzung durch.

(2) Für jede bereitgestellte persönliche Schutzausrüstung hat der Arbeitgeber erforderliche Informationen für die Benutzung in für die Beschäftigten verständlicher Form und Sprache bereitzuhalten.

7 g. Verordnung zum Schutz der Beschäftigten vor Gefährdungen durch Lärm und Vibrationen (Lärm- und Vibrations-Arbeitsschutzverordnung – LärmVibrationsArbSchV)

vom 6. März 2007 (BGBl. I S. 261),
zuletzt geändert durch Verordnung vom 18. Oktober 2017 (BGBl. I 3584)

Einleitung

(siehe bei Nr. 7, II 7)

Verordnungstext

Abschnitt 1 – Anwendungsbereich und Begriffsbestimmungen

§ 1 Anwendungsbereich (1) Diese Verordnung gilt zum Schutz der Beschäftigten vor tatsächlichen oder möglichen Gefährdungen ihrer Gesundheit und Sicherheit durch Lärm oder Vibrationen bei der Arbeit.
(2) Das Bundesministerium der Verteidigung kann für Beschäftigte, die Lärm und Vibrationen ausgesetzt sind oder ausgesetzt sein können, Ausnahmen von den Vorschriften dieser Verordnung zulassen, soweit öffentliche Belange dies zwingend erfordern, insbesondere für Zwecke der Landesverteidigung oder zur Erfüllung zwischenstaatlicher Verpflichtungen der Bundesrepublik Deutschland. In diesem Fall ist gleichzeitig festzulegen, wie die Sicherheit und der Gesundheitsschutz der Beschäftigten nach dieser Verordnung auf andere Weise gewährleistet werden kann.

§ 2 Begriffsbestimmungen (1) Lärm im Sinne dieser Verordnung ist jeder Schall, der zu einer Beeinträchtigung des Hörvermögens oder zu einer sonstigen mittelbaren oder unmittelbaren Gefährdung von Sicherheit und Gesundheit der Beschäftigten führen kann.
(2) Der Tages-Lärmexpositionspegel ($L_{EX,8h}$) ist der über die Zeit gemittelte Lärmexpositionspegel bezogen auf eine Achtstundenschicht. Er umfasst alle am Arbeitsplatz auftretenden Schallereignisse.
(3) Der Wochen-Lärmexpositionspegel ($L_{EX,40h}$) ist der über die Zeit gemittelte Tages-Lärmexpositionspegel bezogen auf eine 40-Stundenwoche.
(4) Der Spitzenschalldruckpegel ($L_{pC,peak}$) ist der Höchstwert des momentanen Schalldruckpegels.
(5) Vibrationen sind alle mechanischen Schwingungen, die durch Gegenstände auf den menschlichen Körper übertragen werden und zu einer mittelbaren oder unmittelbaren Gefährdung von Sicherheit und Gesundheit der Beschäftigten führen können. Dazu gehören insbesondere

1. mechanische Schwingungen, die bei Übertragung auf das Hand-Arm-System des Menschen Gefährdungen für die Gesundheit und Sicherheit der Beschäftigten verursachen oder verursachen können (Hand-Arm-Vibrationen), insbesondere Knochen- oder Gelenkschäden, Durchblutungsstörungen oder neurologische Erkrankungen, und
2. mechanische Schwingungen, die bei Übertragung auf den gesamten Körper Gefährdungen für die Gesundheit und Sicherheit der Beschäftigten verursachen oder verursachen können (Ganzkörper-Vibrationen), insbesondere Rückenschmerzen und Schädigungen der Wirbelsäule.

(6) Der Tages-Vibrationsexpositionswert A(8) ist der über die Zeit nach Nummer 1.1 des Anhangs für Hand-Arm-Vibrationen und nach Nummer 2.1 des Anhangs für Ganzkörper-Vibrationen gemittelte Vibrationsexpositionswert bezogen auf eine Achtstundenschicht.

(7) Fachkundig ist, wer über die erforderlichen Fachkenntnisse zur Ausübung einer in dieser Verordnung bestimmten Aufgabe verfügt. Die Anforderungen an die Fachkunde sind abhängig von der jeweiligen Art der Aufgabe. Zu den Anforderungen zählen eine entsprechende Berufsausbildung oder Berufserfahrung jeweils in Verbindung mit einer zeitnah ausgeübten einschlägigen beruflichen Tätigkeit sowie die Teilnahme an spezifischen Fortbildungsmaßnahmen.

(8) Der Stand der Technik ist der Entwicklungsstand fortschrittlicher Verfahren, Einrichtungen oder Betriebsweisen, der die praktische Eignung einer Maßnahme zum Schutz der Gesundheit und zur Sicherheit der Beschäftigten gesichert erscheinen lässt. Bei der Bestimmung des Standes der Technik sind insbesondere vergleichbare Verfahren, Einrichtungen oder Betriebsweisen heranzuziehen, die mit Erfolg in der Praxis erprobt worden sind. Gleiches gilt für die Anforderungen an die Arbeitsmedizin und die Arbeitshygiene.

(9) Den Beschäftigten stehen Schülerinnen und Schüler, Studierende und sonstige in Ausbildungseinrichtungen tätige Personen, die bei ihren Tätigkeiten Lärm und Vibrationen ausgesetzt sind, gleich.

Abschnitt 2 – Ermittlung und Bewertung der Gefährdung; Messungen

§ 3 Gefährdungsbeurteilung (1) Bei der Beurteilung der Arbeitsbedingungen nach § 5 des Arbeitsschutzgesetzes hat der Arbeitgeber zunächst festzustellen, ob die Beschäftigten Lärm oder Vibrationen ausgesetzt sind oder ausgesetzt sein können. Ist dies der Fall, hat er alle hiervon ausgehenden Gefährdungen für die Gesundheit und Sicherheit der Beschäftigten zu beurteilen. Dazu hat er die auftretenden Expositionen am Arbeitsplatz zu ermitteln und zu bewerten. Der Arbeitgeber kann sich die notwendigen Informationen beim Hersteller oder Inverkehrbringer von Arbeitsmitteln oder bei anderen ohne weiteres zugänglichen Quellen beschaffen. Lässt sich die Einhaltung der Auslöse- und Expositionsgrenzwerte nicht sicher ermitteln, hat er den Umfang der Exposition durch Messungen nach § 4 festzustellen. Entsprechend dem Ergebnis der Gefährdungsbeurteilung hat der Arbeitgeber Schutzmaßnahmen nach dem Stand der Technik festzulegen.

(2) Die Gefährdungsbeurteilung nach Absatz 1 umfasst insbesondere
1. bei Exposition der Beschäftigten durch Lärm
   a) Art, Ausmaß und Dauer der Exposition durch Lärm,
   b) die Auslösewerte nach § 6 Satz 1 und die Expositionswerte nach § 8 Abs. 2,
   c) die Verfügbarkeit alternativer Arbeitsmittel und Ausrüstungen, die zu einer geringeren Exposition der Beschäftigten führen (Substitutionsprüfung),
   d) Erkenntnisse aus der arbeitsmedizinischen Vorsorge sowie allgemein zugängliche, veröffentlichte Informationen hierzu,

e) die zeitliche Ausdehnung der beruflichen Exposition über eine Achtstundenschicht hinaus,
f) die Verfügbarkeit und Wirksamkeit von Gehörschutzmitteln,
g) Auswirkungen auf die Gesundheit und Sicherheit von Beschäftigten, die besonders gefährdeten Gruppen angehören, und
h) Herstellerangaben zu Lärmemissionen sowie

2. bei Exposition der Beschäftigten durch Vibrationen
a) Art, Ausmaß und Dauer der Exposition durch Vibrationen, einschließlich besonderer Arbeitsbedingungen, wie zum Beispiel Tätigkeiten bei niedrigen Temperaturen,
b) die Expositionsgrenzwerte und Auslösewerte nach § 9 Abs. 1 und 2,
c) die Verfügbarkeit und die Möglichkeit des Einsatzes alternativer Arbeitsmittel und Ausrüstungen, die zu einer geringeren Exposition der Beschäftigten führen (Substitutionsprüfung),
d) Erkenntnisse aus der arbeitsmedizinischen Vorsorge sowie allgemein zugängliche, veröffentlichte Informationen hierzu,
e) die zeitliche Ausdehnung der beruflichen Exposition über eine Achtstundenschicht hinaus,
f) Auswirkungen auf die Gesundheit und Sicherheit von Beschäftigten, die besonders gefährdeten Gruppen angehören, und
g) Herstellerangaben zu Vibrationsemissionen.

(3) Die mit der Exposition durch Lärm oder Vibrationen verbundenen Gefährdungen sind unabhängig voneinander zu beurteilen und in der Gefährdungsbeurteilung zusammenzuführen. Mögliche Wechsel- oder Kombinationswirkungen sind bei der Gefährdungsbeurteilung zu berücksichtigen. Dies gilt insbesondere bei Tätigkeiten mit gleichzeitiger Belastung durch Lärm, arbeitsbedingten ototoxischen Substanzen oder Vibrationen, soweit dies technisch durchführbar ist. Zu berücksichtigen sind auch mittelbare Auswirkungen auf die Gesundheit und Sicherheit der Beschäftigten, zum Beispiel durch Wechselwirkungen zwischen Lärm und Warnsignalen oder anderen Geräuschen, deren Wahrnehmung zur Vermeidung von Gefährdungen erforderlich ist. Bei Tätigkeiten, die eine hohe Konzentration und Aufmerksamkeit erfordern, sind störende und negative Einflüsse infolge einer Exposition durch Lärm oder Vibrationen zu berücksichtigen.

(4) Der Arbeitgeber hat die Gefährdungsbeurteilung unabhängig von der Zahl der Beschäftigten zu dokumentieren. In der Dokumentation ist anzugeben, welche Gefährdungen am Arbeitsplatz auftreten können und welche Maßnahmen zur Vermeidung oder Minimierung der Gefährdung der Beschäftigten durchgeführt werden müssen. Die Gefährdungsbeurteilung ist zu aktualisieren, wenn maßgebliche Veränderungen der Arbeitsbedingungen dies erforderlich machen oder wenn sich eine Aktualisierung auf Grund der Ergebnisse der arbeitsmedizinischen Vorsorge als notwendig erweist.

§ 4 Messungen (1) Der Arbeitgeber hat sicherzustellen, dass Messungen nach dem Stand der Technik durchgeführt werden. Dazu müssen

1. Messverfahren und -geräte den vorhandenen Arbeitsplatz- und Expositionsbedingungen angepasst sein; dies betrifft insbesondere die Eigenschaften des zu messenden Lärms oder der zu messenden Vibrationen, die Dauer der Einwirkung und die Umgebungsbedingungen und
2. die Messverfahren und -geräte geeignet sein, die jeweiligen physikalischen Größen zu bestimmen, und die Entscheidung erlauben, ob die in den §§ 6 und 9 festgesetzten Auslöse- und Expositionsgrenzwerte eingehalten werden.

Die durchzuführenden Messungen können auch eine Stichprobenerhebung umfassen, die

für die persönliche Exposition eines Beschäftigten repräsentativ ist. Der Arbeitgeber hat die Dokumentation über die ermittelten Messergebnisse mindestens 30 Jahre in einer Form aufzubewahren, die eine spätere Einsichtnahme ermöglicht.
(2) Messungen zur Ermittlung der Exposition durch Vibrationen sind zusätzlich zu den Anforderungen nach Absatz 1 entsprechend den Nummern 1.2 und 2.2 des Anhangs durchzuführen.

§ 5 Fachkunde Der Arbeitgeber hat sicherzustellen, dass die Gefährdungsbeurteilung nur von fachkundigen Personen durchgeführt wird. Verfügt der Arbeitgeber nicht selbst über die entsprechenden Kenntnisse, hat er sich fachkundig beraten zu lassen. Fachkundige Personen können insbesondere der Betriebsarzt und die Fachkraft für Arbeitssicherheit sein. Der Arbeitgeber darf mit der Durchführung von Messungen nur Personen beauftragen, die über die dafür notwendige Fachkunde und die erforderlichen Einrichtungen verfügen.

Abschnitt 3 – Auslösewerte und Schutzmaßnahmen bei Lärm

§ 6 Auslösewerte bei Lärm Die Auslösewerte in Bezug auf den Tages-Lärmexpositionspegel und den Spitzenschalldruckpegel betragen:
1. Obere Auslösewerte: $L_{EX,8h}$ = 85 dB(A) beziehungsweise $L_{pC,peak}$ = 137 dB(C),
2. Untere Auslösewerte: $L_{EX,8h}$ = 80 dB(A) beziehungsweise $L_{pC,peak}$ = 135 dB(C).

Bei der Anwendung der Auslösewerte wird die dämmende Wirkung eines persönlichen Gehörschutzes der Beschäftigten nicht berücksichtigt.

§ 7 Maßnahmen zur Vermeidung und Verringerung der Lärmexposition (1) Der Arbeitgeber hat die nach § 3 Abs. 1 Satz 6 festgelegten Schutzmaßnahmen nach dem Stand der Technik durchzuführen, um die Gefährdung der Beschäftigten auszuschließen oder so weit wie möglich zu verringern. Dabei ist folgende Rangfolge zu berücksichtigen:
1. Die Lärmemission muss am Entstehungsort verhindert oder so weit wie möglich verringert werden. Technische Maßnahmen haben Vorrang vor organisatorischen Maßnahmen.
2. Die Maßnahmen nach Nummer 1 haben Vorrang vor der Verwendung von Gehörschutz nach § 8.

(2) Zu den Maßnahmen nach Absatz 1 gehören insbesondere:
1. alternative Arbeitsverfahren, welche die Exposition der Beschäftigten durch Lärm verringern,
2. Auswahl und Einsatz neuer oder bereits vorhandener Arbeitsmittel unter dem vorrangigen Gesichtspunkt der Lärmminderung,
3. die lärmmindernde Gestaltung und Einrichtung der Arbeitsstätten und Arbeitsplätze,
4. technische Maßnahmen zur Luftschallminderung, beispielsweise durch Abschirmungen oder Kapselungen, und zur Körperschallminderung, beispielsweise durch Körperschalldämpfung oder -dämmung oder durch Körperschallisolierung,
5. Wartungsprogramme für Arbeitsmittel, Arbeitsplätze und Anlagen,
6. arbeitsorganisatorische Maßnahmen zur Lärmminderung durch Begrenzung von Dauer und Ausmaß der Exposition und Arbeitszeitpläne mit ausreichenden Zeiten ohne belastende Exposition.

(3) In Ruheräumen ist unter Berücksichtigung ihres Zweckes und ihrer Nutzungsbedingungen die Lärmexposition so weit wie möglich zu verringern.

(4) Der Arbeitgeber hat Arbeitsbereiche, in denen einer der oberen Auslösewerte für Lärm ($L_{EX,8h}$, $L_{pC,peak}$) überschritten werden kann, als Lärmbereiche zu kennzeichnen und, falls technisch möglich, abzugrenzen. In diesen Bereichen dürfen sich Beschäftigte nur aufhalten, wenn das Arbeitsverfahren dies erfordert und die Beschäftigten eine geeignete persönliche Schutzausrüstung verwenden; Absatz 1 bleibt unberührt.
(5) Wird einer der oberen Auslösewerte überschritten, hat der Arbeitgeber ein Programm mit technischen und organisatorischen Maßnahmen zur Verringerung der Lärmexposition auszuarbeiten und durchzuführen. Dabei sind insbesondere die Absätze 1 und 2 zu berücksichtigen.

§ 8 Gehörschutz (1) Werden die unteren Auslösewerte nach § 6 Satz 1 Nr. 2 trotz Durchführung der Maßnahmen nach § 7 Abs. 1 nicht eingehalten, hat der Arbeitgeber den Beschäftigten einen geeigneten persönlichen Gehörschutz zur Verfügung zu stellen, der den Anforderungen nach Absatz 2 genügt.
(2) Der persönliche Gehörschutz ist vom Arbeitgeber so auszuwählen, dass durch seine Anwendung die Gefährdung des Gehörs beseitigt oder auf ein Minimum verringert wird. Dabei muss unter Einbeziehung der dämmenden Wirkung des Gehörschutzes sichergestellt werden, dass der auf das Gehör des Beschäftigten einwirkende Lärm die maximal zulässigen Expositionswerte $L_{EX,8h} = 85$ dB(A) beziehungsweise $L_{pC,peak} = 137$ dB(C) nicht überschreitet.
(3) Erreicht oder überschreitet die Lärmexposition am Arbeitsplatz einen der oberen Auslösewerte nach § 6 Satz 1 Nr. 1, hat der Arbeitgeber dafür Sorge zu tragen, dass die Beschäftigten den persönlichen Gehörschutz bestimmungsgemäß verwenden.
(4) Der Zustand des ausgewählten persönlichen Gehörschutzes ist in regelmäßigen Abständen zu überprüfen. Stellt der Arbeitgeber dabei fest, dass die Anforderungen des Absatzes 2 Satz 2 nicht eingehalten werden, hat er unverzüglich die Gründe für diese Nichteinhaltung zu ermitteln und Maßnahmen zu ergreifen, die für eine dauerhafte Einhaltung der Anforderungen erforderlich sind.

Abschnitt 4 – Expositionsgrenzwerte und Auslösewerte sowie Schutzmaßnahmen bei Vibrationen

§ 9 Expositionsgrenzwerte und Auslösewerte für Vibrationen (1) Für Hand-Arm-Vibrationen beträgt
1. der Expositionsgrenzwert A(8) = 5 m/s^2 und
2. der Auslösewert A(8) = 2,5 m/s^2.

Die Exposition der Beschäftigten gegenüber Hand-Arm-Vibrationen wird nach Nummer 1 des Anhangs ermittelt und bewertet.
(2) Für Ganzkörper-Vibrationen beträgt
1. der Expositionsgrenzwert A(8) = 1,15 m/s^2 in X- und Y-Richtung und A(8) = 0,8 m/s^2 in Z-Richtung und
2. der Auslösewert A(8) = 0,5 m/s^2.

Die Exposition der Beschäftigten gegenüber Ganzkörper-Vibrationen wird nach Nummer 2 des Anhangs ermittelt und bewertet.

§ 10 Maßnahmen zur Vermeidung und Verringerung der Exposition durch Vibrationen
(1) Der Arbeitgeber hat die in § 3 Abs. 1 Satz 6 festgelegten Schutzmaßnahmen nach dem Stand der Technik durchzuführen, um die Gefährdung der Beschäftigten auszuschließen oder so weit wie möglich zu verringern. Dabei müssen Vibrationen am Entstehungsort

verhindert oder so weit wie möglich verringert werden. Technische Maßnahmen zur Minderung von Vibrationen haben Vorrang vor organisatorischen Maßnahmen.
(2) Zu den Maßnahmen nach Absatz 1 gehören insbesondere
1. alternative Arbeitsverfahren, welche die Exposition gegenüber Vibrationen verringern,
2. Auswahl und Einsatz neuer oder bereits vorhandener Arbeitsmittel, die nach ergonomischen Gesichtspunkten ausgelegt sind und unter Berücksichtigung der auszuführenden Tätigkeit möglichst geringe Vibrationen verursachen, beispielsweise schwingungsgedämpfte handgehaltene oder handgeführte Arbeitsmaschinen, welche die auf den Hand-Arm-Bereich übertragene Vibration verringern,
3. die Bereitstellung von Zusatzausrüstungen, welche die Gesundheitsgefährdung auf Grund von Vibrationen verringern, beispielsweise Sitze, die Ganzkörper-Vibrationen wirkungsvoll dämpfen,
4. Wartungsprogramme für Arbeitsmittel, Arbeitsplätze und Anlagen sowie Fahrbahnen,
5. die Gestaltung und Einrichtung der Arbeitsstätten und Arbeitsplätze,
6. die Schulung der Beschäftigten im bestimmungsgemäßen Einsatz und in der sicheren und vibrationsarmen Bedienung von Arbeitsmitteln,
7. die Begrenzung der Dauer und Intensität der Exposition,
8. Arbeitszeitpläne mit ausreichenden Zeiten ohne belastende Exposition und
9. die Bereitstellung von Kleidung für gefährdete Beschäftigte zum Schutz vor Kälte und Nässe.

(3) Der Arbeitgeber hat, insbesondere durch die Maßnahmen nach Absatz 1, dafür Sorge zu tragen, dass bei der Exposition der Beschäftigten die Expositionsgrenzwerte nach § 9 Abs. 1 Satz 1 Nr. 1 und § 9 Abs. 2 Satz 1 Nr. 1 nicht überschritten werden. Werden die Expositionsgrenzwerte trotz der durchgeführten Maßnahmen überschritten, hat der Arbeitgeber unverzüglich die Gründe zu ermitteln und weitere Maßnahmen zu ergreifen, um die Exposition auf einen Wert unterhalb der Expositionsgrenzwerte zu senken und ein erneutes Überschreiten der Grenzwerte zu verhindern.
(4) Werden die Auslösewerte nach § 9 Abs. 1 Satz 1 Nr. 2 oder § 9 Abs. 2 Satz 1 Nr. 2 überschritten, hat der Arbeitgeber ein Programm mit technischen und organisatorischen Maßnahmen zur Verringerung der Exposition durch Vibrationen auszuarbeiten und durchzuführen. Dabei sind insbesondere die in Absatz 2 genannten Maßnahmen zu berücksichtigen.

Abschnitt 5 – Unterweisung der Beschäftigten; Beratung durch den Ausschuss für Betriebssicherheit

§ 11 Unterweisung der Beschäftigten (1) Können bei Exposition durch Lärm die unteren Auslösewerte nach § 6 Satz 1 Nr. 2 oder bei Exposition durch Vibrationen die Auslösewerte nach § 9 Abs. 1 Satz 1 Nr. 2 oder § 9 Abs. 2 Satz 1 Nr. 2 erreicht oder überschritten werden, stellt der Arbeitgeber sicher, dass die betroffenen Beschäftigten eine Unterweisung erhalten, die auf den Ergebnissen der Gefährdungsbeurteilung beruht und die Aufschluss über die mit der Exposition verbundenen Gesundheitsgefährdungen gibt. Sie muss vor Aufnahme der Beschäftigung und danach in regelmäßigen Abständen, jedoch immer bei wesentlichen Änderungen der belastenden Tätigkeit, erfolgen.
(2) Der Arbeitgeber stellt sicher, dass die Unterweisung nach Absatz 1 in einer für die Beschäftigten verständlichen Form und Sprache erfolgt und mindestens folgende Informationen enthält:
1. die Art der Gefährdung,

2. die durchgeführten Maßnahmen zur Beseitigung oder zur Minimierung der Gefährdung unter Berücksichtigung der Arbeitsplatzbedingungen,
3. die Expositionsgrenzwerte und Auslösewerte,
4. die Ergebnisse der Ermittlungen zur Exposition zusammen mit einer Erläuterung ihrer Bedeutung und der Bewertung der damit verbundenen möglichen Gefährdungen und gesundheitlichen Folgen,
5. die sachgerechte Verwendung der persönlichen Schutzausrüstung,
6. die Voraussetzungen, unter denen die Beschäftigten Anspruch auf arbeitsmedizinische Vorsorge haben, und deren Zweck,
7. die ordnungsgemäße Handhabung der Arbeitsmittel und sichere Arbeitsverfahren zur Minimierung der Expositionen,
8. Hinweise zur Erkennung und Meldung möglicher Gesundheitsschäden.

(3) Um frühzeitig Gesundheitsstörungen durch Lärm oder Vibrationen erkennen zu können, hat der Arbeitgeber sicherzustellen, dass ab dem Überschreiten der unteren Auslösewerte für Lärm und dem Überschreiten der Auslösewerte für Vibrationen die betroffenen Beschäftigten eine allgemeine arbeitsmedizinische Beratung erhalten. Die Beratung ist unter Beteiligung des in § 7 Abs. 1 der Verordnung zur arbeitsmedizinischen Vorsorge genannten Arztes durchzuführen, falls dies aus arbeitsmedizinischen Gründen erforderlich sein sollte. Die arbeitsmedizinische Beratung kann im Rahmen der Unterweisung nach Absatz 1 erfolgen.

§ 12 Beratung durch den Ausschuss für Betriebssicherheit Der Ausschuss nach § 24 der Betriebssicherheitsverordnung berät das Bundesministerium für Arbeit und Soziales auch in Fragen der Sicherheit und des Gesundheitsschutzes bei lärm- oder vibrationsbezogenen Gefährdungen. § 24 Abs. 4 und 5 der Betriebssicherheitsverordnung gilt entsprechend.

§ 13 Arbeitsmedizinische Vorsorge *(weggefallen)*

§ 14 *(weggefallen)*

Abschnitt 6 – Ausnahmen, Straftaten und Ordnungswidrigkeiten, Übergangsvorschriften

§ 15 Ausnahmen (1) Die zuständige Behörde kann auf schriftlichen oder elektronischen Antrag des Arbeitgebers Ausnahmen von den Vorschriften der §§ 7 und 10 zulassen, wenn die Durchführung der Vorschrift im Einzelfall zu einer unverhältnismäßigen Härte führen würde und die Abweichung mit dem Schutz der Beschäftigten vereinbar ist. Diese Ausnahmen können mit Nebenbestimmungen verbunden werden, die unter Berücksichtigung der besonderen Umstände gewährleisten, dass die sich daraus ergebenden Gefährdungen auf ein Minimum reduziert werden. Diese Ausnahmen sind spätestens nach vier Jahren zu überprüfen; sie sind aufzuheben, sobald die Umstände, die sie gerechtfertigt haben, nicht mehr gegeben sind. Der Antrag des Arbeitgebers muss Angaben enthalten zu
1. der Gefährdungsbeurteilung einschließlich deren Dokumentation,
2. Art, Ausmaß und Dauer der ermittelten Exposition,
3. den Messergebnissen,
4. dem Stand der Technik bezüglich der Tätigkeiten und der Arbeitsverfahren sowie den technischen, organisatorischen und persönlichen Schutzmaßnahmen,

5. Lösungsvorschlägen und einem Zeitplan, wie die Exposition der Beschäftigen reduziert werden kann, um die Expositions- und Auslösewerte einzuhalten.
6. *(weggefallen)*

Die Ausnahme nach Satz 1 kann auch im Zusammenhang mit Verwaltungsverfahren nach anderen Rechtsvorschriften beantragt werden.

(2) In besonderen Fällen kann die zuständige Behörde auf Antrag des Arbeitgebers zulassen, dass für Tätigkeiten, bei denen die Lärmexposition von einem Arbeitstag zum anderen erheblich schwankt, für die Anwendung der Auslösewerte zur Bewertung der Lärmpegel, denen die Beschäftigten ausgesetzt sind, anstatt des Tages-Lärmexpositionspegels der Wochen-Lärmexpositionspegel verwendet wird, sofern

1. der Wochen-Lärmexpositionspegel den Expositionswert $L_{EX,40h}$ = 85 dB(A) nicht überschreitet und dies durch eine geeignete Messung nachgewiesen wird und
2. geeignete Maßnahmen getroffen werden, um die mit diesen Tätigkeiten verbundenen Gefährdungen auf ein Minimum zu verringern.

§ 16 Straftaten und Ordnungswidrigkeiten (1) Ordnungswidrig im Sinne des § 25 Abs. 1 Nr. 1 des Arbeitsschutzgesetzes handelt, wer vorsätzlich oder fahrlässig

1. entgegen § 3 Abs. 1 Satz 2 die auftretende Exposition nicht in dem in Absatz 2 genannten Umfang ermittelt und bewertet,
2. entgegen § 3 Abs. 4 Satz 1 eine Gefährdungsbeurteilung nicht dokumentiert oder in der Dokumentation entgegen § 3 Abs. 4 Satz 2 die dort genannten Angaben nicht macht,
3. entgegen § 4 Abs. 1 Satz 1 in Verbindung mit Satz 2 nicht sicherstellt, dass Messungen nach dem Stand der Technik durchgeführt werden, oder entgegen § 4 Abs. 1 Satz 4 die Messergebnisse nicht speichert,
4. entgegen § 5 Satz 1 nicht sicherstellt, dass die Gefährdungsbeurteilung von fachkundigen Personen durchgeführt wird, oder entgegen § 5 Satz 4 nicht die dort genannten Personen mit der Durchführung der Messungen beauftragt,
5. entgegen § 7 Abs. 4 Satz 1 Arbeitsbereiche nicht kennzeichnet oder abgrenzt,
6. entgegen § 7 Abs. 5 Satz 1 ein Programm mit technischen und organisatorischen Maßnahmen zur Verringerung der Lärmexposition nicht durchführt,
7. entgegen § 8 Abs. 1 in Verbindung mit Abs. 2 den dort genannten Gehörschutz nicht zur Verfügung stellt,
8. entgegen § 8 Abs. 3 nicht dafür Sorge trägt, dass die Beschäftigten den dort genannten Gehörschutz bestimmungsgemäß verwenden,
9. entgegen § 10 Abs. 3 Satz 1 nicht dafür sorgt, dass die in § 9 Abs. 1 Satz 1 Nr. 1 oder § 9 Abs. 2 Satz 1 Nr. 1 genannten Expositionsgrenzwerte nicht überschritten werden,
10. entgegen § 10 Abs. 4 Satz 1 ein Programm mit technischen und organisatorischen Maßnahmen zur Verringerung der Exposition durch Vibrationen nicht durchführt oder
11. entgegen § 11 Abs. 1 nicht sicherstellt, dass die Beschäftigten eine Unterweisung erhalten, die auf den Ergebnissen der Gefährdungsbeurteilung beruht und die in § 11 Abs. 2 genannten Informationen enthält.
12. *(weggefallen)*
13. *(weggefallen)*

(2) Wer durch eine in Absatz 1 bezeichnete vorsätzliche Handlung das Leben oder die Gesundheit eines Beschäftigten gefährdet, ist nach § 26 Nr. 2 des Arbeitsschutzgesetzes strafbar.

§ 17 Übergangsvorschriften (1) Für den Bereich des Musik- und Unterhaltungssektors ist diese Verordnung erst ab dem 15. Februar 2008 anzuwenden.

(2) Für Wehrmaterial der Bundeswehr, das vor dem 1. Juli 2007 erstmals in Betrieb genommen wurde, gilt bis zum 1. Juli 2011 abweichend von § 9 Abs. 2 Nr. 1 für Ganzkörper-Vibrationen in Z-Richtung ein Expositionsgrenzwert von A(8) = 1,15 m/s^2.
(3) Abweichend von § 9 Abs. 2 Nr. 1 darf bis zum 31. Dezember 2011 bei Tätigkeiten mit Baumaschinen und Baugeräten, die vor dem Jahr 1997 hergestellt worden sind und bei deren Verwendung trotz Durchführung aller in Betracht kommenden Maßnahmen nach dieser Verordnung die Einhaltung des Expositionsgrenzwertes für Ganzkörper-Vibrationen nach § 9 Abs. 2 Nr. 1 nicht möglich ist, an höchstens 30 Tagen im Jahr der Expositionsgrenzwert für Ganzkörper-Vibrationen in Z-Richtung von A(8) = 0,8 m/s^2 bis höchstens 1,15 m/s^2 überschritten werden.

7 h. Verordnung zur arbeitsmedizinischen Vorsorge (ArbMedVV)

vom 18. Dezember 2008 (BGBl. I 2768),
zuletzt geändert durch Verordnung vom 12. Juli 2019 (BGBl. I 1082)

(Abgedruckte Vorschriften: §§ 1–10)

Einleitung

(siehe bei Nr. 7, II 9)

Verordnungstext

§ 1 Ziel und Anwendungsbereich (1) Ziel der Verordnung ist es, durch Maßnahmen der arbeitsmedizinischen Vorsorge arbeitsbedingte Erkrankungen einschließlich Berufskrankheiten frühzeitig zu erkennen und zu verhüten. Arbeitsmedizinische Vorsorge soll zugleich einen Beitrag zum Erhalt der Beschäftigungsfähigkeit und zur Fortentwicklung des betrieblichen Gesundheitsschutzes leisten.
(2) Diese Verordnung gilt für die arbeitsmedizinische Vorsorge im Geltungsbereich des Arbeitsschutzgesetzes.
(3) Diese Verordnung lässt sonstige arbeitsmedizinische Präventionsmaßnahmen, insbesondere nach dem Arbeitsschutzgesetz und dem Gesetz über Betriebsärzte, Sicherheitsingenieure und andere Fachkräfte für Arbeitssicherheit (Arbeitssicherheitsgesetz), unberührt.

§ 2 Begriffsbestimmungen (1) Arbeitsmedizinische Vorsorge im Sinne dieser Verordnung
1. ist Teil der arbeitsmedizinischen Präventionsmaßnahmen im Betrieb;
2. dient der Beurteilung der individuellen Wechselwirkungen von Arbeit und physischer und psychischer Gesundheit und der Früherkennung arbeitsbedingter Gesundheitsstörungen sowie der Feststellung, ob bei Ausübung einer bestimmten Tätigkeit eine erhöhte gesundheitliche Gefährdung besteht;
3. beinhaltet ein ärztliches Beratungsgespräch mit Anamnese einschließlich Arbeitsanamnese sowie körperliche oder klinische Untersuchungen, soweit diese für die individuelle Aufklärung und Beratung erforderlich sind und der oder die Beschäftigte diese Untersuchungen nicht ablehnt;
4. umfasst die Nutzung von Erkenntnissen aus der Vorsorge für die Gefährdungsbeurteilung und für sonstige Maßnahmen des Arbeitsschutzes;
5. umfasst nicht den Nachweis der gesundheitlichen Eignung für berufliche Anforderungen nach sonstigen Rechtsvorschriften oder individual- oder kollektivrechtlichen Vereinbarungen.

(2) Pflichtvorsorge ist arbeitsmedizinische Vorsorge, die bei bestimmten besonders gefährdenden Tätigkeiten veranlasst werden muss.
(3) Angebotsvorsorge ist arbeitsmedizinische Vorsorge, die bei bestimmten gefährdenden Tätigkeiten angeboten werden muss.

(4) Wunschvorsorge ist arbeitsmedizinische Vorsorge, die bei Tätigkeiten, bei denen ein Gesundheitsschaden nicht ausgeschlossen werden kann, auf Wunsch des oder der Beschäftigten ermöglicht werden muss.

§ 3 Allgemeine Pflichten des Arbeitgebers (1) Der Arbeitgeber hat auf der Grundlage der Gefährdungsbeurteilung für eine angemessene arbeitsmedizinische Vorsorge zu sorgen. Dabei hat er die Vorschriften dieser Verordnung einschließlich des Anhangs zu beachten und die nach § 9 Abs. 4 bekannt gegebenen Regeln und Erkenntnisse zu berücksichtigen. Bei Einhaltung der Regeln und Erkenntnisse nach Satz 2 ist davon auszugehen, dass die gestellten Anforderungen erfüllt sind. Arbeitsmedizinische Vorsorge kann auch weitere Maßnahmen der Gesundheitsvorsorge umfassen.
(2) Der Arbeitgeber hat zur Durchführung der arbeitsmedizinischen Vorsorge einen Arzt oder eine Ärztin nach § 7 zu beauftragen. Ist ein Betriebsarzt oder eine Betriebsärztin nach § 2 des Arbeitssicherheitsgesetzes bestellt, soll der Arbeitgeber vorrangig diesen oder diese auch mit der arbeitsmedizinischen Vorsorge beauftragen. Dem Arzt oder der Ärztin sind alle erforderlichen Auskünfte über die Arbeitsplatzverhältnisse, insbesondere über den Anlass der arbeitsmedizinischen Vorsorge und die Ergebnisse der Gefährdungsbeurteilung, zu erteilen und die Begehung des Arbeitsplatzes zu ermöglichen. Ihm oder ihr ist auf Verlangen Einsicht in die Unterlagen nach Absatz 4 zu gewähren.
(3) Arbeitsmedizinische Vorsorge soll währen der Arbeitszeit stattfinden. Ergibt die Gefährdungsbeurteilung für die Tätigkeit oder die Tätigkeiten des oder der Beschäftigten mehrere Vorsorgeanlässe, soll die arbeitsmedizinische Vorsorge in einem Termin stattfinden. Arbeitsmedizinische Vorsorge soll nicht zusammen mit Untersuchungen, die dem Nachweis der gesundheitlichen Eignung für berufliche Anforderungen dienen, durchgeführt werden, es sei denn, betriebliche Gründe erfordern dies; in diesem Fall hat der Arbeitgeber den Arzt oder die Ärztin zu verpflichten, die unterschiedlichen Zwecke von arbeitsmedizinischer Vorsorge und Eignungsuntersuchung gegenüber dem oder der Beschäftigten offenzulegen.
(4) Der Arbeitgeber hat eine Vorsorgekartei zu führen mit Angaben, dass, wann und aus welchen Anlässen arbeitsmedizinische Vorsorge stattgefunden hat; die Kartei kann automatisiert geführt werden. Die Angaben sind bis zur Beendigung des Beschäftigungsverhältnisses aufzubewahren und anschließend zu löschen, es sei denn, dass Rechtsvorschriften oder die nach § 9 Absatz 4 bekannt gegebenen Regeln etwas anderes bestimmen. Der Arbeitgeber hat der zuständigen Behörde auf Anordnung eine Kopie der Vorsorgekartei zu übermitteln. Bei Beendigung des Beschäftigungsverhältnisses hat der Arbeitgeber der betroffenen Person eine Kopie der sie betreffenden Angaben auszuhändigen; § 34 des Bundesdatenschutzgesetzes bleibt unberührt.

§ 4 Pflichtvorsorge (1) Der Arbeitgeber hat nach Maßgabe des Anhangs Pflichtvorsorge für die Beschäftigten zu veranlassen. Pflichtvorsorge muss vor Aufnahme der Tätigkeit und anschließend in regelmäßigen Abständen veranlasst werden.
(2) Der Arbeitgeber darf eine Tätigkeit nur ausüben lassen, wenn der oder die Beschäftigte an der Pflichtvorsorge teilgenommen hat.

§ 5 Angebotsvorsorge (1) Der Arbeitgeber hat den Beschäftigten Angebotsvorsorge nach Maßgabe des Anhangs anzubieten. Angebotsvorsorge muss vor Aufnahme der Tätigkeit und anschließend in regelmäßigen Abständen angeboten werden. Das Ausschlagen eines Angebots entbindet den Arbeitgeber nicht von der Verpflichtung, weiter regelmäßig Angebotsvorsorge anzubieten.

(2) Erhält der Arbeitgeber Kenntnis von einer Erkrankung, die im ursächlichen Zusammenhang mit der Tätigkeit des oder der Beschäftigten stehen kann, so hat er ihm oder ihr unverzüglich Angebotsvorsorge anzubieten. Dies gilt auch für Beschäftigte mit vergleichbaren Tätigkeiten, wenn Anhaltspunkte dafür bestehen, dass sie ebenfalls gefährdet sein können.
(3) Der Arbeitgeber hat Beschäftigten sowie ehemals Beschäftigten nach Maßgabe des Anhangs nach Beendigung bestimmter Tätigkeiten, bei denen nach längeren Latenzzeiten Gesundheitsstörungen auftreten können, nachgehende Vorsorge anzubieten. Am Ende des Beschäftigungsverhältnisses überträgt der Arbeitgeber diese Verpflichtung auf den zuständigen gesetzlichen Unfallversicherungsträger und überlässt ihm die erforderlichen Unterlagen in Kopie, sofern der oder die Beschäftigte eingewilligt hat.

§ 5 a Wunschvorsorge Über die Vorschriften des Anhangs hinaus hat der Arbeitgeber den Beschäftigten auf ihren Wunsch hin regelmäßig arbeitsmedizinische Vorsorge nach § 11 des Arbeitsschutzgesetzes zu ermöglichen, es sei denn, auf Grund der Beurteilung der Arbeitsbedingungen und der getroffenen Schutzmaßnahmen ist nicht mit einem Gesundheitsschaden zu rechnen.

§ 6 Pflichten des Arztes oder der Ärztin (1) Bei der arbeitsmedizinischen Vorsorge hat der Arzt oder die Ärztin die Vorschriften dieser Verordnung einschließlich des Anhangs zu beachten und die dem Stand der Arbeitsmedizin entsprechenden Regeln und Erkenntnisse zu berücksichtigen. Vor Durchführung der arbeitsmedizinischen Vorsorge muss er oder sie sich die notwendigen Kenntnisse über die Arbeitsplatzverhältnisse verschaffen. In die Arbeitsanamnese müssen alle Arbeitsbedingungen und arbeitsbedingten Gefährdungen einfließen. Vor Durchführung körperlicher oder klinischer Untersuchungen hat der Arzt oder die Ärztin deren Erforderlichkeit nach pflichtgemäßem Ermessen zu prüfen und den oder die Beschäftigte über die Inhalte, den Zweck und die Risiken der Untersuchung aufzuklären. Untersuchungen nach Satz 3 dürfen nicht gegen den Willen des oder der Beschäftigten durchgeführt werden. Der Arzt oder die Ärztin hat die ärztliche Schweigepflicht zu beachten.
(2) Biomonitoring ist Bestandteil der arbeitsmedizinischen Vorsorge, soweit dafür arbeitsmedizinisch anerkannte Analyseverfahren und geeignete Werte zur Beurteilung zur Verfügung stehen. Biomonitoring darf nicht gegen den Willen der oder des Beschäftigten durchgeführt werden. Impfungen sind Bestandteil der arbeitsmedizinischen Vorsorge und den Beschäftigten anzubieten, soweit das Risiko einer Infektion tätigkeitsbedingt und im Vergleich zur Allgemeinbevölkerung erhöht ist. Satz 3 gilt nicht, wenn der oder die Beschäftigte bereits über einen ausreichenden Immunschutz verfügt.
(3) Der Arzt oder die Ärztin hat
1. das Ergebnis sowie die Befunde der arbeitsmedizinsichen Vorsorge schriftlich festzuhalten oder den oder die Beschäftigte darüber zu beraten,
2. dem oder der Beschäftigten auf seinen oder ihren Wunsch hin das Ergebnis zur Verfügung zu stellen sowie
3. der oder dem Beschäftigten und dem Arbeitgeber eine Vorsorgebescheinigung darüber auszustellen, dass, wann und aus welchem Anlass ein arbeitsmedizinischer Vorsorgetermin stattgefunden hat; die Vorsorgebescheinigung enthält auch die Angabe, wann eine weitere arbeitsmedizinische Vorsorge aus ärztlicher Sicht angezeigt ist.

(4) Der Arzt oder die Ärztin hat die Erkenntnisse arbeitsmedizinischer Vorsorge auszuwerten. Ergeben sich Anhaltspunkte dafür, dass die Maßnahmen des Arbeitsschutzes für den Beschäfigten oder die Beschäftigte oder andere Beschäftigte nicht ausreichen, so hat

der Arzt oder die Ärztin dies dem Arbeitgeber mitzuteilen und Maßnahmen des Arbeitsschutzes vorzuschlagen. Hält der Arzt oder die Ärztin aus medizinischen Gründen, die ausschließlich in der Person des oder der Beschäftigten liegen, einen Tätigkeitswechsel für erforderlich, so bedarf diese Mitteilung an den Arbeitgeber der Einwilligung des oder der Beschäftigten.

§ 7 Anforderungen an den Arzt oder die Ärztin (1) Unbeschadet anderer Bestimmungen im Anhang für einzelne Anlässe arbeitsmedizinischer Vorsorge muss der Arzt oder die Ärztin berechtigt sein, die Gebietsbezeichnung »Arbeitsmedizin« oder die Zusatzbezeichnung »Betriebsmedizin« zu führen. Er oder sie darf selbst keine Arbeitgeberfunktion gegenüber dem oder der Beschäftigten ausüben. Verfügt der Arzt oder die Ärztin nach Satz 1 für bestimmte Untersuchungsmethoden nicht über die erforderlichen Fachkenntnisse oder die speziellen Anerkennungen oder Ausrüstungen, so hat er oder sie Ärzte oder Ärztinnen hinzuzuziehen, die diese Anforderungen erfüllen.
(2) Die zuständige Behörde kann für Ärzte oder Ärztinnen in begründeten Einzelfällen Ausnahmen von Absatz 1 Satz 1 zulassen.

§ 8 Maßnahmen nach der arbeitsmedizinsichen Vorsorge (1) Im Fall von § 6 Absatz 4 Satz 2 hat der Arbeitgeber die Gefährdungsbeurteilung zu überprüfen und unverzüglich die erforderlichen Maßnahmen des Arbeitsschutzes zu treffen. Wird ein Tätigkeitswechsel vorgeschlagen, so hat der Arbeitgeber nach Maßgabe der dienst- und arbeitsrechtlichen Regelungen dem oder der Beschäftigten eine andere Tätigkeit zuzuweisen.
(2) Dem Betriebs- oder Pesonalrat und der zuständigen Behörde sind die getroffenen Maßnahmen mitzuteilen.
(3) Halten der oder die Beschäftigte oder der Arbeitgeber das Ergebnis der Auswertung nach § 6 Absatz 4 für unzutreffend, so entscheidet auf Antrag die zuständige Behörde.

§ 9 Ausschuss für Arbeitsmedizin (1) Beim Bundesministerium für Arbeit und Soziales wird ein Ausschuss für Arbeitsmedizin gebildet, in dem fachkundige Vertreter der Arbeitgeber, der Gewerkschaften, der Länderbehörden, der gesetzlichen Unfallversicherung und weitere fachkundige Personen, insbesondere der Wissenschaft, vertreten sein sollen. Die Gesamtzahl der Mitglieder soll zwölf Personen nicht überschreiten. Für jedes Mitglied ist ein stellvertretendes Mitglied zu benennen. Die Mitgliedschaft im Ausschuss für Arbeitsmedizin ist ehrenamtlich.
(2) Das Bundesministerium für Arbeit und Soziales beruft die Mitglieder des Ausschusses und die stellvertretenden Mitglieder. Der Ausschuss gibt sich eine Geschäftsordnung und wählt den Vorsitzenden oder die Vorsitzende aus seiner Mitte. Die Geschäftsordnung und die Wahl des oder der Vorsitzenden bedürfen der Zustimmung des Bundesministeriums für Arbeit und Soziales.
(3) Zu den Aufgaben des Ausschusses gehört es,
1. dem Stand der Arbeitsmedizin entsprechende Regeln und sonstige gesicherte arbeitsmedizinische Erkenntnisse zu ermitteln,
2. Regeln und Erkenntnisse zu ermitteln, wie die in dieser Verordnung gestellten Anforderungen insbesondere zu Inhalt und Umfang von Pflicht-, Angebots- und Wunschvorsorge erfüllt werden können,
3. Empfehlungen zur arbeitsmedizinischen Vorsorge aufzustellen,
4. Empfehlungen für weitere Maßnahmen der Gesundheitsvorsorge auszusprechen, insbesondere für betriebliche Gesundheitsprogramme,
5. Regeln und Erkenntnisse zu sonstigen arbeitsmedizinischen Präventionsmaßnahmen

nach § 1 Abs. 3 zu ermitteln, insbesondere zur allgemeinen arbeitsmedizinischen Beratung der Beschäftigten,

6. das Bundesministerium für Arbeit und Soziales in allen Fragen der arbeitsmedizinischen Vorsorge sowie zu sonstigen Fragen des medizinischen Arbeitsschutzes zu beraten.

Das Arbeitsprogramm des Ausschusses für Arbeitsmedizin wird mit dem Bundesministerium für Arbeit und Soziales abgestimmt. Der Ausschuss arbeitet eng mit den anderen Ausschüssen beim Bundesministerium für Arbeit und Soziales zusammen.

(4) Das Bundesministerium für Arbeit und Soziales kann die vom Ausschuss für Arbeitsmedizin ermittelten Regeln und Erkenntnisse sowie Empfehlungen im Gemeinsamen Ministerialblatt bekannt geben.

(5) Die Bundesministerien sowie die obersten Landesbehörden können zu den Sitzungen des Ausschusses Vertreter entsenden. Auf Verlangen ist diesen in der Sitzung das Wort zu erteilen.

(6) Die Geschäfte des Ausschusses führt die Bundesanstalt für Arbeitsschutz und Arbeitsmedizin.

§ 10 Ordnungswidrigkeiten und Straftaten (1) Ordnungswidrig im Sinne des § 25 Abs. 1 Nr. 1 des Arbeitsschutzgesetzes handelt, wer vorsätzlich oder fahrlässig

1. entgegen § 4 Abs. 1 eine Pflichtvorsorge nicht oder nicht rechtzeitig veranlasst,
2. entgegen § 4 Abs. 2 eine Tätigkeit ausüben lässt,
3. entgegen § 3 Absatz 4 Satz 1 Halbsatz 1 eine Vorsorgekartei nicht, nicht richtig oder nicht vollständig führt oder
4. entgegen § 5 Abs. 1 Satz 1 eine Angebotsvorsorge nicht oder nicht rechtzeitig anbietet.

(2) Wer durch eine in Absatz 1 bezeichnete vorsätzliche Handlung Leben oder Gesundheit eines oder einer Beschäftigten gefährdet, ist nach § 26 Nr. 2 des Arbeitsschutzgesetzes strafbar.

Anhang
Arbeitsmedizinische Pflicht- und Angebotsvorsorge

(nicht abgedruckt)

7 i. Verordnung zum Schutz der Beschäftigten vor Gefährdungen durch künstliche optische Strahlung (Arbeitsschutzverordnung zu künstlicher optischer Strahlung – OStrV)

vom 19. Juli 2010 (BGBl. I 960),
zuletzt geändert durch Verordnung vom 18. Oktober 2017 (BGBl. I 3584)

Einleitung

(siehe bei Nr. 7, II 7)

Verordnungstext

Abschnitt 1 – Anwendungsbereich und Begriffsbestimmungen

§ 1 Anwendungsbereich (1) Diese Verordnung gilt zum Schutz der Beschäftigten bei der Arbeit vor tatsächlichen oder möglichen Gefährdungen ihrer Gesundheit und Sicherheit durch optische Strahlung aus künstlichen Strahlungsquellen. Sie betrifft insbesondere die Gefährdungen der Augen oder der Haut.
(2) Die Verordnung gilt nicht in Betrieben, die dem Bundesberggesetz unterliegen, soweit dort oder in den auf Grund dieses Gesetzes erlassenen Rechtsverordnungen entsprechende Rechtsvorschriften bestehen.
(3) Das Bundesministerium der Verteidigung kann für Beschäftigte, für die tatsächliche oder mögliche Gefährdungen ihrer Gesundheit und Sicherheit durch künstliche optische Strahlung bestehen, Ausnahmen von den Vorschriften dieser Verordnung zulassen, soweit öffentliche Belange dies zwingend erfordern, insbesondere für Zwecke der Verteidigung oder zur Erfüllung zwischenstaatlicher Verpflichtungen der Bundesrepublik Deutschland. In diesem Fall ist gleichzeitig festzulegen, wie die Sicherheit und der Gesundheitsschutz der Beschäftigten nach dieser Verordnung auf andere Weise gewährleistet werden können.

§ 2 Begriffsbestimmungen (1) Optische Strahlung ist jede elektromagnetische Strahlung im Wellenlängenbereich von 100 Nanometer bis 1 Millimeter. Das Spektrum der optischen Strahlung wird unterteilt in ultraviolette Strahlung, sichtbare Strahlung und Infrarotstrahlung:

1. Ultraviolette Strahlung ist die optische Strahlung im Wellenlängenbereich von 100 bis 400 Nanometer (UV-Strahlung), das Spektrum der UV-Strahlung wird unterteilt in UV-A-Strahlung (315 bis 400 Nanometer), UV-B-Strahlung (280 bis 315 Nanometer) und UV-C-Strahlung (100 bis 280 Nanometer);
2. sichtbare Strahlung ist optische Strahlung im Wellenlängenbereich von 380 bis 780 Nanometer;

3. Infrarotstrahlung ist die optische Strahlung im Wellenlängenbereich von 780 Nanometer bis 1 Millimeter (IR-Strahlung); das Spektrum der IR-Strahlung wird unterteilt in IR-A-Strahlung (780 bis 1400 Nanometer), IR-B-Strahlung (1400 bis 3000 Nanometer) und IR-C-Strahlung (3000 Nanometer bis 1 Millimeter).

(2) Künstliche optische Strahlung im Sinne dieser Verordnung ist jede optische Strahlung, die von künstlichen Strahlungsquellen ausgeht.

(3) Laserstrahlung ist durch einen Laser erzeugte kohärente optische Strahlung. Laser sind Geräte oder Einrichtungen zur Erzeugung und Verstärkung von kohärenter optischer Strahlung.

(4) Inkohärente künstliche optische Strahlung ist jede künstliche optische Strahlung außer Laserstrahlung.

(5) Expositionsgrenzwerte sind maximal zulässige Werte bei Exposition der Augen oder der Haut durch künstliche optische Strahlung.

(6) Bestrahlungsstärke oder Leistungsdichte ist die auf eine Fläche fallende Strahlungsleistung je Flächeneinheit, ausgedrückt in Watt pro Quadratmeter.

(7) Bestrahlung ist das Integral der Bestrahlungsstärke über die Zeit, ausgedrückt in Joule pro Quadratmeter.

(8) Strahldichte ist der Strahlungsfluss oder die Strahlungsleistung je Einheitsraumwinkel je Flächeneinheit, ausgedrückt in Watt pro Quadratmeter pro Steradiant.

(9) Ausmaß ist die kombinierte Wirkung von Bestrahlungsstärke, Bestrahlung und Strahldichte von künstlicher optischer Strahlung, der Beschäftigte ausgesetzt sind.

(10) Fachkundig ist, wer über die erforderlichen Fachkenntnisse zur Ausübung einer in dieser Verordnung bestimmten Aufgabe verfügt. Die Anforderungen an die Fachkunde sind abhängig von der jeweiligen Art der Aufgabe. Zu den Anforderungen zählen eine entsprechende Berufsausbildung oder Berufserfahrung jeweils in Verbindung mit einer zeitnah ausgeübten einschlägigen beruflichen Tätigkeit sowie die Teilnahme an spezifischen Fortbildungsmaßnahmen.

(11) Stand der Technik ist der Entwicklungsstand fortschrittlicher Verfahren, Einrichtungen oder Betriebsweisen, der die praktische Eignung einer Maßnahme zum Schutz der Gesundheit und zur Sicherheit der Beschäftigten gesichert erscheinen lässt. Bei der Bestimmung des Standes der Technik sind insbesondere vergleichbare Verfahren, Einrichtungen oder Betriebsweisen heranzuziehen, die mit Erfolg in der Praxis erprobt worden sind. Gleiches gilt für die Anforderungen an die Arbeitsmedizin und Arbeitshygiene.

(12) Den Beschäftigten stehen Schülerinnen und Schüler, Studierende und sonstige in Ausbildungseinrichtungen tätige Personen, die bei ihren Tätigkeiten künstlicher optischer Strahlung ausgesetzt sind, gleich.

Abschnitt 2 – Ermittlung und Bewertung der Gefährdungen durch künstliche optische Strahlung; Messungen

§ 3 Gefährdungsbeurteilung (1) Bei der Beurteilung der Arbeitsbedingungen nach § 5 des Arbeitsschutzgesetzes hat der Arbeitgeber zunächst festzustellen, ob künstliche optische Strahlung am Arbeitsplatz von Beschäftigten auftritt oder auftreten kann. Ist dies der Fall, hat er alle hiervon ausgehenden Gefährdungen für die Gesundheit und Sicherheit der Beschäftigten zu beurteilen. Er hat die auftretenden Expositionen durch künstliche optische Strahlung am Arbeitsplatz zu ermitteln und zu bewerten. Für die Beschäftigten ist in jedem Fall eine Gefährdung gegeben, wenn die Expositionsgrenzwerte nach

§ 6 überschritten werden. Der Arbeitgeber kann sich die notwendigen Informationen beim Hersteller oder Inverkehrbringer der verwendeten Arbeitsmittel oder mit Hilfe anderer ohne weiteres zugänglicher Quellen beschaffen. Lässt sich nicht sicher feststellen, ob die Expositionsgrenzwerte nach § 6 eingehalten werden, hat er den Umfang der Exposition durch Berechnungen oder Messungen nach § 4 festzustellen. Entsprechend dem Ergebnis der Gefährdungsbeurteilung hat der Arbeitgeber Schutzmaßnahmen nach dem Stand der Technik festzulegen.

(2) Bei der Gefährdungsbeurteilung nach Absatz 1 ist insbesondere Folgendes zu berücksichtigen:

1. Art, Ausmaß und Dauer der Exposition durch künstliche optische Strahlung,
2. der Wellenlängenbereich der künstlichen optischen Strahlung,
3. die in § 6 genannten Expositionsgrenzwerte,
4. alle Auswirkungen auf die Gesundheit und Sicherheit von Beschäftigten, die besonders gefährdeten Gruppen angehören,
5. alle möglichen Auswirkungen auf die Sicherheit und Gesundheit von Beschäftigten, die sich aus dem Zusammenwirken von künstlicher optischer Strahlung und fotosensibilisierenden chemischen Stoffen am Arbeitsplatz ergeben können,
6. alle indirekten Auswirkungen auf die Sicherheit und Gesundheit der Beschäftigten, zum Beispiel durch Blendung, Brand- und Explosionsgefahr,
7. die Verfügbarkeit und die Möglichkeit des Einsatzes alternativer Arbeitsmittel und Ausrüstungen, die zu einer geringeren Exposition der Beschäftigten führen (Substitutionsprüfung),
8. Erkenntnisse aus arbeitsmedizinischen Vorsorgeuntersuchungen sowie hierzu allgemein zugängliche, veröffentlichte Informationen,
9. die Exposition der Beschäftigten durch künstliche optische Strahlung aus mehreren Quellen,
10. die Herstellerangaben zu optischen Strahlungsquellen und anderen Arbeitsmitteln,
11. die Klassifizierung der Lasereinrichtungen und gegebenenfalls der in den Lasereinrichtungen zum Einsatz kommenden Laser nach dem Stand der Technik,
12. die Klassifizierung von inkohärenten optischen Strahlungsquellen nach dem Stand der Technik, von denen vergleichbare Gefährdungen wie bei Lasern der Klassen 3R, 3B oder 4 ausgehen können,
13. die Arbeitsplatz- und Expositionsbedingungen, die zum Beispiel im Normalbetrieb, bei Einrichtvorgängen sowie bei Instandhaltungs- und Reparaturarbeiten auftreten können.

(3) Vor Aufnahme einer Tätigkeit hat der Arbeitgeber die Gefährdungsbeurteilung durchzuführen und die erforderlichen Schutzmaßnahmen zu treffen. Die Gefährdungsbeurteilung ist regelmäßig zu überprüfen und gegebenenfalls zu aktualisieren, insbesondere wenn maßgebliche Veränderungen der Arbeitsbedingungen dies erforderlich machen. Die Schutzmaßnahmen sind gegebenenfalls anzupassen.

(4) Der Arbeitgeber hat die Gefährdungsbeurteilung unabhängig von der Zahl der Beschäftigten vor Aufnahme der Tätigkeit in einer Form zu dokumentieren, die eine spätere Einsichtnahme ermöglicht. In der Dokumentation ist anzugeben, welche Gefährdungen am Arbeitsplatz auftreten können und welche Maßnahmen zur Vermeidung oder Minimierung der Gefährdung der Beschäftigten durchgeführt werden müssen. Der Arbeitgeber hat die ermittelten Ergebnisse aus Messungen und Berechnungen in einer Form aufzubewahren, die eine spätere Einsichtnahme ermöglicht. Für Expositionen durch künstliche ultraviolette Strahlung sind entsprechende Unterlagen mindestens 30 Jahre aufzubewahren.

§ 4 Messungen und Berechnungen (1) Der Arbeitgeber hat sicherzustellen, dass Messungen und Berechnungen nach dem Stand der Technik fachkundig geplant und durchgeführt werden. Dazu müssen Messverfahren und -geräte sowie eventuell erforderliche Berechnungsverfahren

1. den vorhandenen Arbeitsplatz- und Expositionsbedingungen hinsichtlich der betreffenden künstlichen optischen Strahlung angepasst sein und
2. geeignet sein, die jeweiligen physikalischen Größen zu bestimmen; die Messergebnisse müssen die Entscheidung erlauben, ob die in § 6 genannten Expositionsgrenzwerte eingehalten werden.

(2) Die durchzuführenden Messungen können auch eine Stichprobenerhebung umfassen, die für die persönliche Exposition eines Beschäftigten repräsentativ ist.

§ 5 Fachkundige Personen, Laserschutzbeauftragter (1) Der Arbeitgeber hat sicherzustellen, dass die Gefährdungsbeurteilung, die Messungen und die Berechnungen nur von fachkundigen Personen durchgeführt werden. Verfügt der Arbeitgeber nicht selbst über die entsprechenden Kenntnisse, hat er sich fachkundig beraten zu lassen.

(2) Vor der Aufnahme des Betriebs von Lasereinrichtungen der Klassen 3R, 3B und 4 hat der Arbeitgeber, sofern er nicht selbst über die erforderlichen Fachkenntnisse verfügt, einen Laserschutzbeauftragten schriftlich zu bestellen. Der Laserschutzbeauftragte muss über die für seine Aufgaben erforderlichen Fachkenntnisse verfügen. Die fachliche Qualifikation ist durch die erfolgreiche Teilnahme an einem Lehrgang nachzuweisen und durch Fortbildungen auf aktuellem Stand zu halten. Der Laserschutzbeauftragte unterstützt den Arbeitgeber

1. bei der Durchführung der Gefährdungsbeurteilung nach § 3,
2. bei der Durchführung der notwendigen Schutzmaßnahmen nach § 7 und
3. bei der Überwachung des sicheren Betriebs von Lasern nach Satz 1.

Bei der Wahrnehmung seiner Aufgaben arbeitet der Laserschutzbeauftragte mit der Fachkraft für Arbeitssicherheit und dem Betriebsarzt zusammen.

Abschnitt 3 – Expositionsgrenzwerte und Schutzmaßnahmen gegen künstliche optische Strahlung

§ 6 Expositionsgrenzwerte für künstliche optische Strahlung (1) Die Expositionsgrenzwerte für inkohärente künstliche optische Strahlung entsprechen den festgelegten Werten im Anhang I der Richtlinie 2006/25/EG des Europäischen Parlaments und des Rates vom 5. April 2006 über Mindestvorschriften zum Schutz von Sicherheit und Gesundheit der Arbeitnehmer vor der Gefährdung durch physikalische Einwirkungen (künstliche optische Strahlung) (19. Einzelrichtlinie im Sinne des Artikels 16 Absatz 1 der Richtlinie 89/391/EWG) (ABl. L 114 vom 27. 4. 2006, S. 38) in der jeweils geltenden Fassung.

(2) Die Expositionsgrenzwerte für Laserstrahlung entsprechen den festgelegten Werten im Anhang II der Richtlinie 2006/25/EG des Europäischen Parlaments und des Rates vom 5. April 2006 über Mindestvorschriften zum Schutz von Sicherheit und Gesundheit der Arbeitnehmer vor der Gefährdung durch physikalische Einwirkungen (künstliche optische Strahlung) (19. Einzelrichtlinie im Sinne des Artikels 16 Absatz 1 der Richtlinie 89/391/EWG) (ABl. L 114 vom 27. 4. 2006, S. 38) in der jeweils geltenden Fassung.

§ 7 Maßnahmen zur Vermeidung und Verringerung der Gefährdungen von Beschäftigten durch künstliche optische Strahlung (1) Der Arbeitgeber hat die nach § 3 Absatz 1 Satz 7 festgelegten Schutzmaßnahmen nach dem Stand der Technik durchzuführen, um

Gefährdungen der Beschäftigten auszuschließen oder soweit wie möglich zu verringern. Dazu sind die Entstehung und die Ausbreitung künstlicher optischer Strahlung vorrangig an der Quelle zu verhindern oder auf ein Mindestmaß zu reduzieren. Bei der Durchführung der Maßnahmen hat der Arbeitgeber dafür zu sorgen, dass die Expositionsgrenzwerte für die Beschäftigten gemäß § 6 nicht überschritten werden. Technische Maßnahmen zur Vermeidung oder Verringerung der künstlichen optischen Strahlung haben Vorrang vor organisatorischen und individuellen Maßnahmen. Persönliche Schutzausrüstungen sind dann zu verwenden, wenn technische und organisatorische Maßnahmen nicht ausreichen oder nicht anwendbar sind.

(2) Zu den Maßnahmen nach Absatz 1 gehören insbesondere:

1. alternative Arbeitsverfahren, welche die Exposition der Beschäftigten durch künstliche optische Strahlung verringern,
2. Auswahl und Einsatz von Arbeitsmitteln, die in geringerem Maße künstliche optische Strahlung emittieren,
3. technische Maßnahmen zur Verringerung der Exposition der Beschäftigten durch künstliche optische Strahlung, falls erforderlich auch unter Einsatz von Verriegelungseinrichtungen, Abschirmungen oder vergleichbaren Sicherheitseinrichtungen,
4. Wartungsprogramme für Arbeitsmittel, Arbeitsplätze und Anlagen,
5. die Gestaltung und die Einrichtung der Arbeitsstätten und Arbeitsplätze,
6. organisatorische Maßnahmen zur Begrenzung von Ausmaß und Dauer der Exposition,
7. Auswahl und Einsatz einer geeigneten persönlichen Schutzausrüstung,
8. die Verwendung der Arbeitsmittel nach den Herstellerangaben.

(3) Der Arbeitgeber hat Arbeitsbereiche zu kennzeichnen, in denen die Expositionsgrenzwerte für künstliche optische Strahlung überschritten werden können. Die Kennzeichnung muss deutlich erkennbar und dauerhaft sein. Sie kann beispielsweise durch Warn-, Hinweis- und Zusatzzeichen sowie Verbotszeichen und Warnleuchten erfolgen. Die betreffenden Arbeitsbereiche sind abzugrenzen und der Zugang ist für Unbefugte einzuschränken, wenn dies technisch möglich ist. In diesen Bereichen dürfen Beschäftigte nur tätig werden, wenn das Arbeitsverfahren dies erfordert; Absatz 1 bleibt unberührt.

(4) Werden die Expositionsgrenzwerte trotz der durchgeführten Maßnahmen nach Absatz 1 überschritten, hat der Arbeitgeber unverzüglich weitere Maßnahmen nach Absatz 2 zu ergreifen, um die Exposition der Beschäftigten auf einen Wert unterhalb der Expositionsgrenzwerte zu senken. Der Arbeitgeber hat die Gefährdungsbeurteilung nach § 3 zu wiederholen, um die Gründe für die Grenzwertüberschreitung zu ermitteln. Die Schutzmaßnahmen sind so anzupassen, dass ein erneutes Überschreiten der Grenzwerte verhindert wird.

Abschnitt 4 – Unterweisung der Beschäftigten bei Gefährdungen durch künstliche optische Strahlung; Beratung durch den Ausschuss für Betriebssicherheit

§ 8 Unterweisung der Beschäftigten (1) Bei Gefährdungen der Beschäftigten durch künstliche optische Strahlung am Arbeitsplatz stellt der Arbeitgeber sicher, dass die betroffenen Beschäftigten eine Unterweisung erhalten, die auf den Ergebnissen der Gefährdungsbeurteilung beruht und die Aufschluss über die am Arbeitsplatz auftretenden Gefährdungen gibt. Sie muss vor Aufnahme der Beschäftigung, danach in regelmäßigen Abständen, mindestens jedoch jährlich, und sofort bei wesentlichen Änderungen der gefährdenden Tätigkeit erfolgen. Die Unterweisung muss mindestens folgende Informationen enthalten:

1. die mit der Tätigkeit verbundenen Gefährdungen,
2. die durchgeführten Maßnahmen zur Beseitigung oder zur Minimierung der Gefährdung unter Berücksichtigung der Arbeitsplatzbedingungen,
3. die Expositionsgrenzwerte und ihre Bedeutung,
4. die Ergebnisse der Expositionsermittlung zusammen mit einer Erläuterung ihrer Bedeutung und der Bewertung der damit verbundenen möglichen Gefährdungen und gesundheitlichen Folgen,
5. die Beschreibung sicherer Arbeitsverfahren zur Minimierung der Gefährdung auf Grund der Exposition durch künstliche optische Strahlung,
6. die sachgerechte Verwendung der persönlichen Schutzausrüstung.

Die Unterweisung muss in einer für die Beschäftigten verständlichen Form und Sprache erfolgen.

(2) Können bei Tätigkeiten am Arbeitsplatz die Grenzwerte nach § 6 für künstliche optische Strahlung überschritten werden, stellt der Arbeitgeber sicher, dass die betroffenen Beschäftigten arbeitsmedizinisch beraten werden. Die Beschäftigten sind dabei auch über den Zweck der arbeitsmedizinischen Vorsorgeuntersuchungen zu informieren und darüber, unter welchen Voraussetzungen sie Anspruch auf diese haben. Die Beratung kann im Rahmen der Unterweisung erfolgen. Falls erforderlich, hat der Arbeitgeber den Arzt nach § 7 Absatz 1 der Verordnung zur arbeitsmedizinischen Vorsorge zu beteiligen.

§ 9 Beratung durch den Ausschuss für Betriebssicherheit Das Bundesministerium für Arbeit und Soziales wird in allen Fragen der Sicherheit und des Gesundheitsschutzes bei künstlicher optischer Strahlung durch den Ausschuss nach § 21 der Betriebssicherheitsverordnung beraten. § 21 Absatz 5 und 6 der Betriebssicherheitsverordnung gilt entsprechend.

Abschnitt 5 – Ausnahmen; Straftaten und Ordnungswidrigkeiten

§ 10 Ausnahmen (1) Die zuständige Behörde kann auf schriftlichen Antrag des Arbeitgebers Ausnahmen von den Vorschriften des § 7 zulassen, wenn die Durchführung der Vorschrift im Einzelfall zu einer unverhältnismäßigen Härte führen würde und die Abweichung mit dem Schutz der Beschäftigten vereinbar ist. Diese Ausnahmen können mit Nebenbestimmungen verbunden werden, die unter Berücksichtigung der besonderen Umstände gewährleisten, dass die Gefährdungen, die sich aus den Ausnahmen ergeben können, auf ein Minimum reduziert werden. Die Ausnahmen sind spätestens nach vier Jahren zu überprüfen; sie sind aufzuheben, sobald die Umstände, die sie gerechtfertigt haben, nicht mehr gegeben sind. Der Antrag des Arbeitgebers muss mindestens Angaben enthalten zu

1. der Gefährdungsbeurteilung einschließlich der Dokumentation,
2. Art, Ausmaß und Dauer der Exposition durch die künstliche optische Strahlung,
3. dem Wellenlängenbereich der künstlichen optischen Strahlung,
4. dem Stand der Technik bezüglich der Tätigkeiten und der Arbeitsverfahren sowie zu den technischen, organisatorischen und persönlichen Schutzmaßnahmen,
5. den Lösungsvorschlägen, wie die Exposition der Beschäftigten reduziert werden kann, um die Expositionswerte einzuhalten, sowie einen Zeitplan hierfür.

Der Antrag des Arbeitgebers kann in Papierform oder elektronisch übermittelt werden.

(2) Eine Ausnahme nach Absatz 1 Satz 1 kann auch im Zusammenhang mit Verwaltungsverfahren nach anderen Rechtsvorschriften beantragt werden.

§ 11 Straftaten und Ordnungswidrigkeiten (1) Ordnungswidrig im Sinne des § 25 Absatz 1 Nummer 1 des Arbeitsschutzgesetzes handelt, wer vorsätzlich oder fahrlässig

1. entgegen § 3 Absatz 3 Satz 1 Beschäftigte eine Tätigkeit aufnehmen lässt,
2. entgegen § 3 Absatz 4 Satz 1 und 2 eine Gefährdungsbeurteilung nicht richtig, nicht vollständig oder nicht rechtzeitig dokumentiert,
3. entgegen § 4 Absatz 1 Satz 1 nicht sicherstellt, dass eine Messung oder eine Berechnung nach dem Stand der Technik durchgeführt wird,
4. entgegen § 5 Absatz 1 Satz 1 nicht sicherstellt, dass die Gefährdungsbeurteilung, die Messungen oder die Berechnungen von fachkundigen Personen durchgeführt werden,
5. entgegen § 5 Absatz 2 Satz 1 einen Laserschutzbeauftragten nicht schriftlich bestellt,

5 a. entgegen § 5 Absatz 2 Satz 2 einen Laserschutzbeauftragten bestellt, der nicht über die für seine Aufgaben erforderlichen Fachkenntnisse verfügt,

6. entgegen § 7 Absatz 3 Satz 1 einen Arbeitsbereich nicht kennzeichnet,
7. entgegen § 7 Absatz 3 Satz 4 einen Arbeitsbereich nicht abgrenzt,
8. entgegen § 7 Absatz 4 Satz 1 eine Maßnahme nicht oder nicht rechtzeitig durchführt oder
9. entgegen § 8 Absatz 1 Satz 1 nicht sicherstellt, dass ein Beschäftigter eine Unterweisung in der vorgeschriebenen Weise enthält.

(2) Wer durch eine in Absatz 1 bezeichnete vorsätzliche Handlung das Leben oder die Gesundheit von Beschäftigten gefährdet, ist nach § 26 Nummer 2 des Arbeitsschutzgesetzes strafbar.

7 j. Verordnung zum Schutz der Beschäftigten vor Gefährdungen durch elektromagnetische Felder (Arbeitsschutzverordnung zu elektromagnetischen Feldern – EMFV)

vom 15. November 2016 (BGBl. I 2531),
geändert durch Verordnung vom 30. April 2019 (BGBl. I 554)

Einleitung

(siehe bei Nr. 7, II 7)

Verordnungstext

Abschnitt 1 – Anwendungsbereich und Begriffsbestimmungen

§ 1 Anwendungsbereich (1) Diese Verordnung gilt zum Schutz der Beschäftigten bei der Arbeit vor tatsächlichen oder möglichen Gefährdungen ihrer Gesundheit und Sicherheit durch Einwirkung von elektromagnetischen Feldern.

(2) Diese Verordnung umfasst alle bekannten direkten und indirekten Wirkungen, die durch elektromagnetische Felder hervorgerufen werden. Sie gilt nur für die Kurzzeitwirkungen von elektromagnetischen Feldern.

(3) Diese Verordnung gilt nicht

1. für Gefährdungen durch das Berühren von unter Spannung stehenden elektrischen Teilen,
2. für vermutete Langzeitwirkungen von elektromagnetischen Feldern und
3. in Betrieben, die dem Bundesberggesetz unterliegen, soweit dort oder in den aufgrund dieses Gesetzes erlassenen Rechtsverordnungen entsprechende Rechtsvorschriften bestehen.

(4) Das Bundesministerium der Verteidigung kann für Beschäftigte, für die tatsächliche oder mögliche Gefährdungen ihrer Gesundheit und Sicherheit durch elektromagnetische Felder bestehen, Ausnahmen von den Vorschriften dieser Verordnung zulassen, soweit öffentliche Belange dies zwingend erfordern, insbesondere für Zwecke der Verteidigung oder zur Erfüllung zwischenstaatlicher Verpflichtungen der Bundesrepublik Deutschland. In diesem Fall ist festzulegen, wie die Sicherheit und der Gesundheitsschutz der Beschäftigten nach dieser Verordnung auf andere Weise gewährleistet werden können.

§ 2 Begriffsbestimmungen (1) Im Sinne dieser Verordnung gelten die Begriffsbestimmungen der Absätze 2 bis 10.

(2) Elektromagnetische Felder sind statische elektrische, statische magnetische sowie zeitveränderliche elektrische, magnetische und elektromagnetische Felder mit Frequenzen bis 300 Gigahertz.

(3) Direkte Wirkungen sind die im menschlichen Körper durch dessen Anwesenheit in einem elektromagnetischen Feld unmittelbar hervorgerufenen Wirkungen. Zu denen zählen

1. thermische Wirkungen aufgrund von Energieabsorption aus elektromagnetischen Feldern im menschlichen Gewebe oder durch induzierte Körperströme in Extremitäten und
2. nichtthermische Wirkungen durch die Stimulation von Muskeln, Nerven oder Sinnesorganen. Diese Wirkungen können kognitive Funktionen oder die körperliche Gesundheit exponierter Beschäftigter nachteilig beeinflussen, durch die Stimulation von Sinnesorganen zu vorübergehenden Symptomen wie Schwindelgefühl oder Magnetophosphenen führen sowie das Wahrnehmungsvermögen oder andere Hirn- oder Muskelfunktionen beeinflussen und damit das sichere Arbeiten von Beschäftigten gefährden.

(4) Indirekte Wirkungen sind die von einem elektromagnetischen Feld ausgelösten Wirkungen auf Gegenstände, welche die Gesundheit und die Sicherheit von Beschäftigten am Arbeitsplatz gefährden können. Dies betrifft insbesondere Gefährdungen durch

1. Einwirkungen auf medizinische Vorrichtungen oder Geräte, einschließlich Herzschrittmachern sowie andere aktive oder passive Implantate oder am Körper getragene medizinische Geräte;
2. die Projektilwirkung ferromagnetischer Gegenstände in statischen Magnetfeldern;
3. die Auslösung von elektrischen Zündvorrichtungen (Detonatoren);
4. Brände oder Explosionen durch die Entzündung von brennbaren Materialien aufgrund von Funkenbildung sowie
5. Kontaktströme.

(5) Expositionsgrenzwerte sind maximal zulässige Werte, die aufgrund von wissenschaftlich nachgewiesenen Wirkungen im Inneren des menschlichen Körpers festgelegt wurden und deren Einhaltung nicht direkt durch Messungen am Arbeitsplatz überprüfbar ist. Folgende Expositionsgrenzwerte sind zu unterscheiden:

1. Expositionsgrenzwerte für gesundheitliche Wirkungen; dies sind diejenigen Grenzwerte, bei deren Überschreitung gesundheitsschädliche Gewebeerwärmung oder Stimulation von Nerven- oder Muskelgewebe auftreten können;
2. Expositionsgrenzwerte für sensorische Wirkungen; dies sind diejenigen Grenzwerte, bei deren Überschreitung reversible Stimulationen von Sinneszellen oder geringfügige Veränderungen von Hirnfunktionen auftreten können (Magnetophosphene, Schwindel, Übelkeit, metallischer Geschmack, Mikrowellenhören).

(6) Auslöseschwellen sind festgelegte Werte von direkt messbaren physikalischen Größen. Bei Auslöseschwellen, die von Expositionsgrenzwerten abgeleitet sind, bedeutet die Einhaltung dieser Auslöseschwellen, dass die entsprechenden Expositionsgrenzwerte nicht überschritten werden. Bei Exposition oberhalb dieser Auslöseschwellen sind Maßnahmen zum Schutz der Beschäftigten zu ergreifen, es sei denn, dass die relevanten Expositionsgrenzwerte nachweislich eingehalten sind. Bei Auslöseschwellen, die nicht von Expositionsgrenzwerten abgeleitet sind, sind bei Überschreitung dieser Auslöseschwellen direkt Maßnahmen zum Schutz der Beschäftigten durchzuführen. Im Frequenzbereich von 0 Hertz bis 10 Megahertz ist zwischen unteren und oberen Auslöseschwellen zu unterscheiden:

1. bei elektrischen Feldern bezeichnen die Ausdrücke untere Auslöseschwelle und obere Auslöseschwelle die Werte, ab deren Überschreitung spezifische Maßnahmen zur Vermeidung von direkten und indirekten Wirkungen durch Entladungen oder Kontaktströme nach § 6 Absatz 1 zu ergreifen sind, und
2. bei magnetischen Feldern ist die untere Auslöseschwelle vom Expositionsgrenzwert für

sensorische Wirkungen und die obere Auslöseschwelle vom Expositionsgrenzwert für gesundheitliche Wirkungen abgeleitet.

(7) Besonders schutzbedürftige Beschäftigte sind insbesondere Beschäftigte

1. mit aktiven medizinischen Implantaten, insbesondere Herzschrittmachern,
2. mit passiven medizinischen Implantaten,
3. mit medizinischen Geräten, die am Körper getragen werden, insbesondere Insulinpumpen,
4. mit sonstigen durch elektromagnetische Felder beeinflussbaren Fremdkörpern im Körper oder
5. mit eingeschränkter Thermoregulation.

(8) Fachkundig ist, wer über die erforderlichen Fachkenntnisse zur Ausübung einer in dieser Verordnung bestimmten Aufgabe verfügt. Die Anforderungen an die Fachkunde sind abhängig von der jeweiligen Art der Aufgabe. Zu den Anforderungen zählen eine entsprechende Berufsausbildung oder Berufserfahrung jeweils in Verbindung mit einer zeitnah ausgeübten einschlägigen beruflichen Tätigkeit sowie die Teilnahme an spezifischen Fortbildungsmaßnahmen.

(9) Stand der Technik ist der Entwicklungsstand fortschrittlicher Verfahren, Einrichtungen oder Betriebsweisen, der die praktische Eignung einer Maßnahme zum Schutz der Gesundheit und zur Sicherheit der Beschäftigten gesichert erscheinen lässt. Bei der Bestimmung des Standes der Technik sind insbesondere vergleichbare Verfahren, Einrichtungen oder Betriebsweisen heranzuziehen, die mit Erfolg in der Praxis erprobt worden sind. Gleiches gilt für die Anforderungen an die Arbeitsmedizin und Arbeitshygiene.

(10) Beschäftigte sind Personen im Sinne des § 2 Absatz 2 des Arbeitsschutzgesetzes. Den Beschäftigten stehen folgende Personen gleich, sofern sie bei ihren Tätigkeiten elektromagnetischen Feldern ausgesetzt sein können:

1. Schülerinnen und Schüler,
2. Studierende und Praktikanten sowie
3. sonstige, insbesondere an wissenschaftlichen Einrichtungen tätige Personen.

Auf die den Beschäftigten gleichstehenden Personen finden die Regelungen dieser Verordnung über die Beteiligung der Personalvertretungen keine Anwendung.

(11) Den in dieser Verordnung verwendeten physikalischen Größen sind die in Anhang 1 enthaltenen Definitionen zugrunde zu legen.

Abschnitt 2 – Gefährdungsbeurteilung; Fachkundige Personen; Messungen, Berechnungen und Bewertungen

§ 3 Gefährdungsbeurteilung (1) Bei der Beurteilung der Arbeitsbedingungen nach § 5 des Arbeitsschutzgesetzes hat der Arbeitgeber zunächst festzustellen, ob elektromagnetische Felder am Arbeitsplatz von Beschäftigten auftreten oder auftreten können. Ist dies der Fall, hat er alle hiervon ausgehenden Gefährdungen für die Gesundheit und die Sicherheit der Beschäftigten zu beurteilen. Dazu sind die auftretenden Expositionen durch elektromagnetische Felder am Arbeitsplatz nach dem Stand der Technik zu ermitteln und zu bewerten. Für die Beschäftigten ist insbesondere dann von einer Gefährdung auszugehen, wenn die Expositionsgrenzwerte nach § 5 in Verbindung mit den Anhängen 2 und 3 überschritten werden. Der Arbeitgeber kann sich dazu für die Gefährdungsbeurteilung notwendige Informationen beim Wirtschaftsakteur, insbesondere beim Hersteller oder Inverkehrbringer der verwendeten Arbeitsmittel, oder von anderen ohne Weiteres zugänglichen Quellen beschaffen. Die Informationen umfassen insbesondere die für die verwendeten Arbeitsmittel verfügbaren Emissionswerte und andere geeignete sicherheitsbezogene Daten einschließlich spezifischer Informationen zur Gefährdungsbeurteilung, wenn diese auf die Expositionsbedingungen am Arbeitsplatz anwendbar sind. Ergebnisse aus Expositionsbewertungen von der Öffentlichkeit zugänglichen Bereichen können bei der Gefährdungsbeurteilung berücksichtigt werden, wenn die Expositionsgrenzwerte nach § 5 in Verbindung mit den Anhängen 2 und 3 eingehalten werden und sicheres Arbeiten gewährleistet ist. Lässt sich anhand der verfügbaren Informationen nicht sicher feststellen, ob die Expositionsgrenzwerte nach § 5 in Verbindung mit den Anhängen 2 und 3 eingehalten werden, ist der Umfang der Exposition durch Berechnungen oder Messungen nach § 4 festzustellen. Entsprechend dem Ergebnis der Gefährdungsbeurteilung hat der Arbeitgeber Maßnahmen nach dem Stand der Technik festzulegen.

(2) Bei Einhaltung der Auslöseschwellen nach § 5 in Verbindung mit den Anhängen 2 und 3 kann der Arbeitgeber davon ausgehen, dass die mit diesen Auslöseschwellen verbundenen Expositionsgrenzwerte nach § 5 in Verbindung mit den Anhängen 2 und 3 eingehalten sind und damit keine weiteren Maßnahmen nach § 6 Absatz 1 zum Schutz der Beschäftigten vor Gefährdungen durch direkte Wirkungen von elektromagnetischen Feldern erforderlich sind. Gefährdungen durch indirekte Wirkungen müssen gesondert betrachtet werden.

(3) Werden die Auslöseschwellen nach § 5 in Verbindung mit den Anhängen 2 und 3 überschritten und wird im Rahmen der Gefährdungsbeurteilung nach Absatz 1 nicht der Nachweis erbracht, dass Gefährdungen durch Überschreitung der relevanten Expositionsgrenzwerte oder dass Gefährdungen durch indirekte Wirkungen von elektromagnetischen Feldern ausgeschlossen werden können, so hat der Arbeitgeber zur Vermeidung oder Verringerung der Gefährdung nach Absatz 1 Satz 9 Maßnahmen nach dem Stand der Technik festzulegen.

(4) Bei der Gefährdungsbeurteilung nach Absatz 1 ist insbesondere Folgendes zu berücksichtigen:

1. Art, Ausmaß und Dauer der Exposition durch elektromagnetische Felder, einschließlich der räumlichen Verteilung der elektromagnetischen Felder am Arbeitsplatz und über den Körper des Beschäftigten,
2. die Frequenzen und erforderlichenfalls den Signalverlauf der einwirkenden elektromagnetischen Felder,
3. alle direkten und indirekten Wirkungen von elektromagnetischen Feldern, die zu Gefährdungen führen können,
4. die in § 5 in Verbindung mit den Anhängen 2 und 3 genannten Expositionsgrenzwerte für gesundheitliche und sensorische Wirkungen und die Auslöseschwellen,
5. die Verfügbarkeit und die Möglichkeit des Einsatzes alternativer Arbeitsmittel und Ausrüstungen zur Vermeidung oder Verringerung der Gefährdungen der Beschäftigten durch direkte oder indirekte Wirkungen von elektromagnetischen Feldern (Substitutionsprüfung),
6. Erkenntnisse aus der arbeitsmedizinischen Vorsorge sowie hierzu allgemein zugängliche, veröffentlichte Informationen,
7. die Exposition von Beschäftigten gegenüber elektromagnetischen Feldern aus mehreren Quellen,
8. die Exposition von Beschäftigten gegenüber elektromagnetischen Feldern mit mehreren Frequenzen,
9. die relevanten Herstellerangaben zu Arbeitsmitteln, die elektromagnetische Felder erzeugen oder emittieren, sowie weitere relevante gesundheits- und sicherheitsbezogene Informationen,

10. die Arbeitsplatz- und Expositionsbedingungen, die bei verschiedenen Betriebszuständen insbesondere bei Instandhaltungs- und Reparaturarbeiten und bei Einrichtvorgängen auftreten können sowie
11. alle Auswirkungen auf die Gesundheit und Sicherheit von besonders schutzbedürftigen Beschäftigten, insbesondere wenn der Arbeitgeber darüber informiert ist.

(5) Der Arbeitgeber hat vor Aufnahme einer Tätigkeit die Gefährdungsbeurteilung und die erforderlichen Maßnahmen nach dem Stand der Technik durchzuführen. Die Gefährdungsbeurteilung und die Wirksamkeit der daraus abgeleiteten Maßnahmen sind regelmäßig zu überprüfen. Die Gefährdungsbeurteilung und die Maßnahmen sind zu aktualisieren, wenn

1. neue sicherheits- oder gesundheitsrelevante Erkenntnisse, insbesondere aus der arbeitsmedizinischen Vorsorge, vorliegen,
2. maßgebliche Veränderungen der Arbeitsbedingungen dies erfordern oder
3. die Prüfung der Wirksamkeit der Maßnahmen ergeben hat, dass die Maßnahmen nicht wirksam oder nicht ausreichend sind.

(6) Der Arbeitgeber hat die Gefährdungsbeurteilung unabhängig von der Zahl der Beschäftigten vor Aufnahme der Tätigkeit nach Satz 2 in einer Form zu dokumentieren, die eine spätere Einsichtnahme ermöglicht. In der Dokumentation ist anzugeben, welche Gefährdungen am Arbeitsplatz auftreten können und welche Maßnahmen zur Vermeidung oder Verringerung der Gefährdung der Beschäftigten durchgeführt werden müssen. Die Dokumentation kann eine Begründung des Arbeitgebers einschließen, warum aufgrund der Art und des Umfangs der möglichen Gefährdungen durch elektromagnetische Felder nur eine vereinfachte Gefährdungsbeurteilung durchgeführt wurde. Der Arbeitgeber hat die Ergebnisse aus Messungen oder Berechnungen nach der Erstellung in Verbindung mit Satz 5 in einer Form aufzubewahren, die eine spätere Einsichtnahme ermöglicht. Werden an Arbeitsplätzen die oberen Auslöseschwellen bei nichtthermischen oder thermischen Wirkungen nach den Anhängen 2 und 3 überschritten, sind die ermittelten Ergebnisse aus Messungen oder Berechnungen mindestens 20 Jahre aufzubewahren.

(7) Bei der Festlegung der Maßnahmen nach Absatz 1 Satz 9 hat der Arbeitgeber nach § 4 Nummer 6 des Arbeitsschutzgesetzes die Erfordernisse von besonders schutzbedürftigen Beschäftigten entsprechend dem Ergebnis der Gefährdungsbeurteilung zu berücksichtigen und gegebenenfalls individuelle Schutzmaßnahmen vorzusehen.

§ 4 Fachkundige Personen; Messungen, Berechnungen und Bewertungen (1) Der Arbeitgeber hat sicherzustellen, dass die Gefährdungsbeurteilung, die Messungen, die Berechnungen oder die Bewertungen nach dem Stand der Technik nach Absatz 2 fachkundig geplant und durchgeführt werden. Verfügt der Arbeitgeber dazu nicht selbst über die entsprechenden Kenntnisse, hat er sich von fachkundigen Personen beraten zu lassen.

(2) Messverfahren und -geräte sowie eventuell erforderliche Berechnungs- und Bewertungsverfahren müssen

1. an die vorhandenen Arbeitsplatz- und Expositionsbedingungen angepasst sein,
2. geeignet sein, die erforderlichen physikalischen Größen zu bestimmen, um feststellen zu können, ob die Expositionsgrenzwerte und Auslöseschwellen nach § 5 in Verbindung mit den Anhängen 2 und 3 eingehalten sind, und
3. die Mess- oder Berechnungsunsicherheiten berücksichtigen.

(3) Im Niederfrequenzbereich können als Bewertungsverfahren bei nicht sinusförmigen oder gepulsten elektromagnetischen Feldern Verfahren zur Bewertung im Zeitbereich nach dem Stand der Technik wie die Methode der gewichteten Spitzenwerte angewendet werden.

(4) Die durchzuführenden Messungen, Berechnungen oder Bewertungen können bei gleichartigen Arbeitsplatzbedingungen auch durch repräsentative Stichprobenerhebungen erfolgen.

Abschnitt 3 – Expositionsgrenzwerte und Auslöseschwellen; Festlegungen zum Schutz vor Gefährdungen durch elektromagnetische Felder

Unterabschnitt 1 – Expositionsgrenzwerte und Auslöseschwellen; Festlegungen zum Schutz vor Gefährdungen durch elektromagnetische Felder

§ 5 Expositionsgrenzwerte und Auslöseschwellen für elektromagnetische Felder Expositionsgrenzwerte und Auslöseschwellen für elektromagnetische Felder sind in den Anhängen 2 und 3 festgelegt. Die zugehörigen physikalischen Größen sind in Anhang 1 festgelegt.

§ 6 Maßnahmen zur Vermeidung und Verringerung der Gefährdungen von Beschäftigten durch elektromagnetische Felder (1) Der Arbeitgeber hat die nach § 3 Absatz 1 Satz 9 festgelegten Maßnahmen nach dem Stand der Technik durchzuführen, um Gefährdungen der Beschäftigten auszuschließen oder so weit wie möglich zu verringern. Dazu sind die Entstehung und die Ausbreitung elektromagnetischer Felder nach dem Stand der Technik vorrangig an der Quelle zu verhindern oder zu reduzieren. Der Arbeitgeber hat dafür zu sorgen, dass die Expositionsgrenzwerte nach § 5 in Verbindung mit den Anhängen 2 und 3 eingehalten und Gefährdungen aufgrund direkter und indirekter Wirkungen von elektromagnetischen Feldern vermieden oder verringert werden und somit ein sicheres Arbeiten gewährleistet ist. Technische Maßnahmen haben Vorrang vor organisatorischen und personenbezogenen Maßnahmen. Geeignete persönliche Schutzausrüstung ist dann zu verwenden, wenn technische und organisatorische Maßnahmen nicht ausreichen oder nicht anwendbar sind.
(2) Zu den Maßnahmen nach Absatz 1 gehören insbesondere
1. alternative Arbeitsverfahren, durch die Gefährdungen durch elektromagnetische Felder vermieden oder verringert werden,
2. Auswahl, Einsatz und Betriebsweise von Arbeitsmitteln, die unter Berücksichtigung der auszuführenden Tätigkeit in geringerem Maße elektromagnetische Felder emittieren,
3. technische Maßnahmen zur Verringerung der Gefährdungen durch elektromagnetische Felder, falls erforderlich auch unter Einsatz von Abschirmungen, Verriegelungs- oder anderen Sicherheitseinrichtungen,
4. angemessene Abgrenzungs- und Zugangskontrollmaßnahmen, insbesondere Warnhinweise, Signale, Kennzeichnungen, Markierungen oder Schranken,
5. bei elektrischen Feldern Maßnahmen und Verfahren zur Vermeidung oder Minimierung von elektrischen Entladungen oder Kontaktströmen,
6. angemessene Wartungsprogramme und Kontrollen von Arbeitsmitteln, Arbeitsplätzen und Anlagen,
7. die Gestaltung und die Einrichtung der Arbeitsstätten und Arbeitsplätze,
8. organisatorische Maßnahmen zur Begrenzung von Ausmaß und Dauer der Exposition,
9. Auswahl und Einsatz von geeigneter persönlicher Schutzausrüstung sowie
10. die Verwendung der Arbeitsmittel nach den Herstellerangaben.

(3) Der Arbeitgeber hat Arbeitsbereiche, in denen die Auslöseschwellen für elektromagnetische Felder nach den Anhängen 2 und 3 überschritten werden, oder Arbeitsbereiche mit Gefährdungen für besonders schutzbedürftige Beschäftigte nach Satz 2 zu kennzeichnen. Die Kennzeichnung muss deutlich erkennbar und dauerhaft sein. Sie kann insbesondere durch Warn-, Hinweis- und Zusatzzeichen sowie Verbotszeichen und Warnleuchten erfolgen. Der Arbeitgeber hat die betreffenden Arbeitsbereiche für die Dauer der Tätigkeit abzugrenzen und den Zugang gegebenenfalls einzuschränken. In diesen Bereichen dürfen Beschäftigte nur tätig werden, wenn das Arbeitsverfahren dies erfordert. Absatz 1 bleibt unberührt.

1. Arbeitsbereiche müssen nicht gekennzeichnet werden, wenn der Zugang auf geeignete Weise beschränkt ist und die Beschäftigten in geeigneter Weise unterwiesen sind.
2. In Arbeitsbereichen mit öffentlich zugänglichen Arbeitsplätzen ist eine Kennzeichnung nach Satz 1 unterhalb der oberen Auslöseschwelle nach Anhang 2 Tabelle A2.10 nicht erforderlich, wenn gemäß der Gefährdungsbeurteilung nach § 3 für an diesen Arbeitsplätzen tätige Beschäftigte mit aktiven Implantaten oder am Körper getragenen medizinischen Geräten ein sicheres Arbeiten gewährleistet ist und die betroffenen Beschäftigten über die Gefährdungen aufgrund der elektromagnetischen Felder unterwiesen sind.

(4) Die Expositionsgrenzwerte für sensorische Wirkungen nach § 5 in Verbindung mit den Anhängen 2 und 3 dürfen nur überschritten werden, wenn

1. die Überschreitung auf kurzzeitige Einzelereignisse unter definierten Betriebsbedingungen beschränkt ist,
2. keine geeigneten alternativen Arbeitsverfahren zur Verfügung stehen, bei denen die Exposition der Beschäftigten minimiert oder beseitigt werden kann,
3. die besonderen Festlegungen nach den §§ 7, 14, 17 und 18 umgesetzt sind und
4. ein sicheres Arbeiten dadurch gewährleistet ist, dass nach Durchführung der entsprechend dem Ergebnis der Gefährdungsbeurteilung festgesetzten Maßnahmen Gefährdungen durch direkte und indirekte Wirkungen ausgeschlossen sind.

(5) Die Expositionsgrenzwerte für gesundheitliche Wirkungen nach § 5 in Verbindung mit den Anhängen 2 und 3 dürfen bei medizinischen Anwendungen von Magnetresonanzverfahren überschritten werden, wenn die besonderen Festlegungen nach § 18 umgesetzt sind.

(6) Werden abweichend von Absatz 4 und 5 die Expositionsgrenzwerte für sensorische oder gesundheitliche Wirkungen überschritten, hat der Arbeitgeber unverzüglich die Gründe zu ermitteln und weitere Maßnahmen nach Absatz 2 zu ergreifen, um die Exposition auf einen Wert unterhalb der Expositionsgrenzwerte zu senken und ein erneutes Überschreiten der Expositionsgrenzwerte zu verhindern.

(7) Treten trotz aller durchgeführten Maßnahmen bei Beschäftigten vorübergehende Symptome auf, so hat der Arbeitgeber unverzüglich die Gefährdungsbeurteilung und die nach § 3 Absatz 1 Satz 9 festgelegten Maßnahmen zum Schutz der Beschäftigten zu überprüfen und erforderlichenfalls zu aktualisieren. Vorübergehende Symptome können Folgendes umfassen:

1. durch die Bewegung im statischen Magnetfeld hervorgerufene Wirkungen, insbesondere Schwindelgefühl oder Übelkeit,
2. durch zeitveränderliche elektromagnetische Felder hervorgerufene Sinnesempfindungen, insbesondere Magnetophosphene oder Mikrowellenhören, sowie Wirkungen auf die im Kopf gelegenen Teile des Zentralnervensystems oder
3. Wirkungen durch Entladungen oder Kontaktströme in elektromagnetischen Feldern.

Unterabschnitt 2 – Besondere Festlegungen zum Schutz vor Gefährdungen von Beschäftigten durch elektromagnetische Felder

§ 7 Besondere Festlegungen für die Überschreitung der Expositionsgrenzwerte für sensorische Wirkungen bei Tätigkeiten im statischen Magnetfeld über 2 Tesla Bei Überschreitung des Expositionsgrenzwertes für sensorische Wirkungen unter normalen Arbeitsbedingungen im statischen Magnetfeld über 2 Tesla nach Anhang 2 Tabelle A2.1 hat der Arbeitgeber dafür zu sorgen, dass

1. die Exposition am Arbeitsplatz nur die Gliedmaßen der Beschäftigten betrifft und eine gefährdende Exposition von Kopf und Rumpf ausgeschlossen ist oder
2. nach Durchführung der festgelegten Maßnahmen entsprechend der Gefährdungsbeurteilung nach § 3
   a) die Überschreitung der Expositionsgrenzwerte für sensorische Wirkungen nach Anhang 2 Tabellen A2.1 und A2.4 auf kurzzeitige Einzelereignisse unter definierten Betriebsbedingungen beschränkt ist,
   b) die Expositionsgrenzwerte für kontrollierte Arbeitsbedingungen nach Anhang 2 Tabellen A2.1 und A2.3 eingehalten werden,
   c) nur speziell unterwiesene und geschulte Beschäftigte Zugang zu den kontrollierten Bereichen haben,
   d) spezielle Arbeitspraktiken und Maßnahmen, insbesondere kontrollierte Bewegungen der Beschäftigten im Bereich mit hohen räumlichen Magnetfeldgradienten, angewendet werden und
   e) weitere Maßnahmen nach § 6 Absatz 2 ergriffen werden, wenn vorübergehende Symptome nach § 6 Absatz 7 auftreten.

§ 8 Besondere Festlegungen für die Überschreitung der Auslöseschwellen für die Projektilwirkung von ferromagnetischen Gegenständen im Streufeld von Anlagen mit hohem statischen Magnetfeld (> 100 Millitesla) (1) Bei Überschreitung der unteren Auslöseschwellen für die Projektilwirkung von ferromagnetischen Gegenständen im Streufeld von Anlagen mit hohem statischen Magnetfeld (> 100 Millitesla) nach Anhang 2 Tabelle A2.11 hat der Arbeitgeber die betreffenden Arbeitsbereiche nach § 6 Absatz 3 zu kennzeichnen.

(2) Bei Überschreitung der oberen Auslöseschwellen für die Projektilwirkung von ferromagnetischen Gegenständen im Streufeld von Anlagen mit hohem statischen Magnetfeld (> 100 Millitesla) nach Anhang 2 Tabelle A2.11 hat der Arbeitgeber weitere Maßnahmen nach § 6 Absatz 2 zu ergreifen, um Gefährdungen der Beschäftigten zu beseitigen oder zu minimieren. Dazu zählen insbesondere folgende Maßnahmen:

1. Bereitstellung und Verwendung von geeigneten nichtferromagnetischen Arbeitsmitteln,
2. Abschirmungen, Verriegelungen oder andere Sicherheitseinrichtungen,
3. Zugangskontrolle zum betreffenden Arbeitsbereich, erforderlichenfalls Einsatz von Detektoren für ferromagnetische Gegenstände und
4. betriebsorganisatorische Maßnahmen, insbesondere Schulung und Unterweisung sowie erforderlichenfalls Hinweise für Dritte, damit Beschäftigte nicht gefährdet werden.

§ 9 Besondere Festlegungen für die Überschreitung der oberen Auslöseschwelle für die Beeinflussung von implantierten aktiven oder am Körper getragenen medizinischen Geräten in statischen Magnetfeldern Bei Überschreitung der oberen Auslöseschwelle nach Anhang 2 Tabelle A2.10 hat der Arbeitgeber weitere Maßnahmen nach § 6 Absatz 2 zu ergreifen, um Gefährdungen der Beschäftigten mit implantierten aktiven oder am Körper getragenen medizinischen Geräten zu beseitigen oder zu minimieren. Dazu zählen insbesondere folgende Maßnahmen:

1. Bewertung der Einwirkung für den einzelnen Mitarbeiter auf der Grundlage von Informationen des Herstellers des implantierten aktiven medizinischen Gerätes und soweit möglich des behandelnden Arztes oder Arbeitsmediziners,
2. Zugangsbeschränkung zum betreffenden Arbeitsbereich insbesondere durch Kontroll- oder Absperrungsmaßnahmen und
3. betriebsorganisatorische Maßnahmen, insbesondere Schulung und Unterweisung, individuelle oder allgemeine Zugangsverbote.

Unterabschnitt 3 – Besondere Festlegungen zum Schutz vor Gefährdungen durch elektromagnetische Felder im Frequenzbereich von 0 Hertz bis 10 Megahertz

§ 10 Besondere Festlegungen für die Überschreitung der unteren Auslöseschwellen für externe elektrische Felder im Frequenzbereich von 0 Hertz bis 10 Megahertz Bei Überschreitung der unteren Auslöseschwellen für externe elektrische Felder im Frequenzbereich von 0 Hertz bis 10 Megahertz nach Anhang 2 Tabelle A2.7 hat der Arbeitgeber, wenn keine geeigneten alternativen Arbeitsverfahren zur Verfügung stehen, dafür zu sorgen, dass

1. die Expositionsgrenzwerte der internen elektrischen Feldstärke E_i für sensorische Wirkungen im Frequenzbereich bis 400 Hertz nach Anhang 2 Tabelle A2.4 nicht überschritten und Gefährdungen durch direkte und indirekte Wirkungen vermieden oder verringert werden und damit ein sicheres Arbeiten gewährleistet ist oder
2. nach Durchführung der festgelegten Maßnahmen entsprechend der Gefährdungsbeurteilung
   a) die Gefährdung durch Entladungen oder Kontaktströme durch spezifische Maßnahmen ausgeschlossen ist. Dazu zählen insbesondere
      aa) geeignete technische Arbeitsmittel,
      bb) Maßnahmen zum Potentialausgleich,
      cc) die Erdung von Arbeitsgegenständen,
      dd) die spezielle Schulung und Unterweisung der Beschäftigten und
      ee) persönliche Schutzausrüstung wie isolierende Schuhe, Isolierhandschuhe und Schutzkleidung;
   b) die Gefährdungen in statischen elektrischen Feldern durch spezifische Maßnahmen beseitigt oder minimiert sind. Dazu zählen insbesondere
      aa) die Nichtüberschreitung des Expositionsgrenzwertes für die externe elektrische Feldstärke Ee von statischen elektrischen Feldern nach Anhang 2 Tabelle A2.2,
      bb) die Zugangskontrolle zum betreffenden Arbeitsbereich und
      cc) die spezielle Schulung und Unterweisung der Beschäftigten;
   c) die Expositionsgrenzwerte der internen elektrischen Feldstärke Ei für gesundheitliche Wirkungen im Frequenzbereich bis 10 Megahertz nach Anhang 2 Tabelle A2.3 nicht überschritten werden sowie
   d) die Gefährdungen durch direkte und indirekte Wirkungen ausgeschlossen sind und damit ein sicheres Arbeiten gewährleistet ist.

§ 11 Besondere Festlegungen für die Überschreitung der oberen Auslöseschwellen für externe elektrische Felder im Frequenzbereich von 0 Hertz bis 10 Megahertz Bei Überschreitung der oberen Auslöseschwellen für die Exposition gegenüber externen elektrischen

Feldern im Frequenzbereich von 0 Hertz bis 10 Megahertz nach Anhang 2 Tabelle A2.7 hat der Arbeitgeber, wenn keine geeigneten alternativen Arbeitsverfahren zur Verfügung stehen, dafür zu sorgen, dass über die in § 10 Nummer 2 genannten Maßnahmen hinaus weitere Maßnahmen nach § 6 Absatz 2 durchgeführt werden, damit Gefährdungen durch direkte und indirekte Wirkungen ausgeschlossen sind. Zu den Maßnahmen zählen insbesondere spezielle Unterweisungen.

§ 12 Besondere Festlegungen für die Überschreitung der unteren Auslöseschwellen für magnetische Felder im Frequenzbereich von 0 Hertz bis 10 Megahertz Bei Überschreitung der unteren Auslöseschwellen für die Exposition gegenüber magnetischen Feldern im Frequenzbereich von 0 Hertz bis 10 Megahertz nach Anhang 2 Tabelle A2.8 insbesondere im Bereich von Kopf oder Rumpf hat der Arbeitgeber, wenn keine geeigneten alternativen Arbeitsverfahren zur Verfügung stehen, dafür zu sorgen, dass

1. die Expositionsgrenzwerte der internen elektrischen Feldstärke E_i für sensorische Wirkungen im Frequenzbereich bis 400 Hertz nach Anhang 2 Tabelle A2.4 nicht überschritten werden oder
2. nach Durchführung der festgelegten Maßnahmen entsprechend der Gefährdungsbeurteilung
   a) die Überschreitung der Expositionsgrenzwerte der internen elektrischen Feldstärke E_i für sensorische Wirkungen im Frequenzbereich bis 400 Hertz nach Anhang 2 Tabelle A2.4 auf kurzzeitige Einzelereignisse unter definierten Betriebsbedingungen beschränkt ist,
   b) die Expositionsgrenzwerte der internen elektrischen Feldstärke E_i für gesundheitliche Wirkungen im Frequenzbereich bis 10 Megahertz nach Anhang 2 Tabelle A2.3 eingehalten werden und
   c) die Gefährdungen durch direkte und indirekte Wirkungen ausgeschlossen sind und damit ein sicheres Arbeiten gewährleistet ist.

§ 13 Besondere Festlegungen für die Überschreitung der Auslöseschwellen für Kontaktströme bei berührendem Kontakt Bei Überschreitung der Auslöseschwellen für Kontaktströme IK bei berührendem Kontakt nach Anhang 2 Tabelle A2.9 hat der Arbeitgeber, wenn keine geeigneten alternativen Arbeitsverfahren oder Arbeitsmittel zur Verfügung stehen, dafür zu sorgen, dass

1. die Beschäftigten so unterwiesen sind, dass sie immer einen greifenden Kontakt herstellen,
2. die Expositionsgrenzwerte für kontinuierliche Kontaktströme I_K bei greifendem Kontakt nach Anhang 2 Tabelle A2.5 und für den Entladungspuls eines Kontaktstroms nach Anhang 2 Tabelle A2.6 eingehalten werden und
3. die Gefährdungen durch direkte und indirekte Wirkungen ausgeschlossen sind und damit ein sicheres Arbeiten gewährleistet ist.

§ 14 Besondere Festlegungen für die Überschreitung der Expositionsgrenzwerte für sensorische Wirkungen im Frequenzbereich bis 400 Hertz Bei Überschreitung der Expositionsgrenzwerte für sensorische Wirkungen für im Frequenzbereich bis 400 Hertz nach Anhang 2 Tabelle A2.4 hat der Arbeitgeber, wenn keine geeigneten alternativen Arbeitsverfahren zur Verfügung stehen, dafür zu sorgen, dass nach Durchführung der festgelegten Maßnahmen entsprechend der Gefährdungsbeurteilung

1. die Überschreitung auf kurzzeitige Einzelereignisse unter definierten Betriebsbedingungen beschränkt ist,

2. die Expositionsgrenzwerte der internen elektrischen Feldstärke E_i für gesundheitliche Wirkungen im Frequenzbereich bis 400 Hertz nach Anhang 2 Tabelle A2.3 nicht überschritten werden und
3. unverzüglich weitere Maßnahmen nach § 6 Absatz 2 ergriffen werden, wenn vorübergehende Symptome nach § 6 Absatz 7 auftreten.

Unterabschnitt 4 – Besondere Festlegungen zum Schutz vor Gefährdungen durch elektromagnetische Felder im Frequenzbereich von 100 Kilohertz bis 300 Gigahertz

§ 15 Besondere Festlegungen für die Überschreitung der Auslöseschwellen für elektromagnetische Felder im Frequenzbereich von 100 Kilohertz bis 300 Gigahertz (1) Bei Überschreitung der Auslöseschwellen für die Exposition gegenüber elektromagnetischen Feldern im Frequenzbereich von 100 Kilohertz bis 300 Gigahertz nach Anhang 3 Tabelle A3.4 hat der Arbeitgeber dafür zu sorgen, dass
1. die Expositionsgrenzwerte der spezifischen Absorptionsrate SAR für gesundheitliche Wirkungen bei Exposition gegenüber elektromagnetischen Feldern im Frequenzbereich von 100 Kilohertz bis 6 Gigahertz nach Anhang 3 Tabelle A3.1 und der Expositionsgrenzwert der Leistungsdichte S für gesundheitliche Wirkungen bei Exposition gegenüber elektromagnetischen Feldern im Frequenzbereich von 6 Gigahertz bis 300 Gigahertz nach Anhang 3 Tabelle A3.2 eingehalten werden und
2. nach Durchführung der festgelegten Maßnahmen entsprechend der Gefährdungsbeurteilung Gefährdungen der Beschäftigten durch direkte und indirekte Wirkungen ausgeschlossen sind und damit ein sicheres Arbeiten gewährleistet ist.

(2) Die besonderen Festlegungen für die Überschreitung der Expositionsgrenzwerte der lokalen spezifischen Energieabsorption SA für sensorische Wirkungen bei Exposition gegenüber gepulsten elektromagnetischen Feldern im Frequenzbereich von 0,3 Gigahertz bis 6 Gigahertz (Mikrowellenhören) nach § 17 gelten unabhängig von Absatz 1. Sie sind daher gesondert zu betrachten.

§ 16 Besondere Festlegungen für die Überschreitung der Auslöseschwellen für stationäre Kontaktströme oder induzierte Ströme durch die Gliedmaßen im Frequenzbereich von 100 Kilohertz bis 110 Megahertz Bei Überschreitung der Auslöseschwellen für stationäre Kontaktströme I_K oder induzierte Ströme durch die Gliedmaßen IG im Frequenzbereich von 100 Kilohertz bis 110 Megahertz nach Anhang 3 Tabelle A3.5 hat der Arbeitgeber dafür zu sorgen, dass
1. die Expositionsgrenzwerte der spezifischen Absorptionsrate SAR für gesundheitliche Wirkungen bei Exposition gegenüber elektromagnetischen Feldern nach Anhang 3 Tabelle A3.1 im Frequenzbereich von 100 Kilohertz bis 110 Megahertz eingehalten werden und
2. nach Durchführung der festgelegten Maßnahmen entsprechend der Gefährdungsbeurteilung Gefährdungen der Beschäftigten durch direkte und indirekte Wirkungen ausgeschlossen sind und damit ein sicheres Arbeiten gewährleistet ist.

§ 17 Besondere Festlegungen für die Überschreitung des Expositionsgrenzwertes der lokalen spezifischen Energieabsorption für sensorische Wirkungen von gepulsten elektromagnetischen Feldern im Frequenzbereich von 0,3 Gigahertz bis 6 Gigahertz (Mikrowellenhören) Bei Überschreitung des Expositionsgrenzwertes der lokalen spezifischen Energieabsorption SA für sensorische Wirkungen bei Exposition gegenüber gepulsten elektromagnetischen Feldern im Frequenzbereich von 0,3 Gigahertz bis 6 Gigahertz (Mikrowellenhören) nach Anhang 3 Tabelle A3.3 hat der Arbeitgeber, wenn keine geeigneten alternativen Arbeitsverfahren zur Verfügung stehen, dafür zu sorgen, dass nach Durchführung der festgelegten Maßnahmen entsprechend der Gefährdungsbeurteilung

1. die Überschreitung auf kurzzeitige Einzelereignisse unter definierten Betriebsbedingungen beschränkt ist,
2. die Expositionsgrenzwerte der spezifischen Absorptionsrate SAR für gesundheitliche Wirkungen bei Exposition gegenüber elektromagnetischen Feldern im Frequenzbereich von 100 Kilohertz bis 6 Gigahertz nach Anhang 3 Tabelle A3.1 und der Expositionsgrenzwert der Leistungsdichte S für gesundheitliche Wirkungen bei Exposition gegenüber elektromagnetischen Feldern im Frequenzbereich von 6 Gigahertz bis 300 Gigahertz nach Anhang 3 Tabelle A3.2 nicht überschritten werden und
3. unverzüglich weitere Maßnahmen nach § 6 Absatz 2 ergriffen werden, wenn vorübergehende Symptome nach § 6 Absatz 7 auftreten.

Unterabschnitt 5 – Besondere Festlegungen zum Schutz vor Gefährdungen durch elektromagnetische Felder bei medizinischen Anwendungen von Magnetresonanzverfahren

§ 18 Besondere Festlegungen für die Überschreitung von Expositionsgrenzwerten bei medizinischen Anwendungen von Magnetresonanzverfahren Abweichend von den §§ 7 bis 16 hat der Arbeitgeber bei einer Überschreitung der Expositionsgrenzwerte nach den Anhängen 2 und 3 bei der Aufstellung, Prüfung, Anwendung, Entwicklung oder Wartung von medizinischen Geräten für bildgebende Verfahren mittels Magnetresonanz am Patienten oder damit verknüpften Forschungsarbeiten

1. Art, Ausmaß, Häufigkeit und Dauer der Überschreitung von Expositionsgrenzwerten in Arbeitsbereichen, in denen Beschäftigte tätig werden müssen, im Rahmen der Gefährdungsbeurteilung nach § 3 nachzuweisen,
2. alle technischen und organisatorischen Maßnahmen nach dem Stand der Technik nach § 6 Absatz 1 zur Vermeidung oder Verringerung der Exposition der betroffenen Beschäftigten durchzuführen,
3. zu begründen, für welche medizinische Anwendungsfälle die Notwendigkeit zur Überschreitung der Expositionsgrenzwerte gegeben ist,
4. alle spezifischen Merkmale des Arbeitsplatzes, der Arbeitsmittel oder der Arbeitsmethoden bei der Durchführung der Gefährdungsbeurteilung sowie die Festlegung und die Durchführung von Maßnahmen für den sicheren Betrieb und zum Schutz der betroffenen Beschäftigten zu berücksichtigen,
5. dafür zu sorgen, dass in der Dokumentation der Gefährdungsbeurteilung nach § 6 Absatz 1 ein Nachweis enthalten ist, wie Beschäftigte vor Gefährdungen durch direkte und indirekte Wirkungen geschützt sind,
6. sicherzustellen, dass die vom Hersteller bereitgestellten Bedienungsanleitungen und Sicherheitshinweise eingehalten werden und
7. sicherzustellen, dass nur speziell unterwiesene Beschäftigte tätig werden.

Abschnitt 4 – Unterweisung der Beschäftigten; Beratung durch den Ausschuss für Betriebssicherheit

§ 19 Unterweisung der Beschäftigten Bei Gefährdungen der Beschäftigten durch elektromagnetische Felder am Arbeitsplatz stellt der Arbeitgeber sicher, dass die betroffenen Beschäftigten eine Unterweisung erhalten, die auf den Ergebnissen der Gefährdungsbeurteilung beruht und die Aufschluss über die am Arbeitsplatz auftretenden Gefährdungen gibt. Die Unterweisung muss vor Aufnahme der Tätigkeit, danach in regelmäßigen Abständen, mindestens jedoch jährlich, und unverzüglich bei wesentlichen Änderungen der gefährdenden Tätigkeit oder des Arbeitsplatzes erfolgen. Die Unterweisung muss in einer für die Beschäftigten verständlichen Form und Sprache erfolgen und mindestens folgende Informationen enthalten:

1. die mit der Tätigkeit verbundenen Gefährdungen durch direkte und indirekte Wirkungen von elektromagnetischen Feldern,
2. die durchgeführten Maßnahmen zur Beseitigung oder zur Minimierung der Gefährdung unter Berücksichtigung der Arbeitsplatzbedingungen,
3. die relevanten Expositionsgrenzwerte und Auslöseschwellen sowie ihre Bedeutung,
4. die Ergebnisse der Expositionsermittlung zusammen mit der Erläuterung ihrer Bedeutung und der Bewertung der damit verbundenen möglichen Gefährdungen und gesundheitlichen Folgen,
5. die Beschreibung sicherer Arbeitsverfahren zur Minimierung der Gefährdung aufgrund der Exposition durch elektromagnetische Felder,
6. die sachgerechte Verwendung der persönlichen Schutzausrüstung,
7. Hinweise zur Erkennung und Meldung von möglichen gesundheitsschädlichen Wirkungen einer Exposition,
8. möglicherweise auftretende vorübergehende Symptome nach § 6 Absatz 7 und wie diese vermieden werden können und
9. spezifische Informationen für besonders schutzbedürftige Beschäftigte.

(2) Im Rahmen der Unterweisung nach Absatz 1 ist auch eine allgemeine arbeitsmedizinische Beratung durchzuführen mit Hinweisen zu besonderen Gefährdungen insbesondere für besonders schutzbedürftige Beschäftigte. Die Beschäftigten sind dabei auch über den Anspruch und den Zweck der arbeitsmedizinischen Vorsorge nach der Verordnung über arbeitsmedizinische Vorsorge zu unterrichten. Falls erforderlich, hat der Arbeitgeber die Ärztin oder den Arzt nach § 7 Absatz 1 der Verordnung zur arbeitsmedizinischen Vorsorge zu beteiligen.

§ 20 Beratung durch den Ausschuss für Betriebssicherheit Das Bundesministerium für Arbeit und Soziales wird in allen Fragen der Sicherheit und des Gesundheitsschutzes bei elektromagnetischen Feldern durch den Ausschuss nach § 21 der Betriebssicherheitsverordnung beraten. § 21 Absatz 5 und 6 der Betriebssicherheitsverordnung gilt entsprechend.

Abschnitt 5 – Ausnahmen; Straftaten und Ordnungswidrigkeiten

§ 21 Ausnahmen (1) Die zuständige Behörde kann auf schriftlichen oder elektronischen Antrag des Arbeitgebers Ausnahmen von den §§ 6 bis 17 zulassen, wenn die Durchführung der Vorschrift im Einzelfall zu einer unverhältnismäßigen Härte führen würde und die Abweichung mit dem Schutz der Beschäftigten vereinbar ist. Diese Ausnahmen können mit Nebenbestimmungen verbunden werden, die unter Berücksichtigung der besonderen

Umstände gewährleisten, dass die Gefährdungen, die sich aus den Ausnahmen ergeben können, auf ein Minimum reduziert werden. Die Ausnahmen sind spätestens nach vier Jahren zu überprüfen. Sie sind aufzuheben, sobald die Umstände, die sie gerechtfertigt haben, nicht mehr gegeben sind. Der Antrag des Arbeitgebers muss mindestens Angaben enthalten zu

1. der Gefährdungsbeurteilung einschließlich der Dokumentation,
2. Art, Ausmaß und Dauer der Exposition durch die elektromagnetischen Felder,
3. den Frequenzen und erforderlichenfalls dem Signalverlauf der elektromagnetischen Felder,
4. dem Stand der Technik bezüglich der Tätigkeiten und der Arbeitsverfahren sowie zu den technischen, organisatorischen und persönlichen Schutzmaßnahmen und
5. den Lösungsvorschlägen, wie die Exposition der Beschäftigten reduziert werden kann, um die Expositionsgrenzwerte wieder einzuhalten, sowie einen Zeitplan hierfür.

(2) Eine Ausnahme nach Absatz 1 Satz 1 kann auch im Zusammenhang mit Verwaltungsverfahren nach anderen Rechtsvorschriften beantragt werden.

§ 22 Straftaten und Ordnungswidrigkeiten (1) Ordnungswidrig im Sinne des § 25 Absatz 1 Nummer 1 des Arbeitsschutzgesetzes handelt, wer vorsätzlich oder fahrlässig

1. entgegen § 3 Absatz 5 Satz 1 eine Gefährdungsbeurteilung oder eine dort genannte Maßnahme nicht, nicht richtig, nicht in der vorgeschriebenen Weise oder nicht rechtzeitig durchführt,
2. entgegen § 3 Absatz 6 Satz 1 eine Dokumentation nicht, nicht richtig, nicht vollständig, nicht in der vorgeschriebenen Weise oder nicht rechtzeitig erstellt,
3. entgegen § 3 Absatz 6 Satz 5 ein Ergebnis nicht oder nicht mindestens 20 Jahre aufbewahrt,
4. entgegen § 3 Absatz 7 dort genannte Erfordernisse nicht, nicht richtig oder nicht rechtzeitig berücksichtigt,
5. entgegen § 4 Absatz 1 Satz 1 nicht sicherstellt, dass eine dort genannte Gefährdungsbeurteilung, Messung, Berechnung oder Bewertung geplant oder durchgeführt wird,
6. entgegen § 6 Absatz 1 Satz 3, § 12 Nummer 2 Buchstabe b, § 13 Nummer 2, § 15 Absatz 1 Nummer 1 oder § 16 Nummer 1 nicht dafür sorgt, dass dort genannte Expositionsgrenzwerte eingehalten werden oder eine Gefährdung vermieden oder verringert wird,
7. entgegen § 6 Absatz 3 Satz 1 einen Arbeitsbereich nicht oder nicht richtig kennzeichnet,
8. entgegen § 6 Absatz 3 Satz 4 einen Arbeitsbereich nicht oder nicht richtig abgrenzt,
9. entgegen § 8 Absatz 2 Satz 1 oder § 9 Satz 1 eine Maßnahme nicht, nicht richtig oder nicht rechtzeitig ergreift,
10. entgegen § 10 Nummer 1 oder 2 Buchstabe c, § 12 Nummer 1, § 14 Nummer 2 oder § 17 Nummer 2 nicht dafür sorgt, dass dort genannte Expositionsgrenzwerte nicht überschritten werden,
11. entgegen § 10 Nummer 2 Buchstabe a Satzteil vor Satz 2, Buchstabe b Satzteil vor Satz 2, § 12 Nummer 2 Buchstabe c, § 13 Nummer 3, § 15 Absatz 1 Nummer 2 oder § 16 Nummer 2 nicht dafür sorgt, dass eine Gefährdung ausgeschlossen, beseitigt oder minimiert ist,
12. entgegen § 11 Satz 1 nicht dafür sorgt, dass eine Maßnahme durchführt wird,
13. entgegen § 12 Nummer 2 Buchstabe a, § 14 Nummer 1 oder § 17 Nummer 1 nicht dafür sorgt, dass eine Überschreitung beschränkt ist,
14. entgegen § 13 Nummer 1 nicht dafür sorgt, dass die Beschäftigten unterwiesen sind,
15. entgegen § 14 Nummer 3 oder § 17 Nummer 3 nicht dafür sorgt, dass eine Maßnahme ergriffen wird,

16. entgegen § 18 Nummer 5 nicht dafür sorgt, dass ein Nachweis enthalten ist, oder
17. entgegen § 19 Absatz 1 Satz 1 nicht sicherstellt, dass ein Beschäftigter eine Unterweisung erhält.

(2) Wer durch eine in Absatz 1 bezeichnete vorsätzliche Handlung das Leben oder die Gesundheit von Beschäftigten gefährdet, ist nach § 26 Nummer 2 des Arbeitsschutzgesetzes strafbar.

Anhang 1
Physikalische Größen im Zuammenhang mit der Exposition gegenüber elektromagnetischen Feldern

(nicht abgedruckt)

Anhang 2
Nichtthermische Wirkungen: Expositionsgrenzwerte und Auslöseschwellen für statische und zeitveränderliche elektrische und magnetische Felder im Frequenzbereich bis 10 MHz

(nicht abgedruckt)

Anhang 3
Thermische Wirkungen: Expositionsgrenzwerte und Auslöseschwellen für zeitveränderliche elektromagnetische Felder im Frequenzbereich von 100 kHz bis 300 GHz

(nicht abgedruckt)

8. Arbeitszeitgesetz (ArbZG)

Aktuelle höchstrichterliche Rechtsprechung

Datum	Gericht/Az.	Fundstelle	Thema
14.5.19	EuGH C-55/18	NZA 19, 683	Pflicht zur Arbeitszeiterfassung
11.4.19	EuGH C-254/18	NZA 19, 765	Berechnung der Wochenarbeitszeit
13.12.18	BAG 6 AZR 549/17	NZA 19, 935	Nachtarbeitsausgleich
20.11.18	BAG 9 AZR 327/18	NZA 19, 535	Höchstarbeitszeit über 10 Stunden hinaus

Einleitung

I. Geschichtliche Entwicklung

Seit Beginn der Industrialisierung sind Dauer und Verteilung der Arbeitszeit ein zentraler Aspekt sowohl des gewerkschaftlichen Kampfes als auch der staatlichen Arbeitsschutzgesetzgebung. In zahlreichen Statuten und Kongressbeschlüssen deutscher Gewerkschaften gegen Ende des 19. Jahrhunderts heißt es, dass Arbeitsniederlegungen, deren Zweck die Verkürzung der Arbeitszeit ist, den Vorrang vor anderen zu erhalten haben. Die bedeutendsten deutschen Arbeitskämpfe jener Zeit galten in erster Linie einer Verkürzung der Arbeitszeit. Und im Statut des Deutschen Metallarbeiter-Verbandes von 1891 wird sogar der Verbandszweck durch folgenden, an erster Stelle stehenden Passus konkretisiert: »Möglichste Beschränkung der Arbeitszeit, Beseitigung der Sonntagsarbeit, der Überstunden und der Akkordarbeit, unter Zugrundelegung eines Lohnes, welcher für die Befriedigung der Bedürfnisse der Arbeiter und deren Familien ausreichend ist.«

Die Geschichte der staatlichen Gesetzgebung zur Begrenzung der Arbeitszeit ist wechselvoll. An ihrem Anfang stand das preußische Regulativ von 1839, das Kinderarbeit aus dem bezeichnenden Motiv beschränkte, dass andernfalls nicht mehr genügend taugliche Soldaten zur Verfügung stünden. Auf Drängen der Sozialdemokratie wurden Schritt für Schritt während des Kaiserreichs für einzelne Beschäftigungsgruppen Arbeitszeitbegrenzungen eingeführt. Schließlich wurde auf Grund einer entsprechenden Zusage des Rates der Volksbeauftragten durch die Demobilisierungsverordnungen von 1918/19 der Achtstundentag für alle Beschäftigten festgelegt. In der Wirtschaftskrise des Jahres 1923 wurde dieser Grundsatz durch die Zulassung zahlreicher Ausnahmen, insbesondere die Straflosstellung der Duldung oder Annahme freiwilliger Mehrarbeit so durchlöchert,

dass bald der Achtstundentag die Ausnahme und der zehnstündige Arbeitstag die Regel wurde. Auf Grund der Zunahme der Arbeitslosigkeit wurde im Jahre 1926 durch das Arbeitszeit-Notgesetz die Vorschrift über die Duldung freiwilliger Mehrarbeit beseitigt und für über acht Stunden hinausgehende Arbeit ein Lohnzuschlag in Höhe von 25 % festgelegt.
Nach der Machtergreifung durch die Nationalsozialisten wurden zunächst die vorgefundenen Bestimmungen über die werktägliche Arbeitszeit der männlichen, weiblichen und jugendlichen Arbeiter in der AZO von 1934 zusammengefasst und dabei zugunsten des »Führerprinzips« alle Mitwirkungsrechte der Betriebsvertretungen beseitigt. Die AZO vom 30.4.1938 brachte demgegenüber keine wesentlichen inhaltlichen Veränderungen. Nachdem die meisten der Arbeitszeit-Schutzvorschriften im 2. Weltkrieg außer Kraft gesetzt worden waren, wurde der Vorkriegszustand auf Anordnung der Besatzungsmächte wiederhergestellt. Die AZO, deren wesentlicher Inhalt seither unverändert blieb, galt gemäß Art. 125 GG als Bundesrecht weiter, was das Bundesverfassungsgericht bestätigt hat (*BVerfG* 3.5.1967 – 2 BvR 134/63, BVerfGE 22, 1, 20 f.).
Nach vielen gesetzgeberischen Anläufen ist die AZO schließlich durch das Arbeitszeitgesetz vom 6.6.1994 (BGBl. I 1170) abgelöst worden (hierzu *Zmarzlik,* DB 94, 1082). Wegen seines zu weiten Rahmens für Höchstarbeitszeiten, damit zu weit gehender Möglichkeiten zur Arbeitszeitflexibilisierung und mangelnden Schutzes bei Nacht- und Schichtarbeit ist es von den Gewerkschaften abgelehnt worden (vgl. *Engelen-Kefer,* AuR 92, 161 ff.; AuR 93, 51; *Berg,* AiB 94, 578; eher positiv *Hausmann,* GewUmschau 3/94, 37). Die Arbeitgeber haben dagegen noch weitergehende Flexibilisierungsmöglichkeiten gefordert (vgl. *Erasmy,* Arbeitgeber 94, 24; *Diller,* NJW 94, 2726; *Berger-Delhey,* ZTR 94, 105; aus der Sicht der Bundesregierung *Anzinger,* BArbBl. 6/94, 5).
Nach langen Vorarbeiten hatte der Rat kurz zuvor, am 23.11.1993, die Richtlinie 93/104 EG über bestimmte Aspekte der Arbeitszeitgestaltung verabschiedet (*Däubler/Kittner/Lörcher,* IntASO Nr. 446). Sie wurde zwischenzeitlich ersetzt durch die Richtlinie 2003/88/EG v. 4.11.2003 (ABl. L 299/9). Sie enthält nicht mehr als den kleinsten gemeinsamen Nenner zur Arbeitszeitgesetzgebung in Europa. Dementsprechend schien es zunächst, als erzwinge die Richtlinie keine Änderungen des deutschen Rechts (vgl. *Balze,* EuZW 94, 205; *Lörcher,* AuR 94, 49; zur Vereinbarkeit der Richtlinie mit dem europäischen Primärrecht vgl. *EuGH* 12.11.1996 – C-84/94, DB 97, 175 – Vereinigtes Königreich/Rat). Zwischenzeitlich haben sich aber verschiedene Gesichtspunkte ergeben, bei denen die Vereinbarkeit des Gesetzes mit der Richtlinie zweifelhaft ist (vgl. Umsetzungsbericht, deutsche Übersetzung in AuR 11, 105 ff.) – vor allem beim Bereitschaftsdienst (s. u. II 1). Derzeit wird an einer Reform der Arbeitszeitrichtlinie gearbeitet (s. u. II 1).

II. Wesentlicher Gesetzesinhalt

Das ArbZG regelt arbeitsschutzrechtliche Obergrenzen der Arbeitszeit. Die konkrete Dauer der Arbeitszeit im einzelnen Fall ergibt sich aus dem Arbeitsvertrag bzw. aus Tarifverträgen und Betriebsvereinbarungen (bzw. aufgrund Mitbestimmung des Betriebs- und Personalrates, vgl. § 87 Abs. 1 Nr. 2 und 3 BetrVG). Das

ArbZG ist dadurch gekennzeichnet, dass es zu allen Regelungsbereichen lediglich Grundnormen festlegt, jedoch eine Ausdehnung der zulässigen Arbeitszeit jeweils durch Tarifvertrag oder durch Betriebsvereinbarung aufgrund eines Tarifvertrages (vgl. §§ 7, 12) oder durch die Aufsichtsbehörde (§ 15) zulässt.

1. Tägliche Arbeitszeit

Die werktägliche Arbeitszeit wird zwar im Grundsatz auf 8 Stunden festgelegt (§ 3 Satz 1). Sie kann jedoch auf 10 Stunden ausgedehnt werden, sofern innerhalb eines Ausgleichszeitraums von 6 Monaten durchschnittlich 8 Stunden werktäglich nicht überschritten werden (§ 3 Satz 2). Als Werktage gelten auch die Samstage, so dass im Grundsatz eine 48-Stunden-Woche und bei Nutzung des Ausgleichszeitraums zeitweise eine 60-Stunden-Woche möglich wird (zur Unvereinbarkeit dieses Gesetzesinhalts mit EU-Recht *Ende,* AuR 97, 137). Das ArbzG enthält eine Fülle von Ausnahmen von der regelmäßigen Höchstarbeitszeit (Checkliste 26). Eine Regelung bzw. Begrenzung von Mehrarbeit sieht das Gesetz nicht vor. Auch werden keine Mehrarbeitszuschläge mehr geregelt (früher § 15 AZO). Bereitschaftsdienst muss europarechtlich in die durchschnittliche Arbeitszeit einbezogen werden. Nachdem der *EuGH* dies schon für spanische Krankenhausärzte entschieden hatte (*EuGH* 3. 10. 2000 – C-303/98, DB 01, 818 – Simap), hat er dies mit Urteil vom 9. 9. 03 auch für das deutsche ArbZG festgestellt (9. 9. 2003 – C-151/02, PersR 03, 458 – Jaeger; ebenso *BAG* 18. 2. 2003 – 1 ABR 2/02, PersR 03, 454 mit gemeinsamer Anm. *Reim,* PersR 03, 451; *Franzen,* BB 03, 2063; zur daraus folgenden Staatshaftung *EuGH* 25. 11. 2010 – C-429/09, NZA 11, 53 – Fuß).
Das ArbZG ist daraufhin mit Gesetz vom 24. 12. 03 (BGBl. I 3002) entsprechend geändert worden (vgl. *Buschmann,* AiB 03, 649; *Mayer,* AiB 03, 713). Tarifvertraglich oder durch Betriebsvereinbarung aufgrund eines Tarifvertrages kann seither gemäß § 7 Abs. 2 a u. a. die werktägliche Arbeitszeit ohne entsprechenden Ausgleich über 8 Stunden verlängert werden, wenn in die Arbeitszeit regelmäßig und in erheblichem Umfang Arbeitsbereitschaft oder Bereitschaftsdienst fällt und durch besondere Regelungen ein Ausschluss einer Gesundheitsgefährdung sichergestellt wird. Ob der Gesetzgeber die letztgenannte Voraussetzung europarechtlich in dieser Abstraktheit aufstellen durfte oder vielmehr selbst entsprechende Regelungen schaffen musste, hat das *BAG* (23. 6. 2010 – 10 AZR 543/09, NZA 10, 1081) bislang offen gelassen.
Das Thema der ständigen Erreichbarkeit von Arbeitnehmern wird durch das ArbZG in der Weise erfasst, dass es nur Arbeit oder Nichtarbeit gibt. Die Erwartung der Erreichbarkeit ist deshalb arbeitszeitrechtlich als Arbeit zu bewerten (*Schuchart*, AuR 16, 341 ff.).
Der Versuch einer Änderung der zu Grunde liegenden Arbeitszeitrichtlinie (s. o. I) auf europäischer Ebene war vorläufig im Vermittlungsverfahren zwischen Rat und Parlament wegen Uneinigkeit bezüglich weiterer Deregulierungen gescheitert (vgl. AuR 09, 201). Da auf europäischer Ebene aber ein Konsens hinsichtlich einer Privilegierung inaktiver Zeiten des Bereitschaftsdienstes besteht, arbeitet man bereits an einer neuen Richtlinieninitiative (näher *Deinert/Kittner*, RdA 09, 265, 277 f.). Dazu wurden die europäischen Sozialpartner im Rahmen des Sozialen

Dialoges (s. Einl. II 1 zum AEUV, Nr. 20 a) angehört (vgl. *Mayer*, AiB 11, 498 ff.; Mitt. in: EuZW 12, 683). Nachdem dort keine Einigung erzielt werden konnte, ist die Initiativrolle wieder bei der Europäischen Kommission, die dazu eine öffentliche Konsultation durchgeführt hat (dazu *Böning*, PersR 6/15, 17).

Anders als Bereitschaftsdienst ist Rufbereitschaft, die zwar eine ständige Erreichbarkeit fordert, nicht jedoch zugleich die Anwesenheit am Arbeitsplatz, im Prinzip nicht als Arbeitszeit anzusehen, weil der Arbeitnehmer in dieser Situation freier über seine Zeit verfügen und eigenen Interessen nachgehen kann. Deshalb gelten nur die Zeiten, in denen tatsächlich Leistungen erbracht werden, als Arbeitszeit. Davon hat der *EuGH* aber eine Ausnahme gemacht, wenn ein Arbeitnehmer innerhalb von 8 Minuten einem Ruf des Arbeitgebers zum Einsatz Folge leisten muss, weil dann die Möglichkeiten, anderen Tätigkeiten nachzugehen, erheblich eingeschränkt sind (21. 2. 2018 – C-518/15, NZA 18, 293 – Matzak). Insgesamt entscheidet letztlich die Ausgestaltung der Rufbereitschaft darüber, ob sie arbeitszeitrechtlich als Arbeitszeit anzusehen ist oder nicht. Maßgeblich ist insoweit die dem Arbeitnehmer verbleibende Gestaltungsfreiheit hinsichtlich seiner Freizeit.

Nicht zur täglichen Arbeitszeit gehören grundsätzlich die Wege von und zur Arbeit. Wenn der Arbeitnehmer allerdings statt vom Betrieb direkt von Zuhause zum Kunden fahren muss (oder umgekehrt direkt vom Kunden nach Hause), ist dies als Arbeitszeit anzusehen (vgl. *EuGH* 10. 9. 2015 – C-266/14, EuZW 15, 791 – Tyco).

2. Pausen und Ruhezeiten

Die Mindestdauer der Ruhepausen beträgt bei einer Arbeitszeit von mehr als 6 bis zu 9 Stunden 30 Minuten, bei einer Arbeitszeit über 9 Stunden 45 Minuten (§ 4 Satz 1). Die Ruhepausen können in Zeitabschnitte von jeweils mindestens 15 Minuten aufgeteilt werden (§ 4 Satz 2). Länger als 6 Stunden hintereinander dürfen Arbeitnehmer nicht ohne Ruhepausen beschäftigt werden (§ 4 Satz 3). Die Ruhepausen müssen im Voraus und d. h. mindestens zu Beginn der täglichen Arbeitszeit feststehen (vgl. BT-Drs. 12/5888, S. 24). Inaktive Zeiten des Bereitschaftsdienstes stellen keine Ruhepausen i. S. des § 4 dar (*BAG* 16. 12. 2009 – 5 AZR 157/09, NZA 10, 505, 506).

Nach Beendigung der täglichen Arbeitszeit müssen Arbeitnehmer eine ununterbrochene Ruhezeit von mindestens 11 Stunden haben (§ 5 Abs. 1). Unter täglicher Arbeitszeit ist nicht die Arbeit an einem Kalendertag, sondern die Arbeitszeit eines Arbeitstages des betreffenden Arbeitnehmers zu verstehen (*Zmarzlik*, DB 94, 1094). In bestimmten Einrichtungen (z. B. Krankenhäusern, Gaststätten, Verkehrsbetrieben, Landwirtschaft) kann die Dauer der Ruhenszeit um bis zu eine Stunde verkürzt werden, wenn dafür innerhalb eines Monats ein Ausgleich durch Verlängerung um eine Stunde an anderen Tagen erfolgt (§ 5 Abs. 2).

3. Nacht- und Schichtarbeit

In seinem Urteil zur Verfassungswidrigkeit des Nachtarbeitsverbots für Frauen hat das *BVerfG* besondere gesetzliche Vorkehrungen zum Schutze der Arbeitnehmer bei Nachtarbeit verlangt (s. unten III 3). Dieser Vorgabe dient § 6. Als oberster

Grundsatz wird festgelegt, dass die Arbeitszeit der Nacht- und Schichtarbeiter nach den gesicherten arbeitswissenschaftlichen Erkenntnissen über die menschengerechte Gestaltung der Arbeitszeit festzulegen ist (§ 6 Abs. 1). Bei Verlängerung der täglichen Arbeitszeit beträgt der Verteilungszeitraum nicht ein halbes Jahr, sondern lediglich 4 Wochen (§ 6 Abs. 2). Für Nachtarbeitnehmer sind regelmäßige arbeitsmedizinische Untersuchungen vorgeschrieben (§ 6 Abs. 3). Im Falle einer Gesundheitsgefährdung durch Nachtarbeit oder wenn ein Kind unter 12 Jahren oder ein schwerpflegebedürftiger Angehöriger versorgt werden muss, ist ein Nachtarbeitnehmer auf sein Verlangen auf einen für ihn geeigneten Tagesarbeitsplatz umzusetzen (§ 6 Abs. 4). Für den Fall, dass der Arbeitgeber entgegenstehende dringende betriebliche Erfordernisse geltend macht, ist der Betriebs- oder Personalrat zu hören (§ 6 Abs. 4 Satz 2). Soweit keine tarifvertraglichen Ausgleichsregelungen bestehen, hat der Arbeitgeber dem Nachtarbeiter entweder einen zusätzlichen Zeitausgleich oder einen Entgeltzuschlag zu gewähren (§ 6 Abs. 5). Wenn nicht die Umstände für eine höhere oder geringere Belastung sprechen, ist ein Zuschlag in Höhe von 25 % (bei Dauernachtarbeit 30 %) regelmäßig angemessen (*BAG* 9. 12. 2015 – 10 AZR 423/14, NZA 16, 426). Dieser Zuschlag ist, sofern nicht eine höhere Vergütung vorgesehen ist, zuzüglich zum gesetzlichen Mindestlohn zu zahlen (*BAG* 25. 4. 2018 – 5 AZR 25/17, NZA 18, 1145). Zwischen Zeitausgleich, Entgeltzuschlag oder einer Kombination aus beidem kann der Arbeitgeber frei wählen (*BAG* 13. 1. 2016 – 10 AZR 792/14, NZA-RR 16, 333). Auch nächtlicher Bereitschaftsdienst zählt zu dieser ausgleichspflichtigen Nachtarbeit (*BAG* 12. 12. 2012 – 10 AZR 192/11, NZA-RR 13, 476). Der Betriebsrat hat ein Mitbestimmungsrecht gemäß § 87 Abs. 1 Nr. 7 BetrVG darüber, welche Alternative gewählt wird, nicht jedoch über die Höhe von Freizeitausgleich oder Zuschlag (*BAG* 26. 8. 1997 – 1 ABR 16/97, NZA 98, 441). Eine tarifliche Regelung ist aber vorrangig (*BAG* 17. 1. 2012 – 1 ABR 62/10, DB 12, 868).
Der Anwendungsbereich der Vorschrift für Nachtarbeit ist sehr eng. Als Nachtarbeit wird nur solche Arbeitszeit angesehen, die mehr als zwei Stunden der Zeit von 23 bis 6 Uhr umfasst (§ 2 Abs. 3 und 4). Als Nachtarbeiter gelten solche Arbeitnehmer, die entweder normalerweise Nachtarbeit in Wechselschicht oder Nachtarbeit an mindestens 48 Tagen im Kalenderjahr leisten (§ 2 Abs. 5).

4. Sonn- und Feiertagsruhe

In dieser Hinsicht löst das Gesetz die bisherigen Vorschriften der Gewerbeordnung ab. Es verbietet zwar im Grundsatz Arbeit an Sonn- und Feiertagen (§ 9 Abs. 1). Jedoch sieht ein umfangreicher Katalog Ausnahmen vor, an denen Arbeitnehmer an Sonn- und Feiertagen beschäftigt werden dürfen (§ 10). Im Hinblick auf kapitalintensive kontinuierliche Produktionsprozesse sind insbesondere die Ausnahmemöglichkeiten der Nr. 15 und 16 zu nennen. In diesem Zusammenhang wird der für die Ausnahmeentscheidung zuständigen Aufsichtsbehörde sogar ausdrücklich aufgegeben, solche Arbeiten zu bewilligen, die aus chemischen, biologischen, technischen oder physikalischen Gründen einen ununterbrochenen Fortgang auch an Sonn- und Feiertagen erfordern (§ 13 Abs. 4; vgl. *VG Arnsberg* 11. 12. 1996 – 1 K 4697/96, DB 97, 580). Zur Kompensation für die Beschäftigung

an einem Sonntag müssen Arbeitnehmer einen Ersatzruhetag innerhalb von zwei Wochen gewährt bekommen (§ 11 Abs. 3; vgl. *Ulber*, AiB 99, 181). Mindestens 15 Sonntage im Jahr müssen beschäftigungsfrei bleiben (§ 11 Abs. 1; zur Lockerung des Sonntagsarbeitsverbots insgesamt *Klenner/Ochs/Seifert*, WSI-Mitt. 97, 582).
Der Gesetzgeber ist hinsichtlich der Gestattung von Arbeit an Sonn- und Feiertagen nicht frei. Er hat das grundsätzliche Verbot der Sonntagsarbeit aus Art. 140 GG in Verbindung mit Art. 139 WRV zu beachten. In dieser Hinsicht bestehen gegen die Regelungen des ArbZG erhebliche verfassungsrechtliche Bedenken. Denn aufgrund des umfangreichen Katalogs für Ausnahmen vom Verbot der Sonntagsarbeit wird das von der Verfassung vorgegebene Regel- und Ausnahmeverhältnis geradezu auf den Kopf gestellt (hierzu eingehend *Kuhr*, DB 94, 2186). Vgl. insoweit die Vorgaben für den Schutz der Sonntagsruhe (u. III 2), die sich bei der parallelen Problematik beim Ladenschluss (Nr. 8 a) ergeben haben.
Aufgrund des Euro-Einführungsgesetzes vom 9. 6. 1998 (BGBl. I 1242) dürfen Arbeitnehmer bei grenzüberschreitenden Finanzmarktgeschäften an solchen Feiertagen beschäftigt werden, die nicht in allen Mitgliedstaaten der EU gelten (§ 10 Abs. 4; EU-weit sind nur der 25. 12. und der 1. 1. Feiertage; vgl. *Anzinger*, NZA 98, 845).

III. Anwendungsprobleme und Rechtstatsachen

1. Wochenarbeitszeit

Die wöchentliche Arbeitszeit wird üblicherweise durch Tarifvertrag geregelt. Der Konflikt um die Dauer der wöchentlichen Arbeitszeit hat seit Beginn der Industrialisierung bis heute im Mittelpunkt der Auseinandersetzungen zwischen Arbeitgebern und Arbeitnehmern gestanden (s. oben I). Nachdem 1956 noch ca. 96 % aller Arbeitnehmer eine wöchentliche Arbeitszeit von 48 Stunden und mehr hatten, konnte bis zum Anfang der 80er Jahre die 40-Stunden-Woche für fast alle Arbeitnehmer weitgehend ohne größere Konflikte erreicht werden.
Einer Verkürzung der regelmäßigen Wochenarbeitszeit unter 40 Stunden mit dem Ziel der 35-Stunden-Woche setzten und setzen die Arbeitgeber dagegen Widerstand entgegen (vgl. *Esser*, Der Arbeitgeber 82, 1333).
Nach einem Zwischenschritt 1987 haben die IG Metall und anschließend die IG Medien (für die metallverarbeitende und die Druckindustrie) die 35-Stunden-Woche in Stufen bis zum 1. 10. 1995 durchgesetzt (zu diesem Tarifabschluss s. *Bispinck/WSI-Tarifarchiv*, WSI-Mitt. 90, 546). Ein entscheidendes Kompromisselement war dabei neben der Zeitschiene der Einführung die Möglichkeit für die Arbeitgeber, mit einer begrenzten Zahl von Arbeitnehmern (durchschnittlich 18 % aller Beschäftigten) eine wöchentliche Arbeitszeit von 40 Stunden zu vereinbaren. In der ostdeutschen Metallindustrie gelang die Arbeitszeitverkürzung von 38 auf 35 Stunden (anders als in der ostdeutschen Stahlindustrie) nach dem gescheiterten Arbeitskampf im Frühjahr 2003 nicht (*Kittner*, Arbeitskampf, S. 692 ff.).
Unabhängig davon wird die Ansicht vertreten, es sei mit Blick auf das Günstigkeitsprinzip des § 4 Abs. 3 TVG (Nr. 31) generell zulässig, im Einzelarbeitsvertrag längere Arbeitszeiten (mit mehr Entgelt) zu vereinbaren, als tarifvertraglich festgelegt ist (vgl. *Joost*, ZfA 84, 143; *Löwisch*, DB 89, 1185; *Zöllner*, DB 89, 2121;

Buchner, DB 90, 1715; für Verlängerung bis 40 Stunden *Kramer,* DB 94, 426). Damit wird verkannt, dass eine kürzere Arbeitszeit immer das Günstigere im Sinne des Günstigkeitsprinzips ist, nicht eine längere. Die Argumentation läuft im Übrigen darauf hinaus, die Schutzgarantie eines Tarifvertrages zu unterlaufen (vgl. *Däubler,* DB 89, 2534; *Zachert,* DB 90, 986; *Linnenkohl,* BB 90, 628; *Leinemann,* DB 90, 732). Hinsichtlich des Verdienstes ist es im Übrigen ohnehin zumeist so, dass bei kürzerer Normalarbeitszeit für darüber hinausgehende Arbeit Mehrarbeitszuschläge gezahlt werden (vgl. *LAG Baden-Württemberg,* AuR 96, 359; DB 89, 2028; *ArbG Arnsberg,* AiB 95, 799).
Unter dem Druck wirtschaftlicher Krisen und von Drohungen mit Standortverlagerungen sehen Gewerkschaften sich zunehmend genötigt, Arbeitszeitverlängerungen in einzelnen Unternehmen (z. B. Siemens) zuzustimmen. Inzwischen fordern Teile des Arbeitgeberlagers eine Rückkehr zur 40-Stunden-Woche. In jüngerer Zeit wird zudem von den Arbeitgebern mehr Flexibilität des Arbeitszeitrechts im Hinblick auf sich im Zuge der Digitalisierung zunehmend verändernde Arbeitsprozesse gefordert (s. u. 10).
Der Koalitionsvertrag der Großen Koalition 2017 enthält die Verabredung, Tariföffnungsklauseln zu schaffen, um Experimentierräume für tarifgebundene Unternehmen zu schaffen, in denen mehr betriebliche Flexibilität und mehr selbstbestimmte Arbeitszeit der Arbeitnehmer in der zunehmend digitalen Arbeitswelt erprobt werden können (»Ein neuer Aufbruch für Europa, Eine neue Dynamik für Deutschland, Ein neuer Zusammenhalt für unser Land«, Koalitionsvertrag, zwischen CDU, CSU und SPD, 19. Legislaturperiode, S. 52). Auf dieser Grundlage soll mittels Betriebsvereinbarungen insbesondere die Höchstarbeitszeit flexibler geregelt werden können. Zudem ist eine Begrenzung der Abrufarbeit geplant (s. Einl. II 2 d zum TzBfG, Nr. 32).

2. Wochenendarbeit

War bereits die Frage der Samstagsarbeit seit der Arbeitszeitverkürzung von 1984 tarifpolitisch umstritten, so ist inzwischen auch die Arbeit am Sonntag Gegenstand heftiger Auseinandersetzungen. Von Unternehmen (insbesondere Elektronik, aber auch Chemie und Textil) wird die Notwendigkeit durchlaufender Produktionsprozesse reklamiert. Für 2007 gab das Statistische Bundesamt eine Quote von 48,7 % Samstagsarbeit und 27,4 % Sonn- und Feiertagsarbeit an. Die Flexibilisierung der Lage der Arbeitszeit hat zwischenzeitlich dazu geführt, dass trotz 5-Tage-Woche oftmals am Wochenende gearbeitet wird. 45 % der Beschäftigten sollen zumindest gelegentlich samstags arbeiten (Böckler impuls 20/2009, S. 2). Dem entsprechen Ergebnisse des Mikrozensus für 2016 aus Nordrhein-Westfalen, wonach 42,2 % der Beschäftigten Wochenendarbeit leisten (*Munz-König,* Wann gehören Vati und Mutti mir? – Sonderarbeitszeiten in NRW, 2018). Gewerkschaften und Kirchen verteidigen gemeinsam jedenfalls den arbeitsfreien Sonntag. Es ist empirisch erwiesen, dass Wochenendarbeit die meisten sozialen Kontakte und damit die Möglichkeit zur Teilnahme am gesellschaftlichen Leben empfindlich beschränkt (*Garhammer,* WSI-Mitt. 92, 300). Während der arbeitsfreie Samstag nur tariflich gesichert werden kann, ist die Arbeitsruhe an Sonntagen auf der Grund-

lage von Art. 140 GG und Art. 139 Weimarer Reichsverfassung geschützt. Der verfassungsrechtliche Sonntagsschutz beschränkt sich nach der Rechtsprechung des *BVerfG* zum Sonntagsschutz im Ladenschlussrecht jedoch nicht auf die Freizeit zur Religionsausübung, sondern trägt auch dem Bedürfnis nach einem freien Sonntag zur physischen und psychischen Regeneration sowie für gemeinsame Aktivitäten im politisch-gesellschaftlichen und im privaten sowie familiären Bereich Rechnung. Dem muss die staatliche Gewalt bei der Freigabe der Sonntagsruhe Rechnung tragen, indem dies nur aus sachlichen Gründen geschehen darf, die sich nicht in bloßen Umsatz- und Erwerbsinteressen erschöpfen (*BVerfG* 1.12.2009 – 1 BvR 2857/07 u. 2858/07, AuR 10, 167). Im Hinblick auf den verfassungsrechtlichen Schutz der Sonn- und Feiertagsruhe ist es unzulässig, Arbeitnehmer am Samstag nach 24 Uhr mit der Bedienung von Kunden sowie Aufräum- und Abschlussarbeiten zu beschäftigen (*BVerwG* 4.12.2014 – 8 B 66.14, EzA Nr. 27 zu Art. 140 GG; dazu *Ulber*, AuR 2016, 250).
§ 9 regelt die Sonntagsruhe grundsätzlich. Die Behörde hat weitgehende Möglichkeiten zur Zulassung von Ausnahmen gemäß §§ 10, 17, muss dabei aber diesen verfassungsrechtlichen Vorgaben Rechnung tragen (vgl. *BVerwG* 11.11.2015 – 8 CN 2.14, BVerwGE 150, 327, wonach die hessische Bedarfsgewerbeordnung wegen zu weitgehender Freigabe der Sonntagsarbeit teilweise nichtig war).

3. Schicht- und Nachtarbeit

Die Zahl der Schicht- und Nachtarbeiter lag nach Angaben des Statistischen Bundesamtes im Jahr 2007 bei 14,8 %. Für 2017 lag die Zahl der Schichtarbeiter bei 15,3 % (www.de.statista.com). Die Bundesregierung hat es bis jetzt immer wieder abgelehnt, hierzu gesetzgeberisch initiativ zu werden, vielmehr vor allem auf die Tarifvertragsparteien verwiesen. (Zu den rechtlichen und Mitbestimmungsproblemen der Schichtarbeit s. *Wolf,* Der Betriebsrat 83, 153; *Heilmann/Kralle/Ortmann/Trümmer,* Der Betriebsrat 83, 181; insgesamt vgl. *Streich/Bidenski,* WSI-Mitt. 81, 106.) Eine Reihe von Tarifverträgen sieht kürzere Arbeitszeiten für Schichtarbeiter vor (z. B. in der Eisen- und Stahlindustrie und im Bergbau).
Nachdem schon der *EuGH* (25.7.1991 – C-345/89, DB 91, 2194 – Stoeckel) ein Nachtarbeitsverbot nur für Frauen als Verstoß gegen Art. 5 der Richtlinie 76/207/EWG über die Gleichberechtigung von Frauen und Männern hinsichtlich der Beschäftigungsbedingungen bezeichnet hat, ist § 19 AZO durch das *BVerfG* am 28.1.92 wegen Verstoßes gegen Art. 3 als verfassungswidrig erklärt worden (28.1.1992 – 1 BvR 1025/82, 1 BvL 16/83 und 10/91, DB 92, 377; dazu *Kittner*, 50 Urteile, 2019, Nr. 21). Das *BVerfG* hat dabei jedoch verlangt: »Auf der Grundlage dieser Einschätzung bedarf Nachtarbeit im Rahmen von Arbeitsverhältnissen angesichts ihrer nachgewiesenen Schädlichkeit für die menschliche Gesundheit auch weiterhin einer gesetzlichen Regelung. Ihre unbeschränkte Freigabe ohne flankierende Maßnahmen würde gegen den objektiven Gehalt des Art. 2 Abs. 2 Satz 1 GG verstoßen.«
Hieraus resultieren entsprechende Konsequenzen zur sozialverträglichen Zulassung und Gestaltung von Nachtarbeit (vgl. *Blanke/Diederich,* AuR 92, 165; *Zmarzlik,* DB 92, 680; *Kehrmann,* SozSich 92, 97; *Colneric,* NZA 92, 393; *Seifert/Stolz-Willig,*

WSI-Mitt. 92, 158; *Krug-Ortmann/Ortmann*, Betriebsrat 1/92, 1). § 6 trägt den verfassungsrechtlichen Vorgaben nur ansatzweise Rechnung (s. o. II 3).
Unberührt von der Aufhebung des allgemeinen Nachtarbeitsverbots für Frauen ist dasjenige für werdende und stillende Mütter gemäß § 5 Abs. 1 MuSchG (hierzu *EuGH* 5. 5. 1994 – C-421/92, EuZW 94, 375 – Habermann-Beltermann).

4. Gleitzeit

Etwa 20 – 25 % aller Arbeitnehmer haben eine gleitende Arbeitszeit. Es ist davon auszugehen, dass Gleitzeit künftig noch weit mehr Verbreitung finden wird, weil zunehmende Digitalisierung von Arbeitsprozessen räumliche und zeitliche Vorgaben der Arbeit in wachsendem Maße entbehrlich macht. Durch Gleitzeit werden den Arbeitnehmern persönliche Flexibilitätsspielräume eröffnet. Obwohl diese Form der Arbeitszeitverteilung der individuellen Lebensführung des einzelnen Arbeitnehmers entgegenkommt und von den Arbeitnehmern durchgehend geschätzt wird, birgt sie erhebliche Probleme: Abgesehen davon, dass bei gleitender Arbeitszeit das normale Unpünktlichkeitsrisiko (verspätetes Verkehrsmittel) auf den Arbeitnehmer verlagert wird, bedeutet jede Übertragung von Zeiteinheiten auf einen anderen Arbeitstag die Durchbrechung des Achtstundengebotes (vgl. *Buschmann*, AiB 81, 155). Außerdem besteht die Gefahr versteckter Mehrarbeit und überschrittener Gleitzeitsalden (zu einer empirischen Studie *Bosch/Ellguth/Promberger*, WSI-Mitt. 92, 51).

5. Mehrarbeit bzw. Überstunden und Arbeitszeitkonten

Die Arbeitszeitrichtlinie verlangt, dass die gesetzlichen Höchstarbeitszeiten eingehalten werden. Dazu ist es erforderlich, dass Arbeitgeber die geleistete tägliche Arbeitszeit objektiv und verlässlich feststellen. Der *EuGH* hat ausdrücklich klargestellt, dass es nicht genügt, wenn der Arbeitnehmer als schwächere Vertragspartei darauf verwiesen ist, die Einhaltung des Gesetzes durchzusetzen und die geleisteten Arbeitszeiten nachzuweisen (14. 5. 2019 – C-55/18, NZA 19, 683 – CCOO/Deutsche Bank; dazu *Höpfner/Daum*, RdA 19, 270; *Lörcher*, AuR 19, 418; *Schumann/Wagner*, Gute Arbeit 9/19, 12; *Ulber*, NZA 19, 677). Klargestellt hat der *EuGH* zudem, dass Arbeitgeber ihrer Aufzeichnungspflicht nicht unter Hinweis auf wirtschaftliche Belastungen entgehen können. Es ist nicht ausreichend, wenn Arbeitgeber nur Überarbeit nach § 16 Abs. 2 aufzeichnen müssen. Der *EuGH* hatte explizit eine entsprechende Regelung im spanischen Recht beanstandet. In dem Zusammenhang ist fraglich, ob das deutsche Recht richtlinienkonform in diese Richtung ausgelegt werden kann (*Ulber*, NZA 19, 677, 680; verneinend *Bayreuther*, EuZW 19, 446, 447 f.; *Klein/Leist*, ZESAR 19, 365, 370 f.), bzw. ob eine entsprechende Pflicht zur Arbeitszeiterfassung auch ohne gesetzliche Regelung im deutschen Recht angenommen werden kann (so *Heuschmid*, NJW 19, 1853, 1854; *Klein/Leist*, ZESAR 19, 365, 370 f.). Letzteres ist zumindest im öffentlichen Dienst der Fall, weil die Arbeitnehmer sich hier auf die unmittelbare Wirkung einer Richtlinie gegenüber dem Staat berufen können. Im Übrigen wird der deutsche Gesetzgeber schnellstmöglich nachbessern müssen (zur Frage eines Mitbestimmungsrechts des Betriebsrats vgl. *Brors*, NZA 19, 1176 ff.). Die vorstehende Frage betrifft allerdings zunächst nur den öffentlich-rechtlichen Arbeitszeitschutz und besagt nichts darüber, wann der Arbeitnehmer Überstunden leistet und ob diese zu vergüten sind (dazu sogleich). Die Arbeitszeiterfassung ist freilich eine wichtige Voraussetzung für die Feststellung, ob Überstunden geleistet wurden.

Die Arbeitszeit ist Messfaktor der vom Arbeitnehmer versprochenen Arbeit und daher Bezugsgröße für die Vergütung (vgl. Einl. II 13 zum BGB, Nr. 14). Leistet der Arbeitnehmer Überstunden, so stellt sich die Frage nach ihrer Vergütung. Dabei ist mangels besonderer Vereinbarung davon auszugehen, dass bei einem Vollzeitarbeitsverhältnis die regelmäßige Dauer der Arbeitszeit 40 Stunden wöchentlich beträgt (*BAG* 25. 3. 2015 – 5 AZR 602/13, NZA 15, 1002). Aus § 612 Abs. 1 BGB folgt, dass die Überstunden zu vergüten sind, wenn die Arbeit nur gegen Vergütung erwartet werden konnte. Eine solche Vergütungserwartung kann ausnahmsweise fehlen bei einer sehr hohen Grundvergütung, bei Diensten höherer Art oder dann, wenn arbeitszeitbezogene und arbeitszeitunabhängige Arbeitsleistungen miteinander verschränkt sind, insbesondere bei Vergütung auf Provisionsbasis (*BAG* 27. 6. 2012 – 5 AZR 530/11, NZA 12, 1147). Ein pauschaler vertraglicher Ausschluss von Überstundenvergütungen ist wegen Intransparenz (§ 307 Abs. 1 Satz 2 BGB) unwirksam, wenn nicht klar ist, welche Arbeitstätigkeit maximal erbracht werden muss, wenn für den Arbeitnehmer also nicht von vornherein klar ist, welche Leistung er für die Gegenleistung erbringen muss (*BAG* 27. 6. 2012 – 5 AZR 530/11, NZA 12, 1147). Der Arbeitnehmer kann zwar mit dem Arbeitgeber vereinbaren, dass statt einer Vergütung ein Freizeitausgleich für Überstunden stattfinden soll. Darauf hat aber mangels Vereinbarung keine Seite einen Anspruch. Nimmt der Arbeitnehmer die Abgeltung von Überstunden durch Freizeitausgleich hin, bindet er sich damit nicht für die Zukunft und kann stattdessen jederzeit dazu übergehen, eine Bezahlung für die Überstunden zu verlangen (vgl. *BAG* 17. 12. 2009 – 6 AZR 716/08, BB 10, 1159). Macht der Arbeitnehmer Überstundenvergütung geltend, so muss er darlegen, wann und in welchem Umfang er über die Normalarbeitszeit hinaus gearbeitet hat (*BAG* 21. 12. 2016 – 5 AZR 362/16, NZA-RR 17, 233). Außerdem muss er darlegen, dass der Arbeitgeber, der sich Überstunden nicht aufdrängen lassen muss, diese angeordnet, zumindest aber gebilligt oder, ohne sie zu unterbinden, geduldet hat (*BAG* 10. 4. 2013 – 5 AZR 122/12, DB 13, 2089). Wenn der Arbeitnehmer dazu eine vom Vorgesetzten abgezeichnete elektronisch erfasste Arbeitszeitaufzeichnung in Bezug nimmt, ist es Sache des Arbeitgebers, die Nichtleistung von Überstunden bzw. einen bereits erfolgten Ausgleich darzulegen (*BAG* 26. 6. 2019 – 5 AZR 452/18, NZA 19, 1362, Rn. 39 f.).

Ob Zeiten des Umkleidens für den Arbeitnehmer Arbeitszeit sind, ist wichtig für die Frage, ob er die versprochene Arbeit in vollem zeitlichem Umfang erbracht hat bzw. ob das Umziehen womöglich Überstunden bedeutet. Das *BAG* (19. 9. 2012 – 5 AZR 678/11, NZA-RR 13, 63) hat entschieden, dass dies der Fall ist, wenn der Arbeitgeber das Tragen bestimmter Kleidung verlangt und das Umkleiden im Betrieb erfolgen muss. Allerdings will das *BAG* nur die Umkleidezeiten als Überstunden anerkennen, die unter Ausschöpfung der persönlichen Leistungsfähigkeit erforderlich waren (Kritik dagegen: *Deinert*, AiB plus 7/13, S. 9). Muss Spezialkleidung bereits aus anderen Gründen getragen und zwingend an be-

stimmten Orten angelegt werden (z. B. OP-Kleidung oder Kleidung für staubfreie Zonen), gehört das Umziehen selbstverständlich zur Arbeitszeit (zur Mitbestimmung hinsichtlich Umkleidezeiten s. *BAG* 12. 11. 2013 – 1 ABR 59/12, NZA 14, 557). Dasselbe gilt für Wegezeiten zu einer außerbetrieblichen Ausgabestätte für Dienstkleidung, es sei denn, dieser Weg gehört nicht zur Beschäftigung, sondern tritt an die Stelle des sonst anfallenden Arbeitsweges (statt zum Betrieb geht der Arbeitnehmer beispielsweise morgens zur Ausgabestätte). Wenn dieser vom Arbeitgeber angeordnete zusätzliche Weg außerhalb der regulären Arbeitszeit erbracht wird, ist er als Überstunden zu vergüten (*BAG* 19. 3. 2014 – 5 AZR 954/12, NZA 14, 787). In Tarifverträgen kann allerdings geregelt werden, das Umkleidezeiten unvergütet bleiben (*BAG* 13. 12. 2016 – 9 AZR 574/15, NZA 17, 459).
In allen Tarifverträgen ist die Möglichkeit von Mehrarbeit geregelt. Für Überstunden wurden (und werden) Zuschläge gewährt. Eine gesetzliche Zuschlagsregelung wie in § 15 AZO gibt es nicht mehr. Die Regelung von Überstundenzuschlägen wird jedoch zunehmend durch tarifliche und betriebliche Regelungen gegenstandslos, die

- ein großes Volumen von Arbeitszeitkonten und
- Freizeitausgleich statt Überstunden vorsehen.

Regelmäßig wird die ordnungsgemäße Erbringung der Arbeitsleistung, die der Arbeitnehmer dem Arbeitgeber in einer bestimmten Menge (Zeit) versprochen hat, in einem Arbeitszeitkonto dokumentiert. Aus diesem ergeben sich eventuelle Überstunden als Guthaben bzw. Fehlstunden als Minussaldo. Zeiten, für die der Arbeitgeber ohne Arbeitsleistung den Lohn schuldet, etwa bei Krankheit gemäß § 3 EFZG, werden als fiktive Arbeitsstunden gutgeschrieben. Minusstunden dürfen nur dann in das Arbeitszeitkonto eingestellt werden, wenn der Arbeitgeber diese Stunden im Rahmen einer verstetigten Vergütung vorschussweise vergütet hat und der Arbeitnehmer zur Nachleistung verpflichtet ist (*BAG* 26. 1. 2011 – 5 AZR 819/09, NZA 11, 640). Eine Verrechnung mit Minusstunden setzt eine diesbezügliche Rechtsgrundlage voraus (*BAG* 21. 3. 2012 – 5 AZR 676/11, NZA 12, 870).
In der Bundesrepublik werden 2017 1,1 Milliarden bezahlte Überstunden durch abhängig Beschäftigte erbracht, was einem Anteil von 2 % am Arbeitsvolumen entspricht; mehr als die Hälfte davon blieb unbezahlt (BT-Drs. 19/6187). Demgegenüber wurden die unbezahlten Überstunden von Arbeitnehmern bislang empirisch nicht erfasst. Psychologisch besonders negativ wirken fremdbestimmte Überstunden, während das Gefühl des Gestresstseins deutlich geringer ist, wenn Beschäftigte autonom über eventuelle Arbeitszeitüberschreitungen entscheiden können (Böckler Impuls 3/16, 2).

6. Teilzeit
Zur Problematik der Teilzeitarbeit siehe Einl. II 2 zum TzBfG, Nr. 32.

7. Erholungspausen
Unterhalb der Ebene der Wochenarbeitszeit gibt es als »Freizeit in der Arbeit« Pausenregelungen: zu unterscheiden sind die Ruhepausen aufgrund § 4 (die nicht vergütet werden, falls dies nicht ausnahmsweise tariflich oder anders vereinbart

ist) und tarifliche Erholungspausen: Ein besonderes Beispiel hierfür ist der durch einen Streik im Jahre 1973 erkämpfte Lohnrahmentarifvertrag II in der Metallindustrie Nordwürttemberg/Nordbadens, der für Leistungslöhner eine zusätzliche fünfminütige Erholungspause pro Arbeitsstunde sowie die Sicherung von Verteilzeiten bei Akkordarbeit enthält. Die gesetzlichen Erholungspausen nach § 4, die nicht vergütet werden müssen, sind Mindestpausen. Der Arbeitgeber darf im Rahmen seines Weisungsrechts unter Beachtung des Mitbestimmungsrechts des Betriebsrats (s. u. 8) längere Pausen anordnen (*BAG* 16. 12. 2009 – 5 AZR 157/09, NZA 10, 505). Noch nicht ausgelotet ist freilich, wie weit dies reicht, ob also der Arbeitgeber beispielsweise durch Anordnung mehrstündiger Ruhepausen im Handel das Wirtschaftsrisiko in Bezug auf nachfrageschwache Zeiten auf den Arbeitnehmer abwälzen darf. Bei Meinungsverschiedenheiten über die Lage und Dauer der Erholungspause muss der Arbeitnehmer, wenn er ordnungsgemäß nicht arbeitet, protestieren und seine Arbeitsleistung anbieten. Anderenfalls erhält er für die Dauer der Pause keinen Lohn (*BAG* 25. 2. 2015 – 5 AZR 886/12, NZA 15, 494).

8. Lage und Verteilung der Arbeitszeit

Der Arbeitgeber kann die Lage der Arbeitszeit im Wege seines Weisungsrechts nach billigem Ermessen bestimmen (§ 106 GewO), wenn nicht schon im Arbeitsvertrag, im Tarifvertrag oder einer Betriebsvereinbarung andere Festlegungen getroffen wurden (*BAG* 10. 12. 2014 – 10 AZR 63/14, NZA 15, 483). Eine Sonderregelung gilt für die Änderung der Lage der Arbeitszeit nach einer Arbeitszeitverringerung gemäß §§ 8 Abs. 5 Satz 4, 9 a Abs. 3 TzBfG (Nr. 32). Über Lage und Verteilung der Arbeitszeit bestimmt der Betriebsrat allerdings gemäß § 87 Abs. 1 Nr. 2 BetrVG mit (Einzelheiten bei DKKW-*Klebe*, § 87 Rn. 81 ff.). Das Mitbestimmungsrecht umfasst die Festlegung von Ruhepausen, auch von unbezahlten Ruhepausen, die über die durch das Arbeitszeitgesetz festgelegte Dauer hinausgehen (*BAG* 25. 2. 2015 – 1 AZR 642/13, NZA 15, 442). Für einzelne Arbeitnehmer kann individuell eine günstigere Lage der Arbeitszeit vereinbart werden (z. B. wegen besserer Verkehrsverbindungen; *BAG* 23. 6. 1992 – 1 AZR 57/92, DB 93, 788). Voraussetzung ist allerdings, dass hierdurch andere Arbeitnehmer nicht betroffen sind. Bei kollektivem Bezug einer solchen Vereinbarung greift wieder das Mitbestimmungsrecht des Betriebsrats (vgl. *Kittner*, Quelle 1/93, 23).

9. Lebensarbeitszeit

Die Begrenzung der Lebensarbeitszeit ist nicht im ArbZG geregelt, sondern erfolgt nach unten mit der Regelung von Schulpflicht und dem Verbot der Kinderarbeit (§§ 5 – 7 JArbSchG) und nach oben unter Bezug auf die Rentengesetzgebung durch Arbeitsvertrag bzw. Betriebsvereinbarung oder Tarifvertrag (zu Altersgrenzen s. Einl. II 1 a zum TzBfG, Nr. 32; zum gleitenden Übergang in den Ruhestand s. Einl IV zum SGB VI, Nr. 30 VI).

10. Flexibilisierung der Arbeitszeit

So wie für den arbeitsrechtlichen Schutz im Allgemeinen, werden alle Fragen der

Arbeitszeitgestaltung seit 30 und mehr Jahren vom Konflikt um die sog. Flexibilisierung geprägt (hierzu s. insgesamt *Oppolzer/Wegener/Zachert,* Hrsg., Flexibilisierung – Deregulierung, Arbeitspolitik in der Wende, 1986; *Kilz/Reh,* BB 93, 1209). »Flexibilisierung statt Verkürzung« heißt dabei die Position der Arbeitgeber. Dabei bieten die typischen Tarifverträge seit Langem so viele betriebsindividuelle Flexibilisierungsmöglichkeiten, dass sie von den Arbeitgebern gar nicht immer ausgenutzt werden (»Wenig Bereitschaft der Firmen zur Flexibilisierung«, Handelsblatt 26.7.95).
In der betrieblichen Praxis nehmen flexible Arbeitszeiten immer mehr zu. Für etwa ein Drittel aller Arbeitnehmer wurde ein Arbeitszeitkonto zum Ausgleich von Schwankungen geführt (vor allem in Großbetrieben 65 %; iwd 15/2008, 8). Auch in Tarifverträgen werden zunehmend sog. Arbeitszeitkorridore geregelt (iwd 40 / 2003, 6). Die Insolvenzsicherung von Arbeitszeitkonten erfolgt durch den 2008 novellierten § 7 e SGB IV (vgl. Einl. zum SGB IV, Nr. 30 IV).
Angesichts der Diskussionen um die Anforderungen an das Arbeitsrecht der Zukunft in einer digitalisierten Arbeitswelt (s. allg. Einführung I 7) fordern die Arbeitgeber weit mehr Flexibilisierungsspielräume im gesetzlichen Arbeitszeitrecht (vgl. *Kampeter,* SR 17, 196, 197 ff.), während die Gewerkschaften effektiveren Schutz gegen Rund-um-die-Uhr-Erreichbarkeit der Arbeitnehmer durch Telemedien verlangen.

11. Vertrauensarbeitszeit

Vertrauensarbeitszeit betrifft an sich nicht die Gestaltung und den Umfang der Arbeitszeit. Betroffen ist vielmehr die Erfassung. Der Arbeitnehmer muss bei Vertrauensarbeitszeit weder mehr noch weniger arbeiten als nach dem Arbeitsvertrag geschuldet. Dementsprechend kann der Arbeitgeber ein Arbeitszeitkonto führen und der Arbeitnehmer kann die Abgeltung eines Zeitguthabens aus Mehrarbeit verlangen (*BAG* 23.9.2015 – 5 AZR 767/13, NZA 16, 295). Der Arbeitgeber verzichtet lediglich darauf, dies im Einzelnen zu kontrollieren. Uneingeschränkt ist dies allerdings kaum mehr möglich. Denn die europäische Arbeitszeitrichtlinie zwingt den Arbeitgeber zur effektiven Erfassung der täglichen Arbeitszeit, um Verstöße gegen die Höchstarbeitszeit auszuschließen (s. o. 5). Dies erfordert auch, dass der Arbeitgeber sich um die Richtigkeit der Aufzeichnung kümmert und nicht darauf beschränkt, dem Arbeitnehmer die Aufzeichnung zu überlassen, ohne diese auf ihre Stichhaltigkeit und insbesondere auf die Übereinstimmung mit dem Arbeitszeitrecht zu überprüfen.
Sofern der Betriebsrat Daten zu Beginn und Ende der Arbeitszeit verlangt, kann der Arbeitgeber sich ebenfalls nicht auf die Vertrauensarbeitszeit berufen, sondern er muss die notwendigen Daten ermitteln (*BAG* 6.5.2003 – 1 ABR 13/02, ZTR 04, 101). Der *EuGH* (30.5.2013 – C-342/12, NZA 13, 723 – Worten) hat entschieden, dass die Notwendigkeit der Arbeitszeiterfassung zum Zwecke behördlicher Kontrollen datenschutzrechtlich unbedenklich ist. Nichts anderes kann letztlich für die Erfassung zum Zwecke des Überwachungsmandats des Betriebsrats gelten.

Weiterführende Literatur

Handbücher und Kommentare

Deinert/Heuschmid/Zwanziger-*Heuschmid,* Arbeitsrecht, §§ 27 – 29 (Arbeitszeit)

Anzinger/Koberski, ArbZG, 4. Aufl. (2014)

Baeck/Deutsch, Arbeitszeitgesetz, 3. Aufl. (2014)

Buschmann/Ulber, Arbeitszeitrecht, Kompaktkommentar (2019)

Buschmann/Ulber, Arbeitszeitgesetz, 8. Aufl. (2015)

Hahn/Pfeiffer/Schubert (Hrsg.), Arbeitszeitrecht, 2. Aufl. (2018)

Meine/Schumann/Wagner (Hrsg.), Handbuch Arbeitszeit, 3. Aufl. (2018)

Neumann/Biebl, Arbeitszeitgesetz, 16. Aufl. (2012)

Schliemann, Arbeitszeitgesetz, 3. Aufl. (2017)

Schneider, Streit um Arbeitszeit – Geschichte des Kampfes um Arbeitszeitverkürzung in Deutschland (1984)

Aufsätze

Schwerpunkthefte »Arbeitszeit«, AiB 6/2008 und *gute* ARBEIT 11/2008

»Arbeit und Arbeitszeit«, NZA Beil. 1/2006

Franzen, Entkopplung der Arbeitszeit vom Arbeitsentgelt, RdA 2014, S. 1

Franzen, Umkleidezeiten und Arbeitszeit, NZA 2016, S. 136

Klein/Leist, Die unionsrechtliche Pflicht der Arbeitgeber zur Arbeitszeiterfassung, ZESAR 2019, S. 365

Kreft, Arbeitszeit, AuR 2018, S. 56

Checkliste 26: Dauer der werktäglichen Höchstarbeitszeit

I. **Grundsatz**: Die werktägliche **Höchstarbeitszeit** beträgt **acht Stunden** (§§ 3 I, 6 II ArbZG).

II. Ausnahmen:
Verkürzung der Höchstarbeitszeit durch RVO bei **gefährlichen Arbeiten** (§ 8).
Verlängerung auf bis zu zehn Stunden bei ungleichmäßiger Verteilung der Arbeitszeit in einem **Ausgleichszeitraum** (§§ 3 II, 6 II).
Verlängerung der Höchstarbeitszeit über zehn Stunden hinaus durch TV oder aufgrund eines TV durch **BV**, wenn in die Arbeitszeit regelmäßig und in erheblichem Umfang **Arbeitsbereitschaft** oder **Bereitschaftsdienst** fällt und ein **Zeitausgleich** geregelt ist (§ 7 I Nr. 1 und 4).
abweichende Regelung bei **Rufbereitschaft**, in der **Landwirtschaft**, bei der **Behandlung, Pflege und Betreuung von Personen**, im **öffentlichen Dienst** durch **TV** oder aufgrund eines TV durch **BV** (§ 7 II Nr. 2–4).
Verlängerung der Höchstarbeitszeit über acht Stunden hinaus auch **ohne Zeitausgleich** durch TV oder aufgrund eines TV durch BV, wenn in die Arbeitszeit regelmäßig und in erheblichem Umfang **Arbeitsbereitschaft** oder **Bereitschaftsdienst** fällt und durch besondere Regelungen sichergestellt wird, dass die **Gesundheit der Arbeitnehmer nicht gefährdet** wird (§ 7 II a) und der Arbeitnehmer **schriftlich eingewilligt** hat (§ 7 VII). Verlängerung der Höchstarbeitszeit in einem **nicht tarifgebundenen Betrieb**, wenn ein TV, in dessen Geltungsbereich der Betrieb liegt, durch BV oder einzelvertragliche Vereinbarung übernommen wird (§ 7 III).
abweichende Regelung bei **Kirchen** und **Religionsgesellschaften** (§ 7 IV).
Verlängerung der Höchstarbeitszeit durch Bewilligung der **Aufsichtsbehörde** in Bereichen, in denen tarifliche Regelungen üblicherweise nicht getroffen werden (§ 7 V).
Verlängerung der Höchstarbeitszeit in Bereichen, in denen Ausnahmen durch **RVO** zugelassen worden sind (§ 7 VI).
Verlängerung der Höchstarbeitszeit ohne Bewilligung der Aufsichtsbehörde möglich in **Notfällen** und **außergewöhnlichen Fällen** (§ 14 I).
Verlängerung der Höchstarbeitszeit ohne Bewilligung der Aufsichtsbehörde (geringe Anzahl von Arbeitnehmern, Gefährdung des Arbeitsergebnisses bzw. unverhältnismäßiger Schaden und Unzumutbarkeit anderer Vorkehrungen) (§ 14 II 1).
Verlängerung der Höchstarbeitszeit ohne Bewilligung der Aufsichtsbehörde bei **Forschung und Lehre**, bei unaufschiebbaren **Vor- und Abschlussarbeiten**, bei unaufschiebbaren Arbeiten zur **Behandlung, Pflege und Betreuung von Personen** sowie zur **Behandlung und Pflege von Tieren** und zudem Unzumutbarkeit anderer Vorkehrungen (§ 14 II 2).
Verlängerung der Höchstarbeitszeit durch Bewilligung der Aufsichtsbehörde im Falle von **Kontischicht**, bei Arbeit auf **Bau- und Montagestellen** und in **Saison- und Kampagnebetrieben** (§ 15 I 1 und 2).
Verlängerung der Höchstarbeitszeit durch Bewilligung der Aufsichtsbehörde, wenn das im **dringenden öffentlichen Interesse** nötig ist (§ 15 II).
Verlängerung der Höchstarbeitszeit möglich aus **zwingenden Gründen der Verteidigung** aufgrund einer Rechtsverordnung (§ 15 III).

Arbeitszeitgesetz (ArbZG)

vom 6. Juni 1994 (BGBl. I 1170),
zuletzt geändert durch Gesetz vom 11. November 2016 (BGBl. I 2500)

Erster Abschnitt – Allgemeine Vorschriften

§ 1 Zweck des Gesetzes Zweck des Gesetzes ist es,

1. die Sicherheit und den Gesundheitsschutz der Arbeitnehmer in der Bundesrepublik Deutschland und in der ausschließlichen Wirtschaftszone bei der Arbeitszeitgestaltung zu gewährleisten und die Rahmenbedingungen für flexible Arbeitszeiten zu verbessern sowie
2. den Sonntag und die staatlich anerkannten Feiertage als Tage der Arbeitsruhe und der seelischen Erhebung der Arbeitnehmer zu schützen.

§ 2 Begriffsbestimmungen (1) Arbeitszeit im Sinne dieses Gesetzes ist die Zeit vom Beginn bis zum Ende der Arbeit ohne die Ruhepausen; Arbeitszeiten bei mehreren Arbeitgebern sind zusammenzurechnen. Im Bergbau unter Tage zählen die Ruhepausen zur Arbeitszeit.

(2) Arbeitnehmer im Sinne dieses Gesetzes sind Arbeiter und Angestellte sowie die zu ihrer Berufsbildung Beschäftigten.

(3) Nachtzeit im Sinne dieses Gesetzes ist die Zeit von 23 bis 6 Uhr, in Bäckereien und Konditoreien die Zeit von 22 bis 5 Uhr.

(4) Nachtarbeit im Sinne dieses Gesetzes ist jede Arbeit, die mehr als zwei Stunden der Nachtzeit umfaßt.

(5) Nachtarbeitnehmer im Sinne dieses Gesetzes sind Arbeitnehmer, die

1. auf Grund ihrer Arbeitszeitgestaltung normalerweise Nachtarbeit in Wechselschicht zu leisten haben oder
2. Nachtarbeit an mindestens 48 Tagen im Kalenderjahr leisten.

Zweiter Abschnitt – Werktägliche Arbeitszeit und arbeitsfreie Zeiten

§ 3 Arbeitszeit der Arbeitnehmer Die werktägliche Arbeitszeit der Arbeitnehmer darf acht Stunden nicht überschreiten. Sie kann auf bis zu zehn Stunden nur verlängert werden, wenn innerhalb von sechs Kalendermonaten oder innerhalb von 24 Wochen im Durchschnitt acht Stunden werktäglich nicht überschritten werden.

§ 4 Ruhepausen Die Arbeit ist durch im voraus feststehende Ruhepausen von mindestens 30 Minuten bei einer Arbeitszeit von mehr als sechs bis zu neun

Stunden und 45 Minuten bei einer Arbeitszeit von mehr als neun Stunden insgesamt zu unterbrechen. Die Ruhepausen nach Satz 1 können in Zeitabschnitte von jeweils mindestens 15 Minuten aufgeteilt werden. Länger als sechs Stunden hintereinander dürfen Arbeitnehmer nicht ohne Ruhepause beschäftigt werden.

§ 5 Ruhezeit (1) Die Arbeitnehmer müssen nach Beendigung der täglichen Arbeitszeit eine ununterbrochene Ruhezeit von mindestens elf Stunden haben.
(2) Die Dauer der Ruhezeit des Absatzes 1 kann in Krankenhäusern und anderen Einrichtungen zur Behandlung, Pflege und Betreuung von Personen, in Gaststätten und anderen Einrichtungen zur Bewirtung und Beherbergung, in Verkehrsbetrieben, beim Rundfunk sowie in der Landwirtschaft und in der Tierhaltung um bis zu eine Stunde verkürzt werden, wenn jede Verkürzung der Ruhezeit innerhalb eines Kalendermonats oder innerhalb von vier Wochen durch Verlängerung einer anderen Ruhezeit auf mindestens zwölf Stunden ausgeglichen wird.
(3) Abweichend von Absatz 1 können in Krankenhäusern und anderen Einrichtungen zur Behandlung, Pflege und Betreuung von Personen Kürzungen der Ruhezeit durch Inanspruchnahme während der Rufbereitschaft, die nicht mehr als die Hälfte der Ruhezeit betragen, zu anderen Zeiten ausgeglichen werden.
(4) *(weggefallen)*

§ 6 Nacht- und Schichtarbeit[1] (1) Die Arbeitszeit der Nacht- und Schichtarbeitnehmer ist nach den gesicherten arbeitswissenschaftlichen Erkenntnissen über die menschengerechte Gestaltung der Arbeit festzulegen.
(2) Die werktägliche Arbeitszeit der Nachtarbeitnehmer darf acht Stunden nicht überschreiten. Sie kann auf bis zu zehn Stunden nur verlängert werden, wenn abweichend von § 3 innerhalb von einem Kalendermonat oder innerhalb von

---

1 **§ 3 b EStG Steuerfreiheit von Zuschlägen für Sonntags-, Feiertags- oder Nachtarbeit:**
(1) Steuerfrei sind Zuschläge, die für tatsächlich geleistete Sonntags-, Feiertags- oder Nachtarbeit neben dem Grundlohn gezahlt werden, soweit sie
1. für Nachtarbeit 25 Prozent,
2. vorbehaltlich der Nummern 3 und 4 für Sonntagsarbeit 50 Prozent,
3. vorbehaltlich der Nummer 4 für Arbeit am 31. Dezember ab 14 Uhr und an den gesetzlichen Feiertagen 125 Prozent,
4. für Arbeit am 24. Dezember ab 14 Uhr, am 25. und 26. Dezember sowie am 1. Mai 150 Prozent

des Grundlohnes nicht übersteigen.
(2) Grundlohn ist der laufende Arbeitslohn, der dem Arbeitnehmer bei der für ihn maßgebenden regelmäßigen Arbeitszeit für den jeweiligen Lohnzahlungszeitraum zusteht; er ist in einen Stundenlohn umzurechnen und mit höchstens 50 Euro anzusetzen. Nachtarbeit ist die Arbeit in der Zeit von 20 Uhr bis 6 Uhr. Sonntagsarbeit und Feiertagsarbeit ist die Arbeit in der Zeit von 0 Uhr und 24 Uhr des jeweiligen Tages. Die gesetzlichen Feiertage werden durch die am Ort der Arbeitsstätte geltenden Vorschriften bestimmt.
(3) Wenn die Nachtarbeit vor 0 Uhr aufgenommen wird, gilb abweichend von den Absätzen 1 und 2 Folgendes:
1. Für Nachtarbeit in der Zeit von 0 Uhr bis 4 Uhr erhöht sich der Zuschlagssatz auf 40 Prozent,
2. als Sonntagsarbeit und Feiertagsarbeit gilt auch die Arbeit in der Zeit von 0 Uhr bis 4 Uhr des auf den Sonntag oder Feiertag folgenden Tages.

vier Wochen im Durchschnitt acht Stunden werktäglich nicht überschritten werden. Für Zeiträume, in denen Nachtarbeitnehmer im Sinne des § 2 Abs. 5 Nr. 2 nicht zur Nachtarbeit herangezogen werden, findet § 3 Satz 2 Anwendung.

(3) Nachtarbeitnehmer sind berechtigt, sich vor Beginn der Beschäftigung und danach in regelmäßigen Zeitabständen von nicht weniger als drei Jahren arbeitsmedizinisch untersuchen zu lassen. Nach Vollendung des 50. Lebensjahres steht Nachtarbeitnehmern dieses Recht in Zeitabständen von einem Jahr zu. Die Kosten der Untersuchungen hat der Arbeitgeber zu tragen, sofern er die Untersuchungen den Nachtarbeitnehmern nicht kostenlos durch einen Betriebsarzt oder einen überbetrieblichen Dienst von Betriebsärzten anbietet.

(4) Der Arbeitgeber hat den Nachtarbeitnehmer auf dessen Verlangen auf einen für ihn geeigneten Tagesarbeitsplatz umzusetzen, wenn

a) nach arbeitsmedizinischer Feststellung die weitere Verrichtung von Nachtarbeit den Arbeitnehmer in seiner Gesundheit gefährdet oder
b) im Haushalt des Arbeitnehmers ein Kind unter zwölf Jahren lebt, das nicht von einer anderen im Haushalt lebenden Person betreut werden kann, oder
c) der Arbeitnehmer einen schwerpflegebedürftigen Angehörigen zu versorgen hat, der nicht von einem anderen im Haushalt lebenden Angehörigen versorgt werden kann,

sofern dem nicht dringende betriebliche Erfordernisse entgegenstehen. Stehen der Umsetzung des Nachtarbeitnehmers auf einen für ihn geeigneten Tagesarbeitsplatz nach Auffassung des Arbeitgebers dringende betriebliche Erfordernisse entgegen, so ist der Betriebs- oder Personalrat zu hören. Der Betriebs- oder Personalrat kann dem Arbeitgeber Vorschläge für eine Umsetzung unterbreiten.

(5) Soweit keine tarifvertraglichen Ausgleichsregelungen bestehen, hat der Arbeitgeber dem Nachtarbeitnehmer für die während der Nachtzeit geleisteten Arbeitsstunden eine angemessene Zahl bezahlter freier Tage oder einen angemessenen Zuschlag auf das ihm hierfür zustehende Bruttoarbeitsentgelt zu gewähren.

(6) Es ist sicherzustellen, daß Nachtarbeitnehmer den gleichen Zugang zur betrieblichen Weiterbildung und zu aufstiegsfördernden Maßnahmen haben wie die übrigen Arbeitnehmer.

§ 7 Abweichende Regelungen (1) In einem Tarifvertrag oder auf Grund eines Tarifvertrags in einer Betriebs- oder Dienstvereinbarung kann zugelassen werden,

1. abweichend von § 3
   a) die Arbeitszeit über zehn Stunden werktäglich zu verlängern, wenn in die Arbeitszeit regelmäßig und in erheblichem Umfang Arbeitsbereitschaft oder Bereitschaftsdienst fällt,
   b) einen anderen Ausgleichszeitraum festzulegen,
   c) *(weggefallen)*
2. abweichend von § 4 Satz 2 die Gesamtdauer der Ruhepausen in Schichtbetrieben und Verkehrsbetrieben auf Kurzpausen von angemessener Dauer aufzuteilen,

3. abweichend von § 5 Abs. 1 die Ruhezeit um bis zu zwei Stunden zu kürzen, wenn die Art der Arbeit dies erfordert und die Kürzung der Ruhezeit innerhalb eines festzulegenden Ausgleichszeitraums ausgeglichen wird,
4. abweichend von § 6 Abs. 2
   a) die Arbeitszeit über zehn Stunden werktäglich hinaus zu verlängern, wenn in die Arbeitszeit regelmäßig und in erheblichem Umfang Arbeitsbereitschaft oder Bereitschaftsdienst fällt,
   b) einen anderen Ausgleichszeitraum festzulegen,
5. den Beginn des siebenstündigen Nachtzeitraums des § 2 Abs. 3 auf die Zeit zwischen 22 und 24 Uhr festzulegen.

(2) Sofern der Gesundheitsschutz der Arbeitnehmer durch einen entsprechenden Zeitausgleich gewährleistet wird, kann in einem Tarifvertrag oder auf Grund eines Tarifvertrags in einer Betriebs- oder Dienstvereinbarung ferner zugelassen werden,

1. abweichend von § 5 Abs. 1 die Ruhezeiten bei Rufbereitschaft den Besonderheiten dieses Dienstes anzupassen, insbesondere Kürzungen der Ruhezeit infolge von Inanspruchnahme während dieses Dienstes zu anderen Zeiten auszugleichen,
2. die Regelungen der §§ 3, 5 Abs. 1 und § 6 Abs. 2 in der Landwirtschaft der Bestellungs- und Erntezeit sowie den Witterungseinflüssen anzupassen,
3. die Regelungen der §§ 3, 4, 5 Abs. 1 und § 6 Abs. 2 bei der Behandlung, Pflege und Betreuung von Personen der Eigenart dieser Tätigkeit und dem Wohl dieser Personen entsprechend anzupassen,
4. die Regelungen der §§ 3, 4, 5 Abs. 1 und § 6 Abs. 2 bei Verwaltungen und Betrieben des Bundes, der Länder, der Gemeinden und sonstigen Körperschaften, Anstalten und Stiftungen des öffentlichen Rechts sowie bei anderen Arbeitgebern, die der Tarifbindung eines für den öffentlichen Dienst geltenden oder eines im wesentlichen inhaltsgleichen Tarifvertrags unterliegen, der Eigenart der Tätigkeit bei diesen Stellen anzupassen.

(2 a) In einem Tarifvertrag oder auf Grund eines Tarifvertrags in einer Betriebs- oder Dienstvereinbarung kann abweichend von den §§ 3, 5 Abs. 1 und § 6 Abs. 2 zugelassen werden, die werktägliche Arbeitszeit auch ohne Ausgleich über acht Stunden zu verlängern, wenn in die Arbeitszeit regelmäßig und in erheblichem Umfang Arbeitsbereitschaft oder Bereitschaftsdienst fällt und durch besondere Regelungen sichergestellt wird, dass die Gesundheit der Arbeitnehmer nicht gefährdet wird.

(3) Im Geltungsbereich eines Tarifvertrags nach Absatz 1, 2 oder 2 a können abweichende tarifvertragliche Regelungen im Betrieb eines nicht tarifgebundenen Arbeitgebers durch Betriebs- oder Dienstvereinbarung oder, wenn ein Betriebs- oder Personalrat nicht besteht, durch schriftliche Vereinbarung zwischen dem Arbeitgeber und dem Arbeitnehmer übernommen werden. Können auf Grund eines solchen Tarifvertrags abweichende Regelungen in einer Betriebs- oder Dienstvereinbarung getroffen werden, kann auch in Betrieben eines nicht tarifgebundenen Arbeitgebers davon Gebrauch gemacht werden. Eine nach Absatz 2 Nr. 4 getroffene abweichende tarifvertragliche Regelung hat

zwischen nicht tarifgebundenen Arbeitgebern und Arbeitnehmern Geltung, wenn zwischen ihnen die Anwendung der für den öffentlichen Dienst geltenden tarifvertraglichen Bestimmungen vereinbart ist und die Arbeitgeber die Kosten des Betriebs überwiegend mit Zuwendungen im Sinne des Haushaltsrechts decken.

(4) Die Kirchen und die öffentlich-rechtlichen Religionsgesellschaften können die in Absatz 1, 2 oder 2 a genannten Abweichungen in ihren Regelungen vorsehen.

(5) In einem Bereich, in dem Regelungen durch Tarifvertrag üblicherweise nicht getroffen werden, können Ausnahmen im Rahmen des Absatzes 1, 2 oder 2 a durch die Aufsichtsbehörde bewilligt werden, wenn dies aus betrieblichen Gründen erforderlich ist und die Gesundheit der Arbeitnehmer nicht gefährdet wird.

(6) Die Bundesregierung kann durch Rechtsverordnung mit Zustimmung des Bundesrates Ausnahmen im Rahmen des Absatzes 1 oder 2 zulassen, sofern dies aus betrieblichen Gründen erforderlich ist und die Gesundheit der Arbeitnehmer nicht gefährdet wird.

(7) Auf Grund einer Regelung nach Absatz 2 a oder den Absätzen 3 bis 5 jeweils in Verbindung mit Absatz 2 a darf die Arbeitszeit nur verlängert werden, wenn der Arbeitnehmer schriftlich eingewilligt hat. Der Arbeitnehmer kann die Einwilligung mit einer Frist von sechs Monaten schriftlich widerrufen. Der Arbeitgeber darf einen Arbeitnehmer nicht benachteiligen, weil dieser die Einwilligung zur Verlängerung der Arbeitszeit nicht erklärt oder die Einwilligung widerrufen hat.

(8) Werden Regelungen nach Absatz 1 Nr. 1 und Nr. 4, Absatz 2 Nr. 2 bis 4 oder solche Regelungen auf Grund der Absätze 3 und 4 zugelassen, darf die Arbeitszeit 48 Stunden wöchentlich im Durchschnitt von zwölf Kalendermonaten nicht überschreiten. Erfolgt die Zulassung auf Grund des Absatzes 5, darf die Arbeitszeit 48 Stunden wöchentlich im Durchschnitt von sechs Kalendermonaten oder 24 Wochen nicht überschreiten.

(9) Wird die werktägliche Arbeitszeit über zwölf Stunden hinaus verlängert, muss im unmittelbaren Anschluss an die Beendigung der Arbeitszeit eine Ruhezeit von mindestens elf Stunden gewährt werden.

§ 8 Gefährliche Arbeiten Die Bundesregierung kann durch Rechtsverordnung mit Zustimmung des Bundesrates für einzelne Beschäftigungsbereiche, für bestimmte Arbeiten oder für bestimmte Arbeitnehmergruppen, bei denen besondere Gefahren für die Gesundheit der Arbeitnehmer zu erwarten sind, die Arbeitszeit über § 3 hinaus beschränken, die Ruhepausen und Ruhezeiten über die §§ 4 und 5 hinaus ausdehnen, die Regelungen zum Schutz der Nacht- und Schichtarbeitnehmer in § 6 erweitern und die Abweichungsmöglichkeiten nach § 7 beschränken, soweit dies zum Schutz der Gesundheit der Arbeitnehmer erforderlich ist. Satz 1 gilt nicht für Beschäftigungsbereiche und Arbeiten in Betrieben, die der Bergaufsicht unterliegen.

Dritter Abschnitt – Sonn- und Feiertagsruhe

§ 9 Sonn- und Feiertagsruhe[1] (1) Arbeitnehmer dürfen an Sonn- und gesetzlichen Feiertagen von 0 bis 24 Uhr nicht beschäftigt werden.
(2) In mehrschichtigen Betrieben mit regelmäßiger Tag- und Nachtschicht kann Beginn oder Ende der Sonn- und Feiertagsruhe um bis zu sechs Stunden vor- oder zurückverlegt werden, wenn für die auf den Beginn der Ruhezeit folgenden 24 Stunden der Betrieb ruht.
(3) Für Kraftfahrer und Beifahrer kann der Beginn der 24stündigen Sonn- und Feiertagsruhe um bis zu zwei Stunden vorverlegt werden.

§ 10 Sonn- und Feiertagsbeschäftigung (1) Sofern die Arbeiten nicht an Werktagen vorgenommen werden können, dürfen Arbeitnehmer an Sonn- und Feiertagen abweichend von § 9 beschäftigt werden

1. in Not- und Rettungsdiensten sowie bei der Feuerwehr,
2. zur Aufrechterhaltung der öffentlichen Sicherheit und Ordnung sowie der Funktionsfähigkeit von Gerichten und Behörden und für Zwecke der Verteidigung,
3. in Krankenhäusern und anderen Einrichtungen zur Behandlung, Pflege und Betreuung von Personen,
4. in Gaststätten und anderen Einrichtungen zur Bewirtung und Beherbergung sowie im Haushalt,
5. bei Musikaufführungen, Theatervorstellungen, Filmvorführungen, Schaustellungen, Darbietungen und anderen ähnlichen Veranstaltungen,
6. bei nichtgewerblichen Aktionen und Veranstaltungen der Kirchen, Religionsgesellschaften, Verbände, Vereine, Parteien und anderer ähnlicher Vereinigungen,
7. beim Sport und in Freizeit-, Erholungs- und Vergnügungseinrichtungen, beim Fremdenverkehr sowie in Museen und wissenschaftlichen Präsenzbibliotheken,
8. beim Rundfunk, bei der Tages- und Sportpresse, bei Nachrichtenagenturen sowie bei den der Tagesaktualität dienenden Tätigkeiten für andere Presseerzeugnisse einschließlich des Austragens, bei der Herstellung von Satz, Filmen und Druckformen für tagesaktuelle Nachrichten und Bilder, bei tagesaktuellen Aufnahmen auf Ton- und Bildträger sowie beim Transport und Kommissionieren von Presseerzeugnissen, deren Ersterscheinungstag am Montag oder am Tag nach einem Feiertag liegt,
9. bei Messen, Ausstellungen und Märkten im Sinne des Titels IV der Gewerbeordnung sowie bei Volksfesten,
10. in Verkehrsbetrieben sowie beim Transport und Kommissionieren von leichtverderblichen Waren im Sinne des § 30 Abs. 3 Nr. 2 der Straßenverkehrsordnung,
11. in den Energie- und Wasserversorgungsbetrieben sowie in Abfall- und Abwasserentsorgungsbetrieben,

---

1 Zur Steuerfreiheit von Zuschlägen siehe Fn. 1 zu § 6.

12. in der Landwirtschaft und in der Tierhaltung sowie in Einrichtungen zur Behandlung und Pflege von Tieren,
13. im Bewachungsgewerbe und bei der Bewachung von Betriebsanlagen,
14. bei der Reinigung und Instandhaltung von Betriebseinrichtungen, soweit hierdurch der regelmäßige Fortgang des eigenen oder eines fremden Betriebs bedingt ist, bei der Vorbereitung der Wiederaufnahme des vollen werktägigen Betriebs sowie bei der Aufrechterhaltung der Funktionsfähigkeit von Datennetzen und Rechnersystemen,
15. zur Verhütung des Verderbens von Naturerzeugnissen oder Rohstoffen oder des Mißlingens von Arbeitsergebnissen sowie bei kontinuierlich durchzuführenden Forschungsarbeiten,
16. zur Vermeidung einer Zerstörung oder erheblichen Beschädigung der Produktionseinrichtungen.

(2) Abweichend von § 9 dürfen Arbeitnehmer an Sonn- und Feiertagen mit den Produktionsarbeiten beschäftigt werden, wenn die infolge der Unterbrechung der Produktion nach Absatz 1 Nr. 14 zulässigen Arbeiten den Einsatz von mehr Arbeitnehmern als bei durchgehender Produktion erfordern.

(3) Abweichend von § 9 dürfen Arbeitnehmer an Sonn- und Feiertagen in Bäckereien und Konditoreien für bis zu drei Stunden mit der Herstellung und dem Austragen oder Ausfahren von Konditorwaren und an diesem Tag zum Verkauf kommenden Bäckerwaren beschäftigt werden.

(4) Sofern die Arbeiten nicht an Werktagen vorgenommen werden können, dürfen Arbeitnehmer zur Durchführung des Eil- und Großbetragszahlungsverkehrs und des Geld-, Devisen-, Wertpapier- und Derivatehandels abweichend von § 9 Abs. 1 an den auf einen Werktag fallenden Feiertagen beschäftigt werden, die nicht in allen Mitgliedstaaten der Europäischen Union Feiertage sind.

§ 11 Ausgleich für Sonn- und Feiertagsbeschäftigung (1) Mindestens 15 Sonntage im Jahr müssen beschäftigungsfrei bleiben.

(2) Für die Beschäftigung an Sonn- und Feiertagen gelten die §§ 3 bis 8 entsprechend, jedoch dürfen durch die Arbeitszeit an Sonn- und Feiertagen die in den §§ 3, 6 Abs. 2, §§ 7 und 21 a Abs. 4 bestimmten Höchstarbeitszeiten und Ausgleichszeiträume nicht überschritten werden.

(3) Werden Arbeitnehmer an einem Sonntag beschäftigt, müssen sie einen Ersatzruhetag haben, der innerhalb eines den Beschäftigungstag einschließenden Zeitraums von zwei Wochen zu gewähren ist. Werden Arbeitnehmer an einem auf einen Werktag fallenden Feiertag beschäftigt, müssen sie einen Ersatzruhetag haben, der innerhalb eines den Beschäftigungstag einschließenden Zeitraums von acht Wochen zu gewähren ist.

(4) Die Sonn- oder Feiertagsruhe des § 9 oder der Ersatzruhetag des Absatzes 3 ist den Arbeitnehmern unmittelbar in Verbindung mit einer Ruhezeit nach § 5 zu gewähren, soweit dem technische oder arbeitsorganisatorische Gründe nicht entgegenstehen.

§ 12 Abweichende Regelungen In einem Tarifvertrag oder auf Grund eines Tarifvertrags in einer Betriebs- oder Dienstvereinbarung kann zugelassen werden,

1. abweichend von § 11 Abs. 1 die Anzahl der beschäftigungsfreien Sonntage in den Einrichtungen des § 10 Abs. 1 Nr. 2, 3, 4 und 10 auf mindestens zehn Sonntage, im Rundfunk, in Theaterbetrieben, Orchestern sowie bei Schaustellungen auf mindestens acht Sonntage, in Filmtheatern und in der Tierhaltung auf mindestens sechs Sonntage im Jahr zu verringern,
2. abweichend von § 11 Abs. 3 den Wegfall von Ersatzruhetagen für auf Werktage fallende Feiertage zu vereinbaren oder Arbeitnehmer innerhalb eines festzulegenden Ausgleichszeitraums beschäftigungsfrei zu stellen,
3. abweichend von § 11 Abs. 1 bis 3 in der Seeschiffahrt die den Arbeitnehmern nach diesen Vorschriften zustehenden freien Tage zusammenhängend zu geben,
4. abweichend von § 11 Abs. 2 die Arbeitszeit in vollkontinuierlichen Schichtbetrieben an Sonn- und Feiertagen auf bis zu zwölf Stunden zu verlängern, wenn dadurch zusätzliche freie Schichten an Sonn- und Feiertagen erreicht werden.

§ 7 Abs. 3 bis 6 findet Anwendung.

§ 13 Ermächtigung, Anordnung, Bewilligung (1) Die Bundesregierung kann durch Rechtsverordnung mit Zustimmung des Bundesrates zur Vermeidung erheblicher Schäden unter Berücksichtigung des Schutzes der Arbeitnehmer und der Sonn- und Feiertagsruhe

1. die Bereiche mit Sonn- und Feiertagsbeschäftigung nach § 10 sowie die dort zugelassenen Arbeiten näher bestimmen,
2. über die Ausnahmen nach § 10 hinaus weitere Ausnahmen abweichend von § 9
   a) für Betriebe, in denen die Beschäftigung von Arbeitnehmern an Sonn- oder Feiertagen zur Befriedigung täglicher oder an diesen Tagen besonders hervortretender Bedürfnisse der Bevölkerung erforderlich ist,
   b) für Betriebe, in denen Arbeiten vorkommen, deren Unterbrechung oder Aufschub
      aa) nach dem Stand der Technik ihrer Art nach nicht oder nur mit erheblichen Schwierigkeiten möglich ist,
      bb) besondere Gefahren für Leben oder Gesundheit der Arbeitnehmer zur Folge hätte,
      cc) zu erheblichen Belastungen der Umwelt oder der Energie- oder Wasserversorgung führen würde,
   c) aus Gründen des Gemeinwohls, insbesondere auch zur Sicherung der Beschäftigung,

zulassen und die zum Schutz der Arbeitnehmer und der Sonn- und Feiertagsruhe notwendigen Bedingungen bestimmen.

(2) Soweit die Bundesregierung von der Ermächtigung des Absatzes 1 Nr. 2 Buchstabe a keinen Gebrauch gemacht hat, können die Landesregierungen durch Rechtsverordnung entsprechende Bestimmungen erlassen. Die Landes-

regierungen können diese Ermächtigung durch Rechtsverordnung auf oberste Landesbehörden übertragen.

(3) Die Aufsichtsbehörde kann

1. feststellen, ob eine Beschäftigung nach § 10 zulässig ist,
2. abweichend von § 9 bewilligen, Arbeitnehmer zu beschäftigen
   a) im Handelsgewerbe an bis zu zehn Sonn- und Feiertagen im Jahr, an denen besondere Verhältnisse einen erweiterten Geschäftsverkehr erforderlich machen,
   b) an bis zu fünf Sonn- und Feiertagen im Jahr, wenn besondere Verhältnisse zur Verhütung eines unverhältnismäßigen Schadens dies erfordern,
   c) an einem Sonntag im Jahr zur Durchführung einer gesetzlich vorgeschriebenen Inventur,

und Anordnungen über die Beschäftigungszeit unter Berücksichtigung der für den öffentlichen Gottesdienst bestimmten Zeit treffen.

(4) Die Aufsichtsbehörde soll abweichend von § 9 bewilligen, daß Arbeitnehmer an Sonn- und Feiertagen mit Arbeiten beschäftigt werden, die aus chemischen, biologischen, technischen oder physikalischen Gründen einen ununterbrochenen Fortgang auch an Sonn- und Feiertagen erfordern.

(5) Die Aufsichtsbehörde hat abweichend von § 9 die Beschäftigung von Arbeitnehmern an Sonn- und Feiertagen zu bewilligen, wenn bei einer weitgehenden Ausnutzung der gesetzlich zulässigen wöchentlichen Betriebszeiten und bei längeren Betriebszeiten im Ausland die Konkurrenzfähigkeit unzumutbar beeinträchtigt ist und durch die Genehmigung von Sonn- und Feiertagsarbeit die Beschäftigung gesichert werden kann.

Vierter Abschnitt – Ausnahmen in besonderen Fällen

§ 14 Außergewöhnliche Fälle (1) Von den §§ 3 bis 5, § 6 Abs. 2, §§ 7, 9 bis 11 darf abgewichen werden bei vorübergehenden Arbeiten in Notfällen und in außergewöhnlichen Fällen, die unabhängig vom Willen der Betroffenen eintreten und deren Folgen nicht auf andere Weise zu beseitigen sind, besonders wenn Rohstoffe oder Lebensmittel zu verderben oder Arbeitsergebnisse zu mißlingen drohen.

(2) Von den §§ 3 bis 5, 6 Abs. 2, §§ 7, 11 Abs. 1 bis 3 und § 12 darf ferner abgewichen werden,

1. wenn eine verhältnismäßig geringe Zahl von Arbeitnehmern vorübergehend mit Arbeiten beschäftigt wird, deren Nichterledigung das Ergebnis der Arbeiten gefährden oder einen unverhältnismäßigen Schaden zur Folge haben würden,
2. bei Forschung und Lehre, bei unaufschiebbaren Vor- und Abschlußarbeiten sowie bei unaufschiebbaren Arbeiten zur Behandlung, Pflege und Betreuung von Personen oder zur Behandlung und Pflege von Tieren an einzelnen Tagen,

wenn dem Arbeitgeber andere Vorkehrungen nicht zugemutet werden können.

(3) Wird von den Befugnissen nach den Absatz 1 oder 2 Gebrauch gemacht, darf die Arbeitszeit 48 Stunden wöchentlich im Durchschnitt von sechs Kalendermonaten oder 24 Wochen nicht überschreiten.

§ 15 Bewilligung, Ermächtigung (1) Die Aufsichtsbehörde kann

1. eine von den §§ 3, 6 Abs. 2 und § 11 Abs. 2 abweichende längere tägliche Arbeitszeit bewilligen
   a) für kontinuierliche Schichtbetriebe zur Erreichung zusätzlicher Freischichten,
   b) für Bau- und Montagestellen,
2. eine von den §§ 3, 6 Abs. 2 und § 11 Abs. 2 abweichende längere tägliche Arbeitszeit für Saison- und Kampagnebetriebe für die Zeit der Saison oder Kampagne bewilligen, wenn die Verlängerung der Arbeitszeit über acht Stunden werktäglich durch eine entsprechende Verkürzung der Arbeitszeit zu anderen Zeiten ausgeglichen wird,
3. eine von den §§ 5 und 11 Abs. 2 abweichende Dauer und Lage der Ruhezeit bei Arbeitsbereitschaft, Bereitschaftsdienst und Rufbereitschaft den Besonderheiten dieser Inanspruchnahmen im öffentlichen Dienst entsprechend bewilligen,
4. eine von den §§ 5 und 11 Abs. 2 abweichende Ruhezeit zur Herbeiführung eines regelmäßigen wöchentlichen Schichtwechsels zweimal innerhalb eines Zeitraums von drei Wochen bewilligen.

(2) Die Aufsichtsbehörde kann über die in diesem Gesetz vorgesehenen Ausnahmen hinaus weitergehende Ausnahmen zulassen, soweit sie im öffentlichen Interesse dringend nötig werden.

(2 a) Die Bundesregierung kann durch Rechtsverordnung[1] mit Zustimmung des Bundesrates

1. Ausnahmen von den §§ 3, 4, 5 und 6 Absatz 2 sowie von den §§ 9 und 11 für Arbeitnehmer, die besondere Tätigkeiten zur Errichtung, zur Änderung oder zum Betrieb von Bauwerken, künstlichen Inseln oder sonstigen Anlagen auf See (Offshore-Tätigkeiten) durchführen, zulassen und
2. die zum Schutz der in Nummer 1 genannten Arbeitnehmer sowie der Sonn- und Feiertagsruhe notwendigen Bedingungen bestimmen.

(3) Das Bundesministerium der Verteidigung kann in seinem Geschäftsbereich durch Rechtsverordnung mit Zustimmung des Bundesministeriums für Arbeit und Soziales aus zwingenden Gründen der Verteidigung Arbeitnehmer verpflichten, über die in diesem Gesetz und in den auf Grund dieses Gesetzes erlassenen Rechtsverordnungen und Tarifverträgen festgelegten Arbeitszeitgrenzen und -beschränkungen hinaus Arbeit zu leisten.

(3 a) Das Bundesministerium der Verteidigung kann in seinem Geschäftsbereich durch Rechtsverordnung im Einvernehmen mit dem Bundesministerium für Arbeit und Soziales für besondere Tätigkeiten der Arbeitnehmer bei den Streitkräften Abweichungen von in diesem Gesetz sowie von in den auf Grund

---

1 Verordnung über die Arbeitszeit bei Offshore-Tätigkeiten (Offshore-Arbeitszeitverordnung – **Offshore-ArbZV**) v. 5. 7. 2013 (BGBl. I 2228).

dieses Gesetzes erlassenen Rechtsverordnungen bestimmten Arbeitszeitgrenzen und -beschränkungen zulassen, soweit die Abweichungen aus zwingenden Gründen erforderlich sind und die größtmögliche Sicherheit und der bestmögliche Gesundheitsschutz der Arbeitnehmer gewährleistet werden.
(4) Werden Ausnahmen nach den Absätzen 1 oder 2 zugelassen, darf die Arbeitszeit 48 Stunden wöchentlich im Durchschnitt von sechs Kalendermonaten oder 24 Wochen nicht überschreiten.

Fünfter Abschnitt – Durchführung des Gesetzes

§ 16 Aushang und Arbeitszeitnachweise (1) Der Arbeitgeber ist verpflichtet, einen Abdruck dieses Gesetzes, der auf Grund dieses Gesetzes erlassenen, für den Betrieb geltenden Rechtsverordnungen und der für den Betrieb geltenden Tarifverträge und Betriebs- oder Dienstvereinbarungen im Sinne des § 7 Abs. 1 bis 3, §§ 12 und 21 a Abs. 6 an geeigneter Stelle im Betrieb zur Einsichtnahme auszulegen oder auszuhängen.
(2) Der Arbeitgeber ist verpflichtet, die über die werktägliche Arbeitszeit des § 3 Satz 1 hinausgehende Arbeitszeit der Arbeitnehmer aufzuzeichnen und ein Verzeichnis der Arbeitnehmer zu führen, die in eine Verlängerung der Arbeitszeit gemäß § 7 Abs. 7 eingewilligt haben. Die Nachweise sind mindestens zwei Jahre aufzubewahren.

§ 17 Aufsichtsbehörde (1) Die Einhaltung dieses Gesetzes und der auf Grund dieses Gesetzes erlassenen Rechtsverordnungen wird von den nach Landesrecht zuständigen Behörden (Aufsichtsbehörden) überwacht.
(2) Die Aufsichtsbehörde kann die erforderlichen Maßnahmen anordnen, die der Arbeitgeber zur Erfüllung der sich aus diesem Gesetz und den auf Grund dieses Gesetzes erlassenen Rechtsverordnungen ergebenden Pflichten zu treffen hat.
(3) Für den öffentlichen Dienst des Bundes sowie für die bundesunmittelbaren Körperschaften, Anstalten und Stiftungen des öffentlichen Rechts werden die Aufgaben und Befugnisse der Aufsichtsbehörde vom zuständigen Bundesministerium oder den von ihm bestimmten Stellen wahrgenommen; das gleiche gilt für die Befugnisse nach § 15 Abs. 1 und 2.
(4) Die Aufsichtsbehörde kann vom Arbeitgeber die für die Durchführung dieses Gesetzes und der auf Grund dieses Gesetzes erlassenen Rechtsverordnungen erforderlichen Auskünfte verlangen. Sie kann ferner vom Arbeitgeber verlangen, die Arbeitszeitnachweise und Tarifverträge oder Betriebs- oder Dienstvereinbarungen im Sinne des § 7 Abs. 1 bis 3, §§ 12 und 21 a Abs. 6 vorzulegen oder zur Einsicht einzusenden.
(5) Die Beauftragten der Aufsichtsbehörde sind berechtigt, die Arbeitsstätten während der Betriebs- und Arbeitszeit zu betreten und zu besichtigen; außerhalb dieser Zeit oder wenn sich die Arbeitsstätten in einer Wohnung befinden, dürfen sie ohne Einverständnis des Inhabers nur zur Verhütung von dringenden Gefahren für die öffentliche Sicherheit und Ordnung betreten

und besichtigt werden. Der Arbeitgeber hat das Betreten und Besichtigen der Arbeitsstätten zu gestatten. Das Grundrecht der Unverletzlichkeit der Wohnung (Artikel 13 des Grundgesetzes) wird insoweit eingeschränkt.

(6) Der zur Auskunft Verpflichtete kann die Auskunft auf solche Fragen verweigern, deren Beantwortung ihn selbst oder einen der in § 383 Abs. 1 Nr. 1 bis 3 der Zivilprozeßordnung bezeichneten Angehörigen der Gefahr strafgerichtlicher Verfolgung oder eines Verfahrens nach dem Gesetz über Ordnungswidrigkeiten aussetzen würde.

Sechster Abschnitt – Sonderregelungen[1]

§ 18 Nichtanwendung des Gesetzes (1) Dieses Gesetz ist nicht anzuwenden auf

1. leitende Angestellte im Sinne des § 5 Abs. 3 des Betriebsverfassungsgesetzes sowie Chefärzte,
2. Leiter von öffentlichen Dienststellen und deren Vertreter sowie Arbeitnehmer im öffentlichen Dienst, die zu selbständigen Entscheidungen in Personalangelegenheiten befugt sind,
3. Arbeitnehmer, die in häuslicher Gemeinschaft mit den ihnen anvertrauten Personen zusammenleben und sie eigenverantwortlich erziehen, pflegen oder betreuen,
4. den liturgischen Bereich der Kirchen und der Religionsgemeinschaften.

(2) Für die Beschäftigung von Personen unter 18 Jahren gilt anstelle dieses Gesetzes das Jugendarbeitsschutzgesetz.

(3) Für die Beschäftigung von Arbeitnehmern als Besatzungsmitglieder auf Kauffahrteischiffen im Sinne des § 3 des Seearbeitsgesetzes gilt anstelle dieses Gesetzes das Seearbeitsgesetz.

(4) *(weggefallen)*

§ 19 Beschäftigung im öffentlichen Dienst Bei der Wahrnehmung hoheitlicher Aufgaben im öffentlichen Dienst können, soweit keine tarifvertragliche Regelung besteht, durch die zuständige Dienstbehörde die für Beamte geltenden Bestimmungen über die Arbeitszeit auf die Arbeitnehmer übertragen werden; insoweit finden die §§ 3 bis 13 keine Anwendung.

§ 20 Beschäftigung in der Luftfahrt Für die Beschäftigung von Arbeitnehmern als Besatzungsmitglieder von Luftfahrzeugen gelten anstelle der Vorschriften dieses Gesetzes über Arbeits- und Ruhezeiten die Vorschriften über Flug-, Flugdienst- und Ruhezeiten der Zweiten Durchführungsverordnung zur Betriebsordnung für Luftfahrtgerät in der jeweils geltenden Fassung.

---

1 Für Fahrpersonal vgl. das **Fahrpersonalgesetz** (FPersG) i. d. F. der Bekanntmachung vom 19. 2. 1987 (BGBl. I 640), zuletzt geändert durch Gesetz vom 20. 11. 2019 (BGBl. I 1626); **FahrpersonalVO** (FPersV) vom 27. 6. 2005 (BGBl. I 1882), zuletzt geändert durch Verordnung vom 8. 8. 2017 (BGBl. I 3158).

§ 21 Beschäftigung in der Binnenschiffahrt (1) Die Bundesregierung kann durch Rechtsverordnung mit Zustimmung des Bundesrates, auch zur Umsetzung zwischenstaatlicher Vereinbarungen oder Rechtsakten der Europäischen Union, abweichend von den Vorschriften dieses Gesetzes die Bedingungen für die Arbeitszeitgestaltung von Arbeitnehmern, die als Mitglied der Besatzung oder des Bordpersonals an Bord eines Fahrzeugs in der Binnenschifffahrt beschäftigt sind, regeln, soweit dies erforderlich ist, um den besonderen Bedingungen an Bord von Binnenschiffen Rechnung zu tragen. Insbesondere können in diesen Rechtsverordnungen die notwendigen Bedingungen für die Sicherheit und den Gesundheitsschutz im Sinne des § 1, einschließlich gesundheitlicher Untersuchungen hinsichtlich der Auswirkungen der Arbeitszeitbedingungen auf einem Schiff in der Binnenschifffahrt, sowie die notwendigen Bedingungen für den Schutz der Sonn- und Feiertagsruhe bestimmt werden. In Rechtsverordnungen nach Satz 1 kann ferner bestimmt werden, dass von den Vorschriften der Rechtsverordnung auch durch Tarifvertrag abgewichen werden kann.
(2) Soweit die Bundesregierung von der Ermächtigung des Absatzes 1 keinen Gebrauch macht, gelten die Vorschriften dieses Gesetzes für das Fahrpersonal auf Binnenschiffen, es sei denn, binnenschifffahrtsrechtliche Vorschriften über Ruhezeiten stehen dem entgegen. Bei Anwendung des Satzes 1 kann durch Tarifvertrag von den Vorschriften dieses Gesetzes abgewichen werden, um der Eigenart der Binnenschifffahrt Rechnung zu tragen.

§ 21 a Beschäftigung im Straßentransport (1) Für die Beschäftigung von Arbeitnehmern als Fahrer oder Beifahrer bei Straßenverkehrstätigkeiten im Sinne der Verordnung (EG) Nr. 651/2006 des Europäischen Parlaments und des Rates vom 15. März 2006 zur Harmonisierung bestimmter Sozialvorschriften im Straßenverkehr und zur Änderung der Verordnungen (EWG) Nr. 3821/85 und (EG) Nr. 2135/98 des Rates sowie zur Aufhebung der Verordnung (EWG) Nr. 3820/85 des Rates (ABl. EG Nr. L 102 S. 1) oder des Europäischen Übereinkommens über die Arbeit des im internationalen Straßenverkehr beschäftigten Fahrpersonals (AETR) vom 1. Juli 1970 (BGBl. II 1974 S. 1473) in ihren jeweiligen Fassungen gelten die Vorschriften dieses Gesetzes, soweit nicht die folgenden Absätze abweichende Regelungen enthalten. Die Vorschriften der Verordnung (EG) Nr. 561/2006 und des AETR bleiben unberührt.
(2) Eine Woche im Sinne dieser Vorschriften ist der Zeitraum von Montag 0 Uhr bis Sonntag 24 Uhr.
(3) Abweichend von § 2 Abs. 1 ist keine Arbeitszeit:
1. die Zeit, während derer sich ein Arbeitnehmer am Arbeitsplatz bereithalten muss, um seine Tätigkeit aufzunehmen,
2. die Zeit, während derer sich ein Arbeitnehmer bereithalten muss, um seine Tätigkeit auf Anweisung aufnehmen zu können, ohne sich an seinem Arbeitsplatz aufhalten zu müssen;
3. für Arbeitnehmer, die sich beim Fahren abwechseln, die während der Fahrt neben dem Fahrer oder in einer Schlafkabine verbrachte Zeit.

Für die Zeiten nach Satz 1 Nr. 1 und 2 gilt dies nur, wenn der Zeitraum und dessen voraussichtliche Dauer im Voraus, spätestens unmittelbar vor Beginn des betreffenden Zeitraums bekannt ist. Die in Satz 1 genannten Zeiten sind keine Ruhezeiten. Die in Satz 1 Nr. 1 und 2 genannten Zeiten sind keine Ruhepausen.

(4) Die Arbeitszeit darf 48 Stunden wöchentlich nicht überschreiten. Sie kann auf bis zu 60 Stunden verlängert werden, wenn innerhalb von vier Kalendermonaten oder 16 Wochen im Durchschnitt 48 Stunden wöchentlich nicht überschritten werden.

(5) Die Ruhezeiten bestimmen sich nach den Vorschriften der Europäischen Gemeinschaften für Kraftfahrer und Beifahrer sowie nach dem AETR. Dies gilt auch für Auszubildende und Praktikanten.

(6) In einem Tarifvertrag oder auf Grund eines Tarifvertrags in einer Betriebs- oder Dienstvereinbarung kann zugelassen werden,

1. nähere Einzelheiten zu den in Absatz 3 Satz 1 Nr. 1, 2 und Satz 2 genannten Voraussetzungen zu regeln,
2. abweichend von Absatz 4 sowie den §§ 3 und 6 Abs. 2 die Arbeitszeit festzulegen, wenn objektive, technische oder arbeitszeitorganisatorische Gründe vorliegen. Dabei darf die Arbeitszeit 48 Stunden wöchentlich im Durchschnitt von sechs Kalendermonaten nicht überschreiten.

§ 7 Abs. 1 Nr. 2 und Abs. 2 a gilt nicht. § 7 Abs. 3 gilt entsprechend.

(7) Der Arbeitgeber ist verpflichtet, die Arbeitszeit der Arbeitnehmer aufzuzeichnen. Die Aufzeichnungen sind mindestens zwei Jahre aufzubewahren. Der Arbeitgeber hat dem Arbeitnehmer auf Verlangen eine Kopie der Aufzeichnungen seiner Arbeitszeit auszuhändigen.

(8) Zur Berechnung der Arbeitszeit fordert der Arbeitgeber den Arbeitnehmer schriftlich auf, ihm eine Aufstellung der bei einem anderen Arbeitgeber geleisteten Arbeitszeit vorzulegen. Der Arbeitnehmer legt diese Angaben schriftlich vor.

Siebter Abschnitt – Straf- und Bußgeldvorschriften

§ 22 Bußgeldvorschriften (1) Ordnungswidrig handelt, wer als Arbeitgeber vorsätzlich oder fahrlässig

1. entgegen §§ 3, 6 Abs. 2 oder § 21 a Abs. 4, jeweils auch in Verbindung mit § 11 Abs. 2, einen Arbeitnehmer über die Grenzen der Arbeitszeit hinaus beschäftigt,
2. entgegen § 4 Ruhepausen nicht, nicht mit der vorgeschriebenen Mindestdauer oder nicht rechtzeitig gewährt,
3. entgegen § 5 Abs. 1 die Mindestruhezeit nicht gewährt oder entgegen § 5 Abs. 2 die Verkürzung der Ruhezeit durch Verlängerung einer anderen Ruhezeit nicht oder nicht rechtzeitig ausgleicht,
4. einer Rechtsverordnung nach § 8 Satz 1, § 13 Absatz 1 oder 2, § 15 Absatz 2 a Nummer 2, § 21 Absatz 1 oder § 24 zuwiderhandelt, soweit sie für einen bestimmten Tatbestand auf diese Bußgeldvorschrift verweist,
5. entgegen § 9 Abs. 1 einen Arbeitnehmer an Sonn- oder Feiertagen beschäftigt,

6. entgegen § 11 Abs. 1 einen Arbeitnehmer an allen Sonntagen beschäftigt oder entgegen § 11 Abs. 3 einen Ersatzruhetag nicht oder nicht rechtzeitig gewährt,
7. einer vollziehbaren Anordnung nach § 13 Abs. 3 Nr. 2 zuwiderhandelt,
8. entgegen § 16 Abs. 1 die dort bezeichnete Auslage oder den dort bezeichneten Aushang nicht vornimmt,
9. entgegen § 16 Abs. 2 oder § 21 a Abs. 7 Aufzeichnungen nicht oder nicht richtig erstellt oder nicht für die vorgeschriebene Dauer aufbewahrt oder
10. entgegen § 17 Abs. 4 eine Auskunft nicht, nicht richtig oder nicht vollständig erteilt, Unterlagen nicht oder nicht vollständig vorlegt oder nicht einsendet oder entgegen § 17 Abs. 5 Satz 2 eine Maßnahme nicht gestattet.

(2) Die Ordnungswidrigkeit kann in den Fällen des Absatzes 1 Nr. 1 bis 7, 9 und 10 mit einer Geldbuße bis zu fünfzehntausend Euro, in den Fällen des Absatzes 1 Nr. 8 mit einer Geldbuße bis zu zweitausendfünfhundert Euro geahndet werden.

§ 23 Strafvorschriften (1) Wer eine der in § 22 Abs. 1 Nr. 1 bis 3, 5 bis 7 bezeichneten Handlungen
1. vorsätzlich begeht und dadurch Gesundheit oder Arbeitskraft eines Arbeitnehmers gefährdet oder
2. beharrlich wiederholt,

wird mit Freiheitsstrafe bis zu einem Jahr oder mit Geldstrafe bestraft.

(2) Wer in den Fällen des Absatzes 1 Nr. 1 die Gefahr fahrlässig verursacht, wird mit Freiheitsstrafe bis zu sechs Monaten oder mit Geldstrafe bis zu 180 Tagessätzen bestraft.

Achter Abschnitt – Schlußvorschriften

§ 24 Umsetzung von zwischenstaatlichen Vereinbarungen und Rechtsakten der EG Die Bundesregierung kann mit Zustimmung des Bundesrates zur Erfüllung von Verpflichtungen aus zwischenstaatlichen Vereinbarungen oder zur Umsetzung von Rechtsakten des Rates oder der Kommission der Europäischen Gemeinschaften, die Sachbereiche dieses Gesetzes betreffen, Rechtsverordnungen nach diesem Gesetz erlassen.

§ 25 Übergangsregelung für Tarifverträge Enthält ein am 1. Januar 2004 bestehender oder nachwirkender Tarifvertrag abweichende Regelungen nach § 7 Abs. 1 oder 2 oder § 12 Satz 1, die den in diesen Vorschriften festgelegten Höchstrahmen überschreiten, bleiben diese tarifvertraglichen Bestimmungen bis zum 31. Dezember 2006 unberührt. Tarifverträgen nach Satz 1 stehen durch Tarifvertrag zugelassene Betriebsvereinbarungen sowie Regelungen nach § 7 Abs. 4 gleich.

§ 26 *(weggefallen)*

8 a. Gesetz über den Ladenschluss (Ladenschlussgesetz)

Einleitung

I. Geschichtliche Entwicklung

Das Recht des Ladenschlusses war zunächst ausschließlich in einem Bundesgesetz, dem Ladenschlussgesetz (LadSchlG) geregelt. Aufgrund der Föderalismusreform von Mitte 2006 (Einl. I zu Nr. 20) ist diese Materie in die Gesetzgebungszuständigkeit der Länder übergegangen (Art. 74 Nr. 11 GG). Damit können sie vom zunächst weiterbestehenden LadSchlG abweichen. Davon haben alle Länder außer Bayern in den Jahren 2006 und 2007 Gebrauch gemacht. Mit den neuen Landesgesetzen werden die Ladenschlusszeiten an Werktagen weitestgehend freigegeben und landesspezifische Ausnahmen für Arbeit an Sonn- und Feiertagen geregelt (Übersicht unten III). Eine Freigabe der Sonntagsruhe bedarf aber der Rechtfertigung durch einen sachlichen Grund, der sich nicht in bloßen Umsatz- und Erwerbsinteressen erschöpft (*BVerfG* 1. 12. 2009 – 1 BvR 2857/07, 1 BvR 2858/07, AuR 10, 167; *BVerwG* 17. 5. 2017 – 8 CN 1.16, AuR 17, 273 [OS]). Das *BVerfG* hat deshalb der Zulassung der Ladenöffnung in Berlin an allen vier Adventssonntagen die Anerkennung versagt, weil damit für einen ganzen Monat die Sonntagsruhe freigegeben wurde, ohne dass dies durch sachliche Gründe gerechtfertigt werden konnte. Aus diesem Grunde wurden zahlreiche andere landesgesetzliche Regelungen unter Berücksichtigung der tragenden Entscheidungsgründe des *BVerfG* verfassungsrechtlich bedenklich (vgl. *Rozek*, AuR 10, 148, 151). Soweit landesgesetzlich die Möglichkeit mehrerer offener Sonntage gegeben ist, kommt eine verfassungskonforme Auslegung dergestalt in Betracht, dass diese nicht unmittelbar aufeinander folgen dürfen (vgl. etwa *SächsOVG* 9. 11. 2009 – 3 B 455/09, AuR 10, 171).

Nicht klar ist, ob und inwieweit die Landesgesetzgeber von § 17 LadSchlG abweichen können, da es sich bei dieser Materie um Arbeitsschutz handelt, für den nach wie vor der Bund gem. Art. 74 Nr. 12 GG zuständig ist (vgl. *Kühling*, AuR 06, 384; *Horstmann*, NZA 06, 1246).

II. Ladenschluss und Arbeitsrecht

Eine gesetzliche Beschränkung des Ladenschlusses bedeutet die zeitliche Beschränkung der unternehmerischen Tätigkeit (so wie §§ 9 ff. ArbZG für Sonn- und Feiertage). Sie legt damit mittelbar die Grenzen des Arbeitstages für die dort Beschäftigten fest (zu arbeitsrechtlichen Problemen des LadSchlG vgl. *Kerwer,* NZA 99, 1313). Eine derartige Regelung ist verfassungsgemäß (zum LadSchlG *BVerfG* 4. 6. 1998 – 1 BvR 2652/95, AuR 98, 384).

Das *BAG* hat anerkannt, dass von der gesetzlichen Festlegung des Ladenschlusses keine Beschränkungen auf das Mitbestimmungsrecht des Betriebsrates hinsichtlich Beginn und Ende der Arbeitszeit ausgehen (*BAG* 31. 8. 1982 – 1 ABR 27/80, DB 83, 453). Ebenso ist eine tarifliche Festlegung des Arbeitszeitendes unabhängig vom gesetzlichen Ladenschluss zulässig; ein Streik dafür ist rechtmäßig (*BAG* 27. 6. 1989 – 1 AZR 404/88, NZA 89, 969). Eine Klage gegen die Gewerkschaften HBV und DAG wegen Verstoßes eines solchen Tarifvertrages gegen das Kartellrecht blieb erfolglos (*BGH* vom 25. 6. 91 – KZR 16/90). Einzelarbeitsvertragliche Verpflichtungen zur Arbeit über das kollektivvertraglich festgelegte Arbeitsende hinaus sind unzulässig (*Buschmann,* NZA 90, 387; *Anzinger/Koberski,* NZA 89, 737; a. A. *Löwisch,* NZA 89, 959).

III. Übersicht über das Ladenschlussrecht der Länder

	Werktage	**Sonntage/Feiertage**	**letzte Änderung**
Baden-Württemberg (LadÖG)	0.00-24.00 Uhr	• höchstens 3 verkaufsoffene Sonn-/Feiertage (nicht Adventssonntage, Feiertage im Dezember sowie Oster- und Pfingstsonntag) • 24.12.: bis 14.00 Uhr, wenn an einem Werktag	28. 11. 2017
Bayern	Es gilt das LSchlG		
Berlin (BerlLadÖffG)	0.00-24.00 Uhr	• 13.00-20.00 Uhr an bis zu 10 (nicht aufeinander folgenden) Sonn-/Feiertagen im Jahr (nicht: 1. Januar, 1. Mai, Karfreitag, Oster- und Pfingstsonntag, Volkstrauertag, Totensonntag, 24.12., wenn er auf einen Adventssonntag fällt, und die Feiertage im Dezember) • 24.12.: bis 14.00 Uhr, wenn an einem Werktag	13. 10. 2010
Brandenburg (BbgLÖG)	0.00-24.00 Uhr	• 13.00-20.00 Uhr an bis zu 5 Sonn-/Feiertagen im Jahr (nicht: Karfreitag, Oster- und Pfingstsonntag, Volkstrauertag, Totensonntag, 1. und 2. Weihnachtsfeiertag und nicht mehr als 2 Sonn-/Feiertage innerhalb von 4 Wochen) • 24.12.: bis 14.00 Uhr, wenn an einem Werktag	25. 4. 2017

	Werktage	Sonntage/Feiertage	letzte Änderung
Bremen (LadSchlG Br)	0.00-24.00 Uhr	• an jährlich höchstens 4 Sonn-/Feiertagen (max. 5 Stunden in der Zeit von 11.00-18.00 Uhr; nicht: Neujahrstag, Karfreitag, Ostersonntag, Ostermontag, Himmelfahrt, Pfingstsonntag, Pfingstmontag, Volkstrauertag, Totensonntag, die vier Adventssonntage und die anderen Sonn- und Feiertage im Dezember sowie der 1. Mai und der 3. Oktober und, wenn diese auf einen Montag fallen, die direkt vorher liegenden Sonntage • 24. u. 31.12.: bis 14.00 Uhr, wenn an einem Werktag	14. 3. 2017 Außerkrafttreten der Sonn- und Feiertagsregelung am 31. 3. 2020
Hamburg (LÖG HA)	0.00-24.00 Uhr	• an jährlich höchstens 4 Sonn-/Feiertagen (max. 5 Stunden bis 18.00 Uhr; nicht: Sonntage im Dezember, Adventssonntage, Ostersonntag, Pfingstsonntag, Volkstrauertag, Totensonntag sowie gesetzliche Feiertage) • 24.12.: bis 14.00 Uhr, wenn an einem Werktag	15. 12. 2009
Hessen (HLÖG)	0.00-24.00 Uhr	• an jährlich höchstens 4 Sonn-/Feiertagen (max. 6 Stunden bis 20.00 Uhr; nicht: Adventssonntage, 1. und 2. Weihnachtstag, Karfreitag, die Osterfeiertage, die Pfingstfeiertage, Fronleichnam, Volkstrauertag und Totensonntag) • Gründonnerstag bis 20.00 Uhr • 24.12. u. 31.12.: bis 14.00 Uhr, wenn an einem Werktag	13. 12. 2019 Außerkrafttreten 2026

	Werktage	Sonntage/Feiertage	letzte Änderung
Mecklenburg-Vorpommern (LÖffG M-V)	0.00-24.00 Uhr, Samstag bis 22.00 Uhr, 4 Samstage bis 24.00 Uhr	• an jährlich höchstens 4 Sonntagen, die keine Feiertage sind (nicht an Sonntagen im Dezember; Ausnahme: 1. Advent) • 24.12.: bis 14.00 Uhr, wenn an einem Werktag	18. 6. 2007
Niedersachsen (NLöffVZG)	0.00-24.00 Uhr	• an jährlich höchstens 4, in Ausflugsorten an 8 Sonn-/Feiertagen, wenn besonderer Anlass, öffentliches Interesse oder sonstiger rechtfertigender sachlicher Grund (max. 5 Stunden; nicht: Palmsonntag, Ostersonntag Pfingstsonntag, Volkstrauertag, Totensonntag, die Adventssonntage, 27. Dezember und staatliche Feiertage) • 24.12. und 31.12.: bis 14.00 Uhr, wenn an einem Werktag	15. 5. 2019
Nordrhein-Westfalen (LÖG NRW)	0.00-24.00 Uhr, Samstag bis 22.00 Uhr	• an jährlich höchstens 8 Sonn-/Feiertagen (aus Anlass von örtl. Festen etc. max. 5 Stunden; nicht an zwei Adventssonntagen, 1. und 2. Weihnachtstag, Ostersonntag, Pfingstsonntag, 1.5., 3.10. und 24.12., wenn dieser ein Sonntag ist, sowie den stillen Feiertagen) • 24.12.: bis 14.00 Uhr, wenn an einem Werktag	22. 3. 2018
Rheinland-Pfalz (LadÖffnG)	6.00-22.00 Uhr (mit Ausnahmen); an 8 Werktagen/Jahr auch ganztägig	• an jährlich höchstens 4 Sonntagen (max. 5 Stunden; nicht: Ostersonntag, Pfingstsonntag, Volkstrauertag, Totensonntag, an Adventssonntagen im Dezember sowie Sonntagen, auf die ein Feiertag fällt) • 24.12.: bis 14.00 Uhr, wenn an einem Werktag	22. 12. 2015

	Werktage	Sonntage/Feiertage	letzte Änderung
Saarland (LÖG Saarland)	6.00-20.00 Uhr (mit Ausnahmen)	• an jährlich höchstens 4 Sonn-/Feiertagen (max. 5 Stunden bis 18.00 Uhr; nicht: 1. Januar, 1. Mai, Oster- und Pfingstsonntag, Volkstrauertag, Totensonntag, Karfreitag sowie Sonn- und Feiertage im Dezember, Ausnahme: 1. Advent, wenn er in den Dezember fällt) • 24.12.: bis 14.00 Uhr, wenn an einem Werktag	4. 12. 2017; Außerkrafttreten 31. 12. 2020
Sachsen (Sächs LadÖffG)	6.00-22.00 Uhr (mit Ausnahmen)	• durch gemeindliche Rechtsverordnung an jährlich höchstens 4 (max. 2 aufeinander folgenden) Sonntagen plus 1 zusätzlichen Sonntag bei regionalen Ereignissen (von 12.00-18.00 Uhr; nicht: Ostersonntag, Pfingstsonntag, Volkstrauertag, Totensonntag, sowie Sonntage die auf den 24.12. oder einen gesetzlichen Feiertag fallen) • kommunale Freigabe aus örtlichen Anlässen an bis zu 4 Sonn- oder Feiertagen, mit Ausnahme der Adventssonntage und bestimmter Feiertage • 24.12.: 6.00 bis 14.00 Uhr, wenn an einem Werktag	5. 12. 2017

	Werktage	Sonntage/Feiertage	letzte Änderung
Sachsen-Anhalt (LÖffZeitG LSA)	0.00-24.00 Uhr; Samstag bis 22.00 Uhr	• an jährlich höchstens 4 Sonn-/Feiertagen (max. 5 Stunden in der Zeit von 11.00-20.00 Uhr; nicht: Neujahrstag, Karfreitag, Ostersonntag, Ostermontag, Volkstrauertag, Totensonntag, 1. und 2. Weihnachtsfeiertag sowie Heiligabend, soweit er auf einen Sonntag fällt) sowie die davor liegenden Samstage bis 24.00 Uhr • 24.12.: bis 14.00 Uhr, wenn an einem Werktag	20. 1. 2015
Schleswig-Holstein (LÖffZG)	0.00-24.00 Uhr	• an jährlich höchstens 4 Sonn-/Feiertagen (max. 5 Stunden bis 18.00 Uhr; nicht: Karfreitag, 1. Mai, der Oster- und Pfingstsonntag, Volkstrauertag, Totensonntag, Adventssonntage, Sonn- und Feiertage im Dezember sowie der 24. Dezember) • 24.12.: bis 14.00 Uhr, wenn an einem Werktag	29. 11. 2006
Thüringen (ThürLadÖffG)	0.00-20.00 Uhr; Samstag bis 20.00 Uhr (Ausnahmen bis 24.00 Uhr möglich)	• an jährlich höchstens 4 Sonn-/Feiertagen (max. 6 Stunden in der Zeit von 11.00-20.00 Uhr; nicht an Karfreitag und Sonn- und Feiertagen im Dezember; Ausnahme: 1. oder 2. Advent) • 24.12. und 31.12.: bis 14.00 Uhr, wenn an einem Werktag	21. 12. 2011

Weiterführende Literatur

Horstmann, Neue Gesetzgebungskompetenzen bei Ladenschluss und Arbeitszeit, NZA 2006, S. 1246

Kühling, Ladenschluss nach der Föderalismusreform, AuR 2006, S. 384

Ladenschlussgesetz

vom 28. November 1956 (BGBl. I 875),
in der Fassung der Bekanntmachung vom 2. Juni 2003 (BGBl. I 744),
zuletzt geändert durch Verordnung vom 31. August 2015 (BGBl. I 1474)

(Abgedruckte Vorschriften: §§ 3, 17)

Zweiter Abschnitt – Ladenschlusszeiten

§ 3 Allgemeine Ladenschlusszeiten Verkaufsstellen müssen zu folgenden Zeiten für den geschäftlichen Verkehr mit den Kunden geschlossen sein:

1. an Sonn- und Feiertagen,
2. montags bis samstags bis 6 Uhr und ab 20 Uhr,
3. am 24. Dezember, wenn dieser Tag auf einen Werktag fällt, bis 6 Uhr und ab 14 Uhr.

Verkaufsstellen für Bäckereien dürfen abweichend von Satz 1 den Beginn der Ladenöffnungszeit an Werktagen auf 5.30 Uhr vorverlegen. Die beim Ladenschluss anwesenden Kunden dürfen noch bedient werden.

Dritter Abschnitt – Besonderer Schutz der Arbeitnehmer

§ 17 (1) In Verkaufsstellen dürfen Arbeitnehmer an Sonn- und Feiertagen nur während der ausnahmsweise zugelassenen Öffnungszeiten (§§ 4 bis 15 und die hierauf gestützten Vorschriften) und, falls dies zur Erledigung von Vorbereitungs- und Abschlussarbeiten unerlässlich ist, während insgesamt weiterer dreißig Minuten beschäftigt werden.

(2) Die Dauer der Beschäftigungszeit des einzelnen Arbeitnehmers an Sonn- und Feiertagen darf acht Stunden nicht überschreiten.

(2 a) In Verkaufsstellen, die gemäß § 10 oder den hierauf gestützten Vorschriften an Sonn- und Feiertagen geöffnet sein dürfen, dürfen Arbeitnehmer an jährlich höchstens 22 Sonn- und Feiertagen beschäftigt werden. Ihre Arbeitszeit an Sonn- und Feiertagen darf vier Stunden nicht überschreiten.

(3) Arbeitnehmer, die an Sonn- und Feiertagen in Verkaufsstellen gemäß §§ 4 bis 6, 8 bis 12, 14 und 15 und den hierauf gestützten Vorschriften beschäftigt werden, sind, wenn die Beschäftigung länger als drei Stunden dauert, an einem Werktage derselben Woche ab 13 Uhr, wenn sie länger als sechs Stunden dauert, an einem ganzen Werktage derselben Woche von der Arbeit freizustellen; mindestens jeder dritte Sonntag muss beschäftigungsfrei bleiben. Werden sie bis zu drei Stunden beschäftigt, so muss jeder zweite Sonntag oder in jeder zweiten Woche ein Nachmittag ab 13 Uhr beschäftigungsfrei bleiben. Statt an einem Nachmittag darf die Freizeit am Sonnabend- oder Montagvormittag bis

14 Uhr gewährt werden. Während der Zeiten, zu denen die Verkaufsstelle geschlossen sein muss, darf die Freizeit nicht gegeben werden.

(4) Arbeitnehmer und Arbeitnehmerinnen in Verkaufsstellen können verlangen, in jedem Kalendermonat an einem Samstag von der Beschäftigung freigestellt zu werden.

(5) Mit dem Beschicken von Warenautomaten dürfen Arbeitnehmer außerhalb der Öffnungszeiten, die für die mit dem Warenautomaten in räumlichem Zusammenhang stehende Verkaufsstelle gelten, nicht beschäftigt werden.

(6) *(weggefallen)*

(7) Das Bundesministerium für Arbeit und Soziales wird ermächtigt, zum Schutze der Arbeitnehmer in Verkaufsstellen vor übermäßiger Inanspruchnahme ihrer Arbeitskraft oder sonstiger Gefährdung ihrer Gesundheit durch Rechtsverordnung mit Zustimmung des Bundesrates zu bestimmen,

1. dass während der ausnahmsweise zugelassenen Öffnungszeiten (§§ 4 bis 16 und die hierauf gestützten Vorschriften) bestimmte Arbeitnehmer nicht oder die Arbeitnehmer nicht mit bestimmten Arbeiten beschäftigt werden dürfen,
2. dass den Arbeitnehmern für Sonn- und Feiertagsarbeit über die Vorschriften des Absatzes 3 hinaus ein Ausgleich zu gewähren ist,
3. dass die Arbeitnehmer während der Ladenschlusszeiten an Werktagen (§ 3 Abs. 1 Nr. 2, §§ 5, 6, 8 bis 10 und die hierauf gestützten Vorschriften) nicht oder nicht mit bestimmten Arbeiten beschäftigt werden dürfen.

(8) Das Gewerbeaufsichtsamt kann in begründeten Einzelfällen Ausnahmen von den Vorschriften der Absätze 1 bis 5 bewilligen. Die Bewilligung kann jederzeit widerrufen werden.

(9) Die Vorschriften der Absätze 1 bis 8 finden auf pharmazeutisch vorgebildete Arbeitnehmer in Apotheken keine Anwendung.

9. Gesetz über den Aufenthalt, die Erwerbstätigkeit und die Integration von Ausländern im Bundesgebiet (Aufenthaltsgesetz – AufenthG)

Einleitung

I. Gesamtsystem der Ausländerbeschäftigung

1. Grundsätze

Der Arbeitsmarkt der Bundesrepublik Deutschland ist, wie die Arbeitsmärkte der ganzen Welt, im Grundsatz national abgegrenzt. Auch wenn infolge der Arbeitnehmerfreizügigkeit innerhalb Europas nunmehr ein europäischer und nicht mehr nur ein nationaler Arbeitsmarkt existiert, bedeutet das im Ausgangspunkt: Nur deutsche Staatsangehörige (und gleichgestellte EU-Bürger) dürfen ein Arbeitsverhältnis frei abschließen. Ausländer bedürfen besonderer Erlaubnisse und zwar üblicherweise auf zwei Ebenen:

- um sich in Deutschland überhaupt legal aufzuhalten und
- um in Deutschland zu arbeiten (selbstständig oder als Arbeitnehmer).

Die erste Ebene betrifft das Staatsangehörigkeitsrecht und das Aufenthaltsrecht, die zweite das Arbeitsgenehmigungsrecht. Im Staatsangehörigkeitsrecht ist geregelt, wer Deutscher ist und wie man Deutscher werden kann. Auf der Grundlage des Art. 116 GG wird dies durch das Staatsangehörigkeitsgesetz geregelt. Dieses ist zuletzt entscheidend durch das Zuwanderungsgesetz (s. u. II 1) in die Richtung geändert worden, dass einerseits nach acht Jahren rechtmäßigen Aufenthalts in Deutschland ein Rechtsanspruch auf Einbürgerung besteht, dieser aber an klare Voraussetzungen geknüpft ist (vor allem: Bekenntnis zur freiheitlichen demokratischen Grundordnung, Fähigkeit zur Bestreitung des eigenen Lebensunterhalts, keine doppelte Staatsbürgerschaft, ausreichende deutsche Sprachkenntnisse, §§ 8 ff. StAG). Das Aufenthaltsrecht regelt die Rechtmäßigkeit des Aufenthalts im Inland und die Zulässigkeit einer Beschäftigung (Arbeitsgenehmigungsrecht).

Die fundamentale Zweiteilung in Deutsche und Ausländer gilt jedoch nicht für Angehörige der EU-Mitgliedstaaten. Sie werden für den Bereich der abhängigen und selbstständigen Beschäftigung bis auf ganz seltene Ausnahmefälle wie Deutsche behandelt (s. FreizügigkeitsG-EU, u. II 2). Sie haben nach Art. 45 AEUV (Nr. 20 a) und der EU-Freizügigkeitsverordnung (Nr. 20 c) unmittelbaren Zugang zum deutschen Arbeitsmarkt. Weiterhin haben sie nach Art. 7 ff. der EU-Freizügigkeitsverordnung Anspruch auf gleiche Rechte wie deutsche Arbeitnehmer. Wenn daher von »Ausländern« und den rechtlichen Anforderungen an deren Beschäftigung in Deutschland die Rede ist, dann betrifft das nur Angehörige sog. Drittstaaten der EU (bei denen wiederum abweichende Regelungen möglich sind, wie z. B. im Verhältnis zur Türkei).

Vergleichbare Probleme entstehen, wenn Deutsche im Ausland tätig werden (zum sog. Arbeitsvertragsstatut vgl. Rom I-VO [Nr. 14 a], zur »Ausstrahlung« in der Sozialversicherung § 4 SGB IV; zu grenzüberschreitenden Beschäftigungsproblemen Übersicht 27).

2. Ausländerbeschäftigung nach dem Zuwanderungsgesetz

Bis Ende 2004 gab es zwei Regelungskreise zur Ausländerbeschäftigung: das Ausländerrecht zu der Frage, unter welchen Voraussetzungen ein Ausländer sich überhaupt rechtmäßig in Deutschland aufhalten konnte (Ausländergesetz) und das Arbeitsgenehmigungsrecht zu der Frage, unter welcher Voraussetzung die Genehmigung zur Arbeit in Deutschland erteilt wird (SGB III). Seit 1. 1. 2005 ist die Rechtslage durch das ab diesem Zeitpunkt in Kraft getretene Zuwanderungsgesetz tiefgreifend verändert worden. Mit ihm wird bezogen auf die Beschäftigung von Ausländern die bisherige Zweigleisigkeit von Aufenthalts- und Arbeitserlaubnisrecht aufgegeben. Ausländer benötigen zur Aufnahme einer Beschäftigung in Deutschland nur noch eine Genehmigung (»Aufenthaltstitel zur Ausübung einer Beschäftigung«, § 18 AufenthaltsG). Sie wird durch die Ausländerbehörde mit interner Zustimmung der Bundesagentur für Arbeit erteilt. Man spricht von einem »one-stop-government« oder »single-permit«, wie dies durch die Richtlinie 2011/98/EU v. 13. 12. 2011 nun auch unionsrechtlich erforderlich ist (ABl. L 343/1, Einzelheiten vgl. Einl. II 1 a (2) zum AufenthG in 44. Aufl.). Einzelheiten werden in zwei Verordnungen geregelt:

- der BeschV (Nr. 9 c) als dem Kern der Regelungen zur Ausländerbeschäftigung (sie wurde 2013 grundlegend neu gestaltet und mit der bisherigen Beschäftigungsverfahrensverordnung zusammengefasst, VO v. 6. 6. 2013, BGBl. I 1499, dazu *Huber*, NZA 14, 820 ff.; im Hinblick auf den Brexit wurden übergangsweise Regelungen zu einem erleichterten Arbeitsmarktzugang für britische Staatsangehörige in die BeschV durch VO v. 26.11.2019, BGBl. I 1865, aufgenommen) und
- der AufenthV (Nr. 9 d), die ganz überwiegend allgemein ausländerrechtlichen Inhalt hat und insoweit die frühere AusführungsVO zum AuslG ersetzt.

Damit ist das System der Ausländerbeschäftigung wesentlich vereinfacht und übersichtlicher geworden:

Ausländerbeschäftigung

Staatsangehörigkeit	Aufenthalt und Beschäftigung
StaatsangehörigkeitsG (wie bisher) (Freizügigkeitsgesetz/EU)	Aufenthaltsgesetz, dazu: • EU-FreizügigkeitsVO • BeschäftigungsVO • AufenthaltsV

II. Zu den einzelnen Gesetzen

1. Aufenthaltsgesetz

a) Konzeption

Das Gesetz kam nach langem Streit zwischen rot-grüner Regierung und CDU/CSU-Mehrheit im Bundesrat als Kernbestandteil des Zuwanderungsgesetzes zustande, nachdem das Vorgängergesetz vom 20. 6. 02 (BGBl. I 1946) vom *BVerfG* am 18. 12. 02 wegen einer als fehlerhaft angesehenen Bundesratsabstimmung für verfassungswidrig erklärt worden war (2 BvF 1/02, NJW 2003, 339). Das nunmehr vorliegende Gesetz bemüht sich sowohl um *Förderung* von Zuwanderung als auch um ihre *Begrenzung.* Im Bereich der sog. Arbeitsmigration wird das erreicht durch differenzierte Zugangsberechtigungen je nach den Erfordernissen des inländischen Arbeitsmarktes. Durch das Fachkräfteeinwanderungsgesetz (s. u. II 1 b (6)) ist dabei das Regel-Ausnahme-Verhältnis umgekehrt worden: War noch nach dem Zuwanderungsgesetz grundsätzlich die Ausübung einer Erwerbstätigkeit verboten, sofern sie nicht ausnahmsweise erlaubt worden war, gilt nun umgekehrt, dass ein Aufenthaltstitel auch zur Erwerbstätigkeit berechtigt, es sei denn, dies ist verboten oder beschränkt (§ 4 a Abs. 1). Tatsächlich aber gibt es praktisch durchweg derartige Verbote und Beschränkungen. Diese sind in ihrer Intensität gestaffelt nach dem Niveau der Qualifikation des Ausländers. Hochqualifizierte können in Abhängigkeit von Gehaltsgrenzen nach §§ 18 c ff. eine Niederlassungserlaubnis oder unbefristeten Aufenthaltstitel in Form der »Blauen Karte EU« erhalten. Außerdem können Akademiker nach § 18 c bis zu sechs Monate Aufenthalt zur Arbeitsplatzsuche nehmen. Qualifizierte Drittstaatsangehörige ohne akademischen Abschluss können nach §§ 18, 18 a eine Aufenthaltserlaubnis zur Ausübung einer ihrer Qualifikation entsprechenden Beschäftigung erhalten. Sie können unter den besonderen Voraussetzungen des § 18 c ohne Zustimmung der BA eine Niederlassungserlaubnis nach vierjährigem Besitz eines Aufenthaltstitels erhalten. Außerdem ist die Möglichkeit einer Aufenthaltserlaubnis für Maßnahmen der Anerkennung einer ausländischen Berufsqualifikation nach § 16 d sowie zur Suche eines Ausbildungs- oder Studienplatzes nach § 17 gegeben. Demgegenüber kann die Beschäftigung Geringqualifizierter nach § 19 c nur in Ausnahmefällen auf Grundlage der BeschV erlaubt werden, wobei § 6 BeschV dies namentlich in ausgewählten Berufen bei ausgeprägter berufspraktischer Erfahrung ermöglicht.

b) Änderungen

Das Gesetz ist vielfach geändert worden. Das liegt zum einen daran, dass infolge europarechtlicher Vorgaben Anpassungen des innerstaatlichen Rechts erforderlich wurden. Hinzugekommen sind vielfältige Änderungen des Ausländerrechts und Asylrechts in den Jahren 2015 und 2016, um die Flüchtlingszuwanderung zu begrenzen, zu steuern und handhaben zu können. Zuletzt gab es Korrekturen beim Familiennachzug (Gesetz zur Neuregelung des Familiennachzugs zu subsidiär Schutzberechtigten [Familiennachzugsneuregelungsgesetz] v. 12. 7. 2018, BGBl. I 1147). Nachfolgend ist nur auf die wichtigsten Maßnahmen einzugehen (eingehender Einl. II 1 b in der 44. Aufl.).

(1) Privilegierungen qualifizierter Kräfte

Mit dem »Gesetz zur Umsetzung aufenthalts- und asylrechtlicher Richtlinien der Europäischen Union« vom 19.8.2007 (BGBl. I 1970) ist unter anderem der Aspekt der Integration der zugezogenen Ausländer geregelt worden. Die Privilegierungen Hochqualifizierter wurden durch das Arbeitsmigrationssteuerungsgesetz v. 20.12.2008 (BGBl. I 2846) noch einmal ausgeweitet). Sie wurde im Rahmen des Blue-Card-Konzepts der EU (Richtlinie 2009/50/EG v. 25.5.09, ABl. L 155/17) durch Gesetz vom 1.6.2012 (BGBl. I 1224) fortgeführt (dazu *Bünte/Knödler*, NZA 12, 1255 ff.). Derzeit plant die EU-Kommission ein neues Blue-Card-Konzept (KOM [2016] 378 endg.; dazu *Langenfeld/Kolb*, EuZW 16, 527 ff.). Mit ihm soll ein größerer Kreis von Begünstigten erreicht werden und die Blaue Karte soll ein vorrangiges und abschließendes europäisches System bilden. Nach 3 Jahren soll ein Inhaber einer Blauen Karte daueraufenthaltsberechtigt sein.

(2) Sanktionen bei Ilegaler Beschäftigung

Die Richtlinie 2009/52/EG v. 18.6.2009 (ABl. L 168/24) verlangt ein Mindestmaß an Sanktionen gegen Arbeitgeber, die drittstaatsangehörige Arbeitnehmer ohne rechtmäßigen Aufenthaltstitel beschäftigen. Zu ihrer Umsetzung wurden mit Gesetz vom 22.11.2011 (BGBl. I 2258) die §§ 98 a ff. in das AufenthG eingefügt (dazu *Huber*, NZA 12, 477 ff.; zu den sozialversicherungsrechtlichen Folgen *Berchtold*, NZA 12, 481 ff.). Der Arbeitgeber ist danach verpflichtet, einem illegal beschäftigten Arbeitnehmer die vereinbarte Vergütung zu zahlen. Der Arbeitsvertrag ist daher nicht gemäß § 134 BGB nichtig. Für die Vergütungsansprüche gegen Subunternehmer haftet dessen Auftraggeber gemäß § 98 a Abs. 3 ff.

(3) Reaktionen auf die »Flüchtlingskrise«

Vielfach wurde das AufenthG im Zuge der Bewältigung der großen Flüchtlingszahlen geändert, insbesondere durch das Gesetz zur Neubestimmung des Bleiberechts und der Aufenthaltsbeendigung (v. 27.7.2015, BGBl. I 1386) sowie das Asylverfahrensbeschleunigungsgesetz (v. 20.10.2015, BGBl. I 1722).

(4) Konzerninterne Entsendung und Saisonkräfte

Die Richtlinie 2014/36/EU v. 26.2.2014 über die Bedingungen für die Einreise und den Aufenthalt von Drittstaatsangehörigen zwecks Beschäftigung als Saisonarbeitnehmer (ABl. 2014 L 94/375; zum Vorschlag *Beschorner*, ZESAR 11, 209) verlangt neben aufenthaltsrechtlichen Vorgaben die arbeitsrechtliche Gleichbehandlung drittstaatlicher Saisonarbeitnehmer mit EU-Inländern sowie Schutz hinsichtlich einer angemessenen Unterkunft und die Begrenzung der diesbezüglichen Kosten. Die sog. ICT-Richtlinie 2014/66/EU v. 15.5.2014 (ABl. 2014 L 157/1; zum Vorschlag *Bayreuther*, ZESAR 12, 405; *Beschorner*, ZESAR 11, 209) regelt Bedingungen für die Einreise und den Aufenthalt von Drittstaatsangehörigen im Rahmen unternehmensinternen Transfers. Beide Richtlinien wurden durch das Gesetz zur Umsetzung aufenthaltsrechtlicher Richtlinien der Europäischen Union zur Arbeitsmigration v. 12.5.2017 (BGBl. I 1106) umgesetzt, vgl. nun §§ 19 ff.

(5) Gesetz über Duldung bei Ausbildung und Beschäftigung

Das Gesetz über Duldung bei Ausbildung und Beschäftigung (v. 8.7.2019, BGBl. I 1021, Gesetzentwurf: BR-Drs. 8/19) hat zwei spezifische Duldungstatbestände für an sich ausreisepflichtige Ausländer eingeführt, die erfolglos einen Asylantrag gestellt haben, jedoch aus rechtlichen, tatsächlichen, dringenden humanitären oder persönlichen Gründen geduldet werden. Sie tragen dem Umstand der zunehmenden Integration Rechnung und wollen einen rechtssicheren Aufenthalt ermöglichen und eine Bleibeperspektive aufzeigen. Dazu gibt es nunmehr die Ausbildungsduldung zum Zwecke der Aufnahme einer qualifizierten Berufsausbildung sowie die Beschäftigungsduldung für diejenigen, die ihren Lebensunterhalt durch Beschäftigung selbst sichern und gut integriert sind.

(6) Fachkräfteeinwanderungsgesetz

Durch das Fachkräfteeinwanderungsgesetz (v. 15.8.2019, BGBl. I 1307) soll dem Fachkräftemangel durch Zuwanderung von Fachkräften aus Drittstaaten begegnet werden. Dazu wurden mit Wirkung ab 1.3.2020 die Regelungen über den Aufenthalt zur Beschäftigung neu systematisiert und die Voraussetzungen einer Aufenthaltserlaubnis qualifikationsabhängig gestaffelt erleichtert. Im Bereich der Zuwanderung von Ausländern mit Berufsabschluss ist die sog. Vorrangprüfung, nach der die Zustimmung der BA zur Beschäftigung davon abhängt, dass es keine Deutschen oder freizügigkeitsrechtlich privilegierten Ausländer gibt, unter dem Vorbehalt einer anderweitigen Regelung in der BeschV entfallen.

2. Freizügigkeitsgesetz/EU

Dieses Gesetz hat ab 1.1.2005 das bisherige Aufenthaltsgesetz/EWG abgelöst. Es konkretisiert wie dieses die durch den AEUV (Nr. 20 a) garantierte Freizügigkeit zu Erwerbszwecken innerhalb der Europäischen Union im nationalen Recht. Seine Konzeption für abhängige Arbeit ist sehr einfach: Unionsbürger, die sich als Arbeitnehmer, zur Arbeitssuche oder zur Berufsbildung in Deutschland aufhalten wollen, haben das Recht auf Einreise und Aufenthalt nach diesem Gesetz (§ 2 Abs. 2 Nr. 1). Sie benötigen für die Aufnahme einer Arbeit keine Erlaubnis nach dem Aufenthaltsgesetz (s. o. I 1). Das Freizügigkeitsrecht kann nur bei einer sehr schwerwiegenden Gefährdung der öffentlichen Ordnung entzogen werden (§ 6). Ihre Familienangehörigen können bei ihnen Wohnung nehmen und erhalten im Falle des Todes des Freizügigkeitsberechtigten nach einem Jahr ständigen Aufenthalts in Deutschland ein eigenes Aufenthaltsrecht (§ 3). Diese Regelungen betreffen das öffentlich-rechtliche Verhältnis zum Staat in Bezug auf den Aufenthalt im Inland. Wer in Ausübung seines Freizügigkeitsrechts einen Arbeitsvertrag geschlossen hat, genießt aber auch bestimmte arbeitsrechtliche Rechte im Verhältnis zum Arbeitgeber (dazu Einl. II 2 b zum AEUV, Nr. 20 a).

Das Gesetz gilt nach § 12 auch für Staatsangehörige aus dem »Europäischen Wirtschaftsraum« (EWR).

Durch das Gesetz zur Änderung des Freizügigkeitsgesetzes/EU und weiterer Vorschriften v. 2.12.2014 (BGBl. I 1922; Entwurf: BT-Drs. 18/2581) wurden bestimmte Maßnahmen zur Bekämpfung von Missbrauch des Freizügigkeitsrechts im Hinblick auf Schwarzarbeit, illegale Beschäftigung und unberechtigte Inanspruchnahme von Kindergeld eingeführt. Das Aufenthaltsrecht ist nunmehr zunächst auf ein halbes Jahr befristet, wenn nicht weiterhin Arbeit gesucht wird und begründete Aussicht auf die Aufnahme einer Beschäftigung besteht. Außerdem ist nach § 7 Abs. 2 in besonderen Fällen eine Untersagung der Wiedereinreise in das Bundesgebiet möglich.

3. Asylgesetz

Das AsylG vom 26. 6. 1992 regelt das Verfahren zur Erlangung von Asyl in der Bundesrepublik Deutschland gemäß Art. 16 a GG. Gemäß § 55 erhalten Ausländer, die einen Asylantrag gestellt haben, eine Aufenthaltsgestattung. Gemäß § 61 ist aber die Aufnahme einer Erwerbstätigkeit während des Asylverfahrens untersagt, nach drei Monaten kann dem Asylbewerber aber mit Zustimmung der Bundesagentur für Arbeit die Aufnahme einer Beschäftigung gestattet werden. Das gilt nach § 61 Abs. 2 Satz 4 aber nicht für Ausländer aus einem sog. sicheren Herkunftsstaat. Ist ein Ausländer unanfechtbar als Asylberechtigter anerkannt, erhält er eine befristete Aufenthaltserlaubnis (§§ 25 Abs. 1 Satz 1, 26 Abs. 1 Satz 2 AufenthG).
Der materielle Anspruch auf Asyl ist in Art. 16 a GG geregelt. Nach dem Änderungsgesetz vom 28. 6. 1993 (BGBl. I 1002) bleibt es zwar im Grundsatz bei einem individuellen Grundrecht auf Asyl (Art. 16 a Abs. 1 GG). Hierauf kann sich jedoch nicht berufen, wer aus einem »Nichtverfolgerstaat« einreist, der die Genfer Flüchtlingskonvention anerkannt hat (vgl. die »Genfer Konvention« über die Rechtsstellung von Flüchtlingen vom 28. 7. 1951 (BGBl. 1953 II 559) in der Fassung des Protokolls vom 31. 1. 1967 (BGBl. 1969 II 1293). Das AsylG wurde in der Folge der Flüchtlingskrise 2015 zahlreiche Male geändert, v. a. aber in aufenthalts- und verfahrensrechtlicher Sicht, weniger in Bezug auf Arbeitsmarktgesichtspunkte.

III. Arbeitsbedingungen ausländischer Arbeitnehmer

Das Ausländer- und Aufenthaltsrecht regelt zwar die Frage, ob jemand in der Bundesrepublik beschäftigt werden kann, jedoch kaum Fragen der Arbeitsbedingungen. Lediglich die Bestimmungen der §§ 98 a ff. AufenthG über die Rechte illegal Beschäftigter (dazu II 1 b (2)) sowie das FreizügigkeitsG/EU (dzu Einl. II 2 b zum AEUV, Nr. 20 a) regeln ein paar Aspekte. Allerdings hängt die Zustimmung der BA zur Ausländerbeschäftigung, wo sie erforderlich ist, nach § 39 Abs. 2 Satz 1 und 2 AufenthG nicht nur von einer Vorrangprüfung zugunsten von deutschen und EU-Ausländern, die freilich nach dem Zuwanderungsgesetz (o. II 1 b (6)) für Fachkräfte entfällt, sondern auch davon ab, dass der Ausländer nicht zu ungünstigeren Arbeitsbedingungen als vergleichbare deutsche Arbeitnehmer beschäftigt wird (sog. Gleichwertigkeitsprüfung). Eigene Rechte des ausländischen Arbeitnehmers erwachsen daraus jedoch nicht. Dessen Rechte sind vielmehr eine Frage des materiellen Arbeitsrechts.
Da Ausländerbeschäftigung regelmäßig ein Fall mit Auslandsberührung ist, ist vorab die Frage des anwendbaren Rechts zu prüfen (vgl. Einl. III zur Rom I-VO, Nr. 14 a). Erst wenn danach deutsches Recht anwendbar ist, ist im nächsten Schritt

zu fragen, ob besondere Regelungen für die Arbeitsbedingungen ausländischer Arbeitnehmer gelten. Dazu gibt es praktisch keine gesetzlichen Bestimmungen. Im Grundsatz haben ausländische Arbeitnehmer dieselben Rechte wie deutsche Arbeitnehmer. Diese formale Gleichbehandlung kann allerdings in der Sache durchaus auf Benachteiligungen hinauslaufen. Das wird etwa deutlich, wenn das *BAG* beispielsweise einen Arbeitnehmer, der einen Arbeitsvertrag in deutscher Sprache unterschreibt, obwohl er diese Sprache nicht beherrscht, ebenso behandelt wie einen sprachkundigen Arbeitnehmer, der sich nicht für den Inhalt des Vertrages interessiert (*BAG* 19.3.2014 – 5 AZR 252/12 (B), AP Nr. 26 zu § 130 BGB). In beiden Fällen sei der Arbeitnehmer an den Vertrag mit seinem schriftlichen Inhalt gebunden. Das überzeugt nicht. Vielmehr muss die Rechtsprechung an dieser Stelle korrigierend den Grundrechten des Arbeitnehmers in einer Weise Rechnung tragen, dass dieser tatsächlich von seinen Grundrechten Gebrauch machen kann, so dass ihm die Vertragsfreiheit auch effektiv zur Verfügung steht (*Deinert*, ZFA 18, 17, 32 ff.; vgl.auch *Mankowski*, Anm. zu BAG AP Nr. 26 zu § 130 BGB).

IV. Rechtstatsachen und rechtspolitische Diskussion

Der Anteil ausländischer Arbeitnehmer an den sozialversicherungspflichtigen Beschäftigten lag seit 2005 konstant bei rund 1,7 Mio. (gegenüber 1,9 Mio. im Jahre 2002). Das hat sich seit der Flüchtlingswelle 2015 erheblich geändert. Derzeit sind etwa 4,87 Mio. Ausländer in Deutschland (sozialversicherungspflichtig oder geringfügig) beschäftigt, unter ihnen 2,5 Mio. EU-Angehörige sowie gut 787000 Menschen aus Kriegs- und Krisenländern sowie aus den Balkanländern (IAB, Zuwanderungsmonitor, August 2019, S. 4). Allerdings gibt es eine hohe Zahl arbeitsloser Ausländer im Inland infolge humanitärer Migration. Die Quote liegt mit 12,2 % deutlich über der allgemeinen Arbeitslosenquote. Die Beschäftigungsquote der ausländischen Bevölkerung liegt bei gut 52 %.

Die Arbeitsmarktintegration hängt einerseits von Sprachförderung, Bildung und Ausbildung, ab, andererseits aber auch von der Aufnahmebereitschaft der Wirtschaft (IAB, Zuwanderungsmonitor, August 2018). Wie eine Integration zugewanderter Menschen in Gesellschaft, Arbeitsmarkt und Sozialordnung gelingen kann (dazu *Deinert/Fontana*, NJW 18, 2767), ist derzeit eine der größten innenpolitischen Herausforderungen, die nicht nur den Deutschen Juristentag 2018 beschäftigte, sondern offenkundig auch das Schicksal der Großen Koalition unter Bundeskanzlerin *Merkel* beeinflusst.

Mit dem Fachkräfteeinwanderungsgesetz (o. II 1 b (6)) ist das wichtigste rechtspolitische Vorhaben der Regierungskoalition auf dem Gebiet des Aufenthaltsrechts verwirklicht worden.

Weiterführende Literatur

Deinert/Heuschmid/Zwanziger-*Hlava*, Arbeitsrecht, § 107 (Ausländische Arbeitnehmer)

Bünte/Knödler, Recht der Arbeitsmigration – die nicht selbständige Beschäftigung ausländischer Arbeitnehmer nach dem Zuwanderungsgesetz, NZA 2008, S. 743

Bünte/Knödler, Die »Blaue Karte EU« – Neues zur Integration ausländischer Arbeitnehmer in den deutschen Arbeitsmarkt, NZA 2012, S. 1255

Deinert, Beschäftigung ausländischer Arbeitnehmer in Inlandsbetrieben (2016)

Deinert, Illegale Ausländerbeschäftigung, NZA 2018, S. 71

Deinert, Migration und Arbeitsrecht, ZFA 2018, S. 17

Deinert/Fontana, Migration und ihre Folgen, NJW 2018, S. 2767

Fischer-Lescano, Verschärfung des Ausländerrechts, KJ 2006, S. 236

Huber, Neue Regelungen des Arbeitsmarktzugangs für Drittstaatsangehörige – Die (neue) Beschäftigungsverordnung, NZA 2014, S. 820

Klaus, Die rechtlichen Rahmenbedingungen für kurzfristige Entsendungen ins Bundesgebiet, ZAR 2014, S. 148

Meise, Beschäftigte mit Migrationshintergrund: Milieuspezifische Zugänge zur Interessenvertretung, WSI-Mitt. 2019, S. 270

Neundorf, Aktuelle Entwicklungen im Beschäftigungserlaubnisrecht für Drittstaatsangehörige, ZESAR 2019, S. 373

Schiek/Uddin, »Brexit« und das Arbeitsrecht – für deutsche Unternehmen und Beschäftigte

Schubert, Flüchtlinge und Arbeitsrecht, AuR 2015, S. 430

Schubert/Räder, Flüchtlinge in Arbeit und Ausbildung (2017)

Schwarz, Jüngste EU-Richtlinien zum Schutz der Rechte von Wanderarbeitnehmern – eine Momentaufnahme, RV aktuell 2015, S. 13

Übersicht 27: Grenzüberschreitende Beschäftigungsprobleme

Aufenthalt

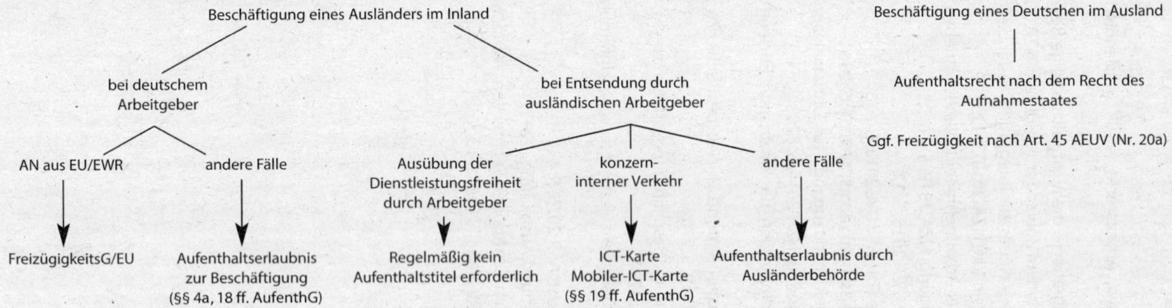

Arbeitsrecht

regelmäßig deutsches Recht nach Art. 8 Abs. 2 Rom I-VO (Nr. 14a)

regelmäßig Heimatrecht nach Art. 8 Abs. 2 Rom I-VO (Nr. 14a)
Anwendung deutschen Rechts nach Art. 9 Rom I-VO sowie nach AEntG (Nr. 31a)

i.d.R. Recht des Aufnahmestaates gemäß Art. 8 Abs. 2 Rom I-VO, wenn nicht vorübergehende Entsendung nach Art. 8 Abs. 2 Satz 2 Rom I-VO (dann deutsches Recht)

Gleichbehandlung gem. Art. 45 Abs. 2 AEUV (Nr. 20a) und Art. 7 EU-Freizügigkeitsverordnung (Nr. 20c)

Gesetz über den Aufenthalt, die Erwerbstätigkeit und die Integration von Ausländern im Bundesgebiet (Aufenthaltsgesetz – AufenthG)

vom 30. Juli 2004 (BGBl. I 1950),
in der Fassung der Bekanntmachung vom 25. Februar 2008 (BGBl. I 162),
zuletzt geändert durch Gesetz vom 20. November 2019 (BGBl. I 1626)

(Abgedruckte Vorschriften: §§ 4, 18–18 d, 19 – 19 b, 20, 39–42, 98 a–98 c)

Kapitel 2 – Einreise und Aufenthalt im Bundesgebiet

Erster Abschnitt – Allgemeines

…

§ 4 Erfordernis eines Aufenthaltstitels[1] (1) Ausländer bedürfen für die Einreise und den Aufenthalt im Bundesgebiet eines Aufenthaltstitels, sofern nicht durch Recht der Europäischen Union oder durch Rechtsverordnung etwas anderes bestimmt ist oder auf Grund des Abkommens vom 12. September 1963 zur Gründung einer Assoziation zwischen der Europäischen Wirtschaftsgemeinschaft und der Türkei (BGBl. 1964 II S. 509) (Assoziationsabkommen EWG/Türkei) ein Aufenthaltsrecht besteht. Die Aufenthaltstitel werden erteilt als

1. Visum im Sinne des § 6 Absatz 1 Nummer 1 und Absatz 3,
2. Aufenthaltserlaubnis (§ 7),

2 a. Blaue Karte EU (§ 18 b Absatz 2),
2 b. ICT-Karte (§ 19),
2 c. Mobiler-ICT-Karte (§ 19 b),

3. Niederlassungserlaubnis (§ 9) oder
4. Erlaubnis zum Daueraufenthalt – EU (§ 9 a).

Die für die Aufenthaltserlaubnis geltenden Rechtsvorschriften werden auch auf die Blaue Karte EU, die ICT-Karte und die Mobiler-ICT-Karte angewandt, sofern durch Gesetz oder Rechtsverordnung nichts anderes bestimmt ist.
(2) Ein Ausländer, dem nach dem Assoziationsabkommen EWG/Türkei ein Aufenthaltsrecht zusteht, ist verpflichtet, das Bestehen des Aufenthaltsrechts durch den Besitz einer Aufenthaltserlaubnis nachzuweisen, sofern er weder eine Niederlassungserlaubnis noch eine Erlaubnis zum Daueraufenthalt – EU besitzt. Die Aufenthaltserlaubnis wird auf Antrag ausgestellt.

…

1 Fassung ab 1. 3. 2020.

Vierter Abschnitt – Aufenthalt zum Zweck der Erwerbstätigkeit

§ 18 Grundsatz der Fachkräfteeinwanderung; allgemeine Bestimmungen[1] (1) Die Zulassung ausländischer Beschäftigter orientiert sich an den Erfordernissen des Wirtschafts- und Wissenschaftsstandortes Deutschland unter Berücksichtigung der Verhältnisse auf dem Arbeitsmarkt. Die besonderen Möglichkeiten für ausländische Fachkräfte dienen der Sicherung der Fachkräftebasis und der Stärkung der sozialen Sicherungssysteme. Sie sind ausgerichtet auf die nachhaltige Integration von Fachkräften in den Arbeitsmarkt und die Gesellschaft unter Beachtung der Interessen der öffentlichen Sicherheit.

(2) Die Erteilung eines Aufenthaltstitels zur Ausübung einer Beschäftigung nach diesem Abschnitt setzt voraus, dass

1. ein konkretes Arbeitsplatzangebot vorliegt,
2. die Bundesagentur für Arbeit nach § 39 zugestimmt hat; dies gilt nicht, wenn durch Gesetz, zwischenstaatliche Vereinbarung oder durch die Beschäftigungsverordnung bestimmt ist, dass die Ausübung der Beschäftigung ohne Zustimmung der Bundesagentur für Arbeit zulässig ist; in diesem Fall kann die Erteilung des Aufenthaltstitels auch versagt werden, wenn einer der Tatbestände des § 40 Absatz 2 oder 3 vorliegt,
3. eine Berufsausübungserlaubnis erteilt wurde oder zugesagt ist, soweit dies erforderlich ist,
4. die Gleichwertigkeit der Qualifikation festgestellt wurde oder ein anerkannter ausländischer oder ein einem deutschen Hochschulabschluss vergleichbarer ausländischer Hochschulabschluss vorliegt, soweit dies eine Voraussetzung für die Erteilung des Aufenthaltstitels ist, und
5. in den Fällen der erstmaligen Erteilung eines Aufenthaltstitels nach § 18 a oder § 18 b Absatz 1 nach Vollendung des 45. Lebensjahres des Ausländers die Höhe des Gehalts mindestens 55 Prozent der jährlichen Beitragsbemessungsgrenze in der allgemeinen Rentenversicherung entspricht, es sei denn, der Ausländer kann den Nachweis über eine angemessene Altersversorgung erbringen. Von den Voraussetzungen nach Satz 1 kann nur in begründeten Ausnahmefällen, in denen ein öffentliches, insbesondere ein regionales, wirtschaftliches oder arbeitsmarktpolitisches Interesse an der Beschäftigung des Ausländers besteht, abgesehen werden. Das Bundesministerium des Innern, für Bau und Heimat gibt das Mindestgehalt für jedes Kalenderjahr jeweils bis zum 31. Dezember des Vorjahres im Bundesanzeiger bekannt.

(3) Fachkraft im Sinne dieses Gesetzes ist ein Ausländer, der

1. eine inländische qualifizierte Berufsausbildung oder eine mit einer inländischen qualifizierten Berufsausbildung gleichwertige ausländische Berufsqualifikation besitzt (Fachkraft mit Berufsausbildung) oder
2. einen deutschen, einen anerkannten ausländischen oder einen einem deutschen Hochschulabschluss vergleichbaren ausländischen Hochschulabschluss besitzt (Fachkraft mit akademischer Ausbildung).

---

1 Fassung ab 1. 3. 2020.

(4) Aufenthaltstitel für Fachkräfte gemäß den §§ 18 a und 18 b werden für die Dauer von vier Jahren oder, wenn das Arbeitsverhältnis oder die Zustimmung der Bundesagentur für Arbeit auf einen kürzeren Zeitraum befristet sind, für diesen kürzeren Zeitraum erteilt. Die Blaue Karte EU wird für die Dauer des Arbeitsvertrages zuzüglich dreier Monate ausgestellt oder verlängert, wenn die Dauer des Arbeitsvertrages weniger als vier Jahre beträgt.

§ 18 a Fachkräfte mit Berufsausbildung[1] Einer Fachkraft mit Berufsausbildung kann eine Aufenthaltserlaubnis zur Ausübung einer qualifizierten Beschäftigung erteilt werden, zu der ihre erworbene Qualifikation sie befähigt.

§ 18 b Fachkräfte mit akademischer Ausbildung[1] (1) Einer Fachkraft mit akademischer Ausbildung kann eine Aufenthaltserlaubnis zur Ausübung einer qualifizierten Beschäftigung erteilt werden, zu der ihre Qualifikation sie befähigt.
(2) Einer Fachkraft mit akademischer Ausbildung wird ohne Zustimmung der Bundesagentur für Arbeit eine Blaue Karte EU zum Zweck einer ihrer Qualifikation angemessenen Beschäftigung erteilt, wenn sie ein Gehalt in Höhe von mindestens zwei Dritteln der jährlichen Bemessungsgrenze in der allgemeinen Rentenversicherung erhält und keiner der in § 19 f Absatz 1 und 2 geregelten Ablehnungsgründe vorliegt. Fachkräften mit akademischer Ausbildung, die einen Beruf ausüben, der zu den Gruppen 21, 221 oder 25 nach der Empfehlung der Kommission vom 29. Oktober 2009 über die Verwendung der Internationalen Standardklassifikation der Berufe (ISCO-08) (ABl. L 292 vom 10. 11. 2009, S. 31) gehört, wird die Blaue Karte EU abweichend von Satz 1 mit Zustimmung der Bundesagentur für Arbeit erteilt, wenn die Höhe des Gehalts mindestens 52 Prozent der jährlichen Beitragsgemessungsgrenze in der allgemeinen Rentenversicherung beträgt. Das Bundesministerium des Innern gibt die Mindestgehälter für jedes Kalenderjahr jeweils bis zum 31. Dezember des Vorjahres im Bundesanzeiger bekannt. Abweichend von § 4 a Absatz 3 Satz 3 ist bei einem Arbeitsplatzwechsel eines Inhabers einer Blauen Karte EU nur in den ersten zwei Jahren der Beschäftigung die Erlaubnis durch die Ausländerbehörde erforderlich; sie wird erteilt, wenn die Voraussetzungen der Erteilung einer Blauen Karte EU vorliegen.

§ 18 c Niederlassungserlaubnis für Fachkräfte[1] (1) Einer Fachkraft ist ohne Zustimmung der Bundesagentur für Arbeit eine Niederlassungserlaubnis zu erteilen, wenn

1. sie seit vier Jahren im Besitz eines Aufenthaltstitels nach den §§ 18 a, 18 b oder 18 d ist,
2. sie einen Arbeitsplatz innehat, der nach den Voraussetzungen der §§ 18 a, 18 b oder § 18 d von ihr besetzt werden darf,
3. sie mindestens 48 Monate Pflichtbeiträge oder freiwillige Beiträge zur

1 Fassung ab 1. 3. 2020.

gesetzlichen Rentenversicherung geleistet hat oder Aufwendungen für einen Anspruch auf vergleichbare Leistungen einer Versicherungs- oder Versorgungseinrichtung oder eines Versicherungsunternehmens nachweist,
4. sie über ausreichende Kenntnisse der deutschen Sprache verfügt und
5. die Voraussetzungen des § 9 Absatz 2 Satz 1 Nummer 2 und 4 bis 6, 8 und 9 vorliegen; § 9 Absatz 2 Satz 2 bis 4 und 6 gilt entsprechend.

Die Frist nach Satz 1 Nummer 1 verkürzt sich auf zwei Jahre und die Frist nach Satz 1 Nummer 3 verkürzt sich auf 24 Monate, wenn die Fachkraft eine inländische Berufsausbildung oder ein inländisches Studium erfolgreich abgeschlossen hat.

(2) Abweichend von Absatz 1 ist dem Inhaber einer Blauen Karte EU eine Niederlassungserlaubnis zu erteilen, wenn er mindestens 33 Monate eine Beschäftigung nach § 18 b Absatz 2 ausgeübt hat und für diesen Zeitraum Pflichtbeiträge oder freiwillige Beiträge zur gesetzlichen Rentenversicherung geleistet hat oder Aufwendungen für einen Anspruch auf vergleichbare Leistungen einer Versicherungs- oder Versorgungseinrichtung oder eines Versicherungsunternehmens nachweist und die Voraussetzungen des § 9 Absatz 2 Satz 1 Nummer 2 und 4 bis 6, 8 und 9 vorliegen und er über einfache Kenntnisse der deutschen Sprache verfügt. § 9 Absatz 2 Satz 2 bis 4 und 6 gilt entsprechend. Die Frist nach Satz 1 verkürzt sich auf 21 Monate, wenn der Ausländer über ausreichende Kenntnisse der deutschen Sprache verfügt.

(3) Einer hoch qualifizierten Fachkraft mit akademischer Ausbildung kann ohne Zustimmung der Bundesagentur für Arbeit in besonderen Fällen eine Niederlassungserlaubnis erteilt werden, wenn die Annahme gerechtfertigt ist, dass die Integration in die Lebensverhältnisse der Bundesrepublik Deutschland und die Sicherung des Lebensunterhalts ohne staatliche Hilfe gewährleistet sind sowie die Voraussetzung des § 9 Absatz 2 Satz 1 Nummer 4 vorliegt. Die Landesregierung kann bestimmen, dass die Erteilung der Niederlassungserlaubnis nach Satz 1 der Zustimmung der obersten Landesbehörde oder einer von ihr bestimmten Stelle bedarf. Hoch qualifiziert nach Satz 1 sind bei mehrjähriger Berufserfahrung insbesondere
1. Wissenschaftler mit besonderen fachlichen Kenntnissen oder
2. Lehrpersonen mit herausgehobener Funktion oder wissenschaftliche Mitarbeiter in herausgehobener Funktion.

§ 18 d Forschung[1] (1) Einem Ausländer wird ohne Zustimmung der Bundesagentur für Arbeit eine Aufenthaltserlaubnis nach der Richtlinie (EU) 2016/801 zum Zweck der Forschung erteilt, wenn
1. er
   a) eine wirksame Aufnahmevereinbarung oder einen entsprechenden Vertrag zur Durchführung eines Forschungsvorhabens mit einer Forschungseinrichtung abgeschlossen hat, die für die Durchführung des besonderen Zulassungsverfahrens für Forscher im Bundesgebiet anerkannt ist, oder

1 Fassung ab 1. 3. 2020.

b) eine wirksame Aufnahmevereinbarung oder einen entsprechenden Vertrag mit einer Forschungseinrichtung abgeschlossen hat, die Forschung betreibt, und

2. die Forschungseinrichtung sich schriftlich zur Übernahme der Kosten verpflichtet hat, die öffentlichen Stellen bis zu sechs Monate nach der Beendigung der Aufnahmevereinbarung entstehen für
   a) den Lebensunterhalt des Ausländers während eines unerlaubten Aufenthalts in einem Mitgliedstaat der Europäischen Union und
   b) eine Abschiebung des Ausländers.

In den Fällen des Satzes 1 Nummer 1 Buchstabe a ist die Aufenthaltserlaubnis innerhalb von 60 Tagen nach Antragstellung zu erteilen.

(2) Von dem Erfordernis des Absatzes 1 Nummer 2 soll abgesehen werden, wenn die Tätigkeit der Forschungseinrichtung überwiegend aus öffentlichen Mitteln finanziert wird. Es kann davon abgesehen werden, wenn an dem Forschungsvorhaben ein besonderes öffentliches Interesse besteht. Auf die nach Absatz 1 Nummer 2 abgegebenen Erklärungen sind nach § 66 Absatz 5, § 67 Absatz 3 sowie § 68 Absatz 2 Satz 2 und 3 und Absatz 4 entsprechend anzuwenden.

(3) Die Forschungseinrichtung kann die Erklärung nach Absatz 1 Nummer 2 auch gegenüber der für ihre Anerkennung zuständigen Stelle allgemein für sämtliche Ausländer abgeben, denen auf Grund einer mit ihr geschlossenen Aufnahmevereinbarung eine Aufenthaltserlaubnis erteilt wird.

(4) Die Aufenthaltserlaubnis wird für mindestens ein Jahr erteilt. Nimmt der Ausländer an einem Unions- oder multilateralen Programm mit Mobilitätsmaßnahmen teil, so wird die Aufenthaltserlaubnis für mindestens zwei Jahre erteilt. Wenn das Forschungsvorhaben in einem kürzeren Zeitraum durchgeführt wird, wird die Aufenthaltserlaubnis abweichend von den Sätzen 1 und 2 auf die Dauer des Forschungsvorhabens befristet; die Frist beträgt in den Fällen des Satzes 2 mindestens ein Jahr.

(5) Eine Aufenthaltserlaubnis nach Absatz 1 berechtigt zur Aufnahme der Forschungstätigkeit bei der in der Aufnahmevereinbarung bezeichneten Forschungseinrichtung und zur Aufnahme von Tätigkeiten in der Lehre. Änderungen des Forschungsvorhabens während des Aufenthalts führen nicht zum Wegfall der Berechtigung.

(6) Einem Ausländer, der in einem Mitgliedstaat der Europäischen Union international Schutzberechtigter ist, kann eine Aufenthaltserlaubnis zum Zweck der Forschung erteilt werden, wenn die Voraussetzungen des Absatzes 1 erfüllt sind und er sich mindestens zwei Jahre nach Erteilung der Schutzberechtigung in diesem Mitgliedstaat aufgehalten hat. Absatz 5 gilt entsprechend.

…

§ 19 b Mobiler-ICT-Karte[1] (1) Eine Mobiler-ICT-Karte ist ein Aufenthaltstitel nach der Richtlinie (EU) 2014/66 zum Zweck eines unternehmensinternen

1 Fassung ab 1. 3. 2020.

Transfers im Sinne des § 19 Absatz 1 Satz 2, wenn der Ausländer einen für die Dauer des Antragsverfahrens gültigen nach der Richtlinie (EU) 2014/66 erteilten Aufenthaltstitel eines anderen Mitgliedstaates besitzt.

(2) Einem Ausländer wird die Mobiler-ICT-Karte erteilt, wenn

1. er als Führungskraft, Spezialist oder Trainee tätig wird,
2. der unternehmensinterne Transfer mehr als 90 Tage dauert,
3. er einen für die Dauer des Transfers gültigen Arbeitsvertrag und erforderlichenfalls ein Abordnungsschreiben vorweist, worin enthalten sind:
   a) Einzelheiten zu Ort, Art, Entgelt und zu sonstigen Arbeitsbedingungen für die Dauer des Transfers sowie
   b) der Nachweis, dass der Ausländer nach Beendigung des Transfers in eine außerhalb der Europäischen Union ansässige Niederlassung des gleichen Unternehmens oder der gleichen Unternehmensgruppe zurückkehren kann, und
4. die Bundesagentur für Arbeit nach § 39 zugestimmt hat oder durch Rechtsverordnung nach § 42 Absatz 1 Nummer 1 oder zwischenstaatliche Vereinbarung bestimmt ist, dass die Mobiler-ICT-Karte ohne Zustimmung der Bundesagentur für Arbeit erteilt werden kann.

(3) Wird der Antrag auf Erteilung der Mobiler-ICT-Karte mindestens 20 Tage vor Beginn des Aufenthalts im Bundesgebiet gestellt und ist der Aufenthaltstitel des anderen Mitgliedstaates weiterhin gültig, so gelten bis zur Entscheidung der Ausländerbehörde der Aufenthalt und die Beschäftigung des Ausländers für bis zu 90 Tage innerhalb eines Zeitraums von 180 Tagen als erlaubt.

(4) Der Antrag wird abgelehnt, wenn er parallel zu einer Mitteilung nach § 19 a Absatz 1 Satz 1 gestellt wurde. Abgelehnt wird ein Antrag auch, wenn er zwar während des Aufenthalts nach § 19 a, aber nicht mindestens 20 Tage vor Ablauf dieses Aufenthalts vollständig gestellt wurde.

(5) Die Mobiler-ICT-Karte wird nicht erteilt, wenn sich der Ausländer im Rahmen des unternehmensinternen Transfers im Bundesgebiet länger aufhalten wird als in anderen Mitgliedstaaten.

(6) Der Antrag kann abgelehnt werden, wenn

1. die Höchstdauer des unternehmensinternen Transfers nach § 19 Absatz 4 erreicht wurde oder
2. der in § 19 Absatz 6 Nummer 2 genannte Ablehnungsgrund vorliegt.

(7) Die inländische aufnehmende Niederlassung ist verpflichtet, der zuständigen Ausländerbehörde Änderungen in Bezug auf die in Absatz 2 genannten Voraussetzungen unverzüglich, in der Regel innerhalb einer Woche, anzuzeigen.

...

§ 20 Arbeitsplatzsuche für Fachkräfte[1] (1) Einer Fachkraft mit Berufsausbildung kann eine Aufenthaltserlaubnis für bis zu sechs Monate zur Suche nach einem Arbeitsplatz, zu dessen Ausübung ihre Qualifikation befähigt, erteilt

1 Fassung ab 1. 3. 2020.

werden, wenn die Fachkraft über der angestrebten Tätigkeit entsprechende deutsche Sprachkenntnisse verfügt. Auf Ausländer, die sich bereits im Bundesgebiet aufhalten, findet Satz 1 nur Anwendung, wenn diese unmittelbar vor der Erteilung der Aufenthaltserlaubnis nach Satz 1 im Besitz eines Aufenthaltstitels zum Zweck der Erwerbstätigkeit oder nach § 16 e waren. Das Bundesministerium für Arbeit und Soziales kann durch Rechtsverordnung mit Zustimmung des Bundesrates Berufsgruppen bestimmen, in denen Fachkräften keine Aufenthaltserlaubnis nach Satz 1 erteilt werden darf. Die Aufenthaltserlaubnis berechtigt nur zur Ausübung von Probebeschäftigungen bis zu zehn Stunden je Woche, zu deren Ausübung die erworbene Qualifikation die Fachkraft befähigt.

(2) Einer Fachkraft mit akademischer Ausbildung kann eine Aufenthaltserlaubnis für bis zu sechs Monate zur Suche nach einem Arbeitsplatz, zu dessen Ausübung ihre Qualifikation befähigt, erteilt werden. Absatz 1 Satz 2 und 4 gilt entsprechend.

(3) Zur Suche nach einem Arbeitsplatz, zu dessen Ausübung seine Qualifikation befähigt,

1. wird einem Ausländer nach erfolgreichem Abschluss eines Studiums im Bundesgebiet im Rahmen eines Aufenthalts nach § 16 b oder § 16 c eine Aufenthaltserlaubnis für bis zu 18 Monate erteilt,
2. wird einem Ausländer nach Abschluss der Forschungstätigkeit im Rahmen eines Aufenthalts nach § 18 d oder § 18 f eine Aufenthaltserlaubnis für bis zu neun Monate erteilt,
3. kann einem Ausländer nach erfolgreichem Abschluss einer qualifizierten Berufsausbildung im Bundesgebiet im Rahmen eines Aufenthalts nach § 16 a eine Aufenthaltserlaubnis für bis zu zwölf Monate erteilt werden, oder
4. kann einem Ausländer nach der Feststellung der Gleichwertigkeit der Berufsqualifikation oder der Erteilung der Berufsausübungserlaubnis im Bundesgebiet im Rahmen eines Aufenthalts nach § 16 d eine Aufenthaltserlaubnis für bis zu zwölf Monate erteilt werden,

sofern der Arbeitsplatz nach den Bestimmungen der §§ 18 a, 18 b, 18 d, 19 c und 21 von Ausländern besetzt werden darf.

(4) Die Erteilung der Aufenthaltserlaubnis nach den Absätzen 1 bis 3 setzt die Lebensunterhaltssicherung voraus. Die Verlängerung der Aufenthaltserlaubnis über die in den Absätzen 1 bis 3 genannten Höchstzeiträume hinaus ist ausgeschlossen. Eine Aufenthaltserlaubnis nach den Absätzen 1 und 2 kann erneut nur erteilt werden, wenn sich der Ausländer nach seiner Ausreise mindestens so lange im Ausland aufgehalten hat, wie er sich zuvor auf der Grundlage einer Aufenthaltserlaubnis nach Absatz 1 oder 2 im Bundesgebiet aufgehalten hat. § 9 findet keine Anwendung.

…

Achter Abschnitt – Beteiligung der Bundesagentur für Arbeit

§ 39 Zustimmung zur Beschäftigung[1] (1) Die Erteilung eines Aufenthaltstitels zur Ausübung einer Beschäftigung setzt die Zustimmung der Bundesagentur für Arbeit voraus, es sei denn, die Zustimmung ist kraft Gesetzes, auf Grund der Beschäftigungsverordnung oder Bestimmung in einer zwischenstaatlichen Vereinbarung nicht erforderlich. Die Zustimmung kann erteilt werden, wenn dies durch ein Gesetz, die Beschäftigungsverordnung oder zwischenstaatliche Vereinbarung bestimmt ist.

(2) Die Bundesagentur für Arbeit kann der Ausübung einer Beschäftigung durch eine Fachkraft gemäß den §§ 18 a oder 18 b zustimmen, wenn

1. sie nicht zu ungünstigeren Arbeitsbedingungen als vergleichbare inländische Arbeitnehmer beschäftigt wird,
2. sie
   a) gemäß § 18 a oder § 18 b Absatz 1 eine Beschäftigung als Fachkraft ausüben wird, zu der ihre Qualifikation sie befähigt, oder
   b) gemäß § 18 b Absatz 2 Satz 2 eine ihre Qualifikation angemessene Beschäftigung ausüben wird,
3. ein inländisches Beschäftigungsverhältnis vorliegt und,
4. sofern die Beschäftigungsverordnung nähere Voraussetzungen in Bezug auf die Ausübung der Beschäftigung vorsieht, diese vorliegen.

Die Zustimmung wird ohne Vorrangprüfung im Sinne des Absatzes 3 Nummer 3 erteilt, es sei denn, in der Beschäftigungsverordnung ist etwas anderes bestimmt.

(3) Die Bundesagentur für Arbeit kann der Ausübung einer Beschäftigung durch einen Ausländer unabhängig von einer Qualifikation als Fachkraft zustimmen, wenn

1. der Ausländer nicht zu ungünstigeren Arbeitsbedingungen als vergleichbare inländische Arbeitnehmer beschäftigt wird,
2. die in den §§ 19, 19 b, 19 c Absatz 3 oder § 19 d Absatz 1 Nummer 1 oder durch die Beschäftigungsverordnung geregelten Voraussetzungen für die Zustimmung in Bezug auf die Ausübung der Beschäftigung vorliegen und
3. für die Beschäftigung deutsche Arbeitnehmer sowie Ausländer, die diesen hinsichtlich der Arbeitsaufnahme rechtlich gleichgestellt sind, oder andere Ausländer, die nach dem Recht der Europäischen Union einen Anspruch auf vorrangigen Zugang zum Arbeitsmarkt haben, nicht zur Verfügung stehen (Vorrangprüfung), soweit diese Prüfung durch die Beschäftigungsverordnung oder Gesetz vorgesehen ist.

(4) Für die Erteilung der Zustimmung hat der Arbeitgeber der Bundesagentur für Arbeit Auskunft über Arbeitsentgelt, Arbeitszeiten und sonstige Arbeitsbedingungen zu erteilen. Auf Aufforderung durch die Bundesagentur für Arbeit hat ein Arbeitgeber, der einen Ausländer beschäftigt oder beschäftigt hat, eine Auskunft nach Satz 1 innerhalb eines Monats zu erteilen.

---

1 Fassung ab 1. 3. 2020.

(5) Die Absätze 1, 3 und 4 gelten auch, wenn bei Aufenthalten zu anderen Zwecken nach en Abschnitten 3, 5 oder 7 eine Zustimmung der Bundesagentur für Arbeit zur Ausübung einer Beschäftigung erforderlich ist.
(6) Absatz 3 gilt für die Erteilung einer Arbeitserlaubnis zum Zweck der Saisonbeschäftigung entsprechend. Im Übrigen sind die für die Zustimmung der Bundesagentur für Arbeit geltenden Rechtsvorschriften auf die Arbeitserlaubnis anzuwenden, soweit durch Gesetz oder Rechtsverordnung nichts anderes bestimmt ist. Die Bundesagentur für Arbeit kann für die Zustimmung zur Erteilung eines Aufenthaltstitels zum Zweck der Saisonbeschäftigung und für die Erteilung einer Arbeitserlaubnis zum Zweck der Saisonbeschäftigung am Bedarf orientierte Zulassungszahlen festlegen.

§ 40 Versagungsgründe[1] (1) Die Zustimmung nach § 39 ist zu versagen, wenn
1. das Arbeitsverhältnis auf Grund einer unerlaubten Arbeitsvermittlung oder Anwerbung zustande gekommen ist oder
2. der Ausländer als Leiharbeitnehmer (§ 1 Abs. 1 des Arbeitnehmerüberlassungsgesetzes) tätig werden will.

(2) Die Zustimmung kann versagt werden, wenn
1. der Ausländer gegen § 404 Abs. 1 oder 2 Nr. 2 bis 13 des Dritten Buches Sozialgesetzbuch, §§ 10, 10 a oder § 11 des Schwarzarbeitsbekämpfungsgesetzes oder gegen die §§ 15, 15 a oder § 16 Abs. 1 Nr. 2 des Arbeitnehmerüberlassungsgesetzes schuldhaft verstoßen hat,
2. wichtige Gründe in der Person des Ausländers vorliegen, oder
3. die Beschäftigung bei einem Arbeitgeber erfolgen soll, der oder dessen nach Satzung oder Gesetz Vertretungsberechtigter innerhalb der letzten fünf Jahre wegen eines Verstoßes gegen § 404 Absatz 1 oder Absatz 2 Nummer 3 des Dritten Buches Sozialgesetzbuch rechtskräftig mit einer Geldbuße belegt oder wegen eines Verstoßes gegen die §§ 10, 10 a oder 11 des Schwarzarbeitsbekämpfungsgesetzes oder gegen die §§ 15, 15 a oder 16 Absatz 1 Nummer 2 des Arbeitnehmerüberlassungsgesetzes rechtskräftig zu einer Geld- oder Freiheitsstrafe verurteilt worden ist; dies gilt bei einem unternehmensinternen Transfer gemäß § 19 oder § 19 b entsprechend für die aufnehmende Niederlassung.

(3) Die Zustimmung kann darüber hinaus versagt werden, wenn
1. der Arbeitgeber oder die aufnehmende Niederlassung seinen oder ihren sozialversicherungsrechtlichen, steuerrechtlichen oder arbeitsrechtlichen Pflichten nicht nachgekommen ist,
2. über das Vermögen des Arbeitgebers oder über das Vermögen der aufnehmenden Niederlassung ein Insolvenzverfahren eröffnet wurde, das auf Auflösung des Arbeitgebers oder der Niederlassung und Abwicklung des Geschäftsbetriebs gerichtet ist,
3. der Arbeitgeber oder die aufnehmende Niederlassung im Rahmen der

---
1 Fassung ab 1. 3. 2020.

Durchführung eines Insolvenzverfahrens aufgelöst wurde und der Geschäftsbetrieb abgewickelt wurde,
4. die Eröffnung eines Insolvenzverfahrens über das Vermögen des Arbeitgebers oder über das Vermögen der aufnehmenden Niederlassung mangels Masse abgelehnt wurde und der Geschäftsbetrieb eingestellt wurde,
5. der Arbeitgeber oder die aufnehmende Niederlassung keine Geschäftstätigkeit ausübt,
6. durch die Präsenz des Ausländers eine Einflussnahme auf arbeitsrechtliche oder betriebliche Auseinandersetzungen oder Verhandlungen bezweckt oder bewirkt wird oder
7. der Arbeitgeber oder die aufnehmende Niederlassung hauptsächlich zu dem Zweck gegründet wurde, die Einreise und den Aufenthalt von Ausländern zum Zweck der Beschäftigung zu erleichtern; das Gleiche gilt, wenn das Arbeitsverhältnis hauptsächlich zu diesem Zweck begründet wurde.

§ 41 Widerruf der Zustimmung und Entzug der Arbeitserlaubnis[1] Die Zustimmung kann widerrufen und die Arbeitserlaubnis zum Zweck der Saisonbeschäftigung kann entzogen werden, wenn der Ausländer zu ungünstigeren Arbeitsbedingungen als vergleichbare inländische Arbeitnehmer beschäftigt wird oder der Tatbestand des § 40 erfüllt ist.

§ 42 Verordnungsermächtigung und Weisungsrecht[1] (1) Das Bundesministerium für Arbeit und Soziales kann durch Rechtsverordnung (Beschäftigungsverordnung) mit Zustimmung des Bundesrates Folgendes bestimmen:
1. Beschäftigungen, für die Ausländer nach § 4 a Absatz 2 Satz 1, § 16 a Absatz 1 Satz 1, den §§ 16 d, 16 e Absatz 1 Satz 1, den §§ 19, 19 b, 19 c Absatz 1 und 2 sowie § 19 e mit oder ohne Zustimmung der Bundesagentur für Arbeit zugelassen werden können, und ihre Voraussetzungen,
2. Beschäftigungen und Bedingungen, zu denen eine Zustimmung der Bundesagentur für Arbeit für eine qualifizierte Beschäftigung nach § 19 c Absatz 2 unabhängig von der Qualifikation als Fachkraft erteilt werden kann und
3. nähere Voraussetzungen in Bezug auf die Ausübung einer Beschäftigung als Fachkraft nach den §§ 18 a und 18 b,
4. Ausnahmen für Angehörige bestimmter Staaten,
5. Tätigkeiten, die für die Durchführung dieses Gesetzes stets oder unter bestimmten Voraussetzungen nicht als Beschäftigung anzusehen sind.

(2) Das Bundesministerium für Arbeit und Soziales kann durch die Beschäftigungsverordnung ohne Zustimmung des Bundesrates Folgendes bestimmen:
1. die Voraussetzungen und das Verfahren zur Erteilung der Zustimmung der Bundesagentur für Arbeit; dabei kann auch ein alternatives Verfahren zur Vorrangprüfung geregelt werden,
2. Einzelheiten über die zeitliche, betriebliche, berufliche und regionale Beschränkung der Zustimmung,

---
1 Fassung ab 1. 3. 2020.

3. Fälle nach § 39 Absatz 2 und 3, in denen für eine Zustimmung eine Vorrangprüfung durchgeführt wird, beispielsweise für die Beschäftigung von Fachkräften in zu bestimmenden Bezirken der Bundesagentur für Arbeit sowie in bestimmten Berufen,
4. Fälle, in denen Ausländern, die im Besitz einer Duldung sind, oder anderen Ausländern, die keinen Aufenthaltstitel besitzen, nach § 4 a Absatz 4 eine Beschäftigung erlaubt werden kann,
5. die Voraussetzungen und das Verfahren zur Erteilung einer Arbeitserlaubnis zum Zweck der Saisonbeschäftigung an Staatsangehörige der in Anhang II zu der Verordnung (EG) Nr. 539/2001 des Rates vom 15. März 2001 zur Aufstellung der Liste der Drittländer, deren Staatsangehörige beim Überschreiten der Außengrenzen im Besitz eines Visums sein müssen, sowie der Liste der Drittländer, deren Staatsangehörige von dieser Visumspflicht befreit sind (ABl. L 81 vom 21. 3. 2001, S. 1), genannten Staaten,
6. Berufe, in denen für Angehörige bestimmter Staaten die Erteilung einer Blauen Karte EU zu versagen ist, weil im Herkunftsland ein Mangel an qualifizierten Arbeitnehmern in diesen Berufsgruppen besteht.

(3) Das Bundesministerium für Arbeit und Soziales kann der Bundesagentur für Arbeit zur Durchführung der Bestimmungen dieses Gesetzes und der hierzu erlassenen Rechtsverordnungen sowie der von der Europäischen Union erlassenen Bestimmungen über den Zugang zum Arbeitsmarkt und der zwischenstaatlichen Vereinbarungen über die Beschäftigung von Arbeitnehmern Weisungen erteilen.

…

Kapitel 9 a – Rechtsfolgen bei illegaler Beschäftigung

§ 98 a Vergütung[1] (1) Der Arbeitgeber ist verpflichtet, dem Ausländer, den er ohne die nach § 284 Absatz 1 des Dritten Buches Sozialgesetzbuch erforderliche Genehmigung oder ohne die nach § 4 a Absatz 5 erforderliche Berechtigung zur Erwerbstätigkeit beschäftigt hat, die vereinbarte Vergütung zu zahlen. Für die Vergütung wird vermutet, dass der Arbeitgeber den Ausländer drei Monate beschäftigt hat.

(2) Als vereinbarte Vergütung ist die übliche Vergütung anzusehen, es sei denn, der Arbeitgeber hat mit dem Ausländer zulässigerweise eine geringere oder eine höhere Vergütung vereinbart.

(3) Ein Unternehmer, der einen anderen Unternehmer mit der Erbringung von Werk- oder Dienstleistungen beauftragt, haftet für die Erfüllung der Verpflichtung dieses Unternehmers nach Absatz 1 wie ein Bürge, der auf die Einrede der Vorausklage verzichtet hat.

(4) Für den Generalunternehmer und alle zwischengeschalteten Unternehmer ohne unmittelbare vertragliche Beziehung zu dem Arbeitgeber gilt Absatz 3

1 Fassung ab 1. 3. 2020.

entsprechend, es sei denn, dem Generalunternehmer oder dem zwischengeschalteten Unternehmer war nicht bekannt, dass der Arbeitgeber Ausländer ohne die nach § 284 Absatz 1 des Dritten Buches Sozialgesetzbuch erforderliche Genehmigung oder ohne die nach § 4 a Absatz 5 erforderliche Berechtigung zur Erwerbstätigkeit beschäftigt hat.
(5) Die Haftung nach den Absätzen 3 und 4 entfällt, wenn der Unternehmer nachweist, dass er auf Grund sorgfältiger Prüfung davon ausgehen konnte, dass der Arbeitgeber keine Ausländer ohne die nach § 284 Absatz 1 des Dritten Buches Sozialgesetzbuch erforderliche Genehmigung oder ohne die nach § 4 a Absatz 5 erforderliche Berechtigung zur Erwerbstätigkeit beschäftigt hat.
(6) Ein Ausländer, der im Geltungsbereich dieses Gesetzes ohne die nach § 284 Absatz 1 des Dritten Buches Sozialgesetzbuch erforderliche Genehmigung oder ohne die nach § 4 a Absatz 5 erforderliche Berechtigung zur Erwerbstätigkeit beschäftigt worden ist, kann Klage auf Erfüllung der Zahlungsverpflichtungen nach Absatz 3 und 4 auch vor einem deutschen Gericht für Arbeitssachen erheben.
(7) Die Vorschriften des Arbeitnehmer-Entsendegesetzes bleiben unberührt.

§ 98 b Ausschluss von Subventionen (1) Die zuständige Behörde kann Anträge auf Subventionen im Sinne des § 264 des Strafgesetzbuches ganz oder teilweise ablehnen, wenn der Antragsteller oder dessen nach Satzung oder Gesetz Vertretungsberechtigter

1. nach § 404 Absatz 2 Nummer 3 des Dritten Buches Sozialgesetzbuch mit einer Geldbuße von wenigstens Zweitausendfünfhundert Euro rechtskräftig belegt worden ist oder
2. nach den §§ 10, 10 a oder 11 des Schwarzarbeitsbekämpfungsgesetzes zu einer Freiheitsstrafe von mehr als drei Monaten oder einer Geldstrafe von mehr als 90 Tagessätzen rechtskräftig verurteilt worden ist.

Ablehnungen nach Satz 1 können je nach Schwere des der Geldbuße oder der Freiheits- oder der Geldstrafe zugrunde liegenden Verstoßes in einem Zeitraum von bis zu fünf Jahren ab Rechtskraft der Geldbuße, der Freiheits- oder der Geldstrafe erfolgen.
(2) Absatz 1 gilt nicht, wenn

1. auf die beantragte Subvention ein Rechtsanspruch besteht,
2. der Antragsteller eine natürliche Person ist und die Beschäftigung, durch die der Verstoß nach Absatz 1 Satz 1 begangen wurde, seinen privaten Zwecken diente, oder
3. der Verstoß nach Absatz 1 Satz 1 darin bestand, dass ein Unionsbürger rechtswidrig beschäftigt wurde.

§ 98 c Ausschluss von der Vergabe öffentlicher Aufträge (1) Öffentliche Auftraggeber nach § 99 des Gesetzes gegen Wettbewerbsbeschränkungen können einen Bewerber oder einen Bieter vom Wettbewerb um einen Liefer-, Bau- oder Dienstleistungsauftrag ausschließen, wenn dieser oder dessen nach Satzung oder Gesetz Vertretungsberechtigter

1. nach § 404 Absatz 2 Nummer 3 des Dritten Buches Sozialgesetzbuch mit einer Geldbuße von wenigstens Zweitausendfünfhundert Euro rechtskräftig belegt worden ist oder
2. nach den §§ 10, 10 a oder 11 des Schwarzarbeitsbekämpfungsgesetzes zu einer Freiheitsstrafe von mehr als drei Monaten oder einer Geldstrafe von mehr als 90 Tagessätzen rechtskräftig verurteilt worden ist.

Ausschlüsse nach Satz 1 können bis zur nachgewiesenen Wiederherstellung der Zuverlässigkeit, je nach Schwere des der Geldbuße, der Freiheits- oder der Geldstrafe zugrunde liegenden Verstoßes in einem Zeitraum von bis zu fünf Jahren ab Rechtskraft der Geldbuße, der Freiheits- oder der Geldstrafe erfolgen.

(2) Absatz 1 gilt nicht, wenn der Verstoß nach Absatz 1 Satz 1 darin bestand, dass ein Unionsbürger rechtswidrig beschäftigt wurde.

(3) Macht ein öffentlicher Auftraggeber von der Möglichkeit nach Absatz 1 Gebrauch, gilt § 21 Absatz 2 bis 5 des Arbeitnehmer-Entsendegesetzes entsprechend.

9 a. Gesetz über die allgemeine Freizügigkeit von Unionsbürgern (Freizügigkeitsgesetz/EU – FreizügG/EU)

vom 30. Juli 2004 (BGBl. I 1950),
zuletzt geändert durch Gesetz vom 20. Juli 2017 (BGBl. I 2780)

Einleitung

(siehe bei Nr. 9, II 2)

Gesetzestext

§ 1 Anwendungsbereich Dieses Gesetz regelt die Einreise und den Aufenthalt von Staatsangehörigen anderer Mitgliedstaaten der Europäischen Union (Unionsbürger) und ihrer Familienangehörigen.

§ 2 Recht auf Einreise und Aufenthalt (1) Freizügigkeitsberechtigte Unionsbürger und ihre Familienangehörigen haben das Recht auf Einreise und Aufenthalt nach Maßgabe dieses Gesetzes.
(2) Unionsrechtlich freizügigkeitsberechtigt sind:
1. Unionsbürger, die sich als Arbeitnehmer oder zur Berufsausbildung aufhalten wollen,
1 a. Unionsbürger, die sich zur Arbeitsuche aufhalten, für bis zu sechs Monate und darüber hinaus nur, solange sie nachweisen können, dass sie weiterhin Arbeit suchen und begründete Aussicht haben, eingestellt zu werden,
2. Unionsbürger, wenn sie zur Ausübung einer selbständigen Erwerbstätigkeit berechtigt sind (niedergelassene selbständige Erwerbstätige),
3. Unionsbürger, die, ohne sich niederzulassen, als selbständige Erwerbstätige Dienstleistungen im Sinne des Artikels 57 des Vertrages über die Arbeitsweise der Europäischen Union erbringen wollen (Erbringer von Dienstleistungen), wenn sie zur Erbringung der Dienstleistung berechtigt sind,
4. Unionsbürger als Empfänger von Dienstleistungen,
5. nicht erwerbstätige Unionsbürger unter den Voraussetzungen des § 4,
6. Familienangehörige unter den Voraussetzungen der §§ 3 und 4,
7. Unionsbürger und ihre Familienangehörigen, die ein Daueraufenthaltsrecht erworben haben.

(3) Das Recht nach Absatz 1 bleibt für Arbeitnehmer und selbständig Erwerbstätige unberührt bei

1. vorübergehender Erwerbsminderung infolge Krankheit oder Unfall,
2. unfreiwilliger durch die zuständige Agentur für Arbeit bestätigter Arbeitslosigkeit oder Einstellung einer selbständigen Tätigkeit infolge von Umständen, auf die der Selbständige keinen Einfluss hatte, nach mehr als einem Jahr Tätigkeit,
3. Aufnahme einer Berufsausbildung, wenn zwischen der Ausbildung und der früheren Erwerbstätigkeit ein Zusammenhang besteht; der Zusammenhang ist nicht erforderlich, wenn der Unionsbürger seinen Arbeitsplatz unfreiwillig verloren hat.

Bei unfreiwilliger durch die zuständige Agentur für Arbeit bestätigter Arbeitslosigkeit nach weniger als einem Jahr Beschäftigung bleibt das Recht aus Absatz 1 während der Dauer von sechs Monaten unberührt.

(4) Unionsbürger bedürfen für die Einreise keines Visums und für den Aufenthalt keines Aufenthaltstitels. Familienangehörige, die nicht Unionsbürger sind, bedürfen für die Einreise eines Visums nach den Bestimmungen für Ausländer, für die das Aufenthaltsgesetz gilt. Der Besitz einer gültigen Aufenthaltskarte, auch der eines anderen Mitgliedstaates der Europäischen Union, entbindet nach Artikel 5 Abs. 2 der Richtlinie 2004/38/EG des Europäischen Parlaments und des Rates vom 29. April 2004 über das Recht der Unionsbürger und ihrer Familienangehörigen, sich im Hoheitsgebiet der Mitgliedstaaten frei zu bewegen und aufzuhalten und zur Änderung der Verordnung (EWG) Nr. 1612/68 und zur Aufhebung der Richtlinien 64/221/EWG, 68/360/EWG, 73/148/EWG, 75/34/EWG, 75/35/EWG, 90/364/ EWG, 90/365/EWG und 93/96/EWG (ABl. EU Nr. L 229 S. 35) von der Visumpflicht.

(5) Für einen Aufenthalt von Unionsbürgern von bis zu drei Monaten ist der Besitz eines gültigen Personalausweises oder Reisepasses ausreichend. Familienangehörige, die nicht Unionsbürger sind, haben das gleiche Recht, wenn sie im Besitz eines anerkannten oder sonst zugelassenen Passes oder Passersatzes sind und sie den Unionsbürger begleiten oder ihm nachziehen.

(6) Für die Ausstellung des Visums werden keine Gebühren erhoben.

(7) Das Nichtbestehen des Rechts nach Absatz 1 kann festgestellt werden, wenn feststeht, dass die betreffende Person das Vorliegen einer Voraussetzung für dieses Recht durch die Verwendung von gefälschten oder verfälschten Dokumenten oder durch Vorspiegelung falscher Tatsachen vorgetäuscht hat. Das Nichtbestehen des Rechts nach Absatz 1 kann bei einem Familienangehörigen, der nicht Unionsbürger ist, außerdem festgestellt werden, wenn feststeht, dass er dem Unionsbürger nicht zur Herstellung oder Wahrung der familiären Lebensgemeinschaft nachzieht oder ihn nicht zu diesem Zweck begleitet. Einem Familienangehörigen, der nicht Unionsbürger ist, kann in diesen Fällen die Erteilung der Aufenthaltskarte oder des Visums versagt werden oder seine Aufenthaltskarte kann eingezogen werden. Entscheidungen nach den Sätzen 1 bis 3 bedürfen der Schriftform.

§ 3 Familienangehörige (1) Familienangehörige der in § 2 Abs. 2 Nr. 1 bis 5 genannten Unionsbürger haben das Recht nach § 2 Abs. 1, wenn sie den Unionsbürger begleiten oder ihm nachziehen. Für Familienangehörige der in § 2 Abs. 2 Nr. 5 genannten Unionsbürger gilt dies nach Maßgabe des § 4.

(2) Familienangehörige sind

1. der Ehegatte, der Lebenspartner und die Verwandten in gerader absteigender Linie der in § 2 Abs. 2 Nr. 1 bis 5 und 7 genannten Personen oder ihrer Ehegatten oder Lebenspartner, die noch nicht 21 Jahre alt sind,
2. die Verwandten in gerader aufsteigender und in gerader absteigender Linie der in § 2 Abs. 2 Nr. 1 bis 5 und 7 genannten Personen oder ihrer Ehegatten oder Lebenspartner, denen diese Personen oder ihre Ehegatten oder Lebenspartner Unterhalt gewähren.

(3) Familienangehörige, die nicht Unionsbürger sind, behalten beim Tod des Unionsbürgers ein Aufenthaltsrecht, wenn sie die Voraussetzungen des § 2 Abs. 2 Nr. 1 bis 3 oder Nr. 5 erfüllen und sich vor dem Tod des Unionsbürgers mindestens ein Jahr als seine Familienangehörigen im Bundesgebiet aufgehalten haben. § 3 Abs. 1 und 2 sowie die §§ 6 und 7 sind für Personen nach Satz 1 nicht anzuwenden; insoweit ist das Aufenthaltsgesetz anzuwenden.

(4) Die Kinder eines freizügigkeitsberechtigten Unionsbürgers und der Elternteil, der die elterliche Sorge für die Kinder tatsächlich ausübt, behalten auch nach dem Tod oder Wegzug des Unionsbürgers, von dem sie ihr Aufenthaltsrecht ableiten, bis zum Abschluss einer Ausbildung ihr Aufenthaltsrecht, wenn sich die Kinder im Bundesgebiet aufhalten und eine Ausbildungseinrichtung besuchen.

(5) Ehegatten oder Lebenspartner, die nicht Unionsbürger sind, behalten bei Scheidung oder Aufhebung der Ehe oder Aufhebung der Lebenspartnerschaft ein Aufenthaltsrecht, wenn sie die für Unionsbürger geltenden Voraussetzungen des § 2 Abs. 2 Nr. 1 bis 3 oder Nr. 5 erfüllen und wenn

1. die Ehe oder die Lebenspartnerschaft bis zur Einleitung des gerichtlichen Scheidungs- oder Aufhebungsverfahrens mindestens drei Jahre bestanden hat, davon mindestens ein Jahr im Bundesgebiet,
2. ihnen durch Vereinbarung der Ehegatten oder der Lebenspartner oder durch gerichtliche Entscheidung die elterliche Sorge für die Kinder des Unionsbürgers übertragen wurde,
3. es zur Vermeidung einer besonderen Härte erforderlich ist, insbesondere weil dem Ehegatten oder dem Lebenspartner wegen der Beeinträchtigung seiner schutzwürdigen Belange ein Festhalten an der Ehe oder der Lebenspartnerschaft nicht zugemutet werden konnte, oder
4. ihnen durch Vereinbarung der Ehegatten oder der Lebenspartner oder durch gerichtliche Entscheidung das Recht zum persönlichen Umgang mit dem minderjährigen Kind nur im Bundesgebiet eingeräumt wurde.

§ 3 Abs. 1 und 2 sowie die §§ 6 und 7 sind für Personen nach Satz 1 nicht anzuwenden; insoweit ist das Aufenthaltsgesetz anzuwenden.

§ 4 Nicht erwerbstätige Freizügigkeitsberechtigte Nicht erwerbstätige Unionsbürger und ihre Familienangehörigen, die den Unionsbürger begleiten oder ihm nachziehen, haben das Recht nach § 2 Abs. 1, wenn sie über ausreichenden

Krankenversicherungsschutz und ausreichende Existenzmittel verfügen. Hält sich der Unionsbürger als Student im Bundesgebiet auf, haben dieses Recht nur sein Ehegatte, Lebenspartner und seine Kinder, denen Unterhalt gewährt wird.

§ 4 a Daueraufenthaltsrecht (1) Unionsbürger, die sich seit fünf Jahren ständig rechtmäßig im Bundesgebiet aufgehalten haben, haben unabhängig vom weiteren Vorliegen der Voraussetzungen des § 2 Abs. 2 das Recht auf Einreise und Aufenthalt (Daueraufenthaltsrecht). Ihre Familienangehörigen, die nicht Unionsbürger sind, haben dieses Recht, wenn sie sich seit fünf Jahren mit dem Unionsbürger ständig rechtmäßig im Bundesgebiet aufgehalten haben. § 3 Absatz 1 und 2 ist für Personen nach Satz 2 nicht anzuwenden; insoweit sind die Vorschriften des Aufenthaltsgesetzes zum Familiennachzug zu Inhabern einer Erlaubnis zum Daueraufenthalt – EU entsprechend anzuwenden.

(2) Abweichend von Absatz 1 haben Unionsbürger nach § 2 Abs. 2 Nr. 1 bis 3 vor Ablauf von fünf Jahren das Daueraufenthaltsrecht, wenn sie

1. sich mindestens drei Jahre ständig im Bundesgebiet aufgehalten und mindestens während der letzten zwölf Monate im Bundesgebiet eine Erwerbstätigkeit ausgeübt haben und
   a) zum Zeitpunkt des Ausscheidens aus dem Erwerbsleben das 65. Lebensjahr erreicht haben oder
   b) ihre Beschäftigung im Rahmen einer Vorruhestandsregelung beenden oder
2. ihre Erwerbstätigkeit infolge einer vollen Erwerbsminderung aufgeben,
   a) die durch einen Arbeitsunfall oder eine Berufskrankheit eingetreten ist und einen Anspruch auf eine Rente gegenüber einem Leistungsträger im Bundesgebiet begründet oder
   b) nachdem sie sich zuvor mindestens zwei Jahre ständig im Bundesgebiet aufgehalten haben oder
3. drei Jahre ständig im Bundesgebiet erwerbstätig waren und anschließend in einem anderen Mitgliedstaat der Europäischen Union erwerbstätig sind, ihren Wohnsitz im Bundesgebiet beibehalten und mindestens einmal in der Woche dorthin zurückkehren; für den Erwerb des Rechts nach den Nummern 1 und 2 gelten die Zeiten der Erwerbstätigkeit in einem anderen Mitgliedstaat der Europäischen Union als Zeiten der Erwerbstätigkeit im Bundesgebiet.

Soweit der Ehegatte oder der Lebenspartner des Unionsbürgers Deutscher nach Artikel 116 des Grundgesetzes ist oder diese Rechtsstellung durch Eheschließung mit dem Unionsbürger bis zum 31. März 1953 verloren hat, entfallen in Satz 1 Nr. 1 und 2 die Voraussetzungen der Aufenthaltsdauer und der Dauer der Erwerbstätigkeit.

(3) Familienangehörige eines verstorbenen Unionsbürgers nach § 2 Abs. 2 Nr. 1 bis 3, die im Zeitpunkt seines Todes bei ihm ihren ständigen Aufenthalt hatten, haben das Daueraufenthaltsrecht, wenn

1. der Unionsbürger sich im Zeitpunkt seines Todes seit mindestens zwei Jahren im Bundesgebiet ständig aufgehalten hat,

2. der Unionsbürger infolge eines Arbeitsunfalls oder einer Berufskrankheit gestorben ist oder
3. der überlebende Ehegatte oder Lebenspartner des Unionsbürgers Deutscher nach Artikel 116 des Grundgesetzes ist oder diese Rechtsstellung durch Eheschließung mit dem Unionsbürger vor dem 31. März 1953 verloren hat.

(4) Die Familienangehörigen eines Unionsbürgers, der das Daueraufenthaltsrecht nach Absatz 2 erworben hat, haben ebenfalls das Daueraufenthaltsrecht, wenn sie bei dem Unionsbürger ihren ständigen Aufenthalt haben.

(5) Familienangehörige nach § 3 Abs. 3 bis 5 erwerben das Daueraufenthaltsrecht, wenn sie sich fünf Jahre ständig rechtmäßig im Bundesgebiet aufhalten.

(6) Der ständige Aufenthalt wird nicht berührt durch
1. Abwesenheiten bis zu insgesamt sechs Monaten im Jahr oder
2. Abwesenheit zur Ableistung des Wehrdienstes oder eines Ersatzdienstes sowie
3. eine einmalige Abwesenheit von bis zu zwölf aufeinander folgenden Monaten aus wichtigem Grund, insbesondere auf Grund einer Schwangerschaft und Entbindung, schweren Krankheit, eines Studiums, einer Berufsausbildung oder einer beruflichen Entsendung.

(7) Eine Abwesenheit aus einem seiner Natur nach nicht nur vorübergehenden Grund von mehr als zwei aufeinander folgenden Jahren führt zum Verlust des Daueraufenthaltsrechts.

§ 5 Aufenthaltskarten, Bescheinigung über das Daueraufenthaltsrecht (1) Freizügigkeitsberechtigten Familienangehörigen, die nicht Unionsbürger sind, wird von Amts wegen innerhalb von sechs Monaten, nachdem sie die erforderlichen Angaben gemacht haben, eine Aufenthaltskarte für Familienangehörige von Unionsbürgern ausgestellt, die fünf Jahre gültig sein soll. Eine Bescheinigung darüber, dass die erforderlichen Angaben gemacht worden sind, erhält der Familienangehörige unverzüglich.

(2) Die zuständige Ausländerbehörde kann verlangen, dass die Voraussetzungen des Rechts nach § 2 Abs. 1 drei Monate nach der Einreise glaubhaft gemacht werden. Für die Glaubhaftmachung erforderliche Angaben und Nachweise können von der zuständigen Meldebehörde bei der meldebehördlichen Anmeldung entgegengenommen werden. Diese leitet die Angaben und Nachweise an die zuständige Ausländerbehörde weiter. Eine darüber hinausgehende Verarbeitung oder Nutzung durch die Meldebehörde erfolgt nicht.

(3) Das Vorliegen oder der Fortbestand der Voraussetzungen des Rechts nach § 2 Absatz 1 kann aus besonderem Anlass überprüft werden.

(4) Sind die Voraussetzungen des Rechts nach § 2 Abs. 1 innerhalb von fünf Jahren nach Begründung des ständigen Aufenthalts im Bundesgebiet entfallen, kann der Verlust des Rechts nach § 2 Abs. 1 festgestellt und bei Familienangehörigen, die nicht Unionsbürger sind, die Aufenthaltskarte eingezogen werden. § 4 a Abs. 6 gilt entsprechend.

(5) Auf Antrag wird Unionsbürgern unverzüglich ihr Daueraufenthaltsrecht bescheinigt. Ihren daueraufenthaltsberechtigten Familienangehörigen, die nicht

Unionsbürger sind, wird innerhalb von sechs Monaten nach Antragstellung eine Daueraufenthaltskarte ausgestellt.

(6) Für den Verlust des Daueraufenthaltsrechts nach § 4 a Abs. 7 gilt Absatz 4 Satz 1 entsprechend.

§ 5 a Vorlage von Dokumenten (1) Die zuständige Behörde darf in den Fällen des § 5 Absatz 2 von einem Unionsbürger den gültigen Personalausweis oder Reisepass und im Fall des

1. § 2 Abs. 2 Nr. 1 eine Einstellungsbestätigung oder eine Beschäftigungsbescheinigung des Arbeitgebers,
2. § 2 Abs. 2 Nr. 2 einen Nachweis über seine selbständige Tätigkeit,
3. § 2 Abs. 2 Nr. 5 einen Nachweis über ausreichenden Krankenversicherungsschutz und ausreichende Existenzmittel

verlangen. Ein nicht erwerbstätiger Unionsbürger im Sinne des § 2 Abs. 2 Nr. 5, der eine Bescheinigung vorlegt, dass er im Bundesgebiet eine Hochschule oder andere Ausbildungseinrichtung besucht, muss die Voraussetzungen nach Satz 1 Nr. 3 nur glaubhaft machen.

(2) Die zuständige Behörde darf von Familienangehörigen in den Fällen des § 5 Absatz 2 oder für die Ausstellung der Aufenthaltskarte einen anerkannten oder sonst zugelassenen gültigen Pass oder Passersatz und zusätzlich Folgendes verlangen:

1. einen Nachweis über das Bestehen der familiären Beziehung, bei Verwandten in absteigender und aufsteigender Linie einen urkundlichen Nachweis über Voraussetzungen des § 3 Abs. 2,
2. eine Meldebestätigung des Unionsbürgers, den die Familienangehörigen begleiten oder dem sie nachziehen.

§ 6 Verlust des Rechts auf Einreise und Aufenthalt (1) Der Verlust des Rechts nach § 2 Abs. 1 kann unbeschadet des § 2 Absatz 7 und des § 5 Absatz 4 nur aus Gründen der öffentlichen Ordnung, Sicherheit oder Gesundheit (Artikel 45 Absatz 3, Artikel 52 Absatz 1 des Vertrages über die Arbeitsweise der Europäischen Union) festgestellt und die Bescheinigung über das Daueraufenthaltsrecht oder die Aufenthaltskarte oder Daueraufenthaltskarte eingezogen werden. Aus den in Satz 1 genannten Gründen kann auch die Einreise verweigert werden. Die Feststellung aus Gründen der öffentlichen Gesundheit kann nur erfolgen, wenn es sich um Krankheiten mit epidemischem Potenzial im Sinne der einschlägigen Rechtsinstrumente der Weltgesundheitsorganisation und sonstige übertragbare, durch Infektionserreger oder Parasiten verursachte Krankheiten handelt, sofern gegen diese Krankheiten Maßnahmen im Bundesgebiet getroffen werden, und wenn die Krankheit innerhalb der ersten drei Monate nach Einreise auftritt.

(2) Die Tatsache einer strafrechtlichen Verurteilung genügt für sich allein nicht, um die in Absatz 1 genannten Entscheidungen oder Maßnahmen zu begründen. Es dürfen nur im Bundeszentralregister noch nicht getilgte strafrechtliche Verurteilungen und diese nur insoweit berücksichtigt werden, als die ihnen zu

Grunde liegenden Umstände ein persönliches Verhalten erkennen lassen, das eine gegenwärtige Gefährdung der öffentlichen Ordnung darstellt. Es muss eine tatsächliche und hinreichend schwere Gefährdung vorliegen, die ein Grundinteresse der Gesellschaft berührt.

(3) Bei der Entscheidung nach Absatz 1 sind insbesondere die Dauer des Aufenthalts des Betroffenen in Deutschland, sein Alter, sein Gesundheitszustand, seine familiäre und wirtschaftliche Lage, seine soziale und kulturelle Integration in Deutschland und das Ausmaß seiner Bindungen zum Herkunftsstaat zu berücksichtigen.

(4) Eine Feststellung nach Absatz 1 darf nach Erwerb des Daueraufenthaltsrechts nur aus schwerwiegenden Gründen getroffen werden.

(5) Eine Feststellung nach Absatz 1 darf bei Unionsbürgern und ihren Familienangehörigen, die ihren Aufenthalt in den letzten zehn Jahren im Bundesgebiet hatten, und bei Minderjährigen nur aus zwingenden Gründen der öffentlichen Sicherheit getroffen werden. Für Minderjährige gilt dies nicht, wenn der Verlust des Aufenthaltsrechts zum Wohl des Kindes notwendig ist. Zwingende Gründe der öffentlichen Sicherheit können nur dann vorliegen, wenn der Betroffene wegen einer oder mehrer vorsätzlicher Straftaten rechtskräftig zu einer Freiheits- oder Jugendstrafe von mindestens fünf Jahren verurteilt oder bei der letzten rechtskräftigen Verurteilung Sicherungsverwahrung angeordnet wurde, wenn die Sicherheit der Bundesrepublik Deutschland betroffen ist oder wenn vom Betroffenen eine terroristische Gefahr ausgeht.

(6) Die Entscheidungen oder Maßnahmen, die den Verlust den Aufenthaltsrechts oder des Daueraufenthaltsrechts betreffen, dürfen nicht zu wirtschaftlichen Zwecken getroffen werden.

(7) Wird der Pass, Personalausweis oder sonstige Passersatz ungültig, so kann dies die Aufenthaltsbeendigung nicht begründen.

(8) Vor der Feststellung nach Absatz 1 soll der Betroffene angehört werden. Die Feststellung bedarf der Schriftform.

§ 7 Ausreisepflicht (1) Unionsbürger oder ihre Familienangehörigen sind ausreisepflichtig, wenn die Ausländerbehörde festgestellt hat, dass das Recht auf Einreise und Aufenthalt nicht besteht. In dem Bescheid soll die Abschiebung angedroht und eine Ausreisefrist gesetzt werden. Außer in dringenden Fällen muss die Frist mindestens einen Monat betragen. Wird ein Antrag nach § 80 Abs. 5 der Verwaltungsgerichtsordnung gestellt, darf die Abschiebung nicht erfolgen, bevor über den Antrag entschieden wurde.

(2) Unionsbürger und ihre Familienangehörigen, die ihr Freizügigkeitsrecht nach § 6 Abs. 1 verloren haben, dürfen nicht erneut in das Bundesgebiet einreisen und sich darin aufhalten. Unionsbürgern und ihren Familienangehörigen, bei denen das Nichtbestehen des Freizügigkeitsrechts nach § 2 Absatz 7 festgestellt worden ist, kann untersagt werden, erneut in das Bundesgebiet einzureisen und sich darin aufzuhalten. Dies soll untersagt werden, wenn ein besonders schwerer Fall, insbesondere ein wiederholtes Vortäuschen des Vorliegens der Voraussetzungen des Rechts auf Einreise und Aufenthalt, vorliegt

oder wenn ihr Aufenthalt die öffentliche Ordnung und Sicherheit der Bundesrepublik Deutschland in erheblicher Weise beeinträchtigt. Bei einer Entscheidung nach den Sätzen 2 und findet § 6 Absatz 3, 6 und 8 entsprechend Anwendung. Das Verbot nach den Sätzen 1 bis 3 wird von Amts wegen befristet. Die Frist ist unter Berücksichtigung der Umstände des Einzelfalles festzusetzen und darf fünf Jahre nur in den Fällen des § 6 Absatz 1 überschreiten. Die Frist beginnt mit der Ausreise. Ein nach angemessener Frist oder nach drei Jahren gestellter Antrag auf Aufhebung oder auf Verkürzung der festgesetzten Frist ist innerhalb von sechs Monaten zu bescheiden.

§ 8 Ausweispflicht (1) Unionsbürger und ihre Familienangehörigen sind verpflichtet,

1. bei der Einreise in das oder der Ausreise aus dem Bundesgebiet einen Pass oder anerkannten Passersatz
   a) mit sich zu führen und
   b) einem zuständigen Beamten auf Verlangen zur Prüfung vorzulegen,
2. für die Dauer des Aufenthalts im Bundesgebiet den erforderlichen Pass oder Passersatz zu besitzen,
3. den Pass oder Passersatz sowie die Aufenthaltskarte, die Bescheinigung des Daueraufenthalts oder die Daueraufenthaltskarte den mit der Ausführung dieses Gesetzes betrauten Behörden auf Verlangen vorzulegen, auszuhändigen und vorübergehend zu überlassen, soweit dies zur Durchführung oder Sicherung von Maßnahmen nach diesem Gesetz erforderlich ist.

(1 a) Unionsbürger und ihre Familienangehörigen sind verpflichtet, die in Absatz 1 Nummer 3 genannten Dokumente auf Verlangen einer zur Überprüfung der Identität befugten Behörde vorzulegen und es ihr zu ermöglichen, das Gesicht mit dem Lichtbild im Dokument abzugleichen.

(2) Die mit dem Vollzug dieses Gesetzes betrauten Behörden dürfen unter den Voraussetzungen des Absatzes 1 Nr. 3 die auf dem elektronischen Speicher- und Verarbeitungsmedium eines Dokumentes nach Absatz 1 gespeicherten biometrischen und sonstigen Daten auslesen, die benötigten biometrischen Daten beim Inhaber des Dokumentes erheben und die biometrischen Daten miteinander vergleichen. Biometrische Daten nach Satz 1 sind nur die Fingerabdrücke, das Lichtbild und die Irisbilder. Die Polizeivollzugsbehörden, die Zollverwaltung und die Meldebehörden sind befugt, Maßnahmen nach Satz 1 zu treffen, soweit sie die Echtheit des Dokumentes oder die Identität des Inhabers überprüfen dürfen. Die nach den Sätzen 1 und 3 erhobenen Daten sind unverzüglich nach Beendigung der Prüfung der Echtheit des Dokumentes oder der Identität des Inhabers zu löschen.

§ 9 Strafvorschriften (1) Mit Freiheitsstrafe mit bis zu drei Jahren oder mit Geldstrafe wird bestraft, wer unrichtige oder unvollständige Angaben macht oder benutzt, um für sich oder einen anderen eine Aufenthaltskarte, eine Daueraufenthaltskarte oder eine Bescheinigung über das Daueraufenthaltsrecht zu beschaffen oder eine so beschaffte Urkunde wissentlich zur Täuschung im Rechtsverkehr gebraucht.

(2) Mit Freiheitsstrafe bis zu einem Jahr oder mit Geldstrafe wird bestraft, wer entgegen § 7 Abs. 2 Satz 1 in das Bundesgebiet einreist oder sich darin aufhält.

(3) Gegenständige, auf die sich eine Straftat nach Absatz 1 bezieht, können eingezogen werden.

§ 10 Bußgeldvorschriften (1) Ordnungswidrig handelt, wer

1. entgegen § 8 Absatz 1 Nummer 1 Buchstabe b oder Nummer 3 ein dort genanntes Dokument nicht oder nicht rechtzeitig vorlegt oder
2. entgegen § 8 Absatz 1 a ein dort genanntes Dokument nicht oder nicht rechtzeitig vorlegt oder einen Abgleich mit dem Lichtbild nicht oder nicht rechtzeitig ermöglicht.

(2) Ordnungswidrig handelt, wer vorsätzlich oder leichtfertig entgegen § 8 Abs. 1 Nr. 2 einen Pass oder Passersatz nicht besitzt.

(3) Ordnungswidrig handelt, wer vorsätzlich oder fahrlässig entgegen § 8 Abs. 1 Nr. 1 Buchstabe a einen Pass oder Passersatz nicht mit sich führt.

(4) Die Ordnungswidrigkeit kann in den Fällen der Absätze 1 und 3 mit einer Geldbuße bis zu dreitausend Euro, in den übrigen Fällen mit einer Geldbuße bis zu tausend Euro geahndet werden.

(5) Verwaltungsbehörde im Sinne des § 36 Abs. 1 Nr. 1 des Gesetzes über Ordnungswidrigkeiten ist in den Fällen der Absätze 1 und 3 die in der Rechtsverordnung nach § 58 Abs. 1 des Bundespolizeigesetzes bestimmte Bundespolizeibehörde.

§ 11 Anwendung des Aufenthaltsgesetzes (1) Auf Unionsbürger und ihre Familienangehörigen, die nach § 2 Abs. 1 das Recht auf Einreise und Aufenthalt haben, finden § 3 Abs. 2, § 11 Absatz 8, die §§ 13, 14 Abs. 2, die §§ 36, 44 Abs. 4, §§ 45 a, 46 Absatz 2, § 50 Absatz 3 bis 6, § 59 Absatz 1 Satz 6 und 7, §§ 69, 73, 74 Abs. 2, § 77 Abs. 1, die §§ 80, 82 Abs. 5, die §§ 85 bis 88, 90, 91, 95 Abs. 1 Nr. 4 und 8, Abs. 2 Nr. 2, Abs. 4, die §§ 96, 97, 98 Abs. 2 Nr. 2, Abs. 2 a, 3 Nr. 3, Abs. 4 und 5 sowie § 99 des Aufenthaltsgesetzes entsprechende Anwendung. § 73 des Aufenthaltsgesetzes ist zur Feststellung von Gründen gemäß § 6 Abs. 1 anzuwenden. § 78 des Aufenthaltsgesetzes ist für die Ausstellung von Aufenthaltskarten nach § 5 Absatz 1 Satz 1 und Daueraufenthaltskarten nach § 5 Absatz 5 Satz 2 entsprechend anzuwenden. Aufenthaltskarten nach § 5 Absatz 1 Satz 1 tragen die Bezeichnung »Aufenthaltskarte (Familienangehöriger EU)« und Daueraufenthaltskarten nach § 5 Absatz 5 Satz 2 die Bezeichnung »Daueraufenthaltskarte (Familienangehöriger EU)«. § 88 a Absatz 1 Satz 1, 3 und 4 des aufenthaltsgesetzes findet entsprechende Anwendung, soweit die Übermittlung von teilnehmerbezogenen Daten im Rahmen der Durchführung von Integrationskursen nach § 44 Absatz 4 des Aufenthaltsgesetzes, zur Überwachung einer Eingliederungsvereinbarung nach dem Zweiten Buch Sozialgesetzbuch oder zur Durchführung des Einbürgerungsverfahrens erforderlich ist. Für Aufenthaltskarten nach § 5 Absatz 1 Satz 1 und

Daueraufenthaltskarten nach § 5 Absatz 5 Satz 2 wird in der Zone für das automatische Lesen anstelle der Abkürzungen nach § 78 Absatz 2 Satz 2 Nummer 1 des Aufenthaltsgesetzes die Abkürzung »AF« verwandt. Unter den Voraussetzungen des § 78 a Absatz 1 Satz 1 des Aufenthaltsgesetzes können Aufenthaltskarten nach § 5 Absatz 1 Satz 1 und Daueraufenthaltskarten nach § 5 Absatz 5 Satz 2 auf einem einheitlichen Vordruck ausgestellt werden. Für Aufenthaltskarten nach § 5 Absatz 1 Satz 1 und Daueraufenthaltskarten nach § 5 Absatz 5 Satz 2 gilt § 105 b des Aufenthaltsgesetzes entsprechend. Die Verpflichtungen aus § 82 Abs. 5 Satz 1 Nr. 1 des Aufenthaltsgesetzes gelten entsprechend für Unionsbürger, deren Lichtbilder zur Führung der Ausländerdateien benötigt werden. Die Mitteilungspflichten nach § 87 Absatz 2 Satz 1 Nummer 1 bis 3 des Aufenthaltsgesetzes bestehen insoweit, als die dort genannten Umstände auch für die Feststellung nach § 2 Absatz 7, § 5 Absatz 4 und § 6 Abs. 1 entscheidungserheblich sein können. Das Aufenthaltsgesetz findet auch dann Anwendung, wenn es eine günstigere Rechtsstellung vermittelt als dieses Gesetz.

(2) Hat die Ausländerbehörde das Nichtbestehen oder den Verlust des Rechts nach § 2 Abs. 1 festgestellt, findet das Aufenthaltsgesetz Anwendung, sofern dieses Gesetz keine besonderen Regelungen trifft.

(3) Zeiten des rechtmäßigen Aufenthalts nach diesem Gesetz unter fünf Jahren entsprechen den Zeiten des Besitzes einer Aufenthaltserlaubnis, Zeiten über fünf Jahren dem Besitz einer Niederlassungserlaubnis.

§ 11 a Verordnungsermächtigung Das Bundesministerium des Innern wird ermächtigt, durch Rechtsverordnung mit Zustimmung des Bundesrates die Einzelheiten der Ausstellung von Aufenthaltskarten nach § 5 Absatz 2 Satz 1 und Daueraufenthaltskarten nach § 5 Absatz 6 Satz 2 entsprechend § 99 Absatz 1 Nummer 13 a Satz 1 des Aufenthaltsgesetzes sowie Einzelheiten des Prüfverfahrens entsprechend § 34 Nummer 4 des Personalausweisgesetzes und Einzelheiten zum elektronischen Identitätsnachweis entsprechend § 34 Nummer 5 bis 7 des Personalausweisgesetzes festzulegen.

§ 12 Staatsangehörige der EWR-Staaten Dieses Gesetz gilt auch für Staatsangehörige der EWR-Staaten und ihre Familienangehörigen im Sinne dieses Gesetzes.

§ 13 Staatsangehörige der Beitrittsstaaten Soweit nach Maßgabe des Beitrittsvertrages eines Mitgliedstaates zur Europäischen Union abweichende Regelungen anzuwenden sind, findet dieses Gesetz Anwendung, wenn die Beschäftigung durch die Bundesagentur für Arbeit nach § 284 Absatz 1 des Dritten Buches Sozialgesetzbuch genehmigt wurde.

§ 14 Bestimmungen zum Verwaltungsverfahren Von den in § 11 Abs. 1 in Verbindung mit § 87 Absatz 1, 2 Satz 1 und 2, Abs. 4 Satz 1, 2 und 4, §§ 90, 91 Abs. 1 und 2, § 99 Abs. 1 und 2 des Aufenthaltsgesetzes getroffenen Regelungen des Verwaltungsverfahrens kann durch Landesrecht nicht abgewichen werden.

§ 15 Übergangsregelung Eine vor dem 28. August 2007 ausgestellte Aufenthaltserlaubnis-EU gilt als Aufenthaltskarte für Familienangehörige eines Unionsbürgers fort.

9 b. Asylgesetz

vom 26. Juni 1992 (BGBl. I 1126),
in der Fassung der Bekanntmachung vom 2. September 2008 (BGBl. I 1798),
zuletzt geändert durch Gesetz vom 20. November 2019 (BGBl. I 1626)
(Abgedruckte Vorschriften: §§ 55, 61)

Einleitung

(siehe bei Nr. 9, II 3)

Gesetzestext

§ 55 Aufenthaltsgestattung Einem Ausländer, der um Asyl nachsucht, ist zur Durchführung des Asylverfahrens der Aufenthalt im Bundesgebiet ab Ausstellung des Ankunftsnachweises gemäß § 63 a Absatz 1 gestattet (Aufenthaltsgestattung). Er hat keinen Anspruch darauf, sich in einem bestimmten Land oder an einem bestimmten Ort aufzuhalten. In den Fällen, in denen kein Ankunftsnachweis ausgestellt wird, entsteht die Aufenthaltsgestattung mit der Stellung des Asylantrags.
(2) Mit der Stellung eines Asylantrags erlöschen eine Befreiung vom Erfordernis eines Aufenthaltstitels und ein Aufenthaltstitel mit einer Gesamtgeltungsdauer bis zu sechs Monaten sowie die in § 81 Abs. 3 und 4 des Aufenthaltsgesetzes bezeichneten Wirkungen eines Antrags auf Erteilung eines Aufenthaltstitels. § 81 Abs. 4 des Aufenthaltsgesetzes bleibt unberührt, wenn der Ausländer einen Aufenthaltstitel mit einer Gesamtgeltungsdauer von mehr als sechs Monaten besessen und dessen Verlängerung beantragt hat.
(3) Soweit der Erwerb oder die Ausübung eines Rechtes oder einer Vergünstigung von der Dauer des Aufenthalts im Bundesgebiet abhängig ist, wird die Zeit eines Aufenthalts nach Absatz 1 nur angerechnet, wenn der Ausländer als Asylberechtigter anerkannt ist oder ihm internationaler Schutz im Sinne des § 1 Absatz 1 Nummer 2 zuerkannt wurde.

§ 61 Erwerbstätigkeit[1] (1) Für die Dauer der Pflicht, in einer Aufnahmeeinrichtung zu wohnen, darf der Ausländer keine Erwerbstätigkeit ausüben. Abwei-

---

1 Vgl. **Asylbewerberleistungsgesetz (AsylbLG)** vom 30. 6. 1993 (BGBl. I 1074), zuletzt geändert durch Gesetz vom 12. 12. 2019 (BGBl. I 2652):

…

§ 5 Arbeitsgelegenheiten (1) In Aufnahmeeinrichtungen im Sinne des § 44 des Asylgesetzes und in vergleichbaren Einrichtungen sollen Arbeitsgelegenheiten insbesondere zur Aufrechterhaltung und Betreibung der Einrichtung zur Verfügung gestellt werden; von der Bereitstellung dieser Arbeitsgelegenheiten unberührt bleibt die Verpflichtung der Leistungsberechtigten, Tätigkeiten der Selbstversorgung zu erledigen. Im übrigen sollen soweit wie möglich Arbeitsgelegenheiten bei staatlichen, bei kommunalen und bei gemeinnützigen Trägern zur chend von Satz 1 ist dem Ausländer die Ausübung einer Beschäftigung zu erlauben, wenn

1. das Asylverfahren nicht innerhalb von neun Monaten nach der Stellung des Asylantrags unanfechtbar abgeschlossen ist,

---

Verfügung gestellt werden, sofern die zu leistende Arbeit sonst nicht, nicht in diesem Umfang oder nicht zu diesem Zeitpunkt verrichtet werden würde.
(2) Für die zu leistende Arbeit nach Absatz 1 Satz 1 erster Halbsatz und Absatz 1 Satz 2 wird eine Aufwandsentschädigung von 80 Cent je Stunde ausgezahlt, soweit der Leistungsberechtigte nicht im Einzelfall höhere notwendige Aufwendungen nachweist, die ihm durch die Wahrnehmung der Arbeitsgelegenheit entstehen.
(3) Die Arbeitsgelegenheit ist zeitlich und räumlich so auszugestalten, daß sie auf zumutbare Weise und zumindest stundenweise ausgeübt werden kann. § 11 Absatz 4 des Zwölften Buches Sozialgesetzbuch gilt entsprechend. Ein sonstiger wichtiger Grund im Sinne von § 11 Absatz 4 Satz 1 Nummer 3 des Zwölften Buches Sozialgesetzbuch kann insbesondere auch dann vorliegen, wenn die oder der Leistungsberechtigte eine Beschäftigung auf dem allgemeinen Arbeitsmarkt, eine Berufsausbildung oder ein Studium aufnimmt oder aufgenommen hat.
(4) Arbeitsfähige, nicht erwerbstätige Leistungsberechtigte, die nicht mehr im schulpflichtigen Alter sind, sind zur Wahrnehmung einer zur Verfügung gestellten Arbeitsgelegenheit verpflichtet. Bei unbegründeter Ablehnung einer solchen Tätigkeit besteht nur Anspruch auf Leistungen entsprechend § 1 a Absatz 1. Der Leistungsberechtigte ist vorher entsprechend zu belehren.
(5) Ein Arbeitsverhältnis im Sinne des Arbeitsrechts und ein Beschäftigungsverhältnis im Sinne der gesetzlichen Kranken- und Rentenversicherung werden nicht begründet. § 61 Abs. 1 des Asylgesetzes sowie asyl- und ausländerrechtliche Auflagen über das Verbot und die Beschränkung einer Erwerbstätigkeit stehen einer Tätigkeit nach den Absätzen 1 bis 4 nicht entgegen. Die Vorschriften über den Arbeitsschutz sowie über die Grundsätze der Beschränkung der Arbeitnehmerhaftung finden entsprechende Anwendung.
…
§ 5 a Arbeitsgelegenheiten auf der Grundlage des Arbeitsmarktprogramms Flüchtlingsintegrationsmaßnahmen (1) Arbeitsfähige, nicht erwerbstätige Leistungsberechtigte, die das 18. Lebensjahr vollendet haben und nicht der Vollzeitschulpflicht unterliegen, können von den nach diesem Gesetz zuständigen Behörden zu ihrer Aktivierung in Arbeitsgelegenheiten zugewiesen werden, die im Rahmen des von der Bundesagentur für Arbeit (Bundesagentur) durchgeführten Arbeitsmarktprogramms Flüchtlingsintegrationsmaßnahmen gegen Mehraufwandsentschädigung bereitgestellt werden (Flüchtlingsintegrationsmaßnahme). Satz 1 findet keine Anwendung auf Leistungsberechtigte nach § 1 Absatz 1 Nummer 1, die aus einem sicheren Herkunftsstaat nach § 29 a des Asylgesetzes stammen, sowie auf Leistungsberechtigte nach § 1 Absatz 1 Nummer 4 und 5.
(2) Leistungsberechtigte nach Absatz 1 Satz 1 sind zur Wahrnehmung einer für sie zumutbaren Flüchtlingsintegrationsmaßnahme, der sie nach Absatz 1 zugewiesen wurden, verpflichtet; § 11 Absatz 4 des Zwölften Buches Sozialgesetzbuch gilt für die Beurteilung der Zumutbarkeit entsprechend. Ein sonstiger wichtiger Grund im Sinne von § 11 Absatz 4 Satz 1 Nummer 3 des Zwölften Buches Sozialgesetzbuch kann insbesondere auch dann vorliegen, wenn die leistungsberechtigte Person eine Beschäftigung auf dem allgemeinen Arbeitsmarkt, eine Berufsausbildung oder ein Studium aufnimmt oder aufgenommen hat.
(3) Leistungsberechtigte, die sich entgegen ihrer Verpflichtung nach Absatz 2 trotz schriftlicher Belehrung über die Rechtsfolgen weigern, eine für sie zumutbare Flüchtlingsintegrationsmaßnahme aufzunehmen oder fortzuführen oder die die Anbahnung einer für sie zumutbaren Flüchtlingsintegrationsmaßnahme durch ihr Verhalten verhindern, haben nur Anspruch auf Leistungen entsprechend § 1 a Absatz 1. Satz 1 gilt nicht, wenn der Leistungsberechtigte einen wichtigen Grund für sein Verhalten darlegt und nachweist.
(4) Die Auswahl geeigneter Teilnehmerinnen und Teilnehmer soll vor einer Entscheidung über die Zuweisung nach Absatz 1 Satz 1 mit den Trägern der Flüchtlingsintegrationsmaßnahme (Maßnahmeträgern) abgestimmt werden. Hierzu übermitteln die nach diesem Gesetz zuständigen Behörden den Maßnahmeträgern auf deren Ersuchen hin die erforderlichen

2. die Bundesagentur für Arbeit zugestimmt hat oder durch Rechtsverordnung bestimmt ist, dass die Ausübung der Beschäftigung ohne Zustimmung der Bundesagentur für Arbeit zulässig ist,
3. der Ausländer nicht Staatsangehöriger eines sicheren Herkunfsstaates (§ 29 a) ist und
4. der Asylantrag nicht als offensichtlich unbegründet oder als unzulässig abgelehnt wurde, es sei denn das Verwaltungsgericht hat die aufschiebende Wirkung der Klage gegen die Entscheidung des Bundesamtes angeordnet.

Ausländern, die seit mindestens sechs Monaten eine Duldung nach § 60 a des Aufenthaltsgesetzes besitzen, kann die Ausübung einer Beschäftigung erlaubt werden. Die §§ 39, 40 Absatz 1 Nummer 1 und Absatz 2 und die §§ 41 und 42 des Aufenthaltsgesetzes gelten entsprechend für Ausländer nach Satz 2.

(2) Im Übrigen kann einem Asylbewerber, der sich seit drei Monaten gestattet im Bundesgebiet aufhält, gemäß *§ 4 a Absatz 4*[1] des Aufenthaltsgesetzes die Ausübung einer Beschäftigung erlaubt werden, wenn die Bundesagentur für Arbeit zugestimmt hat oder durch Rechtsverordnung bestimmt ist, dass die Ausübung der Beschäftigung ohne Zustimmung der Bundesagentur für Arbeit zulässig ist. Ein geduldeter oder rechtmäßiger Voraufenthalt wird auf die Wartezeit nach Satz 1 angerechnet. Die §§ 39, 40 Absatz 1 Nummer 1 und Absatz 2 des Aufenthaltsgesetzes gelten entsprechend. Einem Ausländer aus einem sicheren Herkunftsstaat gemäß § 29 a, der nach dem 31. August 2015 einen Asylantrag gestellt hat, darf während des Asylverfahrens die Ausübung einer Beschäftigung nicht erlaubt werden. Absatz 1 Satz 2 bleibt unberührt.

…

Daten über Leistungsberechtigte, die für die Teilnahme an einer Flüchtlingsintegrationsmaßnahme in Betracht kommen.

(5) Die nach diesem Gesetz zuständigen Behörden dürfen die für die Erfüllung ihrer Aufgaben nach den Absätzen 1, 3 und 4 erforderlichen personenbezogenen Daten von Leistungsberechtigten erheben, einschließlich Angaben
1. zum Bildungsstand, zur beruflichen Qualifikation und zum Vorliegen einer Beschäftigung,
2. zu Sprachkenntnissen und
3. zur Durchführung eines Integrationskurses nach § 43 des Aufenthaltsgesetzes oder einer Maßnahme der berufsbezogenen Deutschsprachförderung nach § 45 a des Aufenthaltsgesetzes.

Die nach diesem Gesetz zuständigen Behörden dürfen den Maßnahmeträgern die in Satz 1 genannten Daten übermitteln, soweit dies für die Erfüllung ihrer Aufgaben nach den Absätzen 1, 3 und 4 erforderlich ist.

(6) Maßnahmeträger dürfen den nach diesem Gesetz zuständigen Behörden die in Absatz 5 Satz 1 genannten Daten übermitteln, soweit dies für die Auswahl der Teilnehmerinnen und Teilnehmer, die Erteilung einer Zuweisung in die Maßnahme, die Feststellung der ordnungsgemäßen Teilnahme oder die Bescheinigung der erfolgreichen Teilnahme erforderlich ist. Maßnahmeträger haben den nach diesem Gesetz zuständigen Behörden unverzüglich Auskünfte über Tatsachen zu erteilen, die Anlass für eine Leistungsabsenkung nach Absatz 3 geben könnten und die deshalb für die Leistungen nach diesem Gesetz erheblich sind.

…

§ 8 a Meldepflicht Leistungsberechtigte, die eine unselbständige oder selbständige Erwerbstätigkeit aufnehmen, haben dies spätestens am dritten Tag nach Aufnahme der Erwerbstätigkeit der zuständigen Behörde zu melden.

2 Fassung ab 1. 3. 2020.

9 c. Verordnung über die Beschäftigung von Ausländerinnen und Ausländern (Beschäftigungsverordnung – BeschV)[1]

vom 6. Juni 2013 (BGBl. I 1499),
zuletzt geändert durch Gesetz vom 26. November 2019 (BGBl. I 1865)

Einleitung

(siehe bei Nr. 9, I 2)

Verordnungstext

Teil 1 – Allgemeine Bestimmungen

§ 1 Anwendungsbereich der Verordnung (1) Die Verordnung steuert die Zuordnung ausländischer Arbeitnehmerinnen und Arbeitnehmer und bestimmt, unter welchen Voraussetzungen sie und die bereits in Deutschland lebenden Ausländerinnen und Ausländer zum Arbeitsmarkt zugelassen werden können. Sie regelt, in welchen Fällen

1. ein Aufenthaltstitel, der einer Ausländerin oder einem Ausländer die Ausübung einer Beschäftigung erlaubt, nach § 39 Absatz 1 Satz 1 des Aufenthaltsgesetzes ohne Zustimmung der Bundesagentur für Arbeit erteilt werden kann,
2. die Bundesagentur für Arbeit nach § 39 Absatz 1 Satz 2 des Aufenthaltsgesetzes einem Aufenthaltstitel, der einer Ausländerin oder einem Ausländer die Ausübung einer Beschäftigung erlaubt, zustimmen kann,
3. einer Ausländerin oder einem Ausländer, die oder der im Besitz einer Duldung ist oder anderen Ausländerinnen und Ausländern, die keinen Aufenthaltstitel besitzen, nach § 4 a Absatz 4 des Aufenthaltsgesetzes die Ausübung einer Beschäftigung mit oder ohne Zustimmung der Bundesagentur für Arbeit erlaubt werden kann,
4. die Zustimmung der Bundesagentur für Arbeit abweichend von § 39 Absatz 3 des Aufenthaltsgesetzes erteilt werden darf.

(2) Die erstmalige Erteilung der Zustimmung der Bundesagentur für Arbeit setzt in den Fällen des § 26 Absatz 2, in denen die Aufnahme der Beschäftigung nach Vollendung des 45. Lebensjahres des Ausländers erfolgt, eine Höhe des Gehalts von mindestens 55 Prozent der jährlichen Beitragsbemessungsgrenze in der allgemeinen Rentenversicherung voraus, es sei denn, der Ausländer kann den Nachweis über eine angemessene Altersversorgung erbringen. Von den Voraussetzungen nach Satz 1 kann nur in begründeten Ausnahmefällen, in denen ein öffentliches, insbesondere ein regionales, wirtschaftliches oder arbeitsmarktpolitisches Interesse an der Beschäftigung des Ausländer besteht, abgesehen werden. Das Bundesministerium des Innern, für Bau und Heimat gibt das Mindestgehalt für jedes Kalenderjahr jeweils bis zum 31. Dezember des Vorjahres im Bundesanzeiger bekannt.

---

1 Fassung ab 1. 3. 2020.

Teil 2 – Qualifizierte Beschäftigungen

§ 2 Vermittlungsabsprachen (1) Für die Erteilung einer Aufenthaltserlaubnis nach § 16 d Absatz 4 Nummer 1 des Aufenthaltsgesetzes kann Ausländerinnen und Ausländern die Zustimmug zur Ausübung einer Beschäftigung erteilt werden, deren Anforderungen in einem engen Zusammenhang mit den berufsfachlichen Kenntnissen stehen, die in dem nach der Anerkennung ausgeübten Beruf verlangt werden, wenn

1. ihnen ein konkretes Arbeitsplatzangebot für eine qualifizierte Beschäftigung in dem nach der Einreise anzuerkennenden Beruf im Gesundheits- und Pflegebereich vermittelt worden ist,
2. soweit erforderlich, für diese Beschäftigung eine Berufsausübungserlaubnis erteilt wurde und
3. sie erklären, nach der Einreise im Inland bei der nach den Regelungen des Bundes oder der Länder für die berufliche Anerkennung zuständigen Stelle das Verfahren zur Feststellung der Gleichwertigkeit ihrer ausländischen Berufsqualifikation und, soweit erforderlich, zur Erteilung der Berufsausübungserlaubnis durchzuführen.

Satz 1 gilt in den Fällen von § 16 d Absatz 4 Nummer 2 des Aufenthaltsgesetzes auch für weitere im Inland reglementierte Berufe.

(2) Für die Erteilung einer Aufenthaltserlaubnis bei nicht reglementierten Berufen nach § 16 d Absatz 4 Nummer 2 des Aufenthaltsgesetzes kann Ausländerinnen und Ausländern die Zustimmung zur Ausübung einer qualifizierten Beschäftigung in ihrem anzuerkennenden Beruf erteilt werden, wenn sie erklären, dass sie nach der Einreise im Inland bei der nach den Regelungen des Bundes oder der Länder für die berufliche Anerkennung zuständigen Stellen das Verfahren zur Feststellung der Gleichwertigkeit ihrer Berufsqualifikation durchführen werden.

(3) Die Zustimmung nach den Absätzen 1 und 2 wird für ein Jahr erteilt. Eine erneute Zustimmung kann nur erteilt werden, wenn das Verfahren zur Feststellung der Gleichwertigkeit der ausländischen Berufsqualifikation oder, soweit erforderlich, zur Erteilung der Berufsausübungserlaubnis bei der nach den Regelungen des Bundes oder der Länder für die berufliche Anerkennung zuständigen Stelle betrieben wird. Das Verfahren umfasst die Teilnahme an Qualifizierungsmaßnahmen einschließlich sich daran anschließender Prüfungen, die für die Feststellung der Gleichwertigkeit oder die Erteilung der Berufsausübungserlaubnis erfoderlich sind.

§ 3 Führungskräfte Keiner Zustimmung bedarf die Erteilung eines Aufenthaltstitels an

1. leitende Angestellte mit Generalvollmacht oder Prokura,
2. Mitglieder des Organs einer juristischen Person, die zur gesetzlichen Vertretung berechtigt sind,
3. Gesellschafterinnen und Gesellschafter einer offenen Handelsgesellschaft oder Mitglieder einer anderen Personengesamtheit, soweit sie durch Gesetz, Satzung oder Gesellschaftsvertrag zur Vertretung der Personengesamtheit oder zur Geschäftsführung berufen sind, oder
4. leitende Angestellte eines auch außerhalb Deutschlands tätigen Unternehmens für eine Beschäftigung auf Vorstands-, Direktions- oder Geschäftsleitungsebene oder für eine Tätigkeit in sonstiger leitender Position, die für die Entwicklung des Unternehmens von entscheidender Bedeutung ist.

§ 4 Leitende Angestellte und Spezialisten Die Zustimmung kann erteilt werden für

1. leitende Angestellte und andere Personen, die zur Ausübung einer Beschäftigung über

besondere, vor allem unternehmensspezifische Spezialkenntnisse verfügen, eines im Inland ansässigen Unternehmens für eine qualifizierte Beschäftigung in diesem Unternehmen oder
2. leitende Angestellte für eine Beschäftigung in einem auf der Grundlage zwischenstaatlicher Vereinbarungen gegründeten deutsch-ausländischen Gemeinschaftsunternehmen.

§ 5 Wissenschaft, Forschung und Entwicklung Keiner Zustimmung bedarf die Erteilung eines Aufenthaltstitels an
1. wissenschaftliches Personal von Hochschulen und von Forschungs- und Entwicklungseinrichtungen, das nicht bereits in den Anwendungsbereich der §§ 18 d und 18 f des Aufenthaltsgesetzes fällt,
2. Gastwissenschaftlerinnen und Gastwissenschaftler an einer Hochschule oder an einer öffentlich-rechtlichen oder überwiegend aus öffentlichen Mitteln finanzierten oder als öffentliches Unternehmen in privater Rechtsform geführten Forschungseinrichtung, die nicht bereits in den Anwendungsbereich der §§ 18 d und 18 f des Aufenthaltsgesetzes fallen,
3. Ingenieurinnen und Ingenieure sowie Technikerinnen und Techniker als technische Mitarbeiterinnen und Mitarbeiter im Forschungsteam einer Gastwissenschaftlerin oder eines Gastwissenschaftlers,
4. Lehrkräfte öffentlicher Schulen oder staatlich genehmigter privater Ersatzschulen oder anerkannter privater Ergänzungsschulen oder
5. Lehrkräfte zur Sprachvermittlung an Hochschulen.

§ 6 Beschäftigung in ausgewählten Berufen bei ausgeprägter berufspraktischer Erfahrung Die Zustimmung kann Ausländerinnen und Ausländern für eine qualifizierte Beschäftigung in Berufen auf dem Gebiet der Informations- und Kommunikationstechnologie unabhängig von einer Qualifikation als Fachkraft erteilt werden, wenn die Ausländerin oder der Ausländer eine durch in den letzten sieben Jahren erworbene, mindestens dreijährige Berufserfahrung nachgewiesene vergleichbare Qualifikation besitzt, die Höhe des Gehalts mindestens 60 Prozent der jährlichen Beitragsbemessungsgrenze in der allgemeinen Rentenversicherung beträgt und die Ausländerin oder der Ausländer über ausreichende deutsche Sprachkenntnisse verfügt. § 9 Absatz 1 findet keine Anwendung. Im begründeten Einzelfall kann auf den Nachweis deutscher Sprachkenntnisse verzichtet werden. Das Bundesministerium des Innern, für Bau und Heimat gibt das Mindestgehalt nach Satz 1 für jedes Kalenderjahr jeweils bis zum 31. Dezember des Vorjahres im Bundesanzeiger bekannt.

§ 7 *(aufgehoben)*

§ 8 Betriebliche Aus- und Weiterbildung; Anerkennung ausländischer Berufsqualifikationen (1) Die Zustimmung kann mit Vorrangprüfung für die Erteilung eines Aufenthaltstitels nach § 16 a Absatz 1 des Aufenthaltsgesetzes erteilt werden.
(2) Die Zustimmung kann für die Erteilung einer Aufenthaltserlaubnis nach § 16 d Absatz 1 Satz 2 Nummer 3, Absatz 2 und 3 des Aufenthaltsgesetzes erteilt werden.
(3) Ist für eine qualifizierte Beschäftigung
1. die Feststellung der Gleichwertigkeit eines im Ausland erworbenen Berufsabschlusses im Sinne des § 18 a des Aufenthaltsgesetzes oder,
2. in einem im Inland reglementierten Beruf die Befugnis zur Berufsausübung notwendig

und ist hierfür eine vorherige befristete praktische Tätigkeit im Inland erforderlich, kann der Erteilung des Aufenthaltstitels für die Ausübung dieser befristeten Beschäftigung zugestimmt werden.

§ 9 Beschäftigung bei Vorbeschäftigungszeiten oder längerem Aufenthalt Keiner Zustimmung bedarf die Ausübung einer Beschäftigung bei Ausländerinnen und Ausländern, die eine Blaue Karte EU oder eine Aufenthaltserlaubnis besitzen und

1. zwei Jahre rechtmäßig eine versicherungspflichtige Beschäftigung im Bundesgebiet ausgeübt haben oder
2. sich seit drei Jahren ununterbrochen erlaubt, geduldet oder mit einer Aufenthaltsgestattung im Bundesgebiet aufhalten; Unterbrechungszeiten werden entsprechend § 51 Absatz 1 Nummer 7 des Aufenthaltsgesetzes berücksichtigt.

(2) Auf die Beschäftigungszeit nach Absatz 1 Nummer 1 werden nicht angerechnet Zeiten

1. von Beschäftigungen, die vor dem Zeitpunkt liegen, an dem die Ausländerin oder der Ausländer unter Aufgabe ihres oder seines gewöhnlichen Aufenthaltes ausgereist war,
2. einer nach dem Aufenthaltsgesetz oder dieser Verordnung zeitlich begrenzten Beschäftigung und
3. einer Beschäftigung, für die die Ausländerin oder der Ausländer auf Grund einer zwischenstaatlichen Vereinbarung von der Zustimmungspflicht für eine Beschäftigung befreit war.

(3) Auf die Aufenthaltszeit nach Absatz 1 Nummer 2 werden Zeiten eines Aufenthaltes nach § 16 b des Aufenthaltsgesetzes nur zur Hälfte und nur bis zu zwei Jahren angerechnet. Zeiten einer Beschäftigung, die nach dem Aufenthaltsgesetz oder dieser Verordnung zeitlich begrenzt ist, werden auf die Aufenthaltszeit angerechnet, wenn der Ausländerin oder dem Ausländer ein Aufenthaltstitel für einen anderen Zweck als den der Beschäftigung erteilt wird.

Teil 3 – Vorübergehende Beschäftigung

§ 10 Internationaler Personalaustausch, Auslandsprojekte (1) Die Zustimmung kann erteilt werden zur Ausübung einer Beschäftigung von bis zu drei Jahren

1. Ausländerinnen und Ausländern, die eine Hochschulausbildung oder eine vergleichbare Qualifikation besitzen, im Rahmen des Personalaustausches innerhalb eines international tätigen Unternehmens oder Konzerns,
2. für im Ausland beschäftigte Arbeitnehmerinnen und Arbeitnehmer eines international tätigen Konzerns oder Unternehmens im inländischen Konzern- oder Unternehmensteil, wenn die Tätigkeit zur Vorbereitung von Auslandsprojekten unabdingbar erforderlich ist, die Arbeitnehmerin oder der Arbeitnehmer bei der Durchführung des Projektes im Ausland tätig wird und über eine mit deutschen Facharbeitern vergleichbare Qualifikation und darüber hinaus über besondere, vor allem unternehmensspezifische Spezialkenntnisse verfügt.

(2) In den Fällen des Absatzes 1 Satz 1 Nummer 2 kann die Zustimmung auch für Arbeitnehmerinnen und Arbeitnehmer des Auftraggebers des Auslandsprojektes erteilt werden, wenn sie im Zusammenhang mit den vorbereitenden Arbeiten vorübergehend vom Auftragnehmer beschäftigt werden, der Auftrag eine entsprechende Verpflichtung für den Auftragnehmer enthält und die Beschäftigung für die spätere Tätigkeit im Rahmen des fertig gestellten Projektes notwendig ist. Satz 1 wird auch angewendet, wenn der Auftragnehmer weder eine Zweigstelle noch einen Betrieb im Ausland hat.

§ 10 a Unternehmensintern transferierte Arbeitnehmer Die Zustimmung zur Erteilung einer ICT-Karte nach § 19 des Aufenthaltsgesetzes und zur Erteilung einer Mobiler-ICT-Karte nach § 19 b des Aufenthaltsgesetzes kann erteilt werden, wenn
1. die Beschäftigung in der aufnehmenden Niederlassung als Führungskraft, als Spezialistin oder Spezialist oder als Trainee erfolgt,
2. das Arbeitsentgelt nicht ungünstiger ist als das vergleichbarer deutscher Arbeitnehmerinnen und Arbeitnehmer und
3. die Beschäftigung nicht zu ungünstigeren Arbeitsbedingungen erfolgt als die vergleichbarer entsandter Arbeitnehmerinnen und Arbeitnehmer.

§ 11 Sprachlehrerinnen und Sprachlehrer, Spezialitätenköchinnen und Spezialitätenköche (1) Die Zustimmung kann für Lehrkräfte zur Erteilung muttersprachlichen Unterrichts in Schulen unter Aufsicht der jeweils zuständigen berufskonsularischen Vertretung mit einer Geltungsdauer von bis zu fünf Jahren erteilt werden.
(2) Die Zustimmung kann mit Vorrangprüfung für Spezialitätenköchinnen und Spezialitätenköche für die Ausübung einer Vollzeitbeschäftigung in Spezialitätenrestaurants mit einer Geltungsdauer von bis zu vier Jahren erteilt werden. Die erstmalige Zustimmung wird längstens für ein Jahr erteilt.
(3) Für eine erneute Beschäftigung nach den Absätzen 1 und 2 darf die Zustimmung nicht vor Ablauf von drei Jahren nach Ablauf des früheren Aufenthaltstitels erteilt werden.

§ 12 Au-pair-Beschäftigungen Die Zustimmung kann für Personen mit Grundkenntnissen der deutschen Sprache erteilt werden, die unter 27 Jahre alt sind und in einer Familie, in der Deutsch als Muttersprache gesprochen wird, bis zu einem Jahr als Au-pair beschäftigt werden. Wird in der Familie Deutsch als Familiensprache gesprochen, kann die Zustimmung erteilt werden, wenn der oder die Beschäftigte nicht aus einem Heimatland der Gasteltern stammt.

§ 13 Hausangestellte von Entsandten Die Zustimmung zur Ausübung einer Beschäftigung als Hausangestellte oder Hausangestellter bei Personen, die
1. für ihren Arbeitgeber oder im Auftrag eines Unternehmens mit Sitz im Ausland vorübergehend im Inland tätig werden oder
2. die Hausangestellte oder den Hausangestellten auf der Grundlage der Wiener Übereinkommen über diplomatische Beziehungen oder über konsularische Beziehungen eingestellt haben,

kann erteilt werden, wenn diese Personen vor ihrer Einreise die Hausangestellte oder den Hausangestellten seit mindestens einem Jahr in ihrem Haushalt zur Betreuung eines Kindes unter 16 Jahren oder eines pflegebedürftigen Haushaltsmitgliedes beschäftigt haben. Die Zustimmung wird für die Dauer des Aufenthaltes der Person, bei der die Hausangestellten beschäftigt sind, längstens für fünf Jahre erteilt.

§ 14 Sonstige Beschäftigungen (1) Keiner Zustimmung bedarf die Erteilung eines Aufenthaltstitels an
1. Personen, die im Rahmen eines gesetzlich geregelten oder auf einem Programm der Europäischen Union beruhenden Freiwilligendienstes beschäftigt werden, oder
2. vorwiegend aus karitativen oder religiösen Gründen Beschäftigte.

(2) Keiner Zustimmung bedarf die Erteilung eines Aufenthaltstitels an Studierende sowie Schülerinnen und Schüler ausländischer Hochschulen und Fachschulen zur Ausübung einer Ferienbeschäftigung von bis zu 90 Tagen innerhalb eines Zeitraums von zwölf Monaten, die von der Bundesagentur für Arbeit vermittelt worden ist.

§ 15 Praktika zu Weiterbildungszwecken Keiner Zustimmung bedarf die Erteilung eines Aufenthaltstitels für ein Praktikum

1. nach § 16 e des Aufenthaltsgesetzes,
2. während eines Aufenthaltes zum Zweck der schulischen Ausbildung oder des Studiums, das vorgeschriebener Bestandteil der Ausbildung ist oder zur Erreichung des Ausbildungszieles nachweislich erforderlich ist,
3. im Rahmen eines von der Europäischen Union oder der bilateralen Entwicklungszusammenarbeit finanziell geförderten Programms,
4. mit einer Dauer von bis zu einem Jahr im Rahmen eines internationalen Austauschprogramms von Verbänden, öffentlich-rechtlichen Einrichtungen oder studentischen Organisationen an Studierende oder Absolventen ausländischer Hochschulen im Einvernehmen mit der Bundesagentur für Arbeit,
5. an Fach- und Führungskräfte, die ein Stipendium aus öffentlichen deutschen Mitteln, Mitteln der Europäischen Union oder Mitteln internationaler zwischenstaatlicher Organisationen erhalten, oder
6. mit einer Dauer von bis zu einem Jahr während eines Studiums an einer ausländischen Hochschule, das nach dem vierten Semester studienfachbezogen im Einvernehmen mit der Bundesagentur für Arbeit ausgeübt wird.

§ 15 a Saisonabhängige Beschäftigung (1) Ausländerinnen und Ausländern, die auf Grund einer Absprache der Bundesagentur für Arbeit mit der Arbeitsverwaltung des Herkunftslandes über das Verfahren und die Auswahl zum Zweck der Saisonbeschäftigung nach der Richtlinie 2014/36/EU des Europäischen Parlaments und des Rates vom 26. Februar 2014 über die Bedingungen für die Einreise und den Aufenthalt von Drittstaatsangehörigen zwecks Beschäftigung als Saisonarbeitnehmer (ABl. L 94 vom 28. 3. 2014, S. 375) vermittelt worden sind, kann die Bundesagentur für Arbeit zur Ausübung einer saisonabhängigen Beschäftigung von regelmäßig mindestens 30 Stunden wöchentlich in der Land- und Forstwirtschaft, im Gartenbau, im Hotel- und Gaststättengewerbe, in der Obst- und Gemüseverarbeitung sowie in Sägewerken

1. eine Arbeitserlaubnis für die Dauer von bis zu 90 Tagen je Zeitraum von 180 Tagen mit Vorrangprüfung erteilen, wenn es sich um Staatsangehörige eines in Anhang II der Verordnung (EG) Nr. 539/2001 genannten Staates handelt, oder
2. eine Zustimmung mit Vorrangprüfung erteilen, wenn
   a) die Aufenthaltsdauer mehr als 90 Tage je Zeitraum von 180 Tagen beträgt oder
   b) es sich um Staatsangehörige eines in Anhang I der Verordnung (EG) Nr. 539/2001 genannten Staates handelt.

Die saisonabhängige Beschäftigung eines Ausländers oder einer Ausländerin darf sechs Monate innerhalb eines Zeitraums von zwölf Monaten nicht überschreiten. Die Dauer der saisonabhängigen Beschäftigung darf den Gültigkeitszeitraum des Reisedokuments nicht überschreiten. Im Fall des § 39 Nummer 11 der Aufenthaltsverordnung gilt die Zustimmung als erteilt, bis über sie entschieden ist. Ausländerinnen und Ausländern, die in den letzten fünf Jahren mindestens einmals als Saisonbeschäftigte im Bundesgebiet tätig waren, sind im Rahmen der durch die Bundesagentur für Arbeit festgelegten Zahl der Arbeitserlaubnisse und Zustimmungen bervorrechtigt zu berücksichtigen. Der Zeitraum für die Beschäftigung von Saisonbeschäftigten ist für einen Betrieb auf acht Monate innerhalb eines Zeitraums von zwölf Monaten begrenzt. Satz 5 gilt nicht für Betriebe des Obst-, Gemüse-, Wein-, Hopfen- und Tabakanbaus.

(2) Die Erteilung einer Arbeitserlaubnis oder der Zustimmung setzt voraus, dass

1. der Nachweis über ausreichenden Krankenversicherungsschutz erbracht wird,
2. der oder dem Saisonbeschäftigten eine angemessene Unterkunft zur Verfügung steht,

3. ein konkretes Arbeitsplatzangebot oder ein gültiger Arbeitsvertrag vorliegt, in dem insbesondere festgelegt sind
   a) der Ort und die Art der Arbeit,
   b) die Dauer der Beschäftigung,
   c) die Vergütung,
   d) die Arbeitszeit pro Woche oder Monat,
   e) die Dauer des bezahlten Urlaubs,
   f) gegebenenfalls andere einschlägige Arbeitsbedingungen und
   g) falls möglich, der Zeitpunkt des Beginns der Beschäftigung.

Stellt der Arbeitgeber der oder dem Saisonbeschäftigten eine Unterkunft zur Verfügung, so muss der Mietzins angemessen sein und darf nicht vom Lohn einbehalten werden. In diesem Fall muss der oder die Saisonbeschäftigte einen Mietvertrag erhalten, in dem die Mietbedingungen festgelegt sind. Der Arbeitgeber hat der Bundesagentur für Arbeit jeden Wechsel der Unterkunft des oder der Saisonbeschäftigten unverzüglich anzuzeigen.

(3) Die Arbeitserlaubnis oder die Zustimmung ist zu versagen oder zu entziehen, wenn

1. sich die Ausländerin oder der Ausländer bereits im Bundesgebiet aufhält, es sei denn, die Einreise ist zur Aufnahme der Saisonbeschäftigung erfolgt oder die Arbeitserlaubnis oder die Zustimmung wird für eine an eine Saisonbeschäftigung anschließende weitere Saisonbeschäftigung beantragt,
2. der oder die Saisonbeschäftigte einen Antrag nach Artikel 16 a des Grundgesetzes gestellt hat oder um internationalen Schutz gemäß der Richtlinie 2011/95/EU nachsucht; § 55 Absatz 2 des Asylgesetzes bleibt unberührt,
3. der oder die Saisonbeschäftigte den aus einer früheren Entscheidung über die Zulassung zur Saisonbeschäftigung erwachsenen Verpflichtungen nicht nachgekommen ist,
4. über das Unternehmen des Arbeitgebers ein Insolvenzverfahren eröffnet wurde, das auf Auflösung des Unternehmens und Abwicklung des Geschäftsbetriebs gerichtet ist,
5. das Unternehmen des Arbeitgebers im Rahmen der Durchführung eines Insolvenzverfahrens aufgelöst wurde und der Geschäftsbetrieb abgewickelt wurde,
6. die Eröffnung eines Insolvenzverfahrens über das Vermögen des Unternehmens des Arbeitgebers mangels Masse abgelehnt wurde und der Geschäftsbetrieb eingestellt wurde oder
7. das Unternehmen des Arbeitgebers keine Geschäftstätigkeit ausübt.

Die Arbeitserlaubnis oder die Zustimmung ist zu versagen, wenn die durch die Bundesagentur für Arbeit festgelegte Zahl der Arbeitserlaubnisse und Zustimmungen für den maßgeblichen Zeitraum erreicht ist. § 39 Absatz 3 des Aufenthaltsgesetzes bleibt unberührt.

(4) Die Arbeitserlaubnis ist vom Arbeitgeber bei der Bundesagentur für Arbeit zu beantragen.

(5) Bei einer ein- oder mehrmaligen Verlängerung des Beschäftigungsverhältnisses bei demselben oder einem anderen Arbeitgeber kann eine weitere Arbeitserlaubnis erteilt werden, soweit die in Absatz 1 Satz 1 Nummer 1 genannte Höchstdauer nicht überschritten wird.

(6) Die Arbeitserlaubnis und die Zustimmung werden ohne Vorrangprüfung erteilt, soweit die Bundesagentur für Arbeit eine am Bedarf orientierte Zulassungszahl nach § 39 Absatz 6 Satz 3 des Aufenthaltsgesetzes festgelegt hat.

§ 15 b Schaustellergehilfen Die Zustimmung zu einem Aufenthaltstitel zur Ausübung einer Beschäftigung im Schaustellergewerbe kann bis zu ingesamt neun Monaten im Kalenderjahr mit Vorrangprüfung erteilt werden, wenn die betreffenden Personen auf Grund einer Absprache der Bundesagentur für Arbeit mit der Arbeitsverwaltung des Herkunftslandes über das Verfahren und die Auswahl vermittelt worden sind.

§ 15 c Haushaltshilfen Die Zustimmung zu einem Aufenthaltstitel zur Ausübung einer versicherungspflichtigen Vollzeitbeschäftigung bis zu drei Jahren für hauswirtschaftliche Arbeiten und notwendige pflegerische Alltagshilfen in Haushalten mit Pflegebedürftigen im Sinne des Elften Buches Sozialgesetzbuch kann mit Vorrangprüfung erteilt werden, wenn die betreffenden Personen auf Grund einer Absprache der Bundesagentur für Arbeit mit der Arbeitsverwaltung des Herkunftslandes über das Verfahren und die Auswahl vermittelt worden sind. Innerhalb des Zulassungszeitraums von drei Jahren kann die Zustimmung zum Wechsel des Arbeitgebers erteilt werden. Für eine erneute Beschäftigung nach der Ausreise darf die Zustimmung nach Satz 1 nur erteilt werden, wenn sich die betreffende Person nach der Ausreise mindestens so lange im Ausland aufgehalten hat, wie sie zuvor im Inland beschäftigt war.

Teil 4 – Entsandte Arbeitnehmerinnen und Arbeitnehmer

§ 16 Geschäftsreisende Keiner Zustimmung bedarf die Erteilung eines Aufenthaltstitels an Personen, die
1. bei einem Arbeitgeber mit Sitz im Inland im kaufmännischen Bereich im Ausland beschäftigt werden,
2. für einen Arbeitgeber mit Sitz im Ausland Besprechungen oder Verhandlungen im Inland führen, Vertragsangebote erstellen, Verträge schließen oder die Durchführung eines Vertrages überwachen oder
3. für einen Arbeitgeber mit Sitz im Ausland einen inländischen Unternehmensteil gründen, überwachen oder steuern,

und die sich im Rahmen ihrer Beschäftigung unter Beibehaltung ihres gewöhnlichen Aufenthaltes im Ausland insgesamt nicht länger als 90 Tage innerhalb eines Zeitraums von 180 Tagen im Inland aufhalten.

§ 17 Betriebliche Weiterbildung Keiner Zustimmung bedarf die Erteilung eines Aufenthaltstitels an im Ausland beschäftigte Fachkräfte eines international tätigen Konzerns oder Unternehmens zum Zweck einer betrieblichen Weiterbildung im inländischen Konzern- oder Unternehmensteil für bis zu 90 Tage innerhalb eines Zeitraums von zwölf Monaten.

§ 18 Journalistinnen und Journalisten Keiner Zustimmung bedarf die Erteilung eines Aufenthaltstitels an Beschäftigte eines Arbeitgebers mit Sitz im Ausland,
1. deren Tätigkeit vom Presse- und Informationsamt der Bundesregierung anerkannt ist oder
2. die unter Beibehaltung ihres gewöhnlichen Aufenthaltes im Ausland im Inland journalistisch tätig werden, wenn die Dauer der Tätigkeit 90 Tage innerhalb eines Zeitraums von zwölf Monaten nicht übersteigt.

§ 19 Werklieferungsverträge (1) Keiner Zustimmung bedarf die Erteilung eines Aufenthaltstitels an Personen, die von ihrem Arbeitgeber mit Sitz im Ausland für bis zu 90 Tage innerhalb eines Zeitraums von zwölf Monaten in das Inland entsandt werden, um
1. gewerblichen Zwecken dienende Maschinen, Anlagen und Programme der elektro-

nischen Datenverarbeitung, die bei dem Arbeitgeber bestellt worden sind, aufzustellen und zu montieren, zu warten oder zu reparieren oder um in die Bedienung dieser Maschinen, Anlagen und Programme einzuweisen,
2. erworbene Maschinen, Anlagen und sonstige Sachen abzunehmen oder in ihre Bedienung eingewiesen zu werden,
3. erworbene, gebrauchte Anlagen zum Zweck des Wiederaufbaus im Sitzstaat des Arbeitgebers zu demontieren,
4. unternehmenseigene Messestände oder Messestände für ein ausländisches Unternehmen, das im Sitzstaat des Arbeitgebers ansässig ist, auf- und abzubauen und zu betreuen oder
5. im Rahmen von Exportlieferungs- und Lizenzverträgen einen Betriebslehrgang zu absolvieren.

In den Fällen des Satzes 1 Nummer 1 und 3 setzt die Befreiung von der Zustimmung voraus, dass der Arbeitgeber der Bundesagentur für Arbeit die Beschäftigungen vor ihrer Aufnahme angezeigt hat.

(2) Die Zustimmung kann für Personen erteilt werden, die von ihrem Arbeitgeber mit Sitz im Ausland länger als 90 Tage und bis zu einer Dauer von drei Jahren in das Inland entsandt werden, um

1. gewerblichen Zwecken dienende Maschinen, Anlagen und Programme der elekronischen Datenverarbeitung, die bei dem Arbeitgeber bestellt worden sind, aufzustellen und zu montieren, zu warten oder zu reparieren oder um in die Bedienung dieser Maschinen, Anlagen und Programme einzuweisen oder
2. erworbene, gebrauchte Anlagen zum Zweck des Wiederaufbaus im Sitzstaat des Arbeitgebers zu demontieren.

§ 20 Internationaler Straßen- und Schienenverkehr (1) Keiner Zustimmung bedarf die Erteilung eines Aufenthaltstitels an das Fahrpersonal, das

1. im Güterkraftverkehr für einen Arbeitgeber mit Sitz
   a) im Hoheitsgebiet eines anderen Mitgliedstaates der Europäischen Union oder eines anderen Vertragsstaates des Abkommens über den Europäischen Wirtschaftsraum Beförderungen im grenzüberschreitenden Verkehr nach Artikel 2 Nummer 2 oder Kabotagebeförderungen nach Artikel 8 Absatz 2 der Verordnung (EG) Nr. 1072/2009 des Europäischen Parlaments und des Rates vom 21. Oktober 2009 über gemeinsame Regeln für den Zugang zum Markt des grenzüberschreitenden Güterverkehrs (ABl. L 300 vom 14. 11. 2009, S. 72) durchführt und für das dem Arbeitgeber eine Fahrerbescheinigung augestellt worden ist,
   b) außerhalb des Hoheitsgebietes eines Mitgliedstaates der Europäischen Union oder eines anderen Vertragsstaates des Abkommens über den Europäischen Wirtschaftsraum Beförderungen im grenzüberschreitenden Güterverkehr mit einem im Sitzstaat des Arbeitgebers zugelassenen Fahrzeug durchführt, für einen Aufenthalt von höchstens 90 Tagen innerhalb eines Zeitraums von zwölf Monaten, oder ein in Deutschland zugelassenes Fahrzeug in einen Staat außerhalb dieses Gebietes überführt,
2. im grenzüberschreitenden Personenverkehr auf der Straße für einen Arbeitgeber mit Sitz im Ausland grenzüberschreitende Fahrten mit einem im Sitzstaat des Arbeitgebers zugelassenen Fahrzeug durchführt. Dies gilt im grenzüberschreitenden Linienverkehr mit Omnibussen auch dann, wenn das Fahrzeug im Inland zugelassen ist.

(2) Keiner Zustimmung bedarf die Erteilung eines Aufenthaltstitels an das Fahrpersonal im grenzüberschreitenden Schienenverkehr, wenn das Beförderungsunternehmen seinen Sitz im Ausland hat.

§ 21 Dienstleistungserbringung Keiner Zustimmung bedarf die Erteilung eines Aufenthaltstitels an Personen, die von einem Unternehmen mit Sitz in einem Mitgliedstaat der Europäischen Union oder einem Vertragsstaat des Abkommens über den Europäischen Wirtschaftsraum in dem Sitzstaat des Unternehmens ordnungsgemäß beschäftigt sind und zur Erbringung einer Dienstleistung vorübergehend in das Bundesgebiet entsandt werden.

Teil 5 – Besondere Berufs- oder Personengruppen

§ 22 Besondere Berufsgruppen Keiner Zustimmung bedarf die Erteilung eines Aufenthaltstitels an

1. Personen einschließlich ihres Hilfspersonals, die unter Beibehaltung ihre gewöhnlichen Wohnsitzes im Ausland in Vorträgen oder in Darbietungen von besonderem wissenschaftlichen oder künstlerischen Wert oder bei Darbietungen sportlichen Charakters im Inland tätig werden, wenn die Dauer der Tätigkeit 90 Tage innerhalb eines Zeitraums von zwölf Monaten nicht übersteigt,
2. Personen, die im Rahmen von Festspielen oder Musik- und Kulturtagen beschäftigt oder im Rahmen von Gastspielen oder ausländischen Film- und Fernsehproduktionen entsandt werden, wenn die Dauer der Tätigkeit 90 Tage innerhalb eines Zeitraums von zwölf Monaten nicht übersteigt,
3. Personen, die in Tagesdarbietungen bis zu 15 Tag im Jahr auftreten,
4. Berufssportlerinnen und Berufssportler oder Berufstrainerinnen und Berufstrainer, deren Einsatz in deutschen Sportvereinen oder vergleichbaren am Wettkampfsport teilnehmenden sportlichen Einrichtungen vorgesehen ist, wenn sie
   a) das 16. Lebensjahr vollendet haben,
   b) der Verein oder die Einrichtung ein Bruttogehalt zahlt, das mindestens 50 Prozent der Beitragsbemessungsgrenze für die gesetzliche Rentenversicherung beträgt, und
   c) der für die Sportart zuständige deutsche Spitzenverband im Einvernehmen mit dem Deutschen Olympischen Sportbund die sportliche Qualifikation als Berufssportlerin oder Berufssportler oder die fachliche Eignung als Trainerin oder Trainer bestätigt,
5. Fotomodelle, Werbetypen, Mannequins oder Dressmen,
6. Reiseleiterinnen und Reiseleiter, die unter Beibehaltung ihres gewöhnlichen Aufenthaltes im Ausland ausländische Touristengruppen in das Inland begleiten, wenn die Dauer der Tätigkeit 90 Tage innerhalb von zwölf Monaten nicht übersteigt, oder
7. Dolmetscherinnen und Dolmetscher, die unter Beibehaltung ihres gewöhnlichen Aufenthaltes im Ausland für ein Unternehmen mit Sitz im Ausland an Besprechungen oder Verhandlungen im Inland teilnehmen, wenn die Dauer der Tätigkeit 90 Tage innerhalb eines Zeitraums von zwölf Monaten nicht übersteigt.

§ 23 Internationale Sportveranstaltungen Keiner Zustimmung bedarf die Erteilung eines Aufenthaltstitels an Personen, die zur Vorbereitung, Teilnahme, Durchführung und Nachbereitung internationaler Sportveranstaltungen durch das jeweilige Organisationskomitee akkreditiert werden, soweit die Bundesregierung Durchführungsgarantien übernommen hat; dies sind insbesondere folgende Personen:

1. die Repräsentantinnen und Repräsentanten, Mitarbeiterinnen und Mitarbeiter und Beauftragten von Verbänden oder Organisationen einschließlich Schiedsrichterinnen und Schiedsrichter sowie Schiedsrichterassistentinnen und Schiedsrichterassistenten,
2. die Sportlerinnen und Sportler sowie bezahltes Personal der teilnehmenden Mannschaften,

3. die Vertreterinnen und Vertreter der offiziellen Verbandspartner und der offiziellen Lizenzpartner,
4. die Vertreterinnen und Vertreter der Medien einschließlich des technischen Personals sowie die Mitarbeiterinnen und Mitarbeiter der Medienpartner.

§ 24 Schifffahrt- und Luftverkehr Keiner Zustimmung bedarf die Erteilung eines Aufenthaltstitels an
1. die Mitglieder der Besatzungen von Seeschiffen im internationalen Verkehr,
2. die nach dem Seelotsgesetz für den Seelotsendienst zugelassenen Personen,
3. das technische Personal auf Binnenschiffen und im grenzüberschreitenden Verkehr das für die Gästebetreuung erforderliche Bedienungs- und Servicepersonal auf Personenfahrgastschiffen oder
4. die Besatzungen von Luftfahrzeugen mit Ausnahme der Luftfahrzeugführerinnen und Luftfahrzeugführer, Flugingenieurinnen und Flugingenieure sowie Flugnavigatorinnen und Flugnavigatoren bei Unternehmen mit Sitz im Inland.

§ 25 Kultur und Unterhaltung Die Zustimmung kann mit Vorrangprüfung für Personen erteilt werden, die
1. eine künstlerische oder artistische Beschäftigung oder eine Beschäftigung als Hilfspersonal, das für die Darbietung erforderlich ist, ausüben oder
2. zu einer länger als 90 Tage dauernden Beschäftigung im Rahmen von Gastspielen oder ausländischen Film- oder Fernsehproduktionen entsandt werden.

§ 26 Beschäftigung bestimmter Staatsangehöriger (1) Für Staatsangehörige von Andorra, Australien, Israel, Japan, Kanada, der Republik Korea, von Monaco, Neuseeland, San Marino sowie den Vereinigten Staaten von Amerika kann die Zustimmung mit Vorrangprüfung zur Ausübung jeder Beschäftigung unabhängig vom Sitz des Arbeitgebers erteilt werden.
(2) Für Staatsangehörige von Albanien, Bosnien und Herzegowina, Kosovo, Mazedonien, Montenegro und Serbien können in den Jahren 2016 bis einschließlich 2020 Zustimmungen mit Vorrangprüfung zur Ausübung jeder Beschäftigung erteilt werden. Die Zustimmung darf nur erteilt werden, wenn der Antrag auf Erteilung des Aufenthaltstitels bei der jeweils zuständigen deutschen Auslandsvertretung im Herkunfsstaat gestellt wurde. Die Zustimmung darf nicht erteilt werden, wenn der Antragsteller in den letzten 24 Monaten vor Antragstellung Leistungen nach dem Asylbewerberleistungsgesetz bezogen hat. Satz 3 gilt nicht für Antragsteller, die nach dem 1. Januar 2015 einen Asylantrag gestellt haben, sich am 24. Oktober 2015 gestattet, mit einer Duldung oder als Ausreisepflichtige im Bundesgebiet aufgehalten haben und unverzüglich ausreisen.

§ 27 Grenzgängerbeschäftigung Zur Erteilung einer Grenzgängerkarte nach § 12 Absatz 1 der Aufenthaltsverordnung kann die Zustimmung mit Vorrangprüfung erteilt werden.

§ 28 Deutsche Volkszugehörige Deutschen Volkszugehörigen, die einen Aufnahmebescheid nach dem Bundesvertriebenengesetz besitzen, kann die Zustimmung mit Vorrangprüfung zu einem Aufenthaltstitel zur Ausübung einer vorübergehenden Beschäftigung erteilt werden.

Teil 6 – Sonstiges

§ 29 Internationales Abkommen (1) Für Beschäftigungen im Rahmen der mit den Staaten Türkei, Serbien, Bosnien-Herzegowina und Mazedonien bestehenden Werkvertragsarbeitnehmerabkommen kann die Zustimmung erteilt werden. Dies gilt auch für das zur Durchführung der Werkvertragstätigkeit erforderliche leitende Personal oder Verwaltungspersonal mit betriebsspezifischen Kenntnissen für die Dauer von bis zu vier Jahren. Das Bundesministerium für Arbeit und Soziales kann die Erteilung der Zustimmung durch die Bundesagentur für Arbeit an Beschäftigte der Bauwirtschaft im Rahmen von Werkverträgen im Verhältnis zu den beschäftigten gewerblichen Personen des im Inland ansässigen Unternehmens zahlenmäßig beschränken. Dabei ist darauf zu achten, dass auch kleine und mittelständische im Inland ansässige Unternehmen angemessen berücksichtigt werden.
(2) Die Zustimmung zur Ausübung einer Beschäftigung von bis zu 18 Monaten kann erteilt werden, wenn die betreffenden Personen auf der Grundlage einer zwischenstaatlichen Vereinbarung über die Beschäftigung von Arbeitnehmerinnen und Arbeitnehmern zur beruflichen und sprachlichen Fortbildung (Gastarbeitnehmer-Vereinbarung) mit dem Staat, dessen Staatsangehörigkeit sie besitzen, beschäftigt werden.
(3) Für Beschäftigungen nach zwischenstaatlichen Vereinbarungen, in denen bestimmt ist, dass jemand für eine Beschäftigung keiner Arbeitsgenehmigung oder Arbeitserlaubnis bedarf, bedarf es keiner Zustimmung. Bei Beschäftigungen nach Vereinbarungen, in denen bestimmt ist, dass eine Arbeitsgenehmigung oder Arbeitserlaubnis erteilt werden kann, kann die Zustimmung erteilt werden.
(4) Für Fach- oder Weltausstellungen, die nach dem am 22. November 1928 in Paris unterzeichneten Abkommen über internationale Ausstellungen registriert sind, kann für Angehörige der ausstellenden Staaten die Zustimmung mit Vorrangprüfung erteilt werden, wenn sie für den ausstellenden Staat zur Vorbereitung, Durchführung oder Beendigung des nationalen Ausstellungsbeitrages tätig werden.
(5) Die Zustimmung kann für Personen erteilt werden, die von einem Unternehmen mit Sitz im Ausland ordnungsgemäß beschäftigt werden und auf der Grundlage des Übereinkommens zur Errichtung der Welthandelsorganisation vom 15. April 1994 (BGBl. 1994 II S. 1438, 1441) oder anderer für die Bundesrepublik Deutschland völkerrechtlich verbindlicher Freihandelsabkommen der Europäischen Union oder der Europäischen Union und ihrer Mitgliedstaaten vorübergehend in das Bundesgebiet entsandt werden.

§ 30 Beschäftigungsaufenthalte ohne Aufenthaltstitel Nicht als Beschäftigung im Sinne des Aufenthaltsgesetzes gelten
1. Tätigkeiten nach den §§ 3 und 16, die bis zu 90 Tage innerhalb eines Zeitraums von 180 Tagen ausgeübt werden,
2. Tätigkeiten nach den §§ 5, 14, 15, 17, 18, 19 Absatz 1 sowie den §§ 22, 22 und 23, die bis zu 90 Tage innerhalb eines Zeitraums von zwölf Monaten ausgeübt werden,
3. Tätigkeiten nach § 21, die von Ausländerinnen und Ausländern, die in einem anderen Mitgliedstaat der Europäischen Union die Rechtsstellung eines langfristig Aufenthaltsberechtigten innehaben, bis zu 90 Tage innerhalb eines Zeitraums von zwölf Monaten ausgeübt werden, und
4. Tätigkeiten von Personen, die nach den §§ 23 bis 30 der Aufenthaltsverordnung vom Erfordernis eines Aufenthaltstitels befreit sind.

Teil 7 – Beschäftigung bei Aufenthalt aus völkerrechtlichen, humanitären oder politischen Gründen sowie von Personen mit Duldung und Asylbewerbern

§ 31 Beschäftigung bei Aufenthalt aus völkerrechtlichen, humanitären oder politischen Gründen Die Erteilung der Erlaubnis zur Beschäftigung an Ausländerinnen und Ausländer mit einer Aufenthaltserlaubnis, die nach Abschnitt 5 des Aufenthaltsgesetzes erteilt worden ist, bedarf keiner Zustimmung des Bundesagentur für Arbeit.

§ 32 Beschäftigung von Personen mit Duldung oder Aufenthaltsgestattung (1) Ausländerinnen und Ausländern, die eine Duldung besitzen, kann eine Zustimmung mit Vorrangprüfung zur Ausübung einer Beschäftigung erteilt werden, wenn sie sich seit drei Monaten erlaubt, geduldet oder mit einer Aufenthaltsgestattung im Bundesgebiet aufhalten. Die §§ 39, 40 Absatz 1 Nummer 1 und Absatz 2 sowie § 41 des Aufenthaltsgesetzes gelten entsprechend.

(2) Keiner Zustimmung bedarf die Erteilung einer Erlaubnis zur Ausübung

1. eines Praktikums nach § 22 Absatz 1 Satz 2 Nummer 1 bis 4 des Mindestlohngesetzes,
2. einer Berufsausbildung in einem staatlich anerkannten oder vergleichbar geregelten Ausbildungsberuf,
3. einer Beschäftigung nach § 18 b Absatz 2 Satz 1 und § 18 c Absatz 3 des Aufenthaltsgesetzes, § 3 Nummer 1 bis 3, § 5, § 14 Absatz 1, § 15 Nummer 2, § 22 Nummer 3 bis 5 und § 23,
4. einer Beschäftigung von Ehegatten, Lebenspartnern, Verwandten und Verschwägerten ersten Grades eines Arbeitgebers in dessen Betrieb, wenn der Arbeitgeber mit diesen in häuslicher Gemeinschaft lebt, oder
5. jeder Beschäftigung nach einem ununterbrochen vierjährigen erlaubten, geduldeten oder gestatteten Aufenthalt im Bundesgebiet.

(3) Die Zustimmung zur Ausübung einer Beschäftigung wird ohne Vorrangprüfung erteilt.

(4) Die Absätze 2 und 3 finden auch Anwendung auf Ausländerinnen und Ausländer mit einer Aufenthaltsgestattung.

(5) *(weggefallen)*

§ 33 *(aufgehoben)*

Teil 8 – Verfahrensregelungen

§ 34 Beschränkung der Zustimmung (1) Die Bundesagentur für Arbeit kann die Zustimmung zur Ausübung einer Beschäftigung beschränken hinsichtlich

1. der Geltungsdauer,
2. des Betriebs,
3. der beruflichen Tätigkeit,
4. des Arbeitgebers,
5. der Region, in der die Beschäftigung ausgeübt werden kann, und
6. der Lage und Verteilung der Arbeitszeit.

(2) Die Zustimmung wird längstens für vier Jahre erteilt.

(3) Bei Beschäftigungen zur beruflichen Aus- und Weiterbildung nach § 16 a Absatz 1 und § 16 d Absatz 1 Satz 2 Nummer 3 des Aufenthaltsgesetzes ist die Zustimmung wie folgt zu erteilen:

1. bei der Ausbildung für die nach der Ausbildungsordnung festgelegte Ausbildungsdauer und
2. bei der Weiterbildung für die Dauer, die ausweislich eines von der Bundesagentur für Arbeit geprüften Weiterbildungsplanes zur Erreichung des Weiterbildungszieles erforderlich ist.

§ 35 Reichweite der Zustimmung (1) Die Zustimmung zur Ausübung einer Beschäftigung wird jeweils zu einem bestimmten Aufenthaltstitel erteilt.
(2) Ist die Zustimmung zu einem Aufenthaltstitel erteilt worden, so gilt die Zustimmung im Rahmen ihrer zeitlichen Begrenzung auch für jeden weiteren Aufenthaltstitel fort.
(3) Die Absätze 1 und 2 gelten entsprechend für die Zustimmung zur Ausübung einer Beschäftigung an Personen, die eine Aufenthaltsgestattung oder Duldung besitzen.
(4) Ist die Zustimmung für ein bestimmtes Beschäftigungsverhältnis erteilt worden, so erlischt sie mit der Beendigung dieses Beschäftigungsverhältnisses. Dies gilt nicht, wenn sich der Arbeitgeber auf Grund eines Betriebsübergangs nach § 613 a des Bürgerlichen Gesetzbuchs ändert oder auf Grund eines Formwechsels eine andere Rechtsform erhält.
(5) Die Zustimmung zur Ausübung einer Beschäftigung kann ohne Vorrangprüfung erteilt werden, wenn die Beschäftigung nach Ablauf der Geltungsdauer einer für mindestens ein Jahr erteilten Zustimmung bei demselben Arbeitgeber fortgesetzt wird. Dies gilt nicht für Beschäftigungen, die nach dieser Verordnung oder einer zwischenstaatlichen Vereinbarung zeitlich begrenzt sind.

§ 36 Erteilung der Zustimmung (1) Die Bundesagentur für Arbeit teilt der zuständigen Stelle die Zustimmung zur Erteilung eines Aufenthaltstitels nach § 39 des Aufenthaltsgesetzes oder einer Grenzgängerkarte, deren Versagung nach § 40 des Aufenthaltsgesetzes, den Widerruf nach § 41 des Aufenthaltsgesetzes oder die Rücknahme einer Zustimmung mit.
(2) Die Zustimmung zur Ausübung einer Beschäftigung gilt als erteilt, wenn die Bundesagentur für Arbeit der zuständigen Stelle nicht innerhalb von zwei Wochen nach Übermittlung der Zustimmungsanfrage mitteilt, dass die übermittelten Informationen für die Entscheidung über die Zustimmung nicht ausreichen oder dass der Arbeitgeber die erforderlichen Auskünfte nicht oder nicht rechtzeitig erteilt hat. Im Fall des § 81 a des Aufenthaltsgesetzes verkürzt sich die Frist nach Satz 1 auf eine Woche.
(3) Die Bundesagentur für Arbeit soll bereits vor der Übermittlung der Zustimmungsanfrage der Ausübung der Beschäftigung gegenüber der zuständigen Stelle zustimmen oder prüfen, ob die arbeitsmarktbezogenen Voraussetzungen für eine spätere Zustimmung vorliegen, wenn der Arbeitgeber die hierzu erforderlichen Auskünfte erteilt hat und das Verfahren dadurch beschleunigt wird.

§ 37 Härtefallregelung Ausländerinnen und Ausländern kann die Zustimmung zur Ausübung einer Beschäftigung ohne Vorrangprüfung erteilt werden, wenn deren Versagung eine besondere Härte bedeuten würde.

Teil 9 – Anwerbung und Arbeitsvermittlung aus dem Ausland

§ 38 Anwerbung und Vermittlung Die Anwerbung in Staaten, die in der Anlage zu dieser Verordnung aufgeführt sind, darf für eine Beschäftigung in Gesundheits- und Pflegeberufen nur von der Bundesagentur für Arbeit durchgeführt werden.

§ 39 Ordnungswidrigkeiten Ordnungswidrig im Sinne des § 404 Absatz 2 Nummer 9 des Dritten Buches Sozialgesetzbuch handelt, wer vorsätzlich oder fahrlässig entgegen § 38 eine Anwerbung oder Arbeitsvermittlung durchführt.

9 d. Aufenthaltsverordnung (AufenthV)

vom 25. November 2004 (BGBl. I 2945),
zuletzt geändert durch Verordnung vom 13. Dezember 2019 (BGBl. I 2585)
(Abgedruckte Vorschriften: §§ 35, 37)

Einleitung

(siehe bei Nr. 9, I 2)

Verordnungstext

…

§ 35 Zustimmungsfreiheit bei bestimmten Arbeitsaufenthalten und Praktika Abweichend von § 31 bedarf das Visum nicht der Zustimmung der Ausländerbehörde bei Ausländern, die

1. auf Grund einer zwischenstaatlichen Vereinbarung als Gastarbeitnehmer oder als Werkvertragsarbeitnehmer tätig werden,
2. eine von der Bundesagentur für Arbeit vermittelte Beschäftigung bis zu einer Höchstdauer von neun Monaten ausüben,
3. ohne Begründung eines gewöhnlichen Aufenthalts im Bundesgebiet als Besatzungsmitglieder eines Seeschiffes tätig werden, das berechtigt ist, die Bundesflagge zu führen, und das in das internationale Seeschifffahrtsregister eingetragen ist (§ 12 des Flaggenrechtsgesetzes),
4. auf Grund einer zwischenstaatlichen Vereinbarung im Rahmen eines Ferienaufenthalts von bis zu einem Jahr eine Erwerbstätigkeit ausüben dürfen oder
5. eine Tätigkeit bis zu längstens drei Monaten ausüben wollen, für die sie nur ein Stipendium erhalten, das ausschließlich aus öffentlichen Mitteln gezahlt wird.

…

§ 37 Zustimmungsfreiheit in sonstigen Fällen Abweichend von § 31 Abs. 1 Satz 1 Nr. 1 und 2 bedarf das Visum nicht der Zustimmung der Ausländerbehörde für Ausländer, die im Bundesgebiet lediglich Tätigkeiten, die nach § 30 Nummer 1 bis 3 der Beschäftigungsverordnung nicht als Beschäftigung gelten, oder diesen entsprechende selbständige Tätigkeiten ausüben wollen.

…

10. Berufsbildungsgesetz (BBiG)

Einleitung

I. Geschichtliche Entwicklung

Die zentralstaatliche Regelung der Berufsbildung ist ganz jungen Datums: Erst 1969 wurde ein Berufsbildungsgesetz als Bundesgesetz verabschiedet. Bis dahin waren das Recht des Ausbildungsvertrages und das öffentlich-rechtliche Berufsbildungsrecht gesetzlich überhaupt nicht, nur in einzelnen Ländern oder nur lückenhaft geregelt, zum Teil in Gesetzen aus dem vorausgegangenen Jahrhundert, wie in der GewO und im HGB. Nach 1918 hatten die Gewerkschaften eine »neuzeitliche Regelung des Lehrlingswesens und die Verbesserung der Fortbildung« gefordert. Die Forderungen des ADGB auf seinem Gründungskongress 1919 sind verblüffend aktuell:

1. Die Zuständigkeit der Innungen ist aufzuheben.
2. Zur Neuregelung der Lehrlingsverhältnisse werden auf jeden Beruf paritätisch aus Vertretern von Arbeitgebern und Arbeitnehmern bestehende Zentralkommissionen eingesetzt.
3. Von den Zentralkommissionen ist dahin zu wirken, dass die Großindustrie mehr als bisher Einrichtungen zur systematischen Ausbildung schafft.
4. Im Bedarfsfall sind Zwangsmaßnahmen zur Einstellung von Lehrlingen vorzusehen.
5. Neben den Betriebslehrwerkstätten ist die Errichtung von Sammellehrwerkstätten anzustreben, die den Lehrlingen kleinerer Betriebe die Möglichkeit einer besseren Ausbildung gibt.
6. Die Kosten sind von den Arbeitgebern aufzubringen.«

Das Resultat war lediglich, dass die Reichsregierung im Jahre 1927 den Entwurf eines Berufsbildungsgesetzes vorlegte, der jedoch im Reichstag nicht beraten wurde.

Im Hinblick auf schon 1969 offenkundige Mängel des Systems der beruflichen Bildung war das BBiG bereits unmittelbar nach seinem Inkrafttreten Gegenstand reformpolitischer Bemühungen, um den Bürgern Chancengleichheit zu gewährleisten. Mit dem »Ausbildungsplatzförderungsgesetz« vom 9.9.1976 (AplFG, BGBl. I 2658) wurde eine Ausbildungsplatzabgabe für den Fall einer Verfehlung einer bestimmten Ausbildungsplatzquote vorgesehen. Das Gesetz ist allerdings aus kompetenzrechtlichen Gründen für verfassungswidrig erklärt worden (*BVerfG* 10.12.1980 – 2 BvF 3/77, NJW 81, 329; hierzu *Kittner,* Gewerkschaftliche Bildungspolitik 1981, 71; *Schmidt-Bleibtreu,* DB 81, 743).

Am 29.12.1981 ist in der Bundesrepublik Deutschland das »Abkommen 142 der Internationalen Arbeitsorganisation über die Berufsberatung und Berufsbildung im Rahmen der Erschließung des Arbeitskräftepotenzials« vom 23.6.1975 in Kraft getreten (BGBl. II 168). Die in diesem Abkommen geregelten Grundsätze der

beruflichen Bildung werden der Bundesregierung zufolge durch das Recht der Berufsbildung und -beratung in der Bundesrepublik erfüllt.
Mit dem »Gesetz zur Änderung der Handwerksordnung, anderer handwerksrechtlicher Vorschriften und des Berufsbildungsgesetzes« vom 20.12.1993 (BGBl. I 2256) ist die Europaklausel des § 112 a.F. (nunmehr § 31) eingefügt worden. Sie regelt die Anerkennung von Befähigungsnachweisen aus anderen EU-Mitgliedstaaten bzw. des EWR. Die diesbezügliche Berufsanerkennungsrichtlinie 2005/36/EG (Abl. L 255/22, aktuell in der Fassung der RL 2013/55/EU, ABl. L 354/132) wird derzeit reformiert und soll u.a. die Grundlagen für einen künftigen europäischen Berufsausweis schaffen.
Aufgrund des »Gesetzes zur Änderung des Berufsbildungsgesetzes und des Arbeitsgerichtsgesetzes« vom 8.8.2002 (BGBl. I 3140) sind die §§ 18 a und b eingefügt worden (nunmehr § 51). Sie ermöglichen die Wahl einer besonderen Interessenvertretung für Auszubildende in einer außerschulischen und überbetrieblichen Berufsbildungseinrichtung.
Eine anhaltende Diskussion um ein ausreichendes Angebot von Ausbildungsplätzen und die Qualität der beruflichen Bildung mündete in das »Berufsbildungsreformgesetz« vom 23.3.2005 (BGBl. I 931; RegE: BT-Drs. 15/3980; Ausschussbericht: BT-Drs. 15/4752). Das Gesetz bringt eine Neufassung des BBiG und integriert die Regelungen zur Berufsbildungsplanung und -statistik sowie zum Bundesinstitut für Berufsbildung (zum Gesetz s.u. bei »Weiterführender Literatur«).
Durch das Gesetz zur Modernisierung und Stärkung der beruflichen Bildung (v. 12.12.2019 BGBl. I 2522; Entwurf: BR-Drs. 230/19) soll die Wettbewerbsfähigkeit und Attraktivität der Berufsausbildung gegenüber hochschulischen Angeboten gestärkt werden, um dem zunehmenden Fachkräftemangel zu begegnen. Dazu ist ein ganzes Bündel von Maßnahmen vorgesehen. Es umfasst

- die Einführung einer Mindestvergütung für Auszubildende,
- Stärkung der höher qualifizierten Berufsbildung durch Verankerung der Möglichkeit von drei beruflichen Fortbildungsstufen (geprüfte Berufsspezialisten, Bachelor Professionals und Master Professionals),
- Verbesserung der Durchlässigkeit bei gestufter Ausbildung,
- Stärkung der Möglichkeiten der Teilzeitberufsausbildung,
- Neuregelungen im Bereich der Prüfung sowie
- Modernisierung und Vereinfachung des Verfahrens.

II. Gesetzesinhalt

1. Grundsatz: duales System

Das Berufsbildungsgesetz geht für die betriebliche Berufsbildung vom »dualen System« aus: die berufliche Ausbildung erfolgt dem Grundsatz nach getrennt in den Lernorten »Betrieb« und »Schule«, was zu folgender Struktur der Berufsbildung und ihrer rechtlichen Verfassung führt: Art und Umfang des Angebots an Ausbildungsplätzen hängen von der Gestaltung durch die private Wirtschaft ab. Es gibt kein dem Anspruch auf den Besuch allgemeinbildender Schulen vergleichbares »Recht auf berufliche Bildung«. Rahmenbedingungen werden durch den

Bund geregelt, der hierfür gemäß Art. 74 Nr. 11 (Recht der Wirtschaft) und Nr. 12 GG (Arbeitsrecht) zur Gesetzgebung zuständig ist.
Daneben steht der Besuch der Berufsschule. Da das Schulwesen in die Gesetzgebungszuständigkeit der Länder fällt (Art. 70 GG), ist insoweit eine bundesgesetzliche Regelung und eine gesetzliche Vereinheitlichung der Bestimmungen für Schule und Betrieb nicht möglich. Es bleibt nur der Weg über Absprachen zwischen Bund und Ländern. Gewerkschaften und Unternehmen erheben ähnliche Forderungen nach aktuellen Unterrichtsangeboten, Lernortkooperation und Ausstattung der Berufsschulen (vgl. GewBildungspolitik 95, 180; Arbeitgeber 95, 766). § 15 BBiG und § 9 JArbSchG regeln die Freistellung Berufsschulpflichtiger (auch über 18-Jährige) von der Arbeit (vgl. *BAG* 26. 3. 2001 – 5 AZR 413/99, NZA 01, 892).
Die Aufteilung in die Lernorte »Betrieb« und »Schule« wird aber nicht vollständig durchgehalten. Wegen des anhaltenden Mangels an betrieblichen Ausbildungsplätzen und weil nicht alle Anbieter von Ausbildungsplätzen alle notwendigen Ausbildungsinhalte vermitteln können, lässt das BBiG auch die Ausbildung an »sonstigen Berufsbildungseinrichten« im Rahmen der »außerbetrieblichen Ausbildung« zu (§ 2 Abs. 1 Nr. 3). Konsequenterweise wird zur Abschlussprüfung auch zugelassen, wer in einer berufsbildenden Schule oder sonstigen berufsbildenden Einrichtung ausgebildet wurde, wenn dabei der betrieblichen Ausbildung gleichwertige Kenntnisse vermittelt werden (§ 43 Abs. 2). Es ist möglich, Teile der Ausbildung im Ausland durchzuführen (§ 2 Abs. 3).

2. BBiG

Unter Berücksichtigung dieser grundsätzlichen Strukturmerkmale enthält das BBiG vor allem Vorschriften über das Berufsausbildungsverhältnis (§§ 10 – 26), die Ordnung der Berufsausbildung (Berechtigung zum Ausbilden, Anerkennung von Ausbildungsberufen und Ausbildungsordnungen, das Prüfungswesen und die Überwachung der Regelung der Berufsausbildung) sowie die Beteiligung von Arbeitgebern, Arbeitnehmern und Lehrern der Berufsschulen in den Ausschüssen für Berufsbildung (§§ 27 – 50 a). Die berufliche Fortbildung wird in den §§ 53 – 57 geregelt, die Umschulung in §§ 58 – 63. Inhaltlich erfolgt die berufliche Bildung vor allem auf Grund sog. Ausbildungsordnungen, die für jeden Ausbildungsberuf durch RechtsVO gemäß §§ 4, 5 festgelegt werden.
Das Handwerk ist ausgeklammert geblieben; die Berufsausbildung für diesen Bereich wird inhaltsgleich in der Handwerksordnung geregelt (vgl. die Neuordnung durch das Gesetz vom 20. 12. 1993, BGBl. I 2256).
Kern des BBiG ist die Regelung des Ausbildungsvertrages, der im Grundsatz den Regeln des Arbeitsvertrages unterstellt ist (§ 10 Abs. 2; Übersicht 28). In dieser Hinsicht hat das »Berufsbildungsreformgesetz« nur wenige Änderungen gebracht. Insbesondere ist die Dauer einer Probezeit von höchstens drei auf vier Monate erhöht worden (§ 20). In dieser Zeit kann das Ausbildungsverhältnis jederzeit ohne Einhaltung einer Frist gekündigt werden (§ 22 Abs. 1). Ein vorausgegangenes Praktikum hat weder auf die Möglichkeit zur Vereinbarung einer Probezeit noch auf deren Dauer Einfluss (*BAG* 19. 11. 2015 – 6 AZR 844/14, NZA 16, 228).

Nach dem Ende der Probezeit kann dem Auszubildenden nur aus wichtigem Grund gekündigt werden (§ 22 Abs. 2 Nr. 1). Eine solche Kündigung aus wichtigem Grund soll auch im Falle des Verdachts einer schweren Pflichtverletzung möglich sein (*BAG* 12. 2. 2015 – 6 AZR 845/13, NZA 15, 741).
Auszubildende haben Anspruch auf eine »angemessene Vergütung« (§ 17 Abs. 1; *Litterscheid*, NZA 06, 639). Das MiLoG (Nr. 31 b) findet gemäß dessen § 22 Abs. 1 Satz 1 nur auf Arbeitnehmer Anwendung. Auszubildende haben daher keinen Anspruch auf den gesetzlichen Mindestlohn. Um zu verhindern, dass junge Menschen einen Anreiz erhalten, anstelle einer Berufsausbildung ein Arbeitsverhältnis mit Anspruch auf den Mindestlohn einzugehen, ist der Anspruch auf den Mindestlohn gemäß § 22 Abs. 2 MiLoG für unter 18-Jährige ohne abgeschlossene Berufsausbildung ausgeschlossen (BR-Drs. 147/14, S. 47). Die Vergütungshöhe wird in allen Wirtschaftszweigen in Tarifverträgen geregelt. Eine Ausbildungsvergütung für nicht tarifgebundene Auszubildende, die mehr als 20 % unter der tariflichen Vergütung liegt, ist nicht mehr angemessen gem. § 17 Abs. 4 (im Anschluss an die Rspr., *BAG* 10. 4. 1991 – 5 AZR 226/90, DB 91, 1524; hierzu *Natzel*, DB 92, 1521). Das gilt auch, wenn unter den Ausbildungsbetrieben ein geringer Organisationsgrad herrscht (*OVG Bautzen* 19. 2. 2009 – 3 B 373/06, NZA-RR 09, 543). In einem von Spenden und öffentlichen Geldern finanzierten Betrieb kann die Ausbildungsvergütung erheblich unter den tariflichen Sätzen liegen (*BAG* 24. 10. 2002 – 6 AZR 626/00, DB 03, 1002; 22. 1. 2008 – 9 AZR 999/06, DB 08, 1326; für Ausbildung förderbedürftiger Personen durch einen Verein, der aus Spenden finanziert wird und der Bekämpfung der Jugendarbeitslosigkeit dient: *BAG* 16. 5. 2017 – 9 AZR 377/16, NZA 17, 1129). Soll die Ausbildung in einem Ausbildungsberuf auf Basis eines Anlernvertrages und nicht in einem Berufsbildungsverhältnis erfolgen, verstößt dies gegen das Gesetz und der Arbeitgeber hat das für Arbeitnehmer übliche Entgelt im Rahmen eines sog. faktischen Arbeitsverhältnisses zu zahlen (*BAG* 17. 11. 2010 – 7 ABR 113/09, DB 11, 943). Eine Ausbildungsvergütung ist noch nicht deshalb als angemessen anzusehen, weil sie nicht gegen die guten Sitten i. S. des § 138 BGB verstößt (*BAG* 29. 4. 2015 – 9 AZR 108/14, NZA 15, 1384). Der Anspruch des Auszubildenden auf eine angemessene Vergütung ist unabhängig von dem Schutz vor sittenwidrig niedrigen Vergütungen. Durch das Gesetz zur Modernisierung und Stärkung der beruflichen Bildung (s. o. I) wurde eine gesetzliche Mindestausbildungsvergütung in § 17 Abs. 2 vorgeschrieben, die beginnend mit 515 € ab 2020 jährlich steigend (550, 585) bis 2023 bei 620 € liegt. Sie erhöht sich im zweiten Lehrjahr um 18 %, im dritten um 35 % und im vierten Lehrjahr um 40 %. Ab 2024 steigt die gesetzliche Mindestausbildungsvergütung entsprechend den Durchschnittsvergütungen der Auszubildenden. Von den Mindestausbildungsvergütungen kann allerdings auch zulasten des Auszubildenden durch Tarifvertrag gem. § 17 Abs. 3 abgewichen werden. Überstunden sind nach § 17 Abs. 7 zu vergüten oder in Freizeit auszugleichen.
Hinsichtlich der Haftung gegenüber Kollegen im Betrieb greifen die §§ 104, 105 SGB VII (Nr. 30 VII) ebenso wie unter Arbeitnehmern (*BAG* 19. 3. 2015 – 8 AZR 67/14, NZA 15, 1057). Das *BAG* hat in seiner zweiten Warnstreikentscheidung vom 12. 9. 1984 (1 AZR 342/83, DB 84, 2563) festgestellt, dass Auszubildende im Grund-

satz ein Streikrecht haben, um auf die Ausbildungsbedingungen Einfluss zu nehmen. In der Entscheidung ist offen geblieben, ob das über die Teilnahme an Warnstreiks hinaus auch für Streiks über eine längere Zeit gilt, wenn dadurch der Ausbildungszweck gefährdet werden könnte.

Das Ausbildungsverhältnis endet mit Ablauf der Ausbildungsdauer (§ 21 Abs. 1). Vor Ablauf der Ausbildungsdauer endet es bei erfolgreicher Abschlussprüfung mit Bekanntgabe des Ergebnisses durch den Prüfungsausschuss (§ 21 Abs. 2). Wegen dieses gesetzlich vorgeschriebenen Endes stellt sich die Problematik einer Anschlussbeschäftigung (»Übernahme«) durch den ausbildenden Arbeitgeber. Diese Konstellation ist vom immer gleichen Konflikt überschattet: Die Auszubildenden wollen Beschäftigungssicherheit, die Arbeitgeber, die ggf. über den eigenen Bedarf hinaus ausbilden, wollen Entscheidungsfreiheit. Hierzu gab es bislang in vielen Tarifverträgen zumindest die Verpflichtung des Arbeitgebers, Ausgebildete wenigstens in ein befristetes Arbeitsverhältnis zu übernehmen. Seit Mitte 2010 wurden in der Metallindustrie »Tarifverträge zur Übernahme von Ausgebildeten« abgeschlossen, nach denen jeder Ausgebildete im Regelfall übernommen werden muss. Ausnahmen sind nur in klar definierten Ausnahmefällen unter Beteiligung des Betriebsrats möglich (IGM direkt 7/12, S. 3). Die Übernahmequoten sind seit Mitte der 2000er Jahre stetig gestiegen. Derzeit werden etwa zwei von drei Ausbildungsabsolventen in ein Arbeitsverhältnis übernommen (*Dummert/Frei/Leber*, IAB-Kurzbericht 20/14, S. 6). Umgekehrt bedeutet das aber auch, dass ein Drittel der Absolventen ohne Anschlussbeschäftigung im Ausbildungsbetrieb bleibt. Auch ohne ausdrückliche Übernahmevereinbarung entsteht gemäß § 24 ein Arbeitsverhältnis auf unbestimmte Zeit, wenn der Auszubildende im Anschluss an das Berufsbildungsverhältnis weiterbeschäftigt wird. Erforderlich ist aber die Kenntnis des Ausbildenden vom Ende des Ausbildungsverhältnisses (was bei vorzeitiger Beendigung durch erfolgreiche Abschlussprüfung relevant wird) und von der Weiterarbeit (*BAG* 20. 3. 2018 – 9 AZR 479/17, NZA 18, 943).

Einzelne Vorschriften über den Berufsbildungsvertrag gelten gemäß § 26 auch für andere Vereinbarungen, bei denen Personen zum Erwerb beruflicher Fertigkeiten, Kenntnisse, Fähigkeiten und Erfahrung beschäftigt werden, ohne dass eine gesetzliche Berufsausbildung vorliegt. Mit dieser Bestimmung sind neben Volontären und Anlernlingen insbesondere Praktikanten angesprochen. Für Umschüler gilt § 26 hingegen nicht, Umschulungen erfolgen entweder im Rahmen eines Arbeitsverhältnisses oder im Rahmen eines besonderen Qualifizierungsvertrages (*BAG* 12. 2. 2013 – 3 AZR 120/11, NZA 14, 31, Rn. 12). Praktikanten haben grundsätzlich Anspruch auf den gesetzlichen Mindestlohn (Nr. 31 b), allerdings regelt § 22 Abs. 1 Satz 2 MiLoG Ausnahmen, insbesondere für ausbildungsbegleitende Praktika sowie bis zu 3-monatige Berufsorientierungspraktika. Letztere können zwar nicht den gesetzlichen Mindestlohn, wohl aber eine angemessene Vergütung gemäß § 17 BBiG verlangen. In diesem Zusammenhang definiert § 22 Abs. 2 Satz 3 MiLoG, was ein Praktikum ist und stellt dabei klar, dass es in Abgrenzung von anderen Vertragsverhältnissen auf die tatsächliche Ausgestaltung und Durchführung des Vertrages ankommt. Letzteres wurde durch die Neufassung des § 611 a Abs. 1 Satz 6 BGB (vgl. I 7 der allgemeinen Einführung)

eigentlich überflüssig. Damit ist die sog. »Generation Praktikum« angesprochen. Dieser Begriff zielt auf das verbreitete Phänomen, dass Hochschulabsolventen als vermeintliche Praktikanten eingestellt werden, in Wirklichkeit aber Arbeitnehmer sind. Diese Fallgestaltungen werden ohne Weiteres vom gesetzlichen Mindestlohn erfasst, da man es in Wirklichkeit mit Arbeitnehmern zu tun hat (*Picker/Sausmikat*, NZA 14, 942). Neben diesen Regelungen für den Mindestlohn gilt für Praktikanten eine besondere Nachweispflicht gemäß § 2 Abs. 1 a NachwG (Nr. 29).
Die Durchführung der betrieblichen Berufsbildung unterliegt der Mitbestimmung des Betriebsrats gemäß §§ 96 – 98 BetrVG (hierzu *Bieler*, AiB 01, 198; *Hamm*, AuR 92, 326; *Hamm*, AiB 93, 85). Für »sonstige Ausbildungseinrichtungen« schreibt § 51 eine eigene Interessenvertretung vor.

III. Anwendungsprobleme und Rechtstatsachen

Das zentrale Problem der beruflichen Bildung ist seit vielen Jahren der Mangel an betrieblichen Ausbildungsplätzen. Dabei hat auch der Berufsbildungsbericht 2019 gezeigt, dass insoweit nicht auf die blanke Zahl der Ausbildungsstellen geschaut werden darf. Denn es haben rund 24500 junge Menschen keine Beschäftigung gefunden, obwohl dem gleichzeitig 57600 unbesetzte Plätze gegenüber standen (BT-Drs. 19/9515, S. 50 f.). So sind, um nur zwei Gründe zu nennen, freie Stellen nicht immer die gesuchten und die Bewerber sind nicht immer für die freien Stellen geeignet.
Im Übrigen verdecken globale Statistiken die strukturellen Probleme der Berufsausbildung:

- Viele Jugendliche werden nicht ihrem Berufswunsch entsprechend vermittelt. Hierin dürfte mit ein Grund für die hohe Abbrecherquote (20 % aller Ausbildungsverträge) liegen.
- Viele Jugendliche werden in Ausbildungsberufe gelenkt, die auch längerfristig keine entsprechenden Beschäftigungschancen bieten (z. B. Friseur, Bäcker, Verkäufer im Nahrungsmittelhandwerk, Kfz-Mechaniker).
- Die strukturelle Veränderung bei Schulabschlüssen führt zu einer Verdrängung von Hauptschülern aus dualen Berufen, die traditionell mit dieser Abschlussform angestrebt werden konnten.
- Die Benachteiligung junger Frauen besteht nach wie vor. Ihre Berufsausbildung konzentriert sich nach wie vor auf so genannte Frauenberufe mit allen Folgen geringeren Verdienstes, minderer Aufstiegschancen und größeren Arbeitslosigkeitsrisikos. Der Anteil von jungen Frauen in gewerblich-technischen Ausbildungsberufen ist nach wie vor gering.
- Demgegenüber steht zunehmend das Problem der mangelnden Bildungsvoraussetzungen von Jugendlichen, deretwegen sie keine Ausbildungsstelle erhalten. Das betrifft insbesondere ausländische Jugendliche bzw. Kinder ausländischer Eltern.

Bei allen Mängeln der Berufsbildung darf aber der grundsätzlich positive Beitrag des dualen Systems nicht aus den Augen verloren werden: so finden immerhin 60 % der Absolventen eine Anschlussbeschäftigung im Ausbildungsbetrieb, geschätzte weitere 8 % finden eine Anschlussbeschäftigung in einem anderen Betrieb des Unternehmens (*Seibert/Wydra-Somaggio*, IAB-Kurzbericht 20/17). Auch könnten immerhin 4 von 5 Arbeitnehmern mit Berufsausbildung ihre aktuell ausgeübte Tätigkeit nicht ohne ihre Qualifikation ausüben. M. a. W.: 80 % der ausgebildeten Arbeitnehmer sind letztlich ausbildungsadäquat beschäftigt (vgl. *Büchel/Neubäumer*, MittAB 01, 269).

Weiterführende Literatur

Handbücher und Kommentare

Deinert/Heuschmid/Zwanziger-*Lakies*, Arbeitsrecht, § 115 (Berufsbildung)
Benecke/Hergenröder, Berufsbildungsgesetz (2009)
Lakies/Malottke, Berufsbildungsgesetz, Kommentar für die Praxis, 6. Aufl. (2018)
Lakies, Berufsbildungsgesetz, Basiskommentar, 4. Aufl. (2018)
Wohlgemuth, Berufsausbildungsgesetz (2011)

Aufsätze

Schwerpunktheft »Aus-, Fort- und Weiterbildung«, AiB 3/2008
Dummert/Frei/Leber, Betriebe und Bewerber finden schwerer zusammen, dafür sind Übernahmen häufiger denn je, IAB-Kurzbericht 20/2014
Gehlhaar, Gesetzliche Wartezeitregelungen bei der Übernahme von Auszubildenden, DB 2011, S. 590
Haverkamp, Warum bleiben Ausbildungsplätze unbesetzt? – Eine berufliche Mismatch-Analyse, WSI-Mitt. 2016, S. 595
Moraal/Schönfeld, Berufliche Aus- und Weiterbildung in Unternehmen, WSI-Mitt. 2012, S. 329
Nehls, Das reformierte Berufsbildungsgesetz, AiB 2005, S. 332
Raab, Betriebliche und außerbetriebliche Bildungsmaßnahmen, NZA 2008, S. 270
Wohlgemuth, Reform des Berufsbildungsrechts, AuR 2005, S. 241

Übersicht 28: Berufsausbildung

Berufsausbildung

- breit angelegte berufliche Grundbildung zur Vermittlung notwendiger fachlicher Fertigkeiten und Kenntnisse zur Ausübung einer qualifizierten beruflichen Tätigkeit (§ 1)
- Anerkennung von Ausbildungsberufen mit Ausbildungsordnungen (§§ 4, 5)
- duales System: Lernort Berufsschule überbetriebl. Berufsbildung (§ 2)

Betrieb

Abschluss eines Berufsausbildungsvertrages zwischen AG (Ausbildendem) und Auszubildendem (§ 10)

Pflichten des Ausbildenden (§ 14)

- Vermitteln der erforderlichen Kenntnisse/ Fertigkeiten
- planmäßige, zeitliche und sachliche Gliederung der Ausbildung
- Arbeitgeber bildet selbst aus oder beauftragt Ausbilder
- kostenlose Stellung der Ausbildungsmittel (Werkzeug/Werkstoffe)
- Freistellung zum Berufsschulbesuch

Vertragsniederschrift (§ 11)

- Beginn und Dauer
- tägliche Arbeitszeit
- Probezeit
- Vergütung
- Urlaub
- Kündigung
- Hinweis auf TV und BV

Pflichten des Auszubildenden (§ 13)

- Aneignen der vermittelten Kenntnisse/ Fertigkeiten
- Weisungsbefolgung
- pflegliche Behandlung der Arbeitsmittel
- Besuch der Berufsschule

Abschlussprüfung (§§ 37ff.)

- in anerkannten Ausbildungsberufen ist eine Abschlussprüfung abzulegen
- der Prüfungsausschuss besteht aus mindestens 3 Personen: je einem AG- und AN-Beauftragten sowie einem Lehrer einer berufsbildenden Schule

Berufsbildungsgesetz (BBiG)

vom 23. März 2005 (BGBl. I 931),
zuletzt geändert durch Gesetz vom 12. Dezember 2019 (BGBl. I 2522)

(Abgedruckte Vorschriften: §§ 1–83, 101–104)

Teil 1 – Allgemeine Vorschriften

§ 1 Ziele und Begriffe der Berufsbildung (1) Berufsbildung im Sinne dieses Gesetzes sind die Berufsausbildungsvorbereitung, die Berufsausbildung, die berufliche Fortbildung und die berufliche Umschulung.
(2) Die Berufsausbildungsvorbereitung dient dem Ziel, durch die Vermittlung von Grundlagen für den Erwerb beruflicher Handlungsfähigkeit an eine Berufsausbildung in einem anerkannten Ausbildungsberuf heranzuführen.
(3) Die Berufsausbildung hat die für die Ausübung einer qualifizierten beruflichen Tätigkeit in einer sich wandelnden Arbeitswelt notwendigen beruflichen Fertigkeiten, Kenntnisse und Fähigkeiten (berufliche Handlungsfähigkeit) in einem geordneten Ausbildungsgang zu vermitteln. Sie hat ferner den Erwerb der erforderlichen Berufserfahrungen zu ermöglichen.
(4) Die berufliche Fortbildung soll es ermöglichen,
1. die berufliche Handlungsfähigkeit durch eine Anpassungsfortbildung zu erhalten und anzupassen oder
2. die berufliche Handlungsfähigkeit durch eine Fortbildung der höherqualifizierenden Berufsbildung zu erweitern und beruflich aufzusteigen.

(5) Die berufliche Umschulung soll zu einer anderen beruflichen Tätigkeit befähigen.

§ 2 Lernorte der Berufsbildung (1) Berufsbildung wird durchgeführt
1. in Betrieben der Wirtschaft, in vergleichbaren Einrichtungen außerhalb der Wirtschaft, insbesondere des öffentlichen Dienstes, der Angehörigen freier Berufe und in Haushalten (betriebliche Berufsbildung),
2. in berufsbildenden Schulen (schulische Berufsbildung) und
3. in sonstigen Berufsbildungseinrichtungen außerhalb der schulischen und betrieblichen Berufsbildung (außerbetriebliche Berufsbildung).

(2) Die Lernorte nach Absatz 1 wirken bei der Durchführung der Berufsbildung zusammen (Lernortkooperation).
(3) Teile der Berufsausbildung können im Ausland durchgeführt werden, wenn dies dem Ausbildungsziel dient. Ihre Gesamtdauer soll ein Viertel der in der Ausbildungsordnung festgelegten Ausbildungsdauer nicht überschreiten.

§ 3 Anwendungsbereich (1) Dieses Gesetz gilt für die Berufsbildung, soweit sie nicht in berufsbildenden Schulen durchgeführt wird, die den Schulgesetzen der Länder unterstehen.

(2) Dieses Gesetz gilt nicht für
1. die Berufsbildung, die in berufsqualifizierenden oder vergleichbaren Studiengängen an Hochschulen auf der Grundlage des Hochschulrahmengesetzes und der Hochschulgesetze der Länder durchgeführt wird,
2. die Berufsbildung in einem öffentlich-rechtlichen Dienstverhältnis,
3. die Berufsbildung auf Kauffahrteischiffen, die nach dem Flaggenrechtsgesetz die Bundesflagge führen, soweit es sich nicht um Schiffe der kleinen Hochseefischerei oder der Küstenfischerei handelt.

(3) Für die Berufsbildung in Berufen der Handwerksordnung gelten die §§ 4 bis 9, 27 bis 49, 53 bis 70, 76 bis 80 sowie 101 Absatz 1 Nummer 1 bis 4 sowie Nummer 6 bis 10 nicht; insoweit gilt die Handwerksordnung.[1]

Teil 2 – Berufsbildung

Kapitel 1 – Berufsausbildung

Abschnitt 1 – Ordnung der Berufsausbildung; Anerkennung von Ausbildungsberufen

§ 4 Anerkennung von Ausbildungsberufen (1) Als Grundlage für eine geordnete und einheitliche Berufsausbildung kann das Bundesministerium für Wirtschaft und Energie oder das sonst zuständige Fachministerium im Einvernehmen mit dem Bundesministerium für Bildung und Forschung durch Rechtsverordnung, die nicht der Zustimmung des Bundesrates bedarf, Ausbildungsberufe staatlich anerkennen und hierfür Ausbildungsordnungen nach § 5 erlassen.

(2) Für einen anerkannten Ausbildungsberuf darf nur nach der Ausbildungsordnung ausgebildet werden.

(3) In anderen als anerkannten Ausbildungsberufen dürfen Jugendliche unter 18 Jahren nicht ausgebildet werden, soweit die Berufsausbildung nicht auf den Besuch weiterführender Bildungsgänge vorbereitet.

(4) Wird die Ausbildungsordnung eines Ausbildungsberufes aufgehoben oder geändert, so sind für bestehende Berufsausbildungsverhältnisse weiterhin die Vorschriften, die bis zum Zeitpunkt der Aufhebung oder der Änderung gelten, anzuwenden, es sei denn, die ändernde Verordnung sieht eine abweichende Regelung vor.

(5) Das zuständige Fachministerium informiert die Länder frühzeitig über Neuordnungskonzepte und bezieht sie in die Abstimmung ein.

§ 5 Ausbildungsordnung (1) Die Ausbildungsordnung hat festzulegen
1. die Bezeichnung des Ausbildungsberufes, der anerkannt wird,
2. die Ausbildungsdauer; sie soll nicht mehr als drei und nicht weniger als zwei Jahre betragen,

---

1 **Handwerksordnung** (HWO) i. d. F. der Bekanntmachung vom 24. 9. 1998 (BGBl. I 3074; 2006 I 2095), zuletzt geändert durch Gesetz vom 12. 12. 2019 (BGBl. I 2522).

3. die beruflichen Fertigkeiten, Kenntnisse und Fähigkeiten, die mindestens Gegenstand der Berufsausbildung sind (Ausbildungsberufsbild).
4. eine Anleitung zur sachlichen und zeitlichen Gliederung der Vermittlung der beruflichen Fertigkeiten, Kenntnisse und Fähigkeiten (Ausbildungsrahmenplan),
5. die Prüfungsanforderungen.

Bei der Festlegung der Fertigkeiten, Kenntnisse und Fähigkeiten nach Satz 1 Nummer 3 ist insbesondere die technologische und digitale Entwicklung zu beachten.

(2) Die Ausbildungsordnung kann vorsehen,

1. dass die Berufsausbildung in sachlich und zeitlich besonders gegliederten, aufeinander aufbauenden Stufen erfolgt; nach den einzelnen Stufen soll ein Ausbildungsabschluss vorgesehen werden, der sowohl zu einer qualifizierten beruflichen Tätigkeit im Sinne des § 1 Abs. 3 befähigt als auch die Fortsetzung der Berufsausbildung in weiteren Stufen ermöglicht (Stufenausbildung),
2. dass die Abschlussprüfung in zwei zeitlich auseinander fallenden Teilen durchgeführt wird,

2 a. dass im Fall einer Regelung nach Nummer 2 bei nicht bestandener Abschlussprüfung in einem drei- oder dreieinhalbjährigen Ausbildungsberuf, der auf einem zweijährigen Ausbildungsberuf aufbaut, der Abschluss des zweijährigen Ausbildungsberufs erworben wird, sofern im ersten Teil der Abschlussprüfung mindestens ausreichende Prüfleistungen erbracht worden sind,

2 b. dass Auszubildende bei erfolgreichem Abschluss eines zweijährigen Ausbildungsberufs vom ersten Teil der Abschlussprüfung oder einer Zwischenprüfung eines darauf aufbauenden drei- oder dreieinhalbjährigen Ausbildungsberufs befreit sind,

3. dass abweichend von § 4 Abs. 4 die Berufsausbildung in diesem Ausbildungsberuf unter Anrechnung der bereits zurückgelegten Ausbildungszeit fortgesetzt werden kann, wenn die Vertragsparteien dies vereinbaren,
4. dass auf die Dauer der durch die Ausbildungsordnung geregelten Berufsausbildung die Dauer einer anderen abgeschlossenen Berufsausbildung ganz oder teilweise anzurechnen ist,
5. dass über das in Absatz 1 Nr. 3 beschriebene Ausbildungsberufsbild hinaus zusätzliche berufliche Fertigkeiten, Kenntnisse und Fähigkeiten vermittelt werden können, die die berufliche Handlungsfähigkeit ergänzen oder erweitern,
6. dass Teile der Berufsausbildung in geeigneten Einrichtungen außerhalb der Ausbildungsstätte durchgeführt werden, wenn und soweit es die Berufsausbildung erfordert (überbetriebliche Berufsausbildung).

Im Fall des Satzes 1 Nummer 2 a bedarf es eines Antrags der Auszubildenden. Im Fall des Satzes 1 Nummer 4 bedarf es der Vereinbarung der Vertragsparteien. Im Rahmen der Ordnungsverfahren soll stets geprüft werden, ob Regelungen nach Nummer 1, 2, 2 a, 2 b und 4 sinnvoll und möglich sind.

§ 6 Erprobung neuer Ausbildungs- und Prüfungsformen Zur Entwicklung und Erprobung neuer Ausbildungs- und Prüfungsformen kann das Bundesministerium für Wirtschaft und Energie oder das sonst zuständige Fachministerium im Einvernehmen mit dem Bundesministerium für Bildung und Forschung nach Anhörung des Hauptausschusses des Bundesinstituts für Berufsbildung durch Rechtsverordnung, die nicht der Zustimmung des Bundesrates bedarf, Ausnahmen von § 4 Abs. 2 und 3 sowie den §§ 5, 37 und 48 zulassen, die auch auf eine bestimmte Art und Zahl von Ausbildungsstätten beschränkt werden können.

§ 7 Anrechnung beruflicher Vorbildung auf die Ausbildungsdauer (1) Die Landesregierungen können nach Anhörung des Landesausschusses für Berufsbildung durch Rechtsverordnung bestimmen, dass der Besuch eines Bildungsganges berufsbildender Schulen oder die Berufsausbildung in einer sonstigen Einrichtung ganz oder teilweise auf die Ausbildungsdauer angerechnet wird. Die Ermächtigung kann durch Rechtsverordnung auf oberste Landesbehörden weiter übertragen werden.
(2) Ist keine Rechtsverordnung nach Absatz 1 erlassen, kann eine Anrechnung durch die zuständige Stelle im Einzelfall erfolgen. Für die Entscheidung über die Anrechnung auf die Ausbildungsdauer kann der Hauptausschuss des Bundesinstituts für Berufsbildung Empfehlungen beschließen.
(3) Die Anrechnung bedarf des gemeinsamen Antrags der Auszubildenden und der Ausbildenden. Der Antrag ist an die zuständige Stelle zu richten. Er kann sich auf Teile des höchstzulässigen Anrechnungszeitraums beschränken.
(4) Ein Anrechnungszeitraum muss in ganzen Monaten durch sechs teilbar sein.

§ 7 a Teilzeitberufsausbildung (1) Die Berufsausbildung kann in Teilzeit durchgeführt werden. Im Berufsausbildungsvertrag ist für die gesamte Ausbildungszeit oder einen bestimmten Zeitraum der Berufsausbildung die Verkürzung der täglichen oder der wöchentlichen Ausbildungszeit zu vereinbaren. Die Kürzung der täglichen oder der wöchentlichen Ausbildungszeit darf nicht mehr als 50 Prozent betragen.
(2) Die Dauer der Teilzeitberufsausbildung verlängert sich entsprechend, höchstens jedoch bis zum Eineinhalbfachen der Dauer, die in der Ausbildungsordnung für die betreffende Berufsausbildung in Vollzeit festgelegt ist. Die Dauer der Teilzeitberufsausbildung ist auf ganze Monate abzurunden. § 8 Absatz 2 bleibt unberührt.
(3) Auf Verlangen der Auszubildenden verlängert sich die Ausbildungsdauer auch über die Höchstdauer nach Absatz 2 Satz 1 hinaus bis zur nächsten möglichen Abschlussprüfung.
(4) Der Antrag auf Eintragung des Berufsausbildungsvertrages nach § 36 Absatz 1 in das Verzeichnis der Berufsausbildungsverhältnisse für eine Teilzeitberufsausbildung kann mit einem Antrag auf Verkürzung der Ausbildungsdauer nach § 8 Absatz 1 verbunden werden.

§ 8 Verkürzung oder Verlängerung der Ausbildungsdauer (1) Auf gemeinsamen Antrag der Auszubildenden und der Ausbildenden hat die zuständige Stelle die Ausbildungsdauer zu kürzen, wenn zu erwarten ist, dass das Ausbildungsziel in der gekürzten Dauer erreicht wird.
(2) In Ausnahmefällen kann die zuständige Stelle auf Antrag Auszubildender die Ausbildungsdauer verlängern, wenn die Verlängerung erforderlich ist, um das Ausbildungsziel zu erreichen. Vor der Entscheidung über die Verlängerung sind die Ausbildenden zu hören.
(3) Für die Entscheidung über die Verkürzung oder Verlängerung der Ausbildungsdauer kann der Hauptausschuss des Bundesinstituts für Berufsbildung Empfehlungen beschließen.

§ 9 Regelungsbefugnis Soweit Vorschriften nicht bestehen, regelt die zuständige Stelle die Durchführung der Berufsausbildung im Rahmen dieses Gesetzes.

Abschnitt 2 – Berufsausbildungsverhältnis

Unterabschnitt 1 – Begründung des Ausbildungsverhältnisses

§ 10 Vertrag (1) Wer andere Personen zur Berufsausbildung einstellt (Ausbildende), hat mit den Auszubildenden einen Berufsausbildungsvertrag zu schließen.
(2) Auf den Berufsausbildungsvertrag sind, soweit sich aus seinem Wesen und Zweck und aus diesem Gesetz nichts anderes ergibt, die für den Arbeitsvertrag geltenden Rechtsvorschriften und Rechtsgrundsätze anzuwenden.
(3) Schließen die gesetzlichen Vertreter oder Vertreterinnen mit ihrem Kind einen Berufsausbildungsvertrag, so sind sie von dem Verbot des § 181 des Bürgerlichen Gesetzbuchs[1] befreit.
(4) Ein Mangel in der Berechtigung, Auszubildende einzustellen oder auszubilden, berührt die Wirksamkeit des Berufsausbildungsvertrages nicht.
(5) Zur Erfüllung der vertraglichen Verpflichtungen der Ausbildenden können mehrere natürliche oder juristische Personen in einem Ausbildungsverbund zusammenwirken, soweit die Verantwortlichkeit für die einzelnen Ausbildungsabschnitte sowie für die Ausbildungszeit insgesamt sichergestellt ist (Verbundausbildung).

§ 11 Vertragsniederschrift (1) Ausbildende haben unverzüglich nach Abschluss des Berufsausbildungsvertrages, spätestens vor Beginn der Berufsausbildung, den wesentlichen Inhalt des Vertrages gemäß Satz 2 schriftlich niederzulegen; die elektronische Form ist ausgeschlossen. In die Niederschrift sind mindestens aufzunehmen

1 § 181 **BGB**: Ein Vertreter kann, soweit nicht ein anderes ihm gestattet ist, im Namen des Vertretenen mit sich im eigenen Namen oder als Vertreter eines Dritten ein Rechtsgeschäft nicht vornehmen, es sei denn, daß das Rechtsgeschäft ausschließlich in der Erfüllung einer Verbindlichkeit besteht.

1. Art, sachliche und zeitliche Gliederung sowie Ziel der Berufsausbildung, insbesondere die Berufstätigkeit, für die ausgebildet werden soll,
2. Beginn und Dauer der Berufsausbildung,
3. Ausbildungsmaßnahmen außerhalb der Ausbildungsstätte,
4. Dauer der regelmäßigen täglichen Ausbildungszeit,
5. Dauer der Probezeit,
6. Zahlung und Höhe der Vergütung,
7. Dauer des Urlaubs,
8. Voraussetzungen, unter denen der Berufsausbildungsvertrag gekündigt werden kann,
9. ein in allgemeiner Form gehaltener Hinweis auf die Tarifverträge, Betriebs- oder Dienstvereinbarungen, die auf das Berufsausbildungsverhältnis anzuwenden sind,
10. die Form des Ausbildungsnachweises nach § 13 Satz 2 Nummer 7.

(2) Die Niederschrift ist von den Ausbildenden, den Auszubildenden und deren gesetzlichen Vertretern und Vertreterinnen zu unterzeichnen.
(3) Ausbildende haben den Auszubildenden und deren gesetzlichen Vertretern und Vertreterinnen eine Ausfertigung der unterzeichneten Niederschrift unverzüglich auszuhändigen.
(4) Bei Änderungen des Berufsausbildungsvertrages gelten die Absätze 1 bis 3 entsprechend.

§ 12 Nichtige Vereinbarungen (1) Eine Vereinbarung, die Auszubildende für die Zeit nach Beendigung des Berufsausbildungsverhältnisses in der Ausübung ihrer beruflichen Tätigkeit beschränkt, ist nichtig. Dies gilt nicht, wenn sich Auszubildende innerhalb der letzten sechs Monate des Berufsausbildungsverhältnisses dazu verpflichten, nach dessen Beendigung mit den Ausbildenden ein Arbeitsverhältnis einzugehen.
(2) Nichtig ist eine Vereinbarung über
1. die Verpflichtung Auszubildender, für die Berufsausbildung eine Entschädigung zu zahlen,
2. Vertragsstrafen,
3. den Ausschluss oder die Beschränkung von Schadensersatzansprüchen,
4. die Festsetzung der Höhe eines Schadensersatzes in Pauschbeträgen.

Unterabschnitt 2 – Pflichten der Auszubildenden

§ 13 Verhalten während der Berufsausbildung Auszubildende haben sich zu bemühen, die berufliche Handlungsfähigkeit zu erwerben, die zum Erreichen des Ausbildungsziels erforderlich ist. Sie sind insbesondere verpflichtet,
1. die ihnen im Rahmen ihrer Berufsausbildung aufgetragenen Aufgaben sorgfältig auszuführen,
2. an Ausbildungsmaßnahmen teilzunehmen, für die sie nach § 15 freigestellt werden,
3. den Weisungen zu folgen, die ihnen im Rahmen der Berufsausbildung von

Ausbildenden, von Ausbildern oder Ausbilderinnen oder von anderen weisungsberechtigten Personen erteilt werden,
4. die für die Ausbildungsstätte geltende Ordnung zu beachten,
5. Werkzeug, Maschinen und sonstige Einrichtungen pfleglich zu behandeln,
6. über Betriebs- und Geschäftsgeheimnisse Stillschweigen zu wahren,
7. einen schriftlichen oder elektronischen Ausbildungsnachweis zu führen.

Unterabschnitt 3 – Pflichten der Ausbildenden

§ 14 Berufsausbildung (1) Ausbildende haben
1. dafür zu sorgen, dass den Auszubildenden die berufliche Handlungsfähigkeit vermittelt wird, die zum Erreichen des Ausbildungsziels erforderlich ist, und die Berufsausbildung in einer durch ihren Zweck gebotenen Form planmäßig, zeitlich und sachlich gegliedert so durchzuführen, dass das Ausbildungsziel in der vorgesehenen Ausbildungszeit erreicht werden kann,
2. selbst auszubilden oder einen Ausbilder oder eine Ausbilderin ausdrücklich damit zu beauftragen,
3. Auszubildenden kostenlos die Ausbildungsmittel, insbesondere Werkzeuge, Werkstoffe und Fachliteratur zur Verfügung zu stellen, die zur Berufsausbildung und zum Ablegen von Zwischen- und Abschlussprüfungen, auch soweit solche nach Beendigung des Berufsausbildungsverhältnisses stattfinden, erforderlich sind,
4. Auszubildende zum Besuch der Berufsschule anzuhalten,
5. dafür zu sorgen, dass Auszubildende charakterlich gefördert sowie sittlich und körperlich nicht gefährdet werden.

(2) Ausbildende haben Auszubildende zum Führen der Ausbildungsnachweise nach § 13 Satz 2 Nummer 7 anzuhalten und diese regelmäßig durchzusehen. Den Auszubildenden ist Gelegenheit zu geben, den Ausbildungsnachweis am Arbeitsplatz zu führen.

(3) Auszubildenden dürfen nur Aufgaben übertragen werden, die dem Ausbildungszweck dienen und ihren körperlichen Kräften angemessen sind.

§ 15 Freistellung, Anrechnung (1) Ausbildende dürfen Auszubildende vor einem vor 9 Uhr beginnenden Berufsschulunterricht nicht beschäftigen. Sie haben Auszubildende freizustellen
1. für die Teilname am Berufsschulunterricht,
2. an einem Berufsschultag mit mehr als fünf Unterrichtsstunden von mindestens je 45 Minuten, einmal in der Woche,
3. in Berufsschulwochen mit einem planmäßigen Blockunterricht von mindestens 25 Stunden an mindestens fünf Tagen,
4. für die Teilnahme an Prüfungen und Ausbildungsmaßnahmen, die auf Grund öffentlich-rechtlicher oder vertraglicher Bestimmungen außerhalb der Ausbildungsstätte durchzuführen sind, und

5. an dem Arbeitstag, der der schriftlichen Abschlussprüfung unmittlbar vorangeht.

Im Fall von Satz 2 Nummer 3 sind zusätzliche betriebliche Ausbildungsveranstaltungen bis zu zwei Stunden wöchentlich zulässig.

(2) Auf die Ausbildungszeitder Auszubildenden werden angerechnet
1. die Berufsschulunterrichtszeit einschließlich der Pausen nach Absatz 1 Satz 2 Nummer 1,
2. Berufsschultage nach Absatz 1 Satz 2 Nummer 2 mit der durchschnittlichen täglichen Ausbildungszeit,
3. Berufsschulwochen nach Absatz 1 Satz 2 Nummer 3 mit der durchschnittlichen wöchentlichen Ausbildungszeit,
4. die Freistellung nach Absatz 1 Satz 2 Nummer 4 mit der Zeit der Teilnahme einschließlich der Pausen und
5. die Freistellung nach Absatz 1 Satz 2 Nummer 5 mit der durchschnittlichen täglichen Ausbildungszeit.

(3) Für Auszubildende unter 18 Jahren gilt das Jugendarbeitsschutzgesetz.

§ 16 Zeugnis (1) Ausbildende haben den Auszubildenden bei Beendigung des Berufsausbildungsverhältnisses ein schriftliches Zeugnis auszustellen. Die elektronische Form ist ausgeschlossen. Haben Ausbildende die Berufsausbildung nicht selbst durchgeführt, so soll auch der Ausbilder oder die Ausbilderin das Zeugnis unterschreiben.

(2) Das Zeugnis muss Angaben enthalten über Art, Dauer und Ziel der Berufsausbildung sowie über die erworbenen beruflichen Fertigkeiten, Kenntnisse und Fähigkeiten der Auszubildenden. Auf Verlangen Auszubildender sind auch Angaben über Verhalten und Leistung aufzunehmen.

Unterabschnitt 4 – Vergütung

§ 17 Vergütungsanspruch und Mindestvergütung (1) Ausbildende haben Auszubildenden eine angemessene Vergütung zu gewähren. Die Vergütung steigt mit fortschreitender Berufsausbildung, mindestens jährlich, an.

(2) Die Angemessenheit der Vergütung ist ausgeschlossen, wenn sie folgende monatliche Mindestvergütung unterschreitet:
1. im ersten Jahr einer Berufsausbildung
   a) 515 Euro, wenn die Berufsausbildung im Zeitraum vom 1. Januar 2020 bis zum 31. Dezember 2020 begonnen wird,
   b) 550 Euro, wenn die Berufsausbildung im Zeitraum vom 1. Januar 2021 bis zum 31. Dezember 2021 begonnen wird,
   c) 585 Euro, wenn die Berufsausbildung im Zeitraum vom 1. Januar 2022 bis zum 31. Dezember 2022 begonnen wird,
   d) 620 Euro, wenn die Berufsausbildung im Zeitraum vom 1. Januar 2023 bis zum 31. Dezember 2023 begonnen wird,
2. im zweiten Jahr einer Berufsausbildung den Betrag nach Nummer 1 für das

jeweilige Jahr, in dem die Berufsausbildung begonnen worden ist, zuzüglich 18 Prozent,
3. im dritten Jahr einer Berufsausbildung den Betrag nach Nummer 1 für das jeweilige Jahr, in dem die Berufsausbildung begonnen worden ist, zuzüglich 35 Prozent und
4. im vierten Jahr einer Berufsausbildung den Betrag nach Nummer 1 für das jeweilige Jahr, in dem die Berufsausbildung begonnen worden ist, zuzüglich 40 Prozent.

Die Höhe der Mindestvergütung nach Satz 1 Nummer 1 wird zum 1. Januar eines jeden Jahres, erstmals zum 1. Januar 2024, fortgeschrieben. Die Fortschreibung entspricht dem rechnerischen Mittel der nach § 88 Absatz 1 Satz 1 Nummer 1 Buchstabe g erhobenen Ausbildungsvergütungen im Vergleich der beiden dem Jahr der Bekanntgabe vorausgegangenen Kalenderjahre. Dabei ist der sich ergebende Betrag bis unter 0,50 Euro abzurunden sowie von 0,50 Euro an aufzurunden. Das Bundesministerium für Bildung und Forschung gibt jeweils spätestens bis zum 1. November eines jeden Kalenderjahres die Höhe der Mindestvergütung nach Satz 1 Nummer 1 bis 4, die für das folgende Kalenderjahr maßgebend ist, im Bundesgesetzblatt bekannt. Die nach den Sätzen 2 bis 5 fortgeschriebene Höhe der Mindestvergütung für das erste Jahr einer Berufsausbildung gilt für Berufsausbildungen, die im Jahr der Fortschreibung begonnen haben. Die Aufschläge nach Satz 1 Nummer 2 bis 4 für das zweite bis vierte Jahr einer Berufsausbildung sind auf der Grundlage dieses Betrages zu berechnen.

(3) Angemessen ist auch eine für den Ausbildenden nach § 3 Absatz 1 des Tarifvertragsgesetzes geltende tarifvertragliche Vergütungsregelung, durch die die in Absatz 2 genannte jeweilige Mindestvergütung unterschritten wird. Nach Ablauf eines Tarifvertrages nach Satz 1 gilt dessen Vergütungsregelung für bereits begründete Ausbildungsverhältnisse weiterhin als angemessen, bis sie durch einen neuen oder ablösenden Tarifvertrag ersetzt wird.

(4) Die Angemessenheit der vereinbarten Vergütung ist auch dann, wenn sie die Mindestvergütung nach Absatz 2 nicht unterschreitet, in der Regel ausgeschlossen, wenn sie die Höhe der in einem Tarifvertrag geregelten Vergütung, in dessen Geltungsbereich das Ausbildungsverhältnis fällt, an den der Ausbildende aber nicht gebunden ist, um mehr als 20 Prozent unterschreitet.

(5) Bei einer Teilzeitberufsausbildung kann eine nach den Absätzen 2 bis 4 zu gewährende Vergütung unterschritten werden. Die Angemessenheit der Vergütung ist jedoch ausgeschlossen, wenn die prozentuale Kürzung der Vergütung höher ist als die prozentuale Kürzung der täglichen oder der wöchentlichen Arbeitszeit.

(6) Sachleistungen können in Höhe der nach § 17 Absatz 1 Satz 1 Nummer 4 des Vierten Buches Sozialgesetzbuch festgesetzten Sachbezugswerte angerechnet werden, jedoch nicht über 75 Prozent der Bruttovergütung hinaus.

(7) Eine über die vereinbarte regelmäßige tägliche Arbeitszeit hinausgehende Beschäftigung ist besonders zu vergüten oder durch die Gewährung entsprechender Freizeit auszugleichen.

§ 18 Bemessung und Fälligkeit der Vergütung (1) Die Vergütung bemisst sich nach Monaten. Bei Berechnung der Vergütung für einzelne Tage wird der Monat zu 30 Tagen gerechnet.
(2) Ausbildende haben die Vergütung für den laufenden Kalendermonat spätestens am letzten Arbeitstag des Monats zu zahlen.
(3) Gilt für Ausbildende nicht nach § 3 Absatz 1 des Tarifvertragsgesetzes eine tarifvertragliche Vergütungsregelung, sind sie verpflichtet, den bei ihnen beschäftigten Auszubildenden spätestens zu dem in Absatz 2 genannten Zeitpunkt eine Vergütung mindestens in der bei Beginn der Berufsausbildung geltenden Höhe der Mindestvergütung nach § 17 Absatz 2 Satz 1 zu zahlen. Satz 1 findet bei einer Teilzeitberufsausbildung mit der Maßgabe Anwendung, dass die Vergütungshöhe mindestens dem prozentualen Anteil an der Arbeitszeit entsprechen muss.

§ 19 Fortzahlung der Vergütung (1) Auszubildenden ist die Vergütung auch zu zahlen
1. für die Zeit der Freistellung (§ 15),
2. bis zur Dauer von sechs Wochen, wenn sie
   a) sich für die Berufsausbildung bereithalten, diese aber ausfällt oder
   b) aus einem sonstigen, in ihrer Person liegenden Grund unverschuldet verhindert sind, ihre Pflichten aus dem Berufsausbildungsverhältnis zu erfüllen.

(2) Können Auszubildende während der Zeit, für welche die Vergütung fortzuzahlen ist, aus berechtigtem Grund Sachleistungen nicht abnehmen, so sind diese nach den Sachbezugswerten (§ 17 Absatz 6) abzugelten.

Unterabschnitt 5 – Beginn und Beendigung des Ausbildungsverhältnisses

§ 20 Probezeit Das Berufsausbildungsverhältnis beginnt mit der Probezeit. Sie muss mindestens einen Monat und darf höchstens vier Monate betragen.

§ 21 Beendigung (1) Das Berufsausbildungsverhältnis endet mit dem Ablauf der Ausbildungsdauer. Im Falle der Stufenausbildung endet es mit Ablauf der letzten Stufe.
(2) Bestehen Auszubildende vor Ablauf der Ausbildungsdauer die Abschlussprüfung, so endet das Berufsausbildungsverhältnis mit Bekanntgabe des Ergebnisses durch den Prüfungsausschuss.
(3) Bestehen Auszubildende die Abschlussprüfung nicht, so verlängert sich das Berufsausbildungsverhältnis auf ihr Verlangen bis zur nächstmöglichen Wiederholungsprüfung, höchstens um ein Jahr.

§ 22 Kündigung (1) Während der Probezeit kann das Berufsausbildungsverhältnis jederzeit ohne Einhalten einer Kündigungsfrist gekündigt werden.

(2) Nach der Probezeit kann das Berufsausbildungsverhältnis nur gekündigt werden
1. aus einem wichtigen Grund ohne Einhalten einer Kündigungsfrist,
2. von Auszubildenden mit einer Kündigungsfrist von vier Wochen, wenn sie die Berufsausbildung aufgeben oder sich für eine andere Berufstätigkeit ausbilden lassen wollen.

(3) Die Kündigung muss schriftlich und in den Fällen des Absatzes 2 unter Angabe der Kündigungsgründe erfolgen.

(4) Eine Kündigung aus einem wichtigen Grund ist unwirksam, wenn die ihr zugrunde liegenden Tatsachen dem zur Kündigung Berechtigten länger als zwei Wochen bekannt sind. Ist ein vorgesehenes Güteverfahren vor einer außergerichtlichen Stelle eingeleitet, so wird bis zu dessen Beendigung der Lauf dieser Frist gehemmt.

§ 23 Schadensersatz bei vorzeitiger Beendigung (1) Wird das Berufsausbildungsverhältnis nach der Probezeit vorzeitig gelöst, so können Ausbildende oder Auszubildende Ersatz des Schadens verlangen, wenn die andere Person den Grund für die Auflösung zu vertreten hat. Dies gilt nicht im Falle des § 22 Abs. 2 Nr. 2.

(2) Der Anspruch erlischt, wenn er nicht innerhalb von drei Monaten nach Beendigung des Berufsausbildungsverhältnisses geltend gemacht wird.

Unterabschnitt 6 – Sonstige Vorschriften

§ 24 Weiterarbeit Werden Auszubildende im Anschluss an das Berufsausbildungsverhältnis beschäftigt, ohne dass hierüber ausdrücklich etwas vereinbart worden ist, so gilt ein Arbeitsverhältnis auf unbestimmte Zeit als begründet.

§ 25 Unabdingbarkeit Eine Vereinbarung, die zuungunsten Auszubildender von den Vorschriften dieses Teils des Gesetzes abweicht, ist nichtig.

§ 26 Andere Vertragsverhältnisse[1] Soweit nicht ein Arbeitsverhältnis vereinbart ist, gelten für Personen, die eingestellt werden, um berufliche Fertigkeiten, Kenntnisse, Fähigkeiten oder berufliche Erfahrungen zu erwerben, ohne dass es sich um eine Berufsausbildung im Sinne dieses Gesetzes handelt, die §§ 10 bis 16 und 17 Absatz 1, 6 und 7 sowie die §§ 18 bis 23 und 25 mit der Maßgabe, dass die gesetzliche Probezeit abgekürzt, auf die Vertragsniederschrift verzichtet und bei vorzeitiger Lösung des Vertragsverhältnisses nach Ablauf der Probezeit abweichend von § 23 Abs. 1 Satz 1 Schadensersatz nicht verlangt werden kann.

1 S. auch § 22 Abs. 2 Satz 2 und 3 MiLoG.

Abschnitt 3 – Eignung von Ausbildungsstätte und Ausbildungspersonal

§ 27 Eignung der Ausbildungsstätte (1) Auszubildende dürfen nur eingestellt und ausgebildet werden, wenn

1. die Ausbildungsstätte nach Art und Einrichtung für die Berufsausbildung geeignet ist und
2. die Zahl der Auszubildenden in einem angemessenen Verhältnis zur Zahl der Ausbildungsplätze oder zur Zahl der beschäftigten Fachkräfte steht, es sei denn, dass anderenfalls die Berufsausbildung nicht gefährdet wird.

(2) Eine Ausbildungsstätte, in der die erforderlichen beruflichen Fertigkeiten, Kenntnisse und Fähigkeiten nicht im vollen Umfang vermittelt werden können, gilt als geeignet, wenn diese durch Ausbildungsmaßnahmen außerhalb der Ausbildungsstätte vermittelt werden.

(3) Eine Ausbildungsstätte ist nach Art und Einrichtung für die Berufsausbildung in Berufen der Landwirtschaft, einschließlich der ländlichen Hauswirtschaft, nur geeignet, wenn sie von der nach Landesrecht zuständigen Behörde als Ausbildungsstätte anerkannt ist. Das Bundesministerium für Ernährung und Landwirtschaft kann im Einvernehmen mit dem Bundesministerium für Bildung und Forschung nach Anhörung des Hauptausschusses des Bundesinstituts für Berufsbildung durch Rechtsverordnung, die nicht der Zustimmung des Bundesrates bedarf, Mindestanforderungen für die Größe, die Einrichtung und den Bewirtschaftungszustand der Ausbildungsstätte festsetzen.

(4) Eine Ausbildungsstätte ist nach Art und Einrichtung für die Berufsausbildung in Berufen der Hauswirtschaft nur geeignet, wenn sie von der nach Landesrecht zuständigen Behörde als Ausbildungsstätte anerkannt ist. Das Bundesministerium für Wirtschaft und Energie kann im Einvernehmen mit dem Bundesministerium für Bildung und Forschung nach Anhörung des Hauptausschusses des Bundesinstituts für Berufsbildung durch Rechtsverordnung, die nicht der Zustimmung des Bundesrates bedarf, Mindestanforderungen für die Größe, die Einrichtung und den Bewirtschaftungszustand der Ausbildungsstätte festsetzen.

§ 28 Eignung von Ausbildenden und Ausbildern oder Ausbilderinnen (1) Auszubildende darf nur einstellen, wer persönlich geeignet ist. Auszubildende darf nur ausbilden, wer persönlich und fachlich geeignet ist.

(2) Wer fachlich nicht geeignet ist oder wer nicht selbst ausbildet, darf Auszubildende nur dann einstellen, wenn er persönlich und fachlich geeignete Ausbilder oder Ausbilderinnen bestellt, die die Ausbildungsinhalte in der Ausbildungsstätte unmittelbar, verantwortlich und in wesentlichem Umfang vermitteln.

(3) Unter der Verantwortung des Ausbilders oder der Ausbilderin kann bei der Berufsausbildung mitwirken, wer selbst nicht Ausbilder oder Ausbilderin ist,

aber abweichend von den besonderen Voraussetzungen des § 30 die für die Vermittlung von Ausbildungsinhalten erforderlichen beruflichen Fertigkeiten, Kenntnisse und Fähigkeiten besitzt und persönlich geeignet ist.

§ 29 Persönliche Eignung Persönlich nicht geeignet ist insbesondere, wer
1. Kinder und Jugendliche nicht beschäftigen darf oder
2. wiederholt oder schwer gegen dieses Gesetz oder die auf Grund dieses Gesetzes erlassenen Vorschriften und Bestimmungen verstoßen hat.

§ 30 Fachliche Eignung (1) Fachlich geeignet ist, wer die beruflichen sowie die berufs- und arbeitspädagogischen Fertigkeiten, Kenntnisse und Fähigkeiten besitzt, die für die Vermittlung der Ausbildungsinhalte erforderlich sind.
(2) Die erforderlichen beruflichen Fertigkeiten, Kenntnisse und Fähigkeiten besitzt, wer
1. die Abschlussprüfung in einer dem Ausbildungsberuf entsprechenden Fachrichtung bestanden hat,
2. eine anerkannte Prüfung an einer Ausbildungsstätte oder vor einer Prüfungsbehörde oder eine Abschlussprüfung an einer staatlichen oder staatlich anerkannten Schule in einer dem Ausbildungsberuf entsprechenden Fachrichtung bestanden hat oder
3. eine Abschlussprüfung an einer deutschen Hochschule in einer dem Ausbildungsberuf entsprechenden Fachrichtung bestanden hat

und eine angemessene Zeit in seinem Beruf praktisch tätig gewesen ist.
(3) Das Bundesministerium für Wirtschaft und Technologie oder das sonst zuständige Fachministerium kann im Einvernehmen mit dem Bundesministerium für Bildung und Forschung nach Anhörung des Hauptausschusses des Bundesinstituts für Berufsbildung durch Rechtsverordnung, die nicht der Zustimmung des Bundesrates bedarf, in den Fällen des Absatzes 2 Nr. 2 bestimmen, welche Prüfungen für welche Ausbildungsberufe anerkannt werden.
(4) Das Bundesministerium für Wirtschaft und Technologie oder das sonst zuständige Fachministerium kann im Einvernehmen mit dem Bundesministerium für Bildung und Forschung nach Anhörung des Hauptausschusses des Bundesinstituts für Berufsbildung durch Rechtsverordnung, die nicht der Zustimmung des Bundesrates bedarf, für einzelne Ausbildungsberufe bestimmen, dass abweichend von Absatz 2 die für die fachliche Eignung erforderlichen beruflichen Fertigkeiten, Kenntnisse und Fähigkeiten nur besitzt, wer
1. die Voraussetzungen des Absatzes 2 Nr. 2 oder 3 erfüllt und eine angemessene Zeit in seinem Beruf praktisch tätig gewesen ist oder
2. die Voraussetzungen des Absatzes 2 Nr. 3 erfüllt und eine angemessene Zeit in seinem Beruf praktisch tätig gewesen ist oder
3. für die Ausübung eines freien Berufes zugelassen oder in ein öffentliches Amt bestellt ist.

(5) Das Bundesministerium für Bildung und Forschung kann nach Anhörung des Hauptausschusses des Bundesinstituts für Berufsbildung durch Rechtsverord-

nung,[1] die nicht der Zustimmung des Bundesrates bedarf, bestimmen, dass der Erwerb berufs- und arbeitspädagogischer Fertigkeiten, Kenntnisse und Fähigkeiten gesondert nachzuweisen ist. Dabei können Inhalt, Umfang und Abschluss der Maßnahmen für den Nachweis geregelt werden.
(6) Die nach Landesrecht zuständige Behörde kann Personen, die die Voraussetzungen des Absatzes 2, 4 oder 5 nicht erfüllen, die fachliche Eignung nach Anhörung der zuständigen Stelle widerruflich zuerkennen.

§ 31 Europaklausel (1) In den Fällen des § 30 Abs. 2 und 4 besitzt die für die fachliche Eignung erforderlichen beruflichen Fertigkeiten, Kenntnisse und Fähigkeiten auch, wer die Voraussetzungen für die Anerkennung seiner Berufsqualifikation nach der Richtlinie 2005/36/EG des Europäischen Parlaments und des Rates vom 7. September 2005 über die Anerkennung von Berufsqualifikationen (ABl. EU Nr. L 255 S. 22) erfüllt, sofern er eine angemessene Zeit in seinem Beruf praktisch tätig gewesen ist. § 30 Abs. 4 Nr. 3 bleibt unberührt.
(2) Die Anerkennung kann unter den in Artikel 14 der in Absatz 1 genannten Richtlinie aufgeführten Voraussetzungen davon abhängig gemacht werden, dass der Antragsteller oder die Antragstellerin zunächst einen höchstens dreijährigen Anpassungslehrgang ableistet oder eine Eignungsprüfung ablegt.
(3) Die Entscheidung über die Anerkennung trifft die zuständige Stelle. Sie kann die Durchführung von Anpassungslehrgängen und Eignungsprüfungen regeln.

§ 31 a Sonstige ausländische Vorqualifikation In den Fällen des § 30 Absatz 2 und 4 besitzt die für die fachliche Eignung erforderlichen Fertigkeiten, Kenntnisse und Fähigkeiten, wer die Voraussetzungen von § 2 Absatz 1 in Verbindung mit § 9 des Berufsqualifikationsfeststellungsgesetzes erfüllt und nicht in einem anderen Mitgliedstaat der Europäischen Union oder einem anderen Vertragsstaat des Europäischen Wirtschaftsraums oder der Schweiz seinen Befähigungsnachweis erworben hat, sofern er eine angemessene Zeit in seinem Beruf praktisch tätig gewesen ist. § 30 Absatz 4 Nummer 3 bleibt unberührt.

§ 32 Überwachung der Eignung (1) Die zuständige Stelle hat darüber zu wachen, dass die Eignung der Ausbildungsstätte sowie die persönliche und fachliche Eignung vorliegen.
(2) Werden Mängel der Eignung festgestellt, so hat die zuständige Stelle, falls der Mangel zu beheben und eine Gefährdung Auszubildender nicht zu erwarten ist, Ausbildende aufzufordern, innerhalb einer von ihr gesetzten Frist den Mangel zu beseitigen. Ist der Mangel der Eignung nicht zu beheben oder ist eine Gefährdung Auszubildender zu erwarten oder wird der Mangel nicht innerhalb der gesetzten Frist beseitigt, so hat die zuständige Stelle dies der nach Landesrecht zuständigen Behörde mitzuteilen.

§ 33 Untersagung des Einstellens und Ausbildens (1) Die nach Landesrecht zuständige Behörde kann für eine bestimmte Ausbildungsstätte das Einstellen

1 Vgl. **AusbildereignungsVO** (AusbEignV 2009) vom 21. 1. 2009 (BGBl. I 88).

und Ausbilden untersagen, wenn die Voraussetzungen nach § 27 nicht oder nicht mehr vorliegen.
(2) Die nach Landesrecht zuständige Behörde hat das Einstellen und Ausbilden zu untersagen, wenn die persönliche oder fachliche Eignung nicht oder nicht mehr vorliegt.
(3) Vor der Untersagung sind die Beteiligten und die zuständige Stelle zu hören. Dies gilt nicht im Falle des § 29 Nr. 1.

Abschnitt 4 – Verzeichnis der Berufsausbildungsverhältnisse

§ 34 Einrichten, Führen (1) Die zuständige Stelle hat für anerkannte Ausbildungsberufe ein Verzeichnis der Berufsausbildungsverhältnisse einzurichten und zu führen, in das der Berufsausbildungsvertrag einzutragen ist. Die Eintragung ist für Auszubildende gebührenfrei.
(2) Die Eintragung umfasst für jedes Berufsausbildungsverhältnis

1. Name, Vorname, Geburtsdatum, Anschrift der Auszubildenden,
2. Geschlecht, Staatsangehörigkeit, allgemeinbildender Schulabschluss, vorausgegangene Teilnahme an berufsvorbereitender Qualifizierung oder beruflicher Grundbildung, vorherige Berufsausbildung sowie vorheriges Studium, Anschlussvertrag bei Anrechnung einer zuvor absolvierten dualen Berufsausbildung nach diesem Gesetz oder nach der Handwerksordnung enschließlich Ausbildungsberuf,
3. Name, Vorname und Anschrift der gesetzlichen Vertreter und Vertreterinnen,
4. Ausbildungsberuf einschließlich Fachrichtung,
5. Berufsausbildung im Rahmen eines ausbildungsintegrierenden dualen Systems,
6. Tag, Monat und Jahrdes Abschlusses des Ausbildungsvertrages, Ausbildungsdauer, Dauer der Probezeit, Verkürzung der Ausbildungsdauer, Teilzeitberufsausbildung,
7. die bei Abschluss des Berufsausbildungsvertrages vereinbarte Vergütung für jedes Ausbildungsjahr,
8. Tag, Monat und Jahr des vertraglich vereinbarten Beginns und Endes der Berufsausbildung sowie Tag, Monat und Jahr einer vorzeitigen Auflösung des Ausbildungsverhältnisses,
9. Art und Förderung bei überwiegend öffenlich, insbesondere auf Grund des Dritten Buches Sozialgesetzbuch geförderten Berufsausbildungsverhältnissen,
10. Name und Anschrift der Ausbildenden, Anschrift und amtliche Gemeindeschlüssel der Ausbildungsstätte, Wirtschaftszwei, Betriebsnummer der Ausbildungsstätte nach § 18 i Absatz 1 oder § 18 k Absatz 1 des Vierten Buches Sozialgesetzbuch, Zugehörigkeit zum öffentlichen Dienst,
11. Name, Vorname, Geschlecht und Art der fachlichen Eignung der Ausbilder und Ausbilderinnen.

§ 35 Eintragen, Ändern, Löschen (1) Ein Berufsausbildungsvertrag und Änderungen seines wesentlichen Inhalts sind in das Verzeichnis einzutragen, wenn

1. der Berufsausbildungsvertrag diesem Gesetz und der Ausbildungsordnung entspricht,
2. die persönliche und fachliche Eignung sowie die Eignung der Ausbildungsstätte für das Einstellen und Ausbilden vorliegen und
3. für Auszubildende unter 18 Jahren die ärztliche Bescheinigung über die Erstuntersuchung nach § 32 Abs. 1 des Jugendarbeitsschutzgesetzes zur Einsicht vorgelegt wird.

(2) Die Eintragung ist abzulehnen oder zu löschen, wenn die Eintragungsvoraussetzungen nicht vorliegen und der Mangel nicht nach § 32 Abs. 2 behoben wird. Die Eintragung ist ferner zu löschen, wenn die ärztliche Bescheinigung über die erste Nachuntersuchung nach § 33 Abs. 1 des Jugendarbeitsschutzgesetzes nicht spätestens am Tage der Anmeldung der Auszubildenden zur Zwischenprüfung oder zum ersten Teil der Abschlussprüfung zur Einsicht vorgelegt und der Mangel nicht nach § 32 Abs. 2 behoben wird.

(3) Die nach § 34 Absatz 2 Nr. 1, 4, 8 und 10 erhobenen Daten werden zur Verbesserung der Ausbildungsvermittlung, zur Verbesserung der Zuverlässigkeit und Aktualität der Ausbildungsvermittlungsstatistik sowie zur Verbesserung der Feststellung von Angebot und Nachfrage auf dem Ausbildungsmarkt an die Bundesagentur für Arbeit übermittelt. Bei der Datenübermittlung sind dem jeweiligen Stand der Technik entsprechende Maßnahmen zur Sicherstellung von Datenschutz und Datensicherheit, insbesondere nach den Artikeln 24, 25 und 32 der Verordnung (EU) 2016/679 des Europäischen Parlaments und des Rates vom 27. April 2016 zum Schutz natürlicher Personen bie der Verarbeitung personenbezogener Daten, zum freien Datenverkehr und zur Aufhebung derRichtlinie 95/46/EG (Datenschutz-Grundverordnung) (ABl. L 119 vom 4. 5. 2016, S. 1), zu treffen, die insbesondere die Vertraulichkeit, Unversehrtheit und Zurechenbarkeit der Daten gewährleisten.

§ 36 Antrag und Mitteilungspflichten (1) Ausbildende haben unverzüglich nach Abschluss des Berufsausbildungsvertrages die Eintragung in das Verzeichnis zu beantragen. Der Antrag kann schriftlich oder elektronisch gestellt werden; eine Kopie der Vertragsniederschrift ist jeweils beizufügen. Auf einen betrieblichen Ausbildungsplan im Sinne von § 11 Absatz 1 Satz 2 Nummer 1, der der zuständigen Stelle bereits vorliegt, kann dabei Bezug genommen werden. Entsprechendes gilt bei Änderungen des wesentlichen Vertragsinhalts.

(2) Ausbildende und Auszubildende sind verpflichtet, den zuständigen Stellen die zur Eintragung nach § 34 erforderlichen Tatsachen auf Verlangen mitzuteilen.

Abschnitt 5 – Prüfungswesen

§ 37 Abschlussprüfung (1) In den anerkannten Ausbildungsberufen sind Abschlussprüfungen durchzuführen. Die Abschlussprüfung kann im Falle des Nichtbestehens zweimal wiederholt werden. Sofern die Abschlussprüfung in zwei zeitlich auseinander fallenden Teilen durchgeführt wird, ist der erste Teil der Abschlussprüfung nicht eigenständig wiederholbar.
(2) Dem Prüfling ist ein Zeugnis auszustellen. Ausbildenden werden auf deren Verlangen die Ergebnisse der Abschlussprüfung der Auszubildenden übermittelt. Sofern die Abschlussprüfung in zwei zeitlich auseinander fallenden Teilen durchgeführt wird, ist das Ergebnis der Prüfungsleistungen im ersten Teil der Abschlussprüfung dem Prüfling schriftlich mitzuteilen.
(3) Dem Zeugnis ist auf Antrag des Auszubildenden eine englischsprachige und eine französischsprachige Übersetzung beizufügen. Auf Antrag des Auszubildenden ist das Ergebnis berufsschulischer Leistungsfeststellungen auf dem Zeugnis auszuweisen. Der Auszubildende hat den Nachweis der berufsschulischen Leistungsfeststellungen dem Antrag beizufügen.
(4) Die Abschlussprüfung ist für Auszubildende gebührenfrei.

§ 38 Prüfungsgegenstand Durch die Abschlussprüfung ist festzustellen, ob der Prüfling die berufliche Handlungsfähigkeit erworben hat. In ihr soll der Prüfling nachweisen, dass er die erforderlichen beruflichen Fertigkeiten beherrscht, die notwendigen beruflichen Kenntnisse und Fähigkeiten besitzt und mit dem im Berufsschulunterricht zu vermittelnden, für die Berufsausbildung wesentlichen Lehrstoff vertraut ist. Die Ausbildungsordnung ist zugrunde zu legen.

§ 39 Prüfungsausschüsse, Prüferdelegationen (1) Für die Durchführung der Abschlussprüfung errichtet die zuständige Stelle Prüfungsausschüsse. Mehrere zuständige Stellen können bei einer von ihnen gemeinsame Prüfungsausschüsse errichten.
(2) Prüfungsausschüsse oder Prüferdelegationen nach § 42 Absatz 2 nehmen die Prüfungsleistungen ab.
(3) Prüfungsausschüsse oder Prüferdelegationen nach § 42 Absatz 2 können zur Bewertung einzelner, nicht mündlich zu erbringender Prüfungsleistungen gutachterliche Stellungnahmen Dritter, insbesondere berufsbildender Schulen, einholen. Im Rahmen der Begutachtung sind die wesentlichen Abläufe zu dokumentieren und die für die Bewertung erheblichen Tatsachen festzustellen.

§ 40 Zusammensetzung, Berufung (1) Der Prüfungsausschuss besteht aus mindestens drei Mitgliedern. Die Mitglieder müssen für die Prüfungsgebiete sachkundig und für die Mitwirkung im Prüfungswesen geeignet sein.
(2) Dem Prüfungsausschuss müssen als Mitglieder Beauftragte der Arbeitgeber und der Arbeitnehmer in gleicher Zahl sowie mindestens eine Lehrkraft einer

berufsbildenden Schule angehören. Mindestens zwei Drittel der Gesamtzahl der Mitglieder müssen Beauftragte der Arbeitgeber und der Arbeitnehmer sein. Die Mitglieder haben Stellvertreter oder Stellvertreterinnen.

(3) Die Mitglieder werden von der zuständigen Stelle längstens für fünf Jahre berufen. Die Beauftragten der Arbeitnehmer werden auf Vorschlag der im Bezirk der zuständigen Stelle bestehenden Gewerkschaften und selbständigen Vereinigungen von Arbeitnehmern mit sozial- oder berufspolitischer Zwecksetzung berufen. Die Lehrkraft einer berufsbildenden Schule wird im Einvernehmen mit der Schulaufsichtsbehörde oder der von ihr bestimmten Stelle berufen. Werden Mitglieder nicht oder nicht in ausreichender Zahl innerhalb einer von der zuständigen Stelle gesetzten angemessenen Frist vorgeschlagen, so beruft die zuständige Stelle insoweit nach pflichtgemäßem Ermessen. Die Mitglieder der Prüfungsausschüsse können nach Anhören der an ihrer Berufung Beteiligten aus wichtigem Grund abberufen werden. Die Sätze 1 bis 5 gelten für die stellvertretenden Mitglieder entsprechend.

(4) Die zuständige Stelle kann weitere Prüfende für den Einsatz in Prüferdelegationen nach § 42 Absatz 2 berufen. Die Berufung weiterer Prüfender kann auf bestimmte Prüf- oder Fachgebiete beschränkt werden. Absatz 3 ist entsprechend anzuwenden.

(5) Die für die Berufung von Prüfungsausschussmitgliedern Vorschlagsberechtigten sind über die Anzahl und die Größe der einzurichtenden Prüfungsausschüsse sowie über die Zahl der von ihnen vorzuschlagenden weiteren Prüfenden zu unterrichten. Die Vorschlagsberechtigten werden von der zuständigen Stelle darüber unterrichtet, welche der von ihnen vorgeschlagenen Mitglieder, Stellvertreter und Stellvertreterinnen sowie weiteren Prüfenden berufen wurden.

(6) Die Tätigkeit im Prüfungsausschuss oder in einer Prüferdelegation ist ehrenamtlich. Für bare Auslagen und für Zeitversäumnis ist, soweit eine Entschädigung nicht von anderer Seite gewährt wird, eine angemessene Entschädigun zu zahlen, deren Höhe von der zuständigen Stelle mit Genehmigung der obersten Landesbehörde festgesetzt wird. Die Entschädigung für Zeitversäumnis hat mindestens im Unfang von § 16 des Justizvergütungs- und -entschädigungsgesetzes in der jeweils geltenden Fassung zu erfolgen.

(6 a) Prüfende sind von ihrem Arbeitgeber von der Erbringung der Arbeitsleistung freizustellen, wenn

1. es zur ordnungsgemäßen Durchführung der ihnen durch das Gesetz zugewiesenen Aufgaben erforderlich ist und
2. wichtige betriebliche Gründe nicht entgegenstehen.

(7) Von Absatz 2 darf nur abgewichen werden, wenn anderenfalls die erforderliche Zahl von Mitgliedern des Prüfungsausschusses nicht berufen werden kann.

§ 41 Vorsitz, Beschlussfähigkeit, Abstimmung (1) Der Prüfungsausschuss wählt ein Mitglied, das den Vorsitz führt, und ein weiteres Mitglied, das den

Vorsitz stellvertretend übernimmt. Der Vorsitz und das ihn stellvertretende Mitglied sollen nicht derselben Mitgliedergruppe angehören.
(2) Der Prüfungsausschuss ist beschlussfähig, wenn zwei Drittel der Mitglieder, mindestens drei, mitwirken. Er beschließt mit der Mehrheit der abgegebenen Stimmen. Bei Stimmengleichheit gibt die Stimme des vorsitzenden Mitglieds den Ausschlag.

§ 42 Beschlussfassung, Bewertung der Abschlussprüfung (1) Der Prüfungsausschuss fasst die Beschlüsse über
1. die Noten zur Bewertung einzelner Prüfungsleistungen, die er selbst abgenommen hat,
2. die Noten zur Bewertung der Prüfung insgesamt sowie
3. das Bestehen oder Nichtbestehen der Abschlussprüfung.

(2) Die zuständige Stelle kann im Einvernehmen mit den Mitgliedern des Prüfungsausschusses die Abnahme und abschließende Bewertung von Prüfungsleistungen auf Prüferdelegationen übertragen. Für die Zusammensetzung von Prüferdelegationen und für die Abstimmungen in der Prüferdelegation sind § 40 Absatz 1 und 2 sowie § 41 Absatz 2 entsprechend anzuwenden. Mitglieder von Prüferdelegationen können die Mitglieder des Prüfungsausschusses, deren Stellvertreter und Stellvertreterinnen sowie weitere Prüfende sein, die durch die zuständige Stelle nach § 40 Absatz 4 berufen worden sind.
(3) Die zuständige Stelle hat vor Beginn der Prüfung über die Bildung von Prüferdelegationen, über deren Mitglieder sowie über deren Stellvertreter und Stellvertreterinnen zu entscheiden. Prüfende können Mitglieder mehrerer Prüferdelegationen sein. Sind verschiedene Prüfungsleistungen derart aufeinander bezogen, dass deren Beurteilung nur einheitlich erfolgen kann, so müssen diese Prüfungsleistungen von denselben Prüfenden abgenommen werden.
(4) Nach § 47 Absatz 2 Satz 2 erstellte oder ausgewählte Antwort-Wahl-Aufgaben können automatisiert ausgewertet werden, wenn das Aufgabenerstellungs- oder Aufgabenauswahlgremium festgelegt hat, welche Antworten als zutreffend anerkannt werden. Die Ergebnisse sind vom Prüfungsausschuss zu übernehmen.
(5) Der Prüfungsausschuss oder die Prüferdelegation kann einvernehmlich die Abnahme und Bewertung einzelner schriftlicher oder sonstiger Prüfungsleistungen, deren Bewertung unabhängig von der Anwesenheit bei der Erbringung erfolgen kann, so vornehmen, dass zwei seiner oder ihrer Mitglieder die Prüfungsleistungen selbständig und unabhängig bewerten. Weichen die auf der Grundlage des in der Prüfungsordnung vorgesehenen Bewertungsschlüssels erfolgten Bewertungen der beiden Prüfenden um nicht mehr als 10 Prozent der erreichbaren Punkte voneinander ab, so errechnet sich die endgültige Bewertung aus dem Durchschnitt der beiden Bewertungen. Bei einer größeren Abweichung erfolgt die endgültige Bewertung durch ein vorab bestimmtes weiteres Mitglied des Prüfungsausschusses oder der Prüferdelegation.
(6) Sieht die Ausbildungsordnung vor, dass Auszubildende bei erfolgreichem Abschluss eines zweijährigen Ausbildungsberufs vom ersten Teil der Abschluss-

prüfung eines darauf aufbauenden drei- oder dreieinhalbjährigen Ausbildungsberufs befreit sind, so ist das Ergebnis der Abschlussprüfung des zweijährigen Ausbildungsberufs vom Prüfungsausschuss als das Ergebnis des ersten Teils der Abschlussprüfung des auf dem zweijährigen Ausbildungsberuf aufbauenden drei- oder dreieinhalbjährigen Ausbildungsberufs zu übernehmen.

§ 43 Zulassung zur Abschlussprüfung (1) Zur Abschlussprüfung ist zuzulassen,

1. wer die Ausbildungszeit zurückgelegt hat oder wessen Ausbildungsdauer nicht später als zwei Monate nach dem Prüfungstermin endet,
2. wer an vorgeschriebenen Zwischenprüfungen teilgenommen sowie einen vom Ausbilder und Auszubildenden unterzeichneten Ausbildungsnachweis nach § 13 Satz 2 Nummer 7 vorgelegt hat und
3. wessen Berufsausbildungsverhältnis in das Verzeichnis der Berufsausbildungsverhältnisse eingetragen oder aus einem Grund nicht eingetragen ist, den weder die Auszubildenden noch deren gesetzliche Vertreter oder Vertreterinnen zu vertreten haben.

(2) Zur Abschlussprüfung ist ferner zuzulassen, wer in einer berufsbildenden Schule oder einer sonstigen Berufsbildungseinrichtung ausgebildet worden ist, wenn dieser Bildungsgang der Berufsausbildung in einem anerkannten Ausbildungsberuf entspricht. Ein Bildungsgang entspricht der Berufsausbildung in einem anerkannten Ausbildungsberuf, wenn er

1. nach Inhalt, Anforderung und zeitlichem Umfang der jeweiligen Ausbildungsordnung gleichwertig ist,
2. systematisch, insbesondere im Rahmen einer sachlichen und zeitlichen Gliederung, durchgeführt wird und
3. durch Lernortkooperation einen angemessenen Anteil an fachpraktischer Ausbildung gewährleistet.

§ 44 Zulassung zur Abschlussprüfung bei zeitlich auseinander fallenden Teilen (1) Sofern die Abschlussprüfung in zwei zeitlich auseinander fallenden Teilen durchgeführt wird, ist über die Zulassung jeweils gesondert zu entscheiden.

(2) Zum ersten Teil der Abschlussprüfung ist zuzulassen, wer die in der Ausbildungsordnung vorgeschriebene, erforderliche Ausbildungsdauer zurückgelegt hat und die Voraussetzungen des § 43 Abs. 1 Nr. 2 und 3 erfüllt.

(3) Zum zweiten Teil der Abschlussprüfung ist zuzulassen, wer

1. über die Voraussetzungen des § 43 Absatz 1 hinaus am ersten Teil der Abschlussprüfung teilgenommen hat,
2. auf Grund einer Rechtsverordnung nach § 5 Absatz 2 Satz 1 Nummer 2 b von der Ablegung der Abschlussprüfung befreit ist oder
3. aus Gründen, die er nicht zu vertreten hat, am ersten Teil der Abschlussprüfung nicht teilgenommen hat.

Im Fall des Satzes 1 Nummer 3 ist der erste Teil der Abschlussprüfung zusammen mit dem zweiten Teil abzulegen.

§ 45 Zulassung in besonderen Fällen (1) Auszubildende können nach Anhörung der Ausbildenden und der Berufsschule vor Ablauf ihrer Ausbildungszeit zur Abschlussprüfung zugelassen werden, wenn ihre Leistungen dies rechtfertigen.
(2) Zur Abschlussprüfung ist auch zuzulassen, wer nachweist, dass er mindestens das Eineinhalbfache der Zeit, die als Ausbildungsdauer vorgeschrieben ist, in dem Beruf tätig gewesen ist, in dem die Prüfung abgelegt werden soll. Als Zeiten der Berufstätigkeit gelten auch Ausbildungszeiten in einem anderen, einschlägigen Ausbildungsberuf. Vom Nachweis der Mindestzeit nach Satz 1 kann ganz oder teilweise abgesehen werden, wenn durch Vorlage von Zeugnissen oder auf andere Weise glaubhaft gemacht wird, dass der Bewerber oder die Bewerberin die berufliche Handlungsfähigkeit erworben hat, die die Zulassung zur Prüfung rechtfertigt. Ausländische Bildungsabschlüsse und Zeiten der Berufstätigkeit im Ausland sind dabei zu berücksichtigen.
(3) Soldaten oder Soldatinnen auf Zeit und ehemalige Soldaten oder Soldatinnen sind nach Absatz 2 Satz 3 zur Abschlussprüfung zuzulassen, wenn das Bundesministerium der Verteidigung oder die von ihm bestimmte Stelle bescheinigt, dass der Bewerber oder die Bewerberin berufliche Fertigkeiten, Kenntnisse und Fähigkeiten erworben hat, welche die Zulassung zur Prüfung rechtfertigen.

§ 46 Entscheidung über die Zulassung (1) Über die Zulassung zur Abschlussprüfung entscheidet die zuständige Stelle. Hält sie die Zulassungsvoraussetzungen nicht für gegeben, so entscheidet der Prüfungsausschuss.
(2) Auszubildenden, die Elternzeit in Anspruch genommen haben, darf bei der Entscheidung über die Zulassung hieraus kein Nachteil erwachsen.

§ 47 Prüfungsordnung (1) Die zuständige Stelle hat eine Prüfungsordnung für die Abschlussprüfung zu erlassen. Die Prüfungsordnung bedarf der Genehmigung der zuständigen obersten Landesbehörde.
(2) Die Prüfungsordnung muss die Zulassung, die Gliederung der Prüfung, die Bewertungsmaßstäbe, die Erteilung der Prüfungszeugnisse, die Folgen von Verstößen gegen die Prüfungsordnung und die Wiederholungsprüfung regeln. Sie kann vorsehen, dass Prüfungsaufgaben, die überregional oder von einem Aufgabenerstellungsausschuss bei der zuständigen Stelle erstellt oder ausgewählt werden, zu übernehmen sind, sofern diese Aufgaben von Gremien erstellt oder ausgewählt werden, die entsprechend § 40 Abs. 2 zusammengesetzt sind.
(3) Im Fall des § 73 Absatz 1 erlässt das Bundesministerium des Innern, für Bau und Heimat oder das sonst zuständige Fachministerium die Prüfungsordnung durch Rechtsverordnung, die nicht der Zustimmung des Bundesrates bedarf. Das Bundesministerium des Innern, für Bau und Heimat oder das sonst zuständige Fachministerium kann die Ermächtigung nach Satz 1 durch Rechtsverordnung auf die von ihm bestimmte zuständige Stelle übertragen.

(4) Im Fall des § 73 Absatz 2 erlässt die zuständige Landesregierung die Prüfungsordnung durch Rechtsverordnung. Die Ermächtigung nach Satz 1 kann durch Rechtsverordnung auf die von ihr bestimmte zuständige Stelle übertragen werden.

(5) Wird im Fall des § 71 Absatz 8 die zuständige Stelle durch das Land bestimmt, so erlässt die zuständige Landesregierung die Prüfungsordnung durch Rechtsverordnung. Die Ermächtigung nach Satz 1 kann durch Rechtsverordnung auf die von ihr bestimmte zuständige Stelle übertragen werden.

(6) Der Hauptausschuss des Bundesinstituts für Berufsbildung erlässt für die Prüfungsordnung Richtlinien.

§ 48 Zwischenprüfungen (1) Während der Berufsausbildung ist zur Ermittlung des Ausbildungsstandes eine Zwischenprüfung entsprechend der Ausbildungsordnung durchzuführen. Die §§ 37 bis 39 gelten entsprechend.

(2) Die Zwischenprüfung entfällt, sofern

1. die Ausbildungsordnung vorsieht, dass die Abschlussprüfung in zwei zeitlich auseinanderfallenden Teilen durchgeführt wird, oder
2. die Ausbildungsordnung vorsieht, dass auf die Dauer der durch die Ausbildungsordnung geregelten Berufsausbildung die Dauer einer anderen abgeschlossenen Berufsausbildung im Umfang von mindestens zwei Jahren anzurechnen ist, und die Vertragsparteien die Anrechnung mit mindestens dieser Dauer vereinbart haben.

(3) Umzuschulende sind auf ihren Antrag zur Zwischenprüfung zuzulassen.

§ 49 Zusatzqualifikationen (1) Zusätzliche berufliche Fertigkeiten, Kenntnisse und Fähigkeiten nach § 5 Abs. 2 Nr. 5 werden gesondert geprüft und bescheinigt. Das Ergebnis der Prüfung nach § 37 bleibt unberührt.

(2) § 37 Abs. 3 und 4 sowie die §§ 39 bis 42 und 47 gelten entsprechend.

§ 50 Gleichstellung von Prüfungszeugnissen (1) Das Bundesministerium für Wirtschaft und Energie oder das sonst zuständige Fachministerium kann im Einvernehmen mit dem Bundesministerium für Bildung und Forschung nach Anhörung des Hauptausschusses des Bundesinstituts für Berufsbildung durch Rechtsverordnung außerhalb des Anwendungsbereichs dieses Gesetzes erworbene Prüfungszeugnisse den entsprechenden Zeugnissen über das Bestehen der Abschlussprüfung gleichstellen, wenn die Berufsausbildung und die in der Prüfung nachzuweisenden beruflichen Fertigkeiten, Kenntnisse und Fähigkeiten gleichwertig sind.

(2) Das Bundesministerium für Wirtschaft und Energie oder das sonst zuständige Fachministerium kann im Einvernehmen mit dem Bundesministerium für Bildung und Forschung nach Anhörung des Hauptausschusses des Bundesinstituts für Berufsbildung durch Rechtsverordnung im Ausland erworbene Prüfungszeugnisse den entsprechenden Zeugnissen über das Bestehen der Abschlussprüfung gleichstellen, wenn die in der Prüfung nachzuweisenden beruflichen Fertigkeiten, Kenntnisse und Fähigkeiten gleichwertig sind.

§ 50 a Gleichwertigkeit ausländischer Berufsqualifikation Ausländische Berufsqualifikationen stehen einer bestandenen Aus- oder Fortbildungsprüfung nach diesem Gesetz gleich, wenn die Gleichwertigkeit der beruflichen Fertigkeiten, Kenntnisse und Fähigkeiten nach dem Berufsqualifikationsfeststellungsgesetz festgestellt wurde.

Abschnitt 6 – Interessenvertretung

§ 51 Interessenvertretung (1) Auszubildende, deren praktische Berufsbildung in einer sonstigen Berufsbildungseinrichtung außerhalb der schulischen und betrieblichen Berufsbildung (§ 2 Abs. 1 Nr. 3) mit in der Regel mindestens fünf Auszubildenden stattfindet und die nicht wahlberechtigt zum Betriebsrat nach § 7 des Betriebsverfassungsgesetzes, zur Jugend- und Auszubildendenvertretung nach § 60 des Betriebsverfassungsgesetzes oder zur Mitwirkungsvertretung nach § 52 des Neunten Buches Sozialgesetzbuch sind (außerbetriebliche Auszubildende), wählen eine besondere Interessenvertretung.
(2) Absatz 1 findet keine Anwendung auf Berufsbildungseinrichtungen von Religionsgemeinschaften sowie auf andere Berufsbildungseinrichtungen, soweit sie eigene gleichwertige Regelungen getroffen haben.

§ 52 Verordnungsermächtigung Das Bundesministerium für Bildung und Forschung kann durch Rechtsverordnung, die nicht der Zustimmung des Bundesrates bedarf, die Fragen bestimmen, auf die sich die Beteiligung erstreckt, die Zusammensetzung und die Amtszeit der Interessenvertretung, die Durchführung der Wahl, insbesondere die Feststellung der Wahlberechtigung und der Wählbarkeit sowie Art und Umfang der Beteiligung.

Kapitel 2 – Berufliche Fortbildung

Abschnitt 1 – Fortbildungsordnungen des Bundes

§ 53 Fortbildungsordnungen der höherqualifizierenden Berufsbildung (1) Als Grundlage für eine einheitliche höherqualifizierende Berufsbildung kann das Bundesministerium für Bildung und Forschung im Einvernehmen mit dem Bundesministerium für Wirtschaft und Energie oder mit dem sonst zuständigen Fachministerium nach Anhörung des Hauptausschusses des Bundesinstituts für Berufsbildung durch Rechtsverordnung, die nicht der Zustimmung des Bundesrates bedarf, Abschlüsse der höherqualifizierenden Berufsbildung anerkennen und hierfür Prüfungsregelungen erlassen (Fortbildungsordnungen).
(2) Die Fortbildungsordnungen haben festzulegen
1. die Bezeichnung des Fortbildungsabschlusses,
2. die Fortbildungsstufe,
3. das Ziel, den Inhalt und die Anforderungen der Prüfung,

4. die Zulassungsvoraussetzungen für die Prüfung sowie
5. das Prüfungsverfahren.

(3) Abweichend von Absatz 1 werden Fortbildungsordnungen

1. in den Berufen der Landwirtschaft, einschließlich der ländlichen Hauswirtschaft, durch das Bundesministerium für Ernährung und Landwirtschaft im Einvernehmen mit dem Bundesministerium für Bildung und Forschung erlassen und
2. in Berufen der Hauswirtschaft durch das Bundesministerium für Wirtschaft und Energie im Einvernehmen mit dem Bundesministerium für Bildung und Forschung erlassen.

§ 53 a Fortbildungsstufen (1) Die Fortbildungsstufen der höherqualifizierenden Berufsbildung sind

1. als erste Fortbildungsstufe der Geprüfte Berufsspezialit und die Geprüfte Berufsspezialistin,
2. als zweite Fortbildungsstufe der Bachelor Professional und
3. als dritte Fortbildungsstufe der Master Professional.

(2) Jede Fortbildungsordnung, die eine höherqualifizierende Berufsbildung der ersten Fortbildungsstufe regelt, soll auf einen Abschluss der zweiten Fortbildungsstufe hinführen.

§ 53 b Geprüfter Berufsspezialist und Geprüfte Berufsspezialistin (1) Den Fortbildungsabschluss des Geprüften Berufsspezialisten oder der Geprüften Berufsspezialistin erlangt, wer eine Prüfung der ersten beruflichen Fortbildungsstufe besteht.

(2) In der Fortbildungsprüfung der ersten beruflichen Fortbildungsstufe wird festgestellt, ob der Prüfling

1. die Fertigkeiten, Kenntnisse und Fähigkeiten, die er in der Regel im Rahmen der Berufsausbildung erworben hat, vertieft hat und
2. die in der Regel im Rahmen der Berufsausbildung erworbene berufliche Handlungsfähigkeit um neuen Fertigkeiten, Kenntnisse und Fähigkeiten ergänzt hat.

Der Lernumfang für den Erwerb dieser Fertigkeiten, Kenntnisse und Fähigkeiten soll mindestens 400 Stunden betragen.

(3) Als Voraussetzung zur Zulassung für eine Prüfung der ersten beruflichen Fortbildungsstufe ist als Regelzugang der Abschluss in einem anerkannten Ausbildungsberuf vorzusehen.

(4) Die Bezeichnung eines Fortbildungsabschlusses der ersten beruflichen Fortbildungsstufe beginnt mit den Wörtern »Geprüfter Berufsspezialist für« oder »Geprüfte Berufsspezialistin für«. Die Fortbildungsordnung kann vorsehen, dass dieser Abschlussbezeichnung eine weitere Abschlussbezeichnung vorangestellt wird. Diese Abschlussbezeichnung der ersten beruflichen Fortbildungsstufe darf nur führen, wer

1. die Prüfung der ersten beruflichen Fortbildungsstufe bestanden hat oder
2. die Prüfung einer gleichwertigen beruflichen Fortbildung auf der Grundlage

bundes- oder landesrechtlicher Regelungen, die diese Abschlussbezeichnung vorsehen, bestanden hat.

§ 53 c Bachelor Professional (1) Den Fortbildungsabschluss Bachelor Professional erlangt, wer eine Prüfung der zweiten beruflichen Fortbildungsstufe erfolgreich besteht.
(2) In der Fortbildungsprüfung der zweiten beruflichen Fortbildungsstufe wird festgestellt, ob der Prüfling in der Lage ist, Fach- und Führungsfunktionen zu übernehmen, in denen zu verantwortende Leitungsprozesse von Organisationen eigenständig gesteuert werden, eigenständig ausgeführt werden und dafür Mitarbeiter und Mitarbeiterinnen geführt werden. Der Lernumfang für den Erwerb dieser Fertigkeiten, Kenntnisse und Fähigkeiten soll mindestens 1200 Stunden betragen.
(3) Als Voraussetzung zur Zulassung für eine Prüfung der zweiten beruflichen Fortbildungsstufe ist als Regelzugang vorzusehen:
1. der Abschluss in einem anerkannten Ausbildungsberuf oder
2. ein Abschluss der ersten beruflichen Fortbildungsstufe.

(4) Die Bezeichnung eines Fortbildungsabschlusses der zweiten beruflichen Fortbildungsstufe beginnt mit den Wörtern »Bachelor Professional in«. Die Fortbildungsordnung kann vorsehen, dass dieser Abschlussbezeichnung eine weitere Abschlussbezeichnung vorangestellt wird. Die Abschlussbezeichnung der zweiten beruflichen Fortbildungsstufe darf nur führen, wer
1. die Prüfung der zweiten beruflichen Fortbildungsstufe bestanden hat oder
2. die Prüfung einer gleichwertigen beruflichen Fortbildung auf der Grundlage bundes- oder landesrechtlicher Regelungen, die diese Abschlussbezeichnung vorsehen, bestanden hat.

§ 53 d Master Professional (1) Den Fortbildungsabschluss Master Professional erlangt, wer die Prüfung der dritten beruflichen Fortbildungsstufe besteht.
(2) In der Fortbildungsprüfung der dritten beruflichen Fortbildungsstufe wird festgestellt, ob der Prüfling
1. die Fertigkeiten, Kenntnisse und Fähigkeiten, die er in der Regel mit der Vorbereitung auf eine Fortbildungsprüfung der zweiten Fortbildungsstufe erworben hat, vertieft hat und
2. neue Fertigkeiten, Kenntnisse und Fähigkeiten erworben hat, die erforderlich sind für die verantwortliche Führung von Organisationen oder zur Bearbeitung von neuen, komplexen Aufgaben- und Problemstellungen wie der Entwicklung von Verfahren und Produkten.

Der Lernumfang für den Erwerb dieser Fertigkeiten, Kenntnisse und Fähigkeiten soll mindestens 1600 Stunden betragen.
(3) Als Voraussetzung zur Zulassung für eine Prüfung der dritten beruflichen Fortbildungsstufe ist als Regelzugang ein Abschluss auf der zweiten beruflichen Fortbildungsstufe vorzusehen.
(4) Die Bezeichnung eines Fortbildungsabschlusses der dritten beruflichen Fort-

bildungsstufe beginnt mit den Wörtern »Master Professional in«. Die Fortbildungsordnung kann vorsehen, dass dieser Abschlussbezeichnung eine weitere Abschlussbezeichnung vorangestellt wird. Die Abschlussbezeichnung der dritten beruflichen Fortbildungsstufe darf nur führen, wer
1. die Prüfung der dritten beruflichen Fortbildungsstufe bestanden hat oder
2. die Prüfung einer gleichwertigen beruflichen Fortbildung auf der Grundlage bundes- oder landesrechtlicher Regelungen, die diese Abschlussbezeichnung vorsehen, bestanden hat.

§ 53 e Anpassungsfortbildungsordnungen (1) Als Grundlage für eine einheitliche Anpassungsfortbildung kann das Bundesministerium für Bildung und Forschung im Einvernehmen mit dem Bundesministerium für Wirtschaft und Energie oder dem sonst zuständigen Fachministerium nach Anhörung des Hauptausschusses des Bundesinstituts für Berufsbildung durch Rechtsverordnung, die nicht der Zustimmung des Bundesrates bedarf, Fortbildungsabschlüsse anerkennen und hierfür Prüfungsregelungen erlassen (Anpassungsfortbildungsordnungen).
(2) Die Anpassungfortbildungsordnungen haben festzulegen:
1. die Bezeichnung des Fortbildungsabschlusses,
2. das Ziel, den Inhalt und die Anforderungen der Prüfung,
3. die Zulassungsvoraussetzungen und
4. das Prüfungsverfahren.
(3) Abweichend von Absatz 1 werden Anpassungsfortbildungsordnungen
1. in den Berufen der Landwirtschaft, einschließlich der ländlichen Hauswirtschaft, durch das Bundesministerium für Ernährung und Landwirtschaft im Einvernehmen mit dem Bundesministerium für Bildung und Forschung erlassen und
2. in Berufen der Hauswirtschaft durch das Bundesministerium für Wirtschaft und Energie im Einvernehmen mit dem Bundesministerium für Bildung und Forschung erlassen.

Abschnitt 2 – Fortbildungsprüfungsregelungen der zuständigen Stellen

§ 54 Fortbildungsprüfungsregelungen der zuständigen Stellen (1) Sofern für einen Fortbildungsabschluss weder eine Fortbildungsordnung noch eine Anpassungsfortbildungsordnung erlassen worden ist, kann die zuständige Stelle Fortbildungsprüfungsregelungen erlassen. Wird im Fall des § 71 Absatz 8 als zuständige Stelle eine Landesbehörde bestimmt, so erlässt die zuständige Landesregierung die Fortbildungsprüfungsregelungen durch Rechtsverordnung. Die Ermächtigung nach Satz 2 kann durch Rechtsverordnung auf die von ihr bestimmte zuständige Stelle übertragen werden.

(2) Die Fortbildungsprüfungsregelungen haben festzulegen:
1. die Bezeichnung des Fortbildungsabschlusses,
2. das Ziel, den Inhalt und die Anforderungen der Prüfungen,
3. die Zulassungsvoraussetzungen für die Prüfung und
4. das Prüfungsverfahren.

(3) Bestätigt die zuständige oberste Landesbehörde,
1. dass die Fortbildungsprüfungsregelungen die Voraussetzungen des § 53 b Absatz 2 und 3 sowie des § 53 a Absatz 2 erfüllen, so beginnt die Bezeichnung des Fortbildungsabschlusses mit den Wörtern »Geprüfter Berufsspezialist für« oder »Geprüfte Berufsspezialistin für«,
2. dass die Fortbildungsprüfungsregelungen die Voraussetzungen des § 53 c Absatz 2 und 3 erfüllen, so beginnt die Bezeichnung des Fortbildungsabschlusses mit den Wörtern »Bachelor Professional in«,
3. dass die Fortbildungsprüfungsregelungen die Voraussetzungen des § 53 d Absatz 2 und 3 erfüllen, so beginnt die Bezeichnung des Fortbildungsabschlusses mit den Wörtern »Master Professional in«.

Der Abschlussbezeichnung nach Satz 1 ist in Klammern ein Zusatz beizufügen, aus dem sich zweifelsfrei die zuständige Stelle ergibt, die die Fortbildungsprüfungsregelungen erlassen hat. Die Fortbildungsprüfungsregelungen können vorsehen, dass dieser Abschlussbezeichnung eine weitere Abschlussbezeichnung vorangestellt wird.

(4) Eine Abschlussbezeichnung, die in einer von der zuständigen obersten Landesbehörde bestätigten Fortbildungsprüfungsregelung enthalten ist, darf nur führen, wer die Prüfung bestanden hat.

Abschnitt 3 – Ausländische Vorqualifikationen, Prüfungen

§ 55 Berücksichtigung ausländischer Vorqualifikationen Sofern Fortbildungsordnungen, Anpassungsfortbildungsordnungen oder Fortbildungsprüfungsregelungen nach § 54 Zulassungsvoraussetzungen zu Prüfungen vorsehen, sind ausländische Bildungsabschlüsse und Zeiten der Berufstätigkeit im Ausland zu berücksichtigen.

§ 56 Fortbildungsprüfungen (1) Für die Durchführung von Prüfungen im Bereich der beruflichen Fortbildung errichtet die zuständige Stelle Prüfungsausschüsse. § 37 Absatz 2 Satz 1 und 2 und Absatz 3 Satz 1 sowie § 39 Absatz 1 Satz 2, Absatz 2 und 3 und die §§ 40 bis 42, 46 und 47 sind entsprechend anzuwenden.

(2) Der Prüfling ist auf Antrag von der Ablegung einzelner Prüfungsbestandteile durch die zuständige Stelle zu befreien, wenn
1. er eine andere vergleichbare Prüfung vor einer öffentlichen oder einer staatlich anerkannten Bildungseinrichtung oder vor einem staatlichen Prüfungsausschuss erfolgreich abgelegt hat und

2. die Anmeldung zur Fortbildungsprüfung innerhalb von zehn Jahren nach der Bekanntgabe des Bestehens der anderen Prüfung erfolgt.

§ 57 Gleichstellung von Prüfungszeugnissen Das Bundesministerium für Wirtschaft und Energie oder das sonst zuständige Fachministerium kann im Einvernehmen mit dem Bundesministerium für Bildung und Forschung nach Anhörung des Hauptausschusses des Bundesinstituts für Berufsbildung durch Rechtsverordnung Prüfungszeugnisse, die außerhalb des Anwendungsbereichs dieses Gesetzes oder im Ausland erworben worden sind, den entsprechenden Zeugnissen über das Bestehen einer Fortbildungsprüfung auf der Grundlage der §§ 53 b bis 53 e und 54 gleichstellen, wenn die in der Prüfung nachzuweisenden beruflichen Fertigkeiten, Kenntnisse und Fähigkeiten gleichwertig sind.

Kapitel 3 – Berufliche Umschulung

§ 58 Umschulungsordnung Als Grundlage für eine geordnete und einheitliche berufliche Umschulung kann das Bundesministerium für Bildung und Forschung im Einvernehmen mit dem Bundesministerium für Wirtschaft und Energie oder dem sonst zuständigen Fachministerium nach Anhörung des Hauptausschusses des Bundesinstituts für Berufsbildung durch Rechtsverordnung, die nicht der Zustimmung des Bundesrates bedarf,
1. die Bezeichnung des Umschulungsabschlusses,
2. das Ziel, den Inhalt, die Art und Dauer der Umschulung,
3. die Anforderungen der Umschulungsprüfung und die Zulassungsvoraussetzungen sowie
4. das Prüfungsverfahren der Umschulung

unter Berücksichtigung der besonderen Erfordernisse der beruflichen Erwachsenenbildung bestimmen (Umschulungsordnung).

§ 59 Umschulungsprüfungsregelungen der zuständigen Stellen Soweit Rechtsverordnungen nach § 58 nicht erlassen sind, kann die zuständige Stelle Umschulungsprüfungsregelungen erlassen. Wird im Fall des § 71 Absatz 8 als zuständige Stelle eine Landesbehörde bestimmt, so erlässt die zuständige Landesregierung die Umschulungsprüfungsregelungen durch Rechtsverordnung. Die Ermächtigung nach Satz 2 kann durch Rechtsverordnung auf die von ihr bestimmte zuständige Stelle üertragen werden. Die zuständige Stelle regelt die Bezeichnung des Umschulungsabschlusses, Ziel, Inhalt und Anforderungen der Prüfungen, die Zulassungsvoraussetzungen sowie das Prüfungsverfahren unter Berücksichtigung der besonderen Erfordernisse beruflicher Erwachsenenbildung.

§ 60 Umschulung für einen anerkannten Ausbildungsberuf Sofern sich die Umschulungsordnung (§ 58) oder eine Regelung der zuständigen Stelle (§ 59) auf die Umschulung für einen anerkannten Ausbildungsberuf richtet, sind das

Ausbildungsberufsbild (§ 5 Abs. 1 Nr. 3), der Ausbildungsrahmenplan (§ 5 Abs. 1 Nr. 4) und die Prüfungsanforderungen (§ 5 Abs. 1 Nr. 5) zugrunde zu legen. Die §§ 27 bis 33 gelten entsprechend.

§ 61 Berücksichtigung ausländischer Vorqualifikationen Sofern die Umschulungsordnung (§ 58) oder eine Regelung der zuständigen Stelle (§ 59) Zulassungsvoraussetzungen vorsieht, sind ausländische Bildungsabschlüsse und Zeiten der Berufstätigkeit im Ausland zu berücksichtigen.

§ 62 Umschulungsmaßnahmen; Umschulungsprüfungen (1) Maßnahmen der beruflichen Umschulung müssen nach Inhalt, Art, Ziel und Dauer den besonderen Erfordernissen der beruflichen Erwachsenenbildung entsprechen.
(2) Umschulende haben die Durchführung der beruflichen Umschulung vor Beginn der Maßnahme der zuständigen Stelle schriftlich anzuzeigen. Die Anzeigepflicht erstreckt sich auf den wesentlichen Inhalt des Umschulungsverhältnisses. Bei Abschluss eines Umschulungsvertrages ist eine Ausfertigung der Vertragsniederschrift beizufügen.
(3) Für die Durchführung von Prüfungen im Bereich der beruflichen Umschulung errichtet die zuständige Stelle Prüfungsausschüsse. § 37 Absatz 2 und 3 sowie § 39 Absatz 2 und die §§ 40 bis 42, 46 und 47 gelten entsprechend.
(4) Der Prüfling ist auf Antrag von der Ablegung einzelner Prüfungsbestandteile durch die zuständige Stelle zu befreien, wenn er eine andere vergleichbare Prüfung vor einer öffentlichen oder staatlich anerkannten Bildungseinrichtung oder vor einem staatlichen Prüfungsausschuss erfolgreich abgelegt hat und die Anmeldung zur Umschulungsprüfung innerhalb von zehn Jahren nach der Bekanntgabe des Bestehens der anderen Prüfung erfolgt.

§ 63 Gleichstellung von Prüfungszeugnissen Das Bundesministerium für Wirtschaft und Energie oder das sonst zuständige Fachministerium kann im Einvernehmen mit dem Bundesministerium für Bildung und Forschung nach Anhörung des Hauptausschusses des Bundesinstituts für Berufsbildung durch Rechtsverordnung außerhalb des Anwendungsbereichs dieses Gesetzes oder im Ausland erworbene Prüfungszeugnisse den entsprechenden Zeugnissen über das Bestehen einer Umschulungsprüfung auf der Grundlage der §§ 58 und 59 gleichstellen, wenn die in der Prüfung nachzuweisenden beruflichen Fertigkeiten, Kenntnisse und Fähigkeiten gleichwertig sind.

Kapitel 4 – Berufsbildung für besondere Personengruppen

Abschnitt 1 – Berufsbildung behinderter Menschen

§ 64 Berufsausbildung Behinderte Menschen (§ 2 Abs. 1 Satz 1 des Neunten Buches Sozialgesetzbuch) sollen in anerkannten Ausbildungsberufen ausgebildet werden.

§ 65 Berufsausbildung in anerkannten Ausbildungsberufen (1) Regelungen nach den §§ 9 und 47 sollen die besonderen Verhältnisse behinderter Menschen berücksichtigen. Dies gilt insbesondere für die zeitliche und sachliche Gliederung der Ausbildung, die Dauer von Prüfungszeiten, die Zulassung von Hilfsmitteln und die Inanspruchnahme von Hilfeleistungen Dritter wie Gebärdensprachdolmetscher für hörbehinderte Menschen.
(2) Der Berufsausbildungsvertrag mit einem behinderten Menschen ist in das Verzeichnis der Berufsausbildungsverhältnisse (§ 34) einzutragen. Der behinderte Mensch ist zur Abschlussprüfung auch zuzulassen, wenn die Voraussetzungen des § 43 Abs. 1 Nr. 2 und 3 nicht vorliegen.

§ 66 Ausbildungsregelungen der zuständigen Stellen (1) Für behinderte Menschen, für die wegen Art und Schwere ihrer Behinderung eine Ausbildung in einem anerkannten Ausbildungsberuf nicht in Betracht kommt, treffen die zuständigen Stellen auf Antrag der behinderten Menschen oder ihrer gesetzlichen Vertreter oder Vertreterinnen Ausbildungsregelungen entsprechend den Empfehlungen des Hauptausschusses des Bundesinstituts für Berufsbildung. Die Ausbildungsinhalte sollen unter Berücksichtigung von Lage und Entwicklung des allgemeinen Arbeitsmarktes aus den Inhalten anerkannter Ausbildungsberufe entwickelt werden. Im Antrag nach Satz 1 ist eine Ausbildungsmöglichkeit in dem angestrebten Ausbildungsgang nachzuweisen.
(2) § 65 Abs. 2 Satz 1 gilt entsprechend.

§ 67 Berufliche Fortbildung, berufliche Umschulung Für die berufliche Fortbildung und die berufliche Umschulung behinderter Menschen gelten die §§ 64 bis 66 entsprechend, soweit es Art und Schwere der Behinderung erfordern.

Abschnitt 2 – Berufsausbildungsvorbereitung

§ 68 Personenkreis und Anforderungen (1) Die Berufsausbildungsvorbereitung richtet sich an lernbeeinträchtigte oder sozial benachteiligte Personen, deren Entwicklungsstand eine erfolgreiche Ausbildung in einem anerkannten Ausbildungsberuf noch nicht erwarten lässt. Sie muss nach Inhalt, Art, Ziel und Dauer den besonderen Erfordernissen des in Satz 1 genannten Personenkreises entsprechen und durch umfassende sozialpädagogische Betreuung und Unterstützung begleitet werden.
(2) Für die Berufsausbildungsvorbereitung, die nicht im Rahmen des Dritten Buches Sozialgesetzbuch oder anderer vergleichbarer, öffentlich geförderter Maßnahmen durchgeführt wird, gelten die §§ 27 bis 33 entsprechend.

§ 69 Qualifizierungsbausteine, Bescheinigung (1) Die Vermittlung von Grundlagen für den Erwerb beruflicher Handlungsfähigkeit (§ 1 Abs. 2) kann insbesondere durch inhaltlich und zeitlich abgegrenzte Lerneinheiten erfolgen,

die aus den Inhalten anerkannter Ausbildungsberufe entwickelt werden (Qualifizierungsbausteine).
(2) Über vermittelte Grundlagen für den Erwerb beruflicher Handlungsfähigkeit stellt der Anbieter der Berufsausbildungsvorbereitung eine Bescheinigung aus. Das Nähere regelt das Bundesministerium für Bildung und Forschung im Einvernehmen mit den für den Erlass von Ausbildungsordnungen zuständigen Fachministerien nach Anhörung des Hauptausschusses des Bundesinstituts für Berufsbildung durch Rechtsverordnung[1], die nicht der Zustimmung des Bundesrates bedarf.

§ 70 Überwachung, Beratung (1) Die nach Landesrecht zuständige Behörde hat die Berufsausbildungsvorbereitung zu untersagen, wenn die Voraussetzungen des § 68 Abs. 1 nicht vorliegen.
(2) Der Anbieter hat die Durchführung von Maßnahmen der Berufsausbildungsvorbereitung vor Beginn der Maßnahme der zuständigen Stelle schriftlich anzuzeigen. Die Anzeigepflicht erstreckt sich auf den wesentlichen Inhalt des Qualifizierungsvertrages.
(3) Die Absätze 1 und 2 sowie § 76 finden keine Anwendung, soweit die Berufsausbildungsvorbereitung im Rahmen des Dritten Buches Sozialgesetzbuch oder anderer vergleichbarer, öffentlich geförderter Maßnahmen durchgeführt wird.

Teil 3 – Organisation der Berufsbildung

Kapitel 1 – Zuständige Stellen; zuständige Behörden

Abschnitt 1 – Bestimmung der zuständigen Stelle

§ 71 Zuständige Stellen (1) Für die Berufsbildung in Berufen der Handwerksordnung ist die Handwerkskammer zuständige Stelle im Sinne dieses Gesetzes.
(2) Für die Berufsbildung in nichthandwerklichen Gewerbeberufen ist die Industrie- und Handelskammer zuständige Stelle im Sinne dieses Gesetzes.
(3) Für die Berufsbildung in Berufen der Landwirtschaft, einschließlich der ländlichen Hauswirtschaft, ist die Landwirtschaftskammer zuständige Stelle im Sinne dieses Gesetzes.
(4) Für die Berufsbildung der Fachangestellten im Bereich der Rechtspflege sind jeweils für ihren Bereich die Rechtsanwalts-, Patentanwalts- und Notarkammern und für ihren Tätigkeitsbereich die Notarkassen zuständige Stelle im Sinne dieses Gesetzes.
(5) Für die Berufsbildung der Fachangestellten im Bereich der Wirtschaftsprüfung und Steuerberatung sind jeweils für ihren Bereich die Wirtschaftsprüferkammern und die Steuerberaterkammern zuständige Stelle im Sinne dieses Gesetzes.

---

1 **Berufsausbildungsvorbereitungs-Bescheinigungsverordnung** (BAVBVO) vom 16. 7. 2003 (BGBl. I 1472).

(6) Für die Berufsbildung der Fachangestellten im Bereich der Gesundheitsdienstberufe sind jeweils für ihren Bereich die Ärzte-, Zahnärzte-, Tierärzte- und Apothekerkammern zuständige Stelle im Sinne dieses Gesetzes.
(7) Soweit die Berufsausbildungsvorbereitung, die Berufsausbildung und die berufliche Umschulung in Betrieben zulassungspflichtiger Handwerke, zulassungsfreier Handwerke und handwerksähnlicher Gewerbe durchgeführt wird, ist abweichend von den Absätzen 2 bis 6 die Handwerkskammer zuständige Stelle im Sinne dieses Gesetzes.
(8) Soweit Kammern für einzelne Berufsbereiche der Absätze 1 bis 6 nicht bestehen, bestimmt das Land die zuständige Stelle.
(9) Zuständige Stellen können vereinbaren, dass die ihnen jeweils durch Gesetz zugewiesenen Aufgaben im Bereich der Berufsbildung durch eine von ihnen für die Beteiligten wahrgenommen werden. Die Vereinbarung bedarf der Genehmigung durch die zuständigen obersten Bundes- oder Landesbehörden.

§ 72 Bestimmung durch Rechtsverordnung Das zuständige Fachministerium kann im Einvernehmen mit dem Bundesministerium für Bildung und Forschung durch Rechtsverordnung mit Zustimmung des Bundesrates für Berufsbereiche, die durch § 71 nicht geregelt sind, die zuständige Stelle bestimmen.

§ 73 Zuständige Stellen im Bereich des öffentlichen Dienstes (1) Im öffentlichen Dienst bestimmt für den Bund die oberste Bundesbehörde für ihren Geschäftsbereich die zuständige Stelle
1. in den Fällen der §§ 32, 33 und 76 sowie der §§ 23, 24 und 41 a der Handwerksordnung,
2. für die Berufsbildung in anderen als den durch die §§ 71 und 72 erfassten Berufsbereichen;

dies gilt auch für die der Aufsicht des Bundes unterstehenden Körperschaften, Anstalten und Stiftungen des öffentlichen Rechts.
(2) Im öffentlichen Dienst bestimmen die Länder für ihren Bereich sowie für die Gemeinden und Gemeindeverbände die zuständige Stelle für die Berufsbildung in anderen als den durch die §§ 71 und 72 erfassten Berufsbereichen. Dies gilt auch für die der Aufsicht der Länder unterstehenden Körperschaften, Anstalten und Stiftungen des öffentlichen Rechts.
(3) § 71 Absatz 9 gilt entsprechend.

§ 74 Erweiterte Zuständigkeit § 73 gilt entsprechend für Ausbildungsberufe, in denen im Bereich der Kirchen und sonstigen Religionsgemeinschaften des öffentlichen Rechts oder außerhalb des öffentlichen Dienstes nach Ausbildungsordnungen des öffentlichen Dienstes ausgebildet wird.

§ 75 Zuständige Stellen im Bereich der Kirchen und sonstigen Religionsgemeinschaften des öffentlichen Rechts Die Kirchen und sonstigen Religionsgemeinschaften des öffentlichen Rechts bestimmen für ihren Bereich die zuständige Stelle für die Berufsbildung in anderen als den durch die §§ 71, 72 und 74 erfassten Berufsbereichen. Die §§ 77 bis 80 finden keine Anwendung.

Abschnitt 2 – Überwachung der Berufsbildung

§ 76 Überwachung, Beratung (1) Die zuständige Stelle überwacht die Durchführung
1. der Berufsausbildungsvorbereitung,
2. der Berufsausbildung und
3. der beruflichen Umschulung

und fördert diese durch Beratung der an der Berufsbildung beteiligten Personen. Sie hat zu diesem Zweck Berater oder Beraterinnen zu bestellen.
(2) Ausbildende, Umschulende und Anbieter von Maßnahmen der Berufsausbildungsvorbereitung sind auf Verlangen verpflichtet, die für die Überwachung notwendigen Auskünfte zu erteilen und Unterlagen vorzulegen sowie die Besichtigung der Ausbildungsstätten zu gestatten.
(3) Die Durchführung von Auslandsaufenthalten nach § 2 Abs. 3 überwacht und fördert die zuständige Stelle in geeigneter Weise. Beträgt die Dauer eines Ausbildungsabschnitts im Ausland mehr als sechs Wochen, ist hierfür ein mit der zuständigen Stelle abgestimmter Plan erforderlich.
(4) Auskunftspflichtige können die Auskunft auf solche Fragen verweigern, deren Beantwortung sie selbst oder einen der in § 52 der Strafprozessordnung bezeichneten Angehörigen der Gefahr strafgerichtlicher Verfolgung oder eines Verfahrens nach dem Gesetz über Ordnungswidrigkeiten aussetzen würde.
(5) Die zuständige Stelle teilt der Aufsichtsbehörde nach dem Jugendarbeitsschutzgesetz Wahrnehmungen mit, die für die Durchführung des Jugendarbeitsschutzgesetzes von Bedeutung sein können.

Abschnitt 3 – Berufsbildungsausschuss der zuständigen Stelle

§ 77 Errichtung (1) Die zuständige Stelle errichtet einen Berufsbildungsausschuss. Ihm gehören sechs Beauftragte der Arbeitgeber, sechs Beauftragte der Arbeitnehmer und sechs Lehrkräfte an berufsbildenden Schulen an, die Lehrkräfte mit beratender Stimme.
(2) Die Beauftragten der Arbeitgeber werden auf Vorschlag der zuständigen Stelle, die Beauftragten der Arbeitnehmer auf Vorschlag der im Bezirk der zuständigen Stelle bestehenden Gewerkschaften und selbständigen Vereinigungen von Arbeitnehmern mit sozial- oder berufspolitischer Zwecksetzung, die Lehrkräfte an berufsbildenden Schulen von der nach Landesrecht zuständigen Behörde längstens für vier Jahre als Mitglieder berufen.
(3) Die Tätigkeit im Berufsbildungsausschuss ist ehrenamtlich. Für bare Auslagen und für Zeitversäumnis ist, soweit eine Entschädigung nicht von anderer

Seite gewährt wird, eine angemessene Entschädigung zu zahlen, deren Höhe von der zuständigen Stelle mit Genehmigung der obersten Landesbehörde festgesetzt wird.
(4) Die Mitglieder können nach Anhören der an ihrer Berufung Beteiligten aus wichtigem Grund abberufen werden.
(5) Die Mitglieder haben Stellvertreter oder Stellvertreterinnen. Die Absätze 1 bis 4 gelten für die Stellvertreter und Stellvertreterinnen entsprechend.
(6) Der Berufsbildungsausschuss wählt ein Mitglied, das den Vorsitz führt, und ein weiteres Mitglied, das den Vorsitz stellvertretend übernimmt. Der Vorsitz und seine Stellvertretung sollen nicht derselben Mitgliedergruppe angehören.

§ 78 Beschlussfähigkeit, Abstimmung (1) Der Berufsbildungsausschuss ist beschlussfähig, wenn mehr als die Hälfte seiner stimmberechtigten Mitglieder anwesend ist. Er beschließt mit der Mehrheit der abgegebenen Stimmen.
(2) Zur Wirksamkeit eines Beschlusses ist es erforderlich, dass der Gegenstand bei der Einberufung des Ausschusses bezeichnet ist, es sei denn, dass er mit Zustimmung von zwei Dritteln der stimmberechtigten Mitglieder nachträglich auf die Tagesordnung gesetzt wird.

§ 79 Aufgaben (1) Der Berufsbildungsausschuss ist in allen wichtigen Angelegenheiten der beruflichen Bildung zu unterrichten und zu hören. Er hat im Rahmen seiner Aufgaben auf eine stetige Entwicklung der Qualität der beruflichen Bildung hinzuwirken.
(2) Wichtige Angelegenheiten, in denen der Berufsbildungsausschuss anzuhören ist, sind insbesondere:

1. Erlass von Verwaltungsgrundsätzen über die Eignung von Ausbildungs- und Umschulungsstätten, für das Führen von Ausbildungsnachweisen nach § 13 Satz 2 Nummer 7, für die Verkürzung der Ausbildungsdauer, für die vorzeitige Zulassung zur Abschlussprüfung, für die Durchführung der Prüfungen, zur Durchführung von über- und außerbetrieblicher Ausbildung sowie Verwaltungsrichtlinien zur beruflichen Bildung,
2. Umsetzung der vom Landesausschuss für Berufsbildung empfohlenen Maßnahmen,
3. wesentliche inhaltliche Änderungen des Ausbildungsvertragsmusters.

(3) Wichtige Angelegenheiten, in denen der Berufsbildungsausschuss zu unterrichten ist, sind insbesondere:

1. Zahl und Art der der zuständigen Stelle angezeigten Maßnahmen der Berufsausbildungsvorbereitung und beruflichen Umschulung sowie der eingetragenen Berufsausbildungsverhältnisse,
2. Zahl und Ergebnisse von durchgeführten Prüfungen sowie hierbei gewonnene Erfahrungen,
3. Tätigkeit der Berater und Beraterinnen nach § 76 Abs. 1 Satz 2,
4. für den räumlichen und fachlichen Zuständigkeitsbereich der zuständigen Stelle neue Formen, Inhalte und Methoden der Berufsbildung,

5. Stellungnahmen oder Vorschläge der zuständigen Stelle gegenüber anderen Stellen und Behörden, soweit sie sich auf die Durchführung dieses Gesetzes oder der auf Grund dieses Gesetzes erlassenen Rechtsvorschriften beziehen,
6. Bau eigener überbetrieblicher Berufsbildungsstätten,
7. Beschlüsse nach Absatz 5 sowie beschlossene Haushaltsansätze zur Durchführung der Berufsbildung mit Ausnahme der Personalkosten,
8. Verfahren zur Beilegung von Streitigkeiten aus Ausbildungsverhältnissen,
9. Arbeitsmarktfragen, soweit sie die Berufsbildung im Zuständigkeitsbereich der zuständigen Stelle berühren.

(4) Der Berufsbildungsausschuss hat die auf Grund dieses Gesetzes von der zuständigen Stelle zu erlassenden Rechtsvorschriften für die Durchführung der Berufsbildung zu beschließen. Gegen Beschlüsse, die gegen Gesetz oder Satzung verstoßen, kann die zur Vertretung der zuständigen Stelle berechtigte Person innerhalb einer Woche Einspruch einlegen. Der Einspruch ist zu begründen und hat aufschiebende Wirkung. Der Berufsbildungsausschuss hat seinen Beschluss zu überprüfen und erneut zu beschließen.

(5) Beschlüsse, zu deren Durchführung die für Berufsbildung im laufenden Haushalt vorgesehenen Mittel nicht ausreichen, bedürfen für ihre Wirksamkeit der Zustimmung der für den Haushaltsplan zuständigen Organe. Das Gleiche gilt für Beschlüsse, zu deren Durchführung in folgenden Haushaltsjahren Mittel bereitgestellt werden müssen, die die Ausgaben für Berufsbildung des laufenden Haushalts nicht unwesentlich übersteigen.

(6) Abweichend von § 77 Abs. 1 haben die Lehrkräfte Stimmrecht bei Beschlüssen zu Angelegenheiten der Berufsausbildungsvorbereitung und Berufsausbildung, soweit sich die Beschlüsse unmittelbar auf die Organisation der schulischen Berufsbildung auswirken.

§ 80 Geschäftsordnung Der Berufsbildungsausschuss gibt sich eine Geschäftsordnung. Sie kann die Bildung von Unterausschüssen vorsehen und bestimmen, dass ihnen nicht nur Mitglieder des Ausschusses angehören. Für die Unterausschüsse gelten § 77 Abs. 2 bis 6 und § 78 entsprechend.

Abschnitt 4 – Zuständige Behörden

§ 81 Zuständige Behörden (1) Im Bereich des Bundes ist die oberste Bundesbehörde oder die von ihr bestimmte Behörde die zuständige Behörde im Sinne des § 30 Absatz 6, der §§ 32, 33, 40 Absatz 6 und der §§ 47, 54 Absatz 3 und des § 77 Absatz 2 und 3.

(2) Ist eine oberste Bundesbehörde oder eine oberste Landesbehörde zuständige Stelle im Sinne dieses Gesetzes, so bedarf es im Falle des § 40 Absatz 6, des § 47 Absatz 1 und des § 77 Absatz 3 keiner Genehmigung und im Fall des § 54 keiner Bestätigung.

Kapitel 2 – Landesausschüsse für Berufsbildung

§ 82 Errichtung, Geschäftsordnung, Abstimmung (1) Bei der Landesregierung wird ein Landesausschuss für Berufsbildung errichtet. Er setzt sich zusammen aus einer gleichen Zahl von Beauftragten der Arbeitgeber, der Arbeitnehmer und der obersten Landesbehörden. Die Hälfte der Beauftragten der obersten Landesbehörden muss in Fragen des Schulwesens sachverständig sein.

(2) Die Mitglieder des Landesausschusses werden längstens für vier Jahre von der Landesregierung berufen, die Beauftragten der Arbeitgeber auf Vorschlag der auf Landesebene bestehenden Zusammenschlüsse der Kammern, der Arbeitgeberverbände und der Unternehmerverbände, die Beauftragten der Arbeitnehmer auf Vorschlag der auf Landesebene bestehenden Gewerkschaften und selbständigen Vereinigungen von Arbeitnehmern mit sozial- oder berufspolitischer Zwecksetzung. Die Tätigkeit im Landesausschuss ist ehrenamtlich. Für bare Auslagen und für Zeitversäumnis ist, soweit eine Entschädigung nicht von anderer Seite gewährt wird, eine angemessene Entschädigung zu zahlen, deren Höhe von der Landesregierung oder der von ihr bestimmten obersten Landesbehörde festgesetzt wird. Die Mitglieder können nach Anhören der an ihrer Berufung Beteiligten aus wichtigem Grund abberufen werden. Der Ausschuss wählt ein Mitglied, das den Vorsitz führt, und ein weiteres Mitglied, das den Vorsitz stellvertretend übernimmt. Der Vorsitz und seine Stellvertretung sollen nicht derselben Mitgliedergruppe angehören.

(3) Die Mitglieder haben Stellvertreter oder Stellvertreterinnen. Die Absätze 1 und 2 gelten für die Stellvertreter und Stellvertreterinnen entsprechend.

(4) Der Landesausschuss gibt sich eine Geschäftsordnung, die der Genehmigung der Landesregierung oder der von ihr bestimmten obersten Landesbehörde bedarf. Sie kann die Bildung von Unterausschüssen vorsehen und bestimmen, dass ihnen nicht nur Mitglieder des Landesausschusses angehören. Absatz 2 Satz 2 gilt für die Unterausschüsse hinsichtlich der Entschädigung entsprechend. An den Sitzungen des Landesausschusses und der Unterausschüsse können Vertreter der beteiligten obersten Landesbehörden, der Gemeinden und Gemeindeverbände sowie der Agentur für Arbeit teilnehmen.

(5) Der Landesausschuss ist beschlussfähig, wenn mehr als die Hälfte seiner Mitglieder anwesend ist. Er beschließt mit der Mehrheit der abgegebenen Stimmen.

§ 83 Aufgaben (1) Der Landesausschuss hat die Landesregierung in den Fragen der Berufsbildung zu beraten, die sich für das Land ergeben. Er hat im Rahmen seiner Aufgaben auf eine stetige Entwicklung der Qualität der beruflichen Bildung hinzuwirken.

(2) Er hat insbesondere im Interesse einer einheitlichen Berufsbildung auf eine Zusammenarbeit zwischen der schulischen Berufsbildung und der Berufsbildung nach diesem Gesetz sowie auf eine Berücksichtigung der Berufsbildung

bei der Neuordnung und Weiterentwicklung des Schulwesens hinzuwirken. Der Landesausschuss kann zur Stärkung der regionalen Ausbildungs- und Beschäftigungssituation Empfehlungen zur inhaltlichen und organisatorischen Abstimmung und zur Verbesserung der Ausbildungsangebote aussprechen.

Teil 4 – Berufsbildungsforschung, Planung und Statistik

§§ 84–88 *(nicht abgedruckt)*

Teil 5 – Bundesinstitut für Berufsbildung

§§ 89–100 *(nicht abgedruckt)*

Teil 6 – Bußgeldvorschriften

§ 101 Bußgeldvorschriften (1) Ordnungswidrig handelt, wer

1. entgegen § 11 Abs. 1 Satz 1, auch in Verbindung mit Abs. 4, den wesentlichen Inhalt des Vertrages oder eine wesentliche Änderung nicht, nicht richtig, nicht vollständig, nicht in der vorgeschriebenen Weise oder nicht rechtzeitig niederlegt,
2. entgegen § 11 Abs. 3, auch in Verbindung mit Abs. 4, eine Ausfertigung der Niederschrift nicht oder nicht rechtzeitig aushändigt,
3. entgegen § 14 Absatz 3 Auszubildenden eine Verrichtung überträgt, die dem Ausbildungszweck nicht dient,
4. entgegen § 15 Absatz 1 Satz 1 oder 2 Auszubildende beschäftigt oder nicht freistellt,
5. entgegen § 18 Absatz 3 Satz 1, auch in Verbindung mit Satz 2, eine dort genannte Vergütung nicht, nicht richtig, nicht vollständig oder nicht rechtzeitig zahlt,
6. entgegen § 28 Abs. 1 oder 2 Auszubildende einstellt oder ausbildet,
7. einer vollziehbaren Anordnung nach § 33 Abs. 1 oder 2 zuwiderhandelt,
8. entgegen § 36 Abs. 1 Satz 1 oder 2, jeweils auch in Verbindung mit Satz 3, die Eintragung in das dort genannte Verzeichnis nicht oder nicht rechtzeitig beantragt oder eine Ausfertigung der Vertragsniederschrift nicht beifügt,
9. entgegen § 53 b Absatz 4 Satz 3, § 53 c Absatz 4 Satz 3, § 53 d Absatz 4 Satz 3 und § 54 Absatz 4 eine Abschlussbezeichnung führt oder
10. entgegen § 76 Abs. 2 eine Auskunft nicht, nicht richtig, nicht vollständig oder nicht rechtzeitig erteilt, eine Unterlage nicht, nicht richtig, nicht vollständig oder nicht rechtzeitig vorlegt oder eine Besichtigung nicht oder nicht rechtzeitig gestattet.

(2) Die Ordnungswidrigkeit kann in den Fällen des Absatzes 1 Nr. 3 bis 7 mit

einer Geldbuße bis zu fünftausend Euro, in den übrigen Fällen mit einer Geldbuße bis zu tausend Euro geahndet werden.

Teil 7 – Übergangs- und Schlussvorschriften

§ 102 Gleichstellung von Abschlusszeugnissen im Rahmen der deutschen Einheit Prüfungszeugnisse nach der Systematik der Ausbildungsberufe und der Systematik der Facharbeiterberufe und Prüfungszeugnisse nach § 37 Abs. 2 stehen einander gleich.

§ 103 Fortgeltung bestehender Regelungen (1) Die vor dem 1. September 1969 anerkannten Lehrberufe und Anlernberufe oder vergleichbar geregelten Ausbildungsberufe gelten als Ausbildungsberufe im Sinne des § 4. Die Berufsbilder, die Berufsbildungspläne, die Prüfungsanforderungen und die Prüfungsordnungen für diese Berufe sind bis zum Erlass von Ausbildungsordnungen nach § 4 und der Prüfungsordnungen nach § 47 anzuwenden.
(2) Die vor dem 1. September 1969 erteilten Prüfungszeugnisse in Berufen, die nach Absatz 1 als anerkannte Ausbildungsberufe gelten, stehen Prüfungszeugnissen nach § 37 Abs. 2 gleich.
(3) Auf Ausbildungsverträge, die vor dem 30. September 2017 abgeschlossen wurden oder bis zu diesem Zeitpunkt abgeschlossen werden, sind § 5 Absatz 2 Satz 1, § 11 Absatz 1 Satz 2, § 13 Satz 2, die §§ 14, 43 Absatz 1 Nummer 2, § 79 Absatz 2 Nummer 1 sowie § 101 Absatz 1 Nummer 3 in ihrer bis zum 5. April 2017 geltenden Fassung weiter anzuwenden.

§ 104 Übertragung von Zuständigkeiten Die Landesregierungen werden ermächtigt, durch Rechtsverordnung die nach diesem Gesetz den nach Landesrecht zuständigen Behörden übertragenen Zuständigkeiten nach den §§ 27, 30, 32, 33 und 70 auf zuständige Stellen zu übertragen.
...

11. Gesetz zur Verbesserung der betrieblichen Altersversorgung (BetrAVG)

Aktuelle höchstrichterliche Rechtsprechung

Datum	Gericht/Az.	Fundstelle	Thema
23.7.19	BVerfG 1 BvR 684/14	NZA 19, 1270	Höchstaltersgrenze in Versorgungssystem
19.3.19	BAG 3 AZR 201/17	DB 19, 1964	Eingriff in Versorgungsanwartschaften
19.2.19	BAG 3 AZR 215/18	NZA 19, 997	Spätehenklausel in der Hinterbliebenenversorgung
19.2.19	BAG 3 AZR 198/18	NZA 19, 1016 (OS)	Spätehenklausel in der Hinterbliebenenversorgung
19.2.19	BAG 3 AZR 150/18	NZA 19, 918	Mindestehedauer als Voraussetzung einer Hinterbliebenenversorgung
30.1.19	BAG 5 AZR 442/17	NZA 19, 1076	Änderung einer Gesamtzusage durch BV für Betriebsrentner
22.1.19	BAG 3 AZR 616/17	DB 19, 1631 (Report)	Anpassung
22.1.19	BAG 3 AZR 560/17	NZA 19, 991	Spätehenklausel in der Hinterbliebenenversorgung
11.12.18	BAG 3 AZR 453/17	NZA 19, 471	Anrechnung anderer Versorgungsbezüge
11.12.18	BAG 3 AZR 400/17	NZA 19, 537	Altersabstandsklausel in der Hinterbliebenenversorgung
11.12.18	BAG 3 AZR 380/17	NZA 19, 1082	Ablösende Betriebsvereinbarung oder Sprecherausschussvereinbarung
13.11.18	BAG 3 AZR 103/17	DB 19, 1516 (Report)	Altersversorgung durch betriebliche Übung (»Rentnerweihnachtsgeld«)
16.10.18	BAG 3 AZR 520/17	NZA 19, 176	Altersabstandsklausel in der Hinterbliebenenversorgung

Datum	Gericht/Az.	Fundstelle	Thema
16. 10. 18	BAG 3 AZR 139/17 (A) u. a.	DB 18, 3059 (Report)	Insolvenzschutz bei Betriebsübergang in Insolvenz
25. 9. 18	BAG 3 AZR 333/17	NZA 19, 410	Versorgungsanpassung, Gesamtversorgungszusage
6. 9. 18	EuGH C-17/17	NZA 19, 97	Insolvenzschutz für Betriebsrenten
31. 7. 18	BAG 3 AZR 731/16	NZA 18, 59	Ablösende Tarifregelung, Vertrauensschutz

Einleitung

I. Geschichtliche Entwicklung

Betriebliche Altersversorgung gibt es bereits seit der Mitte des 19. Jahrhunderts. Zunächst vorwiegend für die wenigen (leitenden) Angestellten und später auch für Arbeiter wurden betriebliche Unterstützungseinrichtungen geschaffen. Nach Einführung der gesetzlichen Rentenversicherung diente die Gewährung eines zusätzlichen betrieblichen Altersruhegeldes der Aufstockung der gesetzlichen Rente (zur Alterssicherung insgesamt *Schmähl,* BArbBl. 7 – 8/95, 10).

Das hervorstechende rechtliche Charakteristikum solcher betrieblicher Altersruhegelder war vor allem, dass sie als freiwillige Zusagen des Arbeitgebers davon abhängig gemacht werden konnten, dass der Arbeitnehmer unmittelbar aus dem Arbeitsverhältnis in den Ruhestand wechselte. Bei vorzeitigem Ausscheiden des Arbeitnehmers entfielen grundsätzlich alle Betriebsrentenleistungen. Erst mit einer Entscheidung vom 10. 3. 1972 hat das *BAG* den Betriebsrenten für besonders gelagerte Fälle eine Unverfallbarkeit zugebilligt: Einem Arbeitnehmer, der dem Betrieb mehr als 20 Jahre angehört hatte und dem vor dem 65. Lebensjahr gekündigt worden war, blieb die Anwartschaft auf die ihm zugesagte und von ihm erdiente Betriebsrente erhalten (3 AZR 278/71, BAGE 24, 177; dazu *Kittner,* 50 Urteile, 2019, Nr. 14). Es folgten weitere Entscheidungen des *BAG,* mit denen der Schutz der Betriebsrenten ausgebaut wurde, bis diese Materie mit dem BetrAVG vom 19. 12. 1974 gesetzlich geregelt worden ist.

Im Zusammenhang mit der Rentenreform 1999 ist auch das Recht der betrieblichen Altersversorgung geändert worden (vgl. Gesetz vom 16. 12. 1997, BGBl. I 2998). Die wesentlichen Änderungen sind am 1. 1. 1999 in Kraft getreten. Die wichtigste betrifft die Begrenzung der Anpassungsverpflichtung des Arbeitgebers gemäß § 16 (zum Gesetz vgl. *Schoden,* BetrR 98, 47; *Stiefermann,* Arbeitgeber 98, 128; *Blomeyer,* NZA 98, 911; *Berner-Lüll/Drochner,* BB 98, 1002; *Doetsch u. a.,* DB 98, 258; *Wohlleben,* DB 98, 1230). Aufgrund des Altersvermögensgesetzes vom 26. 6. 2001 (BGBl. I 1310) ist insbesondere ein Anspruch des Arbeitnehmers auf Gehaltsumwandlung zur Speisung einer betrieblichen Altersversorgung gemäß

§ 1 a geschaffen worden (s. u. II 1 b). Diese Privatvorsorge wird steuerlich gefördert. Mit dieser »Riester-Rente« soll die Reduzierung der gesetzlichen Altersrente (vgl. Nr. 30 VI) kompensiert werden (zum Gesetz vgl. *Blomeyer,* NZA 01, 913; *Förster u. a.,* BB 01, 1406).

Das Alterseinkünftegesetz vom 5. 7. 2004 (BGBl. I 1427) hat vor allem die Möglichkeit der Übertragung einer Rentenanwartschaft auf einen neuen Arbeitgeber (»Portabilität«) erleichtert (vgl. *Kümmerle/Keller,* AiB 05, 26; *Perreng* AiB 05, 148; *Matthießen,* AuR 05, 817; s. u. II 4). Mit dem Zweiten Gesetz zur Änderung des Betriebsrentengesetzes vom 2. 12. 2006 (BGBl. I 2742) ist die Insolvenzsicherung schrittweise auf vollständige Kapitaldeckung umgestellt worden.

Im Zuge des Gesetzes zur Modernisierung der Finanzaufsicht über Versicherungen vom 1. 4. 2015 (BGBl. 434) wurden finanzaufsichtsrechtliche Folgeänderungen im Betriebsrentengesetz vollzogen.

Durch das Gesetz zur Umsetzung der EU-Mobilitäts-Richtlinie vom 21. 12. 2015 (BGBl. I 2553; Gesetzentwurf: BR-Drs. 346/15; dazu *Frank,* BB 15, 1973 ff.; *Rößler,* BetrAV 15, 625 ff.) wurden die Voraussetzungen der Unverfallbarkeit einer Altersversorgung in § 1 b mit Wirkung ab 2018 herabgesetzt. Damit wurden die für die internationale Mobilität vorgesehenen Vorgaben der EU-Mobilitätsrichtlinie 2014/50/EU (v. 16. 4. 2014, ABl. L 128/1, dazu *Koberski,* SR 14, 108, 109 ff.) auch für Fälle innerstaatlicher Arbeitgeberwechsel umgesetzt.

Mit dem Betriebsrentenstärkungsgesetz (Gesetz zur Stärkung der betrieblichen Altersversorgung und zur Änderung anderer Gesetze v. 17. 8. 2017, BGBl. I 3214, Entw.: BR-Drs. 780/16) sollte ein zusätzlicher Anreiz zur betrieblichen Altersversorgung geschaffen werden, um die Verbreitung der Betriebsrenten zu steigern (dazu *Dünn,* RVaktuell 5+6/17, 144; *Kerschbaumer/Reuter,* SozSich 17, 389; *Reinecke,* AuR 17, 432; *Rolfs,* NZA 17, 1225; krit. zum Vorhaben *Schmitz,* SozSich 17, 56). Neu ist vor allem die reine Beitragszusage gemäß § 1 Abs. 2 Nr. 2. Bei ihr gibt es keine Mindestleistungen oder Garantieleistungen, der Arbeitgeber haftet nicht und auch die Insolvenzsicherung durch den Pensionssicherungsverein ist nicht vorgesehen (»pay and forget«). Außerdem wurde die Möglichkeit geschaffen, eine Entgeltumwandlung durch Tarifvertrag vorzusehen mit der Möglichkeit eines Ausstiegs durch den einzelnen Arbeitnehmer (»Opt-Out«). Nicht tarifgebundene Arbeitgeber können davon durch Bezugnahme in Arbeitsverträgen Gebrauch machen. Zum Ausgleich reduzierter Sozialversicherungsbeiträge ist ein pauschaler Zuschuss von 15 % des Umwandlungsbetrags vorgesehen worden. Ein Förderbetrag für Geringverdiener wurde in § 100 EStG geregelt. Bei der Grundsicherung im Alter gibt es künftig einen Freibetrag für zusätzliche Altersversorgung gemäß § 82 Abs. 4 SGB XII. Schließlich wurden beitragsrechtliche und steuerliche Förderungen für sog. Riester-Verträge geschaffen.

Zuletzt wurde das Gesetz zur Umsetzung der Europäischen Richtlinie (EU) 2016/2341 v. 14. 12. 2016 (ABl. L 354/37) zur Weiterentwicklung und Modernisierung der Aufsicht über Einrichtungen der betrieblichen Altersversorgung geändert (Gesetz v. 19. 12. 2018, BGBl. I 2672; Entwurf: BR-Drs. 428/18).

In den neuen Bundesländern finden die §§ 1 – 18 erst auf Zusagen nach dem

31.12.1991 Anwendung (s. Fn. 1 zum Gesetzestitel; hierzu *Höfer/Küpper,* DB 91, 1569).

II. Wesentlicher Gesetzesinhalt

1. Anspruch auf betriebliche Altersversorgung

a) Allgemeines

Das BetrAVG geht von der Freiwilligkeit zur Einführung einer betrieblichen Altersversorgung durch den Arbeitgeber aus. Der Arbeitgeber kann allerdings auch aufgrund des Arbeitsvertrages, einer Betriebsvereinbarung oder eines Tarifvertrages zur Leistung verpflichtet werden (z. B. die tarifvertragliche »Zusatzversorgung« im öffentlichen Dienst). Derartige freiwillige Leistungen bzw. Leistungspflichten des Arbeitgebers werden aus finanziellen Aufwendungen des Arbeitgebers über die direkten Entgeltzahlungen hinaus aufgebracht (Übersicht 29). Unter Versorgung sind nicht nur reine Entgeltleistungen zu verstehen, sondern beispielsweise auch im Ruhestand gewährte Personalrabatte (*BAG* 19. 2. 2008 – 3 AZR 61/06, NZA-RR 08, 597, 600). Die wirksam begründete Verpflichtung zur Zahlung einer Betriebsrente begegnet keinen verfassungsrechtlichen Bedenken (*BVerfG* 29. 2. 2012 – 1 BvR 2378/10, NZA 12, 788). Führt der Arbeitgeber die Altersversorgung über einen externen Träger durch, muss er gleichwohl für die von ihm zugesagten Leistungen nach § 1 Abs. 1 Satz 3 einstehen. Das gilt auch, sobald der Versorgungsträger zu Recht Leistungen wegen Fehlbeträgen herabsetzt (*BAG* 27. 9. 2012 – 2 AZR 955/11, NZA 13, 425). Anders ist es nur bei der durch das Betriebsrentenstärkungsgesetz eingeführten reinen Beitragszusage (s. o. I).

b) Entgeltumwandlung

Arbeitnehmer können Teile ihres laufenden Entgelts zur Finanzierung künftiger Leistungen der betrieblichen Altersversorgung durch Entgeltumwandlung verwenden (§ 1 Abs. 2 Nr. 3 und 4). Diese Möglichkeit ist aufgrund des Altersvermögensgesetzes (s. o. I) durch § 1 a als Element einer zusätzlichen privaten Altersvorsorge ausgebaut worden (vgl. *Blomeyer,* DB 01, 1413; *Klemm,* NZA 02, 1123; *Liebscher,* Arbeitgeber 10/01, 18; *Stiefermann,* Arbeitgeber 10/01, 22). Das bedeutet:

- Der Arbeitnehmer hat einen Rechtsanspruch gegen den Arbeitgeber auf Entgeltumwandlung in der in § 1 a genannten Höhe.
- Der Arbeitgeber muss diese Entgeltteile in eine betriebliche Altersversorgung einbringen.
- Besteht bei ihm keine derartige Einrichtung, muss er eine solche selbst schaffen bzw. sich einer anderwärts bestehenden anschließen oder eine Direktversicherung abschließen.
- Der Arbeitnehmer erhält zu seinem Vorsorgebetrag eine steuerliche Förderung.

Der Arbeitgeber ist nicht verpflichtet, den Arbeitnehmer auf diese Möglichkeit hinzuweisen (*BAG* 21. 1. 2014 – 3 AZR 807/11, NZA 14, 903). Dementsprechend kann der Arbeitnehmer keinen Schadensersatz wegen versäumter Entgeltumwandlung verlangen. Eine zugunsten des Arbeitnehmers abgeschlossene Direktversicherung muss vom Arbeitgeber nicht gekündigt werden, wenn der Arbeitnehmer mit dem Rückkaufswert Schulden begleichen möchte (*BAG* 26.4.2018 – 3 AZR 586/16, NZA 18, 929).

Gemäß § 20 Abs. 1 bedarf die Entgeltumwandlung tarifvertraglicher Ansprüche einer tarifvertraglichen Regelung (hierzu *Heither,* NZA 01, 1275). Dieser Tarifvorbehalt führt in der Praxis dazu, dass Tarifvertragsparteien für die ihnen angeschlossenen Unternehmen ohne betriebliche Altersversorgung eine gemeinsame Einrichtung zur Durchführung der aufgrund § 1 a erforderlichen betrieblichen Altersversorgung bereitstellen (z. B. die »Altersversorgung Metall und Elektro«; hierzu *Engberding u. a.,* AiB 02, 547 oder die ZVK im Baugewerbe).

Durch das Betriebsrentenstärkungsgesetz (s. o. I) wurde die Möglichkeit der verbindlichen Entgeltumwandlung durch Tarifvertrag in § 20 Abs. 2 mit Widerspruchsmöglichkeit des Arbeitnehmers eingeführt.

2. Unverfallbarkeit

Der Arbeitnehmer behält seine Anwartschaft auf eine ihm zugesagte betriebliche Altersversorgung (Versorgungszusage durch den Arbeitgeber unmittelbar, Abschluss eines Versicherungsvertrages zugunsten des Arbeitnehmers oder Leistungen aus einer Pensions- oder Unterstützungskasse) unter den in § 1 b genannten Bedingungen auch dann, wenn sein Arbeitsverhältnis vor Eintritt des Versorgungsfalles endet (vgl. *Ahrend/Rühmann,* AuA 92, 306). Das Erfordernis eines Mindestalters stellt keine unzulässige Altersdiskriminierung dar, weil es dazu dient, Arbeitgeber vom Verwaltungsaufwand bei nur geringen Rentenansprüchen zu entlasten (*BAG* 28.5.2013 – 3 AZR 635/11, DB 13, 1974, für die frühere Regelung eines Mindestalters von 30 Jahren). Ebenso wenig ist die Wartefrist für die Unverfallbarkeit von 3 Jahren eine unzulässige Altersdiskriminierung mit Blick auf den Schutz des Arbeitgebers vor einer Vielzahl von Kleinrenten und mit Rücksicht auf das geringere Schutzbedürfnis der betroffenen Arbeitnehmer (zur früheren fünfjährigen Wartefrist *BAG* 9.10.2012 – 3 AZR 477/10, NZA-RR 13, 150). Die Unverfallbarkeit begründet keine Ansprüche auf vor den Versorgungsfall vorgezogene Zahlungen (*BAG* 26.5.2009 – 3 AZR 816/07, NZA-RR 10, 95). Nur ausnahmsweise kann bei groben Pflichtverletzungen die Versorgungszusage widerrufen werden (*BAG* 12.11.2013 – 3 AZR 274/12, NZA 14, 780).

3. Änderung der Versorgungsordnung

Durch Betriebsvereinbarung kann grundsätzlich nicht in individualrechtliche Versorgungszusagen eingegriffen werden. Möglich ist lediglich die Ablösung eines Versorgungszusagesystems durch ein anderes mit mindestens gleicher Gesamtdotierung (kollektiver Günstigkeitsvergleich). In diesem Zusammenhang können die Ansprüche einzelner Arbeitnehmer(gruppen) verändert werden (*BAG-GS* 16.9.1986 – GS 1/82 – 5 AZR 316/81, NZA 87, 168; *BAG* 19.2.2008 – 3 AZR 61/06, NZA-RR 08, 597, 600; zur Mitbestimmung des Betriebsrats s. u. 9).

Die Rechtsprechung geht allerdings davon aus, dass Versorgungszusagen im Zweifel immer nur nach einheitlich beim Arbeitgeber geltenden Grundsätzen gelten sollen. Das bedeutet sowohl für Gesamtzusagen als auch für Zusagen aus betrieblicher Übung, dass diese durch ein kollektives System, das auf einer Betriebsvereinbarung beruhen kann, geändert werden können (*BAG* 23.2.2016 – 3 AZR 44/14, NZA 16, 961, Rn. 48 ff.; 11.12.2018 – 3 AZR 380/17, NZA 19, 1082). Demgegenüber sind Änderungen von Versorgungsordnungen aus früheren Betriebsvereinbarungen nach dem sog. Ablösungsprinzip, wonach eine neuere Betriebsvereinbarung eine ältere ablöst, in den Grenzen des rechtsstaatlichen Vertrauensschutzgrundsatzes zulässig. Das *BAG* (9.12.2014 – 3 AZR 323/12, NZA 15, 1198, st. Rspr.) wendet ein dreistufiges Schema an, um den rechtsstaatlichen Grundsätzen des Vertrauensschutzes und der Verhältnismäßigkeit Rechnung zu tragen: Eingriffe in bereits erdiente Anwartschaften sind nur aus zwingenden Gründen zulässig, wenn sie also letztlich unabweisbar sind. Geht es hingegen um Zuwächse aus variablen Berechnungsfaktoren (»erdiente Dynamik«) bedarf es »triftiger« Gründe. Eingriffe in noch nicht erdiente Zuwachsraten, die also erst noch erworben werden könnten, sind schließlich aus jedem sachlichen Grund, der nachvollziehbar, anerkennenswert und willkürfrei ist, zulässig. Dieses Schema greift sowohl bei Versorgungsordnungen auf Grundlage einer Betriebsvereinbarung als auch bei solchen auf der Basis einer Gesamtzusage (*BAG* 23.2.2016 – 3 AZR 960/13, NZA 16, 642; bestätigt durch *BAG* 19.3.2019 – 3 AZR 201/17, DB 19, 1964; zu den ähnlichen Maßstäben für die Prüfung von Eingriffen in laufende Leistungen *BAG* 11.7.2107 – 3 AZR 513/16, NZA 17, 1471). Auch ist es anwendbar, wenn eine Versorgungsordnung bei Betriebsübergang durch eine Versorgungsordnung beim Erwerber abgelöst wird (*BAG* 22.10.2019 – 3 AZR 429/18). Es gilt hingegen nicht bei tarifvertraglichen Änderungen der Versorgungsordnung, hier wird ein großzügigerer Maßstab angelegt (*BAG* 27.6.2006 – 3 AZR 212/05, DB 07, 2491, 2492). Sie müssen mit höherrangigem Recht, insb. dem rechtsstaatlichen Vertrauensschutzgrundsatz vereinbar sein. Der ersatzlose Fortfall einer Versorgung etwa ist danach bei Erreichen der Altersgrenze unzulässig (*BAG* 31.7.2018 – 3 AZR 731/16, NZA 2019, 59).

4. Übertragbarkeit (Portabilität)

Seit dem Alterseinkünftegesetz (s.o. I) kann der sog. Übertragungswert einer unverfallbaren Rentenanwartschaft sowohl einvernehmlich als auch unter engeren Voraussetzungen auf Verlangen nur des ausscheidenden Arbeitnehmers auf den neuen Arbeitgeber übertragen werden (§ 4).

5. Schutz vor Auszehrung

Betriebliche Versorgungsleistungen dürfen nach ihrer Festsetzung im Versorgungsfall nicht mehr durch dynamisierte andere Versorgungsleistungen, insbesondere aus der gesetzlichen Rentenversicherung, geschmälert werden (§ 5 Abs. 1; vgl. *BAG* 15.9.1977 – 3 AZR 654/76, DB 77, 1903). Allerdings darf eine zweckgleiche gesetzliche Hinterbliebenenrente auf eine betriebliche Hinterbliebenenversorgung, die von derselben Person abgeleitet wird, angerechnet werden (*BAG* 18.5.2010 – 3 AZR 97/08, DB 10, 2114).

6. Altersruhegeld vor Erreichen der Regelaltersgrenze

Bei Bezug von Altersruhegeld aus der gesetzlichen Rentenversicherung vor Erreichen der Regelaltersgrenze (künftig 67. Lebensjahr), insbesondere auf Grund der »flexiblen Altersgrenze«, werden grundsätzlich auch die Leistungen der betrieblichen Altersversorgung fällig (§ 6). Für die betriebliche Altersversorgung kann eine feste Altersgrenze vorgesehen werden, unabhängig davon, ob der Arbeitnehmer eine gesetzliche Altersrente in Anspruch nimmt (*BAG* 17.9.2008 – 3 AZR 865/06, NZA 09, 440).

7. Leistungsanpassung

Zur Anpassung der Leistungen aus einer betrieblichen Altersversorgung an die Geldentwertung gibt es die Pflicht des Arbeitgebers, eine Anpassung der laufenden Leistungen alle drei Jahre zu prüfen und hierüber unter Berücksichtigung der Belange des Versorgungsempfängers und der eigenen wirtschaftlichen Lage nach billigem Ermessen zu entscheiden (§ 16; hierzu *Rößler*, NZA-RR 07, 1). Der Arbeitgeber ist aber nicht an individuelle Fristen gebunden, sondern kann unternehmenseinheitliche Prüfungstermine festlegen (*BAG* 11.11.2014 – 3 AZR 117/13, NZA 15, 1076). Die Anpassungspflicht bezieht sich regelmäßig auf die Betriebsrente als solche und nicht auf ein Gesamtversorgungsniveau (unter Einschluss der Versorgungssituation durch sonstige Leistungen), es sei denn, die Parteien haben anderes vereinbart (*BAG* 14.2.2012 – 3 AZR 685/09, DB 12, 1935). Seit 1999 ist die Anpassung nach oben hin für den Fall begrenzt worden, dass der Arbeitgeber sich verpflichtet, die laufenden Leistungen jährlich um mindestens 1 % anzupassen (§ 16 Abs. 3 Nr. 1). Im Übrigen gilt die Anpassungsverpflichtung als erfüllt, wenn sie nicht geringer ist als der Anstieg des Preisindexes oder der Nettolöhne vergleichbarer Arbeitnehmer des Unternehmens (§ 16 Abs. 2). Der Wortlaut des § 16 schließt auch eine Kürzung der Leistungen aus der betrieblichen Altersversorgung nicht aus (hierzu *BAG*, DB 86, 2029). Das *BAG* hat entschieden, dass die Überprüfung der Anpassung nicht vom Überschreiten einer »Opfergrenze« wie vor dem BetrAVG abhängig ist (*BAG* 16.12.1976 – 3 AZR 795/75, DB 77, 115). Die Anpassung darf sich nicht mit dem halben Ausgleich der Teuerung begnügen, und die Dynamik der Sozialversicherung muss außer Betracht bleiben (*BAG* 17.1.1980 – 3 AZR 614/76, DB 80, 306). Ist eine Anpassung in zurückliegender Zeit zu Recht aus wirtschaftlichen Gründen unterblieben, muss sie der Arbeitgeber nicht nachholen, wenn es ihm wieder besser geht (§ 16 Abs. 4; zur Auswirkung der Neuregelung vgl. *Blumenstein/Krekeler*, DB 98, 2600; *Bode/Grabner*, DB 99, 227; *Höfer*, BB 98, 2362).

Grundsätzlich kommt es auf die Lage des Versorgungsschuldners an. Bei enger wirtschaftlicher Verknüpfung sollte es nach früherer Rechtsprechung aber auch auf die wirtschaftliche Lage des Konzerns ankommen (*BAG* 24.11.1993 – 4 AZR 329/93, DB 94, 1147; 28.4.1992 – 3 AZR 142/91, DB 92, 2402; hierzu *Ziegenhain*, ZIP 94, 1003; *Nägele*, BB 93, 2383). Nach Änderung der diesbezüglichen Rechtsprechung des *BGH* zur sog. Haftung wegen Existenzvernichtung hält das *BAG* hieran nicht mehr fest (vgl. näher Einl. II 1 zum AktG, Nr. 1). Auch eine sog. harte Patronatserklärung, in der die Konzernmutter verspricht, für die Verbindlichkeiten der Konzerntochter einzustehen, führt nicht zu einem Berechnungsdurchgriff, es sei denn, der Erklärung lässt sich deutlich entnehmen, dass sie sich auch auf

künftige Betriebsrentenanpassungen erstrecken soll (*BAG* 21. 4. 2015 – 3 AZR 102/14, DB 15, 2211, Rn. 68 f.). Dementsprechend sind andererseits aber auch Gewinne des Arbeitgebers aus konzerninternen Verrechnungspreisabreden zur berücksichtigen (*BAG* 10. 2. 2015 – 3 AZR 37/14, NZA-RR 15, 318). Im Falle eines Beherrschungsvertrages hingegen kommt ein Berechnungsdurchgriff in Betracht, wenn die wirtschaftliche Lage des Arbeitgebers durch Weisungen des herrschenden Unternehmens verschlechtert wurde (*BAG* 10. 3. 2015 – 3 AZR 739/13, DB 15, 1843; *BGH* 27. 9. 2016 – II ZR 57/15, NZA 16, 1470).
Durch Umstrukturierungen kann es passieren, dass der Arbeitgeber schlechter ausgestattet ist, um Anpassungslasten aus der Altersversorgung tragen zu können. Im schlechtesten Fall ist der Arbeitgeber nur noch eine »Rentnergesellschaft«. Geschieht dies durch Übertragung von Versorgungsverbindlichkeiten im Rahmen einer Unternehmensumwandlung auf eine unzureichend ausgestattete »Rentnergesellschaft«, kommt ein Schadensersatzanspruch der Arbeitnehmer in Betracht. Das gilt hingegen nicht, wenn der bisherige Arbeitgeber erhalten bleibt und nur sein operatives Geschäft im Wege eines Betriebsübergangs auf einen Erwerber übergeht (*BAG* 15. 9. 2015 – 3 AZR 839/ 13, NZA 16, 235).
Von der Anpassungspflicht zu unterscheiden ist die Änderung einer bestehenden Versorgungsordnung mit möglichen Verschlechterungen (s. o. 3).

8. Insolvenzsicherung

Um Betriebsrentner vor Zahlungsunfähigkeit des Arbeitgebers zu schützen, ist der (private) »Pensions-Sicherungsverein« (PSV) gegründet worden, an den alle Arbeitgeber, bei denen eine betriebliche Altersversorgung existiert, gemäß § 10 Beiträge leisten müssen. Die Insolvenzsicherungspflicht ist verfassungsgemäß (*BVerfG* 16. 7. 2012 – 1 BvR 2983/10, NZA 13, 193). Der PSV übernimmt Versorgungsleistungen der betrieblichen Altersversorgung, die wegen Zahlungsunfähigkeit des Arbeitgebers nicht erbracht werden können (§ 7; vgl. *Berenz,* DB 04, 1098). Die Obergrenze der Insolvenzsicherung liegt beim Dreifachen der Bezugsgröße nach § 18 SGB IV (§ 7 Abs. 3). Das *BAG* hat aber klargestellt, dass der PSV nicht für Versorgungszusagen einsteht, die eine Konzernmutter erteilt, da es sich in diesem Fall nicht um eine betriebliche Altersversorgung i. S. d. § 1 Abs. 1 Satz 1 BetrAVG handelt, denn diese betrifft nur Versorgungszusagen des Vertragsarbeitgebers (*BAG* 20. 5. 2014 – 3 AZR 1094/12, NZA 15, 225). Auch scheidet ein Einstehen des PSV im Falle der reinen Beitragszusage aus (§ 1 Abs. 2 Nr. 2 a; s. o. I)
Der PSV haftet auch für bei Eintritt des Sicherungsfalls bereits entstandene Versorgungsansprüche (*BAG* 20. 9. 2016 – 3 AZR 411/15, NZA 17, 258). Er ist dem *BAG* zufolge aber nicht verpflichtet, von ihm übernommene Betriebsrenten gemäß § 16 an die Kaufkraftentwicklung anzupassen, sofern die betriebliche Versorgungsregelung keine eigene Anpassungsklausel besitzt (vgl. *BAG* 5. 10. 1993 – 3 AZR 698/92, DB 94, 687). Einbußen des Arbeitnehmers aus nicht gezahlten Versicherungsbeiträgen des Arbeitgebers bei einer Direktversicherung sind nicht insolvenzgesichert. Der Arbeitnehmer muss jedoch über Beitragsrückstände informiert werden (*BAG* 17. 11. 1992 – 3 AZR 51/92, DB 93, 986).
Wenn der PSV eine Leistung berechtigt kürzt, bleibt der Arbeitgeber zwar ein-

standspflichtig gemäß § 1 Abs. 1 Satz 3 BetrAVG. Angesichts dessen Insolvenz nützt dies dem Arbeitnehmer allerdings nichts. Das *BAG* hat aus diesem Grunde den *EuGH* um Vorabentscheidung zu der Frage gebeten, ob der Arbeitnehmer daher mit Rücksicht auf die Insolvenzschutz-Richtlinie 2008/94/EG v. 22. 10. 2008 (ABl. L 383/36) doch einen entsprechenden Ausgleichsanspruch gegen den PSV herleiten kann (20. 2. 2018 – 3 AZR 142/16 (A), NZA 18, 1142).
Die Verwaltung des PSV liegt ausschließlich in Händen von Arbeitgebervertretern (zur Praxis der Insolvenzsicherung *Köhler,* Mitbestimmung 7/92, 44). Der PSV hat rund 95 100 Arbeitgeber mit sicherungspflichtiger betrieblicher Altersversorgung als Mitglieder. Der Beitragssatz lag 2018 bei 2,1‰, das Beitragsaufkommen betrug 2018736,5 Mio. Euro. Insgesamt standen knapp 11 Mio. Versorgungsberechtigte, davon 4 Mio. Rentner und 7,1 Mio. Arbeitnehmer mit unverfallbaren Anwartschaften, unter Insolvenzschutz. Der Kapitalwert der geschützten Anwartschaften beträgt 339 Mrd. Euro. Im Jahr 2018 lag das vom PSV übernommene Schadenvolumen bei 659,6 Mio. Euro. Alle Daten unter www.psvag.de.

9. Mitbestimmung
Der Betriebsrat hat kein Mitbestimmungsrecht darüber, ob überhaupt eine betriebliche Altersversorgung bestehen soll, bzw. hinsichtlich deren finanzieller Ausstattung. Er hat jedoch gemäß § 87 Abs. 1 Nr. 10 BetrVG ein Mitbestimmungsrecht hinsichtlich des Leistungsplanes der betrieblichen Altersversorgung (vgl. *BAG* 12. 6. 1975 – 3 ABR 66/74, AuR 75, 248). Außerdem kann er gemäß § 87 Abs. 1 Nr. 8 BetrVG mitbestimmen, falls für die Gewährung der betrieblichen Altersversorgung eine Sozialeinrichtung im Sinne dieser Vorschrift errichtet wird (zur Mitbestimmung des Betriebsrats *Schaub,* AuR 92, 193). Beim Abschluss eines Lebensversicherungsvertrages hat der BR kein Mitbestimmungsrecht hinsichtlich der Auswahl und des Wechsels von Versicherungsunternehmen (*BAG* 16. 2. 1993 – 3 ABR 29/92, DB 93, 1240). Soweit die Reduzierung von Versorgungszusagen zulässig ist (s. o. 3), hat der Betriebsrat mitzubestimmen, wenn dabei auch die Verteilungsgrundsätze geändert werden. Er muss mit dem Arbeitgeber notfalls unter dem Vorbehalt der vertragsrechtlich zulässigen Umsetzung der Regelung verhandeln. Im Nichteinigungsfall entscheidet die Einigungsstelle (*BAG* 23. 9. 1997 – 3 ABR 85/96, DB 98, 779).
Auch soweit bei der Gehaltsumwandlung gemäß § 1 a Gestaltungsspielräume für den Arbeitgeber bestehen, hat der Betriebsrat ein Mitbestimmungsrecht (*Blomeyer,* DB 01, 1413, 1418; DKKW-*Klebe,* § 87 Rn. 326; a. A. *Feudner,* DB 01, 2047).
Zum kollektiven Günstigkeitsvergleich s. o. 3.

10. Gleichbehandlung
Die betriebliche Altersversorgung ist – so wie das ganze übrige Arbeitsrecht – an die Diskriminierungsverbote des AGG (Nr. 2) gebunden. § 2 Abs. 2 Satz 2 AGG, der für die betriebliche Altersvorsorge das BetrAVG für einschlägig erklärt, gilt nur für dessen vorrangige Sonderregelungen (*BAG* 11. 12. 2007 – 3 AZR 249/06, NZA 08, 532; *Rolfs,* NZA 08, 553). Es gab aber bereits vor dem AGG eine breite Rechtsprechung zur Gleichbehandlung in der betrieblichen Altersversorgung.

Der Arbeitgeber darf bei Vorliegen eines sachlichen Grundes Arbeitnehmergruppen unterschiedlich behandeln (vgl. *BAG* 17.2.1998 – 3 AZR 783/96, NZA 98, 762: Zusage nur an Außendienstmitarbeiter und leitende Mitarbeiter des Innendienstes mit dem Zweck der engeren Bindung an den Betrieb). In diesem Zusammenhang ist auch eine unterschiedliche Behandlung von Arbeitern und Angestellten sachlich gerechtfertigt, wenn damit auf einen Lebenssachverhalt abgestellt wird, der zur Rechtfertigung der unterschiedlichen Behandlung geeignet ist (so für Anknüpfung der Altersversorgung an unterschiedliche Vergütungsgruppensysteme *BAG* 10.11.2015 – 3 AZR 575/14, NZA-RR 16, 204)

Teilzeitbeschäftigte dürfen nicht ausgeschlossen werden, wenn dies eine mittelbare Frauendiskriminierung darstellt (*BAG* 14.3.1989 – 3 AZR 490/87, BB 89, 2115; 23.1.1990 – 3 AZR 58/88, NZA 90, 778). Unabhängig hiervon sind teilzeitbeschäftigte Arbeitnehmer gemäß § 4 TzBfG gleich zu behandeln (*BAG* 14.3.1989 – 3 AZR 490/87, BB 89, 2116). Bei einem Verstoß dagegen ist eine bis zum Beginn des Arbeitsverhältnisses rückwirkende Korrektur vorzunehmen (*BAG* 28.7.1992 – 3 AZR 173/92, DB 93, 169; zur verfassungsrechtlichen Bestätigung dieser Rspr. vgl. *BVerfG* 19.5.1999 – 1 BvR 263/ 98, NZA 99, 815). Die Gleichbehandlung bedeutet, dass Teilzeitbeschäftigte Leistungen mindestens in der Höhe erhalten müssen, die dem Umfang ihrer Arbeitszeit im Verhältnis zu der einer Vollzeitkraft entspricht (*BAG* 19.4.2016 – 3 AZR 526/14, NZA 16, 820). Auch ist der Ausschluss von Witwenrenten in betrieblichen Versorgungssystemen unzulässig (*BAG* 15.3.1989 – 4 AZR 51/89, BB 89, 1826). Ebenso wenig dürfen Mutterschutzzeiten bei der Wartezeitberechnung unberücksichtigt bleiben (*BVerfG* 28.4.2011 – 1 BvR 1409/ 10, NZA 11, 857).

Der *EuGH* (17.5.1990 – C-262/88, DB 90, 1824 – Barber) hat eine Ungleichbehandlung beim für Männer späteren Einsetzen der betrieblichen Altersversorgung in Anknüpfung an ein späteres gesetzliches Renteneintrittsalter als Verstoß gegen den Grundsatz der Lohngleichheit gemäß Art. 119 EWG-Vertrag (später Art. 141 EG-Vertrag; nunmehr Art. 157 AEUV, Nr. 20 a) bezeichnet (vgl. auch *EuGH* 11.7.1991 – C- 87/90, EuZW 93, 60 – Verholen). Das zwingt zur Gleichbehandlung hinsichtlich der Altersgrenzen zwischen Männern und Frauen. Hierzu wurde auf dem Maastrichter EG-Gipfel ein Protokoll zum damaligen Art. 119 EWG-Vertrag verabschiedet, wonach diese Gleichbehandlung für alle nach dem 17.5.1990 fällig werdenden Renten erfolgen soll (hierzu *EuGH* 14.12.1993 – C-110/91, NZA 94, 165 – Moroni). Auch versicherungsmathematische Abschläge für ein Geschlecht sind insoweit unzulässig (*BAG*, NZA 09, 785). Nachdem der *EuGH* (1.3.2011 – C-236/09, EuZW 11, 301 – Test-Achats) sog. Unisex-Tarife in der Versicherungswirtschaft erzwungen hat, muss dem auch auf Leistungsseite der betrieblichen Altersversorgung entsprochen werden (vgl. *Birk*, DB 11, 819 ff.).

Die Festlegung von Altersgrenzen für betriebliche Versorgungssystem ist nach § 10 Satz 3 Nr. 4 AGG (Nr. 2) grundsätzlich möglich, muss aber dem Grundsatz der Verhältnismäßigkeit genügen (*BAG* 26.9.2017 – 3 AZR 72/16, NZA 18, 315). Höchstaltersgrenzen sind aber unzulässig bei arbeitnehmerfinanzierter Versorgung (*Rolfs*, SR 2013, 41, 44). Unangemessen und deshalb unzulässig ist eine Höchstaltersgrenze von 55 Lebensjahren nach zehnjähriger Wartezeit, weil ein

Arbeitnehmer dann selbst bei zwanzigjähriger Betriebstreue keine Anwartschaft erwerben könnte (*BAG* 18.3.2014 – 3 AZR 69/12, NZA 14, 606). Die Festlegung einer Wartezeit von 15 Jahren Betriebszugehörigkeit bis zur Regelaltersgrenze ist keine unzulässige Altersdiskriminierung (*BAG* 12.2.2013 – 3 AZR 100/11, NZA 13, 733). Zulässig können Altersgrenzen für hinsichtlich der Betriebsrente berücksichtigungsfähige Beschäftigungszeiten sein (*BAG* 26.4.2018 – 3 AZR 19/17, NZA 18, 1006). Ebenfalls keine unzulässige Ungleichbehandlung stellt es dar, wenn Invaliditätsleistungen von der Vollendung des 50. Lebensjahres abhängig gemacht werden (*BAG* 10.12.2013 – 3 AZR 796/11, DB 14, 1626). Desgleichen billigt die Rechtsprechung eine Höchstaltersgrenze für den Eintritt in das Versorgungssystem von 50 Jahren (*BAG* 12.11.2013 – 3 AZR 356/12, NZA 14, 848; *BVerfG* 23.7.2019 – 1 BvR 684/14, NZA 19, 1270).

Auch ist eine Altersabstandsklausel zulässig, wonach eine Hinterbliebenenversorgung ausscheidet, wenn der Ehegatte 15 Jahre jünger ist als der versorgungsberechtigte Arbeitnehmer (*BAG* 20.2.2018 – 3 AZR 43/17, NZA 18, 712). Eine Spätehenklausel, die eine Hinterbliebenenversorgung nur vorsieht, wenn die Ehe vor Erreichen der Altersgrenze geschlossen wurde, ist möglich (*BAG* 14.11.2017 – 3 AZR 781/16, NZA 18, 453). Demgegenüber ist nach der Rechtsprechung des *BAG* (4.8.2015 – 3 AZR 137/13, NZA 15, 1447) eine Klausel unzulässig, die die Hinterbliebenenversorgung ausschließt, wenn die Ehe nach Vollendung eines bestimmten Alters des Arbeitnehmers geschlossen wurde, sofern dem kein betriebsrentenrechtliches Strukturprinzip wie Erreichen der Altersgrenze oder Eintritt des Versorgungsfalls entspricht (*BAG* 19.2.2019 – 3 AZR 215/18, NZA 19, 997), während europäisches Unionsrecht einer solchen Klausel nicht entgegensteht (*EuGH* 24.11.2016 – C-443/15, NZA 17, 233 – Parris). Das Abhängigmachen einer Hinterbliebenenversorgung von einer mindestens zehnjährigen Ehedauer hat das *BAG* hingegen als unangemessene Benachteiligung gem. § 307 BGB für unzulässig erklärt, weil dies als Abweichung von der Vertragstypik auf eine Gefährdung des Vertragszwecks hinausläuft (19.2.2019 – 3 AZR 150/18, NZA 19, 918). Zulässig kann eine Altersabstandsklausel sein, die an einen erheblichen Altersabstand eine Verringerung der Versorgungsleistung des Hinterbliebenen knüpft, weil der Lebenszuschnitt der Ehegatten dann darauf angelegt ist, dass der Hinterbliebene noch einen größeren Zeitraum ohne den Versorgungsberechtigten und ohne Verbindung mit dessen Einkommenssituation verbringt (*BAG* 11.12.2018 – 3 AZR 400/17, NZA 19, 537; 16.10.2018 – 3 AZR 520/17, NZA 19, 176).

Der Ausschluss einer Hinterbliebenenversorgung für gleichgeschlechtliche Lebenspartner ist jedenfalls dann unzulässig, wenn die Lebenspartnerschaft nach nationalem Recht hinsichtlich der Hinterbliebenenversorgung vergleichbar einer Ehe ausgestaltet ist (*EuGH* 1.4.2008 – C-267/06, NZA 08, 459 – Maruko). Das ist in Deutschland der Fall (*BAG* 11.12.2012 – 3 AZR 684/10, NZA-RR 13, 308). Auch verfassungsrechtlich lässt sich der Ausschluss eingetragener Lebenspartner aus einer betrieblichen Hinterbliebenenversorgung nicht rechtfertigen (*BVerfG* 20.5.2010 – 2 BvR 1413/09, NJW 10, 1439).

Tätigkeiten für denselben Arbeitgeber im EU-Ausland müssen als Dienstzeiten angerechnet werden (*EuGH* 10.3.2011 – C- 379/09, NZA 11, 561 – Casteels).

III. Anwendungsprobleme und Rechtstatsachen

Zusätzliche betriebliche Ruhegelder neben den Leistungen der gesetzlichen Altersversicherung sind zum festen Bestandteil des Sozialleistungssystems der Bundesrepublik Deutschland geworden. Sie betragen ca. 10 % der Renten aus der gesetzlichen Rentenversicherung. Nach einer rückläufigen Entwicklung kam es wegen der Nutzung der sog. Riester-Rente bis 2003 zu einem deutlichen Anstieg bei den Betriebsrenten (März 2003: Ansprüche für ca. 10 Mio. Arbeitnehmer = 42 % der Arbeitnehmer in der Privatwirtschaft; iwd, 42 /03, 2; *Furier,* AiB 03, 292). Gerade bei Geringverdienern war das gesetzliche Kalkül der Privatvorsorge allerdings nicht aufgegangen (Böckler impuls 17/09, S. 5; IAB-Kurzbericht 15/12). Dem soll das Betriebsrentenstärkungsgesetz (s. o. I) ein Stück weit entgegen wirken.

Die betriebliche Altersversorgung ist in Westdeutschland (51 %) häufiger als in Ostdeutschland (45 %). Im Übrigen unterscheidet sich die Verbreitung vor allem nach der Betriebsgröße: Während lediglich 35 % der Betriebe mit bis zu 4 Arbeitnehmern eine betriebliche Altersversorgung kennen, liegt sie in Großbetrieben ab 1000 Beschäftigten bei 100 % (zum Ganzen *Blank*, SoSich 13, 205 ff.). Erfasst wurden im Jahre 2011 dadurch rund 50 % aller sozialversicherungspflichtig beschäftigten Arbeitnehmer, das waren 54 % der sozialversicherungspflichtig Beschäftigten in den alten Ländern und 37 % in den neuen Ländern (*Blank*, SozSich 13, 205, 207).

Die Rückstellungen und das Kassenvermögen dürften bei mehr als 150 Mrd. Euro liegen. Die jeweiligen Arbeitgeber verfolgen mit der Herausbildung dieser Form zusätzlicher betrieblicher Sozialleistungen unschwer auszumachende Interessen (zum Folgenden *Ahrend,* BB 94, 1229): Zum einen ist jede zusätzliche betriebliche Altersversorgung ein erfolgreiches personalwirtschaftliches Instrument, das die Attraktivität des jeweiligen Unternehmens erhöht und damit die Personalauswahl begünstigt. Zweitens wirkt sich die an lange Betriebszugehörigkeit angebundene Leistung hemmend auf die berufliche Mobilität der Arbeitnehmer und damit im Sinne einer vom Unternehmen gewünschten Bindung aus (vgl. iwd 12/99, 3). Schließlich ist die betriebliche Altersversorgung wegen der Steuerbefreiung der für sie zurückgestellten Gelder stets ein willkommener Beitrag zur Selbstfinanzierung der Unternehmen gewesen; dies dürfte häufig sogar der entscheidende Gesichtspunkt für ihre Einführung gewesen sein (zur Eigenschaft der »Pensionsverpflichtungen als Finanzierungsquelle« vgl. *Küting,* FAZ – Blick durch die Wirtschaft vom 18. 10. 1994).

Bei nachhaltigen Verlusten wird dieses Motiv für die Bildung von Zurückstellungen jedoch schwächer und es kommt zu Versuchen, die Betriebsrenten gemäß § 16 unter Hinweis auf die verschlechterte wirtschaftliche Situation zu kürzen.

IV. Rechtspolitische Diskussion

Nach Verabschiedung des Betriebsrentenstärkungsgesetzes stehen rechtspolitisch keine großen Änderungsvorhaben auf der Agenda.

Weiterführende Literatur

Handbücher und Kommentare

Deinert/Heuschmid/Zwanziger-*Hlava*, Arbeitsrecht, §§ 64 – 68 (Betriebliche Altersversorgung)
Blomeyer/Rolfs/Otto, Betriebsrentengesetz, Gesetz zur Verbesserung der betrieblichen Altersversorgung (BetrAVG), 7. Aufl. (2018)
Höfer/Veit/Verhuven, BetrAVG, 2 Bde. (Loseblatt)
Karst/Cisch, Betriebsrentengesetz: BetrAVG, 15. Aufl. (2018)
Schoden, Betriebliche Altersversorgung, Kommentar für die Praxis mit arbeitsrechtlicher Einführung, 2. Aufl. (2003)
Uckermann/Fuhrmanns/Ostermayer/Doetsch, Das Recht der betrieblichen Altersversorgung (2014)

Aufsätze

Blank, Die betriebliche Altersversorgung, ihre Verbreitung, ihre Finanzierung, ihre Leistungen und Reformbedarfe, SozSich 2013, S. 205
Dünn, Das Betriebsrentenstärkungsgesetz, RVaktuell 2017, S. 144
Hanau/Arteaga, Wie sieht die Zukunft der betrieblichen Altersversorgung aus?, DB 2019, S. 2183
Kerschbaumer, Das BRSG aus Sicht der Sozial- und Tarifpolitik, BetrAV 2018, S. 276
Merten/Baumeister, Der Versorgungsausgleich in der betrieblichen Altersversorgung, DB 2009, S. 957
Reinecke, 30 Jahre Betriebsrentengesetz, NZA 2004, S. 753
Reinecke, Schutz des Arbeitnehmers im Betriebsrentenrecht, DB 2006, S. 555
Rolfs, Diskriminierungsschutz in der betrieblichen Altersversorgung, SR 2013, S. 41
Rolfs, Stärkung der Betriebsrenten, NZA 2017, S. 1225
Rolfs, Beitragszusage mit Mindestleistung – die große Unbekannte, BetrAV 2015, S. 198
Schlewing, Hinausgeschobenes Entgelt: Mitarbeiterbindung durch betriebliche Altersversorgung?, NZA Beilage 4/2014, S. 127
Schmitz, Was bringt das Betriebsrentenstärkungsgesetz?, SozSich 2017, S. 56

Übersicht 29: Betriebliche Altersversorgung

Betriebliche Altersversorgung

- betriebliche Ruhestandsleistung des AG
- zusätzlich zur gesetzlichen Rente
- in den gesetzlich vorgesehenen Formen (§1 II)

Rechtsgrundlage der AG-Leistung

- freiwillige Zusage des AG (§1)
- Verpflichtung durch Arbeitsvertrag, TV oder BV
- Entgeltumwandlung (§§1a, 20)
- betriebliche Übung (§1b I 4)

Übertragung auf anderen AG (Portabilität, §4)

Sicherung für AN

- teilweise Abweichungen durch TV (§20)

Widerrufsgrenzen	Unverfallbarkeit	Auszehrungsverbot	Anpassungspflicht	Insolvenzsicherung
BAG-Rspr. zu den wirtschaftlichen Anforderungen für Kürzung oder vollständigen Widerruf der Altersversorgungszusage	Anwartschaft verfällt nicht mehr bei • Vollendung des 25. Lebensjahres und • Bestand der Zusage seit 5 Jahren (§1b) Abfindung einer unverfallbaren Anwartschaft nur in gesetzlichen Grenzen (§3)	Verbot der Anrechnung anderer Versorgungsbezüge (§5)	Anpassung der Altersversorgung entsprechend wirtschaftlicher Lage des AG alle 3 Jahre (§16)	Erfüllung der Versorgungszusage eines insolventen AG durch Träger der Insolvenzsicherung (§§7ff.) Träger = »Pensionssicherungsverein« (§14); Finanzierung durch AG-Umlage (§10)

Gesetz zur Verbesserung der betrieblichen Altersversorgung (Betriebsrentengesetz – BetrAVG)

vom 19. Dezember 1974 (BGBl. I 3610),
zuletzt geändert durch Gesetz vom 19. Dezember 2018 (BGBl. I 2672)[1]

(Abgedruckte Vorschriften: §§ 1–25, 30 a-31)

Erster Teil – Arbeitsrechtliche Vorschriften

Erster Abschnitt – Durchführung der betrieblichen Altersversorgung

§ 1 Zusage des Arbeitgebers auf betriebliche Altersvorsorge (1) Werden einem Arbeitnehmer Leistungen der Alters-, Invaliditäts- oder Hinterbliebenenversorgung aus Anlass seines Arbeitsverhältnisses vom Arbeitgeber zugesagt (betriebliche Altersversorgung), gelten die Vorschriften dieses Gesetzes. Die Durchführung der betrieblichen Altersversorgung kann unmittelbar über den Arbeitgeber oder über einen der in § 1 b Abs. 2 bis 4 genannten Versorgungsträger erfolgen. Der Arbeitgeber steht für die Erfüllung der von ihm zugesagten Leistungen auch dann ein, wenn die Durchführung nicht unmittelbar über ihn erfolgt.

(2) Betriebliche Altersversorgung liegt auch vor, wenn

1. der Arbeitgeber sich verpflichtet, bestimmte Beiträge in eine Anwartschaft auf Alters-, Invaliditäts- oder Hinterbliebenenversorgung umzuwandeln (beitragsorientierte Leistungszusage),
2. der Arbeitgeber sich verpflichtet, Beiträge zur Finanzierung von Leistungen der betrieblichen Altersversorgung an einen Pensionsfonds, eine Pensionskasse oder eine Direktversicherung zu zahlen und für Leistungen zur Altersversorgung das planmäßig zuzurechnende Versorgungskapital auf der Grundlage der gezahlten Beiträge (Beiträge und die daraus erzielten Erträge), mindestens die Summe der zugesagten Beiträge, soweit sie nicht rechnungsmäßig für einen biometrischen Risikoausgleich verbraucht wurden, hierfür zur Verfügung zu stellen (Beitragszusage mit Mindestleistung),

2 a. der Arbeitgeber durch Tarifvertrag oder auf Grund eines Tarifvertrages in einer Betriebs- oder Dienstvereinbarung verpflichtet wird, Beiträge zur Finanzierung von Leistungen der betrieblichen Altersversorgung an einen Pensionsfonds, eine Pensionskasse oder eine Direktversicherung nach § 22

---

1 Für die neuen Bundesländer gilt folgende Maßgabe aufgrund Anlage I Kapitel VIII A III Anlage I Kapitel VIII Sachgebiet A – Arbeitsrechtsordnung Abschnitt III **Einigungsvertrag:**
a) Dieses Gesetz tritt am 1. Januar 1992 in Kraft.
b) **§§ 1 bis 18** finden auf Zusagen über Leistungen der betrieblichen Altersversorgung Anwendung, die nach dem 31. Dezember 1991 erteilt werden; die Nachversicherung gemäß § 18 Abs. 6 von Zeiten vor dem 1. Januar 1992 ist ausgeschlossen.
c) **§§ 26 bis 30** sind nicht anzuwenden.

zu zahlen; die Pflichten des Arbeitgebers nach Absatz 1 Satz 3, § 1 a Absatz 4 Satz 2, den §§ 1 b bis 6 und 16 sowie die Insolvenzsicherungspflicht nach dem Vierten Abschnitt bestehen nicht (reine Beitragszusage),
3. künftige Entgeltansprüche in eine wertgleiche Anwartschaft auf Versorgungsleistungen umgewandelt werden (Entgeltumwandlung) oder
4. der Arbeitnehmer Beiträge aus seinem Arbeitsentgelt zur Finanzierung von Leistungen der betrieblichen Altersversorgung an einen Pensionsfonds, eine Pensionskasse oder eine Direktversicherung leistet und die Zusage des Arbeitgebers auch die Leistungen aus diesen Beiträgen umfasst; die Regelungen für Entgeltumwandlung sind hierbei entsprechend anzuwenden, soweit die zugesagten Leistungen aus diesen Beiträgen im Wege der Kapitaldeckung finanziert werden.

§ 1 a Anspruch auf betriebliche Altersversorgung durch Entgeltumwandlung

(1) Der Arbeitnehmer kann vom Arbeitgeber verlangen, dass von seinen künftigen Entgeltansprüchen bis zu 4 vom Hundert der jeweiligen Beitragsbemessungsgrenze in der allgemeinen Rentenversicherung durch Entgeltumwandlung für seine betriebliche Altersversorgung verwendet werden. Die Durchführung des Anspruchs des Arbeitnehmers wird durch Vereinbarung geregelt. Ist der Arbeitgeber zu einer Durchführung über einen Pensionsfonds oder eine Pensionskasse (§ 1 b Abs. 3) oder über eine Versorgungseinrichtung nach § 22 bereit, ist die betriebliche Altersversorgung dort durchzuführen; andernfalls kann der Arbeitnehmer verlangen, dass der Arbeitgeber für ihn eine Direktversicherung (§ 1 b Abs. 2) abschließt. Soweit der Anspruch geltend gemacht wird, muss der Arbeitnehmer jährlich einen Betrag in Höhe von mindestens einem Hundertsechzigstel der Bezugsgröße nach § 18 Abs. 1 des Vierten Buches Sozialgesetzbuch für seine betriebliche Altersversorgung verwenden. Soweit der Arbeitnehmer Teile seines regelmäßigen Entgelts für betriebliche Altersversorgung verwendet, kann der Arbeitgeber verlangen, dass während eines laufenden Kalenderjahres gleich bleibende monatliche Beträge verwendet werden.

(1 a) Der Arbeitgeber muss 15 Prozent des umgewandelten Entgelts zusätzlich als Arbeitgeberzuschuss an den Pensionsfonds, die Pensionskasse oder die Direktversicherung weiterleiten, soweit er durch die Entgeltumwandlung Sozialversicherungsbeiträge einspart.

(2) Soweit eine durch Entgeltumwandlung finanzierte betriebliche Altersversorgung besteht, ist der Anspruch des Arbeitnehmers auf Entgeltumwandlung ausgeschlossen.

(3) Soweit der Arbeitnehmer einen Anspruch auf Entgeltumwandlung für betriebliche Altersversorgung nach Absatz 1 hat, kann er verlangen, dass die Voraussetzungen für eine Förderung nach den §§ 10 a, 82 Abs. 2 des Einkommensteuergesetzes erfüllt werden, wenn die betriebliche Altersversorgung über einen Pensionsfonds, eine Pensionskasse oder eine Direktversicherung durchgeführt wird.

(4) Falls der Arbeitnehmer bei fortbestehendem Arbeitsverhältnis kein Entgelt erhält, hat er das Recht, die Versicherung oder Versorgung mit eigenen Beiträ-

gen fortzusetzen. Der Arbeitgeber steht auch für die Leistungen aus diesen Beiträgen ein. Die Regelungen über Entgeltumwandlung gelten entsprechend.

§ 1 b Unverfallbarkeit und Durchführung der betrieblichen Altersversorgung (1) Einem Arbeitnehmer, dem Leistungen aus der betrieblichen Altersversorgung zugesagt worden sind, bleibt die Anwartschaft erhalten, wenn das Arbeitsverhältnis vor Eintritt des Versorgungsfalls, jedoch nach Vollendung des 21. Lebensjahres endet und die Versorgungszusage zu diesem Zeitpunkt mindestens drei Jahre bestanden hat (unverfallbare Anwartschaft). Ein Arbeitnehmer behält seine Anwartschaft auch dann, wenn er aufgrund einer Vorruhestandsregelung ausscheidet und ohne das vorherige Ausscheiden die Wartezeit und die sonstigen Voraussetzungen für den Bezug von Leistungen der betrieblichen Altersversorgung hätte erfüllen können. Eine Änderung der Versorgungszusage oder ihre Übernahme durch eine andere Person unterbricht nicht den Ablauf der Fristen nach Satz 1. Der Verpflichtung aus einer Versorgungszusage stehen Versorgungsverpflichtungen gleich, die auf betrieblicher Übung oder dem Grundsatz der Gleichbehandlung beruhen. Der Ablauf einer vorgesehenen Wartezeit wird durch die Beendigung des Arbeitsverhältnisses nach Erfüllung der Voraussetzungen der Sätze 1 und 2 nicht berührt. Wechselt ein Arbeitnehmer vom Geltungsbereich dieses Gesetzes in einen anderen Mitgliedstaat der Europäischen Union, bleibt die Anwartschaft in gleichem Umfange wie für Personen erhalten, die auch nach Beendigung eines Arbeitsverhältnisses innerhalb des Geltungsbereichs dieses Gesetzes verbleiben.

(2) Wird für die betriebliche Altersversorgung eine Lebensversicherung auf das Leben des Arbeitnehmers durch den Arbeitgeber abgeschlossen und sind der Arbeitnehmer oder seine Hinterbliebenen hinsichtlich der Leistungen des Versicherers ganz oder teilweise bezugsberechtigt (Direktversicherung), so ist der Arbeitgeber verpflichtet, wegen Beendigung des Arbeitsverhältnisses nach Erfüllung der in Absatz 1 Satz 1 und 2 genannten Voraussetzungen das Bezugsrecht nicht mehr zu widerrufen. Eine Vereinbarung, nach der das Bezugsrecht durch die Beendigung des Arbeitsverhältnisses nach Erfüllung der in Absatz 1 Satz 1 und 2 genannten Voraussetzungen auflösend bedingt ist, ist unwirksam. Hat der Arbeitgeber die Ansprüche aus dem Versicherungsvertrag abgetreten oder beliehen, so ist er verpflichtet, den Arbeitnehmer, dessen Arbeitsverhältnis nach Erfüllung der in Absatz 1 Satz 1 und 2 genannten Voraussetzungen geendet hat, bei Eintritt des Versicherungsfalles so zu stellen, als ob die Abtretung oder Beleihung nicht erfolgt wäre. Als Zeitpunkt der Erteilung der Versorgungszusage im Sinne des Absatzes 1 gilt der Versicherungsbeginn, frühestens jedoch der Beginn der Betriebszugehörigkeit.

(3) Wird die betriebliche Altersversorgung von einer rechtsfähigen Versorgungseinrichtung durchgeführt, die dem Arbeitnehmer oder seinen Hinterbliebenen auf ihre Leistungen einen Rechtsanspruch gewährt (Pensionskasse und Pensionsfonds), so gilt Absatz 1 entsprechend. Als Zeitpunkt der Erteilung der Versorgungszusage im Sinne des Absatzes 1 gilt der Versicherungsbeginn, frühestens jedoch der Beginn der Betriebszugehörigkeit.

(4) Wird die betriebliche Altersversorgung von einer rechtsfähigen Versorgungseinrichtung durchgeführt, die auf ihre Leistungen keinen Rechtsanspruch gewährt (Unterstützungskasse), so sind die nach Erfüllung der in Absatz 1 Satz 1 und 2 genannten Voraussetzungen und vor Eintritt des Versorgungsfalles aus dem Unternehmen ausgeschiedenen Arbeitnehmer und ihre Hinterbliebenen den bis zum Eintritt des Versorgungsfalles dem Unternehmen angehörenden Arbeitnehmern und deren Hinterbliebenen gleichgestellt. Die Versorgungszusage gilt in dem Zeitpunkt als erteilt im Sinne des Absatzes 1, von dem an der Arbeitnehmer zum Kreis der Begünstigten der Unterstützungskasse gehört.

(5) Soweit betriebliche Altersversorgung durch Entgeltumwandlung einschließlich eines möglichen Arbeitgeberzuschusses nach § 1 a Absatz 1 a erfolgt, behält der Arbeitnehmer seine Anwartschaft, wenn sein Arbeitsverhältnis vor Eintritt des Versorgungsfalles endet; in den Fällen der Absätze 2 und 3.

1. dürfen die Überschussanteile nur zur Verbesserung der Leistung verwendet,
2. muss dem ausgeschiedenen Arbeitnehmer das Recht zur Fortsetzung der Versicherung oder Versorgung mit eigenen Beiträgen eingeräumt und
3. muss das Recht zur Verpfändung, Abtretung oder Beleihung durch den Arbeitgeber ausgeschlossen werden.

Im Fall einer Direktversicherung ist dem Arbeitnehmer darüber hinaus mit Beginn der Entgeltumwandlung ein unwiderrufliches Bezugsrecht einzuräumen.

§ 2 Höhe der unverfallbaren Anwartschaft (1) Bei Eintritt des Versorgungsfalles wegen Erreichens der Altersgrenze, wegen Invalidität oder Tod haben ein vorher ausgeschiedener Arbeitnehmer, dessen Anwartschaft nach § 1 b fortbesteht, und seine Hinterbliebenen einen Anspruch mindestens in Höhe des Teiles der ohne das vorherige Ausscheiden zustehenden Leistung, der dem Verhältnis der Dauer der Betriebszugehörigkeit zu der Zeit vom Beginn der Betriebszugehörigkeit bis zum Erreichen der Regelaltersgrenze in der gesetzlichen Rentenversicherung entspricht; an die Stelle des Erreichens der Regelaltersgrenze tritt ein früherer Zeitpunkt, wenn dieser in der Versorgungsregelung als feste Altersgrenze vorgesehen ist, spätestens der Zeitpunkt der Vollendung des 65. Lebensjahres, falls der Arbeitnehmer ausscheidet und gleichzeitig eine Altersrente aus der gesetzlichen Rentenversicherung für besonders langjährig Versicherte in Anspruch nimmt. Der Mindestanspruch auf Leistungen wegen Invalidität oder Tod vor Erreichen der Altersgrenze ist jedoch nicht höher als der Betrag, den der Arbeitnehmer oder seine Hinterbliebenen erhalten hätten, wenn im Zeitpunkt des Ausscheidens der Versorgungsfall eingetreten wäre und die sonstigen Leistungsvoraussetzungen erfüllt gewesen wären.

(2) Ist bei einer Direktversicherung der Arbeitnehmer nach Erfüllung der Voraussetzungen des § 1 b Abs. 1 und 5 vor Eintritt des Versorgungsfalls ausgeschieden, so gilt Absatz 1 mit der Maßgabe, daß sich der vom Arbeitgeber zu finanzierende Teilanspruch nach Absatz 1, soweit er über die von dem Versicherer nach dem Versicherungsvertrag auf Grund der Beiträge des Arbeit-

gebers zu erbringende Versicherungsleistung hinausgeht, gegen den Arbeitgeber richtet. An die Stelle der Ansprüche nach Satz 1 tritt auf Verlangen des Arbeitgebers die von dem Versicherer auf Grund des Versicherungsvertrags zu erbringende Versicherungsleistung, wenn

1. spätestens nach 3 Monaten seit dem Ausscheiden des Arbeitnehmers das Bezugsrecht unwiderruflich ist und eine Abtretung oder Beleihung des Rechts aus dem Versicherungsvertrag durch den Arbeitgeber und Beitragsrückstände nicht vorhanden sind,
2. vom Beginn der Versicherung, frühestens jedoch vom Beginn der Betriebszugehörigkeit an, nach dem Versicherungsvertrag die Überschußanteile nur zur Verbesserung der Versicherungsleistung zu verwenden sind und
3. der ausgeschiedene Arbeitnehmer nach dem Versicherungsvertrag das Recht zur Fortsetzung der Versicherung mit eigenen Beiträgen hat.

Der Arbeitgeber kann sein Verlangen nach Satz 2 nur innerhalb von 3 Monaten seit dem Ausscheiden des Arbeitnehmers diesem und dem Versicherer mitteilen. Der ausgeschiedene Arbeitnehmer darf die Ansprüche aus dem Versicherungsvertrag in Höhe des durch Beitragszahlungen des Arbeitgebers gebildeten geschäftsplanmäßigen Deckungskapitals oder, soweit die Berechnung des Deckungskapitals nicht zum Geschäftsplan gehört, des nach § 169 Abs. 3 und 4 des Versicherungsgesetzes berechneten Wertes weder abtreten noch beleihen. In dieser Höhe darf der Rückkaufswert auf Grund einer Kündigung des Versicherungsvertrags nicht in Anspruch genommen werden; im Falle einer Kündigung wird die Versicherung in eine prämienfreie Versicherung umgewandelt. § 169 Abs. 1 des Versicherungsvertragsgesetzes findet insoweit keine Anwendung. Eine Abfindung des Anspruchs nach § 3 ist weiterhin möglich.

(3) Für Pensionskassen gilt Absatz 1 mit der Maßgabe, daß sich der vom Arbeitgeber zu finanzierende Teilanspruch nach Absatz 1, soweit er über die von der Pensionskasse nach dem aufsichtsbehördlich genehmigten Geschäftsplan oder, soweit eine aufsichtsbehördliche Genehmigung nicht vorgeschrieben ist, nach den allgemeinen Versicherungsbedingungen und den fachlichen Geschäftsunterlagen im Sinne des § 9 Absatz 2 Nummer 2 in Verbindung mit § 219 Absatz 3 Nummer 1 Buchstabe b des Versicherungsaufsichtsgesetzes (Geschäftsunterlagen) auf Grund der Beiträge des Arbeitgebers zu erbringende Leistung hinausgeht, gegen den Arbeitgeber richtet. An die Stelle der Ansprüche nach Satz 1 tritt auf Verlangen des Arbeitgebers die von der Pensionskasse auf Grund des Geschäftsplans oder der Geschäftsunterlagen zu erbringende Leistung, wenn nach dem aufsichtsbehördlich genehmigten Geschäftsplan oder den Geschäftsunterlagen

1. vom Beginn der Versicherung, frühestens jedoch vom Beginn der Betriebszugehörigkeit an, Überschußanteile, die auf Grund des Finanzierungsverfahrens regelmäßig entstehen, nur zur Verbesserung der Versicherungsleistung zu verwenden sind oder die Steigerung der Versorgungsanwartschaften des Arbeitnehmers der Entwicklung seines Arbeitsentgelts, soweit es unter den jeweiligen Beitragsbemessungsgrenzen der gesetzlichen Rentenversicherungen liegt, entspricht und

2. der ausgeschiedene Arbeitnehmer das Recht zur Fortsetzung der Versicherung mit eigenen Beiträgen hat.

Absatz 2 Satz 3 bis 7 gilt entsprechend.

(3 a) Für Pensionsfonds gilt Absatz 1 mit der Maßgabe, dass sich der vom Arbeitgeber zu finanzierende Teilanspruch, soweit er über die vom Pensionsfonds auf der Grundlage der nach dem geltenden Pensionsplan im Sinne des § 237 Absatz 1 Satz 3 des Versicherungsaufsichtsgesetzes berechnete Deckungsrückstellung hinausgeht, gegen den Arbeitgeber richtet.

(4) Eine Unterstützungskasse hat bei Eintritt des Versorgungsfalls einem vorzeitig ausgeschiedenen Arbeitnehmer, der nach § 1 b Abs. 4 gleichgestellt ist, und seinen Hinterbliebenen mindestens den nach Absatz 1 berechneten Teil der Versorgung zu gewähren.

(5) Bei einer unverfallbaren Anwartschaft aus Entgeltumwandlung tritt an die Stelle der Ansprüche nach Absatz 1, 3 a oder 4 die vom Zeitpunkt der Zusage auf betriebliche Altersversorgung bis zum Ausscheiden des Arbeitnehmers erreichte Anwartschaft auf Leistungen aus den bis dahin umgewandelten Entgeltbestandteilen; dies gilt entsprechend für eine unverfallbare Anwartschaft aus Beiträgen im Rahmen einer beitragsorientierten Leistungszusage.

(6) An die Stelle der Ansprüche nach den Absätzen 2, 3, 3 a und 5 tritt bei einer Beitragszusage mit Mindestleistung das dem Arbeitnehmer planmäßig zuzurechnende Versorgungskapital auf der Grundlage der bis zu seinem Ausscheiden geleisteten Beiträge (Beiträge und die bis zum Eintritt des Versorgungsfalls erzielten Erträge), mindestens die Summe der bis dahin zugesagten Beiträge, soweit sie nicht rechnungsmäßig für einen biometrischen Risikoausgleich verbraucht wurden.

§ 2 a Berechnung und Wahrung des Teilanspruchs (1) Bei der Berechnung des Teilanspruchs eines mit unverfallbarer Anwartschaft ausgeschiedenen Arbeitnehmers nach § 2 sind die Versorgungsregelungen und die Bemessungsgrundlagen im Zeitpunkt des Ausscheidens zugrunde zu legen; Veränderungen, die nach dem Ausscheiden eintreten, bleiben außer Betracht.

(2) Abweichend von Absatz 1 darf ein ausgeschiedener Arbeitnehmer im Hinblick auf den Wert seiner unverfallbaren Anwartschaft gegenüber vergleichbaren nicht ausgeschiedenen Arbeitnehmern nicht benachteiligt werden. Eine Benachteiligung gilt insbesondere als ausgeschlossen, wenn

1. die Anwartschaft
   a) als nominales Anrecht festgelegt ist,
   b) eine Verzinsung enthält, die auch dem ausgeschiedenen Arbeitnehmer zugutekommt, oder
   c) über einen Pensionsfonds, eine Pensionskasse oder eine Direktversicherung durchgeführt wird und die Erträge auch dem ausgeschiedenen Arbeitnehmer zugutekommen, oder
2. die Anwartschaft angepasst wird
   a) um 1 Prozent jährlich,

b) wie die Anwartschaften oder die Nettolöhne vergleichbarer nicht ausgeschiedener Arbeitnehmer,
c) wie die laufenden Leistungen, die an die Versorgungsempfänger des Arbeitgebers erbracht werden, oder
d) entsprechend dem Verbraucherpreisindex für Deutschland.

(3) Ist bei der Berechnung des Teilanspruchs eine Rente der gesetzlichen Rentenversicherung zu berücksichtigen, so kann bei einer unmittelbaren oder über eine Unterstützungskasse durchgeführten Versorgungszusage das bei der Berechnung von Pensionsrückstellungen allgemein zulässige Verfahren zugrunde gelegt werden, es sei denn, der ausgeschiedene Arbeitnehmer weist die bei der gesetzlichen Rentenversicherung im Zeitpunkt des Ausscheidens erreichten Entgeltpunkte nach. Bei einer Versorgungszusage, die über eine Pensionskasse oder einen Pensionsfonds durchgeführt wird, sind der aufsichtsbehördlich genehmigte Geschäftsplan, der Pensionsplan oder die sonstigen Geschäftsunterlagen zugrunde zu legen.

(4) Versorgungsanwartschaften, die der Arbeitnehmer nach seinem Ausscheiden erwirbt, dürfen nicht zu einer Kürzung des Teilanspruchs führen.

§ 3 Abfindung (1) Unverfallbare Anwartschaften im Falle der Beendigung des Arbeitsverhältnisses und laufende Leistungen dürfen nur unter den Voraussetzungen der folgenden Absätze abgefunden werden.

(2) Der Arbeitgeber kann eine Anwartschaft ohne Zustimmung des Arbeitnehmers abfinden, wenn der Monatsbetrag der aus der Anwartschaft resultierenden laufenden Leistung bei Erreichen der vorgesehenen Altersgrenze 1 vom Hundert, bei Kapitalleistungen zwölf Zehntel der monatlichen Bezugsgröße nach § 18 des Vierten Buches Sozialgesetzbuch nicht übersteigen würde. Dies gilt entsprechend für die Abfindung einer laufenden Leistung. Die Abfindung einer Anwartschaft bedarf der Zustimmung des Arbeitnehmers, wenn dieser nach Beendigung des Arbeitsverhältnisses ein neues Arbeitsverhältnis in einem anderen Mitgliedstaat der Europäischen Union begründet und dies innerhalb von drei Monaten nach Beendigung des Arbeitsverhältnisses seinem ehemaligen Arbeitgeber mitteilt. Die Abfindung ist unzulässig, wenn der Arbeitnehmer von seinem Recht auf Übertragung der Anwartschaft Gebrauch macht.

(3) Die Anwartschaft ist auf Verlangen des Arbeitnehmers abzufinden, wenn die Beiträge zur gesetzlichen Rentenversicherung erstattet worden sind.

(4) Der Teil der Anwartschaft, der während eines Insolvenzverfahrens erdient worden ist, kann ohne Zustimmung des Arbeitnehmers abgefunden werden, wenn die Betriebstätigkeit vollständig eingestellt und das Unternehmen liquidiert wird.

(5) Für die Berechnung des Abfindungsbetrages gilt § 4 Abs. 5 entsprechend.

(6) Die Abfindung ist gesondert auszuweisen und einmalig zu zahlen.

§ 4 Übertragung (1) Unverfallbare Anwartschaften und laufende Leistungen dürfen nur unter den Voraussetzungen der folgenden Absätze übertragen werden.

(2) Nach Beendigung des Arbeitsverhältnisses kann im Einvernehmen des ehemaligen mit dem neuen Arbeitgeber sowie dem Arbeitnehmer
1. die Zusage vom neuen Arbeitgeber übernommen werden oder
2. der Wert der vom Arbeitnehmer erworbenen unverfallbaren Anwartschaft auf betriebliche Altersversorgung (Übertragungswert) auf den neuen Arbeitgeber übertragen werden, wenn dieser eine wertgleiche Zusage erteilt; für die neue Anwartschaft gelten die Regelungen über Entgeltumwandlung entsprechend.

(3) Der Arbeitnehmer kann innerhalb eines Jahres nach Beendigung des Arbeitsverhältnisses von seinem ehemaligen Arbeitgeber verlangen, dass der Übertragungswert auf den neuen Arbeitgeber übertragen wird, wenn
1. die betriebliche Altersversorgung über einen Pensionsfonds, eine Pensionskasse oder eine Direktversicherung durchgeführt worden ist und
2. der Übertragungswert die Beitragsbemessungsgrenze in der allgemeinen Rentenversicherung nicht übersteigt.

Der Anspruch richtet sich gegen den Versorgungsträger, wenn der ehemalige Arbeitgeber die versicherungsförmige Lösung nach § 2 Abs. 2 oder 3 gewählt hat oder soweit der Arbeitnehmer die Versicherung oder Versorgung mit eigenen Beiträgen fortgeführt hat. Der neue Arbeitgeber ist verpflichtet, eine dem Übertragungswert wertgleiche Zusage zu erteilen und über einen Pensionsfonds, eine Pensionskasse oder eine Direktversicherung durchzuführen. Für die neue Anwartschaft gelten die Regelungen über Entgeltumwandlung entsprechend.

(4) Wird die Betriebstätigkeit eingestellt und das Unternehmen liquidiert, kann eine Zusage von einer Pensionskasse oder einem Unternehmen der Lebensversicherung ohne Zustimmung des Arbeitnehmers oder Versorgungsempfängers übernommen werden, wenn sichergestellt ist, dass die Überschussanteile ab Rentenbeginn entsprechend § 16 Abs. 3 Nr. 2 verwendet werden. § 2 Abs. 2 Satz 4 bis 6 gilt entsprechend.

(5) Der Übertragungswert entspricht bei einer unmittelbar über den Arbeitgeber oder über eine Unterstützungskasse durchgeführten betrieblichen Altersversorgung dem Barwert der nach § 2 bemessenen künftigen Versorgungsleistung im Zeitpunkt der Übertragung; bei der Berechnung des Barwerts sind die Rechnungsgrundlagen sowie die anerkannten Regeln der Versicherungsmathematik maßgebend. Soweit die betriebliche Altersversorgung über einen Pensionsfonds, eine Pensionskasse oder eine Direktversicherung durchgeführt worden ist, entspricht der Übertragungswert dem gebildeten Kapital im Zeitpunkt der Übertragung.

(6) Mit der vollständigen Übertragung des Übertragungswerts erlischt die Zusage des ehemaligen Arbeitgebers.

§ 4 a Auskunftspflichten (1) Der Arbeitgeber oder der Versorgungsträger hat dem Arbeitnehmer auf dessen Verlangen mitzuteilen,
1. ob und wie eine Anwartschaft auf betriebliche Altersversorgung erworben wird,
2. wie hoch der Anspruch auf betriebliche Altersversorgung aus der bisher

erworbenen Anwartschaft ist und bei Erreichen der in der Versorungsregelung vorgesehenen Altersgrenze voraussichtlich sein wird,
3. wie sich eine Beendigung des Arbeitsverhältnisses auf die Anwartschaft auswirkt und
4. wie sich die Anwartschaft nach einer Beendigung des Arbeitsverhältnisses entwickeln wird.

(2) Der Arbeitgeber oder der Versorgungsträger hat dem Arbeitnehmer oder dem ausgeschiedenen Arbeitnehmer auf dessen Verlangen schriftlich mitzuteilen, wie hoch bei einer Übertragung der Anwartschaft nach § 4 Absatz 3 der Übertragungswert ist. Der neue Arbeitgeber oder der Versorgungsträger hat dem Arbeitnehmer auf dessen Verlangen mitzuteilen, in welcher Höhe aus dem Übertragungswert ein Anspruch auf Altersversorgung bestehen würde und ob eine Invaliditäts- oder Hinterbliebenenversorgung bestehen würde.

(3) Der Arbeitgeber oder der Versorgungsträger hat dem ausgeschiedenen Arbeitnehmer auf dessen Verlangen mitzuteilen, wie hoch die Anwartschaft auf betriebliche Altersversorgung ist und wie sich die Anwartschaft künftig entwickeln wird. Satz 1 gilt entsprechend für Hinterbliebene im Versorgungsfall.

(4) Die Auskunft muss verständlich, in Textform und in angemessener Frist erteilt werden.

Zweiter Abschnitt – Auszehrungsverbot

§ 5 Auszehrung und Anrechnung (1) Die bei Eintritt des Versorgungsfalls festgesetzten Leistungen der betrieblichen Altersversorgung dürfen nicht mehr dadurch gemindert oder entzogen werden, daß Beträge, um die sich andere Versorgungsbezüge nach diesem Zeitpunkt durch Anpassung an die wirtschaftliche Entwicklung erhöhen, angerechnet oder bei der Begrenzung der Gesamtversorgung auf einen Höchstbetrag berücksichtigt werden.

(2) Leistungen der betrieblichen Altersversorgung dürfen durch Anrechnung oder Berücksichtigung anderer Versorgungsbezüge, soweit sie auf eigenen Beiträgen des Versorgungsempfängers beruhen, nicht gekürzt werden. Dies gilt nicht für Renten aus den gesetzlichen Rentenversicherungen, soweit sie auf Pflichtbeiträgen beruhen, sowie für sonstige Versorgungsbezüge, die mindestens zur Hälfte auf Beiträgen oder Zuschüssen des Arbeitgebers beruhen.

Dritter Abschnitt – Altersgrenze

§ 6 Vorzeitige Altersleistung Einem Arbeitnehmer, der die Altersrente aus der gesetzlichen Rentenversicherung als Vollrente in Anspruch nimmt, sind auf sein Verlangen nach Erfüllung der Wartezeit und sonstiger Leistungsvoraussetzungen Leistungen der betrieblichen Altersversorgung zu gewähren. Fällt die Altersrente aus der gesetzlichen Rentenversicherung wieder weg oder wird sie auf einen Teilbetrag beschränkt, so können auch die Leistungen der betrieblichen Altersversorgung eingestellt werden. Der ausgeschiedene Arbeitnehmer ist verpflichtet, die Aufnahme oder Ausübung einer Beschäftigung oder Erwerbstätigkeit, die zu einem Wegfall oder zu einer Beschränkung der Altersrente aus der gesetzlichen Rentenversicherung führt, dem Arbeitgeber oder sonstigen Versorgungsträger unverzüglich anzuzeigen.

Vierter Abschnitt – Insolvenzsicherung

§ 7 Umfang des Versicherungsschutzes (1) Versorgungsempfänger, deren Ansprüche aus einer unmittelbaren Versorgungszusage des Arbeitgebers nicht erfüllt werden, weil über das Vermögen des Arbeitgebers oder über seinen Nachlaß das Insolvenzverfahren eröffnet worden ist, und ihre Hinterbliebenen haben gegen den Träger der Insolvenzsicherung einen Anspruch in Höhe der Leistung, die der Arbeitgeber aufgrund der Versorgungszusage zu erbringen hätte, wenn das Insolvenzverfahren nicht eröffnet worden wäre. Satz 1 gilt entsprechend,

1. wenn Leistungen aus einer Direktversicherung aufgrund der in § 1 b Abs. 2 Satz 3 genannten Tatbestände nicht gezahlt werden und der Arbeitgeber seiner Verpflichtung nach § 1 b Abs. 2 Satz 3 wegen der Eröffnung des Insolvenzverfahrens nicht nachkommt,
2. wenn eine Unterstützungskasse oder ein Pensionsfonds die nach ihrer Versorgungsregelung vorgesehene Versorgung nicht erbringt, weil über das Vermögen oder den Nachlass eines Arbeitgebers, der der Unterstützungskasse oder dem Pensionsfonds Zuwendungen leistet (Trägerunternehmen), das Insolvenzverfahren eröffnet worden ist.

§ 14 des Versicherungsvertragsgesetzes findet entsprechende Anwendung. Der Eröffnung des Insolvenzverfahrens stehen bei der Anwendung der Sätze 1 bis 3 gleich

1. die Abweisung des Antrags auf Eröffnung des Insolvenzverfahrens mangels Masse,
2. der außergerichtliche Vergleich (Stundungs-, Quoten- oder Liquidationsvergleich) des Arbeitgebers mit seinen Gläubigern zur Abwendung eines Insolvenzverfahrens, wenn ihm der Träger der Insolvenzsicherung zustimmt,
3. die vollständige Beendigung der Betriebstätigkeit im Geltungsbereich dieses Gesetzes, wenn ein Antrag auf Eröffnung des Insolvenzverfahrens nicht gestellt worden ist und ein Insolvenzverfahren offensichtlich mangels Masse nicht in Betracht kommt.

(1 a) Der Anspruch gegen den Träger der Insolvenzsicherung entsteht mit dem Beginn des Kalendermonats, der auf den Eintritt des Sicherungsfalles folgt. Der Anspruch endet mit Ablauf des Sterbemonats des Begünstigten, soweit in der Versorgungszusage des Arbeitgebers nicht etwas anderes bestimmt ist. In den Fällen des Absatzes 1 Satz 1 und 4 Nr. 1 und 3 umfaßt der Anspruch auch rückständige Versorgungsleistungen, soweit diese bis zu zwölf Monaten vor Entstehen der Leistungspflicht des Trägers der Insolvenzsicherung entstanden sind.

(2) Personen, die bei Eröffnung des Insolvenzverfahrens oder bei Eintritt der nach Absatz 1 Satz 4 gleichstehenden Voraussetzungen (Sicherungsfall) eine nach § 1 b unverfallbare Versorgungsanwartschaft haben, und ihre Hinterbliebenen haben bei Eintritt des Versorgungsfalls einen Anspruch gegen den Träger der Insolvenzsicherung, wenn die Anwartschaft beruht

1. auf einer unmittelbaren Versorgungszusage des Arbeitgebers oder
2. auf einer Direktversicherung und der Arbeitnehmer hinsichtlich der Leistungen des Versicherers widerruflich bezugsberechtigt ist oder die Leistungen aufgrund der in § 1 b Abs. 2 Satz 3 genannten Tatbestände nicht gezahlt werden und der Arbeitgeber seiner Verpflichtung aus § 1 b Abs. 2 Satz 3 wegen der Eröffnung des Insolvenzverfahrens nicht nachkommt.

Satz 1 gilt entsprechend für Personen, die zum Kreis der Begünstigten einer Unterstützungskasse oder eines Pensionsfonds gehören, wenn der Sicherungsfall bei einem Trägerunternehmen eingetreten ist. Die Höhe des Anspruchs richtet sich nach der Höhe der Leistungen nach § 2 Absatz 1 und 2 Satz 2, bei Unterstützungskassen nach dem Teil der nach der Versorgungsregelung vorgesehenen Versorgung, der dem Verhältnis der Dauer der Betriebszugehörigkeit zu der Zeit vom Beginn der Betriebszugehörigkeit bis zum Erreichen der in der Versorgungsregelung vorgesehenen festen Altersgrenze entspricht, es sei denn, § 2 Abs. 5 ist anwendbar. Für die Berechnung der Höhe des Anspruchs nach Satz 3 wird die Betriebszugehörigkeit bis zum Eintritt des Sicherungsfalles berücksichtigt. Bei Pensionsfonds mit Leistungszusagen gelten für die Höhe des Anspruchs die Bestimmungen für unmittelbare Versorgungszusagen entsprechend; bei Beitragszusagen mit Mindestleistung gilt für die Höhe des Anspruchs § 2 Absatz 6. Bei der Berechnung der Höhe des Anspruchs sind Veränderungen der Versorgungsregelung und der Bemessungsgrundlagen, die nach dem Eintritt des Sicherungsfalles eintreten, nicht zu berücksichtigen; § 2 a Absatz 2 findet keine Anwendung.

(3) Ein Anspruch auf laufende Leistungen gegen den Träger der Insolvenzsicherung beträgt jedoch im Monat höchstens das Dreifache der im Zeitpunkt der ersten Fälligkeit maßgebenden monatlichen Bezugsgröße gemäß § 18 des Vierten Buches Sozialgesetzbuch. Satz 1 gilt entsprechend bei einem Anspruch auf Kapitalleistungen mit der Maßgabe, daß zehn vom Hundert der Leistung als Jahresbetrag einer laufenden Leistung anzusetzen sind.

(4) Ein Anspruch auf Leistungen gegen den Träger der Insolvenzsicherung vermindert sich in dem Umfang, in dem der Arbeitgeber oder sonstige Träger der Versorgung die Leistungen der betrieblichen Altersversorgung erbringt. Wird im Insolvenzverfahren ein Insolvenzplan bestätigt, vermindert sich der Anspruch auf Leistungen gegen den Träger der Insolvenzsicherung insoweit, als nach dem Insolvenzplan der Arbeitgeber oder sonstige Träger der Versorgung einen Teil der Leistungen selbst zu erbringen hat. Sieht der Insolvenzplan vor, daß der Arbeitgeber oder sonstige Träger der Versorgung die Leistungen der betrieblichen Altersversorgung von einem bestimmten Zeitpunkt an selbst zu erbringen hat, so entfällt der Anspruch auf Leistungen gegen den Träger der Insolvenzsicherung von diesem Zeitpunkt an. Die Sätze 2 und 3 sind für den

außergerichtlichen Vergleich nach Absatz 1 Satz 4 Nr. 2 entsprechend anzuwenden. Im Insolvenzplan soll vorgesehen werden, daß bei einer nachhaltigen Besserung der wirtschaftlichen Lage des Arbeitgebers die vom Träger der Insolvenzsicherung zu erbringenden Leistungen ganz oder zum Teil vom Arbeitgeber oder sonstigen Träger der Versorgung wieder übernommen werden.

(5) Ein Anspruch gegen den Träger der Insolvenzsicherung besteht nicht, soweit nach den Umständen des Falles die Annahme gerechtfertigt ist, daß es der alleinige oder überwiegende Zweck der Versorgungszusage oder ihre Verbesserung oder der für die Direktversicherung in § 1 b Abs. 2 Satz 3 genannten Tatbestände gewesen ist, den Träger der Insolvenzsicherung in Anspruch zu nehmen. Diese Annahme ist insbesondere dann gerechtfertigt, wenn bei Erteilung oder Verbesserung der Versorgungszusage wegen der wirtschaftlichen Lage des Arbeitgebers zu erwarten war, daß die Zusage nicht erfüllt werde. Ein Anspruch auf Leistungen gegen den Träger der Insolvenzsicherung besteht bei Zusagen und Verbesserungen von Zusagen, die in den beiden letzten Jahren vor dem Eintritt des Sicherungsfalls erfolgt sind, nur

1. für ab dem 1. Januar 2002 gegebene Zusagen, soweit bei Entgeltumwandlung Beträge von bis zu 4 vom Hundert der Beitragsbemessungsgrenze in der allgemeinen Rentenversicherung für eine betriebliche Altersversorgung verwendet werden oder
2. für im Rahmen von Übertragungen gegebene Zusagen, soweit der Übertragungswert die Beitragsbemessungsgrenze in der allgemeinen Rentenversicherung nicht übersteigt.

(6) Ist der Sicherungsfall durch kriegerische Ereignisse, innere Unruhen, Naturkatastrophen oder Kernenergie verursacht worden, kann der Träger der Insolvenzsicherung mit Zustimmung der Bundesanstalt für Finanzdienstleistungsaufsicht die Leistungen nach billigem Ermessen abweichend von den Absätzen 1 bis 5 festsetzen.

§ 8 Übertragung der Leistungspflicht (1) Ein Anspruch gegen den Träger der Insolvenzsicherung auf Leistungen nach § 7 besteht nicht, wenn eine Pensionskasse oder ein Unternehmen der Lebensversicherung sich dem Träger der Insolvenzsicherung gegenüber verpflichtet, diese Leistungen zu erbringen, und die nach § 7 Berechtigten ein unmittelbares Recht erwerben, die Leistungen zu fordern.

(2) Der Träger der Insolvenzsicherung hat die gegen ihn gerichteten Ansprüche auf den Pensionsfonds, dessen Trägerunternehmen die Eintrittspflicht nach § 7 ausgelöst hat, im Sinne von Absatz 1 zu übertragen, wenn die Bundesanstalt für Finanzdienstleistungsaufsicht hierzu die Genehmigung erteilt. Die Genehmigung kann nur erteilt werden, wenn durch Auflagen der Bundesanstalt für Finanzdienstleistungsaufsicht die dauernde Erfüllbarkeit der Leistungen aus dem Pensionsplan sichergestellt werden kann. Die Genehmigung der Bundesanstalt für Finanzdienstleistungsaufsicht kann der Pensionsfonds nur innerhalb von drei Monaten nach Eintritt des Sicherungsfalles beantragen.

(3) An die Stelle des Anspruchs gegen den Träger der Insolvenzsicherung nach § 7 tritt auf Verlangen des Berechtigten die Versicherungsleistung aus einer auf sein Leben abgeschlossenen Rückdeckungsversicherung, wenn die Versorgungszusage auf die Leistungen der Rückdeckungsversicherung verweist. Das Wahlrecht des Berechtigten nach Satz 1 besteht nicht, sofern die Rückdeckungsversicherung in die Insolvenzmasse des Arbeitgebers fällt oder eine Übertragung des Anspruchs durch den Träger der Insolvenzsicherung nach Absatz 2 erfolgt. Der Berechtigte hat das Recht, als Versicherungsnehmer in die Versicherung einzutreten und die Versicherung mit eigenen Beiträgen fortzusetzen; § 1 b Absatz 5 Satz 1 Nummer 1 und § 2 Absatz 2 Satz 4 bis 6 gelten entsprechend. Der Träger der Insolvenzsicherung informiert den Berechtigten über sein Wahlrecht nach Satz 1 und über die damit verbundenen Folgen für den Insolvenzschutz. Das Wahlrecht erlischt sechs Monate nach Information durch den Träger der Insolvenzsicherung. Der Versicherer informiert den Träger der Insolvenzsicherung unverzüglich über den Versicherungsnehmerwechsel.

§ 8 a Abfindung durch den Träger der Insolvenzsicherung Der Träger der Insolvenzsicherung kann eine Anwartschaft ohne Zustimmung des Arbeitnehmers abfinden, wenn der Monatsbetrag der aus der Anwartschaft resultierenden laufenden Leistung bei Erreichen der vorgesehenen Altersgrenze 1 vom Hundert, bei Kapitalleistungen zwölf Zehntel der monatlichen Bezugsgröße nach § 18 des Vierten Buches Sozialgesetzbuch nicht übersteigen würde oder wenn dem Arbeitnehmer die Beiträge zur gesetzlichen Rentenversicherung erstattet worden sind. Dies gilt entsprechend für die Abfindung einer laufenden Leistung. Die Abfindung ist darüber hinaus möglich, wenn sie an ein Unternehmen der Lebensversicherung gezahlt wird, bei dem der Versorgungsberechtigte im Rahmen einer Direktversicherung versichert ist. § 2 Abs. 2 Satz 4 bis 6 und § 3 Abs. 5 gelten entsprechend.

§ 9 Mitteilungspflicht; Forderungs- und Vermögensübergang (1) Der Träger der Insolvenzsicherung teilt dem Berechtigten die ihm nach § 7 oder § 8 zustehenden Ansprüche oder Anwartschaften schriftlich mit. Unterbleibt die Mitteilung, so ist der Anspruch oder die Anwartschaft spätestens ein Jahr nach dem Sicherungsfall bei dem Träger der Insolvenzsicherung anzumelden; erfolgt die Anmeldung später, so beginnen die Leistungen frühestens mit dem Ersten des Monats der Anmeldung, es sei denn, daß der Berechtigte an der rechtzeitigen Anmeldung ohne sein Verschulden verhindert war.

(2) Ansprüche oder Anwartschaften des Berechtigten gegen den Arbeitgeber auf Leistungen der betrieblichen Altersversorgung, die den Anspruch gegen den Träger der Insolvenzsicherung begründen, gehen im Falle eines Insolvenzverfahrens mit dessen Eröffnung, in den übrigen Sicherungsfällen dann auf den Träger der Insolvenzsicherung über, wenn dieser nach Absatz 1 Satz 1 dem Berechtigten die ihm zustehenden Ansprüche der Anwartschaften mitteilt. Der Übergang kann nicht zum Nachteil des Berechtigten geltend gemacht werden. Die mit der Eröffnung des Insolvenzverfahrens übergegange-

nen Anwartschaften werden im Insolvenzverfahren als unbedingte Forderungen nach § 45 der Insolvenzordnung geltend gemacht.
(3) Ist der Träger der Insolvenzsicherung zu Leistungen verpflichtet, die ohne den Eintritt des Sicherungsfalles eine Unterstützungskasse erbringen würde, geht deren Vermögen einschließlich der Verbindlichkeiten auf ihn über; die Haftung für die Verbindlichkeiten beschränkt sich auf das übergegangene Vermögen. Wenn die übergegangenen Vermögenswerte den Barwert der Ansprüche und Anwartschaften gegen den Träger der Insolvenzsicherung übersteigen, hat dieser den übersteigenden Teil entsprechend der Satzung der Unterstützungskasse zu verwenden. Bei einer Unterstützungskasse mit mehreren Trägerunternehmen hat der Träger der Insolvenzsicherung einen Anspruch gegen die Unterstützungskasse auf einen Betrag, der dem Teil des Vermögens der Kasse entspricht, der auf das Unternehmen entfällt, bei dem der Sicherungsfall eingetreten ist. Die Sätze 1 bis 3 gelten nicht, wenn der Sicherungsfall auf den in § 7 Abs. 1 Satz 4 Nr. 2 genannten Gründen beruht, es sei denn, daß das Trägerunternehmen seine Betriebstätigkeit nach Eintritt des Sicherungsfalls nicht fortsetzt und aufgelöst wird (Liquidationsvergleich).
(3 a) Absatz 3 findet entsprechende Anwendung auf einen Pensionsfonds, wenn die Bundesanstalt für Finanzdienstleistungsaufsicht die Genehmigung für die Übertragung der Leistungspflicht durch den Träger der Insolvenzsicherung nach § 8 Absatz 2 nicht erteilt.
(4) In einem Insolvenzplan, der die Fortführung des Unternehmens oder eines Betriebes vorsieht, kann für den Träger der Insolvenzsicherung eine besondere Gruppe gebildet werden. Sofern im Insolvenzplan nichts anderes vorgesehen ist, kann der Träger der Insolvenzsicherung, wenn innerhalb von drei Jahren nach der Aufhebung des Insolvenzverfahrens ein Antrag auf Eröffnung eines neuen Insolvenzverfahrens über das Vermögen des Arbeitgebers gestellt wird, in diesem Verfahren als Insolvenzgläubiger Erstattung der von ihm erbrachten Leistungen verlangen.
(5) Dem Träger der Insolvenzsicherung steht gegen den Beschluß, durch den das Insolvenzverfahren eröffnet wird, die sofortige Beschwerde zu.

§ 10 Beitragspflicht und Beitragsbemessung (1) Die Mittel für die Durchführung der Insolvenzsicherung werden auf Grund öffentlich-rechtlicher Verpflichtung durch Beiträge aller Arbeitgeber aufgebracht, die Leistungen der betrieblichen Altersversorgung unmittelbar zugesagt haben oder eine betriebliche Altersversorgung über eine Unterstützungskasse, eine Direktversicherung der in § 7 Abs. 1 Satz 2 und Absatz 2 Satz 1 Nr. 2 bezeichneten Art oder einen Pensionsfonds durchführen.
(2) Die Beiträge müssen den Barwert der im laufenden Kalenderjahr entstehenden Ansprüche auf Leistungen der Insolvenzsicherung decken zuzüglich eines Betrages für die aufgrund eingetretener Insolvenzen zu sichernden Anwartschaften, der sich aus dem Unterschied der Barwerte dieser Anwartschaften am Ende des Kalenderjahres und am Ende des Vorjahres bemisst. Der Rechnungszinsfuß bei der Berechnung des Barwerts der Ansprüche auf Leistungen der

Insolvenzsicherung bestimmt sich nach § 235 Absatz 1 Nummer 4 des Versicherungsaufsichtsgesetzes; soweit keine Übertragung nach § 8 Abs. 1 stattfindet, ist der Rechnungszinsfuß bei der Berechnung des Barwerts der Anwartschaften um ein Drittel höher. Darüber hinaus müssen die Beiträge die im gleichen Zeitraum entstehenden Verwaltungskosten und sonstigen Kosten, die mit der Gewährung der Leistungen zusammenhängen, und die Zuführung zu einem von der Bundesanstalt für Finanzdienstleistungsaufsicht festgesetzten Ausgleichsfonds decken; § 193 des Versicherungsaufsichtsgesetzes bleibt unberührt. Auf die am Ende des Kalenderjahres fälligen Beiträge können Vorschüsse erhoben werden. Sind die nach den Sätzen 1 bis 3 erforderlichen Beiträge höher als im vorangegangenen Kalenderjahr, so kann der Unterschiedsbetrag auf das laufende und die folgenden vier Kalenderjahre verteilt werden. In Jahren, in denen sich außergewöhnlich hohe Beiträge ergeben würden, kann zu deren Ermäßigung der Ausgleichsfonds in einem von der Bundesanstalt für Finanzdienstleistungsaufsicht zu genehmigenden Umfang herangezogen werden; außerdem können die nach den Sätzen 1 bis 3 erforderlichen Beiträge auf das laufende und die bis zu vier folgenden Kalenderjahre verteilt werden.

(3) Die nach Absatz 2 erforderlichen Beiträge werden auf die Arbeitgeber nach Maßgabe der nachfolgenden Beträge umgelegt, soweit sie sich auf die laufenden Versorgungsleistungen und die nach § 1 b unverfallbaren Versorgungsanwartschaften beziehen (Beitragsbemessungsgrundlage); diese Beträge sind festzustellen auf den Schluß des Wirtschaftsjahres des Arbeitgebers, das im abgelaufenen Kalenderjahr geendet hat:

1. Bei Arbeitgebern, die Leistungen der betrieblichen Altersversorgung unmittelbar zugesagt haben, ist Beitragsbemessungsgrundlage der Teilwert der Pensionsverpflichtung (§ 6 a Abs. 3 des Einkommensteuergesetzes).
2. Bei Arbeitgebern, die eine betriebliche Altersversorgung über eine Direktversicherung mit widerruflichem Bezugsrecht durchführen, ist Beitragsbemessungsgrundlage das geschäftsplanmäßige Deckungskapital oder, soweit die Berechnung des Deckungskapitals nicht zum Geschäftsplan gehört, die Deckungsrückstellung. Für Versicherungen, bei denen der Versicherungsfall bereits eingetreten ist, und für Versicherungsanwartschaften, für die ein unwiderrufliches Bezugsrecht eingeräumt ist, ist das Deckungskapital oder die Deckungsrückstellung nur insoweit zu berücksichtigen, als die Versicherungen abgetreten oder beliehen sind.
3. Bei Arbeitgebern, die eine betriebliche Altersversorgung über eine Unterstützungskasse durchführen, ist Beitragsbemessungsgrundlage das Deckungskapital für die laufenden Leistungen (§ 4 d Abs. 1 Nr. 1 Buchstabe a des Einkommensteuergesetzes) zuzüglich des Zwanzigfachen der nach § 4 d Abs. 1 Nr. 1 Buchstabe b Satz 1 des Einkommensteuergesetzes errechneten jährlichen Zuwendungen für Leistungsanwärter im Sinne von § 4 d Abs. 1 Nr. 1 Buchstabe b des Einkommensteuergesetzes.
4. Bei Arbeitgebern, soweit sie betriebliche Altersversorgung über einen Pensionsfonds durchführen, ist Beitragsbemessungsgrundlage 20 vom Hundert des entsprechend Nummer 1 ermittelten Betrages.

(4) Aus den Beitragsbescheiden des Trägers der Insolvenzsicherung findet die Zwangsvollstreckung in entsprechender Anwendung der Vorschriften der Zivilprozeßordnung statt. Die vollstreckbare Ausfertigung erteilt der Träger der Insolvenzsicherung.

§ 10 a Säumniszuschläge; Zinsen; Verjährung (1) Für Beiträge, die wegen Verstoßes des Arbeitgebers gegen die Meldepflicht erst nach Fälligkeit erhoben werden, kann der Träger der Insolvenzsicherung für jeden angefangenen Monat vom Zeitpunkt der Fälligkeit an einen Säumniszuschlag in Höhe von bis zu eins vom Hundert der nacherhobenen Beiträge erheben.
(2) Für festgesetzte Beiträge und Vorschüsse, die der Arbeitgeber nach Fälligkeit zahlt, erhebt der Träger der Insolvenzsicherung für jeden Monat Verzugszinsen in Höhe von 0,5 vom Hundert der rückständigen Beiträge. Angefangene Monate bleiben außer Ansatz.
(3) Vom Träger der Insolvenzsicherung zu erstattende Beiträge werden vom Tage der Fälligkeit oder bei Feststellung des Erstattungsanspruchs durch gerichtliche Entscheidung vom Tage der Rechtshängigkeit an für jeden Monat mit 0,5 vom Hundert verzinst. Angefangene Monate bleiben außer Ansatz.
(4) Ansprüche auf Zahlung der Beiträge zur Insolvenzsicherung gemäß § 10 sowie Erstattungsansprüche nach Zahlung nicht geschuldeter Beiträge zur Insolvenzsicherung verjähren in sechs Jahren. Die Verjährungsfrist beginnt mit Ablauf des Kalenderjahres, in dem die Beitragspflicht entstanden oder der Erstattungsanspruch fällig geworden ist. Auf die Verjährung sind die Vorschriften des Bürgerlichen Gesetzbuchs anzuwenden.

§ 11 Melde-, Auskunfts- und Mitteilungspflichten (1) Der Arbeitgeber hat dem Träger der Insolvenzsicherung eine betriebliche Altersversorgung nach § 1 b Abs. 1 bis 4 für seine Arbeitnehmer innerhalb von 3 Monaten nach Erteilung der unmittelbaren Versorgungszusage, dem Abschluß einer Direktversicherung oder der Errichtung einer Unterstützungskasse oder eines Pensionsfonds mitzuteilen. Der Arbeitgeber, der sonstige Träger der Versorgung, der Insolvenzverwalter und die nach § 7 Berechtigten sind verpflichtet, dem Träger der Insolvenzsicherung alle Auskünfte zu erteilen, die zur Durchführung der Vorschriften dieses Abschnitts erforderlich sind, sowie Unterlagen vorzulegen, aus denen die erforderlichen Angaben ersichtlich sind.
(2) Ein beitragspflichtiger Arbeitgeber hat dem Träger der Insolvenzsicherung spätestens bis zum 30. September eines jeden Kalenderjahrs die Höhe des nach § 10 Abs. 3 für die Bemessung des Beitrages maßgebenden Betrages bei unmittelbaren Versorgungszusagen und Pensionsfonds auf Grund eines versicherungsmathematischen Gutachtens, bei Direktversicherungen auf Grund einer Bescheinigung des Versicherers und bei Unterstützungskassen auf Grund einer nachprüfbaren Berechnung mitzuteilen. Der Arbeitgeber hat die in Satz 1 bezeichneten Unterlagen mindestens 6 Jahre aufzubewahren.
(3) Der Insolvenzverwalter hat dem Träger der Insolvenzsicherung die Eröffnung des Insolvenzverfahrens, Namen und Anschriften der Versorgungsemp-

fänger und die Höhe ihrer Versorgung nach § 7 unverzüglich mitzuteilen. Er hat zugleich Namen und Anschriften der Personen, die bei Eröffnung des Insolvenzverfahrens eine nach § 1 unverfallbare Versorgungsanwartschaft haben, sowie die Höhe ihrer Anwartschaft nach § 7 mitzuteilen.

(4) Der Arbeitgeber, der sonstige Träger der Versorgung und die nach § 7 Berechtigten sind verpflichtet, dem Insolvenzverwalter Auskünfte über alle Tatsachen zu erteilen, auf die sich die Mitteilungspflicht nach Absatz 3 bezieht.

(5) In den Fällen, in denen ein Insolvenzverfahren nicht eröffnet wird (§ 7 Abs. 1 Satz 4) oder nach § 207 der Insolvenzordnung eingestellt worden ist, sind die Pflichten des Insolvenzverwalters nach Absatz 3 vom Arbeitgeber oder dem sonstigen Träger der Versorgung zu erfüllen.

(6) Kammern und andere Zusammenschlüsse von Unternehmern oder anderen selbständigen Berufstätigen, die als Körperschaften des öffentlichen Rechts errichtet sind, ferner Verbände und andere Zusammenschlüsse, denen Unternehmer oder andere selbständige Berufstätige kraft Gesetzes angehören oder anzugehören haben, haben den Träger der Insolvenzsicherung bei der Ermittlung der nach § 10 beitragspflichtigen Arbeitgeber zu unterstützen.

(7) Die nach den Absätzen 1 bis 3 und 5 zu Mitteilungen und Auskünften und die nach Absatz 6 zur Unterstützung Verpflichteten haben die vom Träger der Insolvenzsicherung vorgesehenen Vordrucke zu verwenden.

(8) Zur Sicherung der vollständigen Erfassung der nach § 10 beitragspflichtigen Arbeitgeber können die Finanzämter dem Träger der Insolvenzsicherung mitteilen, welche Arbeitgeber für die Beitragspflicht in Betracht kommen. Die Bundesregierung wird ermächtigt, durch Rechtsverordnung mit Zustimmung des Bundesrates das Nähere zu bestimmen und Einzelheiten des Verfahrens zu regeln.

§ 12 Ordnungswidrigkeiten (1) Ordnungswidrig handelt, wer vorsätzlich oder fahrlässig

1. entgegen § 11 Abs. 1 Satz 1, Abs. 2 Satz 1, Abs. 3 oder Abs. 5 eine Mitteilung nicht, nicht richtig, nicht vollständig oder nicht rechtzeitig vornimmt,
2. entgegen § 11 Abs. 1 Satz 2 oder Abs. 4 eine Auskunft nicht, nicht richtig, nicht vollständig oder nicht rechtzeitig erteilt oder
3. entgegen § 11 Abs. 1 Satz 2 Unterlagen nicht, nicht richtig, nicht vollständig oder nicht rechtzeitig vorlegt oder entgegen § 11 Abs. 2 Satz 2 Unterlagen nicht aufbewahrt.

(2) Die Ordnungswidrigkeit kann mit einer Geldbuße bis zu zweitausendfünfhundert Euro geahndet werden.

(3) Verwaltungsbehörde im Sinne des § 36 Abs. 1 Nr. 1 des Gesetzes über Ordnungswidrigkeiten ist die Bundesanstalt für Finanzdienstleistungsaufsicht.

§ 13 *(weggefallen)*

§ 14 Träger der Insolvenzsicherung (1) Träger der Insolvenzsicherung ist der Pensions-Sicherungs-Verein Versicherungsverein auf Gegenseitigkeit. Er ist zugleich Träger der Insolvenzsicherung von Versorgungszusagen Luxemburger Unternehmen nach Maßgabe des Abkommens vom 22. September 2000 zwischen der Bundesrepublik Deutschland und dem Großherzogtum Luxemburg über Zusammenarbeit im Bereich der Insolvenzsicherung betrieblicher Altersversorgung.

(2) Der Pensions-Sicherungs-Verein Versicherungsverein auf Gegenseitigkeit unterliegt der Aufsicht durch die Bundesanstalt für Finanzdienstleistungsaufsicht. Soweit dieses Gesetz nichts anderes bestimmt, gelten für ihn die Vorschriften für kleine Versicherungsunternehmen nach den §§ 212 bis 216 des Versicherungsaufsichtsgesetzes und die auf Grund des § 217 des Versicherungsaufsichtsgesetzes erlassenen Rechtsverordnungen entsprechend. Die folgenden Vorschriften gelten mit folgenden Maßnahmen:

1. § 212 Absatz 2 Nummer 1 des Versicherungsaufsichtsgesetzes gilt mit der Maßgabe, dass § 30 des Versicherungsaufsichtsgesetzes Anwendung findet;
2. § 212 Absatz 3 Nummer 6 des Versicherungsaufsichtsgesetzes gilt ohne Maßgabe; § 212 Absatz 3 Nummer 7, 10 und 12 des Versicherungsaufsichtsgesetzes gilt mit der Maßgabe, dass die dort genannten Vorschriften auch auf die interne Revision Anwendung finden; § 212 Absatz 3 Nummer 13 des Versicherungsaufsichtsgesetzes gilt mit der Maßgabe, dass die Bundesanstalt für Finanzdienstleistungsaufsicht bei Vorliegen der gesetzlichen Tatbestandsmerkmale die Erlaubnis zum Geschäftsbetrieb widerrufen kann;
3. § 214 Absatz 1 des Versicherungsaufsichtsgesetzes gilt mit der Maßgabe, dass grundsätzlich die Hälfte des Ausgleichsfonds den Eigenmitteln zugerechnet werden kann. Auf Antrag des Pensions-Sicherungs-Vereins Versicherungsverein auf Gegenseitigkeit kann die Bundesanstalt für Finanzdienstleistungsaufsicht im Fall einer Inanspruchnahme des Ausgleichsfonds nach § 10 Absatz 2 Satz 5 festsetzen, dass der Ausgleichsfonds vorübergehend zu einem hierüber hinausgehenden Anteil den Eigenmitteln zugerechnet werden kann; § 214 Absatz 6 des Versicherungsaufsichtsgesetzes findet keine Anwendung;
4. der Umfang des Sicherungsvermögens muss mindestens der Summe aus den Bilanzwerten der in § 125 Absatz 2 des Versicherungsaufsichtsgesetzes genannten Beträge und dem nicht den Eigenmitteln zuzurechnenden Teil des Ausgleichsfonds entsprechend;
5. § 134 Absatz 3 Satz 2 des Versicherungsaufsichtsgesetzes gilt mit der Maßgabe, dass die Aufsichtsbehörde die Frist für Maßnahmen des Pensions-Sicherungs-Vereins Versicherungsverein auf Gegenseitigkeit um einen angemessenen Zeitraum verlängern kann; § 134 Absatz 6 Satz 1 des Versicherungsaufsichtsgesetzes ist entsprechend anzuwenden.
6. § 135 Absatz 2 Satz 2 des Versicherungsaufsichtsgesetzes gilt mit der Maßgabe, dass die Aufsichtsbehörde die genannte Frist um einen angemessenen Zeitraum verlängern kann.

(3) Der Bundesminister für Arbeit und Sozialordnung weist durch Rechtsverordnung mit Zustimmung des Bundesrates die Stellung des Trägers der Insolvenzsicherung der Kreditanstalt für Wiederaufbau zu, bei der ein Fonds zur Insolvenzsicherung der betrieblichen Altersversorgung gebildet wird, wenn

1. bis zum 31. Dezember 1974 nicht nachgewiesen worden ist, daß der in Absatz 1 genannte Träger die Erlaubnis der Aufsichtsbehörde zum Geschäftsbetrieb erhalten hat,
2. der in Absatz 1 genannte Träger aufgelöst worden ist oder
3. die Aufsichtsbehörde den Geschäftsbetrieb des in Absatz 1 genannten Trägers untersagt oder die Erlaubnis zum Geschäftsbetrieb widerruft.

In den Fällen der Nummern 2 und 3 geht das Vermögen des in Absatz 1 genannten Trägers einschließlich der Verbindlichkeiten auf die Kreditanstalt für Wiederaufbau über, die es dem Fonds zur Insolvenzsicherung der betrieblichen Altersversorgung zuweist.

(4) Wird die Insolvenzsicherung von der Kreditanstalt für Wiederaufbau durchgeführt, gelten die Vorschriften dieses Abschnittes mit folgenden Abweichungen:
1. In § 7 Abs. 6 entfällt die Zustimmung der Bundesanstalt für Finanzdienstleistungsaufsicht.
2. § 10 Abs. 2 findet keine Anwendung. Die von der Kreditanstalt für Wiederaufbau zu erhebenden Beiträge müssen den Bedarf für die laufenden Leistungen der Insolvenzsicherung im laufenden Kalenderjahr und die im gleichen Zeitraum entstehenden Verwaltungskosten und sonstigen Kosten, die mit der Gewährung der Leistungen zusammenhängen, decken. Bei einer Zuweisung nach Absatz 2 Nr. 1 beträgt der Beitrag für die ersten 3 Jahre mindestens 0,1 vom Hundert der Beitragsbemessungsgrundlage gemäß § 10 Abs. 3; der nicht benötigte Teil dieses Beitragsaufkommens wird einer Betriebsmittelreserve zugeführt. Bei einer Zuweisung nach Absatz 2 Nr. 2 oder 3 wird in den ersten 3 Jahren zu dem Beitrag nach Nummer 2 Satz 2 ein Zuschlag von 0,08 vom Hundert der Beitragsbemessungsgrundlage gemäß § 10 Abs. 3 zur Bildung einer Betriebsmittelreserve erhoben. Auf die Beiträge können Vorschüsse erhoben werden.
3. In § 12 Abs. 3 tritt an die Stelle der Bundesanstalt für Finanzdienstleistungsaufsicht die Kreditanstalt für Wiederaufbau.

Die Kreditanstalt für Wiederaufbau verwaltet den Fonds im eigenen Namen. Für Verbindlichkeiten des Fonds haftet sie nur mit dem Vermögen des Fonds. Dieser haftet nicht für die sonstigen Verbindlichkeiten der Bank. § 11 Abs. 1 Satz 1 des Gesetzes über die Kreditanstalt für Wiederaufbau in der Fassung der Bekanntmachung vom 23. Juni 1969 (BGBl. I S. 573), das zuletzt durch Artikel 14 des Gesetzes vom 21. Juni 2002 (BGBl. I S. 2010) geändert worden ist, ist in der jeweils geltenden Fassung auch für den Fonds anzuwenden.

§ 15 Verschwiegenheitspflicht Personen, die bei dem Träger der Insolvenzsicherung beschäftigt oder für ihn tätig sind, dürfen fremde Geheimnisse, insbesondere Betriebs- oder Geschäftsgeheimnisse, nicht unbefugt offenbaren oder verwerten. Sie sind nach dem Gesetz über die förmliche Verpflichtung nichtbeamteter Personen vom 2. März 1974 (Bundesgesetzbl. I S. 469, 547) von der Bundesanstalt für Finanzdienstleistungsaufsicht auf die gewissenhafte Erfüllung ihrer Obliegenheiten zu verpflichten.

Fünfter Abschnitt – Anpassung

§ 16 Anpassungspflicht (1) Der Arbeitgeber hat alle drei Jahre eine Anpassung der laufenden Leistungen der betrieblichen Altersversorgung zu prüfen und hierüber nach billigem Ermessen zu entscheiden; dabei sind insbesondere die Belange des Versorgungsempfängers und die wirtschaftliche Lage des Arbeitgebers zu berücksichtigen.

(2) Die Verpflichtung nach Absatz 1 gilt als erfüllt, wenn die Anpassung nicht geringer ist als der Anstieg

1. des Verbraucherpreisindexes für Deutschland oder
2. der Nettolöhne vergleichbarer Arbeitnehmergruppen des Unternehmens

im Prüfungszeitraum.

(3) Die Verpflichtung nach Absatz 1 entfällt, wenn

1. der Arbeitgeber sich verpflichtet, die laufenden Leistungen jährlich um wenigstens eins vom Hundert anzupassen,
2. die betriebliche Altersversorgung über eine Direktversicherung im Sinne des § 1 b Abs. 2 oder über eine Pensionskasse im Sinne des § 1 b Abs. 3 durchgeführt wird und ab Rentenbeginn sämtliche auf den Rentenbestand entfallende Überschußanteile zur Erhöhung der laufenden Leistungen verwendet werden oder
3. eine Beitragszusage mit Mindestleistung erteilt wurde; Absatz 5 findet insoweit keine Anwendung.

(4) Sind laufende Leistungen nach Absatz 1 nicht oder nicht in vollem Umfang anzupassen (zu Recht unterbliebene Anpassung), ist der Arbeitgeber nicht verpflichtet, die Anpassung zu einem späteren Zeitpunkt nachzuholen. Eine Anpassung gilt als zu Recht unterblieben, wenn der Arbeitgeber dem Versorgungsempfänger die wirtschaftliche Lage des Unternehmens schriftlich dargelegt, der Versorgungsempfänger nicht binnen drei Kalendermonaten nach Zugang der Mitteilung schriftlich widersprochen hat und er auf die Rechtsfolgen eines nicht fristgemäßen Widerspruchs hingewiesen wurde.

(5) Soweit betriebliche Altersversorgung durch Entgeltumwandlung finanziert wird, ist der Arbeitgeber verpflichtet, die Leistungen mindestens entsprechend Absatz 3 Nr. 1 anzupassen oder im Falle der Durchführung über eine Direktversicherung oder eine Pensionskasse sämtliche Überschussanteile entsprechend Absatz 3 Nr. 2 zu verwenden.

(6) Eine Verpflichtung zur Anpassung besteht nicht für monatliche Raten im Rahmen eines Auszahlungsplans sowie für Renten ab Vollendung des 85. Lebensjahres im Anschluss an einen Auszahlungsplan.

Sechster Abschnitt – Geltungsbereich

§ 17 Persönlicher Geltungsbereich (1) Arbeitnehmer im Sinne der §§ 1 bis 16 sind Arbeiter und Angestellte einschließlich der zu ihrer Berufsausbildung Beschäftigten; ein Berufsausbildungsverhältnis steht einem Arbeitsverhältnis

gleich. Die §§ 1 bis 16 gelten entsprechend für Personen, die nicht Arbeitnehmer sind, wenn ihnen Leistungen der Alters-, Invaliditäts- oder Hinterbliebenenversorgung aus Anlaß ihrer Tätigkeit für ein Unternehmen zugesagt worden sind. Arbeitnehmer im Sinne von § 1 a Abs. 1 sind nur Personen nach den Sätzen 1 und 2, soweit sie auf Grund der Beschäftigung oder Tätigkeit bei dem Arbeitgeber, gegen den sich der Anspruch nach § 1 a richten würde, in der gesetzlichen Rentenversicherung pflichtversichert sind.
(2) Die §§ 7 bis 15 gelten nicht für den Bund, die Länder, die Gemeinden sowie die Körperschaften, Stiftungen und Anstalten des öffentlichen Rechts, bei denen das Insolvenzverfahren nicht zulässig ist, und solche juristische Personen des öffentlichen Rechts, bei denen der Bund, ein Land oder eine Gemeinde kraft Gesetzes die Zahlungsfähigkeit sichert.
(3) Gesetzliche Regelungen über Leistungen der betrieblichen Altersversorgung werden unbeschadet des § 18 durch die §§ 1 bis 16 und 26 bis 30 nicht berührt.

§ 18 Sonderregelungen für den öffentlichen Dienst (1) Für Personen, die
1. bei der Versorgungsanstalt des Bundes und der Länder (VBL) oder einer kommunalen oder kirchlichen Zusatzversorgungseinrichtung versichert sind, oder
2. bei einer anderen Zusatzversorgungseinrichtung versichert sind, die mit einer der Zusatzversorgungseinrichtungen nach Nummer 1 ein Überleitungsabkommen abgeschlossen hat oder aufgrund satzungsrechtlicher Vorschriften von Zusatzversorgungseinrichtungen nach Nummer 1 ein solches Abkommen abschließen kann, oder
3. unter das Hamburgische Zusatzversorgungsgesetz oder unter das Bremische Ruhelohngesetz in ihren jeweiligen Fassungen fallen oder auf die diese Gesetze sonst Anwendung finden,

gelten die §§ 2, 2 a Absatz 1, 3 und 4 sowie die §§ 5, 16, 27 und 28 nicht, soweit sich aus den nachfolgenden Regelungen nichts Abweichendes ergibt; § 4 gilt nicht, wenn die Anwartschaft oder die laufende Leistung ganz oder teilweise umlage- oder haushaltsfinanziert ist.
(2) Bei Eintritt des Versorgungsfalles vor dem 2. Januar 2002 erhalten die in Absatz 1 Nummer 1 und 2 bezeichneten Personen, deren Anwartschaft nach § 1 b fortbesteht und deren Arbeitsverhältnis vor Eintritt des Versorgungsfalles geendet hat, von der Zusatzversorgungseinrichtung aus der Pflichtversicherung eine Zusatzrente nach folgenden Maßgaben:
1. Der monatliche Betrag der Zusatzrente beträgt für jedes Jahr der aufgrund des Arbeitsverhältnisses bestehenden Pflichtversicherung bei einer Zusatzversorgungseinrichtung 2,25 vom Hundert, höchstens jedoch 100 vom Hundert der Leistung, die bei dem höchstmöglichen Versorgungssatz zugestanden hätte (Voll-Leistung). Für die Berechnung der Voll-Leistung
   a) ist der Versicherungsfall der Regelaltersrente maßgebend,
   b) ist das Arbeitsentgelt maßgebend, das nach der Versorgungsregelung für die Leistungsbemessung maßgebend wäre, wenn im Zeitpunkt des Aus-

scheidens der Versicherungsfall im Sinne der Versorgungsregelung eingetreten wäre,

c) findet § 2 a Absatz 1 entsprechend Anwendung,

d) ist im Rahmen einer Gesamtversorgung der im Falle einer Teilzeitbeschäftigung oder Beurlaubung nach der Versorgungsregelung für die gesamte Dauer des Arbeitsverhältnisses maßgebliche Beschäftigungsquotient nach der Versorgungsregelung als Beschäftigungsquotient auch für die übrige Zeit maßgebend,

e) finden die Vorschriften der Versorgungsregelung über eine Mindestleistung keine Anwendung und

f) ist eine anzurechnende Grundversorgung nach dem bei der Berechnung von Pensionsrückstellungen für die Berücksichtigung von Renten aus der gesetzlichen Rentenversicherung allgemein zulässigen Verfahren zu ermittteln. Hierbei ist das Arbeitsentgelt nach Buchstabe b zugrunde zu legen und – soweit während der Pflichtversicherung Teilzeitbeschäftigung bestand – diese nach Maßgabe der Versorgungsregelung zu berücksichtigen.

2. Die Zusatzrente vermindert sich um 0,3 vom Hundert für jeden vollen Kalendermonat, den der Versorgungsfall vor Vollendung des 65. Lebensjahres eintritt, höchstens jedoch um den in der Versorgungsregelung für die Voll-Leisung vorgesehenen Vomhundertsatz.
3. Übersteigt die Summe der Vomhundertsätze nach Nummer 1 aus unterschiedlichen Arbeitsverhältnissen 100, sind die einzelnen Leistungen im gleichen Verhältnis zu kürzen.
4. Die Zusatzrente muss monatlich mindestens den Betrag erreichen, der sich aufgrund des Arbeitsverhältnisses nach der Versorgungsregelung als Versicherungsrente aus den jeweils maßgeblichen Vomhundertsätzen der zusatzversorgungspflichtigen Entgelte oder der gezahlten Beiträge und Erhöhungsbeträge ergibt.
5. Die Vorschriften der Versorgungsregelung über das Erlöschen, das Ruhen und die Nichtleistung der Versorgungsrente gelten entsprechend. Soweit die Versorgungsregelung eine Mindestleistung in Ruhensfällen vorsieht, gilt dies nur, wenn die Mindestleistung der Leistung im Sinne der Nummer 4 entspricht.
6. Verstirbt die in Absatz 1 genannte Person, erhält eine Witwe oder ein Witwer 60 vom Hundert, eine Witwe oder ein Witwer im Sinne des § 46 Abs. 1 des Sechsten Buches Sozialgesetzbuch 42 vom Hundert, eine Halbwaise 12 vom Hundert, und eine Vollwaise 20 vom Hundert der unter Berücksichtigung der in diesem Absatz genannten Maßgaben zu berechnenden Zusatzrente; die §§ 46, 48, 103 bis 105 des Sechsten Buches Sozialgesetzbuch sind entsprechend anzuwenden. Die Leistungen an mehrere Hinterbliebene dürfen den Betrag der Zusatzrente nicht übersteigen; gegebenenfalls sind die Leistungen im gleichen Verhältnis zu kürzen.
7. Versorgungsfall ist der Versicherungsfall im Sinne der Versorgungsregelung.

(2 a) Bei Eintritt des Versorgungsfalles oder bei Beginn der Hinterbliebenenrente nach dem 1. Januar 2002 erhalten die in Absatz 1 Nummer 1 und 2 genannten Personen, deren Anwartschaft nach § 1 b fortbesteht und deren Arbeitsverhältnis vor Eintritt des Versorgungsfalles geendet hat, von der Zusatzversorgungseinrichtung die nach der jeweils maßgebenden Versorgungsregelung vorgesehenen Leistungen.
(3) Personen, auf die bis zur Beendigung ihres Arbeitsverhältnisses die Regelungen des Hamburgischen Zusatzversorgungsgesetzes oder des Bremischen Ruhelohngesetzes in ihren jeweiligen Fassungen Anwendung gefunden haben, haben Anspruch gegenüber ihrem ehemaligen Arbeitgeber auf Leistungen in sinngemäßer Anwendung des Absatzes 2 mit Ausnahme von Absatz 2 Nummer 3 und 4 sowie Nummer 5 Satz 2; bei Anwendung des Hamburgischen Zusatzversorgungsgesetzes bestimmt sich der monatliche Betrag der Zusatzrente abweichend von Absatz 2 nach der nach dem Hamburgischen Zusatzversorgungsgesetz maßgebenden Berechnungsweise. An die Stelle des Stichtags 2. Januar 2002 tritt im Bereich des Hamburgischen Zusatzversorgungsgesetzes der 1. August 2003 und im Bereich des Bremischen Ruhelohngesetzes der 1. März 2007.
(4) Die Leistungen nach den Absätzen 2, 2 a und 3 werden in der Pflichtversicherung jährlich zum 1. Juli um 1 Prozent erhöht. In der freiwilligen Versicherung bestimmt sich die Anpassung der Leistungen nach der jeweils maßgabenden Versorgungsregelung.
(5) Besteht bei Eintritt des Versorgungsfalles neben dem Anspruch auf Zusatzrente nach Absatz 2 oder auf die in Absatz 3 oder Absatz 7 bezeichneten Leistungen auch Anspruch auf eine Versorgungsrente oder Versicherungsrente der in Absatz 1 Satz 1 Nr. 1 und 2 bezeichneten Zusatzversorgungseinrichtungen oder Anspruch auf entsprechende Versorgungsleistungen der Versorgungsanstalt der deutschen Kulturorchester oder der Versorgungsanstalt der deutschen Bühnen oder nach den Regelungen des Ersten Ruhegeldgesetzes, des Zweiten Ruhegeldgesetzes oder des Bremischen Ruhelohngesetzes, in deren Berechnung auch die der Zusatzrente zugrunde liegenden Zeiten berücksichtigt sind, ist nur die im Zahlbetrag höhere Rente zu leisten.
(6) Eine Anwartschaft auf Versorgungsleistungen kann bei Übertritt der anwartschaftsberechtigten Person in ein Versorgungssystem einer überstaatlichen Einrichtung in das Versorgungssystem dieser Einrichtung übertragen werden, wenn ein entsprechendes Abkommen zwischen der Zusatzversorgungseinrichtung oder der Freien und Hansestadt Hamburg oder der Freien Hansestadt Bremen und der überstaatlichen Einrichtung besteht.
(7) Für Personen, die bei der Versorgungsanstalt der deutschen Kulturorchester oder der Versorgungsanstalt der deutschen Bühnen pflichtversichert sind, gelten die §§ 2 und 3, mit Ausnahme von § 3 Absatz 2 Satz 3, sowie die §§ 4, 5, 16, 27 und 28 nicht. Bei Eintritt des Versorgungsfalles treten an die Stelle der Zusatzrente und der Leistungen an Hinterbliebene nach Absatz 2 und an die Stelle der Regelung in Absatz 4 die satzungsgemäß vorgesehenen Leistungen; Absatz 2 Nr. 5 findet entsprechend Anwendung. Als pflichtversichert gelten

auch die freiwillig Versicherten der Versorgungsanstalt der deutschen Kulturorchester und der Versorgungsanstalt der deutschen Bühnen.
(8) Gegen Entscheidungen der Zusatzversorgungseinrichtungen über Ansprüche nach diesem Gesetz ist der Rechtsweg gegeben, der für Versicherte der Einrichtung gilt.
(9) Bei Personen, die aus einem Arbeitsverhältnis ausscheiden, in dem sich nach § 5 Abs. 1 Satz 1 Nr. 2 des Sechsten Buches Sozialgesetzbuch versicherungsfrei waren, dürfen die Ansprüche nach § 2 Abs. 1 Satz 1 und 2 nicht hinter dem Rentenanspruch zurückbleiben, der sich ergeben hätte, wenn der Arbeitnehmer für die Zeit der versicherungsfreien Beschäftigung in der gesetzlichen Rentenversicherung nachversichert worden wäre; die Vergleichsberechnung ist im Versorgungsfall aufgrund einer Auskunft der Deutschen Rentenversicherung Bund vorzunehmen.

§ 18 a Verjährung Der Anspruch auf Leistungen aus der betrieblichen Altersversorgung verjährt in 30 Jahren. Ansprüche auf regelmäßig wiederkehrende Leistungen unterliegen der regelmäßigen Verjährungsfrist nach den Vorschriften des Bürgerlichen Gesetzbuchs.

Siebter Abschnitt – Betriebliche Altersversorgung und Tarifvertrag

Unterabschnitt 1 – Tariföffnung; Optionssysteme

§ 19 Allgemeine Tariföffnungsklausel (1) Von den §§ 1 a, 2, 2 a Absatz 1, 3 und 4, § 3, mit Ausnahme des § 3 Absatz 2 Satz 3, von den §§ 4, 5, 16, 18 a Satz 1, §§ 27 und 28 kann in Tarifverträgen abgewichen werden.
(2) Die abweichenden Bestimmungen haben zwischen nichttarifgebundenen Arbeitgebern und Arbeitnehmern Geltung, wenn zwischen diesen die Anwendung der einschlägigen tariflichen Regelung vereinbart ist.
(3) Im Übrigen kann von den Bestimmungen dieses Gesetzes nicht zuungunsten des Arbeitnehmers abgewichen werden.

§ 20 Tarifvertrag und Entgeltumwandlung; Optionssysteme (1) Soweit Entgeltansprüche auf einem Tarifvertrag beruhen, kann für diese eine Entgeltumwandlung nur vorgenommen werden, soweit dies durch Tarifvertrag vorgesehen oder durch Tarifvertrag zugelassen ist.
(2) In einem Tarifvertrag oder auf Grund eines Tarifvertrages in einer Betriebs- oder Dienstvereinbarung kann geregelt werden, dass der Arbeitgeber für alle Arbeitnehmer oder für eine Gruppe von Arbeitnehmern des Unternehmens oder einzelner Betriebe eine automatische Entgeltumwandlung einführt, gegen die der Arbeitnehmer ein Widerspruchsrecht hat (Optionssystem). Das Angebot des Arbeitgebers auf Entgeltumwandlung gilt als vom Arbeitnehmer angenommen, wenn er nicht widersprochen hat und das Angebot

1. in Textform und mindestens drei Monate vor der ersten Fälligkeit des umzuwandelnden Entgelts gemacht worden ist und
2. deutlich darauf hinweist,
   a) welcher Betrag und welcher Vergütungsbestandteil umgewandelt werden sollen und
   b) dass der Arbeitnehmer ohne Angabe von Gründen innerhalb einer Frist von mindestens einem Monat nach dem Zugang des Angebots widersprechen und die Entgeltumwandlung mit einer Frist von höchstens einem Monat beenden kann.

Nichttarifgebundene Arbeitgeber können ein einschlägiges tarifvertragliches Optionssystem anwenden oder auf Grund eines einschlägigen Tarifvertrages durch Betriebs- oder Dienstvereinbarung die Einführung eines Optionssystems regeln; Satz 2 gilt entsprechend.

Unterabschnitt 2 – Tarifvertrag und reine Beitragszusage

§ 21 Tarifvertragsparteien (1) Vereinbaren die Tarifvertragsparteien eine betriebliche Altersversorgung in Form der reinen Beitragszusage, müssen sie sich an deren Durchführung und Steuerung beteiligen.
(2) Die Tarifvertragsparteien sollen im Rahmen von Tarifverträgen nach Absatz 1 bereits bestehende Betriebsrentensysteme angemessen berücksichtigen. Die Tarifvertragsparteien müssen insbesondere prüfen, ob auf der Grundlage einer Betriebs- oder Dienstvereinbarung oder, wenn ein Betriebs- oder Personalrat nicht besteht, durch schriftliche Vereinbarung zwischen Arbeitgeber und Arbeitnehmer, tarifvertraglich vereinbarte Beiträge für eine reine Beitragszusage für eine andere nach diesem Gesetz zulässige Zulageart verwendet werden dürfen.
(3) Die Tarifvertragsparteien sollen nichttarifgebundenen Arbeitgebern und Arbeitnehmern den Zugang zur durchführenden Versorgungseinrichtung nicht verwehren. Der durchführenden Versorgungseinrichtung dürfen im Hinblick auf die Aufnahme und Verwaltung von Arbeitnehmern nichttarifgebundener Arbeitgeber keine sachlich unbegründeten Vorgaben gemacht werden.
(4) Wird eine reine Beitragszusage über eine Direktversicherung durchgeführt, kann eine gemeinsame Einrichtung nach § 4 des Tarifvertragsgesetzes als Versicherungsnehmer an die Stelle des Arbeitgebers treten.

§ 22 Arbeitnehmer und Versorgungseinrichtung (1) Bei einer reinen Beitragszusage hat der Pensionsfonds, die Pensionskasse oder die Direktversicherung dem Versorgungsempfänger auf der Grundlage des planmäßig zuzurechnenden Versorgungskapitals laufende Leistungen der betrieblichen Altersversorgung zu erbringen. Die Höhe der Leistungen darf nicht garantiert werden.
(2) Die auf den gezahlten Beiträgen beruhende Anwartschaft auf Altersrente ist sofort unverfallbar. Die Erträge der Versorgungseinrichtung müssen auch dem ausgeschiedenen Arbeitnehmer zugutekommen.
(3) Der Arbeitnehmer hat gegenüber der Versorgungseinrichtung das Recht,

1. nach Beendigung des Arbeitsverhältnisses
   a) die Versorgung mit eigenen Beiträgen fortzusetzen oder
   b) innerhalb eines Jahres das gebildete Versorgungskapital auf die neue Versorgungseinrichtung, an die Beiträge auf der Grundlage einer reinen Beitragszusage gezahlt werden, zu übertragen,
2. entsprechend § 4 a Auskunft zu verlangen und
3. entsprechend § 6 vorzeitige Altersleistungen in Anspruch zu nehmen.

(4) Die bei der Versorgungseinrichtung bestehende Anwartschaft ist nicht übertragbar, nicht beleihbar und nicht veräußerbar. Sie darf vorbehaltlich des Satzes 3 nicht vorzeitig verwertet werden. Die Versorgungseinrichtung kann Anwartschaften und laufende Leistungen bis zu der Wertgrenze in § 3 Absatz 2 Satz 1 abfinden; § 3 Absatz 2 Satz 2 gilt entsprechend.

(5) Für die Verjährung der Ansprüche gilt § 18 a entsprechend.

§ 23 Zusatzbeiträge des Arbeitgebers (1) Zur Absicherung der reinen Beitragszusage soll im Tarifvertrag ein Sicherungsbeitrag vereinbart werden.

(2) Bei einer reinen Beitragszusage ist im Fall der Entgeltumwandlung im Tarifvertrag zu regeln, dass der Arbeitgeber 15 Prozent des umgewandelten Entgelts zusätzlich als Arbeitgeberzuschuss an die Versorgungseinrichtung weiterleiten muss, soweit der Arbeitgeber durch die Entgeltumwandlung Sozialversicherungsbeiträge einspart.

§ 24 Nichttarifgebundene Arbeitgeber und Arbeitnehmer Nichttarifgebundene Arbeitgeber und Arbeitnehmer können die Anwendung der einschlägigen tariflichen Regelung vereinbaren.

§ 25 Verordnungsermächtigung Das Bundesministerium für Arbeit und Soziales wird ermächtigt, im Einvernehmen mit dem Bundesministerium der Finanzen durch Rechtsverordnung Mindestanforderungen an die Verwendung der Beitrage nach § 1 Absatz 2 Nummer 2 a festzulegen. Die Ermächtigung kann im Einvernehmen mit dem Bundesministerium der Finanzen auf die Bundesanstalt für Finanzdienstleistungsaufsicht übertragen werden. Rechtsverordnungen nach den Sätzen 1 und 2 bedürfen nicht der Zustimmung des Bundesrates.

Zweiter Teil – Übergangs- und Schlußvorschriften

§§ 26–30 *(nicht abgedruckt)*

§ 30 a *(aufgehoben)*

§ 30 b § 4 Abs. 3 gilt nur für Zusagen, die nach dem 31. Dezember 2004 erteilt wurden.

§ 30 c (1) § 16 Abs. 3 Nr. 1 gilt nur für laufende Leistungen, die auf Zusagen beruhen, die nach dem 31. Dezember 1998 erteilt werden.

(1 a) § 16 Absatz 3 Nummer 2 gilt auch für Anpassungszeiträume, die vor dem 1. Januar 2016 liegen; in diesen Zeiträumen bereits erfolgte Anpassungen, gegen die der Versorgungsberechtigte vor dem 1. Januar 2016 Klage erhoben hat, bleiben unberührt.
(2) § 16 Abs. 4 gilt nicht für vor dem 1. Januar 1999 zu Recht unterbliebene Anpassungen.
(3) § 16 Abs. 5 gilt nur für laufende Leistungen, die auf Zusagen beruhen, die nach dem 31. Dezember 2000 erteilt werden.
(4) Für die Erfüllung der Anpassungsprüfungspflicht für Zeiträume vor dem 1. Januar 2003 gilt § 16 Abs. 2 Nr. 1 mit der Maßgabe, dass an die Stelle des Verbraucherpreisindexes für Deutschland der Preisindex für die Lebenshaltung von 4-Personen-Haushalten von Arbeitern und Angestellten mit mittlerem Einkommen tritt.

§ 30 d Übergangsregelung zu § 18 (1) Ist der Versorgungsfall vor dem 1. Januar 2001 eingetreten oder ist der Arbeitnehmer vor dem 1. Januar 2001 aus dem Beschäftigungsverhältnis bei einem öffentlichen Arbeitgeber ausgeschieden und der Versorgungsfall nach dem 31. Dezember 2000 eingetreten, sind für die Berechnung der Voll-Leistung die Regelungen der Zusatzversorgungseinrichtungen nach § 18 Abs. 1 Satz 1 Nr. 1 und 2 oder die Gesetze im Sinne des § 18 Abs. 1 Satz 1 Nr. 3 sowie die weiteren Berechnungsfaktoren jeweils in der am 31. Dezember 2000 und vor dem 2. Januar 2002 geltenden Fassung maßgebend; § 18 Abs. 2 Nr. 1 Buchstabe b bleibt unberührt. Die Steuerklasse III/O ist zugrunde zu legen. Ist der Versorgungsfall vor dem 1. Januar 2001 eingetreten, besteht der Anspruch auf Zusatzrente mindestens in der Höhe, wie er sich aus § 18 in der Fassung vom 16. Dezember 1997 (BGBl. I S. 2998) ergibt.
(2) Die Anwendung des § 18 ist in den Fällen des Absatzes 1 ausgeschlossen, soweit eine Versorgungsrente der in § 18 Abs. 1 Satz 1 Nr. 1 und 2 bezeichneten Zusatzversorgungseinrichtungen oder eine entsprechende Leistung aufgrund der Regelungen des Ersten Ruhegeldgesetzes, des Zweiten Ruhegeldgesetzes oder des Bremischen Ruhelohngesetzes bezogen wird, oder eine Versicherungsrente abgefunden wurde.
(2 a) Für Personen, deren Beschäftigungsverhältnis vor dem 1. Januar 2002 vor Eintritt des Versorgungsfalls geendet hat und deren Anwartschaft nach § 1 b fortbesteht, haben die in § 18 Absatz 1 Satz 1 Nummer 1 und 2 bezeichneten Zusatzversorgungseinrichtungen bei Eintritt des Versorgungsfalls nach dem 1. Januar 2002 die Anwartschaft für Zeiten bis zum 1. Januar 2002 nach § 18 Absatz 2 unter Berücksichtigung des § 18 Absatz 5 zu ermitteln.
(3) Für Arbeitnehmer im Sinne des § 18 Abs. 1 Satz 1 Nr. 4, 5 und 6 in der bis zum 31. Dezember 1998 geltenden Fassung, für die bis zum 31. Dezember 1998 ein Anspruch auf Nachversicherung nach § 18 Abs. 6 entstanden ist, gilt Absatz 1 Satz 1 für die aufgrund der Nachversicherung zu ermittelnde Voll-Leistung entsprechend mit der Maßgabe, dass sich der nach § 2 zu ermittelnde Anspruch gegen den ehemaligen Arbeitgeber richtet. Für den nach § 2 zu ermittelnden Anspruch gilt § 18 Abs. 2 Nr. 1 Buchstabe b entsprechend; für die übrigen Be-

messungsfaktoren ist auf die Rechtslage am 31. Dezember 2000 abzustellen. Leistungen der gesetzlichen Rentenversicherung, die auf einer Nachversicherung wegen Ausscheidens aus einem Dienstordnungsverhältnis beruhen, und Leistungen, die die zuständige Versorgungseinrichtung aufgrund von Nachversicherungen im Sinne des § 18 Abs. 6 in der am 31. Dezember 1998 geltenden Fassung gewährt, werden auf den Anspruch nach § 2 angerechnet. Hat das Arbeitsverhältnis im Sinne des § 18 Abs. 9 bereits am 31. Dezember 1998 bestanden, ist in die Vergleichsberechnung nach § 18 Abs. 9 auch die Zusatzrente nach § 18 in der bis zum 31. Dezember 1998 geltenden Fassung einzubeziehen.

§ 30 e (1) § 1 Abs. 2 Nr. 4 zweiter Halbsatz gilt für Zusagen, die nach dem 31. Dezember 2002 erteilt werden.
(2) § 1 Abs. 2 Nr. 4 zweiter Halbsatz findet auf Pensionskassen, deren Leistungen der betrieblichen Altersversorgung durch Beiträge der Arbeitnehmer und Arbeitgeber gemeinsam finanziert und die als beitragsorientierte Leistungszusage oder als Leistungszusage durchgeführt werden, mit der Maßgabe Anwendung, dass dem ausgeschiedenen Arbeitnehmer das Recht zur Fortführung mit eigenen Beiträgen nicht eingeräumt werden und eine Überschussverwendung gemäß § 1 b Abs. 5 Nr. 1 nicht erfolgen muss. Wird dem ausgeschiedenen Arbeitnehmer ein Recht zur Fortführung nicht eingeräumt, gilt für die Höhe der unverfallbaren Anwartschaft § 2 Absatz 5 entsprechend. Für die Anpassung laufender Leistungen gelten die Regelungen nach § 16 Abs. 1 bis 4. Die Regelung in Absatz 1 bleibt unberührt.

§ 30 f (1) Wenn Leistungen der betrieblichen Altersversorgung vor dem 1. Januar 2001 zugesagt worden sind, ist § 1 b Abs. 1 mit der Maßgabe anzuwenden, dass die Anwartschaft erhalten bleibt, wenn das Arbeitsverhältnis vor Eintritt des Versorgungsfalles, jedoch nach Vollendung des 35. Lebensjahres endet und die Versorgungszusage zu diesem Zeitpunkt
1. mindestens zehn Jahre oder
2. bei mindestens zwölfjähriger Betriebszugehörigkeit mindestens drei Jahre

bestanden hat; in diesen Fällen bleibt die Anwartschaft auch erhalten, wenn die Zusage ab dem 1. Januar 2001 fünf Jahre bestanden hat und bei Beendigung des Arbeitsverhältnisses das 30. Lebensjahr vollendet ist. § 1 b Abs. 5 findet für Anwartschaften aus diesen Zusagen keine Anwendung.
(2) Wenn Leistungen der betrieblichen Altersversorgung vor dem 1. Januar 2009 und nach dem 31. Dezember 2000 zugesagt worden sind, ist § 1 b Abs. 1 Satz 1 mit der Maßgabe anzuwenden, dass die Anwartschaft erhalten bleibt, wenn das Arbeitsverhältnis vor Eintritt des Versorgungsfalls, jedoch nach Vollendung des 30. Lebensjahres endet und die Versorgungszusage zu diesem Zeitpunkt fünf Jahre bestanden hat; in diesen Fällen bleibt die Anwartschaft auch erhalten, wenn die Zusage ab dem 1. Januar 2009 fünf Jahre bestanden hat und bei Beendigung des Arbeitsverhältnisses des 25. Lebensjahr vollendet ist.
(3) Wenn Leistungen der betrieblichen Altersversorgung vor dem 1. Januar 2018 und nach dem 31. Dezember 2008 zugesagt worden sind, ist § 1 b Absatz 1

Satz 1 mit der Maßgabe anzuwenden, dass die Anwartschaft erhalten bleibt, wenn das Arbeitsverhältnis vor Eintritt des Versorgungsfalls, jedoch nach Vollendung des 25. Lebensjahres endet und die Versorgungszusage zu diesem Zeitpunkt fünf Jahre bestanden hat; in diesen Fällen bleibt die Anwartschaft auch erhalten, wenn die Zusage ab dem 1. Januar 2018 drei Jahre bestanden hat und bei Beendigung des Arbeitsverhältnisses das 21. Lebensjahr vollendet ist.

§ 30 g (1) § 2 a Absatz 2 gilt nicht für Beschäftigungszeiten vor dem 1. Januar 2018. Für Beschäftigungszeiten nach dem 31. Dezember 2017 gilt § 2 a Absatz 2 nicht, wenn das Versorgungssystem vor dem 20. Mai 2014 für neue Arbeitnehmer geschlossen war.
(2) § 2 Absatz 5 gilt nur für Anwartschaften, die auf Zusagen beruhen, die nach dem 31. Dezember 2000 erteilt worden sind. Im Einvernehmen zwischen Arbeitgeber und Arbeitnehmer kann § 2 Absatz 5 auch auf Anwartschaften angewendet werden, die auf Zusagen beruhen, die vor dem 1. Januar 2001 erteilt worden sind.
(3) § 3 findet keine Anwendung auf laufende Leistungen, die vor dem 1. Januar 2005 erstmals gezahlt worden sind.

§ 30 h § 20 Absatz 1 gilt für Entgeltumwandlungen, die auf Zusagen beruhen, die nach dem 29. Juni 2001 erteilt werden.

§ 30 i (1) Der Barwert der bis zum 31. Dezember 2005 aufgrund eingetretener Insolvenzen zu sichernden Anwartschaften wird einmalig auf die beitragspflichtigen Arbeitgeber entsprechend § 10 Abs. 3 umgelegt und vom Träger der Insolvenzsicherung nach Maßgabe der Beträge zum Schluss des Wirtschaftsjahres, das im Jahr 2004 geendet hat, erhoben. Der Rechnungszinsfuß bei der Berechnung des Barwerts beträgt 3,67 vom Hundert.
(2) Der Betrag ist in 15 gleichen Raten fällig. Die erste Rate wird am 31. März 2007 fällig, die weiteren zum 31. März der folgenden Kalenderjahre. Bei vorfälliger Zahlung erfolgt eine Diskontierung der einzelnen Jahresraten mit dem zum Zeitpunkt der Zahlung um ein Drittel erhöhten Rechnungszinsfuß nach § 65 des Versicherungsaufsichtsgesetzes, wobei nur volle Monate berücksichtigt werden.
(3) Der abgezinste Gesamtbetrag ist gemäß Absatz 2 am 31. März 2007 fällig, wenn die sich ergebende Jahresrate nicht höher als 50 Euro ist.
(4) Insolvenzbedingte Zahlungsausfälle von ausstehenden Raten werden im Jahr der Insolvenz in die erforderlichen jährlichen Beiträge gemäß § 10 Abs. 2 eingerechnet.

§ 30 j Übergangsregelung zu § 20 Absatz 2 § 20 Absatz 2 gilt nicht für Optionssysteme, die auf der Grundlage von Betriebs- oder Dienstvereinbarungen vor dem 1. Juni 2017 eingeführt worden sind.

§ 31 Auf Sicherungsfälle, die vor dem 1. Januar 1999 eingetreten sind, ist dieses Gesetz in der bis zu diesem Zeitpunkt geltenden Fassung anzuwenden.

§ 32 *(Inkrafttreten, nicht abgedruckt)*

12. Betriebsverfassungsgesetz (BetrVG)

Aktuelle höchstrichterliche Rechtsprechung

Datum	Gericht/Az.	Fundstelle	Thema
16.7.19	BAG 1 AZR 842/16	NZA 19, 1432	Sozialplan, Benachteiligung wegen Behinderung
27.6.19	BAG 2 AZR 38/19	NZA 19, 1427	Kündigung eines Betriebsratsmitglieds wegen Betriebsstillegung
12.6.19	BAG 1 ABR 30/18	NZA 19, 1376 (OS)	Eingruppierungsmitbestimmung
12.6.19	BAG 1 ABR 5/18	NZA 19, 1288	Einstellungsmitbestimmung
12.6.19	BAG 1 AZR 154/17	NZA 19, 1203	Weitergeltung einer BV nach zweitem Betriebsübergang
15.5.19	BAG 7 AZR 396/17	NZA 19, 1497	Freizeitausgleich wegen Betriebsratstätigkeit außerhalb der Arbeitszeit
7.5.19	BAG 1 ABR 54/17	NZA 19, 1295	Sozialplan, Anfechtung des Einigungsstellenspruchs, Leistungsausschluss für rentennahe Arbeitnehmer
7.5.19	BAG 1 ABR 53/17	NZA 19, 1218	Einsichtsrecht in Vergütungslisten
9.4.19	BAG 1 ABR 51/17	NZA 19, 1055	Auskunftsanspruch des BR und Schutz der AN-Daten
12.3.19	BAG 1 AZR 307/17	NZA 19, 784	Tariföffnungsklausel
12.3.19	BAG 1 ABR 48/17	NZA 19, 850	Auskunftsanspruch, Arbeitsunfälle von Drittpersonal
12.3.19	BAG 1 ABR 43/17	NZA 19, 1153	Personalplanung
12.3.19	BAG 1 ABR 42/17	NZA 19, 843	Unterlassungsanspruch, Rechtsmissbrauchseinwand

Datum	Gericht/Az.	Fundstelle	Thema
20.2.19	BAG 7 ABR 40/17	NZA 19, 1147	Einsetzung eines Wahlvorstands
12.2.19	BAG 1 ABR 37/17	NZA 19, 787	Auskunftsverlangen des Wirtschaftsausschusses, Einigungsstelle
12.2.19	BAG 1 AZR 279/17	NZA 19, 719	Sozialplanabfindung und Nachteilsausgleich, Anrechnung
30.1.19	BAG 5 AZR 450/17	NZA 19, 1065	Änderung einer Gesamtzusage durch BV
30.1.19	BAG 5 AZR 442/17	NZA 19, 1065	Änderung einer Gesamtzusage durch BV für Betriebsrentner
23.1.19	BAG 4 ABR 56/17	NZA 19, 647 (OS)	Eingruppierungsmitbestimmung
19.12.18	BAG 7 ABR 79/16	NZA 19, 940	Ende der Amtszeit, Beteiligtenfähigkeit im Beschlussverfahren
11.12.18	BAG 3 AZR 380/17	NZA 19, 1082	Ablösende Betriebsvereinbarung
11.12.18	BAG 1 ABR 17/17	NZA 19, 714	Einigungsstellenverfahren in teilmitbestimmter Angelegenheit
11.12.18	BAG 1 ABR 13/17	NZA 19, 1009	Mitbestimmung bei Mitarbeiterbefragung, Zuständigkeit des KBR
11.12.18	BAG 1 ABR 12/17	NZA 19, 480	Einladung des BR zu Personalgesprächen
21.11.18	BAG 7 ABR 16/17	NZA 19, 711	Einstellung, Antrag auf Aufhebung
24.10.18	BAG 7 ABR 23/17	NZA 19, 407	Fahrtkosten bei Schulung, zumutbare Fahrgemeinschaft
23.10.18	BAG 1 ABN 36/18	DB 19, 554	Mitbestimmung bei technischen Überwachungseinrichtungen
23.10.18	BAG 1 ABR 26/17	NZA 19, 483	Regelungsabrede, Mitbestimmung in personellen Angelegenheiten

Datum	Gericht/Az.	Fundstelle	Thema
23.10.18	BAG 1 ABR 10/17	NZA 19, 186	Nachwirkung einer BV
26.9.18	BAG 7 AZR 829/16	NZA 19, 259	BR-Arbeit außerhalb der Arbeitszeit, Freizeitausgleich
26.9.18	BAG 7 ABR 77/16	NZA 19, 117	Freistellung von GBR-Mitgliedern
26.9.18	BAG 7 ABR 18/16	NZA 19, 181	Umgruppierungsmitbestimmung bei Gruppenzuordnung durch Tarifparteien
29.8.18	BAG 7 AZR 206/17	NZA 19, 253	Pauschalzulage zur Abgeltung von Zeitzuschlägen für freigestelltes BR-Mitglied
1.8.18	BAG 7 ABR 41/17	NZA 18, 1574	Rechtsdurchsetzungskosten des BR
20.6.18	BAG 7 AZR 690/16	NZA 19, 324	Auflösende Bedingung, Betriebsratsmitglied
20.6.18	BAG 7 ABR 48/16	NZA 18, 1633	Wahl freizustellender BR-Mitglieder, Anfechtung
24.4.18	BAG 1 ABR 6/16	NZA 18, 1565	Überwachungsaufgabe, Mitbestimmung bei Gesundheitsschutz

Einleitung

I. Geschichtliche Entwicklung

1. Die Anfänge der betrieblichen Mitbestimmung

Verfolgt man die Geschichte der gesetzlich geregelten Interessenvertretung der Arbeitnehmer im Betrieb an den Texten der einander folgenden Gesetze, so kann man – die Zeit des Nationalsozialismus ausgenommen – den Eindruck gewinnen, fortschrittliche Positionen seien in Gesetzesform festgeschrieben und ständig verbessert worden. Jedoch nur im Zusammenhang mit der politischen, sozialen und ökonomischen Entwicklung können die Regelungen des BetrVG und seiner Vorgänger verstanden und gewertet werden. Gemessen daran ist die Geschichte der Betriebsverfassung auf deutschem Boden eine Geschichte schwerer Niederlagen und Gefährdungen der Arbeiterbewegung, die, lässt man das Zwischenspiel der Ländergesetze nach 1945 außer Betracht, erst mit dem BetrVG 1972 ins Positive gewendet zu werden beginnt (zum Folgenden: *Milert/Tschirbs,* Von den Arbeiterausschüssen zum Betriebsverfassungsgesetz, 1991; DKW-*Bachner/Däubler*, Einl. Rn. 1 – 45; *Gamillscheg*, AuR 91, 272; *Eberwein*, WSI-Mitt. 92, 497).

Am Anfang stehen die »Förderung der Errichtung von Fabrikausschüssen« durch das Arbeiterschutzgesetz von 1891 und deren zwingende Einführung in Bergbaubetrieben mit über einhundert Beschäftigten durch die Novelle zum Preußischen Berggesetz von 1905. Die damit geschaffenen Gremien hatten lediglich beratende Funktion. Ihr erklärter Zweck war es einerseits, die Belegschaften zu disziplinieren und den Unternehmern Unannehmlichkeiten zu ersparen. Andererseits sollte durch sie die immer stärker werdende Arbeiterbewegung aus dem Betrieb ferngehalten und der Wunsch der Arbeiter nach unabhängiger Interessenvertretung abgedrängt werden.

Auf derselben Linie lag die Aufnahme obligatorischer (gleichfalls nur beratender) »Arbeiterausschüsse« in das »Gesetz betreffend den vaterländischen Hilfsdienst« vom 5. 12. 1916. Dieser Einrichtung hatten die Gewerkschaften zugestimmt in der Erwartung, so einen »Tropfen sozialen Öls in dieses Zwangsgesetz« hineinzubekommen, was als das »kleinere Übel« vorzuziehen sei, wie es Alexander Schlicke, damals Vorsitzender des Deutschen Metallarbeiterverbandes, ausgedrückt hatte.

An der Wiege des Betriebsrätegesetzes vom 4. 2. 1920 stand die in der Revolution von 1918 für Deutschland aktualisierte Räteidee. Die Rätebewegung musste, abgesehen von sonstigen politischen Differenzen, schon auf Grund ihres Anspruchs auf Alleinvertretung der Interessen der Arbeitnehmer zwangsläufig auf die Gegnerschaft der vorhandenen großen Organisationen der Arbeiterbewegung (Sozialdemokratie und Gewerkschaften) stoßen. Damit lag in ihr selbst bereits die Schwächung einer einheitlichen Front gegen die alten Mächte aus der Kaiserzeit begründet. Angesichts dieses Kräfteverhältnisses ist ein Betriebsrätegesetz zustande gekommen, das, gemessen an der vorangegangenen Umwälzung, nur noch eine traurige Karikatur der hochfliegenden Ideen darstellte. Nicht nur, dass das neue Gesetz den Betriebsräten kaum echte Mitbestimmungsrechte einräumte, es verpflichtete sie auch – unter Leugnung der vorhandenen Interessengegensätze – ausdrücklich »zur Unterstützung des Arbeitgebers in der Erfüllung der Betriebszwecke«. Durch die Teilung des Betriebsrates in einen Arbeiterrat und einen Angestelltenrat verfestigte es die Spaltung der Arbeiterschaft. Ernst Fränkel hat das Betriebsrätegesetz deshalb »weitgehend eine Kodifikation (= gesetzgeberische Zusammenfassung) des Arbeiterausschusswesens« der Vorkriegs- und Kriegszeit genannt.

2. Entwicklung nach dem Zweiten Weltkrieg bis zum BetrVG 1972

Nach dem Zusammenbruch des Nationalsozialismus, der das Betriebsrätegesetz 1934 durch das »Gesetz zur Ordnung der nationalen Arbeit« beseitigt hatte, entstanden zunächst in allen Ländern Betriebsverfassungsgesetze, die im Zusammenhang mit weitgehenden Vorstellungen zur Neuordnung der Wirtschaft (Sozialisierung, Mitbestimmung) standen (siehe Einl. zum MontanMbG). Diese Ländergesetze enthielten zum Teil heute noch nicht wieder erreichte Mitbestimmungsrechte, insbesondere hinsichtlich wirtschaftlicher Angelegenheiten.

Nachdem die qualifizierte Mitbestimmung im Montanbereich im Jahre 1951 noch

unter dem Eindruck des Streikaufrufs der Metallarbeiter und Bergleute durch Verabschiedung des MontanMbG gesichert werden konnte, setzte sich 1952 die von Konrad Adenauer geführte Bundestagsmehrheit mit der Verabschiedung des BetrVG über die gewerkschaftlichen Vorstellungen einer Neuordnung der Wirtschaft hinweg. Der Protest der Gewerkschaften, unzählige Warnstreiks und ein zweitägiger Streik in allen Zeitungsdruckereien, dessentwegen am 28. und 29. 5. 1952 keine Tageszeitungen erschienen, konnten dies nicht verhindern. So wurde statt der paritätischen Mitbestimmung nur eine Drittelbeteiligung der Arbeitnehmer in den Aufsichtsräten von Kapitalgesellschaften eingeführt (vgl. Einl. I zum DrittelbG, Nr. 26 a).
Hinsichtlich der betrieblichen Mitbestimmung führte das BetrVG 1952 die Tradition der Fabrik- und Arbeiterausschüsse und des Betriebsrätegesetzes von 1920 insofern konsequent fort, als die Betriebsräte in eine umfassende Friedenspflicht eingebunden und zur vertrauensvollen Zusammenarbeit mit dem Arbeitgeber verpflichtet wurden. Außerdem wurde ein deutlicher Akzent auf die Isolierung des Betriebsrates von den Gewerkschaften gelegt. Was die eigentlichen Mitbestimmungsrechte anbelangt, brachte das Gesetz Fortschritte praktisch nur bei sozialen Angelegenheiten (§ 56). Die Kritik hinsichtlich der Fundamentalentscheidung bei der Aufsichtsratsbesetzung ließ freilich in den Hintergrund treten, dass die Betriebsräte mit der Mitbestimmung über die Verteilung von Arbeitsentgelt und -zeit erstmals einen echten Einfluss auf die Betriebsführung erlangten – der wesentliche Grund für ihre zunehmende Bedeutung im Wirtschaftsleben der Bundesrepublik Deutschland. Entgegen gewerkschaftlicher Vorstellungen wurden die Beschäftigten des öffentlichen Dienstes nicht erfasst. Für sie wurden Personalvertretungsgesetze des Bundes und der Länder geschaffen.
Nach dem Wahlerfolg der SPD und FDP im Jahre 1969 kündigte die aus diesen beiden Parteien gebildete Koalition in ihrer Regierungserklärung vom 28. 10. 1969 eine Ausweitung der betrieblichen Mitbestimmung durch die Novellierung des Betriebsverfassungs- und Bundespersonalvertretungsgesetzes an. Nach heftigen politischen Auseinandersetzungen kam es Ende 1971 zur Verabschiedung des BetrVG 1972 (vgl. DKW-*Bachner*, Einl. Rn. 27 ff.).
Die geltende Betriebsverfassung beruht verfassungsrechtlich auf der sozialstaatlichen Verpflichtung des Gesetzgebers, die Grundrechte der Arbeitnehmer durch einen kollektiven Mindestschutz zu wahren und zu fördern (*BVerfG* 30. 4. 2015 – 1 BvR 2274/12, NZA 15, 820; vgl. *Kempen,* AuR 86, 129). Andererseits trägt der Tendenzschutz (s. u. II 2 am Ende) nach § 118 den Grundrechten sog. Tendenzbetriebe, deren unternehmerische Interessen durch geistig-ideelle oder politische Zielsetzungen gekennzeichnet sind und die ggf. Vorrang vor den kollektiven Arbeitnehmerinteressen haben müssen, hinreichend Rechnung (*BVerfG* 30. 4. 2015 – 1 BvR 2274/12, NZA 15, 820).

3. Weitere Entwicklung

Das BetrVG ist seit 1972 häufig geändert worden. Die beiden umfangreichsten Änderungen, die zugleich die politische Grundausrichtung der jeweiligen Parlamentsmehrheit deutlich machten, erfolgten 1988 (a) und 2001 (b).

a) Gesetz zur Änderung des Betriebsverfassungsgesetzes, über Sprecherausschüsse der leitenden Angestellten und zur Sicherung der Montanmitbestimmung vom 20.12.1988 (BGBl. I 2312)

Nach mehrmaligen Anläufen und vielen Protesten der Gewerkschaften realisierte die Regierungskoalition aus CDU/CSU und FDP unter Kanzler *Helmut Kohl* ihre Pläne zur Änderung der Betriebsverfassung Ende 1988. Ein entsprechendes Vorhaben in der 10. Legislaturperiode des Deutschen Bundestages (BT-Drs. 10/3384) war insbesondere nach der Auseinandersetzung um § 116 AFG aus wahltaktischen Gesichtspunkten verschoben worden (zur Kritik der damaligen Pläne s. *Trittin,* AiB 85, 119; *Spieker,* NZA 85, 681; *Hanau,* RdA 85, 291; *Richardi,* AuR 86, 33; *Schumann,* GewMH 87, 721). Das BetrVG wurde insbesondere in folgender Hinsicht geändert:

- Verstärkter Minderheitenschutz bei der Betriebsratswahl und in der Betriebsratsarbeit (Freistellungen und Ausschussbesetzung nach Verhältniswahl);
- Verlängerung der Amtsperiode der Betriebsräte von 3 auf 4 Jahre;
- Begrenzung der Kosten für Einigungsstellenverfahren;
- Präzisierung der Informationspflichten des Arbeitgebers bei der Einführung neuer Technologien;
- Neuformulierung der Definition des »leitenden Angestellten« (zur gleichzeitigen gesetzlichen Einführung von Sprecherausschüssen der leitenden Angestellten siehe Einl. zum SprAuG, Nr. 12 b).

Diese Änderungen sind von den Gewerkschaften heftig bekämpft worden, weil unter dem Deckmantel des »Minderheitenschutzes« erklärtermaßen die Möglichkeit einer geschlossenen Interessenvertretung innerhalb der Betriebsverfassung geschwächt werden sollte (vgl. insgesamt *Apitzsch/Klebe/Schumann,* Hrsg., BetrVG '90 – Der Konflikt um eine andere Betriebsverfassung, 1988; *Schneider,* GewMH 88, 409; *Hanau,* AuR 88, 261; *Plander,* AiB 88, 272; Schwerpunktheft »Die Novelle zum BetrVG«, Mitbestimmung 6/88; *Bobke,* WSI-Mitt. 89, 16; *Wlotzke,* DB 89, 111 und 173). Die Arbeitgeber haben gleichfalls den Sinn der Reform bezweifelt (vgl. *Weinrich,* Der Arbeitgeber 89, 454; zur gerichtlichen Praxis aufgrund der Novellierung s. *Kamphausen,* NZA 91, 880).

Die geänderte Wahlordnung aufgrund der neuen Gesetzeslage wurde am 29.9.1989 erlassen (BGBl. I 1793; zu den geänderten Wahlvorschriften insgesamt s. *Dänzer-Vanotti,* AuR 89, 204).

b) Betriebsverfassungs-Reformgesetz vom 23.7.2001 (BGBl. I 1852)

Die zweite große Änderung hat das BetrVG durch die rot-grüne Regierungsmehrheit (Kanzler: *Gerhard Schröder*) im Jahre 2001 erfahren (zum Folgenden vgl. DKW-*Däubler,* Einl. Rn. 37 ff.).

Ausgangspunkt war die Forderung der Gewerkschaften nach einem Ausbau der betrieblichen Mitbestimmung, die vom DGB am 3.2.1998 in »Novellierungsvorschlägen zum Betriebsverfassungsgesetz 1972« konkretisiert und Anfang 1999 in einer »Bonner Erklärung für eine moderne Betriebsverfassung« zusammengefasst worden war (zu den »Novellierungsvorschlägen« vgl. *Bolt/Gosch,* AiB 99, 380; *Fischer,* NZA 2000, 17; *Plander,* DB 2000, 2014; *Richardi,* NZA 2000, 161; Text der »Bonner Erklärung« AiB 2000, 62; hierzu *Benz-Overhage/Klebe,* AiB 2000, 24; zur

Reformdiskussion Schwerpunktheft »Reform der Betriebsverfassung« GewMH 4/2001). Die Arbeitgeber lehnten demgegenüber jeden Ausbau der Mitbestimmung ab (*Hundt,* Arbeitgeber 11/00, 12). Nach knapp zweijähriger Vorbereitung legte das Bundesarbeitsministerium im Dezember 2000 einen Referentenentwurf vor (abgedruckt AiB 01, 87 mit Anm. *Riester,* AiB 01, 83; vgl. *Däubler,* AuR 01, 1; *Leminsky,* Mitbest. 1–2/01, 59; *Blanke/Rose,* Mitbest. 1–2/01, 63). Er wurde von Gewerkschaften (die mehr Mitbestimmung verlangten) und Arbeitgebern erwartungsgemäß kontrovers beurteilt (vgl. *DGB,* NZA 01, 135; für die Arbeitgeber *Schiefer/Korte,* NZA 01, 71). Unter Abschwächung einiger Vorschläge zum Ausbau der Mitbestimmung fand dieser Entwurf Eingang in den Regierungsentwurf des BetrVerfReformG (BT-Drs. 14/5741; hierzu *Engels u. a.,* DB 01, 352; *Buchner,* NZA 01, 633; *Hanau,* RdA 01, 65; *Konzen,* RdA 01, 76; *Richardi/Annuß,* DB 01, 41; Schwerpunktheft NZA 7/2001). Trotz anhaltender Proteste der Arbeitgeberverbände und gegen die Stimmen von CDU/CSU und FDP wurde der Regierungsentwurf vom Gesetzgeber im Wesentlichen unverändert verabschiedet (zu Einzelheiten des Gesetzgebungsverfahrens vgl. *Däubler,* WSI-Mitt. 01, 63). Das BetrVerfReformG ist am 28.7.2001 in Kraft getreten (synoptische Darstellung im Verhältnis zum alten Recht bei *Reichold,* NZA 16/01, Sonderbeilage »Das Betriebsverfassungs-Reformgesetz«; zum Gesetz vgl. *Däubler,* AuR 01, 285; *Hanau,* NJW 01, 2513; *Löwisch,* BB 01, 1734 und 1790; *Nielebock,* AiB 01, 441; *Schaub,* ZTR 01, 437).

Die wesentlichen Änderungen des BetrVG durch das BetrVerfReformG betrafen organisatorische Fragen und dabei folgende Punkte:

- vereinfachtes Wahlverfahren für Kleinbetriebe;
- Abschaffung der Unterscheidung zwischen Arbeitern und Angestellten (= Aufhebung des Gruppenprinzips);
- Zwang zur repräsentativen Vertretung der Geschlechter im Betriebsrat (§ 15 Abs. 2);
- erweiterte Freistellung von Betriebsratsmitgliedern;
- Möglichkeit der Delegation von Betriebsratsaufgaben auf Arbeitsgruppen (§ 28 a);
- Erstreckung der Zuständigkeit von Gesamt- und Konzernbetriebsrat auf Einheiten ohne Betriebsrat;
- ausdrückliche Verankerung eines Übergangs- und Restmandats (§§ 21 a und b);
- ausdrückliche Anerkennung des Gemeinschaftsbetriebs (§ 1 Abs. 2);
- tarifliche Festlegung der betrieblichen Einheit (§ 3).

Mitbestimmungsrechte wurden dagegen nur unwesentlich erweitert:

- Abstellen der Mindestarbeitnehmerzahl bei §§ 99 und 111 auf das Unternehmen statt wie früher auf den Betrieb;
- Grundsätze der Durchführung von Gruppenarbeit (§ 87 Abs. 1 Nr. 13);
- Initiativrecht zur betrieblichen Berufsbildung (§ 97).

c) Aufgrund des Risikobegrenzungsgesetzes vom 12.8.2008 (BGBl. I 1666) wurden neue Informationspflichten im Falle einer Unternehmensübernahme geschaffen (§ 106 Abs. 2 und § 109 a).

d) Die europäische Richtlinie 2002/14/EG zur Unterrichtung und Anhörung der Arbeitnehmer (ABl.EG Nr. L 80, S. 29 vom 23.3.2002) sieht Mindeststandards für

Information und Konsultation der Arbeitnehmer hinsichtlich bestimmter betrieblicher Zusammenhänge vor. In Deutschland wurde dadurch eine Erweiterung der Informationsrechte des Betriebsrats in wirtschaftlichen Angelegenheiten als Anpassungsmaßnahme nötig (*Reichold,* NZA 03, 289). Jedoch wurde dazu bislang keine Initiative ergriffen.

e) Im Zuge des Gesetzes zur Änderung des Arbeitnehmerüberlassungsgesetzes und anderer Gesetze (vgl. Einl. I 2c zum AÜG, Nr. 4) werden zum 1.4.2017 die Informationsrechte des Betriebsrats in Bezug auf den Einsatz von Fremdfirmenpersonal in § 80 Abs. 2 und § 92 Abs. 1 Satz 1 gestärkt. Zu echten Mitbestimmungsrechten in Bezug auf die organisatorische Eingliederung fremder Arbeitnehmer im Rahmen von Onsite-Werkverträgen konnte der Gesetzgeber sich nicht durchringen.

f) Durch das Qualifizierungschancengesetz (v. 18.12.2018, BGBl. 2651, vgl. Einl. I 2 [7] zum SGB III, Nr. 30 III) wurde die Sonderregelung für den Luftverkehr in § 117 BetrVG mit Wirkung ab 1.5.2019 um eine Auffangregelung ergänzt.

II. Wesentlicher Gesetzesinhalt

1. Errichtung von Betriebsräten und andere Gremien in der Betriebsverfassung

Das BetrVG ermöglicht die Errichtung von Betriebsräten zur Interessenvertretung der Arbeitnehmer in Betrieben mit mindestens fünf ständigen wahlberechtigten Arbeitnehmern (§ 1 Abs. 1; Übersicht 30). Wer Arbeitnehmer i. S. des § 5 ist, richtet sich nach dem allgemeinen arbeitsrechtlichen Arbeitnehmerbegriff gem. § 611 a Abs. 1 BGB (Checkliste 5); hinzukommen muss die Zugehörigkeit zum jeweiligen Betrieb. Diese sog. Zwei-Komponenten-Lehre (Vertrag zum Betriebsinhaber und Eingliederung in den Betrieb) greift aber nicht bei drittbezogenem Personaleinsatz, wie etwa bei der Leiharbeit. Hier kommt es vielmehr auf den Zweck der jeweiligen Norm an, ob ein Arbeitnehmer ohne Vertrag zum Betriebsinhaber betriebsverfassungsrechtlich gleichwohl als Arbeitnehmer des Betriebes angesehen werden kann (*BAG* 5.12.2012 – 7 ABR 48/11, NZA 13, 793, Rn. 259). Aus diesem Grund hat das *BAG* (18.1.2017 – 7 ABR 60/15, NZA 17, 865) beispielsweise Leiharbeiter unter Berücksichtigung von § 14 Abs. 2 AÜG im Entleiherbetrieb dann, wenn sie während des größeren Teils des Jahres eingesetzt werden, bei der Ermittlung des Schwellenwertes nach § 38 für die Zahl der freigestellten Betriebsratsmitglieder berücksichtigt. Dies folgt heute aus § 14 Abs. 2 Satz 3 AÜG. Nicht erfasst werden »leitende Angestellte« (§ 5 Abs. 3). Für sie gibt es mit dem Sprecherausschuss eine eigene Interessenvertretung (vgl. SprAuG, Nr. 12 b).

Neben dem Betriebsrat haben Jugendliche und Auszubildende sowie schwerbehinderte Menschen eigene Interessenvertretungen (§§ 60 ff. und §§ 94 ff. SGB IX), die mit dem Betriebsrat zusammenarbeiten. Mit dem 2001 eingeführten § 15 Abs. 2 wird eine repräsentative Vertretung der Geschlechter im Betriebsrat angeordnet. Hinsichtlich anderer Beschäftigtengruppen macht das BetrVG keine bindenden Vorgaben (§ 15 Abs. 1).

In Unternehmen und Konzernen mit mehreren Betrieben kann die betriebsverfassungsrechtliche Struktur durch Tarifvertrag festgelegt werden (§ 3). Die so

gebildete Struktur ist auch maßgebliche Bezugsgröße für das betriebliche Mehrheitsprinzip nach § 4 a TVG im Falle einer Tarifkollision (vgl. Einl II 1 c zum TVG, Nr. 31). Betriebsräte werden alle vier Jahre gewählt (vgl. § 13; zur Wahlordnung s. Nr. 12 a). Für Kleinbetriebe gibt es gemäß § 14 a ein vereinfachtes Wahlverfahren (vgl. *Berg,* AiB 02, 17; *Franke,* DB 02, 211). In Unternehmen mit mehreren Betrieben sind zwingend Gesamtbetriebsräte zu bilden (§ 47). Ein Konzernbetriebsrat wird dagegen nur errichtet, wenn Gesamtbetriebsräte, die mehr als die Hälfte aller Arbeitnehmer im Konzern repräsentieren, dies beschließen (§ 54; zum Konzernbegriff s. § 18 AktG). Die unmittelbare Einbeziehung der Arbeitnehmer erfolgt durch die Betriebsversammlung (§ 42) bzw. Jugend- und Auszubildendenversammlung (§ 71). Schließlich wird der Wirtschaftsausschuss als Informations- und Beratungsgremium auf Unternehmensebene gebildet (§ 106).
Für Religionsgemeinschaften gilt das BetrVG insgesamt nicht (§ 118 Abs. 2). Für deren Bereich werden aufgrund innerkirchlichen Rechts sog. Mitarbeitervertretungen gebildet.

2. Mitwirkung des Betriebsrats
Die Einwirkungsmöglichkeiten des Betriebsrates auf die Entscheidungen des Arbeitgebers sind unterschiedlich stark: Sie reichen von der bloßen Informationspflicht des Arbeitgebers (§ 105) über Beratungspflichten (§ 92) zur Möglichkeit, unter bestimmten Voraussetzungen die Zustimmung zu verweigern, der Sache nach also Widerspruch einzulegen (§ 99), bis hin zu Fällen der Mitbestimmung (§ 87), bei denen im Falle der Nichteinigung die Einigungsstelle (§ 76) entscheidet (Übersicht 31). Der Betriebsrat hat zwar ein allgemeines Überwachungsrecht gemäß § 80 Abs. 1 BetrVG, jedoch verneint das *BAG* einen daraus folgenden Rechtsanspruch gegen den Arbeitgeber auf Durchführung von Gesetzen und Tarifverträgen (*BAG* 17. 10. 1989 – 1 ABR 75/88, NZA 90, 441; hierzu *Nebendahl,* DB 91, 2018) bzw. auf Unterlassung einer Verletzung entsprechender Bestimmungen (*BAG* 22. 8. 2017 – 1 ABR 24/16, NZA 18, 115). Keine Mitbestimmung gibt es in wirtschaftlichen Angelegenheiten (§ 111). Dort kann lediglich für nachteilige Folgen einer Unternehmensentscheidung ein Sozialplan (§ 112) vereinbart werden. Bei personellen Einzelmaßnahmen kann der Betriebsrat beim Vorliegen bestimmter Voraussetzungen die Zustimmung mit der Folge verweigern, dass der Arbeitgeber sich an das Arbeitsgericht wenden muss, um die Zustimmung des Betriebsrates ersetzen zu lassen (§ 99). Bei einer Kündigung ist der Betriebsrat dagegen nur zu hören (§ 102 Abs. 1, vgl. dazu *Deinert,* dbr 2/2007, S. 15). Sein Widerspruch hindert den Arbeitgeber nicht an der Kündigung, sondern führt nur unter bestimmten Voraussetzungen zur Weiterbeschäftigung des Arbeitnehmers während eines Kündigungsschutzprozesses (§ 102 Abs. 3 und 5, zur Wirksamkeit dieser Regelung siehe aber Einl. III 4 zum KSchG, Nr. 25).
In allgemeinen Personalangelegenheiten (z. B. Personalplanung, Auswahlrichtlinien, Berufsbildung) sieht das Gesetz unterschiedlich intensive Beteiligungsformen vor (§§ 92 – 98). Auf ein bloßes Beratungsrecht läuft die mit dem BetrVG 1972 neugeschaffene Einschaltung des Betriebsrates bei der Gestaltung von Arbeitsplatz, -ablauf und -umgebung hinaus (§§ 90, 91). Am stärksten ist die Beteiligung

in den sog. sozialen Angelegenheiten (z. B. Ordnung des Betriebes einschließlich Betriebsbußen, Kurzarbeit, Überstunden, Lohngestaltung) gemäß § 87, bei denen im Nichteinigungsfalle die Einigungsstelle entscheidet und der Betriebsrat selbst die Initiative hierzu ergreifen kann (zum Initiativrecht des Betriebsrates bei der Einführung von Kurzarbeit s. *BAG* 4. 3. 1986 – 1 ABR 15/84, NZA 86, 432; dazu *Kittner*, 50 Urteile, 2019, Nr. 29). Nach der sog. Theorie der Wirksamkeitsvoraussetzung kann ein Arbeitnehmer sich darauf berufen, dass eine individualrechtliche Maßnahme des Arbeitgebers unwirksam ist, wenn dieser Mitbestimmungsrechte verletzt hat. Anders ist es, wenn der Arbeitgeber zuvor mitbestimmungswidrig den Arbeitnehmern bestimmte Leistungen erbracht hat und diese Praxis später – erneut mitbestimmungswidrig – ändern will: Hier kann der Arbeitgeber nicht nach der Theorie der Wirksamkeitsvoraussetzung verpflichtet werden, an der bisherigen Praxis festzuhalten (*BAG* 18. 3. 2014 – 1 ABR 75/12, NZA 14, 984).
Mitbestimmungsrechte können während eines Arbeitskampfes eingeschränkt sein. Das ist der Fall, wenn bei Aufrechterhaltung des Rechtes die ernsthafte Gefahr besteht, dass eine Arbeitskampfmaßnahme des Arbeitgebers verhindert wird oder sonst zu seinem Nachteil in das Kampfgeschehen eingegriffen wird. Das nimmt das *BAG* etwa an, wenn der Arbeitgeber arbeitswillige Arbeitnehmer in einen bestreikten Betrieb versetzen will (*BAG* 13. 12. 2011 – 1 ABR 2/10, NZA 12, 571). Anders ist es, wenn nach dem Arbeitskampf Arbeitsrückstände aufgearbeitet werden sollen (*BAG* 20. 3. 2018 – 1 ABR 70/16, NZA 18, 1081).
Die Beteiligungsrechte des Betriebsrats sind nicht durch das Recht des Arbeitgebers auf unternehmerische Betätigung beschränkt. Vielmehr gilt umgekehrt: Die unternehmerische Entscheidungsfreiheit wird durch die gesetzlichen Mitbestimmungsrechte begrenzt (*BAG* 22. 8. 2017 – 1 ABR 4/16, BB 18, 1021, Rn. 30). Für Tendenzbetriebe (z. B. Presse oder politische Organisationen) gelten allerdings nur eingeschränkte Beteiligungsrechte (§ 118 Abs. 1).

3. Betriebsvereinbarung

Das Ergebnis der Betriebsratsverhandlungen ist meist eine Betriebsvereinbarung gemäß § 77 BetrVG (Checkliste 32). Es sind aber auch sog. Regelungsabsprachen anstelle einer Betriebsvereinbarung möglich (näher DKW-*Berg*, § 77 Rn. 161 ff.). Letztere kommen aber nicht schon durch bloße Hinnahme eines mitbestimmungswidrigen Arbeitgeberverhaltens durch den Betriebsrat zustande (*BAG* 23. 10. 2018 – 1 ABR 26/17, NZA 19, 483). Das Verhältnis der Rechte aus einer Betriebsvereinbarung zu denen aus einem Arbeitsvertrag folgt dem Günstigkeitsprinzip: Die für den Arbeitnehmer günstigere Regelung setzt sich durch. Der Große Senat des *BAG* (28. 9. 1978 – 2 AZR 2/77, AP Nr. 17 zu § 77 BetrVG 1972) hatte eine Ausnahme lediglich für Sozialleistungen anerkannt, sofern die Betriebsvereinbarung kollektiv (bezogen auf die Gesamtbelegschaft) günstiger ist, als die bisherigen vertraglichen Regelungen. In neuerer Rechtsprechung geht der 1. Senat des *BAG* (5. 3. 2013 – 1 AZR 417/12, DB 13, 1852) aber davon aus, dass vertragliche Regelungen, die auf allgemeinen Geschäftsbedingungen beruhen, erkennbar kollektiv geregelt werden sollen, so dass der Arbeitnehmer implizit sein Einverständnis gegeben haben soll, auch Verschlechterungen durch eine Be-

triebsvereinbarung vornehmen zu können. Das geht an der Realität vorbei, denn kein Arbeitnehmer macht sich solche Gedanken beim Abschluss des Arbeitsvertrages, und höhlt auch die genannte Entscheidung des Großen Senats aus. Der 4. Senat des *BAG* hat deshalb auch erhebliche Bedenken gegen ein solches Verständnis erhoben. Am Ende hat er die Frage aber offengelassen und entschieden, dass jedenfalls bei gleichzeitiger dynamischer Verweisung des Arbeitsvertrages auf einen Tarifvertrag dessen Regelungen einer ungünstigeren Betriebsvereinbarung vorgehen (11.4.2018 – 4 AZR 119/17, NZA 18, 1273). Andere Senate des *BAG* haben sich dem aber demonstrativ entgegengestellt (vgl. 11.12.2018 – 3 AZR 380/17, NZA 19, 1082; 30.1.2019 – 5 AZR 450/17, NZA 19, 1065).
Alle Beteiligungsrechte des Betriebsrates stehen unter dem (in seiner Reichweite und Detailausgestaltung aber sehr umstrittenen) Vorbehalt einer Regelung der gleichen Materie durch die Tarifvertragsparteien (§§ 77 Abs. 3, 87 Abs. 1 Eingangssatz; hierzu näher III 3). Das BetrVG verpflichtet die Betriebsräte zur Zusammenarbeit mit den Gewerkschaften (§ 2 Abs. 1) und räumt diesen eine Vielzahl von Rechten ein (Übersicht bei *Fitting,* 29. Aufl. 2018, § 2 Rn. 65).

4. Rechtsstellung

Der Sicherung und organisatorischen Erleichterung der Betriebsratsarbeit dient eine Reihe von Bestimmungen (z. B. Freistellung zur Betriebsratstätigkeit und zu Schulungsmaßnahmen, § 37; Kosten der Betriebsratstätigkeit, § 40 (einschließlich Gerichtsverfahren, zu den Grenzen: *BAG* 22.11.2017 – 7 ABR 34/17, NZA 18, 461); Kündigungsschutz, § 15 KSchG; Freistellung bei Betriebsratstätigkeit außerhalb der Arbeitszeit gemäß § 37 Abs. 3, zum Arbeitszeitkonto: *BAG* 28.9.2016 – 7 AZR 248/14, NZA 17, 335; zur Betriebsratssitzung außerhalb der Arbeitszeit: *BAG* 18.1.2017 – 7 AZR 224/15, NZA 17, 791). Der Betriebsrat kann an sich nicht Träger von Rechten und Pflichten außerhalb der Betriebsverfassung sein und kann daher auch kein Vermögen haben. Problematisch ist daher die Beauftragung Betriebsexterner, etwa Sachverständiger oder Rechtsanwälte. Sofern der Beauftragte sich nicht einen Kostenerstattungsanspruch des Betriebsrats gegen den Arbeitgeber abtreten lässt, besteht noch die Möglichkeit, dass der Arbeitgeber formal den Vertrag mit dem Berater des Betriebsrats schließt. Nach der Rechtsprechung des *BGH* (25.10.2012 – III ZR 266/11, DB 12, 2752; dazu krit. *Preis/Ulber*, JZ 14, 579 ff.; *Lunk/Rodenbusch*, NJW 14, 1989 ff.) ist der Betriebsrat außerdem insoweit teilrechtsfähig, als er auch selber den Vertrag schließen kann, so dass er in der Wahl des Vertragspartners völlige Entscheidungsfreiheit hat. Das soll freilich nur so weit gehen, wie die Kosten erforderlich sind. Ist die Beauftragung eines externen Beraters nicht erforderlich oder geht die vereinbarte Vergütung über das Übliche hinaus, dann haften allerdings die Betriebsratsmitglieder, die tätig geworden sind, als sog. vollmachtlose Vertreter. Das gilt aber dann nicht, wenn dem Vertragspartner erkennbar war, dass der Vertrag über diese Grenzen hinaus gegangen ist. Der *BGH* (a. a. O.) hat außerdem darauf hingewiesen, dass man eine solche Haftung vertraglich im Vorhinein mit dem externen Berater ausschließen kann.
Im Allgemeinen hat der Betriebsrat Anspruch auf einen Internetzugang auch für einzelne Mitglieder (*BAG* 23.9.2010 – 6 AZR 330/09, DB 10, 2731). Ohne konkreten

Anlass zur Annahme einer Verletzung der Vertraulichkeit kann der Betriebsrat aber nicht einen von der Anlage des Arbeitgebers unabhängigen Internet- und Telefonanschluss verlangen (*BAG* 20.4.2016 – 7 ABR 50/14, NZA 16, 1033).

Der Betriebsrat kann bestimmte Aufgaben auf Ausschüsse oder Arbeitsgruppen delegieren (§§ 28, 28 a).

Bei groben Verstößen des Arbeitgebers gegen das BetrVG kann der Betriebsrat gemäß § 23 Abs. 3 auf Unterlassung mit der Möglichkeit eines Ordnungsgeldes klagen. Daneben hat er einen allgemeinen Unterlassungsanspruch bei mitbestimmungswidrigem Verhalten des Arbeitgebers (*BAG* 3.5.1994 – 1 ABR 24/93, DB 94, 2450; vgl. *Derleder,* AuR 95, 13; zum Einwand des Rechtsmissbrauchs in Ausnahmefällen *BAG* 12.3.2019 – 1 ABR 42/17, NZA 19, 843; krit. dazu *Heuschmid/Kummert*, NZA 19, 1258).

Umgekehrt kann das Arbeitsgericht bei groben Verstößen gegen gesetzlichen Pflichten nach § 23 Abs. 1 einzelne Mitglieder des Betriebsrats ausschließen oder den Betriebsrat auflösen. Vertragsrechtliche Sanktionen wie Kündigung oder Abmahnung kommen hingegen nicht in Betracht, solange nicht (auch) arbeitsvertragliche Pflichten verletzt wurden (*BAG* 9.9.2015 – 7 ABR 69/13, NZA 16, 57).

Schließlich sind in das BetrVG Rechte des einzelnen Arbeitnehmers aufgenommen worden (§§ 81 – 86).

III. Anwendungsprobleme und Rechtstatsachen

1. Grundkonflikt der Betriebsverfassung

Es gibt kaum ein Gesetz, das mehr als das BetrVG darauf angewiesen wäre, von den Betroffenen mit Leben erfüllt zu werden, wenn es nicht Papier bleiben soll. Seine Konzeption ist auf den ersten Blick merkwürdig: Es gibt keinen ausdrücklichen Auftrag zur Interessenvertretung, sondern nur in § 2 die Pflicht zur »vertrauensvollen« Zusammenarbeit von Arbeitgeber und Betriebsrat »zum Wohle der Arbeitnehmer und des Betriebs«. Außerdem sind Maßnahmen des Arbeitskampfes zwischen Arbeitgeber und Betriebsrat verboten (§ 74 Abs. 2). Daraus kann jedoch nicht der Schluss gezogen werden, dass Betriebsräte nur eingeschränkt die Interessen der Arbeitnehmer vertreten könnten. Während die vertrauensvolle Zusammenarbeit vor allem vom Arbeitgeber verlangt, gegenüber Organisations- und Mitbestimmungsrechten des Betriebsrats nicht zu »mauern«, soll das betriebliche Arbeitskampfverbot die Sphären von Mitbestimmung und Tarifarbeitskampf gegeneinander abgrenzen (s. u. 3).

Ein wirksames Instrument in den Händen der Interessenvertretung der Arbeitnehmer kann das BetrVG dabei nur sein, wenn es in täglicher Auseinandersetzung mit den Arbeitgebern durchgesetzt wird. Deren Positionen folgen dabei häufig einem gewissen Grundmuster: Widerstand gegen die erstmalige Wahl von Betriebsräten, Kampf um jedes freizustellende Betriebsratsmitglied und Streitigkeiten wegen der technischen Arbeitsmöglichkeiten der Betriebsräte etc. gibt es vor allem in Klein- und Mittelbetrieben. Dort finden sich auch heute noch häufig Unternehmensführungen, für deren Herr-im-Hause-Verständnis der Betriebsrat – auch wenn es sich um eine gesetzliche Einrichtung handelt – ein nicht akzeptierter »Fremdkörper« geblieben ist. In den meisten Großunternehmen sieht es dagegen doch anders aus: Dort hat ein »aufgeklärtes« Management durchaus erkannt, dass eine Vielzahl von im Betrieb auftretenden Konflikten sogar reibungsloser zu bewältigen ist, wenn an ihrer Lösung die gewählten Vertreter der Arbeitnehmer beteiligt sind. In dieser Hinsicht haben sich auch durchaus unterschiedliche Typen von Betriebsratsarbeit herausgebildet (*Kotthoff*, WSI-Mitt. 95, 549; zusammenfassend zu den Vorteilen auch aus Unternehmersicht Böckler impuls 2/18, 4). In Zeiten der Hochkonjunktur kann das so weit gehen, dass Kündigungen de facto nur nach Zustimmung des Betriebsrates ausgesprochen werden. In der großen Wirtschaftskrise 2008 waren wiederum in der Breite der deutschen Industrie das Bemühen der Krisenbewältigung gemeinsam mit den Betriebsräten und die Nutzung von Kurzarbeit zur Vermeidung von Entlassungen zu beobachten.

Es ist nicht möglich, eine detaillierte Bilanz über die seitherige Praxis mit dem BetrVG aufzustellen. Sicher ist jedenfalls, dass es für unzählige Fälle Tag für Tag die Grundlage einer wirksamen Interessenvertretung für die Arbeitnehmer darstellt. Als Anhaltspunkte dafür, ob und in welchem Umfang die Betriebsverfassung »funktioniert«, das heißt, wie intensiv das Gesetz bereits genutzt wird, könnte man drei Fragen wählen:

- Existieren hinsichtlich aller Angelegenheiten, die in § 87 Abs. 1 genannt werden, Betriebsvereinbarungen, sofern sie im Hinblick auf bestehende Tarifverträge zugelassen sind?
- Macht der Betriebsrat von seinem Initiativrecht überall dort Gebrauch, wo verbesserungsbedürftige und -fähige Zustände existieren?
- Wurde die Einigungsstelle angerufen, wenn in Verhandlungen ein zufriedenstellendes Ergebnis nicht zu erzielen war?

Praktische Erfahrungen zeigen, dass wohl nur in wenigen Betrieben alle drei Fragen mit »ja« beantwortet werden könnten.

Typisch für die Haltung der Arbeitgeber ist darüber hinaus der Versuch, ganz allgemein »politisierende« Momente im Betrieb zu vermeiden; insoweit sind landauf landab – leider zum Teil erfolgreiche – Versuche zu beobachten, den Betriebsräten eine oder gar mehrere Betriebsversammlungen durch Konzessionen auf anderen Gebieten »abzukaufen«. Das belegt umgekehrt die wichtige Funktion von Betriebsversammlungen für die Meinungsbildung und Interessenartikulation der Belegschaften.

2. Existenz und Wahl von Betriebsräten

Eine genaue Statistik, wie viele Betriebsräte es in der Gesamtwirtschaft gibt, existiert – mangels gesetzlicher Meldepflicht in der BRD – nicht (zum Folgenden *Hayen*, Betriebliche Mitbestimmung im 21. Jahrhundert, in: Hexel [Hrsg.], »Never change a winning team«, 2009). Gewerkschaften schätzen aufgrund der von ihnen erhobenen Daten, dass es bei rückläufiger Gesamtentwicklung etwa 40000 Betriebsräte mit über 250000 Mitgliedern gibt. Das »Institut der Deutschen Wirtschaft« kommt zu ähnlichen Zahlen. Nach den Erkenntnissen des IAB-Betriebspanels sind in Kleinbetrieben bis 50 Beschäftigten nur etwa 8 % der Arbeitnehmer in Westdeutschland und 10 % der Arbeitnehmer in Ostdeutschland durch Betriebsräte repräsentiert; demgegenüber sind es 90 % (West) bzw. 86 % (Ost) in

Betrieben mit mehr als 500 Arbeitnehmern (*Ellguth/Kohaut*, WSI-Mitt. 19, 290, 295).

Die Ergebnisse der Betriebsratswahlen sind seit 1981 durchweg ohne größere Veränderungen (eingehend *Rudolph/Wassermann*, Trendreport Betriebsratswahlen 2006, 2007): Die DGB-Gewerkschaften erringen nach eigenen Angaben im Schnitt knapp drei Viertel aller Mandate; ca. 23 % der Betriebsratsmitglieder sind unorganisiert. Was konkurrierende Organisationen angeht, hat die IG Metall für 2006 nur 0,36 % für den CGB und 0,49 % für die AUB ermittelt. Das »Institut der Deutschen Wirtschaft« kommt regelmäßig zu erheblich niedrigeren Ergebnissen für die Gewerkschaften (2014: 63,8 %, vgl. Gewerkschaftsspiegel 1/15) und entsprechend höheren Anteilen für unorganisierte Arbeitnehmer. Der Unterschied liegt offenbar am unterschiedlichen Antwortverhalten der von beiden jeweils Befragten – bei erheblich niedrigerem Rücklauf des IDW. Übereinstimmend ist jedoch ein Trend: Bei hoher Wahlbeteiligung von etwa 80 % behaupten die DGB-Gewerkschaften ihre Vorrangstellung, verlieren jedoch leicht an Unorganisierte.

Eine Schattenseite des Ringens um die Wahl zum Betriebsratsmitglied zeigt sich in den Fällen, in denen es nicht gelingt, alle Gewerkschaftsmitglieder auf die Einbringung eines einzigen gewerkschaftlichen Wahlvorschlags zu verpflichten, vielmehr einzelne Mitgliedergruppen eigene Wahlvorschläge einreichen. Die Gewerkschaften nehmen für sich aufgrund ihrer Satzungen in Anspruch, gegen die den nichtgewerkschaftlichen Wahlvorschlag tragenden oder auf ihm kandidierenden Mitglieder Verbandsstrafen bis hin zum Ausschluss aus der Gewerkschaft auszusprechen. Das ist vom *BVerfG* gebilligt worden (*BVerfG* 24.2.1999 – 1 BvR 123/93, NZA 99, 713; zum Ausschlussrecht gegenüber feindlicher Wahlpropaganda *BGH* 25.3.1991 – II ZR 170/90, BetrR 91, 252). Insgesamt lässt die jeweils große Publizität einzelner Fälle die Tatsache in den Hintergrund treten, dass es sich nur um verschwindend wenige Ausnahmefälle handelt.

Die Wiederwahl von Betriebsratsmitgliedern ist hoch. Zwei von drei Betriebsräten werden im Amt bestätigt (iwd 5/11, S. 2; Böckler impuls 14/2014, S. 5).

3. Verhältnis Betriebsrat – Gewerkschaft

Die enge Verbindung zwischen Betriebsräten und Gewerkschaften ist entscheidend für die volle Ausschöpfung des BetrVG. Das Gesetz selbst bietet mit einer Reihe von Vorschriften Ansatzpunkte hierzu (z.B. §§ 2, 16 Abs. 2, 31, 119 Abs. 2) und trifft Vorkehrungen zum Schutze der Gewerkschaften vor Verdrängung durch die gesetzliche Institution »Betriebsrat«: Die §§ 77 Abs. 3 und 87 Abs. 1 BetrVG lassen dem Betriebsrat nur dort Handlungsmöglichkeiten, wo Tarifverträge nicht existieren oder üblich sind. Die Gewerkschaft hat unter bestimmten Voraussetzungen einen gerichtlich durchsetzbaren Unterlassungsanspruch gegen eine tarifwidrige Betriebsvereinbarung (*BAG* 20.4.1999 – 1 ABR 72/98, DB 99, 1555; hierzu DKW-*Berg*, § 77 Rn. 168 ff.). Das gilt aber nicht, wenn der Tarifvertrag nur nach § 4 Abs. 5 TVG nachwirkt (*BAG* 7.6.2017 – 1 ABR 32/15, NZA 17, 1410).

Für die Gewerkschaften ist die Nutzung der Befugnisse nach dem BetrVG existentielle Notwendigkeit, um in den Betrieben voll wirksam werden zu können. So bemühen sich die Gewerkschaften um den Aufbau gewerkschaftlicher Vertrauenskörper und die Einbindung der Betriebsrätetätigkeit in die gewerkschaftliche Betriebspolitik, um den Tendenzen des Betriebsverfassungsgesetzes, die Gewerkschaften aus dem Spannungsfeld des Betriebes zu verdrängen, entgegenzuwirken. Grundlage hierfür bildet der hohe gewerkschaftliche Organisationsgrad der Betriebsratsmitglieder (s. o. 2; die Zahl der gewerkschaftlich organisierten Betriebsratsvorsitzenden liegt bei ca. 85 %. Dazu kommen die gewerkschaftlichen Vertrauensleute (etwa 1 Vertrauensfrau/-mann auf 25 Beschäftigte; insgesamt ca. 125000 bei der IG Metall).

Freilich ist nicht zu verkennen, dass nach wie vor das heikelste Problem im Verhältnis zwischen Betriebsräten und Gewerkschaften die Auseinandersetzung darum ist, wie berechtigte betriebliche Besonderheiten mit der Notwendigkeit einer überbetrieblichen gewerkschaftlichen Orientierung zu vereinbaren und gegenüber »Betriebsegoismen« abzugrenzen sind, die auf lange Sicht allen beteiligten Arbeitnehmern schaden, weil sie den notwendigen Solidaritätszusammenhang schwächen.

Insgesamt hat sich gerade mit der neueren Tarifpolitik der Gewerkschaften (vor allem zur Arbeitszeitgestaltung, s. Einl. III 1 zum ArbZG, Nr. 8) eine Tendenz zur verstärkten Aufgabendelegation an Betriebsräte ergeben (zu den Problemen einer entsprechenden Betriebsvereinbarungspolitik *Bösche/Grimberg,* Mitbest. 91, 614; *Kreuder,* Unternehmenskultur und Mitbestimmung, 1991; zum Verhältnis zwischen Betriebsverfassung und Tarifvertrag s. Gespräch der Otto-Brenner-Stiftung, RdA 94, 140). In der Metallindustrie gibt es seit 2004 aufgrund des »Pforzheimer Abkommens« ein geordnetes, von beiden Tarifvertragsparteien gemeinsam durchgeführtes Verfahren zur betrieblichen Abweichung von Tarifverträgen (näher Einl. II 1 zum TVG, Nr. 31).

4. Konzentration und Internationalisierung

Erheblicher Einfluss auf die praktische Tätigkeit der Betriebsräte geht von der zunehmenden Unternehmenskonzentration (Zunahme konzernrechtlicher Verflechtungen) und von der Verlagerung wichtiger Entscheidungskompetenzen in Unternehmen mit mehreren Betrieben auf die oberste Unternehmensführungsebene aus. Damit werden den Betriebsräten »vor Ort« vielfach die kompetenten Gesprächspartner entzogen, ohne dass sich an den rechtlichen Zuständigkeiten etwas geändert hätte. In diesem Zusammenhang ist vor allem die zwingende Errichtung von Gesamtbetriebsräten (§ 47 Abs. 1) wichtig (in der Metallindustrie sind ca. 90 % aller Arbeitnehmer in Unternehmen mit Gesamtbetriebsrat beschäftigt): Obwohl das Gesetz von der Primärzuständigkeit der Einzelbetriebsräte ausgeht und nur im Ausnahmefall ein über Koordinierungsmaßnahmen hinausgehendes Tätigwerden des Gesamtbetriebsrates anerkennt (§ 50), besteht doch vielfach das Bemühen von Unternehmensleitungen, so viel Angelegenheiten wie möglich mit dem Gesamtbetriebsrat zu regeln. Auf dieser Ebene lassen sich – das beweisen alle Erfahrungen – unternehmerische Vorstellungen erheblich reibungsloser realisieren, da die Gegenseite (= Gesamtbetriebsrat) oft erst divergierende Arbeitnehmerinteressen auszugleichen hat und auch die Rückkoppelung zu den

Belegschaften bei weitem nicht so intensiv sein kann wie auf Betriebsratsebene. Das Gleiche gilt für die Einrichtung des Konzernbetriebsrates.

Für die Betriebsverfassung im Konzern ergeben sich überdies Probleme daraus, dass die auf Grund sog. Divisionalisierung eingerichteten Unternehmenseinheiten sich nicht mit den rechtlichen Grenzen der einzelnen Konzernunternehmen decken. Hier behilft man sich vielfach mit dem Abschluss von Konzernbetriebsvereinbarungen, die die betriebsverfassungsrechtliche Organisationsstruktur diesen Bedingungen anpassen (vgl. *Nagel,* BetrR 91, 257; zur Verzahnung von Gewerkschafts- und Betriebsratsarbeit unter den Bedingungen neuer Konzernstrukturen *Nagel,* Mitbestimmung 6/94, 34).

Als zunehmende Bedrohung der Handlungsfähigkeit von Betriebsverfassungsorganen hat sich die Aufspaltung eines Betriebes oder Unternehmens in mehrere rechtlich selbstständige Unternehmen erwiesen. Damit erreichen die wirtschaftlichen Eigentümer, dass Betriebsratsrechte ausgehöhlt werden und Arbeitnehmeransprüche ins Leere gehen. Zur Sicherung von Arbeitnehmerrechten bei Umwandlungen enthält das UmwG eine Reihe von Vorschriften (eingehend Einl. II 2 zum UmwG, Nr. 33). Vor ähnlichen Problemen stehen Betriebsräte bei enger Abhängigkeit formal selbstständiger Unternehmen aufgrund von Lieferbeziehungen (z. B. Just-in-time-Konzepten, hierzu *Doleschal,* BetrR 91, 285). Vielfach laufen Mitbestimmungsmöglichkeiten leer, weil »Sachzwänge« der Lieferbeziehungen nicht überspielt werden können (hierzu *Köhler,* Mitbestimmung 4/92, 24).

Schließlich gerät die betriebliche Interessenvertretung im Wortsinne »an die Grenze«, wenn Unternehmen international tätig werden. Im Hinblick auf das sog. Territorialitätsprinzip der deutschen Betriebsverfassung (vgl. Einl. III zur Rom I-VO, Nr. 14 a) ist grenzüberschreitendes Tätigwerden nur in Ausnahmefällen möglich (vgl. *Deinert,* Internationales Arbeitsrecht, § 17 Rn. 51 ff.). Das erschwert die Interessenvertretung empfindlich (vgl. *Spieker,* AiB 91, 377; *Wahsner,* AiB 91, 352). Umso wichtiger sind eigene Strukturen zu gesetzlicher Interessenvertretung über die Grenzen hinweg. Hierfür gibt es den »Europäischen Betriebsrat« (EBRG, Nr. 12 c).

IV. Rechtspolitische Diskussion

Die Große Koalition plant eine Erleichterung der Betriebsratswahlen. Das erleichterte Wahlverfahren soll in Betrieben bis 100 Arbeitnehmern verbindlich gemacht werden, bis 200 Arbeitnhemer soll es ermöglicht werden. Ferner soll das Initiativrecht für Weiterbildung gestärkt werden. Arbeitgeber und Betriebsrat sollen über Berufsbildung beraten und mangels Einigung eine Moderation ohne Einigungszwang in Anspruch nehmen können (»Ein neuer Aufbruch für Europa, Eine neue Dynamik für Deutschland, Ein neuer Zusammenhalt für unser Land«, Koalitionsvertrag, zwischen CDU, CSU und SPD, 19. Legislaturperiode, S. 51).

Weiterführende Literatur

Geschichte

Däubler/Kittner, Geschichte der Betriebsverfassung (2020)

Milert/Tschirbs, Die andere Demokratie. Betriebliche Interessenvertretung in Deutschland 1848 bis 2008, 2. Aufl. (2015)

Handbücher

Deinert/Heuschmid/Zwanziger-*Deinert*, Arbeitsrecht, § 12 (Betriebsvereinbarung)

Bachner/Heilmann, Handbuch Betriebsvereinbarungen, 3. Aufl. (2018)

Berg/Hayen/Heilmann/Ratayczak, Wahl des Betriebsrats, 4. Aufl. (2013)

Däubler/Klebe/Wedde (Hrsg.), Arbeitshilfen für den Betriebsrat, 4. Aufl. (2018)

Disselkamp, Praxis im Wirtschaftsausschuss von A bis Z, 5. Aufl. (2019)

Gamillscheg, Kollektives Arbeitsrecht II: Betriebsverfassung (2008)

Conte/Gün/Lenz/Luik/Michniok/Ratayczak/Ressel, Praxis der JAV von A bis Z, 10. Aufl. (2019)

Helms/Rehbock, Tipps für neu und wieder gewählte Betriebsratsmitglieder, 6. Aufl. (2018)

Klocke, Das BetrVG und der Arbeitskampf im Betrieb (2019)

Laßmann/Mengay/Riegel/Rupp, Handbuch Interessenausgleich und Sozialplan, 7. Aufl. (2016)

Laßmann/Rupp, Handbuch Wirtschaftsausschuss, 11. Aufl. (2019)

Schoof, Betriebsratspraxis von A bis Z, 13. Aufl. (2018)

Kommentare

Däubler/Klebe/Wedde (Hrsg.), BetrVG, 17. Aufl. (2019)

Fitting u. a., BetrVG, 29. Aufl. (2018)

Hess/Worzalla/Glock/Nicolai/Rose/Huke, BetrVG, 10. Aufl. (2018)

Klebe/Ratayczak/Heilmann/Spoo, BetrVG, 20. Aufl. (2018)

Löwisch/Kaiser (Hrsg.), Bd. 1, §§ 1 – 73 b und WO, 7. Aufl. (2017)

Richardi, BetrVG, Kommentar, 16. Aufl. (2018)

Wiese/Kreutz/Oetker/Raab/Weber/Franzen/Gutzeit/Jacobs, Gemeinschaftskommentar zum BetrVG, 2 Bde., 11. Aufl. (2018)

Wlotzke/Preis/Kreft, BetrVG, 4. Aufl. (2009)

Aufsätze

Schwerpunktheft »Betriebliche Mitbestimmung: eine Bestandsaufnahme«, WSI-Mitt. 3/2016

Ellguth/Kohaut, Tarifbindung und betriebliche Interessenvertretung: Ergebnisses des IAB-Betriebspanel 2018, WSI-Mitt. 2019, S. 290

Engels, Fortentwicklung des Betriebsverfassungsrechts außerhalb des Betriebsverfassungsgesetzes, Teil I, AuR 2009, S. 10; Teil II, AuR 2009, S. 65.

Funder, Quo vadis Betriebsrat? Entwicklungstrends der betrieblichen Mitbestimmung, WSI-Mitt. 2018, S. 497

Keller, Interessenvertretung bei atypischen Beschäftigungsverhältnissen – ein strategisches Dilemma, WSI-Mitt. 2017, S. 27
Klebe, Die Zukunft der Betriebsratsarbeit, AiB 2006, S. 558
Pulte, Beteiligungsrechte des Betriebsrats außerhalb der Betriebsverfassung, NZA-RR 2008, S. 113

Sonstiges
Zeitschrift »Arbeitsrecht im Betrieb«
Reihe »AiB-Stichwort« im Bund-Verlag
Reihe »Die Kleine Betriebsrats-Bibliothek« im Bund-Verlag

Übersicht 30: Betriebsverfassung

Betriebsratsaufgaben

- »vertrauensvolle Zusammenarbeit« mit Arbeitgeber (§2 I) (Arbeitskampfverbot §74 II)
- Zusammenarbeit mit Gewerkschaften (§3)
- Tarifvorrang (GG, 77 III, 87 I)
- Überwachen der Einhaltung von Arbeitnehmerrechten (§80)
- Informations- und Beratungsrechte (Übersicht 31)
- Mitbestimmungsrechte (Übersicht 31)
  → soziale Angelegenheiten
  → personelle Einzelmaßnahmen
  → Auswahlrichtlinien
  → Berufsbildung
  → Gestaltung der Arbeitsplätze
  → Sozialplan
- Behandlung von Arbeitnehmerbeschwerden (§85)

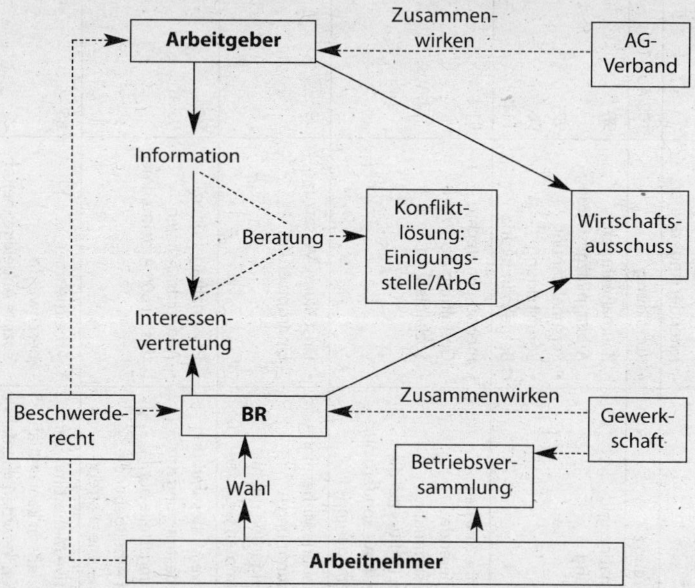

Übersicht 31: Beteiligungsrechte des Betriebsrats

Beteiligungsform	Gegenstand	§ des BetrVG
Information	• personelle Veränderung leitender Angestellter	105
Anhörung	• Kündigung	102 Abs. 1
Information und Beratung	• Baumaßnahmen/ Arbeitsplatzgestaltung • Personalplanung • Berufsbildung • Betriebsänderung	90 92 96 111
folgenbezogene, korrigierende Mitbestimmung = kein Einfluss auf die Maßnahme, sondern nur Folgemilderung	• menschengerechte Gestaltung der Arbeit • Sozialplan	91 112 Abs. 2
gebundene Mitbestimmung = Zustimmungs-verweigerung nur mit bestimmten Gründen	• Einstellung, Versetzung, Eingruppierung	99
reaktive Mitbestimmung = Mitbestimmung mit Einigungsstelle nur, wenn Arbeitgeber die Maßnahme anstrebt	• Personalfragebogen • Auswahlrichtlinien (bis zu 500 Arbeitnehmer)	94 95 Abs. 1
initiative Mitbestimmung = Betriebsrat kann initiativ werden, erforderlichenfalls Einigungsstelle	• Arbeitnehmer-beschwerde • soziale Angelegenheiten • betriebliche Bildungs-maßnahmen • Auswahlrichtlinien (mehr als 500 Arbeit-nehmer) • Sozialplan	85 87 98 95 Abs. 2 112 Abs. 2

Checkliste 32: Anspruch aus einer Betriebsvereinbarung

I. Zuständigkeit der Betriebsparteien

II. Regelungskompetenz der Betriebsparteien
1. Tarifvorbehalt gemäß § 77 III BetrVG
2. Gesetzesvorrang

III. Wirksame Betriebsvereinbarung
1. Zustandekommen der Betriebsvereinbarung
2. Schriftform (§ 77 II)

IV. Geltung der konkreten Betriebsvereinbarungsnorm
1. Räumlicher Geltungsbereich
2. Persönlicher Geltungsbereich
3. Zeitlicher Geltungsbereich

V. Nachwirkung (§ 77 VI)

VI. Konkurrenz zu anderen Betriebsvereinbarungen

VII. Mögliche Unwirksamkeit der Betriebsvereinbarung
1. Grenzen der Betriebsautonomie
2. »Billigkeitskontrolle« als Rechtskontrolle

VIII. Umdeutung einer unwirksamen Betriebsvereinbarung

IX. Sonderfragen bei Einigungsstellenspruch
1. Zuständigkeit und Verfahren der Einigungsstelle
2. Ermessenskontrolle

Betriebsverfassungsgesetz (BetrVG)

vom 15. Januar 1972 (BGBl. I 13),
in der Fassung der Bekanntmachung vom 25. September 2001 (BGBl. I 2518),
zuletzt geändert durch Gesetz vom 18. Dezember 2018 (BGBl. I 2651)

(Abgedruckte Vorschriften: §§ 1–121, 126, 130)

Erster Teil – Allgemeine Vorschriften

§ 1 Errichtung von Betriebsräten (1) In Betrieben mit in der Regel mindestens fünf ständigen wahlberechtigten Arbeitnehmern, von denen drei wählbar sind, werden Betriebsräte gewählt. Dies gilt auch für gemeinsame Betriebe mehrerer Unternehmen.

(2) Ein gemeinsamer Betrieb mehrerer Unternehmen wird vermutet, wenn
1. zur Verfolgung arbeitstechnischer Zwecke die Betriebsmittel sowie die Arbeitnehmer von den Unternehmen gemeinsam eingesetzt werden oder
2. die Spaltung eines Unternehmens zur Folge hat, dass von einem Betrieb ein oder mehrere Betriebsteile einem an der Spaltung beteiligten anderen Unternehmen zugeordnet werden, ohne dass sich dabei die Organisation des betroffenen Betriebs wesentlich ändert.

§ 2 Stellung der Gewerkschaften und Vereinigungen der Arbeitgeber (1) Arbeitgeber und Betriebsrat arbeiten unter Beachtung der geltenden Tarifverträge vertrauensvoll und im Zusammenwirken mit den im Betrieb vertretenen Gewerkschaften und Arbeitgebervereinigungen zum Wohl der Arbeitnehmer und des Betriebs zusammen.

(2) Zur Wahrnehmung der in diesem Gesetz genannten Aufgaben und Befugnisse der im Betrieb vertretenen Gewerkschaften ist deren Beauftragten nach Unterrichtung des Arbeitgebers oder seines Vertreters Zugang zum Betrieb zu gewähren, soweit dem nicht unumgängliche Notwendigkeiten des Betriebsablaufs, zwingende Sicherheitsvorschriften oder der Schutz von Betriebsgeheimnissen entgegenstehen.

(3) Die Aufgaben der Gewerkschaften und der Vereinigungen der Arbeitgeber, insbesondere die Wahrnehmung der Interessen ihrer Mitglieder, werden durch dieses Gesetz nicht berührt.

§ 3 Abweichende Regelungen (1) Durch Tarifvertrag können bestimmt werden:
1. für Unternehmen mit mehreren Betrieben
   a) die Bildung eines unternehmenseinheitlichen Betriebsrats oder
   b) die Zusammenfassung von Betrieben,

   wenn dies die Bildung von Betriebsräten erleichtert oder einer sachgerechten Wahrnehmung der Interessen der Arbeitnehmer dient;

2. für Unternehmen und Konzerne, soweit sie nach produkt- oder projektbezogenen Geschäftsbereichen (Sparten) organisiert sind und die Leitung der Sparte auch Entscheidungen in beteiligungspflichtigen Angelegenheiten trifft, die Bildung von Betriebsräten in den Sparten (Spartenbetriebsräte), wenn dies der sachgerechten Wahrnehmung der Aufgaben des Betriebsrats dient;
3. andere Arbeitnehmervertretungsstrukturen, soweit dies insbesondere aufgrund der Betriebs-, Unternehmens- oder Konzernorganisation oder aufgrund anderer Formen der Zusammenarbeit von Unternehmen einer wirksamen und zweckmäßigen Interessenvertretung der Arbeitnehmer dient;
4. zusätzliche betriebsverfassungsrechtliche Gremien (Arbeitsgemeinschaften), die der unternehmensübergreifenden Zusammenarbeit von Arbeitnehmervertretungen dienen;
5. zusätzliche betriebsverfassungsrechtliche Vertretungen der Arbeitnehmer, die die Zusammenarbeit zwischen Betriebsrat und Arbeitnehmern erleichtern.

(2) Besteht in den Fällen des Absatzes 1 Nr. 1, 2, 4 oder 5 keine tarifliche Regelung und gilt auch kein anderer Tarifvertrag, kann die Regelung durch Betriebsvereinbarung getroffen werden.

(3) Besteht im Fall des Absatzes 1 Nr. 1 Buchstabe a keine tarifliche Regelung und besteht in dem Unternehmen kein Betriebsrat, können die Arbeitnehmer mit Stimmenmehrheit die Wahl eines unternehmenseinheitlichen Betriebsrats beschließen. Die Abstimmung kann von mindestens drei wahlberechtigten Arbeitnehmern des Unternehmens oder einer im Unternehmen vertretenen Gewerkschaft veranlasst werden.

(4) Sofern der Tarifvertrag oder die Betriebsvereinbarung nichts anderes bestimmt, sind Regelungen nach Absatz 1 Nr. 1 bis 3 erstmals bei der nächsten regelmäßigen Betriebsratswahl anzuwenden, es sei denn, es besteht kein Betriebsrat oder es ist aus anderen Gründen eine Neuwahl des Betriebsrats erforderlich. Sieht der Tarifvertrag oder die Betriebsvereinbarung einen anderen Wahlzeitpunkt vor, endet die Amtszeit bestehender Betriebsräte, die durch die Regelungen nach Absatz 1 Nr. 1 bis 3 entfallen, mit Bekanntgabe des Wahlergebnisses.

(5) Die aufgrund eines Tarifvertrages oder einer Betriebsvereinbarung nach Absatz 1 Nr. 1 bis 3 gebildeten betriebsverfassungsrechtlichen Organisationseinheiten gelten als Betriebe im Sinne dieses Gesetzes. Auf die in ihnen gebildeten Arbeitnehmervertretungen finden die Vorschriften über die Rechte und Pflichten des Betriebsrats und die Rechtsstellung seiner Mitglieder Anwendung.

§ 4 Betriebsteile, Kleinstbetriebe (1) Betriebsteile gelten als selbständige Betriebe, wenn sie die Voraussetzungen des § 1 Abs. 1 Satz 1 erfüllen und
1. räumlich weit vom Hauptbetrieb entfernt oder
2. durch Aufgabenbereich und Organisation eigenständig sind.

Die Arbeitnehmer eines Betriebsteils, in dem kein eigener Betriebsrat besteht, können mit Stimmenmehrheit formlos beschließen, an der Wahl des Betriebsrats im Hauptbetrieb teilzunehmen; § 3 Abs. 3 Satz 2 gilt entsprechend. Die

Abstimmung kann auch vom Betriebsrat des Hauptbetriebs veranlasst werden. Der Beschluss ist dem Betriebsrat des Hauptbetriebs spätestens zehn Wochen vor Ablauf seiner Amtszeit mitzuteilen. Für den Widerruf des Beschlusses gelten die Sätze 2 bis 4 entsprechend.
(2) Betriebe, die die Voraussetzungen des § 1 Abs. 1 Satz 1 nicht erfüllen, sind dem Hauptbetrieb zuzuordnen.

§ 5 Arbeitnehmer (1) Arbeitnehmer (Arbeitnehmerinnen und Arbeitnehmer) im Sinne dieses Gesetzes sind Arbeiter und Angestellte einschließlich der zu ihrer Berufsausbildung Beschäftigten, unabhängig davon, ob sie im Betrieb, im Außendienst oder mit Telearbeit beschäftigt werden. Als Arbeitnehmer gelten auch die in Heimarbeit Beschäftigten, die in der Hauptsache für den Betrieb arbeiten. Als Arbeitnehmer gelten ferner Beamte (Beamtinnen und Beamte), Soldaten (Soldatinnen und Soldaten) sowie Arbeitnehmer des öffentlichen Dienstes einschließlich der zu ihrer Berufsausbildung Beschäftigten, die in Betrieben privatrechtlich organisierter Unternehmen tätig sind.
(2) Als Arbeitnehmer im Sinne dieses Gesetzes gelten nicht
1. in Betrieben einer juristischen Person die Mitglieder des Organs, das zur gesetzlichen Vertretung der juristischen Person berufen ist;
2. die Gesellschafter einer offenen Handelsgesellschaft oder die Mitglieder einer anderen Personengesamtheit, soweit sie durch Gesetz, Satzung oder Gesellschaftsvertrag zur Vertretung der Personengesamtheit oder zur Geschäftsführung berufen sind, in deren Betrieben;
3. Personen, deren Beschäftigung nicht in erster Linie ihrem Erwerb dient, sondern vorwiegend durch Beweggründe karitativer oder religiöser Art bestimmt ist;
4. Personen, deren Beschäftigung nicht in erster Linie ihrem Erwerb dient und die vorwiegend zu ihrer Heilung, Wiedereingewöhnung, sittlichen Besserung oder Erziehung beschäftigt werden;
5. der Ehegatte, der Lebenspartner, Verwandte und Verschwägerte ersten Grades, die in häuslicher Gemeinschaft mit dem Arbeitgeber leben.

(3) Dieses Gesetz findet, soweit in ihm nicht ausdrücklich etwas anderes bestimmt ist, keine Anwendung auf leitende Angestellte. Leitender Angestellter ist, wer nach Arbeitsvertrag und Stellung im Unternehmen oder im Betrieb
1. zur selbständigen Einstellung und Entlassung von im Betrieb oder in der Betriebsabteilung beschäftigten Arbeitnehmern berechtigt ist oder
2. Generalvollmacht oder Prokura hat und die Prokura auch im Verhältnis zum Arbeitgeber nicht unbedeutend ist oder
3. regelmäßig sonstige Aufgaben wahrnimmt, die für den Bestand und die Entwicklung des Unternehmens oder eines Betriebs von Bedeutung sind und deren Erfüllung besondere Erfahrungen und Kenntnisse voraussetzt, wenn er dabei entweder die Entscheidungen im Wesentlichen frei von Weisungen trifft oder sie maßgeblich beeinflusst; dies kann auch bei Vorgaben insbesondere aufgrund von Rechtsvorschriften, Plänen oder Richtlinien sowie bei Zusammenarbeit mit anderen leitenden Angestellten gegeben sein.

Für die in Absatz 1 Satz 3 genannten Beamten und Soldaten gelten die Sätze 1 und 2 entsprechend.

(4) Leitender Angestellter nach Absatz 3 Nr. 3 ist im Zweifel, wer

1. aus Anlass der letzten Wahl des Betriebsrats, des Sprecherausschusses oder von Aufsichtsratsmitgliedern der Arbeitnehmer oder durch rechtskräftige gerichtliche Entscheidung den leitenden Angestellten zugeordnet worden ist oder
2. einer Leitungsebene angehört, auf der in dem Unternehmen überwiegend leitende Angestellte vertreten sind, oder
3. ein regelmäßiges Jahresarbeitsentgelt erhält, das für leitende Angestellte in dem Unternehmen üblich ist, oder,
4. falls auch bei der Anwendung der Nummer 3 noch Zweifel bleiben, ein regelmäßiges Jahresarbeitsentgelt erhält, das das Dreifache der Bezugsgröße nach § 18 des Vierten Buches des Sozialgesetzbuches überschreitet.

§ 6 *(weggefallen)*

Zweiter Teil – Betriebsrat, Betriebsversammlung, Gesamt- und Konzernbetriebsrat

Erster Abschnitt – Zusammensetzung und Wahl des Betriebsrats

§ 7 Wahlberechtigung Wahlberechtigt sind alle Arbeitnehmer des Betriebs, die das 18. Lebensjahr vollendet haben. Werden Arbeitnehmer eines anderen Arbeitgebers zur Arbeitsleistung überlassen, so sind diese wahlberechtigt, wenn sie länger als drei Monate im Betrieb eingesetzt werden.

§ 8 Wählbarkeit (1) Wählbar sind alle Wahlberechtigten, die sechs Monate dem Betrieb angehören oder als in Heimarbeit Beschäftigte in der Hauptsache für den Betrieb gearbeitet haben. Auf diese sechsmonatige Betriebszugehörigkeit werden Zeiten angerechnet, in denen der Arbeitnehmer unmittelbar vorher einem anderen Betrieb desselben Unternehmens oder Konzerns (§ 18 Abs. 1 des Aktiengesetzes) angehört hat. Nicht wählbar ist, wer infolge strafgerichtlicher Verurteilung die Fähigkeit, Rechte aus öffentlichen Wahlen zu erlangen, nicht besitzt.

(2) Besteht der Betrieb weniger als sechs Monate, so sind abweichend von der Vorschrift in Absatz 1 über die sechsmonatige Betriebszugehörigkeit diejenigen Arbeitnehmer wählbar, die bei der Einleitung der Betriebsratswahl im Betrieb beschäftigt sind und die übrigen Voraussetzungen für die Wählbarkeit erfüllen.

§ 9 Zahl der Betriebsratsmitglieder (1) Der Betriebsrat besteht in Betrieben mit in der Regel

5	bis	20	wahlberechtigten Arbeitnehmern aus einer Person,
21	bis	50	wahlberechtigten Arbeitnehmern aus 3 Mitgliedern,

51	wahlberechtigten Arbeitnehmern				
	bis	100	Arbeitnehmern aus	5	Mitgliedern,
101	bis	200	Arbeitnehmern aus	7	Mitgliedern,
201	bis	400	Arbeitnehmern aus	9	Mitgliedern,
401	bis	700	Arbeitnehmern aus	11	Mitgliedern,
701	bis	1000	Arbeitnehmern aus	13	Mitgliedern,
1001	bis	1500	Arbeitnehmern aus	15	Mitgliedern,
1501	bis	2000	Arbeitnehmern aus	17	Mitgliedern,
2001	bis	2500	Arbeitnehmern aus	19	Mitgliedern,
2501	bis	3000	Arbeitnehmern aus	21	Mitgliedern,
3001	bis	3500	Arbeitnehmern aus	23	Mitgliedern,
3501	bis	4000	Arbeitnehmern aus	25	Mitgliedern,
4001	bis	4500	Arbeitnehmern aus	27	Mitgliedern,
4501	bis	5000	Arbeitnehmern aus	29	Mitgliedern,
5001	bis	6000	Arbeitnehmern aus	31	Mitgliedern,
6001	bis	7000	Arbeitnehmern aus	33	Mitgliedern,
7001	bis	9000	Arbeitnehmern aus	35	Mitgliedern.

In Betrieben mit mehr als 9000 Arbeitnehmern erhöht sich die Zahl der Mitglieder des Betriebsrats für je angefangene weitere 3000 Arbeitnehmer um 2 Mitglieder.

§ 10 *(weggefallen)*

§ 11 Ermäßigte Zahl der Betriebsratsmitglieder Hat ein Betrieb nicht die ausreichende Zahl von wählbaren Arbeitnehmern, so ist die Zahl der Betriebsratsmitglieder der nächstniedrigeren Betriebsgröße zugrunde zu legen.

§ 12 *(weggefallen)*

§ 13 Zeitpunkt der Betriebsratswahlen (1) Die regelmäßigen Betriebsratswahlen finden alle vier Jahre in der Zeit vom 1. März bis 31. Mai statt. Sie sind zeitgleich mit den regelmäßigen Wahlen nach § 5 Abs. 1 des Sprecherausschussgesetzes einzuleiten.

(2) Außerhalb dieser Zeit ist der Betriebsrat zu wählen, wenn

1. mit Ablauf von 24 Monaten, vom Tage der Wahl an gerechnet, die Zahl der regelmäßig beschäftigten Arbeitnehmer um die Hälfte, mindestens aber um fünfzig, gestiegen oder gesunken ist,
2. die Gesamtzahl der Betriebsratsmitglieder nach Eintreten sämtlicher Ersatzmitglieder unter die vorgeschriebene Zahl der Betriebsratsmitglieder gesunken ist,
3. der Betriebsrat mit der Mehrheit seiner Mitglieder seinen Rücktritt beschlossen hat,
4. die Betriebsratswahl mit Erfolg angefochten worden ist,
5. der Betriebsrat durch eine gerichtliche Entscheidung aufgelöst ist oder
6. im Betrieb ein Betriebsrat nicht besteht.

(3) Hat außerhalb des für die regelmäßigen Betriebsratswahlen festgelegten Zeitraums eine Betriebsratswahl stattgefunden, so ist der Betriebsrat in dem auf die Wahl folgenden nächsten Zeitraum der regelmäßigen Betriebsratswahlen neu zu wählen. Hat die Amtszeit des Betriebsrats zu Beginn des für die regelmäßigen Betriebsratswahlen festgelegten Zeitraums noch nicht ein Jahr betragen, so ist der Betriebsrat in dem übernächsten Zeitraum der regelmäßigen Betriebsratswahlen neu zu wählen.

§ 14 Wahlvorschriften (1) Der Betriebsrat wird in geheimer und unmittelbarer Wahl gewählt.
(2) Die Wahl erfolgt nach den Grundsätzen der Verhältniswahl. Sie erfolgt nach den Grundsätzen der Mehrheitswahl, wenn nur ein Wahlvorschlag eingereicht wird oder wenn der Betriebsrat im vereinfachten Wahlverfahren nach § 14 a zu wählen ist.
(3) Zur Wahl des Betriebsrats können die wahlberechtigten Arbeitnehmer und die im Betrieb vertretenen Gewerkschaften Wahlvorschläge machen.
(4) Jeder Wahlvorschlag der Arbeitnehmer muss von mindestens einem Zwanzigstel der wahlberechtigten Arbeitnehmer, mindestens jedoch von drei Wahlberechtigten unterzeichnet sein; in Betrieben mit in der Regel bis zu zwanzig wahlberechtigten Arbeitnehmern genügt die Unterzeichnung durch zwei Wahlberechtigte. In jedem Fall genügt die Unterzeichnung durch fünfzig wahlberechtigte Arbeitnehmer.
(5) Jeder Wahlvorschlag einer Gewerkschaft muss von zwei Beauftragten unterzeichnet sein.

§ 14 a Vereinfachtes Wahlverfahren für Kleinbetriebe (1) In Betrieben mit in der Regel fünf bis fünfzig wahlberechtigten Arbeitnehmern wird der Betriebsrat in einem zweistufigen Verfahren gewählt. Auf einer ersten Wahlversammlung wird der Wahlvorstand nach § 17 a Nr. 3 gewählt. Auf einer zweiten Wahlversammlung wird der Betriebsrat in geheimer und unmittelbarer Wahl gewählt. Diese Wahlversammlung findet eine Woche nach der Wahlversammlung zur Wahl des Wahlvorstands statt.
(2) Wahlvorschläge können bis zum Ende der Wahlversammlung zur Wahl des Wahlvorstands nach § 17 a Nr. 3 gemacht werden; für Wahlvorschläge der Arbeitnehmer gilt § 14 Abs. 4 mit der Maßgabe, dass für Wahlvorschläge, die erst auf dieser Wahlversammlung gemacht werden, keine Schriftform erforderlich ist.
(3) Ist der Wahlvorstand in Betrieben mit in der Regel fünf bis fünfzig wahlberechtigten Arbeitnehmern nach § 17 a Nr. 1 in Verbindung mit § 16 vom Betriebsrat, Gesamtbetriebsrat oder Konzernbetriebsrat oder nach § 17 a Nr. 4 vom Arbeitsgericht bestellt, wird der Betriebsrat abweichend von Absatz 1 Satz 1 und 2 auf nur einer Wahlversammlung in geheimer und unmittelbarer Wahl gewählt. Wahlvorschläge können bis eine Woche vor der Wahlversammlung zur Wahl des Betriebsrats gemacht werden; § 14 Abs. 4 gilt unverändert.
(4) Wahlberechtigten Arbeitnehmern, die an der Wahlversammlung zur Wahl

des Betriebsrats nicht teilnehmen können, ist Gelegenheit zur schriftlichen Stimmabgabe zu geben.
(5) In Betrieben mit in der Regel 51 bis 100 wahlberechtigten Arbeitnehmern können der Wahlvorstand und der Arbeitgeber die Anwendung des vereinfachten Wahlverfahrens vereinbaren.

§ 15 Zusammensetzung nach Beschäftigungsarten und Geschlechter (1) Der Betriebsrat soll sich möglichst aus Arbeitnehmern der einzelnen Organisationsbereiche und der verschiedenen Beschäftigungsarten der im Betrieb tätigen Arbeitnehmer zusammensetzen.
(2) Das Geschlecht, das in der Belegschaft in der Minderheit ist, muss mindestens entsprechend seinem zahlenmäßigen Verhältnis im Betriebsrat vertreten sein, wenn dieser aus mindestens drei Mitgliedern besteht.

§ 16 Bestellung des Wahlvorstands (1) Spätestens zehn Wochen vor Ablauf seiner Amtszeit bestellt der Betriebsrat einen aus drei Wahlberechtigten bestehenden Wahlvorstand und einen von ihnen als Vorsitzenden. Der Betriebsrat kann die Zahl der Wahlvorstandsmitglieder erhöhen, wenn dies zur ordnungsgemäßen Durchführung der Wahl erforderlich ist. Der Wahlvorstand muss in jedem Fall aus einer ungeraden Zahl von Mitgliedern bestehen. Für jedes Mitglied des Wahlvorstands kann für den Fall seiner Verhinderung ein Ersatzmitglied bestellt werden. In Betrieben mit weiblichen und männlichen Arbeitnehmern sollen dem Wahlvorstand Frauen und Männer angehören. Jede im Betrieb vertretene Gewerkschaft kann zusätzlich einen dem Betrieb angehörenden Beauftragten als nicht stimmberechtigtes Mitglied in den Wahlvorstand entsenden, sofern ihr nicht ein stimmberechtigtes Wahlvorstandsmitglied angehört.
(2) Besteht acht Wochen vor Ablauf der Amtszeit des Betriebsrats kein Wahlvorstand, so bestellt ihn das Arbeitsgericht auf Antrag von mindestens drei Wahlberechtigten oder einer im Betrieb vertretenen Gewerkschaft; Absatz 1 gilt entsprechend. In dem Antrag können Vorschläge für die Zusammensetzung des Wahlvorstands gemacht werden. Das Arbeitsgericht kann für Betriebe mit in der Regel mehr als zwanzig wahlberechtigten Arbeitnehmern auch Mitglieder einer im Betrieb vertretenen Gewerkschaft, die nicht Arbeitnehmer des Betriebs sind, zu Mitgliedern des Wahlvorstands bestellen, wenn dies zur ordnungsgemäßen Durchführung der Wahl erforderlich ist.
(3) Besteht acht Wochen vor Ablauf der Amtszeit des Betriebsrats kein Wahlvorstand, kann auch der Gesamtbetriebsrat oder, falls ein solcher nicht besteht, der Konzernbetriebsrat den Wahlvorstand bestellen. Absatz 1 gilt entsprechend.

§ 17 Bestellung des Wahlvorstands in Betrieben ohne Betriebsrat (1) Besteht in einem Betrieb, der die Voraussetzungen des § 1 Abs. 1 Satz 1 erfüllt, kein Betriebsrat, so bestellt der Gesamtbetriebsrat oder, falls ein solcher nicht besteht, der Konzernbetriebsrat einen Wahlvorstand. § 16 Abs. 1 gilt entsprechend.
(2) Besteht weder ein Gesamtbetriebsrat noch ein Konzernbetriebsrat, so wird

in einer Betriebsversammlung von der Mehrheit der anwesenden Arbeitnehmer ein Wahlvorstand gewählt; § 16 Abs. 1 gilt entsprechend. Gleiches gilt, wenn der Gesamtbetriebsrat oder Konzernbetriebsrat die Bestellung des Wahlvorstands nach Absatz 1 unterlässt.
(3) Zu dieser Betriebsversammlung können drei wahlberechtigte Arbeitnehmer des Betriebs oder eine im Betrieb vertretene Gewerkschaft einladen und Vorschläge für die Zusammensetzung des Wahlvorstands machen.
(4) Findet trotz Einladung keine Betriebsversammlung statt oder wählt die Betriebsversammlung keinen Wahlvorstand, so bestellt ihn das Arbeitsgericht auf Antrag von mindestens drei wahlberechtigten Arbeitnehmern oder einer im Betrieb vertretenen Gewerkschaft. § 16 Abs. 2 gilt entsprechend.

§ 17 a Bestellung des Wahlvorstands im vereinfachten Wahlverfahren Im Fall des § 14 a finden die §§ 16 und 17 mit folgender Maßgabe Anwendung:
1. Die Frist des § 16 Abs. 1 Satz 1 wird auf vier Wochen und die des § 16 Abs. 2 Satz 1, Abs. 3 Satz 1 auf drei Wochen verkürzt.
2. § 16 Abs. 1 Satz 2 und 3 findet keine Anwendung.
3. In den Fällen des § 17 Abs. 2 wird der Wahlvorstand in einer Wahlversammlung von der Mehrheit der anwesenden Arbeitnehmer gewählt. Für die Einladung zu der Wahlversammlung gilt § 17 Abs. 3 entsprechend.
4. § 17 Abs. 4 gilt entsprechend, wenn trotz Einladung keine Wahlversammlung stattfindet oder auf der Wahlversammlung kein Wahlvorstand gewählt wird.

§ 18 Vorbereitung und Durchführung der Wahl (1) Der Wahlvorstand hat die Wahl unverzüglich einzuleiten, sie durchzuführen und das Wahlergebnis festzustellen. Kommt der Wahlvorstand dieser Verpflichtung nicht nach, so ersetzt ihn das Arbeitsgericht auf Antrag des Betriebsrats, von mindestens drei wahlberechtigten Arbeitnehmern oder einer im Betrieb vertretenen Gewerkschaft. § 16 Abs. 2 gilt entsprechend.
(2) Ist zweifelhaft, ob eine betriebsratsfähige Organisationseinheit vorliegt, so können der Arbeitgeber, jeder beteiligte Betriebsrat, jeder beteiligte Wahlvorstand oder eine im Betrieb vertretene Gewerkschaft eine Entscheidung des Arbeitsgerichts beantragen.
(3) Unverzüglich nach Abschluss der Wahl nimmt der Wahlvorstand öffentlich die Auszählung der Stimmen vor, stellt deren Ergebnis in einer Niederschrift fest und gibt es den Arbeitnehmern des Betriebs bekannt. Dem Arbeitgeber und den im Betrieb vertretenen Gewerkschaften ist eine Abschrift der Wahlniederschrift zu übersenden.

§ 18 a Zuordnung der leitenden Angestellten bei Wahlen (1) Sind die Wahlen nach § 13 Abs. 1 und nach § 5 Abs. 1 des Sprecherausschussgesetzes zeitgleich einzuleiten, so haben sich die Wahlvorstände unverzüglich nach Aufstellung der Wählerlisten, spätestens jedoch zwei Wochen vor Einleitung der Wahlen, gegenseitig darüber zu unterrichten, welche Angestellten sie den leitenden

Angestellten zugeordnet haben; dies gilt auch, wenn die Wahlen ohne Bestehen einer gesetzlichen Verpflichtung zeitgleich eingeleitet werden. Soweit zwischen den Wahlvorständen kein Einvernehmen über die Zuordnung besteht, haben sie in gemeinsamer Sitzung eine Einigung zu versuchen. Soweit eine Einigung zustande kommt, sind die Angestellten entsprechend ihrer Zuordnung in die jeweilige Wählerliste einzutragen.

(2) Soweit eine Einigung nicht zustande kommt, hat ein Vermittler spätestens eine Woche vor Einleitung der Wahlen erneut eine Verständigung der Wahlvorstände über die Zuordnung zu versuchen. Der Arbeitgeber hat den Vermittler auf dessen Verlangen zu unterstützen, insbesondere die erforderlichen Auskünfte zu erteilen und die erforderlichen Unterlagen zur Verfügung zu stellen. Bleibt der Verständigungsversuch erfolglos, so entscheidet der Vermittler nach Beratung mit dem Arbeitgeber. Absatz 1 Satz 3 gilt entsprechend.

(3) Auf die Person des Vermittlers müssen sich die Wahlvorstände einigen. Zum Vermittler kann nur ein Beschäftigter des Betriebs oder eines anderen Betriebs des Unternehmens oder Konzerns oder der Arbeitgeber bestellt werden. Kommt eine Einigung nicht zustande, so schlagen die Wahlvorstände je eine Person als Vermittler vor; durch Los wird entschieden, wer als Vermittler tätig wird.

(4) Wird mit der Wahl nach § 13 Abs. 1 oder 2 nicht zeitgleich eine Wahl nach dem Sprecherausschussgesetz eingeleitet, so hat der Wahlvorstand den Sprecherausschuss entsprechend Absatz 1 Satz 1 erster Halbsatz zu unterrichten. Soweit kein Einvernehmen über die Zuordnung besteht, hat der Sprecherausschuss Mitglieder zu benennen, die anstelle des Wahlvorstands an dem Zuordnungsverfahren teilnehmen. Wird mit der Wahl nach § 5 Abs. 1 oder 2 des Sprecherausschussgesetzes nicht zeitgleich eine Wahl nach diesem Gesetz eingeleitet, so gelten die Sätze 1 und 2 für den Betriebsrat entsprechend.

(5) Durch die Zuordnung wird der Rechtsweg nicht ausgeschlossen. Die Anfechtung der Betriebsratswahl oder der Wahl nach dem Sprecherausschussgesetz ist ausgeschlossen, soweit sie darauf gestützt wird, die Zuordnung sei fehlerhaft erfolgt. Satz 2 gilt nicht, soweit die Zuordnung offensichtlich fehlerhaft ist.

§ 19 Wahlanfechtung (1) Die Wahl kann beim Arbeitsgericht angefochten werden, wenn gegen wesentliche Vorschriften über das Wahlrecht, die Wählbarkeit oder das Wahlverfahren verstoßen worden ist und eine Berichtigung nicht erfolgt ist, es sei denn, dass durch den Verstoß das Wahlergebnis nicht geändert oder beeinflusst werden konnte.

(2) Zur Anfechtung berechtigt sind mindestens drei Wahlberechtigte, eine im Betrieb vertretene Gewerkschaft oder der Arbeitgeber. Die Wahlanfechtung ist nur binnen einer Frist von zwei Wochen, vom Tage der Bekanntgabe des Wahlergebnisses an gerechnet, zulässig.

§ 20 Wahlschutz und Wahlkosten (1) Niemand darf die Wahl des Betriebsrats behindern. Insbesondere darf kein Arbeitnehmer in der Ausübung des aktiven und passiven Wahlrechts beschränkt werden.

(2) Niemand darf die Wahl des Betriebsrats durch Zufügung oder Androhung von Nachteilen oder durch Gewährung oder Versprechen von Vorteilen beeinflussen.
(3) Die Kosten der Wahl trägt der Arbeitgeber. Versäumnis von Arbeitszeit, die zur Ausübung des Wahlrechts, zur Betätigung im Wahlvorstand oder zur Tätigkeit als Vermittler (§ 18 a) erforderlich ist, berechtigt den Arbeitgeber nicht zur Minderung des Arbeitsentgelts.

Zweiter Abschnitt – Amtszeit des Betriebsrats

§ 21 Amtszeit Die regelmäßige Amtszeit des Betriebsrats beträgt vier Jahre. Die Amtszeit beginnt mit der Bekanntgabe des Wahlergebnisses oder, wenn zu diesem Zeitpunkt noch ein Betriebsrat besteht, mit Ablauf von dessen Amtszeit. Die Amtszeit endet spätestens am 31. Mai des Jahres, in dem nach § 13 Abs. 1 die regelmäßigen Betriebsratswahlen stattfinden. In dem Fall des § 13 Abs. 3 Satz 2 endet die Amtszeit spätestens am 31. Mai des Jahres, in dem der Betriebsrat neu zu wählen ist. In den Fällen des § 13 Abs. 2 Nr. 1 und 2 endet die Amtszeit mit der Bekanntgabe des Wahlergebnisses des neu gewählten Betriebsrats.

§ 21 a[1] Übergangsmandat (1) Wird ein Betrieb gespalten, so bleibt dessen Betriebsrat im Amt und führt die Geschäfte für die ihm bislang zugeordneten Betriebsteile weiter, soweit sie die Voraussetzungen des § 1 Abs. 1 Satz 1 erfüllen und nicht in einen Betrieb eingegliedert werden, in dem ein Betriebsrat besteht (Übergangsmandat). Der Betriebsrat hat insbesondere unverzüglich Wahlvorstände zu bestellen. Das Übergangsmandat endet, sobald in den Betriebsteilen ein neuer Betriebsrat gewählt und das Wahlergebnis bekannt gegeben ist, spätestens jedoch sechs Monate nach Wirksamwerden der Spaltung. Durch Tarifvertrag oder Betriebsvereinbarung kann das Übergangsmandat um weitere sechs Monate verlängert werden.
(2) Werden Betriebe oder Betriebsteile zu einem Betrieb zusammengefasst, so nimmt der Betriebsrat des nach der Zahl der wahlberechtigten Arbeitnehmer größten Betriebs oder Betriebsteils das Übergangsmandat wahr. Absatz 1 gilt entsprechend.
(3) Die Absätze 1 und 2 gelten auch, wenn die Spaltung oder Zusammenlegung von Betrieben und Betriebsteilen im Zusammenhang mit einer Betriebsveräußerung oder einer Umwandlung nach dem Umwandlungsgesetz erfolgt.

§ 21 b Restmandat Geht ein Betrieb durch Stilllegung, Spaltung oder Zusammenlegung unter, so bleibt dessen Betriebsrat so lange im Amt, wie dies zur

---

1 Diese Vorschrift dient der Umsetzung des Artikels 6 der Richtlinie 2001/23/EG des Rates vom 12. März 2001 zur Angleichung der Rechtsvorschriften der Mitgliedstaaten über die Wahrung von Ansprüchen der Arbeitnehmer beim Übergang von Unternehmen, Betrieben oder Betriebsteilen (ABl. EG Nr. L 82 S. 16).

Wahrnehmung der damit im Zusammenhang stehenden Mitwirkungs- und Mitbestimmungsrechte erforderlich ist.

§ 22 Weiterführung der Geschäfte des Betriebsrats In den Fällen des § 13 Abs. 2 Nr. 1 bis 3 führt der Betriebsrat die Geschäfte weiter, bis der neue Betriebsrat gewählt und das Wahlergebnis bekanntgegeben ist.

§ 23 Verletzung gesetzlicher Pflichten (1) Mindestens ein Viertel der wahlberechtigten Arbeitnehmer, der Arbeitgeber oder eine im Betrieb vertretene Gewerkschaft können beim Arbeitsgericht den Ausschluss eines Mitglieds aus dem Betriebsrat oder die Auflösung des Betriebsrats wegen grober Verletzung seiner gesetzlichen Pflichten beantragen. Der Ausschluss eines Mitglieds kann auch vom Betriebsrat beantragt werden.
(2) Wird der Betriebsrat aufgelöst, so setzt das Arbeitsgericht unverzüglich einen Wahlvorstand für die Neuwahl ein. § 16 Abs. 2 gilt entsprechend.
(3) Der Betriebsrat oder eine im Betrieb vertretene Gewerkschaft können bei groben Verstößen des Arbeitgebers gegen seine Verpflichtungen aus diesem Gesetz beim Arbeitsgericht beantragen, dem Arbeitgeber aufzugeben, eine Handlung zu unterlassen, die Vornahme einer Handlung zu dulden oder eine Handlung vorzunehmen. Handelt der Arbeitgeber der ihm durch rechtskräftige gerichtliche Entscheidung auferlegten Verpflichtung zuwider, eine Handlung zu unterlassen oder die Vornahme einer Handlung zu dulden, so ist er auf Antrag vom Arbeitsgericht wegen einer jeden Zuwiderhandlung nach vorheriger Androhung zu einem Ordnungsgeld zu verurteilen. Führt der Arbeitgeber die ihm durch eine rechtskräftige gerichtliche Entscheidung auferlegte Handlung nicht durch, so ist auf Antrag vom Arbeitsgericht zu erkennen, dass er zur Vornahme der Handlung durch Zwangsgeld anzuhalten sei. Antragsberechtigt sind der Betriebsrat oder eine im Betrieb vertretene Gewerkschaft. Das Höchstmaß des Ordnungsgeldes und Zwangsgeldes beträgt 10000 Euro.

§ 24 Erlöschen der Mitgliedschaft Die Mitgliedschaft im Betriebsrat erlischt durch

1. Ablauf der Amtszeit,
2. Niederlegung des Betriebsratsamtes,
3. Beendigung des Arbeitsverhältnisses,
4. Verlust der Wählbarkeit,
5. Ausschluss aus dem Betriebsrat oder Auflösung des Betriebsrats aufgrund einer gerichtlichen Entscheidung,
6. gerichtliche Entscheidung über die Feststellung der Nichtwählbarkeit nach Ablauf der in § 19 Abs. 2 bezeichneten Frist, es sei denn, der Mangel liegt nicht mehr vor.

§ 25 Ersatzmitglieder (1) Scheidet ein Mitglied des Betriebsrats aus, so rückt ein Ersatzmitglied nach. Dies gilt entsprechend für die Stellvertretung eines zeitweilig verhinderten Mitglieds des Betriebsrats.

(2) Die Ersatzmitglieder werden unter Berücksichtigung des § 15 Abs. 2 der Reihe nach aus den nichtgewählten Arbeitnehmern derjenigen Vorschlagslisten entnommen, denen die zu ersetzenden Mitglieder angehören. Ist eine Vorschlagsliste erschöpft, so ist das Ersatzmitglied derjenigen Vorschlagsliste zu entnehmen, auf die nach den Grundsätzen der Verhältniswahl der nächste Sitz entfallen würde. Ist das ausgeschiedene oder verhinderte Mitglied nach den Grundsätzen der Mehrheitswahl gewählt, so bestimmt sich die Reihenfolge der Ersatzmitglieder unter Berücksichtigung des § 15 Abs. 2 nach der Höhe der erreichten Stimmenzahlen.

Dritter Abschnitt – Geschäftsführung des Betriebsrats

§ 26 Vorsitzender (1) Der Betriebsrat wählt aus seiner Mitte den Vorsitzenden und dessen Stellvertreter.
(2) Der Vorsitzende des Betriebsrats oder im Fall seiner Verhinderung sein Stellvertreter vertritt den Betriebsrat im Rahmen der von ihm gefassten Beschlüsse. Zur Entgegennahme von Erklärungen, die dem Betriebsrat gegenüber abzugeben sind, ist der Vorsitzende des Betriebsrats oder im Fall seiner Verhinderung sein Stellvertreter berechtigt.

§ 27 Betriebsausschuss (1) Hat ein Betriebsrat neun oder mehr Mitglieder, so bildet er einen Betriebsausschuss. Der Betriebsausschuss besteht aus dem Vorsitzenden des Betriebsrats, dessen Stellvertreter und bei Betriebsräten mit
9 bis 15 Mitgliedern aus 3 weiteren Ausschussmitgliedern,
17 bis 23 Mitgliedern aus 5 weiteren Ausschussmitgliedern,
25 bis 35 Mitgliedern aus 7 weiteren Ausschussmitgliedern,
37 oder mehr Mitgliedern aus 9 weiteren Ausschussmitgliedern.

Die weiteren Ausschussmitglieder werden vom Betriebsrat aus seiner Mitte in geheimer Wahl und nach den Grundsätzen der Verhältniswahl gewählt. Wird nur ein Wahlvorschlag gemacht, so erfolgt die Wahl nach den Grundsätzen der Mehrheitswahl. Sind die weiteren Ausschussmitglieder nach den Grundsätzen der Verhältniswahl gewählt, so erfolgt die Abberufung durch Beschluss des Betriebsrats, der in geheimer Abstimmung gefasst wird und einer Mehrheit von drei Vierteln der Stimmen der Mitglieder des Betriebsrats bedarf.
(2) Der Betriebsausschuss führt die laufenden Geschäfte des Betriebsrats. Der Betriebsrat kann dem Betriebsausschuss mit der Mehrheit der Stimmen seiner Mitglieder Aufgaben zur selbständigen Erledigung übertragen; dies gilt nicht für den Abschluss von Betriebsvereinbarungen. Die Übertragung bedarf der Schriftform. Die Sätze 2 und 3 gelten entsprechend für den Widerruf der Übertragung von Aufgaben.
(3) Betriebsräte mit weniger als neun Mitgliedern können die laufenden Geschäfte auf den Vorsitzenden des Betriebsrats oder andere Betriebsratsmitglieder übertragen.

§ 28 Übertragung von Aufgaben auf Ausschüsse (1) Der Betriebsrat kann in Betrieben mit mehr als 100 Arbeitnehmern Ausschüsse bilden und ihnen bestimmte Aufgaben übertragen. Für die Wahl und Abberufung der Ausschussmitglieder gilt § 27 Abs. 1 Satz 3 bis 5 entsprechend. Ist ein Betriebsausschuss gebildet, kann der Betriebsrat den Ausschüssen Aufgaben zur selbständigen Erledigung übertragen; § 27 Abs. 2 Satz 2 bis 4 gilt entsprechend.
(2) Absatz 1 gilt entsprechend für die Übertragung von Aufgaben zur selbständigen Entscheidung auf Mitglieder des Betriebsrats in Ausschüssen, deren Mitglieder vom Betriebsrat und vom Arbeitgeber benannt werden.

§ 28 a Übertragung von Aufgaben auf Arbeitsgruppen (1) In Betrieben mit mehr als 100 Arbeitnehmern kann der Betriebsrat mit der Mehrheit der Stimmen seiner Mitglieder bestimmte Aufgaben auf Arbeitsgruppen übertragen; dies erfolgt nach Maßgabe einer mit dem Arbeitgeber abzuschließenden Rahmenvereinbarung. Die Aufgaben müssen im Zusammenhang mit den von der Arbeitsgruppe zu erledigenden Tätigkeiten stehen. Die Übertragung bedarf der Schriftform. Für den Widerruf der Übertragung gelten Satz 1 erster Halbsatz und Satz 3 entsprechend.
(2) Die Arbeitsgruppe kann im Rahmen der ihr übertragenen Aufgaben mit dem Arbeitgeber Vereinbarungen schließen; eine Vereinbarung bedarf der Mehrheit der Stimmen der Gruppenmitglieder. § 77 gilt entsprechend. Können sich Arbeitgeber und Arbeitsgruppe in einer Angelegenheit nicht einigen, nimmt der Betriebsrat das Beteiligungsrecht wahr.

§ 29 Einberufung der Sitzungen (1) Vor Ablauf einer Woche nach dem Wahltag hat der Wahlvorstand die Mitglieder des Betriebsrats zu der nach § 26 Abs. 1 vorgeschriebenen Wahl einzuberufen. Der Vorsitzende des Wahlvorstands leitet die Sitzung, bis der Betriebsrat aus seiner Mitte einen Wahlleiter bestellt hat.
(2) Die weiteren Sitzungen beruft der Vorsitzende des Betriebsrats ein. Er setzt die Tagesordnung fest und leitet die Verhandlung. Der Vorsitzende hat die Mitglieder des Betriebsrats zu den Sitzungen rechtzeitig unter Mitteilung der Tagesordnung zu laden. Dies gilt auch für die Schwerbehindertenvertretung sowie für die Jugend- und Auszubildendenvertreter, soweit sie ein Recht auf Teilnahme an der Betriebsratssitzung haben. Kann ein Mitglied des Betriebsrats oder der Jugend- und Auszubildendenvertretung an der Sitzung nicht teilnehmen, so soll es dies unter Angabe der Gründe unverzüglich dem Vorsitzenden mitteilen. Der Vorsitzende hat für ein verhindertes Betriebsratsmitglied oder für einen verhinderten Jugend- und Auszubildendenvertreter das Ersatzmitglied zu laden.
(3) Der Vorsitzende hat eine Sitzung einzuberufen und den Gegenstand, dessen Beratung beantragt ist, auf die Tagesordnung zu setzen, wenn dies ein Viertel der Mitglieder des Betriebsrats oder der Arbeitgeber beantragt.
(4) Der Arbeitgeber nimmt an den Sitzungen, die auf sein Verlangen anberaumt sind, und an den Sitzungen, zu denen er ausdrücklich eingeladen ist, teil. Er kann einen Vertreter der Vereinigung der Arbeitgeber, der er angehört, hinzuziehen.

§ 30 Betriebsratssitzungen Die Sitzungen des Betriebsrats finden in der Regel während der Arbeitszeit statt. Der Betriebsrat hat bei der Ansetzung von Betriebsratssitzungen auf die betrieblichen Notwendigkeiten Rücksicht zu nehmen. Der Arbeitgeber ist vom Zeitpunkt der Sitzung vorher zu verständigen. Die Sitzungen des Betriebsrats sind nicht öffentlich.

§ 31 Teilnahme der Gewerkschaften Auf Antrag von einem Viertel der Mitglieder des Betriebsrats kann ein Beauftragter einer im Betriebsrat vertretenen Gewerkschaft an den Sitzungen beratend teilnehmen; in diesem Fall sind der Zeitpunkt der Sitzung und die Tagesordnung der Gewerkschaft rechtzeitig mitzuteilen.

§ 32 Teilnahme der Schwerbehindertenvertretung Die Schwerbehindertenvertretung (§ 177 des Neunten Buches Sozialgesetzbuch) kann an allen Sitzungen des Betriebsrats beratend teilnehmen.

§ 33 Beschlüsse des Betriebsrats (1) Die Beschlüsse des Betriebsrats werden, soweit in diesem Gesetz nichts anderes bestimmt ist, mit der Mehrheit der Stimmen der anwesenden Mitglieder gefasst. Bei Stimmengleichheit ist ein Antrag abgelehnt.
(2) Der Betriebsrat ist nur beschlussfähig, wenn mindestens die Hälfte der Betriebsratsmitglieder an der Beschlussfassung teilnimmt; Stellvertretung durch Ersatzmitglieder ist zulässig.
(3) Nimmt die Jugend- und Auszubildendenvertretung an der Beschlussfassung teil, so werden die Stimmen der Jugend- und Auszubildendenvertreter bei der Feststellung der Stimmenmehrheit mitgezählt.

§ 34 Sitzungsniederschrift (1) Über jede Verhandlung des Betriebsrats ist eine Niederschrift aufzunehmen, die mindestens den Wortlaut der Beschlüsse und die Stimmenmehrheit, mit der sie gefasst sind, enthält. Die Niederschrift ist von dem Vorsitzenden und einem weiteren Mitglied zu unterzeichnen. Der Niederschrift ist eine Anwesenheitsliste beizufügen, in die sich jeder Teilnehmer eigenhändig einzutragen hat.
(2) Hat der Arbeitgeber oder ein Beauftragter einer Gewerkschaft an der Sitzung teilgenommen, so ist ihm der entsprechende Teil der Niederschrift abschriftlich auszuhändigen. Einwendungen gegen die Niederschrift sind unverzüglich schriftlich zu erheben; sie sind der Niederschrift beizufügen.
(3) Die Mitglieder des Betriebsrats haben das Recht, die Unterlagen des Betriebsrats und seiner Ausschüsse jederzeit einzusehen.

§ 35 Aussetzung von Beschlüssen (1) Erachtet die Mehrheit der Jugend- und Auszubildendenvertretung oder die Schwerbehindertenvertretung einen Beschluss des Betriebsrats als eine erhebliche Beeinträchtigung wichtiger Interessen der durch sie vertretenen Arbeitnehmer, so ist auf ihren Antrag der Beschluss auf die Dauer von einer Woche vom Zeitpunkt der Beschluss-

fassung an auszusetzen, damit in dieser Frist eine Verständigung, gegebenenfalls mit Hilfe der im Betrieb vertretenen Gewerkschaften, versucht werden kann.
(2) Nach Ablauf der Frist ist über die Angelegenheit neu zu beschließen. Wird der erste Beschluss bestätigt, so kann der Antrag auf Aussetzung nicht wiederholt werden; dies gilt auch, wenn der erste Beschluss nur unerheblich geändert wird.

§ 36 Geschäftsordnung Sonstige Bestimmungen über die Geschäftsführung sollen in einer schriftlichen Geschäftsordnung getroffen werden, die der Betriebsrat mit der Mehrheit der Stimmen seiner Mitglieder beschließt.

§ 37 Ehrenamtliche Tätigkeit, Arbeitsversäumnis (1) Die Mitglieder des Betriebsrats führen ihr Amt unentgeltlich als Ehrenamt.
(2) Mitglieder des Betriebsrats sind von ihrer beruflichen Tätigkeit ohne Minderung des Arbeitsentgelts zu befreien, wenn und soweit es nach Umfang und Art des Betriebs zur ordnungsgemäßen Durchführung ihrer Aufgaben erforderlich ist.
(3) Zum Ausgleich für Betriebsratstätigkeit, die aus betriebsbedingten Gründen außerhalb der Arbeitszeit durchzuführen ist, hat das Betriebsratsmitglied Anspruch auf entsprechende Arbeitsbefreiung unter Fortzahlung des Arbeitsentgelts. Betriebsbedingte Gründe liegen auch vor, wenn die Betriebsratstätigkeit wegen der unterschiedlichen Arbeitszeiten der Betriebsratsmitglieder nicht innerhalb der persönlichen Arbeitszeit erfolgen kann. Die Arbeitsbefreiung ist vor Ablauf eines Monats zu gewähren; ist dies aus betriebsbedingten Gründen nicht möglich, so ist die aufgewendete Zeit wie Mehrarbeit zu vergüten.
(4) Das Arbeitsentgelt von Mitgliedern des Betriebsrats darf einschließlich eines Zeitraums von einem Jahr nach Beendigung der Amtszeit nicht geringer bemessen werden als das Arbeitsentgelt vergleichbarer Arbeitnehmer mit betriebsüblicher beruflicher Entwicklung. Dies gilt auch für allgemeine Zuwendungen des Arbeitgebers.
(5) Soweit nicht zwingende betriebliche Notwendigkeiten entgegenstehen, dürfen Mitglieder des Betriebsrats einschließlich eines Zeitraums von einem Jahr nach Beendigung der Amtszeit nur mit Tätigkeiten beschäftigt werden, die den Tätigkeiten der in Absatz 4 genannten Arbeitnehmer gleichwertig sind.
(6) Die Absätze 2 und 3 gelten entsprechend für die Teilnahme an Schulungs- und Bildungsveranstaltungen, soweit diese Kenntnisse vermitteln, die für die Arbeit des Betriebsrats erforderlich sind. Betriebsbedingte Gründe im Sinne des Absatzes 3 liegen auch vor, wenn wegen Besonderheiten der betrieblichen Arbeitszeitgestaltung die Schulung des Betriebsratsmitglieds außerhalb seiner Arbeitszeit erfolgt; in diesem Fall ist der Umfang des Ausgleichsanspruchs unter Einbeziehung der Arbeitsbefreiung nach Absatz 2 pro Schulungstag begrenzt auf die Arbeitszeit eines vollzeitbeschäftigten Arbeitnehmers. Der Betriebsrat

hat bei der Festlegung der zeitlichen Lage der Teilnahme an Schulungs- und Bildungsveranstaltungen die betrieblichen Notwendigkeiten zu berücksichtigen. Er hat dem Arbeitgeber die Teilnahme und die zeitliche Lage der Schulungs- und Bildungsveranstaltungen rechtzeitig bekannt zu geben. Hält der Arbeitgeber die betrieblichen Notwendigkeiten für nicht ausreichend berücksichtigt, so kann er die Einigungsstelle anrufen. Der Spruch der Einigungsstelle ersetzt die Einigung zwischen Arbeitgeber und Betriebsrat.

(7) Unbeschadet der Vorschrift des Absatzes 6 hat jedes Mitglied des Betriebsrats während seiner regelmäßigen Amtszeit Anspruch auf bezahlte Freistellung für insgesamt drei Wochen zur Teilnahme an Schulungs- und Bildungsveranstaltungen, die von der zuständigen obersten Arbeitsbehörde des Landes nach Beratung mit den Spitzenorganisationen der Gewerkschaften und der Arbeitgeberverbände als geeignet anerkannt sind. Der Anspruch nach Satz 1 erhöht sich für Arbeitnehmer, die erstmals das Amt eines Betriebsratsmitglieds übernehmen und auch nicht zuvor Jugend- und Auszubildendenvertreter waren, auf vier Wochen. Absatz 6 Satz 2 bis 6 findet Anwendung.

§ 38 Freistellungen (1) Von ihrer beruflichen Tätigkeit sind mindestens freizustellen in Betrieben mit in der Regel

200 bis	500 Arbeitnehmern	ein	Betriebsratsmitglied,
501 bis	900 Arbeitnehmern	2	Betriebsratsmitglieder,
901 bis	1500 Arbeitnehmern	3	Betriebsratsmitglieder,
1501 bis	2000 Arbeitnehmern	4	Betriebsratsmitglieder,
2001 bis	3000 Arbeitnehmern	5	Betriebsratsmitglieder,
3001 bis	4000 Arbeitnehmern	6	Betriebsratsmitglieder,
4001 bis	5000 Arbeitnehmern	7	Betriebsratsmitglieder,
5001 bis	6000 Arbeitnehmern	8	Betriebsratsmitglieder,
6001 bis	7000 Arbeitnehmern	9	Betriebsratsmitglieder,
7001 bis	8000 Arbeitnehmern	10	Betriebsratsmitglieder,
8001 bis	9000 Arbeitnehmern	11	Betriebsratsmitglieder,
9001 bis	10000 Arbeitnehmern	12	Betriebsratsmitglieder.

In Betrieben mit über 10000 Arbeitnehmern ist für je angefangene weitere 2000 Arbeitnehmer ein weiteres Betriebsratsmitglied freizustellen. Freistellungen können auch in Form von Teilfreistellungen erfolgen. Diese dürfen zusammengenommen nicht den Umfang der Freistellungen nach den Sätzen 1 und 2 überschreiten. Durch Tarifvertrag oder Betriebsvereinbarung können anderweitige Regelungen über die Freistellung vereinbart werden.

(2) Die freizustellenden Betriebsratsmitglieder werden nach Beratung mit dem Arbeitgeber vom Betriebsrat aus seiner Mitte in geheimer Wahl und nach den Grundsätzen der Verhältniswahl gewählt. Wird nur ein Wahlvorschlag gemacht, so erfolgt die Wahl nach den Grundsätzen der Mehrheitswahl; ist nur ein Betriebsratsmitglied freizustellen, so wird dieses mit einfacher Stimmenmehrheit gewählt. Der Betriebsrat hat die Namen der Freizustellenden dem Arbeitgeber bekannt zu geben. Hält der Arbeitgeber eine Freistellung für sach-

lich nicht vertretbar, so kann er innerhalb einer Frist von zwei Wochen nach der Bekanntgabe die Einigungsstelle anrufen. Der Spruch der Einigungsstelle ersetzt die Einigung zwischen Arbeitgeber und Betriebsrat. Bestätigt die Einigungsstelle die Bedenken des Arbeitgebers, so hat sie bei der Bestimmung eines anderen freizustellenden Betriebsratsmitglieds auch den Minderheitenschutz im Sinne des Satzes 1 zu beachten. Ruft der Arbeitgeber die Einigungsstelle nicht an, so gilt sein Einverständnis mit den Freistellungen nach Ablauf der zweiwöchigen Frist als erteilt. Für die Abberufung gilt § 27 Abs. 1 Satz 5 entsprechend.
(3) Der Zeitraum für die Weiterzahlung des nach § 37 Abs. 4 zu bemessenden Arbeitsentgelts und für die Beschäftigung nach § 37 Abs. 5 erhöht sich für Mitglieder des Betriebsrats, die drei volle aufeinanderfolgende Amtszeiten freigestellt waren, auf zwei Jahre nach Ablauf der Amtszeit.
(4) Freigestellte Betriebsratsmitglieder dürfen von inner- und außerbetrieblichen Maßnahmen der Berufsbildung nicht ausgeschlossen werden. Innerhalb eines Jahres nach Beendigung der Freistellung eines Betriebsratsmitglieds ist diesem im Rahmen der Möglichkeiten des Betriebs Gelegenheit zu geben, eine wegen der Freistellung unterbliebene betriebsübliche berufliche Entwicklung nachzuholen. Für Mitglieder des Betriebsrats, die drei volle aufeinanderfolgende Amtszeiten freigestellt waren, erhöht sich der Zeitraum nach Satz 2 auf zwei Jahre.

§ 39 Sprechstunden (1) Der Betriebsrat kann während der Arbeitszeit Sprechstunden einrichten. Zeit und Ort sind mit dem Arbeitgeber zu vereinbaren. Kommt eine Einigung nicht zustande, so entscheidet die Einigungsstelle. Der Spruch der Einigungsstelle ersetzt die Einigung zwischen Arbeitgeber und Betriebsrat.
(2) Führt die Jugend- und Auszubildendenvertretung keine eigenen Sprechstunden durch, so kann an den Sprechstunden des Betriebsrats ein Mitglied der Jugend- und Auszubildendenvertretung zur Beratung der in § 60 Abs. 1 genannten Arbeitnehmer teilnehmen.
(3) Versäumnis von Arbeitszeit, die zum Besuch der Sprechstunden oder durch sonstige Inanspruchnahme des Betriebsrats erforderlich ist, berechtigt den Arbeitgeber nicht zur Minderung des Arbeitsentgelts des Arbeitnehmers.

§ 40 Kosten und Sachaufwand des Betriebsrats (1) Die durch die Tätigkeit des Betriebsrats entstehenden Kosten trägt der Arbeitgeber.
(2) Für die Sitzungen, die Sprechstunden und die laufende Geschäftsführung hat der Arbeitgeber in erforderlichem Umfang Räume, sachliche Mittel, Informations- und Kommunikationstechnik sowie Büropersonal zur Verfügung zu stellen.

§ 41 Umlageverbot Die Erhebung und Leistung von Beiträgen der Arbeitnehmer für Zwecke des Betriebsrats ist unzulässig.

Vierter Abschnitt – Betriebsversammlung

§ 42 Zusammensetzung, Teilversammlung, Abteilungsversammlung (1) Die Betriebsversammlung besteht aus den Arbeitnehmern des Betriebs; sie wird von dem Vorsitzenden des Betriebsrats geleitet. Sie ist nicht öffentlich. Kann wegen der Eigenart des Betriebs eine Versammlung aller Arbeitnehmer zum gleichen Zeitpunkt nicht stattfinden, so sind Teilversammlungen durchzuführen.
(2) Arbeitnehmer organisatorisch oder räumlich abgegrenzter Betriebsteile sind vom Betriebsrat zu Abteilungsversammlungen zusammenzufassen, wenn dies für die Erörterung der besonderen Belange der Arbeitnehmer erforderlich ist. Die Abteilungsversammlung wird von einem Mitglied des Betriebsrats geleitet, das möglichst einem beteiligten Betriebsteil als Arbeitnehmer angehört. Absatz 1 Satz 2 und 3 gilt entsprechend.

§ 43 Regelmäßige Betriebs- und Abteilungsversammlungen (1) Der Betriebsrat hat einmal in jedem Kalendervierteljahr eine Betriebsversammlung einzuberufen und in ihr einen Tätigkeitsbericht zu erstatten. Liegen die Voraussetzungen des § 42 Abs. 2 Satz 1 vor, so hat der Betriebsrat in jedem Kalenderjahr zwei der in Satz 1 genannten Betriebsversammlungen als Abteilungsversammlungen durchzuführen. Die Abteilungsversammlungen sollen möglichst gleichzeitig stattfinden. Der Betriebsrat kann in jedem Kalenderhalbjahr eine weitere Betriebsversammlung oder, wenn die Voraussetzungen des § 42 Abs. 2 Satz 1 vorliegen, einmal weitere Abteilungsversammlungen durchführen, wenn dies aus besonderen Gründen zweckmäßig erscheint.
(2) Der Arbeitgeber ist zu den Betriebs- und Abteilungsversammlungen unter Mitteilung der Tagesordnung einzuladen. Er ist berechtigt, in den Versammlungen zu sprechen. Der Arbeitgeber oder sein Vertreter hat mindestens einmal in jedem Kalenderjahr in einer Betriebsversammlung über das Personal- und Sozialwesen einschließlich des Stands der Gleichstellung von Frauen und Männern im Betrieb sowie der Integration der im Betrieb beschäftigten ausländischen Arbeitnehmer, über die wirtschaftliche Lage und Entwicklung des Betriebs sowie über den betrieblichen Umweltschutz zu berichten, soweit dadurch nicht Betriebs- oder Geschäftsgeheimnisse gefährdet werden.
(3) Der Betriebsrat ist berechtigt und auf Wunsch des Arbeitgebers oder von mindestens einem Viertel der wahlberechtigten Arbeitnehmer verpflichtet, eine Betriebsversammlung einzuberufen und den beantragten Beratungsgegenstand auf die Tagesordnung zu setzen. Vom Zeitpunkt der Versammlungen, die auf Wunsch des Arbeitgebers stattfinden, ist dieser rechtzeitig zu verständigen.
(4) Auf Antrag einer im Betrieb vertretenen Gewerkschaft muss der Betriebsrat vor Ablauf von zwei Wochen nach Eingang des Antrags eine Betriebsversammlung nach Abs. 1 Satz 1 einberufen, wenn im vorhergegangenen Kalenderhalbjahr keine Betriebsversammlung und keine Abteilungsversammlungen durchgeführt worden sind.

§ 44 Zeitpunkt und Verdienstausfall (1) Die in den §§ 14 a, 17 und 43 Abs. 1 bezeichneten und die auf Wunsch des Arbeitgebers einberufenen Versammlungen finden während der Arbeitszeit statt, soweit nicht die Eigenart des Betriebs eine andere Regelung zwingend erfordert. Die Zeit der Teilnahme an diesen Versammlungen einschließlich der zusätzlichen Wegezeiten ist den Arbeitnehmern wie Arbeitszeit zu vergüten. Dies gilt auch dann, wenn die Versammlungen wegen der Eigenart des Betriebs außerhalb der Arbeitszeit stattfinden; Fahrkosten, die den Arbeitnehmern durch die Teilnahme an diesen Versammlungen entstehen, sind vom Arbeitgeber zu erstatten.
(2) Sonstige Betriebs- oder Abteilungsversammlungen finden außerhalb der Arbeitszeit statt. Hiervon kann im Einvernehmen mit dem Arbeitgeber abgewichen werden; im Einvernehmen mit dem Arbeitgeber während der Arbeitszeit durchgeführte Versammlungen berechtigen den Arbeitgeber nicht, das Arbeitsentgelt der Arbeitnehmer zu mindern.

§ 45 Themen der Betriebs- und Abteilungsversammlungen Die Betriebs- und Abteilungsversammlungen können Angelegenheiten einschließlich solcher tarifpolitischer, sozialpolitischer, umweltpolitischer und wirtschaftlicher Art sowie Fragen der Förderung der Gleichstellung von Frauen und Männern und der Vereinbarkeit von Familie und Erwerbstätigkeit sowie der Integration der im Betrieb beschäftigten ausländischen Arbeitnehmer behandeln, die den Betrieb oder seine Arbeitnehmer unmittelbar betreffen; die Grundsätze des § 74 Abs. 2 finden Anwendung. Die Betriebs- und Abteilungsversammlungen können dem Betriebsrat Anträge unterbreiten und zu seinen Beschlüssen Stellung nehmen.

§ 46 Beauftragte der Verbände (1) An den Betriebs- oder Abteilungsversammlungen können Beauftragte der im Betrieb vertretenen Gewerkschaften beratend teilnehmen. Nimmt der Arbeitgeber an Betriebs- oder Abteilungsversammlungen teil, so kann er einen Beauftragten der Vereinigung der Arbeitgeber, der er angehört, hinzuziehen.
(2) Der Zeitpunkt und die Tagesordnung der Betriebs- oder Abteilungsversammlungen sind den im Betriebsrat vertretenen Gewerkschaften rechtzeitig schriftlich mitzuteilen.

Fünfter Abschnitt – Gesamtbetriebsrat

§ 47 Voraussetzungen der Errichtung, Mitgliederzahl, Stimmengewicht (1) Bestehen in einem Unternehmen mehrere Betriebsräte, so ist ein Gesamtbetriebsrat zu errichten.
(2) In den Gesamtbetriebsrat entsendet jeder Betriebsrat mit bis zu drei Mitgliedern eines seiner Mitglieder; jeder Betriebsrat mit mehr als drei Mitgliedern entsendet zwei seiner Mitglieder. Die Geschlechter sollen angemessen berücksichtigt werden.

(3) Der Betriebsrat hat für jedes Mitglied des Gesamtbetriebsrats mindestens ein Ersatzmitglied zu bestellen und die Reihenfolge des Nachrückens festzulegen.
(4) Durch Tarifvertrag oder Betriebsvereinbarung kann die Mitgliederzahl des Gesamtbetriebsrats abweichend von Absatz 2 Satz 1 geregelt werden.
(5) Gehören nach Absatz 2 Satz 1 dem Gesamtbetriebsrat mehr als vierzig Mitglieder an und besteht keine tarifliche Regelung nach Absatz 4, so ist zwischen Gesamtbetriebsrat und Arbeitgeber eine Betriebsvereinbarung über die Mitgliederzahl des Gesamtbetriebsrats abzuschließen, in der bestimmt wird, dass Betriebsräte mehrerer Betriebe eines Unternehmens, die regional oder durch gleichartige Interessen miteinander verbunden sind, gemeinsam Mitglieder in den Gesamtbetriebsrat entsenden.
(6) Kommt im Fall des Absatzes 5 eine Einigung nicht zustande, so entscheidet eine für das Gesamtunternehmen zu bildende Einigungsstelle. Der Spruch der Einigungsstelle ersetzt die Einigung zwischen Arbeitgeber und Gesamtbetriebsrat.
(7) Jedes Mitglied des Gesamtbetriebsrats hat so viele Stimmen, wie in dem Betrieb, in dem es gewählt wurde, wahlberechtigte Arbeitnehmer in der Wählerliste eingetragen sind. Entsendet der Betriebsrat mehrere Mitglieder, so stehen ihnen die Stimmen nach Satz 1 anteilig zu.
(8) Ist ein Mitglied des Gesamtbetriebsrats für mehrere Betriebe entsandt worden, so hat es so viele Stimmen, wie in den Betrieben, für die es entsandt ist, wahlberechtigte Arbeitnehmer in den Wählerlisten eingetragen sind; sind mehrere Mitglieder entsandt worden, gilt Absatz 7 Satz 2 entsprechend.
(9) Für Mitglieder des Gesamtbetriebsrats, die aus einem gemeinsamen Betrieb mehrerer Unternehmen entsandt worden sind, können durch Tarifvertrag oder Betriebsvereinbarung von den Absätzen 7 und 8 abweichende Regelungen getroffen werden.

§ 48 Ausschluss von Gesamtbetriebsratsmitgliedern Mindestens ein Viertel der wahlberechtigten Arbeitnehmer des Unternehmens, der Arbeitgeber, der Gesamtbetriebsrat oder eine im Unternehmen vertretene Gewerkschaft können beim Arbeitsgericht den Ausschluss eines Mitglieds aus dem Gesamtbetriebsrat wegen grober Verletzung seiner gesetzlichen Pflichten beantragen.

§ 49 Erlöschen der Mitgliedschaft Die Mitgliedschaft im Gesamtbetriebsrat endet mit dem Erlöschen der Mitgliedschaft im Betriebsrat, durch Amtsniederlegung, durch Ausschluss aus dem Gesamtbetriebsrat aufgrund einer gerichtlichen Entscheidung oder Abberufung durch den Betriebsrat.

§ 50 Zuständigkeit (1) Der Gesamtbetriebsrat ist zuständig für die Behandlung von Angelegenheiten, die das Gesamtunternehmen oder mehrere Betriebe betreffen und nicht durch die einzelnen Betriebsräte innerhalb ihrer Betriebe geregelt werden können; seine Zuständigkeit erstreckt sich insoweit auch auf die Betriebe ohne Betriebsrat. Er ist den einzelnen Betriebsräten nicht übergeordnet.

(2) Der Betriebsrat kann mit der Mehrheit der Stimmen seiner Mitglieder den Gesamtbetriebsrat beauftragen, eine Angelegenheit für ihn zu behandeln. Der Betriebsrat kann sich dabei die Entscheidungsbefugnis vorbehalten. § 27 Abs. 2 Satz 3 und 4 gilt entsprechend.

§ 51 Geschäftsführung (1) Für den Gesamtbetriebsrat gelten § 25 Abs. 1, die §§ 26, 27 Abs. 2 und 3, § 28 Abs. 1 Satz 1 und 3, Abs. 2, die §§ 30, 31, 34, 35, 36, 37 Abs. 1 bis 3 sowie die §§ 40 und 41 entsprechend. § 27 Abs. 1 gilt entsprechend mit der Maßgabe, dass der Gesamtbetriebsausschuss aus dem Vorsitzenden des Gesamtbetriebsrats, dessen Stellvertreter und bei Gesamtbetriebsräten mit
9 bis 16 Mitgliedern aus 3 weiteren Ausschussmitgliedern,
17 bis 24 Mitgliedern aus 5 weiteren Ausschussmitgliedern,
25 bis 36 Mitgliedern aus 7 weiteren Ausschussmitgliedern,
mehr als 36 Mitgliedern aus 9 weiteren Ausschussmitgliedern
besteht.
(2) Ist ein Gesamtbetriebsrat zu errichten, so hat der Betriebsrat der Hauptverwaltung des Unternehmens oder, soweit ein solcher Betriebsrat nicht besteht, der Betriebsrat des nach der Zahl der wahlberechtigten Arbeitnehmer größten Betriebs zu der Wahl des Vorsitzenden und des stellvertretenden Vorsitzenden des Gesamtbetriebsrats einzuladen. Der Vorsitzende des einladenden Betriebsrats hat die Sitzung zu leiten, bis der Gesamtbetriebsrat aus seiner Mitte einen Wahlleiter bestellt hat. § 29 Abs. 2 bis 4 gilt entsprechend.
(3) Die Beschlüsse des Gesamtbetriebsrats werden, soweit nichts anderes bestimmt ist, mit Mehrheit der Stimmen der anwesenden Mitglieder gefasst. Bei Stimmengleichheit ist ein Antrag abgelehnt. Der Gesamtbetriebsrat ist nur beschlussfähig, wenn mindestens die Hälfte seiner Mitglieder an der Beschlussfassung teilnimmt und die Teilnehmenden mindestens die Hälfte aller Stimmen vertreten; Stellvertretung durch Ersatzmitglieder ist zulässig. § 33 Abs. 3 gilt entsprechend.
(4) Auf die Beschlussfassung des Gesamtbetriebsausschusses und weiterer Ausschüsse des Gesamtbetriebsrats ist § 33 Abs. 1 und 2 anzuwenden.
(5) Die Vorschriften über die Rechte und Pflichten des Betriebsrats gelten entsprechend für den Gesamtbetriebsrat, soweit dieses Gesetz keine besonderen Vorschriften enthält.

§ 52 Teilnahme der Gesamtschwerbehindertenvertretung Die Gesamtschwerbehindertenvertretung (§ 180 Absatz 1 des Neunten Buches Sozialgesetzbuch) kann an allen Sitzungen des Gesamtbetriebsrats beratend teilnehmen.

§ 53 Betriebsräteversammlung (1) Mindestens einmal in jedem Kalenderjahr hat der Gesamtbetriebsrat die Vorsitzenden und die stellvertretenden Vorsitzenden der Betriebsräte sowie die weiteren Mitglieder der Betriebsausschüsse zu einer Versammlung einzuberufen. Zu dieser Versammlung kann der Betriebsrat abweichend von Satz 1 aus seiner Mitte andere Mitglieder entsenden, soweit dadurch die Gesamtzahl der sich für ihn nach Satz 1 ergebenden Teilnehmer nicht überschritten wird.

(2) In der Betriebsräteversammlung hat

1. der Gesamtbetriebsrat einen Tätigkeitsbericht,
2. der Unternehmer einen Bericht über das Personal- und Sozialwesen einschließlich des Stands der Gleichstellung von Frauen und Männern im Unternehmen, der Integration der im Unternehmen beschäftigten ausländischen Arbeitnehmer, über die wirtschaftliche Lage und Entwicklung des Unternehmens sowie über Fragen des Umweltschutzes im Unternehmen, soweit dadurch nicht Betriebs- und Geschäftsgeheimnisse gefährdet werden,

zu erstatten.

(3) Der Gesamtbetriebsrat kann die Betriebsräteversammlung in Form von Teilversammlungen durchführen. Im Übrigen gelten § 42 Abs. 1 Satz 1 zweiter Halbsatz und Satz 2, § 43 Abs. 2 Satz 1 und 2 sowie die §§ 45 und 46 entsprechend.

Sechster Abschnitt – Konzernbetriebsrat

§ 54 Errichtung des Konzernbetriebsrats (1) Für einen Konzern (§ 18 Abs. 1 des Aktiengesetzes) kann durch Beschlüsse der einzelnen Gesamtbetriebsräte ein Konzernbetriebsrat errichtet werden. Die Errichtung erfordert die Zustimmung der Gesamtbetriebsräte der Konzernunternehmen, in denen insgesamt mehr als 50 vom Hundert der Arbeitnehmer der Konzernunternehmen beschäftigt sind.

(2) Besteht in einem Konzernunternehmen nur ein Betriebsrat, so nimmt dieser die Aufgaben eines Gesamtbetriebsrats nach den Vorschriften dieses Abschnitts wahr.

§ 55 Zusammensetzung des Konzernbetriebsrats, Stimmengewicht (1) In den Konzernbetriebsrat entsendet jeder Gesamtbetriebsrat zwei seiner Mitglieder. Die Geschlechter sollen angemessen berücksichtigt werden.

(2) Der Gesamtbetriebsrat hat für jedes Mitglied des Konzernbetriebsrats mindestens ein Ersatzmitglied zu bestellen und die Reihenfolge des Nachrückens festzulegen.

(3) Jedem Mitglied des Konzernbetriebsrats stehen die Stimmen der Mitglieder des entsendenden Gesamtbetriebsrats je zur Hälfte zu.

(4) Durch Tarifvertrag oder Betriebsvereinbarung kann die Mitgliederzahl des Konzernbetriebsrats abweichend von Absatz 1 Satz 1 geregelt werden. § 47 Abs. 5 bis 9 gilt entsprechend.

§ 56 Ausschluss von Konzernbetriebsratsmitgliedern Mindestens ein Viertel der wahlberechtigten Arbeitnehmer der Konzernunternehmen, der Arbeitgeber, der Konzernbetriebsrat oder eine im Konzern vertretene Gewerkschaft können beim Arbeitsgericht den Ausschluss eines Mitglieds aus dem Konzernbetriebsrat wegen grober Verletzung seiner gesetzlichen Pflichten beantragen.

§ 57 Erlöschen der Mitgliedschaft Die Mitgliedschaft im Konzernbetriebsrat endet mit dem Erlöschen der Mitgliedschaft im Gesamtbetriebsrat, durch Amtsniederlegung, durch Ausschluss aus dem Konzernbetriebsrat aufgrund einer gerichtlichen Entscheidung oder Abberufung durch den Gesamtbetriebsrat.

§ 58 Zuständigkeit (1) Der Konzernbetriebsrat ist zuständig für die Behandlung von Angelegenheiten, die den Konzern oder mehrere Konzernunternehmen betreffen und nicht durch die einzelnen Gesamtbetriebsräte innerhalb ihrer Unternehmen geregelt werden können; seine Zuständigkeit erstreckt sich insoweit auch auf Unternehmen, die einen Gesamtbetriebsrat nicht gebildet haben, sowie auf Betriebe der Konzernunternehmen ohne Betriebsrat. Er ist den einzelnen Gesamtbetriebsräten nicht übergeordnet.
(2) Der Gesamtbetriebsrat kann mit der Mehrheit der Stimmen seiner Mitglieder den Konzernbetriebsrat beauftragen, eine Angelegenheit für ihn zu behandeln. Der Gesamtbetriebsrat kann sich dabei die Entscheidungsbefugnis vorbehalten. § 27 Abs. 2 Satz 3 und 4 gilt entsprechend.

§ 59 Geschäftsführung (1) Für den Konzernbetriebsrat gelten § 25 Abs. 1, die §§ 26, 27 Abs. 2 und 3, § 28 Abs. 1 Satz 1 und 3, Abs. 2, die §§ 30, 31, 34, 35, 36, 37 Abs. 1 bis 3 sowie die §§ 40, 41 und 51 Abs. 1 Satz 2 und Abs. 3 bis 5 entsprechend.
(2) Ist ein Konzernbetriebsrat zu errichten, so hat der Gesamtbetriebsrat des herrschenden Unternehmens oder, soweit ein solcher Gesamtbetriebsrat nicht besteht, der Gesamtbetriebsrat des nach der Zahl der wahlberechtigten Arbeitnehmer größten Konzernunternehmens zu der Wahl des Vorsitzenden und des stellvertretenden Vorsitzenden des Konzernbetriebsrats einzuladen. Der Vorsitzende des einladenden Gesamtbetriebsrats hat die Sitzung zu leiten, bis der Konzernbetriebsrat aus seiner Mitte einen Wahlleiter bestellt hat. § 29 Abs. 2 bis 4 gilt entsprechend.

§ 59 a Teilnahme der Konzernschwerbehindertenvertretung Die Konzernschwerbehindertenvertretung (§ 180 Absatz 2 des Neunten Buches Sozialgesetzbuch) kann an allen Sitzungen des Konzernbetriebsrats beratend teilnehmen.

Dritter Teil – Jugend- und Auszubildendenvertretung

Erster Abschnitt – Betriebliche Jugend- und Auszubildendenvertretung

§ 60 Errichtung und Aufgabe (1) In Betrieben mit in der Regel mindestens fünf Arbeitnehmern, die das 18. Lebensjahr noch nicht vollendet haben (jugendliche Arbeitnehmer) oder die zu ihrer Berufsausbildung beschäftigt sind und das 25.

Lebensjahr noch nicht vollendet haben, werden Jugend- und Auszubildendenvertretungen gewählt.

(2) Die Jugend- und Auszubildendenvertretung nimmt nach Maßgabe der folgenden Vorschriften die besonderen Belange der in Absatz 1 genannten Arbeitnehmer wahr.

§ 61 Wahlberechtigung und Wählbarkeit (1) Wahlberechtigt sind alle in § 60 Abs. 1 genannten Arbeitnehmer des Betriebs.

(2) Wählbar sind alle Arbeitnehmer des Betriebs, die das 25. Lebensjahr noch nicht vollendet haben; § 8 Abs. 1 Satz 3 findet Anwendung. Mitglieder des Betriebsrats können nicht zu Jugend- und Auszubildendenvertretern gewählt werden.

§ 62 Zahl der Jugend- und Auszubildendenvertreter, Zusammensetzung der Jugend- und Auszubildendenvertretung (1) Die Jugend- und Auszubildendenvertretung besteht in Betrieben mit in der Regel

5 bis	20	der in § 60 Abs. 1 genannten Arbeitnehmer aus einer Person,
21 bis	50	der in § 60 Abs. 1 genannten Arbeitnehmer aus 3 Mitgliedern,
51 bis	150	der in § 60 Abs. 1 genannten Arbeitnehmer aus 5 Mitgliedern,
151 bis	300	der in § 60 Abs. 1 genannten Arbeitnehmer aus 7 Mitgliedern,
301 bis	500	der in § 60 Abs. 1 genannten Arbeitnehmer aus 9 Mitgliedern,
501 bis	700	der in § 60 Abs. 1 genannten Arbeitnehmer aus 11 Mitgliedern,
701 bis	1000	der in § 60 Abs. 1 genannten Arbeitnehmer aus 13 Mitgliedern,
mehr als	1000	der in § 60 Abs. 1 genannten Arbeitnehmer aus 15 Mitgliedern.

(2) Die Jugend- und Auszubildendenvertretung soll sich möglichst aus Vertretern der verschiedenen Beschäftigungsarten und Ausbildungsberufe der im Betrieb tätigen in § 60 Abs. 1 genannten Arbeitnehmer zusammensetzen.

(3) Das Geschlecht, das unter den in § 60 Abs. 1 genannten Arbeitnehmern in der Minderheit ist, muss mindestens entsprechend seinem zahlenmäßigen Verhältnis in der Jugend- und Auszubildendenvertretung vertreten sein, wenn diese aus mindestens drei Mitgliedern besteht.

§ 63 Wahlvorschriften (1) Die Jugend- und Auszubildendenvertretung wird in geheimer und unmittelbarer Wahl gewählt.

(2) Spätestens acht Wochen vor Ablauf der Amtszeit der Jugend- und Auszubildendenvertretung bestellt der Betriebsrat den Wahlvorstand und seinen Vorsitzenden. Für die Wahl der Jugend- und Auszubildendenvertreter gelten § 14 Abs. 2 bis 5, § 16 Abs. 1 Satz 4 bis 6, § 18 Abs. 1 Satz 1 und Abs. 3 sowie die §§ 19 und 20 entsprechend.

(3) Bestellt der Betriebsrat den Wahlvorstand nicht oder nicht spätestens sechs Wochen vor Ablauf der Amtszeit der Jugend- und Auszubildendenvertretung oder kommt der Wahlvorstand seiner Verpflichtung nach § 18 Abs. 1 Satz 1 nicht nach, so gelten § 16 Abs. 2 Satz 1 und 2, Abs. 3 Satz 1 und § 18 Abs. 1 Satz 2 entsprechend; der Antrag beim Arbeitsgericht kann auch von jugendlichen Arbeitnehmern gestellt werden.

(4) In Betrieben mit in der Regel fünf bis fünfzig der in § 60 Abs. 1 genannten Arbeitnehmer gilt auch § 14 a entsprechend. Die Frist zur Bestellung des Wahlvorstands wird im Fall des Absatzes 2 Satz 1 auf vier Wochen und im Fall des Absatzes 3 Satz 1 auf drei Wochen verkürzt.
(5) In Betrieben mit in der Regel 51 bis 100 der in § 60 Abs. 1 genannten Arbeitnehmer gilt § 14 a Abs. 5 entsprechend.

§ 64 Zeitpunkt der Wahlen und Amtszeit (1) Die regelmäßigen Wahlen der Jugend- und Auszubildendenvertretung finden alle zwei Jahre in der Zeit vom 1. Oktober bis zum 30. November statt. Für die Wahl der Jugend- und Auszubildendenvertretung außerhalb dieser Zeit gilt § 13 Abs. 2 Nr. 2 bis 6 und Abs. 3 entsprechend.
(2) Die regelmäßige Amtszeit der Jugend- und Auszubildendenvertretung beträgt zwei Jahre. Die Amtszeit beginnt mit der Bekanntgabe des Wahlergebnisses oder, wenn zu diesem Zeitpunkt noch eine Jugend- und Auszubildendenvertretung besteht, mit Ablauf von deren Amtszeit. Die Amtszeit endet spätestens am 30. November des Jahres, in dem nach Absatz 1 Satz 1 die regelmäßigen Wahlen stattfinden. In dem Fall des § 13 Abs. 3 Satz 2 endet die Amtszeit spätestens am 30. November des Jahres, in dem die Jugend- und Auszubildendenvertretung neu zu wählen ist. In dem Fall des § 13 Abs. 2 Nr. 2 endet die Amtszeit mit der Bekanntgabe des Wahlergebnisses der neu gewählten Jugend- und Auszubildendenvertretung.
(3) Ein Mitglied der Jugend- und Auszubildendenvertretung, das im Laufe der Amtszeit das 25. Lebensjahr vollendet, bleibt bis zum Ende der Amtszeit Mitglied der Jugend- und Auszubildendenvertretung.

§ 65 Geschäftsführung (1) Für die Jugend- und Auszubildendenvertretung gelten § 23 Abs. 1, die §§ 24, 25, 26, 28 Abs. 1 Satz 1 und 2, die §§ 30, 31, 33 Abs. 1 und 2 sowie die §§ 34, 36, 37, 40 und 41 entsprechend.
(2) Die Jugend- und Auszubildendenvertretung kann nach Verständigung des Betriebsrats Sitzungen abhalten; § 29 gilt entsprechend. An diesen Sitzungen kann der Betriebsratsvorsitzende oder ein beauftragtes Betriebsratsmitglied teilnehmen.

§ 66 Aussetzung von Beschlüssen des Betriebsrats (1) Erachtet die Mehrheit der Jugend- und Auszubildendenvertreter einen Beschluss des Betriebsrats als eine erhebliche Beeinträchtigung wichtiger Interessen der in § 60 Abs. 1 genannten Arbeitnehmer, so ist auf ihren Antrag der Beschluss auf die Dauer von einer Woche auszusetzen, damit in dieser Frist eine Verständigung, gegebenenfalls mit Hilfe der im Betrieb vertretenen Gewerkschaften, versucht werden kann.
(2) Wird der erste Beschluss bestätigt, so kann der Antrag auf Aussetzung nicht wiederholt werden; dies gilt auch, wenn der erste Beschluss nur unerheblich geändert wird.

§ 67 Teilnahme an Betriebsratssitzungen (1) Die Jugend- und Auszubildendenvertretung kann zu allen Betriebsratssitzungen einen Vertreter entsenden. Werden Angelegenheiten behandelt, die besonders die in § 60 Abs. 1 genannten Arbeitnehmer betreffen, so hat zu diesen Tagesordnungspunkten die gesamte Jugend- und Auszubildendenvertretung ein Teilnahmerecht.
(2) Die Jugend- und Auszubildendenvertreter haben Stimmrecht, soweit die zu fassenden Beschlüsse des Betriebsrats überwiegend die in § 60 Abs. 1 genannten Arbeitnehmer betreffen.
(3) Die Jugend- und Auszubildendenvertretung kann beim Betriebsrat beantragen, Angelegenheiten, die besonders die in § 60 Abs. 1 genannten Arbeitnehmer betreffen und über die sie beraten hat, auf die nächste Tagesordnung zu setzen. Der Betriebsrat soll Angelegenheiten, die besonders die in § 60 Abs. 1 genannten Arbeitnehmer betreffen, der Jugend- und Auszubildendenvertretung zur Beratung zuleiten.

§ 68 Teilnahme an gemeinsamen Besprechungen Der Betriebsrat hat die Jugend- und Auszubildendenvertretung zu Besprechungen zwischen Arbeitgeber und Betriebsrat beizuziehen, wenn Angelegenheiten behandelt werden, die besonders die in § 60 Abs. 1 genannten Arbeitnehmer betreffen.

§ 69 Sprechstunden In Betrieben, die in der Regel mehr als fünfzig der in § 60 Abs. 1 genannten Arbeitnehmer beschäftigen, kann die Jugend- und Auszubildendenvertretung Sprechstunden während der Arbeitszeit einrichten. Zeit und Ort sind durch Betriebsrat und Arbeitgeber zu vereinbaren. § 39 Abs. 1 Satz 3 und 4 und Abs. 3 gilt entsprechend. An den Sprechstunden der Jugend- und Auszubildendenvertretung kann der Betriebsratsvorsitzende oder ein beauftragtes Betriebsratsmitglied beratend teilnehmen.

§ 70 Allgemeine Aufgaben (1) Die Jugend- und Auszubildendenvertretung hat folgende allgemeine Aufgaben:

1. Maßnahmen, die den in § 60 Abs. 1 genannten Arbeitnehmern dienen, insbesondere in Fragen der Berufsbildung und der Übernahme der zu ihrer Berufsausbildung Beschäftigten in ein Arbeitsverhältnis, beim Betriebsrat zu beantragen;

1 a. Maßnahmen zur Durchsetzung der tatsächlichen Gleichstellung der in § 60 Abs. 1 genannten Arbeitnehmer entsprechend § 80 Abs. 1 Nr. 2 a und 2 b beim Betriebsrat zu beantragen;

2. darüber zu wachen, dass die zugunsten der in § 60 Abs. 1 genannten Arbeitnehmer geltenden Gesetze, Verordnungen, Unfallverhütungsvorschriften, Tarifverträge und Betriebsvereinbarungen durchgeführt werden;
3. Anregungen von in § 60 Abs. 1 genannten Arbeitnehmern, insbesondere in Fragen der Berufsbildung, entgegenzunehmen und, falls sie berechtigt erscheinen, beim Betriebsrat auf eine Erledigung hinzuwirken. Die Jugend- und Auszubildendenvertretung hat die betroffenen in § 60 Abs. 1 genannten

Arbeitnehmer über den Stand und das Ergebnis der Verhandlungen zu informieren;

4. die Integration ausländischer, in § 60 Abs. 1 genannter Arbeitnehmer im Betrieb zu fördern und entsprechende Maßnahmen beim Betriebsrat zu beantragen.

(2) Zur Durchführung ihrer Aufgaben ist die Jugend- und Auszubildendenvertretung durch den Betriebsrat rechtzeitig und umfassend zu unterrichten. Die Jugend- und Auszubildendenvertretung kann verlangen, dass ihr der Betriebsrat die zur Durchführung ihrer Aufgaben erforderlichen Unterlagen zur Verfügung stellt.

§ 71 Jugend- und Auszubildendenversammlung Die Jugend- und Auszubildendenvertretung kann vor oder nach jeder Betriebsversammlung im Einvernehmen mit dem Betriebsrat eine betriebliche Jugend- und Auszubildendenversammlung einberufen. Im Einvernehmen mit Betriebsrat und Arbeitgeber kann die betriebliche Jugend- und Auszubildendenversammlung auch zu einem anderen Zeitpunkt einberufen werden. § 43 Abs. 2 Satz 1 und 2, die §§ 44 bis 46 und § 65 Abs. 2 Satz 2 gelten entsprechend.

Zweiter Abschnitt – Gesamt-Jugend- und Auszubildendenvertretung

§ 72 Voraussetzungen der Errichtung, Mitgliederzahl, Stimmengewicht (1) Bestehen in einem Unternehmen mehrere Jugend- und Auszubildendenvertretungen, so ist eine Gesamt-Jugend- und Auszubildendenvertretung zu errichten.

(2) In die Gesamt-Jugend- und Auszubildendenvertretung entsendet jede Jugend- und Auszubildendenvertretung ein Mitglied.

(3) Die Jugend- und Auszubildendenvertretung hat für das Mitglied der Gesamt-Jugend- und Auszubildendenvertretung mindestens ein Ersatzmitglied zu bestellen und die Reihenfolge des Nachrückens festzulegen.

(4) Durch Tarifvertrag oder Betriebsvereinbarung kann die Mitgliederzahl der Gesamt-Jugend- und Auszubildendenvertretung abweichend von Absatz 2 geregelt werden.

(5) Gehören nach Absatz 2 der Gesamt-Jugend- und Auszubildendenvertretung mehr als zwanzig Mitglieder an und besteht keine tarifliche Regelung nach Absatz 4, so ist zwischen Gesamtbetriebsrat und Arbeitgeber eine Betriebsvereinbarung über die Mitgliederzahl der Gesamt-Jugend- und Auszubildendenvertretung abzuschließen, in der bestimmt wird, dass Jugend- und Auszubildendenvertretungen mehrerer Betriebe eines Unternehmens, die regional oder durch gleichartige Interessen miteinander verbunden sind, gemeinsam Mitglieder in die Gesamt-Jugend- und Auszubildendenvertretung entsenden.

(6) Kommt im Fall des Absatzes 5 eine Einigung nicht zustande, so entscheidet

eine für das Gesamtunternehmen zu bildende Einigungsstelle. Der Spruch der Einigungsstelle ersetzt die Einigung zwischen Arbeitgeber und Gesamtbetriebsrat.

(7) Jedes Mitglied der Gesamt-Jugend- und Auszubildendenvertretung hat so viele Stimmen, wie in dem Betrieb, in dem es gewählt wurde, in § 60 Abs. 1 genannte Arbeitnehmer in der Wählerliste eingetragen sind. Ist ein Mitglied der Gesamt-Jugend- und Auszubildendenvertretung für mehrere Betriebe entsandt worden, so hat es so viele Stimmen, wie in den Betrieben, für die es entsandt ist, in § 60 Abs. 1 genannte Arbeitnehmer in den Wählerlisten eingetragen sind. Sind mehrere Mitglieder der Jugend- und Auszubildendenvertretung entsandt worden, so stehen diesen die Stimmen nach Satz 1 anteilig zu.

(8) Für Mitglieder der Gesamt-Jugend- und Auszubildendenvertretung, die aus einem gemeinsamen Betrieb mehrerer Unternehmen entsandt worden sind, können durch Tarifvertrag oder Betriebsvereinbarung von Absatz 7 abweichende Regelungen getroffen werden.

§ 73 Geschäftsführung und Geltung sonstiger Vorschriften (1) Die Gesamt-Jugend- und Auszubildendenvertretung kann nach Verständigung des Gesamtbetriebsrats Sitzungen abhalten. An den Sitzungen kann der Vorsitzende des Gesamtbetriebsrats oder ein beauftragtes Mitglied des Gesamtbetriebsrats teilnehmen.

(2) Für die Gesamt-Jugend- und Auszubildendenvertretung gelten § 25 Abs. 1, die §§ 26, 28 Abs. 1 Satz 1, die §§ 30, 31, 34, 36, 37 Abs. 1 bis 3, die §§ 40, 41, 48, 49, 50, 51 Abs. 2 bis 5 sowie die §§ 66 bis 68 entsprechend.

Dritter Abschnitt – Konzern-Jugend- und Auszubildendenvertretung

§ 73 a Voraussetzung der Errichtung, Mitgliederzahl, Stimmengewicht (1) Bestehen in einem Konzern (§ 18 Abs. 1 des Aktiengesetzes) mehrere Gesamt-Jugend- und Auszubildendenvertretungen, kann durch Beschlüsse der einzelnen Gesamt-Jugend- und Auszubildendenvertretungen eine Konzern-Jugend- und Auszubildendenvertretung errichtet werden. Die Errichtung erfordert die Zustimmung der Gesamt-Jugend- und Auszubildendenvertretungen der Konzernunternehmen, in denen insgesamt mindestens 75 vom Hundert der in § 60 Abs. 1 genannten Arbeitnehmer beschäftigt sind. Besteht in einem Konzernunternehmen nur eine Jugend- und Auszubildendenvertretung, so nimmt diese die Aufgaben einer Gesamt-Jugend- und Auszubildendenvertretung nach den Vorschriften dieses Abschnitts wahr.

(2) In die Konzern-Jugend- und Auszubildendenvertretung entsendet jede Gesamt-Jugend- und Auszubildendenvertretung eines ihrer Mitglieder. Sie hat für jedes Mitglied mindestens ein Ersatzmitglied zu bestellen und die Reihenfolge des Nachrückens festzulegen.

(3) Jedes Mitglied der Konzern-Jugend- und Auszubildendenvertretung hat so viele Stimmen, wie die Mitglieder der entsendenden Gesamt-Jugend- und Auszubildendenvertretung insgesamt Stimmen haben.
(4) § 72 Abs. 4 bis 8 gilt entsprechend.

§ 73 b Geschäftsführung und Geltung sonstiger Vorschriften (1) Die Konzern-Jugend- und Auszubildendenvertretung kann nach Verständigung des Konzernbetriebsrats Sitzungen abhalten. An den Sitzungen kann der Vorsitzende oder ein beauftragtes Mitglied des Konzernbetriebsrats teilnehmen.
(2) Für die Konzern-Jugend- und Auszubildendenvertretung gelten § 25 Abs. 1, die §§ 26, 28 Abs. 1 Satz 1, die §§ 30, 31, 34, 36, 37 Abs. 1 bis 3, die §§ 40, 41, 51 Abs. 3 bis 5, die §§ 56, 57, 58, 59 Abs. 2 und die §§ 66 bis 68 entsprechend.

Vierter Teil – Mitwirkung und Mitbestimmung der Arbeitnehmer

Erster Abschnitt – Allgemeines

§ 74 Grundsätze für die Zusammenarbeit (1) Arbeitgeber und Betriebsrat sollen mindestens einmal im Monat zu einer Besprechung zusammentreten. Sie haben über strittige Fragen mit dem ernsten Willen zur Einigung zu verhandeln und Vorschläge für die Beilegung von Meinungsverschiedenheiten zu machen.
(2) Maßnahmen des Arbeitskampfes zwischen Arbeitgeber und Betriebsrat sind unzulässig; Arbeitskämpfe tariffähiger Parteien werden hierdurch nicht berührt. Arbeitgeber und Betriebsrat haben Betätigungen zu unterlassen, durch die der Arbeitsablauf oder der Frieden des Betriebs beeinträchtigt werden. Sie haben jede parteipolitische Betätigung im Betrieb zu unterlassen; die Behandlung von Angelegenheiten tarifpolitischer, sozialpolitischer, umweltpolitischer und wirtschaftlicher Art, die den Betrieb oder seine Arbeitnehmer unmittelbar betreffen, wird hierdurch nicht berührt.
(3) Arbeitnehmer, die im Rahmen dieses Gesetzes Aufgaben übernehmen, werden hierdurch in der Betätigung für ihre Gewerkschaft auch im Betrieb nicht beschränkt.

§ 75 Grundsätze für die Behandlung der Betriebsangehörigen (1) Arbeitgeber und Betriebsrat haben darüber zu wachen, dass alle im Betrieb tätigen Personen nach den Grundsätzen von Recht und Billigkeit behandelt werden, insbesondere, dass jede Benachteiligung von Personen aus Gründen ihrer Rasse oder wegen ihrer ethnischen Herkunft, ihrer Abstammung oder sonstigen Herkunft, ihrer Nationalität, ihrer Religion oder Weltanschauung, ihrer Behinderung, ihres Alters, ihrer politischen oder gewerkschaftlichen Betätigung oder Einstellung oder wegen ihres Geschlechts oder ihrer sexuellen Identität unterbleibt.
(2) Arbeitgeber und Betriebsrat haben die freie Entfaltung der Persönlichkeit der im Betrieb beschäftigten Arbeitnehmer zu schützen und zu fördern. Sie

haben die Selbständigkeit und Eigeninitiative der Arbeitnehmer und Arbeitsgruppen zu fördern.

§ 76 Einigungsstelle (1) Zur Beilegung von Meinungsverschiedenheiten zwischen Arbeitgeber und Betriebsrat, Gesamtbetriebsrat oder Konzernbetriebsrat ist bei Bedarf eine Einigungsstelle zu bilden. Durch Betriebsvereinbarung kann eine ständige Einigungsstelle errichtet werden.
(2) Die Einigungsstelle besteht aus einer gleichen Anzahl von Beisitzern, die vom Arbeitgeber und Betriebsrat bestellt werden, und einem unparteiischen Vorsitzenden, auf dessen Person sich beide Seiten einigen müssen. Kommt eine Einigung über die Person des Vorsitzenden nicht zustande, so bestellt ihn das Arbeitsgericht. Dieses entscheidet auch, wenn kein Einverständnis über die Zahl der Beisitzer erzielt wird.
(3) Die Einigungsstelle hat unverzüglich tätig zu werden. Sie fasst ihre Beschlüsse nach mündlicher Beratung mit Stimmenmehrheit. Bei der Beschlussfassung hat sich der Vorsitzende zunächst der Stimme zu enthalten; kommt eine Stimmenmehrheit nicht zustande, so nimmt der Vorsitzende nach weiterer Beratung an der erneuten Beschlussfassung teil. Die Beschlüsse der Einigungsstelle sind schriftlich niederzulegen, vom Vorsitzenden zu unterschreiben und Arbeitgeber und Betriebsrat zuzuleiten.
(4) Durch Betriebsvereinbarung können weitere Einzelheiten des Verfahrens vor der Einigungsstelle geregelt werden.
(5) In den Fällen, in denen der Spruch der Einigungsstelle die Einigung zwischen Arbeitgeber und Betriebsrat ersetzt, wird die Einigungsstelle auf Antrag einer Seite tätig. Benennt eine Seite keine Mitglieder oder bleiben die von einer Seite genannten Mitglieder trotz rechtzeitiger Einladung der Sitzung fern, so entscheiden der Vorsitzende und die erschienenen Mitglieder nach Maßgabe des Absatzes 3 allein. Die Einigungsstelle fasst ihre Beschlüsse unter angemessener Berücksichtigung der Belange des Betriebs und der betroffenen Arbeitnehmer nach billigem Ermessen. Die Überschreitung der Grenzen des Ermessens kann durch den Arbeitgeber oder den Betriebsrat nur binnen einer Frist von zwei Wochen, vom Tage der Zuleitung des Beschlusses an gerechnet, beim Arbeitsgericht geltend gemacht werden.
(6) Im Übrigen wird die Einigungsstelle nur tätig, wenn beide Seiten es beantragen oder mit ihrem Tätigwerden einverstanden sind. In diesen Fällen ersetzt ihr Spruch die Einigung zwischen Arbeitgeber und Betriebsrat nur, wenn beide Seiten sich dem Spruch im Voraus unterworfen oder ihn nachträglich angenommen haben.
(7) Soweit nach anderen Vorschriften der Rechtsweg gegeben ist, wird er durch den Spruch der Einigungsstelle nicht ausgeschlossen.
(8) Durch Tarifvertrag kann bestimmt werden, dass an die Stelle der in Absatz 1 bezeichneten Einigungsstelle eine tarifliche Schlichtungsstelle tritt.

§ 76 a Kosten der Einigungsstelle (1) Die Kosten der Einigungsstelle trägt der Arbeitgeber.

(2) Die Beisitzer der Einigungsstelle, die dem Betrieb angehören, erhalten für ihre Tätigkeit keine Vergütung; § 37 Abs. 2 und 3 gilt entsprechend. Ist die Einigungsstelle zur Beilegung von Meinungsverschiedenheiten zwischen Arbeitgeber und Gesamtbetriebsrat oder Konzernbetriebsrat zu bilden, so gilt Satz 1 für die einem Betrieb des Unternehmens oder eines Konzernunternehmens angehörenden Beisitzer entsprechend.
(3) Der Vorsitzende und die Beisitzer der Einigungsstelle, die nicht zu den in Absatz 2 genannten Personen zählen, haben gegenüber dem Arbeitgeber Anspruch auf Vergütung ihrer Tätigkeit. Die Höhe der Vergütung richtet sich nach den Grundsätzen des Absatzes 4 Satz 3 bis 5.
(4) Das Bundesministerium für Arbeit und Soziales kann durch Rechtsverordnung die Vergütung nach Absatz 3 regeln. In der Vergütungsordnung sind Höchstsätze festzusetzen. Dabei sind insbesondere der erforderliche Zeitaufwand, die Schwierigkeit der Streitigkeit sowie ein Verdienstausfall zu berücksichtigen. Die Vergütung der Beisitzer ist niedriger zu bemessen als die des Vorsitzenden. Bei der Festsetzung der Höchstsätze ist den berechtigten Interessen der Mitglieder der Einigungsstelle und des Arbeitgebers Rechnung zu tragen.
(5) Von Absatz 3 und einer Vergütungsordnung nach Absatz 4 kann durch Tarifvertrag oder in einer Betriebsvereinbarung, wenn ein Tarifvertrag dies zulässt oder eine tarifliche Regelung nicht besteht, abgewichen werden.

§ 77 Durchführung gemeinsamer Beschlüsse, Betriebsvereinbarungen (1) Vereinbarungen zwischen Betriebsrat und Arbeitgeber, auch soweit sie auf einem Spruch der Einigungsstelle beruhen, führt der Arbeitgeber durch, es sei denn, dass im Einzelfall etwas anderes vereinbart ist. Der Betriebsrat darf nicht durch einseitige Handlungen in die Leitung des Betriebs eingreifen.
(2) Betriebsvereinbarungen sind von Betriebsrat und Arbeitgeber gemeinsam zu beschließen und schriftlich niederzulegen. Sie sind von beiden Seiten zu unterzeichnen; dies gilt nicht, soweit Betriebsvereinbarungen auf einem Spruch der Einigungsstelle beruhen. Der Arbeitgeber hat die Betriebsvereinbarungen an geeigneter Stelle im Betrieb auszulegen.
(3) Arbeitsentgelte und sonstige Arbeitsbedingungen, die durch Tarifvertrag geregelt sind oder üblicherweise geregelt werden, können nicht Gegenstand einer Betriebsvereinbarung sein. Dies gilt nicht, wenn ein Tarifvertrag den Abschluss ergänzender Betriebsvereinbarungen ausdrücklich zulässt.
(4) Betriebsvereinbarungen gelten unmittelbar und zwingend. Werden Arbeitnehmern durch die Betriebsvereinbarung Rechte eingeräumt, so ist ein Verzicht auf sie nur mit Zustimmung des Betriebsrats zulässig. Die Verwirkung dieser Rechte ist ausgeschlossen. Ausschlussfristen für ihre Geltendmachung sind nur insoweit zulässig, als sie in einem Tarifvertrag oder einer Betriebsvereinbarung vereinbart werden; dasselbe gilt für die Abkürzung der Verjährungsfristen.
(5) Betriebsvereinbarungen können, soweit nichts anderes vereinbart ist, mit einer Frist von drei Monaten gekündigt werden.
(6) Nach Ablauf einer Betriebsvereinbarung gelten ihre Regelungen in Angele-

genheiten, in denen ein Spruch der Einigungsstelle die Einigung zwischen Arbeitgeber und Betriebsrat ersetzen kann, weiter, bis sie durch eine andere Abmachung ersetzt werden.

§ 78 Schutzbestimmungen Die Mitglieder des Betriebsrats, des Gesamtbetriebsrats, des Konzernbetriebsrats, der Jugend- und Auszubildendenvertretung, der Gesamt-Jugend- und Auszubildendenvertretung, der Konzern-Jugend- und Auszubildendenvertretung, des Wirtschaftsausschusses, der Bordvertretung, des Seebetriebsrats, der in § 3 Abs. 1 genannten Vertretungen der Arbeitnehmer, der Einigungsstelle, einer tariflichen Schlichtungsstelle (§ 76 Abs. 8) und einer betrieblichen Beschwerdestelle (§ 86) sowie Auskunftspersonen (§ 80 Absatz 2 Satz 4) dürfen in der Ausübung ihrer Tätigkeit nicht gestört oder behindert werden. Sie dürfen wegen ihrer Tätigkeit nicht benachteiligt oder begünstigt werden; dies gilt auch für ihre berufliche Entwicklung.

§ 78 a Schutz Auszubildender in besonderen Fällen (1) Beabsichtigt der Arbeitgeber, einen Auszubildenden, der Mitglied der Jugend- und Auszubildendenvertretung, des Betriebsrats, der Bordvertretung oder des Seebetriebsrats ist, nach Beendigung des Berufsausbildungsverhältnisses nicht in ein Arbeitsverhältnis auf unbestimmte Zeit zu übernehmen, so hat er dies drei Monate vor Beendigung des Berufsausbildungsverhältnisses dem Auszubildenden schriftlich mitzuteilen.
(2) Verlangt ein in Absatz 1 genannter Auszubildender innerhalb der letzten drei Monate vor Beendigung des Berufsausbildungsverhältnisses schriftlich vom Arbeitgeber die Weiterbeschäftigung, so gilt zwischen Auszubildendem und Arbeitgeber im Anschluss an das Berufsausbildungsverhältnis ein Arbeitsverhältnis auf unbestimmte Zeit als begründet. Auf dieses Arbeitsverhältnis ist insbesondere § 37 Abs. 4 und 5 entsprechend anzuwenden.
(3) Die Absätze 1 und 2 gelten auch, wenn das Berufsausbildungsverhältnis vor Ablauf eines Jahres nach Beendigung der Amtszeit der Jugend- und Auszubildendenvertretung, des Betriebsrats, der Bordvertretung oder des Seebetriebsrats endet.
(4) Der Arbeitgeber kann spätestens bis zum Ablauf von zwei Wochen nach Beendigung des Berufsausbildungsverhältnisses beim Arbeitsgericht beantragen,
1. festzustellen, dass ein Arbeitsverhältnis nach Absatz 2 oder 3 nicht begründet wird, oder
2. das bereits nach Absatz 2 oder 3 begründete Arbeitsverhältnis aufzulösen,

wenn Tatsachen vorliegen, aufgrund derer dem Arbeitgeber unter Berücksichtigung aller Umstände die Weiterbeschäftigung nicht zugemutet werden kann. In dem Verfahren vor dem Arbeitsgericht sind der Betriebsrat, die Bordvertretung, der Seebetriebsrat, bei Mitgliedern der Jugend- und Auszubildendenvertretung auch diese Beteiligte.
(5) Die Absätze 2 bis 4 finden unabhängig davon Anwendung, ob der Arbeitgeber seiner Mitteilungspflicht nach Absatz 1 nachgekommen ist.

§ 79 Geheimhaltungspflicht (1) Die Mitglieder und Ersatzmitglieder des Betriebsrats sind verpflichtet, Betriebs- oder Geschäftsgeheimnisse, die ihnen wegen ihrer Zugehörigkeit zum Betriebsrat bekannt geworden und vom Arbeitgeber ausdrücklich als geheimhaltungsbedürftig bezeichnet worden sind, nicht zu offenbaren und nicht zu verwerten. Dies gilt auch nach dem Ausscheiden aus dem Betriebsrat. Die Verpflichtung gilt nicht gegenüber Mitgliedern des Betriebsrats. Sie gilt ferner nicht gegenüber dem Gesamtbetriebsrat, dem Konzernbetriebsrat, der Bordvertretung, dem Seebetriebsrat und den Arbeitnehmervertretern im Aufsichtsrat sowie im Verfahren vor der Einigungsstelle, der tariflichen Schlichtungsstelle (§ 76 Abs. 8) oder einer betrieblichen Beschwerdestelle (§ 86).

(2) Absatz 1 gilt sinngemäß für die Mitglieder und Ersatzmitglieder des Gesamtbetriebsrats, des Konzernbetriebsrats, der Jugend- und Auszubildendenvertretung, der Gesamt-Jugend- und Auszubildendenvertretung, der Konzern-Jugend- und Auszubildendenvertretung, des Wirtschaftsausschusses, der Bordvertretung, des Seebetriebsrats, der gemäß § 3 Abs. 1 gebildeten Vertretungen der Arbeitnehmer, der Einigungsstelle, der tariflichen Schlichtungsstelle (§ 76 Abs. 8) und einer betrieblichen Beschwerdestelle (§ 86) sowie für die Vertreter von Gewerkschaften oder von Arbeitgebervereinigungen.

§ 80 Allgemeine Aufgaben (1) Der Betriebsrat hat folgende allgemeine Aufgaben:

1. darüber zu wachen, dass die zugunsten der Arbeitnehmer geltenden Gesetze, Verordnungen, Unfallverhütungsvorschriften, Tarifverträge und Betriebsvereinbarungen durchgeführt werden;
2. Maßnahmen, die dem Betrieb und der Belegschaft dienen, beim Arbeitgeber zu beantragen;

2 a. die Durchsetzung der tatsächlichen Gleichstellung von Frauen und Männern, insbesondere bei der Einstellung, Beschäftigung, Aus-, Fort- und Weiterbildung und dem beruflichen Aufstieg, zu fördern;

2 b. die Vereinbarkeit von Familie und Erwerbstätigkeit zu fördern;

3. Anregungen von Arbeitnehmern und der Jugend- und Auszubildendenvertretung entgegenzunehmen und, falls sie berechtigt erscheinen, durch Verhandlungen mit dem Arbeitgeber auf eine Erledigung hinzuwirken; er hat die betreffenden Arbeitnehmer über den Stand und das Ergebnis der Verhandlungen zu unterrichten;
4. die Eingliederung schwerbehinderter Menschen einschließlich der Förderung des Abschlusses von Inklusionsvereinbarungen nach § 166 des Neunten Buches Sozialgesetzbuch und sonstiger besonders schutzbedürftiger Personen zu fördern;
5. die Wahl einer Jugend- und Auszubildendenvertretung vorzubereiten und durchzuführen und mit dieser zur Förderung der Belange der in § 60 Abs. 1 genannten Arbeitnehmer eng zusammenzuarbeiten; er kann von der Jugend- und Auszubildendenvertretung Vorschläge und Stellungnahmen anfordern;

6. die Beschäftigung älterer Arbeitnehmer im Betrieb zu fördern;
7. die Integration ausländischer Arbeitnehmer im Betrieb und das Verständnis zwischen ihnen und den deutschen Arbeitnehmern zu fördern sowie Maßnahmen zur Bekämpfung von Rassismus und Fremdenfeindlichkeit im Betrieb zu beantragen;
8. die Beschäftigung im Betrieb zu fördern und zu sichern;
9. Maßnahmen des Arbeitsschutzes und des betrieblichen Umweltschutzes zu fördern.

(2) Zur Durchführung seiner Aufgaben nach diesem Gesetz ist der Betriebsrat rechtzeitig und umfassend vom Arbeitgeber zu unterrichten; die Unterrichtung erstreckt sich auch auf die Beschäftigung von Personen, die nicht in einem Arbeitsverhältnis zum Arbeitgeber stehen, und umfasst insbesondere den zeitlichen Umfang des Einsatzes, den Einsatzort und die Arbeitsaufgaben dieser Personen. Dem Betriebsrat sind auf Verlangen jederzeit die zur Durchführung seiner Aufgaben erforderlichen Unterlagen zur Verfügung zu stellen; in diesem Rahmen ist der Betriebsausschuss oder ein nach § 28 gebildeter Ausschuss berechtigt, in die Listen über die Bruttolöhne und -gehälter Einblick zu nehmen. Zu den erforderlichen Unterlagen gehören auch die Verträge, die der Beschäftigung der in Satz 1 genannten Personen zugrunde liegen. Soweit es zur ordnungsgemäßen Erfüllung der Aufgaben des Betriebsrats erforderlich ist, hat der Arbeitgeber ihm sachkundige Arbeitnehmer als Auskunftspersonen zur Verfügung zu stellen; er hat hierbei die Vorschläge des Betriebsrats zu berücksichtigen, soweit betriebliche Notwendigkeiten nicht entgegenstehen.

(3) Der Betriebsrat kann bei der Durchführung seiner Aufgaben nach näherer Vereinbarung mit dem Arbeitgeber Sachverständige hinzuziehen, soweit dies zur ordnungsgemäßen Erfüllung seiner Aufgaben erforderlich ist.

(4) Für die Geheimhaltungspflicht der Auskunftspersonen und der Sachverständigen gilt § 79 entsprechend.

Zweiter Abschnitt – Mitwirkungs- und Beschwerderecht des Arbeitnehmers

§ 81 Unterrichtungs- und Erörterungspflicht des Arbeitgebers (1) Der Arbeitgeber hat den Arbeitnehmer über dessen Aufgabe und Verantwortung sowie über die Art seiner Tätigkeit und ihre Einordnung in den Arbeitsablauf des Betriebs zu unterrichten. Er hat den Arbeitnehmer vor Beginn der Beschäftigung über die Unfall- und Gesundheitsgefahren, denen dieser bei der Beschäftigung ausgesetzt ist, sowie über die Maßnahmen und Einrichtungen zur Abwendung dieser Gefahren und die nach § 10 Abs. 2 des Arbeitsschutzgesetzes getroffenen Maßnahmen zu belehren.

(2) Über Veränderungen in seinem Arbeitsbereich ist der Arbeitnehmer rechtzeitig zu unterrichten. Absatz 1 gilt entsprechend.

(3) In Betrieben, in denen kein Betriebsrat besteht, hat der Arbeitgeber die

Arbeitnehmer zu allen Maßnahmen zu hören, die Auswirkungen auf Sicherheit und Gesundheit der Arbeitnehmer haben können.
(4) Der Arbeitgeber hat den Arbeitnehmer über die aufgrund einer Planung von technischen Anlagen, von Arbeitsverfahren und Arbeitsabläufen oder der Arbeitsplätze vorgesehenen Maßnahmen und ihre Auswirkungen auf seinen Arbeitsplatz, die Arbeitsumgebung sowie auf Inhalt und Art seiner Tätigkeit zu unterrichten. Sobald feststeht, dass sich die Tätigkeit des Arbeitnehmers ändern wird und seine beruflichen Kenntnisse und Fähigkeiten zur Erfüllung seiner Aufgaben nicht ausreichen, hat der Arbeitgeber mit dem Arbeitnehmer zu erörtern, wie dessen berufliche Kenntnisse und Fähigkeiten im Rahmen der betrieblichen Möglichkeiten den künftigen Anforderungen angepasst werden können. Der Arbeitnehmer kann bei der Erörterung ein Mitglied des Betriebsrats hinzuziehen.

§ 82 Anhörungs- und Erörterungsrecht des Arbeitnehmers (1) Der Arbeitnehmer hat das Recht, in betrieblichen Angelegenheiten, die seine Person betreffen, von den nach Maßgabe des organisatorischen Aufbaus des Betriebs hierfür zuständigen Personen gehört zu werden. Er ist berechtigt, zu Maßnahmen des Arbeitgebers, die ihn betreffen, Stellung zu nehmen sowie Vorschläge für die Gestaltung des Arbeitsplatzes und des Arbeitsablaufs zu machen.
(2) Der Arbeitnehmer kann verlangen, dass ihm die Berechnung und Zusammensetzung seines Arbeitsentgelts erläutert und dass mit ihm die Beurteilung seiner Leistungen sowie die Möglichkeiten seiner beruflichen Entwicklung im Betrieb erörtert werden. Er kann ein Mitglied des Betriebsrats hinzuziehen. Das Mitglied des Betriebsrats hat über den Inhalt dieser Verhandlungen Stillschweigen zu bewahren, soweit es vom Arbeitnehmer im Einzelfall nicht von dieser Verpflichtung entbunden wird.

§ 83 Einsicht in die Personalakten (1) Der Arbeitnehmer hat das Recht, in die über ihn geführten Personalakten Einsicht zu nehmen. Er kann hierzu ein Mitglied des Betriebsrats hinzuziehen. Das Mitglied des Betriebsrats hat über den Inhalt der Personalakte Stillschweigen zu bewahren, soweit es vom Arbeitnehmer im Einzelfall nicht von dieser Verpflichtung entbunden wird.
(2) Erklärungen des Arbeitnehmers zum Inhalt der Personalakte sind dieser auf sein Verlangen beizufügen.

§ 84 Beschwerderecht (1) Jeder Arbeitnehmer hat das Recht, sich bei den zuständigen Stellen des Betriebs zu beschweren, wenn er sich vom Arbeitgeber oder von Arbeitnehmern des Betriebs benachteiligt oder ungerecht behandelt oder in sonstiger Weise beeinträchtigt fühlt. Er kann ein Mitglied des Betriebsrats zur Unterstützung oder Vermittlung hinzuziehen.
(2) Der Arbeitgeber hat den Arbeitnehmer über die Behandlung der Beschwerde zu bescheiden und, soweit er die Beschwerde für berechtigt erachtet, ihr abzuhelfen.

(3) Wegen der Erhebung einer Beschwerde dürfen dem Arbeitnehmer keine Nachteile entstehen.

§ 85 Behandlung von Beschwerden durch den Betriebsrat (1) Der Betriebsrat hat Beschwerden von Arbeitnehmern entgegenzunehmen und, falls er sie für berechtigt erachtet, beim Arbeitgeber auf Abhilfe hinzuwirken.
(2) Bestehen zwischen Betriebsrat und Arbeitgeber Meinungsverschiedenheiten über die Berechtigung der Beschwerde, so kann der Betriebsrat die Einigungsstelle anrufen. Der Spruch der Einigungsstelle ersetzt die Einigung zwischen Arbeitgeber und Betriebsrat. Dies gilt nicht, soweit Gegenstand der Beschwerde ein Rechtsanspruch ist.
(3) Der Arbeitgeber hat den Betriebsrat über die Behandlung der Beschwerde zu unterrichten. § 84 Abs. 2 bleibt unberührt.

§ 86 Ergänzende Vereinbarungen Durch Tarifvertrag oder Betriebsvereinbarung können die Einzelheiten des Beschwerdeverfahrens geregelt werden. Hierbei kann bestimmt werden, dass in den Fällen des § 85 Abs. 2 an die Stelle der Einigungsstelle eine betriebliche Beschwerdestelle tritt.

§ 86 a Vorschlagsrecht der Arbeitnehmer Jeder Arbeitnehmer hat das Recht, dem Betriebsrat Themen zur Beratung vorzuschlagen. Wird ein Vorschlag von mindestens 5 vom Hundert der Arbeitnehmer des Betriebs unterstützt, hat der Betriebsrat diesen innerhalb von zwei Monaten auf die Tagesordnung einer Betriebsratssitzung zu setzen.

Dritter Abschnitt – Soziale Angelegenheiten

§ 87 Mitbestimmungsrechte (1) Der Betriebsrat hat, soweit eine gesetzliche oder tarifliche Regelung nicht besteht, in folgenden Angelegenheiten mitzubestimmen:

1. Fragen der Ordnung des Betriebs und des Verhaltens der Arbeitnehmer im Betrieb;
2. Beginn und Ende der täglichen Arbeitszeit einschließlich der Pausen sowie Verteilung der Arbeitszeit auf die einzelnen Wochentage;
3. vorübergehende Verkürzung oder Verlängerung der betriebsüblichen Arbeitszeit;
4. Zeit, Ort und Art der Auszahlung der Arbeitsentgelte;
5. Aufstellung allgemeiner Urlaubsgrundsätze und des Urlaubsplans sowie die Festsetzung der zeitlichen Lage des Urlaubs für einzelne Arbeitnehmer, wenn zwischen dem Arbeitgeber und den beteiligten Arbeitnehmern kein Einverständnis erzielt wird;
6. Einführung und Anwendung von technischen Einrichtungen, die dazu bestimmt sind, das Verhalten oder die Leistung der Arbeitnehmer zu überwachen;

7. Regelungen über die Verhütung von Arbeitsunfällen und Berufskrankheiten sowie über den Gesundheitsschutz im Rahmen der gesetzlichen Vorschriften oder der Unfallverhütungsvorschriften;
8. Form, Ausgestaltung und Verwaltung von Sozialeinrichtungen, deren Wirkungsbereich auf den Betrieb, das Unternehmen oder den Konzern beschränkt ist;
9. Zuweisung und Kündigung von Wohnräumen, die den Arbeitnehmern mit Rücksicht auf das Bestehen eines Arbeitsverhältnisses vermietet werden, sowie die allgemeine Festlegung der Nutzungsbedingungen;
10. Fragen der betrieblichen Lohngestaltung, insbesondere die Aufstellung von Entlohnungsgrundsätzen und die Einführung und Anwendung von neuen Entlohnungsmethoden sowie deren Änderung;
11. Festsetzung der Akkord- und Prämiensätze und vergleichbarer leistungsbezogener Entgelte, einschließlich der Geldfaktoren;
12. Grundsätze über das betriebliche Vorschlagswesen;
13. Grundsätze über die Durchführung von Gruppenarbeit; Gruppenarbeit im Sinne dieser Vorschrift liegt vor, wenn im Rahmen des betrieblichen Arbeitsablaufs eine Gruppe von Arbeitnehmern eine ihr übertragene Gesamtaufgabe im Wesentlichen eigenverantwortlich erledigt.

(2) Kommt eine Einigung über eine Angelegenheit nach Absatz 1 nicht zustande, so entscheidet die Einigungsstelle. Der Spruch der Einigungsstelle ersetzt die Einigung zwischen Arbeitgeber und Betriebsrat.

§ 88 Freiwillige Betriebsvereinbarungen Durch Betriebsvereinbarung können insbesondere geregelt werden

1. zusätzliche Maßnahmen zur Verhütung von Arbeitsunfällen und Gesundheitsschädigungen;

1 a. Maßnahmen des betrieblichen Umweltschutzes;

2. die Errichtung von Sozialeinrichtungen, deren Wirkungsbereich auf den Betrieb, das Unternehmen oder den Konzern beschränkt ist;
3. Maßnahmen zur Förderung der Vermögensbildung;
4. Maßnahmen zur Integration ausländischer Arbeitnehmer sowie zur Bekämpfung von Rassismus und Fremdenfeindlichkeit im Betrieb;
5. Maßnahmen zur Eingliederung schwerbehinderter Menschen.

§ 89 Arbeits- und betrieblicher Umweltschutz (1) Der Betriebsrat hat sich dafür einzusetzen, dass die Vorschriften über den Arbeitsschutz und die Unfallverhütung im Betrieb sowie über den betrieblichen Umweltschutz durchgeführt werden. Er hat bei der Bekämpfung von Unfall- und Gesundheitsgefahren die für den Arbeitsschutz zuständigen Behörden, die Träger der gesetzlichen Unfallversicherung und die sonstigen in Betracht kommenden Stellen durch Anregung, Beratung und Auskunft zu unterstützen.

(2) Der Arbeitgeber und die in Absatz 1 Satz 2 genannten Stellen sind verpflichtet, den Betriebsrat oder die von ihm bestimmten Mitglieder des Betriebsrats bei allen im Zusammenhang mit dem Arbeitsschutz oder der Unfallver-

hütung stehenden Besichtigungen und Fragen und bei Unfalluntersuchungen hinzuzuziehen. Der Arbeitgeber hat den Betriebsrat auch bei allen im Zusammenhang mit dem betrieblichen Umweltschutz stehenden Besichtigungen und Fragen hinzuzuziehen und ihm unverzüglich die den Arbeitsschutz, die Unfallverhütung und den betrieblichen Umweltschutz betreffenden Auflagen und Anordnungen der zuständigen Stellen mitzuteilen.
(3) Als betrieblicher Umweltschutz im Sinne dieses Gesetzes sind alle personellen und organisatorischen Maßnahmen sowie alle die betrieblichen Bauten, Räume, technische Anlagen, Arbeitsverfahren, Arbeitsabläufe und Arbeitsplätze betreffenden Maßnahmen zu verstehen, die dem Umweltschutz dienen.
(4) An Besprechungen des Arbeitgebers mit den Sicherheitsbeauftragten im Rahmen des § 22 Abs. 2 des Siebten Buches Sozialgesetzbuch nehmen vom Betriebsrat beauftragte Betriebsratsmitglieder teil.
(5) Der Betriebsrat erhält vom Arbeitgeber die Niederschriften über Untersuchungen, Besichtigungen und Besprechungen, zu denen er nach den Absätzen 2 und 4 hinzuzuziehen ist.
(6) Der Arbeitgeber hat dem Betriebsrat eine Durchschrift der nach § 193 Abs. 5 des Siebten Buches Sozialgesetzbuch vom Betriebsrat zu unterschreibenden Unfallanzeige auszuhändigen.

Vierter Abschnitt – Gestaltung von Arbeitsplatz, Arbeitsablauf und Arbeitsumgebung

§ 90 Unterrichtungs- und Beratungsrechte (1) Der Arbeitgeber hat den Betriebsrat über die Planung
1. von Neu-, Um- und Erweiterungsbauten von Fabrikations-, Verwaltungs- und sonstigen betrieblichen Räumen,
2. von technischen Anlagen,
3. von Arbeitsverfahren und Arbeitsabläufen oder
4. der Arbeitsplätze

rechtzeitig unter Vorlage der erforderlichen Unterlagen zu unterrichten.
(2) Der Arbeitgeber hat mit dem Betriebsrat die vorgesehenen Maßnahmen und ihre Auswirkungen auf die Arbeitnehmer, insbesondere auf die Art ihrer Arbeit sowie die sich daraus ergebenden Anforderungen an die Arbeitnehmer so rechtzeitig zu beraten, dass Vorschläge und Bedenken des Betriebsrats bei der Planung berücksichtigt werden können. Arbeitgeber und Betriebsrat sollen dabei auch die gesicherten arbeitswissenschaftlichen Erkenntnisse über die menschengerechte Gestaltung der Arbeit berücksichtigen.

§ 91 Mitbestimmungsrecht Werden die Arbeitnehmer durch Änderungen der Arbeitsplätze, des Arbeitsablaufs oder der Arbeitsumgebung, die den gesicherten arbeitswissenschaftlichen Erkenntnissen über die menschengerechte Gestaltung der Arbeit offensichtlich widersprechen, in besonderer Weise belastet, so kann der Betriebsrat angemessene Maßnahmen zur Abwendung, Milderung oder zum Ausgleich der Belastung verlangen. Kommt eine Einigung nicht zustande, so entscheidet die Einigungsstelle. Der Spruch der Einigungsstelle ersetzt die Einigung zwischen Arbeitgeber und Betriebsrat.

Fünfter Abschnitt – Personelle Angelegenheiten

Erster Unterabschnitt – Allgemeine personelle Angelegenheiten

§ 92 Personalplanung (1) Der Arbeitgeber hat den Betriebsrat über die Personalplanung, insbesondere über den gegenwärtigen und künftigen Personalbedarf sowie über die sich daraus ergebenden personellen Maßnahmen einschließlich der geplanten Beschäftigung von Personen, die nicht in einem Arbeitsverhältnis zum Arbeitgeber stehen, und Maßnahmen der Berufsbildung anhand von Unterlagen rechtzeitig und umfassend zu unterrichten. Er hat mit dem Betriebsrat über Art und Umfang der erforderlichen Maßnahmen und über die Vermeidung von Härten zu beraten.
(2) Der Betriebsrat kann dem Arbeitgeber Vorschläge für die Einführung einer Personalplanung und ihre Durchführung machen.
(3) Die Absätze 1 und 2 gelten entsprechend für Maßnahmen im Sinne des § 80 Abs. 1 Nr. 2 a und 2 b, insbesondere für die Aufstellung und Durchführung von Maßnahmen zur Förderung der Gleichstellung von Frauen und Männern. Gleiches gilt für die Eingliederung schwerbehinderter Menschen nach § 80 Absatz 1 Nummer 4.

§ 92 a Beschäftigungssicherung (1) Der Betriebsrat kann dem Arbeitgeber Vorschläge zur Sicherung und Förderung der Beschäftigung machen. Diese können insbesondere eine flexible Gestaltung der Arbeitszeit, die Förderung von Teilzeitarbeit und Altersteilzeit, neue Formen der Arbeitsorganisation, Änderungen der Arbeitsverfahren und Arbeitsabläufe, die Qualifizierung der Arbeitnehmer, Alternativen zur Ausgliederung von Arbeit oder ihrer Vergabe an andere Unternehmen sowie zum Produktions- und Investitionsprogramm zum Gegenstand haben.
(2) Der Arbeitgeber hat die Vorschläge mit dem Betriebsrat zu beraten. Hält der Arbeitgeber die Vorschläge des Betriebsrats für ungeeignet, hat er dies zu begründen; in Betrieben mit mehr als 100 Arbeitnehmern erfolgt die Begründung schriftlich. Zu den Beratungen kann der Arbeitgeber oder der Betriebsrat einen Vertreter der Bundesagentur für Arbeit hinzuziehen.

§ 93 Ausschreibung von Arbeitsplätzen Der Betriebsrat kann verlangen, dass Arbeitsplätze, die besetzt werden sollen, allgemein oder für bestimmte Arten von Tätigkeiten vor ihrer Besetzung innerhalb des Betriebs ausgeschrieben werden.

§ 94 Personalfragebogen, Beurteilungsgrundsätze (1) Personalfragebogen bedürfen der Zustimmung des Betriebsrats. Kommt eine Einigung über ihren Inhalt nicht zustande, so entscheidet die Einigungsstelle. Der Spruch der Einigungsstelle ersetzt die Einigung zwischen Arbeitgeber und Betriebsrat.
(2) Absatz 1 gilt entsprechend für persönliche Angaben in schriftlichen Arbeitsverträgen, die allgemein für den Betrieb verwendet werden sollen, sowie für die Aufstellung allgemeiner Beurteilungsgrundsätze.

§ 95 Auswahlrichtlinien (1) Richtlinien über die personelle Auswahl bei Einstellungen, Versetzungen, Umgruppierungen und Kündigungen bedürfen der Zustimmung des Betriebsrats. Kommt eine Einigung über die Richtlinien oder ihren Inhalt nicht zustande, so entscheidet auf Antrag des Arbeitgebers die Einigungsstelle. Der Spruch der Einigungsstelle ersetzt die Einigung zwischen Arbeitgeber und Betriebsrat.
(2) In Betrieben mit mehr als 500 Arbeitnehmern kann der Betriebsrat die Aufstellung von Richtlinien über die bei Maßnahmen des Absatzes 1 Satz 1 zu beachtenden fachlichen und persönlichen Voraussetzungen und sozialen Gesichtspunkte verlangen. Kommt eine Einigung über die Richtlinien oder ihren Inhalt nicht zustande, so entscheidet die Einigungsstelle. Der Spruch der Einigungsstelle ersetzt die Einigung zwischen Arbeitgeber und Betriebsrat.
(3) Versetzung im Sinne dieses Gesetzes ist die Zuweisung eines anderen Arbeitsbereichs, die voraussichtlich die Dauer von einem Monat überschreitet, oder die mit einer erheblichen Änderung der Umstände verbunden ist, unter denen die Arbeit zu leisten ist. Werden Arbeitnehmer nach der Eigenart ihres Arbeitsverhältnisses üblicherweise nicht ständig an einem bestimmten Arbeitsplatz beschäftigt, so gilt die Bestimmung des jeweiligen Arbeitsplatzes nicht als Versetzung.

Zweiter Unterabschnitt – Berufsbildung

§ 96 Förderung der Berufsbildung (1) Arbeitgeber und Betriebsrat haben im Rahmen der betrieblichen Personalplanung und in Zusammenarbeit mit den für die Berufsbildung und den für die Förderung der Berufsbildung zuständigen Stellen die Berufsbildung der Arbeitnehmer zu fördern. Der Arbeitgeber hat auf Verlangen des Betriebsrats den Berufsbildungsbedarf zu ermitteln und mit ihm Fragen der Berufsbildung der Arbeitnehmer des Betriebs zu beraten. Hierzu kann der Betriebsrat Vorschläge machen.
(2) Arbeitgeber und Betriebsrat haben darauf zu achten, dass unter Berücksichtigung der betrieblichen Notwendigkeiten den Arbeitnehmern die Teilnahme an betrieblichen oder außerbetrieblichen Maßnahmen der Berufsbildung ermöglicht wird. Sie haben dabei auch die Belange älterer Arbeitnehmer, Teilzeitbeschäftigter und von Arbeitnehmern mit Familienpflichten zu berücksichtigen.

§ 97 Einrichtungen und Maßnahmen der Berufsbildung (1) Der Arbeitgeber hat mit dem Betriebsrat über die Errichtung und Ausstattung betrieblicher

Einrichtungen zur Berufsbildung, die Einführung betrieblicher Berufsbildungsmaßnahmen und die Teilnahme an außerbetrieblichen Berufsbildungsmaßnahmen zu beraten.
(2) Hat der Arbeitgeber Maßnahmen geplant oder durchgeführt, die dazu führen, dass sich die Tätigkeit der betroffenen Arbeitnehmer ändert und ihre beruflichen Kenntnisse und Fähigkeiten zur Erfüllung ihrer Aufgaben nicht mehr ausreichen, so hat der Betriebsrat bei der Einführung von Maßnahmen der betrieblichen Berufsbildung mitzubestimmen. Kommt eine Einigung nicht zustande, so entscheidet die Einigungsstelle. Der Spruch der Einigungsstelle ersetzt die Einigung zwischen Arbeitgeber und Betriebsrat.

§ 98 Durchführung betrieblicher Bildungsmaßnahmen (1) Der Betriebsrat hat bei der Durchführung von Maßnahmen der betrieblichen Berufsbildung mitzubestimmen.
(2) Der Betriebsrat kann der Bestellung einer mit der Durchführung der betrieblichen Berufsbildung beauftragten Person widersprechen oder ihre Abberufung verlangen, wenn diese die persönliche oder fachliche, insbesondere die berufs- und arbeitspädagogische Eignung im Sinne des Berufsbildungsgesetzes nicht besitzt oder ihre Aufgaben vernachlässigt.
(3) Führt der Arbeitgeber betriebliche Maßnahmen der Berufsbildung durch oder stellt er für außerbetriebliche Maßnahmen der Berufsbildung Arbeitnehmer frei oder trägt er die durch die Teilnahme von Arbeitnehmern an solchen Maßnahmen entstehenden Kosten ganz oder teilweise, so kann der Betriebsrat Vorschläge für die Teilnahme von Arbeitnehmern oder Gruppen von Arbeitnehmern des Betriebs an diesen Maßnahmen der beruflichen Bildung machen.
(4) Kommt im Fall des Absatzes 1 oder über die nach Absatz 3 vom Betriebsrat vorgeschlagenen Teilnehmer eine Einigung nicht zustande, so entscheidet die Einigungsstelle. Der Spruch der Einigungsstelle ersetzt die Einigung zwischen Arbeitgeber und Betriebsrat.
(5) Kommt im Fall des Absatzes 2 eine Einigung nicht zustande, so kann der Betriebsrat beim Arbeitsgericht beantragen, dem Arbeitgeber aufzugeben, die Bestellung zu unterlassen oder die Abberufung durchzuführen. Führt der Arbeitgeber die Bestellung einer rechtskräftigen gerichtlichen Entscheidung zuwider durch, so ist er auf Antrag des Betriebsrats vom Arbeitsgericht wegen der Bestellung nach vorheriger Androhung zu einem Ordnungsgeld zu verurteilen; das Höchstmaß des Ordnungsgeldes beträgt 10000 Euro. Führt der Arbeitgeber die Abberufung einer rechtskräftigen gerichtlichen Entscheidung zuwider nicht durch, so ist auf Antrag des Betriebsrats vom Arbeitsgericht zu erkennen, dass der Arbeitgeber zur Abberufung durch Zwangsgeld anzuhalten sei; das Höchstmaß des Zwangsgeldes beträgt für jeden Tag der Zuwiderhandlung 250 Euro. Die Vorschriften des Berufsbildungsgesetzes über die Ordnung der Berufsbildung bleiben unberührt.
(6) Die Absätze 1 bis 5 gelten entsprechend, wenn der Arbeitgeber sonstige Bildungsmaßnahmen im Betrieb durchführt.

Dritter Unterabschnitt – Personelle Einzelmaßnahmen

§ 99 Mitbestimmung bei personellen Einzelmaßnahmen (1) In Unternehmen mit in der Regel mehr als zwanzig wahlberechtigten Arbeitnehmern hat der Arbeitgeber den Betriebsrat vor jeder Einstellung, Eingruppierung, Umgruppierung und Versetzung zu unterrichten, ihm die erforderlichen Bewerbungsunterlagen vorzulegen und Auskunft über die Person der Beteiligten zu geben; er hat dem Betriebsrat unter Vorlage der erforderlichen Unterlagen Auskunft über die Auswirkungen der geplanten Maßnahme zu geben und die Zustimmung des Betriebsrats zu der geplanten Maßnahme einzuholen. Bei Einstellungen und Versetzungen hat der Arbeitgeber insbesondere den in Aussicht genommenen Arbeitsplatz und die vorgesehene Eingruppierung mitzuteilen. Die Mitglieder des Betriebsrats sind verpflichtet, über die ihnen im Rahmen der personellen Maßnahmen nach den Sätzen 1 und 2 bekanntgewordenen persönlichen Verhältnisse und Angelegenheiten der Arbeitnehmer, die ihrer Bedeutung oder ihrem Inhalt nach einer vertraulichen Behandlung bedürfen, Stillschweigen zu bewahren; § 79 Abs. 1 Satz 2 bis 4 gilt entsprechend.

(2) Der Betriebsrat kann die Zustimmung verweigern, wenn

1. die personelle Maßnahme gegen ein Gesetz, eine Verordnung, eine Unfallverhütungsvorschrift oder gegen eine Bestimmung in einem Tarifvertrag oder in einer Betriebsvereinbarung oder gegen eine gerichtliche Entscheidung oder eine behördliche Anordnung verstoßen würde,
2. die personelle Maßnahme gegen eine Richtlinie nach § 95 verstoßen würde,
3. die durch Tatsachen begründete Besorgnis besteht, dass infolge der personellen Maßnahme im Betrieb beschäftigte Arbeitnehmer gekündigt werden oder sonstige Nachteile erleiden, ohne dass dies aus betrieblichen oder persönlichen Gründen gerechtfertigt ist; als Nachteil gilt bei unbefristeter Einstellung auch die Nichtberücksichtigung eines gleich geeigneten befristet Beschäftigten,
4. der betroffene Arbeitnehmer durch die personelle Maßnahme benachteiligt wird, ohne dass dies aus betrieblichen oder in der Person des Arbeitnehmers liegenden Gründen gerechtfertigt ist,
5. eine nach § 93 erforderliche Ausschreibung im Betrieb unterblieben ist oder
6. die durch Tatsachen begründete Besorgnis besteht, dass der für die personelle Maßnahme in Aussicht genommene Bewerber oder Arbeitnehmer den Betriebsfrieden durch gesetzwidriges Verhalten oder durch grobe Verletzung der in § 75 Abs. 1 enthaltenen Grundsätze, insbesondere durch rassistische oder fremdenfeindliche Betätigung, stören werde.

(3) Verweigert der Betriebsrat seine Zustimmung, so hat er dies unter Angabe von Gründen innerhalb einer Woche nach Unterrichtung durch den Arbeitgeber diesem schriftlich mitzuteilen. Teilt der Betriebsrat dem Arbeitgeber die Verweigerung seiner Zustimmung nicht innerhalb der Frist schriftlich mit, so gilt die Zustimmung als erteilt.

(4) Verweigert der Betriebsrat seine Zustimmung, so kann der Arbeitgeber beim Arbeitsgericht beantragen, die Zustimmung zu ersetzen.

§ 100 Vorläufige personelle Maßnahmen (1) Der Arbeitgeber kann, wenn dies aus sachlichen Gründen dringend erforderlich ist, die personelle Maßnahme im Sinne des § 99 Abs. 1 Satz 1 vorläufig durchführen, bevor der Betriebsrat sich geäußert oder wenn er die Zustimmung verweigert hat. Der Arbeitgeber hat den Arbeitnehmer über die Sach- und Rechtslage aufzuklären.
(2) Der Arbeitgeber hat den Betriebsrat unverzüglich von der vorläufigen personellen Maßnahme zu unterrichten. Bestreitet der Betriebsrat, dass die Maßnahme aus sachlichen Gründen dringend erforderlich ist, so hat er dies dem Arbeitgeber unverzüglich mitzuteilen. In diesem Fall darf der Arbeitgeber die vorläufige personelle Maßnahme nur aufrechterhalten, wenn er innerhalb von drei Tagen beim Arbeitsgericht die Ersetzung der Zustimmung des Betriebsrats und die Feststellung beantragt, dass die Maßnahme aus sachlichen Gründen dringend erforderlich war.
(3) Lehnt das Gericht durch rechtskräftige Entscheidung die Ersetzung der Zustimmung des Betriebsrats ab oder stellt es rechtskräftig fest, dass offensichtlich die Maßnahme aus sachlichen Gründen nicht dringend erforderlich war, so endet die vorläufige personelle Maßnahme mit Ablauf von zwei Wochen nach Rechtskraft der Entscheidung. Von diesem Zeitpunkt an darf die personelle Maßnahme nicht aufrechterhalten werden.

§ 101 Zwangsgeld Führt der Arbeitgeber eine personelle Maßnahme im Sinne des § 99 Abs. 1 Satz 1 ohne Zustimmung des Betriebsrats durch oder hält er eine vorläufige personelle Maßnahme entgegen § 100 Abs. 2 Satz 3 oder Abs. 3 aufrecht, so kann der Betriebsrat beim Arbeitsgericht beantragen, dem Arbeitgeber aufzugeben, die personelle Maßnahme aufzuheben. Hebt der Arbeitgeber entgegen einer rechtskräftigen gerichtlichen Entscheidung die personelle Maßnahme nicht auf, so ist auf Antrag des Betriebsrats vom Arbeitsgericht zu erkennen, dass der Arbeitgeber zur Aufhebung der Maßnahme durch Zwangsgeld anzuhalten sei. Das Höchstmaß des Zwangsgeldes beträgt für jeden Tag der Zuwiderhandlung 250 Euro.

§ 102 Mitbestimmung bei Kündigungen (1) Der Betriebsrat ist vor jeder Kündigung zu hören. Der Arbeitgeber hat ihm die Gründe für die Kündigung mitzuteilen. Eine ohne Anhörung des Betriebsrats ausgesprochene Kündigung ist unwirksam.
(2) Hat der Betriebsrat gegen eine ordentliche Kündigung Bedenken, so hat er diese unter Angabe der Gründe dem Arbeitgeber spätestens innerhalb einer Woche schriftlich mitzuteilen. Äußert er sich innerhalb dieser Frist nicht, gilt seine Zustimmung zur Kündigung als erteilt. Hat der Betriebsrat gegen eine außerordentliche Kündigung Bedenken, so hat er diese unter Angabe der Gründe dem Arbeitgeber unverzüglich, spätestens jedoch innerhalb von drei Tagen, schriftlich mitzuteilen. Der Betriebsrat soll, soweit dies erforderlich erscheint, vor seiner Stellungnahme den betroffenen Arbeitnehmer hören. § 99 Abs. 1 Satz 3 gilt entsprechend.

(3) Der Betriebsrat kann innerhalb der Frist des Absatzes 2 Satz 1 der ordentlichen Kündigung widersprechen, wenn
1. der Arbeitgeber bei der Auswahl des zu kündigenden Arbeitnehmers soziale Gesichtspunkte nicht oder nicht ausreichend berücksichtigt hat,
2. die Kündigung gegen eine Richtlinie nach § 95 verstößt,
3. der zu kündigende Arbeitnehmer an einem anderen Arbeitsplatz im selben Betrieb oder in einem anderen Betrieb des Unternehmens weiterbeschäftigt werden kann,
4. die Weiterbeschäftigung des Arbeitnehmers nach zumutbaren Umschulungs- oder Fortbildungsmaßnahmen möglich ist oder
5. eine Weiterbeschäftigung des Arbeitnehmers unter geänderten Vertragsbedingungen möglich ist und der Arbeitnehmer sein Einverständnis hiermit erklärt hat.

(4) Kündigt der Arbeitgeber, obwohl der Betriebsrat nach Absatz 3 der Kündigung widersprochen hat, so hat er dem Arbeitnehmer mit der Kündigung eine Abschrift der Stellungnahme des Betriebsrats zuzuleiten.

(5) Hat der Betriebsrat einer ordentlichen Kündigung frist- und ordnungsgemäß widersprochen und hat der Arbeitnehmer nach dem Kündigungsschutzgesetz Klage auf Feststellung erhoben, dass das Arbeitsverhältnis durch die Kündigung nicht aufgelöst ist, so muss der Arbeitgeber auf Verlangen des Arbeitnehmers diesen nach Ablauf der Kündigungsfrist bis zum rechtskräftigen Abschluss des Rechtsstreits bei unveränderten Arbeitsbedingungen weiterbeschäftigen. Auf Antrag des Arbeitgebers kann das Gericht ihn durch einstweilige Verfügung von der Verpflichtung zur Weiterbeschäftigung nach Satz 1 entbinden, wenn
1. die Klage des Arbeitnehmers keine hinreichende Aussicht auf Erfolg bietet oder mutwillig erscheint oder
2. die Weiterbeschäftigung des Arbeitnehmers zu einer unzumutbaren wirtschaftlichen Belastung des Arbeitgebers führen würde oder
3. der Widerspruch des Betriebsrats offensichtlich unbegründet war.

(6) Arbeitgeber und Betriebsrat können vereinbaren, dass Kündigungen der Zustimmung des Betriebsrats bedürfen und dass bei Meinungsverschiedenheiten über die Berechtigung der Nichterteilung der Zustimmung die Einigungsstelle entscheidet.

(7) Die Vorschriften über die Beteiligung des Betriebsrats nach dem Kündigungsschutzgesetz bleiben unberührt.

§ 103 Außerordentliche Kündigung und Versetzung in besonderen Fällen

(1) Die außerordentliche Kündigung von Mitgliedern des Betriebsrats, der Jugend- und Auszubildendenvertretung, der Bordvertretung und des Seebetriebsrats, des Wahlvorstands sowie von Wahlbewerbern bedarf der Zustimmung des Betriebsrats.

(2) Verweigert der Betriebsrat seine Zustimmung, so kann das Arbeitsgericht sie auf Antrag des Arbeitgebers ersetzen, wenn die außerordentliche Kündigung unter Berücksichtigung aller Umstände gerechtfertigt ist. In dem Verfahren vor dem Arbeitsgericht ist der betroffene Arbeitnehmer Beteiligter.

(3) Die Versetzung der in Absatz 1 genannten Personen, die zu einem Verlust des Amtes oder der Wählbarkeit führen würde, bedarf der Zustimmung des Betriebsrats; dies gilt nicht, wenn der betroffene Arbeitnehmer mit der Versetzung einverstanden ist. Absatz 2 gilt entsprechend mit der Maßgabe, dass das Arbeitsgericht die Zustimmung zu der Versetzung ersetzen kann, wenn diese auch unter Berücksichtigung der betriebsverfassungsrechtlichen Stellung des betroffenen Arbeitnehmers aus dringenden betrieblichen Gründen notwendig ist.

§ 104 Entfernung betriebsstörender Arbeitnehmer Hat ein Arbeitnehmer durch gesetzwidriges Verhalten oder durch grobe Verletzung der in § 75 Abs. 1 enthaltenen Grundsätze, insbesondere durch rassistische oder fremdenfeindliche Betätigungen, den Betriebsfrieden wiederholt ernstlich gestört, so kann der Betriebsrat vom Arbeitgeber die Entlassung oder Versetzung verlangen. Gibt das Arbeitsgericht einem Antrag des Betriebsrats statt, dem Arbeitgeber aufzugeben, die Entlassung oder Versetzung durchzuführen, und führt der Arbeitgeber die Entlassung oder Versetzung einer rechtskräftigen gerichtlichen Entscheidung zuwider nicht durch, so ist auf Antrag des Betriebsrats vom Arbeitsgericht zu erkennen, dass er zur Vornahme der Entlassung oder Versetzung durch Zwangsgeld anzuhalten sei. Das Höchstmaß des Zwangsgeldes beträgt für jeden Tag der Zuwiderhandlung 250 Euro.

§ 105 Leitende Angestellte Eine beabsichtigte Einstellung oder personelle Veränderung eines in § 5 Abs. 3 genannten leitenden Angestellten ist dem Betriebsrat rechtzeitig mitzuteilen.

Sechster Abschnitt – Wirtschaftliche Angelegenheiten

Erster Unterabschnitt – Unterrichtung in wirtschaftlichen Angelegenheiten

§ 106 Wirtschaftsausschuss (1) In allen Unternehmen mit in der Regel mehr als einhundert ständig beschäftigten Arbeitnehmern ist ein Wirtschaftsausschuss zu bilden. Der Wirtschaftsausschuss hat die Aufgabe, wirtschaftliche Angelegenheiten mit dem Unternehmer zu beraten und den Betriebsrat zu unterrichten.

(2) Der Unternehmer hat den Wirtschaftsausschuss rechtzeitig und umfassend über die wirtschaftlichen Angelegenheiten des Unternehmens unter Vorlage der erforderlichen Unterlagen zu unterrichten, soweit dadurch nicht die Betriebs- und Geschäftsgeheimnisse des Unternehmens gefährdet werden, sowie die sich daraus ergebenden Auswirkungen auf die Personalplanung darzustellen. Zu den erforderlichen Unterlagen gehört in den Fällen des Absatzes 3 Nr. 9 a insbesondere die Angabe über den potentiellen Erwerber und dessen Absichten im Hinblick auf die künftige Geschäftstätigkeit des Unternehmens sowie die sich daraus ergebenden Auswirkungen auf die Arbeitnehmer; Glei-

ches gilt, wenn im Vorfeld der Übernahme des Unternehmens ein Bieterverfahren durchgeführt wird.

(3) Zu den wirtschaftlichen Angelegenheiten im Sinne dieser Vorschrift gehören insbesondere

1. die wirtschaftliche und finanzielle Lage des Unternehmens;
2. die Produktions- und Absatzlage;
3. das Produktions- und Investitionsprogramm;
4. Rationalisierungsvorhaben;
5. Fabrikations- und Arbeitsmethoden, insbesondere die Einführung neuer Arbeitsmethoden;

5 a. Fragen des betrieblichen Umweltschutzes;

6. die Einschränkung oder Stilllegung von Betrieben oder von Betriebsteilen;
7. die Verlegung von Betrieben oder Betriebsteilen;
8. der Zusammenschluss oder die Spaltung von Unternehmen oder Betrieben;
9. die Änderung der Betriebsorganisation oder des Betriebszwecks;

9 a. die Übernahme des Unternehmens, wenn hiermit der Erwerb der Kontrolle verbunden ist, sowie

10. sonstige Vorgänge und Vorhaben, welche die Interessen der Arbeitnehmer des Unternehmens wesentlich berühren können.

§ 107 Bestellung und Zusammensetzung des Wirtschaftsausschusses (1) Der Wirtschaftsausschuss besteht aus mindestens drei und höchstens sieben Mitgliedern, die dem Unternehmen angehören müssen, darunter mindestens einem Betriebsratsmitglied. Zu Mitgliedern des Wirtschaftsausschusses können auch die in § 5 Abs. 3 genannten Angestellten bestimmt werden. Die Mitglieder sollen die zur Erfüllung ihrer Aufgaben erforderliche fachliche und persönliche Eignung besitzen.

(2) Die Mitglieder des Wirtschaftsausschusses werden vom Betriebsrat für die Dauer seiner Amtszeit bestimmt. Besteht ein Gesamtbetriebsrat, so bestimmt dieser die Mitglieder des Wirtschaftsausschusses; die Amtszeit der Mitglieder endet in diesem Fall in dem Zeitpunkt, in dem die Amtszeit der Mehrheit der Mitglieder des Gesamtbetriebsrats, die an der Bestimmung mitzuwirken berechtigt waren, abgelaufen ist. Die Mitglieder des Wirtschaftsausschusses können jederzeit abberufen werden; auf die Abberufung sind die Sätze 1 und 2 entsprechend anzuwenden.

(3) Der Betriebsrat kann mit der Mehrheit der Stimmen seiner Mitglieder beschließen, die Aufgaben des Wirtschaftsausschusses einem Ausschuss des Betriebsrats zu übertragen. Die Zahl der Mitglieder des Ausschusses darf die Zahl der Mitglieder des Betriebsausschusses nicht überschreiten. Der Betriebsrat kann jedoch weitere Arbeitnehmer einschließlich der in § 5 Abs. 3 genannten leitenden Angestellten bis zur selben Zahl, wie der Ausschuss Mitglieder hat, in den Ausschuss berufen; für die Beschlussfassung gilt Satz 1. Für die Verschwiegenheitspflicht der in Satz 3 bezeichneten weiteren Arbeitnehmer gilt § 79 entsprechend. Für die Abänderung und den Widerruf der Beschlüsse nach den Sätzen 1 bis 3 sind die gleichen Stimmenmehrheiten erforderlich wie für die

Beschlüsse nach den Sätzen 1 bis 3. Ist in einem Unternehmen ein Gesamtbetriebsrat errichtet, so beschließt dieser über die anderweitige Wahrnehmung der Aufgaben des Wirtschaftsausschusses; die Sätze 1 bis 5 gelten entsprechend.

§ 108 Sitzungen (1) Der Wirtschaftsausschuss soll monatlich einmal zusammentreten.
(2) An den Sitzungen des Wirtschaftsausschusses hat der Unternehmer oder sein Vertreter teilzunehmen. Er kann sachkundige Arbeitnehmer des Unternehmens einschließlich der in § 5 Abs. 3 genannten Angestellten hinzuziehen. Für die Hinzuziehung und die Verschwiegenheitspflicht von Sachverständigen gilt § 80 Abs. 3 und 4 entsprechend.
(3) Die Mitglieder des Wirtschaftsausschusses sind berechtigt, in die nach § 106 Abs. 2 vorzulegenden Unterlagen Einsicht zu nehmen.
(4) Der Wirtschaftsausschuss hat über jede Sitzung dem Betriebsrat unverzüglich und vollständig zu berichten.
(5) Der Jahresabschluss ist dem Wirtschaftsausschuss unter Beteiligung des Betriebsrats zu erläutern.
(6) Hat der Betriebsrat oder der Gesamtbetriebsrat eine anderweitige Wahrnehmung der Aufgaben des Wirtschaftsausschusses beschlossen, so gelten die Absätze 1 bis 5 entsprechend.

§ 109 Beilegung von Meinungsverschiedenheiten Wird eine Auskunft über wirtschaftliche Angelegenheiten des Unternehmens im Sinne des § 106 entgegen dem Verlangen des Wirtschaftsausschusses nicht, nicht rechtzeitig oder nur ungenügend erteilt und kommt hierüber zwischen Unternehmer und Betriebsrat eine Einigung nicht zustande, so entscheidet die Einigungsstelle. Der Spruch der Einigungsstelle ersetzt die Einigung zwischen Arbeitgeber und Betriebsrat. Die Einigungsstelle kann, wenn dies für ihre Entscheidung erforderlich ist, Sachverständige anhören; § 80 Abs. 4 gilt entsprechend. Hat der Betriebsrat oder der Gesamtbetriebsrat eine anderweitige Wahrnehmung der Aufgaben des Wirtschaftsausschusses beschlossen, so gilt Satz 1 entsprechend.

§ 109 a Unternehmensübernahme In Unternehmen, in denen kein Wirtschaftsausschuss besteht, ist im Fall des § 106 Abs. 3 Nr. 9 a der Betriebsrat entsprechend § 106 Abs. 1 und 2 zu beteiligen; § 109 gilt entsprechend.

§ 110 Unterrichtung der Arbeitnehmer (1) In Unternehmen mit in der Regel mehr als 1000 ständig beschäftigten Arbeitnehmern hat der Unternehmer mindestens einmal in jedem Kalendervierteljahr nach vorheriger Abstimmung mit dem Wirtschaftsausschuss oder den in § 107 Abs. 3 genannten Stellen und dem Betriebsrat die Arbeitnehmer schriftlich über die wirtschaftliche Lage und Entwicklung des Unternehmens zu unterrichten.
(2) In Unternehmen, die die Voraussetzungen des Absatzes 1 nicht erfüllen, aber in der Regel mehr als zwanzig wahlberechtigte ständige Arbeitnehmer beschäftigen, gilt Absatz 1 mit der Maßgabe, dass die Unterrichtung der Arbeit-

nehmer mündlich erfolgen kann. Ist in diesen Unternehmen ein Wirtschaftsausschuss nicht zu errichten, so erfolgt die Unterrichtung nach vorheriger Abstimmung mit dem Betriebsrat.

Zweiter Unterabschnitt – Betriebsänderungen

§ 111 Betriebsänderungen In Unternehmen mit in der Regel mehr als zwanzig wahlberechtigten Arbeitnehmern hat der Unternehmer den Betriebsrat über geplante Betriebsänderungen, die wesentliche Nachteile für die Belegschaft oder erhebliche Teile der Belegschaft zur Folge haben können, rechtzeitig und umfassend zu unterrichten und die geplanten Betriebsänderungen mit dem Betriebsrat zu beraten. Der Betriebsrat kann in Unternehmen mit mehr als 300 Arbeitnehmern zu seiner Unterstützung einen Berater hinzuziehen; § 80 Abs. 4 gilt entsprechend; im Übrigen bleibt § 80 Abs. 3 unberührt. Als Betriebsänderungen im Sinne des Satzes 1 gelten

1. Einschränkung und Stilllegung des ganzen Betriebs oder von wesentlichen Betriebsteilen,
2. Verlegung des ganzen Betriebs oder von wesentlichen Betriebsteilen,
3. Zusammenschluss mit anderen Betrieben oder die Spaltung von Betrieben,
4. grundlegende Änderungen der Betriebsorganisation, des Betriebszwecks oder der Betriebsanlagen,
5. Einführung grundlegend neuer Arbeitsmethoden und Fertigungsverfahren.

§ 112 Interessenausgleich über die Betriebsänderung, Sozialplan (1) Kommt zwischen Unternehmer und Betriebsrat ein Interessenausgleich über die geplante Betriebsänderung zustande, so ist dieser schriftlich niederzulegen und vom Unternehmer und Betriebsrat zu unterschreiben. Das Gleiche gilt für eine Einigung über den Ausgleich oder die Milderung der wirtschaftlichen Nachteile, die den Arbeitnehmern infolge der geplanten Betriebsänderung entstehen (Sozialplan). Der Sozialplan hat die Wirkung einer Betriebsvereinbarung. § 77 Abs. 3 ist auf den Sozialplan nicht anzuwenden.
(2) Kommt ein Interessenausgleich über die geplante Betriebsänderung oder eine Einigung über den Sozialplan nicht zustande, so können der Unternehmer oder der Betriebsrat den Vorstand der Bundesagentur für Arbeit um Vermittlung ersuchen, der Vorstand kann die Aufgabe auf andere Bedienstete der Bundesagentur für Arbeit übertragen. Erfolgt kein Vermittlungsersuchen oder bleibt der Vermittlungsversuch ergebnislos, so können der Unternehmer oder der Betriebsrat die Einigungsstelle anrufen. Auf Ersuchen des Vorsitzenden der Einigungsstelle nimmt ein Mitglied des Vorstands der Bundesagentur für Arbeit oder ein vom Vorstand der Bundesagentur für Arbeit benannter Bediensteter der Bundesagentur für Arbeit an der Verhandlung teil.
(3) Unternehmer und Betriebsrat sollen der Einigungsstelle Vorschläge zur Beilegung der Meinungsverschiedenheiten über den Interessenausgleich und den Sozialplan machen. Die Einigungsstelle hat eine Einigung der Parteien zu

versuchen. Kommt eine Einigung zustande, so ist sie schriftlich niederzulegen und von den Parteien und vom Vorsitzenden zu unterschreiben.
(4) Kommt eine Einigung über den Sozialplan nicht zustande, so entscheidet die Einigungsstelle über die Aufstellung eines Sozialplans. Der Spruch der Einigungsstelle ersetzt die Einigung zwischen Arbeitgeber und Betriebsrat.
(5) Die Einigungsstelle hat bei ihrer Entscheidung nach Absatz 4 sowohl die sozialen Belange der betroffenen Arbeitnehmer zu berücksichtigen als auch auf die wirtschaftliche Vertretbarkeit ihrer Entscheidung für das Unternehmen zu achten. Dabei hat die Einigungsstelle sich im Rahmen billigen Ermessens insbesondere von folgenden Grundsätzen leiten zu lassen:

1. Sie soll beim Ausgleich oder bei der Milderung wirtschaftlicher Nachteile, insbesondere durch Einkommensminderung, Wegfall von Sonderleistungen oder Verlust von Anwartschaften auf betriebliche Altersversorgung, Umzugskosten oder erhöhte Fahrtkosten, Leistungen vorsehen, die in der Regel den Gegebenheiten des Einzelfalles Rechnung tragen.
2. Sie hat die Aussichten der betroffenen Arbeitnehmer auf dem Arbeitsmarkt zu berücksichtigen. Sie soll Arbeitnehmer von Leistungen ausschließen, die in einem zumutbaren Arbeitsverhältnis im selben Betrieb oder in einem anderen Betrieb des Unternehmens oder eines zum Konzern gehörenden Unternehmens weiterbeschäftigt werden können und die Weiterbeschäftigung ablehnen; die mögliche Weiterbeschäftigung an einem anderen Ort begründet für sich allein nicht die Unzumutbarkeit.

2 a. Sie soll insbesondere die im Dritten Buch des Sozialgesetzbuches vorgesehenen Förderungsmöglichkeiten zur Vermeidung von Arbeitslosigkeit berücksichtigen.

3. Sie hat bei der Bemessung des Gesamtbetrages der Sozialplanleistungen darauf zu achten, dass der Fortbestand des Unternehmens oder die nach Durchführung der Betriebsänderung verbleibenden Arbeitsplätze nicht gefährdet werden.

§ 112 a Erzwingbarer Sozialplan bei Personalabbau, Neugründungen (1) Besteht eine geplante Betriebsänderung im Sinne des § 111 Satz 3 Nr. 1 allein in der Entlassung von Arbeitnehmern, so findet § 112 Abs. 4 und 5 nur Anwendung, wenn

1. in Betrieben mit in der Regel weniger als 60 Arbeitnehmern 20 vom Hundert der regelmäßig beschäftigten Arbeitnehmer, aber mindestens 6 Arbeitnehmer,
2. in Betrieben mit in der Regel mindestens 60 und weniger als 250 Arbeitnehmern 20 vom Hundert der regelmäßig beschäftigten Arbeitnehmer oder mindestens 37 Arbeitnehmer,
3. in Betrieben mit in der Regel mindestens 250 und weniger als 500 Arbeitnehmern 15 vom Hundert der regelmäßig beschäftigten Arbeitnehmer oder mindestens 60 Arbeitnehmer,
4. in Betrieben mit in der Regel mindestens 500 Arbeitnehmern 10 vom Hundert der regelmäßig beschäftigten Arbeitnehmer, aber mindestens 60 Arbeitnehmer

aus betriebsbedingten Gründen entlassen werden sollen. Als Entlassung gilt auch das vom Arbeitgeber aus Gründen der Betriebsänderung veranlasste Ausscheiden von Arbeitnehmern aufgrund von Aufhebungsverträgen.
(2) § 112 Abs. 4 und 5 findet keine Anwendung auf Betriebe eines Unternehmens in den ersten vier Jahren nach seiner Gründung. Dies gilt nicht für Neugründungen im Zusammenhang mit der rechtlichen Umstrukturierung von Unternehmen und Konzernen. Maßgebend für den Zeitpunkt der Gründung ist die Aufnahme einer Erwerbstätigkeit, die nach § 138 der Abgabenordnung dem Finanzamt mitzuteilen ist.

§ 113 Nachteilsausgleich (1) Weicht der Unternehmer von einem Interessenausgleich über die geplante Betriebsänderung ohne zwingenden Grund ab, so können Arbeitnehmer, die infolge dieser Abweichung entlassen werden, beim Arbeitsgericht Klage erheben mit dem Antrag, den Arbeitgeber zur Zahlung von Abfindungen zu verurteilen; § 10 des Kündigungsschutzgesetzes gilt entsprechend.
(2) Erleiden Arbeitnehmer infolge einer Abweichung nach Absatz 1 andere wirtschaftliche Nachteile, so hat der Unternehmer diese Nachteile bis zu einem Zeitraum von zwölf Monaten auszugleichen.
(3) Die Absätze 1 und 2 gelten entsprechend, wenn der Unternehmer eine geplante Betriebsänderung nach § 111 durchführt, ohne über sie einen Interessenausgleich mit dem Betriebsrat versucht zu haben, und infolge der Maßnahme Arbeitnehmer entlassen werden oder andere wirtschaftliche Nachteile erleiden.

Fünfter Teil – Besondere Vorschriften für einzelne Betriebsarten

Erster Abschnitt – Seeschifffahrt

§ 114 Grundsätze (1) Auf Seeschifffahrtsunternehmen und ihre Betriebe ist dieses Gesetz anzuwenden, soweit sich aus den Vorschriften dieses Abschnitts nichts anderes ergibt.
(2) Seeschifffahrtsunternehmen im Sinne dieses Gesetzes ist ein Unternehmen, das Handelsschifffahrt betreibt und seinen Sitz im Geltungsbereich dieses Gesetzes hat. Ein Seeschifffahrtsunternehmen im Sinne dieses Abschnitts betreibt auch, wer als Korrespondenzreeder, Vertragsreeder, Ausrüster oder aufgrund eines ähnlichen Rechtsverhältnisses Schiffe zum Erwerb durch die Seeschifffahrt verwendet, wenn er Arbeitgeber des Kapitäns und der Besatzungsmitglieder ist oder überwiegend die Befugnisse des Arbeitgebers ausübt.
(3) Als Seebetrieb im Sinne dieses Gesetzes gilt die Gesamtheit der Schiffe eines Seeschifffahrtsunternehmens einschließlich der in Absatz 2 Satz 2 genannten Schiffe.
(4) Schiffe im Sinne dieses Gesetzes sind Kauffahrteischiffe, die nach dem Flaggenrechtsgesetz die Bundesflagge führen. Schiffe, die in der Regel binnen

24 Stunden nach dem Auslaufen an den Sitz eines Landbetriebs zurückkehren, gelten als Teil dieses Landbetriebs des Seeschifffahrtsunternehmens.

(5) Jugend- und Auszubildendenvertretungen werden nur für die Landbetriebe von Seeschifffahrtsunternehmen gebildet.

(6) Besatzungsmitglieder im Sinne dieses Gesetzes sind die in einem Heuer- oder Berufsausbildungsverhältnis zu einem Schifffahrtsunternehmen stehenden im Seebetrieb beschäftigten Personen mit Ausnahme des Kapitäns. Leitende Angestellte im Sinne des § 5 Abs. 3 dieses Gesetzes sind nur die Kapitäne.

§ 115 Bordvertretung (1) Auf Schiffen, die mit in der Regel mindestens fünf wahlberechtigten Besatzungsmitgliedern besetzt sind, von denen drei wählbar sind, wird eine Bordvertretung gewählt. Auf die Bordvertretung finden, soweit sich aus diesem Gesetz oder aus anderen gesetzlichen Vorschriften nicht etwas anderes ergibt, die Vorschriften über die Rechte und Pflichten des Betriebsrats und die Rechtsstellung seiner Mitglieder Anwendung.

(2) Die Vorschriften über die Wahl und Zusammensetzung des Betriebsrats finden mit folgender Maßgabe Anwendung:

1. Wahlberechtigt sind alle Besatzungsmitglieder des Schiffes.
2. Wählbar sind die Besatzungsmitglieder des Schiffes, die am Wahltag das 18. Lebensjahr vollendet haben und ein Jahr Besatzungsmitglied eines Schiffes waren, das nach dem Flaggenrechtsgesetz die Bundesflagge führt. § 8 Abs. 1 Satz 3 bleibt unberührt.
3. Die Bordvertretung besteht auf Schiffen mit in der Regel
5 bis 20 wahlberechtigten Besatzungsmitgliedern aus einer Person,
21 bis 75 wahlberechtigten Besatzungsmitgliedern aus drei Mitgliedern, über
75 wahlberechtigten Besatzungsmitgliedern aus fünf Mitgliedern.
4. *(weggefallen)*
5. § 13 Abs. 1 und 3 findet keine Anwendung. Die Bordvertretung ist vor Ablauf ihrer Amtszeit unter den in § 13 Abs. 2 Nr. 2 bis 5 genannten Voraussetzungen neu zu wählen.
6. Die wahlberechtigten Besatzungsmitglieder können mit der Mehrheit aller Stimmen beschließen, die Wahl der Bordvertretung binnen 24 Stunden durchzuführen.
7. Die in § 16 Abs. 1 Satz 1 genannte Frist wird auf zwei Wochen, die in § 16 Abs. 2 Satz 1 genannte Frist wird auf eine Woche verkürzt.
8. Bestellt die im Amt befindliche Bordvertretung nicht rechtzeitig einen Wahlvorstand oder besteht keine Bordvertretung, wird der Wahlvorstand in einer Bordversammlung von der Mehrheit der anwesenden Besatzungsmitglieder gewählt; § 17 Abs. 3 gilt entsprechend. Kann aus Gründen der Aufrechterhaltung des ordnungsgemäßen Schiffsbetriebs eine Bordversammlung nicht stattfinden, so kann der Kapitän auf Antrag von drei Wahlberechtigten den Wahlvorstand bestellen. Bestellt der Kapitän den Wahlvorstand nicht, so ist der Seebetriebsrat berechtigt, den Wahlvorstand zu bestellen. Die Vorschriften über die Bestellung des Wahlvorstands durch das Arbeitsgericht bleiben unberührt.

9. Die Frist für die Wahlanfechtung beginnt für Besatzungsmitglieder an Bord, wenn das Schiff nach Bekanntgabe des Wahlergebnisses erstmalig einen Hafen im Geltungsbereich dieses Gesetzes oder einen Hafen, in dem ein Seemannsamt seinen Sitz hat, anläuft. Die Wahlanfechtung kann auch zu Protokoll des Seemannsamtes erklärt werden. Wird die Wahl zur Bordvertretung angefochten, zieht das Seemannsamt die an Bord befindlichen Wahlunterlagen ein. Die Anfechtungserklärung und die eingezogenen Wahlunterlagen sind vom Seemannsamt unverzüglich an das für die Anfechtung zuständige Arbeitsgericht weiterzuleiten.

(3) Auf die Amtszeit der Bordvertretung finden die §§ 21, 22 bis 25 mit der Maßgabe Anwendung, dass
1. die Amtszeit ein Jahr beträgt,
2. die Mitgliedschaft in der Bordvertretung auch endet, wenn das Besatzungsmitglied den Dienst an Bord beendet, es sei denn, dass es den Dienst an Bord vor Ablauf der Amtszeit nach Nummer 1 wieder antritt.

(4) Für die Geschäftsführung der Bordvertretung gelten die §§ 26 bis 36, § 37 Abs. 1 bis 3 sowie die §§ 39 bis 41 entsprechend. § 40 Abs. 2 ist mit der Maßgabe anzuwenden, dass die Bordvertretung in dem für ihre Tätigkeit erforderlichen Umfang auch die für die Verbindung des Schiffes zur Reederei eingerichteten Mittel zur beschleunigten Übermittlung von Nachrichten in Anspruch nehmen kann.

(5) Die §§ 42 bis 46 über die Betriebsversammlung finden für die Versammlung der Besatzungsmitglieder eines Schiffes (Bordversammlung) entsprechende Anwendung. Auf Verlangen der Bordvertretung hat der Kapitän der Bordversammlung einen Bericht über die Schiffsreise und die damit zusammenhängenden Angelegenheiten zu erstatten. Er hat Fragen, die den Schiffsbetrieb, die Schiffsreise und die Schiffssicherheit betreffen, zu beantworten.

(6) Die §§ 47 bis 59 über den Gesamtbetriebsrat und den Konzernbetriebsrat finden für die Bordvertretung keine Anwendung.

(7) Die §§ 74 bis 105 über die Mitwirkung und Mitbestimmung der Arbeitnehmer finden auf die Bordvertretung mit folgender Maßgabe Anwendung:
1. Die Bordvertretung ist zuständig für die Behandlung derjenigen nach diesem Gesetz der Mitwirkung und Mitbestimmung des Betriebsrats unterliegenden Angelegenheiten, die den Bordbetrieb oder die Besatzungsmitglieder des Schiffes betreffen und deren Regelung dem Kapitän aufgrund gesetzlicher Vorschriften oder der ihm von der Reederei übertragenen Befugnisse obliegt.
2. Kommt es zwischen Kapitän und Bordvertretung in einer der Mitwirkung oder Mitbestimmung der Bordvertretung unterliegenden Angelegenheit nicht zu einer Einigung, so kann die Angelegenheit von der Bordvertretung an den Seebetriebsrat abgegeben werden. Der Seebetriebsrat hat die Bordvertretung über die weitere Behandlung der Angelegenheit zu unterrichten. Bordvertretung und Kapitän dürfen die Einigungsstelle oder das Arbeitsgericht nur anrufen, wenn ein Seebetriebsrat nicht gewählt ist.
3. Bordvertretung und Kapitän können im Rahmen ihrer Zuständigkeiten Bordvereinbarungen abschließen. Die Vorschriften über Betriebsverein-

barungen gelten für Bordvereinbarungen entsprechend. Bordvereinbarungen sind unzulässig, soweit eine Angelegenheit durch eine Betriebsvereinbarung zwischen Seebetriebsrat und Arbeitgeber geregelt ist.

4. In Angelegenheiten, die der Mitbestimmung der Bordvertretung unterliegen, kann der Kapitän, auch wenn eine Einigung mit der Bordvertretung noch nicht erzielt ist, vorläufige Regelungen treffen, wenn dies zur Aufrechterhaltung des ordnungsgemäßen Schiffsbetriebs dringend erforderlich ist. Den von der Anordnung betroffenen Besatzungsmitgliedern ist die Vorläufigkeit der Regelung bekannt zu geben. Soweit die vorläufige Regelung der endgültigen Regelung nicht entspricht, hat das Schifffahrtsunternehmen Nachteile auszugleichen, die den Besatzungsmitgliedern durch die vorläufige Regelung entstanden sind.
5. Die Bordvertretung hat das Recht auf regelmäßige und umfassende Unterrichtung über den Schiffsbetrieb. Die erforderlichen Unterlagen sind der Bordvertretung vorzulegen. Zum Schiffsbetrieb gehören insbesondere die Schiffssicherheit, die Reiserouten, die voraussichtlichen Ankunfts- und Abfahrtszeiten sowie die zu befördernde Ladung.
6. Auf Verlangen der Bordvertretung hat der Kapitän ihr Einsicht in die an Bord befindlichen Schiffstagebücher zu gewähren. In den Fällen, in denen der Kapitän eine Eintragung über Angelegenheiten macht, die der Mitwirkung oder Mitbestimmung der Bordvertretung unterliegen, kann diese eine Abschrift der Eintragung verlangen und Erklärungen zum Schiffstagebuch abgeben. In den Fällen, in denen über eine der Mitwirkung oder Mitbestimmung der Bordvertretung unterliegenden Angelegenheit eine Einigung zwischen Kapitän und Bordvertretung nicht erzielt wird, kann die Bordvertretung dies zum Schiffstagebuch erklären und eine Abschrift dieser Eintragung verlangen.
7. Die Zuständigkeit der Bordvertretung im Rahmen des Arbeitsschutzes bezieht sich auch auf die Schiffssicherheit und die Zusammenarbeit mit den insoweit zuständigen Behörden und sonstigen in Betracht kommenden Stellen.

§ 116 Seebetriebsrat (1) In Seebetrieben werden Seebetriebsräte gewählt. Auf die Seebetriebsräte finden, soweit sich aus diesem Gesetz oder aus anderen gesetzlichen Vorschriften nicht etwas anderes ergibt, die Vorschriften über die Rechte und Pflichten des Betriebsrats und die Rechtsstellung seiner Mitglieder Anwendung.

(2) Die Vorschriften über die Wahl, Zusammensetzung und Amtszeit des Betriebsrats finden mit folgender Maßgabe Anwendung:

1. Wahlberechtigt zum Seebetriebsrat sind alle zum Seeschifffahrtsunternehmen gehörenden Besatzungsmitglieder.
2. Für die Wählbarkeit zum Seebetriebsrat gilt § 8 mit der Maßgabe, dass
   a) in Seeschifffahrtsunternehmen, zu denen mehr als acht Schiffe gehören oder in denen in der Regel mehr als 250 Besatzungsmitglieder beschäftigt sind, nur nach § 115 Abs. 2 Nr. 2 wählbare Besatzungsmitglieder wählbar sind;

b) in den Fällen, in denen die Voraussetzungen des Buchstabens a nicht vorliegen, nur Arbeitnehmer wählbar sind, die nach § 8 die Wählbarkeit im Landbetrieb des Seeschifffahrtsunternehmens besitzen, es sei denn, dass der Arbeitgeber mit der Wahl von Besatzungsmitgliedern einverstanden ist.

3. Der Seebetriebsrat besteht in Seebetrieben mit in der Regel
5 bis 400 wahlberechtigten Besatzungsmitgliedern aus einer Person,
401 bis 800 wahlberechtigten Besatzungsmitgliedern aus drei Mitgliedern,
über 800 wahlberechtigten Besatzungsmitgliedern aus fünf Mitgliedern.
4. Ein Wahlvorschlag ist gültig, wenn er im Fall des § 14 Abs. 4 Satz 1 erster Halbsatz und Satz 2 mindestens von drei wahlberechtigten Besatzungsmitgliedern unterschrieben ist.
5. § 14 a findet keine Anwendung.
6. Die in § 16 Abs. 1 Satz 1 genannte Frist wird auf drei Monate, die in § 16 Abs. 2 Satz 1 genannte Frist auf zwei Monate verlängert.
7. Zu Mitgliedern des Wahlvorstands können auch im Landbetrieb des Seeschifffahrtsunternehmens beschäftigte Arbeitnehmer bestellt werden. § 17 Abs. 2 bis 4 findet keine Anwendung. Besteht kein Seebetriebsrat, so bestellt der Gesamtbetriebsrat oder, falls ein solcher nicht besteht, der Konzernbetriebsrat den Wahlvorstand. Besteht weder ein Gesamtbetriebsrat noch ein Konzernbetriebsrat, wird der Wahlvorstand gemeinsam vom Arbeitgeber und den im Seebetrieb vertretenen Gewerkschaften bestellt; Gleiches gilt, wenn der Gesamtbetriebsrat oder der Konzernbetriebsrat die Bestellung des Wahlvorstands nach Satz 3 unterlässt. Einigen sich Arbeitgeber und Gewerkschaften nicht, so bestellt ihn das Arbeitsgericht auf Antrag des Arbeitgebers, einer im Seebetrieb vertretenen Gewerkschaft oder von mindestens drei wahlberechtigten Besatzungsmitgliedern. § 16 Abs. 2 Satz 2 und 3 gilt entsprechend.
8. Die Frist für die Wahlanfechtung nach § 19 Abs. 2 beginnt für Besatzungsmitglieder an Bord, wenn das Schiff nach Bekanntgabe des Wahlergebnisses erstmalig einen Hafen im Geltungsbereich dieses Gesetzes oder einen Hafen, in dem ein Seemannsamt seinen Sitz hat, anläuft. Nach Ablauf von drei Monaten seit Bekanntgabe des Wahlergebnisses ist eine Wahlanfechtung unzulässig. Die Wahlanfechtung kann auch zu Protokoll des Seemannsamtes erklärt werden. Die Anfechtungserklärung ist vom Seemannsamt unverzüglich an das für die Anfechtung zuständige Arbeitsgericht weiterzuleiten.
9. Die Mitgliedschaft im Seebetriebsrat endet, wenn der Seebetriebsrat aus Besatzungsmitgliedern besteht, auch, wenn das Mitglied des Seebetriebsrats nicht mehr Besatzungsmitglied ist. Die Eigenschaft als Besatzungsmitglied wird durch die Tätigkeit im Seebetriebsrat oder durch eine Beschäftigung gemäß Absatz 3 Nr. 2 nicht berührt.

(3) Die §§ 26 bis 41 über die Geschäftsführung des Betriebsrats finden auf den Seebetriebsrat mit folgender Maßgabe Anwendung:

1. In Angelegenheiten, in denen der Seebetriebsrat nach diesem Gesetz innerhalb einer bestimmten Frist Stellung zu nehmen hat, kann er, abweichend von § 33 Abs. 2, ohne Rücksicht auf die Zahl der zur Sitzung erschienenen

Mitglieder einen Beschluss fassen, wenn die Mitglieder ordnungsgemäß geladen worden sind.
2. Soweit die Mitglieder des Seebetriebsrats nicht freizustellen sind, sind sie so zu beschäftigen, dass sie durch ihre Tätigkeit nicht gehindert sind, die Aufgaben des Seebetriebsrats wahrzunehmen. Der Arbeitsplatz soll den Fähigkeiten und Kenntnissen des Mitglieds des Seebetriebsrats und seiner bisherigen beruflichen Stellung entsprechen. Der Arbeitsplatz ist im Einvernehmen mit dem Seebetriebsrat zu bestimmen. Kommt eine Einigung über die Bestimmung des Arbeitsplatzes nicht zustande, so entscheidet die Einigungsstelle. Der Spruch der Einigungsstelle ersetzt die Einigung zwischen Arbeitgeber und Seebetriebsrat.
3. Den Mitgliedern des Seebetriebsrats, die Besatzungsmitglieder sind, ist die Heuer auch dann fortzuzahlen, wenn sie im Landbetrieb beschäftigt werden. Sachbezüge sind angemessen abzugelten. Ist der neue Arbeitsplatz höherwertig, so ist das diesem Arbeitsplatz entsprechende Arbeitsentgelt zu zahlen.
4. Unter Berücksichtigung der örtlichen Verhältnisse ist über die Unterkunft der in den Seebetriebsrat gewählten Besatzungsmitglieder eine Regelung zwischen dem Seebetriebsrat und dem Arbeitgeber zu treffen, wenn der Arbeitsplatz sich nicht am Wohnort befindet. Kommt eine Einigung nicht zustande, so entscheidet die Einigungsstelle. Der Spruch der Einigungsstelle ersetzt die Einigung zwischen Arbeitgeber und Seebetriebsrat.
5. Der Seebetriebsrat hat das Recht, jedes zum Seebetrieb gehörende Schiff zu betreten, dort im Rahmen seiner Aufgaben tätig zu werden sowie an den Sitzungen der Bordvertretung teilzunehmen. § 115 Abs. 7 Nr. 5 Satz 1 gilt entsprechend.
6. Liegt ein Schiff in einem Hafen innerhalb des Geltungsbereichs dieses Gesetzes, so kann der Seebetriebsrat nach Unterrichtung des Kapitäns Sprechstunden an Bord abhalten und Bordversammlungen der Besatzungsmitglieder durchführen.
7. Läuft ein Schiff innerhalb eines Kalenderjahres keinen Hafen im Geltungsbereich dieses Gesetzes an, so gelten die Nummern 5 und 6 für europäische Häfen. Die Schleusen des Nordostseekanals gelten nicht als Häfen.
8. Im Einvernehmen mit dem Arbeitgeber können Sprechstunden und Bordversammlungen, abweichend von den Nummern 6 und 7, auch in anderen Liegehäfen des Schiffes durchgeführt werden, wenn ein dringendes Bedürfnis hierfür besteht. Kommt eine Einigung nicht zustande, so entscheidet die Einigungsstelle. Der Spruch der Einigungsstelle ersetzt die Einigung zwischen Arbeitgeber und Seebetriebsrat.

(4) Die §§ 42 bis 46 über die Betriebsversammlung finden auf den Seebetrieb keine Anwendung.

(5) Für den Seebetrieb nimmt der Seebetriebsrat die in den §§ 47 bis 59 dem Betriebsrat übertragenen Aufgaben, Befugnisse und Pflichten wahr.

(6) Die §§ 74 bis 113 über die Mitwirkung und Mitbestimmung der Arbeitnehmer finden auf den Seebetriebsrat mit folgender Maßgabe Anwendung:

1. Der Seebetriebsrat ist zuständig für die Behandlung derjenigen nach diesem Gesetz der Mitwirkung oder Mitbestimmung des Betriebsrats unterliegenden Angelegenheiten,
   a) die alle oder mehrere Schiffe des Seebetriebs oder die Besatzungsmitglieder aller oder mehrerer Schiffe des Seebetriebs betreffen,
   b) die nach § 115 Abs. 7 Nr. 2 von der Bordvertretung abgegeben worden sind oder
   c) für die nicht die Zuständigkeit der Bordvertretung nach § 115 Abs. 7 Nr. 1 gegeben ist.
2. Der Seebetriebsrat ist regelmäßig und umfassend über den Schiffsbetrieb des Seeschifffahrtsunternehmens zu unterrichten. Die erforderlichen Unterlagen sind ihm vorzulegen.

Zweiter Abschnitt – Luftfahrt

§ 117 Geltung für die Luftfahrt (1) Auf Landbetriebe von Luftfahrtunternehmen ist dieses Gesetz anzuwenden. Auf im Flugbetrieb beschäftigte Arbeitnehmer von Luftfahrtunternehmen ist dieses Gesetz anzuwenden, wenn keine Vertretung durch Tarifvertrag nach Absatz 2 Satz 1 errichtet ist.

(2) Für im Flugbetrieb beschäftigte Arbeitnehmer von Luftfahrtunternehmen kann durch Tarifvertrag eine Vertretung errichtet werden. Über die Zusammenarbeit dieser Vertretung mit den nach diesem Gesetz zu errichtenden Vertretungen der Arbeitnehmer der Landbetriebe des Luftfahrtunternehmens kann der Tarifvertrag von diesem Gesetz abweichende Regelungen vorsehen. Auf einen Tarifvertrag nach den Sätzen 1 und 2 ist § 4 Absatz 5 des Tarifvertragsgesetzes anzuwenden.

Dritter Abschnitt – Tendenzbetriebe und Religionsgemeinschaften

§ 118 Geltung für Tendenzbetriebe und Religionsgemeinschaften (1) Auf Unternehmen und Betriebe, die unmittelbar und überwiegend
1. politischen, koalitionspolitischen, konfessionellen, karitativen, erzieherischen, wissenschaftlichen oder künstlerischen Bestimmungen oder
2. Zwecken der Berichterstattung oder Meinungsäußerung, auf die Artikel 5 Abs. 1 Satz 2 des Grundgesetzes Anwendung findet,

dienen, finden die Vorschriften dieses Gesetzes keine Anwendung, soweit die Eigenart des Unternehmens oder des Betriebs dem entgegensteht. Die §§ 106 bis 110 sind nicht, die §§ 111 bis 113 nur insoweit anzuwenden, als sie den Ausgleich oder die Milderung wirtschaftlicher Nachteile für die Arbeitnehmer infolge von Betriebsänderungen regeln.

(2) Dieses Gesetz findet keine Anwendung auf Religionsgemeinschaften und ihre karitativen und erzieherischen Einrichtungen unbeschadet deren Rechtsform.

Sechster Teil – Straf- und Bußgeldvorschriften

§ 119 Straftaten gegen Betriebsverfassungsorgane und ihre Mitglieder (1) Mit Freiheitsstrafe bis zu einem Jahr oder mit Geldstrafe wird bestraft, wer

1. eine Wahl des Betriebsrats, der Jugend- und Auszubildendenvertretung, der Bordvertretung, des Seebetriebsrats oder der in § 3 Abs. 1 Nr. 1 bis 3 oder 5 bezeichneten Vertretungen der Arbeitnehmer behindert oder durch Zufügung oder Androhung von Nachteilen oder durch Gewährung oder Versprechen von Vorteilen beeinflusst,
2. die Tätigkeit des Betriebsrats, des Gesamtbetriebsrats, des Konzernbetriebsrats, der Jugend- und Auszubildendenvertretung, der Gesamt-Jugend- und Auszubildendenvertretung, der Konzern-Jugend- und Auszubildendenvertretung, der Bordvertretung, des Seebetriebsrats, der in § 3 Abs. 1 bezeichneten Vertretungen der Arbeitnehmer, der Einigungsstelle, der in § 76 Abs. 8 bezeichneten tariflichen Schlichtungsstelle, der in § 86 bezeichneten betrieblichen Beschwerdestelle oder des Wirtschaftsausschusses behindert oder stört, oder
3. ein Mitglied oder ein Ersatzmitglied des Betriebsrats, des Gesamtbetriebsrats, des Konzernbetriebsrats, der Jugend- und Auszubildendenvertretung, der Gesamt-Jugend- und Auszubildendenvertretung, der Konzern-Jugend- und Auszubildendenvertretung, der Bordvertretung, des Seebetriebsrats, der in § 3 Abs. 1 bezeichneten Vertretungen der Arbeitnehmer, der Einigungsstelle, der in § 76 Abs. 8 bezeichneten Schlichtungsstelle, der in § 86 bezeichneten betrieblichen Beschwerdestelle oder des Wirtschaftsausschusses um seiner Tätigkeit willen oder eine Auskunftsperson nach § 80 Absatz 2 Satz 4 um ihrer Tätigkeit willen benachteiligt oder begünstigt.

(2) Die Tat wird nur auf Antrag des Betriebsrats, des Gesamtbetriebsrats, des Konzernbetriebsrats, der Bordvertretung, des Seebetriebsrats, einer der in § 3 Abs. 1 bezeichneten Vertretungen der Arbeitnehmer, des Wahlvorstands, des Unternehmers oder einer im Betrieb vertretenen Gewerkschaft verfolgt.

§ 120 Verletzung von Geheimnissen (1) Wer unbefugt ein fremdes Betriebs- oder Geschäftsgeheimnis offenbart, das ihm in seiner Eigenschaft als

1. Mitglied oder Ersatzmitglied des Betriebsrats oder einer der in § 79 Abs. 2 bezeichneten Stellen,
2. Vertreter einer Gewerkschaft oder Arbeitgebervereinigung,
3. Sachverständiger, der vom Betriebsrat nach § 80 Abs. 3 hinzugezogen oder von der Einigungsstelle nach § 109 Satz 3 angehört worden ist,

3 a. Berater, der vom Betriebsrat nach § 111 Satz 2 hinzugezogen worden ist,

3 b. Auskunftsperson, die dem Betriebsrat nach § 80 Absatz 2 Satz 4 zur Verfügung gestellt worden ist, oder

4. Arbeitnehmer, der vom Betriebsrat nach § 107 Abs. 3 Satz 3 oder vom Wirtschaftsausschuss nach § 108 Abs. 2 Satz 2 hinzugezogen worden ist,

bekannt geworden und das vom Arbeitgeber ausdrücklich als geheimhaltungsbedürftig bezeichnet worden ist, wird mit Freiheitsstrafe bis zu einem Jahr oder mit Geldstrafe bestraft.

(2) Ebenso wird bestraft, wer unbefugt ein fremdes Geheimnis eines Arbeitnehmers, namentlich ein zu dessen persönlichen Lebensbereich gehörendes Geheimnis, offenbart, das ihm in seiner Eigenschaft als Mitglied oder Ersatzmitglied des Betriebsrats oder einer der in § 79 Abs. 2 bezeichneten Stellen bekannt geworden ist und über das nach den Vorschriften dieses Gesetzes Stillschweigen zu bewahren ist.

(3) Handelt der Täter gegen Entgelt oder in der Absicht, sich oder einen anderen zu bereichern oder einen anderen zu schädigen, so ist die Strafe Freiheitsstrafe bis zu zwei Jahren oder Geldstrafe. Ebenso wird bestraft, wer unbefugt ein fremdes Geheimnis, namentlich ein Betriebs- oder Geschäftsgeheimnis, zu dessen Geheimhaltung er nach den Absätzen 1 oder 2 verpflichtet ist, verwertet.

(4) Die Absätze 1 bis 3 sind auch anzuwenden, wenn der Täter das fremde Geheimnis nach dem Tode des Betroffenen unbefugt offenbart oder verwertet.

(5) Die Tat wird nur auf Antrag des Verletzten verfolgt. Stirbt der Verletzte, so geht das Antragsrecht nach § 77 Abs. 2 des Strafgesetzbuches auf die Angehörigen über, wenn das Geheimnis zum persönlichen Lebensbereich des Verletzten gehört; in anderen Fällen geht es auf die Erben über. Offenbart der Täter das Geheimnis nach dem Tode des Betroffenen, so gilt Satz 2 sinngemäß.

§ 121 Bußgeldvorschriften (1) Ordnungswidrig handelt, wer eine der in § 90 Abs. 1, 2 Satz 1, § 92 Abs. 1 Satz 1 auch in Verbindung mit Abs. 3, § 99 Abs. 1, § 106 Abs. 2, § 108 Abs. 5, § 110 oder § 111 bezeichneten Aufklärungs- oder Auskunftspflichten nicht, wahrheitswidrig, unvollständig oder verspätet erfüllt.

(2) Die Ordnungswidrigkeit kann mit einer Geldbuße bis zu zehntausend Euro geahndet werden.

§§ 122–124 *(nicht abgedruckt)*

Achter Teil – Übergangs- und Schlussvorschriften

§§ 125 *(nicht abgedruckt)*

§ 126 Ermächtigung zum Erlass von Wahlordnungen Das Bundesministerium für Arbeit und Soziales wird ermächtigt, mit Zustimmung des Bundesrates Rechtsverordnungen[1] zu erlassen zur Regelung der in den §§ 7 bis 20, 60 bis 63, 115 und 116 bezeichneten Wahlen über

---

1 Vgl. **WO** (Nr. 12 a); **WO Seeschifffahrt (WOS)** vom 7. 2. 2002 (BGBl. I 594); **WO Post** vom 22. 2. 2002 (BGBl. I 946).

1. die Vorbereitung der Wahl, insbesondere die Aufstellung der Wählerlisten und die Errechnung der Vertreterzahl;
2. die Frist für die Einsichtnahme in die Wählerlisten und die Erhebung von Einsprüchen gegen sie;
3. die Vorschlagslisten und die Frist für ihre Einreichung;
4. das Wahlausschreiben und die Fristen für seine Bekanntmachung;
5. die Stimmabgabe;

5 a. die Verteilung der Sitze im Betriebsrat, in der Bordvertretung, im Seebetriebsrat sowie in der Jugend- und Auszubildendenvertretung auf die Geschlechter, auch soweit die Sitze nicht gemäß § 15 Abs. 2 und § 62 Abs. 3 besetzt werden können;

6. die Feststellung des Wahlergebnisses und die Fristen für seine Bekanntmachung;
7. die Aufbewahrung der Wahlakten.

§ 127–129 *(nicht abgedruckt)*

§ 130 Öffentlicher Dienst Dieses Gesetz findet keine Anwendung auf Verwaltungen und Betriebe des Bundes, der Länder, der Gemeinden und sonstiger Körperschaften, Anstalten und Stiftungen des öffentlichen Rechts.

§§ 131–132 *(nicht abgedruckt)*

12 a. Erste Verordnung zur Durchführung des Betriebsverfassungsgesetzes (Wahlordnung – WO)

vom 11. Dezember 2001 (BGBl. I S. 3494),
zuletzt geändert durch Verordnung vom 23. Juni 2004 (BGBl. I 1393)

Einleitung

(siehe bei Nr. 12, III)

Verordnungstext

Erster Teil – Wahl des Betriebsrats (§ 14 des Gesetzes)

Erster Abschnitt – Allgemeine Vorschriften

§ 1 Wahlvorstand (1) Die Leitung der Wahl obliegt dem Wahlvorstand.
(2) Der Wahlvorstand kann sich eine schriftliche Geschäftsordnung geben. Er kann Wahlberechtigte als Wahlhelferinnen und Wahlhelfer zu seiner Unterstützung bei der Durchführung der Stimmabgabe und bei der Stimmenzählung heranziehen.
(3) Die Beschlüsse des Wahlvorstands werden mit einfacher Stimmenmehrheit seiner stimmberechtigten Mitglieder gefasst. Über jede Sitzung des Wahlvorstands ist eine Niederschrift aufzunehmen, die mindestens den Wortlaut der gefassten Beschlüsse enthält. Die Niederschrift ist von der oder dem Vorsitzenden und einem weiteren stimmberechtigten Mitglied des Wahlvorstands zu unterzeichnen.

§ 2 Wählerliste (1) Der Wahlvorstand hat für jede Betriebsratswahl eine Liste der Wahlberechtigten (Wählerliste), getrennt nach den Geschlechtern, aufzustellen. Die Wahlberechtigten sollen mit Familienname, Vorname und Geburtsdatum in alphabetischer Reihenfolge aufgeführt werden. Die nach § 14 Abs. 2 Satz 1 des Arbeitnehmerüberlassungsgesetzes nicht passiv Wahlberechtigten sind in der Wählerliste auszuweisen.
(2) Der Arbeitgeber hat dem Wahlvorstand alle für die Anfertigung der Wählerliste erforderlichen Auskünfte zu erteilen und die erforderlichen Unterlagen zur Verfügung zu stellen. Er hat den Wahlvorstand insbesondere bei Feststellung der in § 5 Abs. 3 des Gesetzes genannten Personen zu unterstützen.
(3) Das aktive und passive Wahlrecht steht nur Arbeitnehmerinnen und Arbeitnehmern zu, die in die Wählerliste eingetragen sind. Wahlberechtigten Leiharbeitnehmerinnen und Leiharbeitnehmern im Sinne des Arbeitnehmerüberlassungsgesetzes steht nur das aktive Wahlrecht zu (§ 14 Abs. 2 Satz 1 des Arbeitnehmerüberlassungsgesetzes).
(4) Ein Abdruck der Wählerliste und ein Abdruck dieser Verordnung sind vom Tage der Einleitung der Wahl (§ 3 Abs. 1) bis zum Abschluss der Stimmabgabe an geeigneter Stelle im Betrieb zur Einsichtnahme auszulegen. Der Abdruck der Wählerliste soll die Geburts-

daten der Wahlberechtigten nicht enthalten. Ergänzend können der Abdruck der Wählerliste und die Verordnung mittels der im Betrieb vorhandenen Informations- und Kommunikationstechnik bekannt gemacht werden. Die Bekanntmachung ausschließlich in elektronischer Form ist nur zulässig, wenn alle Arbeitnehmerinnen und Arbeitnehmer von der Bekanntmachung Kenntnis erlangen können und Vorkehrungen getroffen werden, dass Änderungen der Bekanntmachung nur vom Wahlvorstand vorgenommen werden können.

(5) Der Wahlvorstand soll dafür sorgen, dass ausländische Arbeitnehmerinnen und Arbeitnehmer, die der deutschen Sprache nicht mächtig sind, vor Einleitung der Betriebsratswahl über Wahlverfahren, Aufstellung der Wähler- und Vorschlagslisten, Wahlvorgang und Stimmabgabe in geeigneter Weise unterrichtet werden.

§ 3 Wahlausschreiben (1) Spätestens sechs Wochen vor dem ersten Tag der Stimmabgabe erlässt der Wahlvorstand ein Wahlausschreiben, das von der oder dem Vorsitzenden und von mindestens einem weiteren stimmberechtigten Mitglied des Wahlvorstands zu unterschreiben ist. Mit Erlass des Wahlausschreibens ist die Betriebsratswahl eingeleitet. Der erste Tag der Stimmabgabe soll spätestens eine Woche vor dem Tag liegen, an dem die Amtszeit des Betriebsrats abläuft.

(2) Das Wahlausschreiben muss folgende Angaben enthalten:

1. das Datum seines Erlasses;
2. die Bestimmung des Orts, an dem die Wählerliste und diese Verordnung ausliegen, sowie der Fall der Bekanntmachung in elektronischer Form (§ 2 Abs. 4 Satz 3 und 4) wo und wie von der Wählerliste und der Verordnung Kenntnis genommen werden kann;
3. dass nur Arbeitnehmerinnen und Arbeitnehmer wählen oder gewählt werden können, die in die Wählerliste eingetragen sind, und dass Einsprüche gegen die Wählerliste (§ 4) nur vor Ablauf von zwei Wochen seit dem Erlass des Wahlausschreibens schriftlich beim Wahlvorstand eingelegt werden können; der letzte Tag der Frist ist anzugeben;
4. den Anteil der Geschlechter und den Hinweis, dass das Geschlecht in der Minderheit im Betriebsrat mindestens entsprechend seinem zahlenmäßigen Verhältnis vertreten sein muss, wenn der Betriebsrat aus mindestens drei Mitgliedern besteht (§ 15 Abs. 2 des Gesetzes);
5. die Zahl der zu wählenden Betriebsratsmitglieder (§ 9 des Gesetzes) sowie die auf das Geschlecht in der Minderheit entfallenden Mindestsitze im Betriebsrat (§ 15 Abs. 2 des Gesetzes);
6. die Mindestzahl von Wahlberechtigten, von denen ein Wahlvorschlag unterzeichnet sein muss (§ 14 Abs. 4 des Gesetzes);
7. dass der Wahlvorschlag einer im Betrieb vertretenen Gewerkschaft von zwei Beauftragten unterzeichnet sein muss (§ 14 Abs. 5 des Gesetzes);
8. dass Wahlvorschläge vor Ablauf von zwei Wochen seit dem Erlass des Wahlausschreibens beim Wahlvorstand in Form von Vorschlagslisten einzureichen sind, wenn mehr als drei Betriebsratsmitglieder zu wählen sind; der letzte Tag der Frist ist anzugeben;
9. dass die Stimmabgabe an die Wahlvorschläge gebunden ist und dass nur solche Wahlvorschläge berücksichtigt werden dürfen, die fristgerecht (Nr. 8) eingereicht sind;
10. die Bestimmung des Orts, an dem die Wahlvorschläge bis zum Abschluss der Stimmabgabe aushängen;
11. Ort, Tag und Zeit der Stimmabgabe sowie die Betriebsteile und Kleinstbetriebe, für die schriftliche Stimmabgabe (§ 24 Abs. 3) beschlossen ist;

12. den Ort, an dem Einsprüche, Wahlvorschläge und sonstige Erklärungen gegenüber dem Wahlvorstand abzugeben sind (Betriebsadresse des Wahlvorstands);
13. Ort, Tag und Zeit der öffentlichen Stimmauszählung.

(3) Sofern es nach Größe, Eigenart oder Zusammensetzung der Arbeitnehmerschaft des Betriebs zweckmäßig ist, soll der Wahlvorstand im Wahlausschreiben darauf hinweisen, dass bei der Aufstellung von Wahlvorschlägen die einzelnen Organisationsbereiche und die verschiedenen Beschäftigungsarten berücksichtigt werden sollen.

(4) Ein Abdruck des Wahlausschreibens ist vom Tage seines Erlasses bis zum letzten Tage der Stimmabgabe an einer oder mehreren geeigneten, den Wahlberechtigten zugänglichen Stellen vom Wahlvorstand auszuhängen und in gut lesbarem Zustand zu erhalten. Ergänzend kann das Wahlausschreiben mittels der im Betrieb vorhandenen Informations- und Kommunikationstechnik bekannt gemacht werden. § 2 Abs. 4 Satz 4 gilt entsprechend.

§ 4 Einspruch gegen die Wählerliste (1) Einsprüche gegen die Richtigkeit der Wählerliste können mit Wirksamkeit für die Betriebsratswahl nur vor Ablauf von zwei Wochen seit Erlass des Wahlausschreibens beim Wahlvorstand schriftlich eingelegt werden.

(2) Über Einsprüche nach Absatz 1 hat der Wahlvorstand unverzüglich zu entscheiden. Der Einspruch ist ausgeschlossen, soweit er darauf gestützt wird, dass die Zuordnung nach § 18 a des Gesetzes fehlerhaft erfolgt sei. Satz 2 gilt nicht, soweit die nach § 18 a Abs. 1 oder 4 Satz 1 und 2 des Gesetzes am Zuordnungsverfahren Beteiligten die Zuordnung übereinstimmend für offensichtlich fehlerhaft halten. Wird der Einspruch für begründet erachtet, so ist die Wählerliste zu berichtigen. Die Entscheidung des Wahlvorstands ist der Arbeitnehmerin oder dem Arbeitnehmer, die oder der den Einspruch eingelegt hat, unverzüglich schriftlich mitzuteilen; die Entscheidung muss der Arbeitnehmerin oder dem Arbeitnehmer spätestens am Tage vor dem Beginn der Stimmabgabe zugehen.

(3) Nach Ablauf der Einspruchsfrist soll der Wahlvorstand die Wählerliste nochmals auf ihre Vollständigkeit hin überprüfen. Im Übrigen kann nach Ablauf der Einspruchsfrist die Wählerliste nur bei Schreibfehlern, offenbaren Unrichtigkeiten, in Erledigung rechtzeitig eingelegter Einsprüche oder bei Eintritt von Wahlberechtigten in den Betrieb oder bei Ausscheiden aus dem Betrieb bis zum Tage vor dem Beginn der Stimmabgabe berichtigt oder ergänzt werden.

§ 5 Bestimmung der Mindestsitze für das Geschlecht in der Minderheit (1) Der Wahlvorstand stellt fest, welches Geschlecht von seinem zahlenmäßigen Verhältnis im Betrieb in der Minderheit ist. Sodann errechnet der Wahlvorstand den Mindestanteil der Betriebsratssitze für das Geschlecht in der Minderheit (§ 15 Abs. 2 des Gesetzes) nach den Grundsätzen der Verhältniswahl. Zu diesem Zweck werden die Zahlen der am Tage des Erlasses des Wahlausschreibens im Betrieb beschäftigten Frauen und Männer in einer Reihe nebeneinander gestellt und beide durch 1, 2, 3, 4 usw. geteilt. Die ermittelten Teilzahlen sind nacheinander reihenweise unter den Zahlen der ersten Reihe aufzuführen, bis höhere Teilzahlen für die Zuweisung der zu verteilenden Sitze nicht mehr in Betracht kommen.

(2) Unter den so gefundenen Teilzahlen werden so viele Höchstzahlen ausgesondert und der Größe nach geordnet, wie Betriebsratsmitglieder zu wählen sind. Das Geschlecht in der Minderheit erhält so viele Mitgliedersitze zugeteilt, wie Höchstzahlen auf es entfallen. Wenn die niedrigste in Betracht kommende Höchstzahl auf beide Gruppen zugleich entfällt, so entscheidet das Los darüber, welchem Geschlecht dieser Sitz zufällt.

Zweiter Abschnitt – Wahl von mehr als drei Betriebsratsmitgliedern (aufgrund von Vorschlagslisten)

Erster Unterabschnitt – Einreichung und Bekanntmachung von Vorschlagslisten

§ 6 Vorschlagslisten (1) Sind mehr als drei Betriebsratsmitglieder zu wählen, so erfolgt die Wahl aufgrund von Vorschlagslisten. Die Vorschlagslisten sind von den Wahlberechtigten vor Ablauf von zwei Wochen seit Erlass des Wahlausschreibens beim Wahlvorstand einzureichen.

(2) Jede Vorschlagsliste soll mindestens doppelt so viele Bewerberinnen oder Bewerber aufweisen, wie Betriebsratsmitglieder zu wählen sind.

(3) In jeder Vorschlagsliste sind die einzelnen Bewerberinnen oder Bewerber in erkennbarer Reihenfolge unter fortlaufender Nummer und unter Angabe von Familienname, Vorname, Geburtsdatum, Art der Beschäftigung im Betrieb aufzuführen. Die schriftliche Zustimmung der Bewerberinnen oder der Bewerber zur Aufnahme in die Liste ist beizufügen.

(4) Wenn kein anderer Unterzeichner der Vorschlagsliste ausdrücklich als Listenvertreter bezeichnet ist, wird die oder der an erster Stelle Unterzeichnete als Listenvertreterin oder Listenvertreter angesehen. Diese Person ist berechtigt und verpflichtet, dem Wahlvorstand die zur Beseitigung von Beanstandungen erforderlichen Erklärungen abzugeben sowie Erklärungen und Entscheidungen des Wahlvorstands entgegenzunehmen.

(5) Die Unterschrift eines Wahlberechtigten zählt nur auf einer Vorschlagsliste. Hat ein Wahlberechtigter mehrere Vorschlagslisten unterzeichnet, so hat er auf Aufforderung des Wahlvorstands binnen einer ihm gesetzten angemessenen Frist, spätestens jedoch vor Ablauf von drei Arbeitstagen, zu erklären, welche Unterschrift er aufrechterhält. Unterbleibt die fristgerechte Erklärung, so wird sein Name auf der zuerst eingereichten Vorschlagsliste gezählt und auf den übrigen Listen gestrichen; sind mehrere Vorschlagslisten, die von demselben Wahlberechtigten unterschrieben sind, gleichzeitig eingereicht worden, so entscheidet das Los darüber, auf welcher Vorschlagsliste die Unterschrift gilt.

(6) Eine Verbindung von Vorschlagslisten ist unzulässig.

(7) Eine Bewerberin oder ein Bewerber kann nur auf einer Vorschlagsliste vorgeschlagen werden. Ist der Name dieser Person mit ihrer schriftlichen Zustimmung auf mehreren Vorschlagslisten aufgeführt, so hat sie auf Aufforderung des Wahlvorstands vor Ablauf von drei Arbeitstagen zu erklären, welche Bewerbung sie aufrechterhält. Unterbleibt die fristgerechte Erklärung, so ist die Bewerberin oder der Bewerber auf sämtlichen Listen zu streichen.

§ 7 Prüfung der Vorschlagslisten (1) Der Wahlvorstand hat bei Überbringen der Vorschlagsliste oder, falls die Vorschlagsliste auf eine andere Weise eingereicht wird, der Listenvertreterin oder dem Listenvertreter den Zeitpunkt der Einreichung schriftlich zu bestätigen.

(2) Der Wahlvorstand hat die eingereichten Vorschlagslisten, wenn die Liste nicht mit einem Kennwort versehen ist, mit Familienname und Vorname der beiden in der Liste an erster Stelle Benannten zu bezeichnen. Er hat die Vorschlagsliste unverzüglich, möglichst binnen einer Frist von zwei Arbeitstagen nach ihrem Eingang, zu prüfen und bei Ungültigkeit oder Beanstandung einer Liste die Listenvertreterin oder den Listenvertreter unverzüglich schriftlich unter Angabe der Gründe zu unterrichten.

§ 8 Ungültige Vorschlagslisten (1) Ungültig sind Vorschlagslisten,

1. die nicht fristgerecht eingereicht worden sind,

2. auf denen die Bewerberinnen oder die Bewerber nicht in erkennbarer Reihenfolge aufgeführt sind,
3. die bei der Einreichung nicht die erforderliche Zahl von Unterschriften (§ 14 Abs. 4 des Gesetzes) aufweisen. Die Rücknahme von Unterschriften auf einer eingereichten Vorschlagsliste beeinträchtigt deren Gültigkeit nicht; § 6 Abs. 5 bleibt unberührt.

(2) Ungültig sind auch Vorschlagslisten,
1. auf denen die Bewerberinnen oder Bewerber nicht in der in § 6 Abs. 3 bestimmten Weise bezeichnet sind,
2. wenn die schriftliche Zustimmung der Bewerberinnen oder der Bewerber zur Aufnahme in die Vorschlagsliste nicht vorliegt,
3. wenn die Vorschlagsliste infolge von Streichung gemäß § 6 Abs. 5 nicht mehr die erforderliche Zahl von Unterschriften aufweist,

falls diese Mängel trotz Beanstandung nicht binnen einer Frist von drei Arbeitstagen beseitigt werden.

§ 9 Nachfrist für Vorschlagslisten (1) Ist nach Ablauf der in § 6 Abs. 1 genannten Frist keine gültige Vorschlagsliste eingereicht, so hat dies der Wahlvorstand sofort in der gleichen Weise bekannt zu machen, wie das Wahlausschreiben und eine Nachfrist von einer Woche für die Einreichung von Vorschlagslisten zu setzen. In der Bekanntmachung ist darauf hinzuweisen, dass die Wahl nur stattfinden kann, wenn innerhalb der Nachfrist mindestens eine gültige Vorschlagsliste eingereicht wird.

(2) Wird trotz Bekanntmachung nach Absatz 1 eine gültige Vorschlagsliste nicht eingereicht, so hat der Wahlvorstand sofort bekannt zu machen, dass die Wahl nicht stattfindet.

§ 10 Bekanntmachung der Vorschlagslisten (1) Nach Ablauf der in § 6 Abs. 1, § 8 Abs. 2 und § 9 Abs. 1 genannten Fristen ermittelt der Wahlvorstand durch das Los die Reihenfolge der Ordnungsnummern, die den eingereichten Vorschlagslisten zugeteilt werden (Liste 1 usw.). Die Listenvertreterin oder der Listenvertreter sind zu der Losentscheidung rechtzeitig einzuladen.

(2) Spätestens eine Woche vor Beginn der Stimmabgabe hat der Wahlvorstand die als gültig anerkannten Vorschlagslisten bis zum Abschluss der Stimmabgabe in gleicher Weise bekannt zu machen wie das Wahlausschreiben (§ 3 Abs. 4).

Zweiter Unterabschnitt – Wahlverfahren bei mehreren Vorschlagslisten (§ 14 Abs. 2 Satz 1 des Gesetzes)

§ 11 Stimmabgabe (1) Die Wählerin oder der Wähler kann ihre oder seine Stimme nur für eine der als gültig anerkannten Vorschlagslisten abgeben. Die Stimmabgabe erfolgt durch Abgabe von Stimmzetteln in den hierfür bestimmten Umschlägen (Wahlumschlägen).

(2) Auf den Stimmzetteln sind die Vorschlagslisten nach der Reihenfolge der Ordnungsnummern sowie unter Angabe der beiden an erster Stelle benannten Bewerberinnen oder Bewerber mit Familienname, Vorname, Art der Beschäftigung im Betrieb untereinander aufzuführen; bei Listen, die mit Kennworten versehen sind, ist auch das Kennwort anzugeben. Die Stimmzettel für die Betriebsratswahl müssen sämtlich die gleiche Größe, Farbe, Beschaffenheit und Beschriftung haben. Das Gleiche gilt für die Wahlumschläge.

(3) Die Wählerin oder der Wähler kennzeichnet die von ihr oder ihm gewählte Vorschlagsliste durch Ankreuzen an der im Stimmzettel hierfür vorgesehenen Stelle.

(4) Stimmzettel, die mit einem besonderen Merkmal versehen sind oder aus denen sich der Wille der Wählerin oder des Wählers nicht unzweifelhaft ergibt oder die andere Angaben

als die in Absatz 1 genannten Vorschlagslisten, einen Zusatz oder sonstige Änderungen enthalten, sind ungültig.

§ 12 Wahlvorgang (1) Der Wahlvorstand hat geeignete Vorkehrungen für die unbeobachtete Bezeichnung der Stimmzettel im Wahlraum zu treffen und für die Bereitstellung einer Wahlurne oder mehrerer Wahlurnen zu sorgen. Die Wahlurne muss vom Wahlvorstand verschlossen und so eingerichtet sein, dass die eingeworfenen Wahlumschläge nicht herausgenommen werden können, ohne dass die Urne geöffnet wird.
(2) Während der Wahl müssen immer mindestens zwei stimmberechtigte Mitglieder des Wahlvorstands im Wahlraum anwesend sein; sind Wahlhelferinnen oder Wahlhelfer bestellt (§ 1 Abs. 2), so genügt die Anwesenheit eines stimmberechtigten Mitglieds des Wahlvorstands und einer Wahlhelferin oder eines Wahlhelfers.
(3) Die Wählerin oder der Wähler gibt ihren oder seinen Namen an und wirft den Wahlumschlag, in den der Stimmzettel eingelegt ist, in die Wahlurne ein, nachdem die Stimmabgabe in der Wählerliste vermerkt worden ist.
(4) Wer infolge seiner Behinderung bei der Stimmabgabe beeinträchtigt ist, kann eine Person seines Vertrauens bestimmen, die ihm bei der Stimmabgabe behilflich sein soll, und teilt dies dem Wahlvorstand mit. Wahlbewerberinnen oder Wahlbewerber, Mitglieder des Wahlvorstands sowie Wahlhelferinnen und Wahlhelfer dürfen nicht zur Hilfeleistung herangezogen werden. Die Hilfeleistung beschränkt sich auf die Erfüllung der Wünsche der Wählerin oder des Wählers zur Stimmabgabe; die Person des Vertrauens darf gemeinsam mit der Wählerin oder dem Wähler die Wahlzelle aufsuchen. Sie ist zur Geheimhaltung der Kenntnisse verpflichtet, die sie bei der Hilfeleistung zur Stimmabgabe erlangt hat. Die Sätze 1 bis 4 gelten entsprechend für des Lesens unkundige Wählerinnen und Wähler.
(5) Nach Abschluss der Stimmabgabe ist die Wahlurne zu versiegeln, wenn die Stimmenzählung nicht unmittelbar nach Beendigung der Wahl durchgeführt wird. Gleiches gilt, wenn die Stimmabgabe unterbrochen wird, insbesondere wenn sie an mehreren Tagen erfolgt.

§ 13 Öffentliche Stimmauszählung Unverzüglich nach Abschluss der Wahl nimmt der Wahlvorstand öffentlich die Auszählung der Stimmen vor und gibt das aufgrund der Auszählung sich ergebende Wahlergebnis bekannt.

§ 14 Verfahren bei der Stimmauszählung (1) Nach Öffnung der Wahlurne entnimmt der Wahlvorstand die Stimmzettel den Wahlumschlägen und zählt die auf jede Vorschlagsliste entfallenden Stimmen zusammen. Dabei ist die Gültigkeit der Stimmzettel zu prüfen.
(2) Befinden sich in einem Wahlumschlag mehrere gekennzeichnete Stimmzettel (§ 11 Abs. 3), so werden sie, wenn sie vollständig übereinstimmen, nur einfach gezählt, andernfalls als ungültig angesehen.

§ 15 Verteilung der Betriebsratssitze auf die Vorschlagslisten (1) Die Betriebsratssitze werden auf die Vorschlagslisten verteilt. Dazu werden die den einzelnen Vorschlagslisten zugefallenen Stimmenzahlen in einer Reihe nebeneinander gestellt und sämtlich durch 1, 2, 3, 4 usw. geteilt. Die ermittelten Teilzahlen sind nacheinander reihenweise unter den Zahlen der ersten Reihe aufzuführen, bis höhere Teilzahlen für die Zuweisung der zu verteilenden Sitze nicht mehr in Betracht kommen.
(2) Unter den so gefundenen Teilzahlen werden so viele Höchstzahlen ausgesondert und der Größe nach geordnet, wie Betriebsratsmitglieder zu wählen sind. Jede Vorschlagsliste erhält so viele Mitgliedersitze zugeteilt, wie Höchstzahlen auf sie entfallen. Entfällt die

niedrigste in Betracht kommende Höchstzahl auf mehrere Vorschlagslisten zugleich, so entscheidet das Los darüber, welcher Vorschlagsliste dieser Sitz zufällt.

(3) Wenn eine Vorschlagsliste weniger Bewerberinnen oder Bewerber enthält, als Höchstzahlen auf sie entfallen, so gehen die überschüssigen Mitgliedersitze auf die folgenden Höchstzahlen der anderen Vorschlagslisten über.

(4) Die Reihenfolge der Bewerberinnen oder Bewerber innerhalb der einzelnen Vorschlagslisten bestimmt sich nach der Reihenfolge ihrer Benennung.

(5) Befindet sich unter den auf die Vorschlagslisten entfallenden Höchstzahlen nicht die erforderliche Mindestzahl von Angehörigen des Geschlechts in der Minderheit nach § 15 Abs. 2 des Gesetzes, so gilt Folgendes:

1. An die Stelle der auf der Vorschlagsliste mit der niedrigsten Höchstzahl benannten Person, die nicht dem Geschlecht in der Minderheit angehört, tritt die in derselben Vorschlagsliste in der Reihenfolge nach ihr benannte, nicht berücksichtigte Person des Geschlechts in der Minderheit.
2. Enthält diese Vorschlagsliste keine Person des Geschlechts in der Minderheit, so geht dieser Sitz auf die Vorschlagsliste mit der folgenden, noch nicht berücksichtigten Höchstzahl und mit Angehörigen des Geschlechts in der Minderheit über. Entfällt die folgende Höchstzahl auf mehrere Vorschlagslisten zugleich, so entscheidet das Los darüber, welcher Vorschlagsliste dieser Sitz zufällt.
3. Das Verfahren nach den Nummern 1 und 2 ist so lange fortzusetzen, bis der Mindestanteil der Sitze des Geschlechts in der Minderheit nach § 15 Abs. 2 des Gesetzes erreicht ist.
4. Bei der Verteilung der Sitze des Geschlechts in der Minderheit sind auf den einzelnen Vorschlagslisten nur die Angehörigen dieses Geschlechts in der Reihenfolge ihrer Benennung zu berücksichtigen.
5. Verfügt keine andere Vorschlagsliste über Angehörige des Geschlechts in der Minderheit, verbleibt der Sitz bei der Vorschlagsliste, die zuletzt ihren Sitz zu Gunsten des Geschlechts in der Minderheit nach Nummer 1 hätte abgeben müssen.

§ 16 Wahlniederschrift (1) Nachdem ermittelt ist, welche Arbeitnehmerinnen und Arbeitnehmer als Betriebsratsmitglieder gewählt sind, hat der Wahlvorstand in einer Niederschrift festzustellen:

1. die Gesamtzahl der abgegebenen Wahlumschläge und die Zahl der abgegebenen gültigen Stimmen;
2. die jeder Liste zugefallenen Stimmenzahlen;
3. die berechneten Höchstzahlen;
4. die Verteilung der berechneten Höchstzahlen auf die Listen;
5. die Zahl der ungültigen Stimmen;
6. die Namen der in den Betriebsrat gewählten Bewerberinnen und Bewerber;
7. gegebenenfalls besondere während der Betriebsratswahl eingetretene Zwischenfälle oder sonstige Ereignisse.

(2) Die Niederschrift ist von der oder dem Vorsitzenden und von mindestens einem weiteren stimmberechtigten Mitglied des Wahlvorstands zu unterschreiben.

§ 17 Benachrichtigung der Gewählten (1) Der Wahlvorstand hat die als Betriebsratsmitglieder gewählten Arbeitnehmerinnen und Arbeitnehmer unverzüglich schriftlich von ihrer Wahl zu benachrichtigen. Erklärt die gewählte Person nicht binnen drei Arbeitstagen nach Zugang der Benachrichtigung dem Wahlvorstand, dass sie die Wahl ablehne, so gilt die Wahl als angenommen.

(2) Lehnt eine gewählte Person die Wahl ab, so tritt an ihre Stelle die in derselben Vorschlagsliste in der Reihenfolge nach ihr benannte, nicht gewählte Person. Gehört die gewählte

Person dem Geschlecht in der Minderheit an, so tritt an ihre Stelle die in derselben Vorschlagsliste in der Reihenfolge nach ihr benannte, nicht gewählte Person desselben Geschlechts, wenn ansonsten das Geschlecht in der Minderheit nicht die ihm nach § 15 Abs. 2 des Gesetzes zustehenden Mindestsitze erhält. § 15 Abs. 5 Nr. 2 bis 5 gilt entsprechend.

§ 18 Bekanntmachung der Gewählten Sobald die Namen der Betriebsratsmitglieder endgültig feststehen, hat der Wahlvorstand sie durch zweiwöchigen Aushang in gleicher Weise bekannt zu machen wie das Wahlausschreiben (§ 3 Abs. 4). Je eine Abschrift der Wahlniederschrift (§ 16) ist dem Arbeitgeber und den im Betrieb vertretenen Gewerkschaften unverzüglich zu übersenden.

§ 19 Aufbewahrung der Wahlakten Der Betriebsrat hat die Wahlakten mindestens bis zur Beendigung seiner Amtszeit aufzubewahren.

Dritter Unterabschnitt – Wahlverfahren bei nur einer Vorschlagsliste (§ 14 Abs. 2 Satz 2 erster Halbsatz des Gesetzes)

§ 20 Stimmabgabe (1) Ist nur eine gültige Vorschlagsliste eingereicht, so kann die Wählerin oder der Wähler ihre oder seine Stimme nur für solche Bewerber abgeben, die in der Vorschlagsliste aufgeführt sind.
(2) Auf den Stimmzetteln sind die Bewerberinnen oder Bewerber unter Angabe von Familienname, Vorname, Art der Beschäftigung im Betrieb in der Reihenfolge aufzuführen, in der sie auf der Vorschlagsliste benannt sind.
(3) Die Wählerin oder der Wähler kennzeichnet die von ihr oder ihm gewählten Bewerberinnen oder Bewerber durch Ankreuzen an der hierfür im Stimmzettel vorgesehenen Stelle; es dürfen nicht mehr Bewerberinnen oder Bewerber angekreuzt werden, als Betriebsratsmitglieder zu wählen sind. § 11 Abs. 1 Satz 2, Abs. 2 Satz 2 und 3, Abs. 4, §§ 12 und 13 gelten entsprechend.

§ 21 Stimmauszählung Nach Öffnung der Wahlurne entnimmt der Wahlvorstand die Stimmzettel den Wahlumschlägen und zählt die auf jede Bewerberin und jeden Bewerber entfallenden Stimmen zusammen; § 14 Abs. 1 Satz 2 und Abs. 2 gilt entsprechend.

§ 22 Ermittlung der Gewählten (1) Zunächst werden die dem Geschlecht in der Minderheit zustehenden Mindestsitze (§ 15 Abs. 2 des Gesetzes) verteilt. Dazu werden die dem Geschlecht in der Minderheit zustehenden Mindestsitze mit Angehörigen dieses Geschlechts in der Reihenfolge der jeweils höchsten auf sie entfallenden Stimmenzahlen besetzt.
(2) Nach der Verteilung der Mindestsitze des Geschlechts in der Minderheit nach Absatz 1 erfolgt die Verteilung der weiteren Sitze. Die weiteren Sitze werden mit Bewerberinnen und Bewerbern, unabhängig von ihrem Geschlecht, in der Reihenfolge der jeweils höchsten auf sie entfallenden Stimmenzahlen besetzt.
(3) Haben in den Fällen des Absatzes 1 oder 2 für den zuletzt zu vergebenden Betriebsratssitz mehrere Bewerberinnen oder Bewerber die gleiche Stimmenzahl erhalten, so entscheidet das Los darüber, wer gewählt ist.
(4) Haben sich weniger Angehörige des Geschlechts in der Minderheit zur Wahl gestellt oder sind weniger Angehörige dieses Geschlechts gewählt worden, als ihm nach § 15 Abs. 2 des Gesetzes Mindestsitze zustehen, so sind die insoweit überschüssigen Mitgliedersitze des Geschlechts in der Minderheit bei der Sitzverteilung nach Absatz 2 Satz 2 zu berücksichtigen.

§ 23 Wahlniederschrift, Bekanntmachung (1) Nachdem ermittelt ist, welche Arbeitnehmerinnen und Arbeitnehmer als Betriebsratsmitglieder gewählt sind, hat der Wahlvorstand eine Niederschrift anzufertigen, in der außer den Angaben nach § 16 Abs. 1 Nr. 1, 5 bis 7 die jeder Bewerberin und jedem Bewerber zugefallenen Stimmenzahlen festzustellen sind. § 16 Abs. 2, § 17 Abs. 1, §§ 18 und 19 gelten entsprechend.
(2) Lehnt eine gewählte Person die Wahl ab, so tritt an ihre Stelle die nicht gewählte Person mit der nächsthöchsten Stimmenzahl. Gehört die gewählte Person dem Geschlecht in der Minderheit an, so tritt an ihre Stelle die nicht gewählte Person dieses Geschlechts mit der nächsthöchsten Stimmenzahl, wenn ansonsten das Geschlecht in der Minderheit nicht die ihm nach § 15 Abs. 2 des Gesetzes zustehenden Mindestsitze erhalten würde. Gibt es keine weiteren Angehörigen dieses Geschlechts, auf die Stimmen entfallen sind, geht dieser Sitz auf die nicht gewählte Person des anderen Geschlechts mit der nächsthöchsten Stimmenzahl über.

Dritter Abschnitt – Schriftliche Stimmabgabe

§ 24 Voraussetzungen (1) Wahlberechtigten, die im Zeitpunkt der Wahl wegen Abwesenheit vom Betrieb verhindert sind, ihre Stimme persönlich abzugeben, hat der Wahlvorstand auf ihr Verlangen
1. das Wahlausschreiben,
2. die Vorschlagslisten,
3. den Stimmzettel und den Wahlumschlag,
4. eine vorgedruckte von der Wählerin oder dem Wähler abzugebende Erklärung, in der gegenüber dem Wahlvorstand zu versichern ist, dass der Stimmzettel persönlich gekennzeichnet worden ist, sowie
5. einen größeren Freiumschlag, der die Anschrift des Wahlvorstands und als Absender den Namen und die Anschrift der oder des Wahlberechtigten sowie den Vermerk „Schriftliche Stimmabgabe“ trägt,

auszuhändigen oder zu übersenden. Der Wahlvorstand soll der Wählerin oder dem Wähler ferner ein Merkblatt über die Art und Weise der schriftlichen Stimmabgabe (§ 25) aushändigen oder übersenden. Der Wahlvorstand hat die Aushändigung oder die Übersendung der Unterlagen in der Wählerliste zu vermerken.
(2) Wahlberechtigte, von denen dem Wahlvorstand bekannt ist, dass sie im Zeitpunkt der Wahl nach der Eigenart ihres Beschäftigungsverhältnisses voraussichtlich nicht im Betrieb anwesend sein werden (insbesondere im Außendienst oder mit Telearbeit Beschäftigte und in Heimarbeit Beschäftigte), erhalten die in Absatz 1 bezeichneten Unterlagen, ohne dass es eines Verlangens der Wahlberechtigten bedarf.
(3) Für Betriebsteile und Kleinstbetriebe, die räumlich weit vom Hauptbetrieb entfernt sind, kann der Wahlvorstand die schriftliche Stimmabgabe beschließen. Absatz 2 gilt entsprechend.

§ 25 Stimmabgabe Die Stimmabgabe erfolgt in der Weise, dass die Wählerin oder der Wähler
1. den Stimmzettel unbeobachtet persönlich kennzeichnet und in dem Wahlumschlag verschließt,
2. die vorgedruckte Erklärung unter Angabe des Orts und des Datums unterschreibt und
3. den Wahlumschlag und die unterschriebene vorgedruckte Erklärung in dem Freiumschlag verschließt und diesen so rechtzeitig an den Wahlvorstand absendet oder übergibt, dass er vor Abschluss der Stimmabgabe vorliegt.

Die Wählerin oder der Wähler kann unter den Voraussetzungen des § 12 Abs. 4 die in den Nummern 1 bis 3 bezeichneten Tätigkeiten durch eine Person des Vertrauens verrichten lassen.

§ 26 Verfahren bei der Stimmabgabe (1) Unmittelbar vor Abschluss der Stimmabgabe öffnet der Wahlvorstand in öffentlicher Sitzung die bis zu diesem Zeitpunkt eingegangenen Freiumschläge und entnimmt ihnen die Wahlumschläge sowie die vorgedruckten Erklärungen. Ist die schriftliche Stimmabgabe ordnungsgemäß erfolgt (§ 25), so legt der Wahlvorstand den Wahlumschlag nach Vermerk der Stimmabgabe in der Wählerliste ungeöffnet in die Wahlurne.

(2) Verspätet eingehende Briefumschläge hat der Wahlvorstand mit einem Vermerk über den Zeitpunkt des Eingangs ungeöffnet zu den Wahlunterlagen zu nehmen. Die Briefumschläge sind einen Monat nach Bekanntgabe des Wahlergebnisses ungeöffnet zu vernichten, wenn die Wahl nicht angefochten worden ist.

Vierter Abschnitt – Wahlvorschläge der Gewerkschaften

§ 27 Voraussetzungen, Verfahren (1) Für den Wahlvorschlag einer im Betrieb vertretenen Gewerkschaft (§ 14 Abs. 3 des Gesetzes) gelten die §§ 6 bis 26 entsprechend.

(2) Der Wahlvorschlag einer Gewerkschaft ist ungültig, wenn er nicht von zwei Beauftragten der Gewerkschaft unterzeichnet ist (§ 14 Abs. 5 des Gesetzes).

(3) Die oder der an erster Stelle unterzeichnete Beauftragte gilt als Listenvertreterin oder Listenvertreter. Die Gewerkschaft kann hierfür eine Arbeitnehmerin oder einen Arbeitnehmer des Betriebs, die oder der Mitglied der Gewerkschaft ist, benennen.

Zweiter Teil – Wahl des Betriebsrats im vereinfachten Wahlverfahren (§ 14 a des Gesetzes)

Erster Abschnitt – Wahl des Betriebsrats im zweistufigen Verfahren (§ 14 a Abs. 1 des Gesetzes)

Erster Unterabschnitt – Wahl des Wahlvorstands

§ 28 Einladung zur Wahlversammlung (1) Zu der Wahlversammlung, in der der Wahlvorstand nach § 17 a Nr. 3 des Gesetzes (§ 14 a Abs. 1 des Gesetzes) gewählt wird, können drei Wahlberechtigte des Betriebs oder eine im Betrieb vertretene Gewerkschaft einladen (einladende Stelle) und Vorschläge für die Zusammensetzung des Wahlvorstands machen. Die Einladung muss mindestens sieben Tage vor dem Tag der Wahlversammlung erfolgen. Sie ist durch Aushang an geeigneten Stellen im Betrieb bekannt zu machen. Ergänzend kann die Einladung mittels der im Betrieb vorhandenen Informations- und Kommunikationstechnik bekannt gemacht werden; § 2 Abs. 4 Satz 4 gilt entsprechend. Die Einladung muss folgende Hinweise enthalten:

a) Ort, Tag und Zeit der Wahlversammlung zur Wahl des Wahlvorstands;
b) dass Wahlvorschläge zur Wahl des Betriebsrats bis zum Ende der Wahlversammlung zur Wahl des Wahlvorstands gemacht werden können (§ 14 a Abs. 2 des Gesetzes);
c) dass Wahlvorschläge der Arbeitnehmerinnen und Arbeitnehmer zur Wahl des Betriebsrats mindestens von einem Zwanzigstel der Wahlberechtigten, mindestens jedoch von drei Wahlberechtigten unterzeichnet sein müssen; in Betrieben mit in der

Regel bis zu zwanzig Wahlberechtigten reicht die Unterzeichnung durch zwei Wahlberechtigte;

d) dass Wahlvorschläge zur Wahl des Betriebsrats, die erst in der Wahlversammlung zur Wahl des Wahlvorstands gemacht werden, nicht der Schriftform bedürfen.

(2) Der Arbeitgeber hat unverzüglich nach Aushang der Einladung zur Wahlversammlung nach Absatz 1 der einladenden Stelle alle für die Anfertigung der Wählerliste erforderlichen Unterlagen (§ 2) in einem versiegelten Umschlag auszuhändigen.

§ 29 Wahl des Wahlvorstands Der Wahlvorstand wird in der Wahlversammlung zur Wahl des Wahlvorstands von der Mehrheit der anwesenden Arbeitnehmerinnen und Arbeitnehmer gewählt (§ 17 a Nr. 3 Satz 1 des Gesetzes). Er besteht aus drei Mitgliedern (§ 17 a Nr. 2 des Gesetzes). Für die Wahl der oder des Vorsitzenden des Wahlvorstands gilt Satz 1 entsprechend.

Zweiter Unterabschnitt – Wahl des Betriebsrats

§ 30 Wahlvorstand, Wählerliste (1) Unmittelbar nach seiner Wahl hat der Wahlvorstand in der Wahlversammlung zur Wahl des Wahlvorstands die Wahl des Betriebsrats einzuleiten. § 1 gilt entsprechend. Er hat unverzüglich in der Wahlversammlung eine Liste der Wahlberechtigten (Wählerliste), getrennt nach den Geschlechtern, aufzustellen. Die einladende Stelle hat dem Wahlvorstand den ihr nach § 28 Abs. 2 ausgehändigten versiegelten Umschlag zu übergeben. Die Wahlberechtigten sollen in der Wählerliste mit Familienname, Vorname und Geburtsdatum in alphabetischer Reihenfolge aufgeführt werden. § 2 Abs. 1 Satz 3, Abs. 2 bis 4 gilt entsprechend.

(2) Einsprüche gegen die Richtigkeit der Wählerliste können mit Wirksamkeit für die Betriebsratswahl nur vor Ablauf von drei Tagen seit Erlass des Wahlausschreibens beim Wahlvorstand schriftlich eingelegt werden. § 4 Abs. 2 und 3 gilt entsprechend.

§ 31 Wahlausschreiben (1) Im Anschluss an die Aufstellung der Wählerliste erlässt der Wahlvorstand in der Wahlversammlung das Wahlausschreiben, das von der oder dem Vorsitzenden und von mindestens einem weiteren stimmberechtigten Mitglied des Wahlvorstands zu unterschreiben ist. Mit Erlass des Wahlausschreibens ist die Betriebsratswahl eingeleitet. Das Wahlausschreiben muss folgende Angaben enthalten:

1. das Datum seines Erlasses;
2. die Bestimmung des Orts, an dem die Wählerliste und diese Verordnung ausliegen sowie im Fall der Bekanntmachung in elektronischer Form (§ 2 Abs. 4 Satz 3 und 4) wo und wie von der Wählerliste und der Verordnung Kenntnis genommen werden kann;
3. dass nur Arbeitnehmerinnen und Arbeitnehmer wählen oder gewählt werden können, die in die Wählerliste eingetragen sind, und dass Einsprüche gegen die Wählerliste (§ 4) nur vor Ablauf von drei Tagen seit dem Erlass des Wahlausschreibens schriftlich beim Wahlvorstand eingelegt werden können; der letzte Tag der Frist ist anzugeben;
4. den Anteil der Geschlechter und den Hinweis, dass das Geschlecht in der Minderheit im Betriebsrat mindestens entsprechend seinem zahlenmäßigen Verhältnis vertreten sein muss, wenn der Betriebsrat aus mindestens drei Mitgliedern besteht (§ 15 Abs. 2 des Gesetzes);
5. die Zahl der zu wählenden Betriebsratsmitglieder (§ 9 des Gesetzes) sowie die auf das Geschlecht in der Minderheit entfallenden Mindestsitze im Betriebsrat (§ 15 Abs. 2 des Gesetzes);

6. die Mindestzahl von Wahlberechtigten, von denen ein Wahlvorschlag unterzeichnet sein muss (§ 14 Abs. 4 des Gesetzes) und den Hinweis, dass Wahlvorschläge, die erst in der Wahlversammlung zur Wahl des Wahlvorstands gemacht werden, nicht der Schriftform bedürfen (§ 14 a Abs. 2 zweiter Halbsatz des Gesetzes);
7. dass der Wahlvorschlag einer im Betrieb vertretenen Gewerkschaft von zwei Beauftragten unterzeichnet sein muss (§ 14 Abs. 5 des Gesetzes);
8. dass Wahlvorschläge bis zum Abschluss der Wahlversammlung zur Wahl des Wahlvorstands bei diesem einzureichen sind (§ 14 a Abs. 2 erster Halbsatz des Gesetzes);
9. dass die Stimmabgabe an die Wahlvorschläge gebunden ist und dass nur solche Wahlvorschläge berücksichtigt werden dürfen, die fristgerecht (Nr. 8) eingereicht sind;
10. die Bestimmung des Orts, an dem die Wahlvorschläge bis zum Abschluss der Stimmabgabe aushängen;
11. Ort, Tag und Zeit der Wahlversammlung zur Wahl des Betriebsrats (Tag der Stimmabgabe – § 14 a Abs. 1 Satz 3 und 4 des Gesetzes);
12. dass Wahlberechtigten, die an der Wahlversammlung zur Wahl des Betriebsrats nicht teilnehmen können, Gelegenheit zur nachträglichen schriftlichen Stimmabgabe gegeben wird (§ 14 a Abs. 4 des Gesetzes); das Verlangen auf nachträgliche schriftliche Stimmabgabe muss spätestens drei Tage vor dem Tag der Wahlversammlung zur Wahl des Betriebsrats dem Wahlvorstand mitgeteilt werden;
13. Ort, Tag und Zeit der nachträglichen schriftlichen Stimmabgabe (§ 14 a Abs. 4 des Gesetzes) sowie die Betriebsteile und Kleinstbetriebe, für die nachträgliche schriftliche Stimmabgabe entsprechend § 24 Abs. 3 beschlossen ist;
14. den Ort, an dem Einsprüche, Wahlvorschläge und sonstige Erklärungen gegenüber dem Wahlvorstand abzugeben sind (Betriebsadresse des Wahlvorstands);
15. Ort, Tag und Zeit der öffentlichen Stimmauszählung.

(2) Ein Abdruck des Wahlausschreibens ist vom Tage seines Erlasses bis zum letzten Tage der Stimmabgabe an einer oder mehreren geeigneten, den Wahlberechtigten zugänglichen Stellen vom Wahlvorstand auszuhängen und in gut lesbarem Zustand zu erhalten. Ergänzend kann das Wahlausschreiben mittels der im Betrieb vorhandenen Informations- und Kommunikationstechnik bekannt gemacht werden. § 2 Abs. 4 Satz 4 gilt entsprechend.

§ 32 Bestimmung der Mindestsitze für das Geschlecht in der Minderheit Besteht der zu wählende Betriebsrat aus mindestens drei Mitgliedern, so hat der Wahlvorstand den Mindestanteil der Betriebsratssitze für das Geschlecht in der Minderheit (§ 15 Abs. 2 des Gesetzes) gemäß § 5 zu errechnen.

§ 33 Wahlvorschläge (1) Die Wahl des Betriebsrats erfolgt aufgrund von Wahlvorschlägen. Die Wahlvorschläge sind von den Wahlberechtigten und den im Betrieb vertretenen Gewerkschaften bis zum Ende der Wahlversammlung zur Wahl des Wahlvorstands bei diesem einzureichen. Wahlvorschläge, die erst in dieser Wahlversammlung gemacht werden, bedürfen nicht der Schriftform (§ 14 a Abs. 2 des Gesetzes).

(2) Für Wahlvorschläge gilt § 6 Abs. 2 bis 4 entsprechend. § 6 Abs. 5 gilt entsprechend mit der Maßgabe, dass ein Wahlberechtigter, der mehrere Wahlvorschläge unterstützt, auf Aufforderung des Wahlvorstands in der Wahlversammlung erklären muss, welche Unterstützung er aufrechterhält. Für den Wahlvorschlag einer im Betrieb vertretenen Gewerkschaft gilt § 27 entsprechend.

(3) § 7 gilt entsprechend. § 8 gilt entsprechend mit der Maßgabe, dass Mängel der Wahlvorschläge nach § 8 Abs. 2 nur in der Wahlversammlung zur Wahl des Wahlvorstands beseitigt werden können.

(4) Unmittelbar nach Abschluss der Wahlversammlung hat der Wahlvorstand die als gültig anerkannten Wahlvorschläge bis zum Abschluss der Stimmabgabe in gleicher Weise bekannt zu machen wie das Wahlausschreiben (§ 31 Abs. 2).

(5) Ist in der Wahlversammlung kein Wahlvorschlag zur Wahl des Betriebsrats gemacht worden, hat der Wahlvorstand bekannt zu machen, dass die Wahl nicht stattfindet. Die Bekanntmachung hat in gleicher Weise wie das Wahlausschreiben (§ 31 Abs. 2) zu erfolgen.

§ 34 Wahlverfahren (1) Die Wählerin oder der Wähler kann ihre oder seine Stimme nur für solche Bewerberinnen oder Bewerber abgeben, die in einem Wahlvorschlag benannt sind. Auf den Stimmzetteln sind die Bewerberinnen oder Bewerber in alphabetischer Reihenfolge unter Angabe von Familienname, Vorname und Art der Beschäftigung im Betrieb aufzuführen. Die Wählerin oder der Wähler kennzeichnet die von ihm Gewählten durch Ankreuzen an der hierfür im Stimmzettel vorgesehenen Stelle; es dürfen nicht mehr Bewerberinnen oder Bewerber angekreuzt werden, als Betriebsratsmitglieder zu wählen sind. § 11 Abs. 1 Satz 2, Abs. 2 Satz 2 und 3, Abs. 4 und § 12 gelten entsprechend.

(2) Im Fall der nachträglichen schriftlichen Stimmabgabe (§ 35) hat der Wahlvorstand am Ende der Wahlversammlung zur Wahl des Betriebsrats die Wahlurne zu versiegeln und aufzubewahren.

(3) Erfolgt keine nachträgliche schriftliche Stimmabgabe, hat der Wahlvorstand unverzüglich nach Abschluss der Wahl die öffentliche Auszählung der Stimmen vorzunehmen und das sich daraus ergebende Wahlergebnis bekannt zu geben. Die §§ 21, 23 Abs. 1 gelten entsprechend.

(4) Ist nur ein Betriebsratsmitglied zu wählen, so ist die Person gewählt, die die meisten Stimmen erhalten hat. Bei Stimmengleichheit entscheidet das Los. Lehnt eine gewählte Person die Wahl ab, so tritt an ihre Stelle die nicht gewählte Person mit der nächsthöchsten Stimmenzahl.

(5) Sind mehrere Betriebsratsmitglieder zu wählen, gelten für die Ermittlung der Gewählten die §§ 22 und 23 Abs. 2 entsprechend.

§ 35 Nachträgliche schriftliche Stimmabgabe (1) Können Wahlberechtigte an der Wahlversammlung zur Wahl des Betriebsrats nicht teilnehmen, um ihre Stimme persönlich abzugeben, können sie beim Wahlvorstand die nachträgliche schriftliche Stimmabgabe beantragen (§ 14a Abs. 4 des Gesetzes). Das Verlangen auf nachträgliche schriftliche Stimmabgabe muss die oder der Wahlberechtigte dem Wahlvorstand spätestens drei Tage vor dem Tag der Wahlversammlung zur Wahl des Betriebsrats mitgeteilt haben. Die §§ 24, 25 gelten entsprechend.

(2) Wird die nachträgliche schriftliche Stimmabgabe aufgrund eines Antrags nach Absatz 1 Satz 1 erforderlich, hat dies der Wahlvorstand unter Angabe des Orts, des Tags und der Zeit der öffentlichen Stimmauszählung in gleicher Weise bekannt zu machen wie das Wahlausschreiben (§ 31 Abs. 2).

(3) Unmittelbar nach Ablauf der Frist für die nachträgliche schriftliche Stimmabgabe öffnet der Wahlvorstand in öffentlicher Sitzung die bis zu diesem Zeitpunkt eingegangenen Freiumschläge und entnimmt ihnen die Wahlumschläge sowie die vorgedruckten Erklärungen. Ist die nachträgliche schriftliche Stimmabgabe ordnungsgemäß erfolgt (§ 25), so legt der Wahlvorstand den Wahlumschlag nach Vermerk der Stimmabgabe in der Wählerliste in die bis dahin versiegelte Wahlurne.

(4) Nachdem alle ordnungsgemäß nachträglich abgegebenen Wahlumschläge in die Wahlurne gelegt worden sind, nimmt der Wahlvorstand die Auszählung der Stimmen vor. § 34 Abs. 3 bis 5 gilt entsprechend.

Zweiter Abschnitt – Wahl des Betriebsrats im einstufigen Verfahren (§ 14 a Abs. 3 des Gesetzes)

§ 36 Wahlvorstand, Wahlverfahren (1) Nach der Bestellung des Wahlvorstands durch den Betriebsrat, Gesamtbetriebsrat, Konzernbetriebsrat oder das Arbeitsgericht (§ 14 a Abs. 3, § 17 a des Gesetzes) hat der Wahlvorstand die Wahl des Betriebsrats unverzüglich einzuleiten. Die Wahl des Betriebsrats findet auf einer Wahlversammlung statt (§ 14 a Abs. 3 des Gesetzes). Die §§ 1, 2 und 30 Abs. 2 gelten entsprechend.

(2) Im Anschluss an die Aufstellung der Wählerliste erlässt der Wahlvorstand das Wahlausschreiben, das von der oder dem Vorsitzenden und von mindestens einem weiteren stimmberechtigten Mitglied des Wahlvorstands zu unterschreiben ist. Mit Erlass des Wahlausschreibens ist die Betriebsratswahl eingeleitet. Besteht im Betrieb ein Betriebsrat, soll der letzte Tag der Stimmabgabe (nachträgliche schriftliche Stimmabgabe) eine Woche vor dem Tag liegen, an dem die Amtszeit des Betriebsrats abläuft.

(3) Das Wahlausschreiben hat die in § 31 Abs. 1 Satz 3 vorgeschriebenen Angaben zu enthalten, soweit nachfolgend nichts anderes bestimmt ist:

1. Abweichend von Nummer 6 ist ausschließlich die Mindestzahl von Wahlberechtigten anzugeben, von denen ein Wahlvorschlag unterzeichnet sein muss (§ 14 Abs. 4 des Gesetzes).
2. Abweichend von Nummer 8 hat der Wahlvorstand anzugeben, dass die Wahlvorschläge spätestens eine Woche vor dem Tag der Wahlversammlung zur Wahl des Betriebsrats beim Wahlvorstand einzureichen sind (§ 14 a Abs. 3 Satz 2 des Gesetzes); der letzte Tag der Frist ist anzugeben.

Für die Bekanntmachung des Wahlausschreibens gilt § 31 Abs. 2 entsprechend.

(4) Die Vorschriften über die Bestimmung der Mindestsitze nach § 32, das Wahlverfahren nach § 34 und die nachträgliche Stimmabgabe nach § 35 gelten entsprechend.

(5) Für Wahlvorschläge gilt § 33 Abs. 1 entsprechend mit der Maßgabe, dass die Wahlvorschläge von den Wahlberechtigten und den im Betrieb vertretenen Gewerkschaften spätestens eine Woche vor der Wahlversammlung zur Wahl des Betriebsrats beim Wahlvorstand schriftlich einzureichen sind (§ 14 a Abs. 3 Satz 2 zweiter Halbsatz des Gesetzes). § 6 Abs. 2 bis 5 und die §§ 7 und 8 gelten entsprechend mit der Maßgabe, dass die in § 6 Abs. 5 und § 8 Abs. 2 genannten Fristen nicht die gesetzliche Mindestfrist zur Einreichung der Wahlvorschläge nach § 14 a Abs. 3 Satz 2 erster Halbsatz des Gesetzes überschreiten dürfen. Nach Ablauf der gesetzlichen Mindestfrist zur Einreichung der Wahlvorschläge hat der Wahlvorstand die als gültig anerkannten Wahlvorschläge bis zum Abschluss der Stimmabgabe in gleicher Weise bekannt zu machen wie das Wahlausschreiben (Absatz 3).

(6) Ist kein Wahlvorschlag zur Wahl des Betriebsrats gemacht worden, hat der Wahlvorstand bekannt zu machen, dass die Wahl nicht stattfindet. Die Bekanntmachung hat in gleicher Weise wie das Wahlausschreiben (Absatz 3) zu erfolgen.

Dritter Abschnitt – Wahl des Betriebsrats in Betrieben mit in der Regel 51 bis 100 Wahlberechtigten (§ 14 a Abs. 5 des Gesetzes)

§ 37 Wahlverfahren Haben Arbeitgeber und Wahlvorstand in einem Betrieb mit in der Regel 51 bis 100 Wahlberechtigten die Wahl des Betriebsrats im vereinfachten Wahlverfahren vereinbart (§ 14 a Abs. 5 des Gesetzes), richtet sich das Wahlverfahren nach § 36.

Dritter Teil – Wahl der Jugend- und Auszubildendenvertretung

§ 38 Wahlvorstand, Wahlvorbereitung Für die Wahl der Jugend- und Auszubildendenvertretung gelten die Vorschriften der §§ 1 bis 5 über den Wahlvorstand, die Wählerliste, das Wahlausschreiben und die Bestimmung der Mindestsitze für das Geschlecht in der Minderheit entsprechend. Dem Wahlvorstand muss mindestens eine nach § 8 des Gesetzes wählbare Person angehören.

§ 39 Durchführung der Wahl (1) Sind mehr als drei Mitglieder zur Jugend- und Auszubildendenvertretung zu wählen, so erfolgt die Wahl aufgrund von Vorschlagslisten. § 6 Abs. 1 Satz 2, Abs. 2 und 4 bis 7, die §§ 7 bis 10 und § 27 gelten entsprechend. § 6 Abs. 3 gilt entsprechend mit der Maßgabe, dass in jeder Vorschlagsliste auch der Ausbildungsberuf der einzelnen Bewerberinnen oder Bewerber aufzuführen ist.
(2) Sind mehrere gültige Vorschlagslisten eingereicht, so kann die Stimme nur für eine Vorschlagsliste abgegeben werden. § 11 Abs. 1 Satz 2, Abs. 3 und 4, die §§ 12 bis 19 gelten entsprechend. § 11 Abs. 2 gilt entsprechend mit der Maßgabe, dass auf den Stimmzetteln auch der Ausbildungsberuf der einzelnen Bewerberinnen oder Bewerber aufzuführen ist.
(3) Ist nur eine gültige Vorschlagsliste eingereicht, so kann die Stimme nur für solche Bewerberinnen oder Bewerber abgegeben werden, die in der Vorschlagsliste aufgeführt sind. § 20 Abs. 3, die §§ 21 bis 23 gelten entsprechend. § 20 Abs. 2 gilt entsprechend mit der Maßgabe, dass auf den Stimmzetteln auch der Ausbildungsberuf der einzelnen Bewerber aufzuführen ist.
(4) Für die schriftliche Stimmabgabe gelten die §§ 24 bis 26 entsprechend.

§ 40 Wahl der Jugend- und Auszubildendenvertretung im vereinfachten Wahlverfahren
(1) In Betrieben mit in der Regel fünf bis fünfzig der in § 60 Abs. 1 des Gesetzes genannten Arbeitnehmerinnen und Arbeitnehmern wird die Jugend- und Auszubildendenvertretung im vereinfachten Wahlverfahren gewählt (§ 63 Abs. 4 Satz 1 des Gesetzes). Für das Wahlverfahren gilt § 36 entsprechend mit der Maßgabe, dass in den Wahlvorschlägen und auf den Stimmzetteln auch der Ausbildungsberuf der einzelnen Bewerberinnen oder Bewerber aufzuführen ist. § 38 Satz 2 gilt entsprechend.
(2) Absatz 1 Satz 2 und 3 gilt entsprechend, wenn in einem Betrieb mit in der Regel 51 bis 100 der in § 60 Abs. 1 des Gesetzes genannten Arbeitnehmerinnen und Arbeitnehmern Arbeitgeber und Wahlvorstand die Anwendung des vereinfachten Wahlverfahrens vereinbart haben (§ 63 Abs. 5 des Gesetzes).

Vierter Teil – Übergangs- und Schlussvorschriften

§ 41 Berechnung der Fristen Für die Berechnung der in dieser Verordnung festgelegten Fristen finden die §§ 186 bis 193 des Bürgerlichen Gesetzbuches entsprechende Anwendung.

§ 42 Bereich der Seeschifffahrt Die Regelung der Wahlen für die Bordvertretung und den Seebetriebsrat (§§ 115 und 116 des Gesetzes) bleibt einer besonderen Rechtsverordnung vorbehalten.

§ 43 Inkrafttreten (1) Diese Verordnung tritt am Tage nach der Verkündung in Kraft.
(2) *(weggefallen)*

12 b. Gesetz über Sprecherausschüsse der leitenden Angestellten (Sprecherausschussgesetz – SprAuG)

Aktuelle höchstrichterliche Rechtsprechung

Datum	Gericht/Az.	Fundstelle	Thema
11.12.18	BAG 3 AZR 380/17	NZA 19, 1082	Ablösende Sprecherausschuss-vereinbarung

Einleitung

I. Geschichtliche Entwicklung

»Leitender Angestellter« ist ursprünglich nur ein Ausgrenzungsbegriff, um festzulegen, auf welche Arbeitnehmer ein arbeitsrechtliches Gesetz *nicht* anzuwenden ist (§ 5 Abs. 3 BetrVG, eingeschränkt § 14 Abs. 2 KSchG). Tarifverträge schließen sie üblicherweise aus ihrem persönlichen Geltungsbereich aus (und dazu noch vielfach einen unterschiedlich definierten Kreis nicht leitender Angestellter in Leitungsfunktionen – »AT-Angestellte«).

Gleichwohl haben natürlich auch Angestellte in oberen und obersten Funktionen Arbeitnehmerinteressen, und es hat schon sehr lange Standesorganisationen der leitenden bzw. »oberen« Angestellten gegeben (zusammengefasst in der ULA). Mit der Verstärkung der Mitbestimmungsrechte des Betriebsrates aufgrund des BetrVG 1972 kam es zu einer Entwicklung, bei der organisationspolitische Interessen der ULA-Verbände mit machtpolitischen Interessen der Arbeitgeber zusammenfielen: Beide bemühten sich um eine möglichst weit gezogene Ausfüllung des § 5 Abs. 3 BetrVG, um so viel Angestellte wie möglich der Vertretung durch den Betriebsrat zu entziehen. Als eigener organisatorischer Beitrag entstanden als freiwillige Vereinigungen Sprecherausschüsse der leitenden Angestellten (zuletzt ca. 350). Die Rechtsprechung des *BAG* zur Ausfüllung des § 5 Abs. 3 mit ihrer funktionalen Zuordnung des leitenden Angestellten in die Sphäre der Unternehmensleitung (5. 3. 1974 – 1 ABR 19/73, AP Nr. 1 zu § 5 BetrVG, NZA 86, 460) führte nach vielen Gerichtsverfahren dazu, dass im Schnitt ca. 2 % der Angestellten als leitende Angestellte betrachtet werden können.

Eine qualitativ neue Etappe leitete das MitbestG 1976 ein: Mit diesem Gesetz wurde der leitenden Angestellten erstmals *positiv* gesetzgeberisch gedacht: durch die Zubilligung einer eigenen (überproportionalen) Vertretung im Aufsichtsrat (§ 15 Abs. 2 MitbestG). Diese viel kritisierte Regelung gab den Auftakt für die weitergehenden Wünsche der Verbände der leitenden Angestellten nach gesetzlicher Verankerung der Sprecherausschüsse.

Sie hatten bei diesem Wunsch stets die Unterstützung der FDP, und schließlich sprach sich die CDU/CSU-Bundestagsfraktion 1984 ebenfalls dafür aus. Nach der großen Auseinandersetzung mit den Gewerkschaften um die Änderung des § 116 AFG ließ man dieses Vorhaben (und die Änderung des BetrVG) in der 10. Legislaturperiode aus wahltaktischen Gründen in der Schublade. Im 11. Deutschen Bundestag wurden diese Pläne schließlich realisiert. Auf der Grundlage des Gesetzentwurfs der CDU/CSU und FDP (BT-Drs. 11/2503) verabschiedete der Bundestag das »Gesetz zur Änderung des Betriebsverfassungsgesetzes, über Sprecherausschüsse der leitenden Angestellten und zur Sicherung der Montan-Mitbestimmung« am 1. 12. 1988 in zweiter und dritter Lesung.
Die politische Diskussion um das Sprecherausschussgesetz war durch die bemerkenswerte Tatsache geprägt, dass Arbeitgeberverbände und Gewerkschaften es gleichermaßen ablehnten. Bei den Arbeitgebern drückte sich darin die Abneigung gegen die gesetzliche Verfestigung von kollektiven Beteiligungsmöglichkeiten der leitenden Angestellten aus; die Gewerkschaften befürchteten – vor dem Hintergrund einer Ausweitung des Leitenden-Angestellten-Begriffs – eine weitere Spaltung der Arbeitnehmerschaft und eine Beeinträchtigung der Arbeit der Betriebsräte. Insbesondere in dieser Hinsicht wurde das Gesetz gegenüber dem Entwurf entscheidend »entschärft«: Der ursprünglich vorgesehene § 33, der dem Sprecherausschuss ein aufschiebendes Veto gegen Betriebsvereinbarungen eingeräumt hatte, wurde fallen gelassen. Es blieb dagegen bei der Neuregelung der Begriffsbestimmung des leitenden Angestellten gem. § 5 Abs. 3 und insbes. Abs. 4 BetrVG (s. u. II).

II. Wesentlicher Inhalt des Gesetzes

1. Sprecherausschussgesetz

Das Gesetz gibt den durch § 5 Abs. 3 und 4 BetrVG abgegrenzten leitenden Angestellten (s. u. 2) das Recht, Sprecherausschüsse zu bilden. Der Sprecherausschuss eines Betriebs besteht aus höchstens 7 Mitgliedern (bei über 300 leitenden Angestellten, § 4 Abs. 1). Wahlvorschriften und Organisation sind dem BetrVG nachgebildet – bis hin zur Bildung eines Gesamt- und Konzernsprecherausschusses (§§ 16 ff.; 21 ff.; mit der Möglichkeit statt mehrerer betrieblicher Sprecherausschüsse einen Unternehmenssprecherausschuss zu bilden, § 20; zu den Wahlvorschriften einschließlich der VO vom 28. 9. 1989, BGBl. I 1798, s. *Borgwardt,* DB 89, 2224).
Der Sprecherausschuss vertritt die Belange der leitenden Angestellten gegenüber dem Arbeitgeber (§ 25). Mitbestimmungsrechte wie der Betriebsrat hat er nicht, lediglich Informations- und Beratungsrechte (§§ 25 Abs. 2, 30, 31, 32).
Der Sprecherausschuss ist vor jeder Kündigung eines leitenden Angestellten zu hören; eine ohne seine Anhörung ausgesprochene Kündigung ist unwirksam (§ 31 Abs. 2). Eine bedeutsame Neuerung ist die Möglichkeit einer (freiwilligen) Kollektivvereinbarung (Richtlinie) über Inhalt, Abschluss oder die Beendigung von Arbeitsverhältnissen der leitenden Angestellten (§ 28; *Kramer,* DB 96, 1082; zur Beeinflussung des Arbeitsentgelts *Oetker,* BB 90, 2181; zur Möglichkeit der Ablösung bestehender betrieblicher Einheitsregelungen mit kollektivem Bezug durch

derartige Richtlinien *BAG* 11.12.2018 – 3 AZR 380/17, NZA 19, 1082; zur Kritik vgl. die entsprechenden Ausführungen in Bezug auf Betriebsvereinbarung in der Einl. II 3 zum BetrVG, Nr. 12).

Diese beiden kollektivrechtlichen Neuerungen im Arbeitsrecht für leitende Angestellte sind einerseits Ausdruck der Notwendigkeit, Sprecherausschüssen, wenn sie schon eine gesetzliche Grundlage erhalten, auch etwas mehr Rechte gegenüber dem alten Zustand ihrer freiwilligen Existenz zuzugestehen. Andererseits ist der damit beschrittene Irrweg unübersehbar: Wenn es denn kollektiv zu schützende und zu regelnde »Belange« leitender Angestellter gibt, so weist der richtige Weg in Richtung Betriebsverfassung: und zwar eine gemeinsame Interessenvertretung durch den Betriebsrat auf der Grundlage einer noch engeren Abgrenzung, die die kollektiv zu vertretenden Angestellten beim Betriebsrat belässt und die »wirklichen« leitenden Angestellten, also der engste Führungskreis um die Unternehmensleitung, systemgerecht auf ihre individuellen Vertragsmöglichkeiten verweist.

Die Beziehungen zum Betriebsrat sind nach dem Wegfall des ursprünglich geplanten aufschiebenden Vetorechts gegen Betriebsvereinbarungen nur mehr informatorischer Natur: Betriebsrat und Sprecherausschuss können sich jeweils durch Mehrheitsbeschluss wechselseitig einladen; einmal im Jahr soll eine gemeinsame Sitzung stattfinden (§ 2 Abs. 2). Der Arbeitgeber hat den Sprecherausschuss vor Abschluss einer Betriebsvereinbarung, die rechtliche Interessen der leitenden Angestellten berührt, rechtzeitig anzuhören (§ 2 Abs. 1). Ob und wie dies erfolgt, ist ausschließlich eine Angelegenheit im Verhältnis zwischen Arbeitgeber und Sprecherausschuss und für den Abschluss und die Rechtswirksamkeit der Betriebsvereinbarung ohne Bedeutung.

Das SprAuG enthält *keine Gewerkschaftsrechte.* Das verwundert angesichts des niedrigen Organisationsgrades leitender Angestellter unter praktischen Gesichtspunkten zunächst nicht. Eine »gewerkschaftsfreie« Teilbetriebsverfassung ist jedoch nicht mit Art. 9 Abs. 3 GG vereinbar (vgl. *Däubler,* Das Arbeitsrecht 1, Rn. 1240).

2. Definition der leitenden Angestellten

Zugleich mit dem SprAuG ist § 5 Abs. 3 BetrVG neu gefasst und Abs. 4 eingefügt worden. Entgegen entsprechenden Befürchtungen ist es aufgrund dieser Änderungen nicht zu besonders vielen neuen Gerichtsverfahren gekommen.

Weiterführende Literatur

Kommentare

Bauer, Sprecherausschussgesetz und Wahlordnung, 2. Aufl. (1990)
Hromadka/Sieg, Sprecherausschussgesetz, 4. Aufl. (2017)
Löwisch, Sprecherausschussgesetz, 2. Aufl. (1994)
Steindorff, Neubestimmung der leitenden Angestellten? (1987)

Aufsätze

Bauer, Rechte und Pflichten der Sprecherausschüsse und ihrer Mitglieder, NZA 1989, Beilage 1

Birk, Der leitende Angestellte – Einige rechtsvergleichende Bemerkungen, RdA 1988, S. 211

Clausen/Löhr/Schneider/Trümner, Neufassung der Begriffsabgrenzung »leitende Angestellte«, AuR 1988, S. 293

Dänzer-Vanotti, Rechte und Pflichten des Sprecherausschusses, DB 1990, S. 41

Hanau, Zur Neuregelung der leitenden Angestellten und des Minderheitenschutzes in der Betriebsverfassung, AuR 1988, S. 261

Kramer, Probleme der Mitwirkungsrechte des Sprecherausschusses, NZA 1993, S. 1009

Kramer, Vereinbarungen des Arbeitgebers mit dem Sprecherausschuss, DB 1996, S. 1082

Kramer, Zur Rechtsstellung von Sprecherausschussmitgliedern, DB 1993, S. 1138

Lehmann, Gedanken zur »Lösung der Gewerkschaftsfrage« oder: wozu eigentlich »Sprecherausschüsse«?, AiB 1988, S. 297

Martens, Die leitenden Angestellten im Spannungsfeld von unternehmerischer Organisationsautonomie und Arbeitnehmerschutz, RdA 1988, S. 202

Oetker, Grundprobleme bei der Anwendung des Sprecherausschussgesetzes, ZfA 1990, S. 43

Richardi, Der Begriff des leitenden Angestellten, AuR 1991, S. 33

Steindorff, Nochmals: Neubestimmung der leitenden Angestellten, AuR 1988, S. 266

Gesetz über Sprecherausschüsse der leitenden Angestellten (Sprecherausschußgesetz – SprAuG)

vom 20. Dezember 1988 (BGBl. I 2312, 2316),
zuletzt geändert durch Verordnung vom 31. Oktober 2006 (BGBl. I 2407)
(Abgedruckte Vorschriften: §§ 1–36)

Erster Teil – Allgemeine Vorschriften

§ 1 Errichtung von Sprecherausschüssen (1) In Betrieben mit in der Regel mindestens zehn leitenden Angestellten (§ 5 Abs. 3 des Betriebsverfassungsgesetzes) werden Sprecherausschüsse der leitenden Angestellten gewählt.
(2) Leitende Angestellte eines Betriebs mit in der Regel weniger als zehn leitenden Angestellten gelten für die Anwendung dieses Gesetzes als leitende Angestellte des räumlich nächstgelegenen Betriebs desselben Unternehmens, der die Voraussetzungen des Absatzes 1 erfüllt.
(3) Dieses Gesetz findet keine Anwendung auf
1. Verwaltungen und Betriebe des Bundes, der Länder, der Gemeinden und sonstiger Körperschaften, Anstalten und Stiftungen des öffentlichen Rechts sowie
2. Religionsgemeinschaften und ihre karitativen und erzieherischen Einrichtungen unbeschadet deren Rechtsform.

§ 2 Zusammenarbeit (1) Der Sprecherausschuß arbeitet mit dem Arbeitgeber vertrauensvoll unter Beachtung der geltenden Tarifverträge zum Wohl der leitenden Angestellten und des Betriebs zusammen. Der Arbeitgeber hat vor Abschluß einer Betriebsvereinbarung oder sonstigen Vereinbarung mit dem Betriebsrat, die rechtliche Interessen der leitenden Angestellten berührt, den Sprecherausschuß rechtzeitig anzuhören.
(2) Der Sprecherausschuß kann dem Betriebsrat oder Mitgliedern des Betriebsrats das Recht einräumen, an Sitzungen des Sprecherausschusses teilzunehmen. Der Betriebsrat kann dem Sprecherausschuß oder Mitgliedern des Sprecherausschusses das Recht einräumen, an Sitzungen des Betriebsrats teilzunehmen. Einmal im Kalenderjahr soll eine gemeinsame Sitzung des Sprecherausschusses und des Betriebsrats stattfinden.
(3) Die Mitglieder des Sprecherausschusses dürfen in der Ausübung ihrer Tätigkeit nicht gestört oder behindert werden. Sie dürfen wegen ihrer Tätigkeit nicht benachteiligt oder begünstigt werden; dies gilt auch für ihre berufliche Entwicklung.
(4) Arbeitgeber und Sprecherausschuß haben Betätigungen zu unterlassen, durch die der Arbeitsablauf oder der Frieden des Betriebs beeinträchtigt werden. Sie haben jede parteipolitische Betätigung im Betrieb zu unterlassen; die

Behandlung von Angelegenheiten tarifpolitischer, sozialpolitischer und wirtschaftlicher Art, die den Betrieb oder die leitenden Angestellten unmittelbar betreffen, wird hierdurch nicht berührt.

Zweiter Teil – Sprecherausschuß, Versammlung der leitenden Angestellten, Gesamt-, Unternehmens- und Konzernsprecherausschuß

Erster Abschnitt – Wahl, Zusammensetzung und Amtszeit des Sprecherausschusses

§ 3 Wahlberechtigung und Wählbarkeit (1) Wahlberechtigt sind alle leitenden Angestellten des Betriebs.

(2) Wählbar sind alle leitenden Angestellten, die sechs Monate dem Betrieb angehören. Auf die sechsmonatige Betriebszugehörigkeit werden Zeiten angerechnet, in denen der leitende Angestellte unmittelbar vorher einem anderen Betrieb desselben Unternehmens oder Konzerns (§ 18 Abs. 1 des Aktiengesetzes) als Beschäftigter angehört hat. Nicht wählbar ist, wer

1. aufgrund allgemeinen Auftrags des Arbeitgebers Verhandlungspartner des Sprecherausschusses ist,
2. nicht Aufsichtsratsmitglied der Arbeitnehmer nach § 6 Abs. 2 Satz 1 des Mitbestimmungsgesetzes in Verbindung mit § 105 Abs. 1 des Aktiengesetzes sein kann oder
3. infolge strafgerichtlicher Verurteilung die Fähigkeit, Rechte aus öffentlichen Wahlen zu erlangen, nicht besitzt.

§ 4 Zahl der Sprecherausschußmitglieder (1) Der Sprecherausschuß besteht in Betrieben mit in der Regel

10 bis 20 leitenden Angestellten aus einer Person,
21 bis 100 leitenden Angestellten aus drei Mitgliedern,
101 bis 300 leitenden Angestellten aus fünf Mitgliedern,
über 300 leitenden Angestellten aus sieben Mitgliedern.

(2) Männer und Frauen sollen entsprechend ihrem zahlenmäßigen Verhältnis im Sprecherausschuß vertreten sein.

§ 5 Zeitpunkt der Wahlen und Amtszeit (1) Die regelmäßigen Wahlen des Sprecherausschusses finden alle vier Jahre in der Zeit vom 1. März bis 31. Mai statt. Sie sind zeitgleich mit den regelmäßigen Betriebsratswahlen nach § 13 Abs. 1 des Betriebsverfassungsgesetzes einzuleiten.

(2) Außerhalb dieses Zeitraums ist der Sprecherausschuß zu wählen, wenn

1. im Betrieb ein Sprecherausschuß nicht besteht,
2. der Sprecherausschuß durch eine gerichtliche Entscheidung aufgelöst ist,
3. die Wahl des Sprecherausschusses mit Erfolg angefochten worden ist oder

4. der Sprecherausschuß mit der Mehrheit seiner Mitglieder seinen Rücktritt beschlossen hat.

(3) Hat außerhalb des in Absatz 1 festgelegten Zeitraums eine Wahl des Sprecherausschusses stattgefunden, ist der Sprecherausschuß in dem auf die Wahl folgenden nächsten Zeitraum der regelmäßigen Wahlen des Sprecherausschusses neu zu wählen. Hat die Amtszeit des Sprecherausschusses zu Beginn des in Absatz 1 festgelegten Zeitraums noch nicht ein Jahr betragen, ist der Sprecherausschuß in dem übernächsten Zeitraum der regelmäßigen Wahlen des Sprecherausschusses neu zu wählen.

(4) Die regelmäßige Amtszeit des Sprecherausschusses beträgt vier Jahre. Die Amtszeit beginnt mit der Bekanntgabe des Wahlergebnisses oder, wenn zu diesem Zeitpunkt noch ein Sprecherausschuß besteht, mit Ablauf von dessen Amtszeit. Die Amtszeit endet spätestens am 31. Mai des Jahres, in dem nach Absatz 1 die regelmäßigen Wahlen des Sprecherausschusses stattfinden. In dem Fall des Absatzes 3 Satz 2 endet die Amtszeit spätestens am 31. Mai des Jahres, in dem der Sprecherausschuß neu zu wählen ist.

(5) In dem Fall des Absatzes 2 Nr. 4 führt der Sprecherausschuß die Geschäfte weiter, bis der neue Sprecherausschuß gewählt und das Wahlergebnis bekanntgegeben ist.

§ 6 Wahlvorschriften (1) Der Sprecherausschuß wird in geheimer und unmittelbarer Wahl gewählt.

(2) Die Wahl erfolgt nach den Grundsätzen der Verhältniswahl; wird nur ein Wahlvorschlag eingereicht, erfolgt die Wahl nach den Grundsätzen der Mehrheitswahl.

(3) In Betrieben, deren Sprecherausschuß aus einer Person besteht, wird dieser mit einfacher Stimmenmehrheit gewählt. In einem getrennten Wahlgang ist ein Ersatzmitglied zu wählen.

(4) Zur Wahl des Sprecherausschusses können die leitenden Angestellten Wahlvorschläge machen. Jeder Wahlvorschlag muß von mindestens einem Zwanzigstel der leitenden Angestellten, jedoch von mindestens drei leitenden Angestellten unterzeichnet sein; in Betrieben mit in der Regel bis zu zwanzig leitenden Angestellten genügt die Unterzeichnung durch zwei leitende Angestellte. In jedem Fall genügt die Unterzeichnung durch fünfzig leitende Angestellte.

§ 7 Bestellung, Wahl und Aufgaben des Wahlvorstands (1) Spätestens zehn Wochen vor Ablauf seiner Amtszeit bestellt der Sprecherausschuß einen aus drei oder einer höheren ungeraden Zahl von leitenden Angestellten bestehenden Wahlvorstand und einen von ihnen als Vorsitzenden.

(2) Besteht in einem Betrieb, der die Voraussetzungen des § 1 Abs. 1 erfüllt, kein Sprecherausschuß, wird in einer Versammlung von der Mehrheit der anwesenden leitenden Angestellten des Betriebs ein Wahlvorstand gewählt. Zu dieser Versammlung können drei leitende Angestellte des Betriebs einladen und Vorschläge für die Zusammensetzung des Wahlvorstands machen. Der Wahlvor-

stand hat unverzüglich eine Abstimmung darüber herbeizuführen, ob ein Sprecherausschuß gewählt werden soll. Ein Sprecherausschuß wird gewählt, wenn dies die Mehrheit der leitenden Angestellten des Betriebs in einer Versammlung oder durch schriftliche Stimmabgabe verlangt.

(3) Zur Teilnahme an der Versammlung und der Abstimmung nach Absatz 2 sind die Angestellten berechtigt, die vom Wahlvorstand aus Anlaß der letzten Betriebsratswahl oder der letzten Wahl von Aufsichtsratsmitgliedern der Arbeitnehmer, falls diese Wahl später als die Betriebsratswahl stattgefunden hat, oder durch gerichtliche Entscheidung den leitenden Angestellten zugeordnet worden sind. Hat zuletzt oder im gleichen Zeitraum wie die nach Satz 1 maßgebende Wahl eine Wahl nach diesem Gesetz stattgefunden, ist die für diese Wahl erfolgte Zuordnung entscheidend.

(4) Der Wahlvorstand hat die Wahl unverzüglich einzuleiten, sie durchzuführen und nach Abschluß der Wahl öffentlich die Auszählung der Stimmen vorzunehmen, deren Ergebnis in einer Niederschrift festzustellen und es im Betrieb bekanntzugeben. Dem Arbeitgeber ist eine Abschrift der Wahlniederschrift zu übersenden.

§ 8 Wahlanfechtung, Wahlschutz und Wahlkosten (1) Die Wahl kann beim Arbeitsgericht angefochten werden, wenn gegen wesentliche Vorschriften über das Wahlrecht, die Wählbarkeit oder das Wahlverfahren verstoßen worden ist und eine Berichtigung nicht erfolgt ist, es sei denn, daß durch den Verstoß das Wahlergebnis nicht geändert oder beeinflußt werden konnte. Zur Anfechtung berechtigt sind mindestens drei leitende Angestellte oder der Arbeitgeber. Die Wahlanfechtung ist nur innerhalb einer Frist von zwei Wochen, vom Tage der Bekanntgabe des Wahlergebnisses an gerechnet, zulässig.

(2) Niemand darf die Wahl des Sprecherausschusses behindern. Insbesondere darf kein leitender Angestellter in der Ausübung des aktiven und passiven Wahlrechts beschränkt werden. Niemand darf die Wahl des Sprecherausschusses durch Zufügung oder Androhung von Nachteilen oder durch Gewährung oder Versprechen von Vorteilen beeinflussen.

(3) Die Kosten der Wahl trägt der Arbeitgeber. Versäumnis von Arbeitszeit, die zur Ausübung des Wahlrechts, zur Betätigung im Wahlvorstand oder zur Tätigkeit als Vermittler (§ 18 a des Betriebsverfassungsgesetzes) erforderlich ist, berechtigt den Arbeitgeber nicht zur Minderung des Arbeitsentgelts.

§ 9 Ausschluß von Mitgliedern, Auflösung des Sprecherausschusses und Erlöschen der Mitgliedschaft (1) Mindestens ein Viertel der leitenden Angestellten oder der Arbeitgeber können beim Arbeitsgericht den Ausschluß eines Mitglieds aus dem Sprecherausschuß oder die Auflösung des Sprecherausschusses wegen grober Verletzung seiner gesetzlichen Pflichten beantragen. Der Ausschluß eines Mitglieds kann auch vom Sprecherausschuß beantragt werden.

(2) Die Mitgliedschaft im Sprecherausschuß erlischt durch

1. Ablauf der Amtszeit,
2. Niederlegung des Sprecherausschußamtes,

3. Beendigung des Arbeitsverhältnisses,
4. Verlust der Wählbarkeit,
5. Ausschluß aus dem Sprecherausschuß oder Auflösung des Sprecherausschusses aufgrund einer gerichtlichen Entscheidung oder
6. gerichtliche Entscheidung über die Feststellung der Nichtwählbarkeit nach Ablauf der in § 8 Abs. 1 Satz 3 bezeichneten Frist, es sei denn, der Mangel liegt nicht mehr vor.

§ 10 Ersatzmitglieder (1) Scheidet ein Mitglied des Sprecherausschusses aus, rückt ein Ersatzmitglied nach. Dies gilt entsprechend für die Stellvertretung eines zeitweilig verhinderten Mitglieds des Sprecherausschusses.
(2) Die Ersatzmitglieder werden der Reihe nach aus den nicht gewählten leitenden Angestellten derjenigen Vorschlagslisten entnommen, denen die zu ersetzenden Mitglieder angehören. Ist eine Vorschlagsliste erschöpft, ist das Ersatzmitglied derjenigen Vorschlagsliste zu entnehmen, auf die nach den Grundsätzen der Verhältniswahl der nächste Sitz entfallen würde. Ist das ausgeschiedene oder verhinderte Mitglied nach den Grundsätzen der Mehrheitswahl gewählt, bestimmt sich die Reihenfolge der Ersatzmitglieder nach der Höhe der erreichten Stimmenzahl.
(3) In dem Fall des § 6 Abs. 3 gilt Absatz 1 mit der Maßgabe, daß das gewählte Ersatzmitglied nachrückt oder die Stellvertretung übernimmt.

Zweiter Abschnitt – Geschäftsführung des Sprecherausschusses

§ 11 Vorsitzender (1) Der Sprecherausschuß wählt aus seiner Mitte den Vorsitzenden und dessen Stellvertreter.
(2) Der Vorsitzende vertritt den Sprecherausschuß im Rahmen der von diesem gefaßten Beschlüsse. Zur Entgegennahme von Erklärungen, die dem Sprecherausschuß gegenüber abzugeben sind, ist der Vorsitzende berechtigt. Im Falle der Verhinderung des Vorsitzenden nimmt sein Stellvertreter diese Aufgaben wahr.
(3) Der Sprecherausschuß kann die laufenden Geschäfte auf den Vorsitzenden oder andere Mitglieder des Sprecherausschusses übertragen.

§ 12 Sitzungen des Sprecherausschusses (1) Vor Ablauf einer Woche nach dem Wahltag hat der Wahlvorstand die Mitglieder des Sprecherausschusses zu der nach § 11 Abs. 1 vorgeschriebenen Wahl einzuberufen. Der Vorsitzende des Wahlvorstands leitet die Sitzung, bis der Sprecherausschuß aus seiner Mitte einen Wahlleiter zur Wahl des Vorsitzenden und seines Stellvertreters bestellt hat.
(2) Die weiteren Sitzungen beruft der Vorsitzende des Sprecherausschusses ein. Er setzt die Tagesordnung fest und leitet die Verhandlung. Der Vorsitzende hat die Mitglieder des Sprecherausschusses zu den Sitzungen rechtzeitig unter Mitteilung der Tagesordnung zu laden.

(3) Der Vorsitzende hat eine Sitzung einzuberufen und den Gegenstand, dessen Beratung beantragt ist, auf die Tagesordnung zu setzen, wenn dies ein Drittel der Mitglieder des Sprecherausschusses oder der Arbeitgeber beantragen.
(4) Der Arbeitgeber nimmt an den Sitzungen, die auf sein Verlangen anberaumt sind, und an den Sitzungen, zu denen er ausdrücklich eingeladen ist, teil.
(5) Die Sitzungen des Sprecherausschusses finden in der Regel während der Arbeitszeit statt. Der Sprecherausschuß hat bei der Anberaumung von Sitzungen auf die betrieblichen Notwendigkeiten Rücksicht zu nehmen. Der Arbeitgeber ist über den Zeitpunkt der Sitzung vorher zu verständigen. Die Sitzungen des Sprecherausschusses sind nicht öffentlich; § 2 Abs. 2 bleibt unberührt.

§ 13 Beschlüsse und Geschäftsordnung des Sprecherausschusses (1) Die Beschlüsse des Sprecherausschusses werden, soweit in diesem Gesetz nichts anderes bestimmt ist, mit der Mehrheit der Stimmen der anwesenden Mitglieder gefaßt. Bei Stimmengleichheit ist ein Antrag abgelehnt.
(2) Der Sprecherausschuß ist nur beschlußfähig, wenn mindestens die Hälfte seiner Mitglieder an der Beschlußfassung teilnimmt. Stellvertretung durch Ersatzmitglieder ist zulässig.
(3) Über jede Verhandlung des Sprecherausschusses ist eine Niederschrift anzufertigen, die mindestens den Wortlaut der Beschlüsse und die Stimmenmehrheit, mit der sie gefaßt sind, enthält. Die Niederschrift ist von dem Vorsitzenden und einem weiteren Mitglied zu unterzeichnen. Der Niederschrift ist eine Anwesenheitsliste beizufügen, in die sich jeder Teilnehmer eigenhändig einzutragen hat.
(4) Die Mitglieder des Sprecherausschusses haben das Recht, die Unterlagen des Sprecherausschusses jederzeit einzusehen.
(5) Sonstige Bestimmungen über die Geschäftsführung können in einer schriftlichen Geschäftsordnung getroffen werden, die der Sprecherausschuß mit der Mehrheit der Stimmen seiner Mitglieder beschließt.

§ 14 Arbeitsversäumnis und Kosten (1) Mitglieder des Sprecherausschusses sind von ihrer beruflichen Tätigkeit ohne Minderung des Arbeitsentgelts zu befreien, wenn und soweit es nach Umfang und Art des Betriebs zur ordnungsgemäßen Durchführung ihrer Aufgaben erforderlich ist.
(2) Die durch die Tätigkeit des Sprecherausschusses entstehenden Kosten trägt der Arbeitgeber. Für die Sitzungen und die laufende Geschäftsführung hat der Arbeitgeber in erforderlichem Umfang Räume, sachliche Mittel und Büropersonal zur Verfügung zu stellen.

Dritter Abschnitt – Versammlung der leitenden Angestellten

§ 15 Zeitpunkt, Einberufung und Themen der Versammlung (1) Der Sprecherausschuß soll einmal im Kalenderjahr eine Versammlung der leitenden Angestellten einberufen und in ihr einen Tätigkeitsbericht erstatten. Auf

Antrag des Arbeitgebers oder eines Viertels der leitenden Angestellten hat der Sprecherausschuß eine Versammlung der leitenden Angestellten einzuberufen und den beantragten Beratungsgegenstand auf die Tagesordnung zu setzen.
(2) Die Versammlung der leitenden Angestellten soll während der Arbeitszeit stattfinden. Sie wird vom Vorsitzenden des Sprecherausschusses geleitet. Sie ist nicht öffentlich.
(3) Der Arbeitgeber ist zu der Versammlung der leitenden Angestellten unter Mitteilung der Tagesordnung einzuladen. Er ist berechtigt, in der Versammlung zu sprechen. Er hat über Angelegenheiten der leitenden Angestellten und die wirtschaftliche Lage und Entwicklung des Betriebs zu berichten, soweit dadurch nicht Betriebs- oder Geschäftsgeheimnisse gefährdet werden.
(4) Die Versammlung der leitenden Angestellten kann dem Sprecherausschuß Anträge unterbreiten und zu seinen Beschlüssen Stellung nehmen. § 2 Abs. 4 gilt entsprechend.

Vierter Abschnitt – Gesamtsprecherausschuß

§ 16 Errichtung, Mitgliederzahl und Stimmengewicht (1) Bestehen in einem Unternehmen mehrere Sprecherausschüsse, ist ein Gesamtsprecherausschuß zu errichten.
(2) In den Gesamtsprecherausschuß entsendet jeder Sprecherausschuß eines seiner Mitglieder. Satz 1 gilt entsprechend für die Abberufung. Durch Vereinbarung zwischen Gesamtsprecherausschuß und Arbeitgeber kann die Mitgliederzahl des Gesamtsprecherausschusses abweichend von Satz 1 geregelt werden.
(3) Der Sprecherausschuß hat für jedes Mitglied des Gesamtsprecherausschusses mindestens ein Ersatzmitglied zu bestellen und die Reihenfolge des Nachrückens festzulegen; § 10 Abs. 3 gilt entsprechend.
(4) Jedes Mitglied des Gesamtsprecherausschusses hat so viele Stimmen, wie in dem Betrieb, in dem es gewählt wurde, leitende Angestellte in der Wählerliste der leitenden Angestellten eingetragen sind. Ist ein Mitglied des Gesamtsprecherausschusses für mehrere Betriebe entsandt worden, hat es so viele Stimmen, wie in den Betrieben, für die es entsandt ist, leitende Angestellte in den Wählerlisten eingetragen sind. Sind für einen Betrieb mehrere Mitglieder des Sprecherausschusses entsandt worden, stehen diesen die Stimmen nach Satz 1 anteilig zu.

§ 17 Ausschluß von Mitgliedern und Erlöschen der Mitgliedschaft (1) Mindestens ein Viertel der leitenden Angestellten des Unternehmens, der Gesamtsprecherausschuß oder der Arbeitgeber können beim Arbeitsgericht den Ausschluß eines Mitglieds aus dem Gesamtsprecherausschuß wegen grober Verletzung seiner gesetzlichen Pflichten beantragen.
(2) Die Mitgliedschaft im Gesamtsprecherausschuß endet mit Erlöschen der Mitgliedschaft im Sprecherausschuß, durch Amtsniederlegung, durch Aus-

schluß aus dem Gesamtsprecherausschuß aufgrund einer gerichtlichen Entscheidung oder Abberufung durch den Sprecherausschuß.

§ 18 Zuständigkeit (1) Der Gesamtsprecherausschuß ist zuständig für die Behandlung von Angelegenheiten, die das Unternehmen oder mehrere Betriebe des Unternehmens betreffen und nicht durch die einzelnen Sprecherausschüsse innerhalb ihrer Betriebe behandelt werden können. Er ist den Sprecherausschüssen nicht übergeordnet.
(2) Der Sprecherausschuß kann mit der Mehrheit der Stimmen seiner Mitglieder den Gesamtsprecherausschuß schriftlich beauftragen, eine Angelegenheit für ihn zu behandeln. Der Sprecherausschuß kann sich dabei die Entscheidungsbefugnis vorbehalten. Für den Widerruf der Beauftragung gilt Satz 1 entsprechend.
(3) Die Vorschriften über die Rechte und Pflichten des Sprecherausschusses und die Rechtsstellung seiner Mitglieder gelten entsprechend für den Gesamtsprecherausschuß.

§ 19 Geschäftsführung (1) Für den Gesamtsprecherausschuß gelten § 10 Abs. 1, die §§ 11, 13 Abs. 1, 3 bis 5 und § 14 entsprechend.
(2) Ist ein Gesamtsprecherausschuß zu errichten, hat der Sprecherausschuß der Hauptverwaltung des Unternehmens oder, sofern ein solcher nicht besteht, der Sprecherausschuß des nach der Zahl der leitenden Angestellten größten Betriebs zu der Wahl des Vorsitzenden und des stellvertretenden Vorsitzenden des Gesamtsprecherausschusses einzuladen. Der Vorsitzende des einladenden Sprecherausschusses hat die Sitzung zu leiten, bis der Gesamtsprecherausschuß aus seiner Mitte einen Wahlleiter zur Wahl des Vorsitzenden und seines Stellvertreters bestellt hat. § 12 Abs. 2 bis 5 gilt entsprechend.
(3) Der Gesamtsprecherausschuß ist nur beschlußfähig, wenn mindestens die Hälfte seiner Mitglieder an der Beschlußfassung teilnimmt und die Teilnehmenden mindestens die Hälfte aller Stimmen vertreten. Stellvertretung durch Ersatzmitglieder ist zulässig.

Fünfter Abschnitt – Unternehmenssprecherausschuß

§ 20 Errichtung (1) Sind in einem Unternehmen mit mehreren Betrieben in der Regel insgesamt mindestens zehn leitende Angestellte beschäftigt, kann abweichend von § 1 Abs. 1 und 2 ein Unternehmenssprecherausschuß der leitenden Angestellten gewählt werden, wenn dies die Mehrheit der leitenden Angestellten des Unternehmens verlangt. Die §§ 2 bis 15 gelten entsprechend.
(2) Bestehen in dem Unternehmen Sprecherausschüsse, hat auf Antrag der Mehrheit der leitenden Angestellten des Unternehmens der Sprecherausschuß der Hauptverwaltung oder, sofern ein solcher nicht besteht, der Sprecherausschuß des nach der Zahl der leitenden Angestellten größten Betriebs einen Unternehmenswahlvorstand für die Wahl eines Unternehmenssprecheraus-

schusses zu bestellen. Die Wahl des Unternehmenssprecherausschusses findet im nächsten Zeitraum der regelmäßigen Wahlen im Sinne von § 5 Abs. 1 Satz 1 statt. Die Amtszeit der Sprecherausschüsse endet mit der Bekanntgabe des Wahlergebnisses.
(3) Besteht ein Unternehmenssprecherausschuß, können auf Antrag der Mehrheit der leitenden Angestellten des Unternehmens Sprecherausschüsse gewählt werden. Der Unternehmenssprecherausschuß hat für jeden Betrieb, der die Voraussetzungen des § 1 Abs. 1 erfüllt, einen Wahlvorstand nach § 7 Abs. 1 zu bestellen. Die Wahl von Sprecherausschüssen findet im nächsten Zeitraum der regelmäßigen Wahlen im Sinne von § 5 Abs. 1 Satz 1 statt. Die Amtszeit des Unternehmenssprecherausschusses endet mit der Bekanntgabe des Wahlergebnisses eines Sprecherausschusses.
(4) Die Vorschriften über die Rechte und Pflichten des Sprecherausschusses und die Rechtsstellung seiner Mitglieder gelten entsprechend für den Unternehmenssprecherausschuß.

Sechster Abschnitt – Konzernsprecherausschuß

§ 21 Errichtung, Mitgliederzahl und Stimmengewicht (1) Für einen Konzern (§ 18 Abs. 1 des Aktiengesetzes) kann durch Beschlüsse der einzelnen Gesamtsprecherausschüsse ein Konzernsprecherausschuß errichtet werden. Die Errichtung erfordert die Zustimmung der Gesamtsprecherausschüsse der Konzernunternehmen, in denen insgesamt mindestens 75 vom Hundert der leitenden Angestellten der Konzernunternehmen beschäftigt sind. Besteht in einem Konzernunternehmen nur ein Sprecherausschuß oder ein Unternehmenssprecherausschuß, tritt er an die Stelle des Gesamtsprecherausschusses und nimmt dessen Aufgaben nach den Vorschriften dieses Abschnitts wahr.
(2) In den Konzernsprecherausschuß entsendet jeder Gesamtsprecherausschuß eines seiner Mitglieder. Satz 1 gilt entsprechend für die Abberufung. Durch Vereinbarung zwischen Konzernsprecherausschuß und Arbeitgeber kann die Mitgliederzahl des Konzernsprecherausschusses abweichend von Satz 1 geregelt werden.
(3) Der Gesamtsprecherausschuß hat für jedes Mitglied des Konzernsprecherausschusses mindestens ein Ersatzmitglied zu bestellen und die Reihenfolge des Nachrückens festzulegen; nimmt der Sprecherausschuß oder der Unternehmenssprecherausschuß eines Konzernunternehmens die Aufgaben des Gesamtsprecherausschusses nach Absatz 1 Satz 3 wahr, gilt § 10 Abs. 3 entsprechend.
(4) Jedes Mitglied des Konzernsprecherausschusses hat so viele Stimmen, wie die Mitglieder des Gesamtsprecherausschusses, von dem es entsandt wurde, im Gesamtsprecherausschuß Stimmen haben. Ist ein Mitglied des Konzernsprecherausschusses von einem Sprecherausschuß oder Unternehmenssprecherausschuß entsandt worden, hat es so viele Stimmen, wie in dem Betrieb oder Konzernunternehmen, in dem es gewählt wurde, leitende Angestellte in der

Wählerliste der leitenden Angestellten eingetragen sind. § 16 Abs. 4 Satz 2 und 3 gilt entsprechend.

§ 22 Ausschluß von Mitgliedern und Erlöschen der Mitgliedschaft (1) Mindestens ein Viertel der leitenden Angestellten der Konzernunternehmen, der Konzernsprecherausschuß oder der Arbeitgeber können beim Arbeitsgericht den Ausschluß eines Mitglieds aus dem Konzernsprecherausschuß wegen grober Verletzung seiner gesetzlichen Pflichten beantragen.
(2) Die Mitgliedschaft im Konzernsprecherausschuß endet mit dem Erlöschen der Mitgliedschaft im Gesamtsprecherausschuß, durch Amtsniederlegung, durch Ausschluß aus dem Konzernsprecherausschuß aufgrund einer gerichtlichen Entscheidung oder Abberufung durch den Gesamtsprecherausschuß.

§ 23 Zuständigkeit (1) Der Konzernsprecherausschuß ist zuständig für die Behandlung von Angelegenheiten, die den Konzern oder mehrere Konzernunternehmen betreffen und nicht durch die einzelnen Gesamtsprecherausschüsse innerhalb ihrer Unternehmen geregelt werden können. Er ist den Gesamtsprecherausschüssen nicht übergeordnet.
(2) Der Gesamtsprecherausschuß kann mit der Mehrheit der Stimmen seiner Mitglieder den Konzernsprecherausschuß schriftlich beauftragen, eine Angelegenheit für ihn zu behandeln. Der Gesamtsprecherausschuß kann sich dabei die Entscheidungsbefugnis vorbehalten. Für den Widerruf der Beauftragung gilt Satz 1 entsprechend.

§ 24 Geschäftsführung (1) Für den Konzernsprecherausschuß gelten § 10 Abs. 1, die §§ 11, 13 Abs. 1, 3 bis 5, §§ 14, 18 Abs. 3 und § 19 Abs. 3 entsprechend.
(2) Ist ein Konzernsprecherausschuß zu errichten, hat der Gesamtsprecherausschuß des herrschenden Unternehmens oder, sofern ein solcher nicht besteht, der Gesamtsprecherausschuß des nach der Zahl der leitenden Angestellten größten Konzernunternehmens zu der Wahl des Vorsitzenden und des stellvertretenden Vorsitzenden des Konzernsprecherausschusses einzuladen. Der Vorsitzende des einladenden Gesamtsprecherausschusses hat die Sitzung zu leiten, bis der Konzernsprecherausschuß aus seiner Mitte einen Wahlleiter zur Wahl des Vorsitzenden und seines Stellvertreters bestellt hat. § 12 Abs. 2 bis 5 gilt entsprechend.

Dritter Teil – Mitwirkung der leitenden Angestellten

Erster Abschnitt – Allgemeine Vorschriften

§ 25 Aufgaben des Sprecherausschusses (1) Der Sprecherausschuß vertritt die Belange der leitenden Angestellten des Betriebs (§ 1 Abs. 1 und 2). Die Wahrnehmung eigener Belange durch den einzelnen leitenden Angestellten bleibt unberührt.

(2) Der Sprecherausschuß ist zur Durchführung seiner Aufgaben nach diesem Gesetz rechtzeitig und umfassend vom Arbeitgeber zu unterrichten. Auf Verlangen sind ihm die erforderlichen Unterlagen jederzeit zur Verfügung zu stellen.

§ 26 Unterstützung einzelner leitender Angestellter (1) Der leitende Angestellte kann bei der Wahrnehmung seiner Belange gegenüber dem Arbeitgeber ein Mitglied des Sprecherausschusses zur Unterstützung und Vermittlung hinzuziehen.

(2) Der leitende Angestellte hat das Recht, in die über ihn geführten Personalakten Einsicht zu nehmen. Er kann hierzu ein Mitglied des Sprecherausschusses hinzuziehen. Das Mitglied des Sprecherausschusses hat über den Inhalt der Personalakten Stillschweigen zu bewahren, soweit es von dem leitenden Angestellten im Einzelfall nicht von dieser Verpflichtung entbunden wird. Erklärungen des leitenden Angestellten zum Inhalt der Personalakten sind diesen auf sein Verlangen beizufügen.

§ 27 Grundsätze für die Behandlung der leitenden Angestellten (1) Arbeitgeber und Sprecherausschuss haben darüber zu wachen, dass alle leitenden Angestellten des Betriebs nach den Grundsätzen von Recht und Billigkeit behandelt werden, insbesondere, dass jede Benachteiligung von Personen aus Gründen ihrer Rasse oder wegen ihrer ethnischen Herkunft, ihrer Abstammung oder sonstigen Herkunft, ihrer Nationalität, ihrer Religion oder Weltanschauung, ihrer Behinderung, ihres Alters, ihrer politischen oder gewerkschaftlichen Betätigung oder Einstellung oder wegen ihres Geschlechts oder ihrer sexuellen Identität unterbleibt.

(2) Arbeitgeber und Sprecherausschuss haben die freie Entfaltung der Persönlichkeit der leitenden Angestellten des Betriebs zu schützen und zu fördern.

§ 28 Richtlinien und Vereinbarungen (1) Arbeitgeber und Sprecherausschuß können Richtlinien über den Inhalt, den Abschluß oder die Beendigung von Arbeitsverhältnissen der leitenden Angestellten schriftlich vereinbaren.

(2) Der Inhalt der Richtlinien gilt für die Arbeitsverhältnisse unmittelbar und zwingend, soweit dies zwischen Arbeitgeber und Sprecherausschuß vereinbart ist. Abweichende Regelungen zugunsten leitender Angestellter sind zulässig. Werden leitenden Angestellten Rechte nach Satz 1 eingeräumt, so ist ein Verzicht auf sie nur mit Zustimmung des Sprecherausschusses zulässig. Vereinbarungen nach Satz 1 können, soweit nichts anderes vereinbart ist, mit einer Frist von drei Monaten gekündigt werden.

§ 29 Geheimhaltungspflicht (1) Die Mitglieder und Ersatzmitglieder des Sprecherausschusses sind verpflichtet, Betriebs- oder Geschäftsgeheimnisse, die ihnen wegen ihrer Zugehörigkeit zum Sprecherausschuß bekanntgewor-

den und vom Arbeitgeber ausdrücklich als geheimhaltungsbedürftig bezeichnet worden sind, nicht zu offenbaren und nicht zu verwerten. Dies gilt auch nach dem Ausscheiden aus dem Sprecherausschuß. Die Verpflichtung gilt nicht gegenüber Mitgliedern des Sprecherausschusses, des Gesamtsprecherausschusses, des Unternehmenssprecherausschusses, des Konzernsprecherausschusses und den Arbeitnehmervertretern im Aufsichtsrat.
(2) Absatz 1 gilt entsprechend für die Mitglieder und Ersatzmitglieder des Gesamtsprecherausschusses, des Unternehmenssprecherausschusses und des Konzernsprecherausschusses.

Zweiter Abschnitt – Mitwirkungsrechte

§ 30 Arbeitsbedingungen und Beurteilungsgrundsätze Der Arbeitgeber hat den Sprecherausschuß rechtzeitig in folgenden Angelegenheiten der leitenden Angestellten zu unterrichten:
1. Änderungen der Gehaltsgestaltung und sonstiger allgemeiner Arbeitsbedingungen;
2. Einführung oder Änderung allgemeiner Beurteilungsgrundsätze.

Er hat die vorgesehenen Maßnahmen mit dem Sprecherausschuß zu beraten.

§ 31 Personelle Maßnahmen (1) Eine beabsichtigte Einstellung oder personelle Veränderung eines leitenden Angestellten ist dem Sprecherausschuß rechtzeitig mitzuteilen.
(2) Der Sprecherausschuß ist vor jeder Kündigung eines leitenden Angestellten zu hören. Der Arbeitgeber hat ihm die Gründe für die Kündigung mitzuteilen. Eine ohne Anhörung des Sprecherausschusses ausgesprochene Kündigung ist unwirksam. Bedenken gegen eine ordentliche Kündigung hat der Sprecherausschuß dem Arbeitgeber spätestens innerhalb einer Woche, Bedenken gegen eine außerordentliche Kündigung unverzüglich, spätestens jedoch innerhalb von drei Tagen, unter Angabe der Gründe schriftlich mitzuteilen. Äußert er sich innerhalb der nach Satz 4 maßgebenden Frist nicht, so gilt dies als Einverständnis des Sprecherausschusses mit der Kündigung.
(3) Die Mitglieder des Sprecherausschusses sind verpflichtet, über die ihnen im Rahmen personeller Maßnahmen nach den Absätzen 1 und 2 bekanntgewordenen persönlichen Verhältnisse und Angelegenheiten der leitenden Angestellten, die ihrer Bedeutung oder ihrem Inhalt nach einer vertraulichen Behandlung bedürfen, Stillschweigen zu bewahren; § 29 Abs. 1 Satz 2 und 3 gilt entsprechend.

§ 32 Wirtschaftliche Angelegenheiten (1) Der Unternehmer hat den Sprecherausschuß mindestens einmal im Kalenderhalbjahr über die wirtschaftlichen Angelegenheiten des Betriebs und des Unternehmens im Sinne des § 106 Abs. 3 des Betriebsverfassungsgesetzes zu unterrichten, soweit dadurch nicht die Betriebs- oder Geschäftsgeheimnisse des Unternehmens gefährdet werden. Satz 1

gilt nicht für Unternehmen und Betriebe im Sinne des § 118 Abs. 1 des Betriebsverfassungsgesetzes.
(2) Der Unternehmer hat den Sprecherausschuß über geplante Betriebsänderungen im Sinne von § 111 des Betriebsverfassungsgesetzes, die auch wesentliche Nachteile für leitende Angestellte zur Folge haben können, rechtzeitig und umfassend zu unterrichten. Entstehen leitenden Angestellten infolge der geplanten Betriebsänderung wirtschaftliche Nachteile, hat der Unternehmer mit dem Sprecherausschuß über Maßnahmen zum Ausgleich oder zur Milderung dieser Nachteile zu beraten.

Vierter Teil – Besondere Vorschriften

§ 33 Seeschiffahrt (1) Auf Seeschiffahrtsunternehmen (§ 114 Abs. 2 des Betriebsverfassungsgesetzes) und ihre Betriebe ist dieses Gesetz anzuwenden, soweit sich aus den Absätzen 2 bis 4 nichts anderes ergibt.
(2) Sprecherausschüsse werden nur in den Landbetrieben von Seeschiffahrtsunternehmen gewählt.
(3) Leitende Angestellte im Sinne von § 1 Abs. 1 dieses Gesetzes sind in einem Seebetrieb (§ 114 Abs. 3 und 4 des Betriebsverfassungsgesetzes) nur die Kapitäne. Sie gelten für die Anwendung dieses Gesetzes als leitende Angestellte des Landbetriebs. Bestehen mehrere Landbetriebe, so gelten sie als leitende Angestellte des nach der Zahl der leitenden Angestellten größten Landbetriebs.
(4) Die Vorschriften über die Wahl des Sprecherausschusses finden auf Sprecherausschüsse in den Landbetrieben von Seeschiffahrtsunternehmen mit folgender Maßgabe Anwendung:
1. Die in § 7 Abs. 1 genannte Frist wird auf sechzehn Wochen verlängert.
2. Die Frist für die Wahlanfechtung nach § 8 Abs. 1 Satz 3 beginnt für die leitenden Angestellten an Bord, wenn das Schiff nach Bekanntgabe des Wahlergebnisses erstmalig einen Hafen im Geltungsbereich dieses Gesetzes oder einen Hafen, in dem ein Seemannsamt seinen Sitz hat, anläuft. Nach Ablauf von drei Monaten seit Bekanntgabe des Wahlergebnisses ist eine Wahlanfechtung unzulässig. Die Wahlanfechtung kann auch zu Protokoll des Seemannsamtes erklärt werden. Die Anfechtungserklärung ist vom Seemannsamt unverzüglich an das für die Anfechtung zuständige Arbeitsgericht weiterzuleiten.

Fünfter Teil – Straf- und Bußgeldvorschriften

§ 34 Straftaten gegen Vertretungsorgane der leitenden Angestellten und ihre Mitglieder (1) Mit Freiheitsstrafe bis zu einem Jahr oder mit Geldstrafe wird bestraft, wer
1. eine Wahl des Sprecherausschusses oder des Unternehmenssprecheraus-

schusses behindert oder durch Zufügung oder Androhung von Nachteilen oder durch Gewährung oder Versprechen von Vorteilen beeinflußt,
2. die Tätigkeit des Sprecherausschusses, des Gesamtsprecherausschusses, des Unternehmenssprecherausschusses oder des Konzernsprecherausschusses behindert oder stört oder
3. ein Mitglied oder ein Ersatzmitglied des Sprecherausschusses, des Gesamtsprecherausschusses, des Unternehmenssprecherausschusses oder des Konzernsprecherausschusses um seiner Tätigkeit willen benachteiligt oder begünstigt.

(2) Die Tat wird nur auf Antrag des Sprecherausschusses, des Gesamtsprecherausschusses, des Unternehmenssprecherausschusses, des Konzernsprecherausschusses, des Wahlvorstands oder des Unternehmers verfolgt.

§ 35 Verletzung von Geheimnissen (1) Wer unbefugt ein fremdes Betriebs- oder Geschäftsgeheimnis offenbart, das ihm in seiner Eigenschaft als Mitglied oder Ersatzmitglied des Sprecherausschusses, des Gesamtsprecherausschusses, des Unternehmenssprecherausschusses oder des Konzernsprecherausschusses bekanntgeworden und das vom Arbeitgeber ausdrücklich als geheimhaltungsbedürftig bezeichnet worden ist, wird mit Freiheitsstrafe bis zu einem Jahr oder mit Geldstrafe bestraft.

(2) Ebenso wird bestraft, wer unbefugt ein fremdes Geheimnis eines leitenden Angestellten oder eines anderen Arbeitnehmers, namentlich ein zu dessen persönlichen Lebensbereich gehörendes Geheimnis offenbart, das ihm in seiner Eigenschaft als Mitglied oder Ersatzmitglied des Sprecherausschusses oder einer der in Absatz 1 genannten Vertretungen bekanntgeworden ist und über das nach den Vorschriften dieses Gesetzes Stillschweigen zu bewahren ist.

(3) Handelt der Täter gegen Entgelt oder in der Absicht, sich oder einen anderen zu bereichern oder einen anderen zu schädigen, so ist die Strafe Freiheitsstrafe bis zu zwei Jahren oder Geldstrafe. Ebenso wird bestraft, wer unbefugt ein fremdes Geheimnis, namentlich ein Betriebs- oder Geschäftsgeheimnis, zu dessen Geheimhaltung er nach den Absätzen 1 oder 2 verpflichtet ist, verwertet.

(4) Die Absätze 1 bis 3 sind auch anzuwenden, wenn der Täter das fremde Geheimnis nach dem Tode des Betroffenen unbefugt offenbart oder verwertet.

(5) Die Tat wird nur auf Antrag des Verletzten verfolgt. Stirbt der Verletzte, so geht das Antragsrecht nach § 77 Abs. 2 des Strafgesetzbuches auf die Angehörigen über, wenn das Geheimnis zum persönlichen Lebensbereich des Verletzten gehört; in anderen Fällen geht es auf die Erben über. Offenbart der Täter das Geheimnis nach dem Tode des Betroffenen, so gilt Satz 2 entsprechend.

§ 36 Bußgeldvorschriften (1) Ordnungswidrig handelt, wer eine der in § 30 Satz 1, § 31 Abs. 1 oder § 32 Abs. 1 Satz 1 oder Abs. 2 Satz 1 genannten Unter-

richtungs- oder Mitteilungspflichten nicht, wahrheitswidrig, unvollständig oder verspätet erfüllt.
(2) Die Ordnungswidrigkeit kann mit einer Geldbuße bis zu zehntausend Euro geahndet werden.

Sechster Teil – Übergangs- und Schlußvorschriften

§ 37 Erstmalige Wahlen nach diesem Gesetz *(nicht abgedruckt)*

§ 38 Ermächtigung zum Erlaß von Wahlordnungen[1] *(nicht abgedruckt)*

§ 39 Berlin-Klausel *(gegenstandslos)*

1 Vgl. die **Wahlordnung zum Sprecherausschußgesetz** (WOSprAuG) vom 28. 9. 1989 (BGBl. I 1798).

13. Gesetz über Europäische Betriebsräte (EBRG)

Einleitung

I. Geschichtliche Entwicklung

Parallel zu ihren Aktivitäten um die Angleichung des europäischen Gesellschaftsrechts und Erschaffung einer europäischen Aktiengesellschaft (vgl. Einl. zur SE, Nr. 26 b) hatte sich die EG-Kommission schon sehr lange um die Verbesserung der Informationsmöglichkeiten der Arbeitnehmer in grenzüberschreitend tätigen Unternehmen bemüht. Dies führte 1983 zum Vorschlag einer »Richtlinie des Rates über die Unterrichtung und Anhörung der Arbeitnehmer von Unternehmen mit komplexer, insbesondere transnationaler Struktur« (= Vredeling-Richtlinie, benannt nach dem zuständigen EG-Kommissar, abgedruckt RdA 83, 241; hierzu *Hanau,* RdA 84, 157 ff.; *Pipkorn,* ZGR 85, 567 ff.). Nachdem dieser Richtlinienvorschlag erfolglos blieb, legte die EG-Kommission 1990 den Entwurf einer »Richtlinie über die Einsetzung europäischer Betriebsräte zur Information und Konsultation der Arbeitnehmer in gemeinschaftsweit operierenden Unternehmen und Unternehmensgruppen« vor (ABl. C 39/10 vom 15. 2. 1991; zu Inhalt und Kritik vgl. *Nagel,* AuR 91, 161; *Kolvenbach,* DB 91, 805). Nach vielfältiger Kritik (vgl. die des Deutschen Bundesrates, EuZW 91, 614) legte die EG-Kommission Ende 1991 einen zweiten Entwurf vor (ABl. C 336/11 – 24). Dieser Entwurf wurde innerhalb der EG nachhaltig von Großbritannien und in Deutschland durch die deutschen Arbeitgeber abgelehnt. Angesichts des englischen Widerstands gab es keine Aussicht, die durch den damaligen Art. 100 a Abs. 2 EG-Vertrag gebotene Einstimmigkeit zur Verabschiedung dieser Richtlinie zu erzielen.

Damit wurde die Thematik der Europäischen Betriebsräte zu einem ersten Anwendungsfall des 1993 in Kraft getretenen Abkommens über die Sozialpolitik, das sozialpolitische Vorhaben der EG zunächst (s. u.) unter Ausschluss von Großbritannien ermöglichte (vgl. *Däubler/Kittner/Lörcher,* IntASO Nr. 401 a). Nach Beratung mit dem Wirtschafts- und Sozialausschuss der EG sowie dem Europäischen Parlament beschloss der Rat am 18. 7. 1994 einen »gemeinsamen Standpunkt«, der bereits die wesentlichen Eckpunkte der späteren Richtlinie enthielt. Diese »Richtlinie des Rates vom 22. 9. 1994 über die Einsetzung eines Europäischen Betriebsrats oder die Schaffung eines Verfahrens zur Unterrichtung und Anhörung der Arbeitnehmer in gemeinschaftsweit operierenden Unternehmen und Unternehmensgruppen (94/45/EG)« wurde bei Stimmenthaltung Portugals einstimmig verabschiedet (zur Richtlinie vgl. DKW-*Däubler,* Vorbemerkungen EBRG Rn. 1 ff.; *Däubler/Klebe,* AiB 95, 557; *Kunz,* AiB 95, 574; *Klinkhammer/Welslau,* AuR 94, 326; *Kolvenbach,* RdA 94, 279; *Heinze,* AG 95, 385; *Hromadka,* DB 95, 1125; aus Arbeitgebersicht *Hornung-Draus,* EuroAS 12/94).

Aufgrund des Abkommens über den »Europäischen Wirtschaftsraum« gilt die

Richtlinie auch für Norwegen, Island und Liechtenstein. Durch den Vertrag von Amsterdam ist sie 1997 auch auf Großbritannien ausgedehnt worden (Richtlinie 97/74/EG vom 15. 12. 1997; hierzu *Kunz,* AiB 98, 185; *Kolvenbach,* NZA 98, 582).

Die Richtlinie stellt den Mitgliedstaaten frei, wie sie in nationales Recht umgesetzt wird, sei es durch Gesetz, sei es durch eine Vereinbarung zwischen Arbeitgeberverbänden und Gewerkschaften (Art. 14). Von dieser Möglichkeit haben jedoch nur Norwegen und Belgien Gebrauch gemacht.

Die Richtlinie wurde reformiert und neu gefasst durch die Richtlinie 2009/38/EG (ABl. Nr. L 122/28; dazu *Blanke*, AuR 09, 242; *Funke*, DB 09, 564; *Hayen*, AiB 09, 401; zum Entwurf *Thüsing/Forst*, NZA 09, 408). Mit ihr sollten die bisher erkannten Schwachstellen der alten Richtlinie ausgeglichen werden. Sie definiert beispielsweise klar den Begriff der Anhörung, der eine so rechtzeitige Information verlangt, dass die Stellungnahme der Arbeitnehmer noch berücksichtigt werden kann. Ferner regelt sie die Reformation der Vereinbarung über den Europäischen Betriebsrat bei strukturellen Änderungen des Unternehmens bzw. der Unternehmensgruppe. Außerdem enthält sie eine Konkretisierung der Kostentragung, das Gebot effektiver Sanktionen im Falle der Verletzung der Rechte des EBR und schließlich regelt sie die Koordination mit innerstaatlichen Mitbestimmungsstrukturen. Die reformierte Richtlinie wurde durch das 2. EBRG-ÄndG v. 14. 6. 2011 (BGBl. I 1050; Reg.Entw.: BT-Drs. 17/4808; dazu *Hayen*, AiB 11, 15; *Müller*, Mitb. 10/11, S. 34) umgesetzt. Geregelt wurden:

- Definition der Zuständigkeit des EBR in § 1 Abs. 2
- Definition von Unterrichtung (so rechtzeitige Information, dass Beratung mit anschließender Stellungnahme möglich ist) und Anhörung (Möglichkeit des Dialogs mit Stellungnahme und begründeter Antwort) in § 1 Abs. 4 und 5
- Klarstellung, dass Unterrichtung und Anhörung spätestens gleichzeitig mit den nationalen Arbeitnehmervertretungen durchzuführen sind (§ 1 Abs. 7)
- Neuverhandlungen bei wesentlichen Strukturänderungen nach § 37
- Verfahren der Unterrichtung und Anhörung sowie Revisionsklausel als zu regelnde Gegenstände einer Vereinbarung über einen Europäischen Betriebsrat gemäß § 18
- veränderte Zusammensetzung von besonderem Verhandlungsgremium und EBR kraft Gesetzes (§ 10 Abs. 1 und § 22 Abs. 2)
- Sicherstellung der Auskünfte für eine EBR-Initiative (§ 5 Abs. 3)
- Schulungs- und Bildungsansprüche gemäß § 38
- Kostentragung für Bildung und Tätigkeit der Gremien gemäß § 39

Im Zuge des Erwerbsminderungsrenten-Leistungsverbesserungsgesetzes (v. 17. 7. 2017, BGBl. I 2509) wurden die Vorgaben aus der Seeleute-Richtlinie (EU) 2015/1794 v. 6. 10. 2015 (ABl. L 263/1) für die Ermöglichung der Gremienbeteiligung von Seeleuten in § 41 a umgesetzt (dazu *Hayen*, AuR 17, 394).

II. Wesentlicher Gesetzesinhalt

Das Gesetz wird durch ein Dreiphasenmodell der Umsetzung gekennzeichnet, das so von der Richtlinie vorgegeben worden ist:

(1) *Freiwillige Vereinbarungen* über einen Euro-Betriebsrat bzw. über grenzüber-

schreitende Unterrichtung und Anhörung, die bis zum 22. September 1996 geschlossen worden sind, gehen dem Gesetz vor. Es ist auf solche Vereinbarungen bis zu ihrer wirksamen Kündigung nicht anwendbar (§ 41). Mit dieser Bestimmung, die auf Art. 13 der Richtlinie zurückgeht, sollten freiwillige und damit den konkreten Bedürfnissen der einzelnen Unternehmen und ihrer Belegschaftsvertretungen angepasste rasche Regelungen angeregt werden. Voraussetzung für die gesetzesverdrängende Wirkung einer solchen Vereinbarung ist, dass sie sich auf alle in den Mitgliedstaaten beschäftigten Arbeitnehmer erstreckt und eine Repräsentanz aus allen Mitgliedstaaten vorsieht, in denen das Unternehmen einen Betrieb hat. Auf Seiten der Arbeitnehmer konnte eine solche Vereinbarung sowohl von Gewerkschaften als auch von gesetzlichen Betriebsvertretungen abgeschlossen werden (vgl. *Wuttke,* DB 95, 774; *Sandmann,* WiB 96, 415; *Pauly/Ahouzaridi,* DZWir 96, 221). Diese Privilegierung bestehender Vereinbarungen setzt sich gemäß Art. 14 der reformierten Richtlinie fort. Nunmehr gibt es eine weitere Privilegierung für Vereinbarungen während der Umsetzungsphase der reformierten EBR-Richtlinie (§ 41 Abs. 8).

(2) Seit dem 23. September 1996 wird ein gesetzlich strukturierter Verhandlungsmechanismus zur Verfügung gestellt. Sein Träger ist ein *»Besonderes Verhandlungsgremium«* (§ 8). Dieses aus Vertretern aller Mitgliedstaaten, in denen ein Betrieb besteht, zusammengesetzte Arbeitnehmergremium hat als einzige Aufgabe den Abschluss einer Vereinbarung über eine grenzüberschreitende Unterrichtung und Anhörung der Arbeitnehmer (§ 8 Abs. 1). Die Kosten des Besonderen Verhandlungsgremiums werden vom Unternehmen getragen. Darin sind Sachverständigenkosten eingeschlossen (§ 13 Abs. 4). Das Besondere Verhandlungsgremium und das Unternehmen sind in der Gestaltung ihrer Vereinbarung frei (§ 17 Satz 1). Mindestbedingung ist, dass die Vereinbarung sich auf alle in den Mitgliedstaaten beschäftigten Arbeitnehmer erstreckt, in denen das Unternehmen einen Betrieb hat (§ 17 Satz 2). Mindestinhalte einer Vereinbarung über einen Europäischen Betriebsrat werden in § 18 geregelt (vgl. *Däubler,* EuroAS 98, 68).
Die zentrale Leitung eines Unternehmens hat der Arbeitnehmervertretung (Betriebsrat) die erforderlichen Informationen über Arbeitnehmerzahl und Unternehmensstruktur zu geben (§ 6). Liegt die Leitung im Ausland, ist dieser Informationsanspruch durch die inländische, gemäß § 2 Abs. 2 fingierte Leitung zu erfüllen (*EuGH* 13. 1. 2004 – C-440/00, BB 04, 441 – Kühne & Nagel – mit Anm. *Däubler;* dazu abschließend *BAG,* BB 05, 440 mit Anm. *Leder/Zimmer*).

(3) Wenn das Unternehmen innerhalb von sechs Monaten nach Antragstellung die Aufnahme von Verhandlungen mit dem besonderen Verhandlungsgremium ablehnt oder innerhalb von drei Jahren nach Antragstellung keine Vereinbarung zustande kommt, ist ein *Europäischer Betriebsrat kraft Gesetzes* zu errichten (§ 21 Abs. 1). Das Gleiche gilt, wenn das besondere Verhandlungsgremium mit zwei Drittel seiner Stimmen auf Verhandlungen bzw. deren Fortführung verzichtet (§ 21 Abs. 2). Der kraft Gesetzes zusammengesetzte Europäische Betriebsrat setzt sich aus Arbeitnehmern der Mitgliedstaaten zusammen, in denen das Unternehmen einen Betrieb hat (§ 22 Abs. 2). Er besteht aus höchstens 30 Mitgliedern (§ 22 Abs. 1). Die Kosten und der Sachaufwand des Europäischen Betriebsrats ein-

schließlich Sachverständiger sind im erforderlichen Ausmaß vom Unternehmen zu tragen (§§ 29, 30).

Kernaufgabe des Europäischen Betriebsrats ist die jährliche Unterrichtung und Anhörung über die Entwicklung der Geschäftslage und die Perspektive des unionsweit tätigen Unternehmens (§ 32 Abs. 1). § 32 Abs. 2 legt fest, welche Themen jedenfalls zur Informationspflicht gehören. Bei außergewöhnlichen Umständen, die erhebliche Auswirkungen auf die Interessen der Arbeitnehmer haben, ist der Europäische Betriebsrat unter Vorlage der erforderlichen Umstände unverzüglich zu unterrichten (§ 33 Abs. 1). Das Unternehmen muss Gelegenheit zur Stellungnahme noch im Planungsstadium geben und darf keine »vollendeten Tatsachen« schaffen (vgl. das Urteil des Berufungsgerichts *Versailles* zur Schließung eines Renault-Werkes in Belgien, AuR 97, 299; zum Konflikt *Rehfeldt,* WSI-Mitt. 98, 450; s. nunmehr Art. 2 g RL 2009/38/EG). Der Europäische Betriebsrat berichtet den örtlichen Arbeitnehmervertretern über die Ergebnisse seiner eigenen Unterrichtung und Anhörung (§ 35 Abs. 1).

Die Mitglieder des Europäischen Betriebsrats werden in Deutschland durch Betriebsrat, Gesamt- oder Konzernbetriebsrat je nach Struktur des inländischen Unternehmens gestellt (§ 23). Ihre Amtszeit beträgt vier Jahre (§ 36 Abs. 1). Die Pflicht zur vertrauensvollen Zusammenarbeit (§ 38) und zur Geheimhaltung (§ 39) entspricht den Regelungen des BetrVG.

Bei Konzernen wird ein Europäischer Betriebsrat nur beim herrschenden Unternehmen eingerichtet (§ 7 in Verbindung mit § 6). Allerdings können die bis zum 22. 9. 1996 abgeschlossenen freiwilligen Vereinbarungen auch vorsehen, dass die Arbeitnehmer eines Konzerns nicht durch einen einzigen für sie alle tätigen Euro-Betriebsrat vertreten werden, sondern dass nebeneinander mehrere Gremien eingerichtet werden. Bedingung ist allerdings, dass durch eine solche Vereinbarung alle Arbeitnehmer des Konzerns erfasst sind (§ 41 Abs. 1 Satz 2). Für die Tätigkeit in einem besonderen Verhandlungsgremium oder einem Europäischen Betriebsrat gilt ein dem BetrVG entsprechender Errichtungs- und Tätigkeitsschutz (§ 42).

Ohne dass dies von der Richtlinie vorgesehen wäre, enthält das Gesetz an zwei Stellen deutsche »Spezialitäten«:

- ein Beteiligungsrecht des Vertreters der leitenden Angestellten (§ 23 Abs. 6) und
- eine Einschränkung der EBR-Rechte für Tendenzunternehmen (§ 34; hierzu *Blanke,* AiB 96, 204).

III. Anwendungsprobleme und Rechtstatsachen

Nach den Zahlen der Hans-Böckler-Stiftung (www.boeckler.de) gab es 2011 europaweit 978 EBR. Das ist weniger als die Hälfte aller EBR-fähigen Unternehmen. Über 160 EBR wurden bei Unternehmen mit Leitung in Deutschland gegründet. 2016 waren es mehr als 1000 Unternehmen mit EBR, 224 davon in Unternehmen mit zentraler Leitung in Deutschland.

IV. Rechtspolitische Diskussion

Nachdem die geänderte Richtlinie umgesetzt wurde (s. o. I), stehen aktuell keine Änderungen an.

Weiterführende Literatur

Annuß/Kühn/Rudolph/Rupp, EBRG, Kommentar (2014)

Blanke/Hayen/Kunz/Carlson, Europäische Betriebsräte-Gesetz, Kommentar, 3. Aufl. (2018)

zu Dohna-Jaeger, 20 Jahre EBRG – Status quo und Weiterentwicklung, AuR 2017, S. 194

DKW-*Däubler*, BetrVG, 17. Aufl. (2019), Kommentierung zum EBRG

Klocke/Haas, Aktuelle Probleme und Perspektiven für das Recht des Europäischen Betriebsrats, ZESAR 2018, S. 364

Maiß/Pauken, Mitwirkungsrecht des Europäischen Betriebsrats bei grenzüberschreitenden Betriebsänderungen, BB 2013, S. 1589

Müller, Kommentar zum EBRG (1997)

Gesetz über Europäische Betriebsräte (Europäische Betriebsräte-Gesetz – EBRG)

vom 7. Dezember 2011 (BGBl. I 2650),
geändert durch Gesetz vom 17. Juli 2017 (BGBl. I 2509)[1]

Erster Teil – Allgemeine Vorschriften

§ 1 Grenzübergreifende Unterrichtung und Anhörung (1) Zur Stärkung des Rechts auf grenzübergreifende Unterrichtung und Anhörung der Arbeitnehmer in gemeinschaftsweit tätigen Unternehmen und Unternehmensgruppen werden Europäische Betriebsräte oder Verfahren zur Unterrichtung und Anhörung der Arbeitnehmer vereinbart. Kommt es nicht zu einer Vereinbarung, wird ein Europäischer Betriebsrat kraft Gesetzes errichtet.

(2) Der Europäische Betriebsrat ist zuständig in Angelegenheiten, die das gemeinschaftsweit tätige Unternehmen oder die gemeinschaftsweit tätige Unternehmensgruppe insgesamt oder mindestens zwei Betriebe oder zwei Unternehmen in verschiedenen Mitgliedstaaten betreffen. Bei Unternehmen und Unternehmensgruppen nach § 2 Absatz 2 ist der Europäische Betriebsrat nur in solchen Angelegenheiten zuständig, die sich auf das Hoheitsgebiet der Mitgliedstaaten erstrecken, soweit kein größerer Geltungsbereich vereinbart wird.

(3) Die grenzübergreifende Unterrichtung und Anhörung der Arbeitnehmer erstreckt sich in einem Unternehmen auf alle in einem Mitgliedstaat liegenden Betriebe sowie in einer Unternehmensgruppe auf alle Unternehmen, die ihren Sitz in einem Mitgliedstaat haben, soweit kein größerer Geltungsbereich vereinbart wird.

(4) Unterrichtung im Sinne dieses Gesetzes bezeichnet die Übermittlung von Informationen durch die zentrale Leitung oder eine andere geeignete Leitungsebene an die Arbeitnehmervertreter, um ihnen Gelegenheit zur Kenntnisnahme und Prüfung der behandelten Frage zu geben. Die Unterrichtung erfolgt zu einem Zeitpunkt, in einer Weise und in einer inhaltlichen Ausgestaltung, die dem Zweck angemessen sind und es den Arbeitnehmervertretern ermöglichen, die möglichen Auswirkungen eingehend zu bewerten und gegebenenfalls Anhörungen mit dem zuständigen Organ des gemeinschaftsweit tätigen Unternehmens oder der gemeinschaftsweit tätigen Unternehmensgruppe vorzubereiten.

(5) Anhörung im Sinne dieses Gesetzes bezeichnet den Meinungsaustausch und die Einrichtung eines Dialogs zwischen den Arbeitnehmervertretern und der zentralen Leitung oder einer anderen geeigneten Leitungsebene zu einem Zeit-

1 Dieses Gesetz dient der Umsetzung der Richtlinie 2009/38/EG des Europäischen Parlaments und des Rates vom 6. Mai 2009 über die Einsetzung eines Europäischen Betriebsrats oder die Schaffung eines Verfahrens zur Unterrichtung oder Anhörung der Arbeitnehmer in gemeinschaftsweit operierenden Unternehmen und Unternehmensgruppen (ABl. L 122 vom 16. 5. 2009, S. 28).

punkt, in einer Weise und in einer inhaltlichen Ausgestaltung, die es den Arbeitnehmervertretern auf der Grundlage der enthaltenen Informationen ermöglichen, innerhalb einer angemessenen Frist zu den vorgeschlagenen Maßnahmen, die Gegenstand der Anhörung sind, eine Stellungnahme abzugeben, die innerhalb des gemeinschaftsweit tätigen Unternehmens oder der gemeinschaftsweit tätigen Unternehmensgruppe berücksichtigt werden kann. Die Anhörung muss den Arbeitnehmervertretern gestatten, mit der zentralen Leitung zusammenzukommen und eine mit Gründen versehene Antwort auf ihre etwaige Stellungnahme zu erhalten.
(6) Zentrale Leitung im Sinne dieses Gesetzes ist ein gemeinschaftsweit tätiges Unternehmen oder das herrschende Unternehmen einer gemeinschaftsweit tätigen Unternehmensgruppe.
(7) Unterrichtung und Anhörung des Europäischen Betriebsrats sind spätestens gleichzeitig mit der der nationalen Arbeitnehmervertretungen durchzuführen.

§ 2 Geltungsbereich (1) Dieses Gesetz gilt für gemeinschaftsweit tätige Unternehmen mit Sitz im Inland und für gemeinschaftsweit tätige Unternehmensgruppen mit Sitz des herrschenden Unternehmens im Inland.
(2) Liegt die zentrale Leitung nicht in einem Mitgliedstaat, besteht jedoch eine nachgeordnete Leitung für in Mitgliedstaaten liegende Betriebe oder Unternehmen, findet dieses Gesetz Anwendung, wenn die nachgeordnete Leitung im Inland liegt. Gibt es keine nachgeordnete Leitung, findet das Gesetz Anwendung, wenn die zentrale Leitung einen Betrieb oder ein Unternehmen im Inland als ihren Vertreter benennt. Wird kein Vertreter benannt, findet das Gesetz Anwendung, wenn der Betrieb oder das Unternehmen im Inland liegt, in dem verglichen mit anderen in den Mitgliedstaaten liegenden Betrieben des Unternehmens oder Unternehmen der Unternehmensgruppe die meisten Arbeitnehmer beschäftigt sind. Die vorgenannten Stellen gelten als zentrale Leitung.
(3) Mitgliedstaaten im Sinne dieses Gesetzes sind die Mitgliedstaaten der Europäischen Union sowie die anderen Vertragsstaaten des Abkommens über den Europäischen Wirtschaftsraum.
(4) Für die Berechnung der Anzahl der im Inland beschäftigten Arbeitnehmer (§ 4), den Auskunftsanspruch (§ 5 Absatz 2 und 3), die Bestimmung des herrschenden Unternehmens (§ 6), die Weiterleitung des Antrags (§ 9 Abs. 2 Satz 3), die gesamtschuldnerische Haftung des Arbeitgebers (§ 16 Abs. 2), die Bestellung der auf das Inland entfallenden Arbeitnehmervertreter (§§ 11, 23 Abs. 1 bis 5 und § 18 Abs. 2 in Verbindung mit § 23) und die für sie geltenden Schutzbestimmungen (§ 40) sowie für den Bericht gegenüber den örtlichen Arbeitnehmervertretungen im Inland (§ 36 Absatz 2) gilt dieses Gesetz auch dann, wenn die zentrale Leitung nicht im Inland liegt.

§ 3 Gemeinschaftsweite Tätigkeit (1) Ein Unternehmen ist gemeinschaftsweit tätig, wenn es mindestens 1000 Arbeitnehmer in den Mitgliedstaaten und davon jeweils mindestens 150 Arbeitnehmer in mindestens zwei Mitgliedstaaten beschäftigt.

(2) Eine Unternehmensgruppe ist gemeinschaftsweit tätig, wenn sie mindestens 1000 Arbeitnehmer in den Mitgliedstaaten beschäftigt und ihr mindestens zwei Unternehmen mit Sitz in verschiedenen Mitgliedstaaten angehören, die jeweils mindestens je 150 Arbeitnehmer in verschiedenen Mitgliedstaaten beschäftigen.

§ 4 Berechnung der Arbeitnehmerzahlen In Betrieben und Unternehmen des Inlands errechnen sich die im Rahmen des § 3 zu berücksichtigenden Arbeitnehmerzahlen nach der Anzahl der im Durchschnitt während der letzten zwei Jahre beschäftigten Arbeitnehmer im Sinne des § 5 Absatz 1 des Betriebsverfassungsgesetzes. Maßgebend für den Beginn der Frist nach Satz 1 ist der Zeitpunkt, in dem die zentrale Leitung die Initiative zur Bildung des besonderen Verhandlungsgremiums ergreift oder der zentralen Leitung ein den Voraussetzungen des § 9 Absatz 2 entsprechender Antrag der Arbeitnehmer oder ihrer Vertreter zugeht.

§ 5 Auskunftsanspruch (1) Die zentrale Leitung hat auf Verlangen einer Arbeitnehmervertretung die für die Aufnahme von Verhandlungen zur Bildung eines Europäischen Betriebsrats erforderlichen Informationen zu erheben und an die Arbeitnehmervertretung weiterzuleiten. Zu den erforderlichen Informationen gehören insbesondere die durchschnittliche Gesamtzahl der Arbeitnehmer und ihre Verteilung auf die Mitgliedstaaten, die Unternehmen und Betriebe sowie über die Struktur des Unternehmens oder der Unternehmensgruppe.
(2) Ein Betriebsrat oder ein Gesamtbetriebsrat kann den Anspruch nach Absatz 1 gegenüber der örtlichen Betriebs- oder Unternehmensleitung geltend machen; diese ist verpflichtet, die erforderlichen Informationen und Unterlagen bei der zentralen Leitung einzuholen.
(3) Jede Leitung eines Unternehmens einer gemeinschaftsweit tätigen Unternehmensgruppe sowie die zentrale Leitung sind verpflichtet, die Informationen nach Absatz 1 zu erheben und zur Verfügung zu stellen.

§ 6 Herrschendes Unternehmen (1) Ein Unternehmen, das zu einer gemeinschaftsweit tätigen Unternehmensgruppe gehört, ist herrschendes Unternehmen, wenn es unmittelbar oder mittelbar einen beherrschenden Einfluß auf ein anderes Unternehmen derselben Gruppe (abhängiges Unternehmen) ausüben kann.
(2) Ein beherrschender Einfluß wird vermutet, wenn ein Unternehmen in Bezug auf ein anderes Unternehmen unmittelbar oder mittelbar
1. mehr als die Hälfte der Mitglieder des Verwaltungs-, Leitungs- oder Aufsichtsorgans des anderen Unternehmens bestellen kann oder
2. über die Mehrheit der mit den Anteilen am anderen Unternehmen verbundenen Stimmrechte verfügt oder
3. die Mehrheit des gezeichneten Kapitals dieses Unternehmens besitzt.

Erfüllen mehrere Unternehmen eines der in Satz 1 Nummer 1 bis 3 genannten Kriterien, bestimmt sich das herrschende Unternehmen nach Maßgabe der dort bestimmten Rangfolge.

(3) Bei der Anwendung des Absatzes 2 müssen den Stimm- und Ernennungsrechten eines Unternehmens die Rechte aller von ihm abhängigen Unternehmen sowie aller natürlichen oder juristischen Personen, die zwar im eigenen Namen, aber für Rechnung des Unternehmens oder eines von ihm abhängigen Unternehmens handeln, hinzugerechnet werden.
(4) Investment- und Beteiligungsgesellschaften im Sinne des Artikels 3 Absatz 5 Buchstabe a oder c der Verordnung (EG) Nr. 139/2004 des Rates vom 20. Januar 2004 über die Kontrolle von Unternehmenszusammenschlüssen (ABl. L 24 vom 29. 1. 2004, S. 1) gelten nicht als herrschendes Unternehmen gegenüber einem anderen Unternehmen, an dem sie Anteile halten, an dessen Leitung sie jedoch nicht beteiligt sind.

§ 7 Europäischer Betriebsrat in Unternehmensgruppen Gehören einer gemeinschaftsweit tätigen Unternehmensgruppe ein oder mehrere gemeinschaftsweit tätige Unternehmen an, wird ein Europäischer Betriebsrat nur bei dem herrschenden Unternehmen errichtet, sofern nichts anderes vereinbart wird.

Zweiter Teil – Besonderes Verhandlungsgremium

§ 8 Aufgabe (1) Das besondere Verhandlungsgremium hat die Aufgabe, mit der zentralen Leitung eine Vereinbarung über eine grenzübergreifende Unterrichtung und Anhörung der Arbeitnehmer abzuschließen.
(2) Die zentrale Leitung hat dem besonderen Verhandlungsgremium rechtzeitig alle zur Durchführung seiner Aufgaben erforderlichen Auskünfte zu erteilen und die erforderlichen Unterlagen zur Verfügung zu stellen.
(3) Die zentrale Leitung und das besondere Verhandlungsgremium arbeiten vertrauensvoll zusammen. Zeitpunkt, Häufigkeit und Ort der Verhandlungen werden zwischen der zentralen Leitung und dem besonderen Verhandlungsgremium einvernehmlich festgelegt.

§ 9 Bildung (1) Die Bildung des besonderen Verhandlungsgremiums ist von den Arbeitnehmern oder ihren Vertretern schriftlich bei der zentralen Leitung zu beantragen oder erfolgt auf Initiative der zentralen Leitung.
(2) Der Antrag ist wirksam gestellt, wenn er von mindestens 100 Arbeitnehmern oder ihren Vertretern aus mindestens zwei Betrieben oder Unternehmen, die in verschiedenen Mitgliedstaaten liegen, unterzeichnet ist und der zentralen Leitung zugeht. Werden mehrere Anträge gestellt, sind die Unterschriften zusammenzuzählen. Wird ein Antrag bei einer im Inland liegenden Betriebs- oder Unternehmensleitung eingereicht, hat diese den Antrag unverzüglich an die zentrale Leitung weiterzuleiten und die Antragsteller darüber zu unterrichten.
(3) Die zentrale Leitung hat die Antragsteller, die örtlichen Betriebs- oder Unternehmensleitungen, die dort bestehenden Arbeitnehmervertretungen so-

wie die in inländischen Betrieben vertretenen Gewerkschaften über die Bildung eines besonderen Verhandlungsgremiums und seine Zusammensetzung zu unterrichten.

§ 10 Zusammensetzung (1) Für jeden Anteil der in einem Mitgliedstaat beschäftigten Arbeitnehmer, der 10 Prozent der Gesamtzahl der in allen Mitgliedstaaten beschäftigten Arbeitnehmer der gemeinschaftsweit tätigen Unternehmen oder Unternehmensgruppen oder einen Bruchteil davon beträgt, wird ein Mitglied aus diesem Mitgliedstaat in das besondere Verhandlungsgremium entsandt.
(2) Es können Ersatzmitglieder bestellt werden.

§ 11 Bestellung inländischer Arbeitnehmervertreter (1) Die nach diesem Gesetz oder dem Gesetz eines anderen Mitgliedstaates auf die im Inland beschäftigten Arbeitnehmer entfallenden Mitglieder des besonderen Verhandlungsgremiums werden in gemeinschaftsweit tätigen Unternehmen vom Gesamtbetriebsrat (§ 47 des Betriebsverfassungsgesetzes) bestellt. Besteht nur ein Betriebsrat, so bestellt dieser die Mitglieder des besonderen Verhandlungsgremiums.
(2) Die in Absatz 1 Satz 1 genannten Mitglieder des besonderen Verhandlungsgremiums werden in gemeinschaftsweit tätigen Unternehmensgruppen vom Konzernbetriebsrat (§ 54 des Betriebsverfassungsgesetzes) bestellt. Besteht neben dem Konzernbetriebsrat noch ein in ihm nicht vertretener Gesamtbetriebsrat oder Betriebsrat, ist der Konzernbetriebsrat um deren Vorsitzende und um deren Stellvertreter zu erweitern; die Vorsitzenden und ihre Stellvertreter gelten insoweit als Konzernbetriebsratsmitglieder.
(3) Besteht kein Konzernbetriebsrat, werden die in Absatz 1 Satz 1 genannten Mitglieder des besonderen Verhandlungsgremiums wie folgt bestellt:
a) Bestehen mehrere Gesamtbetriebsräte, werden die Mitglieder des besonderen Verhandlungsgremiums auf einer gemeinsamen Sitzung der Gesamtbetriebsräte bestellt, zu welcher der Gesamtbetriebsratsvorsitzende des nach der Zahl der wahlberechtigten Arbeitnehmer größten inländischen Unternehmens einzuladen hat. Besteht daneben noch mindestens ein in den Gesamtbetriebsräten nicht vertretener Betriebsrat, sind der Betriebsratsvorsitzende und dessen Stellvertreter zu dieser Sitzung einzuladen; sie gelten insoweit als Gesamtbetriebsratsmitglieder.
b) Besteht neben einem Gesamtbetriebsrat noch mindestens ein in ihm nicht vertretener Betriebsrat, ist der Gesamtbetriebsrat um den Vorsitzenden des Betriebsrats und dessen Stellvertreter zu erweitern; der Betriebsratsvorsitzende und sein Stellvertreter gelten insoweit als Gesamtbetriebsratsmitglieder. Der Gesamtbetriebsrat bestellt die Mitglieder des besonderen Verhandlungsgremiums. Besteht nur ein Gesamtbetriebsrat, so hat dieser die Mitglieder des besonderen Verhandlungsgremiums zu bestellen.
c) Bestehen mehrere Betriebsräte, werden die Mitglieder des besonderen Verhandlungsgremiums auf einer gemeinsamen Sitzung bestellt, zu wel-

cher der Betriebsratsvorsitzende des nach der Zahl der wahlberechtigten Arbeitnehmer größten inländischen Betriebs einzuladen hat. Zur Teilnahme an dieser Sitzung sind die Betriebsratsvorsitzenden und deren Stellvertreter berechtigt; § 47 Absatz 7 des Betriebsverfassungsgesetzes gilt entsprechend.

d) Besteht nur ein Betriebsrat, so hat dieser die Mitglieder des besonderen Verhandlungsgremiums zu bestellen.

(4) Zu Mitgliedern des besonderen Verhandlungsgremiums können auch die in § 5 Absatz 3 des Betriebsverfassungsgesetzes genannten Angestellten bestellt werden.

(5) Frauen und Männer sollen entsprechend ihrem zahlenmäßigen Verhältnis bestellt werden.

§ 12 Unterrichtung über die Mitglieder des besonderen Verhandlungsgremiums Der zentralen Leitung sind unverzüglich die Namen der Mitglieder des besonderen Verhandlungsgremiums, ihre Anschriften sowie die jeweilige Betriebszugehörigkeit mitzuteilen. Die zentrale Leitung hat die örtlichen Betriebs- oder Unternehmensleitungen, die dort bestehenden Arbeitnehmervertretungen sowie die in inländischen Betrieben vertretenen Gewerkschaften über diese Angaben zu unterrichten.

§ 13 Sitzungen, Geschäftsordnung, Sachverständige (1) Die zentrale Leitung lädt unverzüglich nach Benennung der Mitglieder zur konstituierenden Sitzung des besonderen Verhandlungsgremiums ein und unterrichtet die örtlichen Betriebs- oder Unternehmensleitungen. Die zentrale Leitung unterrichtet zugleich die zuständigen europäischen Gewerkschaften und Arbeitgeberverbände über den Beginn der Verhandlungen und die Zusammensetzung des besonderen Verhandlungsgremiums nach § 12 Satz 1. Das besondere Verhandlungsgremium wählt aus seiner Mitte einen Vorsitzenden und kann sich eine Geschäftsordnung geben.

(2) Vor und nach jeder Verhandlung mit der zentralen Leitung hat das besondere Verhandlungsgremium das Recht, eine Sitzung durchzuführen und zu dieser einzuladen; § 8 Absatz 3 Satz 2 gilt entsprechend.

(3) Beschlüsse des besonderen Verhandlungsgremiums werden, soweit in diesem Gesetz nichts anderes bestimmt ist, mit der Mehrheit der Stimmen seiner Mitglieder gefasst.

(4) Das besondere Verhandlungsgremium kann sich durch Sachverständige seiner Wahl unterstützen lassen, soweit dies zur ordnungsgemäßen Erfüllung seiner Aufgaben erforderlich ist. Sachverständige können auch Beauftragte von Gewerkschaften sein. Die Sachverständigen und Gewerkschaftsvertreter können auf Wunsch des besonderen Verhandlungsgremiums beratend an den Verhandlungen teilnehmen.

§ 14 Einbeziehung von Arbeitnehmervertretern aus Drittstaaten Kommen die zentrale Leitung und das besondere Verhandlungsgremium überein, die nach

§ 17 auszuhandelnde Vereinbarung auf nicht in einem Mitgliedstaat (Drittstaat) liegende Betriebe oder Unternehmen zu erstrecken, können sie vereinbaren, Arbeitnehmervertreter aus diesen Staaten in das besondere Verhandlungsgremium einzubeziehen und die Anzahl der auf den jeweiligen Drittstaat entfallenden Mitglieder sowie deren Rechtsstellung festlegen.

§ 15 Beschluss über Beendigung der Verhandlungen (1) Das besondere Verhandlungsgremium kann mit mindestens zwei Dritteln der Stimmen seiner Mitglieder beschließen, keine Verhandlungen aufzunehmen oder diese zu beenden. Der Beschluss und das Abstimmungsergebnis sind in eine Niederschrift aufzunehmen, die vom Vorsitzenden und einem weiteren Mitglied zu unterzeichnen ist. Eine Abschrift der Niederschrift ist der zentralen Leitung zuzuleiten.
(2) Ein neuer Antrag auf Bildung eines besonderen Verhandlungsgremiums (§ 9) kann frühestens zwei Jahre nach dem Beschluss gemäß Absatz 1 gestellt werden, sofern das besondere Verhandlungsgremium und die zentrale Leitung nicht schriftlich eine kürzere Frist festlegen.

§ 16 Kosten und Sachaufwand (1) Die durch die Bildung und Tätigkeit des besonderen Verhandlungsgremiums entstehenden Kosten trägt die zentrale Leitung. Werden Sachverständige nach § 13 Absatz 4 hinzugezogen, beschränkt sich die Kostentragungspflicht auf einen Sachverständigen. Die zentrale Leitung hat für die Sitzungen in erforderlichem Umfang Räume, sachliche Mittel, Dolmetscher und Büropersonal zur Verfügung zu stellen sowie die erforderlichen Reise- und Aufenthaltskosten der Mitglieder des besonderen Verhandlungsgremiums zu tragen.
(2) Der Arbeitgeber eines aus dem Inland entsandten Mitglieds des besonderen Verhandlungsgremiums haftet neben der zentralen Leitung für dessen Anspruch auf Kostenerstattung als Gesamtschuldner.

Dritter Teil – Vereinbarungen über grenzübergreifende Unterrichtung und Anhörung

§ 17 Gestaltungsfreiheit Die zentrale Leitung und das besondere Verhandlungsgremium können frei vereinbaren, wie die grenzübergreifende Unterrichtung und Anhörung der Arbeitnehmer ausgestaltet wird; sie sind nicht an die Bestimmungen des Vierten Teils dieses Gesetzes gebunden. Die Vereinbarung muss sich auf alle in den Mitgliedstaaten beschäftigten Arbeitnehmer erstrecken, in denen das Unternehmen oder die Unternehmensgruppe einen Betrieb hat. Die Parteien verständigen sich darauf, ob die grenzübergreifende Unterrichtung und Anhörung durch die Errichtung eines Europäischen Betriebsrats oder mehrerer Europäischer Betriebsräte nach § 18 oder durch ein Verfahren zur Unterrichtung und Anhörung der Arbeitnehmer nach § 19 erfolgen soll.

§ 18 Europäischer Betriebsrat kraft Vereinbarung (1) Soll ein Europäischer Betriebsrat errichtet werden, ist schriftlich zu vereinbaren, wie dieser ausgestaltet werden soll. Dabei soll insbesondere Folgendes geregelt werden:
1. Bezeichnung der erfassten Betriebe und Unternehmen, einschließlich der außerhalb des Hoheitsgebietes der Mitgliedstaaten liegenden Niederlassungen, sofern diese in den Geltungsbereich einbezogen werden,
2. Zusammensetzung des Europäischen Betriebsrats, Anzahl der Mitglieder, Ersatzmitglieder, Sitzverteilung und Mandatsdauer,
3. Aufgaben und Befugnisse des Europäischen Betriebsrats sowie das Verfahren zu seiner Unterrichtung und Anhörung; dieses Verfahren kann auf die Beteiligungsrechte der nationalen Arbeitnehmervertretungen abgestimmt werden, soweit deren Rechte hierdurch nicht beeinträchtigt werden,
4. Ort, Häufigkeit und Dauer der Sitzungen,
5. die Einrichtung eines Ausschusses des Europäischen Betriebsrats einschließlich seiner Zusammensetzung, der Bestellung seiner Mitglieder, seiner Befugnisse und Arbeitsweise,
6. die für den Europäischen Betriebsrat zur Verfügung zu stellenden finanziellen und sachlichen Mittel,
7. Klausel zur Anpassung der Vereinbarung an Strukturänderungen, die Geltungsdauer der Vereinbarung und das bei ihrer Neuverhandlung, Änderung oder Kündigung anzuwendende Verfahren, einschließlich einer Übergangsregelung.

(2) § 23 gilt entsprechend.

§ 19 Verfahren zur Unterrichtung und Anhörung Soll ein Verfahren zur Unterrichtung und Anhörung der Arbeitnehmer eingeführt werden, ist schriftlich zu vereinbaren, unter welchen Voraussetzungen die Arbeitnehmervertreter das Recht haben, die ihnen übermittelten Informationen gemeinsam zu beraten und wie sie ihre Vorschläge oder Bedenken mit der zentralen Leitung oder einer anderen geeigneten Leitungsebene erörtern können. Die Unterrichtung muss sich insbesondere auf grenzübergreifende Angelegenheiten erstrecken, die erhebliche Auswirkungen auf die Interessen der Arbeitnehmer haben.

§ 20 Übergangsbestimmung Eine nach § 18 oder § 19 bestehende Vereinbarung gilt fort, wenn vor ihrer Beendigung das Antrags- oder Initiativrecht nach § 9 Absatz 1 ausgeübt worden ist. Das Antragsrecht kann auch ein auf Grund einer Vereinbarung bestehendes Arbeitnehmervertretungsgremium ausüben. Die Fortgeltung endet, wenn die Vereinbarung durch eine neue Vereinbarung ersetzt oder ein Europäischer Betriebsrat kraft Gesetzes errichtet worden ist. Die Fortgeltung endet auch dann, wenn das besondere Verhandlungsgremium einen Beschluss nach § 15 Absatz 1 fasst; § 15 Absatz 2 gilt entsprechend. Die Sätze 1 bis 4 finden keine Anwendung, wenn in der bestehenden Vereinbarung eine Übergangsregelung enthalten ist.

Vierter Teil – Europäischer Betriebsrat kraft Gesetzes

Erster Abschnitt – Errichtung des Europäischen Betriebsrats

§ 21 Voraussetzungen (1) Verweigert die zentrale Leitung die Aufnahme von Verhandlungen innerhalb von sechs Monaten nach Antragstellung (§ 9), ist ein Europäischer Betriebsrat gemäß den §§ 22 und 23 zu errichten. Das gleiche gilt, wenn innerhalb von drei Jahren nach Antragstellung keine Vereinbarung nach § 18 oder § 19 zustande kommt oder die zentrale Leitung und das besondere Verhandlungsgremium das vorzeitige Scheitern der Verhandlungen erklären. Die Sätze 1 und 2 gelten entsprechend, wenn die Bildung des besonderen Verhandlungsgremiums auf Initiative der zentralen Leitung erfolgt.
(2) Ein Europäischer Betriebsrat ist nicht zu errichten, wenn das besondere Verhandlungsgremium vor Ablauf der in Absatz 1 genannten Fristen einen Beschluss nach § 15 Absatz 1 fasst.

§ 22 Zusammensetzung des Europäischen Betriebsrats (1) Der Europäische Betriebsrat setzt sich aus Arbeitnehmern des gemeinschaftsweit tätigen Unternehmens oder der gemeinschaftsweit tätigen Unternehmensgruppe zusammen. Es können Ersatzmitglieder bestellt werden.
(2) Für jeden Anteil der in einem Mitgliedstaat beschäftigten Arbeitnehmer, der 10 Prozent der Gesamtzahl der in allen Mitgliedstaaten beschäftigten Arbeitnehmer der gemeinschaftsweit tätigen Unternehmen oder Unternehmensgruppen oder einen Bruchteil davon beträgt, wird ein Mitglied aus diesem Mitgliedstaat in den Europäischen Betriebsrat entsandt.

§ 23 Bestellung inländischer Arbeitnehmervertreter (1) Die nach diesem Gesetz oder dem Gesetz eines anderen Mitgliedstaates auf die im Inland beschäftigten Arbeitnehmer entfallenden Mitglieder des Europäischen Betriebsrats werden in gemeinschaftsweit tätigen Unternehmen vom Gesamtbetriebsrat (§ 47 des Betriebsverfassungsgesetzes) bestellt. Besteht nur ein Betriebsrat, so bestellt dieser die Mitglieder des Europäischen Betriebsrats.
(2) Die in Absatz 1 Satz 1 genannten Mitglieder des Europäischen Betriebsrats werden in gemeinschaftsweit tätigen Unternehmensgruppen vom Konzernbetriebsrat (§ 54 des Betriebsverfassungsgesetzes) bestellt. Besteht neben dem Konzernbetriebsrat noch ein in ihm nicht vertretener Gesamtbetriebsrat oder Betriebsrat, ist der Konzernbetriebsrat um deren Vorsitzende und um deren Stellvertreter zu erweitern; die Vorsitzenden und ihre Stellvertreter gelten insoweit als Konzernbetriebsratsmitglieder.
(3) Besteht kein Konzernbetriebsrat, werden die in Absatz 1 Satz 1 genannten Mitglieder des Europäischen Betriebsrats wie folgt bestellt:
a) Bestehen mehrere Gesamtbetriebsräte, werden die Mitglieder des Europäischen Betriebsrats auf einer gemeinsamen Sitzung der Gesamtbetriebsräte bestellt, zu welcher der Gesamtbetriebsratsvorsitzende des nach der Zahl der wahlberechtigten Arbeitnehmer größten inländischen Unternehmens ein-

zuladen hat. Besteht daneben noch mindestens ein in den Gesamtbetriebsräten nicht vertretener Betriebsrat, sind der Betriebsratsvorsitzende und dessen Stellvertreter zu dieser Sitzung einzuladen; sie gelten insoweit als Gesamtbetriebsratsmitglieder.

b) Besteht neben einem Gesamtbetriebsrat noch mindestens ein in ihm nicht vertretener Betriebsrat, ist der Gesamtbetriebsrat um den Vorsitzenden des Betriebsrats und dessen Stellvertreter zu erweitern; der Betriebsratsvorsitzende und sein Stellvertreter gelten insoweit als Gesamtbetriebsratsmitglieder. Der Gesamtbetriebsrat bestellt die Mitglieder des Europäischen Betriebsrats. Besteht nur ein Gesamtbetriebsrat, so hat dieser die Mitglieder des Europäischen Betriebsrats zu bestellen.

c) Bestehen mehrere Betriebsräte, werden die Mitglieder des Europäischen Betriebsrats auf einer gemeinsamen Sitzung bestellt, zu welcher der Betriebsratsvorsitzende des nach der Zahl der wahlberechtigten Arbeitnehmer größten inländischen Betriebs einzuladen hat. Zur Teilnahme an dieser Sitzung sind die Betriebsratsvorsitzenden und deren Stellvertreter berechtigt; § 47 Absatz 7 des Betriebsverfassungsgesetzes gilt entsprechend.

d) Besteht nur ein Betriebsrat, so hat dieser die Mitglieder des Europäischen Betriebsrats zu bestellen.

(4) Die Absätze 1 bis 3 gelten entsprechend für die Abberufung.

(5) Eine ausgewogene Vertretung der Arbeitnehmer nach ihrer Tätigkeit sollte so weit als möglich berücksichtigt werden; Frauen und Männer sollen entsprechend ihrem zahlenmäßigen Verhältnis bestellt werden.

(6) Das zuständige Sprecherausschussgremium eines gemeinschaftsweit tätigen Unternehmens oder einer gemeinschaftsweit tätigen Unternehmensgruppe mit Sitz der zentralen Leitung im Inland kann einen der in § 5 Absatz 3 des Betriebsverfassungsgesetzes genannten Angestellten bestimmen, der mit Rederecht an den Sitzungen zur Unterrichtung und Anhörung des Europäischen Betriebsrats teilnimmt, sofern nach § 22 Absatz 2 mindestens fünf inländische Vertreter entsandt werden. § 35 Absatz 2 und § 39 gelten entsprechend.

§ 24 Unterrichtung über die Mitglieder des Europäischen Betriebsrats Der zentralen Leitung sind unverzüglich die Namen der Mitglieder des Europäischen Betriebsrats, ihre Anschriften sowie die jeweilige Betriebszugehörigkeit mitzuteilen. Die zentrale Leitung hat die örtlichen Betriebs- oder Unternehmensleitungen, die dort bestehenden Arbeitnehmervertretungen sowie die in inländischen Betrieben vertretenen Gewerkschaften über diese Angaben zu unterrichten.

Zweiter Abschnitt – Geschäftsführung des Europäischen Betriebsrats

§ 25 Konstituierende Sitzung, Vorsitzender (1) Die zentrale Leitung lädt unverzüglich nach Benennung der Mitglieder zur konstituierenden Sitzung des

Europäischen Betriebsrats ein. Der Europäische Betriebsrat wählt aus seiner Mitte einen Vorsitzenden und dessen Stellvertreter.
(2) Der Vorsitzende des Europäischen Betriebsrats oder im Falle seiner Verhinderung der Stellvertreter vertritt den Europäischen Betriebsrat im Rahmen der von ihm gefassten Beschlüsse. Zur Entgegennahme von Erklärungen, die dem Europäischen Betriebsrat gegenüber abzugeben sind, ist der Vorsitzende oder im Falle seiner Verhinderung der Stellvertreter berechtigt.

§ 26 Ausschuss Der Europäische Betriebsrat bildet aus seiner Mitte einen Ausschuss. Der Ausschuss besteht aus dem Vorsitzenden und mindestens zwei, höchstens vier weiteren zu wählenden Ausschussmitgliedern. Die weiteren Ausschussmitglieder sollen in verschiedenen Mitgliedstaaten beschäftigt sein. Der Ausschuss führt die laufenden Geschäfte des Europäischen Betriebsrats.

§ 27 Sitzungen (1) Der Europäische Betriebsrat hat das Recht, im Zusammenhang mit der Unterrichtung durch die zentrale Leitung nach § 29 eine Sitzung durchzuführen und zu dieser einzuladen. Das gleiche gilt bei einer Unterrichtung über außergewöhnliche Umstände nach § 30. Der Zeitpunkt und der Ort der Sitzungen sind mit der zentralen Leitung abzustimmen. Mit Einverständnis der zentralen Leitung kann der Europäische Betriebsrat weitere Sitzungen durchführen. Die Sitzungen des Europäischen Betriebsrats sind nicht öffentlich.
(2) Absatz 1 gilt entsprechend für die Wahrnehmung der Mitwirkungsrechte des Europäischen Betriebsrats durch den Ausschuss nach § 26.

§ 28 Beschlüsse, Geschäftsordnung Die Beschlüsse des Europäischen Betriebsrats werden, soweit in diesem Gesetz nichts anderes bestimmt ist, mit der Mehrheit der Stimmen der anwesenden Mitglieder gefasst. Sonstige Bestimmungen über die Geschäftsführung sollen in einer schriftlichen Geschäftsordnung getroffen werden, die der Europäische Betriebsrat mit der Mehrheit der Stimmen seiner Mitglieder beschließt.

Dritter Abschnitt – Mitwirkungsrechte

§ 29 Jährliche Unterrichtung und Anhörung (1) Die zentrale Leitung hat den Europäischen Betriebsrat einmal im Kalenderjahr über die Entwicklung der Geschäftslage und die Perspektiven des gemeinschaftsweit tätigen Unternehmens oder der gemeinschaftsweit tätigen Unternehmensgruppe unter rechtzeitiger Vorlage der erforderlichen Unterlagen zu unterrichten und ihn anzuhören.
(2) Zu der Entwicklung der Geschäftslage und den Perspektiven im Sinne des Absatzes 1 gehören insbesondere

1. Struktur des Unternehmens oder der Unternehmensgruppe sowie die wirtschaftliche und finanzielle Lage,
2. die voraussichtliche Entwicklung der Geschäfts-, Produktions- und Absatzlage,

3. die Beschäftigungslage und ihre voraussichtliche Entwicklung,
4. Investitionen (Investitionsprogramme),
5. grundlegende Änderungen der Organisation,
6. die Einführung neuer Arbeits- und Fertigungsverfahren,
7. die Verlegung von Unternehmen, Betrieben oder wesentlichen Betriebsteilen sowie Verlagerungen der Produktion,
8. Zusammenschlüsse oder Spaltungen von Unternehmen oder Betrieben,
9. die Einschränkung oder Stilllegung von Unternehmen, Betrieben oder wesentlichen Betriebsteilen,
10. Massenentlassungen.

§ 30 Unterrichtung und Anhörung (1) Über außergewöhnliche Umstände, die erhebliche Auswirkungen auf die Interessen der Arbeitnehmer haben, hat die zentrale Leitung den Europäischen Betriebsrat rechtzeitig unter Vorlage der erforderlichen Unterlagen zu unterrichten und auf Verlangen anzuhören. Als außergewöhnliche Umstände oder Entscheidungen gelten insbesondere
1. die Verlegung von Unternehmen, Betrieben oder wesentlichen Betriebsteilen,
2. die Stilllegung von Unternehmen, Betrieben oder wesentlichen Betriebsteilen,
3. Massenentlassungen.

(2) Besteht ein Ausschuss nach § 26, so ist dieser anstelle des Europäischen Betriebsrats nach Absatz 1 Satz 1 zu beteiligen. § 27 Absatz 1 Satz 2 bis 5 gilt entsprechend. Zu den Sitzungen des Ausschusses sind auch diejenigen Mitglieder des Europäischen Betriebsrats zu laden, die für die Betriebe oder Unternehmen bestellt worden sind, die unmittelbar von den geplanten Maßnahmen oder Entscheidungen betroffen sind; sie gelten insoweit als Ausschussmitglieder.

§ 31 Tendenzunternehmen Auf Unternehmen und herrschende Unternehmen von Unternehmensgruppen, die unmittelbar und überwiegend den in § 118 Absatz 1 Satz 1 Nummer 1 und 2 des Betriebsverfassungsgesetzes genannten Bestimmungen oder Zwecken dienen, finden nur § 29 Absatz 2 Nummer 5 bis 10 und § 30 Anwendung mit der Maßgabe, dass eine Unterrichtung und Anhörung nur über den Ausgleich oder die Milderung der wirtschaftlichen Nachteile erfolgen muss, die den Arbeitnehmern infolge der Unternehmens- oder Betriebsänderungen entstehen.

Vierter Abschnitt – Änderung der Zusammensetzung, Übergang zu einer Vereinbarung

§ 32 Dauer der Mitgliedschaft, Neubestellung von Mitgliedern (1) Die Dauer der Mitgliedschaft im Europäischen Betriebsrat beträgt vier Jahre, wenn sie nicht durch Abberufung oder aus anderen Gründen vorzeitig endet. Die Mitgliedschaft beginnt mit der Bestellung.

(2) Alle zwei Jahre, vom Tage der konstituierenden Sitzung des Europäischen Betriebsrats (§ 25 Absatz 1) an gerechnet, hat die zentrale Leitung zu prüfen, ob sich die Arbeitnehmerzahlen in den einzelnen Mitgliedstaaten derart geändert haben, dass sich eine andere Zusammensetzung des Europäischen Betriebsrats nach § 22 Absatz 2 errechnet. Sie hat das Ergebnis dem Europäischen Betriebsrat mitzuteilen. Ist danach eine andere Zusammensetzung des Europäischen Betriebsrats erforderlich, veranlasst dieser bei den zuständigen Stellen, dass die Mitglieder des Europäischen Betriebsrats in den Mitgliedstaaten neu bestellt werden, in denen sich eine gegenüber dem vorhergehenden Zeitraum abweichende Anzahl der Arbeitnehmervertreter ergibt; mit der Neubestellung endet die Mitgliedschaft der bisher aus diesen Mitgliedstaaten stammenden Arbeitnehmervertreter im Europäischen Betriebsrat. Die Sätze 1 bis 3 gelten entsprechend bei Berücksichtigung eines bisher im Europäischen Betriebsrat nicht vertretenen Mitgliedstaats.

§ 33 Aufnahme von Verhandlungen Vier Jahre nach der konstituierenden Sitzung (§ 25 Absatz 1) hat der Europäische Betriebsrat mit der Mehrheit der Stimmen seiner Mitglieder einen Beschluss darüber zu fassen, ob mit der zentralen Leitung eine Vereinbarung nach § 17 ausgehandelt werden soll. Beschließt der Europäische Betriebsrat die Aufnahme von Verhandlungen, hat er die Rechte und Pflichten des besonderen Verhandlungsgremiums; die §§ 8, 13, 14 und 15 Absatz 1 sowie die §§ 16 bis 19 gelten entsprechend. Das Amt des Europäischen Betriebsrats endet, wenn eine Vereinbarung nach § 17 geschlossen worden ist.

Fünfter Teil – Gemeinsame Bestimmungen

§ 34 Vertrauensvolle Zusammenarbeit Zentrale Leitung und Europäischer Betriebsrat arbeiten vertrauensvoll zum Wohl der Arbeitnehmer und des Unternehmens oder der Unternehmensgruppe zusammen. Satz 1 gilt entsprechend für die Zusammenarbeit zwischen zentraler Leitung und Arbeitnehmervertretern im Rahmen eines Verfahrens zur Unterrichtung und Anhörung.

§ 35 Geheimhaltung, Vertraulichkeit (1) Die Pflicht der zentralen Leitung, über die im Rahmen der §§ 18 und 19 vereinbarten oder die sich aus § 29 und § 30 Absatz 1 ergebenden Angelegenheiten zu unterrichten, besteht nur, soweit dadurch nicht Betriebs- oder Geschäftsgeheimnisse des Unternehmens oder der Unternehmensgruppe gefährdet werden.

(2) Die Mitglieder und Ersatzmitglieder eines Europäischen Betriebsrats sind verpflichtet, Betriebs- oder Geschäftsgeheimnisse, die ihnen wegen ihrer Zugehörigkeit zum Europäischen Betriebsrat bekannt geworden und von der zentralen Leitung ausdrücklich als geheimhaltungsbedürftig bezeichnet worden sind, nicht zu offenbaren und nicht zu verwerten. Dies gilt auch nach dem Ausscheiden aus dem Europäischen Betriebsrat. Die Verpflichtung gilt nicht

gegenüber Mitgliedern eines Europäischen Betriebsrats. Sie gilt ferner nicht gegenüber den örtlichen Arbeitnehmervertretern der Betriebe oder Unternehmen, wenn diese auf Grund einer Vereinbarung nach § 18 oder nach § 36 über den Inhalt der Unterrichtungen und die Ergebnisse der Anhörungen zu unterrichten sind, den Arbeitnehmervertretern im Aufsichtsrat sowie gegenüber Dolmetschern und Sachverständigen, die zur Unterstützung herangezogen werden.

(3) Die Pflicht zur Vertraulichkeit nach Absatz 2 Satz 1 und 2 gilt entsprechend für

1. die Mitglieder und Ersatzmitglieder des besonderen Verhandlungsgremiums,
2. die Arbeitnehmervertreter im Rahmen eines Verfahrens zur Unterrichtung und Anhörung (§ 19),
3. die Sachverständigen und Dolmetscher sowie
4. die örtlichen Arbeitnehmervertreter.

(4) Die Ausnahmen von der Pflicht zur Vertraulichkeit nach Absatz 2 Satz 3 und 4 gelten entsprechend für

1. das besondere Verhandlungsgremium gegenüber Sachverständigen und Dolmetschern,
2. die Arbeitnehmervertreter im Rahmen eines Verfahrens zur Unterrichtung und Anhörung gegenüber Dolmetschern und Sachverständigen, die vereinbarungsgemäß zur Unterstützung herangezogen werden, und gegenüber örtlichen Arbeitnehmervertretern, sofern diese nach der Vereinbarung (§ 19) über die Inhalte der Unterrichtungen und die Ergebnisse der Anhörungen zu unterrichten sind.

§ 36 Unterrichtung der örtlichen Arbeitnehmervertreter (1) Der Europäische Betriebsrat oder der Ausschuss (§ 30 Absatz 2) berichtet den örtlichen Arbeitnehmervertretern oder, wenn es diese nicht gibt, den Arbeitnehmern der Betriebe oder Unternehmen über die Unterrichtung und Anhörung.

(2) Das Mitglied des Europäischen Betriebsrats oder des Ausschusses, das den örtlichen Arbeitnehmervertretungen im Inland berichtet, hat den Bericht in Betrieben oder Unternehmen, in denen Sprecherausschüsse der leitenden Angestellten bestehen, auf einer gemeinsamen Sitzung im Sinne des § 2 Absatz 2 des Sprecherausschussgesetzes zu erstatten. Dies gilt nicht, wenn ein nach § 23 Absatz 6 bestimmter Angestellter an der Sitzung zur Unterrichtung und Anhörung des Europäischen Betriebsrats teilgenommen hat. Wird der Bericht nach Absatz 1 nur schriftlich erstattet, ist er auch dem zuständigen Sprecherausschuss zuzuleiten.

§ 37 Wesentliche Strukturänderung (1) Ändert sich die Struktur des gemeinschaftsweit tätigen Unternehmens oder der gemeinschaftsweit tätigen Unternehmensgruppe wesentlich und bestehen hierzu keine Regelungen in geltenden Vereinbarungen oder widersprechen sich diese, nimmt die zentrale Leitung von sich aus oder auf Antrag der Arbeitnehmer oder ihrer Vertreter (§ 9 Absatz 1) die Verhandlung über eine Vereinbarung nach § 18 oder § 19 auf. Als wesentliche Strukturänderungen im Sinne des Satzes 1 gelten insbesondere

1. Zusammenschluss von Unternehmen oder Unternehmensgruppen,
2. Spaltung von Unternehmen oder der Unternehmensgruppe,
3. Verlegung von Unternehmen oder der Unternehmensgruppe in einen anderen Mitgliedstaat oder Drittstaat oder Stilllegung von Unternehmen oder der Unternehmensgruppe,
4. Verlegung oder Stilllegung von Betrieben, soweit sie Auswirkungen auf die Zusammensetzung des Europäischen Betriebsrats haben können.

(2) Abweichend von § 10 entsendet jeder von der Strukturänderung betroffene Europäische Betriebsrat aus seiner Mitte drei weitere Mitglieder in das besondere Verhandlungsgremium.

(3) Für die Dauer der Verhandlung bleibt jeder von der Strukturänderung betroffene Europäische Betriebsrat bis zur Errichtung eines neuen Europäischen Betriebsrats im Amt (Übergangsmandat). Mit der zentralen Leitung kann vereinbart werden, nach welchen Bestimmungen und in welcher Zusammensetzung das Übergangsmandat wahrgenommen wird. Kommt es nicht zu einer Vereinbarung mit der zentralen Leitung nach Satz 2, wird das Übergangsmandat durch den jeweiligen Europäischen Betriebsrat entsprechend der für ihn im Unternehmen oder der Unternehmensgruppe geltenden Regelung wahrgenommen. Das Übergangsmandat endet auch, wenn das besondere Verhandlungsgremium einen Beschluss nach § 15 Absatz 1 fasst.

(4) Kommt es nicht zu einer Vereinbarung nach § 18 oder § 19, ist in den Fällen des § 21 Absatz 1 ein Europäischer Betriebsrat nach den §§ 22 und 23 zu errichten.

§ 38 Fortbildung (1) Der Europäische Betriebsrat kann Mitglieder zur Teilnahme an Schulungs- und Bildungsveranstaltungen bestimmten, soweit diese Kenntnisse vermitteln, die für die Arbeit des Europäischen Betriebsrats erforderlich sind. Der Europäische Betriebsrat hat die Teilnahme und zeitliche Lage rechtzeitig der zentralen Leitung mitzuteilen. Bei der Festlegung der zeitlichen Lage sind die betrieblichen Notwendigkeiten zu berücksichtigen. Der Europäische Betriebsrat kann die Aufgaben nach diesem Absatz auf den Ausschuss nach § 26 übertragen.

(2) Für das besondere Verhandlungsgremium und dessen Mitglieder gilt Absatz 1 Satz 1 bis 3 entsprechend.

§ 39 Kosten, Sachaufwand und Sachverständige (1) Die durch die Bildung und Tätigkeit des Europäischen Betriebsrats und des Ausschusses entstehenden Kosten trägt die zentrale Leitung. Die zentrale Leitung hat insbesondere für die Sitzungen und die laufende Geschäftsführung in erforderlichem Umfang Räume, sachliche Mittel und Büropersonal, für die Sitzungen außerdem Dolmetscher zur Verfügung zu stellen. Sie trägt die erforderlichen Reise- und Aufenthaltskosten der Mitglieder des Europäischen Betriebsrats und des Ausschusses. § 16 Absatz 2 gilt entsprechend.

(2) Der Europäische Betriebsrat und der Ausschuss können sich durch Sachverständige ihrer Wahl unterstützen lassen, soweit dies zur ordnungsgemäßen Erfüllung ihrer Aufgaben erforderlich ist. Sachverständige können auch Beauf-

tragte von Gewerkschaften sein. Werden Sachverständige hinzugezogen, beschränkt sich die Kostentragungspflicht auf einen Sachverständigen, es sei denn, eine Vereinbarung nach § 18 oder § 19 sieht etwas anderes vor.

§ 40 Schutz inländischer Arbeitnehmervertreter (1) Für die Mitglieder eines Europäischen Betriebsrats, die im Inland beschäftigt sind, gelten § 37 Absatz 1 bis 5 und die §§ 78 und 103 des Betriebsverfassungsgesetzes sowie § 15 Absatz 1 und 3 bis 5 des Kündigungsschutzgesetzes entsprechend. Für nach § 38 erforderliche Fortbildungen gilt § 37 Absatz 6 Satz 1 und 2 des Betriebsverfassungsgesetzes entsprechend.
(2) Absatz 1 gilt entsprechend für die Mitglieder des besonderen Verhandlungsgremiums und die Arbeitnehmervertreter im Rahmen eines Verfahrens zur Unterrichtung und Anhörung.

Sechster Teil – Bestehende Vereinbarungen

§ 41 Fortgeltung (1) Auf die in den §§ 2 und 3 genannten Unternehmen und Unternehmensgruppen, in denen vor dem 22. September 1996 eine Vereinbarung über grenzübergreifende Unterrichtung und Anhörung besteht, sind die Bestimmungen dieses Gesetzes außer in den Fällen des § 37 nicht anwendbar, solange die Vereinbarung wirksam ist. Die Vereinbarung muss sich auf alle in den Mitgliedstaaten beschäftigten Arbeitnehmer erstrecken und den Arbeitnehmern aus denjenigen Mitgliedstaaten eine angemessene Beteiligung an der Unterrichtung und Anhörung ermöglichen, in denen das Unternehmen oder die Unternehmensgruppe einen Betrieb hat.
(2) Der Anwendung des Absatzes 1 steht nicht entgegen, dass die Vereinbarung auf Seiten der Arbeitnehmer nur von einer im Betriebsverfassungsgesetz vorgesehenen Arbeitnehmervertretung geschlossen worden ist. Das gleiche gilt, wenn für ein Unternehmen oder eine Unternehmensgruppe anstelle einer Vereinbarung mehrere Vereinbarungen geschlossen worden sind.
(3) Sind die Voraussetzungen des Absatzes 1 deshalb nicht erfüllt, weil die an dem in Absatz 1 Satz 1 genannten Stichtag bestehende Vereinbarung nicht alle Arbeitnehmer erfasst, können die Parteien deren Einbeziehung innerhalb einer Frist von sechs Monaten nachholen.
(4) Bestehende Vereinbarungen können auch nach dem in Absatz 1 Satz 1 genannten Stichtag an Änderungen der Struktur des Unternehmens oder der Unternehmensgruppe sowie der Zahl der beschäftigten Arbeitnehmer angepasst werden, soweit es sich nicht um wesentliche Strukturänderungen im Sinne des § 37 handelt.
(5) Ist eine Vereinbarung befristet geschlossen worden, können die Parteien ihre Fortgeltung unter Berücksichtigung der Absätze 1, 3 und 4 beschließen.
(6) Eine Vereinbarung gilt fort, wenn vor ihrer Beendigung das Antrags- oder Initiativrecht nach § 9 Absatz 1 ausgeübt worden ist. Das Antragsrecht kann auch ein auf Grund der Vereinbarung bestehendes Arbeitnehmervertretungs-

gremium ausüben. Die Fortgeltung endet, wenn die Vereinbarung durch eine grenzübergreifende Unterrichtung und Anhörung nach § 18 oder § 19 ersetzt oder ein Europäischer Betriebsrat kraft Gesetzes errichtet worden ist. Die Fortgeltung endet auch dann, wenn das besondere Verhandlungsgremium einen Beschluss nach § 15 Absatz 1 fasst; § 15 Absatz 2 gilt entsprechend.
(7) Auf Unternehmen und Unternehmensgruppen, die auf Grund der Berücksichtigung von im Vereinigten Königreich Großbritannien und Nordirland liegenden Betrieben und Unternehmen erstmalig die in den §§ 2 und 3 genannten Voraussetzungen erfüllen, sind die Bestimmungen dieses Gesetzes außer in den Fällen des § 37 nicht anwendbar, wenn in diesen Unternehmen und Unternehmensgruppen vor dem 15. Dezember 1999 eine Vereinbarung über grenzübergreifende Unterrichtung und Anhörung besteht. Die Absätze 1 bis 6 gelten entsprechend.
(8) Auf die in den §§ 2 und 3 genannten Unternehmen und Unternehmensgruppen, in denen zwischen dem 5. Juni 2009 und dem 5. Juni 2011 eine Vereinbarung über die grenzübergreifende Unterrichtung und Anhörung unterzeichnet oder überarbeitet wurde, sind außer in den Fällen des § 37 die Bestimmungen dieses Gesetzes in der Fassung vom 28. Oktober 1996 (BGBl. I S. 1548, 2022), zuletzt geändert durch Artikel 30 des Gesetzes vom 21. Dezember 2000 (BGBl. I S. 1983), anzuwenden. Ist eine Vereinbarung nach Satz 1 befristet geschlossen worden, können die Parteien ihre Fortgeltung beschließen, solange die Vereinbarung wirksam ist; Absatz 4 gilt entsprechend.

Siebter Teil – Besondere Vorschriften, Straf- und Bußgeldvorschriften

§ 41 a Besondere Regelungen für Besatzungsmitglieder von Seeschiffen (1) Ist ein Mitglied des besonderen Verhandlungsgremiums, eines Europäischen Betriebsrats oder einer Arbeitnehmervertretung im Sinne des § 19 oder dessen Stellvertreter Besatzungsmitglied eines Seeschiffs, so sollen die Sitzungen so angesetzt werden, dass die Teilnahme des Besatzungsmitglieds erleichtert wird.
(2) Befindet sich ein Besatzungsmitglied auf See oder in einem Hafen, der sich in einem anderen Land als dem befindet, in dem die Reederei ihren Geschäftssitz hat, und kann deshalb nicht an einer Sitzung nach Absatz 1 teilnehmen, so kann eine Teilnahme an der Sitzung mittels neuer Informations- und Kommunikationstechnologien erfolgen, wenn

1. dies in der Geschäftsordnung des zuständigen Gremiums vorgesehen ist und
2. sichergestellt ist, dass Dritte vom Inhalt der Sitzung keine Kenntnis nehmen können.

§ 42 Errichtungs- und Tätigkeitsschutz Niemand darf

1. die Bildung des besonderen Verhandlungsgremiums (§ 9) oder die Errichtung eines Europäischen Betriebsrats (§§ 18, 21 Absatz 1) oder die Einführung eines Verfahrens zur Unterrichtung und Anhörung (§ 19) behindern

oder durch Zufügung oder Androhung von Nachteilen oder durch Gewährung oder Versprechen von Vorteilen beeinflussen,
2. die Tätigkeit des besonderen Verhandlungsgremiums, eines Europäischen Betriebsrats oder der Arbeitnehmervertreter im Rahmen eines Verfahrens zur Unterrichtung und Anhörung behindern oder stören oder
3. ein Mitglied oder Ersatzmitglied des besonderen Verhandlungsgremiums oder eines Europäischen Betriebsrats oder einen Arbeitnehmervertreter im Rahmen eines Verfahrens zur Unterrichtung und Anhörung um seiner Tätigkeit willen benachteiligen oder begünstigen.

§ 43 Strafvorschriften (1) Mit Freiheitsstrafe bis zu zwei Jahren oder mit Geldstrafe wird bestraft, wer entgegen § 35 Absatz 2 Satz 1 oder 2, jeweils auch in Verbindung mit Absatz 3, ein Betriebs- oder Geschäftsgeheimnis verwertet.
(2) Die Tat wird nur auf Antrag verfolgt.

§ 44 Strafvorschriften (1) Mit Freiheitsstrafe bis zu einem Jahr oder mit Geldstrafe wird bestraft, wer
1. entgegen § 35 Absatz 2 Satz 1 oder 2, jeweils auch in Verbindung mit Absatz 3, ein Betriebs- oder Geschäftsgeheimnis offenbart oder
2. einer Vorschrift des § 42 über die Errichtung der dort genannten Gremien oder die Einführung des dort genannten Verfahrens, die Tätigkeit der dort genannten Gremien oder der Arbeitnehmervertreter oder über die Benachteiligung oder Begünstigung eines Mitglieds oder Ersatzmitglieds der dort genannten Gremien oder eines Arbeitnehmervertreters zuwiderhandelt.

(2) Handelt der Täter in den Fällen des Absatzes 1 Nummer 1 gegen Entgelt oder in der Absicht, sich oder einen anderen zu bereichern oder einen anderen zu schädigen, so ist die Strafe Freiheitsstrafe bis zu zwei Jahren oder Geldstrafe.
(3) Die Tat wird nur auf Antrag verfolgt. In den Fällen des Absatzes 1 Nummer 2 sind das besondere Verhandlungsgremium, der Europäische Betriebsrat, die Mehrheit der Arbeitnehmervertreter im Rahmen eines Verfahrens zur Unterrichtung und Anhörung, die zentrale Leitung oder eine im Betrieb vertretene Gewerkschaft antragsberechtigt.

§ 45 Bußgeldvorschriften (1) Ordnungswidrig handelt, wer
1. entgegen § 5 Absatz 1 die Informationen nicht, nicht richtig, nicht vollständig oder nicht rechtzeitig erhebt oder weiterleitet oder
2. entgegen § 29 Absatz 1 oder § 30 Absatz 1 Satz 1 oder Absatz 2 Satz 1 den Europäischen Betriebsrat oder den Ausschuss nach § 26 nicht, nicht richtig, nicht vollständig, nicht in der vorgeschriebenen Weise oder nicht rechtzeitig unterrichtet.

(2) Die Ordnungswidrigkeit kann mit einer Geldbuße bis zu fünfzehntausend Euro geahndet werden.

14. Bürgerliches Gesetzbuch (BGB)

Aktuelle höchstrichterliche Rechtsprechung

1. Allgemeines Arbeitsvertragsrecht

Datum	Gericht/Az.	Fundstelle	Thema
26.6.19	BAG 5 AZR 178/18	NZA 19, 1558	Rückabwicklung nach Feststellung eines Arbeitsverhältnisses
26.6.19	BAG 5 AZR 452/18	NZA 19, 1361	Anspruch auf Überstundenvergütung
21.5.19	BAG 9 AZR 295/18	NZA 19, 1411	Arbeitnehmerbegriff, Rahmenvertrag
14.5.19	BAG 3 AZR 150/17	NZA 19, 1367	Billiges Ermessen
17.4.19	BAG 5 AZR 331/18	NZA 19, 1050	Tantiemen, Ausschlussfrist
27.2.19	BAG 5 AZR 354/18	NZA 19, 989	Betriebliche Übung
27.2.19	BAG 10 AZR 341/18	NZA 19, 914	Billiges Ermessen, Prüfpflicht
7.2.19	BAG 6 AZR 75/18	NZA 19, 688	Aufhebungsvertrag, Gebot fairer Verhandlung
30.1.19	BAG 10 AZR 406/18	NZA 19, 563	Erfolgsbeteiligung
30.1.19	BAG 5 AZR 43/18	NZA 19, 768	Verfallklausel
30.1.19	BAG 5 AZR 450/17	NZA 19, 1065	Änderung einer Gesamtzusage durch BV
30.1.19	BAG 5 AZR 442/17	NZA 19, 1065	Änderung einer Gesamtzusage durch BV für Betriebsrentner
12.12.18	BAG 5 AZR 588/17	NZA 19, 775	Verzugspauschale
12.12.18	BAG 5 AZR 124/18	NZA 19, 549	Vergütung für Umkleidezeiten

Datum	Gericht/Az.	Fundstelle	Thema
11. 12. 18	BAG 3 AZR 380/17	NZA 19, 1082	Ablösung einer Einheitsregelung durch BV oder Sprecherausschussvereinbarung
15. 11. 18	BAG 6 AZR 522/17	NZA 19, 928	Umgehungsgeschäft, Scheingeschäft
15. 11. 18	BAG 6 AZR 385/17	NZA 19, 399	Vergütung Chorsänger
15. 11. 18	BAG 6 AZR 294/17	NZA 19, 486	Vergütung für Reisezeiten
14. 11. 18	BAG 5 AZR 301/17	NZA 19, 250	Erstattung nachentrichteter Lohnsteuer, Ausschlussfrist
13. 11. 18	BAG 3 AZR 103/17	DB 19, 1516 (Report)	Betriebliche Übung
24. 10. 18	BAG 10 AZR 69/18	NZA 19, 161	Vertragliche Nebenpflichten
24. 10. 18	BAG 10 AZR 285/16	NZA 19, 387	Sonderzahlung nach billigem Ermessen
17. 10. 18	BAG 5 AZR 553/17	NZA 19, 159	Vergütung von Auslandsreisezeiten
17. 10. 18	BAG 5 AZR 538/17	NZA 19, 796	Nachentrichtete Lohnsteuer, Erstattungsanspruch
2. 10. 18	BAG 5 AZR 376/17	NZA 18, 1544	Annahmeverzug
25. 9. 18	BAG 8 AZR 26/18	NZA 19, 121	Verzugspauschale
19. 9. 18	BAG 10 AZR 496/17	NZA 18, 1555	»Ohne Arbeit kein Lohn«
19. 9. 18	BAG 5 AZR 439/17	NZA 19, 106	Betriebliche Übung, Erhöhung übertariflicher Leistungen
22. 8. 18	BAG 5 AZR 592/17	NZA 19, 30	Annahmeverzug
11. 7. 18	BAG 4 AZR 443/17	NZA 18, 1630	Betriebliche Übung, Bezugnahme auf Tarifvertrag

Datum	Gericht/Az.	Fundstelle	Thema
28. 6. 18	BAG 8 AZR 141/16	NZA 18, 34	Berufung auf Ausschlussklausel entgegen den Geboten von Treu und Glauben
7. 6. 18	BAG 8 AZR 96/17	NZA 18, 44	Haftung, Rücksichtnahmepflicht Verfallfrist
24. 5. 18	BAG 6 AZR 308/17	NZA 19, 166	Verzicht der Bezugnahme auf kirchliche Arbeitsrechtsregelungen
8. 5. 18	BAG 9 AZR 531/17	NZA 19, 495 (OS)	Öffentlich-rechtliches Rechtsverhältnis

2. AGB-Kontrolle

Datum	Gericht/Az.	Fundstelle	Thema
11. 12. 18	BAG 9 AZR 383/18	NZA 19, 781	Rückzahlung Ausbildungskosten

3. Betriebsübergang

Datum	Gericht/Az.	Fundstelle	Thema
13. 6. 19	EuGH C-317/18	NZA 19, 887	Übergang des Arbeitsverhältnisses, AN mit Vertrauensstellung
13. 6. 19	EuGH C-664/17	NZA 19, 889	Übergang wirtschaftlicher Einheit
12. 6. 19	BAG 1 AZR 154/17	NZA 19, 1203	Weitergeltung einer BV nach zweitem Betriebsübergang
16. 5. 19	EuGH C-509/17	BB 19, 1274	Anwendbarkeit des Betriebsübergangsrecht bei Insolvenzverfahren
28. 2. 19	BAG 8 AZR 201/18	NZA 19, 1279	Verzicht auf Widerspruchsrecht
23. 1. 19	BAG 4 AZR 445/17	NZA 19, 922	Ablösung weitergeltender Tarifverträge

4. Kündigungsrecht

Datum	Gericht/Az.	Fundstelle	Thema
22.8.19	BAG 2 AZR 111/19	NZA 19, 1490	Zugang der Kündigungserklärung
27.6.19	BAG 2 AZR 50/19	NZA 19, 1345	Außerordentliche betriebsbedingte Kündigung
27.6.19	BAG 2 AZR 28/19	NZA 19, 1343	Umdeutung außerordentlicher in ordentliche Kündigung, Kündigungsschutzklage
27.6.19	BAG 2 ABR 2/19	NZA 19, 1415	Außerordentliche Kündigung, Anhörung des Arbeitnehmers
31.1.19	BAG 2 AZR 426/18	NZA 19, 893	Verdachtskündigung
13.12.18	BAG 2 AZR 370/18	NZA 19, 445	Fristlose Kündigung wegen Vortäuschens von Überstunden

Einleitung

I. Geschichte und wesentlicher Gesetzesinhalt

1. Allgemeines

Das Bürgerliche Gesetzbuch (BGB) – nach mehr als zwanzigjährigen Vorarbeiten am 1.1.1900 in Kraft getreten – hat erstmalig nach Jahrhunderten der Rechtszersplitterung in Deutschland ein einheitliches Privatrecht für das ganze damalige Reichsgebiet geschaffen. Sein Ziel war nicht die Veränderung gesellschaftlicher Zustände, sondern die Herstellung der Rechtseinheit im Deutschen Reich. In ihm verschmolzen die politischen, ökonomischen und sozialen Wertsysteme, die das Kaiserreich beherrschten (zum Folgenden *Kittner,* Gesamtsystem Schuldrecht, Rn. 52 ff.).

Dieses »bürgerliche Recht« als technisch-instrumentales Recht sollte von jedem prinzipiell als frei und gleich gedachten Rechtsgenossen für eigennützige Zwecke genommen werden (»Jeder ist seines Glückes Schmied«). Das Vertrags-, Schuld- und Sachenrecht ist vom Leitbild des vernünftigen, selbstverantwortlichen und urteilsfähigen Rechtsgenossen beherrscht und geht davon aus, dass der in freier Selbstverantwortung geschlossene Vertrag zum angemessenen Ausgleich der Interessen der Beteiligten führt. Diese Grundannahme führt zur strikten Bindung an eingegangene Verträge (»pacta sunt servanda«) und deren Durchsetzung notfalls mit dem Mittel der staatlichen Zwangsvollstreckung (bis hin zur Insolvenz, vgl. Einl. zur InsO und ZPO, Nr. 23, 35). Lediglich die als Grenznormen zu verstehenden Vorschriften der §§ 134, 138, 226 und 903 sollten äußerste Schranken der Gesetzes- bzw. Sittenordnung ziehen.

Bereits in der Zeit seiner Entstehung (der »großen Depression« von 1873 bis 1896) lagen die vom freien Vertragsmodell des BGB unterstellten gesellschaftlichen Rahmenbedingungen nicht mehr vor. Nicht individuelle Marktsubjekte, sondern bereits Konzentration und Kartelle und ausgebaute Staatsintervention kennzeichneten die Situation. Auch die damalige Situation am Arbeitsmarkt zeigte, welche Folgen freie Verträge zwischen Ungleichen haben.

Diesen Erkenntnissen folgte bereits die zeitgenössische Kritik. Neben der SPD im Reichstag haben vor allem *Otto von Gierke* (Der Entwurf eines Bürgerlichen Gesetzbuchs und das Deutsche Recht, 1889) und *Anton Menger* (Das Bürgerliche Gesetzbuch und die besitzlosen Volksklassen, 1890) die unsoziale Schlagseite des BGB angegriffen. *Von Gierke* spricht von seiner »individualistischen und einseitig kapitalistischen Tendenz des reinsten Manchestertums« und einer »gemeinschaftsfeindlichen, auf die Stärkung des Starken gegen den Schwachen zielenden, in Wahrheit antisocialen Richtung«. Und *Menger* stellt fest, dass »kaum in irgendeinem anderen Gesetzbuch der neuesten Zeit die herrschenden und besitzenden Klassen ihre privatrechtliche Machtstellung so vollständig wie in diesem behauptet« haben.

Diese Leugnung existenzbestimmender ökonomischer und sozialer Ungleichheit durch das BGB ist durch die Rechtsentwicklung in allen Bereichen korrigiert worden (vgl. *Stürner,* JZ 96, 741; *Schmoeckel,* NJW 96, 1697):

Für das Arbeitsleben hat sich auf der Grundlage des gewerkschaftlichen Zusammenschlusses, dem hierdurch entwickelten Tarifvertragssystem, einer differenzierten Arbeitsschutzgesetzgebung (im weitesten Sinne) und der Mitbestimmung in Betrieb und Unternehmen ein Sondersystem des sozialen Schutzes entwickelt (siehe unten 2 und II). Für das allgemeine Wirtschaftsleben sind sowohl innerhalb des BGB als auch außerhalb vielfältige Korrektive gegen die Wirkungen ungleicher Marktmacht entwickelt worden: Zum einen hat die Rechtsprechung Ergänzungen und Weiterentwicklungen des BGB, aber auch Eigenschöpfungen vorgenommen, insbesondere durch Nutzung von Generalklauseln wie §§ 138, 242 (z. B. zum »Wegfall der Geschäftsgrundlage« [jetzt § 313], zu Knebelverträgen). Zum anderen ist eine Vielzahl von Gesetzen zum Schutze schwächerer Marktteilnehmer erlassen worden, nicht selten nach Vorarbeit durch die Gerichte (z. B. Gesetz über Allgemeine Geschäftsbedingungen). »Verbraucherschutz« ist zu einem eigenen Begriff geworden. Der größte Teil dieser Gesetze war außerhalb des BGB angesiedelt (z. B. Gesetz über Wettbewerbsbeschränkungen, Produkthaftungsgesetz). Einige wenige Bereichsregelungen waren in das BGB integriert (z. B. Mieterschutzrecht, Reisevertragsrecht). Mit dem Schuldrechtsmodernisierungsgesetz vom 26. 11. 2001 (BGBl. I 3138) wurden weitere sog. Satellitengesetze in das BGB überführt, etwa die AGB-Kontrolle nach §§ 305 ff., die früher im AGBG geregelt war. Durch das Schuldrechtsmodernisierungsgesetz wurde auch die sog. Betriebsrisikolehre, wonach der Arbeitgeber die Vergütung zu zahlen hat, wenn die Arbeit aus betrieblichen oder wirtschaftlichen Gründen unterbleibt, in § 615 Satz 3 aufgegriffen.

Alle derartigen korrektiven Eingriffe des Gesetzgebers zum Schutze des sozial Schwächeren entsprechen dem Sozialstaatsprinzip des Grundgesetzes und dem Schutzauftrag des Gesetzgebers, der Grundrechtsausübung *aller* Bürger ausgewogen Rechnung zu tragen. »Es ist die Aufgabe jedes Gesetzgebers, Lebensverhältnisse, insbesondere auf dem Gebiet der Wirtschaft – gestaltend zu ordnen« (*BVerfG* 29.11.1961 – 1 BvR 758/57, BVerfGE 13, 230, 233), was ihn insbesondere zu Beschränkungen der Vertragsfreiheit ermächtigt (*BVerfG* 12.11.1958 – 2 BvL 4, 26, 40/56, 1, 7/57, BVerfGE 8, 274, 329; vgl. *Hönn,* JuS 90, 953; s. u. Einl. zum GG, Nr. 20 unter III 2).

Typische Risikosituationen haben zu einer Ergänzung praktisch aller wichtigen Vertragstypen durch Versicherungen geführt, denn nur wenige mächtige und finanzstarke Vertragsparteien können den Ausfall von Leistungen bzw. Gegenleistungen mit eigenen Mitteln »verkraften«. Das fängt bei einer verbreiteten Form der Privatversicherung an und reicht zu einer Vielzahl gesetzlicher (Pflicht-) Versicherungs- oder Ausfallleistungssysteme (z. B. Pflichtversicherungsgesetz, Unterhaltsvorschussgesetz). Im Arbeitsleben sind die gesetzlichen Systeme der Unfall-, Kranken-, Pflege-, Renten- und Arbeitslosenversicherung das unverzichtbare »soziale Netz« für Risiken aus der privatvertraglichen Gestaltung der Arbeitsbeziehungen. Sie werden ergänzt durch das System zur Sicherung bei Zahlungsunfähigkeit des Arbeitgebers (BetrAVG, Insolvenzgeld, vgl. §§ 165 ff. SGB III).

Dem Arbeitgeber steht das Recht am Arbeitsergebnis zu. Nach § 950 wird zwar Eigentümer einer neuen beweglichen Sache, wer diese durch Verarbeitung oder Umbildung eines oder mehrerer Stoffe herstellt. Hersteller in diesem Sinne ist aber regelmäßig nicht der Arbeitnehmer, sondern derjenige, in dessen Namen und Interesse die Herstellung erfolgt, also der Arbeitgeber (*BGH* 27.9.1990 – I ZR 244/88, BGHZ 112, 243, 249 f.).

2. Arbeitsrecht

a) Arbeitsrecht im und außerhalb des BGB

Das Arbeitsrecht ist zunächst einmal »Besonderes Schuldrecht«, das an eine spezifische Vertragsbeziehung anknüpft, nämlich die zwischen »Arbeitgeber« und »Arbeitnehmer«. Eine gesetzliche Definition des Arbeitnehmerbegriffs ergibt sich ab 1.4.2017 aus § 611 a Abs. 1 BGB (dazu Allgemeine Einführung I 7). Mit der Rom I-VO (Nr. 14 a) wird für das Arbeitsrecht normiert, welches Recht bei internationalem Bezug eines Arbeitsverhältnisses gilt.

Das BGB, das mit seinen §§ 1 – 2385 alle Grundfragen des privaten Rechts umfassend regelte und allein für das Erbrecht mehr als 400 Paragraphen enthält, kannte den Arbeitsvertrag überhaupt nicht. Nur die »dürftigen« §§ 611 – 630 regelten den »Dienstvertrag«, wobei nicht übersehen werden darf, dass der Dienstvertrag im Sinne des BGB in erster Linie die Rechtsbeziehungen zwischen einem Bürger (»Dienstberechtigten«) und dem für ihn in Selbstständigkeit Tätigen (»Dienstverpflichteten«) im Auge hat, also die Verträge, die zum Beispiel mit dem Arzt, dem Architekten zustande kommen. Auf den verbreitetsten Vertrag über Dienstleistungen, nämlich den Arbeitsvertrag zwischen Arbeitgeber und Arbeitnehmer, der seine Besonderheit dadurch erhält, dass sich der Arbeitnehmer mit dem Abschluss des Vertrages in persönliche Abhängigkeit begibt und sich dem Direktionsrecht des Arbeitgebers unterwirft, finden die §§ 611 – 630 zwar Anwendung, sind aber oftmals nicht sachgerecht (schon bei Schaffung des BGB wurde die unscharfe

Abgrenzung von Dienst- und Werkvertrag als Möglichkeit der »Flucht aus dem Arbeitsrecht« kritisiert; vgl. *Kocher,* AuR 15, G1 ff.; zur aktuellen Diskussion s. Einl. III 2 zum AÜG, Nr. 4). Dazu kommen viele Vorschriften aus den Allgemeinen Teilen des BGB mit wichtigen Einzelregelungen auch für den Arbeitsvertrag (Übersicht 33). Freilich können die allgemeinen Regeln immer wieder durch arbeitsrechtliche Besonderheiten überlagert sein. So soll etwa die allgemeine Pauschale nach § 288 Abs. 5 BGB bei Zahlungsverzug des Arbeitgebers nicht zur Anwendung kommen, weil § 12 a Abs. 1 Satz 1 ArbGG (Nr. 5) allgemein jeden Ersatzanspruch wegen Beitreibungskosten ausschließt (vgl. Einl. II zum ArbGG, Nr. 5).
Dazu sind außerhalb des BGB zahlreiche weitere Vorschriften getreten (Urlaubsgesetz, Entgeltfortzahlungsgesetz). Mit Dutzenden von Vorschriften greift der Staat mit Mindest- und Höchstnormen (z. B. MiLoG, ArbZG, MuSchG, BetrSichV usw.) unter Androhung von Strafe oder Bußgeld in das Arbeitsverhältnis ein. Im BGB selbst sind außer den Vorschriften über Werkmietwohnungen (§§ 576 ff.), der Ergänzung von Kündigungsvorschriften (§§ 621, 622, 626 Abs. 2) und der Regelung des Betriebsübergangs (§ 613 a) keine nennenswerten arbeitsrechtlichen Ergänzungen hinzugekommen. Das Schuldrechtsmodernisierungsgesetz (s. o. 1) hat für das Arbeitsrecht vor allem Bedeutung durch die Aufhebung der Bereichsausnahme für eine AGB-Kontrolle (s. u. II 8) und die gesetzliche Regelung der Arbeitgeber-Beweislast im Falle der Arbeitnehmerhaftung (s. u. II 5). Darüber hinaus wurden die bisherigen Grundsätze der Rechtsprechung zum Betriebsrisiko in § 615 BGB festgeschrieben. Wichtige Sachkomplexe, wie das Schadensersatzrecht (u. II 5), der arbeitsrechtliche Gleichbehandlungsgrundsatz (s. u. II 1, s. auch Einl. III 4 zum GG, Nr. 20) und die Regelung der Lohnfortzahlungspflicht bei fehlender Arbeitsmöglichkeit (Betriebsrisikolehre: *RG* 6. 2. 1923 – III 93/22, *RGZ* 106, 272 »Kieler Straßenbahnfall«; *BAG* 8. 2. 1957 – 1 AZR 338/55, AP Nr. 2 zu § 615 BGB – Betriebsrisiko), sind unter völliger Ablösung vom Gesetzestext durch Richterrecht des Reichs- und nunmehr Bundesarbeitsgerichts entwickelt worden. In diesem Kontext ist auch die betriebliche Übung zu nennen. Dabei handelt es sich um wiederholte Leistungen des Arbeitgebers ohne Vorbehalt, aus denen Ansprüche der Arbeitnehmer erwachsen können (Deinert/Heuschmid/Zwanziger-*Callsen*, Arbeitsrecht, § 13 Rn. 119 ff.). Zurückhaltend ist die Rechtsprechung bei der Annahme betrieblicher Übungen im Falle der wiederholten Weitergabe von Tarifsteigerungen (*BAG* 27. 2. 2019 – 5 AZR 354/18, NZA 19, 989).
Eine betriebliche Übung setzt allerdings ein entsprechendes Verhalten gegenüber einer Mehrzahl von Arbeitnehmern voraus. Das *BAG* (13. 5. 2015 – 10 AZR 266/14, NZA 15, 992) hat aber klargestellt, dass wiederholte Leistungen gegenüber einem einzelnen Arbeitnehmer ebenfalls anspruchsbegründend wirken können, wenn sich daraus eine stillschweigende (»konkludente«) Vertragsänderung ergibt. Ebenfalls vertragsändernden Charakter hat die Konkretisierung, bei der die Reichweite des Weisungsrechts des Arbeitgebers eingeschränkt wird (vgl. Einl. II 3 zur GewO, Nr. 19).
Im Hinblick auf die typische Unterlegenheit des Arbeitnehmers als Individualvertragspartei ist das Arbeitsrecht ein Hauptanwendungsfall der staatlichen Schutzpflicht zum »Ausgleich gestörten Vertragsgleichgewichts« (Deinert/Heuschmid/

Zwanziger-*Deinert,* Arbeitsrecht, § 1; *Dieterich*, RdA 95, 129). Dies wird im Arbeitsrecht durch Gesetze und die kollektiven Instrumente Tarifvertrag und Mitbestimmung/Betriebsvereinbarung angestrebt. Soweit diese Instrumente nicht greifen und Einzelabreden bzw. Allgemeine Geschäftsbedingungen vorliegen, erfolgt eine richterliche Angemessenheitskontrolle nach §§ 305 ff. BGB (s. o. 1).

b) Fehlen eines Arbeitsgesetzbuchs

Man kann sagen, dass der gegenwärtige Zustand der Zersplitterung des Arbeitsrechts in zahlreichen Gesetzen und Verordnungen, die in der täglichen Betriebspraxis gebraucht werden, gerade deshalb eingetreten ist, weil die BGB-Regelungen so kümmerlich ausgefallen sind. Um diesen Zustand zu ändern, sind verschiedene Anläufe zu einem Arbeitsvertragsgesetz unternommen worden; der erste Entwurf stammt aus dem Jahr 1923. Nachdem sich die Bundesregierung unter Willy Brandt 1969 zu dem Vorhaben eines einheitlichen Arbeitsgesetzbuches bekannt hatte, setzte sie zu seiner Vorbereitung die sog. Arbeitsgesetzbuchkommission als Sachverständigengremium ein. 1977 legte diese Kommission den Entwurf eines Arbeitsverhältnisgesetzes vor. (Vgl. Broschüre des Bundesministers für Arbeit und Sozialordnung, 1977.) Hierzu hatte der DGB-Bundesausschuss im gleichen Jahr einen Alternativentwurf beschlossen (abgedruckt in: RdA 77, 166). Alle seitherigen Bundesregierungen haben jedoch dieses Vorhaben nicht weiterverfolgt.

Diese Situation hat sich seit dem Beitritt der ostdeutschen Bundesländer zur Bundesrepublik geändert: Art. 30 des Einigungsvertrages fordert die gesetzgebenden Körperschaften der Bundesrepublik u. a. dazu auf, ein Arbeitsverhältnisgesetz zu schaffen (hierzu *Wlotzke/Lorenz,* BB 90, Beilage 35; s. auch *Preis,* ZRP 90, 289).

Der 59. Deutsche Juristentag 1992 hat die gesetzliche Regelung des Arbeitsvertragsrechts für dringlich erklärt. Ihm lagen der Entwurf eines »Arbeitskreises Deutsche Rechtseinheit« (NZA 17/92, Beilage) sowie Gutachten von *Köbl, Neumann* und *Weiss* vor (zu dem Entwurf und der Diskussion vgl. *Däubler,* AuR 92, 129; *Hromadka,* NJW 92, 1985; *Schmitt,* ZTR 92, 280; *Wank,* DB 92, 1826; *Weber,* BB 92, 1345; *Henssler,* JZ 92, 833). Die Bundesländer Sachsen und Brandenburg haben Gesetzentwürfe für ein Arbeitsvertragsgesetz im Bundesrat eingebracht (Sachsen: BR-Drs. 293/95; hierzu *Neumann,* DB 95, 2013; Brandenburg: BR-Drs. 671/96; hierzu *Griese,* NZA 96, 803). Hinter dem Wunsch nach Kodifikation liegen aber naturgemäß die bekannten kontroversen Wünsche: Die Gewerkschaften verbinden damit Vorstellungen inhaltlicher Reform (vgl. *Mayer,* AiB 92, 174; *Plander,* AiB 92, 246). Die Arbeitgeber dagegen akzeptieren ein »Arbeitsvertragsgesetz nur, wenn es maßvoll ist« (*Erasmy,* Arbeitgeber 92, 749) bzw. fordern tendenziell einen Abbau der gegenwärtigen Schutzstandards der Rechtsprechung (vgl. *Wisskirchen/Worzalla,* Arbeitgeber 92, 755; grundsätzliche Überlegungen zur Arbeitsverfassungsdebatte *Hanau,* ZRP 96, 349; *Preis,* AuA 96, 41; *Kempen,* AuR 92, 296).

Inzwischen gab es den neuerlichen Versuch einer Kodifizierung zumindest des Arbeitsvertragsrechts in einem von zwei Professoren entworfenen Arbeitsvertragsgesetz (ArbVG; *Henssler/Preis,* Entwurf eines Arbeitsvertragsgesetzes: ArbVG, 2014). Er hat sich indes nicht als konsensfähig erwiesen, weil die Gewerkschaften ihn ablehnen, da er zum Teil Verschlechterungen für Arbeitnehmer enthalte, während die Arbeitgeberseite es mit umgekehrtem Vorzeichen sogar ablehnt, auch nur den gegenwärtigen Rechtszustand in Form eines sog. Restatements festzuschreiben (zu den Gründen der Blockierung vgl. *Deinert/Kittner*, RdA 09, 265, 276 f.).

II. Einzelprobleme

1. Gleichbehandlung und Diskriminierungsverbote im Arbeitsleben

Es ist anerkannt, dass der Arbeitgeber, wenn er nach einem generalisierenden Prinzip vorgeht, ohne an höherrangige Rechtsvorschriften gebunden zu sein, die Arbeitnehmer gleich behandeln muss (*BAG* 14.11.2017 – 3 AZR 515/16, NZA 18, 367, Rn. 21 ff.). Das bedeutet, dass eine unterschiedliche Behandlung eines rechtfertigenden Sachgrundes bedarf. Der Status als Arbeiter oder Angestellter genügt dazu nicht. Vielmehr bedarf es in Bezug auf den jeweiligen Sachverhalt solcher Unterschiede, dass sie eine unterschiedliche Behandlung rechtfertigen (*BAG* 10.11.2015 – 3 AZR 575/14, NZA-RR 16, 204). Benachteiligte Arbeitnehmer haben Anspruch auf Gleichbehandlung (*BAG* 3.9.2014 – 5 AZR 6/13, NZA 15, 222, Rn. 18). Dieser Grundsatz bindet die Tarifvertragsparteien zwar nicht (*BAG* 21.5.2014 – 4 AZR 50/13, NZA 15, 115). Allerdings müssen die staatlichen Stellen die Bürger vor Grundrechtsverletzungen durch andere Bürger, auch durch die Tarifvertragsparteien, schützen. Sie dürfen deshalb Tarifverträge, die gleichheitswidrige Regelungen beinhalten, nicht einfach anwenden. Allerdings haben die Tarifvertragsparteien einen großen Spielraum bei der Beurteilung, welche Differenzierungen in Tarifverträgen geboten sind. Jeder sachlich vertretbare Grund, aber auch typische Sachzwänge aus der Situation der Tarifverhandlung rechtfertigen insoweit Ungleichbehandlungen (*BAG* 15.4.2015 – 4 AZR 796/13, BB 15, 2362).

Darüber hinaus gibt es spezielle Diskriminierungsverbote, die bestimmte Merkmale einer Person als Anknüpfungspunkte für Ungleichbehandlungen grundsätzlich ausschließen wollen (Geschlecht, Behinderung, Alter, Weltanschauung und Religion, sexuelle Identität, »Rasse«, ethnische Herkunft). Sie sind geregelt im AGG (Nr. 2) und im EntgTranspG (Nr. 2 a) (s. dort). Ferner gibt es Benachteiligungsverbote für bestimmte Vertragstypen (vgl. z. B. § 4 TzBfG, Nr. 32).

2. Kündigung

Das BGB geht noch von der autonomen Entscheidung über die Beendigung eines Dienstvertrages in §§ 620 ff. aus. Einvernehmlich können die Parteien den Vertrag ohne Weiteres beenden, soweit das Gebot fairer Verhandlungen geachtet wird (vgl. u. 9). Die Kündigung bedarf aber in jedem Fall der Schriftform gemäß § 623 (s. u. 7). Die freie Beendigungsentscheidung wird allerdings einerseits durch das Befristungsrecht (vgl. u. 3) und andererseits dadurch überlagert, dass die ordentliche Kündigung (mit Kündigungsfrist) regelmäßig gesetzlich anerkannte Gründe voraussetzt, Einzelheiten sind im KSchG (Nr. 25) geregelt. Demgegenüber sind die Kündigungsfristen im BGB enthalten. Nachdem das *BVerfG* (30.5.1990 – 1 BvL 2/83, DB 90, 1565) unterschiedliche Kündigungsfristen für Arbeiter und Angestellte für verfassungswidrig erklärt hatte, ist mit § 622 eine Vereinheitlichung herbeigeführt worden. Sie beruht auf dem Kündigungsfristengesetz vom 7.10.1993 (BGBl. I 1668; dazu *Kehrmann*, AiB 93, 746; *Preis/Kramer*, DB 93, 2125; vgl. *Hromadka*, BB 93, 2372; *Schwedes*, BArbBl. 12/93, 8; *Worzalla*, NZA 94, 145; *Adomeit/Thau*, NJW 94, 11). Der Gesetzgeber hat sich dabei nicht am höheren früheren Angestelltenniveau orientiert, sondern eine einheitliche Grundfrist von 4 Wochen vorgesehen (statt bisher 2 Wochen für Arbeiter und 6 Wochen zum Quartalsende für Angestellte). Es kann jedoch nur jeweils zum 15. oder Ende eines Kalendermonats gekündigt werden. Mit der Beschäftigungsdauer steigt die Kündigungsfrist bis höchstens 7 Monate (vgl. Deinert/Heuschmid/Zwanziger-*Wankel*, Arbeitsrecht, § 72). Dies verstößt nach dem *BAG* (18.9.2014 – 6 AZR 636/13, NZA 14, 1400) nicht gegen das Verbot der Altersdiskriminierung nach der Richtlinie 2000/78/EG (Einl. I 2 zum AGG, Nr. 2), weil damit der insgesamt schlechteren Arbeitsmarktchancen älterer Arbeitnehmer Rechnung getragen werden soll. Die frühere Einschränkung auf die Berücksichtigung von Beschäftigungszeiten ab dem 25. Lebensjahr ist inzwischen entfallen (zur Entwicklung vgl. Einl. II 2 zum BGB in 44. Aufl.). Von § 622 kann umfassend durch Tarifvertrag abgewichen werden (Abs. 4). Die Kündigung muss erkennen lassen, zu welchem Termin das Arbeitsverhältnis enden soll. Kann dieser Zeitpunkt aber unschwer aus der gesetzlichen Regelung ermittelt werden, genügt der Hinweis auf die gesetzliche Kündigungsfrist im Kündigungsschreiben (*BAG* 20.6.2013 – 6 AZR 805/11, DB 13, 2093). Ausnahmsweise kommt eine außerordentliche Kündigung auch dann in Betracht, wenn eine ordentliche Kündigung, etwa durch Tarifvertrag, ausgeschlossen ist. Es sind dann aber besonders strenge Anforderungen an den wichtigen Grund zu stellen. Außerdem bedarf es regelmäßig einer sozialen Auslauffrist, die dem Umstand Rechnung trägt, dass auch eine ordentliche Kündigung nur mit einer Frist möglich wäre (zu einer außerordentlichen krankheitsbedingten Kündigung vgl. *BAG* 25.4.2018 – 2 AZR 6/18, NZA 18, 1056).

Außerordentliche Kündigungen sind regelmäßig ohne Frist aus wichtigem Grunde gemäß § 626 zulässig. Zu prüfen ist, (1) ob der fragliche Sachverhalt *an sich* geeignet ist, einen solchen wichtigen Grund darzustellen. Ob er (2) die Kündigung im konkreten Fall rechtfertigt, ist durch Abwägung der Interessen im Einzelfall festzustellen. Bei der Interessenabwägung ist auch ein womöglich langjährig störungsfreier Verlauf des Arbeitsverhältnisses zu berücksichtigen (vgl. Einl. III 3 zum KSchG, Nr. 25).

Jede verhaltensbedingte Kündigung, ob ordentlich oder außerordentlich, bedarf im Regelfall einer vorherigen Abmahnung. Das ist für die außerordentliche Kündigung nunmehr in § 314 Abs. 2 BGB geregelt. Sie ist nur ausnahmsweise entbehrlich, wenn eine Änderung des Verhaltens auch im Falle einer Abmahnung nicht zu erwarten wäre (*BAG* 10.2.1999 – 2 ABR 31/98, NZA 99, 708, 710 f.; im Einzelnen Däubler/Deinert/Zwanziger-*Deinert*, § 314 BGB Rn. 24 ff.).

3. Befristung von Arbeitsverhältnissen

§ 620 spricht von der grundsätzlichen Möglichkeit der Befristung von Arbeitsverhältnissen. Ob eine Befristung jedoch zulässig ist, ergibt sich vor allem aus dem Teilzeit- und Befristungsgesetz (vgl. Nr. 32; siehe auch Nr. 32 a).

4. Betriebsübergang

§ 613 a soll die Rechte von Arbeitnehmern beim Betriebsübergang sichern (Übersicht 34). Diese Vorschrift geht zurück auf die Richtlinie 77/187/EWG, die zwischenzeitlich durch die Richtlinie 2001/23/EG vom 12. 3. 2001 (ABl. L 82/16) ersetzt wurde. Sie gilt auch bei Übernahme eines in Insolvenz gegangenen Unternehmens (*BAG* 3. 5. 1983 – 3 AZR 1263/79, DB 83, 1259; vgl. jetzt § 128 InsO). Mit der Richtlinie 98/50/EG vom 29. 6. 1998 (ABl. L 201/88) wurde zwar die Geltung der Betriebsübergangsrichtlinie für Betriebe in einem Insolvenzverfahren mit dem Ziel der Liquidation ausgeschlossen. Für Deutschland änderte dies aber nichts an der Weitergeltung des günstigeren § 613 a (vgl. *Moll,* RdA 99, 233; *Weber,* EuZW 98, 583).

Über die Frage der Voraussetzungen zur Annahme eines Betriebsübergangs hat es eine lange Diskussion und z. T. voneinander abweichende Entscheidungen des *EuGH* und des *BAG* gegeben. Am heftigsten wurde dabei die Entscheidung des *EuGH* i. S. Christel Schmidt diskutiert, bei der es darum gegangen war, dass eine übergangsfähige Betriebsfunktion auch aus einer einzelnen Reinigungskraft bestehen kann (vgl. *EuGH* 14. 4. 1994 – C-392/92, DB 94, 1370; hierzu kontrovers *Trittin,* AiB 94, 465; *Röder/Baeck,* NZA 94, 204, 545; zum Ganzen *Kittner*, 50 Urteile, 2019, Nr. 22). Das *BAG* hatte demgegenüber den Übergang auch materieller Arbeitsmittel verlangt (*BAG* 4. 3. 1993 – 2 AZR 507/92, NZA 94, 260; Überblick bei *Franzen,* DZWir 96, 397). In einem weiteren Grundsatzurteil hat der *EuGH* (11. 3. 1997 – C-13/95, DB 97, 628 – Ayse Süzen) festgestellt, dass auch beim Fehlen von Betriebsmitteln ein Übergang i. S. der Richtlinie bzw. des § 613 a BGB möglich ist (vgl. *Preis/Steffan,* DB 98, 309; *Annuß,* NZA 98, 70; Rechtsprechungsübersicht bei *Waas/Hanssen/Palonka,* BB 06, 2525). Das ist für alle Fälle des Übergangs von Dienstleistungen von Bedeutung. In solchen Fällen kommt es darauf an, dass die übergegangene Einheit ihre wirtschaftliche Identität bewahrt. Diese Einheit kann auch aus einer Gesamtheit von Arbeitnehmern bestehen, die durch eine gemeinsame Tätigkeit dauerhaft verbunden sind. Ein Betriebsübergang liegt dann vor, wenn der neue Unternehmensinhaber nicht nur die betreffende Tätigkeit weiterführt, sondern auch einen nach Zahl und Sachkunde wesentlichen Teil des beim Vorgänger hierfür eingesetzten Personals übernimmt. Ein Betriebsübergang ist im Übrigen nicht dadurch ausgeschlossen, dass die Tätigkeit für eine gewisse Zeit unterbrochen wird (*EuGH* 7. 8. 2018 – C-472/16, NZA 18, 1123 – Solino Següenza: Einstellung einer Musikschule, Wiederöffnung durch Übernehmer mehrere Monate später nach Schulferien). Kein Betriebsübergang liegt demgegenüber bei einem Wechsel der Anteilseigner eines Unternehmens vor (*BAG* 23. 3. 2017 – 8 AZR 91/15, NZA 17, 981). Denn die Gesellschaft, mit der der Arbeitnehmer einen Arbeitsvertrag hat, wechselt dadurch nicht, der Arbeitgeber ist nach wie vor derselbe.

Im Falle eines Betriebsübergangs haften Alt- und Neuarbeitgeber unter den Voraussetzungen des § 613 a Abs. 2 gesamtschuldnerisch für aufgelaufene Verbindlichkeiten. Rechte aus Betriebsvereinbarungen und Tarifverträgen bleiben dem neuen Arbeitgeber gegenüber erhalten, selbst wenn er nicht kollektivrechtlich an die betreffenden Vereinbarungen gebunden ist. Das gilt auch im Falle eines nur noch nachwirkenden Tarifvertrages (*EuGH* 11. 9. 2014 – C-328/13, EuZW 14, 820 – ÖGB/Wirtschaftskammer Österreich, zur Nachwirkung s. § 4 Abs. 5 TVG, Nr. 31). Diese Rechte können für ein Jahr nicht geändert werden. Wurde in einem Arbeitsvertrag dynamisch auf einen Tarifvertrag verwiesen, bleibt der neue Arbeitgeber mangels Vertragsänderung auch an diese Dynamik gebunden. Das verstößt nicht gegen seine negative Koalitionsfreiheit (*BAG* 23. 9. 2009 – 4 AZR 331/08, NZA 10, 513). Der *EuGH* (18. 7. 2013 – C-426/11, NZA 13, 835 – Alemo-Herron u. a.) will dies allerdings mit Rücksicht auf die unternehmerische Freiheit des Arbeitgebers beschränken. Auf Vorabentscheidungsersuchen des *BAG* (17. 6. 2015 – 4 AZR 61/14, NZA 16, 373; dazu *Hanau*, AuR 16, 159 ff.; *Klein*, NZA 16, 410 ff.; *Sagan*, ZESAR 16, 116 ff.) hat der *EuGH* entschieden, dass der neue Arbeitgeber die Möglichkeit haben muss, seine Änderungsinteressen wirksam geltend zu machen (27. 4. 2017 – C-680/15, NZA 17, 573 – Asklepios; dazu *Bayreuther*, NJW 17, 2158; *Schubert*, ZESAR 18, 8; *Wißmann*, NZA 17, 697). Darauf hat das *BAG* klargestellt, dass der Erwerber nach dem Übergang an die Tarifverträge dynamisch gebunden bleibt, jedoch grundsätzlich die Möglichkeit zur Änderung der Arbeitsbedingungen durch einvernehmliche Vertragsänderung oder einseitig unter den Voraussetzungen einer Änderungskündigung hat (30. 8. 2017 – 4 AZR 95/14, NZA 18, 255; 30. 8. 2017 – 4 AZR 443/15, NZA 18, 363).

Die einjährige Veränderungssperre hinsichtlich kollektivvertraglicher Rechte entfällt hingegen, wenn der Erwerber selber kollektivvertragsgebunden ist. In diesem Fall lösen die dort geltenden Kollektivverträge die alten Bedingungen ab, selbst wenn sie ungünstiger sind. Nach einer Entscheidung des *EuGH* war zwar zweifelhaft geworden, ob eine Verschlechterung der Arbeitsbedingungen auf diesem Wege herbeigeführt werden darf (6. 9. 2011 – C-108/10, NZA 11, 1077 – Scattolon). Das *BAG* erkennt die verschlechternde Ablösung aber jedenfalls für bereits vorher beim Erwerber geltende Kollektivverträge an, die nicht auf eine Gestaltung zum Nachteil der Arbeitnehmer anlässlich des Betriebsübergangs hinauslaufen (23. 1. 2019 – 4 AZR 445/17, NZA 19, 922; 12. 6. 2019 – 1 AZR 154/17, NZA 19, 1203).

Infolge des Betriebsübergangs geht das Arbeitsverhältnis so, wie es beim Veräußerer bestand, auf den Betriebserwerber über. Sofern die Arbeitsbedingungen nicht nachträglich geändert wurden, folgt daraus, dass Betriebszugehörigkeitszeiten beim Veräußerer auch für die Geltendmachung von Rechten beim Erwerber zu berücksichtigen sind (*EuGH* 6. 4. 2017 – C-336/15, NZA 17, 585 – ISS; dazu *Witschen*, EuZA 17, 534).

Gemäß § 613 a Abs. 5 sind die Arbeitnehmer in Textform (§ 126 b) über für sie wichtige Einzelheiten des Betriebsübergangs zu unterrichten (*Meyer*, DB 07, 858). Sie können dem Übergang innerhalb eines Monats nach Zugang dieser Information schriftlich widersprechen (Abs. 6). Das gilt aber nur für den letzten Übergang des Arbeitsverhältnisses; den Widerruf in Bezug auf einen früheren Übergang des Arbeitsverhältnisses hat das *BAG* jedenfalls in der Konstellation nicht anerkannt, in der der zeitlich letzte Übergang des Arbeitsverhältnisses nicht wirksam widerrufen wurde (*BAG* 21. 8. 2014 – 8 AZR 619/13, NZA 14, 1405; 19. 11. 2015 – 8 AZR 773/14, NZA 16, 647). Die Frist beginnt nicht zu laufen, wenn der Arbeitgeber

seiner Informationspflicht gemäß Abs. 5 nicht oder nur unvollständig nachgekommen ist. Das Widerspruchsrecht kann aber verwirkt werden. Eine Verwirkung ist regelmäßig dann anzunehmen, wenn der Arbeitnehmer vom Übergang und vom Zeitpunkt seines Arbeitsverhältnisses, vom Gegenstand des Betriebsübergangs und vom Betriebsübernehmer Kenntnis hatte und über das Widerspruchsrecht als solches belehrt worden war und widerspruchslos beim Betriebsübernehmer über einen Zeitraum von mindestens sieben Jahren hinweg weiterarbeitet (*BAG* 24.8.2017 – 8 AZR 265/16, NZA 18, 168). Zur Frage eines Verzichts auf das Widerspruchsrecht *BAG* 28.2.2019 – 8 AZR 201/18, NZA 19, 1279.
Eine nicht ordnungsgemäße Unterrichtung führt jedoch nicht zur Unwirksamkeit einer dem Arbeitnehmer gegenüber ausgesprochenen Kündigung (*BAG* 24.5.2005 – 8 AZR 398/04, DB 05, 2472 mit Anm. *Gaul/Otto,* DB 05, 2465). Der Arbeitnehmer kann aber wegen der mangelhaften Unterrichtung Schadensersatzansprüche geltend machen (*BAG* 31.1.2008 – 8 AZR 1116/06, NZA 08, 642). Der widersprechende Arbeitnehmer bleibt beim bisherigen Arbeitgeber, riskiert dort aber eine Kündigung aus betriebsbedingten Gründen. Allerdings ist auch in einem solchen Fall eine Sozialauswahl durchzuführen, bei der die Gründe für den Widerspruch nicht berücksichtigt werden (*BAG* 31.5.2007 – 2 AZR 276/06, NZA 08, 33). Die Ausübung des Widerspruchsrechts bewirkt keine Betriebsspaltung und begründet kein Übergangs- oder Restmandat des Betriebsrats nach §§ 21 a, 21 b BetrVG für die widersprechenden Arbeitnehmer (*BAG* 8.5.2014 – 2 AZR 1005/12, NZA 15, 889).
Werden – wie häufig bei Einschaltung einer Transfergesellschaft – Aufhebungsverträge geschlossen oder veranlasst der Arbeitgeber den Arbeitnehmer zu einer Eigenkündigung, obwohl dieser beim Betriebserwerber weiterhin arbeiten soll, ist dieses Rechtsgeschäft regelmäßig wegen Gesetzesumgehung nichtig, denn es zielt allein auf eine Verhinderung der Rechtsfolgen des § 613 a (*BAG* 27.9.2012 – 8 AZR 826/11, NZA 13, 961).

5. Arbeitnehmerhaftung

Das *BAG* hatte seit langem eine Begrenzung der Haftung eines Arbeitnehmers für von ihm verursachte Schäden vorgenommen (vgl. Deinert/Heuschmid/Zwanziger-*Lakies,* Arbeitsrecht, § 63; *Kittner*, 50 Urteile, 2019, Nr. 11; *Schwab,* NZA-RR 06, 449; a. A. *Fischinger/Hofer*, NZA 17, 349; zum persönlichen Anwendungsbereich *Joussen*, RdA 06, 129; zur Arbeitgeberhaftung *Schwab*, NZA-RR 06, 505). Nach Herstellung des Einvernehmens mit dem *BGH* (21.9.1993 – GmS-OGB 1/93, AP Nr. 102 zu § 611 BGB Haftung des Arbeitnehmers) stehen folgende Grundsätze nach der Rechtsprechung des *BAG* fest (27.9.1994 – GS 1/89 (A), AP Nr. 103 zu § 611 BGB Haftung des Arbeitnehmers): Bei leichtester Fahrlässigkeit haftet der Arbeitnehmer überhaupt nicht, während er bei Vorsatz und im Allgemeinen auch bei grober Fahrlässigkeit in vollem Umfang haften muss. Bei normaler Schuld (= mittlere Fahrlässigkeit) ist der Schaden zwischen Arbeitgeber und Arbeitnehmer zu teilen, wobei Verschulden und Betriebsrisiko gegeneinander abzuwägen sind (so auch *BGH* 11.3.1996 – II ZR 230/94, DB 96, 1242). Ausnahmsweise ist aber auch im Falle grober Fahrlässigkeit eine Haftungserleichterung möglich, soweit die Haftung unzumutbar ist. Dies ist insbesondere zu bejahen bei einem Missverhältnis zwischen Schadensrisiko und Arbeitslohn, d.h. wenn das Schadensrisiko so hoch ist, dass der Arbeitnehmer typischerweise schon von seinem Arbeitsentgelt her nicht in der Lage ist, Risikovorsorge zu betreiben oder einen eingetretenen Schaden zu ersetzen (*BAG* 12.10.1989 – 8 AZR 276/88, NZA 90, 97; 23.1.1997 – 8 AZR 893/95, NZA 98, 140). Als Faustregel orientiert sich die Rechtsprechung hier an einer Schadenshöhe von mehr als 3 Monatsgehältern (*BAG* 15.11.2001 – 8 AZR 95/01, NZA 02, 612, 614). Die Haftungsbeschränkung gilt für alle betrieblich veranlassten Tätigkeiten (*BAG* 27.9.1994 – GS 1/89 (A), AP Nr. 103 zu § 611 BGB Haftung des Arbeitnehmers; vgl. *Hanau/Rolfs*, NJW 94, 1439; *Kraushaar*, AiB 94, 353; *Annuß*, NZA 98, 1089). Der durch das Schuldrechtsmodernisierungsgesetz eingefügte § 619 a stellt gesetzlich klar, dass der Arbeitgeber – abweichend von den allgemeinen Grundsätzen des § 280 – die Beweislast für das Verschulden des Arbeitnehmers trägt.

Im Außenverhältnis, gegenüber einem geschädigten Dritten, lässt der *BGH* eine Haftungsbeschränkung wegen betrieblich veranlasster Arbeit nicht zu (*BGH* 21.12.1993 – VI ZR 103/93, DB 94, 634). Der Arbeitnehmer kann von seinem Arbeitgeber allerdings verlangen, in dem Umfang von der Haftung gegenüber Dritten freigestellt zu werden, in dem er dem Arbeitgeber gegenüber frei wäre, wenn dieser der Geschädigte wäre (*BAG* 23.6.1988 – 8 AZR 300/85, AP Nr. 94 zu § 611 BGB Haftung des Arbeitnehmers). Sofern der Arbeitnehmer in den Schutzbereich einer Pflichtversicherung einbezogen ist, lässt der *BGH* keine Berufung der Versicherung auf eine Schadensteilung zu (*BGH* 8.12.1971 – IV ZR 102/70, NJW 72, 440). Eine freiwillig abgeschlossene Berufshaftpflichtversicherung schließt diese Grundsätze dagegen nicht aus (*BAG* 25.9.1997 – 8 AZR 288/96, BB 98, 749). Wenn der Arbeitnehmer mit einem außenstehenden Dritten als Gesamtschuldner haftet, ist der Arbeitgeber nicht gehalten, sich vorrangig an den Dritten zu halten, es sei denn, es wäre ihm ohne Weiteres möglich, von diesem Ersatz zu erlangen (*BAG* 7.6.2018 – 8 AZR 96/17, NZA 19, 44).

Probleme der Arbeitnehmerhaftung (Konkretisierung der Rechtsprechungs-Kriterien, weitere Reduzierung) können in einer Betriebsvereinbarung geregelt werden (*Meißner*, Betriebsrat 3/92, 53).

6. Nachweisgesetz

Nach dem auf der so genannten Nachweisrichtlinie 91/533/EWG v. 14.10.1991 (ABl. L 288/32) beruhenden Nachweisgesetz muss der Arbeitgeber dem Arbeitnehmer einen schriftlichen Nachweis der Arbeitsbedingungen geben. Dies darf nicht mit einem Schriftformgebot für das Arbeitsverhältnis verwechselt werden (s. Einl. zum NachwG, Nr. 29).

7. Schriftform, elektronische Form und Textform

Aufgrund des »Arbeitsrechtsbeschleunigungsgesetzes« vom 30.3.2000 (BGBl. I 333) wurde § 623 BGB eingefügt. Danach bedarf die Beendigung eines Arbeitsverhältnisses durch Kündigung (beider Seiten), Auflösungsvertrag (dazu auch u. 9) und Befristung zu ihrer Wirksamkeit der Schriftform des § 126 (zum Gesetz vgl.

Däubler, AiB 2000, 188; *Lakies,* BB 2000, 667; *Preis/Rolfs,* NZA 2000, 348). Die Schriftform für Befristungsabreden ist in § 14 Abs. 4 TzBfG geregelt (vgl. Nr. 32). Für den Abschluss eines Arbeitsvertrages selbst gibt es hingegen kein gesetzliches Formgebot.

Mit dem »Gesetz zur Anpassung der Formvorschriften des Privatrechts und anderer Vorschriften an den modernen Rechtsgeschäftsverkehr« vom 13.7.2001 (BGBl. I 1542) sind die elektronische Form (§ 126 a) und die Textform (§ 126 b) eingeführt worden. Im Zweifel gilt die elektronische Form auch für ein rechtsgeschäftlich vereinbartes Formerfordernis (§ 127 Abs. 1). Sie ermöglicht insbesondere die Abgabe authentischer Willenserklärungen über das Internet. Allerdings wird die elektronische Form für drei wichtige arbeitsrechtliche Formerfordernisse ausdrücklich nicht zugelassen: die Dokumentation des Vertragsinhalts aufgrund des Nachweisgesetzes (§ 2 Abs. 1 Satz 3 NachwG), die Beendigung des Arbeitsverhältnisses gemäß § 623 und die Erteilung eines Zeugnisses gemäß § 630. Die elektronische Form hat vor allem Bedeutung bei Schriftformerfordernissen im Betriebsverfassungsrecht (vgl. DKW-*Wedde,* Einl. Rn. 184 ff.). Die Textform ermöglicht Dokumente ohne persönliche Unterschrift (vgl. § 613 a Abs. 5; s. o. 4).

8. Formularverträge/Allgemeine Geschäftsbedingungen

Seit dem 1.1.2002 ist mit dem »Schuldrechtsmodernisierungsgesetz« die bisher schon für sonstige vorformulierte Vertragsinhalte (»Allgemeine Geschäftsbedingungen« – AGB) geltende Rechtskontrolle auch auf Arbeitsverträge erstreckt worden (Übersicht *Annuß,* BB 06, 1333; Bestandsaufnahme bei *Stoffels,* ZfA 09, 861; *Deinert,* AiB 2008, 217 ff.). Dazu wurden die früheren Vorschriften des AGBG im Wesentlichen unverändert in das BGB überführt (§§ 305–310). Zu berücksichtigen sind dabei »die im Arbeitsrecht geltenden Besonderheiten« (§ 310 Abs. 4 Satz 2); nicht einbezogen ist die Kontrolle von Tarifverträgen sowie Betriebs- und Dienstvereinbarungen (§ 310 Abs. 4 Satz 1). Diese Einschränkungen gelten aber nicht für Privatkredite, die Arbeitgeber ihren Arbeitnehmern gewähren. Hier gilt das AGB-Recht vielmehr so, wie es auch sonst bei allgemeinen zivilrechtlichen Verträgen eingreift (vgl. *EuGH* 21.3.2019 – C-590/17, RIW 19, 361 – Pouvin u. a.). Nicht überprüft werden kann die Vereinbarung der Höhe der Vergütung, solange nicht die Grenze der Sittenwidrigkeit (s. u. 12) erreicht wird (*BAG* 17.10.2012 – 5 AZR 792/11, NZA 13, 266). Vorrang vor Allgemeinen Geschäftsbedingungen, aber auch sonst vor durch den Arbeitgeber gestellten Vertragsbedingungen, haben individuelle Vereinbarungen der Vertragsparteien (*BAG* 24.8.2016 – 5 AZR 129/16, NZA 17, 58).

Aufgrund dieser Rechtslage hat das *BAG* inzwischen eine Reihe von typischen Vertragsgestaltungen einer AGB-Kontrolle unterzogen, z. B.

- Vertragsstrafen (4.3.2004 – 8 AZR 196/03, NZA 04, 727; 21.4.2005 – 8 AZR 425/04, NZA 05, 1053; 25.9.2008 – 8 AZR 717/07, DB 09, 569; 17.3.2016 – 8 AZR 665/14, NZA 16, 945; 24.8.2017 – 8 AZR 378/16, NZA 18, 100; *Hauck,* NZA 06, 816)
- Widerruf bzw. Anrechnung übertariflicher Leistungen (17.9.2003 – 4 AZR 533/02, NZA 04, 437; 12.1.2005 – 5 AZR 364/04, DB 05, 669)
- Freiwilligkeitsvorbehalt (14.9.2011 – 10 AZR 526/10, NZA 12, 81; 17.4.2013 – 10

AZR 281/12, NZA 13, 787; 20.2.2013 – 10 AZR 177/12, NZA 13, 1015; 19.3.2014 – 10 AZR 622/13, DB 14, 1203; 13.5.2015 – 10 AZR 266/14, NZA 15, 992)

- Widerrufsvorbehalt (24.1.2017 – 1 AZR 774/14, NZA 17, 777)
- Änderungsvertrag (15.11.2016 – 3 AZR 582/15, NZA 17, 1058)
- Tätigkeit (11.4.2006 – 9 AZR 557/05, NZA 06, 1149; 9.5.2006 – 9 AZR 424/05, NZA 07, 145) und Arbeitszeit (12.1.2005 – 5 AZR 364/04, NZA 05, 465; 2.9.2009 – 7 AZR 233/08, NZA 09, 1253; vgl. *Hromadka/Schmitt-Rolfes*, NJW 07, 1777)
- Versetzungsklausel (13.4.2010 – 9 AZR 36/09, DB 10, 2805)
- Pauschalabgeltung von Überstunden (27.6.2012 – 5 AZR 530/11, NZA 12, 1147; 18.11.2015 – 5 AZR 751/13, NZA 16, 487)
- Bonusvereinbarung (6.5.2009 – 10 AZR 443/08, DB 09, 1601; 3.8.2016 – 10 AZR 710/14, NZA 16, 1334)
- Stichtagklauseln für Sonderzahlungen, die auch Vergütungen für geleistete Arbeit enthalten (18.1.2012 – 10 AZR 612/10, NZA 12, 561; 13.11.2013 – 10 AZR 848/12, NZA 14, 368), und für Sonderzahlungen, die keine Vergütung darstellen (18.1.2012 – 10 AZR 667/10, NZA 12, 620)
- Inbezugnahme von Tarifverträgen (14.12.2005 – 4 AZR 536/04, AP Nr. 39 zu § 1 TVG Bezugnahme auf Tarifvertrag; 24.9.2008 – 6 AZR 76/07, NZA 09, 154),
- befristete Arbeitszeiterhöhung (27.7.2005 – 7 AZR 486/04, NZA 06, 40; 8.8.2007 – 7 AZR 855/06, NZA 08, 229; 15.12.2011 – 7 AZR 394/10, NZA 12, 674; 23.3.2016 – 7 AZR 828/13, NZA 16, 881; 25.4.2018 – 7 AZR 520/16, NZA 18, 1061; s. aber auch Einl. II 1 a zum TzBfG, Nr. 32) und Übertragung höherwertiger Tätigkeit (24.2.2016 – 7 AZR 253/14, NZA 16, 814; 7.10.2015 – 7 AZR 945/13, NZA 16, 441),
- Ausschlussklauseln (25.5.2005 – 5 AZR 572/04, NZA 05, 1111; hierzu *Müller*, BB 05, 1333; *Reinecke*, BB 05, 1388; *BAG* 27.10.2005 – 8 AZR 546/03, NZA 06, 259; 1.3.2006 – 5 AZR 511/05, NZA 06, 783; 19.3.2008 – 5 AZR 429/07, NZA 08, 757; 27.1.2016 – 5 AZR 277/14, NZA 16, 679; 21.4.2016 – 8 AZR 753/14, BB 16, 2491; 28.9.2017 – 8 AZR 67/15, NZA 18, 589)
- Kündigungsfristen (26.10.2017 – 6 AZR 158/16, NZA 18, 297: Verlängerung auf 3 Jahre zum Monatsende ist unwirksam)
- Abgeltungsklauseln (19.11.2008 – 10 AZR 671/07, NZA 09, 318; 24.2.2016 – 5 AZR 258/14, NZA 16, 762)
- Verzicht auf Kündigungsschutzklage (6.9.2007 – 2 AZR 722/06, NZA 08, 219; 25.9.2014 – 2 AZR 788/13, NZA 15, 350; 12.3.2015 – 6 AZR 82/14, NZA 15, 676; 24.9.2015 – 2 AZR 347/14, NZA 16, 351)
- Rückzahlung von Aus- und Fortbildungskosten (11.4.2006 – 9 AZR 610/05, NZA 06, 1042; 18.3.2008 – 9 AZR 186/07, NZA 08, 1004; 18.11.2008 – 3 AZR 192/07, DB 09, 853; 14.1.2009 – 3 AZR 900/07, DB 09, 1129; *BGH* 17.9.2009 – III ZR 207/08, NZA 10, 37; *BAG* 28.5.2013 – 3 AZR 103/12, DB 13, 2152; 11.12.2018 – 9 AZR 383/18, NZA 19, 781)

Eine als unzulässig erkannte Klausel wird dabei nicht im Wege der sog. geltungserhaltenden Reduktion auf das zulässige Maß zurückgeführt. Vielmehr gilt nur das für einen solchen Fall gesetzlich Vorgesehene (z. B. gar keine Vertragsstrafe oder im Falle einer Ausschlussklausel die gesetzliche Verjährungsregelung; insgesamt vgl. *Thüsing/Leder,* BB 05, 938 und 1563).

9. Verbrauchereigenschaft des Arbeitnehmers

Seit dem Fernabsatzgesetz vom 27.6.2000 (BGBl. I 897) enthält § 13 BGB eine Legaldefinition des Verbrauchers. Sie bezieht ihrem Wortlaut nach auch Arbeitnehmer ein, und zwar sowohl in Bezug auf »echte« Verbrauchergeschäfte zwischen Arbeitgeber und Arbeitnehmer (z. B. Kauf eines »Jahreswagens«) als auch das eigentliche Arbeitsverhältnis. Das *BAG* bejaht eine Verbrauchereigenschaft des Arbeitnehmers, behält sich aber die Prüfung vor, ob die Anwendbarkeit der jeweiligen Norm nach ihrem Zweck ausgeschlossen ist. Das bedeutet:

- Der Widerruf eines Aufhebungsvertrages wird nicht zugelassen, weil es sich nach dem Gesetzeszweck um kein Haustürgeschäft i. S. des § 312 Abs. 1 Satz 1 Nr. 1 a. F. handelt (*BAG* 27.11.2003 – 2 AZR 135/03, NZA 04, 597; die Bestimmung ist inzwischen abweichend in den §§ 312 b, 312 g BGB geregelt und passt ohnehin in der Regel nicht. Die Rechtsprechung verneint das Widerspruchsrecht auch in der neuen Fassung im Hinblick auf den Gesetzeszweck. Allerdings geht das *BAG* davon aus, dass beim Abschluss von Aufhebungsverträgen das Gebot fairen Verhandelns aus § 241 Abs. 2 folgt. Es wird verletzt, wenn die Verhandlungssituation auf eine »unfaire Behandlung« hinausläuft. Das führt dann zu einem Schadensersatzanspruch, der auf eine Lösung von dem ungewünschten Aufhebungsvertrag hinausläuft (*BAG* 7.2.2019 – 6 AZR 75/18, NZA 19, 688; dazu *Fischinger*, NZA 19, 729).
- Eine individuell ausgehandelte Vertragsklausel kann gemäß § 310 Abs. 3 Nr. 2 überprüft werden (*BAG* 25.5.2005 – 5 AZR 572/04, NZA 05, 1111).
- Hinsichtlich der Möglichkeit niedriger Zinsen gemäß § 288 Abs. 1 und 2 lässt das *BAG* seine Neigung erkennen, keine verbraucherspezifische Besonderheit anzuerkennen (25.5.2005 – 5 AZR 572/04, NZA 05, 1111).

10. Fragerecht des Arbeitgebers

Die Rechtsprechung beurteilt die Frage der Anfechtbarkeit eines Arbeitsvertrages nach § 123 BGB wegen unzutreffender Angaben des Arbeitnehmers zu seinen persönlichen Verhältnissen nach der Zulässigkeit der vom Arbeitgeber diesbezüglich gestellten Frage (*BAG* 5.10.1995 – 2 AZR 923/94, NZA 96, 371). Die Zulässigkeit wurde früher nach einer Interessenabwägung ermittelt. Sie richtet sich nunmehr nach § 26 BDSG (s. Einl. III zum BDSG, Nr. 15).

11. Werkswohnungen

Das Mietrecht des BGB enthält in §§ 576 ff. Sonderregelungen für Wohnraum, der nur mit Rücksicht auf das Bestehen eines Arbeitsverhältnisses überlassen wurde (Übersicht 35).

12. Mindestlohn

In Deutschland gab es keinen allgemeinen gesetzlichen Mindestlohn. Stattdessen bevorzugte der Gesetzgeber ein Konzept branchenspezifischer Mindestlöhne nach dem AEntG (Nr. 31 a). Daneben genoss der Arbeitnehmer nur Schutz gegen »Hungerlöhne« nach § 138 BGB (vgl. Einl. I 6 zum AEntG, Nr. 31 a). Seit 1. 1. 2015 gibt es einen allgemeinen gesetzlichen Mindestlohn für alle Arbeitnehmer nach dem MiLoG (Nr. 31 b).

13. Arbeitszeit

Die Arbeitszeit spielt unter drei Gesichtspunkten eine Rolle. Erstens regelt das ArbZG (Nr. 8), in welchem Umfang der Arbeitnehmer maximal arbeiten darf. Zweitens geht es um die zeitliche Lage der vom Arbeitnehmer zu erbringenden Arbeitsleistung (vgl. *Franzen*, RdA 14, 1, 3). Und drittens ist die vereinbarte Arbeitszeit für die Vergütung des Arbeitnehmers maßgeblich (vgl. Einl. III 5 zum ArbZG, Nr. 8). Dies knüpft allein an die Leistung der versprochenen Dienste und ist unabhängig von der arbeitszeitrechtlichen Einordnung der betreffenden Zeiten (*BAG* 19. 3. 2014 – 5 AZR 954/12, NZA 14, 787). Vergütungspflichtig sind auch Reisezeiten für Dienstreisen unter Einschluss von Auslandsdienstreisen (*BAG* 17. 10. 2018 – 5 AZR 553/17, NZA 19, 159). In welchem Umfang der Arbeitnehmer zur Arbeitsleistung verpflichtet ist, muss in Ermangelung anderer Anhaltspunkte aus der bisherigen Vertragspraxis der Parteien gefolgert werden (*BAG* 2. 11. 2016 – 10 AZR 419/15, NZA 17, 187). Arbeitet der Arbeitnehmer weniger als er vertraglich arbeiten muss, erhält er keinen Lohn, sofern der Arbeitgeber nicht dafür verantwortlich ist (zur diesbezüglichen Feststellung bei Streit um die Arbeitsfähigkeit des Arbeitnehmers *BAG* 22. 8. 2018 – 5 AZR 592/17, NZA 19, 30), dass der Arbeitnehmer nicht arbeiten konnte oder ein besonderer Ausnahmetatbestand eingreift. Ist allerdings (wie oftmals) ein Arbeitszeitkonto vereinbart, kann der Arbeitnehmer regelmäßig in bestimmten Ausgleichzeiträumen nacharbeiten, die ausgefallene Zeit wird als Minus in das Arbeitszeitkonto eingestellt.

Weiterführende Literatur

Zu BGB und Arbeitsvertrag:

Deinert/Heuschmid/Zwanziger-*Callsen,* Arbeitsrecht, § 13 (Arbeitsvertrag/einseitige Gestaltung)

Däubler, BGB kompakt, 3. Aufl. (2008)

Dieterich, Grundgesetz und Privatautonomie im Arbeitsrecht, RdA 1995, S. 129

Kittner, Der freie Arbeitsvertrag, Festschrift Kissel (1994), S. 473

Kittner, Schuldrecht, 3. Aufl. (2003)

Palandt, Bürgerliches Gesetzbuch, 79. Aufl. (2020)

Zum Betriebsübergang:

Bachner/Gerhardt, Betriebsübergang/Interessenausgleich/Sozialplan, 3. Aufl. (2017)

Bachner/Gerhardt/Matthießen, Arbeitsrecht bei der Umstrukturierung von Unternehmen und Betrieben 5. Aufl. (2018)

Franzen, Informationspflichten und Widerspruchsrecht beim Betriebsübergang nach § 613 a Abs. 5 und 6 BGB, RdA 2002, S. 258

Laßmann/Rupp, Betriebsübergang – § 613 a BGB, Handlungshilfe für Betriebsräte (2017)

Willemsen/Hohenstatt/Schweibert/Seibt, Umstrukturierung und Übertragung von Unternehmen, 5. Aufl. (2016)

Zur Haftung:

Hanau, Altes und Neues zur arbeitsrechtlichen Haftungsbeschränkung, ZFA 2018, S. 65

Hanau/Rolfs, Abschied von der gefahrgeneigten Arbeit, NJW 1994, S. 1439

Krause, Geklärte und ungeklärte Probleme der Arbeitnehmerhaftung, NZA 2003, S. 577

Oetker, Neues zur Arbeitnehmerhaftung durch § 619 a BGB?, BB 2002, S. 43

Otto/Schwarze/Krause, Die Haftung des Arbeitnehmers, 4. Aufl. (2014)

Richardi, Abschied von der gefahrgeneigten Arbeit als Voraussetzung für die Beschränkung der Arbeitnehmerhaftung, NZA 1994, S. 241

Schwab, Die Haftung des Arbeitnehmers, AiB 2007, S. 85

Waltermann, Besonderheiten der Haftung im Arbeitsverhältnis, JuS 2009, S. 193

Zur AGB-Kontrolle:

Clemenz/Kreft/Krause, AGB-Arbeitsrecht, Kommentar, 2. Aufl. (2019)

Däubler/Bonin/Deinert, AGB-Kontrolle im Arbeitsrecht, 4. Aufl. (2014)

Lakies, Vertragsgestaltung und AGB im Arbeitsrecht, 2. Aufl. (2011)

Lakies, Inhaltskontrolle von Arbeitsverträgen (2014)

Preis, Der Arbeitsvertrag, 5. Aufl. (2015)

Übersicht 33: Arbeitsrecht im Allgemeinen Schuldrecht

Gegenstand	§§ BGB
Leistungsbeschreibung, Leistungsmodalitäten (Leistungs- und Zahlungsort, Leistungszeit)	241, 269ff.
Schadensersatz	249ff.
Fälligkeit	271
Leistungsverweigerungsrecht (Zurückbehaltungsrecht)	273
Unmöglichkeit, Verzug, Verschulden	275ff.
Hilfspersonen	278
Gläubigerverzug	293ff.
Vertrag	311
AGB-Kontrolle	305ff.
Abmahnung	314
einseitige Leistungsbestimmung	315ff.
Leistungsbestimmung durch Dritte	317
gegenseitiger Vertrag	320ff.
Leistungen zugunsten Dritter	328ff.
Draufgabe, Vertragsstrafe	336ff.
Rücktritt	346ff.
Erfüllung	362ff.
Quittung	368ff.
Aufrechnung	387ff.
Erlass	397
Forderungsübertragung	398ff.
Schuldübernahme	414ff.
Schuldner-/Gläubigermehrheit	420ff.

Übersicht 34: Betriebsübergang

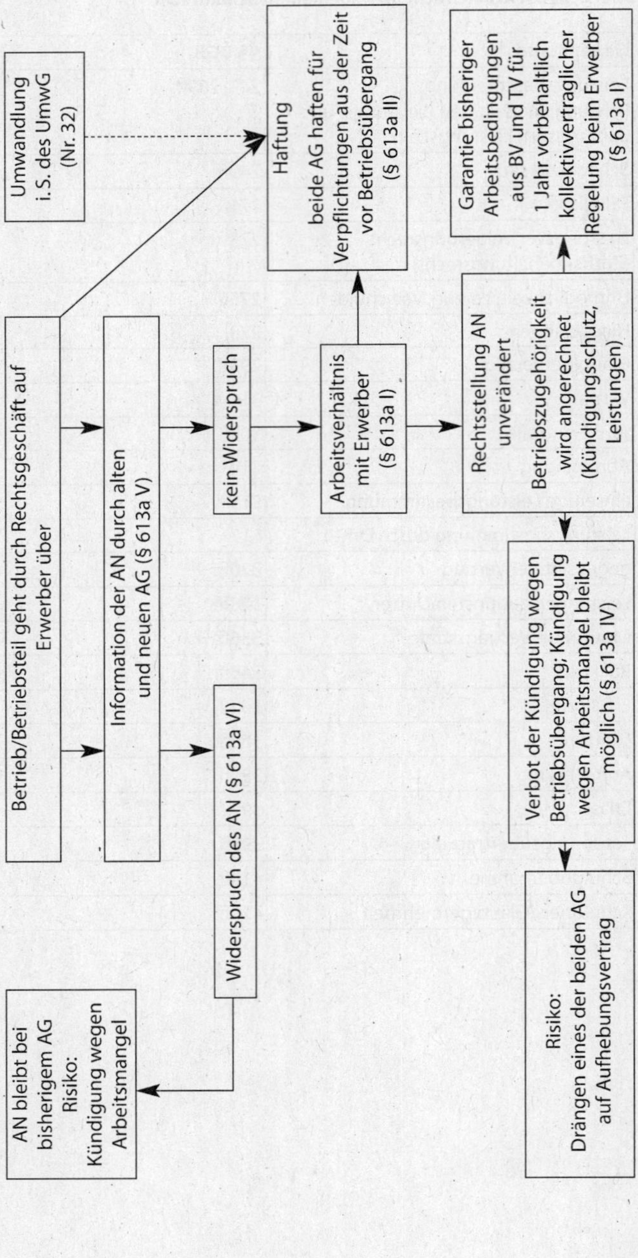

Übersicht 35: Werkwohnung

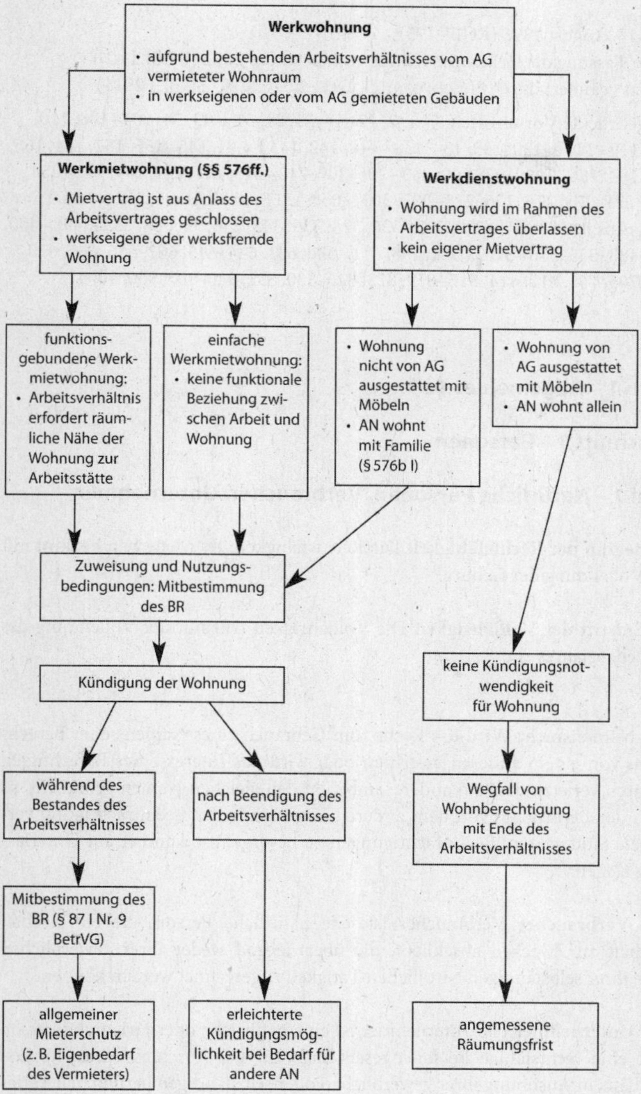

Bürgerliches Gesetzbuch (BGB)

vom 18. August 1896 (RGBl. 195),
in der Fassung der Bekanntmachung vom 2. Januar 2002 (BGBl. I 42),
zuletzt geändert durch Gesetz vom 21. Dezember 2019 (BGBl. I 2911)

(Abgedruckte Vorschriften: §§ 1, 2, 12–14, 21, 31, 31 a, 43, 54, 104–108, 110, 113, 119–127 a, 130, 133, 134, 138–140, 142, 143 I u. II, 145–155, 157, 164, 166, 174, 180, 186–195, 197–199, 203–205, 209, 212–215, 241, 242, 249, 252–254, 269–271, 273, 275, 276, 278–297, 305, 305 b–311 a, 312 Abs. 1, 312 b Abs. 1, 312 g Abs. 1, 313–315, 320, 323–326, 328, 339, 343, 346, 355, 387, 394, 398–400, 433, 488, 535, 576–576 b, 581, 598, 611–630, 631, 644, 645, 662, 666, 667, 670, 677, 705, 765, 812, 814, 817–819, 823, 826, 830, 831, 840, 903, 950, 1004)

Buch 1 – Allgemeiner Teil

Abschnitt 1 – Personen

Titel 1 – Natürliche Personen, Verbraucher, Unternehmer

§ 1 Beginn der Rechtsfähigkeit Die Rechtsfähigkeit des Menschen beginnt mit der Vollendung der Geburt.

§ 2 Eintritt der Volljährigkeit Die Volljährigkeit tritt mit der Vollendung des 18. Lebensjahres ein.

…

§ 12 Namensrecht Wird das Recht zum Gebrauch eines Namens dem Berechtigten von einem anderen bestritten oder wird das Interesse des Berechtigten dadurch verletzt, dass ein anderer unbefugt den gleichen Namen gebraucht, so kann der Berechtigte von dem anderen Beseitigung der Beeinträchtigung verlangen. Sind weitere Beeinträchtigungen zu besorgen, so kann er auf Unterlassung klagen.

§ 13 Verbraucher Verbraucher ist jede natürliche Person, die ein Rechtsgeschäft zu Zwecken abschließt, die überwiegend weder ihrer gewerblichen noch ihrer selbständigen beruflichen Tätigkeit zugerechnet werden können.

§ 14 Unternehmer (1) Unternehmer ist eine natürliche oder juristische Person oder eine rechtsfähige Personengesellschaft, die bei Abschluss eines Rechtsgeschäfts in Ausübung ihrer gewerblichen oder selbständigen beruflichen Tätigkeit handelt.
(2) Eine rechtsfähige Personengesellschaft ist eine Personengesellschaft, die mit

der Fähigkeit ausgestattet ist, Rechte zu erwerben und Verbindlichkeiten einzugehen.

...

Titel 2 – Juristische Personen

§ 21 Nichtwirtschaftlicher Verein Ein Verein, dessen Zweck nicht auf einen wirtschaftlichen Geschäftsbetrieb gerichtet ist, erlangt Rechtsfähigkeit durch Eintragung in das Vereinsregister des zuständigen Amtsgerichts.

...

§ 31 Haftung des Vereins für Organe Der Verein ist für den Schaden verantwortlich, den der Vorstand, ein Mitglied des Vorstands oder ein anderer verfassungsmäßig berufener Vertreter durch eine in Ausführung der ihm zustehenden Verrichtungen begangene, zum Schadensersatze verpflichtende Handlung einem Dritten zufügt.

§ 31 a Haftung von Vorstandsmitgliedern (1) Ein Vorstand, der unentgeltlich tätig ist oder für seine Tätigkeit eine Vergütung erhält, die 500 Euro jährlich nicht übersteigt, haftet dem Verein für einen in Wahrnehmung seiner Vorstandspflichten verursachten Schaden nur bei Vorliegen von Vorsatz oder grober Fahrlässigkeit. Satz 1 gilt auch für die Haftung gegenüber den Mitgliedern des Vereins.

(2) Ist ein Vorstand nach Absatz 1 Satz 1 einem anderen zum Ersatz eines in Wahrnehmung seiner Vorstandspflichten verursachten Schadens verpflichtet, so kann er von dem Verein die Befreiung von der Verbindlichkeit verlangen. Satz 1 gilt nicht, wenn der Schaden vorsätzlich oder grob fahrlässig verursacht wurde.

...

§ 43 Entziehung der Rechtsfähigkeit Einem Verein, dessen Rechtsfähigkeit auf Verleihung beruht, kann die Rechtsfähigkeit entzogen werden, wenn er einen anderen als den in der Satzung bestimmten Zweck verfolgt.

...

§ 54 Nicht rechtsfähige Vereine Auf Vereine, die nicht rechtsfähig sind, finden die Vorschriften über die Gesellschaft Anwendung. Aus einem Rechtsgeschäfte, das im Namen eines solchen Vereins einem Dritten gegenüber vorgenommen wird, haftet der Handelnde persönlich; handeln mehrere, so haften sie als Gesamtschuldner.

...

Abschnitt 3 – Rechtsgeschäfte

Titel 1 – Geschäftsfähigkeit

§ 104 Geschäftsunfähigkeit Geschäftsunfähig ist:
1. wer nicht das siebente Lebensjahr vollendet hat;
2. wer sich in einem die freie Willensbestimmung ausschließenden Zustand krankhafter Störung der Geistestätigkeit befindet, sofern nicht der Zustand seiner Natur nach ein vorübergehender ist.

§ 105 Nichtigkeit der Willenserklärung (1) Die Willenserklärung eines Geschäftsunfähigen ist nichtig.
(2) Nichtig ist auch eine Willenserklärung, die im Zustande der Bewusstlosigkeit oder vorübergehender Störung der Geistestätigkeit abgegeben wird.

§ 105 a Geschäfte des täglichen Lebens Tätigt ein volljähriger Geschäftsunfähiger ein Geschäft des täglichen Lebens, das mit geringwertigen Mitteln bewirkt werden kann, so gilt der von ihm geschlossene Vertrag in Ansehung von Leistung und, soweit vereinbart, Gegenleistung als wirksam, sobald Leistung und Gegenleistung bewirkt sind. Satz 1 gilt nicht bei einer erheblichen Gefahr für die Person oder das Vermögen des Geschäftsunfähigen.

§ 106 Beschränkte Geschäftsfähigkeit Minderjähriger Ein Minderjähriger, der das siebente Lebensjahr vollendet hat, ist nach Maßgabe der §§ 107 bis 113 in der Geschäftsfähigkeit beschränkt.

§ 107 Einwilligung des gesetzlichen Vertreters Der Minderjährige bedarf zu einer Willenserklärung, durch die er nicht lediglich einen rechtlichen Vorteil erlangt, der Einwilligung seines gesetzlichen Vertreters.

§ 108 Vertragsschluss ohne Einwilligung (1) Schließt der Minderjährige einen Vertrag ohne die erforderliche Einwilligung des gesetzlichen Vertreters, so hängt die Wirksamkeit des Vertrags von der Genehmigung des Vertreters ab.
…

§ 110 Bewirken der Leistung mit eigenen Mitteln Ein von dem Minderjährigen ohne Zustimmung des gesetzlichen Vertreters geschlossener Vertrag gilt als von Anfang an wirksam, wenn der Minderjährige die vertragsmäßige Leistung mit Mitteln bewirkt, die ihm zu diesem Zweck oder zu freier Verfügung von dem Vertreter oder mit dessen Zustimmung von einem Dritten überlassen worden sind.
…

§ 113 Dienst- oder Arbeitsverhältnis (1) Ermächtigt der gesetzliche Vertreter den Minderjährigen, in Dienst oder in Arbeit zu treten, so ist der Minderjährige

für solche Rechtsgeschäfte unbeschränkt geschäftsfähig, welche die Eingehung oder Aufhebung eines Dienst- oder Arbeitsverhältnisses der gestatteten Art oder die Erfüllung der sich aus einem solchen Verhältnis ergebenden Verpflichtungen betreffen. Ausgenommen sind Verträge, zu denen der Vertreter der Genehmigung des Familiengerichts bedarf.
(2) Die Ermächtigung kann von dem Vertreter zurückgenommen oder eingeschränkt werden.
(3) Ist der gesetzliche Vertreter ein Vormund, so kann die Ermächtigung, wenn sie von ihm verweigert wird, auf Antrag des Minderjährigen durch das Familiengericht ersetzt werden. Das Familiengericht hat die Ermächtigung zu ersetzen, wenn sie im Interesse des Mündels liegt.
(4) Die für einen einzelnen Fall erteilte Ermächtigung gilt im Zweifel als allgemeine Ermächtigung zur Eingehung von Verhältnissen derselben Art.
…

Titel 2 – Willenserklärung

§ 119 Anfechtbarkeit wegen Irrtums (1) Wer bei der Abgabe einer Willenserklärung über deren Inhalt im Irrtum war oder eine Erklärung dieses Inhalts überhaupt nicht abgeben wollte, kann die Erklärung anfechten, wenn anzunehmen ist, dass er sie bei Kenntnis der Sachlage und bei verständiger Würdigung des Falles nicht abgegeben haben würde.
(2) Als Irrtum über den Inhalt der Erklärung gilt auch der Irrtum über solche Eigenschaften der Person oder der Sache, die im Verkehr als wesentlich angesehen werden.

§ 120 Anfechtbarkeit wegen falscher Übermittlung Eine Willenserklärung, welche durch die zur Übermittelung verwendete Person oder Einrichtung unrichtig übermittelt worden ist, kann unter der gleichen Voraussetzung angefochten werden wie nach § 119 eine irrtümlich abgegebene Willenserklärung.

§ 121 Anfechtungsfrist (1) Die Anfechtung muss in den Fällen der §§ 119, 120 ohne schuldhaftes Zögern (unverzüglich) erfolgen, nachdem der Anfechtungsberechtigte von dem Anfechtungsgrund Kenntnis erlangt hat. Die einem Abwesenden gegenüber erfolgte Anfechtung gilt als rechtzeitig erfolgt, wenn die Anfechtungserklärung unverzüglich abgesendet worden ist.
(2) Die Anfechtung ist ausgeschlossen, wenn seit der Abgabe der Willenserklärung zehn Jahre verstrichen sind.

§ 122 Schadensersatzpflicht des Anfechtenden (1) Ist eine Willenserklärung nach § 118 nichtig oder auf Grund der §§ 119, 120 angefochten, so hat der Erklärende, wenn die Erklärung einem anderen gegenüber abzugeben war, diesem, andernfalls jedem Dritten den Schaden zu ersetzen, den der andere oder der Dritte dadurch erleidet, dass er auf die Gültigkeit der Erklärung vertraut,

jedoch nicht über den Betrag des Interesses hinaus, welches der andere oder der Dritte an der Gültigkeit der Erklärung hat.
(2) Die Schadensersatzpflicht tritt nicht ein, wenn der Beschädigte den Grund der Nichtigkeit oder der Anfechtbarkeit kannte oder infolge von Fahrlässigkeit nicht kannte (kennen musste).

§ 123 Anfechtbarkeit wegen Täuschung oder Drohung (1) Wer zur Abgabe einer Willenserklärung durch arglistige Täuschung oder widerrechtlich durch Drohung bestimmt worden ist, kann die Erklärung anfechten.
(2) Hat ein Dritter die Täuschung verübt, so ist eine Erklärung, die einem anderen gegenüber abzugeben war, nur dann anfechtbar, wenn dieser die Täuschung kannte oder kennen musste. Soweit ein anderer als derjenige, welchem gegenüber die Erklärung abzugeben war, aus der Erklärung unmittelbar ein Recht erworben hat, ist die Erklärung ihm gegenüber anfechtbar, wenn er die Täuschung kannte oder kennen musste.

§ 124 Anfechtungsfrist (1) Die Anfechtung einer nach § 123 anfechtbaren Willenserklärung kann nur binnen Jahresfrist erfolgen.
(2) Die Frist beginnt im Falle der arglistigen Täuschung mit dem Zeitpunkt, in welchem der Anfechtungsberechtigte die Täuschung entdeckt, im Falle der Drohung mit dem Zeitpunkt, in welchem die Zwangslage aufhört. Auf den Lauf der Frist finden die für die Verjährung geltenden Vorschriften der §§ 206, 210 und 211 entsprechende Anwendung.
(3) Die Anfechtung ist ausgeschlossen, wenn seit der Abgabe der Willenserklärung zehn Jahre verstrichen sind.

§ 125 Nichtigkeit wegen Formmangels Ein Rechtsgeschäft, welches der durch Gesetz vorgeschriebenen Form ermangelt, ist nichtig. Der Mangel der durch Rechtsgeschäft bestimmten Form hat im Zweifel gleichfalls Nichtigkeit zur Folge.

§ 126 Schriftform (1) Ist durch Gesetz schriftliche Form vorgeschrieben, so muss die Urkunde von dem Aussteller eigenhändig durch Namensunterschrift oder mittels notariell beglaubigten Handzeichens unterzeichnet werden.
(2) Bei einem Vertrage muss die Unterzeichnung der Parteien auf derselben Urkunde erfolgen. Werden über den Vertrag mehrere gleichlautende Urkunden aufgenommen, so genügt es, wenn jede Partei die für die andere Partei bestimmte Urkunde unterzeichnet.
(3) Die schriftliche Form kann durch die elektronische Form ersetzt werden, wenn sich nicht aus dem Gesetz ein anderes ergibt.
(4) Die schriftliche Form wird durch die notarielle Beurkundung ersetzt.

§ 126 a Elektronische Form (1) Soll die gesetzlich vorgeschriebene schriftliche Form durch die elektronische Form ersetzt werden, so muss der Aussteller der Erklärung dieser seinen Namen hinzufügen und das elektronische Dokument mit einer qualifizierten elektronischen Signatur versehen.

(2) Bei einem Vertrag müssen die Parteien jeweils ein gleichlautendes Dokument in der in Absatz 1 bezeichneten Weise elektronisch signieren.

§ 126 b Textform Ist durch Gesetz Textform vorgeschrieben, so muss eine lesbare Erklärung, in der die Person des Erklärenden genannt ist, auf einem dauerhaften Datenträger abgegeben werden. Ein dauerhafter Datenträger ist jedes Medium, das

1. es dem Empfänger ermöglicht, eine auf dem Datenträger befindliche, an ihn persönlich gerichtete Erklärung so aufzubewahren oder zu speichern, dass sie ihm während eines für ihren Zweck angemessenen Zeitraums zugänglich ist, und
2. geeignet ist, die Erklärung unverändert wiederzugeben.

§ 127 Vereinbarte Form (1) Die Vorschriften des § 126, des § 126 a oder des § 126 b gelten im Zweifel auch für die durch Rechtsgeschäft bestimmte Form.
(2) Zur Wahrung der durch Rechtsgeschäft bestimmten schriftlichen Form genügt, soweit nicht ein anderer Wille anzunehmen ist, die telekommunikative Übermittlung und bei einem Vertrag der Briefwechsel. Wird eine solche Form gewählt, so kann nachträglich eine dem § 126 entsprechende Beurkundung verlangt werden.
(3) Zur Wahrung der durch Rechtsgeschäft bestimmten elektronischen Form genügt, soweit nicht ein anderer Wille anzunehmen ist, auch eine andere als die in § 126 a bestimmte elektronische Signatur und bei einem Vertrag der Austausch von Angebots- und Annahmeerklärung, die jeweils mit einer elektronischen Signatur versehen sind. Wird eine solche Form gewählt, so kann nachträglich eine dem § 126 a entsprechende elektronische Signierung oder, wenn diese einer der Parteien nicht möglich ist, eine dem § 126 entsprechende Beurkundung verlangt werden.

§ 127 a Gerichtlicher Vergleich Die notarielle Beurkundung wird bei einem gerichtlichen Vergleich durch die Aufnahme der Erklärungen in ein nach den Vorschriften der Zivilprozessordnung errichtetes Protokoll ersetzt.
…

§ 130 Wirksamwerden der Willenserklärung gegenüber Abwesenden (1) Eine Willenserklärung, die einem anderen gegenüber abzugeben ist, wird, wenn sie in dessen Abwesenheit abgegeben wird, in dem Zeitpunkt wirksam, in welchem sie ihm zugeht. Sie wird nicht wirksam, wenn dem anderen vorher oder gleichzeitig ein Widerruf zugeht.
(2) Auf die Wirksamkeit der Willenserklärung ist es ohne Einfluss, wenn der Erklärende nach der Abgabe stirbt oder geschäftsunfähig wird.
(3) Diese Vorschriften finden auch dann Anwendung, wenn die Willenserklärung einer Behörde gegenüber abzugeben ist.
…

§ 133 Auslegung einer Willenserklärung Bei der Auslegung einer Willenserklärung ist der wirkliche Wille zu erforschen und nicht an dem buchstäblichen Sinne des Ausdrucks zu haften.

§ 134 Gesetzliches Verbot Ein Rechtsgeschäft, das gegen ein gesetzliches Verbot verstößt, ist nichtig, wenn sich nicht aus dem Gesetz ein anderes ergibt.

…

§ 138 Sittenwidriges Rechtsgeschäft, Wucher (1) Ein Rechtsgeschäft, das gegen die guten Sitten verstößt, ist nichtig.

(2) Nichtig ist insbesondere ein Rechtsgeschäft, durch das jemand unter Ausbeutung der Zwangslage, der Unerfahrenheit, des Mangels an Urteilsvermögen oder der erheblichen Willensschwäche eines anderen sich oder einem Dritten für eine Leistung Vermögensvorteile versprechen oder gewähren lässt, die in einem auffälligen Missverhältnis zu der Leistung stehen.[1]

§ 139 Teilnichtigkeit Ist ein Teil eines Rechtsgeschäfts nichtig, so ist das ganze Rechtsgeschäft nichtig, wenn nicht anzunehmen ist, dass es auch ohne den nichtigen Teil vorgenommen sein würde.

§ 140 Umdeutung Entspricht ein nichtiges Rechtsgeschäft den Erfordernissen eines anderen Rechtsgeschäfts, so gilt das letztere, wenn anzunehmen ist, dass dessen Geltung bei Kenntnis der Nichtigkeit gewollt sein würde.

…

§ 142 Wirkung der Anfechtung (1) Wird ein anfechtbares Rechtsgeschäft angefochten, so ist es als von Anfang an nichtig anzusehen.

(2) Wer die Anfechtbarkeit kannte oder kennen musste, wird, wenn die Anfech-

---

1 Lohnwucher ist auch strafbar. Vgl. **§ 291 StGB Wucher**: »(1) Wer die Zwangslage, die Unerfahrenheit, den Mangel an Urteilsvermögen oder die erhebliche Willensschwäche eines anderen dadurch ausbeutet, daß er sich oder einem Dritten …

1. für die Vermietung von Räumen zum Wohnen oder damit verbundene Nebenleistungen,
2. für die Gewährung eines Kredits,
3. für eine sonstige Leistung oder
4. für die Vermittlung einer der vorbezeichneten Leistungen

Vermögensvorteile versprechen oder gewähren läßt, die in einem auffälligen Mißverhältnis zu der Leistung oder deren Vermittlung stehen, wird mit Freiheitsstrafe bis zu drei Jahren oder mit Geldstrafe bestraft. Wirken mehrere Personen als Leistende, Vermittler oder in anderer Weise mit und ergibt sich dadurch ein auffälliges Mißverhältnis zwischen sämtlichen Vermögensvorteilen und sämtlichen Gegenleistungen, so gilt Satz 1 für jeden, der die Zwangslage oder sonstige Schwäche des anderen für sich oder einen Dritten zur Erzielung eines übermäßigen Vermögensvorteils ausnutzt.

(2) In besonders schweren Fällen ist die Strafe Freiheitsstrafe von sechs Monaten bis zu zehn Jahren. Ein besonders schwerer Fall liegt in der Regel vor, wenn der Täter

1. durch die Tat den anderen in wirtschaftliche Not bringt,
2. die Tat gewerbsmäßig begeht,
3. sich durch Wechsel wucherische Vermögensvorteile versprechen läßt.«

tung erfolgt, so behandelt, wie wenn er die Nichtigkeit des Rechtsgeschäfts gekannt hätte oder hätte kennen müssen.

§ 143 Anfechtungserklärung (1) Die Anfechtung erfolgt durch Erklärung gegenüber dem Anfechtungsgegner.
(2) Anfechtungsgegner ist bei einem Vertrag der andere Teil, im Falle des § 123 Abs. 2 Satz 2 derjenige, welcher aus dem Vertrag unmittelbar ein Recht erworben hat.
…

Titel 3 – Vertrag

§ 145 Bindung an den Antrag Wer einem anderen die Schließung eines Vertrags anträgt, ist an den Antrag gebunden, es sei denn, dass er die Gebundenheit ausgeschlossen hat.

§ 146 Erlöschen des Antrags Der Antrag erlischt, wenn er dem Antragenden gegenüber abgelehnt oder wenn er nicht diesem gegenüber nach den §§ 147 bis 149 rechtzeitig angenommen wird.

§ 147 Annahmefrist (1) Der einem Anwesenden gemachte Antrag kann nur sofort angenommen werden. Dies gilt auch von einem mittels Fernsprechers oder einer sonstigen technischen Einrichtung von Person zu Person gemachten Antrag.
(2) Der einem Abwesenden gemachte Antrag kann nur bis zu dem Zeitpunkt angenommen werden, in welchem der Antragende den Eingang der Antwort unter regelmäßigen Umständen erwarten darf.

§ 148 Bestimmung einer Annahmefrist Hat der Antragende für die Annahme des Antrags eine Frist bestimmt, so kann die Annahme nur innerhalb der Frist erfolgen.

§ 149 Verspätet zugegangene Annahmeerklärung Ist eine dem Antragenden verspätet zugegangene Annahmeerklärung dergestalt abgesendet worden, dass sie bei regelmäßiger Beförderung ihm rechtzeitig zugegangen sein würde, und musste der Antragende dies erkennen, so hat er die Verspätung dem Annehmenden unverzüglich nach dem Empfang der Erklärung anzuzeigen, sofern es nicht schon vorher geschehen ist. Verzögert er die Absendung der Anzeige, so gilt die Annahme als nicht verspätet.

§ 150 Verspätete und abändernde Annahme (1) Die verspätete Annahme eines Antrags gilt als neuer Antrag.
(2) Eine Annahme unter Erweiterungen, Einschränkungen oder sonstigen Änderungen gilt als Ablehnung verbunden mit einem neuen Antrage.

§ 151 Annahme ohne Erklärung gegenüber dem Antragenden Der Vertrag kommt durch die Annahme des Antrags zustande, ohne dass die Annahme dem Antragenden gegenüber erklärt zu werden braucht, wenn eine solche Erklärung nach der Verkehrssitte nicht zu erwarten ist oder der Antragende auf sie verzichtet hat. Der Zeitpunkt, in welchem der Antrag erlischt, bestimmt sich nach dem aus dem Antrag oder den Umständen zu entnehmenden Willen des Antragenden.

§ 152 Annahme bei notarieller Beurkundung Wird ein Vertrag notariell beurkundet, ohne dass beide Teile gleichzeitig anwesend sind, so kommt der Vertrag mit der nach § 128 erfolgten Beurkundung der Annahme zustande, wenn nicht ein anderes bestimmt ist. Die Vorschrift des § 151 Satz 2 findet Anwendung.

§ 153 Tod oder Geschäftsunfähigkeit des Antragenden Das Zustandekommen des Vertrags wird nicht dadurch gehindert, dass der Antragende vor der Annahme stirbt oder geschäftsunfähig wird, es sei denn, dass ein anderer Wille des Antragenden anzunehmen ist.

§ 154 Offener Einigungsmangel; fehlende Beurkundung (1) Solange nicht die Parteien sich über alle Punkte eines Vertrags geeinigt haben, über die nach der Erklärung auch nur einer Partei eine Vereinbarung getroffen werden soll, ist im Zweifel der Vertrag nicht geschlossen. Die Verständigung über einzelne Punkte ist auch dann nicht bindend, wenn eine Aufzeichnung stattgefunden hat.
(2) Ist eine Beurkundung des beabsichtigten Vertrags verabredet worden, so ist im Zweifel der Vertrag nicht geschlossen, bis die Beurkundung erfolgt ist.

§ 155 Versteckter Einigungsmangel Haben sich die Parteien bei einem Vertrag, den sie als geschlossen ansehen, über einen Punkt, über den eine Vereinbarung getroffen werden sollte, in Wirklichkeit nicht geeinigt, so gilt das Vereinbarte, sofern anzunehmen ist, dass der Vertrag auch ohne eine Bestimmung über diesen Punkt geschlossen sein würde.
...

§ 157 Auslegung von Verträgen Verträge sind so auszulegen, wie Treu und Glauben mit Rücksicht auf die Verkehrssitte es erfordern.
...

Titel 5 – Vertretung und Vollmacht

§ 164 Wirkung der Erklärung des Vertreters (1) Eine Willenserklärung, die jemand innerhalb der ihm zustehenden Vertretungsmacht im Namen des Vertretenen abgibt, wirkt unmittelbar für und gegen den Vertretenen. Es macht keinen Unterschied, ob die Erklärung ausdrücklich im Namen des Vertretenen erfolgt oder ob die Umstände ergeben, dass sie in dessen Namen erfolgen soll.

(2) Tritt der Wille, in fremdem Namen zu handeln, nicht erkennbar hervor, so kommt der Mangel des Willens, im eigenen Namen zu handeln, nicht in Betracht.
(3) Die Vorschriften des Absatzes 1 finden entsprechende Anwendung, wenn eine gegenüber einem anderen abzugebende Willenserklärung dessen Vertreter gegenüber erfolgt.
...

§ 166 Willensmängel; Wissenszurechnung (1) Soweit die rechtlichen Folgen einer Willenserklärung durch Willensmängel oder durch die Kenntnis oder das Kennenmüssen gewisser Umstände beeinflusst werden, kommt nicht die Person des Vertretenen, sondern die des Vertreters in Betracht.
(2) Hat im Falle einer durch Rechtsgeschäft erteilten Vertretungsmacht (Vollmacht) der Vertreter nach bestimmten Weisungen des Vollmachtgebers gehandelt, so kann sich dieser in Ansehung solcher Umstände, die er selbst kannte, nicht auf die Unkenntnis des Vertreters berufen. Dasselbe gilt von Umständen, die der Vollmachtgeber kennen musste, sofern das Kennenmüssen der Kenntnis gleichsteht.
...

§ 174 Einseitiges Rechtsgeschäft eines Bevollmächtigten Ein einseitiges Rechtsgeschäft, das ein Bevollmächtigter einem anderen gegenüber vornimmt, ist unwirksam, wenn der Bevollmächtigte eine Vollmachtsurkunde nicht vorlegt und der andere das Rechtsgeschäft aus diesem Grund unverzüglich zurückweist. Die Zurückweisung ist ausgeschlossen, wenn der Vollmachtgeber den anderen von der Bevollmächtigung in Kenntnis gesetzt hatte.
...

§ 180 Einseitiges Rechtsgeschäft Bei einem einseitigen Rechtsgeschäft ist Vertretung ohne Vertretungsmacht unzulässig. Hat jedoch derjenige, welchem gegenüber ein solches Rechtsgeschäft vorzunehmen war, die von dem Vertreter behauptete Vertretungsmacht bei der Vornahme des Rechtsgeschäfts nicht beanstandet oder ist er damit einverstanden gewesen, dass der Vertreter ohne Vertretungsmacht handele, so finden die Vorschriften über Verträge entsprechende Anwendung. Das Gleiche gilt, wenn ein einseitiges Rechtsgeschäft gegenüber einem Vertreter ohne Vertretungsmacht mit dessen Einverständnis vorgenommen wird.
...

Abschnitt 4 – Fristen, Termine

§ 186 Geltungsbereich Für die in Gesetzen, gerichtlichen Verfügungen und Rechtsgeschäften enthaltenen Frist- und Terminsbestimmungen gelten die Auslegungsvorschriften der §§ 187 bis 193.

§ 187 Fristbeginn (1) Ist für den Anfang einer Frist ein Ereignis oder ein in den Lauf eines Tages fallender Zeitpunkt maßgebend, so wird bei der Berechnung der Frist der Tag nicht mitgerechnet, in welchen das Ereignis oder der Zeitpunkt fällt.
(2) Ist der Beginn eines Tages der für den Anfang einer Frist maßgebende Zeitpunkt, so wird dieser Tag bei der Berechnung der Frist mitgerechnet. Das Gleiche gilt von dem Tage der Geburt bei der Berechnung des Lebensalters.

§ 188 Fristende (1) Eine nach Tagen bestimmte Frist endigt mit dem Ablauf des letzten Tages der Frist.
(2) Eine Frist, die nach Wochen, nach Monaten oder nach einem mehrere Monate umfassenden Zeitraum – Jahr, halbes Jahr, Vierteljahr – bestimmt ist, endigt im Falle des § 187 Abs. 1 mit dem Ablauf desjenigen Tages der letzten Woche oder des letzten Monats, welcher durch seine Benennung oder seine Zahl dem Tag entspricht, in den das Ereignis oder der Zeitpunkt fällt, im Falle des § 187 Abs. 2 mit dem Ablauf desjenigen Tages der letzten Woche oder des letzten Monats, welcher dem Tage vorhergeht, der durch seine Benennung oder seine Zahl dem Anfangstag der Frist entspricht.
(3) Fehlt bei einer nach Monaten bestimmten Frist in dem letzten Monat der für ihren Ablauf maßgebende Tag, so endigt die Frist mit dem Ablauf des letzten Tages dieses Monats.

§ 189 Berechnung einzelner Fristen (1) Unter einem halben Jahre wird eine Frist von sechs Monaten, unter einem Vierteljahre eine Frist von drei Monaten, unter einem halben Monat eine Frist von 15 Tagen verstanden.
(2) Ist eine Frist auf einen oder mehrere ganze Monate und einen halben Monat gestellt, so sind die 15 Tage zuletzt zu zählen.

§ 190 Fristverlängerung Im Falle der Verlängerung einer Frist wird die neue Frist von dem Ablauf der vorigen Frist an berechnet.

§ 191 Berechnung von Zeiträumen Ist ein Zeitraum nach Monaten oder nach Jahren in dem Sinne bestimmt, dass er nicht zusammenhängend zu verlaufen braucht, so wird der Monat zu 30, das Jahr zu 365 Tagen gerechnet.

§ 192 Anfang, Mitte, Ende des Monats Unter Anfang des Monats wird der erste, unter Mitte des Monats der 15., unter Ende des Monats der letzte Tag des Monats verstanden.

§ 193 Sonn- und Feiertag; Sonnabend Ist an einem bestimmten Tag oder innerhalb einer Frist eine Willenserklärung abzugeben oder eine Leistung zu bewirken und fällt der bestimmte Tag oder der letzte Tag der Frist auf einen Sonntag, einen am Erklärungs- oder Leistungsorte staatlich anerkannten allgemeinen Feiertag oder einen Sonnabend, so tritt an die Stelle eines solchen Tages der nächste Werktag.

Abschnitt 5 – Verjährung

Titel 1 – Gegenstand und Dauer der Verjährung

§ 194 Gegenstand der Verjährung (1) Das Recht, von einem anderen ein Tun oder Unterlassen zu verlangen (Anspruch), unterliegt der Verjährung.
(2) Ansprüche aus einem familienrechtlichen Verhältnis unterliegen der Verjährung nicht, soweit sie auf die Herstellung des dem Verhältnis entsprechenden Zustandes für die Zukunft oder auf die Einwilligung in eine genetische Untersuchung zur Klärung der leiblichen Abstammung gerichtet sind.

§ 195 Regelmäßige Verjährungsfrist Die regelmäßige Verjährungsfrist beträgt drei Jahre.
...

§ 197 Dreißigjährige Verjährungsfrist (1) In 30 Jahren verjähren, soweit nicht ein anderes bestimmt ist,
1. Schadensersatzansprüche, die auf der vorsätzlichen Verletzung des Lebens, des Körpers, der Gesundheit, der Freiheit oder der sexuellen Selbstbestimmung beruhen,
2. Herausgabeansprüche aus Eigentum, anderen dinglichen Rechten, den §§ 2018, 2130 und 2362 sowie die Ansprüche, die der Geltendmachung der Herausgabeansprüche dienen,
3. rechtskräftig festgestellte Ansprüche,
4. Ansprüche aus vollstreckbaren Vergleichen oder vollstreckbaren Urkunden,
5. Ansprüche, die durch die im Insolvenzverfahren erfolgte Feststellung vollstreckbar geworden sind, und
6. Ansprüche auf Erstattung der Kosten der Zwangsvollstreckung.

(2) Soweit Ansprüche nach Absatz 1 Nr. 3 bis 5 künftig fällig werdende regelmäßig wiederkehrende Leistungen zum Inhalt haben, tritt an die Stelle der Verjährungsfrist von 30 Jahren die regelmäßige Verjährungsfrist.

§ 198 Verjährung bei Rechtsnachfolge Gelangt eine Sache, hinsichtlich derer ein dinglicher Anspruch besteht, durch Rechtsnachfolge in den Besitz eines Dritten, so kommt die während des Besitzes des Rechtsvorgängers verstrichene Verjährungszeit dem Rechtsnachfolger zugute.

§ 199 Beginn der regelmäßigen Verjährungsfrist und Verjährungshöchstfristen (1) Die regelmäßige Verjährungsfrist beginnt, soweit nicht ein anderer Verjährungsbeginn bestimmt ist, mit dem Schluss des Jahres, in dem
1. der Anspruch entstanden ist und
2. der Gläubiger von den den Anspruch begründenden Umständen und der Person des Schuldners Kenntnis erlangt oder ohne grobe Fahrlässigkeit erlangen müsste.

(2) Schadensersatzansprüche, die auf der Verletzung des Lebens, des Körpers,

der Gesundheit oder der Freiheit beruhen, verjähren ohne Rücksicht auf ihre Entstehung und die Kenntnis oder grob fahrlässige Unkenntnis in 30 Jahren von der Begehung der Handlung, der Pflichtverletzung oder dem sonstigen, den Schaden auslösenden Ereignis an.

(3) Sonstige Schadensersatzansprüche verjähren

1. ohne Rücksicht auf die Kenntnis oder grob fahrlässige Unkenntnis in zehn Jahren von ihrer Entstehung an, und
2. ohne Rücksicht auf ihre Entstehung und die Kenntnis oder grob fahrlässige Unkenntnis in 30 Jahren von der Begehung der Handlung, der Pflichtverletzung oder dem sonstigen, den Schaden auslösenden Ereignis an.

Maßgeblich ist die früher endende Frist.

(3 a) Ansprüche, die auf einem Erbfall beruhen oder deren Geltendmachung die Kenntnis einer Verfügung von Todes wegen voraussetzt, verjähren ohne Rücksicht auf die Kenntnis oder grob fahrlässige Unkenntnis in 30 Jahren von der Entstehung des Anspruchs an.

(4) Andere Ansprüche als die nach den Absätzen 2 bis 3 a verjähren ohne Rücksicht auf die Kenntnis oder grob fahrlässige Unkenntnis in zehn Jahren von ihrer Entstehung an.

(5) Geht der Anspruch auf ein Unterlassen, so tritt an die Stelle der Entstehung die Zuwiderhandlung.

…

Titel 2 – Hemmung, Ablaufhemmung und Neubeginn der Verjährung

§ 203 Hemmung der Verjährung bei Verhandlungen Schweben zwischen dem Schuldner und dem Gläubiger Verhandlungen über den Anspruch oder die den Anspruch begründenden Umstände, so ist die Verjährung gehemmt, bis der eine oder der andere Teil die Fortsetzung der Verhandlungen verweigert. Die Verjährung tritt frühestens drei Monate nach dem Ende der Hemmung ein.

§ 204 Hemmung der Verjährung durch Rechtsverfolgung (1) Die Verjährung wird gehemmt durch

1. die Erhebung der Klage auf Leistung oder auf Feststellung des Anspruchs, auf Erteilung der Vollstreckungsklausel oder auf Erlass des Vollstreckungsurteils,

1 a. die Erhebung einer Musterfeststellungsklage für einen Anspruch, den ein Gläubiger zu dem zu der Klage geführten Klageregister wirksam angemeldet hat, wenn dem angemeldeten Anspruch derselbe Lebenssachverhalt zugrunde liegt wie den Feststellungszielen der Musterfeststellungsklage,

2. die Zustellung des Antrags im vereinfachten Verfahren über den Unterhalt Minderjähriger,
3. die Zustellung des Mahnbescheids im Mahnverfahren oder des Europäischen Zahlungsbefehls im Europäischen Mahnverfahren nach der Verord-

nung (EG) Nr. 1896/2006 des Europäischen Parlaments und des Rates vom 12. Dezember 2006 zur Einführung eines Europäischen Mahnverfahrens (ABl. EU Nr. L 399 S. 1),

4. die Veranlassung der Bekanntgabe eines Antrags, mit dem der Anspruch geltend gemacht wird, bei einer
   a) staatlichen oder staatlich anderkannten Streitbeilegungsstelle oder
   b) anderen Streitbeilegungsstelle, wenn das Verfahren im Einvernehmen mit dem Antragsgegner betrieben wird;

   die Verjährung wird schon durch den Eingang des Antrags bei der Streitbeilegungsstelle gehemmt, wenn der Antrag demnächst bekannt gegeben wird,
5. die Geltendmachung der Aufrechnung des Anspruchs im Prozess,
6. die Zustellung der Streitverkündung,

6a. die Zustellung der Anmeldung zu einem Musterverfahren für darin bezeichnete Ansprüche, soweit diesen der gleiche Lebenssachverhalt zugrunde liegt wie den Feststellungszielen des Musterverfahrens und wenn innerhalb von drei Monaten nach dem rechtskräftigen Ende des Musterverfahrens die Klage auf Leistung oder Feststellung der in der Anmeldung bezeichneten Ansprüche erhoben wird,

7. die Zustellung des Antrags auf Durchführung eines selbständigen Beweisverfahrens,
8. den Beginn eines vereinbarten Begutachtungsverfahrens,
9. die Zustellung des Antrags auf Erlass eines Arrestes, einer einstweiligen Verfügung oder einer einstweiligen Anordnung, oder, wenn der Antrag nicht zugestellt wird, dessen Einreichung, wenn der Arrestbefehl, die einstweilige Verfügung oder die einstweilige Anordnung innerhalb eines Monats seit Verkündung oder Zustellung an den Gläubiger dem Schuldner zugestellt wird,
10. die Anmeldung des Anspruchs im Insolvenzverfahren oder im Schifffahrtsrechtlichen Verteilungsverfahren,
11. den Beginn des schiedsrichterlichen Verfahrens,
12. die Einreichung des Antrags bei einer Behörde, wenn die Zulässigkeit der Klage von der Vorentscheidung dieser Behörde abhängt und innerhalb von drei Monaten nach Erledigung des Gesuchs die Klage erhoben wird; dies gilt entsprechend für bei einem Gericht oder bei einer in Nummer 4 bezeichneten Streitbeilegungsstelle zu stellende Anträge, deren Zulässigkeit von der Vorentscheidung einer Behörde abhängt,
13. die Einreichung des Antrags bei dem höheren Gericht, wenn dieses das zuständige Gericht zu bestimmen hat und innerhalb von drei Monaten nach Erledigung des Gesuchs die Klage erhoben oder der Antrag, für den die Gerichtsstandsbestimmung zu erfolgen hat, gestellt wird, und
14. die Veranlassung der Bekanntgabe des erstmaligen Antrags auf Gewährung von Prozesskostenhilfe oder Verahrenskostenhilfe; wird die Bekanntgabe demnächst nach der Einreichung des Antrags veranlasst, so tritt die Hemmung der Verjährung bereits mit der Einreichung ein.

(2) Die Hemmung nach Absatz 1 endet sechs Monate nach der rechtskräftigen Entscheidung oder anderweitigen Beendigung des eingeleiteten Verfahrens. Die Hemmung nach Absatz 1 Nummer 1 a endet auch sechs Monate nach der Rücknahme der Anmeldung zum Klageregister. Gerät das Verfahren dadurch in Stillstand, dass die Parteien es nicht betreiben, so tritt an die Stelle der Beendigung des Verfahrens die letzte Verfahrenshandlung der Parteien, des Gerichts oder der sonst mit dem Verfahren befassten Stelle. Die Hemmung beginnt erneut, wenn eine der Parteien das Verfahren weiter betreibt.
(3) Auf die Frist nach Absatz 1 Nr. 6 a, 9, 12 und 13 finden die §§ 206, 210 und 211 entsprechende Anwendung.

§ 205 Hemmung der Verjährung bei Leistungsverweigerungsrecht Die Verjährung ist gehemmt, solange der Schuldner auf Grund einer Vereinbarung mit dem Gläubiger vorübergehend zur Verweigerung der Leistung berechtigt ist.
…

§ 209 Wirkung der Hemmung Der Zeitraum, während dessen die Verjährung gehemmt ist, wird in die Verjährungsfrist nicht eingerechnet.
…

§ 212 Neubeginn der Verjährung (1) Die Verjährung beginnt erneut, wenn
1. der Schuldner dem Gläubiger gegenüber den Anspruch durch Abschlagszahlung, Zinszahlung, Sicherheitsleistung oder in anderer Weise anerkennt oder
2. eine gerichtliche oder behördliche Vollstreckungshandlung vorgenommen oder beantragt wird.

(2) Der erneute Beginn der Verjährung infolge einer Vollstreckungshandlung gilt als nicht eingetreten, wenn die Vollstreckungshandlung auf Antrag des Gläubigers oder wegen Mangels der gesetzlichen Voraussetzungen aufgehoben wird.
(3) Der erneute Beginn der Verjährung durch den Antrag auf Vornahme einer Vollstreckungshandlung gilt als nicht eingetreten, wenn dem Antrag nicht stattgegeben oder der Antrag vor der Vollstreckungshandlung zurückgenommen oder die erwirkte Vollstreckungshandlung nach Absatz 2 aufgehoben wird.

§ 213 Hemmung, Ablaufhemmung und erneuter Beginn der Verjährung bei anderen Ansprüchen Die Hemmung, die Ablaufhemmung und der erneute Beginn der Verjährung gelten auch für Ansprüche, die aus demselben Grunde wahlweise neben dem Anspruch oder an seiner Stelle gegeben sind.

Titel 3 – Rechtsfolgen der Verjährung

§ 214 Wirkung der Verjährung (1) Nach Eintritt der Verjährung ist der Schuldner berechtigt, die Leistung zu verweigern.
(2) Das zur Befriedigung eines verjährten Anspruchs Geleistete kann nicht

zurückgefordert werden, auch wenn in Unkenntnis der Verjährung geleistet worden ist. Das Gleiche gilt von einem vertragsmäßigen Anerkenntnis sowie einer Sicherheitsleistung des Schuldners.

§ 215 Aufrechnung und Zurückbehaltungsrecht nach Eintritt der Verjährung Die Verjährung schließt die Aufrechnung und die Geltendmachung eines Zurückbehaltungsrechts nicht aus, wenn der Anspruch in dem Zeitpunkt noch nicht verjährt war, in dem erstmals aufgerechnet oder die Leistung verweigert werden konnte.
…

Buch 2 – Recht der Schuldverhältnisse

Abschnitt 1 – Inhalt der Schuldverhältnisse

Titel 1 – Verpflichtung zur Leistung

§ 241 Pflichten aus dem Schuldverhältnis (1) Kraft des Schuldverhältnisses ist der Gläubiger berechtigt, von dem Schuldner eine Leistung zu fordern. Die Leistung kann auch in einem Unterlassen bestehen.
(2) Das Schuldverhältnis kann nach seinem Inhalt jeden Teil zur Rücksicht auf die Rechte, Rechtsgüter und Interessen des anderen Teils verpflichten.
…

§ 242 Leistungen nach Treu und Glauben Der Schuldner ist verpflichtet, die Leistung so zu bewirken, wie Treu und Glauben mit Rücksicht auf die Verkehrssitte es erfordern.
…

§ 249 Art und Umfang des Schadensersatzes (1) Wer zum Schadensersatz verpflichtet ist, hat den Zustand herzustellen, der bestehen würde, wenn der zum Ersatz verpflichtende Umstand nicht eingetreten wäre.
(2) Ist wegen Verletzung einer Person oder wegen Beschädigung einer Sache Schadensersatz zu leisten, so kann der Gläubiger statt der Herstellung den dazu erforderlichen Geldbetrag verlangen. Bei der Beschädigung einer Sache schließt der nach Satz 1 erforderliche Geldbetrag die Umsatzsteuer nur mit ein, wenn und soweit sie tatsächlich angefallen ist.
…

§ 252 Entgangener Gewinn Der zu ersetzende Schaden umfasst auch den entgangenen Gewinn. Als entgangen gilt der Gewinn, welcher nach dem gewöhnlichen Lauf der Dinge oder nach den besonderen Umständen, insbesondere nach den getroffenen Anstalten und Vorkehrungen, mit Wahrscheinlichkeit erwartet werden konnte.

§ 253 Immaterieller Schaden (1) Wegen eines Schadens, der nicht Vermögensschaden ist, kann Entschädigung in Geld nur in den durch das Gesetz bestimmten Fällen gefordert werden.
(2) Ist wegen einer Verletzung des Körpers, der Gesundheit, der Freiheit oder der sexuellen Selbstbestimmung Schadensersatz zu leisten, kann auch wegen des Schadens, der nicht Vermögensschaden ist, eine billige Entschädigung in Geld gefordert werden.

§ 254 Mitverschulden (1) Hat bei der Entstehung des Schadens ein Verschulden des Beschädigten mitgewirkt, so hängt die Verpflichtung zum Ersatz sowie der Umfang des zu leistenden Ersatzes von den Umständen, insbesondere davon ab, inwieweit der Schaden vorwiegend von dem einen oder dem anderen Teil verursacht worden ist.
(2) Dies gilt auch dann, wenn sich das Verschulden des Beschädigten darauf beschränkt, dass er unterlassen hat, den Schuldner auf die Gefahr eines ungewöhnlich hohen Schadens aufmerksam zu machen, die der Schuldner weder kannte noch kennen musste, oder dass er unterlassen hat, den Schaden abzuwenden oder zu mindern. Die Vorschrift des § 278 findet entsprechende Anwendung.
…

§ 269 Leistungsort (1) Ist ein Ort für die Leistung weder bestimmt noch aus den Umständen, insbesondere aus der Natur des Schuldverhältnisses, zu entnehmen, so hat die Leistung an dem Ort zu erfolgen, an welchem der Schuldner zur Zeit der Entstehung des Schuldverhältnisses seinen Wohnsitz hatte.
(2) Ist die Verbindlichkeit im Gewerbebetriebe des Schuldners entstanden, so tritt, wenn der Schuldner seine gewerbliche Niederlassung an einem anderen Orte hatte, der Ort der Niederlassung an die Stelle des Wohnsitzes.
(3) Aus dem Umstand allein, dass der Schuldner die Kosten der Versendung übernommen hat, ist nicht zu entnehmen, dass der Ort, nach welchem die Versendung zu erfolgen hat, der Leistungsort sein soll.

§ 270 Zahlungsort (1) Geld hat der Schuldner im Zweifel auf seine Gefahr und seine Kosten dem Gläubiger an dessen Wohnsitz zu übermitteln.
(2) Ist die Forderung im Gewerbebetrieb des Gläubigers entstanden, so tritt, wenn der Gläubiger seine gewerbliche Niederlassung an einem anderen Orte hat, der Ort der Niederlassung an die Stelle des Wohnsitzes.
(3) Erhöhen sich infolge einer nach der Entstehung des Schuldverhältnisses eintretenden Änderung des Wohnsitzes oder der gewerblichen Niederlassung des Gläubigers die Kosten oder die Gefahr der Übermittlung, so hat der Gläubiger im ersteren Falle die Mehrkosten, im letzteren Falle die Gefahr zu tragen.
(4) Die Vorschriften über den Leistungsort bleiben unberührt.
…

§ 271 Leistungszeit (1) Ist eine Zeit für die Leistung weder bestimmt noch aus den Umständen zu entnehmen, so kann der Gläubiger die Leistung sofort verlangen, der Schuldner sie sofort bewirken.
(2) Ist eine Zeit bestimmt, so ist im Zweifel anzunehmen, dass der Gläubiger die Leistung nicht vor dieser Zeit verlangen, der Schuldner aber sie vorher bewirken kann.
…

§ 273 Zurückbehaltungsrecht (1) Hat der Schuldner aus demselben rechtlichen Verhältnis, auf dem seine Verpflichtung beruht, einen fälligen Anspruch gegen den Gläubiger, so kann er, sofern nicht aus dem Schuldverhältnisse sich ein anderes ergibt, die geschuldete Leistung verweigern, bis die ihm gebührende Leistung bewirkt wird (Zurückbehaltungsrecht).
(2) Wer zur Herausgabe eines Gegenstands verpflichtet ist, hat das gleiche Recht, wenn ihm ein fälliger Anspruch wegen Verwendungen auf den Gegenstand oder wegen eines ihm durch diesen verursachten Schadens zusteht, es sei denn, dass er den Gegenstand durch eine vorsätzlich begangene unerlaubte Handlung erlangt hat.
(3) Der Gläubiger kann die Ausübung des Zurückbehaltungsrechts durch Sicherheitsleistung abwenden. Die Sicherheitsleistung durch Bürgen ist ausgeschlossen.
…

§ 275 Ausschluss der Leistungspflicht (1) Der Anspruch auf Leistung ist ausgeschlossen, soweit diese für den Schuldner oder für jedermann unmöglich ist.
(2) Der Schuldner kann die Leistung verweigern, soweit diese einen Aufwand erfordert, der unter Beachtung des Inhalts des Schuldverhältnisses und der Gebote von Treu und Glauben in einem groben Missverhältnis zu dem Leistungsinteresse des Gläubigers steht. Bei der Bestimmung der dem Schuldner zuzumutenden Anstrengungen ist auch zu berücksichtigen, ob der Schuldner das Leistungshindernis zu vertreten hat.
(3) Der Schuldner kann die Leistung ferner verweigern, wenn er die Leistung persönlich zu erbringen hat und sie ihm unter Abwägung des seiner Leistung entgegenstehenden Hindernisses mit dem Leistungsinteresse des Gläubigers nicht zugemutet werden kann.
(4) Die Rechte des Gläubigers bestimmen sich nach den §§ 280, 283 bis 285, 311 a und 326.

§ 276 Verantwortlichkeit des Schuldners (1) Der Schuldner hat Vorsatz und Fahrlässigkeit zu vertreten, wenn eine strengere oder mildere Haftung weder bestimmt noch aus dem sonstigen Inhalt des Schuldverhältnisses, insbesondere aus der Übernahme einer Garantie oder eines Beschaffungsrisikos zu entnehmen ist. Die Vorschriften der §§ 827 und 828 finden entsprechende Anwendung.
(2) Fahrlässig handelt, wer die im Verkehr erforderliche Sorgfalt außer Acht lässt.

(3) Die Haftung wegen Vorsatzes kann dem Schuldner nicht im Voraus erlassen werden.

…

§ 278 Verantwortlichkeit des Schuldners für Dritte Der Schuldner hat ein Verschulden seines gesetzlichen Vertreters und der Personen, deren er sich zur Erfüllung seiner Verbindlichkeit bedient, in gleichem Umfang zu vertreten wie eigenes Verschulden. Die Vorschrift des § 276 Abs. 3 findet keine Anwendung.

§ 279 *(weggefallen)*

§ 280 Schadensersatz wegen Pflichtverletzung (1) Verletzt der Schuldner eine Pflicht aus dem Schuldverhältnis, so kann der Gläubiger Ersatz des hierdurch entstehenden Schadens verlangen. Dies gilt nicht, wenn der Schuldner die Pflichtverletzung nicht zu vertreten hat.
(2) Schadensersatz wegen Verzögerung der Leistung kann der Gläubiger nur unter der zusätzlichen Voraussetzung des § 286 verlangen.
(3) Schadensersatz statt der Leistung kann der Gläubiger nur unter den zusätzlichen Voraussetzungen des § 281, des § 282 oder des § 283 verlangen.

§ 281 Schadensersatz statt der Leistung wegen nicht oder nicht wie geschuldet erbrachter Leistung (1) Soweit der Schuldner die fällige Leistung nicht oder nicht wie geschuldet erbringt, kann der Gläubiger unter den Voraussetzungen des § 280 Abs. 1 Schadensersatz statt der Leistung verlangen, wenn er dem Schuldner erfolglos eine angemessene Frist zur Leistung oder Nacherfüllung bestimmt hat. Hat der Schuldner eine Teilleistung bewirkt, so kann der Gläubiger Schadensersatz statt der ganzen Leistung nur verlangen, wenn er an der Teilleistung kein Interesse hat. Hat der Schuldner die Leistung nicht wie geschuldet bewirkt, so kann der Gläubiger Schadensersatz statt der ganzen Leistung nicht verlangen, wenn die Pflichtverletzung unerheblich ist.
(2) Die Fristsetzung ist entbehrlich, wenn der Schuldner die Leistung ernsthaft und endgültig verweigert oder wenn besondere Umstände vorliegen, die unter Abwägung der beiderseitigen Interessen die sofortige Geltendmachung des Schadensersatzanspruchs rechtfertigen.
(3) Kommt nach der Art der Pflichtverletzung eine Fristsetzung nicht in Betracht, so tritt an deren Stelle eine Abmahnung.
(4) Der Anspruch auf die Leistung ist ausgeschlossen, sobald der Gläubiger statt der Leistung Schadensersatz verlangt hat.
(5) Verlangt der Gläubiger Schadensersatz statt der ganzen Leistung, so ist der Schuldner zur Rückforderung des Geleisteten nach den §§ 346 bis 348 berechtigt.

§ 282 Schadensersatz statt der Leistung wegen Verletzung einer Pflicht nach § 241 Abs. 2 Verletzt der Schuldner eine Pflicht nach § 241 Abs. 2, kann der

Gläubiger unter den Voraussetzungen des § 280 Abs. 1 Schadensersatz statt der Leistung verlangen, wenn ihm die Leistung durch den Schuldner nicht mehr zuzumuten ist.

§ 283 Schadensersatz statt der Leistung bei Ausschluss der Leistungspflicht Braucht der Schuldner nach § 275 Abs. 1 bis 3 nicht zu leisten, kann der Gläubiger unter den Voraussetzungen des § 280 Abs. 1 Schadensersatz statt der Leistung verlangen. § 281 Abs. 1 Satz 2 und 3 und Abs. 5 findet entsprechende Anwendung.

§ 284 Ersatz vergeblicher Aufwendungen Anstelle des Schadensersatzes statt der Leistung kann der Gläubiger Ersatz der Aufwendungen verlangen, die er im Vertrauen auf den Erhalt der Leistung gemacht hat und billigerweise machen durfte, es sei denn, deren Zweck wäre auch ohne die Pflichtverletzung des Schuldners nicht erreicht worden.

§ 285 Herausgabe des Ersatzes (1) Erlangt der Schuldner infolge des Umstands, auf Grund dessen er die Leistung nach § 275 Abs. 1 bis 3 nicht zu erbringen braucht, für den geschuldeten Gegenstand einen Ersatz oder einen Ersatzanspruch, so kann der Gläubiger Herausgabe des als Ersatz Empfangenen oder Abtretung des Ersatzanspruchs verlangen.
(2) Kann der Gläubiger statt der Leistung Schadensersatz verlangen, so mindert sich dieser, wenn er von dem in Absatz 1 bestimmten Recht Gebrauch macht, um den Wert des erlangten Ersatzes oder Ersatzanspruchs.

§ 286 Verzug des Schuldners (1) Leistet der Schuldner auf eine Mahnung des Gläubigers nicht, die nach dem Eintritt der Fälligkeit erfolgt, so kommt er durch die Mahnung in Verzug. Der Mahnung stehen die Erhebung der Klage auf die Leistung sowie die Zustellung eines Mahnbescheids im Mahnverfahren gleich.
(2) Der Mahnung bedarf es nicht, wenn
1. für die Leistung eine Zeit nach dem Kalender bestimmt ist,
2. der Leistung ein Ereignis vorauszugehen hat und eine angemessene Zeit für die Leistung in der Weise bestimmt ist, dass sie sich von dem Ereignis an nach dem Kalender berechnen lässt,
3. der Schuldner die Leistung ernsthaft und endgültig verweigert,
4. aus besonderen Gründen unter Abwägung der beiderseitigen Interessen der sofortige Eintritt des Verzugs gerechtfertigt ist.

(3) Der Schuldner einer Entgeltforderung kommt spätestens in Verzug, wenn er nicht innerhalb von 30 Tagen nach Fälligkeit und Zugang einer Rechnung oder gleichwertigen Zahlungsaufstellung leistet; dies gilt gegenüber einem Schuldner, der Verbraucher ist, nur, wenn auf diese Folgen in der Rechnung oder Zahlungsaufstellung besonders hingewiesen worden ist. Wenn der Zeitpunkt des Zugangs der Rechnung oder Zahlungsaufstellung unsicher ist, kommt der Schuldner, der nicht Verbraucher ist, spätestens 30 Tage nach Fälligkeit und Empfang der Gegenleistung in Verzug.

(4) Der Schuldner kommt nicht in Verzug, solange die Leistung infolge eines Umstandes unterbleibt, den er nicht zu vertreten hat.
(5) Für eine von den Absätzen 1 bis 3 abweichende Vereinbarung über den Eintritt des Verzugs gilt § 271 a Absatz 1 bis 5 entsprechend.

§ 287 Verantwortlichkeit während des Verzugs Der Schuldner hat während des Verzugs jede Fahrlässigkeit zu vertreten. Er haftet wegen der Leistung auch für Zufall, es sei denn, dass der Schaden auch bei rechtzeitiger Leistung eingetreten sein würde.

§ 288 Verzugszinsen und sonstiger Verzugsschaden (1) Eine Geldschuld ist während des Verzugs zu verzinsen. Der Verzugszinssatz beträgt für das Jahr fünf Prozentpunkte über dem Basiszinssatz.
(2) Bei Rechtsgeschäften, an denen ein Verbraucher nicht beteiligt ist, beträgt der Zinssatz für Entgeltforderungen neun Prozentpunkte über dem Basiszinssatz.
(3) Der Gläubiger kann aus einem anderen Rechtsgrund höhere Zinsen verlangen.
(4) Die Geltendmachung eines weiteren Schadens ist nicht ausgeschlossen.
(5) Der Gläubiger einer Entgeltforderung hat bei Verzug des Schuldners, wenn dieser kein Verbraucher ist, außerdem einen Anspruch auf Zahlung einer Pauschale in Höhe von 40 Euro. Dies gilt auch, wenn es sich bei der Entgeltforderung um eine Abschlagszahlung oder sonstigen Ratenzahlung handelt. Die Pauschale nach Satz 1 ist auf einen geschuldeten Schadensersatz anzurechnen, soweit der Schaden in Kosten der Rechtsverfolgung begründet ist.
(6) Eine im Voraus getroffene Vereinbarung, die den Anspruch des Gläubigers einer Entgeltforderung auf Verzugszinsen ausschließt, ist unwirksam. Gleiches gilt für eine Vereinbarung, die diesen Anspruch beschränkt oder den Anspruch des Gläubigers einer Entgeltforderung auf die Pauschale nach Absatz 5 oder auf Ersatz des Schadens, der in Kosten der Rechtsverfolgung begründet ist, ausschließt oder beschränkt, wenn sie im Hinblick auf die Belange des Gläubigers gob unbillig ist. Eine Vereinbarung über den Ausschluss der Pauschale nach Absatz 5 oder des Ersatzes des Schadens, der in Kosten der Rechtsverfolgung begründet ist, ist im Zweifel als grob unbillig anzusehen. Die Sätze 1 bis 3 sind nicht anzuwenden, wenn sich der Anspruch gegen einen Verbraucher richtet.

§ 289 Zinseszinsverbot Von Zinsen sind Verzugszinsen nicht zu entrichten. Das Recht des Gläubigers auf Ersatz des durch den Verzug entstehenden Schadens bleibt unberührt.

§ 290 Verzinsung des Wertersatzes Ist der Schuldner zum Ersatze des Wertes eines Gegenstandes verpflichtet, der während des Verzugs untergegangen ist oder aus einem während des Verzugs eingetretenen Grund nicht herausgegeben werden kann, so kann der Gläubiger Zinsen des zu ersetzenden Betrags von dem Zeitpunkt an verlangen, welcher der Bestimmung des Wertes zugrunde gelegt wird. Das Gleiche gilt, wenn der Schuldner zum Ersatz der Minderung des Wertes eines während des Verzugs verschlechterten Gegenstands verpflichtet ist.

§ 291 Prozesszinsen Eine Geldschuld hat der Schuldner von dem Eintritt der Rechtshängigkeit an zu verzinsen, auch wenn er nicht im Verzug ist; wird die Schuld erst später fällig, so ist sie von der Fälligkeit an zu verzinsen. Die Vorschriften des § 288 Abs. 1 Satz 2, Abs. 2, Abs. 3 und des § 289 Satz 1 finden entsprechende Anwendung.

§ 292 Haftung bei Herausgabepflicht (1) Hat der Schuldner einen bestimmten Gegenstand herauszugeben, so bestimmt sich von dem Eintritt der Rechtshängigkeit an der Anspruch des Gläubigers auf Schadensersatz wegen Verschlechterung, Untergangs oder einer aus einem anderen Grunde eintretenden Unmöglichkeit der Herausgabe nach den Vorschriften, welche für das Verhältnis zwischen dem Eigentümer und dem Besitzer von dem Eintritte der Rechtshängigkeit des Eigentumsanspruchs an gelten, soweit nicht aus dem Schuldverhältnis oder dem Verzug des Schuldners sich zugunsten des Gläubigers ein anderes ergibt.
(2) Das Gleiche gilt von dem Anspruch des Gläubigers auf Herausgabe oder Vergütung von Nutzungen und von dem Anspruch des Schuldners auf Ersatz von Verwendungen.

Titel 2 – Verzug des Gläubigers

§ 293 Annahmeverzug Der Gläubiger kommt in Verzug, wenn er die ihm angebotene Leistung nicht annimmt.

§ 294 Tatsächliches Angebot Die Leistung muss dem Gläubiger so, wie sie zu bewirken ist, tatsächlich angeboten werden.

§ 295 Wörtliches Angebot Ein wörtliches Angebot des Schuldners genügt, wenn der Gläubiger ihm erklärt hat, daß er die Leistung nicht annehmen werde, oder wenn zur Bewirkung der Leistung eine Handlung des Gläubigers erforderlich ist, insbesondere wenn der Gläubiger die geschuldete Sache abzuholen hat. Dem Angebot der Leistung steht die Aufforderung an den Gläubiger gleich, die erforderliche Handlung vorzunehmen.

§ 296 Entbehrlichkeit des Angebots Ist für die von dem Gläubiger vorzunehmende Handlung eine Zeit nach dem Kalender bestimmt, so bedarf es des Angebots nur, wenn der Gläubiger die Handlung rechtzeitig vornimmt. Das Gleiche gilt, wenn der Handlung ein Ereignis vorauszugehen hat und eine angemessene Zeit für die Handlung in der Weise bestimmt ist, dass sie sich von dem Ereignis an nach dem Kalender berechnen lässt.

§ 297 Unvermögen des Schuldners Der Gläubiger kommt nicht in Verzug, wenn der Schuldner zur Zeit des Angebots oder im Falle des § 296 zu der für die Handlung des Gläubigers bestimmten Zeit außerstande ist, die Leistung zu bewirken.

…

Abschnitt 2 – Gestaltung rechtsgeschäftlicher Schuldverhältnisse durch Allgemeine Geschäftsbedingungen

§ 305 Einbeziehung Allgemeiner Geschäftsbedingungen in den Vertrag[1] (1) Allgemeine Geschäftsbedingungen sind alle für eine Vielzahl von Verträgen vorformulierten Vertragsbedingungen, die eine Vertragspartei (Verwender) der anderen Vertragspartei bei Abschluss eines Vertrags stellt. Gleichgültig ist, ob die Bestimmungen einen äußerlich gesonderten Bestandteil des Vertrags bilden oder in die Vertragsurkunde selbst aufgenommen werden, welchen Umfang sie haben, in welcher Schriftart sie verfasst sind und welche Form der Vertrag hat. Allgemeine Geschäftsbedingungen liegen nicht vor, soweit die Vertragsbedingungen zwischen den Vertragsparteien im Einzelnen ausgehandelt sind.

(2) Allgemeine Geschäftsbedingungen werden nur dann Bestandteil eines Vertrags, wenn der Verwender bei Vertragsschluss

1. die andere Vertragspartei ausdrücklich oder, wenn ein ausdrücklicher Hinweis wegen der Art des Vertragsschlusses nur unter unverhältnismäßigen Schwierigkeiten möglich ist, durch deutlich sichtbaren Aushang am Ort des Vertragsschlusses auf sie hinweist und
2. der anderen Vertragspartei die Möglichkeit verschafft, in zumutbarer Weise, die auch eine für den Verwender erkennbare körperliche Behinderung der anderen Vertragspartei angemessen berücksichtigt, von ihrem Inhalt Kenntnis zu nehmen,

und wenn die andere Vertragspartei mit ihrer Geltung einverstanden ist.

(3) Die Vertragsparteien können für eine bestimmte Art von Rechtsgeschäften die Geltung bestimmter Allgemeiner Geschäftsbedingungen unter Beachtung der in Absatz 2 bezeichneten Erfordernisse im Voraus vereinbaren.

§ 305 a Einbeziehung in besonderen Fällen *(nicht abgedruckt)*

§ 305 b Vorrang der Individualabrede Individuelle Vertragsabreden haben Vorrang vor Allgemeinen Geschäftsbedingungen.

§ 305 c Überraschende und mehrdeutige Klauseln (1) Bestimmungen in Allgemeinen Geschäftsbedingungen, die nach den Umständen, insbesondere nach

---

1 Vgl. **§ 15 Unterlassungsklagengesetz** (UKlaG) vom 26. 11. 2001 (BGBl. I 3138), zuletzt geändert durch Gesetz vom 17. 7. 2017 (BGBl. I 2446): »Dieses Gesetz findet auf das Arbeitsrecht keine Anwendung.«

dem äußeren Erscheinungsbild des Vertrags, so ungewöhnlich sind, dass der Vertragspartner des Verwenders mit ihnen nicht zu rechnen braucht, werden nicht Vertragsbestandteil.
(2) Zweifel bei der Auslegung Allgemeiner Geschäftsbedingungen gehen zu Lasten des Verwenders.

§ 306 **Rechtsfolgen bei Nichteinbeziehung und Unwirksamkeit** (1) Sind Allgemeine Geschäftsbedingungen ganz oder teilweise nicht Vertragsbestandteil geworden oder unwirksam, so bleibt der Vertrag im Übrigen wirksam.
(2) Soweit die Bestimmungen nicht Vertragsbestandteil geworden oder unwirksam sind, richtet sich der Inhalt des Vertrags nach den gesetzlichen Vorschriften.
(3) Der Vertrag ist unwirksam, wenn das Festhalten an ihm auch unter Berücksichtigung der nach Absatz 2 vorgesehenen Änderung eine unzumutbare Härte für eine Vertragspartei darstellen würde.

§ 306 a **Umgehungsverbot** Die Vorschriften dieses Abschnitts finden auch Anwendung, wenn sie durch anderweitige Gestaltungen umgangen werden.

§ 307 **Inhaltskontrolle** (1) Bestimmungen in Allgemeinen Geschäftsbedingungen sind unwirksam, wenn sie den Vertragspartner des Verwenders entgegen den Geboten von Treu und Glauben unangemessen benachteiligen. Eine unangemessene Benachteiligung kann sich auch daraus ergeben, dass die Bestimmung nicht klar und verständlich ist.
(2) Eine unangemessene Benachteiligung ist im Zweifel anzunehmen, wenn eine Bestimmung
1. mit wesentlichen Grundgedanken der gesetzlichen Regelung, von der abgewichen wird, nicht zu vereinbaren ist, oder
2. wesentliche Rechte oder Pflichten, die sich aus der Natur des Vertrags ergeben, so einschränkt, dass die Erreichung des Vertragszwecks gefährdet ist.

(3) Die Absätze 1 und 2 sowie die §§ 308 und 309 gelten nur für Bestimmungen in Allgemeinen Geschäftsbedingungen, durch die von Rechtsvorschriften abweichende oder diese ergänzende Regelungen vereinbart werden. Andere Bestimmungen können nach Absatz 1 Satz 2 in Verbindung mit Absatz 1 Satz 1 unwirksam sein.

§ 308 **Klauselverbote mit Wertungsmöglichkeit** In Allgemeinen Geschäftsbedingungen ist insbesondere unwirksam
1. (Annahme- und Leistungsfrist)
   eine Bestimmung, durch die sich der Verwender unangemessen lange oder nicht hinreichend bestimmte Fristen für die Annahme oder Ablehnung eines Angebots oder die Erbringung einer Leistung vorbehält; ausgenommen hiervon ist der Vorbehalt, erst nach Ablauf der Widerrufsfrist nach § 355 Absatz 1 und 2 zu leisten;

1 a. (Zahlungsfrist)
eine Bestimmung, durch die sich der Verwender eine unanagemessen lange Zeit für die Erfüllung einer Entgeltforderung des Vertragspartners vorbehält; ist der Verwender kein Verbraucher, ist im Zweifel anzunehmen, dass eine Zeit von mehr als 30 Tagen nach Empfang der Gegenleistung oder, wenn dem Schuldner nach Empfang der Gegenleistung eine Rechnung oder gleichwertige Zahlungsaufstellung zugeht, von mehr als 30 Tagen nach Zugang dieser Rechnung oder Zahlungsaufstellung unangemessen lang ist;

1 b. (Überprüfungs- und Abnahmefrist)
eine Bestimmung, durch die sich der Verwender vorbehält, eine Entgeltforderung des Vertragspartners erst nach unangemessen langer Zeit für die Überprüfung oder Abnahme der Gegenleistung zu erfüllen; ist der Verwender kein Verbraucher, ist im Zweifel anzunehmen, dass eine Zeit von mehr als 15 Tagen nach Empfang der Gegenleistung unangemessen lang ist;

2. (Nachfrist)
eine Bestimmung, durch die sich der Verwender für die von ihm zu bewirkende Leistung abweichend von Rechtsvorschriften eine unangemessen lange oder nicht hinreichend bestimmte Nachfrist vorbehält;

3. (Rücktrittsvorbehalt)
die Vereinbarung eines Rechts des Verwenders, sich ohne sachlich gerechtfertigten und im Vertrag angegebenen Grund von seiner Leistungspflicht zu lösen; dies gilt nicht für Dauerschuldverhältnisse;

4. (Änderungsvorbehalt)
die Vereinbarung eines Rechts des Verwenders, die versprochene Leistung zu ändern oder von ihr abzuweichen, wenn nicht die Vereinbarung der Änderung oder Abweichung unter Berücksichtigung der Interessen des Verwenders für den anderen Vertragsteil zumutbar ist;

5. (Fingierte Erklärungen)
eine Bestimmung, wonach eine Erklärung des Vertragspartners des Verwenders bei Vornahme oder Unterlassung einer bestimmten Handlung als von ihm abgegeben oder nicht abgegeben gilt, es sei denn, dass
   a) dem Vertragspartner eine angemessene Frist zur Abgabe einer ausdrücklichen Erklärung eingeräumt ist und
   b) der Verwender sich verpflichtet, den Vertragspartner bei Beginn der Frist auf die vorgesehene Bedeutung seines Verhaltens besonders hinzuweisen;

6. (Fiktion des Zugangs)
eine Bestimmung, die vorsieht, dass eine Erklärung des Verwenders von besonderer Bedeutung dem anderen Vertragsteil als zugegangen gilt;

7. (Abwicklung von Verträgen)
eine Bestimmung, nach der der Verwender für den Fall, dass eine Vertragspartei vom Vertrag zurücktritt oder den Vertrag kündigt,
   a) eine unangemessen hohe Vergütung für die Nutzung oder den Gebrauch einer Sache oder eines Rechts oder für erbrachte Leistungen oder
   b) einen unangemessen hohen Ersatz von Aufwendungen verlangen kann;

8. (Nichtverfügbarkeit der Leistung)
die nach Nummer 3 zulässige Vereinbarung eines Vorbehalts des Verwenders, sich von der Verpflichtung zur Erfüllung des Vertrags bei Nichtverfügbarkeit der Leistung zu lösen, wenn sich der Verwender nicht verpflichtet,
   a) den Vertragspartner unverzüglich über die Nichtverfügbarkeit zu informieren und
   b) Gegenleistungen des Vertragspartners unverzüglich zu erstatten.

§ 309 Klauselverbote ohne Wertungsmöglichkeit Auch soweit eine Abweichung von den gesetzlichen Vorschriften zulässig ist, ist in Allgemeinen Geschäftsbedingungen unwirksam
1. (Kurzfristige Preiserhöhungen) eine Bestimmung, welche die Erhöhung des Entgelts für Waren oder Leistungen vorsieht, die innerhalb von vier Monaten nach Vertragsabschluss geliefert oder erbracht werden sollen; dies gilt nicht bei Waren oder Leistungen, die im Rahmen von Dauerschuldverhältnissen geliefert oder erbracht werden;
2. (Leistungsverweigerungsrechte) eine Bestimmung, durch die
   a) das Leistungsverweigerungsrecht, das dem Vertragspartner des Verwenders nach § 320 zusteht, ausgeschlossen oder eingeschränkt wird, oder
   b) ein dem Vertragspartner des Verwenders zustehendes Zurückbehaltungsrecht, soweit es auf demselben Vertragsverhältnis beruht, ausgeschlossen oder eingeschränkt, insbesondere von der Anerkennung von Mängeln durch den Verwender abhängig gemacht wird;
3. (Aufrechnungsverbot) eine Bestimmung, durch die dem Vertragspartner des Verwenders die Befugnis genommen wird, mit einer unbestrittenen oder rechtskräftig festgestellten Forderung aufzurechnen;
4. (Mahnung, Fristsetzung) eine Bestimmung, durch die der Verwender von der gesetzlichen Obliegenheit freigestellt wird, den anderen Vertragsteil zu mahnen oder ihm eine Frist für die Leistung oder Nacherfüllung zu setzen;
5. (Pauschalierung von Schadensersatzansprüchen) die Vereinbarung eines pauschalierten Anspruchs des Verwenders auf Schadensersatz oder Ersatz einer Wertminderung, wenn
   a) die Pauschale den in den geregelten Fällen nach dem gewöhnlichen Lauf der Dinge zu erwartenden Schaden oder die gewöhnlich eintretende Wertminderung übersteigt oder
   b) dem anderen Vertragsteil nicht ausdrücklich der Nachweis gestattet wird, ein Schaden oder eine Wertminderung sei überhaupt nicht entstanden oder wesentlich niedriger als die Pauschale;
6. (Vertragsstrafe) eine Bestimmung, durch die dem Verwender für den Fall der Nichtabnahme oder verspäteten Abnahme der Leistung, des Zahlungsverzugs oder für den Fall, dass der andere Vertragsteil sich vom Vertrag löst, Zahlung einer Vertragsstrafe versprochen wird;
7. (Haftungsausschluss bei Verletzung von Leben, Körper, Gesundheit und bei grobem Verschulden)

a) (Verletzung von Leben, Körper, Gesundheit)
ein Ausschluss oder eine Begrenzung der Haftung für Schäden aus der Verletzung des Lebens, des Körpers oder der Gesundheit, die auf einer fahrlässigen Pflichtverletzung des Verwenders oder einer vorsätzlichen oder fahrlässigen Pflichtverletzung eines gesetzlichen Vertreters oder Erfüllungsgehilfen des Verwenders beruhen;

b) (Grobes Verschulden) ein Ausschluss oder eine Begrenzung der Haftung für sonstige Schäden, die auf einer grob fahrlässigen Pflichtverletzung des Verwenders oder auf einer vorsätzlichen oder grob fahrlässigen Pflichtverletzung eines gesetzlichen Vertreters oder Erfüllungsgehilfen des Verwenders beruhen;

die Buchstaben a und b gelten nicht für Haftungsbeschränkungen in den nach Maßgabe des Personenbeförderungsgesetzes genehmigten Beförderungsbedingungen und Tarifvorschriften der Straßenbahnen, Obusse und Kraftfahrzeuge im Linienverkehr, soweit sie nicht zum Nachteil des Fahrgastes von der Verordnung über die Allgemeinen Beförderungsbedingungen für den Straßenbahn- und Obusverkehr sowie den Linienverkehr mit Kraftfahrzeugen vom 27. Februar 1970 abweichen; Buchstabe b gilt nicht für Haftungsbeschränkungen für staatlich genehmigte Lotterie- oder Ausspielverträge;

8. (Sonstige Haftungsausschlüsse bei Pflichtverletzung) *(Kauf- und Werkverträge; nicht abgedruckt)*

9. (Laufzeit bei Dauerschuldverhältnissen) bei einem Vertragsverhältnis, das die regelmäßige Lieferung von Waren oder die regelmäßige Erbringung von Dienst- oder Werkleistungen durch den Verwender zum Gegenstand hat,
   a) eine den anderen Vertragsteil länger als zwei Jahre bindende Laufzeit des Vertrags,
   b) eine den anderen Vertragsteil bindende stillschweigende Verlängerung des Vertragsverhältnisses um jeweils mehr als ein Jahr oder
   c) zu Lasten des anderen Vertragsteils eine längere Kündigungsfrist als drei Monate vor Ablauf der zunächst vorgesehenen oder stillschweigend verlängerten Vertragsdauer;

   dies gilt nicht für Verträge über die Lieferung als zusammengehörig verkaufter Sachen sowie für Versicherungsverträge;

10. (Wechsel des Vertragspartners) eine Bestimmung, wonach bei Kauf-, Darlehens-, Dienst- oder Werkverträgen ein Dritter anstelle des Verwenders in die sich aus dem Vertrag ergebenden Rechte und Pflichten eintritt oder eintreten kann, es sei denn, in der Bestimmung wird
    a) der Dritte namentlich bezeichnet, oder
    b) dem anderen Vertragsteil das Recht eingeräumt, sich vom Vertrag zu lösen;

11. (Haftung des Abschlussvertreters) eine Bestimmung, durch die der Verwender einem Vertreter, der den Vertrag für den anderen Vertragsteil abschließt,
    a) ohne hierauf gerichtete ausdrückliche und gesonderte Erklärung eine eigene Haftung oder Einstandspflicht oder

b) im Falle vollmachtsloser Vertretung eine über § 179 hinausgehende Haftung auferlegt;

12. (Beweislast) eine Bestimmung, durch die der Verwender die Beweislast zum Nachteil des anderen Vertragsteils ändert, insbesondere indem er
    a) diesem die Beweislast für Umstände auferlegt, die im Verantwortungsbereich des Verwenders liegen, oder
    b) den anderen Vertragsteil bestimmte Tatsachen bestätigen lässt;

    Buchstabe b gilt nicht für Empfangsbekenntnisse, die gesondert unterschrieben oder mit einer gesonderten qualifizierten elektronischen Signatur versehen sind;
13. (Form von Anzeigen und Erklärungen) eine Bestimmung, durch die Anzeigen oder Erklärungen, die dem Verwender oder einem Dritten gegenüber abzugeben sind, gebunden werden
    a) an eine strengere Form als die schriftliche Form in einem Vertrag, für den durch Gesetz notarielle Beurkundung vorgeschrieben ist oder
    b) an eine strengere Form als die Textform in anderen als den in Buchstabe a genannten Verträgen oder
    c) an besondere Zugangserfordernisse;[1]
14. (Klageverzicht) eine Bestimmung, wonach der andere Vertragsteil seine Ansprüche gegen den Verwender gerichtlich nur geltend machen darf, nachdem er eine gütliche Einigung in einem Verfahren zur außergerichtlichen Streitbeilegung versucht hat;
15. (Abschlagszahlungen und Sicherheitsleistung)

    eine Bestimmung, nach der der Verwender bei einem Werkvertrag
    a) für Teilleistungen Abschlagszahlungen vom anderen Vertragsteil verlangen kann, die wesentlich höher sind als die nach § 632 a Absatz 1 und § 650 m Absatz 1 zu leistenden Abschlagszahlungen, oder
    b) die Sicherheitsleistung nach § 650 m Absatz 2 nicht oder nur in geringerer Höhe leisten muss.

§ 310 Anwendungsbereich (1) § 305 Absatz 2 und 3, § 308 Nummer 1, 2 bis 8 und § 309 finden keine Anwendung auf Allgemeine Geschäftsbedingungen, die gegenüber einem Unternehmer, einer juristischen Person des öffentlichen Rechts oder einem öffentlich-rechtlichen Sondervermögen verwendet werden. § 307 Abs. 1 und 2 findet in den Fällen des Satzes 1 auch insoweit Anwendung, als dies zur Unwirksamkeit von in den § 308 Nummer 1, 2 bis 8 und § 309 genannten Vertragsbestimmungen führt; auf die im Handelsverkehr geltenden Gewohnheiten und Gebräuche ist angemessen Rücksicht zu nehmen. In den Fällen des Satzes 1 finden § 307 Absatz 1 und 2 sowie § 308 Nummer 1 a und 1 b auf Verträge, in die die Vergabe- und Vertragsordnung

---

1 **Art. 229 § 37 EGBGB Überleitungsvorschrift zum Gesetz zur Verbesserung der zivilrechtlichen Durchsetzung von verbraucherschützenden Vorschriften des Datenschutzrechts** § 309 Nummer 13 des Bürgerlichen Gesetzbuchs in der seit dem 1. Oktober 2016 geltenden Fassung ist nur auf ein Schuldverhältnis anzuwenden, das nach dem 30. September 2016 entstanden ist.

für Bauleistungen Teil B (VOB/B) in der jeweils zum Zeitpunkt des Vertragsschlusses geltenden Fassung ohne inhaltliche Abweichungen insgesamt einbezogen ist, in Bezug auf eine Inhaltskontrolle einzelner Bestimmungen keine Anwendung.

(2) Die §§ 308 und 309 finden keine Anwendung auf Verträge der Elektrizitäts-, Gas-, Fernwärme- und Wasserversorgungsunternehmen über die Versorgung von Sonderabnehmern mit elektrischer Energie, Gas, Fernwärme und Wasser aus dem Versorgungsnetz, soweit die Versorgungsbedingungen nicht zum Nachteil der Abnehmer von Verordnungen über Allgemeine Bedingungen für die Versorgung von Tarifkunden mit elektrischer Energie, Gas, Fernwärme und Wasser abweichen. Satz 1 gilt entsprechend für Verträge über die Entsorgung von Abwasser.

(3) Bei Verträgen zwischen einem Unternehmer und einem Verbraucher (Verbraucherverträge) finden die Vorschriften dieses Abschnitts mit folgenden Maßgaben Anwendung:

1. Allgemeine Geschäftsbedingungen gelten als vom Unternehmer gestellt, es sei denn, dass sie durch den Verbraucher in den Vertrag eingeführt wurden;
2. § 305 c Abs. 2 und die §§ 306 und 307 bis 309 dieses Gesetzes sowie Artikel 46 b des Einführungsgesetzes zum Bürgerlichen Gesetzbuche finden auf vorformulierte Vertragsbedingungen auch dann Anwendung, wenn diese nur zur einmaligen Verwendung bestimmt sind und soweit der Verbraucher auf Grund der Vorformulierung auf ihren Inhalt keinen Einfluss nehmen konnte;
3. bei der Beurteilung der unangemessenen Benachteiligung nach § 307 Abs. 1 und 2 sind auch die den Vertragsschluss begleitenden Umstände zu berücksichtigen.

(4) Dieser Abschnitt findet keine Anwendung bei Verträgen auf dem Gebiet des Erb-, Familien- und Gesellschaftsrechts sowie auf Tarifverträge, Betriebs- und Dienstvereinbarungen. Bei der Anwendung auf Arbeitsverträge sind die im Arbeitsrecht geltenden Besonderheiten angemessen zu berücksichtigen; § 305 Abs. 2 und 3 ist nicht anzuwenden. Tarifverträge, Betriebs- und Dienstvereinbarungen stehen Rechtsvorschriften im Sinne von § 307 Abs. 3 gleich.

Abschnitt 3 – Schuldverhältnisse aus Verträgen

Titel 1 – Begründung, Inhalt und Beendigung

Untertitel 1 – Begründung

§ 311 Rechtsgeschäftliche und rechtsgeschäftsähnliche Schuldverhältnisse

(1) Zur Begründung eines Schuldverhältnisses durch Rechtsgeschäft sowie zur Änderung des Inhalts eines Schuldverhältnisses ist ein Vertrag zwischen den Beteiligten erforderlich, soweit nicht das Gesetz ein anderes vorschreibt.

(2) Ein Schuldverhältnis mit Pflichten nach § 241 Abs. 2 entsteht auch durch
1. die Aufnahme von Vertragsverhandlungen,
2. die Anbahnung eines Vertrags, bei welcher der eine Teil im Hinblick auf eine etwaige rechtsgeschäftliche Beziehung dem anderen Teil die Möglichkeit zur Einwirkung auf seine Rechte, Rechtsgüter und Interessen gewährt oder ihm diese anvertraut, oder
3. ähnliche geschäftliche Kontakte.

(3) Ein Schuldverhältnis mit Pflichten nach § 241 Abs. 2 kann auch zu Personen entstehen, die nicht selbst Vertragspartei werden sollen. Ein solches Schuldverhältnis entsteht insbesondere, wenn der Dritte in besonderem Maße Vertrauen für sich in Anspruch nimmt und dadurch die Vertragsverhandlungen oder den Vertragsschluss erheblich beeinflusst.

§ 311 a Leistungshindernis bei Vertragsschluss (1) Der Wirksamkeit eines Vertrags steht es nicht entgegen, dass der Schuldner nach § 275 Abs. 1 bis 3 nicht zu leisten braucht und das Leistungshindernis schon bei Vertragsschluss vorliegt.

(2) Der Gläubiger kann nach seiner Wahl Schadensersatz statt der Leistung oder Ersatz seiner Aufwendungen in dem in § 284 bestimmten Umfang verlangen. Dies gilt nicht, wenn der Schuldner das Leistungshindernis bei Vertragsschluss nicht kannte und seine Unkenntnis auch nicht zu vertreten hat. § 281 Abs. 1 Satz 2 und 3 und Abs. 5 findet entsprechende Anwendung.

…

Untertitel 2 – Grundsätze bei Verbraucherverträgen und besondere Betriebsformen

Kapitel 1 – Anwendungsbereich und Grundsätze bei Verbraucherverträgen

§ 312 Anwendungsbereich (1) Die Vorschriften der Kapitel 1 und 2 dieses Untertitels sind nur auf Verbraucherverträge im Sinne des § 310 Absatz 3 anzuwenden, die eine entgeltliche Leistung des Unternehmers zum Gegenstand haben.

…

Kapitel 2 – Außerhalb von Geschäftsräumen geschlossene Verträge und Fernabsatzverträge

§ 312 b Außerhalb von Geschäftsräumen geschlossene Verträge (1) Außerhalb von Geschäftsräumen geschlossene Verträge sind Verträge,
1. die bei gleichzeitiger körperlicher Anwesenheit des Verbrauchers und des Unternehmers an einem Ort geschlossen werden, der kein Geschäftsraum des Unternehmers ist,

2. für die der Verbraucher unter den in Nummer 1 genannten Umständen ein Angebot abgegeben hat,
3. die in den Geschäftsräumen des Unternehmers oder durch Fernkommunikationsmittel geschlossen werden, bei denen der Verbraucher jedoch unmittelbar zuvor außerhalb der Geschäftsräume des Unternehmers bei gleichzeitiger körperlicher Anwesenheit des Verbrauchers und des Unternehmers persönlich und individuell angesprochen wurde, oder
4. die auf einem Ausflug geschlossen werden, der von dem Unternehmer oder mit seiner Hilfe organisiert wurde, um beim Verbraucher für den Verkauf von Waren oder die Erbringung von Dienstleistungen zu werben und mit ihm entsprechende Verträge abzuschließen.

Dem Unternehmer stehen Personen gleich, die in seinem Namen oder Auftrag handeln.

…

§ 312 g Widerrufsrecht (1) Dem Verbraucher steht bei außerhalb von Geschäftsräumen geschlossenen Verträgen und bei Fernabsatzverträgen ein Widerrufsrecht gemäß § 355 zu.

…

Untertitel 3 – Anpassung und Beendigung von Verträgen

§ 313 Störung der Geschäftsgrundlage (1) Haben sich Umstände, die zur Grundlage des Vertrags geworden sind, nach Vertragsschluss schwerwiegend verändert und hätten die Parteien den Vertrag nicht oder mit anderem Inhalt geschlossen, wenn sie diese Veränderung vorausgesehen hätten, so kann Anpassung des Vertrags verlangt werden, soweit einem Teil unter Berücksichtigung aller Umstände des Einzelfalls, insbesondere der vertraglichen oder gesetzlichen Risikoverteilung, das Festhalten am unveränderten Vertrag nicht zugemutet werden kann.
(2) Einer Veränderung der Umstände steht es gleich, wenn wesentliche Vorstellungen, die zur Grundlage des Vertrags geworden sind, sich als falsch herausstellen.
(3) Ist eine Anpassung des Vertrags nicht möglich oder einem Teil nicht zumutbar, so kann der benachteiligte Teil vom Vertrag zurücktreten. An die Stelle des Rücktrittsrechts tritt für Dauerschuldverhältnisse das Recht zur Kündigung.

§ 314 Kündigung von Dauerschuldverhältnissen aus wichtigem Grund (1) Dauerschuldverhältnisse kann jeder Vertragsteil aus wichtigem Grund ohne Einhaltung einer Kündigungsfrist kündigen. Ein wichtiger Grund liegt vor, wenn dem kündigenden Teil unter Berücksichtigung aller Umstände des Einzelfalls und unter Abwägung der beiderseitigen Interessen die Fortsetzung des Vertragsverhältnisses bis zur vereinbarten Beendigung oder bis zum Ablauf einer Kündigungsfrist nicht zugemutet werden kann.

(2) Besteht der wichtige Grund in der Verletzung einer Pflicht aus dem Vertrag, ist die Kündigung erst nach erfolglosem Ablauf einer zur Abhilfe bestimmten Frist oder nach erfolgloser Abmahnung zulässig. § 323 Abs. 2 findet entsprechende Anwendung.
(3) Der Berechtigte kann nur innerhalb einer angemessenen Frist kündigen, nachdem er vom Kündigungsgrund Kenntnis erlangt hat.
(4) Die Berechtigung, Schadensersatz zu verlangen, wird durch die Kündigung nicht ausgeschlossen.

Untertitel 4 – Einseitige Leistungsbestimmungsrechte

§ 315 Bestimmung der Leistung durch eine Partei (1) Soll die Leistung durch einen der Vertragschließenden bestimmt werden, so ist im Zweifel anzunehmen, daß die Bestimmung nach billigem Ermessen zu treffen ist.
(2) Die Bestimmung erfolgt durch Erklärung gegenüber dem anderen Teil.
(3) Soll die Bestimmung nach billigem Ermessen erfolgen, so ist die getroffene Bestimmung für den anderen Teil nur verbindlich, wenn sie der Billigkeit entspricht. Entspricht sie nicht der Billigkeit, so wird die Bestimmung durch Urteil getroffen; das Gleiche gilt, wenn die Bestimmung verzögert wird.
…

Titel 2 – Gegenseitiger Vertrag

§ 320 Einrede des nicht erfüllten Vertrags (1) Wer aus einem gegenseitigen Vertrag verpflichtet ist, kann die ihm obliegende Leistung bis zur Bewirkung der Gegenleistung verweigern, es sei denn, dass er vorzuleisten verpflichtet ist. Hat die Leistung an mehrere zu erfolgen, so kann dem einzelnen der ihm gebührende Teil bis zur Bewirkung der ganzen Gegenleistung verweigert werden. Die Vorschrift des § 273 Abs. 3 findet keine Anwendung.
(2) Ist von der einen Seite teilweise geleistet worden, so kann die Gegenleistung insoweit nicht verweigert werden, als die Verweigerung nach den Umständen, insbesondere wegen verhältnismäßiger Geringfügigkeit des rückständigen Teiles, gegen Treu und Glauben verstoßen würde.
…

§ 323 Rücktritt wegen nicht oder nicht vertragsgemäß erbrachter Leistung
(1) Erbringt bei einem gegenseitigen Vertrag der Schuldner eine fällige Leistung nicht oder nicht vertragsgemäß, so kann der Gläubiger, wenn er dem Schuldner erfolglos eine angemessene Frist zur Leistung oder Nacherfüllung bestimmt hat, vom Vertrag zurücktreten.
(2) Die Fristsetzung ist entbehrlich, wenn
1. der Schuldner die Leistung ernsthaft und endgültig verweigert,

2. der Schuldner die Leistung zu einem im Vertrag bestimmten Termin oder innerhalb einer bestimmten Frist nicht bewirkt und der Gläubiger im Vertrag den Fortbestand seines Leistungsinteresses an die Rechtzeitigkeit der Leistung gebunden hat oder
3. besondere Umstände vorliegen, die unter Abwägung der beiderseitigen Interessen den sofortigen Rücktritt rechtfertigen.

(3) Kommt nach der Art der Pflichtverletzung eine Fristsetzung nicht in Betracht, so tritt an deren Stelle eine Abmahnung.

(4) Der Gläubiger kann bereits vor dem Eintritt der Fälligkeit der Leistung zurücktreten, wenn offensichtlich ist, dass die Voraussetzungen des Rücktritts eintreten werden.

(5) Hat der Schuldner eine Teilleistung bewirkt, so kann der Gläubiger vom ganzen Vertrag nur zurücktreten, wenn er an der Teilleistung kein Interesse hat. Hat der Schuldner die Leistung nicht vertragsgemäß bewirkt, so kann der Gläubiger vom Vertrag nicht zurücktreten, wenn die Pflichtverletzung unerheblich ist.

(6) Der Rücktritt ist ausgeschlossen, wenn der Gläubiger für den Umstand, der ihn zum Rücktritt berechtigen würde, allein oder weit überwiegend verantwortlich ist oder wenn der vom Schuldner nicht zu vertretende Umstand zu einer Zeit eintritt, zu welcher der Gläubiger im Verzug der Annahme ist.

§ 324 Rücktritt wegen Verletzung einer Pflicht nach § 241 Abs. 2 Verletzt der Schuldner bei einem gegenseitigen Vertrag eine Pflicht nach § 241 Abs. 2, so kann der Gläubiger zurücktreten, wenn ihm ein Festhalten am Vertrag nicht mehr zuzumuten ist.

§ 325 Schadensersatz und Rücktritt Das Recht, bei einem gegenseitigen Vertrag Schadensersatz zu verlangen, wird durch den Rücktritt nicht ausgeschlossen.

§ 326 Befreiung von der Gegenleistung und Rücktritt beim Ausschluss der Leistungspflicht (1) Braucht der Schuldner nach § 275 Abs. 1 bis 3 nicht zu leisten, entfällt der Anspruch auf die Gegenleistung; bei einer Teilleistung findet § 441 Abs. 3 entsprechende Anwendung. Satz 1 gilt nicht, wenn der Schuldner im Falle der nicht vertragsgemäßen Leistung die Nacherfüllung nach § 275 Abs. 1 bis 3 nicht zu erbringen braucht.

(2) Ist der Gläubiger für den Umstand, auf Grund dessen der Schuldner nach § 275 Abs. 1 bis 3 nicht zu leisten braucht, allein oder weit überwiegend verantwortlich oder tritt dieser vom Schuldner nicht zu vertretende Umstand zu einer Zeit ein, zu welcher der Gläubiger im Verzug der Annahme ist, so behält der Schuldner den Anspruch auf die Gegenleistung. Er muss sich jedoch dasjenige anrechnen lassen, was er infolge der Befreiung von der Leistung erspart oder durch anderweitige Verwendung seiner Arbeitskraft erwirbt oder zu erwerben böswillig unterlässt.

(3) Verlangt der Gläubiger nach § 285 Herausgabe des für den geschuldeten Gegenstand erlangten Ersatzes oder Abtretung des Ersatzanspruchs, so bleibt er zur Gegenleistung verpflichtet. Diese mindert sich jedoch nach Maßgabe des

§ 441 Abs. 3 insoweit, als der Wert des Ersatzes oder des Ersatzanspruchs hinter dem Wert der geschuldeten Leistung zurückbleibt.
(4) Soweit die nach dieser Vorschrift nicht geschuldete Gegenleistung bewirkt ist, kann das Geleistete nach den §§ 346 bis 348 zurückgefordert werden.
(5) Braucht der Schuldner nach § 275 Abs. 1 bis 3 nicht zu leisten, kann der Gläubiger zurücktreten; auf den Rücktritt findet § 323 mit der Maßgabe entsprechende Anwendung, dass die Fristsetzung entbehrlich ist.
...

Titel 3 – Versprechen der Leistung an einen Dritten

§ 328 Vertrag zugunsten Dritter (1) Durch Vertrag kann eine Leistung an einen Dritten mit der Wirkung bedungen werden, dass der Dritte unmittelbar das Recht erwirbt, die Leistung zu fordern.
(2) In Ermangelung einer besonderen Bestimmung ist aus den Umständen, insbesondere aus dem Zweck des Vertrags, zu entnehmen, ob der Dritte das Recht erwerben, ob das Recht des Dritten sofort oder nur unter gewissen Voraussetzungen entstehen und ob den Vertragschließenden die Befugnis vorbehalten sein soll, das Recht des Dritten ohne dessen Zustimmung aufzuheben oder zu ändern.
...

Titel 4 – Draufgabe, Vertragsstrafe

§ 339 Verwirkung der Vertragsstrafe Verspricht der Schuldner dem Gläubiger für den Fall, dass er seine Verbindlichkeit nicht oder nicht in gehöriger Weise erfüllt, die Zahlung einer Geldsumme als Strafe, so ist die Strafe verwirkt, wenn er in Verzug kommt. Besteht die geschuldete Leistung in einem Unterlassen, so tritt die Verwirkung mit der Zuwiderhandlung ein.
...

§ 343 Herabsetzung der Strafe (1) Ist eine verwirkte Strafe unverhältnismäßig hoch, so kann sie auf Antrag des Schuldners durch Urteil auf den angemessenen Betrag herabgesetzt werden. Bei der Beurteilung der Angemessenheit ist jedes berechtigte Interesse des Gläubigers, nicht bloß das Vermögensinteresse, in Betracht zu ziehen. Nach der Entrichtung der Strafe ist die Herabsetzung ausgeschlossen.
(2) Das Gleiche gilt auch außer in den Fällen der §§ 339, 342, wenn jemand eine Strafe für den Fall verspricht, dass er eine Handlung vornimmt oder unterlässt.
...

Titel 5 – Rücktritt; Widerrufsrecht bei Verbraucherverträgen

§ 346 Wirkungen des Rücktritts (1) Hat sich eine Vertragspartei vertraglich den Rücktritt vorbehalten oder steht ihr ein gesetzliches Rücktrittsrecht zu, so sind im Falle des Rücktritts die empfangenen Leistungen zurückzugewähren und die gezogenen Nutzungen herauszugeben.

…

§ 355 Widerrufsrecht bei Verbraucherverträgen (1) Wird einem Verbraucher durch Gesetz ein Widerrufsrecht nach dieser Vorschrift eingeräumt, so sind der Verbraucher und der Unternehmer an ihre auf den Abschluss der Vertrags gerichteten Willenserklärungen nicht mehr gebunden, wenn der Verbraucher seine Willenserklärung fristgerecht widerrufen hat. Der Widerruf erfolgt durch Erklärung gegenüber dem Unternehmer. Aus der Erklärung muss der Entschluss des Verbrauchers zum Widerruf des Vertrags eindeutig hervorgehen. Der Widerruf muss keine Begründung enthalten. Zur Fristwahrung genügt die rechtzeitige Absendung des Widerrufs.

(2) Die Widerrufsfrist beträgt 14 Tage. Sie beginnt mit Vertragsschluss, soweit nichts anderes bestimmt ist.

(3) Im Falle des Widerrufs sind die empfangenen Leistungen unverzüglich zurückzugewähren. Bestimmt das Gesetz eine Höchstfrist für die Rückgewähr, so beginnt diese für den Unternehmer mit dem Zugang und für den Verbraucher mit der Abgabe der Widerrufserklärung. Ein Verbraucher wahrt diese Frist durch die rechteitige Absendung der Waren. Der Unternehmer trägt bei Widerruf die Gefahr der Rücksendung der Waren.

…

Titel 3 – Aufrechnung

§ 387 Voraussetzungen Schulden zwei Personen einander Leistungen, die ihrem Gegenstand nach gleichartig sind, so kann jeder Teil seine Forderung gegen die Forderung des anderen Teils aufrechnen, sobald er die ihm gebührende Leistung fordern und die ihm obliegende Leistung bewirken kann.

…

§ 394 Keine Aufrechnung gegen unpfändbare Forderung[1] Soweit eine Forderung der Pfändung nicht unterworfen ist, findet die Aufrechnung gegen die Forderung nicht statt. Gegen die aus Kranken-, Hilfs- oder Sterbekassen, insbesondere aus Knappschaftskassen und Kassen der Knappschaftsvereine, zu beziehenden Hebungen können jedoch geschuldete Beiträge aufgerechnet werden.

…

§ 398 Abtretung Eine Forderung kann von dem Gläubiger durch Vertrag mit einem anderen auf diesen übertragen werden (Abtretung). Mit dem Abschluss des Vertrags tritt der neue Gläubiger an die Stelle des bisherigen Gläubigers.

1 S. auch § 5 Absatz 2 GSA Fleisch, abgedruckt in Fn. zu § 28 e SGB IV (Nr. 30 IV).

§ 399 Ausschluss der Abtretung bei Inhaltsänderung oder Vereinbarung Eine Forderung kann nicht abgetreten werden, wenn die Leistung an einen anderen als den ursprünglichen Gläubiger nicht ohne Veränderung ihres Inhalts erfolgen kann oder wenn die Abtretung durch Vereinbarung mit dem Schuldner ausgeschlossen ist.

§ 400 Ausschluss bei unpfändbaren Forderungen Eine Forderung kann nicht abgetreten werden, soweit sie der Pfändung nicht unterworfen ist.
…

Abschnitt 8 – Einzelne Schuldverhältnisse

Titel 1 – Kauf, Tausch

§ 433 Vertragstypische Pflichten beim Kaufvertrag (1) Durch den Kaufvertrag wird der Verkäufer einer Sache verpflichtet, dem Käufer die Sache zu übergeben und das Eigentum an der Sache zu verschaffen. Der Verkäufer hat dem Käufer die Sache frei von Sach- und Rechtsmängeln zu verschaffen.
(2) Der Käufer ist verpflichtet, dem Verkäufer den vereinbarten Kaufpreis zu zahlen und die gekaufte Sache abzunehmen.
…

Titel 3 – Darlehensvertrag

§ 488 Vertragstypische Pflichten beim Darlehensvertrag (1) Durch den Darlehensvertrag wird der Darlehensgeber verpflichtet, dem Darlehensnehmer einen Geldbetrag in der vereinbarten Höhe zur Verfügung zu stellen. Der Darlehensnehmer ist verpflichtet, einen geschuldeten Zins zu zahlen und bei Fälligkeit das zur Verfügung gestellte Darlehen zurückzuzahlen.
(2) Die vereinbarten Zinsen sind, soweit nicht ein anderes bestimmt ist, nach dem Ablauf je eines Jahres und, wenn das Darlehen vor dem Ablauf eines Jahres zurückzuzahlen ist, bei der Rückzahlung zu entrichten.
(3) Ist für die Rückzahlung des Darlehens eine Zeit nicht bestimmt, so hängt die Fälligkeit davon ab, dass der Darlehensgeber oder der Darlehensnehmer kündigt. Die Kündigungsfrist beträgt drei Monate. Sind Zinsen nicht geschuldet, so ist der Darlehensnehmer auch ohne Kündigung zur Rückzahlung berechtigt.
…

Titel 5 – Mietvertrag, Pachtvertrag

§ 535 Inhalt und Hauptpflichten des Mietvertrags (1) Durch den Mietvertrag wird der Vermieter verpflichtet, dem Mieter den Gebrauch der Mietsache

während der Mietzeit zu gewähren. Der Vermieter hat die Mietsache dem Mieter in einem zum vertragsgemäßen Gebrauch geeigneten Zustand zu überlassen und sie während der Mietzeit in diesem Zustand zu erhalten. Er hat die auf der Mietsache ruhenden Lasten zu tragen.
(2) Der Mieter ist verpflichtet, dem Vermieter die vereinbarte Miete zu entrichten.
…

§ 576 Fristen der ordentlichen Kündigung bei Werkmietwohnungen (1) Ist Wohnraum mit Rücksicht auf das Bestehen eines Dienstverhältnisses vermietet, so kann der Vermieter nach Beendigung des Dienstverhältnisses abweichend von § 573 c Abs. 1 Satz 2 mit folgenden Fristen kündigen:
1. bei Wohnraum, der dem Mieter weniger als zehn Jahre überlassen war, spätestens am dritten Werktag eines Kalendermonats zum Ablauf des übernächsten Monats, wenn der Wohnraum für einen anderen zur Dienstleistung Verpflichteten benötigt wird;
2. spätestens am dritten Werktag eines Kalendermonats zum Ablauf dieses Monats, wenn das Dienstverhältnis seiner Art nach die Überlassung von Wohnraum erfordert hat, der in unmittelbarer Beziehung oder Nähe zur Arbeitsstätte steht, und der Wohnraum aus dem gleichen Grund für einen anderen zur Dienstleistung Verpflichteten benötigt wird.

(2) Eine zum Nachteil des Mieters abweichende Vereinbarung ist unwirksam.

§ 576 a Besonderheiten des Widerspruchsrechts bei Werkmietwohnungen
(1) Bei der Anwendung der §§ 574 bis 574 c auf Werkmietwohnungen sind auch die Belange des Dienstberechtigten zu berücksichtigen.
(2) Die §§ 574 bis 574 c gelten nicht, wenn
1. der Vermieter nach § 576 Abs. 1 Nr. 2 gekündigt hat;
2. der Mieter das Dienstverhältnis gelöst hat, ohne dass ihm von dem Dienstberechtigten gesetzlich begründeter Anlass dazu gegeben war, oder der Mieter durch sein Verhalten dem Dienstberechtigten gesetzlich begründeten Anlass zur Auflösung des Dienstverhältnisses gegeben hat.

(3) Eine zum Nachteil des Mieters abweichende Vereinbarung ist unwirksam.

§ 576 b Entsprechende Geltung des Mietrechts bei Werkdienstwohnungen
(1) Ist Wohnraum im Rahmen eines Dienstverhältnisses überlassen, so gelten für die Beendigung des Rechtsverhältnisses hinsichtlich des Wohnraums die Vorschriften über Mietverhältnisse entsprechend, wenn der zur Dienstleistung Verpflichtete den Wohnraum überwiegend mit Einrichtungsgegenständen ausgestattet hat oder in dem Wohnraum mit seiner Familie oder Personen lebt, mit denen er einen auf Dauer angelegten gemeinsamen Haushalt führt.
(2) Eine zum Nachteil des Mieters abweichende Vereinbarung ist unwirksam.
…

§ 581 Vertragstypische Pflichten beim Pachtvertrag (1) Durch den Pachtvertrag wird der Verpächter verpflichtet, dem Pächter den Gebrauch des verpachteten Gegenstands und den Genuss der Früchte, soweit sie nach den Regeln einer ordnungmäßigen Wirtschaft als Ertrag anzusehen sind, während der Pachtzeit zu gewähren. Der Pächter ist verpflichtet, dem Verpächter die vereinbarte Pacht zu entrichten.
(2) Auf den Pachtvertrag mit Ausnahme des Landpachtvertrags sind, soweit sich nicht aus den §§ 582 bis 584 b etwas anderes ergibt, die Vorschriften über den Mietvertrag entsprechend anzuwenden.
…

§ 598 Vertragstypische Pflichten bei der Leihe Durch den Leihvertrag wird der Verleiher einer Sache verpflichtet, dem Entleiher den Gebrauch der Sache unentgeltlich zu gestatten.
…

Titel 8 – Dienstvertrag und ähnliche Verträge

Untertitel 1 – Dienstvertrag

§ 611 Vertragstypische Pflichten beim Dienstvertrag (1) Durch den Dienstvertrag wird derjenige, welcher Dienste zusagt, zur Leistung der versprochenen Dienste, der andere Teil zur Gewährung der vereinbarten Vergütung verpflichtet.
(2) Gegenstand des Dienstvertrags können Dienste jeder Art sein.

§ 611 a Arbeitsvertrag (1) Durch den Arbeitsvertrag wird der Arbeitnehmer im Dienste eines anderen zur Leistung weisungsgebundener, fremdbestimmter Arbeit in persönlicher Abhängigkeit verpflichtet. Das Weisungsrecht kann Inhalt, Durchführung, Zeit und Ort der Tätigkeit betreffen. Weisungsgebunden ist, wer nicht im Wesentlichen frei seine Tätigkeit gestalten und seine Arbeitszeit bestimmen kann. Der Grad der persönlichen Abhängigkeit hängt dabei auch von der Eigenart der jeweiligen Tätigkeit ab. Für die Feststellung, ob ein Arbeitsvertrag vorliegt, ist eine Gesamtbetrachtung aller Umstände vorzunehmen. Zeigt die tatsächliche Durchführung des Vertragsverhältnisses, dass es sich um ein Arbeitsverhältnis handelt, kommt es auf die Bezeichnung im Vertrag nicht an.
(2) Der Arbeitgeber ist zur Zahlung der vereinbarten Vergütung verpflichtet.

§ 611 b *(weggefallen)*

§ 612 Vergütung (1) Eine Vergütung gilt als stillschweigend vereinbart, wenn die Dienstleistung den Umständen nach nur gegen eine Vergütung zu erwarten ist.
(2) Ist die Höhe der Vergütung nicht bestimmt, so ist bei dem Bestehen einer Taxe die taxmäßige Vergütung, in Ermangelung einer Taxe die übliche Vergütung als vereinbart anzusehen.
(3) *(weggefallen)*

§ 612 a Maßregelungsverbot Der Arbeitgeber darf einen Arbeitnehmer bei einer Vereinbarung oder einer Maßnahme nicht benachteiligen, weil der Arbeitnehmer in zulässiger Weise seine Rechte ausübt.

§ 613 Unübertragbarkeit Der zur Dienstleistung Verpflichtete hat die Dienste im Zweifel in Person zu leisten. Der Anspruch auf die Dienste ist im Zweifel nicht übertragbar.

§ 613 a Rechte und Pflichten bei Betriebsübergang (1) Geht ein Betrieb oder Betriebsteil durch Rechtsgeschäft auf einen anderen Inhaber über, so tritt dieser in die Rechte und Pflichten aus den im Zeitpunkt des Übergangs bestehenden Arbeitsverhältnissen ein. Sind diese Rechte und Pflichten durch Rechtsnormen eines Tarifvertrags oder durch eine Betriebsvereinbarung geregelt, so werden sie Inhalt des Arbeitsverhältnisses zwischen dem neuen Inhaber und dem Arbeitnehmer und dürfen nicht vor Ablauf eines Jahres nach dem Zeitpunkt des Übergangs zum Nachteil des Arbeitnehmers geändert werden. Satz 2 gilt nicht, wenn die Rechte und Pflichten bei dem neuen Inhaber durch Rechtsnormen eines anderen Tarifvertrags oder durch eine andere Betriebsvereinbarung geregelt werden. Vor Ablauf der Frist nach Satz 2 können die Rechte und Pflichten geändert werden, wenn der Tarifvertrag oder die Betriebsvereinbarung nicht mehr gilt oder bei fehlender beiderseitiger Tarifgebundenheit im Geltungsbereich eines anderen Tarifvertrags dessen Anwendung zwischen dem neuen Inhaber und dem Arbeitnehmer vereinbart wird.

(2) Der bisherige Arbeitgeber haftet neben dem neuen Inhaber für Verpflichtungen nach Absatz 1, soweit sie vor dem Zeitpunkt des Übergangs entstanden sind und vor Ablauf von einem Jahr nach diesem Zeitpunkt fällig werden, als Gesamtschuldner. Werden solche Verpflichtungen nach dem Zeitpunkt des Übergangs fällig, so haftet der bisherige Arbeitgeber für sie jedoch nur in dem Umfang, der dem im Zeitpunkt des Übergangs abgelaufenen Teil ihres Bemessungszeitraums entspricht.

(3) Absatz 2 gilt nicht, wenn eine juristische Person oder eine Personenhandelsgesellschaft durch Umwandlung erlischt.

(4) Die Kündigung des Arbeitsverhältnisses eines Arbeitnehmers durch den bisherigen Arbeitgeber oder durch den neuen Inhaber wegen des Übergangs eines Betriebs oder eines Betriebsteils ist unwirksam. Das Recht zur Kündigung des Arbeitsverhältnisses aus anderen Gründen bleibt unberührt.

(5) Der bisherige Arbeitgeber oder der neue Inhaber hat die von einem Übergang betroffenen Arbeitnehmer vor dem Übergang in Textform zu unterrichten über:

1. den Zeitpunkt oder den geplanten Zeitpunkt des Übergangs,
2. den Grund für den Übergang,
3. die rechtlichen, wirtschaftlichen und sozialen Folgen des Übergangs für die Arbeitnehmer und
4. die hinsichtlich der Arbeitnehmer in Aussicht genommenen Maßnahmen.

(6) Der Arbeitnehmer kann dem Übergang des Arbeitsverhältnisses innerhalb eines Monats nach Zugang der Unterrichtung nach Absatz 5 schriftlich widersprechen. Der Widerspruch kann gegenüber dem bisherigen Arbeitgeber oder dem neuen Inhaber erklärt werden.

§ 614 Fälligkeit der Vergütung Die Vergütung ist nach der Leistung der Dienste zu entrichten. Ist die Vergütung nach Zeitabschnitten bemessen, so ist sie nach dem Ablauf der einzelnen Zeitabschnitte zu entrichten.

§ 615 Vergütung bei Annahmeverzug und bei Betriebsrisiko Kommt der Dienstberechtigte mit der Annahme der Dienste in Verzug, so kann der Verpflichtete für die infolge des Verzugs nicht geleisteten Dienste die vereinbarte Vergütung verlangen, ohne zur Nachleistung verpflichtet zu sein. Er muss sich jedoch den Wert desjenigen anrechnen lassen, was er infolge des Unterbleibens der Dienstleistung erspart oder durch anderweitige Verwendung seiner Dienste erwirbt oder zu erwerben böswillig unterlässt. Die Sätze 1 und 2 gelten entsprechend in den Fällen, in denen der Arbeitgeber das Risiko des Arbeitsausfalls trägt.

§ 616 Vorübergehende Verhinderung Der zur Dienstleistung Verpflichtete wird des Anspruchs auf die Vergütung nicht dadurch verlustig, dass er für eine verhältnismäßig nicht erhebliche Zeit durch einen in seiner Person liegenden Grund ohne sein Verschulden an der Dienstleistung verhindert wird. Er muss sich jedoch den Betrag anrechnen lassen, welcher ihm für die Zeit der Verhinderung aus einer auf Grund gesetzlicher Verpflichtung bestehenden Kranken- oder Unfallversicherung zukommt.

§ 617 Pflicht zur Krankenfürsorge (1) Ist bei einem dauernden Dienstverhältnisse, welches die Erwerbstätigkeit des Verpflichteten vollständig oder hauptsächlich in Anspruch nimmt, der Verpflichtete in die häusliche Gemeinschaft aufgenommen, so hat der Dienstberechtigte ihm im Falle der Erkrankung die erforderliche Verpflegung und ärztliche Behandlung bis zur Dauer von sechs Wochen, jedoch nicht über die Beendigung des Dienstverhältnisses hinaus, zu gewähren, sofern nicht die Erkrankung von dem Verpflichteten vorsätzlich oder durch grobe Fahrlässigkeit herbeigeführt worden ist. Die Verpflegung und ärztliche Behandlung kann durch Aufnahme des Verpflichteten in eine Krankenanstalt gewährt werden. Die Kosten können auf die für die Zeit der Erkrankung geschuldete Vergütung angerechnet werden. Wird das Dienstverhältnis wegen der Erkrankung von dem Dienstberechtigten nach § 626 gekündigt, so bleibt die dadurch herbeigeführte Beendigung des Dienstverhältnisses außer Betracht.
(2) Die Verpflichtung des Dienstberechtigten tritt nicht ein, wenn für die Verpflegung und ärztliche Behandlung durch eine Versicherung oder durch eine Einrichtung der öffentlichen Krankenpflege Vorsorge getroffen ist.

§ 618 Pflicht zu Schutzmaßnahmen (1) Der Dienstberechtigte hat Räume, Vorrichtungen oder Gerätschaften, die er zur Verrichtung der Dienste zu beschaffen hat, so einzurichten und zu unterhalten und Dienstleistungen, die unter seiner Anordnung oder seiner Leitung vorzunehmen sind, so zu regeln, dass der Verpflichtete gegen Gefahr für Leben und Gesundheit soweit geschützt ist, als die Natur der Dienstleistung es gestattet.
(2) Ist der Verpflichtete in die häusliche Gemeinschaft aufgenommen, so hat der Dienstberechtigte in Ansehung des Wohn- und Schlafraums, der Verpflegung sowie der Arbeits- und Erholungszeit diejenigen Einrichtungen und Anordnungen zu treffen, welche mit Rücksicht auf die Gesundheit, die Sittlichkeit und die Religion des Verpflichteten erforderlich sind.
(3) Erfüllt der Dienstberechtigte die ihm in Ansehung des Lebens und der Gesundheit des Verpflichteten obliegenden Verpflichtungen nicht, so finden auf seine Verpflichtung zum Schadensersatze die für unerlaubte Handlungen geltenden Vorschriften der §§ 842 bis 846 entsprechende Anwendung.

§ 619 Unabdingbarkeit der Fürsorgepflichten Die dem Dienstberechtigten nach den §§ 617, 618 obliegenden Verpflichtungen können nicht im Voraus durch Vertrag aufgehoben oder beschränkt werden.

§ 619 a Beweislast bei Haftung des Arbeitnehmers Abweichend von § 280 Abs. 1 hat der Arbeitnehmer dem Arbeitgeber Ersatz für den aus der Verletzung einer Pflicht aus dem Arbeitsverhältnis entstehenden Schaden nur zu leisten, wenn er die Pflichtverletzung zu vertreten hat.

§ 620 Beendigung des Dienstverhältnisses (1) Das Dienstverhältnis endigt mit dem Ablauf der Zeit, für die es eingegangen ist.
(2) Ist die Dauer des Dienstverhältnisses weder bestimmt noch aus der Beschaffenheit oder dem Zwecke der Dienste zu entnehmen, so kann jeder Teil das Dienstverhältnis nach Maßgabe der §§ 621 bis 623 kündigen.
(3) Für Arbeitsverträge, die auf bestimmte Zeit abgeschlossen werden, gilt das Teilzeit- und Befristungsgesetz.

§ 621 Kündigungsfristen bei Dienstverhältnissen Bei einem Dienstverhältnis, das kein Arbeitsverhältnis im Sinne des § 622 ist, ist die Kündigung zulässig,
1. wenn die Vergütung nach Tagen bemessen ist, an jedem Tag für den Ablauf des folgenden Tages;
2. wenn die Vergütung nach Wochen bemessen ist, spätestens am ersten Werktag einer Woche für den Ablauf des folgenden Sonnabends;
3. wenn die Vergütung nach Monaten bemessen ist, spätestens am fünfzehnten eines Monats für den Schluss des Kalendermonats;
4. wenn die Vergütung nach Vierteljahren oder längeren Zeitabschnitten bemessen ist, unter Einhaltung einer Kündigungsfrist von sechs Wochen für den Schluss eines Kalendervierteljahrs;
5. wenn die Vergütung nicht nach Zeitabschnitten bemessen ist, jederzeit; bei einem die Erwerbstätigkeit des Verpflichteten vollständig oder hauptsächlich

in Anspruch nehmenden Dienstverhältnis ist jedoch eine Kündigungsfrist von zwei Wochen einzuhalten.

§ 622 Kündigungsfristen bei Arbeitsverhältnissen (1) Das Arbeitsverhältnis eines Arbeiters oder eines Angestellten (Arbeitnehmers) kann mit einer Frist von vier Wochen zum Fünfzehnten oder zum Ende eines Kalendermonats gekündigt werden.

(2) Für eine Kündigung durch den Arbeitgeber beträgt die Kündigungsfrist, wenn das Arbeitsverhältnis in dem Betrieb oder Unternehmen

1. zwei Jahre bestanden hat, einen Monat zum Ende eines Kalendermonats,
2. fünf Jahre bestanden hat, zwei Monate zum Ende eines Kalendermonats,
3. acht Jahre bestanden hat, drei Monate zum Ende eines Kalendermonats,
4. zehn Jahre bestanden hat, vier Monate zum Ende eines Kalendermonats,
5. zwölf Jahre bestanden hat, fünf Monate zum Ende eines Kalendermonats,
6. 15 Jahre bestanden hat, sechs Monate zum Ende eines Kalendermonats,
7. 20 Jahre bestanden hat, sieben Monate zum Ende eines Kalendermonats.

(3) Während einer vereinbarten Probezeit, längstens für die Dauer von sechs Monaten, kann das Arbeitsverhältnis mit einer Frist von zwei Wochen gekündigt werden.

(4) Von den Absätzen 1 bis 3 abweichende Regelungen können durch Tarifvertrag vereinbart werden. Im Geltungsbereich eines solchen Tarifvertrags gelten die abweichenden tarifvertraglichen Bestimmungen zwischen nicht tarifgebundenen Arbeitgebern und Arbeitnehmern, wenn ihre Anwendung zwischen ihnen vereinbart ist.

(5) Einzelvertraglich kann eine kürzere als die in Absatz 1 genannte Kündigungsfrist nur vereinbart werden,

1. wenn ein Arbeitnehmer zur vorübergehenden Aushilfe eingestellt ist; dies gilt nicht, wenn das Arbeitsverhältnis über die Zeit von drei Monaten hinaus fortgesetzt wird;
2. wenn der Arbeitgeber in der Regel nicht mehr als 20 Arbeitnehmer ausschließlich der zu ihrer Berufsbildung Beschäftigten beschäftigt und die Kündigungsfrist vier Wochen nicht unterschreitet.

Bei der Feststellung der Zahl der beschäftigten Arbeitnehmer sind teilzeitbeschäftigte Arbeitnehmer mit einer regelmäßigen wöchentlichen Arbeitszeit von nicht mehr als 20 Stunden mit 0,5 und nicht mehr als 30 Stunden mit 0,75 zu berücksichtigen. Die einzelvertragliche Vereinbarung längerer als der in den Absätzen 1 bis 3 genannten Kündigungsfristen bleibt hiervon unberührt.

(6) Für die Kündigung des Arbeitsverhältnisses durch den Arbeitnehmer darf keine längere Frist vereinbart werden als für die Kündigung durch den Arbeitgeber.

§ 623 Schriftform der Kündigung Die Beendigung von Arbeitsverhältnissen durch Kündigung oder Auflösungsvertrag bedürfen zu ihrer Wirksamkeit der Schriftform; die elektronische Form ist ausgeschlossen.

§ 624 Kündigungsfrist bei Verträgen über mehr als fünf Jahre Ist das Dienstverhältnis für die Lebenszeit einer Person oder für längere Zeit als fünf Jahre eingegangen, so kann es von dem Verpflichteten nach dem Ablauf von fünf Jahren gekündigt werden. Die Kündigungsfrist beträgt sechs Monate.

§ 625 Stillschweigende Verlängerung Wird das Dienstverhältnis nach dem Ablauf der Dienstzeit von dem Verpflichteten mit Wissen des anderen Teiles fortgesetzt, so gilt es als auf unbestimmte Zeit verlängert, sofern nicht der andere Teil unverzüglich widerspricht.

§ 626 Fristlose Kündigung aus wichtigem Grund (1) Das Dienstverhältnis kann von jedem Vertragsteil aus wichtigem Grund ohne Einhaltung einer Kündigungsfrist gekündigt werden, wenn Tatsachen vorliegen, auf Grund derer dem Kündigenden unter Berücksichtigung aller Umstände des Einzelfalles und unter Abwägung der Interessen beider Vertragsteile die Fortsetzung des Dienstverhältnisses bis zum Ablauf der Kündigungsfrist oder bis zu der vereinbarten Beendigung des Dienstverhältnisses nicht zugemutet werden kann.
(2) Die Kündigung kann nur innerhalb von zwei Wochen erfolgen. Die Frist beginnt mit dem Zeitpunkt, in dem der Kündigungsberechtigte von den für die Kündigung maßgebenden Tatsachen Kenntnis erlangt. Der Kündigende muss dem anderen Teil auf Verlangen den Kündigungsgrund unverzüglich schriftlich mitteilen.

§ 627 Fristlose Kündigung bei Vertrauensstellung (1) Bei einem Dienstverhältnis, das kein Arbeitsverhältnis im Sinne des § 622 ist, ist die Kündigung auch ohne die im § 626 bezeichnete Voraussetzung zulässig, wenn der zur Dienstleistung Verpflichtete, ohne in einem dauernden Dienstverhältnis mit festen Bezügen zu stehen, Dienste höherer Art zu leisten hat, die auf Grund besonderen Vertrauens übertragen zu werden pflegen.
(2) Der Verpflichtete darf nur in der Art kündigen, dass sich der Dienstberechtigte die Dienste anderweit beschaffen kann, es sei denn, dass ein wichtiger Grund für die unzeitige Kündigung vorliegt. Kündigt er ohne solchen Grund zur Unzeit, so hat er dem Dienstberechtigten den daraus entstehenden Schaden zu ersetzen.

§ 628 Teilvergütung und Schadensersatz bei fristloser Kündigung (1) Wird nach dem Beginne der Dienstleistung das Dienstverhältnis auf Grund des § 626 oder des § 627 gekündigt, so kann der Verpflichtete einen seinen bisherigen Leistungen entsprechenden Teil der Vergütung verlangen. Kündigt er, ohne durch vertragswidriges Verhalten des anderen Teiles dazu veranlasst zu sein, oder veranlasst er durch sein vertragswidriges Verhalten die Kündigung des anderen Teiles, so steht ihm ein Anspruch auf die Vergütung insoweit nicht zu, als seine bisherigen Leistungen infolge der Kündigung für den anderen Teil kein Interesse haben. Ist die Vergütung für eine spätere Zeit im Voraus entrichtet, so hat der Verpflichtete sie nach Maßgabe des § 346 oder, wenn die Kündigung wegen eines

Umstands erfolgt, den er nicht zu vertreten hat, nach den Vorschriften über die Herausgabe einer ungerechtfertigten Bereicherung zurückzuerstatten.
(2) Wird die Kündigung durch vertragswidriges Verhalten des anderen Teiles veranlasst, so ist dieser zum Ersatz des durch die Aufhebung des Dienstverhältnisses entstehenden Schadens verpflichtet.

§ 629 Freizeit zur Stellungssuche Nach der Kündigung eines dauernden Dienstverhältnisses hat der Dienstberechtigte dem Verpflichteten auf Verlangen angemessene Zeit zum Aufsuchen eines anderen Dienstverhältnisses zu gewähren.

§ 630 Pflicht zur Zeugniserteilung Bei der Beendigung eines dauernden Dienstverhältnisses kann der Verpflichtete von dem anderen Teil ein schriftliches Zeugnis über das Dienstverhältnis und dessen Dauer fordern. Das Zeugnis ist auf Verlangen auf die Leistungen und die Führung im Dienst zu erstrecken. Die Erteilung des Zeugnisses in elektronischer Form ist ausgeschlossen. Wenn der Verpflichtete ein Arbeitnehmer ist, findet § 109 der Gewerbeordnung Anwendung.
...

Titel 9 – Werkvertrag und ähnliche Verträge

§ 631 Vertragstypische Pflichten beim Werkvertrag (1) Durch den Werkvertrag wird der Unternehmer zur Herstellung des versprochenen Werkes, der Besteller zur Entrichtung der vereinbarten Vergütung verpflichtet.
(2) Gegenstand des Werkvertrags kann sowohl die Herstellung oder Veränderung einer Sache als auch ein anderer durch Arbeit oder Dienstleistung herbeizuführender Erfolg sein.
...

§ 644 Gefahrtragung (1) Der Unternehmer trägt die Gefahr bis zur Abnahme des Werkes. Kommt der Besteller in Verzug der Annahme, so geht die Gefahr auf ihn über. Für den zufälligen Untergang und eine zufällige Verschlechterung des von dem Besteller gelieferten Stoffes ist der Unternehmer nicht verantwortlich.
(2) Versendet der Unternehmer das Werk auf Verlangen des Bestellers nach einem anderen Ort als dem Erfüllungsorte, so finden die für den Kauf geltenden Vorschriften des § 447 entsprechende Anwendung.

§ 645 Verantwortlichkeit des Bestellers (1) Ist das Werk vor der Abnahme infolge eines Mangels des von dem Besteller gelieferten Stoffes oder infolge einer von dem Besteller für die Ausführung erteilten Anweisung untergegangen, verschlechtert oder unausführbar geworden, ohne dass ein Umstand mitgewirkt hat, den der Unternehmer zu vertreten hat, so kann der Unternehmer einen der geleisteten Arbeit entsprechenden Teil der Vergütung und Ersatz der in der Vergütung nicht inbegriffenen Auslagen verlangen. Das Gleiche gilt, wenn der Vertrag in Gemäßheit des § 643 aufgehoben wird.

(2) Eine weitergehende Haftung des Bestellers wegen Verschuldens bleibt unberührt.

…

Titel 12 – Auftrag, Geschäftsbesorgungsvertrag und Zahlungsdienste

§ 662 Vertragstypische Pflichten beim Auftrag Durch die Annahme eines Auftrags verpflichtet sich der Beauftragte, ein ihm von dem Auftraggeber übertragenes Geschäft für diesen unentgeltlich zu besorgen.

…

§ 666 Auskunfts- und Rechenschaftspflicht Der Beauftragte ist verpflichtet, dem Auftraggeber die erforderlichen Nachrichten zu geben, auf Verlangen über den Stand des Geschäfts Auskunft zu erteilen und nach der Ausführung des Auftrags Rechenschaft abzulegen.

§ 667 Herausgeberpflicht Der Beauftragte ist verpflichtet, dem Auftraggeber alles, was er zur Ausführung des Auftrags erhält und was er aus der Geschäftsbesorgung erlangt, herauszugeben.

…

§ 670 Ersatz von Aufwendungen Macht der Beauftragte zum Zwecke der Ausführung des Auftrags Aufwendungen, die er den Umständen nach für erforderlich halten darf, ist der Auftraggeber zum Ersatz verpflichtet.

…

Titel 13 – Geschäftsführung ohne Auftrag

§ 677 Pflichten des Geschäftsführers Wer ein Geschäft für einen anderen besorgt, ohne von ihm beauftragt oder ihm gegenüber sonst dazu berechtigt zu sein, hat das Geschäft so zu führen, wie das Interesse des Geschäftsherrn mit Rücksicht auf dessen wirklichen oder mutmaßlichen Willen es erfordert.

…

Titel 16 – Gesellschaft

§ 705 Inhalt des Gesellschaftsvertrages Durch den Gesellschaftsvertrag verpflichten sich die Gesellschafter gegenseitig, die Erreichung eines gemeinsamen Zweckes in der durch den Vertrag bestimmten Weise zu fördern, insbesondere die vereinbarten Beiträge zu leisten.

…

Titel 20 – Bürgschaft

§ 765 Vertragstypische Pflichten bei der Bürgschaft (1) Durch den Bürgschaftsvertrag verpflichtet sich der Bürge gegenüber dem Gläubiger eines Dritten, für die Erfüllung der Verbindlichkeit des Dritten einzustehen.
(2) Die Bürgschaft kann auch für eine künftige oder eine bedingte Verbindlichkeit übernommen werden.
…

Titel 26 – Ungerechtfertigte Bereicherung

§ 812 Herausgabeanspruch (1) Wer durch die Leistung eines anderen oder in sonstiger Weise auf dessen Kosten etwas ohne rechtlichen Grund erlangt, ist ihm zur Herausgabe verpflichtet. Diese Verpflichtung besteht auch dann, wenn der rechtliche Grund später wegfällt oder der mit einer Leistung nach dem Inhalt des Rechtsgeschäfts bezweckte Erfolg nicht eintritt.
(2) Als Leistung gilt auch die durch Vertrag erfolgte Anerkennung des Bestehens oder des Nichtbestehens eines Schuldverhältnisses.
…

§ 814 Kenntnis der Nichtschuld Das zum Zwecke der Erfüllung einer Verbindlichkeit Geleistete kann nicht zurückgefordert werden, wenn der Leistende gewusst hat, dass er zur Leistung nicht verpflichtet war, oder wenn die Leistung einer sittlichen Pflicht oder einer auf den Anstand zu nehmenden Rücksicht entsprach.
…

§ 817 Verstoß gegen Gesetz oder gute Sitten War der Zweck einer Leistung in der Art bestimmt, dass der Empfänger durch die Annahme gegen ein gesetzliches Verbot oder gegen die guten Sitten verstoßen hat, so ist der Empfänger zur Herausgabe verpflichtet. Die Rückforderung ist ausgeschlossen, wenn dem Leistenden gleichfalls ein solcher Verstoß zur Last fällt, es sei denn, dass die Leistung in der Eingehung einer Verbindlichkeit bestand; das zur Erfüllung einer solchen Verbindlichkeit Geleistete kann nicht zurückgefordert werden.

§ 818 Umfang des Bereicherungsanspruchs (1) Die Verpflichtung zur Herausgabe erstreckt sich auf die gezogenen Nutzungen sowie auf dasjenige, was der Empfänger auf Grund eines erlangten Rechts oder als Ersatz für die Zerstörung, Beschädigung oder Entziehung des erlangten Gegenstands erwirbt.
(2) Ist die Herausgabe wegen der Beschaffenheit des Erlangten nicht möglich oder ist der Empfänger aus einem anderen Grunde zur Herausgabe außerstande, so hat er den Wert zu ersetzen.
(3) Die Verpflichtung zur Herausgabe oder zum Ersatz des Wertes ist ausgeschlossen, soweit der Empfänger nicht mehr bereichert ist.

(4) Von dem Eintritt der Rechtshängigkeit an haftet der Empfänger nach den allgemeinen Vorschriften.

§ 819 Verschärfte Haftung bei Kenntnis und bei Gesetzes- oder Sittenverstoß
(1) Kennt der Empfänger den Mangel des rechtlichen Grundes bei dem Empfang oder erfährt er ihn später, so ist er von dem Empfang oder der Erlangung der Kenntnis an zur Herausgabe verpflichtet, wie wenn der Anspruch auf Herausgabe zu dieser Zeit rechtshängig geworden wäre.
(2) Verstößt der Empfänger durch die Annahme der Leistung gegen ein gesetzliches Verbot oder gegen die guten Sitten, so ist er von dem Empfang der Leistung an in der gleichen Weise verpflichtet.
…

Titel 27 – Unerlaubte Handlungen

§ 823 Schadensersatzpflicht (1) Wer vorsätzlich oder fahrlässig das Leben, den Körper, die Gesundheit, die Freiheit, das Eigentum oder ein sonstiges Recht eines anderen widerrechtlich verletzt, ist dem anderen zum Ersatze des daraus entstehenden Schadens verpflichtet.
(2) Die gleiche Verpflichtung trifft denjenigen, welcher gegen ein den Schutz eines anderen bezweckendes Gesetz verstößt. Ist nach dem Inhalt des Gesetzes ein Verstoß gegen dieses auch ohne Verschulden möglich, so tritt die Ersatzpflicht nur im Falle des Verschuldens ein.
…

§ 826 Sittenwidrige vorsätzliche Schädigung Wer in einer gegen die guten Sitten verstoßenden Weise einem anderen vorsätzlich Schaden zufügt, ist dem anderen zum Ersatz des Schadens verpflichtet.
…

§ 830 Mittäter und Beteiligte (1) Haben mehrere durch eine gemeinschaftlich begangene unerlaubte Handlung einen Schaden verursacht, so ist jeder für den Schaden verantwortlich. Das Gleiche gilt, wenn sich nicht ermitteln lässt, wer von mehreren Beteiligten den Schaden durch seine Handlung verursacht hat.
(2) Anstifter und Gehilfen stehen Mittätern gleich.

§ 831 Haftung für den Verrichtungsgehilfen (1) Wer einen anderen zu einer Verrichtung bestellt, ist zum Ersatz des Schadens verpflichtet, den der andere in Ausführung der Verrichtung einem Dritten widerrechtlich zufügt. Die Ersatzpflicht tritt nicht ein, wenn der Geschäftsherr bei der Auswahl der bestellten Person und, sofern er Vorrichtungen oder Gerätschaften zu beschaffen oder die Ausführung der Verrichtung zu leiten hat, bei der Beschaffung oder der Leitung die im Verkehr erforderliche Sorgfalt beobachtet oder wenn der Schaden auch bei Anwendung dieser Sorgfalt entstanden sein würde.

(2) Die gleiche Verantwortlichkeit trifft denjenigen, welcher für den Geschäftsherrn die Besorgung eines der im Absatz 1 Satz 2 bezeichneten Geschäfte durch Vertrag übernimmt.

…

§ 840 Haftung mehrerer (1) Sind für den aus einer unerlaubten Handlung entstehenden Schaden mehrere nebeneinander verantwortlich, so haften sie als Gesamtschuldner.

(2) Ist neben demjenigen, welcher nach den §§ 831, 832 zum Ersatz des von einem anderen verursachten Schadens verpflichtet ist, auch der andere für den Schaden verantwortlich, so ist in ihrem Verhältnis zueinander der andere allein, im Falle des § 829 der Aufsichtspflichtige allein verpflichtet.

(3) Ist neben demjenigen, welcher nach den §§ 833 bis 838 zum Ersatz des Schadens verpflichtet ist, ein Dritter für den Schaden verantwortlich, so ist in ihrem Verhältnis zueinander der Dritte allein verpflichtet.

…

Buch 3 – Sachenrecht

Abschnitt 3 – Eigentum

§ 903 Befugnisse des Eigentümers Der Eigentümer einer Sache kann, soweit nicht das Gesetz oder Rechte Dritter entgegenstehen, mit der Sache nach Belieben verfahren und andere von jeder Einwirkung ausschließen. Der Eigentümer eines Tieres hat bei der Ausübung seiner Befugnisse die besonderen Vorschriften zum Schutz der Tiere zu beachten.

…

§ 950 Verarbeitung (1) Wer durch Verarbeitung oder Umbildung eines oder mehrerer Stoffe eine neue bewegliche Sache herstellt, erwirbt das Eigentum an der neuen Sache, sonfern nicht der Wert der Verarbeitung oder der Umbildung erheblich geringer ist als der Wert des Stoffes. Als Verarbeitung gilt auch das Schreiben, Zeichnen, Malen, Drucken, Gravieren oder eine ähnliche Bearbeitung der Oberfläche.

(2) Mit dem Erwerb des Eigentums an der neuen Sache erlöschen die an dem Stoffe bestehenden Rechte.

…

§ 1004 Beseitigungs- und Unterlassungsanspruch (1) Wird das Eigentum in anderer Weise als durch Entziehung oder Vorenthaltung des Besitzes beeinträchtigt, so kann der Eigentümer von dem Störer die Beseitigung der Beeinträchtigung verlangen. Sind weitere Beeinträchtigungen zu besorgen, so kann der Eigentümer auf Unterlassung klagen.

(2) Der Anspruch ist ausgeschlossen, wenn der Eigentümer zur Duldung verpflichtet ist.

14 a. Verordnung (EG) Nr. 593/2008 des Europäischen Parlaments und des Rates vom 17. Juni 2008 über das auf vertragliche Schuldverhältnisse anzuwendende Recht (ROM I)

Einleitung

I. Geschichtliche Entwicklung

Bis zum Jahr 2009 war das internationale Arbeitsrecht im Einführungsgesetz zum BGB (EGBGB) geregelt, seither greift die Rom I-VO. Das EGBGB hatte seine Hauptbedeutung zunächst darin, die Übergangssituation von den einzelnen Landesrechten auf das reichseinheitliche BGB zu regeln. Daneben enthält es – und das macht heute seine Bedeutung aus – Vorschriften über das Internationale Privatrecht (IPR), auf Grund dessen geklärt wird, welches nationale Recht gilt, wenn wegen des Auslandsbezuges einer Angelegenheit die Anwendung mehrerer Rechtsordnungen möglich erscheint.

So wie für das Arbeitsrecht hat es für viele andere privatrechtliche Rechtsbereiche Bemühungen auf nationaler und EG-Ebene gegeben, zu einer Vereinheitlichung der IPR-Regeln zu kommen. Sie mündeten schließlich in einem Schuldvertragsübereinkommen der EG-Mitgliedstaaten vom 16.9.1980 (zu seiner Entstehungsgeschichte s. BT-Drs. 10/503, 37). Dieses von der Bundesrepublik unterzeichnete Abkommen bot den Anlass für den Entwurf eines Gesetzes zur Neuregelung des Internationalen Privatrechts im Jahre 1983 (BT-Drs. 10/504). Nach Einarbeitung von Änderungsvorschlägen des Bundesrats wurde das Gesetz in der vom Rechtsausschuss des Bundestages erarbeiteten Fassung (BT-Drs. 10/5632) am 19.6.1986 verabschiedet. Aufgrund dieses IPR-Neuregelungsgesetzes (BGBl. I 1142) existierten erstmals gesetzliche Grundlagen für das internationale Kollisionsrecht im Bereich des Arbeitsrechts.

Mittlerweile ist das internationale Privatrecht zum Gegenstand europäischer Verordnungen geworden. Für vertragliche Schuldverhältnisse ist dieses geregelt in der VO (EG) Nr. 593/2008 v. 17.6.2008 (ABl. L 177/6; dazu *Mauer/Sadtler*, RIW 08, 544; *Deinert*, RdA 09, 144; *Wurmnest*, EuZA 09, 480; zum Kommissionsvorschlag vgl. *Junker*, RIW 06, 401; *Knöfel*, RdA 06, 269; *Mauer*, DB 07, 1586). In dieser sog. Rom I-Verordnung ist mit dem internationalen Schuldrecht auch das internationale Arbeitsrecht geregelt. Die Verordnung gilt in Deutschland als sog. *loi uniforme*. Das bedeutet, dass sie von deutschen Gerichten bei jedem Fall mit Auslandsberührung anzuwenden ist, unabhängig davon, ob der Fall Berührungen zu einem Staat aufweist, in dem die Verordnung ebenfalls gilt. Sie ist selbst im Fall von Auslandsberührungen mit einem außereuropäischen Staat anwendbar. Die

Verordnung ist allerdings nach ihrem Art. 28 nur auf Verträge anwendbar, die ab 17. 12. 2009 geschlossen wurden. Für ältere Verträge gilt weiterhin das EGBGB, das sich inhaltlich kaum von der Rom I-Verordnung unterscheidet (vgl. bis 34. Aufl.). Allerdings ist das neue Recht anzuwenden, wenn der Vertrag nach dem Stichtag in solchem Umfang geändert wurde, dass man es der Sache nach mit dem Neuabschluss eines Arbeitsvertrages zu tun hat (*EuGH* 18. 10. 2016 – C-135/15, NZA 16, 1389 – Nikiforidis). Die bisherigen Vorschriften des EGBGB über vertragliche Schuldverhältnisse entfielen mit Wirkung vom 17. 12. 2009 (Gesetz zur Anpassung der Vorschriften des Internationalen Privatrechts an die Verordnung [EG] Nr. 593/2008 v. 25. 6. 2009, BGBl. I 1574).

II. Vorprüfung: Internationale Zuständigkeit

Die Frage des anwendbaren Rechts bei Auslandsberührungen ist immer aus der Sicht des Rechtsanwenders zu stellen. Das bedeutet, dass jedes Gericht die in seinem Land geltenden Regeln des Internationalen Privatrechts anwendet. In Deutschland sind das die Regeln der Rom I-Verordnung. Bevor ein deutsches Gericht aber diese Kollisionsnormen und in der Folge das dadurch bestimmte Recht anwenden kann, muss es seine internationale Zuständigkeit prüfen. Diese richtet sich nach der Brüssel I a-Verordnung (vgl. Fn. 2 zu § 48 ArbGG, Nr. 5). Die Kollisionsnormen der Rom I-Verordnung kommen mit anderen Worten nur bei internationaler Zuständigkeit eines deutschen Gerichts (oder eines Gerichts, für das die Rom I-Verordnung ebenfalls gilt) zur Anwendung. Die Brüssel I a-Verordnung gilt im Verhältnis zu EU-Mitgliedstaaten (zum Verhältnis zu Dänemark s. Abkommen v. 19. 10. 2005, ABl. L 299/62). Ihre Art. 20 ff. regeln eine ausschließliche internationale Zuständigkeit bei Verfahren des Individualarbeitsrechts. Danach ist die internationale Zuständigkeit für Klagen gegen den Arbeitgeber an dessen Sitz oder am gewöhnlichen Arbeitsort gegeben. Gewöhnlicher Arbeitsort ist bei Piloten i. d. R. die »Base«, an der Flüge vor- und nachbereitet werden (*BAG* 20. 12. 2012 – 2 AZR 481/11, NZA 13, 925). Dagegen kann der Arbeitgeber den Arbeitnehmer außer im Falle der Widerklage nur vor Gerichten des Staates verklagen, an dem dieser seinen Sitz hat. Gerichtsstandsvereinbarungen sind gemäß Art. 21 Brüssel I a-Verordnung nur zulässig, wenn sie dem Arbeitnehmer einen zusätzlichen Gerichtsstand eröffnen, ansonsten nur, wenn sie nach Entstehung der Streitigkeit getroffen wurden. Im Verhältnis zu Norwegen, Island und der Schweiz richtet sich die internationale Zuständigkeit nach dem Übereinkommen von Lugano v. 30. 10. 2007 (ABl. 2009 L 147/5), in dem im Wesentlichen dieselben Zuständigkeitsregeln enthalten sind. Kommen weder dieses Übereinkommen noch die Brüssel I a-Verordnung zur Anwendung, folgt die internationale Zuständigkeit einer analogen Anwendung der Regeln der ZPO über die örtliche Zuständigkeit (*BAG* 3. 5. 1995 – 5 AZR 15/94, AP Nr. 32 zu Internationales Privatrecht – Arbeitsrecht). In Fortsetzung dieses Rechtsgedankens kommt in entsprechender Anwendung des § 48 Abs. 1 a ArbGG (Nr. 5) die internationale Zuständigkeit der deutschen Gerichte wegen eines inländischen gewöhnlichen Arbeitsortes in Betracht. Die internationale Zuständigkeit der deutschen Gerichte ist im Übrigen nach § 15 AEntG für Ansprüche aus diesem Gesetz eröffnet. Nach § 98 a AufenthG sind die deutschen Gerichte international zuständig für Klagen illegal beschäftigter Ausländer auf Vergütung gegen Auftraggeber und Subunternehmer nach § 98 a Abs. 1 ff. AufenthG (Nr. 9).

Das hoheitliche Handeln eines ausländischen Staates ist der deutschen Gerichtsbarkeit grundsätzlich entzogen. Allerdings sind arbeitsrechtliche Streitigkeiten nicht immer hoheitlicher Natur. Vielmehr kommt es darauf an, ob der Arbeitnehmer mit hoheitlichen Aufgaben betraut ist. Ist dies nicht der Fall, sind arbeitsrechtliche Streitigkeiten mit dem fremden Staat der deutschen Gerichtsbarkeit nicht entzogen (*BAG* 14. 2. 2013 – 3 AZB 5/12, NZA 13, 468).

III. Grundzüge des internationalen Arbeitsrechts

Die VO (EG) Nr. 593/2008 regelt lediglich das Internationale Privatrecht der Individualarbeitsverträge, nicht hingegen, welches Recht auf Tarifverträge, Betriebsvereinbarungen oder Arbeitskämpfe anzuwenden ist. Für die sog. Anknüpfung des Arbeitsvertrages gelten dabei die Grundsätze der Art. 3 und 8 der ROM I-Verordnung. Dabei ist ein Arbeitsvertrag gegeben, wenn jemand für eine bestimmte Zeit für eine andere Person nach deren Weisung Leistungen erbringt und als Gegenleistung eine Vergütung erhält; das kann auch ein Geschäftsführer sein, wenn er nicht in der Lage ist, auf die Willensbildung des Verwaltungsorgans der Gesellschaft Einfluss zu nehmen (*BAG* 15. 12. 2016 – 6 AZR 430/15, NZA 17, 502, Rn. 54).

Bei der Bestimmung des anwendbaren Rechts ist vorrangig eine freie Rechtswahl der Parteien. Diese darf allerdings nicht dazu führen, dass dem Arbeitnehmer der Schutz der sog. zwingenden Vorschriften des eigentlich anwendbaren Rechts entzogen wird. Es ist demnach ein Günstigkeitsvergleich vorzunehmen. Dazu muss ermittelt werden, welches Recht objektiv auf den Arbeitsvertrag anzuwenden wäre, wenn es keine Rechtswahl gegeben hätte (s. u.). Dieses ist dann mit dem gewählten Recht zu vergleichen. Nur wenn das gewählte Recht keinen schlechteren Schutz für den Arbeitnehmer bietet, kann es angewendet werden.

Mangels Rechtswahl (sowie als Basis für den Günstigkeitsvergleich wie vorstehend beschrieben) ist gemäß Art. 8 Abs. 2–4 das Recht zu ermitteln, das auf den Arbeitsvertrag anzuwenden ist. Danach ist in erster Linie das sog. Arbeitsortprinzip maßgeblich. Das Arbeitsverhältnis unterliegt dem Recht des Staates, in dem oder von dem aus der Arbeitnehmer gewöhnlich seine Arbeit verrichtet (Abs. 2). Dabei hindert eine vorübergehende Entsendung in einen anderen Staat die Anwendung des Rechts des gewöhnlichen Arbeitsortes gemäß Abs. 2 Satz 2 nicht. Sofern es keinen gewöhnlichen Arbeitsort gibt, ist maßgeblich das Recht an dem Ort, an dem sich die Niederlassung befindet, die den Arbeitnehmer eingestellt hat (Abs. 3). Dabei ist einstellende Niederlassung diejenige, die den Arbeitsvertrag geschlossen hat, nicht die, in die der Arbeitnehmer organisatorisch eingegliedert ist (*EuGH* 15. 12. 2011 – C-384/10, EuZW 12, 61 – Voogsgeerd). Das so nach Abs. 2 und 3 ermittelte Recht ist aber dann nicht anzuwenden, wenn aufgrund der Gesamtheit der Umstände eine engere Beziehung zu einem anderen Staat besteht. Dann ist das Recht dieses anderen Staats anzuwenden (Abs. 4). Der *EuGH* hat klargestellt, dass dazu sämtliche Gesichtspunkte berücksichtigt werden müssen. Dabei können auch die Einbindung in das Steuersystem und in die Sozialversicherung bedeutsam werden, ferner die Parameter, die mit Gehalt und Arbeitsbedingungen zusammenhängen (*EuGH* 12.9.2013 – C-64/12, NZA 13, 1163, Rn. 41 – Schlecker; allgemein zu den Aspekten, die für engere Verbindungen sprechen, *Deinert*, Internationales Arbeitsrecht, § 9 Rn. 135 ff.).

Sog. Eingriffsnormen setzen sich allerdings gemäß Art. 9 gegenüber dem Vertragsstatut durch. Eingriffsnormen sind solche Normen, die über den Ausgleich der Vertragsinteressen hinausgehende politische, soziale oder wirtschaftliche Interessen des jeweiligen Staates verfolgen. Diese Eingriffsnormen unterliegen einer »Sonderanknüpfung«. Dabei regelt das AEntG (Nr. 31 a) für Arbeit im Inland, welche arbeitsrechtlichen Mindestarbeitsbedingungen zumindest als Eingriffsnormen anzusehen sind. Dazu gehört unter anderem der gesetzliche Mindestlohn nach dem MiLoG (§ 2 Nr. 1 AEntG; anders aus österreichischer Perspektive für Fälle gelegentlicher Arbeit in Deutschland: *OGH* 29.11.2016 – 9 ObA 53/16 h, NZA-RR 17, 180). Die Aufzählung in § 2 AEntG ist allerdings nicht abschließend. Vielmehr gehört dazu beispielsweise auch der Anspruch auf Entgeltfortzahlung im Krankheitsfall nach § 3 EFZG oder der Anspruch auf Zuschuss zum Mutterschaftsgeld nach § 14 MuSchG (*BAG* 12.12.2001 – 5 AZR 255/00, IPRax 03, 258), nicht aber der Anspruch auf Verringerung der Arbeitszeit nach § 8 TzBfG (*BAG* 19.2.2008 – 9 AZR 498/06, NZA 08, 761) und nach der Rechtsprechung auch nicht § 613 a BGB über den Betriebsübergang (*BAG* 29.10.1992 – 2 AZR 267/92, DB 93, 637). Die Anwendung von § 3 EFZG als Eingriffsnorm macht die Rechtsprechung im Übrigen davon abhängig, dass deutsches Sozialversicherungsrecht auf das Beschäftigungsverhältnis anwendbar ist (*BAG* 18.4.2012 – 10 AZR 200/11, RIW 12, 638). Den Sonderkündigungsschutz schwerbehinderter Menschen nach § 168 SGB IX rechnet das *BAG* (22.10.2015 – 2 AZR 720/14, NZA 16, 473) nicht zu den Eingriffsnormen. Es fordert vielmehr für dessen Anwendung neben den Voraussetzungen des § 2 Abs. 2 SGB IX das Vorliegen eines deutschen Arbeitsvertragsstatuts.

Darüber hinaus regelt das AEntG die Möglichkeit einer Sonderanknüpfung allgemeinverbindlicher Tarifverträge des Baugewerbes (§ 4 AEntG) hinsichtlich bestimmter Arbeitsbedingungen (§ 5 AEntG) als Eingriffsnormen sowie einer Sonderanknüpfung solcher Tarifverträge, die durch Rechtsverordnung nach §§ 7, 7 a AEntG verbindlich gemacht wurden. Auch die Lohnuntergrenze nach § 3 a AÜG (vgl. Einl. I 2 zum AÜG, Nr. 4) bzw. der aus ihr resultierende Gleichbehandlungsanspruch wird als Eingriffsnorm anzusehen sein. Art. 9 Abs. 3 erlaubt darüber hinaus den deutschen Gerichten, Eingriffsnormen des Staates der Erfüllung der Leistung, Wirkung zu verleihen. Normen dritter Staaten können dagegen wegen des abschließenden Charakters des Art. 9 keine Anwendung finden (*EuGH* 18.10.2016 – C-135/15, NZA 16, 1389 – Nikiforidis). Allerdings ist es möglich, dass das anwendbare Recht auf sachrechtlicher Ebene faktische Umstände, die aus diesen drittstaatlichen Normen folgen, berücksichtigt. Letzteres hat das *BAG* (26.4.2017 – 5 AZR 962/13, RIW 17, 611) für Lehrer an griechischen Privatschulen in Deutschland unter deutschem Recht in Bezug auf die griechischen sog. Spargesetze im Nachgang zur Finanz- und Wirtschaftskrise verneint. Allerdings konnte die griechische Haushaltsnotlage, der die Spargesetze Rechnung tragen sollen, grundsätzlich Änderungskündigungen zur Entgeltabsenkung auch unter deutschem Kündigungsrecht rechtfertigen (*BAG* 20.10.2017 – 2 AZR 783/16 (F), NZA 18, 440, Rn. 48 ff.).

Mit dem Gesetz zum »Internationalen Schifffahrtsregister« (s. u. Fn. zu Art. 8) wird auf Schiffen unter deutscher Flagge die Anwendung ausländischen Arbeitsrechts für ausländische Seeleute zugelassen (hierzu vgl. *Geffken,* AiB 88, 129; *Hauschka/Henssler,* NZA 88, 597). Das *BVerfG* hat das Gesetz mit Entscheidung vom 9.11.1995 im Wesentlichen für verfassungsgemäß erklärt (10.1.1995 – 1 BvF 1/90 u.a., DB 95, 483; hierzu *Fülbier,* RIW 95, 627; krit. *Geffken,* NZA 95, 504 = AiB 95, 170). Auch der *EuGH* (17.3.1992 – C-72/91 u.a., EuZW 93, 288 – Sloman Neptun) hat im 2. Schiffsregister keinen Verstoß gegen das Europarecht unter dem Gesichtspunkt einer unzulässigen Beihilfe gesehen. Die Sonderregeln dürften allerdings wegen des Anwendungsvorrangs der Rom I-VO international-arbeitsrechtlich keine Rechtsfolgen mehr erzeugen (vgl. *Magnus*, IPRax 10, 27, 41; im Ergebnis offengelassen von *BAG* (22.10.2015 – 2 AZR 720/14, NZA 16, 473, 475).

Soweit nach dem Internationalen Privatrecht ein fremdes Recht anzuwenden ist, kann dieses durch den sog. ordre public-Vorbehalt gemäß Art. 21 abgewehrt werden.

Neben arbeitsvertraglichen Ansprüchen können Arbeitgeber und Arbeitnehmer auch Ansprüche aus ungerechtfertigter Bereicherung und aus unerlaubter Handlung haben. Für sie gelten bei grenzüberschreitenden Sachverhalten die einschlägigen Kollisionsnormen der sog. ROM II-Verordnung (VO [EG] Nr. 864/2007). Art. 9 dieser Verordnung betrifft die Haftung für Arbeitskampfmaßnahmen (vgl. Fn. zu Art. 1 Rom I-VO).

Das Kollisionsrecht des EGBGB spielt nach allem praktisch keine Rolle mehr im Arbeitsrecht. Denn auch das Betriebsverfassungs- und Tarifvertragsrecht werden dort nicht geregelt. Vielmehr gelten insoweit ungeschriebene Grundsätze, die zudem teilweise sehr umstritten sind. Während nämlich die Betriebsverfassung nach dem »Territorialitätsprinzip« auf Betriebe angewendet wird, die in der Bundesrepublik Deutschland belegen sind (*BAG* 9.11.1977 – 5 AZR 132/76, AP Nr. 13 zu Internationales Privatrecht – Arbeitsrecht; richtiger: Anknüpfung der Betriebsverfassung an den Lageort des Betriebes), ist für das Tarifstatut noch keine gültige Klärung gewonnen. Die herrschende Meinung geht danach, zu welchem Staat die engste Verbindung besteht (*BAG* 11.9.1991 – 4 AZR 71/91, AP Nr. 29 zu Internationales Privatrecht – Arbeitsrecht). Hinsichtlich der unternehmerischen Mitbestimmung wird überwiegend davon ausgegangen, dass diese dem sog. Gesellschaftsstatut folgt. Ob das Gesellschaftsstatut sich nach dem Recht des Staates richtet, in dem eine Gesellschaft gegründet wurde (sog. Gründungstheorie), oder nach dem Recht des Staats, in dem sie ihren tatsächlichen Verwaltungssitz hat (sog. Sitztheorie), ist nach einigen Entscheidungen des *EuGH* (9.3.1999 – C-212/97, EuZW 99, 216 – Centros; RIW 02, 945 – Überseering; EWS 03, 513 – Inspire Art) nicht mehr klar. Der *BGH* (27.10.2008 – II ZR 158/06, DB 08, 2825) geht für Gesellschaften, die in einem EU- oder EWR-Staat gegründet wurden, von der Gründungstheorie aus, im Übrigen aber von der Sitztheorie. Ein Referentenentwurf aus der 16. Legislaturperiode für eine Regelung des Internationalen Gesellschaftsrechts (dazu *Schneider*, BB 08, 566 ff.) sah eine Anknüpfung an das Gründungsrecht vor und ermöglichte so den nachträglichen Wechsel des tatsächlichen Gesellschaftssitzes. Dabei besteht freilich die Gefahr, dass auf diese Weise Missbräuche in der Weise erfolgen, dass die Gesellschaft im Ausland zwecks Vermeidung der deutschen Mitbestimmung gegründet und alsbald nach Deutschland verlegt wird (*Seyboth*, AuR 08, 132; zur zunehmenden praktischen Bedeutung vgl. *Sick/Pütz*, WSI-Mit. 11, 34). Hier besteht Nachbesserungsbedarf. In seiner jüngsten Rechtsprechung geht der *EuGH* davon aus, dass die Niederlassungsfreiheit nach Art. 49, 54 AEUV auch das Recht einer Gesellschaft umfasst, bei Beibehaltung des tatsächlichen Verwaltungssitzes den sog. Satzungssitz (den in der Satzung festgelegten Sitz einer Gesellschaft) zu verlegen. Der Mitgliedstaat, in dem bislang der Satzungssitz lag, darf dies nicht einfach durch einen Zwang zur Löschung der Gesellschaft verhindern (*EuGH* 25.10.2017 – C-106/16, NJW 17, 3639 – Polbud). Der Sache nach bedeutet dies ein Recht zum grenzüberschreitenden Rechtsformwechsel, wobei unklar bleibt, welche Maßnahmen ein Mitgliedstaat zum Schutz der Interessen anderer, etwa der Gläubiger oder auch der Arbeitnehmer ergreifen kann (*Kieninger*, NJW 17, 3624). Dabei liegt auf der Hand, dass mitbestimmte Gesellschaften mit Sitz in Deutschland durch bloße Verlagerung des Satzungssitzes in ein Land ohne Mitbestimmungsgesetzgebung versuchen könnten, der Mitbestimmung zu entfliehen (*Heuschmid*, AuR 18, 96, 99). Vgl. auch Einl. IV zum MgVG.

Die Anknüpfung des Gesellschaftsstatuts an den Gründungsort muss für das Mitbestimmungsstatut freilich gar nicht zwingend nachvollzogen werden, vielmehr liegt es nahe, das Mitbestimmungsstatut an den tatsächlichen Verwaltungssitz zu knüpfen (*Deinert*, Internationales Arbeitsrecht, § 17 Rn. 82 ff., skeptisch zu Möglichkeiten einer Sonderanknüpfung *Eberspächer*, ZIP 08, 1951).

Im Übrigen sind die im EGBGB verbliebenen Regelungen des Internationalen Privatrechts weiterhin anzuwenden, wenn die Rom I-Verordnung keine Regelung enthält. Insoweit ist durch Art. 5 des Gesetzes zur Änderung von Vorschriften im Bereich des Internationalen Privat- und Zivilverfahrensrechts (v. 11.6.2017, BGBl. I 1607) mit der Bestimmung des Art. 8 EGBGB über die gewillkürte Stellvertretung eine wichtige Regelung hinzugekommen: Das auf die Stellvertretung anwendbare Recht kann gewählt werden. Das objektive Vollmachtstatut folgt bei Bevollmächtigung eines Arbeitnehmers gemäß Abs. 3 der Bestimmung dem Sitzstaat des Arbeitgebers.

Weiterführende Literatur

Deinert/Heuschmid/Zwanziger-*Heuschmid,* Arbeitsrecht, § 9 (Arbeitskollisionsrecht)

Däubler, Die internationale Zuständigkeit der deutschen Arbeitsgerichte, NZA 2003, S. 1297

Deinert, Internationales Arbeitsrecht (2013)

Deinert, Neues Internationales Arbeitsrecht, RdA 2009, S. 144

Junker, Internationale Zuständigkeit und anwendbares Recht in Arbeitssachen, NZA 2005, S. 199
Wurmnest, Das neue internationale Arbeitsvertragsrecht der Rom I-Verordnung, EuZA 2009, S. 481

Übersicht 36: Auf Arbeitsverträge anwendbares Recht

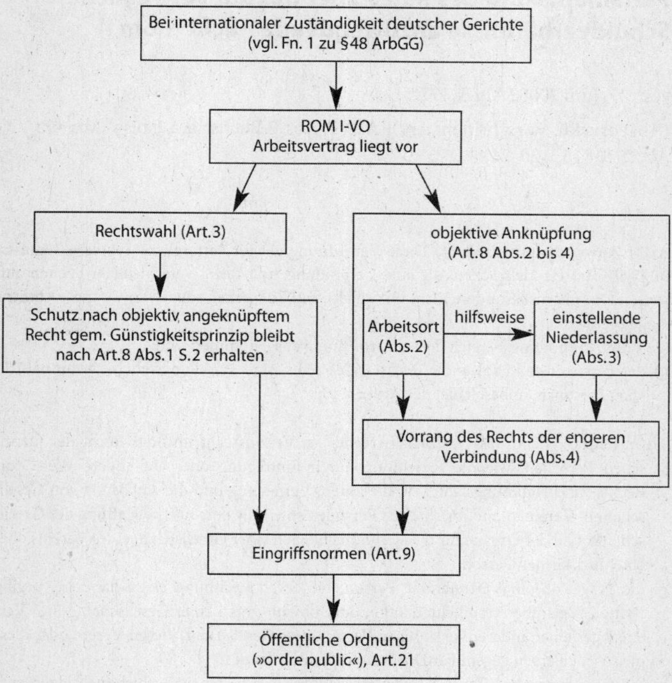

Verordnung (EG) Nr. 593/2008 des Europäischen Parlaments und des Rates über das auf vertragliche Schuldverhältnisse anzuwendende Recht (Rom I)

vom 17. Juni 2008 (ABl. L 177/6)

(Abgedruckte Vorschriften: Art. 1 Abs. 1, Abs. 2 Buchst. a, f, g bis j, Abs. 4, Art. 2, 3, 8–13, 20, 21)

Art. 1 Anwendungsbereich (1) Diese Verordnung gilt für vertragliche Schuldverhältnisse in Zivil- und Handelssachen, die eine Verbindung zum Recht verschiedener Staaten aufweisen.[1] Sie gilt insbesondere nicht für Steuer- und Zollsachen sowie verwaltungsrechtliche Angelegenheiten.

(2) Vom Anwendungsbereich dieser Verordnung ausgenommen sind:

a) der Personenstand sowie die Rechts-, Geschäfts- und Handlungsfähigkeit von natürlichen Personen, unbeschadet des Artikels 13;

…

f) Fragen betreffend das Gesellschaftsrecht, das Vereinsrecht und das Recht der juristischen Personen, wie die Errichtung durch Eintragung oder auf andere Weise, die Rechts- und Handlungsfähigkeit, die innere Verfassung und die Auflösung von Gesellschaften, Vereinen und juristischen Personen sowie die persönliche Haftung der Gesellschafter und der Organe für die Verbindlichkeiten einer Gesellschaft, eines Vereins oder einer juristischen Person;

g) die Frage, ob ein Vertreter die Person, für deren Rechnung er zu handeln vorgibt, Dritten gegenüber verpflichten kann, oder ob ein Organ einer Gesellschaft, eines Vereins oder einer anderen juristischen Person diese Gesellschaft, diesen Verein oder diese juristische Person gegenüber Dritten verpflichten kann;

h) die Gründung von »Trusts« sowie die dadurch geschaffenen Rechtsbeziehungen zwischen den Verfügenden, den Treuhändern und den Begünstigten;

i) Schuldverhältnisse aus Verhandlungen vor Abschluss eines Vertrags;

j) Versicherungsverträge aus von anderen Einrichtungen als den in Artikel 2 der Richtlinie 2002/83/EG des Europäischen Parlaments und des Rates vom 5. November 2002 über Lebensversicherungen genannten Unternehmen durchgeführten Geschäften, deren Zweck darin besteht, den unselbstständig oder selbstständig tätigen Arbeitskräften eines Unternehmens oder einer Unternehmensgruppe oder den Angehörigen eines Berufes oder einer Berufsgruppe im Todes- oder Erlebensfall oder bei Arbeitseinstellung oder bei Minderung der Erwerbstätigkeit oder bei arbeitsbedingter Krankheit oder Arbeitsunfällen Leistungen zu gewähren.

…

1 Für gesetzliche Schuldverhältnisse: Verordnung (EG) Nr. 864/2007 des Europäischen Parlaments und des Rates vom 11. 7. 2007 über das auf außervertragliche Schuldverhältnisse anwendbare Recht (»Rom II«), ABl. L 199/40: **Art. 9 Arbeitskampfmaßnahmen** Unbeschadet des Artikels 4 Absatz 2 ist auf außervertragliche Schuldverhältnisse in Bezug auf die Haftung einer Person in ihrer Eigenschaft als Arbeitnehmer oder Arbeitgeber oder der Organisationen, die deren berufliche Interessen vertreten, für Schäden, die aus bevorstehenden oder durchgeführten Arbeitskampfmaßnahmen entstanden sind, das Recht des Staates anzuwenden, in dem die Arbeitskampfmaßnahme erfolgen soll oder erfolgt ist.

(4) Im Sinne dieser Verordnung bezeichnet der Begriff »Mitgliedstaat« die Mitgliedstaaten, auf die diese Verordnung anwendbar ist. In Artikel 3 Absatz 4 und Artikel 7 bezeichnet der Begriff jedoch alle Mitgliedstaaten.

Art. 2 Universelle Anwendung Das nach dieser Verordnung bezeichnete Recht ist auch dann anzuwenden, wenn es nicht das Recht eines Mitgliedstaats ist.

Art. 3 Freie Rechtswahl (1) Der Vertrag unterliegt dem von den Parteien gewählten Recht. Die Rechtswahl muss ausdrücklich erfolgen oder sich eindeutig aus den Bestimmungen des Vertrags oder aus den Umständen des Falles ergeben. Die Parteien können die Rechtswahl für ihren ganzen Vertrag oder nur für einen Teil desselben treffen.
(2) Die Parteien können jederzeit vereinbaren, dass der Vertrag nach einem anderen Recht zu beurteilen ist als dem, das zuvor entweder aufgrund einer früheren Rechtswahl nach diesem Artikel oder aufgrund anderer Vorschriften dieser Verordnung für ihn maßgebend war. Die Formgültigkeit des Vertrags im Sinne des Artikels 11 und Rechte Dritter werden durch eine nach Vertragsschluss erfolgende Änderung der Bestimmung des anzuwendenden Rechts nicht berührt.
(3) Sind alle anderen Elemente des Sachverhalts zum Zeitpunkt der Rechtswahl in einem anderen als demjenigen Staat belegen, dessen Recht gewählt wurde, so berührt die Rechtswahl der Parteien nicht die Anwendung derjenigen Bestimmungen des Rechts dieses anderen Staates, von denen nicht durch Vereinbarung abgewichen werden kann.
(4) Sind alle anderen Elemente des Sachverhalts zum Zeitpunkt der Rechtswahl in einem oder mehreren Mitgliedstaaten belegen, so berührt die Wahl des Rechts eines Drittstaats durch die Parteien nicht die Anwendung der Bestimmungen des Gemeinschaftsrechts – gegebenenfalls in der von dem Mitgliedstaat des angerufenen Gerichts umgesetzten Form –, von denen nicht durch Vereinbarung abgewichen werden kann.
(5) Auf das Zustandekommen und die Wirksamkeit der Einigung der Parteien über das anzuwendende Recht finden die Artikel 10, 11 und 13 Anwendung.
…

Art. 8 Individualarbeitsverträge[1] (1) Individualarbeitsverträge unterliegen dem von den

---

1 Vgl. die aufgrund des »Gesetzes zur Einführung eines zusätzlichen Registers für Seeschiffe unter der Bundesflagge im internationalen Verkehr« (**Internationales Seeschiffahrtsregister** – ISR) vom 23. 3. 1989 (BGBl. I 550) in das **Flaggenrechtsgesetz** (FlaggRG) i. d. F. vom 26. 10. 1994 (BGBl. I 3140), zuletzt geändert durch Gesetz vom 18. 7. 2016 (BGBl. I 1666) eingefügten Vorschriften:
§ 12 (1) Zur Führung der Bundesflagge berechtigte Kauffahrteischiffe, die im Sinne des Einkommensteuergesetzes im internationalen Verkehr betrieben werden, sind auf Antrag des Eigentümers in das Internationale Seeschiffahrtsregister einzutragen.
(2) Das Internationale Seeschiffahrtsregister wird vom Bundesministerium für Verkehr und digitale Infrastruktur eingerichtet und geführt.
§ 21 Abs. 4 Arbeitsverhältnisse von Besatzungsmitgliedern eines im Internationalen Seeschiffahrtsregister eingetragenen Kauffahrteischiffes, die im Inland keinen Wohnsitz oder ständigen Aufenthalt haben, unterliegen bei der Anwendung des Artikels 8 der Verordnung (EG) Nr. 593/2008 des Europäischen Parlaments und des Rates vom 17. Juni 2008 über das auf vertragliche Schuldverhältnisse anzuwendende Recht (Rom I) (ABl. L 177 vom 4. 7. 2008, S. 6) vorbehaltlich anderer Rechtsvorschriften der Europäischen Gemeinschaft nicht schon auf Grund der Tatsache, daß das Schiff die Bundesflagge führt, dem deutschen Recht. Werden für die in Satz 1 genannten Arbeitsverhältnisse von ausländischen Gewerkschaften Tarifverträge abgeschlossen, so haben diese nur dann die im Tarifvertragsgesetz genannten Wirkungen, wenn für sie die Anwendung des im Geltungsbereich des Grundgesetzes geltenden Tarifrechts

Parteien nach Artikel 3 gewählten Recht. Die Rechtswahl der Parteien darf jedoch nicht dazu führen, dass dem Arbeitnehmer der Schutz entzogen wird, der ihm durch Bestimmungen gewährt wird, von denen nach dem Recht, das nach den Absätzen 2, 3 und 4 des vorliegenden Artikels mangels einer Rechtswahl anzuwenden wäre, nicht durch Vereinbarung abgewichen werden darf.
(2) Soweit das auf den Arbeitsvertrag anzuwendende Recht nicht durch Rechtswahl bestimmt ist, unterliegt der Arbeitsvertrag dem Recht des Staates, in dem oder andernfalls von dem aus der Arbeitnehmer in Erfüllung des Vertrags gewöhnlich seine Arbeit verrichtet. Der Staat, in dem die Arbeit gewöhnlich verrichtet wird, wechselt nicht, wenn der Arbeitnehmer seine Arbeit vorübergehend in einem anderen Staat verrichtet.
(3) Kann das anzuwendende Recht nicht nach Absatz 2 bestimmt werden, so unterliegt der Vertrag dem Recht des Staates, in dem sich die Niederlassung befindet, die den Arbeitnehmer eingestellt hat.
(4) Ergibt sich aus der Gesamtheit der Umstände, dass der Vertrag eine engere Verbindung zu einem anderen als dem in Absatz 2 oder 3 bezeichneten Staat aufweist, ist das Recht dieses anderen Staates anzuwenden.

Art. 9 Eingriffsnormen (1) Eine Eingriffsnorm ist eine zwingende Vorschrift, deren Einhaltung von einem Staat als so entscheidend für die Wahrung seines öffentlichen Interesses, insbesondere seiner politischen, sozialen oder wirtschaftlichen Organisation, angesehen wird, dass sie ungeachtet des nach Maßgabe dieser Verordnung auf den Vertrag anzuwendenden Rechts auf alle Sachverhalte anzuwenden ist, die in ihren Anwendungsbereich fallen.
(2) Diese Verordnung berührt nicht die Anwendung der Eingriffsnormen des Rechts des angerufenen Gerichts.
(3) Den Eingriffsnormen des Staates, in dem die durch den Vertrag begründeten Verpflichtungen erfüllt werden sollen oder erfüllt worden sind, kann Wirkung verliehen werden, soweit diese Eingriffsnormen die Erfüllung des Vertrags unrechtmäßig werden lassen. Bei der Entscheidung, ob diesen Eingriffsnormen Wirkung zu verleihen ist, werden Art und Zweck dieser Normen sowie die Folgen berücksichtigt, die sich aus ihrer Anwendung oder Nichtanwendung ergeben würden.

Art. 10 Einigung und materielle Wirksamkeit (1) Das Zustandekommen und die Wirksamkeit des Vertrags oder einer seiner Bestimmungen beurteilen sich nach dem Recht, das nach dieser Verordnung anzuwenden wäre, wenn der Vertrag oder die Bestimmung wirksam wäre.
(2) Ergibt sich jedoch aus den Umständen, dass es nicht gerechtfertigt wäre, die Wirkung des Verhaltens einer Partei nach dem in Absatz 1 bezeichneten Recht zu bestimmen, so kann sich diese Partei für die Behauptung, sie habe dem Vertrag nicht zugestimmt, auf das Recht des Staates ihres gewöhnlichen Aufenthalts berufen.

Art. 11 Form (1) Ein Vertrag, der zwischen Personen geschlossen wird, die oder deren Vertreter sich zum Zeitpunkt des Vertragsschlusses in demselben Staat befinden, ist formgültig, wenn er die Formerfordernisse des auf ihn nach dieser Verordnung anzuwen-

---

sowie die Zuständigkeit der deutschen Gerichte vereinbart worden ist. *Nach Inkrafttreten dieses Absatzes abgeschlossene Tarifverträge beziehen sich auf die in Satz 1 genannten Arbeitsverhältnisse im Zweifel nur, wenn sie dies ausdrücklich vorsehen.* (S. 3 ist nach der Entscheidung *BVerfG*, DB 95, 483, verfassungswidrig und nichtig.) Die Vorschriften des deutschen Sozialversicherungsrechts bleiben unberührt.
In diesem Zusammenhang s. **Schiffsbesetzungsverordnung** (SchBesV) vom 4. 4. 1984 (BGBl. I 532), zuletzt geändert durch Gesetz vom 17. Juli 2017 (BGBl. I 2581).

denden materiellen Rechts oder die Formerfordernisse des Rechts des Staates, in dem er geschlossen wird, erfüllt.

(2) Ein Vertrag, der zwischen Personen geschlossen wird, die oder deren Vertreter sich zum Zeitpunkt des Vertragsschlusses in verschiedenen Staaten befinden, ist formgültig, wenn er die Formerfordernisse des auf ihn nach dieser Verordnung anzuwendenden materiellen Rechts oder die Formerfordernisse des Rechts eines der Staaten, in denen sich eine der Vertragsparteien oder ihr Vertreter zum Zeitpunkt des Vertragsschlusses befindet, oder die Formerfordernisse des Rechts des Staates, in dem eine der Vertragsparteien zu diesem Zeitpunkt ihren gewöhnlichen Aufenthalt hatte, erfüllt.

(3) Ein einseitiges Rechtsgeschäft, das sich auf einen geschlossenen oder zu schließenden Vertrag bezieht, ist formgültig, wenn es die Formerfordernisse des materiellen Rechts, das nach dieser Verordnung auf den Vertrag anzuwenden ist oder anzuwenden wäre, oder die Formerfordernisse des Rechts des Staates erfüllt, in dem dieses Rechtsgeschäft vorgenommen worden ist oder in dem die Person, die das Rechtsgeschäft vorgenommen hat, zu diesem Zeitpunkt ihren gewöhnlichen Aufenthalt hatte.

(4) Die Absätze 1, 2 und 3 des vorliegenden Artikels gelten nicht für Verträge, die in den Anwendungsbereich von Artikel 6 fallen. Für die Form dieser Verträge ist das Recht des Staates maßgebend, in dem der Verbraucher seinen gewöhnlichen Aufenthalt hat.

(5) Abweichend von den Absätzen 1 bis 4 unterliegen Verträge, die ein dingliches Recht an einer unbeweglichen Sache oder die Miete oder Pacht einer unbeweglichen Sache zum Gegenstand haben, den Formvorschriften des Staates, in dem die unbewegliche Sache belegen ist, sofern diese Vorschriften nach dem Recht dieses Staates

a) unabhängig davon gelten, in welchem Staat der Vertrag geschlossen wird oder welchem Recht dieser Vertrag unterliegt, und
b) von ihnen nicht durch Vereinbarung abgewichen werden darf.

Art. 12 Geltungsbereich des anzuwendenden Rechts (1) Das nach dieser Verordnung auf einen Vertrag anzuwendende Recht ist insbesondere maßgebend für

a) seine Auslegung,
b) die Erfüllung der durch ihn begründeten Verpflichtungen,
c) die Folgen der vollständigen oder teilweisen Nichterfüllung dieser Verpflichtungen, in den Grenzen der dem angerufenen Gericht durch sein Prozessrecht eingeräumten Befugnisse, einschließlich der Schadensbemessung, soweit diese nach Rechtsnormen erfolgt,
d) die verschiedenen Arten des Erlöschens der Verpflichtungen sowie die Verjährung und die Rechtsverluste, die sich aus dem Ablauf einer Frist ergeben.
e) die Folgen der Nichtigkeit des Vertrags.

(2) In Bezug auf die Art und Weise der Erfüllung und die vom Gläubiger im Falle mangelhafter Erfüllung zu treffenden Maßnahmen ist das Recht des Staates, in dem die Erfüllung erfolgt, zu berücksichtigen.

Art. 13 Rechts-, Geschäfts- und Handlungsfähigkeit Bei einem zwischen Personen, die sich in demselben Staat befinden, geschlossenen Vertrag kann sich eine natürliche Person, die nach dem Recht dieses Staates rechts-, geschäfts- und handlungsfähig wäre, nur dann auf ihre sich nach dem Recht eines anderen Staates ergebende Rechts-, Geschäfts- und Handlungsunfähigkeit berufen, wenn die andere Vertragspartei bei Vertragsschluss diese Rechts-, Geschäfts- und Handlungsunfähigkeit kannte oder infolge Fahrlässigkeit nicht kannte.

...

Art. 20 Ausschluss der Rück- und Weiterverweisung Unter dem nach dieser Verordnung anzuwendenden Recht eines Staates sind die in diesem Staat geltenden Rechtsnormen unter Ausschluss derjenigen des Internationalen Privatrechts zu verstehen, soweit in dieser Verordnung nichts anderes bestimmt ist.

Art. 21 Öffentliche Ordnung im Staat des angerufenen Gerichts Die Anwendung einer Vorschrift des nach dieser Verordnung bezeichneten Rechts kann nur versagt werden, wenn ihre Anwendung mit der öffentlichen Ordnung (»ordre public«) des Staates des angerufenen Gerichts offensichtlich unvereinbar ist.

…

15. Gesetz zum Schutz vor Missbrauch personenbezogener Daten bei der Datenverarbeitung (Bundesdatenschutzgesetz – BDSG)

Aktuelle höchstrichterliche Rechtsprechung

Datum	Gericht/Az.	Fundstelle	Thema
29.7.19	EuGH C-40/17	NZA 19, 1125	Verantwortlichkeit bei social Plugin
9.4.19	BAG 1 ABR 51/17	NZA 19, 1055	Auskunftsanspruch des BR und Schutz der AN-Daten
28.3.19	BAG 8 AZR 421/17	NZA 19, 1212	Offene Videoüberwachung
22.2.18	EGMR 588/13	NZA 18, 1609	Verdeckte Videoüberwachung
9.1.18	EGMR 1874 und 8567/13	AuR 19, 32	Verdeckte Videoüberwachung
28.11.17	EGMR 70838/13	AuR 19, 41	Offene Videoüberwachung

Einleitung

I. Entstehungsgeschichte

1. Bundesdatenschutzgesetz

Die erste gesetzliche Regelung zum Datenschutz in der Bundesrepublik erfolgte durch das hessische Datenschutzgesetz vom 7.10.1970 (Hess. GVBl. I 625). Auf Bundesebene hatte der Deutsche Bundestag in einer Entschließung vom 28.3.1969 eine alsbaldige gesetzliche Regelung gefordert. 1971 wurden zunächst ein Referentenentwurf und dann ein Gesetzentwurf von Abgeordneten aller Bundestagsfraktionen vorgelegt. Es folgte 1973 der Regierungsentwurf zum BDSG (BT-Drs. 7/1027). Obwohl sich zunächst Vertreter aller Fraktionen im Grundsatz für den Gedanken des Datenschutzes aussprachen, wurde dieses Regelungsziel im Verlaufe der parlamentarischen Beratungen, die zuletzt in der Anrufung des Vermittlungsausschusses gipfelten, immer mehr verwässert. Besonderen Einfluss hatten zwei Anhörungen vor dem federführenden Innenausschuss, in denen sich

vor allem Vertreter der Unternehmen gegen einen wirksamen Datenschutz im nichtstaatlichen Bereich aussprachen.
Das BDSG vom 21.1.1977 (BGBl. I 201) ist bereits wenige Monate nach seiner Verabschiedung und noch vor Inkrafttreten von Regierung und Opposition gleichermaßen als novellierungsbedürftig bezeichnet worden – ein bis dahin wohl einmaliger Vorgang. Seither hat es eine fortwährende Diskussion über die Änderung des BDSG gegeben.
Das Gesetz ist mehrfach geändert worden (Überblick: 41. Aufl. Einl. I 3 zum BDSG, Nr. 15). Nachdem es in den Jahren 2008/09 in verschiedenen deutschen Großunternehmen zu erheblichen Datenskandalen kam, schien es für einen Augenblick möglich, dass sich die damalige Große Koalition auf ein Arbeitnehmerdatenschutzgesetz verständigt. Das Vorhaben wurde dann aber doch in die neue Legislaturperiode vertagt und schließlich nicht mehr verwirklicht. Immerhin wurde eine »kleine Lösung« in Form einer besonderen Bestimmung für den Datenschutz im Arbeitsverhältnis in § 32 gefunden (Gesetz zur Änderung datenschutzrechtlicher Vorschriften vom 14.8.2009, BGBl. I 2814). Mit dieser Novelle wurde auch der Schutz des betrieblichen Datenschutzbeauftragten ausgebaut. Eine grundlegende Reform erfolgte sodann im Nachgang zur Schaffung der europäischen Datenschutz-Grundverordnung. Im Zuge des Datenschutz-Anpassungs- und -Umsetzungsgesetzes EU v. 30.6.2017 (BGBl. I 2097) wurde eine zusammenfassende und konkretisierende Regelung zur Datenverarbeitung im Beschäftigungsverhältnis in § 26 geschaffen. Durch das 2. EUDSAnpUG (Zweites Gesetz zur Anpassung des Datenschutzrechts an die Verordnung (EU) 2016/679 und zur Umsetzung der Richtlinie (EU) 2016/680 v. 20.11.2019, BGBl. I 1626) wurde der Schwellenwert für die Bestellung eines Datenschutzbeauftragten von 10 auf 20 angehoben und die Möglichkeit der Einwilligung in die Datenverarbeitung in elektronischer Form eingeführt.

2. Europäische Entwicklung
Die Mitgliedstaaten des Europarates hatten ein »Übereinkommen vom 28. Januar 1981 zum Schutz der Menschen bei der automatischen Verarbeitung personenbezogener Daten« (= »Datenschutzkonvention«) unterzeichnet. Es ist in der Bundesrepublik ratifiziert worden und damit bei der Interpretation des innerstaatlichen Rechts zu berücksichtigen (Gesetz vom 13.3.1985, BGBl. II 538; hierzu s. BT-Drs. 10/2110; *Riegel,* RIW 89, 359; *Schild,* EuZW 91, 745; *Wurst,* JuS 91, 448; *Däubler/Kittner/Lörcher,* Internationale Arbeits- und Sozialordnung).
Seit 1995 gab es eine EG-Datenschutzrichtlinie (RL 1995/46/EG, ABl. L 281/31 v. 23.11.1995), der das deutsche Recht in der Folge genügen musste. 2012 begann der Rechtsetzungsprozess für eine Reform des europäischen Datenschutzrechts in einer Datenschutz-Grundverordnung (Kommissionsvorschlag: KOM [2012] 11 endg.; dazu *Körner,* ZESAR 13, 99 und 153; *Forst,* NZA 12, 364; *Franzen,* DuD 12, 322; *Gola,* EuZW 12, 332; *Schaar,* CuA 13, 24; *Wybitul/Fladung,* BB 12, 509, s. auch 41. Aufl.). Dieser mündete in die Verordnung (EU) 2016/679 vom 27.4.2016 (ABl. L 119/1; Berichtigung in ABl. 2018 L 127/2; dazu *Kühling/Martini,* EuZW 16, 448; *Spindler,* DB 16, 937; aus arbeitsrechtlicher Sicht *Brandt,* CuA 16, 17; *Däubler,* CuA

16, 13; *Düwell/Brink*, NZA 16, 665; *Kort*, DB 16, 711; *Wedde*, CuA 16, 8; *ders.*, CuA 16, 31). Sie gilt gemäß Art. 99 Abs. 2 seit dem 25. 5. 2018. Als Verordnung findet sie an sich unmittelbare Anwendung. Sie enthält allerdings zahlreiche Öffnungsklauseln für Regelungen durch die Mitgliedstaaten. Die Verordnung enthält keine spezifischen Regeln zum Arbeitnehmerdatenschutz, so dass die allgemeinen Regelungen der DS-GV auch für das Arbeitsverhältnis Geltung beanspruchen. Durch die Öffnung der DS-GV für spezifische mitgliedstaatliche Regelungen auch in Bezug auf den Beschäftigtendatenschutz ist dieser durch die Verordnung im Ergebnis aber letztlich doch nicht geregelt (*Spindler*, DB 16, 937, 938). Entsprechend ist das BDSG weiterhin wesentliche Rechtsquelle des Beschäftigtendatenschutzes. Durch Gesetz v. 17. 7. 2017 (BGBl. I 2541) wurden die Regelungen in §§ 67 ff. SGB X entsprechend der DS-GV angepasst (vgl. Einl. zum SGB X, Nr. 30 X).

II. Datenschutz nach der EU-Datenschutz-Grundverordnung

Art. 5 der DS-GV regelt die Grundsätze für die Verarbeitung personenbezogener Daten. Dazu gehören das Rechtmäßigkeitsprinzip, die Zweckbindung, der Grundsatz der Datenminimierung, der Grundsatz der Richtigkeit, das Prinzip der Speicherbegrenzung sowie der Grundsatz der Integrität und Vertraulichkeit. Dabei setzt die Rechtmäßigkeit der Verarbeitung nach Art. 6 eine Rechtfertigung voraus. Diese kann sich im Arbeitsverhältnis insbesondere aus der Erforderlichkeit für die Erfüllung oder Durchführung eines Vertrages, für die Erfüllung einer Rechtspflicht oder aus einer Einwilligung ergeben. Die Einwilligung nach Art. 7, die vom Verantwortlichen nachzuweisen ist und jederzeit widerrufen werden kann, muss dem Prinzip der Freiwilligkeit (Art. 7 Abs. 4) entsprechen, da nach Art. 4 Nr. 11 DS-GV eine Einwilligung »jede freiwillig für den bestimmten Fall, in informierter Weise und unmissverständlich abgegebene Willensbekundung« ist. Anders als in einem früheren Entwurf ist die Einwilligung nicht schon bei einem strukturellen Ungleichgewicht wie im Arbeitsverhältnis ausgeschlossen, sondern es bedarf in jedem Einzelfall der Prüfung der Freiwilligkeit (*Kühling/Martini*, EuZW 16, 448, 451). In Betracht kommt allerdings auch eine stillschweigend erklärte Einwilligung (*Spindler*, DB 16, 937, 940; *Kort*, DB 16, 711, 715). Für besonders sensible Daten i. S. des Art. 9 Abs. 1, zu denen neben Herkunft, Meinung, Religion, Weltanschauung, genetische und biometrische Daten sowie Sexualdaten auch die Gewerkschaftszugehörigkeit zählt, ist aber nur eine ausdrückliche und zweckgebundene Einwilligung nach Art. 9 Abs. 2 lit. a DS-GV möglich. Hinsichtlich der Widerruflichkeit ist die von der bisherigen Rechtsprechung geforderte Interessenabwägung (s. o. 2) künftig ausgeschlossen (*Kort*, DB 16, 711, 715).

Datentransfers in Drittstaaten unterliegen den Regelungen der Art. 44 ff. (vgl. *Däubler*, AiB 16, 26, 30). Dabei gilt der Grundsatz der Sicherung eines adäquaten Datenschutzniveaus, worüber nach Art. 45 eine Angemessenheitsentscheidung der Kommission ergehen kann. Ansonsten kann das Datenschutzniveau durch angenommene Standardvertragsklauseln oder genehmigte unternehmensinterne Regelungen nach Art. 47 gewährleistet werden. Im Übrigen lässt Art. 49 Abs. 1 lit. a DS-GV eine ausdrückliche Einwilligung nach Belehrung über die Risiken zu. Ein Konzernprivileg kennt die DS-GV nicht (*Spindler*, DB 16, 937, 941; a. A. *Kort*, DB

16, 711, 715). Im Erwägungsgrund (48) wird zwar darauf hingewiesen, dass es ein berechtigtes Interesse geben kann, personenbezogene Daten innerhalb einer Unternehmensgruppe für interne Verwaltungszwecke einschließlich der Verarbeitung von Beschäftigtendaten zu übermitteln. Dies ändert aber nichts an der Geltung der allgemeinen Grundsätze der DS-GV (*Brandt*, CuA 16, 17).

Die Datenerhebung, die nicht bei den Betroffenen erfolgt, löst eine Informationspflicht nach Art. 14 DS-GV aus. Darüber hinaus haben der Betroffene und damit regelmäßig auch die Arbeitnehmer im Arbeitsverhältnis gemäß Art. 15 DS-GV ein umfassendes Informationsrecht über die Verarbeitung personenbezogener Daten. Das »Recht auf Vergessenwerden« im Sinne eines Anspruchs auf Löschung ist in Art. 17 DS-GV geregelt. Dieses Recht ist insbesondere bei unrechtmäßiger Verarbeitung, widerrufener Einwilligung oder Zweckerledigung gegeben.

Der Datenschutzbeauftragte ist in Art. 37 ff. DS-GV geregelt. Die Pflicht zur Benennung eines Datenschutzbeauftragten greift aber nur für Behörden und öffentliche Stellen sowie dann, wenn die Verarbeitung zur Kerntätigkeit gehört oder spezifische Arten von Daten i. S. des Art. 9 (besonders sensible Daten) verarbeitet werden. Allerdings können die Mitgliedstaaten nach Art. 37 Abs. 4 DS-GV weitergehende Pflichten zur Bestellung eines Datenschutzbeauftragten vorsehen. Das ist im deutschen Recht geschehen (s. u. III).

Zur Gewährleistung des Datenschutzes ist unter anderem ein Schadensersatzanspruch (Art. 82) geregelt (dazu *Däubler*, CuA 12/17, 29). Außerdem sieht Art. 80 Abs. 1 DS-GV die Beauftragung entsprechender Organisationen zur Durchsetzung der Rechte vor. Im innerstaatlichen Recht kann zudem ein Verbandsklagerecht (Art. 80 Abs. 2) eingeräumt werden. Dieses kann aber nicht auf Betriebsräte erstreckt werden (*Kort*, DB 16, 711, 716).

Die Regelungen der Verordnung sind in Bezug auf den Beschäftigtendatenschutz nicht abschließender Natur. Gemäß Art. 88 DS-GV können die Mitgliedstaaten spezifischere Bestimmungen über den Datenschutz im Arbeitsverhältnis erlassen. Sie müssen Maßnahmen zur Wahrung der Menschenwürde und der berechtigten Interessen und Grundrechte der Betroffenen enthalten, insbesondere in Bezug auf die Transparenz, Datenverarbeitung und -übermittlung in Konzernen und auf Überwachungssysteme am Arbeitsplatz. Die betreffenden Vorschriften müssen bis zur Anwendbarkeit der Verordnung der Kommission mitgeteilt werden. Erwägungsgrund (155) stellt dazu klar, dass sich diese Konkretisierungsbefugnis auch auf die Frage der Bedingungen für eine Einwilligung bezieht. Letztlich schafft Art. 88 DS-GV aber nur eine Konkretisierungsmöglichkeit in Bezug auf die Gewährleistung des durch die Verordnung geregelten Schutzes, nicht jedoch die Befugnis zur Abweichung (*Düwell/Brink*, NZA 16, 665, 666). Dementsprechend sind auch nicht beliebige Verbesserungen möglich, weil Art. 1 Abs. 3 DS-GV die Beschränkung des freien Verkehrs personenbezogener Daten ausdrücklich ausschließt (vgl. *Däubler*, AiB 16, 26, 31). Ob Art. 88 DS-GV insoweit also eine Verstärkung der Schutzgüter gestattet (*Däubler*, CuA 16, 13, 15; *Kort*, DB 16, 711,714 f.), ist vor diesem Hintergrund nicht ganz eindeutig. Umgekehrt ist aber jedenfalls eine Verschlechterung des Datenschutzes ausgeschlossen (*Kort*, DB 16, 711, 714).

Die Öffnung für mitgliedstaatliche Regelungen erfasst nach Art. 88 Abs. 1 DS-GV auch Kollektivvereinbarungen, wozu neben Tarifverträgen auch Betriebsvereinbarungen (vgl. Erwägungsgrund [155]) gehören. Dabei ist unklar, ob diese Bestimmung den Parteien der jeweiligen Kollektivverträge ohne weiteres eine entsprechende Regelungsmacht verschafft (in diesem Sinne wohl *Spindler*, DB 16, 937, 938). Dies würde bedeuten, dass der Gesetzgeber diese nicht von der Regelung des Datenschutzes ausschließen könnte. Für die Betriebsparteien blieben aber in jedem Fall Tarifvorrang und Tarifvorbehalt gemäß §§ 87 Abs. 1, 77 Abs. 3 BetrVG zu beachten.

III. Beschäftigtendatenschutz im BDSG

Vorbemerkung: Maßstab für den Datenschutz in Deutschland ist die auf Art. 1 und 2 GG beruhende *»informationelle Selbstbestimmung«* des Menschen. Die hierzu vom *BVerfG* in seinem Urteil vom 15. 12. 1983 zum Volkszählungsgesetz (1 BvR 209/83 u.a., DB 84, 36) entwickelten Grundsätze haben Bedeutung für alle datenschutzerheblichen Regelungen (vgl. *Benda*, DuD 2/84; *Simitis*, NJW 84, 389). Das BDSG konkretisiert den Schutz dieses Grundrechts (*BAG* 29. 6. 2017 – 2 AZR 597/16, NZA 17, 1179, Rn. 22). Insoweit der Datenschutz ab 2018 unmittelbar europäisch durch die DS-GV (s. o. I 2) geregelt ist, wird künftig eine wesentliche Grundlage Art. 8 der EU-Grundrechte Charta (Nr. 20 b) sein (*Däubler*, AiB 16, 26, 27). Allerdings bleibt ein erheblicher Konkretisierungsspielraum für den deutschen Gesetzgeber, der unter Beachtung des informationellen Selbstbestimmungsrechts wahrgenommen werden muss.

Das DSAnpUG-EU regelt mit Wirkung ab 25. 5. 2018 in seinem § 26 den Beschäftigtendatenschutz in weitgehender Übernahme der Regelungen des früheren § 32 BDSG a. F. mit einigen Ergänzungen, die letztlich Ausfüllung des Konkretisierungsspielraums sind, den die DS-GV lässt. Aus diesem Grund kann für viele Fragen zum Arbeitnehmerdatenschutz auf Rechtsprechung und Literatur aus der Zeit seit 2009 zurückgegriffen werden.

Der Beschäftigtendatenschutz greift weit über den Bereich des Arbeitsrechts hinaus. In Anlehnung an eine frühere Definition in § 3 Abs. 11 BDSG a. F. regelt nunmehr § 26 Abs. 8 den Beschäftigtenbegriff und erfasst damit insbesondere Arbeitnehmer, Beamte, Richter, Soldaten, Auszubildende, Arbeitnehmerähnliche und Bewerber. Hinzu kommen Leiharbeiter im Verhältnis zum Entleiher.

§ 26 gestattet die Datenverarbeitung nur im Falle der Erforderlichkeit für die Entscheidung über die Begründung eines Beschäftigungsverhältnisses oder nach Begründung des Beschäftigungsverhältnisses für dessen Durchführung oder Beendigung. Zulässig ist danach die Datenverarbeitung auch dann, wenn sie der Ausübung des Direktionsrechts oder der Kontrolle der Leistung des Arbeitnehmers dient. Eingeschlossen dürfte auch die Zulässigkeit der Speicherung von Bewerberdaten sein. Soweit der Arbeitgeber öffentlich-rechtlich dazu genötigt ist, ist auch das Terrorlisten-Screening zulässig (*Asgari*, DB 17, 1325, 1326 f.).

Eine besondere Bestimmung findet sich in § 26 Abs. 1 Satz 2 über die Verarbeitung von Daten zur Aufdeckung von Straftaten. Sie setzt einen begründeten Verdacht und eine Interessenabwägung voraus. Beruht der Verdacht nicht auf konkreten Tatsachen, handelt der Arbeitgeber rechtswidrig und der Arbeitnehmer kann einen Entschädigungsanspruch wegen Verletzung des Persönlichkeitsrechts durch die unzulässigen Überwachungsmaßnahmen erlangen (*BAG* 19.2.2015 – 8 AZR 1007/13, NZA 15, 994). Soweit es um die Aufdeckung von Straftaten geht, die nicht im Beschäftigungsverhältnis begangen wurden, bleibt ein Rückgriff auf den Tatbestand des § 26 Abs. 1 Satz 1 BDSG möglich. Zulässig sind danach Datenverarbeitungen, soweit sie für Zwecke des Beschäftigungsverhältnisses erfolgen, etwa Aufklärungsmaßnahmen zur Vorbereitung einer Kündigung (vgl. *BAG* 29.6.2017 – 2 AZR 597/16, NZA 17, 1179).

Eine Konkretisierung der Voraussetzungen der Datenverarbeitung für Zwecke des Beschäftigungsverhältnisses ist nach § 26 Abs. 4 durch Kollektivvertrag, d.h. Tarifvertrag oder Betriebsvereinbarung möglich. Der Gesetzgeber verpflichtet hier aber die Sozialpartner insoweit auf Art. 88 Abs. 2 DS-GV, wonach dabei Maßnahmen zum Schutz berechtigter Interessen und der Grundrechte, insbesondere der Menschenwürde zu ergreifen sind.

Neben der Erforderlichkeit für Zwecke des Beschäftigungsverhältnisses kommt eine Einwilligung des Arbeitnehmers nach § 26 Abs. 2 als Rechtfertigung in Betracht. Das Gesetz betont die Notwendigkeit der Freiwilligkeit der Einwilligung. Für deren Beurteilung wird eine Berücksichtigung der dem Arbeitsverhältnis typischerweise innewohnenden Abhängigkeit und der Umstände der Erteilung der Einwilligung gefordert. Darüber hinaus bedarf es der Schriftform oder der elektronischen Form sowie der vorherigen Belehrung über die Widerruflichkeit der Einwilligung nach Art. 7 Abs. 3 DS-GV. Bei besonders sensiblen Daten im Sinne des Art. 9 DS-GV (s. o. II) muss sich die Einwilligung nach § 26 Abs. 3 Satz 2 ausdrücklich auch auf diese Daten beziehen.

Die Zulässigkeit der Verarbeitung besonders sensibler Daten für arbeits- und sozialrechtliche Zwecke wird in § 26 Abs. 3 konkretisiert.

§ 26 Abs. 7 erstreckt den Arbeitnehmerdatenschutz auch auf Daten außerhalb automatisierter Dateien. Damit unterfallen beispielsweise auch handschriftliche Notizen dem Datenschutz (*Däubler*, CuA 10, 11). Letztlich wird jede Informationserhebung durch den Arbeitgeber auf diese Weise dem Datenschutz unterworfen. Insbesondere die Zulässigkeit von Fragen bei der Anbahnung eines Arbeitsvertrages mit einem Bewerber unterliegt der Regelung des § 26 (vgl. *Riesenhuber*, NZA 12, 771). Da diese Bestimmung auf die Frage der Erforderlichkeit für die Entscheidung über die Begründung des Arbeitsverhältnisses abstellt, gelten letztlich dieselben Maßstäbe, die das *BAG* bereits früher angelegt hat. Unzulässig ist deshalb etwa die Frage nach der Schwangerschaft – und zwar unabhängig davon, ob sich nur Frauen oder auch Männer um den Arbeitsplatz bewerben (*BAG* 15.10.1992 – 2 AZR 227/82, DB 93, 435, im Anschluss an *EuGH* 8.11.1990 – C-177/88, DB 91, 286 – Dekker) Der Arbeitgeber darf die Einstellung für eine unbefristete Tätigkeit nicht wegen eines während der Schwangerschaft geltenden Beschäftigungsverbots verweigern (*EuGH* 3.2.2000 – C-207/98, NZA 00, 255 – Mahlburg). Deshalb ist eine Frage nach der Schwangerschaft auch nicht wegen eines möglichen Beschäftigungsverbotes gemäß § 4 zulässig, wenn die Frau nach dessen Ablauf normal arbeiten kann (*BAG* 6.2.2003 – 2 AZR 621/01, NZA 03, 848). Dasselbe gilt aber auch, wenn es um die Frage nach der Schwangerschaft an eine

Bewerberin für eine Schwangerschaftsvertretungsstelle geht (*EuGH* 4.10.2001 – C-109/00, NZA 01, 1241 – Tele Danmark). Die Frage nach Vorstrafen darf sich nur auf für die Beschäftigung »einschlägige« Vorstrafen beziehen (*BAG* 21.2.1991 – 2 AZR 449/90, NJW 91, 2723, 2724). Dasselbe gilt für die Frage nach laufenden Ermittlungsverfahren (*BAG* 14.5.2013 – 9 AZR 844/11, NZA 13, 1089); unzulässig ist ebenfalls eine unspezifische Frage nach bereits eingestellten Ermittlungsverfahren, unabhängig von deren Relevanz für das Arbeitsverhältnis (*BAG* 15.11.2012 – 6 AZR 339/11, DB 13, 584). Fragen nach Religion oder Weltanschauung sind schon nach dem AGG (Nr.2) unzulässig, falls es nicht gerade um die Einstellung bei einer Religionsgemeinschaft geht. Scientology ist allerdings keine Religionsgemeinschaft (*BAG* 22.3.1995 – 5 AZB 21/94, NZA 95, 823). Fragen nach Krankheiten sind nur ausnahmsweise zulässig, soweit diese Einfluss auf die Beschäftigung haben können (*Franzen*, RDV 03, 1). Zur Frage nach der Schwerbehinderung vgl. ausführlich Einl. II 1 d zum SGB IX (Nr.30 IX). Auf unzulässige Fragen darf der Arbeitnehmer nach der Rechtsprechung falsch antworten. Er hat gewissermaßen ein »Recht zur Lüge«, nur bei einer unrichtigen Antwort auf eine zulässig gestellte Frage kann der Arbeitgeber den Arbeitsvertrag nach § 123 BGB anfechten (*BAG* 5.10.1995 – 2 AZR 923/94, NZA 96, 371).

Unverzichtbar ist die Datenverarbeitung hinsichtlich Fehlzeiten wegen Arbeitsunfähigkeit, um die Voraussetzungen eines betrieblichen Eingliederungsmanagements nach § 167 Abs.2 SGB IX (Nr.30 IX) zu prüfen. Sie ist zulässig nach § 26 Abs.3; die Daten dürfen aber nicht ohne weiteres zur Rechtfertigung einer krankheitsbedingten Kündigung herangezogen werden (Däubler/Deinert/Zwanziger-*Deinert*, § 167 SGB IX Rn.20). Zulässig ist ebenfalls die Aufzeichnung von Arbeitszeiten zur Überwachung der Einhaltung des Arbeitszeitrechts (vgl. *EuGH* 30.5.2013 – C-342/12, NZA 13, 723 – Worten).

Eine spezielle Regelung zur Videoüberwachung öffentlich zugänglicher Räume enthält § 4. Danach ist die Videoüberwachung aus berechtigten Interessen für konkret festgelegte Zwecke, zur Wahrnehmung des Hausrechts oder zur Aufgabenerfüllung öffentlicher Stellen zulässig. Grundsätzlich verlangt § 4 Abs.2, dass die Videoüberwachung offen erfolgt. Unklär war zunächst, was dies für sonstige Fälle der Videoüberwachung bedeutet. Für Aufklärungszwecke ist die Rechtsprechung bislang davon ausgegangen, dass verdeckte Überwachungen nicht von dieser Spezialbestimmung erfasst werden, sondern von der Regelung des § 32 Abs.1 Satz 2 a.F. (nunmehr § 26 Abs.1 Satz 2), und danach zulässig sind, wenn der konkrete Verdacht einer schweren Verfehlung besteht und andere Möglichkeiten zur Aufdeckung nicht zur Verfügung stehen; sie müssen sich auf einen räumlich und fachlich abgrenzbaren Kreis von Arbeitnehmern beziehen und dürfen nicht unverhältnismäßig sein (*BAG* 22.9.2016 – 2 AZR 848/15, NZA 17, 112, Rn.28ff.). Zur offenen Videoüberwachung hat das *BAG* nunmehr die folgenden Grundsätze entwickelt (28.3.2019 – 8 AZR 421/17, NZA 19, 1212; vgl. im Übrigen *EGMR* 28.11.2017 – 70838/13, AuR 2019, m. Anm. *Lörcher* – Antović und Mirković). Eine solche kann nach § 26 Abs.1 Satz 1 gerechtfertigt sein. Dieser Tatbestand kann ebenfalls neben § 4 eine Datenverarbeitung (durch – offene – Videoüberwachung) rechtfertigen. Auch die Voraussetzungen der Datenverarbei-

tung zur Aufklärung von Straftaten (§ 26 Abs. 1 Satz 2) entfalten keine Sperrwirkung dergestalt, dass der Arbeitgeber nicht auch präventiv zur Kontrolle der Einhaltung der Vertragspflichten des Arbeitnehmers Daten im Rahmen der dort geregelten Verhältnismäßigkeit durch Videoüberwachung erheben könnte. Eine präventive offene Überwachung darf aber nicht einen psychischen Anpassungsdruck erzeugen, so dass die Betroffenen letztlich in ihrem selbstbestimmten Handeln gehemmt sind. Die Rechtsprechung nimmt dies etwa an, wenn eine lückenlose, dauerhafte und detaillierte Erfassung des Verhaltens der Arbeitnehmer während der gesamten Arbeitszeit stattfindet.
Daten auf Dienstrechnern kann der Arbeitgeber auch ohne Verdacht einer Straftat zur Überprüfung der Einhaltung von Vertragspflichten einsehen. Auf offenkundig private Daten oder solche, die als privat gekennzeichnet sind, darf er ohne einen »qualifizierten« Anlass aber nicht zugreifen (*BAG* 31. 1. 2019 – 2 AZR 426/18, NZA 19, 893, Rn. 54).
Unzulässig ist in jedem Fall eine Totalüberwachung des Arbeitnehmers (*BAG* 27. 3. 2003 – 2 AZR 51/02, AP Nr. 36 zu § 87 BetrVG Überwachung). Die Erstellung eines umfassenden Tätigkeits- oder Bewegungsprofils ist daher unzulässig. Der *BGH* (4. 6. 2013 – 1 StR 32/13, NJW 13, 2530) hat zudem entschieden, dass die Erstellung eines Bewegungsprofils durch eine Detektei mithilfe eines GPS-Empfängers regelmäßig auch strafbar ist.
Der deutsche Gesetzgeber hat auch von der Öffnungsklausel für die Voraussetzungen einer Pflicht zur Benennung eines Datenschutzbeauftragten (s. o. III) Gebrauch gemacht. Nach § 38 muss bei privaten Stellen ein Datenschutzbeauftragter u. a. dann benannt werden, wenn mindestens 20 Personen ständig mit der automatisierten Verarbeitung personenbezogener Daten beschäftigt sind. Der Sonderkündigungsschutz des Datenschutzbeauftragten greift kraft Verweisung in § 38 Abs. 2 allerdings nur, wenn die Benennung eines Datenschutzbeauftragten nach der DS-GV verpflichtend ist (BT-Drs. 18/11325, S. 107).
Wurden Daten unter Verletzung des Datenschutzrechts erst einmal bekannt, soll ein Gericht nach der Rechtsprechung nicht ohne weiteres daran gehindert sein, diese Informationen im Prozess zu verwerten. Dies soll der Fall sein, wenn die Verletzung der Rechte des Arbeitnehmers durch eine gerichtliche Entscheidung verfestigt würde (*BAG* 16. 12. 2010 – 2 AZR 485/08, NZA 11, 571), m. a. W. die Verwertung ihrerseits eine Verletzung des Persönlichkeitsrechts durch das Gericht bewirkt (*BAG* 23. 8. 2018 – 2 AZR 133/18, NZA 18, 1329; 28. 3. 2019 – 8 AZR 421/17, NZA 19, 1212). Davon ist allerdings bei Verletzung des Persönlichkeitsrechts, die sich in der Verletzung der Datenschutzbestimmung manifestiert, auszugehen, wenn der Arbeitgeber nicht überwiegende Interessen ins Feld führen kann, die über das bloße Beweisbeschaffungsinteresse hinausgehen und gerade die datenschutzwidrige Informationsbeschaffung rechtfertigen (*BAG* 22. 9. 2016 – 2 AZR 848/15, NZA 17, 112, Rn. 21 ff., z. B. bei einer heimlichen Spindkontrolle: *BAG* 20. 6. 2013 – 2 AZR 546/12, NZA 14, 143; im Allgemeinen unzulässig ist der anlasslose Einsatz einer Keylogger-Software auf Dienstrechnern, *BAG* 27. 7. 2017 – 2 AZR 681/16, DB 17, 2488). Ob diese Rechtsprechung, die auf einer Abwägung des Verwertungsinteresses des Arbeitgebers mit dem Recht auf informationelle

Selbstbestimmung des Arbeitnehmers beruht, unter der DS-GV aufrechterhalten werden kann, bleibt abzuwarten. Denn immerhin verlangt Art. 79 die Bereitstellung wirksamer gerichtlicher Rechtsbehelfe gegen Verantwortliche. Zudem sieht Art. 82 vor, dass der Betroffene bei Verletzung des Datenschutzes nach der Verordnung Ansprüche auf Schadensersatz hat. Dabei ließe sich argumentieren, dass die Herstellung des Zustandes, der ohne das schädigende Ereignis bestünde (§ 249 BGB), verlange, dass das bereitstehende Beweismittel nicht verwertet werden kann. Umgekehrt stellt eine Verwertung von Beweismitteln, die in datenschutzrechtlich zulässiger Weise gewonnen wurden, regelmäßig keine Persönlichkeitsrechtsverletzung dar (*BAG* 29.6.2017 – 2 AZR 597/16, NZA 17, 1179, Rn. 22).

Eine Art betriebsverfassungsrechtliches Verwertungsverbot kann sich ergeben, wenn der Arbeitgeber im Rahmen der Anhörung des Betriebsrats nach § 102 Abs. 1 BetrVG eine Kündigung wegen einer bestimmten Tat beabsichtigt, im Prozess die Kündigung aber nur auf einen entsprechenden Verdacht stützt (*BAG* 20.6.2013 – 2 AZR 546/12, NZA 14, 143).

IV. Gendiagnostik

Einen Datenschutz besonderer Art bietet seit 1.2.2010 das GenDG (Nr. 15 b; Überblick zum Gesetz bei *Genenger*, NJW 10, 113). Dem Arbeitgeber ist es nach § 19 dieses Gesetzes schlechthin verboten, genetische Untersuchungen oder Analysen vom Arbeitnehmer zu verlangen oder Mitteilung über die Ergebnisse solcher Untersuchungen oder Analysen zu verlangen oder auch nur entgegenzunehmen oder zu verwenden. Eine Einwilligung des Arbeitnehmers nach § 8 GenDG kann hiervon nicht suspendieren (*Genenger*, AuR 09, 285, 288; *Wiese*, BB 09, 2198, 2202). Dasselbe Verbot gilt auch für arbeitsmedizinische Vorsorgeuntersuchungen. Allerdings sind in § 20 Abs. 2 – 3 GenDG Ausnahmen vorgesehen. Wichtig ist Abs. 3, wonach diagnostische genetische Untersuchungen zulässig sind, wenn die Gefahr schwerwiegender Erkrankungen oder gesundheitlicher Störungen an einem bestimmten Arbeitsplatz besteht. In diesem Fall bedarf es aber der Einwilligung des Beschäftigten gemäß § 8 GenDG. Sie setzt eine Aufklärung nach § 9 GenDG voraus. Mit dieser entscheidet der Arbeitnehmer auch, ob das Untersuchungsergebnis zur Kenntnis zu geben oder zu vernichten ist. Da die Einwilligung für die Zukunft widerruflich ist, ist es nur folgerichtig, wenn der Arbeitnehmer sich auch später noch für die Vernichtung des Untersuchungsergebnisses entscheiden kann (a. A. *Genenger*, AuR 09, 283, 289).

Ergänzt werden die Beschränkungen genetischer Untersuchungen im Arbeitsleben durch ein Benachteiligungsverbot nach § 21 GenDG. Dieses schließt sowohl das Verbot der Benachteiligung wegen genetischer Eigenschaften ein als auch ein Maßregelungsverbot wegen der Weigerung, genetische Untersuchungen vornehmen zu lassen oder deren Ergebnisse zu offenbaren. Im Falle der Verletzung des Benachteiligungsverbots hat der Arbeitnehmer einen Schadensersatzanspruch gemäß § 21 Abs. 2 GenDG i. V. m. § 15 AGG, was allerdings wegen § 15 Abs. 6 AGG Einstellungsansprüche ausschließt. Dem Arbeitnehmer kommt bezüglich des Benachteiligungsverbots die Beweiserleichterung des § 22 AGG zugute.

V. Betriebliche Mitbestimmung

Durch das BDSG wurden Stellung und Aufgabenerfüllung der Betriebsräte und Personalräte rechtlich nicht verändert. Deshalb werden die betriebsverfassungsrechtlichen Informationsregelungen durch das BDSG nicht eingeschränkt. Vielmehr ist die Datenverarbeitung zum Zwecke der Ausübung bzw. Erfüllung von gesetzlichen und kollektivvertraglichen Rechten und Pflichten der betrieblichen Interessenvertretung nach § 26 Abs. 1 Satz 1 ausdrücklich gestattet (im Einzelnen s. *Gola*, BB 17, 1462, 1464 f.). D. h., dem Betriebsrat dürfen keine Informationen unter Hinweis auf datenschutzrechtliche Bestimmungen verweigert werden. Soweit der Betriebsrat selbst Daten verarbeitet, unterlag er nach bisherigem Recht nicht der Kontrolle des betrieblichen Datenschutzbeauftragten (*BAG* 11. 11. 1997 – 1 ABR 21/97, NZA 98, 385). Der Betriebsrat musste vielmehr eigenverantwortlich für den Schutz personenbezogener Daten sorgen (*BAG* 18. 7. 2012 – 7 ABR 23/11, DB 12, 2524). Das lässt sich nach dem neuen Recht nicht mehr aufrechterhalten, da die DS-GV keine solche Ausnahme kennt. Dementsprechend unterliegt der Betriebsrat der Kontrolle durch den Datenschutzbeauftragten auch dann, wenn nach der DS-GV ein Datenschutzbeauftragter gar nicht verpflichtend vorgeschrieben wäre (*Gola*, BB 17, 1462, 1470). Das *BAG* hat zudem entschieden, dass der Auskunftsanspruch des Betriebsrats nach § 80 Abs. 2 Satz 1 BetrVG (Nr. 12), soweit er sich auf sensitive Daten i. S. d. Art. 9 Abs. 1 DSGVO bezieht, davon abhängt, dass der Betriebsrat angemessene und spezifische Schutzmaßnahmen zur Wahrung der Interessen der betroffenen Arbeitnehmer trifft (9. 4. 2019 – 1 ABR 51/17, NZA 19, 1055).

Im Übrigen ist festzuhalten, dass im BetrVG an einer Vielzahl von Stellen Informations-, Mitwirkungs- und Mitbestimmungsrechte gegeben sind, die auch im Bereich der Datenverarbeitung vom Betriebsrat in Anspruch genommen werden können (z. B. §§ 75, 80, 85, 87, 90, 92 – 95, 99, 102 BetrVG). Nach § 26 Abs. 6 bleiben die Beteiligungsrechte unberührt. Der Betriebsrat hat über die Einhaltung der DS-GV und des BDSG gemäß § 80 Abs. 1 BetrVG zu wachen, denn es handelt sich um Gesetze, die in diesem Sinne zugunsten der Arbeitnehmer gelten (vgl. *BAG* 17. 3. 1987 – 1 ABR 59/85, BB 87, 1806). Insofern ist es berechtigt, von »Datenschutz durch Mitbestimmung« zu sprechen (*Schierbaum*, PersR 08, 344).

Ansatzpunkte bietet insbesondere § 87 Abs. 1 Nr. 6 BetrVG, der ein Mitbestimmungsrecht des Betriebsrates gegenüber den Kontrollmöglichkeiten einer automatischen Verarbeitung von Arbeitnehmerdaten gewährleistet (s. *BAG* 14. 9. 1984 – 1 ABR 23/82, DB 84, 2513; 11. 3. 1986 – 1 ABR 12/84, DB 86, 1469; dazu *Kittner*, 50 Urteile, 2019, Nr. 28).

VI. »Arbeitgeberdatenschutz«: Schutz von Geschäftsgeheimnissen und »Whistleblowing«

Grundsätzlich trifft den Arbeitnehmer im Arbeitsverhältnis eine Verschwiegenheitspflicht. Er darf dienstliche Informationen nicht anderen gegenüber offenbaren. Dazu gibt es inzwischen eine Richtlinie (EU) 2016/943 zum Schutz von Geschäftsgeheimnissen v. 8. 6. 2016 (ABl. L 157/1; dazu *Oetker*, ZESAR 17, 257; *Freckmann/Schmoll*, BB 17, 1780; *Karthaus*, NZA 18, 1180; *Trebeck/Schulte-Wissermann*, NZA 18, 1175). Sie sieht vor, dass die Mitgliedstaaten Maßnahmen zum

Schutz von Geschäftsgeheimnissen treffen müssen. Andererseits macht ein Arbeitnehmer, der sich an Behörden oder Staatsanwaltschaft wendet und den Arbeitgeber wegen rechtswidrigen Verhaltens anzeigt, von seiner Meinungsfreiheit Gebrauch, wie der *EGMR* zum sog. »Whistleblowing« entschieden hat (21.7.2011 – 2827/08, AuR 11, 355 – Heinisch; dazu *Forst*, NJW 11, 3477; *Hochhauser*, ZESAR 12, 278; *Schlachter*, RdA 12, 108). Entsprechend sieht Art. 5 lit. b der Richtlinie bei beruflichem oder sonstigem Fehlverhalten oder illegaler Tätigkeit keinen Schutz vor Offenbarungen vor, die in der Absicht des Schutzes des öffentlichen Interesses erfolgen (dazu *Schmitt*, RdA 17, 365).
Die Richtlinie wurde umgesetzt durch das Gesetz zur Umsetzung der Richtlinie (EU) 2016/943 zum Schutz von Geschäftsgeheimnissen vor rechtswidrigem Erwerb sowie rechtswidriger Nutzung und Offenlegung (v. 18.4.2019, BGBl. I 466, dazu *Dann/Markgraf*, NJW 19, 1774; *Fuhlrott/Hiéramente*, DB 19, 967; *Naber/Peukert/Seeger*, NZA 19, 583; *Preis/Seiwerth*, RdA 19, 351; Gesetzentwurf: BT-Drs. 19/4724, dazu *Böning/Heidfeld*, AuR 18, 555; Beschlussempfehlung des Ausschusses für Recht und Verbraucherschutz: BT-Drs. 19/8300), dessen Art. 1 das Gesetz zum Schutz von Geschäftsgeheimnissen (GeschGehG) enthält. § 4 regelt die Unzulässigkeit der Erlangung, Nutzung und Offenlegung von Geschäftsgeheimnissen. Ein Geschäftsgeheimnis liegt aber nur vor, wenn ein berechtigtes Geheimhaltungsinteresse des Unternehmens besteht (§ 2 Nr. 1 c). § 5 enthält Ausnahmen. Zu diesen zählen die Aufdeckung rechtswidriger Handlungen oder sonstigen Fehlverhaltens, wenn dies geeignet ist, das allgemeine öffentliche Interesse zu schützen, sowie die Offenlegung durch Arbeitnehmer gegenüber ihrer Interessenvertretung, soweit erforderlich zu deren Aufgabenerfüllung. Frühzeitig war bereits kritisiert worden, dass zum »Whistleblower«-Schutz entgegen der bisherigen Rechtsprechung (*BAG* 3.7.2003 – 2 AZR 235/02, NZA 04, 427) im Gesetzentwurf kein Vorrang innerbetriebliche Klärungsversuche vorgesehen war. Verbreitet wird angenommen, dass aus § 1 Abs. 3 Nr. 4 GeschGehG, wonach Rechte und Pflichten aus dem Arbeitsverhältnis unberührt bleiben, folge, dass es nun doch bei der bisherigen arbeitsrechtlichen Rechtslage bleiben solle (*Dann/Markgraf*, NJW 19, 1774, 1777; *Fuhlrott/Hiéramente*, DB 19, 967, 969; *Naber/Peukert/Seeger*, NZA 19, 583, 586). Das lässt sich aber weder dem Gesetzeswortlaut entnehmen, noch der Begründung des Ausschusses für Recht und Verbraucherschutz (BT-Drs. 19/8300, S. 13), der diese Ergänzung veranlasst hatte.
Aktuell gibt es eine Richtlinie des Europäischen Parlaments und des Rates zum Schutz von Personen, die Verstöße gegen das Unionsrecht melden (v. 23.10.2019, Abl. L 305/17, Kommissionsvorschlag: COM [2018] 218 final; dazu *Gerdemann*, RdA 19, 16). Diese sieht einen sog. »Whistleblower«-Schutz für Hinweisgeber auf Verstöße gegen konkret in der Richtlinie benanntes Unionsrecht vor. Ausdrücklich sind Arbeitnehmer vom Schutzbereich mitumfasst. Die Richtlinie verlangt die Einrichtung interner und externer Meldekanäle. Bei externen Meldungen hat der Hinweisgeber Anspruch auf Schutz, wenn er einen Vorrang innerbetrieblicher Meldungen geachtet hat. Untersagt sind dann jegliche direkten oder indirekten Repressalien unter Einschluss von Kündigung oder Versagung der Verlängerung eines befristeten Arbeitsvertrages. Die Richtlinie ist bis zum 17. Dezember 2021 umzusetzen.

VII. Sozialdatenschutz

Neben zahlreichen öffentlich-rechtlichen Vorschriften zum Datenschutz ist für das Arbeitsleben besonders wichtig der Schutz der Sozialdaten gemäß §§ 67 ff. SGB X sowie speziell für das Krankenversicherungsrecht gemäß §§ 284 ff. SGB V mit Regelungen auch zur elektronischen Gesundheitskarte in § 291 a SGB V.

VIII. Rechtspolitische Diskussion

Im Grundsatz besteht Einigkeit darüber, dass eine Regelung des Arbeitnehmerdatenschutzes weiterhin erforderlich ist. Die erste Große Koalition unter Kanzlerin *Merkel* hatte die Schaffung eines Arbeitnehmerdatenschutzgesetzes auf die Zeit nach der Bundestagswahl 2009 vertagt (s. o. I 3). Seither gelang es nicht, einen mehrheitsfähigen Gesetzentwurf vorzulegen (Einzelheiten vgl. 38. und 41. Aufl.). Die letzte Große Koalition wollte ein neues Gesetzesvorhaben auf nationaler Ebene nur für den Fall in Angriff nehmen, dass die Arbeiten an der Datenschutz-Grundverordnung nicht in angemessener Zeit zu einem Abschluss gebracht werden können. Das ist aber durch die DS-GV inzwischen geschehen, so dass nur noch eine Anpassung des bisherigen BDSG an die neue DS-GV erfolgte (s. o. I 1; näher *Deinert/Kittner*, RdA 17, 342, 349 f.). Die aktuelle Regierungskoalition hat sich darauf verständigt, die Schaffung eines eigenständigen Gesetzes zum Beschäftigtendatenschutz zur prüfen, »das die Persönlichkeitsrechte der Beschäftigten am Arbeitsplatz schützt und Rechtssicherheit für den Arbeitgeber schafft« (»Ein neuer Aufbruch für Europa, Eine neue Dynamik für Deutschland, Ein neuer Zusammenhalt für unser Land«, Koalitionsvertrag zwischen CDU, CSU und SPD, 19. Legislaturperiode, S. 129).

Weiterführende Literatur

Handbücher und Kommentare zum Datenschutz nach dem BDSG

Deinert/Heuschmid/Zwanziger-*Bantle*, Arbeitsrecht, § 95 (Datenschutz)

Däubler, Gläserne Belegschaften, Das Handbuch zum Beschäftigtendatenschutz, 8. Aufl. (2019)

Däubler, Digitalisierung und Arbeitsrecht, 6. Aufl. (2018)

Däubler/Wedde/Weichert/Sommer, EU-Datenschutz-Grundverordnung und BDSG-neu, Kompaktkommentar, (2017)

Gola, Datenschutz-Grundverordnung, 2. Aufl. (2018)

Gola/Heckmann, BDSG, 13. Aufl. (2019)

Hamann/Schmitz/Apitzsch, Überwachung und Arbeitnehmerdatenschutz, Handlungshilfe für Betriebsräte, 3. Aufl. (2017)

Körner, Wirksamer Beschäftigtendatenschutz im Lichte der Europäischen Datenschutz-Grundverordnung (DS-GVO) (2016)

Körner, Die Auswirkungen der Datenschutz-Grundverordnung (DSGVO) in der betrieblichen Praxis (2019)

Simitis/Hornung/Spiecker (Hrsg.), Datenschutzrecht, DSGVO mit BDSG (2019)

Wedde, EU-Datenschutz-Grundverordnung und BDSG (2018)

Wedde (Hrsg.), Handbuch Datenschutz und Mitbestimmung, 2. Aufl. (2019)

Aufsätze zum neuen Recht

(für Aufsätze zum alten Recht s. Nachweise in 42. Aufl.)

Däubler, Informationsbedarf versus Persönlichkeitsschutz – was muss, was darf der Arbeitgeber wissen?, NZA 2017, S. 1481

Däubler, Neuer Schutz für Beschäftigtendaten, CuA 9/2017, S. 28

Däubler, Schadensersatz bei DSGVO-Verstößen, CuA 12/2017, S. 29

Düwell/Brink, Beschäftigtendatenschutz nach der Umsetzung der Datenschutz-Grundverordnung: Viele Änderungen und wenig Neues, NZA 2017, S. 1081

Düwell/Brink, Die EU-Datenschutz-Grundverordnung und der Beschäftigten-Datenschutz, NZA 2016, S. 665

Gola, Der »neue« Beschäftigtendatenschutz nach § 26 BDSG n. F., BB 2017, S. 1462

Härtling, Datenschutz-Grundverordnung, Anwendungsbereich, Verbotsprinzip, Einwilligung, ITRB 2016,S. 36

Koch, Die Rechtsprechung des Zweiten Senats des Bundesarbeitsgerichts zur prozessualen Verwertbarkeit der Ergebnisse aus verdeckten Überwachungsmaßnahmen, ZFA 2018, S. 109

Kort, Arbeitnehmerdatenschutz gemäß der EU-Datenschutz-Grundverordnung, DB 2016, S. 711

Kramer, Folgen der EGMR-Rechtsprechung für eine IT-Kontrolle bei Privatnutzungsverbot, NZA 2018, S. 637

Maschmann, Datenschutzgrundverordnung: Quo vadis Beschäftigtendatenschutz?, DB 2016, S. 2480

Niklas/Faas, Der Datenschutzbeauftragte nach der Datenschutz-Grundverordnung, NZA 2017, S. 1091

Schulz, Die Europäische Datenschutz-Grundverordnung, ZESAR 2017, 270

Weth/Herberger/Wächter/Sorge, Daten- und Persönlichkeitsschutz im Arbeitsverhältnis, 2. Aufl. (2019)

Wybitul, Der neue Beschäftigtendatenschutz nach § 26 BDSG und Art. 88 DSGVO, NZA 2017, S. 413

Wedde, Neues Recht für Beschäftigtendaten, CuA 10/2017, S. 22

Weichert, EU-DSGVO – ein Überblick, CuA 3/2017, S. 8

Zum GenDG:

Fischinger, Die arbeitsrechtlichen Regelungen des Gendiagnostikgesetzes, NZA 2010, S. 65

Genenger, Begrenzung genetischer Untersuchungen und Analysen im Arbeitsrecht, AuR 2009, S. 285

Kern, GenDG (2012)

Wiese, Gendiagnostikgesetz und Arbeitsleben, BB 2009, S. 2198

Zum GeschGehG:

Preis/Seiwerth, Geschäftsgeheimnisschutz im Arbeitsrecht nach dem Geschäftsgeheimnisgesetz, RdA 2019, S. 351

Übersicht 37: Datenschutz

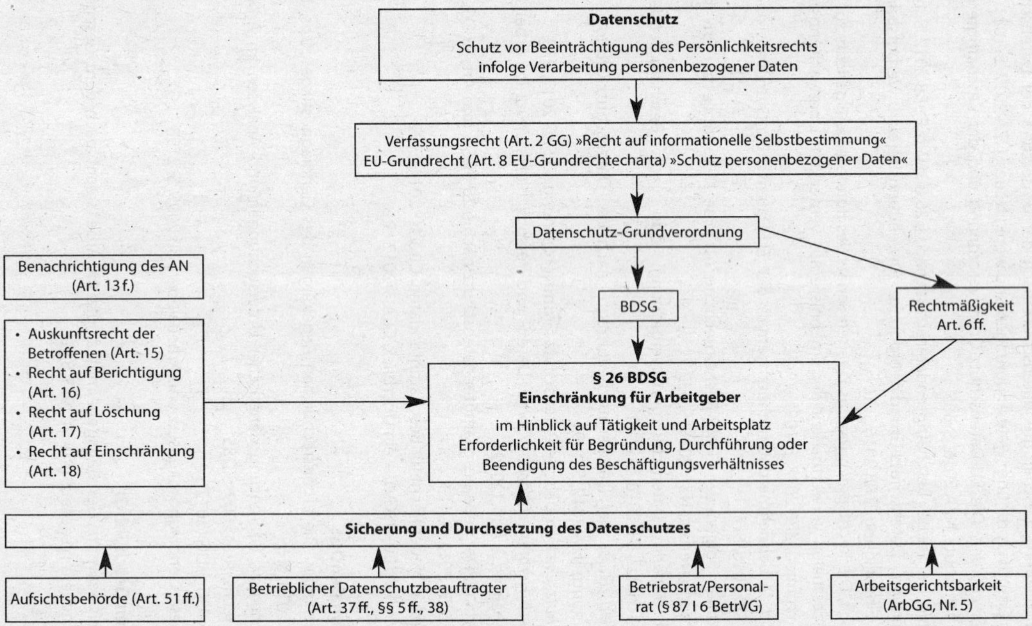

Bundesdatenschutzgesetz (BDSG)

vom 30. Juni 2017 (BGBl. I 2097),
geändert durch Gesetz vom 20. November 2019 (BGBl. I 1626)
(Abgedruckte Vorschriften: §§ 1, 2, 6, 24, 26, 32, 33, 38)

§ 1 Anwendungsbereich des Gesetzes (1) Dieses Gesetz gilt für die Verarbeitung personenbezogener Daten durch
1. öffentliche Stellen des Bundes,
2. öffentliche Stellen der Länder, soweit der Datenschutz nicht durch Landesgesetz geregelt ist und soweit sie
   a) Bundesrecht ausführen oder
   b) als Organe der Rechtspflege tätig werden und es sich nicht um Verwaltungsangelegenheiten handelt.

Für nichtöffentliche Stellen gilt dieses Gesetz für die ganz oder teilweise automatisierte Verarbeitung personenbezogener Daten sowie die nichtautomatisierte Verarbeitung personenbezogener Daten, die in einem Dateisystem gespeichert sind oder gespeichert werden sollen, es sei denn, die Verarbeitung durch natürliche Personen erfolgt zur Ausübung ausschließlich persönlicher oder familiärer Tätigkeiten.

(2) Andere Rechtsvorschriften des Bundes über den Datenschutz gehen den Vorschriften dieses Gesetzes vor. Regeln sie einen Sachverhalt, für den dieses Gesetz gilt, nicht oder nicht abschließend, finden die Vorschriften dieses Gesetzes Anwendung. Die Verpflichtung zur Wahrung gesetzlicher Geheimhaltungspflichten oder von Berufs- oder besonderen Amtsgeheimnissen, die nicht auf gesetzlichen Vorschriften beruhen, bleibt unberührt.

(3) Die Vorschriften dieses Gesetzes gehen denen des Verwaltungsverfahrensgesetzes vor, soweit bei der Ermittlung des Sachverhalts personenbezogene Daten verarbeitet werden.

(4) Dieses Gesetz findet Anwendung auf öffentliche Stellen. Auf nichtöffentliche Stellen findet es Anwendung, sofern
1. der Verantwortliche oder Auftragsverarbeiter personenbezogene Daten im Inland verarbeitet,
2. die Verarbeitung personenbezogener Daten im Rahmen der Tätigkeiten einer inländischen Niederlassung des Verantwortlichen oder Auftragsverarbeiters erfolgt oder
3. der Verantwortliche oder Auftragsverarbeiter zwar keine Niederlassung in einem Mitgliedstaat der Europäischen Union oder in einem anderen Vertragsstaat des Abkommens über den Europäischen Wirtschaftsraum hat, er aber in den Anwendungsbereich der Verordnung (EU) 2016/679 des Europäischen Parlaments und des Rates vom 27. April 2016 zum Schutz natürlicher Personen bei der Verarbeitung personenbezogener Daten, zum freien

Datenverkehr und zur Aufhebung der Richtlinie 95/46/EG (Datenschutz-Grundverordnung) (ABl. L 119 vom 4. 5. 2016, S. 1; L 314 vom 22. 11. 2016, S. 72; L 127 vom 23. 5. 2018, S. 2) in der jeweils geltenden Fassung fällt.

Sofern dieses Gesetz nicht gemäß Satz 2 Anwendung findet, gelten für den Verantwortlichen oder Auftragsverarbeiter nur die §§ 8 bis 21, 39 bis 44.

(5) Die Vorschriften dieses Gesetzes finden keine Anwendung, soweit das Recht der Europäischen Union, im Besonderen die Verordnung (EU) 2016/679 in der jeweils geltenden Fassung, unmittelbar gilt.

(6) Bei Verarbeitungen zu Zwecken gemäß Artikel 2 der Verordnung (EU) 2016/679 stehen die Vertragsstaaten des Abkommens über den Europäischen Wirtschaftsraum den Mitgliedstaaten der Europäischen Union gleich. Andere Staaten gelten insoweit als Drittstaaten.

(7) Bei Verarbeitungen zu Zwecken gemäß Artikel 1 Absatz 1 der Richtlinie (EU) 2016/680 des Europäischen Parlaments und des Rates vom 27. April 2016 zum Schutz natürlicher Personen bei der Verarbeitung personenbezogener Daten durch die zuständigen Behörden zum Zweck der Verhütung, Ermittlung, Aufdeckung oder Verfolgung von Straftaten oder der Strafvollstreckung sowie zum freien Datenverkehr und zur Aufhebung des Rahmenbeschlusses 2008/977/JI des Rates (ABl. L 119 vom 4. 5. 2016, S. 89) stehen die bei der Umsetzung, Anwendung und Entwicklung des Schengen-Besitzstands assoziierten Staaten den Mitgliedstaaten der Europäischen Union gleich. Andere Staaten gelten insoweit als Drittstaaten.

(8) Für Verarbeitungen personenbezogener Daten durch öffentliche Stellen im Rahmen von nicht in die Anwendungsbereiche der Verordnung (EU) 2016/679 und der Richtlinie (EU) 2016/680 fallenden Tätigkeiten finden die Verordnung (EU) 2016/679 und die Teile 1 und 2 dieses Gesetzes entsprechend Anwendung, soweit nicht in diesem Gesetz oder einem anderen Gesetz Abweichendes geregelt ist.

§ 2 Begriffsbestimmungen (1) Öffentliche Stellen des Bundes sind die Behörden, die Organe der Rechtspflege und andere öffentlich-rechtlich organisierte Einrichtungen des Bundes, der bundesunmittelbaren Körperschaften, der Anstalten und Stiftungen des öffentlichen Rechts sowie deren Vereinigungen ungeachtet ihrer Rechtsform.

(2) Öffentliche Stellen der Länder sind die Behörden, die Organe der Rechtspflege und andere öffentlich-rechtlich organisierte Einrichtungen eines Landes, einer Gemeinde, eines Gemeindeverbandes oder sonstiger der Aufsicht des Landes unterstehender juristischer Personen des öffentlichen Rechts sowie deren Vereinigungen ungeachtet ihrer Rechtsform.

(3) Vereinigungen des privaten Rechts von öffentlichen Stellen des Bundes und der Länder, die Aufgaben der öffentlichen Verwaltung wahrnehmen, gelten ungeachtet der Beteiligung nichtöffentlicher Stellen als öffentliche Stellen des Bundes, wenn

1. sie über den Bereich eines Landes hinaus tätig werden oder

2. dem Bund die absolute Mehrheit der Anteile gehört oder die absolute Mehrheit der Stimmen zusteht.

Andernfalls gelten sie als öffentliche Stellen der Länder.

(4) Nichtöffentliche Stellen sind natürliche und juristische Personen, Gesellschaften und andere Personenvereinigungen des privaten Rechts, soweit sie nicht unter die Absätze 1 bis 3 fallen. Nimmt eine nichtöffentliche Stelle hoheitliche Aufgaben der öffentlichen Verwaltung wahr, ist sie insoweit öffentliche Stelle im Sinne dieses Gesetzes.

(5) Öffentliche Stellen des Bundes gelten als nichtöffentliche Stellen im Sinne dieses Gesetzes, soweit sie als öffentlich-rechtliche Unternehmen am Wettbewerb teilnehmen. Als nichtöffentliche Stellen im Sinne dieses Gesetzes gelten auch öffentliche Stellen der Länder, soweit sie als öffentlich-rechtliche Unternehmen am Wettbewerb teilnehmen, Bundesrecht ausführen und der Datenschutz nicht durch Landesgesetz geregelt ist.

§ 6 Stellung (1) Die öffentliche Stelle stellt sicher, dass die oder der Datenschutzbeauftragte ordnungsgemäß und frühzeitig in alle mit dem Schutz personenbezogener Daten zusammenhängenden Fragen eingebunden wird.

(2) Die öffentliche Stelle unterstützt die Datenschutzbeauftragte oder den Datenschutzbeauftragten bei der Erfüllung ihrer oder seiner Aufgaben gemäß § 7, indem sie die für die Erfüllung dieser Aufgaben erforderlichen Ressourcen und den Zugang zu personenbezogenen Daten und Verarbeitungsvorgängen sowie die zur Erhaltung ihres oder seines Fachwissens erforderlichen Ressourcen zur Verfügung stellt.

(3) Die öffentliche Stelle stellt sicher, dass die oder der Datenschutzbeauftragte bei der Erfüllung ihrer oder seiner Aufgaben keine Anweisungen bezüglich der Ausübung dieser Aufgaben erhält. Die oder der Datenschutzbeauftragte berichtet unmittelbar der höchsten Leitungsebene der öffentlichen Stelle. Die oder der Datenschutzbeauftragte darf von der öffentlichen Stelle wegen der Erfüllung ihrer oder seiner Aufgaben nicht abberufen oder benachteiligt werden.

(4) Die Abberufung der oder des Datenschutzbeauftragten ist nur in entsprechender Anwendung des § 626 des Bürgerlichen Gesetzbuchs zulässig. Die Kündigung des Arbeitsverhältnisses ist unzulässig, es sei denn, dass Tatsachen vorliegen, welche die öffentliche Stelle zur Kündigung aus wichtigem Grund ohne Einhaltung einer Kündigungsfrist berechtigen. Nach dem Ende der Tätigkeit als Datenschutzbeauftragte oder als Datenschutzbeauftragter ist die Kündigung des Arbeitsverhältnisses innerhalb eines Jahres unzulässig, es sei denn, dass die öffentliche Stelle zur Kündigung aus wichtigem Grund ohne Einhaltung einer Kündigungsfrist berechtigt ist.

(5) Betroffene Personen können die Datenschutzbeauftragte oder den Datenschutzbeauftragten zu allen mit der Verarbeitung ihrer personenbezogenen Daten und mit der Wahrnehmung ihrer Rechte gemäß der Verordnung (EU) 2016/679, diesem Gesetz sowie anderen Rechtsvorschriften über den Datenschutz im Zusammenhang stehenden Fragen zu Rate ziehen. Die oder der Datenschutzbeauftragte ist zur Verschwiegenheit über die Identität der betrof-

fenen Person sowie über Umstände, die Rückschlüsse auf die betroffene Personen zulassen, verpflichtet, soweit sie oder er nicht davon durch die betroffene Person befreit wird.
(6) Wenn die oder der Datenschutzbeauftragte bei ihrer oder seiner Tätigkeit Kenntnis von Daten erhält, für die der Leitung oder einer bei der öffentlichen Stelle beschäftigten Person aus beruflichen Gründen ein Zeugnisverweigerungsrecht zusteht, steht dieses Recht auch der oder dem Datenschutzbeauftragten und den ihr oder ihm unterstellten Beschäftigten zu. Über die Ausübung dieses Rechts entscheidet die Person, der das Zeugnisverweigerungsrecht aus beruflichen Gründen zusteht, es sei denn, dass diese Entscheidung in absehbarer Zeit nicht herbeigeführt werden kann. Soweit das Zeugnisverweigerungsrecht der oder des Datenschutzbeauftragten reicht, unterliegen ihre oder seine Akten und andere Dokumente einem Beschlagnahmeverbot.

§ 24 Verarbeitung zu anderen Zwecken durch nichtöffentliche Stellen (1) Die Verarbeitung personenbezogener Daten zu einem anderen Zweck als zu demjenigen, zu dem die Daten erhoben wurden, durch nichtöffentliche Stellen ist zulässig, wenn
1. sie zur Abwehr von Gefahren für die staatliche oder öffentliche Sicherheit oder zur Verfolgung von Straftaten erforderlich ist oder
2. sie zur Geltendmachung, Ausübung oder Verteidigung zivilrechtlicher Ansprüche erforderlich ist,

sofern nicht die Interessen der betroffenen Person an dem Ausschluss der Verarbeitung überwiegen.
(2) Die Verarbeitung besonderer Kategorien personenbezogener Daten im Sinne des Artikels 9 Absatz 1 der Verordnung (EU) 2016/679 zu einem anderen Zweck als zu demjenigen, zu dem die Daten erhoben wurden, ist zulässig, wenn die Voraussetzungen des Absatzes 1 und ein Ausnahmetatbestand nach Artikel 9 Absatz 2 der Verordnung (EU) 2016/679 oder nach § 22 vorliegen.

§ 26 Datenverarbeitung für Zwecke des Beschäftigungsverhältnisses (1) Personenbezogene Daten von Beschäftigten dürfen für Zwecke des Beschäftigungsverhältnisses verarbeitet werden, wenn dies für die Entscheidung über die Begründung eines Beschäftigungsverhältnisses oder nach Begründung des Beschäftigungsverhältnisses für dessen Durchführung oder Beendigung oder zur Ausübung oder Erfüllung der sich aus einem Gesetz oder einem Tarifvertrag, einer Betriebs- oder Dienstvereinbarung (Kollektivvereinbarung) ergebenden Rechte und Pflichten der Interessenvertretung der Beschäftigten erforderlich ist. Zur Aufdeckung von Straftaten dürfen personenbezogene Daten von Beschäftigten nur dann verarbeitet werden, wenn zu dokumentierende tatsächliche Anhaltspunkte den Verdacht begründen, dass die betroffene Person im Beschäftigungsverhältnis eine Straftat begangen hat, die Verarbeitung zur Aufdeckung erforderlich ist und das schutzwürdige Interesse der oder des Beschäftigten an dem Ausschluss der Verarbeitung nicht überwiegt, insbesondere Art und Ausmaß im Hinblick auf den Anlass nicht unverhältnismäßig sind.

(2) Erfolgt die Verarbeitung personenbezogener Daten von Beschäftigten auf der Grundlage einer Einwilligung, so sind für die Beurteilung der Freiwilligkeit der Einwilligung insbesondere die im Beschäftigungsverhältnis bestehende Abhängigkeit der beschäftigten Person sowie die Umstände, unter denen die Einwilligung erteilt worden ist, zu berücksichtigen. Freiwilligkeit kann insbesondere vorliegen, wenn für die beschäftigte Person ein rechtlicher oder wirtschaftlicher Vorteil erreicht wird oder Arbeitgeber und beschäftigte Person gleichgelagerte Interessen verfolgen. Die Einwilligung hat schriftlich oder elektronisch zu erfolgen, soweit nicht wegen besonderer Umstände eine andere Form angemessen ist. Der Arbeitgeber hat die beschäftigte Person über den Zweck der Datenverarbeitung und über ihr Widerrufsrecht nach Artikel 7 Absatz 3 der Verordnung (EU) 2016/679 in Textform aufzuklären.

(3) Abweichend von Artikel 9 Absatz 1 der Verordnung (EU) 2016/679 ist die Verarbeitung besonderer Kategorien personenbezogener Daten im Sinne des Artikels 9 Absatz 1 der Verordnung (EU) 2016/679 für Zwecke des Beschäftigungsverhältnisses zulässig, wenn sie zur Ausübung von Rechten oder zur Erfüllung rechtlicher Pflichten aus dem Arbeitsrecht, dem Recht der sozialen Sicherheit und des Sozialschutzes erforderlich ist und kein Grund zu der Annahme besteht, dass das schutzwürdige Interesse der betroffenen Person an dem Ausschluss der Verarbeitung überwiegt. Absatz 2 gilt auch für die Einwilligung in die Verarbeitung besonderer Kategorien personenbezogener Daten; die Einwilligung muss sich dabei ausdrücklich auf diese Daten beziehen. § 22 Absatz 2 gilt entsprechend.

(4) Die Verarbeitung personenbezogener Daten, einschließlich besonderer Kategorien personenbezogener Daten von Beschäftigten für Zwecke des Beschäftigungsverhältnisses, ist auf der Grundlage von Kollektivvereinbarungen zulässig. Dabei haben die Verhandlungspartner Artikel 88 Absatz 2 der Verordnung (EU) 2016/679 zu beachten.

(5) Der Verantwortliche muss geeignete Maßnahmen ergreifen, um sicherzustellen, dass insbesondere die in Artikel 5 der Verordnung (EU) 2016/679 dargelegten Grundsätze für die Verarbeitung personenbezogener Daten eingehalten werden.

(6) Die Beteiligungsrechte der Interessenvertretungen der Beschäftigten bleiben unberührt.

(7) Die Absätze 1 bis 6 sind auch anzuwenden, wenn personenbezogene Daten, einschließlich besonderer Kategorien personenbezogener Daten, von Beschäftigten verarbeitet werden, ohne dass sie in einem Dateisystem gespeichert sind oder gespeichert werden sollen.

(8) Beschäftigte im Sinne dieses Gesetzes sind:

1. Arbeitnehmerinnen und Arbeitnehmer, einschließlich der Leiharbeitnehmerinnen und Leiharbeitnehmer im Verhältnis zum Entleiher,
2. zu ihrer Berufsbildung Beschäftigte,
3. Teilnehmerinnen und Teilnehmer an Leistungen zur Teilhabe am Arbeitsleben sowie an Abklärungen der beruflichen Eignung oder Arbeitserprobung (Rehabilitandinnen und Rehabilitanden),

4. in anerkannten Werkstätten für behinderte Menschen Beschäftigte,
5. Freiwillige, die einen Dienst nach dem Jugendfreiwilligendienstegesetz oder dem Bundesfreiwilligendienstgesetz leisten,
6. Personen, die wegen ihrer wirtschaftlichen Unselbständigkeit als arbeitnehmerähnliche Personen anzusehen sind; zu diesen gehören auch die in Heimarbeit Beschäftigten und die ihnen Gleichgestellten,
7. Beamtinnen und Beamte des Bundes, Richterinnen und Richter des Bundes, Soldatinnen und Soldaten sowie Zivildienstleistende.

Bewerberinnen und Bewerber für ein Beschäftigungsverhältnis sowie Personen, deren Beschäftigungsverhältnis beendet ist, gelten als Beschäftigte.

§ 32 Informationspflicht bei Erhebung von personenbezogenen Daten bei der betroffenen Person (1) Die Pflicht zur Information der betroffenen Person gemäß Artikel 13 Absatz 3 der Verordnung (EU) 2016/679 besteht ergänzend zu der in Artikel 13 Absatz 4 der Verordnung (EU) 2016/679 genannten Ausnahme dann nicht, wenn die Erteilung der Information über die beabsichtigte Weiterverarbeitung

1. eine Weiterverarbeitung analog gespeicherter Daten betrifft, bei der sich der Verantwortliche durch die Weiterverarbeitung unmittelbar an die betroffene Person wendet, der Zweck mit dem ursprünglichen Erhebungszweck gemäß der Verordnung (EU) 2016/679 vereinbar ist, die Kommunikation mit der betroffenen Person nicht in digitaler Form erfolgt und das Interesse der betroffenen Person an der Informationserteilung nach den Umständen des Einzelfalls, insbesondere mit Blick auf den Zusammenhang, in dem die Daten erhoben wurden, als gering anzusehen ist,
2. im Fall einer öffentlichen Stelle die ordnungsgemäße Erfüllung der in der Zuständigkeit des Verantwortlichen liegenden Aufgaben im Sinne des Artikels 23 Absatz 1 Buchstabe a bis e der Verordnung (EU) 2016/679 gefährden würde und die Interessen des Verantwortlichen an der Nichterteilung der Information die Interessen der betroffenen Person überwiegen,
3. die öffentliche Sicherheit oder Ordnung gefährden oder sonst dem Wohl des Bundes oder eines Landes Nachteile bereiten würde und die Interessen des Verantwortlichen an der Nichterteilung der Information die Interessen der betroffenen Person überwiegen,
4. die Geltendmachung, Ausübung oder Verteidigung rechtlicher Ansprüche beeinträchtigen würde und die Interessen des Verantwortlichen an der Nichterteilung der Information die Interessen der betroffenen Person überwiegen oder
5. eine vertrauliche Übermittlung von Daten an öffentliche Stellen gefährden würde.

(2) Unterbleibt eine Information der betroffenen Person nach Maßgabe des Absatzes 1, ergreift der Verantwortliche geeignete Maßnahmen zum Schutz der berechtigten Interessen der betroffenen Person, einschließlich der Bereitstellung der in Artikel 13 Absatz 1 und 2 der Verordnung (EU) 2016/679 genannten Informationen für die Öffentlichkeit in präziser, transparenter, verständlicher

und leicht zugänglicher Form in einer klaren und einfachen Sprache. Der Verantwortliche hält schriftlich fest, aus welchen Gründen er von einer Information abgesehen hat. Die Sätze 1 und 2 finden in den Fällen des Absatzes 1 Nummer 4 und 5 keine Anwendung.

(3) Unterbleibt die Benachrichtigung in den Fällen des Absatzes 1 wegen eines vorübergehenden Hinderungsgrundes, kommt der Verantwortliche der Informationspflicht unter Berücksichtigung der spezifischen Umstände der Verarbeitung innerhalb einer angemessenen Frist nach Fortfall des Hinderungsgrundes, spätestens jedoch innerhalb von zwei Wochen, nach.

§ 33 Informationspflicht, wenn die personenbezogenen Daten nicht bei der betroffenen Person erhoben wurden (1) Die Pflicht zur Information der betroffenen Person gemäß Artikel 14 Absatz 1, 2 und 4 der Verordnung (EU) 2016/679 besteht ergänzend zu den in Artikel 14 Absatz 5 der Verordnung (EU) 2016/679 und der in § 29 Absatz 1 Satz 1 genannten Ausnahme nicht, wenn die Erteilung der Information

1. im Fall einer öffentlichen Stelle
   a) die ordnungsgemäße Erfüllung der in der Zuständigkeit des Verantwortlichen liegenden Aufgaben im Sinne des Artikels 23 Absatz 1 Buchstabe a bis e der Verordnung (EU) 2016/679 gefährden würde oder
   b) die öffentliche Sicherheit oder Ordnung gefährden oder sonst dem Wohl des Bundes oder eines Landes Nachteile bereiten würde

und deswegen das Interesse der betroffenen Person an der Informationserteilung zurücktreten muss,

2. im Fall einer nichtöffentlichen Stelle
   a) die Geltendmachung, Ausübung oder Verteidigung zivilrechtlicher Ansprüche beeinträchtigen würde oder die Verarbeitung Daten aus zivilrechtlichen Verträgen beinhaltet und der Verhütung von Schäden durch Straftaten dient, sofern nicht das berechtigte Interesse der betroffenen Person an der Informationserteilung überwiegt, oder
   b) die zuständige öffentliche Stelle gegenüber dem Verantwortlichen festgestellt hat, dass das Bekanntwerden der Daten die öffentliche Sicherheit oder Ordnung gefährden oder sonst dem Wohl des Bundes oder eines Landes Nachteile bereiten würde; im Falle der Datenverarbeitung für Zwecke der Strafverfolgung bedarf es keiner Feststellung nach dem ersten Halbsatz.

(2) Unterbleibt eine Information der betroffenen Person nach Maßgabe des Absatzes 1, ergreift der Verantwortliche geeignete Maßnahmen zum Schutz der berechtigten Interessen der betroffenen Person, einschließlich der Bereitstellung der in Artikel 14 Absatz 1 und 2 der Verordnung (EU) 2016/679 genannten Informationen für die Öffentlichkeit in präziser, transparenter, verständlicher und leicht zugänglicher Form in einer klaren und einfachen Sprache. Der Verantwortliche hält schriftlich fest, aus welchen Gründen er von einer Information abgesehen hat.

(3) Bezieht sich die Informationserteilung auf die Übermittlung personenbezo-

gener Daten durch öffentliche Stellen an Verfassungsschutzbehörden, den Bundesnachrichtendienst, den Militärischen Abschirmdienst und, soweit die Sicherheit des Bundes berührt wird, andere Behörden des Bundesministeriums der Verteidigung, ist sie nur mit Zustimmung dieser Stellen zulässig.

§ 38 Datenschutzbeauftragte nichtöffentlicher Stellen (1) Ergänzend zu Artikel 37 Absatz 1 Buchstabe b und c der Verordnung (EU) 2016/679 benennen der Verantwortliche und der Auftragsverarbeiter eine Datenschutzbeauftragte oder einen Datenschutzbeauftragten, soweit sie in der Regel mindestens 20 Personen ständig mit der automatisierten Verarbeitung personenbezogener Daten beschäftigen. Nehmen der Verantwortliche oder der Auftragsverarbeiter Verarbeitungen vor, die einer Datenschutz-Folgenabschätzung nach Artikel 35 der Verordnung (EU) 2016/679 unterliegen, oder verarbeiten sie personenbezogene Daten geschäftsmäßig zum Zweck der Übermittlung, der anonymisierten Übermittlung oder für Zwecke der Markt- oder Meinungsforschung, haben sie unabhängig von der Anzahl der mit der Verarbeitung beschäftigten Personen eine Datenschutzbeauftragte oder einen Datenschutzbeauftragten zu benennen.
(2) § 6 Absatz 4, 5 Satz 2 und Absatz 6 finden Anwendung, § 6 Absatz 4 jedoch nur, wenn die Benennung einer oder eines Datenschutzbeauftragten verpflichtend ist.

15 a. Verordnung (EU) 2016/679 des Europäischen Parlaments und des Rates zum Schutz natürlicher Personen bei der Verarbeitung personenbezogener Daten, zum freien Datenverkehr und zur Aufhebung der Richtlinie 95/46/EG (EU-Datenschutz-Grundverordnung – EU-DSGVO)

vom 27. April 2016 (ABl. EU L 2016 119/1, ber. ABl. EU L 2018 127/2)

(Abgedruckte Vorschriften: Art. 1 – 7, 9, 13 – 18, 37, 44 – 49, 79, 82, 88, 99)

Einleitung

(siehe bei Nr. 15, II)

Verordnungstext

Kapitel I – Allgemeine Bestimmungen

Art. 1 Gegenstand und Ziele (1) Diese Verordnung enthält Vorschriften zum Schutz natürlicher Personen bei der Verarbeitung personenbezogener Daten und zum freien Verkehr solcher Daten.

(2) Diese Verordnung schützt die Grundrechte und Grundfreiheiten natürlicher Personen und insbesondere deren Recht auf Schutz personenbezogener Daten.

(3) Der freie Verkehr personenbezogener Daten in der Union darf aus Gründen des Schutzes natürlicher Personen bei der Verarbeitung personenbezogener Daten weder eingeschränkt noch verboten werden.

Art. 2 Sachlicher Anwendungsbereich (1) Diese Verordnung gilt für die ganz oder teilweise automatisierte Verarbeitung personenbezogener Daten sowie für die nichtautomatisierte Verarbeitung personenbezogener Daten, die in einem Dateisystem gespeichert sind oder gespeichert werden sollen.

(2) Diese Verordnung findet keine Anwendung auf die Verarbeitung personenbezogener Daten

a) im Rahmen einer Tätigkeit, die nicht in den Anwendungsbereich des Unionsrechts fällt,

b) durch die Mitgliedstaaten im Rahmen von Tätigkeiten, die in den Anwendungsbereich von Titel V Kapitel 2 EUV fallen,

c) durch natürliche Personen zur Ausübung ausschließlich persönlicher oder familiärer Tätigkeiten,

d) durch die zuständigen Behörden zum Zwecke der Verhütung, Ermittlung, Aufdeckung oder Verfolgung von Straftaten oder der Strafvollstreckung, einschließlich des Schutzes vor und der Abwehr von Gefahren für die öffentliche Sicherheit.

(3) Für die Verarbeitung personenbezogener Daten durch die Organe, Einrichtungen, Ämter und Agenturen der Union gilt die Verordnung (EG) Nr. 45/2001. Die Verordnung (EG) Nr. 45/2001 und sonstige Rechtsakte der Union, die diese Verarbeitung personenbezogener Daten regeln, werden im Einklang mit Artikel 98 an die Grundsätze und Vorschriften der vorliegenden Verordnung angepasst.

(4) Die vorliegende Verordnung lässt die Anwendung der Richtlinie 2000/31/EG und speziell die Vorschriften der Artikel 12 bis 15 dieser Richtlinie zur Verantwortlichkeit der Vermittler unberührt.

Art. 3 Räumlicher Anwendungsbereich (1) Diese Verordnung findet Anwendung auf die Verarbeitung personenbezogener Daten, soweit diese im Rahmen der Tätigkeiten einer Niederlassung eines Verantwortlichen oder eines Auftragsverarbeiters in der Union erfolgt, unabhängig davon, ob die Verarbeitung in der Union stattfindet.

(2) Diese Verordnung findet Anwendung auf die Verarbeitung personenbezogener Daten von betroffenen Personen, die sich in der Union befinden, durch einen nicht in der Union niedergelassenen Verantwortlichen oder Auftragsverarbeiter, wenn die Datenverarbeitung im Zusammenhang damit steht

a) betroffenen Personen in der Union Waren oder Dienstleistungen anzubieten, unabhängig davon, ob von diesen betroffenen Personen eine Zahlung zu leisten ist;

b) das Verhalten betroffener Personen zu beobachten, soweit ihr Verhalten in der Union erfolgt.

(3) Diese Verordnung findet Anwendung auf die Verarbeitung personenbezogener Daten durch einen nicht in der Union niedergelassenen Verantwortlichen an einem Ort, der aufgrund Völkerrechts dem Recht eines Mitgliedstaats unterliegt.

Art. 4 Begriffsbestimmungen Im Sinne dieser Verordnung bezeichnet der Ausdruck:

1. »personenbezogene Daten« alle Informationen, die sich auf eine identifizierte oder identifizierbare natürliche Person (im Folgenden »betroffene Person«) beziehen; als identifizierbar wird eine natürliche Person angesehen, die direkt oder indirekt, insbesondere mittels Zuordnung zu einer Kennung wie einem Namen, zu einer Kennnummer, zu Standortdaten, zu einer Online-Kennung oder zu einem oder mehreren besonderen Merkmalen, die Ausdruck der physischen, physiologischen, genetischen, psychischen, wirtschaftlichen, kulturellen oder sozialen Identität dieser natürlichen Person sind, identifiziert werden kann;
2. »Verarbeitung« jeden mit oder ohne Hilfe automatisierter Verfahren ausgeführten Vorgang oder jede solche Vorgangsreihe im Zusammenhang mit personenbezogenen Daten wie das Erheben, das Erfassen, die Organisation, das Ordnen, die Speicherung, die Anpassung oder Veränderung, das Auslesen, das Abfragen, die Verwendung, die Offenlegung durch Übermittlung, Verbreitung oder eine andere Form der Bereitstellung, den Abgleich oder die Verknüpfung, die Einschränkung, das Löschen oder die Vernichtung;
3. »Einschränkung der Verarbeitung« die Markierung gespeicherter personenbezogener Daten mit dem Ziel, ihre künftige Verarbeitung einzuschränken;
4. »Profiling« jede Art der automatisierten Verarbeitung personenbezogener Daten, die darin besteht, dass diese personenbezogenen Daten verwendet werden, um bestimmte persönliche Aspekte, die sich auf eine natürliche Person beziehen, zu bewerten, ins-

besondere um Aspekte bezüglich Arbeitsleistung, wirtschaftliche Lage, Gesundheit, persönliche Vorlieben, Interessen, Zuverlässigkeit, Verhalten, Aufenthaltsort oder Ortswechsel dieser natürlichen Person zu analysieren oder vorherzusagen;

5. »Pseudonymisierung« die Verarbeitung personenbezogener Daten in einer Weise, dass die personenbezogenen Daten ohne Hinzuziehung zusätzlicher Informationen nicht mehr einer spezifischen betroffenen Person zugeordnet werden können, sofern diese zusätzlichen Informationen gesondert aufbewahrt werden und technischen und organisatorischen Maßnahmen unterliegen, die gewährleisten, dass die personenbezogenen Daten nicht einer identifizierten oder identifizierbaren natürlichen Person zugewiesen werden;
6. »Dateisystem« jede strukturierte Sammlung personenbezogener Daten, die nach bestimmten Kriterien zugänglich sind, unabhängig davon, ob diese Sammlung zentral, dezentral oder nach funktionalen oder geografischen Gesichtspunkten geordnet geführt wird;
7. »Verantwortlicher« die natürliche oder juristische Person, Behörde, Einrichtung oder andere Stelle, die allein oder gemeinsam mit anderen über die Zwecke und Mittel der Verarbeitung von personenbezogenen Daten entscheidet; sind die Zwecke und Mittel dieser Verarbeitung durch das Unionsrecht oder das Recht der Mitgliedstaaten vorgegeben, so kann der Verantwortliche beziehungsweise können die bestimmten Kriterien seiner Benennung nach dem Unionsrecht oder dem Recht der Mitgliedstaaten vorgesehen werden;
8. »Auftragsverarbeiter« eine natürliche oder juristische Person, Behörde, Einrichtung oder andere Stelle, die personenbezogene Daten im Auftrag des Verantwortlichen verarbeitet;
9. »Empfänger« eine natürliche oder juristische Person, Behörde, Einrichtung oder andere Stelle, der personenbezogene Daten offengelegt werden, unabhängig davon, ob es sich bei ihr um einen Dritten handelt oder nicht. Behörden, die im Rahmen eines bestimmten Untersuchungsauftrags nach dem Unionsrecht oder dem Recht der Mitgliedstaaten möglicherweise personenbezogene Daten erhalten, gelten jedoch nicht als Empfänger; die Verarbeitung dieser Daten durch die genannten Behörden erfolgt im Einklang mit den geltenden Datenschutzvorschriften gemäß den Zwecken der Verarbeitung;
10. »Dritter« eine natürliche oder juristische Person, Behörde, Einrichtung oder andere Stelle, außer der betroffenen Person, dem Verantwortlichen, dem Auftragsverarbeiter und den Personen, die unter der unmittelbaren Verantwortung des Verantwortlichen oder des Auftragsverarbeiters befugt sind, die personenbezogenen Daten zu verarbeiten;
11. »Einwilligung« der betroffenen Person jede freiwillig für den bestimmten Fall, in informierter Weise und unmissverständlich abgegebene Willensbekundung in Form einer Erklärung oder einer sonstigen eindeutigen bestätigenden Handlung, mit der die betroffene Person zu verstehen gibt, dass sie mit der Verarbeitung der sie betreffenden personenbezogenen Daten einverstanden ist;
12. »Verletzung des Schutzes personenbezogener Daten« eine Verletzung der Sicherheit, die, ob unbeabsichtigt oder unrechtmäßig, zur Vernichtung, zum Verlust, zur Veränderung, oder zur unbefugten Offenlegung von beziehungsweise zum unbefugten Zugang zu personenbezogenen Daten führt, die übermittelt, gespeichert oder auf sonstige Weise verarbeitet wurden;
13. »genetische Daten« personenbezogene Daten zu den ererbten oder erworbenen genetischen Eigenschaften einer natürlichen Person, die eindeutige Informationen über die Physiologie oder die Gesundheit dieser natürlichen Person liefern und insbesondere

aus der Analyse einer biologischen Probe der betreffenden natürlichen Person gewonnen wurden;

14. »biometrische Daten« mit speziellen technischen Verfahren gewonnene personenbezogene Daten zu den physischen, physiologischen oder verhaltenstypischen Merkmalen einer natürlichen Person, die die eindeutige Identifizierung dieser natürlichen Person ermöglichen oder bestätigen, wie Gesichtsbilder oder daktyloskopische Daten;
15. »Gesundheitsdaten« personenbezogene Daten, die sich auf die körperliche oder geistige Gesundheit einer natürlichen Person, einschließlich der Erbringung von Gesundheitsdienstleistungen, beziehen und aus denen Informationen über deren Gesundheitszustand hervorgehen;
16. »Hauptniederlassung«
    a) im Falle eines Verantwortlichen mit Niederlassungen in mehr als einem Mitgliedstaat den Ort seiner Hauptverwaltung in der Union, es sei denn, die Entscheidungen hinsichtlich der Zwecke und Mittel der Verarbeitung personenbezogener Daten werden in einer anderen Niederlassung des Verantwortlichen in der Union getroffen und diese Niederlassung ist befugt, diese Entscheidungen umsetzen zu lassen; in diesem Fall gilt die Niederlassung, die derartige Entscheidungen trifft, als Hauptniederlassung;
    b) im Falle eines Auftragsverarbeiters mit Niederlassungen in mehr als einem Mitgliedstaat den Ort seiner Hauptverwaltung in der Union oder, sofern der Auftragsverarbeiter keine Hauptverwaltung in der Union hat, die Niederlassung des Auftragsverarbeiters in der Union, in der die Verarbeitungstätigkeiten im Rahmen der Tätigkeiten einer Niederlassung eines Auftragsverarbeiters hauptsächlich stattfinden, soweit der Auftragsverarbeiter spezifischen Pflichten aus dieser Verordnung unterliegt;
17. »Vertreter« eine in der Union niedergelassene natürliche oder juristische Person, die von dem Verantwortlichen oder Auftragsverarbeiter schriftlich gemäß Artikel 27 bestellt wurde und den Verantwortlichen oder Auftragsverarbeiter in Bezug auf die ihnen jeweils nach dieser Verordnung obliegenden Pflichten vertritt;
18. »Unternehmen« eine natürliche und juristische Person, die eine wirtschaftliche Tätigkeit ausübt, unabhängig von ihrer Rechtsform, einschließlich Personengesellschaften oder Vereinigungen, die regelmäßig einer wirtschaftlichen Tätigkeit nachgehen;
19. »Unternehmensgruppe« eine Gruppe, die aus einem herrschenden Unternehmen und den von diesem abhängigen Unternehmen besteht;
20. »verbindliche interne Datenschutzvorschriften« Maßnahmen zum Schutz personenbezogener Daten, zu deren Einhaltung sich ein im Hoheitsgebiet eines Mitgliedstaats niedergelassener Verantwortlicher oder Auftragsverarbeiter verpflichtet im Hinblick auf Datenübermittlungen oder eine Kategorie von Datenübermittlungen personenbezogener Daten an einen Verantwortlichen oder Auftragsverarbeiter derselben Unternehmensgruppe oder derselben Gruppe von Unternehmen, die eine gemeinsame Wirtschaftstätigkeit ausüben, in einem oder mehreren Drittländern;
21. »Aufsichtsbehörde« eine von einem Mitgliedstaat gemäß Artikel 51 eingerichtete unabhängige staatliche Stelle;
22. »betroffene Aufsichtsbehörde« eine Aufsichtsbehörde, die von der Verarbeitung personenbezogener Daten betroffen ist, weil
    a) der Verantwortliche oder der Auftragsverarbeiter im Hoheitsgebiet des Mitgliedstaats dieser Aufsichtsbehörde niedergelassen ist,
    b) diese Verarbeitung erhebliche Auswirkungen auf betroffene Personen mit Wohnsitz im Mitgliedstaat dieser Aufsichtsbehörde hat oder haben kann oder
    c) eine Beschwerde bei dieser Aufsichtsbehörde eingereicht wurde;

23. »grenzüberschreitende Verarbeitung« entweder
    a) eine Verarbeitung personenbezogener Daten, die im Rahmen der Tätigkeiten von Niederlassungen eines Verantwortlichen oder eines Auftragsverarbeiters in der Union in mehr als einem Mitgliedstaat erfolgt, wenn der Verantwortliche oder Auftragsverarbeiter in mehr als einem Mitgliedstaat niedergelassen ist, oder
    b) eine Verarbeitung personenbezogener Daten, die im Rahmen der Tätigkeiten einer einzelnen Niederlassung eines Verantwortlichen oder eines Auftragsverarbeiters in der Union erfolgt, die jedoch erhebliche Auswirkungen auf betroffene Personen in mehr als einem Mitgliedstaat hat oder haben kann;
24. »maßgeblicher und begründeter Einspruch« einen Einspruch gegen einen Beschlussentwurf im Hinblick darauf, ob ein Verstoß gegen diese Verordnung vorliegt oder ob beabsichtigte Maßnahmen gegen den Verantwortlichen oder den Auftragsverarbeiter im Einklang mit dieser Verordnung steht, wobei aus diesem Einspruch die Tragweite der Risiken klar hervorgeht, die von dem Beschlussentwurf in Bezug auf die Grundrechte und Grundfreiheiten der betroffenen Personen und gegebenenfalls den freien Verkehr personenbezogener Daten in der Union ausgehen;
25. »Dienst der Informationsgesellschaft« eine Dienstleistung im Sinne des Artikels 1 Nummer 1 Buchstabe b der Richtlinie (EU) 2015/1535 des Europäischen Parlaments und des Rates;
26. »internationale Organisation« eine völkerrechtliche Organisation und ihre nachgeordneten Stellen oder jede sonstige Einrichtung, die durch eine zwischen zwei oder mehr Ländern geschlossene Übereinkunft oder auf der Grundlage einer solchen Übereinkunft geschaffen wurde.

Kapitel II – Grundsätze

Art. 5 Grundsätze für die Verarbeitung personenbezogener Daten (1) Personenbezogene Daten müssen

a) auf rechtmäßige Weise, nach Treu und Glauben und in einer für die betroffene Person nachvollziehbaren Weise verarbeitet werden (»Rechtmäßigkeit, Verarbeitung nach Treu und Glauben, Transparenz«);

b) für festgelegte, eindeutige und legitime Zwecke erhoben werden und dürfen nicht in einer mit diesen Zwecken nicht zu vereinbarenden Weise weiterverarbeitet werden; eine Weiterverarbeitung für im öffentlichen Interesse liegende Archivzwecke, für wissenschaftliche oder historische Forschungszwecke oder für statistische Zwecke gilt gemäß Artikel 89 Absatz 1 nicht als unvereinbar mit den ursprünglichen Zwecken (»Zweckbindung«);

c) dem Zweck angemessen und erheblich sowie auf das für die Zwecke der Verarbeitung notwendige Maß beschränkt sein (»Datenminimierung«);

d) sachlich richtig und erforderlichenfalls auf dem neuesten Stand sein; es sind alle angemessenen Maßnahmen zu treffen, damit personenbezogene Daten, die im Hinblick auf die Zwecke ihrer Verarbeitung unrichtig sind, unverzüglich gelöscht oder berichtigt werden (»Richtigkeit«);

e) in einer Form gespeichert werden, die die Identifizierung der betroffenen Personen nur so lange ermöglicht, wie es für die Zwecke, für die sie verarbeitet werden, erforderlich ist; personenbezogene Daten dürfen länger gespeichert werden, soweit die personenbezogenen Daten vorbehaltlich der Durchführung geeigneter technischer und organisatorischer Maßnahmen, die von dieser Verordnung zum Schutz der Rechte und Freiheiten der betroffenen Person gefordert werden, ausschließlich für im öffentlichen Interesse liegende Archivzwecke oder für wissenschaftliche und historische Forschungszwecke oder für statistische Zwecke gemäß Artikel 89 Absatz 1 verarbeitet werden (»Speicherbegrenzung«);

f) in einer Weise verarbeitet werden, die eine angemessene Sicherheit der personenbezogenen Daten gewährleistet, einschließlich Schutz vor unbefugter oder unrechtmäßiger Verarbeitung und vor unbeabsichtigtem Verlust, unbeabsichtigter Zerstörung oder unbeabsichtigter Schädigung durch geeignete technische und organisatorische Maßnahmen (»Integrität und Vertraulichkeit«).

(2) Der Verantwortliche ist für die Einhaltung des Absatzes 1 verantwortlich und muss dessen Einhaltung nachweisen können (»Rechenschaftspflicht«).

Art. 6 Rechtmäßigkeit der Verarbeitung (1) Die Verarbeitung ist nur rechtmäßig, wenn mindestens eine der nachstehenden Bedingungen erfüllt ist:

a) Die betroffene Person hat ihre Einwilligung zu der Verarbeitung der sie betreffenden personenbezogenen Daten für einen oder mehrere bestimmte Zwecke gegeben;

b) die Verarbeitung ist für die Erfüllung eines Vertrags, dessen Vertragspartei die betroffene Person ist, oder zur Durchführung vorvertraglicher Maßnahmen erforderlich, die auf Anfrage der betroffenen Person erfolgen;

c) die Verarbeitung ist zur Erfüllung einer rechtlichen Verpflichtung erforderlich, der der Verantwortliche unterliegt;

d) die Verarbeitung ist erforderlich, um lebenswichtige Interessen der betroffenen Person oder einer anderen natürlichen Person zu schützen;

e) die Verarbeitung ist für die Wahrnehmung einer Aufgabe erforderlich, die im öffentlichen Interesse liegt oder in Ausübung öffentlicher Gewalt erfolgt, die dem Verantwortlichen übertragen wurde;

f) die Verarbeitung ist zur Wahrung der berechtigten Interessen des Verantwortlichen oder eines Dritten erforderlich, sofern nicht die Interessen oder Grundrechte und Grundfreiheiten der betroffenen Person, die den Schutz personenbezogener Daten erfordern, überwiegen, insbesondere dann, wenn es sich bei der betroffenen Person um ein Kind handelt.

Unterabsatz 1 Buchstabe f gilt nicht für die von Behörden in Erfüllung ihrer Aufgaben vorgenommene Verarbeitung.

(2) Die Mitgliedstaaten können spezifischere Bestimmungen zur Anpassung der Anwendung der Vorschriften dieser Verordnung in Bezug auf die Verarbeitung zur Erfüllung von Absatz 1 Buchstaben c und e beibehalten oder einführen, indem sie spezifische Anforderungen für die Verarbeitung sowie sonstige Maßnahmen präziser bestimmen, um eine rechtmäßig und nach Treu und Glauben erfolgende Verarbeitung zu gewährleisten, einschließlich für andere besondere Verarbeitungssituationen gemäß Kapitel IX.

(3) Die Rechtsgrundlage für die Verarbeitungen gemäß Absatz 1 Buchstaben c und e wird festgelegt durch

a) Unionsrecht oder

b) das Recht der Mitgliedstaaten, dem der Verantwortliche unterliegt.

Der Zweck der Verarbeitung muss in dieser Rechtsgrundlage festgelegt oder hinsichtlich der Verarbeitung gemäß Absatz 1 Buchstabe e für die Erfüllung einer Aufgabe erforderlich sein, die im öffentlichen Interesse liegt oder in Ausübung öffentlicher Gewalt erfolgt, die dem Verantwortlichen übertragen wurde. Diese Rechtsgrundlage kann spezifische Bestimmungen zur Anpassung der Anwendung der Vorschriften dieser Verordnung enthalten, unter anderem Bestimmungen darüber, welche allgemeinen Bedingungen für die Regelung der Rechtmäßigkeit der Verarbeitung durch den Verantwortlichen gelten, welche Arten von Daten verarbeitet werden, welche Personen betroffen sind, an welche Einrichtungen und für welche Zwecke die personenbezogenen Daten offengelegt werden dürfen, welcher Zweckbindung sie unterliegen, wie lange sie gespeichert werden dürfen und welche Verarbeitungsvorgänge und -verfahren angewandt werden dürfen, einschließlich Maßnahmen zur Gewährleistung einer rechtmäßig und nach Treu und Glauben erfolgenden Verarbeitung, wie solche für sonstige besondere Verarbeitungssituationen gemäß Kapitel IX. Das Unionsrecht oder das Recht der Mitgliedstaaten müssen ein im öffentlichen Interesse liegendes Ziel verfolgen und in einem angemessenen Verhältnis zu dem verfolgten legitimen Zweck stehen.

(4) Beruht die Verarbeitung zu einem anderen Zweck als zu demjenigen, zu dem die personenbezogenen Daten erhoben wurden, nicht auf der Einwilligung der betroffenen Person oder auf einer Rechtsvorschrift der Union oder der Mitgliedstaaten, die in einer demokratischen Gesellschaft eine notwendige und verhältnismäßige Maßnahme zum Schutz der in Artikel 23 Absatz 1 genannten Ziele darstellt, so berücksichtigt der Verantwortliche – um festzustellen, ob die Verarbeitung zu einem anderen Zweck mit demjenigen, zu dem die personenbezogenen Daten ursprünglich erhoben wurden, vereinbar ist – unter anderem

a) jede Verbindung zwischen den Zwecken, für die die personenbezogenen Daten erhoben wurden, und den Zwecken der beabsichtigten Weiterverarbeitung,
b) den Zusammenhang, in dem die personenbezogenen Daten erhoben wurden, insbesondere hinsichtlich des Verhältnisses zwischen den betroffenen Personen und dem Verantwortlichen,
c) die Art der personenbezogenen Daten, insbesondere ob besondere Kategorien personenbezogener Daten gemäß Artikel 9 verarbeitet werden oder ob personenbezogene Daten über strafrechtliche Verurteilungen und Straftaten gemäß Artikel 10 verarbeitet werden,
d) die möglichen Folgen der beabsichtigten Weiterverarbeitung für die betroffenen Personen,
e) das Vorhandensein geeigneter Garantien, wozu Verschlüsselung oder Pseudonymisierung gehören kann.

Art. 7 Bedingungen für die Einwilligung (1) Beruht die Verarbeitung auf einer Einwilligung, muss der Verantwortliche nachweisen können, dass die betroffene Person in die Verarbeitung ihrer personenbezogenen Daten eingewilligt hat.

(2) Erfolgt die Einwilligung der betroffenen Person durch eine schriftliche Erklärung, die noch andere Sachverhalte betrifft, so muss das Ersuchen um Einwilligung in verständlicher und leicht zugänglicher Form in einer klaren und einfachen Sprache so erfolgen, dass es von den anderen Sachverhalten klar zu unterscheiden ist. Teile der Erklärung sind dann nicht verbindlich, wenn sie einen Verstoß gegen diese Verordnung darstellen.

(3) Die betroffene Person hat das Recht, ihre Einwilligung jederzeit zu widerrufen. Durch den Widerruf der Einwilligung wird die Rechtmäßigkeit der aufgrund der Einwilligung bis zum Widerruf erfolgten Verarbeitung nicht berührt. Die betroffene Person wird vor Abgabe der Einwilligung hiervon in Kenntnis gesetzt. Der Widerruf der Einwilligung muss so einfach wie die Erteilung der Einwilligung sein.

(4) Bei der Beurteilung, ob die Einwilligung freiwillig erteilt wurde, muss dem Umstand in größtmöglichem Umfang Rechnung getragen werden, ob unter anderem die Erfüllung eines Vertrags, einschließlich der Erbringung einer Dienstleistung, von der Einwilligung zu einer Verarbeitung von personenbezogenen Daten abhängig ist, die für die Erfüllung des Vertrags nicht erforderlich sind.

…

Art. 9 Verarbeitung besonderer Kategorien personenbezogener Daten (1) Die Verarbeitung personenbezogener Daten, aus denen die rassische und ethnische Herkunft, politische Meinungen, religiöse oder weltanschauliche Überzeugungen oder die Gewerkschaftszugehörigkeit hervorgehen, sowie die Verarbeitung von genetischen Daten, biometrischen Daten zur eindeutigen Identifizierung einer natürlichen Person, Gesundheitsdaten oder Daten zum Sexualleben oder der sexuellen Orientierung einer natürlichen Person ist untersagt.

(2) Absatz 1 gilt nicht in folgenden Fällen:

a) Die betroffene Person hat in die Verarbeitung der genannten personenbezogenen Daten für einen oder mehrere festgelegte Zwecke ausdrücklich eingewilligt, es sei denn, nach Unionsrecht oder dem Recht der Mitgliedstaaten kann das Verbot nach Absatz 1 durch die Einwilligung der betroffenen Person nicht aufgehoben werden,

b) die Verarbeitung ist erforderlich, damit der Verantwortliche oder die betroffene Person die ihm bzw. ihr aus dem Arbeitsrecht und dem Recht der sozialen Sicherheit und des Sozialschutzes erwachsenden Rechte ausüben und seinen bzw. ihren diesbezüglichen Pflichten nachkommen kann, soweit dies nach Unionsrecht oder dem Recht der Mitgliedstaaten oder einer Kollektivvereinbarung nach dem Recht der Mitgliedstaaten, das geeignete Garantien für die Grundrechte und die Interessen der betroffenen Person vorsieht, zulässig ist,

c) die Verarbeitung ist zum Schutz lebenswichtiger Interessen der betroffenen Person oder einer anderen natürlichen Person erforderlich und die betroffene Person ist aus körperlichen oder rechtlichen Gründen außerstande, ihre Einwilligung zu geben,

d) die Verarbeitung erfolgt auf der Grundlage geeigneter Garantien durch eine politisch, weltanschaulich, religiös oder gewerkschaftlich ausgerichtete Stiftung, Vereinigung oder sonstige Organisation ohne Gewinnerzielungsabsicht im Rahmen ihrer rechtmäßigen Tätigkeiten und unter der Voraussetzung, dass sich die Verarbeitung ausschließlich auf die Mitglieder oder ehemalige Mitglieder der Organisation oder auf Personen, die im Zusammenhang mit deren Tätigkeitszweck regelmäßige Kontakte mit ihr unterhalten, bezieht und die personenbezogenen Daten nicht ohne Einwilligung der betroffenen Personen nach außen offengelegt werden,

e) die Verarbeitung bezieht sich auf personenbezogene Daten, die die betroffene Person offensichtlich öffentlich gemacht hat,

f) die Verarbeitung ist zur Geltendmachung, Ausübung oder Verteidigung von Rechtsansprüchen oder bei Handlungen der Gerichte im Rahmen ihrer justiziellen Tätigkeit erforderlich,

g) die Verarbeitung ist auf der Grundlage des Unionsrechts oder des Rechts eines Mitgliedstaats, das in angemessenem Verhältnis zu dem verfolgten Ziel steht, den Wesensgehalt des Rechts auf Datenschutz wahrt und angemessene und spezifische Maßnahmen zur Wahrung der Grundrechte und Interessen der betroffenen Person vorsieht, aus Gründen eines erheblichen öffentlichen Interesses erforderlich,

h) die Verarbeitung ist für Zwecke der Gesundheitsvorsorge oder der Arbeitsmedizin, für die Beurteilung der Arbeitsfähigkeit des Beschäftigten, für die medizinische Diagnostik, die Versorgung oder Behandlung im Gesundheits- oder Sozialbereich oder für die Verwaltung von Systemen und Diensten im Gesundheits- oder Sozialbereich auf der Grundlage des Unionsrechts oder des Rechts eines Mitgliedstaats oder aufgrund eines Vertrags mit einem Angehörigen eines Gesundheitsberufs und vorbehaltlich der in Absatz 3 genannten Bedingungen und Garantien erforderlich,

i) die Verarbeitung ist aus Gründen des öffentlichen Interesses im Bereich der öffentlichen Gesundheit, wie dem Schutz vor schwerwiegenden grenzüberschreitenden Gesundheitsgefahren oder zur Gewährleistung hoher Qualitäts- und Sicherheitsstandards bei der Gesundheitsversorgung und bei Arzneimitteln und Medizinprodukten, auf der Grundlage des Unionsrechts oder des Rechts eines Mitgliedstaats, das angemessene und spezifische Maßnahmen zur Wahrung der Rechte und Freiheiten der betroffenen Person, insbesondere des Berufsgeheimnisses, vorsieht, erforderlich, oder

j) die Verarbeitung ist auf der Grundlage des Unionsrechts oder des Rechts eines Mitgliedstaats, das in angemessenem Verhältnis zu dem verfolgten Ziel steht, den Wesensgehalt des Rechts auf Datenschutz wahrt und angemessene und spezifische Maßnahmen zur Wahrung der Grundrechte und Interessen der betroffenen Person vorsieht, für im öffentlichen Interesse liegende Archivzwecke, für wissenschaftliche oder historische Forschungszwecke oder für statistische Zwecke gemäß Artikel 89 Absatz 1 erforderlich.

(3) Die in Absatz 1 genannten personenbezogenen Daten dürfen zu den in Absatz 2 Buchstabe h genannten Zwecken verarbeitet werden, wenn diese Daten von Fachpersonal oder unter dessen Verantwortung verarbeitet werden und dieses Fachpersonal nach dem Unionsrecht oder dem Recht eines Mitgliedstaats oder den Vorschriften nationaler zuständiger Stellen dem Berufsgeheimnis unterliegt, oder wenn die Verarbeitung durch eine andere Person erfolgt, die ebenfalls nach dem Unionsrecht oder dem Recht eines Mitgliedstaats oder den Vorschriften nationaler zuständiger Stellen einer Geheimhaltungspflicht unterliegt.

(4) Die Mitgliedstaaten können zusätzliche Bedingungen, einschließlich Beschränkungen, einführen oder aufrechterhalten, soweit die Verarbeitung von genetischen, biometrischen oder Gesundheitsdaten betroffen ist.

...

Kapitel III – Rechte der betroffenen Person

...

Abschnitt 2 – Informationspflicht und Recht aus Auskunft zu personenbezogenen Daten

Art. 13 Informationspflicht bei Erhebung von personenbezogenen Daten bei der betroffenen Person (1) Werden personenbezogene Daten bei der betroffenen Person erhoben, so teilt der Verantwortliche der betroffenen Person zum Zeitpunkt der Erhebung dieser Daten Folgendes mit:

a) den Namen und die Kontaktdaten des Verantwortlichen sowie gegebenenfalls seines Vertreters;

b) gegebenenfalls die Kontaktdaten des Datenschutzbeauftragten;

c) die Zwecke, für die die personenbezogenen Daten verarbeitet werden sollen, sowie die Rechtsgrundlage für die Verarbeitung;

d) wenn die Verarbeitung auf Artikel 6 Absatz 1 Buchstabe f beruht, die berechtigten Interessen, die von dem Verantwortlichen oder einem Dritten verfolgt werden;

e) gegebenenfalls die Empfänger oder Kategorien von Empfängern der personenbezogenen Daten und

f) gegebenenfalls die Absicht des Verantwortlichen, die personenbezogenen Daten an ein

Drittland oder eine internationale Organisation zu übermitteln, sowie das Vorhandensein oder das Fehlen eines Angemessenheitsbeschlusses der Kommission oder im Falle von Übermittlungen gemäß Artikel 46 oder Artikel 47 oder Artikel 49 Absatz 1 Unterabsatz 2 einen Verweis auf die geeigneten oder angemessenen Garantien und die Möglichkeit, wie eine Kopie von ihnen zu erhalten ist, oder wo sie verfügbar sind.

(2) Zusätzlich zu den Informationen gemäß Absatz 1 stellt der Verantwortliche der betroffenen Person zum Zeitpunkt der Erhebung dieser Daten folgende weitere Informationen zur Verfügung, die notwendig sind, um eine faire und transparente Verarbeitung zu gewährleisten:

a) die Dauer, für die die personenbezogenen Daten gespeichert werden oder, falls dies nicht möglich ist, die Kriterien für die Festlegung dieser Dauer;
b) das Bestehen eines Rechts auf Auskunft seitens des Verantwortlichen über die betreffenden personenbezogenen Daten sowie auf Berichtigung oder Löschung oder auf Einschränkung der Verarbeitung oder eines Widerspruchsrechts gegen die Verarbeitung sowie des Rechts auf Datenübertragbarkeit;
c) wenn die Verarbeitung auf Artikel 6 Absatz 1 Buchstabe a oder Artikel 9 Absatz 2 Buchstabe a beruht, das Bestehen eines Rechts, die Einwilligung jederzeit zu widerrufen, ohne dass die Rechtmäßigkeit der aufgrund der Einwilligung bis zum Widerruf erfolgten Verarbeitung berührt wird;
d) das Bestehen eines Beschwerderechts bei einer Aufsichtsbehörde;
e) ob die Bereitstellung der personenbezogenen Daten gesetzlich oder vertraglich vorgeschrieben oder für einen Vertragsabschluss erforderlich ist, ob die betroffene Person verpflichtet ist, die personenbezogenen Daten bereitzustellen, und welche mögliche Folgen die Nichtbereitstellung hätte und
f) das Bestehen einer automatisierten Entscheidungsfindung einschließlich Profiling gemäß Artikel 22 Absätze 1 und 4 und – zumindest in diesen Fällen – aussagekräftige Informationen über die involvierte Logik sowie die Tragweite und die angestrebten Auswirkungen einer derartigen Verarbeitung für die betroffene Person.

(3) Beabsichtigt der Verantwortliche, die personenbezogenen Daten für einen anderen Zweck weiterzuverarbeiten als den, für den die personenbezogenen Daten erhoben wurden, so stellt er der betroffenen Person vor dieser Weiterverarbeitung Informationen über diesen anderen Zweck und alle anderen maßgeblichen Informationen gemäß Absatz 2 zur Verfügung.

(4) Die Absätze 1, 2 und 3 finden keine Anwendung, wenn und soweit die betroffene Person bereits über die Informationen verfügt.

Art. 14 Informationspflicht, wenn die personenbezogenen Daten nicht bei der betroffenen Person erhoben wurden (1) Werden personenbezogene Daten nicht bei der betroffenen Person erhoben, so teilt der Verantwortliche der betroffenen Person Folgendes mit:

a) den Namen und die Kontaktdaten des Verantwortlichen sowie gegebenenfalls seines Vertreters;
b) zusätzlich die Kontaktdaten des Datenschutzbeauftragten;
c) die Zwecke, für die die personenbezogenen Daten verarbeitet werden sollen, sowie die Rechtsgrundlage für die Verarbeitung;
d) die Kategorien personenbezogener Daten, die verarbeitet werden;
e) gegebenenfalls die Empfänger oder Kategorien von Empfängern der personenbezogenen Daten;
f) gegebenenfalls die Absicht des Verantwortlichen, die personenbezogenen Daten an einen Empfänger in einem Drittland oder einer internationalen Organisation zu über-

mitteln, sowie das Vorhandensein oder das Fehlen eines Angemessenheitsbeschlusses der Kommission oder im Falle von Übermittlungen gemäß Artikel 46 oder Artikel 47 oder Artikel 49 Absatz 1 Unterabsatz 2 einen Verweis auf die geeigneten oder angemessenen Garantien und die Möglichkeit, eine Kopie von ihnen zu erhalten, oder wo sie verfügbar sind.

(2) Zusätzlich zu den Informationen gemäß Absatz 1 stellt der Verantwortliche der betroffenen Person die folgenden Informationen zur Verfügung, die erforderlich sind, um der betroffenen Person gegenüber eine faire und transparente Verarbeitung zu gewährleisten:

a) die Dauer, für die die personenbezogenen Daten gespeichert werden oder, falls dies nicht möglich ist, die Kriterien für die Festlegung dieser Dauer;
b) wenn die Verarbeitung auf Artikel 6 Absatz 1 Buchstabe f beruht, die berechtigten Interessen, die von dem Verantwortlichen oder einem Dritten verfolgt werden;
c) das Bestehen eines Rechts auf Auskunft seitens des Verantwortlichen über die betreffenden personenbezogenen Daten sowie auf Berichtigung oder Löschung oder auf Einschränkung der Verarbeitung und eines Widerspruchsrechts gegen die Verarbeitung sowie des Rechts auf Datenübertragbarkeit;
d) wenn die Verarbeitung auf Artikel 6 Absatz 1 Buchstabe a oder Artikel 9 Absatz 2 Buchstabe a beruht, das Bestehen eines Rechts, die Einwilligung jederzeit zu widerrufen, ohne dass die Rechtmäßigkeit der aufgrund der Einwilligung bis zum Widerruf erfolgten Verarbeitung berührt wird;
e) das Bestehen eines Beschwerderechts bei einer Aufsichtsbehörde;
f) aus welcher Quelle die personenbezogenen Daten stammen und gegebenenfalls ob sie aus öffentlich zugänglichen Quellen stammen;
g) das Bestehen einer automatisierten Entscheidungsfindung einschließlich Profiling gemäß Artikel 22 Absätze 1 und 4 und – zumindest in diesen Fällen – aussagekräftige Informationen über die involvierte Logik sowie die Tragweite und die angestrebten Auswirkungen einer derartigen Verarbeitung für die betroffene Person.

(3) Der Verantwortliche erteilt die Informationen gemäß den Absätzen 1 und 2

a) unter Berücksichtigung der spezifischen Umstände der Verarbeitung der personenbezogenen Daten innerhalb einer angemessenen Frist nach Erlangung der personenbezogenen Daten, längstens jedoch innerhalb eines Monats,
b) falls die personenbezogenen Daten zur Kommunikation mit der betroffenen Person verwendet werden sollen, spätestens zum Zeitpunkt der ersten Mitteilung an sie, oder,
c) falls die Offenlegung an einen anderen Empfänger beabsichtigt ist, spätestens zum Zeitpunkt der ersten Offenlegung.

(4) Beabsichtigt der Verantwortliche, die personenbezogenen Daten für einen anderen Zweck weiterzuverarbeiten als den, für den die personenbezogenen Daten erlangt wurden, so stellt er der betroffenen Person vor dieser Weiterverarbeitung Informationen über diesen anderen Zweck und alle anderen maßgeblichen Informationen gemäß Absatz 2 zur Verfügung.

(5) Die Absätze 1 bis 4 finden keine Anwendung, wenn und soweit

a) die betroffene Person bereits über die Informationen verfügt,
b) die Erteilung dieser Informationen sich als unmöglich erweist oder einen unverhältnismäßigen Aufwand erfordern würde; dies gilt insbesondere für die Verarbeitung für im öffentlichen Interesse liegende Archivzwecke, für wissenschaftliche oder historische Forschungszwecke oder für statistische Zwecke vorbehaltlich der in Artikel 89 Absatz 1 genannten Bedingungen und Garantien oder soweit die in Absatz 1 des vorliegenden Artikels genannte Pflicht voraussichtlich die Verwirklichung der Ziele dieser Verarbeitung unmöglich macht oder ernsthaft beeinträchtigt In diesen Fällen ergreift der Ver-

antwortliche geeignete Maßnahmen zum Schutz der Rechte und Freiheiten sowie der berechtigten Interessen der betroffenen Person, einschließlich der Bereitstellung dieser Informationen für die Öffentlichkeit,

c) die Erlangung oder Offenlegung durch Rechtsvorschriften der Union oder der Mitgliedstaaten, denen der Verantwortliche unterliegt und die geeignete Maßnahmen zum Schutz der berechtigten Interessen der betroffenen Person vorsehen, ausdrücklich geregelt ist oder

d) die personenbezogenen Daten gemäß dem Unionsrecht oder dem Recht der Mitgliedstaaten dem Berufsgeheimnis, einschließlich einer satzungsmäßigen Geheimhaltungspflicht, unterliegen und daher vertraulich behandelt werden müssen.

Art. 15 Auskunftsrecht der betroffenen Person (1) Die betroffene Person hat das Recht, von dem Verantwortlichen eine Bestätigung darüber zu verlangen, ob sie betreffende personenbezogene Daten verarbeitet werden; ist dies der Fall, so hat sie ein Recht auf Auskunft über diese personenbezogenen Daten und auf folgende Informationen:

a) die Verarbeitungszwecke;

b) die Kategorien personenbezogener Daten, die verarbeitet werden;

c) die Empfänger oder Kategorien von Empfängern, gegenüber denen die personenbezogenen Daten offengelegt worden sind oder noch offengelegt werden, insbesondere bei Empfängern in Drittländern oder bei internationalen Organisationen;

d) falls möglich die geplante Dauer, für die die personenbezogenen Daten gespeichert werden, oder, falls dies nicht möglich ist, die Kriterien für die Festlegung dieser Dauer;

e) das Bestehen eines Rechts auf Berichtigung oder Löschung der sie betreffenden personenbezogenen Daten oder auf Einschränkung der Verarbeitung durch den Verantwortlichen oder eines Widerspruchsrechts gegen diese Verarbeitung;

f) das Bestehen eines Beschwerderechts bei einer Aufsichtsbehörde;

g) wenn die personenbezogenen Daten nicht bei der betroffenen Person erhoben werden, alle verfügbaren Informationen über die Herkunft der Daten;

h) das Bestehen einer automatisierten Entscheidungsfindung einschließlich Profiling gemäß Artikel 22 Absätze 1 und 4 und – zumindest in diesen Fällen – aussagekräftige Informationen über die involvierte Logik sowie die Tragweite und die angestrebten Auswirkungen einer derartigen Verarbeitung für die betroffene Person.

(2) Werden personenbezogene Daten an ein Drittland oder an eine internationale Organisation übermittelt, so hat die betroffene Person das Recht, über die geeigneten Garantien gemäß Artikel 46 im Zusammenhang mit der Übermittlung unterrichtet zu werden.

(3) Der Verantwortliche stellt eine Kopie der personenbezogenen Daten, die Gegenstand der Verarbeitung sind, zur Verfügung. Für alle weiteren Kopien, die die betroffene Person beantragt, kann der Verantwortliche ein angemessenes Entgelt auf der Grundlage der Verwaltungskosten verlangen. Stellt die betroffene Person den Antrag elektronisch, so sind die Informationen in einem gängigen elektronischen Format zur Verfügung zu stellen, sofern sie nichts anderes angibt.

(4) Das Recht auf Erhalt einer Kopie gemäß Absatz 3 darf die Rechte und Freiheiten anderer Personen nicht beeinträchtigen.

Abschnitt 3 – Berichtigung und Löschung

Art. 16 Recht auf Berichtigung Die betroffene Person hat das Recht, von dem Verantwortlichen unverzüglich die Berichtigung sie betreffender unrichtiger personenbezogener Daten zu verlangen. Unter Berücksichtigung der Zwecke der Verarbeitung hat die betroffene Person das Recht, die Vervollständigung unvollständiger personenbezogener Daten – auch mittels einer ergänzenden Erklärung – zu verlangen.

Art. 17 Recht auf Löschung (»Recht auf Vergessenwerden«) (1) Die betroffene Person hat das Recht, von dem Verantwortlichen zu verlangen, dass sie betreffende personenbezogene Daten unverzüglich gelöscht werden, und der Verantwortliche ist verpflichtet, personenbezogene Daten unverzüglich zu löschen, sofern einer der folgenden Gründe zutrifft:

a) Die personenbezogenen Daten sind für die Zwecke, für die sie erhoben oder auf sonstige Weise verarbeitet wurden, nicht mehr notwendig.
b) Die betroffene Person widerruft ihre Einwilligung, auf die sich die Verarbeitung gemäß Artikel 6 Absatz 1 Buchstabe a oder Artikel 9 Absatz 2 Buchstabe a stützte, und es fehlt an einer anderweitigen Rechtsgrundlage für die Verarbeitung.
c) Die betroffene Person legt gemäß Artikel 21 Absatz 1 Widerspruch gegen die Verarbeitung ein und es liegen keine vorrangigen berechtigten Gründe für die Verarbeitung vor, oder die betroffene Person legt gemäß Artikel 21 Absatz 2 Widerspruch gegen die Verarbeitung ein.
d) Die personenbezogenen Daten wurden unrechtmäßig verarbeitet.
e) Die Löschung der personenbezogenen Daten ist zur Erfüllung einer rechtlichen Verpflichtung nach dem Unionsrecht oder dem Recht der Mitgliedstaaten erforderlich, dem der Verantwortliche unterliegt.
f) Die personenbezogenen Daten wurden in Bezug auf angebotene Dienste der Informationsgesellschaft gemäß Artikel 8 Absatz 1 erhoben.

(2) Hat der Verantwortliche die personenbezogenen Daten öffentlich gemacht und ist er gemäß Absatz 1 zu deren Löschung verpflichtet, so trifft er unter Berücksichtigung der verfügbaren Technologie und der Implementierungskosten angemessene Maßnahmen, auch technischer Art, um für die Datenverarbeitung Verantwortliche, die die personenbezogenen Daten verarbeiten, darüber zu informieren, dass eine betroffene Person von ihnen die Löschung aller Links zu diesen personenbezogenen Daten oder von Kopien oder Replikationen dieser personenbezogenen Daten verlangt hat.

(3) Die Absätze 1 und 2 gelten nicht, soweit die Verarbeitung erforderlich ist

a) zur Ausübung des Rechts auf freie Meinungsäußerung und Information;
b) zur Erfüllung einer rechtlichen Verpflichtung, die die Verarbeitung nach dem Recht der Union oder der Mitgliedstaaten, dem der Verantwortliche unterliegt, erfordert, oder zur Wahrnehmung einer Aufgabe, die im öffentlichen Interesse liegt oder in Ausübung öffentlicher Gewalt erfolgt, die dem Verantwortlichen übertragen wurde;
c) aus Gründen des öffentlichen Interesses im Bereich der öffentlichen Gesundheit gemäß Artikel 9 Absatz 2 Buchstaben h und i sowie Artikel 9 Absatz 3;
d) für im öffentlichen Interesse liegende Archivzwecke, wissenschaftliche oder historische Forschungszwecke oder für statistische Zwecke gemäß Artikel 89 Absatz 1, soweit das in Absatz 1 genannte Recht voraussichtlich die Verwirklichung der Ziele dieser Verarbeitung unmöglich macht oder ernsthaft beeinträchtigt, oder
e) zur Geltendmachung, Ausübung oder Verteidigung von Rechtsansprüchen.

Art. 18 Recht auf Einschränkung der Verarbeitung (1) Die betroffene Person hat das Recht, von dem Verantwortlichen die Einschränkung der Verarbeitung zu verlangen, wenn eine der folgenden Voraussetzungen gegeben ist:

a) die Richtigkeit der personenbezogenen Daten von der betroffenen Person bestritten wird, und zwar für eine Dauer, die es dem Verantwortlichen ermöglicht, die Richtigkeit der personenbezogenen Daten zu überprüfen,

b) die Verarbeitung unrechtmäßig ist und die betroffene Person die Löschung der personenbezogenen Daten ablehnt und stattdessen die Einschränkung der Nutzung der personenbezogenen Daten verlangt;

c) der Verantwortliche die personenbezogenen Daten für die Zwecke der Verarbeitung nicht länger benötigt, die betroffene Person sie jedoch zur Geltendmachung, Ausübung oder Verteidigung von Rechtsansprüchen benötigt, oder

d) die betroffene Person Widerspruch gegen die Verarbeitung gemäß Artikel 21 Absatz 1 eingelegt hat, solange noch nicht feststeht, ob die berechtigten Gründe des Verantwortlichen gegenüber denen der betroffenen Person überwiegen.

(2) Wurde die Verarbeitung gemäß Absatz 1 eingeschränkt, so dürfen diese personenbezogenen Daten – von ihrer Speicherung abgesehen – nur mit Einwilligung der betroffenen Person oder zur Geltendmachung, Ausübung oder Verteidigung von Rechtsansprüchen oder zum Schutz der Rechte einer anderen natürlichen oder juristischen Person oder aus Gründen eines wichtigen öffentlichen Interesses der Union oder eines Mitgliedstaats verarbeitet werden.

(3) Eine betroffene Person, die eine Einschränkung der Verarbeitung gemäß Absatz 1 erwirkt hat, wird von dem Verantwortlichen unterrichtet, bevor die Einschränkung aufgehoben wird.

…

Kapitel IV – Verantwortlicher und Auftragsverarbeiter

…

Abschnitt 4 – Datenschutzbeauftragter

Art. 37 Benennung eines Datenschutzbeauftragten (1) Der Verantwortliche und der Auftragsverarbeiter benennen auf jeden Fall einen Datenschutzbeauftragten, wenn

a) die Verarbeitung von einer Behörde oder öffentlichen Stelle durchgeführt wird, mit Ausnahme von Gerichten, die im Rahmen ihrer justiziellen Tätigkeit handeln,

b) die Kerntätigkeit des Verantwortlichen oder des Auftragsverarbeiters in der Durchführung von Verarbeitungsvorgängen besteht, welche aufgrund ihrer Art, ihres Umfangs und/oder ihrer Zwecke eine umfangreiche regelmäßige und systematische Überwachung von betroffenen Personen erforderlich machen, oder

c) die Kerntätigkeit des Verantwortlichen oder des Auftragsverarbeiters in der umfangreichen Verarbeitung besonderer Kategorien von Daten gemäß Artikel 9 oder von personenbezogenen Daten über strafrechtliche Verurteilungen und Straftaten gemäß Artikel 10 besteht.

(2) Eine Unternehmensgruppe darf einen gemeinsamen Datenschutzbeauftragten ernennen, sofern von jeder Niederlassung aus der Datenschutzbeauftragte leicht erreicht werden kann.

(3) Falls es sich bei dem Verantwortlichen oder dem Auftragsverarbeiter um eine Behörde oder öffentliche Stelle handelt, kann für mehrere solcher Behörden oder Stellen unter Berücksichtigung ihrer Organisationsstruktur und ihrer Größe ein gemeinsamer Datenschutzbeauftragter benannt werden.

(4) In anderen als den in Absatz 1 genannten Fällen können der Verantwortliche oder der Auftragsverarbeiter oder Verbände und andere Vereinigungen, die Kategorien von Verantwortlichen oder Auftragsverarbeitern vertreten, einen Datenschutzbeauftragten benennen; falls dies nach dem Recht der Union oder der Mitgliedstaaten vorgeschrieben ist, müssen sie einen solchen benennen. Der Datenschutzbeauftragte kann für derartige Verbände und andere Vereinigungen, die Verantwortliche oder Auftragsverarbeiter vertreten, handeln.

(5) Der Datenschutzbeauftragte wird auf der Grundlage seiner beruflichen Qualifikation und insbesondere des Fachwissens benannt, das er auf dem Gebiet des Datenschutzrechts und der Datenschutzpraxis besitzt, sowie auf der Grundlage seiner Fähigkeit zur Erfüllung der in Artikel 39 genannten Aufgaben.

(6) Der Datenschutzbeauftragte kann Beschäftigter des Verantwortlichen oder des Auftragsverarbeiters sein oder seine Aufgaben auf der Grundlage eines Dienstleistungsvertrags erfüllen.

(7) Der Verantwortliche oder der Auftragsverarbeiter veröffentlicht die Kontaktdaten des Datenschutzbeauftragten und teilt diese Daten der Aufsichtsbehörde mit.

...

Kapitel V – Übermittlungen personenbezogener Daten an Drittländer oder an internationale Organisationen

Art. 44 Allgemeine Grundsätze der Datenübermittlung Jedwede Übermittlung personenbezogener Daten, die bereits verarbeitet werden oder nach ihrer Übermittlung an ein Drittland oder eine internationale Organisation verarbeitet werden sollen, ist nur zulässig, wenn der Verantwortliche und der Auftragsverarbeiter die in diesem Kapitel niedergelegten Bedingungen einhalten und auch die sonstigen Bestimmungen dieser Verordnung eingehalten werden; dies gilt auch für die etwaige Weiterübermittlung personenbezogener Daten durch das betreffende Drittland oder die betreffende internationale Organisation an ein anderes Drittland oder eine andere internationale Organisation. Alle Bestimmungen dieses Kapitels sind anzuwenden, um sicherzustellen, dass das durch diese Verordnung gewährleistete Schutzniveau für natürliche Personen nicht untergraben wird.

Art. 45 Datenübermittlung auf der Grundlage eines Angemessenheitsbeschlusses (1) Eine Übermittlung personenbezogener Daten an ein Drittland oder eine internationale Organisation darf vorgenommen werden, wenn die Kommission beschlossen hat, dass das betreffende Drittland, ein Gebiet oder ein oder mehrere spezifische Sektoren in diesem Drittland oder die betreffende internationale Organisation ein angemessenes Schutzniveau bietet. Eine solche Datenübermittlung bedarf keiner besonderen Genehmigung.

(2) Bei der Prüfung der Angemessenheit des gebotenen Schutzniveaus berücksichtigt die Kommission insbesondere das Folgende:

a) die Rechtsstaatlichkeit, die Achtung der Menschenrechte und Grundfreiheiten, die in dem betreffenden Land bzw. bei der betreffenden internationalen Organisation geltenden einschlägigen Rechtsvorschriften sowohl allgemeiner als auch sektoraler Art — auch in Bezug auf öffentliche Sicherheit, Verteidigung, nationale Sicherheit und Strafrecht sowie Zugang der Behörden zu personenbezogenen Daten — sowie die Anwendung dieser Rechtsvorschriften, Datenschutzvorschriften, Berufsregeln und Sicherheitsvorschriften einschließlich der Vorschriften für die Weiterübermittlung personenbezogener Daten an ein anderes Drittland bzw. eine andere internationale Organisation, die Rechtsprechung sowie wirksame und durchsetzbare Rechte der betroffenen Person und wirksame verwaltungsrechtliche und gerichtliche Rechtsbehelfe für betroffene Personen, deren personenbezogene Daten übermittelt werden,

b) die Existenz und die wirksame Funktionsweise einer oder mehrerer unabhängiger Aufsichtsbehörden in dem betreffenden Drittland oder denen eine internationale Organisation untersteht und die für die Einhaltung und Durchsetzung der Datenschutzvorschriften, einschließlich angemessener Durchsetzungsbefugnisse, für die Unterstützung und Beratung der betroffenen Personen bei der Ausübung ihrer Rechte und für die Zusammenarbeit mit den Aufsichtsbehörden der Mitgliedstaaten zuständig sind, und

c) die von dem betreffenden Drittland bzw. der betreffenden internationalen Organisation eingegangenen internationalen Verpflichtungen oder andere Verpflichtungen, die sich aus rechtsverbindlichen Übereinkünften oder Instrumenten sowie aus der Teilnahme des Drittlands oder der internationalen Organisation an multilateralen oder regionalen Systemen insbesondere in Bezug auf den Schutz personenbezogener Daten ergeben.

(3) Nach der Beurteilung der Angemessenheit des Schutzniveaus kann die Kommission im Wege eines Durchführungsrechtsaktes beschließen, dass ein Drittland, ein Gebiet oder ein oder mehrere spezifische Sektoren in einem Drittland oder eine internationale Organisation ein angemessenes Schutzniveau im Sinne des Absatzes 2 des vorliegenden Artikels bieten. In dem Durchführungsrechtsakt ist ein Mechanismus für eine regelmäßige Überprüfung, die mindestens alle vier Jahre erfolgt, vorzusehen, bei der allen maßgeblichen Entwicklungen in dem Drittland oder bei der internationalen Organisation Rechnung getragen wird. Im Durchführungsrechtsakt werden der territoriale und der sektorale Anwendungsbereich sowie gegebenenfalls die in Absatz 2 Buchstabe b des vorliegenden Artikels genannte Aufsichtsbehörde bzw. genannten Aufsichtsbehörden angegeben. Der Durchführungsrechtsakt wird gemäß dem in Artikel 93 Absatz 2 genannten Prüfverfahren erlassen.

(4) Die Kommission überwacht fortlaufend die Entwicklungen in Drittländern und bei internationalen Organisationen, die die Wirkungsweise der nach Absatz 3 des vorliegenden Artikels erlassenen Beschlüsse und der nach Artikel 25 Absatz 6 der Richtlinie 95/46/EG erlassenen Feststellungen beeinträchtigen könnten.

(5) Die Kommission widerruft, ändert oder setzt die in Absatz 3 des vorliegenden Artikels genannten Beschlüsse im Wege von Durchführungsrechtsakten aus, soweit dies nötig ist und ohne rückwirkende Kraft, soweit entsprechende Informationen — insbesondere im Anschluss an die in Absatz 3 des vorliegenden Artikels genannte Überprüfung — dahingehend vorliegen, dass ein Drittland, ein Gebiet oder ein oder mehrere spezifischer Sektor in einem Drittland oder eine internationale Organisation kein angemessenes Schutzniveau im Sinne des Absatzes 2 des vorliegenden Artikels mehr gewährleistet. Diese Durchführungsrechtsakte werden gemäß dem Prüfverfahren nach Artikel 93 Absatz 2 erlassen.

In hinreichend begründeten Fällen äußerster Dringlichkeit erlässt die Kommission gemäß dem in Artikel 93 Absatz 3 genannten Verfahren sofort geltende Durchführungsrechtsakte.

(6) Die Kommission nimmt Beratungen mit dem betreffenden Drittland bzw. der betreffenden internationalen Organisation auf, um Abhilfe für die Situation zu schaffen, die zu dem gemäß Absatz 5 erlassenen Beschluss geführt hat.

(7) Übermittlungen personenbezogener Daten an das betreffende Drittland, das Gebiet oder einen oder mehrere spezifische Sektoren in diesem Drittland oder an die betreffende internationale Organisation gemäß den Artikeln 46 bis 49 werden durch einen Beschluss nach Absatz 5 des vorliegenden Artikels nicht berührt.

(8) Die Kommission veröffentlicht im Amtsblatt der Europäischen Union und auf ihrer Website eine Liste aller Drittländer beziehungsweise Gebiete und spezifischen Sektoren in einem Drittland und aller internationalen Organisationen, für die sie durch Beschluss festgestellt hat, dass sie ein angemessenes Schutzniveau gewährleisten bzw. nicht mehr gewährleisten.

(9) Von der Kommission auf der Grundlage von Artikel 25 Absatz 6 der Richtlinie 95/46/EG erlassene Feststellungen bleiben so lange in Kraft, bis sie durch einen nach dem Prüfverfahren gemäß den Absätzen 3 oder 5 des vorliegenden Artikels erlassenen Beschluss der Kommission geändert, ersetzt oder aufgehoben werden.

Art. 46 Datenübermittlung vorbehaltlich geeigneter Garantien (1) Falls kein Beschluss nach Artikel 45 Absatz 3 vorliegt, darf ein Verantwortlicher oder ein Auftragsverarbeiter personenbezogene Daten an ein Drittland oder eine internationale Organisation nur übermitteln, sofern der Verantwortliche oder der Auftragsverarbeiter geeignete Garantien vorgesehen hat und sofern den betroffenen Personen durchsetzbare Rechte und wirksame Rechtsbehelfe zur Verfügung stehen.

(2) Die in Absatz 1 genannten geeigneten Garantien können, ohne dass hierzu eine besondere Genehmigung einer Aufsichtsbehörde erforderlich wäre, bestehen in

a) einem rechtlich bindenden und durchsetzbaren Dokument zwischen den Behörden oder öffentlichen Stellen,
b) verbindlichen internen Datenschutzvorschriften gemäß Artikel 47,
c) Standarddatenschutzklauseln, die von der Kommission gemäß dem Prüfverfahren nach Artikel 93 Absatz 2 erlassen werden,
d) von einer Aufsichtsbehörde angenommenen Standarddatenschutzklauseln, die von der Kommission gemäß dem Prüfverfahren nach Artikel 93 Absatz 2 genehmigt wurden,
e) genehmigten Verhaltensregeln gemäß Artikel 40 zusammen mit rechtsverbindlichen und durchsetzbaren Verpflichtungen des Verantwortlichen oder des Auftragsverarbeiters in dem Drittland zur Anwendung der geeigneten Garantien, einschließlich in Bezug auf die Rechte der betroffenen Personen, oder
f) einem genehmigten Zertifizierungsmechanismus gemäß Artikel 42 zusammen mit rechtsverbindlichen und durchsetzbaren Verpflichtungen des Verantwortlichen oder des Auftragsverarbeiters in dem Drittland zur Anwendung der geeigneten Garantien, einschließlich in Bezug auf die Rechte der betroffenen Personen.

(3) Vorbehaltlich der Genehmigung durch die zuständige Aufsichtsbehörde können die geeigneten Garantien gemäß Absatz 1 auch insbesondere bestehen in

a) Vertragsklauseln, die zwischen dem Verantwortlichen oder dem Auftragsverarbeiter und dem Verantwortlichen, dem Auftragsverarbeiter oder dem Empfänger der personenbezogenen Daten im Drittland oder der internationalen Organisation vereinbart wurden, oder
b) Bestimmungen, die in Verwaltungsvereinbarungen zwischen Behörden oder öffentlichen Stellen aufzunehmen sind und durchsetzbare und wirksame Rechte für die betroffenen Personen einschließen.

(4) Die Aufsichtsbehörde wendet das Kohärenzverfahren nach Artikel 63 an, wenn ein Fall gemäß Absatz 3 des vorliegenden Artikels vorliegt.

(5) Von einem Mitgliedstaat oder einer Aufsichtsbehörde auf der Grundlage von Artikel 26 Absatz 2 der Richtlinie 95/46/EG erteilte Genehmigungen bleiben so lange gültig, bis sie erforderlichenfalls von dieser Aufsichtsbehörde geändert, ersetzt oder aufgehoben werden. Von der Kommission auf der Grundlage von Artikel 26 Absatz 4 der Richtlinie 95/46/EG erlassene Feststellungen bleiben so lange in Kraft, bis sie erforderlichenfalls mit einem nach

Absatz 2 des vorliegenden Artikels erlassenen Beschluss der Kommission geändert, ersetzt oder aufgehoben werden.

Art. 47 Verbindliche interne Datenschutzvorschriften (1) Die zuständige Aufsichtsbehörde genehmigt gemäß dem Kohärenzverfahren nach Artikel 63 verbindliche interne Datenschutzvorschriften, sofern diese

a) rechtlich bindend sind, für alle betreffenden Mitglieder der Unternehmensgruppe oder einer Gruppe von Unternehmen, die eine gemeinsame Wirtschaftstätigkeit ausüben, gelten und von diesen Mitgliedern durchgesetzt werden, und dies auch für ihre Beschäftigten gilt,
b) den betroffenen Personen ausdrücklich durchsetzbare Rechte in Bezug auf die Verarbeitung ihrer personenbezogenen Daten übertragen und
c) die in Absatz 2 festgelegten Anforderungen erfüllen.

(2) Die verbindlichen internen Datenschutzvorschriften nach Absatz 1 enthalten mindestens folgende Angaben:

a) Struktur und Kontaktdaten der Unternehmensgruppe oder Gruppe von Unternehmen, die eine gemeinsame Wirtschaftstätigkeit ausüben, und jedes ihrer Mitglieder;
b) die betreffenden Datenübermittlungen oder Reihen von Datenübermittlungen einschließlich der betreffenden Arten personenbezogener Daten, Art und Zweck der Datenverarbeitung, Art der betroffenen Personen und das betreffende Drittland beziehungsweise die betreffenden Drittländer;
c) interne und externe Rechtsverbindlichkeit der betreffenden internen Datenschutzvorschriften;
d) die Anwendung der allgemeinen Datenschutzgrundsätze, insbesondere Zweckbindung, Datenminimierung, begrenzte Speicherfristen, Datenqualität, Datenschutz durch Technikgestaltung und durch datenschutzfreundliche Voreinstellungen, Rechtsgrundlage für die Verarbeitung, Verarbeitung besonderer Kategorien von personenbezogenen Daten, Maßnahmen zur Sicherstellung der Datensicherheit und Anforderungen für die Weiterübermittlung an nicht an diese internen Datenschutzvorschriften gebundene Stellen;
e) die Rechte der betroffenen Personen in Bezug auf die Verarbeitung und die diesen offenstehenden Mittel zur Wahrnehmung dieser Rechte einschließlich des Rechts, nicht einer ausschließlich auf einer automatisierten Verarbeitung — einschließlich Profiling — beruhenden Entscheidung nach Artikel 22 unterworfen zu werden sowie des in Artikel 79 niedergelegten Rechts auf Beschwerde bei der zuständigen Aufsichtsbehörde beziehungsweise auf Einlegung eines Rechtsbehelfs bei den zuständigen Gerichten der Mitgliedstaaten und im Falle einer Verletzung der verbindlichen internen Datenschutzvorschriften Wiedergutmachung und gegebenenfalls Schadenersatz zu erhalten;
f) die von dem in einem Mitgliedstaat niedergelassenen Verantwortlichen oder Auftragsverarbeiter übernommene Haftung für etwaige Verstöße eines nicht in der Union niedergelassenen betreffenden Mitglieds der Unternehmensgruppe gegen die verbindlichen internen Datenschutzvorschriften; der Verantwortliche oder der Auftragsverarbeiter ist nur dann teilweise oder vollständig von dieser Haftung befreit, wenn er nachweist, dass der Umstand, durch den der Schaden eingetreten ist, dem betreffenden Mitglied nicht zur Last gelegt werden kann;
g) die Art und Weise, wie die betroffenen Personen über die Bestimmungen der Artikel 13 und 14 hinaus über die verbindlichen internen Datenschutzvorschriften und insbesondere über die unter den Buchstaben d, e und f dieses Absatzes genannten Aspekte informiert werden;

h) die Aufgaben jedes gemäß Artikel 37 benannten Datenschutzbeauftragten oder jeder anderen Person oder Einrichtung, die mit der Überwachung der Einhaltung der verbindlichen internen Datenschutzvorschriften in der Unternehmensgruppe oder Gruppe von Unternehmen, die eine gemeinsame Wirtschaftstätigkeit ausüben, sowie mit der Überwachung der Schulungsmaßnahmen und dem Umgang mit Beschwerden befasst ist;

i) die Beschwerdeverfahren;

j) die innerhalb der Unternehmensgruppe oder Gruppe von Unternehmen, die eine gemeinsame Wirtschaftstätigkeit ausüben, bestehenden Verfahren zur Überprüfung der Einhaltung der verbindlichen internen Datenschutzvorschriften. Derartige Verfahren beinhalten Datenschutzüberprüfungen und Verfahren zur Gewährleistung von Abhilfemaßnahmen zum Schutz der Rechte der betroffenen Person. Die Ergebnisse derartiger Überprüfungen sollten der in Buchstabe h genannten Person oder Einrichtung sowie dem Verwaltungsrat des herrschenden Unternehmens einer Unternehmensgruppe oder der Gruppe von Unternehmen, die eine gemeinsame Wirtschaftstätigkeit ausüben, mitgeteilt werden und sollten der zuständigen Aufsichtsbehörde auf Anfrage zur Verfügung gestellt werden;

k) die Verfahren für die Meldung und Erfassung von Änderungen der Vorschriften und ihre Meldung an die Aufsichtsbehörde;

l) die Verfahren für die Zusammenarbeit mit der Aufsichtsbehörde, die die Befolgung der Vorschriften durch sämtliche Mitglieder der Unternehmensgruppe oder Gruppe von Unternehmen, die eine gemeinsame Wirtschaftstätigkeit ausüben, gewährleisten, insbesondere durch Offenlegung der Ergebnisse von Überprüfungen der unter Buchstabe j genannten Maßnahmen gegenüber der Aufsichtsbehörde;

m) die Meldeverfahren zur Unterrichtung der zuständigen Aufsichtsbehörde über jegliche für ein Mitglied der Unternehmensgruppe oder Gruppe von Unternehmen, die eine gemeinsame Wirtschaftstätigkeit ausüben, in einem Drittland geltenden rechtlichen Bestimmungen, die sich nachteilig auf die Garantien auswirken könnten, die die verbindlichen internen Datenschutzvorschriften bieten, und

n) geeignete Datenschutzschulungen für Personal mit ständigem oder regelmäßigem Zugang zu personenbezogenen Daten.

(3) Die Kommission kann das Format und die Verfahren für den Informationsaustausch über verbindliche interne Datenschutzvorschriften im Sinne des vorliegenden Artikels zwischen Verantwortlichen, Auftragsverarbeitern und Aufsichtsbehörden festlegen. Diese Durchführungsrechtsakte werden gemäß dem Prüfverfahren nach Artikel 93 Absatz 2 erlassen.

Art. 48 Nach dem Unionsrecht nicht zulässige Übermittlung oder Offenlegung Jegliches Urteil eines Gerichts eines Drittlands und jegliche Entscheidung einer Verwaltungsbehörde eines Drittlands, mit denen von einem Verantwortlichen oder einem Auftragsverarbeiter die Übermittlung oder Offenlegung personenbezogener Daten verlangt wird, dürfen unbeschadet anderer Gründe für die Übermittlung gemäß diesem Kapitel jedenfalls nur dann anerkannt oder vollstreckbar werden, wenn sie auf eine in Kraft befindliche internationale Übereinkunft wie etwa ein Rechtshilfeabkommen zwischen dem ersuchenden Drittland und der Union oder einem Mitgliedstaat gestützt sind.

Art. 49 Ausnahmen für bestimmte Fälle (1) Falls weder ein Angemessenheitsbeschluss nach Artikel 45 Absatz 3 vorliegt noch geeignete Garantien nach Artikel 46, einschließlich verbindlicher interner Datenschutzvorschriften, bestehen, ist eine Übermittlung oder eine

Reihe von Übermittlungen personenbezogener Daten an ein Drittland oder an eine internationale Organisation nur unter einer der folgenden Bedingungen zulässig:

a) die betroffene Person hat in die vorgeschlagene Datenübermittlung ausdrücklich eingewilligt, nachdem sie über die für sie bestehenden möglichen Risiken derartiger Datenübermittlungen ohne Vorliegen eines Angemessenheitsbeschlusses und ohne geeignete Garantien unterrichtet wurde,

b) die Übermittlung ist für die Erfüllung eines Vertrags zwischen der betroffenen Person und dem Verantwortlichen oder zur Durchführung von vorvertraglichen Maßnahmen auf Antrag der betroffenen Person erforderlich,

c) die Übermittlung ist zum Abschluss oder zur Erfüllung eines im Interesse der betroffenen Person von dem Verantwortlichen mit einer anderen natürlichen oder juristischen Person geschlossenen Vertrags erforderlich,

d) die Übermittlung ist aus wichtigen Gründen des öffentlichen Interesses notwendig,

e) die Übermittlung ist zur Geltendmachung, Ausübung oder Verteidigung von Rechtsansprüchen erforderlich,

f) die Übermittlung ist zum Schutz lebenswichtiger Interessen der betroffenen Person oder anderer Personen erforderlich, sofern die betroffene Person aus physischen oder rechtlichen Gründen außerstande ist, ihre Einwilligung zu geben,

g) die Übermittlung erfolgt aus einem Register, das gemäß dem Recht der Union oder der Mitgliedstaaten zur Information der Öffentlichkeit bestimmt ist und entweder der gesamten Öffentlichkeit oder allen Personen, die ein berechtigtes Interesse nachweisen können, zur Einsichtnahme offensteht, aber nur soweit die im Recht der Union oder der Mitgliedstaaten festgelegten Voraussetzungen für die Einsichtnahme im Einzelfall gegeben sind.

Falls die Übermittlung nicht auf eine Bestimmung der Artikel 45 oder 46 – einschließlich der verbindlichen internen Datenschutzvorschriften – gestützt werden könnte und keine der Ausnahmen für einen bestimmten Fall gemäß dem ersten Unterabsatz anwendbar ist, darf eine Übermittlung an ein Drittland oder eine internationale Organisation nur dann erfolgen, wenn die Übermittlung nicht wiederholt erfolgt, nur eine begrenzte Zahl von betroffenen Personen betrifft, für die Wahrung der zwingenden berechtigten Interessen des Verantwortlichen erforderlich ist, sofern die Interessen oder die Rechte und Freiheiten der betroffenen Person nicht überwiegen, und der Verantwortliche alle Umstände der Datenübermittlung beurteilt und auf der Grundlage dieser Beurteilung geeignete Garantien in Bezug auf den Schutz personenbezogener Daten vorgesehen hat. Der Verantwortliche setzt die Aufsichtsbehörde von der Übermittlung in Kenntnis. Der Verantwortliche unterrichtet die betroffene Person über die Übermittlung und seine zwingenden berechtigten Interessen; dies erfolgt zusätzlich zu den der betroffenen Person nach den Artikeln 13 und 14 mitgeteilten Informationen.

(2) Datenübermittlungen gemäß Absatz 1 Unterabsatz 1 Buchstabe g dürfen nicht die Gesamtheit oder ganze Kategorien der im Register enthaltenen personenbezogenen Daten umfassen. Wenn das Register der Einsichtnahme durch Personen mit berechtigtem Interesse dient, darf die Übermittlung nur auf Anfrage dieser Personen oder nur dann erfolgen, wenn diese Personen die Adressaten der Übermittlung sind.

(3) Absatz 1 Unterabsatz 1 Buchstaben a, b und c und sowie Absatz 1 Unterabsatz 2 gelten nicht für Tätigkeiten, die Behörden in Ausübung ihrer hoheitlichen Befugnisse durchführen.

(4) Das öffentliche Interesse im Sinne des Absatzes 1 Unterabsatz 1 Buchstabe d muss im Unionsrecht oder im Recht des Mitgliedstaats, dem der Verantwortliche unterliegt, anerkannt sein.

(5) Liegt kein Angemessenheitsbeschluss vor, so können im Unionsrecht oder im Recht der Mitgliedstaaten aus wichtigen Gründen des öffentlichen Interesses ausdrücklich Beschränkungen der Übermittlung bestimmter Kategorien von personenbezogenen Daten an Drittländer oder internationale Organisationen vorgesehen werden. Die Mitgliedstaaten teilen der Kommission derartige Bestimmungen mit.
(6) Der Verantwortliche oder der Auftragsverarbeiter erfasst die von ihm vorgenommene Beurteilung sowie die angemessenen Garantien im Sinne des Absatzes 1 Unterabsatz 2 des vorliegenden Artikels in der Dokumentation gemäß Artikel 30.
…

Kapitel VIII – Rechtsbehelfe, Haftung und Sanktionen

…

Art. 79 Recht auf wirksamen gerichtlichen Rechtsbehelf gegen Verantwortliche oder Auftragsverarbeiter (1) Jede betroffene Person hat unbeschadet eines verfügbaren verwaltungsrechtlichen oder außergerichtlichen Rechtsbehelfs einschließlich des Rechts auf Beschwerde bei einer Aufsichtsbehörde gemäß Artikel 77 das Recht auf einen wirksamen gerichtlichen Rechtsbehelf, wenn sie der Ansicht ist, dass die ihr aufgrund dieser Verordnung zustehenden Rechte infolge einer nicht im Einklang mit dieser Verordnung stehenden Verarbeitung ihrer personenbezogenen Daten verletzt wurden.
(2) Für Klagen gegen einen Verantwortlichen oder gegen einen Auftragsverarbeiter sind die Gerichte des Mitgliedstaats zuständig, in dem der Verantwortliche oder der Auftragsverarbeiter eine Niederlassung hat. Wahlweise können solche Klagen auch bei den Gerichten des Mitgliedstaats erhoben werden, in dem die betroffene Person ihren Aufenthaltsort hat, es sei denn, es handelt sich bei dem Verantwortlichen oder dem Auftragsverarbeiter um eine Behörde eines Mitgliedstaats, die in Ausübung ihrer hoheitlichen Befugnisse tätig geworden ist.
…

Art. 82 Haftung und Recht auf Schadenersatz (1) Jede Person, der wegen eines Verstoßes gegen diese Verordnung ein materieller oder immaterieller Schaden entstanden ist, hat Anspruch auf Schadenersatz gegen den Verantwortlichen oder gegen den Auftragsverarbeiter.
(2) Jeder an einer Verarbeitung beteiligte Verantwortliche haftet für den Schaden, der durch eine nicht dieser Verordnung entsprechende Verarbeitung verursacht wurde. Ein Auftragsverarbeiter haftet für den durch eine Verarbeitung verursachten Schaden nur dann, wenn er seinen speziell den Auftragsverarbeitern auferlegten Pflichten aus dieser Verordnung nicht nachgekommen ist oder unter Nichtbeachtung der rechtmäßig erteilten Anweisungen des für die Datenverarbeitung Verantwortlichen oder gegen diese Anweisungen gehandelt hat.
(3) Der Verantwortliche oder der Auftragsverarbeiter wird von der Haftung gemäß Absatz 2 befreit, wenn er nachweist, dass er in keinerlei Hinsicht für den Umstand, durch den der Schaden eingetreten ist, verantwortlich ist.
(4) Ist mehr als ein Verantwortlicher oder mehr als ein Auftragsverarbeiter bzw. sowohl ein Verantwortlicher als auch ein Auftragsverarbeiter an derselben Verarbeitung beteiligt und sind sie gemäß den Absätzen 2 und 3 für einen durch die Verarbeitung verursachten Schaden verantwortlich, so haftet jeder Verantwortliche oder jeder Auftragsverarbeiter für

den gesamten Schaden, damit ein wirksamer Schadensersatz für die betroffene Person sichergestellt ist.
(5) Hat ein Verantwortlicher oder Auftragsverarbeiter gemäß Absatz 4 vollständigen Schadenersatz für den erlittenen Schaden gezahlt, so ist dieser Verantwortliche oder Auftragsverarbeiter berechtigt, von den übrigen an derselben Verarbeitung beteiligten für die Datenverarbeitung Verantwortlichen oder Auftragsverarbeitern den Teil des Schadenersatzes zurückzufordern, der unter den in Absatz 2 festgelegten Bedingungen ihrem Anteil an der Verantwortung für den Schaden entspricht.
(6) Mit Gerichtsverfahren zur Inanspruchnahme des Rechts auf Schadenersatz sind die Gerichte zu befassen, die nach den in Artikel 79 Absatz 2 genannten Rechtsvorschriften des Mitgliedstaats zuständig sind.
…

Kapitel IX – Vorschriften für besondere Verarbeitungssituationen

…

Art. 88 Datenverarbeitung im Beschäftigungskontext (1) Die Mitgliedstaaten können durch Rechtsvorschriften oder durch Kollektivvereinbarungen spezifischere Vorschriften zur Gewährleistung des Schutzes der Rechte und Freiheiten hinsichtlich der Verarbeitung personenbezogener Beschäftigtendaten im Beschäftigungskontext, insbesondere für Zwecke der Einstellung, der Erfüllung des Arbeitsvertrags einschließlich der Erfüllung von durch Rechtsvorschriften oder durch Kollektivvereinbarungen festgelegten Pflichten, des Managements, der Planung und der Organisation der Arbeit, der Gleichheit und Diversität am Arbeitsplatz, der Gesundheit und Sicherheit am Arbeitsplatz, des Schutzes des Eigentums der Arbeitgeber oder der Kunden sowie für Zwecke der Inanspruchnahme der mit der Beschäftigung zusammenhängenden individuellen oder kollektiven Rechte und Leistungen und für Zwecke der Beendigung des Beschäftigungsverhältnisses vorsehen.
(2) Diese Vorschriften umfassen angemessene und besondere Maßnahmen zur Wahrung der menschlichen Würde, der berechtigten Interessen und der Grundrechte der betroffenen Person, insbesondere im Hinblick auf die Transparenz der Verarbeitung, die Übermittlung personenbezogener Daten innerhalb einer Unternehmensgruppe oder einer Gruppe von Unternehmen, die eine gemeinsame Wirtschaftstätigkeit ausüben, und die Überwachungssysteme am Arbeitsplatz.
(3) Jeder Mitgliedstaat teilt der Kommission bis zum 25. Mai 2018 die Rechtsvorschriften, die er aufgrund von Absatz 1 erlässt, sowie unverzüglich alle späteren Änderungen dieser Vorschriften mit.
…

Kapitel XI – Schlussbestimmungen

…

Art. 99 Inkrafttreten und Anwendung (1) Diese Verordnung tritt am zwanzigsten Tag nach ihrer Veröffentlichung im Amtsblatt der Europäischen Union in Kraft.
(2) Sie gilt ab dem 25. Mai 2018.

15 b. Gesetz über genetische Untersuchungen bei Menschen (Gendiagnostikgesetz – GenDG)

vom 31. Juli 2009 (BGBl. I 2529),
zuletzt geändert durch Gesetz vom 20. November 2019 (BGBl. I 1626)
(Abgedruckte Vorschriften: §§ 1–3, 8, 9, 11–13, 19–21)

Einleitung

(siehe bei Nr. 15, IV)

Gesetzestext

Abschnitt 1 – Allgemeine Vorschriften

§ 1 Zweck des Gesetzes Zweck dieses Gesetzes ist es, die Voraussetzungen für genetische Untersuchungen und im Rahmen genetischer Untersuchungen durchgeführte genetische Analysen sowie die Verwendung genetischer Proben und Daten zu bestimmen und eine Benachteiligung auf Grund genetischer Eigenschaften zu verhindern, um insbesondere die staatliche Verpflichtung zur Achtung und zum Schutz der Würde des Menschen und des Rechts auf informationelle Selbstbestimmung zu wahren.

§ 2 Anwendungsbereich (1) Dieses Gesetz gilt für genetische Untersuchungen und im Rahmen genetischer Untersuchungen durchgeführte genetische Analysen bei geborenen Menschen sowie bei Embryonen und Föten während der Schwangerschaft und den Umgang mit dabei gewonnenen Proben und genetischen Daten bei genetischen Untersuchungen zu medizinischen Zwecken, zur Klärung der Abstammung sowie im Versicherungsbereich und im Arbeitsleben.
(2) Dieses Gesetz gilt nicht für genetische Untersuchungen und Analysen und den Umgang mit genetischen Proben und Daten
1. zu Forschungszwecken,
2. auf Grund von Vorschriften
   a) über das Strafverfahren, über die internationale Rechtshilfe in Strafsachen, des Bundeskriminalamtsgesetzes und der Polizeigesetze der Länder,
   b) des Infektionsschutzgesetzes und der auf Grund des Infektionsschutzgesetzes erlassenen Rechtsverordnungen.

§ 3 Begriffsbestimmungen Im Sinne dieses Gesetzes

1. ist genetische Untersuchung eine auf den Untersuchungszweck gerichtete
   a) genetische Analyse zur Feststellung genetischer Eigenschaften oder
   b) vorgeburtliche Risikoabklärung

   einschließlich der Beurteilung der jeweiligen Ergebnisse,
2. ist genetische Analyse eine auf die Feststellung genetischer Eigenschaften gerichtete Analyse
   a) der Zahl und der Struktur der Chromosomen (zytogenetische Analyse),
   b) der molekularen Struktur der Desoxyribonukleinsäure oder der Ribonukleinsäure (molekulargenetische Analyse) oder
   c) der Produkte der Nukleinsäuren (Genproduktanalyse),
3. ist vorgeburtliche Risikoabklärung eine Untersuchung des Embryos oder Fötus, mit der die Wahrscheinlichkeit für das Vorliegen bestimmter genetischer Eigenschaften mit Bedeutung für eine Erkrankung oder gesundheitliche Störung des Embryos oder Fötus ermittelt werden soll,
4. sind genetische Eigenschaften ererbte oder während der Befruchtung oder bis zur Geburt erworbene, vom Menschen stammende Erbinformationen,
5. ist verantwortliche ärztliche Person die Ärztin oder der Arzt, die oder der die genetische Untersuchung zu medizinischen Zwecken vornimmt,
6. ist genetische Untersuchung zu medizinischen Zwecken eine diagnostische oder eine prädikative genetische Untersuchung,
7. ist eine diagnostische genetische Untersuchung eine genetische Untersuchung mit dem Ziel
   a) der Abklärung einer bereits bestehenden Erkrankung oder gesundheitlichen Störung,
   b) der Abklärung, ob genetische Eigenschaften vorliegen, die zusammen mit der Einwirkung bestimmter äußerer Faktoren oder Fremdstoffe eine Erkrankung oder gesundheitliche Störung auslösen können,
   c) der Abklärung, ob genetische Eigenschaften vorliegen, die die Wirkung eines Arzneimittels beeinflussen können, oder
   d) der Abklärung, ob genetische Eigenschaften vorliegen, die den Eintritt einer möglichen Erkrankung oder gesundheitlichen Störung ganz oder teilweise verhindern können,
8. ist prädikative genetische Untersuchung eine genetische Untersuchung mit dem Ziel der Abklärung
   a) einer erst zukünftig auftretenden Erkrankung oder gesundheitlichen Störung oder
   b) einer Anlageträgerschaft für Erkrankungen oder gesundheitliche Störungen bei Nachkommen,
9. ist genetische Reihenuntersuchung eine genetische Untersuchung zu medizinischen Zwecken, die systematisch der gesamten Bevölkerung oder bestimmten Personengruppen in der gesamten Bevölkerung angeboten wird, ohne dass bei der jeweiligen betroffenen Person notwendigerweise Grund zu der Annahme besteht, sie habe die genetischen Eigenschaften, deren Vorhandensein mit der Untersuchung geklärt werden soll,

10. ist genetische Probe biologisches Material, das zur Verwendung für genetische Analysen vorgesehen ist oder an dem solche Analysen vorgenommen wurden,
11. sind genetische Daten die durch eine genetische Untersuchung oder die im Rahmen einer genetischen Untersuchung durchgeführte genetische Analyse gewonnenen Daten über genetische Eigenschaften,
12. sind Beschäftigte
    a) Arbeitnehmerinnen und Arbeitnehmer,
    b) die zu ihrer Berufsbildung Beschäftigten,
    c) Teilnehmer an Leistungen zur Teilhabe am Arbeitsleben sowie an Abklärungen der beruflichen Eignung oder Arbeitserprobung (Rehabilitanden),
    d) die in anerkannten Werkstätten für behinderte Menschen Beschäftigten,
    e) Personen, die nach dem Jugendfreiwilligendienstegesetz beschäftigt werden,
    f) Personen, die wegen ihrer wirtschaftlichen Unselbständigkeit als arbeitnehmerähnliche Personen anzusehen sind; zu diesen gehören auch die in Heimarbeit Beschäftigten und die ihnen Gleichgestellten,
    g) Bewerberinnen und Bewerber für ein Beschäftigungsverhältnis sowie Personen, deren Beschäftigungsverhältnis beendet ist,
13. sind Arbeitgeber (Arbeitgeberinnen und Arbeitgeber) natürliche oder juristische Personen oder rechtsfähige Personengesellschaften, die Personen nach Nummer 12 beschäftigen, bei in Heimarbeit Beschäftigten und den ihnen Gleichgestellten die Auftraggeber oder Zwischenmeister oder bei Beschäftigten, die einem Dritten zur Arbeitsleistung überlassen werden, auch die Dritten.

…

Abschnitt 2 – Genetische Untersuchungen zu medizinischen Zwecken

…

§ 8 **Einwilligung** (1) Eine genetische Untersuchung oder Analyse darf nur vorgenommen und eine dafür erforderliche genetische Probe nur gewonnen werden, wenn die betroffene Person in die Untersuchung und die Gewinnung der dafür erforderlichen genetischen Probe ausdrücklich und schriftlich gegenüber der verantwortlichen ärztlichen Person eingewilligt hat. Die Einwilligung nach Satz 1 umfasst sowohl die Entscheidung über den Umfang der genetischen Untersuchung als auch die Entscheidung, ob und inwieweit das Untersuchungsergebnis zur Kenntnis zu geben oder zu vernichten ist. Die Einwilligung nach Satz 1 umfasst auch die Einwilligung in die Verarbeitung genetischer Daten. Eine nach § 7 Abs. 2 beauftragte Person oder Einrichtung darf die genetische Analyse nur vornehmen, wenn ihr ein Nachweis der Einwilligung vorliegt.

(2) Die betroffene Person kann ihre Einwilligung jederzeit mit Wirkung für die Zukunft schriftlich oder mündlich gegenüber der verantwortlichen ärztlichen Person widerrufen. Erfolgt der Widerruf mündlich, ist dieser unverzüglich zu dokumentieren. Die verantwortliche ärztliche Person hat der nach § 7 Abs. 2 beauftragten Person oder Einrichtung unverzüglich einen Nachweis des Widerrufs zu übermitteln.

§ 9 Aufklärung (1) Vor Einholung der Einwilligung hat die verantwortliche ärztliche Person die betroffene Person über Wesen, Bedeutung und Tragweite der genetischen Untersuchung aufzuklären. Der betroffenen Person ist nach der Aufklärung eine angemessene Bedenkzeit bis zur Entscheidung über die Einwilligung einzuräumen.
(2) Die Aufklärung umfasst insbesondere
1. Zweck, Art, Umfang und Aussagekraft der genetischen Untersuchung einschließlich der mit dem vorgesehenen genetischen Untersuchungsmittel im Rahmen des Untersuchungszwecks erzielbaren Ergebnisse; dazu gehören auch die Bedeutung der zu untersuchenden genetischen Eigenschaften für eine Erkrankung oder gesundheitliche Störung sowie die Möglichkeiten, sie zu vermeiden, ihr vorzubeugen oder sie zu behandeln,
2. gesundheitliche Risiken, die mit der Kenntnis des Ergebnisses der genetischen Untersuchung und der Gewinnung der dafür erforderlichen genetischen Probe für die betroffene Person verbunden sind, bei Schwangeren auch gesundheitliche Risiken, die mit der vorgeburtlichen genetischen Untersuchung und der Gewinnung der dafür erforderlichen genetischen Probe für den Embryo oder Fötus verbunden sind,
3. die vorgesehene Verwendung der genetischen Probe sowie die Untersuchungs- oder der Analyseergebnisse,
4. das Recht der betroffenen Person, die Einwilligung jederzeit zu widerrufen,
5. das Recht der betroffenen Person auf Nichtwissen einschließlich des Rechts, das Untersuchungsergebnis oder Teile davon nicht zur Kenntnis zu nehmen, sondern vernichten zu lassen,
6. bei einer genetischen Reihenuntersuchung die Unterrichtung der betroffenen Personen über das Ergebnis der Bewertung der Untersuchung durch die Gendiagnostik-Kommission nach § 16 Abs. 2.

(3) Die verantwortliche ärztliche Person hat den Inhalt der Aufklärung vor der genetischen Untersuchung zu dokumentieren.
…

§ 11 Mitteilung der Ergebnisse genetischer Untersuchungen und Analysen
(1) Das Ergebnis einer genetischen Untersuchung darf vorbehaltlich der Absätze 2 und 3 nur der betroffenen Person und nur durch die verantwortliche ärztliche Person oder die Ärztin oder den Arzt, die oder der die genetische Untersuchung durchgeführt hat, mitgeteilt werden.
(2) Eine nach § 7 Abs. 2 mit der genetischen Analyse beauftragte Person oder

Einrichtung darf das Ergebnis der genetischen Analyse nur der ärztlichen Person mitteilen, die sie mit der genetischen Analyse beauftragt hat.

(3) Die verantwortliche ärztliche Person darf das Ergebnis der genetischen Untersuchung oder Analyse anderen nur mit ausdrücklicher und schriftlich oder in elektronischer Form vorliegender Einwilligung der betroffenen Person mitteilen.

(4) Das Ergebnis der genetischen Untersuchung darf der betroffenen Person nicht mitgeteilt werden, soweit diese Person nach § 8 Abs. 1 Satz 1 in Verbindung mit Satz 2 entschieden hat, dass das Ergebnis der genetischen Untersuchung zu vernichten ist oder diese Person nach § 8 Abs. 2 ihre Einwilligung widerrufen hat.

§ 12 Aufbewahrung und Vernichtung der Ergebnisse genetischer Untersuchungen und Analysen (1) Die Ergebnisse genetischer Untersuchungen und Analysen hat die verantwortliche ärztliche Person zehn Jahre in den Untersuchungsunterlagen über die betroffene Person aufzubewahren. Die verantwortliche ärztliche Person hat die Ergebnisse genetischer Untersuchungen und Analysen unverzüglich in den Untersuchungsunterlagen über die betroffene Person zu vernichten,

1. wenn die Aufbewahrungsfrist nach Satz 1 abgelaufen ist oder
2. soweit diese Person nach § 8 Abs. 1 Satz 1 in Verbindung mit Satz 2 entschieden hat, dass die Ergebnisse der genetischen Untersuchungen und Analysen zu vernichten sind.

Soweit Grund zu der Annahme besteht, dass durch eine Vernichtung schutzwürdige Interessen der betroffenen Person beeinträchtigt würden oder wenn die betroffene Person eine längere Aufbewahrung schriftlich oder in elektronischer Form verlangt, hat die verantwortliche ärztliche Person die Ergebnisse anstelle einer Vernichtung nach Satz 2 Nr. 1 in der Verarbeitung einzuschränken und dies der nach § 7 Abs. 2 beauftragten Person oder Einrichtung mitzuteilen. Satz 2 Nr. 2 gilt auch, wenn die betroffene Person ihre Einwilligung nach § 8 Abs. 2 widerrufen hat, soweit ihr die Ergebnisse nicht bereits bekannt sind.

(2) Absatz 1 gilt für die Aufbewahrung, Vernichtung und Einschränkung der Verarbeitung des Ergebnisses einer genetischen Analyse durch die nach § 7 Abs. 2 beauftragte Person oder Einrichtung entsprechend.

§ 13 Verwendung und Vernichtung genetischer Proben (1) Eine genetische Probe darf nur für die Zwecke verwendet werden, für die sie gewonnen worden ist. Die verantwortliche ärztliche Person oder die nach § 7 Abs. 2 beauftragte Person oder Einrichtung hat die genetische Probe unverzüglich zu vernichten, sobald sie für diese Zwecke nicht mehr benötigt wird oder die betroffene Person ihre Einwilligung nach § 8 Abs. 2 widerrufen hat.

(2) Abweichend von Absatz 1 darf die genetische Probe zu anderen Zwecken nur verwendet werden, soweit dies nach anderen gesetzlichen Vorschriften zulässig ist oder wenn zuvor die Person, von der die genetische Probe stammt,

nach Unterrichtung über die anderen Zwecke in die Verwendung ausdrücklich und schriftlich eingewilligt hat.
(3) Wer eine genetische Probe verwendet, hat die erforderlichen technischen und organisatorischen Maßnahmen zu treffen, um eine unzulässige Verwendung der Probe auszuschließen.
…

Abschnitt 5 – Genetische Untersuchungen im Arbeitsleben

§ 19 Genetische Untersuchungen und Analysen vor und nach Begründung des Beschäftigungsverhältnisses Der Arbeitgeber darf von Beschäftigten weder vor noch nach Begründung des Beschäftigungsverhältnisses
1. die Vornahme genetischer Untersuchungen oder Analysen verlangen oder
2. die Mitteilung von Ergebnissen bereits vorgenommener genetischer Untersuchungen oder Analysen verlangen, solche Ergebnisse entgegennehmen oder verwenden.

§ 20 Genetische Untersuchungen und Analysen zum Arbeitsschutz (1) Im Rahmen arbeitsmedizinischer Vorsorgeuntersuchungen dürfen weder
1. genetische Untersuchungen oder Analysen vorgenommen werden noch
2. die Mitteilung von Ergebnissen bereits vorgenommener genetischer Untersuchungen oder Analysen verlangt, solche Ergebnisse entgegengenommen oder verwendet werden.

(2) Abweichend von Absatz 1 sind im Rahmen arbeitsmedizinischer Vorsorgeuntersuchungen diagnostische genetische Untersuchungen durch Genproduktanalyse zulässig, soweit sie zur Feststellung genetischer Eigenschaften erforderlich sind, die für schwerwiegende Erkrankungen oder schwerwiegende gesundheitliche Störungen, die bei einer Beschäftigung an einem bestimmten Arbeitsplatz oder mit einer bestimmten Tätigkeit entstehen können, ursächlich oder mitursächlich sind. Als Bestandteil arbeitsmedizinischer Vorsorgeuntersuchungen sind genetische Untersuchungen nachrangig zu anderen Maßnahmen des Arbeitsschutzes.
(3) Die Bundesregierung kann durch Rechtsverordnung mit Zustimmung des Bundesrates regeln, dass abweichend von den Absätzen 1 und 2 im Rahmen arbeitsmedizinischer Vorsorgeuntersuchungen diagnostische genetische Untersuchungen durch zytogenetische und molekulargenetische Analysen bei bestimmten gesundheitsgefährdenden Tätigkeiten von Beschäftigten vorgenommen werden dürfen, soweit nach dem allgemein anerkannten Stand der Wissenschaft und Technik
1. dadurch genetische Eigenschaften festgestellt werden können, die für bestimmte, in der Rechtsverordnung zu bezeichnende schwerwiegende Erkrankungen oder schwerwiegende gesundheitliche Störungen, die bei einer Beschäftigung an einem bestimmten Arbeitsplatz oder mit einer bestimmten Tätigkeit entstehen können, ursächlich oder mitursächlich sind,

2. die Wahrscheinlichkeit, dass die Erkrankung oder gesundheitliche Störung bei der Beschäftigung an dem bestimmten Arbeitsplatz oder mit der bestimmten Tätigkeit entsteht, hoch ist und
3. die jeweilige genetische Untersuchung eine geeignete und die für die Beschäftigte oder den Beschäftigten schonendste Untersuchungsmethode ist, um die genetischen Eigenschaften festzustellen.

Absatz 2 Satz 2 gilt entsprechend.

(4) Die §§ 7 bis 16 gelten entsprechend.

§ 21 Arbeitsrechtliches Benachteiligungsverbot (1) Der Arbeitgeber darf Beschäftigte bei einer Vereinbarung oder Maßnahme, insbesondere bei der Begründung des Beschäftigungsverhältnisses, beim beruflichen Aufstieg, bei einer Weisung oder der Beendigung des Beschäftigungsverhältnisses nicht wegen ihrer oder der genetischen Eigenschaften einer genetisch verwandten Person benachteiligen. Dies gilt auch, wenn sich Beschäftigte weigern, genetische Untersuchungen oder Analysen bei sich vornehmen zu lassen oder die Ergebnisse bereits vorgenommener genetischer Untersuchungen oder Analysen zu offenbaren.

(2) Die §§ 15 und 22 des Allgemeinen Gleichbehandlungsgesetzes gelten entsprechend.

…

15 c. Gesetz zum Schutz von Geschäftsgeheimnissen (GeschGehG)

vom 18. April 2019 (BGBl. I 466)

(Abgedruckte Vorschriften: §§ 1, 2, 4 – 6, 10, 11, 13, 14)

Einleitung

(siehe bei Nr. 15, VI)

Gesetzestext

Abschnitt 1 – Allgemeines

§ 1 Anwendungsbereich (1) Dieses Gesetz dient dem Schutz von Geschäftsgeheimnissen vor unerlaubter Erlangung, Nutzung und Offenlegung.
(2) Öffentlich-rechtliche Vorschriften zur Geheimhaltung, Erlangung, Nutzung oder Offenlegung von Geschäftsgeheimnissen gehen vor.
(3) Es bleiben unberührt:
1. der berufs- und strafrechtliche Schutz von Geschäftsgeheimnissen, deren unbefugte Offenbarung von § 203 des Strafgesetzbuches erfasst wird,
2. die Ausübung des Rechts der freien Meinungsäußerung und der Informationsfreiheit nach der Charta der Grundrechte der Europäischen Union (ABl. C 202 vom 7. 6. 2016, S. 389), einschließlich der Achtung der Freiheit und Pluralität der Medien,
3. die Autonomie der Sozialpartner und ihr Recht, Kollektivverträge nach den bestehenden europäischen und nationalen Vorschriften abzuschließen,
4. die Rechte und Pflichten aus dem Arbeitsverhältnis und die Rechte der Arbeitnehmervertretungen.

§ 2 Begriffsbestimmungen Im Sinne dieses Gesetzes ist
1. Geschäftsgeheimnis
   eine Information
   a) die weder insgesamt noch in der genauen Anordnung und Zusammensetzung ihrer Bestandteile den Personen in den Kreisen, die üblicherweise mit dieser Art von Informationen umgehen, allgemein bekannt oder ohne Weiteres zugänglich ist und daher von wirtschaftlichem Wert ist und
   b) die Gegenstand von den Umständen nach angemessenen Geheimhaltungsmaßnahmen durch ihren rechtmäßigen Inhaber ist und
   c) bei der ein berechtigtes Interesse an der Geheimhaltung besteht;

2. Inhaber eines Geschäftsgeheimnisses
   jede natürliche oder juristische Person, die die rechtmäßige Kontrolle über ein Geschäftsgeheimnis hat;
3. Rechtsverletzer
   jede natürliche oder juristische Person, die entgegen § 4 ein Geschäftsgeheimnis rechtswidrig erlangt, nutzt oder offenlegt; Rechtsverletzer ist nicht, wer sich auf eine Ausnahme nach § 5 berufen kann.
4. rechtsverletzendes Produkt
   ein Produkt, dessen Konzeption, Merkmale, Funktionsweise, Herstellungsprozess oder Marketing in erheblichem Umfang auf einem rechtswidrig erlangten, genutzten oder offengelegten Geschäftsgeheimnis beruht.

...

§ 4 Handlungsverbote (1) Ein Geschäftsgeheimnis darf nicht erlangt werden durch
1. unbefugten Zugang zu, unbefugte Aneignung oder unbefugtes Kopieren von Dokumenten, Gegenständen, Materialien, Stoffen oder elektronischen Dateien, die der rechtmäßigen Kontrolle des Inhabers des Geschäftsgeheimnisses unterliegen und die das Geschäftsgeheimnis enthalten oder aus denen sich das Geschäftsgeheimnis ableiten lässt, oder
2. jedes sonstige Verhalten, das unter den jeweiligen Umständen nicht dem Grundsatz von Treu und Glauben unter Berücksichtigung der anständigen Marktgepflogenheit entspricht.

(2) Ein Geschäftsgeheimnis darf nicht nutzen oder offenlegen, wer
1. das Geschäftsgeheimnis durch eine eigene Handlung nach Absatz 1
   a) Nummer 1
   b) Nummer 2

erlangt hat,

2. gegen eine Verpflichtung zur Beschränkung der Nutzung des Geschäftsgeheimnisses verstößt oder
3. gegen eine Verpflichtung verstößt, das Geschäftsgeheimnis nicht offenzulegen.

(3) Ein Geschäftsgeheimnis darf nicht erlangen, nutzen oder offenlegen, wer das Geschäftsgeheimnis über eine andere Person erlangt hat und zum Zeitpunkt der Erlangung, Nutzung oder Offenlegung weiß oder wissen müsste, dass diese das Geschäftsgeheimnis entgegen Absatz 2 genutzt oder offengelegt hat. Das gilt insbesondere, wenn die Nutzung in der Herstellung, dem Anbieten, dem Inverkehrbringen oder der Einfuhr, der Ausfuhr oder der Lagerung für diese Zwecke von rechtsverletzenden Produkten besteht.

§ 5 Ausnahmen Die Erlangung, die Nutzung oder die Offenlegung eines Geschäftsgeheimnisses fällt nicht unter die Verbote des § 4, wenn dies zum Schutz eines berechtigten Interesses erfolgt, insbesondere

1. zur Ausübung des Rechts der freien Meinungsäußerung und der Informationsfreiheit, einschließlich der Achtung der Freiheit und der Pluralität der Medien;
2. zur Aufdeckung einer rechtswidrigen Handlung oder eines beruflichen oder sonstigen Fehlverhaltens, wenn die Erlangung, Nutzung oder Offenlegung geeignet ist, das allgemeine öffentliche Interesse zu schützen;
3. im Rahmen der Offenlegung durch Arbeitnehmer gegenüber der Arbeitnehmervertretung, wenn dies erforderlich ist, damit die Arbeitnehmervertretung ihre Aufgaben erfüllen kann.

Abschnitt 2 – Ansprüche bei Rechtsverletzungen

§ 6 Beseitigung und Unterlassung Der Inhaber des Geschäftsgeheimnisses kann den Rechtsverletzer auf Beseitigung der Beeinträchtigung und bei Wiederholungsgefahr auch auf Unterlassung in Anspruch nehmen. Der Anspruch auf Unterlassung besteht auch dann, wenn eine Rechtsverletzung erstmalig droht.
…

§ 10 Haftung des Rechtsverletzers (1) Ein Rechtsverletzer, der vorsätzlich oder fahrlässig handelt, ist dem Inhaber des Geschäftsgeheimnisses zum Ersatz des daraus entstehenden Schadens verpflichtet. § 619 a des Bürgerlichen Gesetzbuchs bleibt unberührt.
(2) Bei der Bemessung des Schadensersatzes kann auch der Gewinn, den der Rechtsverletzer durch die Verletzung des Rechts erzielt hat, berücksichtigt werden. Der Schadensersatzanspruch kann auch auf der Grundlage des Betrages bestimmt werden, den der Rechtsverletzer als angemessene Vergütung hätte entrichten müssen, wenn er die Zustimmung zur Erlangung, Nutzung oder Offenlegung des Geschäftsgeheimnisses eingeholt hätte.
(3) Der Inhaber des Geschäftsgeheimnisses kann auch wegen des Schadens, der nicht Vermögensschaden ist, von dem Rechtsverletzer eine Entschädigung in Geld verlangen, soweit dies der Billigkeit entspricht.

§ 11 Abfindung in Geld (1) Ein Rechtsverletzer, der weder vorsätzlich noch fahrlässig gehandelt hat, kann zur Abwendung der Ansprüche nach den §§ 6 oder 7 den Inhaber des Geschäftsgeheimnisses in Geld abfinden, wenn dem Rechtsverletzer durch die Erfüllung der Ansprüche ein unverhältnismäßig großer Nachteil entstehen würde und wenn die Abfindung in Geld als angemessen erscheint.
(2) Die Höhe der Abfindung in Geld bemisst sich nach der Vergütung, die im Falle einer vertraglichen Einräumung des Nutzungsrechts angemessen wäre. Sie darf den Betrag nicht übersteigen, der einer Vergütung im Sinne von Satz 1 für die Länge des Zeitraums entspricht, in dem dem Inhaber des Geschäftsgeheimnisses ein Unterlassungsanspruch zusteht.
…

§ 13 Herausgabeanspruch nach Eintritt der Verjährung Hat der Rechtsverletzer ein Geschäftsgeheimnis vorsätzlich oder fahrlässig erlangt, offengelegt oder genutzt und durch diese Verletzung eines Geschäftsgeheimnisses auf Kosten des Inhabers des Geschäftsgeheimnisses etwas erlangt, so ist er auch nach Eintritt der Verjährung des Schadensersatzanspruchs nach § 10 zur Herausgabe nach den Vorschriften des Bürgerlichen Gesetzbuchs über die Herausgaber einer ungerechtfertigten Bereicherung verpflichtet. Dieser Anspruch verjährt sechs Jahre nach seiner Entstehung.

§ 14 Missbrauchsverbot Die Geltendmachung der Ansprüche nach diesem Gesetz ist unzulässig, wenn sie unter Berücksichtigung der gesamten Umstände missbräuchlich ist. Bei missbräuchlicher Geltendmachung kann der Anspruchsgegner Ersatz der für seine Rechtsverteidigung erforderlichen Aufwendungen verlangen. Weitergehende Ersatzansprüche bleiben unberührt.

…

16. Gesetz zum Elterngeld und zur Elternzeit (Bundeselterngeld- und Elternzeitgesetz – BEEG)

Aktuelle höchstrichterliche Rechtsprechung

Datum	Gericht/Az.	Fundstelle	Thema
18.9.19	EuGH C-366/18	NZA 19, 1341	Elternteilzeit, Arbeitszeit
8.5.19	EuGH C-486/18	NZA 19, 1131	Diskriminierung bei Entlassungsentschädigung im Falle der Elternteilzeit
19.3.19	BAG 9 AZR 362/18	NZA 19, 1141	Urlaubskürzung bei Elternzeit
19.3.19	BAG 9 AZR 495/17	NZA 19, 1136	Urlaubskürzung bei Elternzeit
11.12.18	BAG 9 AZR 298/18	NZA 19, 616	Ablehnung der Elternteilzeit, Grenzen für Geltendmachung entgegenstehender Gründe
13.12.18	BSG B 10 EG 5/17 R	NZA 19, 458	Elterngeldberechnung, Abgaben- und Steuerabzüge

Einleitung

I. Geschichtliche Entwicklung

Das Ende 2006 verabschiedete Bundeselterngeld- und Elternzeitgesetz (BEEG) gewährt ein Elterngeld in der Frühphase der Elternschaft und die Möglichkeit einer arbeitsrechtlichen Freistellung (Elternzeit). Damit soll die Vereinbarkeit von Familie und Beruf erleichtert werden.

Seine Vorgängerregelung, das Bundeserziehungsgeldgesetz, hatte einen formal für Männer und Frauen geltenden Anspruch auf Elternurlaub gewährt. In seiner konkreten Ausgestaltung (Lockerung des Kündigungsschutzes, Bevorzugung von Teilzeitarbeit, kein angemessener Lohnersatz) hatte dies aber faktisch dahin gewirkt, die »Frauen zurück zum Herd« zu drängen. Von dem neuen Gesetz wurde erwartet, dass es die jungen Familien finanziell besser absichert und einen Anreiz schafft, dass beide Elternteile davon Gebrauch machen. Zwei zusätzliche Monate des Elterngeldes können beansprucht werden, wenn die Elternzeit auf beide Eltern verteilt wird. Während die Regelung des Elterngeldes mit dem Gesetz von

2006 völlig neu ist, sind die arbeitsrechtlichen Vorschriften über den Elternurlaub praktisch unverändert übernommen worden.

Das BEEG wurde durch Gesetz vom 17.1.2009 (BGBl. I 61; dazu *Düwell*, dbr 9/09, S. 18 ff.) dahin geändert, dass eine einmalige Änderung des Antrags auf Elterngeld hinsichtlich der Bezugsmonate möglich ist. Zugleich wurde die Möglichkeit einer Großelternzeit unter bestimmten Voraussetzungen geschaffen (§ 15 Abs. 1 a). Die Großelternzeit ist aber nicht begleitet vom korrespondierenden »Großelterngeld« (krit. dazu *Genenger*, ZRP 08, 180, 182).

Mit dem Haushaltsbegleitgesetz 2011 (BGBl. 2010 I 1885) wurde im Rahmen des sog. Sparpaketes das Elterngeld für »Reiche« gestrichen. Außerdem wurde die Höhe des Elterngeldes bei Einkommen von mehr als 1200 Euro schrittweise auf 65 % abgesenkt. Schließlich wurde die Anrechnung von Elterngeld bei der Ermittlung für Leistungen nach dem SGB II, SGB XII (Nr. 30 II und 30 XII) und dem BKGG in § 10 Abs. 5 geregelt.

Mit dem Gesetz zur Vereinfachung des Elterngeldes v. 10.9.2012 (BGBl. I 1878) wurden verschiedene Regelungen eingeführt, mit denen der Vollzug des Gesetzes erleichtert werden sollte. Das betrifft namentlich Fragen der Einkommensermittlung. Darüber hinaus ist die Frage der vorzeitigen Beendigung der Elternzeit neu geregelt (s. u. II 2).

Im Hinblick auf den Rechtsanspruch auf Krippenplätze für Kinder gab es seit August 2013 (dazu *Klenter*, SozSich 13, 176) das sog. Betreuungsgeld gemäß §§ 4 a ff. für Eltern, die keine öffentlich geförderte Kinderbetreuung in Anspruch nehmen (Gesetz zur Einführung eines Betreuungsgeldes v. 15.2.2013, BGBl. I 254; Entwurf: BT-Drs. 17/9917). Die Regelung war rechtspolitisch und hinsichtlich ihrer verfassungsrechtlichen Zulässigkeit außerordentlich umstritten (dazu 40. Aufl., Einl. III zum BEEG). Sie wurde inzwischen mangels Gesetzgebungskompetenz des Bundes vom *BVerfG* (21.7.2015 – 1 BvF 2/13, NJW 15, 2399) für verfassungswidrig und nichtig erklärt.

Da das Elterngeld Einkommensverluste nicht vollständig kompensiert, war es für Paare bislang noch immer günstiger, wenn der Partner mit dem geringeren Einkommen in Elternzeit wechselt und Elterngeld in Anspruch nimmt, was in der großen Mehrzahl der Fälle die Frau war. Dem begegnet das Gesetz zur Einführung des Elterngeld Plus mit Partnerschaftsbonus und einer flexibleren Elternzeit im Bundeselterngeld- und Elternzeitgesetz (v. 18.12.2014, BGBl. I 2325; dazu *Forst*, DB 15, 68; Gesetzentwurf: BT-Drs. 18/2583; dazu *Klenter*, PersR 10/14, S. 13; Ausschussbericht: BT-Drs. 18/3086). Mit Wirkung ab 1.1.2015 sollte es attraktiver werden, Erwerbstätigkeit und Familienarbeit miteinander zu kombinieren, gleichmäßig auf beide Partner zu verteilen und Teile der Elternzeit auf spätere Abschnitte zu verschieben.

II. Wesentlicher Gesetzesinhalt

Das Gesetz regelt zwei Sachkomplexe: Elterngeld (§§ 1 ff.) und Elternzeit (§§ 15 ff.; Übersicht 38).

1. Basiselterngeld und Elterngeld Plus

Basiselterngeld wird als Einkommensersatzleistung in Höhe von 67 % des vorherigen Nettoeinkommens des betreuenden Elternteils bis max. 1800 Euro pro Monat gezahlt. Einmalige Bezüge wie Urlaubs- oder Weihnachtsgeld werden dabei nicht zur Bemessung herangezogen (*BSG* 29. 6. 2017 – B 10 EG 5/16 R, WzS 18, 17). Der Prozentsatz reduziert sich allerdings gemäß § 2 Abs. 2 Satz 2 bei einem durchschnittlichen monatlichen Einkommen von mehr als 1200 Euro schrittweise um 0,1 Prozentpunkte bis zu 65 % für je 2 Euro. Für Mütter oder Väter ohne Einkommen, Hausfrauen/Hausmänner, Arbeitslose oder Studierende gibt es ein Mindestelterngeld von 300 Euro. Im Zuge der Neuregelung nach der Entscheidung des *BVerfG* zu den Regelleistungen nach dem SGB II (vgl. Einl. I und II 4 zum SGB II, Nr. 30 II) wurde allerdings die teilweise Anrechenbarkeit des Elterngeldes auf Arbeitslosengeld II und Sozialhilfe eingeführt (s. o. I). Elterngeld kann gemäß § 10 Abs. 5 bis zu 300 Euro unberücksichtigt bleiben. Für Geringverdiener mit Einkommen unterhalb von 1000 Euro erhöht sich der Prozentsatz des Einkommenssatzes schrittweise von 67 auf bis zu 100 %. Für je 2 Euro, die das Einkommen unter 1000 Euro liegt, steigt die Ersatzrate um 0,1 %. Das Elterngeld entfällt ab einem zu versteuernden Einkommen von 250000 Euro (bei Partnern 500000 Euro) gemäß § 1 Abs. 8.

Das Basiselterngeld wird nach § 4 bis zu zwölf Monaten gezahlt. Es kann um zwei »Partnermonate« verlängert werden, sofern auch der zweite Elternteil mindestens für diese beiden Monate Elternzeit in Anspruch nimmt. Das gilt für verheiratete Eltern ebenso wie für unverheiratete, die gemeinsam für ihr Kind sorgen. Alleinerziehende Eltern können für 14 Monate Elterngeld beanspruchen, wenn die Betreuung durch den anderen Elternteil wegen Gefährdung des Kindeswohls oder aus anderen Gründen unmöglich ist. Die Geltung nur für diese Ausnahmefälle ist verfassungsgemäß (*BSG* 26. 5. 2011 – B 10 EG 3/10 R, DB 12, 696).

Seit 1. 1. 2015 kann infolge des Gesetzes zur Einführung des Elterngeld Plus (s. o. I) Elterngeld in geringerer Höhe in Anspruch genommen werden, wobei sich gleichzeitig die Bezugsdauer des Elterngeldes verdoppelt. Dieses so genannte Elterngeld Plus kann dementsprechend maximal die Hälfte des regulären Elterngeldes betragen. Auf diese Weise soll der bisherige Effekt vermieden werden, dass sich das Elterngeld infolge einer Teilzeitbeschäftigung reduzierte, ohne dass dadurch die Bezugsdauer verlängert worden wäre. Eine Variante des Elterngeldes Plus ist der Partnerschaftsbonus nach § 4 Abs. 4, bei dem jeder Elternteil 4 weitere Monate Elterngeld Plus erhält, wenn beide Elternteile gleichzeitig zwischen 25 und 30 Wochenstunden arbeiten.

2. Elternzeit

Elternzeit wird Arbeitnehmern gewährt, die dem Grunde nach Anspruch auf Elterngeld haben (§ 15 Abs. 1). Die Elternzeit kann bis zum 3. Lebensjahr dauern, 24 Monate der Elternzeit sind allerdings auf eine spätere Zeit bis zur Vollendung des 8. Lebensjahres übertragbar. Die Elternzeit kann auf 3 Zeitabschnitte verteilt werden (§ 16 Abs. 1 S. 6). Der Arbeitgeber hat hinsichtlich des dritten Abschnitts, sofern er nach dem 3. Geburtstag des Kindes liegt, die Möglichkeit einer Ablehnung aus dringenden betrieblichen Gründen (§ 16 Abs. 1 S. 7). Die Elternzeit kann zwischen beiden Elternteilen aufgeteilt werden; jeder von beiden hat gegen seinen Arbeitgeber einen Anspruch auf Teilzeitarbeit (§ 15 Abs. 5 – 7; vgl. *Leßmann,* DB 01, 94). Der Teilzeitwunsch darf vom Arbeitgeber nur bei Vorliegen dringender betrieblicher Gründe abgelehnt werden. Der Arbeitgeber ist in einem Rechtsstreit auf die mit der Ablehnung geltend gemachten Gründe beschränkt (*BAG* 11. 12. 2018 – 9 AZR 298/18, NZA 19, 616). Hinsichtlich des Teilzeitwunsches sind zwei Phasen zu unterscheiden: Zunächst muss der Arbeitnehmer versuchen, eine Vereinbarung mit dem Arbeitgeber zu finden. Ist das nicht möglich, kann er einen Anspruch geltend machen. Dieser Anspruch auf Verringerung der Arbeitszeit kann insgesamt zweimal während der Elternzeit durchgesetzt werden. Arbeitszeitverringerungen, die im Konsens getroffen wurden, ohne dass der Arbeitnehmer einen konkreten Anspruch geltend gemacht hätte, sind dabei nicht anzurechnen (*BAG* 19. 2. 2013 – 9 AZR 461/11, NZA 13, 907).

Die vorzeitige Beendigung der Elternzeit ist seit der Neuregelung durch das Gesetz zur Vereinfachung des Elterngeldes (s. o. I) wegen der Geburt eines weiteren Kindes sowie bei einer besonderen Härte möglich, wenn der Arbeitgeber nicht innerhalb von vier Wochen aus dringenden betrieblichen Gründen ablehnt. Im Falle der Geburt eines weiteren Kindes ist nach § 16 Abs. 3 Satz 3 die vorzeitige Beendigung auch ohne Zustimmung des Arbeitgebers möglich. Diese Regelung geht auf eine Entscheidung des *EuGH* (20. 9. 2007 – C-116/06, NZA 07, 1274 – Kiiski) zurück, wonach eine Beendigung der Elternzeit zur Inanspruchnahme der Schutzfristen europarechtlich geboten ist. Nach der Rechtsprechung des *BAG* kann von diesem Recht nicht aber schon während der Schwangerschaft, sondern erst nach der Geburt des Kindes Gebrauch gemacht werden (8. 5. 2018 – 9 AZR 8/18, NZA 18, 1195).

Eine Verlängerung der Elternzeit ist – außer im Fall, dass ein vorgesehener Wechsel zwischen Anspruchsberechtigten aus wichtigem Grunde nicht erfolgen kann (§ 16 Abs. 3 Satz 4) – nur mit Zustimmung des Arbeitgebers möglich. Die Zustimmung steht aber nicht im Belieben des Arbeitgebers, er muss nach billigem Ermessen entscheiden, was durch die Gerichte überprüfbar ist (*BAG* 18. 10. 2011 – 9 AZR 315/10, NZA 12, 262).

Auch während der Elternzeit entstehen Urlaubsansprüche (*BAG* 17. 5. 2011 – 9 AZR 197/10, DB 12, 182). Für jeden Kalendermonat Elternzeit kann der Arbeitgeber aber ein Zwölftel des jährlichen Erholungsurlaubs kürzen, es sei denn, der einschlägige Tarifvertrag verbietet das (§ 17; zur Vereinbarkeit mit Unionsrecht vgl. *BAG* 19. 3. 2019 – 9 AZR 495/17, NZA 19, 1136; 19. 3. 2019 – 9 AZR 362/18, NZA 19, 1141). Der Arbeitgeber muss dies jedoch nicht vor Antritt der Elternzeit erklären (*BAG* 28. 7. 1992 – 9 AZR 340/91, NZA 94, 27). Allerdings ist eine Kürzung nicht mehr möglich, wenn das Arbeitsverhältnis beendet wurde und sich der Urlaubsanspruch nach § 7 Abs. 4 BUrlG in einen Abgeltungsanspruch verwandelt hat (*BAG* 19. 5. 2015 – 9 AZR 725/13, NZA 15, 989; 19. 3. 2019 – 9 AZR 495/17, NZA 19, 1136). Ein nach § 17 kürzbarer Urlaubsanspruch verfällt nicht am Ende des Urlaubsjahres bzw. des Übertragungszeitraums (*BAG* 19. 3. 2019 – 9 AZR 495/17, NZA 19, 1136). Während der Elternzeit ruht das Arbeitsverhältnis. Erlauben Tarif-

verträge die anteilige Kürzung von Sonderzulagen für Zeiten, in denen das Arbeitsverhältnis »kraft Gesetzes« ruht, so gilt das auch für die Elternzeit (*BAG* 10.2.1993 – 10 AZR 450/91, DB 93, 1090). Tarifliche Leistungen, die ein zusätzliches Erfahrungswissen vergüten sollen, können Zeiten des Elternurlaubs unberücksichtigt lassen (*BAG* 21.5.2008 – AZR 187/07, NZA 08, 955). Unzulässig ist aber eine schlechtere Behandlung, die über das hinausgeht, was mit Rücksicht auf das angenommene Fehlen an Erfahrungswissen hinausgeht (*BAG* 12.4.2016 – 6 AZR 731/13, NZA 16, 833: vollständiger Verlust einer Bewährungszeit, obwohl die Tarifparteien für den betreffenden Zeitraum nicht von einem Verlust an Erfahrungswissen ausgehen).
Während der Elternzeit kann das Arbeitsverhältnis mit Genehmigung der obersten Landesbehörde gekündigt werden (§ 18). Die vom Bundesarbeitsminister hierzu erlassene Verwaltungsvorschrift (BAnz 2007 Nr. 5, S. 247) lässt dies in großem Umfang zu; in Kleinbetrieben bis zu 5 Beschäftigten wird der Kündigungsschutz praktisch ganz aufgehoben (§ 2 Abs. 2 der Verwaltungsvorschrift).

III. Rechtstatsachen, Anwendungsprobleme und rechtspolitische Vorhaben

Die Elternzeit wird zwar Männern und Frauen gleichermaßen gewährt, jedoch wurden ungeachtet des Anreizes zweier zusätzlicher Elterngeldmonate von etwa 200000 Anträgen im ersten Halbjahr 2007 nur 8,5 % von Männern gestellt (iwd 34/07). In der Zwischenzeit hat sich die Zahl aber erhöht, Mitte 2008 haben 18 % der Väter Elternzeit beantragt, 23 von ihnen über die 2 Monate Aufstockungszeit hinaus (Böckler impuls 17/09, S. 2). In der Folge hat sich der Anteil der Väter zwar erhöht, im Jahr 2017 waren es aber immer noch weniger als ein Viertel aller Bezieher (410000 Väter gegenüber 1,35 Mio. Müttern, vgl. »Elterngeld immer gefragter«, SZ v. 15.6.2018, S. 6). Insgesamt erweist es sich angesichts der statistischen Verteilung, dass Benachteiligungen wegen der Elternzeit in der Regel auch eine mittelbare Diskriminierung wegen des Geschlechts (dazu vgl. Einl. zum AGG, Nr. 2) darstellen, wenn es an einem rechtfertigenden Grund für die unterschiedliche Behandlung fehlt (vgl. *EuGH* 8.5.2019 – C-486/18, NZA 19, 1131 – RE / Praxair).
Elterngeld Plus wird durchschnittlich von 28 % der Eltern genutzt, wobei gut ein Viertel der Väter von der Möglichkeit der Partnerschaftsmonate Gebrauch machte. Insgesamt wird das Elterngeld Plus allerdings vor allem von Besserverdienenden in Anspruch genommen (zum Ganzen »Dickes Plus beim Elterngeld Plus«, SZ v. 11.1.2018, S. 6).
Nachdem die europäischen Sozialpartner im Rahmen des sozialen Dialogs (s. Einl. II 1 zum AEUV, Nr. 20 a) eine reformierte Rahmenvereinbarung über Elternurlaub getroffen haben, wurde diese durch die Richtlinie 2010/18/EU v. 8.3.2010 (ABl. EU L 68/13) verbindlich gemacht, die bis zum 8.3.2012 umzusetzen war. Der Umfang des Elternurlaubs bleibt indes hinter den Vorgaben des BEEG zurück. Allerdings verlangt er eine ausgewogene Verteilung des Elternurlaubs zwischen den Eltern. Außerdem ist ein Recht auf Freistellung von der Arbeit wegen dringender familiärer Gründe vorgesehen. Dabei lässt die jetzige Ausgestaltung des Gesetzes eine gleichberechtigte Aufteilung von Familienaufgaben nicht erwarten (*Schutter/Zer-*

le-Elsäßer, WSI-Mitt. 12, 216 ff.). Inzwischen gibt es eine Nachfolgeregelung durch die Richtlinie (EU) 2019/1158 (v. 20.6.2019, ABl. L 188/79; Entwurf: COM [2017] 253 final, vgl. Einl. III zum AGG). Die bis zum bis zum 2.8.2022 umzusetzende Richtlinie ersetzt die bisherige Elternurlaubsrichtlinie, geht aber darüber hinaus. Sie sieht individuelle Ansprüche aller Arbeitnehmer auf vier Monate bezahlter Elternzeit vor. 2 Monate dürfen nicht zwischen den Eltern übertragbar sein. Daneben ist ein Antragsrecht in Bezug auf flexible Arbeitszeiten installiert worden, das mit einem Rückkehrrecht zur bisherigen Arbeitszeit verbunden werden soll. Eine Kündigung aufgrund der Inanspruchnahme dieser Rechte muss ausgeschlossen werden. Konkrete Überlegungen zum Reformbedarf im nationalen Recht gibt es derzeit noch nicht.
Sozialpolitisch fragwürdig ist, dass durch die Kürzungen für Arbeitslosengeld II-Bezieher (»Hartz IV«) für die Familienplanung ein Anreiz geschaffen wird, Kinder möglichst erst bei Vorliegen einer Erwerbstätigkeit zu bekommen (*Schutter/Zerle-Elsäßer*, WSI-Mitt. 12, 216 ff.).

Weiterführende Literatur

Deinert/Heuschmid/Zwanziger-*Litzig*, Arbeitsrecht, § 52 (Elternzeit)
Becker/Brose/Landauer, MuSchG/BEEG, 9. Aufl. (2018)
Böttcher, Auswirkungen von Elterngeld und Elternzeit, PersR 2010, S. 234
Düwell, Elternschaft und Arbeitsrecht – Neue Entwicklungen, NZA 2009, S. 759
Graue, Neues im Bundeselterngeld- und Elternzeitrecht, SGb 2016, S. 421
Graue/Mandalka, Bundeselterngeld- und Elternzeitgesetz, Basiskommentar, 6. Aufl. (2018)
Rancke, Mutterschutz, Elterngeld, Elternzeit, Betreuungsgeld, 5. Aufl. (2018)
Schutter/Zerle-Elsäßer, Das Elterngeld: Wahlfreiheit und Existenzsicherung für (alle) Eltern?, WSI-Mitt. 2012, S. 216
Tillmanns/Mutschler (Hrsg.), MuSchG und BEEG (2015)

Übersicht 38: Elterngeld und Elternzeit

Elternzeit

- Ruhen der arbeitsvertraglichen Pflichten
- bis zur Vollendung des 3., bei Aufteilung auf mehrere Zeitabschnitte bis zur Vollendung des 8. Lebensjahres des Kindes
- zur Kinderbetreuung und -erziehung

↓

Gleichstellung

- von Mann und Frau
- daher: Teilbarkeit der Elternzeit zwischen den Eltern (§ 15 III)

↓

Voraussetzungen (§ 1)

- Wohnsitz in Deutschland
- Kind lebt mit im Haushalt
- Kind wird selbst betreut
- keine volle Erwerbstätigkeit

↓

Soziale und wirtschaftliche Absicherung

↓

Kündigungsverbot für Arbeitgeber

- während der Schwangerschaft
- bis 4 Monate nach Entbindung
- während der Elternzeit (§ 18)

Elterngeld (§ 1)

- 65-67% des letzten Verdienstes bzw. der Differenz zum letzten Verdienst
- höchstens 1800 Euro
- mindestens 300 Euro
- für 12 Monate oder als Elterngeld Plus für 24 Monate
- plus 2 Monate, bei Elterngeld Plus 4 Monate bei Inanspruchnahme durch beide Elternteile

Nebentätigkeit

max. 30 Stunden pro Woche (§ 15 IV)

Gesetz zum Elterngeld und zur Elternzeit (Bundeselterngeld- und Elternzeitgesetz – BEEG)

vom 5. Dezember 2006 (BGBl. I 2748),
in der Fassung der Bekanntmachung vom 4. April 2017 (BGBl. I 778),
zuletzt geändert durch Gesetz vom 12. Dezember 2019 (BGBl. I 2451)

(Abgedruckte Vorschriften: §§ 1–21, 25–27)

Abschnitt 1 – Elterngeld

§ 1 Berechtigte (1) Anspruch auf Elterngeld hat, wer
1. einen Wohnsitz oder seinen gewöhnlichen Aufenthalt in Deutschland hat,
2. mit seinem Kind in einem Haushalt lebt,
3. dieses Kind selbst betreut und erzieht und
4. keine oder keine volle Erwerbstätigkeit ausübt.

Bei Mehrlingsgeburten besteht nur ein Anspruch auf Elterngeld.

(2) Anspruch auf Elterngeld hat auch, wer, ohne eine der Voraussetzungen des Absatzes 1 Satz 1 Nummer 1 zu erfüllen,
1. nach § 4 des Vierten Buches Sozialgesetzbuch dem deutschen Sozialversicherungsrecht unterliegt oder im Rahmen seines in Deutschland bestehenden öffentlich-rechtlichen Dienst- oder Amtsverhältnisses vorübergehend ins Ausland abgeordnet, versetzt oder kommandiert ist,
2. Entwicklungshelfer oder Entwicklungshelferin im Sinne des § 1 des Entwicklungshelfer-Gesetzes ist oder als Missionar oder Missionarin der Missionswerke und -gesellschaften, die Mitglieder oder Vereinbarungspartner des Evangelischen Missionswerkes Hamburg, der Arbeitsgemeinschaft Evangelikaler Missionen e. V., des Deutschen katholischen Missionsrates oder der Arbeitsgemeinschaft pfingstlich-charismatischer Missionen sind, tätig ist oder
3. die deutsche Staatsangehörigkeit besitzt und nur vorübergehend bei einer zwischen- oder überstaatlichen Einrichtung tätig ist, insbesondere nach den Entsenderichtlinien des Bundes beurlaubte Beamte und Beamtinnen, oder wer vorübergehend eine nach § 123 a des Beamtenrechtsrahmengesetzes oder § 29 des Bundesbeamtengesetzes zugewiesene Tätigkeit im Ausland wahrnimmt.

Dies gilt auch für mit der nach Satz 1 berechtigten Person in einem Haushalt lebende Ehegatten, Ehegattinnen, Lebenspartner oder Lebenspartnerinnen.

(3) Anspruch auf Elterngeld hat abweichend von Absatz 1 Satz 1 Nummer 2 auch, wer
1. mit einem Kind in einem Haushalt lebt, das er mit dem Ziel der Annahme als Kind aufgenommen hat,

2. ein Kind des Ehegatten, der Ehegattin, des Lebenspartners oder der Lebenspartnerin in seinen Haushalt aufgenommen hat oder
3. mit einem Kind in einem Haushalt lebt und die von ihm erklärte Anerkennung der Vaterschaft nach § 1594 Absatz 2 des Bürgerlichen Gesetzbuchs noch nicht wirksam oder über die von ihm beantragte Vaterschaftsfeststellung nach § 1600 d des Bürgerlichen Gesetzbuchs noch nicht entschieden ist.

Für angenommene Kinder und Kinder im Sinne des Satzes 1 Nummer 1 sind die Vorschriften dieses Gesetzes mit der Maßgabe anzuwenden, dass statt des Zeitpunktes der Geburt der Zeitpunkt der Aufnahme des Kindes bei der berechtigten Person maßgeblich ist.

(4) Können die Eltern wegen einer schweren Krankheit, Schwerbehinderung oder Tod der Eltern ihr Kind nicht betreuen, haben Verwandte bis zum dritten Grad und ihre Ehegatten, Ehegattinnen, Lebenspartner oder Lebenspartnerinnen Anspruch auf Elterngeld, wenn sie die übrigen Voraussetzungen nach Absatz 1 erfüllen und von anderen Berechtigten Elterngeld nicht in Anspruch genommen wird.

(5) Der Anspruch auf Elterngeld bleibt unberührt, wenn die Betreuung und Erziehung des Kindes aus einem wichtigen Grund nicht sofort aufgenommen werden kann oder wenn sie unterbrochen werden muss.

(6) Eine Person ist nicht voll erwerbstätig, wenn ihre Arbeitszeit 30 Wochenstunden im Durchschnitt des Monats nicht übersteigt, sie eine Beschäftigung zur Berufsbildung ausübt oder sie eine geeignete Tagespflegeperson im Sinne des § 23 des Achten Buches Sozialgesetzbuch ist und nicht mehr als fünf Kinder in Tagespflege betreut.

(7)[1] Ein nicht freizügigkeitsberechtigter Ausländer oder eine nicht freizügigkeitsberechtigte Ausländerin ist nur anspruchsberechtigt, wenn diese Person

1. eine Niederlassungserlaubnis oder eine Erlaubnis zum Daueraufenthalt-EU besitzt,
2. eine Blaue Karte EU, eine ICT-Karte, eine Mobiler-ICT-Karte oder eine Aufenthaltserlaubnis besitzt, die für einen Zeitraum von mindestens sechs Monaten zur Ausübung einer Erwerbstätigkeit berechtigen oder berechtigt haben oder diese erlauben, es sei denn, die Aufenthaltserlaubnis wurde
   a) nach § 16 e des Aufenthaltsgesetzes zu Ausbildungszwecken, nach § 19 c Absatz 1 des Aufenthaltsgesetzes zum Zweck der Beschäftigung als Au-Pair oder zum Zweck der Saisonbeschäftigung, nach § 19 e des Aufenthaltsgesetzes zum Zweck der Teilnahme an einem Europäischen Freiwilligendienst oder nach § 20 Absatz 1 und 2 des Aufenthaltsgesetzes zur Arbeitsplatzsuche erteilt,
   b) nach § 16 b des Aufenthaltsgesetzes zum Zweck eines Studiums, nach § 16 d des Aufenthaltsgesetzes für Maßnahmen zur Anerkennung ausländischer Berufsqualifikationen oder nach § 20 Absatz 3 des Aufenthaltsgesetzes zur Arbeitsplatzsuche erteilt und er ist weder erwerbstätig noch nimmt er Elternzeit nach § 15 des Bundeselterngeld- und Elternzeitge-

1 Fassung ab 1. 3. 2020.

setzes oder laufende Geldleistungen nach dem Dritten Buch Sozialgesetzbuch in Anspruch,
c) nach § 23 Absatz 1 des Aufenthaltsgesetzes wegen eines Krieges in seinem Heimatland oder nach den §§ 23 a, 24 oder § 25 Absatz 3 bis 5 des Aufenthaltsgesetzes erteilt,
3. eine in Nummer 2 Buchstabe c genannte Aufenthaltserlaubnis besitzt und im Bundesgebiet berechtigt erwerbstätig ist oder Elternzeit nach § 15 des Bundeselterngeld- und Elternzeitgesetzes oder laufende Geldleistungen nach dem Dritten Buch Sozialgesetzbuch in Anspruch nimmt,
4. eine in Nummer 2 Buchstabe c genannte Aufenthaltserlaubnis besitzt und sich seit mindestens 15 Monaten erlaubt, gestattet oder geduldet im Bundesgebiet aufhält oder
5. eine Beschäftigungsduldung gemäß § 60 d in Verbindung mit § 60 a Absatz 2 Satz 3 des Aufenthaltsgesetzes besitzt.

Abweichend von Satz 1 Nummer 3 erste Alternative ist ein minderjähriger nicht freizügigkeitsberechtigter Ausländer oder eine minderjährige nicht freizügigkeitsberechtigte Ausländerin unabhängig von einer Erwerbstätigkeit anspruchsberechtigt.

(8) Ein Anspruch entfällt, wenn die berechtigte Person im letzten abgeschlossenen Veranlagungszeitraum vor der Geburt des Kindes ein zu versteuerndes Einkommen nach § 2 Absatz 5 des Einkommensteuergesetzes in Höhe von mehr als 250000 Euro erzielt hat. Erfüllt auch eine andere Person die Voraussetzungen des Absatzes 1 Satz 1 Nummer 2 oder der Absätze 3 oder 4, entfällt abweichend von Satz 1 der Anspruch, wenn die Summe des zu versteuernden Einkommens beider Personen mehr als 500000 Euro beträgt.

§ 2 Höhe des Elterngeldes (1) Elterngeld wird in Höhe von 67 Prozent des Einkommens aus Erwerbstätigkeit vor der Geburt des Kindes gewährt. Es wird bis zu einem Höchstbetrag von 1800 Euro monatlich für volle Monate gezahlt, in denen die berechtigte Person kein Einkommen aus Erwerbstätigkeit hat. Das Einkommen aus Erwerbstätigkeit errechnet sich nach Maßgabe der §§ 2 c bis 2 f aus der um die Abzüge für Steuern und Sozialabgaben verminderten Summe der positiven Einkünfte aus
1. nichtselbständiger Arbeit nach § 2 Absatz 1 Satz 1 Nummer 4 des Einkommensteuergesetzes sowie
2. Land- und Forstwirtschaft, Gewerbebetrieb und selbständiger Arbeit nach § 2 Absatz 1 Satz 1 Nummer 1 bis 3 des Einkommensteuergesetzes

die im Inland zu versteuern sind und die die berechtigte Person durchschnittlich monatlich im Bemessungszeitraum nach § 2 b oder in Monaten der Bezugszeit nach § 2 Absatz 3 hat.

(2) In den Fällen, in denen das Einkommen aus Erwerbstätigkeit vor der Geburt geringer als 1000 Euro war, erhöht sich der Prozentsatz von 67 Prozent um 0,1 Prozentpunkte für je 2 Euro, um die dieses Einkommen den Betrag von 1000 Euro unterschreitet, auf bis zu 100 Prozent. In den Fällen, in denen das

Einkommen aus Erwerbstätigkeit vor der Geburt höher als 1200 Euro war, sinkt der Prozentsatz von 67 Prozent um 0,1 Prozentpunkte für je 2 Euro, um die dieses Einkommen den Betrag von 1200 Euro überschreitet, auf bis zu 65 Prozent.
(3) Für Monate nach der Geburt des Kindes, in denen die berechtigte Person ein Einkommen aus Erwerbstätigkeit hat, das durchschnittlich geringer ist als das Einkommen aus Erwerbstätigkeit vor der Geburt, wird Elterngeld in Höhe des nach Absatz 1 oder 2 maßgeblichen Prozentsatzes des Unterschiedsbetrages dieser Einkommen aus Erwerbstätigkeit gezahlt. Als Einkommen aus Erwerbstätigkeit vor der Geburt ist dabei höchstens der Betrag von 2770 Euro anzusetzen. Der Unterschiedsbetrag nach Satz 1 ist für das Einkommen aus Erwerbstätigkeit in Monaten, in denen die berechtigte Person Elterngeld im Sinne des § 4 Absatz 2 Satz 2 in Anspruch nimmt, und in Monaten, in denen sie Elterngeld Plus im Sinne des § 4 Absatz 3 Satz 1 in Anspruch nimmt, getrennt zu berechnen.
(4) Elterngeld wird mindestens in Höhe von 300 Euro gezahlt. Dies gilt auch, wenn die berechtigte Person vor der Geburt des Kindes kein Einkommen aus Erwerbstätigkeit hat.

§ 2 a Geschwisterbonus und Mehrlingszuschlag (1) Lebt die berechtigte Person in einem Haushalt mit
1. zwei Kindern, die noch nicht drei Jahre alt sind, oder
2. drei oder mehr Kindern, die noch nicht sechs Jahre alt sind,
wird das Elterngeld um 10 Prozent, mindestens jedoch um 75 Euro erhöht (Geschwisterbonus). Zu berücksichtigen sind alle Kinder, für die die berechtigte Person die Voraussetzungen des § 1 Absatz 1 und 3 erfüllt und für die sich das Elterngeld nicht nach Absatz 4 erhöht.
(2) Für angenommene Kinder, die noch nicht 14 Jahre alt sind, gilt als Alter des Kindes der Zeitraum seit der Aufnahme des Kindes in den Haushalt der berechtigten Person. Dies gilt auch für Kinder, die die berechtigte Person entsprechend § 1 Absatz 3 Satz 1 Nummer 1 mit dem Ziel der Annahme als Kind in ihren Haushalt aufgenommen hat. Für Kinder mit Behinderung im Sinne von § 2 Absatz 1 Satz 1 des Neunten Buches Sozialgesetzbuch liegt die Altersgrenze nach Absatz 1 Satz 1 bei 14 Jahren.
(3) Der Anspruch auf den Geschwisterbonus endet mit Ablauf des Monats, in dem eine der in Absatz 1 genannten Anspruchsvoraussetzungen entfällt.
(4) Bei Mehrlingsgeburten erhöht sich das Elterngeld um je 300 Euro für das zweite und jedes weitere Kind (Mehrlingszuschlag). Dies gilt auch, wenn ein Geschwisterbonus nach Absatz 1 gezahlt wird.

§ 2 b Bemessungszeitraum (1) Für die Ermittlung des Einkommens aus nichtselbstständiger Erwerbstätigkeit im Sinne von § 2 c vor der Geburt sind die zwölf Kalendermonate vor dem Monat der Geburt des Kindes maßgeblich. Bei der Bestimmung des Bemessungszeitraums nach Satz 1 bleiben Kalendermonate unberücksichtigt, in denen die berechtigte Person

1. im Zeitraum nach § 4 Absatz 1 Satz 1 Elterngeld für ein älteres Kind bezogen hat,
2. während der Schutzfristen nach § 3 des Mutterschutzgesetzes nicht beschäftigt werden durfte oder Mutterschaftsgeld nach dem Fünften Buch Sozialgesetzbuch oder nach dem Zweiten Gesetz über die Krankenversicherung der Landwirte bezogen hat,
3. eine Krankheit hatte, die maßgeblich durch eine Schwangerschaft bedingt war, oder
4. Wehrdienst nach dem Wehrpflichtgesetz in der bis zum 31. Mai 2011 geltenden Fassung oder nach dem Vierten Abschnitt des Soldatengesetzes oder Zivildienst nach dem Zivildienstgesetz geleistet hat

und in den Fällen der Nummern 3 und 4 dadurch ein geringeres Einkommen aus Erwerbstätigkeit hatte.

(2) Für die Ermittlung des Einkommens aus selbstständiger Erwerbstätigkeit im Sinne von § 2 d vor der Geburt sind die jeweiligen steuerlichen Gewinnermittlungszeiträume maßgeblich, die dem letzten abgeschlossenen steuerlichen Veranlagungszeitraum vor der Geburt des Kindes zugrunde liegen. Haben in einem Gewinnermittlungszeitraum die Voraussetzungen des Absatzes 1 Satz 2 vorgelegen, sind auf Antrag die Gewinnermittlungszeiträume maßgeblich, die dem diesen Ereignissen vorangegangenen abgeschlossenen steuerlichen Veranlagungszeitraum zugrunde liegen.

(3) Abweichend von Absatz 1 ist für die Ermittlung des Einkommens aus nichtselbstständiger Erwerbstätigkeit vor der Geburt der steuerliche Veranlagungszeitraum maßgeblich, der den Gewinnermittlungszeiträumen nach Absatz 2 zugrunde liegt, wenn die berechtigte Person in den Zeiträumen nach Absatz 1 oder Absatz 2 Einkommen aus selbstständiger Erwerbstätigkeit hatte. Haben im Bemessungszeitraum nach Satz 1 die Voraussetzungen des Absatzes 1 Satz 2 vorgelegen, ist Absatz 2 Satz 2 mit der zusätzlichen Maßgabe anzuwenden, dass für die Ermittlung des Einkommens aus nichtselbstständiger Erwerbstätigkeit vor der Geburt der vorangegangene steuerliche Veranlagungszeitraum maßgeblich ist.

§ 2 c Einkommen aus nichtselbstständiger Erwerbstätigkeit (1) Der monatlich durchschnittlich zu berücksichtigende Überschuss der Einnahmen aus nichtselbstständiger Arbeit in Geld oder Geldeswert über ein Zwölftel des Arbeitnehmer-Pauschbetrags, vermindert um die Abzüge für Steuern und Sozialabgaben nach den §§ 2 e und 2 f, ergibt das Einkommen aus nichtselbstständiger Erwerbstätigkeit. Nicht berücksichtigt werden Einnahmen, die im Lohnsteuerabzugsverfahren nach den lohnsteuerlichen Vorgaben als sonstige Bezüge zu behandeln sind. Maßgeblich ist der Arbeitnehmer-Pauschbetrag nach § 9 a Satz 1 Nummer 1 Buchstabe a des Einkommensteuergesetzes in der am 1. Januar des Kalenderjahres vor der Geburt des Kindes für dieses Jahr geltenden Fassung.

(2) Grundlage der Ermittlung der Einnahmen sind die Angaben in den für die maßgeblichen Monate erstellten Lohn- und Gehaltsbescheinigungen des Ar-

beitgebers. Die Richtigkeit und Vollständigkeit der Angaben in den maßgeblichen Lohn- und Gehaltsbescheinigungen wird vermutet.
(3) Grundlage der Ermittlung der nach den §§ 2 e und 2 f erforderlichen Abzugsmerkmale für Steuern und Sozialabgaben sind die Angaben in der Lohn- und Gehaltsbescheinigung, die für den letzten Monat im Bemessungszeitraum mit Einnahmen nach Absatz 1 erstellt wurde. Soweit sich in den Lohn- und Gehaltsbescheinigungen des Bemessungszeitraums eine Angabe zu einem Abzugsmerkmal geändert hat, ist die von der Angabe nach Satz 1 abweichende Angabe maßgeblich, wenn sie in der überwiegenden Zahl der Monate des Bemessungszeitraums gegolten hat. § 2 c Absatz 2 Satz 2 gilt entsprechend.

§ 2 d Einkommen aus selbstständiger Erwerbstätigkeit (1) Die monatlich durchschnittlich zu berücksichtigende Summe der positiven Einkünfte aus Land- und Forstwirtschaft, Gewerbebetrieb und selbstständiger Arbeit (Gewinneinkünfte), vermindert um die Abzüge für Steuern und Sozialabgaben nach den §§ 2 e und 2 f, ergibt das Einkommen aus selbstständiger Erwerbstätigkeit.
(2) Bei der Ermittlung der im Bemessungszeitraum zu berücksichtigenden Gewinneinkünfte sind die entsprechenden im Einkommensteuerbescheid ausgewiesenen Gewinne anzusetzen. Ist kein Einkommensteuerbescheid zu erstellen, werden die Gewinneinkünfte in entsprechender Anwendung des Absatzes 3 ermittelt.
(3) Grundlage der Ermittlung der in den Bezugsmonaten zu berücksichtigenden Gewinneinkünfte ist eine Gewinnermittlung, die mindestens den Anforderungen des § 4 Absatz 3 des Einkommensteuergesetzes entspricht. Als Betriebsausgaben sind 25 Prozent der zugrunde gelegten Einnahmen oder auf Antrag die damit zusammenhängenden tatsächlichen Betriebsausgaben anzusetzen.
(4) Soweit nicht in § 2 c Absatz 3 etwas anderes bestimmt ist, sind bei der Ermittlung der nach § 2 e erforderlichen Abzugsmerkmale für Steuern die Angaben im Einkommensteuerbescheid maßgeblich. § 2 c Absatz 3 Satz 2 gilt entsprechend.

§ 2 e Abzüge für Steuern (1) Als Abzüge für Steuern sind Beträge für die Einkommensteuer, den Solidaritätszuschlag und, wenn die berechtigte Person kirchensteuerpflichtig ist, die Kirchensteuer zu berücksichtigen. Die Abzüge für Steuern werden einheitlich für Einkommen aus nichtselbstständiger und selbstständiger Erwerbstätigkeit auf Grundlage einer Berechnung anhand des am 1. Januar des Kalenderjahres vor der Geburt des Kindes für dieses Jahr geltenden Programmablaufplans für die maschinelle Berechnung der vom Arbeitslohn einzubehaltenden Lohnsteuer, des Solidaritätszuschlags und der Maßstabsteuer für die Kirchenlohnesteuer im Sinne von § 39 b Absatz 6 des Einkommensteuergesetzes nach den Maßgaben der Absätze 2 bis 5 ermittelt.
(2) Bemessungsgrundlage für die Ermittlung der Abzüge für Steuern ist die monatlich durchschnittlich zu berücksichtigende Summe der Einnahmen nach § 2 c, soweit sie von der berechtigten Person zu versteuern sind, und der

Gewinneinkünfte nach § 2 d. Bei der Ermittlung der Abzüge für Steuern nach Absatz 1 werden folgende Pauschalen berücksichtigt:

1. der Arbeitnehmer-Pauschbetrag nach § 9 a Satz 1 Nummer 1 Buchstabe a des Einkommensteuergesetzes, wenn die berechtigte Person von ihr zu versteuernde Einnahmen hat, die unter § 2 c fallen, und
2. eine Vorsorgepauschale
   a) mit den Teilbeträgen nach § 39 b Absatz 2 Satz 5 Nummer 3 Buchstabe b und c des Einkommensteuergesetzes, falls die berechtigte Person von ihr zu versteuernde Einnahmen nach § 2 c hat, ohne in der gesetzlichen Rentenversicherung oder einer vergleichbaren Einrichtung versicherungspflichtig gewesen zu sein, oder
   b) mit den Teilbeträgen nach § 39 b Absatz 2 Satz 5 Nummer 3 Buchstabe a bis c des Einkommensteuergesetzes in allen übrigen Fällen,

wobei die Höhe der Teilbeträge ohne Berücksichtigung der besonderen Regelungen zur Berechnung der Beiträge nach § 55 Absatz 3 und § 58 Absatz 3 des Elften Buches Sozialgesetzbuch bestimmt wird.

(3) Als Abzug für die Einkommensteuer ist der Betrag anzusetzen, der sich unter Berücksichtigung der Steuerklasse und des Faktors nach § 39 f des Einkommensteuergesetzes nach § 2 c Absatz 3 ergibt; die Steuerklasse VI bleibt unberücksichtigt. War die berechtigte Person im Bemessungszeitraum nach § 2 b in keine Steuerklasse eingereiht oder ist ihr nach § 2 d zu berücksichtigender Gewinn höher als ihr nach § 2 c zu berücksichtigender Überschuss der Einnahmen über ein Zwölftel des Arbeitnehmer-Pauschbetrags, ist als Abzug für die Einkommensteuer der Betrag anzusetzen, der sich unter Berücksichtigung der Steuerklasse IV ohne Berücksichtigung eines Faktors nach § 39 f des Einkommensteuergesetzes ergibt.

(4) Als Abzug für den Solidaritätszuschlag ist der Betrag anzusetzen, der sich nach den Maßgaben des Solidaritätszuschlagsgesetzes 1995 für die Einkommensteuer nach Absatz 3 ergibt. Freibeträge für Kinder werden nach den Maßgaben des § 3 Absatz 2 a des Solidaritätszuschlagsgesetzes 1995 berücksichtigt.

(5) Als Abzug für die Kirchensteuer ist der Betrag anzusetzen, der sich unter Anwendung eines Kirchensteuersatzes von 8 Prozent für die Einkommensteuer nach Absatz 3 ergibt. Freibeträge für Kinder werden nach den Maßgaben des § 51 a Absatz 2 a des Einkommensteuergesetzes berücksichtigt.

(6) Vorbehaltlich der Absätze 2 bis 5 werden Freibeträge und Pauschalen nur berücksichtigt, wenn sie ohne weitere Voraussetzung jeder berechtigten Person zustehen.

§ 2 f Abzüge für Sozialabgaben (1) Als Abzüge für Sozialabgaben sind Beträge für die gesetzliche Sozialversicherung oder für eine vergleichbare Einrichtung sowie für die Arbeitsförderung zu berücksichtigen. Die Abzüge für Sozialabgaben werden einheitlich für Einkommen aus nichtselbstständiger und selbstständiger Erwerbstätigkeit anhand folgender Beitragssatzpauschalen ermittelt:

1. 9 Prozent für die Kranken- und Pflegeversicherung, falls die berechtigte Person in der gesetzlichen Krankenversicherung nach § 5 Absatz 1 Nummer 1

bis 12 des Fünften Buches Sozialgesetzbuch versicherungspflichtig gewesen ist,
2. 10 Prozent für die Rentenversicherung, falls die berechtigte Person in der gesetzlichen Rentenversicherung oder einer vergleichbaren Einrichtung versicherungspflichtig gewesen ist, und
3. 2 Prozent für die Arbeitsförderung, falls die berechtigte Person nach dem Dritten Buch Sozialgesetzbuch versicherungspflichtig gewesen ist.

(2) Bemessungsgrundlage für die Ermittlung der Abzüge für Sozialabgaben ist die monatlich durchschnittlich zu berücksichtigende Summe der Einnahmen nach § 2 c und der Gewinneinkünfte nach § 2 d. Einnahmen aus Beschäftigungen im Sinne des § 8, des § 8 a oder des § 20 Absatz 3 Satz 1 des Vierten Buches Sozialgesetzbuch werden nicht berücksichtigt. Für Einnahmen aus Beschäftigungsverhältnissen im Sinne des § 20 Absatz 2 des Vierten Buches Sozialgesetzbuch ist der Betrag anzusetzen, der sich nach § 344 Absatz 4 des Dritten Buches Sozialgesetzbuch für diese Einnahmen ergibt, wobei der Faktor im Sinne des § 163 Absatz 10 Satz 2 des Sechsten Buches Sozialgesetzbuch unter Zugrundelegung der Beitragssatzpauschalen nach Absatz 1 bestimmt wird.

(3) Andere Maßgaben zur Bestimmung der sozialversicherungsrechtlichen Beitragsbemessungsgrundlagen werden nicht berücksichtigt.

§ 3 Anrechnung von anderen Einnahmen (1) Auf das der berechtigten Person nach § 2 oder nach § 2 in Verbindung mit § 2 a zustehende Elterngeld werden folgende Einnahmen angerechnet:
1. Mutterschaftsleistungen
   a) in Form des Mutterschaftsgeldes nach dem Fünften Buch Sozialgesetzbuch oder nach dem Zweiten Gesetz über die Krankenversicherung der Landwirte mit Ausnahme des Mutterschaftsgeldes nach § 19 Absatz 2 des Mutterschutzgesetzes oder
   b) in Form des Zuschusses zum Mutterschaftsgeld nach § 20 des Mutterschutzgesetzes, die der berechtigten Person für die Zeit ab dem Tag der Geburt des Kindes zustehen,
2. Dienst- oder Anwärterbezüge sowie Zuschüsse, die der berechtigten Person nach beamten- oder soldatenrechtlichen Vorschriften für die Zeit eines Beschäftigungsverbots ab dem Tag der Geburt des Kindes zustehen,
3. dem Elterngeld oder dem Betreuungsgeld vergleichbare Leistungen, auf die eine nach § 1 berechtigte Person außerhalb Deutschlands oder gegenüber einer über- oder zwischenstaatlichen Einrichtung Anspruch hat,
4. Elterngeld, das der berechtigten Person für ein älteres Kind zusteht, sowie
5. Einnahmen, die der berechtigten Person als Ersatz für Erwerbseinkommen zustehen und
   a) die nicht bereits für die Berechnung des Elterngeldes nach § 2 berücksichtigt oder
   b) bei deren Berechnung das Elterngeld nicht berücksichtigt wird.

Stehen der berechtigten Person die Einnahmen nur für einen Teil des Lebensmonats des Kindes zu, sind sie nur auf den entsprechenden Teil des Elterngeldes anzurechnen. Für jeden Kalendermonat, in dem Einnahmen nach Satz 1 Nummer 4 oder Nummer 5 im Bemessungszeitraum bezogen worden sind, wird der Anrechnungsbetrag um ein Zwölftel gemindert.

(2) Bis zu einem Betrag von 300 Euro ist das Elterngeld von der Anrechnung nach Absatz 1 frei, soweit nicht Einnahmen nach Absatz 1 Satz 1 Nummer 1 bis 3 auf das Elterngeld anzurechnen sind. Dieser Betrag erhöht sich bei Mehrlingsgeburten um je 300 Euro für das zweite und jedes weitere Kind.

(3) Solange kein Antrag auf die in Absatz 1 Satz 1 Nummer 3 genannten vergleichbaren Leistungen gestellt wird, ruht der Anspruch auf Elterngeld bis zur möglichen Höhe der vergleichbaren Leistung.

§ 4 Art und Dauer des Bezugs (1) Elterngeld kann in der Zeit vom Tag der Geburt bis zur Vollendung des 14. Lebensmonats des Kindes bezogen werden. Abweichend von Satz 1 kann Elterngeld Plus nach Absatz 3 auch nach dem 14. Lebensmonat bezogen werden, solange es ab dem 15. Lebensmonat in aufeinander folgenden Lebensmonaten von zumindest einem Elternteil in Anspruch genommen wird. Für angenommene Kinder und Kinder im Sinne des § 1 Absatz 3 Satz 1 Nummer 1 kann Elterngeld ab Aufnahme bei der berechtigten Person längstens bis zur Vollendung des achten Lebensjahres des Kindes bezogen werden.

(2) Elterngeld wird in Monatsbeträgen für Lebensmonate des Kindes gezahlt. Es wird allein nach den Vorgaben der §§ 2 bis 3 ermittelt (Basiselterngeld), soweit nicht Elterngeld nach Absatz 3 in Anspruch genommen wird. Der Anspruch endet mit dem Ablauf des Monats, in dem eine Anspruchsvoraussetzung entfallen ist. Die Eltern können die jeweiligen Monatsbeträge abwechselnd oder gleichzeitig beziehen.

(3) Statt für einen Monat Elterngeld im Sinne des Absatzes 2 Satz 2 zu beanspruchen, kann die berechtigte Person jeweils zwei Monate lang ein Elterngeld beziehen, das nach den §§ 2 bis 3 und den zusätzlichen Vorgaben der Sätze 2 und 3 ermittelt wird (Elterngeld Plus). Das Elterngeld Plus beträgt monatlich höchstens die Hälfte des Elterngeldes nach Absatz 2 Satz 2, das der berechtigten Person zustünde, wenn sie während des Elterngeldbezugs keine Einnahmen im Sinne des § 2 oder des § 3 hätte oder hat. Für die Berechnung des Elterngeld Plus halbieren sich:

1. der Mindestbetrag für das Elterngeld nach § 2 Absatz 4 Satz 1,
2. der Mindestgeschwisterbonus nach § 2 a Absatz 1 Satz 1,
3. der Mehrlingszuschlag nach § 2 a Absatz 4 sowie
4. die von der Anrechnung freigestellten Elterngeldbeträge nach § 3 Absatz 2.

(4) Die Eltern haben gemeinsam Anspruch auf zwölf Monatsbeträge Elterngeld im Sinne des Absatzes 2 Satz 2. Erfolgt für zwei Monate eine Minderung des Einkommens aus Erwerbstätigkeit, können sie für zwei weitere Monate Elterngeld im Sinne des Absatzes 2 Satz 2 beanspruchen (Partnermonate). Wenn beide Elternteile in vier aufeinander folgenden Lebensmonaten gleichzeitig

1. nicht weniger als 25 und nicht mehr als 30 Wochenstunden im Durchschnitt des Monats erwerbstätig sind und
2. die Voraussetzungen des § 1 erfüllen,

hat jeder Elternteil für diese Monate Anspruch auf vier weitere Monatsbeträge Elterngeld Plus (Partnerschaftsbonus).

(5) Ein Elternteil kann höchstens zwölf Monatsbeträge Elterngeld im Sinne des Absatzes 2 Satz 2 zuzüglich der vier nach Absatz 4 Satz 3 zustehenden Monatsbeträge Elterngeld Plus beziehen. Er kann Elterngeld nur beziehen, wenn er es mindestens für zwei Monate in Anspruch nimmt. Lebensmonate des Kindes, in denen einem Elternteil nach § 3 Absatz 1 Satz 1 Nummer 1 bis 3 anzurechnende Leistungen oder nach § 192 Absatz 5 Satz 2 des Versicherungsvertragsgesetzes Versicherungsleistungen zustehen, gelten als Monate, für die dieser Elternteil Elterngeld im Sinne des Absatzes 2 Satz 2 bezieht.

(6) Ein Elternteil kann abweichend von Absatz 5 Satz 1 zusätzlich auch die weiteren Monatsbeträge Elterngeld nach Absatz 4 Satz 2 beziehen, wenn für zwei Monate eine Minderung des Einkommens aus Erwerbstätigkeit erfolgt und wenn

1. bei ihm die Voraussetzungen für den Entlastungsbetrag für Alleinerziehende nach § 24 b Absatz 1 und 3 des Einkommensteuergesetzes vorliegen und der andere Elternteil weder mit ihm noch mit dem Kind in einer Wohnung lebt,
2. mit der Betreuung durch den anderen Elternteil eine Gefährdung des Kindeswohls im Sinne von § 1666 Absatz 1 und 2 des Bürgerlichen Gesetzbuchs verbunden wäre oder
3. die Betreuung durch den anderen Elternteil unmöglich ist, insbesondere weil er wegen einer schweren Krankheit oder Schwerbehinderung sein Kind nicht betreuen kann; für die Feststellung der Unmöglichkeit der Betreuung bleiben wirtschaftliche Gründe und Gründe einer Verhinderung wegen anderweitiger Tätigkeiten außer Betracht.

Ist ein Elternteil im Sinne des Satzes 1 Nummer 1 bis 3 in vier aufeinander folgenden Lebensmonaten nicht weniger als 25 und nicht mehr als 30 Wochenstunden im Durchschnitt des Monats erwerbstätig, kann er für diese Monate abweichend von Absatz 5 Satz 1 vier weitere Monatsbeträge Elterngeld Plus beziehen.

(7) Die Absätze 1 bis 6 gelten in den Fällen des § 1 Absatz 3 und 4 entsprechend. Nicht sorgeberechtigte Elternteile und Personen, die nach § 1 Absatz 3 Satz 1 Nummer 2 und 3 Elterngeld beziehen können, bedürfen der Zustimmung des sorgeberechtigten Elternteils.

Abschnitt 2 – Betreuungsgeld[1]

§§ 4 a–4 d *(nicht abgedruckt)*

---

1 Die §§ 4 a–4 d über das Betreuungsgeld sind nichtig (*BVerfG*, NJW 2015, 2399),

Abschnitt 3 – Verfahren und Organisation

§ 5 Zusammentreffen von Ansprüchen (1) Erfüllen beide Elternteile die Anspruchsvoraussetzungen für Elterngeld oder Betreuungsgeld, bestimmen sie, wer von ihnen welche Monatsbeträge der jeweiligen Leistung in Anspruch nimmt.
(2) Beanspruchen beide Elternteile zusammen mehr als die ihnen nach § 4 Absatz 4 oder nach § 4 Absatz 4 in Verbindung mit § 4 Absatz 7 zustehenden Monatsbeträge Elterngeld oder mehr als die ihnen zustehenden 22 Monatsbeträge Betreuungsgeld, besteht der Anspruch eines Elternteils auf die jeweilige Leistung, der nicht über die Hälfte der Monatsbeträge hinausgeht, ungekürzt; der Anspruch des anderen Elternteils wird gekürzt auf die verbleibenden Monatsbeträge. Beanspruchen beide Elternteile mehr als die Hälfte der Monatsbeträge Elterngeld oder Betreuungsgeld, steht ihnen jeweils die Hälfte der Monatsbeträge der jeweiligen Leistung zu.
(3) Die Absätze 1 und 2 gelten in den Fällen des § 1 Absatz 3 und 4 oder des § 4 a Absatz 1 Nummer 1 in Verbindung mit § 1 Absatz 3 und 4 entsprechend. Wird eine Einigung mit einem nicht sorgeberechtigten Elternteil oder einer Person, die nach § 1 Absatz 3 Satz 1 Nummer 2 und 3 Elterngeld oder nach § 4 a Absatz 1 Nummer 1 in Verbindung mit § 1 Absatz 3 Satz 1 Nummer 2 und 3 Betreuungsgeld beziehen kann, nicht erzielt, kommt es abweichend von Absatz 2 allein auf die Entscheidung des sorgeberechtigten Elternteils an.

§ 6 Auszahlung Elterngeld und Betreuungsgeld werden im Laufe des Monats gezahlt, für den sie bestimmt sind.

§ 7 Antragstellung (1) Elterngeld oder Betreuungsgeld ist schriftlich zu beantragen. Sie werden rückwirkend nur für die letzten drei Monate vor Beginn des Monats geleistet, in dem der Antrag auf die jeweilige Leistung eingegangen ist. In dem Antrag auf Elterngeld oder Betreuungsgeld ist anzugeben, für welche Monate Elterngeld im Sinne des § 4 Absatz 2 Satz 2, für welche Monate Elterngeld Plus oder für welche Monate Betreuungsgeld beantragt wird.
(2) Die im Antrag getroffenen Entscheidungen können bis zum Ende des Bezugszeitraumes geändert werden. Eine Änderung kann rückwirkend nur für die letzten drei Monate vor Beginn des Monats verlangt werden, in dem der Änderungsantrag eingegangen ist. Sie ist außer in den Fällen besonderer Härte unzulässig, soweit Monatsbeträge bereits ausgezahlt sind. Abweichend von den Sätzen 2 und 3 kann für einen Monat, in dem bereits Elterngeld Plus bezogen wurde, nachträglich Elterngeld nach § 4 Absatz 2 Satz 2 beantragt werden. Im Übrigen finden die für die Antragstellung geltenden Vorschriften auch auf den Änderungsantrag Anwendung.
(3) Der Antrag ist außer in den Fällen des § 4 Absatz 6 und der Antragstellung durch eine allein sorgeberechtigte Person von der Person, die ihn stellt, und zur Bestätigung der Kenntnisnahme auch von der anderen berechtigten Person zu unterschreiben. Die andere berechtigte Person kann gleichzeitig einen Antrag auf das von ihr beanspruchte Elterngeld oder Betreuungsgeld stellen oder der

Behörde anzeigen, wie viele Monatsbeträge sie für die jeweilige Leistung beansprucht, wenn mit ihrem Anspruch die Höchstgrenzen nach § 4 Absatz 4 überschritten würden. Liegt der Behörde weder ein Antrag auf Elterngeld oder Betreuungsgeld noch eine Anzeige der anderen berechtigten Person nach Satz 2 vor, erhält der Antragsteller oder die Antragstellerin die Monatsbeträge der jeweiligen Leistung ausgezahlt; die andere berechtigte Person kann bei einem späteren Antrag abweichend von § 5 Absatz 2 nur die unter Berücksichtigung von § 4 Absatz 4 oder § 4 d Absatz 1 Satz 3 verbleibenden Monatsbeträge der jeweiligen Leistung erhalten.

§ 8 Auskunftspflicht, Nebenbestimmungen (1) Soweit im Antrag auf Elterngeld Angaben zum voraussichtlichen Einkommen aus Erwerbstätigkeit gemacht wurden, sind nach Ablauf des Bezugszeitraums für diese Zeit das tatsächliche Einkommen aus Erwerbstätigkeit und die Arbeitszeit nachzuweisen.
(1 a) Die Mitwirkungspflichten nach § 60 des Ersten Buches Sozialgesetzbuch gelten
1. im Falle des § 1 Absatz 8 Satz 2 auch für die andere Person im Sinne des § 1 Absatz 8 Satz 2 und
2. im Falle des § 4 Absatz 4 Satz 3 oder des § 4 Absatz 4 Satz 3 in Verbindung mit § 4 Absatz 7 Satz 1 für beide Personen, die den Partnerschaftsbonus beantragt haben.

§ 65 Absatz 1 und 3 des Ersten Buches Sozialgesetzbuch gilt entsprechend.
(2) Elterngeld wird in den Fällen, in denen die berechtigte Person nach ihren Angaben im Antrag im Bezugszeitraum voraussichtlich kein Einkommen aus Erwerbstätigkeit haben wird, unter dem Vorbehalt des Widerrufs für den Fall gezahlt, dass sie entgegen ihren Angaben im Antrag Einkommen aus Erwerbstätigkeit hat. In den Fällen, in denen zum Zeitpunkt der Antragstellung der Steuerbescheid für den letzten abgeschlossenen Veranlagungszeitraum vor der Geburt des Kindes nicht vorliegt und nach den Angaben im Antrag auf Elterngeld oder Betreuungsgeld die Beträge nach § 1 Absatz 8 oder nach § 4 a Absatz 1 Nummer 1 in Verbindung mit § 1 Absatz 8 voraussichtlich nicht überschritten werden, wird die jeweilige Leistung unter dem Vorbehalt des Widerrufs für den Fall gezahlt, dass entgegen den Angaben im Antrag auf die jeweilige Leistung die Beträge nach § 1 Absatz 8 oder nach § 4 a Absatz 1 Nummer1 in Verbindung mit § 1 Absatz 8 überschritten werden.
(3) Das Elterngeld wird bis zum Nachweis der jeweils erforderlichen Angaben vorläufig unter Berücksichtigung der glaubhaft gemachten Angaben gezahlt, wenn
1. zum Zeitpunkt der Antragstellung der Steuerbescheid für den letzten abgeschlossenen Veranlagungszeitraum vor der Geburt des Kindes nicht vorliegt und noch nicht angegeben werden kann, ob die Beträge nach § 1 Absatz 8 oder nach § 4 a Absatz 1 Nummer 1 in Verbindung mit § 1 Absatz 8 überschritten werden,
2. das Einkommen aus Erwerbstätigkeit vor der Geburt nicht ermittelt werden kann,

3. die berechtigte Person nach den Angaben im Antrag auf Elterngeld im Bezugszeitraum voraussichtlich Einkommen aus Erwerbstätigkeit hat oder
4. die berechtigte Person weitere Monatsbeträge Elterngeld Plus nach § 4 Absatz 4 Satz 3 oder nach § 4 Absatz 6 Satz 2 beantragt.

Satz 1 Nummer 1 gilt entsprechend bei der Beantragung von Betreuungsgeld.

§ 9 Einkommens- und Arbeitszeitnachweis, Auskunftspflicht des Arbeitgebers Soweit es zum Nachweis des Einkommens aus Erwerbstätigkeit oder der wöchentlichen Arbeitszeit erforderlich ist, hat der Arbeitgeber der nach § 12 zuständigen Behörde für bei ihm Beschäftigte das Arbeitsentgelt, die für die Ermittlung der nach den §§ 2 e und 2 f erforderlichen Abzugsmerkmale für Steuern und Sozialabgaben sowie die Arbeitszeit auf Verlangen zu bescheinigen; das Gleiche gilt für ehemalige Arbeitgeber. Für die in Heimarbeit Beschäftigten und die ihnen Gleichgestellten (§ 1 Absatz 1 und 2 des Heimarbeitsgesetzes) tritt an die Stelle des Arbeitgebers der Auftraggeber oder Zwischenmeister.

§ 10 Verhältnis zu anderen Sozialleistungen (1) Das Elterngeld, das Betreuungsgeld und jeweils vergleichbare Leistungen der Länder sowie die nach § 3 oder § 4 c auf die jeweilige Leistung angerechneten Einnahmen oder Leistungen bleiben bei Sozialleistungen, deren Zahlung von anderen Einkommen abhängig ist, bis zu einer Höhe von insgesamt 300 Euro im Monat als Einkommen unberücksichtigt.

(2) Das Elterngeld, das Betreuungsgeld und jeweils vergleichbare Leistungen der Länder sowie die nach § 3 oder § 4 c auf die jeweilige Leistung angerechneten Einnahmen oder Leistungen dürfen bis zu einer Höhe von insgesamt 300 Euro nicht dafür herangezogen werden, um auf Rechtsvorschriften beruhende Leistungen anderer, auf die kein Anspruch besteht, zu versagen.

(3) Soweit die berechtigte Person Elterngeld Plus bezieht, bleibt das Elterngeld nur bis zur Hälfte des Anrechnungsfreibetrags, der nach Abzug der anderen nach Absatz 1 nicht zu berücksichtigenden Einnahmen für das Elterngeld verbleibt, als Einkommen unberücksichtigt und darf nur bis zu dieser Höhe nicht dafür herangezogen werden, um auf Rechtsvorschriften beruhende Leistungen anderer, auf die kein Anspruch besteht, zu versagen.

(4) Die nach den Absätzen 1 bis 3 nicht zu berücksichtigenden oder nicht heranzuziehenden Beträge vervielfachen sich bei Mehrlingsgeburten mit der Zahl der geborenen Kinder.

(5) Die Absätze 1 bis 4 gelten nicht bei Leistungen nach dem Zweiten Buch Sozialgesetzbuch, dem Zwölften Buch Sozialgesetzbuch und § 6 a des Bundeskindergeldgesetzes. Bei den in Satz 1 bezeichneten Leistungen bleiben das Elterngeld und vergleichbare Leistungen der Länder sowie die nach § 3 auf das Elterngeld angerechneten Einnahmen in Höhe des nach § 2 Absatz 1 berücksichtigten Einkommens aus Erwerbstätigkeit vor der Geburt bis zu 300 Euro im Monat als Einkommen unberücksichtigt. Soweit die berechtigte Person Elterngeld Plus bezieht, verringern sich die Beträge nach Satz 2 um die Hälfte.

(6) Die Absätze 1 bis 4 gelten entsprechend, soweit für eine Sozialleistung ein Kostenbeitrag erhogen werden kann, der einkommensabhängig ist.

§ 11 Unterhaltspflichten Unterhaltsverpflichtungen werden durch die Zahlung des Elterngeldes, des Betreuungsgeldes und jeweils vergleichbarer Leistungen der Länder nur insoweit berührt, als die Zahlung 300 Euro monatlich übersteigt. Soweit die berechtigte Person Elterngeld Plus bezieht, werden die Unterhaltspflichten insoweit berührt, als die Zahlung 150 Euro übersteigt. Die in den Sätzen 1 und 2 genannten Beträge vervielfachen sich bei Mehrlingsgeburten mit der Zahl der geborenen Kinder. Die Sätze 1 bis 3 gelten nicht in den Fällen des § 1361 Absatz 3, der §§ 1579, 1603 Absatz 2 und des § 1611 Absatz 1 des Bürgerlichen Gesetzbuchs.

§ 12 Zuständigkeit; Aufbringung der Mittel (1) Die Landesregierungen oder die von ihnen beauftragten Stellen bestimmen die für die Ausführung dieses Gesetzes zuständigen Behörden. Diesen Behörden obliegt auch die Beratung zur Elternzeit. In den Fällen des § 1 Absatz 2 oder des § 4 a Absatz 1 Nummer 1 in Verbindung mit § 1 Absatz 2 ist die von den Ländern für die Durchführung dieses Gesetzes bestimmte Behörde des Bezirks zuständig, in dem die berechtigte Person ihren letzten inländischen Wohnsitz hatte; hilfsweise ist die Behörde des Bezirks zuständig, in dem der entsendende Dienstherr oder Arbeitgeber der berechtigten Person oder der Arbeitgeber des Ehegatten, der Ehegattin, des Lebenspartners oder der Lebenspartnerin der berechtigten Person den inländischen Sitz hat.
(2) Der Bund trägt die Ausgaben für das Elterngeld und das Betreuungsgeld.

§ 13 Rechtsweg (1) Über öffentlich-rechtliche Streitigkeiten in Angelegenheiten der §§ 1 bis 12 entscheiden die Gerichte der Sozialgerichtsbarkeit. § 85 Absatz 2 Nummer 2 des Sozialgerichtsgesetzes gilt mit der Maßgabe, dass die zuständige Stelle nach § 12 bestimmt wird.
(2) Widerspruch und Anfechtungsklage haben keine aufschiebende Wirkung.

§ 14 Bußgeldvorschriften (1) Ordnungswidrig handelt, wer vorsätzlich oder fahrlässig
1. entegen § 8 Absatz 1 einen Nachweis nicht, nicht richtig, nicht vollständig oder nicht rechtzeitig erbringt,
2. entgegen § 9 eine dort genannte Angabe nicht, nicht richtig, nicht vollständig oder nicht rechtzeitig bescheinigt,
3. entgegen § 60 Absatz 1 Satz 1 Nummer 1 des Ersten Buches Sozialgesetzbuch, auch in Verbindung mit § 8 Absatz 1 a Satz 1, eine Angabe nicht, nicht richtig, nicht vollständig oder nicht rechtzeitig macht,
4. entgegen § 60 Absatz 1 Satz 1 Nummer 2 des Ersten Buches Sozialgesetzbuch, auch in Verbindung mit § 8 Absatz 1 a Satz 1, eine Mitteilung nicht, nicht richtig, nicht vollständig oder nicht rechtzeitig macht oder
5. entgegen § 60 Absatz 1 Satz 1 Nummer 3 des Ersten Buches Sozialgesetzbuch,

auch in Verbindung mit § 8 Absatz 1 a Satz 1, eine Beweisurkunde nicht, nicht richtig, nicht vollständig oder nicht rechtzeitig vorlegt.

(2) Die Ordnungswidrigkeit kann mit einer Geldbuße von bis zu zweitausend Euro geahndet werden.

(3) Verwaltungsbehörden im Sinne des § 36 Absatz 1 Nummer 1 des Gesetzes über Ordnungswidrigkeiten sind die in § 12 Absatz 1 Satz 1 und 3 genannten Behörden.

Abschnitt 4 – Elternzeit für Arbeitnehmerinnen und Arbeitnehmer

§ 15 Anspruch auf Elternzeit (1) Arbeitnehmerinnen und Arbeitnehmer haben Anspruch auf Elternzeit, wenn sie

1. a) mit ihrem Kind,
   b) mit einem Kind, für das sie die Anspruchsvoraussetzungen nach § 1 Absatz 3 oder 4 erfüllen, oder
   c) mit einem Kind, das sie in Vollzeitpflege nach § 33 des Achten Buches Sozialgesetzbuch aufgenommen haben,

   in einem Haushalt leben und
2. dieses Kind selbst betreuen und erziehen.

Nicht sorgeberechtigte Elternteile und Personen, die nach Satz 1 Nummer 1 Buchstabe b und c Elternzeit nehmen können, bedürfen der Zustimmung des sorgeberechtigten Elternteils.

(1 a) Anspruch auf Elternzeit haben Arbeitnehmerinnen und Arbeitnehmer auch, wenn sie mit ihrem Enkelkind in einem Haushalt leben und dieses Kind selbst betreuen und erziehen und

1. ein Elternteil des Kindes minderjährig ist oder
2. ein Elternteil des Kindes sich in einer Ausbildung befindet, die vor Vollendung des 18. Lebensjahres begonnen wurde und die Arbeitskraft des Elternteils im Allgemeinen voll in Anspruch nimmt.

Der Anspruch besteht nur für Zeiten, in denen keiner der Elternteile des Kindes selbst Elternzeit beansprucht.

(2) Der Anspruch auf Elternzeit besteht bis zur Vollendung des dritten Lebensjahres eines Kindes. Ein Anteil von bis zu 24 Monaten kann zwischen dem dritten Geburtstag und dem vollendeten achten Lebensjahr des Kindes in Anspruch genommen werden. Die Zeit der Mutterschutzfrist nach § 3 Absatz 2 und 3 des Mutterschutzgesetzes wird für die Elternzeit der Mutter auf die Begrenzung nach den Sätzen 1 und 2 angerechnet. Bei mehreren Kindern besteht der Anspruch auf Elternzeit für jedes Kind, auch wenn sich die Zeiträume im Sinne der Sätze 1 und 2 überschneiden. Bei einem angenommenen Kind und bei einem Kind in Vollzeit- oder Adoptionspflege kann Elternzeit von insgesamt bis zu drei Jahren ab der Aufnahme bei der berechtigten Person, längstens bis zur Vollendung des achten Lebensjahres des Kindes genommen

werden; die Sätze 2 und 4 sind entsprechend anwendbar, soweit sie die zeitliche Aufteilung regeln. Der Anspruch kann nicht durch Vertrag ausgeschlossen oder beschränkt werden.

(3) Die Elternzeit kann, auch anteilig, von jedem Elternteil allein oder von beiden Elternteilen gemeinsam genommen werden. Satz 1 gilt in den Fällen des Absatzes 1 Satz 1 Nummer 1 Buchstabe b und c entsprechend.

(4) Der Arbeitnehmer oder die Arbeitnehmerin darf während der Elternzeit nicht mehr als 30 Wochenstunden im Durchschnitt des Monats erwerbstätig sein. Eine im Sinne des § 23 des Achten Buches Sozialgesetzbuch geeignete Tagespflegeperson kann bis zu fünf Kinder in Tagespflege betreuen, auch wenn die wöchentliche Betreuungszeit 30 Stunden übersteigt. Teilzeitarbeit bei einem anderen Arbeitgeber oder selbstständige Tätigkeit nach Satz 1 bedürfen der Zustimmung des Arbeitgebers. Dieser kann sie nur innerhalb von vier Wochen aus dringenden betrieblichen Gründen schriftlich ablehnen.

(5) Der Arbeitnehmer oder die Arbeitnehmerin kann eine Verringerung der Arbeitszeit und ihre Verteilung beantragen. Über den Antrag sollen sich der Arbeitgeber und der Arbeitnehmer oder die Arbeitnehmerin innerhalb von vier Wochen einigen. Der Antrag kann mit der schriftlichen Mitteilung nach Absatz 7 Satz 1 Nummer 5 verbunden werden. Unberührt bleibt das Recht, sowohl die vor der Elternzeit bestehende Teilzeitarbeit unverändert während der Elternzeit fortzusetzen, soweit Absatz 4 beachtet ist, als auch nach der Elternzeit zu der Arbeitszeit zurückzukehren, die vor Beginn der Elternzeit vereinbart war.

(6) Der Arbeitnehmer oder die Arbeitnehmerin kann gegenüber dem Arbeitgeber, soweit eine Einigung nach Absatz 5 nicht möglich ist, unter den Voraussetzungen des Absatzes 7 während der Gesamtdauer der Elternzeit zweimal eine Verringerung seiner oder ihrer Arbeitszeit beanspruchen.

(7) Für den Anspruch auf Verringerung der Arbeitszeit gelten folgende Voraussetzungen:

1. Der Arbeitgeber beschäftigt, unabhängig von der Anzahl der Personen in Berufsbildung, in der Regel mehr als 15 Arbeitnehmer und Arbeitnehmerinnen,
2. das Arbeitsverhältnis in demselben Betrieb oder Unternehmen besteht ohne Unterbrechung länger als sechs Monate,
3. die vertraglich vereinbarte regelmäßige Arbeitszeit soll für mindestens zwei Monate auf einen Umfang von nicht weniger als 15 und nicht mehr als 30 Wochenstunden im Durchschnitt des Monats verringert werden,
4. dem Anspruch stehen keine dringenden betrieblichen Gründe entgegen und
5. der Anspruch auf Teilzeit wurde dem Arbeitgeber
   a) für den Zeitraum bis zum vollendeten dritten Lebensjahr des Kindes sieben Wochen und
   b) für den Zeitraum zwischen dem dritten Geburtstag und dem vollendeten achten Lebensjahr des Kindes 13 Wochen

   vor Beginn der Teilzeittätigkeit schriftlich mitgeteilt.

Der Antrag muss den Beginn und den Umfang der verringerten Arbeitszeit enthalten. Die gewünschte Verteilung der verringerten Arbeitszeit soll im Antrag angegeben werden. Falls der Arbeitgeber die beanspruchte Verringerung oder Verteilung der Arbeitszeit ablehnen will, muss er dies innerhalb der in Satz 5 genannten Frist mit schriftlicher Begründung tun. Hat ein Arbeitgeber die Verringerung der Arbeitszeit

1. in einer Elternzeit zwischen der Geburt und dem vollendeten dritten Lebensjahr des Kindes nicht spätestens vier Wochen nach Zugang des Antrags oder
2. in einer Elternzeit zwischen dem dritten Geburtstag und dem vollendeten achten Lebensjahr des Kindes nicht spätestens acht Wochen nach Zugang des Antrags

schriftlich abgelehnt, gilt die Zustimmung als erteilt und die Verringerung der Arbeitszeit entsprechend den Wünschen der Arbeitnehmerin oder des Arbeitnehmers als festgelegt. Haben Arbeitgeber und Arbeitnehmerin oder Arbeitnehmer über die Verteilung der Arbeitszeit kein Einvernehmen nach Absatz 5 Satz 2 erzielt, und hat der Arbeitgeber nicht innerhalb der in Satz 5 genannten Fristen die gewünschte Verteilung schriftlich abgelehnt, gilt die Verteilung der Arbeitszeit entsprechend den Wünschen der Arbeitnehmerin oder des Arbeitnehmers als festgelegt. Soweit der Arbeitgeber den Antrag auf Verringerung oder Verteilung der Arbeitszeit rechtzeitig ablehnt, kann die Arbeitnehmerin oder der Arbeitnehmer Klage vor dem Gericht für Arbeitssachen erheben.

§ 16 Inanspruchnahme der Elternzeit (1) Wer Elternzeit beanspruchen will, muss sie

1. für den Zeitraum bis zum vollendeten dritten Lebensjahr des Kindes spätestens sieben Wochen und
2. für den Zeitraum zwischen dem dritten Geburtstag und dem vollendeten achten Lebensjahr des Kindes spätestens 13 Wochen

vor Beginn der Elternzeit schriftlich vom Arbeitgeber verlangen. Verlangt die Arbeitnehmerin oder der Arbeitnehmer Elternzeit nach Satz 1 Nummer 1, muss sie oder er gleichzeitig erklären, für welche Zeiten innerhalb von zwei Jahren Elternzeit genommen werden soll. Bei dringenden Gründen ist ausnahmsweise eine angemessene kürzere Frist möglich. Nimmt die Mutter die Elternzeit im Anschluss an die Mutterschutzfrist, wird die Zeit der Mutterschutzfrist nach § 3 Absatz 2 und des Mutterschutzgesetzes auf den Zeitraum nach Satz 2 angerechnet. Nimmt die Mutter die Elternzeit im Anschluss an einen auf die Mutterschutzfrist folgenden Erholungsurlaub, werden die Zeit der Mutterschutzfrist nach § 3 Absatz 2 und 3 des Mutterschutzgesetzes und die Zeit des Erholungsurlaubs auf den Zweijahreszeitraum nach Satz 2 angerechnet. Jeder Elternteil kann seine Elternzeit auf drei Zeitabschnitte verteilen; eine Verteilung auf weitere Zeitabschnitte ist nur mit der Zustimmung des Arbeitgebers möglich. Der Arbeitgeber kann die Inanspruchnahme eines dritten Abschnitts einer Elternzeit innerhalb von acht Wochen nach Zugang des Antrags aus dringenden betrieblichen Gründen ablehnen, wenn dieser Abschnitt im Zeitraum zwischen dem dritten Geburtstag und dem vollendeten achten Lebensjahr des Kindes liegen soll. Der Arbeitgeber hat dem Arbeitnehmer oder der Arbeitnehmerin die Elternzeit zu bescheinigen. Bei einem Arbeitgeberwechsel ist bei der Anmeldung der Elternzeit auf Verlangen des neuen Arbeitgebers eine Bescheinigung des früheren Arbeitgebers über bereits genommene Elternzeit durch die Arbeitnehmerin oder den Arbeitnehmer vorzulegen.

(2) Können Arbeitnehmerinnen aus einem von ihnen nicht zu vertretenden Grund eine sich unmittelbar an die Mutterschutzfrist des § 3 Absatz 2 und 3 des Mutterschutzgesetzes anschließende Elternzeit nicht rechtzeitig verlangen, können sie dies innerhalb einer Woche nach Wegfall des Grundes nachholen.

(3) Die Elternzeit kann vorzeitig beendet oder im Rahmen des § 15 Absatz 2 verlängert werden, wenn der Arbeitgeber zustimmt. Die vorzeitige Beendigung wegen der Geburt eines weiteren Kindes oder in Fällen besonderer Härte, insbesondere bei Eintritt einer schweren Krankheit, Schwerbehinderung oder Tod eines Elternteils oder eines Kindes der berechtigten Person oder bei erheblich gefährdeter wirtschaftlicher Existenz der Eltern nach Inanspruchnahme der Elternzeit, kann der Arbeitgeber unbeschadet von Satz 3 nur innerhalb von vier Wochen aus dringenden betrieblichen Gründen schriftlich ablehnen. Die Elternzeit kann zur Inanspruchnahme der Schutzfristen des § 3 des Mutterschutzgesetzes auch ohne Zustimmung des Arbeitgebers vorzeitig beendet werden; in diesen Fällen soll die Arbeitnehmerin dem Arbeitgeber die Beendigung der Elternzeit rechtzeitig mitteilen. Eine Verlängerung der Elternzeit kann verlangt werden, wenn ein vorgesehener Wechsel der Anspruchsberechtigten aus einem wichtigen Grund nicht erfolgen kann.

(4) Stirbt das Kind während der Elternzeit, endet diese spätestens drei Wochen nach dem Tod des Kindes.

(5) Eine Änderung in der Anspruchsberechtigung hat der Arbeitnehmer oder die Arbeitnehmerin dem Arbeitgeber unverzüglich mitzuteilen.

§ 17 Urlaub (1) Der Arbeitgeber kann den Erholungsurlaub, der dem Arbeitnehmer oder der Arbeitnehmerin für das Urlaubsjahr zusteht, für jeden vollen Kalendermonat der Elternzeit um ein Zwölftel kürzen. Dies gilt nicht, wenn der Arbeitnehmer oder die Arbeitnehmerin während der Elternzeit bei seinem oder ihrem Arbeitgeber Teilzeitarbeit leistet.

(2) Hat der Arbeitnehmer oder die Arbeitnehmerin den ihm oder ihr zustehenden Urlaub vor dem Beginn der Elternzeit nicht oder nicht vollständig erhalten, hat der Arbeitgeber den Resturlaub nach der Elternzeit im laufenden oder im nächsten Urlaubsjahr zu gewähren.

(3) Endet das Arbeitsverhältnis während der Elternzeit oder wird es im Anschluss an die Elternzeit nicht fortgesetzt, so hat der Arbeitgeber den noch nicht gewährten Urlaub abzugelten.

(4) Hat der Arbeitnehmer oder die Arbeitnehmerin vor Beginn der Elternzeit mehr Urlaub erhalten, als ihm oder ihr nach Absatz 1 zusteht, kann der Arbeitgeber den Urlaub, der dem Arbeitnehmer oder der Arbeitnehmerin nach dem Ende der Elternzeit zusteht, um die zu viel gewährten Urlaubstage kürzen.

§ 18 Kündigungsschutz (1) Der Arbeitgeber darf das Arbeitsverhältnis ab dem Zeitpunkt, von dem an Elternzeit verlangt worden ist, nicht kündigen. Der Kündigungsschutz nach Satz 1 beginnt

1. frühestens acht Wochen vor Beginn einer Elternzeit bis zum vollendeten dritten Lebensjahr des Kindes und
2. frühestens 14 Wochen vor Beginn einer Elternzeit zwischen dem dritten Geburtstag und dem vollendeten achten Lebensjahr des Kindes.

Während der Elternzeit darf der Arbeitgeber das Arbeitsverhältnis nicht kündigen. In besonderen Fällen kann ausnahmsweise eine Kündigung für zulässig erklärt werden. Die Zulässigkeitserklärung erfolgt durch die für den Arbeitsschutz zuständige oberste Landesbehörde oder die von ihr bestimmte Stelle. Die Bundesregierung kann mit Zustimmung des Bundesrates allgemeine Verwaltungsvorschriften zur Durchführung des Satzes 4 erlassen.

(2) Absatz 1 gilt entsprechend, wenn Arbeitnehmer oder Arbeitnehmerinnen

1. während der Elternzeit bei demselben Arbeitgeber Teilzeitarbeit leisten oder
2. ohne Elternzeit in Anspruch zu nehmen, Teilzeitarbeit leisten und Anspruch auf Elterngeld nach § 1 während des Zeitraums nach § 4 Absatz 1 Satz 1 und 3 haben.

§ 19 Kündigung zum Ende der Elternzeit Der Arbeitnehmer oder die Arbeitnehmerin kann das Arbeitsverhältnis zum Ende der Elternzeit nur unter Einhaltung einer Kündigungsfrist von drei Monaten kündigen.

§ 20 Zur Berufsbildung Beschäftigte, in Heimarbeit Beschäftigte (1) Die zu ihrer Berufsbildung Beschäftigten gelten als Arbeitnehmer oder Arbeitnehmerinnen im Sinne dieses Gesetzes. Die Elternzeit wird auf Berufsbildungszeiten nicht angerechnet.

(2) Anspruch auf Elternzeit haben auch die in Heimarbeit Beschäftigten und die ihnen Gleichgestellten (§ 1 Absatz 1 und 2 des Heimarbeitsgesetzes), soweit sie am Stück mitarbeiten. Für sie tritt an die Stelle des Arbeitgebers der Auftraggeber oder Zwischenmeister und an die Stelle des Arbeitsverhältnisses das Beschäftigungsverhältnis.

§ 21 Befristete Arbeitsverträge (1) Ein sachlicher Grund, der die Befristung eines Arbeitsverhältnisses rechtfertigt, liegt vor, wenn ein Arbeitnehmer oder eine Arbeitnehmerin zur Vertretung eines anderen Arbeitnehmers oder einer anderen Arbeitnehmerin für die Dauer eines Beschäftigungsverbotes nach dem Mutterschutzgesetz, einer Elternzeit, einer auf Tarifvertrag, Betriebsvereinbarung oder einzelvertraglicher Vereinbarung beruhenden Arbeitsfreistellung zur Betreuung eines Kindes oder für diese Zeiten zusammen oder für Teile davon eingestellt wird.

(2) Über die Dauer der Vertretung nach Absatz 1 hinaus ist die Befristung für notwendige Zeiten einer Einarbeitung zulässig.

(3) Die Dauer der Befristung des Arbeitsvertrags muss kalendermäßig bestimmt

oder bestimmbar oder den in den Absätzen 1 und 2 genannten Zwecken zu entnehmen sein.
(4) Der Arbeitgeber kann den befristeten Arbeitsvertrag unter Einhaltung einer Frist von mindestens drei Wochen, jedoch frühestens zum Ende der Elternzeit, kündigen, wenn die Elternzeit ohne Zustimmung des Arbeitgebers vorzeitig endet und der Arbeitnehmer oder die Arbeitnehmerin die vorzeitige Beendigung der Elternzeit mitgeteilt hat. Satz 1 gilt entsprechend, wenn der Arbeitgeber die vorzeitige Beendigung der Elternzeit in den Fällen des § 16 Absatz 3 Satz 2 nicht ablehnen darf.
(5) Das Kündigungsschutzgesetz ist im Falle des Absatzes 4 nicht anzuwenden.
(6) Absatz 4 gilt nicht, soweit seine Anwendung vertraglich ausgeschlossen ist.
(7) Wird im Rahmen arbeitsrechtlicher Gesetze oder Verordnungen auf die Zahl der beschäftigten Arbeitnehmer und Arbeitnehmerinnen abgestellt, so sind bei der Ermittlung dieser Zahl Arbeitnehmer und Arbeitnehmerinnen, die sich in der Elternzeit befinden oder zur Betreuung eines Kindes freigestellt sind, nicht mitzuzählen, solange für sie aufgrund von Absatz 1 ein Vertreter oder eine Vertreterin eingestellt ist. Dies gilt nicht, wenn der Vertreter oder die Vertreterin nicht mitzuzählen ist. Die Sätze 1 und 2 gelten entsprechend, wenn im Rahmen arbeitsrechtlicher Gesetze oder Verordnungen auf die Zahl der Arbeitsplätze abgestellt wird.

Abschnitt 5 – Statistik und Schlussvorschriften

§§ 22–24 b *(nicht abgedruckt)*

§ 25 Bericht Die Bundesregierung legt dem Deutschen Bundestag bis zum 31. Dezember 2015 einen Bericht über die Auswirkungen des Betreuungsgeldes vor. Bis zum 31. Dezember 2017 legt sie einen Bericht über die Auswirkungen der Regelungen zum Elterngeld Plus und zum Partnerschaftsbonus sowie zur Elternzeit vor. Die Berichte dürfen keine personenbezogenen Daten enthalten.

§ 26 Anwendung der Bücher des Sozialgesetzbuches (1) Soweit dieses Gesetz zum Elterngeld oder Betreuungsgeld keine ausdrückliche Regelung trifft, ist bei der Ausführung des Ersten, Zweiten und Dritten Abschnitts das Erste Kapitel des Zehnten Buches Sozialgesetzbuch anzuwenden.
(2) § 328 Absatz 3 und § 331 des Dritten Buches Sozialgesetzbuch gelten entsprechend.

§ 27 Übergangsvorschrift (1) Für die vor dem 1. Januar 2015 geborenen oder mit dem Ziel der Adoption aufgenommenen Kinder ist § 1 in der bis zum 31. Dezember 2014 geltenden Fassung weiter anzuwenden. Für die vor dem 1. Juli 2015 geborenen oder mit dem Ziel der Adoption aufgenommenen Kinder sind die §§ 2 bis 22 in der bis zum 31. Dezember 2014 geltenden Fassung weiter anzuwenden. Satz 2 gilt nicht für § 2 c Absatz 1 Satz 2 und § 22 Absatz 2 Satz 1 Nummer 2.

(1 a) Soweit dieses Gesetz Mutterschaftsgeld nach dem Fünften Buch Sozialgesetzbuch oder nach dem Zweiten Gesetz über die Krankenversicherung der Landwirte in Bezug nimmt, gelten die betreffenden Regelungen für Mutterschaftsgeld nach der Reichsversicherungsordnung oder nach dem Gesetz über die Krankenversicherung der Landwirte entsprechend.

(2) Für die dem Erziehungsgeld vergleichbaren Leistungen der Länder sind § 8 Absatz 1 und § 9 des Bundeserziehungsgeldgesetzes in der bis zum 31. Dezember 2006 geltenden Fassung weiter anzuwenden.

(3)[1] § 1 Absatz 7 Satz 1 Nummer 1 bis 4 in der Fassung des Artikels 36 des Gesetzes vom 12. Dezember 2019 (BGBl. I S. 2451) ist für Entscheidungen anzuwenden, die Zeiträume betreffen, die nach dem 29. Februar 2020 beginnen. § 1 Absatz 7 Satz 1 Nummer 5 in der Fassung des Artikels 36 des Gesetzes vom 12. Dezember 2019 (BGBl. I S. 2451) ist für Entscheidungen anzuwenden, die Zeiträume betreffen, die nach dem 31. Dezember 2019 beginnen.

1 Fassung ab 1. 3. 2020.

17. Mindesturlaubsgesetz für Arbeitnehmer (Bundesurlaubsgesetz – BUrlG)

Aktuelle höchstrichterliche Rechtsprechung

Datum	Gericht/Az.	Fundstelle	Thema
20.8.19	BAG 9 AZR 468/18	NZA 19, 1581	Urlaubsentgelt nach Urlaubserteilung
25.6.19	BAG 9 AZR 546/17	NZA 19, 1577	Mitmirkungsobliegenheiten des AG
21.5.19	BAG 9 AZR 259/18	NZA 19, 1355	Urlaubskürzung bei ruhendem Arbeitsverhältnis
21.5.19	BAG 9 AZR 579/16	NZA 19, 1571	Mitwirkungsobliegenheiten des AG
19.3.19	BAG 9 AZR 362/18	NZA 19, 1141	Urlaubskürzung bei Elternzeit
19.3.19	BAG 9 AZR 495/17	NZA 19, 1136	Urlaubskürzung bei Elternzeit
19.3.19	BAG 9 AZR 406/17	NZA 19, 1435	Urlaubsanspruch bei unbezahltem Sonderurlaub
19.3.19	BAG 9 AZR 315/17	DB 19, 2135	Urlaubsanspruch bei unbezahltem Sonderurlaub
19.3.19	BAG 9 AZR 881/16	NZA 19, 1046	Mitteilung des Urlaubsumfangs
19.2.19	BAG 9 AZR 423/16	NZA 19, 977	Verfall des Urlaubsanspruchs, Mitwirkungsobliegenheiten des AG
19.2.19	BAG 9 AZR 321/16	NZA 19, 1043	Verfall des Urlaubsanspruchs, vertraglicher Mehrurlaub, Urlaubsgewährung während Kündigungsfrist
19.2.19	BAG 9 AZR 541/15	NZA 19, 982	Verfall des tariflichen (Mehr-)Urlaubsanspruchs, Mitwirkungsobliegenheiten des AG

Datum	Gericht/Az.	Fundstelle	Thema
30.1.19	BAG 5 AZR 43/18	NZA 19, 768	Urlaubsentgelt
22.1.19	BAG 9 AZR 149/17	NZA 19, 985	Urlaubsabgeltung bei Tod des AN, Verfall
22.1.19	BAG 9 AZR 10/17	NZA 19, 832	Urlaubsabgeltung bei Tod des AN
22.1.19	BAG 9 AZR 328/16	NZA 19, 835	Urlaubsabgeltung bei Tod des AN
22.1.19	BAG 9 AZR 45/16	NZA 19, 829	Urlaubsabgeltung bei Tod des AN
13.12.18	EuGH C-385/17	NZA 19, 47	Urlaubsentgelt, Kurzarbeit
11.12.18	BAG 9 AZR 161/18	NZA 19, 634	Diskriminierung durch Altersstaffelung des Urlaubs, Ersatzurlaub
20.11.18	BAG 9 AZR 349/18	NZA 19, 722	Urlaubsentgelt nach Arbeitszeiterhöhung
6.11.18	EuGH C-619/16	NZA 18, 1612	Obliegenheit zur Urlaubsgewährung
18.9.18	BAG 9 AZR 159/18	NZA 19, 262	Urlaubsentgelt, Sabbatjahr
6.9.18	BAG 6 AZR 367/17	NZA 19, 172	Urlaubssperre

Einleitung

I. Gesetzlicher Urlaubsanspruch

Das Urlaubsrecht ist – abgesehen vom Jugendschutzgesetz vom 30.4.1938 (RGBl. I 437), das Bestimmungen über den Urlaub für Jugendliche traf – gesetzlich erst nach 1945 geregelt worden. Dies geschah zunächst durch die Urlaubsgesetze der Länder, die 1963 durch das BUrlG abgelöst worden sind. Vor dieser Zeit war das Recht auf Urlaub weitgehend durch Tarifvertrag abgesichert: 1929 hatten 94,7 % aller von Tarifverträgen erfassten Arbeitnehmer einen Anspruch auf Urlaub. Nach 1933 setzte sich diese Entwicklung mit Urlaubsbestimmungen in Tarif- oder Betriebsordnungen fort.

Das BUrlG garantiert jedem Arbeitnehmer, aber auch arbeitnehmerähnlichen Personen und Heimarbeitern einen jährlichen Mindesturlaub von 24 Werktagen (Neuregelung gegenüber früher 18 Tagen aufgrund der EG-Arbeitszeitrichtlinie [vgl. Einl I zum ArbZG, Nr. 8] durch das Arbeitszeitrechtsgesetz vom 6.6.1994, BGBl. I 1170; zu deren Auswirkungen *Mitsch/Richter*, NZA 95, 771; Übersicht 39). Das entspricht 4 Arbeitswochen. Bei kürzerer Arbeitswoche (z. B. 5-Tage-Woche) ist der Urlaubsanspruch entsprechend umzurechnen (vgl. *BAG* 21.5.2019 – 9 AZR 259/18, NZA 19, 1365, Rn. 13; im Beispiel dann 20 Tage). Bereits »erdienter« Urlaub kann durch eine spätere Reduzierung der Arbeitszeit nicht verkürzt werden (*EuGH* 13.6.2013 – C-415/12, NZA 13, 775 – Brandes; *BAG* 10.2.2015 – 9 AZR 53/14 (F), NZA 15, 1005; dazu *Schubert*, NZA 13, 1105 ff.). Eine tarifvertragliche Regelung, die eine Bemessung des Urlaubsentgelts allein nach dem ausgefallenen Arbeitsentgelt auch dann vorsieht, wenn der Urlaub während einer Tätigkeit mit höherem Arbeitszeitdeputat und entsprechend höherem Entgelt erworben wurde, ist deshalb wegen mittelbarer Benachteiligung von Teilzeitkräften nichtig (*BAG* 20.3.2018 – 9 AZR 486/17, NZA 18, 851). Umgekehrt muss bei einer Erhöhung der Arbeitszeit fortan zeitanteilig mehr Urlaub gewährt werden (*EuGH* 11.11.2015 – C-219/14, NZA 15, 1501 – Greenfield). Der Urlaub kann mit Rücksicht auf Zeiten der Elternzeit gekürzt werden (s. Einl. II 2 zum BEEG, Nr. 16). Außerdem entsteht während Zeiten unbezahlten Sonderurlaubs kein Urlaubsanspruch (*BAG* 19.3.2019 – 9 AZR 315/17, DB 19, 2135).

Dieser gesetzliche Mindesturlaub ist inzwischen durch die Entwicklung der tarifvertraglichen Urlaubsansprüche für die meisten Arbeitnehmer weitgehend überholt worden: In fast allen Branchen ist ein tariflicher Urlaub von 6 Wochen Standard (iwd 43/09, S. 1). Ausgangspunkt dieser Entwicklung war ein Arbeitskampf in der Stahlindustrie 1978/79.

Weitergehende gesetzliche Urlaubsansprüche erhalten Jugendliche (§ 19 JArbSchG) und schwerbehinderte Menschen (§ 208 SGB IX) sowie in einigen Bundesländern politisch Verfolgte. Besondere Gesetze bestehen für Beamte, Soldaten und Richter.

Tariflicher Urlaub, der über den gesetzlichen Urlaub hinausgeht, ist nicht an die gesetzlichen Urlaubsregeln wie z. B. für die Übertragung in das Folgejahr gebunden (*BAG* 23.3.2010 – 9 AZR 128/09, NZA 10, 810, 812). Mangels besonderer tariflicher Regeln folgt der tarifliche Urlaub allerdings im Zweifel den gesetzlichen Regeln des BUrlG (*BAG* 23.3.2010 – 9 AZR 128/09, NZA 10, 810, 812). Entsprechende Grundsätze gelten für einen vertraglichen Urlaubsanspruch, der über den gesetzlichen Mindesturlaub hinausgeht (*BAG* 4.5.2010 – 9 AZR 183/09, NZA 10, 1011, 1013).

Was die betriebliche Umsetzung von Gesetz und Tarifverträgen angeht, ist auf das Mitbestimmungsrecht des Betriebsrates gemäß § 87 Abs. 1 Nr. 5 BetrVG zu verweisen.

II. Urlaubsanspruch, Urlaubsentgelt und Urlaubsgeld

Der Urlaubsanspruch wird erstmals nach 6 Monaten voll erworben (§ 4). Bei kürzerem Arbeitsverhältnis gibt es nur Teilurlaub nach § 5 in Höhe eines Zwölftels für jeden vollen Monat des Bestandes des Arbeitsverhältnisses. Ebenso gibt es nur Teilurlaub, wenn ein Arbeitnehmer wegen zu späten Eintritts in das Arbeitsverhältnis die Wartezeit erst im folgenden Kalenderjahr erfüllen kann. Denn der

Urlaubsanspruch ist immer auf das Kalenderjahr bezogen. Schließlich gibt es ebenfalls nur einen Teilurlaub, wenn der Arbeitnehmer, auch wenn er die Wartezeit bereits erfüllt hat, innerhalb der ersten Jahreshälfte eines Kalenderjahres aus dem Arbeitsverhältnis ausscheidet. Da sich dies unter Umständen erst herausstellt, nachdem der Arbeitnehmer bereits mehr Urlaub genommen hat, stellt § 5 Abs. 3 klar, dass das Urlaubsentgelt für den zu viel gewährten Urlaub nicht zurückgefordert werden kann. Die Regelungen bewirken, dass ein Arbeitnehmer, der zum 30.6. aus dem Arbeitsverhältnis ausscheidet und am 1.7. beim neuen Arbeitgeber beginnt, in beiden Arbeitsverhältnissen Teilurlaub erhält (*BAG* 17. 11. 2015 – 9 AZR 179/15, NZA 16, 309), was zusammengenommen den vollen Jahresurlaub ausmacht. Für den Fall, dass während des Bestandes des Arbeitsverhältnisses der Abschluss eines neuen Arbeitsverhältnisses mit kurzer Unterbrechungsdauer vereinbart wird, sind beide Arbeitsverhältnisse für die Wartezeit zusammenzurechnen (*BAG* 20. 10. 2015 – 9 AZR 224/14, NZA 16, 159).

Bruchteilige Urlaubstage werden nach Berechnung des Urlaubsanspruchs nicht gerundet, wenn es keine entsprechende Bestimmung, etwa in einem Tarifvertrag, gibt (*BAG* 23. 1. 2018 – 9 AZR 200/17, NZA 18, 653; 8. 5. 2018 – 9 AZR 578/17, NZA 18, 1011).

Ein Arbeitnehmer, der die Wartezeit von 6 Monaten erfüllt hat und dessen Arbeitsverhältnis in der zweiten Hälfte eines Kalenderjahres endet, hat nach diesen Regelungen den vollen Urlaubsanspruch. Wechselt er zu einem neuen Arbeitgeber, kann er nach § 6 Abs. 1 bei diesem neuen Arbeitgeber nicht noch einmal einen Teilurlaub verlangen. Damit der neue Arbeitgeber dies überprüfen kann, muss der alte Arbeitgeber dem Arbeitnehmer nach § 6 Abs. 2 eine Urlaubsbescheinigung ausstellen. Wenn der Arbeitnehmer während eines Kündigungsrechtsstreits ein neues Arbeitsverhältnis eingeht, das alte Arbeitsverhältnis durch die Kündigung aber nicht beendet wurde, bleibt der Arbeitgeber aus diesem alten Arbeitsverhältnis zur Urlaubsgewährung und ggf. Urlaubsabgeltung verpflichtet. Der vom neuen Arbeitgeber gewährte Urlaub ist darauf nur dann anzurechnen, wenn der Arbeitnehmer beide Arbeitsverhältnisse nicht gleichzeitig hätte erfüllen können (*BAG* 21. 2. 2012 – 9 AZR 487/10, NZA 12, 793). Ist das neue Arbeitsverhältnis ein Teilzeitarbeitsverhältnis, das als Ergänzung neben das alte Arbeitsverhältnis hätte treten können, muss der alte Arbeitgeber selbständig Urlaub gewähren oder abgelten.

Das gesetzliche Urlaubsentgelt ergibt sich aus dem Durchschnittsverdienst der letzten 13 Wochen ohne Überstundenvergütung (§ 11). Als sog. Geldfaktor ist dabei mindestens der gesetzliche Mindestlohn nach dem MiLoG (Nr. 31 b) zugrunde zu legen (*BAG* 6. 12. 2017 – 5 AZR 699/16, NZA 18, 582). Geringere Vergütungen infolge von Kurzarbeit während der Referenzperiode dürfen dabei aber nicht anspruchsmindernd berücksichtigt werden (*EuGH* 13. 12. 2018 – C-385/17, NZA 19, 47 – Hein). Zusätzlich zum gesetzlichen Urlaubsentgelt erhalten tarifgebundene Arbeitnehmer zu 69 % sog. Urlaubsgeld, während andere Arbeitnehmer nur in etwa 36 % der Fälle Urlaubsgeld bekommen (Böckler impuls 9/19, 1). Etwas weniger als die Hälfte aller Arbeitnehmer erhält auf diese Weise ein zusätzliches Urlaubsgeld. Allerdings ist der Prozentsatz bei Frauen mit 41 % geringer als bei

Männern (50 %). Der Arbeitgeber darf ein freiwilliges Urlaubsgeld, das er für jeden genommenen Urlaubstag gewährt, davon abhängig machen, dass der Arbeitnehmer in einem ungekündigten Arbeitsverhältnis steht (*BAG* 22. 7. 2014 – 9 AZR 981/12, NZA 14, 1136).

III. Urlaubsgewährung und -abgeltung

Der Urlaub wird vom Arbeitgeber durch Freistellung von der Arbeit gewährt. Dabei muss er nach § 7 Abs. 1 Rücksicht auf die Wünsche des Arbeitnehmers nehmen. Der Betriebsrat hat nach § 87 Abs. 1 Nr. 5 BetrVG mitzubestimmen. Eine widerrufliche Freistellung von der Arbeit, wie sie insbesondere nach einer Kündigung während des Laufs der Kündigungsfrist häufig erfolgt, genügt für die Urlaubsgewährung nicht, so dass die Freistellungszeit nicht auf den Urlaub angerechnet werden kann (*BAG* 19. 5. 2009 – 9 AZR 433/08, DB 09, 2103). Auch die Freistellungserklärung des Arbeitgebers im Zusammenhang mit einer fristlosen Kündigung genügt zur Urlaubsgewährung nicht, wenn der Arbeitgeber nicht vor Urlaubsantritt das Urlaubsentgelt zahlt oder vorbehaltlos zusagt (*BAG* 10. 2. 2015 – 9 AZR 455/13, NZA 15, 998). Umgekehrt ist aber davon auszugehen, dass der Arbeitgeber, wenn er dem Arbeitnehmer Urlaub gewährt, auf diese Weise zugleich außer Streit stellt, dass er zur Zahlung des Urlaubsentgelts verpflichtet ist. Dementsprechend kann der Arbeitnehmer das Entgelt auch dann noch beanspruchen, wenn er dies nicht innerhalb einer für das Arbeitsverhältnis maßgeblichen Ausschlussfrist geltend gemacht hat (*BAG* 30. 1. 2019 – 5 AZR 43/18, NZA 19, 769). Der Urlaub ist gemäß § 7 Abs. 3 im Kalenderjahr zu nehmen. Nur wenn dies aus betrieblichen oder persönlichen Gründen nicht möglich ist, kann er in das Folgejahr übertragen werden, in dem er dann innerhalb der ersten 3 Monate zu nehmen ist, ansonsten verfällt er. Für die Elternzeit und den Mutterschutz gelten Sonderregelungen in § 17 Abs. 2 BEEG (Nr. 16), § 24 Satz 2 MuSchG (Nr. 28), nach denen Resturlaub nach Wiederantritt der Arbeit zu gewähren ist (vgl. *BAG* 15. 12. 2015 – 9 AZR 52/15, NZA 16, 433: keine bloße Verlängerung des Übertragungszeitraums). Der *EuGH* hat entschieden, dass der Anspruch nicht schon deshalb entfallen darf, weil der Arbeitnehmer ihn nicht beantragt hat. Anders ist es, wenn der Arbeitnehmer aus freiem Willen in Kenntnis seiner Rechte und der Konsequenzen, die sich daraus ergeben, wenn er den Urlaub nicht nimmt, diesen nicht beantragt (6. 11. 2018 – C-684/16, NZA 18, 1474 – Max-Planck-Gesellschaft; C-619/16, NZA 18, 1612 – Kreuziger; dazu *Buschmann*, AuR 19, 233; Vorabentscheidungsersuchen: *BAG* 13. 12. 2016 – 9 AZR 541/15 (A), NZA 17, 271). Der Arbeitgeber ist zwar nicht verpflichtet, den Arbeitnehmer zur Inanspruchnahme des Urlaubs zu zwingen. Jedoch erlischt der Urlaubsanspruch nur dann am Ende des Kalenderjahres, wenn er den Arbeitnehmer auf den Umfang des Urlaubsanspruchs und die dafür maßgeblichen Fristen hinweist und ihn auffordert, den Urlaub auch tatsächlich zu nehmen. Nur wenn dies geschehen ist und der Arbeitnehmer gleichwohl aus freien Stücken den Urlaub nicht nimmt, kann der Anspruch erlöschen (*BAG* 19. 2. 2019 – 9 AZR 423/16, NZA 19, 977). Demgegenüber genügen abstrakte Angaben des Arbeitgebers, etwa im Arbeitsvertrag, nicht den vom *EuGH* aufgestellten Transparenzanforderungen (*BAG* 19. 2. 2019 – 9 AZR 423/

16, NZA 19, 977, Rn. 42). Auch wenn der Arbeitgeber seinen Mitwirkungsobliegenheiten genügt hat, geht der Anspruch dann nicht unter, wenn der Urlaubsanspruch nach § 7 Abs. 3 ins Folgejahr übertragen wird. Dann kann der Urlaub aber auch nur am Ende des Übertragungszeitraums verfallen, wenn der Arbeitgeber den Arbeitnehmer unter Hinweis auf das drohende Erlöschen auffordert, den Urlaub noch innerhalb des Übertragungszeitraums zu nehmen (*BAG* 19.2.2019 – 9 AZR 541/15, NZA 19, 982, Rn. 45). Die vorstehenden Grundsätze gelten auch nach arbeitgeberseitiger Kündigung (*BAG* 19.2.2019 – 9 AZR 321/16, NZA 19, 1043).

Urlaub, der für ein Kalenderjahr ganz oder teilweise nicht gewährt werden kann, ist gemäß § 7 Abs. 4 abzugelten. Scheidet der Arbeitnehmer mit dem Ende des Übertragungszeitraums aus dem Arbeitsverhältnis aus, so erlischt der Urlaubsanspruch, ohne dass der Arbeitnehmer einen Abgeltungsanspruch erhält (*BAG* 12.3.2013 – 9 AZR 292/11, NZA 14, 51).

Nach der sog. Surrogatstheorie der früheren Rechtsprechung war dieser Abgeltungsanspruch aber streng abhängig von dem eigentlichen Urlaubsanspruch. Das hatte zur Folge, dass ein Arbeitnehmer, der dauerhaft krank war, den Urlaubsanspruch zwar ins Folgejahr übertragen bekam. Denn es ist nicht rechtsmissbräuchlich, den Urlaub geltend zu machen, auch wenn der Arbeitnehmer während des ganzen Jahres kaum gearbeitet hat (*BAG* 28.1.1982 – 6 AZR 571/79, BB 82, 862). Konnte der Arbeitnehmer den Urlaub dann aber bis zum Ablauf des Monats März nicht nehmen, wäre er verfallen. Dies ist aber nach der Rechtsprechung des *EuGH* (DB 09, 234 – Schultz-Hoff; krit. dazu *Fenski*, NZA 14, 1381 ff.) mit der Arbeitszeitrichtlinie unvereinbar (auch, wenn der Urlaub nach Krankheit nicht mehr genommen werden kann, weil der Arbeitnehmer in den Ruhestand wechselt, *EuGH* 20.7.16 – C-341/15 – Maschek; anders, wenn Urlaub mangels Arbeit infolge »Kurzarbeit Null« entfällt, *EuGH* 8.11.2012 – C-229/11 und C-230/11, NZA 12, 1273 – Heimann u.a.). Das *BAG* (24.3.2009 – 9 AZR 983/07, NZA 09, 538) ist dem gefolgt und hält in diesem Fall eine Abgeltung für möglich. Es hat die Surrogatstheorie insoweit aufgegeben. Dasselbe gilt für den Zusatzurlaub nach § 208 SGB IX (*BAG* 23.3.2010 – 9 AZR 128/09, NZA 10, 810). Für einen zusätzlichen tariflichen Urlaub hängt die Maßgeblichkeit dieser Rechtsprechung davon ab, ob die Tarifparteien diesen Urlaubsanspruch inhaltlich abhängig vom gesetzlichen Urlaub ausgestaltet haben (*BAG* 12.3.2013 – 9 AZR 292/11, NZA 14, 51). Diese Frage ist für den Verfall des tariflichen Mehrurlaubs sowie für die Frage der Abgeltung jeweils eigenständig zu prüfen (*BAG* 22.5.2012 – 9 AZR 618/10, NZA 12, 987). Entsprechendes gilt für einen zusätzlichen vertraglichen Anspruch (*BAG* 4.5.2010 – 9 AZR 183/09, NZA 10, 1011, 1013).

Der *EuGH* hält allerdings eine Begrenzung des Übertragungszeitraums bei hinreichender Länge für zulässig, weil dadurch der Erholungszweck des Urlaubs nicht infrage gestellt wird. Im konkreten Fall wurde ein 15-monatiger tarifvertraglicher Zeitraum akzeptiert (*EuGH* 22.11.2011 – C-214/10, NZA 11, 1333 – Schulte; dazu *Bayreuther*, DB 11, 2848 ff.; *Franzen*, NZA 11, 1403 ff.). Dementsprechend soll auch der gesetzliche Urlaub im deutschen Recht nach 15 Monaten entfallen: Im zweiten Jahr nach Ablauf des Urlaubsjahres soll der Urlaubsanspruch nach § 7 Abs. 3 zum 31. März verfallen (*BAG* 7. 8. 2012 – 9 AZR 353/10, DB 12, 2462; *BAG* 16. 10. 2012 – 9 AZR 63/11, NZA 13, 326). Daraus ergibt sich dann eine – im Gesetz nicht vorgesehene – 15-monatige Übertragungsfrist (12 Monate mangels Verfalls nach § 7 Abs. 3 im ersten Jahr nach dem Urlaubsjahr plus 3 Monate bis zum Verfall nach § 7 Abs. 3 im zweiten Jahr nach dem Urlaubsjahr).

Unabhängig von der Frage, in welchem Umfang krankheitsbedingt nicht genommene Urlaubsansprüche in Folgejahre übertragen werden können, muss der Arbeitnehmer, wenn er wieder arbeitsfähig ist, den Urlaub antreten, damit er nicht am Ende des Jahres bzw. am Ende des Übertragungszeitraums verfällt (*BAG* 9. 8. 2011 – 9 AZR 425/10, NZA 12, 29).

Folge der Aufgabe der Surrogatstheorie ist, dass ein Urlaubsabgeltungsanspruch auch dann entsteht, wenn der Arbeitnehmer bis zur Beendigung des Arbeitsverhältnisses arbeitsunfähig ist (*BAG* 9. 8. 2011 – 9 AZR 365/10, NZA 11, 1421, 1424). Auf der anderen Seite stellt sich der Abgeltungsanspruch, da er eben nicht mehr das Schicksal des Urlaubsanspruchs teilt, nur noch als einfacher Geldanspruch dar, der nach allgemeinen tarifvertraglichen Ausschlussfristen verfällt (*BAG* 9. 8. 2011 – 9 AZR 365/10, NZA 11, 1421). Er kann auch durch eine sog. Erledigungsklausel im Rahmen eines Vergleichs nach Vertragsbeendigung untergehen (*BAG* 14. 5. 2013 – 9 AZR 844/11, DB 13, 2154). Das *BAG* betont, dass die Möglichkeit, den Abgeltungsanspruch durchzusetzen, auch bei einer kurzen Verfallfrist von zwei Monaten gewährleistet ist (*BAG* 13. 12. 2011 – 9 AZR 399/10, NZA 12, 514). Die vorstehenden Grundsätze zum Verfall des Abgeltungsanspruchs durch tarifvertragliche Ausschlussfristen greifen auch für den Zusatzurlaub nach § 208 SGB IX sowie für ein zusätzliches tarifvertragliches Urlaubsgeld (*BAG* 13. 12. 2011 – 9 AZR 399/10, NZA 12, 514, 518 f.).

Krankheitstage während des Urlaubs werden nicht auf den Jahresurlaub angerechnet, so dass der Urlaub später noch genommen werden kann (*EuGH* 21. 6. 2012 – C-78/11, NZA 12, 851 – ANGED). Entsprechendes sieht § 9 vor. Unzulässig wäre eine – nach deutschem Recht ohnehin nur für den Fall der Vertragsbeendigung vorgesehene – bloße finanzielle Abgeltung (*EuGH* 21. 2. 2013 – C-194/12, NZA 13, 369 – Concepción Maestre García). In seiner neueren Rechtsprechung hat der *EuGH* (24. 1. 2012 – C-282/10, NZA 12, 139 – Dominguez) nochmals betont, dass die zu Grunde liegende EU-Richtlinie es nicht gestattet, den Urlaubsanspruch von weiteren Voraussetzungen abhängig zu machen. Einschränkungen des Urlaubsanspruchs wegen Krankheit sind damit unzulässig. Diese Restriktionen gelten aber nicht für über den von der Richtlinie vorgesehenen (und den gesetzlichen) Urlaub hinausgehende Urlaubsansprüche. Deshalb können auch die Tarifvertragsparteien für tarifvertraglichen Mehrurlaub abweichende Regelungen treffen. Der Urlaubsanspruch wird auch während Zeiten erworben, in denen der Arbeitnehmer unbezahlten Sonderurlaub genommen hat (*BAG* 6. 5. 2014 – 9 AZR 678/12, NZA 14, 959). Allerdings geht die Rechtsprechung davon aus, dass infolge Sonderurlaubs eine ungleichmäßige Verteilung der Arbeitszeit auf das Jahr vorliegt und die Anzahl der geschuldeten Arbeitstage ins Verhältnis zur Zahl der gesetzlich vorgesehenen Urlaubstage zu setzen ist, so dass

im Ergebnis dennoch eine Urlaubsreduzierung für Zeiten des Sonderurlaubs eintritt (*BAG* 21.5.2019 – 9 AZR 259/18, NZA 19, 1365, Rn. 13).
Der Abgeltungsanspruch ist vererblich (*BAG* 22.9.2015 – 9 AZR 170/14, NZA 16, 37). Ein Abgeltungsanspruch muss aber auch bei Beendigung des Arbeitsverhältnisses durch Tod des Arbeitnehmers entstehen (*EuGH* 12.6.2014 – C-118/13, NZA 14, 651 – Bollacke; 6.11.2018 – C-569/16 u.a., NZA 18, 1467 – Bauer und Broßonn; dazu *Buschmann*, AuR 19, 233; a.A. noch *BAG* 18.10.2016 – 9 AZR 196/16 (A), NZA 17, 207). Er steht den Erben des Arbeitnehmers nach § 1922 Abs. 1 BGB zu (*BAG* 22.1.2019 – 9 AZR 45/19, NZA 19, 829; 22.1.2019 – 9 AZR 328/16, NZA 19, 835; 22.1.2019 – 9 AZR 10/17, NZA 19, 832), muss jedoch innerhalb der für das Arbeitsverhältnis maßgeblichen Ausschlussfristen geltend gemacht werden (*BAG* 22.1.2019 – 9 AZR 149/17, NZA 19, 985). Dies bezieht sich auch auf die Abgeltung von Zusatzurlaub schwerbehinderter Menschen nach § 208 SGB IX sowie auf einen eventuellen tariflichen Mehrurlaub, sofern die Tarifvertragsparteien diesen tariflichen Urlaubsanspruch nicht anderen Regelungen unterstellt haben. Letzteres ist zulässig, für einen entsprechenden Willen der Tarifvertragsparteien müssen aber deutliche Anhaltspunkte vorliegen (*BAG* 22.1.2019 – 9 AZR 45/19, NZA 19, 829, Rn. 27). Entsprechendes gilt auch für einen vertraglichen Anspruch auf Mehrurlaub (*BAG* 22.1.2019 – 9 AZR 328/16, NZA 19, 835, Rn. 32 ff.).

IV. Durchsetzung des Urlaubsanspruchs

Gewährt der Arbeitgeber keinen Urlaub, muss der Anspruch notfalls gerichtlich, ggf. im vorläufigen Rechtsschutz, durchgesetzt werden. Eine Selbstbeurlaubung durch Fernbleiben von der Arbeit ist hingegen unzulässig und bedeutet unberechtigtes Fehlen, das gegebenenfalls zu einer Kündigung führen kann. Wenn der Arbeitnehmer deshalb keinen Urlaub nimmt, weil der Arbeitgeber nicht bereit ist, das Urlaubsentgelt zu zahlen, darf der Urlaubsanspruch nicht am Ende verfallen, sondern muss übertragen werden (*EuGH* 29.11.2017 – C-214/16, BB 17, 3068 – King). Der Arbeitnehmer kann rechtzeitig beantragten Urlaub, den der Arbeitgeber nicht gewährt, trotz Verfalls im Wege des Schadensersatzes durchsetzen. Der Anspruch ist – außer bei Beendigung des Arbeitsverhältnisses – jedoch nicht auf Abgeltung gerichtet, sondern auf Gewährung von Urlaub (*BAG* 16.5.17 – 9 AZR 572/16, NZA 17, 1056). Im bestehenden Arbeitsverhältnis gibt es insoweit keine Abgeltungsansprüche (*BAG*, a.a.O.). Das gilt auch dann, wenn die Urlaubsgewährung durch den Wechsel in die Freistellungsphase im Rahmen der Blockaltersteilzeit unmöglich wird (*BAG* 16.10.2012 – 9 AZR 234/11, NZA 13, 575). Demgegenüber wäre ein im Wege des Schadensersatzes zu gewährender Ersatzurlaub nach § 7 Abs. 4 abzugelten (*BAG* 16.5.2017 – 9 AZR 572/16, NZA 17, 1056, Rn. 13).
Der Urlaubanspruch kann dem Arbeitnehmer nicht abgekauft werden. Dies verstieße gegen § 134 BGB und hätte zur Folge, dass der Arbeitnehmer weiterhin einen Anspruch auf Urlaub hätte. Zulässig ist aber die Vereinbarung zur nachträglichen Abgeltung bereits verfallener Urlaubsansprüche (*BAG* 18.10.2011 – 9 AZR 303/10, NZA 12, 143).

V. Bildungsurlaub nach Landesrecht

Über den gesetzlichen Erholungsurlaub hinaus haben einige Bundesländer für alle Arbeitnehmer einen bezahlten Bildungsurlaub eingeführt (hierzu *BAG* 23. 2. 1989 – 8 AZR 133/87, DB 89, 1674). Die damit verbundenen Belastungen der Arbeitgeber sind verfassungsrechtlich gerechtfertigt (*BVerfG* 1 BvR 563/85 u.a., AP Nr. 62 zu Art. 12 GG). Keine Regelungen zum Bildungsurlaub haben die Länder Bayern und Sachsen.

Land	Gesetzliche Regelung	Letzte Änderung	Dauer (ausgehend von 5-Tage-Woche)	Wartezeit	Entgelt
Baden-Württemberg	BzG	23. 2. 2017	5 Tage im Kalenderjahr	12 Monate	nach BUrlG
Berlin	BiUrlG	17. 5. 1999	10 Tage in 2 Jahren	6 Monate	nach BUrlG
Brandenburg	BbgWbG	25. 1. 2016	10 Tage in 2 Jahren	6 Monate	nach BUrlG
Bremen	BremBUG	26. 9. 2017	10 Tage in 2 Jahren	6 Monate	nach BUrlG
Hamburg	BiUrlG HA	15. 12. 2009	10 Tage in 2 Jahren	6 Monate	Durchschnittsentgelt der letzten 13 Wochen
Hessen	BiUrlG HE	12. 12. 2017	5 Tage im Kalenderjahr	6 Monate	nach BUrlG
Mecklenburg-Vorpommern	BfG M-V	13. 12. 2013	5 Tage im Kalenderjahr	6 Monate	Entgeltfortzahlung ohne Minderung
Niedersachsen	NBildUG	17. 12. 1999	5 Tage im Kalenderjahr	6 Monate	nach EFZG*
Nordrhein-Westfalen	AWbG	9. 12. 2014	5 Tage im Kalenderjahr	6 Monate	nach EFZG*
Rheinland-Pfalz	BFG	22. 12. 2015	10 Tage in 2 Jahren	6 Monate	nach BUrlG
Saarland	SBFG	20. 4. 2016	2 Tage im Kalenderjahr, weitere 2 Tage, wenn in gleicher	12 Monate	Entgeltfortzahlung ohne Minderung

Land	Gesetzliche Regelung	Letzte Änderung	Dauer (ausgehend von 5-Tage-Woche)	Wartezeit	Entgelt
			Menge arbeitsfreie Zeit aufgewendet wird		
Sachsen-Anhalt	BiFreistG ST	18. 11. 2005	5 Tage im Kalenderjahr	6 Monate	nach tariflichen Regelungen über Urlaub oder BUrlG
Schleswig-Holstein	WBG	22. 1. 2017	1 Woche im Kalenderjahr	6 Monate	nach tariflichen Regelungen über Urlaub oder BUrlG
Thüringen	ThürBfG	15. 7. 2015	5 Tage im Kalenderjahr	6 Monate	nach den vertraglichen oder tariflichen Regelungen über den Urlaub oder BUrlG

* Siehe Nr. 18

Weiterführende Literatur

Erholungsurlaub

Deinert/Heuschmid/Zwanziger-*Litzig,* Arbeitsrecht, § 50 (Erholungsurlaub)

Bayreuther, Urlaubsrecht – finalisiert, NZA 2019, S. 945

Fenski, Urlaubsrecht im Umbruch – Urlaub im Spannungsfeld zwischen internationalem, europäischem und deutschem Recht, DB 2007, S. 686

Glatzel, Aktuelle Rechtsprechung zum Urlaubsrecht, NZA-RR 2015, S. 393

Heilmann, Urlaubsrecht,6. Aufl. (2019)

Hohmeister/Oppermann, Bundesurlaubsgesetz, 3. Aufl. (2013)

Kamanabrou, Urlaubsabgeltung bei Tod des Arbeitnehmers im laufenden Arbeitsverhältnis, RdA 2017, S. 162

Neumann/Fenski/Kühn, Bundesurlaubsgesetz, 11. Aufl. (2016)

Powietzka/Rolfs, BUrlG, 2. Aufl. (2017)

Reinecke, Urlaub in der Kündigungsfrist, AuR 2013, S. 19

Schuster, Urlaub – auch wenn man ihn nicht mehr nehmen kann, AiB 2011, S. 215
Schubert, Der Urlaubabgeltungsanspruch nach dem Abschied von der Surrogatiönsthese, RdA 2014, S. 9
Vogelsang, Das Entgeltausfallprinzip im Urlaubsrecht, RdA 2018, S. 110

Bildungsurlaub

Deinert/Heuschmid/Zwanziger-*Litzig,* Arbeitsrecht, § 51 (Bildungsurlaub)
Merkel/Dodt, Das Bildungszeitgesetz Baden-Württemberg im Überblick, BB 2016, S. 693
Meyer, Mehr Bildungsurlaub braucht das Land, PersR 2016, S. 46

Übersicht 39: Urlaub

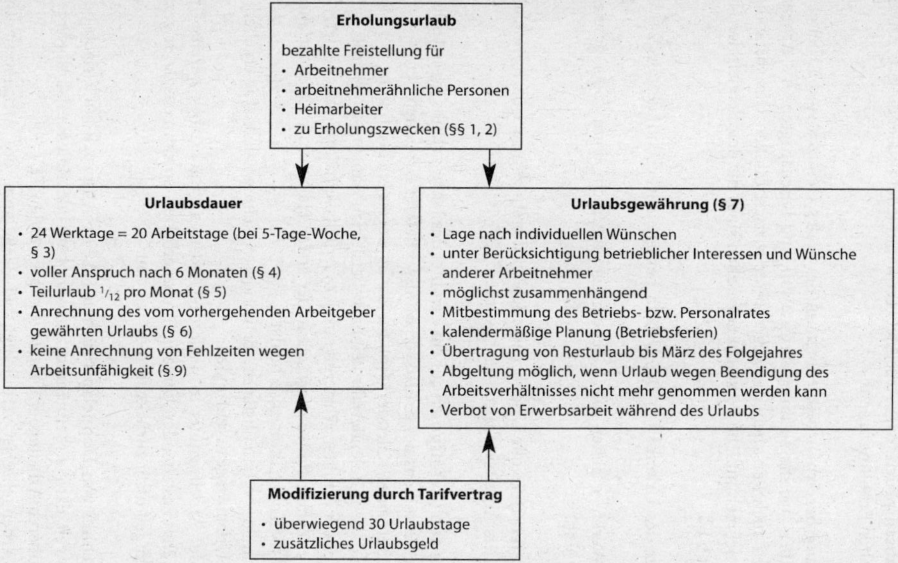

Mindesturlaubsgesetz für Arbeitnehmer (Bundesurlaubsgesetz – BUrlG)

vom 8. Januar 1963 (BGBl. I 2)
in der Fassung des Gesetzes vom 27. Juli 1969 (BGBl. I 946),
zuletzt geändert durch Gesetz vom 20. April 2013 (BGBl. I 868)

(Abgedruckte Vorschriften: §§ 1–13, 15 a, 16)

§ 1 Urlaubsanspruch Jeder Arbeitnehmer hat in jedem Kalenderjahr Anspruch auf bezahlten Erholungsurlaub.

§ 2 Geltungsbereich Arbeitnehmer im Sinne des Gesetzes sind Arbeiter und Angestellte sowie die zu ihrer Berufsausbildung Beschäftigten. Als Arbeitnehmer gelten auch Personen, die wegen ihrer wirtschaftlichen Unselbständigkeit als arbeitnehmerähnliche Personen anzusehen sind; für den Bereich der Heimarbeit gilt § 12.

§ 3 Dauer des Urlaubs (1) Der Urlaub beträgt jährlich mindestens 24 Werktage.
(2) Als Werktage gelten alle Kalendertage, die nicht Sonn- oder gesetzliche Feiertage sind.

§ 4 Wartezeit Der volle Urlaubsanspruch wird erstmalig nach sechsmonatigem Bestehen des Arbeitsverhältnisses erworben.

§ 5 Teilurlaub (1) Anspruch auf ein Zwölftel des Jahresurlaubs für jeden vollen Monat des Bestehens des Arbeitsverhältnisses hat der Arbeitnehmer
a) für Zeiten eines Kalenderjahrs, für die er wegen Nichterfüllung der Wartezeit in diesem Kalenderjahr keinen vollen Urlaubsanspruch erwirbt;
b) wenn er vor erfüllter Wartezeit aus dem Arbeitsverhältnis ausscheidet;
c) wenn er nach erfüllter Wartezeit in der ersten Hälfte eines Kalenderjahrs aus dem Arbeitsverhältnis ausscheidet.

(2) Bruchteile von Urlaubstagen, die mindestens einen halben Tag ergeben, sind auf volle Urlaubstage aufzurunden.
(3) Hat der Arbeitnehmer im Falle des Absatzes 1 Buchstabe c bereits Urlaub über den ihm zustehenden Umfang hinaus erhalten, so kann das dafür gezahlte Urlaubsentgelt nicht zurückgefordert werden.

§ 6 Ausschluß von Doppelansprüchen (1) Der Anspruch auf Urlaub besteht nicht, soweit dem Arbeitnehmer für das laufende Kalenderjahr bereits von einem früheren Arbeitgeber Urlaub gewährt worden ist.
(2) Der Arbeitgeber ist verpflichtet, bei Beendigung des Arbeitsverhältnisses

dem Arbeitnehmer eine Bescheinigung über den im laufenden Kalenderjahr gewährten oder abgegoltenen Urlaub auszuhändigen.

§ 7 Zeitpunkt, Übertragbarkeit und Abgeltung des Urlaubs (1) Bei der zeitlichen Festlegung des Urlaubs sind die Urlaubswünsche des Arbeitnehmers zu berücksichtigen, es sei denn, daß ihrer Berücksichtigung dringende betriebliche Belange oder Urlaubswünsche anderer Arbeitnehmer, die unter sozialen Gesichtspunkten den Vorrang verdienen, entgegenstehen. Der Urlaub ist zu gewähren, wenn der Arbeitnehmer dies im Anschluß an eine Maßnahme der medizinischen Vorsorge oder Rehabilitation verlangt.
(2) Der Urlaub ist zusammenhängend zu gewähren, es sei denn, daß dringende betriebliche oder in der Person des Arbeitnehmers liegende Gründe eine Teilung des Urlaubs erforderlich machen. Kann der Urlaub aus diesen Gründen nicht zusammenhängend gewährt werden, und hat der Arbeitnehmer Anspruch auf Urlaub von mehr als zwölf Werktagen, so muß einer der Urlaubsteile mindestens zwölf aufeinanderfolgende Werktage umfassen.
(3) Der Urlaub muß im laufenden Kalenderjahr gewährt und genommen werden. Eine Übertragung des Urlaubs auf das nächste Kalenderjahr ist nur statthaft, wenn dringende betriebliche oder in der Person des Arbeitnehmers liegende Gründe dies rechtfertigen. Im Fall der Übertragung muß der Urlaub in den ersten drei Monaten des folgenden Kalenderjahrs gewährt und genommen werden. Auf Verlangen des Arbeitnehmers ist ein nach § 5 Abs. 1 Buchstabe a entstehender Teilurlaub jedoch auf das nächste Kalenderjahr zu übertragen.
(4) Kann der Urlaub wegen Beendigung des Arbeitsverhältnisses ganz oder teilweise nicht mehr gewährt werden, so ist er abzugelten.

§ 8 Erwerbstätigkeit während des Urlaubs Während des Urlaubs darf der Arbeitnehmer keine dem Urlaubszweck widersprechende Erwerbstätigkeit leisten.

§ 9 Erkrankung während des Urlaubs Erkrankt ein Arbeitnehmer während des Urlaubs, so werden die durch ärztliches Zeugnis nachgewiesenen Tage der Arbeitsunfähigkeit auf den Jahresurlaub nicht angerechnet.

§ 10 Maßnahmen der medizinischen Vorsorge oder Rehabilitation Maßnahmen der medizinischen Vorsorge oder Rehabilitation dürfen nicht auf den Urlaub angerechnet werden, soweit ein Anspruch auf Fortzahlung des Arbeitsentgelts nach den gesetzlichen Vorschriften über die Entgeltfortzahlung im Krankheitsfall besteht.

§ 11 Urlaubsentgelt (1) Das Urlaubsentgelt bemißt sich nach dem durchschnittlichen Arbeitsverdienst, das der Arbeitnehmer in den letzten dreizehn Wochen vor dem Beginn des Urlaubs erhalten hat, mit Ausnahme des zusätzlich für Überstunden gezahlten Arbeitsverdienstes. Bei Verdiensterhöhungen nicht nur vorübergehender Natur, die während des Berechnungszeitraums oder

des Urlaubs eintreten, ist von dem erhöhten Verdienst auszugehen. Verdienstkürzungen, die im Berechnungszeitraum infolge von Kurzarbeit, Arbeitsausfällen oder unverschuldeter Arbeitsversäumnis eintreten, bleiben für die Berechnung des Urlaubsentgelts außer Betracht. Zum Arbeitsentgelt gehörende Sachbezüge, die während des Urlaubs nicht weitergewährt werden, sind für die Dauer des Urlaubs angemessen in bar abzugelten.
(2) Das Urlaubsentgelt ist vor Antritt des Urlaubs auszuzahlen.

§ 12 Urlaub im Bereich der Heimarbeit Für die in Heimarbeit Beschäftigten und die ihnen nach § 1 Abs. 2 Buchstaben a bis c des Heimarbeitsgesetzes Gleichgestellten, für die die Urlaubsregelung nicht ausdrücklich von der Gleichstellung ausgenommen ist, gelten die vorstehenden Bestimmungen mit Ausnahme der §§ 4 bis 6, 7 Abs. 3 und 4 und § 11 nach Maßgabe der folgenden Bestimmungen:

1. Heimarbeiter (§ 1 Abs. 1 Buchstabe a des Heimarbeitsgesetzes) und nach § 1 Abs. 2 Buchstabe a des Heimarbeitsgesetzes Gleichgestellte erhalten von ihrem Auftraggeber oder, falls sie von einem Zwischenmeister beschäftigt werden, von diesem bei einem Anspruch auf 24 Werktage ein Urlaubsentgelt von 9,1 vom Hundert des in der Zeit vom 1. Mai bis zum 30. April des folgenden Jahres oder bis zur Beendigung des Beschäftigungsverhältnisses verdienten Arbeitsentgelts vor Abzug der Steuern und Sozialversicherungsbeiträge ohne Unkostenzuschlag und ohne die für den Lohnausfall an Feiertagen, den Arbeitsausfall infolge Krankheit und den Urlaub zu leistenden Zahlungen.
2. War der Anspruchsberechtigte im Berechnungszeitraum nicht ständig beschäftigt, so brauchen unbeschadet des Anspruches auf Urlaubsentgelt nach Nummer 1 nur so viele Urlaubstage gegeben zu werden, wie durchschnittliche Tagesverdienste, die er in der Regel erzielt hat, in dem Urlaubsentgelt nach Nummer 1 enthalten sind.
3. Das Urlaubsentgelt für die in Nummer 1 bezeichneten Personen soll erst bei der letzten Entgeltzahlung vor Antritt des Urlaubs ausgezahlt werden.
4. Hausgewerbetreibende (§ 1 Abs. 1 Buchstabe b des Heimarbeitsgesetzes) und nach § 1 Abs. 2 Buchstaben b und c des Heimarbeitsgesetzes Gleichgestellte erhalten von ihrem Auftraggeber, oder, falls sie von einem Zwischenmeister beschäftigt werden, von diesem als eigenes Urlaubsentgelt und zur Sicherung der Urlaubsansprüche der von ihnen Beschäftigten einen Betrag von 9,1 vom Hundert des an sie ausgezahlten Arbeitsentgelts vor Abzug der Steuern und Sozialversicherungsbeiträge ohne Unkostenzuschlag und ohne die für den Lohnausfall an Feiertagen, den Arbeitsausfall infolge Krankheit und den Urlaub zu leistenden Zahlungen.
5. Zwischenmeister, die den in Heimarbeit Beschäftigten nach § 1 Abs. 2 Buchstabe d des Heimarbeitsgesetzes gleichgestellt sind, haben gegen ihren Auftraggeber Anspruch auf die von ihnen nach den Nummern 1 und 4 nachweislich zu zahlenden Beträge.
6. Die Beträge nach den Nummern 1, 4 und 5 sind gesondert im Entgeltbeleg auszuweisen.

7. Durch Tarifvertrag kann bestimmt werden, daß Heimarbeiter (§ 1 Abs. 1 Buchstabe a des Heimarbeitsgesetzes), die nur für einen Auftraggeber tätig sind und tariflich allgemein wie Betriebsarbeiter behandelt werden, Urlaub nach den allgemeinen Urlaubsbestimmungen erhalten.
8. Auf die in den Nummern 1, 4 und 5 vorgesehenen Beträge finden die §§ 23 bis 25, 27 und 28 und auf die in den Nummern 1 und 4 vorgesehenen Beträge außerdem § 21 Abs. 2 des Heimarbeitsgesetzes entsprechende Anwendung. Für die Urlaubsansprüche der fremden Hilfskräfte der in Nummer 4 genannten Personen gilt § 26 des Heimarbeitsgesetzes entsprechend.

§ 13 Unabdingbarkeit (1) Von den vorstehenden Vorschriften mit Ausnahme der §§ 1, 2 und 3 Abs. 1 kann in Tarifverträgen abgewichen werden. Die abweichenden Bestimmungen haben zwischen nichttarifgebundenen Arbeitgebern und Arbeitnehmern Geltung, wenn zwischen diesen die Anwendung der einschlägigen tariflichen Urlaubsregelung vereinbart ist. Im übrigen kann, abgesehen von § 7 Abs. 2 Satz 2, von den Bestimmungen dieses Gesetzes nicht zuungunsten des Arbeitnehmers abgewichen werden.
(2) Für das Baugewerbe oder sonstige Wirtschaftszweige, in denen als Folge häufigen Ortswechsels der von den Betrieben zu leistenden Arbeit Arbeitsverhältnisse von kürzerer Dauer als einem Jahr in erheblichem Umfange üblich sind, kann durch Tarifvertrag von den vorstehenden Vorschriften über die in Absatz 1 Satz 1 vorgesehene Grenze hinaus abgewichen werden, soweit dies zur Sicherung eines zusammenhängenden Jahresurlaubs für alle Arbeitnehmer erforderlich ist. Absatz 1 Satz 2 findet entsprechende Anwendung.
(3) Für den Bereich der Deutsche Bahn Aktiengesellschaft sowie einer gemäß § 2 Abs. 1 und § 3 Abs. 3 des Deutsche Bahn Gründungsgesetzes vom 27. Dezember 1993 (BGBl. I S. 2378, 2386) ausgegliederten Gesellschaft und für den Bereich der Nachfolgeunternehmen der Deutschen Bundespost kann von der Vorschrift über das Kalenderjahr als Urlaubsjahr (§ 1) in Tarifverträgen abgewichen werden.

§ 14 Berlin-Klausel *(gegenstandslos)*

§ 15 Änderung und Aufhebung von Gesetzen *(nicht abgedruckt)*

§ 15 a Übergangsvorschrift Befindet sich der Arbeitnehmer von einem Tag nach dem 9. Dezember 1998 bis zum 1. 1. 1999 oder darüber hinaus in einer Maßnahme der medizinischen Vorsorge oder Rehabilitation, sind für diesen Zeitraum die seit dem 1. 1. 1999 geltenden Vorschriften maßgebend, es sei denn, daß diese für den Arbeitnehmer ungünstiger sind.

§ 16 Inkrafttreten Dieses Gesetz tritt mit Wirkung vom 1. Januar 1963 in Kraft.

18. Gesetz über die Zahlung des Arbeitsentgelts an Feiertagen und im Krankheitsfall (Entgeltfortzahlungsgesetz – EFZG)

Einleitung

I. Geschichtliche Entwicklung

Die Fortzahlung des Entgelts im Krankheitsfalle ist ein Kernstück der sozialen Sicherung in der Bundesrepublik Deutschland. Ihr vorangegangen ist der seit dem 19. Jahrhundert geführte Kampf um die wirtschaftliche Sicherung der Arbeitnehmer beim krankheitsbedingten Ausfall ihrer Arbeitskraft. Die erste diesbezügliche gesetzliche Regelung brachte das Allgemeine Deutsche Handelsgesetzbuch von 1861 für Handlungsgehilfen, sie fand später Eingang in §63 HGB. Das sog. Arbeiterschutzgesetz vom 1.6.1891 brachte eine entsprechende Regelung für gewerbliche Angestellte (§ 133 c GewO), bis sie 1896 durch §616 des BGB (später: §616 Abs. 1) auf alle Arbeitnehmer erstreckt wurde. Diese Vorschriften galten sämtlich dispositiv, konnten also abbedungen werden. Erst durch die Notverordnungen vom 1.12.1930 (RGBl. I 517) und 5.6.1931 (RGBl. I 279) wurden sie für Angestellte unabdingbar gemacht.
Nach Gründung der Bundesrepublik Deutschland forderten die Gewerkschaften eine unabdingbare sechswöchige Lohnfortzahlung auch für Arbeiter (vgl. Entschließung Nr. 21, 3. ord. DGB-Bundeskongress 1954). Ein entsprechender Entwurf der SPD wurde 1956 im Deutschen Bundestag abgelehnt. Im gleichen Jahre (vom 24.10.1956 bis 14.2.1957) kam es in der Metallindustrie Schleswig-Holsteins zu einem sechzehnwöchigen Streik von ca. 34000 Arbeitern (bei insgesamt ca. 45000 im Geltungsbereich des Tarifvertrages Beschäftigten) aus 38 Betrieben, der vor allem um die Forderung der IG Metall nach tarifvertraglich geregelter Lohnfortzahlung im Krankheitsfalle geführt wurde. Das am Ende dieses Streiks erzielte Ergebnis brachte zwar noch nicht die völlige Gleichstellung der Arbeiter mit den Angestellten, war aber ein großer gewerkschaftspolitischer Erfolg, der zugleich den Anstoß dazu gab, dieses Problem gesetzgeberisch zu lösen. Freilich war das »Gesetz zur Verbesserung der wirtschaftlichen Sicherung der Arbeiter im Krankheitsfalle« vom 26.6.1957 (BGBl. I 649): noch völlig unzulänglich, da es Lohnfortzahlungsansprüche für Arbeiter zugunsten eines für sechs Wochen vom Arbeitgeber zu zahlenden Zuschusses zum Krankengeld bis zur Höhe von 90% des Nettoverdienstes beseitigte. Überdies setzte diese Zahlung erst mit dem dritten Tag der Arbeitsunfähigkeit ein. Durch Gesetz vom 12.7.1961 (BGBl. I 913) wurde der zweite Karenztag abgeschafft und der Zuschuss so erhöht, dass 100% des Nettoverdienstes erreicht wurden. Erst das unter der Regierung der Großen Koalition im Jahre 1969 verabschiedete LFZG hat das Zwischenspiel derartiger

sozialversicherungsrechtlich orientierter Lösungen zugunsten der nunmehrigen arbeitsrechtlichen Form beendet (zum Gesetzesinhalt unten II).
Mit dem Strafrechtsreform-Ergänzungsgesetz vom 28.8.1975 (BGBl. I 2289) ist die Lohnfortzahlung auch für den Fall eines nicht rechtswidrigen Schwangerschaftsabbruches eingeführt worden. Ein solcher Fall liegt bei einem gemäß § 218 a Abs. 1 und 2 StGB straffreien Schwangerschaftsabbruch vor (*BAG* 5.4.1989 – 5 AZR 495/87, NZA 89, 713).
Mit dem Gesetz über die Zahlung des Arbeitsentgelts an Feiertagen und im Krankheitsfall (Entgeltfortzahlungsgesetz) vom 26.5.1994 (BGBl. I 1014) sind alle Vorschriften zur Entgeltfortzahlung im Krankheitsfall zusammengefasst und für alle Arbeitnehmer vereinheitlicht worden (§§ 3 – 10). Die Regelungen der Umlagefinanzierung für kleine Unternehmen in den §§ 10 – 19 LFZG blieben zunächst bestehen und sind nunmehr im AAG (Nr. 18 a) enthalten. Gleichzeitig wurde unter Aufhebung des Feiertagslohnzahlungsgesetzes die Feiertagsbezahlung in das EFZG einbezogen (§§ 2, 11; zum Gesetzesinhalt *Kehrmann*, AiB 94, 322; *Schliemann,* AuR 94, 31; *Viethen,* BArbBl. 12/94, 7; *Schmitt,* RdA 96, 5).
Nach heftigen Auseinandersetzungen und in ungewöhnlicher Eile wurde die Entgeltfortzahlung im Krankheitsfalle durch das »Arbeitsrechtliche Beschäftigungsförderungsgesetz« vom 25.9.1996 (BGBl. I 1476) einschneidend verändert. Die Entgeltfortzahlung wurde auf 80 % gesenkt, der Arbeitnehmer konnte aber die volle Lohnfortzahlung für 5 Tage durch Verzicht auf einen Urlaubstag erlangen. Die Auswirkungen auf günstigere tarifvertragliche Regelungen blieben umstritten (vgl. dazu bis einschließlich 35. Aufl.). Die Änderungen wurden durch das »Gesetz zu Korrekturen in der Sozialversicherung und zur Sicherung der Arbeitnehmerrechte« vom Dezember 1998 wieder rückgängig gemacht (vgl. *Schaub,* NZA 99, 177; *Hold,* ZTR 99, 103).
Durch das Gesetz zur Änderung des Transplantationsgesetzes v. 21.7.2012 (BGBl. I 1601) wurde ein Entgeltfortzahlungsanspruch für Organspender in § 3 a eingeführt (vgl. *Knorr,* NZA 12, 1132 ff.). Dem Arbeitgeber werden die Kosten durch den Krankheitskostenträger des Empfängers erstattet.
Durch das Dritte Bürokratieentlastungsgesetz (v. 22.11.2019, BGBl. I 1746) wird mit Wirkung ab 1.1.2022 die Nachweispflicht der Arbeitsunfähigkeit in § 5 Abs. 1a EFZG für nicht nur geringfügig beschäftigte Versicherte der gesetzlichen Krankenversicherung im Hinblick auf die Einführung einer sog. elektronischen Entgeltbescheinigung durch die Krankenkasse gelockert.

II. Wesentlicher Gesetzesinhalt

Das Entgeltfortzahlungsgesetz fasst die bisherige Regelung zur Feiertagslohnzahlung und zur Entgeltfortzahlung im Krankheitsfall zusammen (Übersicht 40).

1. Entgeltfortzahlung im Krankheitsfall

Das Entgeltfortzahlungsgesetz hat die zahlreichen Vorschriften zur Entgeltsicherung im Krankheitsfall (bisher §§ 1 – 9 LFZG, § 616 Abs. 2 BGB, § 63 HGB, § 133 c GewO, §§ 115 a – 115 e Arbeitsgesetzbuch DDR, §§ 48, 78 Seemannsgesetz, § 12 Abs. 1 BBiG) abgelöst. Arbeiter, Angestellte und Auszubildende werden einheitlich behandelt (vgl. § 1 Abs. 2). Die materiellen Rechtsvorschriften entsprechen weitgehend den bisherigen Vorschriften.

Arbeitnehmer erhalten einen Anspruch gegen den Arbeitgeber auf Fortzahlung des Arbeitsentgelts bei nicht verschuldeter Arbeitsunfähigkeit im Krankheitsfall bis zu einer Dauer von sechs Wochen (§ 3 Abs. 1 Satz 1). Im Falle einer Wiederholungserkrankung entsteht ein erneuter Entgeltfortzahlungsanspruch bis zu sechs Wochen, wenn der Arbeitnehmer mindestens sechs Monate nicht infolge derselben Krankheit arbeitsunfähig war oder seit dem Beginn der ersten Erkrankung zwölf Monate abgelaufen sind (§ 3 Abs. 1 Satz 2). Einer nicht verschuldeten Arbeitsunfähigkeit wird eine Arbeitsverhinderung infolge einer nicht rechtswidrigen Sterilisation oder eines nicht rechtswidrigen Schwangerschaftsabbruchs gleichgestellt (§ 3 Abs. 2). Keine Sonderregelung gibt es für künstliche Befruchtungen, auch wenn § 27 a SGB V unter bestimmten Voraussetzungen die Übernahme durch die Krankenversicherung regelt. Arbeitsunfähigkeit infolge einer künstlichen Befruchtung ist daher dem privaten Lebensbereich zuzuordnen und letztlich als selbstverschuldete Erkrankung nicht vom Arbeitgeber zu tragen, anders hingegen wenn infolge einer kunstgerechten künstlichen Befruchtung eine Erkrankung auftritt, dann gilt § 3; nach dem Embryonentransfer gelten dann die gleichen Grundsätze wie auch sonst bei Schwangerschaft (*BAG* 26. 10. 2016 – 5 AZR 167/16, NZA 17, 240). Ob ein Verschulden im Fall des Rückfalls nach Alkoholtherapie vorlag, kann nur im Wege eines ärztlichen Sachverständigengutachtens geklärt werden (*BAG* 18. 3. 2015 – 10 AZR 99/14, BB 15, 1658).

Im Anschluss an die Entgeltfortzahlung erfolgt die materielle Sicherung des Arbeitnehmers durch das Krankengeld aufgrund §§ 44 ff. SGB V. Es wurde 1996 von 80 % auf 70 % des Nettoentgelts abgesenkt (vgl. Einl. II 2 zum SGB V, Nr. 30 V).

Für die Höhe des fortzuzahlenden Arbeitsentgelts gilt das sog. modifizierte Lohnausfallprinzip: dem Arbeitnehmer ist das Arbeitsentgelt fortzuzahlen, das er während der Erkrankung erhalten hätte (§ 4 Abs. 1), jedoch abzüglich sog. Aufwendungsersatzes und Überstundenvergütung (§ 4 Abs. 1 a). Dazu gehört auch eine vertraglich geschuldete Dienstwagenüberlassung zur privaten Nutzung (vgl. *BAG* 14. 12. 2010 – 9 AZR 631/09, NZA 11, 569). Die Tarifvertragsparteien können eine abweichende Bemessungsgrundlage festlegen (§ 4 Abs. 4). Wenn in einer Mindestlohnvorschrift (vgl. AEntG, Nr. 31 a) nichts anderes geregelt ist, richtet sich die Höhe der Entgeltfortzahlung ebenfalls (mindestens) nach dem ausgefallenen Mindestentgelt (*BAG* 13. 5. 2015 – 10 AZR 495/14, NZA 15, 1127). Dasselbe gilt mit Blick auf den gesetzlichen Mindestlohn nach dem MiLoG (Nr. 31 b), wenn nicht aus anderen Gründen ein höherer sog. Geldfaktor maßgeblich ist (*BAG* 6. 12. 2017 – 5 AZR 699/16, NZA 18, 582). § 4 a regelt die Kürzung von Sonderzahlungen wegen krankheitsbedingter Abwesenheit. Dabei darf nicht zwischen Arbeitern und Angestellten unterschieden werden, solange nicht ausgeschlossen werden kann, dass ein höherer Krankenstand auf den vom Arbeitgeber zu verantwortenden Arbeitsbedingungen beruht (*BVerfG* 1. 9. 1997 – 1 BvR 1929/95, NZA 97, 1339).

Der Arbeitnehmer ist verpflichtet, dem Arbeitgeber die Arbeitsunfähigkeit und deren voraussichtliche Dauer unverzüglich mitzuteilen (§ 5 Abs. 1 Satz 1). Bei einer

Erkrankung, die voraussichtlich länger als drei Tage dauert, hat der Arbeitnehmer sich eine ärztliche Bescheinigung ausstellen zu lassen (§ 5 Abs. 1a). Eine Vorlagepflicht beim Arbeitgeber gibt es ab 1. 1. 2022 nur noch für geringfügig Beschäftigte im Privathaushalt sowie bei Feststellung der Arbeitsunfähigkeit durch einen Arzt, der nicht Vertragsarzt (Kassenarzt) ist (§ 5 Abs. 1). Ansonsten erfolgt für die gesetzlich Versicherten eine Meldung der Arbeitsunfähigkeit durch die Krankenkasse an den Arbeitgeber. Eine ärztliche Bescheinigung belegt grundsätzlich den Anspruch des Arbeitnehmers auf Entgeltfortzahlung (hierzu *Brill,* AuA 93, 197; *Schaub,* BB 94, 1417). Für deren Feststellung gibt es eine Richtlinie des Gemeinsamen Bundesausschusses: die sog. Arbeitsunfähigkeitsrichtlinie (s. Fn. zu § 74 SGB V, Nr. 30 V). Der Arbeitgeber, der die Arbeitsunfähigkeit bestreiten will, muss hierfür tatsächliche Umstände darlegen und beweisen, die zu ernsthaften Zweifeln Anlass geben (*BAG* 15. 7. 1992 – 5 AZR 312/91, DB 1992, 2347; hierzu *Hanau/Kramer,* DB 95, 94; *Stückmann,* NZS 94, 529; *Berenz,* DB 95, 1462). Im Zusammenhang hiermit steht § 275 SGB V (Nr. 30 V). Danach kann der Arbeitgeber verlangen, dass die Krankenkasse eine gutachterliche Stellungnahme des Medizinischen Dienstes zur Überprüfung der Arbeitsunfähigkeit einholt.

Bei einem Auslandsaufenthalt ist der Arbeitnehmer im Falle einer Erkrankung verpflichtet, dem Arbeitgeber die Arbeitsunfähigkeit, deren voraussichtliche Dauer und die Adresse am Aufenthaltsort in der schnellstmöglichen Art der Übermittlung mitzuteilen (umfassend zur Arbeitsunfähigkeit im Ausland *Peter,* RdA 99, 374; *Rehwald,* AiB 98, 301; zur zeitweiligen Verweigerung der Entgeltfortzahlung wegen unterlassener Mitteilung der Urlaubsanschrift *BAG* 19. 2. 1997 – 5 AZR 83/96, DB 97, 1237). Die durch die Mitteilung entstehenden Kosten hat der Arbeitgeber zu tragen (§ 5 Abs. 2). Auch bei Auslandsaufenthalt gilt grundsätzlich das Attest eines vom Arbeitnehmer im Ausland aufgesuchten Arztes. Nach Art. 27 Abs. 8 der Durchführungsverordnung (EU) 987/2009 haben AU-Bescheinigungen aus anderen Mitgliedstaaten anders als nach früherer Rechtslage (vgl. *EuGH* 3. 6. 1992 – C-45/90, NZA 92, 735 – Paletta I; 2. 5. 1996 – C-206/94, NZA 96, 635 – Paletta II; *BAG* 19. 2. 1997 – 5 AZR 747/93, DB 97, 1235) nur noch eine Bindungswirkung, wenn das nationale Recht auch eine solche vorsieht. Das ist aber in der Bundesrepublik nicht der Fall. Vielmehr kann der Arbeitgeber die Vermutung einer Arbeitsunfähigkeit des Arbeitnehmers widerlegen.

Leistet der Arbeitgeber Entgeltfortzahlung und besteht ein Schadensersatzanspruch des Arbeitnehmers gegen Dritte wegen des Verdienstausfalls, so gehen die Ansprüche des Arbeitnehmers auf den Arbeitgeber über (§ 6). Das gilt auch, wenn der Arbeitgeber dem Arbeitnehmer für die fragliche Zeit Urlaubsentgelt zahlt (*BGH* 13. 8. 2013 – VI ZR 389/12, NZA 14, 91). Solange der Arbeitnehmer seine Pflicht zur Vorlage des ärztlichen Attestes nicht erfüllt, kann der Arbeitgeber die Fortzahlung des Arbeitsentgelts verweigern (§ 7 Abs. 1 Nr. 1). Das Gleiche gilt, falls der Arbeitnehmer den Übergang eines Schadensersatzanspruchs gegen einen Dritten auf den Arbeitgeber verhindert (§ 7 Abs. 1 Nr. 2).

Die Vorschriften über die Entgeltzahlung im Krankheitsfalle gelten auch bei Kurmaßnahmen zur medizinischen Vorsorge und Rehabilitation (§ 9). Voraussetzung ist allerdings, dass die Behandlung – stationär oder ambulant – in einer medizinischen Vorsorge- oder Rehabilitationseinrichtung erfolgt (*BAG* 25.5.2016 – 5 AZR 298/15, NZA 16, 1028). Im Falle einer bloßen ärztlich verordneten Schonungszeit im Anschluss an eine Maßnahme der medizinischen Vorsorge und Rehabilitation soll kein Entgeltfortzahlungsanspruch bestehen (Ausschussbericht, BT-Drs. 12/5798, S. 22; hiergegen mit guten Argumenten *Leinemann,* AuR 95, 83). In jedem Falle hat der Arbeitnehmer jedoch Anspruch auf Urlaub gemäß § 7 Abs. 1 Satz 2 BUrlG.

Abgesehen von der Regelung der Bemessungsgrundlagen für die Entgeltfortzahlung gemäß § 4 Abs. 4 kann auch in Tarifverträgen – so wie in Einzelarbeitsverträgen und Betriebsvereinbarungen – von den Vorschriften des Gesetzes nicht zuungunsten des Arbeitnehmers abgewichen werden (§ 12, vgl. dazu *BAG* 16.7.2014 – 10 AZR 242/13, DB 14, 2176 [OS]: Bemessung auf Grundlage der tariflichen Arbeitszeit, auch wenn die wöchentliche Arbeitszeit zulässigerweise durch Betriebsvereinbarung erhöht ist).

2. Entgeltfortzahlung an Feiertagen

§ 2 hat das frühere Feiertagslohnzahlungsgesetz abgelöst. Mit ihm wird die Frage geregelt, inwieweit wegen eines Feiertages ausgefallene Arbeit zu vergüten ist (vgl. *Deckers,* NZA 99, 964).

Hiervon zu unterscheiden sind feiertagsrechtlich die folgenden Fragen:

- die Bestimmung der Feiertage;
- die arbeitsschutzrechtliche Frage, ob und inwieweit Arbeit an Feiertagen zulässig ist (§ 12 ArbZG);
- die lohnzuschlagsrechtliche Frage, ob und inwieweit am Feiertag geleistete Arbeit mit einem erhöhten Verdienst zu bezahlen ist.

Gemäß § 2 ist Arbeitszeit, die infolge eines gesetzlichen Feiertages ausfällt, so zu vergüten, als ob gearbeitet worden wäre. Welche Tage Feiertage sind, wird – mit Ausnahme des durch Art. 2 Abs. 2 des Einigungsvertrages als Feiertag bestimmten 3. Oktober – durch Landesrecht für jedes Bundesland gesondert bestimmt. In Deutschland gibt es nach der teilweisen Abschaffung des Buß- und Bettages zur Finanzierung der Arbeitgeberbeiträge zur Pflegeversicherung (vgl. § 58 Abs. 2 SGB XI sowie Einl. zu Nr. 30 XI) neun bundesweite Feiertage. Erforderlich für den Entgeltfortzahlungsanspruch ist, dass die Arbeit wegen des Feiertags ausfällt. Muss der Arbeitnehmer nach dem Schichtplan am Feiertag gar nicht arbeiten, besteht kein Anspruch auf Entgeltfortzahlung (*BAG* 27.3.2014 – 6 AZR 621/12, NZA-RR 14, 500).

Wird aufgrund einer Ausnahmegenehmigung (§ 12 ArbZG) an einem Feiertag gearbeitet, erhält der Arbeitnehmer von Gesetzes wegen nur sein normales Arbeitsentgelt. Ob und in welcher Höhe Zuschläge gezahlt werden, ergibt sich aus Tarifverträgen bzw. Betriebsvereinbarungen und Einzelarbeitsverträgen.

3. Unabdingbarkeit des Gesetzes

Nach § 12 darf (abgesehen von der Möglichkeit einer abweichenden Bemessungsgrundlage des fortzuzahlenden Arbeitsentgelts gemäß § 4, s. o. 1) nicht zu Ungunsten des Arbeitnehmers vom EFZG abgewichen werden. Abweichende Bestimmungen sind daher auch zulässig, soweit sie für den Arbeitnehmer nicht günstiger, aber auch nicht ungünstiger sind, etwa wenn sie in ihrer Wirkung neutral sind oder ambivalente Wirkungen – sowohl günstiger als auch ungünstiger – erzeugen können (*BAG* 6.12.2017 – 5 AZR 118/17, NZA 18, 597: Arbeitszeitgutschrift für jeden auf einen Wochentag fallenden Feiertag).

III. Anwendungsprobleme und Rechtstatsachen

1. Der ständige Konflikt um die Lohnfortzahlung

Mit dem EFZG ist zwar eine wichtige Etappe hinsichtlich der wirtschaftlichen Sicherung der Arbeiter im Krankheitsfalle erreicht. Jedoch sieht sich auch diese Errungenschaft – und zwar für Arbeiter und Angestellte gleichermaßen – nach wie vor Bedrohungen unter verschiedenen Aspekten ausgesetzt:
Während einer Wirtschaftskrise geht der Krankenstand häufig zurück, da viele Arbeitnehmer aus Angst um ihren Arbeitsplatz trotz vorliegender Erkrankungen zur Arbeit gehen (siehe unten 2).
Außerdem erlaubt die vom *BAG* gebilligte Möglichkeit sog. Anwesenheitsprämien (*BAG* 15.2.1990 – 6 AZR 381/88, NZA 90, 601) einen sozialpolitisch unakzeptablen Druck auf kranke Arbeitnehmer (eine Unterscheidung zwischen Arbeitern und Angestellten ist dabei unzulässig, vgl. *BVerfG* 1.9.1997 – 1 BvR 1929/95, AuR 98, 41).

2. Krankenstand

»Seit der Einführung der Lohnfortzahlung im Krankheitsfall auch für Arbeiter im Jahr 1970 sind weder der Krankenstand gestiegen noch die Kosten der Entgeltfortzahlung im Krankheitsfall überproportional angestiegen. Seitdem Krankenstand gemessen wird, folgt er der Konjunktur.« (BT-Drs. 12/1448) Der Krankenstand ist in den letzten Jahren kontinuierlich gesunken. Nach Angaben des IAB bewegte er sich von 5,1 % im Jahre 1995 auf etwa 4 % im Jahre 2000 und 3,3 % im Jahre 2005 (ebenso in den beiden Folgejahren: 3,2 %, iwd 51/52 – 08, S. 1) Nach einer Untersuchung des wissenschaftlichen Instituts der Allgemeinen Ortskrankenkassen gaben ¾ der Befragten an, sie würden sich aus Angst vor möglichen Jobverlusten mit einer Krankmeldung zurückhalten (iwd 5/07). Mehr als 70 % der Arbeitnehmer sollen im Jahr 2008 krank zur Arbeit gegangen sein, teilweise sogar gegen ausdrücklichen ärztlichen Rat (Handelsblatt v. 6.11.09). Das kann auch nicht im Sinne der Arbeitgeber sein, da die Folgekosten mindestens so hoch sind wie die Folgen des Fehlens der betreffenden Arbeitnehmer (RVaktuell 13, 77). Seit Anfang 2008 ist der Krankenstand allerdings wieder fühlbar angestiegen (*Priester*, gute ARBEIT. 11/2008, S. 6), seither fast durchgängig. 2018 lag er bei 4,28 % (https://de.statista.com/statistik/daten/studie/5520/umfrage/durchschnittlicher-krankenstand-in-der-gkv-seit-1991/). Damit war der Höchststand seit 1997 erreicht. Im Jahr 2011 lag der durchschnittliche Ausfall bei den in den Betriebskrankenkassen versicherten Arbeitnehmern bei 16 Arbeitstagen pro Jahr (iwd 7/13, S. 4 f.). Dabei hat sich gezeigt, dass ein betriebliches Gesundheitsmanagement dämpfend auf den Krankenstand wirkt (*gute* ARBEIT. 1/09, S. 4). Offenbar wirkte die Wirtschaftskrise hingegen nicht dämpfend auf den Krankenstand. Eine Erklärung kann in der Zunahme von Muskel- und Skeletterkrankungen und psychischen Belastungen liegen (vgl. iwd 2/10, S. 2). Das indiziert, dass Präventionsmaßnahmen gefragt sind (idw 6/12, S. 1, 2), auch durch die Betriebe. So genannte Burnout-Fälle lassen sich häufig auf die Rahmenbedingungen der Arbeit zurückführen (vgl. »Fleißig, flexibel – und krank«, SZ v. 17. 8. 12, S. 17). Die rechtspolitisch diskutierte Antistress-Verordnung (vgl. Einl. IV 1 zum ArbSchG, Nr. 7) scheint insoweit in die richtige Richtung zu weisen. Einer Untersuchung der Bundesanstalt für Arbeitsschutz zufolge waren Arbeiter wesentlich häufiger arbeitsunfähig als Angestellte, in einzelnen Berufsgruppen mehr als dreimal so viel (ein deutlicher Beleg für die Abhängigkeit von der Schwere der Arbeitsbedingungen).

Weiterführende Literatur

Deinert/Heuschmid/Zwanziger-*Trümner,* Arbeitsrecht, § 38 (Persönliche Arbeitsverhinderung und Entgeltfortzahlung an Feiertagen), § 39 (Entgeltfortzahlung im Krankheitsfall und bei Kur)

Kunz/Wedde, Entgeltfortzahlungsrecht, Kommentar für die Praxis, 2. Aufl. (2005)

Schmitt, EFZG, Kommentar, 8. Aufl. (2018)

v.Stein/Rothe/Schlegel, Gesundheitsmanagement und Krankheit im Arbeitsverhältnis (2015)

Treber, Entgeltfortzahlungsgesetz, 2. Aufl. (2007)

Wedde/Kunz, Entgeltfortzahlungsgesetz, Basiskommentar, 4. Aufl. (2015)

Übersicht 40: Entgeltfortzahlung

Entgeltfortzahlung
Entgeltabsicherung an gesetzlichen Feiertagen und im Krankheitsfall (§ 1)

Unverschuldete Arbeitsunfähigkeit

Sterilisation oder Schwangerschaftsabbruch (§ 3 II)	Krankheit, Rehabilitation (§§ 3 I, 9)

Bei erneuter Arbeitsunfähigkeit infolge derselben Krankheit Anspruch, wenn:
- Arbeitsunfähigkeit liegt bereits 6 Monate zurück (oder)
- erste Arbeitsunfähigkeit liegt mind. 12 Monate zurück (§ 3 I)

Anzeige- und Nachweispflicht (§ 5)
- AN muss dem AG unverzüglich Erkrankung mitteilen
- binnen 3 Tagen ärztliche Bescheinigung vorlegen
- bei Zweifeln: Untersuchung durch den Medizinischen Dienst der Krankenversicherung
- bei Auslandsaufenthalt: Angabe der Anschrift

Höhe der Entgeltfortzahlung (§ 4)
- 100 % des letzten Entgelts
- für die Dauer von 6 Wochen (ab 7. Woche Krankengeld bis 70 % des Einkommens)
- bessere Tarifverträge gehen vor

Arbeitsausfall an gesetzlichen Feiertagen (§ 2)

100 % Entgeltfortzahlung nach dem Ausfallprinzip

Übersicht 41: Gesetzliche Feiertage

	Neujahr, Karfreitag, Ostermontag, 1. Mai, Christi Himmelfahrt, Pfingstmontag, 3. Okt., 1. u. 2. Weihnachtsfeiertag	Ostersonntag, Pfingstsonntag	Heilige Drei Könige (6.1.)	Int. Frauentag (8. 3.)	Fronleichnam	Mariä Himmelfahrt	Weltkindertag (20. 9.)	Reformationstag (31. 10.)	Allerheiligen (1. 11.)	Buß- und Bettag	Insgesamt
Baden-Württemberg	x		x		x				x		12
Bayern	x		x		x	†			x		12 (13)
Berlin	x			x							10
Brandenburg	x	x						x			12
Bremen	x										10
Hamburg	x										10
Hessen	x				x						10
Mecklenburg-Vorpommern	x							x			10
Niedersachsen	x										10
Nordrhein-Westfalen	x				x				x		11
Rheinland-Pfalz	x				x				x		11
Saarland	x				x	x			x		12
Sachsen	x				*			x		x	11 (12)
Sachsen-Anhalt	x		x					x			11
Schleswig-Holstein	x										10
Thüringen	x				†		x	x			11 (12)

x = gesetzlicher Feiertag
† = gesetzlicher Feiertag nur in Gebieten mit überwiegend katholischer Bevölkerung
* = gesetzlicher Feiertag nur in einigen Gemeinden der Landkreise Bautzen und Westlausitz

Gesetz über die Zahlung des Arbeitsentgelts an Feiertagen und im Krankheitsfall (Entgeltfortzahlungsgesetz)

vom 26. Mai 1994 (BGBl. I 1014),
zuletzt geändert durch Gesetz vom 22. November 2019 (BGBl. I 1746)

§ 1 Anwendungsbereich (1) Dieses Gesetz regelt die Zahlung des Arbeitsentgelts an gesetzlichen Feiertagen und die Fortzahlung des Arbeitsentgelts im Krankheitsfall an Arbeitnehmer sowie die wirtschaftliche Sicherung im Bereich der Heimarbeit für gesetzliche Feiertage und im Krankheitsfall.
(2) Arbeitnehmer im Sinne dieses Gesetzes sind Arbeiter und Angestellte sowie die zu ihrer Berufsbildung Beschäftigten.

§ 2 Entgeltzahlung an Feiertagen (1) Für Arbeitszeit, die infolge eines gesetzlichen Feiertages ausfällt, hat der Arbeitgeber dem Arbeitnehmer das Arbeitsentgelt zu zahlen, das er ohne den Arbeitsausfall erhalten hätte.
(2) Die Arbeitszeit, die an einem gesetzlichen Feiertag gleichzeitig infolge von Kurzarbeit ausfällt und für die an anderen Tagen als an gesetzlichen Feiertagen Kurzarbeitergeld geleistet wird, gilt als infolge eines gesetzlichen Feiertages nach Absatz 1 ausgefallen.
(3) Arbeitnehmer, die am letzten Arbeitstag vor oder am ersten Arbeitstag nach Feiertagen unentschuldigt der Arbeit fernbleiben, haben keinen Anspruch auf Bezahlung für diese Feiertage.

§ 3 Anspruch auf Entgeltfortzahlung im Krankheitsfall (1) Wird ein Arbeitnehmer durch Arbeitsunfähigkeit infolge Krankheit an seiner Arbeitsleistung verhindert, ohne daß ihn ein Verschulden trifft, so hat er Anspruch auf Entgeltfortzahlung im Krankheitsfall durch den Arbeitgeber für die Zeit der Arbeitsunfähigkeit bis zur Dauer von sechs Wochen. Wird der Arbeitnehmer infolge derselben Krankheit erneut arbeitsunfähig, so verliert er wegen der erneuten Arbeitsunfähigkeit den Anspruch nach Satz 1 für einen weiteren Zeitraum von höchstens sechs Wochen nicht, wenn

1. er vor der erneuten Arbeitsunfähigkeit mindestens sechs Monate nicht infolge derselben Krankheit arbeitsunfähig war oder
2. seit Beginn der ersten Arbeitsunfähigkeit infolge derselben Krankheit eine Frist von zwölf Monaten abgelaufen ist.

(2) Als unverschuldete Arbeitsunfähigkeit im Sinne des Absatzes 1 gilt auch eine Arbeitsverhinderung, die infolge einer nicht rechtswidrigen Sterilisation oder eines nicht rechtswidrigen Abbruchs der Schwangerschaft eintritt. Dasselbe gilt für einen Abbruch der Schwangerschaft, wenn die Schwangerschaft innerhalb von zwölf Wochen nach der Empfängnis durch einen Arzt abgebrochen wird, die schwangere Frau den Abbruch verlangt und dem Arzt durch eine Bescheini-

gung nachgewiesen hat, daß sie sich mindestens drei Tage vor dem Eingriff von einer anerkannten Beratungsstelle hat beraten lassen.
(3) Der Anspruch nach Absatz 1 entsteht nach vierwöchiger ununterbrochener Dauer des Arbeitsverhältnisses.

§ 3 a Anspruch auf Entgeltfortzahlung bei Spende von Organen, Geweben oder Blut zur Separation von Blutstammzellen oder anderen Blutbestandteilen (1) Ist ein Arbeitnehmer durch Arbeitsunfähigkeit infolge der Spende von Organen oder Geweben, die nach den §§ 8 und 8 a des Transplantationsgesetzes erfolgt, oder eine Blutspende zur Separation von Blutstammzellen oder anderen Blutbestandteilen im Sinne von § 9 des Transfusionsgesetzes an seiner Arbeitsleistung verhindert, hat er Anspruch auf Entgeltfortzahlung durch den Arbeitgeber für die Zeit der Arbeitsunfähigkeit bis zur Dauer von sechs Wochen. § 3 Absatz 1 Satz 2 gilt entsprechend
(2) Dem Arbeitgeber sind von der gesetzlichen Krankenkasse des Empfängers von Organen, Geweben oder Blut zur Separation von Blutstammzellen oder anderen Blutbestandteilen das an den Arbeitnehmer nach Absatz 1 fortgezahlte Arbeitsentgelt sowie die hierauf entfallenden vom Arbeitgeber zu tragenden Beiträge zur Sozialversicherung und zur betrieblichen Alters- und Hinterbliebenenversorgung auf Antrag zu erstatten. Ist der Empfänger von Organen, Geweben oder Blut zur Separation von Blutstammzellen oder anderen Blutbestandteilen gemäß § 193 Absatz 3 des Versicherungsvertragsgesetzes bei einem privaten Krankenversicherungsunternehmen versichert, erstattet dieses dem Arbeitgeber auf Antrag die Kosten nach Satz 1 in Höhe des tariflichen Erstattungssatzes. Ist der Empfänger von Organen, Geweben oder Blut zur Separation von Blutstammzellen oder anderen Blutbestandteilen bei einem Beihilfeträger des Bundes beihilfeberechtigt oder berücksichtigungsfähiger Angehöriger, erstattet der zuständige Beihilfeträger dem Arbeitgeber auf Antrag die Kosten nach Satz 1 zum jeweiligen Bemessungssatz des Empfängers von Organen, Geweben oder Blut zur Separation von Blutstammzellen oder anderen Blutbestandteilen; dies gilt entsprechend für sonstige öffentlich-rechtliche Träger von Kosten in Krankheitsfällen auf Bundesebene. Unterliegt der Empfänger von Organen, Geweben oder Blut zur Separation von Blutstammzellen oder anderen Blutbestandteilen der Heilfürsorge im Bereich des Bundes oder der truppenärztlichen Versorgung, erstatten die zuständigen Träger auf Antrag die Kosten nach Satz 1. Mehrere Erstattungspflichtige haben die Kosten nach Satz 1 anteilig zu tragen. Der Arbeitnehmer hat dem Arbeitgeber unverzüglich die zur Geltendmachung des Erstattungsanspruches erforderlichen Angaben zu machen

§ 4 Höhe des fortzuzahlenden Arbeitsentgelts (1) Für den in § 3 Abs. 1 oder in § 3 a Absatz 1 bezeichneten Zeitraum ist dem Arbeitnehmer das ihm bei der für ihn maßgebenden regelmäßigen Arbeitszeit zustehende Arbeitsentgelt fortzuzahlen.
(1 a) Zum Arbeitsentgelt nach Absatz 1 gehören nicht das zusätzlich für Über-

stunden gezahlte Arbeitsentgelt und Leistungen für Aufwendungen des Arbeitnehmers, soweit der Anspruch auf sie im Falle der Arbeitsfähigkeit davon abhängig ist, daß dem Arbeitnehmer entsprechende Aufwendungen tatsächlich entstanden sind, und dem Arbeitnehmer solche Aufwendungen während der Arbeitsunfähigkeit nicht entstehen. Erhält der Arbeitnehmer eine auf das Ergebnis der Arbeit abgestellte Vergütung, so ist der von dem Arbeitnehmer in der für ihn maßgebenden regelmäßigen Arbeitszeit erzielbare Durchschnittsverdienst der Berechnung zugrunde zu legen.

(2) Ist der Arbeitgeber für Arbeitszeit, die gleichzeitig infolge eines gesetzlichen Feiertages ausgefallen ist, zur Fortzahlung des Arbeitsentgelts nach § 3 oder nach § 3 a verpflichtet, bemißt sich die Höhe des fortzuzahlenden Arbeitsentgelts für diesen Feiertag nach § 2.

(3) Wird in dem Betrieb verkürzt gearbeitet und würde deshalb das Arbeitsentgelt des Arbeitnehmers im Falle seiner Arbeitsfähigkeit gemindert, so ist die verkürzte Arbeitszeit für ihre Dauer als die für den Arbeitnehmer maßgebende regelmäßige Arbeitszeit im Sinne des Absatzes 1 anzusehen. Dies gilt nicht im Falle des § 2 Abs. 2.

(4) Durch Tarifvertrag kann eine von den Absätzen 1, 1 a und 3 abweichende Bemessungsgrundlage des fortzuzahlenden Arbeitsentgelts festgelegt werden. Im Geltungsbereich eines solchen Tarifvertrages kann zwischen nichttarifgebundenen Arbeitgebern und Arbeitnehmern die Anwendung der tarifvertraglichen Regelung über die Fortzahlung des Arbeitsentgelts im Krankheitsfalle vereinbart werden.

§ 4 a Kürzung von Sondervergütungen Eine Vereinbarung über die Kürzung von Leistungen, die der Arbeitgeber zusätzlich zum laufenden Arbeitsentgelt erbringt (Sondervergütungen), ist auch für Zeiten der Arbeitsunfähigkeit infolge Krankheit zulässig. Die Kürzung darf für jeden Tag der Arbeitsunfähigkeit infolge Krankheit ein Viertel des Arbeitsentgelts, das im Jahresdurchschnitt auf einen Arbeitstag entfällt, nicht überschreiten.

§ 5 Anzeige- und Nachweispflicht (1) Der Arbeitnehmer ist verpflichtet, dem Arbeitgeber die Arbeitsunfähigkeit und deren voraussichtliche Dauer unverzüglich mitzuteilen. Dauert die Arbeitsunfähigkeit länger als drei Kalendertage, hat der Arbeitnehmer eine ärztliche Bescheinigung über das Bestehen der Arbeitsunfähigkeit sowie deren voraussichtliche Dauer spätestens an dem darauffolgenden Arbeitstag vorzulegen. Der Arbeitgeber ist berechtigt, die Vorlage der ärztlichen Bescheinigung früher zu verlangen. Dauert die Arbeitsunfähigkeit länger als in der Bescheinigung angegeben, ist der Arbeitnehmer verpflichtet, eine neue ärztliche Bescheinigung vorzulegen. Ist der Arbeitnehmer Mitglied einer gesetzlichen Krankenkasse, muß die ärztliche Bescheinigung einen Vermerk des behandelnden Arztes darüber enthalten, daß der Krankenkasse unverzüglich eine Bescheinigung über die Arbeitsunfähigkeit mit Angaben über den Befund und die voraussichtliche Dauer der Arbeitsunfähigkeit übersandt wird.

(2) Hält sich der Arbeitnehmer bei Beginn der Arbeitsunfähigkeit im Ausland

auf, so ist er verpflichtet, dem Arbeitgeber die Arbeitsunfähigkeit, deren voraussichtliche Dauer und die Adresse am Aufenthaltsort in der schnellstmöglichen Art der Übermittlung mitzuteilen. Die durch die Mitteilung entstehenden Kosten hat der Arbeitgeber zu tragen. Darüber hinaus ist der Arbeitnehmer, wenn er Mitglied einer gesetzlichen Krankenkasse ist, verpflichtet, auch dieser die Arbeitsunfähigkeit und deren voraussichtliche Dauer unverzüglich anzuzeigen. Dauert die Arbeitsunfähigkeit länger als angezeigt, so ist der Arbeitnehmer verpflichtet, der gesetzlichen Krankenkasse die voraussichtliche Fortdauer der Arbeitsunfähigkeit mitzuteilen. Die gesetzlichen Krankenkassen können festlegen, daß der Arbeitnehmer Anzeige- und Mitteilungspflichten nach den Sätzen 3 und 4 auch gegenüber einem ausländischen Sozialversicherungsträger erfüllen kann. Absatz 1 Satz 5 gilt nicht. Kehrt ein arbeitsunfähig erkrankter Arbeitnehmer in das Inland zurück, so ist er verpflichtet, dem Arbeitgeber und der Krankenkasse seine Rückkehr unverzüglich anzuzeigen.

§ 6 Forderungsübergang bei Dritthaftung (1) Kann der Arbeitnehmer auf Grund gesetzlicher Vorschriften von einem Dritten Schadensersatz wegen des Verdienstausfalls beanspruchen, der ihm durch die Arbeitsunfähigkeit entstanden ist, so geht dieser Anspruch insoweit auf den Arbeitgeber über, als dieser dem Arbeitnehmer nach diesem Gesetz Arbeitsentgelt fortgezahlt und darauf entfallende vom Arbeitgeber zu tragende Beiträge zur Bundesagentur für Arbeit, Arbeitgeberanteile an Beiträgen zur Sozialversicherung und zur Pflegeversicherung sowie zu Einrichtungen der zusätzlichen Alters- und Hinterbliebenenversorgung abgeführt hat.
(2) Der Arbeitnehmer hat dem Arbeitgeber unverzüglich die zur Geltendmachung des Schadensersatzanspruchs erforderlichen Angaben zu machen.
(3) Der Forderungsübergang nach Absatz 1 kann nicht zum Nachteil des Arbeitnehmers geltend gemacht werden.

§ 7 Leistungsverweigerungsrecht des Arbeitgebers (1) Der Arbeitgeber ist berechtigt, die Fortzahlung des Arbeitsentgelts zu verweigern,
1. solange der Arbeitnehmer die von ihm nach § 5 Abs. 1 vorzulegende ärztliche Bescheinigung nicht vorlegt oder den ihm nach § 5 Abs. 2 obliegenden Verpflichtungen nicht nachkommt;
2. wenn der Arbeitnehmer den Übergang eines Schadensersatzanspruchs gegen einen Dritten auf den Arbeitgeber (§ 6) verhindert.

(2) Absatz 1 gilt nicht, wenn der Arbeitnehmer die Verletzung dieser ihm obliegenden Verpflichtungen nicht zu vertreten hat.

§ 8 Beendigung des Arbeitsverhältnisses (1) Der Anspruch auf Fortzahlung des Arbeitsentgelts wird nicht dadurch berührt, daß der Arbeitgeber das Arbeitsverhältnis aus Anlaß der Arbeitsunfähigkeit kündigt. Das gleiche gilt, wenn der Arbeitnehmer das Arbeitsverhältnis aus einem vom Arbeitgeber zu vertretenden Grunde kündigt, der den Arbeitnehmer zur Kündigung aus wichtigem Grund ohne Einhaltung einer Kündigungsfrist berechtigt.

(2) Endet das Arbeitsverhältnis vor Ablauf der in § 3 Abs. 1 oder in § 3 a Absatz 1 bezeichneten Zeit nach dem Beginn der Arbeitsunfähigkeit, ohne daß es einer Kündigung bedarf, oder infolge einer Kündigung aus anderen als den in Absatz 1 bezeichenten Gründen, so endet der Anspruch mit dem Ende des Arbeitsverhältnisses.

§ 9 Maßnahmen der medizinischen Vorsorge und Rehabilitation (1) Die Vorschriften der §§ 3 bis 4 a und 6 bis 8 gelten entsprechend für die Arbeitsverhinderung infolge einer Maßnahme der medizinischen Vorsorge oder Rehabilitation, die ein Träger der gesetzlichen Renten-, Kranken- oder Unfallversicherung, eine Verwaltungsbehörde der Kriegsopferversorgung oder ein sonstiger Sozialleistungsträger bewilligt hat und die in einer Einrichtung der medizinischen Vorsorge oder Rehabilitation durchgeführt wird. Ist der Arbeitnehmer nicht Mitglied einer gesetzlichen Krankenkasse oder nicht in der gesetzlichen Rentenversicherung versichert, gelten die §§ 3 bis 4 a und 6 bis 8 entsprechend, wenn eine Maßnahme der medizinischen Vorsorge oder Rehabilitation ärztlich verordnet worden ist und in einer Einrichtung der medizinischen Vorsorge oder Rehabilitation oder einer vergleichbaren Einrichtung durchgeführt wird.
(2) Der Arbeitnehmer ist verpflichtet, dem Arbeitgeber den Zeitpunkt des Antritts der Maßnahme, die voraussichtliche Dauer und die Verlängerung der Maßnahme im Sinne des Absatzes 1 unverzüglich mitzuteilen und ihm

a) eine Bescheinigung über die Bewilligung der Maßnahme durch einen Sozialleistungsträger nach Absatz 1 Satz 1 oder
b) eine ärztliche Bescheinigung über die Erforderlichkeit der Maßnahme im Sinne des Absatzes 1 Satz 2

unverzüglich vorzulegen.

§ 10 Wirtschaftliche Sicherung für den Krankheitsfall im Bereich der Heimarbeit (1) In Heimarbeit Beschäftigte (§ 1 Abs. 1 des Heimarbeitsgesetzes) und ihnen nach § 1 Abs. 2 Buchstabe a bis c des Heimarbeitsgesetzes Gleichgestellte haben gegen ihren Auftraggeber oder, falls sie von einem Zwischenmeister beschäftigt werden, gegen diesen Anspruch auf Zahlung eines Zuschlags zum Arbeitsentgelt. Der Zuschlag beträgt

1. für Heimarbeiter, für Hausgewerbetreibende ohne fremde Hilfskräfte und die nach § 1 Abs. 2 Buchstabe a des Heimarbeitsgesetzes Gleichgestellten 3,4 vom Hundert,
2. für Hausgewerbetreibende mit nicht mehr als zwei fremden Hilfskräften und die nach § 1 Abs. 2 Buchstabe b und c des Heimarbeitsgesetzes Gleichgestellten 6,4 vom Hundert

des Arbeitsentgelts vor Abzug der Steuern, des Beitrags zur Bundesagentur für Arbeit und der Sozialversicherungsbeiträge ohne Unkostenzuschlag und ohne die für den Lohnausfall an gesetzlichen Feiertagen, den Urlaub und den Arbeitsausfall infolge Krankheit zu leistenden Zahlungen. Der Zuschlag für die unter Nummer 2 aufgeführten Personen dient zugleich zur Sicherung der Ansprüche der von ihnen Beschäftigten.

(2) Zwischenmeister, die den in Heimarbeit Beschäftigten nach § 1 Abs. 2 Buchstabe d des Heimarbeitsgesetzes gleichgestellt sind, haben gegen ihren Auftraggeber Anspruch auf Vergütung der von ihnen nach Absatz 1 nachweislich zu zahlenden Zuschläge.
(3) Die nach den Absätzen 1 und 2 in Betracht kommenden Zuschläge sind gesondert in den Entgeltbeleg einzutragen.
(4) Für Heimarbeiter (§ 1 Abs. 1 Buchstabe a des Heimarbeitsgesetzes) kann durch Tarifvertrag bestimmt werden, daß sie statt der in Absatz 1 Satz 2 Nr. 1 bezeichneten Leistungen die den Arbeitnehmern im Falle ihrer Arbeitsunfähigkeit nach diesem Gesetz zustehenden Leistungen erhalten. Bei der Bemessung des Anspruch auf Arbeitsentgelt bleibt der Unkostenzuschlag außer Betracht.
(5) Auf die in den Absätzen 1 und 2 vorgesehenen Zuschläge sind die §§ 23 bis 25, 27 und 28 des Heimarbeitsgesetzes, auf die in Absatz 1 dem Zwischenmeister gegenüber vorgesehenen Zuschläge außerdem § 21 Abs. 2 des Heimarbeitsgesetzes entsprechend anzuwenden. Auf die Ansprüche der fremden Hilfskräfte der in Absatz 1 unter Nummer 2 genannten Personen auf Entgeltfortzahlung im Krankheitsfall ist § 26 des Heimarbeitsgesetzes entsprechend anzuwenden.

§ 11 Feiertagsbezahlung der in Heimarbeit Beschäftigten (1) Die in Heimarbeit Beschäftigten (§ 1 Abs. 1 des Heimarbeitsgesetzes) haben gegen den Auftraggeber oder Zwischenmeister Anspruch auf Feiertagsbezahlung nach Maßgabe der Absätze 2 bis 5. Den gleichen Anspruch haben die in § 1 Abs. 2 Buchstabe a bis d des Heimarbeitsgesetzes bezeichneten Personen, wenn sie hinsichtlich der Feiertagsbezahlung gleichgestellt werden; die Vorschriften des § 1 Abs. 3 Satz 3 und Abs. 4 und 5 des Heimarbeitsgesetzes finden Anwendung. Eine Gleichstellung, die sich auf die Entgeltregelung erstreckt, gilt auch für die Feiertagsbezahlung, wenn diese nicht ausdrücklich von der Gleichstellung ausgenommen ist.
(2) Das Feiertagsgeld beträgt für jeden Feiertag im Sinne des § 2 Abs. 1 0,72 vom Hundert des in einem Zeitraum von sechs Monaten ausgezahlten reinen Arbeitsentgelts ohne Unkostenzuschläge. Bei der Berechnung des Feiertagsgeldes ist für die Feiertage, die in den Zeitraum vom 1. Mai bis 31. Oktober fallen, der vorhergehende Zeitraum vom 1. November bis 30. April und für die Feiertage, die in den Zeitraum vom 1. November bis 30. April fallen, der vorhergehende Zeitraum vom 1. Mai bis 31. Oktober zugrunde zu legen. Der Anspruch auf Feiertagsgeld ist unabhängig davon, ob im laufenden Halbjahreszeitraum noch eine Beschäftigung in Heimarbeit für den Auftraggeber stattfindet.
(3) Das Feiertagsgeld ist jeweils bei der Entgeltzahlung vor dem Feiertag zu zahlen. Ist die Beschäftigung vor dem Feiertag unterbrochen worden, so ist das Feiertagsgeld spätestens drei Tage vor dem Feiertag auszuzahlen. Besteht bei der Einstellung der Ausgabe von Heimarbeit zwischen den Beteiligten Einvernehmen, das Heimarbeitsverhältnis nicht wieder fortzusetzen, so ist dem Berechtigten bei der letzen Entgeltzahlung das Feiertagsgeld für die noch übrigen Feiertage des laufenden sowie für die Feiertage des folgenden Halbjahreszeitrau-

mes zu zahlen. Das Feiertagsgeld ist jeweils bei der Auszahlung in die Entgeltbelege (§ 9 des Heimarbeitsgesetzes) einzutragen.

(4) Übersteigt das Feiertagsgeld, das der nach Absatz 1 anspruchsberechtigte Hausgewerbetreibende oder im Lohnauftrag arbeitende Gewerbetreibende (Anspruchsberechtigte) für einen Feiertag auf Grund des § 2 seinen fremden Hilfskräften (§ 2 Abs. 6 des Heimarbeitsgesetzes) gezahlt hat, den Betrag, den er auf Grund der Absätze 2 und 3 für diesen Feiertag erhalten hat, so haben ihm auf Verlangen seine Auftraggeber oder Zwischenmeister den Mehrbetrag anteilig zu erstatten. Ist der Anspruchsberechtigte gleichzeitig Zwischenmeister, so bleibt hierbei das für die Heimarbeiter oder Hausgewerbetreibenden empfangene und weiter gezahlte Feiertagsgeld außer Ansatz. Nimmt ein Anspruchsberechtigter eine Erstattung nach Satz 1 in Anspruch, so können ihm bei Einstellung der Ausgabe von Heimarbeit die erstatteten Beträge auf das Feiertagsgeld angerechnet werden, das ihm auf Grund des Absatzes 2 und des Absatzes 3 Satz 3 für die dann noch übrigen Feiertage des laufenden sowie für die Feiertage des folgenden Halbjahreszeitraumes zu zahlen ist.

(5) Das Feiertagsgeld gilt als Entgelt im Sinne der Vorschriften des Heimarbeitsgesetzes über Mithaftung des Auftraggebers (§ 21 Abs. 2), über Entgeltschutz (§§ 23 bis 27) und über Auskunftspflicht über Entgelte (§ 28); hierbei finden die §§ 24 bis 26 des Heimarbeitsgesetzes Anwendung, wenn ein Feiertagsgeld gezahlt ist, das niedriger ist als das in diesem Gesetz festgesetzte.

§ 12 Unabdingbarkeit Abgesehen von § 4 Abs. 4 kann von den Vorschriften dieses Gesetzes nicht zuungunsten des Arbeitnehmers oder der nach § 10 berechtigten Personen abgewichen werden.

§ 13 Übergangsvorschrift Ist der Arbeitnehmer von einem Tag nach dem 9. Dezember 1998 bis zum 1. Januar 1999 oder darüber hinaus durch Arbeitsunfähigkeit infolge Krankheit oder infolge einer Maßnahme der medizinischen Vorsorge oder Rehabilitation an seiner Arbeitsleistung verhindert, sind für diesen Zeitraum die seit dem 1. Januar 1999 geltenden Vorschriften maßgebend, es sei denn, daß diese für den Arbeitnehmer ungünstiger sind.

18 a. Gesetz über den Ausgleich von Arbeitgeberaufwendungen für Entgeltfortzahlung (Aufwendungsausgleichsgesetz – AAG)

Einleitung

Das Lohnfortzahlungsgesetz hatte ursprünglich in seinem Hauptteil (den aufgehobenen §§ 1 – 9) den Lohnfortzahlungsanspruch im Krankheitsfalle für Arbeiter geregelt. Dieser Teil ist 1994 aufgehoben und in das für Arbeiter und Angestellte gleiche Entgeltfortzahlungsgesetz überführt worden (vgl. Nr. 18).

Aufrechterhalten geblieben waren die §§ 10 – 19. Sie regelten ein Umlageverfahren für kleine Arbeitgeber mit nicht mehr als 20 Arbeitnehmern. Aufgrund des Gesetzes zur Änderung des Mutterschutzgesetzes vom 20. 12. 1996 (BGBl. I 2110) wurden die Kosten des Mutterschutzes voll erstattet.

Weil diese Erstattung auf kleine Unternehmen beschränkt geblieben war, hat das *BVerfG* am 18. 11. 2003 (BVerfGE 109, 64) die ganze Regelung des Arbeitgeberzuschusses zum Mutterschaftsgeld wegen der daraus folgenden Diskriminierungsgefahren in größeren Unternehmen für verfassungswidrig erklärt und eine Neuregelung bis zum 21. 12. 2005 verlangt.

Diese Neuregelung ist mit dem »Gesetz über den Ausgleich von Arbeitgeberaufwendungen« v. 22. 12. 2005 (BGBl. I 3686) erfolgt. Es enthält zwei verschiedene Ausgleichsmechanismen:

- Für Entgeltfortzahlungsaufwendungen bleibt es bei einer Kleinbetriebsregelung (Grenze jetzt: 30 Arbeitnehmer), allerdings mit der Möglichkeit eines freiwilligen Ausgleichsverfahrens für Arbeitgeber, die nicht erfasst sind (§ 12).
- Für Mutterschutzleistungen ist der Ausgleich auf Arbeitgeber jeder Größenordnung ausgedehnt worden.

In beiden Fällen erstreckt es sich auf die bislang nicht berücksichtigten Angestellten (zur Einbeziehung freier Mitarbeiter des Rundfunks in die Umlage U2 für Mutterschaftsaufwendungen *BSG* 26. 9. 2017 – B 1 KR 31/16 R, NZS 18, 319). Infolgedessen werden alle gesetzlichen Krankenkassen mit Ausnahme der landwirtschaftlichen Krankenkassen in das Umlageverfahren einbezogen. Arbeitgeber des öffentlichen Dienstes und ähnliche Einrichtungen erhalten keine Erstattung (vgl. *BSG* 31. 5. 2017 – B 1 KR 17/15 R, NZA 17, 224).

Es gibt Überlegungen, das Umlageverfahren zu zentralisieren und die Umlagesätze zu vereinheitlichen, ohne dass diese bislang zu einem wirklichen Konzept gediehen wären (*v.Stiphout*, KrV 11, 300, 301).

Weiterführende Literatur

Buchner, Die Sicherung des Mutterschaftsgeldes durch das Aufwendungsausgleichsgesetz, NZA 2006, S. 121

Gesetz über den Ausgleich der Arbeitgeberaufwendungen für Entgeltfortzahlung (Aufwendungsausgleichsgesetz – AAG)

vom 22. Dezember 2005 (BGBl. I 3686),
zuletzt geändert durch Gesetz vom 6. Mai 2019 (BGBl. I 646)

§ 1 Erstattungsanspruch (1) Die Krankenkassen mit Ausnahme der landwirtschaftlichen Krankenkasse erstatten den Arbeitgebern, die in der Regel ausschließlich der zu ihrer Berufsausbildung Beschäftigten nicht mehr als 30 Arbeitnehmer und Arbeitnehmerinnen beschäftigen, 80 Prozent

1. des für den in § 3 Abs. 1 und 2 und den in § 9 Abs. 1 des Entgeltfortzahlungsgesetzes bezeichneten Zeitraum an Arbeitnehmer und Arbeitnehmerinnen fortgezahlten Arbeitsentgelts,
2. der auf die Arbeitsentgelte nach der Nummer 1 entfallenden von den Arbeitgebern zu tragenden Beiträge zur Bundesagentur für Arbeit und der Arbeitgeberanteile an Beiträgen zur gesetzlichen Kranken- und Rentenversicherung, zur sozialen Pflegeversicherung und die Arbeitgeberzuschüsse nach § 172 a des Sechsten Buches Sozialgesetzbuch sowie der Beitragszuschüsse nach § 257 des Fünften und nach § 61 des Elften Buches Sozialgesetzbuch.

(2) Die Krankenkassen mit Ausnahme der landwirtschaftlichen Krankenkasse erstatten den Arbeitgebern in vollem Umfang

1. den vom Arbeitgeber nach § 20 Absatz 1 des Mutterschutzgesetzes gezahlten Zuschuss zum Mutterschaftsgeld,
2. das vom Arbeitgeber nach § 18 des Mutterschutzgesetzes bei Beschäftigungsverboten gezahlte Arbeitsentgelt,
3. die auf die Arbeitsentgelte nach der Nummer 2 entfallenden von den Arbeitgebern zu tragenden Beiträge zur Bundesagentur für Arbeit und die Arbeitgeberanteile an Beiträgen zur gesetzlichen Kranken- und Rentenversicherung, zur sozialen Pflegeversicherung und die Arbeitgeberzuschüsse nach § 172 a des Sechsten Buches Sozialgesetzbuch sowie der Beitragszuschüsse nach § 257 des Fünften und nach § 61 des Elften Buches Sozialgesetzbuch..

(3) Am Ausgleich der Arbeitgeberaufwendungen nach den Absätzen 1 (U1-Verfahren) und 2 (U2-Verfahren) nehmen auch die Arbeitgeber teil, die nur Auszubildende beschäftigen.

§ 2 Erstattung (1) Die zu gewährleistenden Beträge werden dem Arbeitgeber von der Krankenkasse ausgezahlt, bei der die Arbeitnehmer und Arbeitnehmerinnen, die Auszubildenden oder die nach § 18 oder § 20 Absatz 1 des Mutterschutzgesetzes anspruchsberechtigten Frauen versichert sind. Für geringfügig Beschäftigte nach dem Vierten Buch Sozialgesetzbuch ist zuständige Krankenkasse die Deutsche Rentenversicherung Knappschaft-Bahn-See als Träger der knappschaftlichen Krankenversicherung. Für Arbeitnehmer und Arbeitnehmerinnen, die nicht Mitglied einer Krankenkasse sind, gilt § 175 Abs. 3 Satz 2 des Fünften Buches Sozialgesetzbuch entsprechend.

(2) Die Erstattung wird auf Antrag erbracht. Sie ist zu gewähren, sobald der Arbeitgeber Arbeitsentgelt nach § 3 Abs. 1 und 2 und § 9 Abs. 1 des Entgeltfortzahlungsgesetzes, Arbeitsentgelt nach § 18 des Mutterschutzgesetzes oder Zuschuss zum Mutterschaftsgeld nach § 20 Absatz 1 des Mutterschutzgesetzes gezahlt hat. Stellt die Krankenkasse eine inhaltliche Abweichung und die Gründe hierfür zwischen ihrer Berechnung der Erstattung und dem Antrag des Arbeitgebers fest, hat sie diese Abweichung dem Arbeitgeber durch Datenübertragung nach § 28 a Absatz 1 Satz 3 des Vierten Buches Sozialgesetzbuch unverzüglich zu melden; dies gilt auch, wenn dem Antrag vollständig entsprochen wird. § 28 a Absatz 1 Satz 2 des Vierten Buches Sozialgesetzbuch gilt entsprechend.

(3) Der Arbeitgeber hat einen Antrag nach Absatz 2 Satz 1 durch Datenübertragung nach § 28 a Absatz 1 Satz 3 und 4 des Vierten Buches Sozialgesetzbuch an die zuständige Krankenkasse zu übermitteln. § 28 a Absatz 1 Satz 2 des Vierten Buches Sozialgesetzbuch gilt für die Meldung nach Satz 1 entsprechend.

(4) Den Übertragungsweg und die Einzelheiten des Verfahrens wie den Aufbau der Datensätze für die maschinellen Meldungen der Krankenkassen nach Absatz 2 und die maschinellen Anträge der Arbeitgeber nach Absatz 3 legt der Spitzenverband Bund der Krankenkassen in Grundsätzen fest, die vom Bundesministerium für Arbeit und Soziales im Einvernehmen mit dem Bundesministerium für Gesundheit zu genehmigen sind; die Bundesvereinigung der Deutschen Arbeitgeberverbände ist anzuhören.

§ 3 Feststellung der Umlagepflicht (1) Die zuständige Krankenkasse hat jeweils zum Beginn eines Kalenderjahrs festzustellen, welche Arbeitgeber für die Dauer dieses Kalenderjahrs an dem Ausgleich der Arbeitgeberaufwendungen nach § 1 Abs. 1 teilnehmen. Ein Arbeitgeber beschäftigt in der Regel nicht mehr als 30 Arbeitnehmer und Arbeitnehmerinnen, wenn er in dem letzten Kalenderjahr, das demjenigen, für das die Feststellung nach Satz 1 zu treffen ist, vorausgegangen ist, für einen Zeitraum von mindestens acht Kalendermonaten nicht mehr als 30 Arbeitnehmer und Arbeitnehmerinnen beschäftigt hat. Hat ein Betrieb nicht während des ganzen nach Satz 2 maßgebenden Kalenderjahrs bestanden, so nimmt der Arbeitgeber am Ausgleich der Arbeitgeberaufwendungen teil, wenn er während des Zeitraums des Bestehens des Betriebs in der überwiegenden Zahl der Kalendermonate nicht mehr als 30 Arbeitnehmer und Arbeitnehmerinnen beschäftigt hat. Wird ein Betrieb im Laufe des Kalenderjahrs errichtet, für das die Feststellung nach Satz 1 getroffen ist, so nimmt der Arbeitgeber am Ausgleich der Arbeitgeberaufwendungen teil, wenn nach der Art des Betriebs anzunehmen ist, dass die Zahl der beschäftigten Arbeitnehmer und Arbeitnehmerinnen während der überwiegenden Kalendermonate dieses Kalenderjahrs 30 nicht überschreiten wird. Bei der Errechnung der Gesamtzahl

der beschäftigten Arbeitnehmer und Arbeitnehmerinnen bleiben schwerbehinderte Menschen im Sinne des Neunten Buches Sozialgesetzbuch außer Ansatz. Arbeitnehmer und Arbeitnehmerinnen, die wöchentlich regelmäßig nicht mehr als 10 Stunden zu leisten haben, werden mit 0,25, diejenigen, die nicht mehr als 20 Stunden zu leisten haben, mit 0,5 und diejenigen, die nicht mehr als 30 Stunden zu leisten haben, mit 0,75 angesetzt.
(2) Der Arbeitgeber hat der nach § 2 Abs. 1 zuständigen Krankenkasse die für die Durchführung des Ausgleichs erforderlichen Angaben zu machen.
(3) Der Spitzenverband Bund der Krankenkassen regelt das Nähere über die Durchführung des Feststellungsverfahrens nach Absatz 1.

§ 4 Versagung und Rückforderung der Erstattung (1) Die Erstattung kann im Einzelfall versagt werden, solange der Arbeitgeber die nach § 3 Abs. 2 erforderlichen Angaben nicht oder nicht vollständig macht.
(2) Die Krankenkasse hat Erstattungsbeträge vom Arbeitgeber insbesondere zurückzufordern, soweit der Arbeitgeber
1. schuldhaft falsche oder unvollständige Angaben gemacht hat oder
2. Erstattungsbeträge gefordert hat, obwohl er wusste oder wissen musste, dass ein Anspruch nach § 3 Abs. 1 und 2 oder § 9 Abs. 1 des Entgeltfortzahlungsgesetzes oder nach § 18 oder § 20 Absatz 1 des Mutterschutzgesetzes nicht besteht.

Der Arbeitgeber kann sich nicht darauf berufen, dass er durch die zu Unrecht gezahlten Beträge nicht mehr bereichert sei. Von der Rückforderung kann abgesehen werden, wenn der zu Unrecht gezahlte Betrag gering ist und der entstehende Verwaltungsaufwand unverhältnismäßig groß sein würde.

§ 5 Abtretung Ist auf den Arbeitgeber ein Anspruch auf Schadenersatz nach § 6 des Entgeltfortzahlungsgesetzes übergegangen, so ist die Krankenkasse zur Erstattung nur verpflichtet, wenn der Arbeitgeber den auf ihn übergegangenen Anspruch bis zur anteiligen Höhe des Erstattungsbetrags an die Krankenkasse abtritt.

§ 6 Verjährung und Aufrechnung (1) Der Erstattungsanspruch verjährt in vier Jahren nach Ablauf des Kalenderjahrs, in dem er entstanden ist.
(2) Gegen Erstattungsansprüche dürfen nur Ansprüche aufgerechnet werden auf
1. Zahlung von Umlagebeträgen, Beiträge zur gesetzlichen Krankenversicherung und solche Beiträge, die die Einzugsstelle für andere Träger der Sozialversicherung und die Bundesagentur für Arbeit einzuziehen hat,
2. Rückzahlung von Vorschüssen,
3. Rückzahlung von zu Unrecht gezahlten Erstattungsbeträgen,
4. Erstattung von Verfahrenskosten,
5. Zahlung von Geldbußen,
6. Herausgabe einer von einem Dritten an den Berechtigten bewirkten Leistung, die der Krankenkasse gegenüber wirksam ist.

§ 7 Aufbringung der Mittel (1) Die Mittel zur Durchführung der U1- und U2-Verfahren werden von den am Ausgleich beteiligten Arbeitgebern jeweils durch gesonderte Umlagen aufgebracht, die die erforderlichen Verwaltungskosten angemessen berücksichtigen.

(2) Die Umlagen sind jeweils in einem Prozentsatz des Entgelts (Umlagesatz) festzusetzen, nach dem die Beiträge zur gesetzlichen Rentenversicherung für die im Betrieb beschäftigten Arbeitnehmer, Arbeitnehmerinnen und Auszubildenden bemessen werden oder bei Versicherungspflicht in der gesetzlichen Rentenversicherung zu bemessen wären. Bei der Berechnung der Umlage für Aufwendungen nach § 1 Abs. 1 sind Entgelte von Arbeitnehmern und Arbeitnehmerinnen, deren Beschäftigungsverhältnis bei einem Arbeitgeber nicht länger als vier Wochen besteht und bei denen wegen der Art des Beschäftigungsverhältnisses auf Grund des § 3 Abs. 3 des Entgeltfortzahlungsgesetzes kein Anspruch auf Entgeltfortzahlung im Krankheitsfall entstehen kann, sowie einmalig gezahlte Arbeitsentgelte nach § 23 a des Vierten Buches Sozialgesetzbuch nicht zu berücksichtigen. Für die Zeit des Bezugs von Kurzarbeitergeld bemessen sich die Umlagen nach dem tatsächlich erzielten Arbeitsentgelt bis zur Beitragsbemessungsgrenze in der gesetzlichen Rentenversicherung.

§ 8 Verwaltung der Mittel (1) Die Krankenkassen verwalten die Mittel für den Ausgleich der Arbeitgeberaufwendungen als Sondervermögen. Die Mittel dürfen nur für die gesetzlich vorgeschriebenen oder zugelassenen Zwecke verwendet werden.

(2) Die Krankenkasse kann durch Satzungsregelung die Durchführung der U1- und U2-Verfahren auf eine andere Krankenkasse oder einen Landes- oder Bundesverband übertragen. Der Einzug der Umlagen obliegt weiterhin der übertragenden Krankenkasse, die die von den Arbeitgebern gezahlten Umlagen an die durchführende Krankenkasse oder den Verband weiterzuleiten hat. § 90 des Vierten Buches Sozialgesetzbuch gilt entsprechend.

§ 9 Satzung (1) Die Satzung der Krankenkasse muss insbesondere Bestimmungen enthalten über die
1. Höhe der Umlagesätze,
2. Bildung von Betriebsmitteln,
3. Aufstellung des Haushalts,
4. Prüfung und Abnahme des Rechnungsabschlusses.

(2) Die Satzung kann
1. die Höhe der Erstattung nach § 1 Abs. 1 beschränken und verschiedene Erstattungssätze, die 40 vom Hundert nicht unterschreiten, vorsehen,
2. eine pauschale Erstattung des von den Arbeitgebern zu tragenden Teils des Gesamtsozialversicherungsbeitrags für das nach § 18 des Mutterschutzgesetzes gezahlte Arbeitsentgelt vorsehen,
3. die Zahlung von Vorschüssen vorsehen,
4. (*weggefallen*)
5. die Übertragung nach § 8 Abs. 2 enthalten.

(3) Die Betriebsmittel dürfen den Betrag der voraussichtlichen Ausgaben für drei Monate nicht übersteigen.
(4) In Angelegenheiten dieses Gesetzes wirken in den Selbstverwaltungsorganen nur die Vertreter der Arbeitgeber mit; die Selbstverwaltungsorgane der Ersatzkassen haben Einvernehmen mit den für die Vertretung der Interessen der Arbeitgeber maßgeblichen Spitzenorganisationen herzustellen.
(5) Die Absätze 1 bis 4 gelten auch für die durchführende Krankenkasse oder den Verband nach § 8 Abs. 2 Satz 1.

§ 10 Anwendung sozialversicherungsrechtlicher Vorschriften Die für die gesetzliche Krankenversicherung geltenden Vorschriften finden entsprechende Anwendung, soweit dieses Gesetz nichts anderes bestimmt.

§ 11 Ausnahmevorschriften (1) § 1 Abs. 1 ist nicht anzuwenden auf
1. den Bund, die Länder, die Gemeinden und Gemeindeverbände sowie sonstige Körperschaften, Anstalten und Stiftungen des öffentlichen Rechts sowie die Vereinigungen, Einrichtungen und Unternehmungen, die hinsichtlich der für die Beschäftigten des Bundes, der Länder oder der Gemeinden geltenden Tarifverträge tarifgebunden sind, sowie die Verbände von Gemeinden, Gemeindeverbänden und kommunalen Unternehmen einschließlich deren Spitzenverbände,
2. zivile Arbeitskräfte, die bei Dienststellen und diesen gleichgestellten Einrichtungen der in der Bundesrepublik Deutschland stationierten ausländischen Truppen und der dort auf Grund des Nordatlantikpaktes errichteten internationalen militärischen Hauptquartiere beschäftigt sind,
3. Hausgewerbetreibende (§ 1 Abs. 1 Buchstabe b des Heimarbeitsgesetzes) sowie die in § 1 Abs. 2 Satz 1 Buchstabe b und c des Heimarbeitsgesetzes bezeichneten Personen, wenn sie hinsichtlich der Entgeltregelung gleichgestellt sind,
4. die Spitzenverbände der freien Wohlfahrtspflege (Arbeiterwohlfahrt, Diakonisches Werk der Evangelischen Kirche in Deutschland, Deutscher Caritasverband, Deutscher Paritätischer Wohlfahrtsverband, Deutsches Rotes Kreuz und Zentralwohlfahrtsstelle der Juden in Deutschland) einschließlich ihrer selbstständigen und nichtselbstständigen Untergliederungen, Einrichtungen und Anstalten, es sei denn, sie erklären schriftlich und unwiderruflich gegenüber einer Krankenkasse mit Wirkung für alle durchführenden Krankenkassen und Verbände ihre Teilnahme am Umlageverfahren nach § 1 Abs. 1.

(2) § 1 ist nicht anzuwenden auf
1. die nach § 2 Abs. 1 Nr. 3 des Zweiten Gesetzes über die Krankenversicherung der Landwirte versicherten mitarbeitenden Familienangehörigen eines landwirtschaftlichen Unternehmers,
2. Dienststellen und diesen gleichgestellte Einrichtungen der in der Bundesrepublik Deutschland stationierten ausländischen Truppen und der dort auf Grund des Nordatlantikpaktes errichteten internationalen militärischen

Hauptquartiere mit Ausnahme der in Absatz 1 Nr. 2 genannten zivilen Arbeitskräfte,
3. im Rahmen des § 54 a des Dritten Buches Sozialgesetzbuch bezuschusste betriebliche Einstiegsqualifizierungen und im Rahmen des § 79 Absatz 2 des Dritten Buches Sozialgesetzbuch bezuschusste Berufsausbildungen in außerbetrieblichen Einrichtungen,
4. Menschen mit Behinderungen im Arbeitsbereich anerkannter Werkstätten, die zu den Werkstätten in einem arbeitnehmerähnlichen Rechtsverhältnis stehen.

§ 12 Freiwilliges Ausgleichsverfahren (1) Für Betriebe eines Wirtschaftszweigs können Arbeitgeber Einrichtungen zum Ausgleich der Arbeitgeberaufwendungen errichten, an denen auch Arbeitgeber teilnehmen, die die Voraussetzungen des § 1 nicht erfüllen. Die Errichtung und die Regelung des Ausgleichsverfahrens bedürfen der Genehmigung des Bundesministeriums für Gesundheit.
(2) Auf Arbeitgeber, deren Aufwendungen durch eine Einrichtung nach Absatz 1 ausgeglichen werden, finden die Vorschriften dieses Gesetzes keine Anwendung.
(3) Körperschaften, Personenvereinigungen und Vermögensmassen im Sinne des § 1 Abs. 1 des Körperschaftsteuergesetzes, die als Einrichtung der in Absatz 1 bezeichneten Art durch das Bundesministerium für Gesundheit genehmigt sind, sind von der Körperschaftsteuer, Gewerbesteuer und Vermögensteuer befreit.

19. Gewerbeordnung (GewO)

Aktuelle höchstrichterliche Rechtsprechung

Datum	Gericht/Az.	Fundstelle	Thema
24.10.18	BAG 10 AZR 19/18	NZA 19, 619	Direktionsrecht

Einleitung

I. Allgemeines

Die GewO ist das älteste bestehende Gesetz, das arbeitsrechtliche Vorschriften enthält. Diese Teile sind – nach Aufhebung des jahrhundertealten Zunftrechts – aus der Gesetzgebung Preußens zum Arbeitsschutz hervorgegangen. Vorläufer der späteren GewO waren zunächst die Preußische Gewerbeordnung 1845 und danach die Gewerbeordnung des Norddeutschen Bundes 1869. Die letztere wurde praktisch unverändert in die GewO des Kaiserreichs überführt. Der »archimedische Punkt« dieser GewO war die Anerkennung der freien wirtschaftlichen Betätigung der Bürger, eben die »Gewerbefreiheit«; dazu gehörte notwendig die formale Freiheit zum Abschluss von Arbeitsverträgen (§ 105). Diese Freiheit ist inhaltlich allerdings ausschließlich eine solche des »selbständigen Gewerbetreibenden« (= Arbeitgebers), wie auch aus § 121 a.F. deutlich wird, der dem Arbeitgeber das Direktionsrecht zuwies. Aber bereits 1869 hatte sich beim Gesetzgeber die Erkenntnis durchgesetzt, dass die Anerkennung der Freiheitsrechte einer bürgerlichen Eigentumsordnung Unfreiheit und Ausbeutung der Arbeiter mit einschließt. Aus der Einsicht in die Notwendigkeit einer sozialen Befriedung durch Beseitigung der größten Missstände, aber auch unter dem Druck der erstarkenden Arbeiterbewegung wurden deshalb im Rahmen der GewO eine Reihe heute noch wichtiger arbeitsrechtlicher Schutzvorschriften erlassen: Da sind einmal die Bestimmungen über Zeugniserteilung (§ 113, heute § 109), den Lohnschutz (§§ 114 ff., heute §§ 107 f.), hier insbesondere das sog. Truck-Verbot (§§ 115 – 118; zu seiner Verfassungsmäßigkeit *BVerfG* 24.2.1992 – 1 BvR 980/88, NJW 92, 2143, heute § 107), sowie später die Regelungen über Wettbewerbsverbote (§§ 133 f.) für technische Angestellte (heute § 110 für sämtliche Arbeitnehmer).
In diesem Zusammenhang ist auf zwei schon lange nicht mehr geltende Bestimmungen der GewO hinzuweisen, die zum Verständnis der Geschichte des Arbeitsrechts unentbehrlich sind (vgl. zum Folgenden *Kittner*, AuR 18, G 9):

»§ 152

(1) Alle Verbote und Strafbestimmungen gegen Gewerbetreibende, gewerbliche Gehilfen, Gesellen und Fabrikarbeiter wegen Verabredungen und Vereinigungen zum Behufe der Erlangung günstigerer Lohn- und Arbeitsbedingungen, insbeson-

dere mittels Einstellung der Arbeit oder Entlassung der Arbeiter, werden aufgehoben.
(2) Jedem Teilnehmer steht der Rücktritt von solchen Vereinigungen und Verabredungen frei, und es findet aus letzteren weder Klage noch Einrede statt.«

»§ 153

Wer andere durch Anwendung körperlichen Zwanges, durch Drohungen, durch Ehrverletzung oder durch Verrufserklärung bestimmt oder zu bestimmen versucht, an solchen Verabredungen (§ 152) teilzunehmen, oder ihnen Folge zu leisten, oder andere durch gleiche Mittel hindert oder zu hindern versucht, von solchen Verabredungen zurückzutreten, wird mit Gefängnis bis zu drei Monaten bestraft, sofern nach dem allgemeinen Strafgesetz nicht eine härtere Strafe eintritt.«

Diese Vorschriften lassen das zwiespältige Verhältnis des damaligen Staates insbesondere gegenüber der Gewerkschaftsbewegung deutlich werden: Einerseits sprach § 152 Abs. 1 den Grundsatz der Koalitionsfreiheit aus, andererseits blieb der konkreten Tätigkeit der Koalition jeder staatliche Schutz vorenthalten. Das Reichsgericht verbot zudem in einer Entscheidung vom 10. 11. 1887 jede über die Regelung konkreter Arbeitsbedingungen hinausgehende sozial- und wirtschaftspolitische Aktivität der Gewerkschaften als Verstoß gegen das preußische Vereinsgesetz (*RGSt* 10. 11. 1887 – g. B. Rep. 2105/87, RGSt 16, 383; eingehend *Kittner*, Arbeitskampf, S. 288 ff.). § 153 wurde am 22. 5. 1918 aufgehoben (RGBl. 423; vgl. *Kittner*, AuR 2018, G 9); § 152 wurde erst am 2. 7. 1925 vom *RG* als unvereinbar mit der Weimarer Reichsverfassung erklärt (RGZ 111, 199). Förmlich aufgehoben wurde § 152 durch das nationalsozialistische »Gesetz zur Ordnung der nationalen Arbeit« vom 20. 1. 1934. Nunmehr ist die Koalitionsfreiheit durch Art. 9 Abs. 3 GG geschützt (siehe Einl. III 3 zum GG, Nr. 20).

II. Die arbeitsrechtlichen Vorschriften

1. Anwendungsbereich

Die GewO hatte bis in das Jahr 2002 arbeitsrechtliche Bedeutung durch ihre für die meisten Arbeiter und technische Angestellte geltenden Vorschriften der §§ 105 ff. Mit dem »Gesetz zur Änderung der Gewerbeordnung und sonstiger gewerberechtlichen Vorschriften« vom 24. 8. 2002 (BGBl. I 3412) hat sie eine überraschende Aufwertung erfahren:

- Die arbeitsrechtlichen Vorschriften gelten für alle Arbeitnehmer (§ 6 Abs. 2) und
- wurden in den §§ 105 bis 119 zusammengefasst und systematisiert.

Von ihnen werden sowohl Angestellte als auch solche Arbeiter erfasst, die bislang von der Geltung der GewO ausgenommen waren. Es handelt sich durchweg um Bestimmungen über die Grundlagen des Arbeitsverhältnisses, die man an sich in einem Arbeitsverhältnisgesetz bzw., solange ein solches nicht existiert, eher bei den Vorschriften des BGB über das Arbeitsverhältnis (§§ 611 a ff. BGB) erwarten würde (zum Gesetz vgl. *Bauer/Opolony,* BB 02, 1590; *Borgmann/Faas,* NZA 04, 241; *Perreng,* AiB 02, 521; *Schöne,* NZA 02, 829; *Wisskirchen,* DB 02, 1886).

2. Zeugnisanspruch

Insbesondere das Zeugnisrecht ist in § 109 konzentriert. Der Arbeitgeber muss das Zeugnis auf Verlangen auf Führung und Leistung erstrecken, also ein so genanntes qualifiziertes Zeugnis erteilen. Die Formulierung steht in seinem pflichtgemäßen Ermessen. Das Zeugnis muss aber den Grundsätzen der Zeugniswahrheit und der Zeugnisklarheit entsprechen (*BAG* 15.11.2011 – 9 AZR 386/10, DB 12, 636) und darf insbesondere nicht in verklausulierter Form Unzutreffendes enthalten oder Unklarheiten zurücklassen (Übersicht 42). Ist der Arbeitnehmer mit einer Formulierung im Zeugnis nicht zufrieden, muss er im Rechtsstreit darlegen und beweisen, dass eine bessere Beurteilung gerechtfertigt ist (*BAG* 18.11.2014 – 9 AZR 584/13, NZA 15, 435). Einen Anspruch auf Dank und gute Wünsche im Zeugnis soll der Arbeitnehmer nicht haben, er kann allenfalls verlangen, eine ihm nicht genehme Schlussformel zu streichen (*BAG* 11.12.2012 – 9 AZR 227/11, NZA 13, 324). Das öffnet einer unausgesprochenen Kritik am Arbeitnehmer durch das Arbeitszeugnis Tür und Tor (vgl. *Deinert*, AiBplus 4/13, S. 9).

3. Weisungsrecht und Konkretisierung

Das Weisungsrecht des Arbeitgebers und seine Grenzen (billiges Ermessen) sind geregelt in § 106 (zum Weisungsrecht in Bezug auf die Arbeitszeit Einl. III 8 zum ArbZG, Nr. 8, in Bezug auf den Arbeitsort: *BAG* 30.11.2016 – 10 AZR 11/16, BB 17, 378; zur Problematik der Anordnung von Auslandsdienstreisen: *LAG Baden-Württemberg* 6.9.2017 – 4 Sa 3/17, NZA-RR 578); in Bezug auf die vorübergehende Übertragung höherwertiger Tätigkeit *BAG* 4.7.2012 – 4 AZR 759/10, DB 12, 2871). Wenn der Arbeitgeber eine andere Beschäftigung des Arbeitnehmers im Wege dieses Weisungsrechts durchsetzen kann, ist eine diesbezügliche Änderungskündigung (etwa hinsichtlich der Änderung des Tätigkeitsortes) regelmäßig sozial ungerechtfertigt, weil sie den Bestand des Arbeitsvertrages gefährdet (*BAG* 22.9.2016 – 2 AZR 509/15, NZA 16, 1461). Die Weisung muss billigem Ermessen entsprechen. Das erfordert eine Abwägung der beiderseitigen Interessen. Die Weisung widerspricht u. a. billigem Ermessen, wenn ihr ein ernsthafter Glaubenskonflikt des Arbeitnehmers entgegensteht und der Arbeitgeber dennoch auf ihr beharrt (*BAG* 24.2.2011 – 2 AZR 636/09, NZA 11, 1087). Dasselbe gilt, wenn der Arbeitnehmer aus gesundheitlichen Gründen nicht in Nachtschichten beschäftigt werden kann, der Arbeitgeber gleichwohl zur Nachtschicht einteilt (*BAG* – 9.4.2014 – 10 AZR 637/13, DB 14, 1434). Ein Arbeitnehmer, der arbeitsunfähig erkrankt ist, kann nur bei dringenden betrieblichen Anlässen angewiesen werden, zu einem Personalgespräch in den Betrieb zu kommen, und auch dies nur, soweit die Anwesenheit im Betrieb zumutbar ist (*BAG* 2.11.2016 – 10 AZR 596/15, NZA 17, 183). Bis zur gerichtlichen Feststellung der Unwirksamkeit der Weisung sollte der Arbeitnehmer nach bisheriger Rechtsprechung vorläufig gebunden sein (*BAG* 22.2.2012 – 5 AZR 249/11, NZA 12, 858). Auf Anfrage des *10. Senats des BAG* (14.6.2017 – 10 AZR 330/16 (A), NZA 17, 1185) hält der *5. Senat* (14.9.2017 – 5 AS 7/17, NZA 17, 1452) an dieser Rechtsprechung aber nicht mehr fest. Der 10. Senat hat daraufhin entschieden, dass ein Arbeitnehmer künftig an eine unbillige Weisung grundsätzlich auch nicht vorläufig gebunden ist (*BAG* 18.10.2017 – 10 AZR 330/16, NZA 17, 1452; dazu *Bergwitz*, NZA 17, 1553).

Das Weisungsrecht kann durch sog. Konkretisierung eingeschränkt sein. Das ist der Fall, wenn der Arbeitgeber das Direktionsrecht über einen längeren Zeitraum in bestimmter Weise oder gar nicht ausgeübt hat und der Arbeitnehmer aufgrund weiterer besonderer Umstände darauf vertrauen darf, der Arbeitgeber werde sein Weisungsrecht auch in Zukunft in dieser Weise handhaben (*BAG* 17.8.2011 – 10 AZR 202/10, NZA 12, 265, 266). Derartiges ist beispielsweise denkbar, wenn der Arbeitgeber im Rahmen eines Bedarfsarbeitsverhältnisses regelmäßig eine bestimmte Arbeitsmenge abruft und als vertraglich geschuldete Leistung fordert: Dann kann sich das Arbeitsverhältnis auf diesen Mindestumfang der Arbeitsleistung konkretisiert haben (*BAG* 26.9.2012 – 10 AZR 336/11, DB 13, 290).

Soweit Versetzungen auf den Gesundheitszustand des Arbeitnehmers gestützt werden und der Arbeitgeber pflichtwidrig kein betriebliches Eingliederungsmanagement (§ 167 Abs. 2 SGB IX) eingeleitet hat, hat dies nach der Rechtsprechung keinen Einfluss auf die Wirksamkeit der Weisung (*BAG* 18.10.2017 – 10 AZR 47/17, NZA 18, 162). Auch bedarf die Zuweisung anderer Tätigkeiten im Wege des Direktionsrechts – etwa in Fällen von Konflikten am Arbeitsplatz – keiner vorausgegangenen Abmahnung (*BAG* 24.10.2018 – 10 AZR 19/18, NZA 19, 619, Rn. 33).

Weiterführende Literatur

I. Allgemeines

Landmann/Rohmer, Kommentar zur Gewerbeordnung, Loseblattwerk

Tettinger/Wank/Ennuschat, Gewerbeordnung, 8. Aufl. (2011)

II. Arbeitsrechtliche Vorschriften

Bauer/Opolony, Novellierung arbeitsrechtlicher Vorschriften in der Gewerbeordnung, BB 2002, S. 1590

Busemann, Arbeitsvertrag, Vertragspraxis und Konkretisierung, NZA 2015, S. 705

Düwell, Neues Arbeitsrecht in der Gewerbeordnung, ZTR 2002, S. 461

Greiser/Kador, Das Arbeitszeugnis im Wandel der Rechtsprechung, AuR 2012, S. 201

Perreng, Änderung der Gewerbeordnung – Erste Fassung eines Arbeitsgesetzbuches, AiB 2002, S. 521

Preis/Wieg, Weisungsrecht nach Inhalt, Ort und Zeit der Arbeitsleistung in einer mobilen Arbeitswelt, Kritische Überlegungen zur Rechtsentwicklung, AuR 2016, S. 313

Schöne, Die Novellierung der Gewerbeordnung und die Auswirkung auf das Arbeitsrecht, NZA 2002, S. 829

Wisskirchen, Novellierung arbeitsrechtlicher Vorschriften in der Gewerbeordnung, DB 2002, S. 1886

Übersicht 42: Zeugnissprache

Umschreibung durch Zeugnissprache	Bedeutung der Bewertung/Hinweise
»Stets zu unserer vollsten Zufriedenheit«; »immer zu unserer vollsten Zufriedenheit«	Bewertung: »sehr gut«
»stets/zu unserer vollen Zufriedenheit«; »voll und ganz zufrieden«; »zu unserer vollsten Zufriedenheit«;	Bewertung: »gut« Die Bewertung »gut« ist i. d. R. mit dem Wort »voll« verbunden; gelegentlich auch »stets/voll«.
»stets zu unserer Zufriedenheit«; »stets zufriedenstellend«; »zu unserer vollen Zufriedenheit«	Bewertung: »befriedigend«
»zu unserer Zufriedenheit«	Bewertung: »ausreichend«
»insgesamt zufriedenstellend«; »zum großen Teil«	Bewertung: »mangelhaft«
»war (stets) bemüht« oder »zu erledigen versucht«	Bewertung: »ungenügend«
Wiederholung bestimmter Formulierungen	soll den Wahrheitsgehalt einer Aussage unterstreichen
Auslassen wichtiger Angaben	z. B. Ehrlichkeit bei einer Kassiererin (negativ)
Gutes Einfühlungsvermögen in die Belange der Belegschaft	negativ
Besondere Betonung der Pünktlichkeit	u. U. eher negativ
Herausheben der Genauigkeit	u. U. negative Aussage zur Schnelligkeit
Herausheben der Schnelligkeit	u. U. Aussage: ungenaues Arbeiten
Besonderes Hervorheben der Vertrauenswürdigkeit	u. U. eher negativ
Hervorhebung der Geselligkeit, die das Betriebsklima positiv beeinflusst habe	Alkoholneigung (u. U. auch während der Arbeitszeit)
Zeigte für seine Arbeit Verständnis	hat nur das Notwendigste gemacht
Setzte sich im Rahmen seiner Fähigkeiten ein	negativ, keine nennenswerten positiven Arbeitsergebnisse bzw. begrenzte Fähigkeiten
War immer mit Interesse bei der Sache	nur Interesse, keine nennenswerten Leistungen

Gewerbeordnung (GewO)

vom 21. Juni 1869
in der Fassung der Bekanntmachung vom 22. Februar 1999 (BGBl. I 202),
zuletzt geändert durch Gesetz vom 22. November 2019 (BGBl. I 1746)

(Abgedruckte Vorschriften: §§ 6, 35 Abs. 1, 105–132 a, 133 a–143, 147, 154, 154 a)

§ 6 Anwendungsbereich (1) Dieses Gesetz findet keine Anwendung auf die Fischerei, die Errichtung und Verlegung von Apotheken, die Erziehung von Kindern gegen Entgelt, das Unterrichtswesen, auf die Tätigkeit der Rechtsanwälte, Patentanwälte und Notare, der nach § 16 des Rechtsdienstleistungsgesetzes im Rechtsdienstleistungsregister eingetragenen Personen, der Wirtschaftsprüfer und Wirtschaftsprüfungsgesellschaften, der vereidigten Buchprüfer und Buchprüfungsgesellschaften, der Steuerberater und Steuerberatungsgesellschaften sowie der Steuerbevollmächtigten, auf den Gewerbebetrieb der Auswandererberater, das Seelotswesen und die Tätigkeit der Prostituierten. Auf das Bergwesen findet dieses Gesetz nur insoweit Anwendung, als es ausdrückliche Bestimmungen enthält; das gleiche gilt für den Gewerbebetrieb der Versicherungsunternehmen, die Ausübung der ärztlichen und anderen Heilberufe, den Verkauf von Arzneimitteln, den Vertrieb von Lotterielosen und die Viehzucht. Ferner findet dieses Gesetz mit Ausnahme des Titels XI auf Beförderungen mit Krankenkraftwagen im Sinne des § 1 Abs. 2 Nr. 2 in Verbindung mit Abs. 1 des Personenbeförderungsgesetzes keine Anwendung.

(1 a) § 6 c findet auf alle Gewerbetreibenden und sonstigen Dienstleistungserbringer im Sinne des Artikels 4 Nummer 2 der Richtlinie 2006/123/EG Anwendung, deren Dienstleistungen unter den Anwendungsbereich der Richtlinie fallen.

(2) Die Bestimmungen des Abschnitts I des Titels VII finden auf alle Arbeitnehmer Anwendung.

…

§ 35 Gewerbeuntersagung wegen Unzuverlässigkeit (1) Die Ausübung eines Gewerbes ist von der zuständigen Behörde ganz oder teilweise zu untersagen, wenn Tatsachen vorliegen, welche die Unzuverlässigkeit des Gewerbetreibenden oder einer mit der Leitung des Gewerbebetriebes beauftragten Person in bezug auf dieses Gewerbe dartun, sofern die Untersagung zum Schutze der Allgemeinheit oder der im Betrieb Beschäftigten erforderlich ist. Die Untersagung kann auch auf die Tätigkeit als Vertretungsberechtigter eines Gewerbetreibenden oder als mit der Leitung eines Gewerbebetriebes beauftragte Person sowie auf einzelne andere oder auf alle Gewerbe erstreckt werden, soweit die festgestellten Tatsachen die Annahme rechtfertigen, daß der Gewerbetreibende auch für diese Tätigkeiten oder Gewerbe unzuverlässig ist. Das Untersagungsverfahren kann fortgesetzt werden, auch wenn der Betrieb des Gewerbes während des Verfahrens aufgegeben wird.

…

Titel VII – Arbeitnehmer

I. Allgemeine arbeitsrechtliche Grundsätze

§ 105 Freie Gestaltung des Arbeitsvertrages Arbeitgeber und Arbeitnehmer können Abschluss, Inhalt und Form des Arbeitsvertrages frei vereinbaren, soweit nicht zwingende gesetzliche Vorschriften, Bestimmungen eines anwendbaren Tarifvertrages oder einer Betriebsvereinbarung entgegenstehen. Soweit die Vertragsbedingungen wesentlich sind, richtet sich ihr Nachweis nach den Bestimmungen des Nachweisgesetzes.

§ 106 Weisungsrecht des Arbeitgebers Der Arbeitgeber kann Inhalt, Ort und Zeit der Arbeitsleistung nach billigem Ermessen näher bestimmen, soweit diese Arbeitsbedingungen nicht durch den Arbeitsvertrag, Bestimmungen einer Betriebsvereinbarung, eines anwendbaren Tarifvertrages oder gesetzliche Vorschriften festgelegt sind. Dies gilt auch hinsichtlich der Ordnung und des Verhaltens der Arbeitnehmer im Betrieb. Bei der Ausübung des Ermessens hat der Arbeitgeber auch auf Behinderungen des Arbeitnehmers Rücksicht zu nehmen.

§ 107 Berechnung und Zahlung des Arbeitsentgelts[1] (1) Das Arbeitsentgelt ist in Euro zu berechnen und auszuzahlen.
(2) Arbeitgeber und Arbeitnehmer können Sachbezüge als Teil des Arbeitsentgelts vereinbaren, wenn dies dem Interesse des Arbeitnehmers oder der Eigenart des Arbeitsverhältnisses entspricht. Der Arbeitgeber darf dem Arbeitnehmer keine Waren auf Kredit überlassen. Er darf ihm nach Vereinbarung Waren in Anrechnung auf das Arbeitsentgelt überlassen, wenn die Anrechnung zu den durchschnittlichen Selbstkosten erfolgt. Die geleisteten Gegenstände müssen mittlerer Art und Güte sein, soweit nicht ausdrücklich eine andere Vereinbarung getroffen worden ist. Der Wert der vereinbarten Sachbezüge oder die Anrechnung der überlassenen Waren auf das Arbeitsentgelt darf die Höhe des pfändbaren Teils des Arbeitsentgelts nicht übersteigen.
(3) Die Zahlung eines regelmäßigen Arbeitsentgelts kann nicht für die Fälle ausgeschlossen werden, in denen der Arbeitnehmer für seine Tätigkeit von Dritten ein Trinkgeld erhält. Trinkgeld ist ein Geldbetrag, den ein Dritter ohne rechtliche Verpflichtung dem Arbeitnehmer zusätzlich zu einer dem Arbeitgeber geschuldeten Leistung zahlt.

§ 108 Abrechnung des Arbeitsentgelts (1) Dem Arbeitnehmer ist bei Zahlung des Arbeitsentgelts eine Abrechnung in Textform zu erteilen. Die Abrechnung

1 S. auch § 5 Absatz 1 GSA Fleisch, abgedruckt in Fn. zu § 28 e SGB IV (Nr. 30 IV).

muss mindestens Angaben über Abrechnungszeitraum und Zusammensetzung des Arbeitsentgelts enthalten. Hinsichtlich der Zusammensetzung sind insbesondere Angaben über Art und Höhe der Zuschläge, Zulagen, sonstige Vergütungen, Art und Höhe der Abzüge, Abschlagszahlungen sowie Vorschüsse erforderlich.
(2) Die Verpflichtung zur Abrechnung entfällt, wenn sich die Angaben gegenüber der letzten ordnungsgemäßen Abrechnung nicht geändert haben.
(3) Das Bundesministerium für Arbeit und Soziales wird ermächtigt, das Nähere zum Inhalt und Verfahren einer Entgeltbescheinigung, die zu Zwecken nach dem Sozialgesetzbuch sowie zur Vorlage bei den Sozial- und Familiengerichten verwendet werden kann, durch Rechtsverordnung[1] zu bestimmen. Der Arbeitnehmer kann vom Arbeitgeber zu anderen Zwecken eine weitere Entgeltbescheinigung verlangen, die sich auf die Angaben nach Absatz 1 beschränkt.

§ 109 Zeugnis (1) Der Arbeitnehmer hat bei Beendigung eines Arbeitsverhältnisses Anspruch auf ein schriftliches Zeugnis. Das Zeugnis muss mindestens Angaben zu Art und Dauer der Tätigkeit (einfaches Zeugnis) enthalten. Der Arbeitnehmer kann verlangen, dass sich die Angaben darüber hinaus auf Leistung und Verhalten im Arbeitsverhältnis (qualifiziertes Zeugnis) erstrecken.
(2) Das Zeugnis muss klar und verständlich formuliert sein. Es darf keine Merkmale oder Formulierungen enthalten, die den Zweck haben, eine andere als aus der äußeren Form oder aus dem Wortlaut ersichtliche Aussage über den Arbeitnehmer zu treffen.
(3) Die Erteilung des Zeugnisses in elektronischer Form ist ausgeschlossen.

§ 110 Wettbewerbsverbot Arbeitgeber und Arbeitnehmer können die berufliche Tätigkeit des Arbeitnehmers für die Zeit nach Beendigung des Arbeitsverhältnisses durch Vereinbarung beschränken (Wettbewerbsverbot). Die §§ 74 bis 75 f des Handelsgesetzbuches sind entsprechend anzuwenden.

§§ 111 – 132 a *(weggefallen)*

§ 133 Befugnis zur Führung des Baumeistertitels *(nicht abgedruckt)*

II. Meistertitel

IIa. Verhältnisse der Betriebsbeamten, Werkmeister, Techniker

§§ 133 a – 139 aa *(weggefallen)*

III. Aufsicht

§ 139 b Gewerbeaufsichtsbehörde (1) Die Aufsicht über die Ausführung der Bestimmungen der auf Grund des § 120 e oder des § 139 h erlassenen Rechtsverordnungen ist ausschließlich oder neben den ordentlichen Polizeibehörden

1 S. **Entgeltbescheinigungsverordnung** – EBV (Nr. 19 a).

besonderen von den Landesregierungen zu ernennenden Beamten zu übertragen. Denselben stehen bei Ausübung dieser Aufsicht alle amtlichen Befugnisse der Ortspolizeibehörden, insbesondere das Recht zur jederzeitigen Besichtigung und Prüfung der Anlagen zu. Die amtlich zu ihrer Kenntnis gelangenden Geschäfts- und Betriebsverhältnisse der ihrer Besichtigung und Prüfung unterliegenden Anlagen dürfen sie nur zur Verfolgung von Gesetzwidrigkeiten und zur Erfüllung von gesetzlich geregelten Aufgaben zum Schutz der Umwelt den dafür zuständigen Behörden offenbaren. Soweit es sich bei Geschäfts- und Betriebsgeheimnissen um Informationen über die Umwelt im Sinne des Umweltinformationsgesetzes handelt, richtet sich die Befugnis zu ihrer Offenbarung nach dem Umweltinformationsgesetz.

(2) Die Ordnung der Zuständigkeitsverhältnisse zwischen diesen Beamten und den ordentlichen Polizeibehörden bleibt der verfassungsmäßigen Regelung in den einzelnen Ländern vorbehalten.

(3) Die erwähnten Beamten haben Jahresberichte über ihre amtliche Tätigkeit zu erstatten. Diese Jahresberichte oder Auszüge aus denselben sind dem Bundesrat und dem Deutschen Bundestag vorzulegen.

(4) Die auf Grund der Bestimmungen der auf Grund des § 120 e oder des § 139 h erlassenen Rechtsverordnungen auszuführenden amtlichen Besichtigungen und Prüfungen müssen die Arbeitgeber zu jeder Zeit, namentlich auch in der Nacht, während des Betriebs gestatten.

(5) Die Arbeitgeber sind ferner verpflichtet, den genannten Beamten oder der Polizeibehörde diejenigen statistischen Mitteilungen über die Verhältnisse ihrer Arbeitnehmer zu machen, welche vom Bundesminister für Arbeit und Soziales durch Rechtsverordnung mit Zustimmung des Bundesrates oder von der Landesregierung unter Festsetzung der dabei zu beobachtenden Fristen und Formen vorgeschrieben werden.

(5 a) *(weggefallen)*

(6) Die Beauftragten der zuständigen Behörden sind befugt, die Unterkünfte, auf die sich die Pflichten der Arbeitgeber nach § 40 a der Arbeitsstättenverordnung und nach den auf Grund des § 120 e Abs. 3 erlassenen Rechtsverordnungen beziehen, zu betreten und zu besichtigen. Gegen den Willen der Unterkunftsinhaber ist dies jedoch nur zur Verhütung dringender Gefahren für die öffentliche Sicherheit oder Ordnung zulässig. Das Grundrecht der Unverletzlichkeit der Wohnung (Artikel 13 des Grundgesetzes) wird insoweit eingeschränkt.

(7) Ergeben sich im Einzelfall für die für den Arbeitsschutz zuständigen Landesbehörden konkrete Anhaltspunkte für

1. eine Beschäftigung oder Tätigkeit von Ausländern ohne erforderlichen Aufenthaltstitel nach § 4 Abs. 3 des Aufenthaltsgesetzes, eine Aufenthaltsgestattung oder eine Duldung, die zur Ausübung der Beschäftigung berechtigen, oder eine Genehmigung nach § 284 Abs. 1 des Dritten Buches Sozialgesetzbuch,
2. Verstöße gegen die Mitwirkungspflicht nach § 60 Abs. 1 Satz 1 Nr. 2 des Ersten Buches Sozialgesetzbuch gegenüber einer Dienststelle der Bundesagentur für Arbeit, einem Träger der gesetzlichen Kranken-, Pflege-, Unfall-

oder Rentenversicherung oder einem Träger der Sozialhilfe oder gegen die Meldepflicht nach § 8 a des Asylbewerberleistungsgesetzes,
3. Verstöße gegen das Gesetz zur Bekämpfung der Schwarzarbeit,
4. Verstöße gegen das Arbeitnehmerüberlassungsgesetz,
5. Verstöße gegen Vorschriften des Vierten und Siebten Buches Sozialgesetzbuch über die Verpflichtung zur Zahlung von Sozialversicherungsbeiträgen,
6. Verstöße gegen das Aufenthaltsgesetz,
7. Verstöße gegen die Steuergesetze,

unterrichten sie die für die Verfolgung und Ahndung der Verstöße nach den Nummern 1 bis 7 zuständigen Behörden, die Träger der Sozialhilfe sowie die Behörden nach § 71 des Aufenthaltsgesetzes.

(8) In den Fällen des Absatzes 7 arbeiten die für den Arbeitsschutz zuständigen Landesbehörden insbesondere mit folgenden Behörden zusammen:
1. den Agenturen für Arbeit,
2. den Trägern der Krankenversicherung als Einzugsstellen für die Sozialversicherungsbeiträge,
3. den Trägern der Unfallversicherung,
4. den nach Landesrecht für die Verfolgung und Ahndung von Verstößen gegen das Gesetz zur Bekämpfung der Schwarzarbeit zuständigen Behörden,
5. den in § 71 des Aufenthaltsgesetzes genannten Behörden,
6. den Finanzbehörden,
7. den Behörden der Zollverwaltung,
8. den Rentenversicherungsträgern,
9. den Trägern der Sozialhilfe.

§§ 139 c–142 *(weggefallen)*

Titel X – Straf- und Bußgeldvorschriften

§§ 143–146 *(nicht abgedruckt)*

§ 147 Verletzung von Arbeitsschutzvorschriften (1) Ordnungswidrig handelt, wer vorsätzlich oder fahrlässig
1. eine Besichtigung oder Prüfung nach § 139 b Abs. 1 Satz 2, Abs. 4, 6 Satz 1 oder 2 nicht gestattet oder
2. entgegen § 139 b Abs. 5 eine vorgeschriebene statistische Mitteilung nicht, nicht richtig, nicht vollständig oder nicht rechtzeitig macht.

(2) Die Ordnungswidrigkeit kann mit einer Geldbuße geahndet werden.

…

Schlußbestimmungen

§§ 154, 154 a *(weggefallen)*

…

19a. Verordnung zur Erstellung einer Entgeltbescheinigung nach § 108 Absatz 3 Satz 1 der Gewerbeordnung (Entgeltbescheinigungsverordnung – EBV)

vom 19. Dezember 2012 (BGBl. I 2712),
zuletzt geändert durch Gesetz vom 28. November 2018 (BGBl. I 2016)

Einleitung

(siehe bei Nr. 19)

Verordnungstext

§ 1 Inhalt der Entgeltbescheinigung (1) Eine Entgeltbescheinigung nach § 108 Absatz 3 Satz 1 der Gewerbeordnung hat folgende Angaben zum Arbeitgeber und zur Arbeitnehmerin oder zum Arbeitnehmer zu enthalten:

1. den Namen und die Anschrift des Arbeitgebers;
2. den Namen, die Anschrift und das Geburtsdatum der Arbeitnehmerin oder des Arbeitnehmers;
3. die Versicherungsnummer (§ 147 des Sechsten Buches Sozialgesetzbuch) der Arbeitnehmerin oder des Arbeitnehmers;
4. das Datum des Beschäftigungsbeginns;
5. bei Ende der Beschäftigung in der Bescheinigung für den letzten Abrechnungszeitraum das Datum des Beschäftigungsendes;
6. den bescheinigten Abrechnungszeitraum sowie die Anzahl der darin enthaltenen Steuertage und Sozialversicherungstage;
7. die Steuerklasse, gegebenenfalls einschließlich des gewählten Faktors, die Zahl der Kinderfreibeträge und die Merkmale für den Kirchensteuerabzug sowie gegebenenfalls Steuerfreibeträge oder Steuerhinzurechnungsbeträge nach Jahr und Monat sowie die Steuer-Identifikationsnummer;
8. den Beitragsgruppenschlüssel und die zuständige Einzugsstelle für den Gesamtsozialversicherungsbeitrag;
9. gegebenenfalls die Angabe, dass ein Beitragszuschlag für Kinderlose nach § 55 Absatz 3 des Elften Buches Sozialgesetzbuch erhoben wird;
10. gegebenenfalls die Angabe, dass es sich um ein Beschäftigungsverhältnis im Übergangsbereich nach § 20 Absatz 2 des Vierten Buches Sozialgesetzbuch handelt;
11. gegebenenfalls die Angabe, dass es sich um eine Mehrfachbeschäftigung handelt.

(2) In der Entgeltbescheinigung sind mindestens folgende Entgeltbestandteile der Arbeitnehmerin oder des Arbeitnehmers darzustellen:

1. die Bezeichnung und der Betrag sämtlicher Bezüge und Abzüge, außer den Beiträgen und Arbeitgeberzuschüssen zu einer freiwilligen oder privaten Kranken- und Pflegeversicherung sowie dem Arbeitgeberanteil zu einer berufsständischen Versorgungseinrichtung, einzeln nach Art aufgeführt und jeweils mit der Angabe, ob
   a) sie sich auf den steuerpflichtigen Arbeitslohn, das Sozialversicherungsbruttoentgelt und das Gesamtbruttoentgelt auswirken und
   b) es sich dabei um laufende oder einmalige Bezüge oder Abzüge handelt;
2. der Saldo der Bezüge und Abzüge nach Nummer 1 als
   a) steuerpflichtiger Arbeitslohn, getrennt nach laufenden und sonstigen Bezügen und Abzügen,
   b) Sozialversicherungsbruttoentgelt, gegebenenfalls abweichend je Versicherungszweig und getrennt nach laufenden und einmaligen Bezügen und Abzügen,
   c) Gesamtbruttoentgelt ohne Trennung nach laufenden und einmaligen Bezügen und Abzügen;
3. die gesetzlichen Abzüge vom steuerpflichtigen Arbeitslohn und Sozialversicherungsbruttoentgelt, getrennt nach laufendem und einmaligem Bruttoentgelt
   a) der Lohnsteuer, der Kirchensteuer und des Solidaritätszuschlages und
   b) der Arbeitnehmerbeiträge zur gesetzlichen Kranken-, Renten- und Pflegeversicherung, zur Seemannskasse sowie nach dem Recht der Arbeitsförderung;
4. das Nettoentgelt als Differenz des Gesamtbruttoentgeltes nach Nummer 2 Buchstabe c und den gesetzlichen Abzügen nach Nummer 3;
5. der Arbeitgeberzuschuss zu den Beiträgen zu einer freiwilligen oder privaten Kranken- und Pflegeversicherung sowie der Arbeitgeberanteil zu einer berufsständischen Versorgungseinrichtung und die Gesamtbeiträge für die Arbeitnehmerin oder den Arbeitnehmer, für die der Arbeitgeber die Zahlungsvorgänge für die Beiträge freiwillig übernimmt;
6. die Bezeichnung und der Betrag weiterer Bezüge und Abzüge sowie Verrechnungen und Einbehalte, je einzeln nach Art, die sich nicht auf ein Bruttoentgelt nach Nummer 2 auswirken oder aber zum Gesamtbruttoentgelt beitragen, jedoch nicht an die Arbeitnehmerin oder den Arbeitnehmer ausgezahlt werden;
7. der Auszahlungsbetrag als Saldo aus dem Nettoentgelt nach Nummer 4 und den Beträgen nach den Nummern 5 und 6.

(3) Bei der Ermittlung des Gesamtbruttoentgeltes nach Absatz 2 Nummer 2 Buchstabe c wirken sich folgende Werte wie folgt aus:

1. erhöhend die Werte für
   a) die Entgeltaufstockung nach dem Altersteilzeitgesetz,
   b) Nebenbezüge (geldwerte Vorteile, Sachbezüge,steuerpflichtige Bestandteile von sonstigen Personalnebenkosten, zum Beispiel Reisekosten, Umzugskosten, Trennungsgelder) sowie
   c) Arbeitgeberzuschüsse zu Entgeltersatzleistungen und
2. mindernd die Werte für
   a) Arbeitgeberleistungen, die von der Arbeitnehmerin oder dem Arbeitnehmer übernommen wurden, beispielsweise die abgewälzte pauschale Lohnsteuer, sowie
   b) die Einstellung in ein Wertguthaben auf Veranlassung der Arbeitnehmerin oder des Arbeitnehmers und
3. weder erhöhend noch mindernd die Werte für
   a) Entgeltumwandlungen im Sinne des § 1 Absatz 2 Nummer 3 des Betriebsrentengesetzes,
   b) Beiträge der Arbeitgeber sowie der Arbeitnehmerinnen und Arbeitnehmer zur Zukunftssicherung, im öffentlichen Dienst auch Umlagen und Sanierungsgelder.

(4) Die Entgeltbescheinigung ist als Bescheinigung nach § 108 Absatz 3 Satz 1 der Gewerbeordnung zu kennzeichnen.

§ 2 Verfahren (1) Arbeitnehmerinnen und Arbeitnehmer erhalten eine Entgeltbescheinigung nach § 1 in Textform für jeden Abrechnungszeitraum mit der Abrechnung des Entgeltes. Die Verpflichtung entfällt, wenn sich gegenüber dem letzten Abrechnungszeitraum keine Änderungen ergeben oder sich nur der Abrechnungszeitraum selbst (§ 1 Absatz 1 Nummer 6) ändert. Enthält eine Entgeltbescheinigung gegenüber der letzten Bescheinigung inhaltliche Änderungen, ist gegebenenfalls der Hinweis aufzunehmen, für welche Entgeltabrechnungszeiträume keine Bescheinigung ausgestellt wurde, da keine Veränderungen vorlagen, sodass ein durchgehender Nachweis möglich ist.
(2) Die Arbeitnehmerin oder der Arbeitnehmer können das Kirchensteuermerkmal in der Entgeltbescheinigung schwärzen.

§ 3 Inkrafttreten Diese Verordnung tritt am 1. Juli 2013 in Kraft.

20. Grundgesetz (GG)

Aktuelle höchstrichterliche Rechtsprechung

1. Grundgesetz[1]

Datum	Gericht/Az.	Fundstelle	Thema
20. 2. 19	BAG 2 AZR 746/14	NZA 19, 901	Kündigung durch katholische Kirche wegen Widerverheiratung
25. 10. 18	BAG 8 AZR 501/14	NZA-RR 19, 185 (OS)	Kirchenmitgliedschaft als berufliche Anforderung bei Kirchen

2. Europäische Menschenrechtskonvention

Datum	Gericht/Az.	Fundstelle	Thema
20. 11. 18	EGMR 44873/09	AuR 19, 331 (Report)	Streikverbot bei Eisenbahn
22. 5. 18	EGMR 27585/13	AuR 19, 282	Demonstrationsfreiheit für Gewerkschaften

Einleitung

I. Geschichtliche Entwicklung

Das GG ist entstanden, nachdem sich abzeichnete, dass es zu keiner Neuordnung der staatlichen Verhältnisse Gesamtdeutschlands kommen werde. Vom 10. bis 23. 8. 1948 tagte in Herrenchiemsee der »Verfassungskonvent«, ein Gremium aus von den Länderregierungen berufenen Sachverständigen. Auf der Grundlage des von diesen erarbeiteten »Herrenchiemseer Entwurfs« beschloss der aus 65 von den gewählten Landtagen der 11 westdeutschen Länder (damals gab es noch Baden, Württemberg-Baden und Württemberg-Hohenzollern) und 5 Westberliner Abgeordneten (mit beratender Stimme) gebildete »Parlamentarische Rat« das GG am 8. 5. 1949 mit 53 : 12 Stimmen. Am 12. 5. 1949 stimmten die drei westlichen Besatzungsmächte unter gewissen Vorbehalten vor allem hinsichtlich der Stellung Berlins zu (demgemäß durfte Berlin nicht vom Bund regiert werden). Bis auf Bayern, dessen Landtag das GG ablehnte, stimmten ihm alle westdeutschen Länderparlamente zu (vgl. *Stammen/Maier,* Der Prozess der Verfassunggebung, in *Becker/Stammen/Waldmann,* Vorgeschichte der Bundesrepublik Deutschland, 79,

1 Zum Arbeitskampf und zu Tarifverträgen s. Nachw. in Einl. zum TVG, Nr. 31.

381). Seither ist das GG insgesamt durch mehr als 60 Gesetze geändert worden; die wichtigsten betrafen die Wehr-, Finanz- und Notstandsverfassung, Einbindung der Bundesrepublik in die Europäische Union sowie (im Zuge der Föderalismusreform, Gesetz zur Änderung des Grundgesetzes vom 28.8.2006, BGBl. I 2034) Neuordnung der Gesetzgebungskompetenzen (mit arbeitsrechtlicher Konsequenz vor allem beim Ladenschluss, vgl. Einl. I zum LSchlG, Nr. 8 a).

Mit dem Ende der SED-Herrschaft und dem schnellen Beitritt der DDR zur Bundesrepublik ist diese um die Länder Brandenburg, Mecklenburg-Vorpommern, Sachsen, Sachsen-Anhalt und Thüringen erweitert worden. Der Einigungsvertrag vom 31.8.1990 (BGBl. II 885) hat beitrittsbedingte, insbesondere folgende Änderungen des Grundgesetzes gebracht: Änderung der Präambel, Aufhebung von Art. 23 a. F., Verteilung der Bundesratsstimmen gemäß Art. 51 Abs. 2, Einfügung von Art. 143 zu früheren Enteignungen in der DDR und Neufassung von Art. 146 zur künftigen deutschen Verfassung (Art. 4 Einigungsvertrag).

Im Zuge der Ratifizierung des Maastrichter Vertrages über die »Europäische Union« sind in Art. 23 das Staatsziel der deutschen Mitwirkung an der europäischen Integration und die Rechte der Länder in Angelegenheiten der Europäischen Union geregelt worden (Gesetz zur Änderung des Grundgesetzes vom 21.12.1992, BGBl. I 2086; hierzu *Sommermann,* DÖV 94, 596). Dieses Gesetz ist vom *BVerfG* (12.10.1993 – 2 BvR 2134/92 und 2 BvR 2159/92, NJW 93, 3047) als verfassungsgemäß bezeichnet worden. Eine weitere Integration in die EU unter Aufgabe weiterer Souveränitätsrechte der Bundesrepublik wird jedoch vom *BVerfG* an einen Ausbau der demokratischen Struktur der EU, d.h. die entsprechende demokratische Legitimation ihres Handelns geknüpft (hierzu *Däubler,* EuroAS, 11/93, 5; *Götz,* JZ 93, 1081; *Lenz,* NJW 93, 3038; *Tomuschat,* EuGRZ 93, 489; *Bleckmann/Pieper,* RIW 93, 963; *Weber,* JZ 94, 53; *Häde,* BB 93, 2457; zu Konsequenzen aus der Sicht der Bundesregierung s. BT-Drs. 12/6520). Nachdem die Vereinbarung einer europäischen Verfassung zunächst gescheitert war, versuchte man »kleinere Brötchen« mit dem Vertrag von Lissabon zu backen, der unter zahlreichen anderen Regelungen eine Verbindlichmachung der bislang noch unverbindlichen Europäischen Grundrechtecharta vorsah. Das *BVerfG* (30.6.2009 – 2 BvE 2/08 u.a., NJW 09, 2267) hat die Regelungen dieses Vertrages für grundsätzlich mit dem Grundgesetz vereinbar gehalten. Es hat allerdings gefordert, dass der Bundestag bei Entwicklungen, die auf eine Änderung des Vertrages ohne Ratifikation hinauslaufen, eine Integrationsverantwortung behalten muss und dass bestimmte Bereiche der wirtschaftlichen, kulturellen und sozialen Lebensverhältnisse der politischen Gestaltung der Mitgliedstaaten vorbehalten bleiben müssen, wozu das Gericht auch die soziale Sicherheit rechnet. Der Bundestag hat diesen Vorgaben durch die Begleitgesetze zum Vertrag von Lissabon vom 22.9.2009 (BGBl. I 3022, 3026 und 3031) Rechnung getragen. Das Gesetz über die Zusammenarbeit von Bundesregierung und Bundestag wurde infolge der Entscheidung des *BVerfG* zum Euro-Rettungsschirm (*BVerfG* 19.6.2012 – 2 BvE 4/11, BVerfGE 131, 152) neu gefasst (Gesetz v. 4.7.13, BGBl. I 2170).

Die Verfahrensweise hinsichtlich des Verhältnisses zwischen Bundesregierung, Bundestag und Bundesrat regeln einfache Gesetze (vgl. Fußn. 1 zu Art. 23).

Als Abschluss der Arbeiten der »Gemeinsamen Verfassungskommission« ist das GG mit Gesetz vom 27. 10. 1994 (BGBl. I 3146) insbesondere in folgender Hinsicht geändert worden:

- staatliche Pflicht zur Förderung der tatsächlichen Gleichberechtigung von Männern und Frauen (hierzu *König,* DÖV 95, 837);
- ausdrückliches Diskriminierungsverbot gegenüber Behinderten;
- Schutz der natürlichen Lebensgrundlagen (hierzu *Sannwald,* NJW 94, 3313; *Berlit,* AuR 95, 19).

Parallel zur Überarbeitung des GG sind in den neuen Bundesländern neue Landesverfassungen erarbeitet worden. Im Hinblick auf die Arbeits- und Sozialverfassung ist ihnen jedoch weitgehend die Grenze des Art. 31 (»Bundesrecht bricht Landesrecht«) gezogen (vgl. *Sommer,* AuR 93, 381; *Scholz,* RdA 93, 249).

II. Wesentlicher Inhalt

Das Grundgesetz ist die rechtliche Grundordnung der Bundesrepublik Deutschland. Es kann nur durch ein Gesetz, das der Zustimmung von zwei Dritteln der Mitglieder des Bundestages und zwei Dritteln der Stimmen des Bundesrates bedarf, geändert werden (Art. 79 Abs. 2). Änderungen des Grundgesetzes, durch welche die Gliederung des Bundes in Länder, die grundsätzliche Mitwirkung der Länder bei der Gesetzgebung oder die in den Artikeln 1 und 20 niedergelegten Grundsätze berührt werden, sind unzulässig (Art. 79 Abs. 3).

Ihrer Bedeutung für die gesamte Rechtsordnung ebenso wie für jeden Einzelnen wegen stehen die Grundrechte am Anfang des GG, voran der Schutz der »Würde des Menschen« (Art. 1). In ihnen sind die Menschenrechte (Rechte aller Menschen) und Bürgerrechte (Rechte deutscher Staatsangehöriger) für den Bereich der Bundesrepublik Deutschland enthalten. In die Grundrechte darf über die im GG ausdrücklich festgelegten Einschränkungen hinaus nicht eingegriffen werden. Sie gelten gegenüber der gesetzgebenden, ausführenden und rechtsprechenden Gewalt. Sie haben aber wegen der staatlichen Verpflichtung zum Schutz der Grundrechte vor Verletzungen durch Dritte auch im Verhältnis zwischen den Bürgern (s. u. III 4), damit auch zwischen Arbeitgeber und Arbeitnehmer, sowie für Tarifverträge (vgl. dazu *BAG* 21. 5. 2014 – 4 AZR 50/13, NZA 15, 115) und Betriebsvereinbarungen Bedeutung.

Eine Verletzung seiner Grundrechte kann vom Bürger bzw. von Vereinigungen von Bürgern durch Verfassungsbeschwerde gemäß Art. 93 Abs. 1 Nr. 4 a vor dem Bundesverfassungsgericht *(BVerfG)* in Karlsruhe geltend gemacht werden. Die Voraussetzungen einer Verfassungsbeschwerde sind im Bundesverfassungsgerichtsgesetz (BVerfGG, Neufassung vom 11. 8. 1993, BGBl. I 1473) geregelt. Erforderlich ist die Ausschöpfung des Rechtswegs gegen die angegriffene Entscheidung. Die Verfassungsbeschwerde ist binnen eines Monats nach Zustellung der Entscheidung zu erheben. Sie bedarf der ausdrücklichen Annahme durch das *BVerfG.*

Hält ein Gericht ein von ihm anzuwendendes Gesetz für verfassungswidrig, hat es dieses dem *BVerfG* zur Überprüfung vorzulegen (Art. 100).

Oberste inhaltliche Staatsgrundsätze – gemäß Art. 79 Abs. 3 auch nicht mit Zweidrittelmehrheit änderbar – sind das Demokratie- und Sozialstaatsprinzip und die föderative Ordnung. Es besteht das »Ideal der ›sozialen Demokratie‹ in den Formen des Rechtsstaats« (BVerfGE 5, 198).

III. Ausgewählte Probleme

1. Sozialstaatsprinzip

Mit der Verankerung des Sozialstaatsprinzips als eines rechtsverbindlichen Staatsziels hat das GG die verfassungsrechtlichen Grundlagen für die Verwirklichung einer Gesellschaft mit maximaler Gleichheit und Gerechtigkeit geschaffen. Das Sozialstaatsprinzip ist ein tragendes Verfassungsprinzip unseres Staates. Als gleichrangiges Ziel neben Menschenwürde, Demokratie und bundesstaatlicher Gliederung gehört das Sozialstaatsprinzip zu den Grundsätzen, die auch von einer verfassungsändernden Mehrheit nicht verändert oder gar aufgegeben werden dürfen. Zwar wird der Weg hin zur Verwirklichung sozialstaatlicher Ziele durch das Grundgesetz nicht festgelegt; dies ist überwiegend Sache der demokratischen Gesetzgebung. Jedoch sind die Inhalte des Sozialstaatsprinzips sowohl ideengeschichtlich als auch verfassungsrechtlich klar definiert und festgelegt.

Sozialstaat meint die Verpflichtung aller staatlichen Organe zur Herstellung einer »gerechten Sozialordnung«. Es ist die große verfassungsgeschichtliche Errungenschaft unseres Grundgesetzes, den Staat aus einer Rolle als »Nachtwächterstaat« herausgeholt zu haben: In der Bundesrepublik Deutschland ist es nach einer Formulierung des *BVerfG* »Aufgabe des Gesetzgebers, Lebensverhältnisse – insbesondere auf dem Gebiet der Wirtschaft – gestaltend zu ordnen« (*BVerfG* 29. 11. 1961 – 1 BvR 758/57, BVerfGE 13, 230, 233). Das heißt: Staatsintervention ist nicht nur verfassungskonform, sondern sozialstaatliche Pflicht des Gesetzgebers. Wer den Rückzug des Staates aus beschäftigungs- und wirtschaftspolitischer Verantwortung verlangt, fordert zur Aufgabe eines Verfassungsprinzips auf!

Das Leitbild der »gerechten Sozialordnung« ist das der gesellschaftlichen Gleichheit. Deshalb ist es Ziel des Sozialstaatsprinzips, »die Gleichheit fortschreitend bis zu einem vernünftigerweise zu fordernden Maße zu verwirklichen« (*BVerfG* 17. 8. 1956 – 1 BvB 2/51, BVerfGE 5, 85, 206). So wird dem obersten Gebot des Grundgesetzes Rechnung getragen, den Menschen in den Mittelpunkt staatlicher Aktivitäten zu stellen. Deshalb folgt aus dem »Gedanken der Würde und Freiheit der Menschen« die Aufgabe, auch im Verhältnis der Bürger untereinander für Gerechtigkeit und Menschlichkeit zu sorgen.

»Sozialstaat« meint demnach mehr als Zuteilung von Sozialleistungen. Materielle Umverteilung ist natürlich eine zentrale Grundlage zur Herstellung gesellschaftlicher Gleichheit. Ebenso gehört dazu die Herstellung von Chancengleichheit, z. B. im Bildungssystem. Aber auch der Abbau entstandener Ungleichheiten hat keinesfalls nur finanzielle Umverteilung zum Gegenstand. »Gerechtigkeit und Menschlichkeit im Verhältnis der Bürger untereinander« zielt vor allem auch auf den Abbau von Machtgefälle und die daraus fließenden Möglichkeiten zur Fremdbestimmung über Menschen: Wirtschaftsdemokratie und Mitbestimmung sind demnach sozialstaatliche Handlungsaufträge! Die Mitbestimmung der Arbeitnehmer auf Unternehmensebene ist demnach Ausdruck der Tatsache, dass ein Unter-

nehmer auf die Zusammenarbeit mit anderen Menschen, eben den Arbeitnehmern, angewiesen ist (*BVerfG* 1. 3. 1979 – 1 BvR 532/77, 1 BvR 533/77, 1 BvR 419/78, 1 BvL 21/78, BVerfGE 50, 290, 349 ff.).
Sozialstaat ist kein Selbstzweck. Als freiheitsstiftendes Prinzip zielt er auf die Möglichkeit aller Menschen, ihre Personalität selbst zu entfalten: »Um seiner (des Menschen) Würde willen muss ihm eine möglichst weitgehende Entfaltung seiner Persönlichkeit gesichert werden. Für den politisch-sozialen Bereich bedeutet das, dass es nicht genügt, wenn eine Obrigkeit sich bemüht, noch so gut für das Wohl von ›Untertanen‹ zu sorgen; der Einzelne soll vielmehr in möglichst weitem Umfang verantwortlich auch an den Entscheidungen für die Gesamtheit mitwirken. Der Staat hat hierzu den Weg zu öffnen« (*BVerfG*, BVerfGE 5, 85, 204 f.). In diesem Sinne ist die Koalitionsfreiheit das sozialstaatliche Grundrecht schlechthin. Diese Verfassungsgarantie ermöglicht es den Arbeitnehmern als den sozial Schwächeren, sich zur solidarischen Selbsthilfe zusammenzuschließen. Gewerkschaften verteidigen Menschenwürde und Freiheit in Betrieb und Gesellschaft. Sie haben Anspruch auf staatlichen Schutz ihrer freien Betätigung (vgl. u. 3).
Eines der praktischen Hauptprobleme des Sozialstaatsprinzips als eines Staatsziels ist seine nur sehr begrenzte Justitiabilität. Wie der Sozialstaat im Einzelnen zu verwirklichen ist, ist grundsätzlich Sache des Gesetzgebers, der dabei einen weiten Ermessensspielraum hat (vgl. *BVerfG* seit 19. 12. 1951 – 1 BvR 220/51, BVerfGE 1, 97, 105; z. B. *BVerfG* 19. 12. 1978 – 1 BvR 335/76, 1 BvR 427/76, 1 BvR 811/76, BVerfGE 50, 57, 108). Damit bedeutet das Sozialstaatsprinzip praktisch vor allem Folgendes:
(1) Es wird eine Art politischer Beweislast aufgestellt, die zum Rechtfertigungszwang beim Verfehlen sozialstaatlicher Ziele führt (z. B. beim Kampf gegen die Arbeitslosigkeit).
(2) Das Sozialstaatsprinzip rechtfertigt Eingriffe in die Grundrechte sozial und wirtschaftlich Mächtiger (unten 2) und hält zur entsprechenden Auslegung des Art. 9 Abs. 3 an (unten 3).

2. Privatautonomie, Grenzen bei sozialem und wirtschaftlichem Ungleichgewicht

Wirtschaft und Gesellschaft der Bundesrepublik beruhen auf dem Prinzip der größtmöglichen Freiheit für *jeden* Bürger. Instrument des freien Austausches ist der Vertrag. Weil aber ein formales, für das Ergebnis blindes Vertragsrecht lediglich das Übergewicht des Stärkeren über den Schwächeren reproduziert bzw. verstärkt, verlangt das Sozialstaatsprinzip vom Gesetzgeber Vorkehrungen, um auch der Grundrechtsposition des Schwächeren angemessen Rechnung zu tragen. Das *BVerfG* (7. 2. 1990 – 1 BvR 26/84, BVerfGE 81, 242, 254 ff.; 19. 10. 1993 – 1 BvR 567/89, 1 BvR 1044/89, BVerfGE 89, 214, 231 ff.; dazu *Kittner*, 50 Urteile, 2019, Nr. 20) formuliert daher einen Auftrag zur Schrankenziehung gegenüber der Privatautonomie. Berufliche Tätigkeit, die Arbeitnehmern und Arbeitgebern durch Art. 12 Abs. 1 GG gewährleistet ist, umfasst die Gewährleistung, die berufliche Existenz auf vertraglichen Bindungen aufzubauen. Insoweit ist der Abschluss von Verträgen neben Bindung zugleich auch Freiheit, eben Privatautonomie. Freilich kann die Ausübung der Vertragsfreiheit nur dann als Autonomie bezeichnet werden, wenn die Voraussetzungen der Selbstbestimmung gegeben sind. In diesem Sinne verlangt die staatliche Schutzpflicht zugunsten der Grundrechte jedes Einzelnen, dass der Staat einer Ungleichgewichtslage entgegenwirken muss, in der die Macht einer Seite ein Übergewicht dergestalt bedeutet, dass für die andere Seite – typischerweise den Arbeitnehmer – die Selbstbestimmung in Fremdbestimmung umschlägt. Soweit dies nicht bereits durch Gesetze zum Schutz der schwächeren Seite – wie insbesondere arbeitsrechtliche Gesetze – geschehen ist, ist es auch Aufgabe des Richters, dieser staatlichen Schutzpflicht nachzukommen, insbesondere indem er die Spielräume, die ihm die Generalklauseln des Zivilrechts wie §§ 138, 305 ff. BGB belassen, bei ihrer Konkretisierung in entsprechender Weise nutzt. Hieraus ergeben sich Legitimation und Notwendigkeit staatlicher Intervention gegenüber dem Prinzip der Vertragsfreiheit. Insbesondere Verbraucherschutz und das gesamte Arbeitsrecht beruhen auf diesen Prinzipien (umfassend vgl. *Kittner,* Schuldrecht, Rn. 106 ff.; *Dieterich,* RdA 95, 129; *Hönn,* JuS 90, 953; *Kittner,* FS Kissel 1994, 473).

3. Koalitionsfreiheit

Art. 9 Abs. 3 enthält ein »Doppelgrundrecht«, mit welchem sowohl die individuelle Koalitionsfreiheit als auch Bestand und Betätigung der Koalitionen garantiert werden. In Art. 9 Abs. 3 wird anerkannt, dass die Arbeitnehmer nur solidarisch dem systembedingten Machtvorsprung der Arbeitgeber zu begegnen vermögen: Art. 9 Abs. 3 bedeutet ein Grundrecht auf Solidarisierung. Mit ihm hat der Kampf der Arbeiterbewegung um Anerkennung und Betätigungsfreiheit seinen Ausdruck im geltenden Recht gefunden. Das *BVerfG* (18. 12. 1974 – 1 BvR 430/65 und 259/69, AP Nr. 23 zu Art. 9 GG mit Anm. *Kittner*) hat demzufolge festgestellt, dass Art. 9 Abs. 3 den Gewerkschaften diejenigen Tätigkeiten garantiert, »für die sie gegründet sind und die für die Erhaltung als unerlässlich betrachtet werden müssen«. Damit sind alle die weitreichenden programmatischen Aussagen der Gewerkschaften zur umfassenden Demokratisierung der Wirtschaft in den von Art. 9 Abs. 3 geschützten Tätigkeitsbereich zur »Wahrung und Förderung der Arbeits- und Wirtschaftsbedingungen« einbezogen. Die wichtigsten Konkretisierungen der Koalitionsfreiheit betreffen die Betätigung der Tarifvertragsparteien und die Arbeitskampffreiheit (Einl. I 2 zu TVG, Nr. 31).

Früher hatte das *BVerfG* die Koalitionsfreiheit als nur in einem »Kernbereich« geschützt bezeichnet. Gestützt hierauf hat das *BAG* viele gewerkschaftliche Aktivitäten im Betrieb und während der Arbeitszeit als unzulässig angesehen (z. B. Gewerkschaftswerbung). Mit Entscheidung vom 14. 11. 95 hat das *BVerfG* diese Rspr. korrigiert und festgestellt: »Der Schutz des Art. 9 Abs. 3 GG beschränkt sich nicht auf diejenigen Tätigkeiten, die für die Erhaltung und die Sicherung des Bestandes der Koalition unerlässlich sind; er umfasst alle koalitionsspezifischen Verhaltensweisen. Dazu gehört die Mitgliederwerbung durch die Koalition und ihre Mitglieder« (*BVerfG* 14. 11. 1995 – 1 BvR 601/92, BVerfGE 93, 352 = AuR 96, 151, mit Anm. *Heilmann*), ggf. auch durch betriebsfremde Gewerkschaftsbeauftragte (*BAG* 22. 6. 2010 – 1 AZR 179/09, NZA 10, 1365); ferner auch per E-Mail an die betriebliche E-Mail-Adresse (*BAG* 20. 1. 2009 – 1 AZR 515/08, NZA 09, 615). Die Nutzung betrieblicher E-Mail-Systeme zum Zwecke des Streikaufrufs kann der Arbeitgeber aber aufgrund Unterlassungsanspruchs untersagen lassen (*BAG* 15. 10. 2013 – 1 ABR 31/12, NZA 14, 319). Im Übrigen hat diese Rechtsprechung zugleich eine Einschränkung des Grundrechts erlaubt, wenn diese »zum Schutze anderer Rechtsgüter von der Sache her geboten« ist.

Anerkannt ist, dass es auch eine negative Koalitionsfreiheit gibt, so dass Arbeitnehmer und Arbeitgeber frei sind, keiner Gewerkschaft bzw. keinem Arbeitgeberverband beizutreten. Die genaue Reichweite dieser Gewährleistung ist aber ebenso umstritten wie die Frage, ob dieses Grundrecht aus Art. 9 Abs. 3 GG folgt (ausführlich *Deinert*, RdA 14, 129 ff.). Von Letzterem geht das *BAG* aus (29. 11. 1967 – GS 1/67, BAGE 20, 175, 213 ff.), hat die Frage zuletzt aber offen gelassen (*BAG* 15. 4. 2015 – 4 AZR 796/13, BB 15, 2362, Rn. 45).

4. Grundrechte

Sozialstaatlich verstärkte Grundrechtsnormen bilden die Grundlage für eine menschenwürdige Gestaltung der Arbeits- und Sozialordnung. Der Schutz der Würde des Menschen (Art. 1 Abs. 1), die freie Entfaltung der Persönlichkeit (Art. 2 Abs. 1), das Gleichheitsgebot (Art. 3) und die Berufsfreiheit (Art. 12; hierzu *Söllner,* AuR 91, 45) sind als individuelle Freiheitsrechte von großer Bedeutung für die Arbeitnehmer. Sie müssen auch im Verhältnis Arbeitgeber – Arbeitnehmer beachtet werden (im Einzelnen *Gamillscheg,* Die Grundrechte im Arbeitsrecht, 1989; hierzu *Zachert,* BB 98, 1310). Freilich wirken die Grundrechte nicht unmittelbar im Verhältnis zwischen den Privatrechtssubjekten. Nach der Schutzpflichtkonzeption (o. 2) muss der Staat aber Grundrechtsverletzungen durch andere Privatrechtssubjekte vorbeugend begegnen. Das gilt auch, soweit Tarifverträge Grundrechte der Tarifgebundenen beschränken (vgl. m. w. N. Deinert/Heuschmid/Zwanziger-*Deinert,* § 11 Rn. 153 f.). Darüber hinaus sind die einfachrechtlichen Normen so auszulegen und anzuwenden, dass sie zu keiner Verletzung der Grundrechte der davon betroffenen Bürger führen. Da allerdings Arbeitnehmer wie Arbeitgeber gleichermaßen Grundrechtsträger sind, läuft dies i. d. R. auf eine Abwägung der Grundrechte beider Seiten durch wechselseitige verhältnismäßige Zuordnung (Herstellung »praktischer Konkordanz«) hinaus.

In zunehmendem Maße spielen auch Entscheidungen des Europäischen Gerichtshofs für Menschenrechte (EGMR) in Bezug auf die in der Europäischen Menschenrechtskonvention (EMRK) niedergelegten Grundrechte für das Arbeitsrecht eine Rolle (*Nußberger,* RdA 12, 270 ff.). Im Rahmen der nach den Grundsätzen der juristischen Methodik bestehenden Auslegungs- und Abwägungsspielräume müssen deutsche Gerichte eine Auslegung wählen, die mit der Konvention übereinstimmt (*BVerfG* 14. 10. 2004 – 2 BvR 1481/04, NJW 04, 3407, 3408 ff.). Die Feststellung des *EGMR* einer Konventionsverletzung durch die deutschen Gerichte begründet die Möglichkeit zur Restitutionsklage nach § 580 Nr. 8 ZPO, mit der die Rechtskraft einer Entscheidung durchbrochen werden kann. Außerdem bietet die EMRK eine Auslegungshilfe für die Bestimmung von Inhalt und Reichweite von Grundrechten und rechtsstaatlichen Grundsätzen, sofern dies nicht zu einer Minderung des Grundrechtsschutzes führt (*BVerfG*, a. a. O.; *BVerfG* 26. 2. 2008 – 1 BvR 1602/07, NJW 08, 1793, 1795). Dadurch erweisen sich die Grundrechte des GG auch in dieser Hinsicht als entwicklungsoffen (*Voßkuhle*, RdA 15, 336, 338).

Insgesamt verlangen die verschiedensten Grundrechte Beachtung im Arbeitsverhältnis:

- Obwohl die Privatautonomie es an sich ausschließt, dass Ansprüche auf Abschluss eines Arbeitsvertrages bestehen, gibt es eine Sonderregelung für öffentliche Ämter: Nach Art. 33 Abs. 2 haben alle Deutschen nach Eignung, Befähigung und fachlicher Leistung gleichen Zugang zu Ämtern. Der bestgeeignete Bewerber hat daher Anspruch auf Übertragung der Stelle (*BAG* 11. 6. 2013 – 9 AZR 668/11, NZA-RR 14, 52). Allerdings legt der Dienstherr das Anforderungsprofil für die jeweilige Stelle fest (*BAG* 15. 1. 2013 – 9 AZR 358/11, NZA-RR 13, 439). Umgekehrt können die Angehörigen des öffentlichen Dienstes auch besondere Loyalitätspflichten treffen (*BAG* 6. 9. 2012 – 2 AZR 372/11, NZA-RR 13, 441).
- Die Privatautonomie, insbesondere in Gestalt der Vertragsfreiheit, die aus der allgemeinen Handlungsfreiheit (Art. 2 Abs. 1), im Arbeitsrecht aus der Berufsfreiheit (Art. 12 Abs. 1) herzuleiten ist, bedarf der Gewährleistung ihrer Funktionsbedingungen bei strukturellen Ungleichgewichtslagen (s. o. 2.).
- Das allgemeine Persönlichkeitsrecht verlangt einen wirksamen Schutz vor »Mobbing« im Arbeitsverhältnis (*BAG* 16. 5. 2007 – 8 AZR 709/06, NZA 07, 1154).
- Der Schutz des Privatlebens nach Art. 8 EMRK erfasst auch die elektronische Kommunikation am Arbeitsplatz, selbst wenn dienstliche Rechner genutzt werden und nicht für die Privatnutzung zur Verfügung stehen. Der Arbeitgeber kann die Einhaltung des Verbots der privaten Nutzung zwar überwachen, mit Rücksicht auf den Grundsatz der Verhältnismäßigkeit muss der Arbeitnehmer aber von dieser Möglichkeit informiert worden sein und gerichtlichen Rechtsschutz in Anspruch nehmen können (*EGMR* 5. 9. 2017 – 61496/08, NZA 17, 1443 – Bărbulescu; dazu *Kramer*, NZA 18, 637). Zulässig ist es aber jedenfalls, wenn offen aus begründetem Anlass Einsicht in Daten auf einem Dienstrechner genommen wird, die nicht offenkundig privat oder als privat gekennzeichnet sind (*BAG* 31. 1. 2019 – 2 AZR 426/18, NZA 19, 893, Rn. 54). Eine uneingeschränkte und zeitlich unbegrenzte verdeckte Videoüberwachung ist auch bei Bestehen eines Diebstahlsverdachts unzulässig (*EGMR* 9. 1. 2018 – 1874/13 u.a., AuR 19, 32 – López Ribalda u. a.; zur verdeckten Videoüberwachung vgl. auch Einl. III zum BDSG, Nr. 15).
- Dem Gleichheitssatz des Grundgesetzes (Art. 3 Abs. 1) entspricht im Arbeitsverhältnis der Gleichbehandlungsgrundsatz, der freilich nicht mit dem verfassungsrechtlichen Gebot gleichzusetzen ist (vgl. dazu Deinert/Heuschmid Zwanziger-*Deinert*, § 10 Rn. 14, 23).
- Dem Recht auf informationelle Selbstbestimmung wird im Rahmen des Datenschutzrechts, insbesondere bei der Erforderlichkeitsprüfung nach § 26 Abs. 1 BDSG Rechnung getragen (vgl. Einl. III zum BDSG, Nr. 15).
- Den Diskriminierungsverboten des Art. 3 Abs. 3 ist im Rahmen des AGG (Nr. 2) Rechnung zu tragen.
- Die Religionsfreiheit ist bei der Bestimmung arbeitsrechtlicher Pflichten zu

berücksichtigen (vgl. *BAG* 10. 12. 2009 – 2 AZR 55/09, AP Nr. 44 zu § 1 KSchG 1969 Verhaltensbedingte Kündigung: islamisches Kopftuch; *BAG* 24. 2. 2001 – 2 AZR 636/09, NZA 11, 1087: Arbeitsverweigerung eines Moslems bei Umgang mit Alkohol; auch die staatliche Neutralität rechtfertigt ein Kopftuchverbot in öffentlichen Einrichtungen nur bei einer hinreichend konkreten Gefahr einer Störung des Einrichtungsfriedens oder einer Gefährdung der Neutralität des Einrichtungsträgers, *BVerfG* 18. 10. 2016 – 1 BvR 354/11, NZA 16, 1522). Die Religionsfreiheit ist mit den Rechten des Arbeitgebers abzuwägen (*EGMR* 15. 1. 2013 – 48420/10, 59842/10, 51671/10, 36516/10, NJW 14, 1935 – Eweida u. a.).

- Besondere Pflichtenbindungen können sich im kirchlichen Arbeitsverhältnis im Hinblick auf das Selbstbestimmungsrecht der Kirchen ergeben (*BVerfG* 21. 9. 1976 – 2 BvR 350/75, BVerfGE 42, 312). Dabei ist aber eine Abwägung zwischen kirchlichen Loyalitätsanforderungen und Grundrechten des kirchlichen Arbeitnehmers geboten (*EGMR* 23. 9. 2010 – 1620/03, NZA 11, 279 – Schüth/Deutschland; dazu *Hammer*, AuR 11, 278 ff.; *Sperber*, EuZA 11, 407 ff.). Die kirchlichen Loyalitätsanforderungen sind zu berücksichtigen, solange diese nicht in Widerspruch zu den Grundprinzipien der Rechtsordnung stehen und den Beschäftigten keine unannehmbaren Pflichten auferlegen (*EGMR* 3. 2. 2011 – 18136/02, NZA 12, 199 – Siebenhaar). Den Arbeitsgerichten ist es aber versagt, die Bedeutung einer Loyalitätspflichtverletzung anstelle der Kirchen zu gewichten (*BVerfG* 22. 10. 2014 – 2 BvR 661/12, NZA 14, 1387). Wenn die Kirche allerdings unterschiedliche Loyalitätsanforderungen an ihre Beschäftigten je nach Konfession stellt, bedarf dies nach der Richtlinie 2000/78/EG einer besonderen Rechtfertigung durch eine berufliche Anforderung, die mit Rücksicht auf das kirchliche Ethos gestellt wird und verhältnismäßig ist (*EuGH* 11. 9. 2018 – C-68/17, NZA 18, 1187 – IR/JQ; auf Vorabentscheidungsersuchen von *BAG* 28. 7. 2016 – 2 AZR 746/14 [A], NZA 17, 388). Dementsprechend ist § 9 Abs. 2 AGG (Nr. 2) unionsrechtskonform dahin auszulegen, dass Loyalitätsanforderungen der Kirche einer tätigkeitsbezogenen Rechtfertigung bedürfen. Konfessionsbezogen unterschiedliche Loyalitätsanforderungen an Chefärzte lassen sich in diesem Sinne nicht rechtfertigen (*BAG* 20. 2. 2019 – 2 AZR 746/14, NZA 19, 901).
- Mit Rücksicht auf die Kirchenautonomie gesteht die Rechtsprechung den Kirchen auch eine besondere Rechtsstellung bei der kollektiven Gestaltung der Arbeitsbedingungen zu (dazu *Deinert*, Mitb. 5/13, S. 50 f.; zur Kritik: *Schubert/Wolter*, AuR 13, 285 ff.). Sie können die arbeitsrechtlichen Bedingungen ihrer Arbeitnehmer auf dem sog. Dritten Weg mit paritätischen Kommissionen und abschließender Schlichtung gestalten. Sofern die Gewerkschaften sich innerhalb dieses Dritten Weges koalitionsmäßig betätigen können und die Ergebnisse für die Dienstgeber verbindlich sind und als Mindestarbeitsbedingungen den Verträgen zu Grunde gelegt werden, darf die Gewerkschaft keine Streiks mit dem Ziel des Abschlusses von Tarifverträgen führen (*BAG* 20. 11. 2012 – 1 AZR 179/11, NZA 13, 448). Entscheidet sich die Kirche für die Gestaltung der Arbeitsbedingungen durch Tarifverträge (sog. Zweiter Weg), sind Streiks unzulässig, wenn die Kirche vor Aufnahme der Verhandlungen eine absolute Friedens-

pflicht verlangt und ein verbindliches Schlichtungsverfahren angeboten hat (*BAG* 20.11.2012 – 1 AZR 611/11, NZA 13, 437). Eine hiergegen gerichtete Verfassungsbeschwerde von ver.di blieb aus verfassungsprozessrechtlichen Gründen erfolglos, ohne dass das *BVerfG* dadurch über die inhaltliche Berechtigung der Beschwerde entschieden hätte (*BVerfG* 15.7.2015 – 2 BvR 2292/13, NZA 15, 1117).

- Die Meinungsfreiheit ist zu berücksichtigen bei der Frage, ob der Arbeitnehmer berechtigt ist, den Arbeitgeber bei Behörden oder der Staatsanwaltschaft anzuzeigen (*EGMR* 21.7.2011 – 2827/08, AuR 11, 355 – Heinisch; dazu Einl. VI zum BDSG, Nr. 15). Der Meinungsfreiheit ist zudem Rechnung zu tragen bei der Prüfung einer verhaltensbedingten Kündigung wegen Vorwürfen gegenüber Vorgesetzten (*BVerfG* 30.5.2018 – 1 BvR 1149/17: Bezeichnung als »Ausbeuter« kann im Rahmen betrieblicher Auseinandersetzungen durch die Meinungsfreiheit geschützt sein und zwingt zu einer Abwägung mit den Interessen des Arbeitgebers).
- Der Rundfunk- und Pressefreiheit (Art. 5 Abs. 1 Satz 2) des Arbeitgebers ist im Wege des Tendenzschutzes Rechnung zu tragen (vgl. *BAG* 23.10.2008 – 2 AZR 483/07, BB 09, 1186).
- Sog. Zölibatsklauseln sind mit Art. 6 unvereinbar (*BAG* 10.5.1957 – 1 AZR 249/56, AP Nr. 1 zu Art. 6 Abs. 1 GG Ehe und Familie; dazu *Kittner*, 50 Urteile, 2019, Nr. 10).
- Kosten für notwendige Kinderbetreuung infolge notwendiger Betriebsratsarbeit außerhalb der Arbeitszeit müssen in Anwendung von § 40 BetrVG mit Rücksicht auf Art. 6 vom Arbeitgeber getragen werden (*BAG* 23.6.2010 – 7 ABR 103/08, NZA 10, 1298).
- Entscheidungen des EGMR in Bezug auf die Koalitionsrechte der Tarifautonomie (*EGMR* 12.11.2008 – 34503/97 NZA 10, 1425 – Demir und Baykara) und des Streikrechts im öffentlichen Dienst (*EGMR* 21.4.2009 – 68959/01, NZA 10, 1423, 1424 – Enerji Yapi-Yol Sen) haben nach dem Verständnis der Rechtsprechung bislang keine Bedeutung für Deutschland. Das *BVerwG* (27.2.2014 – 2 C 1/13, NZA 14, 616) ging zwar davon aus, dass das beamtenrechtliche Streikverbot konventionswidrig sei, jedoch nach wie vor zu beachten, bis der Gesetzgeber den Konflikt mit der EMRK aufgelöst habe. Das *BVerfG* hat allerdings entschieden, dass das Beamtenstreikverbot verfassungsrechtlich vorgegeben sei, ohnehin aber nicht mit der EMRK kollidiere (12.6.2018 – 2 BvR 1738/12 u.a., EuZW 18, 637; dazu Anm. *Klein*, AuR 18, 479; *Absenger/Schubert*, SR 19, 211). Ob diese Einschätzung zur Vereinbarkeit mit der EMRK vom *EGMR* geteilt wird, bleibt freilich abzuwarten.
- Eine Residenzpflicht kann dem Arbeitnehmer wegen Art. 11 GG nur ausnahmsweise (z. B. bei einem Hausmeister) abverlangt werden (*BAG* 7.6.2006 – 4 AZR 316/05, NZA 07, 343).
- Art. 12 Abs. 1 GG verlangt einen gewissen Bestandsschutz für das privatautonom begründete Arbeitsverhältnis, den der Gesetzgeber durch das KSchG (Nr. 25) gewährleistet hat, der zu einem Mindestmaß aber auch garantiert sein muss,

wenn das KSchG nicht anwendbar ist (vgl. dazu Einl. II 7 und III 1 zum KSchG, Nr. 25). In Extremfällen können Vereinbarungen über Rückzahlungspflichten für Ausbildungskosten auf einen Verstoß gegen das Verbot der Zwangs- und Pflichtarbeit hinauslaufen (*EGMR* 4.6.2015 – 51637/12, AuR 16, 75, m. Anm. *Lörcher*).

Weiterführende Literatur

Deinert/Heuschmid/Zwanziger-*Deinert,* Arbeitsrecht, § 1 Rn. 10–34, § 10 Rn. 8–39 (Verfassungsrechtliche Grundlagen, Verfassungsrecht)

Baer, Gleichheitsrechte: Klassisch – europäisch – fordernd, SR 2014, S. 133

Dieterich, Grundgesetz und Privatautonomie im Arbeitsrecht, RdA 1995, S. 129

Hohmann-Dennhardt, Der Sozialstaat – ein Auslaufmodell?, AuR 2006, S. 77

Krebber, Die Bedeutung der Grundrechtecharta und der EMRK für das deutsche Individualarbeitsrecht, EuZA 2013, S. 188

Nußberger, Der Einfluss der EMRK auf das deutsche Arbeitsrecht, AuR 2014, S. 130

Schlachter, Der Schutz der Vereinigungsfreiheit durch die Europäische Sozialcharta, SR 2013, S. 77

Seifert, Die Bedeutung der Grundrechtecharta und der EMRK für das deutsche kollektive Arbeitsrecht, EuZA 2013, S. 205

Voßkuhle, Menschenrechtsschutz durch die Europäischen Verfassungsgerichte, RdA 2015, S. 336

Zachert, Ein Mosaik von Arbeitnehmergrundrechten im Grundgesetz, BB 1998, S. 1310

Grundgesetz (GG)

vom 23. Mai 1949 (BGBl. 1),
zuletzt geändert durch Gesetz vom 15. November 2019 (BGBl. I 1546)

(Abgedruckte Vorschriften: Art. 1–20 a, 23, 28, 31, 33, 34, 70, 72, 74 Abs. 1 Nr. 11 und 12, 79, 93 Abs. 1 Nr. 4 a, 100, 103 Abs. 1, 140, 142, 146)

I. Die Grundrechte

Art. 1 [Würde des Menschen, Grundrechtsbindung] (1) Die Würde des Menschen ist unantastbar. Sie zu achten und zu schützen, ist Verpflichtung aller staatlichen Gewalt.
(2) Das Deutsche Volk bekennt sich darum zu unverletzlichen und unveräußerlichen Menschenrechten als Grundlage jeder menschlichen Gemeinschaft, des Friedens und der Gerechtigkeit in der Welt.
(3) Die nachfolgenden Grundrechte binden Gesetzgebung, vollziehende Gewalt und Rechtsprechung als unmittelbar geltendes Recht.

Art. 2 [Persönliche Freiheitsrechte] (1) Jeder hat das Recht auf die freie Entfaltung seiner Persönlichkeit, soweit er nicht die Rechte anderer verletzt und nicht gegen die verfassungsmäßige Ordnung oder das Sittengesetz verstößt.
(2) Jeder hat das Recht auf Leben und körperliche Unversehrtheit. Die Freiheit der Person ist unverletzlich. In diese Rechte darf nur auf Grund eines Gesetzes eingegriffen werden.

Art. 3 [Gleichheitssatz] (1) Alle Menschen sind vor dem Gesetz gleich.
(2) Männer und Frauen sind gleichberechtigt. Der Staat fördert die tatsächliche Durchsetzung der Gleichberechtigung von Frauen und Männern und wirkt auf die Beseitigung bestehender Nachteile hin.
(3) Niemand darf wegen seines Geschlechtes, seiner Abstammung, seiner Rasse, seiner Sprache, seiner Heimat und Herkunft, seines Glaubens, seiner religiösen oder politischen Anschauungen benachteiligt oder bevorzugt werden. Niemand darf wegen seiner Behinderung benachteiligt werden.

Art. 4 [Glaubens-, Gewissens- und Bekenntnisfreiheit] (1) Die Freiheit des Glaubens, des Gewissens und die Freiheit des religiösen und weltanschaulichen Bekenntnisses sind unverletzlich.
(2) Die ungestörte Religionsausübung wird gewährleistet.
(3) Niemand darf gegen sein Gewissen zum Kriegsdienst mit der Waffe gezwungen werden. Das Nähere regelt ein Bundesgesetz.

Art. 5 [Meinungs-, Kunst- und Gewissensfreiheit] (1) Jeder hat das Recht, seine

Meinung in Wort, Schrift und Bild frei zu äußern und zu verbreiten und sich aus allgemein zugänglichen Quellen ungehindert zu unterrichten. Die Pressefreiheit und die Freiheit der Berichterstattung durch Rundfunk und Film werden gewährleistet. Eine Zensur findet nicht statt.
(2) Diese Rechte finden ihre Schranken in den Vorschriften der allgemeinen Gesetze, den gesetzlichen Bestimmungen zum Schutze der Jugend und in dem Recht der persönlichen Ehre.
(3) Kunst und Wissenschaft, Forschung und Lehre sind frei. Die Freiheit der Lehre entbindet nicht von der Treue zur Verfassung.

Art. 6 [Ehe und Familie; nichteheliche Kinder] (1) Ehe und Familie stehen unter dem besonderen Schutze der staatlichen Ordnung.
(2) Pflege und Erziehung der Kinder sind das natürliche Recht der Eltern und die zuvörderst ihnen obliegende Pflicht. Über ihre Betätigung wacht die staatliche Gemeinschaft.
(3) Gegen den Willen der Erziehungsberechtigten dürfen Kinder nur auf Grund eines Gesetzes von der Familie getrennt werden, wenn die Erziehungsberechtigten versagen oder wenn die Kinder aus anderen Gründen zu verwahrlosen drohen.
(4) Jede Mutter hat Anspruch auf den Schutz und die Fürsorge der Gemeinschaft.
(5) Den unehelichen Kindern sind durch die Gesetzgebung die gleichen Bedingungen für ihre leibliche und seelische Entwicklung und ihre Stellung in der Gesellschaft zu schaffen wie den ehelichen Kindern.

Art. 7 [Schulwesen] (1) Das gesamte Schulwesen steht unter der Aufsicht des Staates.
(2) Die Erziehungsberechtigten haben das Recht, über die Teilnahme des Kindes am Religionsunterricht zu bestimmen.
(3) Der Religionsunterricht ist in den öffentlichen Schulen mit Ausnahme der bekenntnisfreien Schulen ordentliches Lehrfach. Unbeschadet des staatlichen Aufsichtsrechtes wird der Religionsunterricht in Übereinstimmung mit den Grundsätzen der Religionsgemeinschaften erteilt. Kein Lehrer darf gegen seinen Willen verpflichtet werden, Religionsunterricht zu erteilen.
(4) Das Recht zur Errichtung von privaten Schulen wird gewährleistet. Private Schulen als Ersatz für öffentliche Schulen bedürfen der Genehmigung des Staats und unterstehen den Landesgesetzen. Die Genehmigung ist zu erteilen, wenn die privaten Schulen in ihren Lehrzielen und Einrichtungen sowie in der wissenschaftlichen Ausbildung ihrer Lehrkräfte nicht hinter den öffentlichen Schulen zurückstehen und eine Sonderung der Schüler nach den Besitzverhältnissen der Eltern nicht gefördert wird. Die Genehmigung ist zu versagen, wenn die wirtschaftliche und rechtliche Stellung der Lehrkräfte nicht genügend gesichert ist.
(5) Eine private Volksschule ist nur zuzulassen, wenn die Unterrichtsverwaltung ein besonderes pädagogisches Interesse anerkennt oder, auf Antrag von Erzie-

hungsberechtigten, wenn sie als Gemeinschaftsschule, als Bekenntnis- oder Weltanschauungsschule errichtet werden soll und eine öffentliche Volksschule dieser Art in der Gemeinde nicht besteht.
(6) Vorschulen bleiben aufgehoben.

Art. 8 [Versammlungsfreiheit] (1) Alle Deutschen haben das Recht, sich ohne Anmeldung oder Erlaubnis friedlich und ohne Waffen zu versammeln.
(2) Für Versammlungen unter freiem Himmel kann dieses Recht durch Gesetz oder auf Grund eines Gesetzes beschränkt werden.

Art. 9 [Vereinigungsfreiheit] (1) Alle Deutschen haben das Recht, Vereine und Gesellschaften zu bilden.
(2) Vereinigungen, deren Zwecke oder deren Tätigkeit den Strafgesetzen zuwiderlaufen oder die sich gegen die verfassungsmäßige Ordnung oder gegen den Gedanken der Völkerverständigung richten, sind verboten.
(3) Das Recht, zur Wahrung und Förderung der Arbeits- und Wirtschaftsbedingungen Vereinigungen zu bilden, ist für jedermann und für alle Berufe gewährleistet.[1] Abreden, die dieses Recht einschränken oder zu behindern suchen, sind nichtig, hierauf gerichtete Maßnahmen sind rechtswidrig. Maßnahmen nach den Artikeln 12 a, 35 Abs. 2 und 3, Artikel 87 a Abs. 4 und Artikel 91 dürfen sich nicht gegen Arbeitskämpfe richten, die zur Wahrung und Förderung der Arbeits- und Wirtschaftsbedingungen von Vereinigungen im Sinne des Satzes 1 geführt werden.

---

1 Zum Schutz der Koalitionsfreiheit im Recht der EU s. Art. 28 der **Grundrechte-Charta** (Nr. 20 b). Darüber hinaus ist zu nennen **Gemeinschaftscharta der Sozialen Grundrechte der Arbeitnehmer** vom 9. 12. 1989 (KOM [89] 248 endg.): **Nr. 13** Das Recht bei Interessenkonflikten Kollektivmaßnahmen zu ergreifen, schließt vorbehaltlich der Verpflichtung aufgrund der einzelstaatlichen Regelungen und der Tarifverträge das Streikrecht ein …
Zum Schutz der Koalitionsfreiheit gilt eine Reihe von der Bundesrepublik Deutschland ratifizierter völkerrechtlicher Übereinkommen: ILO-Übereinkommen Nr. 87, 98, 135; Art. 8 Internationaler Pakt über wirtschaftliche, soziale und kulturelle Rechte; Art. 11 UNO-Menschenrechtskonvention (sämtlich abgedruckt bei *Däubler/Kittner/Lörcher*, IntASO).
Im Rechtskreis des Europarates ist schließlich zu erwähnen: **Europäische Sozialcharta** vom 18. 10. 1961 (BGBl. II 1262): **Teil II Art. 6** Um die wirksame Ausübung des Rechts auf Kollektivverhandlungen zu gewährleisten, verpflichten sich die Vertragsparteien, … und anerkennen 4. das Recht der Arbeitnehmer und Arbeitgeber auf kollektive Maßnahmen einschließlich des Streikrechts im Falle von Interessenkonflikten, vorbehaltlich etwaiger Verpflichtungen aus Kollektivverträgen. Ferner ist die Koalitionsfreiheit durch die Europäische Menschenrechtskonvention (i. d. F. v. 22. 10. 2010, BGBl. II 1198) geschützt:
Art. 11 Versammlungs- und Vereinigungsfreiheit (1) Jede Person hat das Recht, sich frei und friedlich mit anderen zu versammeln und sich frei mit anderen zusammenzuschließen; dazu gehört auch das Recht, zum Schutz seiner Interessen Gewerkschaften zu gründen und Gewerkschaften beizutreten.
(2) Die Ausübung dieser Rechte darf nur Einschränkungen unterworfen werden, die gesetzlich vorgesehen und in einer demokratischen Gesellschaft notwendig sind für die nationale oder öffentliche Sicherheit, zur Aufrechterhaltung der Ordnung oder zur Verhütung von Straftaten, zum Schutz der Gesundheit oder der Moral oder zum Schutz der Rechte und Freiheiten anderer. Dieser Artikel steht rechtmäßigen Einschränkungen der Ausübung dieser Rechte für Angehörige der Streitkräfte, der Polizei oder der Staatsverwaltung nicht entgegen.

Art. 10 [Brief-, Post- und Fernmeldegeheimnis] (1) Das Briefgeheimnis sowie das Post- und Fernmeldegeheimnis sind unverletzlich.
(2) Beschränkungen dürfen nur auf Grund eines Gesetzes angeordnet werden. Dient die Beschränkung dem Schutze der freiheitlichen demokratischen Grundordnung oder des Bestandes oder der Sicherung des Bundes oder eines Landes, so kann das Gesetz bestimmen, daß sie dem Betroffenen nicht mitgeteilt wird und daß an die Stelle des Rechtsweges die Nachprüfung durch von der Volksvertretung bestellte Organe und Hilfsorgane tritt.

Art. 11 [Freizügigkeit] (1) Alle Deutschen genießen Freizügigkeit im ganzen Bundesgebiet.
(2) Dieses Recht darf nur durch Gesetz oder auf Grund eines Gesetzes und nur für die Fälle eingeschränkt werden, in denen eine ausreichende Lebensgrundlage nicht vorhanden ist und der Allgemeinheit daraus besondere Lasten entstehen würden oder in denen es zur Abwehr einer drohenden Gefahr für den Bestand oder die freiheitliche demokratische Grundordnung des Bundes oder eines Landes, zur Bekämpfung von Seuchengefahr, Naturkatastrophen oder besonders schweren Unglücksfällen, zum Schutze der Jugend vor Verwahrlosung oder um strafbaren Handlungen vorzubeugen, erforderlich ist.

Art. 12 [Berufsfreiheit] (1) Alle Deutschen haben das Recht, Beruf, Arbeitsplatz und Ausbildungsstätte frei zu wählen. Die Berufsausübung kann durch Gesetz oder auf Grund eines Gesetzes geregelt werden.
(2) Niemand darf zu einer bestimmten Arbeit gezwungen werden, außer im Rahmen einer herkömmlichen allgemeinen, für alle gleichen öffentlichen Dienstleistungspflicht.
(3) Zwangsarbeit ist nur bei einer gerichtlich angeordneten Freiheitsentziehung zulässig.

Art. 12 a [Wehrdienst, Ersatzdienst, Verteidigungsfall] (1) Männer können vom vollendeten achtzehnten Lebensjahr an zum Dienst in den Streitkräften, im Bundesgrenzschutz oder in einem Zivilschutzverband verpflichtet werden.
(2) Wer aus Gewissensgründen den Kriegsdienst mit der Waffe verweigert, kann zu einem Ersatzdienst verpflichtet werden. Die Dauer des Ersatzdienstes darf die Dauer des Wehrdienstes nicht übersteigen. Das Nähere regelt ein Gesetz, das die Freiheit der Gewissensentscheidung nicht beeinträchtigen darf und auch eine Möglichkeit des Ersatzdienstes vorsehen muß, die in keinem Zusammenhang mit den Verbänden der Streitkräfte und des Bundesgrenzschutzes steht.
(3) Wehrpflichtige, die nicht zu einem Dienst nach Absatz 1 oder 2 herangezogen sind, können im Verteidigungsfalle durch Gesetz oder auf Grund eines Gesetzes zu zivilen Dienstleistungen für Zwecke der Verteidigung einschließlich des Schutzes der Zivilbevölkerung in Arbeitsverhältnisse verpflichtet werden; Verpflichtungen in öffentlich-rechtliche Dienstverhältnisse sind nur zur Wahrnehmung polizeilicher Aufgaben oder solcher hoheitlichen Aufgaben der öf-

fentlichen Verwaltung, die nur in einem öffentlich-rechtlichen Dienstverhältnis erfüllt werden können, zulässig. Arbeitsverhältnisse nach Satz 1 können bei den Streitkräften, im Bereich ihrer Versorgung sowie bei der öffentlichen Verwaltung begründet werden; Verpflichtungen in Arbeitsverhältnisse im Bereiche der Versorgung der Zivilbevölkerung sind nur zulässig, um ihren lebensnotwendigen Bedarf zu decken oder ihren Schutz sicherzustellen.
(4) Kann im Verteidigungsfalle der Bedarf an zivilen Dienstleistungen im zivilen Sanitäts- und Heilwesen sowie in der ortsfesten militärischen Lazarettorganisation nicht auf freiwilliger Grundlage gedeckt werden, so können Frauen vom vollendeten achtzehnten bis zum vollendeten fünfundfünfzigsten Lebensjahr durch Gesetz oder auf Grund eines Gesetzes zu derartigen Dienstleistungen herangezogen werden. Sie dürfen auf keinen Fall zum Dienst mit der Waffe verpflichtet werden.
(5) Für die Zeit vor dem Verteidigungsfalle können Verpflichtungen nach Abs. 3 nur nach Maßgabe des Artikels 80 a Abs. 1 begründet werden. Zur Vorbereitung auf Dienstleistungen nach Abs. 3, für die besondere Kenntnisse oder Fertigkeiten erforderlich sind, kann durch Gesetz oder auf Grund eines Gesetzes die Teilnahme an Ausbildungsveranstaltungen zur Pflicht gemacht werden. Satz 1 findet insoweit keine Anwendung.
(6) Kann im Verteidigungsfalle der Bedarf an Arbeitskräften für die in Abs. 3 Satz 2 genannten Bereiche auf freiwilliger Grundlage nicht gedeckt werden, so kann zur Sicherung dieses Bedarfs die Freiheit der Deutschen, die Ausübung eines Berufs oder den Arbeitsplatz aufzugeben, durch Gesetz oder auf Grund eines Gesetzes eingeschränkt werden. Vor Eintritt des Verteidigungsfalles gilt Absatz 5 Satz 1 entsprechend.

Art. 13 [Unverletzlichkeit der Wohnung] (1) Die Wohnung ist unverletzlich.
(2) Durchsuchungen dürfen nur durch den Richter, bei Gefahr im Verzuge auch durch die in den Gesetzen vorgesehenen anderen Organe angeordnet und nur in der dort vorgeschriebenen Form durchgeführt werden.
(3) Begründen bestimmte Tatsachen den Verdacht, daß jemand eine durch Gesetz einzeln bestimmte besonders schwere Straftat begangen hat, so dürfen zur Verfolgung der Tat auf Grund richterlicher Anordnung technische Mittel zur akustischen Überwachung von Wohnungen, in denen der Beschuldigte sich vermutlich aufhält, eingesetzt werden, wenn die Erforschung des Sachverhalts auf andere Weise unverhältnismäßig erschwert oder aussichtslos wäre. Die Maßnahme ist zu befristen. Die Anordnung erfolgt durch einen mit drei Richtern besetzten Spruchkörper. Bei Gefahr im Verzuge kann sie auch durch einen einzelnen Richter getroffen werden.
(4) Zur Abwehr dringender Gefahren für die öffentliche Sicherheit, insbesondere einer gemeinen Gefahr oder einer Lebensgefahr, dürfen technische Mittel zur Überwachung von Wohnungen nur auf Grund richterlicher Anordnung eingesetzt werden. Bei Gefahr im Verzuge kann die Maßnahme auch durch eine andere gesetzlich bestimmte Stelle angeordnet werden; eine richterliche Entscheidung ist unverzüglich nachzuholen.

(5) Sind technische Mittel ausschließlich zum Schutze der bei einem Einsatz in Wohnungen tätigen Personen vorgesehen, kann die Maßnahme durch eine gesetzlich bestimmte Stelle angeordnet werden. Eine anderweitige Verwertung der hierbei erlangten Erkenntnisse ist nur zum Zwecke der Strafverfolgung oder der Gefahrenabwehr und nur zulässig, wenn zuvor die Rechtmäßigkeit der Maßnahme richterlich festgestellt ist; bei Gefahr im Verzuge ist die richterliche Entscheidung unverzüglich nachzuholen.
(6) Die Bundesregierung unterrichtet den Bundestag jährlich über den nach Absatz 3 sowie über den im Zuständigkeitsbereich des Bundes nach Absatz 4 und, soweit richterlich überprüfungsbedürftig, nach Absatz 5 erfolgten Einsatz technischer Mittel. Ein vom Bundestag gewähltes Gremium übt auf der Grundlage dieses Berichts die parlamentarische Kontrolle aus. Die Länder gewährleisten eine gleichwertige parlamentarische Kontrolle.
(7) Eingriffe und Beschränkungen dürfen im übrigen nur zur Abwehr einer gemeinen Gefahr oder einer Lebensgefahr für einzelne Personen, auf Grund eines Gesetzes auch zur Verhütung dringender Gefahren für die öffentliche Sicherheit und Ordnung, insbesondere zur Behebung der Raumnot, zur Bekämpfung von Seuchengefahr oder zum Schutze gefährdeter Jugendlicher vorgenommen werden.

Art. 14 [Eigentum, Erbrecht, Enteignung] (1) Das Eigentum und das Erbrecht werden gewährleistet. Inhalt und Schranken werden durch die Gesetze bestimmt.
(2) Eigentum verpflichtet. Sein Gebrauch soll zugleich dem Wohle der Allgemeinheit dienen.
(3) Eine Enteignung ist nur zum Wohle der Allgemeinheit zulässig. Sie darf nur durch Gesetz oder auf Grund eines Gesetzes erfolgen, das Art und Ausmaß der Entschädigung regelt. Die Entschädigung ist unter gerechter Abwägung der Interessen der Allgemeinheit und der Beteiligten zu bestimmen. Wegen der Höhe der Entschädigung steht im Streitfalle der Rechtsweg vor den ordentlichen Gerichten offen.

Art. 15 [Vergesellschaftung] Grund und Boden, Naturschätze und Produktionsmittel können zum Zwecke der Vergesellschaftung durch ein Gesetz, das Art und Ausmaß der Entschädigung regelt, in Gemeineigentum oder in andere Formen der Gemeinwirtschaft überführt werden. Für die Entschädigung gilt Artikel 14 Abs. 3 Satz 3 und 4 entsprechend.

Art. 16 [Staatsangehörigkeit, Auslieferung] (1) Die deutsche Staatsangehörigkeit darf nicht entzogen werden. Der Verlust der Staatsangehörigkeit darf nur auf Grund eines Gesetzes und gegen den Willen des Betroffenen nur dann eintreten, wenn der Betroffene dadurch nicht staatenlos wird.
(2) Kein Deutscher darf an das Ausland ausgeliefert werden. Durch Gesetz kann eine abweichende Regelung für Auslieferungen an einen Mitgliedstaat der Europäischen Union oder an einen internationalen Gerichtshof getroffen werden, soweit rechtsstaatliche Grundsätze gewahrt sind.

Art. 16 a [Asylrecht] (1) Politisch Verfolgte genießen Asylrecht.

(2) Auf Absatz 1 kann sich nicht berufen, wer aus einem Mitgliedstaat der Europäischen Gemeinschaften oder aus einem anderen Drittstaat einreist, in dem die Anwendung des Abkommens über die Rechtsstellung der Flüchtlinge und der Konvention zum Schutze der Menschenrechte und Grundfreiheiten sichergestellt ist. Die Staaten außerhalb der Europäischen Gemeinschaften, auf die die Voraussetzungen des Satzes 1 zutreffen, werden durch Gesetz, das der Zustimmung des Bundesrates bedarf, bestimmt. In den Fällen des Satzes 1 können aufenthaltsbeendende Maßnahmen unabhängig von einem hiergegen eingelegten Rechtsbehelf vollzogen werden.

(3) Durch Gesetz, das der Zustimmung des Bundesrates bedarf, können Staaten bestimmt werden, bei denen auf Grund der Rechtslage, der Rechtsanwendung und der allgemeinen politischen Verhältnisse gewährleistet erscheint, daß dort weder politische Verfolgung noch unmenschliche oder erniedrigende Bestrafung oder Behandlung stattfindet. Es wird vermutet, daß ein Ausländer aus einem solchen Staat nicht verfolgt wird, solange er nicht Tatsachen vorträgt, die die Annahme begründen, daß er entgegen dieser Vermutung politisch verfolgt wird.

(4) Die Vollziehung aufenthaltsbeendender Maßnahmen wird in den Fällen des Absatzes 3 und in anderen Fällen, die offensichtlich unbegründet sind oder als offensichtlich unbegründet gelten, durch das Gericht nur ausgesetzt, wenn ernstliche Zweifel an der Rechtmäßigkeit der Maßnahme bestehen; der Prüfungsumfang kann eingeschränkt werden und verspätetes Vorbringen unberücksichtigt bleiben. Das Nähere ist durch Gesetz zu bestimmen.

(5) Die Absätze 1 bis 4 stehen völkerrechtlichen Verträgen von Mitgliedstaaten der Europäischen Gemeinschaften untereinander und mit dritten Staaten nicht entgegen, die unter Beachtung der Verpflichtungen aus dem Abkommen über die Rechtsstellung der Flüchtlinge und der Konvention zum Schutze der Menschenrechte und Grundfreiheiten, deren Anwendung in den Vertragsstaaten sichergestellt sein muß, Zuständigkeitsregelungen für die Prüfung von Asylbegehren einschließlich der gegenseitigen Anerkennung von Asylentscheidungen treffen.

Art. 17 [Petitionsrecht] Jedermann hat das Recht, sich einzeln oder in Gemeinschaft mit anderen schriftlich mit Bitten oder Beschwerden an die zuständigen Stellen und an die Volksvertretung zu wenden.

Art. 17 a [Grundrechtseinschränkungen zu Verteidigungszwecken] (1) Gesetze über Wehrdienst und Ersatzdienst können bestimmen, daß für die Angehörigen der Streitkräfte und des Ersatzdienstes während der Zeit des Wehr- oder Ersatzdienstes das Grundrecht, seine Meinung in Wort, Schrift und Bild frei zu äußern und zu verbreiten (Artikel 5 Abs. 1 Satz 1 erster Halbsatz), das Grundrecht der Versammlungsfreiheit (Artikel 8) und das Petitionsrecht (Artikel 17), soweit es das Recht gewährt, Bitten oder Beschwerden in Gemeinschaft mit anderen vorzubringen, eingeschränkt werden.

(2) Gesetze, die der Verteidigung einschließlich des Schutzes der Zivilbevölkerung dienen, können bestimmen, daß die Grundrechte der Freizügigkeit (Ar-

tikel 11) und der Unverletzlichkeit der Wohnung (Artikel 13) eingeschränkt werden.

Art. 18 [Verwirkung von Grundrechten] Wer die Freiheit der Meinungsäußerung, insbesondere die Pressefreiheit (Artikel 5 Abs. 1), die Lehrfreiheit (Artikel 5 Abs. 3), die Versammlungsfreiheit (Artikel 8), die Vereinigungsfreiheit (Artikel 9), das Brief-, Post-, und Fernmeldegeheimnis (Artikel 10), das Eigentum (Artikel 14) oder das Asylrecht (Artikel 16 a) zum Kampfe gegen die freiheitliche demokratische Grundordnung mißbraucht, verwirkt diese Grundrechte. Die Verwirkung und ihr Ausmaß werden durch das Bundesverfassungsgericht ausgesprochen.

Art. 19 [Grundrechtssicherungen] (1) Soweit nach diesem Grundgesetz ein Grundrecht durch Gesetz oder auf Grund eines Gesetzes eingeschränkt werden kann, muß das Gesetz allgemein und nicht nur für den Einzelfall gelten. Außerdem muß das Gesetz das Grundrecht unter Angabe des Artikels nennen.
(2) In keinem Falle darf ein Grundrecht in seinem Wesensgehalt angetastet werden.
(3) Die Grundrechte gelten auch für inländische juristische Personen, soweit sie ihrem Wesen nach auf diese anwendbar sind.
(4) Wird jemand durch die öffentliche Gewalt in seinen Rechten verletzt, so steht ihm der Rechtsweg offen. Soweit eine andere Zuständigkeit nicht begründet ist, ist der ordentliche Rechtsweg gegeben. Artikel 10 Abs. 2 Satz 2 bleibt unberührt.

II. Der Bund und die Länder

Art. 20 [Staatsgrundsätze] (1) Die Bundesrepublik Deutschland ist ein demokratischer und sozialer Bundesstaat.
(2) Alle Staatsgewalt geht vom Volke aus. Sie wird vom Volke in Wahlen und Abstimmungen und durch besondere Organe der Gesetzgebung, der vollziehenden Gewalt und der Rechtsprechung ausgeübt.
(3) Die Gesetzgebung ist an die verfassungsmäßige Ordnung, die vollziehende Gewalt und die Rechtsprechung sind an Gesetz und Recht gebunden.
(4) Gegen jeden, der es unternimmt, diese Ordnung zu beseitigen, haben alle Deutschen das Recht zum Widerstand, wenn andere Abhilfe nicht möglich ist.

Art. 20 a [Natürliche Lebensgrundlagen] Der Staat schützt auch in Verantwortung für die künftigen Generationen die natürlichen Lebensgrundlagen und die Tiere im Rahmen der verfassungsmäßigen Ordnung durch die Gesetzgebung und nach Maßgabe von Gesetz und Recht durch die vollziehende Gewalt und die Rechtsprechung.

…

Art. 23 [Europäische Union] (1) Zur Verwirklichung eines vereinten Europas wirkt die Bundesrepublik Deutschland bei der Entwicklung der Europäischen Union mit, die demokratischen, rechtsstaatlichen, sozialen und föderativen Grundsätzen und dem Grundsatz der Subsidiarität verpflichtet ist und einen diesem Grundgesetz im wesentlichen vergleichbaren Grundrechtsschutz gewährleistet. Der Bund kann hierzu durch Gesetz mit Zustimmung des Bundesrates Hoheitsrechte übertragen. Für die Begründung der Europäischen Union sowie für Änderungen ihrer vertraglichen Grundlagen und vergleichbare Regelungen, durch die dieses Grundgesetz seinem Inhalt nach geändert oder ergänzt wird oder solche Änderungen oder Ergänzungen ermöglicht werden, gilt Artikel 79 Abs. 2 und 3.
(1 a)–(7) *(nicht abgedruckt)*[1]
...

Art. 28 [Landesverfassungen, Kommunalordnungen] (1) Die verfassungsmäßige Ordnung in den Ländern muß den Grundsätzen des republikanischen, demokratischen und sozialen Rechtsstaates im Sinne dieses Grundgesetzes entsprechen. In den Ländern, Kreisen und Gemeinden muß das Volk eine Vertretung haben, die aus allgemeinen, unmittelbaren, freien, gleichen und geheimen Wahlen hervorgegangen ist. Bei Wahlen in Kreisen und Gemeinden sind auch Personen, die die Staatsangehörigkeit eines Mitgliedstaates der Europäischen Gemeinschaft besitzen, nach Maßgabe von Recht der Europäischen Gemeinschaft wahlberechtigt und wählbar. In Gemeinden kann an die Stelle einer gewählten Körperschaft die Gemeindeversammlung treten.
...

Art. 31 [Vorrang des Bundesrechts] Bundesrecht bricht Landesrecht.[2]
...

Art. 33 [Staatsbürgerliche Rechte, öffentlicher Dienst] (1) Jeder Deutsche hat in jedem Lande die gleichen staatsbürgerlichen Rechte und Pflichten.
(2) Jeder Deutsche hat nach seiner Eignung, Befähigung und fachlichen Leistung gleichen Zugang zu jedem öffentlichen Amte.
(3) Der Genuß bürgerlicher und staatsbürgerlicher Rechte, die Zulassung zu

---

1 Die Absätze 2–7 regeln das Verfahren in europäischen Angelegenheiten zwischen Bund und Ländern. Hierzu vgl. **Gesetz über die Zusammenarbeit von Bundesregierung und Deutschem Bundestag in Angelegenheiten der Europäischen Union** (EUZBBG) vom 4. 7. 2013 (BGBl. I 2170), **Gesetz über die Zusammenarbeit von Bund und Ländern in Angelegenheiten der Europäischen Union** (EUZBLG) vom 12. 3. 1993 (BGBl. I 313), zuletzt geändert durch Gesetz vom 22. 9. 2009 (BGBl. I 3031), und **Gesetz über die Wahrnehmung der Integrationsverantwortung des Bundestages und des Bundesrates in Angelegenheiten der europäischen Union** (Integrationsverantwortungsgesetz – IntVG) vom 22. 9. 2009 (BGBl. I 3022), zuletzt geändert durch Gesetz vom 1. 12. 2009 (BGBl. I 3822).

2 Vgl. insbes. Art. 29 Abs. 4 und 5 der **Hessischen Verfassung:** »(4) Das Streikrecht wird anerkannt, wenn die Gewerkschaften den Streik erklären. (5) Die Aussperrung ist rechtswidrig.« Das *BAG* hat das Aussperrungsverbot der Hessischen Verfassung wegen Verstoßes gegen Bundesrecht (Art. 31) für nicht anwendbar erklärt (26. 4. 1988 – 1 AZR 399/86, NZA 88, 775).

öffentlichen Ämtern sowie die im öffentlichen Dienste erworbenen Rechte sind unabhängig von dem religiösen Bekenntnis. Niemandem darf aus seiner Zugehörigkeit oder Nichtzugehörigkeit zu einem Bekenntnisse oder einer Weltanschauung ein Nachteil erwachsen.
(4) Die Ausübung hoheitsrechtlicher Befugnisse ist als ständige Aufgabe in der Regel Angehörigen des öffentlichen Dienstes zu übertragen, die in einem öffentlich-rechtlichen Dienst- und Treueverhältnis stehen.
(5) Das Recht des öffentlichen Dienstes ist unter Berücksichtigung der hergebrachten Grundsätze des Berufsbeamtentums zu regeln und fortzuentwickeln.

Art. 34 [Haftung bei Amtspflichtverletzung] Verletzt jemand in Ausübung eines ihm anvertrauten öffentlichen Amtes die ihm einem Dritten gegenüber obliegende Amtspflicht, so trifft die Verantwortlichkeit grundsätzlich den Staat oder die Körperschaft, in deren Dienst er steht. Bei Vorsatz oder grober Fahrlässigkeit bleibt der Rückgriff vorbehalten. Für den Anspruch auf Schadensersatz und für den Rückgriff darf der ordentliche Rechtsweg nicht ausgeschlossen werden.
...

VII. Die Gesetzgebung des Bundes

Art. 70 [Gesetzgebung des Bundes und der Länder] (1) Die Länder haben das Recht der Gesetzgebung, soweit dieses Grundgesetz nicht dem Bunde Gesetzgebungsbefugnisse verleiht.
(2) Die Abgrenzung der Zuständigkeit zwischen Bund und Ländern bemißt sich nach den Vorschriften dieses Grundgesetzes über die ausschließliche und die konkurrierende Gesetzgebung.
...

Art. 72 [Konkurrierende Gesetzgebung] (1) Im Bereich der konkurrierenden Gesetzgebung haben die Länder die Befugnis zur Gesetzgebung, solange und soweit der Bund von seiner Gesetzgebungszuständigkeit nicht durch Gesetz Gebrauch gemacht hat.
(2) Auf den Gebieten des Artikels 74 Abs. 1 Nr. 4, 7, 11, 13, 15, 19 a, 20, 22, 25 und 26 hat der Bund das Gesetzgebungsrecht, wenn und soweit die Herstellung gleichwertiger Lebensverhältnisse im Bundesgebiet oder die Wahrung der Rechts- oder Wirtschaftseinheit im gesamtstaatlichen Interesse eines bundesgesetzliche Regelung erforderlich macht.
(3) Hat der Bund von seiner Gesetzgebungszuständigkeit Gebrauch gemacht, können die Länder durch Gesetz hiervon abweichende Regelungen treffen über:
1. das Jagdwesen (ohne das Recht der Jagdscheine);
2. den Naturschutz und die Landschaftspflege (ohne die allgemeinen Grundsätze des Naturschutzes, das Recht des Artenschutzes oder des Meeresnaturschutzes);

3. die Bodenverteilung;
4. die Raumordnung;
5. den Wasserhaushalt (ohne stoff- oder anlagenbezogene Regelungen);
6. die Hochschulzulassung und die Hochschulabschlüsse;
7. die Grundsteuer.

Bundesgesetze auf diesen Gebieten treten frühestens sechs Monate nach ihrer Verkündung in Kraft, soweit nicht mit Zustimmung des Bundesrates anderes bestimmt ist. Auf den Gebieten des Satzes 1 geht im Verhältnis von Bundes- und Landesrecht das jeweils spätere Gesetz vor.

(4) Durch Bundesgesetz kann bestimmt werden, daß eine bundesgesetzliche Regelung, für die eine Erforderlichkeit im Sinne des Absatzes 2 nicht mehr besteht, durch Landesrecht ersetzt werden kann.

…

Art. 74 [Gegenstände der konkurrierenden Gesetzgebung] (1) Die konkurrierende Gesetzgebung erstreckt sich auf folgende Gebiete:

…

11. das Recht der Wirtschaft … ohne das Recht des Ladenschlusses …
12. das Arbeitsrecht einschließlich der Betriebsverfassung, des Arbeitsschutzes und der Arbeitsvermittlung sowie der Sozialversicherung einschließlich der Arbeitslosenversicherung;

…

Art. 79 [Änderung des Grundgesetzes] (1) Das Grundgesetz kann nur durch ein Gesetz geändert werden, das den Wortlaut des Grundgesetzes ausdrücklich ändert oder ergänzt. Bei völkerrechtlichen Verträgen, die eine Friedensregelung, die Vorbereitung einer Friedensregelung oder den Abbau einer besatzungsrechtlichen Ordnung zum Gegenstand haben oder der Verteidigung der Bundesrepublik zu dienen bestimmt sind, genügt zur Klarstellung, daß die Bestimmungen des Grundgesetzes dem Abschluß und dem Inkraftsetzen der Verträge nicht entgegenstehen, eine Ergänzung des Wortlautes des Grundgesetzes, die sich auf diese Klarstellung beschränkt.

(2) Ein solches Gesetz bedarf der Zustimmung von zwei Dritteln der Mitglieder des Bundestages und zwei Dritteln der Stimmen des Bundesrates.

(3) Eine Änderung dieses Grundgesetzes, durch welche die Gliederung des Bundes in Länder, die grundsätzliche Mitwirkung der Länder bei der Gesetzgebung oder die in den Artikeln 1 und 20 niedergelegten Grundsätze berührt werden, ist unzulässig.

…

IX. Die Rechtsprechung

…

Art. 93 [Bundesverfassungsgericht, Verfassungsbeschwerde] (1) Das Bundesverfassungsgericht entscheidet:

…

4 a. über Verfassungsbeschwerden, die von jedermann mit der Behauptung erhoben werden können, durch die öffentliche Gewalt in einem seiner Grundrechte oder in einem seiner in Artikel 20 Abs. 4, 33, 38, 101, 103 und 104 enthaltenen Rechte verletzt zu sein;

…

Art. 100 [Vorlage beim Bundesverfassungsgericht] (1) Hält ein Gericht ein Gesetz, auf dessen Gültigkeit es bei der Entscheidung ankommt, für verfassungswidrig, so ist das Verfahren auszusetzen und, wenn es sich um die Verletzung der Verfassung eines Landes handelt, die Entscheidung des für Verfassungsstreitigkeiten zuständigen Gerichtes des Landes, wenn es sich um die Verletzung dieses Grundgesetzes durch Landesrecht oder um die Unvereinbarkeit eines Landesgesetzes mit einem Bundesgesetze handelt.
(2) Ist in einem Rechtsstreite zweifelhaft, ob eine Regel des Völkerrechtes Bestandteil des Bundesrechtes ist und ob sie unmittelbar Rechte und Pflichten für den Einzelnen erzeugt (Artikel 25), so hat das Gericht die Entscheidung des Bundesverfassungsgerichtes einzuholen.
(3) Will das Verfassungsgericht eines Landes bei der Auslegung des Grundgesetzes von einer Entscheidung des Bundesverfassungsgerichtes oder des Verfassungsgerichtes eines anderen Landes abweichen, so hat das Verfassungsgericht die Entscheidung des Bundesverfassungsgerichtes einzuholen.

…

Art. 103 [Justizgrundrechte, rechtliches Gehör] (1) Vor Gericht hat jedermann Anspruch auf rechtliches Gehör.

…

XI. Übergangs- und Schlußbestimmungen

Art. 140 [Religions- und Weltanschauungsgemeinschaften] Die Bestimmungen der Artikel 136, 137, 138, 139 und 141 der Deutschen Verfassung vom 11. August 1919 sind Bestandteil dieses Grundgesetzes.[1]

---

1 Die für das Arbeitsleben bedeutsamen Vorschriften der **Weimarer Reichsverfassung** (WRV) lauten:

Art. 137

…

(3) Jede Religionsgesellschaft ordnet und verwaltet ihre Angelgenheiten selbständig innerhalb der Schranken des für alle geltenden Gesetzes. Sie verleiht ihre Ämter ohne Mitwirkung des Staates oder der bürgerlichen Gemeinde.

…

(7) Den Religionsgesellschaften werden die Vereinigungen gleichgestellt, die sich die gemeinschaftliche Pflege einer Weltanschauung zur Aufgabe machen.

…

…

Art. 142 [Landesverfassungen] Ungeachtet der Vorschrift des Artikels 31 bleiben Bestimmungen der Landesverfassungen auch insoweit in Kraft, als sie in Übereinstimmung mit den Artikeln 1 bis 18 dieses Grundgesetzes Grundrechte gewährleisten.

…

Art. 146 [Geltungsdauer des Grundgesetzes] Dieses Grundgesetz, das nach Vollendung der Einheit und Freiheit Deutschlands für das gesamte deutsche Volk gilt, verliert seine Gültigkeit an dem Tage, an dem eine Verfassung in Kraft tritt, die von dem deutschen Volke in freier Entscheidung beschlossen worden ist.

Art. 139
Der Sonntag und die staatlich anerkannten Feiertage bleiben als Tage der Arbeitsruhe und der seelischen Erhebung gesetzlich geschützt.

20 a. Vertrag über die Arbeitsweise der Europäischen Union (AEUV)

Aktuelle höchstrichterliche Rechtsprechung

Datum	Gericht/Az.	Fundstelle	Thema
10. 10. 19	EuGH C-703/17	DB 19, 2745	Begrenzte Berücksichtigung von Vordienstzeiten in anderem Mitgliedstaat
19. 9. 19	EuGH C-544/18	NZA 19, 1409	Freizügigkeit, Selbstständigkeit bei Unterbrechung infolge Schwanger- und Mutterschaft
11. 7. 19	EuGH C-716/17	NZA 19, 1093	Abhängigkeit einer Gerichts-standsregelung von Wohnsitz
4. 4. 19	EuGH C-699/17	NZA 19, 521	Öffentliche Ausschreibung der Verwaltung von Vorsorgekas-sen
13. 3. 19	EuGH C-437/17	NZA 19, 608	Begrenzung der Anrechnung von Vordienstzeiten
18. 10. 18	BAG 6 AZR 232/17 (A)	NZA 18, 1640 (LS)	Freizügigkeit, Anerkennung von Berufserfahrung bei fremdem AG

Einleitung

I. Geschichtliche Entwicklung

Die internationale Staatengemeinschaft mit den am intensivsten ausgebauten Strukturen und den weitestgehenden Wirkungen auf die nationalen Rechtsordnungen ihrer Mitgliedstaaten ist die Europäische Union (EU). Sie ist im weiteren Sinne hervorgegangen aus der Europäischen Wirtschaftsgemeinschaft (EWG), die 1957 mit den »Römischen Verträgen« von der Bundesrepublik Deutschland, Frankreich, Italien, Belgien, den Niederlanden und Luxemburg gegründet worden war. Inzwischen gehören der EU nach der Osterweiterung 28 Mitgliedstaaten an. Daneben bestanden für diese besonderen Wirtschaftsbereiche der EURATOM-Vertrag und die Europäische Gemeinschaft für Kohle und Stahl (EGKS). Ausgangspunkt dieses europäischen Staatenbundes war die Herstellung eines gemeinsamen Binnenmarktes mit Freizügigkeit für Arbeitnehmer, Unternehmer und Kapitalanlagen. Aufgrund des Maastrichter Vertrages von 1993 besteht das Ziel

eines »Raumes ohne Binnengrenzen« und einer »Wirtschafts- und Währungsunion«. Mit dem Amsterdamer Vertrag von 1997 wurden die Verträge über EG, EURATOM und EGKS zusammengefasst. Nachdem der Vertrag von Lissabon (ABl. 2007 C 306) die Hürde beim *BVerfG* (vgl. Einl. I zum GG, Nr. 20) genommen hatte und auch das letzte Ratifikationsverfahren (in Tschechien) abgeschlossen wurde, ist er zum 1. 12. 2009 in Kraft getreten. Durch ihn wurde der bisherige EG-Vertrag zum Vertrag über die Arbeitsweise der Europäischen Union (AEUV). Die bis dahin nur feierlich proklamierte und nicht rechtsverbindliche »Charta der Grundrechte der Europäischen Union« (ABl. EG Nr. C 364/01) wurde durch Verweisung in Art. 6 Abs. 1 EU-Vertrag verbindlich gemacht und in den Rang eines Gründungsvertrages erhoben. Für das Arbeitsleben relevant ist auch die zwar nicht verbindliche, aber doch für die Auslegung sowohl des Unionsrechts wie des Rechts der Mitgliedstaaten relevante »Gemeinschaftscharta der Sozialen Grundrechte der Arbeitnehmer« vom 9. 12. 1989. Auf sie nimmt Art. 151 Bezug.
Der Austritt des Vereinigten Königreichs Großbritannien und Nordirland (»Brexit«) wird in jeder Variante erhebliche rechtliche Veränderungen mit sich bringen. Das dazu verhandelte Abkommen (ABl. C 66 I S. 1) sah in seinem Teil IV (Art. 126 ff.) einen Übergangszeitraum bis zum 31. 12. 2020 vor. Dazu wurde das Brexit-Übergangsgesetz (v. 27. 3. 2019, BGBl. I 402) erlassen, wonach bis zum Ende der Überganszeit des Vereinigte Königreich im Bundesgebiet als Mitgliedstaat der EU gilt und die Staatsangehörigen beider Länder eine doppelte Staatsangehörigkeit erhalten können. Überdies wurden Übergangsregelungen zur sozialen Sicherheit im BrexitSozSichÜG (v. 8. 4. 2019, BGBl. I 418) geschaffen. Für das Arbeitserlaubnisrecht wurde die Fünfte Verordnung der Beschäftigungsverordnung (v. 5. 11. 2019, BGBl. I 1865) geschaffen, die übergangsweise Vorschriften zu zustimmungsfreien Aufenthaltstiteln enthält. Zu den arbeitsrechtlichen Folgen des »Brexit« s. *Schiek/Uddin*, NZA 19, 345.

II. Wesentlicher Inhalt des EU-Arbeitsweisenvertrages

1. Organe

Die Organe der Union sind das Parlament, der Rat, die Kommission, der Gerichtshof und der Rechnungshof. Das Europäische Parlament (Sitz: Brüssel und Straßburg) wird direkt durch die Bevölkerung der Mitgliedstaaten gewählt. Es hat zwar nicht die vollen Befugnisse eines nationalen Parlaments, ist jedoch an den wichtigsten Entscheidungen der Union gleichberechtigt beteiligt (Ernennung des Kommissionspräsidenten, der ganzen Kommission sowie Erlass von Rechtsakten, z. B. von Richtlinien). Der Rat ist die eigentliche Entscheidungsinstanz der EU. Er besteht aus den Vertretern der nationalen Regierungen. Je nach Entscheidungsgegenstand kann er mit Mehrheit oder nur einstimmig entscheiden. Die von den Regierungen der Mitgliedstaaten bestellte Kommission (Sitz: Brüssel) bereitet Entscheidungen des Rates vor und vollzieht sie. Sie überwacht die Einhaltung des europäischen Rechts, wozu sie einzelne Mitgliedstaaten vor dem Europäischen Gerichtshof verklagen kann. Der Gerichtshof der Europäischen Union (EuGH; Sitz: Luxemburg) entscheidet über die Auslegung und Einhaltung des europäischen Rechts (Art. 19 EU-V). Er kann auch von nationalen Gerichten angerufen werden, wenn eine bestimmte Auslegung von Europa-Recht für einen Rechtsstreit ausschlaggebend ist (Art. 267, s. u. 2 d). Der Rechnungshof nimmt die Rechnungsprüfung vor (Art. 285).

Neben den eigentlichen Organen der Union gibt es den Wirtschafts- und Sozialausschuss mit beratender Aufgabe (Art. 300 Abs. 2). Er besteht zu je einem Drittel aus Vertretern von Arbeitgebern, Gewerkschaften und »Sonstigen« (z. B. Verbraucher, Landwirte) und kann zu Rechtssetzungsvorhaben der Kommission Stellungnahmen abgeben. Außerdem ist ein Ausschuss der Regionen eingerichtet, in dem Vertreter von regionalen und lokalen Gebietskörperschaften bei grenzüberschreitenden Vorhaben angehört werden (Art. 300 Abs. 3). Als besondere Institution ist der Soziale Dialog zwischen Arbeitgeberverbänden und Gewerkschaften verankert (Art. 154, vgl. *Waas*, ZESAR 2007, 150 ff.; *Deinert*, RdA 2004, 211 ff.). Aus ihm können Vorschläge hervorgehen, die vom Rat auf Vorschlag der Kommission als europäisches Recht übernommen werden (Art. 155; Beispiele: Richtlinien über Elternurlaub [die Nachfolgerichtlinie (EU) 2019/1158 wurde allerdings nicht im sozialen Dialog erarbeitet], s. Einl. III zum BEEG, Nr. 16, und Teilzeitarbeit, s. Einl. I zum TzBfG, Nr. 32). Die Sozialpartner können aber auch eine autonome Umsetzung wählen, die in der Praxis durch innerstaatliche Tarifverhandlungen erfolgt, so z. B. bei einer Vereinbarung der europäischen Sozialpartner zur Telearbeit (vgl. Einl. III zum HAG, Nr. 22).

2. Rechtsordnung

a) Kompetenzen

Die Union soll entsprechend Art. 3 EU-V nicht nur eine Wirtschaftsgemeinschaft sein, sondern auch soziale Gerechtigkeit und sozialen Schutz anstreben. Zu diesem Zweck hat sie insbesondere auch Zuständigkeiten im sozialen Bereich. Dabei handelt sie auf der Grundlage der 1989 beschlossenen »Gemeinschaftscharta der sozialen Grundrechte der Arbeitnehmer« sowie der sozialen Grundrechte der »Europäischen Sozialcharta« (Art. 151 Abs. 1). Art. 153 Abs. 2 legt dabei zwei unterschiedliche Bereiche von Unionsaktivitäten fest: solche, in denen Mehrheitsentscheidungen möglich sind, und solche, in denen es der Einstimmigkeit bedarf. Bei Letzteren handelt es sich um den Kern des Arbeits- und Sozialrechts, dessen Harmonisierung damit vom allseitigen Konsens in der Union abhängig ist. Es gibt allerdings auch einzelne Bereiche, für die die Union überhaupt keine Kompetenz hat: das Arbeitsentgelt, weil dies den Tarifvertragsparteien vorbehalten ist, und das Koalitionsrecht, sowie Streik und Aussperrung, hinsichtlich derer man die tief verwurzelten nationalen Arbeitsverfassungstraditionen nicht antasten wollte (Art. 153 Abs. 5).

Auch in der Berufsbildung (vgl. Nr. 10) hat die Union kein Recht zur Harmonisierung nationaler Rechtsvorschriften (Art. 166 Abs. 4).

Bei offensichtlichen Kompetenzverstößen der Union, die zu einer strukturell bedeutsamen Verschiebung zu Lasten der Mitgliedstaaten führen, behält sich das *BVerfG* (6. 7. 2010 – 2 BvR 2661/06, NZA 10, 995) vor, die Unanwendbarkeit europäischer Rechtsakte und Entscheidungen als *ultra vires* festzustellen.

b) Grundfreiheiten und Grundrechte

Wesentliches Element der wirtschaftlichen Seite der Union sind die Grundfreiheiten, in Gestalt der Freizügigkeit für Arbeitnehmer (vgl. Einl. I 1 und II 2 zum AufenthG, Nr. 9) und der Niederlassungs- und Dienstleistungsfreiheit für Unternehmer sowie schließlich der Freiheit des Waren- und Kapitalverkehrs. Die Freizügigkeit verschafft den Arbeitnehmern nicht nur Zugangsrechte zum fremden Arbeitsmarkt, sondern auch das Recht, dabei keine ungerechtfertigten Beschränkungen oder Diskriminierungen hinnehmen zu müssen. Spektakulär ist beispielsweise der Fall *Bosmann*, in dem es um Beschränkungen der Freizügigkeit durch Ablösesummen beim Profifußball ging, die einen Wechsel ins Ausland erschweren (*EuGH* 15.12.1995 – C-415/93, Slg. 95 I-4921 – Bosman). Die zur Freizügigkeit erlassene sog. Freizügigkeitsverordnung (EU) 492/11 v. 5.4.2011 (Nr. 20 c) sieht dazu ein ausdrückliches Gleichbehandlungsrecht in Art. 7 vor. Das Freizügigkeitsrecht vermittelt zwar ein Recht der Wanderarbeitnehmer, nicht unzulässig benachteiligt (diskriminiert) zu werden. Umgekehrt vermittelt es Inländern keinen Anspruch auf Gleichbehandlung mit Ausländern. Die sog. »Inländerdiskriminierung« ist durch das Unionsecht nicht verboten, muss allerdings dem allgemeinen Gleichheitssatz des Art. 3 Abs. 1 GG standhalten (*BAG* 25.1.2018 – 6 AZR 791/16, NZA 18, 1201).

Ergänzend gibt es die Richtlinie 2014/54/EU über Maßnahmen zur Erleichterung der Rechtsausübung für Wanderarbeitnehmer, die vor allem auf die Rechtsdurchsetzung in den Mitgliedstaaten unter Einschluss eines Verbandsklagerechts zielt (v. 16.4.2014, ABl. L 128/8; Kommissionsvorschlag: KOM [2013] 236 endg.).

Demgegenüber spielen die Grundfreiheiten der Arbeitgeber bzw. der Anteilseigner vor allem eine Rolle für die Kontrolle arbeitsrechtlicher Regelungen (etwa hinsichtlich der Kapitalverkehrsfreiheit in Bezug auf das VW-Gesetz, *EuGH* 23.10.2007 – C-122/05, BB 07, 2423 – Kommission/Deutschland; zur Kompatibilität des neuen VW-Gesetzes mit Europarecht s. nunmehr *EuGH* 22.10.2013 – C-95/12, RIW 13, 879 – Kommission/Deutschland) oder zur Beschränkung gewerkschaftlicher Maßnahmen (vgl. Einl. II 2 a zum TVG, Nr. 31).

Die Union ist an Grundrechte gebunden (vgl. Art. 6 Abs. 1 EU-Vertrag, Fn. 1 zu Nr. 20 b). Bislang gab es keinen umfassenden Grundrechtekatalog, so dass der *EuGH* diesen im Wege wertender Rechtsvergleichung »schöpfen« musste (vgl. bis 34. Aufl.). Ein spektakulärer Fall dieser Art war z. B. die Anerkennung eines Verbots der Altersdiskriminierung (*EuGH* 22.1.2005 – C-144/04, BB 05, 2748 – Mangold; vgl. dazu *BVerfG* 6.7.2010 – 2 BvR 2661/06, NZA 10, 995). Mit Inkrafttreten des Lissaboner Vertrages hat die Union erstmals einen verbindlich niedergelegten Grundrechtekatalog in der Grundrechtecharta. Nach ihrem Art. 51 Abs. 1 S. 1 bindet die Grundrechtecharta zunächst die Union bzw. ihre Organe selber, die Mitgliedstaaten hingegen lediglich bei der Durchführung des Unionsrechts. Das betrifft sämtliche Fallgestaltungen, die in den Geltungsbereich einer Regelung des Unionsrechts fallen (*EuGH* 26.2.2013 – C-617/10, EuZW 2013, 302, Rn. 19 – Åkerberg Fransson).

Neben den klassischen Freiheitsrechten enthält die Grundrechtecharta in Titel IV (Art. 27 ff.) zahlreiche soziale Grundrechte, zu denen etwa das Recht auf Unterrichtung (Art. 27), das Recht auf Kollektivverhandlungen (Art. 28), Schutz vor ungerechtfertigter Entlassung (Art. 30, dem soll das deutsche Recht nach Ansicht des *BAG* [8. 12. 2011 – 6 AZN 1371/11, NZA 12, 286] genügen) und das Recht auf gerechte und angemessene Arbeitsbedingungen (Art. 31) zählen. Der Grundrechtekatalog leidet allerdings darunter, dass die sozialen Grundrechte häufig sehr vage formuliert sind und zudem meist auf die innerstaatlichen Rechtsvorschriften und Gepflogenheiten verweisen. Er ist dennoch bedeutsam, zunächst als Auslegungshilfe für das primäre und sekundäre Unionsrecht (zu diesen Begriffen s. u. c). Außerdem ist er dem sekundären Unionsrecht vorrangig, so dass Richtlinienvorschriften, die dagegen verstoßen, nicht angewendet werden dürfen. Schließlich ist der Grundrechtekatalog auch wichtig im innerstaatlichen Raum, wie die Entscheidung in der Rechtssache Mangold (vgl. Einl. II 1 a zum TzBfG, Nr. 32) gezeigt hat: Es erscheint zweifelhaft, ob die damalige Bestimmung zur erleichterten Befristung von Arbeitsverträgen mit älteren Arbeitnehmern am Grundgesetz gescheitert wäre. Ein Verbot der Altersdiskriminierung, wie es in Art. 20 der Grundrechtecharta enthalten ist, hindert die Mitgliedstaaten aber im Anwendungsbereich des Unionsrechts, wozu auch die Umsetzung von Richtlinien gehört, an der Schaffung von Regelungen, die Diskriminierungen wegen des Alters enthalten. Damit konnte die betreffende Regelung nicht mehr angewendet werden. In einem Fall betreffend Art. 27 (Recht auf Unterrichtung) hat der *EuGH* (15. 1. 2014 – C-176/12, NZA 14, 193 – AMS) allerdings entschieden, dass die Unvereinbarkeit einer Bestimmung des nationalen Rechts mit dieser Gewährleistung in einem Rechtsstreit zwischen Privaten nicht geltend gemacht werden könne.

Die Union möchte der Europäischen Menschenrechtskonvention gemäß Art. 6 Abs. 2 EU-V beitreten. Der dazu vorbereitete Vertrag wurde durch den *EuGH* (18. 12. 2014 – Gutachten 2/13, JZ 15, 773) begutachtet und für unvereinbar mit dem Unionsrecht erklärt, was sich vor allem auf strukturelle und verfahrensrechtliche Abstimmungsprobleme stützt. Als problematisch erweist sich, dass sich aus Art. 6 Abs. 2 EU-V einerseits eine Vorgabe zum Beitritt zur EMRK ergibt, andererseits die Gründe des Gutachtens kaum erkennen lassen, wie in einem erneut zu verhandelnden Beitrittsvertrag die geäußerten Bedenken ausgeräumt werden könnten (*Schorkopf*, JZ 15, 781, 784)

c) Unionsrecht

Das Unionsrecht unterscheidet zwischen primärem Unionsrecht (= Recht der Gründungsverträge selbst, d. h. EUV und AEUV) und sekundärem Unionsrecht (= von den Organen der Union geschaffenes Recht). Letzteres wiederum wird nach seiner Wirkung unterschieden (vgl. Art. 288): Die Verordnung hat allgemeine Geltung, ist in allen ihren Teilen verbindlich und gilt unmittelbar in jedem Mitgliedstaat. Die Richtlinie ist für jeden Mitgliedstaat, an den sie gerichtet wird, hinsichtlich des zu erreichenden Ziels verbindlich, überlässt jedoch den innerstaatlichen Stellen die Wahl der Form und Mittel (vgl. Übersicht 43). Sie bedarf folglich der Umsetzung durch den innerstaatlichen Gesetzgeber, wie dies etwa im ArbSchG (vgl. Nr. 7) zur Umsetzung der RL 89/391/EWG erfolgt ist. Nur ausnahmsweise kann der Bürger sich unmittelbar auf eine Richtlinie berufen, nämlich dann, wenn er Ansprüche gegen den Staat geltend machen möchte (z. B. aus einem Vertrag, insb. wenn der Staat Arbeitgeber ist) und die Richtlinie hinreichend genau und unbedingt dem Bürger eine bestimmte Rechtsposition einräumen möchte und die Umsetzungsfrist der Richtlinie abgelaufen ist (*EuGH* 19. 1. 1982 – 8/81, Slg. 82, 53 – Becker). Gegenüber anderen Bürgern kann man sich indes nicht auf eine Richtlinie berufen, sie hat keine horizontalen Direktwirkungen (*EuGH* 14. 7. 1994 – C-91/92, Slg. 94 I – 3325 – Faccini Dori). Es bleibt dann nur die Möglichkeit, den Staat auf Schadensersatz wegen mangelhafter Umsetzung in Anspruch zu nehmen (*EuGH* 19. 11. 1991 – C-6/90, C-9/90, Slg. 91 I – 5357 – Francovich; *EuGH* 24. 1. 2012 – C-282/10, NZA 12, 139 – Dominguez). Allerdings sind alle Möglichkeiten auszuschöpfen, um innerstaatliches Recht so auszulegen, dass die nationale Rechtsordnung mit der Richtlinie vereinbar ist, sog. richtlinienkonforme Auslegung (*EuGH* 5. 10. 2004 – C-397/01 bis C-403/01, NJW 04, 2547 – Pfeiffer).

Die Garantien der Freizügigkeit (Art. 45) und der Entgeltgleichheit (Art. 157) sind hingegen immer unmittelbar anwendbar und gelten direkt im Verhältnis zwischen Arbeitgeber und Arbeitnehmer (*EuGH* 6. 6. 2000 – Rs. C 281/98, AP Nr. 3 zu Art. 39 EG– Angonese; *EuGH* 8. 4. 1976 – 43/75, Slg. 76, 455 – Defrenne II). Dasselbe gilt für die Dienstleistungs- und Niederlassungsfreiheit, was Auswirkungen auf die grenzüberschreitende Ausübung des Arbeitskampfes hat (vgl. Einl. II 2 a zum TVG, Nr. 31).

Die überwiegende Zahl der Rechtsakte im Arbeits- und Sozialrecht erfolgt als Richtlinien, so dass jeweils durch nationale Gesetzgebung in allen Mitgliedstaaten eine Harmonisierung des Rechts in der Union herbeigeführt werden muss. Im Arbeitsrecht sind nicht wenige bedeutende Sachkomplexe durch europäische Vorgaben geprägt, z. B.: Diskriminierungsschutz: AGG (Nr. 2), Arbeitsschutz: ArbSchG und VOen (Nr. 7 bis 7 j), Betriebsübergang: § 613 a BGB (Nr. 14) und Massenentlassungen: § 17 KSchG (Nr. 25).

Nach der politischen Krise der Union, insbesondere in der Folge des »Brexit«, hat die Kommission unter anderem den Entwurf einer europäischen Säule sozialer Rechte vorgelegt (dazu *Eichenhofer*, ZESAR 18, 401). Sie wurde auf dem Sozialgipfel vom 17. 11. 2017 in Göteborg von Parlament, Rat und Kommission proklamiert. Die europäische Säule sozialer Rechte soll einerseits den sozialen Besitzstand des Unionsrechts wiedergeben, andererseits Antworten für neue soziale Herausforderungen, etwa aus der Digitalisierung oder dem demografischen Wandel, bieten. Es handelt sich im Wesentlichen um eine Zusammenfassung von Grundrechten, wie sie in der Gemeinschaftscharta der sozialen Grundrechte und in der EU-Grundrechte-Charta niedergelegt sind, verbunden mit politischen Forderungen, die aber ihrerseits in Form von Grundrechten formuliert sind. Dabei wird ein weiter Bogen gespannt von einem Recht auf lebenslanges Lernen über ein Recht auf ein Mindesteinkommen, Recht auf Maßnahmen zur Vereinbarkeit von Berufs- und Privatleben bis hin zum Recht auf Gesundheitsversorgung sowie bezahlbare und hochwertige Langzeitpflege und den Zugang zu essenziellen Diensten wie Wasser- und Energieversorgung. Dies beinhaltet zunächst keine Rechtsverbindlichkeit. Die Kommission versteht die Säule sozialer Rechte als einen politischen »Kompass für eine erneuerte Aufwärtskonvergenz in Richtung besserer Arbeits- und Lebensbedingungen« (COM [2018] 130 final).

d) Vorabentscheidungsverfahren

Über Auslegung und Gültigkeit des Unionsrechts entscheidet der EuGH nach Vorabentscheidungsersuchen eines nationalen Gerichts gemäß Art. 267. Ein letztinstanzliches Gericht ist zur Vorlage an den EuGH verpflichtet. Diese Pflicht entfällt nur dann, wenn es keinerlei vernünftige Zweifel an der richtigen Entscheidung der Auslegungsfrage gibt (*BVerfG* 29. 5. 2012 – 1 BvR 3201/11, NZA 13, 164). Eine solche Vorlagepflicht besteht nicht für Landesarbeitsgerichte, da für den Fall, dass sie Rechtsmittel nicht zulassen, die Möglichkeit der Nichtzulassungsbeschwerde gegeben ist (*BAG* 8. 12. 2011 – 6 AZN 1371/11, NZA 12, 286, 287). Die Verletzung einer Vorlagepflicht kann eine Verletzung des Art. 101 Abs. 1 Satz 2 GG bedeuten, da die Parteien dann ihrem gesetzlichen Richter im Sinne dieser Bestimmung entzogen werden. Aus diesem Grunde wurden beispielsweise Verfassungsverstöße festgestellt in Bezug auf unterlassene Vorlagen des *BAG* zur Frage des Endes des Konsultationsverfahrens nach § 17 KSchG (*BVerfG* 25. 2. 2010 – 1 BvR 230/09, NZA 10, 439) sowie zu der Frage, ob Arbeitgebern nach dem Rechtsprechungswandel zum Begriff der Massenentlassungen Vertrauensschutz gewährt werden könne (*BVerfG* 10. 12. 2014 – 2 BvR 1549/07, NZA 15, 375), vgl. dazu Einl. II 5 zum KSchG, Nr. 25.

Besondere Schwierigkeiten ergeben sich hinsichtlich des Verhältnisses der Vorlage nach Art. 267 zur Vorlage über die Verfassungsmäßigkeit eines Gesetzes nach Art. 100 Abs. 1 Satz 1 GG an das *BVerfG*. Hierzu hat das *BVerfG* (4. 10. 2011 – 1 BvL 3/08, NJW 12, 45) klargestellt, dass es Unionsrechtsakte nicht am Maßstab der Grundrechte des GG prüft und dasselbe daher auch für deutsche Umsetzungsgesetze gilt. Eine Überprüfung durch das *BVerfG* findet daher nur statt, wenn der deutsche Gesetzgeber bei der Umsetzung einen Spielraum hatte. Um dessen Existenz und Reichweite zu prüfen, muss ein Gericht, bevor es eine Vorlage an das *BVerfG* richtet, den *EuGH* um Vorabentscheidung ersuchen.

Weiterführende Literatur

Kommentare, Hand- und Lehrbücher

Ales/Bell/Deinert/Robin-Olivier, International and European Labour Law (2018)

Eichenhofer, Soziale Menschenrechte im Völker-, europäischen und deutschen Recht (2012)

Franzen/Gallner/Oetker, Kommentar zum Europäischen Arbeitsrecht, 2. Aufl. (2018)

Fuchs/Marhold, Europäisches Arbeitsrecht, 5. Aufl. (2017)

Hanau/Steinmeyer/Wank, Handbuch des europäischen Arbeits- und Sozialrechts (2002)

Jarass, Charta der Grundrechte der EU, 3. Aufl. (2016)
Kocher, Europäisches Arbeitsrecht (2016)
Preis/Sagan (Hrsg.), Europäisches Arbeitsrecht, 2. Aufl. (2019)
Riesenhuber, Europäisches Arbeitsrecht (2009)
Schlachter/Heinig (Hrsg.), Enzyklopädie Europarecht, Bd. 7, Europäisches Arbeits- und Sozialrecht (2016)
Stern/Sachs (Hrsg.), Europäische Grundrechte-Charta (2016)
Thüsing, Europäisches Arbeitsrecht, 3. Aufl. (2017)

Aufsätze

Däubler, EU-Grundrechte-Charta und kollektives Arbeitsrecht, AuR 2001, S. 380
Eichenhofer, Europäische Säule sozialer Rechte, ZESAR 2018, S. 401
Hanau, Die Europäische Grundrechtecharta – Schein und Wirklichkeit im Arbeitsrecht, NZA 2010, S. 1
Heuschmid, Zur Bedeutung von IAO-Normen für das EU-Arbeitsrecht, SR 2014, S. 1
Hoffmann/Wixforth, Die soziale Dimension der EU – Zwischen Grundfreiheiten und Europäischer Säule sozialer Rechte, AuR 2018, S. 4
Schiek/Uddin, »Brexit« und das Arbeitsrecht – für deutsche Unternehmen und Beschäftigte, NZA 2019, S. 345
Seifert, Bedeutung des Arbeitsrechts bei der Entstehung der Europäischen Gemeinschaften, AuR 2015, S. G9
Skouris, Die Europäische Grundrechte-Charta in der Rechtsprechung des EuGH, AuR 2015, S. 294
Weiss, Grundrechte-Charta der EU auch für Arbeitnehmer?, AuR 2001, S. 374
Zachert, Die Arbeitnehmergrundrechte in der Europäischen Grundrechtscharta, NZA 2001, S. 1041

Übersicht 43: Recht der EU

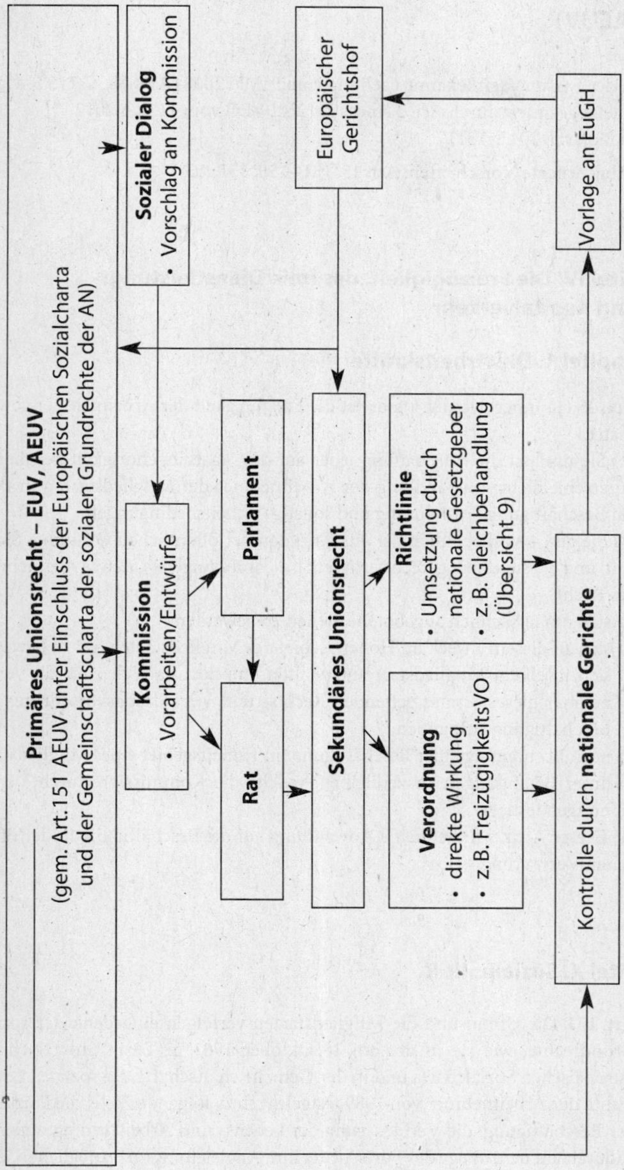

Vertrag über die Arbeitsweise der Europäischen Union (AEUV)

in der Fassung der Bekanntmachung vom 9. Mai 2008 (ABl. Nr. C 115 S. 47), zuletzt geändert durch Art. 2 ÄndB 2012/419/EU vom 11. Juli 2012 (ABl. Nr. L 204 S. 131)

(Abgedruckte Vorschriften: Art. 45, 151–155, 157, 267)

Titel IV. Die Freizügigkeit, der freie Dienstleistungs- und Kapitalverkehr

Kapitel 1. Die Arbeitskräfte

Art. 45 (1) Innerhalb der Union ist die Freizügigkeit der Arbeitnehmer gewährleistet.

(2) Sie umfasst die Abschaffung jeder auf der Staatsangehörigkeit beruhenden unterschiedlichen Behandlung der Arbeitnehmer der Mitgliedstaaten in Bezug auf Beschäftigung, Entlohnung und sonstige Arbeitsbedingungen.

(3) Sie gibt – vorbehaltlich der aus Gründen der öffentlichen Ordnung, Sicherheit und Gesundheit gerechtfertigten Beschränkungen – den Arbeitnehmern das Recht,

a) sich um tatsächlich angebotene Stellen zu bewerben;
b) sich zu diesem Zweck im Hoheitsgebiet der Mitgliedstaaten frei zu bewegen;
c) sich in einem Mitgliedstaat aufzuhalten, um dort nach den für die Arbeitnehmer dieses Staates geltenden Rechts- und Verwaltungsvorschriften eine Beschäftigung auszuüben;
d) nach Beendigung einer Beschäftigung im Hoheitsgebiet eines Mitgliedstaates unter Bedingungen zu verbleiben, welche die Kommission durch Verordnungen festlegt.

(4) Dieser Artikel findet keine Anwendung auf die Beschäftigung in der öffentlichen Verwaltung.

...

Titel X. Sozialpolitik

Art. 151 Die Union und die Mitgliedstaaten verfolgen eingedenk der sozialen Grundrechte, wie sie in der am 18. Oktober 1961 in Turin unterzeichneten Europäischen Sozialcharta und in der Gemeinschaftscharta der sozialen Grundrechte der Arbeitnehmer von 1989 festgelegt sind, folgende Ziele: die Förderung der Beschäftigung, die Verbesserung der Lebens- und Arbeitsbedingungen, um dadurch auf dem Wege des Fortschritts ihre Angleichung zu ermöglichen, einen

angemessenen sozialen Schutz, den sozialen Dialog, die Entwicklung des Arbeitskräftepotenzials im Hinblick auf ein dauerhaft hohes Beschäftigungsniveau und die Bekämpfung von Ausgrenzungen.
Zu diesem Zweck führen die Union und die Mitgliedstaaten Maßnahmen durch, die der Vielfalt der einzelstaatlichen Gepflogenheiten, insbesondere in den vertraglichen Beziehungen, sowie der Notwendigkeit, die Wettbewerbsfähigkeit der Wirtschaft der Union zu erhalten, Rechnung tragen.
Sie sind der Auffassung, dass sich eine solche Entwicklung sowohl aus dem eine Abstimmung der Sozialordnungen begünstigenden Wirken des Binnenmarkts als auch aus den in den Verträgen vorgesehenen Verfahren sowie aus der Angleichung ihrer Rechts- und Verwaltungsvorschriften ergeben wird.

Art. 152 Die Union anerkennt und fördert die Rolle der Sozialpartner auf Ebene der Union unter Berücksichtigung der Unterschiedlichkeit der nationalen Systeme. Sie fördert den sozialen Dialog und achtet dabei die Autonomie der Sozialpartner.
Der Dreigliedrige Sozialgipfel für Wachstum und Beschäftigung trägt zum sozialen Dialog bei.

Art. 153 (1) Zur Verwirklichung der Ziele des Artikels 151 unterstützt und ergänzt die Union die Tätigkeit der Mitgliedstaaten auf folgenden Gebieten:
a) Verbesserung insbesondere der Arbeitsumwelt zum Schutz der Gesundheit und der Sicherheit der Arbeitnehmer,
b) Arbeitsbedingungen,
c) soziale Sicherheit und sozialer Schutz der Arbeitnehmer,
d) Schutz der Arbeitnehmer bei Beendigung des Arbeitsvertrags,
e) Unterrichtung und Anhörung der Arbeitnehmer,
f) Vertretung und kollektive Wahrnehmung der Arbeitnehmer- und Arbeitgeberinteressen, einschließlich der Mitbestimmung, vorbehaltlich des Absatzes 5,
g) Beschäftigungsbedingungen der Staatsangehörigen dritter Länder, die sich rechtmäßig im Gebiet der Union aufhalten,
h) berufliche Eingliederung der aus dem Arbeitsmarkt ausgegrenzten Personen, unbeschadet des Artikels 166,
i) Chancengleichheit von Männern und Frauen auf dem Arbeitsmarkt und Gleichbehandlung am Arbeitsplatz,
j) Bekämpfung der sozialen Ausgrenzung,
k) Modernisierung der Systeme des sozialen Schutzes, unbeschadet des Buchstabens c.

(2) Zu diesem Zweck können das Europäische Parlament und der Rat
a) unter Ausschluss jeglicher Harmonisierung der Rechts- und Verwaltungsvorschriften der Mitgliedstaaten Maßnahmen annehmen, die dazu bestimmt sind, die Zusammenarbeit zwischen den Mitgliedstaaten durch Initiativen zu fördern, die die Verbesserung des Wissensstands, die Entwicklung des Austauschs von Informationen und bewährten Verfahren, die

Förderung innovativer Ansätze und die Bewertung von Erfahrungen zum Ziel haben;

b) in den in Absatz 1 Buchstaben a bis i genannten Bereichen unter Berücksichtigung der in den einzelnen Mitgliedstaaten bestehenden Bedingungen und technischen Regelungen durch Richtlinien Mindestvorschriften erlassen, die schrittweise anzuwenden sind. Diese Richtlinien sollen keine verwaltungsmäßigen, finanziellen oder rechtlichen Auflagen vorschreiben, die der Gründung und Entwicklung von kleinen und mittleren Unternehmen entgegenstehen.

Das Europäische Parlament und der Rat beschließen gemäß dem ordentlichen Gesetzgebungsverfahren nach Anhörung des Wirtschafts- und Sozialausschusses und des Ausschusses der Regionen.

In den in Absatz 1 Buchstaben c, d, f und g genannten Bereichen beschließt der Rat einstimmig gemäß einem besonderen Gesetzgebungsverfahren nach Anhörung des Europäischen Parlaments und der genannten Ausschüsse.

Der Rat kann einstimmig auf Vorschlag der Kommission nach Anhörung des Europäischen Parlaments beschließen, dass das ordentliche Gesetzgebungsverfahren auf Absatz 1 Buchstaben d, f und g angewandt wird.

(3) Ein Mitgliedstaat kann den Sozialpartnern auf deren gemeinsamen Antrag die Durchführung von aufgrund des Absatzes 2 angenommenen Richtlinien oder gegebenenfalls die Durchführung eines nach Artikel 155 erlassenen Beschlusses des Rates übertragen.

In diesem Fall vergewissert sich der Mitgliedstaat, dass die Sozialpartner spätestens zu dem Zeitpunkt, zu dem eine Richtlinie umgesetzt oder ein Beschluss durchgeführt sein muss, im Wege einer Vereinbarung die erforderlichen Vorkehrungen getroffen haben; dabei hat der Mitgliedstaat alle erforderlichen Maßnahmen zu treffen, um jederzeit gewährleisten zu können, dass die durch diese Richtlinie oder diesen Beschluss vorgeschriebenen Ergebnisse erzielt werden.

(4) Die aufgrund dieses Artikels erlassenen Bestimmungen

- berühren nicht die anerkannte Befugnis der Mitgliedstaaten, die Grundprinzipien ihres Systems der sozialen Sicherheit festzulegen, und dürfen das finanzielle Gleichgewicht dieser Systeme nicht erheblich beeinträchtigen;
- hindern die Mitgliedstaaten nicht daran, strengere Schutzmaßnahmen beizubehalten oder zu treffen, die mit den Verträgen vereinbar sind.

(5) Dieser Artikel gilt nicht für das Arbeitsentgelt, das Koalitionsrecht, das Streikrecht sowie das Aussperrungsrecht.

Art. 154 (1) Die Kommission hat die Aufgabe, die Anhörung der Sozialpartner auf Unionsebene zu fördern, und erlässt alle zweckdienlichen Maßnahmen, um den Dialog zwischen den Sozialpartnern zu erleichtern, wobei sie für Ausgewogenheit bei der Unterstützung der Parteien sorgt.

(2) Zu diesem Zweck hört die Kommission vor Unterbreitung von Vorschlägen im Bereich der Sozialpolitik die Sozialpartner zu der Frage, wie eine Unionsaktion gegebenenfalls ausgerichtet werden sollte.

(3) Hält die Kommission nach dieser Anhörung eine Unionsmaßnahme für zweckmäßig, so hört sie die Sozialpartner zum Inhalt des in Aussicht genommenen Vorschlags. Die Sozialpartner übermitteln der Kommission eine Stellungnahme oder gegebenenfalls eine Empfehlung.
(4) Bei den Anhörungen nach den Absätzen 2 und 3 können die Sozialpartner der Kommission mitteilen, dass sie den Prozess nach Artikel 155 in Gang setzen wollen. Die Dauer dieses Prozesses darf höchstens neun Monate betragen, sofern die betroffenen Sozialpartner und die Kommission nicht gemeinsam eine Verlängerung beschließen.

Art. 155 (1) Der Dialog zwischen den Sozialpartnern auf Unionsebene kann, falls sie es wünschen, zur Herstellung vertraglicher Beziehungen einschließlich des Abschlusses von Vereinbarungen führen.
(2) Die Durchführung der auf Unionsebene geschlossenen Vereinbarungen erfolgt entweder nach den jeweiligen Verfahren und Gepflogenheiten der Sozialpartner und der Mitgliedstaaten oder – in den durch Artikel 153 erfassten Bereichen – auf gemeinsamen Antrag der Unterzeichnerparteien durch einen Beschluss des Rates auf Vorschlag der Kommission. Das Europäische Parlament wird unterrichtet.
Der Rat beschließt einstimmig, sofern die betreffende Vereinbarung eine oder mehrere Bestimmungen betreffend einen der Bereiche enthält, für die nach Artikel 153 Absatz 2 Einstimmigkeit erforderlich ist.
...

Art. 157 (1) Jeder Mitgliedstaat stellt die Anwendung des Grundsatzes des gleichen Entgelts für Männer und Frauen bei gleicher oder gleichwertiger Arbeit sicher.
(2) Unter »Entgelt« im Sinne dieses Artikels sind die üblichen Grund- oder Mindestlöhne und -gehälter sowie alle sonstigen Vergütungen zu verstehen, die der Arbeitgeber aufgrund des Dienstverhältnisses dem Arbeitnehmer unmittelbar oder mittelbar in bar oder in Sachleistungen zahlt.
Gleichheit des Arbeitsentgelts ohne Diskriminierung aufgrund des Geschlechts bedeutet,
a) dass das Entgelt für eine gleiche nach Akkord bezahlte Arbeit aufgrund der gleichen Maßeinheit festgesetzt wird,
b) dass für eine nach Zeit bezahlte Arbeit das Entgelt bei gleichem Arbeitsplatz gleich ist.
(3) Das Europäische Parlament und der Rat beschließen gemäß dem ordentlichen Gesetzgebungsverfahren und nach Anhörung des Wirtschafts- und Sozialausschusses Maßnahmen zur Gewährleistung der Anwendung des Grundsatzes der Chancengleichheit und der Gleichbehandlung von Männern und Frauen in Arbeits- und Beschäftigungsfragen, einschließlich des Grundsatzes des gleichen Entgelts bei gleicher oder gleichwertiger Arbeit.
(4) Im Hinblick auf die effektive Gewährleistung der vollen Gleichstellung von Männern und Frauen im Arbeitsleben hindert der Grundsatz der Gleichbe-

handlung die Mitgliedstaaten nicht daran, zur Erleichterung der Berufstätigkeit des unterrepräsentierten Geschlechts oder zur Verhinderung bzw. zum Ausgleich von Benachteiligungen in der beruflichen Laufbahn spezifische Vergünstigungen beizubehalten oder zu beschließen.

…

Sechster Teil. Institutionelle Bestimmungen und Finanzvorschriften

Titel I. Vorschriften über die Organe

Kapitel 1. Die Organe

…

Abschnitt 5. Der Gerichtshof der Europäischen Union

…

Art. 267 Der Gerichtshof der Europäischen Union entscheidet im Wege der Vorabentscheidung

a) über die Auslegung der Verträge,
b) über die Gültigkeit und die Auslegung der Handlungen der Organe, Einrichtungen oder sonstigen Stellen der Union.

Wird eine derartige Frage einem Gericht eines Mitgliedstaats gestellt und hält dieses Gericht eine Entscheidung darüber zum Erlass seines Urteils für erforderlich, so kann es diese Frage dem Gerichtshof zur Entscheidung vorlegen.

Wird eine derartige Frage in einem schwebenden Verfahren bei einem einzelstaatlichen Gericht gestellt, dessen Entscheidungen selbst nicht mehr mit Rechtsmitteln des innerstaatlichen Rechts angefochten werden können, so ist dieses Gericht zur Anrufung des Gerichtshofs verpflichtet.

Wird eine derartige Frage in einem schwebenden Verfahren, das eine inhaftierte Person betrifft, bei einem einzelstaatlichen Gericht gestellt, so entscheidet der Gerichtshof innerhalb kürzester Zeit.

20 b. Charta der Grundrechte der Europäischen Union[1]

vom 12. Dezember 2007 (ABl. C 303/1) in der konsolidierten Fassung (ABl. 2012, C 326/391)

(Abgedruckte Vorschriften: Abs. 5 der Präambel, Art. 1, 7, 8, 12, 15, 16, 20, 21, 23, 27–33, 51 – 53)

Einleitung

(siehe bei Nr. 20 a, II 2 b)

Text

Präambel (...)
Diese Charta bekräftigt unter Achtung der Zuständigkeiten und Aufgaben der Union und des Subsidiaritätsprinzips die Rechte, die sich vor allem aus den gemeinsamen Verfassungstraditionen und den gemeinsamen internationalen Verpflichtungen der Mitgliedstaaten, aus der Europäischen Konvention zum Schutz der Menschenrechte und Grundfreiheiten, aus den von der Union und dem Europarat beschlossenen Sozialchartas sowie aus der Rechtsprechung des Gerichtshofs der Europäischen Union und des Europäischen Gerichtshofs für Menschenrechte ergeben. In diesem Zusammenhang erfolgt die Auslegung der Charta durch die Gerichte der Union und der Mitgliedstaaten unter gebührender Berücksichtigung der Erläuterungen, die unter der Leitung des Präsidiums des Konvents zur Ausarbeitung der Charta formuliert und unter der Verantwortung des Präsidiums des Europäischen Konvents aktualisiert wurden.
...

1 Konsolidierte Fassung des **Vertrags über die Europäische Union: Art. 6** (1) Die Union erkennt die Rechte, Freiheiten und Grundsätze an, die in der Charta der Grundrechte der Europäischen Union vom 7. Dezember 2000 in der am 12. Dezember 2007 in Straßburg angepassten Fassung niedergelegt sind; die Charta der Grundrechte und die Verträge sind rechtlich gleichrangig.
Durch die Bestimmungen der Charta werden die in den Verträgen festgelegten Zuständigkeiten der Union in keiner Weise erweitert.
Die in der Charta niedergelegten Rechte, Freiheiten und Grundsätze werden gemäß den allgemeinen Bestimmungen des Titels VII der Charta, der ihre Auslegung und Anwendung regelt, und unter gebührender Berücksichtigung der in der Charta aufgeführten Erläuterungen, in denen die Quellen dieser Bestimmungen angegeben sind, ausgelegt.
(2) Die Union tritt der Europäischen Konvention zum Schutz der Menschenrechte und Grundfreiheiten bei. Dieser Beitritt ändert nicht die in den Verträgen festgelegten Zuständigkeiten der Union.
(3) Die Grundrechte, wie sie in der Europäischen Konvention zum Schutz der Menschenrechte und Grundfreiheiten gewährleistet sind und wie sie sich aus den gemeinsamen Verfassungsüberlieferungen der Mitgliedstaaten ergeben, sind als allgemeine Grundsätze Teil des Unionsrechts.

Titel I. Würde des Menschen

Art. 1 Würde des Menschen Die Würde des Menschen ist unantastbar. Sie ist zu achten und zu schützen.

…

Titel II. Freiheiten

…

Art. 7 Achtung des Privat- und Familienlebens Jede Person hat das Recht auf Achtung ihres Privat- und Familienlebens, ihrer Wohnung sowie ihrer Kommunikation.

Art. 8 Schutz personenbezogener Daten (1) Jede Person hat das Recht auf Schutz der sie betreffenden personenbezogenen Daten.

(2) Diese Daten dürfen nur nach Treu und Glauben für festgelegte Zwecke und mit Einwilligung der betroffenen Person oder auf einer sonstigen gesetzlich geregelten legitimen Grundlage verarbeitet werden. Jede Person hat das Recht, Auskunft über die sie betreffenden erhobenen Daten zu erhalten und die Berichtigung der Daten zu erwirken.

(3) Die Einhaltung dieser Vorschriften wird von einer unabhängigen Stelle überwacht.

…

Art. 12 Versammlungs- und Vereinigungsfreiheit (1) Jede Person hat das Recht, sich insbesondere im politischen, gewerkschaftlichen und zivilgesellschaftlichen Bereich auf allen Ebenen frei und friedlich mit anderen zu versammeln und frei mit anderen zusammenzuschließen, was das Recht jeder Person umfasst, zum Schutz ihrer Interessen Gewerkschaften zu gründen und Gewerkschaften beizutreten.

(2) Politische Parteien auf der Ebene der Union tragen dazu bei, den politischen Willen der Unionsbürgerinnen und Unionsbürger zum Ausdruck zu bringen.

…

Art. 15 Berufsfreiheit und Recht zu arbeiten (1) Jede Person hat das Recht, zu arbeiten und einen frei gewählten oder angenommenen Beruf auszuüben.

(2) Alle Unionsbürgerinnen und Unionsbürger haben die Freiheit, in jedem Mitgliedstaat Arbeit zu suchen, zu arbeiten, sich niederzulassen oder Dienstleistungen zu erbringen.

(3) Die Staatsangehörigen dritter Länder, die im Hoheitsgebiet der Mitgliedstaaten arbeiten dürfen, haben Anspruch auf Arbeitsbedingungen, die denen der Unionsbürgerinnen und Unionsbürger entsprechen.

Art. 16 Unternehmerische Freiheit Die unternehmerische Freiheit wird nach dem Unionsrecht und den einzelstaatlichen Rechtsvorschriften und Gepflogenheiten anerkannt.

…

Titel III. Gleichheit

Art. 20 Gleichheit vor dem Gesetz Alle Personen sind vor dem Gesetz gleich.

Art. 21 Nichtdiskriminierung (1) Diskriminierungen insbesondere wegen des Geschlechts, der Rasse, der Hautfarbe, der ethnischen oder sozialen Herkunft, der genetischen Merkmale, der Sprache, der Religion oder der Weltanschauung, der politischen oder sonstigen Anschauung, der Zugehörigkeit zu einer nationalen Minderheit, des Vermögens, der Geburt, einer Behinderung, des Alters oder der sexuellen Ausrichtung sind verboten.
(2) Unbeschadet besonderer Bestimmungen der Verträge ist in ihrem Anwendungsbereich jede Diskriminierung aus Gründen der Staatsangehörigkeit verboten.

…

Art. 23 Gleichheit von Frauen und Männern Die Gleichheit von Frauen und Männern ist in allen Bereichen, einschließlich der Beschäftigung, der Arbeit und des Arbeitsentgelts, sicherzustellen.
Der Grundsatz der Gleichheit steht der Beibehaltung oder der Einführung spezifischer Vergünstigungen für das unterrepräsentierte Geschlecht nicht entgegen.

…

Titel IV. Solidarität

Art. 27 Recht auf Unterrichtung und Anhörung der Arbeitnehmerinnen und Arbeitnehmer im Unternehmen Für die Arbeitnehmerinnen und Arbeitnehmer oder ihre Vertreter muss auf den geeigneten Ebenen eine rechtzeitige Unterrichtung und Anhörung in den Fällen und unter den Voraussetzungen gewährleistet sein, die nach dem Unionsrecht und den einzelstaatlichen Rechtsvorschriften und Gepflogenheiten vorgesehen sind.

Art. 28 Recht auf Kollektivverhandlungen und Kollektivmaßnahmen Die Arbeitnehmerinnen und Arbeitnehmer sowie die Arbeitgeberinnen und Arbeitgeber oder ihre jeweiligen Organisationen haben nach dem Unionsrecht und den einzelstaatlichen Rechtsvorschriften und Gepflogenheiten das Recht, Tarifverträge auf den geeigneten Ebenen auszuhandeln und zu schließen sowie bei Interessenkonflikten kollektive Maßnahmen zur Verteidigung ihrer Interessen, einschließlich Streiks, zu ergreifen.

Art. 29 Recht auf Zugang zu einem Arbeitsvermittlungsdienst Jeder Mensch hat das Recht auf Zugang zu einem unentgeltlichen Arbeitsvermittlungsdienst.

Art. 30 Schutz bei ungerechtfertigter Entlassung Jede Arbeitnehmerin und jeder Arbeitnehmer hat nach dem Unionsrecht und den einzelstaatlichen Rechtsvorschriften und Gepflogenheiten Anspruch auf Schutz vor ungerechtfertigter Entlassung.

Art. 31 Gerechte und angemessene Arbeitsbedingungen (1) Jede Arbeitnehmerin und jeder Arbeitnehmer hat das Recht auf gesunde, sichere und würdige Arbeitsbedingungen.
(2) Jede Arbeitnehmerin und jeder Arbeitnehmer hat das Recht auf eine Begrenzung der Höchstarbeitszeit, auf tägliche und wöchentliche Ruhezeiten sowie auf bezahlten Jahresurlaub.

Art. 32 Verbot der Kinderarbeit und Schutz der Jugendlichen am Arbeitsplatz Kinderarbeit ist verboten. Unbeschadet günstigerer Vorschriften für Jugendliche und abgesehen von begrenzten Ausnahmen darf das Mindestalter für den Eintritt in das Arbeitsleben das Alter, in dem die Schulpflicht endet, nicht unterschreiten. Zur Arbeit zugelassene Jugendliche müssen ihrem Alter angepasste Arbeitsbedingungen erhalten und vor wirtschaftlicher Ausbeutung und vor jeder Arbeit geschützt werden, die ihre Sicherheit, ihre Gesundheit, ihre körperliche, geistige, sittliche oder soziale Entwicklung beeinträchtigen oder ihre Erziehung gefährden könnte.

Art. 33 Familien- und Berufsleben (1) Der rechtliche, wirtschaftliche und soziale Schutz der Familie wird gewährleistet.
(2) Um Familien- und Berufsleben miteinander in Einklang bringen zu können, hat jeder Mensch das Recht auf Schutz vor Entlassung aus einem mit der Mutterschaft zusammenhängenden Grund sowie den Anspruch auf einen bezahlten Mutterschaftsurlaub und auf einen Elternurlaub nach der Geburt oder Adoption eines Kindes.
…

Titel VII. Allgemeine Bestimmungen über die Auslegung und Anwendung der Charta

Art. 51 Anwendungsbereich (1) Diese Charta gilt für die Organe, Einrichtungen und sonstigen Stellen der Union unter Wahrung des Subsidiaritätsprinzips und für die Mitgliedstaaten ausschließlich bei der Durchführung des Rechts der Union. Dementsprechend achten sie die Rechte, halten sie sich an die Grundsätze und fördern sie deren Anwendung entsprechend ihren jeweiligen Zuständigkeiten und unter Achtung der Grenzen der Zuständigkeiten, die der Union in den Verträgen übertragen werden.

(2) Diese Charta dehnt den Geltungsbereich des Unionsrechts nicht über die Zuständigkeiten der Union hinaus aus und begründet weder neue Zuständigkeiten noch neue Aufgaben für die Union, noch ändert sie die in den Verträgen festgelegten Zuständigkeiten und Aufgaben.

Art. 52 Tragweite und Auslegung der Rechte und Grundsätze (1) Jede Einschränkung der Ausübung der in dieser Charta anerkannten Rechte und Freiheiten muss gesetzlich vorgesehen sein und den Wesensgehalt dieser Rechte und Freiheiten achten. Unter Wahrung des Grundsatzes der Verhältnismäßigkeit dürfen Einschränkungen nur vorgenommen werden, wenn sie erforderlich sind und den von der Union anerkannten dem Gemeinwohl dienenden Zielsetzungen oder den Erfordernissen des Schutzes der Rechte und Freiheiten anderer tatsächlich entsprechen.
(2) Die Ausübung der durch diese Charta anerkannten Rechte, die in den Verträgen geregelt sind, erfolgt im Rahmen der in den Verträgen festgelegten Bedingungen und Grenzen.
(3) Soweit diese Charta Rechte enthält, die den durch die Europäische Konvention zum Schutz der Menschenrechte und Grundfreiheiten garantierten Rechten entsprechen, haben sie die gleiche Bedeutung und Tragweite, wie sie ihnen in der genannten Konvention verliehen wird. Diese Bestimmung steht dem nicht entgegen, dass das Recht der Union einen weiter gehenden Schutz gewährt.
(4) Soweit in dieser Charta Grundrechte anerkannt werden, wie sie sich aus den gemeinsamen Verfassungsüberlieferungen der Mitgliedstaaten ergeben, werden sie im Einklang mit diesen Überlieferungen ausgelegt.
(5) Die Bestimmungen dieser Charta, in denen Grundsätze festgelegt sind, können durch Akte der Gesetzgebung und der Ausführung der Organe, Einrichtungen und sonstigen Stellen der Union sowie durch Akte der Mitgliedstaaten zur Durchführung des Rechts der Union in Ausübung ihrer jeweiligen Zuständigkeiten umgesetzt werden. Sie können vor Gericht nur bei der Auslegung dieser Akte und bei Entscheidungen über deren Rechtmäßigkeit herangezogen werden.
(6) Den einzelstaatlichen Rechtsvorschriften und Gepflogenheiten ist, wie es in dieser Charta bestimmt ist, in vollem Umfang Rechnung zu tragen.
(7) Die Erläuterungen, die als Anleitung für die Auslegung dieser Charta verfasst wurden, sind von den Gerichten der Union und der Mitgliedstaaten gebührend zu berücksichtigen.

Art. 53 Schutzniveau Keine Bestimmung dieser Charta ist als eine Einschränkung oder Verletzung der Menschenrechte und Grundfreiheiten auszulegen, die in dem jeweiligen Anwendungsbereich durch das Recht der Union und das Völkerrecht sowie durch die internationalen Übereinkünfte, bei denen die Union oder alle Mitgliedstaaten Vertragsparteien sind, darunter insbesondere die Europäische Konvention zum Schutz der Menschenrechte und Grundfreiheiten, sowie durch die Verfassungen der Mitgliedstaaten anerkannt werden.
...

20 c. Verordnung (EU) Nr. 492/2011 des Europäischen Parlaments und des Rates über die Freizügigkeit der Arbeitnehmer innerhalb der Union

vom 5. April 2011 (ABl. 2011 L 141, S. 1)
(Abgedruckte Vorschriften: §§ 1, 7)

Einleitung

(siehe bei Nr. 20 a, II 2 b)

Verordnungstext

Kapitel I – Die Beschäftigung, die Gleichbehandlung und die Familienangehörigen der Arbeitnehmer

Abschnitt 1 – Zugang zur Beschäftigung

Art. 1 (1) Jeder Staatsangehörige eines Mitgliedstaats ist ungeachtet seines Wohnorts berechtigt, eine Tätigkeit im Lohn- oder Gehaltsverhältnis im Hoheitsgebiet eines anderen Mitgliedstaats nach den für die Arbeitnehmer dieses Staates geltenden Rechts- und Verwaltungsvorschriften aufzunehmen und auszuüben.
(2) Er hat insbesondere im Hoheitsgebiet eines anderen Mitgliedstaats mit dem gleichen Vorrang Anspruch auf Zugang zu den verfügbaren Stellen wie die Staatsangehörigen dieses Staates.
…

Abschnitt 2 – Ausübung der Beschäftigung und Gleichbehandlung

Art. 7 (1) Ein Arbeitnehmer, der Staatsangehöriger eines Mitgliedstaats ist, darf aufgrund seiner Staatsangehörigkeit im Hoheitsgebiet der anderen Mitgliedstaaten hinsichtlich der Beschäftigungs- und Arbeitsbedingungen, insbesondere im Hinblick auf Entlohnung, Kündigung und, falls er arbeitslos geworden ist, im Hinblick auf berufliche Wiedereingliederung oder Wiedereinstellung, nicht anders behandelt werden als die inländischen Arbeitnehmer.
(2) Er genießt dort die gleichen sozialen und steuerlichen Vergünstigungen wie die inländischen Arbeitnehmer.

(3) Er kann mit dem gleichen Recht und unter den gleichen Bedingungen wie die inländischen Arbeitnehmer Berufsschulen und Umschulungszentren in Anspruch nehmen.

(4) Alle Bestimmungen in Tarif- oder Einzelarbeitsverträgen oder sonstigen Kollektivvereinbarungen betreffend Zugang zur Beschäftigung, Entlohnung und sonstige Arbeits- und Kündigungsbedingungen sind von Rechts wegen nichtig, soweit sie für Arbeitnehmer, die Staatsangehörige anderer Mitgliedstaaten sind, diskriminierende Bedingungen vorsehen oder zulassen.

…

21. Handelsgesetzbuch (HGB)

Aktuelle höchstrichterliche Rechtsprechung

Datum	Gericht/Az.	Fundstelle	Thema
27.2.19	BAG 10 AZR 340/18	NZA 19, 837	Karenzentschädigung, Anrechnung anderweitigen Erwerbs
19.12.18	BAG 10 AZR 233/18	DB 19, 1211 (OS)	Wettbewerbsverbot
19.12.18	BAG 10 AZR 130/18	NZA 19, 383	Vorvertrag über nachvertragliches Wettbewerbsverbot

Einleitung

Das HGB regelt das (Sonder-)Recht der Kaufleute. Von der bei seiner Schaffung angestrebten geschlossenen Kodifikation der Rechtsverhältnisse des »Handelsstandes« ist nicht mehr viel übrig geblieben. Viele Bereiche wurden ausgegliedert und gesondert geregelt, etwa weite Bereiche des Gesellschaftsrechts und des Wettbewerbsrechts. Auch das Arbeitsrecht für Handlungsgehilfen ist weitgehend in den Regelungen des allgemeinen Arbeitsrechts aufgegangen. Praktisch bedeutsam sind lediglich noch die Bestimmungen des HGB über Wettbewerbsverbote für kaufmännische Angestellte, die für die Zeit nach Beendigung des Arbeitsverhältnisses wirken sollen (§§ 74 ff.; Checkliste 44). Die darin enthaltenen Grundsätze werden auch auf andere Arbeitnehmer angewendet (§ 110 Satz 2 GewO, Nr. 19). Die Möglichkeit, Wettbewerbsverbote abschließen zu können, wird vom *BAG* jedoch nur in zunehmend engeren Grenzen zugelassen (vgl. *BAG* 24.3.2010 – 10 AZR 66/09, NZA 10, 693; 21.4.2010 – 10 AZR 288/09, DB 10, 1889; zu den Grenzen eines Vorvertrages über ein Wettbewerbsverbot *BAG* 14.7.2010 – 10 AZR 291/09, NZA 11, 413, sowie *BAG* 19.12.2018 – 10 AZR 130/18, NZA 19, 383). Ein Verbot ohne vorgesehene Karenzentschädigung nach § 74 Abs. 2 ist nichtig. Eine sog. salvatorische Klausel, die darauf zielt, nichtige Vertragsteile in den Grenzen des rechtlich zulässigen zu »retten«, ändert hieran nichts, weil es an der notwendig eindeutigen Zusage der Karenzentschädigung mangelt (*BAG* 22.3.2017 – 10 AZR 448/15, NZA 17, 845). Der Arbeitnehmer hat bei einem auf diese Weise nichtigen Wettbewerbsverbot keine Wahl zwischen Einhaltung des Wettbewerbsverbots mit Anspruch auf Karenzentschädigung einerseits und andererseits Unbeachtlichkeit des Wettbewerbsverbots (*BAG* 22.3.2017 – 10 AZR 448/15, NZA 17, 845, Rn. 23). Davon zu unterscheiden ist eine Vereinbarung, bei der der Arbeitgeber sich zur Zahlung einer Karenzentschädigung nach billigem Ermessen verpflichtet. Genügt diese nicht der Mindesthöhe nach § 74 Abs. 2, ist das Wettbewerbsverbot nur für den Arbeitnehmer unverbindlich (*BAG* 15.1.2014 – 10 AZR 243/13, NZA 14, 536). Er kann dann entscheiden, ob er sich gegen das Wettbewerbsverbot wendet oder auf Wettbewerb verzichtet und die Entschädigung in Anspruch nimmt.

Der Arbeitnehmer muss sich anderweitigen Erwerb auf die Karenzentschädigung nach § 74 c anrechnen lassen. Über dessen Höhe muss er Auskunft erteilen (Abs. 2, dazu *BAG* 27.2.2019 – 10 AZR 340/18, NZA 19, 837). Das *BAG* (14.9.2011 – 10 AZR 198/10, NZA-RR 12, 98) hat Zweifel geäußert, ob das Arbeitslosengeld auf eine Karenzentschädigung angerechnet werden kann, die Frage aber letztlich offengelassen. Wenn der Arbeitgeber die Karenzentschädigung nicht zahlt, kann der Arbeitnehmer nach §§ 323 ff. BGB vom Wettbewerbsverbot mit Wirkung für die Zukunft zurücktreten (*BAG* 31.1.2018 – 10 AZR 392/17, NZA 18, 578). Zu beachten ist, dass ein Wettbewerbsverbot von einer allgemeinen Ausgleichsklausel im Aufhebungsvertrag erfasst wird, so dass auch ein Anspruch auf Karenzentschädigung mit der Ausgleichsklausel untergehen kann (*BAG* 22.10.2008 – 10 AZR 617/07, DB 09, 182).

Während des Arbeitsverhältnisses besteht für Handlungsgehilfen ein allgemeines Konkurrenzverbot nach § 60. Der darin liegende allgemeine Rechtsgedanke gilt für alle Arbeitnehmer (*BAG* 16.1.2013 – 10 AZR 560/11, NZA 13, 748). Der Verstoß gegen das Wettbewerbsverbot kann den Arbeitgeber zur außerordentlichen Kündigung berechtigen. Außerdem erlangt er ggf. einen Schadensersatzanspruch. Wahlweise kann er auch herausverlangen, was der Arbeitnehmer aus der Wettbewerbstätigkeit erlangt hat (§ 61 Abs. 1). Nicht herausgeben muss der Arbeitnehmer aber ein Festgehalt aus einer wettbewerbswidrigen Tätigkeit (*BAG* 17.10.2012 – 10 AZR 809/11, NZA 13, 207). Kein Verstoß gegen das Wettbewerbsverbot liegt vor, wenn der Arbeitnehmer eine für die Zeit nach dem Arbeitsverhältnis vorgesehene Unternehmensgründung vorbereitet, solange er nicht Arbeitskollegen oder Kunden abwirbt (*BAG* 19.12.2018 – 10 AZR 233/18, NZA 19, 571).

Nach § 75 f sind Sperrabreden nicht durchsetzbar. Das erstreckt sich auch auf Vereinbarungen über Abwerbeverbote, es sei denn, sie sollen unlauteres Verhalten des Arbeitnehmers oder ein illoyales Ausnutzen von Erfahrungen aus dem alten Arbeitsverhältnis durch den neuen Arbeitgeber verhindern und dauern nicht länger als zwei Jahre (*BGH* 22.9.2015 – XI ZR 116/15, NJW 15, 3442).

Die §§ 325 ff. enthalten Vorschriften zur Offenlegung der Jahresabschlüsse für alle Kapitalgesellschaften. Sie sind angesichts der Spezialregelung für Aktiengesellschaften im AktG (Nr. 1) vor allem für die GmbH von Bedeutung.

Weiterführende Literatur

Deinert/Heuschmid/Zwanziger-*Heuschmid,* Arbeitsrecht, § 91 (Nachvertragliches Wettbewerbsverbot)

Oberthür/Lohr, Der Handelsvertreter im Arbeits- und Sozialversicherungsrecht, NZA 2001, S. 126

Checkliste 44: Nachvertragliche Wettbewerbsvereinbarungen

I. Anwendungsbereich
- Arbeitnehmer (§ 110 GewO, § 74 HGB)
- nicht Auszubildende (§ 12 BBiG)
- nicht Minderjährige (§ 74a II HGB)

II. Abschlusszeitpunkt

III. Schriftform (§ 74 I HGB)

IV. Materielle Voraussetzungen
- berechtigtes geschäftliches Interesse des Arbeitgebers
- keine unbillige Erschwerung des Fortkommens des Arbeitnehmers
- zeitliche Begrenzung der Wettbewerbsabrede: maximal zwei Jahre (§ 74a I HGB)
- räumliche Begrenzung: kein allgemein gültiger Maßstab, Umstände des Einzelfalles.

V. Anspruch auf die Karenzentschädigung
- Höhe der Karenzentschädigung (§ 74 II HGB)
- Anrechnung anderweitigen Erwerbs (§ 74c HGB)
- vertraglicher Ausschluss der Anrechnung anderweitigen Erwerbs möglich
- Anrechnungsgrenzen nach § 74c HGB 110 % oder 125 % der zuletzt bezogenen Vergütung, wenn ein Wohnsitzwechsel notwendig ist
- Anrechnungszeitraum: der Monat, in dem das anderweitige Einkommen erzielt wurde
- anrechenbares Einkommen: grundsätzlich jeder anderweitige Erwerb, nicht gesetzliche und betriebliche Altersrenten
- fiktive Anrechnung anderweitigen Erwerbs bei böswilligem Unterlassen
- Fälligkeit der Karenzentschädigung: monatlich nachträglich
- Verjährung: zweijährige Verjährungsfrist
- Ausschlussfristen: durch Auslegung der Tarifnorm zu ermitteln, ob diese auch Karenzentschädigung erfasst
- Ausgleichsklausel erfasst i. d. R. auch Wettbewerbsverbot und Karenzentschädigung
- Pfändungsschutz (§ 850 Abs. 3a ZPO)
- Steuerliche Behandlung: Karenzentschädigung ist lohnsteuerpflichtig, Tarifbegünstigung nach §§ 24, 34 EStG evtl. möglich *(streitig)*
- Sozialversicherungsrechtliche Behandlung: Karenzentschädigung sozialversicherungsfrei wegen § 14 SGB IV.

Handelsgesetzbuch (HGB)

vom 10. Mai 1897 (RGBl. 219),
zuletzt geändert durch Gesetz vom 12. Dezember 2019 (BGBl. I 2637)[1]

(Abgedruckte Vorschriften: §§ 9, 48–84, 87, 87 a, 87 c, 92 a, 92 c, 105 Abs. 1, 109, 161, 163, 289 f, 325, 326)

Zweiter Abschnitt – Handelsregister; Unternehmensregister

§ 9 Einsichtnahme in das Handelsregister und das Unternehmensregister (1) Die Einsichtnahme in das Handelsregister sowie in die zum Handelsregister eingereichten Dokumente ist jedem zu Informationszwecken gestattet. Die Landesjustizverwaltungen bestimmen das elektronische Informations- und Kommunikationssystem, über das die Daten aus den Handelsregistern abrufbar sind, und sind für die Abwicklung des elektronischen Abrufverfahrens zuständig. Die Landesregierung kann die Zuständigkeit durch Rechtsverordnung abweichend regeln; sie kann diese Ermächtigung durch Rechtsverordnung auf die Landesjustizverwaltung übertragen. Die Länder können ein länderübergreifendes, zentrales elektronisches Informations- und Kommunikationssystem bestimmen. Sie können auch eine Übertragung der Abwicklungsaufgaben auf die zuständige Stelle eines anderen Landes sowie mit dem Betreiber des Unternehmensregisters eine Übertragung der Abwicklungsaufgaben auf das Unternehmensregister vereinbaren.

(2) Sind Dokumente nur in Papierform vorhanden, kann die elektronische Übermittlung nur für solche Schriftstücke verlangt werden, die weniger als zehn Jahre vor dem Zeitpunkt der Antragstellung zum Handelsregister eingereicht wurden.

(3) Die Übereinstimmung der übermittelten Daten mit dem Inhalt des Handelsregisters und den zum Handelsregister eingereichten Dokumenten wird auf Antrag durch das Gericht beglaubigt. Dafür ist eine qualifizierte elektronische Signatur zu verwenden.

(4) Von den Eintragungen und den eingereichten Dokumenten kann ein Ausdruck verlangt werden. Von den zum Handelsregister eingereichten Schriftstücken, die nur in Papierform vorliegen, kann eine Abschrift gefordert werden. Die Abschrift ist von der Geschäftsstelle zu beglaubigen und der Ausdruck als amtlicher Ausdruck zu fertigen, wenn nicht auf die Beglaubigung verzichtet wird.

(5) Das Gericht hat auf Verlangen eine Bescheinigung darüber zu erteilen, dass bezüglich des Gegenstandes einer Eintragung weitere Eintragungen nicht vorhanden sind oder dass eine bestimmte Eintragung nicht erfolgt ist.

---

1 Für die neuen Bundesländer gilt folgende Maßgabe aufgrund des **Einigungsvertrages:** Die §§ 62 Abs. 2 bis 4, 63, 64, 73, 75 Abs. 3, 75 b Satz 2, 82 a und 83 sind nicht anzuwenden.

(6) Für die Einsichtnahme in das Unternehmensregister gilt Absatz 1 Satz 1 entsprechend. Anträge nach den Absätzen 2 bis 5 können auch über das Unternehmensregister an das Gericht vermittelt werden. Die Einsichtnahme in die Bilanz einer Kleinstkapitalgesellschaft (§ 267 a), die von dem Recht nach § 326 Absatz 2 Gebrauch gemacht hat, erfolgt nur auf Antrag durch Übermittlung einer Kopie.

...

Fünfter Abschnitt – Prokura und Handlungsvollmacht

§ 48 [Prokura] (1) Die Prokura kann nur von dem Inhaber des Handelsgeschäfts oder seinem gesetzlichen Vertreter und nur mittels ausdrücklicher Erklärung erteilt werden.
(2) Die Erteilung kann an mehrere Personen gemeinschaftlich erfolgen (Gesamtprokura).

§ 49 [Umfang der Prokura] (1) Die Prokura ermächtigt zu allen Arten von gerichtlichen und außergerichtlichen Geschäften und Rechtshandlungen, die der Betrieb eines Handelsgewerbes mit sich bringt.
(2) Zur Veräußerung und Belastung von Grundstücken ist der Prokurist nur ermächtigt, wenn ihm diese Befugnis besonders erteilt ist.

§ 50 [Umfangsbeschränkung der Prokura] (1) Eine Beschränkung des Umfanges der Prokura ist Dritten gegenüber unwirksam.
(2) Dies gilt insbesondere von der Beschränkung, daß die Prokura nur für gewisse Geschäfte oder gewisse Arten von Geschäften oder nur unter gewissen Umständen oder für eine gewisse Zeit oder an einzelnen Orten ausgeübt werden soll.
(3) Eine Beschränkung der Prokura auf den Betrieb einer von mehreren Niederlassungen des Geschäftsinhabers ist Dritten gegenüber nur wirksam, wenn die Niederlassungen unter verschiedenen Firmen betrieben werden. Eine Verschiedenheit der Firmen im Sinne dieser Vorschrift wird auch dadurch begründet, daß für eine Zweigniederlassung der Firma ein Zusatz beigefügt wird, der sie als Firma der Zweigniederlassung bezeichnet.

§ 51 [Zeichnung des Prokuristen] Der Prokurist hat in der Weise zu zeichnen, daß er der Firma seinen Namen mit einem die Prokura andeutenden Zusatz beifügt.

§ 52 [Widerruflichkeit, Nichtübertragbarkeit, Tod des Inhabers] (1) Die Prokura ist ohne Rücksicht auf das der Erteilung zugrunde liegende Rechtsverhältnis jederzeit widerruflich, unbeschadet des Anspruchs auf die vertragsmäßige Vergütung.
(2) Die Prokura ist nicht übertragbar.

(3) Die Prokura erlischt nicht durch den Tod des Inhabers des Handelsgeschäfts.

§ 53 **[Anmeldung, Zeichnung]** (1) Die Erteilung der Prokura ist von dem Inhaber des Handelsgeschäfts zur Eintragung in das Handelsregister anzumelden. Ist die Prokura als Gesamtprokura erteilt, so muß auch dies zur Eintragung angemeldet werden.
(2) Das Erlöschen der Prokura ist in gleicher Weise wie die Erteilung zur Eintragung anzumelden.

§ 54 **[Handlungsvollmacht]** (1) Ist jemand ohne Erteilung der Prokura zum Betrieb eines Handelsgewerbes oder zur Vornahme einer bestimmten zu einem Handelsgewerbe gehörigen Art von Geschäften oder zur Vornahme einzelner zu einem Handelsgewerbe gehöriger Geschäfte ermächtigt, so erstreckt sich die Vollmacht (Handlungsvollmacht) auf alle Geschäfte und Rechtshandlungen, die der Betrieb eines derartigen Handelsgewerbes oder die Vornahme derartiger Geschäfte gewöhnlich mit sich bringt.
(2) Zur Veräußerung oder Belastung von Grundstücken, zur Eingehung von Wechselverbindlichkeiten, zur Aufnahme von Darlehen und zur Prozeßführung ist der Handlungsbevollmächtigte nur ermächtigt, wenn ihm eine solche Befugnis besonders erteilt ist.
(3) Sonstige Beschränkungen der Handlungsvollmacht braucht ein Dritter nur dann gegen sich gelten zu lassen, wenn er sie kannte oder kennen mußte.

§ 55 **[Handlungsbevollmächtigte, Abschlußvertreter]** (1) Die Vorschriften des § 54 finden auch Anwendung auf Handlungsbevollmächtigte, die Handelsvertreter sind oder die als Handlungsgehilfen damit betraut sind, außerhalb des Betriebes des Prinzipals Geschäfte in dessen Namen abzuschließen.
(2) Die ihnen erteilte Vollmacht zum Abschluß von Geschäften bevollmächtigt sie nicht, abgeschlossene Verträge zu ändern, insbesondere Zahlungsfristen zu gewähren.
(3) Zur Annahme von Zahlungen sind sie nur berechtigt, wenn sie dazu bevollmächtigt sind.
(4) Sie gelten als ermächtigt, die Anzeige von Mängeln einer Ware, die Erklärung, daß eine Ware zur Verfügung gestellt werde, sowie ähnliche Erklärungen, durch die ein Dritter seine Rechte aus mangelhafter Leistung geltend macht oder sie vorbehält, entgegenzunehmen; sie können die dem Unternehmer (Prinzipal) zustehenden Rechte auf Sicherung des Beweises geltend machen.

§ 56 **[Angestellte im Laden oder offenem Warenlager]** Wer in einem Laden oder in einem offenen Warenlager angestellt ist, gilt als ermächtigt zu Verkäufen und Empfangnahmen, die in einem derartigen Laden oder Warenlager gewöhnlich geschehen.

§ 57 [Zeichnung des Handlungsbevollmächtigten] Der Handlungsbevollmächtigte hat sich bei der Zeichnung jedes eine Prokura andeutenden Zusatzes zu enthalten; er hat mit einem das Vollmachtsverhältnis ausdrückenden Zusatze zu zeichnen.

§ 58 [Unübertragbarkeit der Handlungsvollmacht] Der Handlungsbevollmächtigte kann ohne Zustimmung des Inhabers des Handelsgeschäfts seine Handlungsvollmacht auf einen anderen nicht übertragen.

Sechster Abschnitt – Handlungsgehilfen und Handlungslehrlinge

§ 59 [Handlungsgehilfe] Wer in einem Handelsgewerbe zur Leistung kaufmännischer Dienste gegen Entgelt angestellt ist (Handlungsgehilfe), hat, soweit nicht besondere Vereinbarungen über die Art und den Umfang seiner Dienstleistungen oder über die ihm zukommende Vergütung getroffen sind, die dem Ortsgebrauch entsprechenden Dienste zu leisten sowie die dem Ortsgebrauch entsprechende Vergütung zu beanspruchen. In Ermangelung eines Ortsgebrauchs gelten die den Umständen nach angemessenen Leistungen als vereinbart.

§ 60 [Gesetzliches Wettbewerbsverbot] (1) Der Handlungsgehilfe darf ohne Einwilligung des Prinzipals weder ein Handelsgewerbe betreiben noch in dem Handelszweig des Prinzipals für eigene oder fremde Rechnung Geschäfte machen.
(2) Die Einwilligung zum Betrieb eines Handelsgewerbes gilt als erteilt, wenn dem Prinzipal bei der Anstellung des Gehilfen bekannt ist, daß er das Gewerbe betreibt, und der Prinzipal die Aufgabe des Betriebs nicht ausdrücklich vereinbart.

§ 61 [Verletzung des Wettbewerbsverbots] (1) Verletzt der Handlungsgehilfe die ihm nach § 60 obliegende Verpflichtung, so kann der Prinzipal Schadensersatz fordern; er kann statt dessen verlangen, daß der Handlungsgehilfe die für eigene Rechnung gemachten Geschäfte als für Rechnung des Prinzipals eingegangen gelten lasse und die aus Geschäften für fremde Rechnung bezogene Vergütung herausgebe oder seinen Anspruch auf die Vergütung abtrete.
(2) Die Ansprüche verjähren in drei Monaten von dem Zeitpunkt an, in welchem der Prinzipal Kenntnis von dem Abschluss des Geschäfts erlangt oder ohne grobe Fahrlässigkeit erlangen müsste; sie verjähren ohne Rücksicht auf diese Kenntnis oder grob fahrlässige Unkenntnis in fünf Jahren von dem Abschluss des Geschäfts an.

§ 62 [Gesundheitsschutz und Fürsorgepflicht] (1) Der Prinzipal ist verpflichtet, die Geschäftsräume und die für den Geschäftsbetrieb bestimmten Vorrichtungen und Gerätschaften so einzurichten und zu unterhalten, auch den

Geschäftsbetrieb und die Arbeitszeit so zu regeln, daß der Handlungsgehilfe gegen eine Gefährdung seiner Gesundheit, soweit die Natur des Betriebs es gestattet, geschützt und die Aufrechterhaltung der guten Sitten und des Anstands gesichert ist.
(2) Ist der Handlungsgehilfe in die häusliche Gemeinschaft aufgenommen, so hat der Prinzipal in Ansehung des Wohn- und Schlafraums, der Verpflegung sowie der Arbeits- und Erholungszeit diejenigen Einrichtungen und Anordnungen zu treffen, welche mit Rücksicht auf die Gesundheit, die Sittlichkeit und die Religion des Handlungsgehilfen erforderlich sind.
(3) Erfüllt der Prinzipal die ihm in Ansehung des Lebens und der Gesundheit des Handlungsgehilfen obliegenden Verpflichtungen nicht, so finden auf seine Verpflichtung zum Schadensersatze die für unerlaubte Handlungen geltenden Vorschriften der §§ 842 bis 846 des Bürgerlichen Gesetzbuchs entsprechende Anwendung.
(4) Die dem Prinzipal hiernach obliegenden Verpflichtungen können nicht im voraus durch Vertrag aufgehoben oder beschränkt werden.

§ 63 *(aufgehoben)*

§ 64 [Gehaltszahlung] Die Zahlung des dem Handlungsgehilfen zukommenden Gehalts hat am Schluß jedes Monats zu erfolgen. Eine Vereinbarung, nach der die Zahlung des Gehalts später erfolgen soll, ist nichtig.

§ 65 [Provision] Ist bedungen, daß der Handlungsgehilfe für Geschäfte, die von ihm geschlossen oder vermittelt werden, Provision erhalten soll, so sind die für die Handelsvertreter geltenden Vorschriften des § 87 Abs. 1 und 3 sowie der §§ 87 a bis 87 c anzuwenden.

§§ 66–73 *(weggefallen)*

§ 74 [Vertragliches Wettbewerbsverbot, Karenzentschädigung] (1) Eine Vereinbarung[1] zwischen dem Prinzipal und dem Handlungsgehilfen, die den Gehilfen für die Zeit nach Beendigung des Dienstverhältnisses in seiner gewerblichen Tätigkeit beschränkt (Wettbewerbsverbot), bedarf der Schriftform und der Aushändigung einer vom Prinzipal unterzeichneten, die vereinbarten Bestimmungen enthaltenden Urkunde an den Gehilfen.
(2) Das Wettbewerbsverbot ist nur verbindlich, wenn sich der Prinzipal verpflichtet, für die Dauer des Verbots eine Entschädigung zu zahlen, die für jedes Jahr des Verbots mindestens die Hälfte der von dem Handlungsgehilfen zuletzt bezogenen vertragsmäßigen Leistungen erreicht.

§ 74 a [Unverbindliches oder nichtiges Wettbewerbsverbot] (1) Das Wettbewerbsverbot ist insoweit unverbindlich, als es nicht zum Schutz eines berech-

1 Die §§ 74–75 f gelten nicht nur für Handlungsgehilfen, sondern gem. § 110 S. 2, § 6 Abs. 2 GewO (Nr. 19) für alle Arbeitnehmer.

tigten geschäftlichen Interesses des Prinzipals dient. Es ist ferner unverbindlich, soweit es unter Berücksichtigung der gewährten Entschädigung nach Ort, Zeit oder Gegenstand eine unbillige Erschwerung des Fortkommens des Gehilfen enthält. Das Verbot kann nicht auf einen Zeitraum von mehr als zwei Jahren von der Beendigung des Dienstverhältnisses an erstreckt werden.
(2) Das Verbot ist nichtig, wenn der Gehilfe zur Zeit des Abschlusses minderjährig ist oder wenn sich der Prinzipal die Erfüllung auf Ehrenwort oder unter ähnlichen Versicherungen versprechen läßt. Nichtig ist auch die Vereinbarung, durch die ein Dritter an Stelle des Gehilfen die Verpflichtung übernimmt, daß sich der Gehilfe nach der Beendigung des Dienstverhältnisses in seiner gewerblichen Tätigkeit beschränken werde.
(3) Unberührt bleiben die Vorschriften des § 138 des Bürgerlichen Gesetzbuchs über die Nichtigkeit von Rechtsgeschäften, die gegen die guten Sitten verstoßen.

§ 74 b [Zahlung und Berechnung der Karenzentschädigung] (1) Die nach § 74 Abs. 2 dem Handlungsgehilfen zu gewährende Entschädigung ist am Schluß jedes Monats zu zahlen.
(2) Soweit die dem Gehilfen zustehenden vertragsmäßigen Leistungen in einer Provision oder in anderen wechselnden Bezügen bestehen, sind sie bei der Berechnung der Entschädigung nach dem Durchschnitt der letzten drei Jahre in Ansatz zu bringen. Hat die für die Bezüge bei der Beendigung des Dienstverhältnisses maßgebende Vertragsbestimmung noch nicht drei Jahre bestanden, so erfolgt der Ansatz nach dem Durchschnitt des Zeitraums, für den die Bestimmung in Kraft war.
(3) Soweit Bezüge zum Ersatz besonderer Auslagen dienen sollen, die infolge der Dienstleistung entstehen, bleiben sie außer Ansatz.

§ 74 c [Anrechnung anderweitigen Erwerbs] (1) Der Handlungsgehilfe muß sich auf die fällige Entschädigung anrechnen lassen, was er während des Zeitraums, für den die Entschädigung gezahlt wird, durch anderweite Verwertung seiner Arbeitskraft erwirbt oder zu erwerben böswillig unterläßt, soweit die Entschädigung unter Hinzurechnung dieses Betrags den Betrag der zuletzt von ihm bezogenen vertragsmäßigen Leistungen um mehr als ein Zehntel übersteigen würde. Ist der Gehilfe durch das Wettbewerbverbot gezwungen worden, seinen Wohnsitz zu verlegen, so tritt an die Stelle des Betrags von einem Zehntel der Betrag von einem Viertel. Für die Dauer der Verbüßung einer Freiheitsstrafe kann der Gehilfe eine Entschädigung nicht verlangen.
(2) Der Gehilfe ist verpflichtet, dem Prinzipal auf Erfordern über die Höhe seines Erwerbs Auskunft zu erteilen.

§ 75 [Wahlrecht bei Kündigung] (1) Löst der Gehilfe das Dienstverhältnis gemäß den Vorschriften der §§ 70 und 71[1] wegen vertragswidrigen Verhaltens des Prinzipals auf, so wird das Wettbewerbsverbot unwirksam, wenn der Ge-

---

1 §§ 70–72 HGB sind aufgehoben.

hilfe vor Ablauf eines Monats nach der Kündigung schriftlich erklärt, daß er sich an die Vereinbarung nicht gebunden erachte.
(2) In gleicher Weise wird das Wettbewerbsverbot unwirksam, wenn der Prinzipal das Dienstverhältnis kündigt, es sei denn, daß für die Kündigung ein erheblicher Anlaß in der Person des Gehilfen vorliegt oder daß sich der Prinzipal bei der Kündigung bereit erklärt, während der Dauer der Beschränkung dem Gehilfen die vollen zuletzt von ihm bezogenen vertragsmäßigen Leistungen zu gewähren. Im letzteren Falle finden die Vorschriften des § 74 b entsprechende Anwendung.
(3) Löst der Prinzipal das Dienstverhältnis gemäß den Vorschriften der §§ 70 und 71 wegen vertragswidrigen Verhaltens des Gehilfen auf, so hat der Gehilfe keinen Anspruch auf die Entschädigung.[1]

§ 75 a [Verzicht auf Wettbewerbsverbot] Der Prinzipal kann vor der Beendigung des Dienstverhältnisses durch schriftliche Erklärung auf das Wettbewerbsverbot mit der Wirkung verzichten, daß er mit dem Ablauf eines Jahres seit der Erklärung von der Verpflichtung zur Zahlung der Entschädigung frei wird.

§ 75 b *(weggefallen)*

§ 75 c [Vertragsstrafe] (1) Hat der Handlungsgehilfe für den Fall, daß er die in der Vereinbarung übernommene Verpflichtung nicht erfüllt, eine Strafe versprochen, so kann der Prinzipal Ansprüche nur nach Maßgabe der Vorschriften des § 340 des Bürgerlichen Gesetzbuchs geltend machen. Die Vorschriften des Bürgerlichen Gesetzbuchs über die Herabsetzung einer unverhältnismäßig hohen Vertragsstrafe bleiben unberührt.
(2) Ist die Verbindlichkeit der Vereinbarung nicht davon abhängig, daß sich der Prinzipal zur Zahlung einer Entschädigung an den Gehilfen verpflichtet, so kann der Prinzipal, wenn sich der Gehilfe einer Vertragsstrafe der in Absatz 1 bezeichneten Art unterworfen hat, nur die verwirkte Strafe verlangen; der Anspruch auf Erfüllung oder auf Ersatz eines weiteren Schadens ist ausgeschlossen.

§ 75 d [Unabdingbarkeit] Auf eine Vereinbarung, durch die von den Vorschriften der §§ 74 bis 75 c zum Nachteil des Handlungsgehilfen abgewichen wird, kann sich der Prinizipal nicht berufen. Das gilt auch von Vereinbarungen, die bezwecken, die gesetzlichen Vorschriften über das Mindestmaß der Entschädigung durch Verrechnungen oder auf sonstige Weise zu umgehen.

---

1 Das *BAG* hat § 75 Abs. 3 wegen der ungleichen Gestaltung der Rechte des Arbeitnehmers einerseits und der Rechte des Arbeitgebers andererseits für verfassungswidrig erklärt. Seine Leitsätze hierzu lauten:
»1. § 75 Abs. 3 HGB verstößt gegen Art. 3 GG und ist daher nichtig. Zu dieser Feststellung ist das Bundesarbeitsgericht befugt, weil § 75 Abs. 3 HGB vorkonstitutionelles Recht darstellt.
2. Der Wegfall des § 75 Abs. 3 HGB führt zu einer Regelungslücke, die durch analoge Anwendung des § 75 Abs. 1 HGB zu schließen ist. Im Falle einer außerordentlichen Vertragsbeendigung kann sich der Arbeitgeber unter den gleichen Voraussetzungen und in der gleichen Form von einem Wettbewerbsverbot lossagen wie der Arbeitnehmer.« (*BAG* 23. 2. 1977 – 3 AZR 620/75, BB 77, 847)

§ 75 e *(aufgehoben)*

§ 75 f [Sperrabreden unter Arbeitgebern] Im Falle einer Vereinbarung, durch die sich ein Prinzipal einem anderen Prinzipal gegenüber verpflichtet, einen Handlungsgehilfen, der bei diesem im Dienst ist oder gewesen ist, nicht oder nur unter bestimmten Voraussetzungen anzustellen, steht beiden Teilen der Rücktritt frei. Aus der Vereinbarung findet weder Klage noch Einrede statt.

§ 75 g [Vermittlungsgehilfen] § 55 Abs. 4 gilt auch für einen Handlungsgehilfen, der damit betraut ist, außerhalb des Betriebs des Prinzipals für diesen Geschäfte zu vermitteln. Eine Beschränkung dieser Rechte braucht ein Dritter gegen sich nur gelten zu lassen, wenn er sie kannte oder kennen mußte.

§ 75 h [Mangelnde Vertragsmacht] (1) Hat ein Handlungsgehilfe, der nur mit der Vermittlung von Geschäften außerhalb des Betriebs des Prinzipals betraut ist, ein Geschäft im Namen des Prinzipals abgeschlossen, und war dem Dritten der Mangel der Vertretungsmacht nicht bekannt, so gilt das Geschäft als von dem Prinzipal genehmigt, wenn dieser dem Dritten gegenüber nicht unverzüglich das Geschäft ablehnt, nachdem er von dem Handlungsgehilfen oder dem Dritten über Abschluß und wesentlichen Inhalt benachrichtigt worden ist.
(2) Das gleiche gilt, wenn ein Handlungsgehilfe, der mit dem Abschluß von Geschäften betraut ist, ein Geschäft im Namen des Prinzipals abgeschlossen hat, zu dessen Abschluß er nicht bevollmächtigt ist.

§§ 76–82 *(aufgehoben)*

§ 82 a *Auf Wettbewerbsverbote gegenüber Personen, die, ohne als Lehrlinge angenommen zu sein, zum Zwecke ihrer Ausbildung unentgeltlich mit kaufmännischen Diensten beschäftigt werden (Volontäre), finden die für Handlungsgehilfen geltenden Vorschriften insoweit Anwendung, als sie nicht auf das dem Gehilfen zustehende Entgelt Bezug nehmen.*[1]

§ 83 [Andere Arbeitnehmer] Hinsichtlich der Personen, welche in dem Betrieb eines Handelsgewerbes andere als kaufmännische Dienste leisten, bewendet es bei den für das Arbeitsverhältnis dieser Personen geltenden Vorschriften.

Siebenter Abschnitt – Handelsvertreter

§ 84 [Handelsvertreter] (1) Handelsvertreter ist, wer als selbständiger Gewerbetreibender ständig damit betraut ist, für einen anderen Unternehmer (Unternehmer) Geschäfte zu vermitteln oder in dessen Namen abzuschließen. Selbständig ist, wer im wesentlichen frei seine Tätigkeit gestalten und seine Arbeitszeit bestimmen kann.

1 § 82 a ist wegen §§ 12 Abs. 1 und 25 BBiG gegenstandslos.

(2) Wer, ohne selbständig im Sinne des Absatzes 1 zu sein, ständig damit betraut ist, für einen Unternehmer Geschäfte zu vermitteln oder in dessen Namen abzuschließen, gilt als Angestellter.

(3) Der Unternehmer kann auch ein Handelsvertreter sein.

(4) Die Vorschriften dieses Abschnittes finden auch Anwendung, wenn das Unternehmen des Handelsvertreters nach Art oder Umfang einen in kaufmännischer Weise eingerichteten Geschäftsbetrieb nicht erfordert.

...

§ 87 [Provisionspflichtige Geschäfte] (1) Der Handelsvertreter hat Anspruch auf Provision für alle während des Vertragsverhältnisses abgeschlossenen Geschäfte, die auf seine Tätigkeit zurückzuführen sind oder mit Dritten abgeschlossen werden, die er als Kunden für Geschäfte der gleichen Art geworben hat. Ein Anspruch auf Provision besteht für ihn nicht, wenn und soweit die Provision nach Absatz 3 dem ausgeschiedenen Handelsvertreter zusteht.

(2) Ist dem Handelsvertreter ein bestimmter Bezirk oder ein bestimmter Kundenkreis zugewiesen, so hat er Anspruch auf Provision auch für die Geschäfte, die ohne seine Mitwirkung mit Personen seines Bezirkes oder seines Kundenkreises während des Vertragsverhältnisses abgeschlossen sind. Dies gilt nicht, wenn und soweit die Provision nach Absatz 3 dem ausgeschiedenen Handelsvertreter zusteht.

(3) Für ein Geschäft, das erst nach Beendigung des Vertragsverhältnisses abgeschlossen ist, hat der Handelsvertreter Anspruch auf Provision nur, wenn

1. er das Geschäft vermittelt hat oder es eingeleitet und so vorbereitet hat, daß der Abschluß überwiegend auf seine Tätigkeit zurückzuführen ist, und das Geschäft innerhalb einer angemessenen Frist nach Beendigung des Vertragsverhältnisses abgeschlossen worden ist oder
2. vor Beendigung des Vertragsverhältnisses das Angebot des Dritten zum Abschluß eines Geschäfts, für das der Handelsvertreter nach Absatz 1 Satz 1 oder Absatz 2 Satz 1 Anspruch auf Provision hat, dem Handelsvertreter oder dem Unternehmer zugegangen ist.

Der Anspruch auf Provision nach Satz 1 steht dem nachfolgenden Handelsvertreter anteilig zu, wenn wegen besonderer Umstände eine Teilung der Provision der Billigkeit entspricht.

(4) Neben dem Anspruch auf Provision für abgeschlossene Geschäfte hat der Handelsvertreter Anspruch auf Inkassoprovision für die von ihm auftragsgemäß eingezogenen Beträge.

§ 87 a [Fälligkeit der Provision] (1) Der Handelsvertreter hat Anspruch auf Provision, sobald und soweit der Unternehmer das Geschäft ausgeführt hat. Eine abweichende Vereinbarung kann getroffen werden, jedoch hat der Handelsvertreter mit der Ausführung des Geschäfts durch den Unternehmer Anspruch auf einen angemessenen Vorschuß, der spätestens am letzten Tag des folgenden Monats fällig ist. Unabhängig von einer Vereinbarung hat jedoch der

Handelsvertreter Anspruch auf Provision, sobald und soweit der Dritte das Geschäft ausgeführt hat.

(2) Steht fest, daß der Dritte nicht leistet, so entfällt der Anspruch auf Provision; bereits empfangene Beträge sind zurückzugewähren.

(3) Der Handelsvertreter hat auch dann einen Anspruch auf Provision, wenn feststeht, daß der Unternehmer das Geschäft ganz oder teilweise nicht oder nicht so ausführt, wie es abgeschlossen worden ist. Der Anspruch entfällt im Falle der Nichtausführung, wenn und soweit diese auf Umständen beruht, die vom Unternehmer nicht zu vertreten sind.

(4) Der Anspruch auf Provision wird am letzten Tag des Monats fällig, in dem nach § 87 c Abs. 1 über den Anspruch abzurechnen ist.

(5) Von Absatz 2 erster Halbsatz, Absätzen 3 und 4 abweichende, für den Handelsvertreter nachteilige Vereinbarungen sind unwirksam.

…

§ 87 c [Abrechnung über die Provision] (1) Der Unternehmer hat über die Provision, auf die der Handelsvertreter Anspruch hat, monatlich abzurechnen; der Abrechnungszeitraum kann auf höchstens drei Monate erstreckt werden. Die Abrechnung hat unverzüglich, spätestens bis zum Ende des nächsten Monats, zu erfolgen.

(2) Der Handelsvertreter kann bei der Abrechnung einen Buchauszug über alle Geschäfte verlangen, für die ihm nach § 87 Provision gebührt.

(3) Der Handelsvertreter kann außerdem Mitteilung über alle Umstände verlangen, die für den Provisionsanspruch, seine Fälligkeit und seine Berechnung wesentlich sind.

(4) Wird der Buchauszug verweigert oder bestehen begründete Zweifel an der Richtigkeit oder Vollständigkeit der Abrechnung oder des Buchauszugs, so kann der Handelsvertreter verlangen, daß nach Wahl des Unternehmers entweder ihm oder einem von ihm zu bestimmenden Wirtschaftsprüfer oder vereidigten Buchsachverständigen Einsicht in die Geschäftsbücher oder die sonstigen Urkunden so weit gewährt wird, wie dies zur Feststellung der Richtigkeit oder Vollständigkeit der Abrechnung oder des Buchauszugs erforderlich ist.

(5) Diese Rechte des Handelsvertreters können nicht ausgeschlossen oder beschränkt werden.

…

§ 92 a [Mindestbedingungen für Einfirmenvertreter] (1) Für das Vertragsverhältnis eines Handelsvertreters, der vertraglich nicht für weitere Unternehmer tätig werden darf oder dem dies nach Art und Umfang der von ihm verlangten Tätigkeit nicht möglich ist, kann das Bundesministerium der Justiz und für Verbraucherschutz im Einvernehmen mit dem Bundesministerium für Wirtschaft und Energie nach Anhörung von Verbänden der Handelsvertreter und der Unternehmer durch Rechtsverordnung, die nicht der Zustimmung des Bundesrates bedarf, die untere Grenze der vertraglichen Leistungen des Unternehmers festsetzen, um die notwendigen sozialen und wirtschaftlichen Bedürf-

nisse dieser Handelsvertreter oder einer bestimmten Gruppe von ihnen sicherzustellen.[1] Die festgesetzten Leistungen können vertraglich nicht ausgeschlossen oder beschränkt werden.
(2) Absatz 1 gilt auch für das Vertragsverhältnis eines Versicherungsvertreters, der auf Grund eines Vertrags oder mehrerer Verträge damit vertraut ist, Geschäfte für mehrere Versicherer zu vermitteln oder abzuschließen, die zu einem Versicherungskonzern oder zu einer zwischen ihnen bestehenden Organisationsgemeinschaft gehören, sofern die Beendigung des Vertragsverhältnisses mit einem dieser Versicherer im Zweifel auch die Beendigung des Vertragsverhältnisses mit den anderen Versicherern zur Folge haben würde. In diesem Falle kann durch Rechtsverordnung, die nicht der Zustimmung des Bundesrates bedarf, außerdem bestimmt werden, ob die festgesetzten Leistungen von allen Versicherern als Gesamtschuldnern oder anteilig oder nur von einem der Versicherer geschuldet werden und wie der Ausgleich unter ihnen zu erfolgen hat.
…

§ 92 c [Handelsvertreter im Ausland, Schiffsgeschäfte] (1) Hat der Handelsvertreter seine Tätigkeit für den Unternehmer nach dem Vertrag nicht innerhalb des Gebietes der Europäischen Gemeinschaft oder der anderen Vertragsstaaten des Abkommens über den Europäischen Wirtschaftsraum auszuüben, so kann hinsichtlich aller Vorschriften dieses Abschnittes etwas anderes vereinbart werden.
(2) Das gleiche gilt, wenn der Handelsvertreter mit der Vermittlung oder dem Abschluß von Geschäften betraut wird, die die Befrachtung, Abfertigung oder Ausrüstung von Schiffen oder die Buchung von Passagen auf Schiffen zum Gegenstand haben.
…

Erster Abschnitt – Offene Handelsgesellschaft

§ 105 [Offene Handelsgesellschaft] (1) Eine Gesellschaft, deren Zweck auf den Betrieb eines Handelsgewerbes unter gemeinschaftlicher Firma gerichtet ist, ist eine offene Handelsgesellschaft, wenn bei keinem der Gesellschafter die Haftung gegenüber den Gesellschaftsgläubigern beschränkt ist.
(2) …
…

§ 109 [Gesellschaftsvertrag] Das Rechtsverhältnis der Gesellschafter untereinander richtet sich zunächst nach dem Gesellschaftsvertrag; die Vorschriften der §§ 110 bis 122 finden nur insoweit Anwendung, als nicht durch den Gesellschaftsvertrag ein anderes bestimmt ist.
…

1 Eine Verordnung ist nicht erlassen. Vgl. jedoch § 5 Abs. 3 ArbGG (Nr. 5).

Zweiter Abschnitt – Kommanditgesellschaft

§ 161 [Kommanditgesellschaft] (1) Eine Gesellschaft, deren Zweck auf den Betrieb eines Handelsgewerbes unter gemeinschaftlicher Firma gerichtet ist, ist eine Kommanditgesellschaft, wenn bei einem oder bei einigen von den Gesellschaftern die Haftung gegenüber den Gesellschaftsgläubigern auf den Betrag einer bestimmten Vermögenseinlage beschränkt ist (Kommanditisten), während bei dem anderen Teil der Gesellschafter eine Beschränkung der Haftung nicht stattfindet (persönlich haftende Gesellschafter).
(2) Soweit nicht in diesem Abschnitt ein anderes vorgeschrieben ist, finden auf die Kommanditgesellschaft die für die offene Handelsgesellschaft geltenden Vorschriften Anwendung.
…

§ 163 [Gesellschaftsvertrag] Für das Verhältnis der Gesellschafter untereinander gelten in Ermangelung abweichender Bestimmungen des Gesellschaftsvertrags die besonderen Vorschriften der §§ 164 bis 169.
…

Zweiter Abschnitt – Ergänzende Vorschriften für Kapitalgesellschaften (Aktiengesellschaften, Kommanditgesellschaften auf Aktien und Gesellschaften mit beschränkter Haftung) sowie bestimmte Personenhandelsgesellschaften

…

Sechster Titel – Lagebericht

…

§ 289 f Erklärung zur Unternehmensführung (1) Börsennotierte Aktiengesellschaften sowie Aktiengesellschaften, die ausschließlich andere Wertpapiere als Aktien zum Handel an einem organisierten Markt im Sinn des § 2 Absatz 11 des Wertpapierhandelsgesetzes ausgegeben haben und deren ausgegebene Aktien auf eigene Veranlassung über ein multilaterales Handelssystem im Sinn des § 2 Absatz 8 Satz 1 Nummer 8 des Wertpapierhandelsgesetzes gehandelt werden, haben eine Erklärung zur Unternehmensführung in ihren Lagebericht aufzunehmen, die dort einen gesonderten Abschnitt bildet. Sie kann auch auf der Internetseite der Gesellschaft öffentlich zugänglich gemacht werden. In diesem Fall ist in den Lagebericht eine Bezugnahme aufzunehmen, welche die Angabe der Internetseite enthält.
(2) In die Erklärung zur Unternehmensführung sind aufzunehmen
1. die Erklärung gemäß § 161 des Aktiengesetzes;

1a. eine Bezugnahme auf die Internetseite der Gesellschaft, auf der der Vergütungsbericht über das letzte Geschäftsjahr und der Vermerk des Abschlussprüfers gemäß § 162 des Aktiengesetzes, das geltende Vergütungssystem gemäß § 87 a Absatz 1 und 2 Satz 1 des Aktiengesetzes und der letzte Vergütungsbeschluss gemäß § 113 Absatz 3 des Aktiengesetzes öffentlich zugänglich gemacht werden;
2. relevante Angaben zu Unternehmensführungspraktiken, die über die gesetzlichen Anforderungen hinaus angewandt werden, nebst Hinweis, wo sie öffentlich zugänglich sind;
3. eine Beschreibung der Arbeitsweise von Vorstand und Aufsichtsrat sowie der Zusammensetzung und Arbeitsweise von deren Ausschüssen; sind die Informationen auf der Internetseite der Gesellschaft öffentlich zugänglich, kann darauf verwiesen werden;
4. bei börsennotierten Aktiengesellschaften die Festlegungen nach § 76 Absatz 4 und § 111 Absatz 5 des Aktiengesetzes und die Angabe, ob die festgelegten Zielgrößen während des Bezugszeitraums erreicht worden sind, und wenn nicht, Angaben zu den Gründen;
5. die Angabe, ob die Gesellschaft bei der Besetzung des Aufsichtsrats mit Frauen und Männern jeweils Mindestanteile im Bezugszeitraum eingehalten hat, und wenn nicht, Angaben zu den Gründen, sofern es sich um folgende Gesellschaften handelt:
   a) börsennotierte Aktiengesellschaften, die auf Grund von § 96 Absatz 2 und 3 des Aktiengesetzes Mindestanteile einzuhalten haben oder
   b) börsennotierte Europäische Gesellschaften (SE), die auf Grund von § 17 Absatz 2 oder § 24 Absatz 3 des SE-Ausführungsgesetzes Mindestanteile einzuhalten haben;
6. bei Aktiengesellschaften im Sinne des Absatzes 1, die nach § 267 Absatz 3 Satz 1 und Absatz 4 bis 5 große Kapitalgesellschaften sind, eine Beschreibung des Diversitätskonzepts, das im Hinblick auf die Zusammensetzung des vertretungsberechtigten Organs und des Aufsichtsrats in Bezug auf Aspekte wie beispielsweise Alter, Geschlecht, Bildungs- oder Berufshintergrund verfolgt wird, sowie der Ziele dieses Diversitätskonzepts, der Art und Weise seiner Umsetzung und der im Geschäftsjahr erreichten Ergebnisse.

(3) Auf börsennotierte Kommanditgesellschaften auf Aktien sind die Absätze 1 und 2 entsprechend anzuwenden.

(4) Andere Unternehmen, deren Vertretungsorgan und Aufsichtsrat nach § 36 oder § 52 des Gesetzes betreffend die Gesellschaften mit beschränkter Haftung oder nach § 76 Absatz 4 des Aktiengesetzes, auch in Verbindung mit § 188 Absatz 1 Satz 2 des Versicherungsaufsichtsgesetzes, oder nach § 111 Absatz 5 des Aktiengesetzes, auch in Verbindung mit § 189 Absatz 3 Satz 1 des Versicherungsaufsichtsgesetzes, verpflichtet sind, Zielgrößen für den Frauenanteil und Fristen für deren Erreichung festzulegen, haben in ihrem Lagebericht als gesonderten Abschnitt eine Erklärung zur Unternehmensführung mit den Festlegungen und Angaben nach Absatz 2 Nummer 4 aufzunehmen; Absatz 1 Satz 2 und 3 gilt entsprechend. Gesellschaften, die nicht zur Offenlegung eines Lagebe-

richts verpflichtet sind, haben eine Erklärung mit den Festlegungen und Angaben nach Absatz 2 Nummer 4 zu erstellen und gemäß Absatz 1 Satz 2 zu veröffentlichen. Sie können diese Pflicht auch durch Offenlegung eines unter Berücksichtigung von Satz 1 erstellten Lageberichts erfüllen.
(5) Wenn eine Gesellschaft nach Absatz 2 Nummer 6, auch in Verbindung mit Absatz 3, kein Diversitätskonzept verfolgt, hat sie dies in der Erklärung zur Unternehmensführung zu erläutern.
...

Zehnter Titel – Konzernabschluss nach internationalen Regelungsstandards

...

Vierter Unterabschnitt – Offenlegung. Prüfung durch den Betreiber des Bundesanzeigers

§ 325 Offenlegung (1) Die Mitglieder des vertretungsberechtigten Organs von Kapitalgesellschaften haben für die Gesellschaft folgende Unterlagen in deutscher Sprache offenzulegen:
1. den festgestellten oder gebilligten Jahresabschluss, den Lagebericht und den Bestätigungsvermerk oder den Vermerk über dessen Versagung sowie
2. den Bericht des Aufsichtsrats und die nach § 161 des Aktiengesetzes vorgeschriebene Erklärung.

Die Unterlagen sind elektronisch beim Betreiber des Bundesanzeigers in einer Form einzureichen, die ihre Bekanntmachung ermöglicht.
(1 a) Die Unterlagen nach Absatz 1 Satz 1 sind spätestens ein Jahr nach dem Abschlussstichtag des Geschäftsjahrs einzureichen, auf das sie sich beziehen. Liegen die Unterlagen nach Absatz 1 Satz 1 Nummer 2 nicht innerhalb der Frist vor, sind sie unverzüglich nach ihrem Vorliegen nach Absatz 1 offenzulegen.
(1 b) Wird der Jahresabschluss oder der Lagebericht geändert, so ist auch die Änderung nach Absatz 1 Satz 1 offenzulegen. Ist im Jahresabschluss nur der Vorschlag für die Ergebnisverwendung enthalten, ist der Beschluss über die Ergebnisverwendung nach seinem Vorliegen nach Absatz 1 Satz 1 offenzulegen.
(2) Die Mitglieder des vertretungsberechtigten Organgs der Kapitalgesellschaft haben für diese die in Absatz 1 bezeichneten Unterlagen jeweils unverzüglich nach der Einreichung im Bundesanzeiger bekannt machen zu lassen.
(2 a) Bei der Offenlegung nach Absatz 2 kann an die Stelle des Jahresabschlusses ein Einzelabschluss treten, der nach den in § 315 e Absatz 1 bezeichneten internationalen Rechnungslegungsstandards aufgestellt worden ist. Ein Unternehmen, das von diesem Wahlrecht Gebrauch macht, hat die dort genannten Standards vollständig zu befolgen. Auf einen solchen Abschluss sind § 243 Abs. 2, die §§ 244, 245, 257, 264 Absatz 1 a, 2 Satz 3, § 285 Nr. 7, 8 Buchstabe b, Nr. 9 bis

11 a, 14 bis 17, § 286 Absatz 1 und 3 anzuwenden. Die Verpflichtung, einen Lagebericht offenzulegen, bleibt unberührt; der Lagebericht nach § 289 muss in dem erforderlichen Umfang auch auf den Einzelabschluss nach Satz 1 Bezug nehmen. Die übrigen Vorschriften des Zweiten Unterabschnitts des Ersten Abschnitts und des Ersten Unterabschnitts des Zweiten Abschnitts gelten insoweit nicht. Kann wegen der Anwendung des § 286 Abs. 1 auf den Anhang die in Satz 2 genannte Voraussetzung nicht eingehalten werden, entfällt das Wahlrecht nach Satz 1.

(2 b) Die befreiende Wirkung der Offenlegung des Einzelabschlusses nach Absatz 2 a tritt ein, wenn

1. statt des vom Abschlussprüfer zum Jahresabschluss erteilten Bestätigungsvermerks oder des Vermerks über dessen Versagung der entsprechende Vermerk zum Abschluss nach Absatz 2 a in die Offenlegung nach Absatz 2 einbezogen wird,
2. der Vorschlag für die Verwendung des Ergebnisses und gegebenenfalls der Beschluss über seine Verwendung unter Angabe des Jahresüberschusses oder Jahresfehlbetrags in die Offenlegung nach Absatz 2 einbezogen werden und
3. der Jahresabschluss mit dem Bestätigungsvermerk oder dem Vermerk über dessen Versagung nach Absatz 1 und 1 a Satz 1 offen gelegt wird.

(3) Die Absätze 1 bis 2 und 4 Satz 1 gelten entsprechend für die Mitglieder des vertretungsberechtigten Organs einer Kapitalgesellschaft, die einen Konzernabschluss und einen Konzernlagebericht aufzustellen haben.

(3 a) Wird der Konzernabschluss zusammen mit dem Jahresabschluss des Mutterunternehmens oder mit einem von diesem aufgestellten Einzelabschluss nach Absatz 2 a bekannt gemacht, können die Vermerke des Abschlussprüfers nach § 322 zu beiden Abschlüssen zusammengefasst werden; in diesem Fall können auch die jeweiligen Prüfungsberichte zusammengefasst werden.

(4) Bei einer Kapitalgesellschaft im Sinn des § 264 d, die keine Kapitalgesellschaft im Sinn des § 327 a ist, beträgt die Frist nach Absatz 1 a Satz 1 längstens vier Monate. Für die Wahrung der Fristen nach Satz 1 und Absatz 1 a Satz 1 ist der Zeitpunkt der Einreichung der Unterlagen maßgebend.

(5) Auf Gesetz, Gesellschaftsvertrag oder Satzung beruhende Pflichten der Gesellschaft, den Jahresabschluss, den Einzelabschluss nach Absatz 2 a, den Lagebericht, den Konzernabschluss oder den Konzernlagebericht in anderer Weise bekannt zu machen, einzureichen oder Personen zugänglich zu machen, bleiben unberührt.

(6) Die §§ 11 und 12 Abs. 2 gelten für die beim Betreiber des Bundesanzeigers einzureichenden Unterlagen entsprechend; § 325 a Absatz 1 Satz 5 und § 340 l Absatz 2 Satz 6 bleiben unberührt.

...

§ 326 Größenabhängige Erleichterungen für kleine Kapitalgesellschaften und Kleinstkapitalgesellschaften bei der Offenlegung (1) Auf kleine Kapitalgesellschaften[1] (§ 267 Abs. 1) ist § 325 Abs. 1 mit der Maßgabe anzuwenden, daß die gesetzlichen Vertreter nur die Bilanz und den Anhang einzureichen haben.

Der Anhang braucht die die Gewinn- und Verlustrechnung betreffenden Angaben nicht zu enthalten.
(2) Die gesetzlichen Vertreter von Kleinstkapitalgesellschaften (§ 267 a) können ihre sich aus § 325 Absatz 1 bis 2 ergebenden Pflichten auch dadurch erfüllen, dass sie die Bilanz in elektronischer Form zur dauerhaften Hinterlegung beim Betreiber des Bundesanzeigers einreichen und einen Hinterlegungsauftrag erteilen. § 325 Absatz 1 Satz 2, Absatz 1 a und 1 b ist entsprechend anzuwenden. Kleinstkapitalgesellschaften dürfen von dem in Satz 1 geregelten Recht nur Gebrauch machen, wenn sie gegenüber dem Betreiber des Bundesanzeigers mitteilen, dass sie zwei der drei in § 267 a Absatz 1 genannten Merkmale für die nach § 267 Absatz 4 maßgeblichen Abschlussstichtage nicht überschreiten.

---

1 **§ 267 Abs. 1:** Kleine Kapitalgesellschaften sind solche, die mindestens zwei der drei nachstehenden Merkmale nicht überschreiten:
1. 6 000 000 Euro Bilanzsumme.
2. 12000000 Euro Umsatzerlöse in den zwölf Monaten vor dem Abschlußstichtag.
3. Im Jahresdurchschnitt fünfzig Arbeitnehmer.

22. Heimarbeitsgesetz (HAG)

Einleitung

I. Wesentlicher Gesetzesinhalt

Heimarbeiter, Hausgewerbetreibende und Zwischenmeister (zur Begriffsbestimmung siehe § 2 Abs. 1 bis 3) sind zwar keine Arbeitnehmer, da sie nicht persönlich von einem Arbeitgeber und dessen Weisungsrecht (= Direktionsrecht) abhängig sind. Wegen der großen wirtschaftlichen Abhängigkeit von ihren Auftraggebern und der aus der vereinzelten Arbeitssituation folgenden faktischen Unfähigkeit, die eigenen Interessen organisiert wahrzunehmen, werden die genannten Personen durch das HAG wie Arbeitnehmer und zum Teil noch stärker geschützt (Arbeitsschutz, allgemeiner Gefahrenschutz, Entgelt- und Kündigungsschutz: Übersicht 45). Unabhängig von der Bezeichnung durch die Parteien unterliegt ein Rechtsverhältnis immer dann dem HAG, wenn nach den tatsächlichen Umständen von einem Heimarbeitsverhältnis auszugehen ist (*BAG* 12. 7. 1988 – 3 AZR 569/86, NZA 89, 141, 142). Letztlich ist Obliegenheit des Auftraggebers zu prüfen, ob Heimarbeitsrecht anwendbar ist (*BAG* 15. 12. 1960 – 5 AZR 437/58, AP Nr. 2 zu § 2 HAG).

Im Einzelnen gestaltet sich der Schutz von Heimarbeitern durch das Arbeitsrecht wie folgt:

Auftraggeber unterliegen Listenführungspflichten (§ 6) oder der Pflicht, Entgeltbücher auszuhändigen (§ 9). Der Arbeitsschutz wird vor allem durch die Pflicht zur Vermeidung von Zeitversäumnis (§ 10) und das Gebot gleichmäßiger Verteilung (§ 11) bewerkstelligt. Hinsichtlich des Gefahrenschutzes gibt es besondere Bestimmungen in §§ 12 ff.

Da Heimarbeiter keine Arbeitnehmer sind, das MiLoG (Nr. 31 b) demzufolge für sie nicht gilt (§ 22 Abs. 1 MiLoG), und für den Bereich der Heimarbeit auch Tarifverträge kaum existieren (vgl. *Mayer,* BB 93, 1513), ist der wichtigste Teil des gesetzlichen Schutzes die bindende Festsetzung des Entgelts durch den Heimarbeitsausschuss gemäß § 19. Das *BVerfG* hat dies für mit dem Grundgesetz vereinbar erklärt (27. 2. 1973 – 2 BvL 27/69, AP Nr. 7 zu § 19 HAG). Dies kann als ältestes Element der deutschen Mindestlohngesetzgebung bezeichnet werden (vgl. Einl. I zum AEntG, Nr. 31 a). Der Heimarbeitsausschuss hat Auftraggeber und Beschäftigte anzuhören (zur Wirkung eines diesbezüglichen Verfahrensverstoßes *BAG* 5. 5. 1992 – 9 AZR 447/90, DB 93, 941). Die Zuordnung der Arbeitsgänge in die nach § 19 vorgegebenen Entgeltgruppen und die Zuweisung der Tätigkeiten an die Heimarbeiter unterliegt der Mitbestimmung des Betriebsrats gemäß § 99 BetrVG (*BAG* 20. 9. 1990 – 1 ABR 17/90, DB 91, 552). Für die Einhaltung der Entgeltfestsetzungen haben die obersten Arbeitsbehörden der Länder Sorge zu tragen (§ 23). Sie können ggf. auch eine Klage gegen Auftraggeber führen. In der Entgeltfestsetzungspraxis der Heimarbeitsausschüsse ist den von den Gewerkschaften entsandten Beisitzern von den Vertretern der Arbeitgeber oft vorgehalten worden, dass die Erhöhung der Heimarbeiter-Entgelte über ein bestimmtes Maß hinaus zur Folge haben werde, dass man die fraglichen Arbeiten andernfalls durch Strafgefangene verrichten lassen werde. Einer solchen »Schmutzkonkurrenz« muss durch die Einführung einer echten Entlohnung für Gefangenenarbeit begegnet werden.

Besondere Regelungen für Heimarbeiter gelten im Urlaubsrecht (§ 12 BurlG) und im Entgeltfortzahlungsrecht (§§ 10, 11 EFZG). Heimarbeiter können untereinander Gleichbehandlung verlangen, nicht aber im Verhältnis zu Arbeitnehmern (*BAG* 19.6.1957 – 2 AZR 84/55, AP Nr. 12 zu § 242 BGB Gleichbehandlung). Auch genießen sie Schutz vor Diskriminierungen (§ 6 Abs. 1 Nr. 3 AGG). Die Regelungen des Beschäftigtendatenschutzes gelten auch für sie gemäß § 26 Abs. 8 Nr. 6 BDSG. Jedoch sind die Grundsätze der beschränkten Arbeitnehmerhaftung (Einl. II 5 zum BGB, Nr. 14) nicht anwendbar (*BGH* 1.2.1963 – VI ZR 271/61, AP Nr. 28 zu § 611 BGB Haftung des Arbeitnehmers). Schwerbehinderte Menschen in Heimarbeit genießen entsprechenden Sonderkündigungsschutz, eine Verlängerung der Kündigungsfrist sowie entsprechenden Zusatzurlaub gemäß § 210 Abs. 2, 3 SGB IX.

Heimarbeiter, die in der Hauptsache für einen Betrieb tätig werden, sind in die Betriebsverfassung nach § 5 Abs. 1 Satz 2 BetrVG einbezogen.

Das KSchG ist nicht anwendbar. Allerdings ist der verfassungsrechtlich gewährleistete Mindestkündigungsschutz (s. Einl. III 1 zum KSchG, Nr. 25) auch für Heimarbeiter zu gewährleisten (*BAG* 24.3.1998 – 9 AZR 218/97, NZA 1998, 1001, 1003). § 29 regelt nur eine relativ kurze Dauer der Kündigungsfrist, während der das Entgelt nach § 29 Abs. 7 gesichert ist. Wenn ein Heimarbeiter in der Hauptsache für einen Betrieb arbeitet, ist dessen Betriebsrat gemäß § 5 Abs. 1 Satz 2 BetrVG für ihn zuständig, so dass die Kündigung zu ihrer Wirksamkeit der Anhörung des Betriebsrats bedarf (*BAG* 7.11.1995 – 9 AZR 268/94, AP Nr. 74 zu § 102 BetrVG). Für außerordentliche Kündigungen gilt § 626 BGB entsprechend. Den Sonderkündigungsschutz im Rahmen der Betriebsverfassung regelt § 29 a. Schutz vor Vertragsbefristungen genießen Heimarbeiter nicht. Gewisse Ähnlichkeiten zum Recht der Änderungskündigung (§ 2 KSchG) ergeben sich daraus, dass unter bestimmten Voraussetzungen eine Verringerung der Arbeitsmenge um mindestens ein Viertel der Entgeltsicherung nach § 29 Abs. 8 unterliegt. Im Falle eines Betriebsübergangs gilt allerdings § 613 a BGB nicht für Heimarbeiter (*BAG* 21.1.1998 – 5 AZR 50/97, DB 98, 886). Auch das Maßregelungsverbot des § 612 a BGB soll nicht für Heimarbeiter zur Anwendung kommen (*BAG* 14.12.2004 – 9 AZR 23/04, AP Nr. 62 zu § 138 BGB).

Überdies werden Heimarbeiter in weiteren arbeitsrechtlichen Vorschriften den Arbeitnehmern gleichgestellt (vgl. § 7 ArbPlSchG; §§ 1 Nr. 2, 7 Abs. 4, 8 Abs. 5, 9 Abs. 1 Satz 2 und Abs. 4, 18 Abs. 2 und 24 MuSchG; § 7 Abs. 1 Nr. 3 PflegeZG und § 1 Abs. 2 Satz 2 5. VermbG).

Heimarbeiter haben nach § 5 Abs. 1 Satz 2 ArbGG Zugang zur Arbeitsgerichtsbarkeit.

II. Rechtstatsachen

In der Bundesrepublik waren Ende 2016 27605 »klassische« Heimarbeiter registriert (GMBl. 2017, 510). Je knapp ¼ von ihnen sind in der chemischen Industrie und in der Eisen-, Metall und Elektroindustrie beschäftigt. Die Spiel- und Schmuckwarenherstellung war früher Traditionssektor der Heimarbeit, hat aber erheblich an Bedeutung verloren.

III. Telearbeit

Neben der klassischen Heimarbeit sind neue Formen von häuslicher Tätigkeit im Dienste anderer zu beobachten: die sog. Telearbeit. Unter diesem Begriff wird allerdings neben der Arbeit in der eigenen Wohnung auch mobile Telearbeit und Arbeit in ausgelagerten Arbeitsstätten (»Satellitenbüro«, »Nachbarschaftsbüro«) verstanden. Hinsichtlich der Qualifizierung als Heimarbeit ist entscheidend, ob das Merkmal der »selbst gewählten Arbeitsstätte« (§ 2 Abs. 1) und damit Heimarbeit vorliegt. Es spricht viel dafür, die Tätigkeit an sog. Online-Arbeitsplätzen nicht als Heimarbeit, sondern als ausgelagerte abhängige Arbeit zu qualifizieren (vgl. hierzu *Wedde,* AiB 92, 125; *Wank,* Arbeitgeber 98, 99). Häusliche Schreibarbeit am PC ist dagegen als Heimarbeit zu qualifizieren (*BAG* 12. 7. 1988 – 3 AZR 569/86, NZA 89, 141). Das *BAG* (14. 6. 2016 – 9 AZR 305/15, NZA 16, 1453) hat klargestellt, dass auch bei qualifizierten Tätigkeiten Heimarbeit vorliegen kann, es muss sich nicht um klassische gewerbliche Tätigkeiten handeln. So wurde ein Programmierer, der von Zuhause aus das betriebliche System seines Auftraggebers betreute, als Heimarbeiter angesehen. Dies zeigt, dass das Gesetz nicht auf die klassischen landläufigen Vorstellungen von Heimarbeit (etwa Hut- und Bürstenmacher etc.) beschränkt ist. Es kann gerade angesichts der zunehmenden Möglichkeiten selbstbestimmter Arbeit mittels Telekommunikationsmedien einen mutmaßlich erheblich zunehmenden Anwendungsbereich haben, auch die Arbeit an ständig wechselnden Orten mittels Kommunikationsmitteln (»Global Office«) kann als »Heimarbeit« erfolgen (dazu *Peis*, SR 17, 173; *Deinert*, RdA 18, 359).

Als erstes deutsches Großunternehmen hat die Fa. IBM 1991 eine Betriebsvereinbarung über »außerbetriebliche Arbeitsstätten« abgeschlossen (vgl. AiB 92, 133; *Wedde,* Gewerkschafter 10/91, 4); derartige Vereinbarungen gibt es inzwischen in vielen Betrieben. Der erste Tarifvertrag zur Tele-Heimarbeit wurde 1995 zwischen der Telekom AG und der Deutschen Postgewerkschaft abgeschlossen (abgedruckt NZA 1998, 1214; dazu *Körner,* NZA 1999, 1990). Die Tarifvertragsparteien der Chemischen Industrie haben eine gemeinsame Empfehlung zur Telearbeit herausgegeben.

Die »Europäischen Sozialpartner« haben im Juli 2002 eine »Rahmenvereinbarung zur Telearbeit« beschlossen, mit der sie Empfehlungen zur Umsetzung in den Mitgliedstaaten geben (z. B. hinsichtlich der Freiwilligkeit von Telearbeit). Der erste Umsetzungsbericht vom September 2006 zeigt die inzwischen erhebliche Zunahme der Telearbeit in Europa und besonders in Deutschland (Europa: 4,5 Mio.; Deutschland: 1,5 Mio.). Für Europa wird mit einem Anstieg auf 17 Mio. in den nächsten Jahren gerechnet. Eine natürliche Grenze häuslicher Bildschirmarbeit resultiert aber aus der zunehmenden Bedeutung von Kooperation und Kommunikation in den Betrieben und Büros.

IV. Crowdworking

Crowdworker, die sich auf Online-Plattformen um Aufträge bemühen und diese im Falle entsprechender Beauftragung erledigen (s. allgemeine Einführung I 7), erfüllen – anders als oftmals Telearbeiter (s. o. III) – das Kriterium der selbst gewählten Arbeitsstätte in § 2 Abs. 1. Da das *BAG* (3. 4. 1990 – 3 AZR 258/88, AP Nr. 11 zu § 2 HAG) als weitere Voraussetzung für die Anwendung des HAG aber fordert, dass eine wirtschaftliche Abhängigkeit vom Auftraggeber vorliegt, sind Crowdworker i. d. R. keine Heimarbeiter (*Däubler/Klebe*, NZA 15, 1032, 1036). Liegt im Einzelfall allerdings eine wirtschaftliche Abhängigkeit in diesem Sinne vor, steht der Anwendbarkeit des HAG an sich nichts entgegen (*Däubler/Klebe*, NZA 15, 1032, 1036). Solange allerdings die wirtschaftliche Abhängigkeit im Wesentlichen von einem Auftraggeber als Voraussetzung für die Anwendung des Heimatsarbeitsrechts angesehen wird, wird sich das Potenzial des Gesetzes in diesem Bereich nicht entfalten können.

Weiterführende Literatur

Allgemein

Deinert/Heuschmid/Zwanziger-*Becker,* Arbeitsrecht, § 117 (Heimarbeit)

Deinert, Die heutige Bedeutung des Heimarbeitsgesetzes, RdA 2018, 359

Otten, Heimarbeit – ein Dauerrechtsverhältnis eigener Art, NZA 1995, S. 289

Schmidt/Koberski/Tiemann/Wascher, HAG, 4. Aufl. (1998)

Telearbeit

Deinert/Heuschmid/Zwanziger-*Becker/Heuschmid,* Arbeitsrecht, § 118 (Telearbeit und Mobilarbeit)

Boemke, Das Telearbeitsverhältnis, BB 2000, S. 147

Boemke/Ankersen, Das Telearbeitsverhältnis – Arbeitsschutz, Datenschutz und Sozialversicherungsrecht, BB 2000, S. 1570

Brandl, Telearbeit, AiB 2004, S. 349

Kappus, Die Computerheimarbeit, NJW 1984. S. 2384

Ruchhöft/Wilke, Mobiles Arbeiten (2017)

Schmechel, Die Rolle des Betriebsrats bei der Einführung und Durchführung von Telearbeit, NZA 2004, S. 237

Wank, Telearbeit, NZA 1999, S. 225

Wedde, Telearbeit, 3. Aufl. (2002)

Crowdworking

Benner, Crowdwork – zurück in die Zukunft?, Perspektiven digitaler Arbeit (2014)

Däubler, Digitalisierung und Arbeitsrecht, 6. . Aufl. (2018), § 18 (Crowdwork)

Däubler/Klebe, Crowdwork: Die neue Form der Arbeit – Arbeitgeber auf der Flucht?, NZA 2015, S. 1032

Klebe, Crowdwork: Faire Arbeit im Netz?, AuR 2016, S. 277

Übersicht 45: Heimarbeiter

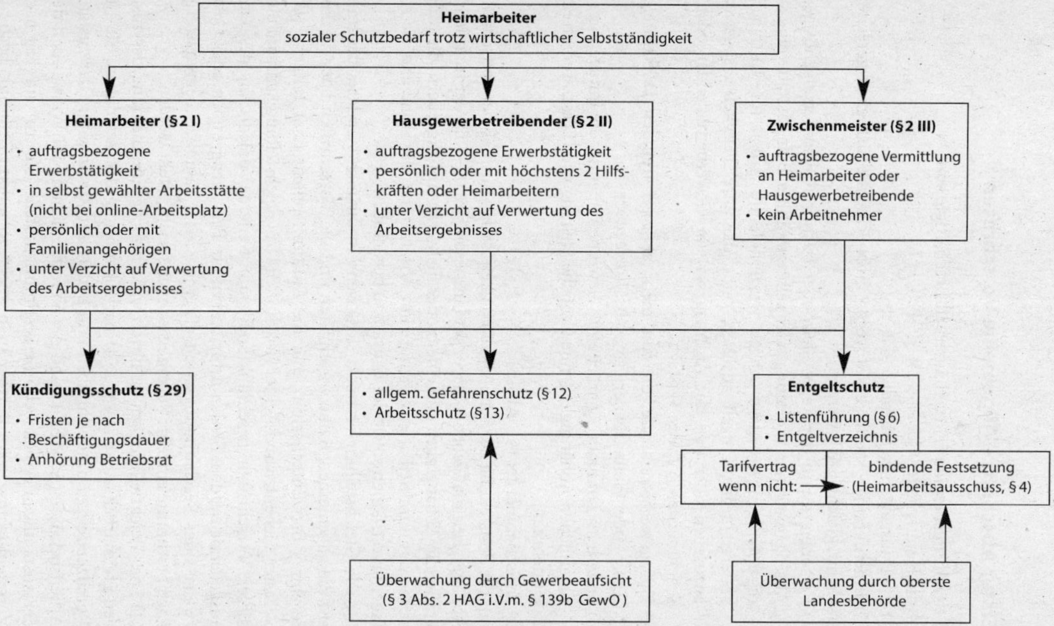

Heimarbeitsgesetz (HAG)

vom 14. März 1951 (BGBl. I 191),
zuletzt geändert durch Gesetz vom 20. November 2019 (BGBl. I 1626)

Erster Abschnitt – Allgemeine Vorschriften

§ 1 Geltungsbereich (1) In Heimarbeit Beschäftigte sind
a) die Heimarbeiter (§ 2 Abs. 1);
b) die Hausgewerbetreibenden (§ 2 Abs. 2).
(2) Ihnen können, wenn dieses wegen ihrer Schutzbedürftigkeit gerechtfertigt erscheint, gleichgestellt werden
a) Personen, die in der Regel allein oder mit ihren Familienangehörigen (§ 2 Abs. 5) in eigener Wohnung oder selbstgewählter Betriebsstätte eine sich in regelmäßigen Arbeitsvorgängen wiederholende Arbeit im Auftrage eines anderen gegen Entgelt ausüben, ohne daß ihre Tätigkeit als gewerblich anzusehen oder daß der Auftraggeber ein Gewerbetreibender oder Zwischenmeister (§ 2 Abs. 3) ist;
b) Hausgewerbetreibende, die mit mehr als zwei fremden Hilfskräften (§ 2 Abs. 6) oder Heimarbeitern (§ 2 Abs. 1) arbeiten;
c) andere im Lohnauftrag arbeitende Gewerbetreibende, die infolge ihrer wirtschaftlichen Abhängigkeit eine ähnliche Stellung wie Hausgewerbetreibende einnehmen;
d) Zwischenmeister (§ 2 Abs. 3).
Für die Feststellung der Schutzbedürftigkeit ist das Ausmaß der wirtschaftlichen Abhängigkeit maßgebend. Dabei sind insbesondere die Zahl der fremden Hilfskräfte, die Abhängigkeit von einem oder mehreren Auftraggebern, die Möglichkeiten des unmittelbaren Zugangs zum Absatzmarkt, die Höhe und die Art der Eigeninvestitionen sowie der Umsatz zu berücksichtigen.
(3) Die Gleichstellung erstreckt sich, wenn in ihr nichts anderes bestimmt ist, auf die allgemeinen Schutzvorschriften und die Vorschriften über die Entgeltregelung, den Entgeltschutz und die Auskunftspflicht über Entgelte (Dritter, Sechster, Siebenter und Achter Abschnitt). Die Gleichstellung kann auf einzelne dieser Vorschriften beschränkt oder auf weitere Vorschriften des Gesetzes ausgedehnt werden. Sie kann für bestimmte Personengruppen oder Gewerbezweige oder Beschäftigungsarten allgemein oder räumlich begrenzt ergehen; auch bestimmte einzelne Personen können gleichgestellt werden.
(4) Die Gleichstellung erfolgt durch widerrufliche Entscheidung des zuständigen Heimarbeitsausschusses (§ 4) nach Anhörung der Beteiligten. Sie ist vom Vorsitzenden zu unterschreiben und bedarf der Zustimmung der zuständigen Arbeitsbehörde (§ 3 Abs. 1) und der Veröffentlichung im Wortlaut an der von der zuständigen Arbeitsbehörde bestimmten Stelle. Sie tritt am Tag nach der Veröffentlichung in Kraft, wenn in ihr nicht ein anderer Zeitpunkt bestimmt ist.

Die Veröffentlichung kann unterbleiben, wenn die Gleichstellung nur bestimmte einzelne Personen betrifft; in diesem Fall ist in der Gleichstellung der Zeitpunkt ihres Inkrafttretens festzusetzen.

(5) Besteht ein Heimarbeitsausschuß für den Gewerbezweig oder die Beschäftigungsart nicht, so entscheidet über die Gleichstellung die zuständige Arbeitsbehörde nach Anhörung der Beteiligten. Die Entscheidung ergeht unter Mitwirkung der zuständigen Gewerkschaften und Vereinigungen der Auftraggeber, soweit diese zur Mitwirkung bereit sind. Die Vorschriften des Absatzes 4 über die Veröffentlichung und das Inkrafttreten finden entsprechende Anwendung.

(6) Gleichgestellte haben bei Entgegennahme von Heimarbeit auf Befragen des Auftraggebers ihre Gleichstellung bekanntzugeben.

§ 2 Begriffe (1) Heimarbeiter im Sinne dieses Gesetzes ist, wer in selbstgewählter Arbeitsstätte (eigener Wohnung oder selbstgewählter Betriebsstätte) allein oder mit seinen Familienangehörigen (Absatz 5) im Auftrag von Gewerbetreibenden oder Zwischenmeistern erwerbsmäßig arbeitet, jedoch die Verwertung der Arbeitsergebnisse dem unmittelbar oder mittelbar auftraggebenden Gewerbetreibenden überläßt. Beschafft der Heimarbeiter die Roh- und Hilfsstoffe selbst, so wird hierdurch seine Eigenschaft als Heimarbeiter nicht beeinträchtigt.

(2) Hausgewerbetreibender im Sinne dieses Gesetzes ist, wer in eigener Arbeitsstätte (eigener Wohnung oder Betriebsstätte) mit nicht mehr als zwei fremden Hilfskräften (Absatz 6) oder Heimarbeitern (Absatz 1) im Auftrag von Gewerbetreibenden oder Zwischenmeistern Waren herstellt, bearbeitet oder verpackt, wobei er selbst wesentlich am Stück mitarbeitet, jedoch die Verwertung der Arbeitsergebnisse dem unmittelbar oder mittelbar auftraggebenden Gewerbetreibenden überläßt. Beschafft der Hausgewerbetreibende die Roh- und Hilfsstoffe selbst oder arbeitet er vorübergehend unmittelbar für den Absatzmarkt, so wird hierdurch seine Eigenschaft als Hausgewerbetreibender nicht beeinträchtigt.

(3) Zwischenmeister im Sinne dieses Gesetzes ist, wer, ohne Arbeitnehmer zu sein, die ihm von Gewerbetreibenden übertragene Arbeit an Heimarbeiter oder Hausgewerbetreibende weitergibt.

(4) Die Eigenschaft als Heimarbeiter, Hausgewerbetreibender und Zwischenmeister ist auch dann gegeben, wenn Personen, Personenvereinigungen oder Körperschaften des privaten oder öffentlichen Rechts, welche die Herstellung, Bearbeitung oder Verpackung von Waren nicht zum Zwecke der Gewinnerzielung betreiben, die Auftraggeber sind.

(5) Als Familienangehörige im Sinne dieses Gesetzes gelten, wenn sie Mitglieder der häuslichen Gemeinschaft sind:

a) Ehegatten und Lebenspartner der in Heimarbeit Beschäftigten (§ 1 Abs. 1) oder der nach § 1 Abs. 2 Buchstabe a Gleichgestellten;
b) Personen, die mit dem in Heimarbeit Beschäftigten oder nach § 1 Abs. 2 Buchstabe a Gleichgestellten oder deren Ehegatten oder Lebenspartner bis zum dritten Grad verwandt oder verschwägert sind;

c) Mündel, Betreute und Pflegekinder des in Heimarbeit Beschäftigten oder nach § 1 Absatz 2 Buchstabe a Gleichgestellten oder deren Ehegatten oder Lebenspartner sowie Mündel, Betreute und Pflegekinder des Ehegattten oder Lebenspartners des in Heimarbeit Beschäftigten oder nach § 1 Absatz 2 Buchstabe a Gleichgestellten.

(6) Fremde Hilfskraft im Sinne dieses Gesetzes ist, wer als Arbeitnehmer eines Hausgewerbetreibenden oder nach § 1 Abs. 2 Buchstaben b und c Gleichgestellten in deren Arbeitsstätte beschäftigt ist.

Zweiter Abschnitt – Zuständige Arbeitsbehörde, Heimarbeitsausschüsse

§ 3 Zuständige Arbeitsbehörde (1) Zuständige Arbeitsbehörde im Sinne dieses Gesetzes ist die oberste Arbeitsbehörde des Landes. Für Angelegenheiten (§§ 1, 4, 5, 11, 19 und 22), die nach Umfang, Auswirkung oder Bedeutung den Zuständigkeitsbereich mehrerer Länder umfassen, wird die Zuständigkeit durch die obersten Arbeitsbehörden der beteiligten Länder nach näherer Vereinbarung gemeinsam im Einvernehmen mit dem Bundesministerium für Arbeit und Soziales wahrgenommen. Betrifft eine Angelegenheit nach Umfang, Auswirkung oder Bedeutung das gesamte Bundesgebiet oder kommt eine Vereinbarung nach Satz 2 nicht zustande, so ist das Bundesministerium für Arbeit und Soziales zuständig.

(2) Den obersten Arbeitsbehörden der Länder und den von ihnen bestimmten Stellen obliegt die Aufsicht über die Durchführung dieses Gesetzes. Die Vorschriften des § 139 b der Gewerbeordnung über die Aufsicht gelten für die Befugnisse der mit der Aufsicht über die Durchführung dieses Gesetzes beauftragten Stellen auch hinsichtlich der Arbeitsstätten der in Heimarbeit Beschäftigten entsprechend.

§ 4 Heimarbeitsausschüsse (1) Die zuständige Arbeitsbehörde errichtet zur Wahrnehmung der in den §§ 1, 10, 11, 18 und 19, genannten Aufgaben Heimarbeitsausschüsse für die Gewerbezweige und Beschäftigungsarten, in denen Heimarbeit in nennenswertem Umfang geleistet wird. Erfordern die unterschiedlichen Verhältnisse innerhalb eines Gewerbezweigs gesonderte Regelungen auf einzelnen Gebieten, so sind zu diesem Zweck jeweils besondere Heimarbeitsausschüsse zu errichten. Die Heimarbeitsausschüsse können innerhalb ihres sachlichen Zuständigkeitsbereichs Unterausschüsse bilden, wenn dies erforderlich erscheint. Für Heimarbeit, für die nach den Sätzen 1 und 2 dieses Absatzes Heimarbeitsausschüsse nicht errichtet werden, ist ein gemeinsamer Heimarbeitsausschuß zu errichten.

(2) Der Heimarbeitsausschuß besteht aus je drei Beisitzern aus Kreisen der Auftraggeber und Beschäftigten seines Zuständigkeitsbereichs und einem von der zuständigen Arbeitsbehörde bestimmten Vorsitzenden. Weitere sachkundige Personen können zugezogen werden; sie haben kein Stimmrecht. Die Beisitzer haben Stellvertreter, für die Satz 1 entsprechend gilt.

(3) Der Heimarbeitsausschuß ist beschlußfähig, wenn außer dem Vorsitzenden mindestens mehr als die Hälfte der Beisitzer anwesend sind. Die Beschlüsse des Heimarbeitsausschusses bedürfen der Mehrheit der Stimmen seiner anwesenden Mitglieder. Bei der Beschlußfassung hat sich der Vorsitzende zunächst der Stimme zu enthalten; kommt eine Stimmenmehrheit nicht zustande, so übt nach weiterer Beratung der Vorsitzende sein Stimmrecht aus.
(4) Der Heimarbeitsausschuß kann sonstige Bestimmungen über die Geschäftsführung in einer schriftlichen Geschäftsordnung treffen. Für die Beschlußfassung über die Geschäftsordnung gilt Absatz 3.

§ 5 Beisitzer (1) Als Beisitzer oder Stellvertreter werden von der zuständigen Arbeitsbehörde geeignete Personen unter Berücksichtigung der Gruppen der Beschäftigten (§ 1 Abs. 1 und 2) auf Grund von Vorschlägen der fachlich und räumlich zuständigen Gewerkschaften und Vereinigungen der Auftraggeber oder, soweit solche nicht bestehen oder keine Vorschläge einreichen, auf Grund von Vorschlägen der Zusammenschlüsse von Gewerkschaften und von Vereinigungen von Arbeitgebern (Spitzenorganisationen) für die Dauer von drei Jahren berufen. Soweit eine Spitzenorganisation keine Vorschläge einreicht, werden die Beisitzer oder Stellvertreter dieser Seite nach Anhörung geeigneter Personen aus den Kreisen der Auftraggeber oder Beschäftigten des Zuständigkeitsbereichs, für den der Heimarbeitsausschuß errichtet ist, berufen.
(2) Auf die Voraussetzungen für das Beisitzeramt, die Besonderheiten für Beisitzer aus Kreisen der Auftraggeber und der Beschäftigten, die Ablehnung des Beisitzeramtes und den Schutz der Beschäftigtenbeisitzer finden die für die ehrenamtlichen Richter der Arbeitsgerichte geltenden Vorschriften mit den sich aus Absatz 3 ergebenden Abweichungen entsprechend Anwendung.
(3) Wird das Fehlen einer Voraussetzung für die Berufung nachträglich bekannt oder fällt eine Voraussetzung nachträglich fort oder verletzt ein Beisitzer gröblich seine Amtspflichten, so kann ihn die zuständige Arbeitsbehörde seines Amtes entheben. Über die Berechtigung zur Ablehnung des Beisitzeramtes entscheidet die zuständige Arbeitsbehörde.
(4) Das Amt des Beisitzers ist ein Ehrenamt. Die Beisitzer erhalten eine angemessene Entschädigung für den ihnen aus der Wahrnehmung ihrer Tätigkeit erwachsenden Verdienstausfall und Aufwand sowie Ersatz der Fahrkosten entsprechend den für die ehrenamtlichen Richter der Arbeitsgerichte geltenden Vorschriften. Die Entschädigung und die erstattungsfähigen Fahrkosten setzt im Einzelfall der Vorsitzende des Heimarbeitsausschusses fest.

Dritter Abschnitt – Allgemeine Schutzvorschriften

§ 6 Listenführung Wer Heimarbeit ausgibt oder weitergibt, hat jeden, den er mit Heimarbeit beschäftigt oder dessen er sich zur Weitergabe von Heimarbeit bedient, in Listen auszuweisen. Je drei Abschriften sind halbjährlich der obersten Arbeitsbehörde des Landes oder der von ihr bestimmten Stelle einzusenden.

§ 7 Mitteilungspflicht Wer erstmalig Personen mit Heimarbeit beschäftigen will, hat dies der obersten Arbeitsbehörde des Landes oder der von ihr bestimmten Stelle mitzuteilen.

§ 7 a Unterrichtungspflicht Wer Heimarbeit ausgibt oder weitergibt, hat die Personen, die die Arbeit entgegennehmen, vor Aufnahme der Beschäftigung über die Art und Weise der zu verrichtenden Arbeit, die Unfall- und Gesundheitsgefahren, denen diese bei der Beschäftigung ausgesetzt sind, sowie über die Maßnahmen und Einrichtungen zur Abwendung dieser Gefahren zu unterrichten. Der Auftraggeber hat sich von der Person, die von ihm Arbeit entgegennimmt, schriftlich bestätigen zu lassen, daß sie entsprechend dieser Vorschrift unterrichtet worden ist.

§ 8 Entgeltverzeichnisse (1) Wer Heimarbeit ausgibt oder abnimmt, hat in den Räumen der Ausgabe und Abnahme Entgeltverzeichnisse und Nachweise über die sonstigen Vertragsbedingungen offen auszulegen. Soweit Musterbücher Verwendung finden, sind sie den Entgeltverzeichnissen beizufügen. Wird Heimarbeit den Beschäftigten in die Wohnung oder Betriebsstätte gebracht, so hat der Auftraggeber dafür zu sorgen, daß das Entgeltverzeichnis zur Einsichtnahme vorgelegt wird.
(2) Die Entgeltverzeichnisse müssen die Entgelte für jedes einzelne Arbeitsstück enthalten. Die Preise für mitzuliefernde Roh- und Hilfsstoffe sind besonders auszuweisen. Können die Entgelte für das einzelne Arbeitsstück nicht aufgeführt werden, so ist eine zuverlässige und klare Berechnungsgrundlage einzutragen.
(3) Bei Vorliegen einer Entgeltregelung gemäß den §§ 17 bis 19 ist diese auszulegen. Hierbei ist für die Übersichtlichkeit dadurch zu sorgen, daß nur der Teil der Entgeltregelung ausgelegt wird, der für die Beschäftigten in Betracht kommt.
(4) Die Vorschriften der Absätze 1 bis 3 gelten nicht für neue Muster, die als Einzelstücke erst auszuarbeiten sind.

§ 9 Entgeltbelege (1) Wer Heimarbeit ausgibt oder weitergibt, hat den Personen, welche die Arbeit entgegennehmen, auf seine Kosten Entgeltbücher für jeden Beschäftigten (§ 1 Abs. 1 und 2) auszuhändigen. In die Entgeltbücher, die bei den Beschäftigten verbleiben, sind bei jeder Ausgabe und Abnahme von Arbeit ihre Art und ihr Umfang, die Entgelte und die Tage der Ausgabe und der Lieferung einzutragen. Diese Vorschrift gilt nicht für neue Muster, die als Einzelstücke erst auszuarbeiten sind.
(2) An Stelle von Entgeltbüchern (Absatz 1) können auch Entgelt- oder Arbeitszettel mit den zu einer ordnungsmäßigen Sammlung geeigneten Heften ausgegeben werden, falls die Oberste Arbeitsbehörde des Landes oder die von ihr bestimmte Stelle dieses genehmigt hat.
(3) Die in Heimarbeit Beschäftigten haben für die ordnungsmäßige Aufbewahrung der Entgeltbelege zu sorgen. Sie haben sie den von der Obersten Arbeits-

behörde des Landes bestimmten Stellen auf Verlangen vorzulegen. Diese Verpflichtung gilt auch für die Auftraggeber, in deren Händen sich die Entgeltbelege befinden.

Vierter Abschnitt – Arbeitszeitschutz

§ 10 Schutz vor Zeitversäumnis Wer Heimarbeit ausgibt oder abnimmt, hat dafür zu sorgen, daß unnötige Zeitversäumnis bei der Ausgabe oder Abnahme vermieden wird. Die oberste Arbeitsbehörde des Landes oder die von ihr bestimmte Stelle kann im Benehmen mit dem Heimarbeitsausschuß die zur Vermeidung unnötiger Zeitversäumnis bei der Abfertigung erforderlichen Maßnahmen anordnen. Bei Anordnungen gegenüber einem einzelnen Auftraggeber kann die Beteiligung des Heimarbeitsausschusses unterbleiben.

§ 11 Verteilung der Heimarbeit (1) Wer Heimarbeit an mehrere in Heimarbeit Beschäftigte ausgibt, soll die Arbeitsmenge auf die Beschäftigten gleichmäßig unter Berücksichtigung ihrer und ihrer Mitarbeiter Leistungsfähigkeit verteilen.
(2) Der Heimarbeitsausschuß kann zur Beseitigung von Mißständen, die durch ungleichmäßige Verteilung der Heimarbeit entstehen, für einzelne Gewerbezweige oder Arten von Heimarbeit die Arbeitsmenge festsetzen, die für einen bestimmten Zeitraum auf einen Entgeltbeleg (§ 9) ausgegeben werden darf. Die Arbeitsmenge ist so zu bemessen, daß sie durch eine vollwertige Arbeitskraft ohne Hilfskräfte in der für vergleichbare Betriebsarbeiter üblichen Arbeitszeit bewältigt werden kann. Für jugendliche Heimarbeiter ist eine Arbeitsmenge festzusetzen, die von vergleichbaren jugendlichen Betriebsarbeitern in der für sie üblichen Arbeitszeit bewältigt werden kann. Die Festsetzung erfolgt durch widerrufliche Entscheidung nach Anhörung der Beteiligten. Sie ist vom Vorsitzenden zu unterschreiben und bedarf der Zustimmung der zuständigen Arbeitsbehörde und der Veröffentlichung im Wortlaut an der von der zuständigen Arbeitsbehörde bestimmten Stelle. Sie tritt am Tag nach der Veröffentlichung in Kraft, wenn in ihr nicht ein anderer Zeitpunkt bestimmt ist. Die Vorschriften des § 8 Abs. 1 über die Auslegung und Vorlegung von Entgeltverzeichnissen gelten entsprechend.
(3) Soweit für einzelne Gewerbezweige oder Arten von Heimarbeit Bestimmungen nach Absatz 2 getroffen sind, darf an einen in Heimarbeit Beschäftigten eine größere Menge nicht ausgegeben werden. Die Ausgabe einer größeren Menge ist zulässig, wenn Hilfskräfte (Familienangehörige oder fremde Hilfskräfte) zur Mitarbeit herangezogen werden. Für diese Hilfskräfte sind dann weitere Entgeltbelege nach § 9 auszustellen.
(4) Aus wichtigen Gründen, insbesondere wenn nach Auskunft der Agentur für Arbeit geeignete unbeschäftigte Heimarbeiter und Hausgewerbetreibende nicht oder nicht in ausreichender Zahl vorhanden sind oder wenn besondere persönliche Verhältnisse eines in Heimarbeit Beschäftigten es rechtfertigen, kann

der Vorsitzende des Heimarbeitsausschusses einem Auftraggeber die Ausgabe größerer Arbeitsmengen auf einen Entgeltbeleg gestatten. Die Erlaubnis kann jeweils nur für einen bestimmten Zeitraum, der sechs Monate nicht überschreiten darf, erteilt werden.

Fünfter Abschnitt – Gefahrenschutz (Arbeitsschutz und öffentlicher Gesundheitsschutz)

§ 12 Grundsätze des Gefahrenschutzes (1) Die Arbeitsstätten der in Heimarbeit Beschäftigten einschließlich der Maschinen, Werkzeuge und Geräte müssen so beschaffen, eingerichtet und unterhalten und Heimarbeit muß so ausgeführt werden, daß keine Gefahren für Leben, Gesundheit und Sittlichkeit der Beschäftigten und ihrer Mitarbeiter sowie für die öffentliche Gesundheit im Sinne des § 14 entstehen.
(2) Werden von Hausgewerbetreibenden oder Gleichgestellten fremde Hilfskräfte beschäftigt, so gelten auch die sonstigen Vorschriften über den Betriebsschutz und die sich daraus ergebenden Verpflichtungen des Arbeitgebers seinen Arbeitnehmern gegenüber.

§ 13 Arbeitsschutz (1) Die Bundesregierung kann mit Zustimmung des Bundesrates für einzelne Gewerbezweige oder bestimmte Arten von Beschäftigungen oder Arbeitsstätten Rechtsverordnungen zur Durchführung des Arbeitsschutzes durch die in Heimarbeit Beschäftigten und ihre Auftraggeber erlassen.
(2) Die Bundesregierung kann mit Zustimmung des Bundesrates Heimarbeit, die mit erheblichen Gefahren für Leben, Gesundheit oder Sittlichkeit der Beschäftigten verbunden ist, durch Rechtsverordnung verbieten.

§ 14 Schutz der öffentlichen Gesundheit (1) Die Bundesregierung kann mit Zustimmung des Bundesrates für einzelne Gewerbezweige oder bestimmte Arten von Beschäftigungen oder Arbeitsstätten Rechtsverordnungen zum Schutz der Öffentlichkeit gegen gemeingefährliche und übertragbare Krankheiten und gegen Gefahren, die beim Verkehr mit Arznei-, Heil- und Betäubungsmitteln, Giften, Lebens- und Genußmitteln sowie Bedarfsgegenständen entstehen können, erlassen.
(2) Die Polizeibehörde kann im Benehmen mit dem Gewerbeaufsichtsamt und dem Gesundheitsamt für einzelne Arbeitsstätten Verfügungen zur Durchführung des öffentlichen Gesundheitsschutzes im Sinne des Absatzes 1 treffen, insbesondere zur Verhütung von Gefahren für die öffentliche Gesundheit, die sich bei der Herstellung, Verarbeitung oder Verpackung von Lebens- und Genußmitteln ergeben.
(3) Die Bundesregierung kann mit Zustimmung des Bundesrates Heimarbeit, die mit erheblichen Gefahren für die öffentliche Gesundheit im Sinne des Absatzes 1 verbunden ist, durch Rechtsverordnung verbieten.

§ 15 Anzeigepflicht Wer Heimarbeit ausgibt, für die zur Durchführung des Gefahrenschutzes besondere Vorschriften gelten, hat dem Gewerbeaufsichtsamt und der Polizeibehörde Namen und Arbeitsstätte der von ihm mit Heimarbeit Beschäftigten anzuzeigen.

§ 16 Durchführungspflicht (1) Wer Heimarbeit ausgibt oder weitergibt, hat dafür zu sorgen, daß Leben oder Gesundheit der in der Heimarbeit Beschäftigten durch technische Arbeitsmittel und Arbeitsstoffe, die er ihnen zur Verwendung überläßt, nicht gefährdet werden.
(2) Die zur Durchführung des Gefahrenschutzes erforderlichen Maßnahmen, die sich auf Räume oder Betriebseinrichtungen beziehen, hat der zu treffen, der die Räume und Betriebseinrichtungen unterhält.

§ 16 a Anordnungen Das Gewerbeaufsichtsamt kann in Einzelfällen anordnen, welche Maßnahmen zur Durchführung der §§ 12, 13 und 16 sowie der auf § 13 und § 34 Abs. 2 gestützten Rechtsverordnungen zu treffen sind. Neben den auf Grund von § 3 Abs. 2 bestimmten Stellen nimmt das Gewerbeaufsichtsamt die Aufsichtsbefugnisse nach § 139 b der Gewerbeordnung wahr.

Sechster Abschnitt – Entgeltregelung

§ 17 Tarifverträge, Entgeltregelungen (1) Als Tarifverträge gelten auch schriftliche Vereinbarungen zwischen Gewerkschaften einerseits und Auftraggebern oder deren Vereinigungen andererseits über Inhalt, Abschluß oder Beendigung von Vertragsverhältnissen der in Heimarbeit Beschäftigten oder Gleichgestellten mit ihren Auftraggebern.
(2) Entgeltregelungen im Sinne dieses Gesetzes sind Tarifverträge, bindende Festsetzungen von Entgelten und sonstigen Vertragsbedingungen (§ 19) und von Mindestarbeitsbedingungen für fremde Hilfskräfte (§ 22).

§ 18 Aufgaben des Heimarbeitsausschusses auf dem Gebiet der Entgeltregelung Der Heimarbeitsausschuß hat die Aufgaben:
a) auf das Zustandekommen von Tarifverträgen hinzuwirken;
b) zur Vermeidung und Beendigung von Gesamtstreitigkeiten zwischen den in § 17 Abs. 1 genannten Parteien diesen auf Antrag einer Partei Vorschläge für den Abschluß eines Tarifvertrags zu unterbreiten; wird ein schriftlich abgefaßter Vorschlag von allen Parteien durch Erklärung gegenüber dem Heimarbeitsausschuß angenommen, so hat er die Wirkung eines Tarifvertrages;
c) bindende Festsetzungen für Entgelte und sonstige Vertragsbedingungen nach Maßgabe des § 19 zu treffen.

§ 19 Bindende Festsetzungen (1) Bestehen Gewerkschaften oder Vereinigungen der Auftraggeber für den Zuständigkeitsbereich eines Heimarbeitsausschusses nicht oder umfassen sie nur eine Minderheit der Auftraggeber oder Beschäftigten, so kann der Heimarbeitsausschuß nach Anhörung der Auftraggeber und Beschäftigten, für die eine Regelung getroffen werden soll, Entgelte und sonstige Vertragsbedingungen mit bindender Wirkung für alle Auftraggeber und Beschäftigten seines Zuständigkeitsbereichs festsetzen, wenn unzulängliche Entgelte gezahlt werden oder die sonstigen Vertragsbedingungen unzulänglich sind. Als unzulänglich sind insbesondere Entgelte und sonstige Vertragsbedingungen anzusehen, die unter Berücksichtigung der sozialen und wirtschaftlichen Eigenart der Heimarbeit unter den tarifvertraglichen Löhnen oder sonstigen durch Tarifvertrag festgelegten Arbeitsbedingungen für gleiche oder gleichwertige Betriebsarbeit liegen. Soweit im Zuständigkeitsbereich eines Heimarbeitsausschusses Entgelte und sonstige Vertragsbedingungen für Heimarbeit derselben Art tarifvertraglich vereinbart sind, sollen in der bindenden Festsetzung keine für die Beschäftigten günstigeren Entgelte oder sonstigen Vertragsbedingungen festgesetzt werden.

(2) Die bindende Festsetzung bedarf der Zustimmung der zuständigen Arbeitsbehörde und der Veröffentlichung im Wortlaut an der von der zuständigen Arbeitsbehörde bestimmten Stelle. Der persönliche Geltungsbereich der bindenden Festsetzung ist unter Berücksichtigung der Vorschriften des § 1 zu bestimmen. Sie tritt am Tag nach der Veröffentlichung in Kraft, wenn in ihr nicht ein anderer Zeitpunkt bestimmt ist. Beabsichtigt die zuständige Arbeitsbehörde die Zustimmung zu einer bindenden Festsetzung inbesondere wegen Unzulänglichkeit der Entgelte oder der sonstigen Vertragsbedingungen (Absatz 1 Satz 2) zu versagen, so hat sie dies dem Heimarbeitsausschuß unter Angabe von Gründen mitzuteilen und ihm vor ihrer Entscheidung über die Zustimmung Gelegenheit zu geben, die bindende Festsetzung zu ändern.

(3) Die bindende Festsetzung hat die Wirkung eines allgemeinverbindlichen Tarifvertrags und ist in das beim Bundesministerium für Arbeit und Soziales geführte Tarifregister einzutragen. Von den Vorschriften einer bindenden Festsetzung kann nur zugunsten des Beschäftigten abgewichen werden. Ein Verzicht auf Rechte, die auf Grund einer bindenden Festsetzung eines Beschäftigten entstanden sind, ist nur in einem von der Obersten Arbeitsbehörde des Landes oder der von ihr bestimmten Stelle gebilligten Vergleich zulässig. Die Verwirkung solcher Rechte ist ausgeschlossen. Ausschlußfristen für ihre Geltendmachung können nur durch eine bindende Festsetzung vorgesehen werden; das gleiche gilt für die Abkürzung von Verjährungsfristen. Im übrigen gelten für die bindende Festsetzung die gesetzlichen Vorschriften über den Tarifvertrag sinngemäß, soweit sich aus dem Fehlen der Vertragsparteien nicht etwas anderes ergibt.

(4) Der Heimarbeitsausschuß kann nach Anhörung der Auftraggeber und Beschäftigten bindende Festsetzungen ändern oder aufheben. Die Absätze 1 bis 3 gelten entsprechend.

(5) Die Absätze 1 bis 4 gelten entsprechend für die Festsetzung von vermögenswirksamen Leistungen im Sinne des Fünften Vermögensbildungsgesetzes.

§ 20 Art der Entgelte Die Entgelte für Heimarbeit sind in der Regel als Stückentgelte, und zwar möglichst auf der Grundlage von Stückzeiten zu regeln. Ist dieses nicht möglich, so sind Zeitentgelte festzusetzen, die der Stückentgeltberechnung im Einzelfall zugrunde gelegt werden können.

§ 21 Entgeltregelung für Zwischenmeister, Mithaftung des Auftraggebers (1) Für Zwischenmeister, die nach § 1 Abs. 2 Buchstabe d den in Heimarbeit Beschäftigten gleichgestellt sind, können im Verhältnis zu ihren Auftraggebern durch Entgeltregelungen gemäß den §§ 17 bis 19 Zuschläge festgelegt werden.
(2) Zahlt ein Auftraggeber an einen Zwischenmeister ein Entgelt, von dem er weiß oder den Umständen nach wissen muß, daß es zur Zahlung der in der Entgeltregelung festgelegten Entgelte an die Beschäftigten nicht ausreicht, oder zahlt er an einen Zwischenmeister, dessen Unzuverlässigkeit er kennt oder kennen muß, so haftet er neben dem Zwischenmeister für diese Entgelte.

§ 22 Mindestarbeitsbedingungen für fremde Hilfskräfte (1) Für fremde Hilfskräfte, die von Hausgewerbetreibenden oder Gleichgestellten beschäftigt werden, können Mindestarbeitsbedingungen festgesetzt werden. Voraussetzung ist, daß die Entgelte der Hausgewerbetreibenden oder Gleichgestellten durch eine Entgeltregelung (§§ 17 bis 19) festgelegt sind.
(2) Für die Festsetzung gilt § 19 entsprechend mit der Maßgabe, daß an die Stelle der Heimarbeitsausschüsse Entgeltausschüsse für fremde Hilfskräfte der Heimarbeit treten. Für die Auslegung der Mindestarbeitsbedingungen gilt § 8 Abs. 3 entsprechend.
(3) Die Entgeltausschüsse werden im Bedarfsfall durch die zuständige Arbeitsbehörde errichtet. Für ihre Zusammensetzung und das Verfahren vor ihnen gelten § 4 Absätze 2 bis 4 und § 5 entsprechend. Die Beisitzer und Stellvertreter sind aus Kreisen der beteiligten Arbeitnehmer einerseits sowie der Hausgewerbetreibenden und Gleichgestellten andererseits auf Grund von Vorschlägen der fachlich und räumlich zuständigen Gewerkschaften und Vereinigungen der Hausgewerbetreibenden oder Gleichgestellten, soweit solche nicht bestehen oder keine Vorschläge einreichen, nach Anhörung der Beteiligten jeweils zu berufen.

Siebter Abschnitt – Entgeltschutz

§ 23 Entgeltprüfung (1) Die Oberste Arbeitsbehörde des Landes hat für eine wirksame Überwachung der Entgelte und sonstigen Vertragsbedingungen durch Entgeltprüfer Sorge zu tragen.
(2) Die Entgeltprüfer haben die Innehaltung der Vorschriften des Dritten Abschnittes dieses Gesetzes und der gemäß den §§ 17 bis 19, 21 und 22 geregelten Entgelte und sonstigen Vertragsbedingungen zu überwachen sowie auf Antrag bei der Errechnung der Stückentgelte Berechnungshilfe zu leisten.
(3) Die Oberste Arbeitsbehörde des Landes kann die Aufgaben der Entgeltprüfer anderen Stellen übertragen, insbesondere für Bezirke, in denen Heimarbeit nur in geringerem Umfange geleistet wird.

§ 24 Aufforderung zur Nachzahlung der Minderbeträge Hat ein Auftraggeber oder Zwischenmeister einem in Heimarbeit Beschäftigten oder einem Gleichgestellten ein Entgelt gezahlt, das niedriger ist als das in einer Entgeltregelung gemäß den §§ 17 bis 19 festgesetzte oder das in § 29 Abs. 5 oder 6 bestimmte, so kann ihn die oberste Arbeitsbehörde des Landes oder die von ihr bestimmte Stelle auffordern, innerhalb einer in der Aufforderung festzusetzenden Frist den Minderbetrag nachzuzahlen und den Zahlungsnachweis vorzulegen. Satz 1 gilt entsprechend für sonstige Vertragsbedingungen, die gemäß den §§ 17 bis 19 festgesetzt sind und die Geldleistungen an einen in Heimarbeit Beschäftigten oder einen Gleichgestellten zum Inhalt haben. Die Oberste Arbeitsbehörde des Landes soll von einer Maßnahme nach Satz 1 absehen, wenn glaubhaft gemacht worden ist, daß ein Gleichgestellter im Fall des § 1 Abs. 6 nicht oder wahrheitswidrig geantwortet hat.

§ 25 Klagebefugnis der Länder Das Land, vertreten durch die Oberste Arbeitsbehörde oder die von ihr bestimmte Stelle, kann im eigenen Namen den Anspruch auf Nachzahlung des Minderbetrags an den Berechtigten gerichtlich geltend machen. Das Urteil wirkt auch für und gegen den in Heimarbeit Beschäftigten oder den Gleichgestellten. § 24 Satz 3 gilt entsprechend.

§ 26 Entgeltschutz für fremde Hilfskräfte (1) Hat ein Hausgewerbetreibender oder Gleichgestellter einer fremden Hilfskraft ein Entgelt gezahlt, das niedriger ist als das durch Mindestarbeitsbedingungen (§ 22) festgesetzte, so gelten die Vorschriften der §§ 24 und 25 über die Aufforderung zur Nachzahlung der Minderbeträge und über die Klagebefugnis der Länder sinngemäß.
(2) Das gleiche gilt, wenn ein Hausgewerbetreibender oder Gleichgestellter eine fremde Hilfe nicht nach der einschlägigen tariflichen Regelung entlohnt. Voraussetzung ist, daß die Entgelte des Hausgewerbetreibenden oder Gleichgestellten durch eine Entgeltregelung (§§ 17 bis 19) festgelegt sind.

§ 27 Pfändungsschutz Für das Entgelt, das den in Heimarbeit Beschäftigten oder den Gleichgestellten gewährt wird, gelten die Vorschriften über den Pfändungsschutz für Vergütungen, die auf Grund eines Arbeits- oder Dienstverhältnisses geschuldet werden, entsprechend.

Achter Abschnitt – Auskunfts- und Aufklärungspflicht über Entgelte

§ 28 (1) Auftraggeber, Zwischenmeister, Beschäftigte und fremde Hilfskräfte haben den mit der Entgeltfestsetzung oder Entgeltprüfung beauftragten Stellen auf Verlangen Auskunft über alle die Entgelte berührenden Fragen zu erteilen und hierbei auch außer den Entgeltbelegen (§ 9) Arbeitsstücke, Stoffproben und sonstige Unterlagen für die Entgeltfestsetzung oder Entgeltprüfung vorzulegen.

Die mit der Entgeltfestsetzung oder Entgeltprüfung beauftragten Stellen können Erhebungen über Arbeitszeiten für einzelne Arbeitsstücke anstellen oder anstellen lassen.
(2) Der in Heimarbeit Beschäftigte und Gleichgestellte kann von seinem Auftraggeber verlangen, daß ihm die Berechnung und Zusammensetzung seines Entgelts erläutert wird.

Neunter Abschnitt – Kündigung

§ 29 Allgemeiner Kündigungsschutz (1) Das Beschäftigungsverhältnis eines in Heimarbeit Beschäftigten kann beiderseits an jedem Tag für den Ablauf des folgenden Tages gekündigt werden.
(2) Wird ein in Heimarbeit Beschäftigter von einem Auftraggeber oder Zwischenmeister länger als vier Wochen beschäftigt, so kann das Beschäftigungsverhältnis beiderseits nur mit einer Frist von zwei Wochen gekündigt werden.
(3) Wird ein in Heimarbeit Beschäftigter überwiegend von einem Auftraggeber oder Zwischenmeister beschäftigt, so kann das Beschäftigungsverhältnis mit einer Frist von vier Wochen zum Fünfzehnten oder zum Ende eines Kalendermonats gekündigt werden. Während einer vereinbarten Probezeit, längstens für die Dauer von sechs Monaten, beträgt die Kündigungsfrist zwei Wochen.
(4) Unter der in Absatz 3 Satz 1 genannten Voraussetzung beträgt die Frist für eine Kündigung durch den Auftraggeber oder Zwischenmeister, wenn das Beschäftigungsverhältnis
1. zwei Jahre bestanden hat, einen Monat zum Ende eines Kalendermonats,
2. fünf Jahre bestanden hat, zwei Monate zum Ende eines Kalendermonats,
3. acht Jahre bestanden hat, drei Monate zum Ende eines Kalendermonats,
4. zehn Jahre bestanden hat, vier Monate zum Ende eines Kalendermonats,
5. zwölf Jahre bestanden hat, fünf Monate zum Ende eines Kalendermonats,
6. fünfzehn Jahre bestanden hat, sechs Monate zum Ende eines Kalendermonats,
7. zwanzig Jahre bestanden hat, sieben Monate zum Ende eines Kalendermonats.

(5) § 622 Abs. 4 bis 6 des Bürgerlichen Gesetzbuchs gilt entsprechend.
(6) Für die Kündigung aus wichtigem Grund gilt § 626 des Bürgerlichen Gesetzbuchs entsprechend.
(7) Für die Dauer der Kündigungsfrist nach den Absätzen 2 bis 5 hat der Beschäftigte auch bei Ausgabe einer geringeren Arbeitsmenge Anspruch auf Arbeitsentgelt in Höhe von einem Zwölftel bei einer Kündigungsfrist von zwei Wochen, zwei Zwölfteln bei einer Kündigungsfrist von vier Wochen, drei Zwölfteln bei einer Kündigungsfrist von einem Monat, vier Zwölfteln bei einer Kündigungsfrist von zwei Monaten, sechs Zwölfteln bei einer Kündigungsfrist von drei Monaten, acht Zwölfteln bei einer Kündigungsfrist von vier Monaten,

zehn Zwölfteln bei einer Kündigungsfrist von fünf Monaten, zwölf Zwölfteln bei einer Kündigungsfrist von sechs Monaten und vierzehn Zwölfteln bei einer Kündigungsfrist von sieben Monaten des Gesamtbetrages, den er in den dem Zugang der Kündigung vorausgegangenen 24 Wochen als Entgelt erhalten hat. Bei Entgelterhöhungen während des Berechnungszeitraums oder der Kündigungsfrist ist von dem erhöhten Entgelt auszugehen. Zeiten des Bezugs von Krankengeld oder Kurzarbeitergeld sind in den Berechnungszeitraum nicht mit einzubeziehen.

(8) Absatz 7 gilt entsprechend, wenn ein Auftraggeber oder Zwischenmeister die Arbeitsmenge, die er mindestens ein Jahr regelmäßig an einen Beschäftigten, auf den die Voraussetzungen der Absätze 2, 3, 4 oder 5 zutreffen, ausgegeben hat, um mindestens ein Viertel verringert, es sei denn, daß die Verringerung auf einer Festsetzung gemäß § 11 Abs. 2 beruht. Hat das Beschäftigungsverhältnis im Fall des Absatzes 2 ein Jahr noch nicht erreicht, so ist von der während der Dauer des Beschäftigungsverhältnisses ausgegebenen Arbeitsmenge auszugehen. Die Sätze 1 und 2 finden keine Anwendung, wenn die Verringerung der Arbeitsmenge auf rechtswirksam eingeführter Kurzarbeit beruht.

(9) Teilt ein Auftraggeber einem Zwischenmeister, der überwiegend für ihn Arbeit weitergibt, eine künftige Herabminderung der regelmäßig zu verteilenden Arbeitsmenge nicht rechtzeitig mit, so kann dieser vom Auftraggeber Ersatz der durch Einhaltung der Kündigungsfrist verursachten Aufwendungen insoweit verlangen, als während der Kündigungsfrist die Beschäftigung wegen des Verhaltens des Auftraggebers nicht möglich war.

§ 29 a Kündigungsschutz im Rahmen der Betriebsverfassung (1) Die Kündigung des Beschäftigungsverhältnisses eines in Heimarbeit beschäftigten Mitglieds eines Betriebsrats oder einer Jugend- und Auszubildendenvertretung ist unzulässig, es sei denn, daß Tatsachen vorliegen, die einen Arbeitgeber zur Kündigung eines Arbeitsverhältnisses aus wichtigem Grund ohne Einhaltung einer Kündigungsfrist berechtigen würden, und daß die nach § 103 des Betriebsverfassungsgesetzes erforderliche Zustimmung vorliegt oder durch gerichtliche Entscheidung ersetzt ist. Nach Beendigung der Amtszeit ist die Kündigung innerhalb eines Jahres, jeweils vom Zeitpunkt der Beendigung der Amtszeit an gerechnet, unzulässig, es sei denn, daß Tatsachen vorliegen, die einen Arbeitgeber zur Kündigung eines Arbeitsverhältnisses aus wichtigem Grund ohne Einhaltung einer Kündigungsfrist berechtigen würden; dies gilt nicht, wenn die Beendigung der Mitgliedschaft auf einer gerichtlichen Entscheidung beruht.

(2) Die Kündigung eines in Heimarbeit beschäftigten Mitglieds eines Wahlvorstands ist vom Zeitpunkt seiner Bestellung an, die Kündigung eines in Heimarbeit beschäftigten Wahlbewerbers vom Zeitpunkt der Aufstellung des Wahlvorschlags an jeweils bis zur Bekanntgabe des Wahlergebnisses unzulässig, es sei denn, daß Tatsachen vorliegen, die einen Arbeitgeber zur Kündigung eines Arbeitsverhältnisses aus wichtigem Grund ohne Einhaltung einer Kündi-

gungsfrist berechtigen würden, und daß die nach § 103 des Betriebsverfassungsgesetzes erforderliche Zustimmung vorliegt oder durch eine gerichtliche Entscheidung ersetzt ist. Innerhalb von sechs Monaten nach Bekanntgabe des Wahlergebnisses ist die Kündigung unzulässig, es sei denn, daß Tatsachen vorliegen, die einen Arbeitgeber zur Kündigung eines Arbeitsverhältnisses aus wichtigem Grund ohne Einhaltung einer Kündigungsfrist berechtigen würden; dies gilt nicht für Mitglieder des Wahlvorstands, wenn dieser nach § 18 Abs. 1 des Betriebsverfassungsgesetzes durch gerichtliche Entscheidung durch einen anderen Wahlvorstand ersetzt worden ist.
(3) Wird die Vergabe von Heimarbeit eingestellt, so ist die Kündigung des Beschäftigungsverhältnisses der in den Absätzen 1 und 2 genannten Personen frühestens zum Zeitpunkt der Einstellung der Vergabe zulässig, es sei denn, daß die Kündigung zu einem früheren Zeitpunkt durch zwingende betriebliche Erfordernisse bedingt ist.

Zehnter Abschnitt – Ausgabeverbot

§ 30 Verbot der Ausgabe von Heimarbeit Die Oberste Arbeitsbehörde des Landes oder die von ihr bestimmte Stelle kann einer Person, die

1. in den letzten fünf Jahren wiederholt wegen eines Verstoßes gegen die Vorschriften dieses Gesetzes rechtskräftig verurteilt oder mit Geldbuße belegt worden ist,
2. der Obersten Arbeitsbehörde des Landes oder der von ihr bestimmten Stelle falsche Angaben gemacht oder falsche Unterlagen vorgelegt hat, um sich der Pflicht zur Nachzahlung von Minderbeträgen (§ 24) zu entziehen, oder
3. der Aufforderung der Obersten Arbeitsbehörde des Landes oder der von ihr bestimmten Stelle zur Nachzahlung von Minderbeträgen (§ 24) wiederholt nicht nachgekommen ist oder die Minderbeträge nach Aufforderung zwar nachgezahlt, jedoch weiter zu niedrige Entgelte gezahlt hat,

die Aus- und Weitergabe von Heimarbeit verbieten.

Elfter Abschnitt – Straftaten und Ordnungswidrigkeiten

§ 31 Ausgabe verbotener Heimarbeit (1) Wer Heimarbeit, die nach einer zur Durchführung des Gefahrenschutzes erlassenen Rechtsvorschrift (§ 13 Abs. 2, § 14 Abs. 3, § 34 Abs. 2 Satz 2) verboten ist, ausgibt oder weitergibt, wird mit Freiheitsstrafe bis zu einem Jahr oder mit Geldstrafe bestraft.
(2) Handelt der Täter fahrlässig, so ist die Strafe Freiheitsstrafe bis zu sechs Monaten oder Geldstrafe bis zu einhundertachtzig Tagessätzen.

§ 32 Straftaten und Ordnungwidrigkeiten im Bereich des Arbeits- und Gefahrenschutzes (1) Ordnungswidrig handelt, wer, abgesehen von den Fällen des § 31, vorsätzlich oder fahrlässig

1. einer zur Durchführung des Gefahrenschutzes erlassenen Rechtsvorschrift (§§ 13, 14 Abs. 1, 3 § 34 Abs. 2 Satz 2), soweit sie für einen bestimmten Tatbestand auf diese Bußgeldvorschrift verweist, oder
2. einer vollziehbaren Verfügung nach § 14 Abs. 2 oder § 16 a

zuwiderhandelt.

Die in Satz 1 Nr. 1 vorgeschriebene Verweisung ist nicht erforderlich, soweit die dort genannten Rechtsvorschriften vor Inkrafttreten dieses Gesetzes erlassen sind.

(2) Die Ordnungswidrigkeit kann mit einer Geldbuße bis zu zehntausend Euro geahndet werden.

(3) Wer vorsätzlich eine der in Absatz 1 bezeichneten Handlungen begeht und dadurch in Heimarbeit Beschäftigte in ihrer Arbeitskraft oder Gesundheit gefährdet, wird mit Freiheitsstrafe bis zu einem Jahr oder mit Geldstrafe bestraft.

(4) Wer in den Fällen des Absatzes 3 die Gefahr fahrlässig verursacht, wird mit Freiheitsstrafe bis zu sechs Monaten oder mit Geldstrafe bis zu einhundertachtzig Tagessätzen bestraft.

§ 32 a Sonstige Ordnungswidrigkeiten (1) Ordnungswidrig handelt, wer vorsätzlich oder fahrlässig einem nach § 30 ergangenen vollziehbaren Verbot der Ausgabe oder Weitergabe von Heimarbeit zuwiderhandelt.

(2) Ordnungswidrig handelt auch, wer vorsätzlich oder fahrlässig

1. einer Vorschrift über die Listenführung (§ 6), die Mitteilung oder Anzeige von Heimarbeit (§§ 7, 15), die Unterrichtungspflicht (§ 7 a), die Offenlegung der Entgeltverzeichnisse (§ 8), die Entgeltbelege (§ 9) oder die Auskunftspflicht über die Entgelte (§ 28 Abs. 1) zuwiderhandelt,
2. einer vollziehbaren Anordnung zum Schutze der Heimarbeiter vor Zeitversäumnis (§ 10) zuwiderhandelt,
3. einer Regelung zur Verteilung der Heimarbeit nach § 11 Abs. 2 zuwiderhandelt, soweit sie für einen bestimmten Tatbestand auf diese Bußgeldvorschrift verweist oder
4. als in Heimarbeit Beschäftigter (§ 1 Abs. 1) oder diesem Gleichgestellter (§ 1 Abs. 2) duldet, daß ein mitarbeitender Familienangehöriger eine Zuwiderhandlung nach § 32 begeht.

(3) Die Ordnungswidrigkeit nach Absatz 1 kann mit einer Geldbuße bis zu zehntausend Euro, die Ordnungswidrigkeit nach Absatz 2 mit einer Geldbuße bis zu zweitausendfünfhundert Euro geahndet werden.

Zwölfter Abschnitt – Schlußvorschriften

§ 33 Durchführungsvorschriften (1) Das Bundesministerium für Arbeit und Soziales wird ermächtigt, mit Zustimmung des Bundesrates und nach Anhörung der Spitzenverbände der Gewerkschaften und der Vereinigungen der

Arbeitgeber die zur Durchführung dieses Gesetzes erforderlichen Rechtsverordnungen[1] zu erlassen über

a) das Verfahren bei der Gleichstellung (§ 1 Abs. 2 bis 5);
b) die Errichtung von Heimarbeitsausschüssen und von Entgeltausschüssen für fremde Hilfskräfte der Heimarbeit und das Verfahren vor ihnen (§§ 4, 5, 11, 18 bis 22);
c) Form, Inhalt und Einsendung der Listen und der Anzeige bei erstmaliger Ausgabe von Heimarbeit (§§ 6 und 7);
d) Form, Inhalt, Ausgabe und Aufbewahrung von Entgeltbelegen (§ 9).

(2) Das Bundesministerium für Arbeit und Soziales kann mit Zustimmung des Bundesrates und nach Anhörung der Spitzenverbände der Gewerkschaften und der Vereinigung der Arbeitgeber allgemeine Verwaltungsvorschriften für die Durchführung dieses Gesetzes erlassen.

§ 34 Inkrafttreten (1) Das Gesetz tritt einen Monat nach seiner Verkündung, der § 33 am Tag nach der Verkündung in Kraft.[2]

(2) Mit dem Inkrafttreten dieses Gesetzes treten das Gesetz über die Heimarbeit in der Fassung der Bekanntmachung vom 30. Oktober 1939 (Reichsgesetzbl. I S. 2145) und die Verordnung zur Durchführung des Gesetzes über die Heimarbeit vom 30. Oktober 1939 (Reichsgesetzbl. I S. 2152) außer Kraft. Die auf Grund der bisherigen gesetzlichen Vorschriften zur Durchführung des Gefahrenschutzes erlassenen Verordnungen bleiben mit der Maßgabe in Kraft, daß anstelle der in ihnen erwähnten Vorschriften des Gesetzes über die Heimarbeit in der Fassung vom 30. Oktober 1939 und des Hausarbeitsgesetzes in der Fassung vom 30. Juni 1923 (Reichsgesetzbl. S. 472/730) die entsprechenden Vorschriften dieses Gesetzes treten.

---

1 Vgl. **Erste Rechtsverordnung zur Durchführung des Heimarbeitsgesetzes** (HAGDV 1) i. d. F. der Bekanntmachung vom 27. 1. 1976 (BGBl. I 221), zuletzt geändert durch Verordnung vom 31. 10. 2006 (BGBl. I 2407).

2 Verkündet am 21. 3. 1951.

23. Insolvenzordnung (InsO)

Aktuelle höchstrichterliche Rechtsprechung

Datum	Gericht/Az.	Fundstelle	Thema
14. 3. 19	BAG 6 AZR 4/18	NZA 19, 567	Abfindungsanspruch nach Auflösung Urteil als Insolvenzforderung
18. 10. 18	BAG 6 AZR 506/17	NZA 19, 203	Anfechtung, inkongruente Deckung
6. 9. 18	BAG 6 AZR 367/17	NZA 19, 172	Persönliche Haftung des Insolvenzverwalters

Einleitung

I. Geschichtliche Entwicklung

Vorläufer der InsO war die Konkursordnung vom 10. 2. 1877 (RGBl. 351), die ein Verfahren zur möglichst gleichmäßigen Befriedigung der Gläubiger eines zahlungsunfähigen Schuldners bereitstellte. Dabei wurden freilich Gläubiger unterschiedlicher Rangordnung gebildet, mit der Folge, dass nachrangige Gläubiger ohne dingliche Sicherheiten (hierzu unter II 1) praktisch immer leer ausgingen (zu den Rechtstatsachen des Insolvenzverfahrens unter III).

Daneben gab es zunächst bezogen auf kriegsbedingte Insolvenz (VO über die Geschäftsaufsicht zur Abwendung des Konkurses vom 14. 12. 1916, RGBl. 1363) und später generell aufgrund der Vergleichsordnung vom 5. 7. 1927 (RGBl. 139) die Möglichkeit eines Vergleichsverfahrens zur Abwendung des Konkurses. Hierfür musste mindestens eine Vergleichsquote von 35 % der offenen Forderungen bei Zustimmung von vier Fünftel der Gläubiger erreicht werden. Für einen Sozialplan im Konkurs existierte ein mehrfach (zuletzt bis Ende 1998) verlängertes Spezialgesetz (»Gesetz über den Sozialplan im Konkurs- und Vergleichsverfahren«). Seit Herstellung der deutschen Einheit galt daneben für die neuen Bundesländer die aus der DDR stammende Gesamtvollstreckungsordnung fort, die Konkurs und Vergleich in einem regelte.

Alle diese Gesetze wurden durch die im Jahre 1994 verabschiedete InsO abgelöst. Sie trat in ihren wesentlichen Teilen am 1. 1. 1999 in Kraft. Lediglich die arbeitsrechtlichen Vorschriften über Kündigungen und Betriebsänderungen (§§ 113, 120 – 122, 125 – 128) wurden aufgrund des Arbeitsrechtlichen Beschäftigungsförderungsgesetzes 1996 bereits ab 1. 10. 1996 für Konkursverfahren in Westdeutschland in Kraft gesetzt.

Die zentralen Veränderungen gegenüber dem vorangegangenen Rechtszustand liegen in Folgendem:

- Konkurs- und Vergleichsverfahren werden in einem Verfahren, dem Insolvenzverfahren, zusammengefasst. Dieses soll bei der Insolvenz von Unternehmen deren Sanierung besser ermöglichen als früher, wozu im Insolvenzplan Beschränkungen der Absonderungsrechte vorgenommen werden können (unten II.1).
- Die Kündigung von Arbeitnehmern ist erleichtert worden (§§ 120 ff., s. u. II 3).
- Als völlig neues Instrument enthält die InsO die Möglichkeit der Restschuldbefreiung für natürliche Personen (unten II.5; zum Gesetz insgesamt vgl. *Smid,* BB 99, 1; *Pick,* NJW 96, 992; *Uhlenbruck,* WiB 94, 849).

Im Gesetzgebungsverfahren sind vor allem zwei Dinge kritisiert worden: die einseitige Benachteiligung der Arbeitnehmer durch Verschlechterung ihrer Rechtsstellung gegenüber dem »Normalfall« und die nach wie vor nicht ausreichenden Befugnisse von Insolvenzverwalter und Gericht, Sanierungsmöglichkeiten auch gegenüber einer Gläubigermehrheit durchsetzen zu können (vgl. *Bichlmeier,* AiB 89, 63; *Dörner,* NZA 91, 94).

Neben dem Insolvenzverfahren gibt es zwei Sicherungssysteme für Arbeitnehmeransprüche: das von der Arbeitsagentur zu zahlende Insolvenzgeld für rückständiges laufendes Arbeitsentgelt gemäß §§ 165 ff. SGB III (Nr. 30 III) und die Sicherung von Betriebsrenten durch den »Pensions-Sicherungsverein« gemäß §§ 7 ff. BetrAVG (Nr. 11). Ein Aussonderungsrecht wegen nicht an die Pensionskasse gezahlter Beiträge des Arbeitgebers kennt die Insolvenzordnung dabei nicht (*BAG* 21.3.2017 – 3 AZR 718/15, NZA 17, 948; zu den unionsrechtlichen Anforderungen an den Schutz der Arbeitnehmer in Bezug auf die Altersversorgung vgl. *EuGH* 24.11.2016 – C-454/15, NZA16, 1558 – Webb-Sämann; ferner Einl. II 8 zum BetrAVG, Nr. 11). Zur Sicherung von Arbeitszeit-Wertguthaben vgl. Nr. 30 IV.

Mit dem »Gesetz zur Änderung der Insolvenzordnung und anderer Gesetze« vom 26. 10. 2001 (BGBl. I 2710) sind im Wesentlichen folgende Änderungen erfolgt:

- Einordnung von auf die Bundesagentur übergegangenen Forderungen als Insolvenzforderungen (§ 55 Abs. 3) und
- Verbesserung der Schuldnerstellung bei der Restschuldbefreiung.

Für grenzüberschreitende Insolvenzen im europäischen Rahmen gilt seit dem 31. 5. 2002 die europäische Insolvenzverordnung, nunmehr in Gestalt der Verordnung (EU) 2015/848 des Europäischen Parlaments und des Rates über Insolvenzverfahren vom 20. 5. 2015 (ABl. L 141/19). Demnach ist für das sog. Hauptinsolvenzverfahren das Gericht desjenigen Mitgliedstaates zuständig, in dem der Schuldner den Mittelpunkt seiner hauptsächlichen Interessen hat. Dieses Verfahren hat Geltung für alle Mitgliedstaaten. Daneben können allerdings sog. Sekundärinsolvenzverfahren für die Niederlassungen in anderen Mitgliedstaaten mit beschränkter Wirkung auf diese durchgeführt werden. Die InsO ist durch Gesetz vom 14. 3. 2003 (BGBl. I 345) entsprechend ergänzt worden (Elfter Teil, §§ 335 – 358). Bei der Kündigung von Arbeitsverhältnissen hat die Eröffnung eines ausländischen Insolvenzverfahrens allerdings für sich keine Bedeutung. Vielmehr richtet sich die Zulässigkeit der Kündigung nach dem auf den Arbeitsvertrag anwendbaren Recht (*BAG* 20.9.2012 – 6 AZR 253/11, NZA 13, 797; *Deinert*, Internationales Arbeitsrecht, § 12 Rn. 49).

Das Gesetz zur weiteren Erleichterung der Sanierung von Unternehmen (ESUG, v. 7.12.2011, BGBl. I 2582, Entwurf: BR-Drs. 127/11) dient der leichteren Fortführung sanierungsfähiger Unternehmen und dem Arbeitsplatzerhalt. Es enthält nicht unmittelbar Änderungen des Insolvenzarbeitsrechts. Einige Änderungen haben aber Auswirkungen auf die insolvenzrechtliche Position von Arbeitnehmern (dazu *Zwanziger*, BB 11, 887; *Bichlmeier*, AuR 11, 193; *Wroblewski*, AuR 12, 188, 298 ff.). Sie betreffen die regelmäßige Vertretung der Arbeitnehmer im Gläubigerausschuss, die Erleichterung des Insolvenzplanverfahrens, die Erleichterung der Eigenverwaltung zum Zwecke der Förderung der Unternehmenssanierung und die Einführung eines vorläufigen Sachwalters vor Eröffnung bei nicht offensichtlich aussichtslosem Antrag auf Eigenverwaltung.

Regelungen zu Insolvenzverfahren bei Konzernverbindungen wurden durch Gesetz v. 13.4.2017 eingefügt (Gesetz zur Erleichterung der Bewältigung von Konzerninsolvenzen, BGBl. I 866; dazu *Mock*, DB 17, 951).

Die Insolvenzanfechtung von Arbeitsentgeltzahlungen wurde durch das Gesetz zur Verbesserung der Rechtssicherheit bei Anfechtungen nach der Insolvenzordnung und nach dem Anfechtungsgesetz konkretisiert (v. 29.3.2017, BGBl. I 654; dazu *Dahl/Schmitz*, NJW 17, 1505; *Thole*, ZIP 17, 401; *Wroblewski*, AuR 18, 168).

II. Wesentlicher Gesetzesinhalt

1. Grundzüge des Insolvenzverfahrens

Wenn ein Schuldner seine Schulden nicht mehr begleichen kann, ist er »insolvent«. Das Insolvenzverfahren dient dazu, in einem solchen Falle eine möglichst gleichmäßige Befriedigung der Gläubiger sicherzustellen (Übersicht 46). Handelt es sich beim insolventen Schuldner um ein Unternehmen, soll das Verfahren möglichst dessen Erhalt (Sanierung) ermöglichen (§ 1).

Es wird vom Amtsgericht am Sitz des Schuldners als Insolvenzgericht eröffnet, wenn ein Insolvenzgrund vorliegt. Ein solcher ist die Zahlungsunfähigkeit des Schuldners (§ 17) und bei juristischen Personen auch deren Überschuldung (§ 19). Gegenüber dem früheren Rechtszustand neu ist die Möglichkeit der Eröffnung des Insolvenzverfahrens auf Antrag des Schuldners, wenn die Zahlungsunfähigkeit lediglich droht (§ 18).

Wird das Insolvenzverfahren eröffnet, setzt das Amtsgericht einen Insolvenzverwalter ein, auf den das Recht zur Verfügung über das Vermögen des Schuldners übergeht (§ 80). Es besteht allerdings auch die Möglichkeit der sog. Eigenverwaltung der Insolvenzmasse durch den Schuldner (§ 270). Es ist offenkundig große Vorsicht geboten, dass diese Möglichkeit bei eigenem Insolvenzantrag des Schuldners zusammen mit einem Insolvenzplan (s. u. 2) nicht zu einer Ungleichbehandlung der Gläubiger missbraucht wird (zur arbeitsrechtlichen Bedeutung vgl. *Lakies*, BB 99, 1759).

Das Gericht kann auch schon vor Eröffnung des Verfahrens Sicherungsmaßnahmen treffen und einen vorläufigen Insolvenzverwalter einsetzen, um eine nachteilige Veränderung der Vermögenslage des Schuldners zu verhüten (§§ 21, 22; zu seiner arbeitsrechtlichen Stellung *Berscheid,* ZInsO 98, 9). Wird kein Insolvenzplan verabschiedet (s. u. 2), wird das Vermögen des Schuldners verwertet und der Erlös anteilig auf die Gläubiger verteilt. Anders als unter der Geltung der Konkursordnung sieht die InsO keine bestimmte Reihenfolge der Gläubiger vor (Übersicht 47). Bestimmte Forderungen werden allerdings als »nachrangig« behandelt, § 39; man kann angesichts der typischen Insolvenzquoten (s. u. III) davon ausgehen, dass sie praktisch nie berücksichtigt werden.

Für das normale Insolvenzverfahren und dessen typische Massearmut entscheidend ist die Möglichkeit der Absonderung und der Aussonderung. Mit der Aussonderung kann geltend gemacht werden, dass ein Gegenstand nicht zur Insolvenzmasse gehört (§ 47). Das gilt für den Eigentümer einer Sache, insbesondere beim Verkauf unter Eigentumsvorbehalt. In einem solchen Fall kann der Verkäufer den Insolvenzverwalter vor die Alternative stellen, entweder den Kaufvertrag durch Zahlung des Restkaufpreises zu erfüllen oder die Aussonderung zuzulassen (§ 107). Mit der Absonderung kann aufgrund von Pfandrechten die gesonderte Zwangsvollstreckung außerhalb des Insolvenzverfahrens betrieben werden (§ 50). Das hat den Vorteil, dass der betreibende Gläubiger allein und unter Ausschluss der übrigen Insolvenzgläubiger aus dem Erlös befriedigt wird. Die gleiche Stellung haben Gläubiger, denen ein Gegenstand zur Sicherung übereignet worden ist (§ 51 Nr. 1). Da sich im Normalfall alle wesentlichen Gläubiger solche »dinglichen Sicherungen« haben einräumen lassen, bleiben für die nicht gesicherten Gläubiger oftmals nur sehr geringfügige Quoten (zuletzt zwischen 3 % und 5 %). Demgegenüber sind Arbeitnehmer wegen der Lohnansprüche vor Eröffnung des Insolvenzverfahrens einfache Insolvenzgläubiger (das gilt auch, wenn Ansprüche für frühere Zeiträume erst nach Eröffnung des Verfahrens fällig werden, *BAG* 27.9.2007 – 6 AZR 975/06, NZA 09, 89). Dasselbe gilt für Ansprüche eines Arbeitnehmers auf Abfindung aus einem Aufhebungsvertrag. Der Arbeitnehmer kann von diesem Vertrag auch nicht wegen unterbliebener Zahlung der Abfindung zurücktreten, wenn dem Arbeitgeber Zahlungen durch das Insolvenzgericht untersagt wurden (*BAG* 10.11.2011 – 6 AZR 357/10, NZA 12, 205).

Reicht die Insolvenzmasse nicht aus, um entweder die Kosten des Verfahrens oder die sonstigen Masseverbindlichkeiten zu decken, wird es mangels Masse eingestellt (§§ 207, 208).

2. Insolvenzplan

Vom normalen Liquidationsverfahren kann aufgrund eines Insolvenzplanes abgewichen werden (§§ 217 ff.). Er wird vom Schuldner oder Insolvenzverwalter oder von diesem im Auftrag der Gläubigerversammlung vorgeschlagen und vom Amtsgericht beschlossen, wenn die Gläubiger ihn mit Mehrheit (nach Köpfen und Forderungen) gebilligt haben (vgl. *Engberding,* Mitbest. 3/99, 62). Bei der Aufstellung des Insolvenzplanes wirken neben dem Gläubigerausschuss der Betriebsrat, der Sprecherausschuss und der Schuldner beratend mit. Die Gläubiger werden in Gruppen eingeteilt und stimmen in diesen Gruppen ab, wobei die Mehrheit in allen Gruppen erreicht werden muss. Auch die Arbeitnehmer werden dann als eine Gruppe behandelt, wenn sie mit nicht unerheblichen Forderungen beteiligt sind. Das wird jedoch nur sehr selten der Fall sein, weil sie für das Arbeitsentgelt der letzten drei Monate durch das Insolvenzgeld gesichert sind und deren Ansprüche insoweit kraft Gesetzes auf die Bundesagentur für Arbeit übergehen (§ 169 SGB III, s. Nr. 30 III). Seit dem Gesetz zur weiteren Erleichterung der Sanierung von Unternehmen (o. I) gehört allerdings immer ein Vertreter der Arbeitnehmer dem Gläubigerausschuss nach § 67 Abs. 2 Satz 2 InsO an.

Das ganze Konzept hat einen zentralen »Schönheitsfehler«: Jeder Gläubiger, der durch den Insolvenzplan schlechter gestellt wird als ohne ihn, kann ihm widersprechen mit der Folge, dass der Insolvenzplan vom Gericht nicht bestätigt werden darf (§ 251). Voraussetzung ist lediglich, dass er durch den Plan voraussichtlich schlechter gestellt ist. Zu einem von jedem einzelnen Gläubiger getragenen Arrangement bedürfte es aber des ganzen gesetzlichen Aufwandes nicht, der praktisch nur eine verfahrensmäßige Anregung darstellt. Das ESUG (oben I) soll diesem Mangel ein Stück weit durch das Erschweren von Rechtsmitteln entgegentreten.

3. Rechtsstellung der Arbeitnehmer bei Insolvenz des Arbeitgebers

An der Rechtsstellung der Arbeitnehmer ändert ein Insolvenzverfahren zunächst nichts. Das Arbeitsverhältnis besteht als Dauerschuldverhältnis unverändert fort (§ 108). Zu seiner Kündigung ist das Vorliegen von Kündigungsgründen wie im Normalfall erforderlich. Die Eröffnung des Insolvenzverfahrens ist kein Grund zur fristlosen Kündigung (*BAG* 25. 10. 1968 – 2 AZR 23/68, DB 69, 267), auch nicht das Drohen der Insolvenz (*BAG* 24. 1. 2013 – 2 AZR 453/11, NZA 13, 959). Der Insolvenzverwalter kann allerdings abweichend von der vereinbarten mit einer Kündigungsfrist von drei Monaten zum Monatsende kündigen (§ 113). Das *BAG* (16. 5. 2019 – 6 AZR 329/18) hält die damit bewirkte Verkürzung tarifvertraglicher Kündigungsfristen für mit Art. 9 Abs. 3 GG vereinbar. Der Gesetzgeber habe einen angemessenen Ausgleich zwischen den Interessen der Insolvenzgläubiger und den Belangen der Arbeitnehmer getroffen. Die Regelung solle eine allzu lange Bindung an nicht mehr sinnvolle Arbeitsverhältnisse verhindern, um die mögliche Sanierung eines Unternehmens nicht zu behindern. Zudem habe der Gesetzgeber die Belastung dadurch gemildert, dass der Arbeitnehmer eine finanzielle Entschädigung erhält (s. aber den Vorlagebeschluss an das BVerfG *ArbG Stuttgart* 4. 8. 1997 – 18 Ca 1755/97, AuR 98, 90; vom *BVerfG* allerdings nicht entschieden, da die Vorlage unzulässig war, 8. 2. 1999 – 1 BvL 25/97, NZA 99, 597). Die Kündigungsmöglichkeit besteht auch für Kündigungen des Arbeitsvertrages bereits vor Dienstantritt, die Kündigungsfrist greift bereits ab Zugang der Kündigungserklärung (*BAG* 23. 2. 2017 – 6 AZR 665/15, NZA 17, 995).

Bei ordentlichen Kündigungen sind an sich die Grundsätze des KSchG zu beachten (*BAG* 16. 9. 1982 – 2 AZR 271/80, DB 83, 504). In dieser Hinsicht hat es in der Gesetzgebung eine bemerkenswerte Wechselwirkung zwischen der InsO und dem KSchG gegeben: Zunächst war aufgrund § 125 eine Auflockerung des Kündigungsschutzes bei betriebsbedingten Kündigungen nur für den Insolvenzfall beim Abschluss eines Interessenausgleichs vorgesehen gewesen. Diese Regelung gilt inzwischen gemäß § 1 Abs. 5 KSchG auch für den Nicht-Insolvenzfall (vgl. Nr. 25).

Als insolvenz-arbeitsrechtliche Besonderheit verbleibt, dass der Insolvenzverwalter im Falle einer Betriebsänderung von sich aus in einem Beschlussverfahren die gerichtliche Feststellung verlangen kann, dass die Kündigung bestimmter Arbeitnehmer zulässig ist (§ 126 Abs. 1). Eine rechtskräftige Entscheidung in einem solchen Verfahren ist auch für einzelne Arbeitnehmer bindend, die später Kündigungsschutzklage erheben (§ 127).

Veräußert der Insolvenzverwalter einen Betrieb oder Betriebsteil, gehen die Arbeitsverhältnisse auf den Erwerber über. § 613 a BGB gilt auch im Insolvenzfall (*BAG* 17. 1. 1980 – 3 AZR 1107/78, DB 80, 308). Der Insolvenzverwalter darf auch nicht mit der Begründung kündigen, ein möglicher Erwerber des Betriebs wolle bestimmte Arbeitnehmer des Betriebs als »zu teuer« nicht übernehmen (*BAG* 26. 5. 1983 – 2 AZR 477/81, NJW 84, 627).

Grundsätzlich kann der Insolvenzverwalter eine Zahlung des Schuldners gemäß § 130 anfechten, die in den letzten drei Monaten vor Eröffnung des Insolvenzverfahrens erfolgte, wenn der Gläubiger Kenntnis von der Zahlungsunfähigkeit des Schuldners hatte. Bei sog. Bargeschäften (§ 142) kommt die Anfechtung aber nur bei Kenntnis von der drohenden Zahlungsunfähigkeit in Betracht. Dadurch soll erreicht werden, dass ein Schuldner in finanziellen Schwierigkeiten nicht von der Teilnahme am Geschäftsverkehr ausgeschlossen wird, so dass er keine Aussicht mehr hätte, sich zu fangen. Ein solches Bargeschäft nahm das *BAG* (6. 10. 2011 – 6 AZR 262/10, DB 11, 2779) an, wenn der Arbeitgeber Entgelt für Arbeitsleistungen aus den letzten 3 Monaten erbringt, während der *BGH* (10. 7. 2014 – IX ZR 192/13, NJW 14, 2579) dies nur annehmen wollte, wenn die Vergütung innerhalb von 30 Tagen nach Fälligkeit erbracht wurde (dagegen krit. *Zwanziger*, DB 14, 2391). Nunmehr wird infolge einer Korrektur durch das Gesetz zur Verbesserung der Rechtssicherheit bei Anfechtungen (s. o. I) auf den Dreimonatszeitraum abgestellt. Das Privileg greift nach § 142 Abs. 2 Satz 3 auch bei Zahlungen durch Dritte, soweit sie als solche für den Arbeitnehmer nicht erkennbar sind.

Die Rechtsprechung stellt hinsichtlich der Kenntnis von der Zahlungsunfähigkeit strenge Maßstäbe. Sofern ein Arbeitnehmer Lohn entgegengenommen hat, könnte dies an sich die Insolvenzanfechtung rechtfertigen (zur Problematik *Zwanziger*, BB 07, 42). Sie geht allerdings davon aus, dass die erforderliche Kenntnis des Arbeitnehmers von der Zahlungsunfähigkeit nicht schon dann in jedem Fall gegeben ist, wenn der Arbeitgeber nur zögerlich Löhne zahlt (*BAG* 6. 10. 2011 – 6 AZR 262/10, DB 11, 2779; *BGH* 19. 2. 2009 – IX ZR 62/08, BB 09, 855; vgl. *Schulze/Weitz*, AiB 09, 255; *Wroblewski*, NJW 12, 894; zur Anfechtung von Zahlungen des Arbeitnehmeranteils am Gesamtsozialversicherungsbeitrag *BGH* 5. 11. 2009 – IX ZR 233/08, NZA 10, 579). Weitere Umstände, die hinzutreten, können aber auf die Kenntnis des Arbeitnehmers schließen lassen (vgl. *BGH* 15. 10. 2009 – IX ZR 201/08, NZA-RR 10, 198). Eine Erkundigungspflicht trifft den Arbeitnehmer aber grundsätzlich auch bei zögerlichen Zahlungen des Arbeitgebers nicht (*BAG* 6. 10. 2011 – 6 AZR 262/10, DB 11, 2779). Für die Rückforderungsklage des Insolvenzverwalters nach Anfechtung sind die Arbeitsgerichte zuständig (*GmS-OGB* 27.9.2010 – GmS-OGB 1/09, NZA 11, 534, auf Anfrage des *BGH* 2.4.2009 – IX ZB 182/08, DB 09, 897). Anfechtbar sind gemäß § 131 auch Handlungen der letzten 3 Monate vor Insolvenzeröffnung, die eine sog. inkongruente Deckung bewirken, also die gleichmäßige Befriedigung aller Gläubiger hindern. Eine solche inkongruente Deckung kann auch durch das Betreiben der Zwangsvollstreckung wegen offener Lohnforderungen bewirkt werden, so dass der Insolvenzverwalter die Lohnzahlung anfechten kann (*BAG* 27.2.2014 – 6 AZR 367/13, NZA 14, 681; insoweit keine verfassungsrechtlichen Bedenken gegen die Rückforderung bei *BAG* 26.10.2017 – 6 AZR 511/16, AP Nr. 20 zu § 131 InsO). Inkongruent sind auch Abweichungen vom üblichen Erfüllungsweg, etwa Zahlungen durch Dritte, statt vom eigenen Geschäftskonto. In diesem Fall kann aber das Bargeschäft-Privileg greifen, wenn Zahlungen durch den Dritten als solche für den Arbeitnehmer nicht erkennbar sind. Das folgt aus § 142 Abs. 2 Satz 3, der ebenfalls durch das Gesetz vom 29.3.2017 eingefügt wurde. Wenn die Zahlungen jedoch üblicherweise vom Konto eines Dritten erfolgen, handelt es sich nicht um eine inkongruente Deckung (*BAG* 22.10.2015 – 6 AZR 538/14, NZA 16, 44). Zurückgewähren muss der Arbeitnehmer bei erfolgreicher Anfechtung aber nur das, was er erhalten hat. Das ist regelmäßig nur der Nettolohn (*BAG* 18.10.2018 – 6 AZR 506/17, NZA 19, 203). Unentgeltliche Zahlungen des Insolvenzschuldners sind regelmäßig anfechtbar. Das *BAG* hat aber klargestellt, dass Zahlungen, zu denen der Arbeitgeber trotz Nichtarbeit aufgrund Gesetzes oder eines Tarifvertrages verpflichtet ist, keine unentgeltlichen Zahlungen, sondern Erfüllung der Hauptpflicht sind. Bei vertraglich vereinbarten Freistellungen ist dies hingegen in der Regel nicht der Fall (*BAG* 17.12.2015 – 6 AZR 186/14, NZA 16, 508).

Entgeltforderungen aus der Zeit vor Eröffnung des Insolvenzverfahrens sind einfache Insolvenzforderungen, die regelmäßig nur mit einer Quote beglichen werden, teilweise allerdings durch das Insolvenzgeld gemäß §§ 165 ff. SGB III gedeckt sind (vgl. Einl. II 2 g zum SGB III, Nr. 30 III). Demgegenüber sind Entgeltforderungen aus der Fortführung des Arbeitsverhältnisses nach Eröffnung des Insolvenzverfahrens sog. Masseverbindlichkeiten (§ 55). Sonderzahlungen für geleistete Arbeit, die erst nach Ende des Bezugsjahres fällig werden, sind bis zum Zeitpunkt der Insolvenzeröffnung anteilig Insolvenzforderungen, ab diesem Zeitpunkt Masseverbindlichkeiten (*BAG* 14.11.2012 – 10 AZR 793/11, NZA 13, 273; zur Einordnung sog. Halteprämien vgl. *BAG* 12.9.2013 – 6 AZR 953/11, NZA-RR 14, 29). Stichtagsbezogene Sonderzahlungen, die nicht von einer Arbeitsleistung abhängen, etwa Gratifikationen, die Betriebstreue honorieren sollen, sind nach dem Stichtag zu beurteilen: je nach dessen Zeitpunkt sind sie also Insolvenzverbindlichkeiten oder Masseverbindlichkeiten (*BAG* 23.3.2017 – 6 AZR 264/16, NZA 17, 779, Rn. 18 ff.). Masseverbindlichkeiten sind nur solche Verbindlichkeiten, die der Insolvenzverwalter begründet hat, sei es auch nur durch Fortführung eines Vertrages. Arbeitsstunden, die zunächst als Sanierungsbeitrag unentgeltlich sein sollten, werden dementsprechend auch dann nicht zur Masseverbindlichkeit, wenn vereinbart wurde, dass sie unter bestimmten Voraussetzungen nach Insolvenzeröffnung doch vergütet werden sollen (*BAG* 21.2.2013 – 6 AZR 406/11, NZA

13, 743). Für Nachteilsausgleichsansprüche nach § 113 BetrVG kommt es zur Einordnung als Masse- oder Insolvenzforderung auf den Zeitpunkt der Durchführung der Betriebsänderung an (*BAG* 7. 11. 2017 – 1 AZR 186/16, NZA 18, 464). Abfindungsansprüche infolge Aufhebung des Arbeitsverhältnisses durch das Arbeitsgericht gemäß §§ 9, 10 KSchG sind Insolvenzforderungen, wenn der Antrag noch vom Arbeitgeber rechtshängig gemacht worden war. Sie sind aber Masseforderungen, falls erst der Insolvenzverwalter den Antrag gestellt hat (*BAG* 14. 3. 2019 – 6 AZR 4/18, NZA 19, 567).

4. Rechtsstellung des Betriebsrates

Ein Insolvenzverfahren hat keinen Einfluss auf die Rechtsstellung des Betriebsrates und die betriebsverfassungsrechtlichen Rechte und Pflichten. Der Insolvenzverwalter nimmt die Stellung des Arbeitgebers ein (zu den Rechten des Betriebsrats während Krise und Insolvenz des Arbeitgebers *Bichlmeier,* AiB 96, 77).
Im Falle einer Betriebsänderung gemäß § 111 BetrVG enthält die InsO folgende Abweichungen vom BetrVG:

- Der Insolvenzverwalter kann den Betriebsrat hinsichtlich der Verhandlungen über einen Interessenausgleich zeitlich unter Druck setzen. Kommt ein Interessenausgleich nicht innerhalb von drei Wochen nach Verhandlungsaufnahme zustande, kann er die gerichtliche Zustimmung zur Durchführung der Betriebsänderung ohne das gemäß § 112 Abs. 2 BetrVG mögliche Interessenausgleichsverfahren einholen (§ 122).
- Ein nach Eröffnung des Insolvenzverfahrens aufgestellter Sozialplan kann nur Abfindungen von bis zu zweieinhalb Monatsverdiensten vorsehen (§ 123 Abs. 1). Die Gesamtsumme darf nicht mehr als ein Drittel der zur Verteilung an die Insolvenzgläubiger zur Verfügung stehenden Insolvenzmasse ausmachen (§ 123 Abs. 2). Soweit dieser Betrag nicht ausreicht, werden die Sozialplanforderungen verhältnismäßig gekürzt (§ 123 Abs. 2 Satz 2). Derartige Sozialplanforderungen sind Masseverbindlichkeiten (§ 123 Abs. 2). Bei Masseunzulänglichkeit (§ 208) laufen die Sozialplanverbindlichkeiten ins Leere.
- Ein in den letzten drei Monaten vor Eröffnung des Insolvenzverfahrens aufgestellter Sozialplan kann sowohl vom Insolvenzverwalter als auch vom Betriebsrat widerrufen werden (§ 124).

5. Restschuldbefreiung

Die InsO bringt erstmalig die Möglichkeit für natürliche Personen, sich ihrer Schulden in einem Insolvenzverfahren endgültig zu entledigen und so einen Neuanfang zu ermöglichen. Für Arbeitnehmer ist hierfür Mindestvoraussetzung, dass pfändbares Arbeitsentgelt (vgl. §§ 850 ff. ZPO, Nr. 35) für die Dauer von sechs Jahren an einen Treuhänder abgetreten wird (§ 287). Eine teilweise Reform erfuhr dieses Verfahren im Zuge des Gesetzes zur Verkürzung des Restschuldbefreiungsverfahrens und zur Stärkung der Gläubigerrechte v. 15. 7. 13 (BGBl. I 2379; zum Entwurf *Ahrens*, ZVI 12, 122 ff.).

III. Anwendungsprobleme und Rechtstatsachen

2007 hat es in Deutschland rund 29000 Unternehmensinsolvenzen gegeben (nach 37000 in 2005 und 30000 in 2006). Dabei ist von rund 440000 insolvenzbedingten Arbeitsplatzverlusten und einer Schadenssumme von 29,2 Mrd. Euro auszugehen (iwd 12/08, S. 6). Die Zahl der Insolvenzen war zwischenzeitlich durch die Wirtschaftskrise erheblich gestiegen. Nach einem vorübergehenden Höchststand von gut 32500 Unternehmensinsolvenzen im Krisenjahr 2009 ist die Zahl bis zum Jahr 2018 auf etwa 19300 gesunken (www.destatis.de). Die Schäden sämtlicher Insolvenzen unter Einschluss insbesondere von Verbraucher- und Nachlassinsolvenzen betrugen im Jahr 2017 15,1 Milliarden €. Die Zahl der insolvenzbedingten Arbeitsplatzverluste wurde für 2011 auf 236000 geschätzt (vgl. »Insolvenzen 2011, Es traf Verlage, Reeder und Zulieferer«, FAZ v. 27. 11. 11).

Das Insolvenzrecht geht mit seiner Sanierungsfunktion sehr häufig ins Leere: Etwa jeder dritte Insolvenzantrag wird mangels Masse abgewiesen. Nicht einmal jeder zehnte Betrieb wird fortgeführt. Nicht bevorrechtigte Gläubiger erhalten nur etwa 3,7 % ihrer Forderungen (www.destatis.de).

Weiterführende Literatur

Zur Insolvenzordnung allgemein

Ahrens/Gehrlein/Ringstmeier (Hrsg.), Fachanwaltskommentar Insolvenzrecht, 3. Aufl. (2017)

Braun (Hrsg.), Insolvenzordnung, 7. Aufl. (2017)

Schmidt (Hrsg.), Insolvenzordnung, 19. Aufl. (2016)

Uhlenbruck (Hrsg.), Insolvenzordnung, 14. Aufl. (2015)

Handbücher und Kommentare zum Arbeitsrecht in der Insolvenz

Deinert/Heuschmid/Zwanziger-*Lakies,* Arbeitsrecht, §§ 101 – 105 (Insolvenz)

Bichlmeier/Wroblewski (Hrsg.), Das Insolvenzhandbuch für die Praxis, 4. Aufl. (2016)

Lakies, Das Arbeitsverhältnis in der Insolvenz, 2. Aufl. (2014)

Oberhofer, Insolvenz des Arbeitgebers, 2. Aufl. (2012)

Zwanziger, Kommentar zum Arbeitsrecht der Insolvenzordnung, 5. Aufl. (2015)

Aufsätze zum Arbeitsrecht in der Insolvenz

Berscheid, Die Kündigung von Arbeitsverhältnissen nach § 113 InsO, ZInsO 1998, S. 115 und 159

Bichlmeier, Insolvenzrecht in der Krise?, AiB 2010, S. 252

Bichlmeier/Engberding/Oberhofer, Das (neue) Insolvenzrecht, AiB 1999, S. 569

Heinze, Das Arbeitsrecht der Insolvenzordnung, NZA 1999, S. 57

Lakies, Arbeitsrechtliche Vorschriften in der neuen Insolvenzordnung, BB 1999, S. 2638

Reinfelder, Arbeitsgerichtliche Streitigkeiten und die Insolvenz des Arbeitnehmers, NZA 2009, S. 124

Schaub, Arbeitsrecht in der Insolvenz, DB 1999, S. 217

Smid, Der Erhalt von Arbeitsplätzen in der Insolvenz des Arbeitgebers, NZA 2000, S. 113

Spelge, Die Insolvenzanfechtung von Entgeltzahlungen in der Rechtsprechung des Bundesarbeitsgerichts – Kein Sonderanfechtungsrecht für Arbeitnehmer, RdA 2016, S. 1

Wroblewski, Arbeitsentgelt in der Unternehmensinsolvenz – Überblick und ausgewählte aktuelle Themen, AuR 2015, S. 210

Wroblewski, Bargeschäftseinwand gegen Lohnanfechtung, NJW 2012, S. 894

Zwanziger, Insolvenzrechtliche Einordnung von Entgeltforderungen, AuR 2013, S. 199

Zwanziger, Die Rechtsprechung des BAG zur Insolvenzanfechtung – verfehlt oder gar verfassungswidrig?, DB 14, S. 2391.

Übersicht 46: Insolvenz

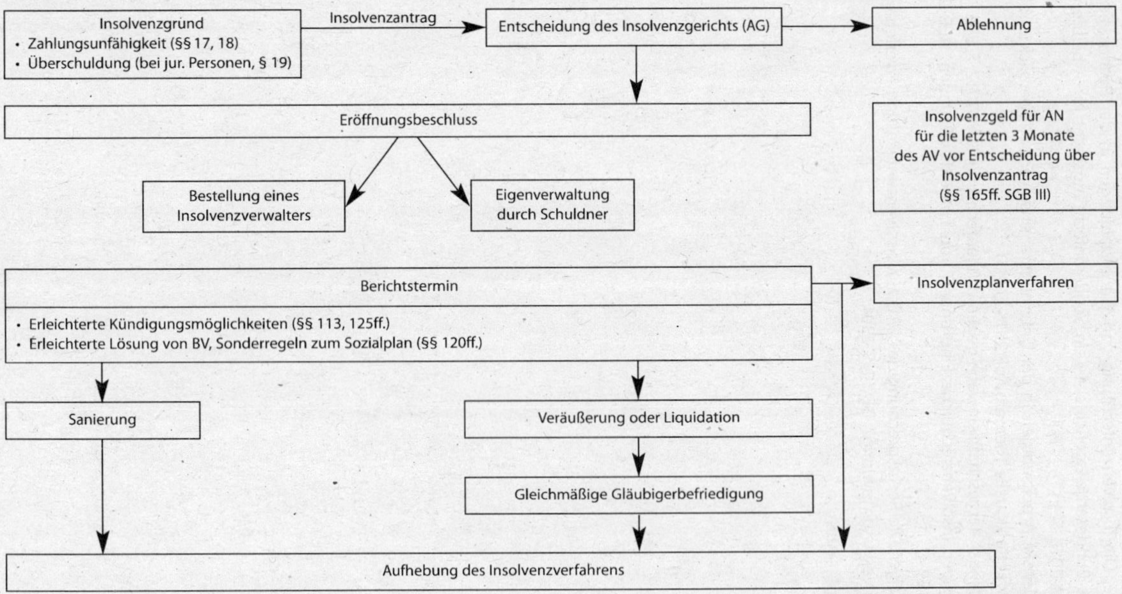

Übersicht 47: Insolvenzforderungen

I. Insolvenzforderungen

1. Ansprüche aus einem Arbeitsverhältnis
2. Entstehen der Forderung vor Insolvenzeröffnung
3. Zu den Insolvenzforderungen gehören insbesondere
   - Arbeitsentgeltansprüche vor Insolvenzeröffnung
   - individuell vor Insolvenzeröffnung vereinbarte Abfindungen
   - Abfindungen aus einem »Altsozialplan«
   - Anspruch auf Nachteilsausgleich (§ 113 BetrVG)
   - Schadensersatzanspruch bei vorzeitiger Beendigung des Arbeitsverhältnisses (§ 113 I S. 3)

II. Durchsetzung von Insolvenzforderungen

1. Leistungsklage gegen den Insolvenzverwalter unzulässig
2. Anmelden der Forderungen beim Insolvenzverwalter
3. bei Bestreiten der Forderung: Forderungsfeststellungsklage
4. bei rechtskräftiger Feststellung der Forderung: Antrag auf Berichtigung der Tabelle stellen

Insolvenzordnung (InsO)

vom 5. Oktober 1994 (BGBl. I 2866),
zuletzt geändert durch Gesetz vom 23. Juni 2017 (BGBl. I 1693)

(Abgedruckte Vorschriften: §§ 1, 2 Abs. 1, 13 Abs. 1 und 2, 14, 15 a, 16–19, 21, 22, 22 a, 38, 39, 47–55, 80 Abs. 1, 103, 107, 108, 113, 120–134, 142, 178, 207–209, 217, 251, 270, 286)

Erster Teil – Allgemeine Vorschriften

§ 1 Ziele des Insolvenzverfahrens Das Insolvenzverfahren dient dazu, die Gläubiger eines Schuldners gemeinschaftlich zu befriedigen, indem das Vermögen des Schuldners verwertet und der Erlös verteilt oder in einem Insolvenzplan eine abweichende Regelung insbesondere zum Erhalt des Unternehmens getroffen wird. Dem redlichen Schuldner wird Gelegenheit gegeben, sich von seinen restlichen Verbindlichkeiten zu befreien.

§ 2 Amtsgericht als Insolvenzgericht (1) Für das Insolvenzverfahren ist das Amtsgericht, in dessen Bezirk ein Landgericht seinen Sitz hat, als Insolvenzgericht für den Bezirk dieses Landgerichts ausschließlich zuständig.

…

Zweiter Teil – Eröffnung des Insolvenzverfahrens, Erfaßtes Vermögen und Verfahrensbeteiligte

Erster Abschnitt – Eröffnungsvoraussetzungen und Eröffnungsverfahren

…

§ 13 Eröffnungsantrag (1) Das Insolvenzverfahren wird nur auf schriftlichen Antrag eröffnet. Antragsberechtigt sind die Gläubiger und der Schuldner. Dem Antrag des Schuldners ist ein Verzeichnis der Gläubiger und ihrer Forderungen beizufügen. Wenn der Schuldner einen Geschäftsbetrieb hat, der nicht eingestellt ist, sollen in dem Verzeichnis besonders kenntlich gemacht werden

1. die höchsten Forderungen,
2. die höchsten gesicherten Forderungen,
3. die Forderungen der Finanzverwaltung,
4. die Forderungen der Sozialversicherungsträger sowie
5. die Forderungen aus betrieblicher Altersversorgung.

Der Schuldner hat in diesem Fall auch Angaben zur Bilanzsumme, zu den

Umsatzerlösen und zur durchschnittlichen Zahl der Arbeitnehmer des vorangegangenen Geschäftsjahres zu machen. Die Angaben nach Satz 4 sind verpflichtend, wenn
1. der Schuldner Eigenverwaltung beantragt,
2. der Schuldner die Merkmale des § 22 a Absatz 1 erfüllt,
3. die Einsetzung eines vorläufigen Gläubigerausschusses beantragt wurde.
Dem Verzeichnis nach Satz 3 und den Angaben nach den Sätzen 4 und 5 ist die Erklärung beizufügen, dass die enthaltenen Angaben richtig und vollständig sind.
(2) Der Antrag kann zurückgenommen werden, bis das Insolvenzverfahren eröffnet oder der Antrag rechtskräftig abgewiesen ist.
...

§ 14 Antrag eines Gläubigers (1) Der Antrag eines Gläubigers ist zulässig, wenn der Gläubiger ein rechtliches Interesse an der Eröffnung des Insolvenzverfahrens hat und seine Forderung und den Eröffnungsgrund glaubhaft macht. Der Antrag wird nicht allein dadurch unzulässig, dass die Forderung erfüllt wird.
(2) Ist der Antrag zulässig, so hat das Insolvenzgericht den Schuldner zu hören.
(3) Wird die Forderung des Gläubigers nach Antragstellung erfüllt, so hat der Schuldner die Kosten des Verfahrens zu tragen, wenn der Antrag als unbegründet abgewiesen wird.
...

§ 15 a Antragspflicht bei juristischen Personen und Gesellschaften ohne Rechtspersönlichkeit (1) Wird eine juristische Person zahlungsunfähig oder überschuldet, haben die Mitglieder des Vertretungsorgans oder die Abwickler ohne schuldhaftes Zögern, spätestens aber drei Wochen nach Eintritt der Zahlungsunfähigkeit oder Überschuldung, einen Eröffnungsantrag zu stellen. Das Gleiche gilt für die organschaftlichen Vertreter der zur Vertretung der Gesellschaft ermächtigten Gesellschafter oder die Abwickler bei einer Gesellschaft ohne Rechtspersönlichkeit, bei der kein persönlich haftender Gesellschafter eine natürliche Person ist; dies gilt nicht, wenn zu den persönlich haftenden Gesellschaften eine andere Gesellschaft gehört, bei der ein persönlich haftender Gesellschafter eine natürliche Person ist.
(2) Bei einer Gesellschaft im Sinne des Absatzes 1 Satz 2 gilt der Absatz 1 sinngemäß, wenn die organschaftlichen Vertreter der zur Vertretung der Gesellschaft ermächtigten Gesellschafter ihrerseits Gesellschaften sind, bei denen kein persönlich haftender Gesellschafter eine natürliche Person ist, oder sich die Verbindung von Gesellschaften in dieser Art fortsetzt.
(3) Im fall der Führungslosigkeit einer Gesellschaft mit beschränkter Haftung ist auch jeder Gesellschafter, im Fall der Führungslosigkeit einer Aktiengesellschaft oder einer Genossenschaft ist auch jedes Mitglied des Aufsichtsrats zur Stellung des Antrags verpflichtet, es sei denn, diese Person hat von der Zahlungsunfähigkeit und der Überschuldung oder der Führungslosigkeit keine Kenntnis.

(4) Mit Freiheitsstrafe bis zu drei Jahren oder mit Geldstrafe wird bestraft, wer entgegen Absatz 1 Satz 1, auch in Verbindung mit Satz 2 oder Absatz 2 oder Absatz 3 einen Eröffnungsantrag
1. nicht oder nicht rechtzeitig stellt oder
2. nicht richtig stellt.
(5) Handelt der Täter in den Fällen des Absatzes 4 fahrlässig, ist die Strafe Freiheitsstrafe bis zu einem Jahr oder Geldstrafe.
(6) Im Falle des Absatzes 4 Nummer 2, auch in Verbindung mit Absatz 5, ist die Tat nur strafbar, wenn der Eröffnungsantrag rechtskräftig als unzulässig zurückgewiesen wurde.
(7) Auf Vereine und Stiftungen, für die § 42 Absatz 2 des Bürgerlichen Gesetzbuchs gilt, sind die Absätze 1 bis 6 nicht anzuwenden.

§ 16 Eröffnungsgrund Die Eröffnung des Insolvenzverfahrens setzt voraus, daß ein Eröffnungsgrund gegeben ist.

§ 17 Zahlungsunfähigkeit (1) Allgemeiner Eröffnungsgrund ist die Zahlungsunfähigkeit.
(2) Der Schuldner ist zahlungsunfähig, wenn er nicht in der Lage ist, die fälligen Zahlungspflichten zu erfüllen. Zahlungsunfähigkeit ist in der Regel anzunehmen, wenn der Schuldner seine Zahlungen eingestellt hat.

§ 18 Drohende Zahlungsunfähigkeit (1) Beantragt der Schuldner die Eröffnung des Insolvenzverfahrens, so ist auch die drohende Zahlungsunfähigkeit Eröffnungsgrund.
(2) Der Schuldner droht zahlungsunfähig zu werden, wenn er voraussichtlich nicht in der Lage sein wird, die bestehenden Zahlungspflichten im Zeitpunkt der Fälligkeit zu erfüllen.
(3) Wird bei einer juristischen Person oder einer Gesellschaft ohne Rechtspersönlichkeit der Antrag nicht von allen Mitgliedern des Vertretungsorgans, allen persönlich haftenden Gesellschaftern oder allen Abwicklern gestellt, so ist Absatz 1 nur anzuwenden, wenn der oder die Antragsteller zur Vertretung der juristischen Person oder der Gesellschaft berechtigt sind.

§ 19 Überschuldung (1) Bei einer juristischen Person ist auch die Überschuldung Eröffnungsgrund.
(2) Überschuldung liegt vor, wenn das Vermögen des Schuldners die bestehenden Verbindlichkeiten nicht mehr deckt, es sei denn, die Fortführung des Unternehmens ist nach den Umständen überwiegend wahrscheinlich. Forderungen auf Rückgewähr von Gesellschafterdarlehen oder aus Rechtshandlungen, die einem solchen Darlehen wirtschaftlich entsprechen, für die gemäß § 39 Abs. 2 zwischen Gläubiger und Schuldner der Nachrang im Insolvenzverfahren hinter den in § 39 Abs. 1 Nr. 1 bis 5 bezeichneten Forderungen vereinbart worden ist, sind nicht bei den Verbindlichkeiten nach Satz 1 zu berücksichtigen.
(3) Ist bei einer Gesellschaft ohne Rechtspersönlichkeit kein persönlich haften-

der Gesellschafter eine natürliche Person, so gelten die Absätze 1 und 2 entsprechend. Dies gilt nicht, wenn zu den persönlich haftenden Gesellschaftern eine andere Gesellschaft gehört, bei der ein persönlich haftender Gesellschafter eine natürliche Person ist.

...

§ 21 Anordnung vorläufiger Maßnahmen (1) Das Insolvenzgericht hat alle Maßnahmen zu treffen, die erforderlich erscheinen, um bis zur Entscheidung über den Antrag eine den Gläubigern nachteilige Veränderung in der Vermögenslage des Schuldners zu verhüten. Gegen die Anordnung der Maßnahme steht dem Schuldner die sofortige Beschwerde zu.

(2) Das Gericht kann insbesondere

1. einen vorläufigen Insolvenzverwalter bestellen, für den § 8 Absatz 3 und die §§ 56 bis 56 b, 58 bis 66 und 269 a entsprechend gelten;

1 a. einen vorläufigen Gläubigerausschuss einsetzen, für den § 67 Absatz 2 und die §§ 69 bis 73 entsprechend gelten; zu Mitgliedern des Gläubigerausschusses können auch Personen bestellt werden, die erst mit Eröffnung des Verfahrens Gläubiger werden;

2. dem Schuldner ein allgemeines Verfügungsverbot auferlegen oder anordnen, daß Verfügungen des Schuldners nur mit Zustimmung des vorläufigen Insolvenzverwalters wirksam sind;

3. Maßnahmen der Zwangsvollstreckung gegen den Schuldner untersagen oder einstweilen einstellen, soweit nicht unbewegliche Gegenstände betroffen sind;

4. eine vorläufige Postsperre anordnen, für die die §§ 99, 101 Abs. 1 Satz 1 entsprechend gelten;

5. anordnen, dass Gegenstände, die im Falle der Eröffnung des Verfahrens von § 166 erfasst würden oder deren Aussonderung verlangt werden könnte, vom Gläubiger nicht verwertet oder eingezogen werden dürfen und dass solche Gegenstände zur Fortführung des Unternehmens des Schuldners eingesetzt werden können, soweit sie hierfür von erheblicher Bedeutung sind; § 169 Satz 2 und 3 gilt entsprechend; ein durch die Nutzung eingetretener Wertverlust ist durch laufende Zahlungen an den Gläubiger auszugleichen. Die Verpflichtung zu Ausgleichszahlungen besteht nur, soweit der durch die Nutzung entstehende Wertverlust die Sicherung des absonderungsberechtigten Gläubigers beeinträchtigt. Zieht der vorläufige Insolvenzverwalter eine zur Sicherung eines Anspruchs abgetretene Forderung anstelle des Gläubigers ein, so gelten die §§ 170, 171 entsprechend.

Die Anordnung von Sicherungsmaßnahmen berührt nicht die Wirksamkeit von Verfügungen über Finanzsicherheiten nach § 1 Abs. 17 des Kreditwesengesetzes und die Wirksamkeit der Verrechnung von Ansprüchen und Leistungen aus Zahlungsaufträgen, Aufträgen zwischen Zahlungsdienstleistern oder zwischengeschalteten Stellen oder Aufträgen zur Übertragung von Wertpapieren, die in Systeme nach § 1 Abs. 16 des Kreditwesengesetzes eingebracht wurden. Dies gilt auch dann, wenn ein solches Rechtsgeschäft des Schuldners am Tag

der Anordnung getätigt und verrechnet oder eine Finanzsicherheit bestellt wird und der andere Teil nachweist, dass er die Anordnung weder kannt noch hätte kennen müssen; ist der andere Teil ein Systembetreiber oder Teilnehmer in dem System, bestimmt sich der Tag der Anordnung nach dem Geschäftstag im Sinne des § 1 Absatz 16 b des Kreditwesengesetzes.
(3) Reichen andere Maßnahmen nicht aus, so kann das Gericht den Schuldner zwangsweise vorführen und nach Anhörung in Haft nehmen lassen. Ist der Schuldner keine natürliche Person, so gilt entsprechendes für seine organschaftlichen Vertreter. Für die Anordnung von Haft gilt § 98 Abs. 3 entsprechend.

§ 22 Rechtsstellung des vorläufigen Insolvenzverwalters (1) Wird ein vorläufiger Insolvenzverwalter bestellt und dem Schuldner ein allgemeines Verfügungsverbot auferlegt, so geht die Verwaltungs- und Verfügungsbefugnis über das Vermögen des Schuldners auf den vorläufigen Insolvenzverwalter über. In diesem Fall hat der vorläufige Insolvenzverwalter:
1. das Vermögen des Schuldners zu sichern und zu erhalten;
2. ein Unternehmen, das der Schuldner betreibt, bis zur Entscheidung über die Eröffnung des Insolvenzverfahrens fortzuführen, soweit nicht das Insolvenzgericht einer Stillegung zustimmt, um eine erhebliche Verminderung des Vermögens zu vermeiden;
3. zu prüfen, ob das Vermögen des Schuldners die Kosten des Verfahrens decken wird; das Gericht kann ihn zusätzlich beauftragen, als Sachverständiger zu prüfen, ob ein Eröffnungsgrund vorliegt und welche Aussichten für eine Fortführung des Unternehmens des Schuldners bestehen.

(2) Wird ein vorläufiger Insolvenzverwalter bestellt, ohne daß dem Schuldner ein allgemeines Verfügungsverbot auferlegt wird, so bestimmt das Gericht die Pflichten des vorläufigen Insolvenzverwalters. Sie dürfen nicht über die Pflichten nach Absatz 1 Satz 2 hinausgehen.
(3) Der vorläufige Insolvenzverwalter ist berechtigt, die Geschäftsräume des Schuldners zu betreten und dort Nachforschungen anzustellen. Der Schuldner hat dem vorläufigen Insolvenzverwalter Einsicht in seine Bücher und Geschäftspapiere zu gestatten. Er hat ihm alle erforderlichen Auskünfte zu erteilen und ihn bei der Erfüllung seiner Aufgaben zu unterstützen; die §§ 97, 98, 101 Abs. 1, Satz 1, 2, Abs. 2 gelten entsprechend.

§ 22 a Bestellung eines vorläufigen Gläubigerausschusses (1) Das Insolvenzgericht hat einen vorläufigen Gläubigerausschuss nach § 21 Absatz 2 Nummer 1 a einzusetzen, wenn der Schuldner im vorangegangenen Geschäftsjahr mindestens zwei der drei nachstehenden Merkmale erfüllt hat:
1. mindestens 6 000 000 Euro Bilanzsumme nach Abzug eines auf der Aktivseite ausgewiesenen Fehlbetrags im Sinne des § 268 Absatz 3 des Handelsgesetzbuchs;
2. mindestens 12 000 000 Euro Umsatzerlös in den zwölf Monaten vor dem Abschlussstichtag;
3. im Jahresdurchschnitt mindestens fünfzig Arbeitnehmer.

(2) Das Gericht soll auf Antrag des Schuldners, des vorläufigen Insolvenzverwalters oder eines Gläubigers einen vorläufigen Gläubigerausschuss nach § 21 Absatz 2 Nummer 1 a einsetzen, wenn Personen benannt werden, die als Mitglieder des vorläufigen Gläubigerausschusses in Betracht kommen und dem Antrag Einverständniserklärungen der benannten Personen beigefügt werden.
(3) Ein vorläufiger Gläubigerausschuss ist nicht einzusetzen, wenn der Geschäftsbetrieb des Schuldners eingestellt ist, die Einhaltung des vorläufigen Gläubigerausschusses im Hinblick auf die zu erwartende Insolvenzmasse unverhältnismäßig ist oder die mit der Einsetzung verbundene Verzögerung zu einer nachteiligen Veränderung der Vermögenslage des Schuldners führt.
(4) Auf Aufforderung des Gerichts hat der Schuldner oder der vorläufige Insolvenzverwalter Personen zu benennen, die als Mitglieder des vorläufigen Gläubigerausschusses in Betracht kommen.
...

Zweiter Abschnitt – Insolvenzmasse. Einteilung der Gläubiger

...

§ 38 Begriff der Insolvenzgläubiger Die Insolvenzmasse dient zur Befriedigung der persönlichen Gläubiger, die einen zur Zeit der Eröffnung des Insolvenzverfahrens begründeten Vermögensanspruch gegen den Schuldner haben (Insolvenzgläubiger).

§ 39 Nachrangige Insolvenzgläubiger (1) Im Rang nach den übrigen Forderungen der Insolvenzgläubiger werden in folgender Rangfolge, bei gleichem Rang nach dem Verhältnis ihrer Beträge, berichtigt:
1. die seit der Eröffnung des Insolvenzverfahrens laufenden Zinsen und Säumniszuschläge auf Forderungen der Insolvenzgläubiger;
2. die Kosten, die den einzelnen Insolvenzgläubigern durch ihre Teilnahme am Verfahren erwachsen;
3. Geldstrafen, Geldbußen, Ordnungsgelder und Zwangsgelder sowie solche Nebenfolgen einer Straftat oder Ordnungswidrigkeit, die zu einer Geldzahlung verpflichten;
4. Forderungen auf eine unentgeltliche Leistung des Schuldners;
5. nach Maßgabe der Absätze 4 und 5 Forderungen auf Rückgewähr eines Gesellschafterdarlehens oder Forderungen aus Rechtshandlungen, die einem solchen Darlehen wirtschaftlich entsprechen.

(2) Forderungen, für die zwischen Gläubiger und Schuldner der Nachrang im Insolvenzverfahren vereinbart worden ist, werden im Zweifel nach den in Absatz 1 bezeichneten Forderungen berichtigt.
(3) Die Zinsen der Forderungen nachrangiger Insolvenzgläubiger und die Kosten, die diesen Gläubigern durch ihre Teilnahme am Verfahren entstehen, haben den gleichen Rang wie die Forderungen dieser Gläubiger.

(4) Absatz 1 Nr. 5 gilt für Gesellschaften, die weder eine natürliche Person noch eine Gesellschaft als persönlich haftenden Gesellschafter haben, bei der ein persönlich haftender Gesellschafter eine natürliche Person ist. Erwirbt ein Gläubiger bei drohender oder eingetretener Zahlungsunfähigkeit der Gesellschaft oder bei Überschuldung Anteile zum Zweck ihrer Sanierung, führt dies bis zur nachhaltigen Sanierung nicht zur Anwendung von Absatz 1 Nr. 5 auf seine Forderungen aus bestehenden oder neu gewährten Darlehen oder auf Forderungen aus Rechtshandlungen, die einem solchen Darlehen wirtschaftlich entsprechen.
(5) Absatz 1 Nr. 5 gilt nicht für den nicht geschäftsführenden Gesellschafter einer Gesellschaft im Sinne des Absatzes 4 Satz 1, der mit 10 Prozent oder weniger am Haftkapital beteiligt ist.
…

§ 47 Aussonderung Wer auf Grund eines dinglichen oder persönlichen Rechts geltend machen kann, daß ein Gegenstand nicht zur Insolvenzmasse gehört, ist kein Insolvenzgläubiger. Sein Anspruch auf Aussonderung des Gegenstands bestimmt sich nach den Gesetzen, die außerhalb des Insolvenzverfahrens gelten.

§ 48 Ersatzaussonderung Ist ein Gegenstand, dessen Aussonderung hätte verlangt werden können, vor der Eröffnung des Insolvenzverfahrens vom Schuldner oder nach der Eröffnung vom Insolvenzverwalter unberechtigt veräußert worden, so kann der Aussonderungsberechtigte die Abtretung des Rechts auf die Gegenleistung verlangen, soweit diese noch aussteht. Er kann die Gegenleistung aus der Insolvenzmasse verlangen, soweit sie in der Masse unterscheidbar vorhanden ist.

§ 49 Abgesonderte Befriedigung aus unbeweglichen Gegenständen Gläubiger, denen ein Recht auf Befriedigung aus Gegenständen zusteht, die der Zwangsvollstreckung in das unbewegliche Vermögen unterliegen (unbewegliche Gegenstände), sind nach Maßgabe des Gesetzes über die Zwangsversteigerung und die Zwangsverwaltung zur abgesonderten Befriedigung berechtigt.

§ 50 Abgesonderte Befriedigung der Pfandgläubiger (1) Gläubiger, die an einem Gegenstand der Insolvenzmasse ein rechtsgeschäftliches Pfandrecht, ein durch Pfändung erlangtes Pfandrecht oder ein gesetzliches Pfandrecht haben, sind nach Maßgabe der §§ 166 bis 173 für Hauptforderung, Zinsen und Kosten zur abgesonderten Befriedigung aus dem Pfandgegenstand berechtigt.
(2) Das gesetzliche Pfandrecht des Vermieters oder Verpächters kann im Insolvenzverfahren wegen der Miete oder Pacht für eine frühere Zeit als die letzten zwölf Monate vor der Eröffnung des Verfahrens sowie wegen der Entschädigung, die infolge einer Kündigung des Insolvenzverwalters zu zahlen ist, nicht geltend gemacht werden. Das Pfandrecht des Verpächters eines landwirtschaftlichen Grundstücks unterliegt wegen der Pacht nicht dieser Beschränkung.

§ 51 Sonstige Absonderungsberechtigte Den in § 50 genannten Gläubigern stehen gleich:
1. Gläubiger, denen der Schuldner zur Sicherung eines Anspruchs eine bewegliche Sache übereignet oder ein Recht übertragen hat;
2. Gläubiger, denen ein Zurückbehaltungsrecht an einer Sache zusteht, weil sie etwas zum Nutzen der Sache verwendet haben, soweit ihre Forderung aus der Verwendung den noch vorhandenen Vorteil nicht übersteigt;
3. Gläubiger, denen nach dem Handelsgesetzbuch ein Zurückbehaltungsrecht zusteht;
4. Bund, Länder, Gemeinden und Gemeindeverbände, soweit ihnen zoll- und steuerpflichtige Sachen nach gesetzlichen Vorschriften als Sicherheit für öffentliche Abgaben dienen.

§ 52 Ausfall der Absonderungsberechtigten Gläubiger, die abgesonderte Befriedigung beanspruchen können, sind Insolvenzgläubiger, soweit ihnen der Schuldner auch persönlich haftet. Sie sind zur anteilsmäßigen Befriedigung aus der Insolvenzmasse jedoch nur berechtigt, soweit sie auf eine abgesonderte Befriedigung verzichten oder bei ihr ausgefallen sind.

§ 53 Massegläubiger Aus der Insolvenzmasse sind die Kosten des Insolvenzverfahrens und die sonstigen Masseverbindlichkeiten vorweg zu berichtigen.

§ 54 Kosten des Insolvenzverfahrens Kosten des Insolvenzverfahrens sind:
1. die Gerichtskosten für das Insolvenzverfahren;
2. die Vergütungen und die Auslagen des vorläufigen Insolvenzverwalters, des Insolvenzverwalters und der Mitglieder des Gläubigerausschusses.

§ 55 Sonstige Masseverbindlichkeiten (1) Masseverbindlichkeiten sind weiter die Verbindlichkeiten:
1. die durch Handlungen des Insolvenzverwalters oder in anderer Weise durch die Verwaltung, Verwertung und Verteilung der Insolvenzmasse begründet werden, ohne zu den Kosten des Insolvenzverfahrens zu gehören;
2. aus gegenseitigen Verträgen, soweit deren Erfüllung zur Insolvenzmasse verlangt wird oder für die Zeit nach der Eröffnung des Insolvenzverfahrens erfolgen muß;
3. aus einer ungerechtfertigten Bereicherung der Masse.

(2) Verbindlichkeiten, die von einem vorläufigen Insolvenzverwalter begründet worden sind, auf den die Verfügungsbefugnis über das Vermögen des Schuldners übergegangen ist, gelten nach der Eröffnung des Verfahrens als Masseverbindlichkeiten. Gleiches gilt für Verbindlichkeiten aus einem Dauerschuldverhältnis, soweit der vorläufige Insolvenzverwalter für das von ihm verwaltete Vermögen die Gegenleistung in Anspruch genommen hat.

(3) Gegen nach Absatz 2 begründete Ansprüche auf Arbeitsentgelt nach § 169 des Dritten Buches Sozialgesetzbuch auf die Bundesagentur für Arbeit über, so kann die Bundesagentur diese nur als Insolvenzgläubiger geltend machen. Satz 1

gilt entsprechend für die in § 175 Absatz 1 des Dritten Buches Sozialgesetzbuch bezeichneten Ansprüche, soweit diese gegenüber dem Schuldner bestehen bleiben.
(4) Verbindlichkeiten des Insolvenzschuldners aus dem Steuerschuldverhältnis, die von einem vorläufigen Insolvenzverwalter oder vom Schuldner mit Zustimmung eines vorläufigen Insolvenzverwalters begründet worden sind, gelten nach Eröffnung des Insolvenzverfahrens als Masseverbindlichkeit.
…

Dritter Teil – Wirkungen der Eröffnung des Insolvenzverfahrens

Erster Abschnitt – Allgemeine Wirkungen

§ 80 Übergang des Verwaltungs- und Verfügungsrechts (1) Durch die Eröffnung des Insolvenzverfahrens geht das Recht des Schuldners, das zur Insolvenzmasse gehörende Vermögen zu verwalten und über es zu verfügen, auf den Insolvenzverwalter über.
(2) …
…

Zweiter Abschnitt – Erfüllung der Rechtsgeschäfte. Mitwirkung des Betriebsrats

§ 103 Wahlrecht des Insolvenzverwalters (1) Ist ein gegenseitiger Vertrag zur Zeit der Eröffnung des Insolvenzverfahrens vom Schuldner und vom anderen Teil nicht oder nicht vollständig erfüllt, so kann der Insolvenzverwalter anstelle des Schuldners den Vertrag erfüllen und die Erfüllung vom anderen Teil verlangen.
(2) Lehnt der Verwalter die Erfüllung ab, so kann der andere Teil eine Forderung wegen der Nichterfüllung nur als Insolvenzgläubiger geltend machen. Fordert der andere Teil den Verwalter zur Ausübung seines Wahlrechts auf, so hat der Verwalter unverzüglich zu erklären, ob er die Erfüllung verlangen will. Unterläßt er dies, so kann er auf der Erfüllung nicht bestehen.
…

§ 107 Eigentumsvorbehalt (1) Hat vor der Eröffnung des Insolvenzverfahrens der Schuldner eine bewegliche Sache unter Eigentumsvorbehalt verkauft und dem Käufer den Besitz an der Sache übertragen, so kann der Käufer die Erfüllung des Kaufvertrages verlangen. Dies gilt auch, wenn der Schuldner dem Käufer gegenüber weitere Verpflichtungen übernommen hat und diese nicht oder nicht vollständig erfüllt sind.
(2) Hat vor der Eröffnung des Insolvenzverfahrens der Schuldner eine bewegliche Sache unter Eigentumsvorbehalt gekauft und vom Verkäufer den Besitz an

der Sache erlangt, so braucht der Insolvenzverwalter, den der Verkäufer zur Ausübung des Wahlrechts aufgefordert hat, die Erklärung nach § 103 Abs. 2 Satz 2 erst unverzüglich nach dem Berichtstermin abzugeben. Dies gilt nicht, wenn in der Zeit bis zum Berichtstermin eine erhebliche Verminderung des Wertes der Sache zu erwarten ist und der Gläubiger den Verwalter auf diesen Umstand hingewiesen hat.

§ 108 Fortbestehen bestimmter Schuldverhältnisse (1) Miet- und Pachtverhältnisse des Schuldners über unbewegliche Gegenstände oder Räume sowie Dienstverhältnisse des Schuldners bestehen mit Wirkung für die Insolvenzmasse fort. Dies gilt auch für Miet- und Pachtverhältnisse, die der Schuldner als Vermieter oder Verpächter eingegangen war und die sonstige Gegenstände betreffen, die einem Dritten, der ihre Anschaffung oder Herstellung finanziert hat, zur Sicherheit übertragen wurden.
(2) Ein vom Schuldner als Darlehensgeber eingegangenes Darlehensverhältnis besteht mit Wirkung für die Masse fort, soweit dem Darlehensnehmer der geschuldete Gegenstand zur Verfügung gestellt wurde.
(3) Ansprüche für die Zeit vor der Eröffnung des Insolvenzverfahrens kann der andere Teil nur als Insolvenzgläubiger geltend machen.
…

§ 113 Kündigung eines Dienstverhältnisses Ein Dienstverhältnis, bei dem der Schuldner der Dienstberechtigte ist, kann vom Insolvenzverwalter und vom anderen Teil ohne Rücksicht auf eine vereinbarte Vertragsdauer oder einen vereinbarten Ausschluß des Rechts zur ordentlichen Kündigung gekündigt werden. Die Kündigungsfrist beträgt drei Monate zum Monatsende, wenn nicht eine kürzere Frist maßgeblich ist. Kündigt der Verwalter, so kann der andere Teil wegen der vorzeitigen Beendigung des Dienstverhältnisses als Insolvenzgläubiger Schadenersatz verlangen.
…

§ 120 Kündigung von Betriebsvereinbarungen (1) Sind in Betriebsvereinbarungen Leistungen vorgesehen, welche die Insolvenzmasse belasten, so sollen Insolvenzverwalter und Betriebsrat über eine einvernehmliche Herabsetzung der Leistungen beraten. Diese Betriebsvereinbarungen können auch dann mit einer Frist von drei Monaten gekündigt werden, wenn eine längere Frist vereinbart ist.
(2) Unberührt bleibt das Recht, eine Betriebsvereinbarung aus wichtigem Grund ohne Einhaltung einer Kündigungsfrist zu kündigen.

§ 121 Betriebsänderungen und Vermittlungsverfahren Im Insolvenzverfahren über das Vermögen des Unternehmers gilt § 112 Abs. 2 Satz 1 des Betriebsverfassungsgesetzes mit der Maßgabe, daß dem Verfahren vor der Einigungsstelle nur dann ein Vermittlungsversuch vorangeht, wenn der Insolvenzverwalter und der Betriebsrat gemeinsam um eine solche Vermittlung ersuchen.

§ 122 Gerichtliche Zustimmung zur Durchführung einer Betriebsänderung
(1) Ist eine Betriebsänderung geplant und kommt zwischen Insolvenzverwalter und Betriebsrat der Interessenausgleich nach § 112 des Betriebsverfassungsgesetzes nicht innerhalb von drei Wochen nach Verhandlungsbeginn oder schriftlicher Aufforderung zur Aufnahme von Verhandlungen zustande, obwohl der Verwalter den Betriebsrat rechtzeitig und umfassend unterrichtet hat, so kann der Verwalter die Zustimmung des Arbeitsgerichts dazu beantragen, daß die Betriebsänderung durchgeführt wird, ohne daß das Verfahren nach § 112 Abs. 2 des Betriebsverfassungsgesetzes vorangegangen ist. § 113 Abs. 3 des Betriebsverfassungsgesetzes ist insoweit nicht anzuwenden. Unberührt bleibt das Recht des Verwalters, einen Interessenausgleich nach § 125 zustande zu bringen oder einen Feststellungsantrag nach § 126 zu stellen.
(2) Das Gericht erteilt die Zustimmung, wenn die wirtschaftliche Lage des Unternehmens auch unter Berücksichtigung der sozialen Belange der Arbeitnehmer erfordert, daß die Betriebsänderung ohne vorheriges Verfahren nach § 112 Abs. 2 des Betriebsverfassungsgesetzes durchgeführt wird. Die Vorschriften des Arbeitsgerichtsgesetzes über das Beschlußverfahren gelten entsprechend; Beteiligte sind der Insolvenzverwalter und der Betriebsrat. Der Antrag ist nach Maßgabe des § 61 a Abs. 3 bis 6 des Arbeitsgerichtsgesetzes vorrangig zu erledigen.
(3) Gegen den Beschluß des Gerichts findet die Beschwerde an das Landesarbeitsgericht nicht statt. Die Rechtsbeschwerde an das Bundesarbeitsgericht findet statt, wenn sie in dem Beschluß des Arbeitsgerichts zugelassen wird; § 72 Abs. 2 und 3 des Arbeitsgerichtsgesetzes gilt entsprechend. Die Rechtsbeschwerde ist innerhalb eines Monats nach Zustellung der in vollständiger Form abgefaßten Entscheidung des Arbeitsgerichts beim Bundesarbeitsgericht einzulegen und neu zu begründen.

§ 123 Umfang des Sozialplans (1) In einem Sozialplan, der nach der Eröffnung des Insolvenzverfahrens aufgestellt wird, kann für den Ausgleich oder die Milderung der wirtschaftlichen Nachteile, die den Arbeitnehmern infolge der geplanten Betriebsänderung entstehen, ein Gesamtbetrag von bis zu zweieinhalb Monatsverdiensten (§ 10 Abs. 3 des Kündigungsschutzgesetzes) der von einer Entlassung betroffenen Arbeitnehmer vorgesehen werden.
(2) Die Verbindlichkeiten aus einem solchen Sozialplan sind Masseverbindlichkeiten. Jedoch darf, wenn nicht ein Insolvenzplan zustande kommt, für die Berichtigung von Sozialplanforderungen nicht mehr als ein Drittel der Masse verwendet werden, die ohne einen Sozialplan für die Verteilung an die Insolvenzgläubiger zur Verfügung stünde. Übersteigt der Gesamtbetrag aller Sozialplanforderungen diese Grenze, so sind die einzelnen Forderungen anteilig zu kürzen.
(3) Sooft hinreichende Barmittel in der Masse vorhanden sind, soll der Insolvenzverwalter mit Zustimmung des Insolvenzgerichts Abschlagszahlungen auf die Sozialplanforderungen leisten. Eine Zwangsvollstreckung in die Masse wegen einer Sozialplanforderung ist unzulässig.

§ 124 Sozialplan vor Verfahrenseröffnung (1) Ein Sozialplan, der vor der Eröffnung des Insolvenzverfahrens, jedoch nicht früher als drei Monate vor dem Eröffnungsantrag aufgestellt worden ist, kann sowohl vom Insolvenzverwalter als auch vom Betriebsrat widerrufen werden.
(2) Wird der Sozialplan widerrufen, so können die Arbeitnehmer, denen Forderungen aus dem Sozialplan zustanden, bei der Aufstellung eines Sozialplans im Insolvenzverfahren berücksichtigt werden.
(3) Leistungen, die ein Arbeitnehmer vor der Eröffnung des Verfahrens auf seine Forderung aus dem widerrufenen Sozialplan erhalten hat, können nicht wegen des Widerrufs zurückgefordert werden. Bei der Aufstellung eines neuen Sozialplans sind derartige Leistungen an einen von einer Entlassung betroffenen Arbeitnehmer bei der Berechnung des Gesamtbetrags der Sozialplanforderungen nach § 123 Abs. 1 bis zur Höhe von zweieinhalb Monatsverdiensten abzusetzen.

§ 125 Interessenausgleich und Kündigungsschutz (1) Ist eine Betriebsänderung (§ 111 des Betriebsverfassungsgesetzes) geplant und kommt zwischen Insolvenzverwalter und Betriebsrat ein Interessenausgleich zustande, in dem die Arbeitnehmer, denen gekündigt werden soll, namentlich bezeichnet sind, so ist § 1 des Kündigungsgesetzes mit folgenden Maßgaben anzuwenden:
1. es wird vermutet, daß die Kündigung der Arbeitsverhältnisse der bezeichneten Arbeitnehmer durch dringende betriebliche Erfordernisse, die einer Weiterbeschäftigung in diesem Betrieb oder einer Weiterbeschäftigung zu unveränderten Arbeitsbedingungen entgegenstehen, bedingt ist;
2. die soziale Auswahl der Arbeitnehmer kann nur im Hinblick auf die Dauer der Betriebszugehörigkeit, das Lebensalter und die Unterhaltspflichten und auch insoweit nur auf grobe Fehlerhaftigkeit nachgeprüft werden; sie ist nicht als grob fehlerhaft anzusehen, wenn eine ausgewogene Personalstruktur erhalten oder geschaffen wird.

Satz 1 gilt nicht, soweit sich die Sachlage nach Zustandekommen des Interessenausgleichs wesentlich geändert hat.
(2) Der Interessenausgleich nach Absatz 1 ersetzt die Stellungnahme des Betriebsrats nach § 17 Abs. 3 Satz 2 des Kündigungsschutzgesetzes.

§ 126 Beschlußverfahren zum Kündigungsschutz (1) Hat der Betrieb keinen Betriebsrat oder kommt aus anderen Gründen innerhalb von drei Wochen nach Verhandlungsbeginn oder schriftlicher Aufforderung zur Aufnahme von Verhandlungen ein Interessenausgleich nach § 125 Abs. 1 nicht zustande, obwohl der Verwalter den Betriebsrat rechtzeitig und umfassend unterrichtet hat, so kann der Insolvenzverwalter beim Arbeitsgericht beantragen festzustellen, daß die Kündigung der Arbeitsverhältnisse bestimmter, im Antrag bezeichneter Arbeitnehmer durch dringende betriebliche Erfordernisse bedingt und sozial gerechtfertigt ist. Die soziale Auswahl der Arbeitnehmer kann nur im Hinblick auf die Dauer der Betriebszugehörigkeit, das Lebensalter und die Unterhaltspflichten nachgeprüft werden.

(2) Die Vorschriften des Arbeitsgerichtsgesetzes über das Beschlußverfahren gelten entsprechend; Beteiligte sind der Insolvenzverwalter, der Betriebsrat und die bezeichneten Arbeitnehmer, soweit sie nicht mit der Beendigung der Arbeitsverhältnisse oder mit den geänderten Arbeitsbedingungen einverstanden sind. § 122 Abs. 2 Satz 3, Abs. 3 gilt entsprechend.
(3) Für die Kosten, die den Beteiligten im Verfahren des ersten Rechtszugs entstehen, gilt § 12 a Abs. 1 Satz 1 und 2 des Arbeitsgerichtsgesetzes entsprechend. Im Verfahren vor dem Bundesarbeitsgericht gelten die Vorschriften der Zivilprozeßordnung über die Erstattung der Kosten des Rechtsstreits entsprechend.

§ 127 Klage des Arbeitnehmers (1) Kündigt der Insolvenzverwalter einem Arbeitnehmer, der in dem Antrag nach § 126 Abs. 1 bezeichnet ist, und erhebt der Arbeitnehmer Klage auf Feststellung, daß das Arbeitsverhältnis durch die Kündigung nicht aufgelöst oder die Änderung der Arbeitsbedingungen sozial ungerechtfertigt ist, so ist die rechtskräftige Entscheidung im Verfahren nach § 126 für die Parteien bindend. Dies gilt nicht, soweit sich die Sachlage nach dem Schluß der letzten mündlichen Verhandlung wesentlich geändert hat.
(2) Hat der Arbeitnehmer schon vor der Rechtskraft der Entscheidung im Verfahren nach § 126 Klage erhoben, so ist die Verhandlung über die Klage auf Antrag des Verwalters bis zu diesem Zeitpunkt auszusetzen.

§ 128 Betriebsveräußerung (1) Die Anwendung der §§ 125 bis 127 wird nicht dadurch ausgeschlossen, daß die Betriebsänderung, die dem Interessenausgleich oder dem Feststellungsantrag zugrundeliegt, erst nach einer Betriebsveräußerung durchgeführt werden soll. An dem Verfahren nach § 126 ist der Erwerber des Betriebs beteiligt.
(2) Im Falle eines Betriebsübergangs erstreckt sich die Vermutung nach § 125 Abs. 1 Satz 1 Nr. 1 oder die gerichtliche Feststellung nach § 126 Abs. 1 Satz 1 auch darauf, daß die Kündigung der Arbeitsverhältnisse nicht wegen des Betriebsübergangs erfolgt.

Dritter Abschnitt – Insolvenzanfechtung

§ 129 Grundsatz (1) Rechtshandlungen, die vor der Eröffnung des Insolvenzverfahrens vorgenommen worden sind und die Insolvenzgläubiger benachteiligen, kann der Insolvenzverwalter nach Maßgabe der §§ 130 bis 146 anfechten.
(2) Eine Unterlassung steht einer Rechtshandlung gleich.

§ 130 Kongruente Deckung (1) Anfechtbar ist eine Rechtshandlung, die einem Insolvenzgläubiger eine Sicherung oder Befriedigung gewährt oder ermöglicht hat,
1. wenn sie in den letzten drei Monaten vor dem Antrag auf Eröffnung des Insolvenzverfahrens vorgenommen worden ist, wenn zur Zeit der Handlung

der Schuldner zahlungsunfähig war und wenn der Gläubiger zu dieser Zeit die Zahlungsunfähigkeit kannte oder
2. wenn sie nach dem Eröffnungsantrag vorgenommen worden ist und wenn der Gläubiger zur Zeit der Handlung die Zahlungsunfähigkeit oder den Eröffnungsantrag kannte.

Dies gilt nicht, soweit die Rechtshandlung auf einer Sicherungsvereinbarung beruht, die die Verpflichtung enthält, eine Finanzsicherheit, eine andere oder eine zusätzliche Finanzsicherheit im Sinne des § 1 Abs. 17 des Kreditwesengesetzes zu bestellen, um das in der Sicherungsvereinbarung festgelegte Verhältnis zwischen dem Wert der gesicherten Verbindlichkeiten und dem Wert der geleisteten Sicherheiten wiederherzustellen (Margensicherheit).

(2) Der Kenntnis der Zahlungsunfähigkeit oder des Eröffnungsantrags steht die Kenntnis von Umständen gleich, die zwingend auf die Zahlungsunfähigkeit oder den Eröffnungsantrag schließen lassen.

(3) Gegenüber einer Person, die dem Schuldner zur Zeit der Handlung nahestand (§ 138), wird vermutet, daß sie die Zahlungsunfähigkeit oder den Eröffnungsantrag kannte.

§ 131 Inkongruente Deckung (1) Anfechtbar ist eine Rechtshandlung, die einem Insolvenzgläubiger eine Sicherung oder Befriedigung gewährt oder ermöglicht hat, die er nicht oder nicht in der Art oder nicht zu der Zeit zu beanspruchen hatte,

1. wenn die Handlung im letzten Monat vor dem Antrag auf Eröffnung des Insolvenzverfahrens oder nach diesem Antrag vorgenommen worden ist,
2. wenn die Handlung innerhalb des zweiten oder dritten Monats vor dem Eröffnungsantrag vorgenommen worden ist und der Schuldner zur Zeit der Handlung zahlungsunfähig war oder
3. wenn die Handlung innerhalb des zweiten oder dritten Monats vor dem Eröffnungsantrag vorgenommen worden ist und dem Gläubiger zur Zeit der Handlung bekannt war, daß sie die Insolvenzgläubiger benachteiligte.

(2) Für die Anwendung des Absatzes 1 Nr. 3 steht der Kenntnis der Benachteiligung der Insolvenzgläubiger die Kenntnis von Umständen gleich, die zwingend auf die Benachteiligung schließen lassen. Gegenüber einer Person, die dem Schuldner zur Zeit der Handlung nahestand (§ 138), wird vermutet, daß sie die Benachteiligung der Insolvenzgläubiger kannt.

§ 132 Unmittelbar nachteilige Rechtshandlungen (1) Anfechtbar ist ein Rechtsgeschäft des Schuldners, das die Insolvenzgläubiger unmittelbar benachteiligt,

1. wenn es in den letzten drei Monaten vor dem Antrag auf Eröffnung des Insolvenzverfahrens vorgenommen worden ist, wenn zur Zeit des Rechtsgeschäfts der Schuldner zahlungsunfähig war und wenn der andere Teil zu dieser Zeit die Zahlungsunfähigkeit kannte oder
2. wenn es nach dem Eröffnungsantrag vorgenommen worden ist und wenn

der andere Teil zur Zeit des Rechtsgeschäfts die Zahlungsunfähigkeit oder den Eröffnungsantrag kannte.

(2) Einem Rechtsgeschäft, das die Insolvenzgläubiger unmittelbar benachteiligt, steht eine andere Rechtshandlung des Schuldners gleich, durch die der Schuldner ein Recht verliert oder nicht mehr geltend machen kann oder durch die ein vermögensrechtlicher Anspruch gegen ihn erhalten oder durchsetzbar wird.

(3) § 130 Abs. 2 und 3 gilt entsprechend.

§ 133 Vorsätzliche Benachteiligung (1) Anfechtbar ist eine Rechtshandlung, die der Schuldner in den letzten zehn Jahren vor dem Antrag auf Eröffnung des Insolvenzverfahrens oder nach diesem Antrag mit dem Vorsatz, seine Gläubiger zu benachteiligen, vorgenommen hat, wenn der andere Teil zur Zeit der Handlung den Vorsatz des Schuldners kannte. Diese Kenntnis wird vermutet, wenn der andere Teil wußte, daß die Zahlungsunfähigkeit des Schuldners drohte und daß die Handlung die Gläubiger benachteiligte.

(2) Hat die Rechtshandlung dem anderen Teil eine Sicherung oder Befriedigung gewährt oder ermöglicht, beträgt der Zeitraum nach Absatz 1 Satz 1 vier Jahre.

(3) Hat die Rechtshandlung dem anderen Teil eine Sicherung oder Befriedigung gewährt oder ermöglicht, welche dieser in der Art und zu der Zeit beanspruchen konnte, tritt an die Stelle der drohenden Zahlungsunfähigkeit des Schuldners nach Absatz 1 Satz 2 die eingetretene. Hatte der andere Teil mit dem Schuldner eine Zahlungsvereinbarung getroffen oder diesem in sonstiger Weise eine Zahlungserleichterung gewährt, wird vermutet, dass er zur Zeit der Handlung die Zahlungsunfähigkeit des Schuldners nicht kannte.

(4) Anfechtbar ist ein vom Schuldner mit einer nahestehenden Person (§ 138) geschlossener entgeltlicher Vertrag, durch den die Insolvenzgläubiger unmittelbar benachteiligt werden. Die Anfechtung ist ausgeschlossen, wenn der Vertrag früher als zwei Jahre vor dem Eröffnungsantrag geschlossen worden ist oder wenn dem anderen Teil zur Zeit des Vertragsschlusses ein Vorsatz des Schuldners, die Gläubiger zu benachteiligen, nicht bekannt war.

§ 134 Unentgeltliche Leistung (1) Anfechtbar ist eine unentgeltliche Leistung des Schuldners, es sei denn, sie ist früher als vier Jahre vor dem Antrag auf Eröffnung des Insolvenzverfahrens vorgenommen worden.

(2) Richtet sich die Leistung auf ein gebräuchliches Gelegenheitsgeschenk geringen Werts, so ist sie nicht anfechtbar.

...

§ 142 Bargeschäft (1) Eine Leistung des Schuldners, für die unmittelbar eine gleichwertige Gegenleistung in sein Vermögen gelangt, ist nur anfechtbar, wenn die Voraussetzungen des § 133 Absatz 1 bis 3 gegeben sind und der andere Teil erkannt hat, dass der Schuldner unlauter handelte.

(2) Der Austausch von Leistung und Gegenleistung ist unmittelbar, wenn er nach Art der ausgetauschten Leistungen und unter Berücksichtigung der Ge-

pflogenheiten des Geschäftsverkehrs in einem engen zeitlichen Zusammenhang erfolgt. Gewährt der Schuldner seinem Arbeitnehmer Arbeitsentgelt, ist ein enger zeitlicher Zusammenhang gegeben, wenn der Zeitraum zwischen Arbeitsleistung und Gewährung des Arbeitsentgelts drei Monate nicht übersteigt. Der Gewährung des Arbeitsentgelts durch den Schuldner steht die Gewährung dieses Arbeitsentgelts durch einen Dritten nach § 267 des Bürgerlichen Gesetzbuchs gleich, wenn für den Arbeitnehmer nicht erkennbar war, dass ein Dritter die Leistung bewirkt hat.

…

Fünfter Teil – Befriedigung der Insolvenzgläubiger. Einstellung des Verfahrens

Erster Abschnitt – Feststellung der Forderungen

…

§ 178 Voraussetzungen und Wirkungen der Feststellung (1) Eine Forderung gilt als festgestellt, soweit gegen sie im Prüfungstermin oder im schriftlichen Verfahren (§ 177) ein Widerspruch weder vom Insolvenzverwalter noch von einem Insolvenzgläubiger erhoben wird oder soweit ein erhobener Widerspruch beseitigt ist. Ein Widerspruch des Schuldners steht der Feststellung der Forderung nicht entgegen.
(2) Das Insolvenzgericht trägt für jede angemeldete Forderung in die Tabelle ein, inwieweit die Forderung ihrem Betrag und ihrem Rang nach festgestellt ist oder wer der Feststellung widersprochen hat. Auch ein Widerspruch des Schuldners ist einzutragen. Auf Wechseln und sonstigen Schuldurkunden ist vom Urkundsbeamten der Geschäftsstelle die Feststellung zu vermerken.
(3) Die Eintragung in die Tabelle wirkt für die festgestellten Forderungen ihrem Betrag und ihrem Rang nach wie ein rechtskräftiges Urteil gegenüber dem Insolvenzverwalter und allen Insolvenzgläubigern.
…

Dritter Abschnitt – Einstellung des Verfahrens

§ 207 Einstellung mangels Masse (1) Stellt sich nach der Eröffnung des Insolvenzverfahrens heraus, daß die Insolvenzmasse nicht ausreicht, um die Kosten des Verfahrens zu decken, so stellt das Insolvenzgericht das Verfahren ein. Die Einstellung unterbleibt, wenn ein ausreichender Geldbetrag vorgeschossen wird oder die Kosten nach § 4 a gestundet werden; § 26 Abs. 3 gilt entsprechend.
(2) Vor der Einstellung sind die Gläubigerversammlung, der Insolvenzverwalter und die Massegläubiger zu hören.

(3) Soweit Barmittel in der Masse vorhanden sind, hat der Verwalter vor der Einstellung die Kosten des Verfahrens, von diesen zuerst die Auslagen, nach dem Verhältnis ihrer Beträge zu berichtigen. Zur Verwertung von Massegegenständen ist er nicht mehr verpflichtet.

§ 208 Anzeige der Masseunzulänglichkeit (1) Sind die Kosten des Insolvenzverfahrens gedeckt, reicht die Insolvenzmasse jedoch nicht aus, um die fälligen sonstigen Masseverbindlichkeiten zu erfüllen, so hat der Insolvenzverwalter dem Insolvenzgericht anzuzeigen, daß Masseunzulänglichkeit vorliegt. Gleiches gilt, wenn die Masse voraussichtlich nicht ausreichen wird, um die bestehenden sonstigen Masseverbindlichkeiten im Zeitpunkt der Fälligkeit zu erfüllen.
(2) Das Gericht hat die Anzeige der Masseunzulänglichkeit öffentlich bekanntzumachen. Den Massegläubigern ist sie besonders zuzustellen.
(3) Die Pflicht des Verwalters zur Verwaltung und zur Verwertung der Masse besteht auch nach der Anzeige der Masseunzulänglichkeit fort.

§ 209 Befriedigung der Massegläubiger (1) Der Insolvenzverwalter hat die Masseverbindlichkeiten nach folgender Rangordnung zu berichtigen, bei gleichem Rang nach dem Verhältnis ihrer Beträge:
1. die Kosten des Insolvenzverfahrens;
2. die Masseverbindlichkeiten, die nach der Anzeige der Masseunzulänglichkeit begründet worden sind, ohne zu den Kosten des Verfahrens zu gehören;
3. die übrigen Masseverbindlichkeiten, unter diesen zuletzt der nach den §§ 100, 101 Abs. 1 Satz 3 bewilligte Unterhalt.

(2) Als Masseverbindlichkeiten im Sinne des Absatzes 1 Nr. 2 gelten auch die Verbindlichkeiten
1. aus einem gegenseitigen Vertrag, dessen Erfüllung der Verwalter gewählt hat, nachdem er die Masseunzulänglichkeit angezeigt hatte;
2. aus einem Dauerschuldverhältnis für die Zeit nach dem ersten Termin, zu dem der Verwalter nach der Anzeige der Masseunzulänglichkeit kündigen konnte;
3. aus einem Dauerschuldverhältnis, soweit der Verwalter nach der Anzeige der Masseunzulänglichkeit für die Insolvenzmasse die Gegenleistung in Anspruch genommen hat.

…

Sechster Teil – Insolvenzplan

Erster Abschnitt – Aufstellung des Plans

§ 217 Grundsatz [Insolvenzplan] Die Befriedigung der absonderungsberechtigten Gläubiger und der Insolvenzgläubiger, die Verwertung der Insolvenzmasse und deren Verteilung an die Beteiligten sowie die Verfahrensabwicklung und die Haftung des Schuldners nach der Beendigung des Insolvenzverfahrens

können in einem Insolvenzplan abweichend von den Vorschriften dieses Gesetzes geregelt werden. Ist der Schuldner keine natürliche Person, so können auch die Anteils- oder Mitgliedschaftsrechte der am Schuldner beteiligten Personen in den Plan einbezogen werden.
...

Zweiter Abschnitt – Annahme und Bestätigung des Plans

...

§ 251 Minderheitenschutz (1) Auf Antrag eines Gläubigers oder, wenn der Schuldner keine natürliche Person ist, einer am Schuldner beteiligten Person ist die Bestätigung des Insolvenzplans zu versagen, wenn
1. der Antragsteller dem Plan spätestens im Abstimmungstermin schriftlich oder zu Protokoll widersprochen hat und
2. der Antragsteller durch den Plan voraussichtlich schlechtergestellt wird, als er ohne einen Plan stünde.

(2) Der Antrag ist nur zulässig, wenn der Antragsteller spätestens im Abstimmungstermin glaubhaft macht, dass er durch den Plan voraussichtlich schlechtergestellt wird.
(3) Der Antrag ist abzuweisen, wenn im gestaltenden Teil des Plans Mittel für den Fall bereitgestellt werden, dass ein Beteiligter eine Schlechterstellung nachweist. Ob der Beteiligte einen Ausgleich aus diesen Mitteln erhält, ist außerhalb des Insolvenzverfahrens zu klären.
...

Achter Teil – Eigenverwaltung

§ 270 Voraussetzungen (1) Der Schuldner ist berechtigt, unter der Aufsicht eines Sachwalters die Insolvenzmasse zu verwalten und über sie zu verfügen, wenn das Insolvenzgericht in dem Beschluß über die Eröffnung des Insolvenzverfahrens die Eigenverwaltung anordnet. Für das Verfahren gelten die allgemeinen Vorschriften, soweit in diesem Teil nichts anderes bestimmt ist. Die Vorschriften dieses Teils sind auf Verbraucherinsolvenzverfahren nach § 304 nicht anzuwenden.
(2) Die Anordnung setzt voraus,
1. daß sie vom Schuldner beantragt worden ist und
2. dass keine Umstände bekannt sind, die erwarten lassen, dass die Anordnung zu Nachteilen für die Gläubiger führen wird.

(3) Vor der Entscheidung über den Antrag ist dem vorläufigen Gläubigerausschuss Gelegenheit zur Äußerung zu geben, wenn dies nicht offensichtlich zu einer nachteiligen Veränderung in der Vermögenslage des Schuldners führt. Wird der Antrag von einem einstimmigen Beschluss des vorläufigen Gläubiger-

ausschusses unterstützt, so gilt die Anordnung nicht als nachteilig für die Gläubiger.
(4) Wird der Antrag abgelehnt, so ist die Ablehnung schriftlich zu begründen; § 27 Absatz 3 Nummer 4 gilt entsprechend.
…

Neunter Teil – Restschuldbefreiung

§ 286 Grundsatz Ist der Schuldner eine natürliche Person, so wird er nach Maßgabe der §§ 287 bis 303 von den im Insolvenzverfahren nicht erfüllten Verbindlichkeiten gegenüber den Insolvenzgläubigern befreit.

§ 287 Antrag des Schuldners (1) Die Restschuldbefreiung setzt einen Antrag des Schuldners voraus, der mit seinem Antrag auf Eröffnung des Insolvenzverfahrens verbunden werden soll. Wird er nicht mit diesem verbunden, so ist er innerhalb von zwei Wochen nach dem Hinweis gemäß § 20 Abs. 2 zu stellen.
(2) Dem Antrag ist die Erklärung beizufügen, daß der Schuldner seine pfändbaren Forderungen auf Bezüge aus einem Dienstverhältnis oder an deren Stelle tretende laufende Bezüge für die Zeit von sechs Jahren nach der Eröffnung des Insolvenzverfahrens an einen vom Gericht zu bestimmenden Treuhänder abtritt. Hatte der Schuldner diese Forderungen bereits vorher an einen Dritten abgetreten oder verpfändet, so ist in der Erklärung darauf hinzuweisen.
(3) Vereinbarungen, die eine Abtretung der Forderungen des Schuldners auf Bezüge aus einem Dienstverhältnis oder an deren Stelle tretende laufende Bezüge ausschließen, von einer Bedingung abhängig machen oder sonst einschränken, sind insoweit unwirksam, als sie die Abtretungserklärung nach Absatz 2 Satz 1 vereiteln oder beeinträchtigen würden.
…

24. Gesetz zum Schutze der arbeitenden Jugend (Jugendarbeitsschutzgesetz – JArbSchG)

Einleitung

I. Geschichtliche Entwicklung

Das Problem der Kinderarbeit steht am Beginn der Entwicklung unseres Arbeitsrechts. Das Preussische »Regulativ über die Beschäftigung jugendlicher Arbeiter in Fabriken« vom 9. 3. 1839 markiert den Anfang von Arbeiterschutzgesetzgebung schlechthin (zum Folgenden *Düwell,* 150 Jahre gesetzliches Verbot der Kinderarbeit in Deutschland, AuR 89, 233). Bezeichnend ist, dass es erst zustande kam, nachdem der Kommandeur der Rheinarmee, *von Horn,* die Bedrohung des »Rekrutennachweises« aufgrund verbreiteter Kinderarbeit feststellte.

Von da an wurde das Ausmaß der erlaubten Kinderarbeit mehr und mehr reduziert. Unser heutiges Jugendarbeitsschutzrecht ist inzwischen gekennzeichnet durch eine Kombination absoluter Arbeitsverbote für Kinder und besonderer Schutzvorschriften für Jugendliche.

Das JArbSchG vom 12. April 1976 hat das Jugendarbeitsschutzgesetz vom 9. 8. 1960 (BGBl. I 665) abgelöst. Es hatte sich herausgestellt, dass unter jenem Gesetz ein wirksamer Jugendarbeitsschutz für die etwa 1,5 Millionen jugendlichen Arbeitnehmer immer weniger zu erreichen gewesen war. Das hatte einerseits seinen Grund in den nicht ausreichenden gesetzlichen Bestimmungen selbst, andererseits in der Praxis vor allem der kleineren Betriebe, in denen das Gesetz geradezu notorisch übertreten wurde:

Der bei nur einer Gegenstimme im Deutschen Bundestag erfolgten Verabschiedung des Jugendarbeitsschutzgesetzes sind langwierige und zum Teil heftige politische Auseinandersetzungen vorausgegangen. Letztlich ging es um eine Auseinandersetzung mit der Lobbypolitik der Arbeitgeber, die zur Abwendung eines stärkeren Jugendarbeitsschutzgesetzes damit drohten, Ausbildungsplätze abzubauen (vgl. hinsichtlich der Einzelheiten bis einschließlich 39. Aufl.). Den fortdauernden Forderungen nach einem Rückgängigmachen von Teilen des Jugendarbeitsschutzgesetzes und des Berufsbildungsrechts trug dann die konservativ-liberale Koalition nach der gewonnenen Bundestagswahl 1983 Rechnung, indem zunächst mit der »Verordnung zur Verbesserung der Ausbildung Jugendlicher« vom 1. 8. 1983 (BGBl. I 1057) der Arbeitszeitschutz für Jugendliche in vielen Bereichen abgebaut wurde (hierzu s. *Borrmann,* BlStSozArbR 84, 33). Schließlich wurden mit dem Gesetz vom 15. 10. 1984 die Vorschriften über die Nachtruhe weiter verschlechtert und die Freistellung an einem Berufsschultag reduziert. Völlig neu war die durch § 21 a zugelassene Möglichkeit, den Jugendarbeitsschutz durch Tarifvertrag oder Betriebsvereinbarung (aufgrund eines Tarif-

vertrages) abweichend zu regeln (insgesamt s. *Zmarzlik,* DB 84, 2349; *Wolf,* NJW 85, 835).
Aufgrund der EG-Jugendarbeitsschutz-Richtlinie 94/33/EG vom 22.6.1994 (ABl. L 216/12) wurde das JArbSchG mit Gesetz vom 24.2.1997 (BGBl. I 311) geändert (zur Kritik an nicht richtlinienkonformer Umsetzung *Düwell,* AuR 99, 474; *Schmidt,* BB 98, 1362). Das bedeutet insbesondere:

- Die Altersgrenze für den Begriff des Kindes ist auf 15 Jahre angehoben worden (§ 2 Abs. 1);
- die Freistellung erwachsener Auszubildender für die Berufsschule wurde reduziert (§ 9 Abs. 4; hierzu *Ressel/Naujoks,* AiB 98, 126);
- der Schutz bei Arbeiten mit gefährlichen Stoffen und biologischen Arbeitsstoffen wurde verstärkt (§ 22 Abs. 1 Nr. 6 und 7; zum Gesetz s. *Schoden,* AiB 97, 256; *Kossens,* RdA 97, 209; *Taubert,* BB 97, 575; *Zmarzlik,* DB 97, 674; *Düwell,* AuR 98, 232).

Zur Konkretisierung der 1997 veränderten Altersgrenze von 15 Jahren wurde 1998 die KinderarbeitsschutzVO erlassen (vgl. Nr. 24 b; hierzu *Anzinger,* BB 98, 1843).

II. Wesentlicher Gesetzesinhalt

Das Gesetz erfasst alle jugendlichen Arbeitnehmer, auch Beamte (§§ 1, 65 Nr. 3; Checkliste 48). Die Wochenarbeitszeit wird für alle Jugendlichen auf 40 Stunden begrenzt und die Fünftagewoche eingeführt (§§ 8, 15). Der Jahresmindesturlaub erhöht sich von 24 Werktagen auf 30 Werktage für noch nicht Sechzehnjährige, auf 27 Werktage für noch nicht Siebzehnjährige und auf 25 Werktage für noch nicht Achtzehnjährige. Die Nachtarbeitsruhe wird auf die Zeit von 20.00 Uhr bis 6.00 Uhr festgelegt (§ 14). An Berufsschultagen mit einer Unterrichtsdauer von mehr als 5 Stunden sind die Jugendlichen von der Arbeit im Betrieb freizustellen (§ 9 Abs. 1 Nr. 2; hierzu *Zmarzlik,* ZTR 92, 506; *Taubert,* BB 92, 133). Die Anrechnung der Berufsschulzeit erfolgt – falls keine anders lautende Regelung vorliegt – auf die gesetzliche Höchstarbeitszeit von 40 Stunden (*BAG* 27.5.1992 – 5 AZR 252/91, EzA § 8 JArbSchG Nr. 1; hierzu *Mache,* AiB 93, 273).
Das Mindestalter für die Zulassung zur Beschäftigung beträgt 15 Jahre. Allerdings dürfen Kinder über 13 Jahre in der Landwirtschaft und als Zeitungsträger arbeiten (§ 5). Wesentlich strenger sind jetzt die Beschäftigungsverbote und -beschränkungen (§§ 22 bis 27) gefasst. Insbesondere Akkordarbeit und tempoabhängige Arbeit sind verboten (§ 23). Jugendliche müssen regelmäßig ärztlich untersucht werden (§§ 32 ff.). Die Durchführung der Untersuchungen ist in der »Jugendarbeitsschutzuntersuchungsverordnung« geregelt (abgedruckt unter Nr. 24 a). Der besseren Umsetzung des JArbSchG in die Praxis dient die Einrichtung von Ausschüssen für Jugendarbeitsschutz bei den Aufsichtsbehörden (§§ 56, 57). Außerdem sind die Straf- und Bußgeldvorschriften sowie der Bußgeldrahmen wesentlich erweitert worden (§§ 58 bis 60).
Jugendliche, die noch keine abgeschlossene Berufsausbildung haben, sind nach dessen § 22 Abs. 2 vom Anwendungsbereich des MiLoG ausgenommen und können daher den gesetzlichen Mindestlohn nicht beanspruchen (vgl. Einl. II 2 zum BBiG, Nr. 10).

III. Anwendungsprobleme und Rechtstatsachen

Über die Jahre hinweg konstant hohe Verstöße gegen den Jugendarbeitsschutz weisen auf spezifische Probleme des Jugendarbeitsschutzes hin (vgl. Studie im Auftrag des DGB: AiB 84, 148; erneute Untersuchung 1991, vgl. *Spannhake,* AiB 91, 401). Jugendliche Arbeitnehmer sind in jeder Hinsicht besonders schutzbedürftig. Ihre Gesundheit ist gerade auch im Blick auf irreparable Spätschäden gefährdeter als die Erwachsener. Gleichzeitig sind sie auf Grund ihrer Jugend über eigene Rechte ungleich schlechter orientiert, wagen diese Rechte aus Angst oder Resignation hinsichtlich der als vorübergehend empfundenen untergeordneten Stellung im Berufsleben (»Jeder hat einmal klein angefangen«, »Lehrjahre sind keine Herrenjahre«) kaum zu artikulieren, und haben dabei vielfach auch keine Rückendeckung von Seiten ihrer Erziehungsberechtigten. Dazu kommt, dass eine betriebliche Interessenvertretung in dieser Richtung zu organisieren besonders in Kleinbetrieben sehr schwierig ist. Zugleich sind aber jugendliche Arbeitnehmer, auch Auszubildende, »billige« Arbeitskräfte; der Anreiz, gerade ihre Arbeitskraft intensiv zu nutzen, ist hoch. Gemäß den Erfahrungen aus der Erforschung der Wirtschaftskriminalität liegt damit in Bezug auf Verletzungen des JArbSchG eine geradezu klassische delikttrràchtige Situation vor: starke ökonomische Motive zur Tat, wehrlose, zum Teil einvernehmlich handelnde Opfer und fehlende soziale Ächtung des Verstoßes.

Nach einem im Koalitionsvertrag der damaligen konservativ-liberalen Regierung enthaltenen Prüfauftrag in Bezug auf eventuellen Flexibilisierungsbedarf im Jugendarbeitsschutz stellte eine Bund-Länder-Arbeitsgruppe fest, dass das Niveau des Jugendarbeitsschutzes nicht angetastet werden dürfe (Abschlussbericht der Bund-Länder-Arbeitsgruppe zur Überprüfung des Jugendarbeitsschutzgesetzes, 2011). Insbesondere von den Arbeitgebern des Hotel- und Gaststättengewerbes geforderte Lockerungen wurden abgelehnt. Die Arbeitsgruppe stellte lediglich Verbesserungsbedarf in fachlicher Hinsicht fest, der allerdings keinen unmittelbaren Änderungsbedarf erzeuge.

Die Jugendarbeitslosigkeit (15- bis 24-Jährige) in Deutschland ist mit 5,6 % nur wenig höher als die allgemeine Arbeitslosenquote und die niedrigste in Europa (EU-Durchschnitt: 5,6 %). Sie hatte sich nach Einführung der »europäischen Jugendgarantie« für junge Menschen unter 25 Jahren bis 2016 spürbar verbessert (BT-Drs.18/11563, S. 2). Dramatisch war die Lage infolge der Wirtschafts- und Finanzkrise vor allem in den südeuropäischen Ländern, wo die Arbeitslosenquote derzeit immer noch zwischen 29,2 % (Italien), 32,1 % (Spanien) und 39,6 % (Griechenland) liegt (Angaben bei de.statista.com). Bei der Jugendarbeitslosigkeit gibt es allerdings ein starkes Gefälle zwischen alten (4,3 %) und neuen Bundesländern (7,3 %). Die höchste Quote hat Bremen mit 9,5 %.

Weiterführende Literatur

Abschlussbericht der Bund-Länder-Arbeitsgruppe zur Überprüfung des Jugendarbeitsschutzgesetzes (2011)

Kommentare und Handbücher

Deinert/Heuschmid/Zwanziger-*Bantle,* Arbeitsrecht, § 109 (Jugendliche/Kinder)

Conte/Gün/Lenz/Luik/Michniok/Ratayczak/Ressel, Praxis der JAV von A bis Z, 10. Aufl. (2019)

Lakies, Jugendarbeitsschutzgesetz, Basiskommentar, 8. Aufl. (2018)

Zmarzlik/Anzinger, Jugendarbeitsschutzgesetz, 5. Aufl. (1998)

Aufsätze

Düwell, 150 Jahre gesetzliches Verbot der Kinderarbeit in Deutschland, AuR 1989, S. 233

Düwell, Kinderarbeitsschutz – national und global, Recht der Jugend und des Bildungswesens 1997, S. 51

Schlüter, 150 Jahre Jugendarbeitsschutz, BArbBl. 11/1989, S. 12

Taubert, Anrechnung von Berufsschultagen auf die Arbeitszeit, BB 1992, S. 133

Checkliste 48: Jugendarbeitsschutzgesetz

I. Anwendungsbereich

- Kinder (§ 2 I)
- Jugendliche (§ 2 II, III)

II. Beschäftigungsverbot

- grundsätzliches Verbot der Beschäftigung von Kindern (§ 5 I)

III. Sonderregelungen

- 40-Stunden-Woche (§ 8 I)
- maximale tägliche Arbeitszeit grundsätzlich acht Stunden (§ 8 I)
- 5-Tage-Woche (§ 15)
- im Falle der Beschäftigung bei mehreren Arbeitgebern werden die Arbeits- und Schichtzeiten sowie die Arbeitstage zusammengerechnet (§ 4 V)
- Anspruch auf Ruhepausen (§ 11) abhängig von der Lage der Arbeitszeit;
- Anspruch auf tägliche ununterbrochene Freizeit von mindestens 12 Stunden (§ 13)
- Anspruch auf Nachtruhe: grundsätzlich keine Beschäftigung zwischen 20 Uhr und 6 Uhr (§ 14)
- grundsätzlich keine Beschäftigung am Samstag, Sonntag, an gesetzlichen Feiertagen und am 24. 12. bzw. 31. 12. nach 14 Uhr (§§ 15, 17, 18 I)
- Freistellungsanspruch für den Berufsschulunterricht und an Prüfungstagen sowie am Tag vor der Prüfung (§§ 9 und 10)
- erhöhter gesetzlicher Urlaubsanspruch je nach Alter des Jugendlichen zwischen 25 und 30 Werktagen (§ 19)
- Beschäftigungsverbot
  - mit gefährlichen Arbeiten (§ 22)
  - mit Akkordarbeit oder ähnlicher Arbeit (§ 23)
  - unter Tage (§ 24)
  - im Einzelfall auf Anordnung der Aufsichtsbehörde (§ 27 I S. 2)
  - im Einzelfall aufgrund ärztlicher Bescheinigung (§ 40 I)
  - durch bestimmte Personen, die bereits ihre Pflichten gegenüber Kindern und Jugendlichen verletzt haben (§ 25)
- Gefahrvermeidungsmaßnahmen (§ 28), Gefährdungsbeurteilung (§ 28a) und Unterweisung (§ 29)
- Züchtigungsverbot (§ 31)
- ärztliche Untersuchung bei Aufnahme einer Tätigkeit (§ 32)
- verpflichtende erste Nachuntersuchung (§ 33) und fakultative weitere Nachuntersuchungen (§ 34)

Gesetz zum Schutz der arbeitenden Jugend (Jugendarbeitsschutzgesetz – JArbSchG)

vom 12. April 1976 (BGBl. I 965),
zuletzt geändert durch Gesetz vom 12. Dezember 2019 (BGBl. I 2522)

(Abgedruckte Vorschriften: §§ 1–60, 62)

Erster Abschnitt – Allgemeine Vorschriften

§ 1 Geltungsbereich (1) Dieses Gesetz gilt in der Bundesrepublik Deutschland und in der ausschließlichen Wirtschaftszone für die Beschäftigung von Personen, die noch nicht 18 Jahre alt sind,
1. in der Berufsausbildung,
2. als Arbeitnehmer oder Heimarbeiter,
3. mit sonstigen Dienstleistungen, die der Arbeitsleistung von Arbeitnehmern oder Heimarbeitern ähnlich sind,
4. in einem der Berufsausbildung ähnlichen Ausbildungsverhältnis.

(2) Dieses Gesetz gilt nicht
1. für geringfügige Hilfeleistungen, soweit sie gelegentlich
   a) aus Gefälligkeit,
   b) auf Grund familienrechtlicher Vorschriften,
   c) in Einrichtungen der Jugendhilfe,
   d) in Einrichtungen zur Eingliederung Behinderter

   erbracht werden,
2. für die Beschäftigung durch die Personensorgeberechtigten im Familienhaushalt.

§ 2 Kind, Jugendlicher (1) Kind im Sinne dieses Gesetzes ist, wer noch nicht 15 Jahre alt ist.

(2) Jugendlicher im Sinne dieses Gesetzes ist, wer 15, aber noch nicht 18 Jahre alt ist.

(3) Auf Jugendliche, die der Vollzeitschulpflicht unterliegen, finden die für Kinder geltenden Vorschriften Anwendung.

§ 3 Arbeitgeber Arbeitgeber im Sinne dieses Gesetzes ist, wer ein Kind oder einen Jugendlichen gemäß § 1 beschäftigt.

§ 4 Arbeitszeit (1) Tägliche Arbeitszeit ist die Zeit vom Beginn bis zum Ende der täglichen Beschäftigung ohne die Ruhepausen (§ 11).

(2) Schichtzeit ist die tägliche Arbeitszeit unter Hinzurechnung der Ruhepausen (§ 11).

(3) Im Bergbau unter Tage gilt die Schichtzeit als Arbeitszeit. Sie wird gerechnet

vom Betreten des Förderkorbes bei der Einfahrt bis zum Verlassen des Förderkorbes bei der Ausfahrt oder vom Eintritt des einzelnen Beschäftigten in das Stollenmundloch bis zu seinem Wiederaustritt.

(4) Für die Berechnung der wöchentlichen Arbeitszeit ist als Woche die Zeit von Montag bis einschließlich Sonntag zugrunde zu legen. Die Arbeitszeit, die an einem Werktag infolge eines gesetzlichen Feiertags ausfällt, wird auf die wöchentliche Arbeitszeit angerechnet.

(5) Wird ein Kind oder ein Jugendlicher von mehreren Arbeitgebern beschäftigt, so werden die Arbeits- und Schichtzeiten sowie die Arbeitstage zusammengerechnet.

Zweiter Abschnitt – Beschäftigung von Kindern

§ 5 Verbot der Beschäftigung von Kindern (1) Die Beschäftigung von Kindern (§ 2 Abs. 1) ist verboten.

(2) Das Verbot des Absatzes 1 gilt nicht für die Beschäftigung von Kindern
1. zum Zwecke der Beschäftigungs- und Arbeitstherapie,
2. im Rahmen des Betriebspraktikums während der Vollzeitschulpflicht,
3. in Erfüllung einer richterlichen Weisung.

Auf die Beschäftigung finden § 7 Satz 1 Nr. 2 und die §§ 9 bis 46 entsprechende Anwendung.

(3) Das Verbot des Absatzes 1 gilt ferner nicht für die Beschäftigung von Kindern über 13 Jahre mit Einwilligung des Personensorgeberechtigten, soweit die Beschäftigung leicht und für Kinder geeignet ist. Die Beschäftigung ist leicht, wenn sie auf Grund ihrer Beschaffenheit und der besonderen Bedingungen, unter denen sie ausgeführt wird,
1. die Sicherheit, Gesundheit und Entwicklung der Kinder,
2. ihren Schulbesuch, ihre Beteiligung an Maßnahmen zur Berufswahlvorbereitung oder Berufsausbildung, die von der zuständigen Stelle anerkannt sind, und
3. ihre Fähigkeit, dem Unterricht mit Nutzen zu folgen,

nicht nachteilig beeinflußt. Die Kinder dürfen nicht mehr als zwei Stunden täglich, in landwirtschaftlichen Familienbetrieben nicht mehr als drei Stunden täglich, nicht zwischen 18 und 8 Uhr, nicht vor dem Schulunterricht und nicht während des Schulunterrichts beschäftigt werden. Auf die Beschäftigung finden die §§ 15 bis 31 entsprechende Anwendung.

(4) Das Verbot des Absatzes 1 gilt ferner nicht für die Beschäftigung von Jugendlichen (§ 2 Abs. 3) während der Schulferien für höchstens vier Wochen im Kalenderjahr. Auf die Beschäftigung finden die §§ 8 bis 31 entsprechende Anwendung.

(4 a) Die Bundesregierung hat durch Rechtsverordnung[1] mit Zustimmung des Bundesrates die Beschäftigung nach Absatz 3 näher zu bestimmen.

---

1 Vgl. **KinderarbeitsschutzVO – KindArbSchV** (Nr. 24 b).

(4 b) Der Arbeitgeber unterrichtet die Personensorgeberechtigten der von ihm beschäftigten Kinder über mögliche Gefahren sowie über alle zu ihrer Sicherheit und ihrem Gesundheitsschutz getroffenen Maßnahmen.
(5) Für Veranstaltungen kann die Aufsichtsbehörde Ausnahmen gemäß § 6 bewilligen.

§ 6 Behördliche Ausnahmen für Veranstaltungen (1) Die Aufsichtsbehörde kann auf Antrag bewilligen, daß
1. bei Theatervorstellungen Kinder über sechs Jahre bis zu vier Stunden täglich in der Zeit von 10 bis 23 Uhr,
2. bei Musikaufführungen und anderen Aufführungen, bei Werbeveranstaltungen sowie bei Aufnahmen im Rundfunk (Hörfunk und Fernsehen), auf Ton- und Bildträger sowie bei Film- und Fotoaufnahmen
   a) Kinder über drei bis sechs Jahre bis zu zwei Stunden täglich in der Zeit von 8 bis 17 Uhr,
   b) Kinder über sechs Jahre bis zu drei Stunden täglich in der Zeit von 8 bis 22 Uhr

gestaltend mitwirken und an den erforderlichen Proben teilnehmen. Eine Ausnahme darf nicht bewilligt werden für die Mitwirkung in Kabaretts, Tanzlokalen und ähnlichen Betrieben sowie auf Vergnügungsparks, Kirmessen, Jahrmärkten und bei ähnlichen Veranstaltungen, Schaustellungen oder Darbietungen.
(2) Die Aufsichtsbehörde darf nach Anhörung des zuständigen Jugendamtes die Beschäftigung nur bewilligen, wenn
1. die Personensorgeberechtigten in die Beschäftigung schriftlich eingewilligt haben,
2. der Aufsichtsbehörde eine nicht länger als vor drei Monaten ausgestellte ärztliche Bescheinigung vorgelegt wird, nach der gesundheitliche Bedenken gegen die Beschäftigung nicht bestehen,
3. die erforderlichen Vorkehrungen und Maßnahmen zum Schutz des Kindes gegen Gefahren für Leben und Gesundheit sowie zur Vermeidung einer Beeinträchtigung der körperlichen oder seelisch- geistigen Entwicklung getroffen sind,
4. Betreuung und Beaufsichtigung des Kindes bei der Beschäftigung sichergestellt sind,
5. nach Beendigung der Beschäftigung eine ununterbrochene Freizeit von mindestens 14 Stunden eingehalten wird,
6. das Fortkommen in der Schule nicht beeinträchtigt wird.

(3) Die Aufsichtsbehörde bestimmt,
1. wie lange, zu welcher Zeit und an welchem Tag das Kind beschäftigt werden darf,
2. Dauer und Lage der Ruhepausen,
3. die Höchstdauer des täglichen Aufenthalts an der Beschäftigungsstätte.

(4) Die Entscheidung der Aufsichtsbehörde ist dem Arbeitgeber schriftlich bekanntzugeben. Er darf das Kind erst nach Empfang des Bewilligungsbescheides beschäftigen.

§ 7 Beschäftigung von nicht vollzeitschulpflichtigen Kindern Kinder, die der Vollzeitschulpflicht nicht mehr unterliegen, dürfen

1. im Berufsausbildungsverhältnis,
2. außerhalb eines Berufsausbildungsverhältnisses nur mit leichten und für sie geeigneten Tätigkeiten bis zu sieben Stunden täglich und 35 Stunden wöchentlich

beschäftigt werden. Auf die Beschäftigung finden die §§ 8 bis 46 entsprechende Anwendung.

Dritter Abschnitt – Beschäftigung Jugendlicher

Erster Titel – Arbeitszeit und Freizeit

§ 8 Dauer der Arbeitszeit (1) Jugendliche dürfen nicht mehr als acht Stunden täglich und nicht mehr als 40 Stunden wöchentlich beschäftigt werden.

(2) Wenn in Verbindung mit Feiertagen an Werktagen nicht gearbeitet wird, damit die Beschäftigten eine längere zusammenhängende Freizeit haben, so darf die ausfallende Arbeitszeit auf die Werktage von fünf zusammenhängenden, die Ausfalltage einschließenden Wochen nur dergestalt verteilt werden, daß die Wochenarbeitszeit im Durchschnitt dieser fünf Wochen 40 Stunden nicht überschreitet. Die tägliche Arbeitszeit darf hierbei achteinhalb Stunden nicht überschreiten.

(2 a) Wenn an einzelnen Werktagen die Arbeitszeit auf weniger als acht Stunden verkürzt ist, können Jugendliche an den übrigen Werktagen derselben Woche achteinhalb Stunden beschäftigt werden.

(3) In der Landwirtschaft dürfen Jugendliche über 16 Jahre während der Erntezeit nicht mehr als neun Stunden täglich und nicht mehr als 85 Stunden in der Doppelwoche beschäftigt werden.

§ 9 Berufsschule (1) Der Arbeitgeber hat den Jugendlichen für die Teilnahme am Berufsschulunterricht freizustellen. Er darf den Jugendlichen nicht beschäftigen

1. vor einem vor 9 Uhr beginnenden Unterricht; dies gilt auch für Personen, die über 18 Jahre alt und noch berufsschulpflichtig sind,
2. an einem Berufsschultag mit mehr als fünf Unterrichtsstunden von mindestens je 45 Minuten, einmal in der Woche,
3. in Berufsschulwochen mit einem planmäßigen Blockunterricht von mindestens 25 Stunden an mindestens fünf Tagen; zusätzliche betriebliche Ausbildungsveranstaltungen bis zu zwei Stunden wöchentlich sind zulässig.

(2) Auf die Arbeitszeit des Jugendlichen werden angerechnet

1. Berufsschultage nach Absatz 1 Satz 2 Nummer 2 mit der durchschnittlichen täglichen Arbeitszeit,

2. Berufsschulwochen nach Absatz 1 Satz 2 Nummer 3 mit der durchschnittlichen wöchentlichen Arbeitszeit,
3. Im Übrigen die Unterrichtszeit einschließlich der Pausen.

(3) Ein Entgeltausfall darf durch den Besuch der Berufsschule nicht eintreten.

(4) *(weggefallen)*

§ 10 Prüfungen und außerbetriebliche Ausbildungsmaßnahmen (1) Der Arbeitgeber hat den Jugendlichen

1. für die Teilnahme an Prüfungen und Ausbildungsmaßnahmen, die auf Grund öffentlich-rechtlicher oder vertraglicher Bestimmungen außerhalb der Ausbildungsstätte durchzuführen sind,
2. an dem Arbeitstag, der der schriftlichen Abschlußprüfung unmittelbar vorangeht,

freizustellen.

(2) Auf die Arbeitszeit des Jugendlichen werden angerechnet

1. die Freistellung nach Absatz 1 Nr. 1 mit der Zeit der Teilnahme einschließlich der Pausen,
2. die Freistellung nach Absatz 1 Nr. 2 mit der durchschnittlichen täglichen Arbeitszeit.

Ein Entgeltausfall darf nicht eintreten.

§ 11 Ruhepausen, Aufenthaltsräume (1) Jugendlichen müssen im voraus feststehende Ruhepausen von angemessener Dauer gewährt werden. Die Ruhepausen müssen mindestens betragen

1. 30 Minuten bei einer Arbeitszeit von mehr als viereinhalb bis zu sechs Stunden,
2. 60 Minuten bei einer Arbeitszeit von mehr als sechs Stunden.

Als Ruhepause gilt nur eine Arbeitsunterbrechung von mindestens 15 Minuten.

(2) Die Ruhepausen müssen in angemessener zeitlicher Lage gewährt werden, frühestens eine Stunde nach Beginn und spätestens eine Stunde vor Ende der Arbeitszeit. Länger als viereinhalb Stunden hintereinander dürfen Jugendliche nicht ohne Ruhepause beschäftigt werden.

(3) Der Aufenthalt während der Ruhepausen in Arbeitsräumen darf den Jugendlichen nur gestattet werden, wenn die Arbeit in diesen Räumen während dieser Zeit eingestellt ist und auch sonst die notwendige Erholung nicht beeinträchtigt wird.

(4) Absatz 3 gilt nicht für den Bergbau unter Tage.

§ 12 Schichtzeit Bei der Beschäftigung Jugendlicher darf die Schichtzeit (§ 4 Abs. 2) 10 Stunden, im Bergbau unter Tage 8 Stunden, im Gaststättengewerbe, in der Landwirtschaft, in der Tierhaltung, auf Bau- und Montagestellen 11 Stunden nicht überschreiten.

§ 13 Tägliche Freizeit Nach Beendigung der täglichen Arbeitszeit dürfen Jugendliche nicht vor Ablauf einer ununterbrochenen Freizeit von mindestens 12 Stunden beschäftigt werden.

§ 14 Nachtruhe (1) Jugendliche dürfen nur in der Zeit von 6 bis 20 Uhr beschäftigt werden.
(2) Jugendliche über 16 Jahre dürfen
1. im Gaststätten- und Schaustellergewerbe bis 22 Uhr,
2. in mehrschichtigen Betrieben bis 23 Uhr,
3. in der Landwirtschaft ab 5 Uhr oder bis 21 Uhr,
4. in Bäckereien und Konditoreien ab 5 Uhr beschäftigt werden.

(3) Jugendliche über 17 Jahre dürfen in Bäckereien ab 4 Uhr beschäftigt werden.
(4) An dem einem Berufsschultag unmittelbar vorangehenden Tag dürfen Jugendliche auch nach Absatz 2 Nr. 1 bis 3 nicht nach 20 Uhr beschäftigt werden, wenn der Berufsschulunterricht am Berufsschultag vor 9 Uhr beginnt.
(5) Nach vorheriger Anzeige an die Aufsichtsbehörde dürfen in Betrieben, in denen die übliche Arbeitszeit aus verkehrstechnischen Gründen nach 20 Uhr endet, Jugendliche bis 21 Uhr beschäftigt werden, soweit sie hierdurch unnötige Wartezeiten vermeiden können. Nach vorheriger Anzeige an die Aufsichtsbehörde dürfen ferner in mehrschichtigen Betrieben Jugendliche über 16 Jahre ab 5.30 Uhr oder bis 23.30 Uhr beschäftigt werden, soweit sie hierdurch unnötige Wartezeiten vermeiden können.
(6) Jugendliche dürfen in Betrieben, in denen die Beschäftigten in außergewöhnlichem Grade der Einwirkung von Hitze ausgesetzt sind, in der warmen Jahreszeit ab 5 Uhr beschäftigt werden. Die Jugendlichen sind berechtigt, sich vor Beginn der Beschäftigung und danach in regelmäßigen Zeitabständen arbeitsmedizinisch untersuchen zu lassen. Die Kosten der Untersuchungen hat der Arbeitgeber zu tragen, sofern er diese nicht kostenlos durch einen Betriebsarzt oder einen überbetrieblichen Dienst von Betriebsärzten anbietet.
(7) Jugendliche dürfen bei Musikaufführungen, Theatervorstellungen und anderen Aufführungen, bei Aufnahmen im Rundfunk (Hörfunk und Fernsehen), auf Ton- und Bildträger sowie bei Film- und Fotoaufnahmen bis 23 Uhr gestaltend mitwirken. Eine Mitwirkung ist nicht zulässig bei Veranstaltungen, Schaustellungen oder Darbietungen, bei denen die Anwesenheit Jugendlicher nach den Vorschriften des Jugendschutzgesetzes verboten ist. Nach Beendigung der Tätigkeit dürfen Jugendliche nicht vor Ablauf einer ununterbrochenen Freizeit von mindestens 14 Stunden beschäftigt werden.

§ 15 Fünf-Tage-Woche Jugendliche dürfen nur an fünf Tagen in der Woche beschäftigt werden. Die beiden wöchentlichen Ruhetage sollen nach Möglichkeit aufeinander folgen.

§ 16 Samstagsruhe (1) An Samstagen dürfen Jugendliche nicht beschäftigt werden.
(2) Zulässig ist die Beschäftigung Jugendlicher an Samstagen nur
1. in Krankenanstalten sowie in Alten-, Pflege- und Kinderheimen,
2. in offenen Verkaufsstellen, in Betrieben mit offenen Verkaufsstellen, in Bäckereien und Konditoreien, im Friseurhandwerk und im Marktverkehr,

3. im Verkehrswesen,
4. in der Landwirtschaft und Tierhaltung,
5. im Familienhaushalt,
6. im Gaststätten- und Schaustellergewerbe,
7. bei Musikaufführungen, Theatervorstellungen und anderen Aufführungen, bei Aufnahmen im Rundfunk (Hörfunk und Fernsehen), auf Ton- und Bildträger sowie bei Film- und Fotoaufnahmen,
8. bei außerbetrieblichen Ausbildungsmaßnahmen,
9. beim Sport,
10. im ärztlichen Notdienst,
11. in Reparaturwerkstätten für Kraftfahrzeuge.

Mindestens zwei Samstage im Monat sollen beschäftigungsfrei bleiben.

(3) Werden Jugendliche am Samstag beschäftigt, ist ihnen die Fünf-Tage-Woche (§ 15) durch Freistellung an einem anderen berufsschulfreien Arbeitstag derselben Woche sicherzustellen. In Betrieben mit einem Betriebsruhetag in der Woche kann die Freistellung auch an diesem Tag erfolgen, wenn die Jugendlichen an diesem Tag keinen Berufsschulunterricht haben.

(4) Können Jugendliche in den Fällen des Absatzes 2 Nr. 2 am Samstag nicht acht Stunden beschäftigt werden, kann der Unterschied zwischen der tatsächlichen und der nach § 8 Abs. 1 höchstzulässigen Arbeitszeit an dem Tag bis 13 Uhr ausgeglichen werden, an dem die Jugendlichen nach Absatz 3 Satz 1 freizustellen sind.

§ 17 **Sonntagsruhe** (1) An Sonntagen dürfen Jugendliche nicht beschäftigt werden.

(2) Zulässig ist die Beschäftigung Jugendlicher an Sonntagen nur

1. in Krankenanstalten sowie in Alten-, Pflege- und Kinderheimen,
2. in der Landwirtschaft und Tierhaltung mit Arbeiten, die auch an Sonn- und Feiertagen naturnotwendig vorgenommen werden müssen,
3. im Familienhaushalt, wenn der Jugendliche in die häusliche Gemeinschaft aufgenommen ist,
4. im Schaustellergewerbe,
5. bei Musikaufführungen, Theatervorstellungen und anderen Aufführungen sowie bei Direktsendungen im Rundfunk (Hörfunk und Fernsehen),
6. beim Sport,
7. im ärztlichen Notdienst,
8. im Gaststättengewerbe.

Jeder zweite Sonntag soll, mindestens zwei Sonntage im Monat müssen beschäftigungsfrei bleiben.

(3) Werden Jugendliche am Sonntag beschäftigt, ist ihnen die Fünf-Tage-Woche (§ 15) durch Freistellung an einem anderen berufsschulfreien Arbeitstag derselben Woche sicherzustellen. In Betrieben mit einem Betriebsruhetag in der Woche kann die Freistellung auch an diesem Tag erfolgen, wenn die Jugendlichen an diesem Tag keinen Berufsschulunterricht haben.

§ 18 Feiertagsruhe (1) Am 24. und 31. Dezember nach 14 Uhr und an gesetzlichen Feiertagen dürfen Jugendliche nicht beschäftigt werden.
(2) Zulässig ist die Beschäftigung Jugendlicher an gesetzlichen Feiertagen in den Fällen des § 17 Abs. 2, ausgenommen am 25. Dezember, am 1. Januar, am ersten Osterfeiertag und am 1. Mai.
(3) Für die Beschäftigung an einem gesetzlichen Feiertag, der auf einen Werktag fällt, ist der Jugendliche an einem anderen berufsschulfreien Arbeitstag derselben oder der folgenden Woche freizustellen. In Betrieben mit einem Betriebsruhetag in der Woche kann die Freistellung auch an diesem Tag erfolgen, wenn die Jugendlichen an diesem Tag keinen Berufsschulunterricht haben.

§ 19 Urlaub (1) Der Arbeitgeber hat Jugendlichen für jedes Kalenderjahr einen bezahlten Erholungsurlaub zu gewähren.
(2) Der Urlaub beträgt jährlich
1. mindestens 30 Werktage, wenn der Jugendliche zu Beginn des Kalenderjahrs noch nicht 16 Jahre alt ist,
2. mindestens 27 Werktage, wenn der Jugendliche zu Beginn des Kalenderjahrs noch nicht 17 Jahre alt ist,
3. mindestens 25 Werktage, wenn der Jugendliche zu Beginn des Kalenderjahrs noch nicht 18 Jahre alt ist.

Jugendliche, die im Bergbau unter Tage beschäftigt werden, erhalten in jeder Altersgruppe einen zusätzlichen Urlaub von drei Werktagen.
(3) Der Urlaub soll Berufsschülern in der Zeit der Berufsschulferien gegeben werden. Soweit er nicht in den Berufsschulferien gegeben wird, ist für jeden Berufsschultag, an dem die Berufsschule während des Urlaubs besucht wird, ein weiterer Urlaubstag zu gewähren.
(4) Im Übrigen gelten für den Urlaub der Jugendlichen § 3 Abs. 2, §§ 4 bis 12 und § 13 Abs. 3 des Bundesurlaubsgesetzes. Der Auftraggeber oder Zwischenmeister hat jedoch abweichend von § 12 Nr. 1 des Bundesurlaubsgesetzes den jugendlichen Heimarbeitern für jedes Kalenderjahr einen bezahlten Erholungsurlaub entsprechend Absatz 2 zu gewähren; das Urlaubsentgelt der jugendlichen Heimarbeiter beträgt bei einem Urlaub von 30 Werktagen 11,6 vom Hundert, bei einem Urlaub von 27 Werktagen 10,3 vom Hundert und bei einem Urlaub von 25 Werktagen 9,5 vom Hundert.

§ 20 Binnenschiffahrt (1) In der Binnenschiffahrt gelten folgende Abweichungen:
1. Abweichend von § 12 darf die Schichtzeit Jugendlicher über 16 Jahre während der Fahrt bis auf 14 Stunden täglich ausgedehnt werden, wenn ihre Arbeitszeit sechs Stunden täglich nicht überschreitet. Ihre tägliche Freizeit kann abweichend von § 13 der Ausdehnung der Schichtzeit entsprechend bis auf 10 Stunden verkürzt werden.
2. Abweichend von § 14 Abs. 1 dürfen Jugendliche über 16 Jahre während der Fahrt bis 22 Uhr beschäftigt werden.

3. Abweichend von §§ 15, 16 Abs. 1, § 17 Abs. 1 und § 18 Abs. 1 dürfen Jugendliche an jedem Tag der Woche beschäftigt werden, jedoch nicht am 24. Dezember, an den Weihnachtsfeiertagen, am 31. Dezember, am 1. Januar, an den Osterfeiertagen und am 1. Mai. Für die Beschäftigung an einem Samstag, Sonntag und an einem gesetzlichen Feiertag, der auf einen Werktag fällt, ist ihnen je ein freier Tag zu gewähren. Diese freien Tage sind den Jugendlichen in Verbindung mit anderen freien Tagen zu gewähren, spätestens, wenn ihnen 10 freie Tage zustehen.

(2) In der gewerblichen Binnenschifffahrt hat der Arbeitgeber Aufzeichnungen nach Absatz 3 über die tägliche Arbeits- oder Freizeit jedes Jugendlichen zu führen, um eine Kontrolle der Einhaltung der §§ 8 bis 21 a dieses Gesetzes zu ermöglichen. Die Aufzeichnungen sind in geeigneten Zeitabständen, spätestens bis zum nächsten Monatsende, gemeinsam vom Arbeitgeber oder seinem Vertreter und von dem Jugendlichen zu prüfen und zu bestätigen. Im Anschluss müssen die Aufzeichnungen für mindestens zwölf Monate an Bord aufbewahrt werden und dem Jugendlichen ist eine Kopie der bestätigten Aufzeichnungen auszuhändigen. Der Jugendliche hat die Kopien daraufhin zwölf Monate für eine Kontrolle bereitzuhalten.

(3) Die Aufzeichnungen nach Absatz 2 müssen mindestens folgende Angaben enthalten:

1. Name des Schiffes,
2. Name des Jugendlichen,
3. Name des verantwortlichen Schiffsführers,
4. Datum des jeweiligen Arbeits- oder Ruhetages,
5. für jeden Tag der Beschäftigung, ob es sich um einen Arbeits- oder um einen Ruhetag handelt sowie
6. Beginn und Ende der täglichen Arbeitszeit oder der täglichen Freizeit.

§ 21 Ausnahmen in besonderen Fällen (1) Die §§ 8 und 11 bis 18 finden keine Anwendung auf die Beschäftigung Jugendlicher mit vorübergehenden und unaufschiebbaren Arbeiten in Notfällen, soweit erwachsene Beschäftigte nicht zur Verfügung stehen.

(2) Wird in den Fällen des Absatzes 1 über die Arbeitszeit des § 8 hinaus Mehrarbeit geleistet, so ist sie durch entsprechende Verkürzung der Arbeitszeit innerhalb der folgenden drei Wochen auszugleichen.

§ 21 a Abweichende Regelungen (1) In einem Tarifvertrag oder auf Grund eines Tarifvertrages in einer Betriebsvereinbarung kann zugelassen werden

1. abweichend von den §§ 8, 15, § 16 Abs. 3 und 4, § 17 Abs. 3 und § 18 Abs. 3 die Arbeitszeit bis zu neun Stunden täglich, 44 Stunden wöchentlich und bis zu fünfeinhalb Tagen in der Woche anders zu verteilen, jedoch nur unter Einhaltung einer durchschnittlichen Wochenarbeitszeit von 40 Stunden in einem Ausgleichszeitraum von zwei Monaten,
2. abweichend von § 11 Abs. 1 Satz 2 Nr. 2 und Abs. 2 die Ruhepausen bis zu 15 Minuten zu kürzen und die Lage der Pausen anders zu bestimmen,

3. abweichend von § 12 die Schichtzeit mit Ausnahme des Bergbaus unter Tage bis zu einer Stunde täglich zu verlängern,
4. abweichend von § 16 Abs. 1 und 2 Jugendliche an 26 Samstagen im Jahr oder an jedem Samstag zu beschäftigen, wenn statt dessen der Jugendliche an einem anderen Werktag derselben Woche von der Beschäftigung freigestellt wird,
5. abweichend von den §§ 15, 16 Abs. 3 und 4, § 17 Abs. 3 und § 18 Abs. 3 Jugendliche bei einer Beschäftigung an einem Samstag oder an einem Sonn- oder Feiertag unter vier Stunden an einem anderen Arbeitstag derselben oder der folgenden Woche vor- oder nachmittags von der Beschäftigung freizustellen,
6. abweichend von § 17 Abs. 2 Satz 2 Jugendliche im Gaststätten- und Schaustellergewerbe sowie in der Landwirtschaft während der Saison oder der Erntezeit an drei Sonntagen im Monat zu beschäftigen.

(2) Im Geltungsbereich eines Tarifvertrages nach Absatz 1 kann die abweichende tarifvertragliche Regelung im Betrieb eines nicht tarifgebundenen Arbeitgebers durch Betriebsvereinbarung oder, wenn ein Betriebsrat nicht besteht, durch schriftliche Vereinbarung zwischen dem Arbeitgeber und dem Jugendlichen übernommen werden.

(3) Die Kirchen und die öffentlich-rechtlichen Religionsgesellschaften können die in Absatz 1 genannten Abweichungen in ihren Regelungen vorsehen.

§ 21 b Ermächtigung Das Bundesministerium für Arbeit und Soziales kann im Interesse der Berufsausbildung oder der Zusammenarbeit von Jugendlichen und Erwachsenen durch Rechtsverordnung mit Zustimmung des Bundesrates Ausnahmen von den Vorschriften
1. des § 8, der §§ 11 und 12, der §§ 15 und 16, des § 17 Abs. 2 und 3 sowie des § 18 Abs. 3 im Rahmen des § 21 a Abs. 1,
2. des § 14, jedoch nicht vor 5 Uhr und nicht nach 23 Uhr, sowie
3. des § 17 Abs. 1 und des § 18 Abs. 1 an höchstens 26 Sonn- und Feiertagen im Jahr

zulassen, soweit eine Beeinträchtigung der Gesundheit oder der körperlichen oder seelisch-geistigen Entwicklung der Jugendlichen nicht zu befürchten ist.

Zweiter Titel – Beschäftigungsverbote und -beschränkungen

§ 22 Gefährliche Arbeiten (1) Jugendliche dürfen nicht beschäftigt werden
1. mit Arbeiten, die ihre physische oder psychische Leistungsfähigkeit übersteigen,
2. mit Arbeiten, bei denen sie sittlichen Gefahren ausgesetzt sind,
3. mit Arbeiten, die mit Unfallgefahren verbunden sind, von denen anzunehmen ist, daß Jugendliche sie wegen mangelnden Sicherheitsbewußtseins oder mangelnder Erfahrung nicht erkennen oder nicht abwenden können,

4. mit Arbeiten, bei denen ihre Gesundheit durch außergewöhnliche Hitze oder Kälte oder starke Nässe gefährdet wird,
5. mit Arbeiten, bei denen sie schädlichen Einwirkungen von Lärm, Erschütterungen oder Strahlen ausgesetzt sind,
6. mit Arbeiten, bei denen sie schädlichen Einwirkungen von Gefahrstoffen im Sinne der Gefahrstoffverordnung ausgesetzt sind,
7. mit Arbeiten, bei denen sie schädlichen Einwirkungen von biologischen Arbeitsstoffen im Sinne der Biostoffverordnung ausgesetzt sind.

(2) Absatz 1 Nr. 3 bis 7 gilt nicht für die Beschäftigung Jugendlicher soweit
1. dies zur Erreichung ihres Ausbildungszieles erforderlich ist,
2. ihr Schutz durch die Aufsicht eines Fachkundigen gewährleistet ist und
3. der Luftgrenzwert bei gefährlichen Stoffen (Absatz 1 Nr. 6) unterschritten wird.

Satz 1 findet keine Anwendung auf gezielte Tätigkeiten mit biologischen Arbeitsstoffen der Risikogruppen 3 und 4 im Sinne der Biostoffverordnung sowie auf nicht gezielte Tätigkeiten, die nach der Biostoffverordnung der Schutzstufe 3 oder 4 zuzuordnen sind.

(3) Werden Jugendliche in einem Betrieb beschäftigt, für den ein Betriebsarzt oder eine Fachkraft für Arbeitssicherheit verpflichtet ist, muß ihre betriebsärztliche oder sicherheitstechnische Betreuung sichergestellt sein.

§ 23 Akkordarbeit; tempoabhängige Arbeiten (1) Jugendliche dürfen nicht beschäftigt werden
1. mit Akkordarbeit und sonstigen Arbeiten, bei denen durch ein gesteigertes Arbeitstempo ein höheres Entgelt erzielt werden kann,
2. in einer Arbeitsgruppe mit erwachsenen Arbeitnehmern, die mit Arbeiten nach Nummer 1 beschäftigt werden,
3. mit Arbeiten, bei denen ihr Arbeitstempo nicht nur gelegentlich vorgeschrieben, vorgegeben oder auf andere Weise erzwungen wird.

(2) Absatz 1 Nr. 2 gilt nicht für die Beschäftigung Jugendlicher,
1. soweit dies zur Erreichung ihres Ausbildungszieles erforderlich ist oder
2. wenn sie eine Berufsausbildung für diese Beschäftigung abgeschlossen haben

und ihr Schutz durch die Aufsicht eines Fachkundigen gewährleistet ist.

§ 24 Arbeiten unter Tage (1) Jugendliche dürfen nicht mit Arbeiten unter Tage beschäftigt werden.

(2) Absatz 1 gilt nicht für die Beschäftigung Jugendlicher über 16 Jahre,
1. soweit dies zur Erreichung ihres Ausbildungszieles erforderlich ist,
2. wenn sie eine Berufsausbildung für die Beschäftigung unter Tage abgeschlossen haben oder
3. wenn sie an einer von der Bergbehörde genehmigten Ausbildungsmaßnahme für Bergjungarbeiter teilnehmen oder teilgenommen haben

und ihr Schutz durch die Aufsicht eines Fachkundigen gewährleistet ist.

§ 25 Verbot der Beschäftigung durch bestimmte Personen (1) Personen, die
1. wegen eines Verbrechens zu einer Freiheitsstrafe von mindestens zwei Jahren,
2. wegen einer vorsätzlichen Straftat, die sie unter Verletzung der ihnen als Arbeitgeber, Ausbildender oder Ausbilder obliegenden Pflichten zum Nachteil von Kindern oder Jugendlichen begangen haben, zu einer Freiheitsstrafe von mehr als drei Monaten,
3. wegen einer Straftat nach den §§ 109 h, 171, 174 bis 184 i, 225, 232 bis 233 a des Strafgesetzbuches,
4. wegen einer Straftat nach dem Betäubungsmittelgesetz oder
5. wegen einer Straftat nach dem Jugendschutzgesetz oder nach dem Gesetz über die Verbreitung jugendgefährdender Schriften wenigstens zweimal

rechtskräftig verurteilt worden sind, dürfen Jugendliche nicht beschäftigen sowie im Rahmen eines Rechtsverhältnisses im Sinne des § 1 nicht beaufsichtigten, nicht anweisen, nicht ausbilden und nicht mit der Beaufsichtigung, Anweisung oder Ausbildung von Jugendlichen beauftragt werden. Eine Verurteilung bleibt außer Betracht, wenn seit dem Tag ihrer Rechtskraft fünf Jahre verstrichen sind. Die Zeit, in welcher der Täter auf behördliche Anordnung in einer Anstalt verwahrt worden ist, wird nicht eingerechnet.
(2) Das Verbot des Absatzes 1 Satz 1 gilt auch für Personen, gegen die wegen einer Ordnungswidrigkeit nach § 58 Abs. 1 bis 4 wenigstens dreimal eine Geldbuße rechtskräftig festgesetzt worden ist. Eine Geldbuße bleibt außer Betracht, wenn seit dem Tag ihrer rechtskräftigen Festsetzung fünf Jahre verstrichen sind.
(3) Das Verbot des Absatzes 1 und 2 gilt nicht für die Beschäftigung durch die Personensorgeberechtigten.

§ 26 Ermächtigungen Das Bundesministerium für Arbeit und Soziales kann zum Schutze der Jugendlichen gegen Gefahren für Leben und Gesundheit sowie zur Vermeidung einer Beeinträchtigung der körperlichen oder seelisch-geistigen Entwicklung durch Rechtsverordnung mit Zustimmung des Bundesrates
1. die für Kinder, die der Vollzeitschulpflicht nicht mehr unterliegen, geeigneten und leichten Tätigkeiten nach § 7 Satz 1 Nr. 2 und die Arbeiten nach § 22 Abs. 1 und den §§ 23 und 24 näher bestimmen,
2. Über die Beschäftigungsverbote in den §§ 22 bis 25 hinaus die Beschäftigung Jugendlicher in bestimmten Betriebsarten oder mit bestimmten Arbeiten verbieten oder beschränken, wenn sie bei diesen Arbeiten infolge ihres Entwicklungsstands in besonderem Maß Gefahren ausgesetzt sind oder wenn das Verbot oder die Beschränkung der Beschäftigung infolge der technischen Entwicklung oder neuer arbeitsmedizinischer oder sicherheitstechnischer Erkenntnisse notwendig ist.

§ 27 Behördliche Anordnungen und Ausnahmen (1) Die Aufsichtsbehörde kann in Einzelfällen feststellen, ob eine Arbeit unter die Beschäftigungsverbote oder -beschränkungen der §§ 22 bis 24 oder einer Rechtsverordnung nach § 26 fällt. Sie kann in Einzelfällen die Beschäftigung Jugendlicher mit bestimmten Arbeiten über die Beschäftigungsverbote und -beschränkungen der §§ 22 bis 24 und einer Rechtsverordnung nach § 26 hinaus verbieten oder beschränken, wenn diese Arbeiten mit Gefahren für Leben, Gesundheit oder für die körperliche oder seelisch-geistige Entwicklung der Jugendlichen verbunden sind.

(2) Die zuständige Behörde kann

1. den Personen, die die Pflichten, die ihnen kraft Gesetzes zugunsten der von ihnen beschäftigten, beaufsichtigten, angewiesenen oder auszubildenden Kinder und Jugendlichen obliegen, wiederholt oder gröblich verletzt haben,
2. den Personen, gegen die Tatsachen vorliegen, die sie in sittlicher Beziehung zur Beschäftigung, Beaufsichtigung, Anweisung oder Ausbildung von Kindern und Jugendlichen ungeeignet erscheinen lassen,

verbieten, Kinder und Jugendliche zu beschäftigen oder im Rahmen eines Rechtsverhältnisses im Sinne des § 1 zu beaufsichtigen, anzuweisen oder auszubilden.

(3) Die Aufsichtsbehörde kann auf Antrag Ausnahmen von § 23 Abs. 1 Nr. 2 und 3 für Jugendliche über 16 Jahre bewilligen,

1. wenn die Art der Arbeit oder das Arbeitstempo eine Beeinträchtigung der Gesundheit oder der körperlichen oder seelisch-geistigen Entwicklung des Jugendlichen nicht befürchten lassen und
2. wenn eine nicht länger als vor drei Monaten ausgestellte ärztliche Bescheinigung vorgelegt wird, nach der gesundheitliche Bedenken gegen die Beschäftigung nicht bestehen.

Dritter Titel – Sonstige Pflichten des Arbeitgebers

§ 28 Menschengerechte Gestaltung der Arbeit (1) Der Arbeitgeber hat bei der Einrichtung und der Unterhaltung der Arbeitsstätte einschließlich der Maschinen, Werkzeuge und Geräte und bei der Regelung der Beschäftigung die Vorkehrungen und Maßnahmen zu treffen, die zum Schutz der Jugendlichen gegen Gefahren für Leben und Gesundheit sowie zur Vermeidung einer Beeinträchtigung der körperlichen oder seelisch-geistigen Entwicklung der Jugendlichen erforderlich sind. Hierbei sind das mangelnde Sicherheitsbewußtsein, die mangelnde Erfahrung und der Entwicklungsstand der Jugendlichen zu berücksichtigen und die allgemein anerkannten sicherheitstechnischen und arbeitsmedizinischen Regeln sowie die sonstigen gesicherten arbeitswissenschaftlichen Erkenntnisse zu beachten.

(2) Das Bundesministerium für Arbeit und Soziales kann durch Rechtsverordnung mit Zustimmung des Bundesrates bestimmen, welche Vorkehrungen und Maßnahmen der Arbeitgeber zur Erfüllung der sich aus Absatz 1 ergebenden Pflichten zu treffen hat.

(3) Die Aufsichtsbehörde kann in Einzelfällen anordnen, welche Vorkehrungen und Maßnahmen zur Durchführung des Absatzes 1 oder einer vom Bundes-

ministerium für Arbeit und Soziales gemäß Absatz 2 erlassenen Verordnung zu treffen sind.

§ 28 a Beurteilung der Arbeitsbedingungen Vor Beginn der Beschäftigung Jugendlicher und bei wesentlicher Änderung der Arbeitsbedingungen hat der Arbeitgeber die mit der Beschäftigung verbundenen Gefährdungen Jugendlicher zu beurteilen. Im übrigen gelten die Vorschriften des Arbeitsschutzgesetzes.

§ 29 Unterweisung über Gefahren Der Arbeitgeber hat die Jugendlichen vor Beginn der Beschäftigung und bei wesentlicher Änderung der Arbeitsbedingungen über die Unfall- und Gesundheitsgefahren, denen sie bei der Beschäftigung ausgesetzt sind, sowie über die Einrichtungen und Maßnahmen zur Abwendung dieser Gefahren zu unterweisen. Er hat die Jugendlichen vor der erstmaligen Beschäftigung an Maschinen oder gefährlichen Arbeitsstellen oder mit Arbeiten, bei denen sie mit gesundheitsgefährdenden Stoffen in Berührung kommen, über die besonderen Gefahren dieser Arbeiten sowie über das bei ihrer Verrichtung erforderliche Verhalten zu unterweisen.
(2) Die Unterweisungen sind in angemessenen Zeitabständen, mindestens aber halbjährlich, zu wiederholen.
(3) Der Arbeitgeber beteiligt die Betriebsärzte und die Fachkräfte für Arbeitssicherheit an der Planung, Durchführung und Überwachung der für die Sicherheit und den Gesundheitsschutz bei der Beschäftigung Jugendlicher geltenden Vorschriften.

§ 30 Häusliche Gemeinschaft (1) Hat der Arbeitgeber einen Jugendlichen in die häusliche Gemeinschaft aufgenommen, so muß er
1. ihm eine Unterkunft zur Verfügung stellen und dafür sorgen, daß sie so beschaffen, ausgestattet und belegt ist und so benutzt wird, daß die Gesundheit des Jugendlichen nicht beeinträchtigt wird, und
2. ihm bei einer Erkrankung, jedoch nicht über die Beendigung der Beschäftigung hinaus, die erforderliche Pflege und ärztliche Behandlung zuteil werden lassen, soweit diese nicht von einem Sozialversicherungsträger geleistet wird.

(2) Die Aufsichtsbehörde kann im Einzelfall anordnen, welchen Anforderungen die Unterkunft (Absatz 1 Nr. 1) und die Pflege bei Erkrankungen (Absatz 1 Nr. 2) genügen müssen.

§ 31 Züchtigungsverbot; Verbot der Abgabe von Alkohol und Tabak (1) Wer Jugendliche beschäftigt oder im Rahmen eines Rechtsverhältnisses im Sinne des § 1 beaufsichtigt, anweist oder ausbildet, darf sie nicht körperlich züchtigen.
(2) Wer Jugendliche beschäftigt, muß sie vor körperlicher Züchtigung und Mißhandlung und vor sittlicher Gefährdung durch andere bei ihm Beschäftigte und durch Mitglieder seines Haushalts an der Arbeitsstätte und in seinem Haus schützen. Soweit deren Abgabe nach § 9 Absatz 1 und 4 des Jugend-

schutzgesetzes verboten ist, darf der Arbeitgeber Jugendlichen keine alkoholischen Getränke, Tabakwaren oder anderen dort genannten Erzeugnisse geben.

Vierter Titel – Gesundheitliche Betreuung

§ 32 Erstuntersuchung (1) Ein Jugendlicher, der in das Berufsleben eintritt, darf nur beschäftigt werden, wenn,
1. er innerhalb der letzten vierzehn Monate von einem Arzt untersucht worden ist (Erstuntersuchung) und
2. dem Arbeitgeber eine von diesem Arzt ausgestellte Bescheinigung vorliegt.

(2) Absatz 1 gilt nicht für eine nur geringfügige oder eine nicht länger als zwei Monate dauernde Beschäftigung mit leichten Arbeiten, von denen keine gesundheitlichen Nachteile für den Jugendlichen zu befürchten sind.

§ 33 Erste Nachuntersuchung (1) Ein Jahr nach Aufnahme der ersten Beschäftigung hat sich der Arbeitgeber die Bescheinigung eines Arztes darüber vorlegen zu lassen, daß der Jugendliche nachuntersucht worden ist (erste Nachuntersuchung). Die Nachuntersuchung darf nicht länger als drei Monate zurückliegen. Der Arbeitgeber soll den Jugendlichen neun Monate nach Aufnahme der ersten Beschäftigung nachdrücklich auf den Zeitpunkt, bis zu dem der Jugendliche ihm die ärztliche Bescheinigung nach Satz 1 vorzulegen hat, hinweisen und ihn auffordern, die Nachuntersuchung bis dahin durchführen zu lassen.

(2) Legt der Jugendliche die Bescheinigung nicht nach Ablauf eines Jahres vor, hat ihn der Arbeitgeber innerhalb eines Monats unter Hinweis auf das Beschäftigungsverbot nach Absatz 3 schriftlich aufzufordern, ihm die Bescheinigung vorzulegen. Je eine Durchschrift des Aufforderungsschreibens hat der Arbeitgeber dem Personensorgeberechtigten und dem Betriebs- oder Personalrat zuzusenden.

(3) Der Jugendliche darf nach Ablauf von 14 Monaten nach Aufnahme der ersten Beschäftigung nicht weiterbeschäftigt werden, solange er die Bescheinigung nicht vorgelegt hat.

§ 34 Weitere Nachuntersuchungen Nach Ablauf jedes weiteren Jahres nach der ersten Nachuntersuchung kann sich der Jugendliche erneut nachuntersuchen lassen (weitere Nachuntersuchungen). Der Arbeitgeber soll ihn auf diese Möglichkeit rechtzeitig hinweisen und darauf hinwirken, daß der Jugendliche ihm die Bescheinigung über die weitere Nachuntersuchung vorlegt.

§ 35 Außerordentliche Nachuntersuchung (1) Der Arzt soll eine außerordentliche Nachuntersuchung anordnen, wenn eine Untersuchung ergibt, daß
1. ein Jugendlicher hinter dem seinem Alter entsprechenden Entwicklungsstand zurückgeblieben ist,

2. gesundheitliche Schwächen oder Schäden vorhanden sind,
3. die Auswirkungen der Beschäftigung auf die Gesundheit oder Entwicklung des Jugendlichen noch nicht zu übersehen sind.

(2) Die in § 33 Abs. 1 festgelegten Fristen werden durch die Anordnung einer außerordentlichen Nachuntersuchung nicht berührt.

§ 36 Ärztliche Untersuchungen und Wechsel des Arbeitgebers Wechselt der Jugendliche den Arbeitgeber, so darf ihn der neue Arbeitgeber erst beschäftigen, wenn ihm die Bescheinigung über die Erstuntersuchung (§ 32 Abs. 1) und, falls seit der Aufnahme der Beschäftigung ein Jahr vergangen ist, die Bescheinigung über die erste Nachuntersuchung (§ 33) vorliegen.

§ 37 Inhalt und Durchführung der ärztlichen Untersuchungen (1) Die ärztlichen Untersuchungen haben sich auf den Gesundheits- und Entwicklungsstand und die körperliche Beschaffenheit, die Nachuntersuchungen außerdem auf die Auswirkungen der Beschäftigung auf Gesundheit und Entwicklung des Jugendlichen zu erstrecken.

(2) Der Arzt hat unter Berücksichtigung der Krankheitsvorgeschichte des Jugendlichen auf Grund der Untersuchungen zu beurteilen,
1. ob die Gesundheit oder die Entwicklung des Jugendlichen durch die Ausführung bestimmter Arbeiten oder durch die Beschäftigung während bestimmter Zeiten gefährdet wird,
2. ob besondere der Gesundheit dienende Maßnahmen einschließlich Maßnahmen zur Verbesserung des Impfstatus erforderlich sind,
3. ob eine außerordentliche Nachuntersuchung (§ 35 Abs. 1) erforderlich ist.

(3) Der Arzt hat schriftlich festzuhalten:
1. den Untersuchungsbefund,
2. die Arbeiten, durch deren Ausführung er die Gesundheit oder die Entwicklung des Jugendlichen für gefährdet hält,
3. die besonderen der Gesundheit dienenden Maßnahmen einschließlich Maßnahmen zur Verbesserung des Impfstatus,
4. die Anordnung einer außerordentlichen Nachuntersuchung (§ 35 Abs. 1).

§ 38 Ergänzungsuntersuchung Kann der Arzt den Gesundheits- und Entwicklungsstand des Jugendlichen nur beurteilen, wenn das Ergebnis einer Ergänzungsuntersuchung durch einen anderen Arzt oder einen Zahnarzt vorliegt, so hat er die Ergänzungsuntersuchung zu veranlassen und ihre Notwendigkeit schriftlich zu begründen.

§ 39 Mitteilung, Bescheinigung (1) Der Arzt hat dem Personensorgeberechtigten schriftlich mitzuteilen:
1. das wesentliche Ergebnis der Untersuchung,
2. die Arbeiten, durch deren Ausführung er die Gesundheit oder die Entwicklung des Jugendlichen für gefährdet hält,

3. die besonderen der Gesundheit dienenden Maßnahmen,
4. die Anordnung einer außerordentlichen Nachuntersuchung (§ 35 Abs. 1).

(2) Der Arzt hat eine für den Arbeitgeber bestimmte Bescheinigung darüber auszustellen, daß die Untersuchung stattgefunden hat und darin die Arbeiten zu vermerken, durch deren Ausführung er die Gesundheit oder die Entwicklung des Jugendlichen für gefährdet hält.

§ 40 Bescheinigung mit Gefährdungsvermerk (1) Enthält die Bescheinigung des Arztes (§ 39 Abs. 2) einen Vermerk über Arbeiten, durch deren Ausführung er die Gesundheit oder die Entwicklung des Jugendlichen für gefährdet hält, so darf der Jugendliche mit solchen Arbeiten nicht beschäftigt werden.

(2) Die Aufsichtsbehörde kann die Beschäftigung des Jugendlichen mit den in der Bescheinigung des Arztes (§ 39 Abs. 2) vermerkten Arbeiten im Einvernehmen mit einem Arzt zulassen und die Zulassung mit Auflagen verbinden.

§ 41 Aufbewahren der ärztlichen Bescheinigungen (1) Der Arbeitgeber hat die ärztlichen Bescheinigungen bis zur Beendigung der Beschäftigung, längstens jedoch bis zur Vollendung des 18. Lebensjahres des Jugendlichen aufzubewahren und der Aufsichtsbehörde sowie der Berufsgenossenschaft auf Verlangen zur Einsicht vorzulegen oder einzusenden.

(2) Scheidet der Jugendliche aus dem Beschäftigungsverhältnis aus, so hat ihm der Arbeitgeber die Bescheinigungen auszuhändigen.

§ 42 Eingreifen der Aufsichtsbehörde Die Aufsichtsbehörde hat, wenn die dem Jugendlichen übertragenen Arbeiten Gefahren für seine Gesundheit befürchten lassen, dies dem Personensorgeberechtigten und dem Arbeitgeber mitzuteilen und den Jugendlichen aufzufordern, sich durch einen von ihr ermächtigten Arzt untersuchen zu lassen.

§ 43 Freistellung für Untersuchungen Der Arbeitgeber hat den Jugendlichen für die Durchführung der ärztlichen Untersuchungen nach diesem Abschnitt freizustellen. Ein Entgeltausfall darf hierdurch nicht eintreten.

§ 44 Kosten der Untersuchungen Die Kosten der Untersuchungen trägt das Land.

§ 45 Gegenseitige Unterrichtung der Ärzte (1) Die Ärzte, die Untersuchungen nach diesem Abschnitt vorgenommen haben, müssen, wenn der Personensorgeberechtigte und der Jugendliche damit einverstanden sind,
1. dem staatlichen Gewerbearzt,
2. dem Arzt, der einen Jugendlichen nach diesem Abschnitt nachuntersucht,

auf Verlangen die Aufzeichnungen über die Untersuchungsbefunde zur Einsicht aushändigen.

(2) Unter den Voraussetzungen des Absatzes 1 kann der Amtsarzt des Gesundheitsamtes einem Arzt, der einen Jugendlichen nach diesem Abschnitt unter-

sucht, Einsicht in andere in seiner Dienststelle vorhandene Unterlagen über Gesundheit und Entwicklung des Jugendlichen gewähren.

§ 46 Ermächtigungen (1) Das Bundesministerium für Arbeit und Soziales kann zum Zweck einer gleichmäßigen und wirksamen gesundheitlichen Betreuung durch Rechtsverordnung[1] mit Zustimmung des Bundesrates Vorschriften über die Durchführung der ärztlichen Untersuchungen und über die für die Aufzeichnungen der Untersuchungsbefunde, die Bescheinigungen und Mitteilungen zu verwendenden Vordrucke erlassen.
(2) Die Landesregierung kann durch Rechtsverordnung
1. zur Vermeidung von mehreren Untersuchungen innerhalb eines kurzen Zeitraums aus verschiedenen Anlässen bestimmen, daß die Untersuchungen nach den §§ 32 bis 34 zusammen mit Untersuchungen nach anderen Vorschriften durchzuführen sind, und hierbei von der Frist des § 32 Abs. 1 Nr. 1 bis zu drei Monaten abweichen,
2. zur Vereinfachung der Abrechnung
   a) Pauschbeträge für die Kosten der ärztlichen Untersuchungen im Rahmen der geltenden Gebührenordnungen festsetzen,
   b) Vorschriften über die Erstattung der Kosten beim Zusammentreffen mehrerer Untersuchungen nach Nummer 1 erlassen.

Vierter Abschnitt – Durchführung des Gesetzes

Erster Titel – Aushänge und Verzeichnisse

§ 47 Bekanntgabe des Gesetzes und der Aufsichtsbehörde Arbeitgeber, die regelmäßig mindestens einen Jugendlichen beschäftigen, haben einen Abdruck dieses Gesetzes und die Anschrift der zuständigen Aufsichtsbehörde an geeigneter Stelle im Betrieb zur Einsicht auszulegen oder auszuhängen.

§ 48 Aushang über Arbeitszeit und Pausen Arbeitgeber, die regelmäßig mindestens drei Jugendliche beschäftigen, haben einen Aushang über Beginn und Ende der regelmäßigen täglichen Arbeitszeit und der Pausen der Jugendlichen an geeigneter Stelle im Betrieb anzubringen.

§ 49 Verzeichnisse der Jugendlichen Arbeitgeber haben Verzeichnisse der bei ihnen beschäftigten Jugendlichen unter Angabe des Vor- und Familiennamens, des Geburtsdatums und der Wohnanschrift zu führen, in denen das Datum des Beginns der Beschäftigung bei ihnen, bei einer Beschäftigung unter Tage auch das Datum des Beginns dieser Beschäftigung, enthalten ist.

---

1 Vgl. **JugendarbeitsschutzuntersuchungsVO – JArbSchUV** (Nr. 24 a).

§ 50 Auskunft; Vorlage der Verzeichnisse (1) Der Arbeitgeber ist verpflichtet, der Aufsichtsbehörde auf Verlangen

1. die zur Erfüllung ihrer Aufgaben erforderlichen Angaben wahrheitsgemäß und vollständig zu machen,
2. die Verzeichnisse gemäß § 49, die Unterlagen, aus denen Name, Beschäftigungsart und -zeiten der Jugendlichen sowie Lohn- und Gehaltszahlungen ersichtlich sind, und alle sonstigen Unterlagen, die sich auf die nach Nummer 1 zu machenden Angaben beziehen, zur Einsicht vorzulegen oder einzusenden.

(2) Die Verzeichnisse und Unterlagen sind mindestens bis zum Ablauf von zwei Jahren nach der letzten Eintragung aufzubewahren.

Zweiter Titel – Aufsicht

§ 51 Aufsichtsbehörde, Besichtigungsrechte und Berichtspflicht (1) Die Aufsicht über die Ausführung dieses Gesetzes und der auf Grund dieses Gesetzes erlassenen Rechtsverordnungen obliegt der nach Landesrecht zuständigen Behörde (Aufsichtsbehörde). Die Landesregierung kann durch Rechtsverordnung die Aufsicht über die Ausführung dieser Vorschriften in Familienhaushalten auf gelegentliche Prüfungen beschränken.
(2) Die Beauftragten der Aufsichtsbehörde sind berechtigt, die Arbeitsstätten während der üblichen Betriebs- und Arbeitszeit zu betreten und zu besichtigen; außerhalb dieser Zeit oder wenn sich die Arbeitsstätten in einer Wohnung befinden, dürfen sie nur zur Verhütung von dringenden Gefahren für die öffentliche Sicherheit und Ordnung betreten und besichtigt werden. Der Arbeitgeber hat das Betreten und Besichtigen der Arbeitsstätten zu gestatten. Das Grundrecht der Unverletzlichkeit der Wohnung (Artikel 13 des Grundgesetzes) wird insoweit eingeschränkt.
(3) Die Aufsichtsbehörden haben im Rahmen der Jahresberichte nach § 139 b Abs. 3 der Gewerbeordnung über ihre Aufsichtstätigkeit gemäß Absatz 1 zu berichten.

§ 52 *(aufgehoben)*

§ 53 Mitteilung über Verstöße Die Aufsichtsbehörde teilt schwerwiegende Verstöße gegen die Vorschriften dieses Gesetzes oder gegen die auf Grund dieses Gesetzes erlassenen Rechtsverordnungen der nach dem Berufsbildungsgesetz oder der Handwerksordnung zuständigen Stelle mit. Die zuständige Agentur für Arbeit erhält eine Durchschrift dieser Mitteilung.

§ 54 Ausnahmebewilligungen (1) Ausnahmen, die die Aufsichtsbehörde nach diesem Gesetz oder den auf Grund dieses Gesetzes erlassenen Rechtsverordnungen bewilligen kann, sind zu befristen. Die Ausnahmebewilligungen können

1. mit einer Bedingung erlassen werden,
2. mit einer Auflage oder mit einem Vorbehalt der nachträglichen Aufnahme, Änderung oder Ergänzung einer Auflage verbunden werden und
3. jederzeit widerrufen werden.

(2) Ausnahmen können nur für einzelne Beschäftigte, einzelne Betriebe oder einzelne Teile des Betriebs bewilligt werden.

(3) Ist eine Ausnahme für einen Betrieb oder einen Teil des Betriebs bewilligt worden, so hat der Arbeitgeber hierüber an geeigneter Stelle im Betrieb einen Aushang anzubringen.

Dritter Titel – Ausschüsse für Jugendarbeitsschutz

§ 55 Bildung des Landesausschusses für Jugendarbeitsschutz (1) Bei der von der Landesregierung bestimmten obersten Landesbehörde wird ein Landesausschuß für Jugendarbeitsschutz gebildet.

(2) Dem Landesausschuß gehören als Mitglieder an:

1. je sechs Vertreter der Arbeitgeber und der Arbeitnehmer,
2. ein Vertreter des Landesjugendringes,
3. ein von der Bundesagentur für Arbeit benannter Vertreter und je ein Vertreter des Landesjugendamts, der für das Gesundheitswesen zuständigen obersten Landesbehörde und der für die berufsbildenden Schulen zuständigen obersten Landesbehörde und
4. ein Arzt.

(3) Die Mitglieder des Landesausschusses werden von der von der Landesregierung bestimmten obersten Landesbehörde berufen, die Vertreter der Arbeitgeber und Arbeitnehmer auf Vorschlag der auf Landesebene bestehenden Arbeitgeberverbände und Gewerkschaften, der Arzt auf Vorschlag der Landesärztekammer, die übrigen Vertreter auf Vorschlag der in Absatz 2 Nr. 2 und 3 genannten Stellen.

(4) Die Tätigkeit im Landesausschuß ist ehrenamtlich. Für bare Auslagen und für Entgeltausfall ist, soweit eine Entschädigung nicht von anderer Seite gewährt wird, eine angemessene Entschädigung zu zahlen, deren Höhe nach Landesrecht oder von der von der Landesregierung bestimmten obersten Landesbehörde festgesetzt wird.

(5) Die Mitglieder können nach Anhören der an ihrer Berufung beteiligten Stellen aus wichtigem Grund abberufen werden.

(6) Die Mitglieder haben Stellvertreter. Die Absätze 2 bis 5 gelten für die Stellvertreter entsprechend.

(7) Der Landesausschuß wählt aus seiner Mitte einen Vorsitzenden und dessen Stellvertreter. Der Vorsitzende und sein Stellvertreter sollen nicht derselben Mitgliedergruppe angehören.

(8) Der Landesausschuß gibt sich eine Geschäftsordnung. Die Geschäftsordnung kann die Bildung von Unterausschüssen vorsehen und bestimmen, daß ihnen ausnahmsweise nicht nur Mitglieder des Landesausschusses angehören.

Absatz 4 Satz 2 gilt für die Unterausschüsse hinsichtlich der Entschädigung entsprechend. An den Sitzungen des Landesausschusses und der Unterausschüsse können Vertreter der beteiligten obersten Landesbehörden teilnehmen.

§ 56 Bildung des Ausschusses für Jugendarbeitsschutz bei der Aufsichtsbehörde (1) Bei der Aufsichtsbehörde wird ein Ausschuß für Jugendarbeitsschutz gebildet. In Städten, in denen mehrere Aufsichtsbehörden ihren Sitz haben, wird ein gemeinsamer Ausschuß für Jugendarbeitsschutz gebildet. In Ländern, in denen nicht mehr als zwei Aufsichtsbehörden eingerichtet sind, übernimmt der Landesausschuß für Jugendarbeitsschutz die Aufgaben dieses Ausschusses.

(2) Dem Ausschuß gehören als Mitglieder an:

1. je sechs Vertreter der Arbeitgeber und der Arbeitnehmer,
2. ein Vertreter des im Bezirk der Aufsichtsbehörde wirkenden Jugendringes,
3. je ein Vertreter eines Arbeits-, Jugend- und Gesundheitsamts,
4. ein Arzt und ein Lehrer an einer berufsbildenden Schule.

(3) Die Mitglieder des Jugendarbeitsschutzausschusses werden von der Aufsichtsbehörde berufen, die Vertreter der Arbeitgeber und Arbeitnehmer auf Vorschlag der im Aufsichtsbezirk bestehenden Arbeitgeberverbände und Gewerkschaften, der Arzt auf Vorschlag der Ärztekammer, der Lehrer auf Vorschlag der nach Landesrecht zuständigen Behörde, die übrigen Vertreter auf Vorschlag der in Absatz 2 Nr. 2 und 3 genannten Stellen. § 55 Abs. 4 bis 8 gilt mit der Maßgabe entsprechend, daß die Entschädigung von der Aufsichtsbehörde mit Genehmigung der von der Landesregierung bestimmten obersten Landesbehörde festgesetzt wird.

§ 57 Aufgaben der Ausschüsse (1) Der Landesausschuß berät die oberste Landesbehörde in allen allgemeinen Angelegenheiten des Jugendarbeitsschutzes und macht Vorschläge für die Durchführung dieses Gesetzes. Er klärt über Inhalt und Ziel des Jugendarbeitsschutzes auf.

(2) Die oberste Landesbehörde beteiligt den Landesausschuß in Angelegenheiten von besonderer Bedeutung, insbesondere vor Erlaß von Rechtsvorschriften zur Durchführung dieses Gesetzes.

(3) Der Landesausschuß hat über seine Tätigkeit im Zusammenhang mit dem Bericht der Aufsichtsbehörden nach § 51 Abs. 3 zu berichten.

(4) Der Ausschuß für Jugendarbeitsschutz bei der Aufsichtsbehörde berät diese in allen allgemeinen Angelegenheiten des Jugendarbeitsschutzes und macht dem Landesausschuß Vorschläge für die Durchführung dieses Gesetzes. Er klärt über Inhalt und Ziel des Jugendarbeitsschutzes auf.

Fünfter Abschnitt – Straf- und Bußgeldvorschriften

§ 58 Bußgeld- und Strafvorschriften (1) Ordnungswidrig handelt, wer als Arbeitgeber vorsätzlich oder fahrlässig

1. entgegen § 5 Abs. 1, auch in Verbindung mit § 2 Abs. 3, ein Kind oder einen Jugendlichen, der der Vollzeitschulpflicht unterliegt, beschäftigt,
2. entgegen § 5 Abs. 3 Satz 1 oder Satz 3, jeweils auch in Verbindung mit § 2 Abs. 3, ein Kind über 13 Jahre oder einen Jugendlichen, der der Vollzeitschulpflicht unterliegt, in anderer als der zugelassenen Weise beschäftigt,
3. *(weggefallen)*
4. entgegen § 7 Satz 1 Nr. 2, auch in Verbindung mit einer Rechtsverordnung nach § 26 Nr. 1, ein Kind, das der Vollzeitschulpflicht nicht mehr unterliegt, in anderer als der zugelassenen Weise beschäftigt,
5. entgegen § 8 einen Jugendlichen über die zulässige Dauer der Arbeitszeit hinaus beschäftigt,
6. entgegen § 9 Absatz 1 einen Jugendlichen beschäftigt oder nicht freistellt,
7. entgegen § 10 Abs. 1 einen Jugendlichen für die Teilnahme an Prüfungen oder Ausbildungsmaßnahmen oder an dem Arbeitstag, der der schriftlichen Abschlußprüfung unmittelbar vorangeht, nicht freistellt,
8. entgegen § 11 Abs. 1 oder 2 Ruhepausen nicht, nicht mit der vorgeschriebenen Mindestdauer oder nicht in der vorgeschriebenen zeitlichen Lage gewährt,
9. entgegen § 12 einen Jugendlichen über die zulässige Schichtzeit hinaus beschäftigt,
10. entgegen § 13 die Mindestfreizeit nicht gewährt,
11. entgegen § 14 Abs. 1 einen Jugendlichen außerhalb der Zeit von 6 bis 20 Uhr oder entgegen § 14 Abs. 7 Satz 3 vor Ablauf der Mindestfreizeit beschäftigt,
12. entgegen § 15 einen Jugendlichen an mehr als fünf Tagen in der Woche beschäftigt,
13. entgegen § 16 Abs. 1 einen Jugendlichen an Samstagen beschäftigt oder entgegen § 16 Abs. 3 Satz 1 den Jugendlichen nicht freistellt,
14. entgegen § 17 Abs. 1 einen Jugendlichen an Sonntagen beschäftigt oder entgegen § 17 Abs. 2 Satz 2 Halbsatz 2 oder Abs. 3 Satz 1 den Jugendlichen nicht freistellt,
15. entgegen § 18 Abs. 1 einen Jugendlichen am 24. oder 31. Dezember nach 14 Uhr oder an gesetzlichen Feiertagen beschäftigt oder entgegen § 18 Abs. 3 nicht freistellt,
16. entgegen § 19 Abs. 1, auch in Verbindung mit Abs. 2 Satz 1 oder 2, oder entgegen § 19 Abs. 3 Satz 2 oder Abs. 4 Satz 2 Urlaub nicht oder nicht mit der vorgeschriebenen Dauer gewährt,
17. entgegen § 21 Abs. 2 die geleistete Mehrarbeit durch Verkürzung der Arbeitszeit nicht ausgleicht,
18. entgegen § 22 Abs. 1, auch in Verbindung mit einer Rechtsverordnung nach § 26 Nr. 1, einen Jugendlichen mit den dort genannten Arbeiten beschäftigt,
19. entgegen § 23 Abs. 1, auch in Verbindung mit einer Rechtsverordnung nach § 26 Nr. 1, einen Jugendlichen mit Arbeiten mit Lohnanreiz, in einer Arbeitsgruppe mit Erwachsenen, deren Entgelt vom Ergebnis ihrer Arbeit abhängt, oder mit tempoabhängigen Arbeiten beschäftigt,

20. entgegen § 24 Abs. 1, auch in Verbindung mit einer Rechtsverordnung nach § 26 Nr. 1, einen Jugendlichen mit Arbeiten unter Tage beschäftigt,
21. entgegen § 31 Abs. 2 Satz 2 einem Jugendlichen ein dort genanntes Getränk, Tabakwaren oder ein dort genanntes Erzeugnis gibt,
22. entgegen § 32 Abs. 1 einen Jugendlichen ohne ärztliche Bescheinigung über die Erstuntersuchung beschäftigt,
23. entgegen § 33 Abs. 3 einen Jugendlichen ohne ärztliche Bescheinigung über die erste Nachuntersuchung weiterbeschäftigt,
24. entgegen § 36 einen Jugendlichen ohne Vorlage der erforderlichen ärztlichen Bescheinigungen beschäftigt,
25. entgegen § 40 Abs. 1 einen Jugendlichen mit Arbeiten beschäftigt, durch deren Ausführung der Arzt nach der von ihm erteilten Bescheinigung die Gesundheit oder die Entwicklung des Jugendlichen für gefährdet hält,
26. einer Rechtsverordnung nach
    a) § 26 Nr. 2 oder
    b) § 28 Abs. 2

    zuwiderhandelt, soweit sie für einen bestimmten Tatbestand auf diese Bußgeldvorschrift verweist,
27. einer vollziehbaren Anordnung der Aufsichtsbehörde nach § 6 Abs. 3, § 27 Abs. 1 Satz 2 oder Abs. 2, § 28 Abs. 3 oder § 30 Abs. 2 zuwiderhandelt,
28. einer vollziehbaren Auflage der Aufsichtsbehörde nach § 6 Abs. 1, § 14 Abs. 7, § 27 Abs. 3 oder § 40 Abs. 2, jeweils in Verbindung mit § 54 Abs. 1, zuwiderhandelt,
29. einer vollziehbaren Anordnung oder Auflage der Aufsichtsbehörde auf Grund einer Rechtsverordnung nach § 26 Nr. 2 oder § 28 Abs. 2 zuwiderhandelt, soweit die Rechtsverordnung für einen bestimmten Tatbestand auf die Bußgeldvorschrift verweist.

(2) Ordnungswidrig handelt, wer vorsätzlich oder fahrlässig entgegen § 25 Abs. 1 Satz 1 oder Abs. 2 Satz 1 einen Jugendlichen beschäftigt, beaufsichtigt, anweist oder ausbildet, obwohl ihm dies verboten ist, oder einen anderen, dem dies verboten ist, mit der Beaufsichtigung, Anweisung oder Ausbildung eines Jugendlichen beauftragt.

(3) Absatz 1 Nr. 4, 6 bis 29 und Absatz 2 gelten auch für die Beschäftigung von Kindern (§ 2 Abs. 1) oder Jugendlichen, die der Vollzeitschulpflicht unterliegen (§ 2 Abs. 3), nach § 5 Abs. 2. Absatz 1 Nr. 6 bis 29 und Absatz 2 gelten auch für die Beschäftigung von Kindern, die der Vollzeitschulpflicht nicht mehr unterliegen, nach § 7.

(4) Die Ordnungswidrigkeit kann mit einer Geldbuße bis zu fünfzehntausend Euro geahndet werden.

(5) Wer vorsätzlich eine in Absatz 1, 2 oder 3 bezeichnete Handlung begeht und dadurch ein Kind, einen Jugendlichen oder im Fall des Absatzes 1 Nr. 6 eine Person, die noch nicht 21 Jahre alt ist, in ihrer Gesundheit oder Arbeitskraft gefährdet, wird mit Freiheitsstrafe bis zu einem Jahr oder mit Geldstrafe bestraft. Ebenso wird bestraft, wer eine in Absatz 1, 2 oder 3 bezeichnete Handlung beharrlich wiederholt.

(6) Wer in den Fällen des Absatzes 5 Satz 1 die Gefahr fahrlässig verursacht, wird mit Freiheitsstrafe bis zu sechs Monaten oder mit Geldstrafe bis zu einhundertachtzig Tagessätzen bestraft.

§ 59 Bußgeldvorschriften (1) Ordnungswidrig handelt, wer als Arbeitgeber vorsätzlich oder fahrlässig

1. entgegen § 6 Abs. 4 Satz 2 ein Kind vor Erhalt des Bewilligungsbescheids beschäftigt,
2. entgegen § 11 Abs. 3 den Aufenthalt in Arbeitsräumen gestattet,

2 a. entgegen § 20 Absatz 2 Satz 1 eine Aufzeichnung nicht oder nicht richtig führt,

2 b. entgegen § 20 Absatz 2 Satz 3 eine Aufzeichnung nicht oder nicht mindestens zwölf Monate aufbewahrt,

3. entgegen § 29 einen Jugendlichen über Gefahren nicht, nicht richtig oder nicht rechtzeitig unterweist,
4. entgegen § 33 Abs. 2 Satz 1 einen Jugendlichen nicht oder nicht rechtzeitig zur Vorlage einer ärztlichen Bescheinigung auffordert,
5. entgegen § 41 die ärztliche Bescheinigung nicht aufbewahrt, vorlegt, einsendet oder aushändigt,
6. entgegen § 43 Satz 1 einen Jugendlichen für ärztliche Untersuchungen nicht freistellt,
7. entgegen § 47 einen Abdruck des Gesetzes oder die Anschrift der zuständigen Aufsichtsbehörde nicht auslegt oder aushängt,
8. entgegen § 48 Arbeitszeit und Pausen nicht oder nicht in der vorgeschriebenen Weise aushängt,
9. entgegen § 49 ein Verzeichnis nicht oder nicht in der vorgeschriebenen Weise führt,
10. entgegen § 50 Abs. 1 Angaben nicht, nicht richtig oder nicht vollständig macht oder Verzeichnisse oder Unterlagen nicht vorlegt oder einsendet oder entgegen § 50 Abs. 2 Verzeichnisse oder Unterlagen nicht oder nicht vorschriftsmäßig aufbewahrt,
11. entgegen § 51 Abs. 2 Satz 2 das Betreten oder Besichtigen der Arbeitsstätten nicht gestattet,
12. entgegen § 54 Abs. 2 einen Aushang nicht anbringt.

(2) Absatz 1 Nr. 2 bis 6 gilt auch für die Beschäftigung von Kindern (§ 2 Abs. 1 und 3) nach § 5 Abs. 2 Satz 1.

(3) Die Ordnungswidrigkeit kann mit einer Geldbuße bis zu zweitausendfünfhundert Euro geahndet werden.

§ 60 Verwaltungsvorschriften für die Verfolgung und Ahndung von Ordnungswidrigkeiten Der Bundesminister für Arbeit und Sozialordnung kann mit Zustimmung des Bundesrates allgemeine Verwaltungsvorschriften für die Verfolgung und Ahndung von Ordnungswidrigkeiten nach §§ 58 und 59 durch die Verwaltungsbehörde (§ 35 des Gesetzes über Ordnungswidrigkeiten) und über die Erteilung einer Verwarnung (§§ 56, 58 Abs. 2 des Gesetzes über

Ordnungswidrigkeiten) wegen einer Ordnungswidrigkeit nach §§ 58 und 59 erlassen.

Sechster Abschnitt – Schlußvorschriften

§ 61 *(nicht abgedruckt)*

§ 62 Beschäftigung im Vollzug einer Freiheitsentziehung (1) Die Vorschriften dieses Gesetzes gelten für die Beschäftigung Jugendlicher (§ 2 Abs. 2) im Vollzug einer gerichtlich angeordneten Freiheitsentziehung entsprechend, soweit es sich nicht nur um gelegentliche, geringfügige Hilfeleistungen handelt und soweit in den Absätzen 2 bis 4 nichts anderes bestimmt ist.
(2) Im Vollzug einer gerichtlich angeordneten Freiheitsentziehung finden § 19, §§ 47 bis 50 keine Anwendung.
(3) Die §§ 13, 14, 15, 16, 17 und 18 Abs. 1 und 2 gelten im Vollzug einer gerichtlich angeordneten Freiheitsentziehung nicht für die Beschäftigung jugendlicher Anstaltsinsassen mit der Zubereitung und Ausgabe der Anstaltsverpflegung.
(4) § 18 Abs. 1 und 2 gilt nicht für die Beschäftigung jugendlicher Anstaltsinsassen in landwirtschaftlichen Betrieben der Vollzugsanstalten mit Arbeiten, die auch an Sonn- und Feiertagen naturnotwendig vorgenommen werden müssen.

§§ 63–72 *(nicht abgedruckt)*

24 a. Verordnung über die ärztlichen Untersuchungen nach dem Jugendarbeitsschutzgesetz (Jugendarbeitsschutzuntersuchungsverordnung – JArbSchUV)

vom 16. Oktober 1990 (BGBl. I 2221)

Einleitung

(siehe bei Nr. 24)

Verordnungstext

Auf Grund des § 46 Abs. 1 und des § 72 Abs. 3 Satz 2 des Jugendarbeitsschutzgesetzes vom 12. April 1976 (BGBl. I S. 965) verordnet der Bundesminister für Arbeit und Sozialordnung:

§ 1 Durchführung der Untersuchungen (1) Der Arzt, der einen Jugendlichen nach den §§ 32 bis 35 oder nach § 42 des Jugendarbeitsschutzgesetzes untersucht, hat unter Berücksichtigung der Krankheitsvorgeschichte des Jugendlichen auf Grund der Untersuchungen zu beurteilen, ob dessen Gesundheit und Entwicklung durch die Ausführung bestimmter Arbeiten oder durch die Beschäftigung während bestimmter Zeiten gefährdet wird, ob eine außerordentliche Nachuntersuchung oder eine Ergänzungsuntersuchung erforderlich ist oder ob besondere der Gesundheit dienende Maßnahmen nötig sind (§ 37 Jugendarbeitsschutzgesetz).
(2) Als Tag der Untersuchung (§ 32 Abs. 1 Nr. 1, § 33 Abs. 1 und § 34 Jugendarbeitsschutzgesetz) gilt der Tag der abschließenden Beurteilung.

§ 2 Untersuchungsberechtigungsschein Die Kosten einer Untersuchung werden vom Land (§ 44 Jugendarbeitsschutzgesetz) nur erstattet, wenn der Arzt der Kostenforderung einen von der nach Landesrecht zuständigen Stelle ausgegebenen Untersuchungsberechtigungsschein beifügt.

§ 3 Erhebungsbogen Zur Vorbereitung einer Untersuchung nach § 32 Abs. 1 des Jugendarbeitsschutzgesetzes (Erstuntersuchung) erhält der Jugendliche von der nach Landesrecht zuständigen Stelle einen Erhebungsbogen nach dem Muster der Anlage 1 in weißer Farbe, zur Vorbereitung einer Untersuchung nach § 33 Abs. 1, §§ 34, 35 Abs. 1 oder § 42 des Jugendarbeitsschutzgesetzes (Nachuntersuchung) einen Erhebungsbogen nach dem Muster der Anlage 1 a in roter Farbe. Der Erhebungsbogen soll, vom Personensorgeberechtigten ausgefüllt und von diesem und dem Jugendlichen unterschrieben, dem Arzt bei der Untersuchung vorgelegt werden.

§ 4 Untersuchungsbogen (1) Für die Aufzeichnung der Ergebnisse einer Erstuntersuchung hat der Arzt einen Untersuchungsbogen nach dem Muster der Anlage 2 in weißer Farbe, für die Aufzeichnung der Ergebnisse einer Nachuntersuchung einen Untersuchungsbogen nach dem Muster der Anlage 2 a in roter Farbe zu verwenden.
(2) Der Arzt hat die Untersuchungsbogen 10 Jahre aufzubewahren.

§ 5 Ärztliche Mitteilung an den Personensorgeberechtigten Für die ärztliche Mitteilung an den Personensorgeberechtigten nach § 39 Abs. 1 des Jugendarbeitsschutzgesetzes hat der Arzt bei einer Erstuntersuchung einen Vordruck nach dem Muster der Anlage 3 in weißer Farbe, bei einer Nachuntersuchung einen Vordruck nach dem Muster der Anlage 3 a in roter Farbe zu verwenden.

§ 6 Ärztliche Bescheinigung für den Arbeitgeber Für die ärztliche Bescheinigung für den Arbeitgeber nach § 39 Abs. 2 des Jugendarbeitsschutzgesetzes hat der Arzt bei einer Erstuntersuchung einen Vordruck nach dem Muster der Anlage 4 in weißer Farbe, bei einer Nachuntersuchung einen Vordruck nach dem Muster der Anlage 4 a in roter Farbe zu verwenden.

§ 7 Berlin-Klausel Diese Verordnung gilt nach § 14 des Dritten Überleitungsgesetzes in Verbindung mit § 71 des Jugendarbeitsschutzgesetzes auch im Land Berlin.

§ 8 Inkrafttreten, abgelöste Vorschrift Diese Verordnung tritt am ersten Tage des auf die Verkündung folgenden vierten Kalendermonats in Kraft.

24 b. Kinderarbeitsschutzverordnung (KindArbSchV)

vom 23. Juni 1998 (BGBl. I 1508)

Einleitung

(siehe bei Nr. 24)

Verordnungstext

§ 1 Beschäftigungsverbot Kinder über 13 Jahre und vollzeitschulpflichtige Jugendliche dürfen nicht beschäftigt werden, soweit nicht das Jugendarbeitsschutzgesetz und § 2 dieser Verordnung Ausnahmen vorsehen.

§ 2 Zulässige Beschäftigungen (1) Kinder über 13 Jahre und vollzeitschulpflichtige Jugendliche dürfen nur beschäftigt werden

1. mit dem Austragen von Zeitungen, Zeitschriften, Anzeigenblättern und Werbeprospekten,
2. in privaten und landwirtschaftlichen Haushalten mit
   a) Tätigkeiten in Haushalt und Garten,
   b) Botengängen,
   c) der Betreuung von Kindern und anderen zum Haushalt gehörenden Personen,
   d) Nachhilfeunterricht,
   e) der Betreuung von Haustieren,
   f) Einkaufstätigkeiten mit Ausnahme des Einkaufs von alkoholischen Getränken und Tabakwaren,
3. in landwirtschaftlichen Betrieben mit Tätigkeiten bei
   a) der Ernte und der Feldbestellung,
   b) der Selbstvermarktung landwirtschaftlicher Erzeugnisse,
   c) der Versorgung von Tieren,
4. mit Handreichungen beim Sport,
5. mit Tätigkeiten bei nichtgewerblichen Aktionen und Veranstaltungen der Kirchen, Religionsgemeinschaften, Verbände, Vereine und Parteien,

wenn die Beschäftigung nach § 5 Abs. 3 des Jugendarbeitsschutzgesetzes leicht und für sie geeignet ist.

(2) Eine Beschäftigung mit Arbeiten nach Absatz 1 ist nicht leicht und für Kinder über 13 Jahre und vollzeitschulpflichtige Jugendliche nicht geeignet, wenn sie insbesondere

1. mit einer manuellen Handhabung von Lasten verbunden ist, die regelmäßig das maximale Lastgewicht von 7,5 kg oder gelegentlich das maximale Lastgewicht von 10 kg überschreiten; manuelle Handhabung in diesem Sinne ist jedes Befördern oder Abstützen einer Last durch menschliche Kraft, unter anderem das Heben, Absetzen, Schieben, Ziehen, Tragen und Bewegen einer Last,

2. infolge einer ungünstigen Körperhaltung physisch belastend ist oder
3. mit Unfallgefahren, insbesondere bei Arbeiten an Maschinen und bei der Betreuung von Tieren, verbunden ist, von denen anzunehmen ist, daß Kinder über 13 Jahre und vollzeitschulpflichtige Jugendliche sie wegen mangelnden Sicherheitsbewußtseins oder mangelnder Erfahrung nicht erkennen oder nicht abwenden können.

Satz 1 Nr. 1 gilt nicht für vollzeitschulpflichtige Jugendliche.

(3) Die zulässigen Beschäftigungen müssen im übrigen den Schutzvorschriften des Jugendarbeitsschutzgesetzes entsprechen.

§ 3 Behördliche Befugnisse Die Aufsichtsbehörde kann im Einzelfall feststellen, ob die Beschäftigung nach § 2 zulässig ist.

§ 4 Inkrafttreten Diese Verordnung tritt am ersten Tage des auf die Verkündung folgenden Kalendermonats in Kraft.

25. Kündigungsschutzgesetz (KSchG)

Aktuelle höchstrichterliche Rechtsprechung

Datum	Gericht/Az.	Fundstelle	Thema
23.7.19	BVerfG 1 BvR 2032/18	NZA 19, 1372	Klagefrist, effektiver Rechtsschutz
27.6.19	BAG 2 AZR 38/19	NZA 19, 1427	Kündigung eines Betriebsratsmitglieds wegen Betriebsstillegung
27.6.19	BAG 2 AZR 28/19	NZA 19, 1343	Umdeutung außerordentlicher in ordentliche Kündigung, Kündigungsschutzklage
13.6.19	BAG 6 AZR 459/18	BB 19, 2554	Massenentlassungsanzeige
21.5.19	BAG 2 AZR 26/19	NZA 19, 1143	Wahrung der Klagefrist bei Änderungskündigung
21.5.19	BAG 2 AZR 582/18	NZA 19, 1052	BR-Beteiligung und Massenentlassungsanzeige keine Rechtsangelegenheit nach RDG
14.3.19	BAG 6 AZR 4/18	NZA 19, 567	Abfindungsanspruch, Insolvenzforderung
20.2.19	BAG 2 AZR 746/14	NZA 19, 901	Kündigung durch katholische Kirche wegen Widerverheiratung
31.1.19	BAG 2 AZR 426/18	NZA 19, 893	Verdachtskündigung
18.10.18	BAG 2 AZR 374/18	NZA 19, 246	Änderungskündigung
2.10.18	BAG 5 AZR 376/17	NZA 18, 1544	Annahmeverzugsvergütung

Einleitung

I. Geschichtliche Entwicklung

In der Geschichte des Kündigungsschutzrechtes in Deutschland hat es zweimal Rechtsvorschriften gegeben, die, wenn auch unter jeweils völlig verschiedenen Vorzeichen, aus arbeitsmarktpolitischen Gründen das autonome Kündigungsrecht des Arbeitgebers beseitigt hatten (zur Geschichte des Kündigungsschutzrechts *Kittner/Kohler,* BB 2000, Beil. 4, S. 18 ff.):

1. Die Demobilmachungsverordnungen nach dem Ersten Weltkrieg verboten dem Arbeitgeber die Entlassung von Arbeitnehmern, solange die Beschäftigung aller Arbeitskräfte bei Herabsetzung der Arbeitszeit bis auf die Hälfte möglich war. Im Krisenjahr 1923 wurden diese Bestimmungen durch die sog. Stilllegungsverordnung aufgehoben.
2. Bei Beginn des Zweiten Weltkrieges wurde die Arbeitsplatzwechselverordnung vom 1. 9. 1939 erlassen, die jede Kündigung – sowohl des Arbeitgebers als auch des Arbeitnehmers – von der Zustimmung des Arbeitsamtes abhängig machte. Da zu diesem Zeitpunkt wegen der Kriegsvorbereitungen nicht nur keine Arbeitslosigkeit mehr bestand, vielmehr Arbeitskräfte fehlten, war die mit dieser Verordnung verbundene Beschränkung der Kündigungsfreiheit des Arbeitgebers praktisch nur eine formale. Der Zweck der Arbeitsplatzwechselverordnung war vielmehr, den Arbeitnehmern die Freiheit der Arbeitsplatzwahl zu nehmen und den Arbeitskräfteeinsatz nach den Bedürfnissen der Kriegswirtschaft auszurichten.

Einen individuellen Kündigungsschutz hat es in der Weimarer Republik nicht gegeben. Vielmehr konnte ein Arbeitnehmer, dessen an bestimmte Gründe gebundener Einspruch vom Arbeiter- oder Angestelltenrat aufgegriffen worden war, durch Klage beim Arbeitsgericht lediglich erreichen, dass der Arbeitgeber ihm im Falle der Berechtigung des Einspruches eine Entschädigung zu zahlen hatte (§§ 84 bis 90 Betriebsrätegesetz).

Nachdem im Nationalsozialismus durch das »Gesetz zur Ordnung der nationalen Arbeit« die Betriebsräte beseitigt worden waren, beließ man es bei einer ähnlichen, individualrechtlichen Abfindungsregelung, die jedoch durch die faktische Arbeitsmarktentwicklung der Folgezeit gegenstandslos wurde. Dieser Rechtszustand wurde nach Kriegsende erst zum 1. 1. 1947 aufgehoben, und es folgte eine Zeit ohne eigentliches Kündigungsschutzrecht bzw. Teilregelungen in den einzelnen Zonen. Noch vor Gründung der Bundesrepublik Deutschland beschloss der Wirtschaftsrat 1949 das sog. Frankfurter Gesetz zum Kündigungsschutz, das jedoch mit Blick auf die anstehende Bundesgesetzgebung von den Militärregierungen nicht mehr genehmigt wurde. Es ist jedoch für die spätere Entwicklung deshalb von großer Bedeutung gewesen, weil in ihm die Grundstruktur des künftigen Kündigungsschutzrechts mit der Notwendigkeit der sozialen Rechtfertigung jeder Kündigung bereits enthalten war.

Grundlage des heutigen KSchG bildete dann eine Übereinkunft zwischen den Gewerkschaften und den Arbeitgeberverbänden, der sog. Hattenheimer Entwurf vom 13. 1. 1950 (abgedruckt: RdA 50, 63). Auf ihm baute der Regierungsentwurf

auf. Nachdem es in den parlamentarischen Beratungen auf Druck von Unternehmensverbänden, insbesondere der Landwirtschaft und des Handwerks, zu einigen Verschlechterungen gekommen war (Betriebsgröße, Mindestalter, Betriebszugehörigkeit), wurde das KSchG schließlich beschlossen und am 13. 8. 1951 im BGBl. veröffentlicht. Auch wenn es zwischenzeitlich mehrfach geändert worden ist, so sind doch die Grundstrukturen des KSchG die gleichen geblieben.
Wesentliche Änderungen zeigen deutlich das politische Auf und Ab bezüglich des Kündigungsschutzes (vgl. dazu auch *Buschmann*, AuR 17, G17):

(1) Arbeitsrechtliches Beschäftigungsförderungsgesetz vom 25. 9. 1996 (BGBl. I 1476)

Dieses politisch außerordentlich umstrittene Gesetz (mit dem auch die Entgeltfortzahlung im Krankheitsfalle gekürzt wurde, vgl. Einl. I zum EFZG, Nr. 18) hatte zu einer drastischen Reduzierung des Kündigungsschutzes geführt. Die Begründung hierfür war die von der Regierungskoalition aus CDU/CSU und FDP seit jeher vertretene These, dass so die Bereitschaft der Unternehmen zu Neueinstellungen gefördert werde. Dagegen wurde ins Feld geführt, dass ein solcher Kausalzusammenhang gerade nicht erwiesen ist, vielmehr lediglich die allgemeine Beschäftigungskrise dazu benutzt werde, um – auf verfassungsrechtlich bedenkliche Weise – Arbeitnehmerrechte abzubauen (zur Kritik am Gesetz vgl. *Kittner,* FS Kehrmann 1996; *Düwell,* AiB 96, 393; *Hinrichs,* AiB 96, 589; insgesamt vgl. *Lorenz,* DB 96, 1973; *Löwisch,* NZA 96, 1009; *Bader,* NZA 96, 1125).

Im Wesentlichen wurde der Kündigungsschutz in folgender Hinsicht abgebaut:

- Für Kleinbetriebe bis zu 10 Beschäftigten (statt vorher 5) gilt das KSchG nicht. Bei der Bestimmung der Arbeitnehmerzahl werden Teilzeitkräfte anteilig gezählt.
- Die Sozialauswahl bei betriebsbedingten Kündigungen wird unter Aufhebung des Prinzips der Einzelfallprüfung auf Lebensalter, Betriebszugehörigkeit und Unterhaltspflichten reduziert.
- In die Sozialauswahl werden die Arbeitnehmer nicht einbezogen, an denen der Arbeitgeber ein berechtigtes betriebliches Interesse hat. Ausdrücklich anerkannt wird das betriebliche Interesse an einer »ausgewogenen Personalstruktur« (was zur Aushebelung der Gesichtspunkte Alter/Betriebszugehörigkeit führen kann).
- Der Rechtsschutz des gekündigten Arbeitnehmers gegen die Sozialauswahl wird beschnitten, falls es hierfür mit dem Betriebsrat vereinbarte Richtlinien gibt bzw. beim Fehlen eines Betriebsrats der Arbeitgeber solche unter Zustimmung von zwei Dritteln der Belegschaft erlässt.

(2) Gesetz zu Korrekturen in der Sozialversicherung und zur Sicherung von Arbeitnehmerrechten vom 19. 12. 1998 (BGBl. I 3843)

In der ersten Legislaturperiode der rot-grünen Koalition wurden die Änderungen aufgrund des »Beschäftigungsförderungsgesetzes 1996« weitestgehend wieder rückgängig gemacht.

(3) Gesetz zu Reformen am Arbeitsmarkt vom 24. 12. 2003 (BGBl. I 3002)

Als Teil ihrer »Agenda 2010« hat die Regierungsmehrheit im Einvernehmen mit der Bundesratsopposition nach Verhandlungen im Vermittlungsausschuss das

KSchG mit dem Ziel geändert, das eigene »Korrekturgesetz« von 1998 in wesentlicher Hinsicht wieder rückgängig zu machen und zum »Beschäftigungsförderungsgesetz« von 1996 zurückzukehren, obwohl dessen arbeitsmarktpolitische Erwartungen empirisch nicht bestätigt werden konnten. Dies erfolgte im größeren Zusammenhang der Gesetzgebung zur Arbeitsmarktreform von Ende 2003. Die wichtigsten Änderungen betreffen Folgendes:

- Begrenzung der Sozialauswahl auf die vier Kriterien Betriebszugehörigkeit, Lebensalter, Unterhaltspflichten und Schwerbehinderung;
- Verstärkung der »betrieblichen Interessen« einschließlich erneut der »ausgewogenen Personalstruktur« und Wiedereinführung der »Namensliste«;
- Möglichkeit eines formalisierten Abfindungsangebots (§ 1 a);
- Vereinheitlichung der Frist zur Anrufung der Arbeitsgerichte;
- Erhöhung der Betriebsgröße auf 10 regelmäßig Beschäftigte, mit Vertrauensschutzregelungen zu Gunsten der vor dem 1. 1. 2004 beschäftigten Arbeitnehmer.

Daneben ist die begründungslose Befristungsmöglichkeit für neu gegründete Unternehmen gemäß § 14 TzBfG auf vier Jahre verlängert worden (vgl. *Preis,* DB 04, 70).

Danach gab es nur noch marginale Änderungen, zuletzt:

(4) § 24, der unter anderem spezielle Regelungen für Seeleute mit Blick auf die längere Anwesenheit an Bord enthält, wurde im Zuge der Umsetzung des IAO-Seearbeitsübereinkommens 2006 den modernen Verkehrsmitteln angepasst (Art. 3 Abs. 2 des Gesetzes zur Umsetzung des Seearbeitsübereinkommens 2006 der Internationalen Arbeitsorganisation v. 20. 4. 2013, BGBl. I 868).

(5) In Umsetzung der Seeleute-Richtlinie (EU) 2015/1794 (v. 6. 10. 2015, ABl. L 263/1) wurde der Schutz vor Massenentlassungen auch für Seeleute durch neue Regelungen in §§ 23 Abs. 2 Satz 2, 24 Abs. 5 durch Art. 4 Erwerbsminderungsrenten-Leistungsverbesserungsgesetz (v. 17. 7. 2017, BGBl. I 2509; vgl. Einl. II zum SGB VI, Nr. 30 VI) eingeführt.

II. Wesentlicher Gesetzesinhalt

Das Kündigungsschutzgesetz ist der zentrale Baustein eines umfangreichen Gesamtsystems zum Bestandsschutz von Arbeitsverhältnissen (Übersicht 49). Es enthält Regelungen zur ordentlichen Kündigung, während Bestimmungen zur Kündigungsfrist sowie zur außerordentlichen (regelmäßig fristlosen) Kündigung im BGB enthalten sind (vgl. Einl. II 2 zum BGB, Nr. 14). Das Gesetz enthält im Wesentlichen folgende Regelungen:

1. Soziale Rechtfertigung einer Kündigung

Jede ordentliche Kündigung bedarf zu ihrer Wirksamkeit der sozialen Rechtfertigung, wenn die 6-monatige Wartezeit des § 1 Abs. 1 erfüllt ist und der betriebliche Geltungsbereich nach § 23 Abs. 1 KSchG (s. u. 7) eröffnet ist. Eine außerordentliche Kündigung verlangt demgegenüber gemäß § 626 BGB (Nr. 14) die Unzumutbarkeit der Weiterbeschäftigung für den Arbeitgeber (Übersicht 50). Die ordentliche Kündigung ist sozial gerechtfertigt, wenn sie

a) durch Gründe in der Person des Arbeitnehmers (z. B. Verlust der Arbeitsfähigkeit) oder
b) durch Gründe im Verhalten des Arbeitnehmers (z. B. dauernde Unpünktlichkeit) oder
c) durch dringende betriebliche Erfordernisse (z. B. Wegfall der Arbeitsmöglichkeit durch Auftragsmangel oder Rationalisierung)

bedingt ist und nicht durch Umschulung oder Umsetzung des Arbeitnehmers abgewendet werden kann (§ 1 Abs. 2). Auch die Möglichkeit von Kurzarbeit ist zu prüfen, wobei auf das Initiativrecht des Betriebsrates zu verweisen ist (*BAG* 4. 3. 1986 – 1 ABR 15/84, DB 86, 1395). Eine nur vorübergehende Reduzierung des betrieblichen Arbeitskräftebedarfs rechtfertigt die betriebsbedingte Kündigung nicht (*BAG* 23. 2. 2012 – 2 AZR 548/10, NZA 12, 852). Bei »betriebsbedingten« Kündigungen (Buchst. c) hält das *BAG* im Grundsatz die zu den betrieblichen Veränderungen führende unternehmerische Entscheidung für gerichtlich nicht nachprüfbar (s. III 2). Der Arbeitgeber hat die Gründe für die Kündigung zu beweisen (§ 1 Abs. 2 letzter Satz). Bei der betriebsbedingten Kündigung bedarf es gemäß § 1 Abs. 3 einer sozialen Auswahl zwischen den Arbeitnehmern, die hinsichtlich des fortfallenden Arbeitsplatzes vergleichbar sind. Die Auswahl ist auf die Kriterien Alter, Dauer der Betriebszugehörigkeit, Unterhaltspflichten und Schwerbehinderung beschränkt. Das Kriterium des Alters hat bei einer Sozialauswahl deutlich weniger Gewicht, wenn der Arbeitnehmer bereits einen Anspruch auf Altersrente hat, weil ihn die Kündigung dann im Hinblick auf die Absicherung durch die Rente deutlich weniger hart trifft (*BAG* 27. 4. 2017 – 2 AZR 67/16, NZA 17, 902). Im Falle der Leiharbeit ist die Sozialauswahl unter den Arbeitnehmern des Verleihunternehmens, nicht unter denen des Einsatzbetriebes zu treffen (*BAG* 20. 6. 2013 – 2 AZR 271/12, NZA 13, 837). Der Arbeitgeber muss diese Gesichtspunkte ausreichend berücksichtigen. Die Auswahl ist daher nur fehlerhaft, wenn sie unter sozialen Gesichtspunkten überhaupt nicht vertretbar war, und nicht schon dann, wenn das Gericht einen anderen Arbeitnehmer ausgewählt hätte. Der Arbeitnehmer hat zu beweisen, dass ein anderer Arbeitnehmer sozial weniger schutzwürdig ist und statt seiner entlassen werden musste (§ 1 Abs. 3 S. 3). Obwohl das Lebensalter unmittelbar Einfluss auf die Chance zum Arbeitsplatzerhalt hat, sieht die Rechtsprechung darin keine unzulässige Diskriminierung (jüngerer Arbeitnehmer) wegen des Alters (*BAG* 15. 12. 2011 – 2 AZR 42/10, NZA 12, 1044). Ausnahmen von der Sozialauswahl sind nach § 1 Abs. 3 S. 2 möglich (wichtige Grundsätze dazu in *BAG* 22. 3. 2012 – 2 AZR 167/11, NZA 12, 1040)

- durch Bildung von Altersgruppen zur Sicherung einer ausgewogenen Personalstruktur und
- wenn Arbeitnehmer im berechtigten betrieblichen Interesse weiter beschäftigt werden sollen (so genannte Leistungsträgerklausel).

2. Gerichtliche Geltendmachung

Der Arbeitnehmer muss, um die Sozialwidrigkeit einer Kündigung geltend zu machen, innerhalb von 3 Wochen Klage beim Arbeitsgericht erheben (§ 4). Seit dem Gesetz zu Reformen am Arbeitsmarkt v. 24. 12. 2003 (o. I) gilt die Frist auch

für andere Unwirksamkeitsgründe. Die Frist gilt auch, wenn der Arbeitnehmer mangels Erfüllung der Wartezeit (§ 1 Abs. 1) noch keinen sozialen Kündigungsschutz genießt (*BAG* 28.6.2007 – 6 AZR 873/06, NZA 07, 972). Bei einer Änderungskündigung kann der Arbeitnehmer die Berechtigung der Vertragsänderung gerichtlich überprüfen lassen, ohne dass die Beendigung des Arbeitsverhältnisses selbst auf dem Spiele stünde (§ 2, Übersicht 53 a, zur Einhaltung der Klagefrist in diesem Fall vgl. *BAG* 21.5.2019 – 2 AZR 26/19, NZA 19, 1143). Die Klagefrist muss eingehalten werden, wenn der Arbeitgeber zu einem falschen Termin kündigt, er aber gerade zu diesem Termin kündigen wollte (*BAG* 15.12.2016 – 6 AZR 430/15, NZA 17, 502, Rn. 67 ff.). Kam es dem Arbeitgeber hingegen darauf an, auf jeden Fall zum nächstmöglichen Termin zu kündigen und hat er damit die Frist nur falsch berechnet, lässt sich die Kündigung hingegen umdeuten in eine Kündigung zum richtigen Termin. Dies geltend zu machen, bedeutet nicht, die Unwirksamkeit der Kündigung anzugreifen, sondern nur die richtigen Wirkungen der Kündigung feststellen zu lassen, so dass die Klagefrist nicht greift (*BAG* 9.9.2010 – 2 AZR 714/08, DB 11, 655). Diese Rechtsprechung ist der Rechtssicherheit abträglich.
Schon die Androhung einer betriebsbedingten Kündigung für den Fall, dass ein angebotener Aufhebungsvertrag nicht abgeschlossen werde, ist ein Rechtsschutzfall, der die Inanspruchnahme der Rechtsschutzversicherung rechtfertigt (*BGH*, NZA 09, 92).
Eine Wiederholungskündigung, die auf denselben Sachverhalt gestützt wird, auf den eine frühere, gerichtlich für unwirksam erklärte Kündigung gestützt wurde, ist ebenfalls unwirksam (*BAG* 20.12.2012 – 2 AZR 867/11, NZA 13, 1003).

3. Auflösung des Arbeitsverhältnisses und Abfindung

Wenn die Kündigungsschutzklage erfolgreich war, kann das Arbeitsgericht auf Antrag jeder Seite das Arbeitsverhältnis gleichwohl auflösen; zum Antrag des Arbeitgebers ist lediglich erforderlich, dass eine weitere den Betriebszwecken dienende Zusammenarbeit nicht zu erwarten ist (§ 9). In solchen Fällen erhält der Arbeitnehmer eine Abfindung (§ 10).
Das *BAG* hat Zweifel an der Verfassungsmäßigkeit des § 9 (*Bleckmann/Coen,* DB 81, 640) nicht geteilt (*BAG* 16.5.1984 – 7 AZR 280/82, NZA 85, 60; hierzu krit. *Belling,* DB 85, 1890). Und das *BVerfG* hat eine Verfassungsbeschwerde in Bezug auf die §§ 9, 10 nicht zur Entscheidung angenommen (29.1.1990 – 1 BvR 42/82, NZA 90, 535).

4. Besonderer Kündigungsschutz für Amtsinhaber der Betriebsverfassung

Gegenüber Betriebsrats- und Personalratsmitgliedern, Jugendvertretern und in gewissem Umfange gegenüber Wahlvorstandsmitgliedern, Wahlbewerbern sowie Wahlinitiatoren ist die ordentliche Kündigung ausgeschlossen. Zu einer Kündigung aus wichtigem Grund (§ 626 BGB; zum Maßstab in diesem Fall: *BAG* 21.6.2012 – 2 AZR 343/11, NZA 13, 224; 23.1.2014 – 2 AZR 372/13, NZA 14, 895) bedarf es der vorherigen Zustimmung des Betriebsrats bzw. Personalrats (vgl. § 103 BetrVG), die durch das Arbeitsgericht ersetzt werden kann (§ 15; zum Bestandsschutz für Auszubildende nach Beendigung der Ausbildung siehe § 78 a

BetrVG). Dabei hat die Entscheidung im Zustimmungsersetzungsverfahren hinsichtlich des Vorliegens eines wichtigen Grundes i. S. d. § 626 BGB Bindungswirkung (*BAG* 16.11.2017 – 2 AZR 14/17, NZA 18, 240). Im Falle eines befristeten Arbeitsverhältnisses des Betriebsratsmitglieds gibt es keinen vergleichbaren Sonderschutz. Der Arbeitgeber darf bei der Entscheidung über eine Verlängerung des Arbeitsvertrages das Betriebsratsmitglied nur nicht nach § 78 Satz 2 BetrVG wegen der Amtstätigkeit benachteiligen (*BAG* 5. 12. 2012 – 7 AZR 698/11, NZA 13, 515). Vertrauenspersonen der schwerbehinderten Menschen genießen nach § 179 Abs. 3 Satz 1 SGB IX »den gleichen Kündigungsschutz«. Im Hinblick auf die Zustimmungsbedürftigkeit bedeutet dies, dass nicht etwa die Schwerbehindertenvertretung, sondern der Betriebsrat zustimmen muss (*BAG* 19. 7. 2012 – 2 AZR 989/11, NZA 13, 143).

5. Anzeigepflicht für »Massenentlassungen«

Die Entlassung einer größeren Zahl von Arbeitnehmern binnen 30 Tagen (zu den Größenordnungen siehe § 17 Abs. 1; zur Frage einer Berücksichtigung von Leiharbeitnehmern bei der Prüfung einer Massenentlassung hat das *BAG* 16. 11. 2017 – 2 AZR 90/17, NZA 18, 245, ein Vorabentscheidungsersuchen an den *EuGH* gerichtet, wegen einer Klagerücknahme wurde darüber aber nicht mehr entschieden) bedarf zu ihrer Wirksamkeit der Anzeige an die Agentur für Arbeit. Diesen Schutz genießen mit Rücksicht auf Art. 3 Abs. 1, 6 GG auch Arbeitnehmer, denen wegen des Zuwartens auf die Zustimmung der Behörde zur Kündigung während der Elternzeit nach § 18 BEEG erst zu einem späteren Zeitpunkt gekündigt wurde, weil anderenfalls der besondere Kündigungsschutz in eine schlechtere kündigungsrechtliche Stellung führen würde (*BVerfG* 8. 6. 2016 – 1 BvR 3634/13, NZA 16, 939; *BAG* 26. 1. 2017 – 6 AZR 442/16, NZA 17, 577). Entsprechendes muss auch im Falle vergleichbarer behördlicher Zustimmungserfordernisse gelten, etwa nach § 168 SGB IX (Nr. 30 IX). Ein bei der Arbeitsagentur gebildeter Ausschuss kann die Wirksamkeit der Kündigungen um höchstens einen Monat hinausschieben, er kann sie aber auch schon früher, bis zum Tag der Antragstellung wirksam werden lassen (§ 18 Abs. 1 und 2). Bei der Anzeige ist der Betriebsrat zu beteiligen (§ 17 Abs. 2 und 3). Eine Massenentlassungsanzeige ohne beigefügte Stellungnahme des Betriebsrats ist unwirksam und wird durch einen Bescheid der Arbeitsverwaltung nicht geheilt (*BAG* 28. 6. 2012 – 6 AZR 780/10, NZA 12, 1029). Dieser Teil des Gesetzes dient der Umsetzung der Massenentlassungsrichtlinie 1998/59/EG v. 20. 7. 1998 (ABl. L 225/16). Als Massenentlassungen gelten auch massenhafte Änderungskündigungen (*BAG* 20. 2. 2014 – 2 AZR 346/12, DB 14, 2051).
Der *EuGH* (27. 1. 2005 – C-188/03, DB 05, 453 – Junk) hat entschieden, dass als Zeitpunkt der »Entlassung« nicht die Beendigung des Arbeitsverhältnisses – wie bisher praktiziert – sondern die Kündigungserklärung gilt. Dem hat sich das *BAG* durch entsprechende Neuinterpretation von § 17 angeschlossen; Altfälle sollten jedoch Vertrauensschutz genießen (23. 3. 2006 – 2 AZR 343/05, NZA, 06, 971; vgl. *Dzida/Hohenstatt*, DB 06, 1897). Das *BVerfG* (10. 12. 2014 – 2 BvR 1549/07, NZA 15, 375) sah in der Entscheidung über die Frage des Vertrauensschutzes einen Verfassungsverstoß nach Art. 101 Abs. 1 Satz 2 GG (vgl. Einl. II 2 d zum AEUV, Nr. 20 a)

und verlangt ein Vorabentscheidungsersuchen des *BAG* zu dieser Frage an den *EuGH* (dazu *Sagan*, NZA 15, 341 ff.).
Auch ist eine Kündigung unwirksam, die vor Durchführung des Konsultationsverfahrens nach § 17 Abs. 2 ausgesprochen wurde (*BAG* 21. 3. 2013 – 2 AZR 60/12, NZA 13, 966). Ob eine Massenentlassung darüber hinaus erst möglich ist, nachdem die Sozialplanverhandlungen mit dem Betriebsrat (s. BetrVG, Nr. 12) notfalls durch Anrufung der Einigungsstelle abgeschlossen sind, ist bislang noch nicht geklärt (vgl. *ArbG Berlin* 21. 2. 2006 – 79 Ca 22399/05, NZA 06, 739; dazu abl. *Franzen*, ZfA 06, 437; *Klumpp*, NZA 06, 703). Zwar hat das *BAG* (16. 5. 2007 – 8 AZR 693/06, NZA 07, 1296, 1301) diese Frage verneint. Diese Ansicht ist aber unmaßgeblich, nachdem das *BVerfG* (25. 2. 2010 – 1 BvR 230/09, NZA 10, 439) eine inhaltlich entsprechende Nachfolgeentscheidung des *BAG* (21. 5. 2008 – 8 AZR 84/07, NZA 08, 753) aufgehoben hat, ebenfalls wegen Verletzung der Vorlagepflicht nach Art. 267 AEUV. Allerdings geht das *BAG* davon aus, dass der Arbeitgeber den Konsultationsanspruch des Betriebsrats als erfüllt ansehen darf, wenn dieser ausreichend informiert wurde und keine Bereitschaft zu zielführenden Verhandlungen erkennen lässt (*BAG* 22. 9. 2016 – 2 AZR 276/16, NZA 17, 175).
Nach Anzeige der Massenentlassung greift eine sog. Sperrfrist von einem Monat gemäß § 18. Innerhalb dieser wird die Kündigung nur mit Zustimmung der Arbeitsagentur wirksam. Zwar kann der Arbeitgeber unmittelbar nach Eingang der Anzeige kündigen, im Falle einer Kündigungsfrist von weniger als einem Monat bleibt das Arbeitsverhältnis aber bis zum Ablauf der Sperrfrist bestehen (*BAG* 6. 11. 2008 – 2 AZR 935/07, NZA 09, 1013).

6. Kündigungen in Arbeitskämpfen

Das KSchG findet nach § 25 keine Anwendung auf Kündigungen zur Erreichung von Arbeitskampfzielen. Diese Vorschrift ist allerdings bei gewerkschaftlichen Arbeitskämpfen insofern nicht mehr von Bedeutung, als das *BAG* auch der von ihm als zulässig angesehenen Aussperrung (siehe auch Einl. II 2 a zum TVG, Nr. 31) im Regelfall nur suspendierende Wirkung beimisst (*BAG* 21. 4. 1971 – GS 1/68, AP Nr. 43 zu Art. 9 GG Arbeitskampf).

7. Geltungsbereich

Das KSchG gilt nicht in sog. Kleinbetrieben mit bis zu 5 Arbeitnehmern ausschließlich der Auszubildenden (§ 23 Abs. 1 Satz 2). Seit dem 1. 1. 2004 gilt das KSchG auch nicht für Neueingestellte, wenn der Betrieb nicht mehr als 10 Arbeitnehmer beschäftigt; die Neueingestellten zählen bis zu einer Betriebsgröße von 10 Arbeitnehmern auch nicht zur Ermittlung der Betriebsgröße mit. Es gelten daher unterschiedliche Schwellenwerte für Altarbeitnehmer (5 Arbeitnehmer) und Neuarbeitnehmer (10 Arbeitnehmer). Dabei werden Ersatzeinstellungen für ausgeschiedene Arbeitnehmer wie Neueinstellungen behandelt (*BAG* 21. 9. 2006 – 2 AZR 840/05, DB 07, 691). Beispiel: Am 31. 12. 2003 waren 6 Arbeitnehmer im Betrieb beschäftigt, am 1. 2. 2004 wurden zwei weitere eingestellt. Wurde einer der alten Arbeitnehmer entlassen und dafür ein neuer Arbeitnehmer eingestellt, genießen auch die übrigen Altarbeitnehmer keinen Kündigungsschutz (nicht mehr als 5 Altarbeitnehmer!) bis der Betrieb die Größe von 10 Arbeitnehmern überschreitet. Teilzeitbeschäftigte werden im Übrigen immer anteilig gezählt (§ 23 Abs. 1 Satz 4). Mitgezählt werden ebenfalls die im Betrieb eingesetzten Leiharbeiter, sofern diese nicht nur einen vorübergehenden Personalengpass überbrücken, sondern den regelmäßigen Beschäftigungsbedarf abdecken (*BAG* 24. 1. 2013 – 2 AZR 140/12, DB 13, 1495).

Das *BVerfG* hat die Schwellenregelung mit (damals noch) 5 Arbeitnehmern als verfassungsgemäß angesehen (*BVerfG* 27. 1. 1998 – 1 BvL 22/93, NZA 98, 469). Es hat jedoch den Arbeitgeber im Hinblick auf die durch Art. 12 GG geschützte Berufsfreiheit gewissen Beschränkungen auch in solchen Kleinbetrieben unterworfen (keine Kündigung aus sachfremden Motiven, soziale Rücksichtnahme, insbesondere gegenüber langjährig Beschäftigten; auf dieser Grundlage *BAG* 21. 2. 2001 – 2 AZR 15/00, DB 01, 1677; vgl. *Kittner,* NZA 98, 731; *Buschmann,* AuR 98, 207; *Schoden,* AiB 98, 304; *Gragert/Kreutzfeld,* NZA 98, 567; zur Darlegungs- und Beweislast *Stein,* DB 05, 1218).

III. Anwendungsprobleme und Rechtstatsachen

1. Notwendigkeit von Kündigungsschutz

Ein zentrales Interesse des Arbeitnehmers geht dahin, den einmal eingenommenen Arbeitsplatz nicht unfreiwillig zu verlieren. Dem entgegengesetzt ist das Interesse des Arbeitgebers an einer möglichst ungestörten Herrschaft über die Arbeitsplätze, über die er kraft Eigentums- bzw. Besitzrechts zu verfügen befugt ist. Das gilt sowohl für das auf die konkrete Person eines Arbeitnehmers bezogene Herrschafts- bzw. Disziplinarinteresse als auch hinsichtlich des Interesses, den Personalbestand je nach konjunkturellen, strukturellen oder saisonalen Schwankungen flexibel zu gestalten (wofür in den USA der Ausdruck »hire and fire« – »heuern und feuern« geprägt wurde). Da es sich bei einem freiwillig eingegangenen Arbeitsverhältnis (das kein Beamtenverhältnis ist) um einen Vertrag bürgerlichen Rechts handelt, könnte es an sich ohne jeden Grund mit einer gesetzlichen oder vereinbarten Frist gekündigt werden (siehe § 620 Abs. 2 BGB). Dies wäre jedoch für den Arbeitnehmer, der auf seine Arbeit existenziell angewiesen ist, nicht hinnehmbar. Zum Schutze der Berufsfreiheit (Art. 12 GG) der Arbeitnehmer muss der Gesetzgeber einen sozial ausgerichteten Mindestkündigungsschutz vorsehen (*BVerfG* 27. 1. 1998 – 1 BvL 22/93, NZA 98, 469; zum Kündigungsschutz im Kleinbetrieb s. o. II 7).

Die Statistik belegt, welche Bedeutung das Kündigungsschutzrecht hat und wie wichtig es ist, auf Umgehungs- und Vermeidungsstrategien zu achten (Zahl der befristeten Arbeitsverhältnisse!): Mehr als die Hälfte aller Arbeitsverhältnisse wird danach durch arbeitgeberseitige Kündigung oder Befristung beendet, 15 % der Arbeitsverhältnisse werden einvernehmlich aufgelöst, nur in 31 % der Fälle wird die Kündigung durch den Arbeitnehmer erklärt (*Höland,* AuR 10, 452, 453 f.).

Forderungen, den Kündigungsschutz durch eine Freigabe des Kündigungsrechts, verbunden mit einem Abfindungsanspruch des Arbeitnehmers zu ersetzen, wurden immer wieder darauf gestützt, dass angeblich die allermeisten Arbeitsverhältnisse im Falle der Kündigung letztendlich doch mit einem Abfindungsvergleich endeten. Und in der Tat wird knapp die Hälfte (48 %) der Kündigungsschutzprozesse mit einem Abfindungsvergleich beendet (*Pfarr u. a.*, BB 04, 106, 108; *Bielinski u. a.*, AuR 03, 81, 88). Das sind allerdings nur 10 % aller Beendigungen von Arbeitsverhältnissen (*Bielinski u. a.*, AuR 03, 81, 87). Zudem zeichnet sich die Wichtigkeit des Kündigungsschutzes gerade bei den Arbeitnehmern aus, denen es nicht um Geld, sondern um den Erhalt des Arbeitsplatzes geht. Schließlich ist zu bedenken, dass ein Kündigungsschutz den Arbeitgeber tendenziell von vornherein von sozial ungerechtfertigten Kündigungen abhalten dürfte, ohne dass er dies noch gerichtlich zu klären versucht. Das ist besonders wichtig, wenn man bedenkt, dass nur 12 % aller Arbeitgeberkündigungen gerichtlich angegriffen werden (Böckler impuls 19/08, S. 6).

2. Betriebsbedingte Kündigung

Kündigungen aus betrieblichen Gründen, das heißt die typischen Fälle von Kündigungen als den personalpolitischen Konsequenzen von Unternehmensentscheidungen, können mit Hilfe des KSchG nur in wenigen Fällen abgewehrt werden (Checkliste 51). Sie betreffen etwa 13 aller ausgesprochenen Kündigungen. Dem *BAG* zufolge haben die Gerichte hinsichtlich der Frage, ob für die Kündigung ein »dringendes betriebliches Erfordernis« im Sinne von § 1 Abs. 2 vorliegt, nicht nachzuprüfen, ob die zu der Kündigung führende unternehmerische Entscheidung in wirtschaftlicher, technischer oder organisatorischer Hinsicht zweckmäßig ist. Sie haben – abgesehen von offenkundigen Missbrauchsfällen – nur darüber zu befinden, ob eine Kündigung die angemessene Folge dieser unternehmerischen Entscheidung ist (*BAG* 20. 2. 1986 – 2 AZR 212/85, DB 86, 2236; 20. 11. 2014 – 2 AZR 512/13, NZA 15, 679; dazu *Kittner*, 50 Urteile, 2019, Nr. 19; zu den Anforderungen an eine Änderungskündigung zwecks Senkung der Lohnkosten s. *BAG* 20. 3. 1986 – 2 AZR 294/85, DB 86, 2442; 20. 10. 2017 – 2 AZR 783/16 (F), NZA 18, 440; zur Kritik an der Rechtsprechung Däubler/Deinert/Zwanziger-*Deinert*, § 1 KSchG Rn. 245, 305; *Däubler*, AuR 13, 9 ff.). Das schließt zwar vielfach die Möglichkeit einer plausibel begründeten Kündigungsschutzklage nicht aus, womit die betroffenen Arbeitnehmer wenigstens um die Chance kämpfen können, durch Vergleich eine Abfindung zu erhalten. Aufs Ganze jedoch bestehen bei einer sorgfältig begründeten betriebsbedingten Kündigung nur geringe Aussichten, im Betrieb zu verbleiben. Die weitere gemäß § 1 Abs. 3 bestehende Möglichkeit, darzutun, dass der Arbeitgeber bei der Auswahl des Arbeitnehmers soziale Gesichtspunkte nicht oder nicht ausreichend berücksichtigt habe, läuft demgegenüber lediglich darauf hinaus, dass ein anderer Arbeitnehmer anstelle des gekündigten seinen Arbeitsplatz verlieren soll. Zudem wird vom gekündigten Arbeitnehmer im Rahmen der Beweislastverteilung verlangt, dass er die anderen Arbeitnehmer benennt, denen statt seiner gekündigt werden sollte (vgl. *BAG* 18. 10. 1984 – 2 AZR 543/83, DB 85, 1083).

Die Änderungen aufgrund des »Gesetzes zu Reformen am Arbeitsmarkt« (oben I) haben die betriebsbedingte Kündigung noch weiter erleichtert (vgl. *Däubler,* NZA 04, 177). Die Möglichkeit eines Interessenausgleichs mit Namensliste gemäß § 1 Abs. 5 führt dazu, dass ein betriebsbedingter Kündigungsgrund vermutet wird und die Sozialauswahl nur noch auf grobe Fehlerhaftigkeit hin überprüfbar ist. Der Kündigungsschutz wird also erheblich reduziert und damit die Verantwortung auf den Betriebsrat geschoben. Betriebsräte sollten sich der damit verbundenen Gefahren also bewusst sein, bevor sie sich an derartigen Unterfangen beteiligen (vgl. zur Problematik ausführlich *Kremer/Zeibig*, WSI-Mitt. 08, 321). Erschwerend kommt hinzu, dass das *BAG* (6.9.2007 – 2 AZR 715/06, DB 08, 640), das die Regelung für verfassungsgemäß hält, die Vermutungswirkung des § 1 Abs. 5 auch auf das Fehlen einer Weiterbeschäftigungsmöglichkeit im Betrieb erstreckt. Das soll nur ausgeschlossen sein, wenn der Arbeitnehmer darlegt, dass der Betriebsrat sich mit dieser Frage nicht auseinandergesetzt hat.

Als Erschwerung für betriebsbedingte Kündigungen tritt lediglich noch die Möglichkeit des Betriebsrates hinzu, unter den Voraussetzungen der §§ 111 bis 113 BetrVG auf einen Interessenausgleich hinzuwirken und gegebenenfalls den Abschluss eines Sozialplanes zu verlangen. Die damit eintretende »Verteuerung« von Kündigungen mag im einen oder anderen Falle das Unternehmen abhalten, sie tatsächlich auszusprechen. Ein rechtliches Mittel zu ihrer Verhinderung stellen Interessenausgleich und Sozialplan aber gerade nicht dar.

Allerdings ist bei kritischer Würdigung des Kündigungsschutzes gegen betriebsbedingte Kündigungen auch klar, wie problematisch es wäre, Gerichte darüber befinden zu lassen, ob bestimmte, zu Kündigungen führende unternehmerische Entscheidungen richtig oder zweckmäßig sind. Abgesehen davon, dass jedenfalls die derzeit existierende Arbeitsgerichtsbarkeit damit überfordert wäre, kann diese Frage nur im größeren Rahmen einer Fortentwicklung des staatlichen Instrumentariums zur Wirtschafts- und das heißt auch Arbeitsmarktlenkung gesehen werden. Soweit personalpolitische Entscheidungen über den Fortbestand von Arbeitsverhältnissen grundsätzlich im einzelnen Unternehmen fallen, kann ihre bessere Kontrolle nur durch die volle Mitbestimmung der Arbeitnehmer erfolgen. Der Gesetzgeber jedenfalls verfolgt folgerichtig ein Konzept, bei dem Kündigungen nicht verboten werden, sondern durch Leistungen der Arbeitsförderung vermieden oder sozial abgefedert werden können, etwa durch das sog. Transferkurzarbeitergeld nach § 111 SGB III (u. Nr. 30 III).

Die in § 1 Abs. 3 Satz 2 vorgesehene Möglichkeit, Arbeitnehmer aus berechtigten betrieblichen Interessen aus der Sozialauswahl herauszunehmen, wird in der Praxis häufig dazu genutzt, Sozialauswahlen nach Altersgruppen vorzunehmen, um die Altersstruktur des Betriebes zu erhalten. Das *BAG* hat dies gebilligt und verneint im Hinblick auf die betrieblichen Interessen auch das Vorliegen einer darin begründeten unzulässigen Altersdiskriminierung (6.11.2008 – 2 AZR 523/07; 12.3.2009 – 2 AZR 418/07, DB 09, 626 und 1932; 18.10.2011 – 9 AZR 303/10, NZA 12, 144; dazu *Benecke*, AuR 09, 326). Ebenso hat es zum Sonderfall des § 125 Abs. 1 Satz 1 Nr. 2 InsO entschieden (*BAG* 19.12.2013 – 6 AZR 790/12, NZA-RR 14, 185, Rn. 24 ff.)

Die Rechtsprechung erkennt auch die Druckkündigung als betriebsbedingte Kündigung an, bei der Dritte durch Androhen von Nachteilen Druck auf den Arbeitgeber ausüben, damit dieser dem Arbeitnehmer kündige (*BAG* 19.7.2016 – 2 AZR 637/15, NZA 17, 116; 15.12.2016 – 2 AZR 431/15, NZA 17, 500). Ein Spezialfall der

Druckkündigung ist in § 104 BetrVG (Nr. 12) geregelt. Wenn der Betriebsrat im Beschlussverfahren mit seinem Entlassungsverlangen gegen den Arbeitgeber Erfolg hat, rechtfertigt dies regelmäßig eine ordentliche Kündigung des davon betroffenen Arbeitnehmers (*BAG* 28. 3. 2017 – 2 AZR 551/16, NZA 17, 985).

3. Personen- und verhaltensbedingte Kündigung

Kündigungen, die ihren Grund in der Person oder im Verhalten (i. d. R. nach einer Abmahnung) des betroffenen Arbeitnehmers haben (z. B. Unfähigkeit, die übernommene Arbeit weiter zu verrichten, bzw. Verstoß gegen Vertragspflichten), sind daraufhin überprüfbar, ob der angegebene Grund wirklich vorliegt und ausreicht (Checklisten 52 und 53). Nach der Rechtsprechung ist auch der Diebstahl geringwertiger Sachen ein tauglicher Kündigungsgrund (*BAG* 17. 5. 1984 – 2 AZR 3/83, AP Nr. 14 zu § 626 BGB Verdacht strafbarer Handlung). Das *BAG* (10. 6. 2010 – 2 AZR 541/09, NZA 10, 1227) betont allerdings, dass es auch in diesem Bereich keine absoluten Kündigungsgründe gibt, sondern immer eine abschließende Würdigung der widerstreitenden Interessen von Arbeitgeber und Arbeitnehmer erforderlich ist. Dabei ist auch die Dauer eines störungsfreien Verlaufs des Arbeitsverhältnisses zu berücksichtigen. Auch wenn dieser Gesichtspunkt älteren Arbeitnehmern zumeist von Vorteil ist, stellt dies nach Ansicht des *BAG* (7. 7. 2011 – 2 AZR 355/10, NZA 11, 1412; 25. 4. 2018 – 2 AZR 611/17, DB 18, 2440) keine mittelbare Diskriminierung wegen des Alters dar. Im Übrigen lässt die ständige Rechtsprechung (etwa *BAG* 2. 3. 2017 – 2 AZR 698/15, NZA 17, 1051; 21. 11. 2013 – 2 AZR 797/11, NZA 14, 243; 20. 3. 2014 – 2 AZR 1037/12, DB 14, 1932; 31. 1. 2019 – 2 AZR 426/18, NZA 19, 893) bereits den erheblichen Verdacht einer schweren Tat als Kündigungsgrund genügen (dazu und zur Kritik *Deinert*, AuR 05, 285 ff.; zur Schadensersatzpflicht hinsichtlich der Detektivkosten *BAG* 26. 9. 2013 – 8 AZR 1026/12, DB 14, 429). Diese Grundsätze wurden weitgehend zur außerordentlichen Kündigung nach § 626 BGB entwickelt, gelten aber auch für die ordentliche verhaltensbedingte Kündigung. Ein personenbedingter Kündigungsgrund kann bei Arbeitnehmern des öffentlichen Dienstes auch in der mangelnden Verfassungstreue liegen (*BAG* 6. 9. 2012 – 2 AZR 372/11, NZA-RR 13, 441).

Ein zunehmendes Problem stellen Kündigungen wegen lang anhaltender oder häufiger Erkrankung dar, die etwa ein Drittel der personen- und verhaltensbedingten Kündigungen ausmachen. Die hier gewählten Abgrenzungskriterien sind teils willkürlich, teils rechtlich überhaupt nicht verlässlich zu beurteilen. Jedenfalls führt die gängige Gerichtspraxis dazu, dass als »unprofitabel« eingestufte Arbeitnehmer auf diese Weise ihren Arbeitsplatz verlieren. Insbesondere die Rechtsprechung des BAG zu krankheitsbedingten Kündigungen macht sehr deutlich, dass sich letztlich Rentabilitätserwägungen gegen soziale Schutzbedürfnisse durchsetzen (6. 9. 1989 – 2 AZR 19/89, 6. 9. 1989 – 2 AZR 118/89, EzA zu § 1 KSchG Krankheit Nr. 26 und 27 mit Anm. *Kittner*). Unter Beachtung der Rechtsprechung des *EuGH* (11. 4. 2013 – C-335/11, C-337/11, NZA 13, 553 – HK Danmark) kann der Arbeitgeber behinderungsbedingte Fehlzeiten allerdings nicht zur Rechtfertigung der Kündigung heranziehen, wenn er seine Fürsorgepflichten gegenüber behinderten Menschen nach § 164 SGB IX (vgl. Einl. II 1 f zum SGB IX,

Nr. 30 IX) nicht erfüllt hat (vgl. *BAG* 19. 12. 2013 – 6 AZR 190/12, NZA 14, 372). Im Übrigen ist die Berücksichtigung von Fehlzeiten, die auf Grundlage einer behinderungsbezogenen Erkrankung entstanden sind, nach der Rechtsprechung des *EuGH* zulässig, wenn mit der Kündigung »Absentismus« im Betrieb begegnet werden soll (18. 1. 2018 – C-270/16, NZA 18, 159 – Ruiz Conejero). Gemeint sein dürfte damit, dass betriebliche Beeinträchtigungen durch häufige Fehlzeiten ausgeschlossen werden sollen, so dass die krankheitsbedingte Kündigung unter diesem Gesichtspunkt keinen europarechtlichen Bedenken ausgesetzt wäre (vgl. *Bayreuther*, EuZW 18, 212, 213). Bedenklich ist aber nicht nur, dass kranke Arbeitnehmer auf diese Weise ausrangiert werden können. Hinzu kommt eine unter dem Blickwinkel des Verbots der Diskriminierung wegen Alters zweifelhafte Rechtsprechung, die Minderleistungen im Hinblick auf Störungen des Verhältnisses von Leistung und Gegenleistung als personenbedingten Kündigungsgrund anerkennt (*BAG* 11. 12. 2003 – 2 AZR 667/02, NZA 04, 784; 24. 10. 2007 – 10 AZR 878/06, DB 08, 247). Richtigerweise muss aber bei der Feststellung von Minderleistungen ein Vergleich mit den Leistungen von Arbeitnehmern des entsprechenden Alters erfolgen.

In diesen Fällen wirken sich die rechtliche Gestaltung ebenso wie das praktische Verfahren eines Kündigungsschutzprozesses dahin aus, dass ein solcher Arbeitnehmer, jedenfalls wenn ein Arbeitgeber es wirklich darauf anlegt, selbst beim Obsiegen im Kündigungsschutzprozess keinesfalls mehr an seinen Arbeitsplatz zurückkehren kann: Zum einen führt die fehlende Weiterbeschäftigung während des Kündigungsschutzprozesses (siehe unten 4) dazu, dass der Arbeitnehmer faktisch aus dem Betrieb ausgegliedert wird. Zum anderen eröffnet § 9 dem unterlegenen Arbeitgeber die Möglichkeit, das Arbeitsverhältnis gegen Zahlung einer Abfindung auflösen zu lassen. Der erforderliche Grund (eine »den Betriebszwecken dienliche weitere Zusammenarbeit zwischen Arbeitgeber und Arbeitnehmer« ist nicht zu erwarten) kann notfalls durch einen entsprechenden scharf geführten Prozess produziert werden, so dass ein Arbeitgeber praktisch nur vor der Ungewissheit steht, welche finanziellen Aufwendungen eine Kündigung verursacht.

Der Gesetzgeber hat versucht, dieser Entwicklung Rechnung zu tragen und die Problematik an der Wurzel zu bekämpfen. Gemäß § 167 Abs. 2 SGB IX ist der Arbeitgeber verpflichtet, bei 6-wöchiger Arbeitsunfähigkeit innerhalb eines Jahres ein sog. betriebliches Eingliederungsmanagement durchzuführen, um die Situation, die eine krankheitsbedingte Kündigung rechtfertigt, gar nicht erst eintreten zu lassen (vgl. *Deinert*, NZA 10, 969, Einzelheiten in der Einleitung II 1 g zum SGB IX, Nr. 30 IX). Diese Pflicht wird bislang immer noch häufig verletzt. Nach der Rechtsprechung führt das nicht ohne weiteres zur Unwirksamkeit der Kündigung (vgl. für das Präventionsverfahren nach § 167 Abs. 1 SGB IX *BAG* 7. 12. 2006 – 2 AZR 182/06, DB 07, 1089). Der Arbeitgeber, der sich darauf beruft, dass eine Beschäftigung des Arbeitnehmers nicht mehr möglich sei, muss umfassend darlegen, dass eine Beschäftigung am bisherigen Arbeitsplatz auch durch leidensgerechte Anpassung des Arbeitsplatzes oder an einem anderen geeigneten Arbeitsplatz ausgeschlossen ist, wenn er kein betriebliches Eingliederungsmanagement durchgeführt hat (*BAG* 12.7.2007 – 2 AZR 716/06, AP Nr. 28 zu § 1 KSchG Personenbedingte Kündigung). Hat das Integrationsamt allerdings der Kündigung eines schwerbehinderten Arbeitnehmers zugestimmt, soll es besonderer Anhaltspunkte für die Annahme bedürfen, dass das Verfahren nach § 84 SGB IX die Kündigung hätte verhindern können (*BAG* 7.12.2006 – 2 AZR 182/06, DB 07, 1089); anderes soll aber zumindest gelten, wenn das Integrationsamt erkennbar nicht mögliche Beschäftigungsalternativen in den Blick genommen hat (*BAG* 20.11.2014 – 2 AZR 664/13, NZA 15, 931, Rn. 41). Zudem soll der Arbeitnehmer im Falle der Durchführung eines Eingliederungsmanagements mit der Geltendmachung anderer Beschäftigungsmöglichkeiten ausgeschlossen sein, wenn er sie nicht bereits im Eingliederungsmanagement benannt hat (*BAG* 10.12.2009 – 2 AZR 400/08, DB 10, 621, 623).

4. Betriebsratsanhörung und Weiterbeschäftigung während des Kündigungsschutzprozesses

Die materielle Rechtslage wird durch die vor allem auf die personelle Unterbesetzung der Arbeitsgerichtsbarkeit zurückzuführende durchschnittlich lange Dauer von Kündigungsschutzprozessen verschärft (siehe Einl. III 2 zum ArbGG, Nr. 5). Da ein Arbeitnehmer sich in derartigen Fällen sowohl im Hinblick auf § 615 Satz 2 BGB als auch als Bezieher von Arbeitslosengeld der Arbeitsvermittlung zur Verfügung stellen und sich um eine andere Arbeitsstelle bemühen muss, ist seine Ausgliederung aus dem ursprünglichen Betrieb nach Ablauf der Kündigungsfrist und noch während des Laufs des Kündigungsschutzprozesses auch von dieser Seite her praktisch eine entschiedene Sache. Das heißt, ein »Kündigungsschutz«-Prozess ist – mit verschwindenden Ausnahmen – kein Prozess um den Bestand des Arbeitsplatzes, sondern ein Prozess um die Höhe der Abfindung im Vergleichswege (vgl. *Pfarr/Ullmann*, WSI-Mitt. 03, 207; *Pfarr u. a.*, BB 03, 2061). Soweit nicht das Recht zur ordentlichen Kündigung für bestimmte Personengruppen ausgeschlossen ist (siehe unten), existiert in der Bundesrepublik Deutschland ein echter Schutz vor Kündigungen nicht (vgl. die empirische Analyse von Kündigungsschutzverfahren an einem Arbeitsgericht *Herrmannsen*, KJ 86, 187).

Daran hat auch das BetrVG nichts Entscheidendes geändert. Der Betriebsrat hat kein volles Mitbestimmungsrecht gegenüber Kündigungen. Er ist zwar vor jeder Kündigung zu hören (§ 102 Abs. 1 BetrVG), ohne seine Anhörung ist die Kündigung unwirksam. Der Betriebsrat kann einer ordentlichen Kündigung gemäß § 102 Abs. 3 BetrVG mit den dort abschließend aufgeführten Gründen widersprechen (Checkliste 54), ohne dass dies Einfluss auf die Zulässigkeit der Kündigung hätte. Und nur, wenn einer der dort bezeichneten Gründe vom Betriebsrat im Rahmen eines Widerspruchs frist- und ordnungsgemäß vorgetragen wird, muss ein gekündigter Arbeitnehmer bis zum Abschluss eines von ihm angestrengten Kündigungsschutzprozesses weiterbeschäftigt werden (sofern der Arbeitgeber nicht ausnahmsweise von der Weiterbeschäftigungspflicht entbunden wird, § 102 Abs. 5 BetrVG). Freilich müssen die Zahlen einer Untersuchung über die Praxis des Kündigungsschutzes (*Höland/Kahl/Zeibig*, Kündigungspraxis und Kündigungsschutz im Arbeitsverhältnis, 2007) – ungeachtet aller methodischen Bedenken –

nachdenklich stimmen: Demzufolge erfolgen 66 % aller Kündigungen, zu denen Betriebsräte gehört werden, mit deren ausdrücklicher Zustimmung. In 20 % der Fälle schweigen die Betriebsräte, in 6 % der Fälle äußern sie Bedenken, und nur in 8 % aller Fälle widersprechen sie der Kündigung! Andererseits darf nicht übersehen werden, dass diese Zahlen nichts darüber aussagen, in wie vielen Fällen Kündigungen durch Beratung mit dem Betriebsrat abgewendet werden. Auch müssen die rechtlichen Grenzen des Widerspruchsrechtes des Betriebsrats gesehen werden: Ein Widerspruch, der sich gegen die unternehmerische Entscheidung (z. B. die Stilllegung eines Fertigungsbereiches) selbst oder auch die Berechtigung der Kündigung als solcher (z. B. die soziale Rechtfertigung gemäß § 1 Abs. 2 Satz 1 KSchG) wendete, wäre nicht ordnungsgemäß und würde deshalb auch keinen Weiterbeschäftigungsanspruch des Arbeitnehmers für die Dauer eines eventuellen Kündigungsschutzprozesses gemäß § 102 Abs. 5 BetrVG auslösen.
Insgesamt hat die genannte Untersuchung zu einer Hochrechnung geführt, wonach nur vier von 10000 gekündigten Arbeitnehmern nach Ablauf der Kündigungsfrist bis zum rechtskräftigen Abschluss des Rechtsstreits vorläufig weiterbeschäftigt werden. Das wirkt sich natürlich auf den endgültigen Prozesserfolg aus.
Damit ist zunehmend die Frage aktuell geworden, ob eine solche Weiterbeschäftigung nicht nach allgemeinen arbeits- und vollstreckungsrechtlichen Gesichtspunkten erwirkt werden kann. Dazu hat der *Große Senat des BAG* am 27. 2. 1985 entschieden, dass eine Weiterbeschäftigung außer im Falle einer offensichtlich unwirksamen Kündigung i. d. R. nur dann in Betracht kommt, wenn der Arbeitnehmer in der 1. oder 2. Instanz obsiegt hat; bis dahin muss ihn der Arbeitgeber nach Ablauf der Kündigungsfrist nicht weiterbeschäftigen (27. 2. 1985 – GS 1/84, NZA 85, 702). Ein entscheidendes Problem bleibt nunmehr die Art der Vollstreckung des Weiterbeschäftigungsanspruchs gegen einen sich hartnäckig weigernden Arbeitgeber (vgl. *BAG* 19. 12. 1985 – 2 AZR 190/85, AuR 87, 214 mit Anm. *Blanke*).
Üblicherweise werden heute Kündigungsschutzklagen häufig mit einem Weiterbeschäftigungsantrag verbunden. Hat der Arbeitnehmer mit seiner Kündigungsschutzklage Erfolg, wird zumeist auch dem Weiterbeschäftigungsantrag stattgegeben. Trotz eines auf diese Weise erstrittenen Weiterbeschäftigungsanspruchs nehmen viele Arbeitnehmer diesen dennoch nicht wahr oder versuchen jedenfalls nicht, diesen gegen einen sich weigernden Arbeitgeber durchzusetzen. Zudem erwächst aus einer unterlassenen Weiterbeschäftigung auch in dem Fall, dass der Arbeitgeber zu ihr im Kündigungsschutzrechtszug verurteilt worden war, nicht ohne weiteres ein Vergütungsanspruch aus dem Gesichtspunkt des Annahmeverzugs (§ 615 BGB, Nr. 14) oder ein Schadensersatzanspruch (*BAG* 27. 5. 2015 – 5 AZR 88/14, NZA 15, 1053).

5. Vermeidung/Umgehung des KSchG

In diesem Zusammenhang müssen auch drei, vor allem in Krisenzeiten von den Unternehmen zunehmend praktizierte personalpolitische Instrumente gesehen werden: zeitlich befristete Arbeitsverträge, Aufhebungsverträge mit Abfindung und die Beschäftigung von Leiharbeitnehmern. Die beiden erstgenannten Instrumente vermeiden das geltende Kündigungsschutzrecht, wobei die Befristung von

Arbeitsverträgen aufgrund des Gesetzes über Teilzeitarbeit und befristete Arbeitsverhältnisse (Nr. 32) innerhalb der für Arbeitgeber praktisch wichtigsten Fristen ohne besonderen Grund möglich ist. Die Problematik für die mit dem Angebot eines befristeten Vertrages konfrontierten Arbeitnehmer liegt darin, dass es letztlich einen Schutz *vor* Kündigungen nicht gibt und dass die Beschäftigung auch für kurze Zeit dem weiteren Schicksal als Arbeitsloser durchaus vorzuziehen ist (auch unter dem Gesichtspunkt, dass diese Beschäftigung bei anschließender erneuter Arbeitslosigkeit wieder einen vollen Bezugszeitraum für Arbeitslosengeld eröffnen kann, vgl. §§ 142 ff. SGB III). Ebenso ist das Eingehen sowohl von Arbeitnehmern als auch von Betriebsräten auf sog. Aufhebungsverträge unter dem Gesichtspunkt durchaus verständlich, dass Kündigungen letztlich doch nicht abgewehrt werden können. Schließlich ist auch der Einsatz von Leiharbeitnehmern im Zusammenhang mit allen diesen Bemühungen der Unternehmen zu sehen, den Beschäftigtenstand so flexibel wie möglich zu gestalten. Durch die AÜG-Reform 2017 wurde dies nicht eingedämmt (Einl. I 2 c und II 5 zum AÜG, Nr. 4). Zwar gibt es eine Höchstüberlassungsdauer im Einsatzbetrieb. Diese greift aber arbeitnehmerbezogen. Bei regelmäßigem Wechsel des Leiharbeiters können Arbeitsplätze daher durchaus dauerhaft mit Leihabeitern besetzt sein.

6. Beschäftigungswirksamkeit des Massenentlassungsschutzes

Auch das Instrument der Anzeigepflicht für sog. Massenentlassungen (§§ 17 bis 22) ist arbeitsmarktpolitisch wenig wirksam, da es nur die Möglichkeit der Arbeitsagentur, das heißt des Massenentlassungsausschusses (§ 20), eröffnet, die geplanten Kündigungen um eine kurze Zeitspanne zu verschieben (§ 18).

Diese, den Unternehmen vom geltenden Recht eingeräumte Freiheit, den Personalbestand »aus betrieblichen Gründen« abzubauen, prägt natürlich auch die Haltung von Betriebsräten und Arbeitsagenturen bei der Zustimmung zu Kurzarbeit. Aus dem gleichen Grund ist es für Betriebsräte nicht leicht, auf Grund ihres Mitbestimmungsrechts gemäß § 87 Abs. 1 Nr. 2 und 3 BetrVG Überstunden und Sonderschichten abzulehnen und stattdessen Neueinstellungen zu verlangen (vgl. Einl. zum BetrVG, Nr. 12).

7. Besonderer Kündigungsschutz

Einen echten Schutz vor Kündigungen gewährt nur der besondere Kündigungsschutz, der zugunsten bestimmter Arbeitnehmergruppen wegen ihrer größeren Gefährdung als Interessenvertreter oder ihrer besonderen arbeitsmarktpolitischen Schutzwürdigkeit besteht. Hier sind vor allem die Inhaber von Ämtern aus der Betriebsverfassung und Personalvertretung (§ 15), schwangere Frauen und stillende Mütter (§ 17 MuSchG) sowie schwerbehinderte Menschen (§ 168 SGB IX) zu nennen. Zum Schutz älterer Arbeitnehmer haben die Gewerkschaften Tarifverträge abgeschlossen, in denen ab einem bestimmten Alter zusammen mit einer bestimmten Betriebszugehörigkeit die ordentliche Kündigung ausgeschlossen ist. Die Rechtsprechung relativiert solche Kündigungsausschlüsse allerdings. Die betreffenden Arbeitnehmer sind nicht etwa vollständig aus der Sozialauswahl ausgenommen, sondern nur dann, wenn es durch den Sonderkündigungsschutz nicht zu einem groben Auswahlfehler kommt (*BAG* 20.6.2013 – 2 AZR 295/12, NZA 14, 208).

Wegen der gewerkschaftspolitisch nachteiligen Folgen lehnen es die Gewerkschaften ab, für gewerkschaftliche Vertrauensleute einen besonderen Kündigungsschutz einzuführen.

IV. Rechtspolitische Diskussion

Nachdem der unerwartet schlechte Wahlausgang für die CDU vor der Großen Koalition 2005 maßgeblich auf deren Konzept zum Abbau des Kündigungsschutzes zurückzuführen war (vgl. dazu *Deinert/Kittner*, RdA 09, 265, 267 f.), hatte Kanzlerin *Merkel* unmittelbar vor der Bundestagswahl 2009 erklärt, den Kündigungsschutz nicht antasten zu wollen. Die Union hat diese Haltung seither beibehalten.

Weiterführende Literatur

Handbücher und Kommentare

Deinert/Heuschmid/Zwanziger-*Wankel*, *-Appel/Callsen*, *-Altmann* und *-Becker*, Arbeitsrecht, §§ 69–85 (Kündigung)

Ascheid/Preis/Schmidt (Hrsg.), Großkommentar zum Kündigungsschutzrecht, 5. Aufl. (2017)

Bader/Fischermeier/Gallner u. a, Gemeinschaftskommentar zum KSchG und zu sonstigen kündigungsschutzrechtlichen Vorschriften, 12. Aufl. (2019)

Däubler/Deinert/Zwanziger (Hrsg.), Kündigungsschutzrecht, Kommentar für die Praxis, 11. Aufl. (2019)

Gallner/Mestwerdt/Nägele (Hrsg.), Kündigungsschutzgesetz, Handkommentar, 6. Aufl. (2018)

Hans-Böckler-Stiftung, Wie wirkt Kündigungsschutz? Empirische Untersuchungen und Literaturstudien der letzten Jahre (2008)

Höland/Kahl/Zeibig, Kündigungspraxis und Kündigungsschutz im Arbeitsverhältnis (2007)

Linck/Krause/Bayreuther, KSchG, 16. Aufl. (2019)

Löwisch/Schlünder/Spinner/Wertheimer, KSchG, 11. Aufl. (2018)

Mandalka, Abmahnung, Ratgeber für Arbeitnehmer und ihre Interessenvertretung, 2. Aufl. (2019)

Schwarze/Eylert/Schrader, KSchG (2011)

Stahlhacke/Preis/Vossen, Kündigung und Kündigungsschutz im Arbeitsverhältnis, 11. Aufl. (2015)

Zwanziger/Altmann/Schneppendahl, Kündigungsschutzgesetz, Basiskommentar, 5. Aufl. (2018)

Aufsätze

Schwerpunktheft »Kündigungsschutz« AiB 7/2005

Buschmann, Europäischer Kündigungsschutz, AuR 2013, S. 388

Deinert, Kündigungsprävention und betriebliches Eingliederungsmanagement, NZA 2010, S. 969

Hinrichs, Probleme des Konsultationsverfahrens bei Massenentlassungen, AuR 2019, S. 348

Kittner/Kohler, Kündigungsschutz in Deutschland und den USA, BB 2000, Beilage 4

Pallasch, Weiterbeschäftigung von Arbeitnehmern nach Vertragsbeendigung, NZA 2017, S. 351

Pfarr/Zeibig, Abfindung statt Kündigung?, WSI-Mitt. 2006, S. 419

Ullmann, Arbeitspolitik ohne Tatsachengrundlage. Eine Analyse der den Änderungen des Kündigungsschutzgesetzes zugrunde liegenden Tatsachen, KJ 2006, S. 26

Übersicht 49: Beendigungsarten des Arbeitsverhältnisses

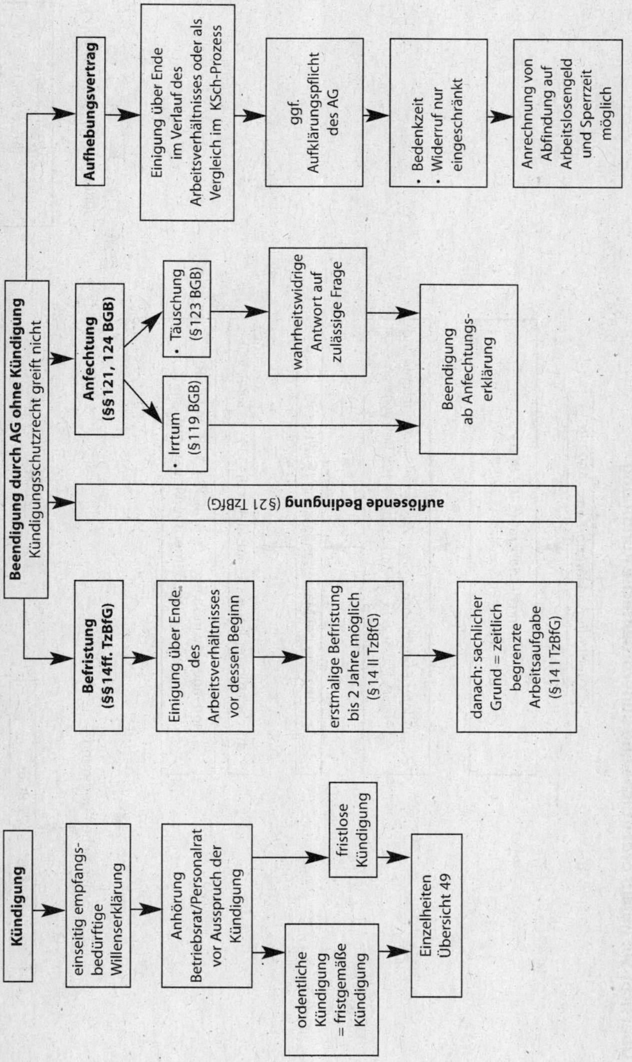

Übersicht 50: Ablauf ordentliche und außerordentliche Kündigung

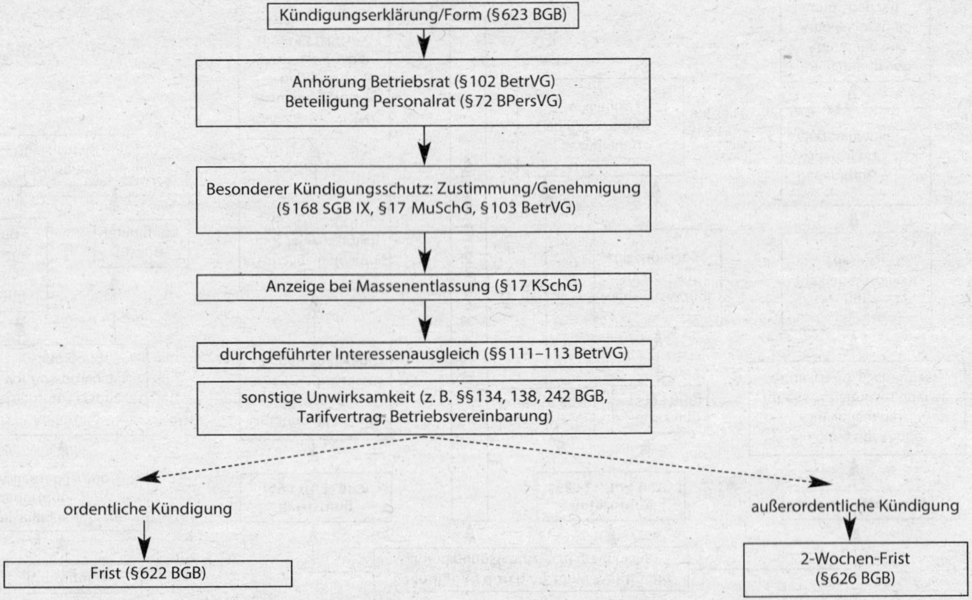

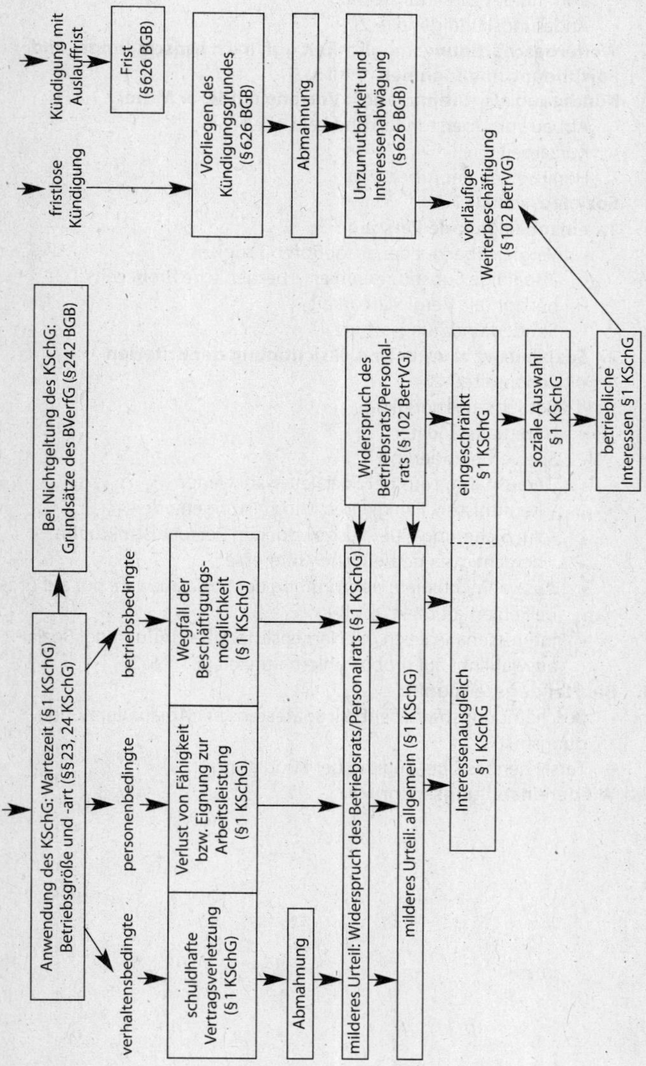
Anwendung des KSchG: Wartezeit (§1 KSchG)
Betriebsgröße und -art (§§23, 24 KSchG)
Bei Nichtgeltung des KSchG:
Grundsätze des BVerfG (§242 BGB)
verhaltensbedingte
personenbedingte
betriebsbedingte
schuldhafte Vertragsverletzung (§1 KSchG)
Verlust von Fähigkeit bzw. Eignung zur Arbeitsleistung (§1 KSchG)
Wegfall der Beschäftigungs-möglichkeit (§1 KSchG)
Abmahnung
milderes Urteil: Widerspruch des Betriebsrats/Personalrats (§1 KSchG)
milderes Urteil: allgemein (§1 KSchG)
Widerspruch des Betriebsrats/Personal-rats (§102 BetrVG)
Interessenausgleich §1 KSchG
eingeschränkt §1 KSchG
soziale Auswahl §1 KSchG
betriebliche Interessen §1 KSchG
vorläufige Weiterbeschäftigung (§102 BetrVG)
fristlose Kündigung
Kündigung mit Auslauffrist
Frist (§626 BGB)
Vorliegen des Kündigungsgrundes (§626 BGB)
Abmahnung
Unzumutbarkeit und Interessenabwägung (§626 BGB)

Checkliste 51: Betriebsbedingte Kündigung

I. **Dringende betriebliche Erfordernisse** (§ 1 II S. 1)

II. **Fehlende Weiterbeschäftigungsmöglichkeit in einem anderen Betrieb des Unternehmens (§ 1 II S. 2)**
- Vorrang des Direktionsrechts
- Änderungskündigung (§ 2)

III. **Weiterbeschäftigungsmöglichkeit ggf. nach Umschulungs- und Fortbildungsmaßnahmen** (§ 1 II S. 3)

IV. **Kündigung als »ultima ratio«: Vorrang milderer Mittel**
- Abbau von Überstunden und Leiharbeit
- Kurzarbeit
- Herabsetzen der Arbeitszeit

V. **Sozialauswahl** (§1 III)
1. **einzubeziehende Personen**
   - Vergleichbarkeit der ausgeübten Tätigkeit
   - alsbaldige Substituierbarkeit – betriebliche Probezeit
   - horizontale Vergleichbarkeit
   - Sonderkündigungsschutz
2. **Sozialauswahl unter Berücksichtigung der Kriterien**
   - Lebensalter
   - Betriebszugehörigkeit
   - Unterhaltspflichten
   - Schwerbehinderung
   - Herausnahme aus der Sozialauswahl wegen
     – Kenntnissen, Fähigkeiten und Leistungen oder
     – zur Sicherung einer ausgewogenen Personalstruktur im berechtigten betrieblichen Interesse
   - Auswahlrichtlinien: Überprüfung der Sozialauswahl nur auf grobe Fehlerhaftigkeit (§ 1 IV)
   - Interessenausgleich mit Namensliste: Überprüfung der Sozialauswahl nur auf grobe Fehlerhaftigkeit (§ 1 V S. 2)

VI. **Beurteilungszeitpunkt:**
- Beschäftigungsbedarf entfällt spätestens mit Ablauf der Kündigungsfrist
- Tatsachenbasis bei Zugang der Kündigung

VII. **Wiedereinstellungsanspruch?**

Checkliste 52: Personenbedingte Kündigung

I. Allgemeines Prüfschema

Verlust der Eignung und/oder Fähigkeit des AN zur (ganz oder teilweisen) Erbringung der arbeitsvertraglich geschuldeten Leistung

II. Fallgruppen:

- graduelle Leistungsdefizite
- (altersbedingter) Leistungsabfall
- vorübergehendes Leistungsunvermögen
- Fehlen einer vertragsnotwendigen Eigenschaft
- Fehlen der fachlichen Qualifikation
- tendenzbezogene Unvereinbarkeit
- politische Unvereinbarkeit (Gewissensgründe)
- Krankheit
  - häufige Kurzerkrankungen
  - langanhaltende Krankheit
  - dauerhafte Arbeitsunfähigkeit
  - Gefahr der Erkrankung bzw. Verschlimmerung eines Leidens

III. Erhebliche Beeinträchtigung betrieblicher oder vertraglicher Interessen

- bei Kündigungen: wirtschaftliche Belastung durch Entgeltfortzahlung

IV. Negativprognose für die Zukunft

- Zeitpunkt: Zugang der Kündigung
- objektive Tatsachen statt subjektiver Annahmen
- bei Krankheiten: indizielle Wirkung der Vorerkrankung
- schwerwiegende Störungen des künftigen Betriebsablaufs

V. Kündigung als »Ultima ratio«

VI. Kündigungsvermeidende Möglichkeiten:

- Weiterbeschäftigung an anderem Arbeitsplatz
- Einstellen von Aushilfskraft
- Umorganisation
- Umschulung/Fortbildung

VII. Interessenabwägung mit strengem Maßstab:

- Betriebszugehörigkeit
- Alter
- Schwerbehinderung
- betriebliche Ursachen der Situation des AN
- Stellung des AN im Betrieb
- persönliche Lebensumstände
- Vergleich mit durchschnittlicher Ausfallquote

VIII. Betriebliches Eingliederungsmanagement (§ 167 SGB IX)

IX. Prüfung des Einzelfalles

X. Wiedereinstellungsanspruch

Checkliste 53: Verhaltensbedingte Kündigung

I. Verstoß gegen arbeitsvertragliche Pflicht

II. Relevanz der Pflichtverletzung (ggf. außerordentliche Kündigung gem. § 626 BGB)

III. Rechtswidrigkeit
Zurückbehaltungsrecht?

IV. Schuldhaftigkeit
Rechtsirrtum?

V. Zukunftsprognose
- Wiederholungsgefahr
- Faktor Zeit (Vertrauen auf Nicht-mehr-Kündigung)

VI. Kündigung als »Ultima ratio«
- Versetzung

VII. Abmahnung
- Rechtsqualität (Abmahnungsbezeichnung, Beschreibung des Fehlverhaltens, arbeitsrechtliche Konsequenzen)
- Gleichartigkeit der Pflichtverletzung (abgemahntes und kündigungsrelevantes Verhalten)
- Verbrauch durch Zeitablauf oder zu häufige Abmahnungen

VIII. Interessenabwägung
- Schwere des Verschuldens
- Betriebszugehörigkeit

Übersicht 53 a: Änderungskündigung

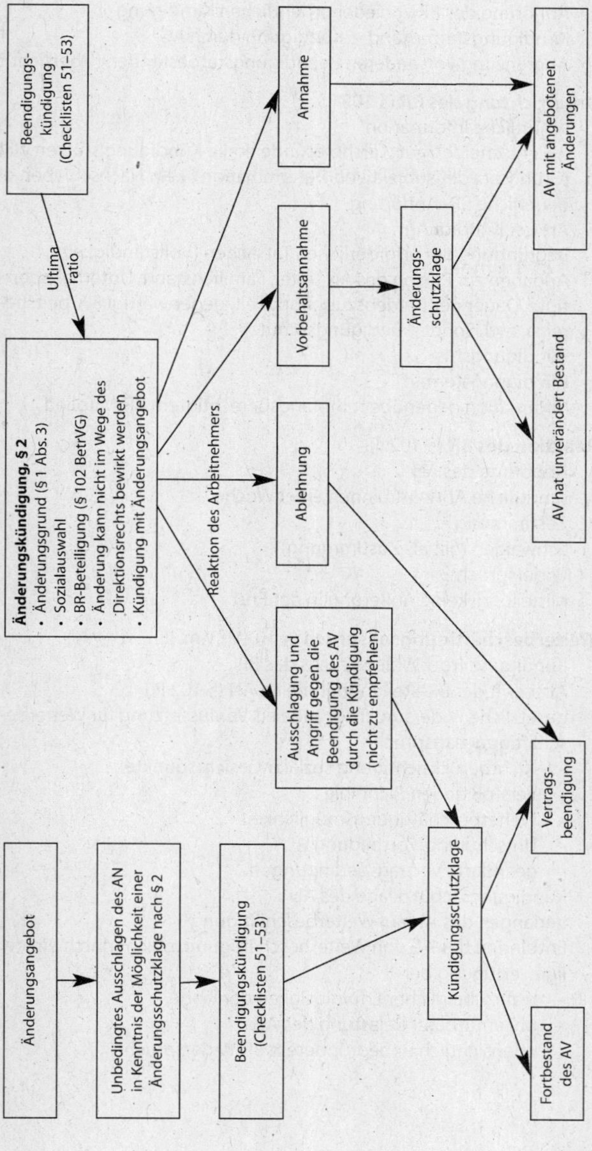

Checkliste 54: BR-Beteiligung bei ordentlicher Kündigung

I. Kündigung (§ 102 I S. 1)
- Anhörung des BR vor jeder ordentlichen Kündigung
- Kündigungstatbestand – Kündigung durch AG
- Abgrenzung von anderen Beendigungstatbeständen (Übersicht 50)

II. Unterrichtung des BR (§ 102 I S. 2)
- schriftliche Information
- AG entscheidet, auf welche Gründe er die Kündigung stützen will (Grundsatz der subjektiven Determination); kein Nachschieben ohne neuerliche BR–Anhörung
- Art der Kündigung
- Begründung der erforderlichen Tatsachen (Vollständigkeit)
- Angaben zur Person des AN (Alter, Familienstand, Unterhaltsberechtigte, Dauer der Betriebszugehörigkeit, gegenwärtiger Arbeitsbereich, evtl. Sonderkündigungsschutz)
- Kündigungsfrist
- Kündigungstermin
- Information gegenüber empfangsberechtigtem BR•Mitglied

III. Reaktion des BR (§ 102 II)
- Anhörung des AN
- schriftliche Antwort binnen einer Woche
- Zustimmung
- Schweigen (gilt als Zustimmung)
- Widerspruch
- Mitteilung: keine Äußerung in der Frist

IV. Weiterbeschäftigungsanspruch (§ 102 V i.V.m. III)
- Kündigung trotz Widerspruchs des BR
- Abschrift der BR-Stellungnahme an AN (§ 102 III)
- gesetzliche Widerspruchsgründe als Voraussetzung für Weiterbeschäftigungsanspruch
  - Nichtberücksichtigung sozialer Gesichtspunkte
  - Verstoß gegen Richtlinie
  - Weiterbeschäftigungsmöglichkeit
  - Umschulung/Fortbildung
  - geänderte Vertragsbedingungen
- Kündigungsschutzklage des AN
- Verlangen des AN auf Weiterbeschäftigung
- Entbinden des AG von Weiterbeschäftigungspflicht durch einstweilige Verfügung bei
  - wahrscheinlicher Erfolglosigkeit der Klage
  - unzumutbarer Belastung des AG
  - offensichtlich unbegründetem BR-Widerspruch

Kündigungsschutzgesetz (KSchG)

vom 10. August 1951 (BGBl. I 499),
in der Fassung der Bekanntmachung vom 25. August 1969 (BGBl. I 1317),
zuletzt geändert durch Gesetz vom 17. Juli 2017 (BGBl. I 2509)

Erster Abschnitt – Allgemeiner Kündigungsschutz

§ 1 Sozial ungerechtfertigte Kündigungen (1) Die Kündigung des Arbeitsverhältnisses gegenüber einem Arbeitnehmer, dessen Arbeitsverhältnis in demselben Betrieb oder Unternehmen ohne Unterbrechung länger als sechs Monate bestanden hat, ist rechtsunwirksam, wenn sie sozial ungerechtfertigt ist.[1]

(2) Sozial ungerechtfertigt ist die Kündigung, wenn sie nicht durch Gründe, die in der Person oder in dem Verhalten des Arbeitnehmers liegen, oder durch dringende betriebliche Erfordernisse, die einer Weiterbeschäftigung des Arbeitnehmers in diesem Betrieb entgegenstehen, bedingt ist.[2] Die Kündigung ist auch sozial ungerechtfertigt, wenn

1. in Betrieben des privaten Rechts
   a) die Kündigung gegen eine Richtlinie nach § 95 des Betriebsverfassungsgesetzes verstößt,
   b) der Arbeitnehmer an einem anderen Arbeitsplatz in demselben Betrieb oder in einem anderen Betrieb des Unternehmens weiterbeschäftigt werden kann

   und der Betriebsrat oder eine andere nach dem Betriebsverfassungsgesetz insoweit zuständige Vertretung der Arbeitnehmer aus einem dieser Gründe der Kündigung innerhalb der Frist des § 102 Abs. 2 Satz 1 des Betriebsverfassungsgesetzes schriftlich widersprochen hat,
2. in Betrieben und Verwaltungen des öffentlichen Rechts
   a) die Kündigung gegen eine Richtlinie über die personelle Auswahl bei Kündigungen verstößt,
   b) der Arbeitnehmer an einem anderen Arbeitsplatz in derselben Dienststelle oder in einer anderen Dienststelle desselben Verwaltungszweigs an demselben Dienstort einschließlich seines Einzugsgebiets weiterbeschäftigt werden kann und

die zuständige Personalvertretung aus einem dieser Gründe fristgerecht gegen die Kündigung Einwendungen erhoben hat, es sei denn, daß die Stufenvertretung in der Verhandlung mit der übergeordneten Dienststelle die Einwendungen nicht aufrechterhalten hat. Satz 2 gilt entsprechend, wenn die Weiterbeschäftigung des Arbeitnehmers nach zumutbaren Umschulungs- oder Fortbildungsmaßnahmen

---

1 Zum Schriftformgebot vgl. § 623 BGB (Nr. 14).
2 Vgl. § 7 Abs. 1 b SGB IV (Nr. 30 IV); § 41 Satz 1 SGB VI (Nr. 30 VI); § 8 Abs. 1 ATZG (Nr. 30 VIa); vgl. auch § 167 SGB IX (Nr. 30 IX).

oder eine Weiterbeschäftigung des Arbeitnehmers unter geänderten Arbeitsbedingungen möglich ist und der Arbeitnehmer sein Einverständnis hiermit erklärt hat. Der Arbeitgeber hat die Tatsachen zu beweisen, die die Kündigung bedingen.
(3) Ist einem Arbeitnehmer aus dringenden betrieblichen Erfordernissen im Sinne des Absatzes 2 gekündigt worden, so ist die Kündigung trotzdem sozial ungerechtfertigt, wenn der Arbeitgeber bei der Auswahl des Arbeitnehmers die Dauer der Betriebszugehörigkeit, das Lebensalter, die Unterhaltspflichten und die Schwerbehinderung des Arbeitnehmers nicht oder nicht ausreichend berücksichtigt hat; auf Verlangen des Arbeitnehmers hat der Arbeitgeber dem Arbeitnehmer die Gründe anzugeben, die zu der getroffenen sozialen Auswahl geführt haben.[1] In die soziale Auswahl nach Satz 1 sind Arbeitnehmer nicht einzubeziehen, deren Weiterbeschäftigung, insbesondere wegen ihrer Kenntnisse, Fähigkeiten und Leistungen oder zur Sicherung einer ausgewogenen Personalstruktur des Betriebes, im berechtigten betrieblichen Interesse liegt. Der Arbeitnehmer hat die Tatsachen zu beweisen, die die Kündigung als sozial ungerechtfertigt im Sinne des Satzes 1 erscheinen lassen.
(4) Ist in einem Tarifvertrag, in einer Betriebsvereinbarung nach § 95 des Betriebsverfassungsgesetzes oder in einer entsprechenden Richtlinie nach den Personalvertretungsgesetzen festgelegt, wie die sozialen Gesichtspunkte nach Absatz 3 Satz 1 im Verhältnis zueinander zu bewerten sind, so kann die Bewertung nur auf grobe Fehlerhaftigkeit überprüft werden.
(5) Sind bei einer Kündigung auf Grund einer Betriebsänderung nach § 111 des Betriebsverfassungsgesetzes die Arbeitnehmer, denen gekündigt werden soll, in einem Interessenausgleich zwischen Arbeitgeber und Betriebsrat namentlich bezeichnet, so wird vermutet, dass die Kündigung durch dringende betriebliche Erfordernisse im Sinne des Absatzes 2 bedingt ist. Die soziale Auswahl der Arbeitnehmer kann nur auf grobe Fehlerhaftigkeit überprüft werden. Die Sätze 1 und 2 gelten nicht, soweit sich die Sachlage nach Zustandekommen des Interessenausgleichs wesentlich geändert hat. Der Interessenausgleich nach Satz 1 ersetzt die Stellungnahme des Betriebsrates nach § 17 Abs. 3 Satz 2.

§ 1 a Abfindungsanspruch bei betriebsbedingter Kündigung (1) Kündigt der Arbeitgeber wegen dringender betrieblicher Erfordernisse nach § 1 Abs. 2 Satz 1 und erhebt der Arbeitnehmer bis zum Ablauf der Frist des § 4 Satz 1 keine Klage auf Feststellung, dass das Arbeitsverhältnis durch die Kündigung nicht aufgelöst ist, hat der Arbeitnehmer mit dem Ablauf der Kündigungsfrist Anspruch auf eine Abfindung. Der Anspruch setzt den Hinweis des Arbeitgebers in der Kündigungserklärung voraus, dass die Kündigung auf dringende betriebliche Erfordernisse gestützt ist und der Arbeitnehmer bei Verstreichenlassen der Klagefrist die Abfindung beanspruchen kann.
(2) Die Höhe der Abfindung beträgt 0,5 Monatsverdienste für jedes Jahr des Bestehens des Arbeitsverhältnisses. § 10 Abs. 3 gilt entsprechend. Bei der Er-

1 Vgl. § 8 Abs. 1 ATZG (Nr. 30 VIa).

mittlung der Dauer des Arbeitsverhältnisses ist ein Zeitraum von mehr als sechs Monaten auf ein volles Jahr aufzurunden.

§ 2 Änderungskündigung Kündigt der Arbeitgeber das Arbeitsverhältnis und bietet er dem Arbeitnehmer im Zusammenhang mit der Kündigung die Fortsetzung des Arbeitsverhältnisses zu geänderten Arbeitsbedingungen an, so kann der Arbeitnehmer dieses Angebot unter dem Vorbehalt annehmen, daß die Änderung der Arbeitsbedingungen nicht sozial ungerechtfertigt ist (§ 1 Abs. 2 Satz 1 bis 3, Abs. 3 Satz 1 und 2). Diesen Vorbehalt muß der Arbeitnehmer dem Arbeitgeber innerhalb der Kündigungsfrist, spätestens jedoch innerhalb von drei Wochen nach Zugang der Kündigung erklären.

§ 3 Kündigungseinspruch Hält der Arbeitnehmer eine Kündigung für sozial ungerechtfertigt, so kann er binnen einer Woche nach der Kündigung Einspruch beim Betriebsrat einlegen. Erachtet der Betriebsrat den Einspruch für begründet, so hat er zu versuchen, eine Verständigung mit dem Arbeitgeber herbeizuführen. Er hat seine Stellungnahme zu dem Einspruch dem Arbeitnehmer und dem Arbeitgeber auf Verlangen schriftlich mitzuteilen.

§ 4 Anrufung des Arbeitsgerichts Will ein Arbeitnehmer geltend machen, dass eine Kündigung sozial ungerechtfertigt oder aus anderen Gründen rechtsunwirksam ist, so muss er innerhalb von drei Wochen nach Zugang der schriftlichen Kündigung Klage beim Arbeitsgericht auf Feststellung erheben, dass das Arbeitsverhältnis durch die Kündigung nicht aufgelöst ist. Im Falle des § 2 ist die Klage auf Feststellung zu erheben, daß die Änderung der Arbeitsbedingungen sozial ungerechtfertigt oder aus anderen Gründen rechtsunwirksam ist. Hat der Arbeitnehmer Einspruch beim Betriebsrat eingelegt (§ 3), so soll er der Klage die Stellungnahme des Betriebsrats beifügen. Soweit die Kündigung der Zustimmung einer Behörde bedarf, läuft die Frist zur Anrufung des Arbeitsgerichts erst von der Bekanntgabe der Entscheidung der Behörde an den Arbeitnehmer ab.

§ 5 Zulassung verspäteter Klagen (1) War ein Arbeitnehmer nach erfolgter Kündigung trotz Anwendung aller ihm nach Lage der Umstände zuzumutenden Sorgfalt verhindert, die Klage innerhalb von drei Wochen nach Zugang der schriftlichen Kündigung zu erheben, so ist auf seinen Antrag die Klage nachträglich zuzulassen. Gleiches gilt, wenn eine Frau von ihrer Schwangerschaft aus einem von ihr nicht zu vertretenden Grund erst nach Ablauf der Frist des § 4 Satz 1 Kenntnis erlangt hat.

(2) Mit dem Antrag ist die Klageerhebung zu verbinden; ist die Klage bereits eingereicht, so ist auf sie im Antrag Bezug zu nehmen. Der Antrag muß ferner die Angabe der die nachträgliche Zulassung begründenden Tatsachen und der Mittel für deren Glaubhaftmachung enthalten.

(3) Der Antrag ist nur innerhalb von zwei Wochen nach Behebung des Hindernisses zulässig. Nach Ablauf von sechs Monaten, vom Ende der versäumten Frist an gerechnet, kann der Antrag nicht mehr gestellt werden.

(4) Das Verfahren über den Antrag auf nachträgliche Zulassung ist mit dem Verfahren über die Klage zu verbinden. Das Arbeitsgericht kann das Verfahren zunächst auf die Verhandlung und Entscheidung über den Antrag beschränken. In diesem Fall ergeht die Entscheidung durch Zwischenurteil, das wie ein Endurteil angefochten werden kann.
(5) Hat das Arbeitsgericht über einen Antrag auf nachträgliche Klagezulassung nicht entschieden oder wird ein solcher Antrag erstmals vor dem Landesarbeitsgericht gestellt, entscheidet hierüber die Kammer des Landesarbeitsgerichts. Absatz 4 gilt entsprechend.

§ 6 Verlängerte Anrufungsfrist Hat ein Arbeitnehmer innerhalb von drei Wochen nach Zugang der schriftlichen Kündigung im Klagewege geltend gemacht, dass eine rechtswirksame Kündigung nicht vorliege, so kann er sich in diesem Verfahren bis zum Schluss der mündlichen Verhandlung erster Instanz zur Begründung der Unwirksamkeit der Kündigung auch auf innerhalb der Klagefrist nicht geltend gemachte Gründe berufen. Das Arbeitsgericht soll ihn hierauf hinweisen.

§ 7 Wirksamwerden der Kündigung Wird die Rechtsunwirksamkeit einer Kündigung nicht rechtzeitig geltend gemacht (§ 4 Satz 1, §§ 5 und 6), so gilt die Kündigung als von Anfang an rechtswirksam; ein vom Arbeitnehmer nach § 2 erklärter Vorbehalt erlischt.

§ 8 Wiederherstellung der früheren Arbeitsbedingungen Stellt das Gericht im Falle des § 2 fest, daß die Änderung der Arbeitsbedingungen sozial ungerechtfertigt ist, so gilt die Änderungskündigung als von Anfang an rechtsunwirksam.

§ 9 Auflösung des Arbeitsverhältnisses durch Urteil des Gerichts, Abfindung des Arbeitnehmers (1) Stellt das Gericht fest, daß das Arbeitsverhältnis durch die Kündigung nicht aufgelöst ist, ist jedoch dem Arbeitnehmer die Fortsetzung des Arbeitsverhältnisses nicht zuzumuten, so hat das Gericht auf Antrag des Arbeitnehmers das Arbeitsverhältnis aufzulösen und den Arbeitgeber zur Zahlung einer angemessenen Abfindung zu verurteilen. Die gleiche Entscheidung hat das Gericht auf Antrag des Arbeitgebers zu treffen, wenn Gründe vorliegen, die eine den Betriebszwecken dienliche weitere Zusammenarbeit zwischen Arbeitgeber und Arbeitnehmer nicht erwarten lassen. Arbeitnehmer und Arbeitgeber können den Antrag auf Auflösung des Arbeitsverhältnisses bis zum Schluß der letzten mündlichen Verhandlung in der Berufungsinstanz stellen.
(2) Das Gericht hat für die Auflösung des Arbeitsverhältnisses den Zeitpunkt festzusetzen, an dem es bei sozial gerechtfertigter Kündigung geendet hätte.

§ 10 Höhe der Abfindung (1) Als Abfindung ist ein Betrag bis zu zwölf Monatsverdiensten festzusetzen.[1]

---

1 Zur Sozialversicherungspflicht von Abfindungen s. § 14 Abs. 1 SGB IV (hierzu *BAG* 21. 2. 1990 – 12 RK 20/88, DB 90, 1520).

(2) Hat der Arbeitnehmer das fünfzigste Lebensjahr vollendet und hat das Arbeitsverhältnis mindestens fünfzehn Jahre bestanden, so ist ein Betrag bis zu fünfzehn Monatsverdiensten, hat der Arbeitnehmer das fünfundfünfzigste Lebensjahr vollendet und hat das Arbeitsverhältnis mindestens zwanzig Jahre bestanden, so ist ein Betrag bis zu achtzehn Monatsverdiensten festzusetzen. Dies gilt nicht, wenn der Arbeitnehmer in dem Zeitpunkt, den das Gericht nach § 9 Abs. 2 für die Auflösung des Arbeitsverhältnisses festsetzt, das in der Vorschrift des Sechsten Buches Sozialgesetzbuch über die Regelaltersrente bezeichnete Lebensalter erreicht hat.[1]

(3) Als Monatsverdienst gilt, was dem Arbeitnehmer bei der für ihn maßgebenden regelmäßigen Arbeitszeit in dem Monat, in dem das Arbeitsverhältnis endet (§ 9 Abs. 2), an Geld und Sachbezügen zusteht.

§ 11 Anrechnung auf entgangenen Zwischenverdienst Besteht nach der Entscheidung des Gerichts das Arbeitsverhältnis fort, so muß sich der Arbeitnehmer auf das Arbeitsentgelt, das ihm der Arbeitgeber für die Zeit nach der Entlassung schuldet, anrechnen lassen,

1. was er durch anderweitige Arbeit verdient hat,
2. was er hätte verdienen können, wenn er es nicht böswillig unterlassen hätte, eine ihm zumutbare Arbeit anzunehmen,
3. was ihm an öffentlich-rechtlichen Leistungen infolge Arbeitslosigkeit aus der Sozialversicherung, der Arbeitslosenversicherung, der Sicherung des Lebensunterhalts nach dem Zweiten Buch Sozialgesetzbuch oder der Sozialhilfe für die Zwischenzeit gezahlt worden ist. Diese Beträge hat der Arbeitgeber der Stelle zu erstatten, die sie geleistet hat.

§ 12 Neues Arbeitsverhältnis des Arbeitnehmers, Auflösung des alten Arbeitsverhältnisses Besteht nach der Entscheidung des Gerichts das Arbeitsverhältnis fort, ist jedoch der Arbeitnehmer inzwischen ein neues Arbeitsverhältnis eingegangen, so kann er binnen einer Woche nach der Rechtskraft des Urteils durch Erklärung gegenüber dem alten Arbeitgeber die Fortsetzung des Arbeitsverhältnisses bei diesem verweigern. Die Frist wird auch durch eine vor ihrem Ablauf zur Post gegebene schriftliche Erklärung gewahrt. Mit dem Zugang der Erklärung erlischt das Arbeitsverhältnis. Macht der Arbeitnehmer von seinem Verweigerungsrecht Gebrauch, so ist ihm entgangener Verdienst nur für die Zeit zwischen der Entlassung und dem Tag des Eintritts in das neue Arbeitsverhältnis zu gewähren. § 11 findet entsprechende Anwendung.

§ 13 Außerordentliche, sittenwidrige und sonstige Kündigungen (1) Die Vorschriften über das Recht zur außerordentlichen Kündigung eines Arbeitsverhältnisses werden durch das vorliegende Gesetz nicht berührt. Die Rechtsunwirksamkeit einer außerordentlichen Kündigung kann jedoch nur nach

1 Vollendung des 67. Lebensjahres (§ 35 SGB VI); beachte Übergangsregelung in § 235 SGB VI (Nr. 30 VI).

Maßgabe des § 4 Satz 1 und der §§ 5 bis 7 geltend gemacht werden. Stellt das Gericht fest, dass die außerordentliche Kündigung unbegründet ist, ist jedoch dem Arbeitnehmer die Fortsetzung des Arbeitsverhältnisses nicht zuzumuten, so hat auf seinen Antrag das Gericht das Arbeitsverhältnis aufzulösen und den Arbeitgeber zur Zahlung einer angemessenen Abfindung zu verurteilen. Das Gericht hat für die Auflösung des Arbeitsverhältnisses den Zeitpunkt festzulegen, zu dem die außerordentliche Kündigung ausgesprochen wurde. Die Vorschriften der §§ 10 bis 12 gelten entsprechend.
(2) Verstößt eine Kündigung gegen die guten Sitten, so finden die Vorschriften des § 9 Abs. 1 Satz 1 und Abs. 2 und der §§ 10 bis 12 entsprechende Anwendung.
(3) Im Übrigen finden die Vorschriften dieses Abschnitts mit Ausnahme der §§ 4 bis 7 auf eine Kündigung, die bereits aus anderen als den in § 1 Abs. 2 und 3 bezeichneten Gründen rechtsunwirksam ist, keine Anwendung.

§ 14 Angestellte in leitender Stellung (1) Die Vorschriften dieses Abschnitts gelten nicht
1. in Betrieben einer juristischen Person für die Mitglieder des Organs, das zur gesetzlichen Vertretung der juristischen Person berufen ist,
2. in Betrieben einer Personengesamtheit für die durch Gesetz, Satzung oder Gesellschaftsvertrag zur Vertretung der Personengesamtheit berufenen Personen.

(2) Auf Geschäftsführer, Betriebsleiter und ähnliche leitende Angestellte, soweit diese zur selbständigen Einstellung oder Entlassung von Arbeitnehmern berechtigt sind, finden die Vorschriften dieses Abschnitts mit Ausnahme des § 3 Anwendung. § 9 Abs. 1 Satz 2 findet mit der Maßgabe Anwendung, daß der Antrag des Arbeitgebers auf Auflösung des Arbeitsverhältnisses keiner Begründung bedarf.

Zweiter Abschnitt – Kündigungsschutz im Rahmen der Betriebsverfassung und Personalvertretung

§ 15 Unzulässigkeit der Kündigung (1) Die Kündigung eines Mitglieds eines Betriebsrats, einer Jugend- und Auszubildendenvertretung, einer Bordvertretung oder eines Seebetriebsrats ist unzulässig, es sei denn, daß Tatsachen vorliegen, die den Arbeitgeber zur Kündigung aus wichtigem Grund ohne Einhaltung einer Kündigungsfrist berechtigen, und daß die nach § 103 des Betriebsverfassungsgesetzes erforderliche Zustimmung vorliegt oder durch gerichtliche Entscheidung ersetzt ist. Nach Beendigung der Amtszeit ist die Kündigung eines Mitglieds eines Betriebsrats, einer Jugend- und Auszubildendenvertretung oder eines Seebetriebsrats innerhalb eines Jahres, die Kündigung eines Mitglieds einer Bordvertretung innerhalb von sechs Monaten, jeweils vom Zeitpunkt der Beendigung der Amtszeit an gerechnet, unzulässig, es sei denn, daß Tatsachen vorliegen, die den Arbeitgeber zur Kündigung aus wichtigem Grund ohne Einhaltung einer Kündigungsfrist berechtigen; dies gilt nicht, wenn die Beendigung der Mitgliedschaft auf einer gerichtlichen Entscheidung beruht.

(2) Die Kündigung eines Mitglieds einer Personalvertretung, einer Jugend- und Auszubildendenvertretung oder einer Jugendvertretung ist unzulässig, es sei denn, daß Tatsachen vorliegen, die den Arbeitgeber zur Kündigung aus wichtigem Grund ohne Einhaltung einer Kündigungsfrist berechtigen, und daß die nach dem Personalvertretungsrecht erforderliche Zustimmung vorliegt oder durch gerichtliche Entscheidung ersetzt ist. Nach Beendigung der Amtszeit der in Satz 1 genannten Personen ist ihre Kündigung innerhalb eines Jahres, vom Zeitpunkt der Beendigung der Amtszeit an gerechnet, unzulässig, es sei denn, daß Tatsachen vorliegen, die den Arbeitgeber zur Kündigung aus wichtigem Grund ohne Einhaltung einer Kündigungsfrist berechtigen; dies gilt nicht, wenn die Beendigung der Mitgliedschaft auf einer gerichtlichen Entscheidung beruht.

(3) Die Kündigung eines Mitglieds eines Wahlvorstands ist vom Zeitpunkt seiner Bestellung an, die Kündigung eines Wahlbewerbers vom Zeitpunkt der Aufstellung des Wahlvorschlags an, jeweils bis zur Bekanntgabe des Wahlergebnisses unzulässig, es sei denn, daß Tatsachen vorliegen, die den Arbeitgeber zur Kündigung aus wichtigem Grund ohne Einhaltung einer Kündigungsfrist berechtigen, und daß die nach § 103 des Betriebsverfassungsgesetzes oder nach dem Personalvertretungsrecht erforderliche Zustimmung vorliegt oder durch eine gerichtliche Entscheidung ersetzt ist. Innerhalb von sechs Monaten nach Bekanntgabe des Wahlergebnisses ist die Kündigung unzulässig, es sei denn, daß Tatsachen vorliegen, die den Arbeitgeber zur Kündigung aus wichtigem Grund ohne Einhaltung einer Kündigungsfrist berechtigen; dies gilt nicht für Mitglieder des Wahlvorstands, wenn dieser durch gerichtliche Entscheidung durch einen anderen Wahlvorstand ersetzt worden ist.

(3a) Die Kündigung eines Arbeitnehmers, der zu einer Betriebs-, Wahl- oder Bordversammlung nach § 17 Abs. 3, § 17 a Nr. 3 Satz 2, § 115 Abs. 2 Nr. 8 Satz 1 des Betriebsverfassungsgesetzes einlädt oder die Bestellung eines Wahlvorstands nach § 16 Abs. 2 Satz 1, § 17 Abs. 4, § 17 a Nr. 4, § 63 Abs. 3, § 115 Abs. 2 Nr. 8 Satz 2 oder § 116 Abs. 2 Nr. 7 Satz 5 des Betriebsverfassungsgesetzes beantragt, ist vom Zeitpunkt der Einladung oder Antragstellung an bis zur Bekanntgabe des Wahlergebnisses unzulässig, es sei denn, dass Tatsachen vorliegen, die den Arbeitgeber zur Kündigung aus wichtigem Grund ohne Einhaltung einer Kündigungsfrist berechtigen; der Kündigungsschutz gilt für die ersten drei in der Einladung oder Antragstellung aufgeführten Arbeitnehmer. Wird ein Betriebsrat, eine Jugend- und Auszubildendenvertretung, eine Bordvertretung oder ein Seebetriebsrat nicht gewählt, besteht der Kündigungsschutz nach Satz 1 vom Zeitpunkt der Einladung oder Antragstellung an drei Monate.

(4) Wird der Betrieb stillgelegt, so ist die Kündigung der in den Absätzen 1 bis 3 genannten Personen frühestens zum Zeitpunkt der Stillegung zulässig, es sei denn, daß ihre Kündigung zu einem früheren Zeitpunkt durch zwingende betriebliche Erfordernisse bedingt ist.

(5) Wird eine der in den Absätzen 1 bis 3 genannten Personen in einer Betriebsabteilung beschäftigt, die stillgelegt wird, so ist sie in eine andere Betriebsabteilung zu übernehmen. Ist dies aus betrieblichen Gründen nicht möglich, so findet auf ihre Kündigung die Vorschrift des Absatzes 4 über die Kündigung bei Stillegung des Betriebs sinngemäß Anwendung.

§ 16 Neues Arbeitsverhältnis, Auflösung des alten Arbeitsverhältnisses Stellt das Gericht die Unwirksamkeit der Kündigung einer der in § 15 Abs. 1 bis 3 a genannten Personen fest, so kann diese Person, falls sie inzwischen ein neues Arbeitsverhältnis eingegangen ist, binnen einer Woche nach Rechtskraft des Urteils durch Erklärung gegenüber dem alten Arbeitgeber die Weiterbeschäftigung bei diesem verweigern. Im übrigen finden die Vorschriften des § 11 und des § 12 Satz 2 bis 4 entsprechende Anwendung.

Dritter Abschnitt – Anzeigepflichtige Entlassungen

§ 17 Anzeigepflicht (1) Der Arbeitgeber ist verpflichtet, der Agentur für Arbeit Anzeige zu erstatten, bevor er

1. in Betrieben mit in der Regel mehr als 20 und weniger als 60 Arbeitnehmern mehr als 5 Arbeitnehmer,
2. in Betrieben mit in der Regel mindestens 60 und weniger als 500 Arbeitnehmern 10 vom Hundert der im Betrieb regelmäßig beschäftigten Arbeitnehmer oder aber mehr als 25 Arbeitnehmer,
3. in Betrieben mit in der Regel mindestens 500 Arbeitnehmern mindestens 30 Arbeitnehmer

innerhalb von 30 Kalendertagen entläßt. Den Entlassungen stehen andere Beendigungen des Arbeitsverhältnisses gleich, die vom Arbeitgeber veranlaßt werden.

(2) Beabsichtigt der Arbeitgeber, nach Absatz 1 anzeigepflichtige Entlassungen vorzunehmen, hat er dem Betriebsrat rechtzeitig die zweckdienlichen Auskünfte zu erteilen und ihn schriftlich insbesondere zu unterrichten über

1. die Gründe für die geplanten Entlassungen,
2. die Zahl und die Berufsgruppen der zu entlassenden Arbeitnehmer,
3. die Zahl und die Berufsgruppen der in der Regel beschäftigten Arbeitnehmer,
4. den Zeitraum, in dem die Entlassungen vorgenommen werden sollen,
5. die vorgesehenen Kriterien für die Auswahl der zu entlassenden Arbeitnehmer,
6. die für die Berechnung etwaiger Abfindungen vorgesehenen Kriterien.

Arbeitgeber und Betriebsrat haben insbesondere die Möglichkeiten zu beraten, Entlassungen zu vermeiden oder einzuschränken und ihre Folgen zu mildern.

(3) Der Arbeitgeber hat gleichzeitig der Agentur für Arbeit eine Abschrift der Mitteilung an den Betriebsrat zuzuleiten; sie muß zumindest die in Absatz 2 Satz 1 Nr. 1 bis 5 vorgeschriebenen Angaben enthalten. Die Anzeige nach Ab-

satz 1 ist schriftlich unter Beifügung der Stellungnahme des Betriebsrats zu den Entlassungen zu erstatten. Liegt eine Stellungnahme des Betriebsrats nicht vor, so ist die Anzeige wirksam, wenn der Arbeitgeber glaubhaft macht, daß er den Betriebsrat mindestens zwei Wochen vor Erstattung der Anzeige nach Absatz 2 Satz 1 unterrichtet hat, und er den Stand der Beratungen darlegt. Die Anzeige muß Angaben über den Namen des Arbeitgebers, den Sitz und die Art des Betriebes enthalten, ferner die Gründe für die geplanten Entlassungen, die Zahl und die Berufsgruppen der zu entlassenden und der in der Regel beschäftigten Arbeitnehmer, den Zeitraum, in dem die Entlassungen vorgenommen werden sollen und die vorgesehenen Kriterien für die Auswahl der zu entlassenden Arbeitnehmer. In der Anzeige sollen ferner im Einvernehmen mit dem Betriebsrat für die Arbeitsvermittlung Angaben über Geschlecht, Alter, Beruf und Staatsangehörigkeit der zu entlassenden Arbeitnehmer gemacht werden. Der Arbeitgeber hat dem Betriebsrat eine Abschrift der Anzeige zuzuleiten. Der Betriebsrat kann gegenüber der Agentur für Arbeit weitere Stellungnahmen abgeben. Er hat dem Arbeitgeber eine Abschrift der Stellungnahme zuzuleiten.

(3 a) Die Auskunfts-, Beratungs- und Anzeigepflichten nach den Absätzen 1 bis 3 gelten auch dann, wenn die Entscheidung über die Entlassungen von einem den Arbeitgeber beherrschenden Unternehmen getroffen wurde. Der Arbeitgeber kann sich nicht darauf berufen, daß das für die Entlassungen verantwortliche Unternehmen die notwendigen Auskünfte nicht übermittelt hat.

(4) Das Recht zur fristlosen Entlassung bleibt unberührt. Fristlose Entlassungen werden bei Berechnung der Mindestzahl der Entlassungen nach Absatz 1 nicht mitgerechnet.

(5) Als Arbeitnehmer im Sinne dieser Vorschrift gelten nicht

1. in Betrieben einer juristischen Person die Mitglieder des Organs, das zur gesetzlichen Vertretung der juristischen Person berufen ist,
2. in Betrieben einer Personengesamtheit die durch Gesetz, Satzung oder Gesellschaftsvertrag zur Vertretung der Personengesamtheit berufenen Personen,
3. Geschäftsführer, Betriebsleiter und ähnliche leitende Personen, soweit diese zur selbständigen Einstellung oder Entlassung von Arbeitnehmern berechtigt sind.

§ 18 Entlassungssperre (1) Entlassungen, die nach § 17 anzuzeigen sind, werden vor Ablauf eines Monats nach Eingang der Anzeige bei der Agentur für Arbeit nur mit deren Zustimmung wirksam; die Zustimmung kann auch rückwirkend bis zum Tage der Antragstellung erteilt werden.

(2) Die Agentur für Arbeit kann im Einzelfall bestimmen, daß die Entlassungen nicht vor Ablauf von längstens zwei Monaten nach Eingang der Anzeige wirksam werden.

(3) *(weggefallen)*

(4) Soweit die Entlassungen nicht innerhalb von 90 Tagen nach dem Zeitpunkt, zu dem sie nach den Absätzen 1 und 2 zulässig sind, durchgeführt werden, bedarf es unter den Voraussetzungen des § 17 Abs. 1 einer erneuten Anzeige.

§ 19 Zulässigkeit von Kurzarbeit (1) Ist der Arbeitgeber nicht in der Lage, die Arbeitnehmer bis zu dem in § 18 Abs. 1 und 2 bezeichneten Zeitpunkt voll zu beschäftigen, so kann die Bundesagentur für Arbeit zulassen, daß der Arbeitgeber für die Zwischenzeit Kurzarbeit einführt.
(2) Der Arbeitgeber ist im Falle der Kurzarbeit berechtigt, Lohn oder Gehalt der mit verkürzter Arbeitszeit beschäftigten Arbeitnehmer entsprechend zu kürzen; die Kürzung des Arbeitsentgelts wird jedoch erst von dem Zeitpunkt an wirksam, an dem das Arbeitsverhältnis nach den allgemeinen gesetzlichen oder den vereinbarten Bestimmungen enden würde.
(3) Tarifvertragliche Bestimmungen über die Einführung, das Ausmaß und die Bezahlung von Kurzarbeit werden durch die Absätze 1 und 2 nicht berührt.

§ 20 Entscheidungen der Agentur für Arbeit (1) Die Entscheidungen der Agentur für Arbeit nach § 18 Abs. 1 und 2 trifft deren Geschäftsführung oder ein Ausschuß (Entscheidungsträger). Die Geschäftsführung darf nur dann entscheiden, wenn die Zahl der Entlassungen weniger als 50 beträgt.
(2) Der Ausschuß setzt sich aus dem Geschäftsführer, der Geschäftsführerin oder dem oder der Vorsitzenden der Geschäftsführung der Agentur für Arbeit oder einem von ihm oder ihr beauftragten Angehörigen der Agentur für Arbeit als Vorsitzenden und je zwei Vertretern der Arbeitnehmer, der Arbeitgeber und der öffentlichen Körperschaften zusammen, die von dem Verwaltungsausschuss der Agentur für Arbeit benannt werden. Er trifft seine Entscheidungen mit Stimmenmehrheit.
(3) Der Entscheidungsträger hat vor seiner Entscheidung den Arbeitgeber und den Betriebsrat anzuhören. Dem Entscheidungsträger sind, insbesondere vom Arbeitgeber und Betriebsrat, die von ihm für die Beurteilung des Falles erforderlich gehaltenen Auskünfte zu erteilen.
(4) Der Entscheidungsträger hat sowohl das Interesse des Arbeitgebers als auch das der zu entlassenden Arbeitnehmer, das öffentliche Interesse und die Lage des gesamten Arbeitsmarktes unter besonderer Beachtung des Wirtschaftszweiges, dem der Betrieb angehört, zu berücksichtigen.

§ 21 Entscheidungen der Zentrale der Bundesagentur für Arbeit Für Betriebe, die zum Geschäftsbereich des Bundesministers für Verkehr oder des Bundesministers für Post und Telekommunikation gehören, trifft, wenn mehr als 500 Arbeitnehmer entlassen werden sollen, ein gemäß § 20 Abs. 1 bei der Zentrale der Bundesagentur für Arbeit zu bildender Ausschuß die Entscheidungen nach § 18 Abs. 1 und 2. Der zuständige Bundesminister kann zwei Vertreter mit beratender Stimme in den Ausschuß entsenden. Die Anzeigen nach § 17 sind in diesem Falle an die Zentrale der Bundesagentur für Arbeit zu erstatten. Im übrigen gilt § 20 Abs. 1 bis 3 entsprechend.

§ 22 Ausnahmebetriebe (1) Auf Saisonbetriebe und Kampagne-Betriebe finden die Vorschriften dieses Abschnitts bei Entlassungen, die durch diese Eigenart der Betriebe bedingt sind, keine Anwendung.

(2) Keine Saisonbetriebe oder Kampagne-Betriebe sind Betriebe des Baugewerbes, in denen die ganzjährige Beschäftigung nach dem Dritten Buch Sozialgesetzbuch gefördert wird. Das Bundesministerium für Arbeit und Soziales wird ermächtigt, durch Rechtsverordnung Vorschriften zu erlassen, welche Betriebe als Saisonbetriebe oder Kampagne-Betriebe im Sinne des Absatzes 1 gelten.

Vierter Abschnitt – Schlußbestimmungen

§ 23 Geltungsbereich (1) Die Vorschriften des Ersten und Zweiten Abschnitts gelten für Betriebe und Verwaltungen des privaten und des öffentlichen Rechts, vorbehaltlich der Vorschriften des § 24 für die Seeschiffahrts-, Binnenschiffahrts- und Luftverkehrsbetriebe. Die Vorschriften des Ersten Abschnitts gelten mit Ausnahme der §§ 4 bis 7 und des § 13 Abs. 1 Satz 1 und 2 nicht für Betriebe und Verwaltungen, in denen in der Regel fünf oder weniger Arbeitnehmer ausschließlich der zu ihrer Berufsbildung Beschäftigten beschäftigt werden. In Betrieben und Verwaltungen, in denen in der Regel zehn oder weniger Arbeitnehmer ausschließlich der zu ihrer Berufsbildung Beschäftigten beschäftigt werden, gelten die Vorschriften des Ersten Abschnitts mit Ausnahme der §§ 4 bis 7 und des § 13 Abs. 1 Satz 1 und 2 nicht für Arbeitnehmer, deren Arbeitsverhältnis nach dem 31. Dezember 2003 begonnen hat; diese Arbeitnehmer sind bei der Feststellung der Zahl der beschäftigten Arbeitnehmer nach Satz 2 bis zur Beschäftigung von in der Regel zehn Arbeitnehmern nicht zu berücksichtigen. Bei der Feststellung der Zahl der beschäftigten Arbeitnehmer nach den Sätzen 2 und 3 sind teilzeitbeschäftigte Arbeitnehmer mit einer regelmäßigen wöchentlichen Arbeitszeit von nicht mehr als 20 Stunden mit 0,5 und nicht mehr als 30 Stunden mit 0,75 zu berücksichtigen.
(2) Die Vorschriften des Dritten Abschnitts gelten für Betriebe und Verwaltungen des privaten Rechts sowie für Betriebe, die von einer öffentlichen Verwaltung geführt werden, soweit sie wirtschaftliche Zwecke verfolgen.

§ 24 Anwendung des Gesetzes auf Betriebe der Schiffahrt und des Luftverkehrs (1) Die Vorschriften des Ersten und Zweiten Abschnitts finden nach Maßgabe der Absätze 2 bis 4 auf Arbeitsverhältnisse der Besatzung von Seeschiffen, Binnenschiffen und Luftfahrzeugen Anwendung.
(2) Als Betrieb im Sinne dieses Gesetzes gilt jeweils die Gesamtheit der Seeschiffe oder der Binnenschiffe eines Schifffahrtsbetriebs oder der Luftfahrzeuge eines Luftverkehrsbetriebs.
(3) Dauert die erste Reise eines Besatzungsmitglieds eines Seeschiffes oder eines Binnenschiffes länger als sechs Monate, so verlängert sich die Sechsmonatsfrist des § 1 Absatz 1 bis drei Tage nach Beendigung dieser Reise.
(4) Die Klage nach § 4 ist binnen drei Wochen zu erheben, nachdem die Kündigung dem Besatzungsmitglied an Land zugegangen ist. Geht dem Besatzungsmitglied eines Seeschiffes oder eines Binnenschiffes die Kündigung während der Fahrt des Schiffes zu, ist die Klage innerhalb von sechs Wochen nach

dem Dienstende an Bord zu erheben. An die Stelle der Dreiwochenfrist in § 5 Absatz 1 und § 6 treten die hier in den Sätzen 1 und 2 genannten Fristen.
(5) Die Vorschriften des Dritten Abschnitts finden nach Maßgabe der folgenden Sätze Anwendung auf die Besatzungen von Seeschiffen. Bei Schiffen nach § 114 Absatz 4 Satz 1 des Betriebsverfassungsgesetzes tritt, soweit sie nicht als Teil des Landbetriebs gelten, an die Stelle des Betriebsrats der Seebetriebsrat. Betrifft eine anzeigepflichtige Entlassung die Besatzung eines Seeschiffes, welcher unter der Flagge eines anderen Mitgliedstaates der Europäischen Union fährt, so ist die Anzeige an die Behörde des Staates zu richten, unter dessen Flagge das Schiff fährt.

§ 25 Kündigung in Arbeitskämpfen Die Vorschriften dieses Gesetzes finden keine Anwendung auf Kündigungen und Entlassungen, die lediglich als Maßnahmen in wirtschaftlichen Kämpfen zwischen Arbeitgebern und Arbeitnehmern vorgenommen werden.

§ 26 Inkrafttreten Dieses Gesetz tritt am Tag nach seiner Verkündung in Kraft.

26. Gesetz über die Mitbestimmung der Arbeitnehmer (Mitbestimmungsgesetz – MitbestG)

Aktuelle höchstrichterliche Rechtsprechung

Datum	Gericht/Az.	Fundstelle	Thema
25.6.19	BGH II ZB 21/18	NZA 19, 1232	Berücksichtigung von LeihAN bei Schwellenwerten der Mitbestimmung
15.5.19	BAG 7 ABR 35/17	NZA 19, 1595	Nichtige Wahl von Arbeitnehmervertretern in Aufsichtsrat

Einleitung

I. Geschichtliche Entwicklung

1. Allgemeines

Die Entstehung des MitbestG begann mit der Vorlage eines Gesetzentwurfes des DGB im Jahre 1968, mit dem eine Ausdehnung der Montanmitbestimmung auf alle Großunternehmen in der Bundesrepublik Deutschland gefordert wurde. Es folgte im gleichen Jahr ein SPD-Entwurf, der aber von den DGB-Vorstellungen bereits insofern abwich, als er statt eines gewerkschaftlichen Entsendungsrechts für die außerbetrieblichen Arbeitnehmervertreter die Wahl durch die Belegschaft vorsah. Von diesem Zeitpunkt an wurde die Diskussion um die Mitbestimmung immer intensiver geführt. Die Parteien und politisch wirkende gesellschaftliche Gruppen beteiligten sich an ihr und legten eigene Modelle vor. Die Bundesregierung der »Großen Koalition« beauftragte im Jahre 1968 eine Sachverständigenkommission unter Leitung von *Kurt Biedenkopf*, die bisherigen Erfahrungen mit der Montanmitbestimmung zusammenzutragen. Der Bericht dieser Kommission wurde 1970 vorgelegt. Nachdem sich die »Große Koalition« als unfähig erwies, die Frage der Unternehmensmitbestimmung voranzubringen, änderte sich auch nach dem Wahlerfolg der dann aus SPD und FDP gebildeten »sozialliberalen Koalition« im Jahre 1969 in dieser Hinsicht zunächst nichts. Erst während der sozial-liberalen Koalition unter Bundeskanzler *Helmut Schmidt* gelang 1976 die Verabschiedung des Gesetzes, allerdings mit verschiedenen Kompromissen, um die FDP als kleineren Partner in der Koalition zu halten. Im Verlaufe des Gesetzgebungsverfahrens gab es insgesamt 4 Anhörungen von Sachverständigen durch den Bundestagsausschuss für Arbeit und Sozialordnung (vgl. dessen Protokolle Nr. 51, 52, 55 und 62 der 7. Wahlperiode). Das MitbestG wurde schließlich am 18.3.1976 in nament-

licher Abstimmung bei nur 22 Neinstimmen (1 SPD, 21 CDU/CSU) und einer Enthaltung (CDU/CSU) vom Bundestag verabschiedet.
Zur Entwicklung des Mitbestimmungsgedankens im Allgemeinen s. Einl. I zum BetrVG, Nr. 12, und zur Montanmitbestimmung im Besonderen s. Einl. I zum MontanMitbestG, Nr. 27.

2. Änderungen

Änderungen des MitbestG hat es insbesondere durch folgende Gesetze gegeben:
(1) Betriebsverfassungs-Reformgesetz vom 23. 7. 2001 (BGBl. I S. 1852)
Dieses Gesetz hat für die Aufsichtsratsmitbestimmung ebenso wie für die Betriebsverfassung die seit langem überfällige Aufhebung des Gruppenprinzips gebracht. Seither wird weder im BetrVG noch in den Gesetzen über die Arbeitnehmerbeteiligung im Aufsichtsrat zwischen Arbeitern und Angestellten unterschieden (unbeschadet der bestehen gebliebenen Vertretung der leitenden Angestellten im Aufsichtsrat nach dem MitbestG). Dieser neuen Rechtslage tragen drei neue Wahlordnungen zum MitbestG Rechnung (s. u. II).
(2) Gesetz zur Vereinfachung der Wahl der Arbeitnehmervertreter in den Aufsichtsrat vom 23. 3. 2002 (BGBl. I S. 1130)
Nach der Vereinfachung der Aufsichtsratswahl durch Aufhebung des Gruppenprinzips (s. o. 1) bringt das Gesetz weitere Vereinfachungen durch Reduzierung der Delegiertenzahlen und Straffung der Wahl des Vertreters der leitenden Angestellten (zum Gesetz vgl. *Köstler,* AiB 02, 403; *Wolff,* DB 02, 790).
(3) Gesetz für die gleichberechtigte Teilhabe von Frauen und Männern an Führungspositionen in der Privatwirtschaft und im öffentlichen Dienst v. 24. 4. 2015 (BGBl. I 642). Das Gesetz regelt unter anderem Quoten bzw. Verpflichtungen zur Erstellung von Zielvorgaben hinsichtlich des Frauenanteils im Aufsichtsrat (Einl. II 1 zum AktG, Nr. 1). Das MitbestG wurde ergänzt um Regelungen zur Gewährleistung des Geschlechterproporzes in dem Fall, dass Anteilseigner- oder Arbeitnehmerseite nach § 96 Abs. 2 Satz 3 AktG (Nr. 1) für eine getrennte Erfüllung der Quote auf beiden Seiten optiert hat.
(4) Das AÜG-Änderungsgesetz v. 21. 2. 2017 (BGBl. I 258) hat zwar an sich keine Änderung des MitbestG mit sich gebracht, führte aber durch eine Änderung des § 14 Abs. 2 AÜG ab 1. 4. 2017 zu einer mittelbaren Änderung, insofern seither Leiharbeiter ab einer Einsatzdauer von 6 Monaten bei den Schwellenwerten der Mitbestimmungsgesetze zu berücksichtigen sind (vgl. Einl. I 2 c sowie II 4 zum AÜG, Nr. 4). Damit wird eine bereits in diese Richtung gehende Rechtsprechung des *BAG* (4. 11. 2015 – 7 ABR 42/13, NZA 16, 559) aufgegriffen.

II. Wesentlicher Gesetzesinhalt

Das MitbestG gilt für die meisten Kapitalgesellschaften (AG, GmbH, KGaA, Genossenschaft) sowie für Kommanditgesellschaften, deren persönlich haftender Gesellschafter eine solche Kapitalgesellschaft ist, mit mehr als 2000 Arbeitnehmern (§§ 1, 4). In diesen Gesellschaften wird der Aufsichtsrat zur Hälfte mit Vertretern der Anteilseigner besetzt. Die andere Hälfte wird von den Arbeitnehmern gewählt, und zwar – in unterschiedlichen Staffeln je nach der Arbeitnehmerzahl des

Unternehmens – Vertreter der Gewerkschaften, der Arbeitnehmer und der leitenden Angestellten im Sinne von § 5 Abs. 3 BetrVG (§ 7). In Konzernen wählen die Arbeitnehmer aller Konzernunternehmen die Arbeitnehmervertreter im Aufsichtsrat des herrschenden Unternehmens (§ 5). Auf Tendenzunternehmen findet das Gesetz keine Anwendung (§ 1 Abs. 4).
In Unternehmen mit mehr als 8000 Arbeitnehmern ist die Regel Delegiertenwahl, in kleineren Unternehmen Urwahl, es sei denn, die Arbeitnehmer entscheiden in mehrheitlicher Abstimmung anders (§ 9). Einzelheiten des Wahlverfahrens regeln drei Wahlordnungen (s. Fn. 1 zu § 39).
Im Aufsichtsrat wird mit Stimmenmehrheit entschieden; im Falle von Stimmengleichheit hat der Aufsichtsratsvorsitzende jedoch eine zweite Stimme (§ 29). Diesen Vorsitzenden aber können die Anteilseignervertreter stets durchsetzen (§ 27 Abs. 1 und 2).
Dem gesetzlichen Vertretungsorgan der Gesellschaft (Vorstand, Geschäftsführung) muss ein Arbeitsdirektor angehören (§ 33). Er kann mit den gleichen Mehrheiten bestellt werden wie alle anderen Vorstandsmitglieder bzw. Geschäftsführer.

III. Anwendungsprobleme und Rechtstatsachen

1. Grundstruktur

Das MitbestG vom 4. Mai 1976 hat nichts mit Mitbestimmung in dem Sinne zu tun, dass die Repräsentanten der Anteilseigner und Arbeitnehmer paritätisch im Aufsichtsrat einer Kapitalgesellschaft vertreten wären: In diesem MitbestG wird der Arbeitnehmerseite ein leitender Angestellter zugerechnet, der wegen des in § 15 Abs. 2 Nr. 2 geregelten Kandidatenaufstellungsverfahrens letztlich von den leitenden Angestellten eines Unternehmens allein bestimmt wird. Darüber hinaus hat der Aufsichtsratsvorsitzende, den die Anteilseignervertreter allein bestimmen können (§ 27 Abs. 2), im Falle der Stimmengleichheit bei der erneuten Abstimmung über denselben Gegenstand zwei Stimmen (§ 29 Abs. 2). Dafür, dass der in § 33 vorgesehene »Arbeitsdirektor« vom Vertrauen der betrieblichen und außerbetrieblichen Arbeitnehmervertreter getragen wird, gibt es keine rechtlichen Absicherungen. Markantestes Beispiel war der Präsident des Gesamtverbandes der metallindustriellen Arbeitgeberverbände e. V., der zum Arbeitsdirektor der Firma MAN bestellt worden war.
Die Beurteilung des Gesetzes hat sich gewandelt: Nach 10 Jahren Praxis hat eine gründliche Studie der Sozialforschungsstelle Dortmund den Schluss gezogen: »Das Mitbestimmungsgesetz 1976: wenig mehr als ein Informationsgesetz« (*Martens,* Mitbestimmung 86, 149; *Rinninsland,* Mitbest. 91, 380; zu einer Fachtagung des DGB »10 Jahre Mitbestimmungsgesetz '76« s. AuR 86, 274; Quelle 86, 474). Demgegenüber wird die Unternehmensmitbestimmung im Jahre 1998 von der Mitbestimmungskommission der Bertelsmann-Stiftung und der Hans-Böckler-Stiftung als kooperationsstiftendes Instrument zur besseren Bewältigung des wirtschaftlichen Wandels eingeschätzt (vgl. Mitbest. 6/98).
Zwar gibt es nach wie vor so etwas wie »Flucht aus dem Gesetz« (z. B. durch Verringerung der Arbeitnehmerzahl unter 2000 oder auch durch Umwandlung in

eine mitbestimmungsfreie i.d.R. ausländische Rechtsform; vgl. zu Letzterem Böckler impuls 3/15, S. 3). Aber aufs Ganze gesehen hat sich auch auf der Unternehmensseite eine gewisse Akzeptanz des MitbestG eingestellt (was seinen Niederschlag in den Ergebnissen der o.g. Mitbestimmungskommission gefunden hat). Andererseits darf nicht verkannt werden, dass es in vielen Unternehmen aus der Zeit nach Inkrafttreten des Gesetzes von den Anteilseignern bzw. Anteilseignermehrheiten erlassene restriktive Satzungen und Geschäftsordnungen gibt: Dabei sind vor allem folgende Vorgehensweisen verbreitet (zu Einzelheiten siehe *Jürgens/Unterhinninghofen,* Mitbestimmungsgespräch 78, 88):

- Abbau von Geschäften, die der Zustimmung des Aufsichtsrats bedürfen (vgl. § 111 Abs. 4 AktG);
- Verlagerung von Entscheidungen in Ausschüsse (vgl. § 107 Abs. 3 AktG); dort nach Möglichkeit unparitätische Besetzung bzw. »Verlängerung« des Doppelstimmrechts des Vorsitzenden; und – wo paritätisch besetzt – nach Möglichkeit Zurückdrängung der Gewerkschaftsvertreter (letzteres beides insbesondere ein Problem der Präsidialausschüsse; der *BGH* hält dies für zulässig, 25.2.1982 – II ZR 123/81, AuR 82, 194; hierzu *Nagel,* DB 82, 2677; *Wendeling-Schröder,* AuR 82, 198; *Köstler,* Mitbest. 82, 202; zum sog. Ausschuss für Vorstandsangelegenheiten *Köstler,* Mitbestimmung 11/92, 71);
- Verschärfung der Verschwiegenheitspflicht gemäß §§ 116, 93 AktG. z.T. inhaltlich, z.T. prozedural durch die Verpflichtung zur »Rücksprache« mit dem Aufsichtsratsvorsitzenden (beides offenkundig gegen die Entscheidung des *BGH* hierzu, 5.6.1975 – II ZR 156/73, DB 75, 1308).

Alle diese Geschäfts- und Satzungsgestaltungen, zu denen die Anteilseigner aufgrund des AktG und MitbestG formal in der Lage sind (insoweit typisch für die unparitätische Gestaltung dieser Gesetze), verstoßen jedenfalls gegen den Geist eines auf Parität angelegten Gesetzes. Hinzu kommt in neuerer Zeit die Vermeidung der Mitbestimmung durch Wahl einer ausländischen Gesellschaftsform (*Bayer*, NJW 16, 1930, 1932). Insgesamt wird geschätzt, dass rund 800000 inländische Beschäftigte von verschiedenen Formen der Mitbestimmungsvermeidung betroffen sind (*Bayer*, NJW 16, 1930, 1934; Böckler Impuls 6/16, 2).
2015 waren 635 Unternehmen mitbestimmt (*Bayer*, NJW 16, 1930, 1931). Man schätzt, dass im Jahre 2006 von insgesamt ca. 5200 Arbeitnehmervertretern etwa 3760 einer DGB-Gewerkschaft angehörten (iwd 35/06, 4). Die regelmäßig satzungsrechtlich geregelte Pflicht zur Abführung von Aufsichtsratsvergütungen gewerkschaftlicher Arbeitnehmervertreter u.a. an die Hans-Böckler-Stiftung ist durch die Vereinsautonomie der Gewerkschaft gedeckt (*BAG* 21.5.2015 – 8 AZR 956/13, BB 15, 2426; zur Abführungspflicht auch dann, wenn das Mandat nicht über eine gewerkschaftliche Liste erlangt wurde, *OLG Frankfurt* 18.12.2018 – 4 U 86/18, BB 19, 1787, dazu *Seifert*, BB 19, 1784).

2. Internationale Entwicklungen

Aufgrund der Internationalisierung der Unternehmen gibt es verschiedene neue Probleme:

- bislang nicht vorgesehene Beteiligung ausländischer Belegschaften an der Wahl

der Arbeitnehmervertreter (in diesem Sinne *LG Frankfurt/M.* 16. 2. 2015 – 3 – 16 O 1/14, ZIP 15, 634; vgl. *Hellwig/Behme*, ZIP 10, 871 ff.; *Teichmann*, ZIP 10, 874 f.; *Krause*, AG 12, 485 ff.) Auf Vorlage des *KG* (16. 10. 2015 – 14 W 89/15, NZA-RR 15, 661; dazu *Krause*, Mitbestimmungsreport Nr. 32 [2016]; *Heuschmid/Videbaek*, EuZW 17, 419; *Rödl*, JZ 16, 980 ff.) hat der *EuGH* entschieden, dass hierin weder ein Verstoß gegen das Diskriminierungsverbot nach Art. 18 AEUV noch gegen die Grundfreiheit der Freizügigkeit der Arbeitnehmer nach Art. 45 AEUV liegt (18. 7. 2017 – C-566/15, NZA 17, 1000 – Erzberger), das *KG* hat draufhin das MitbestG für insoweit vereinbar mit dem Unionsrecht gehalten (2. 11. 2017 – 14 W 89/15, NZA-RR 18, 247);
- Mitbestimmungssicherung in einer SE (vgl. SEBG, Nr. 26 b);
- Mitbestimmungssicherung bei grenzüberschreitenden Fusionen (vgl. MgVG, Nr. 26 c);
- Mitbestimmungssicherung bei grenzüberschreitendem Formwechsel (Einl. IV zum MgVG, Nr. 26 c).
- Mitbestimmungssicherung bei Gesellschaften ausländischen Rechts mit Sitz im Inland (Böckler impuls 5/10, S. 7; zur Problematik *Weiss/Seifert*, ZGR 09, 542 ff.; vgl. Einl. III zur Rom I-VO, Nr. 14 a).

3. Verfassungsmäßigkeit der paritätischen Mitbestimmung und des MitbestG

Bereits im Gesetzgebungsverfahren hatte die Frage der Vereinbarkeit paritätischer Mitbestimmung mit dem Grundgesetz eine erhebliche Rolle gespielt und führte zu den genannten Sicherungen des Anteilseignerübergewichts. Gleichwohl wurde auch gegen dieses Gesetz mit verfassungsrechtlichen Argumenten angegangen (im Einzelnen siehe *Sieling-Wendeling*, Das Mitbestimmungsgespräch 78, 83; ferner Einl. III 3 zum MitbestG bis 43. Aufl.).

Das *BVerfG* hat das MitbestG mit Urteil vom 1. 3. 1979 (1 BvR 532/77, 1 BvR 533/77, 1 BvR 419/78, 1 BvL 21/78, BVerfGE 50, 290 = GewMH 79, 359) für verfassungsgemäß erklärt (dazu *Kittner*, 50 Urteile, 2019, Nr. 26). Gleichzeitig hat es ausdrücklich deutlich gemacht, dass es nur über dieses Gesetz und kein anderes Mitbestimmungsmodell entschieden habe (zu Einzelheiten siehe *Kittner*, GewMH 79, 321). Der DGB-Bundesausschuss hat das Urteil als Bestätigung der eigenen Mitbestimmungsvorstellungen und der Möglichkeiten weiterer Reformpolitik begrüßt (Die Quelle 79, 131).

IV. Rechtspolitische Diskussion

Nachdem die rechtspolitische Diskussion um die Unternehmensmitbestimmung ruhig geworden war, haben die Unternehmerverbände Ende 2004 eine Kampagne zu deren Reduzierung begonnen. Diese war allerdings inhaltlich auf das Ganze nicht von den derzeit mitbestimmten Unternehmen selbst getragen (vgl. *Höpner/Waclawczyk*, Opportunismus oder Ungewissheit?, Max-Planck-Institut für Gesellschaftsforschung, Discussion Paper 12/1). Insbesondere sollten die Gewerkschaftsvertreter aus den Aufsichtsräten verdrängt werden.

Zur Überprüfung einer möglichen Anpassung der Mitbestimmung an veränderte Anforderungen hatte die rot-grüne Bundesregierung unter Kanzler *Schröder* eine Kommission unter der Leitung von (erneut) *Kurt Biedenkopf* eingesetzt. Die in ihr vertretenen Arbeitgeber haben sich an der abschließenden, die bestehende Mitbestimmung aufs Ganze bejahenden Kommissionsempfehlung nicht beteiligt. Ihnen schwebte offenbar eine Rückkehr zur bloßen Drittelbeteiligung vor (vgl. Mitbestimmung 1, 2 und 3/07). Mangels Konsenses kam es lediglich zur Vorlage eines Gutachtens der drei wissenschaftlichen Mitglieder der Kommission, das im Wesentlichen auf Beibehaltung der bisherigen Regelung zielte und lediglich Dispositionsmöglichkeiten für Verhandlungen und Erleichterungen im Wahlverfahren vorsah. Die Große Koalition 2005 – 2009 hatte dies nicht aufgegriffen (vgl. *Deinert/Kittner*, RdA 09, 265, 275 f.). Die rechtspolitische Diskussion darum geht hiervon unbeeindruckt weiter (vgl. insb. sog. Arbeitskreis »Unternehmerische Mitbestimmung« [*Bachmann u. a.*], Entwurf einer Regelung zur Mitbestimmungsvereinbarung sowie zur Größe des mitbestimmten Aufsichtsrats, ZIP 09, 885; dazu Themenheft Beil. zu ZIP 48/09 mit Beiträgen von *Habersack, Hanau, Teichmann* und *Jacobs* sowie Podiumsdiskussion). Insgesamt hat sich freilich an den Erfahrungen mit grenzüberschreitenden Verschmelzungen (dazu Einl. zum MgVG, Nr. 26 c) gezeigt, dass die deutsche Mitbestimmung keineswegs ein Hindernis für deutsche Unternehmen im internationalen Wirtschaftsverkehr darstellt (*Forst*, ZESAR 14, 383, 388). In der Konsequenz fordert der DGB vor allem Maßnahmen gegen die Aushöhlung der Mitbestimmung durch

- Erstreckung der Regeln auf im Inland tätige Gesellschaften ausländischer Rechtsform,
- Senkung des Schwellenwertes auf 1000 Beschäftigte,
- einen gesetzlichen Mindestkatalog von Geschäften unter Einschluss insbesondere der Vorstandsvergütungen, die der Zustimmung des Aufsichtsrats bedürfen und
- Zwang zur Einheit von Satzung- und Verwaltungsgesetz einer Gesellschaft (*Thannisch*, AuR 17, 480, 484 f.).

Was die Problematik der Umgehung der Mitbestimmung angeht, hat die Regierungskoalition verabredet, sich für eine Mitbestimmungssicherung bei grenzüberschreitenden Sitzverlagerungen einzusetzen (»Ein neuer Aufbruch für Europa, Eine neue Dynamik für Deutschland, Ein neuer Zusammenhalt für unser Land«, Koalitionsvertrag zwischen CDU, CSU und SPD, 19. Legislaturperiode, S. 52).

Weiterführende Literatur

(siehe auch die Literaturhinweise zum AktG [Nr. 1] und, insbes. zur Geschichte der Mitbestimmung, zum MontanMitbestG [Nr. 27])

Bericht der Mitbestimmungskommission

Bertelsmann-Stiftung/Hans-Böckler-Stiftung (Hrsg.), Mitbestimmung und neue Unternehmenskulturen – Bilanz und Perspektiven, Bericht der Kommission Mitbestimmung (1998)

Kommentare

Habersack/Henssler, Mitbestimmungsrecht, 4. Aufl. (2018)
Wißmann/ Kleinsorge/Schubert, Mitbestimmungsrecht, 5. Aufl. (2017)

Aufsätze

Schwerpunktheft »40 Jahre 76er Gesetz«, Mitbest. 3/2016
Bayer, Die Erosion der deutschen Mitbestimmung, NJW 2016, S. 1930
Jirjahn, Ökonomische Wirkungen der Mitbestimmung, SozFort 2006, S. 215
Kempen/Peukert/Kieper, Koalitionsfreiheit und Risikoverteilung. Zur rechtlichen und ökonomischen Begründung von Unternehmensmitbestimmung heute, AuR 2006, S. 297
Oetker, Unternehmensmitbestimmung in der rechtspolitischen Diskussion, RdA 2005, S. 337
Raiser/Veil/Jacobs, Mitbestimmungsgesetz und Drittelbeteiligungsgesetz, 6. Aufl. (2015)
Thannisch, Die Effizienz der Mitbestimmung in ökonomischer Betrachtung, AuR 2006, S. 81
Thannisch, Unternehmensmitbestimmung: Aktuelle Herausforderungen und Reformoptionen, AuR 2017, S. 480
Wendeling-Schröder, Unternehmensmitbestimmung, AuR 2011, S. 396

Gesetz über die Mitbestimmung der Arbeitnehmer (Mitbestimmungsgesetz – MitbestG)

vom 4. Mai 1976 (BGBl. I 1153),
zuletzt geändert durch Gesetz vom 24. April 2015 (BGBl. I 642)

(Abgedruckte Vorschriften: §§ 1–35, 40, 41)

Erster Teil – Geltungsbereich

§ 1 Erfaßte Unternehmen (1) In Unternehmen, die

1. in der Rechtsform einer Aktiengesellschaft, einer Kommanditgesellschaft auf Aktien, einer Gesellschaft mit beschränkter Haftung oder einer Genossenschaft betrieben werden und
2. in der Regel mehr als 2000 Arbeitnehmer beschäftigen,

haben die Arbeitnehmer ein Mitbestimmungsrecht nach Maßgabe dieses Gesetzes.

(2) Dieses Gesetz ist nicht anzuwenden auf die Mitbestimmung in Organen von Unternehmen, in denen die Arbeitnehmer nach

1. dem Gesetz über die Mitbestimmung der Arbeitnehmer in den Aufsichtsräten und Vorständen der Unternehmen des Bergbaus und der Eisen und Stahl erzeugenden Industrie vom 21. Mai 1951 (Bundesgesetzbl. I S. 347) –, Montan-Mitbestimmungsgesetz – oder
2. dem Gesetz zur Ergänzung des Gesetzes über die Mitbestimmung der Arbeitnehmer in den Aufsichtsräten und Vorständen der Unternehmen des Bergbaus und der Eisen und Stahl erzeugenden Industrie vom 7. August 1956 (Bundesgesetzbl. I S. 707) – Mitbestimmungsergänzungsgesetz –

ein Mitbestimmungsrecht haben.

(3) Die Vertretung der Arbeitnehmer in den Aufsichtsräten von Unternehmen, in denen die Arbeitnehmer nicht nach Absatz 1 oder nach den in Absatz 2 bezeichneten Gesetzen ein Mitbestimmungsrecht haben, bestimmt sich nach den Vorschriften des Drittelbeteiligungsgesetzes (BGBl. 2004 I S. 974).

(4) Dieses Gesetz ist nicht anzuwenden auf Unternehmen, die unmittelbar und überwiegend

1. politischen, koalitionspolitischen, konfessionellen, karitativen, erzieherischen, wissenschaftlichen oder künstlerischen Bestimmungen oder
2. Zwecken der Berichterstattung oder Meinungsäußerung, auf die Artikel 5 Abs. 1 Satz 2 des Grundgesetzes anzuwenden ist,

dienen. Dieses Gesetz ist nicht anzuwenden auf Religionsgemeinschaften und ihre karitativen und erzieherischen Einrichtungen unbeschadet deren Rechtsform.

§ 2 Anteilseigner Anteilseigner im Sinne dieses Gesetzes sind je nach der

Rechtsform der in § 1 Abs. 1 Nr. 1 bezeichneten Unternehmen Aktionäre, Gesellschafter oder Mitglieder einer Genossenschaft.

§ 3 Arbeitnehmer und Betrieb (1) Arbeitnehmer im Sinne dieses Gesetzes sind
1. die in § 5 Abs. 1 des Betriebsverfassungsgesetzes bezeichneten Personen mit Ausnahme der in § 5 Abs. 3 des Betriebsverfassungsgesetzes bezeichneten leitenden Angestellten,
2. die in § 5 Abs. 3 des Betriebsverfassungsgesetzes bezeichneten leitenden Angestellten.

Keine Arbeitnehmer im Sinne dieses Gesetzes sind die in § 5 Abs. 2 des Betriebsverfassungsgesetzes bezeichneten Personen.
(2) Betriebe im Sinne dieses Gesetzes sind solche des Betriebsverfassungsgesetzes. § 4 Abs. 2 des Betriebsverfassungsgesetzes ist anzuwenden.

§ 4 Kommanditgesellschaft (1) Ist ein in § 1 Abs. 1 Nr. 1 bezeichnetes Unternehmen persönlich haftender Gesellschafter einer Kommanditgesellschaft und hat die Mehrheit der Kommanditisten dieser Kommanditgesellschaft, berechnet nach der Mehrheit der Anteile oder der Stimmen, die Mehrheit der Anteile oder der Stimmen in dem Unternehmen des persönlich haftenden Gesellschafters inne, so gelten für die Anwendung dieses Gesetzes auf den persönlich haftenden Gesellschafter die Arbeitnehmer der Kommanditgesellschaft als Arbeitnehmer des persönlich haftenden Gesellschafters, sofern nicht der persönlich haftende Gesellschafter einen eigenen Geschäftsbetrieb mit in der Regel mehr als 500 Arbeitnehmern hat. Ist die Kommanditgesellschaft persönlich haftender Gesellschafter einer anderen Kommanditgesellschaft, so gelten auch deren Arbeitnehmer als Arbeitnehmer des in § 1 Abs. 1 Nr. 1 bezeichneten Unternehmens. Dies gilt entsprechend, wenn sich die Verbindung von Kommanditgesellschaften in dieser Weise fortsetzt.
(2) Das Unternehmen kann von der Führung der Geschäfte der Kommanditgesellschaft nicht ausgeschlossen werden.

§ 5 Konzern (1) Ist ein in § 1 Abs. 1 Nr. 1 bezeichnetes Unternehmen herrschendes Unternehmen eines Konzerns (§ 18 Abs. 1 des Aktiengesetzes), so gelten für die Anwendung dieses Gesetzes auf das herrschende Unternehmen die Arbeitnehmer der Konzernunternehmen als Arbeitnehmer des herrschenden Unternehmens. Dies gilt auch für die Arbeitnehmer eines in § 1 Abs. 1 Nr. 1 bezeichneten Unternehmens, das persönlich haftender Gesellschafter eines abhängigen Unternehmens (§ 18 Abs. 1 des Aktiengesetzes) in der Rechtsform einer Kommanditgesellschaft ist.
(2) Ist eine Kommanditgesellschaft, bei der für die Anwendung dieses Gesetzes auf den persönlich haftenden Gesellschafter die Arbeitnehmer der Kommanditgesellschaft nach § 4 Abs. 1 als Arbeitnehmer des persönlich haftenden Gesellschafters gelten, herrschendes Unternehmen eines Konzerns (§ 18 Abs. 1 des Aktiengesetzes), so gelten für die Anwendung dieses Gesetzes auf den persönlich haftenden Gesellschafter der Kommanditgesellschaft die Arbeitnehmer der

Konzernunternehmen als Arbeitnehmer des persönlich haftenden Gesellschafters. Absatz 1 Satz 2 sowie § 4 Abs. 2 sind entsprechend anzuwenden.
(3) Stehen in einem Konzern die Konzernunternehmen unter der einheitlichen Leitung eines anderen als eines in Absatz 1 oder 2 bezeichneten Unternehmens, beherrscht aber die Konzernleitung über ein in Absatz 1 oder 2 bezeichnetes Unternehmen oder über mehrere solcher Unternehmen andere Konzernunternehmen, so gelten die in Absatz 1 oder 2 bezeichneten und der Konzernleitung am nächsten stehenden Unternehmen, über die die Konzernleitung andere Konzernunternehmen beherrscht, für die Anwendung dieses Gesetzes als herrschende Unternehmen.

Zweiter Teil – Aufsichtsrat

Erster Abschnitt – Bildung und Zusammensetzung

§ 6 Grundsatz (1) Bei den in § 1 Abs. 1 bezeichneten Unternehmen ist ein Aufsichtsrat zu bilden, soweit sich dies nicht schon aus anderen gesetzlichen Vorschriften ergibt.
(2) Die Bildung und die Zusammensetzung des Aufsichtsrats sowie die Bestellung und die Abberufung seiner Mitglieder bestimmen sich nach den §§ 7 bis 24 dieses Gesetzes und, soweit sich dies nicht schon aus anderen gesetzlichen Vorschriften ergibt, nach § 96 Absatz 4, den §§ 97 bis 101 Abs. 1 und 3 und den §§ 102 bis 106 des Aktiengesetzes mit der Maßgabe, daß die Wählbarkeit eines Prokuristen als Aufsichtsratsmitglied der Arbeitnehmer nur ausgeschlossen ist, wenn dieser dem zur gesetzlichen Vertretung des Unternehmens befugten Organ unmittelbar unterstellt und zur Ausübung der Prokura für den gesamten Geschäftsbereich des Organs ermächtigt ist. Andere gesetzliche Vorschriften und Bestimmungen der Satzung (des Gesellschaftsvertrags, des Statuts) über die Zusammensetzung des Aufsichtsrats sowie über die Bestellung und die Abberufung seiner Mitglieder bleiben unberührt, soweit Vorschriften dieses Gesetzes dem nicht entgegenstehen.
(3) Auf Genossenschaften sind die §§ 100, 101 Abs. 1 und 3 und die §§ 103 und 106 des Aktiengesetzes nicht anzuwenden. Auf die Aufsichtsratsmitglieder der Arbeitnehmer ist § 9 Abs. 2 des Genossenschaftsgesetzes nicht anzuwenden.

§ 7 Zusammensetzung des Aufsichtsrats (1) Der Aufsichtsrat eines Unternehmens
1. mit in der Regel nicht mehr als 10000 Arbeitnehmern setzt sich zusammen aus je sechs Aufsichtsratsmitgliedern der Anteilseigner und der Arbeitnehmer;
2. mit in der Regel mehr als 10000, jedoch nicht mehr als 20000 Arbeitnehmern setzt sich zusammen aus je acht Aufsichtsratsmitgliedern der Anteilseigner und der Arbeitnehmer;
3. mit in der Regel mehr als 20000 Arbeitnehmern setzt sich zusammen aus je zehn Aufsichtsratsmitgliedern der Anteilseigner und der Arbeitnehmer.

Bei den in Satz 1 Nr. 1 bezeichneten Unternehmen kann die Satzung (der Gesellschaftsvertrag) bestimmen, daß Satz 1 Nr. 2 oder 3 anzuwenden ist. Bei den in Satz 1 Nr. 2 bezeichneten Unternehmen kann die Satzung (der Gesellschaftsvertrag) bestimmen, daß Satz 1 Nr. 3 anzuwenden ist.

(2) Unter den Aufsichtsratsmitgliedern der Arbeitnehmer müssen sich befinden

1. in einem Aufsichtsrat, dem sechs Aufsichtsratsmitglieder der Arbeitnehmer angehören, vier Arbeitnehmer des Unternehmens und zwei Vertreter von Gewerkschaften;
2. in einem Aufsichtsrat, dem acht Aufsichtsratsmitglieder der Arbeitnehmer angehören, sechs Arbeitnehmer des Unternehmens und zwei Vertreter von Gewerkschaften;
3. in einem Aufsichtsrat, dem zehn Aufsichtsratsmitglieder der Arbeitnehmer angehören, sieben Arbeitnehmer des Unternehmens und drei Vertreter von Gewerkschaften.

(3) Unter den Aufsichtsratsmitgliedern der Arbeitnehmer eines in § 1 Absatz 1 genannten, börsennotierten Unternehmens müssen im Fall des § 96 Absatz 2 Satz 3 des Aktiengesetzes Frauen und Männer jeweils mit einem Anteil von mindestens 30 Prozent vertreten sein.

(4) Die in Absatz 2 bezeichneten Arbeitnehmer des Unternehmens müssen das 18. Lebensjahr vollendet haben und ein Jahr dem Unternehmen angehören. Auf die einjährige Unternehmensangehörigkeit werden Zeiten der Angehörigkeit zu einem anderen Unternehmen, dessen Arbeitnehmer nach diesem Gesetz an der Wahl von Aufsichtsratsmitgliedern des Unternehmens teilnehmen, angerechnet. Diese Zeiten müssen unmittelbar vor dem Zeitpunkt liegen, ab dem die Arbeitnehmer zur Wahl von Aufsichtsratsmitgliedern des Unternehmens berechtigt sind. Die weiteren Wählbarkeitsvoraussetzungen des § 8 Abs. 1 des Betriebsverfassungsgesetzes müssen erfüllt sein.

(5) Die in Absatz 2 bezeichneten Gewerkschaften müssen in dem Unternehmen selbst oder in einem anderen Unternehmen vertreten sein, dessen Arbeitnehmer nach diesem Gesetz an der Wahl von Aufsichtsratsmitgliedern des Unternehmens teilnehmen.

Zweiter Abschnitt – Bestellung der Aufsichtsratsmitglieder

Erster Unterabschnitt – Aufsichtsratsmitglieder der Anteilseigner

§ 8 (1) Die Aufsichtsratsmitglieder der Anteilseigner werden durch das nach Gesetz, Satzung oder Gesellschaftsvertrag zur Wahl von Mitgliedern des Aufsichtsrats befugte Organ (Wahlorgan) und, soweit gesetzliche Vorschriften dem nicht entgegenstehen, nach Maßgabe der Satzung oder des Gesellschaftsvertrags bestellt.

(2) § 101 Abs. 2 des Aktiengesetzes bleibt unberührt.

Zweiter Unterabschnitt – Aufsichtsratsmitglieder der Arbeitnehmer, Grundsatz

§ 9 (1) Die Aufsichtsratsmitglieder der Arbeitnehmer (§ 7 Abs. 2) eines Unternehmens mit in der Regel mehr als 8000 Arbeitnehmern werden durch Delegierte gewählt, sofern nicht die wahlberechtigten Arbeitnehmer die unmittelbare Wahl beschließen.
(2) Die Aufsichtsratsmitglieder der Arbeitnehmer (§ 7 Abs. 2) eines Unternehmens mit in der Regel nicht mehr als 8000 Arbeitnehmern werden in unmittelbarer Wahl gewählt, sofern nicht die wahlberechtigten Arbeitnehmer die Wahl durch Delegierte beschließen.
(3) Zur Abstimmung darüber, ob die Wahl durch Delegierte oder unmittelbar erfolgen soll, bedarf es eines Antrags, der von einem Zwanzigstel der wahlberechtigten Arbeitnehmer des Unternehmens unterzeichnet sein muß. Die Abstimmung ist geheim. Ein Beschluß nach Absatz 1 oder 2 kann nur unter Beteiligung von mindestens der Hälfte der wahlberechtigten Arbeitnehmer und nur mit der Mehrheit der abgegebenen Stimmen gefaßt werden.

Dritter Unterabschnitt – Wahl der Aufsichtsratsmitglieder der Arbeitnehmer durch Delegierte

§ 10 Wahl der Delegierten (1) In jedem Betrieb des Unternehmens wählen die Arbeitnehmer in geheimer Wahl und nach den Grundsätzen der Verhältniswahl Delegierte.
(2) Wahlberechtigt für die Wahl von Delegierten sind die Arbeitnehmer des Unternehmens, die das 18. Lebensjahr vollendet haben. § 7 Satz 2 des Betriebsverfassungsgesetzes gilt entsprechend.
(3) Zu Delegierten wählbar sind die in Absatz 2 Satz 1 bezeichneten Arbeitnehmer, die die weiteren Wählbarkeitsvoraussetzungen des § 8 des Betriebsverfassungsgesetzes erfüllen.
(4) Wird für einen Wahlgang nur ein Wahlvorschlag gemacht, so gelten die darin aufgeführten Arbeitnehmer in der angegebenen Reihenfolge als gewählt. § 11 Abs. 2 ist anzuwenden.

§ 11 Errechnung der Zahl der Delegierten (1) In jedem Betrieb entfällt auf je 90 wahlberechtigte Arbeitnehmer ein Delegierter. Ergibt die Errechnung nach Satz 1 in einem Betrieb mehr als

1. 25 Delegierte, so vermindert sich die Zahl der zu wählenden Delegierten auf die Hälfte; diese Delegierten erhalten je zwei Stimmen;
2. 50 Delegierte, so vermindert sich die Zahl der zu wählenden Delegierten auf ein Drittel; diese Delegierten erhalten je drei Stimmen;
3. 75 Delegierte, so vermindert sich die Zahl der zu wählenden Delegierten auf ein Viertel; diese Delegierten erhalten je vier Stimmen;

4. 100 Delegierte, so vermindert sich die Zahl der zu wählenden Delegierten auf ein Fünftel; diese Delegierten erhalten je fünf Stimmen;
5. 125 Delegierte, so vermindert sich die Zahl der zu wählenden Delegierten auf ein Sechstel; diese Delegierten erhalten je sechs Stimmen;
6. 150 Delegierte, so vermindert sich die Zahl der zu wählenden Delegierten auf ein Siebtel; diese Delegierten erhalten je sieben Stimmen.

Bei der Errechnung der Zahl der Delegierten werden Teilzahlen voll gezählt, wenn sie mindestens die Hälfte der vollen Zahl betragen.

(2) Unter den Delegierten müssen in jedem Betrieb die in § 3 Abs. 1 Nr. 1 bezeichneten Arbeitnehmer und die leitenden Angestellten entsprechend ihrem zahlenmäßigen Verhältnis vertreten sein. Sind in einem Betrieb mindestens neun Delegierte zu wählen, so entfällt auf die in § 3 Abs. 1 Nr. 1 bezeichneten Arbeitnehmer und die leitenden Angestellten mindestens je ein Delegierter; dies gilt nicht, soweit in dem Betrieb nicht mehr als fünf in § 3 Abs. 1 Nr. 1 bezeichneten Arbeitnehmer oder leitende Angestellte wahlberechtigt sind. Soweit auf die in § 3 Abs. 1 Nr. 1 bezeichneten Arbeitnehmer und die leitenden Angestellten lediglich nach Satz 2 Delegierte entfallen, vermehrt sich die nach Absatz 1 errechnete Zahl der Delegierten des Betriebs entsprechend.

(3) Soweit nach Absatz 2 auf die in § 3 Abs. 1 Nr. 1 bezeichneten Arbeitnehmer und die leitenden Angestellten eines Betriebs nicht mindestens je ein Delegierter entfällt, gelten diese für die Wahl der Delegierten als Arbeitnehmer des Betriebs der Hauptniederlassung des Unternehmens. Soweit nach Absatz 2 und nach Satz 1 auf die in § 3 Abs. 1 Nr. 1 bezeichneten Arbeitnehmer und die leitenden Angestellten des Betriebs der Hauptniederlassung nicht mindestens je ein Delegierter entfällt, gelten diese für die Wahl der Delegierten als Arbeitnehmer des nach der Zahl der wahlberechtigten Arbeitnehmer größten Betriebs des Unternehmens.

(4) Entfällt auf einen Betrieb oder auf ein Unternehmen, dessen Arbeitnehmer nach diesem Gesetz an der Wahl von Aufsichtsratsmitgliedern des Unternehmens teilnehmen, kein Delegierter, so ist Absatz 3 entsprechend anzuwenden.

(5) Die Eigenschaft eines Delegierten als Delegierter der Arbeitnehmer nach § 3 Abs. 1 Nr. 1 oder § 3 Abs. 1 Nr. 2 bleibt bei einem Wechsel der Eigenschaft als Arbeitnehmer nach § 3 Abs. 1 Nr. 1 oder § 3 Abs. 1 Nr. 2 erhalten.

§ 12 Wahlvorschläge für Delegierte (1) Zur Wahl der Delegierten können die wahlberechtigten Arbeitnehmer des Betriebs Wahlvorschläge machen. Jeder Wahlvorschlag muss von einem Zwanzigstel oder 50 der jeweils wahlberechtigten in § 3 Abs. 1 Nr. 1 bezeichneten Arbeitnehmer oder der leitenden Angestellten des Betriebes unterzeichnet sein.

(2) Jeder Wahlvorschlag soll mindestens doppelt so viele Bewerber enthalten, wie in dem Wahlgang Delegierte zu wählen sind.

§ 13 Amtszeit der Delegierten (1) Die Delegierten werden für eine Zeit gewählt, die der Amtszeit der von ihnen zu wählenden Aufsichtsratsmitglieder entspricht. Sie nehmen die ihnen nach den Vorschriften dieses Gesetzes zustehenden Aufgaben und Befugnisse bis zur Einleitung der Neuwahl der Aufsichtsratsmitglieder der Arbeitnehmer wahr.

(2) In den Fällen des § 9 Abs. 1 endet die Amtszeit der Delegierten, wenn
1. die wahlberechtigten Arbeitnehmer nach § 9 Abs. 1 die unmittelbare Wahl beschließen;
2. das Unternehmen nicht mehr die Voraussetzungen für die Anwendung des § 9 Abs. 1 erfüllt, es sei denn, die wahlberechtigten Arbeitnehmer beschließen, daß die Amtszeit bis zu dem in Absatz 1 genannten Zeitpunkt fortdauern soll; § 9 Abs. 3 ist entsprechend anzuwenden.

(3) In den Fällen des § 9 Abs. 2 endet die Amtszeit der Delegierten, wenn die wahlberechtigten Arbeitnehmer die unmittelbare Wahl beschließen; § 9 Abs. 3 ist anzuwenden.

(4) Abweichend von Absatz 1 endet die Amtszeit der Delegierten eines Betriebs, wenn nach Eintreten aller Ersatzdelegierten des Wahlvorschlags, dem die zu ersetzenden Delegierten angehören, die Gesamtzahl der Delegierten des Betriebs unter die im Zeitpunkt ihrer Wahl vorgeschriebene Zahl der auf den Betrieb entfallenden Delegierten gesunken ist.

§ 14 Vorzeitige Beendigung der Amtszeit oder Verhinderung von Delegierten (1) Die Amtszeit eines Delegierten endet vor dem in § 13 bezeichneten Zeitpunkt
1. durch Niederlegung des Amtes,
2. durch Beendigung der Beschäftigung des Delegierten in dem Betrieb, dessen Delegierter er ist,
3. durch Verlust der Wählbarkeit.

(2) Endet die Amtszeit eines Delegierten vorzeitig oder ist er verhindert, so tritt an seine Stelle ein Ersatzdelegierter. Die Ersatzdelegierten werden der Reihe nach aus den nicht gewählten Arbeitnehmern derjenigen Wahlvorschläge entnommen, denen die zu ersetzenden Delegierten angehören.

§ 15 Wahl der unternehmensangehörigen Aufsichtsratsmitglieder der Arbeitnehmer (1) Die Delegierten wählen die Aufsichtsratsmitglieder, die nach § 7 Abs. 2 Arbeitnehmer des Unternehmens sein müssen, geheim und nach den Grundsätzen der Verhältniswahl für die Zeit, die im Gesetz oder in der Satzung (im Gesellschaftsvertrag) für die durch das Wahlorgan der Anteilseigner zu wählenden Mitglieder des Aufsichtsrats bestimmt ist. Dem Aufsichtsrat muss ein leitender Angestellter angehören.

(2) Die Wahl erfolgt auf Grund von Wahlvorschlägen. Jeder Wahlvorschlag für
1. Aufsichtsratsmitglieder der Arbeitnehmer nach § 3 Abs. 1 Nr. 1 muss von einem Fünftel oder 100 der wahlberechtigten Arbeitnehmer des Unternehmens unterzeichnet sein;
2. das Aufsichtsratsmitglied der leitenden Angestellten wird auf Grund von Abstimmungsvorschlägen durch Beschluß der wahlberechtigten leitenden Angestellten aufgestellt. Jeder Abstimmungsvorschlag muß von einem Zwanzigstel oder 50 der wahlberechtigten leitenden Angestellten unterzeichnet

sein. Der Beschluß wird in geheimer Abstimmung gefaßt. Jeder leitende Angestellte hat so viele Stimmen, wie für den Wahlvorschlag nach Absatz 3 Satz 2 Bewerber zu benennen sind. In den Wahlvorschlag ist die nach Absatz 3 Satz 2 vorgeschriebene Anzahl von Bewerbern in der Reihenfolge der auf sie entfallenden Stimmenzahlen aufzunehmen.

(3) Abweichend von Absatz 1 findet Mehrheitswahl statt, soweit nur ein Wahlvorschlag gemacht wird. In diesem Fall muss der Wahlvorschlag doppelt so viele Bewerber enthalten, wie Aufsichtsratsmitglieder auf die Arbeitnehmer nach § 3 Abs. 1 Nr. 1 und auf die leitenden Angestellten entfallen.

§ 16 Wahl der Vertreter von Gewerkschaften in den Aufsichtsrat (1) Die Delegierten wählen die Aufsichtsratsmitglieder, die nach § 7 Abs. 2 Vertreter von Gewerkschaften sind, in geheimer Wahl und nach den Grundsätzen der Verhältniswahl für die in § 15 Abs. 1 bestimmte Zeit.

(2) Die Wahl erfolgt auf Grund von Wahlvorschlägen der Gewerkschaften, die in dem Unternehmen selbst oder in einem anderen Unternehmen vertreten sind, dessen Arbeitnehmer nach diesem Gesetz an der Wahl von Aufsichtsratsmitgliedern des Unternehmens teilnehmen. Wird nur ein Wahlvorschlag gemacht, so findet abweichend von Absatz 1 Mehrheitswahl statt. In diesem Falle muß der Wahlvorschlag mindestens doppelt so viele Bewerber enthalten, wie Vertreter von Gewerkschaften in den Aufsichtsrat zu wählen sind.

§ 17 Ersatzmitglieder (1) In jedem Wahlvorschlag kann zusammen mit jedem Bewerber für diesen ein Ersatzmitglied des Aufsichtsrats vorgeschlagen werden. Für einen Bewerber, der Arbeitnehmer nach § 3 Abs. 1 Nr. 1 ist, kann nur ein Arbeitnehmer nach § 3 Abs. 1 Nr. 1 und für einen leitenden Angestellten nach § 3 Abs. 1 Nr. 2 nur ein leitender Angestellter als Ersatzmitglied vorgeschlagen werden. Ein Bewerber kann nicht zugleich als Ersatzmitglied vorgeschlagen werden.

(2) Wird ein Bewerber als Aufsichtsratsmitglied gewählt, so ist auch das zusammen mit ihm vorgeschlagene Ersatzmitglied gewählt.

(3) Im Fall des § 96 Absatz 2 Satz 3 des Aktiengesetzes ist das Nachrücken eines Ersatzmitgliedes ausgeschlossen, wenn dadurch der Anteil von Frauen und Männern unter den Aufsichtsratsmitgliedern der Arbeitnehmer nicht mehr den Vorgaben des § 7 Absatz 3 entspricht; § 18 a Absatz 2 Satz 2 gilt entsprechend.

Vierter Unterabschnitt – Unmittelbare Wahl der Aufsichtsratsmitglieder der Arbeitnehmer

§ 18 Sind nach § 9 die Aufsichtsratsmitglieder der Arbeitnehmer in unmittelbarer Wahl zu wählen, so sind die Arbeitnehmer des Unternehmens, die das 18. Lebensjahr vollendet haben, wahlberechtigt. § 7 Satz 2 des Betriebsverfassungsgesetzes gilt entsprechend. Für die Wahl sind die §§ 15 bis 17 mit der Maßgabe anzuwenden, daß an die Stelle der Delegierten die wahlberechtigten Arbeitnehmer des Unternehmens treten.

Fünfter Unterabschnitt – Nichterreichen des Geschlechteranteils durch Wahl

§ 18 a (1) Ergibt im Fall des § 96 Absatz 2 Satz 3 des Aktiengesetzes die Auszählung der Stimmen und ihre Verteilung auf die Bewerber, dass die Vorgaben des § 7 Absatz 3 nicht erreicht worden sind, ist folgendes Geschlechterverhältnis für die Aufsichtsratssitze der Arbeitnehmer herzustellen:

1. in Aufsichtsräten nach § 7 Absatz 2 Nummer 1 und 2 müssen unter den Aufsichtsratsmitgliedern der Arbeitnehmer nach § 3 Absatz 1 Nummer 1 jeweils mindestens eine Frau und mindestens ein Mann und unter den Aufsichtsratsmitgliedern der Gewerkschaften jeweils eine Frau und ein Mann vertreten sein;
2. in einem Aufsichtsrat nach § 7 Absatz 2 Nummer 3 müssen unter den Aufsichtsratsmitgliedern der Arbeitnehmer nach § 3 Absatz 1 Nummer 1 mindestens zwei Frauen und mindestens zwei Männer und unter den Aufsichtsratsmitgliedern der Gewerkschaften eine Frau und ein Mann vertreten sein.

(2) Um die Verteilung der Geschlechter nach Absatz 1 zu erreichen, ist die Wahl derjenigen Bewerber um einen Aufsichtsratssitz der Arbeitnehmer unwirksam, deren Geschlecht in dem jeweiligen Wahlgang nach der Verteilung der Stimmen auf die Bewerber mehrheitlich vertreten ist und die

1. bei einer Mehrheitswahl in dem jeweiligen Wahlgang nach der Reihenfolge der auf die Bewerber entfallenden Stimmenzahlen die niedrigsten Stimmenzahlen erhalten haben oder
2. bei einer Verhältniswahl in dem jeweiligen Wahlgang nach der Reihenfolge der auf die Bewerber entfallenden Höchstzahlen die niedrigsten Höchstzahlen erhalten haben.

Die durch unwirksame Wahl nach Satz 1 nicht besetzten Aufsichtsratssitze werden im Wege der gerichtlichen Ersatzbestellung nach § 104 des Aktiengesetzes oder der Nachwahl besetzt.

Sechster Unterabschnitt – Weitere Vorschriften über das Wahlverfahren sowie über die Bestellung und Abberufung von Aufsichtsratsmitgliedern

§ 19 Bekanntmachung der Mitglieder des Aufsichtsrats Das zur gesetzlichen Vertretung des Unternehmens befugte Organ hat die Namen der Mitglieder und der Ersatzmitglieder des Aufsichtsrats unverzüglich nach ihrer Bestellung in den Betrieben des Unternehmens bekanntzumachen und im Bundesanzeiger zu veröffentlichen. Nehmen an der Wahl der Aufsichtsratsmitglieder des Unternehmens auch die Arbeitnehmer eines anderen Unternehmens teil, so ist daneben das zur gesetzlichen Vertretung des anderen Unternehmens befugte Organ zur Bekanntmachung in seinen Betrieben verpflichtet.

§ 20 Wahlschutz und Wahlkosten (1) Niemand darf die Wahlen nach den §§ 10, 15, 16 und 18 behindern. Insbesondere darf niemand in der Ausübung des aktiven und passiven Wahlrechts beschränkt werden.
(2) Niemand darf die Wahlen durch Zufügung oder Androhung von Nachteilen oder durch Gewährung oder Versprechen von Vorteilen beeinflussen.
(3) Die Kosten der Wahlen trägt das Unternehmen. Versäumnis von Arbeitszeit, die zur Ausübung des Wahlrechts oder der Betätigung im Wahlvorstand erforderlich ist, berechtigt den Arbeitgeber nicht zur Minderung des Arbeitsentgelts.

§ 21 Anfechtung der Wahl von Delegierten (1) Die Wahl der Delegierten eines Betriebs kann beim Arbeitsgericht angefochten werden, wenn gegen wesentliche Vorschriften über das Wahlrecht, die Wählbarkeit oder das Wahlverfahren verstoßen worden und eine Berichtigung nicht erfolgt ist, es sei denn, daß durch den Verstoß das Wahlergebnis nicht geändert oder beeinflußt werden konnte.
(2) Zur Anfechtung berechtigt sind
1. mindestens drei wahlberechtigte Arbeitnehmer des Betriebs,
2. der Betriebsrat,
3. der Sprecherausschuss,
4. das zur gesetzlichen Vertretung des Unternehmens befugte Organ.

Die Anfechtung ist nur binnen einer Frist von zwei Wochen, vom Tag der Bekanntgabe des Wahlergebnisses an gerechnet, zulässig.

§ 22 Anfechtung der Wahl von Aufsichtsratsmitgliedern der Arbeitnehmer
(1) Die Wahl eines Aufsichtsratsmitglieds oder eines Ersatzmitglieds der Arbeitnehmer kann beim Arbeitsgericht angefochten werden, wenn gegen wesentliche Vorschriften über das Wahlrecht, die Wählbarkeit oder das Wahlverfahren verstoßen worden und eine Berichtigung nicht erfolgt ist, es sei denn, daß durch den Verstoß das Wahlergebnis nicht geändert oder beeinflußt werden konnte.
(2) Zur Anfechtung berechtigt sind
1. mindestens drei wahlberechtigte Arbeitnehmer des Unternehmens,
2. der Gesamtbetriebsrat des Unternehmens oder, wenn in dem Unternehmen nur ein Betriebsrat besteht, der Betriebsrat sowie, wenn das Unternehmen herrschendes Unternehmen eines Konzerns ist, der Konzernbetriebsrat, soweit ein solcher besteht,
3. der Gesamt- oder Unternehmenssprecherausschuss des Unternehmens oder, wenn in dem Unternehmen nur ein Sprecherausschuss besteht, der Sprecherausschuss sowie, wenn das Unternehmen herrschendes Unternehmen eines Konzerns ist, der Konzernsprecherausschuss, soweit ein solcher besteht,
4. der Gesamtbetriebsrat eines anderen Unternehmens, dessen Arbeitnehmer nach diesem Gesetz an der Wahl der Aufsichtsratsmitglieder des Unterneh-

mens teilnehmen, oder, wenn in dem anderen Unternehmen nur ein Betriebsrat besteht, der Betriebsrat,

5. der Gesamt- oder Unternehmenssprecherausschuss eines anderen Unternehmens, dessen Arbeitnehmer nach diesem Gesetz an der Wahl der Aufsichtsratsmitglieder des Unternehmens teilnehmen, oder, wenn in dem anderen Unternehmen nur ein Sprecherausschuss besteht, der Sprecherausschuss,
6. jede nach § 16 Abs. 2 vorschlagsberechtigte Gewerkschaft,
7. das zur gesetzlichen Vertretung des Unternehmens befugte Organ.

Die Anfechtung ist nur binnen einer Frist von zwei Wochen, vom Tag der Veröffentlichung im Bundesanzeiger an gerechnet, zulässig.

§ 23 Abberufung von Aufsichtsratsmitgliedern der Arbeitnehmer (1) Ein Aufsichtsratsmitglied der Arbeitnehmer kann vor Ablauf der Amtszeit auf Antrag abberufen werden. Antragsberechtigt sind für die Abberufung eines

1. Aufsichtsratsmitglieds der Arbeitnehmer nach § 3 Abs. 1 Nr. 1 drei Viertel der wahlberechtigten Arbeitnehmer nach § 3 Abs. 1 Nr. 1,
2. Aufsichtsratsmitglieds der leitenden Angestellten drei Viertel der wahlberechtigten leitenden Angestellten,
3. Aufsichtsratsmitglieds, das nach § 7 Abs. 2 Vertreter einer Gewerkschaft ist, die Gewerkschaft, die das Mitglied vorgeschlagen hat.

(2) Ein durch Delegierte gewähltes Aufsichtsratsmitglied wird durch Beschluß der Delegierten abberufen. Dieser Beschluss wird in geheimer Abstimmung gefasst; er bedarf einer Mehrheit von drei Vierteln der abgegebenen Stimmen.

(3) Ein von den Arbeitnehmern unmittelbar gewähltes Aufsichtsratsmitglied wird durch Beschluß der wahlberechtigten Arbeitnehmer abberufen. Dieser Beschluss wird in geheimer, unmittelbarer Abstimmung gefasst; er bedarf einer Mehrheit von drei Vierteln der abgegebenen Stimmen.

(4) Die Absätze 1 bis 3 sind für die Abberufung von Ersatzmitgliedern entsprechend anzuwenden.

§ 24 Verlust der Wählbarkeit und Änderung der Zuordnung unternehmensangehöriger Aufsichtsratsmitglieder (1) Verliert ein Aufsichtsratsmitglied, das nach § 7 Abs. 2 Arbeitnehmer des Unternehmens sein muß, die Wählbarkeit, so erlischt sein Amt.

(2) Die Änderung der Zuordnung eines Aufsichtsratsmitglieds zu den in § 3 Abs. 1 Nr. 1 oder § 3 Abs. 1 Nr. 2 genannten Arbeitnehmern führt nicht zum Erlöschen seines Amtes.

Dritter Abschnitt – Innere Ordnung, Rechte und Pflichten des Aufsichtsrats

§ 25 Grundsatz (1) Die innere Ordnung, die Beschlußfassung sowie die Rechte und Pflichten des Aufsichtsrats bestimmen sich nach den §§ 27 bis 29, den §§ 31 und 32 und, soweit diese Vorschriften dem nicht entgegenstehen,

1. für Aktiengesellschaften und Kommanditgesellschaften auf Aktien nach dem Aktiengesetz,
2. für Gesellschaften mit beschränkter Haftung nach § 90 Abs. 3, 4 und 5 Satz 1 und 2, den §§ 107 bis 116, 118 Abs. 3, § 125 Abs. 3 und 4 und den §§ 170, 171 und 268 Abs. 2 des Aktiengesetzes,
3. für Genossenschaften nach dem Genossenschaftsgesetz.

§ 4 Abs. 2 des Gesetzes über die Überführung der Anteilsrechte an der Volkswagenwerk Gesellschaft mit beschränkter Haftung in private Hand vom 21. Juli 1960 (Bundesgesetzbl. I S. 585), zuletzt geändert durch das Zweite Gesetz zur Änderung des Gesetzes über die Überführung der Anteilsrechte an der Volkswagenwerk Gesellschaft mit beschränkter Haftung in private Hand vom 31. Juli 1970 (Bundesgesetzbl. I S. 1149), bleibt unberührt.

(2) Andere gesetzliche Vorschriften und Bestimmungen der Satzung (des Gesellschaftsvertrags) oder der Geschäftsordnung des Aufsichtsrats über die innere Ordnung, die Beschlußfassung sowie die Rechte und Pflichten des Aufsichtsrats bleiben unberührt, soweit Absatz 1 dem nicht entgegensteht.

§ 26 Schutz von Aufsichtsratsmitgliedern vor Benachteiligung Aufsichtsratsmitglieder der Arbeitnehmer dürfen in der Ausübung ihrer Tätigkeit nicht gestört oder behindert werden. Sie dürfen wegen ihrer Tätigkeit im Aufsichtsrat eines Unternehmens, dessen Arbeitnehmer sie sind oder als dessen Arbeitnehmer sie nach § 4 oder § 5 gelten, nicht benachteiligt werden. Dies gilt auch für ihre berufliche Entwicklung.

§ 27 Vorsitz im Aufsichtsrat (1) Der Aufsichtsrat wählt mit einer Mehrheit von zwei Dritteln der Mitglieder, aus denen er insgesamt zu bestehen hat, aus seiner Mitte einen Aufsichtsratsvorsitzenden und einen Stellvertreter.

(2) Wird bei der Wahl des Aufsichtsratsvorsitzenden oder seines Stellvertreters die nach Absatz 1 erforderliche Mehrheit nicht erreicht, so findet für die Wahl des Aufsichtsratsvorsitzenden und seines Stellvertreters ein zweiter Wahlgang statt. In diesem Wahlgang wählen die Aufsichtsratsmitglieder der Anteilseigner den Aufsichtsratsvorsitzenden und die Aufsichtsratsmitglieder der Arbeitnehmer den Stellvertreter jeweils mit der Mehrheit der abgegebenen Stimmen.

(3) Unmittelbar nach der Wahl des Aufsichtsratsvorsitzenden und seines Stellvertreters bildet der Aufsichtsrat zur Wahrnehmung der in § 31 Abs. 3 Satz 1 bezeichneten Aufgabe einen Ausschuß, dem der Aufsichtsratsvorsitzende, sein Stellvertreter sowie je ein von den Aufsichtsratsmitgliedern der Arbeitnehmer und von den Aufsichtsratsmitgliedern der Anteilseigner mit der Mehrheit der abgegebenen Stimmen gewähltes Mitglied angehören.

§ 28 Beschlußfähigkeit Der Aufsichtsrat ist nur beschlußfähig, wenn mindestens die Hälfte der Mitglieder, aus denen er insgesamt zu bestehen hat, an der Beschlußfassung teilnimmt. § 108 Abs. 2 Satz 4 des Aktiengesetzes ist anzuwenden.

§ 29 Abstimmungen (1) Beschlüsse des Aufsichtsrats bedürfen der Mehrheit der abgegebenen Stimmen, soweit nicht in Absatz 2 und in den §§ 27, 31 und 32 etwas anderes bestimmt ist.
(2) Ergibt eine Abstimmung im Aufsichtsrat Stimmengleichheit, so hat bei einer erneuten Abstimmung über denselben Gegenstand, wenn auch sie Stimmengleichheit ergibt, der Aufsichtsratsvorsitzende zwei Stimmen. § 108 Abs. 3 des Aktiengesetzes ist auch auf die Abgabe der zweiten Stimme anzuwenden. Dem Stellvertreter steht die zweite Stimme nicht zu.

Dritter Teil – Gesetzliches Vertretungsorgan

§ 30 Grundsatz Die Zusammensetzung, die Rechte und Pflichten des zur gesetzlichen Vertretung des Unternehmens befugten Organs sowie die Bestellung seiner Mitglieder bestimmen sich nach den für die Rechtsform des Unternehmens geltenden Vorschriften, soweit sich aus den §§ 31 bis 33 nichts anderes ergibt.

§ 31 Bestellung und Widerruf (1) Die Bestellung der Mitglieder des zur gesetzlichen Vertretung des Unternehmens befugten Organs und der Widerruf der Bestellung bestimmen sich nach den §§ 84 und 85 des Aktiengesetzes, soweit sich nicht aus den Absätzen 2 bis 5 etwas anderes ergibt. Dies gilt nicht für Kommanditgesellschaften auf Aktien.
(2) Der Aufsichtsrat bestellt die Mitglieder des zur gesetzlichen Vertretung des Unternehmens befugten Organs mit einer Mehrheit, die mindestens zwei Drittel der Stimmen seiner Mitglieder umfaßt.
(3) Kommt eine Bestellung nach Absatz 2 nicht zustande, so hat der in § 27 Abs. 3 bezeichnete Ausschuß des Aufsichtsrats innerhalb eines Monats nach der Abstimmung, in der die in Absatz 2 vorgeschriebene Mehrheit nicht erreicht worden ist, dem Aufsichtsrat einen Vorschlag für die Bestellung zu machen; dieser Vorschlag schließt andere Vorschläge nicht aus. Der Aufsichtsrat bestellt die Mitglieder des zur gesetzlichen Vertretung des Unternehmens befugten Organs mit der Mehrheit der Stimmen seiner Mitglieder.
(4) Kommt eine Bestellung nach Absatz 3 nicht zustande, so hat bei einer erneuten Abstimmung der Aufsichtsratsvorsitzende zwei Stimmen; Absatz 3 Satz 2 ist anzuwenden. Auf die Abgabe der zweiten Stimme ist § 108 Abs. 3 des Aktiengesetzes anzuwenden. Dem Stellvertreter steht die zweite Stimme nicht zu.
(5) Die Absätze 2 bis 4 sind für den Widerruf der Bestellung eines Mitglieds des zur gesetzlichen Vertretung des Unternehmens befugten Organs entsprechend anzuwenden.

§ 32 Ausübung von Beteiligungsrechten (1) Die einem Unternehmen, in dem die Arbeitnehmer nach diesem Gesetz ein Mitbestimmungsrecht haben, auf Grund von Beteiligungen an einem anderen Unternehmen, in dem die Arbeitnehmer nach diesem Gesetz ein Mitbestimmungsrecht haben, zustehenden

Rechte bei der Bestellung, dem Widerruf der Bestellung oder der Entlastung von Verwaltungsträgern sowie bei der Beschlußfassung über die Auflösung oder Umwandlung des anderen Unternehmens, den Abschluß von Unternehmensverträgen (§§ 291, 292 des Aktiengesetzes) mit dem anderen Unternehmen, über dessen Fortsetzung nach seiner Auflösung oder über die Übertragung seines Vermögens können durch das zur gesetzlichen Vertretung des Unternehmens befugte Organ nur auf Grund von Beschlüssen des Aufsichtsrats ausgeübt werden. Diese Beschlüsse bedürfen nur der Mehrheit der Stimmen der Aufsichtsratsmitglieder der Anteilseigner; sie sind für das zur gesetzlichen Vertretung des Unternehmens befugte Organ verbindlich.
(2) Absatz 1 ist nicht anzuwenden, wenn die Beteiligung des Unternehmens an dem anderen Unternehmen weniger als ein Viertel beträgt.

§ 33 Arbeitsdirektor (1) Als gleichberechtigtes Mitglied des zur gesetzlichen Vertretung des Unternehmens befugten Organs wird ein Arbeitsdirektor bestellt. Dies gilt nicht für Kommanditgesellschaften auf Aktien.
(2) Der Arbeitsdirektor hat wie die übrigen Mitglieder des zur gesetzlichen Vertretung des Unternehmens befugten Organs seine Aufgaben im engsten Einvernehmen mit dem Gesamtorgan auszuüben. Das Nähere bestimmt die Geschäftsordnung.
(3) Bei Genossenschaften ist auf den Arbeitsdirektor § 9 Abs. 2 des Genossenschaftsgesetzes nicht anzuwenden.

Vierter Teil – Seeschiffahrt

§ 34 (1) Die Gesamtheit der Schiffe eines Unternehmens gilt für die Anwendung dieses Gesetzes als ein Betrieb.
(2) Schiffe im Sinne dieses Gesetzes sind Kauffahrteischiffe, die nach dem Flaggenrechtsgesetz die Bundesflagge führen. Schiffe, die in der Regel binnen 48 Stunden nach dem Auslaufen an den Sitz eines Landbetriebs zurückkehren, gelten als Teil dieses Landbetriebs.
(3) Leitende Angestellte im Sinne des § 3 Abs. 1 Nr. 2 dieses Gesetzes sind in einem in Absatz 1 bezeichneten Betrieb nur die Kapitäne.
(4) Die Arbeitnehmer eines in Absatz 1 bezeichneten Betriebs nehmen an einer Abstimmung nach § 9 nicht teil und bleiben für die Errechnung der für die Antragstellung und für die Beschlußfassung erforderlichen Zahl von Arbeitnehmern außer Betracht.
(5) Werden die Aufsichtsratsmitglieder der Arbeitnehmer durch Delegierte gewählt, so werden abweichend von § 10 in einem in Absatz 1 bezeichneten Betrieb keine Delegierten gewählt. Abweichend von § 15 Abs. 1 nehmen die Arbeitnehmer dieses Betriebs unmittelbar an der Wahl der Aufsichtsratsmitglieder der Arbeitnehmer teil mit der Maßgabe, daß die Stimme eines dieser Arbeitnehmer als ein Neunzigstel der Stimme eines Delegierten zu zählen ist; § 11 Abs. 1 Satz 3 ist entsprechend anzuwenden.

Fünfter Teil – Übergangs- und Schlußvorschriften

§ 35 *(aufgehoben)*

§§ 36–38 *(nicht abgedruckt)*

§ 39 Ermächtigung zum Erlaß von Rechtsverordnungen[1] *(nicht abgedruckt)*

§ 40 Übergangsregelung (1) Auf Wahlen von Aufsichtsratsmitgliedern der Arbeitnehmer, die bis zum 31. Dezember 2015 abgeschlossen sind, ist das Mitbestimmungsgesetz vom 4. Mai 1976 (BGBl. I S. 1153) in der Fassung des Artikels 2 Absatz 113 des Gesetzes vom 22. Dezember 2011 (BGBl. I S. 3044) anzuwenden.
(2) Auf Wahlen von Aufsichtsratsmitgliedern der Arbeitnehmer, die bis zum 31. Dezember 2015 nicht abgeschlossen sind, ist im Fall des § 96 Absatz 2 Satz 3 des Aktiengesetzes das Mitbestimmungsgesetz in der durch Artikel 7 des Gesetzes vom 24. April 2015 (BGBl. I S. 642) geänderten Fassung anzuwenden.
(3) Eine Wahl von Aufsichtsratsmitgliedern der Arbeitnehmer gilt als abgeschlossen, wenn die Bekanntmachung der Mitglieder des Aufsichtsrates nach § 19 Satz 1 durch das zur gesetzlichen Vertretung des Unternehmens befugte Organ erfolgt ist.

§ 41 Inkrafttreten Dieses Gesetz tritt am 1. Juli 1976 in Kraft.

---

1 Vgl. **Erste Wahlordnung zum Mitbestimmungsgesetz** (1. WOMitbestG) vom 27. 5. 2002 (BGBl. I 1682), geändert durch Verordnung vom 26. 8. 2015 (BGBl. I 1443), **Zweite Wahlordnung zum Mitbestimmungsgesetz** (2. WOMitbestG) vom 27. 5. 2002 (BGBl. I 1708), geändert durch Verordnung vom 26. 8. 2015 (BGBl. I 1443) und **Dritte Wahlordnung zum Mitbestimmungsgesetz** (3. WOMitbestG) vom 27. 5. 2002 (BGBl. I 1741), geändert durch Verordnung vom 26. 8. 2015 (BGBl. I 1443).

26 a. Gesetz über die Drittelbeteiligung der Arbeitnehmer im Aufsichtsrat (Drittelbeteiligungsgesetz – DrittelbG)

Einleitung

I. Geschichtliche Entwicklung

Die Beteiligung von Arbeitnehmervertretern in Aufsichtsräten begann mit dem Gesetz über die Entsendung von Betriebsratsmitgliedern in den Aufsichtsrat vom 15. 2. 1922 (RGBl. 209). Danach waren zwei Betriebsratsmitglieder in den Aufsichtsrat einer Kapitalgesellschaft zu entsenden.

Nach dem Zweiten Weltkrieg bis in die ersten Jahre der Bundesrepublik Deutschland wurde intensiv um eine Neuordnung der Wirtschaft und dabei auch die von den Gewerkschaften geforderte paritätische Aufsichtsratsmitbestimmung gerungen. Die Gewerkschaften konnten dabei 1951 noch die gesetzliche Regelung der Montanmitbestimmung durchsetzen (vgl. Nr. 27), erlitten jedoch ein Jahr später eine weichenstellende Niederlage: Trotz anhaltender Proteste (dabei ein zweitägiger Streik bei allen Tageszeitungen) verabschiedete die Bundestagsmehrheit aus CDU/CSU, FDP und Deutscher Partei das Betriebsverfassungsgesetz vom 11. 10. 1952 (BGBl. I 681), das neben der Neuregelung der Betriebsverfassung die Besetzung der Aufsichtsräte nur zu einem Drittel mit Arbeitnehmervertretern vorsah. Dieser Rechtszustand galt bis zur Verabschiedung des Mitbestimmungsgesetzes 1976, das für Kapitalgesellschaften mit mehr als 2000 Arbeitnehmern eine erweiterte Mitbestimmung im Aufsichtsrat brachte (s. Nr. 26). Für Unternehmen mit weniger Beschäftigten blieben die einschlägigen Bestimmungen des BetrVG in Kraft (§§ 76 – 77 a, 81, 85).

Mit dem »Gesetz zur Vereinfachung der Wahl der Arbeitnehmervertreter in den Aufsichtsrat« vom 18. 5. 2004 (BGBl. I 974) wurden die noch verbliebenen Vorschriften zur Unternehmensmitbestimmung aus dem BetrVG 1952 in das neue Drittelbeteiligungsgesetz überführt. Dabei sind die Anknüpfungskriterien (Beschäftigtenzahl) für die Besetzung eines Aufsichtsrates mit Arbeitnehmervertretern wie auch generell die Rahmenbedingungen für deren Tätigkeit unverändert geblieben. Lediglich bei Konzerngesellschaften, in denen kraft eigener Arbeitnehmerzahlen Aufsichtsräte zu bilden sind, wurden nunmehr die Arbeitnehmer aller Konzerngesellschaften wahlberechtigt. Außerdem wurde das Wahlverfahren vereinfacht.

Eine Gesetzänderung, die für das DrittelbG praktisch keine Änderungen mit sich brachte, aber für danach mitbestimmte Unternehmen und deren Aufsichtsräte relevant ist, brachte das Gesetz für die gleichberechtigte Teilhabe von Frauen und Männern an Führungspositionen in der Privatwirtschaft und im öffentlichen Dienst v. 24. 4. 2015 (BGBl. I 642; dazu Einl. I und II 1 zum AktG, Nr. 1). Eine ebenfalls nur mittelbare Relevanz brachte die Einbeziehung von Leiharbeitern bei Schwellenwerten der Mitbestimmungsgesetze in § 14 Abs. 2 AÜG ab 1.4.2017 durch das Gesetz zur Änderung des AÜG und anderer Gesetze (v. 21.2.2017, BGBl. I 258) mit sich (dazu Einl. I 2 c zum AÜG, Nr. 4).

II. Wesentlicher Gesetzesinhalt

Die zentralen Bestimmungen sind die §§ 1 und 2: Danach sind in allen Kapitalgesellschaften mit mehr als 500 Arbeitnehmern diese zu einem Drittel im Aufsichtsrat zu beteiligen; bei einer GmbH ist hierzu ein Aufsichtsrat zwingend einzurichten. Bei älteren, vor dem 10.8.1994 eingetragenen Aktiengesellschaften gilt dies auch, wenn sie weniger als 500 Arbeitnehmer beschäftigen (mit wiederum einer Ausnahme von der Ausnahme: auch ältere Familiengesellschaften müssen für die Drittelbeteiligung mindestens 500 Arbeitnehmer beschäftigen). Führen mehrere nach diesem Gesetz mitbestimmungspflichtige Unternehmen einen Gemeinschaftsbetrieb, sind die darin beschäftigten Arbeitnehmer für die Wahl des Aufsichtsrates aller am Betrieb beteiligten Unternehmen aktiv wahlberechtigt (*BAG* 13.3.2013 – 7 ABR 47/11, NZA 13, 853).

Für Konzernunternehmen (§ 18 AktG) gilt Unterschiedliches für die Frage der Besetzung bzw. Bildung eines Aufsichtsrats und für die Wahlbeteiligung:

- Für die Zahl von 500 Arbeitnehmern, bei deren Erreichung Arbeitnehmervertreter im Aufsichtsrat zu beteiligen sind, zählen nur die Arbeitnehmer von durch einen Beherrschungsvertrag verbundenen oder eingegliederten Unternehmen mit (§ 2 Abs. 2; identisch mit § 77 a BetrVG 1952).
- Steht die Drittelbeteiligung im Aufsichtsrat fest, sei es, weil die Gesellschaft selbst ausreichend Arbeitnehmer beschäftigt, sei es im Wege der eben genannten Zurechnung, sind die Arbeitnehmer aller Konzernunternehmen an der Wahl zu beteiligen (§ 2 Abs. 1), also auch Tochterunternehmen in einem sog. faktischen Konzern aufgrund Mehrheitsbeteiligung ohne Beherrschungsvertrag (vgl. *BAG* 15.12.2011 – 7 ABR 56/10, NZA 12, 633).

Das Gesetz findet in sog. Tendenzunternehmen keine Anwendung (§ 1 Abs. 2).

Die Tätigkeit der Arbeitnehmervertreter erfolgt nach den Bestimmungen des Aktiengesetzes bzw. in der GmbH nach den in § 1 Abs. 1 Nr. 3 für anwendbar erklärten Vorschriften. Die Arbeitnehmervertreter dürfen wegen ihrer Tätigkeit im Aufsichtsrat nicht benachteiligt oder begünstigt werden (§ 9).

Für die Wahl legt das Gesetz selbst nur Rahmenbedingungen fest (§§ 5 – 7). Die gemäß § 13 erlassene Wahlordnung zum Drittelbeteiligungsgesetz (s. Fn. 1 zu § 13) regelt die Einzelheiten.

III. Rechtstatsachen

Im Jahr 2009 unterfielen knapp 1500 Unternehmen dem DrittelbG (Böckler impuls 2/10, S. 6). Allerdings wird in schätzungsweise der Hälfte der danach mitbestimmungspflichtigen Unternehmen kein drittelparitätischer Aufsichtsrat gebildet (*Bayer*, NJW 16, 1930, 1931).

Weiterführende Literatur

(siehe auch die Literaturhinweise zum AktG [Nr. 1] und zum MitbestG [Nr. 26])

Seibt, Drittelbeteiligungsgesetz und Fortsetzung der Reform des Unternehmensmitbestimmungsrechts, NZA 2004, S. 767

Gesetz über die Drittelbeteiligung der Arbeitnehmer im Aufsichtsrat (Drittelbeteiligungsgesetz – DrittelbG)

vom 18. Mai 2004 (BGBl. I 974),
zuletzt geändert durch Gesetz vom 24. April 2015 (BGBl. I 642)

Teil 1 – Geltungsbereich

§ 1 Erfasste Unternehmen (1) Die Arbeitnehmer haben ein Mitbestimmungsrecht im Aufsichtsrat nach Maßgabe dieses Gesetzes in

1. einer Aktiengesellschaft mit in der Regel mehr als 500 Arbeitnehmern. Ein Mitbestimmungsrecht im Aufsichtsrat besteht auch in einer Aktiengesellschaft mit in der Regel weniger als 500 Arbeitnehmern, die vor dem 10. August 1994 eingetragen worden ist und keine Familiengesellschaft ist. Als Familiengesellschaften gelten solche Aktiengesellschaften, deren Aktionär eine einzelne natürliche Person ist oder deren Aktionäre untereinander im Sinne von § 15 Abs. 1 Nr. 2 bis 8, Abs. 2 der Abgabenordnung verwandt oder verschwägert sind;
2. einer Kommanditgesellschaft auf Aktien mit in der Regel mehr als 500 Arbeitnehmern. Nummer 1 Satz 2 und 3 gilt entsprechend;
3. einer Gesellschaft mit beschränkter Haftung mit in der Regel mehr als 500 Arbeitnehmern. Die Gesellschaft hat einen Aufsichtsrat zu bilden; seine Zusammensetzung sowie seine Rechte und Pflichten bestimmen sich nach § 90 Abs. 3, 4, 5 Satz 1 und 2, nach den §§ 95 bis 114, 116, 118 Abs. 3, § 125 Abs. 3 und 4 und nach den §§ 170, 171, 268 Abs. 2 des Aktiengesetzes;
4. einem Versicherungsverein auf Gegenseitigkeit mit in der Regel mehr als 500 Arbeitnehmern, wenn dort ein Aufsichtsrat besteht;
5. einer Genossenschaft mit in der Regel mehr als 500 Arbeitnehmern. § 96 Absatz 4 und die §§ 97 bis 99 des Aktiengesetzes sind entsprechend anzuwenden. Die Satzung kann nur eine durch drei teilbare Zahl von Aufsichtsratsmitgliedern festsetzen. Der Aufsichtsrat muss zwei Sitzungen im Kalenderhalbjahr abhalten.

(2) Dieses Gesetz findet keine Anwendung auf

1. die in § 1 Abs. 1 des Mitbestimmungsgesetzes, die in § 1 des Montan-Mitbestimmungsgesetzes und die in den §§ 1 und 3 Abs. 1 des Montan-Mitbestimmungsergänzungsgesetzes bezeichneten Unternehmen;
2. Unternehmen, die unmittelbar und überwiegend
   a) politischen, koalitionspolitischen, konfessionellen, karitativen, erzieherischen, wissenschaftlichen oder künstlerischen Bestimmungen oder
   b) Zwecken der Berichterstattung oder Meinungsäußerung, auf die Artikel 5 Abs. 1 Satz 2 des Grundgesetzes anzuwenden ist,

   dienen.

Dieses Gesetz ist nicht anzuwenden auf Religionsgemeinschaften und ihre karitativen und erzieherischen Einrichtungen unbeschadet deren Rechtsform.
(3) Die Vorschriften des Genossenschaftsgesetzes über die Zusammensetzung des Aufsichtsrats sowie über die Wahl und die Abberufung von Aufsichtsratsmitgliedern gelten insoweit nicht, als sie den Vorschriften dieses Gesetzes widersprechen.

§ 2 Konzern (1) An der Wahl der Aufsichtsratsmitglieder der Arbeitnehmer des herrschenden Unternehmens eines Konzerns (§ 18 Abs. 1 des Aktiengesetzes) nehmen auch die Arbeitnehmer der übrigen Konzernunternehmen teil.
(2) Soweit nach § 1 die Beteiligung der Arbeitnehmer im Aufsichtsrat eines herrschenden Unternehmens von dem Vorhandensein oder der Zahl von Arbeitnehmern abhängt, gelten die Arbeitnehmer eines Konzernunternehmens als solche des herrschenden Unternehmens, wenn zwischen den Unternehmen ein Beherrschungsvertrag besteht oder das abhängige Unternehmen in das herrschende Unternehmen eingegliedert ist.

§ 3 Arbeitnehmer, Betrieb (1) Arbeitnehmer im Sinne dieses Gesetzes sind die in § 5 Abs. 1 des Betriebsverfassungsgesetzes bezeichneten Personen mit Ausnahme der in § 5 Abs. 3 des Betriebsverfassungsgesetzes bezeichneten leitenden Angestellten.
(2) Betriebe im Sinne dieses Gesetzes sind solche des Betriebsverfassungsgesetzes. § 4 Abs. 2 des Betriebsverfassungsgesetzes ist anzuwenden.
(3) Die Gesamtheit der Schiffe eines Unternehmens gilt für die Anwendung dieses Gesetzes als ein Betrieb. Schiffe im Sinne dieses Gesetzes sind Kauffahrteischiffe, die nach dem Flaggenrechtsgesetz die Bundesflagge führen. Schiffe, die in der Regel binnen 48 Stunden nach dem Auslaufen an den Sitz eines Landbetriebs zurückkehren, gelten als Teil dieses Landbetriebs.

Teil 2 – Aufsichtsrat

§ 4 Zusammensetzung (1) Der Aufsichtsrat eines in § 1 Abs. 1 bezeichneten Unternehmens muss zu einem Drittel aus Arbeitnehmervertretern bestehen.
(2) Ist ein Aufsichtsratsmitglied der Arbeitnehmer oder sind zwei Aufsichtsratsmitglieder der Arbeitnehmer zu wählen, so müssen diese als Arbeitnehmer im Unternehmen beschäftigt sein. Sind mehr als zwei Aufsichtsratsmitglieder der Arbeitnehmer zu wählen, so müssen mindestens zwei Aufsichtsratsmitglieder als Arbeitnehmer im Unternehmen beschäftigt sein.
(3) Die Aufsichtsratsmitglieder der Arbeitnehmer, die Arbeitnehmer des Unternehmens sind, müssen das 18. Lebensjahr vollendet haben und ein Jahr dem Unternehmen angehören. Auf die einjährige Unternehmensangehörigkeit werden Zeiten der Angehörigkeit zu einem anderen Unternehmen, dessen Arbeitnehmer nach diesem Gesetz an der Wahl von Aufsichtsratsmitgliedern des Unternehmens teilnehmen, angerechnet. Diese Zeiten müssen unmittelbar vor dem

Zeitpunkt liegen, ab dem die Arbeitnehmer zur Wahl von Aufsichtsratsmitgliedern des Unternehmens berechtigt sind. Die weiteren Wählbarkeitsvoraussetzungen des § 8 Abs. 1 des Betriebsverfassungsgesetzes müssen erfüllt sein.
(4) Unter den Aufsichtsratsmitgliedern der Arbeitnehmer sollen Frauen und Männer entsprechend ihrem zahlenmäßigen Verhältnis im Unternehmen vertreten sein.

§ 5 Wahl der Aufsichtsratsmitglieder der Arbeitnehmer (1) Die Aufsichtsratsmitglieder der Arbeitnehmer werden nach den Grundsätzen der Mehrheitswahl in allgemeiner, geheimer, gleicher und unmittelbarer Wahl für die Zeit gewählt, die im Gesetz oder in der Satzung für die von der Hauptversammlung zu wählenden Aufsichtsratsmitglieder bestimmt ist.
(2) Wahlberechtigt sind die Arbeitnehmer des Unternehmens, die das 18. Lebensjahr vollendet haben. § 7 Satz 2 des Betriebsverfassungsgesetzes gilt entsprechend.

§ 6 Wahlvorschläge Die Wahl erfolgt auf Grund von Wahlvorschlägen der Betriebsräte und der Arbeitnehmer. Die Wahlvorschläge der Arbeitnehmer müssen von mindestens einem Zehntel der Wahlberechtigten oder von mindestens 100 Wahlberechtigten unterzeichnet sein.

§ 7 Ersatzmitglieder (1) In jedem Wahlvorschlag kann zusammen mit jedem Bewerber für diesen ein Ersatzmitglied des Aufsichtsrats vorgeschlagen werden. Ein Bewerber kann nicht zugleich als Ersatzmitglied vorgeschlagen werden.
(2) Wird ein Bewerber als Aufsichtsratsmitglied gewählt, so ist auch das zusammen mit ihm vorgeschlagene Ersatzmitglied gewählt.

§ 8 Bekanntmachung der Mitglieder des Aufsichtsrats Das zur gesetzlichen Vertretung des Unternehmens befugte Organ hat die Namen der Mitglieder und der Ersatzmitglieder des Aufsichtsrats unverzüglich nach ihrer Bestellung in den Betrieben des Unternehmens bekannt zu machen und im Bundesanzeiger zu veröffentlichen. Nehmen an der Wahl der Aufsichtsratsmitglieder des Unternehmens auch die Arbeitnehmer eines anderen Unternehmens teil, so ist daneben das zur gesetzlichen Vertretung des anderen Unternehmens befugte Organ zur Bekanntmachung in seinen Betrieben verpflichtet.

§ 9 Schutz von Aufsichtsratsmitgliedern vor Benachteiligung Aufsichtsratsmitglieder der Arbeitnehmer dürfen in der Ausübung ihrer Tätigkeit nicht gestört oder behindert werden. Sie dürfen wegen ihrer Tätigkeit im Aufsichtsrat nicht benachteiligt oder begünstigt werden. Dies gilt auch für ihre berufliche Entwicklung.

§ 10 Wahlschutz und Wahlkosten (1) Niemand darf die Wahl der Aufsichtsratsmitglieder der Arbeitnehmer behindern. Insbesondere darf niemand in der Ausübung des aktiven und passiven Wahlrechts beschränkt werden.

(2) Niemand darf die Wahlen durch Zufügung oder Androhung von Nachteilen oder durch Gewährung oder Versprechen von Vorteilen beeinflussen.
(3) Die Kosten der Wahlen trägt das Unternehmen. Versäumnis von Arbeitszeit, die zur Ausübung des Wahlrechts oder der Betätigung im Wahlvorstand erforderlich ist, berechtigt nicht zur Minderung des Arbeitsentgelts.

§ 11 Anfechtung der Wahl von Aufsichtsratsmitgliedern der Arbeitnehmer
(1) Die Wahl eines Aufsichtsratsmitglieds oder eines Ersatzmitglieds der Arbeitnehmer kann beim Arbeitsgericht angefochten werden, wenn gegen wesentliche Vorschriften über das Wahlrecht, die Wählbarkeit oder das Wahlverfahren verstoßen worden und eine Berichtigung nicht erfolgt ist, es sei denn, dass durch den Verstoß das Wahlergebnis nicht geändert oder beeinflusst werden konnte.
(2) Zur Anfechtung berechtigt sind
1. mindestens drei Wahlberechtigte,
2. die Betriebsräte,
3. das zur gesetzlichen Vertretung des Unternehmens befugte Organ.

Die Anfechtung ist nur binnen einer Frist von zwei Wochen, vom Tag der Veröffentlichung im Bundesanzeiger an gerechnet, zulässig.

§ 12 Abberufung von Aufsichtsratmitgliedern der Arbeitnehmer (1) Ein Aufsichtsratsmitglied der Arbeitnehmer kann vor Ablauf der Amtszeit auf Antrag eines Betriebsrats oder von mindestens einem Fünftel der Wahlberechtigten durch Beschluss abberufen werden. Der Beschluss der Wahlberechtigten wird in allgemeiner, geheimer, gleicher und unmittelbarer Abstimmung gefasst; er bedarf einer Mehrheit von drei Vierteln der abgegebenen Stimmen. Auf die Beschlussfassung findet § 2 Abs. 1 Anwendung.
(2) Absatz 1 ist für die Abberufung von Ersatzmitgliedern entsprechend anzuwenden.

Teil 3 – Übergangs- und Schlussvorschriften

§ 13 Ermächtigung zum Erlass von Rechtsverordnungen Die Bundesregierung wird ermächtigt, durch Rechtsverordnung[1] Vorschriften über das Verfahren für die Wahl und die Abberufung von Aufsichtsratsmitgliedern der Arbeitnehmer zu erlassen, insbesondere über
1. die Vorbereitung der Wahl, insbesondere die Aufstellung der Wählerlisten und die Errechnung der Zahl der Aufsichtsratsmitglieder der Arbeitnehmer;
2. die Frist für die Einsichtnahme in die Wählerlisten und die Erhebung von Einsprüchen gegen sie;
3. die Wahlvorschläge und die Frist für ihre Einreichung;

---

1 Vgl. **Verordnung zur Wahl der Aufsichtsratsmitglieder der Arbeitnehmer nach dem Drittelbeteiligungsgesetz** (Wahlordnung zum Drittelbeteiligungsgesetz – WODrittelbG) vom 23. 6. 2004 (BGBl. I 1393), geändert durch Verordnung vom 26. 8. 2015 (BGBl. I 1443).

4. das Wahlausschreiben und die Frist für seine Bekanntmachung;
5. die Teilnahme von Arbeitnehmern eines in § 3 Abs. 3 bezeichneten Betriebs an der Wahl;
6. die Stimmabgabe;
7. die Feststellung des Wahlergebnisses und die Fristen für seine Bekanntmachung;
8. die Anfechtung der Wahl;
9. die Aufbewahrung der Wahlakten.

§ 14 Verweisungen Soweit in anderen Gesetzen auf Vorschriften verwiesen wird, die durch Artikel 6 Abs. 2 des Zweiten Gesetzes zur Vereinfachung der Wahl der Arbeitnehmervertreter in den Aufsichtsrat aufgehoben werden, treten an ihre Stelle die entsprechenden Vorschriften dieses Gesetzes.

26 b. Europäische Aktiengesellschaft (Societas Europaea)

Aktuelle höchstrichterliche Rechtsprechung

Datum	Gericht/Az.	Fundstelle	Thema
23.7.19	BGH II ZB 20/18	DB 19, 2120	Mitbestimmung kraft Gesetzes nach Umwandlung in SE

Einleitung

I. Geschichtliche Entwicklung

Das Vorhaben der Einführung einer Europäischen Gesellschaftsform, der »Societas Europaea« (SE, Europäische Gesellschaft) hat seine Ursprünge in den 1970er Jahren und benötigte rund 30 Jahre zu seiner Realisierung (dazu *Herfs-Roettgen*, NZA 01, 424; *Pluskat*, EuZW 01, 524; *Köstler*, Mitbestimmung 1 – 2/01, 48; *Thoma/Leuering*, NJW 02, 1449). Es ging darum, eine Gesellschaftsform europäischen Rechts anzubieten, allerdings immer nur im Wege einer Umwandlung aus einer oder mehreren bereits existierenden Gesellschaften nationalen Rechts.

Einer der Hauptstreitpunkte, der der Verabschiedung des Projektes lange Zeit im Wege stand, war die Mitbestimmung der Arbeitnehmer. Hier galt es einen Ausgleich zu finden zwischen dem deutschen Modell einer fast paritätischen Mitbestimmung und Rechtsordnungen ohne unternehmerische Mitbestimmung. Hinzu kam das Problem, dass die europäischen Rechtsordnungen unterschiedliche gesellschaftsrechtliche Konzepte kennen. Dem aus Deutschland bekannten dualistischen Modell mit Vorstand und Kontrollorgan (Aufsichtsrat) steht ein monistisches Modell gegenüber, in dem beide Funktionen innerhalb des einheitlichen *board* verfolgt werden und das operative Geschäft durch geschäftsführende Vorstandsmitglieder erledigt wird.

Ein erster Schritt zur Überwindung des Dilemmas war die Aufspaltung des Vorhabens in eine EG-Verordnung über das Gesellschaftsrecht der SE und in eine von den Mitgliedstaaten umzusetzende EG-Richtlinie über die Mitbestimmung der Arbeitnehmer in der SE. Damit war die inhaltlich umstrittene Frage der Ausgestaltung der Mitbestimmung aber noch keinesfalls gelöst. Dies gelang erst, nachdem in intensiven Vorarbeiten der sog. *Davignon-Gruppe* der Erkenntnis Rechnung getragen wurde, dass es praktisch nicht möglich ist, eine europaweit einheitliche Regelung der Arbeitnehmermitbestimmung zu finden. Man wählte daher den bereits beim Europäischen Betriebsrat (Nr. 12 c) beschrittenen Weg, vorrangig eine Verhandlungslösung anzustreben. Erst bei Scheitern einer einvernehmlichen Lösung tritt eine gesetzliche Auffanglösung in Kraft. Diese ist darauf angelegt, das höchste Mitbestimmungsniveau der an der Gründung einer SE beteiligten Unternehmen zu sichern. Dies sichert insbesondere bei Beteiligung deutscher Unternehmen die Mitbestimmung im Aufsichtsrat nach dem MitbestG (*Krause*, BB 05, 1221).

Die Regelungen über die SE sind daher auf mehrere Rechtsakte verteilt:

- Das Gesellschaftsrecht ist in der Verordnung (EG) Nr. 2157/2001 des Rates vom 8.10.2001 über das Statut der Europäischen Gesellschaft (SE) (ABl. L 294/1) geregelt. Sie trat am 8.10.2004 in Kraft. In der Bundesrepublik ist dazu das Gesetz zur Ausführung der Verordnung (EG) Nr. 2157/2001 des Rates vom 8.10.2001 über das Statut der Europäischen Gesellschaft (SE) (SE-Ausführungsgesetz – SEAG) vom 22.12.2004 (BGBl. I 3675) ergangen.
- Die Arbeitnehmermitbestimmung ist geregelt in der Richtlinie 2001/86/EG des Rates vom 8.10.2001 zur Ergänzung des Statuts der Europäischen Gesellschaft hinsichtlich der Beteiligung der Arbeitnehmer (ABl. L 294/22). Sie wurde umgesetzt durch das Gesetz über die Beteiligung der Arbeitnehmer in einer Europäischen Gesellschaft (SE-Beteiligungsgesetz – SEBG) vom 22.12.2004 (BGBl. I 3686).

Durch das Gesetz für die gleichberechtigte Teilhabe von Frauen und Männern an Führungspositionen in der Privatwirtschaft und im öffentlichen Dienst v. 24.4.2015 (BGBl. I 642) wurde der 30-Prozent-Anteil von Frauen und Männern auch für den Verwaltungsrat bzw. das Aufsichtsorgan einer börsennotierten SE vorgeschrieben, soweit das Organ (quasi-)paritätisch ausgestaltet ist (§§ 17 Abs. 2, 24 Abs. 3 SEAG).

II. Wesentlicher Gesetzesinhalt

1. Die Societas Europaea (SE)

Es gibt 4 Gründungsmodelle für die SE:

- Fusion von Aktiengesellschaften aus mind. 2 Mitgliedstaaten (Verschmelzungs-SE)
- Gründung einer gemeinsamen Holding durch GmbHs/AGs aus mind. 2 Mitgliedstaaten (Holding-SE)
- Gründung einer gemeinsamen Tochtergesellschaft durch Gesellschaften oder Körperschaften aus mind. 2 Mitgliedstaaten (Tochter-SE)
- Umwandlung aus einer Aktiengesellschaft, die seit mind. 2 Jahren eine Tochtergesellschaft in einem anderen Mitgliedstaat besitzt (Umwandlungs-SE).

Hinsichtlich der internen Verfassung wird durch Satzung bestimmt, ob die SE eine monistische oder eine dualistische Struktur haben soll. Für die Wahl des Strukturmodells bedurfte es hinsichtlich beider Modelle in allen Mitgliedstaaten nationaler Ausführungsgesetze, so dass eine Unmenge unterschiedlich strukturierter Europäischer Aktiengesellschaften denkbar ist, mit der Folge, dass die Wahl des optimalen Gesellschaftssitzes eine kaum lösbare Aufgabe darstellen kann (*Oetker*, ZESAR 05, 3, 4).

2. Mitbestimmung in der SE

Für die Mitbestimmung gilt vorrangig der Verhandlungsweg. Die betroffenen Arbeitnehmer in den einzelnen Mitgliedstaaten entsenden durch Wahl Vertreter in ein besonderes Verhandlungsgremium nach §§ 4 ff. SEBG, das mit der Unternehmerseite über eine Vereinbarung über die Arbeitnehmerbeteiligung entscheidet. Dabei entsendet jeder betroffene Mitgliedstaat einen Vertreter. Für je 10 % der Gesamtarbeitnehmerzahl entsendet ein Mitgliedstaat einen weiteren Vertreter. Jeder dritte Arbeitnehmervertreter aus Deutschland unterliegt einem gewerkschaftlichen Vorschlagsrecht nach §§ 6, 8 SEBG.

Die gesamte Mitbestimmungsfrage (ob Verhandlungen oder Auffanglösung) bezieht sich immer auf 2 Gegenstände:

- Die Unterrichtung und Anhörung entsprechend der EBR-Richtlinie (vgl. Einl. I zum EBRG, Nr. 13). Hier ist die Errichtung eines SE-Betriebsrats oder eines alternativen Verfahrens nach § 21 SEBG vorgesehen.
- Die Mitbestimmung im Aufsichts- oder Verwaltungsorgan. Sie ist an sich nicht zwingend, außer über die Vorher-Nachher-Betrachtung gemäß § 35 Abs. 1 im Fall einer Umwandlungs-SE. Für Letztere kommt es nach einem sehr sorgfältig begründeten Beschluss des *OLG Frankfurt/M.* darauf an, welche Mitbestimmungsregelung vorher objektiv gegolten hat, nicht etwa, welches Modell in dem Unternehmen – womöglich rechtswidrig – praktiziert wurde (27. 8. 2018 – 21 W 29/18, DB 18, 2488; a. A. z.B. *LG München I* – 38 O 15760/17, DB 18, 2572 [OS]). Der *BGH* hat dies jedenfalls für die Konstellation bestätigt, in der bereits vor Eintragung der SE ein Statusverfahren eingeleitet worden ist. Im Übrigen hat er die Frage offengelassen, jedoch darauf hingewiesen, dass die Ermittlung eines noch nicht praktizierten Soll-Zustands der Mitbestimmung eines geregelten Verfahrens bedürfe (*BGH* 23. 7. 2019 – II ZB 20/18, BB 19, 2300).

Die Mitbestimmungsvereinbarung bedarf der Mehrheit der Mitglieder des Besonderen Verhandlungsgremiums und der Repräsentanten der Mehrheit der Arbeitnehmer; würde allerdings für eine der beteiligten Gesellschaften eine Mitbestimmungsverschlechterung eintreten, bedarf es einer ⅔-Mehrheit der Mitglieder, wobei gleichzeitig ⅔ der Arbeitnehmer aus zwei Mitgliedstaaten dadurch repräsentiert sein müssen (§ 15 SEBG). Das besondere Verhandlungsgremium kann auch beschließen, nicht zu verhandeln, was zur Folge hat, dass allein die innerstaatlichen Vorschriften in den einzelnen Mitgliedstaaten zur Anwendung kommen (§ 16 SEBG). Deshalb scheidet die unternehmerische Mitbestimmung nach dem MitbestG oder dem DrittelbG wegen der Rechtsformbindung dieser Gesetze aus, während ein EBR nach dem EBRG zu errichten ist.

Kommt es nicht innerhalb eines ½ Jahres (bzw. bei Einvernehmen Verlängerung auf ein Jahr) zu einer Einigung oder einigt man sich auf die Auffangregelung, gilt ein im Anhang zur Richtlinie niedergelegtes Auffangmodell. Mitgliedstaaten, die bisher keine Mitbestimmung kennen (z. B. Spanien), können auf die Einführung des Auffangmodells verzichten. In einem solchen Fall ist eine Verschmelzungs-SE aber nur dann eintragungsfähig, wenn eine Mitbestimmungsvereinbarung vorliegt oder keine der beteiligten Gesellschaften zuvor mitbestimmt war (Schutz erworbener Rechte!). Ein gewisser Druck auf die Arbeitgeberseite entsteht bei den Verhandlungen dadurch, dass die Handelsregistereintragung gemäß Art. 12 Abs. 2 und 3 SE-VO erst möglich ist bei endgültiger Klarheit über die Mitbestimmungslösung. Das dauert dann mind. ½ Jahr, wenn man sich nicht vorher einigt.

Die Regelung der Mitbestimmung im Auffangmodell sieht die Errichtung eines Organs der Arbeitnehmervertretung (SE-Betriebsrat) vor, das in transnationalen Angelegenheiten zu unterrichten und anzuhören ist, ausgerichtet am Europäischen Betriebsrat (vgl. Nr. 13; §§ 23 ff. SEBG). Hinsichtlich der Mitbestimmung (§§ 35 ff. SEBG) bleibt bei der Umwandlungs-SE die bisherige Mitbestimmungsregelung nach § 35 Abs. 1 SEBG erhalten; bei anderen SE muss vor der Gründung in mind. einer Gesellschaft eine Mitbestimmung existiert haben, dann gilt das höchste bisherige Mitbestimmungsniveau und die Arbeitnehmervertreter im Aufsichts- oder Verwaltungsrat werden gemäß § 36 SEBG auf Vorschlag des SE-BR von der Hauptversammlung gewählt.

III. Vergleichbare Mitbestimmungslösung in der Europäischen Genossenschaft (SCE)

Für die Europäische Genossenschaft (Verordnung [EG] Nr. 1435/2003 des Rates vom 22. 7. 2003 über das Statut der Europäischen Genossenschaft [SCE], ABl.EG L 207/1 vom 18. 8. 2003) wurde dasselbe Mitbestimmungsmodell wie bei der SE gewählt (Richtlinie 2003/72/EG des Rates vom 22. 7. 2003 zur Ergänzung des Statuts der Europäischen Genossenschaft hinsichtlich der Beteiligung der Arbeitnehmer, ABl. L 207/25 vom 18. 8. 2003). Eine Umsetzung erfolgte durch das SCE-Beteiligungsgesetz (SCEBG, s. Fn. zu § 21).

IV. Anwendungsprobleme und Rechtstatsachen

Die SE war zunächst nicht sonderlich verbreitet (ausführliche Bestandsaufnahme mit Daten auf www.worker-participation.eu/). Mitte 2007 gab es lediglich 78 Gesellschaften, davon 4 in Deutschland. Es gibt aber einen ansteigenden Trend, so waren im Jahr 2008 schon weit über 200 SEs zu zählen (*Eidenmüller/Engert/Hornuf*, AG 08, 721 ff.). Am 1. 7. 2019 waren es 3228. Davon sind allerdings nach Angaben der Hans-Böckler-Stiftung nur 637 Gesellschaften, also etwas mehr als ein Fünftel, operativ tätig mit mehr als 5 Arbeitnehmern. Von diesen »normalen« SEs ist mehr als die Hälfte in Deutschland ansässig, wobei knapp ⅔ eine dualistische und gut ⅓ eine monistische Struktur haben. Weniger als ⅛ der dualistischen SE in Deutschland sind paritätisch mitbestimmt. Aufmerksamkeit erregte seinerzeit neben der Umwandlung der BASF in eine SE mit Verkleinerung des Aufsichtsrats die Gründung einer Holding-SE bei Porsche mit der Streitfrage einer Einbeziehung der VW-Arbeitnehmervertreter in den SE-Betriebsrat.
Insgesamt kann aber – ungeachtet einzelner spektakulärer Fälle – angesichts der geringen Verbreitung kaum von einem Mittel zur Flucht aus der Mitbestimmung gesprochen werden. Das findet eine Bestätigung in dem Umstand, dass 2009 nicht einmal die Hälfte der in Deutschland gegründeten, operativ tätigen SEs zuvor mitbestimmt waren (vgl. Böckler impuls 18/09, S. 2). Im Übrigen bleibt bei Gründung der SE ja auch ein aktiver Gestaltungsspielraum für das Besondere Verhandlungsgremium mit der Auffanglösung im Rücken. Wohl nicht zuletzt aus diesem Grund hat sich die SE bislang nicht in nennenswertem Umfang als Modell zur Flucht aus der Mitbestimmung erwiesen (Böckler Impuls 3/16, 1). Als problematisch erweist es sich, dass zuvor nicht mitbestimmte Gesellschaften, die

auch als SE mitbestimmungsfrei sind, anders als Kapitalgesellschaften nicht mehr durch Überschreitung von Schwellenwerten in die paritätische (s. MitbestG, Nr. 26) oder drittelparitätische (s. DrittelBG, Nr. 26) Mitbestimmung hineinwachsen können (vgl. Böckler impuls 11/12, S. 7).

V. Rechtspolitische Diskussion

Ein Bericht der Kommission über die Anwendung der SE-Verordnung (KOM [2010] 676 endg.) zeigt, dass die Errichtung von SE nicht ohne praktische Probleme abläuft und keineswegs in allen Mitgliedstaaten auf Interesse gestoßen ist. Die Kommission erwägt möglichen Änderungsbedarf und will ggf. Vorschläge unterbreiten.

Häufig werden zunächst Vorrats-SEs gegründet, die erst später durch operativ tätige Unternehmen genutzt werden. Für solche Fälle wird eine gesetzliche Klarstellung gefordert, dass bei einer solchen »Aktivierung« eine erneute Verhandlung der Mitbestimmung erforderlich sei (s. Böckler impuls 11/12, S. 7).

Nach Einführung der SE sind die wesentlichen rechtspolitischen Aktivitäten des Europäischen Mitbestimmungsrechts zu einem Abschluss gebracht. Weitere Projekte des Europäischen Vereins und der Europäischen Gegenseitigkeitsgesellschaft standen vor demselben Mitbestimmungsproblem, werden derzeit aber nicht mehr verfolgt, nachdem die Kommission die entsprechenden Vorschläge zurückgezogen hat. Ebenfalls hat die Kommission den Vorschlag für eine europäische Stiftung (FE), der keine Beteiligung an der Unternehmensleitung oder im Aufsichtsrat, sondern nur einen Europäischen Betriebsrat vorsah, zurückgenommen (zum Vorschlag: *Seifert*, AuR 13, 150 ff.).

Das Vorhaben einer Europäischen Privatgesellschaft (SPE) war arbeitsrechtlich nur unzureichend flankiert (KOM [2008] 396 endg.; krit. insb. *Koberski/Heuschmid*, RdA 10, 207; *Sick/Thannisch*, AuR 11, 155; 246; dagegen *Hommelhoff*, AuR 11, 202; rechtspolitische Erwägungen zur Mitbestimmung bei *Hommelhoff/Krause/Teichmann*, GmbHR 08, 1193). Der Vorschlag wurde zurückgenommen (ABl. 2014 C 153/6). Der stattdessen angenommene Vorschlag für eine Richtlinie über die Ein-Personen-Gesellschaft (Societas Unius Personae – SUP) vorgelegt (KOM [2014] 212 endg.) war dann gleichermaßen dadurch gekennzeichnet, dass er die missbräuchliche Ausschaltung der deutschen Mitbestimmung gestattet hätte (vgl. Böckler impuls 17/14, S. 7; vgl. auch Einl. V zum MgVG bis 43. Aufl.), wurde zwischenzeitlich aber ebenfalls zurückgenommen (ABl. C 233/7).

Weiterführende Literatur

Handbücher und Kommentare

Blanke/Hayen/Kunz/Carlson, Europäische Betriebsräte-Gesetz, Kommentar, 3. Aufl. (2018)

Gaul/Ludwig/Forst, Europäisches Mitbestimmungsrecht (2015)

Habersack/Drinhausen, SE-Recht, 2. Aufl. (2016)

Köstler, Die Europäische Gesellschaft, Eine Einführung in die Europäische Aktiengesellschaft mit Anmerkungen zur grenzüberschreitenden Verschmelzung (2011)

Lutter/Hommelhoff/Teichmann, SE-Kommentar, 2. Aufl. (2015)

Rose/Köstler, Mitbestimmung in der Europäischen Aktiengesellschaft (SE), Betriebs- und Dienstvereinbarungen, Analyse und Handlungsempfehlungen, 2. Aufl. (2014)

Stollt/Wolters, Arbeitnehmerbeteiligung in der Europäischen Aktiengesellschaft (SE), Ein Handbuch für die Praxis (2012)

Aufsätze

Forst, Folgen der Beendigung einer SE-Beteiligungsvereinbarung, EuZW 2011, S. 333

Häferer/Klare, Das Schicksal britischer Arbeitnehmermandate in der SE im Falle eines »harten Brexits«, NZA 2019, S. 352

Lambach, Europäische Gesellschaft, AiB 2010, S. 192

Müller-Bonanni/Müntefering, Arbeitnehmerbeteiligung bei SE-Gründung und grenzüberschreitender Verschmelzung im Vergleich, BB 2009, S. 1699

Nagel, Die Mitbestimmung bei der formwechselnden Umwandlung einer deutschen AG in eine Europäische Gesellschaft (SE), AuR 2007, S. 329

Oetker, Unternehmensmitbestimmung in der SE kraft Vereinbarung, ZIP 2006, S. 1113

Teichmann, Bestandsschutz für die Mitbestimmung bei Umwandlung in eine SE, ZIP 2014, S. 1049

Thüsing, SE-Betriebsrat kraft Vereinbarung, ZIP 2006, S. 1469

Gesetz über die Beteiligung der Arbeitnehmer in einer Europäischen Gesellschaft (SE-Beteiligungsgesetz – SEBG)[1]

vom 22. Dezember 2004 (BGBl. I 3675, 3686)

(Abgedruckte Vorschriften: §§ 18, 21–23, 34, 35)

§ 18 Wiederaufnahme der Verhandlungen (1) Frühestens zwei Jahre nach dem Beschluss nach § 16 Abs. 1 wird auf schriftlichen Antrag von mindestens 10 Prozent der Arbeitnehmer der SE, ihrer Tochtergesellschaften und Betriebe oder von deren Vertretern ein besonderes Verhandlungsgremium erneut gebildet, mit der Maßgabe, dass an die Stelle der beteiligten Gesellschaften, betroffenen Tochtergesellschaften und betroffenen Betriebe die SE, ihre Tochtergesellschaften und Betriebe treten. Die Parteien können eine frühere Wiederaufnahme der Verhandlungen vereinbaren.

(2) Wenn das besondere Verhandlungsgremium die Wiederaufnahme der Verhandlungen mit der Leitung der SE nach Absatz 1 beschließt, in diesen Verhandlungen jedoch keine Einigung erzielt wird, finden die §§ 22 bis 33 über den SE-Betriebsrat kraft Gesetzes und die §§ 34 bis 38 über die Mitbestimmung kraft Gesetzes keine Anwendung.

(3) Sind strukturelle Änderungen der SE geplant, die geeignet sind, Beteiligungsrechte der Arbeitnehmer zu mindern, finden auf Veranlassung der Leitung der SE oder des SE-Betriebsrats Verhandlungen über die Beteiligungsrechte der Arbeitnehmer der SE statt. Anstelle des neu zu bildenden besonderen Verhandlungsgremiums können die Verhandlungen mit der Leitung der SE einvernehmlich von dem SE-Betriebsrat gemeinsam mit Vertretern der von der geplanten strukturellen Änderung betroffenen Arbeitnehmer, die bisher nicht von dem SE-Betriebsrat vertreten werden, geführt werden. Wird in diesen Verhandlungen keine Einigung erzielt, sind die §§ 22 bis 33 über den SE-Betriebsrat kraft Gesetzes und die §§ 34 bis 38 über die Mitbestimmung kraft Gesetzes anzuwenden.

(4) In den Fällen der Absätze 1 und 3 gelten die Vorschriften des Teils 2 mit der Maßgabe, dass an die Stelle der Leitungen die Leitung der SE tritt.

§ 21 Inhalt der Vereinbarung[2] (1) In der schriftlichen Vereinbarung zwischen den Leitungen und dem besonderen Verhandlungsgremium wird, unbeschadet

---

1 Dieses Gesetz dient der Umsetzung der Richtlinie 2001/86/EG des Rates vom 8. Oktober 2001 zur Ergänzung des Statuts der Europäischen Gesellschaft hinsichtlich der Beteiligung der Arbeitnehmer (ABl. EG Nr. L 294 S. 22)

2 Vgl. Parallelvorschriften des **Gesetzes über die Beteiligung der Arbeitnehmer und Arbeitnehmerinnen in einer Europäischen Genossenschaft** (SCE-Beteiligungsgesetz – SCEBG) vom 14. August 2006 (BGBl. I S. 1911, 1917). Die Regelungen zur Mitbestimmung entsprechen strukturell denen des SEBG (vgl. Einl. II 2).

der Autonomie der Parteien im Übrigen und vorbehaltlich des Absatzes 6, festgelegt:

1. der Geltungsbereich der Vereinbarung, einschließlich der außerhalb des Hoheitsgebietes der Mitgliedstaaten liegenden Unternehmen und Betriebe, sofern diese in den Geltungsbereich einbezogen werden;
2. die Zusammensetzung des SE-Betriebsrats, die Anzahl seiner Mitglieder und die Sitzverteilung, einschließlich der Auswirkungen wesentlicher Änderungen der Zahl der in der SE beschäftigten Arbeitnehmer;
3. die Befugnisse und das Verfahren zur Unterrichtung und Anhörung des SE-Betriebsrats;
4. die Häufigkeit der Sitzungen des SE-Betriebsrats;
5. die für den SE-Betriebsrat bereitzustellenden finanziellen und materiellen Mittel;
6. der Zeitpunkt des Inkrafttretens der Vereinbarung und ihre Laufzeit; ferner die Fälle, in denen die Vereinbarung neu ausgehandelt werden soll und das dabei anzuwendende Verfahren.

(2) Wenn kein SE-Betriebsrat gebildet wird, haben die Parteien die Durchführungsmodalitäten des Verfahrens oder der Verfahren zur Unterrichtung und Anhörung festzulegen. Absatz 1 gilt entsprechend.

(3) Für den Fall, dass die Parteien eine Vereinbarung über die Mitbestimmung treffen, ist deren Inhalt festzulegen. Insbesondere soll Folgendes vereinbart werden:

1. die Zahl der Mitglieder des Aufsichts- oder Verwaltungsorgans der SE, welche die Arbeitnehmer wählen oder bestellen können oder deren Bestellung sie empfehlen oder ablehnen können;
2. das Verfahren, nach dem die Arbeitnehmer diese Mitglieder wählen oder bestellen oder deren Bestellung empfehlen oder ablehnen können und
3. die Rechte dieser Mitglieder.

(4) In der Vereinbarung soll festgelegt werden, dass auch vor strukturellen Änderungen der SE Verhandlungen über die Beteiligung der Arbeitnehmer in der SE aufgenommen werden. Die Parteien können das dabei anzuwendende Verfahren regeln.

(5) Die Vereinbarung kann bestimmen, dass die Regelungen der §§ 22 bis 33 über den SE-Betriebsrat kraft Gesetzes und der §§ 34 bis 38 über die Mitbestimmung kraft Gesetzes ganz oder in Teilen gelten.

(6) Unbeschadet des Verhältnisses dieses Gesetzes zu anderen Regelungen der Mitbestimmung der Arbeitnehmer im Unternehmen muss in der Vereinbarung im Fall einer durch Umwandlung gegründeten SE in Bezug auf alle Komponenten der Arbeitnehmerbeteiligung zumindest das gleiche Ausmaß gewährleistet werden, das in der Gesellschaft besteht, die in eine SE umgewandelt werden soll. Dies gilt auch bei einem Wechsel der Gesellschaft von einer dualistischen zu einer monistischen Organisationsstruktur und umgekehrt.

§ 22 Voraussetzung (1) Die Regelungen der §§ 23 bis 33 über den SE-Betriebsrat kraft Gesetzes finden ab dem Zeitpunkt der Eintragung der SE Anwendung, wenn

1. die Parteien dies vereinbaren oder
2. bis zum Ende des in § 20 angegebenen Zeitraums keine Vereinbarung zustande gekommen ist und das besondere Verhandlungsgremium keinen Beschluss nach § 16 gefasst hat.

(2) Absatz 1 gilt entsprechend im Fall des § 18 Abs. 3.

§ 23 Errichtung des SE-Betriebsrats (1) Zur Sicherung des Rechts auf Unterrichtung und Anhörung in der SE ist ein SE-Betriebsrat zu errichten. Dieser setzt sich aus Arbeitnehmern der SE, ihrer Tochtergesellschaften und Betriebe zusammen. Für die Errichtung des SE-Betriebsrats gelten § 5 Abs. 1, § 6 Abs. 1 und 2 Satz 2 und 3, die §§ 7 bis 10 und 11 Abs. 1 Satz 2 und 3 entsprechend mit der Maßgabe, dass an die Stelle der beteiligten Gesellschaften, betroffenen Tochtergesellschaften und betroffenen Betriebe die SE, ihre Tochtergesellschaften und Betriebe treten. Im Fall des § 22 Abs. 1 Nr. 2 ist für die Feststellung der Zahl der beschäftigten Arbeitnehmer das Ende des in § 20 angegebenen Zeitraums maßgeblich. Die Mitgliedschaft im SE-Betriebsrat beginnt mit der Wahl oder Bestellung. Die Dauer der Mitgliedschaft der aus dem Inland kommenden Mitglieder beträgt vier Jahre, wenn sie nicht durch Abberufung oder aus anderen Gründen vorzeitig endet. Für die Abberufung gelten die §§ 8 bis 10 entsprechend mit der Maßgabe, dass an die Stelle der beteiligten Gesellschaften, betroffenen Tochtergesellschaften und betroffenen Betriebe die SE, ihre Tochtergesellschaften und Betriebe treten.

(2) Die Leitung der SE lädt unverzüglich nach Benennung der Mitglieder zur konstituierenden Sitzung des SE-Betriebsrats ein. Der SE-Betriebsrat wählt aus seiner Mitte einen Vorsitzenden und dessen Stellvertreter.

(3) Der Vorsitzende oder im Fall seiner Verhinderung der Stellvertreter vertritt den SE-Betriebsrat im Rahmen der von ihm gefassten Beschlüsse. Zur Entgegennahme von Erklärungen, die dem SE-Betriebsrat gegenüber abzugeben sind, ist der Vorsitzende oder im Fall seiner Verhinderung der Stellvertreter berechtigt.

(4) Der SE-Betriebsrat bildet aus seiner Mitte einen Ausschuss von drei Mitgliedern, dem neben dem Vorsitzenden zwei weitere zu wählende Mitglieder angehören. Der Ausschuss führt die laufenden Geschäfte des SE-Betriebsrats (geschäftsführender Ausschuss).

…

§ 34 Besondere Voraussetzungen (1) Liegen die Voraussetzungen des § 22 vor, finden die Regelungen über die Mitbestimmung der Arbeitnehmer kraft Gesetzes nach den §§ 35 bis 38 Anwendung

1. im Fall einer durch Umwandlung gegründeten SE, wenn in der Gesellschaft vor der Umwandlung Bestimmungen über die Mitbestimmung der Arbeitnehmer im Aufsichts- oder Verwaltungsorgan galten;
2. im Fall einer durch Verschmelzung gegründeten SE, wenn
   a) vor der Eintragung der SE in einer oder mehreren der beteiligten Gesellschaften eine oder mehrere Formen der Mitbestimmung bestanden und

sich auf mindestens 25 Prozent der Gesamtzahl der Arbeitnehmer aller beteiligten Gesellschaften und betroffenen Tochtergesellschaften erstreckten oder

b) vor der Eintragung der SE in einer oder mehreren der beteiligten Gesellschaften eine oder mehrere Formen der Mitbestimmung bestanden und sich auf weniger als 25 Prozent der Gesamtzahl der Arbeitnehmer aller beteiligten Gesellschaften und betroffenen Tochtergesellschaften erstreckten und das besondere Verhandlungsgremium einen entsprechenden Beschluss fasst;

3. im Fall einer durch Errichtung einer Holding-Gesellschaft oder einer Tochtergesellschaft gegründeten SE, wenn
   a) vor der Eintragung der SE in einer oder mehreren der beteiligten Gesellschaften eine oder mehrere Formen der Mitbestimmung bestanden und sich auf mindestens 50 Prozent der Gesamtzahl der Arbeitnehmer aller beteiligten Gesellschaften und betroffenen Tochtergesellschaften erstreckten oder
   b) vor der Eintragung der SE in einer oder mehreren der beteiligten Gesellschaften eine oder mehrere Formen der Mitbestimmung bestanden und sich auf weniger als 50 Prozent der Gesamtzahl der Arbeitnehmer aller beteiligten Gesellschaften und betroffenen Tochtergesellschaften erstreckten und das besondere Verhandlungsgremium einen entsprechenden Beschluss fasst.

(2) Bestanden in den Fällen von Absatz 1 Nr. 2 und 3 mehr als eine Form der Mitbestimmung im Sinne des § 2 Abs. 12 in den verschiedenen beteiligten Gesellschaften, so entscheidet das besondere Verhandlungsgremium, welche von ihnen in der SE eingeführt wird. Wenn das besondere Verhandlungsgremium keinen solchen Beschluss fasst und eine inländische Gesellschaft, deren Arbeitnehmern Mitbestimmungsrechte zustehen, an der Gründung der SE beteiligt ist, ist die Mitbestimmung nach § 2 Abs. 12 Nr. 1 maßgeblich. Ist keine inländische Gesellschaft, deren Arbeitnehmern Mitbestimmungsrechte zustehen, beteiligt, findet die Form der Mitbestimmung nach § 2 Abs. 12 Anwendung, die sich auf die höchste Zahl der in den beteiligten Gesellschaften beschäftigten Arbeitnehmer erstreckt.

(3) Das besondere Verhandlungsgremium unterrichtet die Leitungen über die Beschlüsse, die es nach Absatz 1 Nr. 2 Buchstabe b und Nr. 3 Buchstabe b und Absatz 2 Satz 1 gefasst hat.

§ 35 Umfang der Mitbestimmung (1) Liegen die Voraussetzungen des § 34 Abs. 1 Nr. 1 (Gründung einer SE durch Umwandlung) vor, bleibt die Regelung zur Mitbestimmung erhalten, die in der Gesellschaft vor der Umwandlung bestanden hat.

(2) Liegen die Voraussetzungen des § 34 Abs. 1 Nr. 2 (Gründung einer SE durch Verschmelzung) oder des § 34 Abs. 1 Nr. 3 (Gründung einer Holding-SE oder Tochter-SE) vor, haben die Arbeitnehmer der SE, ihrer Tochtergesellschaften

und Betriebe oder ihr Vertretungsorgan das Recht, einen Teil der Mitglieder des Aufsichts- oder Verwaltungsorgans der SE zu wählen oder zu bestellen oder deren Bestellung zu empfehlen oder abzulehnen. Die Zahl dieser Arbeitnehmervertreter im Aufsichts- oder Verwaltungsorgan der SE bemisst sich nach dem höchsten Anteil an Arbeitnehmervertretern, der in den Organen der beteiligten Gesellschaften vor der Eintragung der SE bestanden hat.

…

26 c. Gesetz über die Mitbestimmung der Arbeitnehmer bei einer grenzüberschreitenden Verschmelzung (MgVG)

Einleitung

I. Geschichtliche Entwicklung

Die Mitbestimmungsfrage stand – ebenso wie bei der SE (Nr. 26 b) – einem weiteren Projekt des Europäischen Gesellschaftsrechts, der Regelung grenzüberschreitender Fusionen, entgegen. Die Verschmelzung führt nicht zu einer europäischen Gesellschaftsform, sondern mündet in eine Gesellschaft, die einer nationalen Rechtsordnung untersteht. Erst mit der Richtlinie 2005/56/EG des Europäischen Parlaments und des Rates vom 26. 10. 2005 über die Verschmelzung von Kapitalgesellschaften aus verschiedenen Mitgliedstaaten (ABl. L 310/1, sog. 10. gesellschaftsrechtliche Richtlinie; inzwischen abgelöst durch die RL (EU) 2017/1132 v. 14. 6. 2017, ABl. L 169/46), gelang der Durchbruch (dazu *Drinhausen/Keinath*, RIW 06, 81). Noch vor Ablauf der Umsetzungsfrist hatte der *EuGH* in der Rechtssache *Sevic* (13. 12. 2005 – C-411/03, EWS 06, 27) entschieden, dass die generelle Unmöglichkeit einer grenzüberschreitenden Fusion nach dem UmwG europarechtswidrig war. Wenig später wurde die Richtlinie in deutsches Recht umgesetzt, und zwar bezüglich des Gesellschaftsrechts in §§ 122 a ff. UmwG und bezüglich der Beteiligung der Arbeitnehmer im Gesetz über die Mitbestimmung der Arbeitnehmer bei grenzüberschreitenden Verschmelzungen (MgVG) v. 21. 12. 2006 (BGBl. I 3332). Das MgVG regelt ebenso wie die 10. gesellschaftsrechtliche Richtlinie und anders als das SEBG nur die Unternehmensmitbestimmung, nicht aber die betriebliche Mitbestimmung. Dafür gelten die maßgeblichen Vorschriften des innerstaatlichen Rechts, in Deutschland des BetrVG (*Schubert*, RdA 07, 9, zum Kollisionsrecht der Betriebsverfassung s. Einl. III zur Rom I-Verordnung, Nr. 14 a).

II. Gesetzesinhalt

Im Ausgangspunkt gilt gemäß § 4 das Mitbestimmungsrecht des Sitzstaates der durch Verschmelzung entstehenden Gesellschaft. Abweichend davon sind gemäß § 5 Verhandlungen nach dem Vorbild des SEBG in folgenden Fällen vorgesehen:

- wenn in den letzten sechs Monaten vor Veröffentlichung des Verschmelzungsplans eine der beteiligten Gesellschaften mitbestimmt war und durchschnittlich mehr als 500 Arbeitnehmer beschäftigte,
- wenn das Recht des Sitzstaates nicht mind. den gleichen Mitbestimmungsumfang vorsieht wie in den jeweiligen an der Verschmelzung beteiligten Gesellschaften,
- wenn das Recht des Sitzstaates keine ausreichende Sicherung des bestehenden

Mitbestimmungsumfangs von Arbeitnehmern aus anderen Mitgliedstaaten vorsieht (d. h. insbesondere, wenn das Mitbestimmungssystem des Sitzstaates eine Beteiligung der Arbeitnehmer aus anderen Mitgliedstaaten nicht vorsieht; *Teichmann*, Der Konzern 2007, S. 89, 91).

In diesen Fällen bedarf es der Mitbestimmungsverhandlung. Die Einzelheiten sind in §§ 13 ff. entsprechend dem SEBG geregelt. Es gibt nur wenige Abweichungen. Die Leitungen können aber gemäß § 23 Abs. 1 Nr. 3 auch ohne Verhandlungen unmittelbar zur Auffangregelung übergehen. Verhandlungs- und Auffangregelung sind wie im SEBG geregelt. Das Besondere Verhandlungsgremium kann aber auch beschließen, keine Verhandlungen aufzunehmen oder Verhandlungen zu beenden. Es gilt dann gemäß § 18 das Mitbestimmungsrecht des Sitzlandes der neuen Gesellschaft.

Die Mitbestimmungsrechte haben nicht nur die Arbeitnehmer der Inlandsbetriebe der neuen Gesellschaft. Die Richtlinie fordert vielmehr, dass sie umfassend auch den Arbeitnehmern ihrer Auslandsbetriebe zustehen müssen (*EuGH* 20. 6. 2013 – C-635/11, EuZW 13, 662 – Kommission/Niederlande).

III. Anwendungsprobleme und Rechtstatsachen

Gemäß § 30 genießt das Mitbestimmungsmodell der neuen Gesellschaft 3 Jahre Bestandsschutz. Da es sich bei der neuen Gesellschaft um eine Gesellschaft nationalen Rechts handelt, kann mit einer nachfolgenden innerstaatlichen Verschmelzung eine Verschlechterung des Mitbestimmungsniveaus eintreten. Dadurch besteht die Gefahr missbräuchlicher Gestaltungen zur Flucht aus der Mitbestimmung (*Teichmann*, Der Konzern 2007, S. 89, 96 ff.). Insofern besteht eine Schutzlücke, auch wenn diese in der Praxis offenbar derzeit nicht genutzt wird: Von den bis 2012 erfolgten 381 internationalen Verschmelzungen erfolgten lediglich etwa 13 aus der Bundesrepublik heraus und es waren überhaupt nur 22 Verschmelzungen, also gerade einmal knapp 6 %, mitbestimmungsrelevant (*Bayer*, Grenzüberschreitende Verschmelzungen im Zeitraum 2007 – 2012 [im Internet: www.boeckler.de]).

IV. Rechtspolitische Diskussion

Im Rahmen einer öffentlichen Konsultation versuchte die Europäische Kommission, die Hindernisse für grenzüberschreitende Verschmelzungen zu identifizieren und dementsprechenden Änderungsbedarf zu klären. Die deutschen Arbeitgeber standen Änderungen der Mitbestimmungsfrage zurückhaltend gegenüber, weil das Mitbestimmungsmodell der Richtlinie sich bewährt habe.

Inzwischen wurde durch die RL (EU) 2019/2121 (v. 27. 11. 2019, ABl. 321/1; Entwurf: COM (2018) 241 final; dazu *Mückl/Götte*, BB 18, 2036) als Teil des sog. "company law package" u. a. die RL (EU) 2017/1132 über bestimmte Aspekte des Gesellschaftsrechts geändert, die Vorgaben für grenzüberschreitende Verschmelzungen und Spaltungen enthält. Künftig wird auch die grenzüberschreitende Umwandlung durch Satzungssitzverlegung geregelt. Für alle diese Vorhaben ist ein Sonderbericht der Unternehmensleitung zu den Auswirkungen entsprechender Maßnahmen auf die Arbeitsplätze und die Situation der Arbeitnehmer vorgesehen. In Art. 86 l der Richtlinie findet sich eine Regelung zur Mitbestimmung bei grenzüberschreitender Umwandlung durch Sitzverlegung, wonach zwar grundsätzlich das Recht des Zuzugstaates gilt, dieses aber unter bestimmten Voraussetzungen nach einer Vorher-nachher-Betrachtung nach dem Modell der SE-Beteiligung nicht zur Anwendung kommt. Die Regelungen zur Mitbestimmung bei grenzüberschreitenden Verschmelzungen sollen im Wesentlichen unverändert bleiben (Art. 133), während für grenzüberschreitende Spaltungen entsprechende Mitbestimmungsregelungen wie bei grenzüberschreitender Umwandlung vorgesehen sind (Art. 160 l). Die deutschen Gewerkschaften zeigten sich von dem politischen Kompromiss enttäuscht, weil ein wirksamer Schutz vor einem Abstreifen von Arbeitnehmerrechten nicht gewährleistet sei. Der DGB fordert daher eine flankierende Rahmenrichtlinie zur Unterrichtung, Anhörungen und Unternehmensmitbestimmung (Mitt. in: AuR 19, 270).

Weiterführende Literatur

Gaul/Ludwig/Forst, Europäisches Mitbestimmungsrecht (2015)

Krause/Janko, Grenzüberschreitende Verschmelzungen und Arbeitnehmermitbestimmung, BB 2007, S. 2194

Lunk/Hinrichs, Die Mitbestimmung der Arbeitnehmer bei grenzüberschreitenden Verschmelzungen nach dem MgVG, NZA 2007, S. 773

Müller-Bonanni/Müntefering, Grenzüberschreitende Verschmelzung ohne Arbeitnehmerbeteiligung?, NJW 2009, S. 2347

Nagel, Das Gesetz über die Mitbestimmung der Arbeitnehmer bei grenzüberschreitenden Verschmelzungen (MgVG), NZG 2007, S. 57

Schubert, Die Bestellung der Arbeitnehmervertreter im Aufsichts- und Verwaltungsorgan bei grenzüberschreitenden Verschmelzungen, ZIP 2009, S. 791

Teichmann, Mitbestimmung und grenzüberschreitende Verschmelzung, Der Konzern 2007, S. 89

Gesetz über die Mitbestimmung der Arbeitnehmer bei einer grenzüberschreitenden Verschmelzung (MgVG)

vom 21. Dezember 2006 (BGBl. I 3332),
geändert durch Gesetz vom 30. Juli 2009 (BGBl. I 2479)

(Abgedruckte Vorschriften: §§ 3–5, 22–24, 29, 30)

Teil 1 – Allgemeine Vorschriften

...

§ 3 Geltungsbereich (1) Dieses Gesetz gilt für eine aus einer grenzüberschreitenden Verschmelzung hervorgehende Gesellschaft mit Sitz im Inland. Es gilt unabhängig vom Sitz dieser Gesellschaft auch für Arbeitnehmer der aus einer grenzüberschreitenden Verschmelzung hervorgehenden Gesellschaft, die im Inland beschäftigt sind, sowie für inländische beteiligte Gesellschaften, betroffene Tochtergesellschaften und betroffene Betriebe.
(2) Mitgliedstaaten im Sinne dieses Gesetzes sind die Mitgliedstaaten der Europäischen Union und die anderen Vertragsstaaten des Abkommens über den Europäischen Wirtschaftsraum.

§ 4 Anwendung des Rechts des Sitzstaats Vorbehaltlich des § 5 finden auf die aus einer grenzüberschreitenden Verschmelzung hervorgehende Gesellschaft die Regelungen über die Mitbestimmung der Arbeitnehmer in den Unternehmensorganen des Mitgliedstaats Anwendung, in dem diese Gesellschaft ihren Sitz hat.

§ 5 Anwendung der Regelungen über die Mitbestimmung der Arbeitnehmer kraft Vereinbarung oder kraft Gesetzes Die nachfolgenden Regelungen über die Mitbestimmung der Arbeitnehmer kraft Vereinbarung oder in den Fällen des § 23 die Regelungen über die Mitbestimmung kraft Gesetzes finden Anwendung, wenn

1. in den sechs Monaten vor der Veröffentlichung des Verschmelzungsplans mindestens eine der beteiligten Gesellschaften durchschnittlich mehr als 500 Arbeitnehmer beschäftigt und in dieser Gesellschaft ein System der Mitbestimmung im Sinne des § 2 Abs. 7 besteht;
2. das für die aus einer grenzüberschreitenden Verschmelzung hervorgehende Gesellschaft maßgebende innerstaatliche Recht nicht mindestens den gleichen Umfang an Mitbestimmung der Arbeitnehmer vorsieht, wie er in den jeweiligen an der Verschmelzung beteiligten Gesellschaften bestand; der Umfang an Mitbestimmung der Arbeitnehmer bemisst sich nach dem Anteil der Arbeitnehmervertreter

a) im Verwaltungs- oder Aufsichtsorgan,
b) in Ausschüssen, in denen die Mitbestimmung der Arbeitnehmer erfolgt oder
c) im Leitungsgremium, das für die Ergebniseinheiten der Gesellschaften zuständig ist;

oder

3. das für die aus einer grenzüberschreitenden Verschmelzung hervorgehende Gesellschaft maßgebende innerstaatliche Recht für Arbeitnehmer in Betrieben dieser Gesellschaft, die sich in anderen Mitgliedstaaten befinden, nicht den gleichen Anspruch auf Ausübung von Mitbestimmung vorsieht, wie sie den Arbeitnehmern in demjenigen Mitgliedstaat gewährt werden, in dem die aus der grenzüberschreitenden Verschmelzung hervorgehende Gesellschaft ihren Sitz hat.

…

Teil 3 – Mitbestimmung der Arbeitnehmer

Kapitel 1 – Mitbestimmung kraft Vereinbarung

§ 22 Inhalt der Vereinbarung (1) In der schriftlichen Vereinbarung zwischen den Leitungen und dem besonderen Verhandlungsgremium wird, unbeschadet der Autonomie der Parteien im Übrigen, festgelegt:

1. der Geltungsbereich der Vereinbarung, einschließlich der außerhalb des Hoheitsgebietes der Mitgliedstaaten liegenden Unternehmen und Betriebe, sofern diese in den Geltungsbereich einbezogen werden;
2. der Zeitpunkt des Inkrafttretens der Vereinbarung und ihre Laufzeit; ferner die Fälle, in denen die Vereinbarung neu ausgehandelt werden soll, und das dabei anzuwendende Verfahren;
3. die Zahl der Mitglieder des Aufsichts- oder Verwaltungsorgans der aus der grenzüberschreitenden Verschmelzung hervorgehenden Gesellschaft, welche die Arbeitnehmer wählen oder bestellen können oder deren Bestellung sie empfehlen oder ablehnen können;
4. das Verfahren, nach dem die Arbeitnehmer diese Mitglieder wählen oder bestellen oder deren Bestellung empfehlen oder ablehnen können, und
5. die Rechte dieser Mitglieder.

(2) In der Vereinbarung soll festgelegt werden, dass auch vor strukturellen Änderungen der aus der grenzüberschreitenden Verschmelzung hervorgehenden Gesellschaft Verhandlungen über die Mitbestimmung der Arbeitnehmer aufgenommen werden. Die Parteien können das dabei anzuwendende Verfahren regeln.

(3) Die Vereinbarung kann bestimmen, dass die Regelungen der §§ 23 bis 27 über die Mitbestimmung kraft Gesetzes ganz oder in Teilen gelten.

(4) Steht die Satzung der aus einer grenzüberschreitenden Verschmelzung her-

vorgehenden Gesellschaft im Widerspruch zu den Regelungen über die Mitbestimmung kraft Vereinbarung, ist die Satzung anzupassen.

Kapitel 2 – Mitbestimmung kraft Gesetzes

§ 23 Voraussetzung (1) Die Regelungen dieses Kapitels finden ab dem Zeitpunkt der Eintragung der aus der grenzüberschreitenden Verschmelzung hervorgehenden Gesellschaft Anwendung, wenn
1. die Parteien dies vereinbaren oder
2. bis zum Ende des in § 21 angegebenen Zeitraums keine Vereinbarung zustande gekommen ist und das besondere Verhandlungsgremium keinen Beschluss nach § 18 gefasst hat oder
3. die Leitungen der an der Verschmelzung beteiligten Gesellschaften entscheiden, diese Regelungen ohne vorhergehende Verhandlung unmittelbar ab dem Zeitpunkt der Eintragung anzuwenden.

In den Fällen des Satzes 1 Nr. 2 und 3 muss vor der Eintragung der aus der grenzüberschreitenden Verschmelzung hervorgehenden Gesellschaft in einer oder mehreren der beteiligten Gesellschaften eine oder mehrere Formen der Mitbestimmung bestanden haben, die
1. sich auf mindestens ein Drittel der Gesamtzahl der Arbeitnehmer aller beteiligten Gesellschaften und betroffenen Tochtergesellschaften erstreckte oder
2. sich auf weniger als ein Drittel der Gesamtzahl der Arbeitnehmer aller beteiligten Gesellschaften und betroffenen Tochtergesellschaften erstreckte und das besondere Verhandlungsgremium einen entsprechenden Beschluss fasst.

(2) Bestand in den Fällen von Absatz 1 mehr als eine Form der Mitbestimmung im Sinne des § 2 Abs. 7 in den verschiedenen beteiligten Gesellschaften, so entscheidet das besondere Verhandlungsgremium, welche von ihnen in der aus der grenzüberschreitenden Verschmelzung hervorgehenden Gesellschaft eingeführt wird. Wenn das besondere Verhandlungsgremium keinen solchen Beschluss fasst und eine inländische Gesellschaft, deren Arbeitnehmern Mitbestimmungsrechte zustehen, an der Verschmelzung beteiligt ist, ist die Mitbestimmung nach § 2 Abs. 7 Nr. 1 maßgeblich. Ist keine inländische Gesellschaft, deren Arbeitnehmern Mitbestimmungsrechte zustehen, beteiligt, findet die Form der Mitbestimmung nach § 2 Abs. 7 Anwendung, die sich auf die höchste Zahl der in den beteiligten Gesellschaften beschäftigten Arbeitnehmer erstreckt.
(3) Das besondere Verhandlungsgremium unterrichtet die Leitungen über die Beschlüsse, die es nach Absatz 1 Satz 2 Nr. 2 und Absatz 2 Satz 1 gefasst hat.

§ 24 Umfang der Mitbestimmung (1) Die Arbeitnehmer der aus der grenzüberschreitenden Verschmelzung hervorgehenden Gesellschaft, ihrer Tochtergesellschaften und Betriebe oder ihr Vertretungsorgan haben das Recht, einen Teil der Mitglieder des Aufsichts- oder Verwaltungsorgans der aus der grenz-

überschreitenden Verschmelzung hervorgehenden Gesellschaft zu wählen oder zu bestellen oder deren Bestellung zu empfehlen oder abzulehnen. Die Zahl dieser Arbeitnehmervertreter im Aufsichts- oder Verwaltungsorgan der aus der grenzüberschreitenden Verschmelzung hervorgehenden Gesellschaft bemisst sich nach dem höchsten Anteil an Arbeitnehmervertretern, der in den Organen der beteiligten Gesellschaften vor der Eintragung der aus der grenzüberschreitenden Verschmelzung hervorgehenden Gesellschaft bestanden hat.
(2) Handelt es sich bei der aus einer grenzüberschreitenden Verschmelzung hervorgehenden Gesellschaft nach Absatz 1 um eine Gesellschaft mit beschränkter Haftung, so ist in dieser Gesellschaft ein Aufsichtsrat zu bilden. § 90 Abs. 3, 4, 5 Satz 1 und 2, §§ 95 bis 116, 118 Abs. 3, § 125 Abs. 3 und 4 und §§ 170, 171, 268 Abs. 2 des Aktiengesetzes sind entsprechend anzuwenden, soweit nicht in den Vorschriften dieses Gesetzes ein anderes bestimmt ist.
(3) Steht die Satzung der aus einer grenzüberschreitenden Verschmelzung hervorgehenden Gesellschaft im Widerspruch zu den Regelungen über die Mitbestimmung kraft Gesetzes, ist die Satzung anzupassen.
…

Kapitel 3 – Verhältnis zum nationalen Recht

§ 29 Fortbestehen nationaler Arbeitnehmervertretungsstrukturen Regelungen über die Arbeitnehmervertretungen und deren Strukturen in einer beteiligten Gesellschaft mit Sitz im Inland, die durch die Verschmelzung als eigenständige juristische Person erlischt, bestehen nach Eintragung der aus der grenzüberschreitenden Verschmelzung hervorgehenden Gesellschaft fort. Die Leitung der aus der grenzüberschreitenden Verschmelzung hervorgegangenen Gesellschaft stellt sicher, dass diese Arbeitnehmervertretungen ihre Aufgaben weiterhin wahrnehmen können.

§ 30 Nachfolgende innerstaatliche Verschmelzungen Bei innerstaatlichen Verschmelzungen, die einer grenzüberschreitenden Verschmelzung nachfolgen, richtet sich die Mitbestimmung der Arbeitnehmer entsprechend § 4 nach den nationalen Regelungen. Sehen diese Regelungen nicht mindestens den in der aus der grenzüberschreitenden Verschmelzung hervorgegangenen Gesellschaft bestehenden Umfang an Mitbestimmung im Sinne des § 5 Nr. 2 vor, gelten die für diese Gesellschaft maßgeblichen Regelungen über die Mitbestimmung für die Dauer von drei Jahren ab deren Eintragung in der aus der innerstaatlichen Verschmelzung hervorgehenden Gesellschaft fort.
…

27. Gesetz über die Mitbestimmung der Arbeitnehmer in den Aufsichtsräten und Vorständen der Unternehmen des Bergbaus und der Eisen und Stahl erzeugenden Industrie (Montan-Mitbestimmungsgesetz – MontanMitbestG)

Einleitung

I. Geschichtliche Entwicklung

1. Verabschiedung des MontanMitbestG

Eine Mitbestimmung mit paritätischer Besetzung des Aufsichtsrats und einem »neutralen Mann«, gleichgewichtiger Beteiligung von entsandten Vertretern der Gewerkschaften sowie dem Arbeitsdirektor als vom Vertrauen der Arbeitnehmervertreter getragenem Vorstandsmitglied, wie sie das Montan-Modell vorsieht, hatte es schon gegeben, bevor sie im Mitbestimmungsgesetz gesetzlich geregelt wurde. Unter dem Eindruck der Niederlage des Nationalsozialismus und des mit ihm verbundenen Unternehmertums, der Sozialisierungsvorstellungen der wichtigsten deutschen Parteien unmittelbar nach dem Kriege und auch um weitgehende Demontage- und Entflechtungsvorhaben der alliierten Siegerstaaten abzuwehren, hatten die Stahlindustriellen selbst der qualifizierten Unternehmensmitbestimmung zugestimmt. Sie wurde 1947 in den meisten Unternehmen der Eisen- und Stahlindustrie der Britischen Zone eingeführt (s. hierzu Interview mit dem ehemaligen Leiter der Stahlkontrollbehörde Harris-Burland, Die Mitbestimmung 1983, S. 526). Die gesetzliche Regelung dieser Mitbestimmung durch das Mitbestimmungsgesetz bedeutete somit vor allem – neben der Einbeziehung des Steinkohlebergbaus wegen seiner engen Zuordnung zur Stahlindustrie – eine Sicherung des mitbestimmungspolitischen Besitzstandes der betroffenen Arbeitnehmer. Die von Konrad Adenauer geführte Regierung hatte im Laufe des Jahres 1950 auf Drängen des Koalitionspartners FDP und des Wirtschaftsministers Ludwig Erhard einen Abbau der vorhandenen Mitbestimmung angestrebt mit dem Ziel, das alte Gesellschaftsrecht ohne Einflussmöglichkeiten der Arbeitnehmer und ihrer Vertreter wieder voll wirksam werden zu lassen. In dieser Situation stimmten in einer von der IG Metall am 29. und 30.11.1950 durchgeführten Urabstimmung 98 % von 201512 Beschäftigten in der Stahlindustrie für einen Streik zur Erhaltung der vorhandenen Mitbestimmung. In einer Urabstimmung der Bergarbeiter vom 17. bis 19.1.1951 sprachen sich 450328 (= 92,8 %) für einen Streik zur Durchsetzung der gewerkschaftlichen Forderung auf Einführung der qualifizierten Mitbestimmung auch im Steinkohlebergbau aus. Unter dem Eindruck dieser Urabstimmungen kam es zu Verhandlungen zwischen den Vertretern der Montanindustrie und Vertretern des DGB-Bundesvorstandes, der IG Metall und der IG Bergbau und Energie beim Bundeskanzler. Die dort erzielte Einigung wurde zur Grundlage des späteren Regierungsentwurfes des Mitbestimmungsgesetzes, das am 18.4.1951 gegen nur fünfzig Stimmen vom Bundestag angenommen wurde.

2. Sicherung der Montanmitbestimmung

Auch seit der Verabschiedung des Gesetzes ist die Geschichte der Montanmitbestimmung zugleich die Geschichte des Kampfes um ihre Erhaltung. Diese Entwicklung nahm ihren Anfang mit der nach 1951 einsetzenden Rekonzentrationsbewegung, in deren Verlauf es zum Zusammenschluss vieler, dem Mitbestimmungsgesetz unterliegender Unternehmen unter der Leitung nicht mitbestimmter Obergesellschaften kam. Auf Drängen der Gewerkschaften – verstärkt durch Protestkundgebungen und -streiks – wurde schließlich das »Gesetz zur Ergänzung des Gesetzes über die Mitbestimmung der Arbeitnehmer in den Vorständen der Unternehmen des Bergbaus und der Eisen und Stahl erzeugenden Industrie (Mitbestimmungsergänzungsgesetz)« vom 7.8.1956 (BGBl. I 707) verabschiedet. Dieses Gesetz, das eine Konzernobergesellschaft auch dann der Montanmitbestimmung unterwirft (Abweichungen vom MontanMitbestG: Wahl der betrieblichen Arbeitnehmervertreter durch Wahlmänner; Bestellung des Arbeitsdirektors auch gegen die Mehrheit der Arbeitnehmervertreter), wenn die Mehrheit der Konzernumsätze montan-bestimmt ist, erfasste bei seiner Verabschiedung acht Konzernobergesellschaften. Im Jahre 1988 fiel nur mehr die Salzgitter AG darunter – sie jedoch nach Kündigung des Beherrschungsvertrages mit dem Stahl-Tochterunternehmen Peine-Salzgitter (s. auch u. III) nur mehr über die Auslaufgesetzgebung (vgl. §§ 1, 3, 16 MitbestErgG).

Diese Entwicklung, die auch zur drastischen Verminderung der dem Mitbestimmungsgesetz unterliegenden Unternehmen führte, beruhte vor allem auf der wirtschaftlichen Konzentration, die zur Übernahme bislang rechtlich selbstständiger Unternehmen, aber auch ganzer Konzerne geführt hat (vgl. *Köstler* in Kittner, GewJB 94, 413). Neu hinzugekommen ist eine Reihe von Unternehmen aus den neuen Bundesländern (vgl. *Wendeling-Schröder/Kittner*, GewJB 93, 462).

Zur Sicherung des Status quo der Montanmitbestimmung ist der Gesetzgeber mehrfach tätig geworden. Im Wesentlichen sind vier Stationen zu nennen:

(1) Das »Gesetz zur Änderung des Gesetzes zur Ergänzung des Gesetzes über die Mitbestimmung der Arbeitnehmer in den Aufsichtsräten und Vorständen der Unternehmen des Bergbaus und der Eisen und Stahl erzeugenden Industrie« vom 27.4.1967 (BGBl. I 505) verlängerte die Referenzperiode, innerhalb welcher ein ununterbrochenes Überwiegen des Montan- oder Nichtmontan-Anteils zur Geltung entweder des MitbestErgG oder des BetrVG 1952 festgestellt werden muss, von drei auf fünf Jahre.

(2) Am 25.11.1971 wurde das »Gesetz über die befristete Fortgeltung der Mitbestimmung in bisher den Mitbestimmungsgesetzen unterliegenden Unternehmen« (BGBl. I 1857) verabschiedet. Mit diesem Gesetz sollte im Hinblick auf die aktuelle Mitbestimmungsdiskussion für einen begrenzten Zeitraum ein Ausscheiden weiterer Unternehmen aus der Montanmitbestimmung verhindert werden. Deshalb sah das Mitbestimmungsfortgeltungs-Gesetz mit einer Laufzeit bis zum 31.12.1975 vor, dass während dieser Zeit das Mitbestimmungsgesetz auf ein Unternehmen nur dann nicht mehr angewendet werden sollte, wenn dieses die Produktion von Eisen- und Stahlerzeugnissen gänzlich einstellte; für dem MitbestErgG unterliegende Unternehmen wurde der zur Beibehaltung der Mitbestimmung erforderliche Montananteil bei einer fünfjährigen Referenzperiode auf 40 % bzw. auf 25 % in zwei Jahren gesenkt.

(3) Die Bedrohung der Montanmitbestimmung ist besonders deutlich geworden bei dem Versuch der Mannesmann AG, sich der Anwendung des MontanMitbestG zu entziehen. Durch die Übertragung der bei der Konzernobergesellschaft (Mannesmann AG) angesiedelten Stahlproduktion auf ein Tochterunternehmen (Mannesmannröhrenwerke AG) sollte bei der Obergesellschaft der Ansatzpunkt für die Geltung des MontanMitbestG entfallen; und da im gesamten Konzern die Montanumsätze unter 50 % lagen, wäre nicht das MitbestErgG, sondern das MitbestG 1976 zur Anwendung gekommen. Die gleiche grundsätzliche Konstellation besteht auch bei anderen Montankonzernen, die sich im Laufe der Jahre einen immer größeren Weiterverarbeitungsanteil zugelegt haben. Aufgrund des geltenden Gesellschaftsrechts, das in solchen Fällen ein Letztentscheidungsrecht der Anteilseignerversammlung gemäß § 111 Abs. 4 AktG vorsieht, kann auf der Ebene der Unternehmensmitbestimmung eine solche Umstrukturierung von den Arbeitnehmervertretern rechtlich nicht verhindert werden (zum Fall Salzgitter s. I und III). Im Falle Mannesmann hat aus der hartnäckigen Haltung der Unternehmensleitung 1980/81 ein Konflikt mit der IG Metall resultiert, der wegen der kontroversen Stellungnahmen der politischen Parteien unmittelbar vor der Bundestagswahl zugleich einen hohen innenpolitischen Stellenwert erlangt hat. Die IG Metall hatte für den Fall des Scheiterns einer einvernehmlichen Regelung mit der Mannesmann AG eine tarifvertragliche Lösung in Aussicht gestellt (Abdruck des Entwurfs eines »Tarifvertrages über die Zuordnung der Arbeitsverhältnisse im Mannesmannkonzern« in: MitbestGespr. 80, 172).

Dieser Konflikt wurde schließlich durch das »Gesetz zur Änderung des Montan-Mitbestimmungsgesetzes und des Mitbestimmungs-Ergänzungsgesetzes vom 21.5.1981« (BGBl. I 441) vorläufig gelöst. Sein zentraler Inhalt lautete:

- Beim Wegfall der Voraussetzungen der Montanmitbestimmung (wie im Falle Mannesmann) wird das MontanMitbestG weitere sechs Jahre angewandt. Danach wechselt das Unternehmen in das MitbestG.
- Die Gewerkschaftsvertreter im Aufsichtsrat von Montanunternehmen werden nicht mehr von diesen entsandt, sondern auf ihren Vorschlag von den Betriebsräten gewählt.

(4) Das »Gesetz über die Verlängerung von Auslaufzeiten in der Montan-Mitbestimmung« vom 23.7.1987 (BGBl. I 1676) brachte nochmals eine Atempause bis Ende 1988. Das Gesetz zur Sicherung der Montanmitbestimmung (zugleich zur Änderung des BetrVG und zur Schaffung von Sprecherausschüssen) vom

20.12.1988 (BGBl. I 2310) soll nunmehr unter folgenden Aspekten eine »endgültige« Sicherung der Montanmitbestimmung bringen:

- Anwendung des MitbestErgG auf Obergesellschaften bei Montan-Anteil von 20 % (bislang 50 %) oder wenigstens 2000 Arbeitnehmern in Montanunternehmen im Konzern;
- Wegfall der Notwendigkeit eines Organschaftsvertrages (zu diesem Gesetz vgl. *Wißmann,* DB 89, 426; *Wlotzke,* in FS Fabricius, 89, 165).

Nachdem das *BVerfG* das Kriterium von 2000 Arbeitnehmern (§ 3 Abs. 2 Nr. 2 MitbestErgG) als sachwidrige Ungleichbehandlung und damit als verfassungswidrig bezeichnet hatte (*BVerfG* 2.3.1999 – 1 BvL 2/91, NJW 99, 1535; vgl. *Köstler,* Mitbest. 4/99, 9), ist mit dem »Zweiten Gesetz zur Vereinfachung der Wahl der Arbeitnehmervertreter im Aufsichtsrat« vom 15.5.2004 (BGBl. I 974) eine Neuregelung erfolgt (s. u. II 2).

Das Gesetz wurde ebenso wie das MontanMitbestErgG im Zuge des Gesetzes für die gleichberechtigte Teilhabe von Frauen und Männern an Führungspositionen in der Privatwirtschaft und im öffentlichen Dienst v. 24.4.2015 (BGBl. I 642, vgl. Einl. I und II 1 zum AktG, Nr. 1) ergänzt um Regelungen zur Gewährleistung des Geschlechterproporzes für den Fall, dass die Anteilseigner- oder die Arbeitnehmerseite nach § 96 Abs. 2 Satz 3 AktG (Nr. 1) für eine getrennte Erfüllung des Geschlechterproporzes auf beiden Seiten optiert hat.

II. Wesentlicher Gesetzesinhalt

1. Montan-Mitbestimmungsgesetz

Das Gesetz findet Anwendung auf Unternehmen des Bergbaus und der Eisen- und Stahlerzeugung, die in der Rechtsform einer AG oder einer GmbH betrieben werden und mehr als 1000 Arbeitnehmer beschäftigen. Es unterfallen auch neugegründete Unternehmen dem MontanMitbestG (*BGH* 28.2.1983 – II ZB 10/82, DB 83, 1087 = Die Mitbestimmung 83, 288).

Der Aufsichtsrat einer dem MontanMitbestG unterfallenden Gesellschaft setzt sich aus einer gleichen Anzahl von Vertretern der Anteilseigner und der Arbeitnehmer und einem »weiteren Mitglied«, dem sog. neutralen Mann zusammen. Auf der Arbeitnehmerbank sind Vertreter der Gewerkschaften und sog. betriebliche Arbeitnehmervertreter in gleicher Zahl vertreten. Dazu kommt, ebenso wie auf der Anteilseignerbank, ein »weiteres Mitglied« (nicht zu verwechseln mit dem ebenso genannten »Neutralen«, vgl. § 4). Die betrieblichen Arbeitnehmervertreter werden von den Betriebsräten des Unternehmens vorgeschlagen. Die Gewerkschaftsvertreter und das »weitere Mitglied« auf der Arbeitnehmerbank werden seit dem Änderungsgesetz vom 27.5.1981 gleichfalls von den Betriebsräten nach Vorschlag der Spitzenorganisationen der Gewerkschaften (praktisch des DGB) gewählt. Die eigentliche »Wahl« erfolgt formal durch die Haupt- bzw. Gesellschafterversammlung der Anteilseigner, die jedoch an die ihr übermittelten Vorschläge gebunden ist.

Dem Vorstand gehört ein Mitglied als Arbeitsdirektor an, der nicht gegen die Stimmen der Mehrheit der Arbeitnehmervertreter bestellt oder abberufen werden kann. Damit ist praktisch ein dominierender Einfluss der Gewerkschaften bei seiner Bestellung, aber auch der erforderliche Rückhalt gegenüber den anderen Vorstandsmitgliedern gegeben.

2. Mitbestimmungsergänzungsgesetz

Das MitbestErgG erfasst die Obergesellschaften von Konzernen. Auf eine solche Konzernobergesellschaft wird die Montanmitbestimmung auch dann angewandt, wenn zwar nicht bei ihr die Voraussetzungen des MontanMitbestG vorliegen, dafür aber die Montanunternehmen des Konzerns mindestens 20 % der Konzernumsätze tätigen oder ein Fünftel der Arbeitnehmer sämtlicher Konzernunternehmen beschäftigen. Montanmitbestimmung im Sinne dieses Gesetzes heißt, dass die Grundzüge des MontanMitbestG (Parität zwischen Anteilseigner- und Arbeitnehmervertretern und Arbeitsdirektor) gelten. In wesentlichen Punkten weicht das MitbestErgG aber zu Lasten des Arbeitnehmer- und Gewerkschaftseinflusses vom MontanMitbestG ab:

- Auf der Arbeitnehmerbank sind weniger Gewerkschaftsvertreter als betriebliche Arbeitnehmervertreter (§ 6);
- die Arbeitnehmervertreter werden nicht durch die Betriebsräte, sondern auf Grund einer Wahlmännerwahl in den Betrieben des Konzerns gewählt;
- der Arbeitsdirektor kann auch gegen das Votum der Arbeitnehmervertreter bestellt werden.

III. Anwendungsprobleme und Rechtstatsachen

Die Montanmitbestimmung ist von den DGB-Gewerkschaften stets als Eckdatum ihrer reformpolitischen Vorstellungen begriffen worden. Mit einer solchen Mitbestimmung »wollen sie eine Umgestaltung von Wirtschaft und Gesellschaft einleiten, die darauf abzielt, alle Bürger an der wirtschaftlichen, kulturellen und politischen Willensbildung gleichberechtigt teilhaben zu lassen« (Grundsatzprogramm des DGB 1963). Dass eine solche Zielsetzung mit dem »Funktionieren« der mitbestimmten Unternehmen und damit der Wirtschaft vereinbar ist, hat der Bericht der Biedenkopf-Kommission erwiesen (siehe Einl. I zum MitbG, Nr. 26). Dies hat auch die seitherige Praxis der tiefgreifenden Umstrukturierungsprozesse (Schrumpfung, Rationalisierung) des Bergbaus und der Stahlindustrie gezeigt. Andererseits sind dabei zugleich die Grenzen der Montanmitbestimmung deutlich geworden. Zwar konnten soziale Härten bei der Umstrukturierung durch vorbildliche Sozialplangestaltungen vermieden und eine gänzlich gegen Arbeitnehmerinteressen gerichtete Standortpolitik abgewehrt werden. Es wurde jedoch deutlich, dass der Einfluss der Mitbestimmung an den Zwängen des Wirtschaftssystems endet, in dem die Unternehmen tätig werden. Sie bedarf daher der Ergänzung durch regionale und sektorale Strukturpolitik. Beispiele im nationalen Bereich sind die Probleme des Ruhrgebiets und des Saarlands; auf internationaler Ebene ist auf die Zusammenarbeit in Euro-Regionen (etwa Sar-Lor-Lux) zu verweisen.

Die Zahl der montanmitbestimmten Unternehmen hat immer mehr abgenommen (2006 noch etwa 45 – 50; iwd 35/06, S. 4). Zurzeit sind es nur noch weniger als 30 Unternehmen, wobei dies aber teilweise auf Verhandlungslösungen beruht. Das MontanMitbestErgG gilt derzeit nur für eine Obergesellschaft (Salzgitter AG).

IV. Rechtspolitische Diskussion

Die bisherige Geschichte der Montanmitbestimmung kann als ein Lehrstück besonderer Art gesehen werden: Nach dem Kriege als erster Schritt auf dem Wege einer umfassenden Demokratisierung der Wirtschaft von der Mehrheit der politischen Parteien mitgetragen, geriet sie nach 1951 in die Rolle eines zwar allgemein anerkannten, nichtsdestoweniger isolierten Modellfalles. Obgleich an der Bewährung der Montanmitbestimmung gerade in den krisenhaften Umstrukturierungsprozessen des Bergbaus und der Eisen- und Stahlindustrie kein Zweifel bestand, obwohl die von der Bundesregierung der »Großen Koalition« (Bundeskanzler: *Kiesinger*) eingesetzte »Mitbestimmungskommission« (Vorsitz: *Biedenkopf*) das Funktionieren dieser Mitbestimmung bestätigte, konnte ihre Ausdehnung politisch nicht durchgesetzt werden (zu den derzeitigen rechtspolitischen Auseinandersetzungen um die Mitbestimmung siehe Einl. IV zum MitbG, Nr. 26).

Weiterführende Literatur

Bericht der Sachverständigenkommission zur Auswertung der bisherigen Erfahrungen bei der Mitbestimmung (BT-Drs. VI/334, 1970)

Sonderausgaben Mitb 6/91 (40 Jahre Montanmitbestimmung) und Mitb. 5/11 (60 Jahre Montanmitbestimmung)

Borsdorf, Wirtschaftsdemokratie und Mitbestimmung, WSI-Mitt. 1986, S. 264

Brinkmann/Herz, Entscheidungsprozesse in den Aufsichtsräten der Montanindustrie (1972)

IG Metall (Hrsg.), Der Angriff, Mannesmann gegen Mitbestimmung, Metall-Taschenbuch 2 (1980)

Otto, Der Kampf um die Mitbestimmung, in: Vom Sozialistengesetz zur Mitbestimmung, Festschrift zum 100. Geburtstag von *Hans Böckler* (1975)

Potthoff/Blume/Duvernell, Zwischenbilanz der Mitbestimmung (1962)

Viesel, Der Arbeitsdirektor – Aufgaben und Pflichten (1973)

Gesetz über die Mitbestimmung der Arbeitnehmer in den Aufsichtsräten und Vorständen der Unternehmen des Bergbaus und der Eisen und Stahl erzeugenden Industrie (Montan-Mitbestimmungsgesetz[1] – MontanMitbestG)

vom 21. Mai 1951 (BGBl. I 347),
in der Fassung des Gesetzes vom 7. August 1956 (BGBl. I 707)
und des Gesetzes vom 6. September 1965 (BGBl. I 1185),
zuletzt geändert durch Gesetz vom 24. April 2015 (BGBl. I 642)[2]

Erster Teil – Allgemeines

§ 1[3](1) Die Arbeitnehmer haben ein Mitbestimmungsrecht in den Aufsichts-

---

1 Das Gesetz gilt im Saarland mit leichten Abweichungen (vgl. Gesetz zur Einführung von Bundesrecht im Saarland vom 30. 6. 1959 – BGBl. I 313 – in Verbindung mit dem saarl. Gesetz Nr. 560 vom 22. 12. 1956 – ABl. 1703).

2 In den neuen Bundesländern gilt das Gesetz mit folgender Maßgabe aufgrund Anlage I Kapitel VIII Sachgebiet A Abschnitt III Nr. 11 des **Einigungsvertrages:**
Vom 1. April 1991 an ist **§ 1** *Abs. 1 in folgender Fassung anzuwenden:*
»(1) Die Arbeitnehmer haben ein Mitbestimmungsrecht in den Aufsichtsräten und in den zur gesetzlichen Vertretung berufenen Organen nach Maßgabe dieses Gesetzes in
a) den Unternehmen, deren überwiegender Betriebszweck in der Förderung von Steinkohle, Braunkohle oder Eisenerz oder in der Aufbereitung, Verkokung, Verschwelung oder Brikettierung dieser Grundstoffe liegt und deren Betrieb unter der Aufsicht der Bergbehörden steht,
b) den Unternehmen, deren überwiegender Betriebszweck in der Erzeugung von Eisen und Stahl besteht. Die Herstellung von Walzwerkserzeugnissen einschließlich Walzdraht, Röhren, Walzen, rollendem Eisenbahnmaterial, Freiformschmiedestücken und Gießereierzeugnissen aus Eisen oder Stahl ist als Erzeugung von Eisen und Stahl anzusehen
1. in einem Unternehmen, dessen Aufsichtsrat am 1. April 1991 nach §§ 4 oder 9 zusammengesetzt ist, oder
2. in einem anderen Unternehmen nach der Verschmelzung mit einem in Nummer 1 bezeichneten Unternehmen oder nach dem Übergang von Betrieben oder Betriebsteilen eines in Nummer 1 bezeichneten Unternehmens, die die genannten Erzeugnisse herstellen oder Roheisen oder Rohstahl erzeugen, auf das andere Unternehmen, wenn dieses mit dem in Nummer 1 bezeichneten Unternehmen verbunden ist (§ 15 des Aktiengesetzes), und solange nach der Verschmelzung oder dem Übergang der überwiegende Betriebszweck des anderen Unternehmens die Herstellung der genannten Erzeugnisse oder die Erzeugung von Roheisen oder Rohstahl ist.

Satz 2 Nr. 2 gilt entsprechend für die weitere Verschmelzung sowie für den weiteren Übergang von Betrieben oder Betriebsteilen.«

3 Für Konzernobergesellschaften gilt das **Montan-Mitbestimmungsergänzungsgesetz** (MontanMitbestGErgG) vom 7. 8. 1956 (BGBl. I 707), zuletzt geändert durch Gesetz vom 24. 4. 2015 (BGBl. I 642). Unter dieses Gesetz fällt derzeit nur die Salzgitter AG.
§ 2 Liegen bei dem herrschenden Unternehmen nach seinem eigenen überwiegenden Betriebszweck die Voraussetzungen für die Anwendung des Montan-Mitbestimmungsgesetzes vor, so gilt für das herrschende Unternehmen das Montan-Mitbestimmungsgesetz. Dies gilt auch, solange in dem herrschenden Unternehmen das Mitbestimmungsrecht nach § 1 Abs. 3 des Montan-Mitbestimmungsgesetzes fortbesteht.
§ 3 (1) Liegen bei dem herrschenden Unternehmen die Voraussetzungen für die Anwendung

räten und in den zur gesetzlichen Vertretung berufenen Organen nach Maßgabe dieses Gesetzes in

a) den Unternehmen, deren überwiegender Betriebszweck in der Förderung von Steinkohle, Braunkohle oder Eisenerz oder in der Aufbereitung, Verkokung, Verschwelung oder Brikettierung dieser Grundstoffe liegt und deren Betrieb unter der Aufsicht der Bergbehörden steht,
b) den Unternehmen der Eisen und Stahl erzeugenden Industrie in dem Umfang, wie er in Gesetz Nr. 27 der Alliierten Hohen Kommission vom 16. Mai 1950 (Amtsblatt der Alliierten Hohen Kommission für Deutschland S. 299) bezeichnet ist, soweit diese Unternehmen in »Einheitsgesellschaften« im Sinne des Gesetzes Nr. 27 überführt oder in anderer Form weiterbetrieben und nicht liquidiert werden,
c) den Unternehmen, die von einem vorstehend bezeichneten oder nach Gesetz Nr. 27 der Alliierten Hohen Kommission zu liquidierenden Unternehmen abhängig sind, wenn sie die Voraussetzungen nach Buchstabe a erfüllen oder überwiegend Eisen und Stahl erzeugen.

Die Herstellung von Walzwerkserzeugnissen einschließlich Walzdraht, Röhren, Walzen, rollendem Eisenbahnmaterial, Freiformschmiedestücken und Gießereierzeugnissen aus Eisen oder Stahl ist als Erzeugung von Eisen und Stahl im Sinne von Satz 1 Buchstabe b und c anzusehen

1. in einem Unternehmen, dessen Aufsichtsrat am 1. Juli 1981 nach § 4 oder § 9 zusammengesetzt ist, oder
2. in einem anderen Unternehmen nach der Verschmelzung mit einem in Nummer 1 bezeichneten Unternehmen oder nach dem Übergang von Betrieben oder Betriebsteilen eines in Nummer 1 bezeichneten Unternehmens, die die genannten Erzeugnisse herstellen oder Roheisen oder Rohstahl erzeugen, auf das andere Unternehmen, wenn dieses mit dem in Nummer 1 bezeichneten Unternehmen verbunden ist (§ 15 des Aktiengesetzes) und solange nach der Verschmelzung oder dem Übergang der überwiegende Betriebszweck des anderen Unternehmens die Herstellung der genannten Erzeugnisse oder die Erzeugung von Roheisen oder Rohstahl ist.

---

des Montan-Mitbestimmungsgesetzes nach § 2 nicht vor, wird jedoch der Unternehmenszweck des Konzerns durch Konzernunternehmen und abhängige Unternehmen gekennzeichnet, die unter das Montan-Mitbestimmungsgesetz fallen, so gelten für das herrschende Unternehmen die §§ 5 bis 13. Ist das herrschende Unternehmen eine Gesellschaft mit beschränkter Haftung, so findet § 3 des Montan-Mitbestimmungsgesetzes entsprechende Anwendung.

(2) Der Unternehmenszweck des Konzerns wird durch die unter das Montan-Mitbestimmungsgesetz fallenden Konzernunternehmen und abhängigen Unternehmen gekennzeichnet, wenn diese Konzernunternehmen und abhängigen Unternehmen insgesamt

1. mindestens ein Fünftel der Umsätze sämtlicher Konzernunternehmen und abhängigen Unternehmen erzielen, jeweils vermindert um die in den Umsätzen enthaltenen Kosten für fremdbezogene Roh-, Hilfs- und Betriebsstoffe und für Fremdleistungen, oder
2. in der Regel ein Fünftel der Arbeitnehmer sämtlicher Konzernunternehmen und abhängigen Unternehmen beschäftigen.

Soweit Konzernunternehmen und abhängige Unternehmen Umsätze erzielen, die nicht auf der Veräußerung selbsterzeugter, bearbeiteter oder verarbeiteter Waren beruhen, ist ein Fünftel der unverminderten Umsätze anzurechnen.

Satz 2 Nr. 2 gilt entsprechend für die weitere Verschmelzung sowie für den weiteren Übergang von Betrieben oder Betriebsteilen.

(2) Dieses Gesetz findet nur auf diejenigen in Abs. 1 bezeichneten Unternehmen Anwendung, welche in Form einer Aktiengesellschaft oder einer Gesellschaft mit beschränkter Haftung betrieben werden und in der Regel mehr als eintausend Arbeitnehmer beschäftigen oder »Einheitsgesellschaften« sind.

(3) Erfüllt ein Unternehmen die in Absatz 1 bezeichneten Voraussetzungen nicht mehr oder beschäftigt es nicht mehr die nach Absatz 2 erforderliche Zahl von Arbeitnehmern, so sind die Vorschriften dieses Gesetzes über das Mitbestimmungsrecht erst dann nicht mehr anzuwenden, wenn in sechs aufeinanderfolgenden Geschäftsjahren eine dieser Voraussetzungen nicht mehr vorgelegen hat.

(4) Ist ein Unternehmen, dessen Aufsichtsrat nach § 4 oder § 9 zusammenzusetzen ist, herrschendes Unternehmen eines Konzerns (§ 18 Abs. 1 des Aktiengesetzes) und ist für diesen Konzern ein Konzernbetriebsrat errichtet, so gelten für die Anwendung der §§ 4, 6 und 9 auf das herrschende Unternehmen die Arbeitnehmer der Konzernunternehmen als Arbeitnehmer des herrschenden Unternehmens und die in Konzernunternehmen vertretenen Gewerkschaften als im herrschenden Unternehmen vertreten. Liegen die Voraussetzungen des Satzes 1 vor, so tritt für die Anwendung der §§ 6 und 11 auf das herrschende Unternehmen der Konzernbetriebsrat an die Stelle der Betriebsräte.

§ 2 Auf die in § 1 bezeichneten Unternehmen finden die Vorschriften des Aktiengesetzes, des Gesetzes betreffend die Gesellschaften mit beschränkter Haftung, der Berggesetze und des Betriebsverfassungsrechts insoweit keine Anwendung, als sie den Vorschriften dieses Gesetzes widersprechen.

Zweiter Teil – Aufsichtsrat

§ 3 (1) Betreibt eine Gesellschaft mit beschränkter Haftung ein Unternehmen im Sinne des § 1, so ist nach Maßgabe dieses Gesetzes ein Aufsichtsrat zu bilden.

(2) Auf den Aufsichtsrat, seine Rechte und Pflichten finden die Vorschriften des Aktienrechts sinngemäß Anwendung.

§ 4 (1) Der Aufsichtsrat besteht aus elf Mitgliedern. Er setzt sich zusammen aus
a) vier Vertretern der Anteilseigner und einem weiteren Mitglied,
b) vier Vertretern der Arbeitnehmer und einem weiteren Mitglied,
c) einem weiteren Mitglied.

(2) Die in Abs. 1 bezeichneten weiteren Mitglieder dürfen nicht
a) Repräsentant einer Gewerkschaft oder einer Vereinigung der Arbeitgeber oder einer Spitzenorganisation dieser Verbände sein oder zu diesen in einem ständigen Dienst- oder Geschäftsbesorgungsverhältnis stehen,
b) im Laufe des letzten Jahres vor der Wahl eine unter Buchstabe a bezeichnete Stellung innegehabt haben,
c) in den Unternehmen als Arbeitnehmer oder Arbeitgeber tätig sein,
d) an dem Unternehmen wirtschaftlich wesentlich interessiert sein.

(3) Alle Aufsichtsratsmitglieder haben die gleichen Rechte und Pflichten. Sie sind an Aufträge und Weisungen nicht gebunden.

§ 5 Die in § 4 Abs. 1 Buchstabe a bezeichneten Mitglieder des Aufsichtsrats werden durch das nach Gesetz, Satzung oder Gesellschaftsvertrag zur Wahl von Aufsichtsratsmitgliedern berufene Organ (Wahlorgan) nach Maßgabe der Satzung oder des Gesellschaftsvertrags gewählt oder entsandt.

§ 5 a Unter den in § 4 Absatz 1 Buchstabe b bezeichneten Mitgliedern des Aufsichtsrates eines in § 1 genannten, börsennotierten Unternehmens müssen im Fall des § 96 Absatz 2 Satz 3 des Aktiengesetzes Frauen und Männer jeweils mit einem Anteil von mindestens 30 Prozent vertreten sein.

§ 6 (1) Unter den in § 4 Abs. 1 Buchstabe b bezeichneten Mitgliedern des Aufsichtsrats müssen sich zwei Arbeitnehmer befinden, die in einem Betrieb des Unternehmens beschäftigt sind. Diese Mitglieder werden durch die Betriebsräte der Betriebe des Unternehmens in geheimer Wahl gewählt und dem Wahlorgan nach Beratung mit den in den Betrieben des Unternehmens vertretenen Gewerkschaften und deren Spitzenorganisationen vorgeschlagen.
(2) Die nach Absatz 1 gewählten Personen sind vor Weiterleitung der Vorschläge an das Wahlorgan innerhalb von zwei Wochen nach der Wahl den Spitzenorganisationen mitzuteilen, denen die in den Betrieben des Unternehmens vertretenen Gewerkschaften angehören. Jede Spitzenorganisation kann binnen zwei Wochen nach Zugang der Mitteilung Einspruch bei den Betriebsräten einlegen, wenn der begründete Verdacht besteht, daß ein Vorgeschlagener nicht die Gewähr bietet, zum Wohl des Unternehmens und der gesamten Volkswirtschaft verantwortlich im Aufsichtsrat mitzuarbeiten. Lehnen die Betriebsräte den Einspruch mit einfacher Stimmenmehrheit ab, so können die Betriebsräte oder die Spitzenorganisation, welche den Einspruch eingelegt hat, das Bundesministerium für Arbeit und Soziales anrufen; dieses entscheidet endgültig.
(3) Zwei der in § 4 Abs. 1 Buchstabe b bezeichneten Mitglieder werden von den Spitzenorganisationen nach vorheriger Beratung mit den im Betrieb vertretenen Gewerkschaften den Betriebsräten vorgeschlagen. Die Spitzenorganisationen sind nach dem Verhältnis ihrer Vertretung in den Betrieben vorschlagsberechtigt; sie sollen bei ihren Vorschlägen die innerhalb der Belegschaften bestehenden Minderheiten in angemessener Weise berücksichtigen.
(4) Für das in § 4 Abs. 1 Buchstabe b bezeichnete weitere Mitglied gilt Absatz 3 entsprechend.
(5) Die Mitglieder der Betriebsräte der Betriebe des Unternehmens wählen in geheimer Wahl auf Grund der nach den Absätzen 3 und 4 gemachten Vorschläge die Bewerber und schlagen diese dem Wahlorgan vor. Wird von einer Spitzenorganisation nur ein Bewerber für ein Aufsichtsratsmitglied vorgeschlagen, so bedarf der Vorschlag gegenüber dem Wahlorgan der Mehrheit der Stimmen der Mitglieder der Betriebsräte.
(6) Bei börsennotierten Unternehmen kann im Fall des § 96 Absatz 2 Satz 3 des

Aktiengesetzes ein Vorschlag an das Wahlorgan nur erfolgen, wenn die Vorgaben des § 5 a durch eine Wahl nach den Absätzen 1 und 5 erfüllt worden sind.
(7) Das Wahlorgan ist an die Vorschläge der Betriebsräte gebunden.

§ 7 *(aufgehoben)*

§ 8 (1) Das in § 4 Abs. 1 Buchstabe c bezeichnete weitere Mitglied des Aufsichtsrats wird durch das Wahlorgan auf Vorschlag der übrigen Aufsichtsratsmitglieder gewählt. Der Vorschlag wird durch diese Aufsichtsratsmitglieder mit Mehrheit aller Stimmen beschlossen. Er bedarf jedoch der Zustimmung von mindestens je drei Mitgliedern, die nach § 5 und die nach § 6 gewählt sind.
(2) Kommt ein Vorschlag nach Absatz 1 nicht zustande oder wird eine vorgeschlagene Person nicht gewählt, so ist ein Vermittlungsausschuß zu bilden, der aus vier Mitgliedern besteht. Je zwei Mitglieder werden von den nach § 5 und den nach § 6 gewählten Aufsichtsratsmitgliedern gewählt.
(3) Der Vermittlungsausschuß schlägt innerhalb eines Monats dem Wahlorgan drei Personen zur Wahl vor, aus denen das Wahlorgan das Aufsichtsratsmitglied wählen soll. Kommt die Wahl auf Grund des Vorschlags des Vermittlungsausschusses aus wichtigen Gründen nicht zustande, insbesondere dann, wenn keiner der Vorgeschlagenen die Gewähr für ein gedeihliches Wirken für das Unternehmen bietet, so muß die Ablehnung durch Beschluß festgestellt werden. Dieser Beschluß muß mit Gründen versehen sein. Über die Berechtigung der Ablehnung der Wahl entscheidet auf Antrag des Vermittlungsausschusses das für das Unternehmen zuständige Oberlandesgericht. Im Fall der Bestätigung der Ablehnung hat der Vermittlungsausschuß dem Wahlorgan drei weitere Personen vorzuschlagen; für diesen zweiten Vorschlag gilt die vorstehende Regelung (Sätze 2 bis 4) entsprechend. Wird die Ablehnung der Wahl von dem Gericht für unberechtigt erklärt, so hat das Wahlorgan einen der Vorgeschlagenen zu wählen. Wird die Ablehnung der Wahl aus dem zweiten Wahlvorschlag von dem Gericht für berechtigt erklärt oder erfolgt kein Wahlvorschlag, so wählt das Wahlorgan von sich aus das weitere Mitglied.
(4) Wird die in Absatz 2 vorgesehene Anzahl von Mitgliedern des Vermittlungsausschusses nicht gewählt oder bleiben Mitglieder des Vermittlungsausschusses trotz rechtzeitiger Einladung ohne genügende Entschuldigung einer Sitzung fern, so kann der Vermittlungsausschuß tätig werden, wenn wenigstens zwei Mitglieder mitwirken.

§ 9 (1) Bei Gesellschaften mit einem Nennkapital von mehr als zehn Millionen Euro kann durch Satzung oder Gesellschaftsvertrag bestimmt werden, daß der Aufsichtsrat aus fünfzehn Mitgliedern besteht. Die Vorschriften der §§ 4 bis 8 finden sinngemäß Anwendung mit der Maßgabe, daß die Zahl der gemäß § 6 Abs. 1 und 2 zu wählenden Arbeitnehmer und die Zahl der in § 6 Abs. 3 bezeichneten Vertreter der Arbeitnehmer je drei beträgt.
(2) Bei Gesellschaften mit einem Nennkapital von mehr als fünfundzwanzig Millionen Euro kann durch Satzung oder Gesellschaftsvertrag bestimmt werden,

daß der Aufsichtsrat aus einundzwanzig Mitgliedern besteht. Die Vorschriften der §§ 4 bis 8 finden sinngemäß Anwendung mit der Maßgabe, daß die Zahl der in § 4 Abs. 1 Buchstaben a und b bezeichneten weiteren Mitglieder je zwei, die Zahl der gemäß § 6 Abs. 1 und 2 zu wählenden Arbeitnehmer und die Zahl der in § 6 Abs. 3 bezeichneten Vertreter der Arbeitnehmer je vier beträgt.

§ 10 Der Aufsichtsrat ist beschlußfähig, wenn mindestens die Hälfte der Mitglieder, aus denen er nach diesem Gesetz oder der Satzung insgesamt zu bestehen hat, an der Beschlußfassung teilnimmt. § 108 Abs. 2 Satz 4 des Aktiengesetzes findet Anwendung.

§ 11 (1) Auf die in § 5 bezeichneten Mitglieder des Aufsichtsrats findet § 103 des Aktiengesetzes Anwendung.
(2) Auf die Abberufung eines in § 6 bezeichneten Mitglieds des Aufsichtsrats durch das Wahlorgan findet Absatz 1 entsprechende Anwendung mit der Maßgabe, daß die Abberufung auf Vorschlag der Betriebsräte der Betriebe des Unternehmens erfolgt. Die Abberufung eines in § 6 Abs. 3 oder 4 bezeichneten Mitglieds kann nur auf Antrag der Spitzenorganisation, die das Mitglied vorgeschlagen hat, von den Betriebsräten vorgeschlagen werden.
(3) Eine Abberufung des in § 8 bezeichneten Mitglieds des Aufsichtsrats kann auf Antrag von mindestens drei Aufsichtsratsmitgliedern durch das Gericht aus wichtigem Grunde erfolgen.

Dritter Teil – Vorstand

§ 12 Die Bestellung der Mitglieder des zur gesetzlichen Vertretung berufenen Organs und der Widerruf ihrer Bestellung erfolgen nach Maßgabe des § 76 Abs. 3 und des § 84 des Aktiengesetzes durch den Aufsichtsrat.

§ 13 (1) Als gleichberechtigtes Mitglied des zur gesetzlichen Vertretung berufenen Organs wird ein Arbeitsdirektor bestellt. Der Arbeitsdirektor kann nicht gegen die Stimmen der Mehrheit der nach § 6 gewählten Aufsichtsratsmitglieder bestellt werden. Das gleiche gilt für den Widerruf der Bestellung.
(2) Der Arbeitsdirektor hat wie die übrigen Mitglieder des zur gesetzlichen Vertretung berufenen Organs seine Aufgaben im engsten Einvernehmen mit dem Gesamtorgan auszuüben. Das Nähere bestimmt die Geschäftsordnung.

Vierter Teil – Schlußvorschriften

§ 14 Die Bundesregierung wird ermächtigt, durch Rechtsverordnung Vorschriften zu erlassen über
a) die Anpassung von Satzungen und Gesellschaftsverträgen an die Vorschriften dieses Gesetzes,
b) das Verfahren für die Aufstellung der in § 6 bezeichneten Wahlvorschläge.

28. Gesetz zum Schutze von Müttern bei der Arbeit, in der Ausbildung und im Studium (Mutterschutzgesetz – MuSchG)

Aktuelle höchstrichterliche Rechtsprechung

Datum	Gericht/Az.	Fundstelle	Thema
23.5.18	BAG 5 AZR 263/17	NZA 19, 39	Zuschuss zum Mutterschafts-geld, Tagespflegeperson

Einleitung

I. Geschichtliche Entwicklung

Die erste gesetzliche Regelung des Mutterschutzes brachte die Novelle zur GewO vom 17.7.1878 (dreiwöchiges Beschäftigungsverbot für Wöchnerinnen nach der Niederkunft), auf welcher aufbauend noch im Kaiserreich zahlreiche weitere Vorschriften erlassen wurden. Wichtige Stationen waren später das Gesetz über die Beschäftigung vor und nach der Niederkunft vom 16.7.1927 (RGBl. I 184) und das unter dem Nationalsozialismus mitten im Kriege erlassene Gesetz zum Schutze der erwerbstätigen Frau (Mutterschutzgesetz) vom 17.5.1942 (RGBl. I 321). Dieses Gesetz, das wegen des wachsenden Bedarfs an Frauen für die Kriegswirtschaft notwendig wurde, hatte zum Ziel, »die im Erwerbsleben stehende Frau vor Gefahren für ihre Mutterschaftsleistung zu schützen, einen ungestörten Schwangerschafts- und Geburtenverlauf sicherzustellen sowie Stillen und Pflegen des Kindes zu gewährleisten« (amtliche Begründung).

Die Zielrichtung des nunmehr in der Bundesrepublik Deutschland geltenden MuSchG wird vom BVerfG folgendermaßen beschrieben: »Der gesetzliche Mutterschutz verfolgt ganz allgemein das Ziel, den Widerstreit zwischen den Aufgaben der Frau als Mutter und ihrer Stellung im Berufsleben als Arbeitnehmerin im Interesse der Gesunderhaltung von Mutter und Kind auszugleichen. Insoweit verwirklicht das Mutterschutzgesetz zu einem Teil das Verfassungsgebot des Art. 6 Abs. 4 GG.« (*BVerfG* 23.4.1974 – 1 BvL 19/73, NJW 74, 1461)

Eine größere Änderung erfolgte durch das Gesetz zur Änderung des Mutterschutzrechts vom 16.6.2002 (BGBl. I 1812). Dieses wurde notwendig, weil das bisherige MuSchG den Anforderungen der europäischen Mutterschutz-Richtlinie 92/85/EWG v. 19.10.1992 (ABl. L 348/1) nicht genügt hatte (zum Gesetz vgl. *Friese,* NJW 02, 3208; *Graue,* AiB 02, 589; *Joussen,* NZA 02, 702). Es enthält vor allem folgende Änderungen:

- Sicherung der vorgeschriebenen 14 Wochen Mutterschutz auch bei Frühgeburten (§ 6 Abs. 1 Satz 2);
- Arbeitsaufnahme bei Tod des Kindes erst zwei Wochen danach (§ 6 Abs. 1 Satz 3);
- Berücksichtigung dauerhafter Verdienstkürzungen beim Mutterschutzlohn (§ 11 Abs. 2 Satz 3; damit wurde die Rechtsprechung des *BAG* vom Gesetzgeber aufgegriffen, vgl. *BAG* 20. 9. 2000 – 5 AZR 924/98, NZA 01, 657);
- Erweiterung des Anspruchs auf Mutterschaftsgeld beim Wechsel von einem Beamtenverhältnis in ein Arbeitsverhältnis (§ 13 Abs. 3);
- Sicherung des vollen Erholungsurlaubs im Falle vorangegangener Schwangerschaft (§ 17; vgl. *BAG* 26. 5. 1988 – 8 AZR 774/85, NZA 89, 362).

Eine grundlegende Neufassung erhielt das MuSchG mit Wirkung ab 1. 1. 2018 durch das Gesetz zur Neuregelung des Mutterschutzrechts (v. 23. 5. 2017, BGBl. I 1228; dazu *Bayreuther*, NZA 17, 1145; *Reuhl/Weg*, Gute Arbeit 6/17, 23; *Kossens*, PersR 11/17, 27; *Nebe/Graue*, AuR 17, 437; *Benkert*, NJW-Spezial, 17, 562; *Blattner*, DB 17, 1031; Gesetzentwurf: BT-Drs. 18/8963, dazu: *Nebe*, jurisPR-ArbR 28/16, Anm. 1). Es erhält dadurch eine neue Zielrichtung im Sinne des Gesundheitsschutzes von Mutter und Kind einerseits, andererseits des Schutzes der Teilhabe am Berufsleben und des Schutzes vor Benachteiligungen während der Schwangerschaft, Entbindung und Stillzeit (§ 1 Abs. 1). Zugleich wurden die Regelungen der Mutterschutzarbeitsverordnung (vgl. bis 42. Aufl., Nr. 28 a) durch Aufnahme in die gesetzlichen Regelungen der §§ 9 ff. aufgewertet. Der Schutz wurde u. a. in § 1 Abs. 2 Nr. 7 und 8 auf arbeitnehmerähnliche Personen (allerdings ohne die Regelungen zum Mutterschutzlohn und zum Zuschuss zum Mutterschaftsgeld) sowie Schülerinnen und Studentinnen (ohne die Regelungen zum Kündigungsschutz und zu den Mutterschaftsleistungen) erstreckt. Schwangeren und Wöchnerinnen wird mehr eigener Entscheidungsspielraum bei unzulässigen Beschäftigungen eingeräumt. Die nachgeburtliche Schutzfrist wird in § 3 Abs. 2 Nr. 3 auch dann auf 12 Wochen verlängert, wenn das Kind eine Behinderung hat. Stillzeiten sind in § 7 Abs. 2 auf das 1. Lebensjahr des Kindes beschränkt. Der Sonderkündigungsschutz nach § 17 wird jetzt auch auf Fehlgeburten erstreckt. Bis zum 1. 1. 2021 ist ein Evaluationsbericht vorzulegen.

II. Wesentlicher Gesetzesinhalt

Das MuSchG verpflichtet den Arbeitgeber zu einer Gestaltung des Arbeitsplatzes, die Rücksicht auf den besonderen Zustand einer werdenden oder stillenden Mutter nimmt (§ 9 Abs. 2; Checkliste 55). Daneben bestand früher eine Reihe mutterschaftsrechtlicher Beschäftigungsverbote (vgl. bis 42. Aufl.; *Graue*, AiB 99, 271). Nunmehr gilt Folgendes: In den letzten 6 Wochen vor und in den 8 Wochen nach der Entbindung greifen Schutzfristen nach § 3, in denen der Arbeitgeber werdende Mütter nicht beschäftigen darf. Allerdings kann die Schwangere sich während der Schutzfrist vor der Entbindung ausdrücklich zur Arbeit bereit erklären, wobei diese Erklärung widerruflich ist. Hinsichtlich des Beschäftigungsverbotes an Sonn- und Feiertagen kann die Schwangere sich ebenfalls zur Arbeit bereit erklären (§ 6). Unzulässig ist die Beschäftigung von Schwangeren und stillenden Frauen in Nachtarbeit (§ 5). § 9 regelt, dass der Arbeitgeber die nach der Gefährdungsbeurteilung notwendigen Schutzmaßnahmen zu ergreifen hat. Dazu bestimmen §§ 11, 12 unzulässige Arbeiten im Hinblick auf unverantwortbare Gefährdungen (vgl. Checkliste 55). Das neue Konzept sieht vor, dass dies nicht zwingend auf ein Beschäftigungsverbot hinausläuft, sondern dass vorrangig die Umgestaltung der Arbeitsbedingungen oder eine Versetzung ist und ein Beschäftigungsverbot ultima ratio bleibt (§ 13). Die Möglichkeit, ein ärztliches Beschäftigungsverbot auszusprechen, bleibt nach § 16 daneben bestehen. Während eines Beschäftigungsverbots darf der Arbeitgeber der Schwangeren eine zumutbare Ersatztätigkeit zuweisen (*BAG* 21.4.1999 – 5 AZR 174/98, DB 99, 1962). Soweit für die bisherige Beschäftigung tätigkeitsbezogene Zulagen zu zahlen waren, verlangt das Unionsrecht für diese keinen Anspruch, wohl aber auf alle Zulagen, deren Voraussetzungen im Rahmen einer Ersatzbeschäftigung erfüllt werden (*EuGH*, EuZW 10, 707 – Paviainen). Das wird in Deutschland freilich durch die Bestimmung des § 18 über den Mutterschutzlohn überlagert, der auf den Durchschnittsverdienst der letzten 3 Monate abstellt. Soweit keine Beschäftigungsverbote bestehen, darf der Arbeitgeber eine Schwangere nicht einseitig von der Arbeit suspendieren (so bereits zum alten Recht *ArbG Regensburg*, AiB 93, 336).

Zur Ermittlung der Gefahren ist nach § 10 Abs. 1 MuSchG i. V. m. § 5 ArbSchG zwingend eine abstrakte Gefährdungsbeurteilung für jeden Arbeitsplatz auch im Hinblick auf die Gefahren für Schwangere und junge Mütter vorzunehmen. Bei der Beschäftigung der geschützten Personengruppe sind nach § 10 Abs. 2 die erforderlichen Schutzmaßnahmen zu ergreifen. Bis dahin ist es dem Arbeitgeber nach § 10 Abs. 3 verboten, die Schwangere oder stillende Frau zu beschäftigen.

Während der Schutzfristen gemäß § 3 besteht ein Anspruch auf Mutterschaftsgeld gemäß § 24 i SGB V (Nr. 30 V). Ergänzend besteht Anspruch auf einen Zuschuss zum Mutterschaftsgeld nach § 20. Einen solchen Anspruch haben nur Arbeitnehmerinnen i. S. d. § 611 a BGB (Nr. 14, vgl. *BAG* 23. 5. 2018 – 5 AZR 263/17, NZA 19, 39: verneint für Tagesmütter). Diese Regelung wurde insoweit für verfassungswidrig erklärt, als die Kosten nicht für alle Arbeitgeber durch Umlage abgefedert wurden (*BVerfG* 18. 11. 2003 – 1 BvR 302/96, DB 03, 2788; vgl. *Eichenhofer,* BB 04, 382; *Leisner,* DB 04, 598). Dadurch drohte der Mutterschutz beschäftigungshemmend zu wirken, indem Arbeitgeber gebärfähige Frauen nicht einstellen, um dieses Kostenrisiko zu vermeiden. Dem hat der Gesetzgeber durch das Aufwendungsausgleichsgesetz (Nr. 18 a) abgeholfen.

Kann eine Frau wegen eines sonstigen Beschäftigungsverbots nicht arbeiten, erhält sie ihr Entgelt als Mutterschutzlohn gemäß § 18 fortgezahlt (vgl. *Lembke,* NZA 98, 349). Auch insoweit verlangt das Unionsrecht keine Berücksichtigung von Entgeltbestandteilen, die von der tatsächlichen Erbringung der Arbeitsleistung abhängen. Die Mitgliedstaaten können aber weitergehende Rechte der Arbeitnehmerinnen vorsehen (vgl. *EuGH* 1.7.2010 – C-194/08, EuZW 10, 712 – Gassmayr), wie dies nach § 18 geschehen ist.

Während der Schwangerschaft und bis zum Ablauf von 4 Monaten nach der Entbindung darf einer Frau nach § 17 außer mit behördlicher Zustimmung in

Ausnahmefällen nicht gekündigt werden (hierzu *Graue,* AiB 99, 511). Unzulässig sind nach § 17 Abs. 1 Satz 3 auch Vorbereitungsmaßnahmen für Kündigungen. Das dürfte sich insbesondere auf die Betriebsratsanhörung nach § 102 BetrVG beziehen. In einem Fall zum spanischen Recht hat der *EuGH* entschieden, dass es nicht genüge, wenn die Kündigung einer Schwangeren nicht grundsätzlich präventiv verboten sei und sie im Falle einer widerrechtlichen Kündigung nur deren Unwirksamkeit als Wiedergutmachung geltend machen könne (*EuGH* 22. 2. 2018 – C-103/16, NZA 18, 432 – Porras Guisado). Das wird teils so gedeutet, dass die deutsche Rechtslage insoweit mit der Mutterschutzrichtlinie 92/85/EWG vereinbar ist, weil eine Kündigung grundsätzlich nur mit behördlicher Zustimmung erfolgen kann (*Temming/Haase*, JurisPR 31/18, Anm. 5). Allerdings ist auch eine andere Deutung möglich, wonach eine weitergehende Wiedergutmachung als die Möglichkeit der Kündigungsschutzklage erforderlich ist, wenn der Arbeitgeber ohne behördliche Zustimmung gekündigt hat (*Methfessel/Weck*, DB 18, 1469).
Die Unwirksamkeit der Kündigung wegen Verletzung von § 17 muss nach der Rechtsprechung des *BAG* (19. 2. 2009 – 2 AZR 286/07, NZA 09, 980) innerhalb der Klagefrist des § 4 KSchG durch Kündigungsschutzklage geltend gemacht werden, selbst wenn die Schwangerschaft erst nach Zugang der Kündigung bekannt wird.
Eine schwangere Frau darf nicht wegen Fehlzeiten infolge einer durch diese Schwangerschaft verursachten Krankheit entlassen werden (*EuGH* 30. 6. 1998 – C-394/96, NZA 98, 871 – Brown). Zur Unzulässigkeit der Frage an eine Stellenbewerberin nach einer bestehenden Schwangerschaft s. Einl. III zum BDSG, Nr. 5. Das Kündigungsverbot greift auch im Falle einer künstlichen Befruchtung. Kündigt der Arbeitgeber aber wegen beabsichtigter künstlicher Befruchtung, greift nicht § 17, sondern es liegt eine unerlaubte Benachteiligung wegen des Geschlechts vor, so dass die Kündigung aus diesem Grunde unwirksam ist (*BAG* 26. 3. 2015 – 2 AZR 237/14, NZA 15, 734).

III. Anwendungsprobleme

Bei allen Vorschriften des MuSchG geht es darum, die Benachteiligung von Frauen im aktuellen Fall einer Schwangerschaft im Rahmen des bestehenden Arbeitsverhältnisses auszugleichen. Sie reichen nicht heran an das grundsätzliche Problem der Benachteiligung von Frauen im Arbeitsleben und in der Gesellschaft schlechthin. Die arbeitsmarktpolitische Brisanz eines Gesetzes wie des MuSchG kommt deutlich darin zum Ausdruck, dass Arbeitgeber grundsätzlich Betriebsablaufstörungen durch Mutterschutzzeiten fürchten, die regelmäßig nicht durch Aushilfskräfte abgefedert würden, ferner in der Angst, Arbeitnehmerinnen könnten sich in Arbeitsverhältnisse begeben, um so die Vorteile des Mutterschutzes auf Kosten Privater in Anspruch zu nehmen (vgl. die Stellungnahme der BDA, in: Arbeitgeber 79, 473). Eine solche Haltung muss in der Tat Benachteiligungen jüngerer Frauen bei der Arbeitssuche befürchten lassen. Daraus erwächst das Bedürfnis einer Antidiskriminierungsgesetzgebung, die die bisherige Einstellungspraxis der Arbeitgeber wenigstens etwas begrenzt (vgl. AGG, Nr. 2). Die Lösung kann im Übrigen nicht darin liegen, auf Arbeitnehmerschutz zu verzichten. Notwendig ist vielmehr eine Gesetzgebung, die Umgehungen ausschließt oder deren

Attraktivität reduziert, wie es das *BVerfG* mit der Umlage für den Zuschuss zum Mutterschaftsgeld gefordert hatte (s. o. II).

IV. Rechtspolitische Diskussion

Ein Vorschlag zur Ausweitung des Mutterschutzes auf europäischer Ebene durch eine Änderungsrichtlinie (KOM [2008] 637 endg., s. dazu 40. Aufl.) fand im Ministerrat keine Mehrheit und wurde von der Kommission gegen den Willen des Parlaments (Mitteilung in: ZESAR 14, 401) zurückgenommen (KOM [2014] 910 endg.).

In der Richtlinie 2019/1158 zur Vereinbarkeit von Beruf und Privatleben (v. 20.6.2019, ABl. L 188/79, Kommissionsvorschlag: COM [2017] 253) ist auch ein Vaterschaftsurlaub von mind. 10 bezahlten Arbeitstagen bei Geburt eines Kindes vorgesehen. Eine Kündigung aufgrund der Inanspruchnahme dieses Rechts soll ausgeschlossen werden. Die Umsetzung der Richtlinie muss bis zum 2.8.2022 erfolgen.

Weiterführende Literatur

Deinert/Heuschmid/Zwanziger-*Bantle/Hlava,* Arbeitsrecht, § 110 (Mutterschutz)

Becker/Brose/Landauer, MuSchG/BEEG, 9. Aufl. (2018)

Graue, Mutterschutzgesetz, Basiskommentar, 3. Aufl. (2018)

Graue, Das Nachtarbeitsverbot im novellierten Mutterschutzgesetz – Unionsrechtskonformität der Regelungen des reformierten MuSchG unter besonderer Berücksichtigung der Regelungen der §§ 28 und 29 Abs. 3 Satz 2 MuSchG, SR 2018, S. 16

Reuhl/Weg, Das neue Mutterschutzgesetz, Gute Arbeit 6/2017, S. 23

Roos/Bieresborn (Hrsg.), MuSchG, (Loseblatt)

Tillmanns/Mutschler (Hrsg.), MuSchG und BEEG, 2. Aufl. (2018)

Willikonsky, Kommentar zum Mutterschutzgesetz, (Loseblatt)

Checkliste 55: Arbeitsplatzgestaltung bei Mutterschutz

I. Grundsatz

Nach § 9 MuSchG hat der Arbeitgeber zum Schutze von Mutter und Kind alle erforderlichen Maßnahmen zu ergreifen:

- nach einer Gefährdungsbeurteilung nach § 10
- Gespräch mit der Schwangeren oder stillenden Frau über weitere Anpassungen ist nach § 10 Abs. 2 Satz 2 anzubieten.
- Berücksichtigung von veröffentlichten Regeln und Erkenntnissen nach § 9 Abs. 4
- vorrangig Umgestaltung der Arbeitsbedingungen, hilfsweise Versetzung, nur ausnahmsweise Beschäftigungsverbot (§ 13)

II. Betroffene Bereiche

- Arbeitsplatz (einschließlich der Hilfsmittel zur Durchführung der Arbeit wie Maschinen und Werkzeuge)
- sonstige Einrichtungen (z.B. Wasch-, Umkleide-, Toilettenräume, Kantine, Zugangswege)

III. Gestaltungen

- Sicherstellung von Unterbrechungsmöglichkeiten (§ 9 Abs. 3 Satz 1)
- Möglichkeiten zum Hinlegen, Hinsetzen und Ausruhen (§ 9 Abs. 3 Satz 2)
- Ausschluss unverantwortbarer Gefährdungen durch Aussetzung von Gefahr- und Biostoffen (§§ 11 Abs. 1 und 2, 12 Abs. 1 und 2)
- Ausschluss unverantwortbarer Gefährdungen durch physikalische Einwirkungen (§§ 11 Abs. 3, 12 Abs. 3)
  - Strahlungen, Erschütterungen, Vibrationen, Lärm, Temperatur, Feuchtigkeit, Vermeidung von Zugluft
- keine belastende Arbeitsumgebung (§§ 11 Abs. 4, 12 Abs. 4)
  - Beleuchtung
  - Atematmosphäre
  - Schutz vor Passivrauchen
- keine unverantwortbaren Gefährdungen durch körperliche oder mechanische Einwirkungen (§ 11 Abs. 5)
  - Anpassen von Sitzen und Tischen an physiologische Anforderungen
  - Anbringen von Fußstützen
  - Hilfen zur Lastenhandhabung
  - Ausschluss von Zwangshaltungen
  - vermeidungsbelastende Schutzausrüstungen
- Keine Akkord-, Fließ- oder getaktete Arbeit (§§ 11 Abs. 6, 12 Abs. 5)

Checkliste 56: Beschäftigungsverbote nach dem MuSchG

I. Beschäftigungsverbot sechs Wochen vor der Entbindung

1. Beschäftigungsverbot während der Schutzfrist (§ 3 Abs. 1)
   - Verlängerung der Schutzfrist im Falle späterer Entbindung
   - Möglichkeit der Bereiterklärung zur Arbeit
2. Beschäftigungsverbot im Einzelfall
   - bei unverantwortbaren Gefährdungen (vgl. Checkliste 55)
   - die nicht durch Umgestaltung der Arbeitsbedingungen oder Versetzung ausgeschlossen werden können (§ 13)
3. Grundsätzliches Verbot der Akkord-, Fließ- oder getakteten Arbeit (§ 11 Abs. 6)
4. Ärztliches Beschäftigungsverbot (§ 16)
5. Verbot der Nachtarbeit (§ 5)
6. Verbot der Beschäftigung an Sonn- und Feiertagen (§ 6)
   - Möglichkeit der Bereiterklärung zur Arbeit

II. Beschäftigungsverbot nach der Entbindung

1. Schutzfrist von acht (in besonderen Fällen zwölf) Wochen nach der Entbindung (§ 3 Abs. 2)
   - Verlängerung um verkürzte Schutzfrist nach § 3 Abs. 1 im Falle vorzeitiger Entbindung
   - Verkürzung auf 2 Wochen nach dem Tod eines Kindes, jedoch Möglichkeit der Bereiterklärung zur Arbeit
2. Ausschluss von Arbeiten, die nach ärztlichem Zeugnis die Leistungsfähigkeit überschreiten
3. Grundsätzliches Verbot der Akkord-, Fließ- oder getakteten Arbeit (§ 12 Abs. 6)

III. Beschäftigungsverbot bei stillenden Frauen

1. Verbot der Nachtarbeit (§ 5)
2. Verbot der Sonn- und Feiertagsarbeit (§ 6)
   - Möglichkeit der Bereiterklärung zur Arbeit

Gesetz zum Schutz von Müttern bei der Arbeit, in der Ausbildung und im Studium (Mutterschutzgesetz – MuSchG)

vom 23. Mai 2017 (BGBl. I 1228)
geändert durch Gesetz vom 12. Dezember 2019 (BGBl. I 2652)

Abschnitt 1 – Allgemeine Vorschriften

§ 1 Anwendungsbereich, Ziel des Mutterschutzes (1) Dieses Gesetz schützt die Gesundheit der Frau und ihres Kindes am Arbeits-, Ausbildungs- und Studienplatz während der Schwangerschaft, nach der Entbindung und in der Stillzeit. Das Gesetz ermöglicht es der Frau, ihre Beschäftigung oder sonstige Tätigkeit in dieser Zeit ohne Gefährdung ihrer Gesundheit oder der ihres Kindes fortzusetzen und wirkt Benachteiligungen während der Schwangerschaft, nach der Entbindung und in der Stillzeit entgegen. Regelungen in anderen Arbeitsschutzgesetzen bleiben unberührt.
(2) Dieses Gesetz gilt für Frauen in einer Beschäftigung im Sinne von § 7 Absatz 1 des Vierten Buches Sozialgesetzbuch. Unabhängig davon, ob ein solches Beschäftigungsverhältnis vorliegt, gilt dieses Gesetz auch für
1. Frauen in betrieblicher Berufsbildung und Praktikantinnen im Sinne von § 26 des Berufsbildungsgesetzes,
2. Frauen mit Behinderung, die in einer Werkstatt für behinderte Menschen beschäftigt sind,
3. Frauen, die als Entwicklungshelferinnen im Sinne des Entwicklungshelfer-Gesetzes tätig sind, jedoch mit der Maßgabe, dass die §§ 18 bis 22 auf sie nicht anzuwenden sind,
4. Frauen, die als Freiwillige im Sinne des Jugendfreiwilligendienstegesetzes oder des Bundesfreiwilligendienstgesetzes tätig sind,
5. Frauen, die als Mitglieder einer geistlichen Genossenschaft, Diakonissen oder Angehörige einer ähnlichen Gemeinschaft auf einer Planstelle oder aufgrund eines Gestellungsvertrages für diese tätig werden, auch während der Zeit ihrer dortigen außerschulischen Ausbildung,
6. Frauen, die in Heimarbeit beschäftigt sind, und ihnen Gleichgestellte im Sinne von § 1 Absatz 1 und 2 des Heimarbeitsgesetzes, soweit sie am Stück mitarbeiten, jedoch mit der Maßgabe, dass die §§ 10 und 14 auf sie nicht anzuwenden sind und § 9 Absatz 1 bis 5 auf sie entsprechend anzuwenden ist,
7. Frauen, die wegen ihrer wirtschaftlichen Unselbstständigkeit als arbeitnehmerähnliche Person anzusehen sind, jedoch mit der Maßgabe, dass die §§ 18, 19 Absatz 2 und § 20 auf sie nicht anzuwenden sind, und
8. Schülerinnen und Studentinnen, soweit die Ausbildungsstelle Ort, Zeit und

Ablauf der Ausbildungsveranstaltung verpflichtend vorgibt oder die ein im Rahmen der schulischen oder hochschulischen Ausbildung verpflichtend vorgegebenes Praktikum ableisten, jedoch mit der Maßgabe, dass die §§ 17 bis 24 auf sie nicht anzuwenden sind.

(3) Das Gesetz gilt nicht für Beamtinnen und Richterinnen. Das Gesetz gilt ebenso nicht für Soldatinnen, auch soweit die Voraussetzungen des Absatzes 2 erfüllt sind, es sei denn, sie werden aufgrund dienstlicher Anordnung oder Gestattung außerhalb des Geschäftsbereiches des Bundesministeriums der Verteidigung tätig.

(4) Dieses Gesetz gilt für jede Person, die schwanger ist, ein Kind geboren hat oder stillt. Die Absätze 2 und 3 gelten entsprechend.

§ 2 Begriffsbestimmungen (1) Arbeitgeber im Sinne dieses Gesetzes ist die natürliche oder juristische Person oder die rechtsfähige Personengesellschaft, die Personen nach § 1 Absatz 2 Satz 1 beschäftigt. Dem Arbeitgeber stehen gleich:

1. die natürliche oder juristische Person oder die rechtsfähige Personengesellschaft, die Frauen im Fall von § 1 Absatz 2 Satz 2 Nummer 1 ausbildet oder für die Praktikantinnen im Fall von § 1 Absatz 2 Satz 2 Nummer 1 tätig sind,
2. der Träger der Werkstatt für behinderte Menschen im Fall von § 1 Absatz 2 Satz 2 Nummer 2,
3. der Träger des Entwicklungsdienstes im Fall von § 1 Absatz 2 Satz 2 Nummer 3,
4. die Einrichtung, in der der Freiwilligendienst nach dem Jugendfreiwilligendienstegesetz oder nach dem Bundesfreiwilligendienstgesetz im Fall von § 1 Absatz 2 Satz 2 Nummer 4 geleistet wird,
5. die geistliche Genossenschaft und ähnliche Gemeinschaft im Fall von § 1 Absatz 2 Satz 2 Nummer 5,
6. der Auftraggeber und der Zwischenmeister von Frauen im Fall von § 1 Absatz 2 Satz 2 Nummer 6,
7. die natürliche oder juristische Person oder die rechtsfähige Personengesellschaft, für die Frauen im Sinne von § 1 Absatz 2 Satz 2 Nummer 7 tätig sind, und
8. die natürliche oder juristische Person oder die rechtsfähige Personengesellschaft, mit der das Ausbildungs- oder Praktikumsverhältnis im Fall von § 1 Absatz 2 Satz 2 Nummer 8 besteht (Ausbildungsstelle).

(2) Eine Beschäftigung im Sinne der nachfolgenden Vorschriften erfasst jede Form der Betätigung, die eine Frau im Rahmen eines Beschäftigungsverhältnisses nach § 1 Absatz 2 Satz 1 oder die eine Frau im Sinne von § 1 Absatz 2 Satz 2 im Rahmen ihres Rechtsverhältnisses zu ihrem Arbeitgeber nach § 2 Absatz 1 Satz 2 ausübt.

(3) Ein Beschäftigungsverbot im Sinne dieses Gesetzes ist nur ein Beschäftigungsverbot nach den §§ 3 bis 6, 10 Absatz 3, § 13 Absatz 1 Nummer 3 und § 16. Für eine in Heimarbeit beschäftigte Frau und eine ihr Gleichgestellte tritt an die

Stelle des Beschäftigungsverbots das Verbot der Ausgabe von Heimarbeit nach den §§ 3, 8, 13 Absatz 2 und § 16. Für eine Frau, die wegen ihrer wirtschaftlichen Unselbstständigkeit als arbeitnehmerähnliche Person anzusehen ist, tritt an die Stelle des Beschäftigungsverbots nach Satz 1 die Befreiung von der vertraglich vereinbarten Leistungspflicht; die Frau kann sich jedoch gegenüber der dem Arbeitgeber gleichgestellten Person oder Gesellschaft im Sinne von Absatz 1 Satz 2 Nummer 7 dazu bereit erklären, die vertraglich vereinbarte Leistung zu erbringen.

(4) Alleinarbeit im Sinne dieses Gesetzes liegt vor, wenn der Arbeitgeber eine Frau an einem Arbeitsplatz in seinem räumlichen Verantwortungsbereich beschäftigt, ohne dass gewährleistet ist, dass sie jederzeit den Arbeitsplatz verlassen oder Hilfe erreichen kann.

(5) Arbeitsentgelt im Sinne dieses Gesetzes ist das Arbeitsentgelt, das nach § 14 des Vierten Buches Sozialgesetzbuch in Verbindung mit einer aufgrund des § 17 des Vierten Buches Sozialgesetzbuch erlassenen Verordnung bestimmt wird. Für Frauen im Sinne von § 1 Absatz 2 Satz 2 gilt als Arbeitsentgelt ihre jeweilige Vergütung.

Abschnitt 2 – Gesundheitsschutz

Unterabschnitt 1 – Arbeitszeitlicher Gesundheitsschutz

§ 3 Schutzfristen vor und nach der Entbindung (1) Der Arbeitgeber darf eine schwangere Frau in den letzten sechs Wochen vor der Entbindung nicht beschäftigen (Schutzfrist vor der Entbindung), soweit sie sich nicht zur Arbeitsleistung ausdrücklich bereit erklärt. Sie kann die Erklärung nach Satz 1 jederzeit mit Wirkung für die Zukunft widerrufen. Für die Berechnung der Schutzfrist vor der Entbindung ist der voraussichtliche Tag der Entbindung maßgeblich, wie er sich aus dem ärztlichen Zeugnis oder dem Zeugnis einer Hebamme oder eines Entbindungspflegers ergibt. Entbindet eine Frau nicht am voraussichtlichen Termin, verkürzt oder verlängert sich die Schutzfrist vor der Entbindung entsprechend.

(2) Der Arbeitgeber darf eine Frau bis zum Ablauf von acht Wochen nach der Entbindung nicht beschäftigen (Schutzfrist nach der Entbindung). Die Schutzfrist nach der Entbindung verlängert sich auf zwölf Wochen

1. bei Frühgeburten,
2. bei Mehrlingsgeburten und
3. wenn vor Ablauf von acht Wochen nach der Entbindung bei dem Kind eine Behinderung im Sinne von § 2 Absatz 1 Satz 1 des Neunten Buches Sozialgesetzbuch ärztlich festgestellt wird.

Bei vorzeitiger Entbindung verlängert sich die Schutzfrist nach der Entbindung nach Satz 1 oder nach Satz 2 um den Zeitraum der Verkürzung der Schutzfrist vor der Entbindung nach Absatz 1 Satz 4. Nach Satz 2 Nummer 3 verlängert sich die Schutzfrist nach der Entbindung nur, wenn die Frau dies beantragt.

(3) Die Ausbildungsstelle darf eine Frau im Sinne von § 1 Absatz 2 Satz 2 Nummer 8 bereits in der Schutzfrist nach der Entbindung im Rahmen der schulischen oder hochschulischen Ausbildung tätig werden lassen, wenn die Frau dies ausdrücklich gegenüber ihrer Ausbildungsstelle verlangt. Die Frau kann ihre Erklärung jederzeit mit Wirkung für die Zukunft widerrufen.
(4) Der Arbeitgeber darf eine Frau nach dem Tod ihres Kindes bereits nach Ablauf der ersten zwei Wochen nach der Entbindung beschäftigen, wenn
1. die Frau dies ausdrücklich verlangt und
2. nach ärztlichem Zeugnis nichts dagegen spricht.
Sie kann ihre Erklärung nach Satz 1 Nummer 1 jederzeit mit Wirkung für die Zukunft widerrufen.

§ 4 Verbot der Mehrarbeit; Ruhezeit (1) Der Arbeitgeber darf eine schwangere oder stillende Frau, die 18 Jahre oder älter ist, nicht mit einer Arbeit beschäftigen, die die Frau über achteinhalb Stunden täglich oder über 90 Stunden in der Doppelwoche hinaus zu leisten hat. Eine schwangere oder stillende Frau unter 18 Jahren darf der Arbeitgeber nicht mit einer Arbeit beschäftigen, die die Frau über acht Stunden täglich oder über 80 Stunden in der Doppelwoche hinaus zu leisten hat. In die Doppelwoche werden die Sonntage eingerechnet. Der Arbeitgeber darf eine schwangere oder stillende Frau nicht in einem Umfang beschäftigen, der die vertraglich vereinbarte wöchentliche Arbeitszeit im Durchschnitt des Monats übersteigt. Bei mehreren Arbeitgebern sind die Arbeitszeiten zusammenzurechnen.
(2) Der Arbeitgeber muss der schwangeren oder stillenden Frau nach Beendigung der täglichen Arbeitszeit eine ununterbrochene Ruhezeit von mindestens elf Stunden gewähren.

§ 5 Verbot der Nachtarbeit (1) Der Arbeitgeber darf eine schwangere oder stillende Frau nicht zwischen 20 Uhr und 6 Uhr beschäftigen. Er darf sie bis 22 Uhr beschäftigen, wenn die Voraussetzungen des § 28 erfüllt sind.
(2) Die Ausbildungsstelle darf eine schwangere oder stillende Frau im Sinne von § 1 Absatz 2 Satz 2 Nummer 8 nicht zwischen 20 Uhr und 6 Uhr im Rahmen der schulischen oder hochschulischen Ausbildung tätig werden lassen. Die Ausbildungsstelle darf sie an Ausbildungsveranstaltungen bis 22 Uhr teilnehmen lassen, wenn
1. sich die Frau dazu audrücklich bereit erklärt,
2. die Teilnahme zu Ausbildungszwecken zu dieser Zeit erforderlich ist,
3. insbesondere eine unverantwortbare Gefährdung für die schwangere Frau oder ihr Kind durch Alleinarbeit ausgeschlossen ist.
Die schwangere oder stillende Frau kann ihre Erklärung nach Satz 2 Nummer 1 jederzeit mit Wirkung für die Zukunft widerrufen.

§ 6 Verbot der Sonn- und Feiertagsarbeit (1) Der Arbeitgeber darf eine schwangere oder stillende Frau nicht an Sonn- und Feiertagen beschäftigen. Er darf sie an Sonn- und Feiertagen nur dann beschäftigen, wenn

1. sich die Frau dazu ausdrücklich bereit erklärt,
2. eine Ausnahme vom allgemeinen Verbot der Arbeit an Sonn- und Feiertagen nach § 10 des Arbeitszeitgesetzes zugelassen ist,
3. der Frau in jeder Woche im Anschluss an eine ununterbrochene Nachtruhezeit von mindestens elf Stunden ein Ersatzruhetag gewährt wird und
4. insbesondere eine unverantwortbare Gefährdung für die schwangere Frau oder ihr Kind durch Alleinarbeit ausgeschlossen ist.

Die schwangere oder stillende Frau kann ihre Erklärung nach Satz 2 Nummer 1 jederzeit mit Wirkung für die Zukunft widerrufen.

(2) Die Ausbildungsstelle darf eine schwangere oder stillende Frau im Sinne von § 1 Absatz 2 Satz 2 Nummer 8 nicht an Sonn- und Feiertagen im Rahmen der schulischen oder hochschulischen Ausbildung tätig werden lassen. Die Ausbildungsstelle darf sie an Ausbildungsveranstaltungen an Sonn- und Feiertagen teilnehmen lassen, wenn

1. sich die Frau dazu ausdrücklich bereits erklärt,
2. die Teilnahme zu Ausbdildungszwecken zu dieser Zeit erforderlich ist,
3. der Frau in jeder Woche im Anschluss an eine ununterbrochene Nachtruhezeit von mindestens elf Stunden ein Ersatzruhetag gewährt wird und
4. insbesondere eine unverantwortbare Gefährdung für die schwangere Frau oder ihr Kind durch Alleinarbeit ausgeschlossen ist.

Die schwangere oder stillende Frau kann ihre Erklärung nach Satz 2 Nummer 1 jederzeit mit Wirkung für die Zukunft widerrufen.

§ 7 Freistellung für Untersuchungen und zum Stillen (1) Der Arbeitgeber hat eine Frau für die Zeit freizustellen, die zur Durchführung der Untersuchungen im Rahmen der Leistungen der gesetzlichen Krankenversicherung bei Schwangerschaft und Mutterschaft erforderlich sind. Entsprechendes gilt zugunsten einer Frau, die nicht in der gesetzlichen Krankenversicherung versichert ist.

(2) Der Arbeitgeber hat eine stillende Frau auf ihr Verlangen während der ersten zwölf Monate nach der Entbindung für die zum Stillen erforderliche Zeit freizustellen, mindestens aber zweimal täglich für eine halbe Stunde oder einmal täglich für eine Stunde. Bei einer zusammenhängenden Arbeitszeit von mehr als acht Stunden soll auf Verlangen der Frau zweimal eine Stillzeit von mindestens 45 Minuten oder, wenn in der Nähe der Arbeitsstätte keine Stillgelegenheit vorhanden ist, einmal eine Stillzeit von mindestens 90 Minuten gewährt werden. Die Arbeitszeit gilt als zusammenhängend, wenn sie nicht durch eine Ruhepause von mehr als zwei Stunden unterbrochen wird.

§ 8 Beschränkung von Heimarbeit (1) Der Auftraggeber oder Zwischenmeister darf Heimarbeit an eine schwangere in Heimarbeit beschäftigte Frau oder an eine ihr Gleichgestellte nur in solchem Umfang und mit solchen Fertigungsfristen ausgeben, dass die Arbeit werktags während einer achtstündigen Tagesarbeitszeit ausgeführt werden kann.

(2) Der Auftraggeber oder Zwischenmeister darf Heimarbeit an eine stillende in

Heimarbeit beschäftigte Frau oder an eine ihr Gleichgestellte nur in solchem Umfang und mit solchen Fertigungsfristen ausgeben, dass die Arbeit werktags während einer siebenstündigen Tagesarbeitszeit ausgeführt werden kann.

Unterabschnitt 2 – Betrieblicher Gesundheitsschutz

§ 9 Gestaltung der Arbeitsbedingungen; unverantwortbare Gefährdung (1) Der Arbeitgeber hat bei der Gestaltung der Arbeitsbedingungen einer schwangeren oder stillenden Frau alle aufgrund der Gefährdungsbeurteilung nach § 10 erforderlichen Maßnahmen für den Schutz ihrer physischen und psychischen Gesundheit sowie der ihres Kindes zu treffen. Er hat die Maßnahmen auf ihre Wirksamkeit zu überprüfen und erforderlichenfalls den sich ändernden Gegebenheiten anzupassen. Soweit es nach den Vorschriften dieses Gesetzes verantwortbar ist, ist der Frau auch während der Schwangerschaft, nach der Entbindung und in der Stillzeit die Fortführung ihrer Tätigkeiten zu ermöglichen. Nachteile aufgrund der Schwangerschaft, der Entbindung oder der Stillzeit sollen vermieden oder ausgeglichen werden.

(2) Der Arbeitgeber hat die Arbeitsbedingungen so zu gestalten, dass Gefährdungen einer schwangeren oder stillenden Frau oder ihres Kindes möglichst vermieden werden und eine unverantwortbare Gefährdung ausgeschlossen wird. Eine Gefährdung ist unverantwortbar, wenn die Eintrittswahrscheinlichkeit einer Gesundheitsbeeinträchtigung angesichts der zu erwartenden Schwere des möglichen Gesundheitsschadens nicht hinnehmbar ist. Eine unverantwortbare Gefährdung gilt als ausgeschlossen, wenn der Arbeitgeber alle Vorgaben einhält, die aller Wahrscheinlichkeit nach dazu führen, dass die Gesundheit einer schwangeren oder stillenden Frau oder ihres Kindes nicht beeinträchtigt wird.

(3) Der Arbeitgeber hat sicherzustellen, dass die schwangere oder stillende Frau ihre Tätigkeit am Arbeitsplatz, soweit es für sie erforderlich ist, kurz unterbrechen kann. Er hat darüber hinaus sicherzustellen, dass sich die schwangere oder stillende Frau während der Pausen und Arbeitsunterbrechungen unter geeigneten Bedingungen hinlegen, hinsetzen und ausruhen kann.

(4) Alle Maßnahmen des Arbeitgebers nach diesem Unterabschnitt sowie die Beurteilung der Arbeitsbedingungen nach § 10 müssen dem Stand der Technik, der Arbeitsmedizin und der Hygiene sowie den sonstigen gesicherten wissenschaftlichen Erkenntnissen entsprechen. Der Arbeitgeber hat bei seinen Maßnahmen die vom Ausschuss für Mutterschutz ermittelten und nach § 30 Absatz 4 im Gemeinsamen Ministerialblatt veröffentlichten Regeln und Erkenntnisse zu berücksichtigen; bei Einhaltung dieser Regeln und bei Beachtung dieser Erkenntnisse ist davon auszugehen, dass die in diesem Gesetz gestellten Anforderungen erfüllt sind.

(5) Der Arbeitgeber kann zuverlässige und fachkundige Personen schriftlich damit beauftragen, ihm obliegende Aufgaben nach diesem Unterabschnitt in eigener Verantwortung wahrzunehmen.

(6) Kosten für Maßnahmen nach diesem Gesetz darf der Arbeitgeber nicht den

Personen auferlegen, die bei ihm beschäftigt sind. Die Kosten für Zeugnisse und Bescheinigungen, die die schwangere oder stillende Frau auf Verlangen des Arbeitgebers vorzulegen hat, trägt der Arbeitgeber.

§ 10 Beurteilung der Arbeitsbedingungen; Schutzmaßnahmen (1) Im Rahmen der Beurteilung der Arbeitsbedingungen nach § 5 des Arbeitsschutzgesetzes hat der Arbeitgeber für jede Tätigkeit

1. die Gefährdungen nach Art, Ausmaß und Dauer zu beurteilen, denen eine schwangere oder stillende Frau oder ihr Kind ausgesetzt ist oder sein kann, und
2. unter Berücksichtigung des Ergebnisses der Beurteilung der Gefährdung nach Nummer 1 zu ermitteln, ob für eine schwangere oder stillende Frau oder ihr Kind voraussichtlich
   a) keine Schutzmaßnahmen erforderlich sein werden,
   b) eine Umgestaltung der Arbeitsbedingungen nach § 13 Absatz 1 Nummer 1 erforderlich sein wird oder
   c) eine Fortführung der Tätigkeit der Frau an diesem Arbeitsplatz nicht möglich sein wird.

Bei gleichartigen Arbeitsbedingungen ist die Beurteilung eines Arbeitsplatzes oder einer Tätigkeit ausreichend.

(2) Sobald eine Frau dem Arbeitgeber mitgeteilt hat, dass sie schwanger ist oder stillt, hat der Arbeitgeber unverzüglich die nach Maßgabe der Gefährdungsbeurteilung nach Absatz 1 erforderlichen Schutzmaßnahmen festzulegen. Zusätzlich hat der Arbeitgeber der Frau ein Gespräch über weitere Anpassungen ihrer Arbeitsbedingungen anzubieten.

(3) Der Arbeitgeber darf eine schwangere oder stillende Frau nur diejenigen Tätigkeiten ausüben lassen, für die er die erforderlichen Schutzmaßnahmen nach Absatz 2 Satz 1 getroffen hat.

§ 11 Unzulässige Tätigkeiten und Arbeitsbedingungen für schwangere Frauen (1) Der Arbeitgeber darf eine schwangere Frau keine Tätigkeiten ausüben lassen und sie keinen Arbeitsbedingungen aussetzen, bei denen sie in einem Maß Gefahrstoffen ausgesetzt ist oder sein kann, dass dies für sie oder für ihr Kind eine unverantwortbare Gefährdung darstellt. Eine unverantwortbare Gefährdung im Sinne von Satz 1 liegt insbesondere vor, wenn die schwangere Frau Tätigkeiten ausübt oder Arbeitsbedingungen ausgesetzt ist, bei denen sie folgenden Gefahrstoffen ausgesetzt ist oder sein kann:

1. Gefahrstoffen, die nach den Kriterien des Anhangs I zur Verordnung (EG) Nr. 1272/2008 des Europäischen Parlaments und des Rates vom 16. Dezember 2008 über die Einstufung, Kennzeichnung und Verpackung von Stoffen und Gemischen, zur Änderung und Aufhebung der Richtlinien 67/548/EWG und 1999/45/EG und zur Änderung der Verordnung (EG) Nr. 1907/2006 (ABl L 353 vom 31. 12. 2008, S. 1) zu bewerten sind
   a) als reproduktionstoxisch nach der Kategorie 1A, 1B oder 2 oder nach der Zusatzkategorie für Wirkungen auf oder über die Laktation,

   b) als keimzellmutagen nach der Kategorie 1A oder 1B,
   c) als karzinogen nach der Kategorie 1A oder 1B,
   d) als spezifisch zielorgantoxisch nach einmaliger Exposition nach der Kategorie 1 oder
   e) als akut toxisch nach der Kategorie 1, 2 oder 3,
2. Blei und Bleiderivaten, soweit die Gefahr besteht, dass diese Stoffe vom menschlichen Körper aufgenommen werden, oder
3. Gefahrstoffen, die als Stoffe ausgewiesen sind, die auch bei Einhaltung der arbeitsplatzbezogenen Vorgaben möglicherweise zu einer Fruchtschädigung führen können.

Eine unverantwortbare Gefährdung im Sinne von Satz 1 oder 2 gilt insbesondere als ausgeschlossen,

1. wenn
   a) für den jeweiligen Gefahrstoff die arbeitsplatzbezogenen Vorgaben eingehalten werden und es sich um einen Gefahrstoff handelt, der als Stoff ausgewiesen ist, der bei Einhaltung der arbeitsplatzbezogenen Vorgaben hinsichtlich einer Fruchtschädigung als sicher bewertet wird, oder
   b) der Gefahrstoff nicht in der Lage ist, die Plazentaschranke zu überwinden, oder aus anderen Gründen ausgeschlossen ist, dass eine Fruchtschädigung eintritt, und
2. wenn der Gefahrstoff nach den Kriterien des Anhangs I zur Verordnung (EG) Nr. 1272/2008 nicht als reproduktionstoxisch nach der Zusatzkategorie für Wirkungen auf oder über die Laktation zu bewerten ist.

Die vom Ausschuss für Mutterschutz ermittelten wissenschaftlichen Erkenntnisse sind zu beachten.

(2) Der Arbeitgeber darf eine schwangere Frau keine Tätigkeiten ausüben lassen und sie keinen Arbeitsbedingungen aussetzen, bei denen sie in einem Maß mit Biostoffen der Risikogruppe 2, 3 oder 4 im Sinne von § 3 Absatz 1 der Biostoffverordnung in Kontakt kommt oder kommen kann, dass dies für sie oder für ihr Kind eine unverantwortbare Gefährdung darstellt. Eine unverantwortbare Gefährdung im Sinne von Satz 1 liegt insbesondere vor, wenn die schwangere Frau Tätigkeiten ausübt oder Arbeitsbedingungen ausgesetzt ist, bei denen sie mit folgenden Biostoffen in Kontakt kommt oder kommen kann:

1. mit Biostoffen, die in die Risikogruppe 4 im Sinne von § 3 Absatz 1 der Biostoffverordnung einzustufen sind, oder
2. mit Rötelnvirus oder mit Toxoplasma.

Die Sätze 1 und 2 gelten auch, wenn der Kontakt mit Biostoffen im Sinne von Satz 1 oder 2 therapeutische Maßnahmen erforderlich macht oder machen kann, die selbst eine unverantwortbare Gefährdung darstellen. Eine unverantwortbare Gefährdung im Sinne von Satz 1 oder 2 gilt insbesondere als ausgeschlossen, wenn die schwangere Frau über einen ausreichenden Immunschutz verfügt.

(3) Der Arbeitgeber darf eine schwangere Frau keine Tätigkeiten ausüben lassen und sie keinen Arbeitsbedingungen aussetzen, bei denen sie physikalischen

Einwirkungen in einem Maß ausgesetzt ist oder sein kann, dass dies für sie oder für ihr Kind eine unverantwortbare Gefährdung darstellt. Als physikalische Einwirkungen im Sinne von Satz 1 sind insbesondere zu berücksichtigen:

1. ionisierende und nicht ionisierende Strahlungen,
2. Erschütterungen, Vibrationen und Lärm sowie
3. Hitze, Kälte und Nässe.

(4) Der Arbeitgeber darf eine schwangere Frau keine Tätigkeiten ausüben lassen und sie keinen Arbeitsbedingungen aussetzen, bei denen sie einer belastenden Arbeitsumgebung in einem Maß ausgesetzt ist oder sein kann, dass dies für sie oder für ihr Kind eine unverantwortbare Gefährdung darstellt. Der Arbeitgeber darf eine schwangere Frau insbesondere keine Tätigkeiten ausüben lassen

1. in Räumen mit einem Überdruck im Sinne von § 2 der Druckluftverordnung,
2. in Räumen mit sauerstoffreduzierter Atmosphäre oder
3. im Bergbau unter Tage.

(5) Der Arbeitgeber darf eine schwangere Frau keine Tätigkeiten ausüben lassen und sie keinen Arbeitsbedingungen aussetzen, bei denen sie körperlichen Belastungen oder mechanischen Einwirkungen in einem Maß ausgesetzt ist oder sein kann, dass dies für sie oder für ihr Kind eine unverantwortbare Gefährdung darstellt. Der Arbeitgeber darf eine schwangere Frau insbesondere keine Tätigkeiten ausüben lassen, bei denen

1. sie ohne mechanische Hilfsmittel regelmäßig Lasten von mehr als 5 Kilogramm Gewicht oder gelegentlich Lasten von mehr als 10 Kilogramm Gewicht von Hand heben, halten, bewegen oder befördern muss,
2. sie mit mechanischen Hilfsmitteln Lasten von Hand heben, halten, bewegen oder befördern muss und dabei ihre körperliche Beanspruchung der von Arbeiten nach Nummer 1 entspricht,
3. sie nach Ablauf des fünften Monats der Schwangerschaft überwiegend bewegungsarm ständig stehen muss und wenn diese Tätigkeit täglich vier Stunden überschreitet,
4. sie sich häufig erheblich strecken, beugen, dauernd hocken, sich gebückt halten oder sonstige Zwangshaltungen einnehmen muss,
5. sie auf Beförderungsmitteln eingesetzt wird, wenn dies für sie oder für ihr Kind eine unverantwortbare Gefährdung darstellt,
6. Unfälle, insbesondere durch Ausgleiten, Fallen oder Stürzen, oder Tätlichkeiten zu befürchten sind, die für sie oder für ihr Kind eine unverantwortbare Gefährdung darstellen,
7. sie eine Schutzausrüstung tragen muss und das Tragen eine Belastung darstellt oder
8. eine Erhöhung des Drucks im Bauchraum zu befürchten ist, insbesondere bei Tätigkeiten mit besonderer Fußbeanspruchung.

(6) Der Arbeitgeber darf eine schwangere Frau folgende Arbeiten nicht ausüben lassen:

1. Akkordarbeit oder sonstige Arbeiten, bei denen durch ein gesteigertes Arbeitstempo ein höheres Entgelt erzielt werden kann,

2. Fließarbeit oder
3. getaktete Arbeit mit vorgeschriebenem Arbeitstempo, wenn die Art der Arbeit oder das Arbeitstempo für die schwangere Frau oder für ihr Kind eine unverantwortbare Gefährdung darstellt.

§ 12 Unzulässige Tätigkeiten und Arbeitsbedingungen für stillende Frauen

(1) Der Arbeitgeber darf eine stillende Frau keine Tätigkeiten ausüben lassen und sie keinen Arbeitsbedingungen aussetzen, bei denen sie in einem Maß Gefahrstoffen ausgesetzt ist oder sein kann, dass dies für sie oder für ihr Kind eine unverantwortbare Gefährdung darstellt. Eine unverantwortbare Gefährdung im Sinne von Satz 1 liegt insbesondere vor, wenn die stillende Frau Tätigkeiten ausübt oder Arbeitsbedingungen ausgesetzt ist, bei denen sie folgenden Gefahrstoffen ausgesetzt ist oder sein kann:
1. Gefahrstoffen, die nach den Kriterien des Anhangs I zur Verordnung (EG) Nr. 1272/2008 als reproduktionstoxisch nach der Zusatzkategorie für Wirkungen auf oder über die Laktation zu bewerten sind oder
2. Blei und Bleiderivaten, soweit die Gefahr besteht, dass diese Stoffe vom menschlichen Körper aufgenommen werden.

(2) Der Arbeitgeber darf eine stillende Frau keine Tätigkeiten ausüben lassen und sie keinen Arbeitsbedingungen aussetzen, bei denen sie in einem Maß mit Biostoffen der Risikogruppe 2, 3 oder 4 im Sinne von § 3 Absatz 1 der Biostoffverordnung in Kontakt kommt oder kommen kann, dass dies für sie oder für ihr Kind eine unverantwortbare Gefährdung darstellt. Eine unverantwortbare Gefährdung im Sinne von Satz 1 liegt insbesondere vor, wenn die stillende Frau Tätigkeiten ausübt oder Arbeitsbedingungen ausgesetzt ist, bei denen sie mit Biostoffen in Kontakt kommt oder kommen kann, die in die Risikogruppe 4 im Sinne von § 3 Absatz 1 der Biostoffverordnung einzustufen sind. Die Sätze 1 und 2 gelten auch, wenn der Kontakt mit Biostoffen im Sinne von Satz 1 oder 2 therapeutische Maßnahmen erforderlich macht oder machen kann, die selbst eine unverantwortbare Gefährdung darstellen. Eine unverantwortbare Gefährdung im Sinne von Satz 1 oder 2 gilt als ausgeschlossen, wenn die stillende Frau über einen ausreichenden Immunschutz verfügt.

(3) Der Arbeitgeber darf eine stillende Frau keine Tätigkeiten ausüben lassen und sie keinen Arbeitsbedingungen aussetzen, bei denen sie physikalischen Einwirkungen in einem Maß ausgesetzt ist oder sein kann, dass dies für sie oder für ihr Kind eine unverantwortbare Gefährdung darstellt. Als physikalische Einwirkungen im Sinne von Satz 1 sind insbesondere ionisierende und nicht ionisierende Strahlungen zu berücksichtigen.

(4) Der Arbeitgeber darf eine stillende Frau keine Tätigkeiten ausüben lassen und sie keinen Arbeitsbedingungen aussetzen, bei denen sie einer belastenden Arbeitsumgebung in einem Maß ausgesetzt ist oder sein kann, dass dies für sie oder für ihr Kind eine unverantwortbare Gefährdung darstellt. Der Arbeitgeber darf eine stillende Frau insbesondere keine Tätigkeiten ausüben lassen
1. in Räumen mit einem Überdruck im Sinne von § 2 der Druckluftverordnung oder

2. im Bergbau unter Tage.

(5) Der Arbeitgeber darf eine stillende Frau folgende Arbeiten nicht ausüben lassen:

1. Akkordarbeit oder sonstige Arbeiten, bei denen durch ein gesteigertes Arbeitstempo ein höheres Entgelt erzielt werden kann,
2. Fließarbeit oder
3. getaktete Arbeit mit vorgeschriebenem Arbeitstempo, wenn die Art der Arbeit oder das Arbeitstempo für die stillende Frau oder für ihr Kind eine unverantwortbare Gefährdung darstellt.

§ 13 Rangfolge der Schutzmaßnahmen: Umgestaltung der Arbeitsbedingungen, Arbeitsplatzwechsel und betriebliches Beschäftigungsverbot (1) Werden unverantwortbare Gefährdungen im Sinne von § 9, § 11 oder § 12 festgestellt, hat der Arbeitgeber für jede Tätigkeit einer schwangeren oder stillenden Frau Schutzmaßnahmen in folgender Rangfolge zu treffen:

1. Der Arbeitgeber hat die Arbeitsbedingungen für die schwangere oder stillende Frau durch Schutzmaßnahmen nach Maßgabe des § 9 Absatz 2 umzugestalten.
2. Kann der Arbeitgeber unverantwortbare Gefährdungen für die schwangere oder stillende Frau nicht durch die Umgestaltung der Arbeitsbedingungen nach Nummer 1 ausschließen oder ist eine Umgestaltung wegen des nachweislich unverhältnismäßigen Aufwandes nicht zumutbar, hat der Arbeitgeber die Frau an einem anderen geeigneten Arbeitsplatz einzusetzen, wenn er einen solchen Arbeitsplatz zur Verfügung stellen kann und dieser Arbeitsplatz der schwangeren oder stillenden Frau zumutbar ist.
3. Kann der Arbeitgeber unverantwortbare Gefährdungen für die schwangere oder stillende Frau weder durch Schutzmaßnahmen nach Nummer 1 noch durch einen Arbeitsplatzwechsel nach Nummer 2 ausschließen, darf er die schwangere oder stillende Frau nicht weiter beschäftigen.

(2) Der Auftraggeber oder Zwischenmeister darf keine Heimarbeit an schwangere oder stillende Frauen ausgeben, wenn unverantwortbare Gefährdungen nicht durch Schutzmaßnahmen nach Absatz 1 Nummer 1 ausgeschlossen werden können.

§ 14 Dokumentation und Information durch den Arbeitgeber (1) Der Arbeitgeber hat die Beurteilung der Arbeitsbedingungen nach § 10 durch Unterlagen zu dokumentieren, aus denen Folgendes ersichtlich ist:

1. das Ergebnis der Gefährdungsbeurteilung nach § 10 Absatz 1 Satz 1 Nummer 1 und der Bedarf an Schutzmaßnahmen nach § 10 Absatz 1 Satz 1 Nummer 2,
2. die Festlegung der erforderlichen Schutzmaßnahmen nach § 10 Absatz 2 Satz 1 sowie das Ergebnis ihrer Überprüfung nach § 9 Absatz 1 Satz 2 und
3. das Angebot eines Gesprächs mit der Frau über weitere Anpassungen ihrer Arbeitsbedingungen nach § 10 Absatz 2 Satz 2 oder der Zeitpunkt eines solchen Gesprächs.

Wenn die Beurteilung nach § 10 Absatz 1 ergibt, dass die schwangere oder stillende Frau oder ihr Kind keiner Gefährdung im Sinne von § 9 Absatz 2 ausgesetzt ist oder sein kann, reicht es aus, diese Feststellung in einer für den Arbeitsplatz der Frau oder für die Tätigkeit der Frau bereits erstellten Dokumentation der Beurteilung der Arbeitsbedingungen nach § 5 des Arbeitsschutzgesetzes zu vermerken.

(2) Der Arbeitgeber hat alle Personen, die bei ihm beschäftigt sind, über das Ergebnis der Gefährdungsbeurteilung nach § 10 Absatz 1 Satz 1 Nummer 1 und über den Bedarf an Schutzmaßnahmen nach § 10 Absatz 1 Satz 1 Nummer 2 zu informieren.

(3) Der Arbeitgeber hat eine schwangere oder stillende Frau über die Gefährdungsbeurteilung nach § 10 Absatz 1 Satz 1 Nummer 1 und über die damit verbundenen für sie erforderlichen Schutzmaßnahmen nach § 10 Absatz 2 Satz 1 in Verbindung mit § 13 zu informieren.

§ 15 Mitteilungen und Nachweise der schwangeren und stillenden Frauen (1) Eine schwangere Frau soll ihrem Arbeitgeber ihre Schwangerschaft und den voraussichtlichen Tag der Entbindung mitteilen, sobald sie weiß, dass sie schwanger ist. Eine stillende Frau soll ihrem Arbeitgeber so früh wie möglich mitteilen, dass sie stillt.

(2) Auf Verlangen des Arbeitgebers soll eine schwangere Frau als Nachweis über ihre Schwangerschaft ein ärztliches Zeugnis oder das Zeugnis einer Hebamme oder eines Entbindungspflegers vorlegen. Das Zeugnis über die Schwangerschaft soll den voraussichtlichen Tag der Entbindung enthalten.

Unterabschnitt 3 – Ärztlicher Gesundheitsschutz

§ 16 Ärztliches Beschäftigungsverbot (1) Der Arbeitgeber darf eine schwangere Frau nicht beschäftigen, soweit nach einem ärztlichen Zeugnis ihre Gesundheit oder die ihres Kindes bei Fortdauer der Beschäftigung gefährdet ist.

(2) Der Arbeitgeber darf eine Frau, die nach einem ärztlichen Zeugnis in den ersten Monaten nach der Entbindung nicht voll leistungsfähig ist, nicht mit Arbeiten beschäftigen, die ihre Leistungsfähigkeit übersteigen.

Abschnitt 3 – Kündigungsschutz

§ 17 Kündigungsverbot (1) Die Kündigung gegenüber einer Frau ist unzulässig

1. während ihrer Schwangerschaft,
2. bis zum Ablauf von vier Monaten nach einer Fehlgeburt nach der zwölften Schwangerschaftswoche und
3. bis zum Ende ihrer Schutzfrist nach der Entbindung, mindestens jedoch bis zum Ablauf von vier Monaten nach der Entbindung,

wenn dem Arbeitgeber zum Zeitpunkt der Kündigung die Schwangerschaft, die Fehlgeburt nach der zwölften Schwangerschaftswoche oder die Entbindung bekannt ist oder wenn sie ihm innerhalb von zwei Wochen nach Zugang der Kündigung mitgeteilt wird. Das Überschreiten dieser Frist ist unschädlich, wenn die Überschreitung auf einem von der Frau nicht zu vertretenden Grund beruht und die Mitteilung unverzüglich nachgeholt wird. Die Sätze 1 und 2 gelten entsprechend für Vorbereitungsmaßnahmen des Arbeitgebers, die er im Hinblick auf eine Kündigung der Frau trifft.

(2) Die für den Arbeitsschutz zuständige oberste Landesbehörde oder die von ihr bestimmte Stelle kann in besonderen Fällen, die nicht mit dem Zustand der Frau in der Schwangerschaft, nach einer Fehlgeburt nach der zwölften Schwangerschaftswoche oder nach der Entbindung in Zusammenhang stehen, ausnahmsweise die Kündigung für zulässig erklären. Die Kündigung bedarf der Schriftform und muss den Kündigungsgrund angeben.

(3) Der Auftraggeber oder Zwischenmeister darf eine in Heimarbeit beschäftigte Frau in den Fristen nach Absatz 1 Satz 1 nicht gegen ihren Willen bei der Ausgabe von Heimarbeit ausschließen; die §§ 3, 8, 11, 12, 13 Absatz 2 und § 16 bleiben unberührt. Absatz 1 gilt auch für eine Frau, die der in Heimarbeit beschäftigten Frau gleichgestellt ist und deren Gleichstellung sich auch auf § 29 des Heimarbeitsgesetzes erstreckt. Absatz 2 gilt für eine in Heimarbeit beschäftigte Frau und eine ihr Gleichgestellte entsprechend.

Abschnitt 4 – Leistungen

§ 18 Mutterschutzlohn Eine Frau, die wegen eines Beschäftigungsverbots außerhalb der Schutzfristen vor oder nach der Entbindung teilweise oder gar nicht beschäftigt werden darf, erhält von ihrem Arbeitgeber Mutterschutzlohn. Als Mutterschutzlohn wird das durchschnittliche Arbeitsentgelt der letzten drei abgerechneten Kalendermonate vor dem Eintritt der Schwangerschaft gezahlt. Dies gilt auch, wenn wegen dieses Verbots die Beschäftigung oder die Entlohnungsart wechselt. Beginnt das Beschäftigungsverhältnis erst nach Eintritt der Schwangerschaft, ist das durchschnittliche Arbeitsentgelt aus dem Arbeitsentgelt der ersten drei Monate der Beschäftigung zu berechnen.

§ 19 Mutterschaftsgeld (1) Eine Frau, die Mitglied einer gesetzlichen Krankenkasse ist, erhält für die Zeit der Schutzfristen vor und nach der Entbindung sowie für den Entbindungstag Mutterschaftsgeld nach den Vorschriften des Fünften Buches Sozialgesetzbuch oder nach den Vorschriften des Zweiten Gesetzes über die Krankenversicherung der Landwirte.

(2) Eine Frau, die nicht Mitglied einer gesetzlichen Krankenkasse ist, erhält für die Zeit der Schutzfristen vor und nach der Entbindung sowie für den Entbindungstag Mutterschaftsgeld zu Lasten des Bundes in entsprechender Anwendung der Vorschriften des Fünften Buches Sozialgesetzbuch über das Mutterschaftsgeld, jedoch insgesamt höchstens 210 Euro. Das Mutterschaftsgeld wird

dieser Frau auf Antrag vom Bundesamt für Soziale Sicherung gezahlt. Endet das Beschäftigungsverhältnis nach Maßgabe von § 17 Absatz 2 durch eine Kündigung, erhält die Frau Mutterschaftsgeld in entsprechender Anwendung der Sätze 1 und 2 für die Zeit nach dem Ende des Beschäftigungsverhältnisses.

§ 20 Zuschuss zum Mutterschaftsgeld (1) Eine Frau erhält während ihres bestehenden Beschäftigungsverhältnisses für die Zeit der Schutzfristen vor und nach der Entbindung sowie für den Entbindungstag von ihrem Arbeitgeber einen Zuschuss zum Mutterschaftsgeld. Als Zuschuss zum Mutterschaftsgeld wird der Unterschiedsbetrag zwischen 13 Euro und dem um die gesetzlichen Abzüge verminderten durchschnittlichen kalendertäglichen Arbeitsentgelt der letzten drei abgerechneten Kalendermonate vor Beginn der Schutzfrist vor der Entbindung gezahlt. Einer Frau, deren Beschäftigungsverhältnis während der Schutzfristen vor oder nach der Entbindung beginnt, wird der Zuschuss zum Mutterschaftsgeld von Beginn des Beschäftigungsverhältnisses an gezahlt.
(2) Ist eine Frau für mehrere Arbeitgeber tätig, sind für die Berechnung des Arbeitgeberzuschusses nach Absatz 1 die durchschnittlichen kalendertäglichen Arbeitsentgelte aus diesen Beschäftigungsverhältnissen zusammenzurechnen. Den sich daraus ergebenden Betrag zahlen die Arbeitgeber anteilig im Verhältnis der von ihnen gezahlten durchschnittlichen kalendertäglichen Arbeitsentgelte.
(3) Endet das Beschäftigungsverhältnis nach Maßgabe von § 17 Absatz 2 durch eine Kündigung, erhält die Frau für die Zeit nach dem Ende des Beschäftigungsverhältnisses den Zuschuss zum Mutterschaftsgeld nach Absatz 1 von der für die Zahlung des Mutterschaftsgeldes zuständigen Stelle. Satz 1 gilt entsprechend, wenn der Arbeitgeber wegen eines Insolvenzereignisses im Sinne von § 165 Absatz 1 Satz 2 des Dritten Buches Sozialgesetzbuch den Zuschuss nach Absatz 1 nicht zahlen kann.

§ 21 Ermittlung des durchschnittlichen Arbeitsentgelts (1) Bei der Bestimmung des Berechnungszeitraumes für die Ermittlung des durchschnittlichen Arbeitsentgelts für die Leistungen nach den §§ 18 bis 20 bleiben Zeiten unberücksichtigt, in denen die Frau infolge unverschuldeter Fehlzeiten kein Arbeitsentgelt erzielt hat. War das Beschäftigungsverhältnis kürzer als drei Monate, ist der Berechnung der tatsächliche Zeitraum des Beschäftigungsverhältnisses zugrunde zu legen.
(2) Für die Ermittlung des durchschnittlichen Arbeitsentgelts für die Leistungen nach den §§ 18 bis 20 bleiben unberücksichtigt:
1. einmalig gezahltes Arbeitsentgelt im Sinne von § 23 a des Vierten Buches Sozialgesetzbuch,
2. Kürzungen des Arbeitsentgelts, die im Berechnungszeitraum infolge von Kurzarbeit, Arbeitsausfällen oder unverschuldetem Arbeitsversäumnis eintreten, und
3. im Fall der Beendigung der Elternzeit nach dem Bundeselterngeld- und Elternzeitgesetz das Arbeitsentgelt aus Teilzeitbeschäftigung, das vor der

Beendigung der Elternzeit während der Elternzeit erzielt wurde, soweit das durchschnittliche Arbeitsentgelt ohne die Berücksichtigung der Zeiten, in denen dieses Arbeitsentgelt erzielt wurde, höher ist.

(3) Ist die Ermittlung des durchschnittlichen Arbeitsentgelts entsprechend den Absätzen 1 und 2 nicht möglich, ist das durchschnittliche kalendertägliche Arbeitsentgelt einer vergleichbar beschäftigten Person zugrunde zu legen.

(4) Bei einer dauerhaften Änderung der Arbeitsentgelthöhe ist die geänderte Arbeitsentgelthöhe bei der Ermittlung des durchschnittlichen Arbeitsentgelts für die Leistungen nach den §§ 18 bis 20 zugrunde zu legen, und zwar

1. für den gesamten Berechnungszeitraum, wenn die Änderung während des Berechnungszeitraums wirksam wird,
2. ab Wirksamkeit der Änderung der Arbeitsentgelthöhe, wenn die Änderung der Arbeitsentgelthöhe nach dem Berechnungszeitraum wirksam wird.

§ 22 Leistungen während der Elternzeit Während der Elternzeit sind Ansprüche auf Leistungen nach den §§ 18 und 20 aus dem wegen der Elternzeit ruhenden Arbeitsverhältnis ausgeschlossen. Übt die Frau während der Elternzeit eine Teilzeitarbeit aus, ist für die Ermittlung des durchschnittlichen Arbeitsentgelts nur das Arbeitsentgelt aus dieser Teilzeitarbeit zugrunde zu legen.

§ 23 Entgelt bei Freistellung für Untersuchungen und zum Stillen (1) Durch die Gewährung der Freistellung nach § 7 darf bei der schwangeren oder stillenden Frau kein Entgeltausfall eintreten. Freistellungszeiten sind weder vor- noch nachzuarbeiten. Sie werden nicht auf Ruhepausen angerechnet, die im Arbeitszeitgesetz oder in anderen Vorschriften festgelegt sind.

(2) Der Auftraggeber oder Zwischenmeister hat einer in Heimarbeit beschäftigten Frau und der ihr Gleichgestellten für die Stillzeit ein Entgelt zu zahlen, das nach der Höhe des durchschnittlichen Stundenentgelts für jeden Werktag zu berechnen ist. Ist eine Frau für mehrere Auftraggeber oder Zwischenmeister tätig, haben diese das Entgelt für die Stillzeit zu gleichen Teilen zu zahlen. Auf das Entgelt finden die Vorschriften der §§ 23 bis 25 des Heimarbeitsgesetzes über den Entgeltschutz Anwendung.

§ 24 Fortbestehen des Erholungsurlaubs bei Beschäftigungsverboten Für die Berechnung des Anspruchs auf bezahlten Erholungsurlaub gelten die Ausfallzeiten wegen eines Beschäftigungsverbots als Beschäftigungszeiten. Hat eine Frau ihren Urlaub vor Beginn eines Beschäftigungsverbots nicht oder nicht vollständig erhalten, kann sie nach dem Ende des Beschäftigungsverbots den Resturlaub im laufenden oder im nächsten Urlaubsjahr beanspruchen.

§ 25 Beschäftigung nach dem Ende des Beschäftigungsverbots Mit dem Ende eines Beschäftigungsverbots im Sinne von § 2 Absatz 3 hat eine Frau das Recht, entsprechend den vertraglich vereinbarten Bedingungen beschäftigt zu werden.

Abschnitt 5 – Durchführung des Gesetzes

§ 26 Aushang des Gesetzes (1) In Betrieben und Verwaltungen, in denen regelmäßig mehr als drei Frauen beschäftigt werden, hat der Arbeitgeber eine Kopie dieses Gesetzes an geeigneter Stelle zur Einsicht auszulegen oder auszuhängen. Dies gilt nicht, wenn er das Gesetz für die Personen, die bei ihm beschäftigt sind, in einem elektronischen Verzeichnis jederzeit zugänglich gemacht hat.
(2) Für eine in Heimarbeit beschäftigte Frau oder eine ihr Gleichgestellte muss der Auftraggeber oder Zwischenmeister in den Räumen der Ausgabe oder Abnahme von Heimarbeit eine Kopie dieses Gesetzes an geeigneter Stelle zur Einsicht auslegen oder aushängen. Absatz 1 Satz 2 gilt entsprechend.

§ 27 Mitteilungs- und Aufbewahrungspflichten des Arbeitgebers, Offenbarungsverbot der mit der Überwachung beauftragten Personen (1) Der Arbeitgeber hat die Aufsichtsbehörde unverzüglich zu benachrichtigen,
1. wenn eine Frau ihm mitgeteilt hat,
   a) dass sie schwanger ist oder
   b) dass sie stillt, es sei denn, er hat die Aufsichtsbehörde bereits über die Schwangerschaft dieser Frau benachrichtigt, oder
2. wenn er beabsichtigt, eine schwangere oder stillende Frau zu beschäftigen
   a) bis 22 Uhr nach den Vorgaben des § 5 Absatz 2 Satz 2 und 3,
   b) an Sonn- und Feiertagen nach den Vorgaben des § 6 Absatz 1 Satz 2 und 3 oder Absatz 2 Satz 2 und 3 oder
   c) mit getakteter Arbeit im Sinne von § 11 Absatz 6 Nummer 3 oder § 12 Absatz 5 Nummer 3.

Er darf diese Informationen nicht unbefugt an Dritte weitergeben.
(2) Der Arbeitgeber hat der Aufsichtsbehörde auf Verlangen die Angaben zu machen, die zur Erfüllung der Aufgaben dieser Behörde erforderlich sind. Er hat die Angaben wahrheitsgemäß, vollständig und rechtzeitig zu machen.
(3) Der Arbeitgeber hat der Aufsichtsbehörde auf Verlangen die Unterlagen zur Einsicht vorzulegen oder einzusenden, aus denen Folgendes ersichtlich ist:
1. die Namen der schwangeren oder stillenden Frauen, die bei ihm beschäftigt sind,
2. die Art und der zeitliche Umfang ihrer Beschäftigung,
3. die Entgelte, die an sie gezahlt worden sind,
4. die Ergebnisse der Beurteilung der Arbeitsbedingungen nach § 10 und
5. alle sonstigen nach Absatz 2 erforderlichen Angaben.

(4) Die auskunftspflichtige Person kann die Auskunft auf solche Fragen oder die Vorlage derjenigen Unterlagen verweigern, deren Beantwortung oder Vorlage sie selbst oder einen ihrer in § 383 Absatz 1 Nummer 1 bis 3 der Zivilprozessordung bezeichneten Angehörigen der Gefahr der Verfolgung wegen einer Straftat oder Ordnungswidrigkeit aussetzen würde. Die auskunftspflichtige Person ist darauf hinzuweisen.
(5) Der Arbeitgeber hat die in Absatz 3 genannten Unterlagen mindestens bis zum Ablauf von zwei Jahren nach der letzten Eintragung aufzubewahren.

(6) Die mit der Überwachung beauftragten Personen der Aufsichtsbehörde dürfen die ihnen bei ihrer Überwachungstätigkeit zur Kenntnis gelangten Geschäfts- und Betriebsgeheimnisse nur in den gesetzlich geregelten Fällen oder zur Verfolgung von Rechtsverstößen oder zur Erfüllung von gesetzlich geregelten Aufgaben zum Schutz der Umwelt den dafür zuständigen Behörden offenbaren. Soweit es sich bei Geschäfts- und Betriebsgeheimnissen um Informationen über die Umwelt im Sinne des Umweltinformationsgesetzes handelt, richtet sich die Befugnis zu ihrer Offenbarung nach dem Umweltinformationsgesetz.

§ 28 Behördliches Genehmigungsverfahren für eine Beschäftigung zwischen 20 Uhr und 22 Uhr (1) Die Aufsichtsbehörde kann abweichend von § 5 Absatz 1 Satz 1 auf Antrag des Arbeitgebers genehmigen, dass eine schwangere oder stillende Frau zwischen 20 Uhr und 22 Uhr beschäftigt wird, wenn
1. sich die Frau dazu ausdrücklich bereit erklärt,
2. nach ärztlichem Zeugnis nichts gegen die Beschäftigung der Frau bis 22 Uhr spricht und
3. insbesondere eine unverantwortbare Gefährdung für die schwangere Frau oder ihr Kind durch Alleinarbeit ausgeschlossen ist.

Dem Antrag ist die Dokumentation der Beurteilung der Arbeitsbedingungen nach § 14 Absatz 1 beizufügen. Die schwangere oder stillende Frau kann ihre Erklärung nach Satz 1 Nummer 1 jederzeit mit Wirkung für die Zukunft widerrufen.
(2) Solange die Aufsichtsbehörde den Antrag nicht ablehnt oder die Beschäftigung zwischen 20 Uhr und 22 Uhr nicht vorläufig untersagt, darf der Arbeitgeber die Frau unter den Voraussetzungen des Absatzes 1 beschäftigen. Die Aufsichtsbehörde hat dem Arbeitgeber nach Eingang des Antrags unverzüglich eine Mitteilung zu machen, wenn die für den Antrag nach Absatz 1 erforderlichen Unterlagen unvollständig sind. Die Aufsichtsbehörde kann die Beschäftigung vorläufig untersagen, soweit dies erforderlich ist, um den Schutz der Gesundheit der Frau oder ihres Kindes sicherzustellen.
(3) Lehnt die Aufsichtsbehörde den Antrag nicht innerhalb von sechs Wochen nach Eingang des vollständigen Antrags ab, gilt die Genehmigung als erteilt. Auf Verlangen ist dem Arbeitgeber der Eintritt der Genehmigungsfiktion (§ 42 a des Verwaltungsverfahrensgesetzes) zu bescheinigen.
(4) Im Übrigen gelten die Vorschriften des Verwaltungsverfahrensgesetzes.

§ 29 Zuständigkeit und Befugnisse der Aufsichtsbehörden, Jahresbericht (1) Die Aufsicht über die Ausführung der Vorschriften dieses Gesetzes und der aufgrund dieses Gesetzes erlassenen Vorschriften obliegt den nach Landesrecht zuständigen Behörden (Aufsichtsbehörden).
(2) Die Aufsichtsbehörden haben dieselben Befugnisse wie die nach § 22 Absatz 2 und 3 des Arbeitsschutzgesetzes mit der Überwachung beauftragten Personen. Das Grundrecht der Unverletzlichkeit der Wohnung (Artikel 13 des Grundgesetzes) wird insoweit eingeschränkt.

(3) Die Aufsichtsbehörde kann in Einzelfällen die erforderlichen Maßnahmen anordnen, die der Arbeitgeber zur Erfüllung derjenigen Pflichten zu treffen hat, die sich aus Abschnitt 2 dieses Gesetzes und aus den aufgrund des § 31 Nummer 1 bis 5 erlassenen Rechtsverordnungen ergeben. Insbesondere kann die Aufsichtsbehörde:

1. in besonders begründeten Einzelfällen Ausnahmen vom Verbot der Mehrarbeit nach § 4 Absatz 1 Satz 1, 2 oder 4 sowie vom Verbot der Nachtarbeit auch zwischen 22 Uhr und 6 Uhr nach § 5 Absatz 1 Satz 1 oder Absatz 2 Satz 1 bewilligen, wenn
   a) sich die Frau dazu ausdrücklich bereit erklärt,
   b) nach ärztlichem Zeugnis nichts gegen die Beschäftigung spricht und
   c) in den Fällen des § 5 Absatz 1 Satz 1 oder Absatz 2 Satz 1 insbesondere eine unverantwortbare Gefährdung für die schwangere Frau oder ihr Kind durch Alleinarbeit ausgeschlossen ist,
2. verbieten, dass ein Arbeitgeber eine schwangere oder stillende Frau
   a) nach § 5 Absatz 2 Satz 2 zwischen 20 Uhr und 22 Uhr beschäftigt oder
   b) nach § 6 Absatz 1 Satz 2 oder nach § 6 Absatz 2 Satz 2 an Sonn- und Feiertagen beschäftigt,
3. Einzelheiten zur Freistellung zum Stillen nach § 7 Absatz 2 und zur Bereithaltung von Räumlichkeiten, die zum Stillen geeignet sind, anordnen,
4. Einzelheiten zur zulässigen Arbeitsmenge nach § 8 anordnen,
5. Schutzmaßnahmen nach § 9 Absatz 1 bis 3 und nach § 13 anordnen,
6. Einzelheiten zu Art und Umfang der Beurteilung der Arbeitsbedingungen nach § 10 anordnen,
7. bestimmte Tätigkeiten oder Arbeitsbedingungen nach § 11 oder nach § 12 verbieten,
8. Ausnahmen von den Vorschriften des § 11 Absatz 6 Nummer 1 und 2 und des § 12 Absatz 5 Nummer 1 und 2 bewilligen, wenn die Art der Arbeit und das Arbeitstempo keine unverantwortbare Gefährdung für die schwangere oder stillende Frau oder für ihr Kind darstellen, und
9. Einzelheiten zu Art und Umfang der Dokumentation und Information nach § 14 anordnen.

Die schwangere oder stillende Frau kann ihre Erklärung nach Satz 2 Nummer 1 Buchstabe a jederzeit mit Wirkung für die Zukunft widerrufen.

(4) Die Aufsichtsbehörde berät den Arbeitgeber bei der Erfüllung seiner Pflichten nach diesem Gesetz sowie die bei ihm beschäftigten Personen zu ihren Rechten und Pflichten nach diesem Gesetz; dies gilt nicht für die Rechte und Pflichten nach den §§ 18 bis 22.

(5) Für Betriebe und Verwaltungen im Geschäftsbereich des Bundesministeriums der Verteidigung wird die Aufsicht nach Absatz 1 durch das Bundesministerium der Verteidigung oder die von ihm bestimmte Stelle in eigener Zuständigkeit durchgeführt.

(6) Die zuständigen obersten Landesbehörden haben über die Überwachungstätigkeit der ihnen unterstellten Behörden einen Jahresbericht zu veröffentlichen. Der Jahresbericht umfasst auch Angaben zur Erfüllung von Unterrich-

tungspflichten aus internationalen Übereinkommen oder Rechtsakten der Europäischen Union, soweit sie den Mutterschutz betreffen.

§ 30 Ausschuss für Mutterschutz (1) Beim Bundesministerium für Familie, Senioren, Frauen und Jugend wird ein Ausschuss für Mutterschutz gebildet, in dem geeignete Personen vonseiten der öffentlichen und privaten Arbeitgeber, der Ausbildungsstellen, der Gewerkschaften, der Studierendenvertretungen und der Landesbehörden sowie weitere geeignete Personen, insbesondere aus der Wissenschaft, vertreten sein sollen. Dem Ausschuss sollen nicht mehr als 15 Mitglieder angehören. Für jedes Mitglied ist ein stellvertretendes Mitglied zu benennen. Die Mitgliedschaft im Ausschuss für Mutterschutz ist ehrenamtlich.

(2) Das Bundesministerium für Familie, Senioren, Frauen und Jugend beruft im Einvernehmen mit dem Bundesministerium für Arbeit und Soziales, dem Bundesministerium für Gesundheit und dem Bundesministerium für Bildung und Forschung die Mitglieder des Ausschusses für Mutterschutz und die stellvertretenden Mitglieder. Der Ausschuss gibt sich eine Geschäftsordnung und wählt die Vorsitzende oder den Vorsitzenden aus seiner Mitte. Die Geschäftsordnung und die Wahl der oder des Vorsitzenden bedürfen der Zustimmung des Bundesministeriums für Familie, Senioren, Frauen und Jugend. Die Zustimmung erfolgt im Einvernehmen mit dem Bundesministerium für Arbeit und Soziales und dem Bundesministerium für Gesundheit.

(3) Zu den Aufgaben des Ausschusses für Mutterschutz gehört es,

1. Art, Ausmaß und Dauer der möglichen unverantwortbaren Gefährdungen einer schwangeren oder stillenden Frau und ihres Kindes nach wissenschaftlichen Erkenntnissen zu ermitteln und zu begründen,
2. sicherheitstechnische, arbeitsmedizinische und arbeitshygienische Regeln zum Schutz der schwangeren oder stillenden Frau und ihres Kindes aufzustellen und
3. das Bundesministerium für Familie, Senioren, Frauen und Jugend in allen mutterschutzbezogenen Fragen zu beraten.

Der Ausschuss arbeitet eng mit den Ausschüssen nach § 18 Absatz 2 Nummer 5 des Arbeitsschutzgesetzes zusammen.

(4) Nach Prüfung durch das Bundesministerium für Familie, Senioren, Frauen und Jugend, durch das Bundesministerium für Arbeit und Soziales, durch das Bundesministerium für Gesundheit und durch das Bundesministerium für Bildung und Forschung kann das Bundesministerium für Familie, Senioren, Frauen und Jugend im Einvernehmen mit den anderen in diesem Absatz genannten Bundesministerien die vom Ausschuss für Mutterschutz nach Absatz 3 aufgestellten Regeln und Erkenntnisse im Gemeinsamen Ministerialblatt veröffentlichen.

(5) Die Bundesministerien sowie die obersten Landesbehörden können zu den Sitzungen des Ausschusses für Mutterschutz Vertreterinnen oder Vertreter entsenden. Auf Verlangen ist ihnen in der Sitzung das Wort zu erteilen.

(6) Die Geschäfte des Ausschusses für Mutterschutz werden vom Bundesamt für Familie und zivilgesellschaftliche Aufgaben geführt.

§ 31 Erlass von Rechtsverordnungen Die Bundesregierung wird ermächtigt, durch Rechtsverordnung mit Zustimmung des Bundesrates Folgendes zu regeln:
1. nähere Bestimmungen zum Begriff der unverantwortbaren Gefährdung nach § 9 Absatz 2 Satz 2 und 3,
2. nähere Bestimmungen zur Durchführung der erforderlichen Schutzmaßnahmen nach § 9 Absatz 1 und 2 und nach § 13,
3. nähere Bestimmungen zu Art und Umfang der Beurteilung der Arbeitsbedingungen nach § 10,
4. Festlegungen von unzulässigen Tätigkeiten und Arbeitsbedingungen im Sinne von § 11 oder § 12 oder von anderen nach diesem Gesetz unzulässigen Tätigkeiten und Arbeitsbedingungen,
5. nähere Bestimmungen zur Dokumentation und Information nach § 14,
6. nähere Bestimmungen zur Ermittlung des durchschnittlichen Arbeitsentgelts im Sinne der §§ 18 bis 22 und
7. nähere Bestimmungen zum erforderlichen Inhalt der Benachrichtigung, ihrer Form, der Art und Weise der Übermittlung sowie die Empfänger der vom Arbeitgeber nach § 27 zu meldenden Informationen.

Abschnitt 6 – Straftaten und Ordnungswidrigkeiten

§ 32 Bußgeldvorschriften (1) Ordnungswidrig handelt der Arbeitgeber, wer vorsätzlich oder fahrlässig
1. entgegen § 3 Absatz 1 Satz 1, auch in Verbindung mit Satz 4, entgegen § 3 Absatz 2 Satz 1, auch in Verbindung mit Satz 2 oder 3, entgegen § 3 Absatz 3 Satz 1, § 4 Absatz 1 Satz 1, 2 oder 4 oder § 5 Absatz 1 Satz 1, § 6 Absatz 1 Satz 1, § 13 Absatz 1 Nummer 3 oder § 16 eine Frau beschäftigt,
2. entgegen § 4 Absatz 2 eine Ruhezeit nicht, nicht richtig oder nicht rechtzeitig gewährt,
3. entgegen § 5 Absatz 2 Satz 1 oder § 6 Absatz 2 Satz 1 eine Frau tätig werden lässt,
4. entgegen § 7 Absatz 1 Satz 1, auch in Verbindung mit Satz 2, oder entgegen § 7 Absatz 2 Satz 1 eine Frau nicht freistellt,
5. entgegen § 8 oder § 13 Absatz 2 Heimarbeit ausgibt,
6. entgegen § 10 Absatz 1 Satz 1, auch in Verbindung mit einer Rechtsverordnung nach § 31 Nummer 3, eine Gefährdung nicht, nicht richtig oder nicht rechtzeitig beurteilt oder eine Ermittlung nicht, nicht richtig oder nicht rechtzeitig durchführt,
7. entgegen § 10 Absatz 2 Satz 1, auch in Verbindung mit einer Rechtsverordnung nach § 31 Nummer 3, eine Schutzmaßnahme nicht, nicht richtig oder nicht rechtzeitig festlegt,
8. entgegen § 10 Absatz 3 eine Frau eine andere als die dort bezeichnete Tätigkeit ausüben lässt,
9. entgegen § 14 Absatz 1 Satz 1 in Verbindung mit einer Rechtsverordnung

nach § 31 Nummer 5 eine Dokumentation nicht, nicht richtig, nicht vollständig oder nicht rechtzeitig erstellt,

10. entgegen § 14 Absatz 2 oder 3, jeweils in Verbindung mit einer Rechtsverordnung nach § 31 Nummer 5, eine Information nicht, nicht richtig, nicht vollständig oder nicht rechtzeitig gibt,
11. entgegen § 27 Absatz 1 Satz 1 die Aufsichtsbehörde nicht, nicht richtig oder nicht rechtzeitig benachrichtigt,
12. entgegen § 27 Absatz 1 Satz 2 eine Information weitergibt,
13. entgegen § 27 Absatz 2 eine Angabe nicht, nicht richtig, nicht vollständig oder nicht rechtzeitig macht,
14. entgegen § 27 Absatz 3 eine Unterlage nicht, nicht richtig oder nicht rechtzeitig vorlegt oder nicht oder nicht rechtzeitig einsendet,
15. entgegen § 27 Absatz 5 eine Unterlage nicht oder nicht mindestens zwei Jahre aufbewahrt,
16. einer vollziehbaren Anordnung nach § 29 Absatz 3 Satz 1 zuwiderhandelt oder
17. einer Rechtsverordnung nach § 31 Nummer 4 oder einer vollziehbaren Anordnung aufgrund einer solchen Rechtsverordnung zuwiderhandelt, soweit die Rechtsverordnung für einen bestimmten Tatbestand auf diese Bußgeldvorschrift verweist.

(2) Die Ordnungswidrigkeit kann in den Fällen des Absatzes 1 Nummer 1 bis 5, 8, 16 und 17 mit einer Geldbuße bis zu dreißigtausend Euro, in den übrigen Fällen mit einer Geldbuße bis zu fünftausend Euro geahndet werden.

§ 33 Strafvorschriften Wer eine in § 32 Absatz 1 Nummer 1 bis 5, 8, 16 und 17 bezeichnete vorsätzliche Handlung begeht und dadurch die Gesundheit der Frau oder ihres Kindes gefährdet, wird mit Freiheitsstrafe bis zu einem Jahr oder mit Geldstrafe bestraft.

Abschnitt 7 – Schlussvorschriften

§ 34 Evaluationsbericht Die Bundesregierung legt dem Deutschen Bundestag zum 1. Januar 2021 einen Evaluationsbericht über die Auswirkungen des Gesetzes vor. Schwerpunkte des Berichts sollen die Handhabbarkeit der gesetzlichen Regelung in der betrieblichen und behördlichen Praxis, die Wirksamkeit und die Auswirkungen des Gesetzes im Hinblick auf seinen Anwendungsbereich, die Auswirkungen der Regelungen zum Verbot der Mehr- und Nachtarbeit sowie zum Verbot der Sonn- und Feiertagsarbeit und die Arbeit des Ausschusses für Mutterschutz sein. Der Bericht darf keine personenbezogenen Daten enthalten.

29. Gesetz über den Nachweis der für ein Arbeitsverhältnis geltenden wesentlichen Bedingungen (Nachweisgesetz – NachwG)

Einleitung

Wesentlicher Inhalt des auf der europäischen Nachweisrichtlinie 91/533/EWG v. 14.10.1991 (ABl. L 288/32) beruhenden Nachweisgesetzes ist die Verpflichtung des Arbeitgebers, dem Arbeitnehmer bis spätestens einen Monat nach dem vereinbarten Beginn des Arbeitsverhältnisses eine schriftliche, vom Arbeitgeber unterzeichnete Niederschrift über die wesentlichen Vertragsbedingungen (wie z.B. den Arbeitsplatz, die Dauer der Arbeitszeit, die Höhe des Arbeitsentgeltes, die Dauer des Erholungsurlaubs etc.) auszuhändigen (zum Gesetz vgl. *Preis,* NZA 97, 10; *Höland,* AuR 96, 87; *Zwanziger,* DB 96, 2027; *Rehwald,* AiB 95, 625). Durch Gesetz vom 29.6.1998 (BGBl. I 1694) ist § 2 Abs. 1 Nr. 5 richtlinienkonform dahingehend geändert worden, dass der Nachweis eine »kurze Charakterisierung oder Beschreibung« der Tätigkeit des Arbeitnehmers enthalten muss (hierzu *Hohmeister,* BB 98, 1793). Bei Änderungen der wesentlichen Vertragsbedingungen hat der Arbeitgeber den Arbeitnehmer erneut schriftlich zu unterrichten. Der fehlende Besitz eines Nachweises über die wesentlichen Arbeitsbedingungen kann im Einzelfall als Indiz für eine illegale Beschäftigung gewertet werden (BT-Drs. 13/668). Zum Nachweis bei Leiharbeitern s. Einl. II 4 zum AÜG (Nr. 4).
Im Zuge des TarifautonomiestärkungsG (v. 11.8.2014, BGBl. I 1348), als dessen Art. 1 das MiLoG über den gesetzlichen Mindestlohn eingeführt wurde, wurde für Praktikanten, soweit sie nicht in Wirklichkeit ohnehin Arbeitnehmer sind, der gesetzliche Mindestlohn verpflichtend festgeschrieben (§ 22 Abs. 1 Satz 2 MiLoG) und eine Definition des Praktikanten in § 23 Abs. 1 Satz 3 MiLoG niedergelegt (vgl. Einl. II 2 zum BBiG, Nr. 10). Gleichzeitig wurde durch Art. 3 a TarifautonomiestärkungsG das NachwG auf Praktikanten erstreckt, wiederum soweit es nicht ohnehin anwendbar ist, weil der Praktikant in Wirklichkeit Arbeitnehmer ist. § 2 Abs. 1 a sieht nunmehr eine Nachweispflicht hinsichtlich der Vertragsbedingungen des Praktikanten vor. Diese Nachweispflicht greift »unverzüglich« nach Vertragsschluss, während der Nachweis bei einem normalen Arbeitsverhältnis erst nach einem Monat zu erstellen ist.
Die praktischen Auswirkungen des Gesetzes liegen vor allem im Beweisrecht: Der Arbeitgeber muss beweisen, dass die von ihm schriftlich mitgeteilten Vertragsinhalte unzutreffend sind (*EuGH* 4.12.1997 – C-253/96 bis C-258/96, AuR 98, 80 – Kampelmann u.a.). Bei fehlenden schriftlichen Unterlagen wird dem Arbeitnehmer der Beweis erleichtert (vgl. *LAG Köln* 9.1.1998 – 11 Sa 155/97, BB 98, 1643). Außerdem kann der Arbeitgeber sich schadensersatzpflichtig machen, wenn der

Arbeitnehmer eine Ausschlussfrist gerade deshalb versäumt, weil es an dem Nachweis der Arbeitsbedingungen fehlt, und dadurch ein Anspruch untergeht (*BAG* 21.2.2012 – 9 AZR 486/10, DB 12, 1388). Dazu hat das *BAG* klargestellt, dass es nicht schon genügt, wenn der Arbeitgeber auf die Regelung verweist, in der die Ausschlussfrist enthalten ist (im konkreten Fall eine in Bezug genommene kirchliche Arbeitsrechtsregelung). Vielmehr bedarf es eines Nachweises der Ausschlussfrist als solcher (30.10.2019 – 6 AZR 465/18).

Die Nachweispflicht darf nicht mit einem Schriftformgebot verwechselt werden. Der Arbeitnehmer hat zwar Anspruch auf einen schriftlichen Nachweis. Arbeitsverträge kommen aber auch wirksam zustande, wenn sie nicht schriftlich abgeschlossen werden (zu Besonderheiten bei der Form vgl. Einl. II 7 zum BGB, Nr. 14; zur Schriftform für Befristungen vgl. § 14 Abs. 4 TzBfG, Nr. 32).

Die Nachweisrichtlinie wird durch die Arbeitsbedingungenrichtlinie (EU) 2019/1152 (v. 20.6.2019, ABl. L 186/105) abgelöst (dazu *Maul-Sartori*, NZA 19, 1161; Entwurf: COM [2017] 797 final; dazu *Maul-Sartori*, ZESAR 18, 369). Zusätzlich zu den bislang bereits nach der Nachweisrichtlinie vorgesehenen Informationen sollen weitere Informationspflichten hinzutreten (Art. 4). Außerdem soll der Nachweis hinsichtlich der meisten Arbeitsbedingungen bereits nach 7 Tagen (in Bezug auf einige Bedingungen innerhalb des ersten Monats) des Arbeitsverhältnisses (Art. 5) bzw. schnellstmöglich, spätestens zum Wirksamwerden, bei einer Änderung (Art. 6) erbracht werden. Für entsandte Arbeitnehmer ist über zusätzliche Bedingungen zu informieren (Art. 7). Als Sanktionen sind bei Verletzung der Informationspflichten trotz Beanstandung durch den Arbeitnehmer unwiderlegliche Rechtsvermutungen zugunsten des Arbeitnehmers oder ein behördliches Beschwerdeverfahren vorgesehen (Art. 15).

Hinzu kommen materielle Mindestanforderungen an Arbeitsbedingungen, die allerdings tarifdispositiv ausgestaltet sind (Art. 14):

- Höchstdauer einer Probezeit von sechs Monaten (Art. 8),
- Verbot von Ausschließlichkeitsklauseln bei Mehrfachbeschäftigungen (Art. 9),
- Mindestplanbarkeit bei Abrufarbeit, allerdings ohne quantitative Vorgaben für Referenzrahmen und Ankündigungsfrist, sowie Maßnahmen zur Missbrauchsbekämpfung bei Abrufarbeit (Art. 10 und 11),
- Recht, nach sechs Monaten um verlässlichere und sicherere Beschäftigungsform zu ersuchen (Art. 12), und
- Kostentragung des Arbeitgebers für verpflichtende Fortbildungen (Art. 13).

Die Richtlinie ist bis zum 1.8.2022 umzusetzen.

Weiterführende Literatur

Birk, Das Nachweisgesetz zur Umsetzung der Richtlinie 91/533/EWG in das deutsche Recht, NZA 1996, S. 281

Grünberger, Nachweisgesetz und Änderung des Kündigungsschutzgesetzes, NJW 1995, S. 2809

Lakies, Inhaltskontrolle von Arbeitsverträgen (2014), Teil B
Maul-Sartori, Die neue Arbeitsbedingungenrichtlinie, NZA 2019, S. 1161
Preis, Das Nachweisgesetz – lästige Förmelei oder arbeitsrechtliche Zeitbombe?, NZA 1997, S. 10
Schoden, Nachweisgesetz (1996)
Wank, Das Nachweisgesetz, RdA 1996, S. 21

Gesetz über den Nachweis der für ein Arbeitsverhältnis geltenden wesentlichen Bedingungen (Nachweisgesetz – NachwG)

vom 20. Juli 1995 (BGBl. I 946),
zuletzt geändert durch Gesetz vom 11. August 2014 (BGBl. I 1348)

§ 1 Anwendungsbereich Dieses Gesetz gilt für alle Arbeitnehmer, es sei denn, daß sie nur zur vorübergehenden Aushilfe von höchstens einem Monat eingestellt sind. Praktikanten, die gemäß § 22 Absatz 1 des Mindestlohngesetzes als Arbeitnehmer gelten, sind Arbeitnehmer im Sinne dieses Gesetzes.

§ 2 Nachweispflicht (1) Der Arbeitgeber hat spätestens einen Monat nach dem vereinbarten Beginn des Arbeitsverhältnisses die wesentlichen Vertragsbedingungen schriftlich niederzulegen, die Niederschrift zu unterzeichnen und dem Arbeitnehmer auszuhändigen. In die Niederschrift sind mindestens aufzunehmen:

1. der Name und die Anschrift der Vertragsparteien,
2. der Zeitpunkt des Beginns des Arbeitsverhältnisses,
3. bei befristeten Arbeitsverhältnissen: die vorhersehbare Dauer des Arbeitsverhältnisses,
4. der Arbeitsort oder, falls der Arbeitnehmer nicht nur an einem bestimmten Arbeitsort tätig sein soll, ein Hinweis darauf, daß der Arbeitnehmer an verschiedenen Orten beschäftigt werden kann,
5. eine kurze Charakterisierung oder Beschreibung der vom Arbeitnehmer zu leistenden Tätigkeit,
6. die Zusammensetzung und die Höhe des Arbeitsentgelts einschließlich der Zuschläge, der Zulagen, Prämien und Sonderzahlungen sowie anderer Bestandteile des Arbeitsentgelts und deren Fälligkeit,
7. die vereinbarte Arbeitszeit,
8. die Dauer des jährlichen Erholungsurlaubs,
9. die Fristen für die Kündigung des Arbeitsverhältnisses,
10. ein in allgemeiner Form gehaltener Hinweis auf die Tarifverträge, Betriebs- oder Dienstvereinbarungen, die auf das Arbeitsverhältnis anzuwenden sind.

Der Nachweis der wesentlichen Vertragsbedingungen in elektronischer Form ist ausgeschlossen.

(1 a) Wer einen Praktikanten einstellt, hat unverzüglich nach Abschluss des Praktikumsvertrages, spätestens vor Aufnahme der Praktikantentätigkeit, die wesentlichen Vertragsbedingungen schriftlich niederzulegen, die Niederschrift zu unterzeichnen und dem Praktikanten auszuhändigen. In die Niederschrift sind mindestens aufzunehmen:

1. der Name und die Anschrift der Vertragsparteien,

2. die mit dem Praktikum verfolgten Lern- und Ausbildungsziele,
3. Beginn und Dauer des Praktikums,
4. Dauer der regelmäßigen täglichen Praktikumszeit,
5. Zahlung und Höhe der Vergütung,
6. Dauer des Urlaubs,
7. ein in allgemeiner Form gehaltener Hinweis auf die Tarifverträge, Betriebs- oder Dienstvereinbarungen, die auf das Praktikumsverhältnis anzuwenden sind.

Absatz 1 Satz 3 gilt entsprechend.

(2) Hat der Arbeitnehmer seine Arbeitsleistung länger als einen Monat außerhalb der Bundesrepublik Deutschland zu erbringen, so muß die Niederschrift dem Arbeitnehmer vor seiner Abreise ausgehändigt werden und folgende zusätzliche Angaben enthalten:
1. die Dauer der im Ausland auszuübenden Tätigkeit,
2. die Währung, in der das Arbeitsentgelt ausgezahlt wird,
3. ein zusätzliches mit dem Auslandsaufenthalt verbundenes Arbeitsentgelt und damit verbundene zusätzliche Sachleistungen,
4. die vereinbarten Bedingungen für die Rückkehr des Arbeitnehmers.

(3) Die Angaben nach Absatz 1 Satz 2 Nr. 6 bis 9 und Absatz 2 Nr. 2 und 3 können ersetzt werden durch einen Hinweis auf die einschlägigen Tarifverträge, Betriebs- oder Dienstvereinbarungen und ähnlichen Regelungen, die für das Arbeitsverhältnis gelten. Ist in den Fällen des Absatzes 1 Satz 2 Nr. 8 und 9 die jeweilige gesetzliche Regelung maßgebend, so kann hierauf verwiesen werden.

(4) Wenn dem Arbeitnehmer ein schriftlicher Arbeitsvertrag ausgehändigt worden ist, entfällt die Verpflichtung nach den Absätzen 1 und 2, soweit der Vertrag die in den Absätzen 1 bis 3 geforderten Angaben enthält.

§ 3 Änderung der Angaben Eine Änderung der wesentlichen Vertragsbedingungen ist dem Arbeitnehmer spätestens einen Monat nach der Änderung schriftlich mitzuteilen. Satz 1 gilt nicht bei einer Änderung der gesetzlichen Vorschriften, Tarifverträge, Betriebs- oder Dienstvereinbarungen und ähnlichen Regelungen, die für das Arbeitsverhältnis gelten.

§ 4 Übergangsvorschrift Hat das Arbeitsverhältnis bereits bei Inkrafttreten dieses Gesetzes bestanden, so ist dem Arbeitnehmer auf sein Verlangen innerhalb von zwei Monaten eine Niederschrift im Sinne des § 2 auszuhändigen. Soweit eine früher ausgestellte Niederschrift oder ein schriftlicher Arbeitsvertrag die nach diesem Gesetz erforderlichen Angaben enthält, entfällt diese Verpflichtung.

§ 5 Unabdingbarkeit Von den Vorschriften dieses Gesetzes kann nicht zuungunsten des Arbeitnehmers abgewichen werden.

30 I. Sozialgesetzbuch (SGB) Erstes Buch Allgemeiner Teil

Einleitung

I. Geschichtliche Entwicklung des Sozialgesetzbuchs

Die am 1. 1. 1912 in Kraft getretene Reichsversicherungsordnung (RVO) stellte eine Zusammenfassung der Gesetze über die Kranken-, Unfall-, Alters- und Invaliditätsversicherung dar. Diese Gesetze aus den Jahren 1883, 1884 und 1889 gingen zurück auf die von Bismarck veranlasste »Kaiserliche Botschaft« vom 17. 11. 1881 über die Einführung der Sozialversicherung. Ihr Ziel war es erklärtermaßen, der organisierten Arbeiterbewegung und deren Selbsthilfeeinrichtungen durch eine »positive Förderung des Wohles der Arbeiter« das Wasser abzugraben: Und eben damit waren sie ein Resultat der Stärke dieser Arbeiterbewegung. Insofern bildet die Entstehung der Sozialversicherungsgesetze, mit denen der Grundstein für die heutige soziale Sicherung der Arbeitnehmer gelegt wurde, ein Lehrstück in Bezug auf die Durchsetzung sozialpolitischer Reformen selbst unter Regierungen, denen nichts weniger am Herzen liegt, als die Interessen der Arbeitnehmer. (Dabei darf natürlich nicht übersehen werden, wie niedrig die Leistungen aufgrund der ersten Bismarckschen Gesetze waren und welch eingeschränkter Personenkreis nur Ansprüche erwerben konnte, z. B. bei einem Rentenalter von 70 Jahren!)
Das geltende, nicht nur vorübergehenden Zwecken (z. B. Lastenausgleich) dienende Sozialrecht, von dem geschätzt wurde, dass es in etwa 800 Gesetzen und Verordnungen enthalten war, war im Laufe der Jahrzehnte aber immer unüberschaubarer geworden. Obwohl es existentielle Bedeutung für beinahe jeden Bürger, jedenfalls für die Arbeitnehmer hatte, war es außer für wenige, jeweils auf Teilbereiche konzentrierte Spezialisten kaum mehr erschließbar, geschweige denn im Detail verständlich. Diese Situation wurde in der Regierungserklärung von Bundeskanzler Brandt vom 28. 10. 1969 aufgegriffen, und mit Blick auf die Notwendigkeiten eines sozialen Rechtsstaats die Zusammenfassung des geltenden Sozialrechts zu einem zeitgemäßen SGB angekündigt. (In der gleichen Regierungserklärung wurde die Zusammenfassung des Arbeitsrechts in einem Arbeitsgesetzbuch angekündigt, vgl. Einl. I 2 zum BGB, Nr. 14.) Ausgehend hiervon berief die Bundesregierung am 19. 3. 1970 eine Sachverständigenkommission, auf Grund deren Vorarbeiten im Mai 1972 der Regierungsentwurf des SGB-AT (Allgemeiner Teil des Sozialgesetzbuchs, s. u. II) beschlossen wurde. Zur Verabschiedung des Gesetzes kam es aber erst in der 7. Legislaturperiode des Deutschen Bundestages, wobei sich der Bundesrat vor allem gegen die nunmehr ab 1. 1. 1978 geltende Zinsregelung (Art. I § 44) wandte. Seither sind die Bücher I bis XII verabschiedet worden. Mit Wirkung ab 1. 1. 2024 tritt das SGB XIV, das das soziale Entschädigungsrecht regelt,

hinzu (verkündet als Art. 1 des Gesetzes zur Regelung des Sozialen Entschädigungsrechts v. 12. 12. 2019, BGBl. I 2652). Dessen Regelungen über Traumaambulanz und bestimmte Verfahrensregeln treten allerdings schon zum 1. 1. 2021 in Kraft.

II. Wesentlicher Gesetzesinhalt

Eine Zusammenfassung und Harmonisierung des geltenden Sozialrechts ist außerordentlich schwierig und nicht in einem Zuge zu verwirklichen (Übersicht 58). Deshalb sah sich der Gesetzgeber vor das Problem gestellt, den richtigen Einstieg für dieses Vorhaben zu finden. Dies ist nunmehr geschehen, indem allgemeine, in allen sozialrechtlichen Bereichen gleichermaßen auftauchende Fragen gewissermaßen »vor die Klammer« gezogen und einheitlich geregelt wurden. Dabei ist zum einen die Substanz der die einzelnen Sozialleistungen konkret regelnden Gesetze unangetastet geblieben; diese Gesetze gelten gemäß Art. II § 1 nunmehr bis zu ihrer Einordnung in das SGB als »Besondere Teile des Sozialgesetzbuches«. Zum anderen enthält das SGB-AT eine Reihe von Bestimmungen, die entweder als Einweisungsvorschriften nur informatorischen Charakter haben (§§ 18 – 29: einzelne Sozialleistungen und zuständige Sozialleistungsträger) oder als soziale Rechte (§§ 2 – 10) durch die besonderen Teile des SGB erst ausgefüllt werden müssen, dabei aber umgekehrt auch auf die Auslegung dieser konkretisierenden Bestimmungen Einfluss gewinnen. Damit vermittelt das SGB I die Übersicht darüber, welche sozialen Rechte der Einzelne eigentlich besitzt (Checkliste 59). Dies ist auch das gesetzgeberische Motiv für die Informationsvorschriften der §§ 13 – 15, mit denen die Sozialleistungsträger zur Aufklärung, Beratung und Auskunft verpflichtet werden (hierzu *Krasney,* FS Franke, 1993, 419). Der Stärkung der Position des Leistungsberechtigten dienen auch § 16, demzufolge ein Antrag bei einem unzuständigen Leistungsträger bestehende Fristen wahrt, und § 17, der die verschiedenen Sozialleistungsträger zur Zusammenarbeit im Interesse der Sozialleistungsberechtigten verpflichtet.

Die allen Sozialleistungsbereichen gemeinsamen Vorschriften sind im 3. Abschnitt (§§ 30 – 67) enthalten. Es betrifft dies vor allem

- den räumlichen Anwendungsbereich des Gesetzes (§ 30);
- Benachteiligungsverbot (§ 33 c);
- die Handlungsfähigkeit im Sozialrecht (ab dem 15. Lebensjahr, § 36);
- Grundsätze über Ansprüche auf Sozialleistungen, Vorschüsse und vorläufige Leistungen (§§ 38 – 43);
- die Verzinsung von Ansprüchen auf Geldleistungen mit 4 % (§ 44);
- die Verjährungsfrist von 4 Jahren (§ 45);
- die Auszahlung von Geldleistungen (§§ 47 – 50) und deren Aufrechnung und Verrechnung durch den Leistungsträger (§§ 51 – 52);
- die Rechtsnachfolge in sozialrechtliche Ansprüche (§§ 53 – 59).
- Schließlich regeln die §§ 60 – 67 die Mitwirkungspflichten des Leistungsberechtigten gegenüber dem Leistungsträger. Dabei ist das Wort »Pflichten« ungenau, denn es handelt sich in Wahrheit um »Obliegenheiten«, bei deren Nichterfüllung die Sozialleistungen versagt werden können.

III. Sozialgerichtsbarkeit

Über Sozialleistungen wird in der der Arbeitsgerichtsbarkeit vergleichbaren, noch kostengünstigeren Sozialgerichtsbarkeit entschieden (Übersicht 61). Diskussionen um eine Zusammenlegung der Sozialgerichtsbarkeit mit der Verwaltungsgerichtsbarkeit, die schon erledigt schienen, lebten wieder auf, nachdem die 82. Justizministerkonferenz eine diesbezügliche Öffnungsklausel für die Länder gefordert hat. Das Bundessozialgericht (BSG) ist allerdings in seiner Eigenständigkeit als ein oberster Gerichtshof des Bundes gemäß Art. 95 Abs. 1 GG (Nr. 20) verfassungsrechtlich garantiert. Am wichtigsten sind dessen Entscheidungen über Revisionen, d. h. die Geltendmachung, dass ein Gericht das Recht falsch angewendet hat. Das BSG hat im Jahr 2018 3169 Neueingänge gehabt, davon 325 Revisionen und 1793 Nichtzulassungsbeschwerden, mit denen geltend gemacht wird, dass das Instanzgericht ein Rechtsmittel zu Unrecht nicht zugelassen habe. Dem standen nur unwesentlich geringere Erledigungszahlen gegenüber (*BSG*, Pressemitteilung Nr. 1/19).

Wie in der Arbeitsgerichtsbarkeit (Einl. III 1 zum ArbGG, Nr. 5) gibt es auch in der Sozialgerichtsbarkeit gemäß § 202 SGG, §§ 278 Abs. 5, 278 a ZPO die Möglichkeit zur Verweisung für die Güteverhandlung vor einen Güterichter und zum Vorschlag der Mediation oder anderweitigen gerichtlichen Streitbeilegung durch das Gericht.

Weiterführende Literatur

Handbücher und Kommentare

Deinert/Heuschmid/Zwanziger-*Winkelmann,* Arbeitsrecht, § 17 (Grundzüge des Sozialrechts)

Deinert/Heuschmid/Zwanziger-*Hlava,* Arbeitsrecht, § 19 (Verhältnis zwischen Arbeitsrecht und Sozialrecht)

Brackmann, Handbuch der Sozialversicherung einschließlich des SGB, Loseblatt

Brall/Kerschbaumer/Scheer/Westermann (Hrsg.), Sozialrecht, 2. Aufl. (2017)

Eichenhofer/v.Koppenfels-Spies/Wenner (Hrsg.), SGB I, 2. Aufl. (2018)

Hauck/Noftz, Sozialgesetzbuch, SGB I, Allgemeiner Teil, Loseblatt

Kasseler Kommentar zum Sozialversicherungsrecht, Loseblatt

Knickrehm/Kreikebohm/Waltermann (Hrsg.), Kommentar zum Sozialrecht, 6. Aufl. (2019)

Ruland/Becker/Axer (Hrsg.), Sozialrechtshandbuch (SRH), 6. Aufl. (2018)

Mrozynski, SGB I, Kommentar, 6. Aufl. (2019)

Aufsätze

André, Reichsversicherungsordnung ade!, BArbBl. 10/96, 14

Dürschke, Güterichter statt Mediator – Güteverhandlung und Mediation im sozialgerichtlichen Verfahren, NZS 2013, S. 41

Eichenhofer, Soziale Rechte im Sozialgesetzbuch, SGb 2011, S. 301

Husmann, Das Allgemeine Gleichbehandlungsgesetz (AGG) und seine Auswirkungen auf das Sozialrecht (Teil I und II), ZESAR 2007, S. 13 und S. 58
Standfest, Hundert Jahre »Kaiserliche Botschaft«, SozSich 1981, S. 321
Tennstedt, »Nur nicht privat mit Dividende und Konkurs« – Der deutsche Weg zum Sozialstaat, Festschrift Wolfgang Gitter (1995), S. 993

Übersicht 57: Grundzüge des Sozialrechts

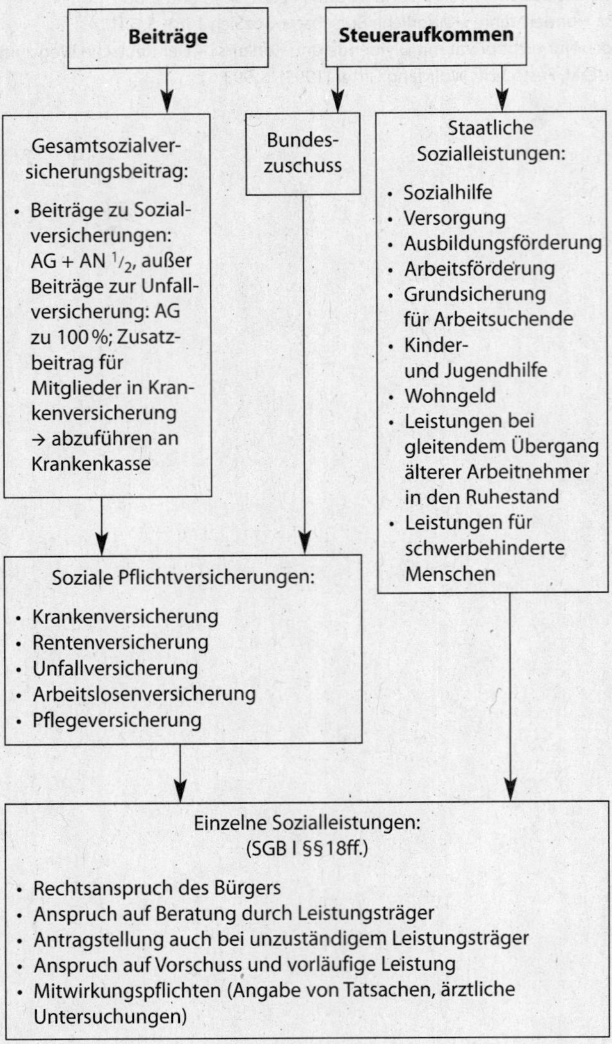

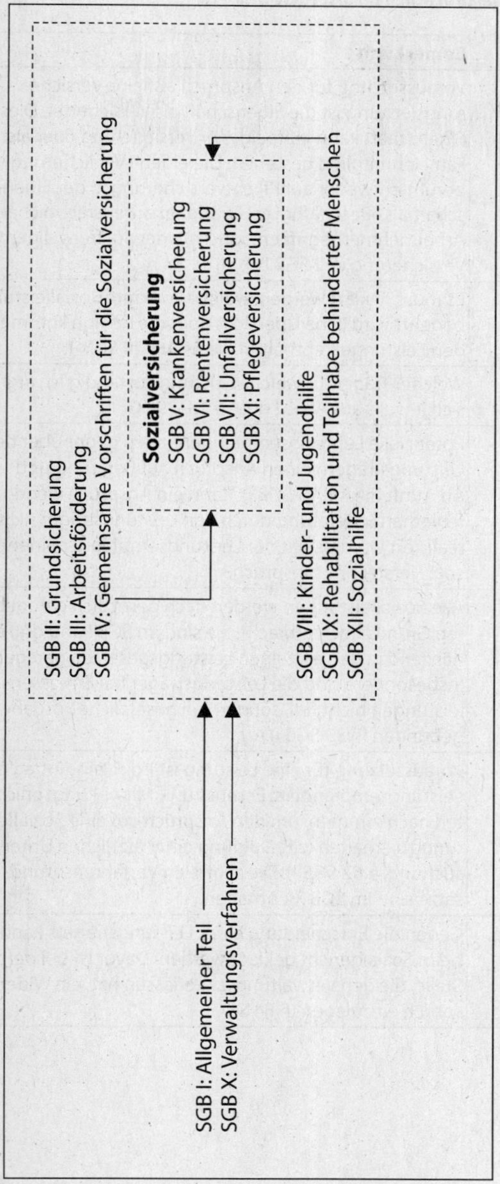

Übersicht 58: Struktur des Sozialgesetzbuchs

Checkliste 59: Sozialrechtlicher Anspruch

Frage	Bemerkung
1. Versicherter	Voraussetzung für den Anspruch auf eine Versicherungsleistung ist die Eigenschaft als Versicherter. Diese Eigenschaft kann kraft eigener Versicherung oder als Familienmitglied bestehen. Die eigene Versicherung beruht entweder auf Pflichtversicherung in der Eigenschaft als »Beschäftigter« (was dem arbeitsrechtlichen Arbeitnehmerbegriff entspricht) oder auf freiwilliger Versicherung (§ 2 SGB IV).
2. Leistung	Es muss geklärt werden, welche konkrete Sozialleistung begehrt wird. Eine Übersicht über die infrage kommenden Leistungen enthalten die §§ 18–29 SGB I.
3. Träger	Welcher Träger für welche Leistung zuständig ist, ergibt sich jeweils aus Abs. 2 der §§ 18–29 SGB I.
4. Beratung	Potenzielle Leistungsempfänger haben gegenüber den Leistungsträgern einen Anspruch auf Beratung und Auskunft (§§ 14, 15 SGB I). Kann ein Anspruch wegen fehlerhafter Beratung durch den Leistungsträger nicht realisiert werden, hat der Leistungsempfänger einen sog. Herstellungsanspruch.
5. Leistungsgrundsätze	Alle Sozialleistungen werden nach gesetzlich geregelten Grundsätzen erbracht. Sie sind im SGB I und ggf. ergänzend in den einzelnen Leistungsgesetzen geregelt. Insbesondere sind die Leistungsträger bei Ermessensleistungen nicht frei, sondern an gesetzliche Vorgaben gebunden (§ 39 SGB I).
6. Verfahren	Voraussetzung für eine Leistung ist i. d. R. ein Antrag des Leistungsempfängers. Er muss u. U. Mitwirkungspflichten nachkommen, um den Anspruch auf eine Sozialleistung zu erhalten (z.B. Duldung einer ärztlichen Untersuchung, § 62 SGB I). Die zentralen Verfahrensgrundsätze sind im SGB X enthalten.
7. Streitigkeiten	Gegen die Entscheidung eines Leistungsträgers kann beim Sozialgericht geklagt werden. Davor ist bei der Stelle, die den Verwaltungsakt erlassen hat, ein Widerspruch einzulegen (§ 84 SGG).

Checkliste 60: Sozialrechtlicher Herstellungsanspruch

I. Hauptanwendungsfall

- Wiederherstellung des Sozialleistungsanspruchs im Wege der Restitution
- Verletzung der Betreuungs- bzw. Beratungspflicht, fehlerhafte Beratung bei Gestaltungsrechten.
- verschuldensunabhängig
- auch bei Fehlern anderer Behörden, sofern zwischen beiden eine Funktionseinheit in dem Sinne besteht, dass sie sich ergänzende Aufgaben wahrnehmen (Beispiel: Versicherungsamt, Sozialversicherungsträger)
- keine spezielle Regelung, keine konzeptionelle Regelung durch Härteklauseln, Einsetzungsregeln oder Fiktionen
- Begehrte Leistung muss in rechtlich zulässiger Weise erbracht werden können.

II. Pflichtverletzung

1. Der Leistungsträger verletzt eine Haupt- oder Nebenpflicht gegenüber dem Anspruchsteller aus dem jeweiligen Sozialrechtsverhältnis,
2. die ihm gerade diesem gegenüber oblag,
3. die er objektiv rechtswidrig oder schlecht erfüllt hat,
4. durch eigene Organe oder andere Leistungsträger, falls diese durch das SGB oder durch Vertrag mit der Erfüllung dieser Pflicht für die Leistungsträger beauftragt waren.

III. Bewirkung eines sozialrechtlichen Nachteils

1. Pflichtverletzung war mindestens gleichwertig neben anderen Bedingungen dafür verantwortlich (ursächlich),
2. dass ein Recht des Betroffenen,
3. das ihm im jeweiligen Sozialrechtverhältnis aufgrund von Vorschriften des SGB gegen den Leistungsträger zugestanden hat oder ohne die Pflichtverletzung zugestanden hätte,
4. nun überhaupt nicht oder nicht mehr oder nicht in dem vom Primärzweck bezweckten Umfang zusteht.

IV. Schutzzweckzusammenhang zwischen Pflichtverletzung und Nachteil

Die Pflicht muss gerade darin bestehen, den Anspruchsteller vor genau den eingetretenen Nachteilen zu schützen. Wichtigste Fallgruppe: Fehlerhafte Beratung bei Gestaltungsrechten.

Kein nur tatsächliches Verhalten des Betroffenen (Beispiel: Aufgrund eines Beratungsfehlers erfolgt die Arbeitslosmeldung zu spät).

Übersicht 61: Sozialgerichtsbarkeit

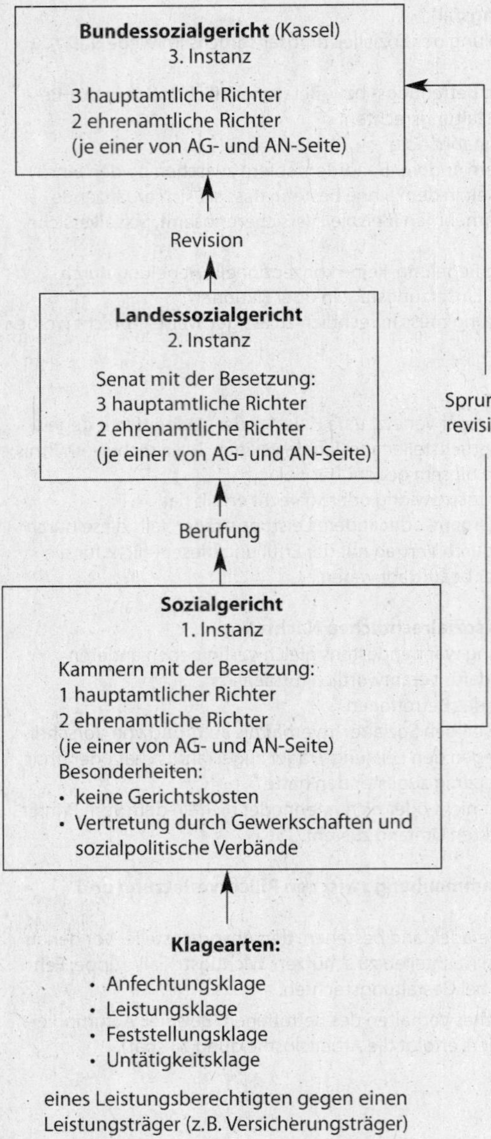

Sozialgesetzbuch (SGB)
Erstes Buch
Allgemeiner Teil

vom 11. Dezember 1975 (BGBl. I 3015),
zuletzt geändert durch Gesetz vom 12. Dezember 2019 (BGBl. I 2652)

Erster Abschnitt – Aufgaben des Sozialgesetzbuchs und soziale Rechte

§ 1 Aufgaben des Sozialgesetzbuchs (1) Das Recht des Sozialgesetzbuchs soll zur Verwirklichung sozialer Gerechtigkeit und sozialer Sicherheit Sozialleistungen einschließlich sozialer und erzieherischer Hilfen gestalten. Es soll dazu beitragen,

ein menschenwürdiges Dasein zu sichern,
gleiche Voraussetzungen für die freie Entfaltung der Persönlichkeit, insbesondere auch für junge Menschen, zu schaffen,
die Familie zu schützen und zu fördern,
den Erwerb des Lebensunterhalts durch eine frei gewählte Tätigkeit zu ermöglichen und
besondere Belastungen des Lebens, auch durch Hilfe zur Selbsthilfe, abzuwenden oder auszugleichen.

(2) Das Recht des Sozialgesetzbuchs soll auch dazu beitragen, daß die zur Erfüllung der in Absatz 1 genannten Aufgaben erforderlichen sozialen Dienste und Einrichtungen rechtzeitig und ausreichend zur Verfügung stehen.

§ 2 Soziale Rechte (1) Der Erfüllung der in § 1 genannten Aufgaben dienen die nachfolgenden sozialen Rechte. Aus ihnen können Ansprüche nur insoweit geltend gemacht oder hergeleitet werden, als deren Voraussetzungen und Inhalt durch die Vorschriften der besonderen Teile dieses Gesetzbuchs im einzelnen bestimmt sind.

(2) Die nachfolgenden sozialen Rechte sind bei der Auslegung der Vorschriften dieses Gesetzbuchs und bei der Ausübung von Ermessen zu beachten; dabei ist sicherzustellen, daß die sozialen Rechte möglichst weitgehend verwirklicht werden.

§ 3 Bildungs- und Arbeitsförderung (1) Wer an einer Ausbildung teilnimmt, die seiner Neigung, Eignung und Leistung entspricht, hat ein Recht auf individuelle Förderung seiner Ausbildung, wenn ihm die hierfür erforderlichen Mittel nicht anderweitig zur Verfügung stehen.

(2) Wer am Arbeitsleben teilnimmt oder teilnehmen will, hat ein Recht auf
1. Beratung bei der Wahl des Bildungswegs und des Berufs,

2. individuelle Förderung seiner beruflichen Weiterbildung,
3. Hilfe zur Erlangung und Erhaltung eines angemessenen Arbeitsplatzes und
4. wirtschaftliche Sicherung bei Arbeitslosigkeit und bei Zahlungsunfähigkeit des Arbeitgebers.

§ 4 Sozialversicherung (1) Jeder hat im Rahmen dieses Gesetzbuchs ein Recht auf Zugang zur Sozialversicherung.
(2) Wer in der Sozialversicherung versichert ist, hat im Rahmen der gesetzlichen Kranken-, Pflege-, Unfall- und Rentenversicherung einschließlich der Alterssicherung der Landwirte ein Recht auf
1. die notwendigen Maßnahmen zum Schutz, zur Erhaltung, zur Besserung und zur Wiederherstellung der Gesundheit und der Leistungsfähigkeit und
2. wirtschaftliche Sicherung bei Krankheit, Mutterschaft, Minderung der Erwerbsfähigkeit und Alter.

Ein Recht auf wirtschaftliche Sicherung haben auch die Hinterbliebenen eines Versicherten.

§ 5 Soziale Entschädigung bei Gesundheitsschäden Wer einen Gesundheitsschaden erleidet, für dessen Folgen die staatliche Gemeinschaft in Abgeltung eines besonderen Opfers oder aus anderen Gründen nach versorgungsrechtlichen Grundsätzen einsteht, hat ein Recht auf
1. die notwendigen Maßnahmen zur Erhaltung, zur Besserung und zur Wiederherstellung der Gesundheit und der Leistungsfähigkeit und
2. angemessene wirtschaftliche Versorgung.

Ein Recht auf angemessene wirtschaftliche Versorgung haben auch die Hinterbliebenen eines Beschädigten.

§ 6 Minderung des Familienaufwands Wer Kindern Unterhalt zu leisten hat oder leistet, hat ein Recht auf Minderung der dadurch entstehenden wirtschaftlichen Belastungen.

§ 7 Zuschuß für eine angemessene Wohnung Wer für eine angemessene Wohnung Aufwendungen erbringen muß, die ihm nicht zugemutet werden können, hat ein Recht auf Zuschuß zur Miete oder zu vergleichbaren Aufwendungen.

§ 8 Kinder- und Jugendhilfe Junge Menschen und Personensorgeberechtigte haben im Rahmen dieses Gesetzbuchs ein Recht, Leistungen der öffentlichen Jugendhilfe in Anspruch zu nehmen. Sie sollen die Entwicklung junger Menschen fördern und die Erziehung in der Familie unterstützen und ergänzen.

§ 9 Sozialhilfe Wer nicht in der Lage ist, aus eigenen Kräften seinen Lebensunterhalt zu bestreiten oder in besonderen Lebenslagen sich selbst zu helfen, und auch von anderer Seite keine ausreichende Hilfe erhält, hat ein Recht auf persönliche und wirtschaftliche Hilfe, die seinem besonderen Bedarf entspricht, ihn zur Selbsthilfe befähigt, die Teilnahme am Leben in der Gemeinschaft ermöglicht und die Führung eines menschenwürdigen Lebens sichert. Hierbei müssen Leistungsberechtigte nach ihren Kräften mitwirken.

§ 10 Teilhabe behinderter Menschen Menschen, die körperlich, geistig oder seelisch behindert sind oder denen eine solche Behinderung droht, haben unabhängig von der Ursache der Behinderung zur Förderung ihrer Selbstbestimmung und gleichberechtigten Teilhabe ein Recht auf Hilfe, die notwendig ist, um

1. die Behinderung abzuwenden, zu beseitigen, zu mindern, ihre Verschlimmerung zu verhüten oder ihre Folgen zu mildern,
2. Einschränkungen der Erwerbsfähigkeit oder Pflegebedürftigkeit zu vermeiden, zu überwinden, zu mindern oder eine Verschlimmerung zu verhüten sowie den vorzeitigen Bezug von Sozialleistungen zu vermeiden oder laufende Sozialleistungen zu mindern,
3. ihnen einen ihren Neigungen und Fähigkeiten entsprechenden Platz im Arbeitsleben zu sichern,
4. ihre Entwicklung zu fördern und ihre Teilhabe am Leben in der Gesellschaft und eine möglichst selbständige und selbstbestimmte Lebensführung zu ermöglichen oder zu erleichtern sowie
5. Benachteiligungen auf Grund der Behinderung entgegenzuwirken.

Zweiter Abschnitt – Einweisungsvorschriften

Erster Titel – Allgemeines über Sozialleistungen und Leistungsträger

§ 11 Leistungsarten Gegenstand der sozialen Rechte sind die in diesem Gesetzbuch vorgesehenen Dienst-, Sach- und Geldleistungen (Sozialleistungen). Die persönliche und erzieherische Hilfe gehört zu den Dienstleistungen.

§ 12 Leistungsträger Zuständig für die Sozialleistungen sind die in den §§ 18 bis 29 genannten Körperschaften, Anstalten und Behörden (Leistungsträger). Die Abgrenzung ihrer Zuständigkeit ergibt sich aus den besonderen Teilen dieses Gesetzbuchs.

§ 13 Aufklärung Die Leistungsträger, ihre Verbände und die sonstigen in diesem Gesetzbuch genannten öffentlich-rechtlichen Vereinigungen sind verpflichtet, im Rahmen ihrer Zuständigkeit die Bevölkerung über die Rechte und Pflichten nach diesem Gesetzbuch aufzuklären.

§ 14 Beratung Jeder hat Anspruch auf Beratung über seine Rechte und Pflichten nach diesem Gesetzbuch. Zuständig für die Beratung sind die Leistungsträger, denen gegenüber die Rechte geltend zu machen oder die Pflichten zu erfüllen sind.

§ 15 Auskunft (1) Die nach Landesrecht zuständigen Stellen, die Träger der gesetzlichen Krankenversicherung und der sozialen Pflegeversicherung sind verpflichtet, über alle sozialen Angelegenheiten nach diesem Gesetzbuch Auskünfte zu erteilen.
(2) Die Auskunftspflicht erstreckt sich auf die Benennung der für die Sozialleistungen zuständigen Leistungsträger sowie auf alle Sach- und Rechtsfragen, die für die Auskunftssuchenden von Bedeutung sein können und zu deren Beantwortung die Auskunftsstelle imstande ist.
(3) Die Auskunftsstellen sind verpflichtet, untereinander und mit den anderen Leistungsträgern mit dem Ziel zusammenzuarbeiten, eine möglichst umfassende Auskunftserteilung durch eine Stelle sicherzustellen.
(4) Die Träger der gesetzlichen Rentenversicherung sollen über Möglichkeiten zum Aufbau einer staatlich geförderten zusätzlichen Altersvorsorge produkt- und anbieterneutral Auskünfte erteilen.

§ 16 Antragstellung (1) Anträge auf Sozialleistungen sind beim zuständigen Leistungsträger zu stellen. Sie werden auch von allen anderen Leistungsträgern, von allen Gemeinden und bei Personen, die sich im Ausland aufhalten, auch von den amtlichen Vertretungen der Bundesrepublik Deutschland im Ausland entgegengenommen.
(2) Anträge, die bei einem unzuständigen Leistungsträger, bei einer für die Sozialleistung nicht zuständigen Gemeinde oder bei einer amtlichen Vertretung der Bundesrepublik Deutschland im Ausland gestellt werden, sind unverzüglich an den zuständigen Leistungsträger weiterzuleiten. Ist die Sozialleistung von einem Antrag abhängig, gilt der Antrag als zu dem Zeitpunkt gestellt, in dem er bei einer der in Satz 1 genannten Stellen eingegangen ist.
(3) Die Leistungsträger sind verpflichtet, darauf hinzuwirken, daß unverzüglich klare und sachdienliche Anträge gestellt und unvollständige Angaben ergänzt werden.

§ 17 Ausführung der Sozialleistungen (1) Die Leistungsträger sind verpflichtet, darauf hinzuwirken, daß

1. jeder Berechtigte die ihm zustehenden Sozialleistungen in zeitgemäßer Weise, umfassend und zügig erhält,
2. die zur Ausführung von Sozialleistungen erforderlichen sozialen Dienste und Einrichtungen rechtzeitig und ausreichend zur Verfügung stehen,
3. der Zugang zu den Sozialleistungen möglichst einfach gestaltet wird, insbesondere durch Verwendung allgemein verständlicher Antragsvordrucke und
4. ihre Verwaltungs- und Dienstgebäude frei von Zugangs- und Kommunikationsbarrieren sind und Sozialleistungen in barrierefreien Räumen und Anlagen ausgeführt werden.

(2) Menschen mit Hörbehinderungen und Menschen mit Sprachbehinderungen haben das Recht, bei der Ausführung von Sozialleistungen, insbesondere auch bei ärztlichen Untersuchungen und Behandlungen, in Deutscher Gebär-

densprache, mit lautsprachbegleitenden Gebärden oder über andere geeignete Kommunikationshilfen zu kommunizieren. Die für die Sozialleistung zuständigen Leistungsträger sind verpflichtet, die durch die Verwendung der Kommunikationshilfen entstehenden Kosten zu tragen. § 5 der Kommunikationshilfenverordnung in der jeweils geltenden Fassung gilt entsprechend.
(2 a) § 11 des Behindertengleichstellungsgesetzes gilt in seiner jeweils geltenden Fassung bei der Ausführung von Sozialleistungen entsprechend.
(3) In der Zusammenarbeit mit gemeinnützigen und freien Einrichtungen und Organisationen wirken die Leistungsträger darauf hin, daß sich ihre Tätigkeit und die der genannten Einrichtungen und Organisationen zum Wohl der Leistungsempfänger wirksam ergänzen. Sie haben dabei deren Selbständigkeit in Zielsetzung und Durchführung ihrer Aufgaben zu achten. Die Nachprüfung zweckentsprechender Verwendung bei der Inanspruchnahme öffentlicher Mittel bleibt unberührt. Im übrigen ergibt sich ihr Verhältnis zueinander aus den besonderen Teilen dieses Gesetzbuchs; § 97 Abs. 1 Satz 1 bis 4 und Abs. 2 des Zehnten Buches findet keine Anwendung.

Zweiter Titel – Einzelne Sozialleistungen und zuständige Leistungsträger

§ 18 Leistungen der Ausbildungsförderung (1) Nach dem Recht der Ausbildungsförderung können Zuschüsse und Darlehen für den Lebensunterhalt und die Ausbildung in Anspruch genommen werden.
(2) Zuständig sind die Ämter und die Landesämter für Ausbildungsförderung nach Maßgabe der §§ 39, 40, 40 a und 45 des Bundesausbildungsförderungsgesetzes.

§ 19 Leistungen der Arbeitsförderung (1) Nach dem Recht der Arbeitsförderung können in Anspruch genommen werden:
1. Berufsberatung und Arbeitsmarktberatung,
2. Ausbildungsvermittlung und Arbeitsvermittlung,
3. Leistungen zur
   a) Aktivierung und beruflichen Eingliederung,
   b) zur Berufswahl und Berufsausbildung,
   c) zur beruflichen Weiterbildung,
   d) zur Aufnahme einer Erwerbstätigkeit,
   e) zum Verbleib in Beschäftigung,
   f) der Teilhabe behinderter Menschen am Arbeitsleben,
4. Arbeitslosengeld, Teilarbeitslosengeld, Arbeitslosengeld bei Weiterbildung und Insolvenzgeld.

(2) Zuständig sind die Agenturen für Arbeit und die sonstigen Dienststellen der Bundesagentur für Arbeit.

§ 19 a Leistungen der Grundsicherung für Arbeitsuchende (1) Nach dem Recht

der Grundsicherung für Arbeitsuchende können in Anspruch genommen werden
1. Leistungen zur Eingliederung in Arbeit,
2. Leistungen zur Sicherung des Lebensunterhalts.

(2) Zuständig sind die Agenturen für Arbeit und die sonstigen Dienststellen der Bundesagentur für Arbeit sowie die kreisfreien Städte und Kreise, soweit durch Landesrecht nicht andere Träger bestimmt sind. In den Fällen des § 6 a des Zweiten Buches ist abweichend von Satz 1 der zugelassene kommunale Träger zuständig.

§ 19 b Leistungen bei gleitendem Übergang älterer Arbeitnehmer in den Ruhestand (1) Nach dem Recht der Förderung eines gleitenden Übergangs älterer Arbeitnehmer in den Ruhestand können in Anspruch genommen werden:
1. Erstattung der Beiträge zur Höherversicherung in der gesetzlichen Rentenversicherung und der nicht auf das Arbeitsentgelt entfallenden Beiträge zur gesetzlichen Rentenversicherung für ältere Arbeitnehmer, die ihre Arbeitszeit verkürzt haben.
2. Erstattung der Aufstockungsbeträge zum Arbeitsentgelt für die Altersteilzeitarbeit.

(2) Zuständig sind die Agenturen für Arbeit und die sonstigen Dienststellen der Bundesagentur für Arbeit.

§ 20 Zusätzliche Leistungen für Schwerbehinderte *(weggefallen)*

§ 21 Leistungen der gesetzlichen Krankenversicherung (1) Nach dem Recht der gesetzlichen Krankenversicherung können in Anspruch genommen werden:
1. Leistungen zur Förderung der Gesundheit, zur Verhütung und zur Früherkennung von Krankheiten,
2. bei Krankheit Krankenbehandlung, insbesondere
   a) ärztliche und zahnärztliche Behandlung,
   b) Versorgung mit Arznei-, Verband-, Heil- und Hilfsmitteln,
   c) häusliche Krankenpflege und Haushaltshilfe,
   d) Krankenhausbehandlung,
   e) medizinische und ergänzende Leistungen zur Rehabilitation,
   f) Betriebshilfe für Landwirte,
   g) Krankengeld,
3. bei Schwangerschaft und Mutterschaft ärztliche Betreuung, Hebammenhilfe, stationäre Entbindung, häusliche Pflege, Haushaltshilfe, Betriebshilfe für Landwirte, Mutterschaftsgeld,
4. Hilfe zur Familienplanung und Leistungen bei durch Krankheit erforderlicher Sterilisation und bei nicht rechtswidrigem Schwangerschaftsabbruch.
5. *(weggefallen)*

(2) Zuständig sind die Orts-, Betriebs- und Innungskrankenkassen, die Sozialversicherung für Landwirtschaft, Forsten und Gartenbau als landwirtschaftliche

Krankenkasse, die Deutsche Rentenversicherung Knappschaft-Bahn-See und die Ersatzkassen.

§ 21 a Leistungen der sozialen Pflegeversicherung (1) Nach dem Recht der sozialen Pflegeversicherung können in Anspruch genommen werden:
1. Leistungen bei häuslicher Pflege:
   a) Pflegesachleistung,
   b) Pflegegeld für selbst beschaffte Pflegehilfen,
   c) häusliche Pflege bei Verhinderung der Pflegeperson,
   d) Pflegehilfsmittel und technische Hilfen,
2. teilstationäre Pflege und Kurzzeitpflege,
3. Leistungen für Pflegepersonen, insbesondere
   a) soziale Sicherung und
   b) Pflegekurse,
4. vollstationäre Pflege.

(2) Zuständig sind die bei den Krankenkassen errichteten Pflegekassen.

§ 21 b Leistungen bei Schwangerschaftsabbrüchen (1) Nach dem Fünften Abschnitt des Schwangerschaftskonfliktgesetzes können bei einem nicht rechtswidrigen oder unter den Voraussetzungen des § 218 a Abs. 1 des Strafgesetzbuches vorgenommenen Abbruch einer Schwangerschaft Leistungen in Anspruch genommen werden.
(2) Zuständig sind die Orts-, Betriebs- und Innungskrankenkassen, die Sozialversicherung für Landwirtschaft, Forsten und Gartenbau als landwirtschaftliche Krankenkasse, die Deutsche Rentenversicherung Knappschaft-Bahn-See und die Ersatzkassen.

§ 22 Leistungen der gesetzlichen Unfallversicherung (1) Nach dem Recht der gesetzlichen Unfallversicherung können in Anspruch genommen werden:
1. Maßnahmen zur Verhütung von Arbeitsunfällen, Berufskrankheiten und arbeitsbedingten Gesundheitsgefahren und zur Ersten Hilfe sowie Maßnahmen zur Früherkennung von Berufskrankheiten und arbeitsbedingten Gesundheitsgefahren,
2. Heilbehandlung, Leistungen zur Teilhabe am Arbeitsleben und andere Leistungen zur Erhaltung, Besserung und Wiederherstellung der Erwerbsfähigkeit sowie zur Erleichterung bei Verletzungsfolgen einschließlich wirtschaftlicher Hilfen,
3. Renten wegen Minderung der Erwerbsfähigkeit,
4. Renten an Hinterbliebene, Sterbegeld und Beihilfen,
5. Rentenabfindungen,
6. Haushaltshilfe,
7. Betriebshilfe für Landwirte.

(2) Zuständig sind die gewerblichen Berufsgenossenschaften, die Sozialversicherung für Landwirtschaft, Forsten und Gartenbau als landwirtschaftliche Krankenkasse, die Gemeindeunfallversicherungsverbände, die Feuerwehr-Unfallkas-

sen, die Unfallkassen der Länder und Gemeinden, die gemeinsamen Unfallkassen für den Landes- und kommunalen Bereich und die Unfallversicherung Bund und Bahn.

§ 23 Leistungen der gesetzlichen Rentenversicherung einschließlich der Alterssicherung der Landwirte (1) Nach dem Recht der gesetzlichen Rentenversicherung einschließlich der Alterssicherung der Landwirte können in Anspruch genommen werden:

1. in der gesetzlichen Rentenversicherung:
   a) Leistungen zur Prävention, Leistungen zur medizinischen Rehabilitation, Leistungen zur Teilhabe am Arbeitsleben, Leistungen zur Nachsorge sowie sonstige Leistungen zur Teilhabe einschließlich wirtschaftlicher Hilfen,
   b) Renten wegen Alters, Renten wegen verminderter Erwerbsfähigkeit und Knappschaftsausgleichsleistung,
   c) Renten wegen Todes,
   d) Witwen- und Witwerrentenabfindungen sowie Beitragserstattungen,
   e) Zuschüsse zu den Aufwendungen für die Krankenversicherung,
   f) Leistungen für Kindererziehung,
2. in der Alterssicherung der Landwirte:
   a) Leistungen zur Prävention, Leistungen zur medizinischen Rehabilitation, Leistungen zur Nachsorge sowie ergänzende und sonstige Leistungen zur Teilhabe einschließlich Betriebs- oder Haushaltshilfe,
   b) Renten wegen Erwerbsminderung und Alters,
   c) Renten wegen Todes,
   d) Beitragszuschüsse,
   e) Betriebs- und Haushaltshilfe oder sonstige Leistungen zur Aufrechterhaltung des Unternehmens der Landwirtschaft.

(2) Zuständig sind

1. in der allgemeinen Rentenversicherung die Regionalträger, die Deutsche Rentenversicherung Bund und die Deutsche Rentenversicherung Knappschaft-Bahn-See,
2. in der knappschaftlichen Rentenversicherung die Deutsche Rentenversicherung Knappschaft-Bahn-See,
3. in der Alterssicherung der Landwirte die Sozialversicherung für Landwirtschaft, Forsten und Gartenbau als landwirtschaftliche Alterskasse.

§ 24 Versorgungsleistungen bei Gesundheitsschäden (1) Nach dem Recht der sozialen Entschädigung bei Gesundheitsschäden können in Anspruch genommen werden:

1. Heil- und Krankenbehandlung sowie andere Leistungen zur Erhaltung, Besserung und Wiederherstellung der Leistungsfähigkeit einschließlich wirtschaftlicher Hilfen,
2. besondere Hilfen im Einzelfall einschließlich Leistungen zur Teilhabe am Arbeitsleben,

3. Renten wegen anerkannten Schädigungsfolgen,
4. Renten an Hinterbliebene, Bestattungsgeld und Sterbegeld,
5. Kapitalabfindung, insbesondere zur Wohnraumbeschaffung.

(2) Zuständig sind die Versorgungsämter, die Landesversorgungsämter und die orthopädischen Versorgungsstellen, für die besonderen Hilfen im Einzelfall die Kreise und kreisfreien Städte sowie die Hauptfürsorgestellen. Bei der Durchführung der Heil- und Krankenbehandlung wirken die Träger der gesetzlichen Krankenversicherung mit.

§ 25 Kindergeld, Kinderzuschlag, Leistungen für Bildung und Teilhabe, Elterngeld und Betreuungsgeld (1) Nach dem Bundeskindergeldgesetz kann nur dann Kindergeld in Anspruch genommen werden, wenn nicht der Familienleistungsausgleich nach § 31 des Einkommensteuergesetzes zur Anwendung kommt. Nach dem Bundeskindergeldgesetz können auch der Kinderzuschlag und Leistungen für Bildung und Teilhabe in Anspruch genommen werden.

(2) Nach dem Recht des Bundeselterngeld- und Elternzeitgesetzes kann Elterngeld und Betreuungsgeld in Anspruch genommen werden.

(3) Für die Ausführung des Absatzes 1 sind die nach § 7 des Bundeskindergeldgesetzes bestimmten Stellen und für die Ausführung des Absatzes 2 die nach § 12 des Bundeselterngeld- und Elternzeitgesetzes bestimmten Stellen zuständig.

§ 26 Wohngeld (1) Nach dem Wohngeldrecht kann als Zuschuß zur Miete oder als Zuschuß zu den Aufwendungen für den eigengenutzten Wohnraum Wohngeld in Anspruch genommen werden.

(2) Zuständig sind die durch Landesrecht bestimmten Behörden.

§ 27 Leistungen der Kinder- und Jugendhilfe (1) Nach dem Recht der Kinder- und Jugendhilfe können in Anspruch genommen werden:

1. Angebote der Jugendarbeit, der Jugendsozialarbeit und des erzieherischen Jugendschutzes,
2. Angebote zur Förderung der Erziehung in der Familie,
3. Angebote zur Förderung von Kindern in Tageseinrichtungen und in Tagespflege,
4. Hilfe zur Erziehung, Eingliederungshilfe für seelisch behinderte Kinder und Jugendliche sowie Hilfe für junge Volljährige.

(2) Zuständig sind die Kreise und die kreisfreien Städte, nach Maßgabe des Landesrechts auch kreisangehörige Gemeinden; sie arbeiten mit der freien Jugendhilfe zusammen.

§ 28 Leistungen der Sozialhilfe (1) Nach dem Recht der Sozialhilfe können in Anspruch genommen werden:

1\. Hilfe zum Lebensunterhalt,
1 a. Grundsicherung im Alter und bei Erwerbsminderung,

2. Hilfen zur Gesundheit,
3. *(aufgehoben)*
4. Hilfe zur Pflege,
5. Hilfe zur Überwindung besonderer sozialer Schwierigkeiten,
6. Hilfe in anderen Lebenslagen

sowie die jeweils gebotene Beratung und Unterstützung.

(2) Zuständig sind die Kreise und kreisfreien Städte, die überörtlichen Träger der Sozialhilfe und für besondere Aufgaben die Gesundheitsämter; sie arbeiten mit den Trägern der freien Wohlfahrtspflege zusammen.

§ 28 a Leistungen der Eingliederungshilfe (1) Nach dem Recht der Eingliederungshilfe können in Anspruch genommen werden:

1. Leistungen zur medizinischen Rehabilitation,
2. Leistungen zur Teilhabe am Arbeitsleben,
3. Leistungen zur Teilhabe an Bildung,
4. Leistungen zur Sozialen Teilhabe.

(2) Zuständig sind die durch Landesrecht bestimmten Behörden.

§ 29 Leistungen zur Rehabilitation und Teilhabe behinderter Menschen (1) Nach dem Recht der Rehabilitation und Teilhabe behinderter Menschen können in Anspruch genommen werden

1. Leistungen zur medizinischen Rehabilitation, insbesondere
   a) Frühförderung behinderter und von Behinderung bedrohter Kinder,
   b) ärztliche und zahnärztliche Behandlung,
   c) Arznei- und Verbandmittel sowie Heilmittel einschließlich physikalischer, Sprach- und Beschäftigungstherapie,
   d) Körperersatzstücke, orthopädische und andere Hilfsmittel,
   e) Belastungserprobung und Arbeitstherapie,
2. Leistungen zur Teilhabe am Arbeitsleben, insbesondere
   a) Hilfen zum Erhalten oder Erlangen eines Arbeitsplatzes,
   b) Berufsvorbereitung, berufliche Anpassung, Ausbildung und Weiterbildung,
   c) sonstige Hilfen zur Förderung der Teilhabe am Arbeitsleben,

2 a. Leistungen zur Teilhabe an Bildung, insbesondere
   a) HIlfen zur Schuldbildung, insbesondere im Rahmen der allgemeinen Schulpflicht und zum Besuch weiterführender Schulen einschließlich der Vorbereitung hierzu,
   b) Hilfen zur schulischen Berufsausbildung,
   c) Hilfen zur Hochschulbildung,
   d) Hilfen zur schulischen beruflichen Weiterbildung,

3. Leistungen zur Sozialen Teilhabe, insbesondere
   a) Leistungen für Wohnraum,
   b) Assistenzleistungen,
   c) heilpädagogische Leistungen,
   d) Leistungen zur Betreuung in einer Pflegefamilie,

   e) Leistungen zum Erwerb und Erhalt praktischer Kenntnisse und Fähigkeiten,
   f) Leistungen zur Förderung der Verständigung,
   g) Leistungen zur Mobilität,
   h) Hilfsmittel,
4. unterhaltssichernde und andere ergänzende Leistungen, insbesondere
   a) Krankengeld, Versorgungskrankengeld, Verletztengeld, Übergangsgeld, Ausbildungsgeld oder Unterhaltsbeihilfe,
   b) Beiträge zur gesetzlichen Kranken-, Unfall-, Renten- und Pflegeversicherung sowie zur Bundesagentur für Arbeit,
   c) Reisekosten,
   d) Haushalts- oder Betriebshilfe und Kinderbetreuungskosten,
   e) Rehabilitationssport und Funktionstraining,
5. besondere Leistungen und sonstige Hilfen zur Teilhabe schwerbehinderter Menschen am Leben in der Gesellschaft, insbesondere am Arbeitsleben.

(2) Zuständig sind die in den §§ 19 bis 24, 27 und 28 genannten Leistungsträger und die Integrationsämter.

Dritter Abschnitt – Gemeinsame Vorschriften für alle Sozialleistungsbereiche dieses Gesetzbuchs

Erster Titel – Allgemeine Grundsätze

§ 30 Geltungsbereich (1) Die Vorschriften dieses Gesetzbuchs gelten für alle Personen, die ihren Wohnsitz oder gewöhnlichen Aufenthalt in seinem Geltungsbereich haben.

(2) Regelungen des über- und zwischenstaatlichen Rechts bleiben unberührt.

(3) Einen Wohnsitz hat jemand dort, wo er eine Wohnung unter Umständen innehat, die darauf schließen lassen, daß er die Wohnung beibehalten und benutzen wird. Den gewöhnlichen Aufenthalt hat jemand dort, wo er sich unter Umständen aufhält, die erkennen lassen, daß er an diesem Ort oder in diesem Gebiet nicht nur vorübergehend verweilt.

§ 31 Vorbehalt des Gesetzes Rechte und Pflichten in den Sozialleistungsbereichen dieses Gesetzbuchs dürfen nur begründet, festgestellt, geändert oder aufgehoben werden, soweit ein Gesetz es vorschreibt oder zuläßt.

§ 32 Verbot nachteiliger Vereinbarungen Privatrechtliche Vereinbarungen, die zum Nachteil des Sozialleistungsberechtigten von Vorschriften dieses Gesetzbuchs abweichen, sind nichtig.

§ 33 Ausgestaltung von Rechten und Pflichten Ist der Inhalt von Rechten oder Pflichten nach Art oder Umfang nicht im einzelnen bestimmt, sind bei ihrer Ausgestaltung die persönlichen Verhältnisse des Berechtigten oder Verpflichteten, sein Bedarf und seine Leistungsfähigkeit sowie die örtlichen Verhältnisse zu berücksichtigen, soweit Rechtsvorschriften nicht entgegenstehen. Dabei soll den Wünschen des Berechtigten oder Verpflichteten entsprochen werden, soweit sie angemessen sind.

§ 33 a Altersabhängige Rechte und Pflichten (1) Sind Rechte oder Pflichten davon abhängig, daß eine bestimmte Altersgrenze erreicht oder nicht überschritten ist, ist das Geburtsdatum maßgebend, das sich aus der ersten Angabe des Berechtigten oder Verpflichteten oder seiner Angehörigen gegenüber einem Sozialleistungsträger oder, soweit es sich um eine Angabe im Rahmen des Dritten oder Sechsten Abschnitts des Vierten Buches handelt, gegenüber dem Arbeitgeber ergibt.

(2) Von einem nach Absatz 1 maßgebenden Geburtsdatum darf nur abgewichen werden, wenn der zuständige Leistungsträger feststellt, daß

1. ein Schreibfehler vorliegt oder
2. sich aus einer Urkunde, deren Original vor dem Zeitpunkt der Angabe nach Absatz 1 ausgestellt worden ist, ein anderes Geburtsdatum ergibt.

(3) Die Absätze 1 und 2 gelten für Geburtsdaten, die Bestandteil der Versicherungsnummer oder eines anderen in den Sozialleistungsbereichen dieses Gesetzbuchs verwendeten Kennzeichens sind, entsprechend.

§ 33 b Lebenspartnerschaften Lebenspartnerschaften im Sinne dieses Gesetzbuches sind Lebenspartnerschaften nach dem Lebenspartnerschaftsgesetz.

§ 33 c Benachteiligungsverbot Bei der Inanspruchnahme sozialer Rechte darf niemand aus Gründen der Rasse, wegen der ethnischen Herkunft oder einer Behinderung benachteiligt werden. Ansprüche können nur insoweit geltend gemacht oder hergeleitet werden, als deren Voraussetzungen und Inhalt durch die Vorschriften der besonderen Teile dieses Gesetzbuchs im Einzelnen bestimmt sind.

§ 34 Begrenzung von Rechten und Pflichten (1) Soweit Rechte und Pflichten nach diesem Gesetzbuch ein familienrechtliches Rechtsverhältnis voraussetzen, reicht ein Rechtsverhältnis, das gemäß Internationalem Privatrecht dem Recht eines anderen Staats unterliegt und nach diesem Recht besteht, nur aus, wenn es dem Rechtsverhältnis im Geltungsbereich dieses Gesetzbuchs entspricht.

(2) Ansprüche mehrerer Ehegatten auf Witwenrente oder Witwerrente werden anteilig und endgültig aufgeteilt.

§ 35 Sozialgeheimnis (1) Jeder hat Anspruch darauf, dass die ihn betreffenden Sozialdaten (§ 67 Absatz 2 Zehntes Buch) von den Leistungsträgern nicht unbefugt verarbeitet werden (Sozialgeheimnis). Die Wahrung des Sozialgeheimnisses umfasst die Verpflichtung, auch innerhalb des Leistungsträgers sicherzustellen, dass die Sozialdaten nur Befugten zugänglich sind oder nur an diese weitergegeben werden. Sozialdaten der Beschäftigten und ihrer Angehörigen dürfen Personen, die Personalentscheidungen treffen oder daran mitwirken können, weder zugänglich sein noch von Zugriffsberechtigten weitergegeben werden. Der Anspruch richtet sich auch gegen die Verbände der Leistungsträger, die Arbeitsgemeinschaften der Leistungsträger und ihrer Verbände, die Datenstelle der Rentenversicherung, die in diesem Gesetzbuch genannten öffentlich-rechtlichen Vereinigungen, Integrationsfachdienste, die Künstlersozialkasse, die Deutsche Post AG, soweit sie mit der Berechnung oder Auszahlung von Sozialleistungen betraut ist, die Behörden der Zollverwaltung, soweit sie Aufgaben nach § 2 des Schwarzarbeitsbekämpfungsgesetzes und § 66 des Zehnten Buches durchführen, die Versicherungsämter und Gemeindebehörden sowie die anerkannten Adoptionsvermittlungsstellen (§ 2 Absatz 2 des Adoptionsvermittlungsgesetzes), soweit sie Aufgaben nach diesem Gesetzbuch wahrnehmen, und die Stellen, die Aufgaben nach § 67 c Absatz 3 des Zehnten Buches wahrnehmen. Die Beschäftigten haben auch nach Beendigung ihrer Tätigkeit bei den genannten Stellen das Sozialgeheimnis zu wahren.

(2) Die Vorschriften des Zweiten Kapitels des Zehnten Buches und der übrigen Bücher des Sozialgesetzbuches regeln die Verarbeitung von Sozialdaten abschließend, soweit nicht die Verordnung (EU) 2016/679 des Europäischen Parlaments und des Rates vom 27. April 2016 zum Schutz natürlicher Personen bei der Verarbeitung personenbezogener Daten, zum freien Datenverkehr und zur Aufhebung der Richtlinie 95/46/EG (Datenschutz-Grundverordnung) (ABl. L 119 vom 4. 5. 2016, S. 1; L 314 vom 22. 11. 2016, S. 72; L 127 vom 23. 5. 2018, S. 2) in der jeweils geltenden Fassung unmittelbar gilt. Für die Verarbeitungen von Sozialdaten im Rahmen von nicht in den Anwendungsbereich der Verordnung (EU) 2016/679 fallenden Tätigkeiten finden die Verordnung (EU) 2016/679 und dieses Gesetz entsprechende Anwendung, soweit nicht in diesem oder einem anderen Gesetz Abweichendes geregelt ist.

(2 a) Die Verpflichtung zur Wahrung gesetzlicher Geheimhaltungspflichten oder von Berufs- oder besonderen Amtsgeheimnissen, die nicht auf gesetzlichen Vorschriften beruhen, bleibt unberührt.

(3) Soweit eine Übermittlung von Sozialdaten nicht zulässig ist, besteht keine Auskunftspflicht, keine Zeugnispflicht und keine Pflicht zur Vorlegung oder Auslieferung von Schriftstücken, nicht automatisierten Dateisystemen und automatisiert verarbeiteten Sozialdaten.

(4) Betriebs- und Geschäftsgeheimnisse stehen Sozialdaten gleich.

(5) Sozialdaten Verstorbener dürfen nach Maßgabe des Zweiten Kapitels des Zehnten Buches verarbeitet werden. Sie dürfen außerdem verarbeitet werden, wenn schutzwürdige Interessen des Verstorbenen oder seiner Angehörigen dadurch nicht beeinträchtigt werden können.

(6) Die Absätze 1 bis 5 finden neben den in Absatz 1 genannten Stellen auch Anwendung auf solche Verantwortliche oder deren Auftragsverarbeiter,

1. die Sozialdaten im Inland verarbeiten, sofern die Verarbeitung nicht im Rahmen einer Niederlassung in einem anderen Mitgliedstaat der Europäi-

schen Union oder in einem anderen Vertragsstaat des Abkommens über den Europäischen Wirtschaftsraum erfolgt, oder
2. die Sozialdaten im Rahmen der Tätigkeiten einer inländischen Niederlassung verarbeiten.

Sofern die Absätze 1 bis 5 nicht gemäß Satz 1 anzuwenden sind, gelten für den Verantwortlichen oder dessen Auftragsverarbeiter nur die §§ 81 bis 81 c des Zehnten Buches.

(7) Bei der Verarbeitung zu Zwecken gemäß Artikel 2 der Verordnung (EU) 2016/679 stehen die Vertragsstaaten des Abkommens über den Europäischen Wirtschaftsraum und die Schweiz den Mitgliedstaaten der Europäischen Union gleich. Andere Staaten gelten insoweit als Drittstaaten.

§ 36 Handlungsfähigkeit (1) Wer das fünfzehnte Lebensjahr vollendet hat, kann Anträge auf Sozialleistungen stellen und verfolgen sowie Sozialleistungen entgegennehmen. Der Leistungsträger soll den gesetzlichen Vertreter über die Antragstellung und die erbrachten Sozialleistungen unterrichten.

(2) Die Handlungsfähigkeit nach Absatz 1 Satz 1 kann vom gesetzlichen Vertreter durch schriftliche Erklärung gegenüber dem Leistungsträger eingeschränkt werden. Die Rücknahme von Anträgen, der Verzicht auf Sozialleistungen und die Entgegennahme von Darlehen bedürfen der Zustimmung des gesetzlichen Vertreters.

§ 36 a Elektronische Kommunikation (1) Die Übermittlung elektronischer Dokumente ist zulässig, soweit der Empfänger hierfür einen Zugang eröffnet.

(2) Eine durch Rechtsvorschrift angeordnete Schriftform kann, soweit nicht durch Rechtsvorschrift etwas anderes bestimmt ist, durch die elektronische Form ersetzt werden. Der elektronischen Form genügt ein elektronisches Dokument, das mit einer qualifizierten elektronischen Signatur versehen ist. Die Signierung mit einem Pseudonym, das die Identifizierung der Person des Signaturschlüsselinhabers nicht unmittelbar durch die Behörde ermöglicht, ist nicht zulässig. Die Schriftform kann auch ersetzt werden
1. durch unmittelbare Abgabe der Erklärung in einem elektronischen Formular, das von der Behörde in einem Eingabegerät oder über öffentlich zugängliche Netze zur Verfügung gestellt wird;
2. bei Anträgen und Anzeigen durch Versendung eines elektronischen Dokuments an die Behörde mit der Versandart nach § 5 Absatz 5 des De-Mail-Gesetzes;
3. bei elektronischen Verwaltungsakten oder sonstigen elektronischen Dokumenten der Behörden durch Versendung einer De-Mail-Nachricht nach § 5 Absatz 5 des De-Mail-Gesetzes, bei der die Bestätigung des akkreditierten Diensteanbieters die erlassende Behörde als Nutzer des De-Mail-Kontos erkennen lässt;
4. durch sonstige sichere Verfahren, die durch Rechtsverordnung der Bundesregierung mit Zustimmung des Bundesrates festgelegt werden, welche den Datenübermittler (Absender der Daten) authentifizieren und die Integrität

des elektronisch übermittelten Datensatzes sowie die Barrierefreiheit gewährleisten; der IT-Planungsrat gibt Empfehlungen zu geeigneten Verfahren ab. In den Fällen des Satzes 4 Nummer 1 muss bei einer Eingabe über öffentlich zugängliche Netze ein elektronischer Identitätsnachweise nach § 18 des Personalausweisgesetzes, nach § 12 des eID-Karte-Gesetzes oder nach § 78 Absatz 5 des Aufenthaltsgesetzes erfolgen; in der Kommunikation zwischen dem Versicherten und seiner Krankenkasse kann die Identität auch mit der elektronischen Gesundheitskarte nach § 291 Absatz 2 a des Fünften Buches elektronisch nachgewiesen werden.

(2 a) Ist durch Rechtsvorschrift die Verwendung eines bestimmten Formulars vorgeschrieben, das ein Unterschriftsfeld vorsieht, wird allein dadurch nicht die Anordnung der Schriftform bewirkt. Bei einer für die elektronische Versendung an die Behörde bestimmten Fassung des Formulars entfällt das Unterschriftsfeld.

(3) Ist ein der Behörde übermitteltes elektronisches Dokument für sie zur Bearbeitung nicht geeignet, teilt sie dies dem Absender unter Angabe der für sie geltenden technischen Rahmenbedingungen unverzüglich mit. Macht ein Empfänger geltend, er könne das von der Behörde übermittelte elektronische Dokument nicht bearbeiten, übermittelt sie es ihm erneut in einem geeigneten elektronischen Format oder als Schriftstück.

(4) Die Träger der Sozialversicherung einschließlich der Bundesagentur für Arbeit, ihre Verbände und Arbeitsgemeinschaften verwenden unter Beachtung der Grundsätze der Wirtschaftlichkeit und Sparsamkeit im jeweiligen Sozialleistungsbereich Vertrauensdienste, die eine gemeinsame und bundeseinheitliche Kommunikation und Übermittlung der Daten und die Überprüfbarkeit der qualifizierten elektronischen Signatur auf Dauer sicherstellen. Diese Träger sollen über ihren jeweiligen Bereich hinaus Vertrauensdienste im Sinne des Satzes 1 verwenden. Die Sätze 1 und 2 gelten entsprechend für die Leistungserbringer nach dem Fünften und dem Elften Buch und die von ihnen gebildeten Organisationen.

§ 37 Vorbehalt abweichender Regelungen Das Erste und Zehnte Buch gelten für alle Sozialleistungsbereiche dieses Gesetzbuchs, soweit sich aus den übrigen Büchern nichts Abweichendes ergibt; § 68 bleibt unberührt. Der Vorbehalt gilt nicht für die §§ 1 bis 17 und 31 bis 36. Das Zweite Kapitel des Zehnten Buches geht dessen Erstem Kapitel vor, soweit sich die Ermittlung des Sachverhaltes auf Sozialdaten erstreckt.

Zweiter Titel – Grundsätze des Leistungsrechts

§ 38 Rechtsanspruch Auf Sozialleistungen besteht ein Anspruch, soweit nicht nach den besonderen Teilen dieses Gesetzbuchs die Leistungsträger ermächtigt sind, bei der Entscheidung über die Leistung nach ihrem Ermessen zu handeln.

§ 39 Ermessensleistungen (1) Sind die Leistungsträger ermächtigt, bei der Entscheidung über Sozialleistungen nach ihrem Ermessen zu handeln, haben sie ihr Ermessen entsprechend dem Zweck der Ermächtigung auszuüben und die gesetzlichen Grenzen des Ermessens einzuhalten. Auf pflichtgemäße Ausübung des Ermessens besteht ein Anspruch.
(2) Für Ermessensleistungen gelten die Vorschriften über Sozialleistungen, auf die ein Anspruch besteht, entsprechend, soweit sich aus den Vorschriften dieses Gesetzbuchs nichts Abweichendes ergibt.

§ 40 Entstehen der Ansprüche (1) Ansprüche auf Sozialleistungen entstehen, sobald ihre im Gesetz oder auf Grund eines Gesetzes bestimmten Voraussetzungen vorliegen.
(2) Bei Ermessensleistungen ist der Zeitpunkt maßgebend, in dem die Entscheidung über die Leistungen bekanntgegeben wird, es sei denn, daß in der Entscheidung ein anderer Zeitpunkt bestimmt ist.

§ 41 Fälligkeit Soweit die besonderen Teile dieses Gesetzbuchs keine Regelung enthalten, werden Ansprüche auf Sozialleistungen mit ihrem Entstehen fällig.

§ 42 Vorschüsse (1) Besteht ein Anspruch auf Geldleistungen dem Grunde nach und ist zur Feststellung seiner Höhe voraussichtlich längere Zeit erforderlich, kann der zuständige Leistungsträger Vorschüsse zahlen, deren Höhe er nach pflichtgemäßem Ermessen bestimmt. Er hat Vorschüsse nach Satz 1 zu zahlen, wenn der Berechtigte es beantragt; die Vorschußzahlung beginnt spätestens nach Ablauf eines Kalendermonats nach Eingang des Antrags.
(2) Die Vorschüsse sind auf die zustehende Leistung anzurechnen. Soweit sie diese übersteigen, sind sie vom Empfänger zu erstatten. § 50 Abs. 4 des Zehnten Buches gilt entsprechend.
(3) Für die Stundung, Niederschlagung und den Erlaß des Erstattungsanspruchs gilt § 76 Abs. 2 des Vierten Buches entsprechend.

§ 43 Vorläufige Leistungen (1) Besteht ein Anspruch auf Sozialleistungen und ist zwischen mehreren Leistungsträgern streitig, wer zur Leistung verpflichtet ist, kann der unter ihnen zuerst angegangene Leistungsträger vorläufig Leistungen erbringen, deren Umfang er nach pflichtgemäßem Ermessen bestimmt. Er hat Leistungen nach Satz 1 zu erbringen, wenn der Berechtigte es beantragt; die vorläufigen Leistungen beginnen spätestens nach Ablauf eines Kalendermonats nach Eingang des Antrags.
(2) Für die Leistungen nach Absatz 1 gilt § 42 Abs. 2 und 3 entsprechend. Ein Erstattungsanspruch gegen den Empfänger steht nur dem zur Leistung verpflichteten Leistungsträger zu.
(3) *(aufgehoben)*

§ 44 Verzinsung (1) Ansprüche auf Geldleistungen sind nach Ablauf eines Kalendermonats nach dem Eintritt ihrer Fälligkeit bis zum Ablauf des Kalendermonats vor der Zahlung mit vier vom Hundert zu verzinsen.

(2) Die Verzinsung beginnt frühestens nach Ablauf von sechs Kalendermonaten nach Eingang des vollständigen Leistungsantrags beim zuständigen Leistungsträger, beim Fehlen eines Antrags nach Ablauf eines Kalendermonats nach der Bekanntgabe der Einscheidung über die Leistung.
(3) Verzinst werden volle Euro-Beträge. Dabei ist der Kalendermonat mit dreißig Tagen zugrunde zu legen.

§ 45 Verjährung (1) Ansprüche auf Sozialleistungen verjähren in vier Jahren nach Ablauf des Kalenderjahrs, in dem sie entstanden sind.
(2) Für die Hemmung, die Ablaufhemmung, den Neubeginn und die Wirkung der Verjährung gelten die Vorschriften des Bürgerlichen Gesetzbuchs sinngemäß.
(3) Die Verjährung wird auch durch schriftlichen Antrag auf die Sozialleistung oder durch Erhebung eines Widerspruchs gehemmt. Die Hemmung endet sechs Monate nach Bekanntgabe der Entscheidung über den Antrag oder den Widerspruch.
(4) *(aufgehoben)*

§ 46 Verzicht (1) Auf Ansprüche auf Sozialleistungen kann durch schriftliche Erklärung gegenüber dem Leistungsträger verzichtet werden; der Verzicht kann jederzeit mit Wirkung für die Zukunft widerrufen werden.
(2) Der Verzicht ist unwirksam, soweit durch ihn andere Personen oder Leistungsträger belastet oder Rechtsvorschriften umgangen werden.

§ 47 Auszahlung von Geldleistungen (1) Soweit die besonderen Teile dieses Gesetzbuchs keine Regelung enthalten, sollen Geldleistungen kostenfrei auf ein Konto des Empfängers bei einem Geldinstitut, für das die Verordnung (EU) Nr. 260/2012 des Europäischen Parlaments und des Rates vom 14. März 2012 zur Festlegung der technischen Vorschriften und der Geschäftsanforderungen für Überweisungen und Lastschriften in Euro und zur Änderung der Verordnung (EG) Nr. 924/2009 (ABl. L 94 vom 30. 3. 2012, S. 22) gilt, überwiesen oder, wenn der Empfänger es verlangt, kostenfrei an seinen Wohnsitz innerhalb des Geltungsbereiches dieser Verordnung übermittelt werden.
(2) Bei Zahlungen außerhalb des Geltungsbereichs der in Absatz 1 genannten Verordnung trägt der Leistungsträger die Kosten bis zu dem von ihm mit der Zahlung beauftragten Geldinstitut.

§ 48 Auszahlung bei Verletzung der Unterhaltspflicht (1) Laufende Geldleistungen, die der Sicherung des Lebensunterhalts zu dienen bestimmt sind, können in angemessener Höhe an den Ehegatten, den Lebenspartner oder die Kinder des Leistungsberechtigten ausgezahlt werden, wenn er ihnen gegenüber seiner gesetzlichen Unterhaltspflicht nicht nachkommt. Kindergeld, Kinderzuschläge und vergleichbare Rentenbestandteile (Geldleistungen für Kinder) können an Kinder, die bei der Festsetzung der Geldleistungen berücksichtigt werden, bis zur Höhe des Betrages, der sich bei entsprechender Anwendung

des § 54 Abs. 5 Satz 2 ergibt, ausgezahlt werden. Für das Kindergeld gilt dies auch dann, wenn der Kindergeldberechtigte mangels Leistungsfähigkeit nicht unterhaltspflichtig ist oder nur Unterhalt in Höhe eines Betrages zu leisten braucht, der geringer ist als das für die Auszahlung in Betracht kommende Kindergeld. Die Auszahlung kann auch an die Person oder Stelle erfolgen, die dem Ehegatten, dem Lebenspartner oder den Kindern Unterhalt gewährt.
(2) Absatz 1 Satz 1, 2 und 4 gilt entsprechend, wenn unter Berücksichtigung von Kindern, denen gegenüber der Leistungsberechtigte nicht kraft Gesetzes unterhaltspflichtig ist, Geldleistungen erbracht werden und der Leistungsberechtigte diese Kinder nicht unterhält.

§ 49 Auszahlung bei Unterbringung (1) Ist ein Leistungsberechtigter auf Grund richterlicher Anordnung länger als einen Kalendermonat in einer Anstalt oder Einrichtung untergebracht, sind laufende Geldleistungen, die der Sicherung des Lebensunterhalts zu dienen bestimmt sind, an die Unterhaltsberechtigten auszuzahlen, soweit der Leistungsberechtigte kraft Gesetzes unterhaltspflichtig ist und er oder die Unterhaltsberechtigten es beantragen.
(2) Absatz 1 gilt entsprechend, wenn für Kinder, denen gegenüber der Leistungsberechtigte nicht kraft Gesetzes unterhaltspflichtig ist, Geldleistungen erbracht werden.
(3) § 48 Abs. 1 Satz 4 bleibt unberührt.

§ 50 Überleitung bei Unterbringung (1) Ist der Leistungsberechtigte untergebracht (§ 49 Abs. 1), kann die Stelle, der die Kosten der Unterbringung zur Last fallen, seine Ansprüche auf laufende Geldleistungen, die der Sicherung des Lebensunterhalts zu dienen bestimmt sind, durch schriftliche Anzeige an den zuständigen Leistungsträger auf sich überleiten.
(2) Die Anzeige bewirkt den Anspruchsübergang nur insoweit, als die Leistung nicht an Unterhaltsberechtigte oder die in § 49 Abs. 2 genannten Kinder zu zahlen ist, der Leistungsberechtigte die Kosten der Unterbringung zu erstatten hat und die Leistung auf den für die Erstattung maßgebenden Zeitraum entfällt.
(3) Die Absätze 1 und 2 gelten entsprechend, wenn für ein Kind (§ 56 Abs. 1 Satz 1 Nr. 2, Abs. 2), das untergebracht ist (§ 49 Abs. 1), ein Anspruch auf eine laufende Geldleistung besteht.

§ 51 Aufrechnung (1) Gegen Ansprüche auf Geldleistungen kann der zuständige Leistungsträger mit Ansprüchen gegen den Berechtigten aufrechnen, soweit die Ansprüche auf Geldleistungen nach § 54 Abs. 2 und 4 pfändbar sind.
(2) Mit Ansprüchen auf Erstattung zu Unrecht erbrachter Sozialleistungen und mit Beitragsansprüchen nach diesem Gesetzbuch kann der zuständige Leistungsträger gegen Ansprüche auf laufende Geldleistungen bis zu deren Hälfte aufrechnen; wenn der Leistungsberechtigte nicht nachweist, dass er dadurch hilfebedürftig im Sinne der Vorschriften des Zwölften Buches über die Hilfe zum Lebensunterhalt oder der Grundsicherung für Arbeitsuchende nach dem Zweiten Buch wird.

§ 52 Verrechnung Der für eine Geldleistung zuständige Leistungsträger kann mit Ermächtigung eines anderen Leistungsträgers dessen Ansprüche gegen den Berechtigten mit der ihm obliegenden Geldleistung verrechnen, soweit nach § 51 die Aufrechnung zulässig ist.

§ 53 Übertragung und Verpfändung (1) Ansprüche auf Dienst- und Sachleistungen können weder übertragen noch verpfändet werden.
(2) Ansprüche auf Geldleistungen können übertragen und verpfändet werden
1. zur Erfüllung oder zur Sicherung von Ansprüchen auf Rückzahlung von Darlehen und auf Erstattung von Aufwendungen, die im Vorgriff auf fällig gewordene Sozialleistungen zu einer angemessenen Lebensführung gegeben oder gemacht worden sind oder,
2. wenn der zuständige Leistungsträger feststellt, daß die Übertragung oder Verpfändung im wohlverstandenen Interesse des Berechtigten liegt.

(3) Ansprüche auf laufende Geldleistungen, die der Sicherung des Lebensunterhalts zu dienen bestimmt sind, können in anderen Fällen übertragen und verpfändet werden, soweit sie den für Arbeitseinkommen geltenden unpfändbaren Betrag übersteigen.
(4) Der Leistungsträger ist zur Auszahlung an den neuen Gläubiger nicht vor Ablauf des Monats verpflichtet, der dem Monat folgt, in dem er von der Übertragung oder Verpfändung Kenntnis erlangt hat.
(5) Eine Übertragung oder Verpfändung von Ansprüchen auf Geldleistungen steht einer Aufrechnung oder Verrechnung auch dann nicht entgegen, wenn der Leistungsträger beim Erwerb des Anspruchs von der Übertragung oder Verpfändung Kenntnis hatte.
(6) Soweit bei einer Übertragung oder Verpfändung Geldleistungen zu Unrecht erbracht worden sind, sind sowohl der Leistungsberechtigte als auch der neue Gläubiger als Gesamtschuldner dem Leistungsträger zur Erstattung des entsprechenden Betrages verpflichtet. Der Leistungsträger hat den Erstattungsanspruch durch Verwaltungsakt geltend zu machen.

§ 54 Pfändung (1) Ansprüche auf Dienst- und Sachleistungen können nicht gepfändet werden.
(2) Ansprüche auf einmalige Geldleistungen können nur gepfändet werden, soweit nach den Umständen des Falles, insbesondere nach den Einkommens- und Vermögensverhältnissen des Leistungsberechtigten, der Art des beizutreibenden Anspruchs sowie der Höhe und der Zweckbestimmung der Geldleistung, die Pfändung der Billigkeit entspricht.
(3) Unpfändbar sind Ansprüche auf
1. Elterngeld und Betreuungsgeld bis zur Höhe der nach § 10 des Bundeselterngeld- und Elternzeitgesetzes anrechnungsfreien Beträge sowie dem Erziehungsgeld vergleichbare Leistungen der Länder,
2. Mutterschaftsgeld nach § 19 Absatz 1 des Mutterschutzgesetzes, soweit das Mutterschaftsgeld nicht aus einer Teilzeitbeschäftigung während der Elternzeit herrührt, bis zur Höhe des Elterngeldes nach § 2 des Bundeseltern-

geld- und Elternzeitgesetzes, soweit es die anrechnungsfreien Beträge nach § 10 des Bundeselterngeld- und Elternzeitgesetzes nicht übersteigt,

2 a. Wohngeld, soweit nicht die Pfändung wegen Ansprüchen erfolgt, die Gegenstand der §§ 9 und 10 des Wohngeldgesetzes sind,

3. Geldleistungen, die dafür bestimmt sind, den durch einen Körper- oder Gesundheitsschaden bedingten Mehraufwand auszugleichen.

(4) Im Übrigen können Ansprüche auf laufende Geldleistungen wie Arbeitseinkommen gepfändet werden.

(5) Ein Anspruch des Leistungsberechtigten auf Geldleistungen für Kinder (§ 48 Abs. 1 Satz 2) kann nur wegen gesetzlicher Unterhaltsansprüche eines Kindes, das bei der Festsetzung der Geldleistungen berücksichtigt wird, gepfändet werden. Für die Höhe des pfändbaren Betrages bei Kindergeld gilt:

1. Gehört das unterhaltsberechtigte Kind zum Kreis der Kinder, für die dem Leistungsberechtigten Kindergeld gezahlt wird, so ist eine Pfändung bis zu dem Betrag möglich, der bei gleichmäßiger Verteilung des Kindergeldes auf jedes dieser Kinder entfällt. Ist das Kindergeld durch die Berücksichtigung eines weiteren Kindes erhöht, für das einer dritten Person Kindergeld oder dieser oder dem Leistungsberechtigten eine andere Geldleistung für Kinder zusteht, so bleibt der Erhöhungsbetrag bei der Bestimmung des pfändbaren Betrages des Kindergeldes nach Satz 1 außer Betracht.
2. Der Erhöhungsbetrag (Nummer 1 Satz 2) ist zugunsten jedes bei der Festsetzung des Kindergeldes berücksichtigten unterhaltsberechtigten Kindes zu dem Anteil pfändbar, der sich bei gleichmäßiger Verteilung auf alle Kinder, die bei der Festsetzung des Kindergeldes zugunsten des Leistungsberechtigten berücksichtigt werden, ergibt.

(6) In den Fällen der Absätze 2, 4 und 5 gilt § 53 Abs. 6 entsprechend.

§ 55 *(aufgehoben)*

§ 56 Sonderrechtsnachfolge (1) Fällige Ansprüche auf laufende Geldleistungen stehen beim Tod des Berechtigten nacheinander

1. dem Ehegatten,

1 a. dem Lebenspartner,

2. den Kindern,
3. den Eltern,
4. dem Haushaltsführer

zu, wenn diese mit dem Berechtigten zur Zeit seines Todes in einem gemeinsamen Haushalt gelebt haben oder von ihm wesentlich unterhalten worden sind. Mehreren Personen einer Gruppe stehen die Ansprüche zu gleichen Teilen zu.

(2) Als Kinder im Sinne des Absatzes 1 Satz 1 Nr. 2 gelten auch

1. Stiefkinder und Enkel, die in den Haushalt des Berechtigten aufgenommen sind,
2. Pflegekinder (Personen, die mit dem Berechtigten durch ein auf längere Dauer angelegtes Pflegeverhältnis mit häuslicher Gemeinschaft wie Kinder mit Eltern verbunden sind).

3. Geschwister des Berechtigten, die in seinen Haushalt aufgenommen worden sind.

(3) Als Eltern im Sinne des Absatzes 1 Satz 1 Nr. 3 gelten auch
1. sonstige Verwandte der geraden aufsteigenden Linie,
2. Stiefeltern,
3. Pflegeeltern (Personen, die den Berechtigten als Pflegekind aufgenommen haben).

(4) Haushaltsführer im Sinne des Absatzes 1 Satz 1 Nr. 4 ist derjenige Verwandte oder Verschwägerte, der an Stelle des verstorbenen oder geschiedenen oder an der Führung des Haushalts aus gesundheitlichen Gründen dauernd gehinderten Ehegatten oder Lebenspartners den Haushalt des Berechtigten mindestens ein Jahr lang vor dessen Tod geführt hat und von diesem überwiegend unterhalten worden ist.

§ 57 Verzicht und Haftung des Sonderrechtsnachfolgers (1) Der nach § 56 Berechtigte kann auf die Sonderrechtsnachfolge innerhalb von sechs Wochen nach ihrer Kenntnis durch schriftliche Erklärung gegenüber dem Leistungsträger verzichten. Verzichtet er innerhalb dieser Frist, gelten die Ansprüche als auf ihn nicht übergegangen. Sie stehen den Personen zu, die ohne den Verzichtenden nach § 56 berechtigt wären.

(2) Soweit Ansprüche auf den Sonderrechtsnachfolger übergegangen sind, haftet er für die nach diesem Gesetzbuch bestehenden Verbindlichkeiten des Verstorbenen gegenüber dem für die Ansprüche zuständigen Leistungsträger. Insoweit entfällt eine Haftung des Erben. Eine Aufrechnung und Verrechnung nach den §§ 51 und 52 ist ohne die dort genannten Beschränkungen der Höhe zulässig.

§ 58 Vererbung Soweit fällige Ansprüche auf Geldleistungen nicht nach den §§ 56 und 57 einem Sonderrechtsnachfolger zustehen, werden sie nach den Vorschriften des Bürgerlichen Gesetzbuchs vererbt. Der Fiskus als gesetzlicher Erbe kann die Ansprüche nicht geltend machen.

§ 59 Ausschluß der Rechtsnachfolge Ansprüche auf Dienst- und Sachleistungen erlöschen mit dem Tod des Berechtigten. Ansprüche auf Geldleistungen erlöschen nur, wenn sie im Zeitpunkt des Todes des Berechtigten weder festgestellt sind noch ein Verwaltungsverfahren über sie anhängig ist.

Dritter Titel – Mitwirkung des Leistungsberechtigten

§ 60 Angabe von Tatsachen (1) Wer Sozialleistungen beantragt oder erhält, hat
1. alle Tatsachen anzugeben, die für die Leistung erheblich sind, und auf Verlangen des zuständigen Leistungsträgers der Erteilung der erforderlichen Auskünfte durch Dritte zuzustimmen,
2. Änderungen in den Verhältnissen, die für die Leistung erheblich sind oder über die im Zusammenhang mit der Leistung Erklärungen abgegeben worden sind, unverzüglich mitzuteilen,

3. Beweismittel zu bezeichnen und auf Verlangen des zuständigen Leistungsträgers Beweisurkunden vorzulegen oder ihrer Vorlage zuzustimmen.

Satz 1 gilt entsprechend für denjenigen, der Leistungen zu erstatten hat.

(2) Soweit für die in Absatz 1 Satz 1 Nr. 1 und 2 genannten Angaben Vordrucke vorgesehen sind, sollen diese benutzt werden.

§ 61 Persönliches Erscheinen Wer Sozialleistungen beantragt oder erhält, soll auf Verlangen des zuständigen Leistungsträgers zur mündlichen Erörterung des Antrags oder zur Vornahme anderer für die Entscheidung über die Leistung notwendiger Maßnahmen persönlich erscheinen.

§ 62 Untersuchungen Wer Sozialleistungen beantragt oder erhält, soll sich auf Verlangen des zuständigen Leistungsträgers ärztlichen und psychologischen Untersuchungsmaßnahmen unterziehen, soweit diese für die Entscheidung über die Leistung erforderlich sind.

§ 63 Heilbehandlung Wer wegen Krankheit oder Behinderung Sozialleistungen beantragt oder erhält, soll sich auf Verlangen des zuständigen Leistungsträgers einer Heilbehandlung unterziehen, wenn zu erwarten ist, daß sie eine Besserung seines Gesundheitszustands herbeiführen oder eine Verschlechterung verhindern wird.

§ 64 Berufsfördernde Maßnahmen Wer wegen Minderung der Erwerbsfähigkeit, anerkannten Schädigungsfolgen oder wegen Arbeitslosigkeit Sozialleistungen beantragt oder erhält, soll auf Verlangen des zuständigen Leistungsträgers an Leistungen zur Teilhabe am Arbeitsleben teilnehmen, wenn bei angemessener Berücksichtigung seiner beruflichen Neigung und seiner Leistungsfähigkeit zu erwarten ist, daß sie seine Erwerbs- oder Vermittlungsfähigkeit auf Dauer fördern oder erhalten werden.

§ 65 Grenzen der Mitwirkung (1) Die Mitwirkungspflichten nach den §§ 60 bis 64 bestehen nicht, soweit

1. ihre Erfüllung nicht in einem angemessenen Verhältnis zu der in Anspruch genommenen Sozialleistung oder ihrer Erstattung steht oder
2. ihre Erfüllung dem Betroffenen aus einem wichtigen Grund nicht zugemutet werden kann oder
3. der Leistungsträger sich durch einen geringeren Aufwand als der Antragsteller oder Leistungsberechtigte die erforderlichen Kenntnisse selbst beschaffen kann.

(2) Behandlungen und Untersuchungen,

1. bei denen im Einzelfall ein Schaden für Leben oder Gesundheit nicht mit hoher Wahrscheinlichkeit ausgeschlossen werden kann,
2. die mit erheblichen Schmerzen verbunden sind oder
3. die einen erheblichen Eingriff in die körperliche Unversehrtheit bedeuten,

können abgelehnt werden.

(3) Angaben, die dem Antragsteller, dem Leistungsberechtigten oder ihnen nahestehende Personen (§ 383 Abs. 1 Nr. 1 bis 3 der Zivilprozeßordnung) die Gefahr zuziehen würden, wegen einer Straftat oder einer Ordnungswidrigkeit verfolgt zu werden, können verweigert werden.

§ 65 a Aufwendungsersatz (1) Wer einem Verlangen des zuständigen Leistungsträgers nach den §§ 61 oder 62 nachkommt, kann auf Antrag Ersatz seiner notwendigen Auslagen und seines Verdienstausfalls in angemessenem Umfang erhalten. Bei einem Verlangen des zuständigen Leistungsträgers nach § 61 sollen Aufwendungen nur in Härtefällen ersetzt werden.
(2) Absatz 1 gilt auch, wenn der zuständige Leistungsträger ein persönliches Erscheinen oder eine Untersuchung nachträglich als notwendig anerkennt.

§ 66 Folgen fehlender Mitwirkung (1) Kommt derjenige, der eine Sozialleistung beantragt oder erhält, seinen Mitwirkungspflichten nach den §§ 60 bis 62, 65 nicht nach und wird hierdurch die Aufklärung des Sachverhalts erheblich erschwert, kann der Leistungsträger ohne weitere Ermittlungen die Leistung bis zur Nachholung der Mitwirkung ganz oder teilweise versagen oder entziehen, soweit die Voraussetzungen der Leistung nicht nachgewiesen sind. Dies gilt entsprechend, wenn der Antragsteller oder Leistungsberechtigte in anderer Weise absichtlich die Aufklärung des Sachverhalts erheblich erschwert.
(2) Kommt derjenige, der eine Sozialleistung wegen Pflegebedürftigkeit, wegen Arbeitsunfähigkeit, wegen Gefährdung oder Minderung der Erwerbsfähigkeit, anerkannten Schädigungsfolgen oder wegen Arbeitslosigkeit beantragt oder erhält, seinen Mitwirkungspflichten nach den §§ 62 bis 65 nicht nach und ist unter Würdigung aller Umstände mit Wahrscheinlichkeit anzunehmen, daß deshalb die Fähigkeit zur selbständigen Lebensführung, die Arbeits-, Erwerbs- oder Vermittlungsfähigkeit beeinträchtigt oder nicht verbessert wird, kann der Leistungsträger die Leistung bis zur Nachholung der Mitwirkung ganz oder teilweise versagen oder entziehen.
(3) Sozialleistungen dürfen wegen fehlender Mitwirkung nur versagt oder entzogen werden, nachdem der Leistungsberechtigte auf diese Folge schriftlich hingewiesen worden ist und seiner Mitwirkungspflicht nicht innerhalb einer ihm gesetzten angemessenen Frist nachgekommen ist.

§ 67 Nachholung der Mitwirkung Wird die Mitwirkung nachgeholt und liegen die Leistungsvoraussetzungen vor, kann der Leistungsträger Sozialleistungen, die er nach § 66 versagt oder entzogen hat, nachträglich ganz oder teilweise erbringen.

Vierter Abschnitt – Übergangs- und Schlussvorschriften

§ 68 Besondere Teile dieses Gesetzbuches Bis zu ihrer Einordnung in dieses Gesetzbuch gelten die nachfolgenden Gesetze mit den zu ihrer Ergänzung und Änderung erlassenen Gesetzen als dessen besondere Teile:

1. das Bundesausbildungsförderungsgesetz,
2. *(aufgehoben)*
3. die Reichsversicherungsordnung,
4. das Gesetz über die Alterssicherung der Landwirte,
5. *(aufgehoben)*
6. das Zweite Gesetz über die Krankenversicherung der Landwirte,
7. das Bundesversorgungsgesetz, auch soweit andere Gesetze, insbesondere
   a) § 80 des Soldatenversorgungsgesetzes,
   b) § 59 Abs. 1 des Bundesgrenzschutzgesetzes,
   c) § 47 des Zivildienstgesetzes,
   d) § 60 des Infektionsschutzgesetzes,
   e) §§ 4 und 5 des Häftlingshilfegesetzes,
   f) § 1 des Opferentschädigungsgesetzes,
   g) §§ 21 und 22 des Strafrechtlichen Rehabilitierungsgesetzes,
   h) §§ 3 und 4 des Verwaltungsrechtlichen Rehabilitierungsgesetzes,

   die entsprechende Anwendung der Leistungsvorschriften des Bundesversorgungsgesetzes vorsehen,
8. das Gesetz über das Verwaltungsverfahren der Kriegsopferversorgung,
9. das Bundeskindergeldgesetz,
10. das Wohngeldgesetz,
11. *(weggefallen)*
12. das Adoptionsvermittlungsgesetz,
13. *(aufgehoben)*
14. das Unterhaltsvorschussgesetz,
15. der Erste, Zweite und Dritte Abschnitt des Bundeselterngeld- und Elternzeitgesetzes,
16. das Altersteilzeitgesetz,
17. der Fünfte Abschnitt des Schwangerschaftskonfliktgesetzes.
18. *(weggefallen)*

§ 69 Stadtstaaten-Klausel Die Senate der Länder Berlin, Bremen und Hamburg werden ermächtigt, die Vorschriften dieses Buches über die Zuständigkeit von Behörden dem besonderen Verwaltungsaufbau ihre Länder anzupassen.

§ 70 Überleitungsvorschrift zum Verjährungsrecht Artikel 229 § 6 Abs. 1 und 2 des Einführungsgesetzes zum Bürgerlichen Gesetzbuche gilt entsprechend bei der Anwendung des § 45 Abs. 2 und 3 in der seit dem 1. Januar 2002 geltenden Fassung.

§ 71 Überleitungsvorschrift zur Übertragung, Verpfändung und Pfändung § 53 Abs. 6 und § 54 Abs. 6 sind nur auf Geldleistungen anzuwenden, soweit diese nach dem 30. März 2005 ganz oder teilweise zu Unrecht erbracht werden.

30 II. Sozialgesetzbuch (SGB) Zweites Buch Grundsicherung für Arbeitsuchende

Einleitung

I. Entstehungsgeschichte

Als Reaktion auf die anhaltende Massenarbeitslosigkeit um die Jahrtausendwende verkündete Bundeskanzler *Schröder* im März 2003 die sog. Agenda 2010, mit der das System der sozialen Sicherung durch höhere Belastungen für die Arbeitnehmeranteile des Beitragsaufkommens und den Abbau von Sozialleistungen saniert werden sollte (außerdem wurde der arbeitsrechtliche Bestandsschutz wieder reduziert, s. Einl. I zum KSchG Nr. 25). Als einschneidendste Maßnahme wurde die Zusammenlegung der bisherigen Arbeitslosenhilfe mit der Sozialhilfe für arbeitsfähige Sozialhilfeempfänger auf Sozialhilfeniveau angekündigt. *Schröder* machte sich damit im Grundsatz einen Vorschlag der vom damaligen VW-Arbeitsdirektor *Peter Hartz* geleiteten Kommission zu Eigen (Kommissionsbericht: Moderne Dienstleistungen am Arbeitsmarkt, Bericht der Kommission, 2003). Da es sich bei der anschließenden gesetzlichen Umsetzung um das vierte auf Vorschläge dieser Kommission zurückzuführende Gesetz handelte, ging das Vorhaben unter der Bezeichnung »Hartz IV« in die Geschichte ein. Das Gesetz kam nach langwierigen Verhandlungen zwischen Regierung und Opposition im Vermittlungsausschuss zwischen Bund und Ländern Ende 2003 zustande (Art. 1 des Vierten Gesetzes für moderne Dienstleistungen am Arbeitsmarkt v. 24. 12. 2003, BGBl. I 2954, Entwurf: BT-Drs. 15/1516; vgl. *Brühl,* info also 04, 104; *Gabke,* AiB 04, 585; *Mrozynski,* ZFSH/SGB 04, 198; *Münder,* NJW 04, 3209; sozialpolitische Bilanz nach 5 Jahren: *Promberger,* WSI-Mitt. 09, 604 ff.; nach 10 Jahren: *Promberger/Ramos Lobato,* WSI-Mitt. 16, 325 ff.; *Adamy,* WSI-Mitt. 16, 390 ff.). Die Grundsicherung für Arbeitsuchende ist im SGB II geregelt, die Sozialhilfe im SGB XII (einschließlich der Grundsicherung im Alter und bei Erwerbsminderung; s. Nr. 30 XII). Die mit dem Gesetz verbundene Abschaffung der Arbeitslosenhilfe wurde durch das *BVerfG* (7. 12. 2010 – 1 BvR 2628/07, NZS 11, 699) gebilligt.

Das Gesetz wurde vielfältig geändert und reformiert, insbesondere hinsichtlich der gemeinsamen Durchführung durch Kommunen und Arbeitsagenturen in »Jobcentern« gemäß § 6 d (Gesetz zur Änderung des Grundgesetzes [Artikel 91 e] vom 21. 7. 2010, BGBl. I 944; zur verfassungsrechtlichen Problematik *BVerfG* 20. 12. 2007 – 2 BvR 2433, 2434/04, NZS 08, 198; *Wenner,* SozSich 08, 34) und hinsichtlich der Bedarfsbemessung (Gesetz zur Ermittlung von Regelbedarfen und zur Änderung des Zweiten und Zwölften Buches Sozialgesetzbuch vom 24. 3. 2011 (BGBl. I 453, Regierungsentwurf: BT-Drs. 17/3958; Bericht des Ausschusses für Arbeit und Soziales: BT-Drs. 17/4095; ferner Gesetz zur Ermittlung von

Regelbedarfen sowie zur Änderung des Zweiten und des Zwölften Buches Sozialgesetzbuch v. 22. 12. 2016, BGBl. I 3159, s. u. II 4). Zu den Einzelheiten der Entwicklung vgl. Einf. I zum SGB II in der 43. Aufl.

Eine umfassende Reform erfolgte durch das Neunte Gesetz zur Änderung des Zweiten Buches Sozialgesetzbuch – Rechtsvereinfachung – sowie zur vorübergehenden Aussetzung der Insolvenzantragspflicht v. 26. 7. 16 (BGBl. I 1824; Gesetzentwurf: BR-Drs. 66/16). Das Gesetz zielt auf erleichterte Rechtsanwendung und Transparenz für die Leistungsberechtigten. Neben vielfältigen formellen Rechtsänderungen seien erwähnt:

- Beratungspflicht gegenüber Leistungsberechtigten (§ 14 Abs. 2),
- neues Förderungsinstrument für schwer erreichbare junge Menschen in § 16 h SGB II,
- Verlängerung des Bewilligungszeitraums auf 12 Monate (§ 41),
- Rechtsgrundlage für eine vorläufige Leistungsgewährung in § 41 a,
- Erstreckung der Folgen mangelnder Mitwirkung nach § 66 SGB I in Bezug auf andere Sozialleistungen auf die Leistungsberechtigung nach dem SGB II, außer bei vorzeitiger Inanspruchnahme von Altersrenten (§ 5 Abs. 3 Satz 3 ff.).

Das Gesetz brachte nicht die von den Gewerkschaften erhofften Entschärfungen der Sanktionen (u. II 6) oder Leistungsverbesserungen (vgl. SOPOINFO 37/16, 1 f.).

Im Zuge des sog. Teilhabechancengesetzes (Zehntes Gesetz zur Änderung des Zweiten Buches Sozialgesetzbuch – Schaffung neuer Teilhabechancen für Langzeitarbeitslose auf dem allgemeinen und sozialen Arbeitsmarkt – Teilhabechancengesetz – 10. SGB II-ÄndG) v. 17. 12. 2018, BGBl. I 2583, Entwurf: BR-Drs. 366/18) soll arbeitsmarktfernen Langzeitarbeitslosen durch die Instrumente der Eingliederung von Langzeitarbeitslosen nach § 16 e und der Teilhabe am Arbeitsmarkt nach § 16 i im Wege von Entgeltzuschüssen an Arbeitgeber eine Rückkehr in den Arbeitsmarkt ermöglicht werden. Die Nachhaltigkeit soll durch beschäftigungsbegleitende Betreuung gewährleistet werden. Entsprechende Beschäftigungen sind in der Arbeitslosenversicherung nicht versicherungspflichtig. In sozialpolitischer Hinsicht werden diese Instrumente kritisch gesehen, weil sie letztlich wieder über eine Form des zweiten Arbeitsmarktes erfolgen sollen und auf einen Lohnkosten-Unterbietungswettbewerb hinauslaufen (vgl. *Künkler*, SozSich 18, 268).

Durch das Starke-Familien-Gesetz (Gesetz zur zielgenauen Stärkung von Familien und ihren Kindern durch die Neugestaltung des Kinderzuschlags und die Verbesserung der Leistungen für Bildung und Teilhabe v. 29. 4. 2019, BGBl. I 530; dazu *Künkler*, SozSich 19, 156 Entwurf: BT-Drs. 19/7504) wurden Leistungen des Bildungs- und Teilhabepakets (neben Erhöhung des Kinderzuschlags nach dem BKGG) neugestaltet. Durch Änderung des § 28 Abs. 3 wurde der Betrag für die Schulausstattung von 100 auf 150 € erhöht. Die Leistung wird künftig entsprechend der Regelbedarfsstufenfortschreibung angepasst. Zudem wurde der Teilhabebetrag nach § 28 Abs. 7 von 10 auf 15 € monatlich angehoben. Bestimmte Leistungen des Bildungs- und Teilhabepakets können künftig gesammelt für Schülerinnen und Schüler durch die Schule abgerechnet werden.

II. Wesentlicher Gesetzesinhalt

1. Konzeption

Der Kern der Vorschriften ist die Zusammenführung von Arbeitslosenhilfe und Sozialhilfe für Erwerbsfähige zur Grundsicherung für Arbeitsuchende (Übersicht 62). Konzeptionell schließt sie sich insbesondere an das Arbeitslosengeld (»Arbeitslosengeld I«) an, wenn dessen Bezugsdauer ausgelaufen ist und der Leistungsberechtigte weiterhin keine neue Beschäftigung gefunden hat. Sie wird – anders als die Sozialhilfe – nur auf Antrag erbracht (ein solcher ist nicht automatisch schon in einem Antrag auf Arbeitslosengeld nach dem SGB III enthalten, *BSG* 2.4.2014 – B 4 AS 29/13, NZS 14, 547). Im Mittelpunkt als laufende Leistung steht das Arbeitslosengeld II. Nicht erwerbsfähige Angehörige erhalten ein Sozialgeld (§ 19 Abs. 1 Satz 2). Beide Leistungen werden nach im Gesetz festgelegten Pauschalen erbracht, wobei Vermögen der Arbeitslosen angerechnet wird. Gleichzeitig sind unter dem Grundsatz »Fördern und Fordern« (Kap. 1) die Anforderungen zur Aufnahme einer Arbeit verschärft worden. Für Bezieher von Arbeitslosengeld II sind Arbeiten aller Art unabhängig von der Höhe der Bezahlung zumutbar. Wer Arbeitslosengeld II bzw. Sozialgeld bezieht, hat keinen Anspruch auf Sozialhilfe.

2. Leistungsvoraussetzungen

Das Arbeitslosengeld II wird an in Deutschland lebende Personen zwischen 15 und 65 Jahren (schrittweise Anhebung auf bis zu 67 Jahren nach § 7 a) gewährt, die erwerbsfähig, aber hilfsbedürftig sind (§ 7 Abs. 1). In Reaktion auf die Rechtsprechung des *BSG* (insb. 3.12.2015 – B 4 AS 44/15 R, NZS 16, 513; 20.1.2016 – B 14 AS 35/15 R, NZS 16, 552), die in Übereinstimmung mit Entscheidungen des *EuGH* (11.11.2014 – C-333/13, NZS 15, 20 – Dano; 15.9.2015 – C-67/14, NZS 15, 784 – Alimanovic) Leistungsausschlüsse für nicht freizügigkeitsberechtigte EU-Ausländer annahm, aber im Einzelfall Ansprüche auf Hilfe zum Lebensunterhalt nach dem SGB XII anerkannte, wurden durch das Gesetz vom 22.12.2016 (vgl. o. I) die Leistungsberechtigung im Wesentlichen auf Deutsche, freizügigkeitsberechtigte EU-Ausländer sowie aufenthaltsberechtigte Ausländer beschränkt und für nicht Leistungsberechtigte stattdessen einmonatige Überbrückungsleistungen nach dem SGB XII bis zur Ausreise eingeführt. Danach leistungsberechtigte Ausländer müssen zur Aufnahme einer Arbeit berechtigt sein (§ 8 Abs. 2).
Die Erwerbsfähigkeit wird definiert in § 8 Abs. 1: Sie besteht, wenn eine Person nicht durch Krankheit oder Behinderung auf absehbare Zeit gehindert ist, unter den üblichen Bedingungen des Arbeitsmarktes eine Arbeit von mindestens drei Stunden täglich auszuüben. Die Entscheidung über das Bestehen der Erwerbsfähigkeit trifft die Bundesagentur für Arbeit (§ 44 a).

3. Anrechnung von Einkommen und Vermögen

Leistungen der Grundsicherung werden nur erbracht, wenn eine Person hilfebedürftig ist, also über kein anderes Einkommen oder Vermögen verfügt (zur Rechtslage nach dem Regelbedarfsermittlungsgesetz vom 24.3.11 [oben I] vgl. *Geiger*, info also 11, 106). Als Einkommen gelten alle Einkünfte, auch solche aus den meisten anderen Sozialleistungen. Das bedeutet insbesondere, dass für die Dauer des Bezugs von Arbeitslosengeld dieses vorgeht. § 11 legt fest, welche Einkommen zu berücksichtigen, § 11 a, welche nicht zu berücksichtigen sind, und § 11 b, welche Aufwendungen abgesetzt werden können (vor allem zur Altersversorgung). Mit dem Siebten Gesetz zur Änderung des Dritten Buches Sozialgesetzbuch und anderer Gesetze vom 8.4.2008 (BGBl. I 681) wurde § 12 a eingefügt, wonach auch andere Sozialleistungen als vorrangiges Einkommen einzusetzen sind. Bei vorgezogenen Altersrenten gilt dies aber nach Satz 2 der Vorschrift nur ab Vollendung des 63. Lebensjahres. Bei der Anrechnung des Vermögens nach § 12 ist ein nach dem Alter gestaffelter Freibetrag von mindestens 3100 und höchstens 10050 Euro für den Hilfsbedürftigen und seinen Partner abzusetzen (§ 12 Abs. 2). Von der Anrechnung ausgenommen sind in angemessenem Umfang Gegenstände des persönlichen Bedarfs, z. B. Hausrat, PKW, selbst genutztes Haus und Lebensversicherungen für nicht in der gesetzlichen Rentenversicherung Versicherte (§ 12 Abs. 3). Bei Personen, die in einer Bedarfsgemeinschaft leben, sind auch Einkommen und Vermögen des Partners zu berücksichtigen (§ 9 Abs. 2). Diese Regelung ist verfassungsgemäß (*BVerfG* 27.7.2016 – 1 BvR 371/11, NJW 16, 3774; zur Beendigung einer Bedarfsgemeinschaft unter Lebenspartnern, die nicht miteinander verheiratet sind, *BSG* 12.10.2016 – B 4 AS 60/15 R, NZS 17, 233). Weitere Einzelheiten sind in der ALG II-V (Nr. 30 II a) geregelt.

4. Leistungshöhe

Das Arbeitslosengeld II wird als Regelbedarf erbracht, der zur Bestreitung des Lebensunterhalts ausreichen soll (§ 20). Er betrug nach Gesetzesänderung am 24.3.2006 (BGBl. I 558) im Ausgang bundeseinheitlich 345 Euro, war aber nach § 20 Abs. 4 a. F. jährlich entsprechend der Änderung des Rentenwertes anzupassen und betrug zuletzt 359 Euro (Bekanntmachung vom 7.10.2010, BGBl. I 820). Dazu hatte das *BVerfG* (9.2.2010 – 1 BvL 1/09, NJW 10, 505) u. a. auf Vorlage des *BSG* (27.1.2009 – B 14 AS 5/08, NZS 10, 53 [Leitsatz]) festgestellt, dass der Einzelne aus Art. 1 Abs. 1 i. V. m. dem Sozialstaatsprinzip des Art. 20 Abs. 1 GG ein Grundrecht auf Gewährleistung eines menschenwürdigen Existenzminimums habe (sog. soziokulturelles Existenzminimum; dazu *Schnath*, NZS 10, 297; *Seiler*, JZ 10, 500; s. bereits *Däubler*, NZS 05, 225). Bei dessen Konkretisierung und Aktualisierung habe der Gesetzgeber zwar einen Gestaltungsspielraum. Er habe dabei aber alle existenznotwendigen Aufwendungen in einem transparenten und sachgerechten Verfahren realitätsgerecht und nachvollziehbar auf Grundlage verlässlicher Zahlen und schlüssiger Berechnungsverfahren zu bemessen. Dem sei die bisherige Regelbedarfsermittlung nicht gerecht geworden. Darüber hinaus hat das Gericht einen Anspruch auf Gewährleistung eines unabweisbaren laufenden Bedarfs herausgearbeitet, der durch Leistungen nach dem SGB II nicht abgedeckt sei (*BVerfG* 9.2.2010 – 1 BvL 1/09, NJW 10, 505, 517; einfachgesetzliche Grundlage dafür durch Gesetz vom 27.5.2010, BGBl. I 671, nachträglich geschaffen; s. § 21 Abs. 6). Der Bundestag hat darauf das o. g. Gesetz vom 24.3.2011 erlassen (s. I). Damit wurde u. a. § 21 Abs. 6 SGB II über unabweisbare Mehrbedarfe geschaffen (dazu *Knickrehm*, SR 11, 45 ff.). Der Regelbedarf eines Alleinstehenden wurde auf zunächst 364 Euro festgesetzt (§ 20 Abs. 2); Kritik am Gesetzentwurf wurde vor allem in Hinblick auf die Einzelheiten der Bedarfsermittlung geübt. Entsprechend wurde die Verfassungsmäßigkeit der Regelbedarfe kontrovers diskutiert (vgl. einerseits krit.: *Bayerisches LSG* 20.8.2011 – L 16 AS 305/11 NZB, NZS 11, 916; *Rothkegel*, ZfSH/SGB 11, 69; *I. Becker*, SozSich Extra 11, 7 ; *Münder*, SozSich Extra 11, 63; zurückhaltend: *Palsherm*, SozSich 11, 63; andererseits: *BSG* 12.7.2012 – B 14 AS 153/11 R, NZS 13, 108; *BSG* 28.3.2013 – B 4 AS 12/12 R, ZfSH/SGB 13, 412; *Groth*, NZS 11, 571). Das *BVerfG* (23.7.2014 – 1 BvL 10/12, 1 BvL 12/12, 1 BvR 1691/13, NJW 14, 3425) konnte keine grundsätzlichen Bedenken gegen die Bedarfsermittlung erkennen, auch nicht im Hinblick darauf, dass nach statistischen Methoden der Bedarf ermittelt wird, nachträglich aber im Sinne eines Warenkorbmodells einzelne Positionen wieder herausgerechnet werden. Das Gericht weist aber darauf hin, dass gegebenenfalls ergänzende statistische Erhebungen geboten sind. Es verlangt die Sicherstellung, dass eine Unterdeckung des Lebensbedarfs ausgeschlossen ist, was gegebenenfalls durch die Gerichte gewährleistet werden muss.

Neuerungen waren neben der neuen Bedarfsberechnung eine Satzungsermächtigung in Bezug auf Leistungen für Unterkunft und Heizung (§ 22 a) sowie die besondere Regelung zu Bedarfen für Bildung und Teilhabe von Kindern, Jugendlichen und jungen Erwachsenen (§§ 28 ff.) mit der besonders umstrittenen Gutschein- und Direktzahlungslösung (§ 29). Das *BVerfG* (9.2.2010 – 1 BvL 1/09, NJW 10, 505, 514) hatte in diesem Zusammenhang nachdrücklich darauf hingewiesen, dass die zusätzlichen Bildungsbedarfe schulpflichtiger Kinder zur Vermeidung eines Ausschlusses von Lebenschancen gewährleistet sein müssten. Der bisherige befristete Zuschlag im Anschluss an den Bezug von Arbeitslosengeld gemäß § 24 a. F. (s. dazu bis 35. Aufl.) ist entfallen (vgl. o. I).

Durch die jüngsten Neuregelungen zum Regelbedarf v. 22.12.2016 (s. o. I) ergibt sich eine Kopplung der Regelbedarfsstufen nach dem SGB II und dem SGB XII, die jeweils nach dem Regelbedarfsermittlungsgesetz (RBEG) ermittelt werden. Die Regelbedarfsstufe 1, die den Bedarf einer erwachsenen Person ohne Kosten der Unterkunft und Heizung abbildet, beträgt ab 1.1.2020 gemäß § 8 Abs. 1 RBEG i. V. m. der Regelbedarfsstufen-Fortschreibungsverordnung 2020 (RBSFV 2020 v. 15.10.2019, BGBl. I 1452) monatlich 432 Euro. Kosten der Unterkunft und Heizung (KdU) werden gemäß §§ 22 ff. nach tatsächlichem Aufwand in der Grenzen der Angemessenheit erbracht. Das ist verfassungsgemäß (*BVerfG* 10.10.2017 – 1 BvR 617/14, NJW 17, 3770).

5. Grundsatz des »Förderns«

In der Eingangsvorschrift zum Grundsatz des »Förderns« (§ 14 Abs. 1) wird im Wesentlichen die Vermittlungsaufgabe der Bundesagentur für Arbeit beschrieben. Dazu verweist das SGB II in weiten Teilen auf die Leistungen nach dem SGB III. Mit dem Gesetz zur Neuausrichtung der arbeitsmarktpolitischen Instrumente vom 21.12.2008 (BGBl. I 2917) wurden in §§ 16 a ff. zusätzliche Eingliederungsleistungen geregelt. Darüber hinaus ist in § 16 f eine freie Förderung vorgesehen, mit der die Arbeitsagentur mit bis zu 20 % der Eingliederungsmittel (§ 46 Abs. 2

Satz 3) die gesetzlichen Leistungen ergänzen kann. § 16 h sieht Leistungen zur Förderung schwer erreichbarer junger Menschen vor. Durch das Rechtsvereinfachungsgesetz (s. o. I) wurde in § 14 Abs. 2 eine ausdrückliche Beratungspflicht gegenüber den Leistungsberechtigten installiert.
Mit dem Hilfebedürftigen soll eine Eingliederungsvereinbarung geschlossen werden, die die wechselseitig gebotenen Bemühungen beschreibt (§ 15 Abs. 2). Werden darin bestimmte Eigenbemühungen des Leistungsberechtigten gefordert, müssen auch konkrete und bestimmte Unterstützungsleistungen des Jobcenters vorgesehen sein (*BSG* 23. 6. 2016 – B 14 AS 30/15 R, SGb 17, 415).
Im Gewande der »Schaffung von Arbeitsgelegenheiten« können Leistungsempfängern im öffentlichen Interesse liegende zusätzliche Arbeiten vermittelt werden (§ 16 d). Für solche Arbeiten wird kein Arbeitsverhältnis begründet; arbeitsrechtliche Vorschriften gelten nur rudimentär (Arbeitsschutz, Urlaub, Arbeitnehmerhaftung). Das gilt auch, wenn die gesetzlichen Zulässigkeitsvoraussetzungen nicht eingehalten wurden (*BAG* 20. 2. 2008 – 5 AZR 290/07, DB 08, 1159). Im Falle einer rechtswidrigen Arbeitsgelegenheit kommt aber ein Erstattungsanspruch in Höhe des Wertes der Arbeitsleistung gegen den Grundsicherungsträger abzüglich der erhaltenen Leistungen nach dem SGB II in Betracht (13. 4. 2011 – B 14 AS 98/10 R, *BSGE* 108, 116). Der Rechtsweg ist zu den Sozialgerichten und nicht zu den Arbeitsgerichten eröffnet (*BAG* 8. 11. 2006 – 5 AZR 36/06, NZA 07, 53; 17. 1. 2007 – 5 AZB 43/06, NZA 07, 644). Es kann eine angemessene Entschädigung für Mehraufwendungen vereinbart werden. Diese Möglichkeit wird inzwischen für sog. Ein-Euro-Jobs genutzt, d. h. Tätigkeiten, für die Empfänger des Arbeitslosengeldes II einen Euro pro Stunde hinzuverdienen (*Stähle*, AiB 05, 70; *Zwanziger*, AuR 05, 8). Da es sich rechtlich aber nicht um Arbeitsentgelt handelt, kann der Hilfebedürftige keine zusätzlichen Fahrtkosten verlangen, wenn diese aus der Mehraufwandsentschädigung getragen werden können (*BSG* 13. 11. 2008 – B 14 AS 66/07, NJW 09, 2478). Dabei besteht die Gefahr, dass in Wahrheit keine »zusätzlichen« Arbeiten angeboten werden, sondern Tätigkeiten, die vorher von regulären Arbeitskräften verrichtet wurden und für die jetzt bei knappen Kassen kein Geld mehr vorhanden ist. So praktiziert, ist die Neuregelung ein Angriff auf die Tarifautonomie der dort tätigen Gewerkschaften und verstößt damit möglicherweise gegen Art. 9 Abs. 3 GG. Kritik wurde zudem seitens des Bundesrechnungshofs geübt, da die geförderten Arbeitsgelegenheiten in der Mehrzahl der Fälle nicht geeignet waren, die Arbeitsmarktchancen zu erhöhen (vgl. »Rechnungshof kritisiert Ein-Euro-Jobs«, SZ v. 17. 11. 10, S. 17). Mit dem Eingliederungschancengesetz (vgl. o. I) wurden die Voraussetzungen solcher Arbeitsgelegenheiten insb. mit Blick auf die Zusätzlichkeit und Wettbewerbsneutralität präzisiert. Letzteres konterkariert freilich eher die Zielsetzung einer Steigerung der Eingliederungsfähigkeit (vgl. Stellungnahme des Deutschen Vereins, NDV 11, 343).
Reguläre Beschäftigungsverhältnisse mit zuvor Langzeitarbeitslosen mit mind. zwei weiteren Vermittlungshemmnissen können durch Lohnzuschüsse bis zu 75 % gemäß § 16 e gefördert werden.

6. Grundsatz des »Forderns«

Kernbestandteil des SGB II ist unter der Überschrift des »Forderns« die Verpflichtung des Arbeitslosen, sich nach Kräften selbst um eine neue Arbeit zu bemühen und – das ist das substantiell Neue – jede Arbeit ohne Rücksicht auf die Höhe des Entgelts bzw. ungünstigere Arbeitsbedingungen, die vorherige berufliche Qualifikation und den Wohnort anzunehmen (§ 10 Abs. 2). Nur wenige Ausnahmen werden gemacht (§ 10 Abs. 1):

1. Der Arbeitslose ist dazu körperlich, geistig oder seelisch nicht in der Lage,
2. wegen körperlicher Überbeanspruchung ist die Rückkehr in die frühere Tätigkeit gefährdet,
3. die Kindererziehung ist gefährdet,
4. die Arbeit ist mit der Pflege eines Angehörigen unvereinbar oder
5. es besteht ein sonstiger (vergleichbarer) wichtiger Grund.

Weigert sich ein Leistungsempfänger ohne Vorliegen eines wichtigen Grundes, Verpflichtungen aus einer Eingliederungsvereinbarung zu erfüllen oder nimmt er insbesondere eine zumutbare Arbeit nicht an bzw. verweigert er sich einer Eingliederungsmaßnahme, wird das Arbeitslosengeld II zunächst gekürzt und fällt im zweiten Wiederholungsfalle sogar ganz weg (§ 31 a). Der Leistungsträger kann auch zu Sach- anstelle von Geldleistungen übergehen (§ 31 a Abs. 3). Auf Vorlage des *SG Gotha* (2. 8. 2016 – S 15 AS 5157/14), hat das *BVerfG* (5. 11. 2019 – 1 BvL 7/16, NJW 19, 3703; dazu *Greiser/Susnjar*, NJW 19, 3683; *Schifferdecker/Brehm*, NZS 20, 1; *Schwarz/Vogt*, NDV 19, 529) entschieden, dass die derzeitigen Sanktionsregelungen der §§ 31 ff. SGB II insoweit verfassungswidrig sind, als sie

- über 30 % des Regelbedarfs hinausgehen können,
- zwingend zu einer Leistungsminderung für 3 Monate führen und
- keine Ausnahmen für außergewöhnliche Härtefälle vorsehen.

Bis zu einer gesetzlichen Neuregelung müssen die Behörden das Sanktionenrecht mit entsprechenden Einschränkungen anwenden.

III. Anwendungsprobleme und rechtspolitische Diskussion

Die Zahl der Bezieher von Arbeitslosengeld II ist wesentlich höher ausgefallen, als man bei der Planung des SGB II dachte: mit Einsetzen der Finanz- und Wirtschaftskrise 2008 waren es rund 5,45 Mio. Leistungsempfänger. Infolge der Änderungen der Regelbedarfe nach der Entscheidung des *BVerfG* (vgl. o. I und II 4) erwartete die Bundesregierung außerdem Mehrkosten von jährlich mehr als 1 Milliarde Euro (BR-Drs. 661/10, S. 82 ff.).

64 % aller arbeitslosen Leistungsbezieher beziehen Leistungen nach dem SGB II, während nur 36 % Arbeitslosengeld nach dem SGB III beziehen (Monatsbericht der BA, Sept. 19, S. 12 f.). Problematisch ist, dass fast jeder zweite Arbeitslosengeld II-Bezieher, der Arbeit aufnimmt, dadurch nicht dauerhaft von Leistungen unabhängig wird, da die Beschäftigungsverhältnisse oft instabil und/oder gering entlohnt sind (vgl. IAB-Kurzbericht 14/11). Demgegenüber ließ sich letztlich nicht empirisch bestätigen, dass das SGB II durch das Konzept des Forderns eine Reserve »Arbeitsunwilliger« zur Aufnahme einer Beschäftigung gebracht hätte – entweder existierte das Problem gar nicht oder das SGB II konnte dieses nicht lösen (vgl. *Fehr/*

Vobruba, WSI-Mitt. 11, 211). Diejenigen, die eine Erwerbstätigkeit aufnehmen, sind zu 40 % nach einem Jahr erneut hilfebedürftig (Böckler impuls 5/09, S. 6). Zudem findet mehr als die Hälfte derjenigen, die in Beschäftigung gelangen, lediglich einen Mini-Job (iwd 36/09, S. 6). Ob die seit einigen Jahren zu beobachtende Erholung des Arbeitsmarktes auf der Neukonzeption des SGB II beruht, ist umstr. (vgl. *Niemeier*, WSI-Mitt. 10, 320; *Knuth*, SozSich 14, 435). Eine Untersuchung für Unter-25-Jährige führte immerhin zu dem Ergebnis, dass Sanktionen häufig zur Beschäftigungsaufnahme bewegen (*van den Berg/Uhlendorff/Wolff*, IAB-Kurzbericht 5/17). Allerdings war dies oftmals mit materiellen Einbußen verbunden und führte häufig auch zum kurzfristigen (Wieder-)Abgang aus der Beschäftigung.

Eine erste Evaluation der »1-Euro-Jobs« fiel ernüchternd aus. Die arbeitsmarktpolitischen Erfolge stehen außer Verhältnis zu den damit verbundenen Kosten (iwd 12/07, S. 7).

Nach wie vor ungeklärt ist, auf welchem Weg dem alarmierenden Befund zu begegnen ist, dass es in nennenswertem Maße Arbeitnehmer gibt, die auf ergänzendes Arbeitslosengeld II angewiesen sind. 29 % aller Leistungsbezieher sind sog. Aufstocker – zwar sind rund 40 % von ihnen geringfügig Beschäftigte, auf der anderen Seite sind aber auch 25 % der »Aufstocker« voll erwerbstätig (IAB- Kurzbericht 14/13). In der Sache bedeutet dies, dass Lohnsubventionen über Grundsicherungsleistungen erfolgen. Die jüngste positive Entwicklung am Arbeitsmarkt ist gerade bei dieser Gruppe von Arbeitnehmern nicht angekommen, die Zahl der Arbeitnehmer in ergänzendem Leistungsbezug hat nicht im gleichen Maße abgenommen wie die Zahl der Grundsicherungsbezieher insgesamt, sondern ist sogar gestiegen (vgl. IAB- Kurzbericht 14/13).

Im Rahmen des Zukunftsdialogs »Neue Arbeit – Neue Sicherheit« hat das BMAS die Planung eines Reformpaketes Grundsicherung vorgestellt, mit dem unter anderem die Prüfung der Angemessenheit der Wohnung in den ersten zwei Jahren des Grundsicherungsbezuges entfallen soll. Außerdem sollen Sanktionen teilweise entfallen.

Weiterführende Literatur

Handbücher und Kommentare

Eicher/Luik (Hrsg.), SGB II, 4. Aufl. (2017)
Gagel, SGB II/SGB III (Loseblatt)
Groth/Luik/Siebel-Huffmann, Das neue Grundsicherungsrecht (2011)
Hauck/Noftz, SGB II (Loseblatt)
Münder (Hrsg.), SGB II, 6. Aufl. (2017)
Steck/Kossens, Hartz IV-Reform 2011 (2011)

Aufsätze

Bieback, Probleme des SGB II, NZA 2005, S. 337
Feldhoff, »Nicht jede Arbeit ist zumutbar« – Lohnwucher als Zumutbarkeitsgrenze im SGB II, SGb 2006, S. 701

Groth/Siebel-Huffmann, Das neue SGB II, NJW 2011, S. 1105
Hohmeyer/Lietzmann, Langzeitleistungsbezug und -arbeitslosigkeit: Struktur, Entwicklung und Wirkung arbeitsmarktpolitischer Maßnahmen, IAB, Aktueller Bericht 8/16
Rudolph, »Aufstocker«: Folge der Arbeitsmarktreformen?, WSI-Mitt. 2014, S. 207
Schnath, Das neue Grundrecht auf Gewährleistung eines menschenwürdigen Existenzminimums, NZS 2010, S. 297
Schüssler/Becker, Wie ein gesetzlicher Mindestlohn den Regelbedarf erhöht, SozSich 2014, S. 102
Straßfeld, Neuregelungen im SGB II, SGB 2011, S. 436 und S. 499

Übersicht 62: Grundsicherung für Arbeitsuchende

Berechtigung für Grundsicherung (§§ 7, 7a)

- 15 bis höchstens zur Altersgrenze nach § 7a
- gewöhnlicher Aufenthalt in Deutschland
- Personen in Bedarfsgemeinschaft

Erwerbsfähigkeit (§ 8)

- Fähigkeit zur Erwerbstätigkeit unter den üblichen Bedingungen des Arbeitsmarktes für mindestens 3 Stunden auf absehbare Zeit
- außer: wegen Krankheit oder Behinderung

Hilfebedürftigkeit (§ 9)

Unfähigkeit zur Sicherung des Lebensunterhalts und der Eingliederung in Arbeit
keine Hilfebedürftigkeit:

- zumutbare Arbeit (§ 10)
- laufendes Einkommen (§§ 11 ff.) auch des Partners
- Vermögen (§ 12) auch des Partners
- Sozialleistungen (§ 12a) vor allem zunächst Arbeitslosengeld

(aktive) Leistungen zur Eingliederung in Arbeit

- allgemeine Leistungen der BA (§ 16)
- weitere Leistungen (§§ 16a ff.)
- freie Förderung (§ 16 f)
- Arbeitsgelegenheiten (»Ein-Euro-Jobs«) (§ 16 d)
- dazu: Bemühungen des Arbeitslosen (Arbeitssuche, § 38 SGB III)

(passive) Leistungen zur Sicherung des Lebensunterhalts

Arbeitslosengeld II (§ 19)

- Regelbedarf zur Sicherung des Lebensunterhalts monatlich für Alleinstehende (§ 21)
- Leistungen für Mehrbedarf beim Lebensunterhalt (§ 21)
- Leistungen für Unterkunft und Heizung (§ 22)
- unabweisbarer laufender Bedarf (§ 21 VI)
- zusätzl. Leistung für Bildung und Teilhabe (§ 28 f)
- Leistungen bei medizinischer Reha in der Rentenversicherung und Verletztengeld in der Unfallversicherung (§ 25)
- Zuschuss bei Befreiung von Versicherungspflicht (§ 26)

Sozialgeld (§ 23)

Leistungen für Mitglieder einer Bedarfsgemeinschaft

Absenkung und Wegfall des Arbeitslosengeldes II (§ 31)

jeweils in Stufen beim Fehlen eines wichtigen Grundes im Falle von

- fehlenden Eigenbemühungen um Arbeit
- Verweigerung zumutbarer Arbeit, Ausbildung; Arbeitsgelegenheit, insbesondere nach § 16 d (»Ein-Euro-Job«) oder Eingliederungsmaßnahme

Sozialgesetzbuch (SGB) Zweites Buch Grundsicherung für Arbeitsuchende

vom 13. Mai 2011 (BGBl. I 850),
zuletzt geändert durch Gesetz vom 14. Dezember 2019 (BGBl. I 2789)
(Abgedruckte Vorschriften: §§ 1–6 a, 7–44 b, 56–64, 78)

Kapitel 1 – Fördern und Fordern

§ 1 Aufgabe und Ziel der Grundsicherung für Arbeitsuchende (1) Die Grundsicherung für Arbeitsuchende soll es Leistungsberechtigten ermöglichen, ein Leben zu führen, das der Würde des Menschen entspricht.

(2) Die Grundsicherung für Arbeitsuchende soll die Eigenverantwortung von erwerbsfähigen Leistungsberechtigten und Personen, die mit ihnen in einer Bedarfsgemeinschaft leben, stärken und dazu beitragen, dass sie ihren Lebensunterhalt unabhängig von der Grundsicherung aus eigenen Mitteln und Kräften bestreiten können. Sie soll erwerbsfähige Leistungsberechtigte bei der Aufnahme oder Beibehaltung einer Erwerbstätigkeit unterstützen und den Lebensunterhalt sichern, soweit sie ihn nicht auf andere Weise bestreiten können. Die Gleichstellung von Männern und Frauen ist als durchgängiges Prinzip zu verfolgen. Die Leistungen der Grundsicherung sind insbesondere darauf auszurichten, dass

1. durch eine Erwerbstätigkeit Hilfebedürftigkeit vermieden oder beseitigt, die Dauer der Hilfebedürftigkeit verkürzt oder der Umfang der Hilfebedürftigkeit verringert wird,
2. die Erwerbsfähigkeit einer leistungsberechtigten Person erhalten, verbessert oder wieder hergestellt wird,
3. geschlechtsspezifischen Nachteilen von erwerbsfähigen Leistungsberechtigten entgegengewirkt wird,
4. die familienspezifischen Lebensverhältnisse von erwerbsfähigen Leistungsberechtigten, die Kinder erziehen oder pflegebedürftige Angehörige betreuen, berücksichtigt werden,
5. behindertenspezifische Nachteile überwunden werden,
6. Anreize zur Aufnahme und Ausübung einer Erwerbstätigkeit geschaffen und aufrechterhalten werden.

(3) Die Grundsicherung für Arbeitsuchende umfasst Leistungen zur

1. Beratung,
2. Beendigung oder Verringerung der Hilfebedürftigkeit insbesondere durch Eingliederung in Ausbildung oder Arbeit und
3. Sicherung des Lebensunterhalts.

§ 2 Grundsatz des Forderns (1) Erwerbsfähige Leistungsberechtigte und die mit ihnen in einer Bedarfsgemeinschaft lebenden Personen müssen alle Möglichkeiten zur Beendigung oder Verringerung ihrer Hilfebedürftigkeit ausschöpfen. Eine erwerbsfähige leistungsberechtigte Person muss aktiv an allen Maßnahmen zu ihrer Eingliederung in Arbeit mitwirken, insbesondere eine Eingliederungsvereinbarung abschließen. Wenn eine Erwerbstätigkeit auf dem allgemeinen Arbeitsmarkt in absehbarer Zeit nicht möglich ist, hat die erwerbsfähige leistungsberechtigte Person eine ihr angebotene zumutbare Arbeitsgelegenheit zu übernehmen.
(2) Erwerbsfähige Leistungsberechtigte und die mit ihnen in einer Bedarfsgemeinschaft lebenden Personen haben in eigener Verantwortung alle Möglichkeiten zu nutzen, ihren Lebensunterhalt aus eigenen Mitteln und Kräften zu bestreiten. Erwerbsfähige Leistungsberechtigte müssen ihre Arbeitskraft zur Beschaffung des Lebensunterhalts für sich und die mit ihnen in einer Bedarfsgemeinschaft lebenden Personen einsetzen.

§ 3 Leistungsgrundsätze (1) Leistungen zur Eingliederung in Arbeit können erbracht werden, soweit sie zur Vermeidung oder Beseitigung, Verkürzung oder Verminderung der Hilfebedürftigkeit für die Eingliederung erforderlich sind. Bei den Leistungen zur Eingliederung in Arbeit sind
1. die Eignung,
2. die individuelle Lebenssituation, insbesondere die familiäre Situation,
3. die voraussichtliche Dauer der Hilfebedürftigkeit und
4. die Dauerhaftigkeit der Eingliederung

der erwerbsfähigen Leistungsberechtigten zu berücksichtigen. Vorrangig sollen Maßnahmen eingesetzt werden, die die unmittelbare Aufnahme einer Erwerbstätigkeit ermöglichen. Bei der Leistungserbringung sind die Grundsätze von Wirtschaftlichkeit und Sparsamkeit zu beachten.
(2) Bei der Beantragung von Leistungen nach diesem Buch sollen unverzüglich Leistungen zur Eingliederung in Arbeit nach dem Ersten Abschnitt des Dritten Kapitels erbracht werden. Bei fehlendem Berufsabschluss sind insbesondere die Möglichkeiten zur Vermittlung in eine Ausbildung zu nutzen.
(2 a) Die Agentur für Arbeit hat darauf hinzuwirken, dass erwerbsfähige Leistungsberechtigte, die
1. nicht über ausreichende deutsche Sprachkenntnisse verfügen, an einem Integrationskurs nach § 43 des Aufenthaltsgesetzes teilnehmen, oder
2. darüber hinaus notwendige berufsbezogene Sprachkenntnisse benötigen, an der berufsbezogenen Deutschsprachförderung nach § 45 a des Aufenthaltsgesetzes teilnehmen,

sofern sie teilnahmeberechtigt sind und nicht unmittelbar in eine Ausbildung oder Arbeit vermittelt werden können und ihnen eine Teilnahme an einem Integrationskurs oder an der berufsbezogenen Deutschsprachförderung daneben nicht zumutbar ist. Für die Teilnahmeberechtigung, die Verpflichtung zur Teilnahme und die Zugangsvoraussetzungen gelten die Bestimmungen der §§ 44, 44 a und 45 a des Aufenthaltsgesetzes sowie § 9 Absatz 1 Satz 1 des Bun-

desvertriebenengesetzes in Verbindung mit der Integrationskursverordnung und der Verordnung über die berufsbezogene Deutschsprachförderung. Eine Verpflichtung zur Teilnahme ist in die Eingliederungsvereinbarung als vorrangige Maßnahme aufzunehmen.
(3) Leistungen zur Sicherung des Lebensunterhalts dürfen nur erbracht werden, soweit die Hilfebedürftigkeit nicht anderweitig beseitigt werden kann; die nach diesem Buch vorgesehenen Leistungen decken den Bedarf der erwerbsfähigen Leistungsberechtigten und der mit ihnen in einer Bedarfsgemeinschaft lebenden Personen.

§ 4 Leistungsformen (1) Die Leistungen der Grundsicherung für Arbeitsuchende werden erbracht in Form von
1. Dienstleistungen,
2. Geldleistungen und
3. Sachleistungen.

(2) Die nach § 6 zuständigen Träger wirken darauf hin, dass erwerbsfähige Leistungsberechtigte und die mit ihnen in einer Bedarfsgemeinschaft lebenden Personen die erforderliche Beratung und Hilfe anderer Träger, insbesondere der Kranken- und Rentenversicherung, erhalten. Die nach § 6 zuständigen Träger wirken auch darauf hin, dass Kinder und Jugendliche Zugang zu geeigneten Angeboten der gesellschaftlichen Teilhabe erhalten. Sie arbeiten zu diesem Zweck mit Schulen und Kindertageseinrichtungen, den Trägern der Jugendhilfe, den Gemeinden und Gemeindeverbänden, freien Trägern, Vereinen und Verbänden und sonstigen handelnden Personen vor Ort zusammen. Sie sollen die Eltern unterstützen und in geeigneter Weise dazu beitragen, dass Kinder und Jugendliche Leistungen für Bildung und Teilhabe möglichst in Anspruch nehmen.

§ 5 Verhältnis zu anderen Leistungen (1) Auf Rechtsvorschriften beruhende Leistungen Anderer, insbesondere der Träger anderer Sozialleistungen, werden durch dieses Buch nicht berührt. Ermessensleistungen dürfen nicht deshalb versagt werden, weil dieses Buch entsprechende Leistungen vorsieht.
(2) Der Anspruch auf Leistungen zur Sicherung des Lebensunterhalts nach diesem Buch schließt Leistungen nach dem Dritten Kapitel des Zwölften Buches aus. Leistungen nach dem Vierten Kapitel des Zwölften Buches sind gegenüber dem Sozialgeld vorrangig.
(3) Stellen Leistungsberechtigte trotz Aufforderung einen erforderlichen Antrag auf Leistungen eines anderen Trägers nicht, können die Leistungsträger nach diesem Buch den Antrag stellen sowie Rechtsbehelfe und Rechtsmittel einlegen. Der Ablauf von Fristen, die ohne Verschulden der Leistungsträger nach diesem Buch verstrichen sind, wirkt nicht gegen die Leistungsträger nach diesem Buch; dies gilt nicht für Verfahrensfristen, soweit die Leistungsträger nach diesem Buch das Verfahren selbst betreiben. Wird eine Leistung aufgrund eines Antrages nach Satz 1 von einem anderen Träger nach § 66 des Ersten Buches bestandskräftig entzogen oder versagt, sind die Leistungen zur Sicherung des

Lebensunterhalts nach diesem Buch ganz oder teilweise so lange zu entziehen oder zu versagen, bis die leistungsberechtigte Person ihrer Verpflichtung nach den §§ 60 bis 64 des Ersten Buches gegenüber dem anderen Träger nachgekommen ist. Eine Entziehung oder Versagung nach Satz 3 ist nur möglich, wenn die leistungsberechtigte Person vom zuständigen Leistungsträger nach diesem Buch zuvor schriftlich auf diese Folgen hingewiesen wurde. Wird die Mitwirkung gegenüber dem anderen Träger nachgeholt, ist die Versagung oder Entziehung rückwirkend aufzuheben. Die Sätze 3 bis 5 gelten nicht für die vorzeitige Inanspruchnahme einer Rente wegen Alters.
(4) Leistungen zur Eingliederung in Arbeit nach dem Ersten Abschnitt des Dritten Kapitels werden nicht an oder für erwerbsfähige Leistungsberechtigte erbracht, die einen Anspruch auf Arbeitslosengeld oder Teilarbeitslosengeld haben.

§ 6 Träger der Grundsicherung für Arbeitsuchende (1) Träger der Leistungen nach diesem Buch sind:
1. die Bundesagentur für Arbeit (Bundesagentur), soweit Nummer 2 nichts Anderes bestimmt,
2. die kreisfreien Städte und Kreise für die Leistungen nach § 16 a, das Arbeitslosengeld II und das Sozialgeld, soweit Arbeitslosengeld II und Sozialgeld für den Bedarf für Unterkunft und Heizung geleistet wird, die Leistungen nach § 24 Absatz 3 Satz 1 Nummer 1 und 2 sowie für die Leistungen nach § 28, soweit durch Landesrecht nicht andere Träger bestimmt sind (kommunale Träger).

Zu ihrer Unterstützung können sie Dritte mit der Wahrnehmung von Aufgaben beauftragen; sie sollen einen Außendienst zur Bekämpfung von Leistungsmissbrauch einrichten.
(2) Die Länder können bestimmen, dass und inwieweit die Kreise ihnen zugehörige Gemeinden oder Gemeindeverbände zur Durchführung der in Absatz 1 Satz 1 Nummer 2 genannten Aufgaben nach diesem Gesetz heranziehen und ihnen dabei Weisungen erteilen können; in diesen Fällen erlassen die Kreise den Widerspruchsbescheid nach dem Sozialgerichtsgesetz. § 44 b Absatz 1 Satz 3 bleibt unberührt. Die Sätze 1 und 2 gelten auch in den Fällen des § 6 a mit der Maßgabe, das eine Heranziehung auch für die Aufgaben nach § 6 b Absatz 1 Satz 1 erfolgen kann.
(3) Die Länder Berlin, Bremen und Hamburg werden ermächtigt, die Vorschriften dieses Gesetzes über die Zuständigkeit von Behörden für die Grundsicherung für Arbeitsuchende dem besonderen Verwaltungsaufbau ihrer Länder anzupassen.

§ 6 a Zugelassene kommunale Träger (1) Die Zulassungen der aufgrund der Kommunalträger-Zulassungsverordnung vom 24. September 2004 (BGBl. I S. 2349) anstelle der Bundesagentur als Träger der Leistungen nach § 6 Absatz 1 Satz 1 Nummer 1 zugelassenen kommunalen Träger werden vom Bundesministerium für Arbeit und Soziales durch Rechtsverordnung über den 31. Dezember 2010 hinaus unbefristet verlängert, wenn die zugelassenen kommunalen Träger gegenüber der zuständigen obersten Landesbehörde die Verpflichtungen nach Absatz 2 Satz 1 Nummer 4 und 5 bis zum 30. September 2010 anerkennen.

(2) Auf Antrag wird eine begrenzte Zahl weiterer kommunaler Träger vom Bundesministerium für Arbeit und Soziales als Träger im Sinne des § 6 Absatz 1 Satz 1 Nummer 1 durch Rechtsverordnung ohne Zustimmung des Bundesrates zugelassen, wenn sie

1. geeignet sind, die Aufgaben zu erfüllen,
2. sich verpflichten, eine besondere Einrichtung nach Absatz 5 zu schaffen,
3. sich verpflichten, mindestens 90 Prozent der Beamtinnen und Beamten, Arbeitnehmerinnen und Arbeitnehmer der Bundesagentur, die zum Zeitpunkt der Zulassung mindestens seit 24 Monaten in der im Gebiet des kommunalen Trägers gelegenen Arbeitsgemeinschaft oder Agentur für Arbeit in getrennter Aufgabenwahrnehmung im Aufgabenbereich nach § 6 Absatz 1 Satz 1 tätig waren, vom Zeitpunkt der Zulassung an, dauerhaft zu beschäftigen,
4. sich verpflichten, mit der zuständigen Landesbehörde eine Zielvereinbarung über die Leistungen nach diesem Buch abzuschließen, und
5. sich verpflichten, die in der Rechtsverordnung nach § 51 b Absatz 1 Satz 2 festgelegten Daten zu erheben und gemäß den Regelungen nach § 51 b Absatz 4 an die Bundesagentur zu übermitteln, um bundeseinheitliche Datenerfassung, Ergebnisberichterstattung, Wirkungsforschung und Leistungsvergleiche zu ermöglichen.

Für die Antragsberechtigung gilt § 6 Absatz 3 entsprechend. Der Antrag bedarf in den dafür zuständigen Vertretungskörperschaften der kommunalen Träger einer Mehrheit von zwei Dritteln der Mitglieder sowie der Zustimmung der zuständigen obersten Landesbehörde. Die Anzahl der nach den Absätzen 1 und 2 zugelassenen kommunalen Träger beträgt höchstens 25 Prozent der zum 31. Dezember 2010 bestehenden Arbeitsgemeinschaften nach § 44 b in der bis zum 31. Dezember 2010 geltenden Fassung, zugelassenen kommunalen Trägern sowie der Kreise und kreisfreien Städte, in denen keine Arbeitsgemeinschaft nach § 44 b in der bis zum 31. Dezember 2010 geltenden Fassung errichtet wurde (Aufgabenträger).

(3) Das Bundesministerium für Arbeit und Soziales wird ermächtigt, Voraussetzungen der Eignung nach Absatz 2 Nummer 1 und deren Feststellung sowie die Verteilung der Zulassungen nach den Absätzen 2 und 4 auf die Länder durch Rechtsverordnung mit Zustimmung des Bundesrates zu regeln.

(4) Der Antrag nach Absatz 2 kann bis zum 31. Dezember 2010 mit Wirkung zum 1. Januar 2012 gestellt werden. Darüber hinaus kann vom 30. Juni 2015 bis zum 31. Dezember 2017 ein Antrag auf Zulassung gestellt werden, soweit die Anzahl der nach den Absätzen 1 und 2 zugelassenen kommunalen Träger 25 Prozent der zum 1. Januar 2015 bestehenden Aufgabenträger nach Absatz 2 Satz 4 unterschreitet. Die Zulassungen werden unbefristet erteilt.

(5) Zur Wahrnehmung der Aufgaben anstelle der Bundesagentur errichten und unterhalten die zugelassenen kommunalen Träger besondere Einrichtungen für die Erfüllung der Aufgaben nach diesem Buch.

(6) Das Bundesministerium für Arbeit und Soziales kann mit Zustimmung der zuständigen obersten Landesbehörde durch Rechtsverordnung ohne Zustimmung des Bundesrates die Zulassung widerrufen. Auf Antrag des zugelassenen kommunalen Trägers, der der Zustimmung der zuständigen obersten Landesbehörde bedarf, widerruft das Bundesministerium für Arbeit und Soziales die Zulassung durch Rechtsverordnung ohne Zustimmung des Bundesrates. Die Trägerschaft endet mit Ablauf des auf die Antragstellung folgenden Kalenderjahres.

(7) Auf Antrag des kommunalen Trägers, der der Zustimmung der obersten Landesbehörde bedarf, widerruft, beschränkt oder erweitert das Bundesministerium für Arbeit und Soziales die Zulassung nach Absatz 1 oder 2 durch Rechtsverordnung ohne Zustimmung des Bundesrates, wenn und soweit die Zulassung aufgrund einer kommunalen Neugliederung nicht mehr dem Gebiet des kommunalen Trägers entspricht. Absatz 2 Satz 1 Nummer 2 bis 5 gilt bei Erweiterung der Zulassung entsprechend. Der Antrag nach Satz 1 kann bis zum 1. Juli eines Kalenderjahres mit Wirkung zum 1. Januar des folgenden Kalenderjahres gestellt werden.

§ 6 b Rechtsstellung der zugelassenen kommunalen Träger *(nicht abgedruckt)*

§ 6 c Personalübergang bei Zulassung weiterer kommunaler Träger und bei Beendigung der Trägerschaft *(nicht abgedruckt)*

§ 6 d Jobcenter *(nicht abgedruckt)*

Kapitel 2 – Anspruchsvoraussetzungen

§ 7 Leistungsberechtigte (1) Leistungen nach diesem Buch erhalten Personen, die

1. das 15. Lebensjahr vollendet und die Altersgrenze nach § 7 a noch nicht erreicht haben,
2. erwerbsfähig sind,
3. hilfebedürftig sind und
4. ihren gewöhnlichen Aufenthalt in der Bundesrepublik Deutschland haben (erwerbsfähige Leistungsberechtigte).

Ausgenommen sind

1. Ausländerinnen und Ausländer, die weder in der Bundesrepublik Deutschland Arbeitnehmerinnen, Arbeitnehmer oder Selbständige noch aufgrund des § 2 Absatz 3 des Freizügigkeitsgesetzes/EU freizügigkeitsberechtigt sind, und ihre Familienangehörigen für die ersten drei Monate ihres Aufenthalts,
2. Ausländerinnen und Ausländer,
   a) die kein Aufenthaltsrecht haben,
   b) deren Aufenthaltsrecht sich allein aus dem Zweck der Arbeitsuche ergibt oder

c) die ihr Aufenthaltsrecht allein oder neben einem Aufenthaltsrecht nach Buchstabe b aus Artikel 10 der Verordnung (EU) Nr. 492/2011 des Europäischen Parlaments und des Rates vom 5. April 2011 über die Freizügigkeit der Arbeitnehmer innerhalb der Union (ABl. L 141 vom 27. 5. 2011, S. 1), die durch die Verordnung (EU) 2016/589 (ABl. L 107 vom 22. 4. 2016, S. 1) geändert worden ist, ableiben,

und ihre Familienangehörigen,

3. Leistungsberechtigte nach § 1 des Asylbewerberleistungsgesetzes.

Satz 2 Nummer 1 gilt nicht für Ausländerinnen und Ausländer, die sich mit einem Aufenthaltstitel nach Kapitel 2 Abschnitt 5 des Aufenthaltsgesetzes in der Bundesrepublik Deutschland aufhalten. Abweichend von Satz 2 Nummer 2 erhalten Ausländerinnen und Ausländer und ihre Familienangehörigen Leistungen nach diesem Buch, wenn sie seit mindestens fünf Jahren ihren gewöhnlichen Aufenthalt im Bundesgebiet haben; dies gilt nicht, wenn der Verlust des Rechts nach § 2 Absatz 1 des Freizügigkeitsgesetzes/EU festgestellt wurde. Die Frist nach Satz 4 beginnt mit der Anmeldung bei der zuständigen Meldebehörde. Zeiten des nicht regelmäßigen Aufenthalts, in denen eine Ausreisepflicht besteht, werden auf Zeiten des gewöhnlichen Aufenthalts nicht angerechnet. Aufenthaltsrechtliche Bestimmungen bleiben unberührt.

(2) Leistungen erhalten auch Personen, die mit erwerbsfähigen Leistungsberechtigten in einer Bedarfsgemeinschaft leben. Dienstleistungen und Sachleistungen werden ihnen nur erbracht, wenn dadurch Hemmnisse bei der Eingliederung der erwerbsfähigen Leistungsberechtigten beseitigt oder vermindert werden. Zur Deckung der Bedarfe nach § 28 erhalten die dort genannten Personen auch dann Leistungen für Bildung und Teilhabe, wenn sie mit Personen in einem Haushalt zusammenleben, mit denen sie nur deshalb keine Bedarfsgemeinschaft bilden, weil diese aufgrund des zu berücksichtigenden Einkommens oder Vermögens selbst nicht leistungsberechtigt sind.

(3) Zur Bedarfsgemeinschaft gehören

1. die erwerbsfähigen Leistungsberechtigten,
2. die im Haushalt lebenden Eltern oder der im Haushalt lebende Elternteil eines unverheirateten erwerbsfähigen Kindes, welches das 25. Lebensjahr noch nicht vollendet hat, und die im Haushalt lebende Partnerin oder der im Haushalt lebende Partner dieses Elternteils,
3. als Partnerin oder Partner der erwerbsfähigen Leistungsberechtigten
   a) die nicht dauernd getrennt lebende Ehegattin oder der nicht dauernd getrennt lebende Ehegatte,
   b) die nicht dauernd getrennt lebende Lebenspartnerin oder der nicht dauernd getrennt lebende Lebenspartner,
   c) eine Person, die mit der erwerbsfähigen leistungsberechtigten Person in einem gemeinsamen Haushalt so zusammenlebt, dass nach verständiger Würdigung der wechselseitige Wille anzunehmen ist, Verantwortung füreinander zu tragen und füreinander einzustehen.
4. die dem Haushalt angehörenden unverheirateten Kinder der in den Nummern 1 bis 3 genannten Personen, wenn sie das 25. Lebensjahr noch nicht

vollendet haben, soweit sie die Leistungen zur Sicherung ihres Lebensunterhalts nicht aus eigenem Einkommen oder Vermögen beschaffen können.

(3 a) Ein wechselseitiger Wille, Verantwortung füreinander zu tragen und füreinander einzustehen, wird vermutet, wenn Partner

1. länger als ein Jahr zusammenleben
2. mit einem gemeinsamen Kind zusammenleben,
3. Kinder oder Angehörige im Haushalt versorgen oder
4. befugt sind, über Einkommen und Vermögen des anderen zu verfügen.

(4) Leistungen nach diesem Buch erhält nicht, wer in einer stationären Einrichtung untergebracht ist, Rente wegen Alters oder Knappschaftsausgleichsleistung oder ähnliche Leistungen öffentlich-rechtlicher Art bezieht. Dem Aufenthalt in einer stationären Einrichtung ist der Aufenthalt in einer Einrichtung zum Vollzug richterlich angeordneter Freiheitsentziehung gleichgestellt. Abweichend von Satz 1 erhält Leistungen nach diesem Buch,

1. wer voraussichtlich für weniger als sechs Monate in einem Krankenhaus (§ 107 des Fünften Buches) untergebracht ist oder
2. wer in einer stationären Einrichtung nach Satz 1 untergebracht und unter den üblichen Bedingungen des allgemeinen Arbeitsmarktes mindestens 15 Stunden wöchentlich erwerbstätig ist.

Die Sätze 1 und 3 Nummer 2 gelten für Bewohner von Räumlicheiten im Sinne des § 42 a Absatz 2 Satz 1 Nummer 2 und Satz 3 des Zwölften Buches entsprechend.

(4 a) Erwerbsfähige Leistungsberechtigte erhalten keine Leistungen, wenn sie sich ohne Zustimmung des zuständigen Trägers nach diesem Buch außerhalb des zeit- und ortsnahen Bereichs aufhalten und deshalb nicht für die Eingliederung in Arbeit zur Verfügung stehen. Die Zustimmung ist zu erteilen, wenn für den Aufenthalt außerhalb des zeit- und ortsnahen Bereichs ein wichtiger Grund vorliegt und die Eingliederung in Arbeit nicht beeinträchtigt wird. Ein wichtiger Grund liegt insbesondere vor bei

1. Teilnahme an einer ärztlich verordneten Maßnahme der medizinischen Vorsorge oder Rehabilitation,
2. Teilnahme an einer Veranstaltung, die staatspolitischen, kirchlichen oder gewerkschaftlichen Zwecken dient oder sonst im öffentlichen Interesse liegt, oder
3. Ausübung einer ehrenamtlichen Tätigkeit.

Die Zustimmung kann auch erteilt werden, wenn für den Aufenthalt außerhalb des zeit- und ortsnahen Bereichs kein wichtiger Grund vorliegt und die Eingliederung in Arbeit nicht beeinträchtigt wird. Die Dauer der Abwesenheit nach Satz 4 soll in der Regel insgesamt drei Wochen im Kalenderjahr nicht überschreiten.

(5) Auszubildende, deren Ausbildung im Rahmen des Bundesausbildungsförderungsgesetzes dem Grunde nach förderungsfähig ist, haben über die Leistungen nach § 27 hinaus keinen Anspruch auf Leistungen zur Sicherung des Lebensunterhalts. Satz 1 gilt auch für Auszubildende, deren Bedarf sich nach

§ 61 Absatz 2, § 62 Absatz 3, § 123 Nummer 2 sowie § 124 Nummer 2 des Dritten Buches bemisst.

(6) Absatz 5 Satz 1 ist nicht anzuwenden auf Auszubildende,

1. die aufgrund von § 2 Absatz 1 a des Bundesausbildungsförderungsgesetzes keinen Anspruch auf Ausbildungsförderung haben,
2. deren Bedarf sich nach den §§ 12, 13 Absatz 1 in Verbindung mit Absatz 2 Nummer 1 oder nach § 13 Absatz 1 Nummer 1 in Verbindung mit Absatz 2 Nummer 2 des Bundesausbildungsförderungsgesetzes bemisst und die Leistungen nach dem Bundesausbildungsförderungsgesetz
   a) erhalten oder nur wegen der Vorschriften zur Berücksichtigung von Einkommen und Vermögen nicht erhalten oder
   b) beantragt haben und über deren Antrag das zuständige Amt für Ausbildungsförderung nocht nicht entschieden hat; lehnt das zuständige Amt für Ausbildungsförderung die Leistungen ab, findet Absatz 5 mit Beginn des folgenden Monats Anwendung, oder
3. die eine Abendhauptschule, eine Abendrealschule oder ein Abendgymnasium besuchen, sofern sie aufgrund des § 10 Absatz 3 des Bundesausbildungsförderungsgesetzes keinen Anspruch auf Ausbildungsförderung haben.

§ 7 a Altersgrenze Personen, die vor dem 1. Januar 1947 geboren sind, erreichen die Altersgrenze mit Ablauf des Monats, in dem sie das 65. Lebensjahr vollenden. Für Personen, die nach dem 31. Dezember 1946 geboren sind, wird die Altersgrenze wie folgt angehoben:

für den Geburtsjahrgang	erfolgt eine Anhebung um Monate	den Ablauf des Monats, in dem ein Lebensalter vollendet wird von
1947	1	65 Jahren und 1 Monat
1948	2	65 Jahren und 2 Monaten
1949	3	65 Jahren und 3 Monaten
1950	4	65 Jahren und 4 Monaten
1951	5	65 Jahren und 5 Monaten
1952	6	65 Jahren und 6 Monaten
1953	7	65 Jahren und 7 Monaten
1954	8	65 Jahren und 8 Monaten
1955	9	65 Jahren und 9 Monaten
1956	10	65 Jahren und 10 Monaten
1957	11	65 Jahren und 11 Monaten
1958	12	66 Jahren
1959	14	66 Jahren und 2 Monaten
1960	16	66 Jahren und 4 Monaten

für den Geburtsjahrgang	erfolgt eine Anhebung um Monate	den Ablauf des Monats, in dem ein Lebensalter vollendet wird von
1961	18	66 Jahren und 6 Monaten
1962	20	66 Jahren und 8 Monaten
1963	22	66 Jahren und 10 Monaten
ab 1964	24	67 Jahren

§ 8 Erwerbsfähigkeit (1) Erwerbsfähig ist, wer nicht wegen Krankheit oder Behinderung auf absehbare Zeit außerstande ist, unter den üblichen Bedingungen des allgemeinen Arbeitsmarktes mindestens drei Stunden täglich erwerbstätig zu sein.
(2) Im Sinne von Absatz 1 können Ausländerinnen und Ausländer nur erwerbstätig sein, wenn ihnen die Aufnahme einer Beschäftigung erlaubt ist oder erlaubt werden könnte. Die rechtliche Möglichkeit, eine Beschäftigung vorbehaltlich einer Zustimmung nach § 39 des Aufenthaltsgesetzes aufzunehmen, ist ausreichend.

§ 9 Hilfebedürftigkeit (1) Hilfebedürftig ist, wer seinen Lebensunterhalt nicht oder nicht ausreichend aus dem zu berücksichtigenden Einkommen oder Vermögen sichern kann und die erforderliche Hilfe nicht von anderen, insbesondere von Angehörigen oder von Trägern anderer Sozialleistungen, erhält.
(2) Bei Personen, die in einer Bedarfsgemeinschaft leben, sind auch das Einkommen und Vermögen des Partners zu berücksichtigen. Bei unverheirateten Kindern, die mit ihren Eltern oder einem Elternteil in einer Bedarfsgemeinschaft leben und die ihren Lebensunterhalt nicht aus eigenem Einkommen oder Vermögen sichern können, sind auch das Einkommen und Vermögen der Eltern oder des Elternteils und dessen in Bedarfsgemeinschaft lebender Partnerin oder lebenden Partners zu berücksichtigen. Ist in einer Bedarfsgemeinschaft nicht der gesamte Bedarf aus eigenen Kräften und Mitteln gedeckt, gilt jede Person der Bedarfsgemeinschaft im Verhältnis des eigenen Bedarfs zum Gesamtbedarf als hilfebedürftig, dabei bleiben die Bedarfe nach § 28 außer Betracht. In den Fällen des § 7 Absatz 2 Satz 3 ist Einkommen und Vermögen, soweit es die nach Satz 3 zu berücksichtigenden Bedarfe übersteigt, im Verhältnis mehrere Leistungsberechtigter zueinander zu gleichen Teilen zu berücksichtigen.
(3) Absatz 2 Satz 2 findet keine Anwendung auf ein Kind, das schwanger ist oder sein Kind bis zur Vollendung des sechsten Lebensjahres betreut.
(4) Hilfebedürftig ist auch derjenige, dem der sofortige Verbrauch oder die sofortige Verwertung von zu berücksichtigendem Vermögen nicht möglich ist oder für den dies eine besondere Härte bedeuten würde.
(5) Leben Hilfebedürftige in Haushaltsgemeinschaft mit Verwandten oder Verschwägerten, so wird vermutet, dass sie von ihnen Leistungen erhalten, soweit dies nach deren Einkommen und Vermögen erwartet werden kann.

§ 10 Zumutbarkeit (1) Einer erwerbsfähigen leistungsberechtigten Person ist jede Arbeit zumutbar, es sei denn, dass
1. sie zu der bestimmten Arbeit körperlich, geistig oder seelisch nicht in der Lage ist,
2. die Ausübung der Arbeit die künftige Ausübung der bisherigen überwiegenden Arbeit wesentlich erschweren würde, weil die bisherige Tätigkeit besondere körperliche Anforderungen stellt,
3. die Ausübung der Arbeit die Erziehung ihres Kindes oder des Kindes ihrer Partnerin oder ihres Partners gefährden würde; die Erziehung eines Kindes, das das dritte Lebensjahr vollendet hat, ist in der Regel nicht gefährdet, soweit die Betreuung in einer Tageseinrichtung oder in Tagespflege im Sinne der Vorschriften des Achten Buches oder auf sonstige Weise sichergestellt ist; die zuständigen kommunalen Träger sollen darauf hinwirken, dass erwerbsfähigen Erziehenden vorrangig ein Platz zur Tagesbetreuung des Kindes angeboten wird,
4. die Ausübung der Arbeit mit der Pflege einer oder eines Angehörigen nicht vereinbar wäre und die Pflege nicht auf andere Weise sichergestellt werden kann,
5. der Ausübung der Arbeit ein sonstiger wichtiger Grund entgegensteht.

(2) Eine Arbeit ist nicht allein deshalb unzumutbar, weil
1. sie nicht einer früheren beruflichen Tätigkeit entspricht, für die die erwerbsfähige leistungsberechtigte Person ausgebildet ist oder die früher ausgeübt wurde,
2. sie im Hinblick auf die Ausbildung der erwerbsfähigen leistungsberechtigten Person als geringerwertig anzusehen ist,
3. der Beschäftigungsort vom Wohnort der erwerbsfähigen leistungsberechtigten Person weiter entfernt ist als ein früherer Beschäftigungs- oder Ausbildungsort,
4. die Arbeitsbedingungen ungünstiger sind als bei den bisherigen Beschäftigungen der erwerbsfähigen leistungsberechtigten Person,
5. sie mit der Beendigung einer Erwerbstätigkeit verbunden ist, es sei denn, es liegen begründete Anhaltspunkte vor, dass durch die bisherige Tätigkeit künftig die Hilfebedürftigkeit beendet werden kann.

(3) Die Absätze 1 und 2 gelten für die Teilnahme an Maßnahmen zur Eingliederung in Arbeit entsprechend.

§ 11 Zu berücksichtigendes Einkommen (1) Als Einkommen zu berücksichtigen sind Einnahmen in Geld abzüglich der nach § 11 b abzusetzenden Beträge mit Ausnahme der in § 11 a genannten Einnahmen. Dies gilt auch für Einnahmen in Geldeswert, die im Rahmen einer Erwerbstätigkeit, des Bundesfreiwilligendienstes oder eines Jugendfreiwilligendienstes zufließen. Als Einkommen zu berücksichtigen sind auch Zuflüsse aus darlehensweise gewährten Sozialleistungen, soweit sie dem Lebensunterhalt dienen. Der Kinderzuschlag nach § 6 a des Bundeskindergeldgesetzes ist als Einkommen dem jeweiligen Kind zuzurechnen. Dies gilt auch für das Kindergeld für zur Bedarfsgemein-

schaft gehörende Kinder, soweit es bei dem jeweiligen Kind zur Sicherung des Lebensunterhalts, mit Ausnahme der Bedarfe nach § 28, benötigt wird.
(2) Laufende Einnahmen sind für den Monat zu berücksichtigen, in dem sie zufließen. Zu den laufenden Einnahmen zählen auch Einnahmen, die an einzelnen Tagen eines Monats aufgrund von kurzzeitigen Beschäftigungsverhältnissen erzielt werden. Für laufende Einnahmen, die in größeren als monatlichen Zeitabständen zufließen, gilt Absatz 3 entsprechend.
(3) Einmalige Einnahmen sind in dem Monat, in dem sie zufließen, zu berücksichtigen. Zu den einmaligen Einnahmen gehören auch als Nachzahlung zufließende Einnahmen, die nicht für den Monat des Zuflusses erbracht werden. Sofern für den Monat des Zuflusses bereits Leistungen ohne Berücksichtigung der einmaligen Einnahme erbracht worden sind, werden sie im Folgemonat berücksichtigt. Entfiele der Leistungsanspruch durch die Berücksichtigung in einem Monat, ist die einmalige Einnahme auf einen Zeitraum von sechs Monaten gleichmäßig aufzuteilen und monatlich mit einem entsprechenden Teilbetrag zu berücksichtigen.

§ 11 a Nicht zu berücksichtigendes Einkommen (1) Nicht als Einkommen zu berücksichtigen sind
1. Leistungen nach diesem Buch,
2. die Grundrente nach dem Bundesversorgungsgesetz und nach den Gesetzen, die eine entsprechende Anwendung des Bundesversorgungsgesetzes vorsehen,
3. die Renten oder Beihilfen, die nach dem Bundesentschädigungsgesetz für Schaden an Leben sowie an Körper oder Gesundheit erbracht werden, bis zur Höhe der vergleichbaren Grundrente nach dem Bundesversorgungsgesetz.

(2) Entschädigungen, die wegen eines Schadens, der kein Vermögensschaden ist, nach § 253 Absatz 2 des Bürgerlichen Gesetzbuchs geleistet werden, sind nicht als Einkommen zu berücksichtigen.
(3) Leistungen, die aufgrund öffentlich-rechtlicher Vorschriften zu einem ausdrücklich genannten Zweck erbracht werden, sind nur so weit als Einkommen zu berücksichtigen, als die Leistungen nach diesem Buch im Einzelfall demselben Zweck dienen. Abweichend von Satz 1 sind als Einkommen zu berücksichtigen
1. die Leistungen nach § 39 des Achten Buches, die für den erzieherischen Einsatz erbracht werden,
   a) für das dritte Pflegekind zu 75 Prozent,
   b) für das vierte und jedes weitere Pflegekind vollständig,
2. die Leistungen nach § 23 des Achten Buches,
3. die Leistungen der Ausbildungsförderung nach dem Bundesausbildungsförderungsgesetz sowie vergleichbare Leistungen der Begabtenförderungswerke; § 14 b Absatz 2 Satz 1 des Bundesausbildungsförderungsgesetzes bleibt unberührt,
4. die Berufsausbildungsbeihilfe nach dem Dritten Buch mit Ausnahme der Bedarfe nach § 64 Absatz 3 Satz 1 des Dritten Buches sowie

5. Reisekosten zur Teilhabe am Arbeitsleben nach § 127 Absatz 1 Satz 1 des Dritten Buches in Verbindung mit § 53 des Neunten Buches.

(4) Zuwendungen der freien Wohlfahrtspflege sind nicht als Einkommen zu berücksichtigen, soweit sie die Lage der Empfängerinnen und Empfänger nicht so günstig beeinflussen, dass daneben Leistungen nach diesem Buch nicht gerechtfertigt wären.

(5) Zuwendungen, die ein anderer erbringt, ohne hierzu eine rechtliche oder sittliche Pflicht zu haben, sind nicht als Einkommen zu berücksichtigen, soweit

1. ihre Berücksichtigung für die Leistungsberechtigten grob unbillig wäre oder
2. sie die Lage der Leistungsberechtigten nicht so günstig beeinflussen, dass daneben Leistungen nach diesem Buch nicht gerechtfertigt wären.

(6) Überbrückungsgeld nach § 51 des Strafvollzugsgesetzes oder vergleichbare Leistungen nach landesrechtlichen Regelungen sind nicht als Einkommen zu berücksichtigen, soweit sie den Bedarf der leistungsberechtigten Person für 28 Tage übersteigen. Die Berücksichtigung des als Einkommen verbleibenden Teils der in Satz 1 bezeichneten Leistungen richtet sich nach § 11 Absatz 3.

§ 11 b Absetzbeträge (1) Vom Einkommen abzusetzen sind

1. auf das Einkommen entrichtete Steuern,
2. Pflichtbeiträge zur Sozialversicherung einschließlich der Beiträge zur Arbeitsförderung,
3. Beiträge zu öffentlichen oder privaten Versicherungen oder ähnlichen Einrichtungen, soweit diese Beiträge gesetzlich vorgeschrieben oder nach Grund und Höhe angemessen sind; hier gehören Beiträge
   a) zur Vorsorge für den Fall der Krankheit und der Pflegebedürftigkeit für Personen, die in der gesetzlichen Krankenversicherung nicht versicherungspflichtig sind,
   b) zur Altersvorsorge von Personen, die von der Versicherungspflicht in der gesetzlichen Rentenversicherung befreit sind,

   soweit die Beiträge nicht nach § 26 bezuschusst werden.
4. geförderte Altersvorsorgebeiträge nach § 82 des Einkommensteuergesetzes, soweit sie den Mindesteigenbeitrag nach § 86 des Einkommensteuergesetzes nicht überschreiten,
5. die mit der Erzielung des Einkommens verbundenen notwendigen Ausgaben,
6. für Erwerbstätige ferner ein Betrag nach Absatz 3,
7. Aufwendungen zur Erfüllung gesetzlicher Unterhaltsverpflichtungen bis zu dem in einem Unterhaltstitel oder in einer notariell beurkundeten Unterhaltsvereinbarung festgelegten Betrag,
8. bei erwerbsfähigen Leistungsberechtigten, deren Einkommen nach dem Vierten Abschnitt des Bundesausbildungsförderungsgesetzes oder nach § 67 oder § 126 des Dritten Buches bei der Berechnung der Leistungen der Ausbildungsförderung für mindestens ein Kind berücksichtigt wird, der nach den Vorschriften der Ausbildungsförderung berücksichtigte Betrag.

Bei der Verteilung einer einmaligen Einnahme nach § 11 Absatz 3 Satz 4 sind die auf die einmalige Einnahme im Zuflussmonat entfallenden Beträge nach den Nummern 1, 2, 5 und 6 vorweg abzusetzen.

(2) Bei erwerbsfähigen Leistungsberechtigten, die erwerbstätig sind, ist anstelle der Beträge nach Absatz 1 Satz 1 Nummer 3 bis 5 ein Betrag von insgesamt 100 Euro monatlich von dem Einkommen aus Erwerbstätigkeit abzusetzen. Beträgt das monatliche Einkommen aus Erwerbstätigkeit mehr als 400 Euro, gilt Satz 1 nicht, wenn die oder der erwerbsfähige Leistungsberechtigte nachweist, dass die Summe der Beträge nach Absatz 1 Satz 1 Nummer 3 bis 5 den Betrag von 100 Euro übersteigt. Erhält eine leistungsberechtigte Person mindestens aus einer Tätigkeit Bezüge oder Einnahmen, die nach § 3 Nummer 12, 26, 26 a oder 26 b des Einkommensteuergesetzes steuerfrei sind, gelten die Sätze 1 und 2 mit den Maßgaben, dass jeweils an die Stelle des Betrages von

1. 100 Euro monatlich der Betrag von 200 Euro monatlich, höchstens jedoch der Betrag, der sich aus der Summe von 100 Euro und dem Betrag der steuerfreien Bezüge oder Einnahmen ergibt, und
2. 400 Euro der Betrag, der sich nach Nummer 1 ergibt,

tritt. Von den in § 11 a Absatz 3 Satz 2 Nummer 3 bis 5 genannten Leistungen, von dem Ausbildungsgeld nach dem Dritten Buch sowie von dem erhaltenen Unterhaltsbeitrag nach § 10 Absatz 2 des Aufstiegsfortbildungsförderungsgesetzes sind für die Absetzbeträge nach § 11 b Absatz 1 Satz 1 Nummer 3 bis 5 mindestens 100 Euro abzusetzen, wenn die Absetzung nicht bereits nach den Sätzen 1 bis 3 erfolgt. Von dem Taschengeld nach § 2 Nummer 4 des Bundesfreiwilligendienstgesetzes oder § 2 Absatz 1 Nummer 3 des Jugendfreiwilligendienstgesetzes ist anstelle der Beträge nach § 11 b Absatz 1 Satz 1 Nummer 3 bis 5 ein Betrag von insgesamt 200 Euro monatlich abzusetzen, soweit die Absetzung nicht bereits nach den Sätzen 1 bis 3 erfolgt.

(3) Bei erwerbsfähigen Leistungsberechtigten, die erwerbstätig sind, ist von dem monatlichen Einkommen aus Erwerbstätigkeit ein weiterer Betrag abzusetzen. Dieser beläuft sich

1. für den Teil des monatlichen Einkommens, das 100 Euro übersteigt und nicht mehr als 1000 Euro beträgt, auf 20 Prozent und
2. für den Teil des monatlichen Einkommens, das 1000 Euro übersteigt und nicht mehr als 1200 Euro beträgt, auf 10 Prozent.

Anstelle des Betrages von 1200 Euro tritt für erwerbsfähige Leistungsberechtigte, die entweder mit mindestens einem minderjährigen Kind in Bedarfsgemeinschaft leben oder die mindestens ein minderjähriges Kind haben, ein Betrag von 1500 Euro.

§ 12 Zu berücksichtigendes Vermögen (1) Als Vermögen sind alle verwertbaren Vermögensgegenstände zu berücksichtigen.

(2) Vom Vermögen sind abzusetzen

1. ein Grundfreibetrag in Höhe von 150 Euro je vollendetem Lebensjahr für jede in der Bedarfsgemeinschaft lebende volljährige Person und deren Partnerin oder Partner, mindestens aber jeweils 3100 Euro; der Grundfreibetrag

darf für jede volljährige Person und ihre Partnerin oder ihren Partner jeweils den nach Satz 2 maßgebenden Höchstbetrag nicht übersteigen,

1 a. ein Grundfreibetrag in Höhe von 3100 Euro für jedes leistungsberechtigte minderjährige Kind,

2. Altersvorsorge in Höhe des nach Bundesrecht ausdrücklich als Altersvorsorge geförderten Vermögens einschließlich seiner Erträge und der geförderten laufenden Altersvorsorgebeiträge, soweit die Inhaberin oder der Inhaber das Altersvorsorgevermögen nicht vorzeitig verwendet,
3. geldwerte Ansprüche, die der Altersvorsorge dienen, soweit die Inhaberin oder der Inhaber sie vor dem Eintritt in den Ruhestand aufgrund einer unwiderruflichen vertraglichen Vereinbarung nicht verwerten kann und der Wert der geldwerten Ansprüche 750 Euro je vollendetem Lebensjahr der erwerbsfähigen leistungsberechtigten Person und deren Partnerin oder Partner, höchstens jedoch jeweils den nach Satz 2 maßgebenden Höchstbetrag nicht übersteigt,
4. ein Freibetrag für notwendige Anschaffungen in Höhe von 750 Euro für jeden in der Bedarfsgemeinschaft lebenden Leistungsberechtigten.

Bei Personen, die

1. vor dem 1. Januar 1958 geboren sind, darf der Grundfreibetrag nach Satz 1 Nummer 1 jeweils 9750 Euro und der Wert der geldwerten Ansprüche nach Satz 1 Nummer 3 jeweils 48 750 Euro,
2. nach dem 31. Dezember 1957 und vor dem 1. Januar 1964 geboren sind, darf der Grundfeibetrag nach Satz 1 Nummer 1 jeweils 9900 Euro und der Wert der geldwerten Ansprüche nach Satz 1 Nummer 3 jeweils 49 500 Euro,
3. nach dem 31. Dezember 1963 geboren sind, darf der Grundfeibetrag nach Satz 1 Nummer 1 jeweils 10 050 Euro und der Wert der geldwerten Ansprüche nach Satz 1 Nummer 3 jeweils 50 250 Euro

nicht übersteigen

(3) Als Vermögen sind nicht zu berücksichtigen

1. angemessener Hausrat,
2. ein angemessenes Kraftfahrzeug für jede in der Bedarfsgemeinschaft lebende erwerbsfähige Person,
3. von der Inhaberin oder dem Inhaber als für die Altersvorsorge bestimmt bezeichnete Vermögensgegenstände in angemessenem Umfang, wenn die erwerbsfähige leistungsberechtigte Person oder deren Partnerin oder Partner von der Versicherungspflicht in der gesetzlichen Rentenversicherung befreit ist,
4. ein selbst genutztes Hausgrundstück von angemessener Größe oder eine entsprechende Eigentumswohnung,
5. Vermögen, solange es nachweislich zur baldigen Beschaffung oder Erhaltung eines Hausgrundstücks von angemessener Größe bestimmt ist, soweit dieses zu Wohnzwecken behinderter oder pflegebedürftiger Menschen dient oder dienen soll und dieser Zweck durch den Einsatz oder die Verwertung des Vermögens gefährdet würde,

6. Sachen und Rechte, soweit ihre Verwertung offensichtlich unwirtschaftlich ist oder für den Betroffenen eine besondere Härte bedeuten würde.

Für die Angemessenheit sind die Lebensumstände während des Bezugs der Leistungen zur Grundsicherung für Arbeitsuchende maßgebend.

(4) Das Vermögen ist mit seinem Verkehrswert zu berücksichtigen. Für die Bewertung ist der Zeitpunkt maßgebend, in dem der Antrag auf Bewilligung oder erneute Bewilligung der Leistungen der Grundsicherung für Arbeitsuchende gestellt wird, bei späterem Erwerb von Vermögen der Zeitpunkt des Erwerbs. Wesentliche Änderungen des Verkehrswertes sind zu berücksichtigen.

§ 12 a Vorrangige Leistungen Leistungsberechtigte sind verpflichtet, Sozialleistungen anderer Träger in Anspruch zu nehmen und die dafür erforderlichen Anträge zu stellen, sofern dies zur Vermeidung, Beseitigung, Verkürzung oder Verminderung der Hilfebedürftigkeit erforderlich ist. Abweichend von Satz 1 sind Leistungsberechtigte nicht verpflichtet,

1. bis zur Vollendung des 63. Lebensjahres eine Rente wegen Alters vorzeitig in Anspruch zu nehmen oder
2. Wohngeld nach dem Wohngeldgesetz oder Kinderzuschlag nach dem Bundeskindergeldgesetz in Anspruch zu nehmen, wenn dadurch nicht die Hilfebedürtigkeit aller Mitglieder der Bedarfsgemeinschaft für einen zusammenhängenden Zeitraum von mindestens drei Monaten beseitigt würde.

§ 13 Verordnungsermächtigung[1] (1) Das Bundesministerium für Arbeit und Soziales wird ermächtigt, im Einvernehmen mit dem Bundesministerium der Finanzen ohne Zustimmung des Bundesrates durch Rechtsverordnung[2] zu bestimmen,

1. welche weiteren Einnahmen nicht als Einkommen zu berücksichtigen sind und wie das Einkommen im Einzelnen zu berechnen ist,
2. welche weiteren Vermögensgegenstände nicht als Vermögen zu berücksichtigen sind und wie der Wert des Vermögens zu ermitteln ist,
3. welche Pauschbeträge für die von dem Einkommen abzusetzenden Beträge zu berücksichtigen sind,
4. welche durchschnittlichen monatlichen Beträge für einzelne Bedarfe nach § 28 für die Prüfung der Hilfebedürtigkeit zu berücksichtigen sind und welcher Eigenanteil des maßgebenden Regelbedarfs bei der Bemessung des Bedarfs nach § 28 Absatz 6 zugrunde zu legen ist.

(2) Das Bundesministerium für Arbeit und Soziales wird ermächtigt, ohne Zustimmung des Bundesrates durch Rechtsverordnung zu bestimmen, unter welchen Voraussetzungen und für welche Dauer Leistungsberechtigte nach Vollendung des 63. Lebensjahres ausnahmsweise zur Vermeidung von Unbil-

1 Vgl. **Unbilligkeitsverordnung – UnbilligkeitsV** vom 14. 4. 2008 (BGBl. I 734), geändert durch Verordnung vom 4. 10. 2016 (BGBl. I 2210).

2 Vgl. **Arbeitslosengeld II/Sozialgeld-Verordnung** (Alg II-V) vom 17. 12. 2007 (BGBl. I 2942), zuletzt geändert durch Gesetz vom 29. 4. 2019 (BGBl. I 530); s. Nr. 30 II a.

ligkeiten nicht verpflichtet sind, eine Rente wegen Alters vorzeitig in Anspruch zu nehmen.

(3) Das Bundesministerium für Arbeit und Soziales wird ermächtigt, durch Rechtsverordnung ohne Zustimmung des Bundesrates nähere Bestimmungen zum zeit- und ortsnahen Bereich (§ 7 Absatz 4 a) sowie dazu zu treffen, wie lange und unter welchen Voraussetzungen sich erwerbsfähige Leistungsberechtigte außerhalb des zeit- und ortsnahen Bereichs aufhalten dürfen, ohne Ansprüche auf Leistungen nach diesem Buch zu verlieren.

Kapitel 3 – Leistungen

Abschnitt 1 – Leistungen zur Eingliederung in Arbeit

§ 14 Grundsatz des Förderns (1) Die Träger der Leistungen nach diesem Buch unterstützen erwerbsfähige Leistungsberechtigte umfassend mit dem Ziel der Eingliederung in Arbeit.

(2) Leistungsberechtigte Personen erhalten Beratung. Aufgabe der Beratung ist insbesondere die Erteilung von Auskunft und Rat zu Selbsthilfeobliegenheiten und Mitwirkungspflichten, zur Berechtigung der Leistungen zur Sicherung des Lebensunterhalts und zur Auswahl der Leistungen im Rahmen des Eingliederungsprozesses. Art und Umfang der Beratung richten sich nach dem Beratungsbedarf der leistungsberechtigten Person. Beratungsleistungen, die Leistungsberechtigte nach den §§ 29 bis 33 des Dritten Buches von den für die Arbeitsförderung zuständigen Dienststellen der Bundesagentur für Arbeit erhalten, sollen dabei Berücksichtigung finden. Hierbei arbeiten die Träger der Leistungen nach diesem Buch mit den in Satz 4 genannten Dienststellen eng zusammen.

(3) Die Agentur für Arbeit soll eine persönliche Ansprechpartnerin oder einen persönlichen Ansprechpartner für jede erwerbsfähige leistungsberechtigte Person und die mit dieser in einer Bedarfsgemeinschaft lebenden Personen benennen.

(4) Die Träger der Leistungen nach diesem Buch erbringen unter Beachtung der Grundsätze von Wirtschaftlichkeit und Sparsamkeit alle im Einzelfall für die Eingliederung in Arbeit erforderlichen Leistungen.

§ 15 Eingliederungsvereinbarung (1) Die Agentur für Arbeit soll unverzüglich zusammen mit jeder erwerbsfähigen leistungsberechtigten Person die für ihre Eingliederung erforderlichen persönlichen Merkmale, berufliche Fähigkeiten und die Eignung feststellen (Potenzialanalyse). Die Feststellungen erstrecken sich auch darauf, ob und durch welche Umstände die berufliche Eingliederung voraussichtlich erschwert sein wird. Tatsachen, über die die Agentur für Arbeit nach § 9 a Satz 2 Nummer 2 des Dritten Buches unterrichtet wird, müssen von ihr nicht erneut festgestellt werden, es sei denn, es liegen Anhaltspunkte dafür vor, dass sich eingliederungsrelevante Veränderungen ergeben haben.

(2) Die Agentur für Arbeit soll im Einvernehmen mit dem kommunalen Träger mit jeder erwerbsfähigen leistungsberechtigten Person unter Berücksichtigung der Feststellungen nach Absatz 1 die für ihre Eingliederung erforderlichen Leistungen vereinbaren (Eingliederungsvereinbarung). In der Eingliederungsvereinbarung soll bestimmt werden,
1. welche Leistungen zur Eingliederung in Ausbildung oder Arbeit nach diesem Abschnitt die leistungsberechtigte Person erhält,
2. welche Bemühungen erwerbsfähige Leistungsberechtigte in welcher Häufigkeit zur Eingliederung in Arbeit mindestens unternehmen sollen und in welcher Form diese Bemühungen nachzuweisen sind,
3. wie Leistungen anderer Leistungsträger in den Eingliederungsprozess einbezogen werden.

Die Eingliederungsvereinbarung kann insbesondere bestimmen, in welche Tätigkeiten oder Tätigkeitsbereiche die leistungsberechtigte Person vermittelt werden soll.
(3) Die Eingliederungsvereinbarung soll regelmäßig, spätestens jedoch nach Ablauf von sechs Monaten, gemeinsam überprüft und fortgeschrieben werden. Bei jeder folgenden Eingliederungsvereinbarung sind die bisher gewonnenen Erfahrungen zu berücksichtigen. Soweit eine Vereinbarung nach Absatz 2 nicht zustande kommt, sollen die Regelungen durch Verwaltungsakt getroffen werden.
(4) In der Eingliederungsvereinbarung kann auch vereinbart werden, welche Leistungen die Personen erhalten, die mit der oder dem erwerbsfähigen Leistungsberechtigten in einer Bedarfsgemeinschaft leben. Diese Personen sind hierbei zu beteiligen.

§ 15 a *(weggefallen)*

§ 16 Leistungen zur Eingliederung (1) Zur Eingliederung in Arbeit erbringt die Agentur für Arbeit Leistungen nach § 35 des Dritten Buches. Sie kann folgende Leistungen des Dritten Kapitels des Dritten Buches erbringen:
1. die übrigen Leistungen der Beratung und Vermittlung nach dem Ersten Abschnitt,
2. Leistungen zur Aktivierung und beruflichen Eingliederung nach dem Zweiten Abschnitt,
3. Leistungen zur Berufsausbildung nach dem Vierten Unterabschnitt des Dritten Abschnitts und Leistungen nach den §§ 54 a und 130,
4. Leistungen zur beruflichen Weiterbildung nach dem Vierten Abschnitt und Leistungen nach den §§ 131 a und 131 b,
5. Leistungen zur Aufnahme einer sozialversicherungspflichtigen Beschäftigung nach dem Ersten Unterabschnitt des Fünften Abschnitts.

Für Eingliederungsleistungen an erwerbsfähige behinderte Leistungsberechtigte nach diesem Buch gelten die §§ 112 bis 114, 115 Nummer 1 bis 3 mit Ausnahme berufsvorbereitender Bildungsmaßnahmen und der Berufsausbildungsbeihilfe, § 116 Absatz 1, 2 und 6, die §§ 117, 118 Satz 1 Nummer 3, Satz 2 und die §§ 127

und 128 des Dritten Buches entsprechend. § 1 Absatz 2 Nummer 4 sowie § 36 und § 81 Absatz 3 des Dritten Buches sind entsprechend anzuwenden.
(2) Soweit dieses Buch nichts Abweichendes regelt, gelten für die Leistungen nach Absatz 1 die Voraussetzungen und Rechtsfolgen des Dritten Buches mit Ausnahme der Verordnungsermächtigung nach § 47 des Dritten Buches sowie der Anordnungsermächtigungen für die Bundesagentur und mit der Maßgabe, dass an die Stelle des Arbeitslosengeldes das Arbeitslosengeld II tritt. § 44 Absatz 3 Satz 3 des Dritten Buches gilt mit der Maßgabe, dass die Förderung aus dem Vermittlungsbudget auch die anderen Leistungen nach dem Zweiten Buch nicht aufstocken, ersetzen oder umgehen darf. Für die Teilnahme erwerbsfähiger Leistungsberechtigter an einer Maßnahme zur beruflichen Weiterbildung im Rahmen eines bestehenden Arbeitsverhältnisses werden Leistungen nach Absatz 1 Satz 2 Nummer 4 in Verbindung mit § 82 des Dritten Buches nicht gewährt, wenn die betreffende Maßnahme auf ein nach § 2 Absatz 1 des Aufstiegsfortbildungsförderungsgesetzes förderfähiges Fortbildungsziel vorbereitet.
(3) Abweichend von § 44 Absatz 1 Satz 1 des Dritten Buches können Leistungen auch für die Anbahnung und Aufnahme einer schulischen Berufsausbildung erbracht werden.
(3 a) Abweichend von § 81 Absatz 4 des Dritten Buches kann die Agentur für Arbeit unter Anwendung des Vergaberechts Träger mit der Durchführung von Maßnahmen der beruflichen Weiterbildung beauftragen, wenn die Maßnahme den Anforderungen des § 180 des Dritten Buches entspricht und

1. eine dem Bildungsziel entsprechende Maßnahme örtlich nicht verfügbar ist oder
2. die Eignung und persönlichen Verhältnisse der erwerbsfähigen Leistungsberechtigten dies erfordern.

§ 176 Absatz 2 des Dritten Buches findet keine Anwendung.
(4) Die Agentur für Arbeit als Träger der Grundsicherung für Arbeitsuchende kann die Ausbildungsvermittlung durch die für die Arbeitsförderung zuständigen Stellen der Bundesagentur wahrnehmen lassen. Das Bundesministerium für Arbeit und Soziales wird ermächtigt, durch Rechtsverordnung ohne Zustimmung des Bundesrates das Nähere über die Höhe, Möglichkeiten der Pauschalierung und den Zeitpunkt der Fälligkeit der Erstattung von Aufwendungen bei der Ausführung des Auftrags nach Satz 1 festzulegen.

§ 16 a Kommunale Eingliederungsleistungen Zur Verwirklichung einer ganzheitlichen und umfassenden Betreuung und Unterstützung bei der Eingliederung in Arbeit können die folgenden Leistungen, die für die Eingliederung der oder des erwerbsfähigen Leistungsberechtigten in das Erwerbsleben erforderlich sind, erbracht werden:

1. die Betreuung minderjähriger oder behinderter Kinder oder die häusliche Pflege von Angehörigen,
2. die Schuldnerberatung,
3. die psychosoziale Betreuung,
4. die Suchtberatung.

§ 16 b Einstiegsgeld (1) Zur Überwindung von Hilfebedürftigkeit kann erwerbsfähigen Leistungsberechtigten bei Aufnahme einer sozialversicherungspflichtigen oder selbständigen Erwerbstätigkeit ein Einstiegsgeld erbracht werden, wenn dies zur Eingliederung in den allgemeinen Arbeitsmarkt erforderlich ist. Das Einstiegsgeld kann auch erbracht werden, wenn die Hilfebedürftigkeit durch oder nach Aufnahme der Erwerbstätigkeit entfällt.
(2) Das Einstiegsgeld wird, soweit für diesen Zeitraum eine Erwerbstätigkeit besteht, für höchstens 24 Monate erbracht. Bei der Bemessung der Höhe des Einstiegsgeldes sollen die vorherige Dauer der Arbeitslosigkeit sowie die Größe der Bedarfsgemeinschaft berücksichtigt werden, in der die oder der erwerbsfähige Leistungsberechtigte lebt.
(3) Das Bundesministerium für Arbeit und Soziales wird ermächtigt, im Einvernehmen mit dem Bundesministerium der Finanzen ohne Zustimmung des Bundesrates durch Rechtsverordnung zu bestimmen, wie das Einstiegsgeld zu bemessen ist. Bei der Bemessung ist neben der Berücksichtigung der in Absatz 2 Satz 2 genannten Kriterien auch ein Bezug zu dem für die oder den erwerbsfähigen Leistungsberechtigten jeweils maßgebenden Regelbedarf herzustellen.

§ 16 c Leistungen zur Eingliederung von Selbständigen (1) Erwerbsfähige Leistungsberechtigte, die eine selbständige, hauptberufliche Tätigkeit aufnehmen oder ausüben, können Darlehen und Zuschüsse für die Beschaffung von Sachgütern erhalten, die für die Ausübung der selbständigen Tätigkeit notwendig und angemessen sind. Zuschüsse dürfen einen Betrag von 5000 Euro nicht übersteigen.
(2) Erwerbsfähige Leistungsberechtigte, die eine selbständige, hauptberufliche Tätigkeit ausüben, können durch geeignete Dritte durch Beratung oder Vermittlung von Kenntnissen und Fertigkeiten gefördert werden, wenn dies für die weitere Ausübung der selbständigen Tätigkeit erforderlich ist. Die Vermittlung von beruflichen Kenntnissen ist ausgeschlossen.
(3) Leistungen zur Eingliederung von erwerbsfähigen Leistungsberechtigten, die eine selbständige, hauptberufliche Tätigkeit aufnehmen oder ausüben, können nur gewährt werden, wenn zu erwarten ist, dass die selbständige Tätigkeit wirtschaftlich tragfähig ist und die Hilfebedürftigkeit durch die selbständige Tätigkeit innerhalb eines angemessenen Zeitraums dauerhaft überwunden oder verringert wird. Zur Beurteilung der Tragfähigkeit der selbständigen Tätigkeit soll die Agentur für Arbeit die Stellungnahme einer fachkundigen Stelle verlangen.

§ 16 d Arbeitsgelegenheiten (1) Erwerbsfähige Leistungsberechtigte können zur Erhaltung oder Wiedererlangung ihrer Beschäftigungsfähigkeit, die für eine Eingliederung in Arbeit erforderlich ist, in Arbeitsgelegenheiten zugewiesen werden, wenn die darin verrichteten Arbeiten zusätzlich sind, im öffentlichen Interesse liegen und wettbewerbsneutral sind. § 18 d Satz 2 findet Anwendung.
(2) Arbeiten sind zusätzlich, wenn sie ohne die Förderung nicht, nicht in diesem Umfang oder erst zu einem späteren Zeitpunkt durchgeführt würden. Arbeiten,

die auf Grund einer rechtlichen Verpflichtung durchzuführen sind oder die üblicherweise von jurstischen Personen des öffentlichen Rechts durchgeführt werden, sind nur förderungsfähig, wenn sie ohne die Förderung voraussichtlich erst nach zwei Jahren durchgeführt würden. Ausgenommen sind Arbeiten zur Bewältigung von Naturkatastrophen und sonstigen außergewöhnlichen Ereignissen.

(3) Arbeiten liegen im öffentlichen Interesse, wenn das Arbeitsergebnis der Allgemeinheit dient. Arbeiten, deren Ergebnis überwiegend erwerbswirtschaftlichen Interessen oder den Interessen eines begrenzten Personenkreises dient, liegen nicht im öffentlichen Interesse. Das Vorliegen des öffentlichen Interesses wird nicht allein dadurch ausgeschlossen, dass das Arbeitsergebnis auch den in der Maßnahme beschäftigten Leistungsberechtigten zugute kommt, wenn sichergestellt ist, dass die Arbeiten nicht zu einer Bereicherung Einzelner führen.

(4) Arbeiten sind wettbewerbsneutral, wenn durch sie eine Beeinträchtigung der Wirtschaft infolge der Förderung nicht zu befürchten ist und Erwerbstätigkeit auf dem allgemeinen Arbeitsmarkt weder verdrängt noch in ihrer Entstehung verhindert wird.

(5) Leistungen zur Eingliederung in Arbeit nach diesem Buch, mit denen die Aufnahme einer Erwerbstätigkeit auf dem allgemeinen Arbeitsmarkt weder verdrängt noch in ihrer Entstehung verhindert wird.

(6) Erwerbsfähige Leistungsberechtigte dürfen innerhalb eines Zeitraums von fünf Jahren nicht länger als insgesamt 24 Monate in Arbeitsgelegenheiten zugewiesen werden. Der Zeitraum beginnt mit Eintritt in die erste Arbeitsgelegenheit. Abweichend von Satz 1 können erwerbsfähige Leistungsberechtigte nach Ablauf der 24 Monate bis zu zwölf weitere Monate in Arbeitsgelegenheiten zugewiesen werden, wenn die Voraussetzungen der Absätze 1 und 5 weiterhin vorliegen.

(7) Den erwerbsfähigen Leistungsberechtigten ist während einer Arbeitsgelegenheit zuzüglich zum Arbeitslosengeld II von der Agentur für Arbeit eine angemessene Entschädigung für Mehraufwendungen zu zahlen. Die Arbeiten begründen kein Arbeitsverhältnis im Sinne des Arbeitsrechts und auch kein Beschäftigungsverhältnis im Sinne des Vierten Buches; die Vorschriften über den Arbeitsschutz und das Bundesurlaubsgesetz mit Ausnahme der Regelungen über das Urlaubsentgelt sind entsprechend anzuwenden. Für Schäden bei der Ausübung ihrer Tätigkeit haften die erwerbsfähigen Leistungsberechtigten wie Arbeitnehmerinnen und Arbeitnehmer.

(8) Auf Antrag werden die unmittelbar im Zusammenhang mit der Verrichtung von Arbeiten nach Absatz 1 erforderlichen Kosten erstattet. Hierzu können auch Personalkosten gehören, die entstehen, wenn eine besondere Anleitung, eine tätigkeitsbezogene Unterweisung oder eine sozialpädagogische Betreuung notwendig ist.

§ 16 e Eingliederung von Langzeitarbeitslosen (1) Arbeitgeber können für die nicht nur geringfügige Beschäftigung von erwerbsfähigen Leistungsberechtigten, die trotz vermittlerischer Unterstützung nach § 16 Absatz 1 Satz 1 unter

Einbeziehung der übrigen Eingliederungsleistungen nach diesem Buch seit mindestens zwei Jahren arbeitslos sind, durch Zuschüsse zum Arbeitsentgelt gefördert werden, wenn sie mit einer erwerbsfähigen leistungsberechtigten Person ein Arbeitsverhältnis für die Dauer von mindestens zwei Jahren begründen. Für die Berechnung der Dauer der Arbeitslosigkeit nach Satz 1 findet § 18 des Dritten Buches entsprechende Anwendung.

(2) Der Zuschuss nach Absatz 1 wird in den ersten beiden Jahren des Bestehens des Arbeitsverhältnisses geleistet. Er beträgt im ersten Jahr des Arbeitsverhältnisses 75 Prozent des zu berücksichtigenden Arbeitsentgelts und im zweiten Jahr des Arbeitsverhältnisses 50 Prozent des zu berücksichtigenden Arbeitsentgelts. Für das zu berücksichtigende Arbeitsentgelt findet § 91 Absatz 1 des Dritten Buches mit der Maßgabe entsprechende Anwendung, dass nur der pauschalierte Anteil des Arbeitgebers am Gesamtsozialversicherungsbeitrag abzüglich des Beitrags zur Arbeitsförderung zu berücksichtigen ist. § 22 Absatz 4 Satz 1 des Mindestlohngesetzes gilt nicht für Arbeitsverhältnisse, für die der Arbeitgeber einen Zuschuss nach Absatz 1 erhält.

(3) § 92 Absatz 1 des Dritten Buches findet entsprechende Anwendung. § 92 Absatz 2 Satz 1 erste Alternative, Satz 2 und 3 des Dritten Buches ist mit der Maßgabe entsprechend anzuwenden, dass abweichend von § 92 Absatz 2 Satz 3 zweiter Halbsatz des Dritten Buches der für die letzten sechs Monate bewilligte Förderbetrag zurückzuzahlen ist.

(4) Während einer Beschäftigung in einem Arbeitsverhältnis nach Absatz 1 soll eine erforderliche ganzheitliche beschäftigungsbegleitende Betreuung durch die Agentur für Arbeit oder einen durch diese beauftragten Dritten erbracht werden. In den ersten sechs Monaten der Beschäftigung in einem Arbeitsverhältnis nach Absatz 1 hat der Arbeitgeber die Arbeitnehmerin oder den Arbeitnehmer in angemessenem Umfang für eine ganzheitliche beschäftigungsbegleitende Betreuung nach Satz 1 unter Fortzahlung des Arbeitsentgelts freizustellen.

§ 16 f Freie Förderung (1) Die Agentur für Arbeit kann die Möglichkeiten der gesetzlich geregelten Eingliederungsleistungen durch freie Leistungen zur Eingliederung in Arbeit erweitern. Die freien Leistungen müssen den Zielen und Grundsätzen dieses Buches entsprechen.

(2) Die Ziele der Leistungen sind vor Förderbeginn zu beschreiben. Eine Kombination oder Modularisierung von Inhalten ist zulässig. Die Leistungen der Freien Förderung dürfen gesetzliche Leistungen nicht umgehen oder aufstocken. Ausgenommen hiervon sind Leistungen für

1. Langzeitarbeitslose und
2. erwerbsfähige Leistungsberechtigte, die das 25. Lebensjahr noch nicht vollendet haben und deren berufliche Eingliederung auf Grund von schwerwiegenden Vermittlungshemmnissen besonders erschwert ist,

bei denen in angemessener Zeit von in der Regel sechs Monaten nicht mit Aussicht auf Erfolg auf einzelne Gesetzesgrundlagen dieses Buches oder des Dritten Buches zurückgegriffen werden kann. Bei Leistungen an Arbeitgeber ist darauf zu achten, Wettbewerbsverfälschungen zu vermeiden. Projektförderungen im Sinne von Zuwendungen sind nach Maßgabe der §§ 23 und 44 der Bundeshaushaltsordnung zulässig. Bei längerfristig angelegten Förderungen ist der Erfolg regelmäßig zu überprüfen und zu dokumentieren.

§ 16 g Förderung bei Wegfall der Hilfebedürftigkeit (1) Entfällt die Hilfebedürftigkeit der oder des Erwerbsfähigen während einer Maßnahme zur Eingliederung, kann sie weiter gefördert werden, wenn dies wirtschaftlich erscheint und die oder der Erwerbsfähige die Maßnahme voraussichtlich erfolgreich abschließen wird.
(2) Zur nachhaltigen Eingliederung in Arbeit können Leistungen nach dem Ersten Abschnitt des Dritten Kapitels, nach § 44 oder § 45 Absatz 1 Satz 1 Nummer 5 des Dritten Buches oder nach § 16 a oder § 16 f bis zu sechs Monate nach Beschäftigungsaufnahme auch erbracht werden, wenn die Hilfebedürftigkeit der oder des Erwerbsfähigen aufgrund des zu berücksichtigenden Einkommens entfallen ist. Während der Förderdauer nach Satz 1 gilt § 15 entsprechend.
(3) Leistungen zur ganzheitlichen beschäftigungsbegleitenden Betreuung nach § 16 e Absatz 4 und § 16 i Absatz 4 dieses Buches können während der gesamten Dauer der jeweiligen Förderung auch erbracht werden, wenn die Hilfebedürftigkeit entfällt.

§ 16 h Förderung schwer zu erreichender junger Menschen (1) Für Leistungsberechtigte, die das 25. Lebensjahr noch nicht vollendet haben, kann die Agentur für Arbeit Leistungen erbringen mit dem Ziel, die aufgrund der individuellen Situation der Leistungsberechtigten bestehenden Schwierigkeiten zu überwinden,

1. eine schulische, ausbildungsbezogene oder berufliche Qualifikation abzuschließen oder anders ins Arbeitsleben einzumünden und
2. Sozialleistungen zu beantragen oder anzunehmen.

Die Förderung umfasst zusätzliche Betreuungs- und Unterstützungsleistungen mit dem Ziel, dass Leistungen der Grundsicherung für Arbeitsuchende in Anspruch genommen werden, erforderliche therapeutische Behandlungen eingeleitet werden und an Regelangebote dieses Buches zur Aktivierung und Stabilisierung und eine frühzeitige intensive berufsorientierte Förderung herangeführt wird.
(2) Leistungen nach Absatz 1 können erbracht werden, wenn die Voraussetzungen der Leistungsberechtigung mit hinreichender Wahrscheinlichkeit vorliegen oder zu erwarten sind oder eine Leistungsberechtigung dem Grunde nach besteht. Einer Leistung nach Absatz 1 steht eine fehlende Antragstellung der leistungsberechtigten Person nicht entgegen.
(3) Über die Leistungserbringung stimmen sich die Agentur für Arbeit und der örtlich zuständige Träger der öffentlichen Jugendhilfe ab.
(4) Träger bedürfen einer Zulassung nach dem Fünften Kapitel des Dritten Buches, um Maßnahmen nach Absatz 1 durchzuführen.

(5) Zuwendungen sind nach Maßgabe der §§ 23 und 44 der Bundeshaushaltsordnung zulässig.

§ 16 i Teilhabe am Arbeitsmarkt (1) Zur Förderung von Teilhabe am Arbeitsmarkt können Arbeitgeber für die Beschäftigung von zugewiesenen erwerbsfähigen Leistungsberechtigten Zuschüsse zum Arbeitsentgelt erhalten, wenn sie mit einer erwerbsfähigen leistungsberechtigten Person ein sozialversicherungspflichtiges Arbeitsverhältnis begründen.
(2) Der Zuschuss nach Absatz 1 beträgt
1. in den ersten beiden Jahren des Arbeitsverhältnisses 100 Prozent,
2. im dritten Jahr des Arbeitsverhältnisses 90 Prozent,
3. im vierten Jahr des Arbeitsverhältnisses 80 Prozent,
4. im fünften Jahr des Arbeitsverhältnisses 70 Prozent

der Höhe des Mindestlohns nach dem Mindestlohngesetz zuzüglich des auf dieser Basis berechneten pauschalierten Anteils des Arbeitgebers am Gesamtsozialversicherungsbeitrag abzüglich des Beitrags zur Arbeitsförderung. Ist der Arbeitgeber durch oder aufgrund eines Tarifvertrages oder nach kirchlichen Arbeitsrechtsregelungen zur Zahlung eines höheren Arbeitsentgelts verpflichtet, bemisst sich der Zuschuss nach Satz 1 auf Grundlage des zu zahlenden Arbeitsentgelts. § 91 Absatz 1 des Dritten Buches findet mit der Maßgabe entsprechende Anwendung, dass nur der pauschalierte Anteil des Arbeitgebers am Gesamtsozialversicherungsbeitrag abzüglich des Beitrags zur Arbeitsförderung zu berücksichtigen ist. Der Zuschuss bemisst sich nach der im Arbeitsvertrag vereinbarten Arbeitszeit. § 22 Absatz 4 Satz 1 des Mindestlohngesetzes gilt nicht für Arbeitsverhältnisse, für die der Arbeitgeber einen Zuschuss nach Absatz 1 erhält.
(3) Ein erwerbsfähige leistungsberechtigte Person kann einem Arbeitgeber zugewiesen werden, wenn
1. sie das 25. Lebensjahr vollendet hat,
2. sie für insgesamt mindestens sechs Jahre innerhalb der letzten sieben Jahre Leistungen zur Sicherung des Lebensunterhalts nach diesem Buch erhalten hat,
3. sie in dieser Zeit nicht oder nur kurzzeitig sozialversicherungspflichtig oder geringfügig beschäftigt oder selbständig tätig war und
4. für sie Zuschüsse an Arbeitgeber nach Absatz 1 noch nicht für eine Dauer von fünf Jahren erbracht worden sind.

In der Regel soll die erwerbsfähige leistungsberechtigte Person bereits für einen Zeitraum von mindestens zwei Monaten eine ganzheitliche Unterstützung erhalten haben. Abweichend von Satz 1 Nummer 2 kann eine erwerbsfähige leistungsberechtigte Person, die in den letzten fünf Jahren Leistungen zur Sicherung des Lebensunterhalts nach diesem Buch erhalten hat, einem Arbeitgeber zugewiesen werden, wenn sie in einer Bedarfsgemeinschaft mit mindestens einem minderjährigen Kind lebt oder schwerbehindert im Sinne des § 2 Absatz 2 und 3 des Neunten Buches ist.
(4) Während einer Förderung nach Absatz 1 soll eine erforderliche ganzheitliche beschäftigungsbegleitende Betreuung durch die Agentur für Arbeit oder

einen durch diese beauftragten Dritten erbracht werden. Im ersten Jahr der Beschäftigung in einem Arbeitsverhältnis nach Absatz 1 hat der Arbeitgeber die Arbeitnehmerin oder den Arbeitnehmer in angemessenem Umfang für eine ganzheitliche beschäftigungsbegleitende Betreuung nach Satz 1 unter Fortzahlung des Arbeitsentgelts freizustellen. Begründet die Arbeitnehmerin oder der Arbeitnehmer im Anschluss an eine nach Absatz 1 geförderte Beschäftigung ein sozialversicherungspflichtiges Arbeitsverhältnis bei einem anderen Arbeitgeber, so können Leistungen nach Satz 1 bis zu sechs Monate nach Aufnahme der Anschlussbeschäftigung erbracht werden, auch wenn die Hilfebedürftigkeit während der Förderung nach Absatz 1 entfallen ist, sofern sie ohne die Aufnahme der Anschlussbeschäftigung erneut eintreten würde; § 16 g Absatz 2 bleibt im Übrigen unberührt.

(5) Angemessene Zeiten einer erforderlichen Weiterbildung oder eines betrieblichen Praktikums bei einem anderen Arbeitgeber, für die der Arbeitgeber die Arbeitnehmerin oder den Arbeitnehmer unter Fortzahlung des Arbeitsentgelts freistellt, sind förderfähig. Für Weiterbildung nach Satz 1 kann der Arbeitgeber je Förderfall Zuschüsse zu den Weiterbildungskosten von insgesamt bis zu 3000 Euro erhalten.

(6) Die Agentur für Arbeit soll die Arbeitnehmerin oder den Arbeitnehmer umgehend abberufen, wenn sie diese Person in eine zumutbare Arbeit oder Ausbildung vermitteln kann oder die Förderung aus anderen Gründen beendet wird. Die Arbeitnehmerin oder der Arbeitnehmer kann das Arbeitsverhältnis ohne Einhaltung einer Frist kündigen, wenn sie oder er eine Arbeit oder Ausbildung aufnehmen kann, an einer Maßnahme der Berufsausbildung oder beruflichen Weiterbildung zum Erwerb eines Berufsabschlusses teilnehmen kann oder nach Satz 1 abberufen wird. Der Arbeitgeber kann das Arbeitsverhältnis ohne Einhaltung einer Frist kündigen, wenn die Arbeitnehmerin oder der Arbeitnehmer nach Satz 1 abberufen wird.

(7) Die Zahlung eines Zuschusses nach Absatz 1 ist ausgeschlossen, wenn zu vermuten ist, dass der Arbeitgeber

1. die Beendigung eines anderen Arbeitsverhältnisses veranlasst hat, um einen Zuschuss nach Absatz 1 zu erhalten, oder
2. eine bisher für das Arbeitsverhältnis erbrachte Förderung ohne besonderen Grund nicht mehr in Anspruch nimmt.

(8) Die Befristung eines Arbeitsvertrages mit einer zugewiesenen erwerbsfähigen leistungsberechtigten Person im Sinne von Absatz 3 ist bis zu einer Dauer von fünf Jahren zulässig, wenn dem Arbeitgeber zur Förderung der Teilhabe am Arbeitsmarkt ein Zuschuss zum Arbeitsentgelt nach Absatz 1 gewährt wird. Bis zu der Gesamtdauer von fünf Jahren ist auch die höchstens einmalige Verlängerung des Arbeitsvertrages zulässig.

(9) Zu den Einsatzfeldern der nach Absatz 1 geförderten Arbeitsverhältnisse hat die Agentur für Arbeit jährlich eine Stellungnahme der Vertreterinnen und Vertreter der Sozialpartner im Örtlichen Beirat, insbesondere zu möglichen Wettbewerbsverzerrungen sowie Verdrängungseffekten, einzuholen. Die Stellungnahme muss einvernehmlich erfolgen. Eine von der Stellungnahme abwei-

chende Festlegung der Einsatzfelder hat die Agentur für Arbeit schriftlich zu begründen. § 18 d Satz 2 gilt entsprechend.

(10) Abweichend von Absatz 3 Nummer 2 und 3 kann eine erwerbsfähige leistungsberechtigte Person auch dann einem Arbeitgeber zugewiesen werden, wenn sie seit dem 1. Januar 2015 für mehr als sechs Monate in einem Arbeitsverhältnis beschäftigt war, das durch einen Zuschuss nach § 16 e in der bis zum 31. Dezember 2018 geltenden Fassung oder im Rahmen des Bundesprogramms »Soziale Teilhabe am Arbeitsmarkt« gefördert wurde, und sie dieses Arbeitsverhältnis nicht selbst gekündigt hat. Zeiten eines nach § 16 e in der bis zum 31. Dezember 2018 geltenden Fassung oder nach dem Bundesprogramm »Soziale Teilhabe am Arbeitsmarkt« geförderten Arbeitsverhältnisses werden bei der Ermittlung der Förderdauer und Förderhöhe nach Absatz 2 Satz 1 berücksichtigt und auf die Förderdauer nach Absatz 3 Nummer 4 angerechnet.

§ 17 Einrichtungen und Dienste für Leistungen zur Eingliederung (1) Zur Erbringung von Leistungen zur Eingliederung in Arbeit sollen die zuständigen Träger der Leistungen nach diesem Buch eigene Einrichtungen und Dienste nicht neu schaffen, soweit geeignete Einrichtungen und Dienste Dritter vorhanden sind, ausgebaut oder in Kürze geschaffen werden können. Die zuständigen Träger der Leistungen nach diesem Buch sollen Träger der freien Wohlfahrtspflege in ihrer Tätigkeit auf dem Gebiet der Grundsicherung für Arbeitsuchende angemessen unterstützen.

(2) Wird die Leistung von einem Dritten erbracht und sind im Dritten Buch keine Anforderungen geregelt, denen die Leistung entsprechen muss, sind die Träger der Leistungen nach diesem Buch zur Vergütung für die Leistung nur verpflichtet, wenn mit dem Dritten oder seinem Verband eine Vereinbarung insbesondere über

1. Inhalt, Umfang und Qualität der Leistungen,
2. die Vergütung, die sich aus Pauschalen und Beträgen für einzelne Leistungsbereiche zusammensetzen kann, und
3. die Prüfung der Wirtschaftlichkeit und Qualität der Leistungen

besteht. Die Vereinbarungen müssen den Grundsätzen der Wirtschaftlichkeit, Sparsamkeit und Leistungsfähigkeit entsprechen.

§ 18 Örtliche Zusammenarbeit (1) Die zuständigen Träger der Leistungen arbeiten im Rahmen ihrer Aufgaben und Befugnisse mit den Gemeinden, Kreisen und Bezirken sowie den weiteren Beteiligten des örtlichen Ausbildungs- und Arbeitsmarktes zusammen, insbesondere mit den

1. Leistungsträgern im Sinne des § 12 des Ersten Buches sowie Trägern von Leistungen nach dem Bundesversorgungsgesetz und dem Asylbewerberleistungsgesetz,
2. Vertreterinnen und Vertretern der Arbeitgeber sowie der Arbeitnehmerinnen und Arbeitnehmer,
3. Kammern und berufsständischen Organisationen,
4. Ausländerbehörden und dem Bundesamt für Migration und Flüchtlinge,

5. allgemein- und berufsbildenden Schulen und Stellen der Schulverwaltung sowie Hochschulen,
6. Einrichtungen und Stellen des öffentlichen Gesundheitsdienstes und sonstigen Einrichtungen und Diensten des Gesundheitswesens sowie
7. Trägern der freien Wohlfahrtspflege und Dritten, die Leistungen nach diesem Buch erbringen.

(2) Die Zusammenarbeit mit den Stellen nach Absatz 1 erfolgt auf der Grundlage der Gegenseitigkeit insbesondere, um
1. eine gleichmäßige oder gemeinsame Durchführung von Maßnahmen zu beraten oder zu sichern und
2. Leistungsmissbrauch zu verhindern oder aufzudecken.

Dies gilt insbesondere, wenn
1. Hemmnisse bei der Eingliederung der erwerbsfähigen leistungsberechtigten Person in Ausbildung und Arbeit nur unter Einbeziehung der gesamten Bedarfsgemeinschaft beseitigt werden können und für die Mitglieder der Bedarfsgemeinschaft die Erbringung weiterer Leistungen erforderlich ist, oder
2. zur Eingliederung insbesondere sozial benachteiligter und individuell beeinträchtigter junger Menschen zwischen den nach Absatz 1 beteiligten Stellen und Einrichtungen abgestimmte, den individuellen Bedarf deckende Leistungen erforderlich sind.

(3) Die Leistungen nach diesem Buch sind in das regionale Arbeitsmarktmonitoring der Agenturen für Arbeit nach § 9 Absatz 2 des Dritten Buches einzubeziehen.

(4) Die Agenturen für Arbeit sollen mit Gemeinden, Kreisen und Bezirken auf deren Verlangen Vereinbarungen über das Erbringen von Leistungen zur Eingliederung nach diesem Gesetz mit Ausnahme der Leistungen nach § 16 Absatz 1 schließen, wenn sie den durch eine Rechtsverordnung festgelegten Mindestanforderungen entsprechen. Satz 1 gilt nicht für die zugelassenen kommunalen Träger.

(5) Das Bundesministerium für Arbeit und Soziales wird ermächtigt, ohne Zustimmung des Bundesrates durch Rechtsverordnung[1] zu bestimmen, welchen Anforderungen eine Vereinbarung nach Absatz 3 mindestens genügen muss.

§ 18 a Zusammenarbeit mit den für die Arbeitsförderung zuständigen Stellen Beziehen erwerbsfähige Leistungsberechtigte auch Leistungen der Arbeitsförderung, so sind die Agenturen für Arbeit, die zugelassenen kommunalen Träger und die gemeinsamen Einrichtungen verpflichtet, bei der Wahrnehmung der Aufgaben nach diesem Buch mit den für die Arbeitsförderung zuständigen Dienststellen der Bundesagentur eng zusammenzuarbeiten. Sie unterrichten diese unverzüglich über die ihnen insoweit bekannten, für die Wahrnehmung der Aufgaben der Arbeitsförderung erforderlichen Tatsachen, insbesondere über

1 **Mindestanforderungs-Verordnung** (EinglMindV) vom 4. 11. 2004 (BGBl. I 2768).

1. die für erwerbsfähige Leistungsberechtigte, die auch Leistungen der Arbeitsförderung beziehen, vorgesehenen und erbrachten Leistungen zur Eingliederung in Arbeit,
2. den Wegfall der Hilfebedürftigkeit bei diesen Personen.

§ 18 b Kooperationsausschuss (1) Die zuständige oberste Landesbehörde und das Bundesministerium für Arbeit und Soziales bilden einen Kooperationsausschuss. Der Kooperationsausschuss koordiniert die Umsetzung der Grundsicherung für Arbeitsuchende auf Landesebene. Im Kooperationsausschuss vereinbaren das Land und der Bund jährlich die Ziele und Schwerpunkte der Arbeitsmarkt- und Integrationspolitik in der Grundsicherung für Arbeitsuchende auf Landesebene. § 48 b bleibt unberührt. Die Verfahren zum Abschluss der Vereinbarungen zwischen Bund und Ländern werden mit den Verfahren zum Abschluss der Zielvereinbarungen zwischen dem Bundesministerium für Arbeit und Soziales und der Bundesagentur sowie deren Konkretisierung in den Zielvereinbarungen der Bundesagentur und den gemeinsamen Einrichtungen abgestimmt. Der Kooperationsausschuss kann sich über die Anlegenheiten der gemeinsamen Einrichtungen unterrichten lassen. Der Kooperationsausschuss entscheidet darüber hinaus bei einer Meinungsverschiedenheit über die Weisungszuständigkeit im Verfahren nach § 44 e, berät die Trägerversammlung bei der Bestellung und Abberufung eines Geschäftsführers nach § 44 c Absatz 2 Nummer 1 und gibt in den Fällen einer Weisung in grundsätzlichen Angelegenheiten nach § 44 b Absatz 3 Satz 4 eine Empfehlung ab.
(2) Der Kooperationsausschuss besteht aus sechs Mitgliedern, von denen drei Mitglieder von der zuständigen obersten Landesbehörde und drei Mitglieder vom Bundesmininsterium für Arbeit und Soziales entsandt werden. Die Mitglieder des Kooperationsausschusses können sich vertreten lassen. An den Sitzungen soll in der Regel jeweils mindestens eine Mitarbeiterin oder ein Mitarbeiter der zuständigen obersten Landesbehörde und des Bundesministeriums für Arbeit und Soziales teilnehmen.
(3) Die Mitglieder wählen eine Vorsitzende oder einen Vorsitzenden. Kann im Kooperationsausschuss keine Einigung über die Person der oder des Vorsitzenden erzielt werden, wird die oder der Vorsitzende von den Vertreterinnen oder Vertretern des Bundesministeriums für Arbeit und Soziales oder den Vertreterinnen und Vertretern der zuständigen obersten Landesbehörde abwechselnd jeweils für zwei Jahre bestimmt; die erstmalige Bestimmung erfolgt durch die Vertreterinnen und Vertreter des Bundesministeriums für Arbeit und Soziales. Der Kooperationsausschuss gibt sich eine Geschäftsordnung.

§ 18 c Bund-Länder-Ausschuss (1) Beim Bundesministerium für Arbeit und Soziales wird ein Ausschuss für die Grundsicherung für Arbeitsuchende gebildet. Er beobachtet und berät die zentralen Fragen der Umsetzung der Grundsicherung für Arbeitsuchende und Fragen der Aufsicht nach den §§ 47 und 48, Fragen des

Kennzahlenvergleichs nach § 48 a Absatz 2 sowie Fragen der zu erhebenden Daten nach § 51 b Absatz 1 Satz 2 und erörtert die Zielvereinbarungen nach § 48 b Absatz 1.

(2) Bei der Beobachtung und Beratung zentraler Fragen der Umsetzung der Grundsicherung für Arbeitsuchende sowie Fragen des Kennzahlenvergleichs nach § 48 a Absatz 2 und Fragen der zu erhebenden Daten nach § 51 b Absatz 1 Satz 2 ist der Ausschuss besetzt mit Vertreterinnen und Vertretern der Bundesregierung, der Länder, der kommunalen Spitzenverbände und der Bundesagentur. Der Ausschuss kann sich von den Trägern berichten lassen.

(3) Bei der Beratung von Fragen der Aufsicht nach den §§ 47 und 48 ist der Ausschuss besetzt mit Vertreterinnen und Vertretern der Bundesregierung und der Aufsichtsbehörden der Länder. Bund und Länder können dazu einvernehmlich Vertreterinnen und Vertreter der kommunalen Spitzenverbände und der Bundesagentur einladen, sofern dies sachdienlich ist.

§ 18 d Örtlicher Beirat Bei jeder gemeinsamen Einrichtung nach § 44 b wird ein Beirat gebildet. Der Beirat berät die Einrichtung bei der Auswahl und Gestaltung der Eingliederungsinstrumente und -maßnahmen; Stellungnahmen des Beirats, insbesondere diejenigen der Vertreter der Arbeitgeber und Arbeitnehmer, hat die gemeinsame Einrichtung zu berücksichtigen. Die Trägerversammlung beruft die Mitglieder des Beirats auf Vorschlag der Beteiligten des örtlichen Arbeitsmarktes, insbesondere den Trägern der freien Wohlfahrtspflege, den Vertreterinnen und Vertretern der Arbeitgeber und Arbeitnehmer sowie den Kammern und berufsständischen Organisationen. Vertreterinnen und Vertreter von Beteiligten des örtlichen Arbeitsmarktes, die Eingliederungsleistungen nach diesem Buch anbieten, dürfen nicht Mitglied des Beirats sein. Der Beirat gibt sich eine Geschäftsordnung. Die Sätze 1 bis 5 gelten entsprechend für die zugelassenen kommunalen Träger mit der Maßgabe, dass die Berufung der Mitglieder des Beirats durch den zugelassenen kommunalen Träger erfolgt.

§ 18 e Beauftragte für Chancengleichheit am Arbeitsmarkt (1) Die Trägerversammlungen bei den gemeinsamen Einrichtungen bestellen Beauftragte für Chancengleichheit am Arbeitsmarkt aus dem Kreis der Beamtinnen und Beamten, Arbeitnehmerinnen und Arbeitnehmer, denen in den gemeinsamen Einrichtungen Tätigkeiten zugewiesen worden sind. Sie sind unmittelbar der jeweiligen Geschäftsführerin oder dem jeweiligen Geschäftsführer zugeordnet.

(2) Die Beauftragten unterstützen und beraten die gemeinsamen Einrichtungen in Fragen der Gleichstellung von Frauen und Männern in der Grundsicherung für Arbeitsuchende, der Frauenförderung sowie der Vereinbarkeit von Familie und Beruf bei beiden Geschlechtern. Hierzu zählen insbesondere Fragen der Beratung, der Eingliederung in Arbeit und Ausbildung sowie des beruflichen Wiedereinstiegs von Frauen und Männern nach einer Familienphase.

(3) Die Beauftragten sind bei der Erarbeitung des örtlichen Arbeitsmarkt- und Integrationsprogramms der Grundsicherung für Arbeitsuchende sowie bei der geschlechter- und familiengerechten fachlichen Aufgabenerledigung der gemeinsamen Einrichtung zu beteiligen. Sie haben ein Informations-, Beratungs- und Vorschlagsrecht in Fragen, die Auswirkungen auf die Chancengleichheit von Frauen und Männern haben.

(4) Die Beauftragten unterstützen und beraten erwerbsfähige Leistungsberechtigte und die mit diesen in einer Bedarfsgemeinschaft lebenden Personen; Arbeitgeber sowie Arbeitnehmer- und Arbeitgeberorganisationen in übergeordneten Fragen der Gleichstellung von Frauen und Männern in der Grundsicherung für Arbeitsuchende, der Frauenförderung sowie der Vereinbarkeit von Familie und Beruf bei beiden Geschlechtern. Zur Sicherung der gleichberechtigten Teilhabe von Frauen und Männern am Arbeitsmarkt arbeiten die Beauftragten mit den in Fragen der Gleichstellung im Erwerbsleben tätigen Stellen im Zuständigkeitsbereich der gemeinsamen Einrichtung zusammen.

(5) Die gemeinsamen Einrichtungen werden in den Sitzungen kommunaler Gremien zu Themen, die den Aufgabenbereich der Beauftragten betreffen, von den Beauftragten vertreten.

(6) Die Absätze 1 bis 5 gelten entsprechend für die zugelassenen kommunalen Träger.

Abschnitt 2 – Leistungen zur Sicherung des Lebensunterhalts

Unterabschnitt 1 – Leistungsanspruch

§ 19 Arbeitslosengeld II, Sozialgeld und Leistungen für Bildung und Teilhabe (1) Erwerbsfähige Leistungsberechtigte erhalten Arbeitslosengeld II. Nichterwerbsfähige Leistungsberechtigte, die mit erwerbsfähigen Leistungsberechtigten in einer Bedarfsgemeinschaft leben, erhalten Sozialgeld, soweit sie keinen Anspruch auf Leistungen nach dem Vierten Kapitel des Zwölften Buches haben. Die Leistungen umfassen den Regelbedarf, Mehrbedarfe und den Bedarf für Unterkunft und Heizung.

(2) Leistungsberechtigte haben unter den Voraussetzungen des § 28 Anspruch auf Leistungen für Bildung und Teilhabe, soweit sie keinen Anspruch auf Leistungen nach dem Vierten Kapitel des Zwölften Buches haben. Soweit für Kinder Leistungen zur Deckung von Bedarfen für Bildung und Teilhabe nach § 6 b des Bundeskindergeldgesetzes gewährt werden, haben sie keinen Anspruch auf entsprechende Leistungen zur Deckung von Bedarfen nach § 28.

(3) Die Leistungen zur Sicherung des Lebensunterhalts werden in Höhe der Bedarfe nach den Absätzen 1 und 2 erbracht, soweit diese nicht durch das zu berücksichtigende Einkommen und Vermögen gedeckt sind. Zu berücksichtigendes Einkommen und Vermögen deckt zunächst die Bedarfe nach den §§ 20,

21 und 23, darüber hinaus die Bedarfe nach § 22. Sind nur noch Leistungen für Bildung und Teilhabe zu leisten, deckt weiteres zu berücksichtigendes Einkommen und Vermögen die Bedarfe in der Reihenfolge der Absätze 2 bis 7 nach § 28.

Unterabschnitt 2 – Arbeitslosengeld II und Sozialgeld

§ 20 Regelbedarf zur Sicherung des Lebensunterhalts (1) Der Regelbedarf zur Sicherung des Lebensunterhalts umfasst insbesondere Ernährung, Kleidung, Körperpflege, Hausrat, Haushaltsenergie ohne die auf die Heizung und Erzeugung von Warmwasser entfallenden Anteile sowie persönliche Bedürfnisse des täglichen Lebens. Zu den persönlichen Bedürfnissen des täglichen Lebens gehört in vertretbarem Umfang eine Teilhabe am sozialen und kulturellen Leben in der Gemeinschaft. Der Regelbedarf wird als monatlicher Pauschalbetrag berücksichtigt. Über die Verwendung der zur Deckung des Regelbedarfs erbrachten Leistungen entscheiden die Leistungsberechtigten eigenverantwortlich; dabei haben sie das Eintreten unregelmäßig anfallender Bedarfe zu berücksichtigen.

(1 a) Der Regelbedarf wird in Höhe der jeweiligen Regelbedarfsstufe entsprechend § 28 des Zwölften Buches in Verbindung mit dem Regelbedarfs-Ermittlungsgesetz und den §§ 28 a und 40 des Zwölften Buches in Verbindung mit der für das jeweilige Jahr geltenden Regelbedarfs-Fortschreibungsverordnung anerkannt. Soweit in diesem Buch auf einen Regelbedarf oder eine Regelbedarfsstufe verwiesen wird, ist auf den Betrag der für den jeweiligen Zeitraum geltenden Neuermittlung entsprechend § 28 des Zwölften Buches in Verbindung mit dem Regelbedarfs-Ermittlungsgesetz abzustellen. In Jahren, in denen keine Neuermittlung nach § 28 des Zwölften Buches erfolgt, ist auf den Betrag abzustellen, der sich für den jeweiligen Zeitraum entsprechend der Regelbedarfsstufen-Fortschreibungsverordnung nach den §§ 28 a und 40 des Zwölften Buches ergibt.

(2) Als Regelbedarf wird bei Personen, die alleinstehend und alleinerziehend sind oder deren Partnerin oder Partner minderjährig ist, monatlich ein Betrag in Höhe der Regelbedarfsstufe 1 anerkannt. Für sonstige erwerbsfähige Angehörige der Bedarfsgemeinschaft wird als Regelbedarf anerkannt:

1. monatlich ein Betrag in Höhe der Regelbedarfsstufe 4, sofern sie das 18. Lebensjahr noch nicht vollendet haben,
2. monatlich ein Betrag in Höhe der Regelbedarfsstufe 3 in den übrigen Fällen.

(3) Abweichend von Absatz 2 Satz 1 ist bei Personen, die das 25. Lebensjahr noch nicht vollendet haben und ohne Zusicherung des zuständigen kommunalen Trägers nach § 22 Absatz 5 umziehen, bis zur Vollendung des 25. Lebensjahres der in Absatz 2 Satz 2 Nummer 2 genannte Betrag als Regelbedarf anzuerkennen.

(4) Haben zwei Partner der Bedarfsgemeinschaft das 18. Lebensjahr vollendet, ist als Regelbedarf für jede dieser Personen ein Betrag in Höhe von monatlich ein Betrag in Höhe der Regelbedarfsstufe 2 anzuerkennen.

§ 21 Mehrbedarfe (1) Mehrbedarfe umfassen Bedarfe nach den Absätzen 2 bis 7, die nicht durch den Regelbedarf abgedeckt sind.

(2) Bei werdenden Müttern wird nach der zwölften Schwangerschaftswoche ein Mehrbedarf von 17 Prozent des nach § 20 maßgebenden Regelbedarfs anerkannt.

(3) Bei Personen, die mit einem oder mehreren minderjährigen Kindern zusammenleben und allein für deren Pflege und Erziehung sorgen, ist ein Mehrbedarf anzuerkennen

1. in Höhe von 36 Prozent des nach § 20 Absatz 2 maßgebenden Bedarfs, wenn sie mit einem Kind unter sieben Jahren oder mit zwei oder drei Kindern unter 16 Jahren zusammenleben, oder
2. in Höhe von 12 Prozent des nach § 20 Absatz 2 maßgebenden Bedarfs für jedes Kind, wenn sich dadurch ein höherer Prozentsatz als nach der Nummer 1 ergibt, höchstens jedoch in Höhe von 60 Prozent des nach § 20 Absatz 2 maßgebenden Regelbedarfs.

(4) Bei erwerbsfähigen behinderten Leistungsberechtigten, denen Leistungen zur Teilhabe am Arbeitsleben nach § 49 des Neunten Buches mit Ausnahme der Leistungen nach § 49 Absatz 3 Nummer 2 und 5 des Neunten Buches sowie sonstige Hilfen zur Erlangung eines geeigneten Platzes im Arbeitsleben oder Eingliederungshilfen nach § 54 Absatz 1 Satz 1 Nummer 1 bis 3 des Zwölften Buches erbracht werden, wird ein Mehrbedarf von 35 Prozent des nach § 20 maßgebenden Regelbedarfs anerkannt. Satz 1 kann auch nach Beendigung der dort genannten Maßnahmen während einer angemessenen Übergangszeit, vor allem einer Einarbeitungszeit, angewendet werden.

(5) Bei Leistungsberechtigten, die aus medizinischen Gründen einer kostenaufwändigen Ernährung bedürfen, wird ein Mehrbedarf in angemessener Höhe anerkannt.

(6) Bei Leistungsberechtigten wird ein Mehrbedarf anerkannt, soweit im Einzelfall ein unabweisbarer, laufender, nicht nur einmaliger besonderer Bedarf besteht. Der Mehrbedarf ist unabweisbar, wenn er insbesondere nicht durch die Zuwendungen Dritter sowie unter Berücksichtigung von Einsparmöglichkeiten der Leistungsberechtigten gedeckt ist und seiner Höhe nach erheblich von einem durchschnittlichen Bedarf abweicht.

(7) Bei Leistungsberechtigten wird ein Mehrbedarf anerkannt, soweit Warmwasser durch in der Unterkunft installierte Vorrichtungen erzeugt wird (dezentrale Warmwassererzeugung) und deshalb keine Bedarfe für zentral bereitsgestelltes Warmwasser nach § 22 anerkannt werden. Der Mehrbedarf beträgt für jede im Haushalt lebende leistungsberechtigte Person jeweils

1. 2,3 Prozent des für sie geltenden Regelbedarfs nach § 20 Absatz 2 Satz 1 oder Satz 2 Nummer 2, Absatz 3 oder 4,
2. 1,4 Prozent des für sie geltenden Regelbedarfs nach § 20 Absatz 2 Satz 2 Nummer 1 oder § 23 Nummer 1 bei Leistungsberechtigten im 15. Lebensjahr,
3. 1,2 Prozent des Regelbedarfs nach § 23 Nummer 1 bei Leistungsberechtigten vom Beginn des siebten bis zur Vollendung des 14. Lebensjahres oder

4. 0,8 Prozent des Regelbedarfs nach § 23 Nummer 1 bei Leistungsberechtigten bis zur Vollendung des sechsten Lebensjahres,

soweit nicht im Einzelfall ein abweichender Bedarf besteht oder ein Teil des angemessenen Warmwasserbedarfs nach § 22 Absatz 1 anerkannt wird.

(8) Die Summe des insgesamt anerkannten Mehrbedarfs nach den Absätzen 2 bis 5 darf die Höhe des für erwerbsfähige Leistungsberechtigte maßgebenden Regelbedarfs nicht übersteigen.

§ 22 Bedarfe für Unterkunft und Heizung (1) Bedarfe für Unterkunft und Heizung werden in Höhe der tatsächlichen Aufwendungen anerkannt, soweit diese angemessen sind. Erhöhen sich nach einem nicht erforderlichen Umzug die Aufwendungen für Unterkunft und Heizung, wird nur der bisherige Bedarf anerkannt. Soweit die Aufwendungen für die Unterkunft den der Besonderheit des Einzelfalles angemessenen Umfang übersteigen, sind sie als Bedarf so lange anzuerkennen, wie es der oder dem alleinstehenden Leistungsberechtigten oder der Bedarfsgemeinschaft nicht möglich oder nicht zuzumuten ist, durch einen Wohnungswechsel, durch Vermieten oder auf andere Weise die Aufwendungen zu senken, in der Regel jedoch längstens für sechs Monate. Eine Absenkung der nach Satz 1 unangemessenen Aufwendungen muss nicht gefordert werden, wenn diese unter Berücksichtigung der bei einem Wohnungswechsel zu erbringenden Leistungen unwirtschaftlich wäre.

(1 a) *(weggefallen)*

(2) Als Bedarf für die Unterkunft werden auch unabweisbare Aufwendungen für Instandhaltung und Reparatur bei selbst bewohntem Wohneigentum im Sinne des § 12 Absatz 3 Satz 1 Nummer 4 anerkannt, soweit diese unter Berücksichtigung der im laufenden sowie den darauffolgenden elf Kalendermonaten anfallenden Aufwendungen insgesamt angemessen sind. Übersteigen unabweisbare Aufwendungen für Instandhaltung und Reparatur den Bedarf für die Unterkunft nach Satz 1, kann der kommunale Träger zur Deckung dieses Teils der Aufwendungen ein Darlehen erbringen, das dinglich gesichert werden soll.

(3) Rückzahlungen und Guthaben, die dem Bedarf für Unterkunft und Heizung zuzuordnen sind, mindern die Aufwendungen für Unterkunft und Heizung nach dem Monat der Rückzahlung oder der Gutschrift; Rückzahlungen, die sich auf die Kosten für Haushaltsenergie oder nicht anerkannte Aufwendungen für Unterkunft und Heizung beziehen, bleiben außer Betracht.

(4) Vor Abschluss eines Vertrages über eine neue Unterkunft soll die leistungsberechtigte Person die Zusicherung des für die neue Unterkunft örtlich zuständigen kommunalen Trägers zur Berücksichtigung der Aufwendungen für die neue Unterkunft einholen. Der kommunale Träger ist zur Zusicherung verpflichtet, wenn die Aufwendungen für die neue Unterkunft angemessen sind.

(5) Sofern Personen, die das 25. Lebensjahr noch nicht vollendet haben, umziehen, werden Bedarfe für Unterkunft und Heizung für die Zeit nach einem Umzug bis zur Vollendung des 25. Lebensjahres nur anerkannt, wenn der kommunale Träger dies vor Abschluss des Vertrages über die Unterkunft zugesichert hat. Der kommunale Träger ist zur Zusicherung verpflichtet, wenn

1. die oder der Betroffene aus schwerwiegenden sozialen Gründen nicht auf die Wohnung der Eltern oder eines Elternteils verwiesen werden kann,
2. der Bezug der Unterkunft zur Eingliederung in den Arbeitsmarkt erforderlich ist oder
3. ein sonstiger, ähnlich schwerwiegender Grund vorliegt.

Unter den Voraussetzungen des Satzes 2 kann vom Erfordernis der Zusicherung abgesehen werden, wenn es der oder dem Betroffenen aus wichtigem Grund nicht zumutbar war, die Zusicherung einzuholen. Bedarfe für Unterkunft und Heizung werden bei Personen, die das 25. Lebensjahr noch nicht vollendet haben, nicht anerkannt, wenn diese vor der Beantragung von Leistungen in eine Unterkunft in der Absicht umziehen, die Voraussetzungen für die Gewährung der Leistungen herbeizuführen.

(6) Wohnungsbeschaffungskosten und Umzugskosten können bei vorheriger Zusicherung durch den bis zum Umzug örtlich zuständigen kommunalen Träger als Bedarf anerkannt werden; Aufwendungen für eine Mietkaution und für den Erwerb von Genossenschaftsanteilen können bei vorheriger Zusicherung durch den am Ort der neuen Unterkunft zuständigen kommunalen Träger als Bedarf anerkannt werden. Die Zusicherung soll erteilt werden, wenn der Umzug durch den kommunalen Träger veranlasst oder aus anderen Gründen notwendig ist und wenn ohne die Zusicherung eine Unterkunft in einem angemessenen Zeitraum nicht gefunden werden kann. Aufwendungen für eine Mietkaution und für Genossenschaftsanteile sollen als Darlehen erbracht werden.

(7) Soweit Arbeitslosengeld II für den Bedarf für Unterkunft und Heizung geleistet wird, ist es auf Antrag der leistungsberechtigten Person an den Vermieter oder andere Empfangsberechtigte zu zahlen. Es soll an den Vermieter oder andere Empfangsberechtigte gezahlt werden, wenn die zweckentsprechende Verwendung durch die leistungsberechtigte Person nicht sichergestellt ist. Das ist insbesondere der Fall, wenn

1. Mietrückstände bestehen, die zu einer außerordentlichen Kündigung des Mietverhältnisses berechtigen,
2. Energiekostenrückstände bestehen, die zu einer Unterbrechung der Energieversorgung berechtigen,
3. konkrete Anhaltspunkte für ein krankheits- oder suchtbedingtes Unvermögen der leistungsberechtigten Person bestehen, die Mittel zweckentsprechend zu verwenden, oder
4. konkrete Anhaltspunkte dafür bestehen, dass die im Schuldnerverzeichnis eingetragene leistungsberechtigte Person die Mittel nicht zweckentsprechend verwendet.

Der kommunale Träger hat die leistungsberechtigte Person über eine Zahlung der Leistungen für die Unterkunft und Heizung an den Vermieter oder andere Empfangsberechtigte schriftlich zu unterrichten.

(8) Sofern Arbeitslosengeld II für den Bedarf für Unterkunft und Heizung erbracht wird, können auch Schulden übernommen werden, soweit dies zur Sicherung der Unterkunft oder zur Behebung einer vergleichbaren Notlage

gerechtfertigt ist. Sie sollen übernommen werden, wenn dies gerechtfertigt und notwendig ist und sonst Wohnungslosigkeit droht. Vermögen nach § 12 Absatz 2 Satz 1 Nummer 1 ist vorrangig einzusetzen. Geldleistungen sollen als Darlehen erbracht werden.

(9) Geht bei einem Gericht eine Klage auf Räumung von Wohnraum im Falle der Kündigung des Mietverhältnisses nach § 543 Absatz 1, 2 Satz 1 Nummer 3 in Verbindung mit § 569 Absatz 3 des Bürgerlichen Gesetzbuchs ein, teilt das Gericht dem örtlich zuständigen Träger nach diesem Buch oder der von diesem beauftragten Stelle zur Wahrnehmung der in Absatz 8 bestimmten Aufgaben unverzüglich Folgendes mit:

1. den Tag des Eingangs der Klage,
2. die Namen und die Anschriften der Parteien,
3. die Höhe der monatlich zu entrichtenden Miete,
4. die Höhe des geltend gemachten Mietrückstandes und der geltend gemachten Entschädigung und
5. den Termin zur mündlichen Verhandlung, sofern dieser bereits bestimmt ist.

Außerdem kann der Tag der Rechtshängigkeit mitgeteilt werden. Die Übermittlung unterbleibt, wenn die Nichtzahlung der Miete nach dem Inhalt der Klageschrift offensichtlich nicht auf Zahlungsunfähigkeit der Mieterin oder des Mieters beruht.

(10) Zur Beurteilung der Angemessenheit der Aufwendungen für Unterkunft und Heizung nach Absatz 1 Satz 1 ist die Bildung einer Gesamtangemessenheitsgrenze zulässig. Dabei kann für die Aufwendungen für Heizung der Wert berücksichtigt werden, der bei einer gesonderten Beurteilung der Angemessenheit der Aufwendungen für Heizung ohne Prüfung der Angemessenheit im Einzelfall höchstens anzuerkennen wäre. Absatz 1 Satz 2 bis 4 gilt entsprechend.

§ 22 a Satzungsermächtigung (1) Die Länder können die Kreise und kreisfreien Städte durch Gesetz ermächtigen oder verpflichten, durch Satzung zu bestimmen, in welcher Höhe Aufwendungen für Unterkunft und Heizung in ihrem Gebiet angemessen sind. Eine solche Satzung bedarf der vorherigen Zustimmung der obersten Landesbehörde oder einer von ihr bestimmten Stelle, wenn dies durch Landesgesetz vorgesehen ist. Die Länder Berlin und Hamburg bestimmen, welche Form der Rechtsetzung an die Stelle einer nach Satz 1 vorgesehenen Satzung tritt. Das Land Bremen kann eine Bestimmung nach Satz 3 treffen.

(2) Die Länder können die Kreise und kreisfreien Städte auch ermächtigen, abweichend von § 22 Absatz 1 Satz 1 die Bedarfe für Unterkunft und Heizung in ihrem Gebiet durch eine monatliche Pauschale zu berücksichtigen, wenn auf dem örtlichen Wohnungsmarkt ausreichend freier Wohnraum verfügbar ist und dies dem Grundsatz der Wirtschaftlichkeit entspricht. In der Satzung sind Regelungen für den Fall vorzusehen, dass die Pauschalierung im Einzelfall zu unzumutbaren Ergebnissen führt. Absatz 1 Satz 2 bis 4 gilt entsprechend.

(3) Die Bestimmung der angemessenen Aufwendungen für Unterkunft und Heizung soll die Verhältnisse des einfachen Standards auf dem örtlichen Woh-

nungsmarkt abbilden. Sie soll die Auswirkungen auf den örtlichen Wohnungsmarkt berücksichtigen hinsichtlich:
1. der Vermeidung von Mietpreis erhöhenden Wirkungen,
2. der Verfügbarkeit von Wohnraum des einfachen Standards,
3. aller verschiedenen Anbietergruppen und
4. der Schaffung und Erhaltung sozial ausgeglichener Bewohnerstrukturen.

§ 22 b Inhalt der Satzung (1) In der Satzung ist zu bestimmen,
1. welche Wohnfläche entsprechend der Struktur des örtlichen Wohnungsmarktes als angemessen anerkannt wird und
2. in welcher Höhe Aufwendungen für die Unterkunft als angemessen anerkannt werden.

In der Satzung kann auch die Höhe des als angemessen anerkannten Verbrauchswertes oder der als angemessen anerkannten Aufwendungen für die Heizung bestimmt werden. Bei einer Bestimmung nach Satz 2 kann sowohl eine Quadratmeterhöchstmiete als auch eine Gesamtangemessenheitsgrenze unter Berücksichtigung der in den Sätzen 1 und 2 genannten Werte gebildet werden. Um die Verhältnisse des einfachen Standards auf dem örtlichen Wohnungsmarkt realitätsgerecht abzubilden, können die Kreise und kreisfreien Städte ihr Gebiet in mehrere Vergleichsräume unterteilen, für die sie jeweils eigene Angemessenheitswerte bestimmen.

(2) Der Satzung ist eine Begründung beizufügen. Darin ist darzulegen, wie die Angemessenheit der Aufwendungen für Unterkunft und Heizung ermittelt wird. Die Satzung ist mit ihrer Begründung ortsüblich bekannt zu machen.

(3) In der Satzung soll für Personen mit einem besonderen Bedarf für Unterkunft und Heizung eine Sonderregelung getroffen werden. Dies gilt insbesondere für Personen, die einen erhöhten Raumbedarf haben wegen
1. einer Behinderung oder
2. der Ausübung ihres Umgangsrechts.

§ 22 c Datenerhebung, -auswertung und -überprüfung (1) Zur Bestimmung der angemessenen Aufwendungen für Unterkunft und Heizung sollen die Kreise und kreisfreien Städte insbesondere
1. Mietspiegel, qualifizierte Mietspiegel und Mietdatenbanken und
2. geeignete eigene statistische Datenerhebungen und -auswertungen oder Erhebungen Dritter

einzeln oder kombiniert berücksichtigen. Hilfsweise können auch die monatlichen Höchstbeträge nach § 12 Absatz 1 des Wohngeldgesetzes berücksichtigt werden. In die Auswertung sollen sowohl Neuvertrags- als auch Bestandsmieten einfließen. Die Methodik der Datenerhebung und -auswertung ist in der Begründung der Satzung darzulegen.

(2) Die Kreise und kreisfreien Städte müssen die durch Satzung bestimmten Werte für die Unterkunft mindestens alle zwei Jahre und die durch Satzung bestimmten Werte für die Heizung mindestens jährlich überprüfen und gegebenenfalls neu festsetzen.

§ 23 Besonderheiten beim Sozialgeld Beim Sozialgeld gelten ergänzend folgende Maßgaben:

1. Als Regelbedarf wird bis zur Vollendung des sechsten Lebensjahres ein Betrag in Höhe der Regelbedarfsstufe 6, vom Beginn des siebten bis zur Vollendung des 14. Lebensjahres ein Betrag in Höhe der Regelbedarfsstufe 5 und im 15. Lebensjahr ein Betrag in Höhe der Regelbedarfsstufe 4 anerkannt;
2. Mehrbedarfe nach § 21 Absatz 4 werden auch bei behinderten Menschen, die das 15. Lebensjahr vollendet haben, anerkannt, wenn Leistungen der Eingliederungshilfe nach § 54 Absatz 1 Nummer 1 und 2 des Zwölften Buches erbracht werden;
3. § 21 Absatz 4 Satz 2 gilt auch nach Beendigung der in § 54 Absatz 1 Nummer 1 und 2 des Zwölften Buches genannten Maßnahmen;
4. bei nicht erwerbsfähigen Personen, die voll erwerbsgemindert nach dem Sechsten Buch sind, wird ein Mehrbedarf von 17 Prozent der nach § 20 maßgebenden Regelbedarfe anerkannt, wenn sie Inhaberin oder Inhaber eines Ausweises nach § 152 Absatz 5 des Neunten Buches mit dem Merkzeichen G sind; dies gilt nicht, wenn bereits ein Anspruch auf einen Mehrbedarf wegen Behinderung nach § 21 Absatz 4 oder nach der vorstehenden Nummer 2 oder 3 besteht.

Unterabschnitt 3 – Abweichende Leistungserbringung und weitere Leistungen

§ 24 Abweichende Erbringung von Leistungen (1) Kann im Einzelfall ein vom Regelbedarf zur Sicherung des Lebensunterhalts umfasster und nach den Umständen unabweisbarer Bedarf nicht gedeckt werden, erbringt die Agentur für Arbeit bei entsprechendem Nachweis den Bedarf als Sachleistung oder als Geldleistung und gewährt der oder dem Leistungsberechtigten ein entsprechendes Darlehen. Bei Sachleistungen wird das Darlehen in Höhe des für die Agentur für Arbeit entstandenen Anschaffungswertes gewährt. Weiter gehende Leistungen sind ausgeschlossen.

(2) Solange sich Leistungsberechtigte, insbesondere bei Drogen- oder Alkoholabhängigkeit sowie im Falle unwirtschaftlichen Verhaltens, als ungeeignet erweisen, mit den Leistungen für den Regelbedarf nach § 20 ihren Bedarf zu decken, kann das Arbeitslosengeld II bis zur Höhe des Regelbedarfs für den Lebensunterhalt in voller Höhe oder anteilig in Form von Sachleistungen erbracht werden.

(3) Nicht vom Regelbedarf nach § 20 umfasst sind Bedarfe für

1. Erstausstattungen für die Wohnung einschließlich Haushaltsgeräten,
2. Erstausstattungen für Bekleidung und Erstausstattungen bei Schwangerschaft und Geburt sowie
3. Anschaffung und Reparaturen von orthopädischen Schuhen, Reparaturen von therapeutischen Geräten und Ausrüstungen sowie die Miete von therapeutischen Geräten.

Leistungen für diese Bedarfe werden gesondert erbracht. Leistungen nach Satz 2 werden auch erbracht, wenn Leistungsberechtigte keine Leistungen zur Sicherung des Lebensunterhalts einschließlich der angemessenen Kosten für Unterkunft und Heizung benötigen, den Bedarf nach Satz 1 jedoch aus eigenen Kräften und Mitteln nicht voll decken können. In diesem Fall kann das Einkommen berücksichtigt werden, das Leistungsberechtigte innerhalb eines Zeitraums von bis zu sechs Monaten nach Ablauf des Monats erwerben, in dem über die Leistung entschieden wird. Die Leistungen für Bedarfe nach Satz 1 Nummer 1 und 2 können als Sachleistung oder Geldleistung, auch in Form von Pauschalbeträgen, erbracht werden. Bei der Bemessung der Pauschalbeträge sind geeignete Angaben über die erforderlichen Aufwendungen und nachvollziehbare Erfahrungswerte zu berücksichtigen.

(4) Leistungen zur Sicherung des Lebensunterhalts können als Darlehen erbracht werden, soweit in dem Monat, für den die Leistungen erbracht werden, voraussichtlich Einnahmen anfallen. Satz 1 gilt auch, soweit Leistungsberechtigte einmalige Einnahmen nach § 11 Absatz 3 Satz 4 vorzeitig verbraucht haben.

(5) Soweit Leistungsberechtigten der sofortige Verbrauch oder die sofortige Verwertung von zu berücksichtigendem Vermögen nicht möglich ist oder für sie eine besondere Härte bedeuten würde, sind Leistungen als Darlehen zu erbringen. Die Leistungen können davon abhängig gemacht werden, dass der Anspruch auf Rückzahlung dinglich oder in anderer Weise gesichert wird.

(6) In Fällen des § 22 Absatz 5 werden Leistungen für Erstausstattungen für die Wohnung nur erbracht, wenn der kommunale Träger die Übernahme der Leistungen für Unterkunft und Heizung zugesichert hat oder vom Erfordernis der Zusicherung abgesehen werden konnte.

§ 25 Leistungen bei medizinischer Rehabilitation der Rentenversicherung und bei Anspruch auf Verletztengeld aus der Unfallversicherung Haben Leistungsberechtigte dem Grunde nach Anspruch auf Übergangsgeld bei medizinischen Leistungen der gesetzlichen Rentenversicherung, erbringen die Träger der Leistungen nach diesem Buch die bisherigen Leistungen als Vorschuss auf die Leistungen der Rentenversicherung weiter; dies gilt entsprechend bei einem Anspruch auf Verletztengeld aus der gesetzlichen Unfallversicherung. Werden Vorschüsse länger als einen Monat geleistet, erhalten die Träger der Leistungen nach diesem Buch von den zur Leistung verpflichteten Trägern monatliche Abschlagszahlungen in Höhe der Vorschüsse des jeweils abgelaufenen Monats. § 102 des Zehnten Buches gilt entsprechend.

§ 26 Zuschüsse zu Beiträgen zur Krankenversicherung und Pflegeversicherung (1) Für Bezieherinnen und Bezieher von Arbeitslosengeld II oder Sozialgeld, die gegen das Risiko Krankheit bei einem privaten Krankenversicherungsunternehmen im Rahmen von Versicherungsverträgen, die der Versicherungspflicht nach § 193 Absatz 3 des Versicherungsvertragsgesetzes genügen, versichert sind, wird für die Dauer des Leistungsbezugs ein Zuschuss zum Beitrag geleistet; der Zuschuss ist begrenzt auf die Höhe des nach § 152 Absatz 4 des

Versicherungsaufsichtsgesetzes halbierten Beitrags für den Basistarif in der privaten Krankenversicherung, den Hilfebedürftige zu leisten haben. Für Bezieherinnen und Bezieher von Sozialgeld, die in der gesetzlichen Krankenversicherung versicherungspflichtig oder freiwillig versichert sind, wird für die Dauer des Leistungsbezugs ein Zuschuss in Höhe des Beitrags geleistet, soweit dieser nicht nach § 11 b Absatz 1 Satz 1 Nummer 2 abgesetzt wird; Gleiches gilt für Bezieherinnen und Bezieher von Arbeitslosengeld II, die nicht nach § 5 Absatz 1 Nummer 2 a des Fünften Buches versicherungspflichtig sind.

(2) Für Personen, die
1. in der gesetzlichen Krankenversicherung versicherungspflichtig oder freiwillig versichert sind oder
2. unter den Voraussetzungen des Absatzes 1 Satz 1 erster Halbsatz privat krankenversichert sind und die

allein durch die Zahlung des Beitrags hilfebedürftig würden, wird ein Zuschuss zum Beitrag in Höhe des Betrages geleistet, der notwendig ist, um die Hilfebedürftigkeit zu vermeiden. In den Fällen des Satzes 1 Nummer 2 gilt die Begrenzung des Zuschusses nach Absatz 1 Satz 1 zweiter Halbsatz entsprechend.

(3) Für Bezieherinnen und Bezieher von Arbeitslosengeld II oder Sozialgeld, die gegen das Risiko der Pflegebedürftigkeit bei einem privaten Versicherungsunternehmen in Erfüllung ihrer Versicherungspflicht nach § 23 des Elften Buches versichert sind, wird für die Dauer des Leistungsbezugs ein Zuschuss zum Beitrag geleistet; der Zuschuss ist begrenzt auf die Hälfte des Höchstbeitrags in der sozialen Pflegeversicherung. Für Bezieherinnen und Bezieher von Sozialgeld, die in der sozialen Pflegeversicherung versicherungspflichtig sind, wird für die Dauer des Leistungsbezugs ein Zuschuss in Höhe des Beitrags geleistet, soweit dieser nicht nach § 11 b Absatz 1 Satz 1 Nummer 2 abgesetzt wird; Gleiches gilt für Bezieherinnen und Bezieher von Arbeitslosengeld II, die nicht nach § 20 Absatz 1 Satz 2 Nummer 2 a des Elften Buches versicherungspflichtig sind.

(4) Für Personen, die
1. in der sozialen Pflegeversicherung versicherungspflichtig sind oder
2. unter den Voraussetzungen des Absatzes 3 Satz 1 erster Halbsatz privat pflegeversichert sind und die

allein durch die Zahlung des Beitrags hilfebedürftig würden, wird ein Zuschuss zum Beitrag in Höhe des Betrages geleistet, der notwendig ist, um die Hilfebedürftigkeit zu vermeiden. In den Fällen des Satzes 1 Nummer 2 gilt die Begrenzung des Zuschusses nach Absatz 3 Satz 1 zweiter Halbsatz entsprechend.

(5) Der Zuschuss nach Absatz 1 Satz 1, nach Absatz 2 Satz 1 Nummer 2, nach Absatz 3 Satz 1 und nach Absatz 4 Satz 1 Nummer 2 ist an das private Versicherungsunternehmen zu zahlen, bei dem die leistungsberechtigte Person versichert ist. Der Zuschuss nach Absatz 1 Satz 2 und Absatz 3 Satz 2 ist an die Krankenkasse zu zahlen, bei der die leistungsberechtigte Person versichert ist.

§ 27 Leistungen für Auszubildende (1) Auszubildende im Sinne des § 7 Absatz 5 erhalten Leistungen zur Sicherung des Lebensunterhalts nach Maßgabe der folgenden Absätze. Die Leistungen für Auszubildende im Sinne des § 7 Absatz 5 gelten nicht als Arbeitslosengeld II.

(2) Leistungen werden in Höhe der Mehrbedarfe nach § 21 Absatz 2, 3, 5 und 6 und in Höhe der Leistungen nach § 24 Absatz 3 Nummer 2 erbracht, soweit die Mehrbedarfe nicht durch zu berücksichtigendes Einkommen oder Vermögen gedeckt sind.

(3) Leistungen können für Regelbedarfe, den Mehrbedarf nach § 21 Absatz 7, Bedarfe für Unterkunft und Heizung, Bedarfe für Bildung und Teilhabe und notwendige Beiträge zur Kranken- und Pflegeversicherung als Darlehen erbracht werden, sofern der Leistungsausschluss nach § 7 Absatz 5 eine besondere Härte bedeutet. Eine besondere Härte ist auch anzunehmen, wenn Auszubildenden, deren Bedarf sich nach §§ 12 oder 13 Absatz 1 Nummer 1 des Bundesausbildungsförderungsgesetzes gemisst, aufgrund von § 10 Absatz 3 des Bundesausbildungsförderungsgesetzes keine Leistungen zustehen, diese Ausbildung im Einzelfall für die Eingliederung der oder des Auszubildenden in das Erwerbsleben zwingend erforderlich ist und ohne die Erbringung von Leistungen zum Lebensunterhalt der Abbruch der Ausbildung droht; in diesem Fall sind Leistungen als Zuschuss zu erbringen. Satz 2 gilt nur für Ausbildungen, die vor dem 31. Dezember 2020 begonnen wurden. Für den Monat der Aufnahme einer Ausbildung können Leistungen entsprechend § 24 Absatz 4 Satz 1 erbracht werden. Leistungen nach Satz 1 sind gegenüber den Leistungen nach Absatz 2 nachrangig.

Unterabschnitt 4 – Leistungen für Bildung und Teilhabe

§ 28 Bedarfe für Bildung und Teilhabe (1) Bedarfe für Bildung und Teilhabe am sozialen und kulturellen Leben in der Gemeinschaft werden bei Kindern, Jugendlichen und jungen Erwachsenen neben dem Regelbedarf nach Maßgabe der Absätze 2 bis 7 gesondert berücksichtigt. Bedarfe für Bildung werden nur bei Personen berücksichtigt, die das 25. Lebensjahr noch nicht vollendet haben, eine allgemein- oder berufsbildende Schule besuchen und keine Ausbildungsvergütung erhalten (Schülerinnen und Schüler).

(2) Bei Schülerinnen und Schülern werden die tatsächlichen Aufwendungen anerkannt für
1. Schulausflüge und
2. mehrtägige Klassenfahrten im Rahmen der schulrechtlichen Bestimmungen.

Für Kinder, die eine Tageseinrichtung besuchen oder für die Kindertagespflege geleistet wird, gilt Satz 1 entsprechend.

(3) Für die Ausstattung von Schülerinnen und Schülern mit persönlichem Schulbedarf ist § 34 Absatz 3 und 3 a des Zwölften Buches mit der Maßgabe entsprechend anzuwenden, dass der nach § 34 Absatz 3 Satz 1 und Absatz 3 a des Zwölften Buches anzuerkennende Bedarf für das erste Schulhalbjahr regelmäßig zum 1. August und für das zweite Schulhalbjar regelmäßig zum 1. Februar zu berücksichtigen ist.

(4) Bei Schülerinnen und Schülern, die für den Besuch der nächstgelegenen

Schule des gewählten Bildungsgangs auf Schülerbeförderung angewiesen sind, werden die dafür erforderlichen tatsächlichen Aufwendungen berücksichtigt, soweit sie nicht von Dritten übernommen werden. Als nächstgelegene Schule des gewählten Bildungsgangs gilt auch eine Schule, die aufgrund ihres Profils gewählt wurde, soweit aus diesem Profil eine besondere inhaltliche oder organisatorische Ausgestaltung des Unterrichts folgt; dies sind insbesondere Schulen mit naturwissenschaftlichem, musischem, sportlichem oder sprachlichem Profil sowie bilinguale Schulen, und Schulen mit ganztägiger Ausrichtung.

(5) Bei Schülerinnen und Schülern wird eine schulische Angebote ergänzende angemessene Lernförderung berücksichtigt, soweit diese geeignet und zusätzlich erforderlich ist, um die nach den schulrechtlichen Bestimmungen festgelegten wesentlichen Lernziele zu erreichen. Auf eine bestehende Versetzungsgefährdung kommt es dabei nicht an.

(6) Bei Teilnahme an einer gemeinschaftlichen Mittagsverpflegung werden die entstehenden Aufwendungen berücksichtigt für

1. Schülerinnen und Schüler und
2. Kinder, die eine Tageseinrichtung besuchen oder für die Kindertagespflege geleistet wird.

Für Schülerinnen und Schüler gilt dies unter der Voraussetzung, dass die Mittagsverpflegung in schulischer Verantwortung angeboten wird oder durch einen Kooperationsvertrag zwischen Schule und Tageseinrichtung vereinbart ist. In den Fällen des Satzes 2 ist für die Ermittlung des monatlichen Bedarfs die Anzahl der Schultage in dem Land zugrunde zu legen, in dem der Schulbesuch stattfindet.

(7) Für die Teilhabe am sozialen und kulturellen Leben in der Gemeinschaft werden pauschal 15 Euro monatlich berücksichtigt, sofern bei Leistungsberechtigten, die das 18. Lebensjahr noch nicht vollendet haben, tatsächliche Aufwendungen entstehen im Zusammenhang mit der Teilnahme an

1. Aktivitäten in den Bereichen Sport, Spiel, Kultur und Geselligkeit,
2. Unterricht in künstlerischen Fächern (zum Beispiel Musikunterricht) und vergleichbare angeleitete Aktivitäten der kulturellen Bildung und
3. Freizeiten.

Neben der Berücksichtigung von Bedarfen nach Satz 1 können auch weitere tatsächliche Aufwendungen berücksichtigt werden, wenn sie im Zusammenhang mit der Teilnahme an Aktivitäten nach Satz 1 Nummer 1 bis 3 entstehen und es den Leistungsberechtigten im Einzelfall nicht zugemutet werden kann, diese aus den Leistungen nach Satz 1 und aus dem Regelbedarf zu bestreiten.

§ 29 Erbringung der Leistungen für Bildung und Teilhabe (1) Leistungen zur Deckung der Bedarfe nach § 28 Absatz 2 und 5 bis 7 werden erbracht durch

1. Sach- und Dienstleistungen, insbesondere in Form von personalisierten Gutscheinen,
2. Direktzahlungen an Anbieter von Leistungen zur Deckung dieser Bedarfe (Anbieter) oder
3. Geldleistungen.

Die kommunalen Träger bestimmen, in welcher Form sie die Leistungen erbringen. Die Leistungen zur Deckung der Bedarfe nach § 28 Absatz 3 und 4 werden jeweils durch Geldleistungen erbracht. Die kommunalen Träger können mit Anbietern pauschal abrechnen.

(2) Werden die Bedarfe durch Gutscheine gedeckt, gelten die Leistungen mit Ausgabe des jeweiligen Gutscheins als erbracht. Die kommunalen Träger gewährleisten, dass Gutscheine bei geeigneten vorhandenen Anbietern oder zur Wahrnehmung ihrer eigenen Angebote eingelöst werden können. Gutscheine können für den gesamten Bewilligungszeitraum im Voraus ausgegeben werden. Die Gültigkeit von Gutscheinen ist angemessen zu befristen. Im Fall des Verlustes soll ein Gutschein erneut in dem Umfang ausgestellt werden, in dem er noch nicht in Anspruch genommen wurde.

(3) Werden die Bedarfe durch Direktzahlungen an Anbieter gedeckt, gelten die Leistungen mit der Zahlung als erbracht. Eine Direktzahlung ist für den gesamten Bewilligungszeitraum im Voraus möglich.

(4) Werden die Leistungen für Bedarfe nach § 28 Absatz 2 und 5 bis 7 durch Geldleistungen erbracht, erfolgt dies

1. monatlich in Höhe der im Bewilligungszeitraum bestehenden Bedarfe oder
2. nachträglich durch Erstattung verauslagter Beträge.

(5) Im Einzelfall kann ein Nachweis über eine zweckentsprechende Verwendung der Leistung verlangt werden. Soweit der Nachweis nicht geführt wird, soll die Bewilligungsentscheidung widerrufen werden.

(6) Abweichend von den Absätzen 1 bis 4 können Leistungen nach § 28 Absatz 2 Satz 1 Nummer 1 gesammelt für Schülerinnen und Schüler an eine Schule ausgezahlt werden, wenn die Schule

1. dies bei dem örtlich zuständigen kommunalen Träger (§ 36 Absatz 3) beantragt,
2. die Leistungen für die leistungsberechtigten Schülerinnen und Schüler verauslagt und
3. sich die Leistungsberechtigung von den Leistungsberechtigten nachweisen lässt.

Der kommunale Träger kann mit der Schule vereinbaren, dass monatliche oder schulhalbjährliche Abschlagszahlungen geleistet werden.

§ 30 Berechtigte Selbsthilfe Geht die leistungsberechtigte Person durch Zahlung an Anbieter in Vorleistung, ist der kommunale Träger zur Übernahme der berücksichtigungsfähigen Aufwendungen verpflichtet, soweit

1. unbeschadet des Satzes 2 die Voraussetzungen einer Leistungsgewährung zur Deckung der Bedarfe im Zeitpunkt der Selbsthilfe nach § 28 Absatz 2 und 5 bis 7 vorlagen und
2. zum Zeitpunkt der Selbsthilfe der Zweck der Leistung durch Erbringung als Sach- oder Dienstleistung ohne eigenes Verschulden nicht oder nicht rechtzeitig zu erreichen war.

War es dem Leistungsberechtigten nicht möglich, rechtzeitig einen Antrag zu stellen, gilt dieser als zum Zeitpunkt der Selbstvornahme gestellt.

Unterabschnitt 5 – Sanktionen

§ 31 Pflichtverletzungen (1) Erwerbsfähige Leistungsberechtigte verletzen ihre Pflichten, wenn sie trotz schriftlicher Belehrung über die Rechtsfolgen oder deren Kenntnis

1. sich weigern, in der Eingliederungsvereinbarung oder in dem diese ersetzenden Verwaltungsakt nach § 15 Absatz 3 Satz 3 festgelegte Pflichten zu erfüllen, insbesondere in ausreichendem Umfang Eigenbemühungen nachzuweisen,
2. sich weigern, eine zumutbare Arbeit, Ausibldung, Arbeitsgelegenheit nach § 16 d oder ein nach § 16 e gefördertes Arbeitsverhältnis aufzunehmen, fortzuführen oder deren Anbahnung durch ihr Verhalten verhindern,
3. eine zumutbare Maßnahme zur Eingliederung in Arbeit nicht antreten, abbrechen oder Anlass für den Abbruch gegeben haben.

Dies gilt nicht, wenn erwerbsfähige Leistungsberechtigte einen wichtigen Grund für ihr Verhalten darlegen und nachweisen.

(2) Eine Pflichtverletzung von erwerbsfähigen Leistungsberechtigten ist auch anzunehmen, wenn

1. sie nach Vollendung des 18. Lebensjahres ihr Einkommen oder Vermögen in der Absicht vermindert haben, die Voraussetzungen für die Gewährung oder Erhöhung des Arbeitslosengeldes II herbeizuführen,
2. sie trotz Belehrung über die Rechtsfolgen oder deren Kenntnis ihr unwirtschaftliches Verhalten fortsetzen,
3. ihr Anspruch auf Arbeitslosengeld ruht oder erloschen ist, weil die Agentur für Arbeit das Eintreten einer Sperrzeit oder das Erlöschen des Anspruchs nach den Vorschriften des Dritten Buches festgestellt hat, oder
4. sie die im Dritten Buch genannten Voraussetzungen für das Eintreten einer Sperrzeit erfüllen, die das Ruhen oder Erlöschen eines Anspruchs auf Arbeitslosengeld begründen.

§ 31 a Rechtsfolgen bei Pflichtverletzungen (1) Bei einer Pflichtverletzung nach § 31 mindert sich das Arbeitslosengeld II in einer ersten Stufe um 30 Prozent des für die erwerbsfähige leistungsberechtigte Person nach § 20 maßgebenden Regelbedarfs. Bei der ersten wiederholten Pflichtverletzung nach § 31 mindert sich das Arbeitslosengeld II um 60 Prozent des für die erwerbsfähige leistungsberechtigte Person nach § 20 maßgebenden Regelbedarfs. Bei jeder weiteren wiederholten Pflichtverletzung nach § 31 entfällt das Arbeitslosengeld II vollständig. Eine wiederholte Pflichtverletzung liegt nur vor, wenn bereits zuvor eine Minderung festgestellt wurde. Sie liegt nicht vor, wenn der Beginn des vorangegangenen Minderungszeitraums länger als ein Jahr zurückliegt. Erklären sich erwerbsfähige Leistungsberechtigte nachträglich bereit, ihren Pflichten nachzukommen, kann der zuständige Träger die Minderung der Leistungen nach Satz 3 ab diesem Zeitpunkt auf 60 Prozent des für sie nach § 20 maßgebenden Regelbedarfs begrenzen.

(2) Bei erwerbsfähigen Leistungsberechtigten, die das 25. Lebensjahr noch nicht vollendet haben, ist das Arbeitslosengeld II bei einer Pflichtverletzung nach § 31 auf die für die Bedarfe nach § 22 zu erbringenden Leistungen beschränkt. Bei wiederholter Pflichtverletzung nach § 31 entfällt das Arbeitslosengeld II vollständig. Absatz 1 Satz 4 und 5 gilt entsprechend. Erklären sich erwerbsfähige Leistungsberechtigte, die das 25. Lebensjahr noch nicht vollendet haben, nachträglich bereit, ihren Pflichten nachzukommen, kann der Träger unter Berücksichtigung aller Umstände des Einzelfalles ab diesem Zeitpunkt wieder die für die Bedarfe nach § 22 zu erbringenden Leistungen gewähren.
(3) Bei einer Minderung des Arbeitslosengeldes II um mehr als 30 Prozent des nach § 20 maßgebenden Regelbedarfs kann der Träger auf Antrag in angemessenem Umfang ergänzende Sachleistungen oder geldwerte Leistungen erbringen. Der Träger hat Leistungen nach Satz 1 zu erbringen, wenn Leistungsberechtigte mit minderjährigen Kindern in einem Haushalt leben. Bei einer Minderung des Arbeitslosengeldes II um mindestens 60 Prozent des für den erwerbsfähigen Leistungsberechtigten nach § 20 maßgebenden Regelbedarfs soll das Arbeitslosengeld II, soweit es für den Bedarf für Unterkunft und Heizung nach § 22 Absatz 1 erbracht wird, an den Vermieter oder andere Empfangsberechtigte gezahlt werden.
(4) Für nicht erwerbsfähige Leistungsberechtigte gilt Absatz 1 und 3 bei Pflichtverletzungen nach § 31 Absatz 2 Nummer 1 und 2 entsprechend.

§ 31 b Beginn und Dauer der Minderung (1) Der Auszahlungsanspruch mindert sich mit Beginn des Kalendermonats, der auf das Wirksamwerden des Verwaltungsaktes folgt, der die Pflichtverletzung und den Umfang der Minderung der Leistung feststellt. In den Fällen des § 31 Absatz 2 Nummer 3 tritt die Minderung mit Beginn der Sperrzeit oder mit dem Erlöschen des Anspruchs nach dem Dritten Buch ein. Der Minderungszeitraum beträgt drei Monate. Bei erwerbsfähigen Leistungsberechtigten, die das 25. Lebensjahr noch nicht vollendet haben, kann der Träger die Minderung des Auszahlungsanspruchs in Höhe der Bedarfe nach den §§ 20 und 21 unter Berücksichtigung aller Umstände des Einzelfalls auf sechs Wochen verkürzen. Die Feststellung der Minderung ist nur innerhalb von sechs Monaten ab dem Zeitpunkt der Pflichtverletzung zulässig.
(2) Während der Minderung des Auszahlungsanspruchs besteht kein Anspruch auf ergänzende Hilfe zum Lebensunterhalt nach den Vorschriften des Zwölten Buches.

§ 32 Meldeversäumnisse (1) Kommen Leistungsberechtigte trotz schriftlicher Belehrung über die Rechtsfolgen oder deren Kenntnis einer Aufforderung des zuständigen Trägers, sich bei ihm zu melden oder bei einem ärztlichen oder psychologischen Untersuchungstermin zu erscheinen, nicht nach, mindert sich das Arbeitslosengeld II oder das Sozialgeld jeweils um 10 Prozent des für sie nach § 20 maßgebenden Regelbedarfs. Dies gilt nicht, wenn Leistungsberechtigte einen wichtigen Grund für ihr Verhalten darlegen und nachweisen.

(2) Die Minderung nach dieser Vorschrift tritt zu einer Minderung nach § 31 a hinzu. § 31 a Absatz 3 und § 31 b gelten entsprechend.

Unterabschnitt 6 – Verpflichtungen Anderer

§ 33 Übergang von Ansprüchen (1) Haben Personen, die Leistungen zur Sicherung des Lebensunterhalts beziehen, für die Zeit, für die Leistungen erbracht werden, einen Anspruch gegen einen Anderen, der nicht Leistungsträger ist, geht der Anspruch bis zur Höhe der geleisteten Aufwendungen auf die Träger der Leistungen nach diesem Buch über, wenn bei rechtzeitiger Leistung des Anderen Leistungen zur Sicherung des Lebensunterhalts nicht erbracht worden wären. Satz 1 gilt auch, soweit Kinder unter Berücksichtigung von Kindergeld nach § 11 Absatz 1 Satz 4 keine Leistungen empfangen haben und bei rechtzeitiger Leistung des Anderen keine oder geringere Leistungen an die Mitglieder der Haushaltsgemeinschaft erbracht worden wären. Der Übergang wird nicht dadurch ausgeschlossen, dass der Anspruch nicht übertragen, verpfändet oder gepfändet werden kann. Unterhaltsansprüche nach bürgerlichem Recht gehen zusammen mit dem unterhaltsrechtlichen Auskunftsanspruch auf die Träger der Leistungen nach diesem Buch über.
(2) Ein Unterhaltsanspruch nach bürgerlichem Recht geht nicht über, wenn die unterhaltsberechtigte Person
1. mit der oder dem Verpflichteten in einer Bedarfsgemeinschaft lebt,
2. mit der oder dem Verpflichteten verwandt ist und den Unterhaltsanspruch nicht geltend macht; dies gilt nicht für Unterhaltsansprüche
   a) minderjähriger Leistungsberechtigter,
   b) Leistungsberechtigter, die das 25. Lebensjahr noch nicht vollendet und die Erstausbildung noch nicht abgeschlossen haben,

   gegen ihre Eltern,
3. in einem Kindschaftsverhältnis zur oder zum Verpflichteten steht und
   a) schwanger ist oder
   b) ihr leibliches Kind bis zur Vollendung seines sechsten Lebensjahres betreut.

Der Übergang ist auch ausgeschlossen, soweit der Unterhaltsanspruch durch laufende Zahlung erfüllt wird. Der Anspruch geht nur über, soweit das Einkommen und Vermögen der unterhaltsverpflichteten Person das nach den §§ 11 bis 12 zu berücksichtigende Einkommen und Vermögen übersteigt.
(3) Für die Vergangenheit können die Träger der Leistungen nach diesem Buch außer unter den Voraussetzungen des bürgerlichen Rechts nur von der Zeit an den Anspruch geltend machen, zu welcher sie der oder dem Verpflichteten die Erbringung der Leistung schriftlich mitgeteilt haben. Wenn die Leistung voraussichtlich auf längere Zeit erbracht werden muss, können die Träger der Leistungen nach diesem Buch bis zur Höhe der bisherigen monatlichen Aufwendungen auch auf künftige Leistungen klagen.
(4) Die Träger der Leistungen nach diesem Buch können den auf sie übergegangenen Anspruch im Einvernehmen mit der Empfängerin oder dem Emp-

fänger der Leistungen auf diese oder diesen zur gerichtlichen Geltendmachung rückübertragen und sich den geltend gemachten Anspruch abtreten lassen. Kosten, mit denen die Leistungsempfängerin oder der Leistungsempfänger dadurch selbst belastet wird, sind zu übernehmen. Über die Ansprüche nach Absatz 1 Satz 4 ist im Zivilrechtsweg zu entscheiden.
(5) Die §§ 115 und 116 des Zehnten Buches gehen der Regelung des Absatzes 1 vor.

§ 34 Ersatzansprüche bei sozialwidrigem Verhalten (1) Wer nach Vollendung des 18. Lebensjahres vorsätzlich oder grob fahrlässig die Voraussetzungen für die Gewährung von Leistungen nach diesem Buch an sich oder an Personen, die mit ihr oder ihm in einer Bedarfsgemeinschaft leben, ohne wichtigen Grund herbeigeführt hat, ist zum Ersatz der deswegen erbrachten Geld- und Sachleistungen verpflichtet. Als Herbeiführung im Sinne des Satzes 1 gilt auch, wenn die Hilfebedürftigkeit erhöht, aufrechterhalten oder nicht verringert wurde. Sachleistungen sind, auch wenn sie in Form eines Gutscheins erbracht wurden, in Geld zu ersetzen. § 40 Absatz 6 Satz 2 gilt entsprechend. Der Ersatzanspruch umfasst auch die geleisteten Beiträge zur Sozialversicherung. Von der Geltendmachung eines Ersatzanspruchs ist abzusehen, soweit sie eine Härte bedeuten würde.
(2) Eine nach Absatz 1 eingetretene Verpflichtung zum Ersatz der Leistungen geht auf den Erben über. Sie ist auf den Nachlasswert zum Zeitpunkt des Erbfalls begrenzt.
(3) Der Ersatzanspruch erlischt drei Jahre nach Ablauf des Jahres, für das die Leistung erbracht worden ist. Die Bestimmungen des Bürgerlichen Gesetzbuchs über die Hemmung, die Ablaufhemmung, den Neubeginn und die Wirkung der Verjährung gelten sinngemäß; der Erhebung der Klage steht der Erlass eines Leistungsbescheides gleich.

§ 34 a Ersatzansprüche für rechtswidrig erbrachte Leistungen (1) Zum Ersatz rechtswidrig erbrachter Geld- und Sachleistungen nach diesem Buch ist verpflichtet, wer diese durch vorsätzliches oder grob fahrlässiges Verhalten an Dritte herbeigeführt hat. Sachleistungen sind, auch wenn sie in Form eines Gutscheins erbracht wurden, in Geld zu ersetzen. § 40 Absatz 6 Satz 2 gilt entsprechend. Der Ersatzanspruch umfasst auch die geleisteten Beiträge zur Sozialversicherung entsprechend § 40 Absatz 2 Nummer 5.
(2) Der Ersatzanspruch verjährt in vier Jahren nach Ablauf des Kalenderjahres, in dem der Verwaltungsakt, mit dem die Erstattung nach § 50 des Zehnten Buches festgesetzt worden ist, unanfechtbar geworden ist. Soweit gegenüber einer rechtswidrig begünstigten Person ein Verwaltungsakt nicht aufgehoben werden kann, beginnt die Frist nach Satz 1 mit dem Zeitpunkt, ab dem die Behörde Kenntnis von der Rechtswidrigkeit der Leistungserbringung hat. § 34 Absatz 3 Satz 2 gilt entsprechend.
(3) § 34 Absatz 2 gilt entsprechend. Der Ersatzanspruch erlischt drei Jahre nach dem Tod der Person, die gemäß Absatz 1 zum Ersatz verpflichtet war; § 34 Absatz 3 Satz 2 gilt entsprechend.

(4) Zum Ersatz nach Absatz 1 und zur Erstattung nach § 50 des Zehnten Buches Verpflichtete haften als Gesamtschuldner.

§ 34 b Erstattungsanspruch bei Doppelleistungen (1) Hat ein vorrangig verpflichteter Leistungsträger in Unkenntnis der Leistung durch Träger nach diesem Buch an eine leistungsberechtigte Person geleistet, ist dieser zur Erstattung der Leistung des vorrangigen Trägers an die Träger nach diesem Buch verpflichtet. Der Erstattungsanspruch besteht in der Höhe, in der ein Erstattungsanspruch nach dem Zweiten Abschnitt des Dritten Kapitels des Zehnten Buches bestanden hätte. § 34 c ist entsprechend anwendbar.
(2) Ein Erstattungsanspruch besteht nicht, soweit der geleistete Betrag als Einkommen nach den Vorschriften dieses Buches berücksichtigt werden kann.
(3) Der Erstattungsanspruch verjährt vier Jahre nach Ablauf des Kalenderjahres, in dem der vorrangig verpflichtete Leistungsträger die Leistung erbracht hat.

§ 34 c Ersatzansprüche nach sonstigen Vorschriften Bestimmt sich das Recht des Trägers nach diesem Buch, Ersatz seiner Aufwendungen von einem anderen zu verlangen, gegen den die Leistungsberechtigten einen Anspruch haben, nach sonstigen gesetzlichen Vorschriften, die dem § 33 vorgehen, gelten als Aufwendungen auch solche Leistungen zur Sicherung des Lebensunterhalts, die an die mit der leistungsberechtigten Person in einer Bedarfsgemeinschaft lebenden Personen erbracht wurden.

§ 35 *(weggefallen)*

Kapitel 4 – Gemeinsame Vorschriften für Leistungen

Abschnitt 1 – Zuständigkeit und Verfahren

§ 36 Örtliche Zuständigkeit (1) Für die Leistungen nach § 6 Absatz 1 Satz 1 Nummer 1 ist die Agentur für Arbeit zuständig, in deren Bezirk die erwerbsfähige leistungsberechtigte Person ihren gewöhnlichen Aufenthalt hat. Für die Leistungen nach § 6 Absatz 1 Satz 1 Nummer 2 ist der kommunale Träger zuständig, in dessen Gebiet die erwerbsfähige leistungsberechtigte Person ihren gewöhnlichen Aufenthalt hat. Für Leistungen nach den Sätzen 1 und 2 an Minderjährige, die Leistungen für die Zeit der Ausübung des Umgangsrechts nur für einen kurzen Zeitraum beanspruchen, ist der jeweilige Träger an dem Ort zuständig, an dem die umgangsberechtigte Person ihren gewöhntlichen Aufenthalt hat. Kann ein gewöhnlicher Aufenthaltsort nicht festgestellt werden, so ist der Träger nach diesem Buch örtlich zuständig, in dessen Bereich sich die oder der erwerbsfähige Leistungsberechtigte tatsächlich aufhält. Für nicht erwerbsfähige Personen, deren Leistungsberechtigung sich aus § 7 Absatz 2 Satz 3 ergibt, gelten die Sätze 1 bis 4 entsprechend.
(2) Abweichend von Absatz 1 ist für die jeweiligen Leistungen nach diesem

Buch der Träger zuständig, in dessen Gebiet die leistungsberechtigte Person nach § 12 a Absatz 1 bis 3 des Aufenthaltsgesetzes ihren Wohnsitz zu nehmen hat. Ist die leistungsberechtigte Person nach § 12 a Absatz 1 bis 3 des Aufenthaltsgesetzes verpflichtet, ihren Wohnsitz an einem bestimmten Ort nicht zu nehmen, kann die Zuständigkeit der Träger in diesem Gebiet für die jeweiligen Leistungen nach diesem Buch nicht begründet werden; im Übrigen gelten die Regelungen des Absatzes 1.
(3) Abweichend von den Absätzen 1 und 2 ist im Fall der Auszahlung der Leistungen nach § 28 Absatz 2 Satz 1 Nummer 1 nach § 29 Absatz 6 der kommunale Träger zuständig, in dessen Gebiet die Schule liegt. Die Zuständigkeit nach Satz 1 umfasst auch Leistungen an Schülerinnen und Schüler, für die im Übrigen ein anderer kommunaler Träger nach den Absätzen 1 oder 2 zuständig ist oder wäre.

§ 36 a Kostenerstattung bei Aufenthalt im Frauenhaus Sucht eine Person in einem Frauenhaus Zuflucht, ist der kommunale Träger am bisherigen gewöhnlichen Aufenthaltsort verpflichtet, dem durch die Aufnahme im Frauenhaus zuständigen kommunalen Träger am Ort des Frauenhauses die Kosten für die Zeit des Aufenthaltes im Frauenhaus zu erstatten.

§ 37 Antragserfordernis (1) Leistungen nach diesem Buch werden auf Antrag erbracht. Leistungen nach § 24 Absatz 1 und 3 und Leistungen für die Bedarfe nach § 28 Absatz 5 sind gesondert zu beantragen.
(2) Leistungen nach diesem Buch werden nicht für Zeiten vor der Antragstellung erbracht. Der Antrag auf Leistungen zur Sicherung des Lebensunterhalts wirkt auf den Ersten des Monats zurück.

§ 38 Vertretung der Bedarfsgemeinschaft (1) Soweit Anhaltspunkte dem nicht entgegenstehen, wird vermutet, dass die oder der erwerbsfähige Leistungsberechtigte bevollmächtigt ist, Leistungen nach diesem Buch auch für die mit ihm in einer Bedarfsgemeinschaft lebenden Personen zu beantragen und entgegenzunehmen. Leben mehrere erwerbsfähige Leistungsberechtigte in einer Bedarfsgemeinschaft, gilt diese Vermutung zugunsten der Antrag stellenden Person.
(2) Für Leistungen an Kinder im Rahmen der Ausübung des Umgangsrechts hat die umgangsberechtigte Person die Befugnis, Leistungen nach diesem Buch zu beantragen und entgegenzunehmen, soweit das Kind dem Haushalt angehört.

§ 39 Sofortige Vollziehbarkeit Keine aufschiebende Wirkung haben Widerspruch und Anfechtungsklage gegen einen Verwaltungsakt,

1. der Leistungen der Grundsicherung für Arbeitsuchende aufhebt, zurücknimmt, widerruft, entzieht, die Pflichtverletzung oder die Minderung des Auszahlungsanspruchs feststellt oder Leistungen zur Eingliederung in Arbeit oder Pflichten erwerbsfähiger Leistungsberechtigter bei der Eingliederung in Arbeit regelt,

2. mit dem zur Beantragung einer vorrangigen Leistung aufgefordert wird oder
3. mit dem nach § 59 in Verbindung mit § 309 des Dritten Buches zur persönlichen Meldung bei der Agentur für Arbeit aufgefordert wird.

§ 40 Anwendung von Verfahrensvorschriften (1) Für das Verfahren nach diesem Buch gilt das Zehnte Buch. Abweichend von Satz 1 gilt § 44 des Zehnten Buches mit der Maßgabe, dass
1. rechtswidrige nicht begünstigende Verwaltungsakte nach den Absätzen 1 und 2 nicht später als vier Jahre nach Ablauf des Jahres, in dem der Verwaltungsakt bekanntgegeben wurde, zurückzunehmen sind; ausreichend ist, wenn die Rücknahme innerhalb dieses Zeitraums beantragt wird,
2. anstelle des Zeitraums von vier Jahren nach Absatz 4 Satz 1 ein Zeitraum von einem Jahr tritt.

(2) Entsprechend anwendbar sind die Vorschriften des Dritten Buches über
1. *(weggefallen)*
2. *(weggefallen)*
3. die Aufhebung von Verwaltungsakten (§ 330 Absatz 2, 3 Satz 1 und 4);
4. die vorläufige Zahlungseinstellung nach § 331 mit der Maßgabe, dass die Träger auch zur teilweisen Zahlungseinstellung berechtigt sind, wenn sie von Tatsachen Kenntnis erhalten, die zu einem geringeren Leistungsanspruch führen;
5. die Erstattung von Beiträgen zur Kranken-, Renten- und Pflegeversicherung (§ 335 Absatz 1, 2 und 5).

(3) Liegen die in § 44 Absatz 1 Satz 1 des Zehnten Buches genannten Voraussetzungen für die Rücknahme eines rechtswidrigen nicht begünstigenden Verwaltungsaktes vor, weil dieser auf einer Rechtsnorm beruht, die nach Erlass des Verwaltungsaktes
1. durch eine Entscheidung des Bundesverfassungsgerichts für nichtig oder für unvereinbar mit dem Grundgesetz erklärt worden ist oder
2. in ständiger Rechtsprechung anders als durch den für die jeweilige Leistungsart zuständigen Träger der Grundsicherung für Arbeitsuchende ausgelegt worden ist,

so ist der Verwaltungsakt, wenn er unanfechtbar geworden ist, nur mit Wirkung für die Zeit nach der Entscheidung des Bundesverfassungsgerichts oder ab dem Bestehen der ständigen Rechtsprechung zurückzunehmen. Bei der Unwirksamkeit einer Satzung oder einer andern im Rang unter einem Landesgesetz stehenden Rechtsvorschrift, die nach § 22 a Absatz 1 und dem dazu ergangenen Landesgesetz erlassen worden ist, ist abweichend von Satz 1 auf die Zeit nach der Entscheidung durch das Landssozialgericht abzustellen.

(4) Der Verwaltungsakt, mit dem über die Gewährung von Leistungen nach diesem Buch abschließend entschieden wurde, ist mit Wirkung für die Zukunft ganz aufzuheben, wenn in den tatsächlichen Verhältnissen der leistungsberechtigten Person Änderungen eintreten, aufgrund derer nach Maßgabe des § 41 a vorläufig zu entscheiden wäre.

(5) Verstirbt eine leistungsberechtigte Person oder eine Person, die mit der

leistungsberechtigten Person in häuslicher Gemeinschaft lebt, bleiben im Sterbemonat allein die dadurch eintretenden Änderungen in den bereits bewilligten Leistungsansprüchen der leistungsberechtigten Person und der mit ihr in Bedarfsgemeinschaft lebenden Personen unberücksichtigt; die §§ 48 und 50 Absatz 2 des Zehnten Buches sind insoweit nicht anzuwenden. § 118 Absatz 3 bis 4 a des Sechsten Buches findet mit der Maßgabe entsprechend Anwendung, dass Geldleistungen, die für die Zeit nach dem Monat des Todes der leistungsberechtigten Person überwiesen wurden, als unter Vorbehalt erbracht gelten.
(6) § 50 Absatz 1 des Zehnten Buches ist mit der Maßgabe anzuwenden, dass Gutscheine in Geld zu erstatten sind. Die leistungsberechtigte Person kann die Erstattungsforderung auch durch Rückgabe des Gutscheins erfüllen, soweit dieser nicht in Anspruch genommen wurde. Eine Erstattung der Leistungen nach § 28 erfolgt nicht, soweit eine Aufhebungsentscheidung allein wegen dieser Leistungen zu trefen wäre. Satz 3 gilt nicht im Fall des Widerrufs einer Bewilligungsentscheidung nach § 29 Absatz 5 Satz 2.
(7) § 28 des Zehnten Buches gilt mit der Maßgabe, dass der Antrag unverzüglich nach Ablauf des Monats, in dem die Ablehnung oder Erstattung der anderen Leistung bindend geworden ist, nachzuholen ist.
(8) Für die Vollstreckung von Ansprüchen der in gemeinsamen Einrichtungen zusammenwirkenden Träger nach diesem Buch gilt das Verwaltungs-Vollstreckungsgesetz des Bundes; im Übrigen gitl § 66 des Zehnten Buches.
(9) Abweichend von § 50 des Zehnten Buches sind 56 Prozent der bei der Berechnung des Arbeitslosengeldes II und des Sozialgeldes berücksichtigten Bedarfe für Unterkunft nicht zu erstatten. Satz 1 gilt nicht in den Fällen des § 45 Absatz 2 Satz 3 des Zehnten Buches, des § 48 Absatz 1 Satz 2 Nummer 2 und 4 des Zehnten Buches sowie in Fällen, in denen die Bewilligung lediglich teilweise aufgehoben wird.

§ 40 a Erstattungsanspruch Wird einer leistungsberechtigten Person für denselben Zeitraum, für den ein Träger der Grundsicherung für Arbeitsuchende Leistungen nach diesem Buch erbracht hat, eine andere Sozialleistung bewilligt, so steht dem Träger der Grundsicherung für Arbeitsuchende unter den Voraussetzungen des § 104 des Zehnten Buches ein Erstattungsanspruch gegen den anderen Sozialleistungsträger zu. Der Erstattungsanspruch besteht auch, soweit die Erbringung des Arbeitslosengeldes II allein auf Grund einer nachträglich festgestellten vollen Erwerbsminderung rechtswidrig war oder rückwirkend eine Rente wegen Alters oder eine Knappschaftsausgleichsleistung zuerkannt wird. Die §§ 106 bis 114 des Zehnten Buches gelten entsprechend. § 44 a Absatz 3 bleibt unberührt.

§ 41 Berechnung der Leistungen und Bewilligungszeitraum (1) Anspruch auf Leistungen zur Sicherung des Lebensunterhalts besteht für jeden Kalendertag. Der Monat wird mit 30 Tagen berechnet. Stehen die Leistungen nicht für einen vollen Monat zu, wird die Leistung anteilig erbracht.
(2) Berechnungen werden auf zwei Dezimalstellen durchgeführt, wenn nichts

Abweichendes bestimmt ist. Bei einer auf Dezimalstellen durchgeführten Berechnung wird die letzte Dezimalstelle um eins erhöht, wenn sich in der folgenden Dezimalstelle eine der Ziffern 5 bis 9 ergeben würde.
(3) Über den Anspruch auf Leistungen zur Sicherung des Lebensunerhalts ist in der Regel für ein Jahr zu entscheiden (Bewilligungszeitraum). Der Bewilligungszeitraum soll insbesondere in den Fällen regelmäßig auf sechs Monate verkürzt werden, in denen

1. über den Leistunganspruch vorläufig entschieden wird (§ 41 a) oder
2. die Aufwendungen für die Unterkunft und Heizung unangemessen sind.

Die Festlegung des Bewilligungszeitraums erfolgt einheitlich für die Entscheidung über die Leistungsansprüche aller Mitglieder einer Bedarfsgemeinschaft. Wird mit dem Bescheid über Leistungen zur Sicherung des Lebensunterhalts nicht auch über die Leistungen zur Deckung der Bedarfe nach § 28 Absatz 2, 4, 6 und 7 entschieden, ist die oder der Leistungsberechtigte in dem Bescheid über Leistungen zur Sicherung des Lebensunterhalts darauf hinzuweisen, dass die Entscheidung über Leistungen zur Deckung der Bedarfe nach § 28 Absatz 2, 4, 6 und 7 gesondert erfolgt.

§ 41 a Vorläufige Entscheidung (1) Über die Erbringung von Geld- und Sachleistungen ist vorläufig zu entscheiden, wenn

1. zur Feststellung der Voraussetzungen des Anspruchs auf Geld- und Sachleistungen voraussichtlich längere Zeit erforderlich ist und die Voraussetzungen für den Anspruch mit hinreichender Wahrscheinlichkeit vorliegen oder
2. ein Anspruch auf Geld- und Sachleistungen dem Grunde nach besteht und zur Feststellung seiner Höhe voraussichtlich längere Zeit erforderlich ist.

Besteht eine Bedarfsgemeinschaft aus mehreren Personen, ist unter den Voraussetzungen des Satzes 1 über den Leistungsanspruch aller Mitglieder der Bedarfsgemeinschaft vorläufig zu entscheiden. Eine vorläufige Entscheidung ergeht nicht, wenn Leistungsberechtigte die Umstände, die einer sofortigen abschließenden Entscheidung entgegenstehen, zu vertreten haben.
(2) Der Grund der Vorläufigkeit ist anzugeben. Die vorläufige Leistung ist so zu bemessen, dass der monatliche Bedarf der Leistungsberechtigten zur Sicherung des Lebensunterhalts gedeckt ist; dabei kann der Absetzbetrag nach § 11 b Absatz 1 Satz 1 Nummer 6 ganz oder teilweise unberücksichtigt bleiben. Hierbei sind die im Zeitpunkt der Entscheidung bekannten und prognostizierten Verhältnisse zugrunde zu legen. Soweit die vorläufige Entscheidung nach Absatz 1 rechtswidrig ist, ist sie für die Zukunft zurückzunehmen. § 45 Absatz 2 des Zehnten Buches findet keine Anwendung.
(3) Die Träger der Grundsicherung für Arbeitsuchende entscheiden abschließend über den monatlichen Leistungsanspruch, sofern die vorläufig bewilligte Leistung nicht der abschließend festzustellenden entspricht oder die leistungsberechtigte Person eine abschließende Entscheidung beantragt. Die leistungsberechtigte Person und die mit ihr in Bedarfsgemeinschaft lebenden Personen sind nach Ablauf des Bewilligungszeitraums verpflichtet, die von den Trägern

der Grundsicherung für Arbeitsuchende zum Erlass einer abschließenden Entscheidung geforderten leistungserheblichen Tatsachen nachzuweisen; die §§ 60, 61, 65 und 65 a des Ersten Buches gelten entsprechend. Kommen die leistungsberechtigte Person oder die mir ihr in Bedarfsgemeinschaft lebenden Personen ihrer Nachweis- oder Auskunftspflicht bis zur abschließenden Entscheidung nicht, nicht vollständig oder trotz angemessener Fristsetzung und schriftlicher Belehrung über die Rechtsfolgen nicht fristgemäß nach, setzen die Träger der Grundsicherung für Arbeitsuchende den Leistungsanspruch für diejenigen Kalendermonate nur in der Höhe abschließend fest, in welcher seine Voraussetzungen ganz oder teilweise nachgewiesen wurden. Für die übrigen Kalendermonate wird festgestellt, dass ein Leistungsanspruch nicht bestand.

(4) Bei der abschließenden Feststellung des Leistungsanspruches nach Absatz 3 ist als Einkommen ein monatliches Durchschnittseinkommen zugrunde zu legen. Satz 1 gilt nicht

1. in den Fällen des Absatzes 3 Satz 4,
2. soweit der Leistungsanspruch in mindestens einem Monat des Bewilligungszeitraums durch das zum Zeitpunkt der abschließenden Feststellung nachgewiesene zu berücksichtigende Einkommen entfällt oder
3. wenn die leistungsberechtigte vor der abschließenden Feststellung des Leistungsanspruches eine Entscheidung auf der Grundlage des tatsächlichen monatlichen Einkommens beantragt.

Als monatliches Durchschnittseinkommen ist für jeden Kalendermonat im Bewilligungszeitraum der Teil des Einkommens zu berücksichtigen, der sich bei der Teilung des Gesamteinkommens im Bewilligungszeitraum durch die Anzahl der Monate im Bewilligungszeitraum ergibt.

(5) Ergeht innerhalb eines Jahres nach Ablauf des Bewilligungszeitraums keine abschließende Entscheidung nach Absatz 3, gelten die vorläufig bewilligten Leistungen als abschließend festgesetzt. Dies gilt nicht, wenn

1. die leistungsberechtigte Person innerhalb der First nach Satz 1 eine abschließende Entscheidung beantragt oder
2. der Leistungsanspruch aus einem anderen als dem nach Absatz 2 Satz 1 anzugebenden Grund nicht oder nur in geringerer Höhe als die vorläufigen Leistungen besteht und der Träger der Grundsicherung für Arbeitsuchende über den Leistungsanspruch innerhalb eines Jahres seit Kenntnis von diesen Tatsachen, spätestens aber nach Ablauf von zehn Jahren nach der Bekanntgabe der vorläufigen Entscheidung, abschließend entscheidet.

(6) Die aufgrund der vorläufigen Entscheidung erbrachten Leistungen sind auf die abschließend festgestellten Leistungen anzurechnen. Soweit im Bewilligungszeitraum in einzelnen Kalendermonaten vorläufig zu hohe Leistungen erbracht wurden, sind die sich daraus ergebenden Überzahlungen auf die abschließend bewilligten Leistungen anzurechnen, die für andere Kalendermonate dieses Bewilligungszeitraums nachzuzahlen wären. Überzahlungen, die nach der Anrechnung fortbestehen, sind zu erstatten. Das gilt auch im Fall des Absatzes 3 Satz 3 und 4.

(7) Über die Erbringung von Geld- und Sachleistungen kann vorläufig entschieden werden, wenn
1. die Vereinbarkeit einer Vorschrift dieses Buches, von der die Entscheidung über den Antrag abhängt, mit höherrangigem Recht Gegenstand eines Verfahrens bei dem Bundesverfassungsgericht oder dem Gerichtshof der Europäischen Union ist oder
2. eine entscheidungserhebliche Rechtsfrage von grundsätzlicher Bedeutung Gegenstand eines Verfahrens beim Bundessozialgericht ist.

Absatz 2 Satz 1, Absatz 3 Satz 2 bis 4 sowie Absatz 6 gelten entsprechend.

§ 42 Fälligkeit, Auszahlung und Unpfändbarkeit der Leistungen (1) Leistungen sollen monatlich im Voraus erbracht werden.

(2) Auf Antrag der leistungsberechtigten Person können durch Bewilligungsbescheid festgesetzte, zum nächsten Zahlungszeitpunkt fällige Leistungsansprüche vorzeitig erbracht werden. Die Höhe der vorzeitigen Leistung ist auf 100 Euro begrenzt. Der Auszahlungsanspruch im Folgemonat verringert sich entsprechend. Soweit eine Verringerung des Auszahlungsanspruchs im Folgemonat nicht möglich ist, verringert sich der Auszahlungsanspruch für den zweiten auf die Bewilligung der vorzeitigen Leistung folgenden Monat. Die vorzeitige Leistung ist ausgeschlossen,
1. wenn im laufenden Monat oder im Monat der Verringerung des Leistungsanspruches eine Aufrechnung zu erwarten ist,
2. wenn der Leistungsanspruch im Folgemonat durch eine Sanktion gemindert ist oder
3. wenn sie bereits in einem der vorangegangenen zwei Kalendermonate in Anspruch genommen wurde.

(3) Geldleistungen nach diesem Buch werden auf das im Antrag angegebene Konto bei einem Geldinstitut überwiesen, für das die Verordnung (EU) Nr. 260/2012 des Europäischen Parlaments und des Rates vom 14. März 2012 zur Festlegung der technischen Vorschriften und der Geschäftsanforderungen für Überweisungen und Lastschriften in Euro und zur Änderung der Verordnung (EG) Nr. 924/2009 (ABl. L 94 vom 30. 3. 2012, S. 22) gilt. Werden sie an den Wohnsitz oder gewöhnlichen Aufenthalt der Leistungsberechtigten übermittelt, sind die dadurch veranlassten Kosten abzuziehen. Dies gilt nicht, wenn Leistungsberechtigte nachweisen, dass ihnen die Einrichtung eines Kontos bei einem Geldinstitut ohne eigenes Verschulden nicht möglich ist.

(4) Der Anspruch auf Leistungen zur Sicherung des Lebensunterhaltes kann nicht abgetreten, übertragen, verpfändet oder gepfändet werden. Die Abtretung und Übertragung nach § 53 Absatz 2 des Ersten Buches bleibt unberührt.

§ 42 a Darlehen (1) Darlehen werden nur erbracht, wenn ein Bedarf weder durch Vermögen nach § 12 Absatz 2 Satz 1 Nummer 1, 1 a und 4 noch auf andere Weise gedeckt werden kann. Darlehen können an einzelne Mitglieder von Bedarfsgemeinschaften oder an mehrere gemeinsam vergeben werden. Die Rückzahlungsverpflichtung trifft die Darlehensnehmer.

(2) Solange Darlehensnehmer Leistungen zur Sicherung des Lebensunterhalts beziehen, werden Rückzahlungsansprüche aus Darlehen ab dem Monat, der auf die Auszahlung folgt, durch monatliche Aufrechnung in Höhe von 10 Prozent des maßgebenden Regelbedarfs getilgt. § 43 Absatz 3 gilt entsprechend. Die Aufrechnung ist gegenüber den Darlehensnehmern schriftlich durch Verwaltungsakt zu erklären. Satz 1 gilt nicht, soweit Leistungen zur Sicherung des Lebensunterhalts als Darlehen erbracht werden.
(3) Rückzahlungsansprüche aus Darlehen nach § 24 Absatz 5 sind nach erfolgter Verwertung sofort in voller Höhe und Rückzahlungsansprüche aus Darlehen nach § 22 Absatz 6 bei Rückzahlung durch den Vermieter sofort in Höhe des noch nicht getilgten Darlehensbetrages fällig. Deckt der erlangte Betrag den noch nicht getilgten Darlehensbetrag nicht, soll eine Vereinbarung über die Rückzahlung des ausstehenden Betrags unter Berücksichtigung der wirtschaftlichen Verhältnisse der Darlehensnehmer getroffen werden.
(4) Nach Beendigung des Leistungsbezuges ist der noch nicht getilgte Darlehensbetrag sofort fällig. Über die Rückzahlung des ausstehenden Betrags soll eine Vereinbarung unter Berücksichtigung der wirtschaftlichen Verhältnisse der Darlehensnehmer getroffen werden.
(5) Rückzahlungsansprüche aus Darlehen nach § 27 Absatz 3 sind abweichend von Absatz 4 Satz 1 erst nach Abschluss der Ausbildung fällig. Absatz 4 Satz 2 gilt entsprechend.
(6) Sofern keine abweichende Tilgungsbestimmung getroffen wird, werden Zahlungen, die zur Tilgung der gesamten fälligen Schuld nicht ausreichen, zunächst auf das zuerst erbrachte Darlehen angerechnet.

§ 43 Aufrechnung (1) Die Jobcenter können gegen Ansprüche von leistungsberechtigten Personen auf Geldleistungen zur Sicherung des Lebensunterhalts aufrechnen mit
1. Erstattungsansprüchen nach § 50 des Zehnten Buches,
2. Ersatzansprüchen nach den §§ 34 oder 34 a,
3. Erstattungsansprüchen nach § 34 b oder
4. Erstattungsansprüchen nach § 41 a Absatz 6 Satz 3.

(2) Die Höhe der Aufrechnung beträgt bei Erstattungsansprüchen, die auf den § 41 a oder auf § 48 Absatz 1 Satz 2 Nummer 3 in Verbindung mit § 50 des Zehnten Buches beruhen, 10 Prozent des für dieleistungsberechtigte Person maßgebenden Regelbedarfs, in den übrigen Fällen 30 Prozent. Die Aufrechnung, die zusammen mit bereits laufenden Aufrechnungen nach Absatz 1 und nach § 42 a Absatz 2 insgesamt 30 Prozent des maßgebenden Regelbedarfs übersteigen würde, ist unzulässig.
(3) Eine Aufrechnung ist nicht zulässig für Zeiträume, in denen der Auszahlungsanspruch nach § 31 b Absatz 1 Satz 1 um mindestens 30 Prozent des maßgebenden Regelbedarfs gemindert ist. Ist die Minderung des Auszahlungsanspruchs geringer, ist die Höhe der Aufrechnung auf die Differenz zwischen dem Minderungsbetrag und 30 Prozent des maßgebenden Regelbedarfs begrenzt.

(4) Die Aufrechnung ist gegenüber der leistungsberechtigten Person schriftlich durch Verwaltungsakt zu erklären. Sie endet spätestens drei Jahre nach dem Monat, der auf die Bestandskraft der in Absatz 1 genannten Entscheidungen folgt. Zeiten, in denen die Aufrechnung nicht vollziehbar ist, verlängern den Aufrechnungszeitraum entsprechend.

§ 43 a Verteilung von Teilzahlungen Teilzahlungen auf Ersatz- und Erstattungsansprüche der Träger nach diesem Buch gegen Leistungsberechtigte oder Dritte mindern die Aufwendungen der Träger der Aufwendungen im Verhältnis des jeweiligen Anteils an der Forderung zueinander.

§ 44 Veränderung von Ansprüchen Die Träger von Leistungen nach diesem Buch dürfen Ansprüche erlassen, wenn deren Einziehung nach Lage des einzelnen Falles unbillig wäre.

Abschnitt 2 – Einheitliche Entscheidung

§ 44 a Feststellung von Erwerbsfähigkeit und Hilfebedürftigkeit (1) Die Agentur für Arbeit stellt fest, ob die oder der Arbeitsuchende erwerbsfähig ist. Der Entscheidung können widersprechen:

1. der kommunale Träger,
2. ein anderer Träger, der bei voller Erwerbsminderung zuständig wäre, oder
3. die Krankenkasse, die bei Erwerbsfähigkeit Leistungen der Krankenversicherung zu erbringen hätte.

Der Widerspruch ist zu begründen. Im Widerspruchsfall entscheidet die Agentur für Arbeit, nachdem sie eine gutachterliche Stellungnahme eingeholt hat. Die gutachterliche Stellungnahme erstellt der nach § 109 a Absatz 4 des Sechsten Buches zuständige Träger der Rentenversicherung. Die Agentur für Arbeit ist bei der Entscheidung über den Widerspruch an die gutachterliche Stellungnahme nach Satz 5 gebunden. Bis zu der Entscheidung über den Widerspruch erbringen die Agentur für Arbeit und der kommunale Träger bei Vorliegen der übrigen Voraussetzungen Leistungen der Grundsicherung für Arbeitsuchende.

(1 a) Der Einholung einer gutachterlichen Stellungnahme nach Absatz 1 Satz 4 bedarf es nicht, wenn der zuständige Träger der Rentenversicherung bereits nach § 109 a Absatz 2 Satz 2 des Sechsten Buches eine gutachterliche Stellungnahme abgegeben hat. Die Agentur für Arbeit ist an die gutachterliche Stellungnahme gebunden.

(2) Die gutachterliche Stellungnahme des Rentenversicherungsträgers zur Erwerbsfähigkeit ist für alle gesetzlichen Leistungsträger nach dem Zweiten, Dritten, Fünften, Sechsten und Zwölften Buch bindend; § 48 des Zehnten Buches bleibt unberührt.

(3) Entscheidet die Agentur für Arbeit, dass ein Anspruch auf Leistungen der Grundsicherung für Arbeitsuchende nicht besteht, stehen ihr und dem kom-

munalen Träger Erstattungsansprüche nach § 103 des Zehnten Buches zu, wenn der oder dem Leistungsberechtigten eine andere Sozialleistung zuerkannt wird. § 103 Absatz 3 des Zehnten Buches gilt mit der Maßgabe, dass Zeitpunkt der Kenntnisnahme der Leistungsverpflichtung des Trägers der Sozialhilfe, der Kriegsopferfürsorge und der Jugendhilfe der Tag des Widerspruchs gegen die Feststellung der Agentur für Arbeit ist.

(4) Die Agentur für Arbeit stellt fest, ob und in welchem Umfang die erwerbsfähige Person und die dem Haushalt angehörenden Personen hilfebedürftig sind. Sie ist dabei und bei den weiteren Entscheidungen nach diesem Buch an die Feststellung der Angemessenheit der Kosten für Unterkunft und Heizung durch den kommunalen Träger gebunden. Die Agentur für Arbeit stellt fest, ob die oder der erwerbsfähige Leistungsberechtigte oder die dem Haushalt angehörenden Personen vom Bezug von Leistungen nach diesem Buch ausgeschlossen sind.

(5) Der kommunale Träger stellt die Höhe der in seiner Zuständigkeit zu erbringenden Leistungen fest. Er ist dabei und bei den weiteren Entscheidungen nach diesem Buch an die Feststellungen der Agentur für Arbeit nach Absatz 4 gebunden. Satz 2 gilt nicht, sofern der kommunale Träger zur vorläufigen Zahlungseinstellung berechtigt ist und dies der Agentur für Arbeit vor dieser Entscheidung mitteilt.

(6) Der kommunale Träger kann einer Feststellung der Agentur für Arbeit nach Absatz 4 Satz 1 oder 3 innerhalb eines Monats schriftlich widersprechen, wenn er aufgrund der Feststellung höhere Leistungen zu erbringen hat. Der Widerspruch ist zu begründen; er befreit nicht von der Verpflichtung, die Leistungen entsprechend der Feststellung der Agentur für Arbeit zu gewähren. Die Agentur für Arbeit überprüft ihre Feststellung und teilt dem kommunalen Träger innerhalb von zwei Wochen ihre endgültige Feststellung mit. Hält der kommunale Träger seinen Widerspruch aufrecht, sind die Träger bis zu einer anderen Entscheidung der Agentur für Arbeit oder einer gerichtlichen Entscheidung an die Feststellung der Agentur für Arbeit gebunden.

§ 44 b Gemeinsame Einrichtung (1) Zur einheitlichen Durchführung der Grundsicherung für Arbeitsuchende bilden die Träger im Gebiet jedes kommunalen Trägers nach § 6 Absatz 1 Satz 1 Nummer 2 eine gemeinsame Einrichtung. Die gemeinsame Einrichtung nimmt die Aufgaben der Träger nach diesem Buch wahr; die Trägerschaft nach § 6 sowie nach den §§ 6 a und 6 b bleibt unberührt. Die gemeinsame Einrichtung ist befugt, Verwaltungsakte und Widerspruchsbescheide zu erlassen. Die Aufgaben werden von Beamtinnen und Beamten sowie Arbeitnehmerinnen und Arbeitnehmern wahrgenommen, denen entsprechende Tätigkeiten zugewiesen worden sind.

(2) Die Träger bestimmen den Standort sowie die nähere Ausgestaltung und Organisation der gemeinsamen Einrichtung durch Vereinbarung. Die Ausgestaltung und Organisation der gemeinsamen Einrichtung sollen die Besonderheiten der beteiligten Träger, des regionalen Arbeitsmarktes und der regionalen Wirtschaftsstruktur berücksichtigen. Die Träger können die Zusammen-

legung mehrerer gemeinsamer Einrichtungen zu einer gemeinsamen Einrichtung vereinbaren.

(3) Den Trägern obliegt die Verantwortung für die rechtmäßige und zweckmäßige Erbringung ihrer Leistungen. Sie haben in ihrem Aufgabenbereich nach § 6 Absatz 1 Nummer 1 oder 2 gegenüber der gemeinsamen Einrichtung ein Weisungsrecht; dies gilt nicht im Zuständigkeitsbereich der Trägerversammlung nach § 44 c. Die Träger sind berechtigt, von der gemeinsamen Einrichtung die Erteilung von Auskunft und Rechenschaftslegung über die Leistungserbringung zu fordern, die Wahrnehmung der Aufgaben in der gemeinsamen Einrichtung zu prüfen und die gemeinsame Einrichtung an ihre Auffassung zu binden. Vor Ausübung ihres Weisungsrechts in Angelegenheiten grundsätzlicher Bedeutung befassen die Träger den Kooperationsausschuss nach § 18 b. Der Kooperationsausschuss kann innerhalb von zwei Wochen nach Anrufung eine Empfehlung abgeben.

(4) Die gemeinsame Einrichtung kann einzelne Aufgaben auch durch die Träger wahrnehmen lassen. Im Übrigen gelten die §§ 88 bis 92 des Zehnten Buches für die gemeinsamen Einrichtungen im Aufgabenbereich dieses Buches entsprechend.

(5) Die Bundesagentur stellt der gemeinsamen Einrichtung Angebote an Dienstleistungen zur Verfügung.

(6) Die Träger teilen der gemeinsamen Einrichtung alle Tatsachen und Feststellungen mit, von denen sie Kenntnis erhalten und die für die Leistungen erforderlich sind.

…

§§ 44 c – 44 k *(nicht abgedruckt)*

§ 45 *(weggefallen)*

§§ 46–55 *(nicht abgedruckt)*[1]

Kapitel 8 – Mitwirkungspflichten

§ 56 Anzeige- und Bescheinigungspflicht bei Arbeitsunfähigkeit (1) Die Agentur für Arbeit soll erwerbsfähige Leistungsberechtigte, die Leistungen zur Sicherung des Lebensunterhalts beantragt haben oder beziehen, in der Eingliederungsvereinbarung oder in dem diese ersetzenden Verwaltungsakt nach § 15 Absatz 3 Satz 3 verpflichten,

---

1 S. **Verordnung zur Erhebung der Daten nach § 51 b des Zweiten Buches Sozialgesetzbuch** (SGB2§ 51bDatV) vom 12. 8. 2010 (BGBl. I 1150), geändert durch Gesetz vom 20. 12. 2011 (BGBl. I 2854); **Verordnung zur Festlegung der Kennzahlen nach § 48 a des Zweiten Buches Sozialgesetzbuch** (SGB2§ 48aFKV) vom 12. 8. 2010 (BGBl. I 1152), geändert durch Verordnung vom 15. März 2019 (BGBl. I 339).

1. eine eingetretene Arbeitsunfähigkeit und deren voraussichtliche Dauer unverzüglich anzuzeigen und
2. spätestens vor Ablauf des dritten Kalendertages nach Eintritt der Arbeitsunfähigkeit eine ärztliche Bescheinigung über die Arbeitsunfähigkeit und deren voraussichtliche Dauer vorzulegen.

§ 31 Absatz 1 findet keine Anwendung. Die Agentur für Arbeit ist berechtigt, die Vorlage der ärztlichen Bescheinigung früher zu verlangen. Dauert die Arbeitsunfähigkeit länger als in der Bescheinigung angegeben, so ist der Agentur für Arbeit eine neue ärztliche Bescheinigung vorzulegen. Die Bescheinigungen müssen einen Vermerk des behandelnden Arztes darüber enthalten, dass dem Träger der Krankenversicherung unverzüglich eine Bescheinigung über die Arbeitsunfähigkeit mit Angaben über den Befund und die voraussichtliche Dauer der Arbeitsunfähigkeit übersandt wird. Zweifelt die Agentur für Arbeit an der Arbeitsunfähigkeit der oder des erwerbsfähigen Leistungsberechtigten, so gilt § 275 Absatz 1 Nummer 3 b und Absatz 1 a des Fünften Buches entsprechend.

(2) Die Bundesagentur erstattet den Krankenkassen die Kosten für die Begutachtung durch den Medizinischen Dienst nach Absatz 1 Satz 6. Die Bundesagentur und der Spitzenverband Bund der Krankenkassen vereinbaren das Nähere über das Verfahren und die Höhe der Kostenerstattung; der Medizinische Dienst Bund ist zu beteiligen. In der Vereinbarung kann auch eine pauschale Abgeltung der Kosten geregelt werden.

§ 57 Auskunftspflicht von Arbeitgebern Arbeitgeber haben der Agentur für Arbeit auf deren Verlangen Auskunft über solche Tatsachen zu geben, die für die Entscheidung über einen Anspruch auf Leistungen nach diesem Buch erheblich sein können; die Agentur für Arbeit kann hierfür die Benutzung eines Vordrucks verlangen. Die Auskunftspflicht erstreckt sich auch auf Angaben über das Ende und den Grund für die Beendigung des Beschäftigungsverhältnisses.

§ 58 Einkommensbescheinigung (1) Wer jemanden, der laufende Geldleistungen nach diesem Buch beantragt hat oder bezieht, gegen Arbeitsentgelt beschäftigt, ist verpflichtet, diesem unverzüglich Art und Dauer dieser Erwerbstätigkeit sowie die Höhe des Arbeitsentgelts oder der Vergütung für die Zeiten zu bescheinigen, für die diese Leistung beantragt worden ist oder bezogen wird. Dabei ist der von der Agentur für Arbeit vorgesehene Vordruck zu benutzen. Die Bescheinigung ist der- oder demjenigen, die oder der die Leistung beantragt hat oder bezieht, unverzüglich auszuhändigen.

(2) Wer eine laufende Geldleistung nach diesem Buch beantragt hat oder bezieht und gegen Arbeitsentgelt beschäftigt wird, ist verpflichtet, dem Arbeitgeber den für die Bescheinigung des Arbeitsentgelts vorgeschriebenen Vordruck unverzüglich vorzulegen.

§ 59 Meldepflicht Die Vorschriften über die allgemeine Meldepflicht, § 309 des Dritten Buches, und über die Meldepflicht bei Wechsel der Zuständigkeit, § 310 des Dritten Buches, sind entsprechend anzuwenden.

§ 60 Auskunftspflicht und Mitwirkungspflicht Dritter (1) Wer jemandem, der Leistungen nach diesem Buch beantragt hat oder bezieht, Leistungen erbringt, die geeignet sind, diese Leistungen nach diesem Buch auszuschließen oder zu mindern, hat der Agentur für Arbeit auf Verlangen hierüber Auskunft zu erteilen, soweit es zur Durchführung der Aufgaben nach diesem Buch erforderlich ist.

(2) Wer jemandem, der eine Leistung nach diesem Buch beantragt hat oder bezieht, zu Leistungen verpflichtet ist, die geeignet sind, Leistungen nach diesem Buch auszuschließen oder zu mindern, oder wer für ihn Guthaben führt oder Vermögensgegenstände verwahrt, hat der Agentur für Arbeit auf Verlangen hierüber sowie über damit im Zusammenhang stehendes Einkommen oder Vermögen Auskunft zu erteilen, soweit es zur Durchführung der Aufgaben nach diesem Buch erforderlich ist. § 21 Absatz 3 Satz 4 des Zehnten Buches gilt entsprechend. Für die Feststellung einer Unterhaltsverpflichtung ist § 1605 Absatz 1 des Bürgerlichen Gesetzbuchs anzuwenden.

(3) Wer jemanden, der

1. Leistungen nach diesem Buch beantragt hat oder bezieht oder dessen Partnerin oder Partner oder
2. nach Absatz 2 zur Auskunft verpflichtet ist,

beschäftigt, hat der Agentur für Arbeit auf Verlangen über die Beschäftigung, insbesondere über das Arbeitsentgelt, Auskunft zu erteilen, soweit es zur Durchführung der Aufgaben nach diesem Buch erforderlich ist.

(4) Sind Einkommen oder Vermögen der Partnerin oder des Partners zu berücksichtigen, haben

1. diese Partnerin oder dieser Partner,
2. Dritte, die für diese Partnerin oder diesen Partner Guthaben führen oder Vermögensgegenstände verwahren,

der Agentur für Arbeit auf Verlangen hierüber Auskunft zu erteilen, soweit es zur Durchführung der Aufgaben nach diesem Buch erforderlich ist. § 21 Absatz 3 Satz 4 des Zehnten Buches gilt entsprechend.

(5) Wer jemanden, der Leistungen nach diesem Buch beantragt hat, bezieht oder bezogen hat, beschäftigt, hat der Agentur für Arbeit auf Verlangen Einsicht in Geschäftsbücher, Geschäftsunterlagen und Belege sowie in Listen, Entgeltverzeichnisse und Entgeltbelege für Heimarbeiterinnen oder Heimarbeiter zu gewähren, soweit es zur Durchführung der Aufgaben nach diesem Buch erforderlich ist.

§ 61 Auskunftspflichten bei Leistungen zur Eingliederung in Arbeit (1) Träger, die eine Leistung zur Eingliederung in Arbeit erbracht haben oder erbringen, haben der Agentur für Arbeit unverzüglich Auskünfte über Tatsachen zu erteilen, die Aufschluss darüber geben, ob und inwieweit Leistungen zu Recht erbracht worden sind oder werden. Sie haben Änderungen, die für die Leistungen erheblich sind, unverzüglich der Agentur für Arbeit mitzuteilen.

(2) Die Teilnehmerinnen und Teilnehmer an Maßnahmen zur Eingliederung sind verpflichtet,

1. der Agentur für Arbeit auf Verlangen Auskunft über den Eingliederungserfolg der Maßnahme sowie alle weiteren Auskünfte zu erteilen, die zur Qualitätsprüfung benötigt werden, und
2. eine Beurteilung ihrer Leistung und ihres Verhaltens durch den Maßnahmeträger zuzulassen.

Die Maßnahmeträger sind verpflichtet, ihre Beurteilungen der Teilnehmerin oder des Teilnehmers unverzüglich der Agentur für Arbeit zu übermitteln.

§ 62 Schadenersatz Wer vorsätzlich oder fahrlässig
1. eine Einkommensbescheinigung nicht, nicht richtig oder nicht vollständig ausfüllt,
2. eine Auskunft nach § 57 oder § 60 nicht, nicht richtig oder nicht vollständig erteilt,

ist zum Ersatz des daraus entstehenden Schadens verpflichtet.

Kapitel 9 – Straf- und Bußgeldvorschriften

§ 63 Bußgeldvorschriften (1) Ordnungswidrig handelt, wer vorsätzlich oder fahrlässig
1. entgegen § 57 Satz 1 eine Auskunft nicht, nicht richtig, nicht vollständig oder nicht rechtzeitig erteilt,
2. entgegen § 58 Absatz 1 Satz 1 oder 3 Art oder Dauer der Erwerbstätigkeit oder die Höhe des Arbeitsentgelts oder der Vergütung nicht, nicht richtig, nicht vollständig oder nicht rechtzeitig bescheinigt oder eine Bescheinigung nicht oder nicht rechtzeitig aushändigt,
3. entgegen § 58 Absatz 2 einen Vordruck nicht oder nicht rechtzeitig vorlegt,
4. entgegen § 60 Absatz 1, 2 Satz 1, Absatz 3 oder 4 Satz 1 oder als privater Träger entgegen § 61 Absatz 1 Satz 1 eine Auskunft nicht, nicht richtig, nicht vollständig oder nicht rechtzeitig erteilt,
5. entgegen § 60 Absatz 5 Einsicht nicht oder nicht rechtzeitig gewährt,
6. entgegen § 60 Absatz 1 Satz 1 Nummer 1 des Ersten Buches eine Angabe nicht, nicht richtig, nicht vollständig oder nicht rechtzeitig macht oder
7. entgegen § 60 Absatz 1 Satz 1 Nummer 2 des Ersten Buches eine Änderung in den Verhältnissen, die für einen Anspruch auf eine laufende Leistung erheblich ist, nicht, nicht richtig, nicht vollständig oder nicht rechtzeitig mitteilt.

(1 a) Die Bestimmungen des Absatzes 1 Nummer 1, 4, 5, 6 und 7 gelten auch in Verbindung mit § 6 b Absatz 1 Satz 2 oder § 44 b Absatz 1 Satz 2 erster Halbsatz.

(2) Die Ordnungswidrigkeit kann in den Fällen des Absatzes 1 Nummer 6 und 7 mit einer Geldbuße bis zu fünftausend Euro, in den übrigen Fällen mit einer Geldbuße bis zu zweitausend Euro geahndet werden.

§§ 63 a, 63 b *(aufgehoben)*

Kapitel 10 – Bekämpfung von Leistungsmissbrauch

§ 64 Zuständigkeit und Zusammenarbeit mit anderen Behörden (1) Für die Bekämpfung von Leistungsmissbrauch gilt § 319 des Dritten Buches entsprechend.
(2) Verwaltungsbehörden im Sinne des § 36 Absatz 1 Nummer 1 des Gesetzes über Ordnungswidrigkeiten sind in den Fällen
1. des § 63 Absatz 1 Nummer 1 bis 5 die gemeinsame Einrichtung oder der nach § 6 a zugelassene kommunale Träger,
2. des § 63 Absatz 1 Nummer 6 und 7
   a) die gemeinsame Einrichtung oder der nach § 6 a zugelassene Träger sowie
   b) die Behörden der Zollverwaltung

jeweils für ihren Geschäftsbereich.
(3) Bei der Verfolgung und Ahndung der Ordnungswidrigkeiten nach § 63 Absatz 1 Nummer 6 und 7 arbeiten die Behörden nach Absatz 2 Nummer 2 mit den in § 2 Absatz 4 des Schwarzarbeitsbekämpfungsgesetzes genannten Behörden zusammen.
(4) Soweit die gemeinsame Einrichtugn Verwaltungsbehörde nach Absatz 2 ist, fließen die Geldbußen in die Bundeskasse. § 66 des Zehnten Buches gilt entsprechend. Die Bundeskasse trägt abweichend von § 105 Absatz 2 des Gesetzes über Ordnungswidrigkeiten die notwendigen Auslagen. Sie ist auch ersatzpflichtig im Sinne des § 110 Absatz 4 des Gesetzes über Ordnungswidrigkeiten.

Kapitel 11 – Übergangs- und Schlussvorschriften

§§ 65–77 *(nicht abgedruckt)*

§ 78 Gesetz zur Verbesserung der Eingliederungschancen am Arbeitsmarkt Bei der Ermittlung der Zuweisungshöchstdauer nach § 16 d Absatz 6 werden Zuweisungsdauern, die vor dem 1. April 2012 liegen, nicht berücksichtigt.

§§ 79 – 81 *(nicht abgedruckt)*

30 II a. Verordnung zur Berechnung von Einkommen sowie zur Nichtberücksichtigung von Einkommen und Vermögen beim Arbeitslosengeld II/Sozialgeld (Arbeitslosengeld II/Sozialgeld-Verordnung – Alg II-V)

vom 17. Dezember 2007 (BGBl. I 2942),
zuletzt geändert durch Gesetz vom 29. April 2019 (BGBl. I 530)

Einleitung

(siehe Nr. 30 II, II 3)

Verordnungstext

§ 1 Nicht als Einkommen zu berücksichtigende Einnahmen (1) Außer den in § 11 a des Zweiten Buches Sozialgesetzbuch genannten Einnahmen sind nicht als Einkommen zu berücksichtigen:

1. Einnahmen, wenn sie innerhalb eines Kalendermonats 10 Euro nicht übersteigen,
2. Leistungen, die ausdrücklich für die bei der Leistung nach § 19 Absatz 2 Satz 1 in Verbindung mit § 28 Absatz 6 des Zweiten Buches Sozialgesetzbuch zu berücksichtigenden ersparten häuslichen Verbrauchsausgaben erbracht werden, bis zur Höhe des Betrages nach § 5 a Nummer 3,
3. Einnahmen aus Kapitalvermögen, soweit sie 100 Euro kalenderjährlich nicht übersteigen,
4. nicht steuerpflichtige Einnahmen einer Pflegeperson für Leistungen der Grundpflege und der hauswirtschaftlichen Versorgung,
5. bei Soldaten der Auslandsverwendungszuschlag und der Leistungszuschlag,
6. die aus Mitteln des Bundes gezahlte Überbrückungsbeihilfe nach Artikel IX Abs. 4 des Abkommens zwischen den Parteien des Nordatlantikvertrages über die Rechtsstellung ihrer Truppen (NATO-Truppenstatut) vom 19. Juni 1951 (BGBl. 1961 II S. 1190) an ehemalige Arbeitnehmer bei den Stationierungsstreitkräften und nach Artikel 5 des Gesetzes zu den Notenwechseln vom 25. September 1990 und 23. September 1991 über die Rechtsstellung der in Deutschland stationierten verbündeten Streitkräfte und zu den Übereinkommen vom 25. September 1990 zur Regelung bestimmter Fragen in Bezug auf Berlin vom 3. Januar 1994 (BGBl. 1994 II S. 26) an ehemalige Arbeitnehmer bei den alliierten Streitkräften in Berlin,
7. die Eigenheimzulage, soweit sie nachweislich zur Finanzierung einer nach § 12 Abs. 3

Satz 1 Nr. 4 des Zweiten Buches Sozialgesetzbuch nicht als Vermögen zu berücksichtigenden Immobilie verwendet wird,
8. Kindergeld für Kinder des Hilfebedürftigen, soweit es nachweislich an das nicht im Haushalt des Hilfebedürftigen lebende Kind weitergeleitet wird,
9. bei Sozialgeldempfängern, die das 15. Lebensjahr noch nicht vollendet haben, Einnahmen aus Erwerbstätigkeit, soweit sie einen Betrag von 100 Euro monatlich nicht übersteigen,
10. *(aufgehoben)*
11. Verpflegung, die außerhalb der in den §§ 2, 3 und 4 Nummer 4 genannten Einkommensarten bereitgestellt wird,
12. Geldgeschenke an Minderjährige anlässlich der Firmung, Kommunion, Konfirmation oder vergleichbarer religiöser Feste sowie anlässlich der Jugendweihe, soweit sie den in § 12 Absatz 2 Satz 1 Nummer 1 a des Zweiten Buches Sozialgesetzbuch genannten Betrag nicht überschreiten.
13. *(aufgehoben)*

(2) Bei der § 9 Abs. 5 des Zweiten Buches Sozialgesetzbuch zugrund liegenden Vermutung, dass Verwandte und Verschwägerte an mit ihnen in Haushaltsgemeinschaft lebende Hilfebedürftige Leistungen erbringen, sind die um die Absetzbeträge nach § 11 b des Zweiten Buches Sozialgesetzbuch bereinigten Einnahmen in der Regel nicht als Einkommen zu berücksichtigen, soweit sie einen Freibetrag in Höhe des doppelten Betrags des nach § 20 Absatz 2 Satz 1 maßgebenden Regelbedarfs zuzüglich der anteiligen Aufwendungen für Unterkunft und Heizung sowie darüber hinausgehend 50 Prozent der diesen Freibetrag übersteigenden bereinigten Einnahmen nicht überschreiten. § 11 a des Zweiten Buches Sozialgesetzbuch gilt entsprechend.

(3) Die Verletztenrente nach dem Siebten Buch Sozialgesetzbuch ist teilweise nicht als Einkommen zu berücksichtigen, wenn sie auf Grund eines in Ausübung der Wehrpflicht bei der Nationalen Volksarmee der ehemaligen Deutschen Demokratischen Republik erlittenen Gesundheitsschadens erbracht wird. Dabei bestimmt sich die Höhe des nicht zu berücksichtigenden Betrages nach der Höhe der Grundrente nach § 31 des Bundesversorgungsgesetzes, die für den Grad der Schädigungsfolgen zu zahlen ist, der der jeweiligen Minderung der Erwerbsfähigkeit entspricht. Bei einer Minderung der Erwerbsfähigkeit um 20 Prozent beträgt der nicht zu berücksichtigende Betrag zwei Drittel, bei einer Minderung der Erwerbsfähigkeit um 10 Prozent ein Drittel der Mindestgrundrente nach dem Bundesversorgungsgesetz.

(4) Nicht als Einkommen zu berücksichtigen sind Einnahmen von Schülerinnen und Schülern allgemein- oder berufsbildender Schulen, die das 25. Lebensjahr noch nicht vollendet haben, aus Erwerbstätigkeiten, die in den Schulferien für höchstens vier Wochen je Kalenderjahr ausgeübt werden, soweit diese einen Betrag in Höhe von 1200 Euro kalenderjährlich nicht überschreiten. Für die Bemessung des Zeitraums nach Satz 1 bleiben in den Schulferien ausgeübte Erwerbstätigkeiten mit einem Einkommen, das monatlich den in § 11 b Absatz 2 Satz 1 des Zweiten Buches Sozialgesetzbuch oder in Absatz 1 Nummer 9 genannten monatlichen Betrag nicht übersteigt, außer Betracht. Satz 1 gilt nicht für Schülerinnen und Schüler, die einen Anspruch auf Ausbildungsvergütung haben. Die Bestimmungen des Jugendarbeitsschutzgesetzes bleiben unberührt.

§ 2 Berechnung des Einkommens aus nichtselbständiger Arbeit (1) Bei der Berechnung des Einkommens aus nichtselbständiger Arbeit (§ 14 des Vierten Buches Sozialgesetzbuch) ist von den Bruttoeinnahmen auszugehen.

(2) *(aufgehoben)*

(3) *(aufgehoben)*

(4) *(aufgehoben)*

(5) Bei der Berechnung des Einkommens ist der Wert der vom Arbeitgeber bereitgestellten Vollverpflegung mit täglich 1 Prozent des nach § 20 des Zweiten Buches Sozialgesetzbuch maßgebenden monatlichen Regelbedarfs anzusetzen. Wird Teilverpflegung bereitgestellt, entfallen auf das Frühstück ein Anteil von 20 Prozent und auf das Mittag- und Abendessen Anteile von je 40 Prozent des sich nach Satz 1 ergebenden Betrages.

(6) Sonstige Einnahmen in Geldeswert sind mit ihrem Verkehrswert als Einkommen anzusetzen.

(7) Das Einkommen kann nach Anhörung geschätzt werden, wenn

1. Leistungen der Grundsicherung für Arbeitsuchende einmalig oder für kurze Zeit zu erbringen sind oder Einkommen nur für kurze Zeit zu berücksichtigen ist oder
2. die Entscheidung über die Erbringung von Leistungen der Grundsicherung für Arbeitsuchende im Einzelfall keinen Aufschub duldet.

§ 3 Berechnung des Einkommens aus selbständiger Arbeit, Gewerbebetrieb oder Land- und Forstwirtschaft (1) Bei der Berechnung des Einkommens aus selbständiger Arbeit, Gewerbebetrieb oder Land- und Forstwirtschaft ist von den Betriebseinnahmen auszugehen. Betriebseinnahmen sind alle aus selbständiger Arbeit, Gewerbebetrieb oder Land- und Forstwirtschaft erzielten Einnahmen, die im Bewilligungszeitraum (§ 41 Abs. 1 Satz 4 des Zweiten Buches Sozialgesetzbuch) tatsächlich zufließen. Wird eine Erwerbstätigkeit nach Satz 1 nur während eines Teils des Bewilligungszeitraums ausgeübt, ist das Einkommen nur für diesen Zeitraum zu berechnen.

(2) Zur Berechnung des Einkommens sind von den Betriebseinnahmen die im Bewilligungszeitraum tatsächlich geleisteten notwendigen Ausgaben mit Ausnahme der nach § 11 b des Zweiten Buches Sozialgesetzbuch abzusetzenden Beträge ohne Rücksicht auf steuerrechtliche Vorschriften abzusetzen.

(3) Tatsächliche Ausgaben sollen nicht abgesetzt werden, soweit diese ganz oder teilweise vermeidbar sind oder offensichtlich nicht den Lebensumständen während des Bezuges der Leistungen zur Grundsicherung für Arbeitsuchende entsprechen. Nachgewiesene Einnahmen können bei der Berechnung angemessen erhöht werden, wenn anzunehmen ist, dass die nachgewiesene Höhe der Einnahmen offensichtlich nicht den tatsächlichen Einnahmen entspricht. Ausgaben können bei der Berechnung nicht abgesetzt werden, soweit das Verhältnis der Ausgaben zu den jeweiligen Erträgen in einem auffälligen Missverhältnis steht. Ausgaben sind ferner nicht abzusetzen, soweit für sie Darlehen oder Zuschüsse nach dem Zweiten Buch Sozialgesetzbuch erbracht oder betriebliche Darlehen aufgenommen worden sind. Dies gilt auch für Ausgaben, soweit zu deren Finanzierung andere Darlehen verwandt werden.

(4) Für jeden Monat ist der Teil des Einkommens zu berücksichtigen, der sich bei der Teilung des Gesamteinkommens im Bewilligungszeitraum durch die Anzahl der Monate im Bewilligungszeitraum ergibt. Im Fall des Absatzes 1 Satz 3 gilt als monatliches Einkommen derjenige Teil des Einkommens, der der Anzahl der in den in Absatz 1 Satz 3 genannten Zeitraum fallenden Monate entspricht. Von dem Einkommen sind die Beträge nach § 11 b des Zweiten Buches Sozialgesetzbuch abzusetzen.

(5) *(aufgehoben)*

(6) *(aufgehoben)*

(7) Wird ein Kraftfahrzeug überwiegend betrieblich genutzt, sind die tatsächlich geleisteten notwendigen Ausgaben für dieses Kraftfahrzeug als betriebliche Ausgabe abzusetzen. Für private Fahrten sind die Ausgaben um 0,10 Euro für jeden gefahrenen Kilometer zu ver-

mindern. Ein Kraftfahrzeug gilt als überwiegend betrieblich genutzt, wenn es zu mindestens 50 Prozent betrieblich genutzt wird. Wird ein Kraftfahrzeug überwiegend privat genutzt, sind die tatsächlichen Ausgaben keine Betriebsausgaben. Für betriebliche Fahrten können 0,10 Euro für jeden mit dem privaten Kraftfahrzeug gefahrenen Kilometer abgesetzt werden, soweit die oder der erwerbsfähige Leistungsberechtigte nicht höhere notwendige Ausgaben für Kraftstoff nachweist.

§ 4 Berechnung des Einkommens in sonstigen Fällen Für die Berechnung des Einkommens aus Einnahmen, die nicht unter die §§ 2 und 3 fallen, ist § 2 entsprechend anzuwenden. Hierzu gehören insbesondere Einnahmen aus
1. Sozialleistungen,
2. Vermietung und Verpachtung,
3. Kapitalvermögen sowie
4. Wehr-, Ersatz- und Freiwilligendienstverhältnissen.

§ 5 Begrenzung abzugsfähiger Ausgaben Ausgaben sind höchstens bis zur Höhe der Einnahmen aus derselben Einkunftsart abzuziehen. Einkommen darf nicht um Ausgaben einer anderen Einkommensart vermindert werden.

§ 5 a Beträge für die Prüfung der Hilfebedürftigkeit Bei der Prüfung der Hilfebedürftigkeit ist zugrunde zu legen
1. für die Schulausflüge (§ 28 Absatz 2 Satz 1 Nummer 1 des Zweiten Buches Sozialgesetzbuch) ein Betrag von drei Euro monatlich,
2. für die mehrtägigen Klassenfahrten (§ 28 Absatz 2 Satz 1 Nummer 2 des Zweiten Buches Sozialgesetzbuch) monatlich der Betrag, der sich bei der Teilung der Aufwendungen, die für die mehrtägige Klassenfahrt entstehen, auf einen Zeitraum von sechs Monaten ab Beginn des auf den Antrag folgenden Monats ergibt.

§ 6 Pauschbeträge für vom Einkommen abzusetzende Beträge (1) Als Pauschbeträge sind abzusetzen
1. von dem Einkommen volljähriger Leistungsberechtigter ein Betrag in Höhe von 30 Euro monatlich für die Beiträge zu privaten Versicherungen nach § 11 b Absatz 1 Satz 1 Nummer 3 des Zweiten Buches Sozialgesetzbuch, die nach Grund und Höhe angemessen sind,
2. von dem Einkommen Minderjähriger ein Betrag in Höhe von 30 Euro monatlich für die Beiträge zu privaten Versicherungen nach § 11 b Absatz 1 Satz 1 Nummer 3 des Zweiten Buches Sozialgesetzbuch, die nach Grund und Höhe angemessen sind, wenn der oder die Minderjährige eine entsprechende Versicherung abgeschlossen hat,
3. von dem Einkommen Leistungsberechtigter monatlich ein Betrag in Höhe eines Zwölftels der zum Zeitpunkt der Entscheidung über den Leistungsanspruch nachgewiesenen Jahresbeiträge zu den gesetzlich vorgeschriebenen Versicherungen nach § 11 b Absatz 1 Satz 1 Nummer 3 des Zweiten Buches Sozialgesetzbuch,
4. von dem Einkommen Leistungsberechtigter ein Betrag in Höhe von 3 Prozent des Einkommens, mindestens 5 Euro, für die zu einem geförderten Altersvorsorgevertrag entrichteten Beiträge nach § 11 b Absatz 1 Satz 1 Nummer 4 des Zweiten Buches Sozialgesetzbuch; der Prozentwert mindert sich um 1,5 Prozentpunkte je zulageberechtigtes Kind im Haushalt der oder des Leistungsberechtigten,
5. von dem Einkommen Erwerbstätiger für die Beträge nach § 11 b Absatz 1 Satz 1 Nummer 5 des Zweiten Buches Sozialgesetzbuch bei Benutzung eines Kraftfahrzeuges für die Fahrt zwischen Wohnung und Arbeitsstätte für Wegstrecken zur Ausübung der Er-

werbstätigkeit 0,20 Euro für jeden Entfernungskilometer der kürzesten Straßenverbindung, soweit der oder die erwerbsfähige Leistungsberechtigte nicht höhere notwendige Ausgaben nachweist.

(2) Sofern die Berücksichtigung des Pauschbetrags nach Absatz 1 Nummer 5 im Vergleich zu den bei Benutzung eines zumutbaren öffentlichen Verkehrsmittels anfallenden Fahrtkosten unangemessen hoch ist, sind nur diese als Pauschbetrag abzusetzen.

(3) Für Mehraufwendungen für Verpflegung ist, wenn die erwerbsfähige leistungsberechtigte Person vorübergehend von seiner Wohnung und dem Mittelpunkt seiner dauerhaft angelegten Erwerbstätigkeit entfernt erwerbstätig ist, für jeden Kalendertag, an dem die erwerbsfähige leistungsberechtigte Person wegen dieser vorübergehenden Tätigkeit von seiner Wohnung und dem Tätigkeitsmittelpunkt mindestens zwölf Stunden abwesend ist, ein Pauschbetrag in Höhe von 6 Euro abzusetzen.

§ 7 Nicht zu berücksichtigendes Vermögen (1) Außer dem in § 12 Abs. 3 des Zweiten Buches Sozialgesetzbuch genannten Vermögen sind Vermögensgegenstände nicht als Vermögen zu berücksichtigen, die zur Aufnahme oder Fortsetzung der Berufsausbildung oder der Erwerbstätigkeit unentbehrlich sind.

(2) Bei der § 9 Abs. 5 des Zweiten Buches Sozialgesetzbuch zu Grunde liegenden Vermutung, dass Verwandte und Verschwägerte an mit ihnen in Haushaltsgemeinschaft lebende Leistungsberechtigte Leistungen erbringen, ist Vermögen nicht zu berücksichtigen, das nach § 12 Abs. 2 des Zweiten Buches Sozialgesetzbuch abzusetzen oder nach § 12 Abs. 3 des Zweiten Buches Sozialgesetzbuch nicht zu berücksichtigen ist.

§ 8 Wert des Vermögens Das Vermögen ist ohne Rücksicht auf steuerrechtliche Vorschriften mit seinem Verkehrswert zu berücksichtigen.

§ 9 Übergangsvorschrift *(nicht abgedruckt)*

§ 10 Inkrafttreten, Außerkrafttreten Diese Verordnung tritt am 1. Januar 2008 in Kraft.

30 III. Sozialgesetzbuch (SGB) Drittes Buch Arbeitsförderung

Aktuelle höchstrichterliche Rechtsprechung

Datum	Gericht/Az.	Fundstelle	Thema
27.6.19	BSG B 11 AL 17/18 R	NZS 19, 827	Wiederholte Sperrzeit
27.6.19	BSG B 11 AL 8/18 R	NZS 19, 835	Arbeitslosengeld bei beruflicher Weiterbildung
26.2.19	BSG B 11 AL 3/18 R	NZS 19, 595	Insolvenzgeld bei Betriebsübergang
13.12.18	EuGH C-385/17	NZA 19, 47	Kurzarbeit, Urlaubsentgelt
30.8.18	BSG B 11 AL 2/18 R	NZA-RR 19, 232 (OS)	Sperrzeit wegen verspäteter Arbeitsuchendmeldung
30.8.18	BSG B 11 AL 16/17 R	NZS 19, 157	Ruhen des Arbeitslosengeldanspruchs bei Entlassungsentschädigung
30.8.18	BSG B 11 AL 15/17 R	NZA-RR 19, 217	Berücksichtigung des Entgelts aus Zeiten unwiderruflicher Freistellung für Arbeitslosengeld
3.5.18	BSG B 11 AL 2/17 R	NZS 19, 219	Sperrzeitdauer bei unterbliebenen Bewerbungen auf mehrere Stellenangebote

Einleitung

I. Geschichtliche Entwicklung

1. Allgemeines

Die heutige Form der Arbeitslosenversicherung und staatlichen Vermittlungsdienstleistung hatte sich erst aus einem Zustand entwickeln müssen, in dem Arbeitslosigkeit als privates Schicksal der Selbsthilfe der Betroffenen und im schlimmsten Falle der öffentlichen Armenfürsorge überlassen blieb. So war die Arbeitsvermittlung bis zum Ersten Weltkrieg eine Angelegenheit, die sich einige tausend gewerbliche Vermittler, vereinzelte kommunale Stellen und Gewerkschaften sowie z. T. auch Arbeitgeberverbände teilten. Nach dem Ersten Weltkrieg vereinbarten die Demobilmachungsbehörden mit Gewerkschaften und Arbeitgeberverbänden Stellen zur Arbeitsvermittlung (= »Arbeitsnachweise«) mit paritätischer Verwaltung. Daraus erwuchs die Einrichtung zunächst von Landesämtern (1919), anschließend des Reichsamtes für Arbeitsvermittlung (1920) und später die Verpflichtung von Gemeinden und Gemeindeverbänden zur Errichtung öffentlicher Arbeitsnachweise durch das Arbeitsnachweisgesetz von 1922. Das Gesetz über die Arbeitsvermittlung und Arbeitslosenversicherung (AVAVG) vom 16. 7. 1927 (RGBl. I 187) regelte dann die in seinem Titel bezeichneten Tätigkeiten und schuf die Reichsanstalt für Arbeitsvermittlung und Arbeitslosenversicherung als selbständige Körperschaft des öffentlichen Rechts mit einer Selbstverwaltung und einem eigenen Unterbau von Landesarbeitsämtern. Wie kaum eine andere Frage stand die Regelung der Arbeitslosenversicherung im Mittelpunkt des sozialpolitischen Geschehens der Weimarer Republik. Die Auseinandersetzung um sie beim gescheiterten Versuch, der Massenarbeitslosigkeit der späten zwanziger Jahre Herr zu werden, markierte schließlich die offenkundigsten Stationen des Untergangs dieser Republik: Sinnfälligster Ausdruck dessen war die Tatsache, dass die letzte durch eine parlamentarische Mehrheit legitimierte Reichsregierung unter *Hermann Müller* (SPD) 1930 wegen der geplanten Erhöhung des Beitragssatzes zur Arbeitslosenversicherung auseinanderbrach. Der weite Weg bergab wurde dann durch Notverordnungen der Regierung *Brüning* markiert (zu allem siehe *Preller,* Sozialpolitik in der Weimarer Republik, 1949).

Nach 1945 arbeiteten zunächst nur die Landesarbeitsämter und Arbeitsämter weiter, bis 1952 die Bundesanstalt für Arbeitsvermittlung und Arbeitslosenversicherung errichtet wurde. Danach erfolgte die Neubekanntmachung eines AVAVG vom 3. 4. 1957 (BGBl. I 321), bis 1969 unter der Bundesregierung der Großen Koalition das »Arbeitsförderungsgesetz« (AFG) verabschiedet wurde. Die von ihm stärker verfolgte Tendenz einer globalen Steuerung des Arbeitsmarktes (siehe Ziele der §§ 1, 2 AFG) stand in deutlichem Zusammenhang mit einem anderen in dieser Periode verabschiedeten Gesetz, dem »Gesetz zur Förderung der Stabilität und des Wachstums der Wirtschaft« (StabG) vom 8. 6. 1967 (BGBl. I 582). Dessen Ziel ist (neben »Stabilität des Preisniveaus«, »außenwirtschaftlichem Gleichgewicht« und »stetigem und angemessenem Wirtschaftswachstum«) ein »hoher Beschäftigungsstand« (§ 1 StabG).

Zur Geschichte der Arbeitslosenversicherung s. *Deinert*, in: Gagel, SGB II/SGB III, § 1 SGB III Rn. 1 ff.; *Kröner,* BArbBl. 1/82, 16; *Kuck,* SozSich 92, 359.

2. Schaffung des SGB III und seitherige Änderungen

Das AFG ist 1997 mit dem »Arbeitsförderungs-Reformgesetz« in das am 1. 1. 1998 in Kraft getretene SGB III überführt worden. Dieses ist wiederum bereits unmittelbar nach seinem Inkrafttreten und seither in kurzer Zeit bereits vielfach geändert worden. In dieser Hinsicht teilt es das Schicksal des AFG, das ebenfalls laufend je nach wechselnden sozialpolitischen Konzepten und Kassenlage geändert worden war. Dabei kann für die Arbeitsmarktpolitik, soweit sie ihren Niederschlag im SGB

III gefunden hat, eine Zäsur Anfang 2002 festgestellt werden. Zunächst veranlassten Erkenntnisse des Bundesrechnungshofes über Defizite der Vermittlungstätigkeit der Bundesanstalt für Arbeit zu ersten administrativen Umbaumaßnahmen, die auf die Abschaffung der bisherigen Selbstverwaltung hinaus liefen (als Teil des Gesetzes vom 23.3.2002, BGBl. I 1130). Danach griff die Politik Erkenntnisse der sog. Hartz-Kommission zur Reform der Arbeitsmarktinstrumente auf (benannt nach dem Vorsitzenden *Peter Hartz*, dem Arbeitsdirektor von VW; Kommissionsbericht: Moderne Dienstleistungen am Arbeitsmarkt, Bericht der Kommission, 2003). Auf einen Nenner gebracht, geht es im Kern um die Reduzierung von Leistungen an Arbeitslose mit zwei Zielrichtungen: Senkung der Lohnnebenkosten und Verstärkung von Druck bzw. Anreizen zur Arbeitsaufnahme (vor allem durch Reduzierung der Bezugsdauer von Arbeitslosengeld und den Zwang zur Annahme jeder Arbeit für Bezieher der neuen »Grundsicherung für Arbeitsuchende«). Dazu werden Instrumente für eine effizientere Arbeitsvermittlung bereitgestellt. Das dritte und vierte »Hartz«-Gesetz und das »Gesetz über Reformen am Arbeitsmarkt« waren Bestandteil des großen Verhandlungspakets über Steuern und Arbeitsmarkt zwischen Regierungsmehrheit und Bundesratsopposition im Vermittlungsausschuss Ende 2003.

(1) Erstes Gesetz für moderne Dienstleistungen am Arbeitsmarkt vom 23.12.2002 (BGBl. I 4607)

Ziel des ersten Gesetzes ist die Reduzierung der Arbeitslosigkeit vor allem durch Verbesserung der Arbeitsvermittlung, aber auch durch Neugestaltung der Berufsbildungsförderung. Dazu ist zum einen das Recht der Arbeitnehmerüberlassung konzeptionell völlig neu gestaltet worden (s. Einl. I 2 zum AÜG, Nr. 4). Zum anderen ist das SGB III erheblich geändert worden, vor allem in folgender Hinsicht:

- Arbeitnehmer, deren Beschäftigungsverhältnis endet, müssen sich sofort bei der Arbeitsagentur melden, wenn sie Kenntnis davon haben (§ 38). Verstöße führen zu einer Sperrzeit (§ 159 Abs. 1 Nr. 7).
- Die Arbeitsagenturen richten sog. Personal-Service-Agenturen ein, die Arbeitnehmerüberlassung für Arbeitslose nach den Vorschriften des AÜG durchführen (§ 37 c a. F.).
- Die Förderung der beruflichen Weiterbildung wird vereinfacht (§§ 81 ff.).
- Arbeit außerhalb des Pendelbereichs wird zumutbar (§ 140 Abs. 4).
- Bei Sperrzeiten wegen Arbeitsaufgabe ohne wichtigen Grund trägt der Arbeitslose die Beweislast (§ 159 Abs. 1 Satz 2).
- Die Arbeitslosenhilfe wird mit jedem Jahr ihres Bezuges abgesenkt (§ 200 Abs. 3 a. F., später beseitigt durch Einführung des Arbeitslosengeldes II).
- Für Arbeitslose und von Arbeitslosigkeit bedrohte ältere Arbeitnehmer besteht die Möglichkeit der Entgeltsicherung durch Entgeltzuschüsse (§ 417).

(2) Zweites Gesetz für moderne Dienstleistungen am Arbeitsmarkt vom 23.12.2002 (BGBl. I 4621)

Zugleich mit dem ersten Gesetz hat der Bundestag nach Änderungen im Vermittlungsausschuss ein »Zweites Gesetz für moderne Dienstleistungen am Arbeitsmarkt« beschlossen. Mit diesem Gesetz wurde die Existenzgründung Arbeitsloser (in Form sog. Ich-AGs, § 421 m, inzwischen wieder beseitigt) gefördert. Außerdem sind die Möglichkeiten geringfügiger Beschäftigung ausgeweitet worden (zu beiden Gesetzen *Neumann,* NZS 03, 113; zu den Gesetzentwürfen vgl. *Däubler,* AiB 02, 729; *Otto/Gaul,* DB 02, 2486).

(3) Drittes Gesetz für moderne Dienstleistungen am Arbeitsmarkt vom 23. 12. 2003 (BGBl. I 2848)

Das dritte »Hartz«-Gesetz enthält vor allem folgende Änderungen:

- Reform der Organisation und der Selbstverwaltung (die Bundesanstalt für Arbeit heißt nun »Bundesagentur« und die Arbeitsämter heißen »Agenturen für Arbeit«).
- Einführung neuer Steuerungsinstrumente durch Zielvereinbarungen mit der neuen Bundesagentur für Arbeit.
- Strukturanpassungsmaßnahmen und Arbeitsbeschaffungsmaßnahmen werden zusammenführt; die Eingliederungszuschüsse werden vereinheitlicht.
- Die neuen Transfermaßnahmen des § 110 (zuvor § 216 a) und das Transferkurzarbeitergeld des § 111 (zuvor § 216 b) lösen die bisherigen Transferinstrumente, insbesondere die Zuschüsse zu Sozialplanleistungen aufgrund des früheren § 255 ab.

(4) Viertes Gesetz für moderne Dienstleistungen am Arbeitsmarkt vom 24. 12. 2003 (BGBl. I 2954)

Dieses Gesetz regelt die neu geschaffene aus Arbeitslosenhilfe und Sozialhilfe zusammengeführte »Grundsicherung für Arbeitsuchende« (siehe bei SGB II, Nr. 30 II).

Nach dieser grundlegenden Neuorientierung erfolgten verschiedene punktuelle Änderungen (vgl. 35 Aufl.).

(5) Massive konzeptionelle Veränderungen erfolgten dann wiederum mit dem Gesetz zur Neuausrichtung der arbeitsmarktpolitischen Instrumente vom 21. 12. 2008 (BGBl. I 2917).

Es diente einer Verschlankung und Effektivierung der arbeitsmarktpolitischen Instrumente. Anstelle zahlreicher Leistungen an Arbeitnehmer zur aktiven Arbeitsförderung tritt ein Vermittlungsbudget (§ 45) zur passgenauen Förderung Arbeitsloser. Zudem bekommt die BA ein kleines Budget zur Erprobung innovativer Projekte (»Experimentiertopf«, § 135). Einige Instrumente, die bislang kaum in Anspruch genommen wurden oder keine Wirkungen zeigten, wurden abgeschafft, z. B. die Förderung der beruflichen Weiterbildung durch Vertretung.

Nach zwischenzeitlichen weiteren Änderungen zur Bewältigung der Finanz- und Wirtschaftskrise (vgl. 35. Aufl.) wurde mit dem

(6) Gesetz zur Verbesserung der Eingliederungschancen am Arbeitsmarkt vom 20. 12. 2011 (BGBl. I 2854) eine weitere Instrumentenreform vollzogen (Entwurf der Bundesregierung: BT-Drs. 17/6277; dazu *Jakob/Kolf*, SozSich 11, 186 sowie Stellungnahme des Deutschen Vereins, NDV 11, 343; Ausschussempfehlungen: BR-Drs. 556/2/11; zur inhaltlichen Kritik aus dem Bundesrat: BR-Drs. 556/1/11). Durch Effektivierung der Arbeitsmarktinstrumente sollen Effizienzsteigerungen und finanzielle Einsparungen ermöglicht werden. Die Instrumente der aktiven Arbeitsförderung sollen dezentralisiert werden, vor allem durch weitgehende

Reduzierung auf Ermessensleistungen anstelle unmittelbarer Rechtsansprüche, weitere Zusammenfassung von Instrumenten und individuellen Förderleistungen, Wegfall von Instrumenten mit geringer praktischer Bedeutung. Zu Letzterem gehört auch der Fortfall der Arbeitsbeschaffungsmaßnahmen (zur Kritik der Begründung eines vom Tarifsystem entkoppelten Parallelarbeitsmarktes *Jakob/Kolf*, SozSich 11, 186, 192). Hinzu kommen Einsparungen bei der beruflichen Weiterbildung. Insgesamt sollten jährlich Einsparungen von rund 2 Mrd. Euro erreicht werden (BT-Drs. 17/6277, S. 3). Die Instrumentenreform wurde verbunden mit redaktionellen Änderungen im Hinblick auf geschlechtsneutrale Formulierungen. Außerdem wurde die Systematik, die bisher zwischen Beratung und Vermittlung, Leistungen an Arbeitgeber, an Arbeitnehmer sowie an Träger unterschied, grundlegend reformiert. Das dritte Kapitel regelt nunmehr die aktive Arbeitsförderung, das vierte Kapitel Arbeitslosen- und Insolvenzgeld, das fünfte die Zulassung von Trägern und Maßnahmen. Mit dieser Neugliederung einhergegangen ist eine völlige Neuzählung der Paragraphen.

(7) In jüngerer Zeit gab es einige Änderungen von geringerer Relevanz, insbesondere Folgeänderungen mit Rücksicht auf Änderungen anderer Gesetze. Erwähnenswert ist zunächst das Gesetz zur Neuorganisation der bundesunmittelbaren Unfallkassen, zur Änderung des Sozialgerichtsgesetzes und zur Änderung anderer Gesetze vom 19. 10. 2013 (BGBl. I 3836), durch das in § 313 a die Möglichkeit der elektronischen Übermittlung der Arbeitsbescheinigung und der Nebeneinkommensbescheinigung nach §§ 312 ff. unter Vorbehalt des Widerspruchs des Arbeitnehmers eingeführt wurde. Die Definition der Langzeitarbeitslosigkeit in § 18 Abs. 1 wurde mit Rücksicht auf die Ausnahme vom Mindestlohn nach § 22 Abs. 4 MiLoG (Nr. 31 b) durch das TarifautonomiestärkungsG (v. 11. 8. 2014, BGBl. I 1348) präzisiert. Mit dem 5. SGB IV-Änderungsgesetz (vom 15. 5. 2015, BGBl. 583) wurde die Förderung assistierter Ausbildung nach § 130 befristet bis September 2018 eingeführt. Im Zuge des SGB II-Rechtsvereinfachungsgesetzes vom 26. 7. 2016 (BGBl. I 1824, s. Einl. I zum SGB II, Nr. 30 II) wurden Bezieher von Aufstockungsleistungen nach dem SGB II in die Arbeitsförderung der Arbeitsagenturen einbezogen. Durch das Integrationsgesetz vom 31. 7. 2016 (BGBl. I 1939) wurde geduldeten Ausländern und solchen, die eine gute Bleibeperspektive haben, befristet bis Ende 2018 erleichterter Zugang zu Maßnahmen der Ausbildungsförderung eröffnet. Durch das Asylverfahrensbeschleunigungsgesetz (vom 20. 10. 2015, BGBl. I 1722) wurde die Förderung von (Grund-)Sprachkursen zur Integration von Ausländern in § 421 SGB III eingeführt. Die Bezugsdauer des Kurzarbeitergeldes nach § 104 Abs. 1 Satz 1 SGB III wurde im Gesetz zur Änderung des Zwölften Buches Sozialgesetzbuch und weiterer Vorschriften vom 21. 12. 2015 (BGBl. I 2557) von 6 auf 12 Monate heraufgesetzt.

Durch das Arbeitslosenversicherungsschutz- und Weiterbildungsstärkungsgesetz (AWStG vom 18. 7. 2016, BGBl. I 1710) wurde eine Reihe von Maßnahmen zur Gewinnung gering qualifizierter und älterer Arbeitnehmer sowie Langzeitarbeitsloser ergriffen. Dazu gehört u. a. die Einführung der Fördermöglichkeit für Weiterbildungsmaßnahmen in Transfergesellschaften bei Restrukturierungen. Für Zeiten der beruflichen Weiterbildung besteht die Möglichkeit zur freiwilligen Weiterversicherung, ebenso für Elternzeit nach Vollendung des dritten Lebensjahres des Kindes. Nach wie vor gibt es in § 408 eine Sondervorschrift für die neuen Bundesländer im Hinblick auf die dort geringeren Vergütungen.

Durch das Gesetz zur Änderung des Bundesversorgungsgesetzes und anderer Vorschriften (v. 17. 7. 2017, BGBl. I 2541) werden Träger künftig nach § 185 SGB III auf die Zahlung von vergabespezifischen Mindestentgelten für Aus- und Weiterbildungseinrichtungen verpflichtet (dazu vgl. Vergabemindestentgeltverordnung 2019 v. 27. 3. 2019, BGBl. I 364).

Im Zuge des Entgelttransparenzgesetzes (Gesetz zur Förderung der Transparenz von Entgeltstrukturen v. 30. 6. 2017, BGBl. I 2152) wurde § 29 Abs. 2 SGB III dahin ergänzt, dass die Arbeitsagenturen geschlechtersensibel beraten und insbesondere auf eine Erweiterung des Berufswahlspektrums von Frauen und Männern hinwirken müssen.

Die nach der Bundestagswahl 2017 neu gebildete Große Koalition brachte zunächst eine Verlängerung verschiedener befristeter Regelungen des Arbeitsförderungsrechts durch Gesetz v. 10. 7. 2018 auf den Weg (BGBl. I 1117). Das betrifft die assistierte Ausbildung gemäß § 130, Leistungen an Asylbewerber mit guter Bleibeperspektive nach § 131, Saison-Kurzarbeitergeld im Gerüstbauerhandwerk nach § 133 sowie die verkürzte Anwartschaftszeit nach § 142 Abs. 2. Im Zuge des Gesetzes zur Stärkung der Chancen für Qualifizierung und für mehr Schutz in der Arbeitslosenversicherung (Qualifizierungschancengesetz v. 18. 12. 2018, BGBl. I 2651, Entwurf: BR-Drs. 467/18; dazu *Nakielski*, SozSich 19, 14) erfolgten:

- eine Öffnung der Weiterbildungsförderung auf alle Arbeitnehmer,
- die Verlängerung der Rahmenfrist für die Mindestversicherungszeit auf 30 Monate mit Wirkung ab 1. 1. 2020,
- die Senkung des Beitrags zur Arbeitslosenversicherung auf 2,6 % (zum aktuellen Beitragssatz s. u. II 5) und
- eine Ausweitung der Definition der kurzzeitigen Beschäftigung in § 8 Abs. 1 Nr. 2 SGB IV (Nr. 30 IV).

Mit dem Gesetz zur Anpassung der Berufsausbildungsbeihilfe und des Ausbildungsgeldes (v. 8. 7. 2019, BGBl. I 1025; Entwurf: BR-Drs. 177/19) wurden unter anderem Höchstbeträge für Lebensunterhalt und Wohnen sowie Einkommensfreibeträge gesteigert.

Durch das Ausländerbeschäftigungsförderungsgesetz (Gesetz zur Förderung der Ausbildung und Beschäftigung von Ausländerinnen und Ausländern v. 8. 7. 2019, BGBl. I 1029) wird eine frühzeitige Förderung von Ausländern mit Aufenthaltsgestattung ermöglicht. Instrumente und Leistungen zur Berufsausbildungs- bzw. -vorbereitungsförderung wurden für Ausländer geöffnet. Nach § 139 Abs. 1 hindert die Teilnahme an einem Integrationskurs oder an einer berufsbezogenen Deutschsprachförderung zur dauerhaften beruflichen Eingliederung nicht mehr die Verfügbarkeit als Anspruchsvoraussetzung für das Arbeitslosengeld. Andererseits wurde die Sperrzeit wegen Ablehnung bzw. Abbruch eines Integrationskurses oder einer berufsbezogenen Deutschsprachförderung neu eingeführt.

II. Wesentlicher Gesetzesinhalt

1. Allgemeines

Wenn die Änderungen der Arbeitsförderung durch den Wechsel vom AFG zum SGB III auf einen Nenner gebracht werden sollten, so könnte dieser folgendermaßen lauten: Der Staat zieht sich aus seiner Verpflichtung zur (Wieder-)Herstellung der Vollbeschäftigung bzw. eines hohen Beschäftigungsstandes zurück. Er verzichtet auf die Schaffung von Ersatzarbeitsplätzen und eigene Impulse zur Gestaltung des Strukturwandels. Stattdessen wird die Verantwortlichkeit der Beteiligten (Arbeitgeber und Arbeitnehmer) in den Vordergrund gerückt. Von ihnen wird erwartet, dass sie durch Anpassung an die Bewegungen des Marktes Beschäftigungslosigkeit vermeiden. Das äußert sich naturgemäß vor allem in entsprechendem Druck auf die Arbeitnehmer bzw. Arbeitslosen (Übersicht 63). Noch stärker wurde dieser Trend durch die Ende 2002 begonnenen Reformen (o. I 2).

Diese Richtungsentscheidung wird deutlich bei einem Vergleich der §§ 1 und 2 AFG mit §§ 1 und 2 SGB III. Neben der Unterordnung unter die Kräfte des Marktes werden die Leistungen der Arbeitsförderung auch noch ausdrücklich den Zielen der Finanzpolitik der Bundesregierung untergeordnet (§ 1 Abs. 1 S. 5). Dem entspricht die Einflussnahme des Bundes auf die Aufstellung des Haushaltes der Bundesagentur für Arbeit (vgl. § 71 a SGB IV).

Neu und hinsichtlich ihrer arbeitsrechtlichen Verbindlichkeit umstritten sind die in § 2 Abs. 2 genannten Pflichten des Arbeitgebers zur Vermeidung von Entlassungen. Man kann darin Auslegungsgrundsätze für das bei Kündigungen geltende Ultima-ratio-Prinzip erblicken, was durch die Praxis bislang völlig unzureichend aufgegriffen wird (vgl. *Deinert*, in: Gagel, SGB II/SGB III, § 2 SGB III Rn. 74 ff.).

Die vom Gesetzgeber bezüglich der Arbeitnehmer bzw. Arbeitslosen geäußerte Erwartung ihrer »besonderen Verantwortung« für Beschäftigungsmöglichkeiten äußert sich vor allem in Folgendem:

- eigene Arbeitssuche als Leistungsvoraussetzung für den Bezug von Arbeitslosengeld (§ 138 Abs. 1 Nr. 2);
- verschärfte Zumutbarkeitsanforderungen unter Aufgabe des Grundsatzes des Berufsschutzes (§ 140).

2. Leistungen

Einen Überblick über die Leistungen des SGB III enthält § 19 SGB I (s. dort). Sie unterfallen in Leistungen der aktiven Arbeitsförderung (§§ 29 ff.), einschließlich Kurzarbeitergeld und Übergangsgeld, und Arbeitslosen- und Insolvenzgeld (§§ 136 ff.).

Darüber hinaus regeln je ein eigenes Kapitel die Pflichten der Beteiligten (§§ 309 bis 322) und gemeinsame Vorschriften für Leistungen (§§ 323 bis 339). Insbesondere diese Kapitel führen insofern zu einer neuen Unübersichtlichkeit, als sie Modifikationen des allgemeinen Sozialverwaltungsrechts im SGB I und SGB X enthalten.

a) Beschäftigungsförderung – Beratung und Vermittlung

Aufgaben der Agentur für Arbeit sind Berufsberatung und Arbeitsvermittlung. Für beide gibt es jedoch kein Monopol der Bundesagentur mehr. Private Berufsberater und Arbeitsvermittler können nach den §§ 296 ff. tätig werden. Seit der Gesetzesänderung im Frühjahr 2002 gilt folgendes System: Der privaten Arbeitsvermittlung muss ein schriftlicher Vertrag zwischen Arbeitssuchendem und Vermittler zugrunde liegen. Anders als früher darf vereinbart werden, dass der Arbeitsuchende dem Vermittler ein Entgelt bezahlt (§ 296). Dazu besteht die Möglichkeit, einen Aktivierungs- und Vermittlungsgutschein nach § 45 Abs. 4 auszustellen, mit dem das Vermittlerentgelt beglichen werden kann. Ein Entgelt darf nur für den Erfolgsfall vereinbart werden und ist gesetzlich nach oben begrenzt. Diese Grenze entspricht den Beträgen, die von der Agentur für Arbeit aufgrund eines Vermittlungsscheines für die Vermittlung eines Arbeitslosen bereitgestellt werden (§ 297 Nr. 1). Die Vermittlung von Auszubildenden darf nicht auf deren Kosten erfolgen (§ 297 Nr. 2–4). Die private Arbeitsvermittlung hat bislang nur einen bescheidenen Anteil an der Gesamtzahl aller Arbeitsvermittlungen gewinnen können. Auch die ersten Erfahrungen mit dem System der Vermittlungsgutscheine sind nicht ermutigend; die privaten Vermittlungsunternehmen bezeichnen die Leistungen der Agentur für Arbeit als nicht kostendeckend (vgl. insgesamt *Sell*, info also 02, 195). Eine neuere Analyse gelangt allerdings zu positiveren Ergebnissen. Im Jahr 2005 sollen 50000 Arbeitslose auf diese Weise einen Arbeitsplatz gefunden haben (vgl. Handelsblatt v. 13.12.06, S. 5). Dennoch: Nur etwa 5 bis 6 % der Vermittlungsgutscheine haben zusätzliche Vermittlungen bewirken können (IAB-Kurzbericht 11/11, S. 2).

Zur Verbesserung der Vermittlungsaussichten ist das Recht der Arbeitslosmeldung seit Anfang 2003 geändert worden: Statt erst beim Eintritt der Arbeitslosigkeit müssen Arbeitnehmer sich gemäß § 38 bereits dann bei der Agentur für Arbeit persönlich als arbeitsuchend melden, wenn sie Kenntnis von der Beendigung ihres Beschäftigungsverhältnisses haben (d. h. beim Zugang einer Kündigung oder beim Vorliegen einer Befristung oder beim Abschluss eines Aufhebungsvertrages). Verspätete Meldungen führen zu einer Sperrzeit gemäß § 159, sofern sie schuldhaft erfolgten (*BSG* 25.5.2005 – B 11 a/11 AL 81/04 R, NZS 06, 219). Das gilt auch bei Verspätungen um nur einen Tag (*BSG* 25.8.2011 – B 11 AL 30/10 R, NZA-RR 12, 216). Der Arbeitgeber haftet nicht für einen unterlassenen Hinweis auf diese Meldepflicht (*BAG* 29.9.2005 – 8 AZR 571/04, NZA 05, 1406).

Notwendige Maßnahmen zur Förderung einer versicherungspflichtigen Beschäftigung werden aus dem Vermittlungsbudget nach § 44 finanziert. Maßnahmen zur beruflichen Eingliederung können nach § 45 gefördert werden. Ältere Arbeitnehmer können nach § 417 bei Aufnahme einer Beschäftigung eine Entgeltsicherung erhalten, um soziale Einschnitte abzufedern. Zur Aufnahme einer versicherungspflichtigen Beschäftigung können bei Vermittlungserschwernissen aus persönlichen Gründen Zuschüsse zu den Arbeitsentgelten zum Ausgleich von Minderleistungen gemäß §§ 88 ff. an Arbeitgeber gezahlt werden, wenn deren Vermittlung wegen persönlicher Umstände erschwert ist. Im Normalfall darf ein Eingliederungszuschuss 50 % des berücksichtigungsfähigen Arbeitsentgelts nicht übersteigen. Für schwerbehinderte Menschen kann er um bis zu 20 %-Punkte höher festgelegt werden (§ 90). Eine Förderung ist ausgeschlossen, wenn es sich der

Sache nach um die Fortsetzung eines früheren Arbeitsverhältnisses handelt (vgl. § 92 Abs. 1). Die Gewährung eines Eingliederungszuschusses ist kein Sachgrund für die Befristung des Arbeitsvertrags mit dem geförderten Arbeitnehmer (vgl. *BAG* 4. 6. 2003 – 7 AZR 489/02, NZA 03, 1143). Schließlich wird die Aufnahme einer selbständigen Tätigkeit gefördert. Hierzu können Arbeitnehmer einen Gründungszuschuss gemäß §§ 93 f. erhalten (vgl. *Wießner,* MittAB 98, 129). Dieser wurde allerdings mit dem Eingliederungschancengesetz (vgl. I 2 [6]) zu einer Ermessensleistung, so dass kein Rechtsanspruch auf einen Gründungszuschuss mehr besteht. Damit sollen massive Einsparungen der BA erreicht werden (Kritik insb. in BT-Drs. 556/1/11, S. 3; einblick 11/11, S. 3). Angesichts positiver Evaluation der bisherigen Praxis der Vergabe von Gründungszuschüssen (IAB-Forschungsbericht 3/11: Die Praxis des Gründungszuschusses) ist dies kritikwürdig.
Arbeitnehmer und Arbeitgeber sind dazu verpflichtet, an der Vermittlungstätigkeit der Agentur für Arbeit durch die Beantwortung von Fragen und Vorlage von Unterlagen mitzuwirken (§§ 38, 39). Die Agentur darf jedoch Arbeitsuchende nur nach solchen Daten fragen, bezüglich derer es auch ein Arbeitgeber nach allgemeinen arbeitsrechtlichen Gesichtspunkten dürfte (§ 41; vgl. Einl. III zum, BDSG, Nr. 15; zur Arbeitsvermittlung bei Arbeitskämpfen s. u. 4). Sie muss eine Potentialanalyse durchführen und mit dem Arbeitslosen eine Eingliederungsvereinbarung abschließen (§ 37; vgl. *Banafsche*, SR 13, 121). Mit dieser Vereinbarung wird kein neues Rechtsverhältnis zwischen Agentur und dem Arbeitslosen begründet. Vielmehr dient sie der Intensivierung und Dokumentation der Vermittlungsbemühungen. Eine Eingliederungsvereinbarung, die Pflichten des Arbeitsuchenden beschreibt, bedarf zur ihrer Wirksamkeit einer Gegenleistung durch die Arbeitsagentur. Anderenfalls kann die Verletzung der Pflichten des Arbeitsuchenden aus der Eingliederungsvereinbarung keine Sperrzeit nach § 159 (s. u. f) nach sich ziehen (*BSG* 4. 4. 2017 – B 11 AL 5/16 R, NZS 17, 707)
Die Agentur für Arbeit soll nicht nur Jugendliche und Arbeitsuchende bei der Berufswahl und Arbeitssuche beraten, sondern auch den Arbeitgeber. Dazu gibt es die Arbeitsmarktberatung gemäß § 34.

b) Beschäftigungssicherung

Eine klassische Aufgabe der Arbeitsförderung ist es, in Situationen mit Leistungen einzugreifen, in denen Arbeitslosigkeit noch nicht eingetreten ist, jedoch verhindert werden soll. Klassische Instrumente sind das Kurzarbeitergeld für Schwankungen im normalen Betriebsablauf (§§ 95 bis 109) und das Saisonkurzarbeitergeld (s. u. d). Dazu kommen die nunmehr in §§ 110 und 111 zusammengefassten Transferleistungen.
Kurzarbeitergeld wird bei einem auf wirtschaftlichen Gründen oder einem unabwendbaren Ereignis eingetretenen vorübergehenden Arbeitsausfall geleistet, der nicht vermeidbar ist (§ 96 Abs. 1, 4). »Kurzarbeit Null« ist nach ausdrücklicher gesetzlicher Klarstellung möglich (Nr. 4 a. E.). Hinsichtlich der Frage, ob der Arbeitsausfall unvermeidbar ist, bürdet das SGB III den Arbeitnehmern einen Teil des Risikos auf. Von ihnen wird verlangt, vorrangig Erholungsurlaub zu nehmen (§ 96 Abs. 4 Nr. 2) oder ein aus betrieblichen Arbeitszeitschwankungen herrühren-

des Arbeitszeitkonto zu verbrauchen (§ 96 Abs. 4 Nr. 3). Unangetastet bleiben lediglich Arbeitszeitkonten, die zur Verwirklichung eines vorzeitigen Ausscheidens im Arbeitsleben, einer Pflege oder Elternzeit oder im Hinblick auf Saison-Kurzarbeitergeld (vgl. zum Zusammenhang unten d) angespart worden sind bzw. länger als ein Jahr unverändert bestanden haben (§ 96 Abs. 4 Satz 3 Nr. 1, 2 und 5). Sonstige Arbeitszeitkonten können bis zu 10 % der normalen Jahresarbeitszeit eines Arbeitnehmers in Anspruch genommen werden (§ 96 Abs. 4 Satz 3 Nr. 4).
Die Höhe des Kurzarbeitergeldes beträgt – wie beim Arbeitslosengeld – für Arbeitnehmer mit einem Kind 67 %, sonst 60 % des ausgefallenen Nettoentgelts (§ 105).
Kurzarbeitergeld war ein wesentliches Instrument zur Überwindung der Finanz- und Wirtschaftskrise. Dazu wurde die Bezugsdauer von damals regulär 6 Monaten (§ 104 a. F.) vorübergehend durch eine nach § 109 Abs. 1 Nr. 2 mögliche Verordnung auf bis zu 24 Monate ausgedehnt und außerdem die Möglichkeit des Kurzarbeitergeldbezuges für Leiharbeiter, die sonst nicht gegeben ist (*BSG* 21. 7. 2009 – B 7 AL 3/08 R, NZA-RR 10, 216), befristet bis 31. 3. 2011 eingeführt (vgl. dazu 35. und 38. Aufl.). Seit 1. 1. 2016 (Gesetz v. 21. 12. 2015, BGBl. I 2557) umfasst die gesetzliche Bezugsdauer 12 Monate, die Verlängerungsmöglichkeit besteht weiterhin bis zur Dauer von 24 Monaten.

c) Transferleistungen

Mit dem »Dritten Gesetz für moderne Dienstleistungen am Arbeitsmarkt« (oben I 2 [3]) wurden die Leistungen für Arbeitnehmer, deren Arbeitsplatz gefährdet ist, neu geregelt. Weggefallen sind das bisherige Kurzarbeitergeld in einer betriebsorganisatorisch selbstständigen Einheit (früher § 175) und die Zuschüsse zu Sozialplanmaßnahmen (früher §§ 255 ff.). An ihre Stelle sind getreten die Transferleistungen gemäß §§ 110 und 111 (vgl. *Meyer,* BB 04, 490; *Deinert*, AiB 13, 707). Nach § 110 kann die Teilnahme von Arbeitnehmern, deren Arbeitsplatz durch Betriebsänderungen i. S. des § 111 BetrVG gefährdet ist, an sog. Transfermaßnahmen gefördert werden. Das sind alle Maßnahmen zur Eingliederung von Arbeitnehmern in den Arbeitsmarkt, an denen sich Arbeitgeber angemessen beteiligen. Die Förderung erfolgt durch einen Zuschuss in Höhe von 50 % der Maßnahmekosten bis zu einem Höchstbetrag von 2500 Euro je geförderten Arbeitnehmer (§ 110 Abs. 2). Eine Förderung ist ausgeschlossen, wenn sie auf eine Anschlussbeschäftigung im bisherigen Betrieb, Unternehmen oder Konzern abzielt (§ 110 Abs. 3). Gemäß § 111 wird Transferkurzarbeitergeld gewährt. Es ist daran gebunden, dass aufgrund von Umstrukturierungen von Arbeitslosigkeit bedrohte Arbeitnehmer in einer betriebsorganisatorisch eigenständigen Einheit zusammengefasst werden (§ 111 Abs. 3 Nr. 2). Wenn die betriebsorganisatorisch eigenständige Einheit durch eine rechtlich selbständige Gesellschaft (»Transfergesellschaft«) betrieben wird, die auf Grundlage eines sog. dreiseitigen Vertrages den Arbeitnehmer für die Dauer der Transfermaßnahme weiterbeschäftigt, geschieht dies grundsätzlich in einem Arbeitsverhältnis, auf das beispielsweise die allgemeinen Grundsätze des Kündigungsrechts Anwendung finden (*BAG* 24. 1. 2013 – 2 AZR 453/11, NZA 13, 959; zu den zahlreichen arbeitsrechtlichen Folgefragen vgl. *Deinert*, in: Gagel,

SGB II/SGB III, § 111 SGB III Rn. 112 ff.). Allerdings hat das *BAG* (19. 3. 2014 – 5 AZR 299/13 (F), DB 14, 1494) entschieden, dass die Transfergesellschaft keine eigenständige Vergütungspflicht gegenüber dem Arbeitnehmer trifft, wenn die Vergütung sich aus dem Transferkurzarbeitergeld und einer Aufstockungsleistung des alten Arbeitgebers zusammensetzen soll. Möglich ist aber auch, dass die Transfergesellschaft sich zur Zahlung einer Aufstockungsleistung verpflichtet (zu einer solchen Konstellation vgl. *BAG* 16. 12. 2015 – 5 AZR 567/14, NZA 16, 438). Durch das Beschäftigungschancengesetz vom 14. 10. 2010 (BGBl. I 1417) wurde eine Beratung der Betriebsparteien durch die BA zur verpflichtenden Fördervoraussetzung gemacht (dazu *Thannheiser*, AiB 11, 86 , AiB 11, 222; allg. zum Gesetz *Deinert/Kittner* Arbeits- und Sozialrecht, Rückblick 2010, Ausblick 2011, Beilage zu AuR 2011, S. 4; *Knuth*, SozSich 2010, 300; *Winkler*, info also 11, 14).

d) Förderung der ganzjährigen Beschäftigung in der Bauwirtschaft

Die Förderung der ganzjährigen Beschäftigung in der Bauwirtschaft ist zuletzt durch das Gesetz vom 24. 4. 2006 (BGBl. I 926) neu geordnet werden. Danach gibt es drei Typen von Leistungen für Arbeitnehmer:

- Saison-Kurzarbeitergeld (§ 101)
- Zuschuss-Wintergeld (§ 102 Abs. 2)
- Mehraufwand-Wintergeld (§ 102 Abs. 3)

Der Arbeitgeber kann sich von ihm allein getragene Sozialversicherungsbeiträge für Bezieher von Saison-Kurzarbeitergeld auf Antrag erstatten lassen (§ 102 Abs. 4).

e) Förderung der beruflichen Qualifizierung

Ein wesentlicher Bestandteil der Arbeitsförderung ist die Förderung der beruflichen Qualifizierung von Arbeitslosen oder von Arbeitslosigkeit bedrohten Arbeitnehmern. Sie ist allerdings in der Geschichte der Arbeitsförderung immer wieder den finanziellen Möglichkeiten angepasst worden. Bereits seit 1994 besteht auf eine derartige Förderung kein individueller Rechtsanspruch mehr. Es wird lediglich nach Maßgabe der verfügbaren finanziellen Mittel gefördert.

§ 48 sieht die Möglichkeit von Berufsorientierungsmaßnahmen vor. Eine Berufseinstiegsbegleitung für förderungsbedürftige junge Menschen zum Übergang von der Schule in die Ausbildung ist nach § 49 möglich. Ausbildungsbegleitende Hilfen für junge Menschen können durch Kostenerstattung für die Maßnahmeträger gefördert werden (§ 74). Darüber hinaus kommen weitergehende ausbildungsbegleitende Hilfen gemäß § 75 in Betracht.

Arbeitgeber können Zuschüsse zur Einstiegsqualifizierung für Qualifizierungen (§ 54 a) und zur Förderung der beruflichen Weiterbildung (§ 81 Abs. 5) sowie zur Förderung der beruflichen Eingliederung behinderter Menschen (§ 73) erhalten. Die Gewährung eines Zuschusses zur Eingliederung ist kein Befristungsgrund (*BAG* 22. 4. 2009 – 7 AZR 96/08, NZA 09, 1099).

Bei auswärtiger Ausbildung und Unterbringung außerhalb des elterlichen Haushaltes erhalten Auszubildende Berufsausbildungsbeihilfe. Voraussetzung ist, dass ihnen die erforderlichen Mittel zur Deckung des Bedarfs für den Lebensunterhalt,

die Fahrtkosten und die sonstigen Aufwendungen nicht anderweitig zur Verfügung stehen (§ 56 Abs. 1 Nr. 3). Entsprechend der so definierten Nachrangigkeit dieser Leistungen wird anderweitiges Einkommen des Auszubildenden, seines Ehegatten und seiner Eltern angerechnet (§ 67).
Kernstück der Berufsbildungsförderung ist die Förderung der beruflichen Weiterbildung (§§ 81 ff.). Sie wurde zur beruflichen Weiterbildung, die im Zuge des technologischen und demografischen Wandels zunehmend an Relevanz gewinnt, durch das Qualifizierungschancengesetzes (s. o. II 2 [7]) geöffnet für alle Arbeitnehmer unabhängig von Betriebsgröße, Alter und Vorqualifikation. Förderungsfähige Weiterbildungskosten sind Lehrgangskosten (§ 84), Fahrtkosten (§ 85), Kosten für auswärtige Unterbringung und Verpflegung (§ 86) und Kinderbetreuungskosten (§ 87).
Für behinderte Menschen gibt es besondere Leistungen zur Teilhabe am Arbeitsleben (§§ 112 ff.). Falls wegen fehlender Voraussetzungen ein Übergangsgeld nicht erbracht werden kann, haben sie Anspruch auf Ausbildungsgeld (§ 122).

f) Leistungen bei Arbeitslosigkeit
Dem Entgeltersatz bei einem Eintritt von Arbeitslosigkeit dient das Arbeitslosengeld (§§ 136 ff.). Die frühere Arbeitslosenhilfe wurde zum 1. 1. 2005 durch die neue »Grundsicherung für Arbeitsuchende« abgelöst (s. bei SGB II, Nr. 30 II).
Voraussetzung für den Bezug von Arbeitslosengeld ist der Eintritt von Arbeitslosigkeit, Meldung bei der Agentur für Arbeit und die Erfüllung der Anwartschaftszeit (§ 137). Voraussetzungen für den Tatbestand der Arbeitslosigkeit sind die vorübergehende Beschäftigungslosigkeit und die Beschäftigungssuche durch den Arbeitslosen selbst (§ 138 Abs. 1). Vom Arbeitnehmer wird verlangt, dass er alle Möglichkeiten nutzt, um seine Beschäftigungslosigkeit zu beenden und für Vermittlungsbemühungen der Agentur für Arbeit verfügbar ist (§ 138 Abs. 1). Man spricht von »aktiver Arbeitslosigkeit« (vgl. *Winkler*, info also 2001, 72). Die Erreichbarkeit des Arbeitslosen wird durch die Erreichbarkeitsanordnung konkretisiert (hierzu *Wissing*, SGB 99, 10; *Winkler*, info also 98, 9; *Benkel*, NZS 98, 364; *Stascheit*, info also 97, 145). Die Verfügbarkeit ist nicht schon allein dadurch ausgeschlossen, dass einer Schwangeren ein ärztliches Beschäftigungsverbot nach § 16 MuSchG (Nr. 28) erteilt wurde (*BSG* 30. 11. 2011 – B 11 AL 7/11 R, NZS 12, 475).
Zur Verfügbarkeit gehört die Bereitschaft, eine zumutbare Beschäftigung aufzunehmen. Arbeitslose müssen jede Beschäftigung unabhängig von ihrer Qualifikation annehmen. In den ersten drei Monaten der Arbeitslosigkeit müssen sie eine Minderung bis zu 20 %, in den folgenden drei Monaten bis zu 30 % und danach bis zur Höhe des Arbeitslosengeldes hinnehmen (§ 140 Abs. 3). Die zumutbaren Pendelzeiten betragen bis zu zweieinhalb Stunden bei einer Arbeitszeit von mehr als sechs Stunden (§ 140 Abs. 4). Im vierten Monat der Arbeitslosigkeit wird auch eine außerhalb des Pendelbereichs liegende Arbeit zumutbar. Zumutbar ist auch eine befristete Beschäftigung oder eine Beschäftigung, die vorübergehend eine getrennte Haushaltsführung erfordert (§ 140 Abs. 5).
Voraussetzung für den Bezug von Arbeitslosengeld ist die Erfüllung einer Anwartschaft von 12 Monaten innerhalb einer Rahmenfrist von 30 Monaten vor Eintritt

der Arbeitslosigkeit (§§ 142, 143). Die Höhe des Arbeitslosengeldes beträgt im Normalfall 60 %, bei Unterhaltspflicht für mindestens ein Kind 67 % des pauschalierten Nettoentgelts (§ 149). Dieses Nettoentgelt wird als sog. Bemessungsentgelt innerhalb eines Bemessungsrahmens errechnet (§§ 150 ff.). Dabei ist auch Entgelt zu berücksichtigen, das der Arbeitnehmer während der Zeit einer unwiderruflichen Freistellung bezogen hat (*BSG* 30. 8. 2018 – B 11 AL 15/17 R, NZA-RR 19, 217). Die Dauer des Anspruchs auf Arbeitslosengeld ist nach erheblicher Reduzierung durch das »Gesetz zu Reformen am Arbeitsmarkt« (verfassungsrechtliche Bedenken bei *Mayer*, SozSich 07, 434) gestaffelt nach Beschäftigungsdauer und Lebensalter. Sie wurde zwischenzeitlich durch das 7. Änderungsgesetz (vgl. 35. Aufl.) wieder etwas angehoben und kann maximal 2 Jahre betragen (s. die Tab. in § 147 Abs. 2).

Hat der Arbeitslose Veranlassung zum Eintritt der Arbeitslosigkeit gegeben (z. B. durch Beendigung des Arbeitsverhältnisses oder einen Anlass zur Kündigung des Arbeitsverhältnisses durch den Arbeitgeber wegen Verletzung einer Vertragspflicht), tritt eine Sperrzeit von grundsätzlich 12 Wochen ein (§ 159; *Voelzke*, NZS 05, 281). Hat allerdings der Arbeitgeber ohne Veranlassung seitens des Arbeitnehmers mit einer Kündigung ernsthaft gedroht und der Arbeitnehmer darauf einen Aufhebungsvertrag mit einer Abfindung bis zu der in § 1 a KSchG geregelten Höhe abgeschlossen, so löst das keine Sperrzeit aus (*BSG* 12. 7. 2006 – B 11 a AL 47/05 R, NZA 06, 1359; zur Sperrzeit bei Übergang aus unbefristetem Arbeitsverhältnis in Altersteilzeit im Blockmodell mit Befristung vgl. *BSG* 12. 9. 2017 – B 11 AL 25/16 R, NZS 18, 533). Die Rechtsprechung prüft nicht, ob die angedrohte Kündigung rechtswidrig gewesen wäre. Zu einer Sperrzeit kommt es nur dann, wenn Anhaltspunkte für eine Gesetzesumgehung zu Lasten der Arbeitslosenversicherung vorliegen (*BSG* 2. 5. 2012 – B 11 AL 6/11 R, NZS 12, 874). Dasselbe gilt, wenn das Arbeitsverhältnis im Rahmen eines gerichtlichen Vergleichs (also im Einvernehmen mit dem Arbeitnehmer) beendet wurde und keine Anhaltspunkte für eine Gesetzesumgehung vorliegen (*BSG* 17. 10. 2007 – B 11 a AL 51/06 R, DB 08, 1048). Der Widerspruch gegen den Übergang des Arbeitsverhältnisses bei Betriebsübergang (§ 613 a Abs. 6 BGB, Nr. 14) löst keine Sperrzeit aus (*BSG* 8. 7. 2009 – B 11 AL 17/08 R, SGb 10, 365 m. Anm. *Deinert*). Eine Sperrzeit tritt auch ein, wenn der Arbeitslose sich nicht auf Arbeitsangebote bewirbt. Das kann bei mehreren Angeboten auch mehrfach geschehen. Folgen die Angebote allerdings so eng aufeinander, dass sie praktisch gleichzeitig vorliegen, ist von einem einheitlichen Lebenssachverhalt auszugehen, der nur eine Sperrzeit auslösen kann (*BSG* 3. 5. 2018 – B 11 AL 2/17 R, NZS 19, 219).

Abfindungen, die ein Arbeitsloser aus Anlass der Beendigung des Arbeitsverhältnisses erhalten hat, führen zum teilweisen Ruhen des Arbeitslosengeldes gemäß § 158, wenn das Arbeitsverhältnis vor Ablauf der normalen Kündigungsfrist beendet wurde. Eine Abfindung nach § 1 a KSchG (Nr. 25) ist allerdings keine Entlassungsentschädigung in diesem Sinne (*BSG* 8. 12. 2016 – B 11 AL 5/15 R, NZS 17, 310).

Mit Teilarbeitslosengeld (§ 162) soll solchen Arbeitnehmern ein Anspruch auf Arbeitslosengeld eingeräumt werden, die mehrere Teilzeitbeschäftigungen gleichzeitig ausüben und eine davon verlieren. Nicht gewährt wird es Arbeitnehmern, die nur bei einem Arbeitgeber in Vollzeit beschäftigt waren und dort nur mehr eine Teilzeitbeschäftigung ausüben, z. B. aufgrund einer Änderungskündigung (krit. insoweit. *Kittner,* NZA 97, 968, 975).

g) Insolvenzgeld

Für Entgeltausfälle wegen Zahlungsunfähigkeit des Arbeitgebers gibt es eine besondere Sicherung: Die Agentur für Arbeit übernimmt mit dem Insolvenzgeld das Entgelt für die letzten drei Monate vor Eröffnung des Insolvenzverfahrens (§§ 165 ff.; Übersicht bei *Lakies,* NZA 2000, 565; *Marschner,* DB 98, 2165; zur Frage eines erneuten Anspruchs, wenn der Arbeitgeber sich nach Zahlungsunfähigkeit zwischenzeitlich wirtschaftlich erholt hatte, *BSG* 6. 12. 2012 – B 11 AL 10/11 R, DB 13, 1916). Eine Sicherung für die Zeit nach Eröffnung des Insolvenzverfahrens ist nicht vorgesehen und wird auch europarechtlich nicht gefordert (*EuGH* 18. 4. 2013 – C-247/12, NZA 13, 609 – Mustafa). Der Insolvenzgeldzeitraum endet im Falle des Übergangs des Arbeitsverhältnisses aufgrund Betriebsübergangs (*BSG* 26. 2. 2018 – B 11 AL 3/18 R, NZS 19, 595). Das Insolvenzgeld kann auch zur Sanierung eines Unternehmens eingesetzt werden, indem es an Kreditgeber abgetreten wird (§ 170). Das ist jedoch nur nach Eintritt der Insolvenz mit der Zustimmung der Agentur für Arbeit möglich, wenn durch die Vorfinanzierung ein erheblicher Teil der Arbeitsplätze erhalten bleibt (§ 170 Abs. 4; hierzu *Steinwedel,* DB 98, 822).

3. Organisation und Aufgaben der Bundesagentur für Arbeit

Die Arbeitsförderung wird durch die »Bundesagentur für Arbeit« als Körperschaft des öffentlichen Rechts durchgeführt (§ 367). Daneben ist sie zuständig für die Arbeitsmarkt- und Berufsforschung (§ 282). Bei der Erteilung von Aufenthaltstiteln mit Beschäftigungserlaubnis ist ihre Zustimmung nach § 39 AufenthG (Nr. 9) erforderlich.

Die Bundesagentur ist gegliedert in die Zentrale mit Regionaldirektionen (anstelle der früheren Landesarbeitsämter) und (anstelle der früheren Arbeitsämter) den örtlichen Agenturen für Arbeit. Sitz der Hauptstelle ist Nürnberg (§ 367 Abs. 4). Gemäß § 371 Abs. 1 existieren Verwaltungsrat und Verwaltungsausschüsse bei den Agenturen für Arbeit. Sie haben keine Entscheidungsbefugnis, sondern überwachen und beraten die Verwaltung.

4. Neutralität im Arbeitskampf

Für die Arbeitsverwaltung gilt der Grundsatz der Neutralität in Arbeitskämpfen. In einen von einem Arbeitskampf betroffenen Betrieb darf die Agentur für Arbeit Arbeitsuchende nur auf deren und des Arbeitgebers ausdrücklichen Wunsch vermitteln (§ 36 Abs. 3). Werden Arbeitnehmer infolge eines Arbeitskampfes beschäftigungslos, so stellt sich die Frage möglicher Leistungen. Die damit zusammenhängenden Fragen werden in § 160 (zuvor § 146) geregelt. Diese Vorschrift ist deckungsgleich mit dem früheren § 116 AFG. Sie bezieht sich auf das Ruhen des Arbeitslosengeldes. Sie gilt gemäß § 100 Abs. 1 auch für die Gewährung von Kurzarbeitergeld. Ob die Voraussetzungen für das Ruhen von Ansprüchen vorliegen, entscheidet der Neutralitätsausschuss gemäß § 160 Abs. 5 in Verbindung mit § 380.

Unstrittig ist, dass Arbeitnehmer, die selbst streiken oder ausgesperrt werden, keine Leistungen erhalten (§ 160 Abs. 2). Große praktische, rechtliche und politische Probleme bereitet indes die Regelung für Arbeitnehmer, die lediglich mittelbar aufgrund eines Arbeitskampfes beschäftigungslos werden. Angesichts der zunehmenden Verflechtung der Wirtschaft hat diese Problematik zunehmend an Bedeutung gewonnen.

Hierzu hatte es bereits eine Regelung im Vorläufer des AFG, in § 84 AVAVG, gegeben. Damals konnte man vom Grundsatz sprechen, dass Leistungen der Arbeitslosenversicherung nur ausnahmsweise gewährt werden. Mit § 116 AFG 1969 wurde dieses Regel/Ausnahme-Verhältnis umgekehrt: Fortan sollten im Regelfall Leistungen der BA erfolgen. Entgegen dieser Rechtslage versagte die damalige Bundesanstalt für Arbeit (BA) bei einem Arbeitskampf in der Metallindustrie Nordwürttembergs/Nordbadens 1971 mittelbar betroffenen Arbeitnehmern in der Metallindustrie außerhalb dieses Tarifgebiets das Kurzarbeitergeld. Dieser – nach dem damaligen BA-Präsidenten genannte – »Stingl-Erlass« wurde durch den Verwaltungsrat der BA aufgehoben. Das *BSG* hielt zwar den Verwaltungsrat hierfür nicht für zuständig, sprach sich aber materiell-rechtlich für eine enge Auslegung der Ruhenstatbestände aus (*BSG* 9. 9. 1975 – 7 RAr 5/73, BB 76, 272). Eine Verfassungsbeschwerde der baden-württembergischen Metallarbeitgeber hiergegen wurde aus formellen Gründen zurückgewiesen (*BVerfG* 23. 1. 1978 – 1 BvR 104/74, DB 78, 577). 1973 wurde § 116 AFG durch die Neutralitätsanordnung der BA konkretisiert (abgedruckt bis zur 20. Auflage). Sie stellte einen Kompromiss zwischen den Positionen der Arbeitgeber und der Gewerkschaften dar. Ihr zufolge sollte es zum Ruhen von Ansprüchen nur für Arbeitnehmer des gleichen fachlichen Geltungsbereichs (z. B. Metallindustrie) kommen, wenn im umkämpften Tarifgebiet und beim mittelbar betroffenen Arbeitnehmer gleiche Arbeitsbedingungen galten und jeweils gleiche Forderungen erhoben worden waren.

Im Arbeitskampf des Jahres 1984 in der Metallindustrie Nordwürttembergs/Nordbadens und Hessens versagte die BA aufgrund Erlasses ihres Präsidenten (»Franke-Erlass«) mittelbar betroffenen Arbeitnehmern in der Metallindustrie außerhalb dieses Tarifgebiets das Kurzarbeitergeld. Das Argument lautete: Die in allen Tarifgebieten gleichermaßen erhobene Forderung nach Einführung der 35-Stunden-Woche dominiere so stark, dass unterschiedliche sonstige Forderungen nicht ins Gewicht fielen. Dieser »Franke-Erlass« wurde zunächst vom *SG Frankfurt* mit einstweiliger Anordnung vom 12. 6. 1984 ausgesetzt. Das *Hessische LSG* bestätigte diese Entscheidung am 22. 6. 1984 (L 10/Ar 813/84 (A), NZA 84, 100; vgl. auch *LSG Bremen* 22. 6. 1984 – L 5 BR 22, 24/84, NZA 84, 132). Im Verfahren zur Hauptsache bestätigte das *BSG* am 5. 6. 91 die Rechtswidrigkeit des »Franke-Erlasses« (7 RAr 26/89, NZA 91, 982).

Im Anschluss an den Arbeitskampf in der Metallindustrie 1984 änderte die Regierungskoalition § 116 AFG auf Betreiben der Arbeitgeberverbände dahingehend, dass mittelbar von Arbeitskämpfen Betroffene im gleichen fachlichen Geltungs-

bereich außerhalb eines umkämpften Tarifgebietes im Regelfall kein Kurzarbeitergeld mehr erhalten sollen. Das »Gesetz zur Sicherung der Neutralität der Bundesanstalt für Arbeit bei Arbeitskämpfen« vom 25. Mai 1986 (BGBl. I, 740) wurde trotz nachhaltigen Protestes der Gewerkschaften verabschiedet (zum Ganzen vgl. *Kittner/Unterhinninghofen,* AuR 86, 1; *Apitzsch/Klebe/Schumann,* Hrsg., § 116 AFG – Kampf um das Streikrecht, 1986; Protokolle der Sachverständigen-Anhörung vor dem Bundestagsausschuss für Arbeit 91./92./93. Sitzung 1986). Die von diesem Gesetz in erster Linie betroffene IG Metall erhob gegen das Gesetz Verfassungsbeschwerde, der sich NRW und andere SPD-geführte Bundesländer sowie SPD-Bundestagsabgeordnete anschlossen. Mit Entscheidung vom 4. 7. 1995 bestätigte das *BVerfG* im Kern die Verfassungsmäßigkeit der Neuregelung (1 BvF 2/86 u.a., NZA 95, 754; dazu *Kittner*, 50 Urteile, 2019, Nr. 47).
Wegen der für eine kampfführende Gewerkschaft möglicherweise eintretenden Folgen hat das *BVerfG* § 116 AFG allerdings nur als *noch verfassungsgemäß* bezeichnet. Das *BVerfG* spricht in diesem Zusammenhang davon, dass diese Vorschrift zwar die Koalitionsfreiheit der Gewerkschaften beeinträchtige, jedoch der Gesetzgeber bei einer solchen Konfliktlösung im Verhältnis zwischen Gewerkschaften und Arbeitgebern zunächst einen weiten Beurteilungsspielraum habe. Sollte sich jedoch aufgrund dieser Vorschrift ein Übergewicht der Arbeitgeber im Tarifkonflikt erweisen, so ist der Gesetzgeber zur Nachbesserung verpflichtet, vorab seien aber das *BSG* als auch das *BAG* dazu aufgerufen, die mittelbaren Folgen von Aussperrungen außerhalb des umkämpften Tarifgebietes zu begrenzen. Das könne entweder durch die Beschränkung des Aussperrungsrechts erfolgen oder aber durch eine entsprechende Auslegung des § 116 AFG bzw. jetzt § 160 SGB III. Insgesamt folgt aus den Erkenntnissen des *BVerfG* das Gebot einer restriktiven Auslegung des § 160 Abs. 3 SGB III, die sich darauf beschränkt, einer Kräfteverschiebung zugunsten der Gewerkschaften durch Zahlung von Entgeltersatzleistungen entgegenzuwirken und dies nur unter der Voraussetzung, dass der Arbeitnehmer am Arbeitskampfergebnis partizipiert (*Deinert*, AuR 10, 290, 295). Außerdem hat das *BVerfG* § 116 Abs. 3 Satz 2, 2. Alternative AFG bzw. jetzt § 160 Abs. 3 Satz 2, 2. Alternative SGB III verfassungskonform ausgelegt. Demnach darf aus dem Verhalten einer Tarifvertragspartei keine Forderung abgeleitet werden, wenn die satzungsgemäße Willensbildung durch die zuständigen Organe noch nicht abgeschlossen ist (zur Entscheidung vgl. *Däubler,* AiB 95, 595; *Heilmann/Menke,* AuR 96, 11; *Unterhinninghofen,* SozSich 95, 241; *Zachert,* Mitbest. 95, 6; *Kreßel,* NZA 95, 1121).
Für den Fall, dass die Kurzarbeit keine zwangsläufige Arbeitskampffolge, sondern vermeidbar war, ordnet § 100 Abs. 3 die Zahlung von Kurzarbeitergeld an (zu Mitbestimmungsrechten des Betriebsrats bei »kalter Aussperrung« s. *Schwitzer/Unterhinninghofen,* AiB 90, 5).

5. Finanzierung

Die Finanzierung der Tätigkeit der Agentur für Arbeit erfolgt in erster Linie durch Beiträge der Arbeitgeber und Arbeitnehmer. Der Beitragssatz ist gesetzlich auf 2,6 % des Arbeitsentgeltes bis zur Höhe der Beitragsbemessungsgrenze in der

Rentenversicherung festgesetzt (§ 341 Abs. 2, 4). Durch die auf § 352 Abs. 1 gestützte Beitragssatzverordnung 2019 (v. 18. 12. 2018, BGBl. I 2633, zuletzt geändert durch VO v. 2. 12. 2019, BGBl. I 1998) wurde der Beitragssatz befristet bis Ende 2022 auf 2,5 % gesenkt. Zuschuss-Wintergeld und Mehraufwands-Wintergeld sowie Insolvenzgeld werden durch Umlagen aufgebracht (§§ 354 ff.; zur Verfassungsmäßigkeit der Insolvenzgeldumlage *BVerfG* 2. 2. 2009 – 1 BvR 2553/08, NZS 09, 565). Der Bund hat ein eventuelles Defizit durch Darlehen und erforderlichenfalls durch Zuschüsse abzudecken (Art. 120 Abs. 1 S. 4 GG).

6. Schwarzarbeit (illegale Beschäftigung)
Aufgrund des Gesetzes zur Bekämpfung der Schwarzarbeit (s. Fn. vor § 304) ist die abhängige und selbständige Arbeit ohne Anmeldung (und damit ohne Sozialabgaben und Steuern) unter Strafe gestellt. Dazu kommen Verbotsnormen des AÜG (§ 16; zu den rechtlichen Aspekten der Schwarzarbeit vgl. *Marschner,* AuA 95, 84). Im Jahr 2006 waren rund 13 Mio. Deutsche als Schwarzarbeiter tätig. Die Wertschöpfung wird auf etwa 136 Mrd. Euro geschätzt. Derzeit wird der Anteil der Schwarzarbeit auf rund 12 % des Bruttoinlandsprodukts geschätzt. Das Gesetz wurde zuletzt im Juli 2019 umfangreich geändert (Gesetz gegen illegale Beschäftigung und Sozialleistungsmissbrauch v. 11. 7. 2019, BGBl. I 1066; Entwurf: BR-Drs. 97/19).

III. Anwendungsprobleme und Rechtstatsachen
Bis Anfang der 80er Jahre haben die Arbeitslosenzahlen etwa eine Million (= 4,4 %) betragen. Seit Mitte der 90er Jahre bewegten sie sich um die 4 Mio. Der Zusammenbruch der Wirtschaftsstrukturen der ehemaligen DDR hat zu einem gewaltigen Verlust von Arbeitsplätzen und in diesem Zusammenhang zu einem drastischen Anstieg der Arbeitslosigkeit in den neuen Bundesländern geführt. Besonders betroffen vom Ansteigen der Arbeitslosigkeit in den neuen Bundesländern waren Frauen, die deutlich über die Hälfte der Arbeitslosen stellen. Ihre Erwerbsquote lag in der DDR bei 85 % gegenüber 60 % in der Bundesrepublik. Im Zuge der Finanz- und Wirtschaftskrise 2008/2009 gelang es zunächst, Arbeitsplatzverlusten durch Ausbau des Kurzarbeitergeldes entgegenzuwirken. Seit 2005 ist der Trend der Arbeitslosenzahlen wieder rückläufig (vgl. ausf. – auch zu Erklärungsansätzen – *Walwei*, WSI-Mitt. 11, 563). 2017 wurde erstmals die 2,5 Mio.-Marke unterschritten und damit erstmals das Niveau aus Zeiten vor der Wiedervereinigung wieder erreicht. Die Arbeitslosenquote lag im Sept. 2019 bei 4,9 %, die Zahl der Arbeitslosen bei 2,34 Mio. (https://statistik.arbeitsagentur.de/). Mit der Erholung am Arbeitsmarkt korrespondiert ein Rückgang der Inanspruchnahme von Kurzarbeitergeld (vgl. Böckler impuls 5/15, S. 8). Zunehmend haben Betriebe Schwierigkeiten, offene Stellen mit geeigneten Bewerbern zu besetzen (IAB-Kurzbericht 23/18). Insoweit wird es künftig für viele Betriebe zunehmend ein Eigeninteresse geben, sog. Missmatches, bei denen freie Stellen und Stellenbewerber nicht zueinander »passen«, aufzulösen.
Ob die derzeitige Erholung des Arbeitsmarktes tatsächlich, wie vielfach behauptet, Ergebnis der Arbeitsmarktreformen im Zuge der Agenda 2010 (s. I 2 zu [1] bis

[4]) ist, lässt sich empirisch bislang nicht feststellen. Hinsichtlich der einzelnen Beschäftigungsverhältnisse ist jedenfalls zu konstatieren, dass nach den Reformen die Dauer der Beschäftigungsverhältnisse nicht zugenommen hat, die Reallöhne allerdings gesunken sind (Böckler impuls 1/14, S. 2).

Um das gesamte Ausmaß der Beschäftigungsproblematik zu erfassen, reicht ein Blick auf die »registrierte« Arbeitslosigkeit nicht aus. Hinzuzurechnen ist noch eine vermutlich sehr hohe, im Einzelnen nicht genau bestimmbare Zahl nichtbeschäftigter, jedoch nicht als Arbeitslose registrierter Personen, wie Frauen ohne Beschäftigungsmöglichkeiten, die in den Haushalt zurückkehren, vorzeitig aus dem Arbeitsleben ausgeschiedene ältere Arbeitnehmer und behinderte Menschen, Jugendliche, die keinen Ausbildungs- bzw. Arbeitsplatz finden usw. Aus dieser »Stillen Reserve« des Arbeitsmarktes wurden die Zuwächse in Beschäftigung wesentlich mit gespeist, so dass die Erholung der Arbeitslosenzahlen gleichwohl etwas »gedämpft« erscheint.

Besonders auffällig ist die starke Zunahme der Dauer der Arbeitslosigkeit. Seit Jahrzenten ist ein Drittel aller Arbeitslosen mindestens ein Jahr arbeitslos (= »Langzeitarbeitslose«; vgl. WSI-Mit. 12/95; »Langzeitarbeitslose haben kaum Chancen auf Jobs«, SZ v. 31. 1. 12, S. 1). Inzwischen sind es mit etwa 712000 fast 1/3 aller Arbeitslosen (https://statistik.arbeitsagentur.de/). Insoweit sind aber keine signifikanten Unterschiede zwischen Ost und West mehr auszumachen (BT-Drs. 18/6215).

Ein besonderes Kennzeichen der Beschäftigungssituation sind auch die z. T. ganz erheblich unterschiedlichen Arbeitslosenquoten nach bestimmten Merkmalen der Betroffenen sowie der Ausbildungsstand der Arbeitslosen. So sind jüngere Menschen im Anschluss an ihre Ausbildung (vgl. KOM [2013] 447), Frauen (hierzu BT-Drs. 13/4328), Ausländer und gesundheitlich Beeinträchtigte überdurchschnittlich stark von Arbeitslosigkeit betroffen, während die Zahl der älteren Arbeitnehmer bei den längerfristig Arbeitslosen besonders hoch ist. Das Gleiche gilt für un- und angelernte Arbeitnehmer, die Arbeitslosenquote unter denjenigen ohne Berufsabschluss lag 2013 mit 20 % rund dreimal so hoch wie die allgemeine Arbeitslosenquote (7 %) und fast siebenmal so hoch wie unter Akademikern, deren Arbeitslosenquote bei 3 % lag (Böckler impuls 12/15, S. 8). Diese Aufspaltung des Arbeitsmarktes nennt man »Segmentation« (vgl. hierzu *Hofemann/Schmitt,* WSI-Mitt. 80, 33; ISA 1/95). Dazu kommen erhebliche regionale Unterschiede hinsichtlich der Arbeitslosenzahl, worin sich vielfach auch die Folgen von Branchenkrisen widerspiegeln.

Auch die Leistungen der Arbeitslosenversicherung sind rechtspolitischer Kritik ausgesetzt. So wird davon ausgegangen, dass etwa 70 % der Arbeitslosen Bezüge unterhalb der Armutsgrenze haben. Oftmals ist ergänzendes Arbeitslosengeld II nach dem SGB II (Nr. 30 II) notwendig (»Arbeitslosengeld reicht vielen nicht zum Leben«, SZ v. 24. 4. 12, S. 1). Das liegt nicht nur an der Leistungshöhe, sondern neben der Anspruchsdauer auch an den Anspruchsvoraussetzungen. Insbesondere prekär Beschäftigte verfehlen oftmals die Voraussetzungen für den Bezug von Arbeitslosengeld, sie sind dann auf Arbeitslosengeld II angewiesen (vgl. insg. Böckler impuls 2/12, S. 1).

IV. Rechtspolitische Diskussion

Aktuell plant das Arbeitsministerium ein Instrumentenpaket zur Bewältigung des digitalen Strukturwandels. Dazu gehören eine Verlängerung der Kurzarbeitergeld-Bezugsdauer und eine Entlastung der Unternehmen hinsichtlich der Sozialversicherungsbeiträge im Falle der Weiterbildung während des Kurzarbeitergeldbezugs. Ferner wird ein Ausbau der Qualifizierungs- und Weiterbildungsförderung angestrebt. Die IG Metall fordert zudem die Einführung eines Transformations-Kurzarbeitergeldes (dazu *Bieback*, SozSich 19, 373).

Die Grundsatzforderung der Gewerkschaften nach Streichung bzw. Reform des § 160 besteht allerdings nach wie vor (s. o. II 4). Ein Gesetzentwurf der Fraktion Die LINKE zur Wiederherstellung der Gesetzeslage von 1969 (BT-Drs. 17/9062) blieb in der vergangenen Legislaturperiode erfolglos.

Immer wieder ventilierte die Europäische Kommission die Errichtung einer europäischen Arbeitslosenversicherung. Das stößt allerdings in den Mitgliedstaaten, auch in Deutschland, bislang auf Ablehnung. Zuletzt hat die Kommission auch Erwägungen zu einem eigenständigen Haushalt zur Bewältigung genannter asymmetrischer Schocks angestellt, um so regionale Sonderlasten ausgleichen zu können (KOM [2013] 690 endg.). Als kleine Lösung wurde nun die Errichtung einer europäischen Arbeitsbehörde (ELA) mit vor allem Aufgaben der Information sowie der Förderung der internationalen Zusammenarbeit gewählt. Sie nimmt ihre Arbeit zunächst übergangsweise in Brüssel auf, ab 2021 an ihrem Sitz in Bratislava (vgl. Mitt. in: ZESAR 19, 357).

Weiterführende Literatur

Handbücher und Kommentare

Deinert/Heuschmid/Zwanziger-*Winkelmann*, Arbeitsrecht, § 18 (Grundzüge des Arbeitsförderungsrechts [SGB II] und der Grundsicherung für Arbeitsuchende [SGB II])

Arbeitslosenprojekt TuWas, Leitfaden für Arbeitslose, 34. Aufl. (2018)

Böttiger/Körtek/Schaumberg, SGB III, 3. Aufl. (2019)

Brand, SGB III, 8. Aufl. (2018)

Eicher/Schlegel (Hrsg.), SGB III, Arbeitsförderungsrecht, Kommentar, Loseblatt

Gagel, SGB II/SGB III, Loseblatt

Hauck/Noftz, SGB III, Loseblatt

Mutschler/Schmidt-de Caluwe/Coseriu, SGB III, 6. Aufl. (2017)

Schubert (Hrsg.), SGB III (2014)

Aufsätze

Adamy/Steffen, 70 Jahre Arbeitslosenversicherung – ein Grund zum Feiern?, SozSich 1997, S. 379

Bieback, Der Umbau der Arbeitsförderung, KJ 1997, S. 15

Ockenga, Beendigung des Arbeitsverhältnisses und Sperrzeit, AuR 2007, S. 159

Roos, Reform der arbeitsmarktpolitischen Instrumente, Das Gesetz zur Verbesserung der Eingliederungschancen am Arbeitsmarkt, NJW 2012, S. 652

Voelzke, Das Eingliederungschancengesetz – neue Regeln für das Arbeitsförderungsrecht, NZA 2012, S. 177

Winkel, Kurzarbeit, AiB 2009, S. 411

Übersicht 63: Arbeitslosenversicherung/Arbeitsförderung

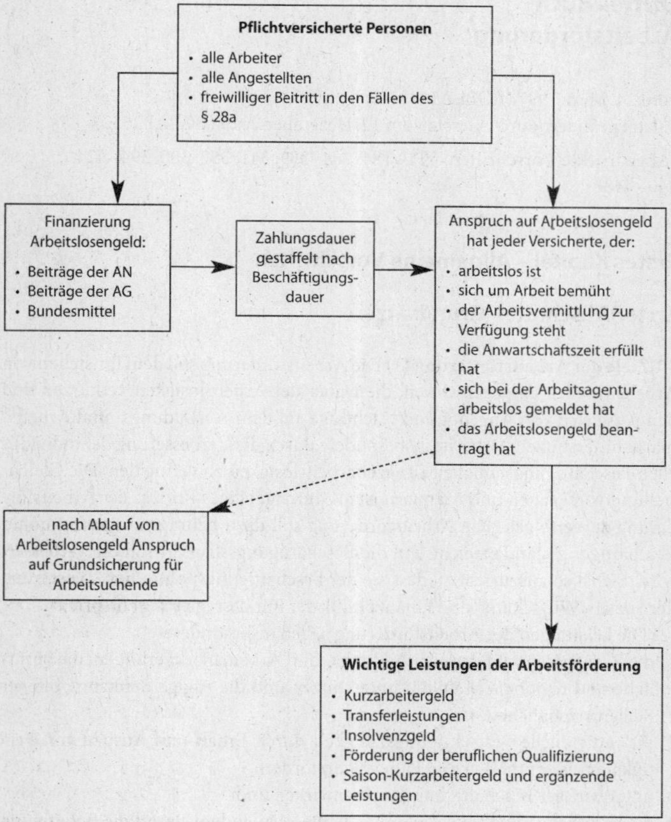

Sozialgesetzbuch (SGB)
Drittes Buch
Arbeitsförderung

vom 24. März 1997 (BGBl. I 594),
zuletzt geändert durch Gesetz vom 12. Dezember 2019 (BGBl. I 2652)

(Abgedruckte Vorschriften: §§ 1–184, 284–339, 341, 352, 380, 394–424, 440–448)

Erstes Kapitel – Allgemeine Vorschriften

Erster Abschnitt – Grundsätze

§ 1 Ziele der Arbeitsförderung (1) Die Arbeitsförderung soll dem Entstehen von Arbeitslosigkeit entgegenwirken, die Dauer der Arbeitslosigkeit verkürzen und den Ausgleich von Angebot und Nachfrage auf dem Ausbildungs- und Arbeitsmarkt unterstützen. Dabei ist insbesondere durch die Verbesserung der individuellen Beschäftigungsfähigkeit Langzeitarbeitslosigkeit zu vermeiden. Die Gleichstellung von Frauen und Männern ist als durchgängiges Prinzip der Arbeitsförderung zu verfolgen. Die Arbeitsförderung soll dazu beitragen, dass ein hoher Beschäftigungsstand erreicht und die Beschäftigungsstruktur ständig verbessert wird. Sie ist so auszurichten, dass sie der beschäftigungspolitischen Zielsetzung der Sozial-, Wirtschafts- und Finanzpolitik der Bundesregierung entspricht.
(2) Die Leistungen der Arbeitsförderung sollen insbesondere
1. die Transparenz auf dem Ausbildungs- und Arbeitsmarkt erhöhen, die berufliche und regionale Mobilität unterstützen und die zügige Besetzung offener Stellen ermöglichen,
2. die individuelle Beschäftigungsfähigkeit durch Erhalt und Ausbau von Fertigkeiten, Kenntnissen und Fähigkeiten fördern,
3. unterwertiger Beschäftigung entgegenwirken und
4. die berufliche Situation von Frauen verbessern, indem sie auf die Beseitigung bestehender Nachteile sowie auf die Überwindung eines geschlechtsspezifisch geprägten Ausbildungs- und Arbeitsmarktes hinwirken und Frauen mindestens entsprechend ihrem Anteil an den Arbeitslosen und ihrer relativen Betroffenheit von Arbeitslosigkeit gefördert werden.

(3) Die Bundesregierung soll mit der Bundesagentur zur Durchführung der Arbeitsförderung Rahmenziele vereinbaren. Diese dienen der Umsetzung der Grundsätze dieses Buches. Die Rahmenziele werden spätestens zu Beginn einer Legislaturperiode überprüft.

§ 2 Zusammenwirken mit den Agenturen für Arbeit (1) Die Agenturen für Arbeit erbringen insbesondere Dienstleistungen für Arbeitgeber und Arbeitnehmerinnen und Arbeitnehmer, indem sie

1. Arbeitgeber regelmäßig über Ausbildungs- und Arbeitsmarktentwicklungen, Ausbildungsuchende, Fachkräfteangebot und berufliche Bildungsmaßnahmen informieren sowie auf den Betrieb zugeschnittene Arbeitsmarktberatung und Vermittlung anbieten und
2. Arbeitnehmerinnen und Arbeitnehmer zur Vorbereitung der Berufswahl und zur Erschließung ihrer beruflichen Entwicklungsmöglichkeiten beraten, Vermittlungsangebote zur Ausbildungs- oder Arbeitsaufnahme entsprechend ihren Fähigkeiten unterbreiten sowie sonstige Leistungen der Arbeitsförderung erbringen.

(2) Die Arbeitgeber haben bei ihren Entscheidungen verantwortungsvoll deren Auswirkungen auf die Beschäftigung der Arbeitnehmerinnen und Arbeitnehmer und von Arbeitslosen und damit die Inanspruchnahme von Leistungen der Arbeitsförderung einzubeziehen. Sie sollen dabei insbesondere

1. im Rahmen ihrer Mitverantwortung für die Entwicklung der beruflichen Leistungsfähigkeit der Arbeitnehmerinnen und Arbeitnehmer zur Anpassung an sich ändernde Anforderungen sorgen,
2. vorrangig durch betriebliche Maßnahmen die Inanspruchnahme von Leistungen der Arbeitsförderung sowie Entlassungen von Arbeitnehmerinnen und Arbeitnehmern vermeiden,
3. Arbeitnehmer vor der Beendigung des Arbeitsverhältnisses frühzeitig über die Notwendigkeit eigener Aktivitäten bei der Suche nach einer anderen Beschäftigung sowie über die Verpflichtung zur Meldung nach § 38 Abs. 1 bei der Agentur für Arbeit informieren, sie hierzu freistellen und die Teilnahme an erforderlichen Maßnahmen der beruflichen Weiterbildung ermöglichen.

(3) Die Arbeitgeber sollen die Agenturen für Arbeit frühzeitig über betriebliche Veränderungen, die Auswirkungen auf die Beschäftigung haben können, unterrichten. Dazu gehören insbesondere Mitteilungen über

1. zu besetzende Ausbildungs- und Arbeitsstellen,
2. geplante Betriebserweiterungen und den damit verbundenen Arbeitskräftebedarf,
3. die Qualifikationsanforderungen an die einzustellenden Arbeitnehmerinnen und Arbeitnehmer,
4. geplante Betriebseinschränkungen oder Betriebsverlagerungen sowie die damit verbundenen Auswirkungen und
5. Planung, wie Entlassungen von Arbeitnehmerinnen und Arbeitnehmern vermieden oder Übergänge in andere Beschäftigungsverhältnisse organisiert werden können.

(4) Die Arbeitnehmerinnen und Arbeitnehmer haben bei ihren Entscheidungen verantwortungsvoll deren Auswirkungen auf ihre beruflichen Möglichkeiten einzubeziehen. Sie sollen insbesondere ihre berufliche Leistungsfähigkeit den sich ändernden Anforderungen anpassen.

(5) Die Arbeitnehmerinnen und Arbeitnehmer haben zur Vermeidung oder zur Beendigung von Arbeitslosigkeit insbesondere

1. ein zumutbares Beschäftigungsverhältnis fortzusetzen,

2. eigenverantwortlich nach Beschäftigung zu suchen, bei bestehendem Beschäftigungsverhältnis frühzeitig vor dessen Beendigung,
3. eine zumutbare Beschäftigung aufzunehmen und
4. an einer beruflichen Eingliederungsmaßnahme teilzunehmen.

§ 3 Leistungen der Arbeitsförderung (1) Leistungen der Arbeitsförderung sind Leistungen nach Maßgabe des Dritten und Vierten Kapitels dieses Buches.

(2) Leistungen der aktiven Arbeitsförderung sind Leistungen nach Maßgaben des Dritten Kapitels dieses Buches und Arbeitslosengeld bei beruflicher Weiterbildung.

(3) Leistungen der aktiven Arbeitsförderung sind Ermessensleistungen mit Ausnahme
1. des Aktivierungs- und Vermittlungsgutscheins nach § 45 Absatz 7,
2. der Berufsausbildungsbeihilfe während der ersten Berufsausbildung oder einer berufsvorbereitenden Bildungsmaßnahme,
3. der Leistung zur Vorbereitung auf den nachträglichen Erwerb des Hauptschulabschlusses oder eines gleichwertigen Schulabschlusses im Rahmen einer berufsvorbereitenden Bildungsmaßnahme,
4. der Weiterbildungskosten zum nachträglichen Erwerb des Hauptschulabschlusses oder eines gleichwertigen Schulabschlusses,
5. des Kurzarbeitergeldes bei Arbeitsausfall,
6. des Wintergeldes,
7. der Leistungen zur Förderung der Teilnahme an Transfermaßnahmen,
8. der besonderen Leistungen zur Teilhabe am Arbeitsleben und
9. des Arbeitslosengeldes bei beruflicher Weiterbildung.

(4) Entgeltersatzleistungen sind
1. Arbeitslosengeld bei Arbeitslosigkeit und bei beruflicher Weiterbildung,
2. Teilarbeitslosengeld bei Teilarbeitslosigkeit,
3. Übergangsgeld bei Teilnahme an Maßnahmen zur Teilhabe am Arbeitsleben,
4. Kurzarbeitergeld bei Arbeitsausfall,
5. Insolvenzgeld bei Zahlungsunfähigkeit des Arbeitgebers.

§ 4 Vorrang der Vermittlung (1) Die Vermittlung in Ausbildung und Arbeit hat Vorrang vor den Leistungen zum Ersatz des Arbeitsentgelts bei Arbeitslosigkeit.

(2) Der Vermittlungsvorrang gilt auch im Verhältnis zu den sonstigen Leistungen der aktiven Arbeitsförderung, es sei denn, die Leistung ist für eine dauerhafte Eingliederung erforderlich. Von der Erforderlichkeit für die dauerhafte Eingliederung ist insbesondere auszugehen, wenn Arbeitnehmerinnen und Arbeitnehmer mit fehlendem Berufsabschluss an einer nach § 81 geförderten beruflichen Weiterbildung teilnehmen.

§ 5 Vorrang der aktiven Arbeitsförderung Die Leistungen der aktiven Arbeitsförderung sind entsprechend ihrer jeweiligen Zielbestimmung und den Ergebnissen der Beratungs- und Vermittlungsgespräche einzusetzen, um sonst erforderliche Leistungen zum Ersatz des Arbeitsentgelts bei Arbeitslosigkeit nicht nur vorübergehend zu vermeiden und dem Entstehen von Langzeitarbeitslosigkeit vorzubeugen.

§ 6 *(weggefallen)*

§ 7 Auswahl von Leistungen der aktiven Arbeitsförderung Bei der Auswahl von Ermessensleistungen der aktiven Arbeitsförderung hat die Agentur für Arbeit unter Beachtung des Grundsatzes der Wirtschaftlichkeit und Sparsamkeit die für den Einzelfall am besten geeignete Leistung oder Kombination von Leistungen zu wählen. Dabei ist grundsätzlich auf
1. die Fähigkeiten der zu fördernden Personen,
2. die Aufnahmefähigkeit des Arbeitsmarktes und
3. den anhand der Ergebnisse der Beratungs- und Vermittlungsgespräche ermittelten arbeitsmarktpolitischen Handlungsbedarf

abzustellen.

§ 8 Vereinbarkeit von Familie und Beruf (1) Die Leistungen der aktiven Arbeitsförderung sollen in ihrer zeitlichen, inhaltlichen und organisatorischen Ausgestaltung die Lebensverhältnisse von Frauen und Männern berücksichtigen, die aufsichtsbedürftige Kinder betreuen und erziehen oder pflegebedürftige Personen betreuen oder nach diesen Zeiten wieder in die Erwerbstätigkeit zurückkehren wollen.

(2) Berufsrückkehrende sollen die zu ihrer Rückkehr in die Erwerbstätigkeit notwendigen Leistungen der aktiven Arbeitsförderung unter den Voraussetzungen dieses Buches erhalten. Hierzu gehören insbesondere Beratung und Vermittlung sowie die Förderung der beruflichen Weiterbildung durch Übernahme der Weiterbildungskosten.

§ 9 Ortsnahe Leistungserbringung (1) Die Leistungen der Arbeitsförderung sollen vorrangig durch die örtlichen Agenturen für Arbeit erbracht werden. Dabei haben die Agenturen für Arbeit die Gegebenheiten des örtlichen und überörtlichen Arbeitsmarktes zu berücksichtigen.

(2) Die Agenturen für Arbeit sollen die Vorgänge am Arbeitsmarkt besser durchschaubar machen. Sie haben zum Ausgleich von Angebot und Nachfrage auf dem örtlichen und überörtlichen Arbeitsmarkt beizutragen. Der Einsatz der aktiven Arbeitsmarktpolitik ist zur Verbesserung der Wirksamkeit und Steuerung regelmäßig durch die Agenturen für Arbeit zu überprüfen. Dazu ist ein regionales Arbeitsmarktmonitoring einzurichten. Arbeitsmarktmonitoring ist ein System wiederholter Beobachtungen, Bilanzierungen, Trendbeschreibungen und Bewertungen der Vorgänge auf dem Arbeitsmarkt einschließlich der den Arbeitsmarktausgleich unterstützenden Maßnahmen.

(3) Die Agenturen für Arbeit arbeiten zur Erfüllung ihrer Aufgaben mit den Gemeinden, Kreisen und Bezirken sowie den weiteren Beteiligten des örtlichen Ausbildungs- und Arbeitsmarktes zusammen, insbesondere mit den

1. Leistungsträgern im Sinne des § 12 des Ersten Buches sowie Trägern von Leistungen nach dem Bundesversorgungsgesetz und dem Asylbewerberleistungsgesetz,
2. Vertreterinnen und Vertreter der Arbeitgeber sowie der Arbeitnehmerinnen und Arbeitnehmer,
3. Kammern und berufsständischen Organisationen,
4. Ausländerbehörden und dem Bundesamt für Migration und Flüchtlinge,
5. allgemein- und berufsbildenden Schulen und Stellen der Schulverwaltung sowie Hochschulen,
6. Einrichtungen und Stellen des öffentlichen Gesundheitsdienstes und sonstigen Einrichtungen und Diensten des Gesundheitswesens sowie
7. Trägern der freien Wohlfahrtspflege und Dritten, die Leistungen nach diesem Buch erbringen.

Die Zusammenarbeit mit den Stellen nach Satz erfolgt auf der Grundlage der Gegenseitigkeit insbesondere, um
1. eine gleichmäßige oder gemeinsame Durchführung von Maßnahmen zu beraten oder zu sichern oder
2. Leistungsmissbrauch zu verhindern oder aufzudecken.

Die Agenturen für Arbeit sollen ihre Planungen rechtzeitig mit Trägern von Maßnahmen der Arbeitsförderung erörtern.

§ 9 a Zusammenarbeit mit den für die Wahrnehmung der Aufgaben der Grundsicherung für Arbeitsuchende zuständigen gemeinsamen Einrichtungen und zugelassenen kommunalen Trägern Beziehen erwerbsfähige Leistungsberechtigte nach dem Zweiten Buch auch Leistungen der Arbeitsförderung, so sind die Agenturen für Arbeit verpflichtet, eng mit den für die Wahrnehmung der Aufgaben der Grundsicherung für Arbeitsuchende zuständigen gemeinsamen Einrichtungen und zugelassenen kommunalen Trägern zusammenzuarbeiten. Sie unterrichten diese unverzüglich über die ihnen insoweit bekannten, für die Wahrnehmung der Aufgaben der Grundsicherung für Arbeitsuchende erforderlichen Tatsachen, insbesondere über
1. die für erwerbsfähige Leistungsberechtigte im Sinne des Zweiten Buches vorgesehenen und erbrachten Leistungen der aktiven Arbeitsförderung,
2. Feststellungen zu diesen Personen, die entsprechend § 37 Absatz 1 bei einer Berufsberatung nach § 31 Satz 2 getroffen werden, sowie
3. die bei diesen Personen eintretenden Sperrzeiten.

§ 10 *(weggefallen)*

§ 11 Eingliederungsbilanz (1) Die Bundesagentur und jede Agentur für Arbeit erstellen nach Abschluss eines Haushaltsjahres über ihre Ermessensleistungen der aktiven Arbeitsförderung eine Eingliederungsbilanz. Die Eingliederungsbilanzen müssen vergleichbar sein und sollen Aufschluss über den Mitteleinsatz, die geförderten Personengruppen und die Wirkung der Förderung geben.

(2) Die Eingliederungsbilanzen sollen insbesondere Angaben enthalten zu
1. dem Anteil der Gesamtausgaben an den zugewiesenen Mitteln sowie zu den Ausgaben für die einzelnen Leistungen und ihrem Anteil an den Gesamtausgaben,
2. den durchschnittlichen Ausgaben für die einzelnen Leistungen je geförderte Arbeitnehmerin und je geförderten Arbeitnehmer unter Berücksichtigung der besonders förderungsbedürftigen Personengruppen, insbesondere Langzeitarbeitslose, schwerbehinderte Menschen, Ältere, Berufsrückkehrende und Personen mit geringer Qualifikation,
3. der Beteiligung besonders förderungsbedürftiger Personengruppen an den einzelnen Leistungen unter Berücksichtigung ihres Anteils an den Arbeitslosen,
4. der Beteiligung von Frauen an Maßnahmen der aktiven Arbeitsförderung unter Berücksichtigung ihres Anteils an den Arbeitslosen und ihrer relativen Betroffenheit durch Arbeitslosigkeit sowie Angaben zu Maßnahmen, die zu einer gleichberechtigten Teilhabe von Frauen am Arbeitsmarkt beigetragen haben,
5. dem Verhältnis der Zahl der Arbeitslosen, die in eine nicht geförderte Beschäftigung vermittelt wurden, zu der Zahl aller Abgänge aus Arbeitslosigkeit in eine nicht geförderte Beschäftigung (Vermittlungsquote); dabei sind besonders förderungsbedürftige Personengruppen gesondert auszuweisen,
6. dem Verhältnis
   a) der Zahl der Arbeitnehmerinnen und Arbeitnehmer, die sechs Monate nach Abschluss einer Maßnahme der aktiven Arbeitsförderung nicht mehr arbeitslos sind, sowie
   b) der Zahl der Arbeitnehmerinnen und Arbeitnehmer, die nach angemessener Zeit im Anschluss an eine Maßnahme der aktiven Arbeitsförderung sozialversicherungspflichtig beschäftigt sind,
7. der Entwicklung der Rahmenbedingungen für die Eingliederung auf dem regionalen Arbeitsmarkt,
8. der Veränderung der Maßnahmen im Zeitverlauf,
9. der Arbeitsmarktsituation von Personen mit Migrationshintergrund.

Die Zentrale der Bundesagentur stellt den Agenturen für Arbeit einheitliche Berechnungsmaßstäbe zu den einzelnen Angaben zur Verfügung, um die Vergleichbarkeit der Eingliederungsbilanzen sicherzustellen.

(3) Die Eingliederungsbilanzen der Agenturen für Arbeit sind mit den Beteiligten des örtlichen Arbeitsmarktes zu erörtern. Dazu sind sie um einen Teil zu ergänzen, der weiteren Aufschluss gibt über die Leistungen und ihre Wirkungen auf den örtlichen Arbeitsmarkt, über die Zusammensetzung der Maßnahmen zur Aktivierung und beruflichen Eingliederung sowie über die an diesen Maßnahmen teilnehmenden Personen und deren weitere Eingliederung in den Ausbildungs- und Arbeitsmarkt.

(4) Die Eingliederungsbilanzen sind bis zum 31. Oktober des nachfolgenden Jahres fertigzustellen und zu veröffentlichen.

Zweiter Abschnitt – Berechtigte

§ 12 Geltung der Begriffsbestimmungen Die in diesem Abschnitt enthaltenen Begriffsbestimmungen sind nur für dieses Buch maßgeblich.

§ 13 Heimarbeiterinnen und Heimarbeiter Arbeitnehmerinnen und Arbeitnehmer im Sinne dieses Buches sind auch Heimarbeiterinnen und Heimarbeiter (§ 12 Abs. 2 des Vierten Buches).

§ 14 Auszubildende Auszubildende sind die zur Berufsausbildung Beschäftigten und Teilnehmer an nach diesem Buch förderungsfähigen berufsvorbereitenden Bildungsmaßnahmen sowie Teilnehmende an einer Einstiegsqualifizierung.

§ 15 Ausbildung- und Arbeitsuchende Ausbildungssuchende sind Personen, die eine Berufsausbildung suchen. Arbeitsuchende sind Personen, die eine Beschäftigung als Arbeitnehmerin oder Arbeitnehmer suchen. Dies gilt auch, wenn sie bereits eine Beschäftigung oder eine selbständige Tätigkeit ausüben.

§ 16 Arbeitslose (1) Arbeitslose sind Personen, die wie beim Anspruch auf Arbeitslosengeld
1. vorübergehend nicht in einem Beschäftigungsverhältnis stehen,
2. eine versicherungspflichtige Beschäftigung suchen und dabei den Vermittlungsbemühungen der Agentur für Arbeit zur Verfügung stehen und
3. sich bei der Agentur für Arbeit arbeitslos gemeldet haben.

(2) An Maßnahmen der aktiven Arbeitsmarktpolitik Teilnehmende gelten als nicht arbeitslos.

§ 17 Drohende Arbeitslosigkeit Von Arbeitslosigkeit bedroht sind Personen, die
1. versicherungspflichtig beschäftigt sind,
2. alsbald mit der Beendigung der Beschäftigung rechnen müssen und
3. voraussichtlich nach Beendigung der Beschäftigung arbeitslos werden.

§ 18 Langzeitarbeitslose (1) Langzeitarbeitslose sind Arbeitslose, die ein Jahr und länger arbeitslos sind. Die Teilnahme an einer Maßnahme nach § 45 sowie Zeiten einer Erkrankung oder sonstiger Nicht-Erwerbstätigkeit bis zu sechs Wochen unterbrechen die Dauer der Arbeitslosigkeit nicht.

(2) Für Leistungen, die Langzeitarbeitslosigkeit voraussetzen, bleiben folgende Unterbrechungen der Arbeitslosigkeit innerhalb eines Zeitraums von fünf Jahren unberücksichtigt:
1. Zeiten einer Maßnahme der aktiven Arbeitsförderung oder zur Eingliederung in Arbeit nach dem Zweiten Buch,
2. Zeiten einer Krankheit, einer Pflegebedürftigkeit oder eines Beschäftigungsverbots nach dem Mutterschutzgesetz,

3. Zeiten der Betreuung und Erziehung aufsichtsbedürftiger Kinder oder der Betreuung pflegebedürftiger Personen,
4. Zeiten eines Integrationskurses nach § 43 des Aufenthaltsgesetzes oder einer berufsbezogenen Deutschsprachförderung nach § 45 a des Aufenthaltsgesetzes sowie Zeiten einer Maßnahme, die für die Feststellung der Gleichwertigkeit der im Ausland erworbenen Berufsqualifikation mit einer inländischen Berufsqualifikation, für die Erteilung der Befugnisse zur Berufsausübung oder für die Erteilung der Erlaubnis zum Führen der Berufsbezeichnung erforderlich ist,
5. Beschäftigungen oder selbständige Tätigkeiten bis zu einer Dauer von insgesamt sechs Monaten,
6. Zeiten, in denen eine Beschäftigung rechtlich nicht möglich war, und
7. kurze Unterbrechungen der Arbeitslosigkeit ohne Nachweis.

(3) Ergibt sich der Sachverhalt einer unschädlichen Unterbrechung üblicherweise nicht aus den Unterlagen der Arbeitsvermittlung, so reicht Glaubhaftmachung aus.

§ 19 Behinderte Menschen (1) Behindert im Sinne dieses Buches sind Menschen, deren Aussichten, am Arbeitsleben teilzuhaben oder weiter teilzuhaben, wegen Art oder Schwere ihrer Behinderung im Sinne von § 2 Abs. 1 des Neunten Buches nicht nur vorübergehend wesentlich gemindert sind und die deshalb Hilfen zur Teilhabe am Arbeitsleben benötigen, einschließlich lernbehinderter Menschen.

(2) Behinderten Menschen stehen Menschen gleich, denen eine Behinderung mit den in Absatz 1 genannten Folgen droht.

§ 20 Berufsrückkehrende Berufsrückkehrende sind Frauen und Männer, die
1. ihre Erwerbstätigkeit oder Arbeitslosigkeit oder eine betriebliche Berufsausbildung wegen der Betreuung und Erziehung von aufsichtsbedürftigen Kindern oder der Betreuung pflegebedürftiger Personen unterbrochen haben und
2. in angemessener Zeit danach in die Erwerbstätigkeit zurückkehren wollen.

§ 21 Träger Träger sind natürliche und juristische Personen oder Personengesellschaften, die Maßnahmen der Arbeitsförderung selbst durchführen oder durch Dritte durchführen lassen.

Dritter Abschnitt – Verhältnis der Leistungen aktiver Arbeitsförderung zu anderen Leistungen

§ 22 Verhältnis zu anderen Leistungen (1) Leistungen der aktiven Arbeitsförderung dürfen nur erbracht werden, wenn nicht andere Leistungsträger oder andere öffentlich-rechtliche Stellen zur Erbringung gleichartiger Leistungen gesetzlich verpflichtet sind.

(1 a) Leistungen nach § 82 dürfen nur erbracht werden, wenn die berufliche Weiterbildung nicht auf ein nach § 2 Absatz 1 des Aufstiegsfortbildungsförderungsgesetzes förderfähiges Fortbildungsziel vorbereitet.
(2) Allgemeine und besondere Leistungen zur Teilhabe am Arbeitsleben dürfen nur erbracht werden, sofern nicht ein anderer Rehabilitationsträger im Sinne des Neunten Buches zuständig ist. Der Eingliederungszuschuss für besonders betroffene schwerbehinderte Menschen nach § 90 Absatz 2 bis 4 und Zuschüsse zur Ausbildungsvergütung für schwerbehinderte Menschen nach § 73 dürfen auch dann erbracht werden, wenn ein anderer Leistungsträger zur Erbringung gleichartiger Leistungen gesetzlich verpflichtet ist oder, ohne gesetzlich verpflichtet zu sein, Leistungen erbringt. In diesem Fall werden die Leistungen des anderen Leistungsträgers angerechnet.
(3) Soweit Leistungen zur Förderung der Berufsausbildung und zur Förderung der beruflichen Weiterbildung der Sicherung des Lebensunterhaltes dienen, gehen sie der Ausbildungsbeihilfe nach § 44 des Strafvollzugsgesetzes vor. Die Leistungen für Gefangene dürfen die Höhe der Ausbildungsbeihilfe nach § 44 des Strafvollzugsgesetzes nicht übersteigen. Sie werden den Gefangenen nach einer Förderzusage der Agentur für Arbeit in Vorleistung von den Ländern erbracht und von der Bundesagentur erstattet.
(4) Folgende Leistungen des Dritten Kapitels werden nicht an oder für erwerbsfähige Leistungsberechtigte im Sinne des Zweiten Buches erbracht:
1. Leistungen nach § 35,
2. Leistungen zur Aktivierung und beruflichen Eingliederung nach dem Zweiten Abschnitt,
3. Leistungen zur Berufsausbildung nach dem Vierten Unterabschnitt des Dritten Abschnitts und Leistungen nach den §§ 54 a und 130,
4. Leistungen zur beruflichen Weiterbildung nach dem Vierten Abschnitt und Leistungen nach den §§ 131 a und 131 b,
5. Leistungen zur Aufnahme einer sozialversicherungspflichtigen Beschäftigung nach dem Ersten Unterabschnitt des Fünften Abschnitts,
6. Leistungen der Teilhabe behinderter Menschen am Arbeitsleben nach den §§ 112 bis 114, 115 Nummer 1 bis 3, mit Ausnahme berufsvorbereitender Bildungsmaßnahmen und der Berufsausbildungsbeihilfe, § 116 Absatz 1, 2 und 6, den §§ 117, 118 Satz 1 Nummer 1 und 3 sowie den §§ 119 bis 121, 127 und 128.

Sofern die Bundesagentur für die Erbringung von Leistungen nach § 35 besondere Dienststellen nach § 367 Abs. 2 Satz 2 eingerichtet oder zusätzliche Vermittlungsdienstleistungen agenturübergreifend organisiert hat, erbringt sie die dort angebotenen Vermittlungsleistungen abweichend von Satz 1 auch an oder für erwerbsfähige Leistungsberechtigte im Sinne des Zweiten Buches. Eine Leistungserbringung an oder für erwerbsfähige Leistungsberechtigte im Sinne des Zweiten Buches nach den Grundsätzen der §§ 88 bis 92 des Zehnten Buches bleibt ebenfalls unberührt. Die Agenturen für Arbeit dürfen Aufträge nach Satz 3 zur Ausbildungsvermittlung nur aus wichtigem Grund ablehnen. Satz 1 gilt nicht für erwerbsfähige Leistungsberechtigte im Sinne des Zweiten Buches, die einen Anspruch auf Arbeitslosengeld oder Teilarbeitslosengeld haben; die Sätze 2 bis 4 finden insoweit keine Anwendung.

§ 23 Vorleistungspflicht der Arbeitsförderung (1) Solange und soweit eine vorrangige Stelle Leistungen nicht gewährt, sind Leistungen der aktiven Arbeitsförderung so zu erbringen, als wenn die Verpflichtung dieser Stelle nicht bestünde.
(2) Hat die Agentur für Arbeit für eine andere öffentlich-rechtliche Stelle vorgeleistet, ist die zur Leistung verpflichtete öffentlich-rechtliche Stelle der Bundesagentur erstattungspflichtig. Für diese Erstattungsansprüche gelten die Vorschriften des Zehnten Buches über die Erstattungsansprüche der Sozialleistungsträger untereinander entsprechend.

Zweites Kapitel – Versicherungspflicht

Erster Abschnitt – Beschäftigte, Sonstige Versicherungspflichtige

§ 24 Versicherungspflichtverhältnis (1) In einem Versicherungspflichtverhältnis stehen Personen, die als Beschäftigte oder aus sonstigen Gründen versicherungspflichtig sind.
(2) Das Versicherungspflichtverhältnis beginnt für Beschäftigte mit dem Tag des Eintritts in das Beschäftigungsverhältnis oder mit dem Tag nach dem Erlöschen der Versicherungsfreiheit, für die sonstigen Versicherungspflichtigen mit dem Tag, an dem erstmals die Voraussetzungen für die Versicherungspflicht erfüllt sind.
(3) Das Versicherungspflichtverhältnis für Beschäftigte besteht während eines Arbeitsausfalls mit Entgeltausfall im Sinne der Vorschriften über das Kurzarbeitergeld fort.
(4) Das Versicherungspflichtverhältnis endet für Beschäftigte mit dem Tag des Ausscheidens aus dem Beschäftigungsverhältnis oder mit dem Tag vor Eintritt der Versicherungsfreiheit, für die sonstigen Versicherungspflichtigen mit dem Tag, an dem die Voraussetzungen für die Versicherungspflicht letztmals erfüllt waren.

§ 25 Beschäftigte (1) Versicherungspflichtig sind Personen, die gegen Arbeitsentgelt oder zu ihrer Berufsausbildung beschäftigt (versicherungspflichtige Beschäftigung) sind. Auszubildende, die im Rahmen eines Berufsausbildungsvertrages nach dem Berufsbildungsgesetz in einer außerbetrieblichen Einrichtung ausgebildet werden, und Teilnehmerinnen und Teilnehmer an dualen Studiengängen stehen den Beschäftigten zur Berufsausbildung im Sinne des Satzes 1 gleich.
(2) Bei Wehrdienstleistenden und Zivildienstleistenden, denen nach gesetzlichen Vorschriften für die Zeit ihres Dienstes Arbeitsentgelt weiterzugewähren

ist, gilt das Beschäftigungsverhältnis durch den Wehrdienst oder Zivildienst als nicht unterbrochen. Personen, die nach dem Vierten Abschnitt des Soldatengesetzes Wehrdienst leisten, sind in dieser Beschäftigung nicht nach Absatz 1 versicherungspflichtig; sie gelten als Wehrdienst Leistende im Sinne des § 26 Abs. 1 Nr. 2. Die Sätze 1 und 2 gelten auch für Personen in einem Wehrdienstverhältnis besonderer Art nach § 6 des Einsatz-Weiterverwendungsgesetzes, wenn sie den Einsatzunfall in einem Versicherungspflichtverhältnis erlitten haben.

§ 26 Sonstige Versicherungspflichtige (1) Versicherungspflichtig sind

1. Jugendliche, die in Einrichtungen der beruflichen Rehabilitation nach § 51 des Neunten Buches Leistungen zur Teilhabe am Arbeitsleben erhalten, die ihnen eine Erwerbstätigkeit auf dem allgemeinen Arbeitsmarkt ermöglichen sollen, sowie Personen, die in Einrichtungen der Jugendhilfe für eine Erwerbstätigkeit befähigt werden sollen,
2. Personen, die nach Maßgabe des Wehrpflichtgesetzes, des § 58 b des Soldatengesetzes oder des Zivildienstgesetzes Wehrdienst oder Zivildienst leisten und während dieser Zeit nicht als Beschäftigte versicherungspflichtig sind,
3. *(weggefallen)*

3 a. *(weggefallen)*

4. Gefangene, die Arbeitsentgelt, Ausbildungsbeihilfe oder Ausfallentschädigung (§§ 43 bis 45, 176 und 177 des Strafvollzugsgesetzes) erhalten oder Ausbildungsbeihilfe nur wegen des Vorrangs von Leistungen zur Förderung der Berufsausbildung nach diesem Buch nicht erhalten; das Versicherungspflichtverhältnis gilt während arbeitsfreier Sonnabende, Sonntage und gesetzlicher Feiertage als fortbestehend, wenn diese Tage innerhalb eines zusammenhängenden Arbeits- oder Ausbildungsabschnitts liegen. Gefangene im Sinne dieses Buches sind Personen, die im Vollzug von Untersuchungshaft, Freiheitsstrafen und freiheitsentziehenden Maßregeln der Besserung und Sicherung oder einstweilig nach § 126 a Abs. 1 der Strafprozeßordnung untergebracht sind,
5. Personen, die als nicht satzungsmäßige Mitglieder geistlicher Genossenschaften oder ähnlicher religiöser Gemeinschaften für den Dienst in einer solchen Genossenschaft oder ähnlichen religiösen Gemeinschaft außerschulisch ausgebildet werden.

(2) Versicherungspflichtig sind Personen in der Zeit, für die sie

1. von einem Leistungsträger Mutterschaftsgeld, Krankengeld, Versorgungskrankengeld, Verletztengeld oder von einem Träger der medizinischen Rehabilitation Übergangsgeld beziehen oder
2. von einem privaten Krankenversicherungsunternehmen Krankentagegeld beziehen oder

2 a. von einem privaten Krankenversicherungsunternehmen, von einem Beihilfeträger des Bundes, von einem sonstigen öffentlichen Träger von Kosten in Krankheitsfällen auf Bundesebene, von dem Träger der Heilfürsorge im

Bereich des Bundes, von dem Träger der truppenärztlichen Versorgung oder von einem öffentlich-rechtlichen Träger von Kosten in Krankheitsfällen auf Landesebene, soweit Landesrecht dies vorsieht, Leistungen für den Ausfall von Arbeitseinkünften im Zusammenhang mit einer nach den §§ 8 und 8 a des Transplatationsgesetzes erfolgenden Spende von Organen oder Geweben oder im Zusammenhang mit einer im Sinne von § 9 des Transfusionsgesetzes erfolgenden Spende von Blut zur Separation von Blutstammzellen oder anderen Blutbestandteilen beziehen,

2b. von einer Pflegekasse, einem privaten Versicherungsunternehmen, der Festsetzungsstelle für die Beihilfe oder dem Dienstherrn Pflegeunterstützungsgeld beziehen oder

3. von einem Träger der gesetzlichen Rentenversicherung eine Rente wegen voller Erwerbsminderung beziehen,

wenn sie unmittelbar vor Beginn der Leistung versicherungspflichtig waren oder Anspruch auf eine laufende Entgeltersatzleistung nach diesem Buch hatten.

(2 a) Versicherungspflichtig sind Personen in der Zeit, in der sie ein Kind, das das dritte Lebensjahr noch nicht vollendet hat, erziehen, wenn sie

1. unmittelbar vor der Kindererziehung versicherungspflichtig waren oder Anspruch auf eine laufende Entgeltersatzleistung nach diesem Buch hatten und
2. sich mit dem Kind im Inland gewöhnlich aufhalten oder bei Aufenthalt im Ausland Anspruch auf Kindergeld nach dem Einkommensteuergesetz oder Bundeskindergeldgesetz haben oder ohne die Anwendung des § 64 oder § 65 des Einkommensteuergesetzes oder des § 3 oder § 4 des Bundeskindergeldgesetzes haben würden.

Satz 1 gilt nur für Kinder

1. der oder des Erziehenden,
2. seiner nicht dauernd getrennt lebenden Ehegattin oder ihres nicht dauernd getrennt lebenden Ehegatten oder
3. ihrer nicht dauernd getrennt lebenden Lebenspartnerin oder seines nicht dauernd getrennt lebenden Lebenspartners.

Haben mehrere Personen ein Kind gemeinsam erzogen, besteht Versicherungspflicht nur für die Person, der nach den Regelungen des Rechts der gesetzlichen Rentenversicherung die Erziehungszeit zuzuordnen ist (§ 56 Abs. 2 des Sechsten Buches).

(2 b) Versicherungspflichtig sind Personen in der Zeit, in der sie als Pflegeperson einen Pflegebedürftigen mit mindestens Pflegegrad 2 im Sinne des Elften Buches, der Leistungen aus der Pflegeversicherung nach dem Elften Buch oder gleichartige Leistungen nach anderen Vorschriften bezieht, nicht erwerbsmäßig wenigstens zehn Stunden wöchentlich, verteilt auf regelmäßig mindestens zwei Tage in der Woche, in seiner häuslichen Umgebung pflegen, wenn sie unmittelbar vor Beginn der Pflegetätigkeit versicherungspflichtig waren oder Anspruch auf eine laufende Entgeltersatzleistung nach diesem Buch hatten. Versiche-

rungspflicht besteht auch, wenn die Voraussetzungen durch die Pflege mehrerer Pflegebedürftiger erfüllt werden.

(3) Nach Absatz 1 Nr. 1 ist nicht versicherungspflichtig, wer nach § 25 Abs. 1 versicherungspflichtig ist. Nach Absatz 1 Nr. 4 ist nicht versicherungspflichtig, wer nach anderen Vorschriften dieses Buches versicherungspflichtig ist. Versicherungspflichtig wegen des Bezuges von Mutterschaftsgeld nach Absatz 2 Nr. 1 ist nicht, wer nach Absatz 2 a versicherungspflichtig ist. Nach Absatz 2 Nr. 2 ist nicht versicherungspflichtig, wer nach Absatz 2 Nr. 1 versicherungspflichtig ist oder während des Bezugs von Krankentagegeld Anspruch auf Entgeltersatzleistungen nach diesem Buch hat. Nach Absatz 2 a und 2 b ist nicht versicherungspflichtig, wer nach anderen Vorschriften dieses Buches versicherungspflichtig ist oder während der Zeit der Erziehung oder Pflege Anspruch auf Entgeltersatzleistungen nach diesem Buch hat; Satz 3 bleibt unberührt. Trifft eine Versicherungspflicht nach Absatz 2 a mit einer Versicherungspflicht nach Absatz 2 b zusammen, geht die Versicherungspflicht nach Absatz 2 a vor.

(4) *(weggefallen)*

§ 27 Versicherungsfreie Beschäftigte (1) Versicherungsfrei sind Personen in einer Beschäftigung als

1. Beamtin, Beamter, Richterin, Richter, Soldatin auf Zeit, Soldat auf Zeit, Berufssoldatin oder Berufssoldat der Bundeswehr sowie als sonstige Beschäftigte des Bundes, eines Landes, eines Gemeindeverbandes, einer Gemeinde, einer öffentlich-rechtlichen Körperschaft, Anstalt, Stiftung oder eines Verbandes öffentlich-rechtlicher Körperschaften oder deren Spitzenverbänden, wenn sie nach beamtenrechtlichen Vorschriften oder Grundsätzen bei Krankheit Anspruch auf Fortzahlung der Bezüge und auf Beihilfe oder Heilfürsorge haben,
2. Geistliche der als öffentlich-rechtliche Körperschaften anerkannten Religionsgesellschaften, wenn sie nach beamtenrechtlichen Vorschriften oder Grundsätzen bei Krankheit Anspruch auf Fortzahlung der Bezüge und auf Beihilfe haben,
3. Lehrerin oder Lehrer an privaten genehmigten Ersatzschulen, wenn sie hauptamtlich beschäftigt sind und nach beamtenrechtlichen Vorschriften oder Grundsätzen bei Krankheit Anspruch auf Fortzahlung der Bezüge und auf Beihilfe haben,
4. satzungsmäßige Mitglieder von geistlichen Genossenschaften, Diakonissen und ähnliche Personen, wenn sie sich aus überwiegend religiösen oder sittlichen Beweggründen mit Krankenpflege, Unterricht oder anderen gemeinnützigen Tätigkeiten beschäftigen und nicht mehr als freien Unterhalt oder ein geringes Entgelt beziehen, das nur zur Beschaffung der unmittelbaren Lebensbedürfnisse an Wohnung, Verpflegung, Kleidung und dergleichen ausreicht,
5. Mitglieder des Vorstandes einer Aktiengesellschaft für das Unternehmen, dessen Vorstand sie angehören. Konzernunternehmen im Sinne des § 18 des Aktiengesetzes gelten als ein Unternehmen.

(2) Versicherungsfrei sind Personen in einer geringfügigen Beschäftigung; abweichend von § 8 Abs. 2 Satz 1 des Vierten Buches werden geringfügige Beschäftigungen und nicht geringfügige Beschäftigungen nicht zusammengerechnet. Versicherungsfreiheit besteht nicht für Personen, die

1. im Rahmen betrieblicher Berufsbildung, nach dem Jugendfreiwilligendienstegesetz, nach dem Bundesfreiwilligendienstgesetz,
2. wegen eines Arbeitsausfalls mit Entgeltausfall im Sinne der Vorschriften über das Kurzarbeitergeld oder
3. wegen stufenweiser Wiedereingliederung in das Erwerbsleben (§ 74 Fünftes Buch, § 44 Neuntes Buch) oder aus einem sonstigen der in § 146 Absatz 1 genannten Gründe

nur geringfügig beschäftigt sind.

(3) Versicherungsfrei sind Personen in einer

1. unständigen Beschäftigung, die sie berufsmäßig ausüben. Unständig ist eine Beschäftigung, die auf weniger als eine Woche der Natur der Sache nach beschränkt zu sein pflegt oder im voraus durch Arbeitsvertrag beschränkt ist,
2. Beschäftigung als Heimarbeiterin oder Heimarbeiter, die gleichzeitig mit einer Tätigkeit als Zwischenmeisterin oder Zwischenmeister (§ 12 Abs. 4 Viertes Buch) ausgeübt wird, wenn der überwiegende Teil des Verdienstes aus der Tätigkeit als Zwischenmeisterin oder Zwischenmeister bezogen wird,
3. Beschäftigung als ausländische Arbeitnehmerin oder ausländischer Arbeitnehmer zur beruflichen Aus- oder Fortbildung, wenn
   a) die berufliche Aus- oder Fortbildung aus Mitteln des Bundes, eines Landes, einer Gemeinde oder eines Gemeindeverbandes oder aus Mitteln einer Einrichtung oder einer Organisation, die sich der Aus- oder Fortbildung von Ausländerinnen oder Ausländern widmet, gefördert wird,
   b) sie verpflichtet sind, nach Beendigung der geförderten Aus- oder Fortbildung das Inland zu verlassen, und
   c) die im Inland zurückgelegten Versicherungszeiten weder nach dem Recht der Europäischen Gemeinschaft noch nach zwischenstaatlichen Abkommen oder dem Recht des Wohnlandes der Arbeitnehmerin oder des Arbeitnehmers einen Anspruch auf Leistungen für den Fall der Arbeitslosigkeit in dem Wohnland der oder des Betreffenden begründen können,
4. Beschäftigung als Bürgermeisterin, Bürgermeister, Beigeordnete oder Beigeordneter, wenn diese Beschäftigung ehrenamtlich ausgeübt wird,
5. Beschäftigung, die nach den §§ 16 e und 16 i des Zweiten Buches gefördert wird.
6. *(weggefallen)*

(4) Versicherungsfrei sind Personen, die während der Dauer

1. ihrer Ausbildung an einer allgemeinbildenden Schule oder
2. ihres Studiums als ordentliche Studierende einer Hochschule oder einer der fachlichen Ausbildung dienenden Schule

eine Beschäftigung ausüben. Satz 1 Nr. 1 gilt nicht, wenn die oder der Beschäftigte schulische Einrichtungen besucht, die der Fortbildung außerhalb der üblichen Arbeitszeit dienen.

(5) Versicherungsfrei sind Personen, die während einer Zeit, in der ein Anspruch auf Arbeitslosengeld besteht, eine Beschäftigung ausüben. Satz 1 gilt nicht für Beschäftigungen, die während der Zeit, in der ein Anspruch auf Teilarbeitslosengeld besteht, ausgeübt werden.

§ 28 Sonstige versicherungsfreie Personen (1) Versicherungsfrei sind Personen,

1. die das Lebensjahr für den Anspruch auf Regelaltersrente im Sinne des Sechsten Buches vollenden, mit Ablauf des Monats, in dem sie das maßgebliche Lebensjahr vollenden,
2. die wegen einer Minderung ihrer Leistungsfähigkeit dauernd nicht mehr verfügbar sind, von dem Zeitpunkt an, an dem die Agentur für Arbeit diese Minderung der Leistungsfähigkeit und der zuständige Träger der gesetzlichen Rentenversicherung volle Erwerbsminderung im Sinne der gesetzlichen Rentenversicherung festgestellt haben,
3. während der Zeit, für die ihnen eine dem Anspruch auf Rente wegen voller Erwerbsminderung vergleichbare Leistung eines ausländischen Leistungsträgers zuerkannt ist.

(2) Versicherungsfrei sind Personen in einer Beschäftigung oder auf Grund des Bezuges einer Sozialleistung (§ 26 Abs. 2 Nr. 1 und 2), soweit ihnen während dieser Zeit ein Anspruch auf Rente wegen voller Erwerbsminderung aus der gesetzlichen Rentenversicherung zuerkannt ist.

(3) Versicherungsfrei sind nicht-deutsche Besatzungsmitglieder deutscher Seeschiffe, die ihren Wohnsitz oder gewöhnlichen Aufenthalt nicht in einem Mitgliedstaat der Europäischen Union, einem Vertragsstaat des Abkommens über den Europäischen Wirtschaftsraum oder der Schweiz haben.

Zweiter Abschnitt – Versicherungspflichtverhältnis auf Antrag

§ 28 a Versicherungspflichtverhältnis auf Antrag (1) Ein Versicherungspflichtverhältnis auf Antrag können Personen begründen, die

1. *(aufgehoben)*
2. eine selbständige Tätigkeit mit einem Umfang von mindestens 15 Stunden wöchentlich aufnehmen und ausüben,
3. eine Beschäftigung mit einem Umfang von mindestens 15 Stunden wöchentlich in einem Staat, außerhalb eines Mitgliedstaates der Europäischen Union, eines Vertragsstaates des Europäischen Wirtschaftsraums oder der Schweiz aufnehmen und ausüben,
4. eine Elternzeit nach § 15 des Bundeselterngeld- und Elternzeitgesetzes in Anspruch nehmen oder
5. sich beruflich weiterbilden, wenn dadurch ein beruflicher Aufstieg ermöglicht, ein beruflicher Abschluss vermittelt oder zu einer anderen beruflichen Tätigkeit befähigt wird; ausgeschlossen sind Weiterbildungen im Sinne des § 180 Absatz 3 Satz 1 Nummer 1, es sei denn, die berufliche Weiterbildung

findet in einem berufsqualifizierenden Studiengang an einer Hochschule oder einer ähnlichen Bildungsstätte unter Anrechnung beruflicher Qualifikationen statt.

Gelegentliche Abweichungen von der in den Satz 1 Nummer 2 und 3 genannten wöchentlichen Mindeststundenzahl bleiben unberücksichtigt, wenn sie von geringer Dauer sind.

(2) Voraussetzung für die Versicherungspflicht ist, dass die antragstellende Person

1. innerhalb der letzten 30 Monate vor der Aufnahme der Tätigkeit oder Beschäftigung oder dem Beginn der Elternzeit oder beruflichen Weiterbildung mindestens zwölf Monate in einem Versicherungspflichtverhältnis gestanden hat oder
2. unmittelbar vor der Aufnahme der Tätigkeit oder der Beschäftigung oder dem Beginn der Elternzeit oder der beruflichen Weiterbildung Anspruch auf eine Entgeltersatzleistung nach diesem Buch hatte

und weder versicherungspflichtig (§§ 25, 26) noch versicherungsfrei (§§ 27, 28) ist; eine geringfügige Beschäftigung (§ 27 Absatz 2) schließt die Versicherungspflicht nicht aus. Die Begründung eines Versicherungspflichtverhältnisses auf Antrag nach Absatz 1 Satz 1 Nummer 2 ist ausgeschlossen, wenn die antragstellende Person bereits versicherungspflichtig nach Absatz 1 Satz 1 Nummer 2 war, die zu dieser Versicherungspflicht führende Tätigkeit zweimal unterbrochen hat und in den Unterbrechungszeiten einen Anspruch auf Arbeitslosengeld geltend gemacht hat. Die Begründung eines Versicherungspflichtverhältnisses auf Antrag nach Absatz 1 Satz 1 Nummer 4 ist ausgeschlossen, soweit für dasselbe Kind bereits eine andere Person nach § 26 Absatz 2 a versicherungspflichtig ist.

(3) Der Antrag muss spätestens innerhalb von drei Monaten nach Aufnahme der Tätigkeit oder Beschäftigung oder dem Beginn der Elternzeit oder beruflichen Weiterbildung, die zur Begründung eines Versicherungspflichtverhältnisses auf Antrag berechtigt, gestellt werden. Das Versicherungspflichtverhältnis beginnt mit dem Tag, an dem erstmals die Voraussetzungen nach den Absätzen 1 und 2 erfüllt sind. Kann ein Versicherungspflichtverhältnis auf Antrag allein deshalb nicht begründet werden, weil dies wegen einer vorrangigen Versicherungspflicht (§§ 25, 26) oder Versicherungsfreiheit (§§ 27, 28) ausgeschlossen ist, muss der Antrag abweichend von Satz 1 spätestens innerhalb von drei Monaten nach dem Wegfall des Ausschlusstatbestandes gestellt werden.

(4) Die Versicherungspflicht nach Absatz 1 ruht, wenn während der Versicherungspflicht nach Absatz 1 eine weitere Versicherungspflicht (§§ 25, 26) oder Versicherungsfreiheit nach § 27 eintritt. Eine geringfügige Beschäftigung (§ 27 Absatz 2) führt nicht zum Ruhen der Versicherungspflicht nach Absatz 1.

(5) Das Versicherungspflichtverhältnis endet,

1. wenn die oder der Versicherte eine Entgeltersatzleistung nach § 3 Absatz 4 Nummer 1 bis 3 bezieht,

2. mit Ablauf des Tages, an dem die Voraussetzungen nach Absatz 1 letztmals erfüllt waren,
3. wenn die oder der Versicherte mit der Beitragszahlung länger als drei Monate in Verzug ist, mit Ablauf des Tages, für den letztmals Beiträge gezahlt wurden,
4. in den Fällen des § 28,
5. durch Kündigung der oder des Versicherten; die Kündigung ist erstmals nach Ablauf von fünf Jahren zulässig; die Kündigungsfrist beträgt drei Monate zum Ende eines Kalendermonats.

Drittes Kapitel – Aktive Arbeitsförderung

Erster Abschnitt – Beratung und Vermittlung

Erster Unterabschnitt – Beratung

§ 29 Beratungsangebot (1) Die Agentur für Arbeit hat jungen Menschen und Erwachsenen, die am Arbeitsleben teilnehmen oder teilnehmen wollen, Berufsberatung, einschließlich einer Weiterbildungsberatung, und Arbeitgebern Arbeitsmarktberatung anzubieten.
(2) Art und Umfang der Beratung richten sich nach dem Beratungsbedarf der oder des Ratsuchenden. Die Agentur für Arbeit berät geschlechtersensibel. Insbesondere wirkt sie darauf hin, das Berufswahlspektrum von Frauen und Männern zu erweitern.
(3) Die Agentur für Arbeit hat Auszubildenden, Arbeitnehmerinnen und Arbeitnehmern Beratung auch zur Festigung des Ausbildungs- oder Arbeitsverhältnisses nach Beginn einer Berufsausbildung oder nach der Aufnahme einer Arbeit anzubieten.
(4) Die Agentur für Arbeit soll bei der Beratung die Kenntnisse über den Arbeitsmarkt des europäischen Wirtschaftsraumes und die Erfahrungen aus der Zusammenarbeit mit den Arbeitsverwaltungen anderer Staaten nutzen.

§ 30 Berufsberatung Die Berufsberatung umfasst die Erteilung von Auskunft und Rat
1. zur Berufswahl, zur beruflichen Entwicklung, zum Berufswechsel sowie zu Möglichkeiten der Anerkennung ausländischer Berufsabschlüsse,[1]
2. zur Lage und Entwicklung des Arbeitsmarktes und der Berufe,
3. zu den Möglichkeiten der beruflichen Bildung sowie zur Verbesserung der individuellen Beschäftigungsfähigkeit und zur Entwicklung individueller beruflicher Perspektiven,
4. zur Ausbildungs- und Arbeitsstellensuche,
5. zu Leistungen der Arbeitsförderung,
6. zu Fragen der Ausbildungsförderung und der schulischen Bildung, soweit sie für die Berufswahl und die berufliche Bildung von Bedeutung sind.

1 Fassung ab 1. 3. 2020.

§ 31 Grundsätze der Berufsberatung Bei der Berufsberatung sind Neigung, Eignung, berufliche Fähigkeiten und Leistungsfähigkeit der Ratsuchenden sowie akutelle und zu erwartende Beschäftigungsmöglichkeiten zu berücksichtigen. Die Durchführung einer Potenzialanalyse entsprechend § 37 Absatz 1 kann angeboten werden.

§ 32 Eignungsfeststellung Die Agentur für Arbeit soll Ratsuchende mit deren Einverständnis ärztlich und psychologisch untersuchen und begutachten, soweit dies für die Feststellung der Berufseignung oder Vermittlungsfähigkeit erforderlich ist.

§ 33 Berufsorientierung Die Agentur für Arbeit hat Berufsorientierung durchzuführen
1. zur Vorbereitung von jungen Menschen und Erwachsenen auf die Berufswahl und
2. zur Unterrichtung der Ausbildungsuchenden, Arbeitsuchenden, Arbeitnehmerinnen und Arbeitnehmer und Arbeitgeber.

Dabei soll sie umfassend Auskunft und Rat geben zu Fragen der Berufswahl, über die Berufe und ihre Anforderungen und Aussichten, über die Wege und die Förderung der beruflichen Bildung sowie über beruflich bedeutsame Entwicklungen in den Betrieben, Verwaltungen und auf dem Arbeitsmarkt.

§ 34 Arbeitsmarktberatung (1) Die Arbeitsmarktberatung der Agentur für Arbeit soll die Arbeitgeber bei der Besetzung von Ausbildungs- und Arbeitsstellen sowie bei Qualifizierungsbedarfen ihrer Beschäftigten unterstützen. Sie umfasst die Erteilung von Auskunft und Rat
1. zur Lage und Entwicklung des Arbeitsmarktes und der Berufe,
2. zur Besetzung von Ausbildungs- und Arbeitsstellen auch einschließlich der Beschäftigungsmöglichkeiten von Arbeitnehmerinnen und Arbeitnehmern aus dem Ausland,[1]
3. zur Gestaltung von Arbeitsplätzen, Arbeitsbedingungen und der Arbeitszeit von Auszubildenden sowie Arbeitneherinnen und Arbeitnehmern,
4. zur betrieblichen Aus- und Weiterbildung,
5. zur Eingliederung von förderungsbedürftigen Auszubildenden und von förderungsbedürftigen Arbeitnehmerinnen und Arbeitnehmern,
6. zu Leistungen der Arbeitsförderung.

(2) Die Agentur für Arbeit soll die Beratung nutzen, um Ausbildungs- und Arbeitsstellen für die Vermittlung zu gewinnen. Sie soll auch von sich aus Kontakt zu den Arbeitgebern aufnehmen und unterhalten.

Zweiter Unterabschnitt – Vermittlung

§ 35 Vermittlungsangebot (1) Die Agentur für Arbeit hat Ausbildungsuchenden, Arbeitsuchenden und Arbeitgebern Ausbildungsvermittlung und Arbeits-

1 Fassung ab 1. 3. 2020.

vermittlung (Vermittlung) anzubieten. Die Vermittlung umfasst alle Tätigkeiten, die darauf gerichtet sind, Ausbildungsuchende mit Arbeitgebern zur Begründung eines Ausbildungsverhältnisses und Arbeitsuchende mit Arbeitgebern zur Begründung eines Beschäftigungsverhältnisses zusammenzuführen. Die Agentur für Arbeit stellt sicher, dass Arbeitslose und Ausbildungsuchende, deren berufliche Eingliederung voraussichtlich erschwert sein wird, eine verstärkte vermittlerische Unterstützung erhalten.

(2) Die Agentur für Arbeit hat durch Vermittlung darauf hinzuwirken, dass Ausbildungsuchende eine Ausbildungsstelle, Arbeitsuchende eine Arbeitsstelle und Arbeitgeber geeignete Auszubildende und geeignete Arbeitnehmerinnen und Arbeitnehmer erhalten. Sie hat dabei die Neigung, Eignung und Leistungsfähigkeit der Ausbildungsuchenden und Arbeitsuchenden sowie die Anforderungen der angebotenen Stellen zu berücksichtigen.

(3) Die Agentur für Arbeit hat Vermittlung auch über die Selbstinformationseinrichtungen nach § 40 Absatz 2 im Internet durchzuführen. Soweit es für diesen Zweck erforderlich ist, darf sie die Daten aus den Selbstinformationseinrichtungen nutzen und übermitteln.

§ 36 Grundsätze der Vermittlung (1) Die Agentur für Arbeit darf nicht vermitteln, wenn ein Ausbildungs- oder Arbeitsverhältnis begründet werden soll, das gegen ein Gesetz oder die guten Sitten verstößt.

(2) Die Agentur für Arbeit darf Einschränkungen, die der Arbeitgeber für eine Vermittlung hinsichtlich Geschlecht, Alter, Gesundheitszustand, Staatsangehörigkeit oder ähnlicher Merkmale des Ausbildungsuchenden und Arbeitsuchenden vornimmt, die regelmäßig nicht die berufliche Qualifikation betreffen, nur berücksichtigen, wenn diese Einschränkungen nach Art der auszuübenden Tätigkeit unerlässlich sind. Die Agentur für Arbeit darf Einschränkungen, die der Arbeitgeber für eine Vermittlung aus Gründen der Rasse oder wegen der ethnischen Herkunft, der Religion oder Weltanschauung, einer Behinderung oder der sexuellen Identität der Ausbildungsuchenden und der Arbeitsuchenden vornimmt, nur berücksichtigen, soweit sie nach dem Allgemeinen Gleichbehandlungsgesetz zulässig sind. Im Übrigen darf eine Einschränkung hinsichtlich der Zugehörigkeit zu einer Gewerkschaft, Partei oder vergleichbaren Vereinigung nur berücksichtigt werden, wenn

1. es sich um eine Ausbildungs- oder Arbeitsstelle in einem Tendenzunternehmen oder -betrieb im Sinne des § 118 Absatz 1 Satz 1 des Betriebsverfassungsgesetzes handelt und
2. die Art der auszuübenden Tätigkeit diese Einschränkung rechtfertigt.

(3) Die Agentur für Arbeit darf in einen durch einen Arbeitskampf unmittelbar betroffenen Bereich nur dann vermitteln, wenn die oder der Arbeitsuchende und der Arbeitgeber dies trotz eines Hinweises auf den Arbeitskampf verlangen.

(4) Die Agentur für Arbeit ist bei der Vermittlung nicht verpflichtet zu prüfen, ob der vorgesehene Vertrag ein Arbeitsvertrag ist. Wenn ein Arbeitsverhältnis erkennbar nicht begründet werden soll, kann die Agentur für Arbeit auf An-

gebote zur Aufnahme einer selbständigen Tätigkeit hinweisen; Absatz 1 gilt entsprechend.

§ 37 Potenzialanalyse und Eingliederungsvereinbarung (1) Die Agentur für Arbeit hat unverzüglich nach der Ausbildungsuchendmeldung oder Arbeitsuchendmeldung zusammen mit der oder dem Ausbildungsuchenden oder der oder dem Arbeitsuchenden die für die Vermittlung erforderlichen beruflichen und persönlichen Merkmale, beruflichen Fähigkeiten und die Eignung festzustellen (Potenzialanalyse). Die Potentialanalyse erstreckt sich auch auf die Feststellung, ob und durch welche Umstände die berufliche Eingliederung erschwert sein wird.
(2) In einer Eingliederungsvereinbarung, die die Agentur für Arbeit zusammen mit der oder dem Ausbildungsuchenden oder der oder dem Arbeitsuchenden trifft, werden für einen zu bestimmenden Zeitraum festgelegt
1. das Eingliederungsziel,
2. die Vermittlungsbemühungen der Agentur für Arbeit,
3. welche Eigenbemühungen zur beruflichen Eingliederung die oder der Ausbildungsuchende oder die oder der Arbeitsuchende in welcher Häufigkeit mindestens unternehmen muss und in welcher Form diese nachzuweisen sind,
4. die vorgesehenen Leistungen der aktiven Arbeitsförderung.

Die besonderen Bedürfnisse behinderter und schwerbehinderter Menschen sollen angemessen berücksichtigt werden.
(3) Der oder dem Ausbildungsuchenden oder der oder dem Arbeitsuchenden ist eine Ausfertigung der Eingliederungsvereinbarung auszuhändigen. Die Eingliederungsvereinbarung ist sich ändernden Verhältnissen anzupassen; sie ist fortzuschreiben, wenn in dem Zeitraum, für den sie zunächst galt, die Ausbildungssuche oder Arbeitsuche nicht beendet wurde. Sie ist spätestens nach sechsmonatiger Arbeitslosigkeit, bei arbeitslosen und ausbildungsuchenden jungen Menschen nach drei Monaten, zu überprüfen. Kommt eine Eingliederungsvereinbarung nicht zustande, sollen die nach Absatz 2 Satz 1 Nummer 3 erforderlichen Eigenbemühungen durch Verwaltungsakt festgesetzt werden.

§ 38 Rechte und Pflichten der Ausbildung- und Arbeitsuchenden (1) Personen, deren Ausbildungs- oder Arbeitsverhältnis endet, sind verpflichtet, sich spätestens drei Monate vor dessen Beendigung persönlich bei der Agentur für Arbeit arbeitsuchend zu melden. Liegen zwischen der Kenntnis des Beendigungszeitpunktes und der Beendigung des Ausbildungs- oder Arbeitsverhältnisses weniger als drei Monate, haben sie sich innerhalb von drei Tagen nach Kenntnis des Beendigungszeitpunktes zu melden. Zur Wahrung der Frist nach den Sätzen 1 und 2 reicht eine Anzeige unter Angabe der persönlichen Daten und des Beendigungszeitpunktes aus, wenn die persönliche Meldung nach terminlicher Vereinbarung nachgeholt wird. Die Pflicht zur Meldung besteht unabhängig davon, ob der Fortbestand des Ausbildungs- oder Arbeitsverhältnisses gerichtlich geltend gemacht oder vom Arbeitgeber in Aussicht gestellt wird. Die Pflicht zur Meldung gilt nicht bei einem betrieblichen Ausbildungsverhältnis. Im Übrigen gelten für Ausbildung- und Arbeitsuchende die Meldepflichten im Leistungsverfahren nach den §§ 309 und 310 entsprechend.

(2) Die Agentur für Arbeit hat unverzüglich nach der Meldung nach Absatz 1 auch Berufsberatung durchzuführen.

(3) Ausbildung- und Arbeitsuchende, die Dienstleistungen der Bundesagentur in Anspruch nehmen, haben dieser die für eine Vermittlung erforderlichen Auskünfte zu erteilen, Unterlagen vorzulegen und den Abschluss eines Ausbildungs- oder Arbeitsverhältnisses unter Benennung des Arbeitgebers und seines Sitzes unverzüglich mitzuteilen. Sie können die Weitergabe ihrer Unterlagen von deren Rückgabe an die Agentur für Arbeit abhängig machen oder ihre Weitergabe an namentlich benannte Arbeitgeber ausschließen. Die Anzeige- und Bescheinigungspflichten im Leistungsverfahren bei Arbeitsunfähigkeit nach § 311 gelten entsprechend.

(4) Die Arbeitsvermittlung ist durchzuführen

1. solange die oder der Arbeitsuchende Leistungen zum Ersatz des Arbeitsentgelts bei Arbeitslosigkeit oder Transferkurzarbeitergeld beansprucht oder
2. bis bei Meldepflichtigen nach Absatz 1 der angegebene Beendigungszeitpunkt des Ausbildungs- oder Arbeitsverhältnisses erreicht ist.

Im Übrigen kann die Agentur für Arbeit die Arbeitsvermittlung einstellen, wenn die oder der Arbeitsuchende die ihr oder ihm nach Absatz 2 oder der Eingliederungsvereinbarung oder dem Verwaltungsakt nach § 37 Absatz 3 Satz 4 obliegenden Pflichten nicht erfüllt, ohne dafür einen wichtigen Grund zu haben. Die oder der Arbeitsuchende kann die Arbeitsvermittlung erneut nach Ablauf von zwölf Wochen in Anspruch nehmen.

(5) Die Ausbildungsvermittlung ist durchzuführen

1. bis die oder der Ausbildungsuchende in Ausbildung, schulische Bildung oder Arbeit einmündet oder sich die Vermittlung anderweitig erledigt oder
2. solange die oder der Ausbildungsuchende dies verlangt.

Absatz 3 Satz 2 gilt entsprechend.

§ 39 Rechte und Pflichten der Arbeitgeber (1) Arbeitgeber, die Dienstleistungen der Bundesagentur in Anspruch nehmen, haben die für eine Vermittlung erforderlichen Auskünfte zu erteilen und Unterlagen vorzulegen. Sie können deren Überlassung an namentlich benannte Ausbildung- und Arbeitsuchende ausschließen oder die Vermittlung darauf begrenzen, dass ihnen Daten von geeigneten Ausbildung- und Arbeitsuchenden überlassen werden.

(2) Die Agentur für Arbeit soll dem Arbeitgeber eine Arbeitsmarktberatung anbieten, wenn sie erkennt, dass eine gemeldete freie Ausbildungs- oder Arbeitsstelle durch ihre Vermittlung nicht in angemessener Zeit besetzt werden kann. Sie soll diese Beratung spätestens nach drei Monaten anbieten.

(3) Die Agentur für Arbeit kann die Vermittlung zur Besetzung einer Ausbildungs- oder Arbeitsstelle einstellen, wenn

1. sie erfolglos bleibt, weil die Arbeitsbedingungen der angebotenen Stelle

gegenüber denen vergleichbarer Ausbildungs- oder Arbeitsstellen so ungünstig sind, dass sie den Ausbildung- oder Arbeitsuchenden nicht zumutbar sind, und die Agentur für Arbeit den Arbeitgeber darauf hingewiesen hat,
2. der Arbeitgeber keine oder unzutreffende Mitteilungen über das Nichtzustandekommen eines Ausbildungs- oder Arbeitsvertrages mit einer oder einem vorgeschlagenen Ausbildungsuchenden oder einer oder einem Arbeitsuchenden macht und die Vermittlung dadurch erschwert wird,
3. die Stelle auch nach erfolgter Arbeitsmarktberatung nicht besetzt werden kann, jedoch frühestens nach Ablauf von sechs Monaten, die Ausbildungsvermittlung jedoch frühestens drei Monate nach Beginn eines Ausbildungsjahres.

Der Arbeitgeber kann die Vermittlung erneut in Anspruch nehmen.

§ 39 a Frühzeitige Förderung von Ausländerinnen und Ausländern Für Ausländerinnen und Ausländer, die eine Aufenthaltsgestattung nach dem Asylgesetz besitzen und auf Grund des § 61 des Asylgesetzes keine Erwerbstätigkeit ausüben dürfen, können Leistungen nach diesem Unterabschnitt erbracht werden, wenn bei ihnen ein rechtmäßiger und dauerhafter Aufenthalt zu erwarten ist. Stammen sie aus einem sicheren Herkunftsstaat nach § 29 a des Asylgesetzes, so wird vermutet, dass ein rechtmäßiger und dauerhafter Aufenthalt nicht zu erwarten ist.

Dritter Unterabschnitt – Gemeinsame Vorschriften

§ 40 Allgemeine Unterrichtung (1) Die Agentur für Arbeit soll Ausbildung- und Arbeitsuchenden sowie Arbeitgebern in geeigneter Weise Gelegenheit geben, sich über freie Ausbildungs- und Arbeitsstellen sowie über Ausbildung- und Arbeitsuchende zu unterrichten.

(2) Bei der Beratung, Vermittlung und Berufsorientierung sind Selbstinformationseinrichtungen einzusetzen. Diese sind an die technischen Entwicklungen anzupassen.

(3) Die Agentur für Arbeit darf in die Selbstinformationseinrichtungen Daten über Ausbildungsuchende, Arbeitsuchende und Arbeitgeber nur aufnehmen, soweit sie für die Vermittlung erforderlich sind und von Dritten keiner bestimmten oder bestimmbaren Person zugeordnet werden können. Daten, die von Dritten einer bestimmten oder bestimmbaren Person zugeordnet werden können, dürfen nur mit Einwilligung der betroffenen Person aufgenommen werden. Der betroffenen Person ist auf Verlangen ein Ausdruck der aufgenommenen Daten zuzusenden. Die Agentur für Arbeit kann von der Aufnahme von Daten über Ausbildungs- und Arbeitsstellen in die Selbstinformationseinrichtungen absehen, wenn diese dafür nicht geeignet sind.

(4) Die Absätze 1 bis 3 gelten entsprechend für die in § 39 a genannten Personen.

§ 41 Einschränkung des Fragerechts (1) Die Agentur für Arbeit darf von Ausbildung- und Arbeitsuchenden keine Daten erheben, die ein Arbeitgeber vor Begründung eines Ausbildungs- oder Arbeitsverhältnisses nicht erfragen darf. Daten über die Zugehörigkeit zu einer Gewerkschaft, Partei, Religionsgemeinschaft oder vergleichbaren Vereinigung dürfen nur bei der oder dem Ausbildungsuchenden oder der oder dem Arbeitsuchenden erhoben werden. Die Agentur für Arbeit darf diese Daten nur erheben, speichern und nutzen, wenn

1. eine Vermittlung auf eine Ausbildungs- oder Arbeitsstelle
   a) in einem Tendenzunternehmen oder -betrieb im Sinne des § 118 Absatz 1 Satz 1 des Betriebsverfassungsgesetzes oder
   b) bei einer Religionsgemeinschaft oder in einer zu ihr gehörenden karitativen oder erzieherischen Einrichtung

   vorgesehen ist,
2. die oder der Ausbildungsuchende oder die oder der Arbeitsuchende bereit ist, auf eine solche Ausbildungs- oder Arbeitsstelle vermittelt zu werde, und
3. bei einer Vermittlung nach Nummer 1 Buchstabe a die Art der auszuübenden Tätigkeit diese Beschränkung rechtfertigt.

(2) Absatz 1 gilt entsprechend für die in § 39 a geannten Personen.

§ 42 Grundsatz der Unentgeltlichkeit (1) Die Agentur für Arbeit übt die Beratung und Vermittlung unentgeltlich aus.

(2) Die Agentur für Arbeit kann vom Arbeitgeber die Erstattung besonderer, bei einer Arbeitsvermittlung entstehender Aufwendungen (Aufwendungsersatz) verlangen, wenn

1. die Aufwendungen den gewöhnlichen Umfang erheblich übersteigen und
2. sie den Arbeitgeber bei Beginn der Arbeitsvermittlung über die Erstattungspflicht unterrichtet hat.

(3) Die Agentur für Arbeit kann von einem Arbeitgeber, der die Auslandsvermittlung auf Grund zwischenstaatlicher Vereinbarungen oder Vermittlungsabsprachen der Bundesagentur mit ausländischen Arbeitsverwaltungen in Anspruch nimmt, eine Gebühr (Vermittlungsgebühr) erheben. Die Vorschriften des Verwaltungskostengesetzes sind anzuwenden.

(4) Der Arbeitgeber darf sich den Aufwendungsersatz oder die Vermittlungsgebühr weder ganz noch teilweise von der vermittelten Arbeitnehmerin oder dem vermittelten Arbeitnehmer oder einem Dritten erstatten lassen.

§ 43 Anordnungsermächtigung Die Bundesagentur wird ermächtigt, durch Anordnung die gebührenpflichtigen Tatbestände für die Vermittlungsgebühr zu bestimmen und dabei feste Sätze vorzusehen. Für die Bestimmung der Gebührenhöhe können auch Aufwendungen für Maßnahmen, die geeignet sind, die Eingliederung ausländischer Arbeitnehmerinnen und Arbeitnehmer in die Wirtschaft und in die Gesellschaft zu erleichtern oder die der Überwachung der Einhaltung der zwischenstaatlichen Vereinbarungen oder Absprachen über die Vermittlung dienen, berücksichtigt werden.

Zweiter Abschnitt – Aktivierung und berufliche Eingliederung

§ 44 Förderung aus dem Vermittlungsbudget (1) Ausbildungsuchende, von Arbeitslosigkeit bedroht Arbeitsuchende und Arbeitslose können aus dem Vermittlungsangebot der Agentur für Arbeit bei der Anbahnung oder Aufnahme einer versicherungspflichtigen Beschäftigung gefördert werden, wenn dies für die berufliche Eingliederung notwendig ist. Sie sollen insbesondere bei der Erreichung der in der Eingliederungsvereinbarung festgelegten Eingliederungsziele unterstützt werden. Die Förderung umfasst die Übernahme der angemessenen Kosten, soweit der Arbeitgeber gleichartige Leistungen nicht oder voraussichtlich nicht erbringen wird.

(2) Nach Absatz 1 kann auch die Anbahnung oder Aufnahme einer versicherungspflichtigen Beschäftigung mit einer Arbeitszeit von mindestens 15 Stunden wöchentlich in einem anderen Mitgliedstaat der Europäischen Union, einem anderen Vertragsstaat des Abkommens über den Europäischen Wirtschaftsraum oder in der Schweiz gefördert werden.

(3) Die Agentur für Arbeit entscheidet über den Umfang der zu erbringenden Leistungen; sie kann Pauschalen festlegen. Leistungen zur Sicherung des Lebensunterhalts sind ausgeschlossen. Die Förderung aus dem Vermittlungsbudget darf die anderen Leistungen nach diesem Buch nicht aufstocken, ersetzen oder umgehen.

(4) Die Absätze 1 bis 3 gelten entsprechend für die in § 39 a genannten Personen.

§ 45 Maßnahmen zur Aktivierung und beruflichen Eingliederung (1) Ausbildungsuchende, von Arbeitslosigkeit bedrohte Arbeitsuchende und Arbeitslose können bei Teilnahme an Maßnahmen gefördert werden, die ihre berufliche Eingliederung durch

1. Heranführung an den Ausbildungs- und Arbeitsmarkt,
2. Feststellung, Verringerung oder Beseitigung von Vermittlungshemnissen,
3. Vermittlung in eine versicherungspflichtige Beschäftigung,
4. Heranführung an eine selbständige Tätigkeit oder
5. Stabilisierung einer Beschäftigungsaufnahme

unterstützen (Maßnahmen zur Aktivierung und beruflichen Eingliederung). Für die Aktivierung von Arbeitslosen, deren berufliche Eingliederung auf Grund von schwerwiegenden Vermittlungshemnissen, insbesondere auf Grund der Dauer ihrer Arbeitslosigkeit, besonders erschwert ist, sollen Maßnahmen gefördert werden, die nach inhaltlicher Ausgestaltung und Dauer den erhöhten Stabilisierungs- und Unterstützungsbedarf der Arbeitslosen berücksichtigen. Versicherungspflichtige Beschäftigungen mit einer Arbeitszeit von mindestens 15 Stunden wöchentlich in einem anderen Mitgliedstaat der Europäischen Union oder einem anderen Vertragsstaat des Abkommens über den Europäischen Wirtschaftsraum sind den versicherungspflichtigen Beschäftigungen nach Satz 1 Nummer 3 gleichgestellt. Die Förderung umfasst die Übernahme der angemessenen Kosten für die Teilnahme, soweit dies für die berufliche Eingliederung notwendig ist. Die Förderung kann auf die Weiterleistung von Arbeitslosengeld beschränkt werden.

(2) Die Dauer der Einzel- oder Gruppenmaßnahmen muss deren Zweck und Inhalt entsprechen. Soweit Maßnahmen oder Teile von Maßnahmen nach Absatz 1 bei oder von einem Arbeitgeber durchgeführt werden, dürfen diese jeweils die Dauer von sechs Wochen nicht überschreiten. Die Vermittlung von beruflichen Kenntnissen in Maßnahmen zur Aktivierung und beruflichen Eingliederung darf die Dauer von acht Wochen nicht überschreiten. Maßnahmen des Dritten Abschnitts sind ausgeschlossen.

(3) Die Agentur für Arbeit kann unter Anwendung des Vergaberechts Träger mit der Durchführung von Maßnahmen nach Absatz 1 beauftragen.

(4) Die Agentur für Arbeit kann der oder dem Berechtigten das Vorliegen der Voraussetzungen für eine Förderung nach Absatz 1 bescheinigen und Maßnahmeziel und -inhalt festlegen (Aktivierungs- und Vermittlungsgutschein). Der Aktivierungs- und Vermittlungsgutschein kann zeitlich befristet sowie regional beschränkt werden. Der Aktivierungs- und Vermittlungsgutschein berechtigt zur Auswahl

1. eines Trägers, der eine dem Maßnahmeziel und -inhalt entsprechende und nach § 179 zugelassene Maßnahme anbietet,
2. eines Trägers, der eine ausschließlich erfolgsbezogen vergütete Arbeitsvermittlung in versicherungspflichtige Beschäftigung anbietet, oder
3. eines Arbeitgebers, der eine dem Maßnahmeziel und -inhalt entsprechende betriebliche Maßnahme von einer Dauer bis zu sechs Wochen anbietet.

Der ausgewählte Träger nach Satz 3 Nummer 1 und der ausgewählte Arbeitgeber nach Satz 3 Nummer 3 haben der Agentur für Arbeit den Aktivierungs- und Vermittlungsgutschein vor Beginn der Maßnahme vorzulegen. Der ausgewählte Träger nach Satz 3 Nummer 2 hat der Agentur für Arbeit den Aktivierungs- und Vermittlungsgutschein nach erstmaligem Vorliegen der Auszahlungsvoraussetzungen vorzulegen.

(5) Die Agentur für Arbeit soll die Entscheidung über die Ausgabe eines Aktivierungs- und Vermittlungsgutscheins nach Absatz 4 von der Eignung und den persönlichen Verhältnissen der Förderberechtigten oder der örtlichen Verfügbarkeit von Arbeitsmarktdienstleistungen abhängig machen.

(6) Die Vergütung richtet sich nach Art und Umfang der Maßnahme und kann aufwands- oder erfolgsbezogen gestaltet sein; eine Pauschalierung ist zulässig. § 83 Absatz 2 gilt entsprechend. Bei einer erfolgreichen Arbeitsvermittlung in versicherungspflichtige Beschäftigung durch einen Träger nach Absatz 4 Satz 3 Nummer 2 beträgt die Vergütung 2000 Euro. Bei Langzeitarbeitslosen und behinderten Menschen nach § 2 Absatz 1 des Neunten Buches kann die Vergütung auf eine Höhe von bis zu 2500 Euro festgelegt werden. Die Vergütung nach den Sätzen 3 und 4 wird in Höhe von 1000 Euro nach einer sechswöchigen und der Restbetrag nach einer sechsmonatigen Dauer des Beschäftigungsverhältnisses gezahlt. Eine erfolgsbezogene Vergütung für die Arbeitsvermittlung in versicherungspflichtige Beschäftigung ist ausgeschlossen, wenn das Beschäftigungsverhältnis

1. von vornherein auf eine Dauer von weniger als drei Monaten begrenzt ist oder
2. bei einem früheren Arbeitgeber begründet wird, bei dem die Arbeitnehmerin oder der Arbeitnehmer während der letzten vier Jahre vor Aufnahme der Beschäftigung mehr als drei Monate lang versicherungspflichtig beschäftigt war; dies gilt nicht, wenn es sich um die befristete Beschäftigung besonders betroffener schwerbehinderter Menschen handelt.

(7) Arbeitslose, die Anspruch auf Arbeitslosengeld haben, dessen Dauer nicht allein auf § 147 Absatz 3 beruht, und nach einer Arbeitslosigkeit von sechs Wochen innerhalb einer Frist von drei Monaten noch nicht vermittelt sind, haben Anspruch auf einen Aktivierungs- und Vermittlungsgutschein nach Absatz 4 Satz 3 Nummer 2. In die Frist werden Zeiten nicht eingerechnet, in denen die oder der Arbeitlose an Maßnahmen zur Aktivierung und beruflichen Eingliederung sowie an Maßnahmen der beruflichen Weiterbildung teilgenommen hat.

(8) Abweichend von Absatz 2 Satz 2 und Absatz 4 Satz 3 Nummer 3 darf bei Langzeitarbeitslosen oder Arbeitslosen, deren berufliche Eingliederung auf Grund von schwerwiegenden Vermittlungshemmnissen besonders erschwert ist, die Teilnahme an Maßnahmen oder Teilen von Maßnahmen, die bei oder von einem Arbeitgeber durchgeführt werden, jeweils die Dauer von zwölf Wochen nicht überschreiten.

(9) Die Absätze 1 bis 8 gelten entsprechend für die in § 39 a genannten Personen.

§ 46 Probebeschäftigung und Arbeitshilfe für behinderte Menschen (1) Arbeitgebern können die Kosten für eine befristete Probebeschäftigung behinderter, schwerbehinderter und ihnen gleichgestellter Menschen im Sinne des § 2 des Neunten Buches bis zu einer Dauer von drei Monaten erstattet werden, wenn dadurch die Möglichkeit einer Teilhabe am Arbeitsleben verbessert wird oder eine vollständige und dauerhafte Teilhabe am Arbeitsleben zu erreichen ist.

(2) Arbeitgeber können Zuschüsse für eine behindertengerechte Ausgestaltung von Ausbildungs- oder Arbeitsplätzen erhalten, soweit dies erforderlich ist, um die dauerhafte Teilhabe am Arbeitsleben zu erreichen oder zu sichern und eine entsprechende Verpflichtung des Arbeitgebers nach dem Teil 3 des Neunten Buches nicht besteht.

§ 47 Verordnungsermächtigung Das Bundesministerium für Arbeit und Soziales wird ermächtigt, durch Rechtsverordnung, die nicht der Zustimmung des Bundesrates bedarf, das Nähere über Voraussetzungen, Grenzen, Pauschalierung und Verfahren der Förderung nach §§ 44 und 45 zu bestimmen.

Dritter Abschnitt – Berufswahl und Berufsausbildung

Erster Unterabschnitt – Übergang von der Schule in die Berufsausbildung

§ 48 Berufsorientierungsmaßnahmen (1) Die Agentur für Arbeit kann Schülerinnen und Schüler allgemeinbildender Schulen durch vertiefte Berufsorientierung und Berufswahlvorbereitung fördern (Berufsorientierungsmaßnahmen), wenn sich Dritte mit mindestens 50 Prozent an der Förderung beteiligen. Die Agentur für Arbeit kann sich auch mit bis zu 50 Prozent an der Förderung von Maßnahmen beteiligen, die von Dritten eingerichtet werden.
(2) Die besonderen Bedürfnisse von Schülerinnen und Schülern mit sonderpädagogischem Förderbedarf und von schwerbehinderten Schülerinnen und Schülern sollen bei der Ausgestaltung der Maßnahmen berücksichtigt werden.

§ 49 Berufseinstiegsbegleitung (1) Die Agentur für Arbeit kann förderungsbedürftige junge Menschen durch Maßnahmen der Berufseinstiegsbegleitung fördern, um sie beim Übergang von der allgemeinbildenden Schule in eine Berufsausbildung zu unterstützen, wenn sich Dritte mit mindestens 50 Prozent an der Förderung beteiligen.
(2) Förderungsfähig sind Maßnahmen zur individuellen Begleitung und Unterstützung förderungsbedürftiger junger Menschen durch Berufseinstiegsbegleiterinnen und Berufseinstiegsbegleiter, um die Eingliederung der jungen Menschen in eine Berufsausbildung zu erreichen (Berufseinstiegsbegleitung). Unterstützt werden sollen insbesondere das Erreichen des Abschlusses einer allgemeinbildenden Schule, die Berufsorientierung und -wahl, die Suche nach einer Ausbildungsstelle und die Stabilisierung des Berufsausbildungsverhältnisses. Hierzu sollen die Berufseinstiegsbegleiterinnen und Berufseinstiegsbegleiter insbesondere mit Verantwortlichen in der allgemeinbildenden Schule, mit Dritten, die junge Menschen in der Region mit ähnlichen Inhalten unterstützen, und mit den Arbeitgebern in der Region eng zusammenarbeiten.
(3) Die Berufseinstiegsbegleitung beginnt in der Regel mit dem Besuch der Vorabgangsklasse der allgemeinbildenden Schule und endet in der Regel ein halbes Jahr nach Beginn einer Berufsausbildung. Die Berufseinstiegsbegleitung endet spätestens 24 Monate nach Beendigung der allgemeinbildenden Schule.
(4) Förderungsbedürftig sind junge Menschen, die voraussichtlich Schwierigkeiten haben werden, den Abschluss der allgemeinbildenden Schule zu erreichen oder den Übergang in eine Berufsausbildung zu bewältigen.
(5) Als Maßnahmekosten werden dem Träger die angemessenen Aufwendungen für die Durchführung der Maßnahme einschließlich der erforderlichen Kosten für die Berufseinstiegsbegleiterinnen und Berufseinstiegsbegleiter erstattet.

§ 50 Anordnungsermächtigung Die Bundesagentur wird ermächtigt, durch Anordnung das Nähere über Voraussetzungen, Art, Umfang und Verfahren der Förderung zu bestimmen.

Zweiter Unterabschnitt – Berufsvorbereitung

§ 51 Berufsvorbereitende Bildungsmaßnahmen (1) Die Agentur für Arbeit kann förderungsberechtigte junge Menschen durch berufsvorbereitende Bildungsmaßnahmen fördern, um sie auf die Aufnahme einer Berufsausbildung vorzubereiten oder, wenn die Aufnahme einer Berufsausbildung wegen in ihrer Person liegender Gründe nicht möglich ist, ihnen die berufliche Eingliederung zu erleichtern.

(2) Eine berufsvorbereitende Bildungsmaßnahme ist förderungsfähig, wenn sie
1. nicht den Schulgesetzen der Länder unterliegt und
2. nach Aus- und Fortbildung sowie Berufserfahrung der Leitung und der Lehr- und Fachkräfte, nach Gestaltung des Lehrplans, nach Unterrichtungsmethode und Güte der zum Einsatz vorgesehenen Lehr- und Lernmittel eine erfolgreiche berufliche Bildung erwarten lässt.

Eine berufsvorbereitende Bildungsmaßnahme, die teilweise im Ausland durchgeführt wird, ist auch für den im Ausland durchgeführten Teil förderungsfähig, wenn dieser Teil im Verhältnis zur Gesamtdauer der berufsvorbereitenden Bildungsmaßnahme angemessen ist und die Hälfte der vorgesehenen Förderdauer nicht übersteigt.

(3) Eine berufsvorbereitende Bildungsmaßnahme kann zur Erleichterung der beruflichen Eingliederung auch allgemeinbildende Fächer enthalten und auf den nachträglichen Erwerb des Hauptschulabschlusses oder eines gleichwertigen Schulabschlusses vorbereiten.

(4) Betriebliche Praktika können abgestimmt auf den individuellen Förderbedarf in angemessenem Umfang vorgesehen werden.

§ 52 Förderungsberechtigte junge Menschen (1) Förderungsberechtigt sind junge Menschen,
1. bei denen die berufsvorbereitende Bildungsmaßnahme zur Vorbereitung auf eine Berufsausbildung oder, wenn die Aufnahme einer Berufsausbildung wegen in ihrer Person liegender Gründe nicht möglich ist, zur beruflichen Eingliederung erforderlich ist,
2. die die Vollzeitschulpflicht nach den Gesetzen der Länder erfüllt haben und
3. deren Fähigkeiten erwarten lassen, dass sie das Ziel der Maßnahme erreichen.

(2) Ausländerinnen und Ausländer sind förderungsberechtigte, wenn die Voraussetzungen nach Absatz 1 vorliegen und sie eine Erwerbstätigkeit ausüben dürfen oder ihnen eine Erwerbstätigkeit erlaubt werden kann. Zudem müssen Ausländerinnen und Ausländer, die zum Zeitpunkt der Entscheidung über die Förderberechtigung eine Aufenthaltsgestattung nach dem Asylgesetz besitzen,

1. sich seit mindestens 15 Monaten erlaubt, gestattet oder geduldet im Bundesgebiet aufhalten und
2. schulische Kenntnisse und Kenntnisse der deutschen Sprache besitzen, die einen erfolgreichen Übergang in eine Berufsausbildung erwarten lassen.

Gestattete Ausländerinnen oder Ausländer, die vor dem 1. August 2019 in das Bundesgebiet eingereist sind, müssen sich abweichend von Satz 2 Nummer 1 seit mindestens drei Monaten erlaubt, gestattet oder geduldet dort aufhalten. Für Ausländerinnen und Ausländer, die zum Zeitpunkt der Entscheidung über die Förderberechtigung eine Duldung besitzen, gilt Satz 2 mit der Maßgabe, dass abweichend von Nummer 1 ihre Abschiebung seit mindestens neun Monaten ausgesetzt ist. Für geduldete Ausländerinnen oder Ausländer, die vor dem 1. August 2019 in das Bundesgebiet eingereist sind, muss abweichend von Satz 4 ihre Abschiebung seit mindestens drei Monaten ausgesetzt sein.

§ 53 Vorbereitung auf einen Hauptschulabschluss im Rahmen einer berufsvorbereitenden Bildungsmaßnahme Förderungsberechtigte junge Menschen ohne Schulabschluss haben einen Anspruch, im Rahmen einer berufsvorbereitenden Bildungsmaßnahme auf den nachträglichen Erwerb des Hauptschulabschlusses oder eines gleichwertigen Schulabschlusses vorbereitet zu werden. Die Leistung wird nur erbracht, soweit sie nicht für den gleichen Zweck durch Dritte erbracht wird. Die Agentur für Arbeit hat darauf hinzuwirken, dass sich die für die allgemeine Schulbildung zuständigen Länder an den Kosten der Maßnahme beteiligen. Leistungen Dritter zur Aufstockung der Leistung bleiben anrechnungsfrei.

§ 54 Maßnahmekosten Bei einer berufsvorbereitenden Bildungsmaßnahme werden dem Träger als Maßnahmekosten erstattet:
1. die angemessenen Aufwendungen für das zur Durchführung der Maßnahme eingesetzte erforderliche Ausbildungs- und Betreuungspersonal, einschließlich dessen regelmäßiger fachlicher Weiterbildung, sowie für das erforderliche Leistungs- und Verwaltungspersonal,
2. die angemessenen Sachkosten, einschließlich der Kosten für Lernmittel und Arbeitskleidung, und die angemessenen Verwaltungskosten sowie
3. erfolgsbezogene Pauschalen bei Vermittlung von Teilnehmenden in eine betriebliche Berufsausbildung im Sinne des § 57 Absatz 1.

§ 54 a Einstiegsqualifizierung (1) Arbeitgeber, die eine betriebliche Einstiegsqualifizierung durchführen, können durch Zuschüsse zur Vergütung bis zu einer Höhe von 243 Euro monatlich zuzüglich eines pauschalierten Anteils am durchschnittlichen Gesamtsozialversicherungsbeitrag der oder des Auszubildenden gefördert werden. Die betriebliche Einstiegsqualifizierung dient der Vermittlung und Vertiefung von Grundlagen für den Erwerb beruflicher Handlungsfähigkeit. Soweit die betriebliche Einstiegsqualifizierung als Berufsausbildungsvorbereitung nach dem Berufsbildungsgesetz durchgeführt wird, gelten die §§ 68 bis 70 des Berufsbildungsgesetzes.

(2) Eine Einstiegsqualifizierung kann für die Dauer von sechs bis längstens zwölf Monaten gefördert werden, wenn sie

1. auf der Grundlage eines Vertrags im Sinne des § 26 des Berufsbildungsgesetzes mit der oder dem Auszubildenden durchgeführt wird,
2. auf einen anerkannten Ausbildungsberuf im Sinne des § 4 Absatz 1 des Berufsbildungsgesetzes, § 25 Absatz 1 Satz 1 der Handwerksordnung, des Seearbeitsgesetzes, nach Teil 2 des Pflegeberufegesetzes oder des Altenpflegegesetzes vorbereitet und
3. in Vollzeit oder wegen der Erziehung eigener Kinder oder der Pflege von Familienangehörigen in Teilzeit von mindestens 20 Wochenstunden durchgeführt wird.

(3) Der Abschluss des Vertrags ist der nach dem Berufsbildungsgesetz, im Fall der Vorbereitung auf einen nach Teil 2 des Pflegeberufegesetzes oder nach dem Altenpflegegesetz anerkannten Ausbildungsberuf der nach Landesrecht zuständigen Stelle anzuzeigen. Die vermittelten Fertigkeiten, Kenntnisse und Fähigkeiten sind vom Betrieb zu bescheinigen. Die zuständige Stelle stellt über die erfolgreich durchgeführte betriebliche Einstiegsqualifizierung ein Zertifikat aus.

(4) Förderungsfähig sind

1. bei der Agentur für Arbeit gemeldete Ausbildungsbewerberinnen und -bewerber mit aus individuellen Gründen eingeschränkten Vermittlungsperspektiven, die auch nach den bundesweiten Nachvermittlungsaktionen keine Ausbildungsstelle haben,
2. Ausbildungsuchende, die noch nicht in vollem Maße über die erforderliche Ausbildungsreife verfügen, und
3. lernbeeinträchtigte und sozial benachteiligte Ausbildungsuchende.

(5) Die Förderung einer oder eines Auszubildenden, die oder der bereits eine betriebliche Einstiegsqualifizierung bei dem Antrag stellenden Betrieb oder in einem anderen Betrieb des Unternehmens durchlaufen hat, oder in einem Betrieb des Unternehmens oder eines verbundenen Unternehmens in den letzten drei Jahren vor Beginn der Einstiegsqualifizierung versicherungspflichtig beschäftigt war, ist ausgeschlossen. Gleiches gilt, wenn die Einstiegsqualifizierung im Betrieb der Ehegatten, Lebenspartnerinnen oder Lebenspartner oder Eltern durchgeführt wird.

§ 55 Anordnungsermächtigung Die Bundesagentur wird ermächtigt, durch Anordnung das Nähere zu bestimmen

1. über Art und Inhalt der berufsvorbereitenden Bildungsmaßnahmen und die hieran gestellten Anforderungen,
2. zu den Voraussetzungen für die Erstattung von Pauschalen, zum Verfahren der Erstattung von Pauschalen sowie zur Höhe von Pauschalen nach § 54 Nummer 3 sowie
3. über Voraussetzungen, Art, Umfang und Verfahren der Einstiegsqualifizierung.

Dritter Unterabschnitt – Berufsausbildungsbeihilfe

§ 56 Berufsausbildungsbeihilfe (1) Auszubildende haben Anspruch auf Berufsausbildungsbeihilfe während einer Berufsausbildung, wenn
1. die Berufsausbildung förderungsfähig ist,
2. sie zum förderungsberechtigten Personenkreis gehören und
3. ihnen die erforderlichen Mittel zur Deckung des Bedarfs für den Lebensunterhalt, die Fahrkosten und die sonstigen Aufwendungen (Gesamtbedarf) nicht anderweitig zur Verfügung stehen.

(2) Auszubildende haben Anspruch auf Beufsausbildungsbeihilfe während einer berufsvorbereitenden Bildungsmaßnahme nach § 51. Teilnehmende an einer ausbildungsvorbereitenden Phase nach § 130 haben Anspruch auf Berufsausbildungsbeihilfe wie Auszubildende in einer berufsvorbereitenden Bildungsmaßnahme. Ausländerinnen und Ausländer, die eine Aufenthaltsgestattung nach dem Asylgesetz besitzen, sind in den Fällen der Sätze 1 und 2 nicht zum Bezug von Berufsausbildungsbeihilfe berechtigt.

§ 57 Förderungsfähige Berufsausbildung (1) Eine Berufsausbildung ist förderungsfähig, wenn sie in einem nach dem Berufsbildungsgesetz, der Handwerksordnung oder dem Seearbeitsgesetz anerkannten Ausbildungsberuf betrieblich oder außerbetrieblich oder nach Teil 2 des Pflegeberufegesetzes oder dem Altenpflegegesetz betrieblich durchgeführt wird und der dafür vorgeschriebene Berufsausbildungsvertrag abgeschlossen worden ist.

(2) Förderungsfähig ist die erste Berufsausbildung. Eine zweite Berufsausbildung kann gefördert werden, wenn zu erwarten ist, dass eine berufliche Eingliederung dauerhaft auf andere Weise nicht erreicht werden kann und durch die zweite Berufsausbildung die berufliche Eingliederung erreicht wird.

(3) Nach der vorzeitigen Lösung eines Berufsausbildungsverhältnisses darf erneut gefördert werden, wenn für die Lösung ein berechtigter Grund bestand.

§ 58 Förderung im Ausland (1) Eine Berufsausbildung, die teilweise im Ausland durchgeführt wird, ist auch für den im Ausland durchgeführten Teil förderungsfähig, wenn dieser Teil im Verhältnis zur Gesamtdauer der Berufsausbildung angemessen ist und die Dauer von einem Jahr nicht übersteigt.

(2) Eine betriebliche Berufsausbildung, die vollständig im angrenzenden Ausland oder in den übrigen Mitgliedstaaten der Europäischen Union durchgeführt wird, ist förderungsfähig, wenn
1. eine nach Bundes- oder Landesrecht zuständige Stelle bestätigt, dass die Berufsausbildung einer entsprechenden betrieblichen Berufsausbildung gleichwertig ist und
2. die Berufsausbildung im Ausland dem Erreichen des Bildungsziels und der Beschäftigungsfähigkeit besonders dienlich ist.

§ 59 *(aufgehoben)*

§ 60 Förderungsberechtigter Personenkreis bei Berufsausbildung (1) Die oder der Auszubildende ist bei einer Berufsausbildung förderungsberechtigt, wenn sie oder er
1. außerhalb des Haushalts der Eltern oder eines Elternteils wohnt und
2. die Ausbildungsstätte von der Wohnung der Eltern oder eines Elternteils aus nicht in angemessener Zeit erreichen kann.

(2) Absatz 1 Nummer 2 gilt nicht, wenn die oder der Auszubildende
1. 18 Jahre oder älter ist,
2. verheiratet oder in einer Lebenspartnerschaft verbunden ist oder war,
3. mit mindestens einem Kind zusammenlebt oder
4. aus schwerwiegenden sozialen Gründen nicht auf die Wohnung der Eltern oder eines Elternteils verwiesen werden kann.

(3) Ausländerinnen und Ausländer, die eine Aufenthaltsgestattung nach dem Asylgesetz besitzen, sind während einer Berufsausbildung nicht zum Bezug von Berufsausbildungsbeihilfe berechtigt. Geduldete Ausländerinnen und Ausländer sind während einer Berufsausbildung zum Bezug von Berufsausbildungsbeihilfe berechtigt, wenn die Voraussetzungen nach Absatz 1 in Verbindung mit Absatz 2 vorliegen und sie sich seit mindestens 15 Monaten ununterbrochen erlaubt, gestattet oder geduldet im Bundesgebiet aufhalten.

§ 61 Bedarf für den Lebensunterhalt bei Berufsausbildung (1) Ist die oder der Auszubildende während der Berufsausbildung außerhalb des Haushalts der Eltern oder eines Elternteils untergebracht, wird der jeweils geltende Bedarf nach § 13 Absatz 1 Nummer 1 und Absatz 2 Nummer 2 des Bundesausbildungsförderungsgesetzes zugrunde gelegt.

(2) Ist die oder der Auszubildende mit voller Verpflegung in einem Wohnheim oder einem Internat untergebracht, werden abweichend von Absatz 1 als Bedarf für den Lebensunterhalt die im Rahmen der §§ 78 a bis 78 g des Achten Buches vereinbarten Entgelte für Verpflegung und Unterbringung ohne sozialpädagogische Begleitung zuzüglich 101 Euro monatlich für sonstige Bedürfnisse zugrunde gelegt. Als Bedarf für den Lebensunterhalt von Auszubildenden unter 18 Jahren werden zusätzlich die Entgelte für die sozialpädagogische Begleitung zurunde gelegt, soweit diese nicht von Dritten erstattet werden.

§ 62 Bedarf für den Lebensunterhalt bei berufsvorbereitenden Bildungsmaßnahmen (1) Ist die oder der Auszubildende während einer berufsvorbereitenden Bildungsmaßnahme im Haushalt der Eltern oder eines Elternteils untergebracht, wird der jeweils geltende Bedarf nach § 12 Absatz 1 Nummer 1 des Bundesausbildungsförderungsgesetzes zugrunde gelegt.

(2) Ist die oder der Auszubildende außerhalb des Haushalts der Eltern oder eines Elternteils untergebracht, wird als Bedarf für den Lebensunterhalt der jeweils geltende Bedarf nach § 12 Absatz 2 Nummer 1 des Bundesausbildungsförderungsgesetzes zugrunde gelegt.

(3) Ist die oder der Auszubildende mit voller Verpflegung in einem Wohnheim oder einem Internat untergebracht, werden abweichend von Absatz 2 als Bedarf

für den Lebensunterhalt die im Rahmen der §§ 78 a bis 78 g des Achten Buches vereinbarten Entgelte für Verpflegung und Unterbringung ohne sozialpädagogische Begleitung zuzüglich 101 Euro monatlich für sonstige Bedürfnisse zugrunde gelegt. Als Bedarf für den Lebensunterhalt von Auszubildenden unter 18 Jahren werden zusätzlich die Entgelte für die sozialpädagogische Begleitung zugrunde gelegt, soweit diese nicht von Dritten erstattet werden.

§ 63 Fahrkosten (1) Als Bedarf für Fahrkosten werden folgende Kosten der oder des Auszubildenden zugrunde gelegt:
1. Kosten für Fahrten zwischen Unterkunft, Ausbildungsstätte und Berufsschule (Pendelfahrten),
2. bei einer erforderlichen auswärtigen Unterbringung Kosten für die An- und Abreise und für eine monatliche Familienheimfahrt oder anstelle der Familienheimfahrt für eine monatliche Fahrt einer oder eines Angehörigen zum Aufenthaltsort des oder des Auszubildenden.

Eine auswärtige Unterbringung ist erforderlich, wenn die Ausbildungsstätte vom Familienwohnort aus nicht in angemessener Zeit erreicht werden kann.
(2) Abweichend von Absatz 1 Nummer 2 werden bei einer Förderung im Ausland folgende Kosten der oder des Auszubildenden zugrunde gelegt:
1. bei einem Ausbildungsort innerhalb Europas die Kosten für eine Hin- und Rückreise je Ausbildungshalbjahr,
2. bei einem Ausbildungsort außerhalb Europas die Kosten für eine Hin- und Rückreise je Ausbildungsjahr.

In besonderen Härtefällen können die notwendigen Aufwendungen für eine weitere Hin- und Rückreise zugrunde gelegt werden.
(3) Die Fahrkosten werden in Höhe des Betrags zugrunde gelegt, der bei Benutzung des zweckmäßigsten regelmäßig verkehrenden öffentlichen Verkehrsmittels in der niedrigsten Klasse zu zahlen ist; bei Benutzung sonstiger Verkehrsmittel wird für Fahrkosten die Höhe der Wegstreckenentschädigung nach § 5 Absatz 1 des Bundesreisekostengesetzes zugrunde gelegt. Bei nicht geringfügigen Fahrpreiserhöhungen hat auf Antrag eine Anpassung zu erfolgen, wenn der Bewilligungszeitraum noch mindestens zwei weitere Monate andauert. Kosten für Pendelfahrten werden nur bis zur Höhe des Betrags zugrunde gelegt, der nach § 86 insgesamt erbracht werden kann.

§ 64 Sonstige Aufwendungen (1) Bei einer Berufsausbildung wird als Bedarf für sonstige Aufwendungen eine Pauschale für Kosten der Arbeitskleidung in Höhe von 14 Euro monatlich zugrunde gelegt.
(2) Bei einer berufsvorbereitenden Bildungsmaßnahme werden als Bedarf für sonstige Aufwendungen bei Auszubildenden, deren Schutz im Krankheits- oder Pflegefall nicht anderweitig sichergestellt ist, die Beiträge für eine freiwillige Krankenversicherung ohne Anspruch auf Krankengeld und die Beiträge zur Pflegepflichtversicherung bei einem Träger der gesetzlichen Kranken- und Pflegeversicherung oder, wenn dort im Einzelfall ein Schutz nicht gewährleistet ist, bei einem privaten Krankenversicherungsunternehmen zugrunde gelegt.

(3) Bei einer Berufsausbildung und einer berufsvorbereitenden Bildungsmaßnahme werden als Bedarf für sonstige Aufwendungen die Kosten für die Betreuung der aufsichtsbedürftigen Kinder der oder des Auszubildenden in Höhe von 140 Euro monatlich je Kind zugrunde gelegt. Darüber hinaus können sonstige Kosten anerkannt werden,
1. soweit sie durch die Berufsausbildung oder die Teilnahme an der berufsvorbereitenden Bildungsmaßnahme unvermeidbar entstehen,
2. soweit die Berufsausbildung oder die Teilnahme an der berufsvorbereitenden Bildungsmaßnahme andernfalls gefährdet ist und
3. wenn die Aufwendungen von der oder dem Auszubildenden oder ihren oder seinen Erziehungsberechtigten zu tragen sind.

§ 65 Besonderheiten beim Besuch des Berufsschulunterrichts in Blockform
(1) Für die Zeit des Berufsschulunterrichts in Blockform wird ein Bedarf zugrunde gelegt, der für Zeiten ohne Berufsschulunterricht zugrunde zu legen wäre.
(2) Eine Förderung allein für die Zeit des Berufsschulunterrichts in Blockform ist ausgeschlossen.

§ 66 Anpassung der Bedarfssätze Für die Anpassung der Bedarfssätze gilt § 35 Satz 1 und 2 des Bundesausbildungsförderungsgesetzes entsprechend.

§ 67 Einkommensanrechnung (1) Auf den Gesamtbedarf sind die Einkommen der folgenden Personen in der Reihenfolge ihrer Nennung anzurechnen:
1. der oder des Auszubildenden,
2. der Person, mit der die oder der Auszubildende verheiratet ist oder in einer Lebenspartnerschaft verbunden ist und von der sie oder er nicht dauernd getrennt lebt, und
3. der Eltern der oder des Auszubildenden.

(2) Für die Ermittlung des Einkommens und dessen Anrechnung sowie die Berücksichtigung von Freibeträgen gelten § 11 Absatz 4 sowie die Vorschriften des Vierten Abschnitts des Bundesausbildungsförderungsgesetzes mit den hierzu ergangenen Rechtsverordnungen entsprechend. Abweichend von
1. § 21 Absatz 1 des Bundesausbildungsförderungsgesetzes werden Werbungskosten der oder des Auszubildenden auf Grund der Berufsausbildung nicht berücksichtigt;
2. § 22 Absatz 1 des Bundesausbildungsförderungsgesetzes ist das Einkommen der oder des Auszubildenden maßgebend, das zum Zeitpunkt der Antragstellung absehbar ist; Änderungen bis zum Zeitpunkt der Entscheidung sind zu berücksichtigen;
3. § 23 Absatz 3 des Bundesausbildungsförderungsgesetzes bleiben 65 Euro der Ausbildungsvergütung und abweichend von § 25 Absatz 1 des Bundesausbildungsförderungsgesetzes zusätzlich 649 Euro anrechnungsfrei, wenn die Ausbildungsstätte von der Wohnung der Eltern oder eines Elternteils aus nicht in angemessener Zeit erreicht werden kann;
4. § 23 Absatz 4 Nummer 2 des Bundesausbildungsförderungsgesetzes werden

Leistungen Dritter, die zur Aufstockung der Berufsausbildungsbeihilfe erbracht werden, nicht angerechnet.

(3) Bei einer Berufsausbildung im Betrieb der Eltern, der Ehefrau oder des Ehemanns oder der Lebenspartnerin oder des Lebenspartners ist für die Feststellung des Einkommens der oder des Auszubildenden mindestens die tarifliche Bruttoausbildungsvergütung als vereinbart zugrunde zu legen oder, soweit eine tarifliche Regelung nicht besteht, die ortsübliche Bruttoausbildungsvergütung, die in diesem Ausbildungsberuf bei einer Berufsausbildung in einem fremden Betrieb geleistet wird.

(4) Für an berufsvorbereitenden Bildungsmaßnahmen Teilnehmende wird von einer Anrechnung des Einkommens abgesehen. Satz 1 gilt nicht für Einkommen der Teilnehmenden aus einer nach diesem Buch oder vergleichbaren öffentlichen Programmen geförderten Maßnahmen.

(5) Das Einkommen der Eltern bleibt außer Betracht, wenn ihr Aufenthaltsort nicht bekannt ist oder sie rechtlich oder tatsächlich gehindert sind, im Inland Unterhalt zu leisten. Das Einkommen ist ferner nicht anzurechnen, soweit ein Unterhaltsanspruch nicht besteht oder dieser verwirkt ist.

§ 68 Vorausleitung von Berufsausbildungsbeihilfe (1) Macht die oder der Auszubildende glaubhaft, dass ihre oder seine Eltern den nach den Vorschriften dieses Buches angerechneten Unterhaltsbetrag nicht leisten, oder kann das Einkommen der Eltern nicht berechnet werden, weil diese die erforderlichen Auskünfte nicht erteilen oder Urkunden nicht vorlegen, und ist die Berufsausbildung, auch unter Berücksichtigung des Einkommens der Ehefrau oder des Ehemanns oder der Lebenspartnerin oder des Lebenspartners im Bewilligungszeitraum, gefährdet, so wird nach Anhörung der Eltern ohne Anrechnung dieses Betrags Berufsausbildungsbeihilfe geleistet. Von der Anhörung der Eltern kann aus wichtigem Grund abgesehen werden.

(2) Ein Anspruch der oder des Auszubildenden auf Unterhaltsleistungen gegen ihre oder seine Eltern geht bis zur Höhe des anzurechnenden Unterhaltsanspruchs zusammen mit dem unterhaltsrechtlichen Auskunftsanspruch mit der Zahlung der Berufsausbildungsbeihilfe auf die Agentur für Arbeit über. Die Agentur für Arbeit hat den Eltern die Förderung anzuzeigen. Der Übergang wird nicht dadurch ausgeschlossen, dass der Anspruch nicht übertragen, nicht verpfändet oder nicht gepfändet werden kann. Ist die Unterhaltsleistung trotz des Rechtsübergangs mit befreiender Wirkung an die Auszubildende oder den Auszubildenden gezahlt worden, hat die oder der Auszubildende diese insoweit zu erstatten.

(3) Für die Vergangenheit können die Eltern der oder des Auszubildenden nur von dem Zeitpunkt an in Anspruch genommen werden, ab dem

1. die Voraussetzungen des bürgerlichen Rechts vorgelegen haben oder
2. sie bei dem Antrag auf Ausbildungsförderung mitgewirkt haben oder von ihm Kenntnis erhalten haben und darüber belehrt worden sind, unter welchen Voraussetzungen dieses Buch eine Inanspruchnahme von Eltern ermöglicht.

(4) Berufsausbildungsbeihilfe wird nicht vorausgeleistet, soweit die Eltern bereit sind, Unterhalt entsprechend einer nach § 1612 Absatz 2 des Bürgerlichen Gesetzbuchs getroffenen Bestimmung zu leisten.

(5) Die Agentur für Arbeit kann den auf sie übergegangenen Unterhaltsanspruch im Einvernehmen mit der oder dem Unterhaltsberechtigten auf diese oder diesen zur gerichtlichen Geltendmachung rückübertragen und sich den geltend gemachten Unterhaltsanspruch abtreten lassen. Kosten, mit denen die oder der Unterhaltsberechtigte dadurch selbst belastet wird, sind zu übernehmen.

§ 69 Dauer der Förderung (1) Anspruch auf Berufsausbildungsbeihilfe besteht für die Dauer der Berufsausbildung oder die Dauer der berufsvorbereitenden Bildungsmaßnahme. Über den Anspruch wird bei Berufsausbildung in der Regel für 18 Monate, im Übrigen in der Regel für ein Jahr (Bewilligungszeitraum) entschieden.

(2) Für Fehlzeiten besteht in folgenden Fällen Anspruch auf Berufsausbildungsbeihilfe:

1. bei Krankheit längstens bis zum Ende des dritten auf den Eintritt der Krankheit folgenden Kalendermonats, im Fall einer Berufsausbildung jedoch nur, solange das Berufsausbildungsverhältnis fortbesteht,
2. für Zeiten einer Schwangerschaft oder nach der Entbindung, wenn
   a) bei einer Berufsausbildung die Fehlzeit durch ein Beschäftigungsverbot oder eine Schutzfrist aufgrund der Schwangerschaft oder der Geburt entsteht oder
   b) bei einer berufsvorbereitenden Bildungsmaßnahme die Maßnahme nicht länger als 14 Wochen, im Fall von Früh- oder Mehrlingsgeburten oder, wenn vor Ablauf von acht Wochen nach der Entbindung bei dem Kind eine Behinderung im Sinne von § 2 Absatz 1 des Neunten Buches Sozialgesetzbuch ärztlich festgestellt wird, nicht länger als 18 Wochen (§ 3 des Mutterschutzgesetzes) unterbrochen wird,
3. wenn bei einer Berufsausbildung die oder der Auszubildende aus einem sonstigen Grund der Berufsausbildung fernbleibt und die Ausbildungsvergütung weitergezahlt oder an deren Stelle eine Ersatzleistung erbracht wird oder
4. wenn bei einer berufsvorbereitenden Bildungsmaßnahme ein sonstiger wichtiger Grund für das Fernbleiben der oder des Auszubildenden vorliegt.

§ 70 Berufsausbildungsbeihilfe für Arbeitslose Arbeitslose, die zu Beginn der berufsvorbereitenden Bildungsmaßnahme anderenfalls Anspruch auf Arbeitslosengeld gehabt hätten, der höher ist als der zugrunde zu legende Bedarf für den Lebensunterhalt, haben Anspruch auf Berufsausbildungsbeihilfe in Höhe des Arbeitslosengeldes. In diesem Fall wird Einkommen, das die oder der Arbeitslose aus einer neben der berufsvorbereitenden Bildungsmaßnahme ausgeübten Tätigkeit erzielt, in gleicher Weise angerechnet wie bei der Leistung von Arbeitslosengeld.

§ 71 Auszahlung Monatliche Förderungsbeträge der Berufsausbildungsbeihilfe, die nicht volle Euro ergeben, sind bei Restbeträgen unter 0,50 Euro abzurunden und im Übrigen aufzurunden. Nicht geleistet werden monatliche Förderungsbeträge unter 10 Euro.

§ 72 Anordnungsermächtigung Die Bundesagentur wird ermächtigt, durch Anordnung das Nähere über Voraussetzungen, Umfang und Verfahren der Förderung zu bestimmen.

Vierter Unterabschnitt – Berufsausbildung

§ 73 Zuschüsse zur Ausbildungsvergütung behinderter und schwerbehinderter Menschen (1) Arbeitgeber können für die betriebliche Aus- oder Weiterbildung von behinderten und schwerbehinderten Menschen im Sinne des § 187 Absatz 1 Nummer 3 Buchstabe e des Neunten Buches durch Zuschüsse zur Ausbildungsvergütung oder zu einer vergleichbaren Vergütung gefördert werden, wenn die Aus- oder Weiterbildung sonst nicht zu erreichen ist.
(2) Die monatlichen Zuschüsse sollen regelmäßig 60 Prozent, bei schwerbehinderten Menschen 80 Prozent der monatlichen Ausbildungsvergütung für das letzte Ausbildungsjahr oder der vergleichbaren Vergütung einschließlich des darauf entfallenden pauschalierten Arbeitgeberanteils am Gesamtsozialversicherungsbeitrag nicht übersteigen. In begründeten Ausnahmefällen können Zuschüsse jeweils bis zur Höhe der Ausbildungsvergütung für das letzte Ausbildungsjahr erbracht werden.
(3) Bei Übernahme schwerbehinderter Menschen in ein Arbeitsverhältnis durch den ausbildenden oder einen anderen Arbeitgeber im Anschluss an eine abgeschlossene Aus- oder Weiterbildung kann ein Eingliederungszuschuss in Höhe von bis zu 70 Prozent des zu berücksichtigenden Arbeitsentgelts (§ 91) für die Dauer von einem Jahr erbracht werden, sofern während der Aus- oder Weiterbildung Zuschüsse erbracht werden.

§ 74 Unterstützung und Förderung der Berufsausbildung (1) Träger von Maßnahmen können Zuschüsse erhalten und Maßnahmekosten erstattet bekommen, wenn sie förderungsberechtigte jungen Menschen
1. mit ausbildungsbegleitenden Hilfen bei ihrer betrieblichen Berufsausbildung oder ihrer Einstiegsqualifizierung unterstützen oder ihre Eingliederungsaussichten in Berufsausbildung oder Arbeit verbessern oder
2. anstelle einer Berufsausbildung in einem Betrieb in einer außerbetrieblichen Einrichtung ausbilden.

(2) § 57 Absatz 1 gilt entsprechend.

§ 75 Ausbildungsbegleitende Hilfen (1) Ausbildungsbegleitende Hilfen sind Maßnahmen für förderungsberechtigte junge Menschen, die über die Vermittlung von betriebs- und ausbildungsüblichen Inhalten hinausgehen, insbesondere müssen ausbildungsbegleitende Hilfen während einer Einstiegsqualifizierung über die Vermittlung der vom Betrieb im Rahmen der Einstiegsqualifizierung zu vermittelnden Fertigkeiten, Kenntnisse und Fähigkeiten hinausgehen. Hierzu gehören Maßnahmen

1. zum Abbau von Sprach- und Bildungsdefiziten,
2. zur Förderung fachpraktischer und fachtheoretischer Fertigkeiten, Kenntnisse und Fähigkeiten und
3. zur sozialpädagogischen Begleitung.

(2) Ausbildungsbegleitende Hilfen sind förderungsfähig, wenn sie

1. die förderungsberechtigten jungen Menschen während einer betrieblichen Berufsausbildung oder einer Einstiegsqualifizierung unterstützen,
2. zur Unterstützung nach der vorzeitigen Lösung eines betrieblichen Berufsausbildungsverhältnisses bis zur Aufnahme einer weiteren betrieblichen oder einer außerbetrieblichen Berufsausbildung erforderlich sind oder
3. nach erfolgreicher Beendigung einer mit ausbildungsbegleitenden Hilfen geförderten betrieblichen Berufsausbildung bis zur Begründung oder Festigung eines Arbeitsverhältnisses fortgesetzt werden und hierfür erforderlich sind.

Sie enden spätestens sechs Monate nach Begründung eines Arbeitsverhältnisses.

(3) Förderungsberechtigt sind junge Menschen, die ohne die Unterstützung

1. eine Einstiegsqualifizierung oder eine Berufsausbildung nicht beginnen oder fortsetzen können oder voraussichtlich Schwierigkeiten haben werden, die Einstiegsqualifizierung oder die Berufsausbildung erfolgreich abzuschließen, oder
2. wegen in ihrer Person liegender Gründe

a) nach der vorzeitigen Lösung eines betrieblichen Berufsausbildungsverhältnisses eine weitere Berufsausbildung nicht beginnen oder
b) nach erfolgreicher Beendigung einer Berufsausbildung ein Arbeitsverhältnis nicht begründen oder festigen können.

§ 76 Außerbetriebliche Berufsausbildung (1) Maßnahmen, die zugunsten förderungsberechtigter junger Menschen als Berufsausbildung in einer außerbetrieblichen Einrichtung durchgeführt werden (außerbetriebliche Berufsausbildung), sind förderungsfähig, wenn

1. der oder dem an der Maßnahme teilnehmenden Auszubildenden auch mit ausbildungsfördernden Leistungen nach diesem Buch eine Ausbildungsstelle in einem Betrieb nicht vermittelt werden kann und
2. der Anteil betrieblicher Ausbildungsphasen je Ausbildungsjahr angemessen ist.

(2) Während der Durchführung einer außerbetrieblichen Berufsausbildung sind alle Möglichkeiten wahrzunehmen, um den Übergang der oder des Auszubildenden in ein betriebliches Berufsausbildungsverhältnis zu fördern.

(3) Ist ein betriebliches oder außerbetriebliches Berufsausbildungsverhältnis vorzeitig gelöst worden, kann die Berufsausbildung in einer außerbetrieblichen Einrichtung fortgesetz werden.

(4) Wird ein außerbetriebliches Berufsausbildungsverhältnis vorzeitig gelöst, hat der Träger der Maßnahme eine Bescheinigung über bereits erfolgreich absolvierte Teile der Berufsausbildung auszustellen.

(5) Förderungsberechtigt sind junge Menschen,

1. die lernbeeinträchtigt oder sozial benachteiligt sind und wegen in ihrer Person liegender Gründe nicht ohne die Förderung eine Berufsausbildung nicht beginnen können oder
2. deren betriebliches oder außerbetriebliches Berufsausbildungsverhältnis vorzeitig gelöst worden ist und deren Eingliederung in betriebliche Berufsausbildung auch mit ausbildungsfördernden Leistungen nach diesem Buch aussichtslos ist, sofern zu erwarten ist, dass sie die Berufsausbildung erfolgreich abschließen können.

(6) Nicht förderungsberechtigt sind,

1. Ausländerinnen und Ausländer, die weder in der Bundesrepublik Deutschland Arbeitnehmerinnen, Arbeitnehmer oder Selbständige noch auf Grund des § 2 Absatz 3 des Freizügigkeitsgesetzes/EU freizügigkeitsberechtigt sind, und ihre Familienangehörigen für die ersten drei Monate ihres Aufenthalts,
2. Ausländerinnen und Ausländer,
   a) die kein Aufenthaltsrecht haben,
   b) deren Aufenthaltsrecht sich allein aus dem Zweck der Arbeitsuche, der Suche nach einem Ausbildungs- oder Studienplatz, der Ausbildung oder des Studiums ergibt oder
   c) die ihr Aufenthaltsrecht allein oder neben einem Aufenthaltsrecht nach Buchstabe b aus Artikel 10 der Verordnung (EU) Nr. 492/2011 des Europäischen Parlaments und des Rates vom 5. April 2011 über die Freizügigkeit der Arbeitnehmer innerhalb der Union (ABl. L 141 vom 27. 5. 2011, S. 1), die durch die Verordnung (EU) 2016/589 (ABl. L 107 vom 22. 4. 2016, S. 1) geändert worden ist, ableiten,

   und ihre Familienangehörigen,
3. Leistungsberechtigte nach § 1 des Asylbewerberleistungsgesetzes.

Satz 1 Nummer 1 gilt nicht für Ausländerinnen und Ausländer, die sich mit einem Aufenthaltstitel nach Kapitel 2 Abschnitt 5 des Aufenthaltsgesetzes in der Bundesrepublik Deutschland aufhalten. Abweichend von Satz 1 Nummer 2 können Ausländerinnen und Ausländer und ihre Familienangehörigen gefördert werden, wenn sie seit mindestens fünf Jahren ihren gewöhnlichen Aufenthalt im Bundesgebiet haben; dies gilt nicht, wenn der Verlust des Rechts nach § 2 Absatz 1 des Freizügigkeitsgesetzes/EU festgestellt wurde. Die Frist nach Satz 3 beginnt mit der Anmeldung bei der zuständigen Meldebehörde. Zeiten des nicht rechtmäßigen Aufenthalts, in denen eine Ausreisepflicht besteht, werden auf Zeiten des gewöhnlichen Aufenthalts nicht angerechnet.

§ 77 Sonstige Förderungsvoraussetzungen Die Maßnahmen nach den §§ 75 und 76 sind nur förderungsfähig, wenn sie nach Aus- und Fortbildung sowie Berufserfahrung der Leitung und der Lehr- und Fachkräfte, nach Gestaltung des Lehrplans, nach Unterrichtsmethode und Güte der zum Einsatz vorgesehenen Lehr- und Lernmittel eine erfolgreiche Berufsausbildung oder die erfolgreiche Unterstützung der Berufsausbildung oder der Einstiegsqualifizierung erwarten lassen.

§ 78 *(aufgehoben)*

§ 79 Leistungen (1) Die Leistungen umfassen bei
1. ausbildungsbegleitenden Hilfen die Maßnahmekosten,
2. einer außerbetrieblichen Berufsausbildung die Zuschüsse zur Ausbildungsvergütung zuzüglich des vom Träger zu zahlenden Anteils am Gesamtsozialversicherungsbeitrag sowie die Maßnahmekosten.

(2) Als Zuschuss zur Ausbildungsvergütung bei einer außerbetrieblichen Berufsausbildung wird die vom Träger an die Auszubildende oder den Auszubildenden zu zahlende Ausbildungsvergütung, jedoch höchstens der Betrag nach § 17 Absatz 2 des Berufsbildungsgesetzes, berücksichtigt. Der Betrag erhöht sich um den vom Träger zu tragenden Anteil am Gesamtsozialversicherungsbeitrag.

(3) Als Maßnahmekosten werden erstattet:
1. die angemessenen Aufwendungen für das zur Durchführung der Maßnahme eingesetzte erforderliche Ausbildungs- und Betreuungspersonal, einschließlich dessen regelmäßiger fachlicher Weiterbildung, sowie für das erforderliche Leitungs- und Verwaltungspersonal,
2. die angemessenen Sach- und Verwaltungskosten sowie
3. eine Pauschale für jede vorzeitige und nachhaltige Vermittlung aus einer nach § 76 geförderten außerbetrieblichen Berufsausbildung in eine betriebliche Berufsausbildung.

Die Pauschale nach Satz 1 Nummer 3 beträgt 2000 Euro für jede Vermittlung. Die Vermittlung gilt als vorzeitig, wenn die oder der Auszubildende spätestens zwölf Monate vor dem vertraglichen Ende der außerbetrieblichen Berufsausbildung vermittelt worden ist. Die Vermittlung gilt als nachhaltig, wenn das Berufsausbildungsverhältnis länger als vier Monate fortbesteht. Die Pauschale wird für jede Auszubildende und jeden Auszubildenden nur einmal gezahlt.

§ 80 Anordnungsermächtigung Die Bundesagentur wird ermächtigt, durch Anordnung das Nähere über Voraussetzungen, Art, Umfang und Verfahren der Förderung zu bestimmen.

Fünfter Unterabschnitt – Jugendwohnheime

§ 80 a Förderung von Jugendwohnheimen Träger von Jugendwohnheimen können durch Darlehen und Zuschüsse gefördert werden, wenn dies zum Ausgleich auf dem Ausbildungsmarkt und zur Förderung der Berufsausbildung erforderlich ist und die Träger oder Dritte sich in angemessenem Umfang an den Kosten beteiligen. Leistungen können erbracht werden für den Aufbau, die Erweiterung, den Umbau und die Ausstattung von Jugendwohnheimen.

§ 80 b Anordnungsermächtigung Die Bundesagentur wird ermächtigt, durch Anordnung das Nähere über Voraussetzungen, Art, Umfang und Verfahren der Förderung zu bestimmen.

Vierter Abschnitt – Berufliche Weiterbildung

§ 81 Grundsatz (1) Arbeitnehmerinnen und Arbeitnehmer können bei beruflicher Weiterbildung durch Übernahme der Weiterbildungskosten gefördert werden, wenn
1. die Weiterbildung notwendig ist, um sie bei Arbeitslosigkeit beruflich einzugliedern, eine ihnen drohende Arbeitslosigkeit abzuwenden oder weil bei ihnen wegen fehlenden Berufsabschlusses die Notwendigkeit der Weiterbildung anerkannt ist,
2. die Agentur für Arbeit sie vor Beginn der Teilnahme beraten hat und
3. die Maßnahme und der Träger der Maßnahme für die Förderung zugelassen sind.

Als Weiterbildung gilt die Zeit vom ersten Tag bis zum letzten Tag der Maßnahme mit Unterrichtsveranstaltungen, es sei denn, die Maßnahme ist vorzeitig beendet worden.

(1 a) Anerkannt wird die Notwendigkeit der Weiterbildung bei arbeitslosen Arbeitnehmerinnen und Arbeitnehmern auch, wenn durch den Erwerb erweiterter beruflicher Kompetenzen die individuelle Beschäftigungsfähigkeit verbessert wird und sie nach Lage und Entwicklung des Arbeitsmarktes zweckmäßig ist.

(2) Anerkannt wird die Notwendigkeit der Weiterbildung bei Arbeitnehmerinnen und Arbeitnehmern wegen fehlenden Berufsabschlusses, wenn sie
1. über einen Berufsabschluss verfügen, jedoch auf Grund einer mehr als vier Jahre ausgeübten Beschäftigung in an- oder ungelernter Tätigkeit eine dem Berufsabschluss entsprechende Beschäftigung voraussichtlich nicht mehr ausüben können, oder
2. nicht über einen Berufsabschluss verfügen, für den nach bundes- oder landesrechtlichen Vorschriften eine Ausbildungsdauer von mindestens zwei Jahren festgelegt ist; Arbeitnehmerinnen und Arbeitnehmer ohne einen solchen Berufsabschluss, die noch nicht drei Jahre beruflich tätig gewesen sind, können nur gefördert werden, wenn eine Berufsausbildung oder eine berufsvorbereitende Bildungsmaßnahme aus in ihrer Person liegenden Gründen nicht möglich oder nicht zumutbar ist oder die Weiterbildung in einem Engpassberuf angestrebt wird.

Zeiten der Arbeitslosigkeit, der Kindererziehung und der Pflege einer pflegebedürftigen Person mit mindestens Pflegegrad 2 stehen Zeiten einer Beschäftigung nach Satz 1 Nummer 1 gleich.

(3) Arbeitnehmerinnen und Arbeitnehmer werden durch Übernahme der Weiterbildungskosten zum nachträglichen Erwerb des Hauptschulabschlusses oder eines gleichwertigen Schulabschlusses gefördert, wenn

1. sie die Voraussetzungen für die Förderung der beruflichen Weiterbildung nach Absatz 1 erfüllen und
2. zu erwarten ist, dass sie an der Maßnahme erfolgreich teilnehmen werden.

Absatz 2 Satz 1 Nummer 2 zweiter Halbsatz gilt entsprechend. Die Leistung wird nur erbracht, soweit sie nicht für den gleichen Zweck durch Dritte erbracht wird. Die Agentur für Arbeit hat darauf hinzuwirken, dass sich die für die allgemeine Schulbildung zuständigen Länder an den Kosten der Maßnahme beteiligen. Leistungen Dritter zur Aufstockung der Leistung bleiben anrechnungsfrei.

(3 a) Arbeitnehmerinnen und Arbeitnehmer können zum Erwerb von Grundkompetenzen durch Übernahme der Weiterbildungskosten gefördert werden, wenn

1. die in Absatz 1 genannten Voraussetzungen für die Förderung der beruflichen Weiterbildung erfüllt sind,
2. die Arbeitnehmerinnen und Arbeitnehmer nicht über ausreichende Grundkompetenzen verfügen, um erfolgreich an einer beruflichen Weiterbildung teilzunehmen, die zu einem Abschluss in einem Ausbildungsberuf führt, für den nach bundes- oder landesrechtlichen Vorschriften eine Ausbildungsdauer von mindestens zwei Jahren festgelegt ist, und
3. nach einer Teilnahme an der Maßnahme zum Erwerb von Grundkompetenzen der erfolgreiche Abschluss einer beruflichen Weiterbildung nach Nummer 2 erwartet werden kann.

(4) Der Arbeitnehmerin oder dem Arbeitnehmer wird das Vorliegen der Voraussetzungen für eine Förderung bescheinigt (Bildungsgutschein). Der Bildungsgutschein kann zeitlich befristet sowie regional und auf bestimmte Bildungsziele beschränkt werden. Der von der Arbeitnehmerin oder vom Arbeitnehmer ausgewählte Träger hat der Agentur für Arbeit den Bildungsgutschein vor Beginn der Maßnahme vorzulegen. Die Agentur für Arbeit kann auf die Ausstellung eines Bildungsgutscheins bei beschäftigten Arbeitnehmerinnen und Arbeitnehmern verzichten, wenn der Arbeitgeber und die Arbeitnehmerin oder der Arbeitnehmer damit einverstanden sind.

§ 82 Förderung beschäftigter Arbeitnehmerinnen und Arbeitnehmer (1) Arbeitnehmerinnen und Arbeitnehmer können abweichend von § 81 bei beruflicher Weiterbildung im Rahmen eines bestehenden Arbeitsverhältnisses durch volle oder teilweise Übernahme der Weiterbildungskosten gefördert werden, wenn

1. Fertigkeiten, Kenntnisse und Fähigkeiten vermittelt werden, die über ausschließlich arbeitsplatzbezogene kurzfristige Anpassungsfortbildungen hinausgehen,
2. der Erwerb des Berufsabschlusses, für den nach bundes- oder landesrechtlichen Vorschriften eine Ausbildungsdauer von mindestens zwei Jahren festgelegt ist, in der Regel mindestens vier Jahre zurückliegt,
3. die Arbeitnehmerin oder der Arbeitnehmer in den letzten vier Jahren vor Antragsstellung nicht an einer nach dieser Vorschrift geförderten beruflichen Weiterbildung teilgenommen hat,

4. die Maßnahme außerhalb des Betriebes oder von einem zugelassenen Träger im Betrieb, dem sie angehören, durchgeführt wird und mehr als 160 Stunden dauert und
5. die Maßnahme und der Träger der Maßnahme für die Förderung zugelassen sind.

Die Förderung soll darauf gerichtet sein, Arbeitnehmerinnen und Arbeitnehmern, die berufliche Tätigkeiten ausüben, die durch Technologien ersetzt werden können oder in sonstiger Weise vom Strukturwandel betroffen sind, eine Anpassung und Fortentwicklung ihrer beruflichen Kompetenzen zu ermöglichen, um den genannten Herausforderungen besser begegnen zu können. Gleiches gilt für Arbeitnehmerinnen und Arbeitnehmer, die eine Weiterbildung in einem Engpassberuf anstreben. Die Sätze 2 und 3 gelten nicht, wenn die Arbeitnehmerinnen und Arbeitnehmer einem Betrieb mit weniger als 250 Beschäftigten angehören und soweit sie nach dem 31. Dezember 2020 mit der Teilnahme beginnen, das 45. Lebensjahr vollendet haben oder schwerbehindert im Sinne des § 2 Absatz 2 des Neunten Buches sind. Ausgeschlossen von der Förderung ist die Teilnahme an Maßnahmen, zu deren Durchführung der Arbeitgeber auf Grund bundes- oder landesrechtlicher Regelungen verpflichtet ist.

(2) Nach Absatz 1 soll nur gefördert werden, wenn sich der Arbeitgeber in angemessenem Umfang an den Lehrgangskosten beteiligt. Angemessen ist die Beteiligung, wenn der Betrieb, dem die Arbeitnehmerin oder der Arbeitnehmer angehört,
1. mindestens zehn und weniger als 250 Beschäftigte hat und der Arbeitgeber mindestens 50 Prozent,
2. 250 Beschäftigte und weniger als 2500 Beschäftigte hat und der Arbeitgeber mindestens 75 Prozent,
3. 2500 Beschäftigte oder mehr hat und der Arbeitgeber mindestens 85 Prozent, bei Vorliegen einer Betriebsvereinbarung über die berufliche Weiterbildung oder eines Tarifvertrages, der betriebsbezogen berufliche Weiterbildung vorsieht, mindestens 80 Prozent

der Lehrgangskosten trägt. Abweichend von Satz 1 soll in Betrieben mit weniger als zehn Beschäftigten von einer Kostenbeteiligung des Arbeitgebers abgesehen werden. Bei Betrieben mit weniger als 250 Beschäftigten kann von einer Kostenbeteiligung des Arbeitgebers abgesehen werden, wenn die Arbeitnehmerin oder der Arbeitnehmer
1. bei Beginn der Teilnahme das 45. Lebensjahr vollendet hat oder
2. schwerbehindert im Sinne des § 2 Absatz 2 des Neunten Buches ist.

(3) Für die berufliche Weiterbildung von Arbeitnehmerinnen und Arbeitnehmern können Arbeitgeber durch Zuschüsse zum Arbeitsentgelt gefördert werden, soweit die Weiterbildung im Rahmen eines bestehenden Arbeitsverhältnisses durchgeführt wird. Die Zuschüsse können für Arbeitnehmerinnen und Arbeitnehmer, bei denen die Voraussetzungen für eine Weiterbildungsförderung wegen eines fehlenden Berufsabschlusses nach § 81 Absatz 2 erfüllt sind, bis zur Höhe des Betrags erbracht werden, der sich als anteiliges Arbeitsentgelt

für weiterbildungsbedingte Zeiten ohne Arbeitsleistung errechnet. Dieses umfasst auch den darauf entfallenden pauschalen Arbeitgeberanteil am Gesamtsozialversicherungsbeitrag. Im Übrigen können bei Vorliegen der Voraussetzungen nach Absatz 1 Zuschüsse für Arbeitnehmerinnen und Arbeitnehmerin Betrieben mit

1. weniger als zehn Beschäftigten in Höhe von bis zu 75 Prozent,
2. mindestens zehn und weniger als 250 Beschäftigten in Höhe von bis zu 50 Prozent,
3. 250 Beschäftigten oder mehr in Höhe von bis zu 25 Prozent

des berücksichtigungsfähigen Arbeitsentgelts nach den Sätzen 2 und 3 erbracht werden.

(4) § 81 Absatz 4 findet Anwendung. Der Bildungsgutschein kann in Förderhöhe und Förderumfang beschränkt werden. Bei der Feststellung der Zahl der Beschäftigten sind Teilzeitbeschäftigte mit einer regelmäßigen wöchentlichen Arbeitszeit von nicht mehr als zehn Stunden mit 0,25, von nicht mehr als 20 Stunden mit 0,50 und von nicht mehr als 30 Stunden mit 0,75 zu berücksichtigen.

(5) Bei der Ausübung des Ermessens hat die Agentur für Arbeit die unterschiedlichen Betriebsgrößen angemessen zu berücksichtigen.

§ 83 Weiterbildungskosten (1) Weiterbildungskosten sind die durch die Weiterbildung unmittelbar entstehenden

1. Lehrgangskosten und Kosten für die Eignungsfeststellung,
2. Fahrkosten,
3. Kosten für auswärtige Unterbringung und Verpflegung,
4. Kosten für die Betreuung von Kindern.

(2) Leistungen können unmittelbar an den Träger der Maßnahme ausgezahlt werden, soweit Kosten bei dem Träger unmittelbar entstehen. Soweit ein Bescheid über die Bewilligung von unmittelbar an den Träger erbrachten Leistungen aufgehoben worden ist, sind diese Leistungen ausschließlich von dem Träger zu erstatten.

§ 84 Lehrgangskosten (1) Lehrgangskosten sind Lehrgangsgebühren einschließlich

1. der Kosten für erforderliche Lernmittel, Arbeitskleidung und Prüfungsstücke,
2. der Prüfungsgebühren für gesetzlich geregelte oder allgemein anerkannte Zwischen- und Abschlussprüfungen sowie
3. der Kosten für eine notwendige Eignungsfeststellung.

(2) Lehrgangskosten können auch für die Zeit vom Ausscheiden einer Teilnehmerin oder eines Teilnehmers bis zum planmäßigen Ende der Maßnahme übernommen werden, wenn

1. die Teilnehmerin oder der Teilnehmer wegen Arbeitsaufnahme vorzeitig ausgeschieden ist,
2. das Arbeitsverhältnis durch Vermittlung des Trägers der Maßnahme zustande gekommen ist und

3. eine Nachbesetzung des frei gewordenen Platzes in der Maßnahme nicht möglich ist.

§ 85 Fahrkosten Für Übernahme und Höhe der Fahrkosten gilt § 63 Absatz 1 und 3 entsprechend.

§ 86 Kosten für auswärtige Unterbringung und für Verpflegung Ist eine auswärtige Unterbringung erforderlich, so kann
1. für die Unterbringung je Tag ein Betrag in Höhe von 60 Euro gezahlt werden, je Kalendermonat jedoch höchstens 420 Euro, und
2. für die Verpflegung je Tag ein Betrag in Höhe von 24 Euro gezahlt werden, je Kalendermonat jedoch höchstens 168 Euro.

§ 87 Kinderbetreuungskosten Kosten für die Betreuung der aufsichtsbedürftigen Kinder der Arbeitnehmerin oder des Arbeitnehmers können in Höhe von 140 Euro monatlich je Kind übernommen werden.

Fünfter Abschnitt – Aufnahme einer Erwerbstätigkeit

Erster Unterabschnitt – Sozialversicherungspflichtige Beschäftigung

§ 88 Eingliederungszuschuss Arbeitgeber können zur Eingliederung von Arbeitnehmerinnen und Arbeitnehmern, deren Vermittlung wegen in ihrer Person liegender Gründe erschwert ist, einen Zuschuss zum Arbeitsentgelt zum Ausgleich einer Minderleistung erhalten (Eingliederungszuschuss).

§ 89 Höhe und Dauer der Förderung Die Förderhöhe und die Förderdauer richten sich nach dem Umfang der Einschränkung der Arbeitsleistung der Arbeitnehmerin oder des Arbeitnehmers und nach den Anforderungen des jeweiligen Arbeitsplatzes (Minderleistung). Der Eingliederungszuschuss kann bis zu 50 Prozent des zu berücksichtigenden Arbeitsentgelts und die Förderdauer bis zu zwölf Monate betragen. Bei Arbeitnehmerinnen und Arbeitnehmern, die das 50. Lebensjahr vollendet haben, kann die Förderdauer bis zu 36 Monate betragen, wenn die Förderung bis zum 31. Dezember 2023 begonnen hat.

§ 90 Eingliederungszuschuss für behinderte und schwerbehinderte Menschen (1) Für behinderte und schwerbehinderte Menschen kann der Eingliederungszuschuss bis zu 70 Prozent des zu berücksichtigenden Arbeitsentgelts und die Förderdauer bis zu 24 Monate betragen.
(2) Für schwerbehinderte Menschen im Sinne des § 187 Absatz 1 Nummer 3 Buchstabe a bis d des Neunten Buches und ihnen nach § 2 Absatz 3 des Neunten Buches von den Agenturen für Arbeit gleichgestellte behinderte Menschen, deren Vermittlung wegen in ihrer Person liegender Gründe erschwert ist (besonders betroffene schwerbehinderte Menschen), kann der Eingliederungs-

zuschuss bis zu 70 Prozent des zu berücksichtigenden Arbeitsentgelts und die Förderdauer bis zu 60 Monate betragen. Die Förderdauer kann bei besonders betroffenen schwerbehinderten Menschen, die das 55. Lebensjahr vollendet haben, bis zu 96 Monate betragen.

(3) Bei der Entscheidung über Höhe und Dauer der Förderung von schwerbehinderten und besonders betroffenen schwerbehinderten Menschen ist zu berücksichtigen, ob der schwerbehinderte Mensch ohne gesetzliche Verpflichtung oder über die Beschäftigungspflicht nach dem Teil 3 des Neunten Buches hinaus eingestellt und beschäftigt wird.

(4) Nach Ablauf von zwölf Monaten ist die Höhe des Eingliederungszuschusses um zehn Prozentpunkte jährlich zu vermindern. Sie darf 30 Prozent des zu berücksichtigenden Arbeitsentgelts nicht unterschreiten. Der Eingliederungszuschuss für besonders betroffene schwerbehinderte Menschen ist erst nach Ablauf von 24 Monaten zu vermindern.

§ 91 Zu berücksichtigendes Arbeitsentgelt und Auszahlung des Zuschusses

(1) Für den Eingliederungszuschuss ist zu berücksichtigen

1. das vom Arbeitgeber regelmäßig gezahlte Arbeitsentgelt, soweit es das tarifliche Arbeitsentgelt oder, wenn eine tarifliche Regelung nicht besteht, das für vergleichbare Tätigkeiten ortsübliche Arbeitsentgelt nicht übersteigt und soweit es die Beitragsbemessungsgrenze in der Arbeitsförderung nicht überschreitet, sowie
2. der pauschalierte Anteil des Arbeitgebers am Gesamtsozialversicherungsbeitrag.

Einmalig gezahltes Arbeitsentgelt ist nicht zu berücksichtigen.

(2) Der Eingliederungszuschuss wird zu Beginn der Maßnahme in monatlichen Festbeträgen für die Förderdauer festgelegt. Die monatlichen Festbeträge werden vermindert, wenn sich das zu berücksichtigende Arbeitsentgelt verringert.

§ 92 Förderungsausschluss und Rückzahlung (1) Eine Förderung ist ausgeschlossen, wenn

1. zu vermuten ist, dass der Arbeitgeber die Beendigung eines Beschäftigungsverhältnisses veranlasst hat, um einen Eingliederungszuschuss zu erhalten, oder
2. die Arbeitnehmerin oder der Arbeitnehmer bei einem früheren Arbeitgeber eingestellt wird, bei dem sie oder er während der letzten vier Jahre vor Förderungsbeginn mehr als drei Monate versicherungspflichtig beschäftigt war; dies gilt nicht, wenn es sich um die befristete Beschäftigung besonders betroffener schwerbehinderter Menschen handelt.

(2) Der Eingliederungszuschuss ist teilweise zurückzuzahlen, wenn das Beschäftigungsverhältnis während des Förderungszeitraums oder einer Nachbeschäftigungszeit beendet wird. Dies gilt nicht, wenn

1. der Arbeitgeber berechtigt war, das Arbeitsverhältnis aus Gründen, die in der Person oder dem Verhalten der Arbeitnehmerin oder des Arbeitnehmers liegen, zu kündigen,

2. eine Kündigung aus dringenden betrieblichen Erfordernissen, die einer Weiterbeschäftigung im Betrieb entgegenstehen, berechtigt war,
3. das Arbeitsverhältnis auf das Bestreben der Arbeitnehmerin oder des Arbeitnehmers hin beendet wird, ohne dass der Arbeitgeber den Grund hierfür zu vertreten hat,
4. die Arbeitnehmerin oder der Arbeitnehmer das Mindestalter für den Bezug der gesetzlichen Altersrente erreicht hat, oder
5. der Eingliederungszuschuss für die Einstellung eines besonders betroffenen schwerbehinderten Menschen geleistet wird.

Die Rückzahlung ist auf die Hälfte des geleisteten Förderbetrags begrenzt und darf den in den letzten zwölf Monaten vor Beendigung des Beschäftigungsverhältnisses geleisteten Förderbetrag nicht überschreiten. Ungeförderte Nachbeschäftigungszeiten sind anteilig zu berücksichtigen. Die Nachbeschäftigungszeit entspricht der Förderdauer; sie beträgt längstens zwölf Monate.

Zweiter Unterabschnitt – Selbständige Tätigkeit

§ 93 Gründungszuschuss (1) Arbeitnehmerinnen und Arbeitnehmer, die durch Aufnahme einer selbständigen, hauptberuflichen Tätigkeit die Arbeitslosigkeit beenden, können zur Sicherung des Lebensunterhalts und zur sozialen Sicherung in der Zeit nach der Existenzgründung einen Gründungszuschuss erhalten.

(2) Ein Gründungszuschuss kann geleistet werden, wenn die Arbeitnehmerin oder der Arbeitnehmer

1. bis zur Aufnahme der selbständigen Tätigkeit einen Anspruch auf Arbeitslosengeld hat, dessen Dauer bei Aufnahme der selbständigen Tätigkeit noch mindestens 150 Tage beträgt und nicht allein auf § 147 Absatz 3 beruht,
2. der Agentur für Arbeit die Tragfähigkeit der Existenzgründung nachweist,
3. ihre oder seine Kenntnisse und Fähigkeiten zur Ausübung der selbständigen Tätigkeit darlegt.

Zum Nachweis der Tragfähigkeit der Existenzgründung ist der Agentur für Arbeit die Stellungnahme einer fachkundigen Stelle vorzulegen; fachkundige Stellen sind insbesondere die Industrie- und Handelskammern, Handwerkskammern, berufsständische Kammern, Fachverbände und Kreditinstitute.

(3) Der Gründungszuschuss wird nicht geleistet, solange Ruhenstatbestände nach den §§ 156 bis 159 vorliegen oder vorgelegen hätten.

(4) Die Förderung ist ausgeschlossen, wenn nach Beendigung einer Förderung der Aufnahme einer selbständigen Tätigkeit nach diesem Buch noch nicht 24 Monate vergangen sind; von dieser Frist kann wegen besonderer in der Person der Arbeitnehmerin oder des Arbeitnehmers liegender Gründe abgesehen werden.

(5) Geförderte Personen, die das für die Regelaltersrente im Sinne des Sechsten Buches erforderliche Lebensjahr vollendet haben, können vom Beginn des folgenden Monats an keinen Gründungszuschuss erhalten.

§ 94 Dauer und Höhe der Förderung (1) Als Gründungszuschuss wird für die Dauer von sechs Monaten der Betrag geleistet, den die Arbeitnehmerin oder der Arbeitnehmer als Arbeitslosengeld zuletzt bezogen hat, zuzüglich monatlich 300 Euro.
(2) Der Gründungszuschuss kann für weitere neun Monate in Höhe von monatlich 300 Euro geleistet werden, wenn die geförderte Person ihre Geschäftstätigkeit anhang geeigneter Unterlagen darlegt. Bestehen begründete Zweifel an der Geschäftstätigkeit, kann die Agentur für Arbeit verlangen, dass ihr erneut eine Stellungnahme einer fachkundigen Stelle vorgelegt wird.

Sechster Abschnitt – Verbleib in Beschäftigung

Erster Unterabschnitt – Kurzarbeitergeld

Erster Titel – Regelvoraussetzungen

§ 95 Anspruch Arbeitnehmerinnen und Arbeitnehmer haben Anspruch auf Kurzarbeitergeld, wenn
1. ein erheblicher Arbeitsausfall mit Entgeltausfall vorliegt,
2. die betrieblichen Voraussetzungen erfüllt sind,
3. die persönlichen Voraussetzungen erfüllt sind und
4. der Arbeitsausfall der Agentur für Arbeit angezeigt worden ist.

Arbeitnehmerinnen und Arbeitnehmer in Betrieben nach § 101 Absatz 1 Nummer 1 haben in der Schlechtwetterzeit Anspruch auf Kurzarbeitergeld in Form des Saison-Kurzarbeitergeldes.

§ 96 Erheblicher Arbeitsausfall (1) Ein Arbeitsausfall ist erheblich, wenn
1. er auf wirtschaftlichen Gründen oder einem unabwendbaren Ereignis beruht,
2. er vorübergehend ist,
3. er nicht vermeidbar ist und
4. im jeweiligen Kalendermonat (Anspruchszeitraum) mindestens ein Drittel der in dem Betrieb beschäftigten Arbeitnehmerinnen und Arbeitnehmer von einem Entgeltausfall von jeweils mehr als 10 Prozent ihres monatlichen Bruttoentgelts betroffen ist; der Entgeltausfall kann auch jeweils 100 Prozent des monatlichen Bruttoentgelts betragen.

Bei den Berechnungen nach Satz 1 Nummer 4 sind Auszubildende mitzuzählen.
(2) Ein Arbeitsausfall beruht auch auf wirtschaftlichen Gründen, wenn er durch eine Veränderung der betrieblichen Strukturen verursacht wird, die durch die allgemeine wirtschaftliche Entwicklung bedingt ist.
(3) Ein unabwendbares Ereignis liegt insbesondere vor, wenn ein Arbeitsausfall auf ungewöhnlichen, von dem üblichen Witterungsverlauf abweichenden Witterungsverhältnissen beruht. Ein unabwendbares Ereignis liegt auch vor, wenn ein Arbeitsausfall durch behördliche oder behördlich anerkannte Maßnahmen verursacht ist, die vom Arbeitgeber nicht zu vertreten sind.

(4) Ein Arbeitsausfall ist nicht vermeidbar, wenn in einem Betrieb alle zumutbaren Vorkehrungen getroffen wurden, um den Eintritt des Arbeitsausfalls zu verhindern. Als vermeidbar gilt insbesondere ein Arbeitsausfall, der
1. überwiegend branchenüblich, betriebsüblich oder saisonbedingt ist oder ausschließlich auf betriebsorganisatorischen Gründen beruht,
2. durch die Gewährung von bezahltem Erholungsurlaub ganz oder teilweise verhindert werden kann, soweit vorrangige Urlaubswünsche der Arbeitnehmerinnen und Arbeitnehmer der Urlaubsgewährung nicht entgegenstehen, oder
3. durch die Nutzung von im Betrieb zulässigen Arbeitszeitschwankungen ganz oder teilweise vermieden werden kann.

Die Auflösung eines Arbeitszeitguthabens kann von der Arbeitnehmerin oder dem Arbeitnehmer nicht verlangt werden, soweit es
1. vertraglich ausschließlich zur Überbrückung von Arbeitsausfällen außerhalb der Schlechtwetterzeit (§ 101 Absatz 1) bestimmt ist und den Umfang von 50 Stunden nicht übersteigt,
2. ausschließlich für die in § 7 c Absatz 1 des Vierten Buches genannten Zwecke bestimmt ist,
3. zur Vermeidung der Inanspruchnahme von Saison-Kurzarbeitergeld angespart worden ist und den Umfang von 150 Stunden nicht übersteigt,
4. den Umfang von 10 Prozent der ohne Mehrarbeit geschuldeten Jahresarbeitszeit einer Arbeitnehmerin oder eines Arbeitnehmers übersteigt oder
5. länger als ein Jahr unverändert bestanden hat.

In einem Betrieb, in dem eine Vereinbarung über Arbeitszeitschwankungen gilt, nach der mindestens 10 Prozent der ohne Mehrarbeit geschuldeten Jahresarbeitszeit je nach Arbeitsanfall eingesetzt werden, gilt ein Arbeitsausfall, der im Rahmen dieser Arbeitszeitschwankungen nicht mehr ausgeglichen werden kann, als nicht vermeidbar.

§ 97 Betriebliche Voraussetzungen Die betrieblichen Voraussetzungen sind erfüllt, wenn in dem Betrieb mindestens eine Arbeitnehmerin oder ein Arbeitnehmer beschäftigt ist. Betrieb im Sinne der Vorschriften über das Kurzarbeitergeld ist auch eine Betriebsabteilung.

§ 98 Persönliche Voraussetzungen (1) Die persönlichen Voraussetzungen sind erfüllt, wenn
1. die Arbeitnehmerin oder der Arbeitnehmer nach Beginn des Arbeitsausfalls eine versicherungspflichtige Beschäftigung
   a) fortsetzt,
   b) aus zwingenden Gründen aufnimmt oder
   c) im Anschluss an die Beendigung eines Berufsausbildungsverhältnisses aufnimmt,
2. das Arbeitsverhältnis nicht gekündigt oder durch Aufhebungsvertrag aufgelöst ist und

3. die Arbeitnehmerin oder der Arbeitnehmer nicht vom Kurzarbeitergeldbezug ausgeschlossen ist.

(2) Die persönlichen Voraussetzungen sind auch erfüllt, wenn die Arbeitnehmerin oder der Arbeitnehmer während des Bezugs von Kurzarbeitergeld arbeitsunfähig wird, solange Anspruch auf Fortzahlung des Arbeitsentgelts im Krankheitsfall besteht oder ohne den Arbeitsausfall bestehen würde.

(3) Die persönlichen Voraussetzungen sind nicht erfüllt bei Arbeitnehmerinnen und Arbeitnehmern

1. während der Teilnahme an einer beruflichen Weiterbildungsmaßnahme mit Bezug von Arbeitslosengeld oder Übergangsgeld, wenn diese Leistung nicht für eine neben der Beschäftigung durchgeführte Teilzeitmaßnahme gezahlt wird,
2. während des Bezugs von Krankengeld sowie
3. während der Zeit, in der sie von einem privaten Krankenversicherungsunternehmen, von einem Beihilfeträger des Bundes, von einem sonstigen öffentlich-rechtlichen Träger von Kosten in Krankheitsfällen auf Bundesebene, von dem Träger der Heilfürsorg im Bereich des Bundes, von dem Träger der truppenärztlichen Versorgung oder von einem öffentlich-rechtlichen Träger von Kosten in Krankheitsfällen auf Landesebene, soweit Landesrecht dies vorsieht, Leistungen für den Ausfall von Arbeitseinkünften im Zusammenhang mit einer nach den §§ 8 und 8 a des Transplantationsgesetzes erfolgenden Spende von Organen oder Geweben oder im Zusammenhang mit einer im Sinne von § 9 des Transfusionsgesetzes erfolgenden Spende von Blut zur Separation von Blutstammzellen oder anderen Blutbestandteilen beziehen.

(4) Die persönlichen Voraussetzungen sind auch nicht erfüllt, wenn und solange Arbeitnehmerinnen und Arbeitnehmer bei einer Vermittlung nicht in der von der Agentur für Arbeit verlangten und gebotenen Weise mitwirken. Arbeitnehmerinnen und Arbeitnehmer, die von einem erheblichen Arbeitsausfall mit Entgeltausfall betroffen sind, sind in die Vermittlungsbemühungen der Agentur für Arbeit einzubeziehen. Hat die Arbeitnehmerin oder der Arbeitnehmer trotz Belehrung über die Rechtsfolgen eine von der Agentur für Arbeit angebotene zumutbare Beschäftigung nicht angenommen oder nicht angetreten, ohne für dieses Verhalten einen wichtigen Grund zu haben, sind die Vorschriften über die Sperrzeit beim Arbeitslosengeld entsprechend anzuwenden.

§ 99 Anzeige des Arbeitsausfalls (1) Der Arbeitsausfall ist bei der Agentur für Arbeit, in deren Bezirk der Betrieb seinen Sitz hat, schriftlich oder elektronisch anzuzeigen. Die Anzeige kann nur vom Arbeitgeber oder der Betriebsvertretung erstattet werden. Der Anzeige des Arbeitgebers ist eine Stellungnahme der Betriebsvertretung beizufügen. Mit der Anzeige ist glaubhaft zu machen, dass ein erheblicher Arbeitsausfall besteht und die betrieblichen Voraussetzungen für das Kurzarbeitergeld erfüllt sind.

(2) Kurzarbeitergeld wird frühestens von dem Kalendermonat an geleistet, in dem die Anzeige über den Arbeitsausfall bei der Agentur für Arbeit eingegangen ist. Beruht der Arbeitsausfall auf einem unabwendbaren Ereignis, gilt

die Anzeige für den entsprechenden Kalendermonat als erstattet, wenn sie unverzüglich erstattet worden ist.
(3) Die Agentur für Arbeit hat der oder dem Anzeigenden unverzüglich einen schriftlichen Bescheid darüber zu erteilen, ob auf Grund der vorgetragenen und glaubhaft gemachten Tatsachen ein erheblicher Arbeitsausfall vorliegt und die betrieblichen Voraussetzungen erfüllt sind.

§ 100 Kurzarbeitergeld bei Arbeitskämpfen (1) § 160 über das Ruhen des Anspruchs auf Arbeitslosengeld bei Arbeitskämpfen gilt entsprechend für den Anspruch auf Kurzarbeitergeld bei Arbeitnehmerinnen und Arbeitnehmern, deren Arbeitsausfall Folge eines inländischen Arbeitskampfes ist, an dem sie nicht beteiligt sind.
(2) Macht der Arbeitgeber geltend, der Arbeitsausfall sei die Folge eines Arbeitskampfes, so hat er dies darzulegen und glaubhaft zu machen. Der Erklärung ist eine Stellungnahme der Betriebsvertretung beizufügen. Der Arbeitgeber hat der Betriebsvertretung die für die Stellungnahme erforderlichen Angaben zu machen. Bei der Feststellung des Sachverhalts kann die Agentur für Arbeit insbesondere auch Feststellungen im Betrieb treffen.
(3) Stellt die Agentur für Arbeit fest, dass ein Arbeitsausfall entgegen der Erklärung des Arbeitgebers nicht Folge eines Arbeitskampfes ist, und liegen die Voraussetzungen für einen Anspruch auf Kurzarbeitergeld allein deshalb nicht vor, weil der Arbeitsausfall vermeidbar ist, wird das Kurzarbeitergeld auch insoweit geleistet, als die Arbeitnehmerin oder der Arbeitnehmer Arbeitsentgelt (Arbeitsentgelt im Sinne des § 115 des Zehnten Buches) tatsächlich nicht erhält. Bei der Feststellung nach Satz 1 hat die Agentur für Arbeit auch die wirtschaftliche Vertretbarkeit einer Fortführung der Arbeit zu berücksichtigen. Hat der Arbeitgeber das Arbeitsentgelt trotz des Rechtsübergangs mit befreiender Wirkung an die Arbeitnehmerin oder den Arbeitnehmer oder an einen Dritten gezahlt, hat die Empfängerin oder der Empfänger des Kurzarbeitergeldes dieses insoweit zu erstatten.

Zweiter Titel – Sonderformen des Kurzarbeitergeldes

§ 101 Saison-Kurzarbeitergeld (1) Arbeitnehmerinnen und Arbeitnehmer haben in der Zeit vom 1. Dezember bis zum 31. März (Schlechtwetterzeit) Anspruch auf Saison-Kurzarbeitergeld, wenn
1. sie in einem Betrieb beschäftigt sind, der dem Baugewerbe oder einem Wirtschaftszweig angehört, der von saisonbedingtem Arbeitsausfall betroffen ist,
2. der Arbeitsausfall nach Absatz 5 erheblich ist und
3. die betrieblichen Voraussetzungen des § 97 sowie die persönlichen Voraussetzungen des § 98 erfüllt sind.

(2) Ein Betrieb des Baugewerbes ist ein Betrieb, der gewerblich überwiegend Bauleistungen auf dem Baumarkt erbringt. Bauleistungen sind alle Leistungen, die der Herstellung, Instandsetzung, Instandhaltung, Änderung oder Beseiti-

gung von Bauwerken dienen. Ein Betrieb, die überwiegend Bauvorrichtungen, Baumaschinen, Baugeräte oder sonstige Baubetriebsmittel ohne Personal Betrieben des Baugewerbes gewerblich zur Verfügung stellt oder überwiegend Baustoffe oder Bauteile für den Markt herstellt, sowie ein Betrieb, der Betonentladegeräte gewerblich zur Verfügung stellt, ist kein Betrieb des Baugewerbes.
(3) Erbringt ein Betrieb Bauleistungen auf dem Baumarkt, wird vermutet, dass er ein Betrieb des Baugewerbes im Sinne des Absatzes 2 Satz 1 sind. Satz 1 gilt nicht, wenn gegenüber der Bundesagentur nachgewiesen wird, dass Bauleistungen arbeitszeitlich nicht überwiegen.
(4) Ein Wirtschaftszweig ist von saisonbedingtem Arbeitsausfall betroffen, wenn der Arbeitsausfall regelmäßig in der Schlechtwetterzeit auf witterungsbedingten oder wirtschaftlichen Gründen beruht.
(5) Ein Arbeitsausfall ist erheblich, wenn er auf witterungsbedingten oder wirtschaftlichen Gründen oder einem unabwendbaren Ereignis beruht, vorübergehend und nicht vermeidbar ist. Als nicht vermeidbar gilt auch ein Arbeitsausfall, der überwiegend branchenüblich, betriebsüblich oder saisonbedingt ist. Wurden seit der letzten Schlechtwetterzeit Arbeitszeitguthaben, die nicht mindestens ein Jahr bestanden haben, zu anderen Zwecken als zum Ausgleich für einen verstetigten Monatslohn, bei witterungsbedingtem Arbeitsausfall oder der Freistellung zum Zwecke der Qualifizierung aufgelöst, gelten im Umfang der aufgelösten Arbeitszeitguthaben Arbeitsausfälle als vermeidbar.
(6) Ein Arbeitsausfall ist witterungsbedingt, wenn
1. er ausschließlich durch zwingende Witterungsgründe verursacht ist und
2. an einem Arbeitstag mindestens eine Stunde der regelmäßigen betrieblichen Arbeitszeit ausfällt (Ausfalltag).

Zwingende Witterungsgründe liegen nur vor, wenn es auf Grund von atmosphärischen Einwirkungen (insbesondere Regen, Schnee, Frost) oder deren Folgewirkungen technisch unmöglich, wirtschaftlich unvertretbar oder für die Arbeitnehmerinnen und Arbeitnehmer unzumutbar ist, die Arbeiten fortzuführen. Der Arbeitsausfall ist nicht ausschließlich durch zwingende Witterungsgründe verursacht, wenn er durch Beachtung der besonderen arbeitsschutzrechtlichen Anforderungen an witterungsabhängige Arbeitsplätze vermieden werden kann.
(7) Die weiteren Vorschriften über das Kurzarbeitergeld sind mit Ausnahme der Anzeige des Arbeitsausfalls nach § 99 anzuwenden.

§ 102 Ergänzende Leistungen (1) Arbeitnehmerinnen und Arbeitnehmer haben Anspruch auf Wintergeld als Zuschuss-Wintergeld und Mehraufwands-Wintergeld und Arbeitgeber haben Anspruch auf Erstattung der von ihnen zu tragenden Beiträge zur Sozialversicherung, soweit für diese Zwecke Mittel durch eine Umlage aufgebracht werden.
(2) Zuschuss-Wintergeld wird in Höhe von bis zu 2,50 Euro je ausgefallener Arbeitsstunde gewährt, wenn zu deren Ausgleich Arbeitszeitguthaben aufgelöst und die Inanspruchnahme des Saison-Kurzarbeitergeldes vermieden wird.
(3) Mehraufwands-Wintergeld wird in Höhe von 1,00 Euro für jede in der Zeit vom 15. Dezember bis zum letzten Kalendertag des Monats Februar geleistete

berücksichtigungsfähige Arbeitsstunde an Arbeitnehmerinnen und Arbeitnehmer gezahlt, die auf einem witterungsabhängigen Arbeitsplatz beschäftigt sind. Berücksichtigungsfähig sind im Dezember bis zu 90, im Januar und Februar jeweils bis zu 180 Arbeitsstunden.

(4) Die von den Arbeitgebern allein zu tragenden Beiträge zur Sozialversicherung für Bezieherinnen und Bezieher von Saison-Kurzarbeitergeld werden auf Antrag erstattet.

(5) Die Absätze 1 bis 4 gilt im Baugewerbe ausschließlich für solche Arbeitnehmerinnen und Arbeitnehmer, deren Arbeitsverhältnis in der Schlechtwetterzeit nicht aus witterungsbedingten Gründen gekündigt werden kann.

§ 103 Kurzarbeitergeld für Heimarbeiterinnen und Heimarbeiter (1) Anspruch auf Kurzarbeitergeld haben auch Heimarbeiterinnen und Heimarbeiter, wenn sie ihren Lebensunterhalt ausschließlich oder weitaus überwiegend aus dem Beschäftigungsverhältnis als Heimarbeiterin oder Heimarbeiter beziehen und soweit nicht nachfolgend Abweichendes bestimmt ist.

(2) An die Stelle der im Betrieb beschäftigten Arbeitnehmerinnen und Arbeitnehmer treten die für den Auftraggeber beschäftigten Heimarbeiterinnen und Heimarbeiter. Im Übrigen tritt an die Stelle des erheblichen Arbeitsausfalls mit Entgeltausfall der erhebliche Entgeltausfall und an die Stelle des Betriebs und des Arbeitgebers der Auftraggeber; Auftraggeber kann eine Gewerbetreibende oder ein Gewerbetreibender oder eine Zwischenmeisterin oder ein Zwischenmeister sein. Ein Entgeltausfall ist erheblich, wenn das Entgelt der Heimarbeiterin oder des Heimarbeiters im Anspruchszeitraum um mehr als 20 Prozent gegenüber dem durchschnittlichen monatlichen Bruttoentgelt der letzten sechs Kalendermonate vermindert ist.

(3) Eine versicherungspflichtige Beschäftigung als Heimarbeiterin oder Heimarbeiter gilt während des Entgeltausfalls als fortbestehend, solange

1. der Auftraggeber bereit ist, der Heimarbeiterin oder dem Heimarbeiter so bald wie möglich Aufträge in dem vor Eintritt der Kurzarbeit üblichen Umfang zu erteilen, und
2. die Heimarbeiterin oder der Heimarbeiter bereit ist, Aufträge im Sinne der Nummer 1 zu übernehmen.

Dritter Titel – Leistungsumfang

§ 104 Dauer (1) Kurzarbeitergeld wird für den Arbeitsausfall für eine Dauer von längstens zwölf Monaten von der Agentur für Arbeit geleistet. Die Bezugsdauer gilt einheitlich für alle in einem Betrieb beschäftigten Arbeitnehmerinnen und Arbeitnehmer. Sie beginnt mit dem ersten Kalendermonat, für den in einem Betrieb Kurzarbeitergeld vom Arbeitgeber gezahlt wird.

(2) Wird innerhalb der Bezugsdauer für einen zusammenhängenden Zeitraum von mindestens einem Monat kein Kurzarbeitergeld gezahlt, verlängert sich die Bezugsdauer um diesen Zeitraum.

(3) Sind seit dem letzten Kalendermonat, für den Kurzarbeitergeld geleistet worden ist, drei Monate vergangen und liegen die Voraussetzungen für einen Anspruch auf Kurzarbeitergeld erneut vor, beginnt eine neue Bezugsdauer.
(4) Saison-Kurzarbeitergeld wird abweichend von den Absätzen 1 bis 3 für die Dauer des Arbeitsausfalls während der Schlechtwetterzeit von der Agentur für Arbeit geleistet. Zeiten des Bezugs von Saison-Kurzarbeitergeld werden nicht auf die Bezugsdauer für das Kurzarbeitergeld angerechnet. Sie gelten nicht als Zeiten der Unterbrechung im Sinne des Absatzes 3.

§ 105 Höhe Das Kurzarbeitergeld beträgt
1. für Arbeitnehmerinnen und Arbeitnehmer, die beim Arbeitslosengeld die Voraussetzungen für den erhöhten Leistungssatz erfüllen würden, 67 Prozent,
2. für die übrigen Arbeitnehmerinnen und Arbeitnehmer 60 Prozent

der Nettoentgeltdifferenz im Anspruchszeitraum.

§ 106 Nettoentgeltdifferenz (1) Die Nettoentgeltdifferenz entspricht der Differenz zwischen
1. dem pauschalierten Nettoentgelt aus dem Soll-Entgelt und
2. dem pauschalierten Nettoentgelt aus dem Ist-Entgelt.

Soll-Entgelt ist das Bruttoarbeitsentgelt, das die Arbeitnehmerin oder der Arbeitnehmer ohne den Arbeitsausfall in dem Anspruchszeitraum erzielt hätte, vermindert um Entgelt für Mehrarbeit. Ist-Entgelt ist das Bruttoarbeitsentgelt, das die Arbeitnehmerin oder der Arbeitnehmer in dem Anspruchszeitraum tatsächlich erzielt hat, zuzüglich aller zustehenden Entgeltanteile. Arbeitsentgelt, das einmalig gezahlt wird, bleibt bei der Berechnung von Soll-Entgelt und Ist-Entgelt außer Betracht. Soll-Entgelt und Ist-Entgelt sind auf den nächsten durch 20 teilbaren Euro-Betrag zu runden. § 153 über die Berechnung des Leistungsentgelts beim Arbeitslosengeld gilt mit Ausnahme der Regelungen über den Zeitpunkt der Zuordnung der Lohnsteuerklassen und den Steuerklassenwechsel für die Berechnung der pauschalierten Nettoentgelte beim Kurzarbeitergeld entsprechend.
(2) Erzielt die Arbeitnehmerin oder der Arbeitnehmer aus anderen als wirtschaftlichen Gründen kein Arbeitsentgelt, ist das Ist-Entgelt um den Betrag zu erhöhen, um den das Arbeitsentgelt aus diesen Gründen gemindert ist. Arbeitsentgelt, das unter Anrechnung des Kurzarbeitergeldes gezahlt wird, bleibt bei der Berechnung des Ist-Entgelts außer Betracht. Bei der Berechnung der Nettoentgeltdifferenz nach Absatz 1 bleiben auf Grund von kollektivrechtlichen Beschäftigungsvereinbarungen durchgeführte vorübergehende Änderungen der vertraglich vereinbarten Arbeitszeit außer Betracht; die Sätze 1 und 2 sind insoweit nicht anzuwenden.
(3) Erzielt die Arbeitnehmerin oder der Arbeitnehmer für Zeiten des Arbeitsausfalls ein Entgelt aus einer anderen während des Bezugs von Kurzarbeitergeld aufgenommenen Beschäftigung, selbständigen Tätigkeit oder Tätigkeit als mithelfende Familienangehörige oder mithelfender Familienangehöriger, ist das Ist-Entgelt um dieses Entgelt zu erhöhen.

(4) Lässt sich das Soll-Entgelt einer Arbeitnehmerin oder eines Arbeitnehmers in dem Anspruchszeitraum nicht hinreichend bestimmt feststellen, ist als Soll-Entgelt das Arbeitsentgelt maßgebend, das die Arbeitnehmerin oder der Arbeitnehmer in den letzten drei abgerechneten Kalendermonaten vor Beginn des Arbeitsausfalls in dem Betrieb durchschnittlich erzielt hat, vermindert um Entgelt für Mehrarbeit. Ist eine Berechnung nach Satz 1 nicht möglich, ist das durchschnittliche Soll-Entgelt einer vergleichbaren Arbeitnehmerin oder eines vergleichbaren Arbeitnehmers zugrunde zu legen. Änderungen der Grundlage für die Berechnung des Arbeitsentgelts sind zu berücksichtigen, wenn und solange sie auch während des Arbeitsausfalls wirksam sind.
(5) Die Absätze 1 bis 4 gelten für Heimarbeiterinnen und Heimarbeiter mit der Maßgabe, dass als Soll-Entgelt das durchschnittliche Bruttoarbeitsentgelt der letzten sechs abgerechneten Kalendermonate vor Beginn des Entgeltausfalls zugrunde zu legen ist. War die Heimarbeiterin oder der Heimarbeiter noch nicht sechs Kalendermonate für den Auftraggeber tätig, so ist das in der kürzeren Zeit erzielte Arbeitsentgelt maßgebend.

Vierter Titel – Anwendung anderer Vorschriften

§ 107 Anwendung anderer Vorschriften (1) § 159 Absatz 1 Satz 2 Nummer 8 über das Ruhen des Anspruchs auf Arbeitslosengeld wegen Sperrzeiten bei Meldeversäumnis gilt für den Anspruch auf Kurzarbeitergeld entsprechend.
(2) § 156 über das Ruhen des Anspruchs auf Arbeitslosengeld bei Zusammentreffen mit anderen Sozialleistungen gilt für den Anspruch auf Kurzarbeitergeld entsprechend für die Fälle, in denen eine Altersrente als Vollrente zuerkannt ist.

Fünfter Titel – Verfügung über das Kurzarbeitergeld

§ 108 Verfügung über das Kurzarbeitergeld (1) § 48 des Ersten Buches zur Auszahlung von Leistungen bei Verletzung der Unterhaltspflicht ist nicht anzuwenden.
(2) Für die Zwangsvollstreckung in den Anspruch auf Kurzarbeitergeld gilt der Arbeitgeber als Drittschuldner. Die Abtretung oder Verpfändung des Anspruchs ist nur wirksam, wenn der Gläubiger sie dem Arbeitgeber anzeigt.
(3) Hat ein Arbeitgeber oder eine von ihm bestellte Person durch eine der in § 45 Absatz 2 Satz 3 des Zehnten Buches bezeichneten Handlungen bewirkt, dass Kurzarbeitergeld zu Unrecht geleistet worden ist, so ist der zu Unrecht geleistete Betrag vom Arbeitgeber zu ersetzen. Sind die zu Unrecht geleisteten Beträge sowohl vom Arbeitgeber zu ersetzen als auch von der Bezieherin oder dem Bezieher der Leistung zu erstatten, so haften beide als Gesamtschuldner.
(4) Wird über das Vermögen eines Arbeitgebers, der von der Agentur für Arbeit Beträge zur Auszahlung an die Arbeitnehmerinnen und Arbeitnehmer erhalten

hat, diese aber noch nicht ausgezahlt hat, das Insolvenzverfahren eröffnet, so kann die Agentur für Arbeit diese Beträge als Insolvenzgläubigerin zurückverlangen.

Sechster Titel – Verordnungsermächtigung

§ 109 Verordnungsermächtigung (1) Das Bundesministerium für Arbeit und Soziales wird ermächtigt, durch Rechtsverordnung

1. jeweils für ein Kalenderjahr die pauschalierten monatlichen Nettoentgelte festzulegen, die für die Berechnungen des Kurzarbeitergeldes maßgeblich sind,[1]
2. die Bezugsdauer für das Kurzarbeitergeld über die gesetzliche Bezugsdauer hinaus bis zur Dauer von 24 Monaten zu verlängern, wenn außergewöhnliche Verhältnisse auf dem gesamten Arbeitsmarkt vorliegen.

(2) Das Bundesministerium für Arbeit und Soziales wird ermächtigt, durch Rechtsverordnung,[2] die nicht der Zustimmung des Bundesrates bedarf, die Wirtschaftszweige nach § 101 Absatz 1 Nummer 1 festzulegen. In der Regel sollen hierbei der fachliche Geltungsbereich tarifvertraglicher Regelungen berücksichtigt und die Tarifvertragsparteien des Baugewerbes vorher angehört werden.

(3) Das Bundesministerium für Arbeit und Soziales wird ermächtigt, auf Grundlage von Vereinbarungen der Tarifvertragsparteien durch Rechtsverordnung,[3] die nicht der Zustimmung des Bundesrates bedarf, festzulegen, ob, in welcher Höhe und für welche Arbeitnehmerinnen und Arbeitnehmer die ergänzenden Leistungen nach § 102 Absatz 2 bis 4 in den Zweigen des Baugewerbes und den einzelnen Wirtschaftszweigen erbracht werden.

(4) Bei den Festlegungen nach den Absätzen 2 und 3 ist zu berücksichtigen, ob diese voraussichtlich in besonderem Maße dazu beitragen, die wirtschaftliche Tätigkeit in der Schlechtwetterzeit zu beleben oder die Beschäftigungsverhältnisse der von saisonbedingten Arbeitsausfällen betroffenen Arbeitnehmerinnen und Arbeitnehmer zu stabilisieren.

Zweiter Unterabschnitt – Transferleistungen

§ 110 Transfermaßnahmen (1) Nehmen Arbeitnehmerinnen und Arbeitnehmer, die auf Grund einer Betriebsänderung oder im Anschluss an die Beendi-

---

1 Vgl. **VO über die pauschalierten Nettoentgelte für das Kurzarbeitergeld für das Jahr 2020** (SGB3EntgV 2020) vom 16. 12. 2019 (BGBl. I 2820).

2 Vgl. **Baubetriebe-VO** (BaubetrV) vom 28. 10. 1980 (BGBl. I 2033), geändert durch Gesetz vom 20. 12. 2011 (BGBl. I 2854).

3 Vgl. **Winterbeschäftigungs-VO (WinterbeschV)** vom 26. 4. 2006 (BGBl. I 1086), zuletzt geändert durch Gesetz vom 24. 6. 2013 (BGBl. I 1681).

gung eines Berufsausbildungsverhältnisses von Arbeitslosigkeit bedroht sind, an Transfermaßnahmen teil, wird diese Teilnahme gefördert, wenn

1. sich die Betriebsparteien im Vorfeld der Entscheidung über die Einführung von Transfermaßnahmen, insbesondere im Rahmen ihrer Verhandlungen über einen die Integration der Arbeitnehmerinnen und Arbeitnehmer fördernden Interessenausgleich oder Sozialplan nach § 112 des Betriebsverfassungsgesetzes, von der Agentur für Arbeit beraten lassen haben,
2. die Maßnahme von einem Dritten durchgeführt wird,
3. die Maßnahme der Eingliederung der Arbeitnehmerinnen und Arbeitnehmer in den Arbeitsmarkt dienen soll,
4. die Durchführung der Maßnahme gesichert ist.

Transfermaßnahmen sind alle Maßnahmen zur Eingliederung von Arbeitnehmerinnen und Arbeitnehmern in den Arbeitsmarkt, an deren Finanzierung sich Arbeitgeber angemessen beteiligen. Als Betriebsänderung gilt eine Betriebsänderung im Sinne des § 111 des Betriebsverfassungsgesetzes unabhängig von der Unternehmensgröße und unabhängig davon, ob im jeweiligen Betrieb das Betriebsverfassungsgesetz anzuwenden ist.

(2) Die Förderung wird als Zuschuss geleistet. Der Zuschuss beträgt 50 Prozent der erforderlichen und angemessenen Maßnahmekosten, jedoch höchstens 2500 Euro je geförderter Arbeitnehmerin oder gefördertem Arbeitnehmer.

(3) Eine Förderung ist ausgeschlossen, wenn die Maßnahme dazu dient, die Arbeitnehmerin oder den Arbeitnehmer auf eine Anschlussbeschäftigung im gleichen Betrieb oder in einem anderen Betrieb des gleichen Unternehmens oder, falls das Unternehmen einem Konzern angehört, in einem Betrieb eines anderen Konzernunternehmens des Konzerns vorzubereiten. Durch die Förderung darf der Arbeitgeber nicht von bestehenden Verpflichtungen entlastet werden. Von der Förderung ausgeschlossen sind Arbeitnehmerinnen und Arbeitnehmer des öffentlichen Dienstes mit Ausnahme der Beschäftigten von Unternehmen, die in selbständiger Rechtsform erwerbswirtschaftlich betrieben werden.

(4) Während der Teilnahme an Transfermaßnahmen sind andere Leistungen der aktiven Arbeitsförderung mit gleichartiger Zielsetzung ausgeschlossen.

§ 111 Transferkurzarbeitergeld (1) Um Entlassungen von Arbeitnehmerinnen und Arbeitnehmern zu vermeiden und ihre Vermittlungsaussichten zu verbessern, haben diese Anspruch auf Kurzarbeitergeld zur Förderung der Eingliederung bei betrieblichen Restrukturierungen (Transferkurzarbeitergeld), wenn

1. und solange sie von einem dauerhaften nicht vermeidbaren Arbeitsausfall mit Entgeltausfall betroffen sind,
2. die betrieblichen Voraussetzungen erfüllt sind,
3. die persönlichen Voraussetzungen erfüllt sind,
4. sich die Betriebsparteien im Vorfeld der Entscheidung über die Inanspruchnahme von Transferkurzarbeitergeld, insbesondere im Rahmen ihrer Verhandlungen über einen die Integration der Arbeitnehmerinnen und Arbeitnehmer fördernden Interessenausgleich oder Sozialplan nach § 112 des Be-

triebsverfassungsgesetzes, von der Agentur für Arbeit beraten lassen haben und

5. der dauerhafte Arbeitsausfall der Agentur für Arbeit angezeigt worden ist.

Die Agentur für Arbeit leistet Transferkurzarbeitergeld längstens für zwölf Monate.

(2) Ein dauerhafter Arbeitsausfall liegt vor, wenn auf Grund einer Betriebsänderung im Sinne des § 110 Absatz 1 Satz 3 die Beschäftigungsmöglichkeiten für die Arbeitnehmerinnen und Arbeitnehmer nicht nur vorübergehend entfallen. Der Entgeltausfall kann auch jeweils 100 Prozent des monatlichen Bruttoentgelts betragen.

(3) Die betrieblichen Voraussetzungen für die Gewährung von Transferkurzarbeitergeld sind erfüllt, wenn

1. in einem Betrieb Personalanpassungsmaßnahmen auf Grund einer Betriebsänderung durchgeführt werden,
2. die von Arbeitsausfall betroffenen Arbeitnehmerinnen und Arbeitnehmer in einer betriebsorganisatorisch eigenständigen Einheit zusammengefasst werden, um Entlassungen zu vermeiden und ihre Eingliederungschancen zu verbessern,
3. die Organisation und Mittelausstattung der betriebsorganisatorisch eigenständigen Einheit den angestreben Integrationserfolg erwarten lassen und
4. ein System zur Sicherung der Qualität angewendet wird.

Wird die betriebsorganisatorisch eigenständige Einheit von einem Dritten durchgeführt, tritt an die Stelle der Voraussetzung nach Satz 1 Nummer 4 die Trägerzulassung nach § 178.

(4) Die persönlichen Voraussetzungen sind erfüllt, wenn die Arbeitnehmerin oder der Arbeitnehmer

1. von Arbeitslosigkeit bedroht ist,
2. nach Beginn des Arbeitsausfalls eine versicherungspflichtige Beschäftigung fortsetzt oder im Anschluss an die Beendigung eines Berufsausbildungsverhältnisses aufnimmt,
3. vor der Überleitung in die betriebsorganisatorisch eigenständige Einheit aus Anlass der Betriebsänderung
   a) sich bei der Agentur für Arbeit arbeitsuchend meldet und
   b) an einer arbeitsmarktlich zweckmäßigen Maßnahme zur Feststellung der Eingliederungsaussichten teilgenommen hat; können in berechtigten Ausnahmefällen trotz Mithilfe der Agentur für Arbeit die notwendigen Feststellungsmaßnahmen nicht rechtzeitig durchgeführt werden, sind diese im unmittelbaren Anschluss an die Überleitung innerhalb eines Monats nachzuholen.

§ 98 Absatz 2 bis 4 gilt entsprechend.

(5) Arbeitnehmerinnen und Arbeitnehmer des Steinkohlenbergbaus, denen Anpassungsgeld nach § 5 des Steinkohlefinanzierungsgesetzes gezahlt werden kann, haben vor der Inanspruchnahme des Anpassungsgeldes Anspruch auf Transferkurzarbeitergeld.

(6) Für die Anzeige des Arbeitsausfalls gilt § 99 Absatz 1, 2 Satz 1 und Absatz 3 entsprechend. Der Arbeitsausfall ist bei der Agentur für Arbeit anzuzeigen, in deren Bezirk der personalabgebende Betrieb seinen Sitz hat.
(7) Während des Bezugs von Transferkurzarbeitergeld hat der Arbeitgeber den geförderten Arbeitnehmerinnen und Arbeitnehmern Vermittlungsvorschläge zu unterbreiten. Stellt der Arbeitgeber oder die Agentur für Arbeit fest, dass Arbeitnehmerinnen oder Arbeitnehmer Qualifizierungsdefizite aufweisen, soll der Arbeitgeber geeignete Maßnahmen zur Verbesserung der Eingliederungsaussichten anbieten. Als geeignet gelten insbesondere
1. Maßnahmen der beruflichen Weiterbildung für die und für deren Träger eine Zulassung nach dem Fünften Kapitel vorliegt, oder
2. eine zeitlich begrenzte, längstens sechs Monate dauernde Beschäftigung zum Zwecke der Qualifizierung bei einem anderen Arbeitgeber.

Bei der Festlegung von Maßnahmen nach Satz 3 ist die Agentur für Arbeit zu beteiligen. Nimmt die Arbeitnehmerin oder der Arbeitnehmer während der Beschäftigung in einer betriebsorganisatorisch eigenständigen Einheit an einer Qualifizierungsmaßnahme teil, deren Ziel die anschließende Beschäftigung bei einem anderen Arbeitgeber ist, und wurde das Ziel der Maßnahme nicht erreicht, steht die Rückkehr der Arbeitnehmerin oder des Arbeitnehmers in den bisherigen Betrieb dem Anspruch auf Transferkurzarbeitergeld nicht entgegen.
(8) Der Anspruch ist ausgeschlossen, wenn Arbeitnehmerinnen und Arbeitnehmer nur vorübergehend in der betriebsorganisatorisch eigenständigen Einheit zusammengefasst werden, um anschließend einen anderen Arbeitsplatz in dem gleichen oder einem anderen Betrieb des Unternehmens oder, falls das Unternehmen einem Konzern angehört, einen Arbeitsplatz in einem Betrieb eines anderen Konzernunternehmens des Konzerns zu besetzen. § 110 Absatz 3 Satz 3 gilt entsprechend.
(9) Soweit nichts Abweichendes geregelt ist, sind die für das Kurzarbeitergeld geltenden Vorschriften des Ersten Unterabschnitts anzuwenden, mit Ausnahme der ersten beiden Titel und des § 109 Absatz 1 Nummer 2 und Absatz 2 bis 4.

§ 111 a Förderung der beruflichen Weiterbildung bei Transferkurzarbeitergeld (1) Arbeitnehmerinnen und Arbeitnehmer, die einen Anspruch auf Transferkurzarbeitergeld nach § 111 haben, können bei Teilnahme an Maßnahmen der beruflichen Weiterbildung durch die Übernahme der Weiterbildungskosten nach § 83 gefördert werden, wenn
1. ihnen im Sinne des § 81 Absatz 2 ein Berufsabschluss fehlt oder sie bei Beginn der Teilnahme das 45. Lebensjahr vollendet haben,
2. die Agentur für Arbeit sie vor Beginn der Teilnahme beraten hat,
3. der Träger der Maßnahme und die Maßnahme für die Förderung zugelassen sind,
4. die Maßnahme während des Bezugs von Transferkurzarbeitergeld endet und
5. der Arbeitgeber mindestens 50 Prozent der Lehrgangskosten trägt.

Die Grundsätze für die berufliche Weiterbildung nach § 81 Absatz 1 Satz 2 und Absatz 3 bis 4 gelten entsprechend.

(2) Arbeitnehmerinnen und Arbeitnehmer, die einen Anspruch auf Transferkurzarbeitergeld nach § 111 haben und denen im Sinne des § 81 Absatz 2 ein Berufsabschluss fehlt, können bei Teilnahme an Maßnahmen der beruflichen Weiterbildung, die zu einem Abschluss in einem Ausbildungsberuf führen, nach § 81 gefördert werden, wenn der Arbeitgeber mindestens 50 Prozent der Lehrgangskosten während des Bezugs von Transferkurzarbeitergeld trägt. Ein Anspruch auf Arbeitslosengeld bei beruflicher Weiterbildung nach § 144 ruht während der Zeit, für die ein Anspruch auf Transferkurzarbeitergeld zuerkannt ist.

(3) Wenn ein Insolvenzereignis im Sinne des § 165 Absatz 1 Satz 2 vorliegt, kann die Agentur für Arbeit abweichend von Absatz 1 Satz 1 Nummer 5 oder Absatz 2 Satz 1 eine niedrigere Beteiligung des Arbeitgebers an den Lehrgangskosten festlegen.

Siebter Abschnitt – Teilhabe behinderter Menschen am Arbeitsleben

Erster Unterabschnitt – Grundsätze

§ 112 Teilhabe am Arbeitsleben (1) Für behinderte Menschen können Leistungen zur Förderung der Teilhabe am Arbeitsleben erbracht werden, um ihre Erwerbsfähigkeit zu erhalten, zu verbessern, herzustellen oder wiederherzustellen und ihre Teilhabe am Arbeitsleben zu sichern, soweit Art oder Schwere der Behinderung dies erfordern.

(2) Bei der Auswahl der Leistungen sind Eignung, Neigung, bisherige Tätigkeit sowie Lage und Entwicklung des Arbeitsmarktes angemessen zu berücksichtigen. Soweit erforderlich, ist auch die berufliche Eignung abzuklären oder eine Arbeitserprobung durchzuführen.

§ 113 Leistungen zur Teilhabe (1) Für behinderte Menschen können erbracht werden

1. allgemeine Leistungen sowie
2. besondere Leistungen zur Teilhabe am Arbeitsleben und diese ergänzende Leistungen.

(2) Besondere Leistungen zur Teilhabe am Arbeitsleben werden nur erbracht, soweit nicht bereits durch die allgemeinen Leistungen eine Teilhabe am Arbeitsleben erreicht werden kann.

§ 114 Leistungsrahmen Die allgemeinen und besonderen Leistungen richten sich nach den Vorschriften des Zweiten bis Fünften Abschnitts, soweit nachfolgend nichts Abweichendes bestimmt ist.

Zweiter Unterabschnitt – Allgemeine Leistungen

§ 115 Leistungen Die allgemeinen Leistungen umfassen
1. Leistungen zur Aktivierung und beruflichen Eingliederung,
2. Leistungen zur Förderung der Berufsvorbereitung und Berufsausbildung einschließlich der Berufsausbildungsbeihilfe und der Assistierten Ausbildung,
3. Leistungen zur Förderung der beruflichen Weiterbildung,
4. Leistungen zur Förderung der Aufnahme einer selbständigen Tätigkeit.

§ 116 Besonderheiten (1) Leistungen zur Aktivierung und beruflichen Eingliederung können auch erbracht werden, wenn behinderte Menschen nicht arbeitslos ist und durch diese Leistungen eine dauerhafte Teilhabe am Arbeitsleben erreicht werden kann.
(2) Förderungsfähig sind auch berufliche Aus- und Weiterbildungen, die im Rahmen des Berufsausbildungsgesetzes oder der Handwerksordnung abweichend von den Ausbildungsordnungen für staatlich anerkannte Ausbildungsberufe oder in Sonderformen für behinderte Menschen durchgeführt werden.
(3) Ein Anspruch auf Berufsausbildungsbeihilfe besteht auch, wenn der behinderte Mensch während der Berufsausbildung im Haushalt der Eltern oder eines Elternteils wohnt. In diesem Fall wird der jweils geltende Bedarf nach § 13 Absatz 1 Nummer 1 des Bundesausbildungsförderungsgesetzes zugrunde gelegt. Für die Unterkunft wird der jeweils geltende Bedarf nach § 13 Absatz 2 Nummer 1 des Bundesausbildungsförderungsgesetzes zugrunde gelegt.
(4) Ein Anspruch auf Berufsausbildungsbeihilfe besteht auch, wenn der behinderte Mensch, der das 18. Lebensjahr noch nicht vollendet hat, außerhalb des Haushalts der Eltern oder eines Elternteils wohnt, auch wenn die Ausbildungsstätte von der Wohnung der Eltern oder eines Elternteils aus in angemessener Zeit zu erreichen ist. In diesem Fall wird der Bedarf nach Absatz 3 Satz 2 und 3 zugrunde gelegt.
(5) Eine Verlängerung der Ausbildung über das vorgesehene Ausbildungsende hinaus, eine Wiederholung der Ausbildung ganz oder in Teilen oder eine erneute Berufsausbildung wird gefördert, wenn Art oder Schwere der Behinderung es erfordern und ohne die Förderung eine dauerhafte Teilhabe am Arbeitsleben nicht erreicht werden kann.
(6) Berufliche Weiterbildung kann auch gefördert werden, wenn behinderte Menschen
1. nicht arbeitslos sind,
2. als Arbeitnehmerinnen oder Arbeitnehmer ohne Berufsabschluss noch nicht drei Jahre beruflich tätig gewesen sind oder
3. einer längeren Förderung als nichtbehinderte Menschen oder einer erneuten Förderung bedürfen, um am Arbeitsleben teilzuhaben oder weiter teilzuhaben.

Förderungsfähig sind auch schulische Ausbildungen, deren Abschluss für die Weiterbildung erforderlich ist.
(7) Ein Gründungszuschuss kann auch geleistet werden, wenn der behinderte

Mensch einen Anspruch von weniger als 150 Tagen oder keinen Anspruch auf Arbeitslosengeld hat.

Dritter Unterabschnitt – Besondere Leistungen

Erster Titel – Allgemeines

§ 117 Grundsatz (1) Die besonderen Leistungen sind anstelle der allgemeinen Leistungen insbesondere zur Förderung der beruflichen Aus- und Weiterbildung einschließlich Berufsvorbereitung, sowie blindentechnischer und vergleichbarer spezieller Grundausbildungen zu erbringen, wenn

1. Art oder Schwere der Behinderung oder die Sicherung der Teilhabe am Arbeitsleben die Teilnahme an
   a) einer Maßnahme in einer besonderen Einrichtung für behinderte Menschen oder
   b) einer sonstigen auf die besonderen Bedürfnisse behinderter Menschen ausgerichteten Maßnahme

   unerlässlich machen oder
2. die allgemeinen Leistungen die wegen Art oder Schwere der Behinderung erforderlichen Leistungen nicht oder nicht im erforderlichen Umfang vorsehen.

In besonderen Einrichtungen für behinderte Menschen können auch Aus- und Weiterbildungen außerhalb des Berufsbildungsgesetzes und der Handwerksordnung gefördert werden.

(2) Leistungen im Eingangsverfahren und Berufsbildungsbereich werden von anerkannten Werkstätten für behinderte Menschen oder anderen Leistungsanbietern nach den §§ 57, 60, 61 a und 62 des Neunten Buches erbracht.

§ 118 Leistungen Die besonderen Leistungen umfassen

1. das Übergangsgeld,
2. das Ausbildungsgeld, wenn ein Übergangsgeld nicht gezahlt werden kann,
3. die Übernahme der Teilnahmekosten für eine Maßnahme.

Die Leistungen werden auf Antrag durch ein Persönliches Budgets erbracht; § 29 des Neunten Buches gilt entsprechend.

Zweiter Titel – Übergangsgeld und Ausbildungeld

§ 119 Übergangsgeld Behinderte Menschen haben Anspruch auf Übergangsgeld, wenn

1. die Voraussetzung der Vorbeschäftigungszeit für das Übergangsgeld erfüllt ist und
2. sie an einer Maßnahme der Berufsausbildung, der Berufsvorbereitung einschließlich einer wegen der Behinderung erforderlichen Grundausbildung,

der individuellen betrieblichen Qualifizierung im Rahmen der Unterstützten Beschäftigung nach § 55 des Neunten Buches, einer Maßnahme im Eingangsverfahren oder Berufsbildungsbereich einer Werkstatt für behinderte Menschen oder bei einem anderen Leistungsanbieter nach § 60 des Neunten Buches oder an einer Maßnahme der beruflichen Weiterbildung teilnehmen, für die die besonderen Leistungen erbracht werden.

Im Übrigen gelten die Vorschriften des Kapitels 11 des Teils 1 des Neunten Buches, soweit in diesem Buch nichts Abweichendes bestimmt ist. Besteht bei Teilnahme an einer Maßnahme, für die die allgemeinen Leistungen erbracht werden, kein Anspruch auf Arbeitslosengeld bei beruflicher Weiterbildung, erhalten die behinderten Menschen Übergangsgeld in Höhe des Arbeitslosengeldes, wenn sie bei Teilnahme an einer Maßnahme, für die die besonderen Leistungen erbracht werden, Übergangsgeld erhalten würden.

§ 120 Vorbeschäftigungszeit für das Übergangsgeld (1) Die Voraussetzung der Vorbeschäftigungszeit für das Übergangsgeld ist erfüllt, wenn der behinderte Mensch innerhalb der letzten drei Jahre vor Beginn der Teilnahme

1. mindestens zwölf Monate in einem Versicherungspflichtverhältnis gestanden hat oder
2. die Voraussetzungen für einen Anspruch auf Arbeitslosengeld erfüllt und Leistungen beantragt hat.

(2) Der Zeitraum von drei Jahren gilt nicht für behinderte Berufsrückkehrende. Er verlängert sich um die Dauer einer Beschäftigung als Arbeitnehmerin oder Arbeitnehmer im Ausland, die für die weitere Ausübung des Berufes oder für den beruflichen Aufstieg nützlich und üblich ist, längstens jedoch um zwei Jahre.

§ 121 Übergangsgeld ohne Vorbeschäftigungszeit Ein behinderter Mensch kann auch dann Übergangsgeld erhalten, wenn die Voraussetzung der Vorbeschäftigungszeit nicht erfüllt ist, jedoch innerhalb des letzten Jahres vor Beginn der Teilnahme

1. durch den behinderten Menschen ein Berufsausbildungsabschluss auf Grund einer Zulassung zur Prüfung nach § 43 Absatz 2 des Berufsbildungsgesetzes oder § 36 Absatz 2 der Handwerksordnung erworben worden ist oder
2. sein Prüfzeugnis auf Grund einer Rechtsverordnung nach § 50 Absatz 1 des Berufsbildungsgesetzes oder § 40 Absatz 1 der Handwerksordnung dem Zeugnis über das Bestehen der Abschlussprüfung in einem nach dem Berufsbildungsgesetz oder der Handwerksordnung anerkannten Ausbildungsberuf gleichgestellt worden ist.

Der Zeitraum von einem Jahr verlängert sich um Zeiten, in denen der behinderte Mensch nach dem Erwerb des Prüfungszeugnisses bei der Agentur für Arbeit arbeitslos gemeldet war.

§ 122 Ausbildungsgeld (1) Behinderte Menschen haben Anspruch auf Ausbildungsgeld während

1. einer Beruflsausbildung oder berufsvorbereitenden Bildungsmaßnahme einschließlich einer Grundausbildung,
2. einer individuellen betrieblichen Qualifizierung im Rahmen der Unterstützten Beschäftigung nach § 55 des Neunten Buches und
3. einer Maßnahme im Eingangsverfahren oder Berufsbildungsbereich einer Werkstatt für behinderte Menschen oder bei einem anderen Leistungsanbieter nach § 60 des Neunten Buches,

wenn ein Übergangsgeld nicht gezahlt werden kann.

(2) Für das Ausbildungsgeld gelten die Vorschriften über die Berufsausbildungsbeihilfe entsprechend, soweit nachfolgend nichts Abweichendes bestimmt ist.

§ 123 Ausbildungsgeld bei Berufsausbildung und Unterstützter Beschäftigung Bei einer Berufsausbildung und bei einer individuellen betrieblichen Qualifizierung im Rahmen der Unterstützten Beschäftigung wird folgender Bedarf zugrunde gelegt:

1. bei Unterbringung im Haushalt der Eltern oder eines Elternteils der jeweils geltende Bedarf nach § 13 Absatz 1 Nummer 1 des Bundesausbildungsförderungsgesetzes zuzüglich des jeweils geltenden Bedarfs für die Unterkunft nach § 13 Absatz 2 Nummer 1 des Bundesausbildungsförderungsgesetzes,
2. bei Unterbringung in einem Wohnheim, einem Internat oder einer besonderen Einrichtung für behinderte Menschen 117 Euro monatlich, wenn die Kosten für Unterbringung und Verpflegung von der Agentur für Arbeit oder einem anderen Leistungsträger übernommen werden,
3. bei anderweitiger Unterbringung der jeweils geltende Bedarf nach § 13 Absatz 1 Nummer 1 des Bundesausbildungsförderungsgesetzes zuzüglich des jeweils geltenden Bedarfs für die Unterkunft nach § 13 Absatz 2 Nummer 2 des Bundesausbildungsförderungsgesetzes; § 128 ist mit Ausnahme der Erstattung behinderungsbedingter Mehraufwendungen nicht anzuwenden.

Bei einer Berufsausbildung ist in den Fällen der Nummern 1 und 3 mindestens ein Betrag zugrunde zu legen, der der Ausbildungsvergütung nach § 17 Absatz 2 des Berufsbildungsgesetzes nach Abzug der Steuern und einer Sozialversicherungspauschale nach § 153 Absatz 1 entspricht. Übersteigt in den Fällen der Nummer 2 die Ausbildungsvergütung nach § 17 Absatz 2 des Berufsbildungsgesetzes nach Abzug der Steuern und einer Sozialversicherungspauschale nach § 153 Absatz 1 den Bedarf zuzüglich der Beträge nach § 2 Absatz 1 und 3 Nummer 2 der Sozialversicherungsentgeltverordnung, so wird die Differenz als Ausgleichsbetrag gezahlt.

§ 124 Ausbildungsgeld bei berufsvorbereitenden Bildungsmaßnahmen und bei Grundausbildung Bei berufsvorbereitenden Bildungsmaßnahmen und bei Grundausbildung wird folgender Bedarf zugrunde gelegt:

1. bei Unterbringung im Haushalt der Eltern oder eines Elternteils der jeweils geltende Bedarf nach § 12 Absatz 1 Nummer 1 des Bundesausbildungsförderungsgesetzes,

2. bei Unterbringung in einem Wohnheim, einem Internat oder einer besonderen Einrichtung für behinderte Menschen 117 Euro monatlich, wenn die Kosten für Unterbringung und Verpflegung von der Agentur für Arbeit oder einem anderen Leistungsträger übernommen werden,
3. bei anderweitiger Unterbringung der jeweils geltende Bedarf nach § 12 Absatz 2 Nummer 1 des Bundesausbildungsförderungsgesetzes; § 128 ist mit Ausnahme der Erstattung behinderungsbedingter Mehraufwendungen nicht anzuwenden.

§ 125 Ausbildungsgeld bei Maßnahmen in anerkannten Werkstätten für behinderte Menschen und bei Maßnahmen anderer Leistungsanbieter nach § 60 des Neunten Buches Bei Maßnahmen im Eingangsverfahren und Berufsbildungsbereich anerkannter Werkstätten für behinderte Menschen und bei vergleichbaren Maßnahmen anderer Leistungsanbieter nach § 60 des Neunten Buches wird ein Ausbildungsgeld in Höhe von 117 Euro monatlich gezahlt.

§ 126 Einkommensanrechnung (1) Das Einkommen, das ein behinderter Mensch während einer Maßnahme in einer anerkannten Werkstatt für behinderte Menschen oder bei einem anderen Leistungsanbieter nach § 60 des Neunten Buches erzielt, wird nicht auf den Bedarf angerechnet.
(2) Anrechnungsfrei bei der Einkommensanrechnung bleibt im Übrigen das Einkommen
1. des behinderten Menschen aus Waisenrenten, Waisengeld oder aus Unterhaltsleistungen bis zu 272 Euro monatlich,
2. der Eltern bis zu 3331 Euro monatlich, des verwitweten Elternteils oder, bei getrennt lebenden Eltern, das Einkommen des Elternteils, bei dem der behinderte Mensch lebt, ohne Anrechnung des Einkommens des anderen Elternteils, bis zu 2076 Euro monatlich und
3. der Ehegattin oder des Ehegatten oder der Lebenspartnerin oder des Lebenspartners bis zu 2076 Euro monatlich.

Dritter Titel – Teilnahmekosten für Maßnahmen

§ 127 Teilnahmekosten für Maßnahmen (1) Teilnahmekosten bestimmen sich nach den §§ 49, 64, 73 und 74 des Neunten Buches. Sie beinhalten auch weitere Aufwendungen, die wegen Art und Schwere der Behinderung unvermeidbar entstehen, sowie Kosten für Unterkunft und Verpflegung bei anderweitiger auswärtiger Unterbringung.
(2) Die Teilnahmekosten nach Absatz 1 können Aufwendungen für erforderliche eingliederungsbegleitende Dienste während der und im Anschluss an die Maßnahme einschließen.

§ 128 Kosten für Unterkunft und Verpflegung bei anderweitiger auswärtiger Unterbringung Sind behinderte Menschen auswärtig untergebracht, aber nicht in einem Wohnheim, einem Internat oder einer besonderen Einrichtung für behinderte Menschen mit voller Verpflegung, so wird ein Betrag nach § 86 zuzüglich der behinderungsbedingten Mehraufwendungen erbracht.

Vierter Titel – Anordnungsermächtigung

§ 129 Anordnungsermächtigung Die Bundesagentur wird ermächtigt, durch Anordnung das Nähere über Voraussetzungen, Art, Umfang und Ausführung der Leistungen in Übereinstimmung mit den für die anderen Träger der Leistungen zur Teilhabe am Arbeitsleben geltenden Regelungen zu bestimmen.

Achter Abschnitt – Befristete Leistungen und innovative Ansätze

§ 130 Assistierte Ausbildung (1) Die Agentur für Arbeit kann förderungsberechtigte junge Menschen und deren Ausbildungsbetriebe während einer betrieblichen Berufsausbildung (ausbildungsbegleitende Phase) durch Maßnahmen der Assistierten Ausbildung mit dem Ziel des erfolgreichen Abschlusses der Berufsausbildung unterstützen. Die Maßnahme kann auch eine vorgeschaltete ausbildungsvorbereitende Phase enthalten.

(2) Förderungsberechtigt sind lernbeeinträchtigte und sozial benachteiligte junge Menschen, die wegen in ihrer Person liegender Gründe ohne die Förderung eine betriebliche Berufsausbildung nicht beginnen, fortsetzen oder erfolgreich beenden können. § 57 Absatz 1 und 2 gelten entsprechend.

(2 a) In der ausbildungsvorbereitenden Phase sind Ausländerinnen und Ausländer förderungsberechtigt, wenn die Voraussetzungen nach Absatz 2 vorliegen und sie eine Erwerbstätigkeit ausüben dürfen oder ihnen eine Erwerbstätigkeit erlaubt werden kann. Für eine Unterstützung in dieser Phase müssen Ausländerinnen und Ausländer, die eine Aufenthaltsgestattung nach dem Asylgesetz oder eine Duldung besitzen, zudem

1. sich seit mindestens 15 Monaten erlaubt, gestattet oder geduldet im Bundesgebiet aufhalten und
2. schulische Kenntnisse und Kenntnisse der deutschen Sprache besitzen, die einen erfolgreichen Übergang in eine Berufsausbildung erwarten lassen.

Gestattete oder geduldete Ausländerinnen oder Ausländer, die vor dem 1. August 2019 in das Bundesgebiet eingereist sind, müssen sich abweichend von Satz 2 Nummer 1 seit mindestens drei Monaten erlaubt, gestattet oder geduldet dort aufhalten.

(3) Der förderungsberechtigte junge Mensch wird, auch im Betrieb, individuell und kontinuierlich unterstützt und sozialpädagogisch begleitet.

(4) In der ausbildungsbegleitenden Phase werden förderungsberechtigte junge Menschen unterstützt

1. zum Abbau von Sprach- und Bildungsdefiziten,
2. zur Förderung fachtheoretischer Fertigkeiten, Kenntnisse und Fähigkeiten und
3. zur Stabilisierung des Berufsausbildungsverhältnisses.

Die Unterstützung ist mit dem Ausbildungsbetrieb abzustimmen und muss über die Vermittlung betriebs- und ausbildungsüblicher Inhalte hinausgehen.

(5) In einer ausbildungsvorbereitenden Phase werden förderungsberechtigte junge Menschen
1. auf die Aufnahme einer betrieblichen Berufsausbildung vorbereitet und
2. bei der Suche nach einer betrieblichen Ausbildungsstelle unterstützt.

Die ausbildungsvorbereitende Phase darf eine Dauer von bis zu sechs Monaten umfassen. Konnte der förderungsberechtigte junge Mensch in dieser Zeit nicht in eine betriebliche Berufsausbildung vermittelt werden, kann die ausbildungsvorbereitende Phase bis zu zwei weitere Monate fortgesetzt werden. Sie darf nicht den Schulgesetzen der Länder unterliegen. Betriebliche Praktika können abgestimmt auf den individuellen Förderbedarf in angemessenem Umfang vorgesehen werden.

(6) Betriebe, die einen förderungsberechtigten jungen Menschen betrieblich ausbilden, können bei der Durchführung der Berufsausbildung unterstützt werden
1. administrativ und organisatorisch und
2. zur Stabilisierung des Berufsausbildungsverhältnisses.

Im Fall des Absatzes 1 Satz 2 können Betriebe, die das Ziel verfolgen, einen förderungsberechtigten jungen Menschen betrieblich auszubilden, zur Aufnahme der Berufsausbildung in der ausbildungsvorbereitenden Phase im Sinne von Satz 1 unterstützt werden.

(7) § 77 gilt entsprechend. Die Leistungen an den Träger der Maßnahme umfassen die Maßnahmekosten. § 79 Absatz 3 Satz 1 Nummer 1 und 2 gilt entsprechend.

(8) Abweichend von Absatz 2 Satz 1 können unter den Voraussetzungen von Satz 2 auch junge Menschen förderungsberechtigt sein, die aufgrund besonderer Lebensumstände eine betriebliche Berufsausbildung nicht beginnen, fortsetzen oder erfolgreich beenden können. Voraussetzung ist, dass eine Landeskonzeption für den Bereich des Übergangs von der Schule in den Beruf besteht, in der die besonderen Lebensumstände konkretisiert sind, dass eine spezifische Landeskonzeption zur Assistierten Ausbildung vorliegt und dass sich Dritte mit mindestens 50 Prozent an der Förderung beteiligen.

(9) Maßnahmen können bis zum 30. September 2020 beginnen. Die Unterstützung von Auszubildenden und deren Ausbildungsbetrieben kann in bereits laufenden Maßnahmen auch nach diesem Zeitpunkt beginnen. Die oder der Auszubildende muss spätestens in dem Ausbildungsjahr den Termin für die vorgesehene reguläre Abschlussprüfung haben, in dem die ausbildungsbegleitende Phase der Maßnahme endet.

§ 131 *(aufgehoben)*

§ 131 a Sonderregelungen zur beruflichen Weiterbildung (1) *(aufgehoben)*
(2) Abweichend von § 81 Absatz 4 kann die Agentur für Arbeit unter Anwendung des Vergaberechts Träger mit der Durchführung von folgenden Maßnahmen beauftragen, wenn die Maßnahmen vor Ablauf des 31. Dezember 2020 beginnen:
1. Maßnahmen, die zum Erwerb von Grundkompetenzen nach § 81 Absatz 3 a führen,
2. Maßnahmen, die zum Erwerb von Grundkompetenzen nach § 81 Absatz 3 a und zum Erwerb eines Abschlusses in einem Ausbildungsberuf führen, für den nach bundes- oder landesrechtlichen Vorschriften eine Ausbildungsdauer von mindestens zwei Jahren festgelegt ist, oder
3. Maßnahmen, die eine Weiterbildung in einem Betrieb, die auf den Erwerb eines Berufsabschlusses im Sinne des § 81 Absatz 2 Nummer 2 erster Halbsatz gerichtet ist, begleitend unterstützen.

Für Maßnahmen nach Nummer 2 gilt § 180 Absatz 4 entsprechend. § 176 Absatz 2 Satz 2 findet keine Anwendung.
(3) Arbeitnehmerinnen und Arbeitnehmer, die an einer nach § 81 geförderten beruflichen Weiterbildung teilnehmen, die zu einem Abschluss in einem Ausbildungsberuf führt, für den nach bundes- oder landesrechtlichen Vorschriften eine Ausbildungsdauer von mindestens zwei Jahren festgelegt ist, erhalten folgende Prämien, wenn die Maßnahme vor Ablauf des 31. Dezember 2020 beginnt:
1. nach Bestehen einer in diesen Vorschriften geregelten Zwischenprüfung eine Prämie von 1000 Euro und
2. nach Bestehen der Abschlussprüfung eine Prämie von 1500 Euro.

§ 131 b Weiterbildungsförderung in der Altenpflege Abweichend von § 180 Absatz 4 Satz 1 ist die Dauer einer Vollzeitmaßnahme der beruflichen Weiterbildung in der Altenpflege, die in der Zeit vom 1. April 2013 bis zum 31. Dezember 2019 beginnt, auch dann angemessen, wenn sie nach dem Altenpflegegesetz nicht um mindestens ein Drittel verkürzt werden kann. Insoweit ist § 180 Absatz 4 Satz 2 nicht anzuwenden.

§ 132 *(aufgehoben)*

§ 133 Saison-Kurzarbeitergeld und ergänzende Leistungen im Gerüstbauerhandwerk (1) In Betrieben des Gerüstbauerhandwerks (§ 1 Absatz 3 Nummer 1 der Baubetriebe-Verordnung) werden bis zum 31. März 2021 Leistungen nach den §§ 101 und 102 nach Maßgabe der folgenden Regelungen erbracht.
(2) Die Schlechtwetterzeit beginnt am 1. November und endet am 31. März.
(3) Ergänzende Leistungen nach § 102 Absatz 2 und 4 werden ausschließlich zur Vermeidung oder Überbrückung witterungsbedingter Arbeitsausfälle erbracht. Zuschuss-Wintergeld wird in Höhe von 1,03 Euro je Ausfallstunde gezahlt.
(4) Anspruch auf Zuschuss-Wintergeld nach § 102 Absatz 2 haben auch Arbeitnehmerinnen und Arbeitnehmer, die zur Vermeidung witterungsbedingter Arbeitsausfälle eine Vorausleistung erbringen, die das Arbeitsentgelt bei witte-

rungsbedingtem Arbeitsausfall in der Schlechtwetterzeit für mindestens 120 Stunden ersetzt, in angemessener Höhe im Verhältnis zum Saison-Kurzarbeitergeld steht und durch Tarifvertrag, Betriebsvereinbarung oder Arbeitsvertrag geregelt ist. Der Ansprch auf Zuschuss-Wintergeld besteht für Zeiten des Bezugs der Vorausleistung, wenn diese niedriger ist als das ohne den witterungsbedingten Arbeitsausfall erzielte Arbeitsentgelt.

§ 134 *(aufgehoben)*

§ 135 Erprobung innovativer Ansätze (1) Die Zentrale der Bundesagentur kann bis zu einem Prozent der im Eingliederungstitel enthaltenen Mittel einsetzen, um innovative Ansätze der aktiven Arbeitsförderung zu erproben. Die einzelnen Projekte dürfen den Höchstbetrag von 2 Millionen Euro jährlich und eine Dauer von 24 Monaten nicht übersteigen.
(2) Die Umsetzung und die Wirkung der Projekte sind zu beobachten und auszuwerten. Über die Ergebnisse der Projekte ist dem Verwaltungsrat nach deren Beendigung ein Bericht vorzulegen. Zu Beginn jedes Jahres übermittelt die Bundesagentur dem Verwaltungsrat eine Übersicht über die laufenden Projekte.

Viertes Kapitel – Arbeitslosengeld und Insolvenzgeld

Erster Abschnitt – Arbeitslosengeld

Erster Unterabschnitt – Regelvoraussetzungen

§ 136 Anspruch auf Arbeitslosengeld (1) Arbeitnehmerinnen und Arbeitnehmer haben Anspruch auf Arbeitslosengeld
1. bei Arbeitslosigkeit oder
2. bei beruflicher Weiterbildung.

(2) Wer das für die Regelaltersrente im Sinne des Sechsten Buches erforderliche Lebensjahr vollendet hat, hat vom Beginn des folgenden Monats an keinen Anspruch auf Arbeitslosengeld.

§ 137 Anspruchsvoraussetzungen bei Arbeitslosigkeit (1) Anspruch auf Arbeitslosengeld bei Arbeitslosigkeit hat, wer
1. arbeitslos ist,
2. sich bei der Agentur für Arbeit arbeitslos gemeldet und
3. die Anwartschaftszeit erfüllt hat.

(2) Bis zur Entscheidung über den Anspruch kann die antragstellende Person bestimmen, dass der Anspruch nicht oder zu einem späteren Zeitpunkt entstehen soll.

§ 138 Arbeitslosigkeit (1) Arbeitslos ist, wer Arbeitnehmerin oder Arbeitnehmer ist und

1. nicht in einem Beschäftigungsverhältnis steht (Beschäftigungslosigkeit),
2. sich bemüht, die eigene Beschäftigungslosigkeit zu beenden (Eigenbemühungen), und
3. den Vermittlungsbemühungen der Agentur für Arbeit zur Verfügung steht (Verfügbarkeit).

(2) Eine ehrenamtliche Betätigung schließt Arbeitslosigkeit nicht aus, wenn dadurch die berufliche Eingliederung der oder des Arbeitslosen nicht beeinträchtigt wird.

(3) Die Ausübung einer Beschäftigung, selbständigen Tätigkeit, Tätigkeit als mithelfende Familienangehörige oder mithelfender Familienangehöriger (Erwerbstätigkeit) schließt die Beschäftigungslosigkeit nicht aus, wenn die Arbeits- oder Tätigkeitszeit (Arbeitszeit) weniger als 15 Stunden wöchentlich umfasst; gelegentliche Abweichungen von geringer Dauer bleiben unberücksichtigt. Die Arbeitszeiten mehrerer Erwerbstätigkeiten werden zusammengerechnet.

(4) Im Rahmen der Eigenbemühungen hat die oder der Arbeitslose alle Möglichkeiten zur beruflichen Eingliederung zu nutzen. Hier gehören insbesondere
1. die Wahrnehmung der Verpflichtungen aus der Eingliederungsvereinbarung,
2. die Mitwirkung bei der Vermittlung durch Dritte und
3. die Inanspruchnahme der Selbstinformationseinrichtungen der Agentur für Arbeit.

(5) Den Vermittlungsbemühungen der Agentur für Arbeit stehen zur Verfügung, wer
1. eine versicherungspflichtige, mindestens 15 Stunden wöchentlich umfassende zumutbare Beschäftigung unter den üblichen Bedingungen des für sie oder ihn in Betracht kommenden Arbeitsmarktes ausüben kann und darf,
2. Vorschlägen der Agentur für Arbeit zur beruflichen Eingliederung zeit- und ortsnah Folge leisten kann,
3. bereit ist, jede Beschäftigung im Sinne der Nummer 1 anzunehmen und auszuüben, und
4. bereit ist, an Maßnahmen zur beruflichen Eingliederung in das Erwerbsleben teilzunehmen.

§ 139 Sonderfälle der Verfügbarkeit (1) Nimmt eine leistungsberechtigte Person an einer Maßnahme nach § 45 oder an einer Berufsfindung oder Arbeitserprobung im Sinne des Rechts der beruflichen Rehabilitation teil, leistet sie vorübergehend zur Verhütung oder Beseitigung öffentlicher Notstände Dienste, die nicht auf einem Arbeitsverhältnis beruhen, übt sie eine freie Arbeit im Sinne des Artikels 293 Absatz 1 des Einführungsgesetzes zum Strafgesetzbuch oder auf Grund einer Anordnung im Gnadenwege aus oder erbringt sie gemeinnützige Leistungen oder Arbeitsleistungen nach den in Artikel 293 Absatz 3 des Einführungsgesetzes zum Strafgesetzbuch genannten Vorschriften oder auf Grund deren entsprechender Anwendung, so schließt dies die Verfügbarkeit nicht aus. Nimmt eine leistungsberechtigte Person an einem Integrationskurs nach § 43 des Aufenthaltsgesetzes oder an einem Kurs der berufsbezogenen Deutschsprachförderung nach § 45 a des Aufenthaltsgesetzes teil, der jeweils für die

dauerhafte berufliche Eingliederung notwendig ist, so schließt dies die Verfügbarkeit nicht aus.
(2) Bei Schülerinnen, Schülern, Studentinnen oder Studenten einer Schule, Hochschule oder sonstigen Ausbildungsstätte wird vermutet, dass sie nur versicherungsfreie Beschäftigungen ausüben können. Die Vermutung ist widerlegt, wenn die Schülerin, der Schüler, die Studentin oder der Student darlegt und nachweist, dass der Ausbildungsgang die Ausübung einer versicherungspflichtigen, mindestens 15 Stunden wöchentlich umfassenden Beschäftigung bei ordnungsgemäßer Erfüllung der in den Ausbildungs- und Prüfungsbestimmungen vorgeschriebenen Anforderungen zulässt.
(3) Nimmt eine leistungsberechtigte Person an einer Maßnahme der beruflichen Weiterbildung teil, für die die Voraussetzungen nach § 81 nicht erfüllt sind, schließt dies die Verfügbarkeit nicht aus, wenn
1. die Agentur für Arbeit der Teilnahme zustimmt und
2. die leistungsberechtigte Person ihre Bereitschaft erklärt, die Maßnahme abzubrechen, sobald eine berufliche Eingliederung in Betracht kommt, und zu diesem Zweck die Möglichkeit zum Abbruch mit dem Träger der Maßnahme vereinbart hat.

(4) Ist die leistungsberechtigte Person nur bereit, Teilzeitbeschäftigungen auszuüben, so schließt dies Verfügbarkeit nicht aus, wenn sich die Arbeitsbereitschaft auf Teilzeitbeschäftigungen erstreckt, die versicherungspflichtig sind, mindestens 15 Stunden wöchentlich umfassen und den üblichen Bedingungen des für sie in Betracht kommenden Arbeitsmarktes entsprechen. Eine Einschränkung auf Teilzeitbeschäftigungen aus Anlass eines konkreten Arbeits- oder Maßnahmeangebotes ist nicht zulässig. Die Einschränkung auf Heimarbeit schließt die Verfügbarkeit nicht aus, wenn die Anwartschaftszeit durch eine Beschäftigung als Heimarbeiterin oder Heimarbeiter erfüllt worden ist und die leistungsberechtigte Person bereit und in der Lage ist, Heimarbeit unter den üblichen Bedingungen auf dem für sie in Betracht kommenden Arbeitsmarkt auszuüben.

§ 140 Zumutbare Beschäftigungen (1) Einer arbeitslosen Person sind alle ihrer Arbeitsfähigkeit entsprechenden Beschäftigungen zumutbar, soweit allgemeine oder personenbezogene Gründe der Zumutbarkeit einer Beschäftigung nicht entgegenstehen.
(2) Aus allgemeinen Gründen ist eine Beschäftigung einer arbeitslosen Person insbesondere nicht zumutbar, wenn die Beschäftigung gegen gesetzliche, tarifliche oder in Betriebsvereinbarungen festgelegte Bestimmungen über Arbeitsbedingungen oder gegen Bestimmungen des Arbeitsschutzes verstößt.
(3) Aus personenbezogenen Gründen ist eine Beschäftigung einer arbeitslosen Person insbesondere nicht zumutbar, wenn das daraus erzielbare Arbeitsentgelt erheblich niedriger ist als das der Bemessung des Arbeitslosengeldes zugrunde liegende Arbeitsentgelt. In den ersten drei Monaten der Arbeitslosigkeit ist eine Minderung um mehr als 20 Prozent und in den folgenden drei Monaten um mehr als 30 Prozent dieses Arbeitsentgelts nicht zumutbar. Vom siebten Monat

der Arbeitslosigkeit an ist einer arbeitslosen Person eine Beschäftigung nur dann nicht zumutbar, wenn das daraus erzielbare Nettoeinkommen unter Berücksichtigung der mit der Beschäftigung zusammenhängenden Aufwendungen niedriger ist als das Arbeitslosengeld.

(4) Aus personenbezogenen Gründen ist einer arbeitslosen Person eine Beschäftigung auch nicht zumutbar, wenn die täglichen Pendelzeiten zwischen ihrer Wohnung und der Arbeitsstätte im Vergleich zur Arbeitszeit unverhältnismäßig lang sind. Als unverhältnismäßig lang sind im Regelfall Pendelzeiten von insgesamt mehr als zweieinhalb Stunden bei einer Arbeitszeit von mehr als sechs Stunden und Pendelzeiten von mehr als zwei Stunden bei einer Arbeitszeit von sechs Stunden und weniger anzusehen. Sind in einer Region unter vergleichbaren Beschäftigten längere Pendelzeiten üblich, bilden diese den Maßstab. Ein Umzug zur Aufnahme einer Beschäftigung außerhalb des zumutbaren Pendelbereichs ist einer arbeitslosen Person zumutbar, wenn nicht zu erwarten ist, dass sie innerhalb der ersten drei Monate der Arbeitslosigkeit eine Beschäftigung innerhalb des zumutbaren Pendelbereichs aufnehmen wird. Vom vierten Monat der Arbeitslosigkeit an ist einer arbeitslosen Person ein Umzug zur Aufnahme einer Beschäftigung außerhalb des zumutbaren Pendelbereichs in der Regel zumutbar. Die Sätze 4 und 5 sind nicht anzuwenden, wenn dem Umzug ein wichtiger Grund entgegensteht. Ein wichtiger Grund kann sich insbesondere aus familiären Bindungen ergeben.

(5) Eine Beschäftigung ist nicht schon deshalb unzumutbar, weil sie befristet ist, vorübergehend eine getrennte Haushaltsführung erfordert oder nicht zum Kreis der Beschäftigungen gehört, für die die Arbeitnehmerin oder der Arbeitnehmer ausgebildet ist oder die sie oder er bisher ausgeübt hat.

§ 141 Persönliche Arbeitslosmeldung (1) Die oder der Arbeitslose hat sich persönlich bei der zuständigen Agentur für Arbeit arbeitslos zu melden. Eine Meldung ist auch zulässig, wenn die Arbeitslosigkeit noch nicht eingetreten, der Eintritt der Arbeitslosigkeit aber innerhalb der nächsten drei Monate zu erwarten ist.

(2) Die Wirkung der Meldung erlischt

1. bei einer mehr als sechswöchigen Unterbrechung der Arbeitslosigkeit,
2. mit der Aufnahme der Beschäftigung, selbständigen Tätigkeit, Tätigkeit als mithelfende Familienangehörige oder als mithelfender Familienangehöriger, wenn die oder der Arbeitslose diese der Agentur für Arbeit nicht unverzüglich mitgeteilt hat.

(3) Ist die zuständige Agentur für Arbeit am ersten Tag der Beschäftigungslosigkeit der oder des Arbeitslosen nicht dienstbereit, so wirkt eine persönliche Meldung an dem nächsten Tag, an dem die Agentur für Arbeit dienstbereit ist, auf den Tag zurück, an dem die Agentur für Arbeit nicht dienstbereit war.

§ 142 Anwartschaftszeit (1) Die Anwartschaftszeit hat erfüllt, wer in der Rahmenfrist (§ 143) mindestens zwölf Monate in einem Versicherungspflichtverhältnis gestanden hat. Zeiten, die vor dem Tag liegen, an dem der Anspruch auf

Arbeitslosengeld wegen des Eintritts einer Sperrzeit erloschen ist, dienen nicht zur Erfüllung der Anwartschaftszeit.

(2) Für Arbeitslose, die die Anwartschaftszeit nach Absatz 1 nicht erfüllen sowie darlegen und nachweisen, dass

1. sich die in der Rahmenfrist zurückgelegten Beschäftigungstage überwiegend aus versicherungspflichtigen Beschäftigungen ergeben, die auf nicht mehr als 14 Wochen im Voraus durch Arbeitsvertrag zeit- oder zweckbefristet sind, und
2. das in den letzten zwölf Monaten vor der Beschäftigungslosigkeit erzielte Arbeitsentgelt das 1,5fache der zum Zeitpunkt der Anspruchsentstehung maßgeblichen Bezugsgröße nach § 18 Absatz 1 des Vierten Buches nicht übersteigt,

gilt bis zum 31. Dezember 2022, dass die Anwartschaftszeit sechs Monate beträgt. § 27 Absatz 3 Nummer 1 bleibt unberührt.

§ 143 Rahmenfrist (1) Die Rahmenfrist beträgt 30 Monate und beginnt mit dem Tag vor der Erfüllung aller sonstigen Voraussetzungen für den Anspruch auf Arbeitslosengeld.

(2) Die Rahmenfrist reicht nicht in eine vorangegangene Rahmenfrist hinein, in der die oder der Arbeitslose eine Anwartschaftszeit erfüllt hatte.

(3) In die Rahmenfrist werden Zeiten nicht eingerechnet, in denen die oder der Arbeitslose von einem Rehabilitationsträger Übergangsgeld wegen einer berufsfördernden Maßnahme bezogen hat. In diesem Fall endet die Rahmenfrist spätestens fünf Jahre nach ihrem Beginn.

§ 144 Anspruchsvoraussetzungen bei beruflicher Weiterbildung (1) Anspruch auf Arbeitslosengeld hat auch, wer die Voraussetzungen für einen Anspruch auf Arbeitslosengeld bei Arbeitslosigkeit allein wegen einer nach § 81 geförderten beruflichen Weiterbildung nicht erfüllt.

(2) Bei einer Arbeitnehmerin oder einem Arbeitnehmer, die oder der vor Eintritt in die Maßnahme nicht arbeitslos war, gelten die Voraussetzungen eines Anspruchs auf Arbeitslosengeld bei Arbeitslosigkeit als erfüllt, wenn sie oder er

1. bei Eintritt in die Maßnahme einen Anspruch auf Arbeitslosengeld bei Arbeitslosigkeit hätte, der weder ausgeschöpft noch erloschen ist, oder
2. die Anwartschaftszeit im Fall von Arbeitslosigkeit am Tag den Eintritts in die Maßnahme der beruflichen Weiterbildung erfüllt hätte; insoweit gilt der Tag des Eintritts in die Maßnahme als Tag der persönlichen Arbeitslosmeldung.

Zweiter Unterabschnitt – Sonderformen des Arbeitslosengeldes

§ 145 Minderung der Leistungsfähigkeit (1) Anspruch auf Arbeitslosengeld hat auch eine Person, die allein deshalb nicht arbeitslos ist, weil sie wegen einer mehr als sechsmonatigen Minderung ihrer Leistungsfähigkeit versicherungs-

pflichtige, mindestens 15 Stunden wöchentlich umfassende Beschäftigungen nicht unter den Bedingungen ausüben kann, die auf dem für sie in Betracht kommenden Arbeitsmarkt ohne Berücksichtigung der Minderung der Leistungsfähigkeit üblich sind, wenn eine verminderte Erwerbsfähigkeit im Sinne der gesetzlichen Rentenversicherung nicht festgestellt worden ist. Die Feststellung, ob eine verminderte Erwerbsfähigkeit vorliegt, trifft der zuständige Träger der gesetzlichen Rentenversicherung. Kann sich die leistungsgeminderte Person wegen gesundheitlicher Einschränkungen nicht persönlich arbeitslos melden, so kann die Meldung durch eine Vertreterin oder einen Vertreter erfolgen. Die leistungsgeminderte Person hat sich unverzüglich persönlich bei der Agentur für Arbeit zu melden, sobald der Grund für die Verhinderung entfallen ist.
(2) Die Agentur für Arbeit hat die leistungsgeminderte Person unverzüglich aufzufordern, innerhalb eines Monats einen Antrag auf Leistungen zur medizinischen Rehabilitation oder zur Teilhabe am Arbeitsleben zu stellen. Stellen sie diesen Antrag fristgemäß, so gilt er im Zeitpunkt des Antrags auf Arbeitslosengeld als gestellt. Stellt die leistungsgeminderte Person den Antrag nicht, ruht der Anspruch auf Arbeitslosengeld vom Tag nach Ablauf der Frist an bis zum Tag, an dem sie einen Antrag auf Leistungen zur medizinischen Rehabilitation oder zur Teilhabe am Arbeitsleben oder einen Antrag auf Rente wegen Erwerbsminderung stellt. Kommt die leistungsgeminderte Person ihren Mitwirkungspflichten gegenüber dem Träger der medizinischen Rehabilitation oder der Teilhabe am Arbeitsleben nicht nach, so ruht der Anspruch auf Arbeitslosengeld von dem Tag nach Unterlassen der Mitwirkung bis zu dem Tag, an dem die Mitwirkung nachgeholt wird. Satz 4 gilt entsprechend, wenn die leistungsgeminderte Person durch ihr Verhalten die Feststellung der Erwerbsminderung verhindert.
(3) Wird die leistungseminderte Person von einem Träger der gesetzlichen Rentenversicherung wegen einer Maßnahme zur Rehabilitation Übergangsgeld oder eine Rente wegen Erwerbsminderung zuerkannt, steht der Bundesagentur ein Erstattungsanspruch entsprechend § 103 des Zehnten Buches zu. Hat der Träger der gesetzlichen Rentenversicherung Leistungen nach Satz 1 mit befreiender Wirkung an die leistungsgeminderte Person oder einen Dritten gezahlt, hat die Empfängerin oder der Empfänger des Arbeitslosengeldes dieses insoweit zu erstatten.

§ 146 Leistungsfortzahlung bei Arbeitsunfähigkeit (1) Wer während des Bezugs von Arbeitslosengeld infolge Krankheit unverschuldet arbeitsunfähig oder während des Bezugs von Arbeitslosengeld auf Kosten der Krankenkasse stationär behandelt wird, verliert dadurch nicht den Anspruch auf Arbeitslosengeld für die Zeit der Arbeitsunfähigkeit oder stationären Behandlung mit einer Dauer von bis zu sechs Wochen (Leistungsfortzahlung). Als unverschuldet im Sinne des Satzes 1 gilt auch eine Arbeitsunfähigkeit, die infolge einer durch Krankheit erforderlichen Sterilisation durch eine Ärztin oder einen Arzt oder infolge eines nicht rechtswidrigen Abbruchs der Schwangerschaft eintritt. Dasselbe gilt für einen Abbruch der Schwangerschaft, wenn die Schwangerschaft innerhalb von zwölf Wochen nach der Empfängnis durch eine Ärztin oder einen Arzt abgebrochen wird, die Schwangere den Abbruch verlangt und der Ärztin oder dem Arzt durch eine Bescheinigung nachgewiesen hat, dass sie sich mindestens drei Tage vor dem Eingriff von einer anerkannten Beratungsstelle beraten lassen hat.

(2) Eine Leistungsfortzahlung erfolgt auch im Fall einer nach ärztlichem Zeugnis erforderlichen Beaufsichtigung, Betreuung oder Pflege eines erkrankten Kindes der oder des Arbeitslosen mit einer Dauer von bis zu zehn Tagen, bei alleinerziehenden Arbeitslosen mit einer Dauer von bis zu 20 Tagen für jedes Kind in jedem Kalenderjahr, wenn eine andere im Haushalt der oder des Arbeitslosen lebende Person diese Aufnahme nicht übernehmen kann und das Kind das zwölfte Lebensjahr noch nicht vollendet hat oder behindert und auf Hilfe angewiesen ist. Arbeitslosengeld wird jedoch für nicht mehr als 25 Tage, für alleinerziehende Arbeitslose für nicht mehr als 50 Tage in jedem Kalenderjahr fortgezahlt.

(3) Die Vorschriften des Fünften Buches, die bei Fortzahlung des Arbeitsentgelts durch den Arbeitgeber im Krankheitsfall sowie bei Zahlung von Krankengeld im Fall der Erkrankung eines Kindes anzuwenden sind, gelten entsprechend.

Dritter Unterabschnitt – Anspruchsdauer

§ 147 Grundsatz (1) Die Dauer des Anspruchs auf Arbeitslosengeld richtet sich nach

1. der Dauer der Versicherungspflichtverhältnisse innerhalb der um 30 Monate erweiterten Rahmenfrist und
2. dem Lebensalter, das die oder der Arbeitslose bei der Entstehung des Anspruchs vollendet hat.

Die Vorschriften des Ersten Unterabschnitts zum Ausschluss von Zeiten bei der Erfüllung der Anwartschaftszeit und zur Begrenzung der Rahmenfrist durch eine vorangegangene Rahmenfrist gelten entsprechend.

(2) Die Dauer des Anspruchs auf Arbeitslosengeld beträgt

nach Versicherungspflichtverhältnissen mit einer Dauer von insgesamt mindestens … Monaten	und nach Vollendung des … Lebensjahres	… Monate
12		6
16		8
20		10
24		12

nach Versicherungspflichtverhältnissen mit einer Dauer von insgesamt mindestens … Monaten	und nach Vollendung des … Lebensjahres	… Monate
30	50.	15
36	55.	18
48	58.	24

(3) Bei Erfüllung der Anwartschaftszeit nach § 142 Absatz 2 beträgt die Dauer des Anspruchs auf Arbeitslosengeld unabhängig vom Lebensalter

nach Versicherungspflichtverhältnissen mit einer Dauer von insgesamt mindestens … Monaten	… Monate
6	3
8	4
10	5

Abweichend von Absatz 1 sind nur die Versicherungspflichtverhältnisse innerhalb der Rahmenfrist des § 143 zu berücksichtigen.

(4) Die Dauer des Anspruchs verlängert sich um die Restdauer des wegen Entstehung eines neuen Anspruchs erloschenen Anspruchs, wenn nach der Entstehung des erloschenen Anspruchs noch nicht fünf Jahre verstrichen sind; sie verlängert sich längstens bis zu der dem Lebensalter der oder des Arbeitslosen zugeordneten Höchstdauer.

§ 148 Minderung der Anspruchsdauer (1) Die Dauer des Anspruchs auf Arbeitslosengeld mindert sich um

1. die Anzahl von Tagen, für die der Anspruch auf Arbeitslosengeld bei Arbeitslosigkeit erfüllt ist,
2. jeweils einen Tag für jeweils zwei Tage, für die ein Anspruch auf Teilarbeitslosengeld innerhalb der letzten zwei Jahre vor der Entstehung des Anspruchs erfüllt worden ist,
3. die Anzahl von Tagen einer Sperrzeit wegen Arbeitsablehnung, unzureichender Eigenbemühungen, Ablehnung oder Abbruch einer beruflichen Eingliederungsmaßnahme, Ablehnung oder Abbruch eines Integrationskurses oder einer berufsbezogenen Deutschsprachförderung, Meldeversäumnis oder verspäteter Arbeitsuchendmeldung,
4. die Anzahl von Tagen einer Sperrzeit wegen Arbeitsaufgabe; in Fällen einer Sperrzeit von zwölf Wochen mindestens jedoch um ein Viertel der Anspruchsdauer, die der oder dem Arbeitslosen bei erstmaliger Erfüllung der

Voraussetzungen für den Anspruch auf Arbeitslosengeld nach dem Ereignis, das die Sperrzeit begründet, zusteht,
5. die Anzahl von Tagen, für die der oder dem Arbeitslosen das Arbeitslosengeld wegen fehlender Mitwirkung (§ 66 des Ersten Buches) versagt oder entzogen worden ist,
6. die Anzahl von Tagen der Beschäftigungslosigkeit nach der Erfüllung der Voraussetzungen für den Anspruch auf Arbeitslosengeld, an denen die oder der Arbeitslose nicht arbeitsbereit ist, ohne für sein Verhalten einen wichtigen Grund zu haben,
7. jeweils einen Tag für jeweils zwei Tage, für die ein Anspruch auf Arbeitslosengeld bei beruflicher Weitebildung nach diesem Buch erfüllt worden ist,
8. die Anzahl von Tagen, für die ein Gründungszuschuss in der Höhe des zuletzt bezogenen Arbeitslosengeldes geleistet worden ist.

(2) In den Fällen des Absatzes 1 Nummer 5 und 6 mindert sich die Dauer des Anspruchs auf Arbeitslosengeld um höchstens vier Wochen. In den Fällen des Absatzes 1 Nummer 3 und 4 entfällt die Minderung für Sperrzeiten bei Abbruch einer beruflichen Eingliederungsmaßnahme oder Arbeitsaufgabe, wenn das Ereignis, das die Sperrzeit begründet, bei Erfüllung der Voraussetzungen für den Anspruch auf Arbeitslosengeld länger als ein Jahr zurückliegt. In den Fällen des Absatzes 1 Nummer 7 unterbleibt eine Minderung, soweit sich dadurch eine Anspruchsdauer von weniger als einem Monat ergibt. Ist ein neuer Anspruch entstanden, erstreckt sich die Minderung nur auf die Restdauer des erloschenen Anspruchs (§ 147 Absatz 4).

(3) In den Fällen des Absatzes 1 Nummer 1, 2 und 7 entfällt die Minderung für Tage, für die der Bundesagentur das nach den §§ 145, 157 Absatz 3 oder nach § 158 Absatz 4 geleistete Arbeitslosengeld einschließlich der darauf entfallenden Beiträge zur Kranken-, Renten- und Pflegeversicherung erstattet oder ersetzt wurde; Bruchteile von Tagen sind auf volle Tage aufzurunden.

Vierter Unterabschnitt – Höhe des Arbeitslosengeldes

§ 149 Grundsatz Das Arbeitslosengeld beträgt
1. für Arbeitslose, die mindestens ein Kind im Sinne des § 32 Absatz 1, 3 bis 5 des Einkommensteuergesetzes haben, sowie für Arbeitslose, deren Ehegattin, Ehegatte, Lebenspartnerin oder Lebenspartner mindestens ein Kind im Sinne des § 32 Absatz 1, 3 bis 5 des Einkommensteuergesetzes hat, wenn beide Ehegatten oder Lebenspartner unbeschränkt einkommensteuerpflichtig sind und nicht dauernd getrennt leben, 67 Prozent (erhöhter Leistungssatz),
2. für die übrigen Arbeitslosen 60 Prozent (allgemeiner Leistungssatz)

des pauschalierten Nettoentgelts (Leistungsentgelt), das sich aus dem Bruttoentgelt ergibt, das die oder der Arbeitslose im Bemessungszeitraum erzielt hat (Bemessungsentgelt).

§ 150 Bemessungszeitraum und Bemessungsrahmen (1) Der Bemessungszeitraum umfasst die beim Ausscheiden aus dem jeweiligen Beschäftigungsverhältnis abgerechneten Entgeltabrechnungszeiträume der versicherungspflichtigen Beschäftigungen im Bemessungsrahmen. Der Bemessungsrahmen umfasst ein Jahr; er endet mit dem letzten Tag des letzten Versicherungspflichtverhältnisses vor der Entstehung des Anspruchs.

(2) Bei der Ermittlung des Bemessungszeitraums bleiben außer Betracht

1. Zeiten einer Beschäftigung, neben der Übergangsgeld wegen einer Leistung zur Teilhabe am Arbeitsleben, Teilübergangsgeld oder Teilarbeitslosengeld geleistet worden ist,
2. Zeiten einer Beschäftigung als Freiwillige oder Freiwilliger im Sinne des Jugendfreiwilligendienstegesetzes oder des Bundesfreiwilligendienstgesetzes, wenn sich die beitragspflichtige Einnahme nach § 344 Absatz 2 bestimmt,
3. Zeiten, in denen Arbeitslose Elterngeld oder Erziehungsgeld bezogen oder nur wegen der Berücksichtigung von Einkommen nicht bezogen haben oder ein Kind unter drei Jahren betreut und erzogen haben, wenn wegen der Betreuung und Erziehung des Kindes das Arbeitsentgelt oder die durchschnittliche wöchentliche Arbeitszeit gemindert war,
4. Zeiten, in denen Arbeitslose eine Pflegezeit nach § 3 Absatz 1 Satz 1 des Pflegezeitgesetzes in Anspruch genommen haben sowie Zeiten einer Familienpflegezeit oder Nachpflegephase nach dem Familienpflegezeitgesetz, wenn wegen der Pflege das Arbeitsentgelt oder die durchschnittliche wöchentliche Arbeitszeit gemindert war; insoweit gilt § 151 Absatz 3 Nummer 2 nicht,
5. Zeiten, in denen die durchschnittliche regelmäßige wöchentliche Arbeitszeit auf Grund einer Teilzeitvereinbarung nicht nur vorübergehend auf weniger als 80 Prozent der durchschnittlichen regelmäßigen Arbeitszeit einer vergleichbaren Vollzeitbeschäftigung, mindestens um fünf Stunden wöchentlich, vermindert war, wenn die oder der Arbeitslose Beschäftigungen mit einer höheren Arbeitszeit innerhalb der letzten dreieinhalb Jahre vor der Entstehung des Anspruchs während eines sechs Monate umfassenden zusammenhängenden Zeitraums ausgeübt hat.

Satz 1 Nummer 5 gilt nicht in Fällen einer Teilzeitvereinbarung nach dem Altersteilzeitgesetz, es sei denn, das Beschäftigungsverhältnis ist wegen Zahlungsunfähigkeit des Arbeitgebers beendet worden.

(3) Der Bemessungsrahmen wird auf zwei Jahre erweitert, wenn

1. der Bemessungszeitraum weniger als 150 Tage mit Anspruch auf Arbeitsentgelt enthält,
2. in den Fällen des § 142 Absatz 2 der Bemessungszeitraum weniger als 90 Tage mit Anspruch auf Arbeitsentgelt enthält oder
3. es mit Rücksicht auf das Bemessungsentgelt im erweiterten Bemessungsrahmen unbillig hart wäre, von dem Bemessungsentgelt im Bemessungszeitraum auszugehen.

Satz 1 Nummer 3 ist nur anzuwenden, wenn die oder der Arbeitslose dies verlangt und die zur Bemessung erforderlichen Unterlagen vorlegt.

§ 151 Bemessungsentgelt (1) Bemessungsentgelt ist das durchschnittlich auf den Tag entfallende beitragspflichtige Arbeitsentgelt, das die oder der Arbeitslose im Bemessungszeitraum erzielt hat. Arbeitsentgelte, auf die die oder der Arbeitslose beim Ausscheiden aus dem Beschäftigungsverhältnis Anspruch hatte, gelten als erzielt, wenn sie zugeflossen oder nur wegen Zahlungsunfähigkeit des Arbeitgebers nicht zugeflossen sind.

(2) Außer Betracht bleiben Arbeitsentgelte,

1. die Arbeitslose wegen der Beendigung des Arbeitsverhältnisses erhalten oder die im Hinblick auf die Arbeitslosigkeit vereinbart worden sind,
2. die als Wertguthaben einer Vereinbarung nach § 7 b des Vierten Buches nicht nach dieser Vereinbarung verwendet werden.

(3) Als Arbeitsentgelt ist zugrunde zu legen

1. für Zeiten, in denen Arbeitslose Kurzarbeitergeld oder eine vertraglich vereinbarte Leistung zur Vermeidung der Inanspruchnahme von Saison-Kurzarbeitergeld bezogen haben, das Arbeitsentgelt, das Arbeitslose ohne den Arbeitsausfall und ohne Mehrarbeit erzielt hätten,
2. für Zeiten einer Vereinbarung nach § 7 b des Vierten Buches das Arbeitsentgelt, das Arbeitslose für die geleistete Arbeitszeit ohne eine Vereinbarung nach § 7 b des Vierten Buches erzielt hätten; für Zeiten einer Freistellung das erzielte Arbeitsentgelt,
3. für Zeiten einer Berufsausbildung, die im Rahmen eines Berufsausbildungsvertrages nach dem Berufsbildungsgesetz in einer außerbetrieblichen Einrichtung durchgeführt wurde (§ 25 Absatz 1 Satz 2), die erzielte Ausbildungsvergütung; wurde keine Ausbildungsvergütung erzielt, der nach § 17 Absatz 2 des Berufsbildungsgesetzes als Mindestvergütung maßgeblich Betrag.

(4) Haben Arbeitslose innerhalb der letzten zwei Jahre vor der Entstehung des Anspruchs Arbeitslosengeld bezogen, ist Bemessungsentgelt mindestens das Entgelt, nach dem das Arbeitslosengeld zuletzt bemessen worden ist.

(5) Ist die oder der Arbeitslose nicht mehr bereit oder in der Lage, die im Bemessungszeitraum durchschnittlich auf die Woche entfallende Zahl von Arbeitsstunden zu leisten, vermindert sich das Bemessungsentgelt für die Zeit der Einschränkung entsprechend dem Verhältnis der Zahl der durchschnittlichen regelmäßigen wöchentlichen Arbeitsstunden, die die oder der Arbeitslose künftig leisten will oder kann, zu der Zahl der durchschnittlich auf die Woche entfallenden Arbeitsstunden im Bemessungszeitraum. Einschränkungen des Leistungsvermögens bleiben unberücksichtigt, wenn Arbeitslosengeld nach § 145 geleistet wird. Bestimmt sich das Bemessungsentgelt nach § 152, ist insoweit die tarifliche regelmäßige wöchentliche Arbeitszeit maßgebend, die bei Entstehung des Anspruchs für Angestellte im öffentlichen Dienst des Bundes gilt.

§ 152 Fiktive Bemessung (1) Kann ein Bemessungszeitraum von mindestens 150 Tagen mit Anspruch auf Arbeitsentgelt innerhalb des auf zwei Jahre erweiterten Bemessungsrahmens nicht festgestellt werden, ist als Bemessungsentgelt ein fiktives Arbeitsentgelt zugrunde zu legen. In den Fällen des § 142 Absatz 2 gilt Satz 1 mit der Maßgabe, dass ein Bemessungszeitraum von mindestens 90 Tagen nicht festgestellt werden kann.

(2) Für die Festsetzung des fiktiven Arbeitsentgelts ist die oder der Arbeitslose der Qualifikationsgruppe zuzuordnen, die der beruflichen Qualifikation entspricht, die für die Beschäftigung erforderlich ist, auf die die Agentur für Arbeit die Vermittlungsbemühungen für die Arbeitslose oder den Arbeitslosen in erster Linie zu erstrecken hat. Dabei ist zugrunde zu legen für Beschäftigungen, die

1. eine Hochschul- oder Fachhochschulausbildung erfordern (Qualifikationsgruppe 1), ein Arbeitsentgelt in Höhe von einem Dreihundertstel der Bezugsgröße,
2. einen Fachschulabschluss, den Nachweis über eine abgeschlossene Qualifikation als Meisterin oder Meister oder einen Abschluss in einer vergleichbaren Einrichtung erfordern (Qualifikationsgruppe 2), ein Arbeitsentgelt in Höhe von einem Dreihundertsechszigstel der Bezugsgröße,
3. eine abgeschlossene Ausbildung in einem Ausbildungsberuf erfordern (Qualifikationsgruppe 3), ein Arbeitsentgelt in Höhe von einem Vierhundertfünfzigstel der Bezugsgröße,
4. keine Ausbildung erfordern (Qualifikationsgruppe 4), ein Arbeitsentgelt in Höhe von einem Sechshundertstel der Bezugsgröße.

§ 153 Leistungsentgelt (1) Leistungsentgelt ist das um pauschalierte Abzüge verminderte Bemessungsentgelt. Abzüge sind

1. eine Sozialversicherungspauschale in Höhe von 20 Prozent des Bemessungsentgelts,
2. die Lohnsteuer, die sich nach dem vom Bundesministerium der Finanzen auf Grund des § 51 Absatz 4 Nummer 1 a des Einkommensteuergesetzes bekannt gegebenen Programmablaufplan bei Berücksichtigung der Vorsorgepauschale nach § 39 b Absatz 2 Satz 5 Nummer 3 Buchstabe a bis c des Einkommensteuergesetzes zu Beginn des Jahres, in dem der Anspruch entstanden ist, ergibt und
3. der Solidaritätszuschlag.

Bei der Berechnung der Abzüge nach Satz 2 Nummer 2 und 3 sind

1. Freibeträge und Pauschalen, die nicht jeder Arbeitnehmerin oder jedem Arbeitnehmer zustehen, nicht zu berücksichtigen und
2. der als Lohnsteuerabzugsmerkmal gebildete Faktor nach § 39 f des Einkommensteuergesetzes zu berücksichtigen.

Für die Feststellung der Lohnsteuer wird die Vorsorgepauschale mit folgenden Maßgaben berücksichtigt:

1. für Beiträge zur Rentenversicherung als Beitragsbemessungsgrenze die für das Bundesgebiet West maßgebliche Beitragsbemessungsgrenze,
2. für Beiträge zur Krankenversicherung der ermäßigte Beitragssatz nach § 243 des Fünften Buches zuzüglich des durchschnittlichen Zusatzbeitragssatzes nach § 242 a des Fünften Buches,
3. für Beiträge zur Pflegeversicherung der Beitragssatz nach § 55 Absatz 1 Satz 1 des Elften Buches.

(2) Die Feststellung der Lohnsteuer richtet sich nach der Lohnsteuerklasse, die zu Beginn des Jahres, in dem der Anspruch entstanden ist, als Lohnsteuerabzugsmerkmal gebildet war. Spätere Änderungen der als Lohnsteuerabzugsmerkmal gebildeten Lohnsteuerklasse werden mit Wirkung des Tages berücksichtigt, an dem erstmals die Voraussetzungen für die Änderung vorlagen.

(3) Haben Ehegatten oder Lebenspartner die Lohnsteuerklassen gewechselt, so werden die als Lohnsteuerabzugsmerkmal neu gebildeten Lohnsteuerklassen von dem Tag an berücksichtigt, an dem sie wirksam wurden, wenn

1. die neuen Lohnsteuerklassen dem Verhältnis der monatlichen Arbeitsentgelte beider Ehegatten oder Lebenspartner entsprechen oder
2. sich auf Grund der neuen Lohnsteuerklassen ein Arbeitslosengeld ergibt, das geringer ist als das Arbeitslosengeld, das sich ohne den Wechsel der Lohnsteuerklassen ergäbe.

Bei der Prüfung nach Satz 1 ist der Faktor nach § 39 f des Einkommensteuergesetzes zu berücksichtigen; ein Ausfall des Arbeitsentgelts, der den Anspruch auf eine lohnsteuerfreie Entgeltersatzleistung begründet, bleibt bei der Beurteilung des Verhältnisses der monatlichen Arbeitsentgelte außer Betracht.

§ 154 Berechnung und Leistung Das Arbeitslosengeld wird für Kalendertage berechnet und geleistet. Ist es für einen vollen Kalendermonat zu zahlen, ist dieser mit 30 Tagen anzusetzen.

Fünfter Unterabschnitt – Minderung des Arbeitslosengeldes, Zusammentreffen des Anspruchs mit sonstigem Einkommen und Ruhen des Anspruchs

§ 155 Anrechnung von Nebeneinkommen (1) Übt die oder der Arbeitslose während einer Zeit, für die ihr oder ihm Arbeitslosengeld zusteht, eine Erwerbstätigkeit im Sinne des § 138 Absatz 3 aus, ist das daraus erzielte Einkommen nach Abzug der Steuern, der Sozialversicherungsbeiträge und der Werbungskosten sowie eines Freibetrags in Höhe von 165 Euro in dem Kalendermonat der Ausübung anzurechnen. Handelt es sich um eine selbständige Tätigkeit, eine Tätigkeit als mithelfende Familienangehörige oder mithelfender Familienangehöriger, sind pauschal 30 Prozent der Betriebseinnahmen als Betriebsausgaben abzusetzen, es sei denn, die oder der Arbeitslose weist höhere Betriebsausgaben nach.

(2) Hat die oder der Arbeitslose in den letzten 18 Monaten vor der Entstehung des Anspruchs neben einem Versicherungspflichtverhältnis eine Erwerbstätigkeit (§ 138 Absatz 3) mindestens zwölf Monate lang ausgeübt, so bleibt das Einkommen bis zu dem Betrag anrechnungsfrei, der in den letzten zwölf Monaten vor der Entstehung des Anspruchs aus einer Erwerbstätigkeit (§ 138 Absatz 3) durchschnittlich auf den Monat entfällt, mindestens jedoch ein Betrag in Höhe des Freibetrags, der sich nach Absatz 1 ergeben würde.

(3) Leistungen, die eine Bezieherin oder ein Bezieher von Arbeitslosengeld bei beruflicher Weiterbildung
1. vom Arbeitgeber oder dem Träger der Weiterbildung wegen der Teilnahme oder
2. auf Grund eines früheren oder bestehenden Arbeitsverhältnisses ohne Ausübung einer Beschäftigung für die Zeit der Teilnahme

erhält, werden nach Abzug der Steuern, des auf die Arbeitnehmerin oder den Arbeitnehmer entfallenden Anteils der Sozialversicherungsbeiträge und eines Freibetrags in Höhe von 400 Euro monatlich auf das Arbeitslosengeld angerechnet.

§ 156 Ruhen des Anspruchs bei anderen Sozialleistungen (1) Der Anspruch auf Arbeitslosengeld ruht während der Zeit, für die ein Anspruch auf eine der folgenden Leistungen zuerkannt ist:
1. Berufsausbildungsbeihilfe für Arbeitslose,
2. Krankengeld, Versorgungskrankengeld, Verletztengeld, Mutterschaftsgeld oder Übergangsgeld nach diesem oder einem anderen Gesetz, dem eine Leistung zur Teilhabe zugrunde liegt, wegen der keine ganztägige Erwerbstätigkeit ausgeübt wird,
3. Rente wegen voller Erwerbsminderung aus der gesetzlichen Rentenversicherung oder
4. Altersrente aus der gesetzlichen Rentenversicherung oder Knappschaftsausgleichsleistung oder ähnliche Leistungen öffentlich-rechtlicher Art.

Ist der oder dem Arbeitslosen eine Rente wegen teilweiser Erwerbsminderung zuerkannt, kann sie oder er sein Restleistungsvermögen jedoch unter den üblichen Bedingungen des allgemeinen Arbeitsmarktes nicht mehr verwerten, hat die Agentur für Arbeit die Arbeitslose oder den Arbeitslosen unverzüglich aufzufordern, innerhalb eines Monats einen Antrag auf Rente wegen voller Erwerbsminderung zu stellen. Wird der Antrag nicht gestellt, ruht der Anspruch auf Arbeitslosengeld von dem Tag nach Ablauf der Frist an bis zu dem Tag, an dem der Antrag gestellt wird.

(2) Abweichend von Absatz 1 ruht der Anspruch
1. im Fall der Nummer 2 nicht, wenn für denselben Zeitraum Anspruch auf Verletztengeld und Arbeitslosengeld nach § 146 besteht,
2. im Fall der Nummer 3 vom Beginn der laufenden Zahlung der Rente an und
3. im Fall der Nummer 4
   a) mit Ablauf des dritten Kalendermonats nach Erfüllung der Voraussetzungen für den Anspruch auf Arbeitslosengeld, wenn der oder dem Arbeitslosen für die letzten sechs Monate einer versicherungspflichtigen Beschäftigung eine Teilrente oder eine ähnliche Leistung öffentlich-rechtlicher Art zuerkannt ist,
   b) nur bis zur Höhe der zuerkannten Leistung, wenn die Leistung auch während einer Beschäftigung und ohne Rücksicht auf die Höhe des Arbeitsentgelts gewährt wird.

Im Fall des Satzes 1 Nummer 2 gilt § 145 Absatz 3 entsprechend.

(3) Die Absätze 1 und 2 gelten auch für einen vergleichbaren Anspruch auf eine andere Sozialleistung, den ein ausländischer Träger zuerkannt hat.
(4) Der Anspruch auf Arbeitslosengeld ruht auch während der Zeit, für die die oder der Arbeitslose wegen ihres oder seines Ausscheidens aus dem Erwerbsleben Vorruhestandsgeld oder eine vergleichbare Leistung des Arbeitgebers mindestens in Höhe von 65 Prozent des Bemessungsentgelts bezieht.

§ 157 Ruhen des Anspruchs bei Arbeitsentgelt und Urlaubsabgeltung (1) Der Anspruch auf Arbeitslosengeld ruht während der Zeit, für die die oder der Arbeitslose Arbeitsentgelt erhält oder zu beanspruchen hat.
(2) Hat die oder der Arbeitslose wegen Beendigung des Arbeitsverhältnisses eine Urlaubsabgeltung erhalten oder zu beanspruchen, so ruht der Anspruch auf Arbeitslosengeld für die Zeit des abgegoltenen Urlaubs. Der Ruhenszeitraum beginnt mit dem Ende des die Urlaubsabgeltung begründenden Arbeitsverhältnisses.
(3) Soweit die oder der Arbeitslose die in den Absätzen 1 und 2 genannten Leistungen (Arbeitsentgelt im Sinne des § 115 des Zehnten Buches) tatsächlich nicht erhält, wird das Arbeitslosengeld auch für die Zeit geleistet, in der der Anspruch auf Arbeitslosengeld ruht. Hat der Arbeitgeber die in den Absätzen 1 und 2 genannten Leistungen trotz des Rechtsübergangs mit befreiender Wirkung an die Arbeitslose, den Arbeitslosen oder an eine dritte Person gezahlt, hat die Bezieherin oder der Bezieher des Arbeitslosengeldes dieses insoweit zu erstatten.

§ 158 Ruhen des Anspruchs bei Entlassungsentschädigung (1) Hat die oder der Arbeitslose wegen der Beendigung des Arbeitsverhältnisses eine Abfindung, Entschädigung oder ähnliche Leistung (Entlassungsentschädigung) erhalten oder zu beanspruchen und ist das Arbeitsverhältnis ohne Einhaltung einer der ordentlichen Kündigungsfrist des Arbeitgebers entsprechenden Frist beendet worden, so ruht der Anspruch auf Arbeitslosengeld von dem Ende des Arbeitsverhältnisses an bis zu dem Tag, an dem das Arbeitsverhältnis bei Einhaltung der Frist geendet hätte. Diese Frist beginnt mit der Kündigung, die der Beendigung des Arbeitsverhältnisses vorausgegangen ist, bei Fehlen einer solchen Kündigung mit dem Tag der Vereinbarung über die Beendigung des Arbeitsverhältnisses. Ist die ordentliche Kündigung des Arbeitsverhältnisses durch den Arbeitgeber ausgeschlossen, so gilt bei

1. zeitlich unbegrenztem Ausschluss eine Kündigungsfrist von 18 Monaten,
2. zeitlich begrenztem Ausschluss oder Vorliegen der Voraussetzungen für eine fristgebundene Kündigung aus wichtigem Grund die Kündigungsfrist, die ohne den Ausschluss der ordentlichen Kündigung maßgebend gewesen wäre.

Kann der Arbeitnehmerin oder dem Arbeitnehmer nur bei Zahlung einer Entlassungsentschädigung ordentlich gekündigt werden, so gilt eine Kündigungsfrist von einem Jahr. Hat die oder der Arbeitslose auch eine Urlaubsabgeltung (§ 157 Absatz 2) erhalten oder zu beanspruchen, verlängert sich der

Ruhenszeitraum nach Satz 1 um die Zeit des abgegoltenen Urlaubs. Leistungen, die der Arbeitgeber für eine arbeitslose Person, der Arbeitsverhältnis frühestens mit Vollendung des 50. Lebensjahres beendet wird, unmittelbar für deren Rentenversicherung nach § 187 a Absatz 1 des Sechsten Buches aufwendet, bleiben unberücksichtigt. Satz 6 gilt entsprechend für Beiträge des Arbeitgebers zu einer berufsständischen Versorgungseinrichtung.

(2) Der Anspruch auf Arbeitslosengeld ruht nach Absatz 1 längstens ein Jahr. Er ruht nicht über den Tag hinaus,

1. bis zu dem die oder der Arbeitslose bei Weiterzahlung des während der letzten Beschäftigungszeit kalendertäglich verdienten Arbeitsentgelts einen Betrag in Höhe von 60 Prozent der nach Absatz 1 zu berücksichtigenden Entlassungsentschädigung als Arbeitsentgelt verdient hätte,
2. an dem das Arbeitsverhältnis infolge einer Befristung, die unabhängig von der Vereinbarung über die Beendigung des Arbeitsverhältnisses bestanden hat, geendet hätte, oder
3. an dem der Arbeitgeber das Arbeitsverhältnis aus wichtigem Grund ohne Einhaltung einer Kündigungsfrist hätte kündigen können.

Der nach Satz 2 Nummer 1 zu berücksichtigende Anteil der Entlassungsentschädigung vermindert sich sowohl für je fünf Jahre des Arbeitsverhältnisses in demselben Betrieb oder Unternehmen als auch für je fünf Lebensjahre nach Vollendung des 35. Lebensjahres um je 5 Prozent; er beträgt nicht weniger als 25 Prozent der nach Absatz 1 zu berücksichtigenden Entlassungsentschädigung. Letzte Beschäftigungszeit sind die am Tag des Ausscheidens aus dem Beschäftigungsverhältnis abgerechneten Entgeltabrechnungszeiträume der letzten zwölf Monate; § 150 Absatz 2 Satz 1 Nummer 3 und Absatz 3 gilt entsprechend. Arbeitsentgeltkürzungen infolge von Krankheit, Kurzarbeit, Arbeitsausfall oder Arbeitsversäumnis bleiben außer Betracht.

(3) Hat die oder der Arbeitslose wegen Beendigung des Beschäftigungsverhältnisses unter Aufrechterhaltung des Arbeitsverhältnisses eine Entlassungsentschädigung erhalten oder zu beanspruchen, gelten die Absätze 1 und 2 entsprechend.

(4) Soweit die oder der Arbeitslose die Entlassungsentschädigung (Arbeitsentgelt im Sinne des § 115 des Zehnten Buches) tatsächlich nicht erhält, wird das Arbeitslosengeld auch für die Zeit geleistet, in der der Anspruch auf Arbeitslosengeld ruht. Hat der Verpflichtete die Entlassungsentschädigung trotz des Rechtsübergangs mit befreiender Wirkung an die Arbeitslose, den Arbeitslosen oder an eine dritte Person gezahlt, hat die Bezieherin oder der Bezieher des Arbeitslosengeldes dieses insoweit zu erstatten.

§ 159 Ruhen bei Sperrzeit (1) Hat die Arbeitnehmerin oder der Arbeitnehmer sich versicherungswidrig verhalten, ohne dafür einen wichtigen Grund zu haben, ruht der Anspruch für die Dauer einer Sperrzeit. Versicherungswidriges Verhalten liegt vor, wenn

1. die oder der Arbeitslose das Beschäftigungsverhältnis gelöst oder durch ein arbeitsvertragswidriges Verhalten Anlass für die Lösung des Beschäftigungs-

verhältnisses gegeben und dadurch vorsätzlich oder grob fahrlässig die Arbeitslosigkeit herbeigeführt hat (Sperrzeit bei Arbeitsaufgabe),
2. die bei der Agentur für Arbeit als arbeitsuchend gemeldete (§ 38 Absatz 1) oder die arbeitslose Person trotz Belehrung über die Rechtsfolgen eine von der Agentur für Arbeit unter Benennung des Arbeitgebers und der Art der Tätigkeit angebotene Beschäftigung nicht annimmt oder nicht antritt oder die Anbahnung eines solchen Beschäftigungsverhältnisses, insbesondere das Zustandekommen eines Vorstellungsgespräches, durch ihr Verhalten verhindert (Sperrzeit bei Arbeitsablehnung),
3. die oder der Arbeitslose trotz Belehrung über die Rechtsfolgen die von der Agentur für Arbeit geforderten Eigenbemühungen nicht nachweist (Sperrzeit bei unzureichenden Eigenbemühungen),
4. die oder der Arbeitslose sich weigert, trotz Belehrung über die Rechtsfolgen an einer Maßnahme zur Aktivierung und beruflichen Eingliederung (§ 45) oder einer Maßnahme zur beruflichen Ausbildung oder Weiterbildung oder einer Maßnahme zur Teilhabe am Arbeitsleben teilzunehmen (Sperrzeit bei Ablehnung einer beruflichen Eingliederungsmaßnahme),
5. die oder der Arbeitslose die Teilnahme an einer in Nummer 4 genannten Maßnahme abbricht oder durch maßnahmewidriges Verhalten Anlass für den Ausschluss aus einer dieser Maßnahmen gibt (Sperrzeit bei Abbruch einer beruflichen Eingliederungsmaßnahme),
6. die oder der Arbeitslose sich nach einer Aufforderung der Agentur für Arbeit weigert, trotz Belehrung über die Rechtsfolgen an einem Integrationskurs nach § 43 des Aufenthaltsgesetzes oder an einem Kurs der berufsbezogenen Deutschsprachförderung nach § 45 a des Aufenthaltsgesetzes teilzunehmen, der jeweils für die dauerhafte berufliche Eingliederung notwendig ist (Sperrzeit bei Ablehnung eines Integrationskurses oder einer berufsbezogenen Deutschsprachförderung),
7. die oder der Arbeitslose die Teilnahme an einem in Nummer 6 genannten Kurs abbricht oder durch maßnahmewidriges Verhalten Anlass für den Ausschluss aus einem dieser Kurse gibt (Sperrzeit bei Abbruch eines Integrationskurses oder einer berufsbezogenen Deutschsprachförderung),
8. die oder der Arbeitslose einer Aufforderung der Agentur für Arbeit, sich zu melden oder zu einem ärztlichen oder psychologischen Untersuchungstermin zu erscheinen (§ 309), trotz Belehrung über die Rechtsfolgen nicht nachkommt oder nicht nachgekommen ist (Sperrzeit bei Meldeversäumnis),
9. die oder der Arbeitslose der Meldepflicht nach § 38 Absatz 1 nicht nachgekommen ist (Sperrzeit bei verspäteter Arbeitsuchendmeldung).

Die Person, die sich versicherungswidrig verhalten hat, hat die für die Beurteilung eines wichtigen Grundes maßgebenden Tatsachen darzulegen und nachzuweisen, wenn diese Tatsachen in ihrer Sphäre oder in ihrem Verantwortungsbereich liegen.

(2) Die Sperrzeit beginnt mit dem Tag nach dem Ereignis, das die Sperrzeit begründet, oder, wenn dieser Tag in eine Sperrzeit fällt, mit dem Ende dieser

Sperrzeit. Werden mehrere Sperrzeiten durch dasselbe Ereignis begründet, folgen sie in der Reihenfolge des Absatzes 1 Satz 2 Nummer 1 bis 9 einander nach.

(3) Die Dauer der Sperrzeit bei Arbeitsaufgabe beträgt zwölf Wochen. Sie verkürzt sich

1. auf drei Wochen, wenn das Arbeitsverhältnis innerhalb von sechs Wochen nach dem Ereignis, das die Sperrzeit begründet, ohne eine Sperrzeit geendet hätte,
2. auf sechs Wochen, wenn
   a) das Arbeitsverhältnis innerhalb von zwölf Wochen nach dem Ereignis, das die Sperrzeit begründet, ohne eine Sperrzeit geendet hätte oder
   b) eine Sperrzeit von zwölf Wochen für die arbeitslose Person nach den für den Eintritt der Sperrzeit maßgebenden Tatsachen eine besondere Härte bedeuten würde.

(4) Die Dauer der Sperrzeit bei Arbeitsablehnung, bei Ablehnung einer beruflichen Eingliederungsmaßnahme, bei Abbruch einer beruflichen Eingliederungsmaßnahme, bei Ablehnung eines Integrationskurses oder einer berufsbezogenen Deutschsprachförderung oder bei Abbruch eines Integrationskurses oder einer berufsbezogenen Deutschsprachförderung beträgt

1. im Fall des erstmaligen versicherungswidrigen Verhaltens dieser Art drei Wochen,
2. im Fall des zweiten versicherungswidrigen Verhaltens dieser Art sechs Wochen,
3. in den übrigen Fällen zwölf Wochen.

Im Fall der Arbeitsablehnung oder der Ablehnung einer beruflichen Eingliederungsmaßnahme nach der Meldung zur frühzeitigen Arbeitsuche (§ 38 Absatz 1) im Zusammenhang mit der Entstehung des Anspruchs gilt Satz 1 entsprechend.

(5) Die Dauer einer Sperrzeit bei unzureichenden Eigenbemühungen beträgt zwei Wochen.

(6) Die Dauer einer Sperrzeit bei Meldeversäumnis oder bei verspäteter Arbeitsuchendmeldung beträgt eine Woche.

§ 160 Ruhen bei Arbeitskämpfen[1] (1) Durch die Leistung von Arbeitslosengeld darf nicht in Arbeitskämpfe eingegriffen werden. Ein Eingriff in den Arbeitskampf liegt nicht vor, wenn Arbeitslosengeld Arbeitslosen geleistet wird, die zuletzt in einem Betrieb beschäftigt waren, der nicht dem fachlichen Geltungsbereich des umkämpften Tarifvertrags zuzuordnen ist.

---

1 Vgl. Art. 69 **ILO-Übereinkommen Nr. 102:**

Art. 69 Eine Leistung, auf die eine geschützte Person nach einem der Teile II bis X dieses Übereinkommens Anspruch hätte, kann in einem vorgeschriebenen Ausmaß ruhen

…

i) bei Leistungen im Fall der Arbeitslosigkeit, wenn der Verlust der Beschäftigung die unmittelbare Folge einer auf eine Arbeitsstreitigkeit zurückzuführende Arbeitseinstellung war oder die betreffende Person ihre Beschäftigung freiwillig ohne ausreichende Gründe aufgegeben hat.

(2) Ist die Arbeitnehmerin oder der Arbeitnehmer durch Beteiligung an einem inländischen Arbeitskampf arbeitslos geworden, so ruht der Anspruch auf Arbeitslosengeld bis zur Beendigung des Arbeitskampfes.

(3) Ist die Arbeitnehmerin oder der Arbeitnehmer durch einen inländischen Arbeitskampf arbeitslos geworden, ohne an dem Arbeitskampf beteiligt gewesen zu sein, so ruht der Anspruch auf Arbeitslosengeld bis zur Beendigung des Arbeitskampfes nur, wenn der Betrieb, in dem die oder der Arbeitslose zuletzt beschäftigt war,

1. dem räumlichen und fachlichen Geltungsbereich des umkämpften Tarifvertrags zuzuordnen ist oder
2. nicht dem räumlichen, aber dem fachlichen Geltungsbereich des umkämpften Tarifvertrags zuzuordnen ist und im räumlichen Geltungsbereich des Tarifvertrags, dem der Betrieb zuzuordnen ist,
   a) eine Forderung erhoben worden ist, die einer Hauptforderung des Arbeitskampfes nach Art und Umfang gleich ist, ohne mit ihr übereinstimmen zu müssen, und
   b) das Arbeitskampfergebnis aller Voraussicht nach in dem räumlichen Geltungsbereich des nicht umkämpften Tarifvertrags im Wesentlichen übernommen wird.

Eine Forderung ist erhoben, wenn sie von der zur Entscheidung berufenen Stelle beschlossen worden ist oder auf Grund des Verhaltens der Tarifvertragspartei im Zusammenhang mit dem angestrebten Abschluss des Tarifvertrags als beschlossen anzusehen ist. Der Anspruch auf Arbeitslosengeld ruht nach Satz 1 nur, wenn die umkämpften oder geforderten Arbeitsbedingungen nach Abschluss eines entsprechenden Tarifvertrags für die Arbeitnehmerin oder den Arbeitnehmer gelten oder auf sie oder ihn angewendet würden.

(4) Ist bei einem Arbeitskampf das Ruhen des Anspruchs nach Absatz 3 für eine bestimmte Gruppe von Arbeitslosen ausnahmsweise nicht gerechtfertigt, so kann der Verwaltungsrat bestimmen, dass ihnen Arbeitslosengeld zu leisten ist.

(5) Die Feststellung, ob die Voraussetzungen nach Absatz 3 Satz 1 Nummer 2 Buchstabe a und b erfüllt sind, trifft der Neutralitätsausschuss (§ 380). Er hat vor seiner Entscheidung den Fachspitzenverbänden der am Arbeitskampf beteiligten Tarifvertragsparteien Gelegenheit zur Stellungnahme zu geben.

(6) Die Fachspitzenverbände der am Arbeitskampf beteiligten Tarifvertragsparteien können durch Klage die Aufhebung der Entscheidung des Neutralitätsausschusses nach Absatz 5 und eine andere Feststellung begehren. Die Klage ist gegen die Bundesagentur zu richten. Ein Vorverfahren findet nicht statt. Über die Klage entscheidet das Bundessozialgericht im ersten und letzten Rechtszug. Das Verfahren ist vorrangig zu erledigen. Auf Antrag eines Fachspitzenverbandes kann das Bundessozialgericht eine einstweilige Anordnung erlassen.

Sechster Unterabschnitt – Erlöschen des Anspruchs

§ 161 Erlöschen des Anspruchs (1) Der Anspruch auf Arbeitslosengeld erlischt
1. mit der Entstehung eines neuen Anspruchs,
2. wenn die oder der Arbeitslose Anlass für den Eintritt von Sperrzeiten mit einer Dauer von insgesamt mindestens 21 Wochen gegeben hat, über den Eintritt der Sperrzeiten schriftliche Bescheide erhalten hat und auf die Rechtsfolgen des Eintritts von Sperrzeiten mit einer Dauer von insgesamt mindestens 21 Wochen hingewiesen worden ist; dabei werden auch Sperrzeiten berücksichtigt, die in einem Zeitraum von zwölf Monaten vor der Entstehung des Anspruchs eingetreten sind und nicht bereits zum Erlöschen des Anspruchs geführt haben.

(2) Der Anspruch auf Arbeitslosengeld kann nicht mehr geltend gemacht werden, wenn nach seiner Entstehung vier Jahre verstrichen sind.

Siebter Unterabschnitt – Teilarbeitslosengeld

§ 162 Teilarbeitslosengeld (1) Anspruch auf Teilarbeitslosengeld hat, wer als Arbeitnehmerin oder Arbeitnehmer
1. teilarbeitslos ist,
2. sich teilarbeitslos gemeldet und
3. die Anwartschaftszeit für Teilarbeitslosengeld erfüllt hat.

(2) Für das Teilarbeitslosengeld gelten die Vorschriften über das Arbeitslosengeld bei Arbeitslosigkeit sowie für Empfängerinnen und Empfänger dieser Leistung entsprechend, soweit sich aus den Besonderheiten des Teilarbeitslosengeldes nicht anderes ergibt, mit folgenden Maßgaben:
1. Teilarbeitslos ist, wer eine versicherungspflichtige Beschäftigung verloren hat, die er neben einer weiteren versicherungspflichtigen Beschäftigung ausgeübt hat, und eine versicherungspflichtige Beschäftigung sucht.
2. Die Anwartschaftszeit für das Teilarbeitslosengeld hat erfüllt, wer in der Teilarbeitslosengeld-Rahmenfrist von zwei Jahren neben der weiterhin ausgeübten versicherungspflichtigen Beschäftigung mindestens zwölf Monate eine weitere versicherungspflichtige Beschäftigung ausgeübt hat. Für die Teilarbeitslosengeld-Rahmenfrist gelten die Regelungen zum Arbeitslosengeld über die Rahmenfrist entsprechend.
3. Die Dauer des Anspruchs auf Teilarbeitslosengeld beträgt sechs Monate.
4. Bei der Feststellung der Lohnsteuer (§ 153 Absatz 2) ist die Lohnsteuerklasse maßgeblich, die für das Beschäftigungsverhältnis zuletzt galt, das den Anspruch auf Teilarbeitslosengeld begründet.
5. Der Anspruch auf Teilarbeitslosengeld erlischt,
   a) wenn die Arbeitnehmerin oder der Arbeitnehmer nach der Entstehung des Anspruchs eine Erwerbstätigkeit für mehr als zwei Wochen oder mit einer Arbeitszeit von mehr als fünf Stunden wöchentlich aufnimmt,

b) wenn die Voraussetzungen für einen Anspruch auf Arbeitslosengeld erfüllt sind oder
c) spätestens nach Ablauf eines Jahres seit Entstehung des Anspruchs.

Achter Unterabschnitt – Verordnungsermächtigung und Anordnungsermächtigung

§ 163 Verordnungsermächtigung Das Bundesministerium für Arbeit und Soziales wird ermächtigt, durch Rechtsverordnung, die nicht der Zustimmung des Bundesrates bedarf,

1. Versorgungen im Sinne des § 9 Absatz 1 des Anspruchs- und Anwartschaftsüberführungsgesetzes der Altersrente oder der Rente wegen voller Erwerbsminderung gleichzustellen, soweit dies zur Vermeidung von Doppelleistungen erforderlich ist; es hat dabei zu bestimmen, ob das Arbeitslosengeld voll oder nur bis zur Höhe der Versorgungsleistung ruht, und
2. das Nähere zur Abgrenzung der ehrenamtlichen Betätigung[1] im Sinne des § 138 Absatz 2 und zu den dabei maßgebenden Erfordernissen der beruflichen Eingliederung zu bestimmen.

§ 164 Anordnungsermächtigung Die Bundesagentur wird ermächtigt, durch Anordnung Näheres zu bestimmen

1. zu den Eigenbemühungen von Arbeitslosen (§ 138 Absatz 1 Nummer 2, Absatz 4)
2. zu den Pflichten von Arbeitslosen, Vorschlägen der Agentur für Arbeit zur beruflichen Eingliederung Folge leisten zu können (§ 138 Absatz 5 Nummer 2), und
3. zu den Voraussetzungen einer Zustimmung zur Teilnahme an Bildungsmaßnahmen nach § 139 Absatz 3.

Zweiter Abschnitt – Insolvenzgeld

§ 165 Anspruch (1) Arbeitnehmerinnen und Arbeitnehmer haben Anspruch auf Insolvenzgeld, wenn sie im Inland beschäftigt waren und bei einem Insolvenzereignis für die vorausgegangenen drei Monate des Arbeitsverhältnisses noch Ansprüche auf Arbeitsentgelt haben. Als Insolvenzereignis gilt

1. die Eröffnung des Insolvenzverfahrens über das Vermögen des Arbeitgebers,
2. die Abweisung des Antrags auf Eröffnung des Insolvenzverfahrens mangels Masse oder
3. die vollständige Beendigung der Betriebstätigkeit im Inland, wenn ein Antrag auf Eröffnung des Insvolvenzverfahrens nicht gestellt worden ist und ein Insolvenzverfahren offensichtlich mangels Masse nicht in Betracht kommt.

---

1 Vgl. **Verordnung über die ehrenamtliche Betätigung von Arbeitslosen** (EhrBetätV) vom 24. 5. 2002 (BGBl. I 1783), zuletzt geändert durch Gesetz vom 21. 3. 2013 (BGBl. I 556).

Auch bei einem ausländischen Insvolvenzereignis haben im Inland beschäftigte Arbeitnehmerinnen und Arbeitnehmer einen Anspruch auf Insolvenzgeld.

(2) Zu den Ansprüchen auf Arbeitsentgelt gehören alle Ansprüche auf Bezüge aus dem Arbeitsverhältnis. Als Arbeitsentgelt für Zeiten, in denen auch während der Freistellung eine Beschäftigung gegen Arbeitsentgelt besteht (§ 7 Absatz 1 a des Vierten Buches), gilt der Betrag, der auf Grund der schriftlichen Vereinbarung zur Bestreitung des Lebensunterhalts im jeweiligen Zeitraum bestimmt war. Hat die Arbeitnehmerin oder der Arbeitnehmer einen Teil ihres oder seines Arbeitsentgelts nach § 1 Absatz 2 Nummer 3 des Betriebsrentengesetzes umgewandelt und wird dieser Entgeltteil in einem Pensionsfonds, in einer Pensionskasse oder in einer Direktversicherung angelegt, gilt die Entgeltumwandlung für die Berechnung des Insolvenzgeldes als nicht vereinbart, soweit der Arbeitgeber keine Beiträge an den Versorgungsträger abgeführt hat.

(3) Hat eine Arbeitnehmerin oder ein Arbeitnehmer in Unkenntnis eines Insolvenzereignisses weitergearbeitet oder die Arbeit aufgenommen, besteht der Anspruch auf Insolvenzgeld für die dem Tag der Kenntnisnahme vorausgegangenen drei Monate des Arbeitsverhältnisses.

(4) Anspruch auf Insolvenzgeld hat auch der Erbe der Arbeitnehmerin oder des Arbeitnehmers.

(5) Der Arbeitgeber ist verpflichtet, einen Beschluss des Insolvenzgerichts über die Abweisung des Antrags auf Insolvenzeröffnung mangels Masse dem Betriebsrat oder, wenn kein Betriebsrat besteht, den Arbeitnehmerinnen und Arbeitnehmern unverzüglich bekannt zu geben.

§ 166 Anspruchsausschluss (1) Arbeitnehmerinnen und Arbeitnehmer haben keinen Anspruch auf Insolvenzgeld für Ansprüche auf Arbeitsentgelt, die

1. sie wegen der Beendigung des Arbeitsverhältnisses oder für die Zeit nach der Beendigung des Arbeitsverhältnisses haben,
2. sie durch eine nach der Insolvenzordnung angefochtene Rechtshandlung oder eine Rechtshandlung, die im Fall der Eröffnung des Insolvenzverfahrens anfechtbar wäre, erworben haben oder
3. die Insolvenzverwalterin oder der Insolvenzverwalter wegen eines Rechts zur Leistungsverweigerung nicht erfüllt.

(2) Soweit Insolvenzgeld gezahlt worden ist, obwohl dies nach Absatz 1 ausgeschlossen ist, ist es zu erstatten.

§ 167 Höhe (1) Insolvenzgeld wird in Höhe des Nettoarbeitsentgelts gezahlt, das sich ergibt, wenn das auf die monatliche Beitragsbemessungsgrenze (§ 341 Absatz 4) begrenzte Bruttoarbeitsentgelt um die gesetzlichen Abzüge vermindert wird.

(2) Ist die Arbeitnehmerin oder der Arbeitnehmer

1. im Inland einkommensteuerpflichtig, ohne dass Steuern durch Abzug vom Arbeitsentgelt erhoben werden, oder
2. im Inland nicht einkommensteuerpflichtig und unterliegt das Insolvenzgeld nach den für sie oder ihn maßgebenden Vorschriften nicht der Steuer,

sind vom Arbeitsentgelt die Steuern abzuziehen, die bei einer Einkommensteuerpflicht im Inland durch Abzug vom Arbeitsentgelt erhoben würden.

§ 168 Vorschuss Die Agentur für Arbeit kann einen Vorschuss auf das Insolvenzgeld leisten, wenn
1. die Eröffnung des Insolvenzverfahrens über das Vermögen des Arbeitgebers beantragt ist,
2. das Arbeitsverhältnis beendet ist,
3. die Voraussetzungen für den Anspruch auf Insolvenzgeld mit hinreichender Wahrscheinlichkeit erfüllt werden.

Die Agentur für Arbeit bestimmt die Höhe des Vorschusses nach pflichtgemäßem Ermessen. Der Vorschuss ist auf das Insolvenzgeld anzurechnen. Er ist zu erstatten,
1. wenn ein Anspruch auf Insolvenzgeld nicht zuerkannt wird oder
2. soweit ein Anspruch auf Insolvenzgeld nur in geringerer Höhe zuerkannt wird.

§ 169 Anspruchsübergang Ansprüche auf Arbeitsentgelt, die einen Anspruch auf Insolvenzgeld begründen, gehen mit dem Antrag auf Insolvenzgeld auf die Bundesagentur über. § 165 Absatz 2 Satz 3 gilt entsprechend. Die gegen die Arbeitnehmerin oder den Arbeitnehmer begründete Anfechtung nach der Insolvenzordnung findet gegen die Bundesagentur statt.

§ 170 Verfügungen über das Arbeitsentgelt (1) Soweit die Arbeitnehmerin oder der Arbeitnehmer vor Antragstellung auf Insolvenzgeld Ansprüche auf Arbeitsentgelt einem Dritten übertragen hat, steht der Anspruch auf Insolvenzgeld diesem zu.
(2) Von einer vor dem Antrag auf Insolvenzgeld vorgenommenen Pfändung oder Verpfändung des Anspruchs auf Arbeitsentgelt wird auch der Anspruch auf Insolvenzgeld erfasst.
(3) Die an den Ansprüchen auf Arbeitsentgelt bestehenden Pfandrechte erlöschen, wenn die Ansprüche auf die Bundesagentur übergegangen sind und diese Insolvenzgeld an die berechtigte Person erbracht hat.
(4) Der neue Gläubiger oder Pfandgläubiger hat keinen Anspruch auf Insolvenzgeld für Ansprüche auf Arbeitsentgelt, die ihm vor dem Insolvenzereignis ohne Zustimmung der Agentur für Arbeit vor Vorfinanzierung der Arbeitsentgelte übertragen oder verpfändet wurden. Die Agentur für Arbeit darf der Übertragung oder Verpfändung nur zustimmen, wenn Tatsachen die Annahme rechtfertigen, dass durch die Vorfinanzierung der Arbeitsentgelte ein erheblicher Teil der Arbeitsstellen erhalten bleibt.

§ 171 Verfügungen über das Insolvenzgeld Nachdem das Insolvenzgeld beantragt worden ist, kann der Anspruch auf Insolvenzgeld wie Arbeitseinkommen gepfändet, verpfändet oder übertragen werden. Eine Pfändung des Anspruchs vor diesem Zeitpunkt wird erst mit dem Antrag wirksam.

§ 172 Datenaustausch und Datenübermittlung (1) Ist der insolvente Arbeitgeber auch in einem anderen Mitgliedstaat der Europäischen Union tätig, teilt die Bundesagentur dem zuständigen ausländischen Träger von Leistungen bei Zahlungsunfähigkeit des Arbeitgebers das Insolvenzereignis und die im Zusammenhang mit der Erbringung von Insolvenzgeld getroffenen Entscheidungen mit, soweit dies für die Aufgabenwahrnehmung dieses ausländischen Trägers erforderlich ist. Übermittelt ein ausländischer Träger der Bundesagentur entsprechende Daten, darf sie diese Daten zwecks Zahlung von Insolvenzgeld nutzen.
(2) Die Bundesagentur ist berechtigt, Daten über gezahltes Insolvenzgeld für jede Empfängerin und jeden Empfänger durch Datenfernübertragung an die in § 32 b Absatz 3 des Einkommensteuergesetzes bezeichnete Übermittlungsstelle der Finanzverwaltung zu übermitteln.

Dritter Abschnitt – Ergänzende Sozialleistungen

§ 173 Übernahme und Erstattung von Beiträgen bei Befreiung von der Versicherungspflicht in der Rentenversicherung (1) Wer Arbeitslosengeld oder Übergangsgeld bezieht und von der Versicherungspflicht in der gesetzlichen Rentenversicherung befreit ist (§ 6 Absatz 1 Satz 1 Nummer 1, § 231 Absatz 1 und 2 des Sechsten Buches), hat Anspruch auf
1. Übernahme der Beiträge, die für die Dauer des Leistungsbezugs an eine öffentlich-rechtliche Versicherungs- oder Versorgungseinrichtung einer Berufsgruppe oder an ein Versicherungsunternehmen zu zahlen sind, und
2. Erstattung der von der Leistungsbezieherin oder vom Leistungsbezieher für die Dauer der Leistungsbezugs freiwillig an die gesetzliche Rentenversicherung gezahlten Beiträge.

Freiwillig an die gesetzliche Rentenversicherung gezahlte Beiträge werden nur bei Nachweis auf Antrag der Leistungsbezieherin oder des Leistungsbeziehers erstattet.
(2) Die Bundesagentur übernimmt höchstens die von der Leistungsbezieherin oder dem Leistungsbezieher nach der Satzung der Versicherungs- oder Versorgungseinrichtung geschuldeten oder im Lebensversicherungsvertrag spätestens sechs Monate vor Beginn des Leistungsbezugs vereinbarten Beiträge. Sie erstattet höchstens die von der Leistungsbezieherin oder dem Leistungsbezieher freiwillig an die gesetzliche Rentenversicherung gezahlten Beiträge.
(3) Die von der Bundesagentur zu übernehmenden und zu erstattenden Beiträge sind auf die Höhe der Beiträge begrenzt, die die Bundesagentur ohne die Befreiung von der Versicherungspflicht in der gesetzlichen Rentenversicherung für dei Dauer des Leistungsbezugs zu tragen hätte. Die Leistungsbezieherin oder der Leistungsbezieher kann bestimmen, ob vorrangig Beiträge übernommen oder erstattet werden sollen. Trifft die Leistungsbezieherin oder der Leistungsbezieher keine Bestimmung, sind die Beiträge in dem Verhältnis zu übernehmen und zu erstatten, in den die von der Leistungsbezieherin

oder dem Leistungsbezieher zu zahlenden oder freiwillig gezahlten Beiträge stehen.

(4) Die Leistungsbezieherin oder der Leistungsbezieher wird insoweit von der Verpflichtung befreit, Beiträge an die Versicherungs- oder Versorgungseinrichtung oder an das Versicherungsunternehmen zu zahlen, als die Bundesagentur die Beitragszahlung für sie oder ihn übernommen hat.

§ 174 Übernahme von Beiträgen bei Befreiung von der Versicherungspflicht in der Kranken- und Pflegeversicherung (1) Bezieherinnen und Bezieher von Arbeitslosengeld, die

1. nach § 6 Absatz 3 a des Fünften Buches in der gesetzlichen Krankenversicherung versicherungsfrei oder nach § 8 Absatz 1 Nummer 1 a des Fünften Buches von der Versicherungspflicht befreit sind,
2. nach § 22 Absatz 1 des Elften Buches oder nach Artikel 42 des Pflege-Versicherungsgesetzes von der Versicherungspflicht in der sozialen Pflegeversicherung befreit oder nach § 23 Absatz 1 des Elften Buches bei einem privaten Krankenversicherungsunternehmen gegen das Risiko der Pflegebedürftigkeit versichert sind,

haben Anspruch auf Übernahme der Beiträge, die für die Dauer des Leistungsbezugs für eine Versicherung gegen Krankheit oder Pflegebedürftigkeit an ein privates Krankenversicherungsunternehmen zu zahlen sind.

(2) Die Bundesagentur übernimmt die von der Leistungsbezieherin oder dem Leistungsbezieher an das private Krankenversicherungsunternehmen zu zahlenden Beiträge, höchstens jedoch die Beiträge, die sie ohne die Befreiung von der Versicherungspflicht in der gesetzlichen Krankenversicherung oder in der sozialen Pflegeversicherung zu tragen hätte. Hierbei sind zugrund zu legen

1. für die Beiträge zur gesetzlichen Krankenversicherung zuzüglich des durchschnittlichen Zusatzbeitrages der allgemeine Beitragssatz der gesetzlichen Krankenversicherung (§§ 241, 242 a des Fünften Buches),
2. für die Beiträge zur sozialen Pflegeversicherung der Beitragssatz nach § 55 Absatz 1 Satz 1 des Elften Buches.

(3) Die Leistungsbezieherin oder der Leistungsbezieher wird insoweit von der Verpflichtung befreit, Beiträge an das private Krankenversicherungsunternehmen zu zahlen, als die Bundesagentur die Beitragszahlung für sie oder ihn übernommen hat.

§ 175 Zahlung von Pflichtbeiträgen bei Insolvenzereignis (1) Den Gesamtsozialversicherungsbeitrag nach § 28 d des Vierten Buches, der auf Arbeitsentgelte für die letzten dem Insolvenzereignis vorausgegangenen drei Monate des Arbeitsverhältnisses entfällt und bei Eintritt des Insolvenzereignissses noch nicht gezahlt worden ist, zahlt die Agentur für Arbeit auf Antrag der zuständigen Einzugsstelle; davon ausgenommen sind Säumniszuschläge, die infolge von Pflichtverletzungen des Arbeitgebers zu zahlen sind, sowie die Zinsen für dem Arbeitgeber gestundete Beiträge. Die Einzugsstelle hat der Agentur für Arbeit

die Beiträge nachzuweisen und dafür zu sorgen, dass die Beschäftigungszeit und das beitragspflichtige Bruttoarbeitsentgelt einschließlich des Arbeitsentgelts, für das Beiträge nach Satz 1 gezahlt werden, dem zuständigen Rentenversicherungsträger mitgeteilt werden. Die §§ 166, 314, 323 Absatz 1 Satz 1 und § 327 Absatz 3 gelten entsprechend.
(2) Die Ansprüche auf die in Absatz 1 Satz 1 genannten Beiträge bleiben gegenüber dem Arbeitgeber bestehen. Soweit Zahlungen geleistet werden, hat die Einzugsstelle der Agentur für Arbeit die nach Absatz 1 Satz 1 gezahlten Beiträge zu erstatten.

Fünftes Kapitel – Zulassung von Trägern und Maßnahmen

§ 176 Grundsatz (1) Träger bedürfen der Zulassung durch eine fachkundige Stelle, um Maßnahmen der Arbeitsförderung selbst durchzuführen oder durchführen zu lassen. Arbeitgeber, die ausschließlich betriebliche Maßnahmen oder betriebliche Teile von Maßnahmen durchführen, bedürfen keiner Zulassung.
(2) Maßnahmen nach § 45 Absatz 4 Satz 3 Nummer 1 bedürfen der Zulassung nach § 179 durch eine fachkundige Stelle. Maßnahmen der beruflichen Weiterbildung nach den §§ 81 und 82 bedürfen der Zulassung nach den §§ 179 und 180.

§ 177 Fachkundige Stelle (1) Fachkundige Stellen im Sinne des § 176 sind die von der Akkreditierungsstelle für die Zulassung nach dem Recht der Arbeitsförderung akkreditierten Zertifizierungsstellen. Mit der Akkreditierung als fachkundige Stelle ist keine Beleihung verbunden. Die Bundesagentur übt im Anwendungsbereich dieses Gesetzes die Fachaufsicht über die Akkreditierungsstelle aus.
(2) Eine Zertifizierungsstelle ist von der Akkreditierungsstelle als fachkundige Stelle zu akkreditieren, wenn
1. sie über die für die Zulassung notwendigen Organisationsstrukturen sowie personellen und finanziellen Mittel verfügt,
2. die bei ihr mit den entsprechenden Aufgaben beauftragten Personen auf Grund ihrer Ausbildung, beruflichen Bildung und beruflichen Praxis befähigt sind, die Leistungsfähigkeit und Qualität von Trägern und Maßnahmen der aktiven Arbeitsförderung einschließlich der Prüfung und Bewertung eines Systems zur Sicherung der Qualität zu beurteilen; dies schließt besondere Kenntnisse der jeweiligen Aufgabengebiete der Träger sowie der Inhalte und rechtlichen Ausgestaltung der zuzulassenden Maßnahmen ein,
3. sie über die erforderliche Unabhängigkeit verfügt und damit gewährleistet, dass sie über die Zulassung von Trägern und Maßnahmen nur entscheidet, wenn sie weder mit diesen wirtschaftlich, personell oder organisatorisch verflochten ist noch zu diesen ein Beratungsverhältnis besteht oder bestanden hat; zur Überprüfbarkeit der Unabhängigkeit sind bei der Antragstellung

personelle, wirtschaftliche und organisatorische Verflechtungen oder Beratungsverhältnisse mit Trägern offenzulegen,
4. die bei ihr mit den entsprechenden Aufgaben beauftragten Personen über die erforderliche Zuverlässigkeit verfügen, um die Zulassung ordnungsgemäß durchzuführen,
5. sie gewährleistet, dass die Empfehlungen des Beirats nach § 182 bei der Prüfung angewendet werden,
6. sie die ihr bei der Zulassung bekannt gewordenen Betriebs- und Geschäftsgeheimnisse schützt,
7. sie ein Qualitätsmanagementsystem anwendet,
8. sie ein Verfahren zur Prüfung von Beschwerden und zum Entziehen der Zulassung bei erheblichen Verstößen eingerichtet hat und
9. sie über ein transparentes und dokumentiertes Verfahren zur Ermittlung und Abrechnung des Aufwand der Prüfung von Trägern und Maßnahmen verfügt.

Das Gesetz über die Akkreditierungsstelle bleibt unberührt.

(3) Die Akkreditierung ist bei der Akkreditierungsstelle unter Beifügung der erforderlichen Unterlagen zu beantragen. Die Akkreditierung ist auf längstens fünf Jahre zu befristen. Die wirksame Anwendung des Qualitätsmanagementsystems ist von der Akkreditierungsstelle in jährlichen Abständen zu überprüfen.

(4) Der Akkreditierungsstelle sind Änderungen, die Auswirkungen auf die Akkreditierung haben können, unverzüglich anzuzeigen.

(5) Liegt ein besonderes arbeitsmarktpolitisches Interesse vor, kann die innerhalb der Bundesagentur zuständige Stelle im Einzhelfall die Aufgaben einer fachkundigen Stelle für die Zulassung von Trägern und Maßnahmen der beruflichen Weiterbildung wahrnehmen. Ein besonderes arbeitsmarktpolitisches Interesse liegt insbesondere dann vor, wenn die Teilnahme an individuell ausgerichteten Weiterbildungsmaßnahmen im Einzelfall gefördert werden soll.

§ 178 Trägerzulassung Ein Träger ist von einer fachkundigen Stelle zuzulassen, wenn
1. er die erforderliche Leistungsfähigkeit und Zuverlässigkeit besitzt,
2. er in der Lage ist, durch eigene Bemühungen die berufliche Eingliederung von Teilnehmenden in den Arbeitsmarkt zu unterstützen,
3. Leitung, Lehr- und Fachkräfte über Aus- und Fortbildung sowie Berufserfahrung verfügen, die eine erfolgreiche Durchführung einer Maßnahme erwarten lassen,
4. er ein System zur Sicherung der Qualität anwendet und
5. seine vertraglichen Vereinbarungen mit den Teilnehmenden angemessene Bedingungen insbesondere über Rücktritts- und Kündigungsrechte enthalten.

§ 179 Maßnahmezulassung (1) Eine Maßnahme ist von der fachkundigen Stelle zuzulassen, wenn sie

1. nach Gestaltung der Inhalte, der Methoden und Materialien ihrer Vermittlung sowie der Lehrorganisation eine erfolgreiche Teilnahme erwarten lässt und nach Lage und Entwicklung des Arbeitsmarktes zweckmäßig ist,
2. angemessene Teilnahmebedingungen bietet und die räumliche, personelle und technische Ausstattung die Durchführung der Maßnahme gewährleisten und
3. nach den Grundsätzen der Wirtschaftlichkeit und Sparsamkeit geplant und durchgeführt wird, insbesondere die Kosten und die Dauer angemessen sind; die Dauer ist angemessen, wenn sie sich auf den Umfang beschränkt, der notwendig ist, um das Maßnahmeziel zu erreichen.

Die Kosten einer Maßnahme nach § 45 Absatz 4 Satz 3 Nummer 1 sind angemessen, wenn sie sachgerecht ermittelt worden sind und sie die für das jeweilige Maßnahmeziel von der Bundesagentur jährlich ermittelten durchschnittlichen Kostensätze einschließlich der von ihr beauftragten Maßnahmen nicht unverhältnismäßig übersteigen.

(2) Eine Maßnahme, die im Ausland durchgeführt wird, kann nur zugelassen werden, wenn die Durchführung im Ausland für das Erreichen des Maßnahmeziels besonders dienlich ist.

§ 180 Ergänzende Anforderungen an Maßnahmen der beruflichen Weiterbildung (1) Für eine Maßnahme der beruflichen Weiterbildung nach den §§ 81 und 82 gelten für die Zulassung durch die fachkundige Stelle ergänzend die Anforderungen der nachfolgenden Absätze.

(2) Eine Maßnahme ist zuzulassen, wenn

1. durch sie berufliche Fertigkeiten, Kenntnisse und Fähigkeiten erhalten, erweitert, der technischen Entwicklung angepasst werden oder ein beruflicher Aufstieg ermöglicht wird,
2. sie einen beruflichen Abschluss vermittelt oder die Weiterbildung in einem Betrieb, die zu einem solchen Abschluss führt, unterstützend begleitet oder
3. sie zu einer anderen beruflichen Tätigkeit befähigt

und mit einem Zeugnis, das Auskunft über den Inhalt des vermittelten Lehrstoffs gibt, abschließt. Sofern es dem Wiedereingliederungserfolg förderlich ist, soll die Maßnahme im erforderlichen Umfang Grundkompetenzen vermitteln und betriebliche Lernphasen vorsehen.

(3) Ausgeschlossen von der Zulassung ist eine Maßnahme, wenn

1. überwiegend Wissen vermittelt wird, das dem von allgemeinbildenden Schulen angestrebten Bildungsziel oder den berufsqualifizierenden Studiengängen an Hochschulen oder ähnlichen Bildungsstätten entspricht,
2. überwiegend nicht berufsbezogene Inhalt vermittelt werden oder
3. die Maßnahmekosten über den durchschnittlichen Kostensätzen liegen, die für das jeweilige Bildungsziel von der Bundesagentur jährlich ermittelt werden, es sei denn, die innerhalb der Bundesagentur zuständige Stelle stimmt den erhöhten Maßnahmekosten zu.

Satz 1 Nummer 1 und 2 gilt nicht für Maßnahmen, die

1. auf den nachträglichen Erwerb des Hauptschulabschlusses vorbereiten,

2. Grundkompetenzen vermitteln, die für den Erwerb eines Abschlusses in einem anerkannten Ausbildungsberuf erforderlich sind, oder
3. die Weiterbildung in einem Betrieb, die zum Erwerb eines solchen Abschlusses führt, unterstützend begleiten.

(4) Die Dauer einer Vollzeitmaßnahme, die zu einem Abschluss in einem allgemein anerkannten Ausbildungsberuf führt, ist angemessen im Sinne des § 179 Absatz 1 Satz 1 Nummer 3, wenn sie gegenüber einer entsprechenden Berufsausbildung um mindestens ein Drittel der Ausbildungszeit verkürzt ist. Ist eine Verkürzung um mindestens ein Drittel der Ausbildungszeit auf Grund bundes- oder landesgesetzlicher Regelungen ausgeschlossen, so ist ein Maßnahmeteil von bis zu zwei Dritteln nur förderungsfähig, wenn bereits zu Beginn der Maßnahme die Finanzierung für die gesamte Dauer der Maßnahme auf Grund bundes- oder landesrechtlicher Regelungen gesichert ist. Abweichend von Satz 1 ist die Dauer einer Vollzeitmaßnahme der beruflichen Weiterbildung auch dann angemessen, wenn sie nach dem Pflegeberufegesetz nicht um mindestens ein Drittel verkürzt werden kann; insoweit ist Satz 2 nicht anzuwenden.

(5) Zeiten einer der beruflichen Weiterbildung folgenden Beschäftigung, die der Erlangung der staatlichen Anerkennung oder der staatlichen Erlaubnis zur Ausübung des Berufes dienen, sind nicht berufliche Weiterbildung im Sinne dieses Buches.

§ 181 Zulassungsverfahren (1) Die Zulassung ist unter Beifügung der erforderlichen Unterlagen bei einer fachkundigen Stelle zu beantragen. Der Antrag muss alle Angaben und Nachweise enthalten, die erforderlich sind, um das Vorliegen der Voraussetzungen festzustellen.

(2) Soweit bereits eine Zulassung bei einer anderen fachkundigen Stelle beantragt worden ist, ist dies und die Entscheidung dieser fachkundigen Stelle mitzuteilen. Beantragt der Träger die Zulassung von Maßnahmen nicht bei der fachkundigen Stelle, bei der er seine Zulassung als Träger beantragt hat, so hat er der fachkundigen Stelle, bei der er die Zulassung von Maßnahmen beantragt, alle Unterlagen für seine Zulassung und eine gegebenenfalls bereits erteilte Zulassung zur Verfügung zu stellen.

(3) Der Träger kann beantragen, dass die fachkundige Stelle eine durch sie bestimmte Referenzauswahl von Maßnahmen prüft, die in einem angemessenen Verhältnis zur Zahl der Maßnahmen des Trägers stehen, für die er die Zulassung beantragt. Die Zulassung aller Maßnahmen setzt voraus, dass die gesetzlichen Voraussetzungen für die geprüfte Maßnahme erfüllt sind. Für nach der Zulassung angebotene weitere Maßnahmen des Trägers ist das Zulassungsverfahren in entsprechender Anwendung der Sätze 1 und 2 wieder zu eröffnen.

(4) Die fachkundige Stelle entscheidet über den Antrag auf Zulassung des Trägers einschließlich seiner Zweigstellen sowie der Maßnahmen nach Prüfung der eingereichten Antragsunterlagen und örtlichen Prüfungen. Sie soll dabei Zertifikate oder Anerkennungen unabhängiger Stellen, die in einem dem Zulassungsverfahren entsprechenden Verfahren erteilt worden sind, ganz oder

teilweise berücksichtigen. Sie kann das Zulassungsverfahren einmalig zur Nachbesserung nicht erfüllter Kriterien für längstens drei Monate aussetzen oder die Zulassung endgültig ablehnen. Die Entscheidung bedarf der Schriftform. An der Entscheidung dürfen Personen, die im Rahmen des Zulassungsverfahrens gutachterliche oder beratende Funktionen ausgeübt haben, nicht beteiligt sein.

(5) Die fachkundige Stelle kann die Zulassung maßnahmebezogen und örtlich einschränken, wenn dies unter Berücksichtigung aller Umstände sowie von Lage und voraussichtlicher Entwicklung des Arbeitsmarktes gerechtfertigt ist oder dies beantragt wird. § 177 Absatz 3 Satz 2 und 3 und Absatz 4 gilt entsprechend.

(6) Mit der Zulassung wird ein Zertifikat vergeben. Die Zertifikate für die Zulassung des Trägers und für die Zulassung von Maßnahmen nach § 45 Absatz 4 Satz 3 Nummer 1 und den §§ 81 und 82 werden wie folgt bezeichnet:

1. »Zugelassener Träger nach dem Recht der Arbeitsförderung. Zugelassen durch (Name der fachkundigen Stelle) – von (Name der Akkreditierungsstelle) akkreditierte Zertifizierungsstelle« oder
2. »Zugelassene Maßnahme zur Aktivierung und beruflichen Eingliederung nach dem Recht der Arbeitsförderung. Zugelassen durch (Name der fachkundigen Stelle) – von (Name der Akkreditierungsstelle) akkreditierte Zertifizierungsstelle« oder
3. »Zugleassene Weiterbildungsmaßnahme für die Förderung der beruflichen Weiterbildung nach dem Recht der Arbeitsförderung. Zugelassen durch (Name der fachkundigen Stelle) – von (Name der Akkreditierungsstelle) akkreditierte Zertifizierungsstelle«.

(7) Die fachkundige Stelle ist verpflichtet, die Zulassung zu entziehen, wenn der Träger die rechtlichen Anforderungen auch nach Ablauf einer von ihr gesetzten, drei Monate nicht überschreitenden Frist nicht erfüllt.

(8) Die fachkundige Stelle hat die Kostensätze der zugelassenen Maßnahme zu erfassen und der Bundesagentur vorzulegen.

§ 182 Beirat (1) Bei der Bundesagentur wird ein Beirat eingerichtet, der Empfehlungen für die Zulassung von Trägern und Maßnahmen aussprechen kann.

(2) Dem Beirat gehören elf Mitglieder an. Er setzt sich zusammen aus

1. je einer Vertreterin oder einem Vertreter
   a) der Länder,
   b) der kommunalen Spitzenverbände,
   c) der Arbeitnehmerinnen und Arbeitnehmer,
   d) der Arbeitgeber,
   e) der Bildungsverbände,
   f) der Verbände privater Arbeitsvermittler,
   g) des Bundesministeriums für Arbeit und Soziales,
   h) des Bundesministeriums für Bildung und Forschung,
   i) der Akkreditierungsstelle sowie
2. zwei unabhängigen Expertinnen oder Experten.

Die Mitglieder des Beirats werden durch die Bundesagentur im Einvernehmen mit dem Bundesministerium für Arbeit und Soziales und dem Bundesministerium für Bildung und Forschung berufen.

(3) Vorschlagsberechtigt für die Vertreterin oder den Vertreter
1. der Länder ist der Bundesrat,
2. der kommunalen Spitzenverbände ist die Bundesvereinigung der kommunalen Spitzenverbände,
3. der Arbeitnehmerinnen und Arbeitnehmer ist der Deutsche Gewerkschaftsbund,
4. der Arbeitgeber ist die Bundesvereinigung der Deutschen Arbeitgeberverbände,
5. der Bildungsverbände sind die Bildungsverbände, die sich auf einen Vorschlag einigen,
6. der Verbände privater Arbeitsvermittler sind die Verbände privater Arbeitsvermittler, die sich auf einen Vorschlag einigen.

§ 377 Absatz 3 gilt entsprechend.

(4) Der Beirat gibt sich eine Geschäftsordnung. Die Bundesagentur übernimmt für die Mitglieder des Beirats die Reisekostenvergütung nach § 376.

§ 183 Qualitätsprüfung (1) Die Agentur für Arbeit kann die Durchführung einer Maßnahme nach § 176 Absatz 2 prüfen und deren Erfolg beobachten. Sie kann insbesondere
1. von dem Träger der Maßnahme sowie den Teilnehmenden Auskunft über den Verlauf der Maßnahme und den Eingliederungserfolg verlangen und
2. die Einhaltung der Voraussetzungen für die Zulassung des Trägers und der Maßnahme prüfen, indem sie Einsicht in alle die Maßnahme betreffenden Unterlagen des Trägers nimmt.

(2) Die Agentur für Arbeit ist berechtigt, zum Zweck nach Absatz 1 Grundstücke, Geschäfts- und Unterrichtsräume des Trägers während der Geschäfts- und Unterrichtszeit zu betreten. Wird die Maßnahme bei einem Dritten durchgeführt, ist die Agentur für Arbeit berechtigt, die Grundstücke, Geschäfts- und Unterrichtsräums des Dritten während dieser Zeit zu betreten. Stellt die Agentur für Arbeit bei der Prüfung der Maßnahme hinreichende Anhaltspunkte für Verstöße gegen datenschutzrechtliche Vorschriften fest, soll sie die zuständige Kontrollbehörde für den Datenschutz hiervon unterrichten.

(3) Die Agentur für Arbeit kann vom Träger die Beseitigung festgestellter Mängel innerhalb einer angemessenen Frist verlangen. Die Agentur für Arbeit kann die Geltung des Aktivierungs- und Vermittlungsgutscheins oder des Bildungsgutscheins für einen Träger ausschließen und die Entscheidung über die Förderung aufheben, wenn
1. der Träger dem Verlangen nach Satz 1 nicht nachkommt,
2. die Agentur für Arbeit schwerwiegende und kurzfristig nicht zu behebende Mängel festgestellt hat,
3. die in Absatz 1 genannten Auskünfte nicht, nicht rechtzeitig oder nicht vollständig erteilt werden oder

4. die Prüfungen oder das Betreten der Grundstücke, Geschäfts- oder Unterrichtsräume durch die Agentur für Arbeit nicht geduldet werden.

(4) Die Agentur für Arbeit teilt der fachkundigen Stelle und der Akkreditierungsstelle die nach den Absätzen 1 bis 3 gewonnenen Erkenntnisse mit.

§ 184 Verordnungsermächtigung Das Bundesministerium für Arbeit und Soziales wird ermächtigt, durch Rechtsverordnung, die nicht der Zustimmung des Bundesrates bedarf, die Voraussetzungen für die Akkreditierung als fachkundige Stelle und für die Zulassung von Trägern und Maßnahmen einschließlich der jeweiligen Verfahren zu regeln.

…

Siebtes Kapitel – Weitere Aufgaben der Bundesagentur

Erster Abschnitt – Statistiken, Arbeitsmarkt- und Berufsforschung, Berichterstattung

§§ 280–283 *(nicht abgedruckt)*

Zweiter Abschnitt – Erteilung von Genehmigungen und Erlaubnissen

Erster Unterabschnitt – Beschäftigung von Ausländerinnen und Ausländern

§ 284 Arbeitsgenehmigung-EU für Staatsangehörige der neuen EU-Mitgliedstaaten (1) Soweit nach Maßgabe des Beitrittsvertrages eines Mitgliedsstaates zur Europäischen Union abweichende Regelungen als Übergangsregelungen von der Arbeitnehmerfreizügigkeit anzuwenden sind, dürfen Staatsangehörige dieses Mitgliedstaates und ihre freizügigkeitsberechtigten Familienangehörigen eine Beschäftigung nur mit Genehmigung der Bundesagentur ausüben sowie von Arbeitgebern nur beschäftigt werden, wenn sie eine solche Genehmigung besitzen.

(2) Die Genehmigung wird befristet als Arbeitserlaubnis-EU erteilt, wenn nicht Anspruch auf eine unbefristete Erteilung als Arbeitsberechtigung-EU besteht. Die Genehmigung ist vor Aufnahme der Beschäftigung einzuholen.

(3) Die Arbeitserlaubnis-EU kann nach Maßgabe des § 39 Abs. 2 bis 4 des Aufenthaltsgesetzes erteilt werden.

(4) Unionsbürgerinnen und Unionsbürger nach Absatz 1 und ihre freizügigkeitsberechtigten Familienangehörigen, die ihren Wohnsitz oder gewöhnlichen Aufenthalt im Ausland haben und eine Beschäftigung im Bundesgebiet aufnehmen wollen, darf eine Arbeitserlaubnis-EU nur erteilt werden, wenn dies durch zwischenstaatliche Vereinbarung bestimmt oder aufgrund einer Rechtsverord-

nung zulässig ist. Für die Beschäftigungen, die durch Rechtsverordnung zugelassen werden, ist Staatsangehörigen aus den Mitgliedstaaten der Europäischen Union nach Absatz 1 gegenüber Staatsangehörigen aus Drittstaaten vorrangig eine Arbeitserlaubnis-EU zu erteilen, soweit dies der EU-Beitrittsvertrag vorsieht.

(5) Die Erteilung der Arbeitsberechtigung-EU bestimmt sich nach der aufgrund des § 288 erlassenen Rechtsverordnung.

(6) Das Aufenthaltsgesetz und die aufgrund des § 42 des Aufenthaltsgesetzes erlassenen Rechtsverordnungen gelten entsprechend, soweit nicht eine aufgrund des § 288 erlassene Rechtsverordnung günstigere Regelungen enthält. Bei Anwendung der Vorschriften steht die Arbeitsgenehmigung-EU der Zustimmung zu einem Aufenthaltstitel nach § 4 Abs. 3 des Aufenthaltsgesetzes gleich.

(7) Ein Aufenthaltstitel zur Ausübung einer Beschäftigung, der vor dem Tag, an dem der Beitrittsvertrag eines Mitgliedstaates zur Europäischen Union, der Übergangsregelungen hinsichtlich der Arbeitnehmerfreizügigkeit vorsieht, für die Bundesrepublik Deutschland in Kraft getreten ist, erteilt wurde, gilt als Arbeitserlaubnis-EU fort. Beschränkungen des Aufenthaltstitels hinsichtlich der Ausübung der Beschäftigung bleiben als Beschränkungen der Arbeitserlaubnis-EU bestehen. Ein vor diesem Zeitpunkt erteilter Aufenthaltstitel, der zur unbeschränkten Ausübung einer Beschäftigung berechtigt, gilt als Arbeitsberechtigung-EU fort.

§§ 285, 286 *(weggefallen)*

§ 287 Gebühren für die Durchführung der Vereinbarungen über Werkvertragsarbeitnehmerinnen und Werkvertragsarbeitnehmer (1) Für die Aufwendungen, die der Bundesagentur und den Behörden der Zollverwaltung bei der Durchführung der zwischenstaatlichen Vereinbarungen über die Beschäftigung von Arbeitnehmerinnen und Arbeitnehmern auf der Grundlage von Werkverträgen entstehen, kann vom Arbeitgeber der ausländischen Arbeitnehmerinnen und Arbeitnehmer eine Gebühr erhoben werden.

(2) Die Gebühr wird für die Aufwendungen der Bundesagentur und der Behörden der Zollverwaltung erhoben, die im Zusammenhang mit dem Antragsverfahren und der Überwachung der Einhaltung der Vereinbarungen stehen, insbesondere für die

1. Prüfung der werkvertraglichen Grundlagen,
2. Prüfung der Voraussetzungen für die Beschäftigung der ausländischen Arbeitnehmerinnen und Arbeitnehmer,
3. Zusicherung, Erteilung und Aufhebung der Zustimmung zur Erteilung einer Aufenthaltserlaubnis zum Zwecke der Beschäftigung oder der Arbeitserlaubnis-EU,
4. Überwachung der Einhaltung der für die Ausführung eines Werkvertrages festgesetzten Zahl der Arbeitnehmerinnen und Arbeitnehmer,
5. Überwachung der Einhaltung der für die Arbeitgeber nach den Vereinbarungen bei der Beschäftigung ihrer Arbeitnehmerinnen und Arbeitnehmer be-

stehenden Pflichten einschließlich der Durchführung der dafür erforderlichen Prüfungen nach § 2 Abs. 1 Nr. 4 des Schwarzarbeitsbekämpfungsgesetzes durch die Behörden der Zollverwaltung sowie
6. Durchführung von Ausschlussverfahren nach den Vereinbarungen.

Die Bundesagentur wird ermächtigt, durch Anordnung die gebührenpflichtigen Tatbestände zu bestimmen, für die Gebühr feste Sätze vorzusehen und den auf die Behörden der Zollverwaltung entfallenden Teil der Gebühren festzulegen und zu erheben.

(3) Der Arbeitgeber darf sich die Gebühr nach den Absätzen 1 und 2 weder ganz noch teilweise erstatten lassen.

(4) Im Übrigen sind die Vorschriften des Verwaltungskostengesetzes anzuwenden.

§ 288 Verordnungsermächtigung und Weisungsrecht (1) Das Bundesministerium für Arbeit und Soziales kann durch Rechtsverordnung[1]

1. Ausnahmen für die Erteilung einer Arbeitserlaubnis an Ausländerinnen und Ausländer, die keine Aufenthaltsgenehmigung besitzen,
2. Ausnahmen für die Erteilung einer Arbeitserlaubnis unabhängig von der Arbeitsmarktlage,
3. Ausnahmen für die Erteilung einer Arbeitserlaubnis an Ausländerinnen und Ausländer mit Wohnsitz oder gewöhnlichem Aufenthalt im Ausland,
4. die Voraussetzungen für die Erteilung einer Arbeitserlaubnis sowie das Erfordernis einer ärztlichen Untersuchung von Ausländerinnen und Ausländern mit Wohnsitz oder gewöhnlichem Aufenthalt im Ausland mit deren Einwilligung für eine erstmalige Beschäftigung,
5. das Nähere über Umfang und Geltungsdauer der Arbeitserlaubnis,
6. weitere Personengruppen, denen eine Arbeitsberechtigung erteilt wird, sowie die zeitliche, betriebliche, berufliche und regionale Beschränkung der Arbeitsberechtigung,
7. weitere Ausnahmen von der Genehmigungspflicht sowie
8. die Voraussetzungen für das Verfahren und die Aufhebung einer Genehmigung

näher bestimmen.

(2) Das Bundesministerium für Arbeit und Soziales kann der Bundesagentur zur Durchführung der Bestimmungen dieses Unterabschnittes und der hierzu erlassenen Rechtsverordnungen sowie der von den Organen der Europäischen Gemeinschaften erlassenen Bestimmungen über den Zugang zum Arbeitsmarkt und der zwischenstaatlichen Vereinbarungen über die Beschäftigung von Arbeitnehmern Weisungen erteilen.

1 Vgl. Nr. 9 c.

Zweiter Unterabschnitt – Beratung und Vermittlung durch Dritte

Erster Titel – Berufsberatung

§ 288 a Untersagung der Berufsberatung (1) Die Agentur für Arbeit hat einer natürlichen oder juristischen Person oder Personengesellschaft, die Berufsberatung betreibt (Berufsberatende), die Ausübung dieser Tätigkeit ganz oder teilweise zu untersagen, sofern dies zum Schutz der Ratsuchenden erforderlich ist. Bei einer juristischen Person oder Personengesellschaft kann auch einer von ihr für die Leitung des Betriebes bestellten Person die Ausübung der Tätigkeit ganz oder teilweise untersagt werden, sofern dies zum Schutz der Ratsuchenden erforderlich ist.

(2) Im Untersagungsverfahren hat die betreffende Person auf Verlangen der Agentur für Arbeit

1. die Auskünfte zu erteilen, die zur Durchführung des Verfahrens erforderlich sind, und
2. die geschäftlichen Unterlagen vorzulegen, aus denen sich die Richtigkeit ihrer Angaben ergibt.

Sie kann die Auskunft auf solche Fragen verweigern, deren Beantwortung sie selbst oder einen in § 383 Abs. 1 Nr. 1 bis 3 der Zivilprozeßordnung bezeichneten Angehörigen der Gefahr strafrechtlicher Verfolgung oder eines Verfahrens nach dem Gesetz über Ordnungswidrigkeiten aussetzen würde.

(3) Soweit es zur Durchführung der Überprüfung erforderlich ist, sind die von der Agentur für Arbeit beauftragten Personen befugt, Geschäftsräume der betreffenden Person während der üblichen Geschäftszeiten zu betreten. Die Person hat Maßnahmen nach Satz 1 zu dulden.

(4) Untersagt die Agentur für Arbeit die Ausübung der Berufsberatung, so hat es die weitere Ausübung dieser Tätigkeit nach den Vorschriften des Verwaltungs-Vollstreckungsgesetzes zu verhindern.

§ 289 Offenbarungspflicht Berufsberatende, die die Interessen eines Arbeitgebers oder einer Einrichtung wahrnehmen, sind verpflichtet, Ratsuchenden die Identität des Trägers oder der Einrichtung mitzuteilen; sie haben darauf hinzuweisen, dass sich die Interessenwahrnehmung auf die Beratungstätigkeit auswirken kann. Die Offenbarungspflicht besteht auch, wenn Berufsberatende zu einer Einrichtung Verbindungen unterhalten, deren Kenntnis für die Ratsuchenden zur Beurteilung einer Beratung von Bedeutung sein kann.

§ 290 Vergütungen Für eine Berufsberatung dürfen Vergütungen von Ratsuchenden nur dann verlangt oder entgegengenommen werden, wenn die oder der Berufsberatende nicht zugleich eine Vermittlung von Ausbildungs- oder Arbeitsplätzen betreibt oder eine entsprechende Vermittlung in damit zusammenhängenden Geschäftsräumen betrieben wird. Entgegen Satz 1 geschlossene Vereinbarungen sind unwirksam.

Zweiter Titel – Ausbildungsvermittlung und Arbeitsvermittlung

§ 291 *(weggefallen)*

§ 292 Auslandsvermittlung, Anwerbung aus dem Ausland Das Bundesministerium für Arbeit und Soziales kann durch Rechtsverordnung bestimmen, dass die Vermittlung für eine Beschäftigung im Ausland außerhalb der Europäischen Gemeinschaft oder eines anderen Vertragsstaates des Abkommens über den Europäischen Wirtschaftsraum sowie die Vermittlung und die Anwerbung aus diesem Ausland für eine Beschäftigung im Inland (Auslandsvermittlung) für bestimmte Berufe und Tätigkeiten nur von der Bundesagentur durchgeführt werden dürfen.

§§ 293–295 *(weggefallen)*

§ 296 Vermittlungsvertrag zwischen Vermittlern und Arbeitsuchenden (1) Ein Vertrag, nach dem sich ein Vermittler verpflichtet, einer oder einem Arbeitsuchenden eine Arbeitsstelle zu vermitteln, bedarf der schriftlichen Form. In dem Vertrag ist insbesondere die Vergütung des Vermittlers anzugeben. Zu den Leistungen der Vermittlung gehören auch alle Leistungen, die zur Vorbereitung und Durchführung der Vermittlung erforderlich sind, insbesondere die Feststellung der Kenntnisse der oder des Arbeitsuchenden sowie die mit der Vermittlung verbundene Berufsberatung. Der Vermittler hat der oder dem Arbeitsuchenden den Vertragsinhalt in Textform mitzuteilen.
(2) Die oder der Arbeitsuchende ist zur Zahlung der Vergütung nach Absatz 3 nur verpflichtet, wenn infolge der Vermittlung des Vermittlers der Arbeitsvertrag zustande gekommen ist. Der Vermittler darf keine Vorschüsse auf die Vergütungen verlangen oder entgegennehmen.
(3) Die Vergütung einschließlich der darauf entfallenden gesetzlichen Umsatzsteuer darf 2000 Euro nicht übersteigen, soweit nicht ein gültiger Aktivierungs- und Vermittlungsgutschein in einer abweichenden Höhe nach § 45 Absatz 6 Satz 4 vorgelegt wird oder durch eine Rechtsverordnung nach § 301 für bestimmte Berufe oder Personengruppen etwas anderes bestimmt ist. Bei der Vermittlung von Personen in Au-pair-Verhältnisse darf die Vergütung 150 Euro nicht übersteigen.
(4) Arbeitsuchende, die dem Vermittler einen Aktivierungs- und Vermittlungsgutschein vorlegen, können die Vergütung abweichend von § 266 des Bürgerlichen Gesetzbuchs in Teilbeträgen zahlen. Die Vergütung ist nach Vorlage des Aktivierungs- und Vermittlungsgutscheins bis zu dem Zeitpunkt gestundet, in dem die Agentur für Arbeit nach Maßgabe von § 45 Absatz 6 gezahlt hat.

§ 296 a Vergütungen bei Ausbildungsvermittlung Für die Leistungen zur Ausbildungsvermittlung dürfen nur vom Arbeitgeber Vergütungen verlangt oder entgegengenommen werden. Zu den Leistungen zur Ausbildungsvermittlung gehören auch alle Leistungen, die zur Vorbereitung und Durchführung der Vermittlung erforderlich sind, insbesondere die Feststellung der Kenntnisse der oder des Ausbildungsuchenden sowie die mit der Ausbildungsvermittlung verbundene Berufsberatung.

§ 297 Unwirksamkeit von Vereinbarungen Unwirksam sind
1. Vereinbarungen zwischen einem Vermittler und einer oder einem Arbeitsuchenden über die Zahlung der Vergütung, wenn deren Höhe die nach § 296 Abs. 3 zulässige Höchstgrenze überschreitet, wenn Vergütungen für Leistungen verlangt oder entgegengenommen werden, die nach § 296 Abs. 1 Satz 3 zu den Leistungen der Vermittlung gehören oder wenn die erforderliche Schriftform nicht eingehalten wird und
2. Vereinbarungen zwischen einem Vermittler und einer oder einem Ausbildungsuchenden über die Zahlung einer Vergütung,
3. Vereinbarungen zwischen einem Vermittler und einem Arbeitgeber, wenn der Vermittler eine Vergütung mit einer oder einem Ausbildungsuchenden vereinbart oder von dieser oder diesem entgegennimmt, obwohl dies nicht zulässig ist, und
4. Vereinbarungen, die sicherstellen sollen, dass ein Arbeitgeber oder eine Person, die eine Ausbildung oder Arbeit sucht, sich ausschließlich eines bestimmten Vermittlers bedient.

§ 298 Behandlung von Daten (1) Vermittler dürfen Daten über zu besetzende Ausbildungs- und Arbeitsplätze und über Ausbildungssuchende sowie Arbeitnehmerinnen und Arbeitnehmer nur verarbeiten, soweit dies für die Verrichtung ihrer Vermittlungstätigkeit erforderlich ist. Sind diese Daten personenbezogen oder Geschäfts- oder Betriebsgeheimnisse, dürfen sie nur verarbeitet werden, soweit die betroffene Person im Einzelfall eingewilligt hat; § 67 b Absatz 2 und 3 des Zehnten Buches gilt entsprechend. Übermittelt der Vermittler diese Daten im Rahmen seiner Vermittlungstätigkeit einer weiteren Person oder Einrichtung, darf diese sie nur zu dem Zweck speichern, verändern, nutzen, übermitteln oder in der Verarbeitung einschränken, zu dem sie ihr befugt übermittelt worden sind.
(2) Von betroffenen Personen zur Verfügung gestellte Unterlagen sind unmittelbar nach Abschluss der Vermittlungstätigkeit zurückzugeben. Die übrigen Geschäftsunterlagen des Vermittlers sind nach Abschluss der Vermittlungstätigkeit drei Jahre aufzubewahren. Die Verwendung der Geschäftsunterlagen ist zur Kontrolle des Vermittlers durch die zuständigen Behörden sowie zur Wahrnehmung berechtigter Interessen des Vermittlers zulässig. Personenbezogene Daten sind nach Ablauf der Aufbewahrungspflicht zu löschen. Betroffene Personen können nach Abschluss der Vermittlungstätigkeit Abweichungen von den Sätzen 1, 3 und 4 gestatten; die Gestattung bedarf der Schriftform.

§§ 299, 300 *(weggefallen)*

Dritter Titel – Verordnungsermächtigung

§ 301 Verordnungsermächtigung Das Bundesministerium für Arbeit und Soziales wird ermächtigt, durch Rechtsverordnung[1] zu bestimmen, dass für bestimmte Berufe oder Personengruppen Vergütungen vereinbart werden dürfen, die sich nach dem der Arbeitnehmerin oder dem Arbeitnehmer zustehenden Arbeitsentgelt bemessen.

§§ 302, 303 *(weggefallen)*

Dritter Abschnitt[2]

§§ 304–308 *(weggefallen)*

---

1 **Vermittler-VergütungsVO** (VermittVergV) vom 27. 6. 2002 (BGBl. I 2439).

2 Vgl. § 1 des **Gesetzes zur Bekämpfung der Schwarzarbeit und illegalen Beschäftigung** (Schwarzarbeitsbekämpfungsgesetz – SchwarzArbG) vom 23. 7. 2004 (BGBl. I 1842), zuletzt geändert durch Gesetz vom 12. 12. 2019 (BGBl. I 2451):
§ 1 Zweck des Gesetzes (1) Zweck des Gesetzes ist die Bekämpfung der Schwarzarbeit und illegalen Beschäftigung.
(2) Schwarzarbeit leistet, wer Dienst- oder Werkleistungen erbringt oder ausführen lässt und dabei
1. als Arbeitgeber, Unternehmer oder versicherungspflichtiger Selbstständiger seine sich auf Grund der Dienst- oder Werkleistungen ergebenden sozialversicherungsrechtlichen Melde-, Beitrags- oder Aufzeichnungspflichten nicht erfüllt,
2. als Steuerpflichtiger seine sich auf Grund der Dienst- oder Werkleistungen ergebenden steuerlichen Pflichten nicht erfüllt,
3. als Empfänger von Sozialleistungen seine sich auf Grund der Dienst- oder Werkleistungen ergebenden Mitteilungspflichten gegenüber dem Sozialleistungsträger nicht erfüllt,
4. als Erbringer von Dienst- oder Werkleistungen seiner sich daraus ergebenden Verpflichtung zur Anzeige vom Beginn des selbstständigen Betriebes eines stehenden Gewerbes (§ 14 der Gewerbeordnung) nicht nachgekommen ist oder die erforderliche Reisegewerbekarte (§ 55 der Gewerbeordnung) nicht erworben hat ode
5. als Erbringer von Dienst- oder Werkleistungen ein zulassungspflichtiges Handwerk als stehendes Gewerbe selbstständig betreibt, ohne in der Handwerksrolle eingetragen zu sein (§ 1 der Handwerksordnung).

Schwarzarbeit leistet auch, wer vortäuscht, eine Dienst- oder Werkleistung zu erbringen oder ausführen zu lassen, und wenn er selbst oder ein Dritter dadurch Sozialleistungen nach dem Zweiten oder Dritten Buch Sozialgesetzbuch zu Unrecht bezieht.
(3) Illegale Beschäftigung übt aus, wer
1. Ausländer und Ausländerinnen als Arbeitgeber unerlaubt beschäftigt oder als Entleiher unerlaubt tätig werden lässt,
2. als Ausländer oder Ausländerin unerlaubt eine Erwerbstätigkeit ausübt,
3. als Arbeitgeber Arbeitnehmer und Arbeitnehmerinnen
   a) ohne erforderliche Erlaubnis nach § 1 Absatz 1 Satz 1 des Arbeitnehmerüberlassungsgesetzes oder
   b) entgegen den Bestimmungen nach § 1 Absatz 1 Satz 5 und 6, § 1 a oder § 1 b des Arbeitnehmerüberlassungsgesetzes

   überlässt oder für sich tätig werden lässt,
4. als Arbeitgeber Arbeitnehmer und Arbeitnehmerinnen beschäftigt, ohne dass die Arbeitsbedingungen nach Maßgabe des Mindestlohngesetzes, des Arbeitnehmer-Entsendegesetzes oder des § 8 Absatz 5 des Arbeitnehmerüberlassungsgesetzes in Verbindung mit einer

Achtes Kapitel – Pflichten

Erster Abschnitt – Pflichten im Leistungsverfahren

Erster Unterabschnitt – Meldepflichten

§ 309 Allgemeine Meldepflicht (1) Arbeitslose haben sich während der Zeit, für die sie einen Anspruch auf Arbeitslosengeld erheben, bei der Agentur für Arbeit oder einer sonstigen Dienststelle der Bundesagentur persönlich zu melden oder zu einem ärztlichen oder psychologischen Untersuchungstermin zu erscheinen, wenn die Agentur für Arbeit sie dazu auffordert (allgemeine Meldepflicht). Die Meldung muss bei der in der Aufforderung zur Meldung bezeichneten Stelle erfolgen. Die allgemeine Meldepflicht besteht auch in Zeiten, in denen der Anspruch auf Arbeitslosengeld ruht.

(2) Die Aufforderung zur Meldung kann zum Zwecke der

1. Berufsberatung,
2. Vermittlung in Ausbildung oder Arbeit,
3. Vorbereitung aktiver Arbeitsförderungsleistungen,
4. Vorbereitung von Entscheidungen im Leistungsverfahren und
5. Prüfung des Vorliegens der Voraussetzungen für den Leistungsanspruch

erfolgen.

(3) Die meldepflichtige Person hat sich zu der von der Agentur für Arbeit bestimmten Zeit zu melden. Ist der Meldetermin nach Tag und Tageszeit bestimmt, so ist die meldepflichtige Person der allgemeinen Meldepflicht auch dann nachgekommen, wenn sie sich zu einer anderen Zeit am selben Tag meldet und der Zweck der Meldung erreicht wird. Ist die meldepflichtige Person am Meldetermin arbeitsunfähig, so wirkt die Meldeaufforderung auf den ersten Tag der Arbeitsfähigkeit fort, wenn die Agentur für Arbeit dies in der Meldeaufforderung bestimmt.

(4) Die notwendigen Reisekosten, die der meldepflichtigen Person und einer erforderlichen Begleitperson aus Anlaß der Meldung entstehen, können auf Antrag übernommen werden, soweit sie nicht bereits nach anderen Vorschrif-

---

Rechtsverordnung nach § 3 a Absatz 2 Satz 1 des Arbeitnehmerüberlassungsgesetzes eingehalten werden, oder

5. als Arbeitgeber Arbeitnehmer und Arbeitnehmerinnen zu ausbeuterischen Arbeitsbedingungen beschäftigt.

(4) Die Absätze 2 und 3 finden keine Anwendung für nicht nachhaltig auf Gewinn gerichtete Dienst- oder Werkleistungen, die

1. von Angehörigen im Sinne des § 15 der Abgabenordnung oder Lebenspartnern,
2. aus Gefälligkeit,
3. im Wege der Nachbarschaftshilfe oder
4. im Wege der Selbsthilfe im Sinne des § 36 Abs. 2 und 4 des Zweiten Wohnungsbaugesetzes in der Fassung der Bekanntmachung vom 19. August 1994 (BGBl. I S. 2137) oder als Selbsthilfe im Sinne des § 12 Abs. 1 Satz 2 des Wohnraumförderungsgesetzes vom 13. September 2001 (BGBl. I S. 2376), zuletzt geändert durch Artikel 7 des Gesetzes vom 29. Dezember 2003 (BGBl. I S. 3076),

erbracht werden. Als nicht nachhaltig auf Gewinn gerichtet gilt insbesondere eine Tätigkeit, die gegen geringes Entgelt erbracht wird.

ten oder auf Grund anderer Vorschriften dieses Buches übernommen werden können.

§ 310 Meldepflicht bei Wechsel der Zuständigkeit Wird für die Arbeitslose oder den Arbeitslosen nach der Arbeitslosmeldung eine andere Agentur für Arbeit zuständig, hat sie oder er sich bei der nunmehr zuständigen Agentur für Arbeit unverzüglich zu melden.

Zweiter Unterabschnitt – Anzeige- und Bescheinigungspflichten

§ 311 Anzeige- und Bescheinigungspflicht bei Arbeitsunfähigkeit Wer Arbeitslosengeld oder Übergangsgeld beantragt hat oder bezieht, ist verpflichtet, der Agentur für Arbeit
1. eine eingetretene Arbeitsunfähigkeit und deren voraussichtliche Dauer unverzüglich anzuzeigen und
2. spätestens vor Ablauf des dritten Kalendertages nach Eintritt der Arbeitsunfähigkeit eine ärztliche Bescheinigung über die Arbeitsunfähigkeit und deren voraussichtliche Dauer vorzulegen.

Die Agentur für Arbeit ist berechtigt, die Vorlage der ärztlichen Bescheinigung früher zu verlangen. Dauert die Arbeitsunfähigkeit länger als in der Bescheinigung angegeben, so ist der Agentur für Arbeit eine neue ärztliche Bescheinigung vorzulegen. Die Bescheinigungen müssen einen Vermerk der behandelnden Ärztin oder des behandelnden Arztes darüber enthalten, daß dem Träger der Krankenversicherung unverzüglich eine Bescheinigung über die Arbeitsunfähigkeit mit Angaben über den Befund und die voraussichtliche Dauer der Arbeitsunfähigkeit übersandt wird.

§ 312 Arbeitsbescheinigung (1) Der Arbeitgeber hat auf Verlangen der Arbeitnehmerin oder des Arbeitnehmers oder auf Verlangen der Bundesagentur alle Tatsachen zu bescheinigen, die für die Entscheidung über den Anspruch auf Arbeitslosengeld oder Übergangsgeld erheblich sein können (Arbeitsbescheinigung); dabei hat er den von der Bundesagentur hierfür vorgesehenen Vordruck zu benutzen. In der Arbeitsbescheinigung sind insbesondere
1. die Art der Tätigkeit der Arbeitnehmerin oder des Arbeitnehmers,
2. Beginn, Ende, Unterbrechung und Grund für die Beendigung des Beschäftigungsverhältnisses und
3. das Arbeitsentgelt und die sonstigen Geldleistungen, die die Arbeitnehmerin oder der Arbeitnehmer erhalten oder zu beanspruchen hat,

anzugeben. Die Arbeitsbescheinigung ist der Arbeitnehmerin oder dem Arbeitnehmer vom Arbeitgeber auszuhändigen.

(2) Macht der Arbeitgeber geltend, die Arbeitslosigkeit sei die Folge eines Arbeitskampfes, so hat er dies darzulegen, glaubhaft zu machen und eine Stellungnahme der Betriebsvertretung beizufügen. Der Arbeitgeber hat der Betriebsvertretung die für die Stellungnahme erforderlichen Angaben zu machen.

(3) Für Zwischenmeisterinnen, Zwischenmeister und andere Auftraggeber von Heimarbeiterinnen und Heimarbeitern sowie für Leistungsträger, Unternehmen und Stellen, die Beiträge nach diesem Buch für Bezieherinnen und Bezieher von Sozialleistungen, Krankentagegeld oder Leistungen für den Ausfall von Arbeitseinkünften im Zusammenhang mit einer nach den §§ 8 und 8 a des Transplantationsgesetzes erfolgenden Spende von Organen oder Geweben oder im Zusammenhang mit einer im Sinne von § 9 des Transfusionsgesetzes erfolgenden Spende von Blut zur Separation von Blutstammzellen oder anderen Blutbestandteilen zu entrichten haben, gelten die Absätze 1 und 2 entsprechend.
(4) Nach Beendigung des Vollzuges einer Untersuchungshaft, Freiheitsstrafe, Jugendstrafe oder freiheitsentziehenden Maßregel der Besserung und Sicherung oder einer einstweiligen Unterbringung nach § 126 a der Strafprozeßordnung hat die Vollzugsanstalt der oder dem Entlassenen eine Bescheinigung über die Zeiten auszustellen, in denen sie oder er innerhalb der letzten sieben Jahre vor der Entlassung als Gefangene oder Gefangener versicherungspflichtig war.

§ 312 a Arbeitsbescheinigung für Zwecke des über- und zwischenstaatlichen Rechts (1) Der Arbeitgeber hat auf Verlangen der Bundesagentur alle Tatsachen zu bescheinigen, deren Kenntnis für die Entscheidung über einen Anspruch auf Leistungen bei Arbeitslosigkeit eines von der Verordnung erfassten Staates notwendig ist und zu deren Bescheinigung die Bundesagentur nach Artikel 54 der Verordnung (EG) Nr. 987/2009 des Europäischen Parlaments und des Rates vom 16. September 2009 zur Festlegung der Modalitäten für die Durchführung der Verordnung (EG) Nr. 883/2004 über die Koordinierung der Systeme der sozialen Sicherheit (ABl. L 284 vom 30. 10. 2009, S. 1) verpflichtet ist. Der Arbeitgeber hat dabei den von der Bundesagentur hierfür vorgesehenen Vordruck zu benutzen. Die Sätze 1 und 2 gelten entsprechend für Bescheinigungspflichten der Bundesagentur gegenüber einem ausländischen Träger nach anderen Regelungen des über- oder zwischenstaatlichen Rechts. Die Bescheinigungspflichten umfassen nur Daten, zu deren Aufbewahrung der Arbeitgeber nach deutschen Rechtsvorschriften verpflichtet ist.
(2) Die Bescheinigungspflicht gilt auch in den Fällen des § 312 Absatz 3 und 4.

§ 313 Nebeneinkommensbescheinigung (1) Wer eine Person, die Berufsausbildungsbeihilfe, Ausbildungsgeld, Arbeitslosengeld oder Übergangsgeld (laufende Geldleistungen) beantragt hat oder bezieht, gegen Arbeitsentgelt beschäftigt oder dieser Person gegen Vergütung eine selbständige Tätigkeit überträgt, ist verpflichtet, dieser Person unverzüglich Art und Dauer der Beschäftigung oder der selbständigen Tätigkeit sowie die Höhe des Arbeitsentgelts oder der Vergütung für die Zeiten zu bescheinigen, für die diese Leistung beantragt worden ist oder bezogen wird. Dabei ist der von der Bundesagentur vorgesehene Vordruck zu benutzen. Die Bescheinigung über das Nebeneinkommen ist der Bezieherin oder dem Bezieher der Leistung vom Dienstberechtigten oder Besteller unverzüglich auszuhändigen.

(2) Wer eine laufende Geldleistung beantragt hat oder bezieht und Dienst- oder Werkleistungen gegen Vergütung erbringt, ist verpflichtet, dem Dienstberechtigten oder Besteller den für die Bescheinigung des Arbeitsentgelts oder der Vergütung vorgeschriebenen Vordruck unverzüglich vorzulegen.
(3) Die Absätze 1 und 2 gelten für Personen, die Kurzarbeitergeld beziehen oder für die Kurzarbeitergeld beantragt worden ist, entsprechend.

§ 313 a Elektronische Bescheinigung Die Bescheinigungen nach den §§ 312, 312 a und 313 können von dem Bescheinigungspflichtigen der Bundesagentur elektronisch unter den Voraussetzungen des § 108 Absatz 1 des Vierten Buches übermittelt werden, es sei denn, dass die Person, für die eine Bescheinigung nach den §§ 312 oder 313 auszustellen ist, der Übermittlung widerspricht. Die Person, für die die Bescheinigung auszustellen ist, ist von dem Bescheinigungspflichtigen in allgemeiner Form schriftlich auf das Widerspruchsrecht hinzuweisen. § 312 Absatz 1 Satz 3 und § 313 Absatz 1 Satz 3 finden keine Anwendung; die Bundesagentur hat der Person, für die eine Bescheinigung nach den §§ 312 und 313 elektronisch übermittelt worden ist, unverzüglich einen Ausdruck der Daten zuzuleiten.

§ 314 Insolvenzgeldbescheinigung (1) Die Insolvenzverwalterin oder der Insolvenzverwalter hat auf Verlangen der Agentur für Arbeit für jede Arbeitnehmerin und jeden Arbeitnehmer, für die oder den ein Anspruch auf Insolvenzgeld in Betracht kommt, Folgendes zu bescheinigen:
1. die Höhe des Arbeitsentgelts für die letzten drei Monate des Arbeitsverhältnisses, die der Eröffnung des Insolvenzverfahrens vorausgegangen sind, sowie
2. die Höhe der gesetzlichen Abzüge und der zur Erfüllung derjenigen Leistungen, die zur Erfüllung der Ansprüche auf Arbeitsentgelt erbracht worden sind.

Das Gleiche gilt hinsichtlich der Höhe von Entgeltteilen, die gemäß § 1 Abs. 2 Nr. 3 des Betriebsrentengesetzes umgewandelt und vom Arbeitgeber nicht an den Versorgungsträger abgeführt worden sind. Dabei ist anzugeben, ob der Entgeltteil in einem Pensionsfonds, in einer Pensionskasse oder in einer Direktversicherung angelegt und welcher Versorgungsträger für die betriebliche Altersversorgung gewählt worden ist. Es ist auch zu bescheinigen, inwieweit die Ansprüche auf Arbeitsentgelt gepfändet, verpfändet oder abgetreten sind. Dabei ist der von der Bundesagentur vorgesehene Vordruck zu benutzen. Wird die Insolvenzgeldbescheinigung durch die Insolvenzverwalterin oder den Insolvenzverwalter nach § 36 a des Ersten Buches übermittelt, sind zusätzlich die Anschrift und die Daten des Überweisungsweges mitzuteilen.
(2) In den Fällen, in denen ein Insolvenzverfahren nicht eröffnet wird oder nach § 207 der Insolvenzordnung eingestellt worden ist, sind die Pflichten der Insolvenzverwalterin oder des Insolvenzverwalters vom Arbeitgeber zu erfüllen.

Dritter Unterabschnitt – Auskunftspflichten

§ 315 Allgemeine Auskunftspflicht Dritter (1) Wer einer Person, die eine laufende Geldleistung beantragt hat oder bezieht, Leistungen erbringt, die geeignet sind, die laufende Geldleistung auszuschließen oder zu mindern, hat der Agentur für Arbeit auf Verlangen hierüber Auskunft zu erteilen, soweit es zur Durchführung der Aufgaben nach diesem Buch erforderlich ist.

(2) Wer einer Person, die eine laufende Geldleistung beantragt hat oder bezieht, zu Leistungen verpflichtet ist, die geeignet sind, die laufende Geldleistung auszuschließen oder zu mindern, oder für diese Person Guthaben führt oder Vermögensgegenstände verwahrt, hat der Agentur für Arbeit auf Verlangen hierüber sowie über das Einkommen oder Vermögen dieser Person Auskunft zu erteilen, soweit es zur Durchführung der Aufgaben nach diesem Buch erforderlich ist. § 21 Abs. 3 Satz 4 des Zehnten Buches gilt entsprechend. Für die Feststellung einer Unterhaltsverpflichtung ist § 1605 Abs. 1 des Bürgerlichen Gesetzbuchs anzuwenden.

(3) Wer eine Person beschäftigt, die

1. selbst oder deren Ehegattin, Ehegatte, Lebenspartnerin oder Lebenspartner eine laufende Geldleistung beantragt hat oder bezieht oder
2. nach Absatz 2 zur Auskunft verpflichtet ist,

hat der Agentur für Arbeit auf Verlangen über die Beschäftigung, insbesondere über das Arbeitsentgelt, Auskunft zu erteilen, soweit es zur Durchführung der Aufgaben nach diesem Buch erforderlich ist.

(4) Die Absätze 1 bis 3 gelten entsprechend, wenn jemand anstelle einer laufenden Geldleistung Kurzarbeitergeld bezieht oder für ihn Kurzarbeitergeld beantragt worden ist.

(5) Sind bei einer Bedürftigkeitsprüfung Einkommen oder Vermögen der Ehegattin oder des Ehegatten, der Lebenspartnerin oder des Lebenspartners oder der Partnerin oder des Partners einer eheähnlichen Gemeinschaft zu berücksichtigen, hat diese oder dieser der Agentur für Arbeit auf Verlangen hierüber Auskunft zu erteilen, soweit es zur Durchführung der Vorschriften dieses Buches erforderlich ist. Haben die Ehegattin oder der Ehegatte, die Lebenspartnerin oder der Lebenspartner oder die Partnerin oder der Partner einer eheähnlichen Gemeinschaft Dritte beauftragt, für diese oder diesen das Guthaben zu führen oder Vermögensgegenstände zu verwahren, haben sie entsprechend Auskunft zu erteilen. § 21 Absatz 3 Satz 4 des Zehnten Buches gilt entsprechend.

§ 316 Auskunftspflicht bei Leistung von Insolvenzgeld (1) Der Arbeitgeber, die Insolvenzverwalterin oder der Insolvenzverwalter, die Arbeitnehmerinnen oder Arbeitnehmer sowie sonstige Personen, die Einblick in die Arbeitsentgeltunterlagen hatten, sind verpflichtet, der Agentur für Arbeit auf Verlangen alle Auskünfte zu erteilen, die für die Durchführung der §§ 165 bis 171, 175, 320 Absatz 2, des § 327 Absatz 3 erforderlich sind.

(2) Der Arbeitgeber, die Arbeitnehmerinnen und Arbeitnehmer sowie sonstige Personen, die Einblick in die Arbeitsunterlagen hatten, sind verpflichtet, der

Insolvenzverwalterin oder dem Insolvenzverwalter auf Verlangen alle Auskünfte zu erteilen, die diese oder dieser für die Insolvenzgeldbescheinigung nach § 314 benötigt.

§ 317 Auskunftspflicht bei Kurzarbeitergeld und Wintergeld Wer Kurzarbeitergeld oder Wintergeld bezieht oder für wen diese Leistungen beantragt worden sind, hat dem zur Errechnung und Auszahlung der Leistungen Verpflichteten auf Verlangen die erforderlichen Auskünfte zu erteilen.

§ 318 Auskunftspflicht bei Maßnahmen der beruflichen Aus- oder Weiterbildung, Leistungen zur Teilhabe am Arbeitsleben, zur Aktivierung und beruflichen Eingliederung (1) Arbeitgeber und Träger, bei denen eine Maßnahme der beruflichen Aus- und Weiterbildung, eine Leistung zur Teilhabe am Arbeitsleben oder eine Maßnahme nach § 45 durchgeführt wurde oder wird, haben der Agentur für Arbeit unverzüglich Auskünfte über Tatsachen zu erteilen, die Aufschluss darüber geben, ob und inwieweit Leistungen zu Recht erbracht worden sind oder werden. Sie haben Änderungen, die für die Leistungen erheblich sind, unverzüglich der Agentur für Arbeit mitzuteilen.
(2) Personen, die bei Teilnahme an Maßnahmen der beruflichen Aus- oder Weiterbildung oder einer Maßnahme nach § 45 gefördert werden oder gefördert worden sind, sind verpflichtet,

1. der Agentur für Arbeit oder dem Träger der Maßnahme auf Verlangen Auskunft über den Eingliederungserfolg der Maßnahme sowie alle weiteren Auskünfte zu erteilen, die zur Qualitätsprüfung nach § 183 benötigt werden, und
2. eine Beurteilung ihrer Leistung und ihres Verhaltens durch den Träger zuzulassen.

Träger sind verpflichtet,

1. ihre Beurteilungen der Teilnehmerin oder des Teilnehmers unverzüglich der Agentur für Arbeit zu übermitteln,
2. der für die einzelne Teilnehmerin oder den einzelnen Teilnehmer zuständigen Agentur für Arbeit kalendermonatlich die Fehltage der Teilnehmerin oder des Teilnehmers sowie die Gründe für die Fehltage mitzuteilen; dabei haben sie den von der Bundesagentur vorgesehenen Vordruck zu benutzen.

§ 319 Mitwirkungs- und Duldungspflichten (1) Wer eine Leistung der Arbeitsförderung beantragt, bezogen hat oder bezieht oder wer jemanden, bei dem dies der Fall ist oder für den eine Leistung beantragt wurde, beschäftigt oder mit Arbeiten beauftragt, hat der Bundesagentur, soweit dies zur Durchführung der Aufgaben nach diesem Buch erforderlich ist, Einsicht in Lohn-, Meldeunterlagen, Bücher und andere Geschäftsunterlagen und Aufzeichnungen und während der Geschäftszeit Zutritt zu seinen Grundstücken und Geschäftsräumen zu gewähren. Werden die Unterlagen nach Satz 1 bei einem Dritten verwahrt, ist die Bundesagentur zur Durchführung der Aufgaben nach diesem Buch

berechtigt, auch dessen Grundstücke und Geschäftsräume während der Geschäftszeit zu betreten und Einsicht in diese Unterlagen zu nehmen.
(2) In automatisierten Dateisystemen gespeicherte Daten hat der Arbeitgeber auf Verlangen und auf Kosten der Agenturen für Arbeit auszusondern und auf maschinenverwertbaren Datenträgern oder in Listen zur Verfügung zu stellen. Der Arbeitgeber darf maschinenverwertbare Datenträger oder Datenlisten, die die erforderlichen Daten enthalten, ungesondert zur Verfügung stellen, wenn die Aussonderung mit einem unverhältnismäßigen Aufwand verbunden wäre und überwiegende schutzwürdige Interessen der Betroffenen nicht entgegenstehen. In diesem Fall haben die Agenturen für Arbeit die erforderlichen Daten auszusondern. Die übrigen Daten dürfen darüber hinaus nicht verarbeitet werden. Sind die zur Verfügung gestellten Datenträger oder Datenlisten zur Durchführung der Aufgaben nach diesem Buch nicht mehr erforderlich, sind sie unverzüglich zu vernichten oder auf Verlangen des Arbeitgebers zurückzugeben.

Vierter Unterabschnitt – Sonstige Pflichten

§ 320 Berechnungs-, Auszahlungs-, Aufzeichnungs- und Anzeigepflichten
(1) Der Arbeitgeber hat der Agentur für Arbeit auf Verlangen die Voraussetzungen für die Erbringung von Kurzarbeitergeld und Wintergeld nachzuweisen. Er hat diese Leistungen kostenlos zu errechnen und auszuzahlen. Dabei hat er beim Kurzarbeitergeld von den Lohnsteuerabzugsmerkmalen in dem maßgeblichen Antragszeitraum auszugehen; auf Grund einer Bescheinigung der für die Arbeitnehmerin oder den Arbeitnehmer zuständigen Agentur für Arbeit hat er den erhöhten Leistungssatz auch anzuwenden, wenn für ein Kind ein Kinderfreibetrag nicht als Lohnsteuerabzugsmerkmal gebildet ist.
(2) Die Insolvenzverwalterin oder der Insolvenzverwalter hat auf Verlangen der Agentur für Arbeit das Insolvenzgeld zu errechnen und auszuzahlen, wenn ihr oder ihm dafür geeignete Arbeitnehmerinnen oder Arbeitnehmer des Betriebs zur Verfügung stehen und die Agentur für Arbeit die Mittel für die Auszahlung des Insolvenzgeldes bereitstellt. Für die Abrechnung ist der von der Bundesagentur vorgesehene Vordruck zu benutzen, Kosten werden nicht erstattet.
(3) Arbeitgeber, in deren Betrieben Wintergeld geleistet wird, haben für jeden Arbeitstag während der Dauer der beantragten Förderung Aufzeichnungen über die im Betrieb oder auf der Baustelle geleisteten sowie die ausgefallenen Arbeitsstunden zu führen. Arbeitgeber, in deren Betrieben Saison-Kurzarbeitergeld geleistet wird, haben diese Aufzeichnungen für jeden Arbeitstag während der Schlechtwetterzeit zu führen. Die Aufzeichnungen nach Satz 1 und 2 sind vier Jahre aufzubewahren.
(4) *(aufgehoben)*
(4 a) Der Arbeitgeber hat der Agentur für Arbeit die Voraussetzungen für die Erbringung von Leistungen zur Förderung der Teilnahme an Transfermaßnahmen nachzuweisen. Auf Anforderung der Agentur für Arbeit hat der Arbeit-

geber das Ergebnis von Maßnahmen zur Feststellung der Eingliederungsaussichten mitzuteilen.
(5) Arbeitgeber, in deren Betrieben ein Arbeitskampf stattfindet, haben bei dessen Ausbruch und Beendigung der Agentur für Arbeit unverzüglich Anzeige zu erstatten. Die Anzeige bei Ausbruch des Arbeitskampfes muß Name und Anschrift des Betriebes, Datum des Beginns der Arbeitseinstellung und Zahl der betroffenen Arbeitnehmerinnen und Arbeitnehmer enthalten. Die Anzeige bei Beendigung des Arbeitskampfes muß außer Name und Anschrift des Betriebes das Datum der Beendigung der Arbeitseinstellung, die Zahl der an den einzelnen Tagen betroffenen Arbeitnehmerinnen und Arbeitnehmer sowie die Zahl der durch Arbeitseinstellung ausgefallenen Arbeitstage enthalten.

Zweiter Abschnitt – Schadensersatz bei Pflichtverletzungen

§ 321 Schadensersatz Wer vorsätzlich oder fahrlässig
1. eine Arbeitsbescheinigung nach § 312, eine Nebeneinkommensbescheinigung nach § 313 oder eine Insolvenzgeldbescheinigung nach § 314 nicht, nicht richtig oder nicht vollständig ausfüllt,
2. eine Auskunft auf Grund der allgemeinen Auskunftspflicht Dritter nach § 315, der Auskunftspflicht bei beruflicher Aus- und Weiterbildung und bei einer Leistung zur Teilhabe am Arbeitsleben nach § 318 oder der Auskunftspflicht bei Leistung von Insolvenzgeld nach § 316 nicht, nicht richtig oder nicht vollständig erteilt,
3. als Arbeitgeber seine Berechnungs-, Auszahlungs-, Aufzeichnungs- und Mitteilungspflichten bei Kurzarbeitergeld, Wintergeld und Leistungen zur Förderung von Transfermaßnahmen nach § 320 Abs. 1 Satz 2 und 3, Abs. 3 und 4 a nicht erfüllt,
4. als Insolvenzverwalterin oder Insolvenzverwalter die Verpflichtung zur Errechnung und Auszahlung des Insolvenzgeldes nach § 320 Abs. 2 Satz 1 nicht erfüllt,

ist der Bundesagentur zum Ersatz des daraus entstandenen Schadens verpflichtet.

Dritter Abschnitt – Verordnungsermächtigung und Anordnungsermächtigung

§ 321 a Verordnungsermächtigung Das Bundesministerium für Arbeit und Soziales wird ermächtigt, durch Rechtsverordnung mit Zustimmung des Bundesrates das Nähere über Art und Umfang der Pflichten nach dem Zweiten bis Vierten Unterabschnitt des Ersten Abschnitts sowie dem Zweiten Abschnitt dieses Kapitels einschließlich des zu beachtenden Verfahrens und der einzuhaltenden Fristen zu bestimmen.

§ 322 Anordnungsermächtigung Die Bundesagentur wird ermächtigt, durch Anordnung Näheres über die Meldepflicht der Arbeitslosen zu bestimmen. Sie kann auch bestimmen, inwieweit Einrichtungen außerhalb der Bundesagentur auf ihren Antrag zur Entgegennahme der Meldung zuzulassen sind.

Neuntes Kapitel – Gemeinsame Vorschriften für Leistungen

Erster Abschnitt – Antrag und Fristen

§ 323 Antragserfordernis (1) Leistungen der Arbeitsförderung werden auf Antrag erbracht. Arbeitslosengeld gilt mit der persönlichen Arbeitslosmeldung als beantragt, wenn die oder der Arbeitslose keine andere Erklärung abgibt. Leistungen der aktiven Arbeitsförderung können auch von Amts wegen erbracht werden, wenn die Berechtigten zustimmen. Die Zustimmung gilt insoweit als Antrag.
(2) Kurzarbeitergeld, Leistungen zur Förderung der Teilnahme an Transfermaßnahmen und ergänzende Leistungen nach § 102 sind vom Arbeitgeber schriftlich oder elektronisch unter Beifügung einer Stellungnahme der Betriebsvertretung zu beantragen. Der Antrag kann auch von der Betriebsvertretung gestellt werden. Mit einem Antrag auf Saison-Kurzarbeitergeld oder ergänzende Leistungen nach § 102 sind die Namen, Anschriften und Sozialversicherungsnummern der Arbeitnehmerinnen und Arbeitnehmer mitzuteilen, für die die Leistung beantragt wird. Saison-Kurzarbeitergeld oder ergänzende Leistungen nach § 102 sollen bis zum 15. des Monats beantragt werden, der dem Monat folgt, in dem die Tage liegen, für die die Leistungen beantragt werden.

§ 324 Antrag vor Leistung (1) Leistungen der Arbeitsförderung werden nur erbracht, wenn sie vor Eintritt des leistungsbegründenden Ereignisses beantragt worden sind. Zur Vermeidung unbilliger Härten kann die Agentur für Arbeit eine verspätete Antragstellung zulassen.
(2) Berufsausbildungsbeihilfe, Ausbildungsgeld und Arbeitslosengeld können auch nachträglich beantragt werden. Kurzarbeitergeld und ergänzende Leistungen nach § 102 sind nachträglich zu beantragen.
(3) Insolvenzgeld ist abweichend von Absatz 1 Satz 1 innerhalb einer Ausschlußfrist von zwei Monaten nach dem Insolvenzereignis zu beantragen. Wurde die Frist aus nicht selbst zu vertretenden Gründen versäumt, wird Insolvenzgeld geleistet, wenn der Antrag innerhalb von zwei Monaten nach Wegfall des Hinderungsgrundes gestellt worden ist. Ein selbst zu vertretetender Grund liegt vor, wenn sich Arbeitnehmerinnen und Arbeitnehmer nicht mit der erforderlichen Sorgfalt um die Durchsetzung ihrer Ansprüche bemüht haben.

§ 325 Wirkung des Antrages (1) Berufsausbildungsbeihilfe und Ausbildungsgeld werden rückwirkend längstens vom Beginn des Monats an geleistet, in dem die Leistung beantragt worden sind.

(2) Arbeitslosengeld wird nicht rückwirkend geleistet. Ist die zuständige Agentur für Arbeit an einem Tag, an dem die oder der Arbeitslose Arbeitslosengeld beantragen will, nicht dienstbereit, so wirkt ein Antrag auf Arbeitslosengeld in gleicher Weise wie eine persönliche Arbeitslosmeldung zurück.
(3) Kurzarbeitergeld und ergänzende Leistungen nach § 102 sind für den jeweiligen Kalendermonat innerhalb einer Ausschlussfrist von drei Kalendermonaten zu beantragen; die Frist beginnt mit Ablauf des Monats, in dem die Tage liegen, für die die Leistungen beantragt werden.
(4) *(weggefallen)*
(5) Leistungen zur Förderung der Teilnahme an Transfermaßnahmen sind innerhalb einer Ausschlussfrist von drei Monaten nach Ende der Maßnahme zu beantragen.

§ 326 Ausschlußfrist für Gesamtabrechnung (1) Für Leistungen an Träger hat der Träger der Maßnahme der Agentur für Arbeit innerhalb einer Ausschlußfrist von sechs Monaten die Unterlagen vorzulegen, die für eine abschließende Entscheidung über den Umfang der zu erbringenden Leistungen erforderlich sind (Gesamtabrechnung). Die Frist beginnt mit Ablauf des Kalendermonats, in dem die Maßnahme beendet worden ist.
(2) Erfolgt die Gesamtabrechnung nicht rechtzeitig, sind die erbrachten Leistungen von dem Träger in dem Umfang zu erstatten, in dem die Voraussetzungen für die Leistungen nicht nachgewiesen worden sind.

Zweiter Abschnitt – Zuständigkeit

§ 327 Grundsatz (1) Für Leistungen an Arbeitnehmerinnen und Arbeitnehmer, mit Ausnahme des Kurzarbeitergeldes, des Wintergeldes, des Insolvenzgeldes und der Leistungen zur Förderung der Teilnahme an Transfermaßnahmen, ist die Agentur für Arbeit zuständig, in deren Bezirk die Arbeitnehmerin oder der Arbeitnehmer bei Eintritt der leistungsbegründenden Tatbestände ihren oder seinen Wohnsitz hat. Solange die Arbeitnehmerin oder der Arbeitnehmer sich nicht an ihrem oder seinem Wohnsitz aufhält, ist die Agentur für Arbeit zuständig, in deren Bezirk die Arbeitnehmerin oder der Arbeitnehmer bei Eintritt der leistungsbegründenden Tatbestände ihren oder seinen gewöhnlichen Aufenthalt hat.
(2) Auf Antrag der oder des Arbeitslosen hat die Agentur für Arbeit eine andere Agentur für Arbeit für zuständig zu erklären, wenn nach der Arbeitsmarktlage keine Bedenken entgegenstehen oder die Ablehnung für die Arbeitslose oder den Arbeitslosen eine unbillige Härte bedeuten würde.
(3) Für Kurzarbeitergeld, ergänzende Leistungen nach § 102 und Insolvenzgeld ist die Agentur für Arbeit zuständig, in deren Bezirk die für den Arbeitgeber zuständige Lohnabrechnungsstelle liegt. Für Insolvenzgeld ist, wenn der Arbeitgeber im Inland keine Lohnabrechnungsstelle hat, die Agentur für Arbeit zuständig, in deren Bezirk das Insolvenzgericht seinen Sitz hat. Für Leistungen zur

Förderung der Teilnahme an Transfermaßnahmen ist die Agentur für Arbeit zuständig, in deren Bezirk der Betrieb des Arbeitgebers liegt.

(4) Für Leistungen an Arbeitgeber, mit Ausnahme der Erstattung von Beiträgen zur Sozialversicherung für Personen, die Saison-Kurzarbeitergeld beziehen, ist die Agentur für Arbeit zuständig, in deren Bezirk der Betrieb des Arbeitgebers liegt.

(5) Für Leistungen an Träger ist die Agentur für Arbeit zuständig, in deren Bezirk das Projekt oder die Maßnahme durchgeführt wird.

(6) Die Bundesagentur kann die Zuständigkeit abweichend von den Absätzen 1 bis 5 auf andere Dienststellen übertragen.

Dritter Abschnitt – Leistungsverfahren in Sonderfällen

§ 328 Vorläufige Entscheidung (1) über die Erbringung von Geldleistungen kann vorläufig entschieden werden, wenn

1. die Vereinbarkeit einer Vorschrift dieses Buches, von der die Entscheidung über den Antrag abhängt, mit höherrangigem Recht Gegenstand eines Verfahrens bei dem Bundesverfassungsgericht oder dem Gerichtshof der Europäischen Gemeinschaften ist,
2. eine entscheidungserhebliche Rechtsfrage von grundsätzlicher Bedeutung, Gegenstand eines Verfahrens beim Bundessozialgericht ist oder
3. zur Feststellung der Voraussetzungen des Anspruchs einer Arbeitnehmerin oder eines Arbeitnehmers auf Geldleistungen voraussichtlich längere Zeit erforderlich ist, die Voraussetzungen für den Anspruch mit hinreichender Wahrscheinlichkeit vorliegen und die Arbeitnehmerin oder der Arbeitnehmer die Umstände, die einer sofortigen abschließenden Entscheidung entgegenstehen, nicht zu vertreten hat.

Umfang und Grund der Vorläufigkeit sind anzugeben. In den Fällen des Satzes 1 Nr. 3 ist auf Antrag vorläufig zu entscheiden.

(2) Eine vorläufige Entscheidung ist nur auf Antrag der berechtigten Person für endgültig zu erklären, wenn sie nicht aufzuheben oder zu ändern ist.

(3) Auf Grund der vorläufigen Entscheidung erbrachte Leistungen sind auf die zustehende Leistung anzurechnen. Soweit mit der abschließenden Entscheidung ein Leistungsanspruch nicht oder nur in geringerer Höhe zuerkannt wird, sind auf Grund der vorläufigen Entscheidung erbrachte Leistungen zu erstatten; auf Grund einer vorläufigen Entscheidung erbrachtes Kurzarbeitergeld und Wintergeld ist vom Arbeitgeber zurückzuzahlen.

(4) Absatz 1 Satz 1 Nr. 3 und Satz 2 und 3, Absatz 2 sowie Absatz 3 Satz 1 und 2 sind für die Erstattung von Arbeitgeberbeiträgen zur Sozialversicherung entsprechend anwendbar.

§ 329 Einkommensberechnung in besonderen Fällen Die Agentur für Arbeit kann das zu berücksichtigende Einkommen nach Anhörung der oder des Leistungsberechtigten schätzen, soweit Einkommen nur für kurze Zeit zu berücksichtigen ist.

§ 330 Sonderregelungen für die Aufhebung von Verwaltungsakten (1) Liegen die in § 44 Abs. 1 Satz 1 des Zehnten Buches genannten Voraussetzungen für die Rücknahme eines rechtswidrigen nicht begünstigenden Verwaltungsaktes vor, weil er auf einer Rechtsnorm beruht, die nach Erlass des Verwaltungsaktes für nichtig oder für unvereinbar mit dem Grundgesetz erklärt oder in ständiger Rechtsprechung anders als durch die Agentur für Arbeit ausgelegt worden ist, so ist der Verwaltungsakt, wenn er unanfechtbar geworden ist, nur mit Wirkung für die Zeit nach der Entscheidung des Bundesverfassungsgerichts oder ab dem Bestehen der ständigen Rechtsprechung zurückzunehmen.
(2) Liegen die in § 45 Abs. 2 Satz 3 des Zehnten Buches genannten Voraussetzungen für die Rücknahme eines rechtswidrigen begünstigenden Verwaltungsaktes vor, ist dieser auch mit Wirkung für die Vergangenheit zurückzunehmen.
(3) Liegen die in § 48 Abs. 1 Satz 2 des Zehnten Buches genannten Voraussetzungen für die Aufhebung eines Verwaltungsaktes mit Dauerwirkung vor, ist dieser mit Wirkung vom Zeitpunkt der Änderung der Verhältnisse aufzuheben. Abweichend von § 48 Abs. 1 Satz 1 des Zehnten Buches ist mit Wirkung vom Zeitpunkt der Änderung der Verhältnisse an ein Verwaltungsakt auch aufzuheben, soweit sich das Bemessungsentgelt auf Grund einer Absenkung nach § 200 Abs. 3 zu Ungunsten der Betroffenen oder des Betroffenen ändert.
(4) Liegen die Voraussetzungen für die Rücknahme eines Verwaltungsaktes vor, mit dem ein Anspruch auf Erstattung des Arbeitslosengeldes durch Arbeitgeber geltend gemacht wird, ist dieser mit Wirkung für die Vergangenheit zurückzunehmen.
(5) *(weggefallen)*

§ 331 Vorläufige Zahlungseinstellung (1) Die Agentur für Arbeit kann die Zahlung einer laufenden Leistung ohne Erteilung eines Bescheides vorläufig einstellen, wenn sie Kenntnis von Tatsachen erhält, die kraft Gesetzes zum Ruhen oder zum Wegfall des Anspruchs führen und wenn der Bescheid, aus dem sich der Anspruch ergibt, deshalb mit Wirkung für die Vergangenheit aufzuheben ist. Soweit die Kenntnis nicht auf Angaben der Person beruht, die die laufende Leistung erhält, sind ihr unverzüglich die vorläufige Einstellung der Leistung sowie die dafür maßgeblichen Gründe mitzuteilen, und es ist ihr Gelegenheit zu geben, sich zu äußern.
(2) Die Agentur für Arbeit hat eine vorläufig eingestellte laufende Leistung unverzüglich nachzuzahlen, soweit der Bescheid, aus dem sich der Anspruch ergibt, zwei Monate nach der vorläufigen Einstellung der Zahlung nicht mit Wirkung für die Vergangenheit aufgehoben ist.

§ 332 Übergang von Ansprüchen (1) Die Agentur für Arbeit kann durch schriftliche Anzeige an die leistungspflichtige Person bewirken, dass Ansprüche einer erstattungspflichtigen Person auf Leistungen zur Deckung des Lebensunterhalts, insbesondere auf

1. Renten der Sozialversicherung,
2. Renten nach dem Bundesversorgungsgesetz sowie Renten, die nach anderen

Gesetzen in entsprechender Anwendung des Bundesversorgungsgesetzes gewährt werden,
3. Renten nach dem Gesetz zur Regelung der Rechtsverhältnisse der unter Artikel 131 des Grundgesetzes fallenden Personen,
4. Unterhaltsbeihilfe nach dem Gesetz über die Unterhaltsbeihilfe für Angehörige von Kriegsgefangenen,
5. Unterhaltshilfe nach dem Lastenausgleichsgesetz,
6. Mutterschaftsgeld oder auf Sonderunterstützung nach dem Mutterschutzgesetz,
7. Arbeitsentgelt aus einem Arbeitsverhältnis, das während des Bezugs der zurückzuzahlenden Leistungen bestanden hat,

in Höhe der zurückzuzahlenden Leistung auf die Bundesagentur übergehen, es sei denn, die Bundesagentur hat insoweit aus dem gleichen Grund einen Erstattungsanspruch nach den §§ 102 bis 105 des Zehnten Buches. Der Übergang beschränkt sich auf Ansprüche, die der rückzahlungspflichtigen Person für den Zeitraum in der Vergangenheit zustehen, für den die zurückzuzahlenden Leistungen gewährt worden sind. Hat die rückzahlungspflichtige Person den unrechtmäßigen Bezug der Leistung vorsätzlich oder grob fahrlässig herbeigeführt, so geht in den Fällen nach Satz 1 Nr. 1 bis 5 auch der Anspruch auf die Hälfte der laufenden Bezüge auf die Agentur für Arbeit insoweit über, als die rückzahlungspflichtige Person dieses Teils der Bezüge zur Deckung ihres Lebensunterhalts und des Lebensunterhalts ihrer unterhaltsberechtigten Angehörigen nicht bedarf.

(2) Die leistungspflichtige Person hat ihre Leistungen in Höhe des nach Absatz 1 übergegangenen Anspruchs an die Bundesagentur abzuführen.

(3) Wer nach Absatz 1 Satz 1 Nummer 1 bis 5 leistungspflichtig ist, hat den Eingang eines Antrags auf Rente, Unterhaltsbeihilfe oder Unterhaltshilfe der Agentur für Arbeit mitzuteilen, von der die Antragstellerin oder der Antragsteller zuletzt Leistungen nach diesem Buch bezogen hat. Die Mitteilungspflicht entfällt, wenn der Bezug dieser Leistungen im Zeitpunkt der Antragstellung länger als drei Jahre zurückliegt. Bezüge für eine zurückliegende Zeit dürfen an die Antragstellerin oder den Antragsteller frühestens zwei Wochen nach Abgang der Mitteilung an die Bundesagentur ausgezahlt werden, falls bis zur Auszahlung eine Anzeige der Agentur für Arbeit nach Absatz 1 nicht vorliegt.

(4) Der Rechtsübergang wird nicht dadurch ausgeschlossen, daß der Anspruch nicht übertragen, verpfändet oder gepfändet werden kann.

§ 333 Aufrechnung (1) Wurde eine Entgeltersatzleistung zu Unrecht bezogen, weil der Anspruch wegen der Anrechnung von Nebeneinkommen gemindert war oder wegen einer Sperrzeit ruhte, so kann die Agentur für Arbeit mit dem Anspruch auf Erstattung gegen einen Anspruch auf die genannten Leistungen abweichend von § 51 Abs. 2 des Ersten Buches in voller Höhe aufrechnen.

(2) Der Anspruch auf Rückzahlung von Leistungen kann gegen einen Anspruch auf Rückzahlung zu Unrecht entrichteter Beiträge zur Arbeitsförderung aufgerechnet werden.

(3) Die Bundesagentur kann mit Ansprüchen auf Winterbeschäftigungs-Umlage, auf Rückzahlung von Kurzarbeitergeld und von ergänzenden Leistungen nach § 102, die vorläufig erbracht wurden, gegen Ansprüche auf Kurzarbeitergeld, Winterausfallgeld und Wintergeld, die vom Arbeitgeber verauslagt sind, aufrechnen; insoweit gilt der Arbeitgeber als anspruchsberechtigt.

§ 334 Pfändung von Leistungen Bei Pfändung eines Geldleistungs- oder Erstattungsanspruchs gilt die Agentur für Arbeit, die über den Anspruch entschieden oder zu entscheiden hat, als Drittschuldner im Sinne der §§ 829 und 845 der Zivilprozeßordnung.

§ 335 Erstattung von Beiträgen zur Kranken-, Renten- und Pflegeversicherung (1) Wurden von der Bundesagentur für eine Bezieherin oder einen Bezieher von Arbeitslosengeld Beiträge zur gesetzlichen Krankenversicherung gezahlt, so hat die Bezieherin oder der Bezieher dieser Leistungen der Bundesagentur die Beiträge zu ersetzen, soweit die Entscheidung über die Leistung rückwirkend aufgehoben und die Leistung zurückgefordert worden ist. Hat für den Zeitraum, für den die Leistung zurückgefordert worden ist, ein weiteres Krankenversicherungsverhältnis bestanden, so erstattet diejenige Stelle, an die die Beiträge aufgrund der Versicherungspflicht nach § 5 Absatz 1 Nummer 2 des Fünften Buches gezahlt wurden, der Bundesagentur die für diesen Zeitraum entrichteten Beiträge; die Bezieherin oder der Bezieher wird insoweit von der Ersatzpflicht nach Satz 1 befreit; § 5 Abs. 1 Nr. 2 zweiter Halbsatz des Fünften Buches gilt nicht. Werden die beiden Versicherungsverhältnisse bei verschiedenen Krankenkassen durchgeführt und wurden in dem Zeitraum, in dem die Versicherungsverhältnisse nebeneinander bestanden, Leistungen von der Krankenkasse erbracht, bei der die Bezieherin oder der Bezieher nach § 5 Abs. 1 Nr. 2 des Fünften Buches versicherungspflichtig war, so besteht kein Beitragserstattungsanspruch nach Satz 2. Die Bundesagentur, der Spitzenverband Bund der Krankenkassen (§ 217 a des Fünften Buches) und das Bundesamt für Soziale Sicherung in seiner Funktion als Verwalter des Gesundheitsfonds können das Nähere über die Erstattung der Beiträge nach den Sätzen 2 und 3 durch Vereinbarung regeln. Satz 1 gilt entsprechend, soweit die Bundesagentur Beiträge, die für die Dauer des Leistungsbezuges an ein privates Versicherungsunternehmen zu zahlen sind, übernommen hat.

(2) Beiträge für Versicherungspflichtige nach § 5 Abs. 1 Nr. 2 des Fünften Buches, denen eine Rente aus der gesetzlichen Rentenversicherung oder Übergangsgeld von einem nach § 251 Abs. 1 des Fünften Buches beitragspflichtigen Rehabilitationsträger gewährt worden ist, sind der Bundesagentur vom Träger der Rentenversicherung oder vom Rehabilitationsträger zu ersetzen, wenn und soweit wegen der Gewährung von Arbeitslosengeld ein Erstattungsanspruch der Bundesagentur gegen den Träger der Rentenversicherung oder den Rehabilitationsträger besteht. Satz 1 ist entsprechend anzuwenden in den Fällen, in denen der oder dem Arbeitslosen von einem Träger der gesetzlichen Rentenversicherung wegen einer Leistung zur medizinischen Rehabilitation oder zur

Teilhabe am Arbeitsleben Übergangsgeld oder eine Rente wegen verminderter Erwerbsfähigkeit zuerkannt wurde (§ 145 Absatz 3). Zu ersetzen sind

1. vom Rentenversicherungsträger die Beitragsanteile der versicherten Rentnerin oder des versicherten Rentners und des Trägers der Rentenversicherung, die diese ohne die Regelung dieses Absatzes für dieselbe Zeit aus der Rente zu entrichten gehabt hätten,
2. vom Rehabilitationsträger der Beitrag, den er als Krankenversicherungsbeitrag hätte leisten müssen, wenn die versicherte Person nicht nach § 5 Abs. 1 Nr. 2 des Fünften Buches versichert gewesen wäre.

Der Träger der Rentenversicherung und der Rehabilitationsträger sind nicht verpflichtet, für dieselbe Zeit Beiträge zur Krankenversicherung zu entrichten. Die versicherte Person ist abgesehen von Satz 3 Nr. 1 nicht verpflichtet, für dieselbe Zeit Beiträge aus der Rente zur Krankenversicherung zu entrichten.

(3) Der Arbeitgeber hat der Bundesagentur die im Falle des § 157 Absatz 3 geleisteten Beiträge zur Kranken- und Rentenversicherung zu ersetzen, soweit er für dieselbe Zeit Beiträge zur Kranken- und Rentenversicherung der Arbeitnehmerin oder des Arbeitnehmers zu entrichten hat. Er wird insoweit von seiner Verpflichtung befreit, Beiträge an die Kranken- und Rentenversicherung zu entrichten. Die Sätze 1 und 2 gelten entsprechend für den Zuschuß nach § 257 des Fünften Buches.

(4) Hat auf Grund des Bezuges von Arbeitslosengeld nach § 157 Absatz 3 eine andere Krankenkasse die Krankenversicherung durchgeführt als diejenige Kasse, die für das Beschäftigungsverhältnis zuständig ist, aus dem die Leistungsempfängerin oder der Leistungsempfänger Arbeitsentgelt bezieht oder zu beanspruchen hat, so erstatten die Krankenkassen einander Beiträge und Leistungen wechselseitig.

(5) Für die Beiträge der Bundesagentur zur sozialen Pflegeversicherung für Versicherungspflichtige nach § 20 Abs. 1 Satz 2 Nr. 2 des Elften Buches sind die Absätze 1 bis 3 entsprechend anzuwenden.

§ 336 Leistungsrechtliche Bindung Stellt die Deutsche Rentenversicherung Bund im Verfahren nach § 7 a Abs. 1 des Vierten Buches die Versicherungspflicht nach diesem Buch durch Verwaltungsakt fest, ist die Bundesagentur hinsichtlich der Zeiten, für die der die Versicherungspflicht feststellende Verwaltungsakt wirksam ist, an diese Feststellung leistungsrechtlich gebunden.

§ 336 a Wirkung von Widerspruch und Klage Die aufschiebende Wirkung von Widerspruch und Klage entfällt

1. bei Entscheidungen, die Arbeitsgenehmigungen-EU aufheben oder ändern,
2. bei Entscheidungen, die die Berufsberatung nach § 288 a untersagen,
3. bei Aufforderungen nach § 309, sich bei der Agentur für Arbeit oder einer sonstigen Dienststelle der Bundesagentur persönlich zu melden.

Bei Entscheidungen über die Herabsetzung oder Entziehung laufender Leistungen gelten die Vorschriften des Sozialgerichtsgesetzes (§ 86 a Abs. 2 Nr. 2).

Vierter Abschnitt – Auszahlung von Geldleistungen

§ 337 Auszahlung im Regelfall (1) Geldleistungen werden auf das von der leistungsberechtigten Person angegebene Konto bei einem Geldinstitut überwiesen, für das die Verordnung (EU) Nr. 260/2012 des Europäischen Parlaments und des Rates vom 14. März 2012 zur Festlegung der technischen Vorschriften und der Geschäftsanforderungen für Überweisungen und Lastschriften in Euro und zur Änderung der Verordnung (EG) Nr. 924/2019 (ABl. L 94 vom 30. 3. 2012, S. 22) gilt. Geldleistungen, die an den Wohnsitz oder gewöhnlichen Aufenthalt der leistungsberechtigten Person übermittelt werden, sind unter Abzug der dadurch veranlassten Kosten auszuzahlen. Satz 2 gilt nicht, wenn die leistungsberechtigte Person nachweist, dass ihr die Einrichtung eines Kontos bei einem Geldinstitut ohne eigenes Verschulden nicht möglich ist.
(2) Laufende Geldleistungen werden regelmäßig monatlich nachträglich ausgezahlt.
(3) Andere als laufende Geldleistungen werden mit der Entscheidung über den Antrag auf Leistung oder, soweit der oder dem Berechtigten Kosten erst danach entstehen, zum entsprechenden Zeitpunkt ausgezahlt. Insolvenzgeld wird nachträglich für den Zeitraum ausgezahlt, für den es beantragt worden ist. Weiterbildungskosten und Teilnahmekosten werden, soweit sie nicht unmittelbar an den Träger der Maßnahme erbracht werden, monatlich im voraus ausgezahlt.
(4) Zur Vermeidung unbilliger Härten können angemessene Abschlagszahlungen geleistet werden.

Fünfter Abschnitt – Berechnungsgrundsätze

§ 338 Allgemeine Berechnungsgrundsätze (1) Berechnungen werden auf zwei Dezimalstellen durchgeführt, wenn nichts Abweichendes bestimmt ist.
(2) Bei einer auf Dezimalstellen durchgeführten Berechnung wird die letzte Dezimalstelle um 1 erhöht, wenn sich in der folgenden Dezimalstelle eine der Zahlen 5 bis 9 ergeben würde.
(3) *(weggefallen)*
(4) Bei einer Berechnung wird eine Multiplikation vor einer Division durchgeführt.

§ 339 Berechnung von Zeiten Für die Berechnung von Leistungen wird ein Monat mit 30 Tagen und eine Woche mit sieben Tagen berechnet. Bei der Anwendung der Vorschriften über die Erfüllung der für einen Anspruch auf Arbeitslosengeld erforderlichen Anwartschaftszeit sowie der Vorschriften über die Dauer eines Anspruchs auf Arbeitslosengeld nach dem Ersten Abschnitt des Vierten Kapitels dieses Buches entspricht ein Monat 30 Kalendertagen. Satz 2 gilt entsprechend bei der Anwendung der Vorschriften über die Erfüllung der erforderlichen Vorbeschäftigungszeiten sowie der Vorschrift über die Dauer des Anspruchs auf Übergangsgeld im Anschluß an eine abgeschlossene Leistung zur Teilhabe am Arbeitsleben.

Zehntes Kapitel – Finanzierung

Erster Abschnitt – Finanzierungsgrundsatz

§ 340 *(nicht abgedruckt)*

Zweiter Abschnitt – Beiträge und Verfahren

Erster Unterabschnitt – Beiträge

§ 341 Beitragssatz und Beitragsbemessung (1) Die Beiträge werden nach einem Prozentsatz (Beitragssatz) von der Beitragsbemessungsgrenze erhoben.
(2) Der Beitragssatz beträgt 2,6 Prozent.
(3) Beitragsbemessungsgrundlage sind die beitragspflichtigen Einnahmen, die bis zur Beitragsbemessungsgrenze berücksichtigt werden. Für die Berechnung der Beiträge ist die Woche zu sieben, der Monat zu dreißig und das Jahr zu dreihundertsechzig Tagen anzusetzen, soweit dieses Buch nichts anderes bestimmt. Beitragspflichtige Einnahmen sind bis zu einem Betrag von einem Dreihundertsechzigstel der Beitragsbemessungsgrenze für den Kalendertag zu berücksichtigen. Einnahmen, die diesen Betrag übersteigen, bleiben außer Ansatz, soweit dieses Buch nichts Abweichendes bestimmt.
(4) Beitragsbemessungsgrenze ist die Beitragsbemessungsgrenze der allgemeinen Rentenversicherung.

§§ 342 – 351 *(nicht abgedruckt)*

Dritter Unterabschnitt – Verordnungsermächtigung, Anordnungsermächtigung und Ermächtigung zum Erlass von Verwaltungsvorschriften

§ 352 Verordnungsermächtigung[1]
(1) Die Bundesregierung wird ermächtigt, durch Rechtsverordnung nach Maßgabe der Finanzlage der Bundesagentur sowie unter Berücksichtigung der Beschäftigungs- und Wirtschaftslage sowie deren voraussichtlicher Entwicklung

---

1 Vgl. Beitragssatzverordnung 2019 (BeiSaV 2019) v. 18. 12. 2019 (BGBl. I 2663), geändert duch Verordnung v. 2. 12. 2019 (BGBl. I 1998):
§ 1 Beitragssatz
Abweichend von § 341 Absatz 1 des Dritten Buches Sozialgesetzbuch in der Fassung des Artikels 1 Nummer 15 des Gesetzes vom 18. Dezember 2018 (BGBl. I S. 2651) werden die Beiträge zur Arbeitsförderung nach einem Beitragssatz von 2,5 Prozent erhoben.
§ 2 Inkrafttreten, Außerkrafttreten
Diese Verordnung tritt am 1. Januar 2019 in Kraft und am 31. Dezember 2022 außer Kraft.

zu bestimmen, daß die Beiträge zeitweise nach einem niedrigeren Beitragssatz erhoben werden.

(2) Das Bundesministerium für Arbeit und Soziales wird ermächtigt, durch Rechtsverordnung

1. im Einvernehmen mit dem Bundesministerium der Finanzen, dem Bundesministerium der Verteidigung und dem Bundesministerium für Familie, Senioren, Frauen und Jugend eine Pauschalberechnung sowie die Fälligkeit, Zahlung und Abrechnung für einen Gesamtbeitrag der Wehrdienstleistenden und für einen Gesamtbeitrag der Zivildienstleistenden vorzuschreiben; es kann dabei eine geschätzte Durchschnittszahl der beitragspflichtigen Dienstleistenden zugrunde legen sowie die Besonderheiten berücksichtigen, die sich aus der Zusammensetzung dieses Personenkreises hinsichtlich der Bemessungsgrundlage und der Regelungen zur Anwartschaftszeit für das Arbeitslosengeld ergeben,
2. das Nähere über die Zahlung, Einziehung und Abrechnung der Beiträge, die von privaten Krankenversicherungsunternehmen zu zahlen sind, zu regeln.

(3) Das Bundesministerium für Arbeit und Soziales wird ermächtigt, durch Rechtsverordnung mit Zustimmung des Bundesrates eine Pauschalberechnung für die Beiträge der Gefangenen und der für die Vollzugsanstalten zuständigen Länder vorzuschreiben und die Zahlungsweise zu regeln.

§§ 353 – 366 a *(nicht abgedruckt)*

Elftes Kapitel – Organisation und Datenschutz

§§ 367 – 379 *(nicht abgedruckt)*

§ 380 Neutralitätsausschuss (1) Der Neutralitätsausschuss, der Feststellungen über bestimmte Voraussetzungen über das Ruhen des Arbeitslosengeldes bei Arbeitskämpfen trifft, besteht aus

1. drei Mitgliedern, die der Gruppe der Arbeitnehmerinnen und Arbeitnehmer im Verwaltungsrat angehören,
2. drei Mitgliedern, die der Gruppe der Arbeitgeber im Verwaltungsrat angehören, sowie
3. der oder dem Vorsitzenden des Vorstands.

Die Gruppe der Arbeitnehmerinnen und Arbeitnehmer sowie die Gruppe der Arbeitgeber bestimmen die sie jeweils vertretenden Personen mit einfacher Mehrheit. Vorsitzende oder Vorsitzender ist die oder der Vorsitzende des Vorstands. Sie oder er vertritt den Neutralitätsausschuss vor dem Bundessozialgericht.

(2) Die Vorschriften, die die Organe der Bundesagentur betreffen, gelten entsprechend, soweit Besonderheiten des Neutralitätsausschusses nicht entgegenstehen.

§§ 381–393 *(nicht abgedruckt)*

Fünfter Abschnitt – Datenschutz

§ 394 Verarbeitung von Sozialdaten durch die Bundesagentur (1) Die Bundesagentur darf Sozialdaten nur verarbeiten, soweit dies zur Erfüllung ihrer gesetzlich vorgeschriebenen oder zugelassenen Aufgaben erforderlich ist. Ihre Aufgaben nach diesem Buch sind

1. die Feststellung eines Versicherungspflichtverhältnisses einschließlich einer Versicherungsfreiheit,
2. die Erbringung von Leistungen der Arbeitsförderung,
3. die Erstellung von Statistiken, Arbeitsmarkt- und Berufsforschung, Berichterstattung,
4. die Überwachung der Beratung und Vermittlung durch Dritte,
5. die Zustimmung zur Zulassung der Beschäftigung nach dem Aufenthaltsgesetz, die Zustimmung zur Anwerbung aus dem Ausland sowie die Erteilung einer Arbeitsgenehmigung-EU,
6. die Bekämpfung von Leistungsmissbrauch und illegaler Beschäftigung,
7. die Unterrichtung der zuständigen Behörden über Anhaltspunkte von Schwarzarbeit, Nichtentrichtung von Sozialversicherungsbeiträgen oder Steuern und Verstößen gegen das Aufenthaltsgesetz,
8. die Überwachung der Melde-, Anzeige-, Bescheinigungs- und sonstiger Pflichten nach dem Achten Kapitel sowie die Erteilung von Auskünften,
9. der Nachweis von Beiträgen sowie die Erhebung von Umlagen für die ergänzenden Leistungen nach § 102 und das Insolvenzgeld,
10. die Durchführung von Erstattungs- und Ersatzansprüchen.

(2) Eine Verarbeitung für andere als die in Absatz 1 genannten Zwecke ist nur zulässig, soweit dies durch Rechtsvorschriften des Sozialgesetzbuches angeordnet oder erlaubt ist.

§ 395 Datenübermittlung an Dritte; Verarbeitung von Sozialdaten durch nicht-öffentliche Stellen (1) Die Bundesagentur darf Dritten, die mit der Erfüllung von Aufgaben nach diesem Buch beauftragt sind, Sozialdaten übermitteln, soweit dies zur Erfüllung dieser Aufgaben erforderlich ist.
(2) Die Bundesagentur darf abweichend von § 80 Absatz 3 des Zehnten Buches zur Erfüllung ihrer Aufgaben nach diesem Buch nicht-öffentliche Stellen mit der Verarbeitung von Sozialdaten beauftragen.

§ 396 Kennzeichnungs- und Maßregelungsverbot Die Bundesagentur und von ihr beauftragte Dritte dürfen Berechtigte und Arbeitgeber bei der Speicherung oder Übermittlung von Daten nicht in einer aus dem Wortlaut nicht verständlichen oder in einer Weise kennzeichnen, die nicht zur Erfüllung ihrer Aufgaben erforderlich ist. Die Bundesagentur darf an einer Maßregelung von Berechtigten oder an entsprechenden Maßnahmen gegen Arbeitgeber nicht mitwirken.

§ 397 Automatisierter Datenbankabgleich (1) Soweit für die Erbringung oder die Erstattung von Leistungen nach diesem Buch erforderlich, darf die Bundesagentur Angaben zu Personen, die Leistungen nach diesem Buch beantragt haben, beziehen oder innerhalb der letzten neun Monate bezogen haben, regelmäßig automatisiert mit den folgenden nach § 36 Absatz 3 der Datenerfassungs- und Übermittlungsverordnung von der Datenstelle der Rentenversicherung übermittelten Daten abgleichen:

1. Versicherungsnummer (§ 28 a Absatz 3 Satz 1 Nummer 1 des Vierten Buches),
2. Betriebsnummer des Arbeitgebers (§ 28 a Absatz 3 Satz 1 Nummer 6 des Vierten Buches),
3. zuständige Einzugsstelle (§ 28 a Absatz 3 Satz 1 Nummer 8 des Vierten Buches),
4. Beschäftigungsbeginn (§ 28 a Absatz 3 Satz 2 Nummer 1 Buchstabe b des Vierten Buches),
5. Beschäftigungszeitraum (§ 28 a Absatz 3 Satz 2 Nummer 2 Buchstabe d des Vierten Buches),
6. Personengruppenschlüssel, Beitragsgruppenschlüssel und Abgabegründe für die Meldungen (§ 28 b Absatz 1 Satz 1 Nummer 1 des Vierten Buches),
7. Stornokennzeichen (§ 14 Absatz 1 der Datenerfassungs- und Übermittlungsverordnung).

Satz 1 gilt auch für geringfügig Beschäftigte. Bei Beschäftigten, für die Meldungen im Rahmen des Haushaltsscheckverfahrens (§ 28 a Absatz 7 des Vierten Buches) erstattet werden, dürfen die nach § 28 a Absatz 8 Nummer 1, 2 und 4 Buchstabe a und d des Vierten Buches übermittelten Daten abgeglichen werden. Die abzugleichenden Daten dürfen von der Bundesagentur, bezogen auf einzelne Beschäftigungsverhältnisse, zusammengeführt werden. Dabei können die nach § 36 Absatz 3 der Datenerfassungs- und Übermittlungsverordnung übermittelten Daten, insbesondere auch das in der Rentenversicherung oder nach dem Recht der Arbeitsförderung beitragspflichtige Arbeitsentgelt in Euro (§ 28 a Absatz 3 Satz 2 Nummer 2 Buchstabe b des Vierten Buches) genutzt werden.

(2) Nach Durchführung des Abgleichs hat die Bundesagentur die Daten, die für die in Absatz 1 genannten Zwecke nicht erforderlich sind, unverzüglich zu löschen. Die übrigen Daten dürfen nur für die in Absatz 1 genannten Zwecke und für die Verfolgung von Straftaten und Ordnungswidrigkeiten, die im Zusammenhang mit der Beantragung oder dem Bezug von Leistungen stehen, gespeichert, verändert, genutzt, übermittelt oder in der Verarbeitung eingeschränkt werden.

§ 398 *(nicht abgedruckt)*

§§ 399–403 *(weggefallen)*

Zwölftes Kapitel – Bußgeldvorschriften

Erster Abschnitt – Bußgeldvorschriften

§ 404 Bußgeldvorschriften (1) Ordnungswidrig handelt, wer als Unternehmerin oder Unternehmer Dienst- oder Werkleistungen in erheblichem Umfang ausführen lässt, indem sie oder er eine andere Unternehmerin oder einen anderen Unternehmer beauftragt, von dem sie oder er weiß oder fahrlässig nicht weiß, dass diese oder dieser zur Erfüllung dieses Auftrags

1. entgegen § 284 Absatz 1 oder *§ 4 a Absatz 5 Satz 1*[1] des Aufenthaltsgesetzes eine Ausländerin oder einen Ausländer beschäftigt oder
2. einen Nachunternehmerin oder einen Nachunternehmer einsetzt oder es zulässt, dass eine Nachunternehmerin oder ein Nachunternehmer tätig wird, der entgegen § 284 Absatz 1 oder *§ 4 a Absatz 5 Satz 1*[1] des Aufenthaltsgesetzes eine Ausländerin oder einen Ausländer beschäftigt.

(2) Ordnungswidrig handelt, wer vorsätzlich oder fahrlässig

1. entgegen § 42 Absatz 4 oder § 287 Abs. 3 sich die dort genannte Gebühr oder den genannten Aufwendungsersatz erstatten lässt,
2. entgegen § 165 Absatz 5 einen dort genannten Beschluß nicht oder nicht rechtzeitig bekanntgibt,
3. entgegen § 284 Abs. 1 oder *§ 4 a Absatz 5 Satz 1 oder 2*[1] des Aufenthaltsgesetzes eine Ausländerin oder einen Ausländer beschäftigt,
4. entgegen § 284 Abs. 1 oder *§ 4 a Absatz 4*[1] des Aufenthaltsgesetzes eine Beschäftigung *oder eine andere Erwerbstätigkeit*[1] ausübt,
5. entgegen *§ 39 Absatz 4 Satz 2*[1] des Aufenthaltsgesetzes eine Auskunft nicht, *nicht richtig oder nicht rechtzeitig erteilt,*[1]
6. einer vollziehbaren Anordnung nach § 288 a Abs. 1 zuwiderhandelt,
7. entgegen § 288 a Abs. 2 Satz 1 eine Auskunft nicht, nicht richtig, nicht vollständig oder nicht rechtzeitig erteilt oder eine Unterlage nicht, nicht richtig, nicht vollständig oder nicht rechtzeitig vorlegt,
8. entgegen § 288 a Abs. 3 Satz 2 eine Maßnahme nicht duldet,
9. einer Rechtsverordnung nach § 292 zuwiderhandelt, soweit sie für einen bestimmten Tatbestand auf diese Bußgeldvorschrift verweist,
10. *(weggefallen)*
11. entgegen § 296 Abs. 2 oder § 296 a eine Vergütung oder einen Vorschuss entgegennimmt,
12. *(aufgehoben)*
13. entgegen § 298 Abs. 2 Satz 1 eine Unterlage nicht, nicht richtig, nicht vollständig oder nicht rechtzeitig zurückgibt,
14. *(weggefallen)*
15. *(weggefallen)*
16. einer Rechtsverordnung nach § 352 Abs. 2 Nr. 2 oder § 357 Satz 1 zuwiderhandelt, soweit sie für einen bestimmten Tatbestand auf diese Bußgeldvorschrift verweist,

1 Fassung ab 1. 3. 2020.

17. *(weggefallen)*
18. *(weggefallen)*
19. entgegen § 312 Abs. 1 Satz 1 oder 3, jeweils auch in Verbindung mit Absatz 3, eine Tatsache nicht, nicht richtig, nicht vollständig oder nicht rechtzeitig bescheinigt oder eine Arbeitsbescheinigung nicht oder nicht rechtzeitig aushändigt,

19a. entgegen § 312 a Absatz 1 Satz 1 oder Satz 2, jeweils auch in Verbindung mit Satz 3, eine Tatsache nicht, nicht richtig, nicht vollständig oder nicht rechtzeitig bescheinigt,

20. entgegen § 313 Abs. 1, auch in Verbindung mit Absatz 3, Art oder Dauer der Beschäftigung oder der selbständigen Tätigkeit oder die Höhe des Arbeitsentgelts oder der Vergütung nicht, nicht richtig, nicht vollständig oder nicht rechtzeitig bescheinigt oder eine Bescheinigung nicht oder nicht rechtzeitig aushändigt,
21. entgegen § 313 Abs. 2, auch in Verbindung mit Absatz 3, einen Vordruck nicht oder nicht rechtzeitig vorlegt,
22. entgegen § 314 eine Bescheinigung nicht, nicht richtig, nicht vollständig oder nicht rechtzeitig ausstellt,
23. entgegen § 315 Abs. 1, 2 Satz 1 oder Abs. 3, jeweils auch in Verbindung mit Absatz 4, § 315 Absatz 5 Satz 1, auch in Verbindung mit Satz 2, § 316, § 317 oder als privater Arbeitgeber oder Träger entgegen § 318 Abs. 1 Satz 1 eine Auskunft nicht, nicht richtig, nicht vollständig oder nicht rechtzeitig erteilt oder entgegen § 318 Abs. 2 Satz 2 Nr. 2 eine Mitteilung an die Agentur für Arbeit nicht oder nicht rechtzeitig erteilt,
24. entgegen § 319 Abs. 1 Satz 1 Einsicht oder Zutritt nicht gewährt,
25. entgegen § 320 Abs. 1 Satz 1, Abs. 3 Satz 1 oder 2 oder Abs. 5 einen Nachweis nicht, nicht richtig oder nicht vollständig oder nicht rechtzeitig erbringt, eine Aufzeichnung nicht, nicht richtig oder nicht vollständig führt oder eine Anzeige nicht, nicht richtig, nicht vollständig oder nicht rechtzeitig erstattet,
26. entgegen § 60 Absatz 1 Satz 1 Nummer 1 des Ersten Buches eine Angabe nicht, nicht richtig, nicht vollständig oder nicht rechtzeitig macht oder
27. entgegen § 60 Abs. 1 Satz 1 Nr. 2 des Ersten Buches eine Änderung in den Verhältnissen, die für einen Anspruch auf eine laufende Leistung erheblich ist, nicht, nicht richtig, nicht vollständig oder nicht rechtzeitig mitteilt.

(3) Die Ordnungswidrigkeit kann in den Fällen der Absätze 1 und 2 Nr. 3 mit einer Geldbuße bis zu fünfhunderttausend Euro, in den Fällen des Absatzes 2 Nr. 1, 5 bis 9 und 11 bis 13 mit einer Geldbuße bis zu dreißigtausend Euro, in den Fällen des Absatzes 2 Nr. 2, 4, 16, 26 und 27 mit einer Geldbuße bis zu fünftausend Euro, in den übrigen Fällen mit einer Geldbuße bis zu zweitausend Euro geahndet werden.

§ 405 Zuständigkeit, Vollstreckung und Unterrichtung (1) Verwaltungsbehörden im Sinne des § 36 Abs. 1 Nr. 1 des Gesetzes über Ordnungswidrigkeiten sind in den Fällen

1. des § 404 Abs. 1 sowie des § 404 Abs. 2 Nr. 3 und 4 die Behörden der Zollverwaltung,
2. des § 404 Abs. 2 Nr. 1, 2, 5 bis 16 und 19 bis 25 die Bundesagentur,
3. des § 404 Abs. 2 Nr. 26 und 27 die Behörden der Zollverwaltung und die Bundesagentur jeweils für ihren Geschäftsbereich.

(2) Die Geldbußen fließen in die Kasse der Verwaltungsbehörde, die den Bußgeldbescheid erlassen hat. § 66 des Zehnten Buches gilt entsprechend.

(3) Die nach Absatz 2 Satz 1 zuständige Kasse trägt abweichend von § 105 Abs. 2 des Gesetzes über Ordnungswidrigkeiten die notwendigen Auslagen. Sie ist auch ersatzpflichtig im Sinne des § 110 Abs. 4 des Gesetzes über Ordnungswidrigkeiten.

(4) Bei der Verfolgung und Ahndung der Beschäftigung oder Tätigkeit von Ausländerinnen und Ausländern ohne Genehmigung nach § 284 Abs. 1, *ohne Aufenthaltstitel nach § 4 a Absatz 5 Satz 1 des Aufenthaltsgesetzes oder ohne Erlaubnis oder Berechtigung nach § 4 a Absatz 5 Satz 2 in Verbindung mit Absatz 4 des Aufenthaltsgesetzes*[1] sowie der Verstöße gegen die Mitwirkungspflicht gegenüber der Bundesagentur nach § 60 Absatz 1 Satz 1 Nummer 1 und 2 des Ersten Buches arbeiten die Behörden nach Absatz 1 mit den in § 2 Absatz 4 des Schwarzarbeitsbekämpfungsgesetzes genannten Behörden zusammen.

(5) Die Bundesagentur unterrichtet das Gewerbezentralregister über rechtskräftige Bußgeldbescheide nach § 404 Abs. 2 Nr. 1, 5 bis 16, 19 und 20. Die Behörden der Zollverwaltung unterrichten das Gewerbezentralregister über rechtskräftige Bußgeldbescheide nach § 404 Abs. 1 und 2 Nr. 3. Dies gilt nur, sofern die Geldbuße mehr als 200 Euro beträgt.

(6) Gerichte, Strafverfolgungs- oder Strafvollstreckungsbehörden sollen den Behörden der Zollverwaltung Erkenntnisse aus sonstigen Verfahren, die aus ihrer Sicht zur Verfolgung von Ordnungswidrigkeiten nach § 404 Abs. 1 oder 2 Nr. 3 erforderlich sind, übermitteln, soweit nicht für die übermittelnde Stelle erkennbar ist, dass schutzwürdige Interessen der oder des Betroffenen oder anderer Verfahrensbeteiligter an dem Ausschluss der Übermittlung überwiegen. Dabei ist zu berücksichtigen, wie gesichert die zu übermittelnden Erkenntnisse sind.

Zweiter Abschnitt – Strafvorschriften

§§ 406 und 407 *(weggefallen)*

1 Fassung ab 1. 3. 2020.

Dreizehntes Kapitel – Sonderregelungen

Erster Abschnitt – Sonderregelungen im Zusammenhang mit der Herstellung der Einheit Deutschlands

§ 408 Besondere Bezugsgröße und Beitragsbemessungsgrenze Soweit Vorschriften dieses Buches bei Entgelten oder Beitragsbemessungsgrundlagen
1. an die Bezugsgröße anknüpfen, ist die Bezugsgröße für das in Artikel 3 des Einigungsvertrages genannte Gebiet (Beitrittsgebiet),
2. an die Beitragsbemessungsgrenze anknüpfen, ist die Beitragsbemessungsgrenze für das Beitrittsgebiet

maßgebend, wenn der Beschäftigungsort im Beitrittsgebiet liegt.

§§ 409–416 a *(weggefallen)*

Zweiter Abschnitt – Ergänzungen für übergangsweise mögliche Leistungen und zeitweilige Aufgaben

§ 417 *(weggefallen)*

§ 418 Tragung der Beiträge zur Arbeitsförderung bei Beschäftigung älterer Arbeitnehmerinnen und Arbeitnehmer (1) Arbeitgeber, die ein Beschäftigungsverhältnis mit einer zuvor arbeitslosen Person, die das 55. Lebensjahr vollendet hat, erstmalig begründen, werden von der Beitragstragung befreit. Die versicherungspflichtig beschäftigte Person trägt die Hälfte des Beitrages, der ohne die Regelung des Satzes 1 zu zahlen wäre.
(2) Vom 1. Januar 2008 an ist Absatz 1 nur noch für Beschäftigungsverhältnisse anzuwenden, die vor dem 1. Januar 2008 begründet worden sind.

§ 419 Sonderregelungen zu Kurzarbeitergeld, Qualifizierung und Arbeitslosengeld (1) Kurzarbeitergeld nach § 95 wird bis zum 31. Dezember 2011 mit folgenden Maßgaben geleistet:
1. dem Arbeitgeber werden auf Antrag 50 Prozent der von ihm allein zu tragenden Beiträge zur Sozialversicherung in pauschalierter Form erstattet,
2. für Zeiten der Teilnahme von Arbeitsausfall betroffenen Arbeitnehmerinnen und Arbeitnehmern an einer berücksichtigungsfähigen beruflichen Qualifizierungsmaßnahme, bei der die Teilnahme nicht der Rückkehr zur regelmäßigen wöchentlichen Arbeitszeit oder der Erhöhung der Arbeitszeit entgegensteht, werden dem Arbeitgeber die von ihm allein zu tragenden Beiträge zur Sozialversicherung für den jeweiligen Kalendermonat auf Antrag in voller Höhe in pauschalierter Form erstattet, wenn der zeitliche Umfang der Qualifizierungsmaßnahme mindestens 50 Prozent der Ausfallzeit beträgt; berücksichtigungsfähig sind alle beruflichen Qualifizierungsmaßnahmen, die mit öffentlichen Mitteln gefördert werden; nicht öffentlich geförderte Qualifizierungsmaßnahmen sind berücksichtigungsfähig, wenn ihre Durchführung weder im aus-

schließlichen oder erkennbar überwiegenden Interesse des Unternehmens liegt noch der Arbeitgeber gesetzlich zur Durchführung verpflichtet ist,
3. für ab dem 1. Januar 2009 durchgeführte Kurzarbeit werden dem Arbeitgeber ab dem siebten Kalendermonat des Bezugs von Kurzarbeitergeld auf Antrag 100 Prozent der von ihm allein zu tragenden Beiträge zur Sozialversicherung in pauschalierter Form erstattet,
4. innerhalb der Bezugsdauer werden Zeiträume, in denen das Kurzarbeitergeld nicht geleistet wird, auf Antrag des Arbeitgebers abweichend von § 104 Absatz 2 und 3 nicht als Unterbrechung gewertet.

Für die Pauschalierung wird die Sozialversicherungspauschale nach § 153 Absatz 1 Satz 2 Nummer 1 abzüglich des Beitrages zur Arbeitsförderung zu Grunde gelegt.

(2) Kurzarbeitergeld nach § 95 und Saison-Kurzarbeitergeld nach § 101 werden bis zum 31. Dezember 2011 mit folgenden Maßgaben geleistet:

1. neben den in § 96 Absatz 1 Satz 1 Nummer 4 genannten Voraussetzungen ist ein Arbeitsausfall auch dann erheblich, wenn im jeweiligen Kalendermonat weniger als ein Drittel der in dem Betrieb beschäftigten Arbeitnehmerinnen und Arbeitnehmer von einem Entgeltausfall betroffen ist, soweit dieser jeweils mehr als 10 Prozent ihres monatlichen Bruttoentgelts betrifft,
2. § 96 Absatz 4 Satz 2 Nummer 3 gilt nicht für den Fall negativer Arbeitszeitsalden,
3. bei der Berechnung der Nettoentgeltdifferenz nach § 106 Absatz 1 bleiben auf Grund von kollektivrechtlichen Beschäftigungssicherungsvereinbarungen ab dem 1. Januar 2008 durchgeführte vorübergehende Änderungen der vertraglich vereinbarten Arbeitszeit außer Betracht; § 106 Absatz 2 findet insoweit keine Anwendung.

(3) § 354 gilt bis zum 31. Dezember 2011 mit der Maßgabe, dass die Aufwendungen für die Erstattung der von den Arbeitgebern allein zu tragenden Beiträge zur Sozialversicherung für Bezieherinnen und Bezieher von Saison-Kurzarbeitergeld nach § 102 Absatz 4 zu 50 Prozent von der Bundesagentur gezahlt werden. Fällt der siebte Monat des Bezugs von Kurzarbeitergeld in die Schlechtwetterzeit, werden ab diesem Monat die in Satz 1 genannten Aufwendungen zu 100 Prozent von der Bundesagentur gezahlt.

(4) *(aufgehoben)*

(5) *(aufgehoben)*

(6) *(augehoben)*

(7) Bei der Ermittlung des Bemessungsentgelts ist § 151 mit der Maßgabe anzuwenden, dass für Zeiten, in denen die durchschnittliche regelmäßige wöchentliche Arbeitszeit der oder des Arbeitslosen auf Grund einer Beschäftigungssicherungsvereinbarung, die ab dem 1. Januar 2008 geschlossen oder wirksam geworden ist, vermindert war, als Arbeitsentgelt das Arbeitsentgelt zu Grunde zu legen ist, das die oder der Arbeitslose ohne dieser Vereinbarung und ohne Mehrarbeit erzielt hätte; insoweit gilt § 150 Absatz 2 Satz 1 Nummer 4 nicht. Satz 1 gilt für Zeiten bis zum 31. März 2012.

§ 420 Versicherungsfreiheit von Teilnehmerinnen und Teilnehmern des Programms Soziale Teilhabe am Arbeitsmarkt Versicherungsfrei sind Personen in einer Beschäftigung, die im Rahmen des Bundesprogramms »Soziale Teilhabe am Arbeitsmarkt« durch Zuwendungen des Bundes gefördert wird.

§§ 421 – 421 b *(nicht abgedruckt)*

Dritter Abschnitt – Grundsätze bei Rechtsänderungen

§ 422 Leistungen der aktiven Arbeitsförderung (1) Wird dieses Gesetzbuch geändert, so sind, soweit nichts Abweichendes bestimmt ist, auf Leistungen der aktiven Arbeitsförderung bis zum Ende der Leistungen oder der Maßnahme die Vorschriften in der vor dem Tag des Inkrafttretens der Änderung geltenden Fassung weiter anzuwenden, wenn vor diesem Tag
1. der Anspruch entstanden ist,
2. die Leistung zuerkannt worden ist oder
3. die Maßnahme begonnen hat, wenn die Leistung bis zum Beginn der Maßnahme beantragt worden ist.

(2) Ist eine Leistung nur für einen begrenzten Zeitraum zuerkannt worden, richtet sich eine Verlängerung nach den zum Zeitpunkt der Entscheidung über die Verlängerung geltenden Vorschriften.

§§ 423, 424 *(weggefallen)*

Vierter Abschnitt – Sonderregelungen im Zusammenhang mit der Einordnung des Arbeitsförderungsrechts in das Sozialgesetzbuch

§§ 425–433 *(nicht abgedruckt)*

Fünfter Abschnitt – Übergangsregelungen auf Grund von Änderungsgesetzen

§§ 434–439 *(nicht abgedruckt)*

§ 440 Gesetz zur Neuausrichtung der arbeitsmarktpolitischen Instrumente (1) Arbeitnehmerinnen und Arbeitnehmer, die am 31. Dezember 2008 in einer Arbeitsgelegenheit in der Entgeltvariante versicherungspflichtig beschäftigt waren, bleiben in dieser Beschäftigung versicherungspflichtig.

(2) § 38 Abs. 4 in der bis zum 31. Dezember 2008 geltenden Fassung ist weiterhin anzuwenden für den von § 237 Abs. 5 des Sechsten Buches erfassten Personenkreis. In diesen Fällen ist § 38 Abs. 3 in der vom 1. Januar 2009 an geltenden Fassung nicht anzuwenden.

(3) Soweit Zeiten der Teilnahme an einer Maßnahme nach § 46 bei der Berech-

nung von Fristen oder als Fördertatbestand berücksichtigt werden, sind ihnen Zeiten der Teilnahme an einer Maßnahme nach den §§ 37, 37 c, 48 und 421 i in der bis zum 31. Dezember 2008 geltenden Fassung und einer Maßnahme nach § 241 Abs. 3 a in der bis zum 31. Juli 2009 geltenden Fassung gleichgestellt.
(4) § 144 Abs. 4 in der bis zum 31. Dezember 2008 geltenden Fassung ist weiterhin anzuwenden auf Ansprüche auf Arbeitslosengeld, die vor dem 1. Januar 2009 entstanden sind. In diesen Fällen ist § 144 Abs. 4 in der vom 1. Januar 2009 an geltenden Fassung nicht anzuwenden.
(5) Die §§ 248 und 249 in der bis zum 31. Dezember 2008 geltenden Fassung sind weiterhin anzuwenden für Träger von Einrichtungen der beruflichen Rehabilitation.

§ 441 Bürgerentlastungsgesetz Krankenversicherung Ist der Anspruch auf Arbeitslosengeld vor dem 1. Januar 2010 entstanden, ist § 133 Absatz 1 in der bis zum 31. Dezember 2009 geltenden Fassung anzuwenden.

§ 442 Beschäftigungschancengesetz (1) Personen, die als Selbständige oder Auslandsbeschäftigte vor dem 1. Januar 2011 ein Versicherungspflichtverhältnis auf Antrag nach § 28 a in der bis zum 31. Dezember 2010 geltenden Fassung begründet haben, bleiben in dieser Tätigkeit oder Beschäftigung über den 31. Dezember 2010 versicherungspflichtig nach § 28 a in der ab dem 1. Januar 2011 an geltenden Fassung. Sie können die Versicherungspflicht auf Antrag bis zum 31. März 2011 durch schriftliche Erklärung gegenüber der Bundesagentur rückwirkend zum 31. Dezember 2010 beenden.
(2) Abweichend von § 345 b Satz 1 Nummer 2 und Satz 2 gilt als beitragspflichtige Einnahme für alle Selbständigen und Auslandsbeschäftigten, die in einem Versicherungspflichtverhältnis auf Antrag stehen, vom 1. Januar 2011 bis zum 31. Dezember 2011 ein Arbeitsentgelt in Höhe von 50 Prozent der monatlichen Bezugsgröße. § 345 b Satz 1 Nummer 2 und Satz 2 in der vom 1. Januar 2011 geltenden Fassung ist insoweit nicht anzuwenden.

§ 443 Gesetz zur Verbesserung der Eingliederungschancen am Arbeitsmarkt
(1) Für Arbeitsbeschaffungsmaßnahmen nach § 260 und Arbeitsgelegenheiten nach § 16 d des Zweiten Buches in der vor dem 1. April 2012 geltenden Fassung gilt § 27 Absatz 3 Satz 1 Nummer 5 in der vor dem 1. April 2012 geltenden Fassung entsprechend, wenn und solange die Arbeitsbeschaffungsmaßnahme und Arbeitsgelegenheiten nach dem vor diesem Tag geltenden Recht durchgeführt werden.
(2) Beschäftigungen im Sinne des § 159 Absatz 1 Satz 2 Nummer 1 und 2 sind auch Arbeitsbeschaffungsmaßnahmen, wenn und solange diese Arbeitsbeschaffungsmaßnahmen nach dem bis zum 31. März 2012 geltenden Recht gefördert werden.
(3) Für Träger ist eine Zulassung nach § 176 bis einschließlich 31. Dezember 2012 nicht erforderlich. Dies gelt weder für Träger, die Maßnahmen zur Aktivierung und beruflichen Eingliederung nach § 45 Absatz 4 Satz 3 Nummer 1 durchführen, noch für Träger, die Maßnahmen der beruflichen Weiterbildung nach den §§ 81

und 82 durchführen. Zulassungen von Trägern und Maßnahmen der beruflichen Weiterbildung, die nach den §§ 84 und 85 in der bis zum 31. März 2012 geltenden Fassung erteilt werden, sind den Zulassungen nach den §§ 176 und 178 sowie § 179 in Verbindung mit § 180 gleichgestellt. Ein Anspruch auf Vergütung für die Arbeitsvermittliung in eine versicherungspflichtige Beschäftigung nach § 45 Absatz 4 Satz 3 Nummer 2 besteht für bis einschließlich 31. Dezember 2012 erfolgte Vermittlungen nur, wenn der Träger zum Zeitpunkt der Vermittlung die Arbeitsvermittlung als Gegenstand seines Gewerbes angezeigt hat.

(4) Anerkennungen nach den §§ 2 und 3 der Anerkennungs- und Zulassungsverordnung – Weiterbildung, die bis zum 31. März 2012 erteilt wurden, behalten ihre Gültigkeit bis längstens 31. März 2015. Die jährliche Überprüfung anerkannter Stellen wird ab 1. April 2012 von der Akkreditierungsstelle wahrgenommen.

(5) Beamtinnen und Beamte, denen am 27. Dezember 2011 ein Amt im Beamtenverhältnis auf Zeit im Sinne der §§ 389 und 390 in der bis zum 27. Dezember 2011 geltenden Fassung übertragen ist, verbleiben bis zum Ablauf der jeweiligen Amtszeit in diesem Amt. Zeiten einer Beurlaubung nach § 387 Absatz 3 Satz 1 werden nicht als Amtszeit berücksichtigt. Wird nach Ablauf der Amtszeit festgestellt, dass sich die Beamtin oder der Beamte in dem übertragenen Amt bewährt hat, wird das Amt im Beamtenverhältnis auf Lebenszeit übertragen. Hat sich die Beamtin oder der Beamte in dem übertragenen Amt nicht bewährt, wird die Beamtin oder der Beamte aus dem Beamtenverhältnis auf Zeit entlassen. In diesem Fall enden der Anspruch auf Besoldung und, soweit gesetzlich nichts anderes bestimmt ist, alle sonstigen Ansprüche aus dem im Beamtenverhältnis auf Zeit übertragenen Amt. Tritt eine Beamtin auf Zeit oder ein Beamter auf Zeit nach der Entlassung wieder in ihr oder sein vorheriges Amt im Beamtenverhältnis ein oder tritt sie oder er wegen Erreichens der gesetzlichen Altersgrenze in den Ruhestand, ist § 15 a des Beamtenversorgungsgesetzes entsprechend anzuwenden. § 15 a Absatz 4 des Beamtenversorgungsgesetzes gilt entsprechend, wenn eine Beamtin auf Zeit oder ein Beamter auf Zeit wegen Dienstunfähigkeit in den Ruhestand versetzt wird.

(6) § 389 ist anzuwenden, sofern nach dem 27. Dezember 2011 eine Funktion im Sinne dieser Vorschrift übertragen wird. Satz 1 gilt auch, wenn eine vor dem 28. Dezember 2011 übertragene Funktion ab dem 28. Dezember 2011 auf veränderter vertraglicher Grundlage fortgeführt werden soll. § 387 Absatz 3 Satz 2 bleibt unberührt.

(7) § 421 s in der am 31. März 2012 geltenden Fassung ist weiterhin anzuwenden auf Maßnahmen, über die die Bundesagentur vor dem 31. März 2012 Verträge mit Trägern geschlossen hat, bis zum Ende der Vertragslaufzeit; § 422 Absatz 1 Nummer 3 gilt insoweit nicht.

§ 444 Gesetz zu Änderungen im Bereich der geringfügigen Beschäftigung (1) Personen, die am 31. Dezember 2012 in einer mehr als geringfügigen Beschäftigung nach § 8 Absatz 1 Nummer 1 oder § 8 a in Verbindung mit § 8 Absatz 1 Nummer 1 des Vierten Buches versicherungspflichtig waren, die die Merkmale einer geringfügigen Beschäftigung nach diesen Vorschriften in der ab dem

1. Januar 2013 geltenden Fassung erfüllt, bleiben in dieser Beschäftigung längstens bis zum 31. Dezember 2014 versicherungspflichtig, solange das Arbeitsentgelt 400 Euro monatlich übersteigt. Sie werden auf Antrag von der Versicherungspflicht befreit. Der Antrag ist bei der Agentur für Arbeit zu stellen. Die Befristung wirkt vom 1. Januar 2013 an, wenn sie bis zum 31. März 2013 beantragt wird, im Übrigen von dem Beginn des Kalendermonats an, der auf den Monat folgt, in dem der Antrag gestellt worden ist. Die Befreiung ist auf diese Beschäftigung beschränkt.

(2) Bei Anwendung des Absatzes 1 gilt § 276 b Absatz 1 des Sechsten Buches und bei Anwendung des § 344 Absatz 4 gilt § 276 b Absatz 2 des Sechsten Buches entsprechend.

§ 444 a Gesetz zur Stärkung der beruflichen Weiterbildung und des Versicherungsschutzes in der Arbeitslosenversicherung (1) § 28 a Absatz 1 Satz 1 Nummer 4 und 5 in der Fassung vom 1. August 2016 gilt mit der Maßgabe, dass ein Antrag unberührt von § 28 a Absatz 3 innerhalb von drei Monaten nach dem 31. Juli 2016 gestellt werden kann.

(2) Der Anspruch auf Zahlung einer Weiterbildungsprämie nach § 131 a Absatz 3 gilt für Arbeitnehmerinnen und Arbeitnehmer, die an einer nach § 81 geförderten beruflichen Weiterbildung teilnehmen, die nach dem 31. Juli 2016 beginnt.

(3) § 151 Absatz 3 Nummer 3 in der Fassung vom 1. August 2016 ist nur für Ansprüche auf Arbeitslosengeld anzuwenden, die nach dem 31. Juli 2016 entstanden sind.

§ 445 Fünfundzwanzigstes Gesetz zur Änderung des Bundesausbildungsförderungsgesetzes Abweichend von § 422 sind die §§ 54 a, 61, 62, 64, 67, 116 und 123 bis 126 ab dem 1. August 2016 anzuwenden.

§ 445 a Gesetz zur Anpassung der Berufsausbildungsbeihilfe und des Ausbildungsgeldes Abweichend von § 422 sind

1. die §§ 54 a, 61, 62, 64, 67, 79, 116 und 123 bis 126 ab dem 1. August 2019 nach Artikel 7 Absatz 1 des Gesetzes zur Anpassung der Berufsausbildungsbeihilfe und des Ausbildungsgeldes,
2. die §§ 54 a, 61, 62, 64, 67 und 123 bis 126 ab dem 1. August 2020 nach Artikel 7 Absatz 2 des Gesetzes zur Anpassung der Berufsausbildungsbeihilfe und des Ausbildungsgeldes und
3. die §§ 67 und 126 ab dem 1. August 2021 nach Artikel 7 Absatz 3

anzuwenden.

§ 446 Zweites Gesetz zur Stärkung der pflegerischen Versorgung und zur Änderung weiterer Vorschriften (1) Für Personen, die am 31. Dezember 2016 nach § 26 Absatz 2 b in der am 31. Dezember 2016 geltenden Fassung versicherungspflichtig waren, besteht die Versicherungspflicht für die Dauer der Pflegezeit fort. Für diese Zeit sind § 345 Nummer 8, § 347 Nummer 10, § 349 Ab-

satz 4 a Satz 1 und Absatz 5 Satz 2 in der am 31. Dezember 2016 geltenden Fassung anzuwenden.
(2) Für Pflegepersonen, die am 31. Dezember 2016 nach § 28 a Absatz 1 Satz 1 Nummer 1 in der am 31. Dezember 2016 geltenden Fassung versicherungspflichtig waren, wird ab dem 1. Januar 2017 das Versicherungspflichtverhältnis nach § 26 Absatz 2 b fortgesetzt. § 26 Absatz 3 Satz 5 und 6 bleibt unberührt.

§ 447 Gesetz zur Stärkung der Chancen für Qualifizierung und für mehr Schutz in der Arbeitslosenversicherung (1)Für Personen, die nach dem 31. Dezember 2019 nicht in einem Versicherungsverhältnis gestanden haben, finden die §§ 142, 143 und 147 in der bis zum 31. Dezember 2019 geltenden Fassung Anwendung.
Abweichend von § 422 ist § 153 Absatz 1 Satz 2 Nummer 1 in der ab dem 1. Januar 2019 geltenden Fassung anzuwenden auf Ansprüche auf Arbeitslosengeld bei beruflicher Weiterbildung (§ 144) und für die Berechnung von Ansprüchen auf Berufsausbildungsbeihilfe für Arbeitslose (§ 70).
(3) Die Bundesregierung berichtet dem Deutschen Bundestag in jeder Legislaturperiode, beginnend mit dem Jahr 2020, über die Förderung der beruflichen Weiterbildung im Rahmen der aktiven Arbeitsförderung und die entsprechenden Ausgaben.

§ 448 Gesetz zur Förderung der Ausbildung und Beschäftigung von Ausländerinnen und Ausländern Für Fälle des § 132 Absatz 1 Satz 1 Nummer 2 in der bis zum 31. Juli 2019 geltenden Fassung sind abweichend von § 60 Absatz 3 und abweichend von § 132 Absatz 4 Nummer 2 in der bis zum 31. Juli 2019 geltenden Fassung § 132 in Verbindung mit § 59 in der jeweils bis zum 31. Juli 2019 geltenden Fassung anwendbar, wenn vor dem 31. Dezember 2019 die laufende Ausbildung begonnen und der erste Antrag auf Berufsausbildungsbeihilfe oder Ausbildungsgeld gestellt wird und die weiteren Anspruchsvoraussetzungen zu diesem Zeitpunkt vorliegen. Für die Voraussetzung, dass bei der Ausländerin oder dem Ausländer ein rechtmäßiger und dauerhafter Aufenthalt zu erwarten ist, ist auf den Zeitpunkt der ersten Antragstellung abzustellen.

30 IV. Sozialgesetzbuch (SGB) Viertes Buch Gemeinsame Vorschriften für die Sozialversicherung

Aktuelle höchstrichterliche Rechtsprechung

Datum	Gericht/Az.	Fundstelle	Thema
4. 6. 19	BSG B 12 R 2/18 R	NZS 19, 785	Beschäftigung
4. 6. 19	BSG B 12 R 11/18 R	NZA 19, 1583	Beschäftigung
4. 9. 18	BSG B 12 KR 11/17 R	NZS 19, 743	Beschäftigung, Statusfeststellung, Betriebsprüfung

Einleitung

I. Allgemeines

Am 23. 12. 1976 ist das Gesetz über die Gemeinsamen Vorschriften für die Sozialversicherung vom 23. 12. 1976 (BGBl. I 3845) verkündet worden. Es trat am 1. 7. 1977 in Kraft. Mit diesem »Allgemeinen Teil« der Bücher über die Sozialversicherung soll für diesen besonderen Teil des Sozialgesetzbuches das bewirkt werden, was bereits mit dem Allgemeinen Teil des SGB selbst für das gesamte SGB beabsichtigt ist: Es werden die übereinstimmenden Strukturprinzipien »vor die Klammer« gezogen (vgl. Einl. I zum SGB I, Nr. 30 I, Übersicht 58). Dies war für die Sozialversicherung erheblich einfacher als für den ganzen Bereich des SGB, das Materien vereint, die von höchst unterschiedlichen Grundsätzen beherrscht werden. Ein weiteres Gesetz, das allgemeine Grundsätze vor die Klammer zieht, war mit dem SGB IX (s. Nr. 30 IX) gelungen.
Im Gesetz zu Änderungen im Bereich der geringfügigen Beschäftigung vom 5. 12. 12 (BGBl. I 2474) wurde die Grenze der Versicherungsfreiheit geringfügiger Beschäftigungsverhältnisse von 400 auf 450 Euro angehoben (zur Neuregelung *Hanau*, ZIP 13, 1752 ff.). Die bisherige Möglichkeit der Beschäftigten, sich für die Versicherungspflicht in der Rentenversicherung zu entscheiden, wurde durch das umgekehrte Konzept einer Rentenversicherungspflicht ersetzt, von der der Beschäftigte sich befreien lassen kann (zur Kritik s. u. II 2.). Die Regelungen zur sog. Zeit-Geringfügigkeit in § 8 Abs. 1 Nr. 2 wurden im Zuge des TarifautonomiestärkungsG (v. 11. 8. 14, BGBl. I 1348) durch § 115 befristet bis Ende 2018 und letztlich

dauerhaft durch das Qualifizierungschancengesetz v. 18.12.2018 (BGBl. I 2651) großzügiger gestaltet (s. u. II 2).

Das 5. SGB IV-Änderungsgesetz (v. 15.4.2014, BGBl I 583) brachte zahlreiche verwaltungsorganisatorische Änderungen mit sich. Dazu gehört insbesondere der neue sechste Abschnitt über die Datenübermittlung zur und innerhalb der Sozialversicherung (§§ 95 ff.). Zudem wurde der Anwendungsbereich der Vorschriften für die Nutzung der Entgeltbescheinigung erweitert. Letztlich wurde auf diese Weise die Idee des Verfahrens des elektronischen Entgeltnachweises (ELENA; vgl. bis 40. Aufl.) nicht mehr weiterverfolgt.

Im Zuge des Gesetzes gegen illegale Beschäftigung und Sozialleistungsmissbrauch (v. 11.7.2019, BGBl. I 1066) wurde das Wach- und Sicherheitsgewerbe in den Katalog der Branchen aufgenommen, in denen der Arbeitgeber einer Sofortmeldepflicht unterliegt (vgl. u. II 4, a. E.).

Durch das Paket-Botenschutz-Gesetz (v. 15.11.2019, BGBl. I 1602) wurde eine Nachunternehmerhaftung für Sozialabgaben in der Kurier-, Express- und Paketboten-Branche in § 28 e Abs. 3 g und 3 h eingeführt (dazu *Rinckhoff*, NZA 19, 1667). Die Regelung ist bis Ende 2025 befristet.

Durch seinen übergreifenden technischen Charakter ist das SGB IV von nahezu jeder Änderung sozialrechtlicher Regelungen mitbetroffen.

II. Wesentlicher Gesetzesinhalt

1. Grundsätze und Begriffsbestimmungen (§§ 1 – 18)

Es werden Geltungsbereich und Umfang der Versicherung für die Sozialversicherung ohne die Arbeitslosenversicherung geregelt. Dabei wird den internationalen Verflechtungen der Wirtschaft und des Arbeitsmarktes durch Vorschriften über die »Ausstrahlung« Rechnung getragen. Zur Koordinierung der sozialen Sicherungssysteme in Europa gibt es aber die VO (EG) Nr. 883/2004 (ABl. L 166/1, Berichtigungen: ABl. L 200/1 und ABl. 2007 L 204/30), die Durchführungsverordnung VO (EG) Nr. 987/2009 (ABl. L 284/1) und dazu ein deutsches (Zuständigkeits-)Gesetz v. 22.6.11 (BGBl. I, 1202). Die Grundsätze der »Ausstrahlung« (§ 4) und »Einstrahlung« (§ 5) gelten auch im Verhältnis der alten und neuen Bundesländer, solange für beide Bereiche unterschiedliche Bezugsgrößen in der Sozialversicherung gelten (bis 2025). Ferner werden die Begriffe der »Beschäftigung«, des »Beschäftigungs- und Tätigkeitsorts« definiert. Hier gibt es enge Berührungspunkte zum Arbeitsrecht (vgl. *Fischer/Harth*, AuR 99, 126). Eine Beschäftigung im Sinne des § 7 kann »insbesondere« bei einem Arbeitsverhältnis vorliegen, so dass jedes Arbeitsverhältnis grundsätzlich die Sozialversicherungspflicht auslösen kann. Maßgebend für ein Beschäftigungsverhältnis ist die Existenz eines Rechts des Vertragspartners, Weisungen hinsichtlich der Arbeitsleistung zu erteilen (*BSG* 29.8.2012 – B 12 KR 25/10 R, NZA-RR 13, 252; Einzelheiten zur Beschäftigung bei *Deinert*, AiB 11, 254 ff.). Nach § 7 Abs. 1 Satz 2 ist aber auch die Eingliederung in die fremde Organisation ein Anhaltspunkt für eine Beschäftigung. Auf dieser Grundlage hat das *BSG* bei Honorarärzten in Krankenhäusern trotz der geringen fachlichen Weisungsbindung abhängige Beschäftigungen angenommen (*BSG* 4.6.2019 – B 12 R 2/18 R, NJW 19, 3020). Um betrügerischen Verschleierungen

von »Beschäftigungsverhältnissen« zu begegnen, enthielt § 7 Abs. 4 von 1999 bis 2003 eine Vermutungsregelung, wonach die Vertragsparteien bei Vorliegen bestimmter Umstände das Vorliegen von Selbständigkeit beweisen mussten. Die Regelung wurde mit dem »Zweite(n) Gesetz für moderne Dienstleistungen am Arbeitsmarkt« vom 23. 12. 2002 (BGBl. I 4621, »Hartz II«) wieder beseitigt. Ein Kernproblem der engen Verzahnung von Arbeitsrecht und Sozialversicherungsrecht besteht darin, dass Arbeitnehmer für ihre Entscheidungen hinsichtlich der Gestaltung des Arbeitsvertrages immer auch die sozialversicherungsrechtlichen – ebenso wie die steuerrechtlichen – Konsequenzen mit bedenken müssen. Dabei zeigt sich häufig eine schlechte Abstimmung zwischen der arbeitsrechtlichen und der sozialrechtlichen Seite bei der Einräumung von Gestaltungsspielräumen für die Arbeitnehmer (ausführlich dazu: *Kocher* u. a., Das Recht auf eine selbstbestimmte Erwerbsbiografie, 2013; *Welti*, SR 13, 92 ff.; *Knickrehm*, SR 13,102 ff.; insgesamt zu sozialpolitisch kontraproduktiven Abstimmungsproblemen von Arbeits- und Sozialrecht *Deinert/Maksimek/Sutterer-Kipping*, Die Rechtspolitik des Sozial- und Arbeitsrechts, 2020).
Außerdem werden Regelungen über Arbeitsentgelt (§§ 14 ff.; vgl. *Deinert*, AiB 11, 685 ff.; *Duden*, BB 98, 2207) und eine einheitliche Bezugsgröße für die Sozialversicherung getroffen (§ 18; Letztere allerdings mit der Möglichkeit abweichender Regelungen für die einzelnen Versicherungszweige). Infolge des Rentenüberleitungs-Abschlussgesetzes (v. 17. 7. 2017, BGBl. I 2575) wird es mit Wirkung ab 1. 1. 2025 keine unterschiedlichen Bezugsgrößen mehr für Ost- und Westdeutschland geben.

2. Geringfügige Beschäftigung und Übergangsbereich

Die in § 8 definierte geringfügige Beschäftigung (»Minijob«) ist mehrfach geändert worden. »Hartz II« hat nach einer Einigung zwischen Regierung und Ländermehrheit nach einem Verfahren im Vermittlungsausschuss sowohl die hierfür maßgeblichen Verdienstgrenzen auf (damals) 400 Euro heraufgesetzt als auch die darauf zu tragenden Sozialversicherungsbeiträge und Einkommensteuer reduziert. Hinzugekommen ist eine sog. Gleitzone zwischen (damals) 400 und 800 Euro Verdienst, innerhalb derer die Arbeitnehmerbeiträge für Kranken- und Rentenversicherung nur unterproportional steigen (§ 20 Abs. 2 i. V. mit § 226 Abs. 4 SGB V und § 163 Abs. 10 SGB VI). Damit sollte ein Hineinwachsen in voll sozialversicherungspflichtige Beschäftigungsverhältnisse begünstigt werden. In diesem Zusammenhang wurde sowohl geringfügige als auch versicherungspflichtige Beschäftigung in Privathaushalten steuerlich begünstigt (§ 35 a EStG). Zum Ganzen *Deinert*, AiB 12, 636 ff. Durch die Änderungen Ende 2012 (s. o. I) wurde die grundsätzliche Rentenversicherungspflicht für geringfügig Beschäftigte eingeführt, von der die Beschäftigten aber auf Antrag befreit werden. Die Gleitzone wurde im Zuge des RV-Leistungsverbesserungs- und -Stabilisierungsgesetzes v. 28. 11. 2018 (BGBl. I 2016) in einen »Übergangsbereich« umgetauft. Inhaltlich ändert sich vor allem dessen Umfang durch Anhebung auf einen Bereich zwischen 450,01 und 1300,00 Euro und die verringerten Rentenbeiträge im Übergangsbereich führen nicht zu geringeren Rentenleistungen.

Geringfügige Beschäftigung bis zu einem Verdienst von 450 Euro bleibt für Beschäftigte zum Teil abgabenfrei. Der Arbeitgeber entrichtet 13 % Pauschalabgabe an die gesetzliche Krankenversicherung (§ 249 b SGB V). 2 % werden als Pauschalsteuer abgeführt (vgl. § 40 a Abs. 2 EStG; möchte der Arbeitgeber stattdessen von der individuellen Besteuerung nach Lohnsteuerkarte Gebrauch machen, macht er sich aber nicht schadensersatzpflichtig, *BAG* 13. 11. 2014 – 8 AZR 817/13, NZA 15, 166). Den Rentenversicherungsbeitrag trägt der Arbeitgeber zu 15 %, den Rest trägt der Arbeitnehmer (§ 168 Nr. 1 b SGB VI). Im Falle der Befreiung von der Versicherungspflicht muss der Arbeitgeber gemäß § 172 Abs. 3 SGB VI einen Pauschalbeitrag von 15 % für die Rentenversicherung leisten. Mehrere geringfügige Beschäftigungen werden zusammengezählt; sie können allerdings neben einer versicherungspflichtigen Beschäftigung ausgeübt werden, jedoch nicht bei demselben Arbeitgeber (§ 8 Abs. 2).
Eine geringfügige Beschäftigung kann nach § 8 Abs. 1 Nr. 2 auch im Falle der sog. Zeit-Geringfügigkeit gegeben sein, das setzt eine vorherige zeitliche Begrenzung des Vertrages auf 3 Monate bzw. 70 Arbeitstage im Kalenderjahr voraus.
Der Arbeitnehmer hat den Arbeitgeber über die Eingehung eines weiteren geringfügigen Beschäftigungsverhältnisses zu informieren. Das Verschweigen führt jedoch nicht zur Ersatzpflicht des Arbeitnehmers für die dann fällig werdenden Arbeitgeberanteile zur Sozialversicherung (*BAG* 27. 4. 1995 – 8 AZR 382/94, NZA 95, 935). Verträge, mit denen Arbeitgeber die auf sie entfallenden Belastungen auf den Arbeitnehmer abzuwälzen versuchen, verstoßen gegen § 32 SGB I (vgl. *Krause*, AuR 99, 390).
Die Zahl der Minijobs, die von Arbeitnehmern als einzige Beschäftigung erfolgen, liegt bei 4,66 Mio. (Monatsbericht der BA vom Sept 2019, S. 7). Bemerkenswert ist, dass die Erhöhung der Geringfügigkeitsgrenze zum Jahreswechsel 2013 von 400 auf 450 Euro zu keiner Erhöhung geführt hatte (RV 13, 155, 156). Weitere 2,95 Mio. Beschäftigte üben einen Minijob neben einer sozialversicherungspflichtigen Beschäftigung aus (Monatsbericht der BA vom Sept. 2019, S. 7). Die geringfügig Beschäftigten tragen damit einen wesentlichen Anteil der im internationalen Vergleich hohen Zahl von rund 4,66 Mio. Nebenjobbern (vgl. insg. *Klinger/Weber*, WSI-Mitt. 19, 247). Die Zahl der Minijobs ging im ersten Quartal 2015 zurück, während gleichzeitig die Zahl der sozialversicherungspflichtigen Beschäftigungsverhältnisse, wenn auch nicht in exakt gleichem Umfang, zugenommen hat, so dass davon auszugehen ist, dass die Einführung des gesetzlichen Mindestlohns (s. Nr. 31 b) zum 1. 1. 2015 zu einer nennenswerten Umwandlung von Minijobs in sozialversicherungspflichtige Beschäftigungsverhältnisse geführt hat (vgl. »Zahl der Minijobs geht zurück«, SZ v. 20. 5. 15, S. 19, s. auch *Deter*, AuR 15, 314). Fast 45 % der Betroffenen sind Frauen, die die Beschäftigung als einzige Erwerbsquelle ausüben (einblick 4/12, S. 1). Eine anderweitige soziale Absicherung scheidet damit oftmals aus. Ein Wechsel in ein sog. Normalarbeitsverhältnis gelingt lediglich in 9 % der Fälle (Böckler impuls 1/2012, S. 4, 5).
Minijobbern werden öfter als anderen Arbeitnehmern ihre gesetzlichen Rechte auf Urlaub und Entgeltfortzahlung bei Krankheit vorenthalten (*Stegmaier/Gundert/Tesching/Theuer*, IAB-Kurzbericht 18/15). Zudem sind Minijobs oftmals – auch

im Vergleich – gering bezahlt (Böckler impuls 1/13, S. 6). Denn Arbeitgeber dürfen die vergleichsweise teureren Sozialversicherungsbeiträge formal nicht auf Minijobber abwälzen, so dass ein Anreiz besteht, über einen geringeren Bruttostundenlohn einen wirtschaftlichen Ausgleich zu suchen (vgl. *Hanau*, ZIP 13, 1752, 1754). Das führt dazu, dass Mängel in der sozialen Absicherung erhebliche gesellschaftliche Folgekosten mit sich bringen, von den Nachteilen der Betroffenen ganz zu schweigen (ausf. *Waltermann*, NJW 13, 118). Die Möglichkeit, auf die Rentenversicherungsfreiheit zu verzichten, wurde bislang nur wenig wahrgenommen. Vor diesem Hintergrund ist die Einführung der Rentenversicherungspflicht mit Befreiungsmöglichkeit rechtspolitisch kritikwürdig. Denn gerade diejenigen, bei denen es auf jeden Euro ankommt, werden sich befreien lassen und zwangsläufig in Altersarmut geraten (vgl. einblick 17/12, S. 1). Dem entspricht es, dass lediglich 25 % der Minijobber eigene Beiträge zur Rentenversicherung leisten, wenngleich es nach der alten Regelung nur 5,6 % waren (RV 13, 155). Denn das bedeutet immerhin, dass 3 von 4 Minijobbern sich bewusst gegen die Rentenversicherung entschieden haben.

3. Zeitwertkonten

Mit dem sog. Flexi-Gesetz wurden Sonderregeln zur Beitragspflicht bei flexiblen Arbeitszeitmodellen eingeführt (§§ 7 Abs. 1 a, 23). Gleichzeitig wurde der Arbeitgeber zur Sicherung von Wertguthaben aus flexibler Arbeitszeitgestaltung verpflichtet (vgl. *Kiesche/Wilke*, AiB 07, 407; s. auch Bericht der Bundesregierung über Wertguthabenvereinbarungen und Insolvenzschutz, BT-Drs. 14/7944). Da dies jedoch in der Praxis häufig nicht geschah, hat sich der Gesetzgeber mit dem sog. Flexi II-Gesetz des Problems angenommen (Gesetz zur Verbesserung der Rahmenbedingungen für die Absicherung flexibler Arbeitszeitregelungen und zur Änderung anderer Gesetze vom 21. 12. 2008 [BGBl. I 2940], dazu *Knospe*, NZS 09, 600; *Hanau/Veit*, NJW 09, 182; *Rolfs/Witschen*, NZS 09, 295; *Ars/Blümke/Scheithauer*, BB 09, 2252). Die neue Regelung sieht vor, dass Wertguthaben gemäß § 7 d Abs. 1 als Arbeitsentgeltguthaben zu führen sind (Übergangsvorschrift in § 116). Über das Guthaben besteht eine jährliche Auskunftspflicht (§ 7 d Abs. 2). Darüber hinaus regelt § 7 e, dass die Wertguthaben gegen Insolvenz des Arbeitgebers zu schützen sind. Der Arbeitgeber muss den Arbeitnehmer über die getroffenen Vorkehrungen unterrichten (§ 7 e Abs. 4). Dies wird auch durch die Rentenversicherungsträger überprüft. Mangels ausreichenden Insolvenzschutzes muss der Arbeitgeber bzw. bei einer juristischen Person der organschaftliche Vertreter dem Arbeitnehmer einen eventuellen Schaden ersetzen (§ 7 e Abs. 7). Ohne diese Regelung wäre das regelmäßig nicht der Fall (*BAG* 12. 4. 2011 – 9 AZR 229/10, NZA 11, 1350). Für den Fall der Beendigung des Arbeitsverhältnisses regelt § 7 f die Übertragung von Wertguthaben. Das Problem, dass kleinere Wertguthaben nicht gesichert sind (*Perreng*, AiB 08, 342, 345), wurde durch Absenken der Geringfügigkeitsgrenze in § 7 e Abs. 1 S. 1 Nr. 2 ein Stück weit beseitigt. Ein erheblicher Schwachpunkt des Gesetzes liegt allerdings darin, dass die Insolvenzsicherung sich nur auf Wertguthabenvereinbarungen i. S. d. § 7 b bezieht. Da aber sämtliche Arbeitszeitkonten, die der Flexibilisierung der Arbeitszeit namentlich im Arbeitgeberinteresse

dienen, nicht unter den Begriff des Wertguthabens in diesem Sinne fallen, sind sie auch von den Insolvenzsicherungsbestimmungen ausgenommen. Leider ist zu beklagen, dass immer noch knapp die Hälfte der Betriebe die Insolvenzschutzanforderungen nicht vollständig erfüllt (Bericht der Bundesregierung über die Auswirkungen des Gesetzes, BT-Drs. 17/8991, S. 25). Überblick zu Zeitwertkonten bei *Deinert*, AiB 13, 252.
Insgesamt werden Langzeitkonten immer noch wenig genutzt (Böckler impuls 6/18, S. 4). Die Koalitionsparteien der Großen Koalition wollen insoweit prüfen, wie eine bessere Verbreitung erreicht werden kann (»Ein neuer Aufbruch für Europa, Eine neue Dynamik für Deutschland, Ein neuer Zusammenhalt für unser Land«, Koalitionsvertrag zwischen CDU, CSU und SPD, 19. Legislaturperiode, S. 41).

4. Sozialversicherungsausweis (§ 18 h) und Bekämpfung der Schwarzarbeit
Jeder sozialversicherungspflichtige Arbeitnehmer erhält einen fälschungssicheren Sozialversicherungsausweis, der bei Beginn jeder neuen Beschäftigung vorzulegen ist. Aufgrund dessen hat der Arbeitgeber den Arbeitnehmer unverzüglich bei der Einzugsstelle zu melden. Die Meldepflicht gilt auch für geringfügig Beschäftigte. Nach ersten Erfahrungen wurde der Beitrag des Sozialversicherungsausweises zur Eindämmung von Schwarzarbeit kontrovers diskutiert. Einerseits wurde auf die Möglichkeiten von Fälschung und Erschleichung eines solchen Ausweises hingewiesen, andererseits über gestiegene Erfolge von Kontrollen berichtet (vgl. insgesamt *Kreizberg,* Arbeitgeber 92, 575 und 93, 818; *Gola,* BB 94, 1351; *Moritz/Reineck,* NZS 93, 143). Für bestimmte Branchen galt bisher eine Pflicht des Beschäftigten, den Sozialversicherungsausweis mitzuführen. Dies wurde durch das 2. SGB IV-Änderungsgesetz vom 21. 12. 2008 (BGBl. 2933) gestrichen und stattdessen in § 2 a SchwarzArbG eine allgemeine Ausweispflicht in Branchen mit besonderer Schwarzarbeitsanfälligkeit eingeführt, auf die der Arbeitgeber schriftlich hinweisen muss. Diese ist gekoppelt mit einer Sofortmeldepflicht (also nicht erst mit der ersten Lohnabrechnung) des Arbeitgebers in diesen Branchen gemäß § 28 a Abs. 4.

5. Leistungen und Beiträge (§§ 19 – 28)
Es werden Entstehung, Fälligkeit, Abrechnung, Säumnis und Verjährung geregelt (vgl. *Deinert*, AiB 12, 255). Außerdem wird die Verpflichtung der Sozialversicherungsträger zu verzinslicher Erstattung zu Unrecht entrichteter Beiträge festgesetzt (§§ 26 – 28).

6. Gesamtsozialversicherungsbeitrag, Melde- und Informationspflichten (§§ 28 a–28 r)
Es wird die Pflicht des Arbeitgebers geregelt, alle Sozialabgaben für einen Arbeitnehmer – einschließlich der Arbeitnehmeranteile – als Gesamtbeitrag an die Einzugsstelle zu leiten (*Deinert*, AiB 12, 255, 256 ff.). Die Meldepflicht des Arbeitgebers oder eines anderen Meldepflichtigen wird durch die aufgrund § 28 c erlassene Datenerfassungs- und ÜbermittlungsVO (DEÜV) konkretisiert (zum Meldeverfahren *Figge,* DB 98, 1965; *Marburger,* BB 98, 2056). Er kann die Arbeitneh-

meranteile sodann beim Arbeitsentgelt einbehalten (§ 28 g). Versäumt er dieses und holt er es auch nicht bei den nächsten drei Gehaltszahlungen nach, kann er vom Arbeitnehmer keine Erstattung der von diesem zu tragenden Beitragsanteile mehr verlangen (*BAG* 3. 4. 1958 – 2 AZR 469/56, BAGE 6, 7, 10 f.). Den Arbeitnehmer treffen diesbezügliche Auskunfts- und Vorlagepflichten (§ 28 o). Auch im Falle der Verurteilung zur Zahlung von Vergütung »brutto« muss der Arbeitgeber die Sozialversicherungsbeiträge abführen, der Arbeitnehmer kann nicht Zahlung an sich verlangen (*BAG* 21. 12. 2016 – 5 AZR 273/16, NZA 17, 449).

7. Träger der Sozialversicherung (§§ 29 – 110 d)
Für alle Sozialversicherungsträger (nur zum Teil für die BA) sind Regelungen über Aufgaben, Organe, Beanstandung von Rechtsverstößen, Ehrenämter und die Haftung der Selbstverwaltungsorganmitglieder getroffen. Die Große Koalition hat in ihrem Koalitionsvertrag eine Reform des Rechts der Sozialwahlen verabredet (»Ein neuer Aufbruch für Europa, Eine neue Dynamik für Deutschland, Ein neuer Zusammenhalt für unser Land«, Koalitionsvertrag zwischen CDU, CSU und SPD, 19. Legislaturperiode, S. 51). Ein diesbezüglicher Versuch eines Reformpakets aus der vorherigen Legislaturperiode war allerdings im Frühjahr 2015 gescheitert (vgl. *Leopold*, WzS 15, 111; Mitt. in: SozSich 15, 45).

Weiterführende Literatur

Eichenhofer/Wenner (Hrsg.), SGB IV, 2. Aufl. (2017)
Kreikebohm, SGB IV, 3. Aufl. (2018)
Winkler, SGB IV, 2. Aufl. (2016)

Sozialgesetzbuch (SGB)
Viertes Buch
Gemeinsame Vorschriften für die Sozialversicherung

in der Fassung der Bekanntmachung vom 12. November 2009 (BGBl. I 3710, 3973),
zuletzt geändert durch Gesetz vom 14. Dezember 2019 (BGBl. I 2789)

(Abgedruckte Vorschriften: §§ 1–28 a, 28 d, 28 e, 28 g, 28 h, 28 m, 28 o, 95, 97, 110 a–113, 115, 116, 119)

Erster Abschnitt – Grundsätze und Begriffsbestimmungen

Erster Titel – Geltungsbereich und Umfang der Versicherung

§ 1 Sachlicher Geltungsbereich (1) Die Vorschriften dieses Buches gelten für die gesetzliche Kranken-, Unfall- und Rentenversicherung einschließlich der Alterssicherung der Landwirte sowie die soziale Pflegeversicherung (Versicherungszweige). Die Vorschriften dieses Buches gelten mit Ausnahme des Ersten und Zweiten Titels des Vierten Abschnitts und des Fünften Abschnitts auch für die Arbeitsförderung. Die Bundesagentur für Arbeit gilt im Sinne dieses Buches als Versicherungsträger.
(2) § 18 h gilt auch für die Sozialhilfe und die Grundsicherung für Arbeitsuchende; außerdem gelten die §§ 18 f, 18 g und 19 a für die Grundsicherung für Arbeitsuchende.
(3) Regelungen in den Sozialleistungsbereichen dieses Gesetzbuches, die in den Absätzen 1 und 2 genannt sind, bleiben unberührt, soweit sie von den Vorschriften dieses Buches abweichen.

§ 2 Versicherter Personenkreis (1) Die Sozialversicherung umfasst Personen, die kraft Gesetzes oder Satzung (Versicherungspflicht) oder auf Grund freiwilligen Beitritts oder freiwilliger Fortsetzung der Versicherung (Versicherungsberechtigung) versichert sind.
(1 a) Deutsche im Sinne der Vorschriften über die Sozialversicherung und die Arbeitsförderung sind Deutsche im Sinne des Artikels 116 des Grundgesetzes.
(2) In allen Zweigen der Sozialversicherung sind nach Maßgabe der besonderen Vorschriften für die einzelnen Versicherungszweige versichert
1. Personen, die gegen Arbeitsentgelt oder zu ihrer Berufsausbildung beschäftigt sind,
2. behinderte Menschen, die in geschützten Einrichtungen beschäftigt werden,
3. Landwirte.

(3) Deutsche Seeleute, die auf einem Seeschiff beschäftigt sind, das nicht berechtigt ist, die Bundesflagge zu führen, werden auf Antrag des Reeders

1. in der gesetzlichen Kranken-, Renten- und Pflegeversicherung versichert und in die Versicherungspflicht nach dem Dritten Buch einbezogen,
2. in der gesetzlichen Unfallversicherung versichert, wenn der Reeder das Seeschiff der Unfallverhütung und Schiffssicherheitsüberwachung durch die Berufsgenossenschaft Verkehrswirtschaft Post-Logistik Telekommunikation unterstellt hat und der Staat, dessen Flagge das Seeschiff führt, dem nicht widerspricht.

Für deutsche Seeleute, die ihren Wohnsitz oder gewöhnlichen Aufenthalt im Inland haben und auf einem Seeschiff beschäftigt sind, das im überwiegenden wirtschaftlichen Eigentum eines deutschen Reeders mit Sitz im Inland steht, ist der Reeder verpflichtet, einen Antrag nach Satz 1 Nummer 1 und unter den Voraussetzungen des Satzes 1 Nummer 2 einen Antrag nach Satz 1 Nummer 2 zu stellen. Der Reeder hat auf Grund der Antragstellung gegenüber den Versicherungsträgern die Pflichten eines Arbeitgebers. Ein Reeder mit Sitz im Ausland hat für die Erfüllung seiner Verbindlichkeiten gegenüber den Versicherungsträgern einen Bevollmächtigten im Inland zu bestellen. Der Reeder und der Bevollmächtigte haften gegenüber den Versicherungsträgern als Gesamtschuldner; sie haben auf Verlangen entsprechende Sicherheit zu leisten.

(4) Die Versicherung weiterer Personengruppen in einzelnen Versicherungszweigen ergibt sich aus den für sie geltenden besonderen Vorschriften.

§ 3 Persönlicher und räumlicher Geltungsbereich Die Vorschriften über die Versicherungspflicht und die Versicherungsberechtigung gelten,

1. soweit sie eine Beschäftigung oder eine selbständige Tätigkeit voraussetzen, für alle Personen, die im Geltungsbereich dieses Gesetzbuchs beschäftigt oder selbständig tätig sind,
2. soweit sie eine Beschäftigung oder eine selbständige Tätigkeit nicht voraussetzen, für alle Personen, die ihren Wohnsitz oder gewöhnlichen Aufenthalt im Geltungsbereich dieses Gesetzbuchs haben.

§ 4 Ausstrahlung[1] (1) Soweit die Vorschriften über die Versicherungspflicht und die Versicherungsberechtigung eine Beschäftigung voraussetzen, gelten sie auch für Personen, die im Rahmen eines im Geltungsbereich dieses Gesetzbuchs bestehenden Beschäftigungsverhältnisses in ein Gebiet außerhalb dieses Geltungsbereichs entsandt werden, wenn die Entsendung infolge der Eigenart der Beschäftigung oder vertraglich im Voraus zeitlich begrenzt ist.

(2) Für Personen, die eine selbständige Tätigkeit ausüben, gilt Absatz 1 entsprechend.

§ 5 Einstrahlung (1) Soweit die Vorschriften über die Versicherungspflicht und die Versicherungsberechtigung eine Beschäftigung voraussetzen, gelten sie nicht für Personen, die im Rahmen eines außerhalb des Geltungsbereichs dieses

1 Zur Europäischen Koordinierung s. VO (EG) Nr. 883/2004 und VO (EG) 987/2009 sowie Gesetz zur Koordinierung der Systeme der sozialen Sicherheit in Europa v. 22. 6. 11 (BGBl. I 1202).

Gesetzbuchs bestehenden Beschäftigungsverhältnisses in diesen Geltungsbereich entsandt werden, wenn die Entsendung infolge der Eigenart der Beschäftigung oder vertraglich im Voraus zeitlich begrenzt ist.
(2) Für Personen, die eine selbständige Tätigkeit ausüben, gilt Absatz 1 entsprechend.

§ 6 Vorbehalt abweichender Regelungen Regelungen des über- und zwischenstaatlichen Rechts bleiben unberührt.

Zweiter Titel – Beschäftigung und selbständige Tätigkeit

§ 7 Beschäftigung (1) Beschäftigung ist die nichtselbständige Arbeit, insbesondere in einem Arbeitsverhältnis. Anhaltspunkte für eine Beschäftigung sind eine Tätigkeit nach Weisungen und eine Eingliederung in die Arbeitsorganisation des Weisungsgebers.
(1 a) Eine Beschäftigung besteht auch in Zeiten der Freistellung von der Arbeitsleistung von mehr als einem Monat, wenn
1. während der Freistellung Arbeitsentgelt aus einem Wertguthaben nach § 7 b fällig ist und
2. das monatlich fällige Arbeitsentgelt in der Zeit der Freistellung nicht unangemessen von dem für die vorausgegangenen zwölf Kalendermonate abweicht, in denen Arbeitsentgelt bezogen wurde.

Satz 1 gilt entsprechend, wenn während einer bis zu dreimonatigen Freistellung Arbeitsentgelt aus einer Vereinbarung zur flexiblen Gestaltung der werktäglichen oder wöchentlichen Arbeitszeit oder dem Ausgleich betrieblicher Produktions- und Arbeitszeitzyklen fällig ist. Beginnt ein Beschäftigungsverhältnis mit einer Zeit der Freistellung, gilt Satz 1 Nummer 2 mit der Maßgabe, dass das monatlich fällige Arbeitsentgelt in der Zeit der Freistellung nicht unangemessen von dem für die Zeit der Arbeitsleistung abweichen darf, mit der das Arbeitsentgelt später erzielt werden soll. Eine Beschäftigung gegen Arbeitsentgelt besteht während der Zeit der Freistellung auch, wenn die Arbeitsleistung, mit der das Arbeitsentgelt später erzielt werden soll, wegen einer im Zeitpunkt der Vereinbarung nicht vorhersehbaren vorzeitigen Beendigung des Beschäftigungsverhältnisses nicht mehr erbracht werden kann. Die Vertragsparteien können beim Abschluss der Vereinbarung nur für den Fall, dass Wertguthaben wegen der Beendigung der Beschäftigung auf Grund verminderter Erwerbsfähigkeit, des Erreichens einer Altersgrenze, zu der eine Rente wegen Alters beansprucht werden kann, oder des Todes des Beschäftigten nicht mehr für Zeiten einer Freistellung von der Arbeitsleistung verwendet werden können, einen anderen Verwendungszweck vereinbaren. Die Sätze 1 bis 4 gelten nicht für Beschäftigte, auf die Wertguthaben übertragen werden. Bis zum 31. Dezember 2024 werden Wertguthaben, die durch Arbeitsleistung im Beitrittsgebiet erzielt werden, getrennt erfasst; sind für die Beitrags- oder Leistungsberechnung im Beitrittsgebiet und im übrigen Bundesgebiet unterschiedliche Werte vorgeschrieben, sind die Werte maßgebend, die für den Teil des Inlandes gelten, in dem das Wertguthaben erzielt worden ist.

(1 b) Die Möglichkeit eines Arbeitnehmers zur Vereinbarung flexibler Arbeitszeiten gilt nicht als eine die Kündigung des Arbeitsverhältnisses durch den Arbeitgeber begründende Tatsache im Sinne des § 1 Absatz 2 Satz 1 des Kündigungsschutzgesetzes.

(2) Als Beschäftigung gilt auch der Erwerb beruflicher Kenntnisse, Fertigkeiten oder Erfahrungen im Rahmen betrieblicher Berufsbildung.

(3) Eine Beschäftigung gegen Arbeitsentgelt gilt als fortbestehend, solange das Beschäftigungsverhältnis ohne Anspruch auf Arbeitsentgelt fortdauert, jedoch nicht länger als einen Monat. Eine Beschäftigung gilt auch als fortbestehend, wenn Arbeitsentgelt aus einem der Deutschen Rentenversicherung Bund übertragenen Wertguthaben bezogen wird. Satz 1 gilt nicht, wenn Krankengeld, Krankentagegeld, Verletztengeld, Versorgungskrankengeld, Übergangsgeld, Pflegeunterstützungsgeld oder Mutterschaftsgeld oder nach gesetzlichen Vorschriften Erziehungsgeld oder Elterngeld bezogen oder Elternzeit in Anspruch genommen oder Wehrdienst oder Zivildienst geleistet wird. Satz 1 gilt auch nicht für die Freistellung nach § 3 des Pflegezeitgesetzes.

(4) Beschäftigt ein Arbeitgeber einen Ausländer ohne die nach § 284 Absatz 1 des Dritten Buches erforderliche Genehmigung oder ohne die nach *§ 4 a Absatz 5*[1] des Aufenthaltsgesetzes erforderliche Berechtigung zur Erwerbstätigkeit, wird vermutet, dass ein Beschäftigungsverhältnis gegen Arbeitsentgelt für den Zeitraum von drei Monaten bestanden hat.

§ 7 a Anfrageverfahren (1) Die Beteiligten können schriftlich oder elektronisch eine Entscheidung beantragen, ob eine Beschäftigung vorliegt, es sei denn, die Einzugsstelle oder ein anderer Versicherungsträger hatte im Zeitpunkt der Antragstellung bereits ein Verfahren zur Feststellung einer Beschäftigung eingeleitet. Die Einzugsstelle hat einen Antrag nach Satz 1 zu stellen, wenn sich aus der Meldung des Arbeitgebers (§ 28 a) ergibt, dass der Beschäftigte Ehegatte, Lebenspartner oder Abkömmling des Arbeitgebers oder geschäftsführender Gesellschafter einer Gesellschaft mit beschränkter Haftung ist. Über den Antrag entscheidet abweichend von § 28 h Absatz 2 die Deutsche Rentenversicherung Bund.

(2) Die Deutsche Rentenversicherung Bund entscheidet auf Grund einer Gesamtwürdigung aller Umstände des Einzelfalles, ob eine Beschäftigung vorliegt.

(3) Die Deutsche Rentenversicherung Bund teilt den Beteiligten schriftlich oder elektronisch mit, welche Angaben und Unterlagen sie für ihre Entscheidung benötigt. Sie setzt den Beteiligten eine angemessene Frist, innerhalb der diese die Angaben zu machen und die Unterlagen vorzulegen haben.

(4) Die Deutsche Rentenversicherung Bund teilt den Beteiligten mit, welche Entscheidung sie zu treffen beabsichtigt, bezeichnet die Tatsachen, auf die sie ihre Entscheidung stützen will, und gibt den Beteiligten Gelegenheit, sich zu der beabsichtigten Entscheidung zu äußern.

---

1 Fassung ab 1. 3. 2020.

(5) Die Deutsche Rentenversicherung Bund fordert die Beteiligten auf, innerhalb einer angemessenen Frist die Tatsachen anzugeben, die eine Widerlegung begründen, wenn diese die Vermutung widerlegen wollen.

(6) Wird der Antrag nach Absatz 1 innerhalb eines Monats nach Aufnahme der Tätigkeit gestellt und stellt die Deutsche Rentenversicherung Bund ein versicherungspflichtiges Beschäftigungsverhältnis fest, tritt die Versicherungspflicht mit der Bekanntgabe der Entscheidung ein, wenn der Beschäftigte

1. zustimmt und
2. er für den Zeitraum zwischen Aufnahme der Beschäftigung und der Entscheidung eine Absicherung gegen das finanzielle Risiko von Krankheit und zur Altersvorsorge vorgenommen hat, die der Art nach den Leistungen der gesetzlichen Krankenversicherung und der gesetzlichen Rentenversicherung entspricht.

Der Gesamtsozialversicherungsbeitrag wird erst zu dem Zeitpunkt fällig, zu dem die Entscheidung, dass eine Beschäftigung vorliegt, unanfechtbar geworden ist.

(7) Widerspruch und Klage gegen Entscheidungen, dass eine Beschäftigung vorliegt, haben aufschiebende Wirkung. Eine Klage auf Erlass der Entscheidung ist abweichend von § 88 Absatz 1 des Sozialgerichtsgesetzes nach Ablauf von drei Monaten zulässig.

§ 7 b Wertguthabenvereinbarungen Eine Wertguthabenvereinbarung liegt vor, wenn

1. der Aufbau des Wertguthabens auf Grund einer schriftlichen Vereinbarung erfolgt,
2. diese Vereinbarung nicht das Ziel der flexiblen Gestaltung der werktäglichen oder wöchentlichen Arbeitszeit oder den Ausgleich betrieblicher Produktions- und Arbeitszeitzyklen verfolgt,
3. Arbeitsentgelt in das Wertguthaben eingebracht wird, um es für Zeiten der Freistellung von der Arbeitsleistung oder der Verringerung der vertraglich vereinbarten Arbeitszeit zu entnehmen,
4. das aus dem Wertguthaben fällige Arbeitsentgelt mit einer vor oder nach der Freistellung von der Arbeitsleistung oder der Verringerung der vertraglich vereinbarten Arbeitszeit erbrachten Arbeitsleistung erzielt wird und
5. das fällige Arbeitsentgelt insgesamt 450 Euro monatlich übersteigt, es sei denn, die Beschäftigung wurde vor der Freistellung als geringfügige Beschäftigung ausgeübt.

§ 7 c Verwendung von Wertguthaben (1) Das Wertguthaben auf Grund einer Vereinbarung nach § 7 b kann in Anspruch genommen werden

1. für gesetzlich geregelte vollständige oder teilweise Freistellungen von der Arbeitsleistung oder gesetzlich geregelte Verringerungen der Arbeitszeit, insbesondere für Zeiten,
   a) in denen der Beschäftigte eine Freistellung nach § 3 des Pflegezeitgesetzes oder nach § 2 des Familienpflegezeitgesetzes verlangen kann,

b) in denen der Beschäftigte nach § 15 des Bundeselterngeld- und Elternzeitgesetzes ein Kind selbst betreut und erzieht,

c) für die der Beschäftigte eine Verringerung seiner vertraglich vereinbarten Arbeitszeit nach § 8 oder § 9 a des Teilzeit- und Befristungsgesetzes verlangen kann; § 8 des Teilzeit- und Befristungsgesetzes gilt mit der Maßgabe, dass die Verringerung der Arbeitszeit auf die Dauer der Entnahme aus dem Wertguthaben befristet werden kann,

2. für vertraglich vereinbarte vollständige oder teilweise Freistellungen von der Arbeitsleistung oder vertraglich vereinbarte Verringerungen der Arbeitszeit, insbesondere für Zeiten,

a) die unmittelbar vor dem Zeitpunkt liegen, zu dem der Beschäftigte eine Rente wegen Alters nach dem Sechsten Buch bezieht oder beziehen könnte oder

b) in denen der Beschäftigte an beruflichen Qualifizierungsmaßnahmen teilnimmt.

(2) Die Vertragsparteien können die Zwecke, für die das Wertguthaben in Anspruch genommen werden kann, in der Vereinbarung nach § 7 b abweichend von Absatz 1 auf bestimmte Zwecke beschränken.

§ 7 d Führung und Verwaltung von Wertguthaben (1) Wertguthaben sind als Arbeitsentgeltguthaben einschließlich des darauf entfallenden Arbeitgeberanteils am Gesamtsozialversicherungsbeitrag zu führen. Die Arbeitszeitguthaben sind in Arbeitsentgelt umzurechnen.

(2) Arbeitgeber haben Beschäftigte mindestens einmal jährlich in Textform über die Höhe ihres im Wertguthaben enthaltenen Arbeitsentgeltguthabens zu unterrichten.

(3) Für die Anlage von Wertguthaben gelten die Vorschriften über die Anlage der Mittel von Versicherungsträgern nach dem Vierten Titel des Vierten Abschnitts entsprechend, mit der Maßgabe, dass eine Anlage in Aktien oder Aktienfonds bis zu einer Höhe von 20 Prozent zulässig und ein Rückfluss zum Zeitpunkt der Inanspruchnahme des Wertguthabens mindestens in der Höhe des angelegten Betrages gewährleistet ist. Ein höherer Anlageanteil in Aktien oder Aktienfonds ist zulässig, wenn

1. dies in einem Tarifvertrag oder auf Grund eines Tarifvertrages in einer Betriebsvereinbarung vereinbart ist oder
2. das Wertguthaben nach der Wertguthabenvereinbarung ausschließlich für Freistellungen nach § 7 c Absatz 1 Nummer 2 Buchstabe a in Anspruch genommen werden kann.

§ 7 e Insolvenzschutz (1) Die Vertragsparteien treffen im Rahmen ihrer Vereinbarung nach § 7 b durch den Arbeitgeber zu erfüllende Vorkehrungen, um das Wertguthaben einschließlich des darin enthaltenen Gesamtsozialversicherungsbeitrages gegen das Risiko der Insolvenz des Arbeitgebers vollständig abzusichern, soweit

1. ein Anspruch auf Insolvenzgeld nicht besteht und wenn

2. das Wertguthaben des Beschäftigten einschließlich des darin enthaltenen Gesamtsozialversicherungsbeitrages einen Betrag in Höhe der monatlichen Bezugsgröße übersteigt.

In einem Tarifvertrag oder auf Grund eines Tarifvertrages in einer Betriebsvereinbarung kann ein von Satz 1 Nummer 2 abweichender Betrag vereinbart werden.

(2) Zur Erfüllung der Verpflichtung nach Absatz 1 sind Wertguthaben unter Ausschluss der Rückführung durch einen Dritten zu führen, der im Fall der Insolvenz des Arbeitgebers für die Erfüllung der Ansprüche aus dem Wertguthaben für den Arbeitgeber einsteht, insbesondere in einem Treuhandverhältnis, das die unmittelbare Übertragung des Wertguthabens in das Vermögen des Dritten und die Anlage des Wertguthabens auf einem offenen Treuhandkonto oder in anderer geeigneter Weise sicherstellt. Die Vertragsparteien können in der Vereinbarung nach § 7 b ein anderes, einem Treuhandverhältnis im Sinne des Satzes 1 gleichwertiges Sicherungsmittel vereinbaren, insbesondere ein Versicherungsmodell oder ein schuldrechtliches Verpfändungs- oder Bürgschaftsmodell mit ausreichender Sicherung gegen Kündigung.

(3) Keine geeigneten Vorkehrungen sind bilanzielle Rückstellungen sowie zwischen Konzernunternehmen (§ 18 des Aktiengesetzes) begründete Einstandspflichten, insbesondere Bürgschaften, Patronatserklärungen oder Schuldbeitritte.

(4) Der Arbeitgeber hat den Beschäftigten unverzüglich über die Vorkehrungen zum Insolvenzschutz in geeigneter Weise schriftlich zu unterrichten, wenn das Wertguthaben die in Absatz 1 Satz 1 Nummer 2 genannten Voraussetzungen erfüllt.

(5) Hat der Beschäftigte den Arbeitgeber schriftlich aufgefordert, seinen Verpflichtungen nach den Absätzen 1 bis 3 nachzukommen und weist der Arbeitgeber dem Beschäftigten nicht innerhalb von zwei Monaten nach der Aufforderung die Erfüllung seiner Verpflichtung zur Insolvenzsicherung des Wertguthabens nach, kann der Beschäftigte die Vereinbarung nach § 7 b mit sofortiger Wirkung kündigen; das Wertguthaben ist nach Maßgabe des § 23 b Absatz 2 aufzulösen.

(6) Stellt der Träger der Rentenversicherung bei der Prüfung des Arbeitgebers nach § 28 p fest, dass

1. für ein Wertguthaben keine Insolvenzschutzregelung getroffen worden ist,
2. die gewählten Sicherungsmittel nicht geeignet sind im Sinne des Absatzes 3,
3. die Sicherungsmittel in ihrem Umfang das Wertguthaben um mehr als 30 Prozent unterschreiten oder
4. die Sicherungsmittel den im Wertguthaben enthaltenen Gesamtsozialversicherungsbeitrag nicht umfassen,

weist er in dem Verwaltungsakt nach § 28 p Absatz 1 Satz 5 den in dem Wertguthaben enthaltenen und vom Arbeitgeber zu zahlenden Gesamtsozialversicherungsbeitrag aus. Weist der Arbeitgeber dem Träger der Rentenversicherung innerhalb von zwei Monaten nach der Feststellung nach Satz 1 nach, dass er seiner Verpflichtung nach Absatz 1 nachgekommen ist, entfällt die Verpflichtung zur sofortigen Zahlung des Gesamtsozialversicherungsbeitrages. Hat der Arbeitgeber den Nachweis nach Satz 2 nicht innerhalb der dort vorgesehenen Frist erbracht, ist die Vereinbarung nach § 7 b als von Anfang an unwirksam anzusehen; das Wertguthaben ist aufzulösen.

(7) Kommt es wegen eines nicht geeigneten oder nicht ausreichenden Insolvenzschutzes zu einer Verringerung oder einem Verlust des Wertguthabens, haftet der Arbeitgeber für den entstandenen Schaden. Ist der Arbeitgeber eine juristische Person oder eine Gesellschaft ohne Rechtspersönlichkeit haften auch die organschaftlichen Vertreter gesamtschuldnerisch für den Schaden. Der Arbeitgeber oder ein organschaftlicher Vertreter haften nicht, wenn sie den Schaden nicht zu vertreten haben.

(8) Eine Beendigung, Auflösung oder Kündigung der Vorkehrungen zum Insolvenzschutz vor der bestimmungsgemäßen Auflösung des Wertguthabens ist unzulässig, es sei denn, die Vorkehrungen werden mit Zustimmung des Beschäftigten durch einen mindestens gleichwertigen Insolvenzschutz abgelöst.

(9) Die Absätze 1 bis 8 finden keine Anwendung gegenüber dem Bund, den Ländern, Gemeinden, Körperschaften, Stiftungen und Anstalten des öffentlichen Rechts, über deren Vermögen die Eröffnung des Insolvenzverfahrens nicht zulässig ist, sowie solchen juristischen Personen des öffentlichen Rechts, bei denen der Bund, ein Land oder eine Gemeinde kraft Gesetzes die Zahlungsfähigkeit sichert.

§ 7 f Übertragung von Wertguthaben (1) Bei Beendigung der Beschäftigung kann der Beschäftigte durch schriftliche Erklärung gegenüber dem bisherigen Arbeitgeber verlangen, dass das Wertguthaben nach § 7 b

1. auf den neuen Arbeitgeber übertragen wird, wenn dieser mit dem Beschäftigten eine Wertguthabenvereinbarung nach § 7 b abgeschlossen und der Übertragung zugestimmt hat,
2. auf die Deutschen Rentenversicherung Bund übertragen wird, wenn das Wertguthaben einschließlich des Gesamtsozialversicherungsbeitrages einen Betrag in Höhe des Sechsfachen der monatlichen Bezugsgröße übersteigt; die Rückübertragung ist ausgeschlossen.

Nach der Übertragung sind die mit dem Wertguthaben verbundenen Arbeitgeberpflichten vom neuen Arbeitgeber oder von der Deutschen Rentenversicherung Bund zu erfüllen.

(2) Im Fall der Übertragung auf die Deutsche Rentenversicherung Bund kann der Beschäftigte das Wertguthaben für Zeiten der Freistellung von der Arbeitsleistung und Zeiten der Verringerung der vertraglich vereinbarten Arbeitszeit nach § 7 c Absatz 1 sowie auch außerhalb eines Arbeitsverhältnisses für die in § 7 c Absatz 1 Nummer 2 Buchstabe a genannten Zeiten in Anspruch nehmen. Der Antrag ist spätestens einen Monat vor der begehrten Freistellung schriftlich bei der Deutschen Rentenversicherung Bund zu stellen; in dem Antrag ist auch anzugeben, in welcher Höhe Arbeitsentgelt aus dem Wertguthaben entnommen werden soll; dabei ist § 7 Absatz 1 a Satz 1 Nummer 2 zu berücksichtigen.

(3) Die Deutschen Rentenversicherung Bund verwaltet die ihr übertragenen

Wertguthaben einschließlich des darin enthaltenen Gesamtsozialversicherungsbeitrags als ihr übertragene Aufgabe bis zu deren endgültiger Auflösung getrennt von ihrem sonstigen Vermögen treuhänderisch. Die Wertguthaben sind nach den Vorschriften über die Anlage der Mittel von Versicherungsträgern nach dem Vierten Titel des Vierten Abschnitts auszulegen. Die der Deutschen Rentenversicherung Bund durch die Übertragung, Verwaltung und Verwendung von Wertguthaben entstehenden Kosten sind vollständig vom Wertguthaben in Abzug zu bringen und in der Mitteilung an den Beschäftigten nach § 7 d Absatz 2 gesondert auszuweisen.

§ 8 Geringfügige Beschäftigung und geringfügige selbständige Tätigkeit (1) Eine geringfügige Beschäftigung liegt vor, wenn

1. das Arbeitsentgelt aus dieser Beschäftigung regelmäßig im Monat 450 Euro nicht übersteigt,
2. die Beschäftigung innerhalb eines Kalenderjahres auf längstens drei Monate oder 70 Arbeitstage nach ihrer Eigenart begrenzt zu sein pflegt oder im Voraus vertraglich begrenzt ist, es sei denn, dass die Beschäftigung berufsmäßig ausgeübt wird und ihr Entgelt 450 Euro im Monat übersteigt.

(2) Bei der Anwendung des Absatzes 1 sind mehrere geringfügige Beschäftigungen nach Nummer 1 oder Nummer 2 sowie geringfügige Beschäftigungen nach Nummer 1 mit Ausnahme einer geringfügigen Beschäftigung nach Nummer 1 und nicht geringfügige Beschäftigungen zusammenzurechnen. Eine geringfügige Beschäftigung liegt nicht mehr vor, sobald die Voraussetzungen des Absatzes 1 entfallen. Wird beim Zusammenrechnen nach Satz 1 festgestellt, dass die Voraussetzungen einer geringfügigen Beschäftigung nicht mehr vorliegen, tritt die Versicherungspflicht erst mit dem Tag ein, an dem die Entscheidung über die Versicherungspflicht nach § 37 des Zehnten Buches durch die Einzugsstelle nach § 28 i Satz 5 oder einen anderen Träger der Rentenversicherung bekannt gegeben wird. Dies gilt nicht, wenn der Arbeitgeber vorsätzlich oder grob fahrlässig versäumt hat, den Sachverhalt für die versicherungsrechtliche Beurteilung der Beschäftigung aufzuklären.

(3) Die Absätze 1 und 2 gelten entsprechend, soweit an Stelle einer Beschäftigung eine selbständige Tätigkeit ausgeübt wird. Dies gilt nicht für das Recht der Arbeitsförderung.

§ 8 a Geringfügige Beschäftigung in Privathaushalten Werden geringfügige Beschäftigungen ausschließlich in Privathaushalten ausgeübt, gilt § 8. Eine geringfügige Beschäftigung im Privathaushalt liegt vor, wenn diese durch einen privaten Haushalt begründet ist und die Tätigkeit sonst gewöhnlich durch Mitglieder des privaten Haushalts erledigt wird.

§ 9 Beschäftigungsort (1) Beschäftigungsort ist der Ort, an dem die Beschäftigung tatsächlich ausgeübt wird.

(2) Als Beschäftigungsort gilt der Ort, an dem eine feste Arbeitsstätte errichtet ist, wenn Personen

1. von ihr aus mit einzelnen Arbeiten außerhalb der festen Arbeitsstätte beschäftigt werden oder
2. außerhalb der festen Arbeitsstätte beschäftigt werden und diese Arbeitsstätte sowie der Ort, an dem die Beschäftigung tatsächlich ausgeübt wird, im Bezirk desselben Versicherungsamts liegen.

(3) Sind Personen bei einem Arbeitgeber an mehreren festen Arbeitsstätten beschäftigt, gilt als Beschäftigungsort die Arbeitsstätte, in der sie überwiegend beschäftigt sind.

(4) Erstreckt sich eine feste Arbeitsstätte über den Bezirk mehrerer Gemeinden, gilt als Beschäftigungsort der Ort, an dem die Arbeitsstätte ihren wirtschaftlichen Schwerpunkt hat.

(5) Ist eine feste Arbeitsstätte nicht vorhanden und wird die Beschäftigung an verschiedenen Orten ausgeübt, gilt als Beschäftigungsort der Ort, an dem der Betrieb seinen Sitz hat. Leitet eine Außenstelle des Betriebs die Arbeiten unmittelbar, ist der Sitz der Außenstelle maßgebend. Ist nach den Sätzen 1 und 2 ein Beschäftigungsort im Geltungsbereich dieses Gesetzbuchs nicht vorhanden, gilt als Beschäftigungsort der Ort, an dem die Beschäftigung erstmals im Geltungsbereich dieses Gesetzbuchs ausgeübt wird.

(6) In den Fällen der Ausstrahlung gilt der bisherige Beschäftigungsort als fortbestehend. Ist ein solcher nicht vorhanden, gilt als Beschäftigungsort der Ort, an dem der Betrieb, von dem der Beschäftigte entsandt wird, seinen Sitz hat.

(7) Gelten für einen Arbeitnehmer auf Grund über- oder zwischenstaatlichen Rechts die deutschen Rechtsvorschriften über soziale Sicherheit und übt der Arbeitnehmer die Beschäftigung nicht im Geltungsbereich dieses Buches aus, gilt Absatz 6 entsprechend. Ist auch danach kein Beschäftigungsort im Geltungsbereich dieses Buches gegeben, gilt der Arbeitnehmer als in Berlin (Ost) beschäftigt.

§ 10 Beschäftigungsort für besondere Personengruppen (1) Für Personen, die ein freiwilliges soziales Jahr oder ein freiwilliges ökologisches Jahr im Sinne des Jugendfreiwilligendienstegesetzes leisten, gilt als Beschäftigungsort der Ort, an dem der Träger des freiwilligen sozialen Jahres oder des freiwilligen ökologischen Jahres seinen Sitz hat.

(2) Für Entwicklungshelfer gilt als Beschäftigungsort der Sitz des Trägers des Entwicklungsdienstes. Für auf Antrag im Ausland versicherte Personen gilt als Beschäftigungsort der Sitz der antragstellenden Stelle.

(3) Für Seeleute gilt als Beschäftigungsort der Heimathafen des Seeschiffes. Ist ein Heimathafen im Geltungsbereich dieses Gesetzbuchs nicht vorhanden, gilt als Beschäftigungsort Hamburg.

§ 11 Tätigkeitsort (1) Die Vorschriften über den Beschäftigungsort gelten für selbständige Tätigkeiten entsprechend, soweit sich nicht aus Absatz 2 Abweichendes ergibt.

(2) Ist eine feste Arbeitsstätte nicht vorhanden und wird die selbständige Tätig-

keit an verschiedenen Orten ausgeübt, gilt als Tätigkeitsort der Ort des Wohnsitzes oder des gewöhnlichen Aufenthalts.

§ 12 Hausgewerbetreibende, Heimarbeiter und Zwischenmeister (1) Hausgewerbetreibende sind selbständig Tätige, die in eigener Arbeitsstätte im Auftrag und für Rechnung von Gewerbetreibenden, gemeinnützigen Unternehmen oder öffentlich-rechtlichen Körperschaften gewerblich arbeiten, auch wenn sie Roh- oder Hilfsstoffe selbst beschaffen oder vorübergehend für eigene Rechnung tätig sind.
(2) Heimarbeiter sind sonstige Personen, die in eigener Arbeitsstätte im Auftrag und für Rechnung von Gewerbetreibenden, gemeinnützigen Unternehmen oder öffentlich-rechtlichen Körperschaften erwerbsmäßig arbeiten, auch wenn sie Roh- oder Hilfsstoffe selbst beschaffen; sie gelten als Beschäftigte.
(3) Als Arbeitgeber der Hausgewerbetreibenden oder Heimarbeiter gilt, wer die Arbeit unmittelbar an sie vergibt, als Auftraggeber der, in dessen Auftrag und für dessen Rechnung sie arbeiten.
(4) Zwischenmeister ist, wer, ohne Arbeitnehmer zu sein, die ihm übertragene Arbeit an Hausgewerbetreibende oder Heimarbeiter weitergibt.
(5) Als Hausgewerbetreibende, Heimarbeiter oder Zwischenmeister gelten auch die nach § 1 Absatz 2 Satz 1 Buchstaben a, c und d des Heimarbeitsgesetzes gleichgestellten Personen. Dies gilt nicht für das Recht der Arbeitsförderung.

§ 13 Reeder, Seeleute und Deutsche Seeschiffe (1) Reeder sind die Eigentümer von Seeschiffen. Seeleute sind alle abhängig beschäftigten Besatzungsmitglieder an Bord von Seeschiffen; Kanalsteurer auf dem Nord-Ostsee-Kanal stehen den Seeleuten gleich.
(2) Als deutsche Seeschiffe gelten alle zur Seefahrt bestimmten Schiffe, die berechtigt sind, die Bundesflagge zu führen.

Dritter Titel – Arbeitsentgelt und sonstiges Einkommen

§ 14 Arbeitsentgelt (1) Arbeitsentgelt sind alle laufenden oder einmaligen Einnahmen aus einer Beschäftigung, gleichgültig, ob ein Rechtsanspruch auf die Einnahmen besteht, unter welcher Bezeichnung oder in welcher Form sie geleistet werden und ob sie unmittelbar aus der Beschäftigung oder im Zusammenhang mit ihr erzielt werden. Arbeitsentgelt sind auch Entgeltteile, die durch Entgeltumwandlung nach § 1 Absatz 2 Nummer 3 des Betriebsrentengesetzes für betriebliche Altersversorgung in den Durchführungswegen Direktzusage oder Unterstützungskasse verwendet werden, soweit sie 4 vom Hundert der jährlichen Beitragsbemessungsgrenze der allgemeinen Rentenversicherung übersteigen.
(2) Ist ein Nettoarbeitsentgelt vereinbart, gelten als Arbeitsentgelt die Einnahmen des Beschäftigten einschließlich der darauf entfallenden Steuern und der seinem gesetzlichen Anteil entsprechenden Beiträge zur Sozialversicherung und

zur Arbeitsförderung. Sind bei illegalen Beschäftigungsverhältnissen Steuern und Beiträge zur Sozialversicherung und zur Arbeitsförderung nicht gezahlt worden, gilt ein Nettoarbeitsentgelt als vereinbart.
(3) Wird ein Haushaltsscheck (§ 28 a Absatz 7) verwendet, bleiben Zuwendungen unberücksichtigt, die nicht in Geld gewährt worden sind.

§ 15 Arbeitseinkommen (1) Arbeitseinkommen ist der nach den allgemeinen Gewinnermittlungsvorschriften des Einkommensteuerrechts ermittelte Gewinn aus einer selbständigen Tätigkeit. Einkommen ist als Arbeitseinkommen zu werten, wenn es als solches nach dem Einkommensteuerrecht zu bewerten ist.
(2) Bei Landwirten, deren Gewinn aus Land- und Forstwirtschaft nach § 13 a des Einkommensteuergesetzes ermittelt wird, ist als Arbeitseinkommen der sich aus § 32 Absatz 6 des Gesetzes über die Alterssicherung der Landwirte ergebende Wert anzusetzen.

§ 16 Gesamteinkommen Gesamteinkommen ist die Summe der Einkünfte im Sinne des Einkommensteuerrechts; es umfasst insbesondere das Arbeitsentgelt und das Arbeitseinkommen.

§ 17 Verordnungsermächtigung (1) Das Bundesministerium für Arbeit und Soziales wird ermächtigt, durch Rechtsverordnung[1] mit Zustimmung des Bundesrates zur Wahrung der Belange der Sozialversicherung und der Arbeitsförderung, zur Förderung der betrieblichen Altersversorgung oder zur Vereinfachung des Beitragseinzugs, zu bestimmen,

1. dass einmalige Einnahmen oder laufende Zulagen, Zuschläge, Zuschüsse oder ähnliche Einnahmen, die zusätzlich zu Löhnen oder Gehältern gewährt werden, und steuerfreie Einnahmen ganz oder teilweise nicht als Arbeitsentgelt gelten,
2. dass Beiträge an Direktversicherungen und Zuwendungen an Pensionskassen oder Pensionsfonds ganz oder teilweise nicht als Arbeitsentgelt gelten,
3. wie das Arbeitsentgelt, das Arbeitseinkommen und das Gesamteinkommen zu ermitteln und zeitlich zuzurechnen sind,
4. den Wert der Sachbezüge nach dem tatsächlichen Verkehrswert im Voraus für jedes Kalenderjahr.

Dabei ist eine möglichst weitgehende Übereinstimmung mit den Regelungen des Steuerrechts sicherzustellen.
(2) Das Bundesministerium für Arbeit und Soziales bestimmt im Voraus für jedes Kalenderjahr durch Rechtsverordnung mit Zustimmung des Bundesrates die Bezugsgröße[2] (§ 18). Das Bundesministerium für Arbeit und Soziales wird ermächtigt, durch Rechtsverordnung mit Zustimmung des Bundesrates auch sonstige aus der Bezugsgröße abzuleitende Beträge zu bestimmen.

1 Vgl. **SozialversicherungsentgeltVO** (SvEV) vom 21. 12. 2006 (BGBl. I 3385), zuletzt geändert durch Verordnung vom 29. 11. 2019 (BGBl. I 1997).
2 Vgl. **Sozialversicherungs-RechengrößenVO 2020** (SVBezGrV 2020) vom 17. 12. 2019 (BGBl. I 2848).

§ 17 a Umrechnung von ausländischem Einkommen (1) Ist Einkommen zu berücksichtigen, das in fremder Währung erzielt wird, wird es in Euro nach dem Referenzkurs umgerechnet, den die Europäische Zentralbank öffentlich bekannt gibt. Wird für die fremde Währung von der Europäischen Zentralbank ein Referenzkurs nicht veröffentlicht, wird das Einkommen nach dem von der Deutschen Bundesbank ermittelten Mittelkurs für die Währung des betreffenden Landes umgerechnet; für Länder mit differenziertem Kurssystem ist der Kurs für den nichtkommerziellen Bereich zugrunde zu legen.

(2) Bei Berücksichtigung von Einkommen ist in den Fällen, in denen der Beginn der Leistung oder der neu berechneten Leistung in der Vergangenheit liegt, der Umrechnungskurs für den Kalendermonat maßgebend, in dem die Anrechnung des Einkommens beginnt. Bei Berücksichtigung von Einkommen ist in den Fällen, in denen der Beginn der Leistung oder der neu berechneten Leistung nicht in der Vergangenheit liegt, der Umrechnungskurs für den ersten Monat des Kalendervierteljahres maßgebend, das dem Beginn der Berücksichtigung von Einkommen vorausgeht. Überstaatliches Recht bleibt unberührt.

(3) Der angewandte Umrechnungskurs bleibt solange maßgebend, bis
1. die Sozialleistung zu ändern ist,
2. sich das zu berücksichtigende Einkommen ändert oder
3. eine Kursveränderung von mehr als 10 vom Hundert gegenüber der letzten Umrechnung eintritt, jedoch nicht vor Ablauf von drei Kalendermonaten.

Die Kursveränderung nach Nummer 3 sowie der neue Umrechnungskurs werden in entsprechender Anwendung von Absatz 2 ermittelt.

(4) Die Absätze 1 bis 3 finden entsprechende Anwendung auf
1. Unterhaltsleistungen,
2. Prämien für eine Krankenversicherung.

Sie finden keine Anwendung bei der Ermittlung von Bemessungsgrundlagen von Sozialleistungen.

(5) Die Absätze 1 bis 4 sind auch anzuwenden, wenn der Versicherungsfall vor dem 1. Juli 1985 eingetreten ist.

§ 18 Bezugsgröße (1) Bezugsgröße im Sinne der Vorschriften für die Sozialversicherung ist, soweit in den besonderen Vorschriften für die einzelnen Versicherungszweige nichts Abweichendes bestimmt ist, das Durchschnittsentgelt der gesetzlichen Rentenversicherung im vorvergangenen Kalenderjahr, aufgerundet auf den nächsthöheren, durch 420 teilbaren Betrag.[1]

(2) Die Bezugsgröße für das Beitrittsgebiet (Bezugsgröße [Ost]) verändert sich zum 1. Januar eines jeden Kalenderjahres auf den Wert, der sich ergibt, wenn der für das vorvergangene Kalenderjahr geltende Wert der Anlage 1 zum

---

1 Die Höhe der Bezugsgröße ergibt sich aus § 2 **Sozialversicherungs-RechengrößenVO 2020** (SVBezGrV 2020) vom 17. 12. 2019 (BGBl. I 2848):

§ 2 Bezugsgrößen in der Sozialversicherung (1) Die Bezugsgröße im Sinne des § 18 Absatz 1 des Vierten Buches Sozialgesetzbuch beträgt im Jahr 2020 jährlich 38220 Euro und monatlich 3185 Euro.

(2) Die Bezugsgröße (Ost) im Sinne des § 18 Absatz 2 des Vierten Buches Sozialgesetzbuch beträgt im Jahr 2020 jährlich 36120 Euro und monatlich 3010 Euro.

Sechsten Buch durch den für das Kalenderjahr der Veränderung bestimmten Wert der Anlage 10 zum Sechsten Buch geteilt wird, aufgerundet auf den nächsthöheren, durch 420 teilbaren Betrag. Für die Zeit ab 1. Januar 2025 ist eine Bezugsgröße (Ost) nicht mehr zu bestimmen.
(3) Beitrittsgebiet ist das in Artikel 3 des Einigungsvertrages genannte Gebiet.

Vierter Titel – Einkommen beim Zusammentreffen mit Renten wegen Todes

§ 18 a Art des zu berücksichtigenden Einkommens (1) Bei Renten wegen Todes sind als Einkommen zu berücksichtigen
1. Erwerbseinkommen,
2. Leistungen, die erbracht werden, um Erwerbseinkommen zu ersetzen (Erwerbsersatzeinkommen),
3. Vermögenseinkommen,
4. Elterngeld und
5. Aufstockungsbeträge und Zuschläge nach § 3 Nummer 28 des Einkommensteuergesetzes.

Nicht zu berücksichtigen sind
1. Arbeitsentgelt, das eine Pflegeperson von dem Pflegebedürftigen erhält, wenn das Entgelt das dem Umfang der Pflegetätigkeit entsprechende Pflegegeld nach § 37 des Elften Buches nicht übersteigt,
2. Einnahmen aus Altersvorsorgeverträgen, soweit sie nach § 10 a oder Abschnitt XI des Einkommensteuergesetzes gefördert worden sind,
3. Renten nach § 3 Nummer 8 a des Einkommensteuergesetzes und
4. Arbeitsentgelt, das ein behinderter Mensch von einem Träger einer in § 1 Satz 1 Nummer 2 des Sechsten Buches genannten Einrichtung erhält.

Die Sätze 1 und 2 gelten auch für vergleichbare ausländische Einkommen.
(2) Erwerbseinkommen im Sinne des Absatzes 1 Satz 1 Nummer 1 sind Arbeitsentgelt, Arbeitseinkommen und vergleichbares Einkommen
(2 a) Arbeitseinkommen im Sinne des Absatzes 2 Satz 1 ist die positive Summe der Gewinne oder Verluste aus folgenden Arbeitseinkommensarten:
1. Gewinne aus Land- und Forstwirtschaft im Sinne der §§ 13, 13 a und 14 des Einkommensteuergesetzes in Verbindung mit § 15 Absatz 2,
2. Gewinne aus Gewerbebetrieb im Sinne der §§ 15, 16 und 17 des Einkommensteuergesetzes und
3. Gewinne aus selbständiger Arbeit im Sinne des § 18 des Einkommensteuergesetzes.

(3) Erwerbsersatzeinkommen im Sinne des Absatzes 1 Satz 1 Nummer 2 sind
1. das Krankengeld, das Verletztengeld, das Versorgungskrankengeld, das Mutterschaftsgeld, das Übergangsgeld, das Pflegeunterstützungsgeld, das Kurzarbeitergeld, das Arbeitslosengeld, das Insolvenzgeld, das Krankentagegeld und vergleichbare Leistungen,
2. Renten der Rentenversicherung wegen Alters oder verminderter Erwerbs-

fähigkeit, die Erziehungsrente, die Knappschaftsausgleichsleistung, das Anpassungsgeld für entlassene Arbeitnehmer des Bergbaus und Leistungen nach den §§ 27 und 28 des Sozialversicherungs-Angleichungsgesetzes Saar,
3. Altersrenten und Renten wegen Erwerbsminderung der Alterssicherung der Landwirte, die an ehemalige Landwirte oder mitarbeitende Familienangehörige gezahlt werden,
4. die Verletztenrente der Unfallversicherung, soweit sie einen der Grundrente nach dem Bundesversorgungsgesetz entsprechenden Betrag übersteigt; eine Kürzung oder ein Wegfall der Verletztenrente wegen Anstaltspflege oder Aufnahme in ein Alters- oder Pflegeheim bleibt unberücksichtigt; bei einer Minderung der Erwerbsfähigkeit um 20 vom Hundert ist ein Betrag in Höhe von zwei Dritteln, bei einer Minderung der Erwerbsfähigkeit um 10 vom Hundert ist ein Betrag in Höhe von einem Drittel der Mindestgrundrente anzusetzen,
5. das Ruhegehalt und vergleichbare Bezüge aus einem öffentlich-rechtlichen Dienst- oder Amtsverhältnis oder aus einem versicherungsfreien Arbeitsverhältnis mit Anspruch auf Versorgung nach beamtenrechtlichen Vorschriften oder Grundsätzen, Altersgeld oder vergleichbare Alterssicherungsleistungen sowie vergleichbare Bezüge aus der Versorgung der Abgeordneten, Leistungen nach dem Bundesversorgungsteilungsgesetz und vergleichbare Leistungen nach entsprechenden länderrechtlichen Regelungen,
6. das Unfallruhegehalt und vergleichbare Bezüge aus einem öffentlich-rechtlichen Dienst- oder Amtsverhältnis oder aus einem versicherungsfreien Arbeitsverhältnis mit Anspruch auf Versorgung nach beamtenrechtlichen Vorschriften oder Grundsätzen sowie vergleichbare Bezüge aus der Versorgung der Abgeordneten; wird daneben kein Unfallausgleich gezahlt, gilt Nummer 4 letzter Teilsatz entsprechend,
7. Renten der öffentlich-rechtlichen Versicherungs- oder Versorgungseinrichtungen bestimmter Berufsgruppen wegen Minderung der Erwerbsfähigkeit oder Alters,
8. der Berufsschadensausgleich nach § 30 Absatz 3 bis 11 des Bundesversorgungsgesetzes und anderen Gesetzen, die die entsprechende Anwendung der Leistungsvorschriften des Bundesversorgungsgesetzes vorsehen,
9. Renten wegen Alters oder verminderter Erwerbsfähigkeit, die aus Anlass eines Arbeitsverhältnisses zugesagt worden sind sowie Leistungen aus der Versorgungsausgleichskasse,
10. Renten wegen Alters oder verminderter Erwerbsfähigkeit aus privaten Lebens- und Rentenversicherungen, allgemeinen Unfallversicherungen sowie sonstige private Versorgungsrenten.

Kinderzuschuss, Kinderzulage und vergleichbare kindbezogene Leistungen bleiben außer Betracht. Wird eine Kapitalleistung oder an Stelle einer wiederkehrenden Leistung eine Abfindung gezahlt, ist der Betrag als Einkommen zu berücksichtigen, der bei einer Verrentung der Kapitalleistung oder als Rente ohne die Abfindung zu zahlen wäre.

(4) Vermögenseinkommen im Sinne des Absatzes 1 Satz 1 Nummer 3 ist die positive Summe der positiven oder negativen Überschüsse, Gewinne oder Verluste aus folgenden Vermögenseinkommensarten:

1. a) Einnahmen aus Kapitalvermögen im Sinne des § 20 des Einkommensteuergesetzes; Einnahmen im Sinne des § 20 Absatz 1 Nummer 6 des Einkommensteuergesetzes in der ab dem 1. Januar 2005 geltenden Fassung sind auch bei einer nur teilweisen Steuerpflicht jeweils die vollen Unterschiedsbeträge zwischen den Versicherungsleistungen einerseits und den auf sie entrichteten Beiträgen oder den Anschaffungskosten bei entgeltlichem Erwerb des Anspruchs auf die Versicherungsleistung andererseits,
   b) Einnahmen aus Versicherungen auf den Erlebens- oder Todesfall im Sinne des § 10 Absatz 1 Nummer 2 Buchstabe b Doppelbuchstabe cc und dd des Einkommensteuergesetzes in der am 1. Januar 2004 geltenden Fassung, wenn die Laufzeit dieser Versicherungen vor dem 1. Januar 2005 begonnen hat und ein Versicherungsbeitrag bis zum 31. Dezember 2004 entrichtet wurde, es sei denn, sie werden wegen Todes geleistet; zu den Einnahmen gehören außerrechnungsmäßige und rechnungsmäßige Zinsen aus den Sparanteilen, die in den Beiträgen zu diesen Versicherungen enthalten sind, im Sinne des § 20 Absatz 1 Nummer 6 des Einkommensteuergesetzes in der am 21. September 2002 geltenden Fassung.

   Bei der Ermittlung der Einnahmen ist als Werbungskostenpauschale der Sparer-Pauschbetrag abzuziehen.
2. Einnahmen aus Vermietung und Verpachtung im Sinne des § 21 des Einkommensteuergesetzes nach Abzug der Werbungskosten und
3. Gewinne aus privaten Veräußerungsgeschäften im Sinne des § 23 des Einkommensteuergesetzes, soweit sie mindestens 600 Euro im Kalenderjahr betragen.

§ 18 b Höhe des zu berücksichtigenden Einkommens (1) Maßgebend ist das für denselben Zeitraum erzielte monatliche Einkommen. Mehrere zu berücksichtigende Einkommen sind zusammenzurechnen. Wird die Rente nur für einen Teil des Monats gezahlt, ist das entsprechend gekürzte monatliche Einkommen maßgebend. Einmalig gezahltes Vermögenseinkommen gilt als für die dem Monat der Zahlung folgenden zwölf Kalendermonate als erzielt. Einmalig gezahltes Vermögenseinkommen ist Einkommen, das einem bestimmten Zeitraum nicht zugeordnet werden kann oder in einem Betrag für mehr als zwölf Monate gezahlt wird.

(2) Bei Erwerbseinkommen und Erwerbsersatzeinkommen nach § 18 a Absatz 3 Satz 1 Nummer 1 gilt als monatliches Einkommen im Sinne von Absatz 1 Satz 1 das im letzten Kalenderjahr aus diesen Einkommensarten erzielte Einkommen, geteilt durch die Zahl der Kalendermonate, in denen es erzielt wurde. Wurde Erwerbseinkommen neben Erwerbsersatzeinkommen nach § 18 a Absatz 3 Satz 1 Nummer 1 erzielt, sind diese Einkommen zusammenzurechnen; wurden diese Einkommen zeitlich aufeinander folgend erzielt, ist das Erwerbseinkommen maßgebend. Die für einmalig gezahltes Arbeitsentgelt in § 23 a getroffene zeitliche Zuordnung gilt entsprechend. Für die Zeiten des Bezugs von Kurz-

arbeitergeld ist das dem Versicherungsträger gemeldete Arbeitsentgelt maßgebend. Bei Vermögenseinkommen gilt als monatliches Einkommen im Sinne von Absatz 1 Satz 1 ein Zwölftel dieses im letzten Kalenderjahr erzielten Einkommens; bei einmalig gezahltem Vermögenseinkommen gilt ein Zwölftel des gezahlten Betrages als monatliches Einkommen nach Absatz 1 Satz 1. Steht das zu berücksichtigende Einkommen des vorigen Kalenderjahres noch nicht fest, so wird das voraussichtlich erzielte Einkommen zugrunde gelegt.

(3) Ist im letzten Kalenderjahr Einkommen nach Absatz 2 nicht oder nur Erwerbsersatzeinkommen nach § 18 a Absatz 3 Satz 1 Nummer 1 erzielt worden, gilt als monatliches Einkommen im Sinne von Absatz 1 Satz 1 das laufende Einkommen. Satz 1 gilt auch bei der erstmaligen Feststellung der Rente, wenn das laufende Einkommen im Durchschnitt voraussichtlich um wenigstens zehn vom Hundert geringer ist als das nach Absatz 2 maßgebende Einkommen; jährliche Sonderzuwendungen sind beim laufenden Einkommen mit einem Zwölftel zu berücksichtigen. Umfasst das laufende Einkommen Erwerbsersatzeinkommen im Sinne von § 18 a Absatz 3 Satz 1 Nummer 1, ist dieses nur zu berücksichtigen, solange diese Leistung gezahlt wird.

(4) Bei Erwerbsersatzeinkommen nach § 18 a Absatz 3 Satz 1 Nummer 2 bis 10 gilt als monatliches Einkommen im Sinne von Absatz 1 Satz 1 das laufende Einkommen; jährliche Sonderzuwendungen sind beim laufenden Einkommen mit einem Zwölftel zu berücksichtigen.

(5) Das monatliche Einkommen ist zu kürzen

1. bei Arbeitsentgelt um 40 vom Hundert, jedoch bei
   a) Bezügen aus einem öffentlich-rechtlichen Dienst- oder Amtsverhältnis oder aus einem versicherungsfreien Arbeitsverhältnis mit Anwartschaft auf Versorgung nach beamtenrechtlichen Vorschriften oder Grundsätzen und bei Einkommen, das solchen Bezügen vergleichbar ist, um 27,5 vom Hundert,
   b) Beschäftigten, die die Voraussetzungen des § 172 Absatz 3 oder § 276 a des Sechsten Buches erfüllen, um 30,5 vom Hundert;

   das Arbeitsentgelt von Beschäftigten, die die Voraussetzungen des § 172 Absatz 3 des Sechsten Buches erfüllen, und Aufstockungsbeträge nach § 3 Absatz 1 Satz 1 Nummer 1 Buchstabe a des Altersteilzeitgesetzes werden nicht gekürzt, Zuschläge nach § 6 Absatz 2 des Bundesbesoldungsgesetzes werden um 7,65 vom Hundert gekürzt,
2. bei Arbeitseinkommen um 39,8 vom Hundert, bei steuerfreien Einnahmen im Rahmen des Halbeinkünfteverfahrens oder des Teileinkünfteverfahrens um 24,8 vom Hundert,
3. bei Leistungen nach § 18 a Absatz 3 Satz 1 Nummer 7 um 27,5 vom Hundert bei Leistungsbeginn vor dem Jahre 2011 und um 29,6 vom Hundert bei Leistungsbeginn nach dem Jahre 2010,
4. bei Leistungen nach § 18 a Absatz 3 Satz 1 Nummer 5 und 6 um 23,7 vom Hundert bei Leistungsbeginn vor dem Jahre 2011 und um 25 vom Hundert bei Leistungsbeginn nach dem Jahre 2010,
5. bei Leistungen nach § 18 a Absatz 3 Satz 1 Nummer 9 um 17,5 vom Hundert;

sofern es sich dabei um Leistungen handelt, die der nachgelagerten Besteuerung unterliegen, ist das monatliche Einkommen um 21,2 vom Hundert bei Leistungsbeginn vor dem Jahre 2011 und um 23 vom Hundert bei Leistungsbeginn nach dem Jahre 2010 zu kürzen,

6. bei Leistungen nach § 18 a Absatz 3 Satz 1 Nummer 10 um 12,7 vom Hundert,
7. bei Vermögenseinkommen um 25 vom Hundert; bei steuerfreien Einnahmen nach dem Halbeinkünfteverfahren um 5 vom Hundert; bei Besteuerung nach dem gesonderten Steuertarif für Einkünfte aus Kapitalvermögen um 30 vom Hundert; Einnahmen aus Versicherungen nach § 18 a Absatz 4 Nummer 1 werden nur gekürzt, soweit es sich um steuerpflichtige Kapitalerträge handelt.
8. bei Leistungen nach § 18 a Absatz 3 Satz 1 Nummer 2 und 3 um 13 vom Hundert bei Leistungsbeginn vor dem Jahre 2011 und um 14 vom Hundert bei Leistungsbeginn nach dem Jahre 2010.

Die Leistungen nach § 18 a Absatz 3 Satz 1 Nummer 1 und 4 sind um den Anteil der vom Berechtigten zu tragenden Beiträge zur Bundesagentur für Arbeit und, soweit Beiträge zur sonstigen Sozialversicherung oder zu einem Krankenversicherungsunternehmen gezahlt werden, zusätzlich um 10 vom Hundert zu kürzen.

(5 a) Elterngeld wird um den anrechnungsfreien Betrag nach § 10 des Bundeselterngeld- und Elternzeitgesetzes gekürzt.

(6) Soweit ein Versicherungsträger über die Höhe des zu berücksichtigenden Einkommens entschieden hat, ist diese Entscheidung auch für einen anderen Versicherungsträger bindend.

§ 18 c Erstmalige Ermittlung des Einkommens (1) Der Berechtigte hat das zu berücksichtigende Einkommen nachzuweisen.

(2) Bezieher von Arbeitsentgelt und diesem vergleichbaren Einkommen können verlangen, dass ihnen der Arbeitgeber eine Bescheinigung über das von ihnen für das letzte Kalenderjahr erzielte Arbeitsentgelt oder vergleichbare Einkommen und den Zeitraum, für den es gezahlt wurde, ausstellt. Der Arbeitgeber ist zur Ausstellung der Bescheinigung nicht verpflichtet, wenn er der Sozialversicherung das Arbeitsentgelt gemäß den Vorschriften über die Erfassung von Daten und Datenübermittlung bereits gemeldet hat. Satz 2 gilt nicht, wenn das tatsächliche Entgelt die Beitragsbemessungsgrenze übersteigt oder die abgegebene Meldung nicht für die Rentenversicherung bestimmt war.

(3) Bezieher von Erwerbsersatzeinkommen können verlangen, dass ihnen die Zahlstelle eine Bescheinigung über das von ihr im maßgebenden Zeitraum gezahlte Erwerbsersatzeinkommen und den Zeitraum, für den es gezahlt wurde, ausstellt.

(4) Bezieher von Vermögenseinkommen können verlangen, dass ihnen die Kapitalerträge nach § 20 des Einkommensteuergesetzes auszahlende Stelle eine Bescheinigung über die von ihr im letzten Kalenderjahr gezahlten Erträge ausstellt.

§ 18 d Einkommensänderungen (1) Einkommensänderungen sind erst vom nächstfolgenden 1. Juli an zu berücksichtigen; einmalig gezahltes Vermögenseinkommen ist vom Beginn des Kalendermonats an zu berücksichtigen, für den es als erzielt gilt. Eine Änderung des Einkommens ist auch die Änderung des zu berücksichtigenden voraussichtlichen Einkommens oder die Feststellung des tatsächlichen Einkommens nach der Berücksichtigung voraussichtlichen Einkommens.

(2) Minderungen des berücksichtigten Einkommens können vom Zeitpunkt ihres Eintritts an berücksichtigt werden, wenn das laufende Einkommen im Durchschnitt voraussichtlich um wenigstens zehn vom Hundert geringer ist als das berücksichtigte Einkommen; Erwerbsersatzeinkommen im Sinne von § 18 a Absatz 3 Satz 1 Nummer 1 ist zu berücksichtigen, solange diese Leistung gezahlt wird. Jährliche Sonderzuwendungen sind mit einem Zwölftel zu berücksichtigen.

§ 18 e Ermittlung von Einkommensänderungen (1) Für Bezieher von Arbeitsentgelt und diesem vergleichbaren Einkommen hat der Arbeitgeber auf Verlangen des Versicherungsträgers das von ihnen für das letzte Kalenderjahr erzielte Arbeitsentgelt und vergleichbare Einkommen und den Zeitraum, für den es gezahlt wurde, mitzuteilen. Der Arbeitgeber ist zur Mitteilung nicht verpflichtet, wenn er der Sozialversicherung das Arbeitsentgelt gemäß den Vorschriften über die Erfassung von Daten und Datenübermittlung bereits gemeldet hat. Satz 2 gilt nicht, wenn das tatsächliche Entgelt die Beitragsbemessungsgrenze übersteigt.

(2) Bezieher von Arbeitseinkommen haben auf Verlangen des Versicherungsträgers ihr im letzten Kalenderjahr erzieltes Arbeitseinkommen und den Zeitraum, in dem es erzielt wurde, bis zum 31. März des Folgejahres mitzuteilen.

(3) Für Bezieher von Erwerbsersatzeinkommen haben die Zahlstellen auf Verlangen des Versicherungsträgers das von ihnen im maßgebenden Zeitraum gezahlte Erwerbsersatzeinkommen und den Zeitraum, für den es gezahlt wurde, mitzuteilen.

(3 a) Bezieher von Vermögenseinkommen haben auf Verlangen des Versicherungsträgers ihr im letzten Kalenderjahr erzieltes Einkommen mitzuteilen. Für Bezieher von Kapitalerträgen nach § 20 des Einkommensteuergesetzes haben die auszahlenden Stellen eine Bescheinigung über die von ihr gezahlten Erträge auszustellen.

(4) *(aufgehoben)*

(5) Im Fall des § 18 d Absatz 2 findet § 18 c für den erforderlichen Nachweis der Einkommensminderung entsprechende Anwendung.

(6) Bei der Berücksichtigung von Einkommensänderungen bedarf es nicht der vorherigen Anhörung des Berechtigten.

(7) Wird eine Rente wegen Todes wegen der Höhe des zu berücksichtigenden Einkommens nach dem 1. Juli eines jeden Jahres weiterhin in vollem Umfang nicht gezahlt, ist der Erlass eines erneuten Verwaltungsaktes nicht erforderlich.

Fünfter Titel – Verarbeitung der Versicherungsnummer

§ 18 f Zulässigkeit der Verarbeitung (1) Die Sozialversicherungsträger, ihre Verbände, ihre Arbeitsgemeinschaften, die Bundesagentur für Arbeit, die Deutsche Post AG, soweit sie mit der Berechnung oder Auszahlung von Sozialleistungen betraut ist, die Versorgungsträger nach § 8 Absatz 4 des Gesetzes zur Überführung der Ansprüche und Anwartschaften aus Zusatz- und Sonderversorgungssystemen des Beitrittsgebiets und die Künstlersozialkasse dürfen die Versicherungsnummer nur verarbeiten, soweit dies zur personenbezogenen Zuordnung der Daten für die Erfüllung einer gesetzlichen Aufgabe nach diesem Gesetzbuch erforderlich ist; die Deutsche Rentenversicherung Bund darf die Versicherungsnummer auch zur Erfüllung ihrer Aufgaben im Rahmen der Förderung der zusätzlichen kapitalgedeckten Altersvorsorge nach § 91 des Einkommensteuergesetzes verarbeiten. Aufgaben nach diesem Gesetzbuch sind auch diejenigen auf Grund von über- und zwischenstaatlichem Recht im Bereich der sozialen Sicherheit. Bei Untersuchungen für Zwecke der Prävention, der Rehabilitation und der Forschung, die dem Ziel dienen, gesundheitlichen Schäden bei Versicherten vorzubeugen oder diese zu beheben, und für entsprechende Dateisysteme darf die Versicherungsnummer nur verarbeitet werden, soweit ein einheitliches Ordnungsmerkmal zur personenbezogenen Zuordnung der Daten bei langfristigen Beobachtungen erforderlich ist und der Aufbau eines besonderen Ordnungsmerkmals mit erheblichem organisatorischem Aufwand verbunden wäre oder mehrere der in Satz 1 genannten Stellen beteiligt sind, die nicht über ein einheitliches Ordnungsmerkmal verfügen. Die Versicherungsnummer darf nach Maßgabe von Satz 3 von überbetrieblichen arbeitsmedizinischen Diensten nach § 24 des Siebten Buches, auch soweit sie das Arbeitssicherheitsgesetz anwenden, verarbeitet werden.

(2) Die anderen in § 35 des Ersten Buches genannten Stellen dürfen die Versicherungsnummer nur verarbeiten, soweit im Einzelfall oder in festgelegten Verfahren eine Übermittlung von Daten gegenüber den in Absatz 1 genannten Stellen oder ihren Aufsichtsbehörden, auch unter Einschaltung von Vermittlungsstellen, für die Erfüllung einer gesetzlichen Aufgabe nach diesem Gesetzbuch erforderlich ist. Satz 1 gilt für die in § 69 Absatz 2 des Zehnten Buches genannten Stellen für die Erfüllung ihrer dort genannten Aufgaben entsprechend.

(2 a) Die Statistischen Ämter des Bundes und der Länder dürfen die Versicherungsnummer nur verarbeiten, soweit dies im Einzelfall für die Erfüllung einer gesetzlichen Aufgabe zur Erhebung statistischer Daten erforderlich ist.

(2 b) Das Bundesamt für Strahlenschutz darf die Versicherungsnummer verarbeiten, soweit dies erforderlich ist, um für Zwecke des Strahlenschutzregisters eine persönliche Kennnummer zu erzeugen, die es ermöglicht, Daten zur Exposition durch ionisierende Strahlung dauerhaft und eindeutig Personen zuzuordnen.

(3) Andere Behörden, Gerichte, Arbeitgeber oder Dritte dürfen die Versiche-

rungsnummer nur verarbeiten, soweit dies für die Erfüllung einer gesetzlichen Aufgabe der in Absatz 1 genannten Stellen erforderlich ist
1. bei Mitteilungen, für die die Verarbeitung von Versicherungsnummern in Rechtsvorschriften vorgeschrieben ist,
2. im Rahmen der Beitragszahlung oder
3. bei der Leistungserbringung einschließlich Abrechnung und Erstattung.

Ist anderen Behörden, Gerichten, Arbeitgebern oder Dritten die Versicherungsnummer vom Versicherten oder seinen Hinterbliebenen oder nach dem Zweiten Kapitel des Zehnten Buches befugt übermittelt worden, darf die Versicherungsnummer, soweit die Übermittlung von Daten gegenüber den in Absatz 1 und den in § 69 Absatz 2 des Zehnten Buches genannten Stellen erforderlich ist, gespeichert, verändert, genutzt, übermittelt oder in der Verarbeitung eingeschränkt werden.

(4) Die Versicherungsnummer darf auch bei der Verarbeitung von Sozialdaten im Auftrag gemäß § 80 des Zehnten Buches genutzt werden.

(5) Die in Absatz 2 bis 3 genannten Stellen dürfen die Versicherungsnummer nicht verarbeiten, um ihre Dateisysteme danach zu ordnen oder für den Zugriff zu erschließen.

18 g Angabe der Versicherungsnummer Vertragsbestimmungen, durch die der einzelne zur Angabe der Versicherungsnummer für eine nicht nach § 18 f zugelassene Verarbeitung verpflichtet werden soll, sind unwirksam. Eine befugte Übermittlung der Versicherungsnummer begründet kein Recht, die Versicherungsnummer in anderen als den in § 18 f genannten Fällen zu speichern.

Sechster Titel – Sozialversicherungsausweis

§ 18 h Ausstellung des Sozialversicherungsausweises (1) Die Datenstelle der Rentenversicherung stellt für jede Person, für die sie eine Versicherungsnummer vergibt, einen Sozialversicherungsausweis aus, der nur folgende personenbezogene Daten über die Inhaberin oder den Inhaber enthalten darf:
1. die Versicherungsnummer,
2. den Familiennamen und den Geburtsnamen und
3. den Vornamen,
4. das Ausstellungsdatum.

Die Daten zu den Nummern 1 bis 4 sind außerdem codiert aufzubringen und digital zu signieren; § 95 gilt. Die Gestaltung und das Verfahren zur Ausstellung des Sozialversicherungsausweises legt die Deutsche Rentenversicherung Bund in Grundsätzen fest, die vom Bundesministerium für Arbeit und Soziales zu genehmigen und im Bundesanzeiger zu veröffentlichen sind.

(2) Beschäftigte sind verpflichtet, den Sozialversicherungsausweis bei Beginn einer Beschäftigung dem Arbeitgeber vorzulegen. Kann der Beschäftigte dies nicht zum Zeitpunkt des Beschäftigungsbeginns, so hat er dies unverzüglich nachzuholen.

(3) Die Inhaberin oder der Inhaber ist verpflichtet, der zuständigen Einzugsstelle (§ 28 i) oder dem Rentenversicherungsträger den Verlust des Sozialversicherungsausweises oder sein Wiederauffinden unverzüglich anzuzeigen. Ein neuer Sozialversicherungsausweis wird ausgestellt

1. auf Antrag bei der zuständigen Einzugsstelle oder beim Rentenversicherungsträger, wenn der Sozialversicherungsausweis zerstört worden, abhanden gekommen oder unbrauchbar geworden ist,
2. von Amts wegen, wenn sich die Versicherungsnummer, der Familienname oder der Vorname geändert hat.

Eine Person darf nur einen auf ihren Namen ausgestellten Sozialversicherungsausweis besitzen; unbrauchbare und weitere Sozialversicherungsausweise sind an die zuständige Einzugsstelle oder den Rentenversicherungsträger zurückzugeben.

Siebter Titel – Betriebsnummer

§§ 18 i–18 n *(nicht abgedruckt)*

Zweiter Abschnitt – Leistungen und Beiträge

Erster Titel – Leistungen

§ 19 Leistungen auf Antrag oder von Amts wegen Leistungen in der gesetzlichen Kranken- und Rentenversicherung, nach dem Recht der Arbeitsförderung sowie in der sozialen Pflegeversicherung werden auf Antrag erbracht, soweit sich aus den Vorschriften für die einzelnen Versicherungszweige nichts Abweichendes ergibt. Leistungen in der gesetzlichen Unfallversicherung werden von Amts wegen erbracht, soweit sich aus den Vorschriften für die gesetzliche Unfallversicherung nichts Abweichendes ergibt.

§ 19 a Benachteiligungsverbot Bei der Inanspruchnahme von Leistungen, die den Zugang zu allen Formen und allen Ebenen der Berufsberatung, der Berufsbildung, der beruflichen Weiterbildung, der Umschulung einschließlich der praktischen Berufserfahrung betreffen, darf niemand aus Gründen der Rasse oder wegen der ethnischen Herkunft, des Geschlechts, der Religion oder Weltanschauung, einer Behinderung, des Alters oder der sexuellen Identität benachteiligt werden. Ansprüche können nur insoweit geltend gemacht oder hergeleitet werden, als deren Voraussetzungen und Inhalt durch die Vorschriften der besonderen Teile dieses Gesetzbuchs im Einzelnen bestimmt sind.

Zweiter Titel – Beiträge

§ 20 Aufbringung der Mittel, Übergangsbereich (1) Die Mittel der Sozialversicherung einschließlich der Arbeitsförderung werden nach Maßgabe der besonderen Vorschriften für die einzelnen Versicherungszweige durch Beiträge der Versicherten, der Arbeitgeber und Dritter, durch staatliche Zuschüsse und durch sonstige Einnahmen aufgebracht.

(2) Der Übergangsbereich im Sinne dieses Gesetzbuches umfasst Arbeitsentgelte aus mehr als geringfügigen Beschäftigungen nach § 8 Absatz 1 Nummer 1, die regelmäßig 1300 Euro im Monat nicht übersteigen; bei mehreren Beschäftigungsverhältnissen ist das insgesamt erzielte Arbeitsentgelt maßgebend.

(3) Der Arbeitgeber trägt abweichend von den besonderen Vorschriften für Beschäftigte für die einzelnen Versicherungszweige den Gesamtsozialversicherungsbeitrag allein, wenn

1. Versicherte, die zu ihrer Berufsausbildung beschäftigt sind, ein Arbeitsentgelt erzielen, das auf den Monat bezogen 325 Euro nicht übersteigt, oder
2. Versicherte ein freiwilliges soziales Jahr oder ein freiwilliges ökologisches Jahr im Sinne des Jugendfreiwilligendienstegesetzes oder einen Bundesfreiwilligendienst nach dem Bundesfreiwilligendienstgesetz leisten.

Wird infolge einmalig gezahlten Arbeitsentgelts die in Satz 1 genannte Grenze überschritten, tragen die Versicherten und die Arbeitgeber den Gesamtsozialversicherungsbeitrag von dem diese Grenze übersteigenden Teil des Arbeitsentgelts jeweils zur Hälfte; in der gesetzlichen Krankenversicherung gilt dies nur für den um den Beitragsanteil, der allein vom Arbeitnehmer zu tragen ist, reduzierten Beitrag.

§ 21 Bemessung der Beiträge Die Versicherungsträger haben die Beiträge, soweit diese von ihnen festzusetzen sind, so zu bemessen, dass die Beiträge zusammen mit den anderen Einnahmen

1. die gesetzlich vorgeschriebenen und zugelassenen Ausgaben des Versicherungsträgers decken und
2. sicherstellen, dass die gesetzlich vorgeschriebenen oder zugelassenen Betriebsmittel und Rücklagen bereitgehalten werden können.

§ 22 Entstehen der Beitragsansprüche, Zusammentreffen mehrerer Versicherungsverhältnisse (1) Die Beitragsansprüche der Versicherungsträger entstehen, sobald ihre im Gesetz oder auf Grund eines Gesetzes bestimmten Voraussetzungen vorliegen. Bei einmalig gezahltem Arbeitsentgelt sowie bei Arbeitsentgelt, das aus Arbeitszeitguthaben abgeleiteten Entgeltguthaben errechnet wird, entstehen die Beitragsansprüche, sobald dieses ausgezahlt worden ist. Satz 2 gilt nicht, soweit das einmalig gezahlte Arbeitsentgelt nur wegen eines Insolvenzereignisses im Sinne des § 165 des Dritten Buches vom Arbeitgeber nicht ausgezahlt worden ist oder die Beiträge für aus Arbeitszeitguthaben abgeleiteten Entgeltguthaben schon aus laufendem Entgelt gezahlt wurden.

(2) Treffen beitragspflichtige Einnahmen aus mehreren Versicherungsverhältnissen zusammen und übersteigen sie die für das jeweilige Versicherungsverhältnis maßgebliche Beitragsbemessungsgrenze, so vermindern sie sich zum Zwecke der Beitragsberechnung nach dem Verhältnis ihrer Höhe so zueinander, dass sie zusammen höchstens die Beitragsbemessungsgrenze erreichen. Die beitragspflichtigen Einnahmen aus dem jeweiligen Versicherungsverhältnis sind vor der Verhältnisrechnung nach Satz 1 auf die maßgebliche Beitragsbemessungsgrenze zu reduzieren. Für die knappschaftliche Rentenversicherung und die allgemeine Rentenversicherung sind die Berechnungen nach Satz 1 getrennt durchzuführen.

§ 23 Fälligkeit (1) Laufende Beiträge, die geschuldet werden, werden entsprechend den Regelungen der Satzung der Krankenkasse und den Entscheidungen des Spitzenverbandes Bund der Krankenkassen fällig. Beiträge, die nach dem Arbeitsentgelt oder dem Arbeitseinkommen zu bemessen sind, sind in voraussichtlicher Höhe der Beitragsschuld spätestens am drittletzten Bankarbeitstag des Monats fällig, in dem die Beschäftigung oder Tätigkeit, mit der das Arbeitsentgelt oder Arbeitseinkommen erzielt wird, ausgeübt worden ist oder als ausgeübt gilt; ein verbleibender Restbeitrag wird zum drittletzten Bankarbeitstag des Folgemonats fällig. Der Arbeitgeber kann abweichend von Satz 2 den Betrag in Höhe der Beiträge des Vormonats zahlen; für einen verbleibenden Restbetrag bleibt es bei der Fälligkeit zum drittletzten Bankarbeitstag des Folgemonats. Sonstige Beiträge werden spätestens am Fünfzehnten des Monats fällig, der auf den Monat folgt, für den sie zu entrichten sind. Die erstmalige Fälligkeit der Beiträge für die nach § 3 Satz 1 Nummer 1 a des Sechsten Buches versicherten Pflegepersonen ist abhängig von dem Zeitpunkt, zu dem die Pflegekasse, das private Versicherungsunternehmen, die Festsetzungsstelle für die Beihilfe oder der Dienstherr bei Heilfürsorgeberechtigten die Versicherungspflicht der Pflegeperson festgestellt hat oder ohne Verschulden hätte feststellen können. Wird die Feststellung in der Zeit vom Ersten bis zum Fünfzehnten eines Monats getroffen, werden die Beiträge erstmals spätestens am Fünfzehnten des folgenden Monats fällig; wird die Feststellung in der Zeit vom Sechzehnten bis zum Ende eines Monats getroffen, werden die Beiträge erstmals am Fünfzehnten des zweiten darauffolgenden Monats fällig; das Nähere vereinbaren die Spitzenverbände der beteiligten Träger der Sozialversicherung, der Verband der privaten Krankenversicherung e. V. und die Festsetzungsstellen für die Beihilfe.

(2) Die Beiträge für eine Sozialleistung im Sinne des § 3 Satz 1 Nummer 3 des Sechsten Buches einschließlich Sozialleistungen, auf die die Vorschriften des Fünften und des Sechsten Buches über die Kranken- und Rentenversicherung der Bezieher von Arbeitslosengeld oder die Krankenversicherung der Bezieher von Arbeitslosengeld II entsprechend anzuwenden sind, werden am Achten des auf die Zahlung der Sozialleistung folgenden Monats fällig. Die Träger der Rentenversicherung und die Bundesagentur für Arbeit können unbeschadet des Satzes 1 vereinbaren, dass die Beiträge zur Rentenversicherung aus Sozialleis-

tungen der Bundesagentur für Arbeit zu den vom Bundesamt für Soziale Sicherung festgelegten Fälligkeitsterminen für die Rentenzahlungen im Inland gezahlt werden. Die Träger der Rentenversicherung mit Ausnahme der Deutschen Rentenversicherung Knappschaft-Bahn-See als Träger der knappschaftlichen Rentenversicherung, die Bundesagentur für Arbeit und die Behörden des sozialen Entschädigungsrechts können unbeschadet des Satzes 1 vereinbaren, dass die Beiträge zur Rentenversicherung und nach dem Recht der Arbeitsförderung aus Sozialleistungen nach dem sozialen Entschädigungsrecht in voraussichtlicher Höhe der Beitragsschuld spätestens zum 30. Juni des laufenden Jahres und ein verbleibender Restbetrag zum nächsten Fälligkeitstermin gezahlt werden.

(2 a) Bei Verwendung eines Haushaltsschecks (§ 28 a Absatz 7) sind die Beiträge für das in den Monaten Januar bis Juni erzielte Arbeitsentgelt am 31. Juli des laufenden Jahres und für das in den Monaten Juli bis Dezember erzielte Arbeitsentgelt am 31. Januar des folgenden Jahres fällig.

(3) Geschuldete Beiträge der Unfallversicherung werden am Fünfzehnten des Monats fällig, der dem Monat folgt, in dem der Beitragsbescheid dem Zahlungspflichtigen bekannt gegeben worden ist; Entsprechendes gilt für Beitragsvorschüsse, wenn der Bescheid hierüber keinen anderen Fälligkeitstermin bestimmt. Die landwirtschaftliche Berufsgenossenschaft kann in ihrer Satzung von Satz 1 abweichende Fälligkeitstermine bestimmen. Für den Tag der Zahlung und die zulässigen Zahlungsmittel gelten die für den Gesamtsozialversicherungsbeitrag geltenden Bestimmungen entsprechend. Die Fälligkeit von Beiträgen für geringfügig Beschäftigte in Privathaushalten, die nach § 28 a Absatz 7 der Einzugsstelle gemeldet worden sind, richtet sich abweichend von Satz 1 nach Absatz 2 a.

(4) Besondere Vorschriften für einzelne Versicherungszweige, die von den Absätzen 1 bis 3 abweichen oder abweichende Bestimmungen zulassen, bleiben unberührt.

§ 23 a Einmalig gezahltes Arbeitsentgelt als beitragspflichtige Einnahmen (1) Einmalig gezahltes Arbeitsentgelt sind Zuwendungen, die dem Arbeitsentgelt zuzurechnen sind und nicht für die Arbeit in einem einzelnen Entgeltabrechnungszeitraum gezahlt werden. Als einmalig gezahltes Arbeitsentgelt gelten nicht Zuwendungen nach Satz 1, wenn sie

1. üblicherweise zur Abgeltung bestimmter Aufwendungen des Beschäftigten, die auch im Zusammenhang mit der Beschäftigung stehen,
2. als Waren oder Dienstleistungen, die vom Arbeitgeber nicht überwiegend für den Bedarf seiner Beschäftigten hergestellt, vertrieben oder erbracht werden und monatlich in Anspruch genommen werden können,
3. als sonstige Sachbezüge, die monatlich gewährt werden, oder
4. als vermögenswirksame Leistungen

vom Arbeitgeber erbracht werden. Einmalig gezahltes Arbeitsentgelt ist dem Entgeltabrechnungszeitraum zuzuordnen, in dem es gezahlt wird, soweit die Absätze 2 und 4 nichts Abweichendes bestimmen.

(2) Einmalig gezahltes Arbeitsentgelt, das nach Beendigung oder bei Ruhen des Beschäftigungsverhältnisses gezahlt wird, ist dem letzten Entgeltabrechnungszeitraum des laufenden Kalenderjahres zuzuordnen, auch wenn dieser nicht mit Arbeitsentgelt belegt ist.

(3) Das einmalig gezahlte Arbeitsentgelt ist bei der Feststellung des beitragspflichtigen Arbeitsentgelts für Beschäftigte zu berücksichtigen, soweit das bisher gezahlte beitragspflichtige Arbeitsentgelt die anteilige Beitragsbemessungsgrenze nicht erreicht. Die anteilige Beitragsbemessungsgrenze ist der Teil der Beitragsbemessungsgrenze, der der Dauer aller Beschäftigungsverhältnisse bei demselben Arbeitgeber im laufenden Kalenderjahr bis zum Ablauf des Entgeltabrechnungszeitraumes entspricht, dem einmalig gezahltes Arbeitsentgelt zuzuordnen ist; auszunehmen sind Zeiten, die nicht mit Beiträgen aus laufendem (nicht einmalig gezahltem) Arbeitsentgelt belegt sind.

(4) In der Zeit vom 1. Januar bis zum 31. März einmalig gezahltes Arbeitsentgelt ist dem letzten Entgeltabrechnungszeitraum des vergangenen Kalenderjahres zuzuordnen, wenn es vom Arbeitgeber dieses Entgeltabrechnungszeitraumes gezahlt wird und zusammen mit dem sonstigen für das laufende Kalenderjahr festgestellten beitragspflichtigen Arbeitsentgelt die anteilige Beitragsbemessungsgrenze nach Absatz 3 Satz 2 übersteigt. Satz 1 gilt nicht für nach dem 31. März einmalig gezahltes Arbeitsentgelt, das nach Absatz 2 einem in der Zeit vom 1. Januar bis zum 31. März liegenden Entgeltabrechnungszeitraum zuzuordnen ist.

(5) Ist der Beschäftigte in der gesetzlichen Krankenversicherung pflichtversichert, ist für die Zuordnung des einmalig gezahlten Arbeitsentgelts nach Absatz 4 Satz 1 allein die Beitragsbemessungsgrenze der gesetzlichen Krankenversicherung maßgebend.

§ 23 b Beitragspflichtige Einnahmen bei flexiblen Arbeitszeitregelungen (1) Bei Vereinbarungen nach § 7 b ist für Zeiten der tatsächlichen Arbeitsleistung und für Zeiten der Inanspruchnahme des Wertguthabens nach § 7 c das in dem jeweiligen Zeitraum fällige Arbeitsentgelt als Arbeitsentgelt im Sinne des § 23 Absatz 1 maßgebend. Im Falle des § 23 a Absatz 3 und 4 gilt das in dem jeweils maßgebenden Zeitraum erzielte Arbeitsentgelt bis zu einem Betrag in Höhe der Beitragsbemessungsgrenze als bisher gezahltes beitragspflichtiges Arbeitsentgelt; in Zeiten einer Freistellung von der Arbeitsleistung tritt an die Stelle des erzielten Arbeitsentgelts das fällige Arbeitsentgelt.

(2) Soweit das Wertguthaben nicht gemäß § 7 c verwendet wird, insbesondere

1. nicht laufend für eine Zeit der Freistellung von der Arbeitsleistung oder der Verringerung der vertraglich vereinbarten Arbeitszeit in Anspruch genommen wird oder
2. nicht mehr für solche Zeiten gezahlt werden kann, da das Beschäftigungsverhältnis vorzeitig beendet wurde,

ist als Arbeitsentgelt im Sinne des § 23 Absatz 1 ohne Berücksichtigung einer Beitragsbemessungsgrenze die Summe der Arbeitsentgelte maßgebend, die zum Zeitpunkt der tatsächlichen Arbeitsleistung ohne Berücksichtigung der Vereinbarung nach § 7 b beitragspflichtig gewesen wäre. Maßgebend ist jedoch höchstens der Betrag des Wertguthabens aus diesen Arbeitsentgelten zum Zeitpunkt der nicht zweckentsprechenden Verwendung des Arbeitsentgelts. Zugrunde zu legen ist der Zeitraum ab dem Abrechnungsmonat der ersten Gutschrift auf einem Wertguthaben bis zum Zeitpunkt der nicht zweckentsprechenden Verwendung des Arbeitsentgelts. Bei einem nach § 7 f Absatz 1 Satz 1 Nummer 2 auf die Deutsche Rentenversicherung Bund übertragenen Wertguthaben gelten die Sätze 1 bis 3 entsprechend, soweit das Wertguthaben wegen der Inanspruchnahme einer Rente wegen verminderter Erwerbsfähigkeit, einer Rente wegen Alters oder wegen des Todes des Versicherten nicht mehr in Anspruch genommen werden kann. Wird das Wertguthaben vereinbarungsgemäß an einen bestimmten Wertmaßstab gebunden, ist der im Zeitpunkt der nicht zweckentsprechenden Verwendung des Arbeitsentgelts maßgebende angepasste Betrag als Höchstbetrag der Berechnung zugrunde zu legen. Im Falle der Insolvenz des Arbeitgebers gilt auch als beitragspflichtiges Arbeitsentgelt höchstens der Betrag, der als Arbeitsentgelt den gezahlten Beiträgen zugrunde liegt. Für die Berechnung der Beiträge sind der für den Entgeltabrechnungszeitraum nach den Sätzen 8 und 9 für den einzelnen Versicherungszweig geltende Beitragssatz und die für diesen Zeitraum für den Einzug des Gesamtsozialversicherungsbeitrags zuständige Einzugsstelle maßgebend; für Beschäftigte, die bei keiner Krankenkasse versichert sind, gilt § 28 i Satz 2 entsprechend. Die Beiträge sind mit den Beiträgen der Entgeltabrechnung für den Kalendermonat fällig, der dem Kalendermonat folgt, in dem

1. im Fall der Insolvenz die Mittel für die Beitragszahlung verfügbar sind,
2. das Arbeitsentgelt nicht zweckentsprechend verwendet wird.

Wird durch einen Bescheid eines Trägers der Rentenversicherung der Eintritt von verminderter Erwerbsfähigkeit festgestellt, gilt der Zeitpunkt des Eintritts der verminderten Erwerbsfähigkeit als Zeitpunkt der nicht zweckentsprechenden Verwendung des bis dahin erzielten Wertguthabens; in diesem Fall sind die Beiträge mit den Beiträgen der auf das Ende des Beschäftigungsverhältnisses folgenden Entgeltabrechnung fällig. Wird eine Rente wegen verminderter Erwerbsfähigkeit in Anspruch genommen und besteht ein nach § 7 f Absatz 1 Satz 1 Nummer 2 an die Deutsche Rentenversicherung Bund übertragenes Wertguthaben, kann der Versicherte der Auflösung dieses Wertguthabens widersprechen. Ist für den Fall der Insolvenz des Arbeitgebers ein Dritter Schuldner des Arbeitsentgelts, erfüllt dieser insoweit die Pflichten des Arbeitgebers.

(2 a) Als Arbeitsentgelt im Sinne des § 23 Absatz 1 gilt im Falle des Absatzes 2 auch der positive Betrag, der sich ergibt, wenn die Summe der ab dem Abrechnungsmonat der ersten Gutschrift auf einem Wertguthaben für die Zeit der Arbeitsleistung maßgebenden Beträge der jeweiligen Beitragsbemessungsgrenze um die Summe der in dieser Zeit der Arbeitsleistung abgerechneten beitragspflichtigen Arbeitsentgelte gemindert wird, höchstens der Betrag des Wertguthabens im Zeitpunkt der nicht zweckentsprechenden Verwendung des Arbeitsentgelts. Absatz 2 Satz 5 bis 11 findet Anwendung, Absatz 1 Satz 2 findet keine Anwendung.

(3) Kann das Wertguthaben wegen Beendigung des Beschäftigungsverhältnisses nicht mehr nach § 7 c oder § 7 f Absatz 2 Satz 1 verwendet werden und ist der Versicherte unmittelbar anschließend wegen Arbeitslosigkeit bei einer deutschen Agentur für Arbeit als Arbeitsuchender gemeldet und bezieht eine öffentlich-rechtliche Leistung oder nur wegen des zu berücksichtigenden Einkommens oder Vermögens nicht, sind die Beiträge spätestens sieben Kalendermonate nach dem Kalendermonat, in dem das Arbeitsentgelt nicht zweckentsprechend verwendet worden ist, oder bei Aufnahme einer Beschäftigung in diesem Zeitraum zum Zeitpunkt des Beschäftigungsbeginns fällig, es sei denn, eine zweckentsprechende Verwendung wird vereinbart; beginnt in diesem Zeitraum eine Rente wegen Alters oder Todes oder tritt verminderte Erwerbsfähigkeit ein, gelten diese Zeitpunkte als Zeitpunkt der nicht zweckentsprechenden Verwendung.

(3 a) Sieht die Vereinbarung nach § 7 b bereits bei ihrem Abschluss für den Fall, dass Wertguthaben wegen der Beendigung der Beschäftigung auf Grund verminderter Erwerbsfähigkeit, des Erreichens einer Altersgrenze, zu der eine Rente wegen Alters beansprucht werden kann, oder des Todes des Beschäftigten nicht mehr für Zeiten einer Freistellung von der Arbeitsleistung oder der Verringerung der vertraglich vereinbarten Arbeitszeit verwendet werden können, deren Verwendung für Zwecke der betrieblichen Altersversorgung vor, gilt das bei Eintritt dieser Fälle für Zwecke der betrieblichen Altersversorgung verwendete Wertguthaben nicht als beitragspflichtiges Arbeitsentgelt; dies gilt nicht,

1. wenn die Vereinbarung über die betriebliche Altersversorgung eine Abfindung vorsieht oder zulässt oder Leistungen im Fall des Todes, der Invalidität und des Erreichens einer Altersgrenze, zu der eine Rente wegen Alters beansprucht werden kann, nicht gewährleistet sind oder
2. soweit bereits im Zeitpunkt der Ansammlung des Wertguthabens vorhersehbar ist, dass es nicht für Zwecke nach § 7 c oder § 7 f Absatz 2 Satz 1 verwendet werden kann.

Die Bestimmungen dieses Absatzes finden keine Anwendung auf Vereinbarungen, die nach dem 13. November 2008 geschlossen worden sind.

(4) Werden Wertguthaben auf Dritte übertragen, gelten die Absätze 2 bis 3 a nur für den Übertragenden, der die Arbeitsleistung tatsächlich erbringt.

§ 23 c Sonstige nicht beitragspflichtige Einnahmen (1) Zuschüsse des Arbeitgebers zum Krankengeld, Verletztengeld, Übergangsgeld, Pflegeunterstützungsgeld oder Krankentagegeld und sonstige Einnahmen aus einer Beschäftigung, die für die Zeit des Bezuges von Krankengeld, Krankentagegeld, Versorgungskrankengeld, Verletztengeld, Übergangsgeld, Pflegeunterstützungsgeld, Mutterschaftsgeld, Erziehungsgeld oder Elterngeld weiter erzielt werden, gelten nicht als beitragspflichtiges Arbeitsentgelt, wenn die Einnahmen zusammen mit den genannten Sozialleistungen das Nettoarbeitsentgelt (§ 47 des Fünften Buches) nicht um mehr als 50 Euro im Monat übersteigen. Zur Berechnung des Nettoarbeitsentgelts bei freiwilligen Mitgliedern der gesetzlichen Krankenversicherung ist der um den Beitragszuschuss für Beschäftigte verminderte Beitrag des Versicherten zur Kranken- und Pflegeversicherung abzuziehen; dies gilt entsprechend für Personen und für ihre nicht selbstversicherten Angehörigen, die bei einem privaten Krankenversicherungsunternehmen versichert sind einschließlich der Versicherung für das Krankentagegeld. Für Beschäftigte, die nach § 6 Absatz 1 Satz 1 Nummer 1 des Sechsten Buches von der Versicherungspflicht befreit sind und Pflichtbeiträge an eine berufsständische Versorgungseinrichtung entrichten, sind bei der Ermittlung des Nettoentgeltes die um den Arbeitgeberzuschuss nach § 172 a des Sechsten Buches verminderten Pflichtbeiträge des Beschäftigten entsprechend abzuziehen.

(2) Einnahmen aus Tätigkeiten als Notärztin oder Notarzt im Rettungsdienst sind nicht beitragspflichtig, wenn diese Tätigkeiten neben

1. einer Beschäftigung mit einem Umfang von regelmäßig mindestens 15 Stunden wöchentlich außerhalb des Rettungsdienstes oder
2. einer Tätigkeit als zugelassener Vertragsarzt oder als Arzt in privater Niederlassung

ausgeübt werden. Für Tätigkeiten, bei denen die Einnahmen nach Satz 1 nicht beitragspflichtig sind, bestehen keine Meldepflichten nach diesem Buch.

§ 24 Säumniszuschlag (1) Für Beiträge und Beitragsvorschüsse, die der Zahlungspflichtige nicht bis zum Ablauf des Fälligkeitstages gezahlt hat, ist für jeden angefangenen Monat der Säumnis ein Säumniszuschlag von eins vom Hundert des rückständigen, auf 50 Euro nach unten abgerundeten Betrages zu zahlen. Bei einem rückständigen Betrag unter 100 Euro ist der Säumniszuschlag nicht zu erheben, wenn dieser gesondert schriftlich anzufordern wäre.

(1 a) *(weggefallen)*

(2) Wird eine Beitragsforderung durch Bescheid mit Wirkung für die Vergangenheit festgestellt, ist ein darauf entfallender Säumniszuschlag nicht zu erheben, soweit der Beitragsschuldner glaubhaft macht, dass er unverschuldet keine Kenntnis von der Zahlungspflicht hatte.

(3) Hat der Zahlungspflichtige ein Lastschriftmandat zum Einzug der Beiträge erteilt, so sind Säumniszuschläge zu erheben, wenn der Beitragseinzug aus Gründen, die vom Zahlungspflichtigen zu vertreten sind, nicht ausgeführt werden kann oder zurückgerufen wird. Zusätzlich zum Säumniszuschlag soll der Gläubiger vom Zahlungspflichtigen den Ersatz der von einem Geldinstitut erhobenen Entgelte für Rücklastschriften verlangen; dieser Kostenersatz ist wie die Gebühren, die im Zusammenhang mit der Durchsetzung von Beitragsansprüchen erhoben werden, zu behandeln.

§ 25 Verjährung (1) Ansprüche auf Beiträge verjähren in vier Jahren nach Ablauf des Kalenderjahrs, in dem sie fällig geworden sind. Ansprüche auf vorsätzlich vorenthaltene Beiträge verjähren in dreißig Jahren nach Ablauf des Kalenderjahrs, in dem sie fällig geworden sind.

(2) Für die Hemmung, die Ablaufhemmung, den Neubeginn und die Wirkung der Verjährung gelten die Vorschriften des Bürgerlichen Gesetzbuchs sinngemäß. Die Verjährung ist für die Dauer einer Prüfung beim Arbeitgeber gehemmt; diese Hemmung der Verjährung bei einer Prüfung gilt auch gegenüber den auf Grund eines Werkvertrages für den Arbeitgeber tätigen Nachunternehmern und deren weiteren Nachunternehmern. Satz 2 gilt nicht, wenn die Prüfung unmittelbar nach ihrem Beginn für die Dauer von mehr als sechs Monaten aus Gründen unterbrochen wird, die die prüfende Stelle zu vertreten hat. Die Hemmung beginnt mit dem Tag des Beginns der Prüfung beim Arbeitgeber oder bei der vom Arbeitgeber mit der Lohn- und Gehaltsabrechnung beauftragten Stelle und endet mit der Bekanntgabe des Beitragsbescheides, spätestens nach Ablauf von sechs Kalendermonaten nach Abschluss der Prüfung. Kommt es aus Gründen, die die prüfende Stelle nicht zu vertreten hat, zu einem späteren Beginn der Prüfung, beginnt die Hemmung mit dem von dem Versicherungsträger in seiner Prüfungsankündigung ursprünglich bestimmten Tag. Die Sätze 2 bis 5 gelten für Prüfungen der Beitragszahlung bei sonstigen Versicherten, in Fällen der Nachversicherung und bei versicherungspflichtigen Selbständigen entsprechend. Die Sätze 1 bis 5 gelten entsprechend für Prüfungen im Bereich der Bemessung, Entrichtung und Weiterleitung von Beiträgen zur gesetzlichen Krankenversicherung.

§ 26 Beanstandung und Erstattung zu Unrecht entrichteter Beiträge (1) Sind Pflichtbeiträge in der Rentenversicherung für Zeiten nach dem 31. Dezember 1972 trotz Fehlens der Versicherungspflicht nicht spätestens bei der nächsten Prüfung beim Arbeitgeber beanstandet worden, gilt § 45 Absatz 2 des Zehnten Buches entsprechend. Beiträge, die nicht mehr beanstandet werden dürfen, gelten als zu Recht entrichtete Pflichtbeiträge. Gleiches gilt für zu Unrecht entrichtete Beiträge nach Ablauf der in § 27 Absatz 2 Satz 1 bestimmten Frist.

(2) Zu Unrecht entrichtete Beiträge sind zu erstatten, es sei denn, dass der Versicherungsträger bis zur Geltendmachung des Erstattungsanspruchs auf Grund dieser Beiträge oder für den Zeitraum, für den die Beiträge zu Unrecht entrichtet worden sind, Leistungen erbracht oder zu erbringen hat; Beiträge, die für Zeiten entrichtet worden sind, die während des Bezugs von Leistungen beitragsfrei sind, sind jedoch zu erstatten.

(3) Der Erstattungsanspruch steht dem zu, der die Beiträge getragen hat. Soweit dem Arbeitgeber Beiträge, die er getragen hat, von einem Dritten ersetzt worden sind, entfällt sein Erstattungsanspruch.

(4) In den Fällen, in denen eine Mehrfachbeschäftigung vorliegt und nicht auszuschließen ist, dass die Voraussetzungen des § 22 Absatz 2 vorliegen, hat die Einzugsstelle nach Eingang der Entgeltmeldungen von Amts wegen die Ermittlung einzuleiten, ob Beiträge zu Unrecht enrichtet wurden. Die Einzugsstelle kann weitere Angaben zur Ermittlung der zugrunde zu legenden Entgelte von den Meldepflichtigen anfordern. Die elektronische Anforderung hat durch gesicherte und verschlüsselte Datenübertragung zu erfolgen. Dies gilt auch für

die Rückübermittlung der ermittelten Gesamtentgelte an die Meldepflichtigen. Die Einzugsstelle hat das Verfahren innerhalb von zwei Monaten nach Vorliegen aller insoweit erforderlichen Meldungen abzuschließen. Das Verfahren gilt für Abrechnungszeiträume ab dem 1. Januar 2015. Das Nähere zum Verfahren, zu den zu übermittelnden Daten sowie den Datensätzen regeln die Gemeinsamen Grundsätze nach § 28 b Absatz 1.

§ 27 Verzinsung und Verjährung des Erstattungsanspruchs (1) Der Erstattungsanspruch ist nach Ablauf eines Kalendermonats nach Eingang des vollständigen Erstattungsantrags, beim Fehlen eines Antrags nach der Bekanntgabe der Entscheidung über die Erstattung bis zum Ablauf des Kalendermonats vor der Zahlung mit vier vom Hundert zu verzinsen. Verzinst werden volle Euro-Beträge. Dabei ist der Kalendermonat mit dreißig Tagen zugrunde zu legen.
(2) Der Erstattungsanspruch verjährt in vier Jahren nach Ablauf des Kalenderjahrs, in dem die Beiträge entrichtet worden sind. Beanstandet der Versicherungsträger die Rechtswirksamkeit von Beiträgen, beginnt die Verjährung mit dem Ablauf des Kalenderjahrs der Beanstandung.
(3) Für die Hemmung, die Ablaufhemmung, den Neubeginn und die Wirkung der Verjährung gelten die Vorschriften des Bürgerlichen Gesetzbuchs sinngemäß. Die Verjährung wird auch durch schriftlichen Antrag auf die Erstattung oder durch Erhebung eines Widerspruchs gehemmt. Die Hemmung endet sechs Monate nach Bekanntgabe der Entscheidung über den Antrag oder den Widerspruch.

§ 28 Verrechnung und Aufrechnung des Erstattungsanspruchs Der für die Erstattung zuständige Leistungsträger kann
1. mit Ermächtigung eines anderen Leistungsträgers dessen Ansprüche gegen den Berechtigten mit dem ihm obliegenden Erstattungsbetrag verrechnen,
2. mit Zustimmung des Berechtigten die zu Unrecht entrichteten Beiträge mit künftigen Beitragsansprüchen aufrechnen.

Dritter Abschnitt – Meldepflichten des Arbeitgebers, Gesamtsozialversicherungsbeitrag

Erster Titel – Meldungen des Arbeitgebers und ihre Weiterleitung

§ 28 a Meldepflicht (1) Der Arbeitgeber oder ein anderer Meldepflichtiger hat der Einzugsstelle für jeden in der Kranken-, Pflege- oder Rentenversicherung oder nach dem Recht der Arbeitsförderung kraft Gesetzes Versicherten
1. bei Beginn der versicherungspflichtigen Beschäftigung,
2. bei Ende der versicherungspflichtigen Beschäftigung,

3. bei Eintritt eines Insolvenzereignisses
4. *(weggefallen)*
5. bei Änderungen in der Beitragspflicht,
6. bei Wechsel der Einzugsstelle,
7. bei Anträgen auf Altersrenten oder Auskunftsersuchen des Familiengerichts in Versorgungsausgleichverfahren,
8. bei Unterbrechung der Entgeltzahlung,
9. bei Auflösung des Arbeitsverhältnisses,
10. auf Anforderung der Einzugsstelle nach § 26 Absatz 4 Satz 2,
11. bei Antrag des geringfügig Beschäftigten nach § 6 Absatz 1 b des Sechsten Buches auf Befreiung von der Versicherungspflicht,
12. bei einmalig gezahltem Arbeitsentgelt,
13. bei Beginn der Berufsausbildung,
14. bei Ende der Berufsausbildung,
15. bei Wechsel im Zeitraum bis zum 31. Dezember 2024 von einem Beschäftigungsbetrieb im Beitrittsgebiet zu einem Beschäftigungsbetrieb im übrigen Bundesgebiet oder umgekehrt,
16. bei Beginn der Altersteilzeitarbeit,
17. bei Ende der Altersteilzeitarbeit,
18. bei Änderungen des Arbeitsentgelts, wenn die in § 8 Absatz 1 Nummer 1 genannte Grenze über- oder unterschritten wird,
19. bei nach § 23 b Absatz 2 bis 3 gezahltem Arbeitsentgelt oder
20. bei Wechsel im Zeitraum bis zum 31. Dezember 2024 von einem Wertguthaben, das im Beitrittsgebiet und einem Wertguthaben, das im übrigen Bundesgebiet erzielt wurde,

eine Meldung zu erstatten. Jede Meldung sowie die darin enthaltenen Datensätze sind mit einem eindeutigen Kennzeichen zur Identifizierung zu versehen. Meldungen nach diesem Buch erfolgen, soweit nichts Abweichendes geregelt ist, durch elektronische Datenübermittlung (Datenübertragung); dabei sind Datenschutz und Datensicherheit nach dem jeweiligen Stand der Technik sicherzustellen und bei Nutzung allgemein zugänglicher Netze Verschlüsselungsverfahren zu verwenden. Arbeitgeber oder andere Meldepflichtige haben ihre Meldungen durch Datenübertragung aus systemgeprüften Programmen oder mittels maschinell erstellter Ausfüllhilfen zu erstatten.

(2) Der Arbeitgeber hat jeden am 31. Dezember des Vorjahres Beschäftigten nach Absatz 1 zu melden (Jahresmeldung).

(2 a) Der Arbeitgeber hat für jeden in einem Kalenderjahr Beschäftigten, der in der Unfallversicherung versichert ist, zum 16. Februar des Folgejahres eine besonderes Jahresmeldung zur Unfallversicherung zu erstatten. Diese Meldung enthält über die Angaben nach Absatz 3 Satz 1 Nummer 1 bis 3, 6 und 9 hinaus folgende Angaben:

1. die Mitgliedsnummer des Unternehmers;
2. die Betriebsnummer des zuständigen Unfallversicherungsträgers;
3. das in der Unfallversicherung beitragspflichtige Arbeitsentgelt in Euro und seine Zuordnung zur jeweilig anzuwendenden Gefahrtarifstelle.

Arbeitgeber, die Mitglied der landwirtschaftlichen Berufsgenossenschaft sind und für deren Beitragsberechnung der Arbeitswert keine Anwendung findet, haben Meldungen nach Satz 2 Nummer 1 bis 3 nicht zu erstatten. Abweichend von Satz 1 ist die Meldung bei Eintritt eines Insolvenzereignisses, bei einer endgültigen Einstellung des Unternehmens oder bei der Beendigung aller Beschäftigungsverhältnisse mit der nächsten Entgeltabrechnung, spätestens innerhalb von sechs Wochen, abzugeben.

(3) Die Meldungen enthalten für jeden Versicherten insbesondere
1. seine Versicherungsnummer, soweit bekannt,
2. seinen Familien- und Vornamen,
3. sein Geburtsdatum,
4. seine Staatsangehörigkeit,
5. Angaben über seine Tätigkeit nach dem Schlüsselverzeichnis der Bundesagentur für Arbeit,
6. die Betriebsnummer seines Beschäftigungsbetriebes,
7. die Beitragsgruppen,
8. die zuständige Einzugsstelle und
9. den Arbeitgeber.

Zusätzlich sind anzugeben
1. bei der Anmeldung
   a) die Anschrift,
   b) der Beginn der Beschäftigung,
   c) sonstige für die Vergabe der Versicherungsnummer erforderliche Angaben,
   d) die Angabe, ob zum Arbeitgeber eine Beziehung als Ehegatte, Lebenspartner oder Abkömmling besteht,
   e) die Angabe, ob es sich um eine Tätigkeit als geschäftsführender Gesellschafter einer Gesellschaft mit beschränkter Haftung handelt,
   f) die Angabe der Staatsangehörigkeit,
2. bei allen Entgeltmeldungen
   a) eine Namens-, Anschriften- oder Staatsangehörigkeitsänderung, soweit diese Änderung nicht schon anderweitig gemeldet ist,
   b) das in der Rentenversicherung oder nach dem Recht der Arbeitsförderung beitragspflichtige Arbeitsentgelt in Euro,
   c) in Fällen, in denen die beitragspflichtige Einnahme in der gesetzlichen Rentenversicherung nach § 163 Absatz 10 des Sechsten Buches bemessen wird, das Arbeitsentgelt, das ohne Anwendung dieser Regelung zu berücksichtigen wäre,
   d) der Zeitraum, in dem das angegebene Arbeitsentgelt erzielt wurde,
   e) Wertguthaben, die auf die Zeit nach Eintritt der Erwerbsminderung entfallen,
3. *(weggefallen)*
4. bei der Meldung nach Absatz 1 Satz 1 Nummer 19
   a) das Arbeitsentgelt in Euro, für das Beiträge gezahlt worden sind,
   b) im Falle des § 23 b Absatz 2 der Kalendermonat und das Jahr der nicht

zweckentsprechenden Verwendung des Arbeitsentgelts, im Falle der Zahlungsunfähigkeit des Arbeitgebers jedoch der Kalendermonat und das Jahr der Beitragszahlung.

(3 a) Der Arbeitgeber oder eine Zahlstelle nach § 202 Absatz 2 des Fünften Buches kann in den Fällen, in denen für eine Meldung keine Versicherungsnummer des Beschäftigten oder Versorgungsempfängers vorliegt, im Verfahren nach Absatz 1 eine Meldung zur Abfrage der Versicherungsnummer an die Datenstelle der Rentenversicherung übermitteln; die weiteren Meldepflichten bleiben davon unberührt. Die Datenstelle der Rentenversicherung übermittelt dem Arbeitgeber oder Zahlstelle unverzüglich durch Datenübertragung die Versicherungsnummer oder den Hinweis, dass die Vergabe der Versicherungsnummer mit der Anmeldung erfolgt.

(4) Arbeitgeber haben den Tag des Beginns eines Beschäftigungsverhältnisses spätestens bei dessen Aufnahme an die Datenstelle der Rentenversicherung nach Satz 2 zu melden, sofern sie Personen in folgenden Wirtschaftsbereichen oder Wirtschaftszweigen beschäftigen:

1. im Baugewerbe,
2. im Gaststätten- und Beherbergungsgewerbe,
3. im Personenbeförderungsgewerbe,
4. im Speditions-, Transport- und damit verbundenen Logistikgewerbe,
5. im Schaustellergewerbe,
6. bei Unternehmen der Forstwirtschaft,
7. im Gebäudereinigungsgewerbe,
8. bei Unternehmen, die sich am Auf- und Abbau von Messen und Ausstellungen beteiligen,
9. in der Fleischwirtschaft,
10. im Prostitutionsgewerbe,
11. im Wach- und Sicherheitsgewerbe.

Die Meldung enthält folgende Angaben über den Beschäftigten:

1. den Familien- und die Vornamen,
2. die Versicherungsnummer, soweit bekannt, ansonsten die zur Vergabe einer Versicherungsnummer notwendigen Angaben (Tag und Ort der Geburt, Anschrift),
3. die Betriebsnummer des Arbeitgebers und
4. den Tag der Beschäftigungsaufnahme.

Die Meldung wird in der Stammsatzdatei nach § 150 Absatz 1 und 2 des Sechsten Buches gespeichert. Die Meldung gilt nicht als Meldung nach Absatz 1 Satz 1 Nr. 1.

(4 a) Der Meldepflichtige erstattet die Meldungen nach Absatz 1 Satz 1 Nummer 10 an die zuständige Einzugsstelle. In der Meldung sind insbesondere anzugeben:

1. die Versicherungsnummer des Beschäftigten,
2. die Betriebsnummer des Beschäftigungsbetriebes,
3. das monatliche laufende und einmalig gezahlte Arbeitsentgelt, von dem

Beiträge zur Renten-, Arbeitslosen-, Kranken- und Pflegeversicherung für das der Ermittlung nach § 26 Absatz 4 zugrunde liegende Kalenderjahr berechnet wurden.

(5) Der Meldepflichtige hat der zu meldenden Person den Inhalt der Meldung in Textform mitzuteilen; dies gilt nicht, wenn die Meldung ausschließlich auf Grund einer Veränderung der Daten für die gesetzliche Unfallversicherung erfolgt.

(6) Soweit der Arbeitgeber eines Hausgewerbetreibenden Arbeitgeberpflichten erfüllt, gilt der Hausgewerbetreibende als Beschäftigter.

(6 a) Beschäftigt ein Arbeitgeber, der
1. im privaten Bereich nichtgewerbliche Zwecke oder
2. mildtätige, kirchliche, religiöse, wissenschaftliche oder gemeinnützige Zwecke im Sinne des § 10 b des Einkommensteuergesetzes

verfolgt, Personen geringfügig nach § 8, kann er auf Antrag abweichend von Absatz 1 Meldungen auf Vordrucken erstatten, wenn er glaubhaft macht, dass ihm eine Meldung auf maschinell verwertbaren Datenträgern oder durch Datenübertragung nicht möglich ist.

(7) Der Arbeitgeber hat der Einzugsstelle für einen im privaten Haushalt Beschäftigten anstelle einer Meldung nach Absatz 1 unverzüglich eine vereinfachte Meldung (Haushaltsscheck) mit den Angaben nach Absatz 8 Satz 1 zu erstatten, wenn das Arbeitsentgelt (§ 14 Absatz 3) aus dieser Beschäftigung regelmäßig 450 Euro im Monat nicht übersteigt. Der Arbeitgeber kann die Meldung nach Satz 1 auch durch Datenübertragung aus systemgeprüften Programmen oder mit maschinell erstellten Ausfüllhilfen übermitteln. Der Arbeitgeber hat der Einzugsstelle gesondert schriftlich ein Lastschriftmandat zum Einzug des Gesamtsozialversicherungsbeitrags zu erteilen. Die Absätze 2 bis 5 gelten nicht.

(8) Der Haushaltsscheck enthält
1. den Familiennamen, Vornamen, die Anschrift und die Betriebsnummer des Arbeitgebers,
2. den Familiennamen, Vornamen, die Anschrift und die Versicherungsnummer des Beschäftigten; kann die Versicherungsnummer nicht angegeben werden, ist das Geburtsdatum des Beschäftigten einzutragen,
3. die Angabe, ob der Beschäftigte im Zeitraum der Beschäftigung bei mehreren Arbeitgebern beschäftigt ist, und
4. a) bei einer Meldung bei jeder Lohn- oder Gehaltszahlung den Zeitraum der Beschäftigung, das Arbeitsentgelt (§ 14 Absatz 3) für diesen Zeitraum sowie am Ende der Beschäftigung den Zeitpunkt der Beendigung,
   b) bei einer Meldung zu Beginn der Beschäftigung deren Beginn und das monatliche Arbeitsentgelt (§ 14 Absatz 3),
   c) bei einer Meldung wegen Änderung des Arbeitsentgelts (§ 14 Absatz 3) den neuen Betrag und den Zeitpunkt der Änderung,
   d) bei einer Meldung am Ende der Beschäftigung den Zeitpunkt der Beendigung,

e) bei Erklärung des Verzichts auf Versicherungsfreiheit nach § 230 Absatz 8 Satz 2 des Sechsten Buches den Zeitpunkt des Verzichts,
f) bei Antrag auf Befreiung von der Versicherungspflicht nach § 6 Absatz 1 b des Sechsten Buches den Tag des Zugangs des Antrags beim Arbeitgeber.

Bei sich anschließenden Meldungen kann von der Angabe der Anschrift des Arbeitgebers und des Beschäftigten abgesehen werden.

(9) Soweit nicht anders geregelt, gelten für versicherungsfrei oder von der Versicherungspflicht befreite geringfügig Beschäftigte die Absätze 1 bis 6 entsprechend. Eine Jahresmeldung nach Absatz 2 ist für geringfügig Beschäftigte nach § 8 Absatz 1 Nummer 2 nicht zu erstatten.

(10) Der Arbeitgeber hat für Beschäftigte, die nach § 6 Absatz 1 Satz 1 Nummer 1 des Sechsten Buches von der Versicherungspflicht befreit und Mitglied einer berufsständischen Versorgungseinrichtung sind, die Meldungen nach den Absätzen 1, 2 und 9 zusätzlich an die Annahmestelle der berufsständischen Versorgungseinrichtungen zu erstatten; dies gilt nicht für Meldungen nach Absatz 1 Satz 1 Nummer 10. Die Datenübermittlung hat durch gesicherte und verschlüsselte Datenübertragung aus systemgeprüften Programmen oder mittels systemgeprüfter maschinell erstellter Ausfüllhilfen zu erfolgen. Zusätzlich zu den Angaben nach Absatz 3 enthalten die Meldungen die Mitgliedsnummer des Beschäftigten bei der Versorgungseinrichtung. Die Absätze 5 bis 6 a gelten entsprechend.

(11) Der Arbeitgeber hat für Beschäftigte, die nach § 6 Absatz 1 Satz 1 Nummer 1 des Sechsten Buches von der Versicherungspflicht befreit und Mitglied in einer berufsständischen Versorgungseinrichtung sind, der Annahmestelle der berufsständischen Versorgungseinrichtungen monatliche Meldungen zur Beitragserhebung zu erstatten. Absatz 10 Satz 2 gilt entsprechend. Diese Meldungen enthalten für den Beschäftigten

1. die Mitgliedsnummer bei der Versorgungseinrichtung oder, wenn die Mitgliedsnummer nicht bekannt ist, die Personalnummer beim Arbeitgeber, den Familien- und Vornamen, das Geschlecht und das Geburtsdatum,
2. den Zeitraum, für den das Arbeitsentgelt gezahlt wird,
3. das beitragspflichtige ungekürzte laufende Arbeitsentgelt für den Zahlungszeitraum,
4. das beitragspflichtige ungekürzte einmalig gezahlte Arbeitsentgelt im Monat der Abrechnung,
5. die Anzahl der Sozialversicherungstage im Zahlungszeitraum,
6. den Beitrag, der bei Firmenzahlern für das Arbeitsentgelt nach Nummer 3 und 4 anfällt,
7. die Betriebsnummer der Versorgungseinrichtung,
8. die Betriebsnummer des Beschäftigungsbetriebes,
9. den Arbeitgeber,
10. den Ort des Beschäftigungsbetriebes,
11. den Monat der Abrechnung.

Soweit nicht aus der Entgeltbescheinigung des Beschäftigten zu entnehmen ist, dass die Meldung erfolgt ist und welchen Inhalt sie hatte, gilt Absatz 5.

(12) Der Arbeitgeber hat auch für ausschließlich nach § 2 Absatz 1 Nummer 1 des Siebten Buches versicherte Beschäftigte mit beitragspflichtigem Entgelt Meldungen nach den Absätzen 1 und 3 Satz 2 Nummer 2 abzugeben.

(13) Die Künstlersozialkasse hat für die nach dem Künstlersozialversicherungsgesetz krankenversicherungspflichtigen Mitglieder monatlich eine Meldung an die zuständige Krankenkasse (§ 28 i) durch Datenübermittlung mit den für den Nachweis der Beitragspflicht notwendigen Angaben, insbesondere die Versicherungsnummer, den Namen und Vornamen, den beitragspflichtigen Zeitraum, die Höhe des der Beitragspflicht zu Grunde liegenden Arbeitseinkommens, ein Kennzeichen über die Ruhensanordnung gemäß § 16 Absatz 2 des Künstlersozialversicherungsgesetzes und den Verweis auf die Versicherungspflicht in der Rentenversicherung des Versicherten zu übermitteln. Den Übertragungsweg und die Einzelheiten des Verfahrens wie den Aufbau des Datensatzes regeln die Künstlersozialkasse und der Spitzenverband Bund der Krankenkassen in Gemeinsamen Grundsätzen entsprechend § 28 b Absatz 1. Bei der Nutzung allgemein zugänglicher Netze sind dem jeweiligen Stand der Technik entsprechende Verschlüsselungsverfahren zu verwenden.

§ 28 b Inhalte und Verfahren für die Gemeinsamen Grundsätze und die Datenfeldbeschreibung *(nicht abgedruckt)*

§ 28 c Verordnungsermächtigung *(nicht abgedruckt)*

Zweiter Titel – Verfahren und Haftung bei der Beitragszahlung

§ 28 d Gesamtsozialversicherungsbeitrag Die Beiträge in der Kranken- oder Rentenversicherung für einen kraft Gesetzes versicherten Beschäftigten oder Hausgewerbetreibenden sowie der Beitrag aus Arbeitsentgelt aus einer versicherungspflichtigen Beschäftigung nach dem Recht der Arbeitsförderung werden als Gesamtsozialversicherungsbeitrag gezahlt. Satz 1 gilt auch für den Beitrag zur Pflegeversicherung für einen in der Krankenversicherung kraft Gesetzes versicherten Beschäftigten. Die nicht nach dem Arbeitsentgelt zu bemessenden Beiträge in der landwirtschaftlichen Krankenversicherung für einen kraft Gesetzes versicherten Beschäftigten gelten zusammen mit den Beiträgen zur Rentenversicherung und Arbeitsförderung im Sinne des Satzes 1 ebenfalls als Gesamtsozialversicherungsbeitrag.

§ 28 e Zahlungspflicht, Vorschuss[1] (1) Den Gesamtsozialversicherungsbeitrag

1 S. **Gesetz zur Sicherung von Arbeitnehmerrechten in der Fleischwirtschaft** (GSA Fleisch) v. 17. 7. 2017 (BGBl. I S. 2541, 2572)

§ 1 Zielsetzung Ziele des Gesetzes sind die Sicherung von Rechten und Ansprüchen der Arbeitnehmerinnen und Arbeitnehmer sowie die Verhinderung von Umgehungen der Pflicht zur Zahlung von Sozialversicherungsbeiträgen durch die Beauftragung von Nachunternehmern in der Fleischwirtschaft.

§ 2 Geltungsbereich Dieses Gesetz gilt für die Fleischwirtschaft. Zur Fleischwirtschaft im hat der Arbeitgeber und in den Fällen der nach § 7 f Absatz 1 Satz 1 Nummer 2 auf die Deutsche Rentenversicherung Bund übertragenen Wertguthaben die Deutsche Rentenversicherung Bund zu zahlen. Die Zahlung des vom Beschäftigten zu tragenden Teils des Gesamtsozialversicherungsbeitrags gilt als aus dem Vermögen des Beschäftigten erbracht. Ist ein Träger der Kranken- oder Rentenversicherung oder die Bundesagentur für Arbeit der Arbeitgeber, gilt der jeweils für diesen Leistungsträger oder, wenn eine Krankenkasse der Arbeitgeber ist, auch der für die Pflegekasse bestimmte Anteil am Gesamtsozialver-

---

Sinne dieses Gesetzes gehören Betriebe im Sinne von § 6 Absatz 10 des Arbeitnehmer-Entsendegesetzes.

§ 3 Haftung für Sozialversicherungsbeiträge (1) § 28 e Absatz 3 a, Absatz 3 b Satz 1, Absatz 3 c Satz 1, Absatz 3 e, Absatz 3 f Satz 1 und 2 und Absatz 4 des Vierten Buches Sozialgesetzbuch gilt für Unternehmer der Fleischwirtschaft, die andere Unternehmer mit Tätigkeiten des Schlachtens oder der Fleischverarbeitung im Sinne des § 6 Absatz 10 Satz 2 bis 4 des Arbeitnehmer-Entsendegesetzes beauftragen, mit der Maßgabe entsprechend, dass der Nachweis entsprechend § 28 e Absatz 3 b Satz 1 des Vierten Buches Sozialgesetzbuch ausschließlich durch eine Unbedenklichkeitsbescheinigung der zuständigen Einzugsstelle für den Nachunternehmer oder den von diesem beauftragten Verleiher entsprechend § 28 e Absatz 3 f Satz 1 und 2 des Vierten Buches Sozialgesetzbuch erbracht werden kann.

(2) § 150 Absatz 3 des Siebten Buches Sozialgesetzbuch gilt, soweit er die entsprechende Geltung von in Absatz 1 genannten Vorschriften des Vierten Buches Sozialgesetzbuch anordnet, entsprechend für Unternehmer der Fleischwirtschaft.

§ 4 Arbeitsmittel, Schutzkleidung und persönliche Schutzausrüstung (1) Der Arbeitgeber hat Arbeitnehmerinnen oder Arbeitnehmern Arbeitsmittel, die aus Hygienegründen oder Gründen der Arbeitssicherheit vorgeschriebene besondere Arbeitskleidung (Schutzkleidung) und persönliche Schutzausrüstung unentgeltlich zur Verfügung zu stellen und instand zu halten.

(2) Eine Vereinbarung, durch die Arbeitnehmer verpflichtet werden, Arbeitsmittel, Schutzkleidung oder persönliche Schutzausrüstung auf eigene Kosten zu beschaffen oder instand zu halten, ist unwirksam.

§ 5 Berechnung und Zahlung des Arbeitsentgelts, Aufrechnungsverbot (1) Das Arbeitsentgelt ist in Euro zu berechnen und auszuzahlen.

(2) Die Aufrechnung gegenüber dem unpfändbaren Teil des Arbeitsentgelts ist unzulässig.

§ 6 Erstellen von Dokumenten Die Pflichten zum Erstellen von Dokumenten nach § 17 Absatz 1 des Mindestlohngesetzes, § 19 Absatz 1 des Arbeitnehmer-Entsendegesetzes und § 17 c Absatz 1 des Arbeitnehmerüberlassungsgesetzes werden dahingehend abgewandelt, dass Arbeitgeber und Entleiher verpflichtet sind, den Beginn der täglichen Arbeitszeit der Arbeitnehmerinnen und Arbeitnehmer sowie Leiharbeitnehmerinnen und Leiharbeitnehmer jeweils unmittelbar bei Arbeitsaufnahme sowie Ende und Dauer der täglichen Arbeitszeit jeweils am Tag der Arbeitsleistung aufzuzeichnen. Satz 1 gilt nicht für Arbeitszeiten von Arbeitnehmern und Arbeitnehmerinnen, die von ihrem Arbeitgeber oder im Fall der Arbeitnehmerüberlassung durch ihren Entleiher in einem Betrieb des Fleischerhandwerks beschäftigt werden.

§ 7 Bußgeldvorschriften (1) Ordnungswidrig handelt, wer vorsätzlich oder fahrlässig

1. entgegen § 3 Absatz 1 in Verbindung mit § 28 e Absatz 3 c Satz 1 des Vierten Buches Sozialgesetzbuch eine Auskunft nicht, nicht richtig oder nicht vollständig erteilt,
2. entgegen § 6 eine Aufzeichnung nicht rechtzeitig erstellt.

(2) Die Ordnungswidrigkeit kann im Falle des Absatzes 1 Nummer 1 mit einer Geldbuße bis zu fünfzigtausend Euro und im Falle des Absatzes 1 Nummer 2 mit einer Geldbuße bis zu dreißigtausend Euro geahndet werden.

(3) Verwaltungsbehörden im Sinne des § 36 Absatz 1 Nummer 1 des Gesetzes über Ordnungswidrigkeiten sind

1. der Versicherungsträger bei Ordnungswidrigkeiten nach Absatz 1 Nummer 1 und
2. die Behörden der Zollverwaltung jeweils für ihren Geschäftsbereich bei Ordnungswidrigkeiten nach Absatz 1 Nummer 2.

sicherungsbeitrag als gezahlt; dies gilt für die Beiträge zur Rentenversicherung auch im Verhältnis der Träger der Rentenversicherung untereinander.

(2) Für die Erfüllung der Zahlungspflicht des Arbeitgebers haftet bei einem wirksamen Vertrag der Entleiher wie ein selbstschuldnerischer Bürge, soweit ihm Arbeitnehmer gegen Vergütung zur Arbeitsleistung überlassen worden sind. Er kann die Zahlung verweigern, solange die Einzugsstelle den Arbeitgeber nicht gemahnt hat und die Mahnfrist nicht abgelaufen ist. Zahlt der Verleiher das vereinbarte Arbeitsentgelt oder Teile des Arbeitsentgelts an den Leiharbeitnehmer, obwohl der Vertrag nach § 9 Absatz 1 Nummer 1 bis 1 b des Arbeitnehmerüberlassungsgesetzes unwirksam ist, so hat er auch den hierauf entfallenden Gesamtsozialversicherungsbeitrag an die Einzugsstelle zu zahlen. Hinsichtlich der Zahlungspflicht nach Satz 3 gilt der Verleiher neben dem Entleiher als Arbeitgeber; beide haften insoweit als Gesamtschuldner.

(2 a) Für die Erfüllung der Zahlungspflicht, die sich für den Arbeitgeber knappschaftlicher Arbeiten im Sinne von § 134 Absatz 4 des Sechsten Buches ergibt, haftet der Arbeitgeber des Bergwerkbetriebes, mit dem die Arbeiten räumlich und betrieblich zusammenhängen, wie ein selbstschuldnerischer Bürge. Der Arbeitgeber des Bergwerkbetriebes kann die Befriedigung verweigern, solange die Einzugsstelle den Arbeitgeber der knappschaftlichen Arbeiten nicht gemahnt hat und die Mahnfrist nicht abgelaufen ist.

(3) Für die Erfüllung der Zahlungspflicht des Arbeitgebers von Seeleuten nach § 13 Absatz 1 Satz 2 haften Arbeitgeber und Reeder als Gesamtschuldner.

(3 a) Ein Unternehmer des Baugewerbes, der einen anderen Unternehmer mit der Erbringung von Bauleistungen im Sinne des § 101 Absatz 2 des Dritten Buches beauftragt, haftet für die Erfüllung der Zahlungspflicht dieses Unternehmers oder eines von diesem Unternehmer beauftragten Verleihers wie ein selbstschuldnerischer Bürge. Satz 1 gilt entsprechend für die vom Nachunternehmer gegenüber ausländischen Sozialversicherungsträgern abzuführenden Beiträge. Absatz 2 Satz 2 gilt entsprechend.

(3 b) Die Haftung nach Absatz 3 a entfällt, wenn der Unternehmer nachweist, dass er ohne eigenes Verschulden davon ausgehen konnte, dass der Nachunternehmer oder ein von ihm beauftragter Verleiher seine Zahlungspflicht erfüllt. Ein Verschulden des Unternehmers ist ausgeschlossen, soweit und solange er Fachkunde, Zuverlässigkeit und Leistungsfähigkeit des Nachunternehmers oder des von diesem beauftragten Verleihers durch eine Präqualifikation nachweist, die die Eignungsvoraussetzungen nach § 8 der Vergabe- und Vertragsordnung für Bauleistungen Teil A in der Fassung der Bekanntmachung vom 20. März 2006 (BAnz. Nr. 94 a vom 18. Mai 2006) erfüllt.

(3 c) Ein Unternehmer, der Bauleistungen im Auftrag eines anderen Unternehmers erbringt, ist verpflichtet, auf Verlangen der Einzugstelle Firma und Anschrift dieses Unternehmers mitzuteilen. Kann der Auskunftsanspruch nach Satz 1 nicht durchgesetzt werden, hat ein Unternehmer, der einen Gesamtauftrag für die Erbringung von Bauleistungen für ein Bauwerk erhält, der Einzugsstelle auf Verlangen Firma und Anschrift aller Unternehmer, die von ihm mit der Erbringung von Bauleistungen beauftragt wurden, zu benennen.

(3 d) Absatz 3 a gilt ab einem geschätzten Gesamtwert aller für ein Bauwerk in Auftrag gegebenen Bauleistungen von 275000 Euro. Für die Schätzung gilt § 3 der Vergabeverordnung vom 9. Januar 2001 (BGBl. I S. 110), die zuletzt durch Artikel 3 Abs. 1 des Gesetzes vom 16. Mai 2001 (BGBl. I S. 876) geändert worden ist.

(3 e) Die Haftung des Unternehmers nach Absatz 3 a erstreckt sich in Abweichung von der dort getroffenen Regelung auf das von dem Nachunternehmer beauftragte nächste Unternehmen, wenn die Beauftragung des unmittelbaren Nachunternehmers bei verständiger Würdigung der Gesamtumstände als ein Rechtsgeschäft anzusehen ist, dessen Ziel vor allem die Auflösung der Haftung nach Absatz 3 a ist. Maßgeblich für die Würdigung ist die Verkehrsanschauung im Baubereich. Ein Rechtsgeschäft im Sinne dieser Vorschrift, das als Umgehungstatbestand anzusehen ist, ist in der Regel anzunehmen,

a) wenn der unmittelbare Nachunternehmer weder selbst eigene Bauleistungen noch planerische oder kaufmännische Leistungen erbringt oder
b) wenn der unmittelbare Nachunternehmer weder technisches noch planerisches oder kaufmännisches Fachpersonal in nennenswertem Umfang beschäftigt oder
c) wenn der unmittelbare Nachunternehmer in einem gesellschaftsrechtlichen Abhängigkeitsverhältnis zum Hauptunternehmer steht.

Besonderer Prüfung bedürfen die Umstände des Einzelfalles vor allem in den Fällen, in denen der unmittelbare Nachunternehmer seinen handelsrechtlichen Sitz außerhalb des Europäischen Wirtschaftsraums hat.

(3 f) Der Unternehmer kann den Nachweis nach Absatz 3 b Satz 2 anstelle der Präqualifikation auch durch Vorlage einer Unbedenklichkeitsbescheinigung der zuständigen Einzugsstelle für den Nachunternehmer oder den von diesem beauftragten Verleiher erbringen. Die Unbedenklichkeitsbescheinigung enthält Angaben über die ordnungsgemäße Zahlung der Sozialversicherungsbeiträge und die Zahl der gemeldeten Beschäftigten. Die Bundesregierung berichtet unter Beteiligung des Normenkontrollrates über die Wirksamkeit und Reichweite der Generalunternehmerhaftung für Sozialversicherungsbeiträge im Baugewerbe, insbesondere über die Haftungsfreistellung nach Satz 1 und nach Absatz 3 b, den gesetzgebenden Körperschaften im Jahr 2012.

(3 g) Für einen Unternehmer im Speditions-, Transport- und damit verbundenen Logistikgewerbe, der im Bereich der Kurier-, Express- und Paketdienste tätig ist und der einen anderen Unternehmer mit der Beförderung von Paketen beautragt, gelten die Absätze 3 a, 3 b Satz 1, 3 e und 3 f entsprechend. Absatz 3 b Satz 2 gilt entsprechend mit der Maßgabe, dass die Präqualifikation die Voraussetzung erfüllt, dass der Nachunternehmer in einem amtlichen Verzeichnis eingetragen ist oder über eine Zertifizierung verfügt, die jeweils den Anforderungen des Artikels 64 der Richtlinie 2014/24/EU des Europäischen Parlaments und des Rates vom 26. Februar 2014 über die öffentliche Auftragsvergabe und zur Aufhebung der Richtlinie 2004/18/EG (ABl. L 94 vom 28. 3. 2014, S. 65), die zuletzt durch die Delegierte Verordnung (EU) 2017/2365 (ABl. L 337 vom 19. 12. 2017, S. 19) geändert worden ist, entsprechen. Für einen Unternehmer,

der im Auftrag eines anderen Unternehmers Pakete befördert, gilt Absatz 3 c entsprechend. Beförderung von Paketen im Sinne dieses Buches ist

a) die Beförderung adressierter Pakete mit einem Einzelgewicht bis zu 32 Kilogramm, soweit diese mit Kraftfahrzeugen mit einem zulässigen Gesamtgewicht von bis zu 3,5 Tonnen erfolgt,

b) die stationäre Bearbeitung von adressierten Paketen bis zu 32 Kilogramm mit Ausnahme der Bearbeitung im Filialbereich.

(3 h) Die Bundesregierung berichtet unter Beteiligung des Normenkontrollrates zum 31. Dezember 2023 über die Wirksamkeit und Reichweite der Haftung für Sozialversicherungsbeiträge für die Unternehmer im Speditions-, Transport- und damit verbundenen Logistikgewerbe, die im Bereich der Kurier-, Express- und Paketdienste tätig sind und einen anderen Unternehmer mit der Beförderung von Paketen beauftragen, insbesondere über die Haftungsfreistellung nach Absatz 3 b und Absatz 3 f Satz 1.

(4) Die Haftung umfasst die Beiträge und Säumniszuschläge, die infolge der Pflichtverletzung zu zahlen sind, sowie die Zinsen für gestundete Beiträge (Beitragsansprüche).

(5) Die Satzung der Einzugsstelle kann bestimmen, unter welchen Voraussetzungen vom Arbeitgeber Vorschüsse auf den Gesamtsozialversicherungsbeitrag verlangt werden können.

§ 28 f Aufzeichnungspflicht, Nachweise der Beitragsabrechnung und der Beitragszahlung *(nicht abgedruckt)*

§ 28 g Beitragsabzug Der Arbeitgeber und in den Fällen der nach § 7 f Absatz 1 Satz 1 Nummer 2 auf die Deutsche Rentenversicherung Bund übertragenen Wertguthaben die Deutsche Rentenversicherung Bund hat gegen den Beschäftigten einen Anspruch auf den vom Beschäftigten zu tragenden Teil des Gesamtsozialversicherungsbeitrags. Dieser Anspruch kann nur durch Abzug vom Arbeitsentgelt geltend gemacht werden. Ein unterbliebener Abzug darf nur bei den drei nächsten Lohn- oder Gehaltszahlungen nachgeholt werden, danach nur dann, wenn der Abzug ohne Verschulden des Arbeitgebers unterblieben ist. Die Sätze 2 und 3 gelten nicht, wenn der Beschäftigte seinen Pflichten nach § 28 o Absatz 1 vorsätzlich oder grob fahrlässig nicht nachkommt oder er den Gesamtsozialversicherungsbeitrag allein trägt oder solange der Beschäftigte nur Sachbezüge erhält.

§ 28 h Einzugsstellen (1) Der Gesamtsozialversicherungsbeitrag ist an die Krankenkassen (Einzugsstellen) zu zahlen. Die Einzugsstelle überwacht die Einreichung des Beitragsnachweises und die Zahlung des Gesamtsozialversicherungsbeitrags. Beitragsansprüche, die nicht rechtzeitig erfüllt worden sind, hat die Einzugsstelle geltend zu machen.

(2) Die Einzugsstelle entscheidet über die Versicherungspflicht und Beitragshöhe in der Kranken-, Pflege- und Rentenversicherung sowie nach dem Recht der Arbeitsförderung; sie erlässt auch den Widerspruchsbescheid. Soweit die

Einzugsstelle die Höhe des Arbeitsentgelts nicht oder nicht ohne unverhältnismäßig großen Verwaltungsaufwand ermitteln kann, hat sie dieses zu schätzen. Dabei ist für das monatliche Arbeitsentgelt des Beschäftigten das am Beschäftigungsort ortsübliche Arbeitsentgelt mit zu berücksichtigen. Die nach § 28 i Satz 5 zuständige Einzugsstelle prüft die Einhaltung der Arbeitsentgeltgrenze bei geringfügiger Beschäftigung nach den §§ 8 und 8 a und entscheidet bei deren Überschreiten über die Versicherungspflicht in der Kranken-, Pflege- und Rentenversicherung sowie nach dem Recht der Arbeitsförderung; sie erlässt auch den Widerspruchsbescheid.

(3) Bei Verwendung eines Haushaltsschecks vergibt die Einzugsstelle im Auftrag der Bundesagentur für Arbeit die Betriebsnummer des Arbeitgebers, berechnet den Gesamtsozialversicherungsbeitrag und die Umlagen nach dem Aufwendungsausgleichsgesetz und zieht diese vom Arbeitgeber im Wege des Lastschriftverfahrens ein. Die Einzugsstelle meldet bei Beginn und Ende der Beschäftigung und zum Jahresende der Datenstelle der Rentenversicherung die für die Rentenversicherung und die Bundesagentur für Arbeit erforderlichen Daten eines jeden Beschäftigten. Die Einzugsstelle teilt dem Beschäftigten den Inhalt der abgegebenen Meldung schriftlich oder durch gesicherte Datenübertragung mit.

(4) Bei Verwendung eines Haushaltsschecks bescheinigt die Einzugsstelle dem Arbeitgeber zum Jahresende

1. den Zeitraum, für den Beiträge zur Rentenversicherung gezahlt wurden, und
2. die Höhe des Arbeitsentgelts (§ 14 Absatz 3), des von ihm getragenen Gesamtsozialversicherungsbeitrags und der Umlagen.

§ 28 i Zuständige Einzugsstelle *(nicht abgedruckt)*

§ 28 k Weiterleitung von Beiträgen *(nicht abgedruckt)*

§ 28 l Vergütung *(nicht abgedruckt)*

§ 28 m Sonderregelungen für bestimmte Personengruppen (1) Der Beschäftigte hat den Gesamtsozialversicherungsbeitrag zu zahlen, wenn sein Arbeitgeber ein ausländischer Staat, eine über- oder zwischenstaatliche Organisation oder eine Person ist, die nicht der inländischen Gerichtsbarkeit untersteht und die Zahlungspflicht nach § 28 e Absatz 1 Satz 1 nicht erfüllt.

(2) Heimarbeiter und Hausgewerbetreibende können, falls der Arbeitgeber seiner Verpflichtung nach § 28 e bis zum Fälligkeitstage nicht nachkommt, den Gesamtsozialversicherungsbeitrag selbst zahlen. Soweit sie den Gesamtsozialversicherungsbeitrag selbst zahlen, entfallen die Pflichten des Arbeitgebers; § 28 f Absatz 1 bleibt unberührt.

(3) Zahlt der Beschäftigte oder der Hausgewerbetreibende den Gesamtsozialversicherungsbeitrag, hat er auch die Meldung nach § 28 a abzugeben; bei den Meldungen hat die Einzugsstelle mitzuwirken.

(4) Der Beschäftigte oder der Hausgewerbetreibende, der den Gesamtsozialver-

sicherungsbeitrag gezahlt hat, hat gegen den Arbeitgeber einen Anspruch auf den vom Arbeitgeber zu tragenden Teil des Gesamtsozialversicherungsbeitrags.

§ 28 n Verordnungsermächtigung[1] *(nicht abgedruckt)*

Dritter Titel – Auskunfts- und Vorlagepflicht, Prüfung, Schadensersatzpflicht und Verzinsung

§ 28 o Auskunfts- und Vorlagepflicht des Beschäftigten (1) Der Beschäftigte hat dem Arbeitgeber die zur Durchführung des Meldeverfahrens und der Beitragszahlung erforderlichen Angaben zu machen und, soweit erforderlich, Unterlagen vorzulegen; dies gilt bei mehreren Beschäftigungen sowie bei Bezug weiterer in der gesetzlichen Krankenversicherung beitragspflichtiger Einnahmen gegenüber allen beteiligten Arbeitgebern.
(2) Der Beschäftigte hat auf Verlangen den zuständigen Versicherungsträgern unverzüglich Auskunft über die Art und Dauer seiner Beschäftigungen, die hierbei erzielten Arbeitsentgelte, seine Arbeitgeber und die für die Erhebung von Beiträgen notwendigen Tatsachen zu erteilen und alle für die Prüfung der Meldungen und der Beitragszahlung erforderlichen Unterlagen vorzulegen. Satz 1 gilt für den Hausgewerbetreibenden, soweit er den Gesamtsozialversicherungsbeitrag zahlt, entsprechend.

§ 28 p Prüfung bei den Arbeitgebern *(nicht abgedruckt)*

§ 28 q Prüfung bei den Einzugsstellen und den Trägern der Rentenversicherung *(nicht abgedruckt)*

§ 28 r Schadensersatzpflicht, Verzinsung *(nicht abgedruckt)*

Vierter Abschnitt – Träger der Sozialversicherung

§§ 29–90 a *(nicht abgedruckt)*[2]

Fünfter Abschnitt – Versicherungsbehörden

§§ 91–94 *(nicht abgedruckt)*

---

1 Vgl. **Beitragsverfahrensverordnung** (BVV) vom 3.5.2006 (BGBl. I 1138), zuletzt geändert durch Gesetz vom 12.12.2019 (BGBl. I 2652).

2 Für die Wahl zur Selbstverwaltung der Sozialversicherungsträger vgl. **Wahlordnung für die Sozialversicherung** (SVWO) vom 9.12.2004 (BGBl. I 3242), zuletzt geändert durch Gesetz vom 14.12.2019 (BGBl. I 2789).

Sechster Abschnitt – Verarbeitung von elektronischen Daten in der Sozialversicherung

§§ 95 – 103 *(nicht abgedruckt)*

Siebter Abschnitt – Informationsangebote in den Meldeverfahren der sozialen Sicherung

§§ 104, 105 *(nicht abgedruckt)*

Achter Abschnitt – Elektronisches Antrags- und Bescheinigungsverfahren

§§ 106 – 110 *(nicht abgedruckt)*

Neunter Abschnitt – Aufbewahrung von Unterlagen

§ 110 a Aufbewahrungspflicht (1) Die Behörde bewahrt Unterlagen, die für ihre öffentlich-rechtliche Verwaltungstätigkeit, insbesondere für die Durchführung eines Verwaltungsverfahrens oder für die Feststellung einer Leistung, erforderlich sind, nach den Grundsätzen ordnungsmäßiger Aufbewahrung auf.
(2) Die Behörde kann an Stelle der schriftlichen Unterlagen diese als Wiedergabe auf einem Bildträger oder auf anderen dauerhaften Datenträgern aufbewahren, soweit dies unter Beachtung der Grundsätze der Wirtschaftlichkeit und Sparsamkeit den Grundsätzen ordnungsmäßiger Aufbewahrung entspricht. Nach den Grundsätzen ordnungsmäßiger Aufbewahrung von auf Datenträgern aufbewahrten Unterlagen ist insbesondere sicherzustellen, dass
1. die Wiedergabe auf einem Bildträger oder die Daten auf einem anderen dauerhaften Datenträger
   a) mit der diesen zugrunde gelegten schriftlichen Unterlage bildlich und inhaltlich vollständig übereinstimmen, wenn sie lesbar gemacht werden,
   b) während der Dauer der Aufbewahrungsfrist jederzeit verfügbar sind und unverzüglich bildlich und inhaltlich unverändert lesbar gemacht werden können,
2. die Ausdrucke oder sonstigen Reproduktionen mit der schriftlichen Unterlage bildlich und inhaltlich übereinstimmen und
3. als Unterlage für die Herstellung der Wiedergabe nur dann der Abdruck einer Unterlage verwendet werden darf, wenn die dem Abdruck zugrunde liegende Unterlage bei der Behörde nicht mehr vorhanden ist.

Die Sätze 1 und 2 gelten auch für die Aufbewahrung von Unterlagen, die nur mit Hilfe einer Datenverarbeitungsanlage erstellt worden sind, mit der Maßgabe, dass

eine bildliche Übereinstimmung der Wiedergabe auf dem dauerhaften Datenträger mit der erstmals erstellten Unterlage nicht sichergestellt sein muss.
(3) Können aufzubewahrende Unterlagen nur in der Form einer Wiedergabe auf einem Bildträger oder als Daten auf anderen dauerhaften Datenträgern vorgelegt werden, sind, soweit die Akteneinsicht zu gestatten ist, bei der Behörde auf ihre Kosten diejenigen Hilfsmittel zur Verfügung zu stellen, die erforderlich sind, die Unterlagen lesbar zu machen. Soweit erforderlich, ist die Behörde verpflichtet, die Unterlagen ganz oder teilweise auszudrucken oder ohne Hilfsmittel lesbare Reproduktionen beizubringen; die Behörde kann Ersatz ihrer Aufwendungen in angemessenem Umfang verlangen.
(4) Absatz 2 gilt nicht für Unterlagen, die als Wiedergabe auf einem Bildträger aufbewahrt werden, wenn diese Wiedergabe vor dem 1. Februar 2003 durchgeführt wird.

§ 110 b Rückgabe, Vernichtung und Archivierung von Unterlagen (1) Unterlagen, die für eine öffentlich-rechtliche Verwaltungstätigkeit einer Behörde nicht mehr erforderlich sind, können nach den Absätzen 2 und 3 zurückgegeben oder vernichtet werden. Die Anbietungs- und Übergabepflichten nach den Vorschriften des Bundesarchivgesetzes und der entsprechenden gesetzlichen Vorschriften der Länder bleiben unberührt. Satz 1 gilt insbesondere für
1. Unterlagen, deren Aufbewahrungsfristen abgelaufen sind,
2. Unterlagen, die nach Maßgabe des § 110 a Absatz 2 als Wiedergabe auf einem maschinell verwertbaren dauerhaften Datenträger aufbewahrt werden und
3. der Behörde vom Betroffenen oder von Dritten zur Verfügung gestellte Unterlagen.

(2) Unterlagen, die einem Träger der gesetzlichen Rentenversicherung von Versicherten, Antragstellern oder von anderen Stellen zur Verfügung gestellt worden sind, sind diesen zurückzugeben, soweit sie nicht als Ablichtung oder Abschrift dem Träger auf Anforderung von den genannten Stellen zur Verfügung gestellt worden sind; werden die Unterlagen anderen Stellen zur Verfügung gestellt, sind sie von diesen Stellen auf Anforderung zurückzugeben.
(3) Die übrigen Unterlagen im Sinne von Absatz 1 werden vernichtet, soweit kein Grund zu der Annahme besteht, dass durch die Vernichtung schutzwürdige Interessen des Betroffenen beeinträchtigt werden.

§ 110 c Verwaltungsvereinbarungen, Verordnungsermächtigung (1) Die Spitzenverbände der Träger der Sozialversicherung und die Bundesagentur für Arbeit vereinbaren gemeinsam unter besonderer Berücksichtigung der schutzwürdigen Interessen der Betroffenen das Nähere zu den Grundsätzen ordnungsmäßiger Aufbewahrung im Sinne des § 110 a, den Voraussetzungen der Rückgabe und Vernichtung von Unterlagen sowie die Aufbewahrungsfristen für Unterlagen. Dies gilt entsprechend für die ergänzenden Vorschriften des E-Goverment-Gesetzes. Die Vereinbarung kann auf bestimmte Sozialleistungsbereiche beschränkt werden; sie ist von den beteiligten Spitzenverbänden abzuschließen. Die Vereinbarungen bedürfen der Genehmigung der beteiligten Bundesministerien.

(2) Soweit Vereinbarungen nicht getroffen sind, wird die Bundesregierung ermächtigt, durch Rechtsverordnung mit Zustimmung des Bundesrates unter besonderer Berücksichtigung der schutzwürdigen Interessen der Betroffenen
1. das Nähere zu bestimmen über
   a) die Grundsätze ordnungsmäßiger Aufbewahrung im Sinne des § 110 a,
   b) die Rückgabe und Vernichtung von Unterlagen,
2. für bestimmte Unterlagen allgemeine Aufbewahrungsfristen festzulegen.

Zehnter Abschnitt – Bußgeldvorschriften

§ 111 Bußgeldvorschriften (1) Ordnungswidrig handelt, wer vorsätzlich oder leichtfertig
1. *(aufgehoben)*
1 a. entgegen § 18 i Absatz 4 eine Änderung oder Meldung nicht, nicht richtig, nicht vollständig, nicht in der vorgeschriebenen Weise oder nicht rechtzeitig übermittelt,
2. entgegen
   a) § 28 a Absatz 1 bis 3 oder 9, oder
   b) § 28 a Absatz 4 Satz 1
   jeweils in Verbindung mit einer Rechtsverordnung nach § 28 c Nummer 1 eine Meldung nicht, nicht richtig, nicht vollständig, nicht in der vorgeschriebenen Weise oder nicht rechtzeitig erstattet,
2 a. entgegen § 28 a Absatz 7 Satz 1 oder 2 eine Meldung nicht, nicht richtig, nicht vollständig oder nicht rechtzeitig erstattet,
2 b. entgegen § 28 a Absatz 10 Satz 1 oder Absatz 11 Satz 1, jeweils in Verbindung mit einer Rechtsverordnung nach § 28 c Nummer 1, eine Meldung nicht, nicht richtig, nicht vollständig oder nicht rechtzeitig erstattet,
2 c. entgegen § 28 a Absatz 12 in Verbindung mit einer Rechtsverordnung nach § 28 c Nummer 1 eine Meldung nicht, nicht richtig, nicht vollständig oder nicht rechtzeitig abgibt,
2 d. entgegen § 28 e Absatz 3 c eine Auskunft nicht, nicht richtig oder nicht vollständig erteilt,
3. entgegen § 28 f Absatz 1 Satz 1 Lohnunterlagen nicht führt oder nicht aufbewahrt,
3 a. entgegen § 28 f Absatz 1 a eine Lohnunterlage oder eine Beitragsabrechnung nicht oder nicht richtig gestaltet,
3 b. entgegen § 28 f Absatz 5 Satz 1 eine Lohnunterlage nicht oder nicht für die vorgeschriebene Dauer aufbewahrt,
4. entgegen § 28 o,
   a) eine Auskunft nicht, nicht richtig, nicht vollständig oder nicht rechtzeitig erteilt oder
   b) die erforderlichen Unterlagen nicht, nicht vollständig oder nicht rechtzeitig vorlegt,
5. entgegen § 99 Absatz 1 Satz 1 einen Lohnnachweis nicht, nicht richtig, nicht

vollständig, nicht in der vorgeschriebenen Weise oder nicht rechtzeitig übermittelt,

6. entgegen § 99 Absatz 3, auch in Verbindung mit Absatz 4 Satz 1, eine Meldung nicht, nicht richtig, nicht vollständig oder nicht rechtzeitig erstatt oder
7. *(weggefallen)*
8. einer Rechtsverordnung nach § 28 c Nummer 3 bis 5 oder 7, § 28 n Nummer 4 oder § 28 p Absatz 9 oder einer vollziehbaren Anordnung auf Grund einer solchen Rechtsverordnung zuwiderhandelt, soweit die Rechtsverordnung für einen bestimmten Tatbestand auf diese Bußgeldvorschrift verweist.
9. entgegen § 97 Absatz 1 Satz 1 und 2 und Absatz 5 eine Meldung nicht, nicht richtig, nicht vollständig oder nicht rechtzeitig erstattet,

In den Fällen der Nummer 2 a findet § 266 a Absatz 2 des Strafgesetzbuches keine Anwendung.

(2) Ordnungswidrig handelt, wer als Arbeitgeber einem Beschäftigten oder Hausgewerbetreibenden einen höheren Betrag von dessen Arbeitsentgelt abzieht, als den Teil, den der Beschäftigte oder Hausgewerbetreibende vom Gesamtsozialversicherungsbeitrag zu tragen hat.

(3) Ordnungswidrig handelt, wer

1. entgegen § 40 Absatz 2 einen anderen behindert oder benachteiligt oder
2. entgegen § 77 Absatz 1 a Satz 2 eine Versicherung nicht, nicht richtig oder nicht in der vorgeschriebenen Weise abgibt.

(3 a) Ordnungswidrig handelt, wer

1. entgegen § 55 Absatz 2 in Verbindung mit einer Rechtsverordnung nach § 56 als Arbeitgeber eine Wahlunterlage nicht, nicht richtig, nicht vollständig oder nicht rechtzeitig ausstellt oder
2. entgegen § 55 Absatz 3 in Verbindung mit einer Rechtsverordnung nach § 56 eine Angabe nicht, nicht richtig, nicht vollständig oder nicht rechtzeitig macht.

(4) Die Ordnungswidrigkeit kann in den Fällen des Absatzes 1 Nummer 2 d und 3 und des Absatzes 3 Nummer 2 mit einer Geldbuße bis zu fünfzigtausend Euro, in den Fällen des Absatzes 1 Nummer 2, 2 b, 2 c und 5 mit einer Geldbuße bis zu fünfundzwanzigtausend Euro, in den übrigen Fällen mit einer Geldbuße bis zu fünftausend Euro geahndet werden.

(5) und (6) *(weggefallen)*

§ 112 Allgemeines über Bußgeldvorschriften (1) Verwaltungsbehörden im Sinne des § 36 Absatz 1 Nummer 1 des Gesetzes über Ordnungswidrigkeiten sind

1. der Versicherungsträger, soweit das Gesetz nichts anderes bestimmt,
2. die nach Landesrecht zuständige Stelle bei Ordnungswidrigkeiten nach § 111 Absatz 1 Satz 1 Nummer 1; mangels einer Regelung im Landesrecht bestimmt die Landesregierung die zuständige Stelle,
3. die Behörden der Zollverwaltung bei Ordnungswidrigkeiten

a) nach § 111 Absatz 1 Satz 1 Nummer 2 Buchstabe a, soweit sie einen Verstoß im Rahmen der ihnen zugewiesenen Tätigkeiten feststellen,
b) nach § 111 Absatz 1 Satz 1 Nummer 2 Buchstabe b, soweit sie einen Verstoß im Rahmen ihrer Prüfungstätigkeit nach § 2 des Schwarzarbeitsbekämpfungsgesetzes feststellen,

4. die Einzugsstelle bei Ordnungswidrigkeiten nach § 111 Absatz 1 Satz 1 Nummer 2 Buchstabe a und b, soweit nicht die Zuständigkeit der Behörden der Zollverwaltung nach Nummer 3 gegeben ist, sowie bei Ordnungswidrigkeiten nach § 111 Absatz 1 Satz 1 Nummer 2 a, 4, 8 und Absatz 2,

4 a. der Träger der Rentenversicherung bei Ordnungswidrigkeiten nach § 111 Absatz 1 Nummer 3 bis 3 b sowie bei Ordnungswidrigkeiten nach § 111 Absatz 1 Satz 1 Nummer 2, 4, 8 und Absatz 2, wenn die Prüfung nach § 28 p vom Träger der Rentenversicherung durchgeführt oder eine Meldung direkt an sie erstattet wird,

4 b. die landwirtschaftliche Krankenkasse bei Ordnungswidrigkeiten nach § 111 Absatz 1 Nummer 3 bis 3 b im Falle der Prüfung von mitarbeitenden Familienangehörigen nach § 28 p Absatz 1 Satz 6,

4 c. *(aufgehoben)*

5. die Aufsichtsbehörde des Versicherungsträgers bei Ordnungswidrigkeiten nach § 111 Absatz 3.

(2) Wird in den Fällen des Absatzes 1 Nummer 1 und 4 gegen den Bußgeldbescheid ein zulässiger Einspruch eingelegt, nimmt die von der Vertreterversammlung bestimmte Stelle die weiteren Aufgaben der Verwaltungsbehörde (§ 69 Absatz 2, 3 und 5 des Gesetzes über Ordnungswidrigkeiten) wahr.

(3) Die Geldbußen fließen in den Fällen des Absatzes 1 Nummer 1, 3 und 4 in die Kasse der Verwaltungsbehörde, die den Bußgeldbescheid erlassen hat; § 66 des Zehnten Buches gilt entsprechend. Diese Kasse trägt abweichend von § 105 Absatz 2 des Gesetzes über Ordnungswidrigkeiten die notwendigen Auslagen; sie ist auch ersatzpflichtig im Sinne des § 110 Absatz 4 des Gesetzes über Ordnungswidrigkeiten.

§ 113 Zusammenarbeit mit anderen Behörden Zur Verfolgung und Ahndung der Ordnungswidrigkeiten nach § 111 arbeiten die Behörden der Zollverwaltung, die Einzugsstellen und die Träger der Rentenversicherung zusammen, wenn sich im Einzelfall konkrete Anhaltspunkte für Verstöße gegen die in § 2 Absatz 1 des Schwarzarbeitsbekämpfungsgesetzes genannten Vorschriften ergeben. Sie unterrichten sich gegenseitig über die für die Verfolgung und Ahndung der Ordnungswidrigkeiten notwendigen Tatsachen. Ergeben sich Anhaltspunkte für Verstöße gegen die Mitwirkungspflicht nach § 60 Absatz 1 Satz 1 Nummer 2 des Ersten Buches gegenüber einem Träger der Sozialhilfe oder die Meldepflicht nach § 8 a des Asylbewerberleistungsgesetzes, unterrichten sie die Träger der Sozialhilfe oder die für die Durchführung des Asylbewerberleistungsgesetzes zuständigen Behörden.

Elfter Abschnitt – Übergangsvorschriften

§ 114 *(nicht abgedruckt)*

§ 115 Geringfügige Beschäftigung und geringfügige selbständige Beschäftigung Vom 1. Januar 2015 bis einschließlich 31. Dezember 2018 gilt § 8 Absatz 1 Nummer 2 mit der Maßgabe, dass die Beschäftigung innerhalb eines Kalenderjahres auf längstens drei Monate oder 70 Arbeitstage nach ihrer Eigenart begrenzt zu sein pflegt oder im Voraus vertraglich begrenzt ist, es sei denn, dass die Beschäftigung berufsmäßig ausgeübt wird und ihr Entgelt 450 Euro im Monat übersteigt.

§ 116 Übergangsregelungen für bestehende Wertguthaben (1) Wertguthaben für Beschäftigte, die am 1. Januar 2009 abweichend von § 7 d Absatz 1 als Zeitguthaben geführt werden, können als Zeitguthaben oder als Entgeltguthaben geführt werden; dies gilt auch für neu vereinbarte Wertguthabenvereinbarungen auf der Grundlage früherer Vereinbarungen.
(2) § 7 c Absatz 1 findet nur auf Wertguthabenvereinbarungen Anwendung, die nach dem 1. Januar 2009 geschlossen worden sind.
(3) Für Wertguthabenvereinbarungen nach § 7 b, die vor dem 31. Dezember 2008 geschlossen worden sind und in denen entgegen § 7 e Absatz 1 und 2 keine Vorkehrungen für den Fall der Insolvenz des Arbeitgebers vereinbart sind, gilt § 7 e Absatz 5 und 6 mit Wirkung ab dem 1. Juni 2009.
...

§ 119 *(aufgehoben)*
...

30 V. Sozialgesetzbuch (SGB) Fünftes Buch Gesetzliche Krankenversicherung

Aktuelle höchstrichterliche Rechtsprechung

Datum	Gericht/Az.	Fundstelle	Thema
7.11.17	BSG B 1 KR 24/17 R	NZS 18, 941	Leistung bei Genehmigungsfiktion

Einleitung

I. Allgemeines

Mit dem Gesundheits-Reformgesetz vom 20.12.1988 (BGBl. I 2477) wurden die Vorschriften über die Krankenversicherung zusammengefasst und das Fünfte Buch SGB geschaffen (hierzu *Rüfner,* NJW 89, 1002). Die entsprechenden Vorschriften wurden aus der RVO in das SGB V überführt. Zuletzt wurden die noch in den §§ 195 ff. RVO (vgl. bis 37. Aufl. unter Nr. 29) befindlichen Vorschriften über Leistungen bei Schwangerschaft und Mutterschaft durch das Pflege-Neuausrichtungsgesetz v. 23. 10. 12 (BGBl. I 2246) als §§ 24 c ff. in das SGB V überführt.

Das SGB V wurde durch das Gesundheits-Strukturgesetz vom 22. 11. 1992 (BGBl. I 2266) gründlich reformiert. Die Änderungen zielten insbesondere auf die Begrenzung des Preisanstiegs bei Arzneimitteln, Strukturreformen im Krankenhauswesen und eine Begrenzung der Zulassung von Vertragsärzten (im einzelnen *Schulte,* NZS 93, 41).

Mit dem »Gesetz zur Modernisierung der gesetzlichen Krankenversicherung« vom 14. 11. 2003 (BGBl. I 2190) erfolgten tiefgreifende Einschnitte in das bisherige System vor allem zu Lasten der Versicherten: Sie haben seither erheblich mehr Zuzahlungen zu leisten (einschließlich einer sog. Praxispauschale von 10 Euro pro Quartal bloß für das Aufsuchen eines Arztes), erhalten Leistungen gestrichen (z. B. Sehhilfen und Sterbegeld) und müssen seit 2005 bzw. 2006 die Versicherungsleistungen für Zahnersatz und Krankengeld allein tragen.

Mit dem »Gesetz zur Stärkung des Wettbewerbs in der gesetzlichen Krankenversicherung« vom 26. 3. 2007 (GKV-Wettbewerbsstärkungsgesetz, BGBl. I 378, *Sodan,* NJW 07, 1313; zur Verfassungsmäßigkeit des Basistarifs in der privaten Krankenversicherung *BVerfG* 10. 6. 2009 – 1 BvR 706/08, NJW 09, 2033) wurde neben einer Organisationsreform (*Stapf-Finé,* SozSich 07, 176) praktisch eine flächendeckende Versicherungspflicht eingeführt (§ 5 Abs. 1 Nr. 13 SGB V). Daneben wurden Instrumente des Wettbewerbs installiert. Geschaffen wurde insbesondere die Möglichkeit eines Zusatzbeitrags für die Mitglieder. Dieser ist im Jahr 2010 von verschiedenen Kassen eingeführt worden. Infolge des Kostendrucks kam es zu einer erheblichen Fusionswelle unter den Krankenkassen. Zu Beginn des Jahres 2011 gab es noch 156 Krankenkassen gegenüber 1815 Kassen in Westdeutschland im Jahre 1970 (*Leopold*, WzS 11, 43). 2018 waren es nur noch 109 gesetzliche Krankenkassen (*Leopold*, WzS 18, 75). Der darin zum Ausdruck kommende immerwährende Kampf gegen die Kosten im Gesundheitssystem sollte mit dem GKV-FinG (Gesetz zur nachhaltigen und sozial ausgewogenen Finanzierung der Gesetzlichen Krankenversicherung vom 22. 12. 10, BGBl. I 2309; Entwurf der Bundesregierung, BR-Drs. 581/10; vgl. dazu bis 40. Aufl.) beendet werden. Doch schon wenig später zeigt sich erneuter finanzieller Nachjustierungsbedarf, dem durch das GKV-FQWG (Gesetz zur Weiterentwicklung der Finanzstruktur und der Qualität in der gesetzlichen Krankenversicherung v. 21. 7. 14, BGBl. I 1133; dazu *Schmitz-Elvenich*, WzS 14, 275) Rechnung getragen werden sollte. Ziel war es, einen ungewollten Preiswettbewerb zu beseitigen und stattdessen den Wettbewerb auf der Leistungsseite wirksam werden zu lassen. Dazu wurden der Beitragszuschuss und der einkommensunabhängige kassenindividuelle Zusatzbeitrag beseitigt, während es beim Einfrieren des Arbeitgeber-Beitragssatzes bei 7,3 % blieb. Stattdessen mussten die Kassen nunmehr, wenn die Zuweisungen aus dem Gesundheitsfonds die Ausgaben nicht deckten, von ihren Mitgliedern einen Zusatzbeitrag, der einen bestimmten Prozentsatz der beitragspflichtigen Einnahmen des Mitglieds ausmacht, erheben (§ 242). Durch dieses Gesetz wurde zugleich der Vorrang der Familienversicherung in der Kranken- und Pflegeversicherung für Arbeitslosengeld II-Bezieher beseitigt, so dass diese Gruppe originär versicherungspflichtig in beiden Versicherungszweigen ist (§ 5 Abs. 1 Nr. 2 a SGB V; § 20 Abs. 1 Satz 2 Nr. 2 a SGB XI).

Eine geringe Stärkung der Versichertenrechte brachte das Patientenrechtegesetz (Gesetz zur Verbesserung der Rechte von Patientinnen und Patienten v. 20. 2. 2013, BGBl. I 277; dazu *Preis/Schneider*, NZS 13, 281 ff.; *Spickhoff*, VersR 13, 267 ff.; *Katzenmeier*, NJW 13, 817 ff.). Dieses vor allem zivilrechtliche Gesetz, das Regelungen über den Behandlungsvertrag zwischen Arzt und Patient in den §§ 630 a ff. BGB eingefügt hat, soll zugleich die Rechte von Patienten bei Behandlungsfehlern stärken. Dazu ist in § 66 SGB V vorgesehen, dass die Krankenkassen die Versicherten bei der Durchsetzung ihrer Rechte gegenüber dem Arzt unterstützen sollen.

Gesundheitsförderung und Prävention wurden durch das Präventionsgesetz v. 17. 5. 2015 (BGBl. I 1368; Gesetzentwurf: BT-Drs. 18/4282) systemübergreifend geregelt (dazu *Schneider*, SGb 15, 599 ff.). Es zielt auf Gesundheitsförderung und Prävention im jeweiligen sozialen Lebensraum und stärkere Verknüpfung mit dem Arbeitsschutz. Eingebunden sind neben der gesetzlichen auch die private Krankenversicherung sowie die Renten- und Unfallversicherung. In der nationalen Präventionskonferenz sind neben den Sozialversicherungsträgern Gebietskörperschaften und Sozialpartner vertreten.

Durch Gesetz vom 21. 5. 2015 (BGBl. I 2408) wurde u. a. die elektronische Gesundheitskarte eingeführt.

Durch das Gesetz zur Beitragsentlastung der Versicherten in der gesetzlichen

Krankenversicherung (GKV-Versichertenentlastungsgesetz – GKV-VEG v. 11.12.2018, BGBl. I 2387) erfolgte eine Rückkehr zur vollständig paritätischen Beitragsfinanzierung durch Arbeitgeber und Arbeitnehmer.
Im Zuge des Gesetzes für schnellere Termine und bessere Versorgung (Terminservice- und Versorgungsgesetz – TSVG vom 6.5.2019, BGBl. I 646) wurden verschiedene Maßnahmen zur Gewährleistung zeitnaher Termine für Kassenpatienten ergriffen. Außerdem soll eine bessere Versorgung in ländlichen Räumen ermöglicht werden. Ab 2021 sollen die elektronische Patientenakte eingeführt und Arbeitsunfähigkeitsbescheinigungen digital übermittelt werden. Das Gesetz hat auch geringfügige Leistungsverbesserungen mit sich gebracht, insbesondere eine Erhöhung des Festzuschusses zum Zahnersatz ab Oktober 2020.
Weitere Änderungen erfolgten im Zuge des Gesetzes für mehr Sicherheit in der Arzneimittelversorgung (v. 9.8.2019, BGBl. I 1202).
Durch das Dritte Bürokratieentlastung (v. 22.11.2019, BGBl. I 1746) wird die Abwicklung der Mitteilung über die Arbeitsunfähigkeit an den Arbeitgeber mit Wirkung ab 1.1.2022 der Krankenkasse im Wege der elektronischen Entgeltbescheinigung überantwortet.
Durch das MDK-Reformgesetz (Gesetz für bessere und unabhängige Prüfungen v. 14.12.2019, BGBl. I 2789) wurden Änderungen hinsichtlich des Begutachtungsverfahrens durch den Medizinischen Dienst (s. u. II. 6.) vorgenommen.
Durch das GKV-BRG (v. 21.12.2019, BGBl. I 2913) wurde ein Freibetrag für beitragspflichtige Einnahmen aus betrieblicher Altersversorgung eingeführt.
Zu weiteren weniger bedeutsamen Gesetzesänderungen seit 2011 vgl. 39. Aufl. und 43. Aufl.

II. Wesentlicher Gesetzesinhalt

1. Versicherungspflicht

Grundlage der Versicherungspflicht von Arbeitnehmern in der Krankenversicherung ist § 5 Abs. 1 Nr. 1 (Übersicht 64). Ein Versicherungsverhältnis scheitert nicht daran, dass der Arbeitnehmer bei Arbeitsaufnahme schon erkrankt ist (*BSG* 4.12.1997 – 12 RK 46/94, NZA-RR 98, 97). Dies hatte das *BSG* (8.7.1959 – 4 RJ 58/58, BSGE 10, 156, 159) früher mit der Rechtsfigur des »missglückten Arbeitsversuchs« angenommen. Der paritätisch finanzierte Beitragssatz liegt bei 14,6 %. Hinzu kommt der einkommensabhängige kassenindividuelle Zusatzbeitrag nach § 242.
Der Gesetzgeber ist aus entsprechenden Erwägungen wie bei der gesetzlichen Rentenversicherung (s. Einl. I zum SGB VI, Nr. 30 VI) nicht verpflichtet, die Beiträge im Hinblick auf den Betreuungs- und Erziehungsaufwand für Kinder zu reduzieren (*BSG* 30.9.2015 – B 12 KR 15/12 R, NZS 16, 391).

2. Krankenbehandlung und -geld, Prävention

Versicherte haben gemäß § 27 SGB V im Falle einer Krankheit Anspruch auf Behandlung. Diese wird durch sog. Vertragsärzte (»Kassenärzte«) erbracht (§§ 72 ff. SGB V). Diese sind nicht berechtigt, ihre Leistungen im Wege eines Streiks zurückzuhalten (*BSG* 30.11.2016 – B 6 KA 38/15 R, NZS 17, 539). Der Behandlungsanspruch erstreckt sich nach dem sog. »Nikolausbeschluss« des

BVerfG (6.12.2005 – 1 BvR 347/98, NJW 06, 891; vgl. auch *BVerfG* 11.4.2017 – 1 BvR 452/17, NZS 17, 582) bei lebensbedrohlichen Krankheiten auch auf Behandlungen, die nicht dem allgemein anerkannten Stand der Medizin entsprechen, soweit es eine solche anerkannte Behandlungsmethode nicht gibt und die vom Arzt vorgesehene Behandlung eine nicht völlig entfernt liegende Möglichkeit zur Heilung oder spürbaren Linderung verspricht (vgl. *Hauck*, NJW 07, 1320; *Padé*, NZS 07, 352; dazu *BSG* 7.11.2006 – B 1 KR 24/06 R, NJW 07, 1385; für Medikation *BSG* 4.4.2006 – B 1 KR 7/05 R, NJW 07, 1380; zur Grenze bei abgelehnter Zulassung des Arzneimittels durch die Europäische Arzneimittel-Agentur *BSG* 13.12.2016 – B 1 KR 10/16 R, BSGE 122, 181). Ergänzt wird der Anspruch auf Krankenbehandlung um Leistungen der Primärprävention, Prophylaxe und Früherkennung (§§ 20 d ff., 25 ff.; zum Präventionsgesetz s. o. I). Gemäß § 20 sieht die Krankenkasse in der Satzung Leistungen zur Verhinderung und Verminderung von Krankheitsrisiken sowie zur Förderung des selbstbestimmten gesundheitsorientierten Handelns der Versicherten (Gesundheitsförderung) vor. Die Leistungen sollen insbesondere zur Verminderung sozial bedingter sowie geschlechtsbezogener Ungleichheit von Gesundheitschancen beitragen. Die Leistungen werden erbracht zur verhaltensbezogenen Prävention, Gesundheitsförderung und Prävention in Lebenswelten für in der gesetzlichen Krankenversicherung Versicherte und zur betrieblichen Gesundheitsförderung (vgl. § 20 Abs. 4). In Bezug auf die zwei zuletzt genannten Punkte sollen insbesondere der Aufbau und die Stärkung gesundheitsförderlicher Strukturen gefördert werden (vgl. §§ 20 a, b)

Bezogen auf die betriebliche Situation und den Zusammenhang mit dem Arbeitsverhältnis zentral sind die Regelungen über das Krankengeld bei zur Arbeitsunfähigkeit führender Krankheit (§§ 45 ff.). Das Krankengeld beträgt aufgrund des Beitragsentlastungsgesetzes vom 1.11.1996 (BGBl. I 1631) 70 % des letzten Nettoverdienstes (bis Ende 1996 noch 80 %). Die Dauer des Krankengeldbezugs beträgt 78 Wochen wegen derselben Krankheit innerhalb von 3 Jahren (zum Begriff »derselben Krankheit« s. *BSG* 8.12.1992 – 1 RK 8/92, NZS 93, 165).

Gemäß § 45 Abs. 1 besteht ein Anspruch auf ein sog. Kinderkrankengeld für die Zeit der Betreuung eines erkrankten Kindes und gemäß § 45 Abs. 3 für die gleiche Zeit ein Anspruch auf unbezahlte Freistellung von der Arbeit (hierzu *Marburger*, RdA 93, 31). Ein gemäß § 616 Abs. 1 BGB bestehender Anspruch auf bezahlte Freistellung geht vor.

3. Leistungen bei Mutterschaft

Die Leistungen bei Mutterschaft nach §§ 24 c ff. erfassen einen größeren Kreis von Frauen als der Mutterschutz auf Grund des MuSchG (Nr. 28, siehe dort), weil auch nicht erwerbstätige, mitversicherte Ehefrauen im Rahmen der Familienhilfe Anspruch auf Mutterschaftshilfe haben.

4. Stufenweise Wiedereingliederung

Arbeitsunfähig erkrankte Arbeitnehmer können gemäß § 74 Abs. 5 stufenweise wiedereingegliedert werden. Das *BAG* (29.1.1992 – 5 AZR 37/91, NZA 92, 643) sieht in diesem therapeutischen Wiedereingliederungsverhältnis kein Arbeitsverhältnis, so dass dem Arbeitnehmer Vergütung nur dann zusteht, wenn dies ausdrücklich vereinbart wird (vgl. *Gitter,* ZfA 95, 123; *v. Hoyningen-Huene,* NZA 92, 49; *Wanner,* DB 92, 93; *Compensis,* NZA 92, 631). Einen Anspruch auf Begründung eines Wiedereingliederungsverhältnisses soll der Arbeitnehmer nach der Rechtsprechung nicht haben (*BAG* 29. 1. 1992 – 5 AZR 37/91, AP Nr. 1 zu § 74 SGB V; krit. dazu mit Recht *Gagel,* NZA 2001, 988, 991). Für behinderte Menschen kann sich aber ein diesbezüglicher Anspruch aus § 164 Abs. 4 Nr. 1 SGB IX ergeben (*BAG* 13. 6. 2006 – 9 AZR 229/05, AP Nr. 12 zu § 81 SGB IX; 16. 5. 2019 – 8 AZR 530/17, NZA 19, 1348).

5. Arbeitskampf
Bei einem rechtmäßigen Arbeitskampf bleibt die Mitgliedschaft ohne Beitragsleistung bestehen (§ 192 Abs. 1 Nr. 1; vgl. *Herrmann,* SozSich 90, 114). Bei einem rechtswidrigen Streik gilt die Begrenzung fortwirkender Ansprüche auf einen Monat gemäß § 19 Abs. 2. Bei rechtswidriger Aussperrung bleibt die Mitgliedschaft wegen des weiterbestehenden Anspruchs auf Entgeltzahlung erhalten (Begründung RegE, BT-Drs. 11/2237, S. 217). Nicht ausdrücklich angesprochen sind mittelbare Folgen eines Arbeitskampfs: Soweit jedoch in diesem Falle der Anspruch auf Arbeitsentgelt wegfällt, wird dies von der Rechtsprechung arbeitskampfrechtlich begründet (vgl. *BAG* 22. 12. 1980 – 1 ABR 2/79 und 1 ABR 76/79, AP Nr. 70, 71 zu Art. 9 Abs. 3 GG Arbeitskampf). Krankenversicherungsrechtlich bleibt es beim Versicherungsschutz (vgl. *Walser,*, in: Däubler [Hrsg.], Arbeitskampfrecht, 4. Aufl., 2018, § 23 Rn. 33 f.). Für freiwillig Versicherte gilt dies nicht. Sie müssen im Falle eines Arbeitskampfes selbst für die Beiträge sorgen.

6. Medizinischer Dienst
Die Krankenkassen können zur Beseitigung von Zweifeln an der Arbeitsunfähigkeit einen (versicherten) Arbeitnehmer durch den Medizinischen Dienst untersuchen lassen (§ 275). Das kann auch auf Verlangen des Arbeitgebers erfolgen, wenn dieser Zweifel an der Arbeitsunfähigkeit darlegt (vgl. »Arbeitsunfähigkeitsrichtlinie«, Fn. 1 zu § 74; vgl. auch Einl. II 1 zum EFZG, Nr. 18).

Weiterführende Literatur

Becker/Kingreen (Hrsg.); SGB V, 6. Aufl. (2018)
Berchtold/Huster/Rehborn (Hrsg.), Kommentar zum Gesundheitsrecht, 2. Aufl. (2018)
Dalichau, SGB V (Loseblatt)
Eichenhofer/v.Koppenfels-Spies/Wenner (Hrsg.), SGB V 3. Aufl. (2018)
Hauck/Noftz, SGB V (Loseblatt)
Hänlein/Schuler (Hrsg.), SGB V, 5. Aufl. (2016)
Krauskopf, Soziale Krankenversicherung – SGB V, Pflegeversicherung (Loseblatt)
Schlegel/Voelzke (Hrsg.), Juris Praxiskommentar SGB V, 2. Aufl. (2012)
Sodan (Hrsg.), Handbuch des Krankenversicherungsrechts, 3. Aufl. (2018)
Spickhoff (Hrsg.), Medizinrecht, 3. Aufl. (2018)

Übersicht 64: Krankenversicherung

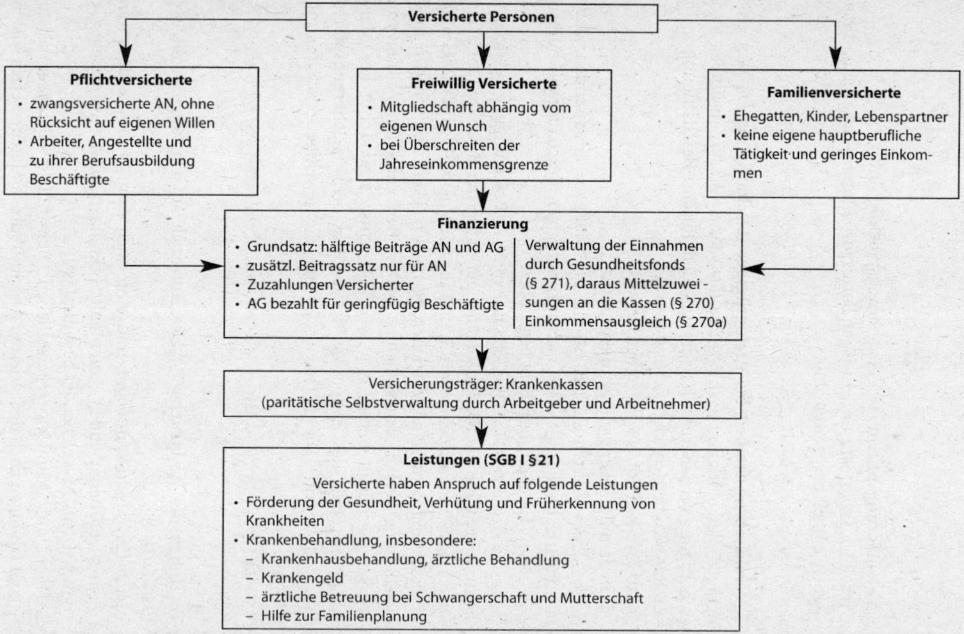

Sozialgesetzbuch (SGB)
Fünftes Buch Gesetzliche Krankenversicherung

vom 20. Dezember 1988 (BGBl. I 2477),
zuletzt geändert durch Gesetz vom 21. Dezember 2019 (BGBl. I 2913)

(Abgedruckte Vorschriften: § 5 Abs. 1 Nr. 1, §§ 7, 16, 17, 19, 20, 20 b, 20 c, 24 c–24 i, 27, 38, 42, 44–53, 74, 192, 193, 241–242, 242 b–243, 249, 249 b, 275, 276 Abs. 5)

§ 5 Versicherungspflicht (1) Versicherungspflichtig sind
1. Arbeiter, Angestellte und zu ihrer Berufsausbildung Beschäftigte, die gegen Arbeitsentgelt beschäftigt sind,

...

§ 7 Versicherungsfreiheit bei geringfügiger Beschäftigung (1) Wer eine geringfügige Beschäftigung nach §§ 8, 8 a des Vierten Buches ausübt, ist in dieser Beschäftigung versicherungsfrei; dies gilt nicht für eine Beschäftigung
1. im Rahmen betrieblicher Berufsbildung,
2. nach dem Jugendfreiwilligendienstegesetz,
3. nach dem Bundesfreiwilligendienstgesetz.

§ 8 Abs. 2 des Vierten Buches ist mit der Maßgabe anzuwenden, daß eine Zusammenrechnung mit einer nicht geringfügigen Beschäftigung nur erfolgt, wenn diese Versicherungspflicht begründet.

(2) Personen, die am 31. März 2003 nur in einer Beschäftigung versicherungspflichtig waren, die die Merkmale einer geringfügigen Beschäftigung nach den §§ 8, 8 a des Vierten Buches erfüllt, und die nach dem 31. März 2003 nicht die Voraussetzungen für eine Versicherung nach § 10 erfüllen, bleiben in dieser Beschäftigung versicherungspflichtig. Sie werden auf ihren Antrag von der Versicherungspflicht befreit. § 8 Abs. 2 gilt entsprechend mit der Maßgabe, dass an die Stelle des Zeitpunkts des Beginns der Versicherungspflicht der 1. April 2003 tritt. Die Befreiung ist auf die jeweilige Beschäftigung beschränkt.

(3) *(weggefallen)*

...

§ 16 Ruhen des Anspruchs (1) Der Anspruch auf Leistungen ruht, solange Versicherte
1. sich im Ausland aufhalten, und zwar auch dann, wenn sie dort während eines vorübergehenden Aufenthalts erkranken, soweit in diesem Gesetzbuch nichts Abweichendes bestimmt ist,
2. Dienst auf Grund einer gesetzlichen Dienstpflicht oder Dienstleistungen und Übungen nach dem Vierten Abschnitt des Soldatengesetzes leisten,

2 a. in einem Wehrdienstverhältnis besonderer Art nach Art. 6 des Einsatz-Weiterverwendungsgesetzes stehen,
3. nach dienstrechtlichen Vorschriften Anspruch auf Heilfürsorge haben oder als Entwicklungshelfer Entwicklungsdienst leisten,
4. sich in Untersuchungshaft befinden, nach § 126 a der Strafprozeßordnung einstweilen untergebracht sind oder gegen sie eine Freiheitsstrafe oder freiheitsentziehende Maßregel der Besserung und Sicherung vollzogen wird, soweit die Versicherten als Gefangene Anspruch auf Gesundheitsfürsorge nach dem Strafvollzugsgesetz haben oder sonstige Gesundheitsfürsorge erhalten.

Satz 1 gilt nicht für den Anspruch auf Mutterschaftsgeld.

(2) Der Anspruch auf Leistungen ruht, soweit Versicherte gleichartige Leistungen von einem Träger der Unfallversicherung im Ausland erhalten.

(3) Der Anspruch auf Leistungen ruht, soweit durch das Seearbeitsgesetz für den Fall der Erkrankung oder Verletzung Vorsorge getroffen ist. Er ruht insbesondere, solange sich das Besatzungsmitglied an Bord des Schiffes oder auf der Reise befindet, es sei denn, das Besatzungsmitglied hat nach § 100 Absatz 1 des Seearbeitsgesetzes die Leistungen der Krankenkasse gewählt oder der Reeder hat das Besatzungsmitglied nach § 100 Absatz 2 des Seearbeitsgesetzes an die Krankenkasse verwiesen.

(3 a) Der Anspruch auf Leistungen für nach dem Künstlersozialversicherungsgesetz Versicherte, die mit einem Beitrag in Höhe von Beitragsanteilen für zwei Monate im Rückstand sind und trotz Mahnung nicht bezahlen, ruht nach näherer Bestimmung des § 16 Abs. 2 des Künstlersozialversicherungsgesetzes. Satz 1 gilt entsprechend für Mitglieder nach den Vorschriften dieses Buches, die mit einem Betrag in Höhe von Beitragsanteilen für zwei Monate im Rückstand sind und trotz Mahnung nicht zahlen, ausgenommen sind Untersuchungen zur Früherkennung von Krankheiten nach den §§ 25 und 26 und Leistungen, die zur Behandlung akuter Erkrankungen und Schmerzzustände sowie bei Schwangerschaft und Mutterschaft erforderlich sind; das Ruhen endet, wenn alle rückständigen und die auf die Zeit des Ruhens entfallenden Beitragsanteile gezahlt sind. Ist eine wirksame Ratenzahlungsvereinbarung zu Stande gekommen, hat das Mitglied ab diesem Zeitpunkt wieder Anspruch auf Leistungen, solange die Raten vertragsgemäß entrichtet werden. Das Ruhen tritt nicht ein oder endet, wenn Versicherte hilfebedürftig im Sinne des Zweiten oder Zwölften Buches sind oder werden.

(3 b) Sind Versicherte mit einem Betrag in Höhe von Beitragsanteilen für zwei Monate im Rückstand, hat die Krankenkasse sie schriftlich darauf hinzuweisen, dass sie im Fall der Hilfebedürftigkeit die Übernahme der Beiträge durch den zuständigen Sozialleistungsträger beantragen können.

(4) Der Anspruch auf Krankengeld ruht nicht, solange sich Versicherte nach Eintritt der Arbeitsunfähigkeit mit Zustimmung der Krankenkasse im Ausland aufhalten.

(5) *(weggefallen)*

§ 17 Leistungen bei Beschäftigung im Ausland (1) Mitglieder, die im Ausland beschäftigt sind und während dieser Beschäftigung erkranken oder bei denen Leistungen bei Schwangerschaft oder Mutterschaft erforderlich sind, erhalten die ihnen nach diesem Kapitel zustehenden Leistungen von ihrem Arbeitgeber. Satz 1 gilt entsprechend für die nach § 10 versicherten Familienangehörigen, soweit sie das Mitglied für die Zeit dieser Beschäftigung begleiten oder besuchen.
(2) Die Krankenkasse hat dem Arbeitgeber die ihm nach Absatz 1 entstandenen Kosten bis zu der Höhe zu erstatten, in der sie ihr im Inland entstanden wären.
(3) Die zuständige Krankenkasse hat dem Reeder die Aufwendungen zu erstatten, die ihm nach § 104 Absatz 2 des Seearbeitsgesetzes entstanden sind.

§ 18 Kostenübernahme bei Behandlung außerhalb des Geltungsbereichs des Vertrages zur Gründung der Europäischen Gemeinschaft und des Abkommens über den Europäischen Wirtschaftsraum *(nicht abgedruckt)*

§ 19 Erlöschen des Leistungsanspruchs (1) Der Anspruch auf Leistungen erlischt mit dem Ende der Mitgliedschaft, soweit in diesem Gesetzbuch nichts Abweichendes bestimmt ist.
(1 a) Endet die Mitgliedschaft durch die Schließung oder Insolvenz einer Krankenkasse, gelten die von dieser Krankenkasse getroffenen Leistungsentscheidungen mit Wirkung für die aufnehmende Krankenkasse fort. Hiervon ausgenommen sind Leistungen aufgrund von Satzungsregelungen. Beim Abschluss von Wahltarifen, die ein Mitglied zum Zeitpunkt der Schließung in vergleichbarer Form bei der bisherigen Krankenkasse abgeschlossen hat, dürfen von der aufnehmenden Krankenkasse keine Wartezeiten geltend gemacht werden. Die Vorschriften des Zehnten Buches, insbesondere zur Rücknahme von Leistungsentscheidungen, bleiben hiervon unberührt.
(2) Endet die Mitgliedschaft Versicherungspflichtiger, besteht Anspruch auf Leistungen längstens für einen Monat nach dem Ende der Mitgliedschaft, solange keine Erwerbstätigkeit ausgeübt wird. Eine Versicherung nach § 10 hat Vorrang vor dem Leistungsanspruch nach Satz 1.
(3) Endet die Mitgliedschaft durch Tod, erhalten die nach § 10 versicherten Angehörigen Leistungen längstens für einen Monat nach dem Tode des Mitglieds.

§ 20 Primäre Prävention und Gesundheitsförderung (1) Die Krankenkasse sieht in der Satzung Leistungen zur Verhinderung und Verminderung von Krankheitsrisiken (primäre Prävention) sowie zur Förderung des selbstbestimmten gesundheitsorientierten Handelns der Versicherten (Gesundheitsförderung) vor. Die Leistungen sollen insbesondere zur Verminderung sozial bedingter sowie geschlechtsbezogener Ungleichheit von Gesundheitschancen beitragen. Die Krankenkasse legt dabei die Handlungsfelder und Kriterien nach Absatz 2 zugrunde.
(2) Der Spitzenverband Bund der Krankenkassen legt unter Einbeziehung un-

abhängigen, insbesondere gesundheitswissenschaftlichen, ärztlichen, arbeitsmedizinischen, psychotherapeutischen, psychologischen, pflegerischen, ernährungs-, sport-, sucht-, erziehungs- und sozialwissenschaftlichen Sachverstandes sowie des Sachverstandes der Menschen mit Behinderung einheitliche Handlungsfelder und Kriterien für die Leistungen nach Absatz 1 fest, insbesondere hinsichtlich Bedarf, Zielgruppen, Zugangswegen, Inhalt, Methodik, Qualität, intersektoraler Zusammenarbeit, wissenschaftlicher Evaluierung und der Messung der Erreichung der mit den Leistungen verfolgten Ziele. Er bestimmt außerdem die Anforderungen und ein einheitliches Verfahren für die Zertifizierung von Leistungsangeboten durch die Krankenkassen, um insbesondere die einheitliche Qualität von Leistungen nach Absatz 4 Nummer 1 und 3 sicherzustellen. Der Spitzenverband Bund der Krankenkassen stellt sicher, dass seine Festlegungen nach den Sätzen 1 und 2 sowie eine Übersicht der nach Satz 2 zertifizierten Leistungen der Krankenkassen auf seiner Internetseite veröffentlicht werden. Die Krankenkassen erteilen dem Spitzenverband Bund der Krankenkassen hierfür sowie für den nach § 20 d Absatz 2 Nummer 2 zu erstellenden Bericht die erforderlichen Auskünfte und übermitteln ihm nicht versichertenbezogen die erforderlichen Daten.

(3) Bei der Aufgabenwahrnehmung nach Absatz 2 Satz 1 berücksichtigt der Spitzenverband Bund der Krankenkassen auch die folgenden Gesundheitsziele im Bereich der Gesundheitsförderung und Prävention:

1. Diabetes mellitus Typ 2: Erkankungsrisiko senken, Erkrankte früh erkennen und behandeln,
2. Brustkrebs: Mortalität vermindern, Lebensqualität erhöhen,
3. Tabakkonsum reduzieren,
4. gesund aufwachsen: Lebenskompetenz, Bewegung, Ernährung,
5. gesundheitliche Kompetenz erhöhen, Souveränität der Patientinnen und Patienten stärken,
6. depressive Erkrankungen: verhindern, früh erkennen, nachhaltig behandeln,
7. gesund älter werden und
8. Alkoholkonsum reduzieren.

Bei Berücksichtigung des in Satz 1 Nummer 1 genannten Ziels werden auch die Ziele und Teilziele beachtet, die in der Bekanntmachung über die Gesundheitsziele und Teilziele im Bereich der Prävention und Gesundheitsförderung vom 21. März 2005 (BAnz. S. 5304) festgelegt sind. Bei der Berücksichtigung der in Satz 1 Nummer 2, 3 und 8 genannten Ziele werden auch die Ziele und Teilziele beachtet, die in der Bekanntmachung über die Gesundheitsziele und Teilziele im Bereich der Prävention und Gesundheitsförderung vom 27. April 2015 (BAnz. AT 19. 05. 2015 B3) festgelegt sind. Bei der Berücksichtigung der in Satz 1 Nummer 4 bis 7 genannten Ziele werden auch die Ziele und Teilziele beachtet, die in der Bekanntmachung über die Gesundheitsziele und Teilziele im Bereich der Prävention und Gesundheitsförderung vom 26. Februar 2013 (BAanz. AT 26. 03. 2013 B3) festgelegt sind. Der Spitzenverband Bund der Krankenkassen berücksichtigt auch die von der Nationalen Arbeitsschutzkonferenz im Rahmen der gemeinsamen deutschen Arbeitsschutzstrategie nach

§ 20 a Absatz 2 Nummer 1 des Arbeitsschutzgesetzes entwickelten Arbeitsschutzziele.

(4) Leistungen nach Absatz 1 werden erbracht als

1. Leistungen zur verhaltensbezogenen Prävention nach Absatz 5,
2. Leistungen zur Gesundheitsförderung und Prävention in Lebenswelten für in der gesetzlichen Krankenversicherung Versicherte nach § 20 a und
3. Leistungen zur Gesundheitsförderung in Betrieben (betriebliche Gesundheitsförderung) nach § 20 b.

(5) Die Krankenkasse kann eine Leistung zur verhaltensbedingten Prävention nach Absatz 4 Nummer 1 erbringen, wenn diese nach Absatz 2 Satz 2 von einer Krankenkasse oder von einem mit der Wahrnehmung dieser Aufgabe beauftragten Dritten in ihrem Namen zertifiziert ist. Bei ihrer Entscheidung über eine Leistung zur verhaltensbezogenen Prävention berücksichtigt die Krankenkasse eine Präventionsempfehlung nach § 25 Absatz 1 Satz 2, nach § 26 Absatz 1 Satz 3 oder eine im Rahmen einer arbeitsmedizinischen Vorsorge oder einer sonstigen ärztlichen Untersuchung schriftlich abgegebene Empfehlung. Die Krankenkasse darf die sich aus der Präventionsempfehlung ergebenden personenbezogenen Daten nur mit schriftlicher oder elektronischer Einwilligung und nach vorheriger schriftlicher Information des Versicherten verarbeiten. Die Krankenkassen dürfen ihre Aufgaben nach dieser Vorschrift an andere Krankenkassen, deren Verbände oder Arbeitsgemeinschaften übertragen. Für Leistungen zur verhaltensbezogenen Prävention, die die Krankenkasse wegen besonderer beruflicher oder familiärer Umstände wohnortfern erbringt, gilt § 23 Absatz 2 Satz 2 entsprechend.

(6) Die Ausgaben der Krankenkassen für die Wahrnehmung ihrer Aufgaben nach dieser Vorschrift und nach den §§ 20 a bis 20 c sollen ab dem Jahr 2019 insgesamt für jeden ihrer Versicherten einen Betrag in Höhe von 7,52 Euro umfassen. Von diesem Betrag wenden die Krankenkassen für jeden ihrer Versicherten mindestens 2,15 Euro für Leistungen nach § 20 a und mindestens 3,15 Euro für Leistungen nach § 20 b auf. Von dem Betrag für Leistungen nach § 20 b wenden die Krankenkassen für Leistungen nach § 20 b, die in Einrichtungen nach § 107 Absatz 1 und in Einrichtungen nach § 71 Absatz 1 und 2 des Elften Buches erbracht werden, für jeden ihrer Versicherten mindestens 1 Euro auf. Unterschreiten die jährlichen Ausgaben einer Krankenkasse den Betrag nach Satz 2 für Leistungen nach § 20 a, so stellt die Krankenkasse diese nicht ausgegebenen Mittel im Folgejahr zusätzlich für Leistungen nach § 20 a zur Verfügung. Die Ausgaben nach den Sätzen 1 bis 3 sind in den Folgejahren entsprechend der prozentualen Veränderung der monatlichen Bezugsgröße nach § 18 Absatz 1 des Vierten Buches anzupassen.

…

§ 20 b Betriebliche Gesundheitsförderung (1) Die Krankenkassen fördern mit Leistungen zur Gesundheitsförderung in Betrieben (betriebliche Gesundheitsförderung) insbesondere den Aufbau und die Stärkung gesundheitsförderlicher Strukturen. Hierzu erheben sie unter Beteiligung der Versicherten und der

Verantwortlichen für den Betrieb sowie der Betriebsärzte und der Fachkräfte für Arbeitssicherheit die gesundheitliche Situation einschließlich ihrer Risiken und Potenziale und entwickeln Vorschläge zur Verbesserung der gesundheitlichen Situation sowie zur Stärkung der gesundheitlichen Ressourcen und Fähigkeiten und unterstützen deren Umsetzung. Für im Rahmen der Gesundheitsförderung in Betrieben erbrachte Leistungen zur individuellen, verhaltensbezogenen Prävention gilt § 20 Absatz 5 Satz 1 entsprechend.

(2) Bei der Wahrnehmung von Aufgaben nach Absatz 1 arbeiten die Krankenkassen mit dem zuständigen Unfallversicherungsträger sowie mit den für den Arbeitsschutz zuständigen Landesbehörden zusammen. Sie können Aufgaben nach Absatz 1 durch andere Krankenkassen, durch ihre Verbände oder durch zu diesem Zweck gebildete Arbeitsgemeinschaften (Beauftragte) mit deren Zustimmung wahrnehmen lassen und sollen bei der Aufgabenwahrnehmung mit anderen Krankenkassen zusammenarbeiten. § 88 Abs. 1 Satz 1 und Abs. 2 des Zehnten Buches und § 219 gelten entsprechend.

(3) Die Krankenkassen bieten Unternehmen, insbesondere Einrichtungen nach § 107 Absatz 1 und Einrichtungen nach § 71 Absatz 1 und 2 des Elften Buches unter Nutzung bestehender Strukturen in gemeinsamen regionalen Koordinierungsstellen Beratung und Unterstützung an. Die Beratung und Unterstützung umfasst insbesondere die Information über Leistungen nach Absatz 1 und die Klärung, welche Krankenkasse im Einzelfall Leistungen nach Absatz 1 im Betrieb erbringt. Örtliche Unternehmensorganisationen und die für die Wahrnehmung der Interessen der Einrichtungen nach § 107 Absatz 1 oder der Einrichtungen nach § 71 Absatz 1 oder 2 des Elften Buches auf Landesebene maßgeblichen Verbände sollen an der Beratung beteiligt werden. Die Landesverbände der Krankenkassen und die Ersatzkassen regeln einheitlich und gemeinsam das Nähere über die Aufgaben, die Arbeitsweise und die Finanzierung der Koordinierungsstellen sowie über die Beteiligung örtlicher Unternehmensorganisationen und der für die Wahrnehmung der Interessen der Einrichtungen nach § 107 Absatz 1 oder der Einrichtungen nach § 71 Absatz 1 oder 2 des Elften Buches auf Landesebene maßgeblichen Verbände durch Kooperationsvereinbarungen. Auf die zum Zwecke der Vorbereitung und Umsetzung der Kooperationsvereinbarungen gebildeten Arbeitsgemeinschaften findet § 94 Absatz 1 a Satz 2 und 3 des Zehnten Buches keine Anwendung.

(4) Unterschreiten die jährlichen Ausgaben einer Krankenkasse den Betrag nach § 20 Absatz 6 Satz 2 für Leistungen nach Absatz 1, stellt die Krankenkasse die nicht verausgabten Mittel dem Spitzenverband Bund der Krankenkassen zur Verfügung. Dieser verteilt die Mittel nach einem von ihm festzulegenden Schlüssel auf die Landesverbände der Krankenkassen und die Ersatzkassen, die Kooperationsvereinbarungen mit örtlichen Unternehmensorganisationen haben. Die Mittel dienen der Umsetzung der Kooperationsvereinbarungen nach Absatz 3 Satz 4.

§ 20 c Prävention arbeitsbedingter Gesundheitsgefahren (1) Die Krankenkassen unterstützen die Träger der gesetzlichen Unfallversicherung bei ihren Auf-

gaben zur Verhütung arbeitsbedingter Gesundheitsgefahren. Insbesondere erbringen sie in Abstimmung mit den Trägern der gesetzlichen Unfallversicherung auf spezifische arbeitsbedingte Gesundheitsrisiken ausgerichtete Maßnahmen zur betrieblichen Gesundheitsförderung nach § 20 b und informieren diese über die Erkenntnisse, die sie über Zusammenhänge zwischen Erkrankungen und Arbeitsbedingungen gewonnen haben. Ist anzunehmen, dass bei einem Versicherten eine berufsbedingte gesundheitliche Gefährdung oder eine Berufskrankheit vorliegt, hat die Krankenkasse dies unverzüglich den für den Arbeitsschutz zuständigen Stellen und dem Unfallversicherungsträger mitzuteilen.
(2) Zur Wahrnehmung der Aufgaben nach Absatz 1 arbeiten die Krankenkassen eng mit den Trägern der gesetzlichen Unfallversicherung sowie mit den für den Arbeitsschutz zuständigen Landesbehörden zusammen. Dazu sollen sie und ihre Verbände insbesondere regionale Arbeitsgemeinschaften bilden. § 88 Abs. 1 Satz 1 und Abs. 2 des Zehnten Buches und § 219 gelten entsprechend.
…

§ 24 c Leistungen bei Schwangerschaft und Mutterschaft Die Leistungen bei Schwangerschaft und Mutterschaft umfassen
1. ärztliche Betreuung und Hebammenhilfe,
2. Versorgung mit Arznei-, Verband-, Heil- und Hilfsmitteln,
3. Entbindung,
4. häusliche Pflege,
5. Haushaltshilfe,
6. Mutterschaftsgeld.

§ 24 d Ärztliche Betreuung und Hebammenhilfe Die Versicherte hat während der Schwangerschaft, bei und nach der Entbindung Anspruch auf ärztliche Betreuung sowie auf Hebammenhilfe einschließlich der Untersuchungen zur Feststellung der Schwangerschaft und zur Schwangerenvorsorge; ein Anspruch auf Hebammenhilfe im Hinblick auf die Wochenbettbetreuung besteht bis zum Ablauf von zwölf Wochen nach der Geburt, weitergehende Leistungen bedürfen der ärztlichen Anordnung. Sofern das Kind nach der Entbindung nicht von der Versicherten versorgt werden kann, hat das versicherte Kind Anspruch auf die Leistungen der Hebammenhilfe, die sich auf dieses beziehen. Die ärztliche Betreuung umfasst auch die Beratung der Schwangeren zur Bedeutung der Mundgesundheit für Mutter und Kind einschließlich des Zusammenhangs zwischen Ernährung und Krankheitsrisiko sowie die Einschätzung oder Bestimmung des Übertragungsrisikos von Karies. Die ärztliche Beratung der Versicherten umfasst bei Bedarf auch Hinweise auf regionale Unterstüzungsangebote für Eltern und Kind.

§ 24 e Versorgung mit Arznei-, Verband-, Heil- und Hilfsmitteln Die Versicherte hat während der Schwangerschaft und im Zusammenhang mit der Entbindung Anspruch auf Versorgung mit Arznei-, Verband-, Heil- und Hilfsmitteln. Die für die Leistungen nach den §§ 31 bis 33 geltenden Vorschriften gelten entsprechend; bei Schwangerschaftsbeschwerden und im Zusammenhang mit der Entbindung finden § 31 Absatz 3, § 32 Absatz 2, § 33 Absatz 8 und § 127 Absatz 4 keine Anwendung.

§ 24 f Entbindung Die Versicherte hat Anspruch auf ambulante oder stationäre Entbindung. Die Versicherte kann ambulant in einem Krankenhaus, in einer von einer Hebamme oder einem Entbindungspfleger geleiteten Einrichtung, in einer ärztlich geleiteten Einrichtung, in einer Hebammenpraxis oder im Rahmen einer Hausgeburt entbinden. Wird die Versicherte zur stationären Entbindung in einem Krankenhaus oder in einer anderen stationären Einrichtung aufgenommen, hat sie für sich und das Neugeborene Anspruch auf Unterkunft, Pflege und Verpflegung. Für diese Zeit besteht kein Anspruch auf Krankenhausbehandlung. § 39 Absatz 2 gilt entsprechend.

§ 24 g Häusliche Pflege Die Versicherte hat Anspruch auf häusliche Pflege, soweit diese wegen Schwangerschaft oder Entbindung erforderlich ist. § 37 Absatz 3 und 4 gilt entsprechend.

§ 24 h Haushaltshilfe Die Versicherte erhält Haushaltshilfe, soweit ihr wegen Schwangerschaft oder Entbindung die Weiterführung des Haushalts nicht möglich oder eine andere im Haushalt lebende Person den Haushalt nicht weiterführen kann. § 38 Absatz 4 gilt entsprechend.

§ 24 i Mutterschaftsgeld (1) Weibliche Mitglieder, die bei Arbeitsunfähigkeit Anspruch auf Krankengeld haben oder denen wegen der Schutzfristen nach § 3 des Mutterschutzgesetzes kein Arbeitsentgelt gezahlt wird, erhalten Mutterschaftsgeld. Mutterschaftsgeld erhalten auch Frauen, deren Arbeitsverhältnis unmittelbar vor Beginn der Schutzfrist nach § 3 Absatz 1 des Mutterschutzgesetzes endet, wenn sie am letzten Tag des Arbeitsverhältnisses Mitglied einer Krankenkasse waren.

(2) Für Mitglieder, die bei Beginn der Schutzfrist vor der Entbindung nach § 3 Absatz 1 des Mutterschutzgesetzes in einem Arbeitsverhältnis stehen oder in Heimarbeit beschäftigt sind oder deren Arbeitsverhältnis nach Maßgabe von § 17 Absatz 2 des Mutterschutzgesetzes gekündigt worden ist, wird als Mutterschaftsgeld das um die gesetzlichen Abzüge verminderte durchschnittliche kalendertägliche Arbeitsentgelt der letzten drei abgerechneten Kalendermonate vor Beginn der Schutzfrist nach § 3 Absatz 1 des Mutterschutzgesetzes gezahlt. Es beträgt höchstens 13 Euro für den Kalendertag. Für die Ermittlung des durchschnittlichen kalendertäglichen Arbeitsentgelts gilt § 21 des Mutterschutzgesetzes entsprechend. Übersteigt das durchschnittliche Arbeitsentgelt 13 Euro kalendertäglich, wird der übersteigende Betrag vom Arbeitgeber oder von der für die Zahlung des Mutterschaftsgeldes zuständigen Stelle nach den Vorschriften des Mutterschutzgesetzes gezahlt. Für Frauen nach Absatz 1 Satz 2 sowie für andere Mitglieder wird das Mutterschaftsgeld in Höhe des Krankengeldes gezahlt.

(3) Das Mutterschaftsgeld wird für die letzten sechs Wochen vor dem voraussichtlichen Tag der Entbindung, den Entbindungstag und für die ersten acht Wochen nach der Entbindung gezahlt. Bei Früh- und Mehrlingsgeburten sowie in Fällen, in denen vor Ablauf von acht Wochen nach der Entbindung bei dem Kind eine Behinderung im Sinne von § 2 Absatz 1 Satz 1 des Neunten Buches ärztlich festgestellt und ein Antrag nach § 3 Absatz 2 Satz 4 des Mutterschutzgesetzes gestellt wird, verlängert sich der Zeitraum der Zahlung des Mutterschaftsgeldes nach Satz 1 auf die ersten zwölf Wochen nach der Entbindung. Wird bei Frühgeburten und sonstigen vorzeitigen Entbindungen der Zeitraum von sechs Wochen vor dem voraussichtlichen Tag der Entbindung verkürzt, so verlängert sich die Bezugsdauer um den Zeitraum, der vor der Entbindung nicht in Anspruch genommen werden konnte. Für die Zahlung des Mutterschaftsgeldes vor der Entbindung ist das Zeugnis eines Arztes oder einer Hebamme maßgebend, in dem der voraussichtliche Tag der Entbindung angegeben ist. Bei Entbindungen nach dem voraussichtlichen Tag der Entbindung verlängert sich die Bezugsdauer bis zum Tag der Entbindung entsprechend. Für Mitglieder, deren Arbeitsverhältnis während der Schutzfristen nach § 3 des Mutterschutzgesetzes beginnt, wird das Mutterschaftsgeld von Beginn des Arbeitsverhältnisses an gezahlt.

(4) Der Anspruch auf Mutterschaftsgeld ruht, soweit und solange das Mitglied beitragspflichtiges Arbeitsentgelt, Arbeitseinkommen oder Urlaubsabgeltung erhält. Dies gilt nicht für einmalig gezahltes Arbeitsentgelt.

…

§ 27 Krankenbehandlung (1) Versicherte haben Anspruch auf Krankenbehandlung, wenn sie notwendig ist, um eine Krankheit zu erkennen, zu heilen, ihre Verschlimmerung zu verhüten oder Krankheitsbeschwerden zu lindern. Die Krankenbehandlung umfaßt

1. Ärztliche Behandlung einschließlich Psychotherapie als ärztliche und psychotherapeutische Behandlung,
2. zahnärztliche Behandlung,

2 a. Versorgung mit Zahnersatz einschließlich Zahnkronen und Suprakonstruktionen,

3. Versorgung mit Arznei,- Verband-, Heil- und Hilfsmitteln sowie mit digitalen Gesundheitsanwendungen,
4. häusliche Krankenpflege und Haushaltshhilfe,
5. Krankenhausbehandlung,
6. Leistungen zur medizinischen Rehabilitation und ergänzende Leistungen.

Zur Krankenbehandlung gehört auch die palliative Versorgung der Versicherten. Bei der Krankenbehandlung ist den besonderen Bedürfnissen psychisch Kranker Rechnung zu tragen, insbesondere bei der Versorgung mit Heilmitteln und bei der medizinischen Rehabilitation. Zur Krankenbehandlung gehören auch Leistungen zur Herstellung der Zeugungs- oder Empfängnisfähigkeit, wenn diese Fähigkeit nicht vorhanden war oder durch Krankheit oder wegen einer durch Krankheit erforderlichen Sterilisation verlorengegangen war.

(1 a) Spender von Organen oder Geweben oder von Blut zur Seperation von Blutstammzellen oder anderen Blutbestandteilen (Spender) haben bei einer nach den §§ 8 und 8 a des Transplantationsgesetzes erfolgenden Spende von Organen oder Geweben oder im Zusammenhang mit einer im Sinne von § 9 des Transfusionsgesetzes erfolgenden Spende zum Zwecke der Übertragung auf Versicherte (Entnahme bei lebenden Spendern) Anspruch auf Leistungen der Krankenbehandlung. Dazu gehören die ambulante und stationäre Behandlung der Spender, die medizinisch erforderliche Vor- und Nachbetreuung, Leistungen zur medizinischen Rehabilitation sowie die Erstattung des Ausfalls von Arbeitseinkünften als Krankengeld nach § 44 a und erforderlicher Fahrkosten; dies gilt auch für Leistungen, die über die Leistungen nach dem Dritten Kapitel dieses Gesetzes, auf die ein Anspruch besteht, hinausgehen, soweit sie vom Versicherungsschutz des Spenders umfasst sind. Zuzahlungen sind von den Spendern nicht zu leisten. Zuständig für Leistungen nach den Sätzen 1 und 2 ist die Krankenkasse der Empfänger von Organen, Geweben oder Blutstammzellen sowie anderen Blutbestandteilen(Empfänger). Für die Behandlung von Folgeerkrankungen der Spender ist die Krankenkasse der Empfänger von Organen, Geweben oder Blutstammzellen sowie anderen Blutbestandteilen (Empfänger). Im Zusammenhang mit der Spende von Knochenmark nach den §§ 8 und 8 a des Transplantationsgesetzes können die Erstattung der erforderlichen Fahrkosten des Spenders und die Erstattung der Entgeltfortzahlung an den Arbeitgeber nach § 3 a Absatz 2 Satz 1 des Entgeltfortzahlungsgesetzes einschließlich der Befugnis zum Erlass der hierzu erforderlichen Verwaltungsakte auf Dritte übertragen werden. Das Nähere kann der Spitzenverband Bund der Krankenkassen mit den für die nationale und internationale Suche nach nichtverwandten Spendern von Blutstammzellen aus Knochenmark oder peripherem Blut maßgeblichen Organisationen vereinbaren. Ansprüche nach diesem Absatz haben auch nicht gesetzlich krankenvesicherte Personen. Die Krankenkasse der Spender ist befugt, die für die Leistungserbringung nach den Sätzen 1 und 2 erforderlichen personenbezogenen Daten an die Krankenkasse oder das private Krankenversicherungsunternehmen der Empfänger zu übermitteln; dies gilt auch für personenbezogene Daten von nach dem Künstlersozialversicherungsgesetz Krankenversicherungspflichtigen. Die nach Satz 9 übermittelten Daten dürfen nur für die Erbringung von Leistungen nach den Sätzen 1 und 2 verarbeitet werden. Die Datenverarbeitung nach den Sätzen 9 und 10 darf nur mit schriftlicher Einwilligung der Spender, der eine umfassende Information vorausgegangen ist, erfolgen.

(2) Versicherte, die sich nur vorübergehend im Inland aufhalten, Ausländer, denen eine Aufenthaltserlaubnis nach § 25 Abs. 4 bis 5 des Aufenthaltsgesetzes erteilt wurde, sowie

1. asylsuchende Ausländer, deren Asylverfahren noch nicht unanfechtbar abgeschlossen ist,
2. Vertriebene im Sinne des § 1 Abs. 2 Nr. 2 und 3 des Bundesvertriebenengesetzes sowie Spätaussiedler im Sinne des § 4 des Bundesvertriebenengesetzes, ihre Ehegatten, Lebenspartner und Abkömmlinge im Sinne des § 7 Abs. 2 des

Bundesvertriebenengesetzes haben Anspruch auf Versorgung mit Zahnersatz, wenn sie unmittelbar vor Inanspruchnahme mindestens ein Jahr lang Mitglied einer Krankenkasse (§ 4) oder nach § 10 versichert waren oder wenn die Behandlung aus medizinischen Gründen ausnahmsweise unaufschiebbar ist.

…

§ 38 Haushaltshilfe (1) Versicherte erhalten Haushaltshilfe, wenn ihnen wegen Krankenhausbehandlung oder wegen einer Leistung nach § 23 Abs. 2 oder 4, §§ 24, 37, 40 oder § 41 die Weiterführung des Haushalts nicht möglich ist. Voraussetzung ist ferner, daß im Haushalt ein Kind lebt, das bei Beginn der Haushaltshilfe das zwölfte Lebensjahr noch nicht vollendet hat oder das behindert und auf Hilfe angewiesen ist. Darüber hinaus erhalten Versicherte, soweit keine Pflegebedürftigkeit mit Pflegegrad 2, 3, 4 oder 5 im Sinne des Elften Buches vorliegt, auch dann Haushaltshilfe, wenn ihnen die Weiterführung des Haushalts wegen schwerer Krankheit oder wegen akuter Verschlimmerung einer Krankheit, insbesondere nach einem Krankenhausaufenthalt, nach einer ambulanten Operation oder nach einer ambulanten Krankenhausbehandlung, nicht möglich ist, längstens jedoch für die Dauer von vier Wochen. Wenn im Haushalt ein Kind lebt, das bei Beginn der Haushaltshilfe das zwölfte Lebensjahr noch nicht vollendet hat oder das behindert und auf Hilfe angewiesen ist, verlängert sich der Anspruch nach Satz 3 auf längstens 26 Wochen. Die Pflegebedürftigkeit von Versicherten schließt Haushaltshilfe nach den Sätzen 3 und 4 zur Versorgung des Kindes nicht aus.

(2) Die Satzung kann bestimmen, daß die Krankenkasse in anderen als den in Absatz 1 genannten Fällen Haushaltshilfe erbringt, wenn Versicherten wegen Krankheit die Weiterführung des Haushalts nicht möglich ist. Sie kann dabei von Absatz 1 Satz 2 bis 4 abweichen sowie Umfang und Dauer der Leistung bestimmen.

(3) Der Anspruch auf Haushaltshilfe besteht nur, soweit eine im Haushalt lebende Person den Haushalt nicht weiterführen kann.

(4) Kann die Krankenkasse keine Haushaltshilfe stellen oder besteht Grund, davon abzusehen, sind den Versicherten die Kosten für eine selbstbeschaffte Haushaltshilfe in angemessener Höhe zu erstatten. Für Verwandte und Verschwägerte bis zum zweiten Grad werden keine Kosten erstattet; die Krankenkasse kann jedoch die erforderlichen Fahrkosten und den Verdienstausfall erstatten, wenn die Erstattung in einem angemessenen Verhältnis zu den sonst für eine Ersatzkraft entstehenden Kosten steht.

(5) Versicherte, die das 18. Lebensjahr vollendet haben, leisten als Zuzahlung je Kalendertag der Leistungsinanspruchnahme den sich nach § 61 Satz 1 ergebenden Betrag an die Krankenkasse.

…

§ 42 Belastungserprobung und Arbeitstherapie Versicherte haben Anspruch auf Belastungserprobung und Arbeitstherapie, wenn nach den für andere Träger der Sozialversicherung geltenden Vorschriften solche Leistungen nicht erbracht werden können.

…

§ 44 Krankengeld (1) Versicherte haben Anspruch auf Krankengeld, wenn die Krankheit sie arbeitsunfähig macht oder sie auf Kosten der Krankenkasse stationär in einem Krankenhaus, einer Vorsorge- oder Rehabilitationseinrichtung (§ 23 Abs. 4, §§ 24, 40 Abs. 2 und § 41) behandelt werden.

(2) Keinen Anspruch auf Krankengeld haben

1. die nach § 5 Abs. 1 Nr. 2 a, 5, 6, 9, 10 oder 13 sowie die nach § 10 Versicherten; dies gilt nicht für die nach § 5 Abs. 1 Nr. 6 Versicherten, wenn sie Anspruch auf Übergangsgeld haben, und für Versicherte nach § 5 Abs. 1 Nr. 13, sofern sie abhängig beschäftigt und nicht nach den §§ 8 und 8 a des Vierten Buches geringfügig beschäftigt sind oder sofern sie hauptberuflich selbständig erwerbstätig sind und eine Wahlerklärung nach Nummer 2 abgegeben haben,
2. hauptberuflich selbständig Erwerbstätige, es sei denn, das Mitglied erklärt gegenüber der Krankenkasse, dass die Mitgliedschaft den Anspruch auf Krankengeld umfassen soll (Wahlerklärung),
3. Versicherte nach § 5 Absatz 1 Nummer 1, die bei Arbeitsunfähigkeit nicht mindestens sechs Wochen Anspruch auf Fortzahlung des Arbeitsentgelts auf Grund des Entgeltfortzahlungsgesetzes, eines Tarifvertrags, einer Betriebsvereinbarung oder anderer vertraglicher Zusagen oder auf Zahlung einer die Versicherungspflicht begründenden Sozialleistung haben, es sei denn, das Mitglied gibt eine Wahlerklärung ab, dass die Mitgliedschaft den Anspruch auf Krankengeld umfassen soll. Dies gilt nicht für Versicherte, die nach § 10 des Entgeltfortzahlungsgesetzes Anspruch auf Zahlung eines Zuschlages zum Arbeitsentgelt haben,
4. Versicherte, die eine Rente aus einer öffentlich-rechtlichen Versicherungseinrichtung oder Versorgungseinrichtung ihrer Berufsgruppe oder von anderen vergleichbaren Stellen beziehen, die ihrer Art nach den in § 50 Abs. 1 genannten Leistungen entspricht. Für Versicherte nach Satz 1 Nr. 4 gilt § 50 Abs. 2 entsprechend, soweit sie eine Leistung beziehen, die ihrer Art nach den in dieser Vorschrift aufgeführten Leistungen entspricht.

Für die Wahlerklärung nach Satz 1 Nummer 2 und 3 gilt § 53 Absatz 8 Satz 1 entsprechend. Für die nach Nummer 2 und 3 aufgeführten Versicherten bleibt § 53 Abs. 6 unberührt. Geht der Krankenkasse die Wahlerklärung nach Satz 1 Nummer 2 und 3 zum Zeitpunkt einer bestehenden Arbeitsunfähigkeit zu, wirkt die Wahlerklärung erst zu dem Tag, der auf das Ende dieser Arbeitsunfähigkeit folgt.

(3) Der Anspruch auf Fortzahlung des Arbeitsentgelts bei Arbeitsunfähigkeit richtet sich nach arbeitsrechtlichen Vorschriften.

(4) Versicherte haben Anspruch auf individuelle Beratung und Hilfestellung durch die Krankenkasse, welche Leistungen und unterstützende Angebote zur Wiederherstellung der Arbeitsfähigkeit erforderlich sind. Maßnahmen nach

Satz 1 und die dazu erforderliche Verarbeitung personenbezogener Daten dürfen nur mit schriftlicher oder elektronischer Einwilligung und nach vorheriger schriftlicher oder elektronischer Information des Versicherten erfolgen. Die Einwilligung kann jederzeit schriftlich widerrufen werden. Die Krankenkassen dürfen ihre Aufgaben nach Satz 1 an die in § 35 des Ersten Buches genannten Stellen übertragen. Das Bundesministerium für Gesundheit legt dem Deutschen Bundestag bis zum 31. Dezember 2018 einen Bericht über die Umsetzung des Anspruchs auf individuelle Beratung und Hilfestellung durch die Krankenkassen nach diesem Absatz vor.

§ 44 a Krankengeld bei Spende von Organen, Geweben oder Blut zur Separation von Blutstammzellen oder anderen Blutbestandteilen Spender von Organen, Geweben oder Blut zur Separation von Blutstammzellen oder anderen Blutbestandteilen nach § 27 Absatz 1 a Satz 1 haben Anspruch auf Krankengeld, wenn die Spende an Versicherte sie arbeitsunfähig macht. Das Krankengeld wird den Spendern von der Krankenkasse der Empfänger in Höhe des vor Beginn der Arbeitsunfähigkeit regelmäßig erzielten Nettoarbeitsentgelts oder Arbeitseinkommens bis zur Höhe des Betrages der kalendertäglichen Beitragsbemessungsgrenze geleistet. Für nach dem Künstlersozialversicherungsgesetz versicherungspflichtige Spender ist das ausgefallene Arbeitseinkommen im Sinne von Satz 2 aus demjenigen Arbeitseinkommen zu berechnen, das der Beitragsbemessung für die letzten zwölf Kalendermonate vor Beginn der Arbeitsunfähigkeit im Hinblick auf die Spende zugrunde gelegen hat. § 44 Absatz 3, § 47 Absatz 2 bis 4, die §§ 47 b, 49 und 50 gelten entsprechend; Ansprüche nach § 44 sind gegenüber Ansprüchen nach dieser Vorschrift ausgeschlossen. Ansprüche nach dieser Vorschrift haben auch nicht gesetzlich krankenversicherte Personen.

§ 45 Krankengeld bei Erkrankung des Kindes (1) Versicherte haben Anspruch auf Krankengeld, wenn es nach ärztlichem Zeugnis erforderlich ist, daß sie zur Beaufsichtigung, Betreuung oder Pflege ihres erkrankten und versicherten Kindes der Arbeit fernbleiben, eine andere in ihrem Haushalt lebende Person das Kind nicht beaufsichtigen, betreuen oder pflegen kann und das Kind das zwölfte Lebensjahr noch nicht vollendet hat oder behindert und auf Hilfe angewiesen ist. § 10 Abs. 4 und § 44 Absatz 2 gelten.

(2) Anspruch auf Krankengeld nach Absatz 1 besteht in jedem Kalenderjahr für jedes Kind längstens für 10 Arbeitstage, für alleinerziehende Versicherte längstens für 20 Arbeitstage. Der Anspruch nach Satz 1 besteht für Versicherte für nicht mehr als 25 Arbeitstage, für alleinerziehende Versicherte für nicht mehr als 50 Arbeitstage je Kalenderjahr. Das Krankengeld nach Absatz 1 beträgt 90 Prozent des ausgefallenen Nettoarbeitsentgelts aus beitragspflichtigem Arbeitsentgelt der Versicherten, bei Bezug von beitragspflichtigem einmalig gezahltem Arbeitsentgelt (§ 23 a des Vierten Buches) in den der Freistellung von Arbeitsleistung nach Absatz 3 vorangegangenen zwölf Kalendermonaten 100 Prozent des ausgefallenen Nettoarbeitsentgelts aus beitragspflichtigem Ar-

beitsentgelt; es darf 70 Prozent der Beitragsbemessungsgrenze nach § 223 Absatz 3 nicht überschreiten. Erfolgt die Berechnung des Krankengeldes nach Absatz 1 aus Arbeitseinkommen, beträgt dies 70 Prozent des erzielten regelmäßigen Arbeitseinkommens, soweit es der Beitragsberechnung unterliegt. § 47 Absatz 1 Satz 6 bis 8 und Absatz 4 Satz 3 bis 5 gilt entsprechend.

(3) Versicherte mit Anspruch auf Krankengeld nach Absatz 1 haben für die Dauer dieses Anspruchs gegen ihren Arbeitgeber Anspruch auf unbezahlte Freistellung von der Arbeitsleistung, soweit nicht aus dem gleichen Grund Anspruch auf bezahlte Freistellung besteht. Wird der Freistellungsanspruch nach Satz 1 geltend gemacht, bevor die Krankenkasse ihre Leistungsverpflichtung nach Absatz 1 anerkannt hat, und sind die Voraussetzungen dafür nicht erfüllt, ist der Arbeitgeber berechtigt, die gewährte Freistellung von der Arbeitsleistung auf einen späteren Freistellungsanspruch zur Beaufsichtigung, Betreuung oder Pflege eines erkrankten Kindes anzurechnen. Der Freistellungsanspruch nach Satz 1 kann nicht durch Vertrag ausgeschlossen oder beschränkt werden.

(4) Versicherte haben ferner Anspruch auf Krankengeld, wenn sie zur Beaufsichtigung, Betreuung oder Pflege ihres erkrankten und versicherten Kindes der Arbeit fernbleiben, sofern das Kind das zwölfte Lebensjahr noch nicht vollendet hat oder behindert und auf Hilfe angewiesen ist und nach ärztlichem Zeugnis an einer Erkrankung leidet,

a) die progredient verläuft und bereits ein weit fortgeschrittenes Stadium erreicht hat,
b) bei der eine Heilung ausgeschlossen und eine palliativmedizinische Behandlung notwendig oder von einem Elternteil erwünscht ist und
c) die lediglich eine begrenzte Lebenserwartung von Wochen oder wenigen Monaten erwarten lässt.

Der Anspruch besteht nur für ein Elternteil. Absatz 1 Satz 2, Absatz 3 und § 47 gelten entsprechend.

(5) Anspruch auf unbezahlte Freistellung nach den Absätzen 3 und 4 haben auch Arbeitnehmer, die nicht Versicherte mit Anspruch auf Krankengeld nach Absatz 1 sind.

§ 46 Entstehen des Anspruchs auf Krankengeld Der Anspruch auf Krankengeld entsteht

1. bei Krankenhausbehandlung oder Behandlung in einer Vorsorge- oder Rehabilitationseinrichtung (§ 23 Abs. 4, §§ 24, 40 Abs. 2 und § 41) von ihrem Beginn an,
2. im Übrigen von dem Tag der ärztlichen Feststellung der Arbeitsunfähigkeit an.

Der Anspruch auf Krankengeld bleibt jeweils bis zu dem Tag bestehen, an dem die weitere Arbeitsunfähigkeit wegen derselben Krankheit ärztlich festgestellt wird, wenn diese ärztliche Feststellung spätestens am nächsten Werktag nach dem zuletzt bescheinigten Ende der Arbeitsunfähigkeit erfolgt; Samstage gelten insoweit nicht als Werktage. Für Versicherte, deren Mitgliedschaft nach § 192

Absatz 1 Nummer 2 vom Bestand des Anspruchs auf Krankengeld abhängig ist, bleibt der Anspruch auf Krankengeld auch dann bestehen, wenn die weitere Arbeitsunfähigkeit wegen derselben Krankheit nicht am nächsten Werktag im Sinne von Satz 2, aber spätestens innerhalb eines Monats nach dem zuletzt bescheinigten Ende der Arbeitsunfähigkeit ärztlich festgestellt wird. Für die nach dem Künstlersozialversicherungsgesetz Versicherten sowie für Versicherte, die eine Wahlerklärung nach § 44 Absatz 2 Satz 1 Nummer 2 abgegeben haben, entsteht der Anspruch von der siebten Woche der Arbeitsunfähigkeit an. Der Anspruch auf Krankengeld für die in Satz 3 genannten Versicherten nach dem Künstlersozialversicherungsgesetz entsteht bereits vor der siebten Woche der Arbeitsunfähigkeit zu dem von der Satzung bestimmten Zeitpunkt, spätestens jedoch mit Beginn der dritten Woche der Arbeitsunfähigkeit, wenn der Versicherte bei seiner Krankenkasse einen Tarif nach § 53 Abs. 6 gewählt hat.

§ 47 Höhe und Berechnung des Krankengeldes (1) Das Krankengeld beträgt 70 vom Hundert des erzielten regelmäßigen Arbeitsentgelts und Arbeitseinkommens, soweit es der Beitragsberechnung unterliegt (Regelentgelt). Das aus dem Arbeitsentgelt berechnete Krankengeld darf 90 vom Hundert des bei entsprechender Anwendung des Absatzes 2 berechneten Nettoarbeitsentgelts nicht übersteigen. Für die Berechnung des Nettoarbeitsentgelts nach Satz 2 ist der sich aus dem kalendertäglichen Hinzurechnungsbetrag nach Absatz 2 Satz 6 ergebende Anteil am Nettoarbeitsentgelt mit dem Vomhundertsatz anzusetzen, der sich aus dem Verhältnis des kalendertäglichen Regelentgeltbetrages nach Absatz 2 Satz 1 bis 5 zu dem sich aus diesem Regelentgeltbetrag ergebenden Nettoarbeitsentgelt ergibt. Das nach Satz 1 bis 3 berechnete kalendertägliche Krankengeld darf das sich aus dem Arbeitsentgelt nach Absatz 2 Satz 1 bis 5 ergebende kalendertägliche Nettoarbeitsentgelt nicht übersteigen. Das Regelentgelt wird nach den Absätzen 2, 4 und 6 berechnet. Das Krankengeld wird für Kalendertage gezahlt. Ist es für einen ganzen Kalendermonat zu zahlen, ist dieser mit dreißig Tagen anzusetzen. Bei der Berechnung des Regelentgelts nach Satz 1 und des Nettoarbeitsentgelts nach den Sätzen 2 und 4 sind die für die jeweilige Beitragsbemessung und Beitragstragung geltenden Besonderheiten des Übergangsbereichs nach § 20 Abs. 2 des Vierten Buches nicht zu berücksichtigen.

(2) Für die Berechnung des Regelentgelts ist das von dem Versicherten im letzten vor Beginn der Arbeitsunfähigkeit abgerechneten Entgeltabrechnungszeitraum, mindestens das während der letzten abgerechneten vier Wochen (Bemessungszeitraum) erzielte und um einmalig gezahltes Arbeitsentgelt verminderte Arbeitsentgelt durch die Zahl der Stunden zu teilen, für die es gezahlt wurde. Das Ergebnis ist mit der Zahl der sich aus dem Inhalt des Arbeitsverhältnisses ergebenden regelmäßigen wöchentlichen Arbeitsstunden zu vervielfachen und durch sieben zu teilen. Ist das Arbeitsentgelt nach Monaten bemessen oder ist eine Berechnung des Regelentgelts nach den Sätzen 1 und 2 nicht möglich, gilt der dreißigste Teil des im letzten vor Beginn der Arbeitsunfähigkeit abgerechneten Kalendermonat erzielten und um einmalig gezahltes Ar-

beitsentgelt verminderten Arbeitsentgelts als Regelentgelt. Wenn mit einer Arbeitsleistung Arbeitsentgelt erzielt wird, das für Zeiten einer Freistellung vor oder nach dieser Arbeitsleistung fällig wird (Wertguthaben nach § 7b des Vierten Buches), ist für die Berechnung des Regelentgelts das im Bemessungszeitraum der Beitragsberechnung zugrundeliegende und um einmalig gezahltes Arbeitsentgelt verminderte Arbeitsentgelt maßgebend; Wertguthaben, die nicht gemäß einer Vereinbarung über flexible Arbeitszeitregelungen verwendet werden (§ 23b Abs. 2 des Vierten Buches), bleiben außer Betracht. Bei der Anwendung des Satzes 1 gilt als regelmäßige wöchentliche Arbeitszeit die Arbeitszeit, die dem gezahlten Arbeitsentgelt entspricht. Für die Berechnung des Regelentgelts ist der dreihundertsechzigste Teil des einmalig gezahlten Arbeitsentgelts, das in den letzten zwölf Kalendermonaten vor Beginn der Arbeitsunfähigkeit nach § 23a des Vierten Buches der Beitragsberechnung zugrunde gelegen hat, dem nach Satz 1 bis 5 berechneten Arbeitsentgelt hinzuzurechnen.

(3) Die Satzung kann bei nicht kontinuierlicher Arbeitsverrichtung und -vergütung abweichende Bestimmungen zur Zahlung und Berechnung des Krankengeldes vorsehen, die sicherstellen, dass das Krankengeld seine Entgeltersatzfunktion erfüllt.

(4) Für Seeleute gelten als Regelentgelt die beitragspflichtigen Einnahmen nach § 233 Abs. 1. Für Versicherte, die nicht Arbeitnehmer sind, gilt als Regelentgelt der kalendertägliche Betrag, der zuletzt vor Beginn der Arbeitsunfähigkeit für die Beitragsbemessung aus Arbeitseinkommen maßgebend war. Für nach dem Künstlersozialversicherungsgesetz Versicherte ist das Regelentgelt aus dem Arbeitseinkommen zu berechnen, das der Beitragsbemessung für die letzten zwölf Kalendermonate vor Beginn der Arbeitsunfähigkeit zugrunde gelegen hat; dabei ist für den Kalendertag der dreihundertsechzigste Teil dieses Betrages anzusetzen. Die Zahl dreihundertsechzig ist um die Zahl der Kalendertage zu vermindern, in denen eine Versicherungspflicht nach dem Künstlersozialversicherungsgesetz nicht bestand oder für die nach § 234 Abs. 1 Satz 3 Arbeitseinkommen nicht zugrunde zu legen ist. Die Beträge nach § 226 Abs. 1 Satz 1 Nr. 2 und 3 bleiben außer Betracht.

(5) *(weggefallen)*

(6) Das Regelentgelt wird bis zur Höhe des Betrages der kalendertäglichen Beitragsbemessungsgrenze berücksichtigt.

§ 47 a Beitragszahlungen der Krankenkassen an berufsständische Versorgungseinrichtungen (1) Für Bezieher von Krankengeld, die wegen einer Pflichtmitgliedschaft in einer berusständischen Versorgungseinrichtung von der Versicherungspflicht in der gesetzlichen Rentenversicherung befreit sind, zahlen die Krankenkassen auf Antrag des Mitglied diejenigen Beiträge an die zuständige berufsständische Versorgungseinrichtung, wie sie bei Eintritt von Versicherungspflicht nach § 3 Satz 1 Nummer 3 des Sechsten Buches an die gesetzliche Rentenversicherung zu entrichten wären. Die von der Krankenkasse zu zahlenden Beiträge sind auf die Höhe der Beiträge begrenzt, die die Krankenkasse ohne die Befreiung von der Versicherungspflicht in der gesetzlichen

Rentenversicherung für die Dauer des Leistungsbezugs zu tragen hätte; sie dürfen die Hälfte der in der Zeit des Leistungsbezugs vom Mitglied an die berufsständische Versorgungseinrichtung zu zahlenden Beiträge nicht übersteigen.

(2) Die Krankenkassen haben der zuständigen berufsständischen Versorgungseinrichtung den Beginn und das Ende der Beitragszahlung sowie die Höhe der der Beitragszahlung sowie die Höhe der der Beitragsberechnung zugrunde liegenden beitragspflichtigen Einnahmen und den zu zahlenden Beitrag für das Mitglied zu übermitteln; ab dem 1. Januar 2017 erfolgt die Übermittlung durch elektronischen Nachweis. Das Nähere zum Verfahren, zu notwendigen weiteren Angaben un den Datensatz regeln der Spitzenverband Bund der Krankenkassen und die Arbeitsgemeinschaft berufsständischer Versorgungseinrichtungen bis zum 31. Juli 2016 in gemeinsamen Grundsätzen, die vom Bundesministerium für Gesundheit zu genehmigen sind.

§ 47 b Höhe und Berechnung des Krankengeldes bei Beziehern von Arbeitslosengeld, Unterhaltsgeld oder Kurzarbeitergeld (1) Das Krankengeld für Versicherte nach § 5 Abs. 1 Nr. 2 wird in Höhe des Betrages des Arbeitslosengeldes oder des Unterhaltsgeldes gewährt, den der Versicherte zuletzt bezogen hat.

(2) Ändern sich während des Bezuges von Krankengeld die für den Anspruch auf Arbeitslosengeld oder Unterhaltsgeld maßgeblichen Verhältnisse des Versicherten, so ist auf Antrag des Versicherten als Krankengeld derjenige Betrag zu gewähren, den der Versicherte als Arbeitslosengeld oder Unterhaltsgeld erhalten würde, wenn er nicht erkrankt wäre. Änderungen, die zu einer Erhöhung des Krankengeldes um weniger als zehn vom Hundert führen würden, werden nicht berücksichtigt.

(3) Für Versicherte, die während des Bezuges von Kurzarbeitergeld arbeitsunfähig erkranken, wird das Krankengeld nach dem regelmäßigen Arbeitsentgelt, das zuletzt vor Eintritt des Arbeitsausfalls erzielt wurde (Regelentgelt), berechnet.

(4) Für Versicherte, die arbeitsunfähig erkranken, bevor in ihrem Betrieb die Voraussetzungen für den Bezug von Kurzarbeitergeld nach dem Dritten Buch erfüllt sind, wird, solange Anspruch auf Fortzahlung des Arbeitsentgelts im Krankheitsfalle besteht, neben dem Arbeitsentgelt als Krankengeld der Betrag des Kurzarbeitergeldes gewährt, den der Versicherte erhielte, wenn er nicht arbeitsunfähig wäre. Der Arbeitgeber hat das Krankengeld kostenlos zu errechnen und auszuzahlen. Der Arbeitnehmer hat die erforderlichen Angaben zu machen.

(5) Bei der Ermittlung der Bemessungsgrundlage für die Leistungen der gesetzlichen Krankenversicherung ist von dem Arbeitsentgelt auszugehen, das bei der Bemessung der Beiträge zur gesetzlichen Krankenversicherung zugrunde gelegt wurde.

(6) In den Fällen des § 232 a Abs. 3 wird das Krankengeld abweichend von Absatz 3 nach dem Arbeitsentgelt unter Hinzurechnung des Winterausfallgeldes berechnet. Die Absätze 4 und 5 gelten entsprechend.

§ 48 Dauer des Krankengeldes (1) Versicherte erhalten Krankengeld ohne zeitliche Begrenzung, für den Fall der Arbeitsunfähigkeit wegen derselben Krankheit jedoch für längstens achtundsiebzig Wochen innerhalb von je drei Jahren, gerechnet vom Tage des Beginns der Arbeitsunfähigkeit an. Tritt während der Arbeitsunfähigkeit eine weitere Krankheit hinzu, wird die Leistungsdauer nicht verlängert.

(2) Für Versicherte, die im letzten Dreijahreszeitraum wegen derselben Krankheit für achtundsiebzig Wochen Krankengeld bezogen haben, besteht nach Beginn eines neuen Dreijahreszeitraums ein neuer Anspruch auf Krankengeld wegen derselben Krankheit, wenn sie bei Eintritt der erneuten Arbeitsunfähigkeit mit Anspruch auf Krankengeld versichert sind und in der Zwischenzeit mindestens sechs Monate

1. nicht wegen dieser Krankheit arbeitsunfähig waren und
2. erwerbstätig waren oder der Arbeitsvermittlung zur Verfügung standen.

(3) Bei der Feststellung der Leistungsdauer des Krankengeldes werden Zeiten, in denen der Anspruch auf Krankengeld ruht oder für die das Krankengeld versagt wird, wie Zeiten des Bezugs von Krankengeld berücksichtigt. Zeiten, für die kein Anspruch auf Krankengeld besteht, bleiben unberücksichtigt. Satz 2 gilt nicht für Zeiten des Bezuges von Verletztengeld nach dem Siebten Buch.

§ 49 Ruhen des Krankengeldes (1) Der Anspruch auf Krankengeld ruht,

1. soweit und solange Versicherte beitragspflichtiges Arbeitsentgelt oder Arbeitseinkommen erhalten; dies gilt nicht für einmalig gezahltes Arbeitsentgelt,
2. solange Versicherte Elternzeit nach dem Bundeselterngeld- und Elternzeitgesetz in Anspruch nehmen; dies gilt nicht, wenn die Arbeitsunfähigkeit vor Beginn der Elternzeit eingetreten ist oder das Krankengeld aus dem Arbeitsentgelt zu berechnen ist, das aus einer versicherungspflichtigen Beschäftigung während der Elternzeit erzielt worden ist,
3. soweit und solange Versicherte Versorgungskrankengeld, Übergangsgeld, Unterhaltsgeld oder Kurzarbeitergeld beziehen,

3 a. solange Versicherte Mutterschaftsgeld oder Arbeitslosengeld beziehen oder der Anspruch wegen einer Sperrzeit nach dem Dritten Buch ruht,

4. soweit und solange Versicherte Entgeltersatzleistungen, die ihrer Art nach den in Nummer 3 genannten Leistungen vergleichbar sind, von einem Träger der Sozialversicherung oder einer staatlichen Stelle im Ausland erhalten,
5. solange die Arbeitsunfähigkeit der Krankenkasse nicht gemeldet wird; dies gilt nicht, wenn die Meldung innerhalb einer Woche nach Beginn der Arbeitsunfähigkeit erfolgt,
6. soweit und solange für Zeiten einer Freistellung von der Arbeitsleistung (§ 7 Abs. 1 a des Vierten Buches) eine Arbeitsleistung nicht geschuldet wird,
7. während der ersten sechs Wochen der Arbeitsunfähigkeit für Versicherte, die eine Wahlerklärung nach § 44 Absatz 2 Satz 1 Nummer 3 abgegeben haben,

8. solange bis die weitere Arbeitsunfähigkeit wegen derselben Krankheit nach § 46 Satz 3 ärztlich festgestellt wurde.

(2) *(aufgehoben)*

(3) Auf Grund gesetzlicher Bestimmungen gesenkte Entgelt- oder Entgeltersatzleistungen dürfen bei der Anwendung des Absatzes 1 nicht aufgestockt werden.

§ 50 Ausschluß und Kürzung des Krankengeldes (1) Für Versicherte, die

1. Rente wegen voller Erwerbsminderung oder Vollrente wegen Alters aus der gesetzlichen Rentenversicherung,
2. Ruhegehalt, das nach beamtenrechtlichen Vorschriften oder Grundsätzen gezahlt wird,
3. Vorruhestandsgeld nach § 5 Abs. 3,
4. Leistungen, die ihrer Art nach den in den Nummern 1 und 2 genannten Leistungen vergleichbar sind, wenn sie von einem Träger der gesetzlichen Rentenversicherung oder einer staatlichen Stelle im Ausland gezahlt werden,
5. Leistungen, die ihrer Art nach den in den Nummern 1 und 2 genannten Leistungen vergleichbar sind, wenn sie nach den ausschließlich für das in Artikel 3 des Einigungsvertrages genannte Gebiet geltenden Bestimmungen gezahlt werden,

beziehen, endet ein Anspruch auf Krankengeld vom Beginn dieser Leistungen an; nach Beginn dieser Leistungen entsteht ein neuer Krankengeldanspruch nicht. Ist über den Beginn der in Satz 1 genannten Leistungen hinaus Krankengeld gezahlt worden und übersteigt dieses den Betrag der Leistungen, kann die Krankenkasse den überschießenden Betrag vom Versicherten nicht zurückfordern. In den Fällen der Nummer 4 gilt das überzahlte Krankengeld bis zur Höhe der dort genannten Leistungen als Vorschuß des Trägers oder der Stelle; es ist zurückzuzahlen. Wird eine der in Satz 1 genannten Leistungen nicht mehr gezahlt, entsteht ein Anspruch auf Krankengeld, wenn das Mitglied bei Eintritt einer erneuten Arbeitsunfähigkeit mit Anspruch auf Krankengeld versichert ist.

(2) Das Krankengeld wird um den Zahlbetrag

1. der Altersrente, der Rente wegen Erwerbsminderung oder der Landabgaberente aus der Alterssicherung der Landwirte,
2. der Rente wegen teilweiser Erwerbsminderung oder der Teilrente wegen Alters aus der gesetzlichen Rentenversicherung,
3. der Knappschaftsausgleichsleistung oder der Rente für Bergleute oder
4. einer vergleichbaren Leistung, die von einem Träger oder einer staatlichen Stelle im Ausland gezahlt wird,
5. von Leistungen, die ihrer Art nach den in den Nummern 1 bis 3 genannten Leistungen vergleichbar sind, wenn sie nach den ausschließlich für das in dem in Artikel 3 des Einigungsvertrages genannten Gebiets geltenden Bestimmungen gezahlt werden,

gekürzt, wenn die Leistung von einem Zeitpunkt nach dem Beginn der Arbeitsunfähigkeit oder der stationären Behandlung an zuerkannt wird.

§ 51 Wegfall des Krankengeldes, Antrag auf Leistungen zur Teilhabe (1) Versicherten, deren Erwerbsfähigkeit nach ärztlichem Gutachten erheblich gefährdet oder gemindert ist, kann die Krankenkasse eine Frist von zehn Wochen setzen, innerhalb der sie einen Antrag auf Leistungen zur medizinischen Rehabilitation und zur Teilhabe am Arbeitsleben zu stellen haben. Haben diese Versicherten ihren Wohnsitz oder gewöhnlichen Aufenthalt im Ausland, kann ihnen die Krankenkasse eine Frist von zehn Wochen setzen, innerhalb der sie entweder einen Antrag auf Leistungen zur medizinischen Rehabilitation und zur Teilhabe am Arbeitsleben bei einem Leistungsträger mit Sitz im Inland oder einen Antrag auf Rente wegen voller Erwerbsminderung bei einem Träger der gesetzlichen Rentenversicherung mit Sitz im Inland zu stellen haben.
(1 a) Beziehen Versicherte eine Teilrente wegen Alters aus der gesetzlichen Rentenversicherung und ist absehbar, dass die Hinzuverdienstgrenze nach § 34 Absatz 2 des Sechsten Buches nicht überschritten wird, so kann die Krankenkasse eine Frist von vier Wochen setzen, innerhalb derer die Versicherten einen Antrag nach § 34 Absatz 3 e des Sechsten Buches zu stellen haben.
(2) Erfüllen Versicherte die Voraussetzungen für den Bezug der Regelaltersrente oder Altersrente aus der Alterssicherung der Landwirte bei Vollendung des 65. Lebensjahres, kann ihnen die Krankenkasse eine Frist von zehn Wochen setzen, innerhalb der sie den Antrag auf diese Leistung zu stellen haben.
(3) Stellen Versicherte innerhalb der Frist den Antrag nicht, entfällt der Anspruch auf Krankengeld mit Ablauf der Frist. Wird der Antrag später gestellt, lebt der Anspruch auf Krankengeld mit dem Tag der Antragstellung wieder auf. Ergibt sich im Falle des Absatzes 1 a, dass die Hinzuverdienstgrenze nach Feststellung des Rentenversicherungsträgers überschritten wird, besteht abweichend von Satz 1 rückwirkend ein Anspruch auf Krankengeld ab Ablauf der Frist.

§ 52 Leistungsbeschränkung bei Selbstverschulden (1) Haben sich Versicherte eine Krankheit vorsätzlich oder bei einem von ihnen begangenen Verbrechen oder vorsätzlichen Vergehen zugezogen, kann die Krankenkasse sie an den Kosten der Leistungen in angemessener Höhe beteiligen und das Krankengeld ganz oder teilweise für die Dauer dieser Krankheit versagen und zurückfordern.
(2) Haben sich Versicherte eine Krankheit durch eine medizinisch nicht indizierte ästhetische Operation, eine Tätowierung oder ein Piercing zugezogen, hat die Krankenkasse die Versicherten in angemessener Höhe an den Kosten zu beteiligen und das Krankengeld für die Dauer dieser Behandlung ganz oder teilweise zu versagen oder zurückzufordern.

§ 53 Wahltarife (1) Die Krankenkasse kann in ihrer Satzung vorsehen, dass Mitglieder jeweils für ein Kalenderjahr einen Teil der von der Krankenkasse zu tragenden Kosten übernehmen können (Selbstbehalt). Die Krankenkasse hat für diese Mitglieder Prämienzahlungen vorzusehen.
(2) Die Krankenkasse kann in ihrer Satzung für Mitglieder, die im Kalenderjahr

länger als drei Monate versichert waren, eine Prämienzahlung vorsehen, wenn sie und ihre nach § 10 mitversicherten Angehörigen in diesem Kalenderjahr Leistungen zu Lasten der Krankenkasse nicht in Anspruch genommen haben. Die Prämienzahlung darf ein Zwölftel der jeweils im Kalenderjahr gezahlten Beiträge nicht überschreiten und wird innerhalb eines Jahres nach Ablauf des Kalenderjahres an das Mitglied gezahlt. Die im dritten und vierten Abschnitt genannten Leistungen mit Ausnahme der Leistungen nach § 23 Abs. 2 und den §§ 24 bis 24 b sowie Leistungen für Versicherte, die das 18. Lebensjahr noch nicht vollendet haben, bleiben unberücksichtigt.

(3) Die Krankenkasse hat in ihrer Satzung zu regeln, dass für Versicherte, die an besonderen Versorgungsformen nach § 63, § 73 b, § 137 f oder § 140 a teilnehmen, Tarife angeboten werden. Für diese Versicherten kann die Krankenkasse eine Prämienzahlung oder Zuzahlungsermäßigungen vorsehen. Für Versicherte, die an einer hausarztzentrierten Versorgung nach § 73 b teilnehmen, hat die Krankenkasse Prämienzahlungen oder Zuzahlungsermäßigungen vorzusehen, wenn die zu erwartenden Einsparungen und Effizienzsteigerungen die zu erwartenden Aufwendungen für den Wahltarif übersteigen. Die Aufwendungen für Zuzahlungsermäßigungen und Prämienzahlungen müssen in diesem Fall mindestens die Hälfte des Differenzbetrags betragen, um den die Einsparungen und Effizienzsteigerungen die sonstigen Aufwendungen für den Wahltarif übersteigen. Die Berechnung der zu erwartenden Einsparungen, Effizienzsteigerungen und Aufwendungen nach Satz 3 hat die jeweilige Krankenkasse ihrer Aufsichtsbehörde vorzulegen. Werden keine Effizienzsteigerungen erwartet, die die Aufwendungen übersteigen, ist dies gesondert zu begründen.

(4) Die Krankenkasse kann in ihrer Satzung vorsehen, dass Mitglieder für sich und ihre nach § 10 mitversicherten Angehörigen Tarife für Kostenerstattung wählen. Sie kann die Höhe der Kostenerstattung variieren und hierfür spezielle Prämienzahlungen durch die Versicherten vorsehen. § 13 Abs. 2 Satz 2 bis 4 gilt nicht.

(5) *(weggefallen)*

(6) Die Krankenkasse hat in ihrer Satzung für die in § 44 Absatz 2 Nummer 2 und 3 genannten Versicherten gemeinsame Tarife sowie Tarife für die nach dem Künstlersozialversicherungsgesetz Versicherten anzubieten, die einen Anspruch auf Krankengeld entsprechend § 46 Satz 1 oder zu einem späteren Zeitpunkt entstehen lassen, für die Versicherten nach dem Künstlersozialversicherungsgesetz jedoch spätestens mit Beginn der dritten Woche der Arbeitsunfähigkeit. Von § 47 kann abgewichen werden. Die Krankenkasse hat entsprechend der Leistungserweiterung Prämienzahlungen des Mitglieds vorzusehen. Die Höhe der Prämienzahlung ist unabhängig von Alter, Geschlecht oder Krankheitsrisiko des Mitglieds festzulegen. Die Krankenkasse kann durch Satzungsregelung die Durchführung von Wahltarifen nach Satz 1 auf eine andere Krankenkasse oder einen Landesverband übertragen. In diesen Fällen erfolgt die Prämienzahlung weiterhin an die übertragende Krankenkasse. Die Rechenschaftslegung erfolgt durch die durchführende Krankenkasse oder den durchführenden Landesverband.

(7) Die Krankenkasse kann in ihrer Satzung für bestimmte Mitgliedergruppen, für die sie den Umfang der Leistungen nach den Vorschriften dieses Buches beschränkt, der Leistungsbeschränkung entsprechende Prämienzahlungen vorsehen.

(8) Die Mindestbindungsfrist beträgt für die Wahltarife nach den Absätzen 2 und 4 ein Jahr und für die Wahltarife nach den Absätzen 1 und 6 drei Jahre; für die Wahltarife nach Absatz 3 gilt keine Mindestbindungsfrist. Die Mitgliedschaft kann frühestens zum Ablauf der Mindestbindungsfrist nach Satz 1, aber nicht vor Ablauf der Mindestbindungsfrist nach § 175 Absatz 4 Satz 1 gekündigt werden; § 175 Absatz 4 Satz 5 gilt mit Ausnahme für Mitglieder in Wahltarifen nach Absatz 6. Die Satzung hat für Tarife ein Sonderkündigungsrecht in besonderen Härtefällen vorzusehen. Die Prämienzahlung an Versicherte darf bis zu 20 vom Hundert, für einen oder mehrere Tarife einschließlich Prämienzahlungen nach § 242 30 vom Hundert der vom Mitglied im Kalenderjahr getragenen Beiträge mit Ausnahme der Beitragszuschüsse nach § 106 des Sechsten Buches sowie § 257 Abs. 1 Satz 1, jedoch nicht mehr als 600 Euro, bei einem oder mehreren Tarifen 900 Euro jährlich betragen. Satz 4 gilt nicht für Versicherte, die Teilkostenerstattung nach § 14 gewählt haben. Mitglieder, deren Beiträge vollständig von Dritten getragen werden, können nur Tarife nach Absatz 3 wählen.

(9) Die Aufwendungen für jeden Wahltarif müssen jeweils aus Einnahmen, Einsparungen und Effizienzsteigerungen aus diesen Wahltarifen auf Dauer finanziert werden. Kalkulatorische Einnahmen, die allein durch das Halten oder die Neugewinnung von Mitgliedern erzielt werden, dürfen dabei nicht berücksichtigt werden; wurde solche Einnahmen bei der Kalkulation von Wahltarifen berücksichtigt, ist die Kalkulation unverzüglich, spätestens bis zum 31. Dezember 2013 entsprechend umzustellen. Die Krankenkassen haben über die Berechnung nach den Sätzen 1 und 2 der zuständigen Aufsichtsbehörde regelmäßig, mindestens alle drei Jahre, Rechenschaft abzulegen. Sie haben hierzu ein versicherungsmathematisches Gutachten vorzulegen über die wesentlichen versicherungsmathematischen Annahmen, die der Berechnung der Beiträge und der versicherungstechnischen Rückstellungen der Wahltarife zugrunde liegen.

…

§ 74 Stufenweise Wiedereingliederung[1] Können arbeitsunfähige Versicherte nach ärztlicher Feststellung ihre bisherige Tätigkeit teilweise verrichten und können sie durch eine stufenweise Wiederaufnahme ihrer Tätigkeit voraussichtlich besser wieder in das Erwerbsleben eingegliedert werden, soll der Arzt auf der Bescheinigung über die Arbeitsunfähigkeit Art und Umfang der möglichen Tätigkeiten angeben und dabei in geeigneten Fällen die Stellungnahme des Betriebsarztes oder mit Zustimmung der Krankenkasse die Stellungnahme des

1 Hierzu § 7 **Arbeitsunfähigkeits-Richtlinie** des Gemeinsamen Bundesausschusses der Ärzte und Krankenkassen in der Fassung vom 14. 11. 2013 (BAnz. AT 27. 1. 2014 B4), zuletzt geändert am 20. 10. 2016 (BAnz. AT 23. 12. 2016 B5).

Medizinischen Dienstes (§ 275) einholen. Spätestestens ab einer Dauer der Arbeitsunfähigkeit von sechs Wochen hat die ärztliche Feststellung nach Satz 1 regelmäßig mit der Bescheinigung über die Arbeitsunfähigkeit zu erfolgen. Der Gemeinsame Bundesausschuss legt in seinen Richtlinien nach § 92 bis zum 30. November 2019 das Verfahren zur regelmäßigen Feststellung über eine stufenweise Wiedereingliederung nach Satz 2 fest.

…

§ 192 Fortbestehen der Mitgliedschaft Versicherungspflichtiger (1) Die Mitgliedschaft Versicherungspflichtiger bleibt erhalten, solange

1. sie sich in einem rechtmäßigen Arbeitskampf befinden,
2. Anspruch auf Krankengeld oder Mutterschaftsgeld besteht oder eine dieser Leistungen oder nach gesetzlichen Vorschriften Erziehungsgeld oder Elterngeld bezogen oder Elternzeit in Anspruch genommen oder Pflegeunterstützungsgeld bezogen wird,

2 a. von einem privaten Krankenversicherungsunternehmen, von einem Beihilfeträger des Bundes, von sonstigen öffentlich-rechtlichen Trägern von Kosten in Krankheitsfällen auf Bundesebene, von dem Träger der Heilfürsorge im Bereich des Bundes, von dem Träger der truppenärztlichen Versorgung oder von einem öffentlich-rechtlichen Träger von Kosten in Krankheitsfällen auf Landesebene, soweit das Landesrecht dies vorsieht, Leistungen für den Ausfall von Arbeitseinkünften im Zusammenhang mit einer nach den §§ 8 und 8 a des Transplantationsgesetzes erfolgenden Spende von Organen oder Geweben oder im Zusammenhang mit einer Spende von Blut zur Separation von Blutstammzellen oder anderen Blutbestandteilen im Sinne von § 9 des Transfusionsgesetzes bezogen werden oder diese beansprucht werden können.

3. von einem Rehabilitationsträger während einer Leistung zur medizinischen Rehabilitation Verletztengeld, Versorgungskrankengeld oder Übergangsgeld gezahlt wird oder
4. Kurzarbeitergeld nach dem Dritten Buch bezogen wird.

(2) Während der Schwangerschaft bleibt die Mitgliedschaft Versicherungspflichtiger auch erhalten, wenn das Beschäftigungsverhältnis vom Arbeitgeber zulässig aufgelöst oder das Mitglied unter Wegfall des Arbeitsentgelts beurlaubt worden ist, es sei denn, es besteht eine Mitgliedschaft nach anderen Vorschriften.

§ 193 Fortbestehen der Mitgliedschaft bei Wehrdienst oder Zivildienst (1) Bei versicherungspflichtig Beschäftigten, denen nach § 1 Abs. 2 des Arbeitsplatzschutzgesetzes Entgelt weiterzugewähren ist, gilt das Beschäftigungsverhältnis als durch den Wehrdienst nach § 4 Abs. 1 und § 6 b Abs. 1 des Wehrpflichtgesetzes nicht unterbrochen. Dies gilt auch für Personen in einem Wehrdienstverhältnis besonderer Art nach § 6 des Einsatz-Weiterverwendungsgesetzes, wenn sie den Einsatzunfall in einem Versicherungsverhältnis erlitten haben.

(2) Bei Versicherungspflichtigen, die nicht unter Absatz 1 fallen, sowie bei freiwilligen Mitgliedern berührt der Wehrdienst nach § 4 Abs. 1 und § 6 b Abs. 1 des Wehrpflichtgesetzes eine bestehende Mitgliedschaft bei einer Krankenkasse nicht. Die versicherungspflichtige Mitgliedschaft gilt als fortbestehend, wenn die Versicherungspflicht am Tag vor dem Beginn des Wehrdienstes endet oder wenn zwischen dem letzten Tag der Mitgliedschaft und dem Beginn des Wehrdienstes ein Samstag, Sonntag oder gesetzlicher Feiertag liegt. Absatz 1 Satz 2 gilt entsprechend.
(3) Die Absätze 1 und 2 gelten für den Zivildienst entsprechend.
(4) Die Absätze 1 und 2 gelten für Personen, die Dienstleistungen oder Übungen nach dem Vierten Abschnitt des Soldatengesetzes leisten. Die Dienstleistungen und Übungen gelten nicht als Beschäftigungen im Sinne des § 5 Abs. 1 Nr. 1 und § 6 Abs. 1 Nr. 3.
(5) Die Zeit in einem Wehrdienstverhältnis besonderer Art nach § 6 des Einsatz-Weiterverwendungsgesetzes gilt nicht als Beschäftigung im Sinne von § 5 Abs. 1 Nr. 1 und § 6 Abs. 1 Nr. 3.
...

§ 241 Allgemeiner Beitragssatz Der allgemeine Beitragssatz beträgt 14,6 Prozent der beitragspflichtigen Einnahmen der Mitglieder.

§ 242 Zusatzbeitrag (1) Soweit der Finanzbedarf einer Krankenkasse durch die Zuweisungen aus dem Gesundheitsfonds nicht gedeckt ist, hat sie in ihrer Satzung zu bestimmen, dass von ihren Mitgliedern ein einkommensabhängiger Zusatzbeitrag erhoben wird. Die Krankenkassen haben den einkommensabhängigen Zusatzbeitrag als Prozentsatz der beitragspflichtigen Einnahmen jedes Mitglieds zu erheben (kassenindividueller Zusatzbeitragssatz). Der Zusatzbeitragssatz ist so zu bemessen, dass die Einnahmen aus dem Zusatzbeitrag zusammen mit den Zuweisungen aus dem Gesundheitsfonds un den sonstigen Einnahmen die im Haushaltsjahr voraussichtlich zu leistenden Ausgaben und die vorgeschriebene Höhe der Rücklage decken; dabei ist die Höhe der voraussichtlichen beitragspflichtigen Einnahmen aller Krankenkassen nach § 220 Absatz 2 Satz 2 je Mitglied zugrunde zu legen. Krankenkassen dürfen ihren Zusatzbeitragssatz nicht anheben, solange ausweislich der zuletzt vorgelegten vierteljährlichen Rechnungsergebnisse ihre nicht für die laufenden Ausgaben benötigten Betriebsmittel zuzüglich der Rücklage nach § 261 sowie der zur Anschaffung und Erneuerung der Vermögensteile bereitgehaltenen Geldmittel nach § 263 Absatz 1 Satz 1 Nummer 2 den durchschnittlich auf einen Monat entfallenden Betrag der Ausgaben für die in § 260 Absatz 1 Nummer 1 genannten Zwecke überschreiten; § 260 Absatz 2 Satz 2 gilt entsprechend.
(2) Ergibt sich während des Haushaltsjahres, dass die Betriebsmittel der Krankenkassen einschließlich der Zuführung aus der Rücklage zur Deckung der Ausgaben nicht ausreichen, ist der Zusatzbeitragssatz nach Absatz 1 durch Änderung der Satzung zu erhöhen. Muss eine Krankenkasse kurzfristig ihre Leistungsfähigkeit erhalten, so hat der Vorstand zu beschließen, dass der Zu-

satzbeitragssatz erhöht wird; der Beschluss bedarf der Genehmigung der Aufsichtsbehörde. Kommt kein Beschluss zustande, ordnet die Aufsichtsbehörde die notwendige Erhöhung des Zusatzbeitragssatzes an. Klagen gegen die Anordnung nach Satz 3 haben keine aufschiebende Wirkung.

(3) Die Krankenkassen hat den Zusatzbeitrag abweichend von Absatz 1 in Höhe des durchschnittlichen Zusatzbeitragssatzes nach § 242 a zu erheben für

1. Mitglieder nach § 5 Absatz 1 Nummer 2 a,
2. Mitglieder nach § 5 Absatz 1 Nummer 5 und 6 und Absatz 4 a Satz 1,
3. Mitglieder nach § 5 Absatz 1 Nummer 7 und 8, wenn das tatsächliche Arbeitsentgelt den nach § 235 Absatz 3 maßgeblichen Mindestbetrag nicht übersteigt,
4. Mitglieder, deren Mitgliedschaft nach § 192 Absatz 1 Nummer 3 oder nach § 193 Absatz 2 bis 5 oder nach § 8 des Eignungsübungsgesetzes fortbesteht,
5. Mitglieder, die Verletztengeld nach dem Siebten Buch, Versorgungskrankengeld nach dem Bundesversorgungsgesetz oder vergleichbare Entgeltersatzleistungen beziehen, sowie
6. Beschäftigte, bei denen § 20 Absatz 3 Satz 1 Nummer 1 oder Nummer 2 oder Satz 2 des Vierten Buches angewendet wird.

Auf weitere beitragspflichtige Einnahmen dieser Mitglieder findet der Beitragssatz nach Absatz 1 Anwendung.

(4) Die Vorschriften des Zweiten und Dritten Abschnitts des Vierten Buches gelten entsprechend.

(5) Die Krankenkassen melden die Zusatzbeitragssätze nach Absatz 1 dem Spitzenverband Bund der Krankenkassen. Der Spitzenverband Bund der Krankenkassen führt eine laufend aktualisierte Übersicht, welche Krankenkassen einen Zusatzbeitrag erheben und in welcher Höhe, und veröffentlicht diese Übersicht im Internet. Das Nähere zu Zeitpunkt, Form und Inhalt der Meldungen sowie zur Veröffentlichung regelt der Spitzenverband Bund der Krankenkassen.

§ 242 a Durchschnittlicher Zusatzbeitragssatz (1) Der durchschnittliche Zusatzbeitragssatz ergibt sich aus der Differenz zwischen den voraussichtlichen jährlichen Ausgaben der Krankenkassen und den voraussichtlichen jährlichen Einnahmen des Gesundheitsfonds, die für die Zuweisungen nach den §§ 266 und 270 zur Verfügung stehen, geteilt durch die voraussichtlichen jährlichen beitragspflichtigen Einnahmen der Mitglieder aller Krankenkassen, multipliziert mit 100.

(2) Das Bundesministerium für Gesundheit legt nach Auswertung der Ergebnisse des Schätzerkreises nach § 220 Absatz 2 die Höhe des durchschnittlichen Zusatzbeitragssatzes für das Folgejahr fest und gibt diesen Wert in Prozent jeweils bis zum 1. November eines Kalenderjahres im Bundesanzeiger bekannt.

§ 243 Ermäßigter Beitragssatz Für Mitglieder, die keinen Anspruch auf Krankengeld haben, gilt ein ermäßigter Beitragssatz. Dies gilt nicht für die Beitragsbemessung nach § 240 Absatz 4 b. Der ermäßigte Beitragssatz beträgt 14,0 Prozent der beitragspflichtigen Einnahmen der Mitglieder.

…

§ 249 Tragung der Beiträge bei versicherungspflichtiger Beschäftigung (1) Beschäftigte, die nach § 5 Absatz 1 Nummer 1 oder Nummer 13 versicherungspflichtig sind, und ihre Arbeitgeber tragen die nach dem Arbeitsentgelt zu bemessenden Beiträge jeweils zur Hälfte. Bei geringfügig Beschäftigten gilt § 249 b.

(2) Der Arbeitgeber trägt den Beitrag allein für Beschäftigte, soweit Beiträge für Kurzarbeitergeld zu zahlen sind.

(3) Abweichend von Absatz 1 werden die Beiträge bei versicherungspflichtig Beschäftigten mit einem monatlichen Arbeitsentgelt innerhalb des Übergangsbereichs nach § 20 Abs. 2 des Vierten Buches vom Arbeitgeber in Höhe der Hälfte des Betrages, der sich ergibt, wenn der allgemeine oder ermäßigte Beitragssatz zuzüglich des kassenindividuellen Zusatzbeitragssatzes auf das der Beschäftigung zugrunde liegende Arbeitsentgelt angewendet wird, im Übrigen vom Versicherten getragen. Dies gilt auch für Personen, für die § 7 Absatz 3 Anwendung findet.

…

§ 249 b Beitrag des Arbeitgebers bei geringfügiger Beschäftigung Der Arbeitgeber einer Beschäftigung nach § 8 Abs. 1 Nr. 1 des Vierten Buches hat für Versicherte, die in dieser Beschäftigung versicherungsfrei oder nicht versicherungspflichtig sind, einen Beitrag in Höhe von 13 vom Hundert des Arbeitsentgelts dieser Beschäftigung zu tragen. Für Beschäftigte in Privathaushalten nach § 8 a Satz 1 des Vierten Buches, die in dieser Beschäftigung versicherungsfrei oder nicht versicherungspflichtig sind, hat der Arbeitgeber einen Beitrag in Höhe von 5 vom Hundert des Arbeitsentgelts dieser Beschäftigung zu tragen. Für den Beitrag des Arbeitgebers gelten der Dritte Abschnitt des Vierten Buches sowie § 111 Abs. 1 Nr. 2 bis 4, 8 und Abs. 2 und 4 des Vierten Buches entsprechend.

…

§ 275 Begutachtung und Beratung (1) Die Krankenkassen sind in den gesetzlich bestimmten Fällen oder wenn es nach Art, Schwere, Dauer oder Häufigkeit der Erkrankung oder nach dem Krankheitsverlauf erforderlich ist, verpflichtet,

1. bei Erbringung von Leistungen, insbesondere zur Prüfung von Voraussetzungen, Art und Umfang der Leistung, sowie bei Auffälligkeiten zur Prüfung der ordnungsgemäßen Abrechnung,
2. zur Einleitung von Leistungen zur Teilhabe, insbesondere zur Koordinierung der Leistungen nach den §§ 14 bis 24 des Neunten Buches, im Benehmen mit dem behandelnden Arzt,
3. bei Arbeitsunfähigkeit
   a) zur Sicherung des Behandlungserfolgs, insbesondere zur Einleitung von Maßnahmen der Leistungsträger für die Wiederherstellung der Arbeitsfähigkeit, oder
   b) zur Beseitigung von Zweifeln an der Arbeitsunfähigkeit,

eine gutachtliche Stellungnahme des Medizinischen Dienstes einzuholen. Die Regelungen des § 87 Absatz 1 c zu dem im Bundesmantelvertrag für Zahnärzte vorgesehenen Gutachterverfahren bleiben unberührt.
(1 a) Zweifel an der Arbeitsunfähigkeit nach Absatz 1 Nr. 3 Buchstabe b sind insbesondere in Fällen anzunehmen, in denen
a) Versicherte auffällig häufig oder auffällig häufig nur für kurze Dauer arbeitsunfähig sind oder der Beginn der Arbeitsunfähigkeit häufig auf einen Arbeitstag am Beginn oder am Ende einer Woche fällt oder
b) die Arbeitsunfähigkeit von einem Arzt festgestellt worden ist, der durch die Häufigkeit der von ihm ausgestellten Bescheinigungen über Arbeitsunfähigkeit auffällig geworden ist.

Die Prüfung hat unverzüglich nach Vorlage der ärztlichen Feststellung über die Arbeitsunfähigkeit zu erfolgen. Der Arbeitgeber kann verlangen, daß die Krankenkasse eine gutachtliche Stellungnahme des Medizinischen Dienstes zur Überprüfung der Arbeitsunfähigkeit einholt. Die Krankenkasse kann von einer Beauftragung des Medizinischen Dienstes absehen, wenn sich die medizinischen Voraussetzungen der Arbeitsunfähigkeit eindeutig aus den der Krankenkasse vorliegenden ärztlichen Unterlagen ergeben.
(1 b) *(weggefallen)*
(1 c) *(aufgehoben)*
(2)–(4 a) *(nicht abgedruckt)*
(5) Die Gutachterinnen und Gutachter des Medizinischen Dienstes sind bei der Wahrnehmung ihrer fachlichen Aufgaben nur ihrem Gewissen unterworfen. Sie sind nicht berechtigt, in die Behandlung und pflegerische Versorgung der Versicherten einzugreifen.

§§ 275 a, b *(nicht abgedruckt)*

§ 276 Zusammenarbeit (1)–(4) *(nicht abgedruckt)*
(5) Wenn sich im Rahmen der Überprüfung der Feststellungen von Arbeitsunfähigkeit (§ 275 Abs. 1 Nr. 3 b, Abs. 1 a und Abs. 1 b) aus den ärztlichen Unterlagen ergibt, daß der Versicherte auf Grund seines Gesundheitszustandes nicht in der Lage ist, einer Vorladung des Medizinischen Dienstes Folge zu leisten oder wenn der Versicherte einen Vorladungstermin unter Berufung auf seinen Gesundheitszustand absagt und der Untersuchung fernbleibt, soll die Untersuchung in der Wohnung des Versicherten stattfinden. Verweigert er hierzu seine Zustimmung, kann ihm die Leistung versagt werden. Die §§ 65, 66 des Ersten Buches bleiben unberührt.
(6) *(nicht abgedruckt)*
…

30 VI. Sozialgesetzbuch (SGB) Sechstes Buch Gesetzliche Rentenversicherung

Aktuelle höchstrichterliche Rechtsprechung

Datum	Gericht/Az.	Fundstelle	Thema
19. 12. 18	BAG 7 AZR 70/17	NZA 19, 523	Befristete Weiterarbeit nach Altersgrenze

Einleitung

I. Allgemeines

1. Vorsorge für Alter und Erwerbsminderung

Die Rentenversicherung deckt die Risiken von Alter und Invalidität sowie – im Interesse der Hinterbliebenen – Tod der Versicherten ab. Nach ihrer Schaffung unter *Bismarck* im Jahre 1891 und der grundlegenden Neuordnung im Jahre 1957 ist sie mit dem Rentenreformgesetz 1992 vom 18. 12. 1989 (BGBl. I 2261, ber. BGBl. 1990 I 1337) aus der RVO herausgelöst und als Sechstes Buch in das SGB aufgenommen worden. Auf der Grundlage des SGB VI werden als Hauptleistungen der Alterssicherung Renten wegen Alters gezahlt. Das Regeleintrittsalter für die Altersrente wurde mit dem RV-Altersgrenzenanpassungsgesetz vom 20. 4. 2007 (BGBl. I 554) auf 67 angehoben (§ 35; vgl. *Löschau*, RV 11, 221 ff.). Allerdings erfolgt die Anhebung nach Maßgabe des § 235 schrittweise. Besonders langjährig Versicherte können weiterhin mit 65 Jahren in Rente gehen, wenn sie eine 45-jährige Wartezeit erfüllt haben (§ 38). Da dies faktisch vor allem bei Männern der Fall ist, ist die Verfassungsmäßigkeit der Regelung in Hinblick auf eine mögliche Geschlechterdiskriminierung höchst zweifelhaft. Aber auch unter dem allgemeinen Gleichbehandlungsgrundsatz bestehen erhebliche Bedenken gegen die Verfassungsmäßigkeit der Rente für besonders langjährig Versicherte (*Sodan/Adam*, NZS 08, 1 ff.). Mit dem Einsetzen der allmählichen Anhebung der Altersgrenze wurde im politischen Raum intensiv diskutiert, ob an der »Rente 67« festzuhalten sei, obwohl viele Arbeitnehmer aus gesundheitlichen Gründen gar nicht in der Lage sind, bis zum Erreichen der Altersgrenze zu arbeiten (ausführlich zu den Diskussionen 38. und 39. Aufl.). Die Große Koalition 2013 – 2017 hat dem Rechnung getragen und das RV-Leistungsverbesserungsgesetz verabschiedet (Gesetz über Leistungsverbesserungen in der gesetzlichen Rentenversicherung v. 23. 6. 14, BGBl. I 787; Gesetzentwurf: BT-Drs. 18/909; zum Gesetz *Dünn/Stosberg*, RV aktuell 14, 156; *dies.*, DRV 14, 74; *Winkel/Nakielski*, SozSich 14, 236). Übergangsweise gibt es eine besondere Altersgrenze für die Altersrente für besonders lang-

jährig Versicherte (§ 236 b). Das erlaubt den abschlagsfreien Rentenzugang ab 63 Jahren, wenn 45 Jahre Pflichtbeiträge gezahlt wurden, wobei die Altersgrenze ab dem Geburtsjahrgang 1953 pro Jahr schrittweise um 2 Monate erhöht wird. Zudem werden Kindererziehungszeiten für vor 1992 geborene Kinder bei der Rentenhöhe begünstigt, insoweit nun 24 statt bisher 12 Monate als Kindererziehungszeiten angerechnet werden (»Mütterrente«). Hinzu kommen Leistungsverbesserungen bei den Erwerbsminderungsrenten. Beides wurde durch das RV-Leistungsverbesserung- und -Stabilisierungsgesetz (s. u. 3) nochmals ausgedehnt. Zu den Altersrenten kommen Renten wegen vorzeitiger Erwerbsminderung (s. u. II). Außerdem gibt es die Möglichkeit von Renten für Hinterbliebene.
Aktuell werden monatlich für mehr als 24 Mio. Rentner mehr als 22 Mrd. Euro laufende Renten gezahlt (Zahlen für August 2018 in RV aktuell 18, 224).

2. Versicherungspflicht
In der Rentenversicherung versicherungspflichtig sind alle Arbeitnehmer unabhängig von ihrem Verdienst. Ihre Versicherungspflicht besteht allerdings nur bis zur sog. Beitragsbemessungsgrenze (2020: 6900 Euro monatlich [West], 6450 Euro monatlich [Ost]).
Daneben sind seit 1999 sog. arbeitnehmerähnliche Selbständige (ohne eigene Arbeitnehmer) versicherungspflichtig (§ 2 Nr. 9). Sie können unter den Voraussetzungen des § 6 Abs. 1 a von der Versicherungspflicht befreit werden (vgl. *Hanau/Eltzschig,* NZS 02, 281). Zur Versicherungspflicht bei geringfügiger Beschäftigung s. Einl. II 2 zum SGB IV (Nr. 30 IV).

3. Finanzierung, ergänzende private Vorsorge
Träger der Rentenversicherung sind seit dem »Gesetz zur Organisationsreform in der gesetzlichen Rentenversicherung« vom 9. 12. 2004 (BGBl. I 3242) auf Bundesebene die »Deutsche Rentenversicherung Bund« anstelle der bisherigen BfA und die »Deutsche Rentenversicherung Knappschaft – Bahn – See« sowie 14 »Regionalträger« anstelle der bisherigen LVAen (*Ruland/Dünn,* NZS 05, 113). Es handelt sich um Körperschaften des öffentlichen Rechts mit Selbstverwaltung durch Arbeitgeber und Arbeitnehmer. Das materielle Rentenrecht für Arbeiter und Angestellte ist schon seit Langem gleich. Lediglich die Versicherten der Knappschaft erhalten bessere Leistungen. Welcher Rentenversicherungsträger zuständig ist, folgt aus dem Gesetz und ist nicht der Vereinbarung durch Arbeitgeber und Arbeitnehmer zugänglich (*BAG* 15. 11. 2012 – 8 AZR 146/10, NZA 13, 568).
Die Finanzierung der Rentenversicherung beruht auf zwei Grundlagen:
- gleich hohen Beiträgen der Versicherten und Arbeitgeber (2020: zusammen 18,6 %) und
- einem Zuschuss des Bundes.

Auf dieser Grundlage wird die derzeitige Rentenversicherung in Form eines Umlageverfahrens organisiert, das auch als »Generationenvertrag« bezeichnet wird: Die laufenden Renten werden durch die laufenden Beiträge, ergänzt durch den Bundeszuschuss, finanziert. Dieses System ermöglicht einerseits Rentenleistungen, die unter Ausgleich von Inflationswirkungen am aktuellen Einkommensniveau orientiert sind. Andererseits ist es davon abhängig, welche Beitragsleistungen die erwerbstätige Generation erwirtschaften kann (und will). Die Beiträge für Arbeitnehmer mit und ohne Erziehungsleistungen für Kinder sind gleich. Das *BSG* (30.9.2015 – B 12 KR 15/12 R, NZS 16, 391; 20.7.2017 – B 12 KR 14/15 R, NZS 18, 268) hält dies anders als im Pflegeversicherungsrecht (s. Einl. I zum SGB XI, Nr. 30 XI) für keinen Verstoß gegen Art. 6 Abs. 1 GG und 3 Abs. 1 GG, weil den Erziehungsleistungen bereits im Leistungsrecht Rechnung getragen wird. Ferner sei die Zielsetzung nachwachsender Beitragszahler eine gesamtgesellschaftliche Aufgabe, die nicht durch die gesetzliche Rentenversicherung zu lösen sei. Zudem sei nicht gesichert, dass die Kinder der Beitragszahler selber später Beitragszahler würden.

Um die Belastungen von Beitragszahlern und Bund in akzeptablen Grenzen zu halten, ist mit der Ende 2000 in Gang gesetzten Änderung der Rentengesetzgebung eine fundamentale Kursänderung vorgenommen worden (vgl. *Flecken,* SozSich 01, 81): Es wird nicht mehr erwartet, dass die gesetzliche Rente allein die Versorgung für das Alter sichert, sondern daneben als Regelfall eine private Altersvorsorge tritt. Demgemäß soll einerseits das Rentenniveau der gesetzlichen Rentenversicherung gesenkt werden; andererseits sollen die Möglichkeiten der privaten Vorsorge finanziell und institutionell unterstützt werden (umfassend *Unterhinninghofen,* KJ 02, 213). Die Privatvorsorge erfolgt aufgrund des Altersvermögensgesetzes (vgl. Einl. II 1 b zum BetrAVG, Nr. 11). Die private Vorsorge wird danach entweder durch eine Zulage nach §§ 79 ff. EStG oder einen steuerlichen Sonderausgabenabzug nach § 10 a EStG gefördert. Die Förderung knüpft an eine Vorsorge durch Entgeltumwandlung im Rahmen der betrieblichen Altersvorsorge oder an Produkte mit einer Zertifizierung nach dem AltZertG (Gesetz über die Zertifizierung von Altersvorsorge- und Basisrentenverträgen – Altersvorsorgeverträge-Zertifizierungsgesetz – v. 26.6.2001, BGBl. I 1310, 1322). Zusätzliche Vorsorgebeiträge werden im Wege des Sonderausgabenabzugs nach § 10 Abs. 1 Nr. 2, Abs. 2 und 3 EStG auf Grundlage des Alterseinkünftegesetzes (Gesetz zur Neuordnung der einkommensteuerrechtlichen Behandlung von Altersvorsorgeaufwendungen und Altersbezügen v. 9.7.2004, BGBl. I 1427) gefördert. Dieses Konzept der »*Riester-Rente*« (benannt nach dem damaligen Arbeitsminister) ist politisch erheblich in die Diskussion geraten, u. a. weil weniger als die Hälfte der Betroffenen bislang entsprechend privat vorsorgen (SOPO Info 36/16, S. 1). Einen größeren Anreiz zur privaten Vorsorge wollte der Gesetzgeber aus diesem Grunde mit dem Betriebsrentenstärkungsgesetz (v. 17.8.2017, BGBl. I 3214) schaffen (s. Einl. I zum BetrAVG, Nr. 11).

Mit dem RV-Leistungsverbesserung- und -Stabilisierungsgesetz v. 28.11.2018 (BGBl. I 2016; dazu *Dünn/Steckmann,* RVaktuell 18, 212) wurde die Rentenformel so angepasst, dass das Sicherungsniveau vor Steuern bis 2025 bei 48 % gewährleistet ist. Zugleich wurde der Beitragssatz auf 18,6 % festgesetzt und eine Erhöhung über 20 % hinaus ausgeschlossen.

4. Flexiber Übergang in Altersrenten

Durch das Flexirentengesetz v. 8.12.2016 (BGBl. I 2838; dazu *Kreikebohm/Mest-*

werdt, RdA 17, 71; *Lorenz-Schmidt*, ZTR 17, 199; *Matlok/Fecher*, DRV 17, 1; *Rolfs*, NZS 17, 164; *Winkel/Nakielski*, SozSich 17, 51; Entwurf: BT-Drs. 18/9787) soll der Übergang vom Erwerbsleben in den Ruhestand weiter flexibilisiert werden, indem Teilrente mit Teilzeitarbeit kombiniert werden kann, vor Erreichen der Regelaltersrente weiterhin trotz Rentenbezugs Beiträge gezahlt werden können, die Option für eine weitere Versicherungspflicht nach Erreichen der Altersgrenze geschaffen wird, die Möglichkeiten zusätzlicher Beitragszahlungen zur Finanzierung einer vorzeitigen Altersrente erweitert werden und Leistungen zur Prävention und Rehabilitation ausgebaut werden. Problematisch ist allerdings, dass die intendierte Weiterarbeit nach Erreichen der Altersgrenze oftmals daran scheitern kann, dass der Arbeitgeber sich auf eine vertragliche Altersgrenze (s. u. III), mit deren Erreichen das Arbeitsverhältnis endet, berufen kann.

5. Rentenüberleitung

Durch das Gesetz zur Herstellung der Rechtseinheit in der gesetzlichen Renten- und Unfallversicherung (Renten-Überleitungsgesetz v. 25. 7. 1991, BGBl. I 1606; Entwurf: BT-Drs. 18/11923) wurde die Alterssicherung der DDR in das westdeutsche Rentenversicherungssystem überführt und gleichzeitig ein der unterschiedlichen Einkommensverhältnisse entsprechendes unterschiedliches Rentenniveau eingeführt, das entsprechend der allmählichen Angleichung der Einkommensverhältnisse zu einer Angleichung der Rentenverhältnisse führen sollte. Dieser Prozess war aber auch mehr als 25 Jahre nach Herstellung der deutschen Einheit nicht vollständig abgeschlossen. Zu einer endgültigen Rentenanpassung soll nun das sog. Rentenüberleitungs-Abschlussgesetz (Gesetz über den Abschluss der Rentenüberleitung v. 17. 7. 2017, BGBl. I 2575) führen. Bis 2025 sollen Beitragsbemessungsgrenze und Rentenwert für Ostdeutschland schrittweise allmählich an das Niveau West angepasst werden. Dann wird es 35 Jahre nach Herstellung der deutschen Einheit ein einheitliches Rentenrecht in Deutschland geben.

II. Rente wegen verminderter Erwerbsfähigkeit

Die Rente wegen verminderter Erwerbsfähigkeit löst ab dem 1. 1. 2001 die bisherigen beiden Renten wegen Berufsunfähigkeit einerseits und wegen Erwerbsunfähigkeit andererseits ab (»Gesetz zur Reform der Renten wegen verminderter Erwerbsfähigkeit« vom 20. 12. 2000, BGBl. I S. 1827; vgl. *Joussen*, NZS 02, 294; *Rademacker*, SozSich 01, 74). Es gibt nunmehr eine Rente wegen teilweiser und eine solche wegen voller Erwerbsminderung (§ 43). Keine Erwerbsminderung wird angenommen, wenn der Versicherte im Rahmen einer Fünftagewoche noch mindestens 6 Stunden täglich arbeiten kann.

Maßstab für die Minderung des Leistungsvermögens ist die Erwerbsfähigkeit des Versicherten auf dem allgemeinen Arbeitsmarkt, d. h. jede nur denkbare Tätigkeit, die es auf dem Arbeitsmarkt gibt. Ausbildung und bisherige berufliche Tätigkeit bleiben außer Betracht. Zu berücksichtigen sind allein die körperliche und geistige Leistungsfähigkeit des Versicherten sowie eventuelle zusätzliche Einschränkungen, die sich aus der ärztlichen Begutachtung ergeben können. Allerdings kommen nur solche Tätigkeiten in Betracht, die auf dem allgemeinen Arbeitsmarkt üblich sind. Auf Tätigkeiten, für die es für den zu beurteilenden Versicherten einen Arbeitsmarkt schlechthin nicht gibt, kann der Versicherte nicht verwiesen werden.

Für sog. rentennahe Jahrgänge, d.h. Personen, die beim Inkrafttreten der Neuregelung das 40. Lebensjahr vollendet haben, gibt es eine Übergangslösung (§§ 240, 241).

Personen, die zwar erwerbsgemindert i.S. des § 43 sind, jedoch wegen der sonstigen sozialversicherungsrechtlichen Anforderungen nur eine zu geringe oder gar keine Rente erhalten, sind auf Leistungen nach dem SGB XII angewiesen. Das wird ein Stück weit kompensiert durch das EM-Leistungsverbesserungsgesetz (v. 17.7.2017, BGBl. I 2509; Entwurf: BR-Drs. 156/17). Durch eine schrittweise Verlängerung der sog. Zurechnungszeit auf das 65. Lebensjahr werden Erwerbsminderungsrentner leistungsmäßig so behandelt, als ob sie drei Jahre länger als bisher gearbeitet hätten. Durch das RV-Leistungsverbesserung- und -Stabilisierungsgesetz (s.o. I 3) wurden die Leistungen für Erwerbsminderungsrentner nochmals durch Verlängerung der Zurechnungszeit verbessert.

III. Vertragliche Altersgrenzen

§ 41 Abs. 4 hatte in seiner ursprünglichen Fassung Arbeitnehmern die rechtliche Möglichkeit eröffnet, über das 65. Lebensjahr hinaus zu arbeiten (vgl. bis 18. Aufl.; hierzu *Franke,* NZA 91, 972; *Worzalla,* NZA 91, Beilage 4). In dem Zusammenhang kam es zu Arbeitgeberprotesten wegen Fällen, in denen sich ältere Beschäftigte weigerten, mit 65 Jahren auszuscheiden und dies zum Anlass für Abfindungsverhandlungen nahmen (vgl. Arbeitgeber 94, 308). Daraufhin wurde § 41 Abs. 4 SGB VI (nunmehr § 41 S. 2) wieder so geändert, dass ein Ausscheiden mit Erreichen der Regelaltersgrenze (künftig 67) erzwungen werden kann, im Allgemeinen jedoch nicht früher (vgl. BT-Drs. 12/8040; DB 94, 1521; *Ehrich,* BB 94, 1633). Auch in befristungsrechtlicher Hinsicht und mit Rücksicht auf das Verbot der Altersdiskriminierung hat die Rechtsprechung dies gebilligt (vgl. Einl. II 1 a zu Nr. 32). Zuletzt wurde mit dem RV-Leistungsverbesserungsgesetz (s. I 1) die Befristung des Arbeitsvertrages im Falle der Verlängerung über die Altersgrenze hinaus ermöglicht (vgl. Einl. I zum TzBfG, Nr. 32).

IV. Altersteilzeit

Das Altersteilzeitgesetz (Nr. 30 VI a) ist geschaffen worden, um die bis dahin bestehende Praxis der Frühverrentung abzulösen. Sie bestand in betrieblichen Vereinbarungen, die an die Möglichkeit anknüpften, dass nach einjähriger Arbeitslosigkeit mit 60 Jahren die volle Altersrente zu beziehen war. Den vorzeitig ausgeschiedenen Arbeitnehmern wurden typischerweise vom Arbeitgeber Zuzahlungen zum Arbeitslosengeld geleistet (sog. 58er-Regelungen). Wegen der vielfältigen Ausnahmeregelungen des damaligen § 128 AFG waren die Unternehmen praktisch nie zur Erstattung des Arbeitslosengeldes gegenüber der Bundesanstalt für Arbeit verpflichtet. Daraus resultierte die Kritik, dass so die Arbeitslosenversicherung funktionswidrig mit Rentenkosten belastet und die Rentenversicherung insgesamt überlastet werde.

Das »Gesetz zur Förderung des gleitenden Übergangs in den Ruhestand« vom 23. Juli 1996 beendete diesen Zustand durch die stufenweise Anhebung der Altersgrenze für eine Rente wegen Arbeitslosigkeit auf 65 Jahre und die gleichzeitige Neuregelung des Altersteilzeitgesetzes. Die nunmehr zu großen Rentenabschläge bei einem vorzeitigen Ausscheiden aus dem Erwerbsleben haben das Aus für die frühere Praxis der 58er-Regelungen bedeutet. Mit dem »Gesetz zur sozialrechtlichen Absicherung flexibler Arbeitszeitregelungen« vom 6.4.1998 (BGBl. I 688) wurden die Möglichkeiten der Inanspruchnahme des Altersteilzeitgesetzes erweitert und die sozialrechtliche Seite des Entgeltanspruchs geklärt (zum Gesetz *Wonneberger*, DB 98, 982; *Diller*, NZA 98, 792; *Gaul*, BB 98, 1634; *Stiefermann*, Arbeitgeber 98, 207; *Wolf*, Arbeitgeber 98, 211). Nach weiteren Änderungen (vgl. 35. Aufl., Einl. zu Nr. 2) lief die gesetzliche Förderung gemäß § 16 beginnend ab 1.1.2010, also zum 1.1.2016, aus (zu den Wirkungen der Förderung auf die Inanspruchnahme von Altersteilzeit vgl. *Wanger*, WSI-Mitt. 10, 395). Danach können Aufstockungsleistungen nur noch erbracht werden, wenn die Fördervoraussetzungen erstmals vor dem 1.1.2010 vorgelegen haben. Ohne staatliche Förderung ist die Finanzierung von Altersteilzeit auf Beschäftigte bzw. ihre Arbeitgeber verlagert. Dazu wurden neue Tarifwerke geschaffen (vgl. iwd 13/10, S. 4; SoSi plus 6/12, S. 2; Bericht in AuR 10, 29; zur Metall- und Elektroindustrie *Koch*, BB 15, 1722 ff.; zur chemischen Industrie s. *Mostert*, SozSich 12, 97 ff.; zum öffentlichen Dienst *Klapproth/Hock*, ZTR 10, 278 ff.).

Nach § 16 lief aber nur die staatliche Förderung aus, ohne dass das Gesetz außer Kraft tritt. Das ist beispielsweise wichtig für die Insolvenzsicherungspflicht gemäß § 8 a. Auch die Regelungen zur Steuerfreiheit (§ 3 Nr. 28 EStG [Fn. 1 zu § 3 AltTZG]) und zur Beitragsfreiheit in der Sozialversicherung (§ 1 Abs. 1 Nr. 1 SvEV) sind in Kraft geblieben.

Die Verteilung der vom Arbeitgeber bereitgestellten Aufstockungsleistungen zum Entgelt im Falle der Altersteilzeitarbeit unterliegt der Mitbestimmung des Betriebsrats gemäß § 87 Abs. 1 Nr. 10 BetrVG (*BAG* 10.12.2013 – 1 ABR 39/12, NZA 14, 1040).

Die Teilzeitvereinbarung kann auch als sog. Blockmodell erfolgen. Dabei arbeitet der betroffene Arbeitnehmer in der ersten Hälfte des Verteilungszeitraums voll und wird in der zweiten Hälfte völlig von der Arbeit freigestellt. Der Arbeitnehmer gilt auch in der Freistellungsphase als versicherungspflichtig Beschäftigter (§ 7 Abs. 1 a SGB IV i. V. m. § 7 b SGB IV). Bei Blockteilzeit gilt er allerdings in der Freistellungsphase nicht mehr als Betriebsangehöriger und kann deshalb z. B. keiner Arbeitnehmervertretung angehören (*BAG* 25.10.2000 – 7 ABR 18/00, DB 01, 706 mit Anm. *Haag/Gräter/Dangelmaier*). Urlaubsansprüche, die wegen der Freistellung nicht mehr genommen werden können, sind nicht abzugelten (*BAG* 16.10.2012 – 9 AZR 234/11, NZA 13, 575).

Der Insolvenzschutz nach § 8 a ist insofern in praktischer Hinsicht nicht besonders effektiv, als organschaftliche Vertreter wegen Verletzung dieser Pflicht nicht zum Schadensersatz verpflichtet sind (*BAG*, DB 10, 1538). Nach § 8 a ATZG kann der Arbeitnehmer zwar mangels Nachweises des Insolvenzschutzes auf schriftliche Aufforderung nach einem Monat eine Sicherheitsleistung verlangen. Der Insolvenzschutz setzt allerdings erst ab einem Guthaben in Höhe des dreifachen Regelarbeitsentgelts ein, was das auf einen Monat entfallende Arbeitsentgelt ist. Der insoweit nicht geschützte Teil eines Wertguthabens wird regelmäßig durch das Insolvenzgeld nach §§ 165 ff. SGB III gesichert sein. Als problematisch erweist sich allerdings, dass der Insolvenzschutz nach wie vor von der Initiative des Arbeitnehmers abhängt. Effektiver dürften insoweit die Regelungen in § 7 e SGB IV ausgestaltet sein (s. aber Einl. II 3 zum SGB IV, Nr. 30 IV). Dafür, dass die Regelungen zur Haftung organschaftlicher Vertreter für unzureichende Wertguthaben in § 7 e SGB IV auch bei Wertguthaben aus Altersteilzeitvereinbarungen greifen, sprechen Gesetzgebungsgeschichte und Zweck der Regelungen (zum Ganzen *Deinert*, RdA 14, 327 ff.). Demgegenüber leitet das *BAG* (23. 2. 2016 – 9 AZR 293/15, NZA 16, 703) aus § 8 a Abs. 1 ATZG ab, dass § 7 e SGB IV bei Altersteilzeit-Wertguthaben überhaupt keine Anwendung finde, so dass Arbeitnehmer bei Insolvenz der Arbeitgeber-Gesellschaft keinen Ersatz von Vorständen oder Geschäftsführern, die keine ausreichende Insolvenzsicherung betrieben haben, erhalten können. Während der Freistellungsphase nach Eröffnung des Insolvenzverfahrens kann der Arbeitnehmer nicht mehr vom Insolvenzverwalter verlangen, dass dieser die Insolvenzsicherung durchführt (*BAG* 15. 1. 2013 – 9 AZR 448/11, DB 13, 1242).

V. Anwendungsprobleme und rechtspolitische Diskussion

Die zunehmende Verbreitung von Niedriglöhnen wird sich langfristig in den Rentenansprüchen der Betroffenen widerspiegeln (vgl. »Wenn die Rente nicht zum Leben reicht«, SZ v. 27. 6. 17, S. 18). Das zeigt sich auch derzeit schon daran, dass niedrigere Renten überwiegend von Frauen und höhere überwiegend von Männern bezogen werden, was eine Abbildung der Entgeltungleichheit im Erwerbsleben (vgl. Einl. II 4 zum AGG, Nr. 2) ist, sog. gender pension gap (vgl. BT-Drs. 18/6148; vgl. »Die tiefe Kluft daheim«, SZ v. 17. 9. 2019, S. 15). Um auf eine Netto-Rente in Höhe des Grundsicherungsniveaus zu gelangen, muss ein Vollzeitbeschäftigter 45 Jahre lang mindestens 9,47 Euro brutto pro Stunde verdienen (Böckler impuls 8/09, S. 3). Berücksichtigt man, dass nach der Rechtsprechung (vgl. Einl. II 1 a zum TzBfG, Nr. 32) Altersgrenzen selbst dann zulässig sind, wenn es dem Arbeitnehmer nicht möglich ist, während des aktiven Erwerbslebens eine hinreichende Vorsorge aufzubauen, wird die zwingende Notwendigkeit eines gesetzlichen Mindestlohnsystems (dazu Einl. I zum AEntG, Nr. 31 a, sowie Einl. zum MiLoG, Nr. 31 b) unübersehbar deutlich.

Die Große Koalition von 2018 hat sich für das Rentenversicherungsrecht viel vorgenommen (»Ein neuer Aufbruch für Europa, Eine neue Dynamik für Deutschland, Ein neuer Zusammenhalt für unser Land«, Koalitionsvertrag zwischen CDU, CSU und SPD, 19. Legislaturperiode, S. 92 f.). Sie möchte einerseits den Beitragssatz stabil unter 20 % halten, andererseits das Versorgungsniveau im Wesentlichen sichern. Wie dies gehen soll, ohne dass die Altersgrenze heraufgesetzt wird, bleibt unklar. Zunächst wurde mit dem RV-Leistungsverbesserung- und -Stabilisierungsgesetz (o. I 3) eine Finanzierung über Steuermittel bewerkstelligt. Für die Zeit ab 2025 soll eine Rentenkommission »Verlässlicher Generationenvertrag«

(dazu *Lösekrug-Möller/Schiewerling*, BetrAV 18, 427) Vorschläge für eine nachhaltige Ausgestaltung des Rentensystems erarbeiten. Damit gerade für diejenigen, die keine hohen Rentenleistungen zu erwarten haben, die Vorsorge nicht unattraktiv wird, weil eine alternative »Absicherung« über die Grundsicherung im Alter (SGB XII, Nr. 30 XII) in Aussicht steht, plant die Große Koalition eine Honorierung der Lebensleistung durch eine bedürftigkeitsabhängige sog. Grundrente nach 35 Jahren Beitragszeiten, Kindererziehungs- oder Pflegezeiten (dazu *Matlok/Jovanovic*, RVaktuell 18, 183). Auch sollen die Regelungen zum Schonvermögen bei Sozialhilfe und Grundsicherung mit Blick auf Wohneigentum überarbeitet werden. Die private Altersvorsorge soll neuerlich verbessert werden. Angestrebt sind dazu ein »attraktive(s) standardisierte(s) Riester-Produkt« und die Einführung einer säulenübergreifenden Renteninformation. Schließlich plant die Koalition eine Verbesserung des sozialen Schutzes von Selbstständigen durch Einbeziehung in die gesetzliche Rentenversicherung mit Opt-Out-Lösung bei anderweitiger Absicherung. Ein Ergebnis funktionierender Lobbypolitik ist im Übrigen der Plan einer Senkung des Beitrags für Mini-Jobs von Zeitungszustellern von 15 auf 5 % »zur Sicherung der bundesweiten Versorgung mit Presseerzeugnissen für alle Haushalte«.

Weiterführende Literatur

Kommentare zum Rentenversicherungsrecht

Hauck/Noftz, SGB VI (Loseblatt)
Kreikebohm (Hrsg.), SGB VI, 5. Aufl. (2017)
Reinhardt/Silber (Hrsg.), SGB VI, 4. Aufl. (2018)
Eichenhofer/Wenner (Hrsg.), SGB VI (2014)

Aufsätze zum Rentenversicherungsrecht

WSI-Mitt. Schwerpunktheft »Generationenvertrag und Generationengerechtigkeit« 1/1999

Brussig/Knuth, Am Vorabend der Rente mit 67 – Erkenntnisstand und Erkenntnislücken zur Entwicklung der Erwerbschancen Älterer, WSI-Mitt. 2011, S. 99

Dünn/Stosberg, Was ändert sich durch das RV-Leistungsverbesserungsgesetz?, RVaktuell 2014, S. 156

Joussen, Die Rente wegen voller und teilweiser Erwerbsminderung nach neuem Recht, NZS 2002, S. 294

Kreikebohm/Mestwerdt, Arbeit und Rente: Reicht der arbeits- und sozialrechtliche Rahmen für flexible Übergänge von der Arbeit in den Ruhestand?, RdA 2018, S. 71

Nakielski/Kerschbaumer, Die neuen Altersgrenzen bei den Rentenarten, SozSich 2007, S. 85

Ruland, Die Rentenpolitik vor schwierigen Entscheidungen – der Koalitionsvertrag und die rentenpolitischen Notwendigkeiten, DRV 2018, S. 1

Ruland, Die Rentenreform unter besonderer Berücksichtigung der staatlich geförderten zusätzlichen Altersvorsorge, NZS 2002, S. 505
Unterhinninghofen, Rotgrünes Rentenprojekt – Umbau des Sozialsystems, Eigenvorsorge und Tarifpolitik, KJ 2002, S. 213
Winkel/Nakielski, Änderungen durch das Flexi-Rentengesetz, Neue Möglichkeiten für (Früh-)Rentner/innen, SozSich 2017, S. 51

Literatur zur Altersteilzeit

Deinert/Heuschmid/Zwanziger-*Bantle,* Arbeitsrecht, § 112 (Altersteilzeit)
Hanau/Veith, Das neue Recht der Arbeitszeitkonten, 2. Aufl. (2015)
Kerschbaumer, Weiterentwicklung der Altersteilzeit und neue Instrumente zum flexiblen Übergang in den Ruhestand, SozSich 2007, S. 104
Zwanziger, Struktur, Probleme und Entwicklung des Altersteilzeitrechts, RdA 2005, S. 226

Übersicht 65: Rentenversicherung

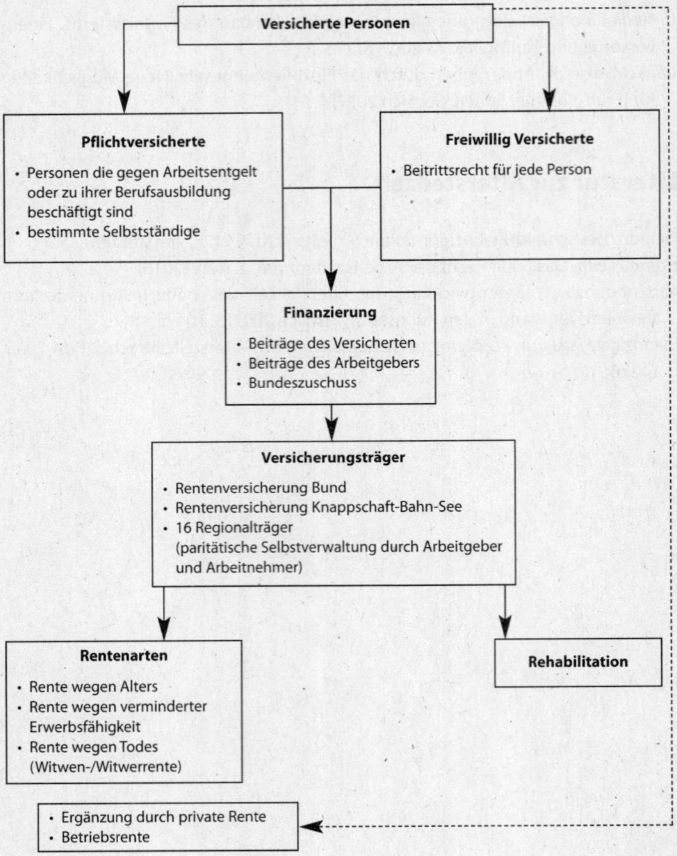

Checkliste 65 a: Altersteilzeit

I. Voraussetzungen auf Seiten des Arbeitnehmers
1. Rentennähe
2. Vereinbarung über Reduzierung der Arbeitszeit
3. Vorbeschäftigungszeit

II. Vertragsgestaltung
1. Vereinbarung mit dem Arbeitgeber
2. Formvorschriften
3. Zeitpunkt der Vereinbarung
4. Reduzierung der bisherigen wöchentlichen Arbeitszeit
5. Verteilung der Arbeitszeit
6. Dauer der Vereinbarung
7. Versicherungspflichtige Beschäftigung
8. Aufstockung des Arbeitsentgelts?
9. Aufstockung der Rentenversicherungsbeiträge?
10. Insolvenzsicherung

III. Betriebsratsbeteiligung und Mitarbeitergespräch

Sozialgesetzbuch (SGB) Sechstes Buch Gesetzliche Rentenversicherung

vom 18. Dezember 1989 (BGBl. I 2261, ber. BGBl. I 1990, 1337), zuletzt geändert durch Gesetz vom 12. Dezember 2019 (BGBl. I 2652)

(Abgedruckte Vorschriften: § 1 Nr. 1, § 2 Satz 1 Nrn. 9 und 10, Sätze 2, 3, 4 Nr. 1 und 2, §§ 5 Abs. 2, 6 Abs. 1 a und 1 b, 35, 41, 43, 63 – 67, 168 Abs. 1 Nrn. 1, 1 b und 1 c, 235, 236 a, 236 b, 237, 240)

§ 1 Beschäftigte Versicherungspflichtig sind

1. Personen, die gegen Arbeitsentgelt oder zu ihrer Berufsausbildung beschäftigt sind; während des Bezuges von Kurzarbeitergeld nach dem Dritten Buch besteht die Versicherungspflicht fort,

...

§ 2 Selbständig Tätige Versicherungspflichtig sind selbständig tätige

...

9. Personen, die
   a) im Zusammenhang mit ihrer selbständigen Tätigkeit regelmäßig keinen versicherungspflichtigen Arbeitnehmer beschäftigen und
   b) auf Dauer und im Wesentlichen nur für einen Auftraggeber tätig sind; bei Gesellschaftern gelten als Auftraggeber die Auftraggeber der Gesellschaft.

Als Arbeitnehmer im Sinne des Satzes 1 Nr. 1, 2, 7 und 9 gelten

1. auch Personen, die berufliche Kenntnisse, Fertigkeiten oder Erfahrungen im Rahmen beruflicher Bildung erwerben,
2. nicht Personen, die geringfügig beschäftigt sind,
3. für Gesellschafter auch die Arbeitnehmer der Gesellschaft.

...

§ 5 Versicherungsfreiheit ...

(2) Versicherungsfrei sind Personen, die eine

1. Beschäftigung nach § 8 Absatz 1 Nummer 2 oder § 8 a in Verbindung mit § 8 Absatz 1 Nummer 2 des Vierten Buches oder
2. geringfügige selbständige Tätigkeit nach § 8 Absatz 3 in Verbindung mit § 8 Absatz 1 oder nach § 8 Absatz 3 in Verbindung mit den §§ 8 a und 8 Absatz 1 des Vierten Buches

ausüben, in dieser Beschäftigung oder selbständigen Tätigkeit oder Pflegetätigkeit. § 8 Absatz 2 des Vierten Buches ist mit der Maßgabe anzuwenden, dass eine Zusammenrechnung mit einer nicht geringfügigen selbständigen Tätigkeit nur erfolgt, wenn diese versicherungspflichtig ist. Satz 1 Nummer 1 gilt nicht für Personen, die im Rahmen betrieblicher Berufsbildung beschäftigt sind.

…

§ 6 Befreiung von der Versicherungspflicht (1) …

(1 a) Personen, die nach § 2 Satz 1 Nr. 9 versicherungspflichtig sind, werden von der Versicherungspflicht befreit

1. für einen Zeitraum von drei Jahren nach erstmaliger Aufnahme einer selbständigen Tätigkeit, die die Merkmale des § 2 Satz 1 Nr. 9 erfüllt,
2. nach Vollendung des 58. Lebensjahres, wenn sie nach einer zuvor ausgeübten selbständigen Tätigkeit erstmals nach § 2 Satz 1 Nr. 9 versicherungspflichtig werden.

Satz 1 Nr. 1 gilt entsprechend für die Aufnahme einer zweiten selbständigen Tätigkeit, die die Merkmale des § 2 Satz 1 Nr. 9 erfüllt. Tritt nach Ende einer Versicherungspflicht nach § 2 Satz 1 Nr. 10 Versicherungspflicht nach § 2 Satz 1 Nr. 9 ein, wird die Zeit, in der die dort genannten Merkmale bereits vor dem Eintritt der Versicherungspflicht nach dieser Vorschrift vorgelegen haben, auf den in Satz 1 Nr. 1 genannten Zeitraum nicht angerechnet. Eine Aufnahme einer selbständigen Tätigkeit liegt nicht vor, wenn eine bestehende selbständige Existenz lediglich umbenannt oder deren Geschäftszweck gegenüber der vorangegangenen nicht wesentlich verändert worden ist.

(1 b) Personen, die eine geringfügige Beschäftigung nach § 8 Absatz 1 Nummer 1 oder § 8 a in Verbindung mit § 8 Absatz 1 Nummer 1 des Vierten Buches ausüben, werden auf Antrag von der Versicherungspflicht befreit. Der schriftliche Befreiungsantrag ist dem Arbeitgeber zu übergeben. § 8 Absatz 2 des Vierten Buches ist mit der Maßgabe anzuwenden, dass eine Zusammenrechnung mit einer nicht geringfügigen Beschäftigung nur erfolgt, wenn diese versicherungspflichtig ist. Der Antrag kann bei mehreren geringfügigen Beschäftigungen nur einheitlich gestellt werden und ist für die Dauer der Beschäftigungen bindend. Satz 1 gilt nicht für Personen, die im Rahmen betrieblicher Berufsbildung, nach dem Jugendfreiwilligendienstegesetz, nach dem Bundesfreiwilligendienstgesetz oder nach § 1 Satz 1 Nummer 2 bis 4 beschäftigt sind oder von der Möglichkeit einer stufenweisen Wiederaufnahme einer nicht geringfügigen Tätigkeit (§ 74 des Fünften Buches) Gebrauch machen.

…

§ 35 Regelaltersrente Versicherte haben Anspruch auf Regelaltersrente, wenn sie

1. die Regelaltersgrenze erreicht und
2. die allgemeine Wartezeit erfüllt

haben. Die Regelaltersgrenze wird mit Vollendung des 67. Lebensjahres erreicht.

…

§ 41 Altersrente und Kündigungsschutz Der Anspruch des Versicherten auf eine Rente wegen Alters ist nicht als ein Grund anzusehen, der die Kündigung eines Arbeitsverhältnisses durch den Arbeitgeber nach dem Kündigungsschutzgesetz bedingen kann. Eine Vereinbarung, die die Beendigung des Arbeitsverhältnisses eines Arbeitnehmers ohne Kündigung zu einem Zeitpunkt vorsieht, zu dem der Arbeitnehmer vor Erreichen der Regelaltersgrenze eine Rente wegen Alters beantragen kann, gilt dem Arbeitnehmer gegenüber als auf das Erreichen der Regelaltersgrenze abgeschlossen, es sei denn, dass die Vereinbarung innerhalb der letzten drei Jahre vor diesem Zeitpunkt abgeschlossen oder von dem Arbeitnehmer innerhalb der letzten drei Jahre vor diesem Zeitpunkt bestätigt worden ist. Sieht eine Vereinbarung die Beendigung des Arbeitsverhältnisses mit dem Erreichen der Regelaltersgrenze vor, können die Arbeitsvertragsparteien durch Vereinbarung während des Arbeitsverhältnisses den Beendigungszeitpunkt, gegebenenfalls auch mehrfach, hinausschieben.

…

§ 43 Rente wegen Erwerbsminderung (1) Versicherte haben bis zum Erreichen der Regelaltersgrenze Anspruch auf Rente wegen teilweiser Erwerbsminderung, wenn sie
1. teilweise erwerbsgemindert sind,
2. in den letzten fünf Jahren vor Eintritt der Erwerbsminderung drei Jahre Pflichtbeiträge für eine versicherte Beschäftigung oder Tätigkeit haben und
3. vor Eintritt der Erwerbsminderung die allgemeine Wartezeit erfüllt haben.

Teilweise erwerbsgemindert sind Versicherte, die wegen Krankheit oder Behinderung auf nicht absehbare Zeit außerstande sind, unter den üblichen Bedingungen des allgemeinen Arbeitsmarktes mindestens sechs Stunden täglich erwerbstätig zu sein.

(2) Versicherte haben bis zum Erreichen der Regelaltersgrenze Anspruch auf Rente wegen voller Erwerbsminderung, wenn sie
1. voll erwerbsgemindert sind,
2. in den letzten fünf Jahren vor Eintritt der Erwerbsminderung drei Jahre Pflichtbeiträge für eine versicherte Beschäftigung oder Tätigkeit haben und
3. vor Eintritt der Erwerbsminderung die allgemeine Wartezeit erfüllt haben.

Voll erwerbsgemindert sind Versicherte, die wegen Krankheit oder Behinderung auf nicht absehbare Zeit außerstande sind, unter den üblichen Bedingungen des allgemeinen Arbeitsmarktes mindestens drei Stunden täglich erwerbstätig zu sein. Voll erwerbsgemindert sind auch
1. Versicherte nach § 1 Satz 1 Nr. 2, die wegen Art oder Schwere der Behinderung nicht auf dem allgemeinen Arbeitsmarkt tätig sein können und
2. Versicherte, die bereits vor Erfüllung der allgemeinen Wartezeit voll erwerbsgemindert waren, in der Zeit einer nicht erfolgreichen Eingliederung in den allgemeinen Arbeitsmarkt.

(3) Erwerbsgemindert ist nicht, wer unter den üblichen Bedingungen des allgemeinen Arbeitsmarktes mindestens sechs Stunden täglich erwerbstätig sein kann; dabei ist die jeweilige Arbeitsmarktlage nicht zu berücksichtigen.

(4) Der Zeitraum von fünf Jahren vor Eintritt der Erwerbsminderung verlängert sich um folgende Zeiten, die nicht mit Pflichtbeiträgen für eine versicherte Beschäftigung oder Tätigkeit belegt sind:

1. Anrechnungszeiten und Zeiten des Bezugs einer Rente wegen verminderter Erwerbsfähigkeit,
2. Berücksichtigungszeiten,
3. Zeiten, die nur deshalb keine Anrechnungszeiten sind, weil durch sie eine versicherte Beschäftigung oder selbständige Tätigkeit nicht unterbrochen ist, wenn in den letzten sechs Kalendermonaten vor Beginn dieser Zeiten wenigstens ein Pflichtbeitrag für eine versicherte Beschäftigung oder Tätigkeit oder eine Zeit nach Nummer 1 oder 2 liegt,
4. Zeiten einer schulischen Ausbildung nach Vollendung des 17. Lebensjahres bis zu sieben Jahren, gemindert um Anrechnungszeiten wegen schulischer Ausbildung.

(5) Eine Pflichtbeitragszeit von drei Jahren für eine versicherte Beschäftigung oder Tätigkeit ist nicht erforderlich, wenn die Erwerbsminderung aufgrund eines Tatbestandes eingetreten ist, durch den die allgemeine Wartezeit vorzeitig erfüllt ist.

(6) Versicherte, die bereits vor Erfüllung der allgemeinen Wartezeit voll erwerbsgemindert waren und seitdem ununterbrochen voll erwerbsgemindert sind, haben Anspruch auf Rente wegen voller Erwerbsminderung, wenn sie die Wartezeit von 20 Jahren erfüllt haben.

…

§ 63 Grundsätze (1) Die Höhe einer Rente richtet sich vor allem nach der Höhe der während des Versicherungslebens durch Beiträge versicherten Arbeitsentgelte und Arbeitseinkommen.

(2) Das in den einzelnen Kalenderjahren durch Beiträge versicherte Arbeitsentgelt und Arbeitseinkommen wird in Entgeltpunkte umgerechnet. Die Versicherung eines Arbeitsentgelts oder Arbeitseinkommens in Höhe des Durchschnittsentgelts eines Kalenderjahres (Anlage 1) ergibt einen vollen Entgeltpunkt.

(3) Für beitragsfreie zeiten werden Entgeltpunkte angerechnet, deren Höhe von der Höhe der in der übrigen Zeit versicherten Arbeitsentgelte und Arbeitseinkommen abhängig ist.

(4) Das Sicherungsziel der jeweiligen Rentenart im Verhältnis zu einer Altersrente wird durch den Rentenartfaktor bestimmt.

(5) Vorteile und Nachteile einer unterschiedlichen Rentenbezugsdauer werden durch einen Zugangsfaktor vermieden.

(6) Der Monatsbetrag einer Rente ergibt sich, indem die unter Berücksichtigung des Zugangsfaktors ermittelten persönlichen Entgeltpunkte mit dem Rentenartfaktor und dem aktuellen Rentenwert vervielfältigt werden.

(7) Der aktuelle Rentenwert wird entsprechend der Entwicklung des Durchschnittsentgelts unter Berücksichtigung der Veränderung des Beitragssatzes zur allgemeinen Rentenversicherung jährlich angepasst.

§ 64 Rentenformel für Monatsbetrag der Rente Der Monatsbetrag der Rente ergibt sich, wenn
1. die unter Berücksichtigung des Zugangsfaktors ermittelten persönlichen Entgeltpunkte,
2. der Rentenartfaktor,
3. der aktuelle Rentenwert

mit ihrem Wert bei Rentenbeginn miteinander vervielfältigt werden.

§ 65 Anpassung der Renten Zum 1. Juli eines jeden Jahres werden die Renten angepasst, indem der bisherige aktuelle Rentenwert durch den neuen aktuellen Rentenwert ersetzt wird.

§ 66 Persönliche Entgeltpunkte (1) Die persönlichen Entgeltpunkte für die Ermittlung des Monatsbetrags der Rente ergeben sich, indem die Summe aller Entgeltpunkte für
1. Beitragszeiten,
2. beitragsfreie Zeiten,
3. Zuschläge für beitragsgeminderte Zeiten,
4. Zuschläge oder Abschläge aus einem durchgeführten Versorgungsausgleich oder Rentensplitting,
5. Zuschläge aus Zahlung von Beiträgen bei vorzeitiger Inanspruchnahme einer Rente wegen Alters oder bei Abfindungen von Anwartschaften auf betriebliche Altersversorgung oder von Anrechten bei der Versorgungsausgleichskasse,
6. Zuschläge an Entgeltpunkten für Arbeitsentgelt aus geringfügiger Beschäftigung,
7. Arbeitsentgelt aus nach § 23 b Abs. 2 Satz 1 bis 4 des Vierten Buches aufgelösten Wertguthaben,
8. Zuschläge an Entgeltpunkten aus Beiträgen nach Beginn einer Rente wegen Alters,
9. Zuschläge an Entgeltpunkten für Zeiten einer besonderen Auslandsverwendung und
10. Zuschläge an Entgeltpunkten für nachversicherte Soldaten auf Zeit.

mit dem Zugangsfaktor vervielfältigt und bei Witwenrenten und Witwerrenten sowie bei Waisenrenten um einen Zuschlag erhöht wird.

(2) Grundlage für die Ermittlung der persönlichen Entgeltpunkte sind die Entgeltpunkte
1. des Versicherten bei einer Rente wegen Alters, wegen verminderter Erwerbsfähigkeit und bei einer Erziehungsrente,
2. des verstorbenen Versicherten bei einer Witwenrente, Witwerrente und Halbwaisenrente,
3. der zwei verstorbenen Versicherten mit den höchsten Renten bei einer Vollwaisenrente.

(3) Bei einer unabhängig vom Hinzuverdienst gewählten Teilrente (§ 42 Absatz 2) ergeben sich die in Anspruch genommenen Entgeltpunkte aus der

Summe aller Entgeltpunkte entsprechend dem Verhältnis der Teilrente zu der Vollrente. Bei einer vom Hinzuverdienst abhängigen Teilrente (§ 34 Absatz 3) ergeben sich die jeweils in Anspruch genommenen Entgeltpunkte aus dem Monatsbetrag der Rente nach Anrechnung des Hinzuverdienstes im Wege einer Rückrechnung unter Berücksichtigung des maßgeblichen aktuellen Rentenwerts, des Rentenartfaktors und des jeweiligen Zugangsfaktors.

(3 a) Zuschläge an Entgeltpunkten aus Beiträgen nach Beginn einer Rente wegen Alters werden mit Ablauf des Kalendermonats des Erreichens der Regelaltersgrenze und anschließend jährlich zum 1. Juli berücksichtigt. Dabei sind für die jährliche Berücksichtigung zum 1. Juli die für das vergangene Kalenderjahr ermittelten Zuschläge maßgebend.

(4) Bei einer nur teilweise zu leistenden Rente wegen verminderter Erwerbsfähigkeit ergeben sich die jeweils in Anspruch genommenen Entgeltpunkte aus dem Monatsbetrag der Rente nach Anrechnung des Hinzuverdienstes im Wege einer Rückrechnung unter Berücksichtigung des maßgeblichen aktuellen Rentenwerts, des Rentenartfaktors und des jeweiligen Zugangsfaktors.

§ 67 Rentenartfaktor Der Rentenartfaktor beträgt für persönliche Entgeltpunkte bei

1.	Renten wegen Alters	1,0
2.	Renten wegen teilweiser Erwerbsminderung	0,5
3.	Renten wegen voller Erwerbsminderung	1,0
4.	Erziehungsrenten	1,0
5.	kleinen Witwenrenten und kleinen Witwerrenten bis zum Ende des dritten Kalendermonats nach Ablauf des Monats, in dem der Ehegatte verstorben ist,	1,0
	anschließend	
6.	großen Witwenrenten und großen Witwerrenten bis zum Ende des dritten Kalendermonats nach Ablauf des Monats, in dem der Ehegatte verstorben ist,	1,0
	anschließend	
7.	Halbwaisenrenten	0,1
8.	Vollwaisenrenten	0,2

…

§ 168 Beitragstragung bei Beschäftigten (1) Die Beiträge werden getragen

1. bei Personen, die gegen Arbeitsentgelt beschäftigt werden, von den Versicherten und von den Arbeitgebern je zur Hälfte,

1 a. …

1 b. bei Personen, die gegen Arbeitsentgelt geringfügig versicherungspflichtig beschäftigt werden, von den Arbeitgebern in Höhe des Betrages, der 15 vom Hundert des der Beschäftigung zugrunde liegenden Arbeitsentgelts entspricht, im Übrigen vom Versicherten,

1 c. bei Personen, die gegen Arbeitsentgelt in Privathaushalten geringfügig versicherungspflichtig beschäftigt werden, von den Arbeitgebern in Höhe des

Betrages, der 5 vom Hundert des der Beschäftigung zugrunde liegenden Arbeitsentgelts entspricht, im Übrigen vom Versicherten,

...

§ 235 Regelaltersrente (1) Versicherte, die vor dem 1. Januar 1964 geboren sind, haben Anspruch auf Regelaltersrente, wenn sie
1. die Regelaltersgrenze erreicht und
2. die allgemeine Wartezeit erfüllt

haben. Die Regelaltersgrenze wird frühestens mit Vollendung des 65. Lebensjahres erreicht.

(2) Versicherte, die vor dem 1. Januar 1947 geboren sind, erreichen die Regelaltersgrenze mit Vollendung des 65. Lebensjahres. Für Versicherte, die nach dem 31. Dezember 1946 geboren sind, wird die Regelaltersgrenze wie folgt angehoben:

Versicherte Geburtsjahr	Anhebung um Monate	auf Alter	
		Jahr	Monat
1947	1	65	1
1948	2	65	2
1949	3	65	3
1950	4	65	4
1951	5	65	5
1952	6	65	6
1953	7	65	7
1954	8	65	8
1955	9	65	9
1956	10	65	10
1957	11	65	11
1958	12	66	0
1959	14	66	2
1960	16	66	4
1961	18	66	6
1962	20	66	8
1963	22	66	10.

Für Versicherte, die
1. vor dem 1. Januar 1955 geboren sind und vor dem 1. Januar 2007 Altersteilzeitarbeit im Sinne der §§ 2 und 3 Abs. 1 Nr. 1 des Altersteilzeitgesetzes vereinbart haben oder

2. Anpassungsgeld für entlassene Arbeitnehmer des Bergbaus bezogen haben, wird die Regelaltersgrenze nicht angehoben.

…

§ 236 a Altersrente für schwerbehinderte Menschen (1) Versicherte, die vor dem 1. Januar 1964 geboren sind, haben frühestens Anspruch auf Altersrente für schwerbehinderte Menschen, wenn sie

1. das 63. Lebensjahr vollendet haben,
2. bei Beginn der Altersrente als schwerbehinderte Menschen (§ 2 Abs. 2 Neuntes Buch) anerkannt sind und
3. die Wartezeit von 35 Jahren erfüllt haben.

Die vorzeitige Inanspruchnahme dieser Altersrente ist frühestens nach Vollendung des 60. Lebensjahres möglich.

(2) Versicherte, die vor dem 1. Januar 1952 geboren sind, haben Anspruch auf diese Altersrente nach Vollendung des 63. Lebensjahres; für sie ist die vorzeitige Inanspruchnahme nach Vollendung des 60. Lebensjahres möglich. Für Versicherte, die nach dem 31. Dezember 1951 geboren sind, werden die Altersgrenze von 63 Jahren und die Altersgrenze für die vorzeitige Inanspruchnahme wie folgt angehoben:

Versicherte Geburtsjahr Geburtsmonat	Anhebung um Monate	auf Alter		vorzeitige Inanspruchnahme möglich ab Alter	
		Jahr	Monat	Jahr	Monat
1952					
Januar	1	63	1	60	1
Februar	2	63	2	60	2
März	3	63	3	60	3
April	4	63	4	60	4
Mai	5	63	5	60	5
Juni – Dezember	6	63	6	60	6
1953	7	63	7	60	7
1954	8	63	8	60	8
1955	9	63	9	60	9
1956	10	63	10	60	10
1957	11	63	11	60	11
1958	12	64	0	61	0
1959	14	64	2	61	2
1960	16	64	4	61	4
1961	18	64	6	61	6

Versicherte Geburtsjahr Geburtsmonat	Anhebung um Monate	auf Alter		vorzeitige Inanspruchnahme möglich ab Alter	
		Jahr	Monat	Jahr	Monat
1962	20	64	8	61	8
1963	22	64	10	61	10.

Für Versicherte, die
1. bis am 1. Januar 2007 als schwerbehinderte Menschen (§ 2 Abs. 2 Neuntes Buch) anerkannt waren und
2. entweder
   a) vor dem 1. Januar 1955 geboren sind und vor dem 1. Januar 2007 Altersteilzeitarbeit im Sinne der §§ 2 und 3 Abs. 1 Nr. 1 des Altersteilzeitgesetzes vereinbart haben oder
   b) Anpassungsgeld für entlassene Arbeitnehmer des Bergbaus bezogen haben,

werden die Altersgrenzen nicht angehoben.

(3) Versicherte, die vor dem 1. Januar 1951 geboren sind, haben unter den Voraussetzungen nach Absatz 1 Satz 1 Nr. 1 und 3 auch Anspruch auf diese Altersrente, wenn sie bei Beginn der Altersrente berufsunfähig oder erwerbsunfähig nach dem am 31. Dezember 2000 geltenden Recht sind.

(4) Versicherte, die vor dem 17. November 1950 geboren sind und am 16. November 2000 schwerbehindert (§ 2 Abs. 2 Neuntes Buch), berufsunfähig oder erwerbsunfähig nach dem am 31. Dezember 2000 geltenden Recht waren, haben Anspruch auf diese Altersrente, wenn sie
1. das 60. Lebensjahr vollendet haben,
2. bei Beginn der Altersrente
   a) als schwerbehinderte Menschen (§ 2 Abs. 2 Neuntes Buch) anerkannt oder
   b) berufsunfähig oder erwerbsunfähig nach dem am 31. Dezember 2000 geltenden Recht und
3. die Wartezeit von 35 Jahren erfüllt haben.

§ 236 b Altersrente für besonders langjährig Versicherte (1) Versicherte, die vor dem 1. Januar 1964 geboren sind, haben frühestens Anspruch auf Altersrente für besonders langjährig Versicherte, wenn sie
1. das 63. Lebensjahr vollendet und
2. die Wartezeit von 45 Jahren erfüllt

haben.

(2) Versicherte, die vor dem 1. Januar 1953 geboren sind, haben Anspruch auf diese Altersrente nach Vollendung des 63. Lebensjahres. Für Versicherte, die nach dem 31. Dezember 1952 geboren sind, wird die Altersgrenze von 63 Jahren wie folgt angehoben:

Versicherte Geburtsjahr	Anhebung um Monate	auf Alter	
		Jahr	Monat
1953	2	63	2
1954	4	63	4
1955	6	63	6
1956	8	63	8
1957	10	63	10
1958	12	64	0
1959	14	64	2
1960	16	64	4
1961	18	64	6
1962	20	64	8
1963	22	64	10

§ 237 Altersrente wegen Arbeitslosigkeit oder nach Altersteilzeitarbeit (1) Versicherte haben Anspruch auf Altersrente, wenn sie

1. vor dem 1. Januar 1952 geboren sind,
2. das 60. Lebensjahr vollendet haben,
3. entweder
   a) bei Beginn der Rente arbeitslos sind und nach Vollendung eines Lebensalters von 58 Jahren und 6 Monaten insgesamt 52 Wochen arbeitslos waren oder Anpassungsgeld für entlassene Arbeitnehmer des Bergbaus bezogen haben
   oder
   b) die Arbeitszeit aufgrund von Altersteilzeitarbeit im Sinne der §§ 2 und 3 Abs. 1 Nr. 1 des Altersteilzeitgesetzes für mindestens 24 Kalendermonate vermindert haben,
4. in den letzten zehn Jahren vor Beginn der Rente acht Jahre Pflichtbeiträge für eine versicherte Beschäftigung oder Tätigkeit haben, wobei sich der Zeitraum von zehn Jahren um Anrechnungszeiten, Berücksichtigungszeiten und Zeiten des Bezugs einer Rente aus eigener Versicherung, die nicht auch Pflichtbeitragszeiten aufgrund einer versicherten Beschäftigung oder Tätigkeit sind, verlängert, und
5. die Wartezeit von 15 Jahren erfüllt haben.

(2) Anspruch auf diese Altersrente haben auch Versicherte, die

1. während der Arbeitslosigkeit von 52 Wochen nur deshalb der Arbeitsvermittlung nicht zur Verfügung standen, weil sie nicht arbeitsbereit waren und nicht alle Möglichkeiten nutzten und nutzen wollten, um ihre Beschäftigungslosigkeit zu beenden,
2. nur deswegen nicht 52 Wochen arbeitslos waren, weil sie im Rahmen einer

Arbeitsgelegenheit mit Entschädigung für Mehraufwendungen nach dem Zweiten Buch eine Tätigkeit von 15 Stunden wöchentlich oder mehr ausgeübt haben, oder
3. während der 52 Wochen und zu Beginn der Rente nur deswegen nicht als Arbeitslose galten, weil sie erwerbsfähige Leistungsberechtigte waren, die nach Vollendung des 58. Lebensjahres mindestens für die Dauer von zwölf Monaten Leistungen der Grundsicherung für Arbeitsuchende bezogen haben, ohne dass ihnen eine sozialversicherungspflichtige Beschäftigung angeboten worden ist.

Der Zeitraum von zehn Jahren, in dem acht Jahre Pflichtbeiträge für eine versicherte Beschäftigung oder Tätigkeit vorhanden sein müssen, verlängert sich auch um
1. Arbeitslosigkeitszeiten nach Satz 1,
2. Ersatzzeiten,

soweit diese Zeiten nicht auch Pflichtbeiträge für eine versicherte Beschäftigung oder Tätigkeit sind. Vom 1. Januar 2008 an werden Arbeitslosigkeitszeiten nach Satz 1 Nr. 1 nur berücksichtigt, wenn die Arbeitslosigkeit vor dem 1. Januar 2008 begonnen hat und die Versicherten vor dem 2. Januar 1950 geboren sind.

(3) Die Altersgrenze von 60 Jahren wird bei Altersrenten wegen Arbeitslosigkeit oder nach Altersteilzeitarbeit für Versicherte, die nach dem 31. Dezember 1936 geboren sind, angehoben. Die vorzeitige Inanspruchnahme einer solchen Altersrente ist möglich. Die Anhebung der Altersgrenzen und die Möglichkeit der vorzeitigen Inanspruchnahme der Altersrenten bestimmen sich nach Anlage 19.

(4) Die Altersgrenze von 60 Jahren bei der Altersrente wegen Arbeitslosigkeit oder nach Altersteilzeitarbeit wird für Versicherte, die
1. bis zum 14. Februar 1941 geboren sind und
   a) am 14. Februar 1996 arbeitslos waren oder Anpassungsgeld für entlassene Arbeitnehmer des Bergbaus bezogen haben oder
   b) deren Arbeitsverhältnis aufgrund einer Kündigung oder Vereinbarung, die vor dem 14. Februar 1996 erfolgt ist, nach dem 13. Februar 1996 beendet worden ist,
2. bis zum 14. Februar 1944 geboren sind und aufgrund einer Maßnahme nach Artikel 56 § 2 Buchstabe b des Vertrages über die Gründung der Europäischen Gemeinschaft für Kohle und Stahl (EGKS-V), die vor dem 14. Februar 1996 genehmigt worden ist, aus einem Betrieb der Montanindustrie ausgeschieden sind oder
3. vor dem 1. Januar 1942 geboren sind und 45 Jahre mit Pflichtbeiträgen für eine versicherte Beschäftigung oder Tätigkeit haben, wobei § 55 Abs. 2 nicht für Zeiten anzuwenden ist, in denen Versicherte wegen des Bezugs von Arbeitslosengeld, Arbeitslosenhilfe oder Arbeitslosengeld II versicherungspflichtig waren,

wie folgt angehoben:

Versicherte Geburtsjahr Geburtsmonat	Anhebung um Monate	auf Alter		vorzeitige Inanspruchnahme möglich ab Alter	
		Jahr	Monat	Jahr	Monat
vor 1941	0	60	0	60	0
1941					
Januar–April	1	60	1	60	0
Mai–August	2	60	2	60	0
September–Dezember	3	60	3	60	0
1942					
Januar–April	4	60	4	60	0
Mai–August	5	60	5	60	0
September–Dezember	6	60	6	60	0
1943					
Januar–April	7	60	7	60	0
Mai–August	8	60	8	60	0
September–Dezember	9	60	9	60	0
1944					
Januar–Februar	10	60	10	60	0

Einer vor dem 14. Februar 1996 abgeschlossenen Vereinbarung über die Beendigung des Arbeitsverhältnisses steht eine vor diesem Tag vereinbarte Befristung des Arbeitsverhältnisses oder Bewilligung einer befristeten arbeitsmarktpolitischen Maßnahme gleich. Ein bestehender Vertrauensschutz wird insbesondere durch die spätere Aufnahme eines Arbeitsverhältnisses oder den Eintritt in eine neue arbeitsmarktpolitische Maßnahme nicht berührt.

(5) Die Altersgrenze von 60 Jahren für die vorzeitige Inanspruchnahme wird für Versicherte,

1. die am 1. Januar 2004 arbeitslos waren,
2. deren Arbeitsverhältnis aufgrund einer Kündigung oder Vereinbarung, die vor dem 1. Januar 2004 erfolgt ist, nach dem 31. Dezember 2003 beendet worden ist,
3. deren letztes Arbeitsverhältnis vor dem 1. Januar 2004 beendet worden ist und die am 1. Januar 2004 beschäftigungslos im Sinne des § 138 Abs. 1 Nr. 1 des Dritten Buches waren,
4. die vor dem 1. Januar 2004 Altersteilzeitarbeit im Sinne der §§ 2 und 3 Abs. 1 Nr. 1 des Altersteilzeitgesetzes vereinbart haben oder
5. die Anpassungsgeld für entlassene Arbeitnehmer des Bergbaus bezogen haben,

nicht angehoben. Einer vor dem 1. Januar 2004 abgeschlossenen Vereinbarung über die Beendigung des Arbeitsverhältnisses steht eine vor diesem Tag vereinbarte Befristung des Arbeitsverhältnisses oder Bewilligung einer befristeten arbeitsmarktpolitischen Maßnahme gleich. Ein bestehender Vertrauensschutz wird insbesondere durch die spätere Aufnahme eines Arbeitsverhältnisses oder den Eintritt in eine neue arbeitsmarktpolitische Maßnahme nicht berührt.

§ 240 Renten wegen teilweiser Erwerbsminderung bei Berufsunfähigkeit (1) Anspruch auf Rente wegen teilweiser Erwerbsminderung haben bei Erfüllung der sonstigen Voraussetzungen bis zum Erreichen der Regelaltersgrenze auch Versicherte, die

1. vor dem 2. Januar 1961 geboren und
2. berufsunfähig sind.

(2) Berufsunfähig sind Versicherte, deren Erwerbsfähigkeit wegen Krankheit oder Behinderung im Vergleich zur Erwerbsfähigkeit von körperlich, geistig und seelisch gesunden Versicherten mit ähnlicher Ausbildung und gleichwertigen Kenntnissen und Fähigkeiten auf weniger als sechs Stunden gesunken ist. Der Kreis der Tätigkeiten, nach denen die Erwerbsfähigkeit von Versicherten zu beurteilen ist, umfasst alle Tätigkeiten, die ihren Kräften und Fähigkeiten entsprechen und ihnen unter Berücksichtigung der Dauer und des Umfangs ihrer Ausbildung sowie ihres bisherigen Berufs und der besonderen Anforderungen ihrer bisherigen Berufstätigkeit zugemutet werden können. Zumutbar ist stets eine Tätigkeit, für die die Versicherten durch Leistungen zur Teilhabe am Arbeitsleben mit Erfolg ausgebildet oder umgeschult worden sind. Berufsunfähig ist nicht, wer eine zumutbare Tätigkeit mindestens sechs Stunden täglich ausüben kann; dabei ist die jeweilige Arbeitsmarktlage nicht zu berücksichtigen.

…

30 VI a. Altersteilzeitgesetz

vom 23. Juli 1996 (BGBl. I 1078),
zuletzt geändert durch Gesetz vom 12. Dezember 2019 (BGBl. I 2652)
(Abgedruckte Vorschriften: §§ 1, 8, 8 a)

Einleitung

(siehe bei Nr. 30 VI, IV)

Gesetzestext

§ 1 Grundsatz (1) Durch Altersteilzeitarbeit soll älteren Arbeitnehmern ein gleitender Übergang vom Erwerbsleben in die Altersrente ermöglicht werden.
(2) Die Bundesagentur für Arbeit (Bundesagentur) fördert durch Leistungen nach diesem Gesetz die Teilzeitarbeit älterer Arbeitnehmer, die ihre Arbeitszeit ab Vollendung des 55. Lebensjahres spätestens ab 31. Dezember 2009 vermindern und damit die Einstellung eines sonst arbeitslosen Arbeitnehmers ermöglichen.
(3) Altersteilzeit im Sinne dieses Gesetzes liegt unabhängig von einer Förderung durch die Bundesagentur auch vor bei einer Teilzeitarbeit älterer Arbeitnehmer, die ihre Arbeitszeit ab Vollendung des 55. Lebensjahres nach dem 31. Dezember 2009 vermindern. Für die Anwendung des § 3 Nr. 28 des Einkommensteuergesetzes kommt es nicht darauf an, dass die Altersteilzeit vor dem 1. Januar 2010 begonnen wurde und durch die Bundesagentur nach § 4 gefördert wird.
…

§ 8 Arbeitsrechtliche Regelungen[1] (1) Die Möglichkeit eines Arbeitnehmers zur Inanspruchnahme von Altersteilzeitarbeit gilt nicht als eine die Kündigung des Arbeitsverhältnisses durch den Arbeitgeber begründende Tatsache im Sinne des § 1 Abs. 2 Satz 1 des Kündigungsschutzgesetzes; sie kann auch nicht bei der

---

1 **§ 3 EStG**
(…)
28. die Aufstockungsbeträge im Sinne des § 3 Absatz 1 Nummer 1 Buchstabe a sowie die Beiträge und Aufwendungen im Sinne des § 3 Absatz 1 Nummer 1 Buchstabe b und des § 4 Absatz 2 des Altersteilzeitgesetzes, die Zuschläge, die versicherungsfrei Beschäftigte im Sinne des § 27 Absatz 1 Nummer 1 bis 3 des Dritten Buches Sozialgesetzbuch zur Aufstockung der Bezüge bei Altersteilzeit nach beamtenrechtlichen Vorschriften oder Grundsätzen erhalten sowie die Zahlungen des Arbeitgebers zur Übernahme der Beiträge im Sinne des § 187 a des Sechsten Buches Sozialgesetzbuch, soweit sie 50 Prozent der Beiträge nicht übersteigen;
(…)

sozialen Auswahl nach § 1 Abs. 3 Satz 1 des Kündigungsschutzgesetzes zum Nachteil des Arbeitnehmers berücksichtigt werden.
(2) Die Verpflichtung des Arbeitgebers zur Zahlung von Leistungen nach § 3 Abs. 1 Nr. 1 kann nicht für den Fall ausgeschlossen werden, daß der Anspruch des Arbeitgebers auf die Leistungen nach § 4 nicht besteht, weil die Voraussetzung des § 3 Abs. 1 Nr. 2 nicht vorliegt. Das gleiche gilt für den Fall, daß der Arbeitgeber die Leistungen nur deshalb nicht erhält, weil er den Antrag nach § 12 nicht, nicht richtig, nicht vollständig oder nicht rechtzeitig gestellt hat oder seinen Mitwirkungspflichten nicht nachgekommen ist, ohne daß dafür eine Verletzung der Mitwirkungspflichten des Arbeitnehmers ursächlich war.
(3) Eine Vereinbarung zwischen Arbeitnehmer und Arbeitgeber über die Altersteilzeitarbeit, die die Beendigung des Arbeitsverhältnisses ohne Kündigung zu einem Zeitpunkt vorsieht, in dem der Arbeitnehmer Anspruch auf eine Rente wegen Alters hat, ist zulässig.

§ 8 a Insolvenzsicherung (1) Führt eine Vereinbarung über die Altersteilzeitarbeit im Sinne von § 2 Abs. 2 zum Aufbau eines Wertguthabens, das den Betrag des Dreifachen des Regelarbeitsentgelts nach § 6 Abs. 1 einschließlich des darauf entfallenden Arbeitgeberanteils am Gesamtsozialversicherungsbeitrag übersteigt, ist der Arbeitgeber verpflichtet, das Wertguthaben einschließlich des darauf entfallenden Arbeitgeberanteils am Gesamtsozialversicherungsbeitrag mit der ersten Gutschrift in geeigneter Weise gegen das Risiko seiner Zahlungsunfähigkeit abzusichern; § 7 e des Vierten Buches Sozialgesetzbuch findet keine Anwendung. Bilanzielle Rückstellungen sowie zwischen Konzernunternehmen (§ 18 des Aktiengesetzes) begründete Einstandspflichten, insbesondere Bürgschaften, Patronatserklärungen oder Schuldbeitritte, gelten nicht als geeignete Sicherungsmittel im Sinne des Satzes 1.
(2) Bei der Ermittlung der Höhe des zu sichernden Wertguthabens ist eine Anrechnung der Leistungen nach § 3 Abs. 1 Nr. 1 Buchstabe a und b und § 4 Abs. 2 sowie der Zahlungen des Arbeitgebers zur Übernahme der Beiträge im Sinne des § 187 a des Sechsten Buches Sozialgesetzbuch unzulässig.
(3) Der Arbeitgeber hat dem Arbeitnehmer die zur Sicherung des Wertguthabens ergriffenen Maßnahmen mit der ersten Gutschrift und danach alle sechs Monate in Textform nachzuweisen. Die Betriebsparteien können eine andere gleichwertige Art und Form des Nachweises vereinbaren; Absatz 4 bleibt hiervon unberührt.
(4) Kommt der Arbeitgeber seiner Verpflichtung nach Absatz 3 nicht nach oder sind die nachgewiesenen Maßnahmen nicht geeignet und weist er auf schriftliche Aufforderung des Arbeitnehmers nicht innerhalb eines Monats eine geeignete Insolvenzsicherung des bestehenden Wertguthabens in Textform nach, kann der Arbeitnehmer verlangen, dass Sicherheit in Höhe des bestehenden Wertguthabens geleistet wird. Die Sicherheitsleistung kann nur erfolgen durch Stellung eines tauglichen Bürgen oder Hinterlegung von Geld oder solchen Wertpapieren, die nach § 234 Abs. 1 und 3 des Bürgerlichen Gesetzbuchs zur

Sicherheitsleistung geeignet sind. Die Vorschriften der §§ 233, 234 Abs. 2, §§ 235 und 239 des Bürgerlichen Gesetzbuchs sind entsprechend anzuwenden.

(5) Vereinbarungen über den Insolvenzschutz, die zum Nachteil des in Altersteilzeitarbeit beschäftigten Arbeitnehmers von den Bestimmungen dieser Vorschrift abweichen, sind unwirksam.

(6) Die Absätze 1 bis 5 finden keine Anwendung gegenüber dem Bund, den Ländern, den Gemeinden, Körperschaften, Stiftungen und Anstalten des öffentlichen Rechts, über deren Vermögen die Eröffnung eines Insolvenzverfahrens nicht zulässig ist, sowie solchen juristischen Personen des öffentlichen Rechts, bei denen der Bund, ein Land oder eine Gemeinde kraft Gesetzes die Zahlungsfähigkeit sichert.

…

30 VII. Sozialgesetzbuch (SGB) Siebtes Buch Gesetzliche Unfallversicherung

Aktuelle höchstrichterliche Rechtsprechung

Datum	Gericht/Az.	Fundstelle	Thema
7.5.19	BSG B 2 U 34/17	NZA 19, 915	Infektion mit Krankenhauskeim als Unfall
27.11.18	BSG B 2 U 8/17 R	NZS 19, 515 (Report)	Unfall im häuslichen Bereich
27.11.18	BSG B 2 U 7/17 R	NZS 19, 433 (Report)	Unfall auf Betriebsweg

Einleitung

I. Allgemeines, Arbeitsunfälle

Seit dem 1.1.1997 ist die Unfallversicherung (Übersicht 66) im SGB VII geregelt. Eine inhaltliche Neuerung bei der Einordnung der Unfallversicherung in das SGB war vor allem die noch stärkere Betonung des Präventionsgedankens (vgl. § 1 Nr. 1; zum Präventionsgesetz s. Einl. I zum SGB V, Nr. 30 V). Damit wird der Zusammenhang mit dem 1996 gleichzeitig verabschiedeten ArbSchG betont (vgl. Nr. 7). Mit dem Unfallversicherungsmodernisierungsgesetz (UVMG) vom 30.10.2008 (BGBl. I 2130) wurde insbesondere eine Organisationsreform politisch durchgesetzt (vgl. *Schröder, gute* ARBEIT. 7 – 8/2008).

Die Unfallversicherung deckt zum einen das Risiko eines Arbeitsunfalls ab, zu dem auch ein sog. Wegeunfall nach und von dem Ort der Tätigkeit gehört (§ 8). Probleme bereitet zunehmend der Unfall im häuslichen Bereich. Der Versicherungsschutz setzt eine objektivierte Tendenz zum Handeln im Unternehmensinteresse voraus, die bei solchen Fällen nicht immer einfach festzustellen ist. Davon hängt maßgeblich ab, ob es sich um einen Arbeitsunfall handelt oder der Unfall privater Tätigkeit zuzuordnen ist (*BSG* 27.11.2018 – B 2 U 8/17 R). Zum anderen werden Berufskrankheiten erfasst (§ 9). Zu deren Spezifizierung ist die Berufskrankheiten-VO erlassen worden (Nr. 30 VIIa; s. u. II). Beim Eintritt eines schädigenden Ereignisses haben die Versicherten Anspruch auf die in § 26 überblicksartig genannten Leistungen. Einer zunächst geplanten grundlegenden Reform im Bereich auch des Leistungsrechts, bei der vor allem ein Übergang von den bisher abstrakten Erwerbsminderungsrenten zum konkreten Schadensausgleich vorgesehen war (*Tiemann*, SozSich 2007, 205 ff.), standen die Gewerkschaften skeptisch entgegen

(*Pickshaus/Fritsche*, SozSich 2007, 213 ff.). Auch im politischen Raum war die Reform umstritten und wurde nicht umgesetzt (s. Handelsblatt vom 6. 8. 2007). Sie wurde Ende 2007 gestoppt (*Schröder, gute* ARBEIT. 12/07, S. 11).

Mit der gesetzlichen Unfallversicherung soll den Unternehmen das Haftungsrisiko gegenüber ihren Beschäftigten abgenommen werden. Sie bedeutet im Kern die staatliche Pflichtversicherung (zur europarechtlichen Zulässigkeit: *EuGH* 5. 3. 2009 – C-350/07, DB 09, 737 – Kattner) für Arbeitnehmer bezogen auf das Risiko der Gesundheitsschädigung im Zusammenhang mit dem Arbeitsleben (Arbeitsunfall, Wegeunfall, Berufskrankheit, §§ 7 ff.). Die Unternehmer tragen die Beiträge allein (§ 150) und werden dafür von der Haftung gegenüber den Arbeitnehmern freigestellt (§ 104). Das Gleiche gilt für Arbeitnehmer im Verhältnis untereinander sowie im Verhältnis zum Arbeitgeber (§ 105). Für Auszubildende gelten dieselben Regelungen (*BAG* 19. 3. 2015 – 8 AZR 67/14, NZA 15, 1057). Die Haftungsprivilegien greifen auch bei Beteiligung von Leiharbeitnehmern, denn Leiharbeitnehmer sind haftungsrechtlich dem Entleiherbetrieb zuzuordnen (*BGH* 18. 11. 2014 – VI ZR 47/13, NZA 15, 689, Rn. 24 ff.; *BGH* 18. 11. 2014 – VI ZR 141/13, NZS 15, 114). Der Haftungsausschluss gilt allerdings nicht bei Wegeunfällen und bei vorsätzlicher Schädigung (wobei der Vorsatz des Vorgesetzten des Arbeitnehmers dem Arbeitgeber zugerechnet wird, *BAG* 28. 4. 2011 – 8 AZR 769/09, NZA-RR 12, 290). Vorsatz kann, muss aber nicht vorliegen, wenn vorsätzlich eine Vorschrift zum Schutz des Arbeitnehmers verletzt wurde (*BAG* 20. 6. 2013 – 8 AZR 471/12, DB 13, 2216).

Der Kreis der Versicherten ist seit vielen Jahren über das Arbeitsleben hinaus erweitert worden, wovon der umfangreiche Katalog des § 2 zeugt. Zu nennen sind insbesondere Kindergartenkinder, Schüler und Studenten (§ 2 Abs. 1 Nr. 8) sowie ehrenamtlich Tätige (vgl. § 2 Abs. 1 Nr. 9 und 10).

Die Versicherung wird durch die in § 114 genannten Berufsgenossenschaften und Unfallkassen als Unfallversicherungsträger durchgeführt. Durch das UVMG wurden 2008 Übergangsvorschriften zur Neuorganisation der gesetzlichen Unfallversicherung verankert (vgl. §§ 222 ff. SGB VII). Danach war u. a. die Zahl der gewerblichen Berufsgenossenschaften bis zum 31. 12. 2009 auf 9 zu reduzieren. Das ist inzwischen geschehen (vgl. *Leopold*, WzS 11, 43, 44). Durch das Gesetz zur Neuorganisation der bundesunmittelbaren Unfallkassen, zur Änderung des Sozialgerichtsgesetzes und zur Änderung anderer Gesetze (BUK-Neuorganisationsgesetz – BUK-NOG – v. 19. 10. 13 (BGBl. I 3836) wurden eine Unfallversicherung Bund und Bahn aus der Eisenbahn-Unfallkasse und der Unfallkasse des Bundes sowie eine gewerbliche Berufsgenossenschaft für Transportwirtschaft Post-Logistik und Telekommunikation aus der Unfallkasse Post und Telekom und der Berufsgenossenschaft für Transport und Verkehrswirtschaft errichtet.

Ein Instrument zur Konkretisierung des in § 14 SGB VII festgelegten Präventionsauftrags sind Unfallverhütungsvorschriften (UVV; § 15). Diese werden in Form von Muster-UVV teilweise bundeseinheitlich abgestimmt (z. B. die UVV DGUV Vorschriften 1 und 2), müssen aber von jedem Unfallversicherungsträger gesondert verabschiedet werden (vgl. *Pieper*, ArbSchR, SGB VII, Rn. 10 ff.). Seit geraumer Zeit wird dieses Vorschriften- und Regelwerk der Berufsgenossenschaften neu geordnet und aufgrund des UVMG auch mit dem der Unfallkassen zusammengeführt.

Perspektivisch sollen wenige Basis-UVV erhalten bleiben und ein überarbeitetes Regelwerk soll geschaffen werden. Diese schon 1999/2003 von den interessierten Kreisen im Grundsatz vereinbarte Einschränkung in der autonomen Rechtsetzung ist 2008 durch das UVMG auch gesetzlich verankert worden. Durch § 2 Abs. 1 UVV DGUV Vorschrift 1 »Grundsätze der Prävention« haben die Unfallversicherungsträger ausdrücklich die Möglichkeit, wesentliche Teile des staatlichen Arbeitsschutzrechts (insbesondere das ArbSchG und alle auf seiner Grundlage erlassenen VOen) mit zu überwachen und auch Anordnungen auszusprechen. Mit dem 1. 5. 2014 hat sich die Systematik des Vorschriften- und Regelwerks der Träger der gesetzlichen Unfallversicherung geändert. Durchgängig werden die Schriften in vier Kategorien eingeteilt: DGUV Vorschriften, DGUV Regeln, DGUV Informationen und DGUV Grundsätze. Die Unfallversicherungsträger verfügen über eigene Aufsichtspersonen zur Einhaltung der Präventionsvorschriften des SGB VII und der Unfallverhütungsvorschriften (§§ 17, 18). Diese haben sowohl mit den zuständigen staatlichen Behörden als auch den betrieblichen Interessenvertretungen der Beschäftigten zusammenzuarbeiten (§ 20; vgl. auch §§ 20 a, b ArbSchG zur Gemeinsamen Deutschen Arbeitsschutzstrategie sowie die Verwaltungsvorschrift zur Zusammenarbeit mit den Betriebsvertretungen, Fn. 1 zu § 20). Bei der Verhütung von Arbeitsunfällen und arbeitsbedingten Gesundheitsgefahren wird der Unternehmer durch (ehrenamtliche) Sicherheitsbeauftragte unterstützt, die unter Beteiligung des Betriebs- bzw. Personalrats in Betrieben mit mehr als 20 Beschäftigten bestellt werden (§ 22; Einzelheiten hierzu sind in der UVV DGUV Vorschrift 1 geregelt). Damit wird der Zusammenhang zu Gesundheitsvorsorge und Arbeitsschutz auf betrieblicher Ebene hergestellt (vgl. §§ 87 Abs. 1 Nr. 7, 89 BetrVG; § 11 ASiG).

§ 20 c SGB V verpflichtet Krankenkassen, Unfallversicherungsträger und die für den Arbeitsschutz zuständigen Landesbehörden zur Zusammenarbeit bei der Verhütung arbeitsbedingter Gesundheitsgefahren, eingebunden in die nationale Präventionsstrategie gemäß § 20 d SGB V (vgl. § 14 Abs. 3 SGB VII).

Unfälle, aufgrund derer Versicherte getötet oder so verletzt werden, dass sie mehr als drei Tage arbeitsunfähig werden, sind dem Versicherungsträger vom Unternehmer anzuzeigen (§ 193 Abs. 1). Haben Unternehmer im Einzelfall Anhaltspunkte, dass bei Versicherten ihrer Unternehmen eine Berufskrankheit vorliegen könnte, haben sie diese dem Unfallversicherungsträger anzuzeigen (§ 193 Abs. 2). Die Anzeige ist vom Betriebs- oder Personalrat mit zu unterzeichnen (§ 193 Abs. 5 Satz 1), der vom Arbeitgeber eine Durchschrift erhält (vgl. § 89 Abs. 5 BetrVG). Der Unternehmer hat die Sicherheitsfachkraft und den Betriebsarzt (vgl. ASiG) über jede Unfall- oder Berufskrankheitenanzeige in Kenntnis zu setzen. Verlangt der Unfallversicherungsträger zur Feststellung, ob eine Berufskrankheit vorliegt, Auskünfte über gefährdende Tätigkeiten von Versicherten, haben die Unternehmer den Betriebs- oder Personalrat über dieses Auskunftsersuchen unverzüglich zu unterrichten (§ 193 Satz 2 und 3).

Die absolute Zahl der meldepflichtigen Arbeitsunfälle lag 2018 bei 876952 (zum Vergleich: 1998 lag diese Zahl noch bei 1 585 364; 2017: 873522). Die Zahl der tödlichen Arbeitsunfälle sank kontinuierlich: 2018 lag die Zahl bei 430 (2016: 424;

2017: 451). Im selben Jahr kam es zu 311 tödlichen Wegeunfällen (zum Vergleich: 2017: 280; 2009: 375; 1998: 810). Im Jahr 2018 ereigneten sich insgesamt 187599 anzeigepflichtige Wegeunfälle (zum Vergleich: 2017: 190968; 2009: 181232; 1998: 249484).

II. Berufskrankheitenverordnung

Neben Arbeitsunfällen deckt die Unfallversicherung das Risiko berufsbedingter Erkrankungen ab (§ 9). Das SGB VII verfährt in dieser Hinsicht nach dem sog. modifizierten Listensystem. Das bedeutet:

(1) Entschädigt werden Erkrankungen, die durch RechtsVO als solche bezeichnet worden sind und die typischerweise mit bestimmten Arbeiten verbunden sind (Listensystem, § 9 Abs. 1 Satz 2). Das ist mit der BerufskrankheitenVO und der in ihr enthaltenen Anlage erfolgt (Abdruck unter Nr. 30 VIIa). Liegt eine in der Liste aufgeführte Erkrankung vor und ist der Versicherte in erhöhtem Maße der Einwirkung ausgesetzt gewesen, gilt die Vermutung, dass die Erkrankung berufsbedingt ist (§ 9 Abs. 3). Es liegt am Versicherungsträger, das Gegenteil zu beweisen.

(2) Eine nicht in der Liste aufgeführte Krankheit wird dann als Berufskrankheit anerkannt, wenn nach neueren Erkenntnissen der medizinischen Wissenschaft die Voraussetzungen hierfür vorliegen (Modifikation des Listensystems, § 9 Abs. 2). Die Beweislast hierfür trägt der Versicherte.

Insgesamt erhielten Berufsgenossenschaften und Unfallkassen im Jahr 2018 77329 Anzeigen auf Verdacht einer Berufskrankheit (zum Vergleich: 2017: 75073; 2008: 63757; 1998: 85787). Zu Renten infolge einer Berufskrankheit kam es 2018 in 4807 Fällen (zum Vergleich: 2017: 49552008: 4488; 1998: 6379). Die Zahl der Todesfälle infolge einer Berufskrankheit lag 2018 bei 2435 (zum Vergleich: 2017: 2580; 2008: 2430; 1998: 2040).

Weiterführende Literatur

Becker/Franke/Molkentin, SGB VII, Gesetzliche Unfallversicherung, 5. Aufl. (2018)

Colella/Kranig, Das Unfallversicherungsmodernisierungsgesetz – Politische Ziele, Entscheidungsfindung, Beitrag der Selbstverwaltung, BG 11/2008, S. 388

Deinert, Unfallversicherungsregress und innerbetrieblicher Schadensausgleich, RdA 2013, S. 146

Deinert, Unfallversicherung und Arbeitsschutz, Jura 2014, S. 1038

Eberhardt, Aus zwei mach eins: Die neue DGUV Vorschrift 1 – Grundsätze der Prävention, *gute* ARBEIT. 2/2015, S. 26

Eichenhofer/v.Koppenfels-Spies/Wenner, SGB VII 2. Aufl. (2019)

Hauck/Noftz, SGB VII (Loseblatt)

Fritsche, Berufskrankheiten: Hohe Hürden des Gesetzgebers bis zur Anerkennung, *gute* ARBEIT. 9/2012, S. 26 ff.

Krasney/Burchardt/Kruschinsky/Becker, Gesetzliche Unfallversicherung (SGB VII), 2018 (Loseblatt)

Pieper, Arbeitsschutzrecht – ArbSchR, Kommentar für die Praxis, Teil IV, SGB VII, 6. Aufl. (2017)

Triebel, Einführung in das Recht der gesetzlichen Unfallversicherung, Jura 2007, S. 521

Übersicht 66: Unfallversicherung

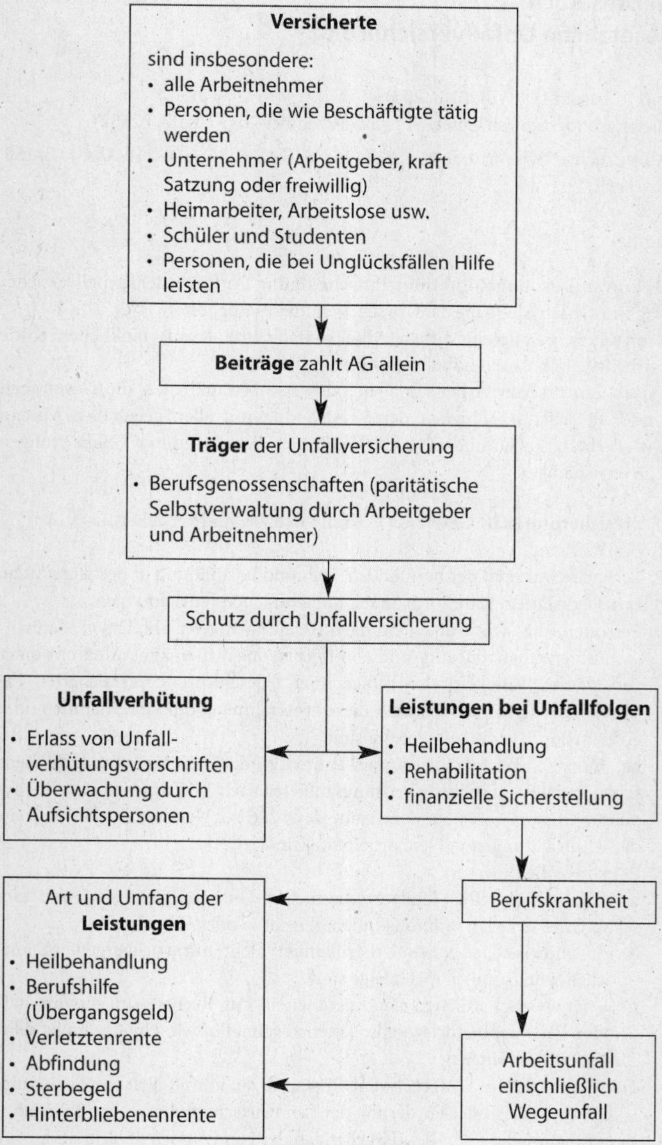

Sozialgesetzbuch (SGB)
Siebtes Buch
Gesetzliche Unfallversicherung

vom 7. August 1996 (BGBl. I 1254),
zuletzt geändert durch Gesetz vom 12. Dezember 2019 (BGBl. I 2652)

(Abgedruckte Vorschriften: §§ 1, 2, 7–15, 17–24, 26, 56, 104–110 Abs. 1–2, 150 Abs. 1, 193)

§ 1 Prävention, Rehabilitation, Entschädigung Aufgabe der Unfallversicherung ist es, nach Maßgabe der Vorschriften dieses Buches

1. mit allen geeigneten Mitteln Arbeitsunfälle und Berufskrankheiten sowie arbeitsbedingte Gesundheitsgefahren zu verhüten,
2. nach Eintritt von Arbeitsunfällen oder Berufskrankheiten die Gesundheit und die Leistungsfähigkeit der Versicherten mit allen geeigneten Mitteln wiederherzustellen und sie oder ihre Hinterbliebenen durch Geldleistungen zu entschädigen.

§ 2 Versicherung kraft Gesetzes (1) Kraft Gesetzes sind versichert

1. Beschäftigte,
2. Lernende während der beruflichen Aus- und Fortbildung in Betriebsstätten, Lehrwerkstätten, Schulungskursen und ähnlichen Einrichtungen,
3. Personen, die sich Untersuchungen, Prüfungen oder ähnlichen Maßnahmen unterziehen, die aufgrund von Rechtsvorschriften zur Aufnahme einer versicherten Tätigkeit oder infolge einer abgeschlossenen versicherten Tätigkeit erforderlich sind, soweit diese Maßnahmen vom Unternehmen oder einer Behörde veranlaßt worden sind,
4. behinderte Menschen, die in anerkannten Werkstätten für behinderte Menschen, bei einem anderen Leistungsanbieter nach § 60 des Neunten Buches oder in Blindenwerkstätten im Sinne des § 226 des Neunten Buches oder für diese Einrichtungen in Heimarbeit tätig sind,
5. Personen, die
   a) Unternehmer eines landwirtschaftlichen Unternehmens sind und ihre im Unternehmen mitarbeitenden Ehegatten oder Lebenspartner,
   b) im landwirtschaftlichen Unternehmen nicht nur vorübergehend mitarbeitende Familienangehörige sind,
   c) in landwirtschaftlichen Unternehmen in der Rechtsform von Kapital- oder Personenhandelsgesellschaften regelmäßig wie Unternehmer selbständig tätig sind,
   d) ehrenamtlich in Unternehmen tätig sind, die unmittelbar der Sicherung, Überwachung oder Förderung der Landwirtschaft überwiegend dienen,
   e) ehrenamtlich in den Berufsverbänden der Landwirtschaft tätig sind,

wenn für das Unternehmen die landwirtschaftliche Berufsgenossenschaft zuständig ist,

6. Hausgewerbetreibende und Zwischenmeister sowie ihre mitarbeitenden Ehegatten oder Lebenspartner,
7. selbständig tätige Küstenschiffer und Küstenfischer, die zur Besatzung ihres Fahrzeugs gehören oder als Küstenfischer ohne Fahrzeug fischen und regelmäßig nicht mehr als vier Arbeitnehmer beschäftigen, sowie ihre mitarbeitenden Ehegatten oder Lebenspartner,
8. a) Kinder während des Besuchs von Tageseinrichtungen, deren Träger für den Betrieb der Einrichtungen der Erlaubnis nach § 45 des Achten Buches oder einer Erlaubnis aufgrund einer entsprechenden landesrechtlichen Regelung bedürfen, während der Betreuung durch geeignete Tagespflegepersonen im Sinne von § 23 des Achten Buches sowie während der Teilnahme an vorschulischen Sprachförderungskursen, wenn die Teilnahme auf Grund landesrechtlicher Regelungen erfolgt,
   b) Schüler während des Besuchs von allgemein- oder berufsbildenden Schulen und während der Teilnahme an unmittelbar vor oder nach dem Unterricht von der Schule oder im Zusammenwirken mit ihr durchgeführten Betreuungsmaßnahmen,
   c) Studierende während der Aus- und Fortbildung an Hochschulen,
9. Personen, die selbständig oder unentgeltlich, insbesondere ehrenamtlich im Gesundheitswesen oder in der Wohlfahrtspflege tätig sind,
10. Personen, die
    a) für Körperschaften, Anstalten oder Stiftungen des öffentlichen Rechts oder deren Verbände oder Arbeitsgemeinschaften, für die in den Nummern 2 und 8 genannten Einrichtungen oder für privatrechtliche Organisationen im Auftrag oder mit ausdrücklicher Einwilligung, in besonderen Fällen mit schriftlicher Genehmigung von Gebietskörperschaften ehrenamtlich tätig sind oder an Ausbildungsveranstaltungen für diese Tätigkeit teilnehmen,
    b) für öffentlich-rechtliche Religionsgemeinschaften und deren Einrichtungen oder für privatrechtliche Organisationen im Auftrag oder mit ausdrücklicher Einwilligung, in besonderen Fällen mit schriftlicher Genehmigung von öffentlich-rechtlichen Religionsgemeinschaften ehrenamtlich tätig sind oder an Ausbildungsveranstaltungen für diese Tätigkeit teilnehmen,
11. Personen, die
    a) von einer Körperschaft, Anstalt oder Stiftung des öffentlichen Rechts zur Unterstützung einer Diensthandlung herangezogen werden,
    b) von einer dazu berechtigten öffentlichen Stelle als Zeugen zur Beweiserhebung herangezogen werden,
12. Personen, die in Unternehmen zur Hilfe bei Unglücksfällen oder im Zivilschutz unentgeltlich, insbesondere ehrenamtlich tätig sind oder an Ausbildungsveranstaltungen dieser Unternehmen einschließlich der satzungsmäßigen Veranstaltungen, die der Nachwuchsförderung dienen, teilnehmen,

13. Personen, die
    a) bei Unglücksfällen oder gemeiner Gefahr oder Not Hilfe leisten oder einen anderen aus erheblicher gegenwärtiger Gefahr für seine Gesundheit retten,
    b) Blut oder körpereigene Organe, Organteile oder Gewebe spenden oder bei denen Voruntersuchungen oder Nachsorgemaßnahmen anlässlich der Spende vorgenommen werden,
    c) sich bei der Verfolgung oder Festnahme einer Person, die einer Straftat verdächtig ist oder zum Schutz eines widerrechtlich Angegriffenen persönlich einsetzen,
    d) Tätigkeiten als Notärztin oder Notarzt im Rettungsdienst ausüben, wenn diese Tätigkeiten neben
        aa) einer Beschäftigung mit einem Umfang von regelmäßig mindestens 15 Stunden wöchentlich außerhalb des Rettungsdienstes oder
        bb) einer Tätigkeit als zugelassener Vertragsarzt oder als Arzt in privater Niederlassung

        ausgeübt werden,
14. Personen, die
    a) nach den Vorschriften des Zweiten oder des Dritten Buches der Meldepflicht unterliegen, wenn sie einer besonderen, an sie im Einzelfall gerichteten Aufforderung der Bundesagentur für Arbeit, des nach § 6 Absatz 1 Satz 1 Nummer 2 des Zweiten Buches zuständigen Trägers oder einen nach § 6 a des Zweiten Buches zugelassenen kommunalen Trägers nachkommen, diese oder eine andere Stelle aufzusuchen,
    b) an einer Maßnahme teilnehmen, wenn die Person selbst oder die Maßnahme über die Bundesagentur für Arbeit, einen nach § 6 Absatz 1 Satz 1 Nummer 2 des Zweiten Buches zuständigen Träger oder einen nach § 6 a des Zweiten Buches zugelassenen kommunalen Träger gefördert wird,
15. Personen, die
    a) auf Kosten einer Krankenkasse oder eines Trägers der gesetzlichen Rentenversicherung oder der landwirtschaftlichen Alterskasse stationäre oder teilstationäre Behandlung oder stationäre, teilstationäre oder ambulante Leistungen zur Rehabilitation erhalten,
    b) zur Vorbereitung von Leistungen zur Teilhabe am Arbeitsleben auf Aufforderung eines Trägers der gesetzlichen Rentenversicherung oder der Bundesagentur für Arbeit einen dieser Träger oder eine andere Stelle aufsuchen,
    c) auf Kosten eines Unfallversicherungsträgers an vorbeugenden Maßnahmen nach § 3 der Berufskrankheiten-Verordnung teilnehmen,
16. Personen, die bei der Schaffung öffentlich geförderten Wohnraums im Sinne des Zweiten Wohnungsbaugesetzes oder im Rahmen der sozialen Wohnraumförderung bei der Schaffung von Wohnraum im Sinne des § 16 Abs. 1 Nr. 1 bis 3 des Wohnraumförderungsgesetzes oder entsprechender landesrechtlicher Regelungen im Rahmen der Selbsthilfe tätig sind,

17. Pflegepersonen im Sinne des § 19 Satz 1 und 2 des Elften Buches bei der Pflege eines Pflegebedürftigen mit mindestens Pflegegrad 2 im Sinne der §§ 14 und 15 Absatz 3 des Elften Buches; die versicherte Tätigkeit umfasst pflegerische Maßnahmen in den in § 14 Absatz 2 des Elften Buches genannten Bereichen sowie Hilfen bei der Haushaltsführung nach § 18 Absatz 5 a Satz 3 Nummer 2 des Elften Buches.

(1 a) Versichert sind auch Personen, die nach Erfüllung der Schulpflicht auf der Grundlage einer schriftlichen Vereinbarung im Dienst eines geeigneten Trägers im Umfang von durchschnittlich mindestens acht Wochenstunden und für die Dauer von mindestens sechs Monaten als Freiwillige einen Freiwilligendienst aller Generationen unentgeltlich leisten. Als Träger des Freiwilligendienstes aller Generationen geeignet sind inländische juristische Personen des öffentlichen Rechts oder unter § 5 Abs. 1 Nr. 9 des Körperschaftsteuergesetzes fallende Einrichtungen zur Förderung gemeinnütziger, mildtätiger oder kirchlicher Zwecke (§§ 52 bis 54 der Abgabenordnung), wenn sie die Haftpflichtversicherung und eine kontinuierliche Begleitung der Freiwilligen und deren Fort- und Weiterbildung im Umfang von mindestens durchschnittlich 60 Stunden je Jahr sicherstellen. Die Träger haben fortlaufende Aufzeichnungen zu führen über die bei ihnen nach Satz 1 tätigen Personen, die Art und den Umfang der Tätigkeiten und die Einsatzorte. Die Aufzeichnungen sind mindestens fünf Jahre lang aufzubewahren.

(2) Ferner sind Personen versichert, die wie nach Absatz 1 Nr. 1 Versicherte tätig werden. Satz 1 gilt auch für Personen, die während einer aufgrund eines Gesetzes angeordneten Freiheitsentziehung oder aufgrund einer strafrichterlichen, staatsanwaltlichen oder jugendbehördlichen Anordnung wie Beschäftigte tätig werden.

(3) Absatz 1 Nr. 1 gilt auch für

1. Personen, die im Ausland bei einer amtlichen Vertretung des Bundes oder der Länder oder bei deren Leitern, Mitgliedern oder Bediensteten beschäftigt und in der gesetzlichen Rentenversicherung nach § 4 Absatz 1 Satz 2 des Sechsten Buches pflichtversichert sind,
2. Personen, die
   a) im Sinne des Entwicklungshelfer-Gesetzes Entwicklungsdienst oder Vorbereitungsdienst leisten,
   b) einen entwicklungspolitischen Freiwilligendienst »weltwärts« im Sinne der Richtlinie des Bundesministeriums für wirtschaftliche Zusammenarbeit und Entwicklung vom 1. August 2007 (BAnz. 2008 S. 1297) leisten,
   c) einen Internationalen Jugendfreiwilligendienst im Sinne der Richtlinie Internationaler Jugendfreiwilligendienst des Bundesministeriums für Familie, Senioren, Frauen und Jugend vom 20. Dezember 2010 (GMBl S. 1778) leisten,
3. Personen, die
   a) eine Tätigkeit bei einer zwischenstaatlichen oder überstaatlichen Organisation ausüben und deren Beschäftigungsverhältnis im öffentlichen Dienst während dieser Zeit ruht,

b) als Lehrkräfte vom Auswärtigen Amt durch das Bundesverwaltungsamt an Schulen im Ausland vermittelt worden sind oder

c) für ihre Tätigkeit bei internationalen Einsätzen zur zivilen Krisenprävention als Sekundierte nach dem Sekundierungsgesetz abgesichert werden.

Die Versicherung nach Satz 1 Nummer 3 Buchstabe a und c erstreckt sich auch auf Unfälle oder Krankheiten, die infolge einer Verschleppung oder einer Gefangenschaft eintreten oder darauf beruhen, dass der Versicherte aus sonstigen mit seiner Tätigkeit zusammenhängenden Gründen, die er nicht zu vertreten hat, dem Einflussbereich seines Arbeitgebers oder der für die Durchführung seines Einsatzes verantwortlichen Einrichtung entzogen ist. Gleiches gilt, wenn Unfälle oder Krankheiten auf gesundheitsschädigende oder sonst vom Inland wesentlich abweichende Verhältnisse bei der Tätigkeit oder dem Einsatz im Ausland zurückzuführen sind. Soweit die Absätze 1 bis 2 weder eine Beschäftigung noch eine selbständige Tätigkeit voraussetzen, gelten sie abweichend von § 3 Nr. 2 des Vierten Buches für alle Personen, die die in diesen Absätzen genannten Tätigkeiten im Inland ausüben; § 4 des Vierten Buches gilt entsprechend. Absatz 1 Nr. 13 gilt auch für Personen, die im Ausland tätig werden, wenn sie im Inland ihren Wohnsitz oder gewöhnlichen Aufenthalt haben.

(4) Familienangehörige im Sinne des Absatzes 1 Nr. 5 Buchstabe b sind

1. Verwandte bis zum dritten Grade,
2. Verschwägerte bis zum zweiten Grade,
3. Pflegekinder (§ 56 Abs. 2 Nr. 2 des Ersten Buches)

der Unternehmer, ihrer Ehegatten oder ihrer Lebenspartner.

…

§ 7 Begriff (1) Versicherungsfälle sind Arbeitsunfälle und Berufskrankheiten.

(2) Verbotswidriges Handeln schließt einen Versicherungsfall nicht aus.

§ 8 Arbeitsunfall (1) Arbeitsunfälle sind Unfälle von Versicherten infolge einer den Versicherungsschutz nach §§ 2, 3 oder 6 begründenden Tätigkeit (versicherte Tätigkeit). Unfälle sind zeitlich begrenzte, von außen auf den Körper einwirkende Ereignisse, die zu einem Gesundheitsschaden oder zum Tod führen.

(2) Versicherte Tätigkeiten sind auch

1. das Zurücklegen des mit der versicherten Tätigkeit zusammenhängenden unmittelbaren Weges nach und von dem Ort der Tätigkeit,
2. das Zurücklegen des von einem unmittelbaren Weg nach und von dem Ort der Tätigkeit abweichenden Weges, um
   a) Kinder von Versicherten (§ 56 des Ersten Buches), die mit ihnen in einem gemeinsamen Haushalt leben, wegen ihrer, ihrer Ehegatten oder ihrer Lebenspartner beruflichen Tätigkeit fremder Obhut anzuvertrauen oder
   b) mit anderen Berufstätigen oder Versicherten gemeinsam ein Fahrzeug zu benutzen,
3. das Zurücklegen des von einem unmittelbaren Weg nach und von dem Ort der Tätigkeit abweichenden Weges der Kinder von Personen (§ 56 des Ersten

Buches), die mit ihnen in einem gemeinsamen Haushalt leben, wenn die Abweichung darauf beruht, daß die Kinder wegen der beruflichen Tätigkeit dieser Personen oder deren Ehegatten oder deren Lebenspartner fremder Obhut anvertraut werden,

4. das Zurücklegen des mit der versicherten Tätigkeit zusammenhängenden Weges von und nach der ständigen Familienwohnung, wenn die Versicherten wegen der Entfernung ihrer Familienwohnung von einem Ort der Tätigkeit an diesem oder in dessen Nähe eine Unterkunft haben,
5. das mit einer versicherten Tätigkeit zusammenhängende Verwahren, Befördern, Instandhalten und Erneuern eines Arbeitsgeräts oder einer Schutzausrüstung sowie deren Erstbeschaffung, wenn diese auf Veranlassung der Unternehmer erfolgt.

(3) Als Gesundheitsschaden gilt auch die Beschädigung oder der Verlust eines Hilfsmittels.

§ 9 Berufskrankheit (1) Berufskrankheiten sind Krankheiten, die die Bundesregierung durch Rechtsverordnung[1] mit Zustimmung des Bundesrates als Berufskrankheiten bezeichnet und die Versicherte infolge einer den Versicherungsschutz nach §§ 2, 3 oder 6 begründenden Tätigkeit erleiden. Die Bundesregierung wird ermächtigt, in der Rechtsverordnung solche Krankheiten als Berufskrankheiten zu bezeichnen, die nach den Erkenntnissen der medizinischen Wissenschaft durch besondere Einwirkungen verursacht sind, denen bestimmte Personengruppen durch ihre versicherte Tätigkeit in erheblich höherem Grade als die übrige Bevölkerung ausgesetzt sind; sie kann dabei bestimmen, daß die Krankheiten nur dann Berufskrankheiten sind, wenn sie durch Tätigkeiten in bestimmten Gefährdungsbereichen verursacht worden sind oder wenn sie zur Unterlassung aller Tätigkeiten geführt haben, die für die Entstehung, die Verschlimmerung oder das Wiederaufleben der Krankheit ursächlich waren oder sein können. In der Rechtsverordnung kann ferner bestimmt werden, inwieweit Versicherte in Unternehmen der Seefahrt auch in der Zeit gegen Berufskrankheiten versichert sind, in der sie an Land beurlaubt sind.

(2) Die Unfallversicherungsträger haben eine Krankheit, die nicht in der Rechtsverordnung bezeichnet ist oder bei der die dort bestimmten Voraussetzungen nicht vorliegen, wie eine Berufskrankheit als Versicherungsfall anzuerkennen, sofern im Zeitpunkt der Entscheidung nach neuen Erkenntnissen der medizinischen Wissenschaft die Voraussetzungen für eine Bezeichnung nach Absatz 1 Satz 2 erfüllt sind.

(3) Erkranken Versicherte, die infolge der besonderen Bedingungen ihrer versicherten Tätigkeit in erhöhtem Maße der Gefahr der Erkrankung an einer in der Rechtsverordnung nach Absatz 1 genannten Berufskrankheit ausgesetzt waren, an einer solchen Krankheit und können Anhaltspunkte für eine Verursachung außerhalb der versicherten Tätigkeit nicht festgestellt werden, wird vermutet, daß diese infolge der versicherten Tätigkeit verursacht worden ist.

---

1 Vgl. **Berufskrankheiten-Verordnung** – BKV (Nr. 30 VIIa).

(4) Setzt die Anerkennung einer Krankheit als Berufskrankheit die Unterlassung aller Tätigkeiten voraus, die für die Entstehung, die Verschlimmerung oder das Wiederaufleben der Krankheit ursächlich waren oder sein können, haben die Unfallversicherungsträger vor Unterlassung einer noch verrichteten gefährdenden Tätigkeit darüber zu entscheiden, ob die übrigen Voraussetzungen für die Anerkennung einer Berufskrankheit erfüllt sind.

(5) Soweit Vorschriften über Leistungen auf den Zeitpunkt des Versicherungsfalls abstellen, ist bei Berufskrankheiten auf den Beginn der Arbeitsunfähigkeit oder der Behandlungsbedürftigkeit oder, wenn dies für den Versicherten günstiger ist, auf den Beginn der rentenberechtigenden Minderung der Erwerbsfähigkeit abzustellen.

(6) Die Bundesregierung regelt durch Rechtsverordnung mit Zustimmung des Bundesrates

1. Voraussetzungen, Art und Umfang von Leistungen zur Verhütung des Entstehens, der Verschlimmerung oder des Wiederauflebens von Berufskrankheiten,
2. die Mitwirkung der für den medizinischen Arbeitsschutz zuständigen Stellen bei der Feststellung von Berufskrankheiten sowie von Krankheiten, die nach Absatz 2 wie Berufskrankheiten zu entschädigen sind; dabei kann bestimmt werden, daß die für den medizinischen Arbeitsschutz zuständigen Stellen berechtigt sind, Zusammenhangsgutachten zu erstellen sowie zur Vorbereitung ihrer Gutachten Versicherte zu untersuchen oder auf Kosten der Unfallversicherungsträger andere Ärzte mit der Vornahme der Untersuchungen zu beauftragen,
3. die von den Unfallversicherungsträgern für die Tätigkeit der Stellen nach Nummer 2 zu entrichtenden Gebühren; diese Gebühren richten sich nach dem für die Begutachtung erforderlichen Aufwand und den dadurch entstehenden Kosten.

(7) Die Unfallversicherungsträger haben die für den medizinischen Arbeitsschutz zuständige Stelle über den Ausgang des Berufskrankheitenverfahrens zu unterrichten, soweit ihre Entscheidung von der gutachterlichen Stellungnahme der zuständigen Stelle abweicht.

(8) Die Unfallversicherungsträger wirken bei der Gewinnung neuer medizinisch-wissenschaftlicher Erkenntnisse insbesondere zur Fortentwicklung des Berufskrankheitenrechts mit; sie sollen durch eigene Forschung oder durch Beteiligung an fremden Forschungsvorhaben dazu beitragen, den Ursachenzusammenhang zwischen Erkrankungshäufigkeiten in einer bestimmten Personengruppe und gesundheitsschädlichen Einwirkungen im Zusammenhang mit der versicherten Tätigkeit aufzuklären.

(9) Die für den medizinischen Arbeitsschutz zuständigen Stellen dürfen zur Feststellung von Berufskrankheiten sowie von Krankheiten, die nach Absatz 2 wie Berufskrankheiten zu entschädigen sind, Daten verarbeiten sowie zur Vorbereitung von Gutachten Versicherte untersuchen, soweit dies im Rahmen ihrer Mitwirkung nach Absatz 6 Nr. 2 erforderlich ist; sie dürfen diese Daten insbesondere an den zuständigen Unfallversicherungsträger übermitteln. Die er-

hobenen Daten dürfen auch zur Verhütung von Arbeitsunfällen, Berufskrankheiten und arbeitsbedingten Gesundheitsgefahren gespeichert, verändert, genutzt, übermittelt oder in der Verarbeitung eingeschränkt werden. Soweit die in Satz 1 genannten Stellen andere Ärzte mit der Vornahme von Untersuchungen beauftragen, ist die Übermittlung von Daten zwischen diesen Stellen und den beauftragten Ärzten zulässig, soweit dies im Rahmen des Untersuchungsauftrages erforderlich ist.

§ 10 Erweiterung in der See- und Binnenschiffahrt (1) In der See- und Binnenschiffahrt sind Versicherungsfälle auch Unfälle infolge
1. von Elementarereignissen,
2. der einem Hafen oder dem Liegeplatz eines Fahrzeugs eigentümlichen Gefahren,
3. der Beförderung von Land zum Fahrzeug oder vom Fahrzeug zum Land.

(2) In Unternehmen der Seefahrt gilt als versicherte Tätigkeit auch die freie Rückbeförderung nach dem Seearbeitsgesetz oder tariflichen Vorschriften.

§ 11 Mittelbare Folgen eines Versicherungsfalls (1) Folgen eines Versicherungsfalls sind auch Gesundheitsschäden oder der Tod von Versicherten infolge
1. der Durchführung einer Heilbehandlung, von Leistungen zur Teilhabe am Arbeitsleben oder einer Maßnahme nach § 3 der Berufskrankheiten-Verordnung,
2. der Wiederherstellung oder Erneuerung eines Hilfsmittels,
3. der zur Aufklärung des Sachverhalts eines Versicherungsfalls angeordneten Untersuchung

einschließlich der dazu notwendigen Wege.

(2) Absatz 1 gilt entsprechend, wenn die Versicherten auf Aufforderung des Unfallversicherungsträgers diesen oder eine von ihm bezeichnete Stelle zur Vorbereitung von Maßnahmen der Heilbehandlung, der Leistungen zur Teilhabe am Arbeitsleben oder von Maßnahmen nach § 3 der Berufskrankheiten-Verordnung aufsuchen. Der Aufforderung durch den Unfallversicherungsträger nach Satz 1 steht eine Aufforderung durch eine mit der Durchführung der genannten Maßnahmen beauftragte Stelle gleich.

§ 12 Versicherungsfall einer Leibesfrucht Versicherungsfall ist auch der Gesundheitsschaden einer Leibesfrucht infolge eines Versicherungsfalls der Mutter während der Schwangerschaft; die Leibesfrucht steht insoweit einem Versicherten gleich. Bei einer Berufskrankheit als Versicherungsfall genügt, daß der Gesundheitsschaden der Leibesfrucht durch besondere Einwirkungen verursacht worden ist, die generell geeignet sind, eine Berufskrankheit der Mutter zu verursachen.

§ 12 a Gesundheitsschaden im Zusammenhang mit der Spende von Blut oder körpereigenen Organen, Orangteilen oder Gewebe (1) Als Versicherungsfall im Sinne des § 7 Absatz 1 gilt bei Versicherten nach § 2 Absatz 1 Nummer 13

Buchstabe b auch der Gesundheitsschaden, der über die durch die Blut-, Organ-, Organteil- oder Gewebeentnahme regelmäßig entstehenden Beeinträchtigungen hinausgeht und in ursächlichem Zusammenhang mit der Spende steht. Werden dadurch Nachbehandlungen erforderlich oder treten Spätschäden auf, die als Aus- oder Nachwirkungen der Spende oder des aus der Spende resultierenden erhöhten Gesundheitsrisikos anzusehen sind, wird vermutet, dass diese hierdurch verursacht worden sind. Dies gilt nicht, wenn offenkundig ist, dass der Gesundheitsschaden nicht im ursächlichen Zusammenhang mit der Spende steht; eine Obduktion zum Zwecke einer solchen Feststellung darf nicht gefordert werden.
(2) Absatz 1 gilt auch bei Gesundheitsschäden im Zusammenhang mit den für die Spende von Blut oder körpereigenen Organen, Organteilen oder Gewebe erforderlichen Voruntersuchungen sowie Nachsorgemaßnahmen. Satz 1 findet auch Anwendung, wenn es nach der Voruntersuchung nicht zur Spende kommt.

§ 13 Sachschäden bei Hilfeleistungen Den nach § 2 Abs. 1 Nr. 11 Buchstabe a, Nr. 12 und Nr. 13 Buchstabe a und c Versicherten sind auf Antrag Schäden, die infolge einer der dort genannten Tätigkeiten an in ihrem Besitz befindlichen Sachen entstanden sind, sowie die Aufwendungen zu ersetzen, die sie den Umständen nach für erforderlich halten durften, soweit kein anderweitiger öffentlich-rechtlicher Ersatzanspruch besteht. Versicherten nach § 2 Abs. 1 Nr. 12 steht ein Ersatz von Sachschäden nur dann zu, wenn der Einsatz der infolge der versicherten Tätigkeit beschädigten Sache im Interesse des Hilfsunternehmers erfolgte, für das die Tätigkeit erbracht wurde. Die Sätze 1 und 2 finden keine Anwendung bei Teilnahme an Ausbildungsveranstaltungen einschließlich der satzungsmäßigen Veranstaltungen, die der Nachwuchsförderung dienen, nach § 2 Abs. 1 Nr. 12 sowie bei Versicherungsfällen nach § 8 Abs. 2. § 116 des Zehnten Buches gilt entsprechend.

§ 14 Grundsatz (1) Die Unfallversicherungsträger haben mit allen geeigneten Mitteln für die Verhütung von Arbeitsunfällen, Berufskrankheiten und arbeitsbedingten Gesundheitsgefahren und für eine wirksame Erste Hilfe zu sorgen. Sie sollen dabei auch den Ursachen von arbeitsbedingten Gefahren für Leben und Gesundheit nachgehen.
(2) Bei der Verhütung arbeitsbedingter Gesundheitsgefahren arbeiten die Unfallversicherungsträger mit den Krankenkassen zusammen.
(3) Die Unfallversicherungsträger nehmen an der Entwicklung, Umsetzung und Fortschreibung der gemeinsamen deutschen Arbeitsschutzstrategie gemäß den Bestimmungen des Fünften Abschnitts des Arbeitsschutzgesetzes und der nationalen Präventionsstrategie nach §§ 20 d bis 20 f des Fünften Buches teil.
(4) Die Deutsche Gesetzliche Unfallversicherung e. V. unterstützt die Unfallversicherungsträger bei der Erfüllung ihrer Präventionsaufgaben nach Absatz 1. Sie nimmt insbesondere folgende Aufgaben wahr:

1. Koordinierung, Durchführung und Förderung gemeinsamer Maßnahmen sowie der Forschung auf dem Gebiet der Prävention von Arbeitsunfällen, Berufskrankheiten und arbeitsbedingten Gesundheitsgefahren,
2. Klärung von grundsätzlichen Fach- und Rechtsfragen zur Sicherung der einheitlichen Rechtsanwendung in der Prävention.

§ 15 Unfallverhütungsvorschriften (1) Die Unfallversicherungsträger können unter Mitwirkung der Deutschen Gesetzlichen Unfallversicherung e. V. als autonomes Recht Unfallverhütungsvorschriften über Maßnahmen zur Verhütung von Arbeitsunfällen, Berufskrankheiten und arbeitsbedingten Gesundheitsgefahren oder für eine wirksame Erste Hilfe erlassen, soweit dies zur Prävention geeignet und erforderlich ist und staatliche Arbeitsschutzvorschriften hierüber keine Regelung treffen; in diesem Rahmen können Unfallverhütungsvorschriften erlassen werden über

1. Einrichtungen, Anordnungen und Maßnahmen, welche die Unternehmer zur Verhütung von Arbeitsunfällen, Berufskrankheiten und arbeitsbedingten Gesundheitsgefahren zu treffen haben, sowie die Form der Übertragung dieser Aufgaben auf andere Personen,
2. das Verhalten der Versicherten zur Verhütung von Arbeitsunfällen, Berufskrankheiten und arbeitsbedingten Gesundheitsgefahren,
3. vom Unternehmer zu veranlassende arbeitsmedizinische Untersuchungen und sonstige arbeitsmedizinische Maßnahmen vor, während und nach der Verrichtung von Arbeiten, die für Versicherte oder für Dritte mit arbeitsbedingten Gefahren für Leben und Gesundheit verbunden sind,
4. Voraussetzungen, die der Arzt, der mit Untersuchungen oder Maßnahmen nach Nummer 3 beauftragt ist, zu erfüllen hat, sofern die ärztliche Untersuchung nicht durch eine staatliche Rechtsvorschrift vorgesehen ist,
5. die Sicherstellung einer wirksamen Ersten Hilfe durch den Unternehmer,
6. die Maßnahmen, die der Unternehmer zur Erfüllung der sich aus dem Gesetz über Betriebsärzte, Sicherheitsingenieure und andere Fachkräfte für Arbeitssicherheit ergebenden Pflichten zu treffen hat,
7. die Zahl der Sicherheitsbeauftragten, die nach § 22 unter Berücksichtigung der in den Unternehmen für Leben und Gesundheit der Versicherten bestehenden arbeitsbedingten Gefahren und der Zahl der Beschäftigten zu bestellen sind.

In der Unfallverhütungsvorschrift nach Satz 1 Nr. 3 kann bestimmt werden, daß arbeitsmedizinische Vorsorgeuntersuchungen auch durch den Unfallversicherungsträger veranlaßt werden können. Die Deutsche Gesetzliche Unfallversicherung e. V. wirkt beim Erlass von Unfallverhütungsvorschriften auf Rechtseinheitlichkeit hin.

(1 a) In der landwirtschaftlichen Unfallversicherung ist Absatz 1 mit der Maßgabe anzuwenden, dass Unfallverhütungsvorschriften von der landwirtschaftlichen Berufsgenossenschaft erlassen werden.

(2) Soweit die Unfallversicherungsträger Vorschriften nach Absatz 1 Satz 1 Nr. 3 erlassen, können sie zu den dort genannten Zwecken auch die Verarbeitung

von folgenden Daten über die untersuchten Personen durch den Unternehmer vorsehen:

1. Vor- und Familienname, Geburtsdatum sowie Geschlecht,
2. Wohnanschrift,
3. Tag der Einstellung und des Ausscheidens,
4. Ordnungsnummer,
5. zuständige Krankenkasse,
6. Art der vom Arbeitsplatz ausgehenden Gefährdungen,
7. Art der Tätigkeit mit Angabe des Beginns und des Endes der Tätigkeit,
8. Angaben über Art und Zeiten früherer Tätigkeiten, bei denen eine Gefährdung bestand, soweit dies bekannt ist,
9. Datum und Ergebnis der ärztlichen Vorsorgeuntersuchungen; die Übermittlung von Diagnosedaten an den Unternehmer ist nicht zulässig,
10. Datum der nächsten regelmäßigen Nachuntersuchung,
11. Name und Anschrift des untersuchenden Arztes.

Soweit die Unfallversicherungsträger Vorschriften nach Absatz 1 Satz 2 erlassen, gelten Satz 1 sowie § 24 Abs. 1 Satz 3 und 4 entsprechend.

(3) Absatz 1 Satz 1 Nr. 1 bis 5 gilt nicht für die unter bergbehördlicher Aufsicht stehenden Unternehmen.

(4) Die Vorschriften nach Absatz 1 bedürfen der Genehmigung durch das Bundesministerium für Arbeit und Soziales. Die Entscheidung hierüber wird im Benehmen mit den zuständigen obersten Verwaltungsbehörden der Länder getroffen. Soweit die Vorschriften von einem Unfallversicherungsträger erlassen werden, welcher der Aufsicht eines Landes untersteht, entscheidet die zuständige oberste Landesbehörde über die Genehmigung im Benehmen mit dem Bundesministerium für Arbeit und Soziales. Die Genehmigung ist zu erteilen, wenn die Vorschriften sich im Rahmen der Ermächtigung nach Absatz 1 halten und ordnungsgemäß von der Vertreterversammlung beschlossen worden sind. Die Erfüllung der Genehmigungsvoraussetzungen nach Satz 4 ist im Antrag auf Erteilung der Genehmigung darzulegen. Dabei hat der Unfallversicherungsträger insbesondere anzugeben, dass

1. eine Regelung der in den Vorschriften vorgesehenen Maßnahmen in staatlichen Arbeitsschutzvorschriften nicht zweckmäßig ist,
2. das mit den Vorschriften angestrebte Präventionsziel ausnahmsweise nicht durch Regeln erreicht wird, die von einem gemäß § 18 Abs. 2 Nr. 5 des Arbeitsschutzgesetzes eingerichteten Ausschuss ermittelt werden, und
3. die nach Nummer 1 und 2 erforderlichen Feststellungen in einem besonderen Verfahren unter Beteiligung von Arbeitsschutzbehörden des Bundes und der Länder getroffen worden sind.

Für die Angabe nach Satz 6 reicht bei Unfallverhütungsvorschriften nach Absatz 1 Satz 1 Nr. 6 ein Hinweis darauf aus, dass das Bundesministerium für Arbeit und Soziales von der Ermächtigung zum Erlass einer Rechtsverordnung nach § 14 des Gesetzes über Betriebsärzte, Sicherheitsingenieure und andere Fachkräfte für Arbeitssicherheit keinen Gebrauch macht.

(5) Die Unternehmer sind über die Vorschriften nach Absatz 1 zu unterrichten und zur Unterrichtung der Versicherten verpflichtet.
...

§ 17 Überwachung und Beratung (1) Die Unfallversicherungsträger haben die Durchführung der Maßnahmen zur Verhütung von Arbeitsunfällen, Berufskrankheiten, arbeitsbedingten Gesundheitsgefahren und für eine wirksame Erste Hilfe in den Unternehmen zu überwachen sowie die Unternehmer und die Versicherten zu beraten.
(2) Soweit in einem Unternehmen Versicherte tätig sind, für die ein anderer Unfallversicherungsträger zuständig ist, kann auch dieser die Durchführung der Maßnahmen zur Verhütung von Arbeitsunfällen, Berufskrankheiten, arbeitsbedingten Gesundheitsgefahren und für eine wirksame Erste Hilfe überwachen. Beide Unfallversicherungsträger sollen, wenn nicht sachliche Gründe entgegenstehen, die Überwachung und Beratung abstimmen und sich mit deren Wahrnehmung auf einen Unfallversicherungsträger verständigen.
(3) Erwachsen dem Unfallversicherungsträger durch Pflichtversäumnis eines Unternehmers bare Auslagen für die Überwachung seines Unternehmens, so kann der Vorstand dem Unternehmer diese Kosten auferlegen.

§ 18 Aufsichtspersonen (1) Die Unfallversicherungsträger sind verpflichtet, Aufsichtspersonen in der für eine wirksame Überwachung und Beratung gemäß § 17 erforderlichen Zahl zu beschäftigen.
(2) Als Aufsichtsperson darf nur beschäftigt werden, wer seine Befähigung für diese Tätigkeit durch eine Prüfung nachgewiesen hat. Die Unfallversicherungsträger erlassen Prüfungsordnungen. Die Prüfungsordnungen bedürfen der Genehmigung durch die Aufsichtsbehörde.

§ 19 Befugnisse der Aufsichtspersonen (1) Die Aufsichtspersonen können im Einzelfall anordnen, welche Maßnahmen Unternehmerinnen und Unternehmer oder Versicherte zu treffen haben
1. zur Erfüllung ihrer Pflichten aufgrund der Unfallverhütungsvorschriften nach § 15,
2. zur Abwendung besonderer Unfall- und Gesundheitsgefahren.

Die Aufsichtspersonen sind berechtigt, bei Gefahr im Verzug sofort vollziehbare Anordnungen zur Abwendung von arbeitsbedingten Gefahren für Leben und Gesundheit zu treffen. Anordnungen nach den Sätzen 1 und 2 können auch gegenüber Unternehmerinnen und Unternehmern sowie gegenüber Beschäftigten von ausländischen Unternehmen getroffen werden, die eine Tätigkeit im Inland ausüben, ohne einem Unfallversicherungsträger anzugehören.
(2) Zur Überwachung der Maßnahmen zur Verhütung von Arbeitsunfällen, Berufskrankheiten, arbeitsbedingten Gesundheitsgefahren und für eine wirksame Erste Hilfe sind die Aufsichtspersonen insbesondere befugt,
1. zu den Betriebs- und Geschäftszeiten Grundstücke und Betriebsstätten zu betreten, zu besichtigen und zu prüfen,

2. von dem Unternehmer die zur Durchführung ihrer Überwachungsaufgabe erforderlichen Auskünfte zu verlangen,
3. geschäftliche und betriebliche Unterlagen des Unternehmers einzusehen, soweit es die Durchführung ihrer Überwachungsaufgabe erfordert,
4. Arbeitsmittel und persönliche Schutzausrüstungen sowie ihre bestimmungsgemäße Verwendung zu prüfen,
5. Arbeitsverfahren und Arbeitsabläufe zu untersuchen und insbesondere das Vorhandensein und die Konzentration gefährlicher Stoffe und Zubereitungen zu ermitteln oder, soweit die Aufsichtspersonen und der Unternehmer die erforderlichen Feststellungen nicht treffen können, auf Kosten des Unternehmers ermitteln zu lassen,
6. gegen Empfangsbescheinigung Proben nach ihrer Wahl zu fordern oder zu entnehmen; soweit der Unternehmer nicht ausdrücklich darauf verzichtet, ist ein Teil der Proben amtlich verschlossen oder versiegelt zurückzulassen,
7. zu untersuchen, ob und auf welche betriebliche Ursachen ein Unfall, eine Erkrankung oder ein Schadensfall zurückzuführen ist,
8. die Begleitung durch den Unternehmer oder eine von ihm beauftragte Person zu verlangen.

Der Unternehmer hat die Maßnahmen nach Satz 1 Nr. 1 und 3 bis 7 zu dulden. Zur Verhütung dringender Gefahren können die Maßnahmen nach Satz 1 auch in Wohnräumen und zu jeder Tages- und Nachtzeit getroffen werden. Das Grundrecht der Unverletzlichkeit der Wohnung (Artikel 13 des Grundgesetzes) wird insoweit eingeschränkt. Die Eigentümer und Besitzer der Grundstücke, auf denen der Unternehmer tätig ist, haben das Betreten der Grundstücke zu gestatten.

(3) Der Unternehmer hat die Aufsichtsperson zu unterstützen, soweit dies zur Erfüllung ihrer Aufgaben erforderlich ist. Auskünfte auf Fragen, deren Beantwortung den Unternehmer selbst oder einen seiner in § 383 Abs. 1 Nr. 1 bis 3 der Zivilprozeßordnung bezeichneten Angehörigen der Gefahr der Verfolgung wegen einer Straftat oder Ordnungswidrigkeit aussetzen würde, können verweigert werden.

§ 20 Zusammenarbeit mit Dritten (1) Die Unfallversicherungsträger und die für den Arbeitsschutz zuständigen Behörden wirken bei der Beratung und Überwachung der Unternehmen auf der Grundlage einer gemeinsamen Beratungs- und Überwachungsstrategie gemäß § 20 a Abs. 2 Nr. 4 des Arbeitsschutzgesetzes eng zusammen und stellen den Erfahrungsaustausch sicher. Die gemeinsame Beratungs- und Überwachungsstrategie umfasst die Abstimmung allgemeiner Grundsätze zur methodischen Vorgehensweise bei

1. der Beratung und Überwachung der Betriebe,
2. der Festlegung inhaltlicher Beratungs- und Überwachungsschwerpunkte, aufeinander abgestimmter oder gemeinsamer Schwerpunktaktionen und Arbeitsprogramme und
3. der Förderung eines Daten- und sonstigen Informationsaustausches, insbesondere über Betriebsbesichtigungen und deren wesentliche Ergebnisse.

(2) Zur Förderung der Zusammenarbeit nach Absatz 1 wird für den Bereich eines oder mehrerer Länder eine gemeinsame landesbezogene Stelle bei einem Unfallversicherungsträger oder einem Landesverband mit Sitz im jeweiligen örtlichen Zuständigkeitsbereich eingerichtet. Die Deutsche Gesetzliche Unfallversicherung e. V. koordiniert die organisatorisch und verfahrensmäßig notwendigen Festlegungen für die Bildung, Mandatierung und Tätigkeit der gemeinsamen landesbezogenen Stellen. Die gemeinsame landesbezogene Stelle hat die Aufgabe, mit Wirkung für die von ihr vertretenen Unfallversicherungsträger mit den für den Arbeitsschutz zuständigen Behörden Vereinbarungen über

1. die zur Umsetzung der gemeinsamen Beratungs- und Überwachungsstrategie notwendigen Maßnahmen,
2. gemeinsame Arbeitsprogramme, insbesondere zur Umsetzung der Eckpunkte im Sinne des § 20 a Abs. 2 Nr. 2 des Arbeitsschutzgesetzes,

abzuschließen und deren Zielerreichung mit den von der Nationalen Arbeitsschutzkonferenz nach § 20 a Abs. 2 Nr. 3 des Arbeitsschutzgesetzes bestimmten Kennziffern zu evaluieren. Die landwirtschaftliche Berufsgenossenschaft wirkt an der Tätigkeit der gemeinsamen landesbezogenen Stelle mit.

(3) Durch allgemeine Verwaltungsvorschriften, die der Zustimmung des Bundesrates bedürfen, wird geregelt das Zusammenwirken

1. der Unfallversicherungsträger mit den Betriebsräten oder Personalräten[1],

---

1 **Allgemeine Verwaltungsvorschrift über das Zusammenwirken der technischen Aufsichtsbeamten der Träger der Unfallversicherung mit den Betriebsvertretungen vom 21. 6. 1968 (BAnz. Nr. 116), geändert am 28. 11. 1977** (BAnz. Nr. 225)

§ 1 Geltungsbereich Diese allgemeine Verwaltungsvorschrift gilt für die technischen Aufsichtsbeamten der Berufsgenossenschaften, der Gemeindeunfallversicherungsverbände und der besonderen Träger der Unfallversicherung für die Feuerwehren (im folgenden Unfallversicherungsträger genannt), soweit sie auf dem Gebiet der Unfallverhütung und Ersten Hilfe die §§ 546, 712 bis 715, 721, 769 Abs. 1, § 801 Abs. 1 und § 865 der Reichsversicherungsordnung auszuführen haben.

§ 2 Allgemeiner Grundsatz Die technischen Aufsichtsbeamten müssen auf dem Gebiet der Unfallverhütung und Ersten Hilfe mit den Betriebsvertretungen (Betriebsräten, Bordvertretungen, Seebetriebsräten, Personalvertretungen) eng zusammenwirken. Die Pflicht der Unternehmer und der Berufsgenossenschaften, alle geeigneten Maßnahmen zur Unfallverhütung und Ersten Hilfe zu treffen, bleibt unberührt.

§ 3 Erfahrungsaustausch Die technischen Aufsichtsbeamten sollen bei jeder sich bietenden Gelegenheit (bei Ausbildungslehrgängen, Betriebsbesichtigungen, Unfalluntersuchungen, Aussprachetagungen) ihre Erfahrungen auf dem Gebiet der Unfallverhütung und Ersten Hilfe mit denen der Betriebsvertretungen austauschen.

§ 4 Betriebsbesichtigungen, Unfalluntersuchungen, Besprechungen (1) Der technische Aufsichtsbeamte hat bei Betriebsbesichtigungen, Unfalluntersuchungen und bei der Besprechung von Unfallverhütungsfragen die Betriebsvertretung oder die von ihr bestimmten Mitglieder der Betriebsvertretung hinzuzuziehen.

(2) Will der technische Aufsichtsbeamte einen Betrieb besichtigen, einen Unfall untersuchen oder Unfallverhütungsfragen besprechen, ohne dies dem Unternehmer vorher angekündigt zu haben, darf er hiermit erst beginnen, nachdem er die Betriebsvertretung unterrichtet und zur Beteiligung aufgefordert hat.

(3) Kündigt der technische Aufsichtsbeamte dem Unternehmer vorher an, daß er den Betrieb besichtigen, einen Unfall untersuchen oder Unfallverhütungsfragen besprechen will, hat er den Termin auch der Betriebsvertretung mitzuteilen, und zwar so rechtzeitig, daß es der

2. der Unfallversicherungsträger einschließlich der gemeinsamen landesbezogenen Stellen nach Absatz 2 mit den für den Arbeitsschutz zuständigen Landesbehörden,
3. der Unfallversicherungsträger mit den für die Bergaufsicht zuständigen Behörden.

Betriebsvertretung möglich ist, eines oder mehrere ihrer Mitglieder daran teilnehmen zu lassen. Dies gilt auch, wenn die Besichtigung, die Untersuchung oder die Besprechung vom Unternehmer oder von der Betriebsvertretung angeregt worden ist. Vereinbart der technische Aufsichtsbeamte einen Termin, so ist hierbei auch die Betriebsvertretung zu beteiligen.

(4) Der technische Aufsichtsbeamte übersendet der Betriebsvertretung eine Abschrift seines Besichtigungsberichts und anderer Niederschriften. Das gleiche gilt für sonstige Schreiben an den Unternehmer, die Maßnahmen der Unfallverhütung zum Gegenstand haben.

(5) Der technische Aufsichtsbeamte hat in der Niederschrift über die Besichtigung, Untersuchung oder Besprechung zu vermerken, ob die Betriebsvertretung teilgenommen hat. Die Mitglieder der Betriebsvertretung, die hieran teilgenommen haben, sind namentlich in der Niederschrift aufzuführen. Eine nur zeitweilige Teilnahme ist zu vermerken.

(6) Der technische Aufsichtsbeamte hat in den Niederschriften und Schreiben für die Betriebsvertretung Betriebs- und Geschäftsgeheimnisse, die der Unternehmer als geheimhaltungsbedürftig bezeichnet hat, nur insoweit mitzuteilen, als der Unternehmer dem zugestimmt hat.

§ 5 Unfallanzeige Ist dem Unfallversicherungsträger vom Unternehmer eine von der Betriebsvertretung nicht mitunterzeichnete Unfallanzeige erstattet worden, so hat der technische Aufsichtsbeamte der Betriebsvertretung eine Abschrift dieser Unfallanzeige zu übersenden oder mitzuteilen, daß die Unfallanzeige eingegangen ist.

§ 6 Unterrichtung (1) Der technische Aufsichtsbeamte, der einen Betrieb besichtigt, hat der Betriebsvertretung Gelegenheit zu geben,
1. ihn über Mängel auf dem Gebiet der Unfallverhütung und Ersten Hilfe zu unterrichten und
2. ihm vorzuschlagen, auf welche Weise die Mängel behoben und Maßnahmen zur Verbesserung der Unfallverhütung und Ersten Hilfe getroffen werden können.

(2) Der technische Aufsichtsbeamte hat die Betriebsvertretung auf ihren Wunsch in Fragen der Unfallverhütung und Ersten Hilfe zu beraten.

§ 7 Anhörung Ist beim Unfallversicherungsträger beantragt worden, von Unfallverhütungsvorschriften eine Ausnahme zu bewilligen, so hat der technische Aufsichtsbeamte der Betriebsvertretung Gelegenheit zur Stellungnahme zu geben.

§ 8 Beteiligung der Betriebsvertretungen an der Ausarbeitung sicherheitstechnischer Regeln Werden beim Unfallversicherungsträger sicherheitstechnische Regeln (Durchführungsregeln zu Unfallverhütungsvorschriften, Richtlinien über durch Unfallverhütungsvorschriften noch nicht geregelte Gegenstände, Merkblätter) erarbeitet und ist zu erwarten, daß hierbei die Erfahrungen bestimmter Betriebsvertretungen verwertet werden können, so soll der technische Aufsichtsbeamte eine Stellungnahme dieser Betriebsvertretungen einholen.

§ 9 Unterrichtung über Lehrgänge Werden von einem Unfallversicherungsträger Ausbildungslehrgänge auf dem Gebiet der Unfallverhütung und Ersten Hilfe durchgeführt, so hat der technische Aufsichtsbeamte den Betriebsvertretungen so rechtzeitig Ort, Zeit, Vortragsthemen und Namen der Vortragenden mitzuteilen, daß die Betriebsvertretungen den Unternehmern Teilnehmer vorschlagen können.

§ 10 Erfüllung durch andere Bedienstete Die dem technischen Aufsichtsbeamten nach § 5 und den §§ 7 bis 9 dieser allgemeinen Verwaltungsvorschriften obliegenden Pflichten sind als erfüllt anzusehen, soweit der Unfallversicherungsträger diese Pflichten durch andere Bedienstete erfüllen läßt.

§ 11 Inkrafttreten Diese allgemeine Verwaltungsvorschrift tritt am ersten Tag des auf die Veröffentlichung folgenden Kalendermonats in Kraft. Gleichzeitig tritt der Runderlaß des Reichsversicherungsamtes über das Zusammenarbeiten der technischen Aufsichtsbeamten mit den Betriebsvertretungen vom 4. Dezember 1925 (Amtliche Nachrichten S. 360) außer Kraft.

Die Verwaltungsvorschriften nach Satz 1 Nr. 1 werden vom Bundesministerium für Arbeit und Soziales im Einvernehmen mit dem Bundesministerium des Innern, die Verwaltungsvorschriften nach Satz 1 Nr. 2 und 3 werden von der Bundesregierung erlassen. Die Verwaltungsvorschriften nach Satz 1 Nr. 2 werden erst erlassen, wenn innerhalb einer vom Bundesministerium für Arbeit und Soziales gesetzten angemessenen Frist nicht für jedes Land eine Vereinbarung nach Absatz 2 Satz 3 abgeschlossen oder eine unzureichend gewordene Vereinbarung nicht geändert worden ist.

§ 21 Verantwortung des Unternehmers, Mitwirkung der Versicherten (1) Der Unternehmer ist für die Durchführung der Maßnahmen zur Verhütung von Arbeitsunfällen und Berufskrankheiten, für die Verhütung von arbeitsbedingten Gesundheitsgefahren sowie für eine wirksame Erste Hilfe verantwortlich.
(2) Ist bei einer Schule der Unternehmer nicht Schulhoheitsträger, ist auch der Schulhoheitsträger in seinem Zuständigkeitsbereich für die Durchführung der in Absatz 1 genannten Maßnahmen verantwortlich. Der Schulhoheitsträger ist verpflichtet, im Benehmen mit dem für die Versicherten nach § 2 Abs. 1 Nr. 8 Buchstabe b zuständigen Unfallversicherungsträger Regelungen über die Durchführung der in Absatz 1 genannten Maßnahmen im inneren Schulbereich zu treffen.
(3) Die Versicherten haben nach ihren Möglichkeiten alle Maßnahmen zur Verhütung von Arbeitsunfällen, Berufskrankheiten und arbeitsbedingten Gesundheitsgefahren sowie für eine wirksame Erste Hilfe zu unterstützen und die entsprechenden Anweisungen des Unternehmers zu befolgen.

§ 22 Sicherheitsbeauftragte (1) In Unternehmen mit regelmäßig mehr als 20 Beschäftigten hat der Unternehmer unter Beteiligung des Betriebsrates oder Personalrates Sicherheitsbeauftragte unter Berücksichtigung der im Unternehmen für die Beschäftigten bestehenden Unfall- und Gesundheitsgefahren und der Zahl der Beschäftigten zu bestellen. Als Beschäftigte gelten auch die nach § 2 Abs. 1 Nr. 2, 8 und 12 Versicherten. In Unternehmen mit besonderen Gefahren für Leben und Gesundheit kann der Unfallversicherungsträger anordnen, daß Sicherheitsbeauftragte auch dann zu bestellen sind, wenn die Mindestbeschäftigtenzahl nach Satz 1 nicht erreicht wird. Für Unternehmen mit geringen Gefahren für Leben und Gesundheit kann der Unfallversicherungsträger die Zahl 20 in seiner Unfallverhütungsvorschrift erhöhen.
(2) Die Sicherheitsbeauftragten haben den Unternehmer bei der Durchführung der Maßnahmen zur Verhütung von Arbeitsunfällen und Berufskrankheiten zu unterstützen, insbesondere sich von dem Vorhandensein und der ordnungsgemäßen Benutzung der vorgeschriebenen Schutzeinrichtungen und persönlichen Schutzausrüstungen zu überzeugen und auf Unfall- und Gesundheitsgefahren für die Versicherten aufmerksam zu machen.
(3) Die Sicherheitsbeauftragten dürfen wegen der Erfüllung der ihnen übertragenen Aufgaben nicht benachteiligt werden.

§ 23 Aus- und Fortbildung (1) Die Unfallversicherungsträger haben für die erforderliche Aus- und Fortbildung der Personen in den Unternehmen zu sorgen, die mit der Durchführung der Maßnahmen zur Verhütung von Arbeitsunfällen, Berufskrankheiten und arbeitsbedingten Gesundheitsgefahren sowie mit der Ersten Hilfe betraut sind. Für nach dem Gesetz über Betriebsärzte, Sicherheitsingenieure und andere Fachkräfte für Arbeitssicherheit zu verpflichtende Betriebsärzte und Fachkräfte für Arbeitssicherheit, die nicht dem Unternehmen angehören, können die Unfallversicherungsträger entsprechende Maßnahmen durchführen. Die Unfallversicherungsträger haben Unternehmer und Versicherte zur Teilnahme an Aus- und Fortbildungslehrgängen anzuhalten.
(2) Die Unfallversicherungsträger haben die unmittelbaren Kosten ihrer Aus- und Fortbildungsmaßnahmen sowie die erforderlichen Fahr-, Verpflegungs- und Unterbringungskosten zu tragen. Bei Aus- und Fortbildungsmaßnahmen für Ersthelfer, die von Dritten durchgeführt werden, haben die Unfallversicherungsträger nur die Lehrgangsgebühren zu tragen.
(3) Für die Arbeitszeit, die wegen der Teilnahme an einem Lehrgang ausgefallen ist, besteht gegen den Unternehmer ein Anspruch auf Fortzahlung des Arbeitsentgelts.
(4) Bei der Ausbildung von Sicherheitsbeauftragten und Fachkräften für Arbeitssicherheit sind die für den Arbeitsschutz zuständigen Landesbehörden zu beteiligen.

§ 24 Überbetrieblicher arbeitsmedizinischer und sicherheitstechnischer Dienst (1) Unfallversicherungsträger können überbetriebliche arbeitsmedizinische und sicherheitstechnische Dienste einrichten; das Nähere bestimmt die Satzung. Die von den Diensten gespeicherten Daten dürfen nur mit Einwilligung des Betroffenen an die Unfallversicherungsträger übermittelt werden; § 203 bleibt unberührt. Die Dienste sind organisatorisch, räumlich und personell von den übrigen Organisationseinheiten der Unfallversicherungsträger zu trennen. Zugang zu den Daten dürfen nur Beschäftigte der Dienste haben.
(2) In der Satzung nach Absatz 1 kann auch bestimmt werden, daß die Unternehmer verpflichtet sind, sich einem überbetrieblichen arbeitsmedizinischen und sicherheitstechnischen Dienst anzuschließen, wenn sie innerhalb einer vom Unfallversicherungsträger gesetzten angemessenen Frist keine oder nicht in ausreichendem Umfang Betriebsärzte und Fachkräfte für Arbeitssicherheit bestellen. Unternehmer sind von der Anschlußpflicht zu befreien, wenn sie nachweisen, daß sie ihre Pflicht nach dem Gesetz über Betriebsärzte, Sicherheitsingenieure und andere Fachkräfte für Arbeitssicherheit erfüllt haben.
…

§ 26 Grundsatz (1) Versicherte haben nach Maßgabe der folgenden Vorschriften und unter Beachtung des Neunten Buches Anspruch auf Heilbehandlung einschließlich Leistungen zur medizinischen Rehabilitation, auf Leistungen zur Teilhabe am Arbeitsleben und am Leben in der Gemeinschaft, auf ergänzende Leistungen, auf Leistungen bei Pflegebedürftigkeit sowie auf Geldleistungen.

Die Leistungen werden auf Antrag durch ein Persönliches Budget nach § 29 des Neunten Buches erbracht; dies gilt im Rahmen des Anspruches auf Heilbehandlung nur für die Leistungen zur medizinischen Rehabilitation.

(2) Der Unfallversicherungsträger hat mit allen geeigneten Mitteln möglichst frühzeitig

1. den durch den Versicherungsfall verursachten Gesundheitsschaden zu beseitigen oder zu bessern, seine Verschlimmerung zu verhüten und seine Folgen zu mildern,
2. den Versicherten einen ihren Neigungen und Fähigkeiten entsprechenden Platz im Arbeitsleben zu sichern,
3. Hilfen zur Bewältigung der Anforderungen des täglichen Lebens und zur Teilhabe am Leben in der Gemeinschaft sowie zur Führung eines möglichst selbständigen Lebens unter Berücksichtigung von Art und Schwere des Gesundheitsschadens bereitzustellen,
4. ergänzende Leistungen zur Heilbehandlung und Leistungen zur Teilhabe am Arbeitsleben und am Leben in der Gemeinschaft zu erbringen,
5. Leistungen bei Pflegebedürftigkeit zu erbringen.

(3) Die Leistungen zur Heilbehandlung und zur Rehabilitation haben Vorrang vor Rentenleistungen.

(4) Qualität und Wirksamkeit der Leistungen zur Heilbehandlung und Teilhabe haben dem allgemein anerkannten Stand der medizinischen Erkenntnisse zu entsprechen und den medizinischen Fortschritt zu berücksichtigen. Sie werden als Dienst- und Sachleistungen zur Verfügung gestellt, soweit dieses oder das Neunte Buch keine Abweichungen vorsehen.

(5) Die Unfallversicherungsträger bestimmen im Einzelfall Art, Umfang und Durchführung der Heilbehandlung und der Leistungen zur Teilhabe sowie die Einrichtungen, die diese Leistungen erbringen, nach pflichtgemäßem Ermessen. Dabei prüfen sie auch, welche Leistungen geeignet und zumutbar sind, Pflegebedürftigkeit zu vermeiden, zu überwinden, zu mindern oder ihre Verschlimmerung zu verhüten.

…

§ 56 Voraussetzungen und Höhe des Rentenanspruchs (1) Versicherte, deren Erwerbsfähigkeit infolge eines Versicherungsfalls über die 26. Woche nach dem Versicherungsfall hinaus um wenigstens 20 vom Hundert gemindert ist, haben Anspruch auf eine Rente. Ist die Erwerbsfähigkeit infolge mehrerer Versicherungsfälle gemindert und erreichen die Vomhundertsätze zusammen wenigstens die Zahl 20, besteht für jeden, auch für einen früheren Versicherungsfall, Anspruch auf Rente. Die Folgen eines Versicherungsfalls sind nur zu berücksichtigen, wenn sie die Erwerbsfähigkeit um wenigsten 10 vom Hundert mindern. Den Versicherungsfällen stehen gleich Unfälle oder Entschädigungsfälle nach den Beamtengesetzen, dem Bundesversorgungsgesetz, dem Soldatenversorgungsgesetz, dem Gesetz über den zivilen Ersatzdienst, dem Gesetz über die Abgeltung von Besatzungsschäden, dem Häftlingshilfegesetz und den entsprechenden Gesetzen, die Entschädigung für Unfälle oder Beschädigungen gewähren.

(2) Die Minderung der Erwerbsfähigkeit richtet sich nach dem Umfang der sich aus der Beeinträchtigung des körperlichen und geistigen Leistungsvermögens ergebenden verminderten Arbeitsmöglichkeiten auf dem gesamten Gebiet des Erwerbslebens. Bei jugendlichen Versicherten wird die Minderung der Erwerbsfähigkeit nach den Auswirkungen bemessen, die sich bei Erwachsenen mit gleichem Gesundheitsschaden ergeben würden. Bei der Bemessung der Minderung der Erwerbsfähigkeit werden Nachteile berücksichtigt, die die Versicherten dadurch erleiden, dass sie bestimmte von ihnen erworbene besondere berufliche Kenntnisse und Erfahrungen infolge des Versicherungsfalls nicht mehr oder nur noch in vermindertem Umfang nutzen können, soweit solche Nachteile nicht durch sonstige Fähigkeiten, deren Nutzung ihnen zugemutet werden kann, ausgeglichen werden.
(3) Bei Verlust der Erwerbsfähigkeit wird Vollrente geleistet; sie beträgt zwei Drittel des Jahresarbeitsverdienstes. Bei einer Minderung der Erwerbsfähigkeit wird Teilrente geleistet; sie wird in der Höhe des Vomhundertsatzes der Vollrente festgesetzt, der dem Grad der Minderung der Erwerbsfähigkeit entspricht.
...

§ 104 Beschränkung der Haftung der Unternehmer (1) Unternehmer sind den Versicherten, die für ihre Unternehmen tätig sind oder zu ihren Unternehmen in einer sonstigen die Versicherung begründenden Beziehung stehen, sowie deren Angehörigen und Hinterbliebenen nach anderen gesetzlichen Vorschriften zum Ersatz des Personenschadens, den ein Versicherungsfall verursacht hat, nur verpflichtet, wenn sie den Versicherungsfall vorsätzlich oder auf einem nach § 8 Abs. 2 Nr. 1 bis 4 versicherten Weg herbeigeführt haben. Ein Forderungsübergang nach § 116 des Zehnten Buches findet nicht statt.
(2) Absatz 1 gilt entsprechend für Personen, die als Leibesfrucht durch einen Versicherungsfall im Sinne des § 12 geschädigt worden sind.
(3) Die nach Absatz 1 oder 2 verbleibenden Ersatzansprüche vermindern sich um die Leistungen, die Berechtigte nach Gesetz oder Satzung infolge des Versicherungsfalls erhalten.

§ 105 Beschränkung der Haftung anderer im Betrieb tätiger Personen (1) Personen, die durch eine betriebliche Tätigkeit einen Versicherungsfall von Versicherten desselben Betriebs verursachen, sind diesen sowie deren Angehörigen und Hinterbliebenen nach anderen gesetzlichen Vorschriften zum Ersatz des Personenschadens nur verpflichtet, wenn sie den Versicherungsfall vorsätzlich oder auf einem nach § 8 Abs. 2 Nr. 1 bis 4 versicherten Weg herbeigeführt haben. Satz 1 gilt entsprechend bei der Schädigung von Personen, die für denselben Betrieb tätig und nach § 4 Abs. 1 Nr. 1 versicherungsfrei sind. § 104 Abs. 1 Satz 2, Abs. 2 und 3 gilt entsprechend.
(2) Absatz 1 gilt entsprechend, wenn nicht versicherte Unternehmer geschädigt worden sind. Soweit nach Satz 1 eine Haftung ausgeschlossen ist, werden die Unternehmer wie Versicherte, die einen Versicherungsfall erlitten haben, behandelt, es sei denn, eine Ersatzpflicht des Schädigers gegenüber dem Unternehmer

ist zivilrechtlich ausgeschlossen. Für die Berechnung von Geldleistungen gilt der Mindestjahresarbeitsverdienst als Jahresarbeitsverdienst. Geldleistungen werden jedoch nur bis zur Höhe eines zivilrechtlichen Schadenersatzanspruchs erbracht.

§ 106 Beschränkung der Haftung anderer Personen (1) In den in § 2 Abs. 1 Nr. 2, 3 und 8 genannten Unternehmen gelten die §§ 104 und 105 entsprechend für die Ersatzpflicht

1. der in § 2 Abs. 1 Nr. 2, 3 und 8 genannten Versicherten untereinander,
2. der in § 2 Abs. 1 Nr. 2, 3 und 8 genannten Versicherten gegenüber den Betriebsangehörigen desselben Unternehmens,
3. der Betriebsangehörigen desselben Unternehmens gegenüber den in § 2 Abs. 1 Nr. 2, 3 und 8 genannten Versicherten.

(2) Im Fall des § 2 Abs. 1 Nr. 17 gelten die §§ 104 und 105 entsprechend für die Ersatzpflicht

1. der Pflegebedürftigen gegenüber den Pflegepersonen,
2. der Pflegepersonen gegenüber den Pflegebedürftigen,
3. der Pflegepersonen desselben Pflegebedürftigen untereinander.

(3) Wirken Unternehmen zur Hilfe bei Unglücksfällen oder Unternehmen des Zivilschutzes zusammen oder verrichten Versicherte mehrerer Unternehmen vorübergehend betriebliche Tätigkeiten auf einer gemeinsamen Betriebsstätte, gelten die §§ 104 und 105 für die Ersatzpflicht der für die beteiligten Unternehmen Tätigen untereinander.

(4) Die §§ 104 und 105 gelten ferner für die Ersatzpflicht von Betriebsangehörigen gegenüber den nach § 3 Abs. 1 Nr. 2 Versicherten.

§ 107 Besonderheiten in der Seefahrt (1) Bei Unternehmen der Seefahrt gilt § 104 auch für die Ersatzpflicht anderer das Arbeitsentgelt schuldender Personen entsprechend. § 105 gilt für den Lotsen entsprechend.

(2) Beim Zusammenstoß mehrerer Seeschiffe von Unternehmen, für die die Berufsgenossenschaft Verkehrswirtschaft Post-Logistik Telekommunikation zuständig ist, gelten die §§ 104 und 105 entsprechend für die Ersatzpflicht, auch untereinander, der Reeder der dabei beteiligten Fahrzeuge, sonstiger das Arbeitsentgelt schuldender Personen, der Lotsen und der auf den beteiligten Fahrzeugen tätigen Versicherten.

§ 108 Bindung der Gerichte (1) Hat ein Gericht über Ersatzansprüche der in den §§ 104 bis 107 genannten Art zu entscheiden, ist es an eine unanfechtbare Entscheidung nach diesem Buch oder nach dem Sozialgerichtsgesetz in der jeweils geltenden Fassung gebunden, ob ein Versicherungsfall vorliegt, in welchem Umfang Leistungen zu erbringen sind und ob der Unfallversicherungsträger zuständig ist.

(2) Das Gericht hat sein Verfahren auszusetzen, bis eine Entscheidung nach Absatz 1 ergangen ist. Falls ein solches Verfahren noch nicht eingeleitet ist, bestimmt das Gericht dafür eine Frist, nach deren Ablauf die Aufnahme des ausgesetzten Verfahrens zulässig ist.

§ 109 Feststellungsberechtigung von in der Haftung beschränkten Personen Personen, deren Haftung nach den §§ 104 bis 107 beschränkt ist und gegen die Versicherte, ihre Angehörigen und Hinterbliebene Schadenersatzforderungen erheben, können statt der Berechtigten die Feststellungen nach § 108 beantragen oder das entsprechende Verfahren nach dem Sozialgerichtsgesetz betreiben. Der Ablauf von Fristen, die ohne ihr Verschulden verstrichen sind, wirkt nicht gegen sie; dies gilt nicht, soweit diese Personen das Verfahren selbst betreiben.

§ 110 Haftung gegenüber den Sozialversicherungsträgern (1) Haben Personen, deren Haftung nach den §§ 104 bis 107 beschränkt ist, den Versicherungsfall vorsätzlich oder grob fahrlässig herbeigeführt, haften sie den Sozialversicherungsträgern für die infolge des Versicherungsfalls entstandenen Aufwendungen, jedoch nur bis zur Höhe des zivilrechtlichen Schadenersatzanspruchs. Statt der Rente kann der Kapitalwert gefordert werden. Das Verschulden braucht sich nur auf das den Versicherungsfall verursachende Handeln oder Unterlassen zu beziehen.

(1 a) Unternehmer, die Schwarzarbeit nach § 1 des Schwarzarbeitsbekämpfungsgesetzes erbringen und dadurch bewirken, dass Beiträge nach dem Sechsten Kapitel nicht, nicht in der richtigen Höhe oder nicht rechtzeitig entrichtet werden, erstatten den Unfallversicherungsträgern die Aufwendungen, die diesen infolge von Versicherungsfällen bei Ausführung der Schwarzarbeit entstanden sind. Eine nicht ordnungsgemäße Beitragsentrichtung wird vermutet, wenn die Unternehmer die Personen, bei denen die Versicherungsfälle eingetreten sind, nicht nach § 28 a des Vierten Buches bei der Einzugsstelle oder der Datenstelle der Rentenversicherung angemeldet hatten.

(2) Die Sozialversicherungsträger können nach billigem Ermessen, insbesondere unter Berücksichtigung der wirtschaftlichen Verhältnisse des Schuldners, auf den Ersatzanspruch ganz oder teilweise verzichten.

…

§ 150 Beitragspflichtige (1) Beitragspflichtig sind die Unternehmer, für deren Unternehmen Versicherte tätig sind oder zu denen Versicherte in einer besonderen, die Versicherung begründenden Beziehung stehen. Die nach § 2 versicherten Unternehmer sowie die nach § 3 Abs. 1 Nr. 1 und § 6 Abs. 1 Versicherten sind selbst beitragspflichtig. Für Versicherte nach § 6 Absatz 1 Satz 2 ist die jeweilige Organisation oder der jeweilige Verband beitragspflichtig. Entsprechendes gilt in den Fällen des § 6 Absatz 1 Satz 3.

…

§ 193 Pflicht zur Anzeige eines Versicherungsfalls durch die Unternehmer (1) Die Unternehmer haben Unfälle von Versicherten in ihren Unternehmen dem Unfallversicherungsträger anzuzeigen, wenn Versicherte getötet oder so verletzt sind, daß sie mehr als drei Tage arbeitsunfähig werden. Satz 1 gilt entsprechend für Unfälle von Versicherten, deren Versicherung weder eine Beschäftigung noch eine selbständige Tätigkeit voraussetzt.

(2) Haben Unternehmer im Einzelfall Anhaltspunkte, daß bei Versicherten ihrer Unternehmen eine Berufskrankheit vorliegen könnte, haben sie diese dem Unfallversicherungsträger anzuzeigen.

(3) Bei Unfällen der nach § 2 Abs. 1 Nr. 8 Buchstabe b Versicherten hat der Schulhoheitsträger die Unfälle auch dann anzuzeigen, wenn er nicht Unternehmer ist. Bei Unfällen der nach § 2 Abs. 1 Nr. 15 Buchstabe a Versicherten hat der Träger der Einrichtung, in der die stationäre oder teilstationäre Behandlung oder die stationären, teilstationären oder ambulanten Leistungen zur medizinischen Rehabilitation erbracht werden, die Unfälle anzuzeigen.

(4) Die Anzeige ist binnen drei Tagen zu erstatten, nachdem die Unternehmer von dem Unfall oder von den Anhaltspunkten für eine Berufskrankheit Kenntnis erlangt haben. Der Versicherte kann vom Unternehmer verlangen, daß ihm eine Kopie der Anzeige überlassen wird.

(5) Die Anzeige ist vom Betriebs- oder Personalrat mit zu unterzeichnen; bei Erstattung der Anzeige durch Datenübertragung ist anzugeben, welches Mitglied des Betriebs- oder Personalrats vor der Absendung von ihr Kenntnis genommen hat. Der Unternehmer hat die Sicherheitsfachkraft und den Betriebsarzt über jede Unfall- oder Berufskrankheitenanzeige in Kenntnis zu setzen. Verlangt der Unfallversicherungsträger zur Feststellung, ob eine Berufskrankheit vorliegt, Auskünfte über gefährdende Tätigkeiten von Versicherten, haben die Unternehmer den Betriebs- oder Personalrat über dieses Auskunftsersuchen unverzüglich zu unterrichten.

(6) *(weggefallen)*

(7) Bei Unfällen in Unternehmen, die der allgemeinen Arbeitsschutzaufsicht unterstehen, hat der Unternehmer eine Durchschrift der Anzeige der für den Arbeitsschutz zuständigen Behörde zu übersenden. Bei Unfällen in Unternehmen, die der bergbehördlichen Aufsicht unterstehen, ist die Durchschrift an die zuständige untere Bergbehörde zu übersenden. Wird eine Berufskrankheit angezeigt, übersendet der Unfallversicherungsträger eine Durchschrift der Anzeige unverzüglich der für den medizinischen Arbeitsschutz zuständigen Landesbehörde. Wird der für den medizinischen Arbeitsschutz zuständigen Landesbehörde eine Berufskrankheit angezeigt, übersendet sie dem Unfallversicherungsträger unverzüglich eine Durchschrift der Anzeige.

(8) Das Bundesministerium für Arbeit und Soziales bestimmt durch Rechtsverordnung[1] mit Zustimmung des Bundesrates den für Aufgaben der Prävention und der Einleitung eines Feststellungsverfahrens erforderlichen Inhalt der Anzeige, ihre Form und die Art und Weise ihrer Ermittlung sowie die Empfänger, die Anzahl und den Inhalt der Durchschriften.

(9) Unfälle nach Absatz 1, die während der Fahrt auf einem Seeschiff eingetreten sind, sind ferner in das Schiffstagebuch einzutragen und dort oder in einem Anhang kurz darzustellen. Ist ein Schiffstagebuch nicht zu führen, haben die Schiffsführer Unfälle nach Satz 1 in einer besonderen Niederschrift nachzuweisen.

…

---

1 Vgl. **Unfallversicherungs-Anzeigeverordnung** (UVAV) vom 23. 1. 2002 (BGBl. I 554), zuletzt geändert durch Verordnung vom 22. 12. 2016 (BGBl. I 3097).

30 VII a. Berufskrankheiten-Verordnung (BKV)

vom 31. Oktober 1997 (BGBl. I 2623),
zuletzt geändert durch Verordnung vom 10. Juli 2017 (BGBl. I 2299)

Einleitung

(siehe bei Nr. 30 VII, II)

Verordnungstext

§ 1 Berufskrankheiten Berufskrankheiten sind die in der Anlage 1 bezeichneten Krankheiten, die Versicherte infolge einer den Versicherungsschutz nach den §§ 2, 3 oder 6 des Siebten Buches Sozialgesetzbuch begründenden Tätigkeit erleiden.

§ 2 Erweiterter Versicherungsschutz in Unternehmen der Seefahrt Für Versicherte in Unternehmen der Seefahrt erstreckt sich die Versicherung gegen Tropenkrankheiten und Fleckfieber auch auf die Zeit, in der sie an Land beurlaubt sind.

§ 3 Maßnahmen gegen Berufskrankheiten, Übergangsleistung (1) Besteht für Versicherte die Gefahr, daß eine Berufskrankheit entsteht, wiederauflebt oder sich verschlimmert, haben die Unfallversicherungsträger dieser Gefahr mit allen geeigneten Mitteln entgegenzuwirken. Ist die Gefahr gleichwohl nicht zu beseitigen, haben die Unfallversicherungsträger darauf hinzuwirken, daß die Versicherten die gefährdende Tätigkeit unterlassen. Den für den medizinischen Arbeitsschutz zuständigen Stellen ist Gelegenheit zur Äußerung zu geben.
(2) Versicherte, die die gefährdende Tätigkeit unterlassen, weil die Gefahr fortbesteht, haben zum Ausgleich hierdurch verursachter Minderungen des Verdienstes oder sonstiger wirtschaftlicher Nachteile gegen den Unfallversicherungsträger Anspruch auf Übergangsleistungen. Als Übergangsleistung wird
1. ein einmaliger Betrag bis zur Höhe der Vollrente oder
2. eine monatlich wiederkehrende Zahlung bis zur Höhe eines Zwölftels der Vollrente längstens für die Dauer von fünf Jahren

gezahlt. Renten wegen Minderung der Erwerbsfähigkeit sind nicht zu berücksichtigen.

§ 4 Mitwirkung der für den medizinischen Arbeitsschutz zuständigen Stellen (1) Die für den medizinischen Arbeitsschutz zuständigen Stellen wirken bei der Feststellung von Berufskrankheiten und von Krankheiten, die nach § 9 Abs. 2 des Siebten Buches Sozialgesetzbuch wie Berufskrankheiten anzuerkennen sind, nach Maßgabe der Absätze 2 bis 4 mit.
(2) Die Unfallversicherungsträger haben die für den medizinischen Arbeitsschutz zuständigen Stellen über die Einleitung eines Feststellungsverfahrens unverzüglich zu unterrichten;

als Unterrichtung gilt auch die Übersendung der Anzeige nach § 193 Abs. 2 und 7 oder § 202 des Siebten Buches Sozialgesetzbuch. Die Unfallversicherungsträger beteiligen die für den medizinischen Arbeitsschutz zuständigen Stellen an dem weiteren Feststellungsverfahren; das nähere Verfahren können die Unfallversicherungsträger mit den für den medizinischen Arbeitsschutz zuständigen Stellen durch Vereinbarung regeln.

(3) In den Fällen der weiteren Beteiligung nach Absatz 2 Satz 2 haben die Unfallversicherungsträger vor der abschließenden Entscheidung die für den medizinischen Arbeitsschutz zuständigen Stellen über die Ergebnisse ihrer Ermittlungen zu unterrichten. Soweit die Ermittlungsergebnisse aus Sicht der für den medizinischen Arbeitsschutz zuständigen Stellen nicht vollständig sind, können sie den Unfallversicherungsträgern ergänzende Beweiserhebungen vorschlagen; diesen Vorschlägen haben die Unfallversicherungsträger zu folgen.

(4) Nach Vorliegen aller Ermittlungsergebnisse können die für den medizinischen Arbeitsschutz zuständigen Stellen ein Zusammenhangsgutachten erstellen. Zur Vorbereitung dieser Gutachten können sie die Versicherten untersuchen oder andere Ärzte auf Kosten der Unfallversicherungsträger mit Untersuchungen beauftragen.

§ 5 Gebühren (1) Erstellen die für den medizinischen Arbeitsschutz zuständigen Stellen ein Zusammenhangsgutachten nach § 4 Abs. 4, erhalten sie von den Unfallversicherungsträgern jeweils eine Gebühr in Höhe von 200 Euro. Mit dieser Gebühr sind alle Personal- und Sachkosten, die bei der Erstellung des Gutachtens entstehen, einschließlich der Kosten für die ärztliche Untersuchung von Versicherten durch die für den medizinischen Arbeitsschutz zuständigen Stellen abgegolten.

(2) Ein Gutachten im Sinne des Absatzes 1 setzt voraus, daß der Gutachter unter Würdigung

1. der Arbeitsanamnese des Versicherten und der festgestellten Einwirkungen am Arbeitsplatz,
2. der Beschwerden, der vorliegenden Befunde und der Diagnose

eine eigenständig begründete schriftliche Bewertung des Ursachenzusammenhangs zwischen der Erkrankung und den tätigkeitsbezogenen Gefährdungen unter Berücksichtigung der besonderen für die gesetzliche Unfallversicherung geltenden Bestimmungen vornimmt.

§ 6 Rückwirkung (1) Leiden Versicherte am 1. August 2017 an einer Krankheit nach den Nummern 1320, 1321, 2115, 4104 (Eierstockkrebs) oder 4113 (Kehlkopfkrebs) der Anlage 1, ist die Krankheit auf Antrag als Berufskrankheit anzuerkennen, wenn sie vor diesem Tag eingetreten ist.

(2) Leiden Versicherte am 1. Januar 2015 an einer Krankheit nach Nummer 1319, 2113, 2114 oder 5103 der Anlage 1, ist die Krankheit auf Antrag als Berufskrankheit anzuerkennen, wenn sie vor diesem Tag eingetreten ist.

(3) Leiden Versicherte am 1. Juli 2009 an einer Krankheit Nach Nummer 2112, 4114 oder 4115 der Anlage 1, ist diese auf Antrag als Berufskrankheit anzuerkennen, wenn der Versicherungsfall nach dem 30. September 2002 eingetreten ist. Leiden Versicherte am 1. Juli 2009 an einer Krankheit nach Nummer 4113 der Anlage 1, ist diese auf Antrag als Berufskrankheit anzuerkennen, wenn der Versicherungsfall nach dem 30. November 1997 eingetreten ist. Leiden Versicherte am 1. Juli 2009 an einer Krankheit nach Nummer 1318 der Anlage 1, ist die Krankheit auf Antrag als Berufskrankheit anzuerkennen, wenn der Versicherungsfall vor diesem Tag eingetreten ist.

(4) Leidet ein Versicherter am 1. Oktober 2002 an einer Krankheit nach Nummer 4112 der Anlage 1, ist diese auf Antrag als Berufskrankheit anzuerkennen, wenn der Versicherungs-

fall nach dem 30. November 1997 eingetreten ist. Satz 1 gilt auch für eine Krankheit nach Nummer 2106 der Anlage 1, wenn diese nicht bereits nach der Nummer 2106 der Anlage 1 in der am 1. Dezember 1997 in Kraft getretenen Fassung als Berufskrankheit anerkannt werden kann.
(5) Leidet ein Versicherter am 1. Dezember 1997 an einer Krankheit nach Nummer 1316, 1317, 4104 (Kehlkopfkrebs) oder 4111 der Anlage 1, ist diese auf Antrag als Berufskrankheit anzuerkennen, wenn der Versicherungsfall nach dem 31. Dezember 1992 eingetreten ist. Abweichend von Satz 1 ist eine Erkrankung nach Nummer 4111 der Anlage 1 auch dann als Berufskrankheit anzuerkennen, wenn die Erkrankung bereits vor dem 1. Januar 1993 eingetreten und einem Unfallversicherungsträger bis zum 31. Dezember 2009 bekannt geworden ist.
(6) Hat ein Versicherter am 1. Januar 1993 an einer Krankheit gelitten, die erst auf Grund der Zweiten Verordnung zur Änderung der Berufskrankheiten-Verordnung vom 18. Dezember 1992 (BGBl. I S. 2343) als Berufskrankheit anerkannt werden kann, ist die Krankheit auf Antrag als Berufskrankheit anzuerkennen, wenn der Versicherungsfall nach dem 31. März 1988 eingetreten ist.
(7) Hat ein Versicherter am 1. April 1988 an einer Krankheit gelitten, die erst auf Grund der Verordnung zur Änderung der Berufskrankheiten-Verordnung vom 22. März 1988 (BGBl. I S. 400) als Berufskrankheit anerkannt werden kann, ist die Krankheit auf Antrag als Berufskrankheit anzuerkennen, wenn der Versicherungsfall nach dem 31. Dezember 1976 eingetreten ist.
(8) Bindende Bescheide und rechtskräftige Entscheidungen stehen der Anerkennung als Berufskrankheit nach den Absätzen 1 bis 7 nicht entgegen. Leistungen werden rückwirkend längstens für einen Zeitraum bis zu vier Jahren erbracht; der Zeitraum ist vom Beginn des Jahres an zu rechnen, in dem der Antrag gestellt worden ist.

§ 7 *(weggefallen)*

§ 8 Inkrafttreten, Außerkrafttreten (1) Diese Verordnung tritt am 1. Dezember 1997 in Kraft.
(2) Gleichzeitig treten außer Kraft:
1. die Berufskrankheiten-Verordnung vom 20. Juni 1968 (BGBl. I S. 721), zuletzt geändert durch Artikel 1 der Verordnung vom 18. Dezember 1992 (BGBl. I S. 2343);
2. Artikel 3 Abs. 2 der Verordnung zur Änderung der Berufskrankheiten-Verordnung vom 22. März 1988 (BGBl. I S. 400);
3. Artikel 2 Abs. 2 der Zweiten Verordnung zur Änderung der Berufskrankheiten-Verordnung vom 18. Dezember 1992 (BGBl. I S. 2343).

Anlage 1

Nr.	Krankheiten
1	**Durch chemische Einwirkungen verursachte Krankheiten**
11	**Metalle oder Metalloide**
1101	Erkrankungen durch Blei oder seine Verbindungen
1102	Erkrankungen durch Quecksilber oder seine Verbindungen
1103	Erkrankungen durch Chrom oder seine Verbindungen
1104	Erkrankungen durch Cadmium oder seine Verbindungen
1105	Erkrankungen durch Mangan oder seine Verbindungen
1106	Erkrankungen durch Thallium oder seine Verbindungen
1107	Erkrankungen durch Vanadium oder seine Verbindungen
1108	Erkrankungen durch Arsen oder seine Verbindungen
1109	Erkrankungen durch Phosphor oder seine anorganischen Verbindungen
1110	Erkrankungen durch Beryllium oder seine Verbindungen
12	**Erstickungsgase**
1201	Erkrankungen durch Kohlenmonoxid
1202	Erkrankungen durch Schwefelwasserstoff
13	**Lösemittel, Schädlingsbekämpfungsmittel (Pestizide) und sonstige chemische Stoffe**
1301	Schleimhautveränderungen, Krebs oder andere Neubildungen der Harnwege durch aromatische Amine
1302	Erkrankungen durch Halogenkohlenwasserstoffe
1303	Erkrankungen durch Benzol, seine Homologe *oder durch Styrol* *)
1304	Erkrankungen durch Nitro- oder Aminoverbindungen des Benzols oder seiner Homologe oder ihrer Abkömmlinge
1305	Erkrankungen durch Schwefelkohlenstoff
1306	Erkrankungen durch Methylalkohol (Methanol)
1307	Erkrankungen durch organische Phosphorverbindungen
1308	Erkrankungen durch Fluor oder seine Verbindungen
1309	Erkrankungen durch Salpetersäureester
1310	Erkrankungen durch halogenierte Alkyl-, Aryl- oder Alkylaryloxide
1311	Erkrankungen durch halogenierte Alkyl-, Aryl- oder Alkylarylsulfide
1312	Erkrankungen der Zähne durch Säuren
1313	Hornhautschädigungen des Auges durch Benzochinon
1314	Erkrankungen durch para-tertiär-Butylphenol
1315	Erkrankungen durch Isocyanate, die zur Unterlassung aller Tätigkeiten gezwungen haben, die für die Entstehung, die Verschlimmerung oder das Wiederaufleben der Krankheit ursächlich waren oder sein können
1316	Erkrankungen der Leber durch Dimethylformamid
1317	Polyneuropathie oder Enzephalopathie durch organische Lösungsmittel oder deren Gemische
1318	Erkrankungen des Blutes, des blutbildenden und des lymphatischen Systems durch Benzol
1319	Larynxkarzinom durch intensive und mehrjährige Exposition gegenüber schwefelsäurehaltigen Aerosolen
1320	Chronisch-myeloische oder chronisch-lymphatische Leukämie durch 1,3-Butadien bei Nachweis der Einwirkung einer kumulativen Dosis von mindestens 180 Butadien-Jahren (ppm x Jahre)

1321 Schleimhautveränderungen, Krebs oder andere Neubildungen der Harnwege durch polyzyklische aromatische Kohlenwasserstoffe bei Nachweis der Einwirkung einer kumulativen Dosis von mindestens 80 Benzo(a)pyren-Jahren [(µg/m³) x Jahre]

Zu den Nummern 1101 bis 1110, 1201 und 1202, 1303 bis 1309 und 1315: Ausgenommen sind Hauterkrankungen. Diese gelten als Krankheiten im Sinne dieser Anlage nur insoweit, als sie Erscheinungen einer Allgemeinerkrankung sind, die durch Aufnahme der schädigenden Stoffe in den Körper verursacht werden oder gemäß Nummer 5101 zu entschädigen sind.

2 Durch physikalische Einwirkungen verursachte Krankheiten

21 Mechanische Einwirkungen

2101 Erkrankungen der Sehnenscheiden oder des Sehnengleitgewebes sowie der Sehnen- oder Muskelansätze, die zur Unterlassung aller Tätigkeiten gezwungen haben, die für die Entstehung, die Verschlimmerung oder das Wiederaufleben der Krankheit ursächlich waren oder sein können

2102 Meniskusschäden nach mehrjährigen andauernden oder häufig wiederkehrenden, die Kniegelenke überdurchschnittlich belastenden Tätigkeiten

2103 Erkrankungen durch Erschütterung bei Arbeit mit Druckluftwerkzeugen oder gleichartig wirkenden Werkzeugen oder Maschinen

2104 Vibrationsbedingte Durchblutungsstörungen an den Händen, die zur Unterlassung aller Tätigkeiten gezwungen haben, die für die Entstehung, die Verschlimmerung oder das Wiederaufleben der Krankheit ursächlich waren oder sein können

2105 Chronische Erkrankungen der Schleimbeutel durch ständigen Druck

2106 Druckschädigung der Nerven

2107 Abrißbrüche der Wirbelfortsätze

2108 Bandscheibenbedingte Erkrankungen der Lendenwirbelsäule durch langjähriges Heben oder Tragen schwerer Lasten oder durch langjährige Tätigkeiten in extremer Rumpfbeugehaltung, die zur Unterlassung aller Tätigkeiten gezwungen haben, die für die Entstehung, die Verschlimmerung oder das Wiederaufleben der Krankheit ursächlich waren oder sein können

2109 Bandscheibenbedingte Erkrankungen der Halswirbelsäule durch langjähriges Tragen schwerer Lasten auf der Schulter, die zur Unterlassung aller Tätigkeiten gezwungen haben, die für die Entstehung, die Verschlimmerung oder das Wiederaufleben der Krankheit ursächlich waren oder sein können

2110 Bandscheibenbedingte Erkrankungen der Lendenwirbelsäule durch langjährige, vorwiegend vertikale Einwirkung von Ganzkörperschwingungen im Sitzen, die zur Unterlassung aller Tätigkeiten gezwungen haben, die für die Entstehung, die Verschlimmerung oder das Wiederaufleben der Krankheit ursächlich waren oder sein können

2111 Erhöhte Zahnabrasionen durch mehrjährige quarzstaubbelastende Tätigkeit

2112 Gonarthrose durch eine Tätigkeit im Knien oder vergleichbare Kniebelastung mit einer kumulativen Einwirkungsdauer während des Arbeitslebens von mindestens 13000 Stunden und einer Mindesteinwirkungsdauer von insgesamt einer Stunde pro Schicht

2113 Druckschädigung des Nervus medianus im Carpaltunnel (Carpaltunnel-Syndrom) durch repetitive manuelle Tätigkeiten mit Beugung und Streckung der Handgelenke, durch erhöhten Kraftaufwand der Hände oder durch Hand-Arm-Schwingungen

2114 Gefäßschädigung der Hand durch stoßartige Krafteinwirkung (Hypothenar-Hammer-Syndrom und Thenar-Hammer-Syndrom)
2115 Fokale Dystonie als Erkrankung des zentralen Nervensystems bei Instrumentalmusikern durch feinmotorische Tätigkeit hoher Intensität
22 Druckluft
2201 Erkrankungen durch Arbeit in Druckluft
23 Lärm
2301 Lärmschwerhörigkeit
24 Strahlen
2401 Grauer Star durch Wärmestrahlung
2402 Erkrankungen durch ionisierende Strahlen
3 Durch Infektionserreger oder Parasiten verursachte Krankheiten sowie Tropenkrankheiten
3101 Infektionskrankheiten, wenn der Versicherte im Gesundheitsdienst, in der Wohlfahrtspflege oder in einem Laboratorium tätig oder durch eine andere Tätigkeit der Infektionsgefahr in ähnlichem Maße besonders ausgesetzt war
3102 Von Tieren auf Menschen übertragbare Krankheiten
3103 Wurmkrankheit der Bergleute, verursacht durch Ankylostoma duodenale oder Strongyloides stercoralis
3104 Tropenkrankheiten, Fleckfieber
4 Erkrankungen der Atemwege und der Lungen, des Rippenfells und Bauchfells und der Eierstöcke
41 Erkrankungen durch anorganische Stäube
4101 Quarzstaublungenerkrankung (Silikose)
4102 Quarzstaublungenerkrankung in Verbindung mit aktiver Lungentuberkulose (Silikotuberkulose)
4103 Asbeststaublungenerkrankung (Asbestose) oder durch Asbeststaub verursachte Erkrankung der Pleura
4104 Lungenkrebs, Kehlkopfkrebs oder Eierstockkrebs
- in Verbindung mit Asbeststaublungenerkrankung (Asbestose),
- in Verbindung mit durch Asbeststaub verursachter Erkrankung der Pleuraoder
- bei Nachweis der Einwirkung einer kumulativen Asbest-Faserstaub-Dosis am Arbeitsplatz von mindestens 25 Faserjahren (25×10^6 [(Fasern/cbm) × Jahre])

4105 Durch Asbest verursachtes Mesotheliom des Rippenfells, des Bauchfells oder des Pericards
4106 Erkrankungen der tieferen Atemwege und der Lungen durch Aluminium oder seine Verbindungen
4107 Erkrankungen an Lungenfibrose durch Metallstäube bei der Herstellung oder Verarbeitung von Hartmetallen
4108 Erkrankungen der tieferen Atemwege und der Lungen durch Thomasmehl (Thomasphosphat)
4109 Bösartige Neubildungen der Atemwege und der Lungen durch Nickel oder seine Verbindungen
4110 Bösartige Neubildungen der Atemwege und der Lungen durch Kokereirohgase
4111 Chronische obstruktive Bronchitis oder Emphysem von Bergleuten unter Tage im Steinkohlebergbau bei Nachweis der Einwirkung einer kumulativen Dosis von in der Regel 100 Feinstaubjahren [(mg/cbm) × Jahre] *)
4112 Lungenkrebs durch die Einwirkung von kristallinem Siliziumdiuxid (SiO_2) bei nachgewiesener Quarzstaublungenerkrankung (Silikose oder Siliko-Tuberkulose)

4113 Lungenkrebs oder Kehlkopfkrebs durch polyzyklische aromatische Kohlenwasserstoffe bei Nachweis der Einwirkung einer kumulativen Dosis von mindestens 100 Benzo[a]pyren-Jahren [(ug/m³) x Jahre]

4114 Lungenkrebs durch das Zusammenwirken von Asbestfaserstaub und polyzyklischen aromatischen Kohlenwasserstoffen bei Nachweis der Einwirkung einer kumulativen Dosis, die einer Verursachungswahrscheinlichkeit von mindestens 50 Prozent nach der Anlage 2 entspricht

4115 Lungenfibrose durch extreme und langjährige Einwirkung von Schweißrauchen und Schweißgasen – (Siderofibrose)

42 Erkrankungen durch organische Stäube

4201 Exogen-allergische Alveolitis

4202 Erkrankungen der tieferen Atemwege und der Lungen durch Rohbaumwoll-, Rohflachs- oder Rohhanfstaub (Byssinose)

4203 Adenokarzinome der Nasenhaupt- und Nasennebenhöhlen durch Stäube von Eichen- oder Buchenholz

43 obstruktive Atemwegserkrankungen

4301 Durch allergisierende Stoffe verursachte obstruktive Atemwegserkrankungen (einschließlich Rhinopathie), die zur Unterlassung aller Tätigkeiten gezwungen haben, die für die Entstehung, die Verschlimmerung oder das Wiederaufleben der Krankheit ursächlich waren oder sein können

4302 Durch chemisch-irritativ oder toxisch wirkende Stoffe verursachte obstruktive Atemwegserkrankungen, die zur Unterlassung aller Tätigkeiten gezwungen haben, die für die Entstehung, die Verschlimmerung oder das Wiederaufleben der Krankheit ursächlich waren oder sein können

5 Hautkrankheiten

5101 Schwere oder wiederholt rückfällige Hauterkrankungen, die zur Unterlassung aller Tätigkeiten gezwungen haben, die für die Entstehung, die Verschlimmerung oder das Wiederaufleben der Krankheit ursächlich waren oder sein können

5102 Hautkrebs oder zur Krebsbildung neigende Hautveränderungen durch Ruß, Rohparaffin, Teer, Anthrazen, Pech oder ähnliche Stoffe

5103 Plattenepithelkarzinome oder multiple aktinische Keratosen der Haut durch natürliche UV-Strahlung

6 Krankheiten sonstiger Ursache

6101 Augenzittern der Bergleute

Anlage 2

(nicht abgedruckt)

30 IX. Sozialgesetzbuch (SGB) Neuntes Buch Rehabilitation und Teilhabe behinderter Menschen

Aktuelle höchstrichterliche Rechtsprechung

Datum	Gericht/Az.	Fundstelle	Thema
16. 5. 19	BAG 8 AZR 315/18	NZA 19, 1419	Benachteiligung wegen Behinderung, Einladung zu Vorstellungsgespräch
16. 5. 19	BAG 8 AZR 530/17	NZA 19, 1348	Stufenweise Wiedereingliederung, besondere Fürsorgepflicht des AG
16. 5. 19	BAG 6 AZR 329/18	NZA 19, 1198	Behinderungsgerechte Beschäftigung
17. 4. 19	BAG 7 AZR 292/17	NZA 19, 1355	Betriebliches Eingliederungsmanagement, Beendigung wegen Flugdienstuntauglichkeit
19. 12. 18	BAG 7 ABR 80/16	NZA 19, 854	Teilnahme der SbV an Personalauswahlverfahren
13. 12. 18	BAG 2 AZR 378/18	NZA 19, 305	Beteiligung der SbV bei Kündigung
21. 11. 18	BAG 7 AZR 394/17	NZA 19, 309	Betriebliches Eingliederungsmanagement, Beendigung wegen Flugdienstuntauglichkeit
20. 6. 18	BAG 7 ABR 39/16	NZA 19, 54	Anhörung der Schwerbehindertenvertretung, Zuständigkeit

Einleitung

Vorbemerkung

Das SGB IX fasst, wie sein Titel sagt, das gesamte Schwerbehindertenrecht mit seinen beiden Aspekten »Rehabilitation« und »arbeitsrechtlicher Schwerbehindertenschutz« zusammen. Der arbeitsrechtliche Schutz war bislang im SchwbG geregelt und die »vor die Klammer gezogenen« sozialrechtlichen Reha-Vorschriften im RehaAnglG. Beide Gesetze gehen nunmehr im SGB IX auf. Wegen des aber nach wie vor verbleibenden Unterschieds zwischen Arbeits- und Sozialrecht werden beide Bereiche weiterhin getrennt dargestellt.

I. Geschichtliche Entwicklung

1. Das getrennte Schwerbehinderten- und Rehabilitationsrecht

Das Schwerbehindertenrecht ist in seinem Ursprung eine Folge des Ersten Weltkriegs. Mit der VO über die Beschäftigung Schwerbeschädigter vom 9. 1. 1919 (RGBl. 28) wurde die Grundstruktur des bis heute geltenden arbeitsrechtlichen Schwerbehindertenschutzes geschaffen:

- Beschäftigungspflicht für eine Mindestquote von Schwerbeschädigten (1 %);
- Bußgeld bei Nichterfüllung der Quote;
- Verwendung des Bußgeldaufkommens zur Förderung der Beschäftigung Schwerbeschädigter;
- Kündigungsbeschränkungen für Schwerbeschädigte.

Diese VO wurde 1923 in das Schwerbeschädigtengesetz vom 1. 2. 1923 (RGBl. I 57) überführt, das wiederum nach dem Zweiten Weltkrieg durch das Schwerbeschädigtengesetz vom 18. 6. 1953 (BGBl. I 389) abgelöst wurde. An dessen Stelle trat schließlich das Schwerbehindertengesetz vom 24. 4. 1974 (BGBl. I 981). Mit ihm wurde das bisherige kausale System (Kriegsbeschädigung) durch das seither geltende finale System (Schutz bei Behinderung unabhängig von deren Ursache) abgelöst (hierzu *Jung*, RdA 74, 49). Außerdem wurde auf die zwar formal bestehende, aber in der Praxis nicht umsetzbare Möglichkeit verzichtet, einen Arbeitgeber hoheitlich zur Einstellung eines Schwerbeschädigten (nunmehr: Schwerbehinderten) zu verpflichten.

Parallel zur Schaffung des SchwbG wurde das »Gesetz über die Angleichung der Leistungen zur Rehabilitation – RehaAnglG –« vom 7. 8. 1974 (BGBl. I 1881) verabschiedet. Mit ihm wurden gemeinsame Vorschriften für die nach wie vor in den einzelnen Leistungsgesetzen (z. B. Kranken-, Renten- und Arbeitslosenversicherung) geregelten Reha-Leistungen geschaffen. Außerdem hat das Gesetz über die Sozialversicherung Schwerbehinderter vom 7. 5. 1975 (BGBl. I 1061) die in Werkstätten für Behinderte und in Anstalten und Heimen Beschäftigten in die gesetzliche Kranken- und Rentenversicherung einbezogen.

Seit 1994 ist Art. 3 Abs. 3 GG ausdrücklich um ein Diskriminierungsverbot für Schwerbehinderte erweitert worden (s. Einl. I zum GG, Nr. 20; hierzu Antwort der Bundesregierung »Gleichstellungs- und Antidiskriminierungsregelungen und gesetzliche Konsequenzen aus dem Benachteiligungsverbot für Behinderte im Grundgesetz«, BT-Drs. 13/5595).

Mit dem »Gesetz zur Bekämpfung der Arbeitslosigkeit Schwerbehinderter« vom 29. 9. 2000 (BGBl. I 1394) wurde das SchwbG erheblich umgestaltet. Insbesondere wurde das System von Pflichtquote und Ausgleichsabgabe verändert: Einerseits wurde – zunächst befristet – die Quote von 6 % auf 5 % reduziert und die Zahl der ausgenommenen Kleinunternehmen erhöht. Andererseits wurde die Ausgleichsabgabe für Unternehmen mit besonders geringer Erfüllung erheblich erhöht (auf bis zu 500 DM). Des Weiteren wurden die Pflichten des Arbeitgebers zur Bereitstellung von Arbeitsplätzen für Schwerbehinderte und zur Förderung schon beschäftigter Schwerbehinderter erweitert. Dazu treten neue institutionelle Vorkehrungen, insbesondere im Zusammenwirken mit Arbeitnehmervertretungen und Arbeitsamt: Integrationsvereinbarung, Präventionspflichten, Integrationsprojekte und Integrationsfachdienste bei den Arbeitsämtern (zum Gesetz vgl. *Cramer,* DB 00, 2217; *Düwell,* AiB 00, 649; *Kossens/Maaß,* NZA 00, 1025).

2. SGB IX

Das SGB IX vom 19.6.2001 (BGBl. I 1046) hat das bis dahin getrennte Reha-Recht mit dem arbeitsrechtlichen Schwerbehindertenschutz in ein Gesetz zusammengeführt. Damit soll der gemeinsame Aspekt einer wirksamen Prävention und Rehabilitation betont werden (Übersicht 67).

Diese Gemeinsamkeit wird auch durch die Formulierung eines für alle Rechtsbereiche gleichen Behindertenbegriffs in § 2 Abs. 1 verstärkt. Außerdem verwendet das Gesetz um einer geschlechtsneutralen Formulierung willen nunmehr die Worte »schwerbehinderter Mensch« anstelle von »Schwerbehinderter« (zum Gesetz vgl. *Düwell,* BB 01, 1527; *Gagel,* NZA 01, 988; *Hansen,* NZA 01, 985; *Peiseler,* PersR 01, 400; *Welti,* SozSich 01, 146; *Welti,* NJW 01, 2210; zu einer Bilanz nach zehn Jahren: *H. Fuchs*, SozSich 11, 205 ff.).

Das SGB IX ist mit dem »Gesetz zur Förderung der Ausbildung und Beschäftigung schwerbehinderter Menschen« vom 23.4.2004 (BGBl. I 606) in vielen Punkten geändert worden (hierzu eingehend *Cramer,* NZA 04, 698; *Feldes/Kossack,* AiB 04, 453). In diesem Zusammenhang steht auch die Änderung der Schwerbehinderten-AusgleichsabgabeVO durch VO vom 16.1.2004 (BGBl. I 77, Nr. 30 IXa). Das Änderungsgesetz ist ein typisches Kompromissprodukt aus dem Vermittlungsausschuss; es enthält einerseits Verbesserungen beim Schutz der schwerbehinderten Menschen, nimmt aber andererseits Teile des bestehenden Schutzes zurück. Hierfür stehen z. B.

- die dauerhafte Absenkung der Mindestbeschäftigungsquote auf 5 %,
- die Verschlechterung des besonderen Kündigungsschutzes bei Betriebsstilllegung und Insolvenz sowie durch Verfahrensänderungen und
- die Einschränkung des Zusatzurlaubs.

Verbesserungen erfolgten durch

- die Einführung eines betrieblichen Eingliederungsmanagements,
- die Erweiterung der möglichen Inhalte einer Integrationsvereinbarung und
- den Ausbau der Beteiligungsrechte und Arbeitsbedingungen der Schwerbehindertenvertretungen.

  Im Rahmen des SGB II-Rechtsvereinfachungsgesetzes vom 26.7.2016 (BGBl. I 1824, vgl. Einl. I zum SGB II, Nr. 30 II) wurde u. a. eine Gleichstellung behinderter Jugendlicher und junger Erwachsener mit schwerbehinderten Menschen während der Ausbildung oder Berufsorientierung unabhängig vom Grad der Behinderung in § 68 Abs. 4 a. F. eingefügt.

3. Neuer internationaler Rahmen

Die europäische Richtlinie 2000/78/EG (vgl. Einl. I 2 zum AGG, Nr. 2) sieht unter anderem ein Verbot der Diskriminierung wegen Behinderungen vor (s. u. II 1 c). Art. 5 der Richtlinie verlangt von den Mitgliedstaaten, dass Arbeitgeber verpflichtet werden, positive Maßnahmen zur Beschäftigung behinderter Menschen zu ergreifen. Daraus folgt nach der Rechtsprechung des *EuGH* (11. 4. 2013 – C-335/11, C-337/11, NZA 13, 553 – HK Danmark), dass es einem Arbeitgeber, der seine diesbezüglichen Pflichten (s. u. II 1 f) verletzt, verwehrt ist, sich darauf zu berufen, der behinderte Mensch könne seine vertraglichen Pflichten nicht erfüllen. Dementsprechend kann etwa eine krankheitsbedingte Kündigung nicht ohne weiteres unter Heranziehung behinderungsbedingter Fehlzeiten gerechtfertigt werden (vgl. Einl. III 3 zum KSchG, Nr. 25).

Darüber hinaus gibt es ein Übereinkommen der Vereinten Nationen vom 13. 12. 06 über die Rechte von Menschen mit Behinderungen (v. 13. 12. 2006, Ratifikation und Übereinkommen BGBl. 2008 II 1419; s. *Banafsche*, SGb 12, 373 ff., 440 ff.; *Schulte*, ZESAR 12, 69 ff., 112 ff.; *ders.*, br 11, 41 ff.). Nicht zuletzt mit Rücksicht darauf wurde das SGB IX im Rahmen des Bundesteilhabegesetzes (s. u. 4) fortentwickelt.

4. Bundesteilhabegesetz

Mit Rücksicht auf die internationalen Verpflichtungen aus der UN-Behindertenrechte-Konvention (s. o. 3) und eine Reihe von Empfehlungen des Ausschusses für die Rechte von Menschen mit Behinderungen bei den Vereinten Nationen vom 13. 5. 2015 hatte sich die Große Koalition die Fortentwicklung der Behindertenpolitik über ein gut ausgebautes Leistungssystem hinaus zur Verwirklichung gleichberechtigter Teilhabe im Sinne von Inklusion und Chancengleichheit als gesamtgesellschaftliche Aufgabe zum Ziel gesetzt (vgl. 41. Aufl., Einl. IV zum SGB IX, Nr. 30 IX). Dieses soll durch das Bundesteilhabegesetz vom 23. 12. 2016 (BGBl. I 3234; dazu *Schneider*, WzS 17, 67; Entwurf: BT-Drs. 18/9522) verwirklicht werden, das zum 1. 1. 2018 in seinen wesentlichen Teilen in Kraft getreten ist. Darin wurde das Rehabilitations- und Teilhaberecht fortentwickelt (zum rechtspolitischen Reformbedarf allg. *Welti*, SozSich 14, 146) durch

- einen neuen Behinderungsbegriff in § 2, der internationalen Standards entspricht (nach wie vor aber knüpft der Behinderungsbegriff des § 2 Abs. 1 SGB IX an ein Teilhabehindernis von voraussichtlich mehr als 6 Monaten Dauer, während der Behinderungsbegriff nach dem Unionsrecht allein von einem langfristigen Teilhabehindernis abhängt, vgl. *EuGH* 1. 12. 2016 – C-395/15, ZESAR 17, 505 – Daouidi, m. Anm. *Welti*);
- Erbringung von Leistungen aus einer Hand. Dazu ist ein verbindliches Teilhabeplanverfahren in § 19 vorgesehen.
- Stärkung der Position behinderter Menschen durch Einführung einer unabhängigen Teilhabeberatung nach § 32;
- als Folge Streichung der Regelungen über gemeinsame Servicestellen. Teilhabeplanverfahren und unabhängige Teilhabeberatung sollen die intendierte Teilhabeinformation gewährleisten. Die Leistungsträger bleiben gleichwohl nach § 14

Abs. 1 SGB I beratungspflichtig und werden nach § 12 SGB IX zur Einrichtung untereinander vernetzter Ansprechstellen aufgefordert. Das schließt auch die Jobcenter ein, die keine Rehabilitationsträger sind.

- Fortentwicklung der Leistungen zur Teilhabe am Arbeitsleben mit dem vorrangigen Ziel einer Eingliederung auf dem allgemeinen Arbeitsmarkt. Zu diesem Zweck sollen Arbeitgeber, die behinderte Menschen beschäftigen, die Anspruch auf Leistungen im Arbeitsbereich einer Werkstatt haben, Unterstützung im Wege eines Budgets für Arbeit nach § 61 erhalten, das zur Anleitung und Begleitung am Arbeitsplatz im Einzelfall sowie zum Ausgleich dauerhafter Minderleistungen einen unbefristeten Lohnkostenzuschuss bewirkt (vgl. zum Budget für Arbeit *Nebe/Waldenburger*, Budget für Arbeit [2014]).
- Neustrukturierung der Leistungen zur Teilhabe am Leben in der Gemeinschaft mit Einführung eines neuen Leistungstatbestands der Assistenzleistungen in § 78;
- Einführung einer neuen Leistungsgruppe der Leistungen zur Teilhabe an Bildung nach § 75;
- Berücksichtigung individueller persönlicher Wünsche bei der Lebensplanung und -gestaltung unter Berücksichtigung des Sozialraums und
- Verbesserung der Zusammenarbeit der Rehabilitationsträger und Transparenz des Rehabilitationsgeschehens.

Mit den Neuregelungen ist eine neue Zählung der Paragraphen verbunden.

Daneben wurde die Eingliederungshilfe fortentwickelt und aus der Sozialhilfe herausgelöst. Diese bleibt gleichwohl bedürftigkeitsabhängig und wird aus Steuermitteln finanziert (Teil 2 des Gesetzes, §§ 90 ff.). Es handelt sich um ein unterstes soziales Leistungssystem, das dem Nachranggrundsatz unterliegt (§ 91). Der leistungsberechtigte Personenkreis wird mit Rücksicht auf den neuen Behinderungsbegriff neu geregelt. Die Leistungen orientieren sich künftig nicht mehr an einer bestimmten Wohnform, sondern sind individuell ausgerichtet (§ 104). Dies erfolgt im Rahmen einer optimierten Gesamtplanung, die sich an der Teilhabeplanung (s. o.) orientiert und den Betroffenen aktiv einbezieht und dessen Wunsch- und Wahlrecht berücksichtigt (§§ 117 ff.).

Schließlich führte das Bundesteilhabegesetz zum Ausbau des Schwerbehindertenrechts. Im Rahmen des Arbeitsrechts umfasst dies eine Stärkung der Schwerbehindertenvertretung, insbesondere durch mehr Freistellungen und bessere Fortbildungsmöglichkeiten, Anordnung der Unwirksamkeit einer Kündigung ohne Anhörung der Schwerbehindertenvertretung sowie verbesserte Mitwirkungsmöglichkeiten behinderter Menschen im Rahmen von Werkstätten.

Durch das Angehörigenentlastungsgesetz (v. 10. 12. 2019, BGBl. I 2135, vgl. Einl. I zum SGB XII, Nr. 30 XII) wurde der Rückgriff gegen Eltern und Kinder mit einem Einkommen bis 100000 € jährlich in der Eingliederungshilfe ausgeschlossen. Ferner wurde das Budget für Ausbildung als Teilhabeleistung in § 61 a geschaffen; die Förderung der unabhängigen Teilhabeberatung (§ 32) wurde entfristet.

II. Wesentlicher Gesetzesinhalt

1. Arbeitsrechtlicher Schwerbehindertenschutz

a) Einsetzen des Schutzes, rechtlicher Status

Der Schwerbehindertenschutz setzt einen Grad der Behinderung (GdB) von mehr als 50 voraus. Bei einem GdB unter 50, aber ab 30 kommt eine Gleichstellung zum Zwecke des Erlangens oder Behaltens eines Arbeitsplatzes in Betracht (§ 2 Abs. 3). Mit Ausnahme des Zusatzurlaubs genießen auch die Gleichgestellten den vollen Schutz des SGB IX nach dessen § 151 Abs. 3: Insbesondere können Kündigungen (ordentliche und außerordentliche, auch Änderungskündigungen) nur nach vorheriger Zustimmung des Integrationsamtes erklärt werden (§§ 168 ff., dazu u. g). Das stellt keine Diskriminierung der behinderten Menschen mit einem GdB von weniger als 30 dar. Denn sie werden nicht schlechter behandelt als nicht behinderte Menschen, sondern schlechter als stärker behinderte Menschen (*BAG* 10. 4. 2014 – 2 AZR 647/13, NZA 15, 162, Rn. 41).

Der Schwerbehindertenschutz setzt grundsätzlich kraft Gesetzes ein, ohne dass es darauf ankommt, ob der Arbeitgeber hiervon Kenntnis hat (*BAG* 6. 9. 2007 – 2 AZR 324/06, NZA 08, 407, 409). Auch die behördliche Feststellung einer Schwerbehinderung gemäß § 151 hat nur deklaratorische Bedeutung (*BAG* 18. 10. 2000 – 2 AZR 380/99, AP Nr. 59 zu § 123 BGB), so dass ein schwerbehinderter Mensch unabhängig davon seine Rechte in Anspruch nehmen kann. Anders ist es nur bei der Gleichstellung. Denn sie setzt gemäß §§ 2 Abs. 3, 151 Abs. 3 einen Verwaltungsakt voraus (vgl. *BAG* 10. 4. 2014 – 2 AZR 647/13, NZA 15, 162, Rn. 39). Eine Sonderregelung gibt es zudem beim Kündigungsschutz (s, u.). Teilweise anders ist es auch im Antidiskriminierungsrecht. Eine Diskriminierung »wegen« der Behinderung kann nur vorliegen, wenn der Arbeitgeber Kenntnis von der Behinderung hat. Im Falle einer Bewerbung nimmt das *BAG* (26. 9. 2013 – 8 AZR 650/12, NZA 14, 258) dies nur an, wenn der Bewerber im Anschreiben oder hinreichend deutlich im Lebenslauf auf die Behinderung hinweist.

Der Begriff der Behinderung im Sinne des § 1 AGG ist wesentlich weiter als der der Schwerbehinderung. Dementsprechend genießen auch »einfach« behinderte Menschen Schutz vor Diskriminierung wegen ihrer Behinderung (*BAG* 19. 12. 2013 – 6 AZR 190/12, NZA 14, 372, Rn. 56 ff.: Behinderung im Falle einer symptomlosen HIV-Infizierung; *EuGH* 18. 12. 2014 – C-354/13, NZA 15, 33 – FOA: Adipositas als Behinderung, wenn sie Teilhabehindernisse mit sich bringt). Auch der europäischen Richtlinie 2000/78/EG liegt ein weiterer Behinderungsbegriff zu Grunde. Insoweit die nach Art. 5 der Richtlinie gebotenen angemessenen Vorkehrungen zur Beschäftigung behinderter Menschen nicht bereits als Verpflichtungen aus § 164 SGB IX fließen, trifft den Arbeitgeber daher eine entsprechende vertragliche Pflicht als Nebenpflicht aus dem Arbeitsvertrag gemäß § 241 Abs. 2 BGB (*BAG* 19. 12. 2013 – 6 AZR 190/12, NZA 14, 372).

b) Prüfpflicht

Das SGB IX bezweckt sowohl den Schutz des einzelnen schwerbehinderten Menschen als auch die Verbesserung der Arbeitsmarktsituation der schwerbehinderten Menschen insgesamt.

Diesem zweiten Ziel dient die Verpflichtung des Arbeitgebers zu prüfen, ob freie Arbeitsplätze mit schwerbehinderten Menschen besetzt werden können. Dazu hat er rechtzeitig Kontakt mit der Agentur für Arbeit aufzunehmen (§ 164 Abs. 1). Die Nichteinhaltung dieser Pflicht berechtigt den Betriebsrat, der Einstellung eines Nicht-Schwerbehinderten gemäß § 99 BetrVG die Zustimmung zu versagen (*BAG* 14. 11. 1989 – 1 ABR 88/88, DB 90, 636). Außerdem kann damit ein Indiz für die Diskriminierung (vgl. Einl. II 5 zum AGG, Nr. 2) eines behinderten Bewerbers bei der Einstellung begründet werden (vgl. *BAG* 12. 9. 2006 – 9 AZR 807/05, DB 07, 747). Das soll aber nur für im Rechtssinne schwerbehinderte Bewerber gelten (*BAG* 27. 1. 2011 – 8 AZR 580/09, NZA 11, 737). Auch die Verletzung der Pflicht öffentlicher Arbeitgeber, schwerbehinderte Menschen, die sich auf eine Stelle beworben haben, nach § 165 Satz 3 zu einem Vorstellungsgespräch einzuladen, indiziert eine Diskriminierung wegen der Behinderung (*BAG* 24. 1. 2013 – 8 AZR 188/12, NZA 13, 896). Sie wird nicht dadurch wieder ausgeräumt, dass der Arbeitgeber die Einladung später nachholt (*BAG* 22. 8. 2013 – 8 AZR 563/12, NZA 14, 82). Demgegenüber soll die Pflicht zur Einladung zu einem Vorstellungsgespräch auch dann entfallen, wenn der Bewerber keine ausreichenden Angaben gemacht hat, so dass der Arbeitgeber die Eignung gar nicht prüfen konnte (*BAG* 11. 8. 2017 – 8 AZR 375/15, NZA 17, 43). Der Arbeitgeber muss nach § 164 Abs. 1 Satz 9 alle Beteiligten von seiner Entscheidung unter Darlegung der Gründe unverzüglich unterrichten. Verletzt er diese Pflicht, kann auch das ein Indiz für eine Diskriminierung wegen der Behinderung bedeuten (*BAG* 28. 9. 2017 – 8 AZR 492/16, NZA 18, 519). Allerdings soll das nach der Rechtsprechung dann nicht gelten, wenn der Arbeitgeber die Pflichtquote (s. u. e) erfüllt (*BAG*, ebd.). Dem ist zu widersprechen, denn die Pflichtquote ist eine Mindestquote und entbindet nicht von der Prüfpflicht hinsichtlich der Beschäftigung weiterer schwerbehinderter Menschen.

c) Diskriminierungsverbot

Bei Schaffung des SGB IX ist ein ausdrückliches Benachteiligungsverbot formuliert worden (§ 81 Abs. 2 Nr. 1 a. F.). Dieses findet sich nunmehr in § 164 Abs. 2, in dessen Satz 2 auf die Konkretisierung des Diskriminierungsverbotes durch das AGG (Nr. 2) verwiesen wird. Es erstreckt sich auf Vertragsanbahnung, bestehendes Arbeitsverhältnis und Vertragsbeendigung.

d) Fragerecht

Der Arbeitgeber hat nach der bisherigen *BAG*-Rspr. ein Fragerecht nach dem Vorliegen der Schwerbehinderteneigenschaft gegenüber einem Bewerber (allgemein zum Fragerecht des Arbeitgebers bei der Anbahnung des Arbeitsvertrages Einl. III zum BDSG, Nr. 15). Das *BAG* billigt dem Arbeitgeber bei wahrheitswidriger Antwort jedenfalls dann das Recht zur Anfechtung des Arbeitsvertrages zu, wenn die Schwerbehinderteneigenschaft für die auszuübende Arbeit von Bedeutung ist (ständ. Rspr., *BAG* 5. 10. 1995 – 2 AZR 923/94, NZA 96, 371). In einem solchen Fall wird der Bewerber selbst für verpflichtet gehalten, sich auch ohne Frage zu offenbaren (*BAG* 1. 8. 1985 – 2 AZR 101/83, DB 86, 2238). Im Hinblick auf die Einführung eines arbeitsrechtlichen Diskriminierungsverbots hinsichtlich der

Schwerbehinderung wird zunehmend die Ansicht vertreten, dass der Arbeitgeber nicht mehr nach der Schwerbehinderteneigenschaft als solcher, sondern nur nach der konkreten Eignung für die in Aussicht genommene Tätigkeit fragen dürfe (*Brors*, DB 03, 1734; *Messingschlager*, NZA 03, 301; krit. *Schaub*, NZA 03, 299; offen gelassen von *BAG* 7.7.2011 – 2 AZR 396/10, NZA 12, 34). In einer neueren Entscheidung hat das *BAG* die Frage allgemein ohne weitere Begründung als unzulässig angesehen (*BAG* 18.9.2014 – 8 AZR 759/13, AP Nr. 20 zu § 15 AGG, Rn. 40). Im Hinblick auf die besondere schwerbehindertenrechtliche Pflichtenstellung des Arbeitgebers lässt es die Frage nach der Schwerbehinderung in einem bereits seit 6 Monaten bestehenden Arbeitsverhältnis aber zu (*BAG* 16.2.2012 – 6 AZR 553/10, NZA 12, 555).

e) Beschäftigungspflicht und Ausgleichsabgabe

Im Mittelpunkt der arbeitsmarktpolitischen Konzeption der arbeitsrechtlichen Vorschriften des SGB IX steht die Kombination von Beschäftigungspflicht und Ausgleichsabgabe (zur verfassungsrechtlichen Zulässigkeit vgl. *BVerfG* 26.5.1981 – 1 BvL 56/78 u.a., DB 81, 1287). Beide Instrumente sind mit dem Gesetz zur Bekämpfung der Arbeitslosigkeit Schwerbehinderter vom 29.9.2000 neugestaltet worden (s. o. I 2). Das Gesetz verpflichtet Arbeitgeber mit mindestens 20 Beschäftigten (früher 16) zur Beschäftigung von mindestens 5 % schwerbehinderten Menschen (§ 154 Abs. 1). Für jeden nicht besetzten Pflichtplatz muss der Arbeitgeber eine Ausgleichsabgabe zahlen. Ihre Höhe schwankt zwischen 125 und 320 Euro je unbesetzten Pflichtplatz und ist abhängig vom Ausmaß der Nichterfüllung der Pflichtquote und der Betriebsgröße (§ 160 Abs. 2).

Aus den Mitteln der Ausgleichsabgabe wird u. a. die Beschäftigung besonders schwer vermittelbarer schwerbehinderter Menschen gefördert (vgl. *Wollschlaeger*, AuA 93, 73). Die konkreten Verwendungszwecke der Abgabe und das Verfahren bei ihrer Zuweisung werden durch die Schwerbehinderten-AusgleichsabgabeVO geregelt (abgedruckt unter Nr. 30 IXa).

f) Besondere Fürsorgepflichten

Den Arbeitgeber trifft eine besondere Pflicht zur Förderung der bei ihm beschäftigten schwerbehinderten Menschen. Diese haben u. a. Anspruch auf die behindertengerechte Ausgestaltung ihrer Arbeitsplätze und eine bevorzugte Berücksichtigung bei inner- und außerbetrieblichen Bildungsmaßnahmen (§ 164 Abs. 4). Insbesondere ist auch Teilzeitarbeit für schwerbehinderte Menschen zu fördern (§ 164 Abs. 5). Jeder schwerbehinderte Mensch hat Anspruch auf einen Zusatzurlaub von 5 Arbeitstagen im Jahr (§ 208). Dieser Zusatzurlaub ist unabdingbar und kann auch nicht durch Tarifvertrag gekürzt werden (*BAG* 8.3.1994 – 9 AZR 49/93, DB 94, 686).

§ 164 Abs. 4 kann den schwerbehinderten Menschen nach der Rechtsprechung aber nicht davor schützen, dass der Arbeitgeber eine unternehmerische Entscheidung trifft, die zum Wegfall der Beschäftigungsmöglichkeit führt. Nur wenn der Nachweis gelingt, dass dies geschah, um sich den schwerbehindertenrechtlichen Belastungen zu entziehen, ist die unternehmerische Entscheidung missbräuchlich, so dass der Arbeitgeber nicht kündigen kann (*BAG* 16.5.2019 – 6 AZR 329/18, NZA 19, 1198). Im Übrigen muss der Arbeitgeber bei der Prüfung von Weiterbeschäftigungsmöglichkeiten zur Vermeidung einer Kündigung einen freien Arbeitsplatz gegebenenfalls behinderungsgerecht einrichten. Allgemein scheidet eine personenbedingte Kündigung aus, wenn der Arbeitgeber nicht alle angemessenen Vorkehrungen zur Beseitigung des Beschäftigungshindernisses ergreift (*BAG* 19.12.2013 – 6 AZR 190/12, NZA 14, 372; vgl. Einl. III 3 zum KSchG, Nr. 25).

g) Prävention und betriebliches Eingliederungsmanagement (»BEM«)

Zur Sicherung ihrer Beschäftigungsmöglichkeiten hat der Arbeitgeber beim Auftauchen von arbeitsplatzgefährdenden Schwierigkeiten die Schwerbehindertenvertretung und den Betriebsrat bzw. Personalrat präventiv einzuschalten (§ 167 Abs. 1). Während der ersten 6 Monate des Arbeitsverhältnisses (= Wartezeit gemäß § 1 Abs. 1 KSchG) soll der Arbeitgeber aber nach der Rechtsprechung unter Missachtung dieser Pflicht wirksam kündigen können (*BAG* 28.6.2007 – 6 AZR 750/06, NZA 07, 1049; 21.4.2016 – 8 AZR 402/14, NZA 16, 1131).

Aufgrund des Änderungsgesetzes von 2004 wird in § 167 Abs. 2 für länger Erkrankte (unabhängig von einer bereits bestehenden Behinderung) ein Betriebliches Eingliederungsmanagement (BEM) vorgeschrieben. Die dort vorgesehenen Maßnahmen müssen in jedem Fall ergriffen werden, ehe zur Kündigung als Ultima ratio gegriffen wird (*Brose,* DB 05, 390; dagegen *Namendorf/Natzel,* DB 05, 1794). Insoweit kann der Arbeitgeber auch gehalten sein, dem Arbeitnehmer Gelegenheit zur Inanspruchnahme von Rehabilitationsleistungen zu geben (*BAG* 20.11.2014 – 2 AZR 755/13, NZA 15, 612, Rn. 49). Die Verletzung dieser Pflicht führt zwar nicht automatisch zur Unwirksamkeit der Kündigung (*BAG* 7.12.2006 – 2 AZR 182/06, DB 07, 1089), kann aber zu Lasten des Arbeitgebers beweisrechtlich im Kündigungsschutzprozess berücksichtigt werden (vgl. Einl. III 3 zum KSchG, Nr. 25). Dasselbe gilt für die Prüfung von Weiterbeschäftigungsmöglichkeiten, wenn das Arbeitsverhältnis ansonsten durch auflösende Bedingung endet (*BAG* 17.4.2019 – 7 AZR 292/17, NZA 19, 1355). Eine Ausnahme soll aber nach der Rechtsprechung wiederum während der ersten 6 Monate des Arbeitsverhältnisses bestehen (*BAG* 28.6.2007 – 6 AZR 750/06, AP Nr. 27 zu § 307 BGB). Das BEM ist allerdings auch dann durchzuführen, wenn es beim Arbeitgeber keine betriebliche Interessenvertretung gibt (*BAG* 30.9.2010 – 2 AZR 88/09, DB 11, 535). Das Überwachungsrecht des Betriebsrats erstreckt sich auf die ordnungsgemäße Durchführung des BEM (*BAG* 7.2.2012 – 1 ABR 46/10, NZA 12, 744). Dasselbe gilt für den Personalrat (*BVerwG* 4.9.2012 – 6 P 5.11, NZA-RR 13, 164). Die Ausgestaltung des betrieblichen Eingliederungsmanagements unterliegt der Mitbestimmung des Betriebsrats, dadurch darf aber nicht von den gesetzlichen Vorgaben des § 167 Abs. 2 abgewichen werden (*BAG* 22.3.2016 – 1 ABR 14/14, BB 16, 2173). Zur Ausübung des Weisungsrechts ohne vorheriges BEM vgl. Einl. II 3 zur GewO (Nr. 19).

h) Kündigung

Die Kündigung des Arbeitsverhältnisses eines schwerbehinderten Menschen bedarf gemäß § 168 der Zustimmung des Integrationsamtes, sofern der schwerbehinderte Mensch bereits 6 Monate beschäftigt ist (§§ 168, 173 Abs. 1 Nr. 1; s. Checkliste 68; zur Anwendbarkeit dieser Bestimmung bei Fällen mit Auslandsberührung s. Einl. III zur Rom I-Verordnung, Nr. 14 a). Der Arbeitgeber muss dazu einen Antrag stellen. Kündigt der Arbeitgeber ohne Zustimmung des Integrationsamtes und wusste er von der Schwerbehinderung nichts, muss der Arbeitnehmer innerhalb von 3 Wochen seinen Sonderkündigungsschutz geltend machen (*BAG* 22. 9. 2016 – 2 AZR 700/15, NZA 17, 304). Nach Erteilung der Zustimmung, die im Ermessen des Integrationsamtes liegt, hat der Arbeitgeber einen Monat Zeit, die Kündigung zu erklären (§ 171 Abs. 3). Zur Vermeidung von Missbräuchen wurde der Sonderkündigungsschutz gemäß § 173 Abs. 3 eingeschränkt. Der Sonderkündigungsschutz kommt danach nicht zur Anwendung, wenn der Arbeitnehmer nicht mindestens 3 Wochen vor der Kündigung einen Antrag auf Anerkennung als schwerbehinderter Mensch gestellt hat (*BAG* 1. 3. 2007 – 2 AZR 217/06, NZA 08, 302).

Erfolgt die außerordentliche Kündigung des Arbeitsverhältnisses eines schwerbehinderten Menschen aus einem Grunde, der nicht mit der Behinderung im Zusammenhang steht, hat nach der Soll-Vorschrift des § 174 Abs. 4 das Integrationsamt im Regelfall die Zustimmung zu erteilen. Der Grund steht nur dann in Zusammenhang mit der Behinderung, wenn er zwanglos auf die Beeinträchtigung durch die Behinderung zurückzuführen ist und nicht nur ein entfernter Zusammenhang besteht (*BVerwG* 12. 7. 2012 – 5 C 16.11, NZA 13, 97). Nur bei Vorliegen von Umständen, die den Fall als atypisch erscheinen lassen, darf das Integrationsamt nach pflichtgemäßem Ermessen entscheiden. Ein atypischer Fall liegt vor, wenn die außerordentliche Kündigung den schwerbehinderten Menschen in einer die Schutzzwecke des SGB IX berührenden Weise besonders hart trifft, ihm im Vergleich zu den der Gruppe der schwerbehinderten Menschen im Falle außerordentlicher Kündigung allgemein zugemuteten Belastungen ein Sonderopfer abverlangt. Das Integrationsamt hat über das Vorliegen eines wichtigen Grundes im Sinne des § 626 Abs. 1 BGB nicht zu urteilen (*BVerwG* 2. 7. 1992 – 5 C 39.90, DÖV 93, 74). Zum Zusammentreffen mit dem Sonderkündigungsschutz nach § 18 BEEG (Nr. 16) s. *BAG* 24. 11. 2011 – 2 AZR 429/10, NZA 12, 610.

Hat das Integrationsamt nicht innerhalb von 2 Wochen entschieden, gilt seine Zustimmung gemäß § 174 Abs. 3 Satz 2 als erteilt. Nach Zustimmung des Integrationsamtes muss der Arbeitgeber, wenn die zweiwöchige Frist des § 626 Abs. 2 BGB verstrichen ist, gemäß § 174 Abs. 5 unverzüglich kündigen, sonst ist die außerordentliche Kündigung nicht mehr möglich. Dabei muss der Arbeitgeber sich ggf. beim Integrationsamt erkundigen, ob eine Entscheidung innerhalb der zweiwöchigen Frist getroffen wurde. Anderenfalls könnte die Kündigung als nicht mehr unverzüglich verspätet sein (*BAG* 19. 4. 2012 – 2 AZR 118/11, NZA 13, 507).

Die Schwerbehindertenvertretung ist zwingend zu allen Angelegenheiten eines schwerbehinderten Arbeitnehmers anzuhören (§ 178 Abs. 2 Satz 1 SGB IX). Eine Kündigung ist ohne diese Anhörung unwirksam (Satz 3).

§ 175 erweitert den Beendigungsschutz auch auf Fälle, in denen ein Arbeitsverhältnis bei Eintritt einer teilweisen Erwerbsminderung oder Erwerbsminderung auf Zeit bzw. Berufsunfähigkeit oder Erwerbsunfähigkeit auf Zeit ohne Kündigung beendet wird, wie dies häufig auf Grundlage von Tarifverträgen des öffentlichen Dienstes der Fall ist. Auch dann bedarf es der Zustimmung des Integrationsamtes. Auch insoweit ist erforderlich, dass die Schwerbehinderung oder Gleichstellung bereits festgestellt bzw. erfolgt ist oder ein Antrag mindestens drei Wochen zuvor gestellt wurde (*BAG* 16. 1. 2018 – 7 AZR 622/155, NZA 18, 925).

i) Kollektive Interessenvertretung

Zur Wahrung der besonderen Interessen der schwerbehinderten Menschen gibt es eine Schwerbehindertenvertretung (§§ 176 – 183; zum Sonderkündigungsschutz der Vertrauensleute s. Einl. II 4 zum KSchG, Nr. 25). Sie ist bei allen die schwerbehinderten Menschen betreffenden Maßnahmen gemeinsam mit dem Betriebsrat bzw. Personalrat zu beteiligen (zur behindertengerechten Beschäftigung *Seidel,* PersR 03, 159). Die Schwerbehindertenvertretung hat einen umfassenden Informationsanspruch bezüglich aller Angelegenheiten, die sich spezifisch auf schwerbehinderte Menschen auswirken (*BAG* 14. 3. 2012 – 7 ABR 67/10, DB 12, 1760). Die Verletzung dieses Rechts kann i. S. d. § 22 AGG (Nr. 2) ein Indiz für eine Diskriminierung eines schwerbehinderten Menschen darstellen (*BAG* 26. 1. 2017 – 8 AZR 736/15, NZA 17, 854). Beteiligungsrechte im eigentlichen Sinne übt jedoch nur der Betriebsrat bzw. Personalrat aus. Eine Nichtbeteiligung der Schwerbehindertenvertretung führt nicht zur Unwirksamkeit der entsprechenden Maßnahme. Eine Ausnahme gilt nur für die Kündigung (§ 178 Abs. 2 Satz 3). Insoweit wurde die Stellung der Schwerbehindertenvertretung durch das BTHG (s. o. I 4) erheblich gestärkt im Sinne eines Anhörungsrechts, das der Stellung des Betriebsrats nach § 102 BetrVG entspricht. Die Beteiligung des Betriebsrats nach § 102 BetrVG wird durch die Beteiligung der Schwerbehindertenvertretung nicht entbehrlich, sondern muss daneben erfolgen. Die Anhörung muss nicht notwendig vor der Anhörung des Betriebsrats erfolgen. Im Übrigen ist sie von gleichem Umfang wie die Anhörung des Betriebsrats nach § 102 BetrVG. Sie bezieht sich auf sämtliche und nicht etwa nur auf spezifisch auf die Situation des schwerbehinderten Menschen zugeschnittene Umstände. Für die Stellungnahme werden die Fristen nach § 102 Abs. 2 BetrVG analog herangezogen (*BAG* 13. 12. 2018 – 2 AZR 378/18, NZA 19, 305).

Der Institutionalisierung aller Maßnahmen zugunsten schwerbehinderter Menschen dienen die Instrumente der Inklusionsvereinbarung zwischen Arbeitgeber, Schwerbehindertenvertretung und Betriebs- bzw. Personalrat (§ 166) und die Einrichtung eines aus Mitteln der Ausgleichsabgabe geförderten Inklusionsbetriebes (§§ 215 ff.). Die Rechtsnatur einer Inklusionsvereinbarung ist vom SGB IX offengelassen worden. Es kann sich um eine unverbindliche Formulierung von Integrationszielen handeln, und es können auch privatrechtliche Ansprüche i. S. eines Vertrages zugunsten Dritter gemäß § 328 BGB formuliert werden (vgl. *Dering,* PersR 01, 195; *Feldes,* AiB 01, 193). Arbeitgeber und Betriebsrat können die Inklusionsvereinbarung auch als Betriebsvereinbarung i. S. des § 88 BetrVG abschließen (vgl. *Feldes/Scholz,* AiB 01, 327). Für den Fall, dass sich die Beteiligten nicht auf eine Vereinbarung einigen, stellt das SGB IX keinen eigenen Konfliktlösungsmechanismus zur Verfügung (z. B. eine Einigungsstelle). Da jedoch eine Rechtspflicht des Arbeitgebers zum Abschluss der Inklusionsvereinbarung besteht, können Schwerbehindertenvertretung und Betriebsrat eine entsprechende Verurteilung durch das ArbG herbeiführen. Die Möglichkeiten der Agenturen für Arbeit zur Beschäftigungsförderung für schwerbehinderte Menschen werden durch die Einrichtung sog. Integrationsfachdienste verbessert (§§ 192 ff.).

2. Rehabilitation

a) Grundlagen des Rehabilitationsrechts

In allen Sozialversicherungszweigen werden Rehabilitationsleistungen erbracht. Ihr gemeinsames Ziel ist es gemäß § 4 Abs. 1 Nr. 1 Behinderungen zu verhüten, zu überwinden oder zu mindern oder jedenfalls deren Folgen zu mildern. Das Rehabilitationsrecht bezieht sich in dieser Hinsicht auf den allgemeinen Begriff der »Behinderung«, wie er auch für den arbeitsvertraglichen Schutz schwerbehinderter Menschen gilt. Es gilt allerdings nicht nur für Menschen, die bereits behindert sind, sondern auch für die von einer Behinderung »bedrohten« (s. u. b).
Das geltende Rehabilitationsrecht besteht aus einem allgemeinen Teil und besonderen Vorschriften. Der allgemeine Teil des Rehabilitationsrechts ist im SGB IX enthalten. Die besonderen Vorschriften sind in den entsprechenden Büchern des SGB für die einzelnen Sozialversicherungszweige enthalten. In § 6 ist geregelt, welche Leistungsträger die jeweiligen Rehabilitationsleistungen erbringen. Sie sind zur größtmöglichen Zusammenarbeit verpflichtet, damit die Leistungen so effektiv wie möglich erbracht werden können und Leistungsberechtigte nicht vom einen zum anderen verwiesen werden, um die ihnen zustehenden Leistungen zu erhalten (§ 12). Bei der beruflichen Rehabilitation müssen sie sich insbesondere mit der Bundesagentur für Arbeit abstimmen (s. u.). § 14 regelt die Zuständigkeitsklärung, um zu vermeiden, dass der Leistungsberechtigte im gegliederten System zwischen mehreren Leistungsträgern jeweils mit der Behauptung fehlender Zuständigkeit hin und her geschickt wird. Der Träger, der nach dieser Bestimmung zuständig wird, entscheidet über den Rehabilitationsbedarf, auch wenn er an sich nicht zuständig ist.

b) Allgemeine Grundsätze

Das Rehabilitationsrecht wird von folgenden allgemeinen Grundsätzen beherrscht:
- eine Behinderung ist vorrangig zu verhüten (Prävention, § 3);
- Teilhabeleistungen sind vorrangig zu prüfen (§ 9 Abs. 1);
- eine Reha-Leistung geht vor Rente (§ 9 Abs. 2);
- Wunsch und Wille der Leistungsberechtigten sind vorrangig zu berücksichtigen (Wahl- und Wunschrecht, § 8);
- zur Gewährleistung eines möglichst selbstbestimmten Lebens in eigener Verantwortung können Leistungen auf Antrag auch durch ein persönliches Budget ausgeführt werden (§ 29).

c) Die einzelnen Rehabilitationsleistungen

§ 5 beschreibt fünf Arten von Rehabilitationsleistungen, die sog. Leistungsgruppen:

(1) Leistungen zur medizinischen Rehabilitation

§ 42 zählt auf, welche Leistungen zur medizinischen Rehabilitation zählen. Dazu gehören insbesondere Vorsorgekuren und physiotherapeutische Maßnahmen sowie Früherkennungsuntersuchungen, aber auch die Förderung von Selbsthilfegruppen (§ 45). Die bislang im Rahmen der Krankenversicherung mögliche stufenweise Wiedereingliederung in den Arbeitsprozess ist jetzt in allen Versicherungszweigen möglich (§ 44, vgl. auch Einl. II 5 zum SGB V, Nr. 30 V).

(2) Leistungen zur Teilhabe am Arbeitsleben

Diese Leistungsform wird auch »Berufliche Rehabilitation« genannt. In ihr geht u. a. die breite Palette von Leistungen der Arbeitsförderung auf. Dabei gibt es Leistungen an Arbeitnehmer (§ 49), an Arbeitgeber (§ 50) und an überbetriebliche Einrichtungen (z. B. Berufsbildungs- oder -förderungswerke, § 51). Wegen der engen Verzahnung mit der Arbeitsförderung nimmt die Bundesagentur für Arbeit zu den Maßnahmen anderer Träger, z. B. der Rentenversicherung, im Einzelnen Stellung (§ 54). Einen zentralen Stellenwert haben Werkstätten für behinderte Menschen (§§ 56 ff.). Teilnehmer an Maßnahmen der beruflichen Rehabilitation gelten nicht als Arbeitnehmer (§ 52). Die Leistungen zur Teilhabe am Arbeitsleben stehen in enger Verbindung mit den Vorschriften über den arbeitsrechtlichen Schutz schwerbehinderter Menschen (s. o. 1).

(3) Unterhaltssichernde und andere ergänzende Leistungen

Soweit nicht das Arbeitsentgelt fortgezahlt wird (wie bei einer Kur gemäß § 9 EFZG), steht das Übergangsgeld im Mittelpunkt der materiellen Leistungen für die Zeit einer Rehabilitationsmaßnahme (§§ 65 Abs. 2, 66 ff.). Es wird nach gemeinsamen Kriterien aufgrund des SGB IX errechnet; seine konkrete Höhe bestimmt sich jedoch jeweils nach dem einzelnen Leistungsgesetz. Weitere Leistungen sind Reisekosten (§ 73) sowie Kinderbetreuungskosten und die Kosten einer Haushaltshilfe (§ 74).

(4) Leistungen zur Teilhabe an Bildung

Die Leistungen nach § 75 zielen auf die Ermöglichung gleichberechtigter Teilhabe an Bildungsangeboten.

(5) Leistungen zur sozialen Teilhabe

Dabei geht es insbesondere um die Förderung sprech- und hörgeschädigter Menschen (§ 76). Ihnen soll die Kommunikation mit der Umwelt ermöglicht bzw. erleichtert werden.

3. Verbandsklage

Mit dem SGB IX neu geschaffen ist die Möglichkeit der Klage eines Verbandes anstelle behinderter Menschen bei Vorenthaltung der Rechte aus diesem Gesetz (§ 85). Voraussetzung ist, dass mindestens ein behinderter Mensch in seinen Rechten nach dem SGB IX verletzt wird und er mit einer Geltendmachung dieser Rechte durch einen Verband einverstanden ist. Damit handelt es sich weniger um eine Verbandsklage im eigentlichen Sinne, sondern der Sache nach um eine besondere Prozessstandschaft.

III. Anwendungsprobleme und Rechtstatsachen

Die Arbeitslosenquote unter den erwerbsfähigen schwerbehinderten Menschen lag 2009 bei rund 15 %, mehr als doppelt so hoch wie bei der Gesamtheit der Erwerbsfähigen. Im Jahr 2017 waren es immer noch 11,7 % im Vergleich zu einer allgemeinen Arbeitslosenquote von 7,2 % (BT-Drs. 19/4157, S. 2).

Rund ⅔ aller Arbeitgeber erfüllen ihre 5-prozentige Beschäftigungspflicht nicht oder nicht in vollem Umfang. Die Beschäftigtenquote von Schwerbehinderten betrug 2006 4,3 %, allerdings erreicht sie bei privaten Arbeitgebern nur 3,8 %. 2013 lag die Quote allerdings bei 4,7 % (BT-Drs. 18/9522, S. 189). Dabei ist es seither geblieben (BT-Drs. 19/4157, S. 5). Die Auswirkungen der Absenkung der Pflichtquote von 6 auf 5 % (s. o. I 2) dürfte sich auf die Beschäftigungschancen schwerbehinderter Menschen weder positiv noch negativ ausgewirkt haben (*Braakmann*, ZAF 2008, S. 9). Insgesamt ist aber zweifelhaft, ob die Beschäftigungspflicht positiven Einfluss auf die Beschäftigung schwerbehinderter Menschen hat (ausf. *Banafsche*, NZS 12, 205). Demgegenüber ging die Bundesregierung bei Schaffung des Bundesteilhabegesetzes (s. o. I 4) davon aus, dass sich das aktuelle System »grundsätzlich bewährt« habe (BT-Drs. 18/9522, S. 189).

IV. Rechtspolitische Diskussion

Die Konferenz der LAG-Präsidenten fordert schon seit Langem, bislang aber vergeblich, einen einheitlichen Rechtsweg zur Entscheidung über die Kündigung eines schwerbehinderten Menschen (vgl. AuR 01, 342). Dem wurde auch in der jüngsten Reform nicht Rechnung getragen.

Die Große Koalition von 2018 möchte die hohe Arbeitslosigkeit von Menschen mit Behinderungen senken und dazu »passgenaue Unterstützungsangebote« entwickeln. Geplant ist auch die Wiedereinführung einer Meldepflicht freier Stellen für den öffentlichen Dienst bei der BA. Außerdem ist eine Stärkung des BEM vorgesehen, ferner eine Verbesserung des Zugangs zu medizinisch-beruflicher Rehabilitation für alle Menschen mit Behinderungen (vgl. zum Ganzen: »Ein neuer Aufbruch für Europa, Eine neue Dynamik für Deutschland, Ein neuer Zusammenhalt für unser Land«, Koalitionsvertrag zwischen CDU, CSU und SPD, 19. Legislaturperiode, S. 94).

Weiterführende Literatur

Handbücher und Kommentare

Deinert/Heuschmid/Zwanziger-*Winkelmann,* Arbeitsrecht, § 111 (Behinderte Menschen)

Britschgi, Betriebliches Eingliederungsmanagement, 5. Aufl. (2020)

Cramer/Fuchs//Hirsch/Ritz, SGB IX, 6. Aufl. (2011)

Dau/Düwell/Joussen (Hrsg.), SGB IX, 5. Aufl. (2019)

Deinert/Welti (Hrsg.), Stichwortkommentar Behindertenrecht, 2. Aufl. (2018)

Düwell/Beyer, Das neue Recht für behinderte Beschäftigte (2017)

Feldes u. a., Schwerbehindertenrecht, Basiskommentar, 14. Aufl. (2018)
Feldes/Kohte/Stevens-Bartol (Hrsg.), SGB IX, Kommentar für die Praxis, 4. Aufl. (2018)
Feldes/Niehaus/Faber, Werkbuch BEM – Betriebliches Eingliederungsmanagement (2016)
Feldes/Ritz/Schmidt, Die Praxis der Schwerbehindertenvertretung von A bis Z, 7. Aufl. (2018)
Kossens/von der Heide/Maaß, SGB IX, 4. Aufl. (2015)
Lachwitz/Schellhorn/Welti, HK-SGB IX, 4. Aufl. (2015)
Luthe (Hrsg.), Rehabilitationsrecht, 2. Aufl. (2014)
Müller-Wenner/Winkler, SGB IX Teil 2, 2. Aufl. (2011)
Neumann/Pahlen/Winkler/Jabben, SGB IX, 13. Aufl. (2018)

Aufsätze

Banafsche, Die Beschäftigungspflicht der Arbeitgeber nach §§ 71 ff. SGB IX zwischen Anspruch und Wirklichkeit, NZS 2012, S. 205
Boecken, Neuregelungen des Rechts der Schwerbehindertenvertretung durch das Bundesteilhabegesetz (BTHG) – insb. zur Unwirksamkeit von Kündigungen nach § 95 Abs. 2 Satz 3 SGB IX, VSSR 2017, S. 69
Deinert, Die betrieblichen Rechte behinderter Menschen nach dem SGB IX, ZSR 05, Sonderheft, 1394
Deinert, Kündigungsprävention und betriebliches Eingliederungsmanagement, NZA 2010, S. 969
Jancke, BEM und Kündigung wegen Krankheit, PersR 4/2017, S. 27
Joussen, Fragerecht und positive Diskriminierung nach dem AGG, NZA 2007, S. 174
Klein, Der Kündigungsschutz schwerbehinderter Arbeitnehmer nach dem Bundesteilhabegesetz, NJW 2017, S. 852
Kleinebrink, Bundesteilhabegesetz: Stärkung der Rechte der Schwerbehindertenvertretung, DB 2017, S. 126
Kohte/Liebsch, Neuregelungen im Schwerbehindertenrecht – Stärkung der Schwerbehindertenvertretungen als Organ der Betriebsverfassung, AuR 2019, S. 4
Mühlmann, Beteiligung der Schwerbehindertenvertretung bei Kündigungen durch den Arbeitgeber, NZA 2017, S. 884
Nassibi, Die Durchsetzung der Ansprüche auf Schaffung behinderungsgerechter Arbeitsbedingungen, NZA 2012, S. 720
Palsherm, Das gegliederte System der Rehabilitation und die Zusammenarbeit der Rehabilitationsträger nach dem SGB IX, WzS 2011, S. 135
Sachadae, Das neue Schwerbehindertenrecht, AiB 5/2017, S. 27
Schmitt, Aktuelle Rechtsfragen bei der Kündigung schwerbehinderter Menschen, BB 2017, S. 2293
Schnelle, Die Schwerbehindertenvertretung: Was ändert sich durch das Bundesteilhabegesetz?, NZA 2017, S. 880
Welti, Betriebliches Eingliederungsmanagement: Die Aufgaben und Pflichten der Sozialleistungsträger, SozSich 2008, S. 125

Übersicht 67: Schwerbehindertenschutz

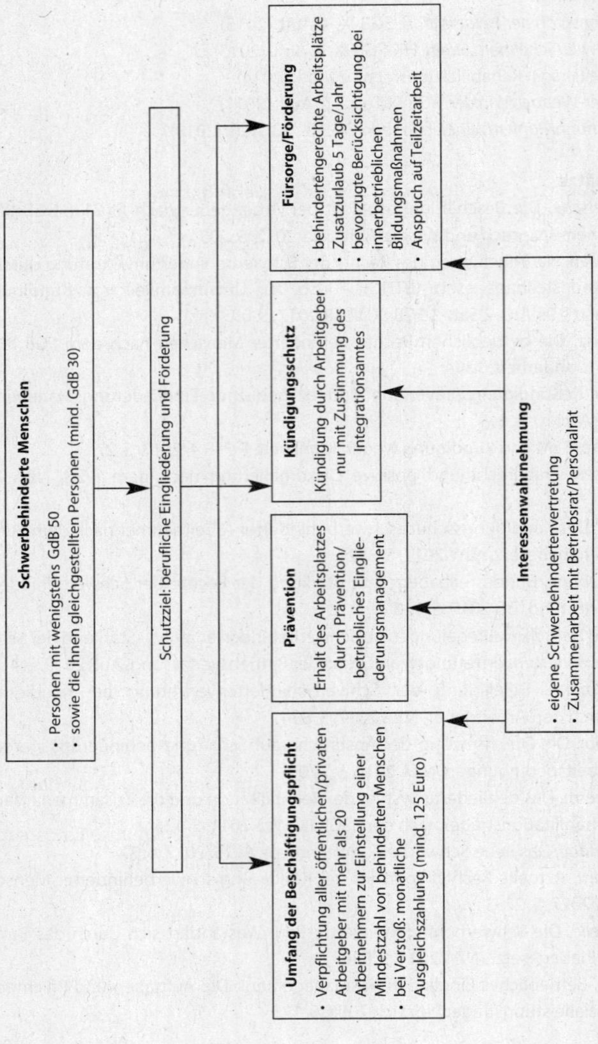

Übersicht 68: Sonderkündigungsschutz für behinderte Menschen

I. Kündigung
- Mindestfrist (§ 86)

II. Zustimmung des Integrationsamtes
- Kündigung eines behinderten und diesem gleichgestellten (§ 2 III) Menschen nur mit vorheriger Zustimmung des Integrationsamtes (§ 85)
- nicht bei sonstiger Beendigung des Arbeitsverhältnisses (Übersicht 49), außer bei Verrentung wegen Erwerbsminderung (§ 92)
- dazu die sonstigen Anforderungen an die Berechtigung der Kündigung

III. Kenntnis und Vorliegen der Schwerbehinderung
- Kündigungsschutz unabhängig von Kenntnis des AG
- Schwerbehinderung muss im Zeitpunkt der Kündigung offensichtlich, festgestellt oder beantragt sein
- kein Sonderkündigungsschutz, wenn Schwerbehinderung bei Zugang der Kündigung nicht nachgewiesen ist oder Integrationsamt wegen fehlender Mitwirkung nicht entscheiden kann (§ 90 IIa)
- AN muss sich auf Schwerbehinderung binnen angemessener Frist (3 Wochen) nach Zugang der Kündigung berufen (Rspr. des BAG)

IV. Entscheidung des Integrationsamtes
- freies Ermessen (§ 88 I)
- selbständige Anfechtbarkeit (§ 88 IV)
- Zustimmungspflicht bei Betriebsstilllegung mit Mindestkündungsfrist von 3 Monaten (§ 89 I)
- Zustimmung soll erteilt werden beim Vorhandensein eines anderen angemessenen und zumutbaren Arbeitsplatzes (§ 89 II)
- Sonderregelung bei Insolvenz (§ 89 III)

V. Ausnahmen
- Wartezeit 6 Monate bei Kündigungszugang (§ 90 I 1)
- Beschäftigung auf Nicht-AN-Arbeitsplätzen i.S. des § 73 II Nr. 2–5 (§ 90 I Nr. 2)
- ältere AN über 58 Lebensjahre mit Anspruch auf Abfindung oder ähnliche Leistung (§ 90 I Nr. 3)
- witterungsbedingte Entlassungen mit Wiedereinstellungsgarantie (§ 90 II)

VI. Anhörung der Schwerbehindertenvertretung

Sozialgesetzbuch (SGB)
Neuntes Buch
Rehabilitation und Teilhabe behinderter Menschen

vom 23. Dezember 2016 (BGBl. I 3234),
zuletzt geändert durch Gesetz vom 14. Dezember 2019 (BGBl. I 2789)

(Abgedruckte Vorschriften: §§ 1–14, 19, 24, 28, 29, 32, 42, 44, 49, 55, 61, 65, 76, 85, 151–227, 237 a–238, 241)

Teil 1 – Regelungen für Menschen mit Behinderungen und von Behinderung bedrohte Menschen

Kapitel 1 – Allgemeine Vorschriften

§ 1 Selbstbestimmung und Teilhabe am Leben in der Gesellschaft Menschen mit Behinderungen oder von Behinderung bedrohte Menschen erhalten Leistungen nach diesem Buch und den für die Rehabilitationsträger geltenden Leistungsgesetzen, um ihre Selbstbestimmung und ihre volle, wirksame und gleichberechtigte Teilhabe am Leben in der Gesellschaft zu fördern, Benachteiligungen zu vermeiden oder ihnen entgegenzuwirken. Dabei wird den besonderen Bedürfnissen von Frauen und Kindern mit Behinderungen und von Behinderung bedrohter Frauen und Kinder sowie Menschen mit seelischen Behinderungen oder von einer solchen Behinderung bedrohter Menschen Rechnung getragen.

§ 2 Begriffsbestimmungen (1) Menschen mit Behinderungen sind Menschen, die körperliche, seelische, geistige oder Sinnesbeeinträchtigungen haben, die sie in Wechselwirkung mit einstellungs- und umweltbedingten Barrieren an der gleichberechtigten Teilhabe an der Gesellschaft mit hoher Wahrscheinlichkeit länger als sechs Monate hindern können. Eine Beeinträchtigung nach Satz 1 liegt vor, wenn der Körper- und Gesundheitszustand von dem für das Lebensalter typischen Zustand abweicht. Menschen sind von Behinderung bedroht, wenn eine Beeinträchtigung nach Satz 1 zu erwarten ist.
(2) Menschen sind im Sinne des Teils 3 schwerbehindert, wenn bei ihnen ein Grad der Behinderung von wenigstens 50 vorliegt und sie ihren Wohnsitz, ihren gewöhnlichen Aufenthalt oder ihre Beschäftigung auf einem Arbeitsplatz im Sinne des § 156 rechtmäßig im Geltungsbereich dieses Gesetzbuches haben.
(3) Schwerbehinderten Menschen gleichgestellt werden sollen Menschen mit Behinderungen mit einem Grad der Behinderung von weniger als 50, aber wenigstens 30, bei denen die übrigen Voraussetzungen des Absatzes 2 vorliegen, wenn sie infolge ihrer Behinderung ohne die Gleichstellung einen geeigneten

Arbeitsplatz im Sinne des § 156 nicht erlangen oder nicht behalten können (gleichgestellte behinderte Menschen).

§ 3 Vorrang von Prävention (1) Die Rehabilitationsträger und die Integrationsämter wirken bei der Aufklärung, Beratung, Auskunft und Ausführung von Leistungen im Sinne des Ersten Buches sowie im Rahmen der Zusammenarbeit mit den Arbeitgebern nach § 167 darauf hin, dass der Eintritt einer Behinderung einschließlich einer chronischen Krankheit vermieden wird.
(2) Die Rehabilitationsträger nach § 6 Absatz 1 Nummer 1 bis 4 und 6 und ihre Verbände wirken bei der Entwicklung und Umsetzung der Nationalen Präventionsstrategie nach den Bestimmungen der §§ 20 d bis 20 g des Fünften Buches mit, insbesondere mit der Zielsetzung der Vermeidung von Beeinträchtigungen bei der Teilhabe am Leben in der Gesellschaft.
(3) Bei der Erbringung von Leistungen für Personen, deren berufliche Eingliederung auf Grund gesundheitlicher Einschränkungen besonders erschwert ist, arbeiten die Krankenkassen mit der Bundesagentur für Arbeit und mit den kommunalen Trägern der Grundsicherung für Arbeitsuchende nach § 20 a des Fünften Buches eng zusammen.

§ 4 Leistungen zur Teilhabe (1) Die Leistungen zur Teilhabe umfassen die notwendigen Sozialleistungen, um unabhängig von der Ursache der Behinderung
1. die Behinderung abzuwenden, zu beseitigen, zu mindern, ihre Verschlimmerung zu verhüten oder ihre Folgen zu mildern,
2. Einschränkungen der Erwerbsfähigkeit oder Pflegebedürftigkeit zu vermeiden, zu überwinden, zu mindern oder eine Verschlimmerung zu verhüten sowie den vorzeitigen Bezug anderer Sozialleistungen zu vermeiden oder laufende Sozialleistungen zu mindern,
3. die Teilhabe am Arbeitsleben entsprechend den Neigungen und Fähigkeiten dauerhaft zu sichern oder
4. die persönliche Entwicklung ganzheitlich zu fördern und die Teilhabe am Leben in der Gesellschaft sowie eine möglichst selbständige und selbstbestimmte Lebensführung zu ermöglichen oder zu erleichtern.

(2) Die Leistungen zur Teilhabe werden zur Erreichung der in Absatz 1 genannten Ziele nach Maßgabe dieses Buches und der für die zuständigen Leistungsträger geltenden besonderen Vorschriften neben anderen Sozialleistungen erbracht. Die Leistungsträger erbringen die Leistungen im Rahmen der für sie geltenden Rechtsvorschriften nach Lage des Einzelfalles so vollständig, umfassend und in gleicher Qualität, dass Leistungen eines anderen Trägers möglichst nicht erforderlich werden.
(3) Leistungen für Kinder mit Behinderungen oder von Behinderung bedrohte Kinder werden so geplant und gestaltet, dass nach Möglichkeit Kinder nicht von ihrem sozialen Umfeld getrennt und gemeinsam mit Kindern ohne Behinderungen betreut werden können. Dabei werden Kinder mit Behinderungen alters- und entwicklungsentsprechend an der Planung und Ausgestaltung der

einzelnen Hilfen beteiligt und ihre Sorgeberechtigten intensiv in Planung und Gestaltung der Hilfen einbezogen.
(4) Leistungen für Mütter und Väter mit Behinderungen werden gewährt, um diese bei der Versorgung und Betreuung ihrer Kinder zu unterstützen.

§ 5 Leistungsgruppen Zur Teilhabe am Leben in der Gesellschaft werden erbracht
1. Leistungen zur medizinischen Rehabilitation,
2. Leistungen zur Teilhabe am Arbeitsleben,
3. unterhaltssichernde und andere ergänzende Leistungen,
4. Leistungen zur Teilhabe an Bildung und
5. Leistungen zur sozialen Teilhabe.

§ 6 Rehabilitationsträger (1) Träger der Leistungen zur Teilhabe (Rehabilitationsträger) können sein:
1. die gesetzlichen Krankenkassen für Leistungen nach § 5 Nummer 1 und 3,
2. die Bundesagentur für Arbeit für Leistungen nach § 5 Nummer 2 und 3,
3. die Träger der gesetzlichen Unfallversicherung für Leistungen nach § 5 Nummer 1 bis 4 und 5; für Versicherte nach § 2 Absatz 1 Nummer 8 des Siebten Buches die für diese zuständigen Unfallversicherungsträger für Leistungen nach § 5 Nummer 1 bis 5,
4. die Träger der gesetzlichen Rentenversicherung für Leistungen nach § 5 Nummer 1 bis 3, der Träger der Alterssicherung der Landwirte für Leistungen nach § 5 Nummer 1 und 3,
5. die Träger der Kriegsopferversorgung und die Träger der Kriegsopferfürsorge im Rahmen des Rechts der sozialen Entschädigung bei Gesundheitsschäden für Leistungen nach § 5 Nummer 1 bis 5,
6. die Träger der öffentlichen Jugendhilfe für Leistungen nach § 5 Nummer 1, 2, 4 und 5 sowie
7. die Träger der Eingliederungshilfe für Leistungen nach § 5 Nummer 1, 2, 4 und 5.

(2) Die Rehabilitationsträger nehmen ihre Aufgaben selbständig und eigenverantwortlich wahr.
(3) Die Bundesagentur für Arbeit ist auch Rehabilitationsträger für die Leistungen zur Teilhabe am Arbeitsleben für erwerbsfähige Leistungsberechtigte mit Behinderungen im Sinne des Zweiten Buches, sofern nicht ein anderer Rehabilitationsträger zuständig ist. Die Zuständigkeit der Jobcenter nach § 6 d des Zweiten Buches für die Leistungen zur beruflichen Teilhabe von Menschen mit Behinderungen nach § 16 Absatz 1 des Zweiten Buches bleibt unberührt. Mit Zustimmung und Beteiligung des Leistungsberechtigten kann die Bundesagentur für Arbeit mit dem zuständigen Jobcenter eine gemeinsame Beratung zur Vorbereitung des Eingliederungsvorschlags durchführen, wenn eine Teilhabeplankonferenz nach § 20 nicht durchzuführen ist. Die Leistungsberechtigten und das Jobcenter können der Bundesagentur für Arbeit in diesen Fällen die Durchführung einer gemeinsamen Beratung vorschlagen. § 20 Absatz 3 und § 23 Ab-

satz 2 gelten entsprechend. Die Bundesagentur für Arbeit unterrichtet das zuständige Jobcenter und die Leistungsberechtigten schriftlich oder elektronisch über den festgestellten Rehabilitationsbedarf und ihren Eingliederungsvorschlag. Das Jobcenter entscheidet unter Berücksichtigung des Eingliederungsvorschlages innerhalb von drei Wochen über die Leistungen zur beruflichen Teilhabe.

§ 7 Vorbehalt abweichender Regelungen (1) Die Vorschriften im Teil 1 gelten für die Leistungen zur Teilhabe, soweit sich aus den für den jeweiligen Rehabilitationsträger geltenden Leistungsgesetzen nichts Abweichendes ergibt. Die Zuständigkeit und die Voraussetzungen für die Leistungen zur Teilhabe richten sich nach den für den jeweiligen Rehabilitationsträger geltenden Leistungsgesetzen. Das Recht der Eingliederungshilfe im Teil 2 ist ein Leistungsgesetz im Sinne der Sätze 1 und 2.
(2) Abweichend von Absatz 1 gehen die Vorschriften der Kapitel 2 bis 4 den für die jeweiligen Rehabilitationsträger geltenden Leistungsgesetzen vor. Von den Vorschriften in Kapitel 4 kann durch Landesrecht nicht abgewichen werden.

§ 8 Wunsch- und Wahlrecht der Leistungsberechtigten (1) Bei der Entscheidung über die Leistungen und bei der Ausführung der Leistungen zur Teilhabe wird berechtigten Wünschen der Leistungsberechtigten entsprochen. Dabei wird auch auf die persönliche Lebenssituation, das Alter, das Geschlecht, die Familie sowie die religiösen und weltanschaulichen Bedürfnisse der Leistungsberechtigten Rücksicht genommen; im Übrigen gilt § 33 des Ersten Buches. Den besonderen Bedürfnissen von Müttern und Vätern mit Behinderungen bei der Erfüllung ihres Erziehungsauftrages sowie den besonderen Bedürfnissen von Kindern mit Behinderungen wird Rechnung getragen.
(2) Sachleistungen zur Teilhabe, die nicht in Rehabilitationseinrichtungen auszuführen sind, können auf Antrag der Leistungsberechtigten als Geldleistungen erbracht werden, wenn die Leistungen hierdurch voraussichtlich bei gleicher Wirksamkeit wirtschaftlich zumindest gleichwertig ausgeführt werden können. Für die Beurteilung der Wirksamkeit stellen die Leistungsberechtigten dem Rehabilitationsträger geeignete Unterlagen zur Verfügung. Der Rehabilitationsträger begründet durch Bescheid, wenn er den Wünschen des Leistungsberechtigten nach den Absätzen 1 und 2 nicht entspricht.
(3) Leistungen, Dienste und Einrichtungen lassen den Leistungsberechtigten möglichst viel Raum zu eigenverantwortlicher Gestaltung ihrer Lebensumstände und fördern ihre Selbstbestimmung.
(4) Die Leistungen zur Teilhabe bedürfen der Zustimmung der Leistungsberechtigten.

Kapitel 2 – Einleitung der Rehabilitation von Amts wegen

§ 9 Vorrangige Prüfung von Leistungen zur Teilhabe (1) Werden bei einem Rehabilitationsträger Sozialleistungen wegen oder unter Berücksichtigung einer

Behinderung oder einer drohenden Behinderung beantragt oder erbracht, prüft dieser unabhängig von der Entscheidung über diese Leistungen, ob Leistungen zur Teilhabe voraussichtlich zur Erreichung der Ziele nach den §§ 1 und 4 erfolgreich sein können. Er prüft auch, ob hierfür weitere Rehabilitationsträger im Rahmen ihrer Zuständigkeit zur Koordinierung der Leistungen zu beteiligen sind. Werden Leistungen zur Teilhabe nach den Leistungsgesetzen nur auf Antrag erbracht, wirken die Rehabilitationsträger nach § 12 auf eine Antragstellung hin.

(2) Leistungen zur Teilhabe haben Vorrang vor Rentenleistungen, die bei erfolgreichen Leistungen zur Teilhabe nicht oder voraussichtlich erst zu einem späteren Zeitpunkt zu erbringen wären. Dies gilt während des Bezuges einer Rente entsprechend.

(3) Absatz 1 ist auch anzuwenden, um durch Leistungen zur Teilhabe Pflegebedürftigkeit zu vermeiden, zu überwinden, zu mindern oder eine Verschlimmerung zu verhüten. Die Aufgaben der Pflegekassen als Träger der sozialen Pflegeversicherung bei der Sicherung des Vorrangs von Rehabilitation vor Pflege nach den §§ 18 a und 31 des Elften Buches bleiben unberührt.

(4) Absatz 1 gilt auch für die Jobcenter im Rahmen ihrer Zuständigkeit für Leistungen zur beruflichen Teilhabe nach § 6 Absatz 3 mit der Maßgabe, dass sie mögliche Rehabilitationsbedarfe erkennen und auf eine Antragstellung beim voraussichtlich zuständigen Rehabilitationsträger hinwirken sollen.

§ 10 Sicherung der Erwerbsfähigkeit (1) Soweit es im Einzelfall geboten ist, prüft der zuständige Rehabilitationsträger gleichzeitig mit der Einleitung einer Leistung zur medizinischen Rehabilitation, während ihrer Ausführung und nach ihrem Abschluss, ob durch geeignete Leistungen zur Teilhabe am Arbeitsleben die Erwerbsfähigkeit von Menschen mit Behinderungen oder von Behinderung bedrohten Menschen erhalten, gebessert oder wiederhergestellt werden kann. Er beteiligt die Bundesagentur für Arbeit nach § 54.

(2) Wird während einer Leistung zur medizinischen Rehabilitation erkennbar, dass der bisherige Arbeitsplatz gefährdet ist, wird mit den Betroffenen sowie dem zuständigen Rehabilitationsträger unverzüglich geklärt, ob Leistungen zur Teilhabe am Arbeitsleben erforderlich sind.

(3) Bei der Prüfung nach den Absätzen 1 und 2 wird zur Klärung eines Hilfebedarfs nach Teil 3 auch das Integrationsamt beteiligt.

(4) Die Rehabilitationsträger haben in den Fällen nach den Absätzen 1 und 2 auf eine frühzeitige Antragstellung im Sinne von § 12 nach allen in Betracht kommenden Leistungsgesetzen hinzuwirken und den Antrag ungeachtet ihrer Zuständigkeit für Leistungen zur Teilhabe am Arbeitsleben entgegenzunehmen. Soweit es erforderlich ist, beteiligen sie unverzüglich die zuständigen Rehabilitationsträger zur Koordinierung der Leistungen nach Kapitel 4.

(5) Die Rehabilitationsträger wirken auch in den Fällen der Hinzuziehung durch Arbeitgeber infolge einer Arbeitsplatzgefährdung nach § 167 Absatz 2 Satz 4 auf eine frühzeitige Antragstellung auf Leistungen zur Teilhabe nach allen in Betracht kommenden Leistungsgesetzen hin. Absatz 4 Satz 2 gilt entsprechend.

§ 11 Förderung von Modellvorhaben zur Stärkung der Rehabilitation, Verordnungsermächtigung (1) Das Bundesministerium für Arbeit und Soziales fördert im Rahmen der für diesen Zweck zur Verfügung stehenden Haushaltsmittel im Aufgabenbereich der Grundsicherung für Arbeitsuchende und der gesetzlichen Rentenversicherung Modellvorhaben, die den Vorrang von Leistungen zur Teilhabe nach § 9 und die Sicherung der Erwerbsfähigkeit nach § 10 unterstützen.

(2) Das Nähere regeln Förderrichtlinien des Bundesministeriums für Arbeit und Soziales. Die Förderdauer der Modellvorhaben beträgt fünf Jahre. Die Förderrichtlinien enthalten ein Datenschutzkonzept.

(3) Das Bundesministerium für Arbeit und Soziales kann durch Rechtsverordnung ohne Zustimmung des Bundesrates regeln, ob und inwieweit die Jobcenter nach § 6 d des Zweiten Buches, die Bundesagentur für Arbeit und die Träger der gesetzlichen Rentenversicherung bei der Durchführung eines Modellvorhabens nach Absatz 1 von den für sie geltenden Leistungsgesetzen sachlich und zeitlich begrenzt abweichen können.

(4) Die zuwendungsrechtliche und organisatorische Abwicklung der Modellvorhaben nach Absatz 1 erfolgt durch die Deutsche Rentenversicherung Knappschaft-Bahn-See unter der Aufsicht des Bundesministeriums für Arbeit und Soziales. Die Aufsicht erstreckt sich auch auf den Umfang und die Zweckmäßigkeit der Modellvorhaben. Die Ausgaben, welche der Deutschen Rentenversicherung Knappschaft-Bahn-See aus der Abwicklung der Modellvorhaben entstehen, werden aus den Haushaltsmitteln nach Absatz 1 vom Bund erstattet. Das Nähere ist durch Verwaltungsvereinbarung zu regeln.

(5) Das Bundesministerium für Arbeit und Soziales untersucht die Wirkungen der Modellvorhaben. Das Bundesministerium für Arbeit und Soziales kann Dritte mit diesen Untersuchungen beauftragen.

Kapitel 3 – Erkennung und Ermittlung des Rehabilitationsbedarfs

§ 12 Maßnahmen zur Unterstützung der frühzeitigen Bedarfserkennung (1) Die Rehabilitationsträger stellen durch geeignete Maßnahmen sicher, dass ein Rehabilitationsbedarf frühzeitig erkannt und auf eine Antragstellung der Leistungsberechtigten hingewirkt wird. Die Rehabilitationsträger unterstützen die frühzeitige Erkennung des Rehabilitationsbedarfs insbesondere durch die Bereitstellung und Vermittlung von geeigneten barrierefreien Informationsangeboten über

1. Inhalte und Ziele von Leistungen zur Teilhabe,
2. die Möglichkeit der Leistungsausführung als Persönliches Budget,
3. das Verfahren zur Inanspruchnahme von Leistungen zur Teilhabe und
4. Angebote der Beratung, einschließlich der ergänzenden unabhängigen Teilhabeberatung nach § 32.

Die Rehabilitationsträger benennen Ansprechstellen, die Informationsangebote nach Satz 2 an Leistungsberechtigte, an Arbeitgeber und an andere Rehabilitationsträger vermitteln. Für die Zusammenarbeit der Ansprechstellen gilt § 15 Absatz 3 des Ersten Buches entsprechend.

(2) Absatz 1 gilt auch für Jobcenter im Rahmen ihrer Zuständigkeit für Leistungen zur beruflichen Teilhabe nach § 6 Absatz 3, für die Integrationsämter in Bezug auf Leistungen und sonstige Hilfen für schwerbehinderte Menschen nach Teil 3 und für die Pflegekassen als Träger der sozialen Pflegeversicherung nach dem Elften Buch.

(3) Die Rehabilitationsträger, Integrationsämter und Pflegekassen können die Informationsangebote durch ihre Verbände und Vereinigungen bereitstellen und vermitteln lassen. Die Jobcenter können die Informationsangebote durch die Bundesagentur für Arbeit bereitstellen und vermitteln lassen.

§ 13 Instrumente zur Ermittlung des Rehabilitationsbedarfs (1) Zur einheitlichen und überprüfbaren Ermittlung des individuellen Rehabilitationsbedarfs verwenden die Rehabilitationsträger systematische Arbeitsprozesse und standardisierte Arbeitsmittel (Instrumente) nach den für sie geltenden Leistungsgesetzen. Die Instrumente sollen den von den Rehabilitationsträgern vereinbarten Grundsätzen für Instrumente zur Bedarfsermittlung nach § 26 Absatz 2 Nummer 7 entsprechen. Die Rehabilitationsträger können die Entwicklung von Instrumenten durch ihre Verbände und Vereinigungen wahrnehmen lassen oder Dritte mit der Entwicklung beauftragen.

(2) Die Instrumente nach Absatz 1 Satz 1 gewährleisten eine individuelle und funktionsbezogene Bedarfsermittlung und sichern die Dokumentation und Nachprüfbarkeit der Bedarfsermittlung, indem sie insbesondere erfassen,

1. ob eine Behinderung vorliegt oder einzutreten droht,
2. welche Auswirkung die Behinderung auf die Teilhabe der Leistungsberechtigten hat,
3. welche Ziele mit Leistungen zur Teilhabe erreicht werden sollen und
4. welche Leistungen im Rahmen einer Prognose zur Erreichung der Ziele voraussichtlich erfolgreich sind.

(3) Das Bundesministerium für Arbeit und Soziales untersucht die Wirkung der Instrumente nach Absatz 1 und veröffentlicht die Untersuchungsergebnisse bis zum 31. Dezember 2019.

(4) Auf Vorschlag der Rehabilitationsträger nach § 6 Absatz 1 Nummer 6 und 7 und mit Zustimmung der zuständigen obersten Landesbehörden kann das Bundesministerium für Arbeit und Soziales die von diesen Rehabilitationsträgern eingesetzten Instrumente im Sinne von Absatz 1 in die Untersuchung nach Absatz 3 einbeziehen.

Kapitel 4 – Koordinierung der Leistungen

§ 14 Leistender Rehabilitationsträger (1) Werden Leistungen zur Teilhabe beantragt, stellt der Rehabilitationsträger innerhalb von zwei Wochen nach

Eingang des Antrages bei ihm fest, ob er nach dem für ihn geltenden Leistungsgesetz für die Leistung zuständig ist; bei den Krankenkassen umfasst die Prüfung auch die Leistungspflicht nach § 40 Absatz 4 des Fünften Buches. Stellt er bei der Prüfung fest, dass er für die Leistung insgesamt nicht zuständig ist, leitet er den Antrag unverzüglich dem nach seiner Auffassung zuständigen Rehabilitationsträger zu und unterrichtet hierüber den Antragsteller. Muss für eine solche Feststellung die Ursache der Behinderung geklärt werden und ist diese Klärung in der Frist nach Satz 1 nicht möglich, soll der Antrag unverzüglich dem Rehabilitationsträger zugeleitet werden, der die Leistung ohne Rücksicht auf die Ursache der Behinderung erbringt. Wird der Antrag bei der Bundesagentur für Arbeit gestellt, werden bei der Prüfung nach den Sätzen 1 und 2 keine Feststellungen nach § 11 Absatz 2 a Nummer 1 des Sechsten Buches und § 22 Absatz 2 des Dritten Buches getroffen.

(2) Wird der Antrag nicht weitergeleitet, stellt der Rehabilitationsträger den Rehabilitationsbedarf anhand der Instrumente zur Bedarfsermittlung nach § 13 unverzüglich und umfassend fest und erbringt die Leistungen (leistender Rehabilitationsträger). Muss für diese Feststellung kein Gutachten eingeholt werden, entscheidet der leistende Rehabilitationsträger innerhalb von drei Wochen nach Antragseingang. Ist für die Feststellung des Rehabilitationsbedarfs ein Gutachten erforderlich, wird die Entscheidung innerhalb von zwei Wochen nach Vorliegen des Gutachtens getroffen. Wird der Antrag weitergeleitet, gelten die Sätze 1 bis 3 für den Rehabilitationsträger, an den der Antrag weitergeleitet worden ist, entsprechend; die Frist beginnt mit dem Antragseingang bei diesem Rehabilitationsträger. In den Fällen der Anforderung einer gutachterlichen Stellungnahme bei der Bundesagentur für Arbeit nach § 54 gilt Satz 3 entsprechend.

(3) Ist der Rehabilitationsträger, an den der Antrag nach Absatz 1 Satz 2 weitergeleitet worden ist, nach dem für ihn geltenden Leistungsgesetz für die Leistung insgesamt nicht zuständig, kann er den Antrag im Einvernehmen mit dem nach seiner Auffassung zuständigen Rehabilitationsträger an diesen weiterleiten, damit von diesem als leistendem Rehabilitationsträger über den Antrag innerhalb der bereits nach Absatz 2 Satz 4 laufenden Fristen entschieden wird und unterrichtet hierüber den Antragsteller.

(4) Die Absätze 1 bis 3 gelten sinngemäß, wenn der Rehabilitationsträger Leistungen von Amts wegen erbringt. Dabei tritt an die Stelle des Tages der Antragstellung der Tag der Kenntnis des voraussichtlichen Rehabilitationsbedarfs.

(5) Für die Weiterleitung des Antrages ist § 16 Absatz 2 Satz 1 des Ersten Buches nicht anzuwenden, wenn und soweit Leistungen zur Teilhabe bei einem Rehabilitationsträger beantragt werden.

…

§ 19 Teilhabeplan (1) Soweit Leistungen verschiedener Leistungsgruppen oder mehrerer Rehabilitationsträger erforderlich sind, ist der leistende Rehabilitationsträger dafür verantwortlich, dass er und die nach § 15 beteiligten Rehabilitationsträger im Benehmen miteinander und in Abstimmung mit den Leistungsberechtigten die nach dem individuellen Bedarf voraussichtlich erforderlichen Leistungen hinsichtlich Ziel, Art und Umfang funktionsbezogen feststellen und schriftlich oder elektronisch so zusammenstellen, dass sie nahtlos ineinandergreifen.

(2) Der leistende Rehabilitationsträger erstellt in den Fällen nach Absatz 1 einen Teilhabeplan innerhalb der für die Entscheidung über den Antrag maßgeblichen Frist. Der Teilhabeplan dokumentiert

1. den Tag des Antragseingangs beim leistenden Rehabilitationsträger und das Ergebnis der Zuständigkeitsklärung und Beteiligung nach den §§ 14 und 15,
2. die Feststellungen über den individuellen Rehabilitationsbedarf auf Grundlage der Bedarfsermittlung nach § 13,
3. die zur individuellen Bedarfsermittlung nach § 13 eingesetzten Instrumente,
4. die gutachterliche Stellungnahme der Bundesagentur für Arbeit nach § 54,
5. die Einbeziehung von Diensten und Einrichtungen bei der Leistungserbringung,
6. erreichbare und überprüfbare Teilhabeziele und deren Fortschreibung,
7. die Berücksichtigung des Wunsch- und Wahlrechts nach § 8, insbesondere im Hinblick auf die Ausführung von Leistungen durch ein Persönliches Budget,
8. die Dokumentation der einvernehmlichen, umfassenden und trägerübergreifenden Feststellung des Rehabilitationsbedarfs in den Fällen nach § 15 Absatz 3 Satz 1,
9. die Ergebnisse der Teilhabeplankonferenz nach § 20,
10. die Erkenntnisse aus den Mitteilungen der nach § 22 einbezogenen anderen öffentlichen Stellen und
11. die besonderen Belange pflegender Angehöriger bei der Erbringung von Leistungen der medizinischen Rehabilitation.

Wenn Leistungsberechtigte die Erstellung eines Teilhabeplans wünschen und die Voraussetzungen nach Absatz 1 nicht vorliegen, ist Satz 2 entsprechend anzuwenden.

(3) Der Teilhabeplan wird entsprechend dem Verlauf der Rehabilitation angepasst und darauf ausgerichtet, den Leistungsberechtigten unter Berücksichtigung der Besonderheiten des Einzelfalles eine umfassende Teilhabe am Leben in der Gesellschaft zügig, wirksam, wirtschaftlich und auf Dauer zu ermöglichen. Dabei sichert der leistende Rehabilitationsträger durchgehend das Verfahren. Die Leistungsberechtigten können von dem leistenden Rehabilitationsträger Einsicht in den Teilhabeplan oder die Erteilung von Ablichtungen nach § 25 des Zehnten Buches verlangen.

(4) Die Rehabilitationsträger legen den Teilhabeplan bei der Entscheidung über den Antrag zugrunde. Die Begründung der Entscheidung über die beantragten Leistungen nach § 35 des Zehnten Buches soll erkennen lassen, inwieweit die im Teilhabeplan enthaltenen Feststellungen bei der Entscheidung berücksichtigt wurden.

(5) Ein nach § 15 beteiligter Rehabilitationsträger kann das Verfahren nach

den Absätzen 1 bis 3 anstelle des leistenden Rehabilitationsträgers durchführen, wenn die Rehabilitationsträger dies in Abstimmung mit den Leistungsberechtigten vereinbaren. Die Vorschriften über die Leistungsverantwortung der Rehabilitationsträger nach den §§ 14 und 15 bleiben hiervon unberührt.
(6) Setzen unterhaltssichernde Leistungen den Erhalt von anderen Leistungen zur Teilhabe voraus, gelten die Leistungen im Verhältnis zueinander nicht als Leistungen verschiedener Leistungsgruppen im Sinne von Absatz 1.
…

§ 24 Vorläufige Leistungen Die Bestimmungen dieses Kapitels lassen die Verpflichtung der Rehabilitationsträger zur Erbringung vorläufiger Leistungen nach den für sie jeweils geltenden Leistungsgesetzen unberührt. Vorläufig erbrachte Leistungen binden die Rehabilitationsträger nicht bei der Feststellung des Rehabilitationsbedarfs nach diesem Kapitel. Werden Leistungen zur Teilhabe beantragt, ist § 43 des Ersten Buches nicht anzuwenden.
…

Kapitel 6 – Leistungsformen, Beratung

Abschnitt 1 – Leistungsformen

§ 28 Ausführung von Leistungen (1) Der zuständige Rehabilitationsträger kann Leistungen zur Teilhabe
1. allein oder gemeinsam mit anderen Leistungsträgern,
2. durch andere Leistungsträger oder
3. unter Inanspruchnahme von geeigneten, insbesondere auch freien und gemeinnützigen oder privaten Rehabilitationsdiensten und -einrichtungen nach § 36

ausführen. Der zuständige Rehabilitationsträger bleibt für die Ausführung der Leistungen verantwortlich. Satz 1 gilt insbesondere dann, wenn der Rehabilitationsträger die Leistung dadurch wirksamer oder wirtschaftlicher erbringen kann.
(2) Die Leistungen werden dem Verlauf der Rehabilitation angepasst und sind darauf ausgerichtet, den Leistungsberechtigten unter Berücksichtigung der Besonderheiten des Einzelfalles zügig, wirksam, wirtschaftlich und auf Dauer eine den Zielen der §§ 1 und 4 Absatz 1 entsprechende umfassende Teilhabe am Leben in der Gesellschaft zu ermöglichen.

§ 29 Persönliches Budget (1) Auf Antrag der Leistungsberechtigten werden Leistungen zur Teilhabe durch die Leistungsform eines Persönlichen Budgets ausgeführt, um den Leistungsberechtigten in eigener Verantwortung ein möglichst selbstbestimmtes Leben zu ermöglichen. Bei der Ausführung des Persönlichen Budgets sind nach Maßgabe des individuell festgestellten Bedarfs die Rehabilitationsträger, die Pflegekassen und die Integrationsämter beteiligt. Das

Persönliche Budget wird von den beteiligten Leistungsträgern trägerübergreifend als Komplexleistung erbracht. Das Persönliche Budget kann auch nicht trägerübergreifend von einem einzelnen Leistungsträger erbracht werden. Budgetfähig sind auch die neben den Leistungen nach Satz 1 erforderlichen Leistungen der Krankenkassen und der Pflegekassen, Leistungen der Träger der Unfallversicherung bei Pflegebedürftigkeit sowie Hilfe zur Pflege der Sozialhilfe, die sich auf alltägliche und regelmäßig wiederkehrende Bedarfe beziehen und als Geldleistungen oder durch Gutscheine erbracht werden können. An die Entscheidung sind die Leistungsberechtigten für die Dauer von sechs Monaten gebunden.

(2) Persönliche Budgets werden in der Regel als Geldleistung ausgeführt, bei laufenden Leistungen monatlich. In begründeten Fällen sind Gutscheine auszugeben. Mit der Auszahlung oder der Ausgabe von Gutscheinen an die Leistungsberechtigten gilt deren Anspruch gegen die beteiligten Leistungsträger insoweit als erfüllt. Das Bedarfsermittlungsverfahren für laufende Leistungen wird in der Regel im Abstand von zwei Jahren wiederholt. In begründeten Fällen kann davon abgewichen werden. Persönliche Budgets werden auf der Grundlage der nach Kapitel 4 getroffenen Feststellungen so bemessen, dass der individuell festgestellte Bedarf gedeckt wird und die erforderliche Beratung und Unterstützung erfolgen kann. Dabei soll die Höhe des Persönlichen Budgets die Kosten aller bisher individuell festgestellten Leistungen nicht überschreiten, die ohne das Persönliche Budget zu erbringen sind. § 35 a des Elften Buches bleibt unberührt.

(3) Werden Leistungen zur Teilhabe in der Leistungsform des Persönlichen Budgets beantragt, ist der nach § 14 leistende Rehabilitationsträger für die Durchführung des Verfahrens zuständig. Satz 1 findet entsprechend Anwendung auf die Pflegekassen und die Integrationsämter. Enthält das Persönliche Budget Leistungen, für die der Leistungsträger nach den Sätzen 1 und 2 nicht Leistungsträger nach § 6 Absatz 1 sein kann, leitet er den Antrag insoweit unverzüglich dem nach seiner Auffassung zuständigen Leistungsträger nach § 15 zu.

(4) Der Leistungsträger nach Absatz 3 und die Leistungsberechtigten schließen zur Umsetzung des Persönlichen Budgets eine Zielvereinbarung ab. Sie enthält mindestens Regelungen über

1. die Ausrichtung der individuellen Förder- und Leistungsziele,
2. die Erforderlichkeit eines Nachweises zur Deckung des festgestellten individuellen Bedarfs,
3. die Qualitätssicherung sowie
4. die Höhe der Teil- und des Gesamtbudgets.

Satz 1 findet keine Anwendung, wenn allein Pflegekassen Leistungsträger nach Absatz 3 sind und sie das Persönliche Budget nach Absatz 1 Satz 4 erbringen. Die Beteiligten, die die Zielvereinbarung abgeschlossen haben, können diese aus wichtigem Grund mit sofortiger Wirkung schriftlich kündigen, wenn ihnen die Fortsetzung der Vereinbarung nicht zumutbar ist. Ein wichtiger Grund kann für die Leistungsberechtigten insbesondere in der persönlichen Lebenssituation liegen. Für den Leistungsträger kann ein wichtiger Grund dann vorliegen, wenn die Leistungsberechtigten die Vereinbarung, insbesondere hinsichtlich des Nachweises zur Bedarfsdeckung und der Qualitätssicherung nicht einhalten. Im Fall der Kündigung der Zielvereinbarung wird der Verwaltungsakt aufgehoben. Die Zielvereinbarung wird im Rahmen des Bedarfsermittlungsverfahrens für die Dauer des Bewilligungszeitraumes der Leistungen in Form des Persönlichen Budgets abgeschlossen.

…

Abschnitt 2 – Beratung

§ 32 Ergänzende unabhängige Teilhabeberatung; Verordnungsermächtigung

(1) Zur Stärkung der Selbstbestimmung von Menschen mit Behinderungen und von Behinderung bedrohter Menschen fördert das Bundesministerium für Arbeit und Soziales eine von Leistungsträgern und Leistungserbringern unabhängige ergänzende Beratung als niedrigschwelliges Angebot, das bereits im Vorfeld der Beantragung konkreter Leistungen zur Verfügung steht. Dieses Angebot besteht neben dem Anspruch auf Beratung durch die Rehabilitationsträger.

(2) Das ergänzende Angebot erstreckt sich auf die Information und Beratung über Rehabilitations- und Teilhabeleistungen nach diesem Buch. Die Rehabilitationsträger informieren im Rahmen der vorhandenen Beratungsstrukturen und ihrer Beratungspflicht über dieses ergänzende Angebot.

(3) Bei der Förderung von Beratungsangeboten ist die von Leistungsträgern und Leistungserbringern unabhängige ergänzende Beratung von Betroffenen für Betroffene besonders zu berücksichtigen.

(4) Das Bundesministerium für Arbeit und Soziales erlässt eine Förderrichtlinie, nach deren Maßgabe die Dienste gefördert werden können, welche ein unabhängiges ergänzendes Beratungsangebot anbieten. Das Bundesministerium für Arbeit und Soziales entscheidet im Benehmen mit der zuständigen obersten Landesbehörde über diese Förderung.

(5) Die Förderung erfolgt aus Bundesmitteln und ist bis zum 31. Dezember 2022 befristet. Die Bundesregierung berichtet den gesetzgebenden Körperschaften des Bundes bis zum 30. Juni 2021 über die Einführung und Inanspruchnahme der ergänzenden unabhängigen Teilhabeberatung.

(6) Die Bundesmittel für die Zuschüsse werden ab dem Jahr 2023 auf 65 Millionen Euro festgesetzt. Aus den Bundesmitteln sind insbesondere auch die Aufwendungen zu finanzieren, die für die Administration, die Vernetzung, die Qualitätssicherung und die Öffentlichkeitsarbeit der Beratungsangebote notwendig sind.

(7) Zuständige Behörde für die Umsetzung der ergänzenden unabhängigen Teilhabeberatung ist das Bundesministerium für Arbeit und Soziales. Es kann diese Aufgaben Dritten übertragen. Die Auswahl aus dem Kreis der Antragsteller erfolgt durch das Bundesministerium für Arbeit und Soziales im Benehmen mit den zuständigen obersten Landesbehörden. Das Bundesministerium

für Arbeit und Soziales erlässt eine Rechtsverordnung ohne Zustimmung des Bundesrates, um die ergänzende unabhängige Teilhabeberatung nach dem Jahr 2022 auszugestalten und umzusetzen.

…

Kapitel 9 – Leistungen zur medizinischen Rehabilitation

§ 42 Leistungen zur medizinischen Rehabilitation (1) Zur medizinischen Rehabilitation von Menschen mit Behinderungen und von Behinderung bedrohter Menschen werden die erforderlichen Leistungen erbracht, um

1. Behinderungen einschließlich chronischer Krankheiten abzuwenden, zu beseitigen, zu mindern, auszugleichen, eine Verschlimmerung zu verhüten oder
2. Einschränkungen der Erwerbsfähigkeit und Pflegebedürftigkeit zu vermeiden, zu überwinden, zu mindern, eine Verschlimmerung zu verhindern sowie den vorzeitigen Bezug von laufenden Sozialleistungen zu verhüten oder laufende Sozialleistungen zu mindern.

(2) Leistungen zur medizinischen Rehabilitation umfassen insbesondere

1. Behandlung durch Ärzte, Zahnärzte und Angehörige anderer Heilberufe, soweit deren Leistungen unter ärztlicher Aufsicht oder auf ärztliche Anordnung ausgeführt werden, einschließlich der Anleitung, eigene Heilungskräfte zu entwickeln,
2. Früherkennung und Frühförderung für Kinder mit Behinderungen und von Behinderung bedrohte Kinder,
3. Arznei- und Verbandsmittel,
4. Heilmittel einschließlich physikalischer, Sprach- und Beschäftigungstherapie,
5. Psychotherapie als ärztliche und psychotherapeutische Behandlung,
6. Hilfsmittel sowie
7. Belastungserprobung und Arbeitstherapie.

(3) Bestandteil der Leistungen nach Absatz 1 sind auch medizinische, psychologische und pädagogische Hilfen, soweit diese Leistungen im Einzelfall erforderlich sind, um die in Absatz 1 genannten Ziele zu erreichen. Solche Leistungen sind insbesondere

1. Hilfen zur Unterstützung bei der Krankheits- und Behinderungsverarbeitung,
2. Hilfen zur Aktivierung von Selbsthilfepotentialen,
3. die Information und Beratung von Partnern und Angehörigen sowie von Vorgesetzten und Kollegen, wenn die Leistungsberechtigten dem zustimmen,
4. die Vermittlung von Kontakten zu örtlichen Selbsthilfe- und Beratungsmöglichkeiten,
5. Hilfen zur seelischen Stabilisierung und zur Förderung der sozialen Kompetenz, unter anderem durch Training sozialer und kommunikativer Fähigkeiten und im Umgang mit Krisensituationen,

6. das Training lebenspraktischer Fähigkeiten sowie
7. die Anleitung und Motivation zur Inanspruchnahme von Leistungen der medizinischen Rehabilitation.

...

§ 44 Stufenweise Wiedereingliederung Können arbeitsunfähige Leistungsberechtigte nach ärztlicher Feststellung ihre bisherige Tätigkeit teilweise ausüben und können sie durch eine stufenweise Wiederaufnahme ihrer Tätigkeit voraussichtlich besser wieder in das Erwerbsleben eingegliedert werden, sollen die medizinischen und die sie ergänzenden Leistungen mit dieser Zielrichtung erbracht werden.

...

Kapitel 10 – Leistungen zur Teilhabe am Arbeitsleben

§ 49 Leistungen zur Teilhabe am Arbeitsleben, Verordnungsermächtigung

(1) Zur Teilhabe am Arbeitsleben werden die erforderlichen Leistungen erbracht, um die Erwerbsfähigkeit von Menschen mit Behinderungen oder von Behinderung bedrohter Menschen entsprechend ihrer Leistungsfähigkeit zu erhalten, zu verbessern, herzustellen oder wiederherzustellen und ihre Teilhabe am Arbeitsleben möglichst auf Dauer zu sichern.

(2) Frauen mit Behinderungen werden gleiche Chancen im Erwerbsleben zugesichert, insbesondere durch in der beruflichen Zielsetzung geeignete, wohnortnahe und auch in Teilzeit nutzbare Angebote.

(3) Die Leistungen zur Teilhabe am Arbeitsleben umfassen insbesondere

1. Hilfen zur Erhaltung oder Erlangung eines Arbeitsplatzes einschließlich Leistungen zur Aktivierung und beruflichen Eingliederung,
2. eine Berufsvorbereitung einschließlich einer wegen der Behinderung erforderlichen Grundausbildung,
3. die individuelle betriebliche Qualifizierung im Rahmen Unterstützter Beschäftigung,
4. die berufliche Anpassung und Weiterbildung, auch soweit die Leistungen einen zur Teilnahme erforderlichen schulischen Abschluss einschließen,
5. die berufliche Ausbildung, auch soweit die Leistungen in einem zeitlich nicht überwiegenden Abschnitt schulisch durchgeführt werden,
6. die Förderung der Aufnahme einer selbständigen Tätigkeit durch die Rehabilitationsträger nach § 6 Absatz 1 Nummer 2 bis 5 und
7. sonstige Hilfen zur Förderung der Teilhabe am Arbeitsleben, um Menschen mit Behinderungen eine angemessene und geeignete Beschäftigung oder eine selbständige Tätigkeit zu ermöglichen und zu erhalten.

(4) Bei der Auswahl der Leistungen werden Eignung, Neigung, bisherige Tätigkeit sowie Lage und Entwicklung auf dem Arbeitsmarkt angemessen berücksichtigt. Soweit erforderlich, wird dabei die berufliche Eignung abgeklärt oder eine Arbeitserprobung durchgeführt; in diesem Fall werden die Kosten nach

Absatz 7, Reisekosten nach § 73 sowie Haushaltshilfe und Kinderbetreuungskosten nach § 74 übernommen.

(5) Die Leistungen werden auch für Zeiten notwendiger Praktika erbracht.

(6) Die Leistungen umfassen auch medizinische, psychologische und pädagogische Hilfen, soweit diese Leistungen im Einzelfall erforderlich sind, um die in Absatz 1 genannten Ziele zu erreichen oder zu sichern und Krankheitsfolgen zu vermeiden, zu überwinden, zu mindern oder ihre Verschlimmerung zu verhüten. Leistungen sind insbesondere

1. Hilfen zur Unterstützung bei der Krankheits- und Behinderungsverarbeitung,
2. Hilfen zur Aktivierung von Selbsthilfepotentialen,
3. die Information und Beratung von Partnern und Angehörigen sowie von Vorgesetzten und Kollegen, wenn die Leistungsberechtigten dem zustimmen,
4. die Vermittlung von Kontakten zu örtlichen Selbsthilfe- und Beratungsmöglichkeiten,
5. Hilfen zur seelischen Stabilisierung und zur Förderung der sozialen Kompetenz, unter anderem durch Training sozialer und kommunikativer Fähigkeiten und im Umgang mit Krisensituationen,
6. das Training lebenspraktischer Fähigkeiten,
7. das Training motorischer Fähigkeiten,
8. die Anleitung und Motivation zur Inanspruchnahme von Leistungen zur Teilhabe am Arbeitsleben und
9. die Beteiligung von Integrationsfachdiensten im Rahmen ihrer Aufgabenstellung (§ 193).

(7) Zu den Leistungen gehört auch die Übernahme

1. der erforderlichen Kosten für Unterkunft und Verpflegung, wenn für die Ausführung einer Leistung eine Unterbringung außerhalb des eigenen oder des elterlichen Haushalts wegen Art oder Schwere der Behinderung oder zur Sicherung des Erfolges der Teilhabe am Arbeitsleben notwendig ist sowie
2. der erforderlichen Kosten, die mit der Ausführung einer Leistung in unmittelbarem Zusammenhang stehen, insbesondere für Lehrgangskosten, Prüfungsgebühren, Lernmittel, Leistungen zur Aktivierung und beruflichen Eingliederung.

(8) Leistungen nach Absatz 3 Nummer 1 und 7 umfassen auch

1. die Kraftfahrzeughilfe nach der Kraftfahrzeughilfe-Verordnung,
2. den Ausgleich für unvermeidbare Verdienstausfälle des Leistungsberechtigten oder einer erforderlichen Begleitperson wegen Fahrten der An- und Abreise zu einer Bildungsmaßnahme und zur Vorstellung bei einem Arbeitgeber, bei einem Träger oder einer Einrichtung für Menschen mit Behinderungen, durch die Rehabilitationsträger nach § 6 Absatz 1 Nummer 2 bis 5,
3. die Kosten einer notwendigen Arbeitsassistenz für schwerbehinderte Menschen als Hilfe zur Erlangung eines Arbeitsplatzes,
4. die Kosten für Hilfsmittel, die wegen Art oder Schwere der Behinderung erforderlich sind
   a) zur Berufsausbildung,

b) zur Teilhabe an einer Leistung zur Teilhabe am Arbeitsleben oder zur Erhöhung der Sicherheit auf dem Weg vom und zum Arbeitsplatz und am Arbeitsplatz selbst, es sei denn, dass eine Verpflichtung des Arbeitgebers besteht oder solche Leistungen als medizinische Leistung erbracht werden können,

5. die Kosten technischer Arbeitshilfen, die wegen Art oder Schwere der Behinderung zur Berufsausübung erforderlich sind und
6. die Kosten der Beschaffung, der Ausstattung und der Erhaltung einer behinderungsgerechten Wohnung in angemessenem Umfang.

Die Leistung nach Satz 1 Nummer 3 wird für die Dauer von bis zu drei Jahren bewilligt und in Abstimmung mit dem Rehabilitationsträger nach § 6 Absatz 1 Nummer 1 bis 5 durch das Integrationsamt nach § 185 Absatz 5 ausgeführt. Der Rehabilitationsträger erstattet dem Integrationsamt seine Aufwendungen. Der Anspruch nach § 185 Absatz 5 bleibt unberührt.

(9) Die Bundesregierung kann durch Rechtsverordnung mit Zustimmung des Bundesrates Näheres über Voraussetzungen, Gegenstand und Umfang der Leistungen der Kraftfahrzeughilfe zur Teilhabe am Arbeitsleben regeln.

…

§ 55 Unterstützte Beschäftigung (1) Ziel der Unterstützten Beschäftigung ist es, Leistungsberechtigten mit besonderem Unterstützungsbedarf eine angemessene, geeignete und sozialversicherungspflichtige Beschäftigung zu ermöglichen und zu erhalten. Unterstützte Beschäftigung umfasst eine individuelle betriebliche Qualifizierung und bei Bedarf Berufsbegleitung.

(2) Leistungen zur individuellen betrieblichen Qualifizierung erhalten Menschen mit Behinderungen insbesondere, um sie für geeignete betriebliche Tätigkeiten zu erproben, auf ein sozialversicherungspflichtiges Beschäftigungsverhältnis vorzubereiten und bei der Einarbeitung und Qualifizierung auf einem betrieblichen Arbeitsplatz zu unterstützen. Die Leistungen umfassen auch die Vermittlung von berufsübergreifenden Lerninhalten und Schlüsselqualifikationen sowie die Weiterentwicklung der Persönlichkeit der Menschen mit Behinderungen. Die Leistungen werden vom zuständigen Rehabilitationsträger nach § 6 Absatz 1 Nummer 2 bis 5 für bis zu zwei Jahre erbracht, soweit sie wegen Art oder Schwere der Behinderung erforderlich sind. Sie können bis zu einer Dauer von weiteren zwölf Monaten verlängert werden, wenn auf Grund der Art oder Schwere der Behinderung der gewünschte nachhaltige Qualifizierungserfolg im Einzelfall nicht anders erreicht werden kann und hinreichend gewährleistet ist, dass eine weitere Qualifizierung zur Aufnahme einer sozialversicherungspflichtigen Beschäftigung führt.

(3) Leistungen der Berufsbegleitung erhalten Menschen mit Behinderungen insbesondere, um nach Begründung eines sozialversicherungspflichtigen Beschäftigungsverhältnisses die zu dessen Stabilisierung erforderliche Unterstützung und Krisenintervention zu gewährleisten. Die Leistungen werden bei Zuständigkeit eines Rehabilitationsträgers nach § 6 Absatz 1 Nummer 3 oder 5 von diesem, im Übrigen von dem Integrationsamt im Rahmen seiner Zustän-

digkeit erbracht, solange und soweit sie wegen Art oder Schwere der Behinderung zur Sicherung des Beschäftigungsverhältnisses erforderlich sind.

(4) Stellt der Rehabilitationsträger während der individuellen betrieblichen Qualifizierung fest, dass voraussichtlich eine anschließende Berufsbegleitung erforderlich ist, für die ein anderer Leistungsträger zuständig ist, beteiligt er diesen frühzeitig.

(5) Die Unterstützte Beschäftigung kann von Integrationsfachdiensten oder anderen Trägern durchgeführt werden. Mit der Durchführung kann nur beauftragt werden, wer über die erforderliche Leistungsfähigkeit verfügt, um seine Aufgaben entsprechend den individuellen Bedürfnissen der Menschen mit Behinderungen erfüllen zu können. Insbesondere müssen die Beauftragten

1. über Fachkräfte verfügen, die eine geeignete Berufsqualifikation, eine psychosoziale oder arbeitspädagogische Zusatzqualifikation und eine ausreichende Berufserfahrung besitzen,
2. in der Lage sein, den Menschen mit Behinderungen geeignete individuelle betriebliche Qualifizierungsplätze zur Verfügung zu stellen und ihre berufliche Eingliederung zu unterstützen,
3. über die erforderliche räumliche und sächliche Ausstattung verfügen sowie
4. ein System des Qualitätsmanagements im Sinne des § 37 Absatz 2 Satz 1 anwenden.

(6) Zur Konkretisierung und Weiterentwicklung der in Absatz 5 genannten Qualitätsanforderungen vereinbaren die Rehabilitationsträger nach § 6 Absatz 1 Nummer 2 bis 5 sowie die Bundesarbeitsgemeinschaft der Integrationsämter und Hauptfürsorgestellen im Rahmen der Bundesarbeitsgemeinschaft für Rehabilitation eine gemeinsame Empfehlung. Die gemeinsame Empfehlung kann auch Ausführungen zu möglichen Leistungsinhalten und zur Zusammenarbeit enthalten. § 26 Absatz 4, 6 und 7 sowie § 27 gelten entsprechend.

…

§ 61 Budget für Arbeit (1) Menschen mit Behinderungen, die Anspruch auf Leistungen nach § 58 haben und denen von einem privaten oder öffentlichen Arbeitgeber ein sozialversicherungspflichtiges Arbeitsverhältnis mit einer tariflichen oder ortsüblichen Entlohnung angeboten wird, erhalten mit Abschluss dieses Arbeitsvertrages als Leistungen zur Teilhabe am Arbeitsleben ein Budget für Arbeit.

(2) Das Budget für Arbeit umfasst einen Lohnkostenzuschuss an den Arbeitgeber zum Ausgleich der Leistungsminderung des Beschäftigten und die Aufwendungen für die wegen der Behinderung erforderliche Anleitung und Begleitung am Arbeitsplatz. Der Lohnkostenzuschuss beträgt bis zu 75 Prozent des vom Arbeitgeber regelmäßig gezahlten Arbeitsentgelts, höchstens jedoch 40 Prozent der monatlichen Bezugsgröße nach § 18 Absatz 1 des Vierten Buches. Dauer und Umfang der Leistungen bestimmen sich nach den Umständen des Einzelfalles. Durch Landesrecht kann von dem Prozentsatz der Bezugsgröße nach Satz 2 zweiter Halbsatz nach oben abgewichen werden.

(3) Ein Lohnkostenzuschuss ist ausgeschlossen, wenn zu vermuten ist, dass der Arbeitgeber die Beendigung eines anderen Beschäftigungsverhältnisses veranlasst hat, um durch die ersatzweise Einstellung eines Menschen mit Behinderungen den Lohnkostenzuschuss zu erhalten.
(4) Die am Arbeitsplatz wegen der Behinderung erforderliche Anleitung und Begleitung kann von mehreren Leistungsberechtigten gemeinsam in Anspruch genommen werden.
(5) Eine Verpflichtung des Leistungsträgers, Leistungen zur Beschäftigung bei privaten oder öffentlichen Arbeitgebern zu ermöglichen, besteht nicht.
…

Kapitel 11 – Unterhaltssichernde und andere ergänzende Leistungen

…

§ 65 Leistungen zum Lebensunterhalt (1) Im Zusammenhang mit Leistungen zur medizinischen Rehabilitation leisten
1. Krankengeld: die gesetzlichen Krankenkassen nach Maßgabe der §§ 44 und 46 bis 51 des Fünften Buches und des § 8 Absatz 2 in Verbindung mit den §§ 12 und 13 des Zweiten Gesetzes über die Krankenversicherung der Landwirte,
2. Verletztengeld: die Träger der Unfallversicherung nach Maßgabe der §§ 45 bis 48, 52 und 55 des Siebten Buches,
3. Übergangsgeld: die Träger der Rentenversicherung nach Maßgabe dieses Buches und der §§ 20 und 21 des Sechsten Buches,
4. Versorgungskrankengeld: die Träger der Kriegsopferversorgung nach Maßgabe der §§ 16 bis 16 h und 18 a des Bundesversorgungsgesetzes.

(2) Im Zusammenhang mit Leistungen zur Teilhabe am Arbeitsleben leisten Übergangsgeld
1. die Träger der Unfallversicherung nach Maßgabe dieses Buches und der §§ 49 bis 52 des Siebten Buches,
2. die Träger der Rentenversicherung nach Maßgabe dieses Buches und der §§ 20 und 21 des Sechsten Buches,
3. die Bundesagentur für Arbeit nach Maßgabe dieses Buches und der §§ 119 bis 121 des Dritten Buches,
4. die Träger der Kriegsopferfürsorge nach Maßgabe dieses Buches und des § 26 a des Bundesversorgungsgesetzes.

(3) Menschen mit Behinderungen oder von Behinderung bedrohte Menschen haben Anspruch auf Übergangsgeld wie bei Leistungen zur Teilhabe am Arbeitsleben für den Zeitraum, in dem die berufliche Eignung abgeklärt oder eine Arbeitserprobung durchgeführt wird (§ 49 Absatz 4 Satz 2) und sie wegen der Teilnahme an diesen Maßnahmen kein oder ein geringeres Arbeitsentgelt oder Arbeitseinkommen erzielen.

(4) Der Anspruch auf Übergangsgeld ruht, solange die Leistungsempfängerin einen Anspruch auf Mutterschaftsgeld hat; § 52 Nummer 2 des Siebten Buches bleibt unberührt.
(5) Während der Ausführung von Leistungen zur erstmaligen beruflichen Ausbildung von Menschen mit Behinderungen, berufsvorbereitenden Bildungsmaßnahmen und Leistungen zur individuellen betrieblichen Qualifizierung im Rahmen Unterstützter Beschäftigung sowie im Eingangsverfahren und im Berufsbildungsbereich von anerkannten Werkstätten für behinderte Menschen und anderen Leistungsanbietern leisten
1. die Bundesagentur für Arbeit Ausbildungsgeld nach Maßgabe der §§ 122 bis 126 des Dritten Buches und
2. die Träger der Kriegsopferfürsorge Unterhaltsbeihilfe unter den Voraussetzungen der §§ 26 und 26 a des Bundesversorgungsgesetzes.

(6) Die Träger der Kriegsopferfürsorge leisten in den Fällen des § 27 d Absatz 1 Nummer 3 des Bundesversorgungsgesetzes ergänzende Hilfe zum Lebensunterhalt nach § 27 a des Bundesversorgungsgesetzes.
(7) Das Krankengeld, das Versorgungskrankengeld, das Verletztengeld und das Übergangsgeld werden für Kalendertage gezahlt; wird die Leistung für einen ganzen Kalendermonat gezahlt, so wird dieser mit 30 Tagen angesetzt.
…

Kapitel 13 – Soziale Teilhabe

§ 76 Leistungen zur Sozialen Teilhabe (1) Leistungen zur Sozialen Teilhabe werden erbracht, um eine gleichberechtigte Teilhabe am Leben in der Gemeinschaft zu ermöglichen oder zu erleichtern, soweit sie nicht nach den Kapiteln 9 bis 12 erbracht werden. Hierzu gehört, Leistungsberechtigte zu einer möglichst selbstbestimmten und eigenverantwortlichen Lebensführung im eigenen Wohnraum sowie in ihrem Sozialraum zu befähigen oder sie hierbei zu unterstützen. Maßgeblich sind die Ermittlungen und Feststellungen nach den Kapiteln 3 und 4.
(2) Leistungen zur Sozialen Teilhabe sind insbesondere
1. Leistungen für Wohnraum,
2. Assistenzleistungen,
3. heilpädagogische Leistungen,
4. Leistungen zur Betreuung in einer Pflegefamilie,
5. Leistungen zum Erwerb und Erhalt praktischer Kenntnisse und Fähigkeiten,
6. Leistungen zur Förderung der Verständigung,
7. Leistungen zur Mobilität und
8. Hilfsmittel.

…

Kapitel 14 – Beteiligung der Verbände und Träger

§ 85 Klagerecht der Verbände Werden Menschen mit Behinderungen in ihren Rechten nach diesem Buch verletzt, können an ihrer Stelle und mit ihrem Einverständnis Verbände klagen, die nach ihrer Satzung Menschen mit Behinderungen auf Bundes- oder Landesebene vertreten und nicht selbst am Prozess beteiligt sind. In diesem Fall müssen alle Verfahrensvoraussetzungen wie bei einem Rechtsschutzersuchen durch den Menschen mit Behinderungen selbst vorliegen.

…

Teil 3 – Besondere Regelungen zur Teilhabe schwerbehinderter Menschen (Schwerbehindertenrecht)

Kapitel 1 – Geschützter Personenkreis

§ 151 Geltungsbereich (1) Die Regelungen dieses Teils gelten für schwerbehinderte und diesen gleichgestellte behinderte Menschen.
(2) Die Gleichstellung behinderter Menschen mit schwerbehinderten Menschen (§ 2 Absatz 3) erfolgt auf Grund einer Feststellung nach § 152 auf Antrag des behinderten Menschen durch die Bundesagentur für Arbeit. Die Gleichstellung wird mit dem Tag des Eingangs des Antrags wirksam. Sie kann befristet werden.
(3) Auf gleichgestellte behinderte Menschen werden die besonderen Regelungen für schwerbehinderte Menschen mit Ausnahme des § 208 und des Kapitels 13 angewendet.
(4) Schwerbehinderten Menschen gleichgestellt sind auch behinderte Jugendliche und junge Erwachsene (§ 2 Absatz 1) während der Zeit ihrer Berufsausbildung in Betrieben und Dienststellen oder einer beruflichen Qualifizierung, auch wenn der Grad der Behinderung weniger als 30 beträgt oder ein Grad der Behinderung nicht festgestellt ist. Der Nachweis der Behinderung wird durch eine Stellungnahme der Agentur für Arbeit oder durch einen Bescheid über Leistungen zur Teilhabe am Arbeitsleben erbracht. Die Gleichstellung gilt nur für Leistungen des Integrationsamtes im Rahmen der beruflichen Orientierung und der Berufsausbildung im Sinne des § 185 Absatz 3 Nummer 2 Buchstabe c.

§ 152 Feststellung der Behinderung, Ausweise (1) Auf Antrag des behinderten Menschen stellen die für die Durchführung des Bundesversorgungsgesetzes zuständigen Behörden das Vorliegen einer Behinderung und den Grad der Behinderung zum Zeitpunkt der Antragstellung fest. Auf Antrag kann festgestellt werden, dass ein Grad der Behinderung oder gesundheitliche Merkmale bereits zu einem früheren Zeitpunkt vorgelegen haben, wenn dafür ein besonderes Interesse glaubhaft gemacht wird. Beantragt eine erwerbstätige Person die Feststellung der Eigenschaft als schwerbehinderter Mensch (§ 2 Absatz 2), gelten

die in § 14 Absatz 2 Satz 2 und 3 sowie § 17 Absatz 1 Satz 1 und Absatz 2 Satz 1 genannten Fristen sowie § 60 Absatz 1 des Ersten Buches entsprechend. Das Gesetz über das Verwaltungsverfahren der Kriegsopferversorgung ist entsprechend anzuwenden, soweit nicht das Zehnte Buch Anwendung findet. Die Auswirkungen auf die Teilhabe am Leben in der Gesellschaft werden als Grad der Behinderung nach Zehnergraden abgestuft festgestellt. Eine Feststellung ist nur zu treffen, wenn ein Grad der Behinderung von wenigstens 20 vorliegt. Durch Landesrecht kann die Zuständigkeit abweichend von Satz 1 geregelt werden.
(2) Festlegungen nach Absatz 1 sind nicht zu treffen, wenn eine Feststellung über das Vorliegen einer Behinderung und den Grad einer auf ihr beruhenden Erwerbsminderung schon in einem Rentenbescheid, einer entsprechenden Verwaltungs- oder Gerichtsentscheidung oder einer vorläufigen Bescheinigung der für diese Entscheidungen zuständigen Dienststellen getroffen worden ist, es sei denn, dass der behinderte Mensch ein Interesse an anderweitiger Feststellung nach Absatz 1 glaubhaft macht. Eine Feststellung nach Satz 1 gilt zugleich als Feststellung des Grades der Behinderung.
(3) Liegen mehrere Beeinträchtigungen der Teilhabe am Leben in der Gesellschaft vor, so wird der Grad der Behinderung nach den Auswirkungen der Beeinträchtigungen in ihrer Gesamtheit unter Berücksichtigung ihrer wechselseitigen Beziehungen festgestellt. Für diese Entscheidung gilt Absatz 1, es sei denn, dass in einer Entscheidung nach Absatz 2 eine Gesamtbeurteilung bereits getroffen worden ist.
(4) Sind neben dem Vorliegen der Behinderung weitere gesundheitliche Merkmale Voraussetzung für die Inanspruchnahme von Nachteilsausgleichen, so treffen die zuständigen Behörden die erforderlichen Feststellungen im Verfahren nach Absatz 1.
(5) Auf Antrag des behinderten Menschen stellen die zuständigen Behörden auf Grund einer Feststellung der Behinderung einen Ausweis über die Eigenschaft als schwerbehinderter Mensch, den Grad der Behinderung sowie im Falle des Absatzes 4 über weitere gesundheitliche Merkmale aus. Der Ausweis dient dem Nachweis für die Inanspruchnahme von Leistungen und sonstigen Hilfen, die schwerbehinderten Menschen nach Teil 2 oder nach anderen Vorschriften zustehen. Die Gültigkeitsdauer des Ausweises soll befristet werden. Er wird eingezogen, sobald der gesetzliche Schutz schwerbehinderter Menschen erloschen ist. Der Ausweis wird berichtigt, sobald eine Neufeststellung unanfechtbar geworden ist.

§ 153 Verordnungsermächtigung (1) Die Bundesregierung wird ermächtigt, durch Rechtsverordnung mit Zustimmung des Bundesrates nähere Vorschriften über die Gestaltung der Ausweise, ihre Gültigkeit und das Verwaltungsverfahren zu erlassen.
(2) Das Bundesministerium für Arbeit und Soziales wird ermächtigt, durch Rechtsverordnung mit Zustimmung des Bundesrates die Grundsätze aufzustellen, die für die Bewertung des Grades der Behinderung, die Kriterien für die Bewertung der Hilflosigkeit und die Voraussetzungen für die Vergabe von

Merkzeichen maßgebend sind, die nach Bundesrecht im Schwerbehindertenausweis einzutragen sind.

Kapitel 2 – Beschäftigungspflicht der Arbeitgeber

§ 154 Pflicht der Arbeitgeber zur Beschäftigung schwerbehinderter Menschen (1) Private und öffentliche Arbeitgeber (Arbeitgeber) mit jahresdurchschnittlich monatlich mindestens 20 Arbeitsplätzen im Sinne des § 156 haben auf wenigstens 5 Prozent der Arbeitsplätze[1] schwerbehinderte Menschen zu beschäftigen. Dabei sind schwerbehinderte Frauen besonders zu berücksichtigen. Abweichend von Satz 1 haben Arbeitgeber mit jahresdurchschnittlich monatlich weniger als 40 Arbeitsplätzen jahresdurchschnittlich je Monat einen schwerbehinderten Menschen, Arbeitgeber mit jahresdurchschnittlich monatlich weniger als 60 Arbeitsplätzen jahresdurchschnittlich je Monat zwei schwerbehinderte Menschen zu beschäftigen.

(2) Als öffentliche Arbeitgeber im Sinne dieses Teils gelten

1. jede oberste Bundesbehörde mit ihren nachgeordneten Dienststellen, das Bundespräsidialamt, die Verwaltungen des Deutschen Bundestages und Bundesrates, das Bundesverfassungsgericht, die obersten Gerichtshöfe des Bundes, der Bundesgerichtshof jedoch zusammengefasst mit dem Generalbundesanwalt, sowie das Bundeseisenbahnvermögen,
2. jede oberste Landesbehörde und die Staats- und Präsidialkanzleien mit ihren nachgeordneten Dienststellen, die Verwaltungen der Landtage, die Rechnungshöfe (Rechnungskammern), die Organe der Verfassungsgerichtsbarkeit der Länder und jede sonstige Landesbehörde, zusammengefasst jedoch diejenigen Behörden, die eine gemeinsame Personalverwaltung haben,
3. jede sonstige Gebietskörperschaft und jeder Verband von Gebietskörperschaften,
4. jede sonstige Körperschaft, Anstalt oder Stiftung des öffentlichen Rechts.

§ 155 Beschäftigung besonderer Gruppen schwerbehinderter Menschen (1) Im Rahmen der Erfüllung der Beschäftigungspflicht sind in angemessenem Umfang zu beschäftigen

1. schwerbehinderte Menschen, die nach Art oder Schwere ihrer Behinderung im Arbeitsleben besonders betroffen sind, insbesondere solche,
   a) die zur Ausübung der Beschäftigung wegen ihrer Behinderung nicht nur vorübergehend einer besonderen Hilfskraft bedürfen oder
   b) deren Beschäftigung infolge ihrer Behinderung nicht nur vorübergehend mit außergewöhnlichen Aufwendungen für den Arbeitgeber verbunden ist oder
   c) die infolge ihrer Behinderung nicht nur vorübergehend offensichtlich nur eine wesentlich verminderte Arbeitsleistung erbringen können oder

1 Für Arbeitgeber des Bundes gilt gem. § 241 Abs. 1 eine Quote von 6 %.

d) bei denen ein Grad der Behinderung von wenigstens 50 allein infolge geistiger oder seelischer Behinderung oder eines Anfallsleidens vorliegt oder
e) die wegen Art oder Schwere der Behinderung keine abgeschlossene Berufsbildung im Sinne des Berufsbildungsgesetzes haben,
2. schwerbehinderte Menschen, die das 50. Lebensjahr vollendet haben.

(2) Arbeitgeber mit Stellen zur beruflichen Bildung, insbesondere für Auszubildende, haben im Rahmen der Erfüllung der Beschäftigungspflicht einen angemessenen Anteil dieser Stellen mit schwerbehinderten Menschen zu besetzen. Hierüber ist mit der zuständigen Interessenvertretung im Sinne des § 176 und der Schwerbehindertenvertretung zu beraten.

§ 156 Begriff des Arbeitsplatzes (1) Arbeitsplätze im Sinne dieses Teils sind alle Stellen, auf denen Arbeitnehmerinnen und Arbeitnehmer, Beamtinnen und Beamte, Richterinnen und Richter sowie Auszubildende und andere zu ihrer beruflichen Bildung Eingestellte beschäftigt werden.

(2) Als Arbeitsplätze gelten nicht die Stellen, auf denen beschäftigt werden
1. behinderte Menschen, die an Leistungen zur Teilhabe am Arbeitsleben nach § 49 Absatz 3 Nummer 4 in Betrieben oder Dienststellen teilnehmen,
2. Personen, deren Beschäftigung nicht in erster Linie ihrem Erwerb dient, sondern vorwiegend durch Beweggründe karitativer oder religiöser Art bestimmt ist, und Geistliche öffentlich-rechtlicher Religionsgemeinschaften,
3. Personen, deren Beschäftigung nicht in erster Linie ihrem Erwerb dient und die vorwiegend zu ihrer Heilung, Wiedereingewöhnung oder Erziehung erfolgt,
4. Personen, die an Arbeitsbeschaffungsmaßnahmen nach dem Dritten Buch teilnehmen,
5. Personen, die nach ständiger Übung in ihre Stellen gewählt werden,
6. Personen, deren Arbeits-, Dienst- oder sonstiges Beschäftigungsverhältnis wegen Wehr- oder Zivildienst, Elternzeit, unbezahltem Urlaub, wegen Bezuges einer Rente auf Zeit oder bei Altersteilzeitarbeit in der Freistellungsphase (Verblockungsmodell) ruht, solange für sie eine Vertretung eingestellt ist.

(3) Als Arbeitsplätze gelten ferner nicht Stellen, die nach der Natur der Arbeit oder nach den zwischen den Parteien getroffenen Vereinbarungen nur auf die Dauer von höchstens acht Wochen besetzt sind, sowie Stellen, auf denen Beschäftigte weniger als 18 Stunden wöchentlich beschäftigt werden.

§ 157 Berechnung der Mindestzahl von Arbeitsplätzen und der Pflichtarbeitsplatzzahl (1) Bei der Berechnung der Mindestzahl von Arbeitsplätzen und der Zahl der Arbeitsplätze, auf denen schwerbehinderte Menschen zu beschäftigen sind (§ 154), zählen Stellen, auf denen Auszubildende beschäftigt werden, nicht mit. Das Gleiche gilt für Stellen, auf denen Rechts- oder Studienreferendarinnen und -referendare beschäftigt werden, die einen Rechtsanspruch auf Einstellung haben.

(2) Bei der Berechnung sich ergebende Bruchteile von 0,5 und mehr sind aufzurunden, bei Arbeitgebern mit jahresdurchschnittlich weniger als 60 Arbeitsplätzen abzurunden.

§ 158 Anrechnung Beschäftigter auf die Zahl der Pflichtarbeitsplätze für schwerbehinderte Menschen (1) Ein schwerbehinderter Mensch, der auf einem Arbeitsplatz im Sinne des § 156 Absatz 1 oder Absatz 2 Nummer 1 oder 4 beschäftigt wird, wird auf einen Pflichtarbeitsplatz für schwerbehinderte Menschen angerechnet.

(2) Ein schwerbehinderter Mensch, der in Teilzeitbeschäftigung kürzer als betriebsüblich, aber nicht weniger als 18 Stunden wöchentlich beschäftigt wird, wird auf einen Pflichtarbeitsplatz für schwerbehinderte Menschen angerechnet. Bei Herabsetzung der wöchentlichen Arbeitszeit auf weniger als 18 Stunden infolge von Altersteilzeit gilt Satz 1 entsprechend. Wird ein schwerbehinderter Mensch weniger als 18 Stunden wöchentlich beschäftigt, lässt die Bundesagentur für Arbeit die Anrechnung auf einen dieser Pflichtarbeitsplätze zu, wenn die Teilzeitbeschäftigung wegen Art oder Schwere der Behinderung notwendig ist.

(3) Ein schwerbehinderter Mensch, der im Rahmen einer Maßnahme zur Förderung des Übergangs aus der Werkstatt für behinderte Menschen auf den allgemeinen Arbeitsmarkt (§ 5 Absatz 4 Satz 1 der Werkstättenverordnung) beschäftigt wird, wird auch für diese Zeit auf die Zahl der Pflichtarbeitsplätze angerechnet.

(4) Ein schwerbehinderter Arbeitgeber wird auf einen Pflichtarbeitsplatz für schwerbehinderte Menschen angerechnet.

(5) Der Inhaber eines Bergmannsversorgungsscheins wird, auch wenn er kein schwerbehinderter oder gleichgestellter behinderter Mensch im Sinne des § 2 Absatz 2 oder 3 ist, auf einen Pflichtarbeitsplatz angerechnet.

§ 159 Mehrfachanrechnung (1) Die Bundesagentur für Arbeit kann die Anrechnung eines schwerbehinderten Menschen, besonders eines schwerbehinderten Menschen im Sinne des § 155 Absatz 1 auf mehr als einen Pflichtarbeitsplatz, höchstens drei Pflichtarbeitsplätze für schwerbehinderte Menschen zulassen, wenn dessen Teilhabe am Arbeitsleben auf besondere Schwierigkeiten stößt. Satz 1 gilt auch für schwerbehinderte Menschen im Anschluss an eine Beschäftigung in einer Werkstatt für behinderte Menschen und für teilzeitbeschäftigte schwerbehinderte Menschen im Sinne des § 158 Absatz 2.

(2) Ein schwerbehinderter Mensch, der beruflich ausgebildet wird, wird auf zwei Pflichtarbeitsplätze für schwerbehinderte Menschen angerechnet. Satz 1 gilt auch während der Zeit einer Ausbildung im Sinne des § 51 Absatz 2, die in einem Betrieb oder einer Dienststelle durchgeführt wird. Die Bundesagentur für Arbeit kann die Anrechnung auf drei Pflichtarbeitsplätze für schwerbehinderte Menschen zulassen, wenn die Vermittlung in eine berufliche Ausbildungsstelle wegen Art oder Schwere der Behinderung auf besondere Schwierigkeiten stößt. Bei Übernahme in ein Arbeits- oder Beschäftigungsverhältnis durch den ausbildenden oder einen anderen Arbeitgeber im Anschluss an eine abgeschlossene

Ausbildung wird der schwerbehinderte Mensch im ersten Jahr der Beschäftigung auf zwei Pflichtarbeitsplätze angerechnet; Absatz 1 bleibt unberührt.
(3) Bescheide über die Anrechnung eines schwerbehinderten Menschen auf mehr als drei Pflichtarbeitsplätze für schwerbehinderte Menschen, die vor dem 1. August 1986 erlassen worden sind, gelten fort.

§ 160 Ausgleichsabgabe (1) Solange Arbeitgeber die vorgeschriebene Zahl schwerbehinderter Menschen nicht beschäftigen, entrichten sie für jeden unbesetzten Pflichtarbeitsplatz für schwerbehinderte Menschen eine Ausgleichsabgabe. Die Zahlung der Ausgleichsabgabe hebt die Pflicht zur Beschäftigung schwerbehinderter Menschen nicht auf. Die Ausgleichsabgabe wird auf der Grundlage einer jahresdurchschnittlichen Beschäftigungsquote ermittelt.
(2) Die Ausgleichsabgabe beträgt je unbesetzten Pflichtarbeitsplatz
1. 125 Euro bei einer jahresdurchschnittlichen Beschäftigungsquote von 3 Prozent bis weniger als dem geltenden Pflichtsatz,
2. 220 Euro bei einer jahresdurchschnittlichen Beschäftigungsquote von 2 Prozent bis weniger als 3 Prozent,
3. 320 Euro bei einer jahresdurchschnittlichen Beschäftigungsquote von weniger als 2 Prozent.

Abweichend von Satz 1 beträgt die Ausgleichsabgabe je unbesetzten Pflichtarbeitsplatz für schwerbehinderte Menschen
1. für Arbeitgeber mit jahresdurchschnittlich weniger als 40 zu berücksichtigenden Arbeitsplätzen bei einer jahresdurchschnittlichen Beschäftigung von weniger als einem schwerbehinderten Menschen 125 Euro und
2. für Arbeitgeber mit jahresdurchschnittlich weniger als 60 zu berücksichtigenden Arbeitsplätzen bei einer jahresdurchschnittlichen Beschäftigung von weniger als zwei schwerbehinderten Menschen 125 Euro und bei einer jahresdurchschnittlichen Beschäftigung von weniger als einem schwerbehinderten Menschen 220 Euro.

(3) Die Ausgleichsabgabe erhöht sich entsprechend der Veränderung der Bezugsgröße nach § 18 Absatz 1 des Vierten Buches. Sie erhöht sich zum 1. Januar eines Kalenderjahres, wenn sich die Bezugsgröße seit der letzten Neubestimmung der Beträge der Ausgleichsabgabe um wenigstens 10 Prozent erhöht hat. Die Erhöhung der Ausgleichsabgabe erfolgt, indem der Faktor für die Veränderung der Bezugsgröße mit dem jeweiligen Betrag der Ausgleichsabgabe vervielfältigt wird. Die sich ergebenden Beträge sind auf den nächsten durch fünf teilbaren Betrag abzurunden. Das Bundesministerium für Arbeit und Soziales gibt den Erhöhungsbetrag und die sich nach Satz 3 ergebenden Beträge der Ausgleichsabgabe im Bundesanzeiger bekannt.
(4) Die Ausgleichsabgabe zahlt der Arbeitgeber jährlich zugleich mit der Erstattung der Anzeige nach § 163 Absatz 2 an das für seinen Sitz zuständige Integrationsamt. Ist ein Arbeitgeber mehr als drei Monate im Rückstand, erlässt das Integrationsamt einen Feststellungsbescheid über die rückständigen Beträge und zieht diese ein. Für rückständige Beträge der Ausgleichsabgabe erhebt das Integrationsamt nach dem 31. März Säumniszuschläge nach Maßgabe des § 24

Absatz 1 des Vierten Buches; für ihre Verwendung gilt Absatz 5 entsprechend. Das Integrationsamt kann in begründeten Ausnahmefällen von der Erhebung von Säumniszuschlägen absehen. Widerspruch und Anfechtungsklage gegen den Feststellungsbescheid haben keine aufschiebende Wirkung. Gegenüber privaten Arbeitgebern wird die Zwangsvollstreckung nach den Vorschriften über das Verwaltungszwangsverfahren durchgeführt. Bei öffentlichen Arbeitgebern wendet sich das Integrationsamt an die Aufsichtsbehörde, gegen deren Entscheidung es die Entscheidung der obersten Bundes- oder Landesbehörde anrufen kann. Die Ausgleichsabgabe wird nach Ablauf des Kalenderjahres, das auf den Eingang der Anzeige bei der Bundesagentur für Arbeit folgt, weder nachgefordert noch erstattet.

(5) Die Ausgleichsabgabe darf nur für besondere Leistungen zur Förderung der Teilhabe schwerbehinderter Menschen am Arbeitsleben einschließlich begleitender Hilfe im Arbeitsleben (§ 185 Absatz 1 Nummer 3) verwendet werden, soweit Mittel für denselben Zweck nicht von anderer Seite zu leisten sind oder geleistet werden. Aus dem Aufkommen an Ausgleichsabgabe dürfen persönliche und sächliche Kosten der Verwaltung und Kosten des Verfahrens nicht bestritten werden. Das Integrationsamt gibt dem Beratenden Ausschuss für behinderte Menschen bei dem Integrationsamt (§ 186) auf dessen Verlangen eine Übersicht über die Verwendung der Ausgleichsabgabe.

(6) Die Integrationsämter leiten den in der Rechtsverordnung nach § 162 bestimmten Prozentsatz des Aufkommens an Ausgleichsabgabe an den Ausgleichsfonds (§ 161) weiter. Zwischen den Integrationsämtern wird ein Ausgleich herbeigeführt. Der auf das einzelne Integrationsamt entfallende Anteil am Aufkommen an Ausgleichsabgabe bemisst sich nach dem Mittelwert aus dem Verhältnis der Wohnbevölkerung im Zuständigkeitsbereich des Integrationsamtes zur Wohnbevölkerung im Geltungsbereich dieses Gesetzbuches und dem Verhältnis der Zahl der im Zuständigkeitsbereich des Integrationsamtes in den Betrieben und Dienststellen beschäftigungspflichtiger Arbeitgeber auf Arbeitsplätzen im Sinne des § 156 beschäftigten und der bei den Agenturen für Arbeit arbeitslos gemeldeten schwerbehinderten und diesen gleichgestellten behinderten Menschen zur entsprechenden Zahl der schwerbehinderten und diesen gleichgestellten behinderten Menschen im Geltungsbereich dieses Gesetzbuchs.

(7) Die bei den Integrationsämtern verbleibenden Mittel der Ausgleichsabgabe werden von diesen gesondert verwaltet. Die Rechnungslegung und die formelle Einrichtung der Rechnungen und Belege regeln sich nach den Bestimmungen, die für diese Stellen allgemein maßgebend sind.

(8) Für die Verpflichtung zur Entrichtung einer Ausgleichsabgabe (Absatz 1) gelten hinsichtlich der in § 154 Absatz 2 Nummer 1 genannten Stellen der Bund und hinsichtlich der in § 154 Absatz 2 Nummer 2 genannten Stellen das Land als ein Arbeitgeber.

§ 161 Ausgleichsfonds Zur besonderen Förderung der Einstellung und Beschäftigung schwerbehinderter Menschen auf Arbeitsplätzen und zur Förderung von Einrichtungen und Maßnahmen, die den Interessen mehrerer Länder auf dem

Gebiet der Förderung der Teilhabe schwerbehinderter Menschen am Arbeitsleben dienen, ist beim Bundesministerium für Arbeit und Soziales als zweckgebundene Vermögensmasse ein Ausgleichsfonds für überregionale Vorhaben zur Teilhabe schwerbehinderter Menschen am Arbeitsleben gebildet. Das Bundesministerium für Arbeit und Soziales verwaltet den Ausgleichsfonds.

§ 162 Verordnungsermächtigungen Die Bundesregierung wird ermächtigt, durch Rechtsverordnung mit Zustimmung des Bundesrates

1. die Pflichtquote nach § 154 Absatz 1 nach dem jeweiligen Bedarf an Arbeitsplätzen für schwerbehinderte Menschen zu ändern, jedoch auf höchstens 10 Prozent zu erhöhen oder bis auf 4 Prozent herabzusetzen; dabei kann die Pflichtquote für öffentliche Arbeitgeber höher festgesetzt werden als für private Arbeitgeber,
2. nähere Vorschriften über die Verwendung der Ausgleichsabgabe nach § 160 Absatz 5 und die Gestaltung des Ausgleichsfonds nach § 161, die Verwendung der Mittel durch ihn für die Förderung der Teilhabe schwerbehinderter Menschen am Arbeitsleben und das Vergabe- und Verwaltungsverfahren des Ausgleichsfonds zu erlassen,[1]
3. in der Rechtsverordnung nach Nummer 2
   a) den Anteil des an den Ausgleichsfonds weiterzuleitenden Aufkommens an Ausgleichsabgabe entsprechend den erforderlichen Aufwendungen zur Erfüllung der Aufgaben des Ausgleichfonds und der Integrationsämter,
   b) den Ausgleich zwischen den Integrationsämtern auf Vorschlag der Länder oder einer Mehrheit der Länder abweichend von § 160 Absatz 6 Satz 3 sowie
   c) die Zuständigkeit für die Förderung von Einrichtungen nach § 30 der Schwerbehinderten-Ausgleichsabgabeverordnung abweichend von § 41 Absatz 2 Nummer 1 dieser Verordnung und von Inklusionsbetrieben und -abteilungen abweichend von § 41 Absatz 1 Nummer 3 dieser Verordnung

   zu regeln,
4. die Ausgleichsabgabe bei Arbeitgebern, die über weniger als 30 Arbeitsplätze verfügen, für einen bestimmten Zeitraum allgemein oder für einzelne Bundesländer herabzusetzen oder zu erlassen, wenn die Zahl der unbesetzten Pflichtarbeitsplätze für schwerbehinderte Menschen die Zahl der zu beschäftigenden schwerbehinderten Menschen so erheblich übersteigt, dass die Pflichtarbeitsplätze für schwerbehinderte Menschen dieser Arbeitgeber nicht in Anspruch genommen zu werden brauchen.

Kapitel 3 – Sonstige Pflichten der Arbeitgeber; Rechte der schwerbehinderten Menschen

§ 163 Zusammenwirken der Arbeitgeber mit der Bundesagentur für Arbeit und den Integrationsämtern (1) Die Arbeitgeber haben, gesondert für jeden

1 Vgl. **Schwerbehinderten-AusgleichsabgabeVO** – SchwbAV (Nr. 30 IXa).

Betrieb und jede Dienststelle, ein Verzeichnis der bei ihnen beschäftigten schwerbehinderten, ihnen gleichgestellten behinderten Menschen und sonstigen anrechnungsfähigen Personen laufend zu führen und dieses den Vertretern oder Vertreterinnen der Bundesagentur für Arbeit und des Integrationsamtes, die für den Sitz des Betriebes oder der Dienststelle zuständig sind, auf Verlangen vorzulegen.

(2) Die Arbeitgeber haben der für ihren Sitz zuständigen Agentur für Arbeit einmal jährlich bis spätestens zum 31. März für das vorangegangene Kalenderjahr, aufgegliedert nach Monaten, die Daten anzuzeigen, die zur Berechnung des Umfangs der Beschäftigungspflicht, zur Überwachung ihrer Erfüllung und der Ausgleichsabgabe notwendig sind. Der Anzeige sind das nach Absatz 1 geführte Verzeichnis sowie eine Kopie der Anzeige und des Verzeichnisses zur Weiterleitung an das für ihren Sitz zuständige Integrationsamt beizufügen. Dem Betriebs-, Personal-, Richter-, Staatsanwalts- und Präsidialrat, der Schwerbehindertenvertretung und dem Inklusionsbeauftragten des Arbeitgebers ist je eine Kopie der Anzeige und des Verzeichnisses zu übermitteln.

(3) Zeigt ein Arbeitgeber die Daten bis zum 30. Juni nicht, nicht richtig oder nicht vollständig an, erlässt die Bundesagentur für Arbeit nach Prüfung in tatsächlicher sowie in rechtlicher Hinsicht einen Feststellungsbescheid über die zur Berechnung der Zahl der Pflichtarbeitsplätze für schwerbehinderte Menschen und der besetzten Arbeitsplätze notwendigen Daten.

(4) Die Arbeitgeber, die Arbeitsplätze für schwerbehinderte Menschen nicht zur Verfügung zu stellen haben, haben die Anzeige nur nach Aufforderung durch die Bundesagentur für Arbeit im Rahmen einer repräsentativen Teilerhebung zu erstatten, die mit dem Ziel der Erfassung der in Absatz 1 genannten Personengruppen, aufgegliedert nach Bundesländern, alle fünf Jahre durchgeführt wird.

(5) Die Arbeitgeber haben der Bundesagentur für Arbeit und dem Integrationsamt auf Verlangen die Auskünfte zu erteilen, die zur Durchführung der besonderen Regelungen zur Teilhabe schwerbehinderter und ihnen gleichgestellter behinderter Menschen am Arbeitsleben notwendig sind.

(6) Für das Verzeichnis und die Anzeige des Arbeitgebers sind die mit der Bundesarbeitsgemeinschaft der Integrationsämter und Hauptfürsorgestellen, abgestimmten Vordrucke der Bundesagentur für Arbeit zu verwenden. Die Bundesagentur für Arbeit soll zur Durchführung des Anzeigeverfahrens in Abstimmung mit der Bundesarbeitsgemeinschaft ein elektronisches Übermittlungsverfahren zulassen.

(7) Die Arbeitgeber haben den Beauftragten der Bundesagentur für Arbeit und des Integrationsamtes auf Verlangen Einblick in ihren Betrieb oder ihre Dienststelle zu geben, soweit es im Interesse der schwerbehinderten Menschen erforderlich ist und Betriebs- oder Dienstgeheimnisse nicht gefährdet werden.

(8) Die Arbeitgeber haben die Vertrauenspersonen der schwerbehinderten Menschen (§ 177 Absatz 1 Satz 1 bis 3 und § 180 Absatz 1 bis 5) unverzüglich nach der Wahl und ihren Inklusionsbeauftragten für die Angelegenheiten der schwerbehinderten Menschen (§ 181 Satz 1) unverzüglich nach der Bestellung

der für den Sitz des Betriebes oder der Dienststelle zuständigen Agentur für Arbeit und dem Integrationsamt zu benennen.

§ 164 Pflichten des Arbeitgebers und Rechte schwerbehinderter Menschen
(1) Die Arbeitgeber sind verpflichtet zu prüfen, ob freie Arbeitsplätze mit schwerbehinderten Menschen, insbesondere mit bei der Agentur für Arbeit arbeitslos oder arbeitsuchend gemeldeten schwerbehinderten Menschen, besetzt werden können. Sie nehmen frühzeitig Verbindung mit der Agentur für Arbeit auf. Die Bundesagentur für Arbeit oder ein Integrationsfachdienst schlägt den Arbeitgebern geeignete schwerbehinderte Menschen vor. Über die Vermittlungsvorschläge und vorliegende Bewerbungen von schwerbehinderten Menschen haben die Arbeitgeber die Schwerbehindertenvertretung und die in § 176 genannten Vertretungen unmittelbar nach Eingang zu unterrichten. Bei Bewerbungen schwerbehinderter Richterinnen und Richter wird der Präsidialrat unterrichtet und gehört, soweit dieser an der Ernennung zu beteiligen ist. Bei der Prüfung nach Satz 1 beteiligen die Arbeitgeber die Schwerbehindertenvertretung nach § 178 Absatz 2 und hören die in § 176 genannten Vertretungen an. Erfüllt der Arbeitgeber seine Beschäftigungspflicht nicht und ist die Schwerbehindertenvertretung oder eine in § 176 genannte Vertretung mit der beabsichtigten Entscheidung des Arbeitgebers nicht einverstanden, ist diese unter Darlegung der Gründe mit ihnen zu erörtern. Dabei wird der betroffene schwerbehinderte Mensch angehört. Alle Beteiligten sind vom Arbeitgeber über die getroffene Entscheidung unter Darlegung der Gründe unverzüglich zu unterrichten. Bei Bewerbungen schwerbehinderter Menschen ist die Schwerbehindertenvertretung nicht zu beteiligen, wenn der schwerbehinderte Mensch die Beteiligung der Schwerbehindertenvertretung ausdrücklich ablehnt.
(2) Arbeitgeber dürfen schwerbehinderte Beschäftigte nicht wegen ihrer Behinderung benachteiligen. Im Einzelnen gelten hierzu die Regelungen des Allgemeinen Gleichbehandlungsgesetzes.
(3) Die Arbeitgeber stellen durch geeignete Maßnahmen sicher, dass in ihren Betrieben und Dienststellen wenigstens die vorgeschriebene Zahl schwerbehinderter Menschen eine möglichst dauerhafte behinderungsgerechte Beschäftigung finden kann. Absatz 4 Sätze 2 und 3 gelten entsprechend.
(4) Die schwerbehinderten Menschen haben gegenüber ihren Arbeitgebern Anspruch auf
1. Beschäftigung, bei der sie ihre Fähigkeiten und Kenntnisse möglichst voll verwerten und weiterentwickeln können,
2. bevorzugte Berücksichtigung bei innerbetrieblichen Maßnahmen der beruflichen Bildung zur Förderung ihres beruflichen Fortkommens,
3. Erleichterungen im zumutbaren Umfang zur Teilnahme an außerbetrieblichen Maßnahmen der beruflichen Bildung,
4. behinderungsgerechte Einrichtung und Unterhaltung der Arbeitsstätten einschließlich der Betriebsanlagen, Maschinen und Geräte sowie der Gestaltung der Arbeitsplätze, des Arbeitsumfeldes, der Arbeitsorganisation und der Arbeitszeit, unter besonderer Berücksichtigung der Unfallgefahr,

5. Ausstattung ihres Arbeitsplatzes mit den erforderlichen technischen Arbeitshilfen

unter Berücksichtigung der Behinderung und ihrer Auswirkungen auf die Beschäftigung. Bei der Durchführung der Maßnahmen nach den Nummern 1, 4 und 5 unterstützen die Bundesagentur für Arbeit und die Integrationsämter die Arbeitgeber unter Berücksichtigung der für die Beschäftigung wesentlichen Eigenschaften der schwerbehinderten Menschen. Ein Anspruch nach Satz 1 besteht nicht, soweit seine Erfüllung für den Arbeitgeber nicht zumutbar oder mit unverhältnismäßigen Aufwendungen verbunden wäre oder soweit die staatlichen oder berufsgenossenschaftlichen Arbeitsschutzvorschriften oder beamtenrechtliche Vorschriften entgegenstehen.

(5) Die Arbeitgeber fördern die Einrichtung von Teilzeitarbeitsplätzen. Sie werden dabei von den Integrationsämtern unterstützt. Schwerbehinderte Menschen haben einen Anspruch auf Teilzeitbeschäftigung, wenn die kürzere Arbeitszeit wegen Art oder Schwere der Behinderung notwendig ist; Absatz 4 Satz 3 gilt entsprechend.

§ 165 Besondere Pflichten der öffentlichen Arbeitgeber Die Dienststellen der öffentlichen Arbeitgeber melden den Agenturen für Arbeit frühzeitig nach einer erfolglosen Prüfung zur internen Besetzung des Arbeitsplatzes frei werdende und neu zu besetzende sowie neue Arbeitsplätze (§ 156). Mit dieser Meldung gilt die Zustimmung zur Veröffentlichung der Stellenangebote als erteilt. Haben schwerbehinderte Menschen sich um einen solchen Arbeitsplatz beworben oder sind sie von der Bundesagentur für Arbeit oder einem von dieser beauftragten Integrationsfachdienst vorgeschlagen worden, werden sie zu einem Vorstellungsgespräch eingeladen. Eine Einladung ist entbehrlich, wenn die fachliche Eignung offensichtlich fehlt. Einer Inklusionsvereinbarung nach § 166 bedarf es nicht, wenn für die Dienststellen dem § 166 entsprechende Regelungen bereits bestehen und durchgeführt werden.

§ 166 Inklusionsvereinbarung (1) Die Arbeitgeber treffen mit der Schwerbehindertenvertretung und den in § 176 genannten Vertretungen in Zusammenarbeit mit dem Inklusionsbeauftragten des Arbeitgebers (§ 181) eine verbindliche Inklusionsvereinbarung. Auf Antrag der Schwerbehindertenvertretung wird unter Beteiligung der in § 176 genannten Vertretungen hierüber verhandelt. Ist eine Schwerbehindertenvertretung nicht vorhanden, steht das Antragsrecht den in § 176 genannten Vertretungen zu. Der Arbeitgeber oder die Schwerbehindertenvertretung können das Integrationsamt einladen, sich an den Verhandlungen über die Inklusionsvereinbarung zu beteiligen. Das Integrationsamt soll dabei insbesondere darauf hinwirken, dass unterschiedliche Auffassungen überwunden werden. Der Agentur für Arbeit und dem Integrationsamt, die für den Sitz des Arbeitgebers zuständig sind, wird die Vereinbarung übermittelt.

(2) Die Vereinbarung enthält Regelungen im Zusammenhang mit der Eingliederung schwerbehinderter Menschen, insbesondere zur Personalplanung, Ar-

beitsplatzgestaltung, Gestaltung des Arbeitsumfelds, Arbeitsorganisation, Arbeitszeit sowie Regelungen über die Durchführung in den Betrieben und Dienststellen. Dabei ist die gleichberechtigte Teilhabe schwerbehinderter Menschen am Arbeitsleben bei der Gestaltung von Arbeitsprozessen und Rahmenbedingungen von Anfang an zu berücksichtigen. Bei der Personalplanung werden besondere Regelungen zur Beschäftigung eines angemessenen Anteils von schwerbehinderten Frauen vorgesehen.

(3) In der Vereinbarung können insbesondere auch Regelungen getroffen werden

1. zur angemessenen Berücksichtigung schwerbehinderter Menschen bei der Besetzung freier, frei werdender oder neuer Stellen,
2. zu einer anzustrebenden Beschäftigungsquote, einschließlich eines angemessenen Anteils schwerbehinderter Frauen,
3. zu Teilzeitarbeit,
4. zur Ausbildung behinderter Jugendlicher,
5. zur Durchführung der betrieblichen Prävention (betriebliches Eingliederungsmanagement) und zur Gesundheitsförderung
6. über die Hinzuziehung des Werks- oder Betriebsarztes auch für Beratungen über Leistungen zur Teilhabe sowie über besondere Hilfen im Arbeitsleben.

(4) In den Versammlungen schwerbehinderter Menschen berichtet der Arbeitgeber über alle Angelegenheiten im Zusammenhang mit der Eingliederung schwerbehinderter Menschen.

§ 167 Prävention (1) Der Arbeitgeber schaltet bei Eintreten von personen-, verhaltens- oder betriebsbedingten Schwierigkeiten im Arbeits- oder sonstigen Beschäftigungsverhältnis, die zur Gefährdung dieses Verhältnisses führen können, möglichst frühzeitig die Schwerbehindertenvertretung und die in § 176 genannten Vertretungen sowie das Integrationsamt ein, um mit ihnen alle Möglichkeiten und alle zur Verfügung stehenden Hilfen zur Beratung und mögliche finanzielle Leistungen zu erörtern, mit denen die Schwierigkeiten beseitigt werden können und das Arbeits- oder sonstige Beschäftigungsverhältnis möglichst dauerhaft fortgesetzt werden kann.

(2) Sind Beschäftigte innerhalb eines Jahres länger als sechs Wochen ununterbrochen oder wiederholt arbeitsunfähig, klärt der Arbeitgeber mit der zuständigen Interessenvertretung im Sinne des § 176, bei schwerbehinderten Menschen außerdem mit der Schwerbehindertenvertretung, mit Zustimmung und Beteiligung der betroffenen Person die Möglichkeiten, wie die Arbeitsunfähigkeit möglichst überwunden werden und mit welchen Leistungen oder Hilfen erneuter Arbeitsunfähigkeit vorgebeugt und der Arbeitsplatz erhalten werden kann (betriebliches Eingliederungsmanagement). Soweit erforderlich wird der Werks- oder Betriebsarzt hinzugezogen. Die betroffene Person oder ihr gesetzlicher Vertreter ist zuvor auf die Ziele des betrieblichen Eingliederungsmanagements sowie auf Art und Umfang der hierfür erhobenen und verwendeten Daten hinzuweisen. Kommen Leistungen zur Teilhabe oder begleitende Hilfen im Arbeitsleben in Betracht, werden vom Arbeitgeber die

Rehabilitationsträger oder bei schwerbehinderten Beschäftigten das Integrationsamt hinzugezogen. Diese wirken darauf hin, dass die erforderlichen Leistungen oder Hilfen unverzüglich beantragt und innerhalb der Frist des § 14 Absatz 2 Satz 2 erbracht werden. Die zuständige Interessenvertretung im Sinne des § 176, bei schwerbehinderten Menschen außerdem die Schwerbehindertenvertretung, können die Klärung verlangen. Sie wachen darüber, dass der Arbeitgeber die ihm nach dieser Vorschrift obliegenden Verpflichtungen erfüllt.
(3) Die Rehabilitationsträger und die Integrationsämter können Arbeitgeber, die ein betriebliches Eingliederungsmanagement einführen, durch Prämien oder einen Bonus fördern.

Kapitel 4 – Kündigungsschutz

§ 168 Erfordernis der Zustimmung Die Kündigung des Arbeitsverhältnisses eines schwerbehinderten Menschen durch den Arbeitgeber bedarf der vorherigen Zustimmung des Integrationsamtes.

§ 169 Kündigungsfrist Die Kündigungsfrist beträgt mindestens vier Wochen.

§ 170 Antragsverfahren (1) Die Zustimmung zur Kündigung beantragt der Arbeitgeber bei dem für den Sitz des Betriebes oder der Dienststelle zuständigen Integrationsamt schriftlich oder elektronisch. Der Begriff des Betriebes und der Begriff der Dienststelle im Sinne dieses Teils bestimmen sich nach dem Betriebsverfassungsgesetz und dem Personalvertretungsrecht.
(2) Das Integrationsamt holt eine Stellungnahme des Betriebsrates oder Personalrates und der Schwerbehindertenvertretung ein und hört den schwerbehinderten Menschen an.
(3) Das Integrationsamt wirkt in jeder Lage des Verfahrens auf eine gütliche Einigung hin.

§ 171 Entscheidung des Integrationsamtes (1) Das Integrationsamt soll die Entscheidung, falls erforderlich auf Grund mündlicher Verhandlung, innerhalb eines Monats vom Tage des Eingangs des Antrages an treffen.
(2) Die Entscheidung wird dem Arbeitgeber und dem schwerbehinderten Menschen zugestellt. Der Bundesagentur für Arbeit wird eine Abschrift der Entscheidung übersandt.
(3) Erteilt das Integrationsamt die Zustimmung zur Kündigung, kann der Arbeitgeber die Kündigung nur innerhalb eines Monats nach Zustellung erklären.
(4) Widerspruch und Anfechtungsklage gegen die Zustimmung des Integrationsamtes zur Kündigung haben keine aufschiebende Wirkung.
(5) In den Fällen des § 172 Absatz 1 Satz 1 und Absatz 3 gilt Absatz 1 mit der Maßgabe, dass die Entscheidung innerhalb eines Monats vom Tage des Ein-

gangs des Antrages an zu treffen ist. Wird innerhalb dieser Frist eine Entscheidung nicht getroffen, gilt die Zustimmung als erteilt. Die Absätze 3 und 4 gelten entsprechend.

§ 172 Einschränkungen der Ermessensentscheidung (1) Das Integrationsamt erteilt die Zustimmung bei Kündigungen in Betrieben und Dienststellen, die nicht nur vorübergehend eingestellt oder aufgelöst werden, wenn zwischen dem Tage der Kündigung und dem Tage, bis zu dem Gehalt oder Lohn gezahlt wird, mindestens drei Monate liegen. Unter der gleichen Voraussetzung soll es die Zustimmung auch bei Kündigungen in Betrieben und Dienststellen erteilen, die nicht nur vorübergehend wesentlich eingeschränkt werden, wenn die Gesamtzahl der weiterhin beschäftigten schwerbehinderten Menschen zur Erfüllung der Beschäftigungspflicht nach § 154 ausreicht. Die Sätze 1 und 2 gelten nicht, wenn eine Weiterbeschäftigung auf einem anderen Arbeitsplatz desselben Betriebes oder derselben Dienststelle oder auf einem freien Arbeitsplatz in einem anderen Betrieb oder einer anderen Dienststelle desselben Arbeitgebers mit Einverständnis des schwerbehinderten Menschen möglich und für den Arbeitgeber zumutbar ist.
(2) Das Integrationsamt soll die Zustimmung erteilen, wenn dem schwerbehinderten Menschen ein anderer angemessener und zumutbarer Arbeitsplatz gesichert ist.
(3) Ist das Insolvenzverfahren über das Vermögen des Arbeitgebers eröffnet, soll das Integrationsamt die Zustimmung erteilen, wenn

1. der schwerbehinderte Mensch in einem Interessenausgleich namentlich als einer der zu entlassenden Arbeitnehmer bezeichnet ist (§ 125 der Insolvenzordnung),
2. die Schwerbehindertenvertretung beim Zustandekommen des Interessenausgleichs gemäß § 178 Absatz 2 beteiligt worden ist,
3. der Anteil der nach dem Interessenausgleich zu entlassenden schwerbehinderten Menschen an der Zahl der beschäftigten schwerbehinderten Menschen nicht größer ist als der Anteil der zu entlassenden übrigen Arbeitnehmer an der Zahl der beschäftigten übrigen Arbeitnehmer und
4. die Gesamtzahl der schwerbehinderten Menschen, die nach dem Interessenausgleich bei dem Arbeitgeber verbleiben sollen, zur Erfüllung der Beschäftigungspflicht nach § 154 ausreicht.

§ 173 Ausnahmen (1) Die Vorschriften dieses Kapitels gelten nicht für schwerbehinderte Menschen,

1. deren Arbeitsverhältnis zum Zeitpunkt des Zugangs der Kündigungserklärung ohne Unterbrechung noch nicht länger als sechs Monate besteht oder
2. die auf Stellen im Sinne des § 156 Absatz 2 Nummer 2 bis 5 beschäftigt werden oder
3. deren Arbeitsverhältnis durch Kündigung beendet wird, sofern sie
   a) das 58. Lebensjahr vollendet haben und Anspruch auf eine Abfindung,

Entschädigung oder ähnliche Leistung auf Grund eines Sozialplanes haben oder

b) Anspruch auf Knappschaftsausgleichsleistung nach dem Sechsten Buch oder auf Anpassungsgeld für entlassene Arbeitnehmer des Bergbaus haben,

Satz 1 Nummer 3 (Buchstabe a und b) finden Anwendung, wenn der Arbeitgeber ihnen die Kündigungsabsicht rechtzeitig mitgeteilt hat und sie der beabsichtigten Kündigung bis zu deren Ausspruch nicht widersprechen.

(2) Die Vorschriften dieses Kapitels finden ferner bei Entlassungen, die aus Witterungsgründen vorgenommen werden, keine Anwendung, sofern die Wiedereinstellung der schwerbehinderten Menschen bei Wiederaufnahme der Arbeit gewährleistet ist.

(3) Die Vorschriften dieses Kapitels finden ferner keine Anwendung, wenn zum Zeitpunkt der Kündigung die Eigenschaft als schwerbehinderter Mensch nicht nachgewiesen ist oder das Versorgungsamt nach Ablauf der Frist des § 152 Absatz 1 Satz 3 eine Feststellung wegen fehlender Mitwirkung nicht treffen konnte.

(4) Der Arbeitgeber zeigt Einstellungen auf Probe und die Beendigung von Arbeitsverhältnissen schwerbehinderter Menschen in den Fällen des Absatzes 1 Nummer 1 unabhängig von der Anzeigepflicht nach anderen Gesetzen dem Integrationsamt innerhalb von vier Tagen an.

§ 174 Außerordentliche Kündigung (1) Die Vorschriften dieses Kapitels gelten mit Ausnahme von § 169 auch bei außerordentlicher Kündigung, soweit sich aus den folgenden Bestimmungen nichts Abweichendes ergibt.

(2) Die Zustimmung zur Kündigung kann nur innerhalb von zwei Wochen beantragt werden; maßgebend ist der Eingang des Antrages bei dem Integrationsamt. Die Frist beginnt mit dem Zeitpunkt, in dem der Arbeitgeber von den für die Kündigung maßgebenden Tatsachen Kenntnis erlangt.

(3) Das Integrationsamt trifft die Entscheidung innerhalb von zwei Wochen vom Tage des Eingangs des Antrages an. Wird innerhalb dieser Frist eine Entscheidung nicht getroffen, gilt die Zustimmung als erteilt.

(4) Das Integrationsamt soll die Zustimmung erteilen, wenn die Kündigung aus einem Grunde erfolgt, der nicht im Zusammenhang mit der Behinderung steht.

(5) Die Kündigung kann auch nach Ablauf der Frist des § 626 Absatz 2 Satz 1 des Bürgerlichen Gesetzbuchs erfolgen, wenn sie unverzüglich nach Erteilung der Zustimmung erklärt wird.

(6) Schwerbehinderte Menschen, denen lediglich aus Anlass eines Streiks oder einer Aussperrung fristlos gekündigt worden ist, werden nach Beendigung des Streiks oder der Aussperrung wieder eingestellt.

§ 175 Erweiterter Beendigungsschutz Die Beendigung des Arbeitsverhältnisses eines schwerbehinderten Menschen bedarf auch dann der vorherigen Zustimmung des Integrationsamtes, wenn sie im Falle des Eintritts einer teilweisen

Erwerbsminderung, der Erwerbsminderung auf Zeit, der Berufsunfähigkeit oder der Erwerbsunfähigkeit auf Zeit ohne Kündigung erfolgt. Die Vorschriften dieses Kapitels über die Zustimmung zur ordentlichen Kündigung gelten entsprechend.

Kapitel 5 – Betriebs-, Personal-, Richter-, Staatsanwalts- und Präsidialrat, Schwerbehindertenvertretung, Inklusionsbeauftragter des Arbeitgebers

§ 176 Aufgaben des Betriebs-, Personal-, Richter-, Staatsanwalts- und Präsidialrates Betriebs-, Personal-, Richter-, Staatsanwalts- und Präsidialrat fördern die Eingliederung schwerbehinderter Menschen. Sie achten insbesondere darauf, dass die dem Arbeitgeber nach den §§ 154, 155 und 164 bis 167 obliegenden Verpflichtungen erfüllt werden; sie wirken auf die Wahl der Schwerbehindertenvertretung hin.

§ 177 Wahl und Amtszeit der Schwerbehindertenvertretung (1) In Betrieben und Dienststellen, in denen wenigstens fünf schwerbehinderte Menschen nicht nur vorübergehend beschäftigt sind, werden eine Vertrauensperson und wenigstens ein stellvertretendes Mitglied gewählt, das die Vertrauensperson im Falle der Verhinderung vertritt. Ferner wählen bei Gerichten, denen mindestens fünf schwerbehinderte Richter oder Richterinnen angehören, diese einen Richter oder eine Richterin zu ihrer Schwerbehindertenvertretung. Satz 2 gilt entsprechend für Staatsanwälte oder Staatsanwältinnen, soweit für sie eine besondere Personalvertretung gebildet wird. Betriebe oder Dienststellen, die die Voraussetzungen des Satzes 1 nicht erfüllen, können für die Wahl mit räumlich nahe liegenden Betrieben des Arbeitgebers oder gleichstufigen Dienststellen derselben Verwaltung zusammengefasst werden; soweit erforderlich, können Gerichte unterschiedlicher Gerichtszweige und Stufen zusammengefasst werden. Über die Zusammenfassung entscheidet der Arbeitgeber im Benehmen mit dem für den Sitz der Betriebe oder Dienststellen einschließlich Gerichten zuständigen Integrationsamt.
(2) Wahlberechtigt sind alle in dem Betrieb oder der Dienststelle beschäftigten schwerbehinderten Menschen.
(3) Wählbar sind alle in dem Betrieb oder der Dienststelle nicht nur vorübergehend Beschäftigten, die am Wahltage das 18. Lebensjahr vollendet haben und dem Betrieb oder der Dienststelle seit sechs Monaten angehören; besteht der Betrieb oder die Dienststelle weniger als ein Jahr, so bedarf es für die Wählbarkeit nicht der sechsmonatigen Zugehörigkeit. Nicht wählbar ist, wer kraft Gesetzes dem Betriebs-, Personal-, Richter-, Staatsanwalts- oder Präsidialrat nicht angehören kann.
(4) In Dienststellen der Bundeswehr sind auch schwerbehinderte Soldatinnen und Soldaten wahlberechtigt und auch Soldatinnen und Soldaten wählbar.

(5) Die regelmäßigen Wahlen finden alle vier Jahre in der Zeit vom 1. Oktober bis 30. November statt. Außerhalb dieser Zeit finden Wahlen statt, wenn

1. das Amt der Schwerbehindertenvertretung vorzeitig erlischt und ein stellvertretendes Mitglied nicht nachrückt,
2. die Wahl mit Erfolg angefochten worden ist oder
3. eine Schwerbehindertenvertretung noch nicht gewählt ist.

Hat außerhalb des für die regelmäßigen Wahlen festgelegten Zeitraumes eine Wahl der Schwerbehindertenvertretung stattgefunden, wird die Schwerbehindertenvertretung in dem auf die Wahl folgenden nächsten Zeitraum der regelmäßigen Wahlen neu gewählt. Hat die Amtszeit der Schwerbehindertenvertretung zum Beginn des für die regelmäßigen Wahlen festgelegten Zeitraums noch nicht ein Jahr betragen, wird die Schwerbehindertenvertretung im übernächsten Zeitraum für regelmäßige Wahlen neu gewählt.

(6) Die Vertrauensperson und das stellvertretende Mitglied werden in geheimer und unmittelbarer Wahl nach den Grundsätzen der Mehrheitswahl gewählt. Im Übrigen sind die Vorschriften über die Wahlanfechtung, den Wahlschutz und die Wahlkosten bei der Wahl des Betriebs-, Personal-, Richter-, Staatsanwalts- oder Präsidialrates sinngemäß anzuwenden. In Betrieben und Dienststellen mit weniger als 50 wahlberechtigten schwerbehinderten Menschen wird die Vertrauensperson und das stellvertretende Mitglied im vereinfachten Wahlverfahren gewählt, sofern der Betrieb oder die Dienststelle nicht aus räumlich weit auseinander liegenden Teilen besteht. Ist in einem Betrieb oder einer Dienststelle eine Schwerbehindertenvertretung nicht gewählt, so kann das für den Betrieb oder die Dienststelle zuständige Integrationsamt zu einer Versammlung schwerbehinderter Menschen zum Zwecke der Wahl eines Wahlvorstandes einladen.

(7) Die Amtszeit der Schwerbehindertenvertretung beträgt vier Jahre. Sie beginnt mit der Bekanntgabe des Wahlergebnisses oder, wenn die Amtszeit der bisherigen Schwerbehindertenvertretung noch nicht beendet ist, mit deren Ablauf. Das Amt erlischt vorzeitig, wenn die Vertrauensperson es niederlegt, aus dem Arbeits-, Dienst- oder Richterverhältnis ausscheidet oder die Wählbarkeit verliert. Scheidet die Vertrauensperson vorzeitig aus dem Amt aus, rückt das mit der höchsten Stimmenzahl gewählte stellvertretende Mitglied für den Rest der Amtszeit nach; dies gilt für das stellvertretende Mitglied entsprechend. Auf Antrag eines Viertels der wahlberechtigten schwerbehinderten Menschen kann der Widerspruchsausschuss bei dem Integrationsamt (§ 202) das Erlöschen des Amtes einer Vertrauensperson wegen grober Verletzung ihrer Pflichten beschließen.

(8) In Betrieben gilt § 21 a des Betriebsverfassungsgesetzes entsprechend.

§ 178 Aufgaben der Schwerbehindertenvertretung (1) Die Schwerbehindertenvertretung fördert die Eingliederung schwerbehinderter Menschen in den Betrieb oder die Dienststelle, vertritt ihre Interessen in dem Betrieb oder der Dienststelle und steht ihnen beratend und helfend zur Seite. Sie erfüllt ihre Aufgaben insbesondere dadurch, dass sie

1. darüber wacht, dass die zugunsten schwerbehinderter Menschen geltenden Gesetze, Verordnungen, Tarifverträge, Betriebs- oder Dienstvereinbarungen und Verwaltungsanordnungen durchgeführt, insbesondere auch die dem Arbeitgeber nach den §§ 154, 155 und 164 bis 167 obliegenden Verpflichtungen erfüllt werden,
2. Maßnahmen, die den schwerbehinderten Menschen dienen, insbesondere auch präventive Maßnahmen, bei den zuständigen Stellen beantragt,
3. Anregungen und Beschwerden von schwerbehinderten Menschen entgegennimmt und, falls sie berechtigt erscheinen, durch Verhandlung mit dem Arbeitgeber auf eine Erledigung hinwirkt; sie unterrichtet die schwerbehinderten Menschen über den Stand und das Ergebnis der Verhandlungen.

Die Schwerbehindertenvertretung unterstützt Beschäftigte auch bei Anträgen an die nach § 152 Absatz 1 zuständigen Behörden auf Feststellung einer Behinderung, ihres Grades und einer Schwerbehinderung sowie bei Anträgen auf Gleichstellung an die Agentur für Arbeit. In Betrieben und Dienststellen mit in der Regel mehr als 100 beschäftigten schwerbehinderten Menschen kann sie nach Unterrichtung des Arbeitgebers das mit der höchsten Stimmenzahl gewählte stellvertretende Mitglied zu bestimmten Aufgaben heranziehen. Ab jeweils 100 weiteren beschäftigten schwerbehinderten Menschen kann jeweils auch das mit der nächsthöheren Stimmenzahl gewählte Mitglied herangezogen werden. Die Heranziehung zu bestimmten Aufgaben schließt die Abstimmung untereinander ein.

(2) Der Arbeitgeber hat die Schwerbehindertenvertretung in allen Angelegenheiten, die einen einzelnen oder die schwerbehinderten Menschen als Gruppe berühren, unverzüglich und umfassend zu unterrichten und vor einer Entscheidung anzuhören; er hat ihr die getroffene Entscheidung unverzüglich mitzuteilen. Die Durchführung oder Vollziehung einer ohne Beteiligung nach Satz 1 getroffenen Entscheidung ist auszusetzen, die Beteiligung ist innerhalb von sieben Tagen nachzuholen; sodann ist endgültig zu entscheiden. Die Kündigung eines schwerbehinderten Menschen, die der Arbeitgeber ohne eine Beteiligung nach Satz 1 ausspricht, ist unwirksam. Die Schwerbehindertenvertretung hat das Recht auf Beteiligung am Verfahren nach § 164 Absatz 1 und beim Vorliegen von Vermittlungsvorschlägen der Bundesagentur für Arbeit nach § 164 Absatz 1 oder von Bewerbungen schwerbehinderter Menschen das Recht auf Einsicht in die entscheidungsrelevanten Teile der Bewerbungsunterlagen und Teilnahme an Vorstellungsgesprächen.

(3) Der schwerbehinderte Mensch hat das Recht, bei Einsicht in die über ihn geführte Personalakte oder ihn betreffende Daten des Arbeitgebers die Schwerbehindertenvertretung hinzuzuziehen. Die Schwerbehindertenvertretung bewahrt über den Inhalt der Daten Stillschweigen, soweit sie der schwerbehinderte Mensch nicht von dieser Verpflichtung entbunden hat.

(4) Die Schwerbehindertenvertretung hat das Recht, an allen Sitzungen des Betriebs-, Personal-, Richter-, Staatsanwalts- oder Präsidialrates und deren Ausschüssen sowie des Arbeitsschutzausschusses beratend teilzunehmen; sie kann beantragen, Angelegenheiten, die einzelne oder die schwerbehinderten Men-

schen als Gruppe besonders betreffen, auf die Tagesordnung der nächsten Sitzung zu setzen. Erachtet sie einen Beschluss des Betriebs-, Personal-, Richter-, Staatsanwalts- oder Präsidialrates als eine erhebliche Beeinträchtigung wichtiger Interessen schwerbehinderter Menschen oder ist sie entgegen Absatz 2 Satz 1 nicht beteiligt worden, wird auf ihren Antrag der Beschluss für die Dauer von einer Woche vom Zeitpunkt der Beschlussfassung an ausgesetzt; die Vorschriften des Betriebsverfassungsgesetzes und des Personalvertretungsrechtes über die Aussetzung von Beschlüssen gelten entsprechend. Durch die Aussetzung wird eine Frist nicht verlängert. In den Fällen des § 21 e Abs. 1 und 3 des Gerichtsverfassungsgesetzes ist die Schwerbehindertenvertretung, außer in Eilfällen, auf Antrag einer betroffenen schwerbehinderten Richterin oder eines schwerbehinderten Richters vor dem Präsidium des Gerichtes zu hören.

(5) Die Schwerbehindertenvertretung wird zu Besprechungen nach § 74 Absatz 1 des Betriebsverfassungsgesetzes, § 66 Absatz 1 des Bundespersonalvertretungsgesetzes sowie den entsprechenden Vorschriften des sonstigen Personalvertretungsrechtes zwischen dem Arbeitgeber und den in Absatz 4 genannten Vertretungen hinzugezogen.

(6) Die Schwerbehindertenvertretung hat das Recht, mindestens einmal im Kalenderjahr eine Versammlung schwerbehinderter Menschen im Betrieb oder in der Dienststelle durchzuführen. Die für Betriebs- und Personalversammlungen geltenden Vorschriften finden entsprechende Anwendung.

(7) Sind in einer Angelegenheit sowohl die Schwerbehindertenvertretung der Richter und Richterinnen als auch die Schwerbehindertenvertretung der übrigen Bediensteten beteiligt, so handeln sie gemeinsam.

(8) Die Schwerbehindertenvertretung kann an Betriebs- und Personalversammlungen in Betrieben und Dienststellen teilnehmen, für die sie als Schwerbehindertenvertretung zuständig ist, und hat dort ein Rederecht, auch wenn die Mitglieder der Schwerbehindertenvertretung nicht Angehörige des Betriebes oder der Dienststelle sind.

§ 179 Persönliche Rechte und Pflichten der Vertrauenspersonen der schwerbehinderten Menschen (1) Die Vertrauenspersonen führen ihr Amt unentgeltlich als Ehrenamt.

(2) Die Vertrauenspersonen dürfen in der Ausübung ihres Amtes nicht behindert oder wegen ihres Amtes nicht benachteiligt oder begünstigt werden; dies gilt auch für ihre berufliche Entwicklung.

(3) Die Vertrauenspersonen besitzen gegenüber dem Arbeitgeber die gleiche persönliche Rechtsstellung, insbesondere den gleichen Kündigungs-, Versetzungs- und Abordnungsschutz wie ein Mitglied des Betriebs-, Personal-, Staatsanwalts- oder Richterrates. Das stellvertretende Mitglied besitzt während der Dauer der Vertretung und der Heranziehung nach § 178 Absatz 1 Sätze 4 und 5 die gleiche persönliche Rechtsstellung wie die Vertrauensperson, im Übrigen die gleiche Rechtsstellung wie Ersatzmitglieder der in Satz 1 genannten Vertretungen.

(4) Die Vertrauenspersonen werden von ihrer beruflichen Tätigkeit ohne Min-

derung des Arbeitsentgelts oder der Dienstbezüge befreit, wenn und soweit es zur Durchführung ihrer Aufgaben erforderlich ist. Sind in den Betrieben und Dienststellen in der Regel wenigstens 100 schwerbehinderte Menschen beschäftigt, wird die Vertrauensperson auf ihren Wunsch freigestellt; weiter gehende Vereinbarungen sind zulässig. Satz 1 gilt entsprechend für die Teilnahme der Vertrauensperson und des mit der höchsten Stimmenzahl gewählten stellvertretenden Mitglieds sowie in den Fällen des § 178 Absatz 1 Satz 5 auch des jeweils mit der nächsthöheren Stimmenzahl gewählten weiteren stellvertretenden Mitglieds an Schulungs- und Bildungsveranstaltungen, soweit diese Kenntnisse vermitteln, die für die Arbeit der Schwerbehindertenvertretung erforderlich sind.

(5) Freigestellte Vertrauenspersonen dürfen von inner- oder außerbetrieblichen Maßnahmen der Berufsförderung nicht ausgeschlossen werden. Innerhalb eines Jahres nach Beendigung ihrer Freistellung ist ihnen im Rahmen der Möglichkeiten des Betriebes oder der Dienststelle Gelegenheit zu geben, eine wegen der Freistellung unterbliebene berufliche Entwicklung in dem Betrieb oder der Dienststelle nachzuholen. Für Vertrauenspersonen, die drei volle aufeinander folgende Amtszeiten freigestellt waren, erhöht sich der genannte Zeitraum auf zwei Jahre.

(6) Zum Ausgleich für ihre Tätigkeit, die aus betriebsbedingten oder dienstlichen Gründen außerhalb der Arbeitszeit durchzuführen ist, haben die Vertrauenspersonen Anspruch auf entsprechende Arbeits- oder Dienstbefreiung unter Fortzahlung des Arbeitsentgelts oder der Dienstbezüge.

(7) Die Vertrauenspersonen sind verpflichtet,

1. ihnen wegen ihres Amtes anvertraute oder sonst bekannt gewordene fremde Geheimnisse, namentlich zum persönlichen Lebensbereich gehörende Geheimnisse, nicht zu offenbaren und
2. ihnen wegen ihres Amtes bekannt gewordene und vom Arbeitgeber ausdrücklich als geheimhaltungsbedürftig bezeichnete Betriebs- oder Geschäftsgeheimnisse nicht zu offenbaren und nicht zu verwerten.

Diese Pflichten gelten auch nach dem Ausscheiden aus dem Amt. Sie gelten nicht gegenüber der Bundesagentur für Arbeit, den Integrationsämtern und den Rehabilitationsträgern, soweit deren Aufgaben den schwerbehinderten Menschen gegenüber es erfordern, gegenüber den Vertrauenspersonen in den Stufenvertretungen (§ 180) sowie gegenüber den in § 79 Absatz 1 des Betriebsverfassungsgesetzes und den in den entsprechenden Vorschriften des Personalvertretungsrechtes genannten Vertretungen, Personen und Stellen.

(8) Die durch die Tätigkeit der Schwerbehindertenvertretung entstehenden Kosten trägt der Arbeitgeber; für öffentliche Arbeitgeber gelten die Kostenregelungen für Personalvertretungen entsprechend. Das Gleiche gilt für die durch die Teilnahme der stellvertretenden Mitglieder an Schulungs- und Bildungsveranstaltungen nach Absatz 4 Satz 3 entstehenden Kosten. Satz 1 umfasst auch eine Bürokraft für die Schwerbehindertenvertretung in erforderlichem Umfang.

(9) Die Räume und der Geschäftsbedarf, die der Arbeitgeber dem Betriebs-, Personal-, Richter-, Staatsanwalts- oder Präsidialrat für dessen Sitzungen, Sprechstunden und laufende Geschäftsführung zur Verfügung stellt, stehen für

die gleichen Zwecke auch der Schwerbehindertenvertretung zur Verfügung, soweit ihr hierfür nicht eigene Räume und sächliche Mittel zur Verfügung gestellt werden.

§ 180 Konzern-, Gesamt-, Bezirks- und Hauptschwerbehindertenvertretung

(1) Ist für mehrere Betriebe eines Arbeitgebers ein Gesamtbetriebsrat oder für den Geschäftsbereich mehrerer Dienststellen ein Gesamtpersonalrat errichtet, wählen die Schwerbehindertenvertretungen der einzelnen Betriebe oder Dienststellen eine Gesamtschwerbehindertenvertretung. Ist eine Schwerbehindertenvertretung nur in einem der Betriebe oder in einer der Dienststellen gewählt, nimmt sie die Rechte und Pflichten der Gesamtschwerbehindertenvertretung wahr.

(2) Ist für mehrere Unternehmen ein Konzernbetriebsrat errichtet, wählen die Gesamtschwerbehindertenvertretungen eine Konzernschwerbehindertenvertretung. Besteht ein Konzernunternehmen nur aus einem Betrieb, für den eine Schwerbehindertenvertretung gewählt ist, hat sie das Wahlrecht wie eine Gesamtschwerbehindertenvertretung.

(3) Für den Geschäftsbereich mehrstufiger Verwaltungen, bei denen ein Bezirks- oder Hauptpersonalrat gebildet ist, gilt Absatz 1 sinngemäß mit der Maßgabe, dass bei den Mittelbehörden von deren Schwerbehindertenvertretung und den Schwerbehindertenvertretungen der nachgeordneten Dienststellen eine Bezirksschwerbehindertenvertretung zu wählen ist. Bei den obersten Dienstbehörden ist von deren Schwerbehindertenvertretung und den Bezirksschwerbehindertenvertretungen des Geschäftsbereichs eine Hauptschwerbehindertenvertretung zu wählen; ist die Zahl der Bezirksschwerbehindertenvertretungen niedriger als zehn, sind auch die Schwerbehindertenvertretungen der nachgeordneten Dienststellen wahlberechtigt.

(4) Für Gerichte eines Zweiges der Gerichtsbarkeit, für die ein Bezirks- oder Hauptrichterrat gebildet ist, gilt Absatz 3 entsprechend. Sind in einem Zweig der Gerichtsbarkeit bei den Gerichten der Länder mehrere Schwerbehindertenvertretungen nach § 177 zu wählen und ist in diesem Zweig kein Hauptrichterrat gebildet, ist in entsprechender Anwendung von Absatz 3 eine Hauptschwerbehindertenvertretung zu wählen. Die Hauptschwerbehindertenvertretung nimmt die Aufgabe der Schwerbehindertenvertretung gegenüber dem Präsidialrat wahr.

(5) Für jede Vertrauensperson, die nach den Absätzen 1 bis 4 neu zu wählen ist, wird wenigstens ein stellvertretendes Mitglied gewählt.

(6) Die Gesamtschwerbehindertenvertretung vertritt die Interessen der schwerbehinderten Menschen in Angelegenheiten, die das Gesamtunternehmen oder mehrere Betriebe oder Dienststellen des Arbeitgebers betreffen und von den Schwerbehindertenvertretungen der einzelnen Betriebe oder Dienststellen nicht geregelt werden können, sowie die Interessen der schwerbehinderten Menschen, die in einem Betrieb oder einer Dienststelle tätig sind, für die eine Schwerbehindertenvertretung nicht gewählt ist; dies umfasst auch Verhandlungen und den Abschluss entsprechender Inklusionsver-

einbarungen. Satz 1 gilt entsprechend für die Konzern-, Bezirks- und Hauptschwerbehindertenvertretung sowie für die Schwerbehindertenvertretung der obersten Dienstbehörde, wenn bei einer mehrstufigen Verwaltung Stufenvertretungen nicht gewählt sind. Die nach Satz 2 zuständige Schwerbehindertenvertretung ist auch in persönlichen Angelegenheiten schwerbehinderter Menschen, über die eine übergeordnete Dienststelle entscheidet, zuständig; sie gibt der Schwerbehindertenvertretung der Dienststelle, die den schwerbehinderten Menschen beschäftigt, Gelegenheit zur Äußerung. Satz 3 gilt nicht in den Fällen, in denen der Personalrat der Beschäftigungsbehörde zu beteiligen ist.

(7) § 177 Absatz 3 bis 8, § 178 Absatz 1 Satz 4 und 5, Absatz 2, 4, 5 und 7 und § 179 gelten entsprechend, § 177 Absatz 5 mit der Maßgabe, dass die Wahl der Gesamt- und Bezirksschwerbehindertenvertretungen in der Zeit vom 1. Dezember bis 31. Januar, die der Konzern- und Hauptschwerbehindertenvertretungen in der Zeit vom 1. Februar bis 31. März stattfindet, § 177 Absatz 6 mit der Maßgabe, dass bei den Wahlen zu überörtlichen Vertretungen der zweite Halbsatz des Satzes 3 nicht gilt.

(8) § 178 Absatz 6 gilt für die Durchführung von Versammlungen der Vertrauens- und der Bezirksvertrauenspersonen durch die Gesamt-, Bezirks- oder Hauptschwerbehindertenvertretung entsprechend.

§ 181 Inklusionsbeauftragter des Arbeitgebers Der Arbeitgeber bestellt einen Inklusionsbeauftragten, der ihn in Angelegenheiten schwerbehinderter Menschen verantwortlich vertritt; falls erforderlich, können mehrere Inklusionsbeauftragte bestellt werden. Der Inklusionsbeauftragte soll nach Möglichkeit selbst ein schwerbehinderter Mensch sein. Der Inklusionsbeauftragte achtet vor allem darauf, dass dem Arbeitgeber obliegende Verpflichtungen erfüllt werden.

§ 182 Zusammenarbeit (1) Arbeitgeber, Inklusionsbeauftragter des Arbeitgebers, Schwerbehindertenvertretung und Betriebs-, Personal-, Richter-, Staatsanwalts- oder Präsidialrat arbeiten zur Teilhabe schwerbehinderter Menschen am Arbeitsleben in dem Betrieb oder der Dienststelle eng zusammen.

(2) Die in Absatz 1 genannten Personen und Vertretungen, die mit der Durchführung dieses Teils beauftragten Stellen und die Rehabilitationsträger unterstützen sich gegenseitig bei der Erfüllung ihrer Aufgaben. Vertrauensperson und Inklusionsbeauftragter des Arbeitgebers sind Verbindungspersonen zur Bundesagentur für Arbeit und zu dem Integrationsamt.

§ 183 Verordnungsermächtigung[1] Die Bundesregierung wird ermächtigt, durch Rechtsverordnung mit Zustimmung des Bundesrates nähere Vorschriften über die Vorbereitung und Durchführung der Wahl der Schwerbehindertenvertretung und ihrer Stufenvertretungen zu erlassen.

---

1 Vgl. **Wahlordnung Schwerbehindertenvertretungen – SchwbVWO** i. d. F. der Bekanntmachung vom 23. 4. 1990 (BGBl. I 811), zuletzt geändert durch Gesetz vom 23. 12. 2016 (BGBl. I 3234).

Kapitel 6 – Durchführung der besonderen Regelungen zur Teilhabe schwerbehinderter Menschen

§ 184 Zusammenarbeit der Integrationsämter und der Bundesagentur für Arbeit (1) Soweit die besonderen Regelungen zur Teilhabe schwerbehinderter Menschen am Arbeitsleben nicht durch freie Entschließung der Arbeitgeber erfüllt werden, werden sie

1. in den Ländern von dem Amt für die Sicherung der Integration schwerbehinderter Menschen im Arbeitsleben (Integrationsamt) und
2. von der Bundesagentur für Arbeit

in enger Zusammenarbeit durchgeführt.

(2) Die den Rehabilitationsträgern nach den geltenden Vorschriften obliegenden Aufgaben bleiben unberührt.

§ 185 Aufgaben des Integrationsamtes (1) Das Integrationsamt hat folgende Aufgaben:

1. die Erhebung und Verwendung der Ausgleichsabgabe,
2. den Kündigungsschutz,
3. die begleitende Hilfe im Arbeitsleben,
4. die zeitweilige Entziehung der besonderen Hilfen für schwerbehinderte Menschen (§ 200).

Die Integrationsämter werden so ausgestattet, dass sie ihre Aufgaben umfassend und qualifiziert erfüllen können. Hierfür wird besonders geschultes Personal mit Fachkenntnissen des Schwerbehindertenrechts eingesetzt.

(2) Die begleitende Hilfe im Arbeitsleben wird in enger Zusammenarbeit mit der Bundesagentur für Arbeit und den übrigen Rehabilitationsträgern durchgeführt. Sie soll dahin wirken, dass die schwerbehinderten Menschen in ihrer sozialen Stellung nicht absinken, auf Arbeitsplätzen beschäftigt werden, auf denen sie ihre Fähigkeiten und Kenntnisse voll verwerten und weiterentwickeln können sowie durch Leistungen der Rehabilitationsträger und Maßnahmen der Arbeitgeber befähigt werden, sich am Arbeitsplatz und im Wettbewerb mit nichtbehinderten Menschen zu behaupten. Dabei gelten als Arbeitsplätze auch Stellen, auf denen Beschäftigte befristet oder als Teilzeitbeschäftigte in einem Umfang von mindestens 15 Stunden, in Inklusionsbetrieben mindestens 12 Stunden wöchentlich beschäftigt werden. Die begleitende Hilfe im Arbeitsleben umfasst auch die nach den Umständen des Einzelfalls notwendige psychosoziale Betreuung schwerbehinderter Menschen. Das Integrationsamt kann bei der Durchführung der begleitenden Hilfen im Arbeitsleben Integrationsfachdienste einschließlich psychosozialer Dienste freier gemeinnütziger Einrichtungen und Organisationen beteiligen. Das Integrationsamt soll außerdem darauf Einfluss nehmen, dass Schwierigkeiten im Arbeitsleben verhindert oder beseitigt werden; es führt hierzu auch Schulungs- und Bildungsmaßnahmen für Vertrauenspersonen, Inklusionsbeauftragte der Arbeitgeber, Betriebs-, Personal-, Richter-, Staatsanwalts- und Präsidialräte durch. Das Integrationsamt benennt in enger Abstimmung mit den Beteiligten des örtlichen Arbeitsmarktes

Ansprechpartner, die in Handwerks- sowie Industrie- und Handelskammern für die Arbeitgeber zur Verfügung stehen, um sie über Funktion und Aufgaben der Integrationsfachdienste aufzuklären, über Möglichkeiten der begleitenden Hilfe im Arbeitsleben zu informieren und Kontakt zum Integrationsfachdienst herzustellen.

(3) Das Integrationsamt kann im Rahmen seiner Zuständigkeit für die begleitende Hilfe im Arbeitsleben aus den ihm zur Verfügung stehenden Mitteln auch Geldleistungen erbringen, insbesondere

1. an schwerbehinderte Menschen
   a) für technische Arbeitshilfen,
   b) zum Erreichen des Arbeitsplatzes,
   c) zur Gründung und Erhaltung einer selbständigen beruflichen Existenz,
   d) zur Beschaffung, Ausstattung und Erhaltung einer behinderungsgerechten Wohnung,
   e) zur Teilnahme an Maßnahmen zur Erhaltung und Erweiterung beruflicher Kenntnisse und Fertigkeiten und
   f) in besonderen Lebenslagen,
2. zur behinderungsgerechten Einrichtung von Arbeits- und Ausbildungsplätzen für schwerbehinderte Menschen,
   b) für Zuschüsse zu Gebühren, insbesondere Prüfungsgebühren, bei der Berufsausbildung besonders betroffener schwerbehinderter Jugendlicher und junger Erwachsener,
   c) für Prämien und Zuschüsse zu den Kosten der Berufsausbildung behinderter Jugendlicher und junger Erwachsener, die für die Zeit der Berufsausbildung schwerbehinderten Menschen nach § 151 Absatz 4 gleichgestellt worden sind,
   d) für Prämien zur Einführung eines betrieblichen Eingliederungsmanagements und
   e) für außergewöhnliche Belastungen, die mit der Beschäftigung schwerbehinderter Menschen im Sinne des § 155 Absatz 1 Nummer 1 Buchstabe a bis d, von schwerbehinderten Menschen im Anschluss an eine Beschäftigung in einer anerkannten Werkstatt für behinderte Menschen oder im Sinne des § 158 Absatz 2 verbunden sind, vor allem, wenn ohne diese Leistungen das Beschäftigungsverhältnis gefährdet würde,
3. an Träger von Integrationsfachdiensten einschließlich psychosozialer Dienste freier gemeinnütziger Einrichtungen und Organisationen sowie an Träger von Inklusionsbetrieben,
4. zur Durchführung von Aufklärungs-, Schulungs- und Bildungsmaßnahmen,
5. nachrangig zur beruflichen Orientierung,
6. zur Deckung eines Teils der Aufwendungen für ein Budget für Arbeit odes eines Teils der Aufwendungen für ein Budget für Ausbildung.

(4) Schwerbehinderte Menschen haben im Rahmen der Zuständigkeit des Integrationsamtes aus den ihm aus der Ausgleichsabgabe zur Verfügung stehenden Mitteln Anspruch auf Übernahme der Kosten einer Berufsbegleitung nach § 55 Absatz 3.

(5) Schwerbehinderte Menschen haben im Rahmen der Zuständigkeit des Integrationsamtes für die begleitende Hilfe im Arbeitsleben aus den ihm aus der Ausgleichsabgabe zur Verfügung stehenden Mitteln Anspruch auf Übernahme der Kosten einer notwendigen Arbeitsassistenz. Der Anspruch richtet sich auf die Übernahme der vollen Kosten, die für eine als notwendig festgestellte Arbeitsassistenz entstehen.
(6) Verpflichtungen anderer werden durch die Absätze 3 bis 5 nicht berührt. Leistungen der Rehabilitationsträger nach § 6 Absatz 1 Nummer 1 bis 5 dürfen, auch wenn auf sie ein Rechtsanspruch nicht besteht, nicht deshalb versagt werden, weil nach den besonderen Regelungen für schwerbehinderte Menschen entsprechende Leistungen vorgesehen sind; eine Aufstockung durch Leistungen des Integrationsamtes findet nicht statt.
(7) Die §§ 14, 15 Absatz 1, §§ 16 und 17 gelten sinngemäß, wenn bei dem Integrationsamt eine Leistung zur Teilhabe am Arbeitsleben beantragt wird. Das Gleiche gilt, wenn ein Antrag bei einem Rehabilitationsträger gestellt und der Antrag von diesem nach § 16 Absatz 2 des Ersten Buches an das Integrationsamt weitergeleitet worden ist. Ist die unverzügliche Erbringung einer Leistung zur Teilhabe am Arbeitsleben erforderlich, so kann das Integrationsamt die Leistung vorläufig erbringen. Hat das Integrationsamt eine Leistung erbracht, für die ein anderer Träger zuständig ist, so erstattet dieser die auf die Leistung entfallenden Aufwendungen.
(8) Auf Antrag führt das Integrationsamt seine Leistungen zur begleitenden Hilfe im Arbeitsleben als Persönliches Budget aus. § 29 gilt entsprechend.

§ 186 Beratender Ausschuss für behinderte Menschen bei dem Integrationsamt (1) Bei jedem Integrationsamt wird ein Beratender Ausschuss für behinderte Menschen gebildet, der die Teilhabe der behinderten Menschen am Arbeitsleben fördert, das Integrationsamt bei der Durchführung der besonderen Regelungen für schwerbehinderte Menschen zur Teilhabe am Arbeitsleben unterstützt und bei der Vergabe der Mittel der Ausgleichsabgabe mitwirkt. Soweit die Mittel der Ausgleichsabgabe zur institutionellen Förderung verwendet werden, macht der Beratende Ausschuss Vorschläge für die Entscheidungen des Integrationsamtes.
(2) Der Ausschuss besteht aus zehn Mitgliedern, und zwar aus
1. zwei Mitgliedern, die die Arbeitnehmerinnen und Arbeitnehmer vertreten,
2. zwei Mitgliedern, die die privaten und öffentlichen Arbeitgeber vertreten,
3. vier Mitgliedern, die die Organisationen behinderter Menschen vertreten,
4. einem Mitglied, das das jeweilige Land vertritt,
5. einem Mitglied, das die Bundesagentur für Arbeit vertritt.

(3) Für jedes Mitglied ist eine Stellvertreterin oder ein Stellvertreter zu berufen. Mitglieder und Stellvertreterinnen oder Stellvertreter sollen im Bezirk des Integrationsamtes ihren Wohnsitz haben.
(4) Das Integrationsamt beruft auf Vorschlag
1. der Gewerkschaften des jeweiligen Landes zwei Mitglieder,
2. der Arbeitgeberverbände des jeweiligen Landes ein Mitglied,

3. der zuständigen obersten Landesbehörde oder der von ihr bestimmten Behörde ein Mitglied,
4. der Organisationen behinderter Menschen des jeweiligen Landes, die nach der Zusammensetzung ihrer Mitglieder dazu berufen sind, die behinderten Menschen in ihrer Gesamtheit zu vertreten, vier Mitglieder.

Die zuständige oberste Landesbehörde oder die von ihr bestimmte Behörde und die Bundesagentur für Arbeit berufen je ein Mitglied.

§ 187 Aufgaben der Bundesagentur für Arbeit (1) Die Bundesagentur für Arbeit hat folgende Aufgaben:
1. die Berufsberatung, Ausbildungsvermittlung und Arbeitsvermittlung schwerbehinderter Menschen einschließlich der Vermittlung von in Werkstätten für behinderte Menschen Beschäftigten auf den allgemeinen Arbeitsmarkt,
2. die Beratung der Arbeitgeber bei der Besetzung von Ausbildungs- und Arbeitsplätzen mit schwerbehinderten Menschen,
3. die Förderung der Teilhabe schwerbehinderter Menschen am Arbeitsleben auf dem allgemeinen Arbeitsmarkt, insbesondere von schwerbehinderten Menschen,
   a) die wegen Art oder Schwere ihrer Behinderung oder sonstiger Umstände im Arbeitsleben besonders betroffen sind (§ 155 Absatz 1),
   b) die langzeitarbeitslos im Sinne des § 18 des Dritten Buches sind,
   c) die im Anschluss an eine Beschäftigung in einer anerkannten Werkstatt für behinderte Menschen, bei einem anderen Leistungsanbieter (§ 60)oder einem Inklusionsbetrieb eingestellt werden,
   d) die als Teilzeitbeschäftigte eingestellt werden oder
   e) die zur Aus- oder Weiterbildung eingestellt werden,
4. im Rahmen von Arbeitsbeschaffungsmaßnahmen die besondere Förderung schwerbehinderter Menschen,
5. die Gleichstellung, deren Widerruf und Rücknahme,
6. die Durchführung des Anzeigeverfahrens (§ 163 Absatz 2 und 4),
7. die Überwachung der Erfüllung der Beschäftigungspflicht,
8. die Zulassung der Anrechnung und der Mehrfachanrechnung (§ 158 Absatz 2, § 159 Absatz 1 und 2),
9. die Erfassung der Werkstätten für behinderte Menschen, ihre Anerkennung und die Aufhebung der Anerkennung.

(2) Die Bundesagentur für Arbeit übermittelt dem Bundesministerium für Arbeit und Soziales jährlich die Ergebnisse ihrer Förderung der Teilhabe schwerbehinderter Menschen am Arbeitsleben auf dem allgemeinen Arbeitsmarkt nach dessen näherer Bestimmung und fachlicher Weisung. Zu den Ergebnissen gehören Angaben über die Zahl der geförderten Arbeitgeber und schwerbehinderten Menschen, die insgesamt aufgewandten Mittel und die durchschnittlichen Förderungsbeträge. Die Bundesagentur für Arbeit veröffentlicht diese Ergebnisse.

(3) Die Bundesagentur für Arbeit führt befristete überregionale und regionale

Arbeitsmarktprogramme zum Abbau der Arbeitslosigkeit schwerbehinderter Menschen, besonderer Gruppen schwerbehinderter Menschen, insbesondere schwerbehinderter Frauen, sowie zur Förderung des Ausbildungsplatzangebots für schwerbehinderte Menschen durch, die ihr durch Verwaltungsvereinbarung gemäß § 368 Absatz 3 Satz 2 und Absatz 4 des Dritten Buches unter Zuweisung der entsprechenden Mittel übertragen werden. Über den Abschluss von Verwaltungsvereinbarungen mit den Ländern ist das Bundesministerium für Arbeit und Soziales zu unterrichten.

(4) Die Bundesagentur für Arbeit richtet zur Durchführung der ihr in diesem Teil und der ihr im Dritten Buch zur Teilhabe behinderter und schwerbehinderter Menschen am Arbeitsleben übertragenen Aufgaben in allen Agenturen für Arbeit besondere Stellen ein; bei der personellen Ausstattung dieser Stellen trägt sie dem besonderen Aufwand bei der Beratung und Vermittlung des zu betreuenden Personenkreises sowie bei der Durchführung der sonstigen Aufgaben nach Absatz 1 Rechnung.

(5) Im Rahmen der Beratung der Arbeitgeber nach Absatz 1 Nummer 2 hat die Bundesagentur für Arbeit

1. dem Arbeitgeber zur Besetzung von Arbeitsplätzen geeignete arbeitslose oder arbeitsuchende schwerbehinderte Menschen unter Darlegung der Leistungsfähigkeit und der Auswirkungen der jeweiligen Behinderung auf die angebotene Stelle vorzuschlagen,
2. ihre Fördermöglichkeiten aufzuzeigen, so weit wie möglich und erforderlich, auch die entsprechenden Hilfen der Rehabilitationsträger und der begleitenden Hilfe im Arbeitsleben durch die Integrationsämter.

§ 188 Beratender Ausschuss für behinderte Menschen bei der Bundesagentur für Arbeit (1) Bei der Zentrale der Bundesagentur für Arbeit wird ein Beratender Ausschuss für behinderte Menschen gebildet, der die Teilhabe der behinderten Menschen am Arbeitsleben durch Vorschläge fördert und die Bundesagentur für Arbeit bei der Durchführung der in diesem Teil und im Dritten Buch zur Teilhabe behinderter und schwerbehinderter Menschen am Arbeitsleben übertragenen Aufgaben unterstützt.

(2) Der Ausschuss besteht aus elf Mitgliedern, und zwar aus

1. zwei Mitgliedern, die die Arbeitnehmerinnen und Arbeitnehmer vertreten,
2. zwei Mitgliedern, die die privaten und öffentlichen Arbeitgeber vertreten,
3. fünf Mitgliedern, die die Organisationen behinderter Menschen vertreten,
4. einem Mitglied, das die Integrationsämter vertritt,
5. einem Mitglied, das das Bundesministerium für Arbeit und Soziales vertritt.

(3) Für jedes Mitglied ist eine Stellvertreterin oder ein Stellvertreter zu berufen.

(4) Vorstand der Bundesagentur für Arbeit beruft die Mitglieder, die Arbeitnehmer und Arbeitgeber vertreten, auf Vorschlag ihrer Gruppenvertreter im Verwaltungsrat der Bundesagentur für Arbeit. Er beruft auf Vorschlag der Organisationen behinderter Menschen, die nach der Zusammensetzung ihrer Mitglieder dazu berufen sind, die behinderten Menschen in ihrer Gesamtheit auf

Bundesebene zu vertreten, die Mitglieder, die Organisationen der behinderten Menschen vertreten. Auf Vorschlag der Bundesarbeitsgemeinschaft der Integrationsämter und Hauptfürsorgestellen, beruft er das Mitglied, das die Integrationsämter vertritt, und auf Vorschlag des Bundesministeriums für Arbeit und Soziales das Mitglied, das dieses vertritt.

§ 189 Gemeinsame Vorschriften (1) Die Beratenden Ausschüsse für behinderte Menschen (§§ 186, 188) wählen aus den ihnen angehörenden Mitgliedern von Seiten der Arbeitnehmer, Arbeitgeber oder Organisationen behinderter Menschen jeweils für die Dauer eines Jahres eine Vorsitzende oder einen Vorsitzenden und eine Stellvertreterin oder einen Stellvertreter. Die Gewählten dürfen nicht derselben Gruppe angehören. Die Gruppen stellen in regelmäßig jährlich wechselnder Reihenfolge die Vorsitzende oder den Vorsitzenden und die Stellvertreterin oder den Stellvertreter. Die Reihenfolge wird durch die Beendigung der Amtszeit der Mitglieder nicht unterbrochen. Scheidet die Vorsitzende oder der Vorsitzende oder die Stellvertreterin oder der Stellvertreter aus, wird sie oder er neu gewählt.
(2) Die Beratenden Ausschüsse für behinderte Menschen sind beschlussfähig, wenn wenigstens die Hälfte der Mitglieder anwesend ist. Die Beschlüsse und Entscheidungen werden mit einfacher Stimmenmehrheit getroffen.
(3) Die Mitglieder der Beratenden Ausschüsse für behinderte Menschen üben ihre Tätigkeit ehrenamtlich aus. Ihre Amtszeit beträgt vier Jahre.

§ 190 Übertragung von Aufgaben (1) Die Landesregierung oder die von ihr bestimmte Stelle kann die Verlängerung der Gültigkeitsdauer der Ausweise nach § 152 Absatz 5, für die eine Feststellung nach § 152 Absatz 1 nicht zu treffen ist, auf andere Behörden übertragen. Im Übrigen kann sie andere Behörden zur Aushändigung der Ausweise heranziehen.
(2) Die Landesregierung oder die von ihr bestimmte Stelle kann Aufgaben und Befugnisse des Integrationsamtes nach diesem Teil auf örtliche Fürsorgestellen übertragen oder die Heranziehung örtlicher Fürsorgestellen zur Durchführung der den Integrationsämtern obliegenden Aufgaben bestimmen.

§ 191 Verordnungsermächtigung Die Bundesregierung wird ermächtigt, durch Rechtsverordnung mit Zustimmung des Bundesrates das Nähere über die Voraussetzungen des Anspruchs nach § 49 Absatz 8 Nummer 3 und § 185 Absatz 5 sowie über die Dauer und Ausführung der Leistungen zu regeln.

Kapitel 7 – Integrationsfachdienste

§ 192 Begriff und Personenkreis (1) Integrationsfachdienste sind Dienste Dritter, die bei der Durchführung der Maßnahmen zur Teilhabe schwerbehinderter Menschen am Arbeitsleben beteiligt werden.
(2) Schwerbehinderte Menschen im Sinne des Absatzes 1 sind insbesondere

1. schwerbehinderte Menschen mit einem besonderen Bedarf an arbeitsbegleitender Betreuung,
2. schwerbehinderte Menschen, die nach zielgerichteter Vorbereitung durch die Werkstatt für behinderte Menschen am Arbeitsleben auf dem allgemeinen Arbeitsmarkt teilhaben sollen und dabei auf aufwendige, personalintensive, individuelle arbeitsbegleitende Hilfen angewiesen sind sowie
3. schwerbehinderte Schulabgänger, die für die Aufnahme einer Beschäftigung auf dem allgemeinen Arbeitsmarkt auf die Unterstützung eines Integrationsfachdienstes angewiesen sind.

(3) Ein besonderer Bedarf an arbeits- und berufsbegleitender Betreuung ist insbesondere gegeben bei schwerbehinderten Menschen mit geistiger oder seelischer Behinderung oder mit einer schweren Körper-, Sinnes- oder Mehrfachbehinderung, die sich im Arbeitsleben besonders nachteilig auswirkt und allein oder zusammen mit weiteren vermittlungshemmenden Umständen (Alter, Langzeitarbeitslosigkeit, unzureichende Qualifikation, Leistungsminderung) die Teilhabe am Arbeitsleben auf dem allgemeinen Arbeitsmarkt erschwert.

(4) Der Integrationsfachdienst kann im Rahmen der Aufgabenstellung nach Absatz 1 auch zur beruflichen Eingliederung von behinderten Menschen, die nicht schwerbehindert sind, tätig werden. Hierbei wird den besonderen Bedürfnissen seelisch behinderter oder von einer seelischen Behinderung bedrohter Menschen Rechnung getragen.

§ 193 Aufgaben (1) Die Integrationsfachdienste können zur Teilhabe schwerbehinderter Menschen am Arbeitsleben (Aufnahme, Ausübung und Sicherung einer möglichst dauerhaften Beschäftigung) beteiligt werden, indem sie

1. die schwerbehinderten Menschen beraten, unterstützen und auf geeignete Arbeitsplätze vermitteln,
2. die Arbeitgeber informieren, beraten und ihnen Hilfe leisten.

(2) Zu den Aufgaben des Integrationsfachdienstes gehört es,

1. die Fähigkeiten der zugewiesenen schwerbehinderten Menschen zu bewerten und einzuschätzen und dabei ein individuelles Fähigkeits-, Leistungs- und Interessenprofil zur Vorbereitung auf den allgemeinen Arbeitsmarkt in enger Kooperation mit den schwerbehinderten Menschen, dem Auftraggeber und der abgebenden Einrichtung der schulischen oder beruflichen Bildung oder Rehabilitation zu erarbeiten,
2. die Bundesagentur für Arbeit auf deren Anforderung bei der Berufsorientierung und Berufsberatung in den Schulen einschließlich der auf jeden einzelnen Jugendlichen bezogenen Dokumentation der Ergebnisse zu unterstützen,
3. die betriebliche Ausbildung schwerbehinderter, insbesondere seelisch und lernbehinderter Jugendlicher zu begleiten,
4. geeignete Arbeitsplätze (§ 156) auf dem allgemeinen Arbeitsmarkt zu erschließen,
5. die schwerbehinderten Menschen auf die vorgesehenen Arbeitsplätze vorzubereiten,

6. die schwerbehinderten Menschen, solange erforderlich, am Arbeitsplatz oder beim Training der berufspraktischen Fähigkeiten am konkreten Arbeitsplatz zu begleiten,
7. mit Zustimmung des schwerbehinderten Menschen die Mitarbeiter im Betrieb oder in der Dienststelle über Art und Auswirkungen der Behinderung und über entsprechende Verhaltensregeln zu informieren und zu beraten.
8. eine Nachbetreuung, Krisenintervention oder psychosoziale Betreuung durchzuführen sowie
9. als Ansprechpartner für die Arbeitgeber zur Verfügung zu stehen, über die Leistungen für die Arbeitgeber zu informieren und für die Arbeitgeber diese Leistungen abzuklären,
10. in Zusammenarbeit mit den Rehabilitationsträgern und den Integrationsämtern die für den schwerbehinderten Menschen benötigten Leistungen zu klären und bei der Beantragung zu unterstützen.

§ 194 Beauftragung und Verantwortlichkeit (1) Die Integrationsfachdienste werden im Auftrag der Integrationsämter oder der Rehabilitationsträger tätig. Diese bleiben für die Ausführung der Leistung verantwortlich.
(2) Im Auftrag legt der Auftraggeber in Abstimmung mit dem Integrationsfachdienst Art, Umfang und Dauer des im Einzelfall notwendigen Einsatzes des Integrationsfachdienstes sowie das Entgelt fest.
(3) Der Integrationsfachdienst arbeitet insbesondere mit
1. den zuständigen Stellen der Bundesagentur für Arbeit,
2. dem Integrationsamt,
3. dem zuständigen Rehabilitationsträger, insbesondere den Berufshelfern der gesetzlichen Unfallversicherung,
4. dem Arbeitgeber, der Schwerbehindertenvertretung und den anderen betrieblichen Interessenvertretungen,
5. der abgebenden Einrichtung der schulischen oder beruflichen Bildung oder Rehabilitation mit ihren begleitenden Diensten und internen Integrationsfachkräften oder -diensten zur Unterstützung von Teilnehmenden an Leistungen zur Teilhabe am Arbeitsleben,
6. den Handwerks-, den Industrie- und Handelskammern sowie den berufsständigen Organisationen,
7. wenn notwendig auch mit anderen Stellen und Personen,

eng zusammen.
(4) Näheres zur Beauftragung, Zusammenarbeit, fachlichen Leitung, Aufsicht sowie zur Qualitätssicherung und Ergebnisbeobachtung wird zwischen dem Auftraggeber und dem Träger des Integrationsfachdienstes vertraglich geregelt. Die Vereinbarungen sollen im Interesse finanzieller Planungssicherheit auf eine Dauer von mindestens drei Jahren abgeschlossen werden.
(5) Die Integrationsämter wirken darauf hin, dass die berufsbegleitenden und psychosozialen Dienste bei den von ihnen beauftragten Integrationsfachdiensten konzentriert werden.

§ 195 Fachliche Anforderungen (1) Die Integrationsfachdienste müssen
1. nach der personellen, räumlichen und sächlichen Ausstattung in der Lage sein, ihre gesetzlichen Aufgaben wahrzunehmen,
2. über Erfahrungen mit dem zu unterstützenden Personenkreis (§ 192 Absatz 2) verfügen,
3. mit Fachkräften ausgestattet sein, die über eine geeignete Berufsqualifikation, eine psychosoziale oder arbeitspädagogische Zusatzqualifikation und ausreichende Berufserfahrung verfügen, sowie
4. rechtlich oder organisatorisch und wirtschaftlich eigenständig sein.

(2) Der Personalbedarf eines Integrationsfachdienstes richtet sich nach den konkreten Bedürfnissen unter Berücksichtigung der Zahl der Betreuungs- und Beratungsfälle, des durchschnittlichen Betreuungs- und Beratungsaufwands, der Größe des regionalen Einzugsbereichs und der Zahl der zu beratenden Arbeitgeber. Den besonderen Bedürfnissen besonderer Gruppen schwerbehinderter Menschen, insbesondere schwerbehinderter Frauen, und der Notwendigkeit einer psychosozialen Betreuung soll durch eine Differenzierung innerhalb des Integrationsfachdienstes Rechnung getragen werden.

(3) Bei der Stellenbesetzung des Integrationsfachdienstes werden schwerbehinderte Menschen bevorzugt berücksichtigt. Dabei wird ein angemessener Anteil der Stellen mit schwerbehinderten Frauen besetzt.

§ 196 Finanzielle Leistungen (1) Die Inanspruchnahme von Integrationsfachdiensten wird vom Auftraggeber vergütet. Die Vergütung für die Inanspruchnahme von Integrationsfachdiensten kann bei Beauftragung durch das Integrationsamt aus Mitteln der Ausgleichsabgabe erbracht werden.

(2) Die Bezahlung tarifvertraglich vereinbarter Vergütungen sowie entsprechender Vergütungen nach kirchlichen Arbeitsrechtsregelungen kann bei der Beauftragung von Integrationsfachdiensten nicht als unwirtschaftlich abgelehnt werden.

(3) Die Bundesarbeitsgemeinschaft der Integrationsämter und Hauptfürsorgestellen vereinbart mit den Rehabilitationsträgern nach § 6 Absatz 1 Nummer 2 bis 5 unter Beteiligung der maßgeblichen Verbände, darunter der Bundesarbeitsgemeinschaft, in der sich die Integrationsfachdienste zusammengeschlossen haben, eine gemeinsame Empfehlung zur Inanspruchnahme der Integrationsfachdienste durch die Rehabilitationsträger, zur Zusammenarbeit und zur Finanzierung der Kosten, die dem Integrationsfachdienst bei der Wahrnehmung der Aufgaben der Rehabilitationsträger entstehen. § 26 Absatz 7 und 8 gilt entsprechend.

§ 197 Ergebnisbeobachtung (1) Der Integrationsfachdienst dokumentiert Verlauf und Ergebnis der jeweiligen Bemühungen um die Förderung der Teilhabe am Arbeitsleben. Er erstellt jährlich eine zusammenfassende Darstellung der Ergebnisse und legt diese den Auftraggebern nach deren näherer gemeinsamer Maßgabe vor. Diese Zusammenstellung soll insbesondere geschlechtsdifferenzierte Angaben enthalten zu

1. den Zu- und Abgängen an Betreuungsfällen im Kalenderjahr,
2. dem Bestand an Betreuungsfällen,
3. der Zahl der abgeschlossenen Fälle, differenziert nach Aufnahme einer Ausbildung, einer befristeten oder unbefristeten Beschäftigung, einer Beschäftigung in einem Integrationsprojekt oder in einer Werkstatt für behinderte Menschen.

(2) Der Integrationsfachdienst dokumentiert auch die Ergebnisse seiner Bemühungen zur Unterstützung der Bundesagentur für Arbeit und die Begleitung der betrieblichen Ausbildung nach § 193 Absatz 2 Nummer 2 und 3 unter Einbeziehung geschlechtsdifferenzierter Daten und Besonderheiten sowie der Art der Behinderung.

§ 198 Verordnungsermächtigung (1) Das Bundesministerium für Arbeit und Soziales wird ermächtigt, durch Rechtsverordnung mit Zustimmung des Bundesrates das Nähere über den Begriff und die Aufgaben des Integrationsfachdienstes, die für sie geltenden fachlichen Anforderungen und die finanziellen Leistungen zu regeln.

(2) Vereinbaren die Bundesarbeitsgemeinschaft der Integrationsämter und Hauptfürsorgestellen und die Rehabilitationsträger nicht innerhalb von sechs Monaten, nachdem das Bundesministerium für Arbeit und Soziales sie dazu aufgefordert hat, eine gemeinsame Empfehlung nach § 196 Absatz 3 oder ändern sie die unzureichend gewordene Empfehlung nicht innerhalb dieser Frist, kann das Bundesministerium für Arbeit und Soziales Regelungen durch Rechtsverordnung mit Zustimmung des Bundesrates erlassen.

Kapitel 8 – Beendigung der Anwendung der besonderen Regelungen zur Teilhabe schwerbehinderter und gleichgestellter behinderter Menschen

§ 199 Beendigung der Anwendung der besonderen Regelungen zur Teilhabe schwerbehinderter Menschen (1) Die besonderen Regelungen für schwerbehinderte Menschen werden nicht angewendet nach dem Wegfall der Voraussetzungen nach § 2 Absatz 2; wenn sich der Grad der Behinderung auf weniger als 50 verringert, jedoch erst am Ende des dritten Kalendermonats nach Eintritt der Unanfechtbarkeit des die Verringerung feststellenden Bescheides.

(2) Die besonderen Regelungen für gleichgestellte behinderte Menschen werden nach dem Widerruf oder der Rücknahme der Gleichstellung nicht mehr angewendet. Der Widerruf der Gleichstellung ist zulässig, wenn die Voraussetzungen nach § 2 Absatz 3 in Verbindung mit § 151 Absatz 2 weggefallen sind. Er wird erst am Ende des dritten Kalendermonats nach Eintritt seiner Unanfechtbarkeit wirksam.

(3) Bis zur Beendigung der Anwendung der besonderen Regelungen für schwerbehinderte Menschen und ihnen gleichgestellte behinderte Menschen werden

die behinderten Menschen dem Arbeitgeber auf die Zahl der Pflichtarbeitsplätze für schwerbehinderte Menschen angerechnet.

§ 200 Entziehung der besonderen Hilfen für schwerbehinderte Menschen (1) Einem schwerbehinderten Menschen, der einen zumutbaren Arbeitsplatz ohne berechtigten Grund zurückweist oder aufgibt oder sich ohne berechtigten Grund weigert, an einer Maßnahme zur Teilhabe am Arbeitsleben teilzunehmen, oder sonst durch sein Verhalten seine Teilhabe am Arbeitsleben schuldhaft vereitelt, kann das Integrationsamt im Benehmen mit der Bundesagentur für Arbeit die besonderen Hilfen für schwerbehinderte Menschen zeitweilig entziehen. Dies gilt auch für gleichgestellte behinderte Menschen.
(2) Vor der Entscheidung über die Entziehung wird der schwerbehinderte Mensch gehört. In der Entscheidung wird die Frist bestimmt, für die sie gilt. Die Frist läuft vom Tage der Entscheidung an und beträgt nicht mehr als sechs Monate. Die Entscheidung wird dem schwerbehinderten Menschen bekannt gegeben.

Kapitel 9 – Widerspruchsverfahren

§ 201 Widerspruch (1) Den Widerspruchsbescheid nach § 73 der Verwaltungsgerichtsordnung erlässt bei Verwaltungsakten der Integrationsämter und bei Verwaltungsakten der örtlichen Fürsorgestellen (§ 190 Absatz 2) der Widerspruchsausschuss bei dem Integrationsamt (§ 202). Des Vorverfahrens bedarf es auch, wenn den Verwaltungsakt ein Integrationsamt erlassen hat, das bei einer obersten Landesbehörde besteht.
(2) Den Widerspruchsbescheid nach § 85 des Sozialgerichtsgesetzes erlässt bei Verwaltungsakten, welche die Bundesagentur für Arbeit auf Grund dieses Teils erlässt, der Widerspruchsausschuss bei der Bundesagentur für Arbeit.

§ 202 Widerspruchsausschuss bei dem Integrationsamt (1) Bei jedem Integrationsamt besteht ein Widerspruchsausschuss aus sieben Mitgliedern, und zwar aus zwei Mitgliedern, die schwerbehinderte Arbeitnehmer oder Arbeitnehmerinnen sind, zwei Mitgliedern, die Arbeitgeber sind, einem Mitglied, das das Integrationsamt vertritt, einem Mitglied, das die Bundesagentur für Arbeit vertritt, einer Vertrauensperson schwerbehinderter Menschen.
(2) Für jedes Mitglied wird ein Stellvertreter oder eine Stellvertreterin berufen.
(3) Das Integrationsamt beruft auf Vorschlag der Organisationen behinderter Menschen des jeweiligen Landes die Mitglieder, die Arbeitnehmer sind, auf Vorschlag der jeweils für das Land zuständigen Arbeitgeberverbände die Mitglieder, die Arbeitgeber sind, sowie die Vertrauensperson. Die zuständige oberste Landesbehörde oder die von ihr bestimmte Behörde beruft das Mitglied, das das Integrationsamt vertritt. Die Bundesagentur für Arbeit beruft das Mitglied, das sie vertritt. Entsprechendes gilt für die Berufung des Stellvertreters oder der Stellvertreterin des jeweiligen Mitglieds.

(4) In Kündigungsangelegenheiten schwerbehinderter Menschen, die bei einer Dienststelle oder in einem Betrieb beschäftigt sind, der zum Geschäftsbereich des Bundesministeriums der Verteidigung gehört, treten an die Stelle der Mitglieder, die Arbeitgeber sind, Angehörige des öffentlichen Dienstes. Dem Integrationsamt werden ein Mitglied und sein Stellvertreter oder seine Stellvertreterin von den von der Bundesregierung bestimmten Bundesbehörden benannt. Eines der Mitglieder, die schwerbehinderte Arbeitnehmer oder Arbeitnehmerinnen sind, muss dem öffentlichen Dienst angehören.
(5) Die Amtszeit der Mitglieder der Widerspruchsausschüsse beträgt vier Jahre. Die Mitglieder der Ausschüsse üben ihre Tätigkeit unentgeltlich aus.

§ 203 Widerspruchsausschüsse der Bundesagentur für Arbeit (1) Die Bundesagentur für Arbeit richtet Widerspruchausschüsse ein, die aus sieben Mitgliedern bestehen, und zwar aus zwei Mitgliedern, die schwerbehinderte Arbeitnehmer oder Arbeitnehmerinnen sind, zwei Mitgliedern, die Arbeitgeber sind, einem Mitglied, das das Integrationsamt vertritt, einem Mitglied, das die Bundesagentur für Arbeit vertritt, einer Vertrauensperson schwerbehinderter Menschen.
(2) Für jedes Mitglied wird ein Stellvertreter oder eine Stellvertreterin berufen.
(3) Die Bundesagentur für Arbeit beruft
1. die Mitglieder, die Arbeitnehmer oder Arbeitnehmerinnen sind, auf Vorschlag der jeweils zuständigen Organisationen behinderter Menschen, der im Benehmen mit den jeweils zuständigen Gewerkschaften, die für die Vertretung der Arbeitnehmerinteressen wesentliche Bedeutung haben, gemacht wird,
2. die Mitglieder, die Arbeitgeber sind, auf Vorschlag der jeweils zuständigen Arbeitgeberverbände, soweit sie für die Vertretung von Arbeitgeberinteressen wesentliche Bedeutung haben, sowie
3. das Mitglied, das die Bundesagentur für Arbeit vertritt, und
4. die Vertrauensperson.

Die zuständige oberste Landesbehörde oder die von ihr bestimmte Behörde beruft das Mitglied, das das Integrationsamt vertritt. Entsprechendes gilt für die Berufung des Stellvertreters oder der Stellvertreterin des jeweiligen Mitglieds.
(4) § 202 Absatz 5 gilt entsprechend.

§ 204 Verfahrensvorschriften (1) Für den Widerspruchsausschuss bei dem Integrationsamt (§ 202) und die Widerspruchsausschüsse bei der Bundesagentur für Arbeit (§ 203) gilt § 189 Absatz 1 und 2 entsprechend.
(2) Im Widerspruchsverfahren nach Kapitel 4 werden der Arbeitgeber und der schwerbehinderte Mensch vor der Entscheidung gehört; in den übrigen Fällen verbleibt es bei der Anhörung des Widerspruchsführers.
(3) Die Mitglieder der Ausschüsse können wegen Besorgnis der Befangenheit abgelehnt werden. Über die Ablehnung entscheidet der Ausschuss, dem das Mitglied angehört.

Kapitel 10 – Sonstige Vorschriften

§ 205 Vorrang der schwerbehinderten Menschen Verpflichtungen zur bevorzugten Einstellung und Beschäftigung bestimmter Personenkreise nach anderen Gesetzen entbinden den Arbeitgeber nicht von der Verpflichtung zur Beschäftigung schwerbehinderter Menschen nach den besonderen Regelungen für schwerbehinderte Menschen.

§ 206 Arbeitsentgelt und Dienstbezüge (1) Bei der Bemessung des Arbeitsentgelts und der Dienstbezüge aus einem bestehenden Beschäftigungsverhältnis werden Renten und vergleichbare Leistungen, die wegen der Behinderung bezogen werden, nicht berücksichtigt. Die völlige oder teilweise Anrechnung dieser Leistungen auf das Arbeitsentgelt oder die Dienstbezüge ist unzulässig.
(2) Absatz 1 gilt nicht für Zeiträume, in denen die Beschäftigung tatsächlich nicht ausgeübt wird und die Vorschriften über die Zahlung der Rente oder der vergleichbaren Leistung eine Anrechnung oder ein Ruhen vorsehen, wenn Arbeitsentgelt oder Dienstbezüge gezahlt werden.

§ 207 Mehrarbeit Schwerbehinderte Menschen werden auf ihr Verlangen von Mehrarbeit freigestellt.

§ 208 Zusatzurlaub (1) Schwerbehinderte Menschen haben Anspruch auf einen bezahlten zusätzlichen Urlaub von fünf Arbeitstagen im Urlaubsjahr; verteilt sich die regelmäßige Arbeitszeit des schwerbehinderten Menschen auf mehr oder weniger als fünf Arbeitstage in der Kalenderwoche, erhöht oder vermindert sich der Zusatzurlaub entsprechend. Soweit tarifliche, betriebliche oder sonstige Urlaubsregelungen für schwerbehinderte Menschen einen längeren Zusatzurlaub vorsehen, bleiben sie unberührt.
(2) Besteht die Schwerbehinderteneigenschaft nicht während des gesamten Kalenderjahres, so hat der schwerbehinderte Mensch für jeden vollen Monat der im Beschäftigungsverhältnis vorliegenden Schwerbehinderteneigenschaft einen Anspruch auf ein Zwölftel des Zusatzurlaubs nach Absatz 1 Satz 1. Bruchteile von Urlaubstagen, die mindestens einen halben Tag ergeben, sind auf volle Urlaubstage aufzurunden. Der so ermittelte Zusatzurlaub ist dem Erholungsurlaub hinzuzurechnen und kann bei einem nicht im ganzen Kalenderjahr bestehenden Beschäftigungsverhältnis nicht erneut gemindert werden.
(3) Wird die Eigenschaft als schwerbehinderter Mensch nach § 152 Absatz 1 und 2 rückwirkend festgestellt, finden auch für die Übertragbarkeit des Zusatzurlaubs in das nächste Kalenderjahr die dem Beschäftigungsverhältnis zugrunde liegenden urlaubsrechtlichen Regelungen Anwendung.

§ 209 Nachteilsausgleich (1) Die Vorschriften über Hilfen für behinderte Menschen zum Ausgleich behinderungsbedingter Nachteile oder Mehraufwendungen (Nachteilsausgleich) werden so gestaltet, dass sie unabhängig von der Ursache der Behinderung der Art oder Schwere der Behinderung Rechnung tragen.

(2) Nachteilsausgleiche, die auf Grund bisher geltender Rechtsvorschriften erfolgen, bleiben unberührt.

§ 210 Beschäftigung schwerbehinderter Menschen in Heimarbeit (1) Schwerbehinderte Menschen, die in Heimarbeit beschäftigt oder diesen gleichgestellt sind (§ 1 Absatz 1 und 2 des Heimarbeitsgesetzes) und in der Hauptsache für den gleichen Auftraggeber arbeiten, werden auf die Arbeitsplätze für schwerbehinderte Menschen dieses Auftraggebers angerechnet.
(2) Für in Heimarbeit beschäftigte und diesen gleichgestellte schwerbehinderte Menschen wird die in § 29 Absatz 2 des Heimarbeitsgesetzes festgelegte Kündigungsfrist von zwei Wochen auf vier Wochen erhöht; die Vorschrift des § 29 Absatz 7 des Heimarbeitsgesetzes ist sinngemäß anzuwenden. Der besondere Kündigungsschutz schwerbehinderter Menschen im Sinne des Kapitels 4 gilt auch für die in Satz 1 genannten Personen.
(3) Die Bezahlung des zusätzlichen Urlaubs der in Heimarbeit beschäftigten oder diesen gleichgestellten schwerbehinderten Menschen erfolgt nach den für die Bezahlung ihres sonstigen Urlaubs geltenden Berechnungsgrundsätzen. Sofern eine besondere Regelung nicht besteht, erhalten die schwerbehinderten Menschen als zusätzliches Urlaubsgeld 2 Prozent des in der Zeit vom 1. Mai des vergangenen bis zum 30. April des laufenden Jahres verdienten Arbeitsentgelts ausschließlich der Unkostenzuschläge.
(4) Schwerbehinderte Menschen, die als fremde Hilfskräfte eines Hausgewerbetreibenden oder eines Gleichgestellten beschäftigt werden (§ 2 Absatz 6 des Heimarbeitsgesetzes) können auf Antrag eines Auftraggebers auch auf dessen Pflichtarbeitsplätze für schwerbehinderte Menschen angerechnet werden, wenn der Arbeitgeber in der Hauptsache für diesen Auftraggeber arbeitet. Wird einem schwerbehinderten Menschen im Sinne des Satzes 1, dessen Anrechnung die Bundesagentur für Arbeit zugelassen hat, durch seinen Arbeitgeber gekündigt, weil der Auftraggeber die Zuteilung von Arbeit eingestellt oder die regelmäßige Arbeitsmenge erheblich herabgesetzt hat, erstattet der Auftraggeber dem Arbeitgeber die Aufwendungen für die Zahlung des regelmäßigen Arbeitsverdienstes an den schwerbehinderten Menschen bis zur rechtmäßigen Beendigung seines Arbeitsverhältnisses.
(5) Werden fremde Hilfskräfte eines Hausgewerbetreibenden oder eines Gleichgestellten (§ 2 Abs. 6 des Heimarbeitsgesetzes) einem Auftraggeber gemäß Absatz 4 auf seine Arbeitsplätze für schwerbehinderte Menschen angerechnet, erstattet der Auftraggeber die dem Arbeitgeber nach Absatz 3 entstehenden Aufwendungen.
(6) Die den Arbeitgeber nach § 163 Absatz 1 und 5 treffenden Verpflichtungen gelten auch für Personen, die Heimarbeit ausgeben.

§ 211 Schwerbehinderte Beamtinnen und Beamte, Richterinnen und Richter, Soldatinnen und Soldaten (1) Die besonderen Vorschriften und Grundsätze für die Besetzung der Beamtenstellen sind unbeschadet der Geltung dieses Teils auch für schwerbehinderte Beamtinnen und Beamte so zu gestalten, dass die

Einstellung und Beschäftigung schwerbehinderter Menschen gefördert und ein angemessener Anteil schwerbehinderter Menschen unter den Beamten und Beamtinnen erreicht wird.
(2) Absatz 1 gilt für Richterinnen und Richter entsprechend.
(3) Für die persönliche Rechtsstellung schwerbehinderter Soldatinnen und Soldaten gelten die §§ 2, 152, 176 bis 182, 199 Absatz 1 sowie §§ 206, 208, 209 und 228 bis 230. Im Übrigen gelten für Soldatinnen und Soldaten die Vorschriften über die persönliche Rechtsstellung der schwerbehinderten Menschen, soweit sie mit den Besonderheiten des Dienstverhältnisses vereinbar sind.

§ 212 Unabhängige Tätigkeit Soweit zur Ausübung einer unabhängigen Tätigkeit eine Zulassung erforderlich ist, soll schwerbehinderten Menschen, die eine Zulassung beantragen, bei fachlicher Eignung und Erfüllung der sonstigen gesetzlichen Voraussetzungen die Zulassung bevorzugt erteilt werden.

§ 213 Geheimhaltungspflicht (1) Die Beschäftigten der Integrationsämter, der Bundesagentur für Arbeit, der Rehabilitationsträger sowie der von diesen Stellen beauftragten Integrationsfachdienste und die Mitglieder der Ausschüsse und des Beirates für die Teilhabe behinderter Menschen (§ 86) und ihre Stellvertreterinnen oder Stellvertreter sowie zur Durchführung ihrer Aufgaben hinzugezogene Sachverständige sind verpflichtet,
1. über ihnen wegen ihres Amtes oder Auftrages bekannt gewordene persönliche Verhältnisse und Angelegenheiten von Beschäftigten auf Arbeitsplätzen für schwerbehinderte Menschen, die ihrer Bedeutung oder ihrem Inhalt nach einer vertraulichen Behandlung bedürfen, Stillschweigen zu bewahren, und
2. ihnen wegen ihres Amtes oder Auftrages bekannt gewordene und vom Arbeitgeber ausdrücklich als geheimhaltungsbedürftig bezeichnete Betriebs- oder Geschäftsgeheimnisse nicht zu offenbaren und nicht zu verwerten.

(2) Diese Pflichten gelten auch nach dem Ausscheiden aus dem Amt oder nach Beendigung des Auftrages. Sie gelten nicht gegenüber der Bundesagentur für Arbeit, den Integrationsämtern und den Rehabilitationsträgern, soweit deren Aufgaben gegenüber schwerbehinderten Menschen es erfordern, gegenüber der Schwerbehindertenvertretung sowie gegenüber den in § 79 Absatz 1 des Betriebsverfassungsgesetzes und den in den entsprechenden Vorschriften des Personalvertretungsrechts genannten Vertretungen, Personen und Stellen.

§ 214 Statistik (1) Über schwerbehinderte Menschen wird alle zwei Jahre eine Bundesstatistik durchgeführt. Sie umfasst die folgenden Erhebungsmerkmale:
1. die Zahl der schwerbehinderten Menschen mit gültigem Ausweis,
2. die schwerbehinderten Menschen nach Geburtsjahr, Geschlecht, Staatsangehörigkeit und Wohnort,
3. Art, Ursache und Grad der Behinderung.

(2) Hilfsmerkmale sind:
1. Name, Anschrift, Telefonnummer und Adresse für elektronische Post der nach Absatz 3 Satz 2 auskunftspflichtigen Behörden,

2. Name und Kontaktdaten der für Rückfragen zur Verfügung stehenden Personen,
3. die Signiernummern für das Versorgungsamt und für das Berichtsland.

(3) Für die Erhebung besteht Auskunftspflicht. Auskunftspflichtig sind die nach § 152 Absatz 1 und 5 zuständigen Behörden. Die Angaben zu Absatz 2 Nummer 2 sind freiwillig.

Kapitel 11 – Inklusionsbetriebe

§ 215 Begriff und Personenkreis (1) Inklusionsbetriebe sind rechtlich und wirtschaftlich selbständige Unternehmen oder unternehmensinterne oder von öffentlichen Arbeitgebern im Sinne des § 154 Absatz 2 geführte Betriebe oder Abteilungen zur Beschäftigung schwerbehinderter Menschen auf dem allgemeinen Arbeitsmarkt, deren Teilhabe an einer sonstigen Beschäftigung auf dem allgemeinen Arbeitsmarkt auf Grund von Art oder Schwere der Behinderung oder wegen sonstiger Umstände voraussichtlich trotz Ausschöpfens aller Fördermöglichkeiten und des Einsatzes von Integrationsfachdiensten auf besondere Schwierigkeiten stößt.

(2) Schwerbehinderte Menschen nach Absatz 1 sind insbesondere

1. schwerbehinderte Menschen mit geistiger oder seelischer Behinderung oder mit einer schweren Körper-, Sinnes- oder Mehrfachbehinderung, die sich im Arbeitsleben besonders nachteilig auswirkt und allein oder zusammen mit weiteren vermittlungshemmenden Umständen die Teilhabe am allgemeinen Arbeitsmarkt außerhalb eines Inklusionsbetriebes erschwert oder verhindert,
2. schwerbehinderte Menschen, die nach zielgerichteter Vorbereitung in einer Werkstatt für behinderte Menschen oder in einer psychiatrischen Einrichtung für den Übergang in einen Betrieb oder eine Dienststelle auf dem allgemeinen Arbeitsmarkt in Betracht kommen und auf diesen Übergang vorbereitet werden sollen,
3. schwerbehinderte Menschen nach Beendigung einer schulischen Bildung, die nur dann Aussicht auf eine Beschäftigung auf dem allgemeinen Arbeitsmarkt haben, wenn sie zuvor in einem Inklusionsbetrieb an berufsvorbereitenden Bildungsmaßnahmen teilnehmen und dort beschäftigt und weiterqualifiziert werden sowie
4. schwerbehinderte Menschen, die langzeitarbeitslos im Sinne des § 18 des Dritten Buches sind.

(3) Inklusionsbetriebe beschäftigen mindestens 30 Prozent schwerbehinderte Menschen im Sinne von Absatz 1. Der Anteil der schwerbehinderten Menschen soll in der Regel 50 Prozent nicht übersteigen.

(4) Auf die Quoten nach Absatz 3 wird auch die Anzahl der psychisch kranken beschäftigten Menschen angerechnet, die behindert oder von Behinderung bedroht sind und deren Teilhabe an einer sonstigen Beschäftigung auf dem allgemeinen Arbeitsmarkt auf Grund von Art oder Schwere der Behinderung oder wegen sonstiger Umstände auf besondere Schwierigkeiten stößt.

§ 216 Aufgaben Die Inklusionsbetriebe bieten den schwerbehinderten Menschen Beschäftigung, Maßnahmen der betrieblichen Gesundheitsförderung und arbeitsbegleitende Betreuung an, soweit erforderlich auch Maßnahmen der beruflichen Weiterbildung oder Gelegenheit zur Teilnahme an entsprechenden außerbetrieblichen Maßnahmen und Unterstützung bei der Vermittlung in eine sonstige Beschäftigung in einem Betrieb oder einer Dienststelle auf dem allgemeinen Arbeitsmarkt sowie geeignete Maßnahmen zur Vorbereitung auf eine Beschäftigung in einem Inklusionsbetrieb. Satz 1 gilt entsprechend für psychisch kranke Menschen im Sinne des § 215 Absatz 4.

§ 217 Finanzielle Leistungen (1) Inklusionsbetriebe können aus Mitteln der Ausgleichsabgabe Leistungen für Aufbau, Erweiterung, Modernisierung und Ausstattung einschließlich einer betriebswirtschaftlichen Beratung und für besonderen Aufwand erhalten.
(2) Die Finanzierung von Leistungen nach § 216 Satz 2 erfolgt durch den zuständigen Rehabilitationsträger.

§ 218 Verordnungsermächtigung Das Bundesministerium für Arbeit und Soziales wird ermächtigt, durch Rechtsverordnung[1] mit Zustimmung des Bundesrates das Nähere über den Begriff und die Aufgaben der Inklusionsbetriebe, die für sie geltenden fachlichen Anforderungen, die Aufnahmevoraussetzungen und die finanziellen Leistungen zu regeln.

Kapitel 12 – Werkstätten für behinderte Menschen

§ 219 Begriff und Aufgaben der Werkstatt für behinderte Menschen (1) Die Werkstatt für behinderte Menschen ist eine Einrichtung zur Teilhabe behinderter Menschen am Arbeitsleben im Sinne des Kapitels 10 des Teils 1 und zur Eingliederung in das Arbeitsleben. Sie hat denjenigen behinderten Menschen, die wegen Art oder Schwere der Behinderung nicht, noch nicht oder noch nicht wieder auf dem allgemeinen Arbeitsmarkt beschäftigt werden können,
1. eine angemessene berufliche Bildung und eine Beschäftigung zu einem ihrer Leistung angemessenen Arbeitsentgelt aus dem Arbeitsergebnis anzubieten und
2. zu ermöglichen, ihre Leistungs- oder Erwerbsfähigkeit zu erhalten, zu entwickeln, zu erhöhen oder wiederzugewinnen und dabei ihre Persönlichkeit weiterzuentwickeln.

Sie fördert den Übergang geeigneter Personen auf den allgemeinen Arbeitsmarkt durch geeignete Maßnahmen. Sie verfügt über ein möglichst breites Angebot an Berufsbildungs- und Arbeitsplätzen sowie über qualifiziertes Personal und einen begleitenden Dienst. Zum Angebot an Berufsbildungs- und Arbeitsplätzen gehören ausgelagerte Plätze auf dem allgemeinen Arbeitsmarkt.

1 Vgl. **Werkstättenverordnung – WVO** vom 13. 8. 1980 (BGBl. I 1365), zuletzt geändert durch Gesetz vom 30. 11. 2019 (BGBl. I 1948).

Die ausgelagerten Arbeitsplätze werden zum Zwecke des Übergangs und als dauerhaft ausgelagerte Plätze angeboten.
(2) Die Werkstatt steht allen behinderten Menschen im Sinne des Absatzes 1 unabhängig von Art oder Schwere der Behinderung offen, sofern erwartet werden kann, dass sie spätestens nach Teilnahme an Maßnahmen im Berufsbildungsbereich wenigstens ein Mindestmaß wirtschaftlich verwertbarer Arbeitsleistung erbringen werden. Dies ist nicht der Fall bei behinderten Menschen, bei denen trotz einer der Behinderung angemessenen Betreuung eine erhebliche Selbst- oder Fremdgefährdung zu erwarten ist oder das Ausmaß der erforderlichen Betreuung und Pflege die Teilnahme an Maßnahmen im Berufsbildungsbereich oder sonstige Umstände ein Mindestmaß wirtschaftlich verwertbarer Arbeitsleistung im Arbeitsbereich dauerhaft nicht zulassen.
(3) Behinderte Menschen, die die Voraussetzungen für eine Beschäftigung in einer Werkstatt nicht erfüllen, sollen in Einrichtungen oder Gruppen betreut und gefördert werden, die der Werkstatt angegliedert sind. Die Betreuung und Förderung kann auch gemeinsam mit den Werkstattbeschäftigten in der Werkstatt erfolgen. Die Betreuung und Förderung soll auch Angebote zur Orientierung auf Beschäftigung enthalten.

§ 220 Aufnahme in die Werkstätten für behinderte Menschen (1) Anerkannte Werkstätten nehmen diejenigen behinderten Menschen aus ihrem Einzugsgebiet auf, die die Aufnahmevoraussetzungen gemäß § 219 Absatz 2 erfüllen, wenn Leistungen durch die Rehabilitationsträger gewährleistet sind; die Möglichkeit zur Aufnahme in eine andere anerkannte Werkstatt nach Maßgabe des § 9 des Zwölften Buches oder entsprechender Regelungen bleibt unberührt. Die Aufnahme erfolgt unabhängig von
1. der Ursache der Behinderung,
2. der Art der Behinderung, wenn in dem Einzugsgebiet keine besondere Werkstatt für behinderte Menschen für diese Behinderungsart vorhanden ist, und
3. der Schwere der Behinderung, der Minderung der Leistungsfähigkeit und einem besonderen Bedarf an Förderung, begleitender Betreuung oder Pflege.

(2) Behinderte Menschen werden in der Werkstatt beschäftigt, solange die Aufnahmevoraussetzungen nach Absatz 1 vorliegen.
(3) Leistungsberechtigte Menschen mit Behinderungen, die aus einer Werkstatt für behinderte Menschen auf den allgemeinen Arbeitsmarkt übergegangen sind oder bei einem anderen Leistungsanbieter oder mit Hilfe des Budgets für Arbeit oder des Budgets für Ausbildung am Arbeitsleben teilnehmen, haben einen Anspruch auf Aufnahme in eine Werkstatt für behinderte Menschen.

§ 221 Rechtsstellung und Arbeitsentgelt behinderter Menschen (1) Behinderte Menschen im Arbeitsbereich anerkannter Werkstätten stehen, wenn sie nicht Arbeitnehmer sind, zu den Werkstätten in einem arbeitnehmerähnlichen Rechtsverhältnis, soweit sich aus dem zugrunde liegenden Sozialleistungsverhältnis nichts anderes ergibt.
(2) Die Werkstätten zahlen aus ihrem Arbeitsergebnis an die im Arbeitsbereich

beschäftigten behinderten Menschen ein Arbeitsentgelt, das sich aus einem Grundbetrag in Höhe des Ausbildungsgeldes, das die Bundesagentur für Arbeit nach den für sie geltenden Vorschriften behinderten Menschen im Berufsbildungsbereich leistet, und einem leistungsangemessenen Steigerungsbetrag zusammensetzt. Der Steigerungsbetrag bemisst sich nach der individuellen Arbeitsleistung der behinderten Menschen, insbesondere unter Berücksichtigung von Arbeitsmenge und Arbeitsgüte.

(3) Der Inhalt des arbeitnehmerähnlichen Rechtsverhältnisses wird unter Berücksichtigung des zwischen den behinderten Menschen und dem Rehabilitationsträger bestehenden Sozialleistungsverhältnisses durch Werkstattverträge zwischen den behinderten Menschen und dem Träger der Werkstatt näher geregelt.

(4) Hinsichtlich der Rechtsstellung der Teilnehmer an Maßnahmen im Eingangsverfahren und im Berufsbildungsbereich gilt § 52 entsprechend.

(5) Ist ein volljähriger behinderter Mensch gemäß Absatz 1 in den Arbeitsbereich einer anerkannten Werkstatt für behinderte Menschen im Sinne des § 219 aufgenommen worden und war er zu diesem Zeitpunkt geschäftsunfähig, so gilt der von ihm geschlossene Werkstattvertrag in Ansehung einer bereits bewirkten Leistung und deren Gegenleistung, soweit diese in einem angemessenen Verhältnis zueinander stehen, als wirksam.

(6) War der volljährige behinderte Mensch bei Abschluss eines Werkstattvertrages geschäftsunfähig, so kann der Träger einer Werkstatt das Werkstattverhältnis nur unter den Voraussetzungen für gelöst erklären, unter denen ein wirksamer Vertrag seitens des Trägers einer Werkstatt gekündigt werden kann.

(7) Die Lösungserklärung durch den Träger einer Werkstatt bedarf der schriftlichen Form und ist zu begründen.

§ 222 Mitbestimmung, Mitwirkung, Frauenbeauftragte (1) Die in § 221 Absatz 1 genannten behinderten Menschen bestimmen und wirken unabhängig von ihrer Geschäftsfähigkeit durch Werkstatträte in den ihre Interessen berührenden Angelegenheiten der Werkstatt mit. Die Werkstatträte berücksichtigen die Interessen der im Eingangsverfahren und im Berufsbildungsbereich der Werkstätten tätigen behinderten Menschen in angemessener und geeigneter Weise, solange für diese eine Vertretung nach § 52 nicht besteht.

(2) Ein Werkstattrat wird in Werkstätten gewählt; er setzt sich aus mindestens drei Mitgliedern zusammen.

(3) Wahlberechtigt zum Werkstattrat sind alle in § 211 Absatz 1 genannten behinderten Menschen; von ihnen sind die behinderten Menschen wählbar, die am Wahltag seit mindestens sechs Monaten in der Werkstatt beschäftigt sind.

(4) Die Werkstätten für behinderte Menschen unterrichten die Personen, die behinderte Menschen gesetzlich vertreten oder mit ihrer Betreuung beauftragt sind, einmal im Kalenderjahr in einer Eltern- und Betreuerversammlung in angemessener Weise über die Angelegenheiten der Werkstatt, auf die sich die Mitwirkung erstreckt, und hören sie dazu an. In den Werkstätten kann im

Einvernehmen mit dem Träger der Werkstatt ein Eltern- und Betreuerbeirat errichtet werden, der die Werkstatt und den Werkstattrat bei ihrer Arbeit berät und durch Vorschläge und Stellungnahmen unterstützt.
(5) Behinderte Frauen im Sinne des § 221 Absatz 1 wählen in jeder Werkstatt eine Frauenbeauftragte und eine Stellvertreterin. In Werkstätten mit mehr als 700 wahlberechtigten Frauen wird eine zweite Stellvertreterin gewählt, in Werkstätten mit mehr als 1000 wahlberechtigten Frauen werden bis zu drei Stellvertreterinnen gewählt.

§ 223 Anrechnung von Aufträgen auf die Ausgleichsabgabe (1) Arbeitgeber, die durch Aufträge an anerkannte Werkstätten für behinderte Menschen zur Beschäftigung behinderter Menschen beitragen, können 50 vom Hundert des auf die Arbeitsleistung der Werkstatt entfallenden Rechnungsbetrages solcher Aufträge (Gesamtrechnungsbetrag abzüglich Materialkosten) auf die Ausgleichsabgabe anrechnen. Dabei wird die Arbeitsleistung des Fachpersonals zur Arbeits- und Berufsförderung berücksichtigt, nicht hingegen die Arbeitsleistung sonstiger nichtbehinderter Arbeitnehmerinnen und Arbeitnehmer. Bei Weiterveräußerung von Erzeugnissen anderer anerkannter Werkstätten für behinderte Menschen wird die von diesen erbrachte Arbeitsleistung berücksichtigt. Die Werkstätten bestätigen das Vorliegen der Anrechnungsvoraussetzungen in der Rechnung.
(2) Voraussetzung für die Anrechnung ist, dass
1. die Aufträge innerhalb des Jahres, in dem die Verpflichtung zur Zahlung der Ausgleichsabgabe entsteht, von der Werkstatt für behinderte Menschen ausgeführt und vom Auftraggeber bis spätestens 31. März des Folgejahres vergütet werden und
2. es sich nicht um Aufträge handelt, die Träger einer Gesamteinrichtung an Werkstätten für behinderte Menschen vergeben, die rechtlich unselbständige Teile dieser Einrichtung sind.

(3) Bei der Vergabe von Aufträgen an Zusammenschlüsse anerkannter Werkstätten für behinderte Menschen gilt Absatz 2 entsprechend.

§ 224 Vergabe von Aufträgen durch die öffentliche Hand (1) Aufträge der öffentlichen Hand, die von anerkannten Werkstätten für behinderte Menschen ausgeführt werden können, werden bevorzugt diesen Werkstätten angeboten. Die Bundesregierung erlässt mit Zustimmung des Bundesrates hierzu allgemeine Verwaltungsvorschriften.
(2) Absatz 1 gilt auch für Inklusionsbetriebe.

§ 225 Anerkennungsverfahren Werkstätten für behinderte Menschen, die eine Vergünstigung im Sinne dieses Kapitels in Anspruch nehmen wollen, bedürfen der Anerkennung. Die Entscheidung über die Anerkennung trifft auf Antrag die Bundesagentur für Arbeit im Einvernehmen mit dem Träger der Eingliederungshilfe. Die Bundesagentur für Arbeit führt ein Verzeichnis der anerkannten Werkstätten für behinderte Menschen. In dieses Verzeichnis werden auch

Zusammenschlüsse anerkannter Werkstätten für behinderte Menschen aufgenommen.

§ 226 Blindenwerkstätten Die §§ 223 und 224 sind auch zugunsten von auf Grund des Blindenwarenvertriebsgesetzes anerkannten Blindenwerkstätten anzuwenden.

§ 227 Verordnungsermächtigungen (1) Die Bundesregierung bestimmt durch Rechtsverordnung mit Zustimmung des Bundesrates das Nähere über den Begriff und die Aufgaben der Werkstatt für behinderte Menschen, die Aufnahmevoraussetzungen, die fachlichen Anforderungen, insbesondere hinsichtlich der Wirtschaftsführung sowie des Begriffs und der Verwendung des Arbeitsergebnisses sowie das Verfahren zur Anerkennung als Werkstatt für behinderte Menschen.
(2) Das Bundesministerium für Arbeit und Soziales bestimmt durch Rechtsverordnung[1] mit Zustimmung des Bundesrates im Einzelnen die Errichtung, Zusammensetzung und Aufgaben des Werkstattrats, die Fragen, auf die sich Mitbestimmung und Mitwirkung erstrecken, einschließlich Art und Umfang der Mitbestimmung und Mitwirkung, die Vorbereitung und Durchführung der Wahl einschließlich der Wahlberechtigung und der Wählbarkeit, die Amtszeit sowie die Geschäftsführung des Werkstattrats einschließlich des Erlasses einer Geschäftsordnung und der persönlichen Rechte und Pflichten der Mitglieder des Werkstattrats und der Kostentragung. In der Rechtsverordnung werden auch Art und Umfang der Beteiligung von Frauenbeauftragten, die Vorbereitung und Durchführung der Wahl einschließlich der Wahlberechtigung und der Wählbarkeit, die Amtszeit, die persönlichen Rechte und die Pflichten der Frauenbeauftragten und ihrer Stellvertreterinnen sowie die Kostentragung geregelt. Die Rechtsverordnung kann darüber hinaus bestimmen, dass die in ihr getroffenen Regelungen keine Anwendung auf Religionsgemeinschaften und ihre Einrichtungen finden, soweit sie gleichwertige Regelungen getroffen haben.

Kapitel 13 – Unentgeltliche Beförderung schwerbehinderter Menschen im öffentlichen Personenverkehr

§§ 228–237 *(nicht abgedruckt)*

Kapitel 14 – Straf-, Bußgeld- und Schlussvorschriften

§ 237 a Strafvorschriften (1) Mit Freiheitsstrafe bis zu zwei Jahren oder mit Geldstrafe wird bestraft, wer entgegen § 179 Absatz 7 Satz 1 Nummer 2, auch in

1 Vgl. **Werkstätten-Mitwirkungsverordnung – WMVO** vom 25. 6. 2001 (BGBl. I 1297), zuletzt geändert durch Gesetz vom 17. 7. 2017 (BGBl. I 2541).

Verbindung mit Satz 2 oder § 180 Absatz 7, ein Betriebs- oder Geschäftsgeheimnis verwertet.
(2) Die Tat wird nur auf Antrag verfolgt.

§ 237 b Strafvorschriften (1) Mit Freiheitsstrafe bis zu einem Jahr oder mit Geldstrafe wird bestraft, wer entgegen § 179 Absatz 7 Satz 1 auch in Verbindung mit Satz 2 oder § 180 Absatz 7, ein dort genanntes Geheimnis offenbart.
(2) Handelt der Täter gegen Entgelt oder in der Absicht, sich oder einen anderen zu bereichern oder einen anderen zu schädigen, so ist die Strafe Freiheitsstrafe bis zu zwei Jahren oder Geldstrafe.
(3) Die Tat wird nur auf Antrag verfolgt.

§ 238 Bußgeldvorschriften (1) Ordnungswidrig handelt, wer vorsätzlich oder fahrlässig
1. entgegen § 154 Absatz 1 Satz 1, auch in Verbindung mit einer Rechtsverordnung nach § 162 Nummer 1, oder entegen § 154 Absatz 1 Satz 3 einen schwerbehinderten Menschen nicht beschäftigt,
2. entgegen § 163 Absatz 1 ein Verzeichnis nicht, nicht richtig, nicht vollständig oder nicht in der vorgeschriebenen Weise führt oder nicht oder nicht rechtzeitig vorlegt,
3. entgegen § 163 Absatz 2 Satz 1 oder Absatz 4 eine Anzeige nicht, nicht richtig, nicht vollständig, nicht in der vorgeschriebenen Weise oder nicht rechtzeitig erstattet,
4. entgegen § 163 Absatz 5 eine Auskunft nicht, nicht richtig, nicht vollständig oder nicht rechtzeitig erteilt,
5. entgegen § 163 Absatz 7 Einblick in den Betrieb oder die Dienststelle nicht oder nicht rechtzeitig gibt,
6. entgegen § 163 Absatz 8 eine dort bezeichnete Person nicht oder nicht rechtzeitig benennt,
7. entgegen § 164 Absatz 1 Satz 4 oder 9 eine dort bezeichnete Vertretung oder einen Beteiligten nicht, nicht richtig, nicht vollständig oder nicht rechtzeitig unterrichtet,
8. entgegen § 178 Absatz 2 Satz 1 erster Halbsatz die Schwerbehindertenvertretung nicht, nicht richtig, nicht vollständig oder nicht rechtzeitig unterrichtet oder nicht oder nicht rechtzeitig anhört.

(2) Die Ordnungswidrigkeit kann mit einer Geldbuße bis zu zehntausend Euro geahndet werden.
(3) Verwaltungsbehörde im Sinne des § 36 Absatz 1 Nummer 1 des Gesetzes über Ordnungswidrigkeiten ist die Bundesagentur für Arbeit.
(4) Die Geldbußen fließen in die Kasse der Verwaltungsbehörden, die den Bußgeldbescheid erlassen hat. § 66 des Zehnten Buches gilt entsprechend.
(5) Die nach Absatz 4 Satz 1 zuständige Kasse trägt abweichend von § 105 Absatz 2 des Gesetzes über Ordnungswidrigkeiten die notwendigen Auslagen. Sie ist auch ersatzpflichtig im Sinne des § 110 Absatz 4 des Gesetzes über Ordnungswidrigkeiten.

§§ 239, 240 *(nicht abgedruckt)*

§ 241 Übergangsregelung (1) Abweichend von § 154 Absatz 1 beträgt die Pflichtquote für die in § 154 Absatz 2 Nummer 1 und 4 genannten öffentlichen Arbeitgeber des Bundes weiterhin 6 Prozent, wenn sie am 31. Oktober 1999 auf mindestens 6 Prozent der Arbeitsplätze schwerbehinderte Menschen beschäftigt hatten.

(2) Eine auf Grund des Schwerbehindertengesetzes getroffene bindende Feststellung über das Vorliegen einer Behinderung, eines Grades der Behinderung und das Vorliegen weiterer gesundheitlicher Merkmale gelten als Feststellungen nach diesem Buch.

(3) Die nach § 56 Absatz 2 des Schwerbehindertengesetzes erlassenen allgemeinen Richtlinien sind bis zum Erlass von allgemeinen Verwaltungsvorschriften nach § 224 weiter anzuwenden.

(4) Auf Erstattungen nach Kapitel 13 dieses Teils ist § 231 für bis zum 31. Dezember 2004 entstandene Fahrgeldausfälle in der bis zu diesem Zeitpunkt geltenden Fassung anzuwenden.

(5) Soweit noch keine Verordnung nach § 153 Absatz 2 erlassen ist, gelten die Maßstäbe des § 30 Absatz 1 des Bundesversorgungsgesetzes und der auf Grund des § 30 Absatz 16 des Bundesversorgungsgesetzes erlassenen Rechtsverordnungen entsprechend.

(6) Bestehende Integrationsvereinbarungen im Sinne des § 83 in der bis zum 30. Dezember 2016 geltenden Fassung gelten als Inklusionsvereinbarungen fort.

(7) Die nach § 22 in der am 31. Dezember 2017 geltenden Fassung bis zu diesem Zeitpunkt errichteten gemeinsamen Servicestellen bestehen längstens bis zum 31. Dezember 2018. Für die Aufgaben der nach Satz 1 im Jahr 2018 bestehenden gemeinsamen Servicestellen gilt § 22 in der am 31. Dezember 2017 geltenden Fassung entsprechend.

(8) Bis zum 31. Dezember 2019 treten an die Stelle der Träger der Eingliederungshilfe als Rehabilitationsträger im Sinne dieses Buches die Träger der Sozialhilfe nach § 3 des Zwölften Buches, soweit sie zur Erbringung von Leistungen der Eingliederungshilfe für Menschen mit Behinderungen nach § 8 Nummer 4 des Zwölften Buches bestimmt sind.

(9) § 221 Absatz 2 Satz 1 ist mit folgender Maßgabe anzuwenden:

1. Ab dem 1. August 2019 beträgt der Grundbetrag mindestens 80 Euro monatlich.
2. Ab dem 1. Januar 2020 beträgt der Grundbetrag mindestens 89 Euro monatlich.
3. Ab dem 1. Januar 2021 beträgt der Grundbetrag mindestens 99 Euro monatlich.
4. Ab dem 1. Januar 2022 bis zum 31. Dezember 2022 beträgt der Grundbetrag mindestens 109 Euro monatlich.

30 IXa. Schwerbehinderten-Ausgleichsabgabeverordnung – SchwbAV

vom 28. März 1988 (BGBl. I 484),
zuletzt geändert durch Gesetz vom 10. Dezember 2019 (BGBl. I 2135)

Einleitung

(siehe bei Nr. 30 IX)

Verordnungstext

Erster Abschnitt *(weggefallen)*

§§ 1–13 *(weggefallen)*

Zweiter Abschnitt – Förderung der Teilhabe schwerbehinderter Menschen am Arbeitsleben aus Mitteln der Ausgleichsabgabe durch die Integrationsämter

§ 14 Verwendungszwecke (1) Die Integrationsämter haben die ihnen zur Verfügung stehenden Mittel der Ausgleichsabgabe einschließlich der Zinsen, der Tilgungsbeträge aus Darlehen, der zurückgezahlen Zuschüsse sowie der unverbrauchten Mittel des Vorjahres zu verwenden für folgende Leistungen:

1. Leistungen zur Förderung des Arbeits- und Ausbildungsplatzangebots für schwerbehinderte Menschen,
2. Leistungen zur begleitenden Hilfe im Arbeitsleben, einschließlich der Durchführung von Aufklärungs-, Schulungs- und Bildungsmaßnahmen,
3. Leistungen für Einrichtungen zur Teilhabe schwerbehinderter Menschen am Arbeitsleben,
4. Leistungen zur Durchführung von Forschungs- und Modellvorhaben auf dem Gebiet der Teilhabe schwerbehinderter Menschen am Arbeitsleben, sofern ihnen ausschließlich oder überwiegend regionale Bedeutung zukommt oder beim Bundesministerium für Arbeit und Soziales beantragte Mittel aus dem Ausgleichsfonds nicht erbracht werden konnten,
5. Maßnahmen der beruflichen Orientierung und
6. Leistungen zur Deckung eines Teils der Aufwendungen für ein Budget für Arbeit oder für ein Budget für Ausbildung.

(2) Die Mittel der Ausgleichsabgabe sind vorrangig für die Förderung nach Absatz 1 Nr. 1 und 2 zu verwenden.

(3) Die Integrationsämter können sich an der Förderung von Vorhaben nach § 41 Abs. 1 Nr. 3 bis 6 durch den Ausgleichsfonds beteiligen.

1. Unterabschnitt – Leistungen zur Förderung des Arbeits- und Ausbildungsplatzangebots für schwerbehinderte Menschen

§ 15 Leistungen an Arbeitgeber zur Schaffung von Arbeits- und Ausbildungsplätzen für schwerbehinderte Menschen (1) Arbeitgeber können Darlehen oder Zuschüsse bis zur vollen Höhe der entstehenden notwendigen Kosten zu den Aufwendungen für folgende Maßnahmen erhalten:

1. die Schaffung neuer geeigneter, erforderlichenfalls behinderungsgerecht ausgestatteter Arbeitsplätze in Betrieben oder Dienststellen für schwerbehinderte Menschen,
   a) die ohne Beschäftigungspflicht oder über die Beschäftigungspflicht hinaus (§ 154 des Neunten Buches Sozialgesetzbuch) eingestellt werden sollen,
   b) die im Rahmen der Erfüllung der besonderen Beschäftigungspflicht gegenüber im Arbeits- und Berufsleben besonders betroffenen schwerbehinderten Menschen (§ 154 Absatz 1 Satz 2 und § 155 des Neunten Buches Sozialgesetzbuch) eingestellt werden sollen,
   c) die nach einer längerfristigen Arbeitslosigkeit von mehr als 12 Monaten eingestellt werden sollen,
   d) die im Anschluß an eine Beschäftigung in einer anerkannten Werkstatt für behinderte Menschen eingestellt werden sollen oder
   e) die zur Durchführung von Maßnahmen der besonderen Fürsorge und Förderung nach § 164 Absatz 3 Satz 1, Absatz 4 Satz 1 Nummer 1, 4 und 5 und Absatz 5 Satz 1 des Neunten Buches Sozialgesetzbuch auf einen neu zu schaffenden Arbeitsplatz umgesetzt werden sollen oder deren Beschäftigungsverhältnis ohne Umsetzung auf einen neu zu schaffenden Arbeitsplatz enden würde,
2. die Schaffung neuer geeigneter, erforderlichenfalls behinderungsgerecht ausgestatteter Ausbildungsplätze und Plätze zur sonstigen beruflichen Bildung für schwerbehinderte Menschen, insbesondere zur Teilnahme an Leistungen zur Teilhabe am Arbeitsleben nach § 49 Absatz 3 Nummer 4 des Neunten Buches Sozialgesetzbuch, in Betrieben oder Dienststellen,

wenn gewährleistet wird, daß die geförderten Plätze für einen nach Lage des Einzelfalles zu bestimmenden langfristigen Zeitraum schwerbehinderten Menschen vorbehalten bleiben. Leistungen können auch zu den Aufwendungen erbracht werden, die durch die Ausbildung schwerbehinderter Menschen im Gebrauch der nach Satz 1 geförderten Gegenstände entstehen.

(2) Leistungen sollen nur erbracht werden, wenn sich der Arbeitgeber in einem angemessenen Verhältnis an den Gesamtkosten beteiligt. Sie können nur erbracht werden, soweit Mittel für denselben Zweck nicht von anderer Seite zu erbringen sind oder erbracht werden. Art und Höhe der Leistung bestimmen sich nach den Umständen des Einzelfalles. Darlehen sollen mit jährlich 10 vom Hundert getilgt werden; von der Tilgung kann im Jahr der Auszahlung und dem darauf folgenden Kalenderjahr abgesehen werden. Auch von der Verzinsung kann abgesehen werden.

(3) Die behinderungsgerechte Ausstattung von Arbeits- und Ausbildungsplätzen und die Einrichtung von Teilzeitarbeitsplätzen können, wenn Leistungen nach Absatz 1 nicht erbracht werden, nach den Vorschriften über die begleitende Hilfe im Arbeitsleben (§ 26) gefördert werden.

§ 16 Arbeitsmarktprogramme für schwerbehinderte Menschen Die Integrationsämter können der Bundesagentur für Arbeit Mittel der Ausgleichsabgabe zur Durchführung befristeter regionaler Arbeitsmarktprogramme für schwerbehinderte Menschen gemäß § 187 Absatz 3 des Neunten Buches Sozialgesetzbuch zuweisen.

2. Unterabschnitt – Leistungen zur begleitenden Hilfe im Arbeitsleben

§ 17 Leistungsarten (1) Leistungen zur begleitenden Hilfe im Arbeitsleben können erbracht werden

1. an schwerbehinderte Menschen
   a) für technische Arbeitshilfen (§ 19),
   b) zum Erreichen des Arbeitsplatzes (§ 20),
   c) zur Gründung und Erhaltung einer selbständigen beruflichen Existenz (§ 21),
   d) zur Beschaffung, Ausstattung und Erhaltung einer behinderungsgerechten Wohnung (§ 22),
   e) *(weggefallen)*
   f) zur Teilnahme an Maßnahmen zur Erhaltung und Erweiterung beruflicher Kenntnisse und Fertigkeiten (§ 24) und
   g) in besonderen Lebenslagen (§ 25),
2. an Arbeitgeber
   a) zur behinderungsgerechten Einrichtung von Arbeits- und Ausbildungsplätzen für schwerbehinderte Menschen (§ 26),
   b) für Zuschüsse zu den Gebühren bei der Berufsausbildung besonders betroffener schwerbehinderter Jugendlicher und junger Erwachsener (§ 26 a),
   c) für Prämien und Zuschüsse zu den Kosten der Berufsausbildung behinderter Jugendlicher und junger Erwachsener (§ 26 b),
   d) für Prämien zur Einführung eines betrieblichen Eingliederungsmanagements (§ 26 c) und
   e) bei außergewöhnlichen Belastungen (§ 27),
3. an Träger von Inklusionsbetrieben zu den Kosten ihrer Inanspruchnahme (§ 27 a) einschließlich freier gemeinnütziger Einrichtungen und Organisationen zu den Kosten einer psychosozialen Betreuung schwerbehinderter Menschen (§ 28) sowie an Träger von Integrationsprojekten (§ 28 a).
4. zur Durchführung von Aufklärungs-, Schulungs- und Bildungsmaßnahmen (§ 29).

Daneben können solche Leistungen unter besonderen Umständen an Träger sonstiger Maßnahmen erbracht werden, die dazu dienen und geeignet sind, die Teilhabe schwerbehinderter Menschen am Arbeitsleben auf dem allgemeinen Arbeitsmarkt (Aufnahme, Ausübung oder Sicherung einer möglichst dauerhaften Beschäftigung) zu ermöglichen, zu erleichtern oder zu sichern.

(1 a) Schwerbehinderte Menschen haben im Rahmen der Zuständigkeit des Integrationsamtes für die begleitende Hilfe im Arbeitsleben aus den ihm aus der Ausgleichsabgabe zur Verfügung stehenden Mitteln Anspruch auf Übernahme der Kosten einer notwendigen Arbeitsassistenz.

(1 b) Schwerbehinderte Menschen haben im Rahmen der Zuständigkeit des Integrationsamtes aus den ihm aus der Ausgleichsabgabe zur Verfügung stehenden Mitteln Anspruch auf Übernahme der Kosten einer Berufsbegleitung nach § 55 Absatz 3 des Neunten Buches Sozialgesetzbuch.

(2) Andere als die in Absatz 1 bis 1 b genannten Leistungen, die der Teilhabe schwerbehinderter Menschen am Arbeitsleben nicht oder nur mittelbar dienen, können nicht erbracht werden. Insbesondere können medizinische Maßnahmen sowie Urlaubs- und Freizeitmaßnahmen nicht gefördert werden.

§ 18 Leistungsvoraussetzungen (1) Leistungen nach § 17 Abs. 1 bis 1 b dürfen nur erbracht werden, soweit Leistungen für denselben Zweck nicht von einem Rehabilitationsträger, vom Arbeitgeber oder von anderer Seite zu erbringen sind oder, auch wenn auf sie ein Rechtsanspruch nicht besteht, erbracht werden. Der Nachrang der Träger der Sozialhilfe gemäß § 2 des Zwölften Buches Sozialgesetzbuch und das Verbot der Aufstockung von Leistungen der Rehabilitationsträger durch Leistungen der Integrationsämter (§ 185 Absatz 6 Satz 2 letzter Halbsatz des Neunten Buches Sozialgesetzbuch) und die Möglichkeit der Integrationsämter, Leistungen der begleitenden Hilfe im Arbeitsleben vorläufig zu erbringen (§ 185 Absatz 7 Satz 3 des Neunten Buches Sozialgesetzbuch), bleiben unberührt.

(2) Leistungen an schwerbehinderte Menschen zur begleitenden Hilfe im Arbeitsleben können erbracht werden,

1. wenn die Teilhabe am Arbeitsleben auf dem allgemeinen Arbeitsmarkt unter Berücksichtigung von Art oder Schwere der Behinderung auf besondere Schwierigkeiten stößt und durch die Leistungen ermöglicht, erleichtert oder gesichert werden kann und
2. wenn es dem schwerbehinderten Menschen wegen des behinderungsbedingten Bedarfs nicht zuzumuten ist, die erforderlichen Mittel selbst aufzubringen. In den übrigen Fällen sind seine Einkommensverhältnisse zu berücksichtigen.

(3) Die Leistungen können als einmalige oder laufende Leistungen erbracht werden. Laufende Leistungen können in der Regel nur befristet erbracht werden. Leistungen können wiederholt erbracht werden.

I. Leistungen an schwerbehinderte Menschen

§ 19 Technische Arbeitshilfen Für die Beschaffung technischer Arbeitshilfen, ihre Wartung, Instandsetzung und die Ausbildung des schwerbehinderten Menschen im Gebrauch können die Kosten bis zur vollen Höhe übernommen werden. Gleiches gilt für die Ersatzbeschaffung und die Beschaffung zur Anpassung an die technische Weiterentwicklung.

§ 20 Hilfen zum Erreichen des Arbeitsplatzes Schwerbehinderte Menschen können Leistungen zum Erreichen des Arbeitsplatzes nach Maßgabe der Kraftfahrzeughilfe-Verordnung vom 28. September 1987 (BGBl. I S. 2251) erhalten.

§ 21 Hilfen zur Gründung und Erhaltung einer selbständigen beruflichen Existenz (1) Schwerbehinderte Menschen können Darlehen oder Zinszuschüsse zur Gründung und zur Erhaltung einer selbständigen beruflichen Existenz erhalten, wenn

1. sie die erforderlichen persönlichen und fachlichen Voraussetzungen für die Ausübung der Tätigkeit erfüllen,
2. sie ihren Lebensunterhalt durch die Tätigkeit voraussichtlich auf Dauer im wesentlichen sicherstellen können und
3. die Tätigkeit unter Berücksichtigung von Lage und Entwicklung des Arbeitsmarkts zweckmäßig ist.

(2) Darlehen sollen mit jährlich 10 vom Hundert getilgt werden. Von der Tilgung kann im Jahr der Auszahlung und dem darauffolgenden Kalenderjahr abgesehen werden. Satz 2 gilt, wenn Darlehen verzinslich gegeben werden, für die Verzinsung.

(3) Sonstige Leistungen zur Deckung von Kosten des laufenden Betriebs können nicht erbracht werden.

(4) Die §§ 17 bis 20 und die §§ 22 bis 27 sind zugunsten von schwerbehinderten Menschen, die eine selbständige Tätigkeit ausüben oder aufzunehmen beabsichtigen, entsprechend anzuwenden.

§ 22 Hilfen zur Beschaffung, Ausstattung und Erhaltung einer behinderungsgerechten Wohnung (1) Schwerbehinderte Menschen können Leistungen erhalten

1. zur Beschaffung von behinderungsgerechtem Wohnraum im Sinne des § 16 des Wohnraumförderungsgesetzes,
2. zur Anpassung von Wohnraum und seiner Ausstattung an die besonderen behinderungsbedingten Bedürfnisse und
3. zum Umzug in eine behinderungsgerechte oder erheblich verkehrsgünstiger zum Arbeitsplatz gelegene Wohnung.

(2) Leistungen können als Zuschüsse, Zinszuschüsse oder Darlehen erbracht werden. Höhe, Tilgung und Verzinsung bestimmen sich nach den Umständen des Einzelfalls.

(3) Leistungen von anderer Seite sind nur insoweit anzurechnen, als sie schwerbehinderten Menschen für denselben Zweck wegen der Behinderung zu erbringen sind oder erbracht werden.

§ 23 *(weggefallen)*

§ 24 Hilfen zur Teilnahme an Maßnahmen zur Erhaltung und Erweiterung beruflicher Kenntnisse und Fertigkeiten Schwerbehinderte Menschen, die an inner- oder außerbetrieblichen Maßnahmen der beruflichen Bildung zur Erhaltung und Erweiterung ihrer beruflichen Kenntnisse und Fertigkeiten oder zur Anpassung an die technische Entwicklung teilnehmen, vor allem an besonderen Fortbildungs- und Anpassungsmaßnahmen, die nach Art, Umfang und Dauer den Bedürfnissen dieser schwerbehinderten Menschen entsprechen, können Zuschüsse bis zur Höhe der ihnen durch die Teilnahme an diesen Maßnahmen entstehenden Aufwendungen erhalten. Hilfen können auch zum beruflichen Aufstieg erbracht werden.

§ 25 Hilfen in besonderen Lebenslagen Andere Leistungen zur begleitenden Hilfe im Arbeitsleben als die in den §§ 19 bis 24 geregelten Leistungen können an schwerbehinderte Menschen erbracht werden, wenn und soweit sie unter Berücksichtigung von Art oder Schwere der Behinderung erforderlich sind, um die Teilhabe am Arbeitsleben auf dem allgemeinen Arbeitsmarkt zu ermöglichen, zu erleichtern oder zu sichern.

II. Leistungen an Arbeitgeber

§ 26 Leistungen zur behinderungsgerechten Einrichtung von Arbeits- und Ausbildungsplätzen für schwerbehinderte Menschen (1) Arbeitgeber können Darlehen oder Zuschüsse bis zur vollen Höhe der entstehenden notwendigen Kosten für folgende Maßnahmen erhalten:

1. die behinderungsgerechte Einrichtung und Unterhaltung der Arbeitsstätten einschließlich der Betriebsanlagen, Maschinen und Geräte,
2. die Einrichtung von Teilzeitarbeitsplätzen für schwerbehinderte Menschen, insbesondere wenn eine Teilzeitbeschäftigung mit einer Dauer auch von weniger als 18 Stunden, wenigstens aber 15 Stunden, wöchentlich wegen Art oder Schwere der Behinderung notwendig ist,
3. die Ausstattung von Arbeits- oder Ausbildungsplätzen mit notwendigen technischen Arbeitshilfen, deren Wartung und Instandsetzung sowie die Ausbildung des schwerbehinderten Menschen im Gebrauch der nach den Nummern 1 bis 3 geförderten Gegenstände,

4. sonstige Maßnahmen, durch die eine möglichst dauerhafte behinderungsgerechte Beschäftigung schwerbehinderter Menschen in Betrieben oder Dienststellen ermöglicht, erleichtert oder gesichert werden kann.

Gleiches gilt für Ersatzbeschaffungen oder Beschaffungen zur Anpassung an die technische Weiterentwicklung.

(2) Art und Höhe der Leistung bestimmen sich nach den Umständen des Einzelfalls, insbesondere unter Berücksichtigung, ob eine Verpflichtung des Arbeitgebers zur Durchführung von Maßnahmen nach Absatz 1 gemäß § 164 Absatz 3 Satz 1, Absatz 4 Satz 1 Nummer 4 und 5 und Absatz 5 Satz 1 des Neunten Buches Sozialgesetzbuch besteht und erfüllt wird sowie ob schwerbehinderte Menschen ohne Beschäftigungspflicht oder über die Beschäftigungspflicht hinaus (§ 154 des Neunten Buches Sozialgesetzbuch) oder im Rahmen der Erfüllung der besonderen Beschäftigungspflicht gegenüber bei der Teilhabe am Arbeitsleben besonders betroffenen schwerbehinderten Menschen (§ 154 Absatz 1 Satz 2 und § 155 des Neunten Buches Sozialgesetzbuch) beschäftigt werden.

(3) § 15 Abs. 2 Satz 1 und 2 gilt entsprechend.

§ 26 a Zuschüsse zu den Gebühren bei der Berufsausbildung besonders betroffener schwerbehinderter Jugendlicher und junger Erwachsender Arbeitgeber, die ohne Beschäftigungspflicht (§ 154 Absatz 1 des Neunten Buches Sozialgesetzbuch) besonders betroffene schwerbehinderte Menschen zur Berufsausbildung einstellen, können Zuschüsse zu den Gebühren, insbesondere Prüfungsgebühren bei der Berufsausbildung, erhalten.

§ 26 b Prämien und Zuschüsse zu den Kosten der Berufsausbildung behinderter Jugendlicher und junger Erwachsener Arbeitgeber können Prämien und Zuschüsse zu den Kosten der Berufsausbildung behinderter Jugendlicher und junger Erwachsener erhalten, die für die Zeit der Berufsausbildung schwerbehinderten Menschen nach § 151 Absatz 4 des Neunten Buches Sozialgesetzbuch gleichgestellt sind.

§ 26 c Prämien zur Einführung eines betrieblichen Eingliederungsmanagements Arbeitgeber können zur Einführung eines betrieblichen Eingliederungsmanagements Prämien erhalten.

§ 27 Leistungen bei außergewöhnlichen Belastungen (1) Arbeitgeber können Zuschüsse zur Abgeltung außergewöhnlicher Belastungen erhalten, die mit der Beschäftigung eines schwerbehinderten Menschen verbunden sind, der nach Art oder Schwere seiner Behinderung im Arbeits- und Berufsleben besonders betroffen ist (§ 155 Absatz 1 Nummer 1 Buchstabe a bis d des Neunten Buches Sozialgesetzbuch) oder im Anschluss an eine Beschäftigung in einer anerkannten Werkstatt für behinderte Menschen oder bei einem anderen Leistungsanbieter im Sinne des § 60 des Neunten Buches Sozialgesetzbuch oder in Teilzeit (§ 158 Absatz 2 des Neunten Buches Sozialgesetzbuch) beschäftigt wird, vor allem, wenn ohne diese Leistungen das Beschäftigungsverhältnis gefährdet würde. Leistungen nach Satz 1 können auch in Probebeschäftigungen und Praktika erbracht werden, die ein in einer Werkstatt für behinderte Menschen beschäftigter schwerbehinderter Mensch im Rahmen von Maßnahmen zur Förderung des Übergangs auf den allgemeinen Arbeitsmarkt (§ 5 Abs. 4 der Werkstättenverordnung) absolviert, wenn die dem Arbeitgeber entstehenden außergewöhnlichen Belastungen nicht durch die in dieser Zeit erbrachten Leistungen der Rehabilitationsträger abgedeckt werden.

(2) Außergewöhnliche Belastungen sind überdurchschnittlich hohe finanzielle Aufwendungen oder sonstige Belastungen, die einem Arbeitgeber bei der Beschäftigung eines

schwerbehinderten Menschen auch nach Ausschöpfung aller Möglichkeiten entstehen und für die die Kosten zu tragen für den Arbeitgeber nach Art und Höhe unzumutbar ist.
(3) Für die Zuschüsse zu notwendigen Kosten nach Absatz 2 gilt § 26 Abs. 2 entsprechend.
(4) Die Dauer des Zuschusses bestimmt sich nach den Umständen des Einzelfalls.

§ 27 a Leistungen an Integrationsfachdienste Träger von Integrationsfachdiensten im Sinne des Kapitels 7 des Teils 3 des Neunten Buches Sozialgesetzbuch können Leistungen nach § 196 des Neunten Buches Sozialgesetzbuch zu den durch ihre Inanspruchnahme entstehenden notwendigen Kosten erhalten.

III. Sonstige Leistungen

§ 28 Leistungen zur Durchführung der psychosozialen Betreuung schwerbehinderter Menschen (1) Freie gemeinnützige Träger psychosozialer Dienste, die das Integrationsamt an der Durchführung der ihr obliegenden Aufgabe der im Einzelfall erforderlichen psychosozialen Betreuung Schwerbehinderter unter Fortbestand ihrer Verantwortlichkeit beteiligt, können Leistungen zu den daraus entstehenden notwendigen Kosten erhalten.
(2) Leistungen nach Absatz 1 setzen voraus, daß
1. der psychosoziale Dienst nach seiner personellen, räumlichen und sächlichen Ausstattung zur Durchführung von Maßnahmen der psychosozialen Betreuung geeignet ist, insbesondere mit Fachkräften ausgestattet ist, die über eine geeignete Berufsqualifikation, eine psychosoziale Zusatzqualifikation und ausreichende Berufserfahrung verfügen, und
2. die Maßnahmen
   a) nach Art, Umfang und Dauer auf die Aufnahme, Ausübung oder Sicherung einer möglichst dauerhaften Beschäftigung schwerbehinderter Menschen auf dem allgemeinen Arbeitsmarkt ausgerichtet und dafür geeignet sind,
   b) nach den Grundsätzen der Wirtschaftlichkeit und Sparsamkeit durchgeführt werden, insbesondere die Kosten angemessen sind, und
   c) aufgrund einer Vereinbarung zwischen dem Integrationsamt und dem Träger des psychosozialen Dienstes durchgeführt werden.

Leistungen können gleichermaßen für Maßnahmen für schwerbehinderte Menschen erbracht werden, die diesen Dienst unter bestimmten, in der Vereinbarung näher zu regelnden Voraussetzungen im Einvernehmen mit dem Integrationsamt unmittelbar in Anspruch nehmen.
(3) Leistungen sollen in der Regel bis zur vollen Höhe der notwendigen Kosten erbracht werden, die aus der Beteiligung an den im Einzelfall erforderlichen Maßnahmen entstehen. Das Nähere über die Höhe der zu übernehmenden Kosten, ihre Erfassung, Darstellung und Abrechnung bestimmt sich nach der Vereinbarung zwischen dem Integrationsamt und dem Träger des psychosozialen Dienstes gemäß Absatz 2 Satz 1 Nr. 2 Buchstabe c.

§ 28 a Leistungen an Inklusionsbetriebe Inklusionsbetriebe im Sinne des Kapitels 11 des Teils 3 des Neunten Buches Sozialgesetzbuch können Leistungen für Aufbau, Erweiterung, Modernisierung und Ausstattung einschließlich einer betriebswirtschaftlichen Beratung und besonderen Aufwand erhalten.

§ 29 Leistungen zur Durchführung von Aufklärungs-, Schulungs- und Bildungsmaßnahmen (1) Die Durchführung von Schulungs- und Bildungsmaßnahmen für Vertrauenspersonen schwerbehinderter Menschen, Beauftragte der Arbeitgeber, Betriebs-, Personal-, Richter-, Staatsanwalts- und Präsidialräte sowie die Mitglieder der Stufenvertretungen wird gefördert, wenn es sich um Veranstaltungen der Integrationsämter im Sinne des § 185 Absatz 2 Satz 6 des Neunten Buches Sozialgesetzbuch handelt. Die Durchführung von Maßnahmen im Sinne des Satzes 1 durch andere Träger kann gefördert werden, wenn die Maßnahmen erforderlich und die Integrationsämter an ihrer inhaltlichen Gestaltung maßgeblich beteiligt sind.

(2) Aufklärungsmaßnahmen sowie Schulungs- und Bildungsmaßnahmen für andere als in Absatz 1 genannte Personen, die die Teilhabe schwerbehinderter Menschen am Arbeitsleben zum Gegenstand haben, können gefördert werden. Dies gilt auch für die Qualifizierung des nach § 185 Absatz 1 des Neunten Buches Sozialgesetzbuch einzusetzenden Personals sowie für notwendige Informationsschriften und -veranstaltungen über Rechte, Pflichten, Leistungen und sonstige Eingliederungshilfen sowie Nachteilsausgleiche nach dem Neunten Buch Sozialgesetzbuch und anderen Vorschriften.

3. Unterabschnitt – Leistungen für Einrichtungen zur Teilhabe schwerbehinderter Menschen am Arbeitsleben

§ 30 Förderungsfähige Einrichtungen (1) Leistungen können für die Schaffung, Erweiterung, Ausstattung und Modernisierung folgender Einrichtungen erbracht werden:

1. betriebliche, überbetriebliche und außerbetriebliche Einrichtungen zur Vorbereitung von behinderten Menschen auf eine berufliche Bildung oder die Teilhabe am Arbeitsleben,
2. betriebliche, überbetriebliche und außerbetriebliche Einrichtungen zur beruflichen Bildung behinderter Menschen,
3. Einrichtungen, soweit sie während der Durchführung von Leistungen zur medizinischen Rehabilitation behinderte Menschen auf eine berufliche Bildung oder die Teilhabe am Arbeitsleben vorbereiten,
4. Werkstätten für Behinderte im Sinne des § 219 des Neunten Buches Sozialgesetzbuch,
5. Blindenwerkstätten mit einer Anerkennung auf Grund des Blindenwarenvertriebsgesetzes vom 9. April 1965 (BGBl. I S. 311) in der bis zum 13. September 2007 geltenden Fassung,
6. Wohnstätten für behinderte Menschen, die auf dem allgemeinen Arbeitsmarkt, in Werkstätten für Behinderte oder in Blindenwerkstätten tätig sind.
7. *(weggefallen)*

Zur länderübergreifenden Bedarfsbeurteilung wird das Bundesministerium für Arbeit und Soziales bei der Planung neuer oder Erweiterung bestehender Einrichtungen nach Satz 1 Nr. 4 bis 6 beteiligt.

(2) Öffentliche oder gemeinnützige Träger eines besonderen Beförderungsdienstes für behinderte Menschen können Leistungen zur Beschaffung und behinderungsgerechten Ausstattung von Kraftfahrzeugen erhalten. Die Höhe der Leistung bestimmt sich nach dem Umfang, in dem der besondere Beförderungsdienst für Fahrten schwerbehinderter Menschen von und zur Arbeitsstätte benutzt wird.

(3) Leistungen zur Deckung von Kosten des laufenden Betriebs dürfen nur ausnahmsweise erbracht werden, wenn hierdurch der Verlust bestehender Beschäftigungsmöglichkeiten für behinderte Menschen abgewendet werden kann. Für Einrichtungen nach Absatz 1 Nr. 4 bis 6 sind auch Leistungen zur Deckung eines Miet- oder Pachtzinses zulässig.

§ 31 Förderungsvoraussetzungen (1) Die Einrichtungen im Sinne des § 30 Abs. 1 können gefördert werden, wenn sie
1. ausschließlich oder überwiegend behinderte Menschen aufnehmen, die Leistungen eines Rehabilitationsträgers in Anspruch nehmen,
2. behinderten Menschen unabhängig von der Ursache der Behinderung und unabhängig von der Mitgliedschaft in der Organisation des Trägers der Einrichtung offenstehen und
3. nach ihrer personellen, räumlichen und sächlichen Ausstattung die Gewähr dafür bieten, daß die Rehabilitationsmaßnahmen nach zeitgemäßen Erkenntnissen durchgeführt werden und einer dauerhaften Teilhabe am Arbeitsleben dienen.

(2) Darüber hinaus setzt die Förderung voraus bei
1. Einrichtungen im Sinne des § 30 Abs. 1 Nr. 1:
   Die in diesen Einrichtungen durchzuführenden Maßnahmen sollen den individuellen Belangen der behinderten Menschen Rechnung tragen und sowohl eine werkspraktische wie fachtheoretische Unterweisung umfassen. Eine begleitende Betreuung entsprechend den Bedürfnissen der behinderten Menschen muß sichergestellt sein. Maßnahmen zur Vorbereitung auf eine berufliche Bildung sollen sich auf mehrere Berufsfelder erstrecken und Aufschluß über Neigung und Eignung der behinderten Menschen geben.
2. Einrichtungen im Sinne des § 30 Abs. 1 Nr. 2:
   a) Die Eignungsvoraussetzungen nach den §§ 27 bis 30 des Berufsbildungsgesetzes oder nach den §§ 21 bis 22 b der Handwerksordnung zur Ausbildung in anerkannten Ausbildungsberufen müssen erfüllt sein. Dies gilt auch für Ausbildungsgänge, die nach § 66 des Berufsbildungsgesetzes oder nach § 42 m der Handwerksordnung durchgeführt werden.
   b) Außer- oder überbetriebliche Einrichtungen sollen unter Einbeziehung von Plätzen für berufsvorbereitende Maßnahmen über in der Regel mindestens 200 Plätze für die berufliche Bildung in mehreren Berufsfeldern verfügen. Sie müssen in der Lage sein, behinderte Menschen mit besonderer Art oder Schwere der Behinderung beruflich zu bilden. Sie müssen über die erforderliche Zahl von Ausbildern und die personellen und sächlichen Voraussetzungen für eine begleitende ärztliche, psychologische und soziale Betreuung entsprechend den Bedürfnissen der behinderten Menschen verfügen. Bei Unterbringung im Internat muß die behinderungsgerechte Betreuung sichergestellt sein. Die Einrichtungen sind zur vertrauensvollen Zusammenarbeit insbesondere untereinander und mit den für die Rehabilitation zuständigen Behörden verpflichtet.
3. Einrichtungen im Sinne des § 30 Abs. 1 Nr. 3:
   Die in diesen Einrichtungen in einem ineinandergreifenden Verfahren durchzuführenden Leistungen zur medizinischen Rehabilitation und zur Teilhabe am Arbeitsleben müssen entsprechend den individuellen Gegebenheiten so ausgerichtet sein, daß nach Abschluß dieser Maßnahmen ein möglichst nahtloser Übergang in eine berufliche Bildungsmaßnahme oder in das Arbeitsleben gewährleistet ist. Für die Durchführung der Maßnahmen müssen besondere Fachdienste zur Verfügung stehen.
4. Werkstätten für behinderte Menschen im Sinne des § 30 Abs. 1 Nr. 4:
   Sie müssen gemäß § 225 des Neunten Buches Sozialgesetzbuch anerkannt sein oder voraussichtlich anerkannt werden.
5. Blindenwerkstätten im Sinne des § 30 Abs. 1 Nr. 5:
   Sie müssen auf Grund des Blindenwarenvertriebsgesetzes anerkannt sein.
6. Wohnstätten im Sinne des § 30 Abs. 1 Nr. 6:
   Sie müssen hinsichtlich ihrer baulichen Gestaltung, Wohnflächenbemessung und Ausstattung den besonderen Bedürfnissen der behinderten Menschen entsprechen. Die

Aufnahme auch von behinderten Menschen, die nicht im Arbeitsleben stehen, schließt eine Förderung entsprechend dem Anteil der im Arbeitsleben stehenden schwerbehinderten Menschen nicht aus. Der Verbleib von schwerbehinderten Menschen, die nicht mehr im Arbeitsleben stehen, insbesondere von schwerbehinderten Menschen nach dem Ausscheiden aus einer Werkstatt für behinderte Menschen, beeinträchtigt nicht die zweckentsprechende Verwendung der eingesetzten Mittel.

§ 32 Förderungsgrundsätze (1) Leistungen sollen nur erbracht werden, wenn sich der Träger der Einrichtung in einem angemessenen Verhältnis an den Gesamtkosten beteiligt und alle anderen Finanzierungsmöglichkeiten aus Mitteln der öffentlichen Hände und aus privaten Mitteln in zumutbarer Weise in Anspruch genommen worden sind.
(2) Leistungen dürfen nur erbracht werden, soweit Leistungen für denselben Zweck nicht von anderer Seite zu erbringen sind oder erbracht werden. Werden Einrichtungen aus Haushaltsmitteln des Bundes oder anderer öffentlicher Hände gefördert, ist eine Förderung aus Mitteln der Ausgleichsabgabe nur zulässig, wenn der Förderungszweck sonst nicht erreicht werden kann.
(3) Leistungen können nur erbracht werden, wenn ein Bedarf an entsprechenden Einrichtungen festgestellt und die Deckung der Kosten des laufenden Betriebs gesichert ist.
(4) Eine Nachfinanzierung aus Mitteln der Ausgleichsabgabe ist nur zulässig, wenn eine Förderung durch die gleiche Stelle vorangegangen ist.

§ 33 Art und Höhe der Leistungen (1) Leistungen können als Zuschüsse oder Darlehen erbracht werden. Zuschüsse sind auch Zinszuschüsse zur Verbilligung von Fremdmitteln.
(2) Art und Höhe der Leistungen bestimmen sich nach den Umständen des Einzelfalls, insbesondere nach dem Anteil der schwerbehinderten Menschen an der Gesamtzahl des aufzunehmenden Personenkreises, nach der wirtschaftlichen Situation der Einrichtung und ihres Trägers sowie nach Bedeutung und Dringlichkeit der beabsichtigten Rehabilitationsmaßnahmen.

§ 34 Tilgung und Verzinsung von Darlehen (1) Darlehen nach § 33 sollen jährlich mit 2 vom Hundert getilgt und mit 2 vom Hundert verzinst werden; bei Ausstattungsinvestitionen beträgt die Tilgung 10 vom Hundert. Die durch die fortschreitende Tilgung ersparten Zinsen wachsen den Tilgungsbeträgen zu.
(2) Von der Tilgung und Verzinsung von Darlehen kann bis zum Ablauf von zwei Jahren nach Inbetriebnahme abgesehen werden.

Dritter Abschnitt – Ausgleichsfonds

1. Unterabschnitt – Gestaltung des Ausgleichsfonds

§ 35 Rechtsform Der Ausgleichsfonds für überregionale Vorhaben zur Teilhabe schwerbehinderter Menschen am Arbeitsleben (Ausgleichsfonds) ist ein nicht rechtsfähiges Sondervermögen des Bundes mit eigener Wirtschafts- und Rechnungsführung. Er ist von den übrigen Vermögen des Bundes, seinen Rechten und Verbindlichkeiten getrennt zu halten. Für Verbindlichkeiten, die das Bundesministerium für Arbeit und Soziales als Verwalter des Ausgleichsfonds eingeht, haftet nur der Ausgleichsfonds; der Ausgleichsfonds haftet nicht für die sonstigen Verbindlichkeiten des Bundes.

§ 36 Weiterleitung der Mittel an den Ausgleichsfonds Die Integrationsämter leiten zum 30. Juni eines jeden Jahres 20 vom Hundert des im Zeitraum vom 1. Juni des vorangegangenen Jahres bis zum 31. Mai des Jahres eingegangenen Aufkommens an Ausgleichsabgabe an den Ausgleichsfonds weiter. Sie teilen dem Bundesministerium für Arbeit und Soziales zum 30. Juni eines jeden Jahres das Aufkommen an Ausgleichsabgabe für das vorangegangene Kalenderjahr auf der Grundlage des bis zum 31. Mai des Jahres tatsächlich an die Integrationsämter gezahlten Aufkommens mit. Sie teilen zum 31. Januar eines jeden Jahres das Aufkommen an Ausgleichsabgabe für das vorvergangene Kalenderjahr dem Bundesministerium für Arbeit und Soziales mit.

§ 37 Anwendung der Vorschriften der Bundeshaushaltsordnung Für den Ausgleichsfonds gelten die Bundeshaushaltsordnung sowie die zu ihrer Ergänzung und Durchführung erlassenen Vorschriften entsprechend, soweit die Vorschriften dieser Verordnung nichts anderes bestimmen.

§ 38 Aufstellung eines Wirtschaftsplans (1) Für jedes Kalenderjahr (Wirtschaftsjahr) ist ein Wirtschaftsplan aufzustellen.

(2) Der Wirtschaftsplan enthält alle im Wirtschaftsjahr
1. zu erwartenden Einnahmen,
2. voraussichtlich zu leistenden Ausgaben und
3. voraussichtlich benötigten Verpflichtungsermächtigungen.

Zinsen, Tilgungsbeträge aus Darlehen, zurückgezahlte Zuschüsse sowie unverbrauchte Mittel des Vorjahres fließen dem Ausgleichsfonds als Einnahmen zu.

(3) Der Wirtschaftsplan ist in Einnahmen und Ausgaben auszugleichen.

(4) Die Ausgaben sind gegenseitig deckungsfähig.

(5) Die Ausgaben sind übertragbar.

§ 39 Feststellung des Wirtschaftsplans Das Bundesministerium für Arbeit und Soziales stellt im Benehmen mit dem Bundesministerium der Finanzen und im Einvernehmen mit dem Beirat für die Teilhabe behinderter Menschen (Beirat) den Wirtschaftsplan fest. § 1 der Bundeshaushaltsordnung findet keine Anwendung.

§ 40 Ausführung des Wirtschaftsplans (1) Bei der Vergabe der Mittel des Ausgleichsfonds sind die jeweils gültigen Allgemeinen Nebenbestimmungen für Zuwendungen des Bundes zugrunde zu legen. Von ihnen kann im Einvernehmen mit dem Bundesministerium der Finanzen abgewichen werden.

(2) Verpflichtungen, die in Folgejahren zu Ausgaben führen, dürfen nur eingegangen werden, wenn die Finanzierung der Ausgaben durch das Aufkommen an Ausgleichsabgabe gesichert ist.

(3) Überschreitungen der Ausgabeansätze sind nur zulässig, wenn
1. hierfür ein unvorhergesehenes und unabweisbares Bedürfnis besteht und
2. entsprechende Einnahmeerhöhungen vorliegen.

Außerplanmäßige Ausgaben sind nur zulässig, wenn
1. hierfür ein unvorhergesehenes und unabweisbares Bedürfnis besteht und
2. Beträge in gleicher Höhe bei anderen Ausgabeansätzen eingespart werden oder entsprechende Einnahmeerhöhungen vorliegen.

Die Entscheidung hierüber trifft das Bundesministerium für Arbeit und Soziales im Benehmen mit dem Bundesministerium der Finanzen und im Einvernehmen mit dem Beirat.

(4) Bis zur bestimmungsmäßigen Verwendung sind die Ausgabemittel verzinslich anzulegen.

2. Unterabschnitt – Förderung der Teilhabe schwerbehinderter Menschen am Arbeitsleben aus Mitteln des Ausgleichsfonds

§ 41 Verwendungszwecke (1) Die Mittel aus dem Ausgleichsfonds sind zu verwenden für
1. Zuweisungen an die Bundesagentur für Arbeit zur besonderen Förderung der Teilhabe schwerbehinderter Menschen am Arbeitsleben, insbesondere durch Eingliederungszuschüsse und Zuschüsse zur Ausbildungsvergütung nach dem Dritten Buch Sozialgesetzbuch, und zwar ab 2009 jährlich in Höhe von 16 vom Hundert des Aufkommens an Ausgleichsabgabe,
2. befristete überregionale Programme zum Abbau der Arbeitslosigkeit schwerbehinderter Menschen, besonderer Gruppen von schwerbehinderten Menschen (§ 155 des Neunten Buches Sozialgesetzbuch) oder schwerbehinderter Frauen sowie zur Förderung des Ausbildungsplatzangebots für schwerbehinderte Menschen,
3. Einrichtungen nach § 30 Abs. 1 Nr. 1 bis 3, soweit sie den Interessen mehrerer Länder dienen; Einrichtungen dienen den Interessen mehrerer Länder auch dann, wenn sie Bestandteil eines abgestimmten Plans sind, der ein länderübergreifendes Netz derartiger Einrichtungen zum Gegenstand hat,
4. überregionale Modellvorhaben zur Weiterentwicklung der Förderung der Teilhabe schwerbehinderter Menschen am Arbeitsleben, insbesondere durch betriebliches Eingliederungsmanagement, und der Förderung der Ausbildung schwerbehinderter Jugendlicher,
5. die Entwicklung technischer Arbeitshilfen und
6. Aufklärungs-, Fortbildungs- und Forschungsmaßnahmen auf dem Gebiet der Teilhabe schwerbehinderter Menschen am Arbeitsleben, sofern diesen Maßnahmen überregionale Bedeutung zukommt.

(2) Die Mittel des Ausgleichsfonds sind vorrangig für die Eingliederung schwerbehinderter Menschen auf den allgemeinen Arbeitsmarkt zu verwenden.

(3) Der Ausgleichsfonds kann sich an der Förderung von Forschungs- und Modellvorhaben durch die Integrationsämter nach § 14 Abs. 1 Nr. 4 beteiligen, sofern diese Vorhaben auch für andere Länder oder den Bund von Bedeutung sein können.

(4) Die §§ 31 bis 34 gelten entsprechend.

3. Unterabschnitt – Verfahren zur Vergabe der Mittel des Ausgleichsfonds

§ 42 Anmeldeverfahren und Anträge Leistungen aus dem Ausgleichsfonds sind vom Träger der Maßnahme beim Bundesministerium für Arbeit und Soziales zu beantragen, in den Fällen des § 41 Abs. 1 Nr. 3 nach vorheriger Abstimmung mit dem Land, in dem der Integrationsbetrieb oder die Integrationsabteilung oder die Einrichtung ihren Sitz hat oder haben soll. Das Bundesministerium für Arbeit und Soziales leitet die Anträge mit seiner Stellungnahme dem Beirat zu.

§ 43 Vorschlagsrecht des Beirats (1) Der Beirat nimmt zu den Anträgen Stellung. Die Stellungnahme hat einen Vorschlag zu enthalten, ob, in welcher Höhe sowie unter welchen Bedingungen und Auflagen Mittel des Ausgleichsfonds vergeben werden sollen.

(2) Der Beirat kann unabhängig vom Vorliegen oder in Abwandlung eines schriftlichen oder elektronsichen Antrags Vorhaben zur Förderung vorschlagen.

§ 44 Entscheidung (1) Das Bundesministerium für Arbeit und Soziales entscheidet über die Anträge aufgrund der Vorschläge des Beirats durch schriftlichen oder elektronischen Bescheid.
(2) Der Beirat ist über die getroffene Entscheidung zu unterrichten.

§ 45 Vorhaben des Bundesministeriums für Arbeit und Soziales Für Vorhaben des Bundesministeriums für Arbeit und Soziales, die dem Beirat zur Stellungnahme zuzuleiten sind, gelten die §§ 43 und 44 entsprechend.

Vierter Abschnitt – Schlußvorschriften

§ 46 Übergangsregelungen (1) Abweichend von § 41 können Mittel des Ausgleichsfonds verwendet werden zur Förderung von Inklusionsbetrieben und -abteilungen nach Kapitel 11 des Teils 3 des Neunten Buches Sozialgesetzbuch, die nicht von öffentlichen Arbeitgebern im Sinne des § 154 Absatz 2 des Neunten Buches Sozialgesetzbuch geführt werden, soweit die Förderung bis zum 31. Dezember 2003 bewilligt worden ist, sowie für die Förderung von Einrichtungen nach § 30 Absatz 1 Satz 1 Nummer 4 bis 6, soweit Leistungen als Zinszuschüsse oder Zuschüsse zur Deckung eines Miet- oder Pachtzinses für bis zum 31. Dezember 2004 bewilligte Projekte erbracht werden.

§ 47 Inkrafttreten, Außerkrafttreten Diese Verordnung tritt am Tage nach der Verkündung in Kraft.

30 X. Sozialgesetzbuch (SGB) Zehntes Buch Verwaltungsverfahren, Schutz der Sozialdaten, Zusammenarbeit der Leistungsträger und ihre Beziehungen zu Dritten

Einleitung

Die ersten beiden Kapitel des SGB X (Gesetz vom 4. 11. 1982, BGBl. I 1469) enthalten das sozialrechtliche Verwaltungsverfahren und eine detaillierte Regelung des Schutzes der Sozialdaten. Das sozialrechtliche Verwaltungsverfahren ist ausdrücklich aus dem Anwendungsbereich des allgemeinen Verwaltungsverfahrensgesetzes vom 25. 5. 1976 (BGBl. I 1253, dort § 2 Abs. 2 Nr. 4) ausgenommen. Es ist neben dem Verfahren in der Finanzverwaltung, für das die Abgabenordnung vom 16. 3. 1976 (BGBl. I 163) gilt, ein zweiter großer Verwaltungsbereich, für den eigene Verfahrensregelungen gelten.

Eine wichtige Abweichung gegenüber dem allgemeinen Verwaltungsverfahren ist die Kostenfreiheit des sozialrechtlichen Verfahrens (§ 64 SGB X). Kostenfrei sind daher auch Beratungen durch die Sozialleistungsträger nach § 14 SGB I. Es ist vor diesem Hintergrund verfassungsrechtlich nicht zu beanstanden, wenn Beratungshilfe nach dem Beratungshilfegesetz (BerHG v. 18. 6. 1980, BGBl. I 689) für anwaltliche Beratung unter Verweis auf § 14 SGB I versagt wird (*BVerfG* 14. 12. 2011 – 1 BvR 2735/11, NZS 12, 339).

Am meisten umstritten war anfänglich die Regelung der Sozialdaten (vgl. bis 42. Aufl.). Nach Inkrafttreten der Europäischen Datenschutz-Grundverordnung (Nr. 15 a) erfolgte durch Art. 24 des Gesetzes zur Änderung des Bundesversorgungsgesetzes und anderer Vorschriften (v. 17. 7. 2017, BGBl. I 2541) eine vollständige Neufassung der §§ 67 ff., die ergänzend den Sozialdatenschutz regeln.

Das 3. Kapitel über die Zusammenarbeit der Leistungsträger und ihre Beziehungen zu Dritten ist mit Gesetz vom 4. 11. 1982 (BGBl. I 1450) angefügt worden.

§ 115 regelt den gesetzlichen Übergang des Anspruchs auf Arbeitsentgelt auf einen Sozialleistungsträger, wenn dieser dem Arbeitnehmer eine Lohnersatzleistung für die gleiche Zeit erbracht hat (*Waltermann,* NJW 96, 1644). Ein wichtiger Fall ist die sog. Gleichwohlgewährung von Arbeitslosengeld nach § 157 Abs. 3 SGB III (Nr. 30 III): Der Arbeitnehmer hätte an sich keinen Anspruch auf Arbeitslosengeld, weil der Arbeitgeber Entgelt schuldet. Zahlt der Arbeitgeber aber nicht, kann der Arbeitnehmer »gleichwohl« Arbeitslosengeld beanspruchen und der Anspruch auf Arbeitsentgelt geht auf die Arbeitsagentur über (vgl. *BAG* 29. 4. 2015

– 5 AZR 756/13, NZA 15, 938, wo es allerdings um einen Gründungszuschuss ging, der unter den gleichen Voraussetzungen zu bewilligen war).

Weiterführende Literatur

Diering/Timme/Stähler (Hrsg.), SGB X, 5. Aufl. (2019)
Eichenhofer/Wenner (Hrsg.), SGB X (2017)
Hauck/Noftz, SGB X (Loseblatt)
v. Wulffen/Schütze, SGB X, 8. Aufl. (2014)

Sozialgesetzbuch (SGB)
Zehntes Buch
Verwaltungsverfahren, Schutz der Sozialdaten, Zusammenarbeit der Leistungsträger und ihre Beziehungen zu Dritten

vom 18. August 1980 (BGBl. I 1469),
zuletzt geändert durch Gesetz vom 14. Dezember 2019 (BGBl. I 2789)

(Abgedruckte Vorschrift: § 115)

§ 115 Ansprüche gegen den Arbeitgeber (1) Soweit der Arbeitgeber den Anspruch des Arbeitnehmers auf Arbeitsentgelt nicht erfüllt und deshalb ein Leistungsträger Sozialleistungen erbracht hat, geht der Anspruch des Arbeitnehmers gegen den Arbeitgeber auf den Leistungsträger bis zur Höhe der erbrachten Sozialleistungen über.
(2) Der Übergang wird nicht dadurch ausgeschlossen, dass der Anspruch nicht übertragen, verpfändet oder gepfändet werden kann.
(3) An Stelle der Ansprüche des Arbeitnehmers auf Sachbezüge tritt im Falle des Absatzes 1 der Anspruch auf Geld; die Höhe bestimmt sich nach den nach § 17 Abs. 1 Satz 1 Nr. 3 des Vierten Buches festgelegten Werten der Sachbezüge.

30 XI. Sozialgesetzbuch (SGB) Elftes Buch Soziale Pflegeversicherung

Einleitung

I. Pflegeversicherung

1. Einführung einer gesetzlichen Pflegeversicherung

Nach langer und intensiver politischer Auseinandersetzung ist das Gesetz zur sozialen Absicherung des Risikos der Pflegebedürftigkeit (Pflege-Versicherungsgesetz – PflegeVG) vom 26.5.1994 (BGBl. I 1014) verabschiedet und als 11. Buch in das SGB eingegliedert worden. Es gewährt einem an der Krankenversicherung orientierten Personenkreis Leistungen bei Pflegebedürftigkeit (Übersicht 69). Der rechtspolitische Bedarf dokumentiert sich an der steigenden Zahl Pflegebedürftiger (Anstieg um 11,4 % seit 1999 auf 2,2 Mio. Menschen Ende 2007, 2014 waren es schon mehr als 2,6 Mio., 2017 3,4 Mio. Menschen).

Die Beiträge werden je zur Hälfte von den Arbeitgebern und den Arbeitnehmern erhoben. Jedoch ist zur Kompensation der Arbeitgeberbelastungen die landesgesetzliche Streichung eines Feiertages, der stets auf einen Werktag fällt, vorgesehen. Kommt es nicht zu einer solchen Streichung, tragen die Arbeitnehmer die Beiträge i. H. v. 1 % allein (§ 58; zur Kompensationsregelung vgl. *Marschner,* BB 94, 1996; *BVerfG* 18.9.1995 – 1 BvR 1456/95, NJW 95, 3378). Das Land Sachsen hat als einziges Bundesland keinen Feiertag gestrichen. Die sich daraus ergebende höhere Beitragslast für Arbeitnehmer ist verfassungsgemäß (*BVerfG* 11.6.2003 – 1 BvR 190/00, 1 BvR 191/00, AuR 03, 297).

Ob die Einführung zusätzlicher Feiertage in einigen Bundesländern, namentlich des Reformationstages, zu einer entsprechenden Verschiebung der Beitragslast auf die Arbeitnehmer auch in diesen Ländern führt, wird noch der höchstrichterlichen Klärung bedürfen, da es sich insoweit nicht um einen Feiertag handelt, der stets auf einen Werktag fällt (vgl. § 58 Abs. 3 SGB XI).

Das *BVerfG* hat es für verfassungswidrig erklärt, wenn die Beiträge für Kinderlose ebenso hoch sind wie die für diejenigen, die Kinder betreuen und erziehen (7.2.2012 – 1 BvL 14/07, BVerfGE 130, 242). Nunmehr gibt es daher in § 55 verschiedene Beiträge für diese beiden Gruppen.

Aufgrund Gesetzes vom 14.6.1996 (BGBl. I 830) ist die sog. 2. Stufe der Pflegeversicherung in Kraft getreten. Seither erhalten auch pflegebedürftige Heimbewohner Leistungen der Pflegeversicherung (vgl. *Achenbach,* BArbBl. 7–8/96, 18). Das bedeutete in den meisten Fällen eine Entlastung der Sozialhilfe.

Pflegeleistungen werden entweder vollstationär durch pauschalierte Übernahme der Aufwendungen (§ 43), teilstationär durch gedeckelte Kostenübernahme für Tagespflege, Nachtpflege oder Kurzzeitpflege (§§ 41, 42) oder häuslich erbracht.

Bei den häuslichen Pflegeleistungen gibt es gedeckelte Pflegesachleistungen nach § 36 (von der Kasse finanzierte Pflegekräfte) oder Pflegegeld nach § 37 für selbstbeschaffte Pflegekräfte (i. d. R. Angehörige). Es ist verfassungsgemäß, dass die Grenzbeträge für Pflegesachleistungen höher sind als das Pflegegeld (*BVerfG* 26. 3. 2014 – 1 BvR 1133/12, NZS 14, 414).

2. Wesentliche Änderungen

(1) Erstmalig seit Einführung der Pflegeversicherung wurden deren Leistungen durch das Pflege-Weiterentwicklungsgesetz vom 28. 5. 2008 (BGBl. I 874; dazu *Igl*, NJW 08, 2214; *Reimer/Merold*, SGb 08, 381) sehr moderat erhöht (vgl. 40. Aufl.).

(2) Weitere substanzielle Verbesserungen erfolgten durch das Pflege-Neuausrichtungsgesetz vom 23. 10. 2012 (BGBl. I 2246, vgl. ebenfalls 40. Aufl.).

(3) Durch das Gesetz zur Stärkung der pflegerischen Versorgung und zur Änderung weiterer Vorschriften (Erstes Pflegestärkungsgesetz – PSG I v. 17. 12. 2014, BGBl. I 2222; Gesetzentwurf: BT-Drs. 18/1798) soll die häusliche Pflege flexibler ausgestaltet und die Vereinbarkeit von Pflege, Familie und Beruf verbessert werden, insbesondere durch ergänzende Betreuung der Pflegebedürftigen (zum Gesetz *Richter*, NJW 15, 1271; *Kaminski*, WzS 15, 235; *Schölkopf/Höffer*, NZS 15, 521; *Thüsing/Pötters*, BB 15, 181). Dazu wurden mit Wirkung ab 1. 1. 2015

- die Leistungssätze entsprechend der Preisentwicklung angepasst,
- die Regelungen über die Verhinderungspflege (§ 39) ausgebaut,
- die Kombination von ambulanter und stationärer Pflege erleichtert,
- der Beitragssatz auf 2,35 % (für Kinderlose 2,6 %) angehoben (§ 55 Abs. 1 Satz 1) und
- ein Pflegevorsorgefonds gebildet, der der langfristigen Beitragssatzstabilisierung dient (§§ 131 ff.).

(4) Die bisher gesetzlich definierten drei Pflegestufen bildeten nach inzwischen gesichertem Erkenntnisstand keineswegs alle Fälle von Pflegebedürftigkeit ab. Dazu hat ein Expertenbeirat konkrete Empfehlungen für eine künftige Gestaltung mit 5 Stufen erarbeitet (Bundesministerium für Gesundheit [Hrsg.], Bericht des Expertenbeirats zur konkreten Ausgestaltung des neuen Pflegebedürftigkeitsbegriffs, 27. 6. 13; dazu *Rothgang*, SozSich 13, 245). U. a. auf dieser Grundlage wurde das Gesetz in einem weiteren Schritt ab 1. 1. 2016 durch das Zweite Pflegestärkungsgesetz (Gesetz v. 21. 12. 15, BGBl. I 2424; Entwurf: BT-Drs. 18/5926; dazu *Nakielski*, SozSich 15, 349; *Kaminski*, WzS 15, 307; Überblick in: WzS 15, 248) ausgebaut, das eine grundsätzliche Neuausrichtung mit sich bringt:

- neuer Pflegebedürftigkeitsbegriff mit fünf Pflegegraden ab 1. 1. 2017, ermittelt am Grad der Selbstständigkeit in Bezug auf die Bereiche Mobilität, kognitive und kommunikative Fähigkeiten, Verhaltensweisen und psychische Problemlagen, Selbstversorgung, Umgang mit krankheits- und therapiebedingten Anforderungen und Belastungen sowie Gestaltung des Alltagslebens und sozialere Kontakte (vgl. *Nakielski/Winkel*, SozSich 17, 9),
- Neuausrichtung der Leistungen, wobei der pflegebedingte Eigenanteil, der neben den Kosten für Unterkunft, Verpflegung und Investition vom Pflegebedürftigen selber zu tragen ist, in allen Graden gleich ist,

- Stärkung des Grundsatzes Rehabilitation vor Rente,
- (erweiterte) Übernahme der Renten- und Arbeitslosenversicherung durch die Pflegekasse für alle, die einen Pflegebedürftigen ab Pflegegrad 2 für mindestens 10 Stunden wöchentlich, verteilt auf zwei Tage, pflegen (§ 26 Abs. 2 b SGB III, § 3 Satz 1 Nr. 1 a SGB VI; dazu *Nakielski/Winkel*, SozSich 17, 24),
- Möglichkeit zur verpflichtenden Einführung von Pflegestützpunkten (§ 7 c),
- Anhebung des Beitragssatzes zum 1. 1. 2017 auf 2,55 % (für Kinderlose 2,8 %),
- Erweiterung des Angehörigenbegriffs um entsprechende »Verschwägerungsbeziehungen« bei gleichgeschlechtlichen Lebenspartnern (§ 7 Abs. 3 Nr. 2 PflegeZG) und
- Schutz des Besitzstandes nach bisherigem Recht (§§ 140, 141).

(5) Durch das Dritte Gesetz zur Stärkung der pflegerischen Versorgung und zur Änderung weiterer Vorschriften (Drittes Pflegestärkungsgesetz – PSG III) vom 23. 12. 2016 (BGBl. I 3191; Gesetzentwurf: BT-Drs. 18/9518) ergaben sich zum 1. 1. 2017 u. a. folgende Änderungen:

- Stärkung der Kommunen bei Beratung und Einrichtung von Pflegestützpunkten,
- Abgrenzung von Pflegeleistungen und Eingliederungshilfeleistungen und
- Neuregelung der Hilfe zur Pflege mit Einführung des neuen Pflegebedürftigkeitsbegriffs (s. o. [4]) in §§ 61 ff. SGB XII.

(6) Durch das Fünfte Gesetz zur Änderung des Elften Buches Sozialgesetzbuch (Beitragssatzanpassungsgesetz) vom 17. 12. 2018 (BGBl. I 2587) wurde der Beitragssatz auf 3,05 % (für Kinderlose 3,3 %) angehoben.

II. Pflegezeitgesetz

Eine konzeptionelle Neuerung des Pflege-Weiterentwicklungsgesetzes war die Einführung der sog. Pflegezeit durch das PflegeZG (Nr. 30 XIa; dazu *Preis/Nehring*, NZA 08, 729; *Müller/Stuhlmann*, ZTR 08, 290; *Müller*, BB 08, 1058; *Freihube/Sasse*, DB 08, 1320; *Nielebock*, AiB 08, 363; *Braun*, RiA 08, 193; *Linck*, BB 08, 2738; *Waldenmaier/Lagenhan-Komus*, RdA 08, 312; zu den Auswirkungen des PSG II [s. o. I 2 (4)] *Müller*, BB 16, 1338). Das PflegeZG sieht zum einen eine Arbeitsbefreiung bei kurzzeitiger Arbeitsverhinderung zur Organisierung von Pflege (sog. Akutpflege) gemäß § 2 vor. Voraussetzung ist, dass dies erforderlich ist, um für pflegebedürftige nahe Angehörige in akuter Pflegesituation eine bedarfsgerechte Pflege zu organisieren oder eine pflegerische Versorgung in dieser Zeit sicherzustellen. Der Anspruch geht bis maximal 10 Arbeitstage. Die problematischste Frage des Gesetzes war die Fortzahlung der Vergütung für diesen Zeitraum. Diese wurde zunächst nicht geregelt (Einzelheiten 39. Aufl., Einl. II zum SGB XI, Nr. 30 XI). Durch das Gesetz zur besseren Vereinbarkeit von Familie, Pflege und Beruf (s. u. III) wurde nun eine versicherungsrechtliche Lösung gewählt und der Beschäftigte erlangt einen Anspruch auf Pflegeunterstützungsgeld nach § 44 a Abs. 3 SGB XI. Der Arbeitnehmer ist verpflichtet, Verhinderung an der Arbeitsleistung und voraussichtliche Dauer dem Arbeitgeber unverzüglich mitzuteilen und auf Verlangen eine ärztliche Bescheinigung über die Pflegebedürftigkeit vorzulegen (§ 2 Abs. 2).

Die eigentliche Pflegezeit ist in § 3 geregelt. Spätestens 10 Tage vor Beginn der Pflegezeit ist die Absicht dem Arbeitgeber unter Angabe des vorgesehenen Zeitraums schriftlich anzukündigen (§ 3 Abs. 3). Die Pflegezeit kann maximal 6 Monate dauern (§ 4 Abs. 1 S. 1). Der mit der Pflegezeit verbundene Verdienstausfall kann durch ein zinsloses Darlehen nach § 3 FPfZG (u. III) ausgeglichen werden. Eine mehrmalige Inanspruchnahme scheidet aus, auch wenn dadurch die Grenze von 6 Monaten nicht überschritten wird (*BAG* 15. 11. 2011 – 9 AZR 348/10, NZA 12, 323). Auch eine Aufteilung auf mehrere Zeiträume von zusammen 6 Monaten soll nicht möglich sein (*LAG Baden-Württemberg* 31. 3. 2010 – 20 Sa 87/09, BB 10, 1541; offen gelassen von *BAG* 15. 11. 2011 – 9 AZR 348/10, NZA 12, 323). Die Pflegezeit kann auch nur in Betrieben mit mehr als 15 Beschäftigten geltend gemacht werden (§ 3 Abs. 1 S. 2). Möglich ist nach § 3 Abs. 4 auch eine sog. Pflegeteilzeit. Durch Kombination mit der Familienpflegezeit (vgl. u. III) kann je pflegebedürftigen Angehörigen maximal eine Gesamtdauer von 24 Monaten erreicht werden (§ 4 Abs. 1 Satz 4). Außer der Pflegezeit gibt es im Gesetz ergänzend die Möglichkeiten der Minderjährigenbetreuung (Betreuung pflegebedürftiger Minderjähriger, ohne dass der Arbeitnehmer diese notwendig selber pflegt) und Sterbebegleitung (§ 3 Abs. 5 und 6).

Flankiert werden Pflegezeit und Arbeitsverhinderung zur Akutpflege gemäß § 5 durch einen Sonderkündigungsschutz, der bereits mit Ankündigung der kurzzeitigen Arbeitsverhinderung bzw. der Inanspruchnahme beginnt. Ausnahmsweise ist eine behördliche Zulassung der Kündigung möglich gemäß § 5 Abs. 2. Während der Pflegezeit kann der Arbeitgeber eine Ersatzkraft gemäß § 6 Abs. 1 befristet einstellen. Für den Fall der vorzeitigen Rückkehr des Arbeitnehmers, der Pflegezeit in Anspruch genommen hat, hat der Arbeitgeber gegenüber der Ersatzkraft ein Sonderkündigungsrecht mit zweiwöchiger Frist gemäß § 6 Abs. 3.

Während der Pflegezeit müssen die Beschäftigten sich selbst versichern. § 44 a SGB XI sieht dafür aber einen Zuschuss zu den Beiträgen der einzelnen Versicherungszweige aus der Pflegekasse vor.

III. Familienpflegezeit

Zur verbesserten Vereinbarkeit von familiärer Pflege und Beruf wurde das Familienpflegezeitgesetz (FPfZG) als Art. 1 des Gesetzes zur Vereinbarkeit von Pflege und Beruf vom 6. 12. 2011 (BGBl. I 2564; Regierungsentwurf: BT-Drs. 17/6000; Beschlussempfehlung des Ausschusses für Familie, Senioren, Frauen und Jugend: BT-Drs. 17/7387) verabschiedet. Die Regelungen erwiesen sich allerdings als völlig unzureichend zur Erreichung der beabsichtigten Zwecke (*Kossens*, AiB 10/14, 18). Das Gesetz wurde daher durch das Gesetz zur besseren Vereinbarkeit von Familie, Pflege und Beruf (v. 23. 12. 2014, BGBl. I 2462, Gesetzentwurf: BR-Drs. 463/14, Beschlussempfehlung des Ausschusses für Familie usw.: BT-Drs. 18/3449) reformiert. Seither wird die Familienpflegezeit durch ein zinsloses Darlehen des Bundesamtes für Familie und zivilgesellschaftliche Aufgaben zum Ausgleich des ausfallenden Arbeitsentgelts finanziert (§§ 3 ff.; zur früheren Vorfinanzierung durch den Arbeitgeber vgl. 39. Aufl., Einl. III zum SGB XI, Nr. 30 XI). Das Gesetz ermöglicht die Verringerung der Arbeitszeit auf mindestens 15 Stunden für bis zu 24 Monate zur Pflege naher Angehöriger in häuslicher Umgebung, wenn der Arbeitnehmer in einem Unternehmen mit mehr als 25 Arbeitnehmern arbeitet. Die arbeitsrechtliche Flankierung erfolgt durch Verweisung in § 2 Abs. 3 auf §§ 5 – 8 PfZG. Wie bei der Pflegezeit (o. II) gibt es auch im Rahmen des FPfZG die Möglichkeit der Minderjährigenbetreuung (§ 2 Abs. 5).

In rechtspolitischer Hinsicht hatte das ursprüngliche Gesetz den großen Nachteil, dass den Beschäftigten kein Anspruch auf Familienpflegezeit zustand. Das ist durch die Neufassung des § 2 FPfZG ab 1. 1. 2015 anders. Arbeitnehmer, die bei Arbeitgebern entsprechender Größe arbeiten, haben einen unmittelbaren Rechtsanspruch, dem der Arbeitgeber nur dringende betriebliche Gründe entgegenhalten kann. Der Kritik, dass die Finanzierung der Familienpflegezeit allein durch den Arbeitnehmer erfolgt, was als Abschied von der paritätischen Finanzierung der Pflegeversicherung »durch die Hintertür« bezeichnet wurde (vgl. *Kittner*, AiB plus 4/11, 9; der *Deutsche Verein* hatte sogar vorgeschlagen, die Finanzierung allein durch die Arbeitgeber vorzuschreiben, um negative Anreize für Familien mit geringen Einkommen zu vermeiden, vgl. Stellungnahme in: NDV 11, 148, 150) hat die Weiterentwicklung der Familienpflegezeit indes nicht Rechnung getragen.

IV. Rechtstatsachen und Rechtspolitik

Der Koalitionsvertrag der aktuellen Regierungskoalition sieht ein ganzes Bündel von Maßnahmen zur Verbesserung der Pflege vor (»Ein neuer Aufbruch für Europa, Eine neue Dynamik für Deutschland, Ein neuer Zusammenhalt für unser Land«, Koalitionsvertrag zwischen CDU, CSU und SPD, 19. Legislaturperiode, S. 96 f.). Dabei geht es allerdings vor allem um Maßnahmen zur Verbesserung der pflegerischen Versorgung auf der Leistungserbringungsseite, wie etwa Schaffung zusätzlicher Stellen oder Anstreben einer flächendeckenden Anwendung von Tarifverträgen in der Altenpflege. In dem Kontext wurde das Pflegelöhneverbesserungsgesetz erlassen (v. 22. 11. 2019, BGBl. I 1756, Entwurf: BT-Drs. 19/13395). Dieses ermöglicht den Erlass von Pflegemindestlohnverordnungen auf tarifvertraglicher Grundlage unter Beteiligung kirchlicher Träger über die Kommission zur Erarbeitung von Mindestarbeitsbedingungen in der Pflegebranche (vgl. Einl. II 2 zum AEntG, Nr. 31 a).

Für pflegende Angehörige soll allerdings auch ein jährliches Entlastungsbudget als Zusammenfassung verschiedener bisheriger Leistungen geschaffen werden, das eine flexible Inanspruchnahme gestattet.

In der Richtlinie (EU) 2019/1158 (v. 20. 6. 2019, ABl. L 188/79; Entwurf: COM [2017] 253 final, vgl. Einl. III zum AGG) ist für jeden Arbeitnehmer ein Anspruch auf jährlich fünf Arbeitstage Freistellung für die Pflege naher Angehöriger vorgesehen. Eine Bezahlung für diese Tage ist nicht zwingend vorgesehen. Daneben ist ein Antragsrecht in Bezug auf flexible Arbeitszeiten vorgesehen, das mit einem Rückkehrrecht zur bisherigen Arbeitszeit verbunden werden soll. Der Arbeitgeber ist nicht verpflichtet, dem Antrag zu entsprechen, muss eine Ablehnung oder eine Aufschiebung jedoch begründen. Eine Kündigung aufgrund der Inanspruchnahme dieser Rechte soll ausgeschlossen werden. Die Richtlinie ist bis zum 2. 8. 2022 umzusetzen.

Weiterführende Literatur

1. Zur Pflegeversicherung

Dalichau (Hrsg.), SGB XI (Loseblatt)
Hauck/Noftz, SGB XI (Loseblatt)
Krahmer/Plantholz (Hrsg.), SGB XI, 5. Aufl. (2017)
Udsching/Schütze, SGB XI, Soziale Pflegeversicherung, 5. Aufl. (2018)

2. Zum PflegeZG

Joussen, Streitfragen aus dem Pflegezeitgesetz, NZA 2009, S. 69
Kossens, Pflegezeitgesetz und Familienpflegezeitgesetz, Basiskommentar, 4. Aufl. (2019)
Linck, Offene Fragen des Pflegezeitgesetzes, BB 2008, S. 2738

3. Zum FPfZG

Glatzel, Das neue Familienpflegezeitgesetz, NJW 2012, S. 1175
Göttling/Neumann, Das neue Familienpflegezeitgesetz, NZA 2012, S. 119
Klenter, Familienpflegezeitgesetz, AiB 2012, S. 31.
Krause, Familienpflegezeit, AiB 2013, S. 54
Kossens, Das neue Familienpflegezeitgesetz, PersR 2012, S. 17
Kossens, Pflegezeitgesetz und Familienpflegezeitgesetz, Basiskommentar 4. Aufl. (2019)
Sasse, Familienpflegezeit, DB 2011, S. 2660
Schiefer/Worzalla, Familienpflegezeitgesetz, DB 2012, S. 516
Schwerdle, Die neue Familienpflegezeit – arbeits- und sozialrechtliche Auswirkungen, ZTR 2012, S. 3

Übersicht 69: Pflegeversicherung

Versicherte Personen

- Pflichtversicherte
- Familienversicherte
- Weiterversicherte

Finanzierung

- Beiträge der Versicherten und Arbeitgeber je zur Hälfte
- Beitragssatz 2,55% vom Bruttoarbeitsentgelt (2,8% für Kinderlose)
- Wegfall eines Feiertags (Buß- und Bettag)

Versicherungsträger

- Pflegekassen (eingerichtet bei den Krankenkassen)

Leistungen

- häusliche Pflege
- teilstationäre Pflege, kurzzeitige Pflege
- vollstationäre Pflege

Fünf Pflegegrade

ab Pflegegrad 2 insb.:
- Pflegesachleistungen (§ 36)
- Pflegegeld (§ 37) oder
- vollstationäre Pflege (§ 43)

in Pflegegrad 1 Leistungen nach § 28a

Sozialgesetzbuch (SGB)
Elftes Buch
Soziale Pflegeversicherung

vom 26. Mai 1994 (BGBl. I 1014),
zuletzt geändert durch Gesetz vom 21. Dezember 2019 (BGBl. I 2913)

(Abgedruckte Vorschriften: §§ 5, 6, 14, 15, 20 Abs. 1 Satz 1, Satz 2 Nr. 1, Abs. 3, 23 Abs. 1, 28, 28 a, 36, 37, 43, 44 a, 54, 55, 58, 110)

§ 5 Prävention in Pflegeeinrichtungen, Vorrang von Prävention und medizinischer Rehabilitation (1) Die Pflegekassen sollen Leistungen zur Prävention in stationären Pflegeeinrichtungen nach § 71 Absatz 2 für in der sozialen Pflegeversicherung Versicherte erbringen, indem sie unter Beteiligung der versicherten Pflegebedürftigen und der Pflegeeinrichtung Vorschläge zur Verbesserung der gesundheitlichen Situation und zur Stärkung der gesundheitlichen Ressourcen und Fähigkeiten entwickeln sowie deren Umsetzung unterstützen. Die Pflichten der Pflegeeinrichtungen nach § 11 Absatz 1 bleiben unberührt. Der Spitzenverband Bund der Pflegekassen legt unter Einbeziehung unabhängigen Sachverstandes die Kriterien für die Leistungen nach Satz 1 fest, insbesondere hinsichtlich Inhalt, Methodik, Qualität, wissenschaftlicher Evaluation und der Messung der Erreichung der mit den Leistungen verfolgten Ziele.

(2) Die Ausgaben der Pflegekassen für die Wahrnehmung ihrer Aufgaben nach Absatz 1 sollen insgesamt im Jahr 2016 für jeden ihrer Versicherten einen Betrag von 0,30 Euro umfassen. Die Ausgaben sind in den Folgejahren entsprechend der prozentualen Veränderung der monatlichen Bezugsgröße nach § 18 Absatz 1 des Vierten Buches anzupassen. Sind in einem Jahr die Ausgaben rundungsbedingt nicht anzupassen, ist die unterbliebene Anpassung bei der Berechnung der Anpassung der Ausgaben im Folgejahr zu berücksichtigen.

(3) Bei der Wahrnehmung ihrer Aufgaben nach Absatz 1 sollen die Pflegekassen zusammenarbeiten und kassenübergreifende Leistungen zur Prävention erbringen. Erreicht eine Pflegekasse den in Absatz 2 festgelegten Betrag in einem Jahr nicht, stellt sie die nicht verausgabten Mittel im Folgejahr dem Spitzenverband Bund der Pflegekassen zur Verfügung, der die Mittel nach einem von ihm festzulegenden Schlüssel auf die Pflegekassen zur Wahrnehmung der Aufgaben nach Absatz 1 verteilt, die Kooperationsvereinbarungen zur Durchführung kassenübergreifender Leistungen geschlossen haben. Auf die zum Zwecke der Vorbereitung und Umsetzung der Kooperationsvereinbarungen nach Satz 2 gebildeten Arbeitsgemeinschaften findet § 94 Absatz 1 a Satz 2 und 3 des Zehnten Buches keine Anwendung.

(4) Die Pflegekassen wirken unbeschadet ihrer Aufgaben nach Absatz 1 bei den zuständigen Leistungsträgern darauf hin, dass frühzeitig alle geeigneten Leistungen zur Prävention, zur Krankenbehandlung und zur medizinischen Reha-

bilitation eingeleitet werden, um den Eintritt von Pflegebedürftigkeit zu vermeiden.

(5) Die Pflegekassen beteiligen sich an der nationalen Präventionsstrategie nach den §§ 20 d bis 20 f des Fünften Buches mit den Aufgaben nach den Absätzen 1 und 2.

(6) Die Leistungsträger haben im Rahmen ihres Leistungsrechts auch nach Eintritt der Pflegebedürftigkeit ihre Leistungen zur medizinischen Rehabilitation und ergänzenden Leistungen in vollem Umfang einzusetzen und darauf hinzuwirken, die Pflegebedürtigkeit zu überwinden, zu mindern sowie eine Verschlimmerung zu verhindern.

§ 6 Eigenverantwortung (1) Die Versicherten sollen durch gesundheitsbewußte Lebensführung, durch frühzeitige Beteiligung an Vorsorgemaßnahmen und durch aktive Mitwirkung an Krankenbehandlung und Leistungen zur medizinischen Rehabilitation dazu beitragen, Pflegebedürftigkeit zu vermeiden.

(2) Nach Eintritt der Pflegebedürftigkeit haben die Pflegebedürftigen an Leistungen zur medizinischen Rehabilitation und der aktivierenden Pflege mitzuwirken, um die Pflegebedürftigkeit zu überwinden, zu mindern oder eine Verschlimmerung zu verhindern.

...

§ 14 Begriff der Pflegebedürftigkeit (1) Pflegebedürftig im Sinne dieses Buches sind Personen, die gesundheitlich bedingte Beeinträchtigungen der Selbständigkeit oder der Fähigkeiten aufweisen und deshalb der Hilfe durch andere bedürfen. Es muss sich um Personen handeln, die körperliche, kognitive oder psychische Beeinträchtigungen oder gesundheitlich bedingte Belastungen oder Anforderungen nicht selbständig kompensieren oder bewältigen können. Die Pflegebedürftigkeit muss auf Dauer, voraussichtlich für mindestens sechs Monate, und mit mindestens der in § 15 festgelegten Schwere bestehen.

(2) Maßgeblich für das Vorliegen von gesundheitlich bedingten Beeinträchtigungen der Selbständigkeit oder der Fähigkeiten sind die in den folgenden sechs Bereichen genannten pflegefachlich begründeten Kriterien:

1. Mobilität: Positionswechsel im Bett, Halten einer stabilen Sitzposition, Umsetzen, Fortbewegen innerhalb des Wohnbereichs, Treppensteigen;
2. kognitive und kommunikative Fähigkeiten: Erkennen von Personen aus dem näheren Umfeld, örtliche Orientierung, zeitliche Orientierung, Erinnern an wesentliche Ereignisse oder Beobachtungen, Steuern von mehrschrittigen Alltagshandlungen, Treffen von Entscheidungen im Alltagsleben, Verstehen von Sachverhalten und Informationen, Erkennen von Risiken und Gefahren, Mitteilen von elementaren Bedürfnissen, Verstehen von Aufforderungen, Beteiligen an einem Gespräch;
3. Verhaltensweisen und psychische Problemlagen: motorisch geprägte Verhaltensauffälligkeiten, nächtliche Unruhe, selbstschädigendes und autoaggressives Verhalten, Beschädigen von Gegenständen, physisch aggressives Verhalten gegenüber anderen Personen, verbale Aggression, andere pflegere-

levante vokale Auffälligkeiten, Abwehr pflegerischer und anderer unterstützender Maßnahmen, Wahnvorstellungen, Ängste, Antriebslosigkeit bei depressiver Stimmungslage, sozial inadäquate Verhaltensweisen, sonstige pflegerelevante inadäquate Handlungen;

4. Selbstversorgung: Waschen des vorderen Oberkörpers, Körperpflege im Bereich des Kopfes, Waschen des Intimbereichs, Duschen und Baden einschließlich Waschen der Haare, An- und Auskleiden des Oberkörpers, An- und Auskleiden des Unterkörpers, mundgerechtes Zubereiten der Nahrung und Eingießen von Getränken, Essen, Trinken, Benutzen einer Toilette oder eines Toilettenstuhls, Bewältigen der Folgen einer Harninkontinenz und Umgang mit Dauerkatheter und Urostoma, Bewältigen der Folgen einer Stuhlinkontinenz und Umgang mit Stoma, Ernährung parenteral oder über Sonde, Bestehen gravierender Probleme bei der Nahrungsaufnahme bei Kindern bis zu 18 Monaten, die einen außergewöhnlich pflegeintensiven Hilfebedarf auslösen;
5. Bewältigung von und selbständiger Umgang mit krankheits- oder therapiebedingten Anforderungen und Belastungen:
   a) in Bezug auf Medikation, Injektionen, Versorgung intravenöser Zugänge, Absaugen oder Sauerstoffgabe, Einreibungen sowie Kälte- und Wärmeanwendungen, Messung und Deutung von Körperzuständen, körpernahe Hilfsmittel,
   b) in Bezug auf Verbandswechsel und Wundversorgung, Versorgung mit Stoma, regelmäßige Einmalkatheterisierung und Nutzung von Abführmethoden, Therapiemaßnahmen in häuslicher Umgebung,
   c) in Bezug auf zeit- und technikintensive Maßnahmen in häuslicher Umgebung, Arztbesuche, Besuche anderer medizinischer oder therapeutischer Einrichtungen, zeitlich ausgedehnte Besuche medizinischer oder therapeutischer Einrichtungen, Besuch von Einrichtungen zur Frühförderung bei Kindern sowie
   d) in Bezug auf das Einhalten einer Diät oder anderer kranheits- oder therapiebedingter Verhaltensvorschriften;
6. Gestaltung des Alltagslebens und sozialer Kontakte: Gestaltung des Tagesablaufs und Anpassung an Veränderungen, Ruhen und Schlafen, Sichbeschäftigen, Vornehmen von in die Zukunft gerichteten Planungen, Interaktion mit Personen im direkten Kontakt, Kontaktpflege zu Personen außerhalb des direkten Umfelds.

(3) Beeinträchtigungen der Selbständigkeit oder der Fähigkeiten, die dazu führen, dass die Haushaltsführung nicht mehr ohne Hilfe bewältigt werden kann, werden bei den Kriterien der in Absatz 2 genannten Bereiche berücksichtigt.

§ 15 Ermittlung des Grades der Pflegebedürftigkeit, Begutachtungsinstrument (1) Pflegebedürftige erhalten nach der Schwere der Beeinträchtigung der Selbständigkeit oder der Fähigkeiten einen Grad der Pflegebedürftigkeit (Pflegegrad). Der Pflegegrad wird mit Hilfe eines pflegefachlich begründeten Begutachtungsinstruments ermittelt.

(2) Das Begutachtungsinstrument ist in sechs Module gegliedert, die den sechs Bereichen in § 14 Absatz 2 entsprechen. In jedem Modul sind für die in den Bereichen genannten Kriterien die in Anlage 1 dargestellten Kategorien vorgesehen. Die Kategorien stellen die in ihnen zum Ausdruck kommenden verschiedenen Schweregrade der Beeinträchtigungen der Selbständigkeit oder der Fähigkeiten dar. Den Kategorien werden in Bezug auf die einzelnen Kriterien pflegefachlich fundierte Einzelpunkte zugeordnet, die aus Anlage 1 ersichtlich sind. In jedem Modul werden die jeweils erreichbaren Summen aus Einzelpunkten nach den in Anlage 2 festgelegten Punktbereichen gegliedert. Die Summen der Punkte werden nach den in ihnen zum Ausdruck kommenden Schweregraden der Beeinträchtigungen der Selbständigkeit oder der Fähigkeiten wie folgt bezeichnet:

1. Pflegebereich 0: keine Beeinträchtigungen der Selbständigkeit oder der Fähigkeiten,
2. Pflegebereich 1: geringe Beeinträchtigungen der Selbständigkeit oder der Fähigkeiten,
3. Pflegebereich 2: erhebliche Beeinträchtigungen der Selbständigkeit oder der Fähigkeiten,
4. Pflegebereich 3: schwere Beeinträchtigungen der Selbständigkeit oder der Fähigkeiten,
5. Pflegebereich 4: schwerste Beeinträchtigungen der Selbständigkeit oder der Fähigkeiten.

Jedem Punktbereich in einem Modul werden unter Berücksichtigung der in ihm zum Ausdruck kommenden Schwere der Beeinträchtigungen der Selbständigkeit oder der Fähigkeiten sowie der folgenden Gewichtung der Module die in Anlage 2 festgelegten, gewichteten Punkte zugeordnet. Die Module des Begutachtungsinstruments werden wie folgt gewichtet:

1. Mobilität mit 10 Prozent,
2. kognitive und kommunikative Fähigkeiten sowie Verhaltensweisen und psychische Problemlagen zusammen mit 15 Prozent,
3. Selbstversorgung mit 40 Prozent,
4. Bewältigung von und selbständiger Umgang mit krankheits- oder therapiebedingten Anforderungen und Belastungen mit 20 Prozent,
5. Gestaltung des Alltagslebens und sozialer Kontakte mit 15 Prozent.

(3) Zur Ermittlung des Pflegegrades sind die bei der Begutachtung festgestellten Einzelpunkte in jedem Modul zu addieren und dem in Anlage 2 festgelegten Punktbereich sowie den sich daraus ergebenden gewichteten Punkten zuzuordnen. Den Modulen 2 und 3 ist ein gemeinsamer gewichteter Punkt zuzuordnen, der aus den höchsten gewichteten Punkten entweder des Moduls 2 oder des Moduls 3 besteht. Aus den gewichteten Punkten aller Module sind durch Addition die Gesamtpunkte zu bilden. Auf der Basis der erreichten Gesamtpunkte sind pflegebedürftige Personen in einen der nachfolgenden Pflegegrade einzuordnen:

1. ab 12,5 bis unter 27 Gesamtpunkten in den Pflegegrad 1: geringe Beeinträchtigungen der Selbständigkeit oder der Fähigkeiten,

2. ab 27 bis unter 47,5 Gesamtpunkten in den Pflegegrad 2: erhebliche Beeinträchtigungen der Selbständigkeit oder der Fähigkeiten,
3. ab 47,5 bis unter 70 Gesamtpunkten in den Pflegegrad 3: schwere Beeinträchtigungen der Selbständigkeit oder der Fähigkeiten,
4. ab 70 bis unter 90 Gesamtpunkten in den Pflegegrad 4: schwerste Beeinträchtigungen der Selbständigkeit oder der Fähigkeiten,
5. ab 90 bis 100 Gesamtpunkten in den Pflegegrad 5: schwerste Beeinträchtigungen der Selbständigkeit oder der Fähigkeiten mit besonderen Anforderungen an die pflegerische Versorgung.

(4) Pflegebedürftige mit besonderen Bedarfskonstellationen, die einen spezifischen, außergewöhnlich hohen Hilfebedarf mit besonderen Anforderungen an die pflegerische Versorgung aufweisen, können aus pflegefachlichen Gründen dem Pflegegrad 5 zugeordnet werden, auch wenn ihre Gesamtpunkte unter 90 liegen. Der Medizinische Dienst Bund konkretisiert in den Richtlinien nach § 17 Absatz 1 die pflegefachlich begründeten Voraussetzungen für solche besonderen Bedarfskonstellationen.

(5) Bei der Begutachtung sind auch solche Kriterien zu berücksichtigen, die zu einem Hilfebedarf führen, für den Leistungen des Fünften Buches vorgesehen sind. Dies gilt auch für kranheitsspezifische Pflegemaßnahmen. Krankheitsspezifische Pflegemaßnahmen sind Maßnahmen der Behandlungspflege, bei denen der behandlungspflegerische Hilfebedarf aus medizinisch-pflegerischen Gründen regelmäßig und auf Dauer untrennbarer Bestandteil einer pflegerischen Maßnahme in den in § 14 Absatz 2 genannten sechs Bereichen ist oder mit einer solchen notwendig in einem unmittelbaren zeitlichen und sachlichen Zusammenhang steht.

(6) Bei pflegebedürftigen Kindern wird der Pflegegrad durch einen Vergleich der Beeinträchtigungen ihrer Selbständigkeit und ihrer Fähigkeiten mit altersentsprechend entwickelten Kindern ermittelt. Im Übrigen gelten die Absätze 1 bis 5 entsprechend.

(7) Pflegebedürftige Kinder im Alter bis zu 18 Monaten werden abweichend von den Absätzen 3, 4 und 6 Satz 2 wie folgt eingestuft:

1. ab 12,5 bis unter 27 Gesamtpunkten in den Pflegegrad 2,
2. ab 27 bis unter 47,5 Gesamtpunkten in den Pflegegrad 3,
3. ab 47,5 bis unter 70 Gesamtpunkten in den Pflegegrad 4,
4. ab 70 bis 100 Gesamtpunkten in den Pflegegrad 5.

…

§ 20 Versicherungspflicht in der sozialen Pflegeversicherung für Mitglieder der gesetzlichen Krankenversicherung (1) Versicherungspflichtig in der sozialen Pflegeversicherung sind die versicherungspflichtigen Mitglieder der gesetzlichen Krankenversicherung. Dies sind:

1. Arbeiter, Angestellte und zu ihrer Berufsausbildung Beschäftigte, die gegen Arbeitsentgelt beschäftigt sind; für die Zeit des Bezugs von Kurzarbeitergeld nach dem Dritten Buch bleibt die Versicherungspflicht unberührt.

…

(3) Freiwillige Mitglieder der gesetzlichen Krankenversicherung sind versicherungspflichtig in der sozialen Pflegeversicherung.
…

§ 23 Versicherungspflicht für Versicherte der privaten Krankenversicherungsunternehmen (1) Personen, die gegen das Risiko Krankheit bei einem privaten Krankenversicherungsunternehmen mit Anspruch auf allgemeine Krankenhausleistungen oder im Rahmen von Versicherungsverträgen, die der Versicherungspflicht nach § 193 Abs. 3 des Versicherungsvertragsgesetzes genügen, versichert sind, sind vorbehaltlich des Absatzes 2 verpflichtet, bei diesem Unternehmen zur Absicherung des Risikos der Pflegebedürftigkeit einen Versicherungsvertrag abzuschließen und aufrechtzuerhalten. Der Vertrag muß ab dem Zeitpunkt des Eintritts der Versicherungspflicht für sie selbst und ihre Angehörigen oder Lebenspartner, für die in der sozialen Pflegeversicherung nach § 25 eine Familienversicherung bestünde, Vertragsleistungen vorsehen, die nach Art und Umfang den Leistungen des Vierten Kapitels gleichwertig sind. Dabei tritt an die Stelle der Sachleistungen eine der Höhe nach gleiche Kostenerstattung.
…

§ 28 Leistungsarten, Grundsätze Die Pflegeversicherung gewährt folgende Leistungen:

1. Pflegesachleistung (§ 36),
2. Pflegegeld für selbst beschaffte Pflegehilfen (§ 37),
3. Kombination von Geldleistung und Sachleistung (§ 38),
4. häusliche Pflege bei Verhinderung der Pflegeperson (§ 39),
5. Pflegehilfsmittel und wohnumfeldverbessernde Maßnahmen (§ 40),
6. Tagespflege und Nachtpflege (§ 41),
7. Kurzzeitpflege (§ 42),
8. vollstationäre Pflege (§ 43),
9. Pauschalleistung für die Pflege von Menschen mit Behinderungen (§ 43 a),

9 a. Zusätzliche Betreuung und Aktivierung in stationären Pflegeeinrichtungen (§ 43 b),

10. Leistungen zur sozialen Sicherung der Pflegepersonen (§ 44),
11. zusätzliche Leistungen bei Pflegezeit und kurzzeitiger Arbeitsverhinderung (§ 44 a),
12. Pflegekurse für Angehörige und ehrenamtliche Pflegepersonen (§ 45),

12 a. Umwandlung des ambulanten Sachleistungsbetrags (§ 45 a),

13. Entlastungsbetrag (§ 45 b),
14. Leistungen des Persönlichen Budgets nach § 29 des Neunten Buches,
15. zusätzliche Leistungen für Pflegebedürftige in ambulant betreuten Wohngruppen (§ 38 a).

(1 a) Versicherte haben gegenüber ihrer Pflegekasse oder ihrem Versicherungsunternehmen Anspruch auf Pflegeberatung (§ 7 a).

(1 b) Bis zum Erreichen des in § 45 e Absatz 2 Satz 2 genannten Zeitpunkts

haben Pflegebedürftige unter den Voraussetzungen des § 45 e Absatz 1 Anspruch auf Anschubfinanzierung bei Gründung von ambulant betreuten Wohngruppen.

(2) Personen, die nach beamtenrechtlichen Vorschriften oder Grundsätzen bei Krankheit und Pflege Anspruch auf Beihilfe oder Heilfürsorge haben, erhalten die jeweils zustehenden Leistungen zur Hälfte; dies gilt auch für den Wert von Sachleistungen.

(3) Die Pflegekassen und die Leistungserbringer haben sicherzustellen, daß die Leistungen nach Absatz 1 nach allgemein anerkanntem Stand medizinisch-pflegerischer Erkenntnisse erbracht werden.

(4) Pflege schließt Sterbebegleitung mit ein; Leistungen anderer Sozialleistungsträger bleiben unberührt.

§ 28 a Leistungen bei Pflegegrad 1 (1) Abweichend von § 28 Absatz 1 und 1 a gewährt die Pflegeversicherung bei Pflegegrad 1 folgende Leistungen:

1. Pflegeberatung gemäß den §§ 7 a und 7 b,
2. Beratung in der eigenen Häuslichkeit gemäß § 37 Absatz 3,
3. zusätzliche Leistungen für Pflegebedürftige in ambulant betreuten Wohngruppen gemäß § 38 a, ohne dass § 38 a Absatz 1 Satz 1 Nummer 2 erfüllt sein muss,
4. Versorgung mit Pflegehilfsmitteln gemäß § 40 Absatz 1 bis 3 und 5,
5. finanzielle Zuschüsse für Maßnahmen zur Verbesserung des individuellen oder gemeinsamen Wohnumfelds gemäß § 40 Absatz 4,
6. zusätzliche Betreuung und Aktivierung in stationären Pflegeeinrichtungen gemäß § 43 b,
7. zusätzliche Leistungen bei Pflegezeit und kurzzeitiger Arbeitsverhinderung gemäß § 44 a,
8. Pflegekurse für Angehörige und ehrenamtliche Pflegepersonen gemäß § 45.

(2) Zudem gewährt die Pflegeversicherung den Entlastungsbetrag gemäß § 45 b Absatz 1 Satz 1 in Höhe von 125 Euro monatlich. Dieser kann gemäß § 45 b im Wege der Erstattung von Kosten eingesetzt werden, die dem Versicherten im Zusammenhang mit der Inanspruchnahme von Leistungen der Tages- und Nachtpflege sowie der Kurzzeitpflege, von Leistungen der ambulanten Pflegedienste im Sinne des § 36 sowie von Leistungen der nach Landesrecht anerkannten Angebote zur Unterstützung im Alltag im Sinne des § 45 a Absatz 1 und 2 entstehen.

(3) Wählen Pflegebedürftige des Pflegegrades 1 vollstationäre Pflege, gewährt die Pflegeversicherung gemäß § 43 Absatz 3 einen Zuschuss in Höhe von 125 Euro monatlich.

…

§ 36 Pflegesachleistung (1) Pflegebedürftige der Pflegegrade 2 bis 5 haben bei häuslicher Pflege Anspruch auf körperbezogene Pflegemaßnahmen und pflegerische Betreuungsmaßnahmen sowie auf Hilfen bei der Haushaltsführung als Sachleistung (häusliche Pflegehilfe). Der Anspruch umfasst pflegerische Maßnahmen in den in § 14 Absatz 2 genannten Bereichen Mobilität, kognitive und kommunikative Fähigkeiten, Verhaltensweisen und psychische Problemlagen, Selbstversorgung, Bewältigung von und selbständiger Umgang mit krankheits- oder therapiebedingten Anforderungen und Belastungen sowie Gestaltung des Alltagslebens und sozialer Kontakte.

(2) Häusliche Pflegehilfe wird erbracht, um Beeinträchtigungen der Selbständigkeit oder der Fähigkeiten des Pflegebedürftigen so weit wie möglich durch pflegerische Maßnahmen zu beseitigen oder zu mindern und eine Verschlimmerung der Pflegebedürftigkeit zu verhindern. Bestandteil der häuslichen Pflegehilfe ist auch die pflegefachliche Anleitung von Pflegebedürftigen und Pflegepersonen. Pflegerische Betreuungsmaßnahmen umfassen Unterstützungsleistungen zur Bewältigung und Gestaltung des alltäglichen Lebens im häuslichen Umfeld, insbesondere

1. bei der Bewältigung psychosozialer Problemlagen oder von Gefährdungen,
2. bei der Orientierung, bei der Tagesstrukturierung, bei der Kommunikation, bei der Aufrechterhaltung sozialer Kontakte und bei bedürfnisgerechten Beschäftigungen im Alltag sowie
3. durch Maßnahmen zur kognitiven Aktivierung.

(3) Der Anspruch auf häusliche Pflegehilfe umfasst je Kalendermonat

1. für Pflegebedürftige des Pflegegrades 2 Leistungen bis zu einem Gesamtwert von 689 Euro,
2. für Pflegebedürftige des Pflegegrades 3 Leistungen bis zu einem Gesamtwert von 1298 Euro,
3. für Pflegebedürftige des Pflegegrades 4 Leistungen bis zu einem Gesamtwert von 1612 Euro,
4. für Pflegebedürftige des Pflegegrades 5 Leistungen bis zu einem Gesamtwert von 1995 Euro.

(4) Häusliche Pflegehilfe ist auch zulässig, wenn Pflegebedürftige nicht in ihrem eigenen Haushalt gepflegt werden; sie ist nicht zulässig, wenn Pflegebedürftige in einer stationären Einrichtung oder in einer Einrichtung oder in Räumlichkeiten im Sinne des § 71 Absatz 4 gepflegt werden. Häusliche Pflegehilfe wird durch geeignet Pflegekräfte erbracht, die entweder von der Pflegekasse oder bei ambulanten Pflegeeinrichtungen, mit denen die Pflegekasse einen Versorgungsvertrag abgeschlossen hat, angestellt sind. Auch durch Einzelpersonen, mit denen die Pflegekasse einen Vertrag nach § 77 Absatz 1 abgeschlossen hat, kann häusliche Pflegehilfe als Sachleistung erbracht werden. Mehrere Pflegebedürftige können häusliche Pflegehilfe gemeinsam in Anspruch nehmen.

…

§ 37 Pflegegeld für selbst beschaffte Pflegehilfen (1) Pflegebedürftige der Pflegegrade 2 bis 5 können anstelle der häuslichen Pflegehilfe ein Pflegegeld beantragen. Der Anspruch setzt voraus, dass der Pflegebedürftige mit dem Pflegegeld dessen Umfang entsprechend die erforderlichen körperbezogenen Pflegemaßnahmen und pflegerischen Betreuungsmaßnahmen sowie Hilfen bei der

Haushaltsführung in geeigneter Weise selbst sicherstellt. Das Pflegegeld beträgt je Kalendermonat

1. 316 Euro für Pflegebedürftige des Pflegegrades 2,
2. 545 Euro für Pflegebedürftige des Pflegegrades 3,
3. 728 Euro für Pflegebedürftige des Pflegegrades 4,
4. 901 Euro für Pflegebedürftige des Pflegegrades 5.

(2) Besteht der Anspruch nach Absatz 1 nicht für den vollen Kalendermonat, ist der Geldbetrag entsprechend zu kürzen; dabei ist der Kalendermonat mit 30 Tagen anzusetzen. Die Hälfte des bisher bezogenen Pflegegeldes wird während einer Kurzzeitpflege nach § 42 für bis zu acht Wochen und während einer Verhinderungspflege nach § 39 für bis zu sechs Wochen je Kalenderjahr fortgewährt. Das Pflegegeld wird bis zum Ende des Kalendermonats geleistet, in dem der Pflegebedürftige gestorben ist. § 118 Abs. 3 und 4 des Sechsten Buches gilt entsprechend, wenn für die Zeit nach dem Monat, in dem der Pflegebedürftige verstorben ist, Pflegegeld überwiesen wurde.

(3) Pflegebedürftige, die Pflegegeld nach Absatz 1 beziehen, haben

1. bei Pflegegrad 2 und 3 halbjährlich einmal,
2. bei Pflegegrad 4 und 5 vierteljährlich einmal

eine Beratung in der eigenen Häuslichkeit durch einen zugelassenen Pflegedienst, durch eine von den Landesverbänden der Pflegekassen nach Absatz 7 anerkannte Beratungsstelle mit nachgewiesener pflegefachlicher Kompetenz oder, sofern dies durch einen zugelassenen Pflegedienst vor Ort oder eine von den Landesverbänden der Pflegekassen anerkannte Beratungsstelle mit nachgewiesener pflegefachlicher Kompetenz nicht gewährleistet werden kann, durch eine von der Pflegekasse beauftragte, jedoch von ihr nicht beschäftigte Pflegefachkraft abzurufen. Die Beratung dient der Sicherung der Qualität der häuslichen Pflege und der regelmäßigen Hilfestellung und praktischen pflegefachlichen Unterstützung der häuslich Pflegenden. Die Pflegebedürftigen und die häuslich Pflegenden sind bei der Beratung auch auf die Auskunfts-, Beratungs- und Unterstützungsangebote des für sie zuständigen Pflegestützpunktes sowie auf die Pflegeberatung nach § 7 a hinzuweisen. Die Vergütung für die Beratung ist von der zuständigen Pflegekasse, bei privat Pflegeversicherten von dem zuständigen privaten Versicherungsunternehmen zu tragen, im Fall der Beihilfeberechtigung anteilig von den Beihilfefestsetzungsstellen. Die Höhe der Vergütung für die Beratung durch einen zugelassenen Pflegedienst oder durch eine von der Pflegekasse beauftragte Pflegefachkraft vereinbaren die Pflegekassen oder deren Arbeitsgemeinschaften in entsprechender Anwendung des § 89 Absatz 1 und 3 mit dem Träger des zugelassenen Pflegedienstes oder mit der von der Pflegekasse beauftragten Pflegefachkraft unter Berücksichtigung der Empfehlungen nach Absatz 5. Die Vergütung kann nach Pflegegraden gestaffelt werden. Über die Höhe der Vergütung anerkannter Beratungsstellen und von Beratungspersonen der kommunalen Gebietskörperschaften entscheiden ab dem Jahr 2020 die Landesverbände der Pflegekassen unter Zugrundelegung der im jeweiligen Land nach Satz 5 und 6 vereinbarten Vergütungssätze jeweils für die Dauer eines Jahres. Die Landesverbände haben die jeweilige Festlegung der

Vergütungshöhe in geeigneter Weise zu veröffentlichen. Pflegebedürftige des Pflegegrades 1 haben Anspruch, halbjährlich einmal einen Beratungsbesuch abzurufen. Beziehen Pflegebedürftige von einem ambulanten Pflegedienst Pflegesachleistungen, können sie ebenfalls halbjährlich einmal einen Beratungsbesuch in Anspruch nehmen; für die Vergütung der Beratung gelten die Sätze 4 bis 9.

(4) Die Pflegedienste und die anerkannten Beratungsstellen sowie die beauftragten Pflegefachkräfte haben die Durchführung der Beratungseinsätze gegenüber der Pflegekasse oder dem privaten Versicherungsunternehmen zu bestätigen sowie die bei dem Beratungsbesuch gewonnenen Erkenntnisse über die Möglichkeiten der Verbesserung der häuslichen Pflegesituation dem Pflegebedürftigen und mit dessen Einwilligung der Pflegekasse oder dem privaten Versicherungsunternehmen mitzuteilen, im Fall der Beihilfeberechtigung auch der zuständigen Beihilfefestsetzungsstelle. Der Spitzenverband Bund der Pflegekassen und die privaten Versicherungsunternehmen stellen ihnen für diese Mitteilung ein einheitliches Formular zur Verfügung. Erteilt die pflegebedürftige Person die Einwilligung nicht, ist jedoch nach Überzeugung der Beratungsperson eine weitergehende Beratung angezeigt, übermittelt die jeweilige Beratungsstelle diese Einschätzung über die Erforderlichkeit einer weitergehenden Beratung der zuständigen Pflegekasse oder dem zuständigen privaten Versicherungsunternehmen. Diese haben eine weitergehende Beratung nach § 7 a anzubieten. Der beauftragte Pflegedienst und die anerkannte Beratungsstelle haben dafür Sorge zu tragen, dass für einen Beratungsbesuch im häuslichen Bereich Pflegekräfte eingesetzt werden, die spezifisches Wissen zu dem Krankheits- und Behinderungsbild sowie des sich daraus ergebenden Hilfebedarfs des Pflegebedürftigen mitbringen und über besondere Beratungskompetenz verfügen. Zudem soll bei der Planung für die Beratungsbesuche weitestgehend sichergestellt werden, dass der Beratungsbesuch bei einem Pflegebedürftigen möglichst auf Dauer von derselben Pflegekraft durchgeführt wird.

(5) Die Vertragsparteien nach § 113 beschließen gemäß § 113 b bis zum 1. Januar 2018 unter Beachtung der in Absatz 4 festgelegten Anforderungen Empfehlungen zur Qualitätssicherung der Beratungsbesuche nach Absatz 3. Die Empfehlungen enthalten Ausführungen wenigstens

1. zu Beratungsstandards,
2. zur erforderlichen Qualifikation der Beratungspersonen sowie
3. zu erforderlichenfalls einzuleitenden Maßnahmen im Einzelfall.

Fordert das Bundesministerium für Gesundheit oder eine Vertragspartei nach § 113 im Einvernehmen mit dem Bundesministerium für Gesundheit die Vertragsparteien schriftlich zum Beschluss neuer Empfehlungen nach Satz 1 auf, sind diese innerhalb von sechs Monaten nach Eingang der Aufforderung neu zu beschließen. Die Empfehlungen gelten für die anerkannten Beratungsstellen entsprechend.

(5 a) Der Spitzenverband Bund der Pflegekassen beschließt mit dem Verband der privaten Krankenversicherung e. V. bis zum 1. Januar 2020 Richtlinien zur Aufbereitung, Bewertung und standardisierten Dokumentation der Erkennt-

nisse aus dem jeweiligen Beratungsbesuch durch die Pflegekasse oder das private Versicherungsunternehmen. Die Richtlinien werden erst wirksam, wenn das Bundesministerium für Gesundheit sie genehmigt. Die Genehmigung gilt als erteilt, wenn die Richtlinien nicht innerhalb von zwei Monaten, nachdem sie dem Bundesministerium für Gesundheit vorgelegt worden sind, beanstandet werden. Beanstandungen des Bundesministeriums für Gesundheit sind innerhalb der von ihm gesetzten Frist zu beheben.

(6) Rufen Pflegebedürftige die Beratung nach Absatz 3 Satz 1 nicht ab, hat die Pflegekasse oder das private Versicherungsunternehmen das Pflegegeld angemessen zu kürzen und im Wiederholungsfall zu entziehen.

(7) Die Landesverbände der Pflegekassen haben neutrale und unabhängige Beratungsstellen zur Durchführung der Beratung nach den Absätzen 3 und 4 anzuerkennen. Dem Antrag auf Anerkennung ist ein Nachweis über die erforderliche pflegefachliche Kompetenz der Beratungsstelle und ein Konzept zur Qualitätssicherung des Beratungsangebotes beizufügen. Die Landesverbände der Pflegekassen regeln das Nähere zur Anerkennung der Beratungsstellen.

(8) Die Beratungsbesuche nach Absatz 3 können auch von Pflegeberaterinnen und Pflegeberatern im Sinne des § 7 a oder von Beratungspersonen der kommunalen Gebietskörperschaften, die die erforderliche pflegefachliche Kompetenz aufweisen, durchgeführt werden. Absatz 4 findet entsprechende Anwendung. Die Inhalte der Empfehlungen zur Qualitätssicherung der Beratungsbesuche nach Absatz 5 sind zu beachten.

(9) Beratungsbesuche nach Absatz 3 dürfen von Betreuungsdiensten im Sinne des § 71 Absatz 1 a nicht durchgeführt werden.

…

§ 43 Inhalt der Leistung (1) Pflegebedürftige der Pflegegrade 2 bis 5 haben Anspruch auf Pflege in vollstationären Einrichtungen.

(2) Für Pflegebedürftige in vollstationären Einrichtungen übernimmt die Pflegekasse im Rahmen der pauschalen Leistungsbeträge nach Satz 2 die pflegebedingten Aufwendungen einschließlich der Aufwendungen für Betreuung und die Aufwendungen für Leistungen der medizinischen Behandlungspflege. Der Anspruch beträgt je Kalendermonat

1. 770 Euro für Pflegebedürftige des Pflegegrades 2,
2. 1262 Euro für Pflegebedürftige des Pflegegrades 3,
3. 1775 Euro für Pflegebedürftige des Pflegegrades 4,
4. 2005 Euro für Pflegebedürftige des Pflegegrades 5.

Abweichend von Satz 1 übernimmt die Pflegekasse auch Aufwendungen für Unterkunft und Verpflegung, soweit der nach Satz 2 gewährte Leistungsbetrag die in Satz 1 genannten Aufwendungen übersteigt.

(3) Wählen Pflegebedürftige des Pflegegrades 1 vollstationäre Pflege, erhalten sie für die in Absatz 2 Satz 1 genannten Aufwendungen einen Zuschuss in Höhe von 125 Euro monatlich.

(4) Bei vorübergehender Abwesenheit von Pflegebedürftigen aus dem Pfle-

geheim werden die Leistungen für vollstationäre Pflege erbracht, solange die Voraussetzungen des § 87 a Abs. 1 Satz 5 und 6 vorliegen.

…

§ 44 a Zusätzliche Leistungen bei Pflegezeit und kurzzeitiger Arbeitsverhinderung (1) Beschäftigte, die nach § 3 des Pflegezeitgesetzes von der Arbeitsleistung vollständig freigestellt wurden oder deren Beschäftigung durch Reduzierung der Arbeitszeit zu einer geringfügigen Beschäftigung im Sinne des § 8 Abs. 1 Nr. 1 des Vierten Buches wird, erhalten auf Antrag Zuschüsse zur Kranken- und Pflegeversicherung. Zuschüsse werden gewährt für eine freiwillige Versicherung in der gesetzlichen Krankenversicherung, eine Pflichtversicherung nach § 5 Abs. 1 Nr. 13 des Fünften Buches oder nach § 2 Abs. 1 Nr. 7 des Zweiten Gesetzes über die Krankenversicherung der Landwirte, eine Versicherung bei einem privaten Krankenversicherungsunternehmen, eine Versicherung bei der Postbeamtenkrankenkasse oder der Krankenversorgung der Bundesbahnbeamten, soweit im Einzelfall keine beitragsfreie Familienversicherung möglich ist, sowie für eine damit in Zusammenhang stehende Pflege-Pflichtversicherung. Die Zuschüsse belaufen sich auf die Höhe der Mindestbeiträge, die von freiwillig in der gesetzlichen Krankenversicherung versicherten Personen zur gesetzlichen Krankenversicherung (§ 240 Abs. 4 Satz 1 des Fünften Buches) und zur sozialen Pflegeversicherung (§ 57 Abs. 4) zu entrichten sind und dürfen die tatsächliche Höhe der Beiträge nicht übersteigen. Für die Berechnung der Mindestbeiträge zur gesetzlichen Krankenversicherung werden bei Mitgliedern der gesetzlichen Krankenversicherung der allgemeine Beitragssatz nach § 241 des Fünften Buches zugrunde gelegt. Bei Mitgliedern der landwirtschaftlichen Krankenversicherung sowie bei Personen, die nicht in der gesetzlichen Krankenversicherung versichert sind, werden der allgemeine Beitragssatz nach § 241 des Fünften Buches sowie der durchschnittliche Zusatzbeitragssatz nach § 242 a des Fünften Buches zugrunde gelegt. Beschäftigte haben Änderungen in den Verhältnissen, die sich auf die Zuschussgewährung auswirken können, unverzüglich der Pflegekasse oder dem privaten Versicherungsunternehmen, bei dem der Pflegebedürftige versichert ist, mitzuteilen.
(2) *(aufgehoben)*
(3) Für kurzzeitige Arbeitsverhinderung nach § 2 des Pflegezeitgesetzes hat eine Beschäftigte oder ein Beschäftigter im Sinne des § 7 Absatz 1 des Pflegezeitgesetzes, die oder der für diesen Zeitraum keine Entgeltfortzahlung vom Arbeitgeber und kein Kranken- und Verletztengeld bei Erkrankung oder Unfall eines Kindes nach § 45 Absatz 4 des Siebten Buches beanspruchen kann, Anspruch auf einen Ausgleich auf entgangenes Arbeitsentgelt (Pflegeunterstützungsgeld) für bis zu insgesamt zehn Arbeitstage. Wenn mehrere Beschäftigte den Anspruch nach § 2 Absatz 1 des Pflegezeitgesetzes für einen pflegebedürftigen nahen Angehörigen geltend machen, ist deren Anspruch auf Pflegeunterstützungsgeld auf insgesamt bis zu zehn Arbeitstage begrenzt. Das Pflegeunterstützungsgeld wird auf Antrag, der unverzüglich zu stellen ist, unter Vorlage der ärztlichen Bescheinigung nach § 2 Absatz 2 Satz 2 des Pflegezeitgesetzes von der

Pflegekasse oder dem Versicherungsunternehmen des pflegebedürftigen nahen Angehörigen gewährt. Für die Höhe des Pflegeunterstützungsgeldes gilt § 45 Absatz 2 Satz 3 bis 5 des Fünften Buches entsprechend.

(4) Beschäftigte, die Pflegeunterstützungsgeld nach Absatz 3 beziehen, erhalten für die Dauer des Leistungsbezuges von den in Absatz 3 bezeichneten Organisationen auf Antrag Zuschüsse zur Krankenversicherung. Zuschüsse werden gewährt für eine Versicherung bei einem privaten Krankenversicherungsunternehmen, eine Versicherung bei der Postbeamtenkrankenkasse oder der Krankenversorgung der Bundesbahnbeamten. Die Zuschüsse belaufen sich auf den Betrag, der bei Versicherungspflicht in der gesetzlichen Krankenversicherung als Leistungsträgerantrag nach § 249 c des Fünften Buches aufzubringen wäre, und dürfen die tatsächliche Höhe der Beiträge nicht übersteigen. Für die Berechnung nach Satz 3 werden der allgemeine Beitragssatz nach § 241 des Fünften Buches sowie der durchschnittliche Zusatzbeitragssatz nach § 242 a Absatz 2 des Fünften Buches zugrunde gelegt. Für Beschäftigte, die Pflegeunterstützungsgeld nach Absatz 3 beziehen und wegen einer Pflichtmitgliedschaft in einer berufsständischen Versorgungseinrichtung von der Versicherungspflicht in der gesetzlichen Rentenversicherung befreit sind, zahlen die in § 170 Absatz 1 Nummer 2 Buchstabe e des Sechsten Buches genannten Stellen auf Antrag Beiträge an die zuständige berufsständische Versorgungseinrichtung in der Höhe, wie sie bei Eintritt von Versicherungspflicht nach § 3 Satz 1 Nummer 3 des Sechsten Buches an die gesetzliche Rentenversicherung zu entrichten wären. Die von den in § 170 Absatz 1 Nummer 2 Buchstabe e des Sechsten Buches genannten Stellen zu zahlenden Beiträge sind auf die Höhe der Beiträge begrenzt, die von diesen Stellen ohne die Befreiung von der Versicherungspflicht in der gesetzlichen Rentenversicherung für die Dauer des Leistungsbezugs zu tragen wären; die Beiträge dürfen die Hälfte der in der Zeit des Leistungsbezugs vom Beschäftigten an die berufsständische Versorgungseinrichtung zu zahlenden Beiträge nicht übersteigen.

(5) Die Pflegekasse oder das private Pflegeversicherungsunternehmen des pflegebedürftigen nahen Angehörigen stellt dem Leistungsbezieher nach Absatz 3 mit der Leistungsbewilligung eine Bescheinigung über den Zeitraum des Bezugs und die Höhe des gewährten Pflegeunterstützungsgeldes aus. Der Leistungsbezieher hat diese Bescheinigung unverzüglich seinem Arbeitgeber vorzulegen. In den Fällen des § 170 Absatz 1 Nummer 2 Buchstabe e des Sechsten Buches bescheinigt die Pflegekasse oder das private Versicherungsunternehmen die gesamte Höhe der Leistung.

(6) Landwirtschaftlichen Unternehmen im Sinne des § 2 Absatz 1 Nummer 1 und 2 des Zweiten Gesetzes über die Krankenversicherung der Landwirte, die an der Führung des Unternehmens gehindert sind, weil sie für einen pflegebedürftigen nahen Angehörigen in einer akut auftretenden Pflegesituation eine bedarfsgerechte Pflege organisieren oder eine pflegerische Versorgung in dieser Zeit sicherstellen müssen, wird an Stelle des Pflegeunterstützungsgeldes für bis zu zehn Arbeitstage Betriebshilfe entsprechend § 9 des Zweiten Gesetzes über die Krankenversicherung der Landwirte gewährt. Diese Kosten der Leistungen

für die Betriebshilfe werden der landwirtschaftlichen Pflegekasse von der Pflegeversicherung des pflegebedürftigen nahen Angehörigen erstattet; innerhalb der sozialen Pflegeversicherung wird von einer Erstattung abgesehen. Privat pflegeversicherte landwirtschaftliche Unternehmen, die an der Führung des Unternehmens gehindert sind, weil dies erforderlich ist, um für einen pflegebedürftigen nahen Angehörigen in einer akut aufgetretenen Pflegesituation eine bedarfsgerechte Pflege zu organisieren oder eine pflegerische Versorgung in dieser Zeit sicherzustellen, erhalten von der Pflegekasse des Pflegebedürftigen oder in Höhe des tariflichen Erstattungssatzes von dem privaten Versicherungsunternehmen des Pflegebedürftigen eine Kostenerstattung für bis zu zehn Tage Betriebshilfe; dabei werden nicht die tatsächlichen Kosten, sondern ein pauschaler Betrag in Höhe von 200 Euro je Tag Betriebshilfe zugrunde gelegt.
(7) Die Pflegekasse und das private Versicherungsunternehmen haben in den Fällen, in denen ein Leistungsbezieher nach Absatz 3 einen pflegebedürftigen nahen Angehörigen pflegt, der Anspruch auf Beihilfeleistungen oder Leistungen der Heilfürsorge hat, und für den Beiträge anteilig getragen werden, im Antragsverfahren auf Pflegeunterstützungsgeld von dem Pflegebedürftigen die zuständige Festsetzungsstelle für die Beihilfe oder den Dienstherrn unter Hinweis auf die beabsichtigte Information dieser Stelle über den beitragspflichtigen Bezug von Pflegeunterstützungsgeld zu erfragen. Der angegebenen Festsetzungsstelle für die Beihilfe oder dem angegebenen Dienstherrn sind bei Feststellung der Leistungspflicht folgende Angaben zum Leistungsbezieher mitzuteilen:
1. die Versicherungsnummer, soweit bekannt,
2. der Familien- und der Vorname,
3. das Geburtsdatum,
4. die Staatsangehörigkeit,
5. die Anschrift,
6. der Beginn des Bezugs von Pflegeunterstützungsgeld,
7. die Höhe des dem Pflegeunterstützungsgeld zugrunde liegenden ausgefallenen Arbeitsentgelts und
8. Name und Anschrift der Krankenkasse oder des privaten Versicherungsunternehmens.

…

§ 54 Grundsatz (1) Die Mittel für die Pflegeversicherung werden durch Beiträge sowie sonstige Einnahmen gedeckt.
(2) Die Beiträge werden nach einem Vomhundertsatz (Beitragssatz) von den beitragspflichtigen Einnahmen der Mitglieder bis zur Beitragsbemessungsgrenze (§ 55) erhoben. Die Beiträge sind für jeden Kalendertag der Mitgliedschaft zu zahlen, soweit dieses Buch nichts Abweichendes bestimmt. Für die Berechnung der Beiträge ist die Woche zu sieben, der Monat zu 30 und das Jahr zu 360 Tagen anzusetzen.
(3) Die Vorschriften des Zwölften Kapitels des Fünften Buches gelten entsprechend.

§ 55 Beitragssatz, Beitragsbemessungsgrenze (1) Der Beitragssatz beträgt bundeseinheitlich 3,05 Prozent der beitragspflichtigen Einnahmen der Mitglieder; er wird durch Gesetz festgesetzt. Für Personen, bei denen § 28 Abs. 2 Anwendung findet, beträgt der Beitragssatz die Hälfte des Beitragssatzes nach Satz 1.
(2) Beitragspflichtige Einnahmen sind bis zu einem Betrag von $^{1}/_{360}$ der in § 6 Abs. 7 des Fünften Buches festgelegten Jahresarbeitsentgeltgrenze für den Kalendertag zu berücksichtigen (Beitragsbemessungsgrenze).
(3) Der Beitragssatz nach Absatz 1 Satz 1 und 2 erhöht sich für Mitglieder nach Ablauf des Monats, in dem sie das 23. Lebensjahr vollendet haben, um einen Beitragszuschlag in Höhe von 0,25 Beitragssatzpunkten (Beitragszuschlag für Kinderlose). Satz 1 gilt nicht für Eltern im Sinne des § 56 Abs. 1 Satz 1 Nr. 3 und Abs. 3 Nr. 2 und 3 des Ersten Buches. Die Elterneigenschaft ist in geeigneter Form gegenüber der beitragsabführenden Stelle, von Selbstzahlern gegenüber der Pflegekasse, nachzuweisen, sofern diesen die Elterneigenschaft nicht bereits aus anderen Gründen bekannt ist. Der Spitzenverband Bund der Pflegekassen gibt Empfehlungen darüber, welche Nachweise geeignet sind. Erfolgt die Vorlage des Nachweises innerhalb von drei Monaten nach der Geburt des Kindes, gilt der Nachweis mit Beginn des Monats der Geburt als erbracht, ansonsten wirkt der Nachweis ab Beginn des Monats, der dem Monat folgt, in dem der Nachweis erbracht wird. Nachweise für vor dem 1. Januar 2005 geborene Kinder, die bis zum 30. Juni 2005 erbracht werden, wirken vom 1. Januar 2005 an. Satz 1 gilt nicht für Mitglieder, die vor dem 1. Januar 1940 geboren wurden, für Wehr- und Zivildienstleistende sowie für Bezieher von Arbeitslosengeld II.
(3 a) Zu den Eltern im Sinne des Absatzes 3 Satz 2 gehören nicht
1. Adoptiveltern, wenn das Kind zum Zeitpunkt des Wirksamwerdens der Adoption bereits die in § 25 Abs. 2 vorgesehenen Altersgrenzen erreicht hat,
2. Stiefeltern, wenn das Kind zum Zeitpunkt der Eheschließung oder der Begründung der eingetragenen Lebenspartnerschaft gemäß § 1 des Lebenspartnerschaftsgesetzes mit dem Elternteil des Kindes bereits die in § 25 Abs. 2 vorgesehenen Altersgrenzen erreicht hat oder wenn das Kind vor Erreichen dieser Altersgrenzen nicht in den gemeinsamen Haushalt mit dem Mitglied aufgenommen worden ist.

(4) Der Beitragszuschlag für die Monate Januar bis März 2005 auf Renten der gesetzlichen Rentenversicherung wird für Rentenbezieher, die nach dem 31. Dezember 1939 geboren wurden, in der Weise abgegolten, dass der Beitragszuschlag im Monat April 2005 1 vom Hundert der im April 2005 beitragspflichtigen Rente beträgt. Für die Rentenbezieher, die in den Monaten Januar bis April 2005 zeitweise nicht beitrags- oder zuschlagspflichtig sind, wird der Beitragszuschlag des Monats April 2005 entsprechend der Dauer dieser Zeit reduziert.
(5) Sind landwirtschaftliche Unternehmer, die nicht zugleich Arbeitslosengeld II beziehen, sowie mitarbeitende Familienangehörige Mitglied der landwirtschaftlichen Krankenkasse, wird der Beitrag abweichend von den Absätzen 1 bis 3 in Form eines Zuschlags auf den Krankenversicherungsbeitrag, den sie nach den Vorschriften des Zweiten Gesetzes über die Krankenversicherung

der Landwirte aus dem Arbeitseinkommen aus Land- und Forstwirtschaft zu zahlen haben, erhoben. Die Höhe des Zuschlags ergibt sich aus dem Verhältnis des Beitragssatzes nach Absatz 1 Satz 1 zu dem um den durchschnittlichen Zusatzbeitragssatz erhöhten allgemeinen Beitragssatz nach § 241 des Fünften Buches. Sind die Voraussetzungen für einen Beitragszuschlag für Kinderlose nach Absatz 3 erfüllt, erhöht sich der Zuschlag nach Satz 2 um das Verhältnis des Beitragszuschlags für Kinderlose nach Absatz 3 Satz 1 zu dem Beitragssatz nach Absatz 1 Satz 1.

…

§ 58 Tragung der Beiträge bei versicherungspflichtig Beschäftigten (1) Die nach § 20 Abs. 1 Satz 2 Nr. 1 und 12 versicherungspflichtig Beschäftigten, die in der gesetzlichen Krankenversicherung pflichtversichert sind, und ihre Arbeitgeber tragen die nach dem Arbeitsentgelt zu bemessenden Beiträge jeweils zur Hälfte. Soweit für Beschäftigte Beiträge für Kurzarbeitergeld zu zahlen sind, trägt der Arbeitgeber den Beitrag allein. Den Beitragszuschlag für Kinderlose nach § 55 Abs. 3 tragen die Beschäftigten.

(2) Zum Ausgleich der mit den Arbeitgeberbeiträgen verbundenen Belastungen der Wirtschaft werden die Länder einen gesetzlichen landesweiten Feiertag, der stets auf einen Werktag fällt, aufheben.

(3) Die in Absatz 1 genannten Beschäftigten tragen die Beiträge in Höhe von 1 vom Hundert allein, wenn der Beschäftigungsort in einem Land liegt, in dem die am 31. Dezember 1993 bestehende Anzahl der gesetzlichen landesweiten Feiertage nicht um einen Feiertag, der stets auf einen Werktag fiel, vermindert worden ist. In Fällen des § 55 Abs. 1 Satz 2 werden die Beiträge in Höhe von 0,5 vom Hundert allein getragen. Im Übrigen findet Absatz 1 Anwendung, soweit es sich nicht um eine versicherungspflichtige Beschäftigung mit einem monatlichen Arbeitsentgelt innerhalb des Übergangsbereichs nach § 20 Absatz 2 des Vierten Buches handelt, für die Absatz 5 Satz 2 Anwendung findet. Die Beiträge der Beschäftigten erhöhen sich nicht, wenn Länder im Jahr 2017 den Reformationstag einmalig zu einem gesetzlichen Feiertag erheben.

(4) Die Aufhebung eines Feiertages wirkt für das gesamte Kalenderjahr. Handelt es sich um einen Feiertag, der im laufenden Kalenderjahr vor dem Zeitpunkt des Inkrafttretens der Regelung über die Streichung liegt, wirkt die Aufhebung erst im folgenden Kalenderjahr.

(5) § 249 Abs. 2 des Fünften Buches gilt entsprechend. § 249 Absatz 3 des Fünften Buches gilt mit der Maßgabe, dass statt des Beitragssatzes der Krankenkasse der Beitragssatz der Pflegeversicherung und bei den in Absatz 3 Satz 1 genannten Beschäftigten für die Berechnung des Beitragsanteils des Arbeitgebers ein Beitragssatz in Höhe des um einen Prozentpunkt verminderten Beitragssatzes der Pflegeversicherung Anwendung findet.

…

§ 110 Regelungen für die private Pflegeversicherung (1) Um sicherzustellen, daß die Belange der Personen, die nach § 23 zum Abschluß eines Pflegeversicherungsvertrages bei einem privaten Krankenversicherungsunternehmen verpflichtet sind, ausreichend gewahrt werden und daß die Verträge auf Dauer erfüllbar bleiben, ohne die Interessen der Versicherten anderer Tarife zu vernachlässigen, werden die im Geltungsbereich dieses Gesetzes zum Betrieb der Pflegeversicherung befugten privaten Krankenversicherungsunternehmen verpflichtet,

1. mit allen in § 22 und § 23 Abs. 1, 3 und 4 genannten versicherungspflichtigen Personen auf Antrag einen Versicherungsvertrag abzuschließen, der einen Versicherungsschutz in dem in § 23 Abs. 1 und 3 festgelegten Umfang vorsieht (Kontrahierungszwang); dies gilt auch für das nach § 23 Abs. 2 gewählte Versicherungsunternehmen,
2. in den Verträgen, die Versicherungspflichtige in dem nach § 23 Abs. 1 und 3 vorgeschriebenen Umfang abschließen,
   a) keinen Ausschluß von Vorerkrankungen der Versicherten,
   b) keinen Ausschluß bereits pflegebedürftiger Personen,
   c) keine längeren Wartezeiten als in der sozialen Pflegeversicherung (§ 33 Abs. 2),
   d) keine Staffelung der Prämien nach Geschlecht und Gesundheitszustand der Versicherten,
   e) keine Prämienhöhe, die den Höchstbeitrag der sozialen Pflegeversicherung übersteigt, bei Personen, die nach § 23 Abs. 3 einen Teilkostentarif abgeschlossen haben, keine Prämienhöhe, die 50 vom Hundert des Höchstbeitrages der sozialen Pflegeversicherung übersteigt,
   f) die beitragsfreie Mitversicherung der Kinder des Versicherungsnehmers unter denselben Voraussetzungen, wie in § 25 festgelegt,
   g) für Ehegatten oder Lebenspartner ab dem Zeitpunkt des Nachweises der zur Inanspruchnahme der Beitragsermäßigung berechtigenden Umstände keine Prämie in Höhe von mehr als 150 vom Hundert des Höchstbeitrages der sozialen Pflegeversicherung, wenn ein Ehegatte oder ein Lebenspartner kein Gesamteinkommen hat, das die in § 25 Abs. 1 Satz 1 Nr. 5 genannten Einkommensgrenzen überschreitet,

vorzusehen.

(2) Die in Absatz 1 genannten Bedingungen gelten für Versicherungsverträge, die mit Personen abgeschlossen werden, die zum Zeitpunkt des Inkrafttretens dieses Gesetzes Mitglied bei einem privaten Krankenversicherungsunternehmen mit Anspruch auf allgemeine Krankenhausleistungen sind oder sich nach Artikel 41 des Pflege-Versicherungsgesetzes innerhalb von sechs Monaten nach Inkrafttreten dieses Gesetzes von der Versicherungspflicht in der sozialen Pflegeversicherung befreien lassen. Die in Absatz 1 Nr. 1 und 2 Buchstabe a bis f genannten Bedingungen gelten auch für Verträge mit Personen, die im Basistarif nach § 152 des Versicherungsaufsichtsgesetzes versichert sind. Für Personen, die im Basistarif nach § 152 des Versicherungsaufsichtsgesetzes versichert sind und deren Beitrag zur Krankenversicherung sich nach § 152 Absatz 4 Satz 1 oder 3 des Versicherungsaufsichtsgesetzes vermindert, darf der Beitrag 50 vom Hundert des sich nach Absatz 1 Nr. 2 Buchstabe e ergebenden

Beitrags nicht übersteigen; die Beitragsbegrenzung für Ehegatten oder Lebenspartner nach Absatz 1 Nr. 2 Buchstabe g gilt für diese Versicherten nicht. Für die Aufbringung der nach Satz 3 verminderten Beiträge gilt § 152 Absatz 4 Satz 2 oder 3 des Versicherungsaufsichtsgesetzes entsprechend; dabei gilt Satz 3 mit der Maßgabe, dass der zuständige Träger den Betrag zahlt, der auch für einen Bezieher von Arbeitslosengeld II in der sozialen Pflegeversicherung zu tragen ist. Entsteht allein durch die Zahlung des Beitrags zur Pflegeversicherung nach Satz 2 Hilfebedürftigkeit im Sinne des Zweiten oder Zwölften Buches, gelten die Sätze 3 und 4 entsprechend; die Hilfebedürftigkeit ist vom zuständigen Träger nach dem Zweiten oder Zwölften Buch auf Antrag des Versicherten zu prüfen und zu bescheinigen.

(3) Für Versicherungsverträge, die mit Personen abgeschlossen werden, die erst nach Inkrafttreten dieses Gesetzes Mitglied eines privaten Krankenversicherungsunternehmens mit Anspruch auf allgemeine Krankenhausleistungen werden oder die der Versicherungspflicht nach § 193 Abs. 3 des Versicherungsvertragsgesetzes genügen, gelten, sofern sie in Erfüllung der Vorsorgepflicht nach § 22 Abs. 1 und § 23 Abs. 1, 3 und 4 geschlossen werden und Vertragsleistungen in dem in § 23 Abs. 1 und 3 festgelegten Umfang vorsehen, folgende Bedingungen:

1. Kontrahierungszwang,
2. kein Ausschluß von Vorerkrankungen der Versicherten,
3. keine Staffelung der Prämien nach Geschlecht,
4. keine längeren Wartezeiten als in der sozialen Pflegeversicherung,
5. für Versicherungsnehmer, die über eine Vorversicherungszeit von mindestens fünf Jahren in ihrer privaten Pflegeversicherung oder privaten Krankenversicherung verfügen, keine Prämienhöhe, die den Höchstbeitrag der sozialen Pflegeversicherung übersteigt; Absatz 1 Nr. 2 Buchstabe e gilt,
6. beitragsfreie Mitversicherung der Kinder des Versicherungsnehmers unter denselben Voraussetzungen, wie in § 25 festgelegt.

(4) Rücktritts- und Kündigungsrechte der Versicherungsunternehmen sind ausgeschlossen, solange der Kontrahierungszwang besteht.

(5) Die Versicherungsunternehmen haben den Versicherten Akteneinsicht zu gewähren. Sie haben die Berechtigten über das Recht auf Akteneinsicht zu informieren, wenn sie das Ergebnis einer Prüfung auf Pflegebedürftigkeit mitteilen. § 25 des Zehnten Buches gilt entsprechend.

30 XI a. Gesetz über die Pflegezeit (Pflegezeitgesetz – PflegeZG)

vom 28. Mai 2008 (BGBl. I 874, 896),
geändert durch Gesetz vom 21. Dezember 2015 (BGBl. I 2424)

Einleitung

(siehe bei Nr. 30 XI, II)

Gesetzestext

§ 1 Ziel des Gesetzes Ziel des Gesetzes ist, Beschäftigten die Möglichkeit zu eröffnen, pflegebedürftige nahe Angehörige in häuslicher Umgebung zu pflegen und damit die Vereinbarkeit von Beruf und familiärer Pflege zu verbessern.

§ 2 Kurzzeitige Arbeitsverhinderung (1) Beschäftigte haben das Recht, bis zu zehn Arbeitstage der Arbeit fernzubleiben, wenn dies erforderlich ist, um für einen pflegebedürftigen nahen Angehörigen in einer akut aufgetretenen Pflegesituation eine bedarfsgerechte Pflege zu organisieren oder eine pflegerische Versorgung in dieser Zeit sicherzustellen.
(2) Beschäftigte sind verpflichtet, dem Arbeitgeber ihre Verhinderung an der Arbeitsleistung und deren voraussichtliche Dauer unverzüglich mitzuteilen. Dem Arbeitgeber ist auf Verlangen eine ärztliche Bescheinigung über die Pflegebedürftigkeit des nahen Angehörigen und die Erforderlichkeit der in Absatz 1 genannten Maßnahmen vorzulegen.
(3) Der Arbeitgeber ist zur Fortzahlung der Vergütung nur verpflichtet, soweit sich eine solche Verpflichtung aus anderen gesetzlichen Vorschriften oder auf Grund einer Vereinbarung ergibt. Ein Anspruch der Beschäftigten auf Zahlung von Pflegeunterstützungsgeld richtet sich nach § 44 a Absatz 3 des Elften Buches Sozialgesetzbuch.

§ 3 Pflegezeit und sonstige Freistellungen (1) Beschäftigte sind von der Arbeitsleistung vollständig oder teilweise freizustellen, wenn sie einen pflegebedürftigen nahen Angehörigen in häuslicher Umgebung pflegen (Pflegezeit). Der Anspruch nach Satz 1 besteht nicht gegenüber Arbeitgebern mit in der Regel 15 oder weniger Beschäftigten.
(2) Die Beschäftigten haben die Pflegebedürftigkeit des nahen Angehörigen durch Vorlage einer Bescheinigung der Pflegekasse oder des Medizinischen Dienstes der Krankenversicherung nachzuweisen. Bei in der privaten Pflege-

Pflichtversicherung versicherten Pflegebedürftigen ist ein entsprechender Nachweis zu erbringen.

(3) Wer Pflegezeit beanspruchen will, muss dies dem Arbeitgeber spätestens zehn Arbeitstage vor Beginn schriftlich ankündigen und gleichzeitig erklären, für welchen Zeitraum und in welchem Umfang die Freistellung von der Arbeitsleistung in Anspruch genommen werden soll. Wenn nur teilweise Freistellung in Anspruch genommen wird, ist auch die gewünschte Verteilung der Arbeitszeit anzugeben. Enthält die Ankündigung keine eindeutige Festlegung, ob die oder der Beschäftigte Pflegezeit oder Familienpflegezeit nach § 2 des Familienpflegezeitgesetzes in Anspruch nehmen will, und liegen die Voraussetzungen beider Freistellungsansprüche vor, gilt die Erklärung als Ankündigung von Pflegezeit. Beansprucht die oder der Beschäftigte nach der Pflegezeit Familienpflegezeit oder eine Freistellung nach § 2 Absatz 5 des Familienpflegezeitgesetzes zur Pflege oder Betreuung desselben pflegebedürftigen Angehörigen, muss sich die Familienpflegezeit oder die Freistellung nach § 2 Absatz 5 des Familienpflegezeitgesetzes unmittelbar an die Pflegezeit anschließen. In diesem Fall soll die oder der Beschäftigte möglichst frühzeitig erklären, ob sie oder er Familienpflegezeit oder eine Freistellung nach § 2 Absatz 5 des Familienpflegezeitgesetzes in Anspruch nehmen wird; abweichend von § 2 a Absatz 1 Satz 1 des Familienpflegezeitgesetzes muss die Ankündigung spätestens drei Monate vor Beginn der Familienpflegezeit erfolgen. Wird Pflegezeit nach einer Familienpflegezeit oder einer Freistellung nach § 2 Absatz 5 des Familienpflegezeitgesetzes in Anspruch genommen, ist die Pflegezeit in unmittelbarem Anschluss an die Familienpflegezeit oder die Freistellung nach § 2 Absatz 5 des Familienpflegezeitgesetzes zu beanspruchen und abweichend von Satz 1 dem Arbeitgeber spätestens acht Wochen vor Beginn der Pflegezeit schriftlich anzukündigen.

(4) Wenn nur teilweise Freistellung in Anspruch genommen wird, haben Arbeitgeber und Beschäftigte über die Verringerung und die Verteilung der Arbeitszeit eine schriftliche Vereinbarung zu treffen. Hierbei hat der Arbeitgeber den Wünschen der Beschäftigten zu entsprechen, es sei denn, dass dringende betriebliche Gründe entgegenstehen.

(5) Beschäftigte sind von der Arbeitsleistung vollständig oder teilweise freizustellen, wenn sie einen minderjährigen pflegebedürftigen nahen Angehörigen in häuslicher oder außerhäuslicher Umgebung betreuen. Die Inanspruchnahme dieser Freistellung ist jederzeit im Wechsel mit der Freistellung nach Absatz 1 im Rahmen der Gesamtdauer nach § 4 Absatz 1 Satz 4 möglich. Absatz 1 Satz 2 und die Absätze 2 bis 4 gelten entsprechend. Beschäftigte können diesen Anspruch wahlweise statt des Anspruchs auf Pflegezeit nach Absatz 1 geltend machen.

(6) Beschäftigte sind zur Begleitung eines nahen Angehörigen von der Arbeitsleistung vollständig oder teilweise freizustellen, wenn dieser an einer Erkrankung leidet, die progredient verläuft und bereits ein weit fortgeschrittenes Stadium erreicht hat, bei der eine Heilung ausgeschlossen und eine palliativmedizinische Behandlung notwendig ist und die lediglich eine begrenzte Lebenserwartung von Wochen oder wenigen Monaten erwarten lässt. Beschäftigte haben diese gegenüber dem Arbeitgeber durch ein ärztliches Zeugnis nach-

zuweisen. Absatz 1 Satz 2, Absatz 3 Satz 1 und 2 und Absatz 4 gelten entsprechend. § 45 des Fünften Buches Sozialgesetzbuch bleibt unberührt.
(7) Ein Anspruch auf Förderung richtet sich nach den §§ 3, 4, 5 Absatz 1 Satz 1 und Absatz 2 sowie den §§ 6 bis 10 des Familienpflegezeitgesetzes.

§ 4 Dauer der Inanspruchnahme (1) Die Pflegezeit nach § 3 beträgt für jeden pflegebedürftigen nahen Angehörigen längstens sechs Monate (Höchstdauer). Für einen kürzeren Zeitraum in Anspruch genommene Pflegezeit kann bis zur Höchstdauer verlängert werden, wenn der Arbeitgeber zustimmt. Eine Verlängerung bis zu Höchstdauer kann verlangt werden, wenn ein vorgesehener Wechsel in der Person des Pflegenden aus einem wichtigen Grund nicht erfolgen kann. Pflegezeit und Familienpflegezeit nach § 2 des Familienpflegezeitgesetzes dürfen gemeinsam die Gesamtdauer von 24 Monaten je pflegedürftigem nahen Angehörigen nicht überschreiten. Die Pflegezeit wird auf Berufsbildungszeiten nicht angerechnet.
(2) Ist der nahe Angehörige nicht mehr pflegebedürftig oder die häusliche Pflege des nahen Angehörigen unmöglich oder unzumutbar, endet die Pflegezeit vier Wochen nach Eintritt der veränderten Umstände. Der Arbeitgeber ist über die veränderten Umstände unverzüglich zu unterrichten. Im Übrigen kann die Pflegezeit nur vorzeitig beendet werden, wenn der Arbeitgeber zustimmt.
(3) Für die Betreuung nach § 3 Absatz 5 gelten die Absätze 1 und 2 entsprechend. Für die Freistellung nach § 3 Absatz 6 gilt eine Höchstdauer von drei Monaten je nahem Angehörigen. Für die Freistellung nach § 3 Absatz 6 gelten Absatz 1 Satz 2, 3 und 5 sowie Absatz 2 entsprechend; bei zusätzlicher Inanspruchnahme von Pflegezeit oder einer Freistellung nach § 3 Absatz 5 oder Familienpflegezeit oder einer Freistellung nach § 2 Absatz 5 des Familienpflegezeitgesetzes dürfen die Freistellungen insgesamt 24 Monate je nahem Angehörigen nicht überschreiten.
(4) Der Arbeitgeber kann den Erholungsurlaub, der der oder dem Beschäftigten für das Urlaubsjahr zusteht, für jeden vollen Kalendermonat der vollständigen Freistellung von der Arbeitsleistung um ein Zwölftel kürzen.

§ 5 Kündigungsschutz (1) Der Arbeitgeber darf das Beschäftigungsverhältnis von der Ankündigung, höchstens jedoch zwölf Wochen vor dem angekündigten Beginn, bis zur Beendigung der kurzzeitigen Arbeitsverhinderung nach § 2 oder der Freistellung nach § 3 nicht kündigen.
(2) In besonderen Fällen kann eine Kündigung von der für den Arbeitsschutz zuständigen obersten Landesbehörde oder der von ihr bestimmten Stelle ausnahmsweise für zulässig erklärt werden. Die Bundesregierung kann hierzu mit Zustimmung des Bundesrates allgemeine Verwaltungsvorschriften erlassen.

§ 6 Befristete Verträge (1) Wenn zur Vertretung einer Beschäftigten oder eines Beschäftigten für die Dauer der kurzzeitigen Arbeitsverhinderung nach § 2 oder der Freistellung nach § 3 eine Arbeitnehmerin oder ein Arbeitnehmer eingestellt wird, liegt hierin ein sachlicher Grund für die Befristung des Arbeitsverhältnisses. Über die Dauer der Vertretung nach Satz 1 hinaus ist die Befristung für notwendige Zeiten einer Einarbeitung zulässig.

(2) Die Dauer der Befristung des Arbeitsvertrages muss kalendermäßig bestimmt oder bestimmbar sein oder der in Absatz 1 genannten Zwecken zu entnehmen sein.
(3) Der Arbeitgeber kann den befristeten Arbeitsvertrag unter Einhaltung einer Frist von zwei Wochen kündigen, wenn die Freistellung nach § 4 Abs. 2 Satz 1 vorzeitig endet. Das Kündigungsschutzgesetz ist in diesen Fällen nicht anzuwenden. Satz 1 gilt nicht, soweit seine Anwendung vertraglich ausgeschlossen ist.
(4) Wird im Rahmen arbeitsrechtlicher Gesetz oder Verordnungen auf die Zahl der beschäftigten Arbeitnehmerinnen und Arbeitnehmer abgestellt, sind bei der Ermittlung dieser Zahl Arbeitnehmerinnen und Arbeitnehmer, die nach § 2 kurzzeitig an der Arbeitsleistung verhindert oder nach § 3 freigestellt sind, nicht mitzuzählen, solange für sie auf Grund von Absatz 1 eine Vertreterin oder ein Vertreter eingestellt ist. Dies gilt nicht, wenn die Vertreterin oder der Vertreter nicht mitzuzählen ist. Die Sätze 1 und 2 gelten entsprechend, wenn im Rahmen arbeitsrechtlicher Gesetze oder Verordnungen auf die Zahl der Arbeitsplätze abgestellt wird.

§ 7 Begriffsbestimmungen (1) Beschäftigte im Sinne dieses Gesetzes sind
1. Arbeitnehmerinnen und Arbeitnehmer,
2. die zu ihrer Berufsbildung Beschäftigten,
3. Personen, die wegen ihrer wirtschaftlichen Unselbständigkeit als arbeitnehmerähnliche Personen anzusehen sind; zu diesen gehören auch die in Heimarbeit Beschäftigten und die ihnen Gleichgestellten.

(2) Arbeitgeber im Sinne dieses Gesetzes sind natürliche und juristische Personen sowie rechtsfähige Personengesellschaften, die Personen nach Absatz 1 beschäftigen. Für die arbeitnehmerähnlichen Personen, insbesondere für die in Heimarbeit Beschäftigten und die ihnen Gleichgestellten, tritt an die Stelle des Arbeitgebers der Auftraggeber oder Zwischenmeister.
(3) Nahe Angehörige im Sinne dieses Gesetzes sind
1. Großeltern, Eltern, Schwiegereltern, Stiefeltern,
2. Ehegatten, Lebenspartner, Partner einer eheähnlichen oder lebenspartnerschaftsähnlichen Gemeinschaft, Geschwister, Ehegatten der Geschwister und Geschwister der Ehegatten, Lebenspartner der Geschwister und Geschwister der Lebenspartner,
3. Kinder, Adoptiv- oder Pflegekinder, die Kinder, Adoptiv- oder Pflegekinder des Ehegatten oder Lebenspartners, Schwiegerkinder und Enkelkinder.

(4) Pflegebedürftig im Sinne dieses Gesetzes sind Personen, die die Voraussetzungen nach den §§ 14 und 15 des Elften Buches Sozialgesetzbuch erfüllen. Pflegebedürftig im Sinne von § 2 sind auch Personen, die die Voraussetzungen nach den §§ 14 und 15 des Elften Buches Sozialgesetzbuch voraussichtlich erfüllen.

§ 8 Unabdingbarkeit Von den Vorschriften dieses Gesetzes kann nicht zuungunsten der Beschäftigten abgewichen werden.

30 XI b. Gesetz über die Familienpflegezeit (Familienpflegezeitgesetz – FPfZG)

vom 6. Dezember 2011 (BGBl. I 2564),
geändert durch Gesetz vom 23. Dezember 2014 (BGBl. I 2462)
(Abgedruckte Vorschriften: §§ 1–10)

Einleitung

(siehe bei Nr. 30 XI, III)

Gesetzestext

§ 1 Ziel des Gesetzes Durch die Einführung der Familienpflegezeit werden die Möglichkeiten zur Vereinbarkeit von Beruf und familiärer Pflege verbessert.

§ 2 Familienpflegezeit (1) Beschäftigte sind von der Arbeitsleistung für längstens 24 Monate (Höchstdauer) teilweise freizustellen, wenn sie einen pflegebedürftigen nahen Angehörigen in häuslicher Umgebung pflegen (Familienpflegezeit). Während der Familienpflegezeit muss die verringerte Arbeitszeit wöchentlich mindestens 15 Stunden betragen. Bei unterschiedlichen wöchentlichen Arbeitszeiten oder einer unterschiedlichen Verteilung der wöchentlichen Arbeitszeit darf die wöchentliche Arbeitszeit im Durchschnitt eines Zeitraums von bis zu einem Jahr 15 Stunden nicht unterschreiten (Mindestarbeitszeit). Der Anspruch nach Satz 1 besteht nicht gegenüber Arbeitgebern mit in der Regel 25 oder weniger Beschäftigten ausschließlich der zu ihrer Berufsbildung Beschäftigten.
(2) Pflegezeit und Familienpflegezeit dürfen gemeinsam 24 Monate je pflegebedürftigem nahen Angehörigen nicht überschreiten (Gesamtdauer).
(3) Die §§ 5 bis 8 des Pflegezeitgesetzes gelten entsprechend.
(4) Die Familienpflegezeit wird auf Berufsbildungszeiten nicht angerechnet.
(5) Beschäftigte sind von der Arbeitsleistung für längstens 24 Monate (Höchstdauer) teilweise freizustellen, wenn sie einen minderjährigen pflegebedürftigen nahen Angehörigen in häuslicher oder außerhäuslicher Umgebung betreuen. Die Inanspruchnahme dieser Freistellung ist jederzeit im Wechsel mit der Freistellung nach Absatz 1 im Rahmen der Gesamtdauer nach Absatz 2 möglich. Absatz 1 Satz 2 bis 4 und die Absätze 2 bis 4 gelten entsprechend. Beschäftigte können diesen Anspruch wahlweise statt des Anspruchs auf Familienpflegezeit nach Absatz 1 geltend machen.

§ 2 a Inanspruchnahme der Familienpflegezeit (1) Wer Familienpflegezeit nach § 2 beanspruchen will, muss dies dem Arbeitgeber spätestens acht Wochen vor dem gewünschten Beginn schriftlich ankündigen und gleichzeitig erklären, für welchen Zeitraum und in welchem Umfang innerhalb der Gesamtdauer nach § 2 Absatz 2 die Freistellung von der Arbeitsleistung in Anspruch genommen werden soll. Dabei ist auch die gewünschte Verteilung der Arbeitszeit anzugeben. Enthält die Ankündigung keine eindeutige Festlegung, ob die oder der Beschäftigte Pflegezeit nach § 3 des Pflegezeitgesetzes oder Familienpflegezeit in Anspruch nehmen will, und liegen die Voraussetzungen beider Freistellungsansprüche vor, gilt die Erklärung als Ankündigung von Pflegezeit. Wird die Familienpflegezeit nach einer Freistellung nach § 3 Absatz 1 oder Absatz 5 des Pflegezeitgesetzes zur Pflege oder Betreuung desselben pflegebedürftigen Angehörigen in Anspruch genommen, muss sich die Familienpflegezeit unmittelbar an die Freistellung nach § 3 Absatz 1 oder Absatz 5 des Pflegezeitgesetzes anschließen. In diesem Fall soll die oder der Beschäftigte möglichst frühzeitig erklären, ob sie oder er Familienpflegezeit in Anspruch nehmen wird; abweichend von Satz 1 muss die Ankündigung spätestens drei Monate vor Beginn der Familienpflegezeit erfolgen. Wird eine Freistellung nach § 3 Absatz 1 oder Absatz 5 des Pflegezeitgesetzes nach einer Familienpflegezeit in Anspruch genommen, ist die Freistellung nach § 3 Absatz 1 oder Absatz 5 des Pflegezeitgesetzes in unmittelbarem Anschluss an die Familienpflegezeit zu beanspruchen und dem Arbeitgeber spätestens acht Wochen vor Beginn der Freistellung nach § 3 Absatz 1 oder Absatz 5 des Pflegezeitgesetzes schriftlich anzukündigen.

(2) Arbeitgeber und Beschäftigte haben über die Verringerung und Verteilung der Arbeitszeit eine schriftliche Vereinbarung zu treffen. Hierbei hat der Arbeitgeber den Wünschen der Beschäftigten zu entsprechen, es sei denn, dass dringende betriebliche Gründe entgegenstehen.

(3) Für einen kürzeren Zeitraum in Anspruch genommene Familienpflegezeit kann bis zur Gesamtdauer nach § 2 Absatz 2 verlängert werden, wenn der Arbeitgeber zustimmt. Eine Verlängerung bis zur Gesamtdauer kann verlangt werden, wenn ein vorgesehener Wechsel in der Person der oder des Pflegenden aus einem wichtigen Grund nicht erfolgen kann.

(4) Die Beschäftigten haben die Pflegebedürftigkeit der oder des nahen Angehörigen durch Vorlage einer Bescheinigung der Pflegekasse oder des Medizinischen Dienstes der Krankenversicherung nachzuweisen. Bei in der privaten Pflege-Pflichtversicherung versicherten Pflegebedürftigen ist ein entsprechender Nachweis zu erbringen.

(5) Ist die oder der nahe Angehörige nicht mehr pflegebedürftig oder die häusliche Pflege der oder des nahen Angehörigen unmöglich oder unzumutbar, endet die Familienpflegezeit vier Wochen nach Eintritt der veränderten Umstände. Der Arbeitgeber ist hierüber unverzüglich zu unterrichten. Im Übrigen kann die Familienpflegezeit nur vorzeitig beendet werden, wenn der Arbeitgeber zustimmt.

(6) Die Absätze 1 bis 5 gelten entsprechend für die Freistellung von der Arbeitsleistung nach § 2 Absatz 5.

§ 3 Förderung der pflegebedingten Freistellung von der Arbeitsleistung (1) Für die Dauer der Freistellungen nach § 2 dieses Gesetzes oder nach § 3 des Pflegezeitgesetzes gewährt das Bundesamt für Familie und zivilgesellschaftliche Aufgaben Beschäftigten auf Antrag ein in monatlichen Raten zu zahlendes zinsloses Darlehen nach Maßgabe der Absätze 2 bis 5. Der Anspruch gilt auch für alle Vereinbarungen über Freistellungen von der Arbeitsleistung, die die Voraussetzungen von § 2 Absatz 1 Satz 1 bis 3 dieses Gesetzes oder des § 3 Absatz 1 Satz 1, Absatz 5 Satz 1 oder Absatz 6 Satz 1 des Pflegezeitgesetzes erfüllen.

(2) Die monatlichen Darlehensraten werden in Höhe der Hälfte der Differenz zwischen den pauschalierten monatlichen Nettoentgelten vor und während der Freistellung nach Absatz 1 gewährt.

(3) Das pauschalierte monatliche Nettoentgelt vor der Freistellung nach Absatz 1 ist das nach der im jeweiligen Kalenderjahr geltenden Verordnung über die pauschalierten Nettoentgelte für das Kurzarbeitergeld maßgebliche Entgelt, bezogen auf das auf den nächsten durch zwanzig teilbaren Eurobetrag gerundete regelmäßige durchschnittliche monatliche Bruttoarbeitsentgelt ausschließlich der Sachbezüge der letzten zwölf Kalendermonate vor Beginn der Freistellung. Das pauschalierte monatliche Nettoentgelt während der Freistellung ist das nach der im jeweiligen Kalenderjahr geltenden Verordnung über die pauschalierten Nettoentgelte für das Kurzarbeitergeld maßgebliche Entgelt, bezogen auf das auf den nächsten durch zwanzig teilbaren Eurobetrag gerundete Produkt aus der vereinbarten durchschnittlichen monatlichen Stundenzahl während der Freistellung und dem durchschnittlichen Entgelt je Arbeitsstunde. Durchschnittliches Entgelt je Arbeitsstunde ist das Verhältnis des regelmäßigen gesamten Bruttoarbeitsentgelts ausschließlich der Sachbezüge der letzten zwölf Kalendermonate vor Beginn der Freistellung. Bei einem weniger als zwölf Monate vor Beginn der Freistellung bestehenden Beschäftigungsverhältnis verkürzt sich der der Berechnung zugrunde zu legende Zeitraum entsprechend. Für die Berechnung des durchschnittlichen Entgelts je Arbeitsstunde bleiben Mutterschutzfristen, kurzfristige Arbeitsverhinderung nach § 2 des Pflegezeitgesetzes und Freistellungen nach § 3 des Pflegezeitgesetzes sowie die Einbringung von Arbeitsentgelt in und die Entnahme von Arbeitsentgelt aus Wertguthaben nach § 7 b des Vierten Buches Sozialgesetzbuch außer Betracht.

(4) In den Fällen der Freistellung nach § 3 des Pflegezeitgesetzes ist die monatliche Darlehensrate auf den Betrag begrenzt, der bei einer durchschnittlichen Arbeitszeit während der Familienpflegezeit von 15 Wochenstunden zu gewähren ist.

(5) Abweichend von Absatz 2 können Beschäftigte auch einen geringeren Darlehensbetrag in Anspruch nehmen, wobei die monatliche Darlehensrate mindestens 50 Euro betragen muss.

(6) Das Darlehen ist in der in Absatz 2 genannten Höhe, in den Fällen der Pflegezeit in der in Absatz 4 genannten Höhe, vorrangig vor dem Bezug von bedürftigkeitsabhängigen Sozialleistungen in Anspruch zu nehmen und von

den Beschäftigten zu beantragen; Absatz 5 ist insoweit nicht anzuwenden. Bei der Berechnung von Sozialleistungen nach Satz 1 sind die Zuflüsse aus dem Darlehen als Einkommen zu berücksichtigen.

§ 4 Mitwirkungspflicht des Arbeitgebers Der Arbeitgeber hat dem Bundesamt für Familie und zivilgesellschaftliche Aufgaben für bei ihm Beschäftigte den Arbeitsumfang sowie das Arbeitsentgelt vor der Freistellung nach § 3 Absatz 1 zu bescheinigen, soweit dies zum Nachweis des Einkommens aus Erwerbstätigkeit oder der wöchentlichen Arbeitszeit der die Förderung beantragenden Beschäftigten erforderlich ist. Für die in Heimarbeit Beschäftigten und die ihnen Gleichgestellten tritt an die Stelle des Arbeitgebers der Auftraggeber oder Zwischenmeister.

§ 5 Ende der Förderfähigkeit (1) Die Förderfähigkeit endet mit dem Ende der Freistellung nach § 3 Absatz 1. Die Förderfähigkeit endet auch dann, wenn die oder der Beschäftigte während der Freistellung nach § 2 den Mindestumfang der wöchentlichen Arbeitszeit aufgrund gesetzlicher oder kollektivvertraglicher Bestimmungen oder aufgrund von Bestimmungen, die in Arbeitsrechtsregelungen der Kirchen enthalten sind, unterschreitet. Die Unterschreitung der Mindestarbeitszeit aufgrund von Kurzarbeit oder eines Beschäftigungsverbotes lässt die Förderfähigkeit unberührt.
(2) Die Darlehensnehmerin oder der Darlehensnehmer hat dem Bundesamt für Familie und zivilgesellschaftliche Aufgaben unverzüglich jede Veränderung in den Verhältnissen, die für den Anspruch nach § 3 Absatz 1 erheblich sind, mitzuteilen, insbesondere die Beendigung der häuslichen Pflege der oder des nahen Angehörigen, die Beendigung der Betreuung nach § 2 Absatz 5 dieses Gesetzes oder § 3 Absatz 5 des Pflegezeitgesetzes, die Beendigung der Freistellung nach § 3 Absatz 6 des Pflegezeitgesetzes, die vorzeitige Beendigung der Freistellung nach § 3 Absatz 1 sowie die Unterschreitung des Mindestumfangs der wöchentlichen Arbeitszeit während der Freistellung nach § 2 aus anderen als den in Absatz 1 Satz 2 genannten Gründen.

§ 6 Rückzahlung des Darlehens (1) Im Anschluss an die Freistellung nach § 3 Absatz 1 ist die Darlehensnehmerin oder der Darlehensnehmer verpflichtet, das Darlehen innerhalb von 48 Monaten nach Beginn der Freistellung nach § 3 Absatz 1 zurückzuzahlen. Die Rückzahlung erfolgt in möglichst gleichbleibenden monatlichen Raten in Höhe des im Bescheid nach § 9 festgesetzten monatlichen Betrags jeweils spätestens zum letzten Bankarbeitstag des laufenden Monats. Für die Rückzahlung gelten alle nach § 3 an die Darlehensnehmerin oder den Darlehensnehmer geleisteten Darlehensbeträge als ein Darlehen.
(2) Die Rückzahlung beginnt in dem Monat, der auf das Ende der Förderung der Freistellung nach § 3 Absatz 1 folgt. Das Bundesamt für Familie und zivilgesellschaftliche Aufgaben kann auf Antrag der Darlehensnehmerin oder des Darlehensnehmers den Beginn der Rückzahlung auf einen späteren Zeitpunkt, spätestens jedoch auf den 25. Monat nach Beginn der Förderung festsetzen,

wenn die übrigen Voraussetzungen für den Anspruch nach den §§ 2 und 3 weiterhin vorliegen. Befindet sich die Darlehensnehmerin oder der Darlehensnehmer während des Rückzahlungszeitraums in einer Freistellung nach § 3 Absatz 1, setzt das Bundesamt für Familie und zivilgesellschaftliche Aufgaben auf Antrag der oder des Beschäftigten die monatlichen Rückzahlungsraten bis zur Beendigung der Freistellung von der Arbeitsleistung aus. Der Rückzahlungszeitraum verlängert sich um den Zeitraum der Aussetzung.

§ 7 Härtefallregelung (1) Zur Vermeidung einer besonderen Härte stundet das Bundesamt für Familie und zivilgesellschaftliche Aufgaben der Darlehensnehmerin oder dem Darlehensnehmer auf Antrag die Rückzahlung des Darlehens, ohne dass hierfür Zinsen anfallen. Als besondere Härte gelten insbesondere der Bezug von Entgeltersatzleistungen nach dem Dritten und dem Fünften Buch Sozialgesetzbuch, Leistungen zur Sicherung des Lebensunterhalts nach dem Zweiten Buch Sozialgesetzbuch und Leistungen nach dem Dritten und Vierten Kapitel des Zwölften Buches Sozialgesetzbuch oder eine mehr als 180 Tage ununterbrochene Arbeitsunfähigkeit. Eine besondere Härte liegt auch vor, wenn sich die Darlehensnehmerin oder der Darlehensnehmer wegen unverschuldeter finanzieller Belastungen vorübergehend in ernsthaften Zahlungsschwierigkeiten befindet oder zu erwarten ist, dass sie oder er durch die Rückzahlung des Darlehens in der vorgesehenen Form in solche Schwierigkeiten gerät.
(2) Für den über die Gesamtdauer der Freistellungen nach § 2 dieses Gesetzes oder nach § 3 Absatz 1 oder 5 des Pflegezeitgesetzes hinausgehenden Zeitraum, in dem die Pflegebedürftigkeit desselben nahen Angehörigen fortbesteht, die Pflege durch die oder den Beschäftigten in häuslicher Umgebung andauert und die Freistellung von der Arbeitsleistung fortgeführt wird, sind auf Antrag die fälligen Rückzahlungsraten zu einem Viertel zu erlassen (Teildarlehenserlass) und die restliche Darlehensschuld für diesen Zeitraum bis zur Beendigung der häuslichen Pflege auf Antrag zu stunden, ohne dass hierfür Zinsen anfallen, sofern eine besondere Härte im Sinne von Absatz 1 Satz 3 vorliegt.
(3) Die Darlehensschuld erlischt, soweit sie noch nicht fällig ist, wenn die Darlehensnehmerin oder der Darlehensnehmer

1. Leistungen nach dem Dritten oder Vierten Kapitel des Zwölften Buches Sozialgesetzbuch oder Leistungen zur Sicherung des Lebensunterhalts nach dem Zweiten Buch Sozialgesetzbuch ununterbrochen seit mindestens zwei Jahren nach dem Ende der Freistellung bezieht oder
2. verstirbt.

(4) Der Abschluss von Vergleichen sowie die Stundung, Niederschlagung und der Erlass von Ansprüchen richten sich, sofern in diesem Gesetz nicht abweichende Regelungen getroffen werden, nach den §§ 58 und 59 der Bundeshaushaltsordnung.

§ 8 Antrag auf Förderung (1) Das Bundesamt für Familie und zivilgesellschaftliche Aufgaben entscheidet auf schriftlichen Antrag über das Darlehen nach § 3 und dessen Rückzahlung nach § 6.

(2) Der Antrag wirkt vom Zeitpunkt des Vorliegens der Anspruchsvoraussetzungen, wenn er innerhalb von drei Monaten nach deren Vorliegen gestellt wird, andernfalls wirkt er vom Beginn des Monats der Antragstellung.

(3) Der Antrag muss enthalten:

1. Name und Anschrift der oder des das Darlehen beantragenden Beschäftigten,
2. Name, Anschrift und Angehörigenstatus der gepflegten Person,
3. Bescheinigung über die Pflegebedürftigkeit oder im Fall des § 3 Absatz 6 des Pflegezeitgesetzes das dort genannte ärztliche Zeugnis über die Erkrankung des oder der nahen Angehörigen,
4. Dauer der Freistellung nach § 3 Absatz 1 sowie Mitteilung, ob zuvor eine Freistellung nach § 3 Absatz 1 in Anspruch genommen wurde, sowie
5. Höhe, Dauer und Angabe der Zeitabschnitte des beantragten Darlehens.

(4) Dem Antrag sind beizufügen:

1. Entgeltbescheinigungen mit Angabe der arbeitsvertraglichen Wochenstunden der letzten zwölf Monate vor Beginn der Freistellung nach § 3 Absatz 1,
2. in den Fällen der vollständigen Freitstellung nach § 3 des Pflegezeitgesetzes eine Bescheinigung des Arbeitgebers über die Freistellung und in den Fällen der teilweisen Freistellung die hierüber getroffene schriftliche Vereinbarung zwischen dem Arbeitgeber und der oder dem Beschäftigten.

§ 9 Darlehensbescheid (1) In dem Bescheid nach § 8 Absatz 1 sind anzugeben:

1. Höhe des Darlehens,
2. Höhe der monatlichen Darlehensraten sowie Dauer der Leistung der Darlehensraten,
3. Höhe und Dauer der Rückzahlungsraten und
4. Fälligkeit der ersten Rückzahlungsrate.

Wurde dem Antragsteller für eine vor dem Antrag liegende Freistellung nach § 3 Absatz 1 ein Darlehen gewährt, sind für die Ermittlung der Beträge nach Satz 1 Nummer 3 und 4 das zurückliegende und das aktuell gewährte Darlehen wie ein Darlehen zu behandeln. Der das erste Darlehen betreffende Bescheid nach Satz 1 wird hinsichtlich Höhe, Dauer und Fälligkeit der Rückzahlungsraten geändert.

(2) Die Höhe der Darlehensraten wird zur Beginn der Leistungsgewährung in monatlichen Festbeträgen für die gesamte Förderdauer festgelegt.

(3) Die Darlehensraten werden unbar zu Beginn jeweils für den Kalendermonat ausgezahlt, in dem die Anspruchsvoraussetzungen vorliegen. Monatliche Förderungsbeträge, die nicht volle Euro ergeben, sind bei Restbeträgen bis zu 0,49 Euro abzurunden und von 0,50 Euro an aufzurunden.

§ 10 Antrag und Nachweis in weiteren Fällen (1) Das Bundesamt für Familie und zivilgesellschaftliche Aufgaben entscheidet auch in den Fällen des § 7 auf schriftlichen Antrag, der Name und Anschrift der Darlehensnehmerin oder des Darlehensnehmers enthalten muss.

(2) Die Voraussetzungen des § 7 sind nachzuweisen

1. in den Fällen des Absatzes 1 durch Glaubhaftmachung der dort genannten Voraussetzungen, insbesondere durch Darlegung der persönlichen wirtschaftlichen Verhältnisse oder bei Arbeitsunfähigkeit durch Vorlage einer Arbeitsunfähigkeitsbescheinigung der Darlehensnehmerin oder des Darlehensnehmers,
2. in den Fällen des Absatzes 2 durch Vorlage einer Bescheinigung über die fortbestehende Pflegebedürftigkeit der oder des nahen Angehörigen und die Fortdauer der Freistellung von der Arbeitsleistung sowie Glaubhaftmachung der dort genannten Voraussetzungen, insbesondere durch Darlegung der persönlichen wirtschaftlichen Verhältnisse,
3. in den Fällen des Absatzes 3 durch Vorlage der entsprechenden Leistungsbescheide der Darlehensnehmerin oder des Darlehensnehmers oder durch Vorlage einer Sterbeurkunde durch die Rechtsnachfolger.

(3) Anträge auf Teildarlehenserlass nach § 7 Absatz 2 sind bis spätestens 48 Monate nach Beginn der Freistellungen nach § 2 dieses Gesetzes oder nach § 3 Absatz 1 oder 5 des Pflegezeitgesetzes zu stellen.

...

30 XII. Sozialgesetzbuch (SGB) Zwölftes Buch Sozialhilfe

Einleitung

I. Geschichtliche Entwicklung

Das, was heute »Sozialhilfe« heißt, geht zurück auf die traditionelle Armenfürsorge. Sie wurde üblicherweise von Gemeinden ohne Rechtsgrundlage geleistet und flankiert durch private Mildtätigkeit sowie Selbsthilfe einzelner Bevölkerungsgruppen (zum Folgenden s. *Sachße/Tennstedt,* Geschichte der Armenfürsorge in Deutschland, 3 Bände, 1980 – 1992). Die geschichtliche Entwicklung insgesamt ist durch zwei Merkmale gekennzeichnet:

1. eine zunehmende Verrechtlichung der Fürsorge/Sozialhilfe von ursprünglichen Zuständigkeitsregelungen bis hin zum heutigen Rechtsanspruch auf Sozialhilfe und
2. eine zunehmende Absicherung sozialer Risiken durch Versicherungssysteme bei Nachrangigkeit der Fürsorge/Sozialhilfe.

Was den zweiten Aspekt angeht, so kann von einem System »kommunizierender Röhren« gesprochen werden: In dem Maße, in dem Sozialversicherungssysteme Risiken nicht mehr abdecken, wächst die Belastung der Fürsorge/Sozialhilfe. Das ist insbesondere so in der Krise der Arbeitslosenversicherung am Ende der Weimarer Republik gewesen, wiederholte sich im Gefolge der Massenarbeitslosigkeit der 1990er Jahre (s. u.) und findet heute seinen sinnfälligen Ausdruck darin, dass infolge der nicht vollständigen Risikodeckung durch die Pflegeversicherung Pflegeleistungen zu einem nicht unerheblichen Teil durch die Sozialhilfeträger getragen werden müssen.

Die Rechtsgrundlage in der Bundesrepublik Deutschland war und ist jedoch gegenüber der Weimarer Republik in einem entscheidenden Punkt weiterentwickelt: Das Grundgesetz bekennt sich zur Würde des Menschen als obersten Wert (Art. 1 GG). Mit dem Sozialstaatsprinzip wird der Staat auf das Prinzip der sozialen Gerechtigkeit und die Herstellung von Rahmenbedingungen zur effektiven Wahrnehmung der Grundrechte verpflichtet (vgl. Einl. III 1 zum GG, Nr. 20). Gestützt auf diese Rechtsgrundlage entschied das *BVerwG* in einer bahnbrechenden Entscheidung vom 24. 6. 1954 (V C 78.54, BVerwGE 1, 159), dass jeder Hilfsbedürftige einen Rechtsanspruch auf öffentliche Fürsorge hat. Außer in dem Teilbereich der Tbc-Fürsorge war ein solcher Anspruch bis dahin nicht anerkannt. Die Fürsorge wurde als eine Art armenpolizeiliche Staatsfunktion gesehen, für die der Hilfsbedürftige ein Objekt der Fürsorge darstellte. Diese neue Sichtweise findet eine verfassungsgerichtliche Absicherung in der Entscheidung des *BVerfG* vom 9. 2. 2010 (1 BvL 1/09, 1 BvL 3/09, 1 BvL 4/09, NJW 10, 505) über die »Hartz IV«-

Regelbedarfe, in der das Gericht ein Grundrecht auf Gewährleistung eines menschenwürdigen Existenzminimums anerkannt hat (vgl. Einl. II 4 zum SGB II, Nr. 30 II).

Die vom *BVerwG* festgestellte verfassungsrechtliche Rechtslage bildete den Ausgangspunkt für die Schaffung des BSHG. Auf der Grundlage eines Regierungsentwurfs vom 20. 4. 1960 (BT-Drs. 3/1799) wurde das Gesetz 1961 gemeinsam mit dem Gesetz für Jugendwohlfahrt vom 11. 8. 1961 (BGBl. I 1205) verabschiedet. Gegen die in beiden Gesetzen geregelte Subsidiarität der Tätigkeit öffentlicher Träger der Jugendhilfe gegenüber privaten Wohlfahrtsverbänden wurde seitens einer Reihe von Kommunen Verfassungsbeschwerde erhoben. Das *BVerfG* wies diese Beschwerden im Wesentlichen mit Entscheidung vom 18. 7. 1967 zurück (2 BvF 3/62 u.a., BVerfGE 22, 180). Es bezeichnete die in verschiedener Form geregelte Subsidiarität als Ausdruck des allgemeinen Gedankens der Priorität der Selbsthilfe. Die wesentlichste Innovation des neuen BSHG war im Übrigen die Hilfe in besonderen Lebenslagen (§ 27).

Mit dem »Gesetz zur Einordnung des Sozialhilferechts in das Sozialgesetzbuch« vom 27. 12. 2003 (BGBl. I 3022) wurde die Sozialhilfe mit Geltung ab 1. 1. 2005 als Buch XII Teil des SGB. Ein wesentlicher Strukturwandel erfolgte durch Einführung des Arbeitslosengeldes II im SGB II (Nr. 30 II), womit die Sozialhilfe nur für über 65-Jährige (schrittweise Anhebung seit 2012, zunächst jährlich um einen Monat, ab 2024 um zwei Monate, § 41) und nicht Erwerbsfähige bleibt (dazu sogleich II). Wesentlichste Änderung war die Neuregelung der Bedarfsermittlung nach dem Regelbedarfsermittlungsgesetz im Gefolge der Entscheidung des *BVerfG* zur Verfassungswidrigkeit der Regelleistungen nach dem SGB II (s. u. II).

Die Ergänzung des Bildungs- und Teilhabepakets nach dem Gesetz zur Änderung des Zweiten Buches Sozialgesetzbuch und anderer Gesetze vom 7. 5. 2013 (BGBl. I 1167; vgl. Einl. I zum SGB II, Nr. 30 II) wurde auch im SGB XII entsprechend vollzogen. Das betrifft vor allem Kostenübernahmen bei Unzumutbarkeit des Bestreitens aus dem Regelsatz sowie die Möglichkeit der Selbsthilfe nach § 34 b.

Im Zuge des Pflegestärkungsgesetzes III v. 23. 12. 2016 (BGBl. I 3191) wurde die Hilfe zur Pflege in §§ 61 ff. neu geregelt und der neue Pflegebedürftigkeitsbegriff auch im SGB XII verankert (s. Einl. I 2 [5] zum SGB XI, Nr. 30 XI).

Durch das Bundesteilhabegesetz v. 23. 12. 2016 (BGBl. I 3234, vgl. Einl. I 4 zum SGB IX, Nr. 30 IX) wurde die Eingliederungshilfe für behinderte Menschen aus dem SGB XII mit Wirkung ab 2020 in das SGB IX überführt.

Durch das Gesetz zur Regelung von Ansprüchen ausländischer Personen in der Grundsicherung für Arbeitsuchende nach dem Zweiten Buch Sozialgesetzbuch und in der Sozialhilfe nach dem Zwölften Buch Sozialgesetzbuch v. 22. 12. 2016 (BGBl. I 3155) wurden Leistungsansprüche für Ausländer im Wesentlichen auf aufenthaltsberechtigte Ausländer sowie freizügigkeitsberechtigte EU-Ausländer beschränkt (vgl. Einl. II 2 zum SGB II, Nr. 30 II). Die danach nicht leistungsberechtigten Ausländer sind es nach der Neuregelung in § 23 Abs. 3 auch nicht im Rahmen des SGB XII, ihnen werden aber nach Satz 3 der Bestimmung einmalig innerhalb von 2 Jahren bis zur Ausreise Überbrückungsleistungen für einen Zeitraum von maximal 1 Monat gewährt.

Regelbedarf und Regelbedarfsermittlung wurden mit Rücksicht auf verschiedene verfassungs- und höchstgerichtliche Entscheidungen durch das Gesetz zur Ermittlung von Regelbedarfen sowie zur Änderung des Zweiten und des Zwölften Buches Sozialgesetzbuch v. 22. 12. 2016 (BGBl. I 3159) neu geregelt.
Im Zuge des Betriebsrentenstärkungsgesetzes (v. 17. 8. 2017, BGBl. I 3214; vgl. Einl. I zum BetrAVG, Nr. 11) wurde mit Wirkung ab 1. 1. 2018 ein Freibetrag für die Einkommensanrechnung aus einer zusätzlichen Altersvorsorge in § 82 Abs. 4 eingefügt, damit auch bei unteren Einkommen ein Anreiz zur privaten Vorsorge besteht.
Das Starke-Familien-Gesetz (vgl. Einl. I zum SGB II, Nr. 30 II) führte zu Änderungen bei Leistungen des Bildungs- und Teilhabepakets analog zu jenen bei der Grundsicherung nach dem SGB II.
Eine konzeptionelle Veränderung der Lastenverteilung zwischen Staat und Familie und damit eine wichtige Durchbrechung des Nachranggrundsatzes brachte das Angehörigen-Entlastungsgesetz mit sich (Gesetz zur Entlastung unterhaltsverpflichteter Angehöriger in der Sozialhilfe und in der Eingliederungshilfe v. 10. 12. 2019, BGBl. I 2135; Entwurf: BT-Drs. 19/13399). Danach ist der sog. Rückgriff gegen unterhaltsverpflichtete Eltern bzw. Kinder mit Einkommen bis einschließlich 100000 € ausgeschlossen. Entsprechendes ist für die Eingliederungshilfe in Teil 2 SGB IX vorgesehen.

II. Zum Inhalt des Gesetzes

Das SGB XII regelt die Sozialhilfe für Personen, die nicht in der Lage sind, sich durch Einsatz ihrer Arbeitskraft selbst zu helfen (Übersicht 70). Wer nach Maßgabe des § 8 SGB II erwerbsfähig ist, erhält Leistungen vor allem nach dem SGB II; solche Leistungsberechtigte erhalten nach § 5 Abs. 2 SGB II keine Leistungen zum Lebensunterhalt nach dem SGB XII (vgl. auch § 19 Abs. 2, § 2 Abs. 1 SGB XII). Daneben enthält das SGB XII die zuvor in einem separaten Gesetz enthaltene Grundsicherung im Alter und bei Erwerbsminderung.
In seiner Substanz hat das SGB XII die Grundzüge des Bundessozialhilfegesetzes übernommen und fortgeführt. § 1 beschreibt die grundsätzliche Zielsetzung des Gesetzes – Ermöglichung eines Lebens, »das der Würde des Menschen entspricht« – nahezu wortgleich mit dem früheren § 1 Abs. 2 BSHG. In einer etwas anderen Gliederung und Terminologie werden die bisherigen Leistungen der Sache nach auch im neuen Gesetz geregelt. § 8 gibt hierzu als Einweisungsvorschrift eine Übersicht. Es gilt wie bisher das Prinzip der Nachrangigkeit der Sozialhilfe. Es müssen anderweitiges Einkommen und Vermögen einschließlich Unterhaltsansprüchen (freilich mit der erheblichen Einschränkung nach dem Angehörigen-Entlastungsgesetz, vgl. o. I) in Anspruch genommen werden, wozu es die entsprechenden Anrechnungsvorschriften gibt.
Die wichtigste Sozialhilfeleistung ist die »Hilfe zum Lebensunterhalt«. Sie wird, gemessen am Regelbedarf gemäß § 28, nach Regelsätzen gemäß § 27 a erbracht. Für den Regelbedarf gibt es entsprechend der Anlage zu § 28 (abgedruckt am Ende des Gesetzes) 6 Stufen. Der individuelle Bedarf kann aber gemäß § 27 a Abs. 4 abweichend festgesetzt werden. Regelbedarfsstufe 1 betrifft den Bedarf

eines alleinstehenden Erwachsenen im eigenen Haushalt. Sie beläuft sich bundeseinheitlich auf 432 Euro (RBSFV 2020 v. 15. 10. 2019, BGBl. I 1452). Der Regelbedarf ist gemäß §§ 28, 28 a jährlich neu fortzuschreiben. Dabei können die Länder nach § 29 Abs. 2 eine abweichende Neufestsetzung treffen. Das Verfahren der Regelbedarfsermittlung ist mit jenem nach dem SGB II infolge der verfassungsgerichtlichen Aufforderung zur transparenten Bedarfsermittlung (s. Einl. II 4 zum SGB II, Nr. 20 II) zusammengeführt und im Regelbedarfsermittlungsgesetz (Art. 1 des Gesetzes zur Ermittlung von Regelbedarfen und zur Änderung des Zweiten und Zwölften Buches Sozialgesetzbuch vom 24. 3. 2011 [BGBl. I 850]) normiert worden.

III. Rechtspolitik

Nach der Reform der Eingliederungshilfe (s. o. I) gibt es aktuell keine Reformvorhaben, sieht man einmal ab von der rentenpolitisch motivierten Planung einer Überarbeitung der Regelungen zum Schonvermögen im Hinblick auf Wohneigentum (vgl. Einl. V zum SGB VI, Nr. 30 VI).

Weiterführende Literatur

Bieritz-Harder/Conradis/Thie (Hrsg.), SGB XII, 11. Aufl. (2018)

Conradis, Die neue Sozialhilfe: Kuriositäten bei der Gesetzgebung zum SGB II und SGB XII, info also 2004, S. 51

Eicher/Coseriu (Hrsg.), Juris Praxiskommentar SGB XII, 2. Aufl. (2014)

Fichtner/Wenzel, SGB XII – Sozialhilfe, 4. Aufl. (2009)

Grube/Wahrendorf, SGB XII, Sozialhilfe, 6. Aufl. (2018)

Schellhorn/Hohm/Schneider (Hrsg.), SGB XII, 19. Aufl. (2015)

Schnath, Das neue Grundrecht auf Gewährleistung eines menschenwürdigen Existenzminimums, NZS 2010, S. 297

Übersicht 70: Sozialhilfe

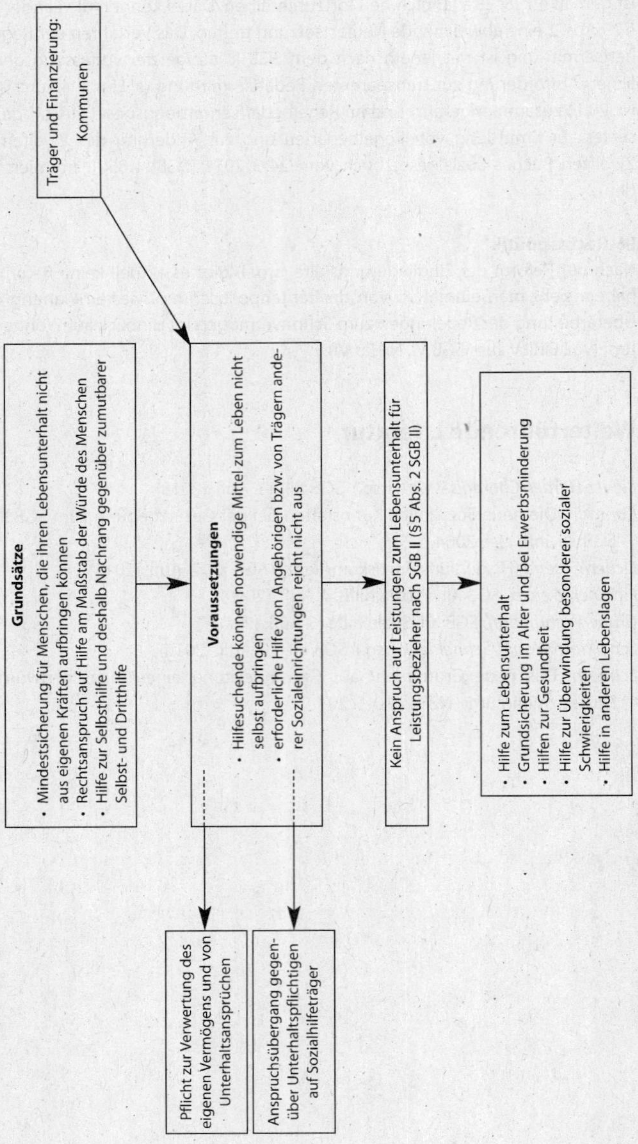

Sozialgesetzbuch (SGB)
Zwölftes Buch
Sozialhilfe

vom 27. Dezember 2003 (BGBl. I 3022),
zuletzt geändert durch Gesetz vom 14. Dezember 2019 (BGBl. I 2789)
(Abgedruckte Vorschriften: §§ 1, 2, 21, 27–36, 40–46, Anlage zu § 28)

Erstes Kapitel – Allgemeine Vorschriften

§ 1 Aufgabe der Sozialhilfe Aufgabe der Sozialhilfe ist es, den Leistungsberechtigten die Führung eines Lebens zu ermöglichen, das der Würde des Menschen entspricht. Die Leistung soll sie so weit wie möglich befähigen, unabhängig von ihr zu leben; darauf haben auch die Leistungsberechtigten nach ihren Kräften hinzuarbeiten. Zur Erreichung dieser Ziele haben die Leistungsberechtigten und die Träger der Sozialhilfe im Rahmen ihrer Rechte und Pflichten zusammenzuwirken.

§ 2 Nachrang der Sozialhilfe (1) Sozialhilfe erhält nicht, wer sich vor allem durch Einsatz seiner Arbeitskraft, seines Einkommens und seines Vermögens selbst helfen kann oder wer die erforderliche Leistung von anderen, insbesondere von Angehörigen oder von Trägern anderer Sozialleistungen, erhält.
(2) Verpflichtungen anderer, insbesondere Unterhaltspflichtiger oder der Träger anderer Sozialleistungen, bleiben unberührt. Auf Rechtsvorschriften beruhende Leistungen anderer dürfen nicht deshalb versagt werden, weil nach dem Recht der Sozialhilfe entsprechende Leistungen vorgesehen sind.

§§ 3–20 *(nicht abgedruckt)*

§ 21 Sonderregelung für Leistungsberechtigte nach dem Zweiten Buch Personen, die nach dem Zweiten Buch als Erwerbsfähige oder als Angehörige dem Grunde nach leistungsberechtigt sind, erhalten keine Leistungen für den Lebensunterhalt. Abweichend von Satz 1 können Personen, die nicht hilfebedürftig nach § 9 des Zweiten Buches sind, Leistungen nach § 36 erhalten. Bestehen über die Zuständigkeit zwischen den beteiligten Leistungsträgern unterschiedliche Auffassungen, so ist der zuständige Träger der Sozialhilfe für die Leistungsberechtigung nach dem Dritten oder Vierten Kapitel an die Feststellung einer vollen Erwerbsminderung im Sinne des § 43 Absatz 2 Satz 2 des Sechsten Buches und nach Abschluss des Widerspruchsverfahrens an die Entscheidung der Agentur für Arbeit zur Erwerbsfähigkeit nach § 44 a Absatz 1 des Zweiten Buches gebunden.

§§ 22–26 *(nicht abgedruckt)*

Drittes Kapitel – Hilfe zum Lebensunterhalt

Erster Abschnitt – Leistungsberechtigte, notwendiger Lebensunterhalt, Regelbedarfe und Regelsätze

§ 27 Leistungsberechtigte (1) Hilfe zum Lebensunterhalt ist Personen zu leisten, die ihren notwendigen Lebensunterhalt nicht oder nicht ausreichend aus eigenen Kräften und Mitteln bestreiten können.
(2) Eigene Mittel sind insbesondere das eigene Einkommen und Vermögen. Bei nicht getrennt lebenden Ehegatten oder Lebenspartnern sind das Einkommen und Vermögen beider Ehegatten oder Lebenspartner gemeinsam zu berücksichtigen. Gehören minderjährige unverheiratete Kinder dem Haushalt ihrer Eltern oder eines Elternteils an und können sie den notwendigen Lebensunterhalt aus ihrem Einkommen und Vermögen nicht bestreiten, sind vorbehaltlich des § 39 Satz 3 Nummer 1 auch das Einkommen und das Vermögen der Eltern oder des Elternteils gemeinsam zu berücksichtigen.
(3) Personen, die ihren Lebensunterhalt aus eigenen Mitteln und Kräften bestreiten können, jedoch einzelne im Haushalt erforderliche Tätigkeiten nicht verrichten können, erhalten auf Antrag einen angemessenen Zuschuss, wenn ihnen die Aufbringung der für die geleistete Hilfe und Unterstützung notwendigen Kosten nicht in voller Höhe zumutbar ist. Als angemessen gelten Aufwendungen, die üblicherweise als Anerkennung für unentgeltlich geleistete Hilfen und Unterstützungen oder zur Abgeltung des entsprechenden Aufwandes geleistet werden. Den Zuschuss erhält nicht, wer einen entsprechenden Anspruch auf Assistenzleistungen nach § 78 des Neunten Buches hat.

§ 27 a Notwendiger Lebensunterhalt, Regelbedarfe und Regelsätze (1) Der für die Gewährleistung des Existenzminimums notwendige Lebensunterhalt umfasst insbesondere Ernährung, Kleidung, Körperpflege, Hausrat, Haushaltsenergie ohne die auf Heizung und Erzeugung von Warmwasser entfallenden Anteile, persönliche Bedürfnisse des täglichen Lebens sowie Unterkunft und Heizung. Zu den persönlichen Bedürfnissen des täglichen Lebens gehört in vertretbarem Umfang eine Teilhabe am sozialen und kulturellen Leben in der Gemeinschaft; dies gilt in besonderem Maß für Kinder und Jugendliche. Für Schülerinnen und Schüler umfasst der notwendige Lebensunterhalt auch die erforderlichen Hilfen für den Schulbesuch.
(2) Der gesamte notwendige Lebensunterhalt nach Absatz 1 mit Ausnahme der Bedarfe nach dem Zweiten bis Vierten Abschnitt ergibt den monatlichen Regelbedarf. Dieser ist in Regelbedarfsstufen unterteilt, die bei Kindern und Jugendlichen altersbedingte Unterschiede und bei erwachsenen Personen deren Anzahl im Haushalt sowie die Führung eines Haushalts berücksichtigen.
(3) Für Leistungsberechtigte nach diesem Kapitel sind zur Deckung der Regel-

bedarfe, die sich nach den Regelbedarfsstufen der Anlage zu § 28 ergeben, monatliche Regelsätze als Bedarf anzuerkennen; dies gilt nicht für Leistungsberechtigte, deren notwendiger Lebensunterhalt sich nach § 27 b bestimmt. Der Regelsatz stellt einen monatlichen Pauschalbetrag zur Bestreitung des Regelbedarfs dar, über dessen Verwendung die Leistungsberechtigten eigenverantwortlich entscheiden; dabei haben sie das Eintreten unregelmäßig anfallender Bedarfe zu berücksichtigen. Besteht die Leistungsberechtigung für weniger als einen Monat, ist der Regelsatz anteilig als Bedarf anzuerkennen. Zur Deckung der Regelbedarfe von Personen, die in einer sonstigen Unterkunft oder vorübergehend nicht in einer Unterkunft untergebracht sind, sind als Bedarfe monatliche Regelsätze anzuerkennen, die sich in entsprechender Anwendung der Regelbedarfsstufen nach der Anlage zu § 28 ergeben.

(4) Im Einzelfall wird der Regelsatz abweichend von der maßgebenden Regelbedarfsstufe festgesetzt (abweichende Regelsatzfestsetzung), wenn ein durch die Regelbedarfe abgedeckter Bedarf nicht nur einmalig, sondern für eine Dauer von voraussichtlich mehr als einem Monat

1. nachweisbar vollständig oder teilweise anderweitig gedeckt ist oder
2. unausweichlich in mehr als geringem Umfang oberhalb durchschnittlicher Bedarfe liegt, wie sie sich nach den bei der Ermittlung der Regelbedarfe zugrundeliegenden durchschnittlichen Verbrauchsausgaben ergeben, und die dadurch bedingten Mehraufwendungen begründbar nicht anderweitig ausgeglichen werden können.

Bei einer abweichenden Regelfestsetzung nach Satz 1 Nummer 1 sind für die monatlich ersparten Verbrauchsausgaben die sich nach § 5 Absatz 1 oder nach § 6 Absatz 1 des Regelbedarfs-Ermittlungsgesetzes für die jeweilige Abteilung ergebenden Beträge zugrunde zu legen. Beschränkt sich die anderweitige Bedarfsdeckung auf einzelne in die regelbedarfsrelevanten Verbrauchsausgaben je Abteilung eingegangenen Verbrauchspositionen, sind die regelbedarfsrelevanten Beträge zugrunde zu legen, auf denen die in § 5 Absatz 1 und § 6 Absatz 1 des Regelbedarfs-Ermittlungsgesetzes genannten Beträge für die einzelnen Abteilungen beruhen. Für Leistungsberechtigte, denen Bedarfe nach § 34 Absatz 4 Satz 1 und Absatz 6 Satz 1 anzuerkennen sind, ist Satz 1 Nummer 1 nicht anwendbar. Für Leistungsberechtigte, die in einer Unterkunft nach § 42 a Absatz 2 Satz 1 Nummer 2 und Satz 3 leben und denen Aufwendungen für Unterkunft und Heizung nach § 42 a Absatz 5 und 6 anzuerkennen sind, ist Satz 1 Nummer 1 nicht anwendbar für Bedarfe, die durch einen Vertrag über die Überlassung von Wohnraum nach § 42 a Absatz 5 Satz 6 Nummer 1, 3 und 4 gedeckt werden. Für Leistungsberechtigte, denen Bedarfe nach § 34 Absatz 4 Satz 1 und Absatz 6 Satz 1 anzuerkennen sind, ist Satz 1 Nummer 1 nicht anwendbar. Für Leistungsberechtigte, denen ein Mehrbedarf nach § 42 b Absatz 2 anzuerkennen ist, ist Satz 1 für die dadurch abgedeckten Aufwendungen nicht anwendbar.

(5) Sind minderjährige Leistungsberechtigte in einer anderen Familie, insbesondere in einer Pflegefamilie, oder bei anderen Personen als bei ihren Eltern oder einem Elternteil untergebracht, so wird in der Regel der individuelle Bedarf

abweichend von den Regelsätzen in Höhe der tatsächlichen Kosten der Unterbringung festgesetzt, sofern die Kosten einen angemessenen Umfang nicht übersteigen.

§ 27 b Notwendiger Lebensunterhalt in Einrichtungen (1) Der notwendige Lebensunterhalt umfasst
1. in Einrichtungen den darin erbrachten Lebensunterhalt,
2. in stationären Einrichtungen zusätzlich den weiteren notwendigen Lebensunterhalt.

Der notwendige Lebensunterhalt in stationären Einrichtungen entspricht dem Umfang
1. der Regelbedarfsstufe 3 nach der Anlage zu § 28 bei Leistungsberechtigten, die das 18. Lebensjahr vollendet haben, und den Regelbedarfsstufen 4 bis 6 nach der Anage zu § 28 bei Leistungsberechtigten, die das 18. Lebensjahr noch nicht vollendet haben,
2. der zusätzlichen Bedarfe nach dem Zweiten Abschnitt des Dritten Kapitels,
3. der Bedarfe für Unterkunft und Heizung nach § 42 Nummer 4 Buchstabe b.

(2) Der weitere notwendige Lebensunterhalt nach Absatz 1 Nummer 2 umfasst insbesondere einen Barbetrag nach Absatz 3 sowie Bekleidung und Schuhe (Bekleidugspauschale) nach Absatz 4; § 31 Absatz 2 Satz 2 ist nicht anzuwenden.

(3) Der Barbetrag nach Absatz 2 steht für die Abdeckung von Bedarfen des notwendigen Lebensunterhalts nach § 27 a Absatz 1 zur Verfügung, soweit diese nicht nach Absatz 1 von der stationären Einrichtung gedeckt werden. Die Höhe des Barbetrags beträgt für Leistungsberechtigte nach diesem Kapitel,
1. die das 18. Lebensjahr vollendet haben, mindestens 27 Prozent der Regelbedarfsstufe 1 nach der Anage zu § 28,
2. haben diese das 18. Lebensjahr noch nicht vollendet, setzen die zuständigen Landesbehörden oder die von ihnen bestimmten Stellen für die in ihrem Bereich bestehenden Einrichtungen die Höhe des Barbetrages fest.

Der Barbetrag ist in der sich nach Satz 2 ergebenden Höhe an die Leistungsberechtigten zu zahlen; er ist zu vermindern, wenn und soweit dessen bestimmungsgemäße Verwendung durch oder für die Leistungsberechtigten nicht möglich ist.

(4) Die Höhe der Bekleidungspauschale nach Absatz 2 setzen die zuständigen Landesbehörden oder die von ihnen bestimmten Stellen für die in ihrem Bereich bestehenden Einrichtungen fest. Sie ist als Geld- oder Sachleistung zu gewähren; im Falle einer Gegenleistung hat die Zahlung monatlich, quartalsweise oder halbjährlich zu erfolgen.

§ 27 c Sonderrgelung für den Lebensunerhalt (1) Für Leistungsberechtigte, die nicht in einer Wohnung nach § 42 a Absatz 2 Satz 1 Nummer 1 und Satz 2 leben, bestimmen sich der notwendige Lebensunterhalt nach Absatz 2 und der weitere notwendiger Lebensunterhalt nach Absatz 3, wenn sie
1. minderjährig sind und ihnen Leistungen nach Teil 2 des Neunten Buches über Tag und Nacht erbracht werden oder

2. volljährig sind und ihnen Leistungen über Tag und Nacht erbracht werden, denen Vereinbarungen nach § 134 Absatz 4 des Neunten Buches zugrunde liegen.

(2) Der notwendige Lebensunterhalt nach Absatz 1 umfasst die Bedarfe nach § 27 b Absatz 1 Satz 2, darüber hinaus sind Bedarfe für Bildung und Teilhabe nach dem Dritten Abschnitt mit umfasst, soweit nicht entsprechende Leistungen nach § 75 des Neunten Buches erbracht werden.

(3) Für den weiteren notwendigen Lebensunterhalt gilt § 27 b Absatz 2 bis 4.

(4) Der sich nach Absatz 2 ergebende monatliche Betrag für den notwendigen Lebensunterhalt ist bei Leistungsberechtigten nach Absatz 1 Nummer 1 abzüglich der aufzubringenden Mittel nach § 142 Absatz 1 und 2 des Neunten Buches sowie bei Leistungsberechtigten nach Absatz 1 Nummer 2 abzüglich der aufzubringenden Mittel nach § 142 Absatz 3 des Neunten Buches quartalsweise dem für die Leistungen nach Teil 2 des Neunten Buches zuständigen Träger der Eingliederungshilfe zu erstatten.

§ 28 Ermittlung der Regelbedarfe (1) Liegen die Ergebnisse einer bundesweiten neuen Einkommens- und Verbrauchsstichprobe vor, wird die Höhe der Regelbedarfe in einem Bundesgesetz neu ermittelt.

(2) Bei der Ermittlung der bundesdurchschnittlichen Regelbedarfsstufen nach § 27 a Absatz 2 sind Stand und Entwicklung von Nettoeinkommen, Verbraucherverhalten und Lebenshaltungskosten zu berücksichtigen. Grundlage hierfür sind die durch die Einkommens- und Verbrauchsstichprobe nachgewiesenen tatsächlichen Verbrauchsausgaben unterer Einkommensgruppen.

(3) Für die Ermittlung der Regelbedarfsstufen beauftragt das Bundesministerium für Arbeit und Soziales das Statistische Bundesamt mit Sonderauswertungen, die auf der Grundlage einer neuen Einkommens- und Verbrauchsstichprobe vorzunehmen sind. Sonderauswertungen zu den Verbrauchsausgaben von Haushalten unterer Einkommensgruppen sind zumindest für Haushalte (Referenzhaushalte) vorzunehmen, in denen nur eine erwachsene Person lebt (Einpersonenhaushalte), sowie für Haushalte, in denen Paare mit einem Kind leben (Familienhaushalte). Dabei ist festzulegen, welche Haushalte, die Leistungen nach diesem Buch und dem Zweiten Buch beziehen, nicht als Referenzhaushalte zu berücksichtigen sind. Für die Bestimmung des Anteils der Referenzhaushalte an den jeweiligen Haushalten der Sonderauswertungen ist ein für statistische Zwecke hinreichend großer Stichprobenumfang zu gewährleisten.

(4) Die in Sonderauswertungen nach Absatz 3 ausgewiesenen Verbrauchsausgaben der Referenzhaushalte sind für die Ermittlung der Regelbedarfsstufen als regelbedarfsrelevant zu berücksichtigen, soweit sie zur Sicherung des Existenzminimums notwendig sind und eine einfache Lebensweise ermöglichen, wie sie einkommensschwache Haushalte aufweisen, die ihren Lebensunterhalt nicht ausschließlich aus Leistungen nach diesem oder dem Zweiten Buch bestreiten. Nicht als regelbedarfsrelevant zu berücksichtigen sind Verbrauchsausgaben der Refernzhaushalte, wenn sie bei Leistungsberechtigten nach diesem Buch oder dem Zweiten Buch

1. durch bundes- oder landesgesetzliche Leistungsansprüche, die der Finanzierung einzelner Verbrauchspositionen der Sonderauswertungen dienen, abgedeckt sind und diese Leistungsansprüche kein anrechenbares Einkommen nach § 82 oder § 11 des Zweiten Buches darstellen oder
2. nicht anfallen, weil bundesweit in einheitlicher Höhe Vergünstigungen gelten.

(5) Die Summen der sich nach Absatz 4 ergebenden regelbedarfsrelevanten Verbrauchsausgaben der Referenzhaushalte sind Grundlage für die Prüfung der Regelbedarfsstufen, insbesondere für die Altersabgrenzungen bei Kindern und Jugendlichen. Die nach Satz 1 für die Ermittlung der Regelbedarfsstufen zugrunde zu legenden Summen der regelbedarfsrelevanten Verbrauchsausgaben aus den Sonderauswertungen sind jeweils mit der sich nach § 28 a Absatz 2 ergebenden Veränderungsrate entsprechend fortzuschreiben. Die sich durch die Fortschreibung nach Satz 2 ergebenden Summenbeträge sind jeweils bis unter 0,50 Euro abzurunden sowie von 0,50 Euro an aufzurunden und ergeben die Regelbedarfsstufen (Anlage).

§ 28 a Fortschreibung der Regelbedarfsstufen[1] (1) In Jahren, in denen keine Neuermittlung nach § 28 erfolgt, werden die Regelbedarfsstufen jeweils zum 1. Januar mit der sich nach Absatz 2 ergebenden Veränderungsrate fortgeschrieben. § 28 Absatz 4 Satz 5 gilt entsprechend.

(2) Die Fortschreibung der Regelbedarfsstufen erfolgt aufgrund der bundesdurchschnittlichen Entwicklung der Preise für regelbedarfsrelevante Güter und Dienstleistungen sowie der bundesdurchschnittlichen Entwicklung der Nettolöhne und -gehälter je beschäftigten Arbeitnehmer nach der Volkswirtschaftlichen Gesamtrechnung (Mischindex). Maßgeblich ist jeweils die Veränderungsrate, die sich aus der Veränderung in dem Zwölfmonatszeitraum, der mit dem 1. Juli des Vorjahres beginnt und mit dem 30. Juni des Vorjahres endet, gegen-

---

1 Vgl. **Regelbedarfsstufen-Fortschreibungsverordnung 2020** (RBSFV 2020) vom 15. 10. 2019 (BGBl. I 1452)

§ 1 Fortschreibung der Regelbedarfe für das Jahr 2020 Die Regelbedarfsstufen nach § 8 Absatz 1 des Regelbedarfs-Ermittlungsgesetzes werden zum 1. Januar 2020 um 1,88 Prozent erhöht und die Ergebnisse nach § 28 Absatz 5 des Zwölften Buches Sozialgesetzbuch auf volle Euro gerundet.

§ 2 Ergänzung der Anlage zu § 28 des Zwölften Buches Sozialgesetzbuch

Regelbedarfsstufen nach § 28 in Euro

gültig ab	Regelbedarfsstufe 1	Regelbedarfsstufe 2	Regelbedarfsstufe 3	Regelbedarfsstufe 4	Regelbedarfsstufe 5	Regelbedarfsstufe 6
1. Januar 2020	432	389	345	328	308	250

§ 3 Übergangsregelung aus Anlass dieser Verordnung Für noch nicht rechtskräftig abgeschlossene Verfahren, denen Leistungszeiträume zwischen dem 1. Januar 2018 und dem 31. Dezember 2018 zugrunde liegen, ist die Regelbedarfsstufen-Fortschreibungsverordnung 2018 vom 8. November 2017 (BGBl. I S. 3767) in ihrer bis zum 31. Dezember 2018 geltenden Fassung weiter anzuwenden.

§ 4 Inkrafttreten, Außerkrafttreten Diese Verordnung tritt am 1. Januar 2019 in Kraft. Gleichzeitig tritt die Regelbedarfsstufen-Fortschreibungsverordnung 2018 vom 8. November 2017 (BGBl. I S. 3767) außer Kraft.

über dem davorliegenden Zwölfmonatszeitraum ergibt. Für die Ermittlung der jährlichen Veränderungsrate des Mischindexes wird die sich aus der Entwicklung der Preise aller regelbedarfsrelevanten Güter und Dienstleistungen ergebende Veränderungsrate mit einem Anteil von 70 vom Hundert und die sich aus der Entwicklung der Nettolöhne und -gehälter je beschäftigten Arbeitnehmer ergebende Veränderungsrate mit einem Anteil von 30 vom Hundert berücksichtigt.

(3) Das Bundesministerium für Arbeit und Soziales beauftragt das Statistische Bundesamt mit der Ermittlung der jährlichen Veränderungsrate für den Zeitraum nach Absatz 2 Satz 2 für
1. die Preise aller regelbedarfsrelevanten Güter und Dienstleistungen und
2. die durchschnittliche Nettolohn- und -gehaltssumme je durchschnittlich beschäftigten Arbeitnehmer.

§ 29 Festsetzung und Fortschreibung der Regelsätze (1) Werden die Regelbedarfsaltersstufen nach § 28 neu ermittelt, gelten diese als neu festgesetzte Regelsätze (Neufestsetzung), solange die Länder keine abweichende Neufestsetzung vornehmen. Satz 1 gilt entsprechend, wenn die Regelbedarfe nach § 28 a fortgeschrieben werden.

(2) Nehmen die Länder eine abweichende Neufestsetzung vor, haben sie die Höhe der monatlichen Regelsätze entsprechend der Abstufung der Regelbedarfe nach der Anlage zu § 28 durch Rechtsverordnung neu festzusetzen. Sie können die Ermächtigung für die Neufestsetzung nach Satz 1 auf die zuständigen Landesministerien übertragen. Für die abweichende Neufestsetzung sind anstelle der bundesdurchschnittlichen Regelbedarfsstufen, die sich nach § 28 aus der bundesweiten Auswertung der Einkommens- und Verbrauchsstichprobe ergeben, entsprechend aus regionalen Auswertungen der Einkommens- und Verbrauchsstichprobe ermittelte Regelbedarfsstufe zugrund zu legen. Die Länder können bei der Neufestsetzung der Regelsätze auch auf ihr Land bezogene besondere Umstände, die die Deckung des Regelbedarfs betreffen, berücksichtigen. Regelsätze, die nach Absatz 1 oder nach den Sätzen 1 bis 4 festgesetzt worden sind, können von den Ländern als Mindestregelsätze festgesetzt werden. § 28 Absatz 4 Satz 4 und 5 gilt für die Festsetzung der Regelsätze nach den Sätzen 1 bis 4 entsprechend.

(3) Die Länder können die Träger der Sozialhilfe ermächtigen, auf der Grundlage von nach Absatz 2 Satz 5 bestimmten Mindestregelsätzen regionale Regelsätze festzusetzen; bei der Festsetzung können die Träger der Sozialhilfe regionale Besonderheiten sowie statistisch nachweisbare Abweichungen in den Verbrauchsausgaben berücksichtigen. § 28 Absatz 4 Satz 4 und 5 gilt für die Festsetzung der Regelsätze nach Satz 1 entsprechend.

(4) Werden die Regelsätze nach den Absätzen 2 und 3 abweichend von den Regelbedarfsstufen nach § 28 festgesetzt, sind diese in den Jahren, in denen keine Neuermittlung der Regelbedarfe nach § 28 erfolgt, jeweils zum 1. Januar durch Rechtsverordnung der Länder mit der Veränderungsrate der Regelbedarfe fortzuschreiben, die sich nach der Rechtsverordnung nach § 40 ergibt.

(5) Die nach den Absätzen 2 und 3 festgesetzten und nach Absatz 4 fortgeschriebenen Regelsätze gelten als Regelbedarfsstufen nach der Anlage zu § 28.

Zweiter Abschnitt – Zusätzliche Bedarfe

§ 30 Mehrbedarf (1) Für Personen, die
1. die Altersgrenze nach § 41 Abs. 2 erreicht haben oder
2. die Altersgrenze nach § 41 Abs. 2 noch nicht erreicht haben und voll erwerbsgemindert nach dem Sechsten Buch sind

und durch einen Bescheid der nach § 152 Absatz 4 des Neunten Buches zuständigen Behörde oder einen Ausweis nach § 152 Absatz 5 des Neunten Buches die Feststellung des Merkzeichens G nachweisen, wird ein Mehrbedarf von 17 vom Hundert der maßgebenden Regelbedarfsstufe anerkannt, soweit nicht im Einzelfall ein abweichender Bedarf besteht.

(2) Für werdende Mütter nach der 12. Schwangerschaftswoche wird ein Mehrbedarf von 17 vom Hundert der maßgebenden Regelbedarfsstufe anerkannt, soweit nicht im Einzelfall ein abweichender Bedarf besteht.

(3) Für Personen, die mit einem oder mehreren minderjährigen Kindern zusammenleben und allein für deren Pflege und Erziehung sorgen, ist, soweit kein abweichender Bedarf besteht, ein Mehrbedarf anzuerkennen
1. in Höhe von 36 vom Hundert der Regelbedarfsstufe 1 nach der Anlage zu § 28 für ein Kind unter sieben Jahren oder für zwei oder drei Kinder unter sechzehn Jahren, oder
2. in Höhe von 12 vom Hundert der Regelbedarfsstufe 1 nach der Anlage zu § 28 für jedes Kind, wenn die Voraussetzungen nach Nummer 1 nicht vorliegen, höchstens jedoch in Höhe von 60 vom Hundert des Eckregelsatzes.

(4) § 42 b Absatz 3 ist entsprechend anzuwenden auf Leistungsberechtigte, die das 15. Lebensjahr vollendet haben.

(5) Für Kranke, Genesende, behinderte Menschen oder von einer Krankheit oder von einer Behinderung bedrohte Menschen, die einer kostenaufwändigen Ernährung bedürfen, wird ein Mehrbedarf in angemessener Höhe anerkannt.

(6) Die Summe des nach den Absätzen 1 bis 5 insgesamt anzuerkennenden Mehrbedarfs darf die Höhe der maßgebenden Regelbedarfsstufe nicht übersteigen.

(7) Für Leistungsberechtigte wird ein Mehrbedarf anerkannt, soweit Warmwasser durch in der Unterkunft installierte Vorrichtungen erzeugt wird (dezentrale Warmwassererzeugung) und denen deshalb keine Leistungen für Warmwasser nach § 35 Absatz 4 erbracht werden. Der Mehrbedarf beträgt für jede im Haushalt lebende leistungsberechtigte Person entsprechend ihrer Regelbedarfsstufe nach der Anlage zu § 28 jeweils
1. 2,3 vom Hundert der Regelbedarfsstufen 1 bis 3,
2. 1,4 vom Hundert der Regelbedarfsstufe 4,
3. 1,2 vom Hundert der Regelbedarfsstufe 5 oder
4. 0,8 vom Hundert der Regelbedarfsstufe 6,

soweit nicht im Einzelfall ein abweichender Bedarf besteht oder ein Teil des angemessenen Warmwasserbedarfs durch Leistungen nach § 35 Absatz 4 gedeckt wird.
(8) § 42 b Absatz 2 ist entsprechend anzuwenden.

§ 31 Einmalige Bedarfe (1) Leistungen zur Deckung von Bedarfen für
1. Erstausstattungen für die Wohnung einschließlich Haushaltsgeräten,
2. Erstausstattungen für Bekleidung und Erstausstattungen bei Schwangerschaft und Geburt sowie
3. Anschaffung und Reparaturen von orthopädischen Schuhen, Reparaturen von therapeutischen Geräten und Ausrüstungen sowie die Miete von therapeutischen Geräten

werden gesondert erbracht.
(2) Einer Person, die Sozialhilfe beansprucht (nachfragende Person), werden, auch wenn keine Regelsätze zu gewähren sind, für einmalige Bedarf nach Absatz 1 Leistungen erbracht, wenn sie diese nicht aus eigenen Kräften und Mitteln vollständig decken kann. In diesem Falle kann das Einkommen berücksichtigt werden, das sie innerhalb eines Zeitraums von bis zu sechs Monaten nach Ablauf des Monats erwerben, in dem über die Leistung entschieden worden ist.
(3) Die Leistungen nach Absatz 1 Nr. 1 und 2 können als Pauschalbeträge erbracht werden. Bei der Bemessung der Pauschalbeträge sind geeignete Angaben über die erforderlichen Aufwendungen und nachvollziehbare Erfahrungswerte zu berücksichtigen.

§ 32 Bedarfe für eine Kranken- und Pflegeversicherung (1) Angemessene Beiträge für eine Kranken- und Pflegeversicherung sind als Bedarf anzuerkennen, soweit Leistungsberechtigte diese nicht aus eigenem Einkommen tragen können. Leistungsberechtigte können die Beiträge so weit aus eigenem Einkommen tragen, wie diese im Wege der Einkommensbereinigung nach § 82 Absatz 2 Satz 1 Nummer 2 und 3 abzusetzen sind. Der Bedarf nach Satz 1 erhöht sich entsprechend, wenn bei der Einkommensbereinigung für das Einkommen geltende Absetzbeträge nach § 82 Absatz 2 Satz 2 und Absatz 3 bis 6 zu berücksichtigen sind.
(2) Bei Personen, die in der gesetzlichen Krankenversicherung
1. nach § 5 Absatz 1 Nummer 13 des Fünften Buches oder nach § 2 Absatz 1 Nummer 7 des Zweiten Gesetzes über die Krankenversicherung der Landwirte pflichtversichert sind,
2. nach § 9 Absatz 1 Nummer 1 des Fünften Buches oder nach § 6 Absatz 1 Nummer 1 des Zweiten Gesetzes über die Krankenversicherung der Landwirte weiterversichert sind,
3. als Rentenantragsteller nach § 189 des Fünften Buches als Mitglied einer Krankenkasse gelten,
4. nach § 9 Absatz 1 Nummer 2 bis 7 des Fünften Buches oder nach § 6 Absatz 1

Nummer 2 des Zweiten Gesetzes über die Krankenversicherung der Landwirte freiwillig versichert sind oder
5. nach § 188 Absatz 4 des Fünften Buches oder nach § 22 Absatz 3 des Zweiten Gesetzes über die Krankenversicherung der Landwirte weiterversichert sind,

gilt der monatliche Beitrag als angemessen.

(3) Bei Personen, denen Beiträge nach Absatz 2 als Bedarf anerkannt werden, gilt auch der Zusatzbeitragssatz nach § 242 Absatz 1 des Fünften Buches als angemessen.

(4) Bei Personen, die gegen das Risiko Krankheit bei einem privaten Krankenversicherungsunternehmen versichert sind, sind angemessene Beiträge nach den Sätzen 2 und 2 anzuerkennen. Angemessen sind Beiträge
1. bis zu der Höhe des sich nach § 152 Absatz 4 des Versicherungsaufsichtsgesetzes ergebenden halbierten monatlichen Beitrags für den Basistarif, sofern die Versicherungsverträge der Versicherungspflicht nach § 193 Absatz 3 des Versicherungsvertragsgesetzes genügen, oder
2. für eine Absicherung im brancheneinheitlichen Standardtarif nach § 257 Absatz 2 a des Fünften Buches in der bis zum 31. Dezember 2008 geltenden Fassung.

Ein höherer Beitrag kann als angemessen anerkannt werden, wenn die Leistungsberechtigung nach diesem Kapitel voraussichtlich nur für einen Zeitraum von bis zu drei Monaten besteht. Im begründeten Ausnahmefall kann auf Antrag ein höherer Beitrag auch im Fall einer Leistungsberechtigung für einen Zeitraum von bis zu sechs Monaten als angemessen anerkannt werden, wenn vor Ablauf der drei Monate oder bereits bei Antragstellung davon auszugehen ist, dass die Leistungsberechtigung nach diesem Kapitel für einen begrenzten, aber mehr als drei Monate andauernden Zeitraum bestehen wird.

(5) Bei Personen, die in der sozialen Pflegeversicherung nach
1. den §§ 20 und 21 des Elften Buches pflichtversichert sind oder
2. § 26 des Elften Buches weiterversichert sind oder
3. § 26 a des Elften Buches der sozialen Pflegeversicherung beigetreten sind,

gilt der monatliche Beitrag als angemessen.

(6) Bei Personen, die gegen das Risiko Pflegebedürftigkeit bei einem privaten Krankenversicherungsunternehmen in Erfüllung ihrer Versicherungspflicht nach § 23 des Elften Buches versichert sind oder nach § 26 a des Elften Buches der privaten Pflegeversicherung beigetreten sind, gilt bei Versicherung im brancheneinheitlichen Standardtarif nach § 257 Absatz 2 a des Fünften Buches in der bis zum 31. Dezember 2008 geltenden Fassung der geschuldete Beitrag als angemessen, im Übrigen höchstens jedoch bis zu einer Höhe des nach § 110 Absatz 2 Satz 3 des Elften Buches halbierten Höchstbeitrags in der sozialen Pflegeversicherung. Für die Höhe des im Einzelfall angemessenen monatlichen Beitrags gilt Absatz 4 Satz 3 und 4 entsprechend.

§ 32 a Zeitliche Zuordnung und Zahlung von Beiträgen für eine Kranken- und Pflegeversicherung (1) Die Bedarfe nach § 32 sind unabhängig von der

Fälligkeit des Beitrages jeweils in dem Monat als Bedarf anzuerkennen, für den die Versicherung besteht.
(2) Die Beiträge für eine Kranken- und Pflegeversicherung, die nach § 82 Absatz 2 Nummer 2 und 3 vom Einkommen abgesetzt und nach § 32 als Bedarf anerkannt werden, sind als Direktzahlung zu leisten, wenn der Zahlungsanspruch nach § 43 a Absatz 2 größer oder gleich der Summe dieser Beiträge ist. Die Zahlung nach Satz 1 erfolgt an diejenige Krankenkasse oder dasjenige Versicherungsunternehmen, bei der beziehungsweise dem die leistungsberechtigte Person versichert ist. Die Leistungsberechtigten sowie die zuständigen Krankenkassen oder die zuständigen Versicherungsunternehmen sind über Beginn, Höhe des Beitrags und den Zeitraum sowie über die Beendigung einer Direktzahlung nach den Sätzen 1 und 2 schriftlich zu unterrichten. Die Leistungsberechtigten sind zusätzlich über die jeweilige Krankenkasse oder das Versicherungsunternehmen zu informieren, die zuständigen Krankenkassen und Versicherungsunternehmen zusätzlich über Namen und Anschrift der Leistungsberechtigten.
(3) Die Zahlung nach Absatz 2 hat in Fällen des § 32 Absatz 2, 3 und 5 bis zum Ende, in Fällen des § 32 Absatz 4 und 6 zum Ersten des sich nach Absatz 1 ergebenden Monats zu erfolgen.

§ 33 Bedarfe für die Vorsorge (1) Um die Voraussetzungen eines Anspruchs auf eine angemessene Alterssicherung zu erfüllen, können die erforderlichen Aufwendungen als Bedarf berücksichtigt werden, soweit sie nicht nach § 82 Absatz 2 Nummer 2 und 3 vom Einkommen abgesetzt werden. Aufwendungen nach Satz 1 sind insbesondere

1. Beiträge zur gesetzlichen Rentenversicherung,
2. Beiträge zur landwirtschaftlichen Alterskasse,
3. Beiträge zu berufsständischen Versorgungseinrichtungen, die den gesetzlichen Rentenversicherungen vergleichbare Leistungen erbringen,
4. Beiträge für eine eigene kapitalgedeckte Altersvorsorge in Form einer lebenslangen Leibrente, wenn der Vertrag nur die Zahlung einer monatlichen auf das Leben des Steuerpflichtigen bezogenen lebenslangen Leibrente nicht vor Vollendung des 60. Lebensjahres vorsieht, sowie
5. geförderte Altersvorsorgebeiträge nach § 82 des Einkommensteuergesetzes, soweit sie den Mindesteigenbeitrag nach § 86 des Einkommensteuergesetzes nicht überschreiten.

(2) Weisen Leistungsberechtigte Aufwendungen zur Erlangung eines Anspruchs auf ein angemessenes Sterbegeld vor Beginn der Leistungsberechtigung nach, so werden diese in angemessener Höhe als Bedarf anerkannt, soweit sie nicht nach § 82 Absatz 2 Nummer 3 vom Einkommen abgesetzt werden.

Dritter Abschnitt – Bildung und Teilhabe

§ 34 Bedarfe für Bildung und Teilhabe (1) Bedarfe für Bildung nach den Absätzen 2 bis 6 von Schülerinnen und Schülern, die eine allgemein- oder berufsbildende Schule besuchen, sowie Bedarfe von Kindern und Jugendlichen für Teilhabe am sozialen und kulturellen Leben in der Gemeinschaft nach Absatz 7 werden neben den maßgebenden Regelbedarfsstufen gesondert berücksichtigt. Leistungen hierfür werden nach den Maßgaben des § 34 a gesondert erbracht.

(2) Bedarfe werden bei Schülerinnen und Schülern in Höhe der tatsächlichen Aufwendungen anerkannt für

1. Schulausflüge und
2. mehrtägige Klassenfahrten im Rahmen der schulrechtlichen Bestimmungen.

Für Kinder, die eine Tageseinrichtung besuchen oder für die Kindertagespflege geleistet wird, gilt Satz 1 entsprechend.

(3) Bedarfe für die Ausstattung mit persönlichem Schulbedarf werden bei Schülerinnen und Schülern für den Monat, in dem der erste Schultag eines Schuljahres liegt, in Höhe von 100 Euro und für den Monat, in dem das zweite Schulhalbjahr eines Schuljahres beginnt, in Höhe von 50 Euro anerkannt. Abweichend von Satz 1 ist Schülerinnen und Schülern für die Ausstattung mit persönlichem Schulbedarf ein Bedarf anzuerkennen

1. in Höhe von 100 Euro für das erste Schulhalbjahr, wenn die erstmalige Aufnahme innerhalb des Schuljahres nach dem Monat erfolgt, in dem das erste Schulhalbjahr beginnt, aber vor Beginn des Monats, in dem das zweite Schulhalbjahr beginnt,
2. in Höhe des Betrags für das erste und das zweite Schulhalbjahr, wenn die erstmalige Aufnahme innerhalb des Schuljahres in oder nach dem Monat erfolgt, in dem das zweite Schulhalbjahr beginnt,
3. in Höhe von 50 Euro, wenn der Schulbesuch nach dem Monat erfolgt, in dem das zweite Schulhalbjahr beginnt.

(4) Bei Schülerinnen und Schüler, die für den Besuch der nächstgelegenen Schule des gewählten Bildungsgangs auf Schülerbeförderung angewiesen sind, werden die dafür erforderlichen tatsächlichen Aufwendungen berücksichtigt, soweit sie nicht von Dritten übernommen werden. Als nächstgelegene Schule des gewählten Bildungsgangs gilt auch eine Schule, die aufgund ihres Profils gewählt wurde, soweit aus diesem Profil eine besondere inhaltliche oder organisatorische Ausgestaltung des Unterrichts folgt; dies sind insbesondere Schulen mit naturwissenschaftlichem, musischem, sportlichem oder sprachlichem Profil sowie bilinguale Schulen, und Schulen mit ganztägiger Ausrichtung.

(5) Für Schülerinnen und Schüler wird eine schulische Angebote ergänzende angemessene Lernförderung berücksichtigt, soweit diese geeignet und zusätzlich erforderlich ist, um die nach den schulrechtlichen Bestimmungen festgelegten wesentlichen Lernziele zu erreichen. Auf eine bestehende Versetzungsgefährdung kommt es dabei nicht an.

(6) Bei Teilnahme an einer gemeinschaftlichen Mittagsverpflegung werden die entstehenden Aufwendungen berücksichtigt für

1. Schülerinnen und Schüler und
2. Kinder, die eine Tageseinrichtung besuchen oder für die Kindertagespflege geleistet wird.

Für Schülerinnen und Schüler gilt dies unter der Voraussetzung, dass die Mittagsverpflegung in schulischer Verantwortung angeboten wird oder durch einen Kooperationsvertrag zwischen Schule und Tageseinrichtung vereinbart ist. In den Fällen des Satzes 2 ist für die Ermittlung des monatlichen Bedarfs die Anzahl der Schultage in dem Land zugrunde zu legen, in dem der Schulbesuch stattfindet.

(7) Für die Teilhabe am sozialen und kulturellen Leben in der Gemeinschaft werden pauschal 15 Euro monatlich berücksichtigt, sofern bei Leistungsberechtigten, die das 18. Lebensjahr noch nicht vollendet haben, tatsächliche Aufwendungen entstehen im Zusammenhang mit der Teilnahme an
1. Aktivitäten in den Bereichen Sport, Spiel, Kultur und Geselligkeit,
2. Unterricht in künstlerischen Fächern (zum Beispiel Musikunterricht) und vergleichbare angeleitete Aktivitäten der kulturellen Bildung und
3. Freizeiten.

Neben der Berücksichtigung von Bedarfen nach Satz 1 können auch weitere tatsächliche Aufwendungen berücksichtigt werden, wenn sie im Zusammenhang mit der Teilnahme an Aktivitäten nach Satz 1 Nummer 1 bis 3 entstehen und es den Leistungsberechtigten im Einzelfall nicht zugemutet werden kann, diese aus den Leistungen nach Satz 1 und aus dem Regelbedarf zu bestreiten.

§ 34 a Erbringung der Leistungen für Bildung und Teilhabe (1) Leistungen zur Deckung der Bedarfe nach § 34 Absatz 2 und 4 bis 7 werden auf Antrag erbracht; gesonderte Anträge sind nur für Leistungen nach § 34 Absatz 5 erforderlich. Einer nachfragenden Person werden, auch wenn keine Regelsätze zu gewähren sind, für Bedarfe nach § 34 Leistungen erbracht, wenn sie diese nicht aus eigenen Kräften und Mitteln vollständig decken kann. Die Leistungen zur Deckung der Bedarfe nach § 34 Absatz 7 bleiben bei der Erbringung von Leistungen nach Teil 2 des Neunten Buches unberücksichtigt.

(2) Leistungen zur Deckung der Bedarfe nach § 34 Absatz 2 und 5 bis 7 werden erbracht durch
1. Sach- und Dienstleistungen, insbesondere in Form von personalisierten Gutscheinen,
2. Direktzahlungen an Anbieter von Leistungen zur Deckung dieser Bedarfe (Anbieter) oder
3. Geldleistungen.

Die zuständigen Träger der Sozialhilfe bestimmen, in welcher Form sie die Leistungen erbringen. Die Leistungen zur Deckung der Bedarfe nach § 34 Absatz 3 und 4 werden jeweils durch Geldleistungen erbracht. die zuständigen Träger der Sozialhilfe können mit Anbietern pauschal abrechnen.

(3) Werden die Bedarfe durch Gutscheine gedeckt, gelten die Leistungen mit Ausgabe des jeweiligen Gutscheins als erbracht. Die zuständigen Träger der Sozialhilfe gewährleisten, dass Gutscheine bei geeigneten vorhandenen Anbietern oder zur Wahrnehmung ihrer eigenen Angebote eingelöst werden können. Gutscheine können für den gesamten Bewilligungszeitraum im Voraus ausgegeben werden. Die Gültigkeit von Gutscheinen ist angemessen zu befristen. Im

Fall des Verlustes soll ein Gutschein erneut in dem Umfang ausgestellt werden, in dem er noch nicht in Anspruch genommen wurde.

(4) Werden die Bedarfe durch Direktzahlungen an Anbieter gedeckt, gelten die Leistungen mit der Zahlung als erbracht. Eine Direktzahlung ist für den gesamten Bewilligungszeitraum im Voraus möglich.

(5) Werden die Leistungen für Bedarfe nach § 34 Absatz 2 und 5 bis 7 durch Geldleistungen erbracht, erfolgt dies

1. monatlich in Höhe der im Bewilligungszeitraum bestehenden Bedarfe oder
2. nachträglich durch Erstattung verauslagter Beträge.

(6) Im Einzelfall kann der zuständige Träger der Sozialhilfe einen Nachweis über eine zweckentsprechende Verwendung der Leistung verlangen. Soweit der Nachweis nicht geführt wird, soll die Bewilligungsentscheidung widerrufen werden.

(7) Abweichend von den Absätzen 2 bis 5 können Leistungen nach § 34 Absatz 2 Satz 1 Nummer 1 gesammelt für Schülerinnen und Schüler an eine Schule ausgezahlt werden, wenn die Schule

1. dies bei dem zuständigen Träger der Sozialhilfe beantragt,
2. die Leistungen für die leistungsberechtigten Schülerinnen und Schüler verauslagt und
3. sich die Leistungsberechtigung von den Leistungsberechtigten nachweisen lässt.

Der zuständige Träger der Sozialhilfe kann mit der Schule vereinbaren, dass monatliche oder schulhalbjährliche Abschlagszahlungen geleistet werden.

§ 34 b Berechtigte Selbsthilfe Geht die leistungsberechtigte Person durch Zahlung an Anbieter in Vorleistung, ist der Träger der Sozialhilfe zur Übernahme der berücksichtigungsfähigen Aufwendungen verpflichtet, soweit

1. unbeschadet des Satzes 2 die Voraussetzungen einer Leistungsgewährung zur Deckung der Bedarfe im Zeitpunkt der Selbsthilfe nach § 34 Absatz 2 und 5 bis 7 vorlagen und
2. zum Zeitpunkt der Selbsthilfe der Zweck der Leistung durch Erbringung als Sach- oder Dienstleistung ohne eigenes Verschulden nicht oder nicht rechtzeitig zu erreichen war.

War es dem Leistungsberechtigten nicht möglich, rechtzeitig einen Antrag zu stellen, gilt dieser als zum Zeitpunkt der Selbstvornahme gestellt.

Vierter Abschnitt – Bedarfe für Unterkunft und Heizung

§ 35 Bedarfe für Unterkunft und Heizung (1) Bedarfe für die Unterkunft werden in Höhe der tatsächlichen Aufwendungen anerkannt. Bedarfe für die Unterkunft sind auf Antrag der leistungsberechtigten Person durch Direktzahlung an den Vermieter oder andere Empfangsberechtigte zu decken. Direktzahlungen an den Vermieter sollen erfolgen, wenn die zweckentsprechende Verwendung durch die leistungsberechtigte Person nicht sichergestellt ist. Das ist insbesondere der Fall, wenn

1. Mietrückstände bestehen, die zu einer außerordentlichen Kündigung des Mietverhältnisses berechtigen,
2. Energiekostenrückstände bestehen, die zu einer Unterbrechung der Energieversorgung berechtigen,
3. konkrete Anhaltspunkte für ein krankheits- oder suchtbedingtes Unvermögen der leistungsberechtigten Person bestehen, die Mittel zweckentsprechend zu verwenden, oder
4. konkrete Anhaltspunkte dafür bestehen, dass die im Schuldnerverzeichnis eingetragene leistungsberechtigte Person die Mittel nicht zweckentsprechend verwendet.

Werden die Bedarfe für die Unterkunft und Heizung durch Direktzahlung an den Vermieter oder andere Empfangsberechtigte gedeckt, hat der Träger der Sozialhilfe die leistungsberechtigte Person darüber schriftlich zu unterrichten.

(2) Übersteigen die Aufwendungen für die Unterkunft den der Besonderheit des Einzelfalles angemessenen Umfang, sind sie insoweit als Bedarf der Personen, deren Einkommen und Vermögen nach § 27 Absatz 2 zu berücksichtigen sind, anzuerkennen. Satz 1 gilt so lange, als es diesen Personen nicht möglich oder nicht zuzumuten ist, durch einen Wohnungswechsel, durch Vermieten oder auf andere Weise die Aufwendungen zu senken, in der regel jedoch längstens für sechs Monate. Vor Abschluss eines Vertrages über eine neue Unterkunft haben Leistungsberechtigte den dort zuständigen Träger der Sozialhilfe über die nach den Sätzen 1 und 2 maßgeblichen Umstände in Kenntnis zu setzen. Sind die Aufwendungen für die neue Unterkunft unangemessen hoch, ist der Träger der Sozialhilfe nur zur Übernahme angemessener Aufwendungen verpflichtet, es sei denn, er hat den darüber hinausgehenden Aufwendungen vorher zugestimmt. Wohnungsbeschaffungskosten, Mietkautionen und Umzugskosten können bei vorheriger Zustimmung übernommen werden; Mietkautionen sollen als Darlehen erbracht werden. Eine Zustimmung soll erteilt werden, wenn der Umzug durch den Träger der Sozialhilfe veranlasst wird oder aus anderen Gründen notwendig ist und wenn ohne die Zustimmung eine Unterkunft in einem angemessenen Zeitraum nicht gefunden werden kann.

(3) Der Träger der Sozialhilfe kann für seinen Bereich die Bedarfe für die Unterkunft durch eine monatliche Pauschale festsetzen, wenn auf dem örtlichen Wohnungsmarkt hinreichend angemessener freier Wohnraum verfügbar und in Einzelfällen die Pauschalierung nicht unzumutbar ist. Bei der Bemessung der Pauschale sind die tatsächlichen Gegebenheiten des örtlichen Wohnungsmarktes, der örtliche Mietspiegel sowie die familiären Verhältnisse des Leistungsberechtigten zu berücksichtigen. Absatz 2 Satz 1 gilt entsprechend.

(4) Bedarfe für Heinzung und zentrale Warmwasserversorgung werden in tatsächlicher Höhe anerkannt, soweit sie angemessen sind. Die Bedarfe können durch eine monatliche Pauschale festgesetzt werden. Bei der Bemessung der Pauschale sind die persönlichen und familiären Verhältnisse, die Größe und Beschaffenheit der Wohnung, die vorhandenen Heizmöglichkeiten und die örtlichen Gegebenheiten zu berücksichtigen.

(5) Leben Leistungsberechtigte in einer Unterkunft nach § 42 a Absatz 2 Satz 1 Nummer 2 und Satz 3, sind Aufwendungen für Unterkunft und Heizung nach § 42 a Absatz 5 und 6 anzuerkennen. Leben Leistungsberechtigte in einer sonstigen Unterkunft nach § 42 a Absatz 2 Satz 1 Nummer 3 sind Aufwendungen für Unterkunft und Heizung nach § 42 a Absatz 7 anzuerkennen.

§ 35 a Satzung Hat ein Kreis oder eine kreisfreie Stadt eine Satzung nach den §§ 22 a bis 22 c des Zweiten Buches erlassen, so gilt sie für die Höhe der anzuerkennenden Bedarfe für die Unterkunft nach § 35 Absatz 1 und 2 des zuständigen Trägers der Sozialhilfe entsprechend, sofern darin nach § 22 b Absatz 3 des Zweiten Buches Sonderregelungen für Personen mit einem besonderen Bedarf für Unterkunft und Heizung getroffen werden und dabei zusätzlich auch die Bedarfe älterer Menschen berücksichtigt werden. Dies gilt auch für die Höhe der anzuerkennenden Bedarfe für Heizung nach § 35 Absatz 4, soweit die Satzung Bestimmungen nach § 22 b Absatz 1 Satz 2 und 3 des Zweiten Buches enthält. In Fällen der Sätze 1 und 2 ist § 35 Absatz 3 und 4 Satz 2 und 3 nicht anzuwenden.

§ 36 Sonstige Hilfen zur Sicherung der Unterkunft (1) Schulden können nur übernommen werden, wenn dies zur Sicherung der Unterkunft oder zur Behebung einer vergleichbaren Notlage gerechtfertigt ist. Sie sollen übernommen werden, wenn dies gerechtfertigt und notwendig ist und sonst Wohnungslosigkeit einzutreten droht. Geldleistungen können als Beihilfe oder als Darlehen erbracht werden.

(2) Geht bei einem Gericht eine Klage auf Räumung von Wohnraum im Falle der Kündigung des Mietverhältnisses nach § 543 Absatz 1, 2 Satz 1 Nummer 3 in Verbindung mit § 569 Absatz 3 des Bürgerlichen Gesetzbuchs ein, teilt das Gericht dem zuständigen örtlichen Träger der Sozialhilfe oder der Stelle, die von ihm zur Wahrnehmung der in Absatz 1 bestimmten Aufgaben beauftragt wurde, unverzüglich Folgendes mit:

1. den Tag des Eingangs der Klage,
2. die Namen und die Anschriften der Parteien,
3. die Höhe der monatlich zu entrichtenden Miete,
4. die Höhe des geltend gemachten Mietrückstandes und der geltend gemachten Entschädigung sowie
5. den Termin zur mündlichen Verhandlung, sofern dieser bereits bestimmt ist.

Außerdem kann der Tag der Rechtshängigkeit mitgeteilt werden. Die Übermittlung unterbleibt, wenn die Nichtzahlung der Mieter nach dem Inhalt der Klageschrift offensichtlich nicht auf Zahlungsunfähigkeit des Mieters beruht. Die übermittelten Daten dürfen auch für entsprechende Zwecke der Kriegsopferfürsorge nach dem Bundesversorgungsgesetz gespeichert, verändert, genutzt, übermittelt und in der Verarbeitung eingeschränkt werden.

Fünfter Abschnitt – Gewährung von Darlehen

§§ 37 – 38 *(nicht abgedruckt)*

Sechster Abschnitt – Einschränkung von Leistungsberechtigung und -umfang

§§ 39, 39 a *(nicht abgedruckt)*

Siebter Abschnitt – Verordnungsermächtigung

§ 40 Verordnungsermächtigung Das Bundesministerium für Arbeit und Soziales hat im Einvernehmen mit dem Bundesministerium der Finanzen durch Rechtsverordnung mit Zustimmung des Bundesrates
1. den für die Fortschreibung der Regelbedarfsstufen nach § 28 a maßgeblichen Vomhundertsatz zu bestimmen und
2. die Anlage zu § 28 um die sich durch die Fortschreibung nach Nummer 1 zum 1. Januar eines Jahres ergebenden Regelbedarfsstufen zu ergänzen.

Der Vomhundertsatz nach Satz 1 Nummer 1 ist auf zwei Dezimalstellen zu berechnen; die zweite Dezimalstelle ist um eins zu erhöhen, wenn sich in der dritten Dezimalstelle eine der Ziffern 5 bis 9 ergibt. Die Bestimmungen nach Satz 1 erfolgen bis spätestens zum Ablauf des 31. Oktober des jeweiligen Jahres.

Viertes Kapitel – Grundsicherung im Alter und bei Erwerbsminderung

Erster Abschnitt – Grundsätze

§ 41 Leistungsberechtigte (1) Leistungsberechtigt nach diesem Kapitel sind Personen mit gewöhnlichem Aufenthalt im Inland, die ihren notwendigen Lebensunterhalt nicht oder nicht ausreichend aus Einkommen oder Vermögen nach § 43 bestreiten können, wenn sie die Voraussetzungen nach Absatz 2, 3 oder 3 a erfüllen.

(2) Leistungsberechtigt sind Personen nach Absatz 1 wegen Alters, wenn sie die Altersgrenze erreicht haben. Personen, die vor dem 1. Januar 1947 geboren sind, erreichen die Altersgrenze mit Vollendung des 65. Lebensjahres. Für Personen, die nach dem 31. Dezember 1946 geboren sind, wird die Altersgrenze wie folgt angehoben:

für den Geburtsjahrgang	erfolgt eine Anhebung um Monate	auf Vollendung eines Lebensalters von
1947	1	65 Jahren und 1 Monat
1948	2	65 Jahren und 2 Monaten
1949	3	65 Jahren und 3 Monaten
1950	4	65 Jahren und 4 Monaten
1951	5	65 Jahren und 5 Monaten
1952	6	65 Jahren und 6 Monaten
1953	7	65 Jahren und 7 Monaten
1954	8	65 Jahren und 8 Monaten
1955	9	65 Jahren und 9 Monaten
1956	10	65 Jahren und 10 Monaten
1957	11	65 Jahren und 11 Monaten
1958	12	66 Jahren
1959	14	66 Jahren und 2 Monaten
1960	16	66 Jahren und 4 Monaten
1961	18	66 Jahren und 6 Monaten
1962	20	66 Jahren und 8 Monaten
1963	22	66 Jahren und 10 Monaten
ab 1964	24	67 Jahren

(3) Leistungsberechtigt sind Personen nach Absatz 1 wegen einer dauerhaften vollen Erwerbsminderung, wenn sie das 18. Lebensjahr vollendet hat, unabhängig von der jeweiligen Arbeitsmarktlage voll erwerbsgemindert im Sinne des § 43 Absatz 2 des Sechsten Buches sind und bei denen unwahrscheinlich ist, dass die volle Erwerbsminderung behoben werden kann.

(3 a) Leistungsberechtigt sind Personen nach Absatz 1, die das 18. Lebensjahr vollendet haben, für den Zeitraum, in dem sie

1. in einer Werkstatt für behinderte Menschen (§ 57 des Neunten Buches) ooder bei einem anderen Leistungsträger (§ 60 des Neunten Buches) das Eingangsverfahren und den Berufsbildungsbereich durchlaufen oder
2. in einem Ausbildungsverhältnis stehen, für das sie ein Budget für Ausbildung (§ 61 a des Neunten Buches) erhalten.

(4) Keinen Anspruch auf Leistungen nach diesem Kapitel hat, wer in den letzten zehn Jahren die Bedürftigkeit vorsätzlich oder grob fahrlässig herbeigeführt hat.

§ 41 a Vorübergehender Auslandsaufenthalt Leistungsberechtigte, die sich länger als vier Wochen ununterbrochen im Ausland aufhalten, erhalten nach Ablauf der vierten Woche bis zu ihrer nachgewiesenen Rückkehr ins Inland keine Leistungen.

§ 42 Bedarfe Die Bedarfe nach diesem Kapitel umfassen:
1. die Regelsätze nach den Regelbedarfsstufen der Anlage zu § 28; § 27 a Absatz 3 und Absatz 4 ist anzuwenden; § 29 Absatz 1 Satz 1 letzter Halbsatz und Absatz 2 bis 5 ist nicht anzuwenden,
2. die zusätzlichen Bedarfe nach dem Zweiten Abschnitt des Dritten Kapitels sowie Bedarfe nach § 42 b,
3. die Bedarfe für Bildung und Teilhabe nach dem Dritten Abschnitt des Dritten Kapitels, ausgenommen der Bedarfe nach § 34 Absatz 7,
4. Bedarfe für Unterkunft und Heizung
   a) bei Leistungsberechtigten außerhalb von Einrichtungen nach § 42 a,
   b) bei Leistungsberechtigten, deren notwendiger Lebensunterhalt sich nach § 27 b Absatz 1 Nummer 2 oder nach § 27 c Absatz 1 Nummer 2 ergibt, in Höhe der durchschnittlichen angemessenen tatsächlichen Aufwendungen für die Warmmiete eines Einpersonenhaushaltes im Bereich des nach § 46 b zuständigen Trägers,
5. ergänzende Darlehen nach § 37 Absatz 1 und Darlehen bei am Monatsende fälligen Einkommen nach § 37 a.

§ 42 a Bedarfe für Unterkunft und Heizung (1) Für Leistungsberechtigte sind angemessene Bedarfe für Unterkunft und Heizung nach dem Vierten Abschnitt des Dritten Kapitels sowie nach § 42 Nummer 4 Buchstabe b anzuerkennen, soweit in den folgenden Absätzen nichts Abweichendes geregelt ist.
(2) Für die Anerkennung von Bedarfen für Unterkunft und Heizung bei
1. Leistungsberechtigten, die in einer Wohnung nach Satz 2 leben, gelten die Absätze 3 und 4,
2. Leistungsberechtigten, die nicht in einer Wohnung nach Nummer 1 leben, weil ihnen zur Erbringung von Leistungen nach Teil 2 des Neunten Buches allein oder zu zweit ein persönlicher Wohnraum und zusätzliche Räumlichkeiten zur gemeinschaftlichen Nutzung nach Satz 3 zu Wohnzwecken überlassen werden, gelten die Absätze 5 und 6,
3. Leistungsberechtigten, die weder in einer Wohnung nach Nummer 1 noch in einem persönlichen Wohnraum und zusätzlichen Räumlichkeiten nach Nummer 2 untergebracht sind und für die § 42 Nummer 4 Buchstabe b nicht anzuwenden ist, gilt Absatz 7.

Wohnung ist die Zusammenfassung mehrerer Räume, die von anderen Wohnungen oder Wohnräumen baulich getrennt sind und die in ihrer Gesamtheit alle für die Führung eines Haushaltes notwendigen Einrichtungen, Ausstattungen und Räumlichkeiten umfassen. Persönlicher Wohnraum ist ein Wohnraum, der Leistungsberechtigten allein oder zu zweit zur alleinigen Nutzung überlassen wird, und zusätzlich Räumlichkeiten sind Räume, die Leistungsberechtigten zusammen mit weiteren Personen zur gemeinschaftlichen Nutzung überlassen werden.

(3) Lebt eine leistungsberechtigte Person

1. zusammen mit mindestens einem Elternteil, mit mindestens einem volljährigen Geschwisterkind oder einem volljährigen Kind in einer Wohnung im Sinne von Absatz 2 Satz 2 und sind diese Mieter oder Eigentümer der gesamten Wohnung (Mehrpersonenhaushalt) und
2. ist sie nicht vertraglich zur Tragung von Unterkunftskosten verpflichtet,

sind ihr Bedarfe für Unterkunft und Heizung nach den Sätzen 2 bis 5 anzuerkennen. Als Bedarf sind leistungsberechtigten Personen nach Satz 1 diejenigen Aufwendungen für Unterkunft als Bedarf anzuerkennen, die sich aus der Differenz der angemessenen Aufwendungen für den Mehrpersonenhaushalt entsprechend der Anzahl der dort wohnenden Personen ergeben und für einen Haushalt mit einer um eins verringerten Personenzahl. Für die als Bedarf zu berücksichtigenden angemessenen Aufwendungen für Heizung ist der Anteil an den tatsächlichen Gesamtaufwendungen für die Heizung der Wohnung zu berücksichtigen, der sich für die Aufwendungen für die Unterkunft nach Satz 1 ergibt. Abweichend von § 35 kommt es auf die nachweisbare Tragung von tatsächlichen Aufwendungen für Unterkunft und Heizung nicht an. Die Sätze 2 und 3 gelten nicht, wenn die mit der leistungsberechtigten Person zusammenlebenden Personen darlegen, dass sie ihren Lebensunterhalt einschließlich der ungedeckten angemessenen Aufwendungen für Unterkunft und Heizung aus eigenen Mitteln nicht decken können; in diesen Fällen findet Absatz 4 Satz 1 Anwendung.

(4) Lebt eine leistungsberechtigte Person zusammen mit anderen Personen in einer Wohnung im Sinne von Absatz 2 Satz 2 (Wohngemeinschaft) oder lebt die leistungsberechtigte Person zusammen mit in Absatz 3 Satz 1 Nummer 1 genannten Personen und ist sie vertraglich zur Tragung von Unterkunftskosten verpflichtet, sind die von ihr zu tragenden Aufwendungen für Unterkunft und Heizung bis zu dem Betrag als Bedarf anzuerkennen, der ihrem nach der Zahl der Bewohner zu bemessenden Anteil an den Aufwendungen für Unterkunft und Heizung entspricht, die für einen entsprechenden Mehrpersonenhaushalt als angemessen gelten. Satz 1 gilt nicht, wenn die leistungsberechtigte Person auf Grund einer mietvertraglichen Vereinbarung nur für konkret bestimmte Anteile des Mietzinses zur Zahlung verpflichtet ist; in diesem Fall sind die tatsächlichen Aufwendungen für Unterkunft und Heizung bis zu dem Betrag als Bedarf anzuerkennen, der für einen Einpersonenhaushalt angemessen ist, soweit der von der leistungsberechtigten Person zu zahlende Mietzins zur gesamten Wohnungsmiete in einem angemessenen Verhältnis steht. Übersteigen die tatsächlichen Aufwendungen der leistungsberechtigten Person die nach den Sätzen 1 und 2 angemessenen Aufwendungen für Unterkunft und Heizung, gilt § 35 Absatz 2 Satz 2 entsprechend.

(5) Für leistungsberechtigte Personen, die in Räumlichkeiten nach Absatz 2 Satz 1 Nummer 2 leben, werden die tatsächlichen Aufwendungen für die Unterkunft, soweit sie angemessen sind, als Bedarf berücksichtigt für

1. den persönlichen Wohnraum in voller Höhe, wenn er allein bewohnt wird, und jeweils hälftig, wenn er von zwei Personen bewohnt wird,
2. einen Zuschlag für den persönlichen Wohnraum, der vollständig oder teilweise möbliert zur Nutzung überlassen wird, in der sich daraus ergebenden Höhe,
3. die Räumlichkeiten, die vorrangig zur gemeinschaftlichen Nutzung der leistungsberechtigten Person und anderer Bewohner bestimmt sind (Gemeinschaftsräume), mit einem Anteil, der sich aus der Anzahl der vorgesehenen Nutzer bei gleicher Aufteilung ergibt.

Für die tatsächlichen Aufwendungen für die Heizung werden die auf den persönlichen Wohnraum und die auf die Gemeinschaftsräume entfallenden Anteile als Bedarf anerkannt, soweit sie angemessen sind. Tatsächliche Aufwendungen für Unterkunft und Heizung nach den Sätzen 1 und 2 gelten als angemessen, wenn sie die Höhe der durchschnittlichen angemessenen tatsächlichen Aufwendungen für die Warmmiete von Einpersonenhaushalten nicht überschreiten. Maßgeblich ist die Höhe der sich nach Satz 3 ergebenden durchschnittlichen Warmmiete im Zuständigkeitsbereich desjenigen Trägers, der für die Ausführung des Gesetzes ach diesem Kapitel für in Wohnungen lebende Leistungsberechtigte, die zur gleichen Zeit keine Leistungen nach dem Siebten bis Neunten Kapitel oder nach Teil 2 des Neunten Buches erhalten, zuständig ist (örtlicher Träger) und in dessen örtlichem Zuständigkeitsbereich die Räumlichkeiten nach Satz 1 liegen. Hat ein zuständiger örtlicher Träger innerhalb seines örtlichen Zuständigkeitsbereiches mehr als eine Angemessenheitsgrenze festgelegt, so können die sich daraus ergebenden örtlichen Abrenzungen für die Durchschnittsbildung nach Satz 3 zu Grunde gelegt werden. Überschreiten die tatsächlichen Aufwendungen die Angemessenheitsgrenze nach Satz 3, sind um bis zu 25 Prozent höhere als die angemessenen Aufwendungen anzuerkennen, wenn die leistungsberechtigte Person die höheren Aufwendungen durch einen Vertrag mit gesondert ausgewiesenen Kosten nachweist für

1. Zuschläge nach Satz 1 Nummer 2,
2. Wohn- und Wohnnebenkosten, sofern diese Kosten im Verhältnis zu vergleichbaren Wohnformen angemessen sind,
3. Haushaltsstrom, Instandhaltung des persönlichen Wohnraums und der Räumlichkeiten zur gemeinschaftlichen Nutzung sowie die Ausstattung mit Haushaltsgroßgeräten oder
4. Gebühren für Telekommunikation sowie Gebühren für den Zugang zu Rundfunk, Fernsehen und Internet.

Die zusätzlichen Aufwendungen nach Satz 6 Nummer 2 bis 4 sind nach der Anzahl der in einer baulichen Einheit lebenden Personen zu gleichen Teilen aufzuteilen.

(6) Übersteigen die Aufwendungen für die Unterkunft nach Absatz 4 den der Besonderheit des Einzelfalles angemessenen Umfang und hat der für die Ausführung des Gesetzes nach diesem Kapitel zuständige Träger Anhaltspunkte dafür, dass ein anderer Leistungsträger diese Aufwendungen ganz oder teilweise zu übernehmen verpflichtet ist, wirkt er auf eine sachdienliche Antragstellung

bei diesem Leistungsträger hin. Übersteigen die tatsächlichen Aufwendungen die Angemessenheitsgrenze nach Absatz 5 Satz 3 um mehr als 25 Prozent, umfassen die Leistungen nach Teil 2 des Neunten Buches auch diese Aufwendungen.

(7) Lebt eine leistungsberechtigte Person in einer sonstigen Unterkunft nach Absatz 2 Satz 1 Nummer 3 allein, so sind höchstens die durchschnittlichen angemessenen tatsächlichen Aufendungen für die Warmmiete eines Einpersonenhaushaltes im örtlichen Zuständigkeitsbereich des für die Ausführung des Gesetzes nach diesem Kapitel zuständigen Trägers als Bedarf anzuerkennen. Lebt die leistungsberechtigte Person zusammen mit anderen Bewohnern in einer sonstigen Unterkunft, so sind höchstens die angemessenen tatsächlichen Aufwendungen als Bedarf anzuerkennen, die die leistungsberechtigte Person nach der Zahl der Bewohner anteilig an einem entsprechenden Mehrpersonenhaushalt zu tragen hätte. Höhere als die sich nach Satz 1 oder 2 ergebenden Aufwendungen können im Einzelfall als Bedarf anerkannt werden, wenn

1. eine leistungsberechtigte Person voraussichtlich innerhalb von sechs Monaten ab der erstmaligen Anerkennung von Bedarfen nach Satz 1 oder Satz 2 in einer angemessenen Wohnung untergebracht werden kann oder, sofern dies als nicht möglich erscheint, voraussichtlich auch keine hinsichtlich Ausstattung und Größe sowie Höhe der Aufwendungen angemessene Unterbringung in einer sonstigen Unterkunft verfügbar ist oder
2. die Aufwendungen zusätzliche haushaltsbezogene Aufwendungen beinhalten, die ansonsten über die Regelbedarfe anzudecken sind.

§ 42 b Mehrbedarfe (1) Für Bedarfe, die nicht durch den Regelsatz abgedeckt sind, werden ergänzend zu den Mehrbedarfen nach § 30 die Mehrbedarfe nach den Absätzen 2 bis 4 anerkannt.

(2) Für die Mehraufwendungen bei gemeinschaftlicher Mittagsverpflegung

1. in einer Werkstatt für behinderte Menschen nach § 56 des Neunten Buches,
2. bei einem anderen Leistungsanbieter nach § 60 des Neunten Buches oder
3. im Rahmen vergleichbarer anderer tagesstrukturierender Angebote

wird ein Mehrbedarf anerkannt. Die Mehraufwendungen je Arbeitstag sind ein Dreißigstel des Betrags, der sich nach § 2 Absatz 1 Satz 2 der Sozialversicherungsentgeltverordnung in der jeweiligen Fassung ergibt, abzüglich der Eigenbeteiligung. Für die Höhe der Eigenbeteiligung ist der Betrag zugrunde zu legen, der sich nach § 9 Absatz 3 des Regelbedarfs-Ermittlungsgesetzes ergibt. Für die Ermittlung des monatlichen Bedarfs sind fünf Arbeitstage je Woche und 220 Arbeitstage je Kalenderjahr zugrunde zu legen.

(3) Für Leistungsberechtigte mit Behinderungen, denen Hilfen zur Schulbildung oder Hilfen zur schulischen oder hochschulischen Ausbildung nach § 112 Absatz 1 Nummer 1 und 2 des Neunten Buches geleistet werden, wird ein Mehrbedarf von 35 Prozent der maßgebenden Regelbedarfsstufe anerkannt. In besonderen Einzelfällen ist der Mehrbedarf nach Satz 1 über die Beendigung der dort genannten Leistungen hinaus während einer angemessenen Einarbeitungs-

zeit von bis zu drei Monaten anzuerkennen. In den Fällen des Satzes 1 oder des Satzes 2 ist § 30 Absatz 1 Nummer 2 nicht anzuwenden.
(4) Die Summe des nach Absatz 3 und § 30 Absatz 1 bis 5 insgesamt anzuerkennenden Mehrbedarfs darf die Höhe der maßgebenden Regelbedarfsstufe nicht übersteigen.

§ 43 Einsatz von Einkommen und Vermögen (1) Für den Einsatz des Einkommens sind die §§ 82 bis 84 und für den Einsatz des Vermögens die §§ 90 und 91 anzuwenden, soweit in den folgenden Absätzen nichts Abweichendes geregelt ist. Einkommen und Vermögen des nicht getrennt lebenden Ehegatten oder Lebenspartners sowie des Partners einer eheähnlichen oder lebenspartnerschaftsähnlichen Gemeinschaft, die dessen notwendigen Lebensunterhalt nach § 27 a übersteigen, sind zu berücksichtigen.
(2) Zusätzlich zu den nach § 82 Absatz 2 vom Einkommen abzusetzenden Beträgen sind Einnahmen aus Kapitalvermögen abzusetzen, soweit sie einen Betrag von 26 Euro im Kalenderjahr nicht übersteigen.
(3) Die Verletztenrente nach dem Siebten Buch ist teilweise nicht als Einkommen zu berücksichtigen, wenn sie auf Grund eines in Ausübung der Wehrpflicht bei der Nationalen Volksarmee der ehemaligen Deutschen Demokratischen Republik erlittenen Gesundheitsschadens erbracht wird. Dabei bestimmt sich die Höhe des nicht zu berücksichtigenden Betrages nach der Höhe der Grundrente nach § 31 des Bundesversorgungsgesetzes, die für den Grad der Schädigungsfolgen zu zahlen ist, der der jeweiligen Minderung der Erwerbsfähigkeit entspricht. Bei einer Minderung der Erwerbsfähigkeit um 20 Prozent beträgt der nicht zu berücksichtigende Betrag zwei Drittel, bei einer Minderung der Erwerbsfähigkeit um 10 Prozent ein Drittel der Mindestgrundrente nach dem Bundesversorgungsgesetz.
(4) Erhalten Leistungsberechtigte nach dem Dritten Kapitel in einem Land nach § 29 Absatz 1 letzter Halbsatz und Absatz 2 bis 5 festgesetzte und fortgeschriebene Regelsätze und sieht das Landesrecht in diesem Land für Leistungsberechtigte nach diesem Kapitel eine aufstockende Leistung vor, dann ist diese Leistung nicht als Einkommen nach § 82 Absatz 1 zu berücksichtigen.
(5) § 39 Satz 1 ist nicht anzuwenden.

Zweiter Abschnitt – Verfahrensbestimmungen

§ 43 a Gesamtbedarf, Zahlungsanspruch und Direktzahlung (1) Der monatliche Gesamtbedarf ergibt sich aus der Summe der nach § 42 Nummer 1 bis 4 anzuerkennenden monatlichen Bedarfe.
(2) Die Höhe der monatlichen Geldleistung im Einzelfall (monatlicher Zahlungsanspruch) ergibt sich aus dem Gesamtbedarf nach Absatz 1 zuzüglich Nachzahlungen und abzüglich des nach § 43 Absatz 1 bis 4 einzusetzenden Einkommens und Vermögens sowie abzüglich von Aufrechnungen und Verrechnungen nach § 44 b.

(3) Sehen Vorschriften des Dritten Kapitels vor, dass Bedarfe, die in den Gesamtbedarf eingehen, durch Zahlungen des zuständigen Trägers an Empfangsberechtigte gedeckt werden können oder zu decken sind (Direktzahlung), erfolgt die Zahlung durch den für die Ausführung des Gesetzes nach diesem Kapitel zuständigen Träger, und zwar bis zur Höhe des jeweils anerkannten Bedarfs, höchstens aber bis zu der sich nach Absatz 2 ergebenden Höhe des monatlichen Zahlungsanspruchs; die §§ 34 a und 34 b bleiben unberührt. Satz 1 gilt entsprechend, wenn Leistungsberechtigte eine Direktzahlung wünschen. Erfolgt eine Direktzahlung, hat der für die Ausführung des Gesetzes nach diesem Kapitel zuständige Träger die leistungsberechtigte Person darüber schriftlich zu informieren.
(4) Der für die Ausführung des Gesetzes nach diesem Kapitel zuständige Träger kann bei Zahlungsrückständen aus Stromlieferverträgen für Haushaltsstrom, die zu einer Unterbrechung der Energielieferung berechtigen, für die laufenden Zahlungsverpflichtungen einer leistungsberechtigten Person eine Direktzahlung entsprechend Absatz 3 Satz 1 vornehmen.

§ 44 Antragserfordernis, Erbringung von Geldleistungen, Bewilligungszeitraum (1) Leistungen nach diesem Kapitel werden auf Antrag erbracht. Gesondert zu beantragen sind Leistungen zur Deckung von Bedarfen nach § 42 Nummer 2 in Verbindung mit den §§ 31 und 33 sowie zur Deckung der Bedarfe nach § 42 Nummer 3 in Verbindung mit § 34 Absatz 5 und nach § 42 Nummer 5.
(2) Ein Antrag nach Absatz 1 wirkt auf den Ersten des Kalendermonats zurück, in dem er gestellt wird, wenn die Voraussetzungen des § 41 innerhalb dieses Kalendermonats erfüllt werden. Leistungen zur Deckung von Bedarfen nach § 42 werden vorbehaltlich Absatz 4 Satz 2 nicht für Zeiten vor dem sich nach Satz 1 ergebenden Kalendermonat erbracht.
(3) Leistungen zur Deckung von Bedarfen nach § 42 werden in der Regel für einen Bewilligungszeitraum von 12 Kalendermonaten bewilligt. Sofern über den Leistungsanspruch nach § 44 a vorläufig entschieden wird, soll der Bewilligungszeitraum nach Satz 1 auf höchstens sechs Monate verkürzt werden. Bei einer Bewilligung nach dem Bezug von Arbeitslosengeld II oder Sozialgeld nach dem Zweiten Buch, der mit Erreichen der Altersgrenze nach § 7 a des Zweiten Buches endet, beginnt der Bewilligungszeitraum erst mit dem Ersten des Monats, der auf den sich nach § 7 a des Zweiten Buches ergebenden Monat folgt.
(4) Leistungen zur Deckung von wiederkehrenden Bedarfen nach § 42 Nummer 1, 2 und 4 werden monatlich im Voraus erbracht. Für Leistungen zur Deckung der Bedarfe nach § 42 Nummer 3 sind die §§ 34 a und 34 b anzuwenden.

§ 44 a Vorläufige Entscheidung (1) Über die Erbringung von Geldleistungen ist vorläufig zu entscheiden, wenn die Voraussetzungen des § 41 Absatz 2 und 3 feststehen und
1. zur Feststellung der weiteren Voraussetzungen des Anspruchs auf Geldleis-

tungen voraussichtlich längere Zeit erforderlich ist und die weiteren Voraussetzungen für den Anspruch mit hinreichender Wahrscheinlichkeit vorliegen oder

2. ein Anspruch auf Geldleistungen dem Grunde nach besteht und zur Feststellung seiner Höhe voraussichtlich längere Zeit erforderlich ist.

(2) Der Grund der Vorläufigkeit der Entscheidung ist im Verwaltungsakt des ausführenden Trägers anzugeben. Eine vorläufige Entscheidung ergeht nicht, wenn die leistungsberechtigte Person die Umstände, die einer sofortigen abschließenden Entscheidung entgegenstehen, zu vertreten hat.

(3) Soweit die Voraussetzungen des § 45 Absatz 1 des Zehnten Buches vorliegen, ist die vorläufige Entscheidung mit Wirkung für die Zukunft zurückzunehmen; § 45 Absatz 2 des Zehnten Buches findet keine Anwendung.

(4) Steht während des Bewilligungszeitraums fest, dass für Monate, für die noch keine vorläufig bewilligten Leistungen erbracht wurden, kein Anspruch bestehen wird und steht die Höhe des Anspruchs für die Monate endgültig fest, für die bereits vorläufig Geldleistungen erbracht worden sind, kann der ausführende Träger für den gesamten Bewilligungszeitraum eine abschließende Entscheidung bereits vor dessen Ablauf treffen.

(5) Nach Ablauf des Bewilligungszeitraums hat der für die Ausführung des Gesetzes nach diesem Kapitel zuständige Träger abschließend über den monatlichen Leistungsanspruch zu entscheiden, sofern die vorläufig bewilligte Geldleistung nicht der abschließend festzustellenden entspricht. Anderenfalls trifft der ausführende Träger nur auf Antrag der leistungsberechtigten Person eine abschließende Entscheidung für den gesamten Bewilligungszeitraum. Die leistungsberechtigte Person ist nach Ablauf des Bewilligungszeitraums verpflichtet, die von dem der für die Ausführung des Gesetzes nach diesem Kapitel zuständige Träger zum Erlass einer abschließenden Entscheidung geforderten leistungserheblichen Tatsachen nachzuweisen; die §§ 60, 61, 65, und 65 a des Ersten Buches gelten entsprechend. Kommt die leistungsberechtigte Person ihrer Nachweispflicht trotz angemessener Fristsetzung und schriftlicher Belehrung über die Rechtsfolgen bis zur abschließenden Entscheidung nicht, nicht vollständig oder nicht fristgemäß nach, setzt der für die Ausführung des Gesetzes nach diesem Kapitel zuständige Träger die zu gewährenden Geldleistungen für diese Kalendermonate nur in der Höhe endgültig fest, soweit der Leistungsanspruch nachgewiesen ist. Für die übrigen Kalendermonate wird festgestellt, dass ein Leistungsanspruch nicht bestand.

(6) Ergeht innerhalb eines Jahres nach Ablauf des Bewilligungszeitraums keine abschließende Entscheidung nach Absatz 4, gelten die vorläufig bewilligten Geldleistungen als abschließend festgesetzt. Satz 1 gilt nicht,

1. wenn die leistungsberechtigte Person innerhalb der Frist nach Satz 1 eine abschließende Entscheidung beantragt oder
2. der Leistungsanspruch aus einem anderen als dem nach Absatz 2 anzugebenden Grund nicht oder nur in geringerer Höhe als die vorläufigen Leistungen besteht und der für die Ausführung des Gesetzes nach diesem Kapitel zu-

ständige Träger über diesen innerhalb eines Jahres seit Kenntnis von diesen Tatsachen, spätestens aber nach Ablauf von zehn Jahren nach der Bekanntgabe der vorläufigen Entscheidung abschließend entschieden hat.

Satz 2 Nummer 2 findet keine Anwendung, wenn der für die Ausführung des Gesetzes nach diesem Kapitel zuständige Träger die Unkenntnis von den entscheidungserheblichen Tatsachen zu vertreten hat.

(7) Die auf Grund der vorläufigen Entscheidung erbrachten Geldleistungen sind auf die abschließend festgestellten Geldleistungen anzurechnen. Soweit im Bewilligungszeitraum in einzelnen Kalendermonaten vorläufig zu hohe Geldleistungen erbracht wurden, sind die sich daraus ergebenden Überzahlungen auf die abschließend bewilligten Geldleistungen anzurechnen, die für andere Kalendermonate dieses Bewilligungszeitraums nachzuzahlen wären. Überzahlungen, die nach der Anrechnung fortbestehen, sind zu erstatten.

§ 44 b Aufrechnung, Verrechnung (1) Die für die Ausführung des Gesetzes nach diesem Kapitel zuständigen Träger können mit einem bestandskräftigen Erstattungsanspruch nach § 44 a Absatz 7 gegen den monatlichen Leistungsanspruch aufrechnen.

(2) Die Höhe der Aufrechnung nach Absatz 1 beträgt monatlich 5 Prozent der maßgebenden Regelbedarfsstufe nach der Anlage zu § 28.

(3) Die Aufrechnung ist gegenüber der leistungsberechtigten Person schriftlich durch Verwaltungsakt zu erklären. Die Aufrechnung endet spätestens drei Jahre nach Ablauf des Monats, in dem die Bestandskraft der in Absatz 1 genannten Ansprüche eingetreten ist. Zeiten, in denen die Aufrechnung nicht vollziehbar ist, verlängern den Aufrechnungszeitraum entsprechend.

(4) Ein für die Ausführung des Gesetzes nach diesem Kapitel zuständiger Träger kann nach Ermächtigung eines anderen Trägers im Sinne dieses Buches dessen bestandskräftige Ansprüche mit dem monatlichen Zahlungsanspruch nach § 43 a nach Maßgabe der Absätze 2 und 3 verrechnen. Zwischen den für die Ausführung des Gesetzes nach diesem Kapitel zuständigen Trägern findet keine Erstattung verrechneter Forderungen statt, soweit die miteinander verrechneten Ansprüche auf der Bewilligung von Leistungen nach diesem Kapitel beruhen.

§ 44 c Erstattungsansprüche zwischen Trägern Im Verhältnis der für die Ausführung des Gesetzes nach diesem Kapitel zuständigen Träger untereinander sind die Vorschriften über die Erstattung nach

1. dem Zweiten Abschnitt des Dreizehnten Kapitels sowie
2. dem Zweiten Abschnitt des Dritten Kapitels des Zehnten Buches

für Geldleistungen nach diesem Kapitel nicht anzuwenden.

§ 45 Feststellung der dauerhaften vollen Erwerbsminderung Der jeweils für die Ausführung des Gestzes nach diesem Kapitel zuständige Träger ersucht den nach § 109 a Absatz 2 des Sechsten Buches zuständigen Träger der Rentenversicherung, die medizinischen Voraussetzungen des § 41 Absatz 3 zu prüfen, wenn es auf Grund der Angaben und Nachweise des Leistungsberechtigten als wahrscheinlich erscheint, dass diese erfüllt sind und das zu berücksichtigende Einkommen und Vermögen nicht ausreicht, um den Lebensunterhalt vollständig zu decken. Die Entscheidung des Trägers der Rentenversicherung ist bindend für den ersuchenden Träger, der für die Ausführung des Gesetzes nach diesem Kapitel zuständig ist; dies gilt auch für eine Entscheidung des Trägers der Rentenversicherung nach § 109 a Absatz 3 des Sechsten Buches. Ein Ersuchen nach Satz 1 erfolgt nicht, wenn

1. ein Träger der Rentenversicherung bereits die Voraussetzungen des § 41 Absatz 3 im Rahmen eines Antrags auf eine Rente wegen Erwerbsminderung festgestellt hat,
2. ein Träger der Rentenversicherung bereits nach § 109 a Absatz 2 und 3 des Sechsten Buches eine gutachterliche Stellungnahme abgegeben hat,
3. Personen in einer Werkstatt für behinderte Menschen das Eingangsverfahren oder den Berufsbildungsbereich durchlaufen oder im Arbeitsbereich beschäftigt sind oder
4. der Fachausschuss einer Werkstatt für behinderte Menschen über die Aufnahme in eine Werkstatt oder Einrichtung eine Stellungnahme nach den §§ 2 und 3 der Werkstättenverordnung abgegeben und dabei festgestellt hat, dass ein Mindestmaß an wirtschaftlich verwertbarer Arbeitsleistung nicht vorliegt.

In Fällen des Satzes 3 Nummer 4 wird die Stellungnahme des Fachausschusses bei Durchführung eines Teilhabeplanverfahrens nach den §§ 19 bis 23 des Neunten Buches durch eine entsprechende Feststellung im Teilhabeplanverfahen ersetzt; dies gilt entsprechend, wenn ein Gesamtplanverfahren nach den §§ 117 bis 121 des Neunten Buches durchgeführt wird.

§ 46 Zusammenarbeit mit den Trägern der Rentenversicherung Der zuständige Träger der Rentenversicherung informiert und berät leistungsberechtigte Personen nach § 41, die rentenberechtigt sind, über die Leistungsvoraussetzungen und über das Verfahren nach diesem Kapitel. Personen, die nicht rentenberechtigt sind, werden auf Anfrage beraten und informiert. Liegt die Rente unter dem 27-fachen Betrag des geltenden aktuellen Rentenwertes in der gesetzliche Rentenversicherung (§§ 68, 68 a des Sechsten Buches), ist der Information zusätzlich ein Antragsformular beizufügen. Der Träger der Rentenversicherung übersendet einen eingegangenen Antrag mit einer Mitteilung über die Höhe der monatlichen Rente und über das Vorliegen der Voraussetzungen der Leistungsberechtigung an den jeweils für die Ausführung des Gesetzes nach diesem Kapitel zuständigen Träger. Eine Verpflichtung des Trägers der Rentenversicherung nach Satz 1 besteht nicht, wenn eine Inanspruchnahme von Leistungen nach diesem Kapitel wegen der Höhe der gezahlten Rente sowie der im Rentenverfahren zu ermittelnden weiteren Einkommen nicht in Betracht kommt.

Dritter Abschnitt – Erstattung und Zuständigkeit

§§ 46 a – 138 *(nicht abgedruckt)*

Anlage (zu § 28)

Regelbedarfsstufen nach § 28 in Euro

gültig ab	Regelbedarfsstufe 1	Regelbedarfsstufe 2	Regelbedarfsstufe 3	Regelbedarfsstufe 4	Regelbedarfsstufe 5	Regelbedarfsstufe 6
1. Januar 2011	364	328	291	287	251	215
1. Januar 2012	374	337	299	287	251	219
1. Januar 2013	382	345	306	289	255	224
1. Januar 2014	391	353	313	296	261	229
1. Januar 2015	399	360	320	302	267	234
1. Januar 2016	404	364	324	306	270	237
1. Januar 2017	409	368	327	311	291	237
1. Januar 2018	416	374	332	316	296	240
1. Januar 2019	424	382	339	322	302	245
1. Januar 2020	432	389	345	328	308	250

Regelbedarfsstufe 1:
Für jede erwachsene Person, die in einer Wohnung nach § 42 a Absatz 2 Satz 2 lebt und für die nicht Regelbedarfsstufe 2 gilt.

Regelbedarfsstufe 2:
Für jede erwachsene Person, wenn sie
1. in einer Wohnung nach § 42 a Absatz 2 Satz 2 mit einem Ehegatten oder Lebenspartner oder in eheähnlicher oder lebenspartnerschaftlicher Gemeinschaft mit einem Partner zusammenlebt oder
2. nicht in einer Wohnung lebt, weil ihr allein oder mit einer weiteren Person ein persönlicher Wohnraum und mit weiteren Personen zusätzliche Räumlichkeiten nach § 42 a Absatz 2 Satz 3 zur gemeinschaftlichen Nutzung überlassen sind.

Regelbedarfsstufe 3:
Für eine erwachsene Person, deren notwendiger Lebensunterhalt sich nach § 27 b bestimmt.

Regelbedarfsstufe 4:
Für eine Jugendliche oder einen Jugendlichen vom Beginn des 15. bis zur Vollendung des 18. Lebensjahres.

Regelbedarfsstufe 5:
Für ein Kind vom Beginn des siebten bis zur Vollendung des 14. Lebensjahres.

Regelbedarfsstufe 6:
Für ein Kind bis zur Vollendung des sechsten Lebensjahres.

31. Tarifvertragsgesetz (TVG)

Aktuelle höchstrichterliche Rechtsprechung

Datum	Gericht/Az.	Fundstelle	Thema
3.7.19	BAG 4 AZR 312/18	NZA 19, 1592	Bezugnahme auf Tarifvertrag
3.7.19	BAG 10 AZR 300/18	NZA 19, 1440	Stichtagsregelung für Sonderzahlung
27.3.19	BAG 10 AZR 211/18	NZA 1512	Verfassungskonforme Rückwirkung des SokaSiG2
30.1.19	BAG 10 AZR 155/18	NZA 19, 860	Unwirksamkeit einer Allgemeinverbindlicherklärung
12.12.18	BAG 4 AZR 123/18	NZA 19, 543	Bezugnahmeklausel, Günstigkeitsprinzip
20.11.18	BAG 1 AZR 189/17	NZA 19, 402	Besitzschutzeinschränkung im Arbeitskampf
20.11.18	BAG 10 AZR 121/18	NZA 19, 552	Verfassungsmäßigkeit des Sozialkassensicherungsgesetzes
20.11.18	BAG 10 ABR 12/18	NZA 19, 628	Allgemeinverbindlicherklärung
14.11.18	BVerfG 1 BvR 1278/16	NZA 19, 112	Differenzierung wegen Gewerkschaftszugehörigkeit
19.9.18	BAG 5 AZR 439/17	NZA 19, 106	Erhöhung übertariflicher Leistungen, betriebliche Übung
22.8.18	BAG 5 AZR 551/17	NZA 19, 51	Günstigkeitsprinzip
14.8.18	BAG 1 AZR 287/17	NZA 19, 100	Streikbruchprämien
11.7.18	BAG 4 AZR 443/17	NZA 18, 1630	Bezugnahme auf Tarifvertrag, betriebliche Übung
26.6.18	BAG 1 ABR 37/16	NZA 19, 188	Tariffähigkeit
19.6.18	BAG 9 AZR 564/17	NZA 19, 113	Auslegung von Tarifverträgen

Datum	Gericht/Az.	Fundstelle	Thema
21.3.18	BAG 10 AZR 34/17	NZA 19, 622	Gleichbehandlung durch Tarifparteien

Einleitung

I. Geschichtliche Entwicklung

1. Tarifrecht

a) Kaiserreich

Tarifverträge gibt es in Deutschland schon erheblich länger, als es für sie eine gesetzliche Grundlage gab. Es dauerte bis 1910, ehe das Reichsgericht dem Tarifvertrag überhaupt Rechtsverbindlichkeit zwischen den Tarifvertragsparteien zubilligte (mit der Konsequenz einer Friedenspflicht; *RG* 20. 1. 1910 – VI 660/08, RGZ 73, 92; dazu *Kittner*, 50 Urteile, 2019, Nr. 3; s. u. II 1). Ungeklärt blieb aber die alles entscheidende Rechtswirkung für die Parteien des Einzelarbeitsvertrages. 1873 kam es zum ersten reichsweiten Buchdruckertarifvertrag, von dem aus sich im Kaiserreich gegen viele Widerstände eine auf den ersten Blick stattliche, insgesamt aber doch begrenzte Tarifvertragspraxis entwickelte (1913: 10885 Tarifverträge für knapp 1,4 Mio. Arbeitnehmer = etwa 15 % aller Arbeitnehmer; *Kittner*, Arbeitskampf, S. 370 ff.).

Dabei wurde der Tarifvertrag als Instrument kollektiver Interessenvertretung zunächst auch von den Gewerkschaften als »Harmonieduselei«, weil dem Klassenkampfgedanken zuwiderlaufend, abgelehnt. Erst 1899 bekannte sich der zentrale Kongress der freien Gewerkschaften zu Tarifverträgen »als Beweis der Anerkennung der Gleichberechtigung der Arbeiter seitens der Unternehmer bei der Festsetzung der Arbeitsbedingungen«. Die Arbeitgeber wiederum blieben in dieser Frage gespalten. Die »Schwerindustrie« (Bergbau, Eisen und Stahl) lehnte Tarifverträge fundamental als »der deutschen Industrie und ihrer gedeihlichen Entwicklung durchaus gefährlich« ab (»Centralverband deutscher Industrieller« 1905) und konnte dies nicht zuletzt gestützt auf die damals vom Reichsgericht erlaubte Kartellpraxis erfolgreich durchsetzen. Sie war sich darin einig mit den technologisch fortgeschrittenen Großunternehmen der Elektroindustrie (Siemens, AEG) und des Maschinenbaus (MAN), die sich zur Gewerkschaftsbekämpfung vor allem selbst finanzierter, »gelber« Arbeitnehmerverbände bedienten. Den Gewerkschaften gelang es in diesen Bereichen bis zum Ende des ersten Weltkrieges nie, Tarifverträge durchzusetzen. Erfolgreich waren sie vor allem in Kleinbetrieben und dort, wo der Tarifvertrag den Arbeitgebern als Ersatz für die in ihrer Branche nicht möglichen Kartelle gleichförmige Arbeitsbedingungen verhieß (vor allem Bau, Holz und Druck).

b) Weimarer Republik

Eine fundamentale Änderung brachte erst die Novemberrevolution 1918. Eines ihrer zentralen arbeitspolitischen Ergebnisse war die auf Vorarbeiten von *Philipp*

Lotmar und *Hugo Sinzheimer* beruhende TarifvertragsVO vom 23.12.1918, die vor allem die Unabdingbarkeit der Tarifnormen festsetzte. Diese nunmehr rechtlich gesicherte Tätigkeit der Tarifvertragsparteien wurde mit dem Betriebsrätegesetz von 1920 durch deren Vorrang gegenüber der Tätigkeit der Betriebsräte flankiert und abgesichert. Auf dieser Grundlage setzte sich der Tarifvertrag als Gestaltungsinstrument auf breiter Front durch (12 Mio. von Tarifverträgen erfasste Arbeitnehmer 1931). Diese Entwicklung hatte freilich den gewaltigen Schönheitsfehler, dass Tarifverträge für etwa die Hälfte der Arbeitnehmer nur aufgrund der damals wegen der SchlichtungsVO vom 30.10.1923 möglichen staatlichen Zwangsschlichtung zustande kamen (vor allem in den Bereichen, in denen die Gewerkschaften schon im Kaiserreich überhaupt keine Tarifverträge durchsetzen konnten; *Kittner,* Arbeitskampf, S.453 ff.). Dieses vermeintlich im Interesse einer geordneten Lohnpolitik erforderliche System der Zwangsschlichtung hatte jedoch verheerende Folgen für die Stabilität der Weimarer Republik insgesamt: Es wurden das Verantwortungsbewusstsein der Tarifvertragsparteien und das Vertrauen in die staatliche Politik auf beiden Seiten untergraben, ohne präventive Auswirkungen auf das Arbeitskampfgeschehen (die Weimarer Republik war die bei weitem arbeitskampfreichste Periode in der deutschen Geschichte; *Kittner,* Arbeitskampf, S.499).

c) Nationalsozialismus

Der Nationalsozialismus beseitigte die Einrichtung frei abgeschlossener Tarifverträge und setzte auf der Grundlage des »Gesetzes über die Ordnung der nationalen Arbeit« (AOG) von 1934 an ihre Stelle das System der vom »Reichstreuhänder der Arbeit« erlassenen »Tarifordnungen« (eingehend *Kittner,* Arbeitskampf, S.505 ff.).

d) Nachkriegszeit 1945 ff./Bundesrepublik Deutschland/DDR

Nach 1945 konnte im Westen wieder zur Institution des Tarifvertrages zurückgekehrt werden. Gemäß § 10 wurden die aus der NS-Zeit weiter geltenden »Tarifordnungen« nach und nach durch Tarifverträge ersetzt. Freilich gab es für das wichtigste Betätigungsfeld noch für eine gewisse Zeit keine Tarifautonomie: Erst am 3.11.1948 wurde der noch aus der Zeit des Nationalsozialismus stammende gesetzliche Lohnstopp aufgehoben. Am 9.4.1949 wurde das TVG als Gesetz des »Vereinigten Wirtschaftsgebietes« verkündet und später als Bundesgesetz übernommen (BGBl. 1953 I 156; eingehend *Kittner,* Arbeitskampf, S.560 ff.). Die Möglichkeit der Zwangsschlichtung wurde dabei nach den Erfahrungen der Weimarer Republik ausdrücklich ausgeschlossen (s.u. II 2 b).

In Ostdeutschland wurde zunächst in der Sowjetischen Besatzungszone und danach in der Deutschen Demokratischen Republik kein System freier Tarifverträge zugelassen. Vielmehr wurde der von der SED gelenkte »Freie Demokratische Gewerkschaftsbund« als Instrument zentraler Lohnpolitik benutzt, um mit den Betrieben sog. Betriebs- bzw. Rahmenkollektivverträge abzuschließen. Nach der Wiedervereinigung galten diese übergangsweise weiter, bis sie durch neue Tarifverträge ersetzt wurden (vgl. *Däubler*, BB 93, 427).

Neben dem TVG als Grundlage autonomer kollektiver Gestaltung der Arbeitsbedingungen wurde in der Bundesrepublik für den Fall ihres Versagens 1952 auch die gesetzliche Möglichkeit einer staatlichen Festlegung von *Mindestarbeitsbedingungen* geschaffen (zur Gesamtproblematik und aktuellen Ausgestaltung einer staatlichen »Mindestlohn«-Festsetzung s. Einl. I zum AEntG, Nr. 31 a).
Das *Vergaberecht* soll es öffentlichen Auftraggebern ermöglichen, von Anbietern mit einer sog. Tariftreueerklärung die Einhaltung tariflicher Arbeitsbedingungen zu verlangen. Während das *BVerfG* derartige Tariftreueerklärungen wie generell Auflagen zur Sicherung sozialer Standards bei großen öffentlichen Aufträgen als verfassungsrechtlich zulässig erklärt hat (*BVerfG* 11.7.2006 – 1 BvL 4/00, NZA 07, 42), hält sie der *EuGH* für europarechtswidrig (*EuGH* 3.4.2008 – C-346/06, DB 08, 1045 – Rüffert, m. Anm. *Kocher*, DB 08, 1042). Damit konnten die bis dahin in 8 Bundesländern bestehenden einschlägigen Gesetze (*Schulten/Pawicki*, WSI-Mitt. 08, 184) nicht aufrechterhalten werden (zu verbleibenden Möglichkeiten *Thüsing*, NZA 09, 183). Der notwendige Arbeitnehmerschutz muss nun über andere Instrumente, z. B. eine Mindestlohngesetzgebung (s. Einl. zum AEntG, Nr. 31 a), sichergestellt werden (*Hanau*, NZA 08, 751; *Bayreuther*, NZA 08, 626; *Kocher*, DB 08, 1042). Die meisten Bundesländer sind zu einer neu konzeptionierten »Tariftreue«-Gesetzgebung übergegangen, mit Sonderregeln für den Verkehrssektor und einer Verpflichtung zur Einhaltung von Mindestlöhnen nach dem AEntG (Nr. 31 a) sowie schließlich zum Teil mit einer Knüpfung der Vergabe öffentlicher Aufträge an die Zahlung eines speziellen Vergabemindestlohns (Böckler impuls 12/2010, S. 3; Böckler impuls 1/13, S. 4; iwd 46/12, S:3; *Greiner*, ZIP 11, 2129). Dabei tritt das MiLoG hinter einem höheren Vergabemindestlohn zurück. Auch diese Neukonzeption wurde aber für europarechtlich bedenklich gehalten (*OLG Koblenz* 19.2.2014 – 1 Verg 8/13, AuR 15, 327; insg. *Däubler*, NZA 14, 694). Der *EuGH* (17.11.2015 – C-115/14, NZA 16, 155 – RegioPost; dazu *Heuschmid*, AuR 16, 164) hat allerdings das Verlangen nach Gewährleistung eines Vergabemindestlohns durch den Bieter und seine Nachunternehmer für zulässig gehalten. Unvereinbar mit der Dienstleistungsfreiheit (Art. 56 AEUV) sei es allerdings, wenn ein Nachunternehmer auch dann auf den Vergabemindestlohn verpflichtet werden müsse, wenn seine Arbeitnehmer ausschließlich in einem anderen Mitgliedstaat tätig werden (*EuGH* 18.9.2014 – C-549/13, NZA 14, 1129 – Bundesdruckerei; vgl. *Forst*, NJW 14, 3755).
Zuletzt wurde das TVG durch zwei wesentliche Gesetze geändert:
(1) TarifautonomiestärkungsG v. 11.8.2014 (BGBl. I 1348; Gesetzentwurf: BR-Drs. 147/14). Darin wurden Erleichterungen für die Allgemeinverbindlicherklärung von Tarifverträgen geschaffen. Das Gesetz brachte darüber hinaus

- die Notwendigkeit der Bekanntmachung des Inhalts eines für allgemeinverbindlich erklärten Tarifvertrages (§ 5 Abs. 7),
- den gesetzlichen Mindestlohn nach dem MiLoG (Nr. 31 b),
- die Ausweitung des AEntG (Nr. 31 a) auf sämtliche Branchen und Konzentration einer Allgemeinverbindlichkeit nach dem AEntG auf die Baubranche sowie Möglichkeit von zwingenden Rechtsverordnungen für alle anderen Branchen,
- Konzentration der gerichtlichen Zuständigkeit hinsichtlich Wirksamkeit von All-

gemeinverbindlicherklärungen und Mindestlohn-Rechtsverordnungen bei den Landesarbeitsgerichten (vgl. Einl. I zum ArbGG, Nr. 5) und
- Aufhebung des Mindestarbeitsbedingungengesetz (MiArbG, vgl. 39. Aufl., Nr. 31 b).

(2) Tarifeinheitsgesetz v. 3. 7. 2015 (BGBl. I 1130; Gesetzentwurf: BT-Drs. 18/4062; Wortprotokoll des Ausschusses für Arbeit und Soziales v. 4. 5. 2015: Protokoll Nr. 18/41; schriftliche Stellungnahmen: BT-Drs. 18[11]357 [neu]). Das Gesetz lässt bei Überschneidungen des Anwendungsbereichs mehrerer Tarifverträge nur einen Tarifvertrag im Betrieb anwendbar sein (näher unten II 1 c). Eine Minderheitsgewerkschaft, deren Tarifvertrag verdrängt wurde, hat aber ein Nachzeichnungsrecht. Durch das Gesetz wurde auch ein spezielles Verfahren zur Entscheidung über den anwendbaren Tarifvertrag eingeführt (§ 99 ArbGG, s. Nr. 5). Im Zuge des Qualifizierungschancengesetzes (v. 18. 12. 2018, BGBl. I 2651, vgl. Einl. I 2 [7] zum SGB III, Nr. 30 III) wurde das Gesetz noch einmal nachgebessert und dem verfassungsrechtlichen Nachbesserungsauftrag des *BVerfG* zum Tarifeinheitsgesetz (s. u. II 1 c) entsprochen.

2. Verfassungsrecht

a) Tarifautonomie

Parallel zur einfachgesetzlichen Anerkennung des Tarifvertrages wurden mit der Weimarer Reichsverfassung 11. 8. 1919 (RGBl. 1383) auch seine verfassungsrechtlichen Grundlagen geschaffen. Art. 159 garantierte die Koalitionsfreiheit und Art. 165 Abs. 1 noch weiter konkretisierend Vereinbarungen zwischen Gewerkschaften und Arbeitgeberverbänden.

Hieran knüpfte das Grundgesetz vom 23. 5. 1949 an (vgl. Nr. 20). Sein Art. 9 Abs. 3 GG garantiert die Koalitionsfreiheit und als deren Bestandteil die Tarifautonomie: »Das Tarifvertragssystem ist darauf angelegt, die strukturelle Unterlegenheit der einzelnen Arbeitnehmer beim Abschluss von Arbeitsverträgen durch kollektives Handeln auszugleichen und damit ein annähernd gleichwertiges Aushandeln der Löhne und Arbeitsbedingungen zu ermöglichen« (*BVerfG* 26. 6. 1991 – 1 BvR 779/85, BVerfGE 84, 212). Diese Feststellung des Bundesverfassungsgerichts konkretisiert die grundlegenden Aussagen zum Problem gestörter Vertragsparität im Arbeitsleben (Einl. III 2 zum GG, Nr. 20). Sie beschreibt das Tarifvertragssystem als System kollektiver Selbsthilfe der als Einzelne zu schwachen Arbeitnehmer. Um diesen Grundrechtsschutz zu effektivieren, verpflichtet das GG den Gesetzgeber dazu, entsprechende gesetzliche Vorkehrungen zu treffen: »Die historische Entwicklung hat dazu geführt, dass solche Vereinbarungen in Gestalt geschützter Tarifverträge mit Normativcharakter und Unabdingbarkeit abgeschlossen werden. Wenn also die in Art. 9 Abs. 3 GG garantierte Koalitionsfreiheit nicht ihres historisch gewordenen Sinnes beraubt werden soll, muss im Grundrecht des Art. 9 Abs. 3 GG ein verfassungsrechtlich geschützter Kernbereich auch in der Richtung liegen, dass ein Tarifvertragssystem im Sinne des modernen Arbeitsrechts überhaupt bereitzustellen ist und dass Partner dieser Tarifverträge notwendig frei gebildete Koalitionen sind« (*BVerfG* 18. 11. 1954 – 1 BvR 629/52, BVerfGE 4, 96).

Damit sind die beiden Kernelemente des Tarifvertrages – Unabdingbarkeit und unmittelbare Wirkung (s. u. II 1) – verfassungsrechtlich geschützt.

b) Arbeitskampf

Das GG enthält keine ausdrückliche Garantie der Arbeitskampffreiheit. Der 1969 im Zuge der Notstandsgesetzgebung eingefügte Art. 9 Abs. 3 Satz 3 GG sagt lediglich, dass »Arbeitskämpfe« zwischen Arbeitgeberverbänden und Gewerkschaften von der Verfassung geschützt und vor Eingriffen im Notstandsfall sicher sein sollen (dazu die einschlägigen völkerrechtlichen Bestimmungen, vgl. Fn. 1 zu Art. 9 Abs. 3 GG, Nr. 20). Der dem Parlamentarischen Rat 1948 vorliegende Entwurf eines Abs. 4 des Art. 9 GG über das »Recht der gemeinschaftlichen Arbeitseinstellung« wurde wegen Differenzen über Einzelheiten möglicher gesetzlicher Konkretisierungen, aber vor allem wegen des Desinteresses der Gewerkschaften nicht ins GG aufgenommen (*Kittner,* Arbeitskampf, S. 567).

Gleichwohl ist es inzwischen unbestritten, dass Art. 9 Abs. 3 GG ebenso wie die verfassungsrechtliche Garantie der Tarifautonomie diejenige der Arbeitskampffreiheit enthält. In seinen Urteilen über die Reichweite der Aussperrung vom 10. 6. 1980 formulierte das *BAG* dies so: »Das geltende die Tarifautonomie konkretisierende Tarifrecht setzt voraus, dass die sozialen Gegenspieler das Verhandlungsgleichgewicht mit Hilfe von Arbeitskämpfen herstellen und wahren können. Das bedeutet in der Praxis, dass regelmäßig zunächst die Gewerkschaften auf das Streikrecht angewiesen sind, weil sonst das Zustandekommen und die inhaltliche Angemessenheit von Tarifverträgen nicht gewährleistet sind« (1 AZR 822/79, AP Nrn. 64 – 66 zu Art. 9 Abs. 3 GG Arbeitskampf; bestätigt durch *BVerfG* 26. 6. 1991 – 1 BvR 779/85, BVerfGE 84, 212). Tarifverhandlungen ohne eine realistische Streikdrohung wären für die Gewerkschaften nur »kollektives Betteln«. Da das Gericht die Aussperrung zwar bestimmten Grenzen unterwarf (s. u. II 2 a), jedoch im Grundsatz als Kampfmittel der Arbeitgeber anerkannte, verwarf es das Aussperrungsverbot in Art. 29 Abs. 5 der Hessischen Verfassung (»Die Aussperrung ist rechtswidrig«) als unvereinbar mit Bundesrecht. Der vom BAG hier formulierte und vom BVerfG bestätigte Grundsatz einer »materiellen Parität« bildet seither die verfassungsrechtliche Richtschnur zur Lösung arbeitskampfrechtlicher Einzelfragen.

II. Wesentlicher Gesetzesinhalt

1. TVG

a) Tarifvertragsparteien

Tarifverträge werden abgeschlossen von Tarifvertragsparteien (§ 2, Übersicht 71). Dies sind auf Arbeitnehmerseite nur Gewerkschaften. Über die hierfür erforderliche Tariffähigkeit wird im Streitfalle gemäß § 2 Abs. 1 Nr. 4 ArbGG durch die Arbeitsgerichte entschieden. Von den dazu entwickelten Kriterien sind die wichtigsten die Freiwilligkeit des Beitritts, eine demokratische Struktur und eine bestimmte Mächtigkeit, die es ermöglicht, Tarifverträge mit dem erforderlichen Druck bis hin zum Streik auch gegen den Willen der Arbeitgeber durchzusetzen (zur Gewerkschaftseigenschaft der Christlichen Gewerkschaft Metall – CGM – vgl.

BAG 28.3.2006 – 1 ABR 58/04, NZA 06, 1112; zum dabei relevanten Kriterium der »sozialen Mächtigkeit« *Wank/Schmidt,* RdA 08, 257; zur Tarifunfähigkeit der CGZP *BAG* 14.12.2010 – 1 ABR 19/10, NZA 11, 289; zu den Konsequenzen s. Einl. III 3 zum AÜG, Nr. 4; dagegen erfolglose Verfassungsbeschwerde [*BVerfG* 10.3.2014 – 1 BvR 1104/11, NZA 14, 496], auch kein schutzwürdiges Vertrauen für Arbeitgeber in Tariffähigkeit der CGZP [*BVerfG* 25.4.2015 – 1 BvR 2314/12, NZA 15, 757]; zur Tarifunfähigkeit der GNBZ *LAG Köln* 20.5.2009 – 9 TaBV 105/08, AuR 09, 316; zur Tarifunfähigkeit der GKH *LAG Hamm* 23.9.2011 – 10 TaBV 14/11, NZA-RR 12, 25; zur Tarifunfähigkeit von medsonet *BAG* 11.6.2013 – 1 ABR 33/12, DB 13, 2751; zur Tarifunfähigkeit der NAG *HessLAG* 9.4.2015 – 9 TaBV 225/14, NZA-RR 15, 482; noch nicht geklärt ist die Tariffähigkeit der DHV, *BAG* 26.6.2018 – 1 ABR 37/16, NZA 19, 188; kurzer historischer Abriss bei *Kittner,* 50 Urteile, 2019, Nr. 36). Das Erfordernis sozialer Mächtigkeit ist verfassungskonform (*BVerfG* 13.9.2019 – 1 BvR 1/16, NZA 19, 1649). Auf Arbeitgeberseite kommt neben dem Arbeitgeberverband auch ein einzelner Arbeitgeber als Tarifvertragspartei in Betracht (§ 2 Abs. 1 TVG). Den Tarifvertrag mit einem Arbeitgeberverband nennt man Verbandstarifvertrag. Wenn er sich nicht ausnahmsweise nur auf einen Betrieb bezieht, spricht man von einem Flächentarifvertrag. Der Tarifvertrag mit einem einzelnen Arbeitgeber heißt Firmentarifvertrag. Es kann sich um einen Vertrag mit eigenem Inhalt handeln oder um einen solchen, der die Inhalte eines Flächentarifvertrages übernimmt (»Anerkennungstarifvertrag«).

b) Tarifgebundenheit

Voraussetzung für die Wirkung des Tarifvertrages im Verhältnis zwischen einzelnem Arbeitgeber und Arbeitnehmer ist die beiderseitige Tarifbindung. Tarifgebunden sind die Mitglieder der Tarifvertragsparteien, also verbandsangehörige Arbeitgeber bzw. beim Firmentarifvertrag der vertragsschließende Arbeitgeber selbst und Gewerkschaftsmitglieder. Auf Nichttarifgebundene können Tarifverträge auch durch Allgemeinverbindlicherklärung gemäß § 5 erstreckt werden (zur »Mindestlohn«-Problematik insgesamt s. Einl. I zum AEntG, Nr. 31 a). Das *BVerfG* hat das Instrument der Allgemeinverbindlicherklärung als verfassungsgemäß anerkannt (*BVerfG* 24.5.1977 – 2 BvL 11/74, BVerfGE 44, 322).

Das Recht der Allgemeinverbindlicherklärung wurde durch das TarifautonomiestärkungsG (s. o. I 1 d [1]) erleichtert (dazu *Forst,* RdA 15, 25 ff.). Das frühere 50%-Quorum, wonach ein Tarifvertrag nur für allgemeinverbindlich erklärt werden konnte, wenn die tarifgebundenen Arbeitgeber mindestens 50% der unter den Geltungsbereich fallenden Arbeitnehmer beschäftigen, ist entfallen. Es genügt nunmehr ein öffentliches Interesse an der Allgemeinverbindlicherklärung. Diese Änderung ist als verfassungsgemäß anzusehen (*BAG* 21.3.2018 – 10 ABR 62/16, BB 18, 2231, Rn. 106 ff.). Der Kampf gegen »Lohndrückerei und Schmutzkonkurrenz« ist als ein solches öffentliches Interesse anerkannt (*BAG* 29.9.2017 – 10 ABR 42/16, NZA 18, 186, Rn. 31). Ausdrücklich kann ein Tarifvertrag nunmehr gemäß § 5 Abs. 1 a TVG zur Sicherung der Funktionsfähigkeit gemeinsamer Einrichtungen der Tarifvertragsparteien für allgemeinverbindlich erklärt werden (dazu *BAG* 20.11.2018 – 10 ABR 12718, NZA 19, 628). Das *BAG* hatte in mehreren aufsehenerregenden Entscheidungen die Allgemeinverbindlicherklärungen von Sozialkassentarifverträgen im Baugewerbe, aber auch in anderen Bereichen für unwirksam erklärt, weil sich die Erfüllung des 50%-Quorums nach altem Recht nicht feststellen ließ (vgl. insb. *BAG* 21.9.2016 – 10 ABR 33/15, NZA Belage 1/17, 12; 25.1.2017 – 10 ABR 43/15, NZA 17, 731; rechtskräftige Urteile werden dadurch aber nicht infrage gestellt, *BAG* 30.1.2019 – 10 AZR 155/18, NZA 19, 860), teils auch mangels Befassung der zuständigen Ministerin bzw. des Staatssekretärs (insb. *BAG* 21.9.2016 – 10 ABR 33/15, NZA Belage 1/17, 12, Rn. 138 ff.). Dadurch drohte zahlreichen Sozialkassen, insbesondere in der Bauwirtschaft die Finanzierungsgrundlage wegzubrechen. Dem wurde durch rückwirkende Verbindlichmachung der maßgeblichen Tarifverträge durch Gesetz begegnet (Gesetz zur Sicherung der Sozialkassenverfahren im Baugewerbe [Sozialkassenverfahrensicherungsgesetz – SokaSiG] v. 16.5.2017, BGBl. I 1210; das Gesetz ist nach *BAG* 20.11.2018 – 10 AZR 121/18, NZA 19, 552, verfassungsgemäß; Gesetz zur Sicherung der tarifvertraglichen Sozialkassenverfahren und zur Änderung des Arbeitsgerichtsgesetzes v. 1.9.2017, BGBl. I 3356; dazu *Biedermann*, BB 17, 1333; *Ulber*, NZA 17, 1104).

Nicht tarifgebundene Arbeitsvertragsparteien können die tariflichen Arbeitsbedingungen durch Bezugnahme im individuellen Arbeitsvertrag zur Geltung bringen. Tarifgebundene Arbeitgeber gewähren sie in der Regel auch den unorganisierten Arbeitnehmern (»Außenseitern«), um keinen Anreiz zum Eintritt in eine Gewerkschaft zu bieten (zur Auslegung derartiger, meist vorformulierter Vertragsklauseln *BAG* 14.12.2005 – 4 AZR 536/04, NZA 06, 607; 18.4.2007 – 4 AZR 652/05, NZA 07, 965; 27.3.2018 – 4 AZR 151/15, NZA 18, 1204; 27.3.2018 – 4 AZR 208/17, NZA 18, 1264). Im Zweifel gelten die tarifvertraglichen Regelungen aufgrund der Bezugnahme auch, falls der Tarifvertrag unwirksam sein sollte (*BAG* 30.8.2017 – 4 AZR 443/15, NZA 18, 363); anders aber im Falle der Bezugnahme zwecks Abweichung vom leiharbeitsrechtlichen Gleichbehandlungsgrundsatz, weil der erstrebte Zweck der Bezugnahme im Fall der Unwirksamkeit nicht zu erreichen wäre (*BAG* 13.3.2013 – 5 AZR 954/11, NZA 13, 680).

c) Tarifkollisionen

Ein ernsthaftes Problem für die betriebliche Praxis stellt die Konkurrenz mehrerer Tarifverträge dar. Es wird zwar grundsätzlich dadurch minimiert, dass die mit rund 6 Mio. Mitgliedern nach wie vor das Tarifgeschehen dominierenden DGB-Gewerkschaften ihre Organisationsbereiche grundsätzlich gegeneinander exklusiv abgegrenzt haben. Ein für Streitfälle aufgrund der Satzung des DGB eingerichtetes Schiedsgericht entscheidet darüber auch mit Außenwirkung für die Arbeitgeber verbindlich (*BAG* 25.9.1996 – 1 ABR 4/96, AP Nr. 10 zu § 2 TVG Tarifzuständigkeit; *Hanau*, NZA 03, 130; *Kittner*, 50 Urteile, 2019, Nr. 39). Jedoch ist es immer noch möglich, dass, sei es von der gleichen, sei es von einer anderen Gewerkschaft abgeschlossene inhaltlich divergierende Tarifverträge Geltung im selben Betrieb beanspruchen. Eine derartige *Tarifpluralität* hatte das *BAG* früher nach dem Grundsatz der *Tarifeinheit* in dem Sinne entschieden, dass der jeweils speziellere Tarifvertrag den Vorrang hat (20.3.1991 – 4 AZR 455/90, AP Nr. 20 zu § 4 TVG

Tarifkonkurrenz). Zunehmend brisant wurde das Thema vor allem durch das verstärkte Aufkommen kleiner Berufsgewerkschaften (z. B. Lokführer), die die Interessen ihrer Mitglieder in Konkurrenz zu den DGB-Gewerkschaften auch kampfweise durchsetzen wollen (vgl. *Deinert*, NZA 09, 1176). Das *BAG* hat 2010 die Tarifeinheit bei sog. Inhaltsnormen, die wegen beiderseitiger Mitgliedschaft die Vertragsparteien binden (§ 3 Abs. 1) aufgegeben und akzeptierte eine sog. Tarifpluralität im Betrieb (*BAG* 7.7.2010 – 4 AZR 549/08, NZA 10, 1068; Überblick zum Ganzen und zum Folgenden bei *Kittner*, 50 Urteile, 2019, Nr. 35).
In der Folge gab es Bestrebungen, die Tarifeinheit gesetzlich zu regeln (vgl. jew. Einf. IV in der 36. und 39. Aufl.). Das ist nunmehr durch das Tarifeinheitsgesetz (s. o. I 1 d [2]) geschehen. Wenn der Arbeitgeber nach § 3 infolge Mitgliedschaft im Arbeitgeberverband oder als Partei des Tarifvertrages an mehrere Tarifverträge gebunden ist, deren Geltungsbereiche sich überschneiden, ist nach § 4 a nur der Tarifvertrag anwendbar, der von der Gewerkschaft geschlossen wurde, die im Betrieb die meisten Mitglieder hat (betriebliches Mehrheitsprinzip). Welcher Tarifvertrag dies ist, kann in einem gerichtlichen Verfahren geklärt werden (§§ 2 a Abs. 1 Nr. 6, 99 ArbGG). Die Entscheidung erzeugt Rechtskraft gegenüber jedermann (§ 99 Abs. 3 ArbGG). Dadurch, dass Tarifverträge von Minderheitsgewerkschaften nicht zur Anwendung kommen, haben deren Mitglieder regelmäßig keinen Tarifschutz mehr. Denn sie sind in den meisten Fällen nicht Mitglieder der Mehrheitsgewerkschaft. Um deren Schutzlosigkeit auszuschließen, hat die Minderheitsgewerkschaft ein Nachzeichnungsrecht, mit dem sie den Abschluss eines inhaltsgleichen Tarifvertrages verlangen kann, der gleichermaßen unmittelbar und zwingend gilt (§ 4 a Abs. 4). Das Gesetz trat am 10. 7. 2015 in Kraft. Tarifpluralitäten, die an diesem Tag in einem Betrieb bestanden, sind aufgrund der Übergangsregelung in § 13 Abs. 3 nicht durch Anwendung des betrieblichen Mehrheitsprinzips aufzulösen, sondern bleiben bestehen, bis die Tarifkollision durch Beendigung von Tarifverträgen endet.
Die Verdrängung eines Tarifvertrages einer Minderheitsgewerkschaft kann langfristig deren tarifpolitische Bedeutung und sogar ihren Bestand gefährden. Nachdem das *BVerfG* zunächst einstweilige Anordnungen abgelehnt hatte (6. 10. 2015 – 1 BvR 1571/15, NZA 15, 1271), hat es in der Hauptsache entschieden, dass das Tarifeinheitsgesetz im Wesentlichen verfassungsgemäß ist (11. 7. 2017 – 1 BvR 1571/15 u.a., NZA 17, 915, mit abweichender Meinung der Richter *Paulus* und *Baer*; zur Entscheidung *Bepler*, AuR 17, 380; *Franzen*, ZTR 17, 571; *Rieble*, NZA 17, 1157). Allerdings sei das Gesetz insoweit verfassungswidrig, als es keine ausreichenden Vorkehrungen dafür gibt, dass die Interessen von Berufsgruppen, deren Tarifvertrag verdrängt wird, in dem verdrängenden Tarifvertrag hinreichend berücksichtigt werden. Der Gesetzgeber hat insoweit 2018 nachgebessert (s. o. I 1 d (2); dazu *Hromadka*, NZA 19, 215). Wenn die Interessen der durch den Minderheitentarifvertrag erfassten Arbeitnehmergruppen beim Zustandekommen des Mehrheitstarifvertrages nicht angemessen und ernsthaft berücksichtigt wurden, sind auch die Rechtsnormen des Minderheitentarifvertrags anzuwenden.
Von der Problematik, dass nur der Arbeitgeber an mehrere Tarifverträge gebunden ist (Tarifpluralität), ist die Tarifkonkurrenz zu unterscheiden, bei der mehrere

Tarifverträge über denselben Gegenstand in einem Arbeitsverhältnis Geltung beanspruchen. Ein solcher Fall von Tarifkonkurrenz liegt auch vor, wenn der Arbeitgeber einen Haustarifvertrag mit der Gewerkschaft schließt, die auch den Verbandstarifvertrag geschlossen hat, an den der Arbeitgeber gebunden ist (*BAG*, NZA 15, 950). Da es sich nicht um dieselben Tarifvertragsparteien handelt, ersetzt der Haustarifvertrag den Verbandstarifvertrag nicht etwa nur. Auch Tarifkonkurrenzen sind Tarifkollisionen, die nach § 4 a im Sinne des betrieblichen Mehrheitsprinzips aufgelöst werden.

§ 4 a gilt allerdings nur für Tarifkollisionen bei mitgliedschaftlicher Bindung des Arbeitgebers an mehrere Tarifverträge gemäß § 3 TVG. Bei Kollisionen aufgrund anderer Formen der Tarifgebundenheit greift diese Bestimmung nicht.

Ein nach § 5 Abs. 1 a für allgemeinverbindlich erklärter Tarifvertrag über eine gemeinsame Einrichtung hat nach § 5 Abs. 4 Vorrang vor einem anderen Tarifvertrag, an den die Vertragsparteien gebunden sind. Kollidiert ein Tarifvertrag, an den der Arbeitgeber nach §§ 3 ff. gebunden ist, mit einem Tarifvertrag, auf den im Arbeitsvertrag Bezug genommen wurde, liegt überhaupt keine Tarifkollision in diesem Sinne vor, sondern es kollidiert ein Tarifvertrag mit einem Arbeitsvertrag. Für diesen Fall gilt das Günstigkeitsprinzip § 4 Abs. 3 (s. u. f). Die günstigere Regelung setzt sich dann durch. In allen anderen Fällen bedarf es nach allgemeiner Meinung einer Auflösung der Tarifkollision, die bislang nach dem Prinzip der Spezialität erfolgte.

d) Tarifvertragsinhalte

§ 1 Abs. 1 regelt die möglichen Inhalte eines Tarifvertrages. Dies sind zum einen für die Tarifgebundenen verbindliche *Rechtsnormen.* Sie können sich auf drei verschiedene Bereiche beziehen:

- die Arbeitsverhältnisse im engeren Sinne; das Gesetz spricht von *Inhaltsnormen* (z. B. Entgelt und Arbeitszeit), Abschlussnormen (z. B. Wiedereinstellungsklauseln, Formvorschriften für den Vertragsabschluss) und Beendigungsnormen (z. B. Kündigungsbeschränkungen, Befristungsgründe, Kündigungsfristen).
- *Betriebsnormen;* das sind Regelungen über Organisation und Einrichtungen des Betriebes (z. B. Kantine, Parkplätze, Pausenregelung).
- *Betriebsverfassungsnormen* enthalten Modifikationen des BetrVG (z. B. Erweiterung der Mitbestimmung des Betriebsrats).

Neben den für die Tarifgebundenen bestimmten Rechtsnormen enthalten Tarifverträge sog. *schuldrechtliche Bestimmungen,* d. h. Rechte und Pflichten der Tarifvertragsparteien untereinander. Deren wichtigste ist die jedem Tarifvertrag innewohnende Friedenspflicht. Sie bedeutet, dass die Tarifvertragsparteien während der Laufdauer des Tarifvertrages um die in ihm geregelten Themen keinen Arbeitskampf führen dürfen (s. u. 2 a). Für viele Tarifbereiche haben die Gewerkschaften und Arbeitgeberverbände darüber hinaus Regeln für das Verhalten nach Ablauf eines Tarifvertrages getroffen (zu Schlichtungsvereinbarungen s. u. 2 b).

e) Tarifmacht

Nicht aus dem Wortlaut des TVG sondern aus allgemeinen Grundsätzen des Verfassungs- und Tarifrechts werden »Grenzen der Tarifmacht« abgeleitet. In dieser Hinsicht hat das *BAG* seit langem zwei Tarifvertragsinhalte für unzulässig erklärt: *Effektivklauseln,* mit denen übertarifliche Entgeltbestandteile gesichert werden sollen (*BAG* 1.3.1956 – 2 AZR 183/54, AP Nr. 1 zu § 4 TVG Effektivklausel; 14.2.1968 – 4 AZR 275/67, AP Nr. 7 zu § 4 TVG Effektivklausel; dazu *Kittner*, 50 Urteile, 2019, Nr. 38), sowie *Differenzierungsklauseln,* die tarifgebundenen Gewerkschaftsmitgliedern eine tarifliche Besserstellung gegenüber Nichtmitgliedern garantieren sollen (*BAG-Großer Senat* 29.11.1967 – GS 1/67, AP Nr. 13 zu Art. 9 GG; dazu *Kittner*, 50 Urteile, 2019, Nr. 37). Diese Problematik hat neue Aktualität durch Bemühungen der Gewerkschaften gewonnen, Abweichungen von Tarifverträgen nur dann zuzugestehen, wenn der Arbeitgeber Sonderleistungen für Gewerkschaftsmitglieder erbringt (*Franzen,* RdA 06, 1; *Leydecker,* AuR 06,11; krit. *Rieble/Klebeck,* RdA 06, 65). Das *BAG* hat nunmehr eine maßvolle Differenzierung als Gegenleistung für den Verzicht auf tarifliche Rechte in einem Sanierungstarifvertrag als zulässig anerkannt (*BAG* 18.3.2009 – 4 AZR 64/08, NZA 09, 1028; dazu *Bepler,* AuR 10, 234, 241; *Bauer/Arnold,* NZA 09, 1169; *Greiner/Suhre,* NJW 10, 131; *Leydecker,* AuR 09, 338; *Richardi,* NZA 10, 417). Auch hat es das Gericht gebilligt, wenn der Arbeitgeber Leistungen an einen Verein erbringt, der seinerseits Leistungen, im konkreten Fall eine Erholungsbeihilfe, ausschließlich an Gewerkschaftsmitglieder ausschüttet (*BAG* 21.5.2014 – 4 AZR 50/13, NZA 15, 115). Demgegenüber hält es eine sog. Spannenklausel nach wie vor für unwirksam (*BAG* 23.3.2011 – 4 AZR 366/09, NZA 11, 920; vgl. *Schmalz,* AiB 11, 438). Bei einer solchen Klausel soll der Arbeitgeber verpflichtet werden, Gewerkschaftsmitgliedern Leistungen zu erbringen, die die Leistungen an Außenseiter immer in bestimmtem Umfang überschreiten. Einen ähnlichen Effekt wie Differenzierungsklauseln, die auf exklusive Leistungen für Gewerkschaftsmitglieder zielen, haben Stichtagsregelungen, die zwischen den Tarifgebundenen danach unterscheiden, ob sie zu einem bestimmten Stichtag bereits Gewerkschaftsmitglieder waren. Das bewirkt für Außenseiter, da sie ebenfalls nicht zum Stichtag Gewerkschaftsmitglieder waren, dass sie durch Bezugnahme auf den Tarifvertrag kein Recht auf die tarifvertragliche Leistung erhalten. Das *BAG* hält eine solche Regelung für zulässig (15.4.2015 – 4 AZR 796/13, NZA 15, 1388) und das *BVerfG* hat klargestellt, dass dies verfassungsgemäß ist (14.11.2018 – 1 BvR 1278/16, NZA 19, 112).

Zu den Grenzen der Tarifautonomie in Bezug auf Diskriminierungsverbote vgl. Einl. II 2b zum AGG, Nr. 2. Darauf, dass der Tarifvertrag eine unzulässige Diskriminierung enthält, können sich auch diejenigen berufen, die nicht zu der benachteiligten Gruppe gehören. So kann beispielsweise ein Mann geltend machen, dass eine Regelung unzulässig sei, weil sie Frauen diskriminiere (*BAG* 21.11.2013 – 6 AZR 89/12, NZA 14, 672).

f) Unmittelbare und zwingende Wirkung/Abweichungen vom Tarifvertrag

Das sogar von der Verfassung vorgegebene Kernstück des Tarifrechts ist die unmittelbare und zwingende Wirkung des Tarifvertrags (§ 4 Abs. 1). Dabei bedeutet »unmittelbar« die Geltung des Tarifvertrages ohne seine willentliche Aufnahme in den Arbeitsvertrag und sogar ohne Wissen der Tarifgebundenen und »zwingend« das grundsätzliche Verbot der Abweichung vom Tarifvertrag durch andere Abmachungen. *Abweichungen* vom Tarifvertrag sind nur in folgenden Fällen zulässig:

- Der Arbeitnehmer *verzichtet* auf seine tariflichen Rechte in einem von den Tarifvertragsparteien gebilligten Vergleich (§ 4 Abs. 4). Das *BAG* lässt dies nur für einen reinen Rechtsverzicht gelten, für sog. Tatsachenvergleiche über die Grundlagen eines tariflichen Anspruchs verlangt es keine Zustimmung der Tarifvertragsparteien (*BAG* 5. 11. 1997 – 4 AZR 682/96, AP Nr. 17 zu § 4 TVG mit krit. Anm. *Zachert*).
- Die Abweichung enthält eine Regelung zu Gunsten des Arbeitnehmers: Das damit verankerte *Günstigkeitsprinzip* dient den sozialen Belangen des Arbeitnehmers, aber auch den wirtschaftlichen Interessen des Arbeitgebers, der begehrte Arbeitskräfte mit übertariflichen Leistungen an das Unternehmen binden möchte.
- Die Abweichung wird durch den Tarifvertrag in einer sog. *Öffnungsklausel* gestattet.

Das *Günstigkeitsprinzip* ist im Allgemeinen leicht zu handhaben. Es werden vergleichbare Teile der Arbeitsbedingungen gegenübergestellt (also laufendes Entgelt gegenüber laufendem Entgelt; Weihnachtsgeld gegenüber Weihnachtsgeld; Kündigungsfristen gegenüber Kündigungsfristen). Der Vergleich von »Äpfeln und Birnen« ist unzulässig (*BAG* 20. 4. 1999 – 1 ABR 72/98, AuR 99, 408 – »Burda«, mit Anm. *Kocher*). In eine solche Richtung gehen allerdings Diskussionsbeiträge zur Arbeitszeit und zur Arbeitsplatzsicherung. Eine Variante zielt darauf ab, dass längere Arbeitszeiten günstiger seien, weil damit mehr Geld verdient und der Arbeiter sich besser persönlich entfalten könne (hierzu Einl. III 1 zum ArbZG, Nr. 8). Die andere, radikalere, hält Arbeiten zu untertariflichen Bedingungen für günstiger als arbeitslos zu sein (*Adomeit,* NJW 84, 26 f.). Eine Kombination beider Varianten liegt z. B. darin, dass sich ein großer Teil der Mitarbeiter zu längerer als tariflich zulässiger Arbeit verpflichtet, weil der Unternehmer gedroht hatte, andernfalls die Arbeitsplätze ins Ausland zu verlagern (zum Fall *Viessmann* vgl. *ArbG Marburg* 7. 8. 1996 – 1 BV 6/96, DB 96, 1925; vgl. auch *LAG Baden-Württemberg* 16. 1. 1997 – 11 Sa 101/96, AuR 97, 219). Alle diese Ansichten haben sich zu Recht nicht durchsetzen können, weil sie mit dem Wortlaut und Zweck des Gesetzes unvereinbar sind. Das *BAG* will auch an dem Vorrang des Tarifvertrages vor dem Arbeitsvertrag festhalten, wenn dies nicht objektiv eindeutig zu einer Bewertung als »günstiger« für den Arbeitnehmer führt (*BAG* 15. 4. 2015 – 4 AZR 587/13, NZA 15, 1274). Auch wenn das *BAG* Arbeitszeit und Entgelt für einer Sachgruppe zugehörig hält (kaum überzeugend), scheitert die Abweichung vom Tarifvertrag regelmäßig daran, dass sich nicht feststellen lässt, dass dies für den Arbeitnehmer »günstiger« sei (*BAG* 22. 8. 2018 – 5 AZR 551/17, NZA 19, 51, Rn. 22).

Öffnungsklauseln können ganz verschiedene Adressaten haben. Das können, was aber praktisch eher selten ist, die individuellen Vertragsparteien sein. Am verbreitetsten und schon aus Praktikabilitätsgründen unverzichtbar ist dagegen eine Ermächtigung von Arbeitgeber und Betriebsrat/Personalrat zu betriebsspezifischen Regelungen (zu den damit verbundenen Flexibilisierungswirkungen vgl. *Brändle/Heinbach/Maier,* ZAF 11, 163). Typisch und rechtlich unproblematisch sind nicht eigentlich abweichende, sondern gemäß § 77 Abs. 3 BetrVG den Tarifvertrag nur »ergänzende« Betriebsvereinbarungen. Das eigentliche rechtliche und ordnungspolitische Problem bilden Klauseln, die den Arbeitnehmern nachteilige Abweichungen bei Entgelt und Arbeitszeit des Tarifvertrags zulassen (vgl. WSI-Tarifhandbuch 2006, S. 41 ff.; zu gesetzlichen Initiativen s. u. IV). Keine *Öffnungsklauseln* im engeren Sinne sind Klauseln, mit denen es sich die Tarifvertragsparteien selbst vorbehalten, im Einzelfall vom Tarifvertrag abzuweichen, typischerweise, um Unternehmen in wirtschaftlicher Bedrängnis entgegenzukommen. Obwohl die Tarifvertragsparteien das jederzeit von sich aus tun könnten, haben derartige Klauseln den Sinn, eine Art informellen Druck bei Erfüllung der jeweils formulierten Anforderungen zu erzeugen. Eine prominente Klausel gibt es z. B. in der Metallindustrie auf Grund des »Pforzheimer Abkommens« von 2004: Danach können ergänzende tarifvertragliche Regelungen vereinbart werden, durch die befristet von tariflichen Mindeststandards abgewichen wird, sofern dies unter Abwägung der sozialen und wirtschaftlichen Folgen zur Sicherung oder Schaffung von Arbeitsplätzen erforderlich ist. Möglich sind auch noch weiter gehende Vorabfestlegungen, mit denen für die Identifikation eines Härtefalles ein förmliches Schiedsverfahren vorgesehen ist (zur Metallindustrie in Ostdeutschland vgl. *Bispinck,* WSI-Mitt. 93, 469; *Peren,* Arbeitgeber 94, 14).

g) Durchsetzung von Tarifverträgen

Rechte aus einem Tarifvertrag können vor den Arbeitsgerichten eingeklagt werden (Voraussetzungen: Übersicht 72). Das ist innerhalb der in allen Tarifbereichen üblichen tariflichen Ausschlussklauseln möglich. Das *BVerfG* (1. 12. 2010 – 1 BvR 1682/07, NZA 11, 354) hat dazu aber klargestellt, dass Ausschlussfristen nicht so ausgelegt werden dürfen, dass sie die Beschreitung des Rechtswegs faktisch unmöglich machen. Das *BAG* (19. 9. 2012 – 5 AZR 627/11, NZA 13, 101, und 19. 9. 2012 – 5 AZR 924/11, NZA 13, 156; vgl. *Husemann,* BB 13, 2615) geht nunmehr davon aus, dass eine tarifliche Ausschlussfrist bereits durch eine Kündigungsschutz- oder Entfristungsklage hinsichtlich der Ansprüche gewahrt wird, die vom Bestand des Arbeitsvertrages abhängen. Im Übrigen muss nicht selten damit gerechnet werden, dass die Arbeitnehmer während des Bestehens des Arbeitsverhältnisses sich dies nicht trauen. Eine Gewerkschaft hat ohne konkrete Prozessvollmacht über die Köpfe der Arbeitnehmer hinweg keine eigene Klagemöglichkeit, sondern nur die Möglichkeit einer wenig effektiven Einwirkungsklage gegen den tarifschließenden Arbeitgeberverband (*BAG* 25. 1. 2006 – 4 AZR 552/04, DB 06, 2017; vgl. *Feudner,* BB 07, 266). Auch der Betriebsrat kann den Arbeitgeber nicht im Beschlussverfahren zur Durchführung eines Tarifvertrages in einer bestimmten Auslegung verpflichten lassen (*BAG* 19. 12. 2017 – 1 ABR 33/16, NZA 18, 678).

Für den krassesten Fall, dass Arbeitgeber und Betriebsrat gemeinsam eine tarifwidrige Betriebsvereinbarung geschlossen haben (wie oftmals bei sog. betrieblichen Bündnissen für Arbeit, s. o. f), räumt das *BAG* der betroffenen Gewerkschaft einen Unterlassungsanspruch gegen den Arbeitgeber ein. Ein systematischer Verstoß gegen den Tarifvertrag sei mit dem Grundrecht der Koalitionsfreiheit gemäß

Art. 9 Abs. 3 GG nicht vereinbar und auch nicht durch das Günstigkeitsprinzip gerechtfertigt (*BAG* 20.4.1999 – 1 ABR 72/98, AuR 99, 408 – »Burda«, mit Anm. *Kocher*). Das *BAG* verlangt freilich die namentliche Nennung der infrage kommenden Gewerkschaftsmitglieder als Voraussetzung des Unterlassungsanspruchs, was seine Praktikabilität erheblich einschränkt (*BAG* 19.3.2003 – 4 AZR 271/02, BB 03, 2355; krit. *Kocher*, AuR 04, 155). Auch nach dieser Rechtsprechung kann die Gewerkschaft nicht aus eigenem Recht verlangen, dass der Arbeitgeber die tarifwidrig vorenthaltenen Löhne den betroffenen Arbeitnehmern nachzahlt (*BAG* 17.5.2011 – 1 AZR 473/09, NZA 11, 1169). Die Arbeitgeber lehnen diese Rechtsprechung insgesamt ab, weil damit betriebliche Bündnisse zerstört würden (*Hundt*, Arbeitgeber 9/99, S. 3). Die Gewerkschaften fordern demgegenüber ein generelles gesetzliches Klagerecht, um Arbeitgeber zur Einhaltung von Arbeitnehmerrechten anzuhalten (*Engelen-Kefer*, AuR 99, 373).

h) Beendigung von Tarifverträgen

Jeder Tarifvertrag enthält Bestimmungen über seine Beendigung. In den selteneren Fällen läuft er mit Ablauf eines Datums von selbst aus, üblicherweise wird seine Laufdauer durch einen frühestmöglichen Kündigungstermin bestimmt. Die Rechtsprechung lässt ausnahmsweise auch die fristlose Kündigung eines Tarifvertrages zu, allerdings nur bei völlig unvorhersehbaren Entwicklungen, die zur Unzumutbarkeit der weiteren Bindung an den Tarifvertrag führen. Vorher muss eine Lösung auf dem Verhandlungswege gesucht werden (*BAG* 18.12.1996 – 4 AZR 129/96, DB 97, 782). Bei Anwendung dieser Grundsätze wäre z. B. die nach einem Arbeitskampf zurückgenommene außerordentliche Kündigung der Tarifverträge in der Metallindustrie in Ostdeutschland 1993 unwirksam gewesen (vgl. *BAG* 18.12.1996 – 4 AZR 129/96, NZA 97, 830; zur Bauindustrie 1996 *ArbG Wiesbaden*, AuR 97, 121; umfassend *Winter/Zekau*, AuR 97, 89).

i) Nachwirkung, Weitergeltung

Zum Schutze der Arbeitnehmer und um inhaltsleere Arbeitsverträge zu vermeiden, erlöschen die Wirkungen des Tarifvertrages nicht mit seinem Ablauf bzw. dem Wegfall der Tarifbindung. Seine Bestimmungen gelten aufgrund der Nachwirkung gemäß § 4 Abs. 5 weiter, bis sie durch andere abgelöst werden (z. B. durch einen anderen Tarifvertrag oder Einzelvertrag – freiwillig oder aufgrund einer Änderungskündigung). In vollem Umfang gelten gemäß § 3 Abs. 3 Tarifverträge bis zu ihrer Beendigung weiter, z. B. wenn ein Arbeitgeber aus dem Arbeitgeberverband austritt (an die Weitergeltung schließt sich die Nachwirkung gemäß § 4 Abs. 5 an). Während der Nachwirkungszeit neu eingestellte Arbeitnehmer unterfallen dem Tarifvertrag nicht mehr (*BAG* 6.6.1958 – 1 AZR 515/57, AP Nr. 1 zu § 4 TVG Nachwirkung). Es ist jedoch jeweils zu prüfen, ob sie entsprechend der betrieblichen Praxis Anspruch auf Gleichbehandlung mit den übrigen Arbeitnehmern haben. Auch der Gewerkschaftsbeitritt während des Nachwirkungszeitraums begründet keine Tarifgebundenheit (*BAG* 27.9.2017 – 4 AZR 630/15, NZA 18, 177). Solange der Tarifvertrag wegen Austritts des Arbeitgebers aus dem Verband gemäß § 3 Abs. 3 weitergilt, ist der Arbeitgeber hingegen auch seinem

Arbeitnehmer gegenüber an den Tarifvertrag gebunden, wenn dieser während der Weitergeltungszeit in die Gewerkschaft eintritt (*BAG* 6.7.2011 – 4 AZR 424/09, DB 12, 410). Zur Weitergeltung von Tarifverträgen nach einem Betriebsübergang s. Einl. II 4 zum BGB, Nr. 14.

2. Arbeitskampf- und Schlichtungsrecht

Das Arbeitskampf- und Schlichtungsrecht liefert die institutionellen Rahmenbedingungen für den Fall, dass ein Tarifvertrag nicht einvernehmlich zustande kommt und die Tarifvertragsparteien in Konflikt miteinander geraten. Diese stets mit jeder Tarifvertragsverhandlung verbundene Drohung mit der Möglichkeit eines Arbeitskampfes determiniert letztlich auch den vordergründig schiedlich-friedlich ablaufenden tarifpolitischen »Normalfall«.

a) Arbeitskampfrecht

Arbeitskampfrecht als Richterrecht

Das Arbeitskampfrecht der Bundesrepublik Deutschland beruht im Wesentlichen auf Entscheidungen des *BAG,* ist also »Richterrecht« (zur verfassungsrechtlichen Grundlage s. o. I, 2 b). Das Gesetzesrecht enthält dazu nur verstreute negative Festlegungen (Arbeitskampfverbot für Betriebsparteien, § 74 Abs. 2 BetrVG [Nr. 12] und entsprechendes Personalvertretungsrecht; keine Streikbrechereinsätze von Leiharbeitnehmern nach § 11 Abs. 5 AÜG [Nr. 4] sowie Ausschluss der Vermittlung von Arbeitslosen bei Arbeitskämpfen gemäß § 36 Abs. 3 SGB III [Nr. 30 III]). Detailliert regelt lediglich § 160 SGB III die Frage von Leistungen der Bundesagentur für Arbeit an mittelbar von Arbeitskämpfen Betroffene (s. Einl. II 4 zum SGB III, Nr. 30 III). Die rechtlichen Spielregeln für die Beteiligten eines Arbeitskampfes müssen im Einzelnen der Rechtsprechung des *BAG* entnommen werden (s. Übersicht 75).

Grundsatz der Verhältnismäßigkeit

Aus der Vielzahl der Gerichtsentscheidungen ragt das zweite Urteil des Großen Senats des *BAG* vom 21.4.1971 mit Grundsätzen zur Rechtsfortbildung des Arbeitskampfrechts heraus (GS 1/68, AP Nr. 43 zu Art. 9 GG Arbeitskampf). Seine unmittelbare Konsequenz war die Anerkennung der suspendierenden Wirkung des Arbeitskampfes, d. h. des Weiterbestands der Arbeitsverhältnisse unabhängig von Streik und Aussperrung. Zum anderen stellte es Arbeitskämpfe wegen ihrer nachteiligen Folgen unter den generellen Vorbehalt ihrer Verhältnismäßigkeit. Das ist eine ganz offenkundig höchst problematische Formel, mit der letztlich jeder Arbeitskampf für rechtwidrig erklärt werden könnte. Dem hat zunächst das *BVerfG* den gebotenen Riegel vorgeschoben: »Bei einer Verhältnismäßigkeitsprüfung, die schon bei den Angriffskampfmitteln ansetzte, wäre eine gerichtliche Kontrolle der Tarifziele kaum zu vermeiden. Eine solche Kontrolle widerspräche aber dem Gedanken der Tarifautonomie« (*BVerfG* 26.6.1991 – 1 BvR 779/85, BVerfGE 84, 212). Auch das *BAG* lehnt in seinem Warnstreikurteil eine Verhandlungszensur mittels des Verhältnismäßigkeitsgrundsatzes ab (*BAG* 21.6.1988 – 1 AZR 651/86, AP Nr. 108 zu Art. 9 GG Arbeitskampf) und nimmt auch gegenüber

Solidaritätsstreiks nur eine sehr eingeschränkte Überprüfung vor (*BAG* 19.6.2007 – 1 AZR 396/06, NZA 07, 1055). Der Verhältnismäßigkeitsgrundsatz darf aus verfassungsrechtlichen Gründen sowie aus Gründen des Völkerrechts, nur im Rahmen einer Abwägung der Rechte der Arbeitskampfparteien zu einer Einschränkung der Kampffreiheit führen (*Deinert/Kittner,* Festschrift für Lörcher, 2013, S. 283).

Kampfstrategische Konfliktthemen: Aussperrung, mittelbare Kampffolgen, Warnstreiks

Naturgemäß ist ein Rechtsgebiet wie das Arbeitskampfrecht zwischen Arbeitgeberverbänden und Gewerkschaften noch mehr umstritten, als es das sonstige Arbeitsrecht ohnehin ist. Denn in einer Art »Nullsummenspiel« bedeutet jedes Recht, das einer Seite eingeräumt wird, eine entsprechende Schwächung der anderen. In dieser Hinsicht gibt es drei kampfstrategisch wichtige und anhaltend strittige Sachkomplexe.

- Die Gewerkschaften fordern seit langem ein Verbot der Aussperrung. Damit haben sie sich aufs Ganze nicht durchsetzen können, jedoch wichtige Teilerfolge erzielt. Auf Klagen nach Arbeitskämpfen in der Druck- und Metallindustrie 1978 schränkte das *BAG* die Aussperrung in dreierlei Hinsicht ein: Sie darf nur zur Verteidigung gegen einen vorangegangenen Streik eingesetzt werden, muss gegenüber dem Streik proportional sein (dabei wurden zunächst feste Quoten vorgegeben, wovon das Gericht später wieder abgerückt ist) und darf nicht selektiv nur Gewerkschaftsmitglieder treffen (*BAG* 10.6.1980 – 1 AZR 822/79, 1 AZR 168/79, 1 AZR 331/79, AP Nrn. 64–66 zu Art. 9 GG Arbeitskampf; dazu *Kittner*, 50 Urteile, 2019, Nr. 44). Die Arbeitgeber haben diese Rechtsprechung als Beschränkung ihrer Arbeitskampffreiheit kritisiert, jedoch hat das *BVerfG* die Rechtsprechung des *BAG* als verfassungsgemäß bestätigt (26.6.1991 – 1 BvR 779/85, BVerfGE 84, 212).
- Insbesondere in der Metallindustrie haben die Auswirkungen von Streik und Aussperrung auf nicht unmittelbar kampfbeteiligte Arbeitnehmer eine möglicherweise sogar noch größere Bedeutung als die Aussperrung. Die dabei vor allem entscheidende Frage, ob die Bundesagentur für Arbeit Kurzarbeitergeld leisten muss, ist in § 160 SGB III geregelt (s. eingehend Ein. II 4 zu SGB III, Nr. 30 III).
- Zu verhandlungsbegleitenden Warnstreiks aufzurufen, war Gewerkschaften lange Zeit verwehrt, weil alle Schlichtungsvereinbarungen die Friedenspflicht aus einem umkämpften Tarifvertrag bis zum Ende eines eventuellen Schlichtungsverfahrens ausgedehnt hatten. Das änderte sich erst 1980 in der Metallindustrie, wo eine neue Schlichtungsvereinbarung die Friedenspflicht vier Wochen nach Ablauf eines Tarifvertrages unabhängig vom Stand der Tarifverhandlungen enden ließ (1988 folgte die Druckindustrie). Die daraufhin seitens der IG Metall eröffnete Praxis offizieller Warnstreiks wurde nach einer Vielzahl von Gerichtsverfahren vom *BAG* mit wechselnder Begründung gebilligt (21.6.1988 – 1 AZR 653/86, AP Nr. 109 zu Art. 9 GG Arbeitskampf). Ein Schiedsspruch legte die Schlichtungsvereinbarung ergänzend dahingehend aus, dass die förmliche Er-

klärung des Scheiterns von Verhandlungen keine Voraussetzung für Warnstreiks darstellt (RdA 90, 44).

Neuere Rechtsprechung

Die arbeitskampfrechtliche Rechtsprechung der letzten Jahre spiegelt – nicht überraschend – die hinsichtlich der Tarifpolitik insgesamt zu beobachtende Dezentralisierung (s. u. III 1) sowie die immer häufiger zu beobachtende Betroffenheit Dritter:

- Infragestellung der Beschränkung des Streikrechts auf Gewerkschaften und tariflich regelbare Ziele durch das *BAG* (10. 12. 2002 – 1 AZR 96/02, AP Nr. 162 zu Art. 9 GG – Arbeitskampf);
- Zulässigkeit des Streiks um einen Firmentarifvertrag mit einem verbandsangehörigen Arbeitgeber (*BAG* 10. 12. 2002 – 1 AZR 96/02, NZA 03, 734);
- Zulässigkeit des Streiks um einen Sozialplantarifvertrag (*BAG* 24. 4. 2007 – 1 AZR 252/06, NZA 07, 987; *Gaul,* RdA 08, 13; *Paschke/Ritschel,* AuR 07, 110);
- Zulässigkeit des Solidaritätsstreiks (*BAG* 19. 6. 2007 – 1 AZR 396/06, NZA 07, 1055; *Hayen/Ebert,* AuR 08, 19);
- Zulässigkeit begrenzter streikbegleitender sog. »Flashmob«-Aktionen (*BAG* 22. 9. 2009 – 1 AZR 972/08, NZA 09, 1347; eine hiergegen erhobene Verfassungsbeschwerde blieb erfolglos, *BVerfG* 26. 3. 2014 – 1 BvR 3185/09, NZA 14, 493; vgl. *Kittner*, 50 Urteile, 2019, Nr. 50);
- Ausschluss von Ersatzansprüchen für nicht am Arbeitskampf beteiligte Dritte (*BAG* 25. 8. 2015 – 1 AZR 754/13, NZA 16, 47; 25. 8. 2015 – 1 AZR 875/13, NZA 16, 179);
- Haftung der Gewerkschaft bei Verletzung der Friedenspflicht (*BAG* 26. 7. 2016 – 1 AZR 160/14, NZA 16, 1543; dazu krit. *Däubler*, AuR 17, 232);
- Einschränkung von Besitzschutzansprüchen hinsichtlich Firmengelände (*BAG* 20. 11. 2018 – 1 AZR 189/17, NZA 19, 402).

Einschränkungen der Arbeitskampffreiheit ergeben sich hinsichtlich der Verhandlung der Arbeitsbedingungen in kirchlichen Einrichtungen mit Rücksicht auf die Kirchenautonomie (vgl. Einl. III 4 zum GG, Nr. 20).

Offene Fragen der Zukunft bilden Zulässigkeit und Grenzen der Streiks kleiner Spezialistengewerkschaften (*Zachert,* NZA 06, Beil. 2, 61; *Greiner,* NZA 07, 1023). Das *LAG Sachsen* (NZA 08, 59; dazu *Kittner*, 50 Urteile, 2019, Nr. 48) hat hierzu in einer gründlichen Entscheidung enge Schranken für eine einstweilige Verfügung gegen derartige Streiks formuliert. Verbreitet war die Ansicht, dass die Zulassung von Tarifpluralitäten (s. o. II 1) zu einer Intensivierung des Arbeitskampfgeschehens führe, der durch Änderungen des Arbeitskampfrechts oder gesetzliche (Wieder-)Herstellung der Tarifeinheit begegnet werden müsse. Das ist aber nicht überzeugend, da die Probleme der Arbeitskampfpluralität nach den anerkannten Regeln des Arbeitskampfrechts gelöst werden können (ausf. *Deinert,* RdA 11, 12). Der Gesetzgeber hat im Tarifeinheitsgesetz keine Regelung des Arbeitskampfrechts aufgenommen. In der Gesetzesbegründung wurde aber die Erwartung an die Arbeitsgerichte formuliert, dass sie einen Arbeitskampf als rechtswidrig bewerten, wenn der umkämpfte Tarifvertrag absehbar nach § 4 a verdrängt würde

(BT-Drs. 18/4062, S. 12). Das *BVerfG* (11.7.2017 – 1 BvR 1571/15 u.a., NZA 17, 915, Rn. 138 ff.) hat aber klargestellt, dass das Tarifeinheitsgesetz nicht zu einer Einschränkung der Arbeitskampffreiheit führt, weil die Kollisionsregelung als solche ebenso wie das Nachzeichnungsrecht der Minderheitsgewerkschaft die Existenz eines Tarifvertrages (und mithin auch dessen Erstreikbarkeit) voraussetzen. Ausgelöst durch die Entscheidung zu »Flashmob«-Aktionen wird intensiv diskutiert, ob Gewerkschaften auch neue, atypische Arbeitskampfformen erfinden und praktizieren können. Das ist nach der von der Rechtsprechung anerkannten Kampfmittelfreiheit (*BAG* 22.9.2009 – 1 AZR 972/08, NZA 09, 1347), die das *BVerfG* (26.3.2014 – 1 BvR 3185/09, NZA 14, 493) gebilligt hat, zu bejahen (*Rehder/Deinert/Callsen,* AuR 12, 103).

Der *EuGH* hat 2007 zwei Entscheidungen zum Recht auf grenzüberschreitende Arbeitskampfmaßnahmen getroffen: einmal gegen die Standortverlagerung durch Ausflaggung eines Schiffes (11.12.2007 – C-438/05, NZA 08, 124 – ITF/*Viking*) und einmal um die Geltung schwedischer Löhne für nach Schweden entsandte lettische Arbeitnehmer (18.12.2007 – C-341/05, DB 08, 71 – *Laval*). In beiden Fällen hat er verlangt, dass die Kampfmaßnahmen Arbeitnehmerinteressen gelten und sich im Rahmen der Verhältnismäßigkeit bewegen (dazu *Kittner*, 50 Urteile, 2019, Nr. 49). Für Arbeitskämpfe in Deutschland ergeben sich daraus keine anderen Anforderungen als aufgrund der Rspr. des *BAG* (*Kocher*, AuR 08, 13; *Sunnus*, AuR 08, 1; *Zwanziger*, DB 08, 294).

b) Schlichtungsrecht

Das Recht der Bundesrepublik Deutschland kennt keine Zwangsschlichtung, auch nicht in dem Sinne, dass die Tarifvertragsparteien zur Anrufung einer staatlichen Schlichtung verpflichtet wären. Das wird ausdrücklich durch Art. II Abs. 1 des Kontrollratsgesetzes Nr. 35 vom 20.8.1945 verboten, das als Bundesgesetz im Rahmen der konkurrierenden Gesetzgebungskompetenz weitergilt. Einige Bundesländer haben Landesgesetze über das Schlichtungswesen bzw. DurchführungsVOen erlassen, die für Tarifkonflikte eine staatliche Schlichtungsstelle als *freiwillig* zu nutzendes Instrument bereitstellen (Däubler-*Reinfelder*, Arbeitskampfrecht, § 15 Rn. 30 ff.).

Der Bundestag lehnte 1960 einen vornehmlich propagandistisch gemeinten Gesetzentwurf der FDP zur Einführung eines obligatorischen Schlichtungsverfahrens vor jedem Arbeitskampf ab, nahm in diesem Zusammenhang jedoch eine Entschließung einstimmig an, in der es unter anderem heißt: »… Er (der Deutsche Bundestag) ersucht die Bundesregierung, einen Appell an die Tarifvertragsparteien zu richten, das freiwillige Schlichtungswesen zur Regelung von Lohn- und Arbeitsbedingungen im Rahmen ihrer Autonomie weiter auszubauen. Gleichzeitig sollten die Sozialpartner an ihre Verantwortung gegenüber der Allgemeinheit erinnert werden, die es erforderlich macht, Arbeitskämpfe nur als letztes Mittel der Auseinandersetzung in Betracht zu ziehen und in jedem Falle ein Schlichtungsverfahren vorausgehen zu lassen« (BT-Drs. Nr. 2960).

Davon geprägt wird seither die Situation des Schlichtungsrechts in Deutschland. In praktisch allen bedeutenden Tarifbereichen gibt es tarifvertragliche Schlich-

tungsvereinbarungen mit dem Ziel der autonomen Konfliktlösung nach gescheiterten Tarifverhandlungen und vor dem Arbeitskampf. Die damit vereinbarte freiwillige Schlichtung bedeutet eine zusätzliche autonome Einigungshilfe, die auch geeignet ist, ungebetene Einmischungen Außenstehender (insbesondere von Politikern) in Tarifverhandlungen abzuwehren.
Die Schlichtungsvereinbarungen sind von Tarifbereich zu Tarifbereich verschieden. Die wichtigsten für die Kampfstrategie erheblichen Unterschiede betreffen die Fragen, ob die Gegenseite sich auf die Anrufung der Schlichtung einlassen muss oder das Verfahren nur im beidseitigen Einvernehmen stattfindet, und ob bis zum Ende eines Schlichtungsverfahrens Friedenspflicht gilt oder diese unabhängig davon zeitlich begrenzt ist (s. o. a).

III. Anwendungsprobleme und Rechtstatsachen

1. Tarifvertrag

Die Tarifpraxis in der Bundesrepublik Deutschland kann nur verstanden werden, wenn sie in ihrem Verhältnis sowohl zum staatlichen Gesetzgeber als auch zu den Betriebsparteien gesehen wird. Soweit arbeitsrechtliche Gesetze Vertragsinhalte regeln, sind sie üblicherweise nur Mindestregelungen, über die die Tarifvertragsparteien hinausgehen können (z. B. beim Urlaub, s. Einl. zum BUrlG, Nr. 17). Die Rolle der Betriebsparteien wiederum besteht darin, tarifvertragliche Vorgaben aufgrund von Öffnungsklauseln zu konkretisieren (s. o. II 1 f).
Die weitaus meisten Arbeitnehmer werden von Verbandstarifverträgen erfasst (Übersicht 73). Daneben gibt es eine Vielzahl von Firmentarifverträgen zwischen einem einzelnen Arbeitgeber und einer Gewerkschaft. Möglich, aber selten, sind betriebliche Ergänzungstarifverträge zu Verbandstarifverträgen (vgl. *Wendeling-Schröder*, NZA 98, 624). Der Grad der Tarifbindung ist nicht zuletzt wegen sinkender Mitgliederzahlen der Verbände in den letzten Jahren gesunken. Nur noch 57 % der Arbeitsverhältnisse in Westdeutschland werden durch einen Tarifvertrag regiert, in Ostdeutschland sogar nur 46 % (vgl. Übersicht 73). Dieser Entwicklung könnte ein Stück weit durch zunehmende Allgemeinverbindlicherklärungen entgegengewirkt werden, was bisher allerdings nicht geschehen ist (Böckler impuls 6/09, S. 4). Im Gegenteil ist die Zahl allgemeinverbindlicher Tarifverträge von 1991 bis 2016 von 622 auf 443 gesunken, was gerade einmal 0,6 % der damals 73436 Tarifverträge ausmacht.
Seit Beginn der 90er Jahre ist die Zahl der von Tarifverträgen erfassten Betriebe und Arbeitnehmer rückläufig, und zwar deutlich mehr in Ostdeutschland (vgl. Übersicht 73). Die darin zum Ausdruck kommende »Flucht aus dem Tarifvertrag« beruht auf einer in allen Wirtschaftsbereichen zu beobachtenden wettbewerbsorientierten Dezentralisierung mit dem Bemühen der Unternehmen, insbesondere den Vorgaben von Verbandstarifverträgen auszuweichen (daher auch die Zunahme von Firmentarifverträgen). Soweit die Unternehmen weiterhin an Verbandstarifverträgen festhalten, drängen sie auf Öffnungsklauseln für betriebsspezifische Abweichungen (s. o.). Im öffentlichen Dienst und im Verkehrswesen macht sich die Abkehr von früheren zentralen Strukturen auf andere Weise bemerkbar: durch Auflösung der Tarifgemeinschaft von Bund, Ländern und Kom-

munen sowie den Wandel von berufsspezifischen Organisationen zu selbständigen Tarifvertragsparteien (z. B. Flugzeugführer, Flugbegleiter, Fluglotsen, Ärzte, Lokführer).

Ausdruck dieser Entwicklung ist auch der anhaltende Mitgliederschwund bei Gewerkschaften wie bei Arbeitgeberverbänden. Letztere haben darauf mit dem Angebot sog. OT-Mitgliedschaften reagiert, was naturgemäß die Schwächung des Tarifvertragssystems weiter befördert (»OT« = »ohne Tarif«; zur Zulässigkeit vgl. *BAG* 18.7.2006 – 1 ABR 36/05, NZA 06, 1225; *Behrens/Helfen*, WSI-Mitt. 16, 452; *Bayreuther*, BB 07, 325; *Deinert*, AuR 06, 217 und RdA 07, 83; zu den Grenzen: *BAG* 4.6.2008 – 4 AZR 419/07, DB 08, 2712; vgl. auch *BVerfG* 1.12.2010 – 1 BvR 2593/09, NZA 11, 60).

Folge der besonders in Ostdeutschland geringeren Tarifbindung ist, dass die Effektivlöhne im Osten ungeachtet einer vergleichsweise fortgeschrittenen nominellen Niveauangleichung deutlich geringer (nur rund 80 %) sind als in Westdeutschland (einblick14/14, S. 5).

Darüber hinaus haben Privatisierungen die Flächentarifverträge insoweit geschwächt, als Herauswanderungen aus den Tarifverträgen des öffentlichen Dienstes erfolgten, ohne dass neue Branchentarifverträge bestanden (*Brandt/Schulten*, WSI-Mitt. 08, 570).

2. Arbeitskampf

Die Bundesrepublik Deutschland gehört seit Jahrzehnten zu den arbeitskampfärmsten Ländern der Welt, in einer Gruppe mit Ländern wie der Schweiz und Japan (vgl. *Kittner*, Arbeitskampf, S. 651 ff.; Antwort der Bundesregierung auf Anfrage, BT-Drs. 16/10003; *Heumer*, Gewerkschaftsspiegel 2/12, S. 1). Zu den Gründen dafür zählen sowohl das bislang dominierende Tarifvertragssystem der »großen Einheiten« mit Friedenspflicht und starken Verbänden auf beiden Seiten als auch das im Verhältnis zu vielen Ländern beispiellose Zusammenwirken von Sozialgesetzgebung, Mitbestimmung und Arbeitsgerichtsbarkeit. Allerdings ist seit gut 10 Jahren Deutschland nicht mehr als eines der streikärmsten Länder zu bezeichnen (Gewerkschaftsspiegel 2/16, S. 1). Das sollte aber nicht darüber hinwegtäuschen, dass es sich nach wie vor um ein vergleichsweise wirtschaftsfriedliches Land handelt. Das Jahr 2017 war eines der arbeitskampfärmsten Jahre der letzten zwei Jahrzehnte (IW-Pressemitteilung v. 9.3.2018).

Das Arbeitskampfgeschehen in der Bundesrepublik ist bis über die Jahrtausendwende hinweg ganz überwiegend durch Streiks und Aussperrungen in der Metallindustrie geprägt worden: Auf diesen Wirtschaftsbereich, in dem rund 10 % aller Arbeitnehmer tätig sind, entfielen in diesem Zeitraum fast 80 % aller Arbeitskampfaktivitäten (davon rd. 90 % aller Aussperrungstage). Jedoch deutet sich eine Verlagerung zu dezentraleren aber durchaus spektakulären Konflikten mit weniger Beteiligten an (z. B. Streik von Ärzten, Piloten und Lokführern). Inzwischen ist bereits gut die Hälfte aller Ausfalltage im Dienstleistungssektor zu verzeichnen (Gewerkschaftsspiegel 3/14, S. 1).

IV. Rechtspolitik

Arbeitgeberverbände und ihnen nahestehende Parteien haben immer wieder gesetzliche Öffnungsklauseln zur betrieblichen Abweichung auch gegen den Willen der Tarifvertragsparteien gefordert. Die letzte dieser parlamentarisch dokumentierten Initiativen war ein Antrag der CDU/CSU vom 18.6.2003 (BT Drs. 15/1182; *Rieble*, ZfA 04, 1; dagegen *Dieterich* RdA 02, 1; *Zachert*, AuR 04, 121).

Die Erosion des Tarifsystems und insbesondere der Rückgang der Tarifbindung sind seit einigen Jahren Gegenstand der rechtspolitischen Diskussion. Das Tarifautonomiestärkungsgesetz (s.o. I 1 d [1]) sollte dem ein Stück weit entgegenwirken. Auch der 70. Deutsche Juristentag hatte sich 2014 mit dem Thema als Aspekt des Generalthemas »Stärkung der Tarifautonomie« befasst. Der DGB hat am 28.2.2017 ein Positionspapier zur Stärkung der Tarifbindung veröffentlicht. Darin geht es unter anderem um Einschränkungen bei der Verschlechterung von Arbeitnehmerpositionen durch Tarifverträge, um Verbesserungen bei Nachbindung und Nachwirkung, Einschränkungen von OT-Mitgliedschaften, Verbesserungen bei der Allgemeinverbindlicherklärung, Ausbau der Tariftreuegesetzgebung, Verbesserung der Möglichkeiten von Differenzierungsklauseln sowie eine stärkere Ausdehnung der Tarifmacht auf arbeitnehmerähnliche Personen.

Die Stärkung der Tarifautonomie steht auch im politischen Raum zunehmend auf der Agenda. So hat der Bundesrat in einer Entschließung die Bundesregierung aufgefordert, eine Strategie zur Stärkung der Tarifbindung zu erarbeiten (BR-Drs. 212/19). Der Bundesarbeitsminister hat im Kontext des Zukunftsdialogs »Neue Arbeit – Neue Sicherheit« ein »Paket zur Stärkung der Tarifbindung« angekündigt.

Weiterführende Literatur

Handbücher und Kommentare zum Tarifvertragsrecht

Deinert/Heuschmid/Zwanziger-*Deinert*, Arbeitsrecht, § 11 (Tarifvertrag)
Berg/Dierßen/Heilmann/Kocher/Wankel, TVG (2017)
Berg/Kocher/Schumann (Hrsg.), Tarifvertragsgesetz und Arbeitskampfrecht, 6. Aufl. (2018)
Däubler (Hrsg.), Tarifvertragsgesetz, 4. Aufl. (2016)
Däubler/Bepler, Das neue Tarifeinheitsgesetz (2015)
Deinert/Walser, Tarifvertragliche Bindung der Arbeitgeber (2015)
Gamillscheg, Kollektives Arbeitsrecht I – Koalitionsfreiheit, Tarifvertrag, Arbeitskampf und Schlichtung (1997)
Jacobs/Krause/Oetker/Schubert, Tarifvertragsrecht, 2. Aufl. (2013)
Kempen/Zachert, Tarifvertragsgesetz, 5. Aufl. (2014)
Löwisch/Rieble, Tarifvertragsgesetz, 4. Aufl. (2017)
Sinzheimer, Der Tarifgedanke in Deutschland (1915), in: ders., Arbeitsrecht und Rechtssoziologie, Band 1 (1976)
Stein, Tarifvertragsrecht (1999)
Wiedemann, Tarifvertragsgesetz, 9. Aufl. (2019)
Zachert (Hrsg.), Die Wirkung des Tarifvertrages in der Krise (1991)

Aufsätze zum Tarifvertragsrecht

WSI-Schwerpunktheft 7/2012: Stabilisierung des Flächentarifvertrages – Reform der Allgemeinverbindlicherklärung

Barczak/Pieroth, Tariftreueregelungen am Maßstab der Koalitionsfreiheit, RdA 2016, S. 209

Behrens/Helfen, Sachzwang oder Programm? Tarifpolitische Orientierungen und OT-Mitgliedschaft bei deutschen Arbeitgeberverbänden, WSI-Mitt. 2016, S. 452

Berg, Tarifeinheit durch Gesetz, PersR 10/2015, S. 43

Berg/Kocher/Schumann (Hrsg.), Tarifvertragsgesetz und Arbeitskampfrecht, 6. Aufl. (2018)

Deinert, Arbeitsrechtliche Herausforderungen einer veränderten Gewerkschaftslandschaft, NZA 2009, S. 1176

Ellguth/Kohaut, Tarifbindung und betriebliche Interessenvertretung: Ergebnisse aus dem IAB-Betriebspanel 2018, WSI-Mitt. 2019, S. 290

Greiner, Das Tarifeinheitsgesetz, NZA 2015, S. 769

Hanau, Neues Tarifvertragsrecht im Werden, SR 2011, S. 3

Henssler, Mindestlohn und Tarifrecht, RdA 2015, S. 43

Höpfner, 100 Jahre Tarifvertragsverordnung, ZFA 2019, S. 108

Keller, Berufs- und Spartengewerkschaften, Zur Kritik des Tarifeinheitsgesetzes, Industrielle Beziehungen 2016, S. 253

Kempen, Hugo Sinzheimer – Schöpfer des kollektiven Arbeitsrechts in Deutschland, AuR 2015, S. G13

Kittner, Tarifautonomie und Arbeitskampf in der Rechtsprechung des BVerfG, in: Festschrift für Renate Jaeger (2011), S. 483

Mergener/Décieux/Nachwey, Informelle Tarifabweichungen und die innere Erosion des deutschen Tarifsystems, WSI-Mitt. 2015, S. 86

Ulber, Neues zur Tariffähigkeit, RdA 2011, S. 353

Wendeling-Schröder, Zuordnungstarifverträge und Gewerkschaftspluralität, NZA 2015, S. 525

Zachert, 60 Jahre Tarifvertragsgesetz – Eine rechtspolitische Bilanz, WSI-Mitt. 2009, S. 179

Arbeitskampf- und Schlichtungsrecht

Deinert/Heuschmid/Zwanziger-*Deinert*, Arbeitsrecht, § 126 (Arbeitsverhältnis im Arbeitskampf)

Bayreuther, Der Dritte im Arbeitskampf – Schadensersatz Drittbetroffener und Auswirkungen von Streiks auf die Vertragsbeziehungen des Bestreikten mit Dritten, RdA 2016, S. 181

Berg/Kocher/Schumann (Hrsg.), Tarifvertragsgesetz und Arbeitskampfrecht, 6. Aufl. (2018)

Czycholl/Frieling, Auswirkungen der Europäischen Sozialcharta auf das Arbeitskampfrecht, ZESAR 2011, S. 322

Däubler (Hrsg.), Arbeitskampfrecht, 4. Aufl. (2017)

Fischinger/Monsch, Tarifeinheitsgesetz und Arbeitskampf, NJW 2015, S. 2209

Kissel, Arbeitskampfrecht (2002)

Kittner, Arbeitskampf (2005)

Otto, Arbeitskampf- und Schlichtungsrecht (2006)

Otto, Das konturlose Arbeitskampfrecht des BAG, RdA 2010, S. 135

Zachert, Arbeitskampf in Europa – eine Bewertung aus Sicht des deutschen Arbeitsrechts, NZA 2006, Beilage 2, S. 61

Zimmer, Soziale Grundrechte in der EU, Das Arbeitskampfrecht nach In-Kraft-Treten des Vertrags von Lissabon, AuR 2012, S. 114

Übersicht 71: Tarifvertrag

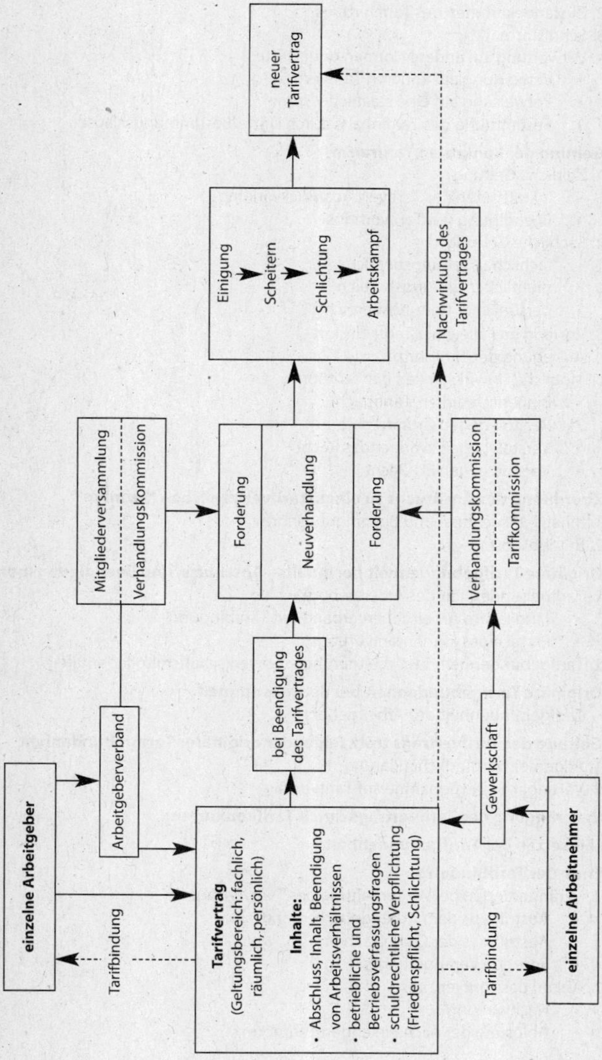

Checkliste 72: Anspruch aus einem Tarifvertrag

I. Wirksamer Tarifvertrag
1. Tarifvertragsparteien
   - Tariffähigkeit
   - Tarifzuständigkeit
2. Zustandekommen des Tarifvertrags
3. Schriftform
4. Verweisung auf andere Normen oder Dritte
   - Verweisung auf anderen Tarifvertrag
   - Verweisung auf eine staatliche Norm
   - Bestimmung des Tarifinhalts durch Dritte/Bestimmungsklausel

II. Geltung der konkreten Tarifnorm
1. Zeitliche Geltung
   - Inkrafttreten des Tarifvertrags/Rückwirkung
   - Beendigung des Tarifvertrags
2. Sachliche Geltung
   - fachlicher Geltungsbereich
   - räumlicher Geltungsbereich
   - persönlicher Geltungsbereich
3. Vorrang im Falle einer Tarifkollision
4. Auslegung der Tarifnorm
5. Mögliche Unwirksamkeit der Tarifnorm
   - Binnenschranken/Tarifmacht
   - Verstoß gegen Grundrechte
   - Verstoß gegen zwingendes Recht
   - Verstoß gegen EU-Recht

III. Zuordnung des Anspruchs zu einem tarifvertraglichen Normtyp
1. Inhalts-, Abschluss- und Beendigungsnorm
2. Betriebsnorm

IV. Originäre Tarifgebundenheit bei Inhalts-, Abschluss- und Beendigungsnormen
1. Tarifgebundenheit des Arbeitgebers
   - Mitglied im Arbeitgeberverband mit Tarifbindung
   - Partei eines Firmentarifvertrags
2. Tarifgebundenheit des Arbeitnehmers/Gewerkschaftsmitgliedschaft

V. Originäre Tarifgebundenheit bei Betriebsnormen
- Tarifgebundenheit des Arbeitgebers

VI. Geltung des Tarifvertrags trotz fehlender originärer Tarifgebundenheit
1. Allgemeinverbindlicherklärung
2. Vertragliche Bezugnahme auf Tarifvertrag

VII. Verdrängung des Tarifvertrags durch Tarifkonkurrenz

VIII. Einsetzen der Tarifgebundenheit

X. Ende der Tarifbindung
1. Veränderungen bei Weitergeltung des Tarifvertrags
   - Austritt aus dem Arbeitgeberverband
   - Austritt aus der Gewerkschaft
   - Sonstige Veränderungen
2. Ablauf des Tarifvertrags
   - Nachwirkung
   - Ablösung der nachwirkenden Tarifnorm

Übersicht 73: Tarifstatistik

	2018			2017		
	West	Ost	Gesamt	West	Ost	Gesamt
VerbandsTV	26241	2895	29136	26104	2877	28981
Firmen TV	38411	9769	48180	37619	9443	47062
Allgemeinverbindliche TV			443			
Tarifbindung Betriebe BranchenTV (%)	27	17	25		16	27
Tarifbindung Betriebe FirmenTV (%)	2	3	2	2	2	
Tarifbindung AN BranchenTV (%)	49	35	46	49	34	47
Tarifbindung AN FirmenTV (%)	8	11	8	8	10	8
AN keine TV-Bindung (%)	44	55	46	43	56	46
AN keine TV-Bindung, Orientierung Lohn an TV (%)	52	44	51	50	45	49

Quelle: WSI Tarifarchiv, Statistisches Taschenbuch Tarifpolitik 2019, IAB-Betriebspanel 2017.

Übersicht 74: Arbeitskampf

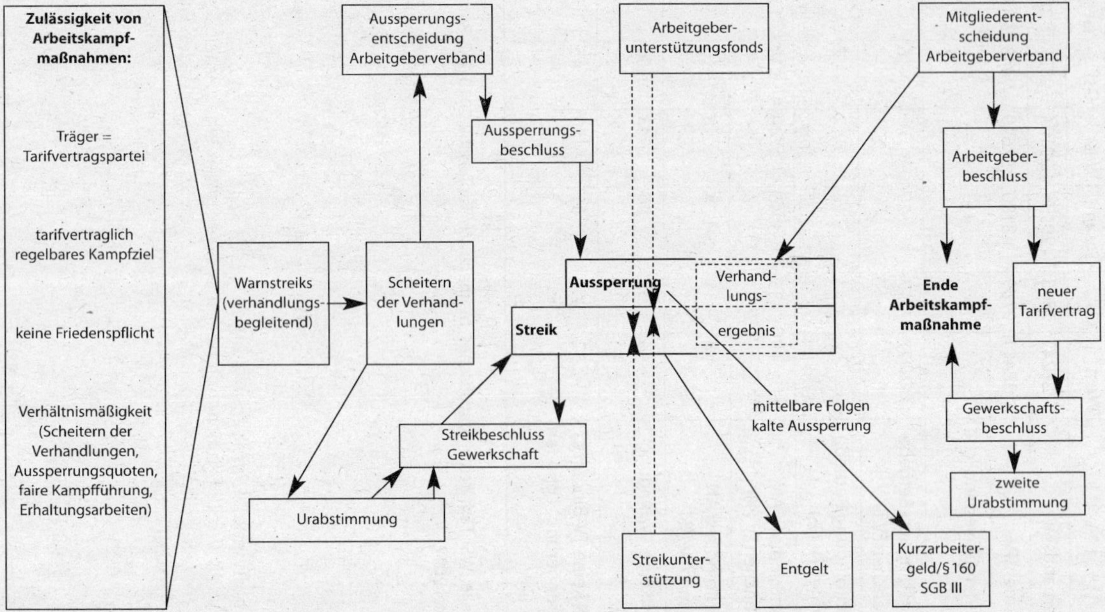

Übersicht 75: Grundsätze des Arbeitskampfrechts

A. Rechtmäßige Arbeitskämpfe

I. Als rechtmäßig gelten nur Arbeitskämpfe zur Durchsetzung tariflich regelbarer Ziele.

II. Bei rechtmäßigen Arbeitskämpfen ruht das Arbeitsverhältnis der beteiligten Arbeitnehmer für die Dauer des Arbeitskampfes. Ein Streik ist ohne Kündigung des Arbeitsverhältnisses möglich und kann nicht mit einer Kündigung beantwortet werden, auch nicht mit einer sog. lösenden Aussperrung.

III. Für die kampfstrategisch wichtigsten Themen gilt:

1. Für alle bedeutenden Wirtschaftszweige existieren tarifvertragliche Schlichtungsvereinbarungen.
2. Verhandlungsbegleitende Warnstreiks sind zulässig.
3. Die Aussperrung ist eingeschränkt zulässig.
4. Mittelbar von Arbeitskämpfen betroffene Arbeitnehmer einer Gewerkschaft erhalten im Normalfall einer bundesweiten Tarifbewegung keinen Lohn und kein Kurzarbeitergeld.

B. Rechtswidrige Arbeitskämpfe

I. Nicht als rechtmäßig werden insbesondere angesehen:

1. Arbeitskämpfe unter Verletzung der Friedenspflicht,
2. »wilde«, weil nicht von einer Gewerkschaft oder einem Arbeitgeberverband getragene Streiks und Aussperrungen,
3. Streiks zur Durchsetzung gerichtlich einklagbarer Ziele,
4. »politische« Streiks mit Forderungen an den Gesetzgeber,
5. Solidaritätsstreiks zur Unterstützung eines anderen Streiks sind im Rahmen des Verhältnismäßigkeitsgrundsatzes zulässig.
6. Unabhängig von diesen Kriterien ist ein Arbeitskampf in Form der Betriebsbesetzung als möglicherweise auch strafrechtlich relevanter Hausfriedensbruch verboten.
7. »Unfaire« Kampfführung kann einen Arbeitskampf im Einzelfall rechtswidrig werden lassen, z.B. »Dienst nach Vorschrift« oder Verweigerung von Erhaltungsarbeiten.

II. Ein rechtswidriger Arbeitskampf löst Schadensersatzpflichten aus, eine rechtswidrige Aussperrung überdies die Pflicht zur Nachzahlung des Entgelts.

C. Individuelle Fehlbehandlungen

Individuelle Fehlbehandlungen bei Gelegenheit eines Arbeitskampfes (z.B. Körperverletzungen) werden nach für alle geltenden Gesetzen behandelt.

---

* Stand der Rechtsprechung (vgl. Kittner, Arbeitskampf, S. 608).

Tarifvertragsgesetz (TVG)

vom 9. April 1949 (WiGBl. 1949, 55, 68),
in der Fassung vom 25. August 1969 (BGBl. I 1323),
zuletzt geändert durch Gesetz vom 18. Dezember 2018 (BGBl. I 2651)

§ 1 Inhalt und Form des Tarifvertrags (1) Der Tarifvertrag regelt die Rechte und Pflichten der Tarifvertragsparteien und enthält Rechtsnormen, die den Inhalt, den Abschluß und die Beendigung von Arbeitsverhältnissen sowie betriebliche und betriebsverfassungsrechtliche Fragen ordnen können.
(2) Tarifverträge bedürfen der Schriftform.

§ 2 Tarifvertragsparteien (1) Tarifvertragsparteien sind Gewerkschaften, einzelne Arbeitgeber sowie Vereinigungen von Arbeitgebern.
(2) Zusammenschlüsse von Gewerkschaften und von Vereinigungen von Arbeitgebern (Spitzenorganisationen) können im Namen der ihnen angeschlossenen Verbände Tarifverträge abschließen, wenn sie eine entsprechende Vollmacht haben.
(3) Spitzenorganisationen können selbst Parteien eines Tarifvertrags sein, wenn der Abschluß von Tarifverträgen zu ihren satzungsgemäßen Aufgaben gehört.
(4) In den Fällen der Absätze 2 und 3 haften sowohl die Spitzenorganisationen wie die ihnen angeschlossenen Verbände für die Erfüllung der gegenseitigen Verpflichtungen der Tarifvertragsparteien.

§ 3 Tarifgebundenheit (1) Tarifgebunden sind die Mitglieder der Tarifvertragsparteien und der Arbeitgeber, der selbst Partei des Tarifvertrages ist.
(2) Rechtsnormen des Tarifvertrages über betriebliche und betriebsverfassungsrechtliche Fragen gelten für alle Betriebe, deren Arbeitgeber tarifgebunden ist.
(3) Die Tarifgebundenheit bleibt bestehen, bis der Tarifvertrag endet.

§ 4 Wirkung der Rechtsnormen (1) Die Rechtsnormen des Tarifvertrags, die den Inhalt, den Abschluß oder die Beendigung von Arbeitsverhältnissen ordnen, gelten unmittelbar und zwingend zwischen den beiderseits Tarifgebundenen, die unter den Geltungsbereich des Tarifvertrags fallen. Diese Vorschrift gilt entsprechend für Rechtsnormen des Tarifvertrags über betriebliche und betriebsverfassungsrechtliche Fragen.
(2) Sind im Tarifvertrag gemeinsame Einrichtungen der Tarifvertragsparteien vorgesehen und geregelt (Lohnausgleichskassen, Urlaubskassen usw.), so gelten diese Regelungen auch unmittelbar und zwingend für die Satzung dieser Einrichtung und das Verhältnis der Einrichtung zu den tarifgebundenen Arbeitgebern und Arbeitnehmern.
(3) Abweichende Abmachungen sind nur zulässig, soweit sie durch den Tarif-

vertrag gestattet sind oder eine Änderung der Regelungen zugunsten des Arbeitnehmers enthalten.
(4) Ein Verzicht auf entstandene tarifliche Rechte ist nur in einem von den Tarifvertragsparteien gebilligten Vergleich zulässig. Die Verwirkung von tariflichen Rechten ist ausgeschlossen. Ausschlußfristen für die Geltendmachung tariflicher Rechte können nur im Tarifvertrag vereinbart werden.
(5) Nach Ablauf des Tarifvertrags gelten seine Rechtsnormen weiter, bis sie durch eine andere Abmachung ersetzt werden.

§ 4 a Tarifkollision (1) Zur Sicherung der Schutzfunktion, Verteilungsfunktion, Befriedungsfunktion sowie Ordnungsfunktion von Rechtsnormen des Tarifvertrags werden Tarifkollisionen im Betrieb vermieden.
(2) Der Arbeitgeber kann nach § 3 an mehrere Tarifverträge unterschiedlicher Gewerkschaften gebunden sein. Soweit sich die Geltungsbereiche nicht inhaltsgleicher Tarifverträge verschiedener Gewerkschaften überschneiden (kollidierende Tarifverträge), sind im Betrieb nur die Rechtsnormen des Tarifvertrags derjenigen Gewerkschaft anwendbar, die zum Zeitpunkt des Abschlusses des zuletzt abgeschlossenen kollidierenden Tarifvertrags im Betrieb die meisten in einem Arbeitsverhältnis stehenden Mitglieder hat (Mehrheitstarifvertrag); wurden beim Zustandekommen des Mehrheitstarifvertrags die Interessen von Arbeitnehmergruppen, die auch von dem nach dem ersten Halbsatz nicht anzuwendenden Tarifvertrag erfasst werden, nicht ernsthaft und wirksam berücksichtigt, sind auch die Rechtsnormen dieses Tarifvertrags anwendbar. Kollidieren die Tarifverträge erst zu einem späteren Zeitpunkt, ist dieser für die Mehrheitsfeststellung maßgeblich. Als Betriebe gelten auch ein Betrieb nach § 1 Absatz 1 Satz 2 des Betriebsverfassungsgesetzes und ein durch Tarifvertrag nach § 3 Absatz 1 Nummer 1 bis 3 des Betriebsverfassungsgesetzes errichteter Betrieb, es sei denn, dies steht den Zielen des Absatzes 1 offensichtlich entgegen. Dies ist insbesondere der Fall, wenn die Betriebe von Tarifvertragsparteien unterschiedlichen Wirtschaftszweigen oder deren Wertschöpfungsketten zugeordnet worden sind.
(3) Für Rechtsnormen eines Tarifvertrags über eine betriebsverfassungsrechtliche Frage nach § 3 Absatz 1 und § 117 Absatz 2 des Betriebsverfassungsgesetzes gilt Absatz 2 Satz 2 nur, wenn diese betriebsverfassungsrechtliche Frage bereits durch Tarifvertrag einer anderen Gewerkschaft geregelt ist.
(4) Eine Gewerkschaft kann vom Arbeitgeber oder von der Vereinigung der Arbeitgeber die Nachzeichnung der Rechtsnormen eines mit ihrem Tarifvertrag kollidierenden Tarifvertrags verlangen. Der Anspruch auf Nachzeichnung beinhaltet den Abschluss eines die Rechtsnormen des kollidierenden Tarifvertrags enthaltenden Tarifvertrags, soweit sich die Geltungsbereiche und Rechtsnormen der Tarifverträge überschneiden. Die Rechtsnormen eines nach Satz 1 nachgezeichneten Tarifvertrags gelten unmittelbar und zwingend, soweit der Tarifvertrag der nachzeichnenden Gewerkschaft nach Absatz 2 Satz 2 nicht zur Anwendung kommt.
(5) Nimmt ein Arbeitgeber oder eine Vereinigung von Arbeitgebern mit einer

Gewerkschaft Verhandlungen über den Abschluss eines Tarifvertrags auf, ist der Arbeitgeber oder die Vereinigung von Arbeitgebern verpflichtet, dies rechtzeitig und in geeigneter Weise bekanntzugeben. Eine andere Gewerkschaft, zu deren satzungsgemäßen Aufgaben der Abschluss eines Tarifvertrags nach Satz 1 gehört, ist berechtigt, dem Arbeitgeber oder der Vereinigung von Arbeitgebern ihre Vorstellungen und Forderungen mündlich vorzutragen.

§ 5 Allgemeinverbindlichkeit (1) Das Bundesministerium für Arbeit und Soziales kann einen Tarifvertrag im Einvernehmen mit einem aus je drei Vertretern der Spitzenorganisationen der Arbeitgeber und der Arbeitnehmer bestehenden Ausschuss (Tarifausschuss) auf gemeinsamen Antrag der Tarifvertragsparteien für allgemeinverbindlich erklären, wenn die Allgemeinverbindlicherklärung im öffentlichen Interesse geboten erscheint. Die Allgemeinverbindlicherklärung erscheint in der Regel im öffentlichen Interesse geboten, wenn
1. der Tarifvertrag in seinem Geltungsbereich für die Gestaltung der Arbeitsbedingungen überwiegende Bedeutung erlangt hat oder
2. die Absicherung der Wirksamkeit der tarifvertraglichen Normsetzung gegen die Folgen wirtschaftlicher Fehlentwicklung eine Allgemeinverbindlicherklärung verlangt.

(1 a) Das Bundesministerium für Arbeit und Soziales kann einen Tarifvertrag über eine gemeinsame Einrichtung zur Sicherung ihrer Funktionsfähigkeit im Einvernehmen mit dem Tarifausschuss auf gemeinsamen Antrag der Tarifvertragsparteien für allgemeinverbindlich erklären, wenn der Tarifvertrag die Einziehung von Beiträgen und die Gewährung von Leistungen durch eine gemeinsame Einrichtung mit folgenden Gegenständen regelt:
1. den Erholungsurlaub, ein Urlaubsgeld oder ein zusätzliches Urlaubsgeld,
2. eine betriebliche Altersversorgung im Sinne des Betriebsrentengesetzes,
3. die Vergütung der Auszubildenden oder die Ausbildung in überbetrieblichen Bildungsstätten,
4. eine zusätzliche betriebliche oder überbetriebliche Vermögensbildung der Arbeitnehmer,
5. Lohnausgleich bei Arbeitszeitausfall, Arbeitszeitverkürzung oder Arbeitszeitverlängerung.

Der Tarifvertrag kann alle mit dem Beitragseinzug und der Leistungsgewährung in Zusammenhang stehenden Rechte und Pflichten einschließlich der dem Verfahren zugrunde liegenden Ansprüche der Arbeitnehmer und Pflichten der Arbeitgeber regeln. § 7 Absatz 2 des Arbeitnehmer-Entsendegesetzes findet entsprechende Anwendung.

(2) Vor der Entscheidung über den Antrag ist Arbeitgebern und Arbeitnehmern, die von der Allgemeinverbindlicherklärung betroffen werden würden, den am Ausgang des Verfahrens interessierten Gewerkschaften und Vereinigungen der Arbeitgeber sowie den obersten Arbeitsbehörden der Länder, auf deren Bereich sich der Tarifvertrag erstreckt, Gelegenheit zur schriftlichen Stellungnahme sowie zur Äußerung in einer mündlichen und öffentlichen Verhandlung zu geben.

(3) Erhebt die oberste Arbeitsbehörde eines beteiligten Landes Einspruch gegen die beantragte Allgemeinverbindlicherklärung, so kann das Bundesministerium für Arbeit und Soziales dem Antrag nur mit Zustimmung der Bundesregierung stattgeben.
(4) Mit der Allgemeinverbindlicherklärung erfassen die Rechtsnormen des Tarifvertrags in seinem Geltungsbereich auch die bisher nicht tarifgebundenen Arbeitgeber und Arbeitnehmer. Ein nach Absatz 1 a für allgemeinverbindlich erklärter Tarifvertrag ist vom Arbeitgeber auch dann einzuhalten, wenn er nach § 3 an einen anderen Tarifvertrag gebunden ist.
(5) Das Bundesministerium für Arbeit und Soziales kann die Allgemeinverbindlicherklärung eines Tarifvertrags im Einvernehmen mit dem in Absatz 1 genannten Ausschuß aufheben, wenn die Aufhebung im öffentlichen Interesse geboten erscheint. Die Absätze 2 und 3 gelten entsprechend. Im übrigen endet die Allgemeinverbindlichkeit eines Tarifvertrags mit dessen Ablauf.
(6) Das Bundesministerium für Arbeit und Soziales kann der obersten Arbeitsbehörde eines Landes für einzelne Fälle das Recht zur Allgemeinverbindlicherklärung sowie zur Aufhebung der Allgemeinverbindlichkeit übertragen.
(7) Die Allgemeinverbindlicherklärung wie die Aufhebung der Allgemeinverbindlichkeit bedürfen der öffentlichen Bekanntmachung. Die Bekanntmachung umfasst auch die von der Allgemeinverbindlicherklärung erfassten Rechtsnormen des Tarifvertrages.

§ 6 Tarifregister Bei dem Bundesministerium für Arbeit und Soziales wird ein Tarifregister geführt, in das der Abschluß, die Änderung und die Aufhebung der Tarifverträge sowie der Beginn und die Beendigung der Allgemeinverbindlichkeit eingetragen werden.

§ 7 Übersendungs- und Mitteilungspflicht (1) Die Tarifvertragsparteien sind verpflichtet, dem Bundesministerium für Arbeit und Soziales innerhalb eines Monats nach Abschluß kostenfrei die Urschrift oder eine beglaubigte Abschrift sowie zwei weitere Abschriften eines jeden Tarifvertrags und seiner Änderungen zu übersenden; sie haben ihm das Außerkrafttreten eines jeden Tarifvertrags innerhalb eines Monats mitzuteilen. Sie sind ferner verpflichtet, den obersten Arbeitsbehörden der Länder, auf deren Bereich sich der Tarifvertrag erstreckt, innerhalb eines Monats nach Abschluß kostenfrei je drei Abschriften des Tarifvertrags und seiner Änderungen zu übersenden und auch das Außerkrafttreten des Tarifvertrags innerhalb eines Monats mitzuteilen. Erfüllt eine Tarifvertragspartei die Verpflichtungen, so werden die übrigen Tarifvertragsparteien davon befreit.
(2) Ordnungswidrig handelt, wer vorsätzlich oder fahrlässig entgegen Absatz 1 einer Übersendungs- oder Mitteilungspflicht nicht, unrichtig, nicht vollständig oder nicht rechtzeitig genügt. Die Ordnungswidrigkeit kann mit einer Geldbuße geahndet werden.
(3) Verwaltungsbehörde im Sinne des § 36 Abs. 1 Nr. 1 des Gesetzes über

Ordnungswidrigkeiten ist die Behörde, der gegenüber die Pflicht nach Absatz 1 zu erfüllen ist.

§ 8 Bekanntgabe des Tarifvertrags Der Arbeitgeber ist verpflichtet, die im Betrieb anwendbaren Tarifverträge sowie rechtskräftige Beschlüsse nach § 99 des Arbeitsgerichtsgesetzes über den nach § 4 a Absatz 2 Satz 2 anwendbaren Tarifvertrag im Betrieb bekanntzumachen.

§ 9 Feststellung der Rechtswirksamkeit Rechtskräftige Entscheidungen der Gerichte für Arbeitssachen, die in Rechtsstreitigkeiten zwischen Tarifvertragsparteien aus dem Tarifvertrag oder über das Bestehen oder Nichtbestehen des Tarifvertrags ergangen sind, sind in Rechtsstreitigkeiten zwischen tarifgebundenen Parteien sowie zwischen diesen und Dritten für die Gerichte und Schiedsgerichte bindend.

§ 10 Tarifvertrag und Tarifordnungen *(gegenstandslos)*

§ 11 Durchführungsbestimmungen Das Bundesministerium für Arbeit und Soziales kann unter Mitwirkung der Spitzenorganisationen der Arbeitgeber und der Arbeitnehmer die zur Durchführung des Gesetzes erforderlichen Verordnungen[1] erlassen, insbesondere über

1. die Errichtung und die Führung des Tarifregisters und des Tarifarchivs;
2. das Verfahren bei der Allgemeinverbindlicherklärung von Tarifverträgen und der Aufhebung von Tarifordnungen und Anordnungen, die öffentlichen Bekanntmachungen bei der Antragstellung, der Erklärung und Beendigung der Allgemeinverbindlichkeit und der Aufhebung von Tarifordnungen und Anordnungen sowie die hierdurch entstehenden Kosten;
3. den in § 5 genannten Ausschuß.

§ 12 Spitzenorganisationen Spitzenorganisationen im Sinne dieses Gesetzes sind – unbeschadet der Regelung in § 2 – diejenigen Zusammenschlüsse von Gewerkschaften oder von Arbeitgebervereinigungen, die für die Vertretung der Arbeitnehmer- oder der Arbeitgeberinteressen im Arbeitsleben des Bundesgebiets wesentliche Bedeutung haben. Ihnen stehen gleich Gewerkschaften und Arbeitgebervereinigungen, die keinem solchen Zusammenschluß angehören, wenn sie die Voraussetzungen des letzten Halbsatzes in Satz 1 erfüllen.

§ 12 a Arbeitnehmerähnliche Personen (1) Die Vorschriften dieses Gesetzes gelten entsprechend

1. für Personen, die wirtschaftlich abhängig und vergleichbar einem Arbeitnehmer sozial schutzbedürftig sind (arbeitnehmerähnliche Personen), wenn sie auf Grund von Dienst- oder Werkverträgen für andere Personen tätig sind,

---

1 Vgl. **Verordnung zur Durchführung des Tarifvertragsgesetzes** (TVGDV) i. d. F. vom 16. 1. 1989 (BGBl. I 76), zuletzt geändert durch Gesetz vom 18. 7. 2017 (BGBl. I 2745).

die geschuldeten Leistungen persönlich und im wesentlichen ohne Mitarbeit von Arbeitnehmern erbringen und

a) überwiegend für eine Person tätig sind oder
b) ihnen von einer Person im Durchschnitt mehr als die Hälfte des Entgelts zusteht, das ihnen für ihre Erwerbstätigkeit insgesamt zusteht; ist dies nicht voraussehbar, so sind für die Berechnung, soweit im Tarifvertrag nichts anderes vereinbart ist, jeweils die letzten sechs Monate, bei kürzerer Dauer der Tätigkeit dieser Zeitraum, maßgebend,

2. für die in Nummer 1 genannten Personen, für die die arbeitnehmerähnlichen Personen tätig sind, sowie für die zwischen ihnen und den arbeitnehmerähnlichen Personen durch Dienst- oder Werkverträge begründeten Rechtsverhältnisse.

(2) Mehrere Personen, für die arbeitnehmerähnliche Personen tätig sind, gelten als eine Person, wenn diese mehreren Personen nach der Art eines Konzerns (§ 18 des Aktiengesetzes) zusammengefaßt sind oder zu einer zwischen ihnen bestehenden Organisationsgemeinschaft oder nicht nur vorübergehenden Arbeitsgemeinschaft gehören.

(3) Die Absätze 1 und 2 finden auf Personen, die künstlerische, schriftstellerische oder journalistische Leistungen erbringen, sowie auf Personen, die an der Erbringung, insbesondere der technischen Gestaltung solcher Leistungen unmittelbar mitwirken, auch dann Anwendung, wenn ihnen abweichend von Absatz 1 Nr. 1 Buchstabe b erster Halbsatz von einer Person im Durchschnitt mindestens ein Drittel des Entgelts zusteht, das ihnen für ihre Erwerbstätigkeit insgesamt zusteht.

(4) Die Vorschrift findet keine Anwendung auf Handelsvertreter im Sinne des § 84 des Handelsgesetzbuchs.

§ 12 b Berlin-Klausel *(gegenstandslos)*

§ 13 Inkrafttreten (1) Dieses Gesetz tritt mit seiner Verkündung in Kraft.

(2) Tarifverträge, die vor dem Inkrafttreten dieses Gesetzes abgeschlossen sind, unterliegen diesem Gesetz.

(3) § 4 a ist nicht auf Tarifverträge anzuwenden, die am 10. Juli 2015 gelten.

31 a. Arbeitnehmer-Entsendegesetz

Aktuelle höchstrichterliche Rechtsprechung

Datum	Gericht/Az.	Fundstelle	Thema
12.12.18	BAG 5 AZR 588/17	NZA 19, 775	Mindestentgelt Pflege

Einleitung

I. Mindestlohn-Problematik

Die Arbeits- und Sozialverfassung Deutschlands kennt bezüglich geldwerter Arbeitsbedingungen, insbesondere der Höhe der Löhne und Gehälter im Grundsatz eine klare Aufgabenteilung. Deren Untergrenze wird durch die vom Gesetz mit »zwingender« Wirkung ausgestatteten Tarifverträge festgelegt (vgl. Einl. II 1 zum TVG, Nr. 31). Wo solche nicht gelten, ist es Sache der Parteien des Einzelarbeitsvertrages, sich über die Entgelthöhe zu einigen. Das muss nicht zwangsläufig bedeuten, dass die Arbeitgeber dies mit ihrer überlegenen Marktmacht dazu nutzen würden, untertarifliche Entgelte durchzusetzen. Im Gegenteil: Ohne hierzu durch den Tarifvertrag verpflichtet zu sein, leisten sie vielfach tarifliche Entgelte, entweder um den Arbeitnehmern keinen Anreiz zu liefern, in die Gewerkschaft einzutreten, oder weil die Konkurrenz um Arbeitskräfte sie dazu zwingt (vgl. Checkliste 72). Dieses Motiv führt darüber hinaus sogar in nicht unerheblichem Umfang zu übertariflichen Leistungen. Es gibt aber auch nicht wenige Fälle, in denen Arbeitgeber sich strukturell keinem entsprechenden Druck ausgesetzt sehen. Dort können auf der Basis der individuellen Vertragsfreiheit Entgelte vereinbart werden, von denen die Beschäftigten kaum leben können und die einen erheblichen Kostenvorteil gegenüber konkurrierenden Unternehmen ermöglichen. So wird berichtet, dass im Jahr 2008 mehr als 20 % der Beschäftigten einen sog. Niedriglohn von weniger als brutto 9,50 €/Std. in Westdeutschland (6,87 €/Std. in Ostdeutschland) bezogen (»Jeder Fünfte erhält nur einen Niedriglohn«, SZ v. 28. 7. 10). Um dem sowohl aus sozialen Gründen als auch im Interesse angemessen bezahlender Konkurrenten entgegenzuwirken, kennt das deutsche Recht verschiedene Möglichkeiten, um auch für nicht tarifgebundene Vertragsparteien zu einem »Mindestlohn« (so die gängige verkürzende Chiffre) zu kommen:

1. Allgemeinverbindlicherklärung aufgrund des TVG

Die klassische Möglichkeit, die Geltung eines Tarifvertrages auszudehnen, besteht in seiner Erklärung als »allgemeinverbindlich« aufgrund § 5 TVG. Voraussetzung ist, dass die Erstreckung auf die nicht tarifgebundenen Arbeitsverhältnisse im öffentlichen Interesse liegt (vgl. Einl. II 1 b zum TVG, Nr. 31). Die Allgemeinverbindlicherklärung erfolgt durch den Arbeitsminister auf gemeinsamen Antrag der Tarifvertragsparteien im Einvernehmen mit dem Tarifausschuss, in dem Arbeitgeberverbände und Gewerkschaften je zur Hälfte vertreten sind. Absolute Zahl und Anteil der für allgemeinverbindlich erklärten Tarifverträge sind gering (Übersicht 73); ihr Hauptanwendungsbereich ist die Bauwirtschaft, in der die Gefahr einer »Schmutzkonkurrenz« durch unorganisierte Arbeitgeber besonders hoch ist.

2. Allgemeinverbindlichkeit aufgrund des Arbeitnehmer-Entsendegesetzes

Ursprünglich nur für den Bereich der Bauwirtschaft und im Hinblick auf ausländische Unternehmen ist das Arbeitnehmer-Entsendegesetz geschaffen worden. Es dient jedoch mittlerweile als Instrument zur branchenbezogenen Mindestlohnpolitik (s. u. II).

3. Allgemeiner gesetzlicher Mindestlohn

Das »Gesetz über die Festsetzung von Mindestarbeitsbedingungen« vom 11. 1. 1952 erlaubte die staatliche Festsetzung von Mindestlöhnen in Wirtschaftsbereichen, in denen Arbeitnehmer zu schwach organisiert sind, um nach dem TVG für allgemeinverbindlich erklärbare Tarifverträge zuwege zu bringen. Von ihm war weit über 50 Jahre hinweg kein Gebrauch gemacht worden. Die Große Koalition (2005 – 2009) hatte es im Jahre 2009 grundlegend umgestaltet und zu einem Instrument aufgewertet, mit dem in Branchen mit geringem Organisationsgrad bei entsprechendem Bedarf die Möglichkeit bestand, einen Mindestlohn festzusetzen (vgl. 39. Aufl., Einl. C zum AEntG, Nr. 31 a). Im Zuge des TarifautonomiestärkungsG (v. 11. 8. 14, BGBl. I 1348; Gesetzentwurf: BR-Drs. 147/14) wurde es durch die neue Große Koalition 2014 wieder aufgehoben, nachdem das Gesetz auch in seiner neuen Fassung keinen Anwendungsfall zu verzeichnen hatte. Stattdessen hat sich die Bundestagsmehrheit der Koalition nunmehr zu einem allgemeinen gesetzlichen Mindestlohn von zunächst 8,50 € durchgerungen (s. Einl. I. zum MiLoG, Nr. 31 b).

4. Bindende Entgelt-Festsetzung für Heimarbeiter

Eine Mindestlohn-Regelung besonderer Art enthält das Heimarbeitsgesetz (Nr. 22).

5. Lohnuntergrenze in der Leiharbeit

Im Bereich der Leiharbeit gibt es ein Konzept der Mindestentlohnung durch Gleichbehandlung und Begrenzung möglicher Abweichungen durch eine sog. Lohnuntergrenze, die zugleich einen branchenspezifischen Mindestlohn für die Leiharbeit schafft (vgl. Einl. I 2 b und II 6 zum AÜG, Nr. 4).

6. »Lohnwucher« gemäß § 138 BGB

Unabhängig von jeder arbeitsrechtlichen Spezialgesetzgebung enthält das Bürgerliche Gesetzbuch mit seiner Generalklausel über sittenwidrige Geschäfte eine Regelung über die unterste Grenze jeder individuellen Entgeltregelung. Sie ist durch den gesetzlichen Mindestlohn nicht entbehrlich geworden (vgl. Einl. II 3 zum MiLoG, Nr. 31 b). Gemäß § 138 Abs. 2 BGB ist eine Entgeltregelung, die in »auffälligem Missverhältnis« zur Arbeitsleistung steht, als sittenwidriger »Lohnwucher« nichtig (das kann auch gemäß § 291 Abs. 1 Satz 1 Nr. 3 StGB strafbar sein). Dann ist gemäß § 612 Abs. 2 BGB die »übliche Vergütung«, d. h. diejenige des vergleichbaren Wirtschaftskreises zu erbringen (hat der Arbeitnehmer zwischenzeitlich Leistungen der Grundsicherung nach dem SGB II, Nr. 30 II, bezogen, geht die Differenz zum üblichen Lohn auf den Träger der Grundsicherung über, vgl. *ArbG Stralsund* 26. 1. 2010 – 4 Ca 166/09, info also 10, 128). Die Rechtsprechung hat hierzu keine festen Kriterien entwickelt. Das *BAG* macht die Sittenwidrigkeit einer Entgeltvereinbarung von allen Umständen des Einzelfalles abhängig (vgl. *BAG* 26. 4. 2006 – 5 AZR 549/05, NZA 06, 1354). Ein Lohn, der nicht einmal zwei Drittel der üblichen Vergütung erreicht, ist im Allgemeinen sittenwidrig (*BAG* 17. 12. 2014 – 5 AZR 663/13, NZA 15, 608). Ein Tariflohn stellt in diesem Sinne die in einer Branche und Wirtschaftsregion übliche Vergütung dar, wenn mehr als 50 % der Arbeitgeber tarifgebunden sind oder die organisierten Arbeitgeber mehr als 50 % der Arbeitnehmer des Wirtschaftsgebietes beschäftigen (*BAG* 22. 4. 2009 – 5 AZR 436/08, DB 09, 1599; vgl. auch *BGH* 22. 4. 1997 – 1 StR 701/96, AP Nr. 52 zu § 138 BGB). Hinzukommen müssen aber weitere Umstände, aus denen sich ergibt, dass der Arbeitgeber die ungünstige Lage des Arbeitnehmers ausgenutzt hat. Erreicht der Lohn nicht einmal die Hälfte des Tariflohnes, ist von einer verwerflichen Gesinnung des Arbeitgebers auszugehen, die den Lohnwucher begründet (*BAG* 16. 5. 2012 – 5 AZR 268/11, NZA 12, 974). Eine Provisionsvereinbarung ist dann sittenwidrig, wenn der Arbeitnehmer durch vollen Einsatz seiner Arbeitskraft ein ausreichendes Einkommen nicht erzielen kann (*BAG* 16. 2. 2012 – 8 AZR 242/11, NZA 12, 1307).

II. Das Arbeitnehmer-Entsendegesetz (Nr. 31 a)

1. Geschichtliche Entwicklung

Anlass für das Gesetz war die insbesondere im Baugewerbe zunehmende Praxis, dass ausländische Anbieter mit grenzüberschreitend entsandtem Personal auftreten, das zu seinen in der Heimat geltenden Arbeitsbedingungen beschäftigt ist. Wegen der zum Teil gravierenden Unterschiede gegenüber in Deutschland üblichen Arbeitsbedingungen kam es zu Wettbewerbsverzerrungen zu Lasten der deutschen Unternehmen und Arbeitnehmer (*Hofmann,* BArbBl. 4/95, 14). Zur europaweiten Lösung dieser Problematik hat die EG nach mehreren Anläufen am 26. 2. 1996 – doch noch – eine Entsenderichtlinie angenommen (Richtlinie 96/71/EG, ABl. 1997 L 18/1). Unabhängig davon ist die nationale Gesetzgebung in Deutschland erfolgt, wobei sich zwei verschiedene Konzeptionen gegenüber standen: Während der Regierungsentwurf (so wie der später gefundene Kompromiss) das Problem durch die Erstreckung allgemeinverbindlicher Tarifverträge löste, zielte der Bundesratsentwurf auf die gesetzliche Geltung der ortsüblichen Arbeitsbedingungen (BT-Drs. 13/2414; 13/2834). Das Entsendegesetz ist Anfang 1996 verabschiedet worden (vgl. *Hofmann,* BArbBl. 4/95, 14; *Kehrmann/Spirolke,* AiB 95, 621; *Kittner,* FAZ-Standpunkt 23. 9. 95; *Gerken/Löwisch/Rieble,* BB 95, 2370;

Deinert, RdA 96, 339). Der *EuGH* hat den nationalen Gesetzgebern einen weiten Spielraum zur eigenen Gestaltung des Entsenderechts zugebilligt (*EuGH* 23.11.1999 – C-369/96, C-376/96, AuR 00, 32 – Arblade, mit Anm. *Blanke*, AuR 00, 28; vgl. auch *EuGH* 15.3.2001 – C-165/98, NZA 01, 554 – Mazzoleni). Die Richtlinie wird ergänzt durch die Richtlinie 2014/67/EU über die Durchsetzung der Entsenderichtlinie (v. 15.5.2014, ABl. L 159/11, sog. »Enforcement-Richtlinie«). Sie betrifft vor allem die Koordination der Kontrollbehörden und war bis zum 18.6.16 in das deutsche Recht umzusetzen. Sie sieht vor

- Kontrolle, ob eine Entsendesituation nur missbräuchlich vorgespiegelt ist,
- Informationszugang für ausländische Dienstleistungserbringer,
- Überwachung der tatsächlichen Gewährung der Arbeitsbedingungen an entsandte Arbeitnehmer,
- Beschwerdemechanismen für entsandte Arbeitnehmer bzw. deren Gewerkschaften und
- Verwaltungssanktionen bzw. Geldbußen.

Der deutsche Gesetzgeber hat bislang keinen Anlass gesehen, weitere Umsetzungsmaßnahmen über die bereits vorher im Entsendegesetz verankerten Durchsetzungsinstrumente hinaus zu ergreifen.

Der vom Gesetz ursprünglich gewählte Weg, die Institution der Allgemeinverbindlicherklärung zu nutzen, geriet bald an die Grenzen der zugrunde liegenden Konstruktion: Wegen des Einstimmigkeitserfordernisses im Tarifausschuss konnte der Arbeitgeberdachverband BDA die von ihm inzwischen politisch eingenommene Haltung zum permanenten Veto nutzen. Deshalb wurde mit Gesetz vom 19.12.1998 (BGBl. I 3843) die Möglichkeit einer Allgemeinverbindlicherklärung durch Verordnung des Arbeitsministers geschaffen (§ 1 Abs. 3 a a. F., nunmehr §§ 7, 7 a). Diese Regelung ist verfassungsgemäß (*BVerfG*, DB 2000, 1766).

Mit Gesetz vom 25.4.2007 (BGBl. I 576) ist das Gesetz auf das Gebäudereinigerhandwerk und auf Montageleistungen auf Baustellen ausgedehnt worden. Ende 2007 ist auch die Briefzustellung in das EntsendeG aufgenommen worden.

Durch Gesetz vom 20.4.2009 (BGBl. I 799; dazu *Bayreuther*, DB 09, 678; *Eder*, AiB 09, 187 ff.; *Joussen*, ZESAR 09, 355 ff.; *Löwisch*, RdA 09, 215 ff.; *Sittard*, NZA 09, 346 ff.) wurde das Arbeitnehmer-Entsendegesetz zu einem wesentlichen Bauteil der Mindestlohngesetzgebung (s. o. I) ausgebaut, bei dem es freilich nicht mehr darauf ankommt, ob Arbeitnehmer entsandt sind. Zugleich wurden die vom Gesetz erfassten Branchen ausgedehnt. Neben den bereits erwähnten sind in § 4 weitere Branchen aufgenommen worden. Das Entsendegesetz ergänzte sich mit dem – inzwischen wieder aufgehobenen – MiArbG, insofern es Bereiche mit hinreichender tarifvertraglicher Erfassung der Arbeitnehmer betraf, während das MiArbG sich auf die »weißen Flecken« der Tarifabdeckung bezog. Nachdem der Anwendungsbereich durch Gesetz v. 24.5.14 (BGBl. I 538) noch auf die Fleischverarbeitungsbranche ausgeweitet wurde, erfuhr das Gesetz gut 2 Monate später erneut eine tiefgreifende Reform: Durch das TarifautonomiestärkungsG (s. o. I 3) wurde das Entsendegesetz zu einer Mittelstufe staatlicher Mindestlohnsetzung: Es erlaubt allgemeinverbindliche Mindestlöhne oberhalb des gesetzlichen Mindestlohns. Oberhalb der Branchenmindestlöhne nach dem Entsendegesetz sind dann noch Allgemeinverbindlicherklärungen (s. o. I 1) denkbar. Grundlegende Neuerungen im Entsendegesetz ergaben sich darüber hinaus wie folgt:

- Ausweitung des Entsendegesetzes auf sämtliche Branchen (§ 4 Abs. 2)
- Allgemeinverbindlicherklärung nach dem Entsendegesetz nur noch für Tarifverträge des Baugewerbes (§ 3 Satz 1),
- Rechtsverordnungen für die spezifischen Branchen des § 4 Nr. 2 ff. (§ 7) und
- Rechtsverordnungen unter besonderen Voraussetzungen für alle übrigen Branchen gemäß § 7 a.

Anders als das deutsche Entsenderecht hat die EU-Entsenderichtlinie in ihrer Auslegung durch den *EuGH* (3. 4. 2008 – C-346/06, DB 08, 1045 – Rüffert, m. Anm. *Kocher*, DB 08, 1042; NZA 08, 865 – Kommission/Luxemburg) vor allem eine wettbewerbsregulierende Funktion und zielt auf Neutralisierung der Arbeitsbedingungen als Wettbewerbsfaktor. Dies stellt Tariftreue- und Vergabemindestlohnregelungen infrage (vgl. Einl. I 1 d zum TVG, Nr. 31). Angesichts der anhaltenden Kritik plante die EU eine zusätzliche Richtlinie, die die Rechte von Gewerkschaften gegenüber ausländischen Dienstleistern regeln sollte (»Monti II-Entwurf« KOM [2012] 130/3). Gerade Letzteres war wegen seiner inhaltlichen Ausgestaltung Gegenstand heftiger Kritik der Gewerkschaften. Nach weiterer Kritik aus den Mitgliedstaaten wegen Verletzung des europäischen Subsidiaritätsprinzips hat die Kommission den »Monti II-Entwurf« zurückgenommen (ABl. 2013 C 109/7; vgl. *Walter*, AuR 13, 27 ff.). In einem zweiten Schritt gelang indes eine Reform der Entsenderichtlinie durch die Änderungsrichtlinie (EU) 2018/957 v. 28. 6. 2018 (ABl. L 173/16; dazu *Kramer*, Gute Arbeit 10/18, 31; *Gagawczuk*, DRdA 18, 329; *Kellerbauer*, EuZW 18, 846; *Klein/Schneider*, SR 19, 72; *Riesenhuber*, NZA 18, 1433; *Sura*, BB 18, 2743; Entwurf: COM [2016] 128 final). Sie dient nach ihrem Art. 1 Abs. 1 einem Ausgleich zwischen Dienstleistungsfreiheit und Arbeitnehmerschutz. Neu sind:

- Anwendung tarifvertraglicher Mindestvorschriften auf entsandte Arbeitnehmer in allen Branchen (Art. 3 Abs. 1; statt wie bisher nur im Baugewerbe),
- Anwendung zwingender Lohnvorschriften des Aufnahmestaates, nicht nur der Mindestlöhne (Art. 3 Abs. 1 UAbs. 1 lit. c),
- Regelungen zu Unterkunft, Zulagen, Reisekosten und Kostenerstattung (Art. 1 Abs. 1 lit. h und i)
- Anwendung der Leiharbeitsvorschriften des Aufnahmestaates bei grenzüberschreitender Arbeitnehmerüberlassung (Art. 3 Abs. 1 b) und
- vollständige Anwendung des Arbeitsrechts des Aufnahmestaates bei Entsendungen über 12 Monate hinaus, wobei dieser Zeitraum durch die Behörden des Aufnahmestaats auf 18 Monate verlängert werden kann (Art. 3 Abs. 1 a).

Diese Richtlinie ist bis zum 30. Juli 2020 umzusetzen. Bei Redaktionsschluss dieses Buches gab es noch keinen Entwurf eines Umsetzungsgesetzes.

Im Zuge des Gesetzes gegen illegale Beschäftigung und Sozialleistungsmissbrauch (v. 11. 7. 2019, BGBl. I 1066) wurden die behördlichen Kontroll- und Sanktionsbefugnisse erweitert. Außerdem wurde die Möglichkeit zwingender Festsetzungen zu Anforderungen an Unterkünfte entsandter Arbeitnehmer eingeführt.

Das Pflegelöhneverbesserungsgesetz (v. 22. 11. 2019, BGBl. I 1756, Entwurf: BT-Drs.

19/13395) schafft die Möglichkeit zur Festsetzung von Pflegemindestlöhnen auf tarifvertraglicher Grundlage unter Beteiligung kirchlicher Träger über die Kommission zur Erarbeitung von Mindestarbeitsbedingungen in der Pflegebranche.

2. Wesentlicher Gesetzesinhalt

Das Entsendegesetz schreibt zunächst für einen harten Kern von Arbeitsbedingungen, der in § 2 aufgelistet ist, deren Geltung auch für Inlandsbeschäftigte ausländischer Arbeitgeber vor – für sämtliche Branchen. Insofern handelt es sich um eine Regelung des Internationalen Privatrechts (vgl. Einl. III zur Rom I-VO, Nr. 14 a). Auf der anderen Seite gelten die Regelungen aber auch für die Inlandsbeschäftigten eines inländischen Arbeitgebers, sind also allgemein Mindeststandards für die Arbeitsbedingungen von Arbeitnehmern im Inland. Der harte Kern erfasst das Antidiskriminierungsrecht, den Schutz besonderer Arbeitnehmergruppen, Sicherheit und Gesundheit, Bedingungen der Arbeitnehmerüberlassung, Arbeitszeitrecht, Urlaubsrecht und Mindestentgeltsätze und Überstundensätze. Diese Bestimmungen müssen sich aus Rechts- oder Verwaltungsvorschriften ergeben.

Darüber hinaus sind auch in einem nach § 3 AEntG mit § 5 TVG für allgemeinverbindlich erklärten Tarifvertrag des Baugewerbes festgesetzte Arbeitsbedingungen für die Inlandsbeschäftigten eines ausländischen Arbeitgebers zwingend, sofern es sich um

- Mindestentgeltsätze,
- Regelungen über die Mindesturlaubsdauer sowie
- das Urlaubsentgelt und ein zusätzliches Urlaubsgeld sowie
- um Beiträge zu Urlaubskassen oder
- um Arbeitsbedingungen im Sinne des § 2 (s. o.)

handelt (§ 5). Voraussetzung ist allerdings, dass es sich um bundesweit geltende Mindestbedingungen handelt (§ 3).

Auf gemeinsamen Antrag der Tarifvertragsparteien können die Normen eines Tarifvertrages in einer der spezifischen Entsendebranchen gemäß § 4 Nr. 2 ff. durch Rechtsverordnung verbindlich gemacht werden, wenn dies im öffentlichen Interesse geboten erscheint, um die Ziele des Gesetzes nach § 1 zu erreichen (§ 7). Sofern mehrere Tarifverträge für eine Allgemeinverbindlichkeit in Betracht kommen oder gar mehrere Anträge vorliegen, ist die Repräsentativität der Tarifvertragsparteien nach § 7 Abs. 2 und 3 maßgeblich. Diese Regelung war erforderlich, weil die Rechtsverordnung zur Beachtung der Arbeitsbedingungen auch dann zwingt, wenn der Arbeitgeber an einen anderen Tarifvertrag gebunden ist, es sei denn, dieser wäre günstiger (§ 8 Abs. 2). Dies hat zu einer bemerkenswerten Diskussion geführt, in der die Tarifautonomie dafür in Stellung gebracht wurde, ungünstigere Arbeitsbedingungen durchzusetzen (so etwa *Sodan/Zimmermann*, NJW 09, 2001; vgl. aber auch *Bayreuther*, NJW 09, 2006). Gemäß § 8 gelten die durch Allgemeinverbindlicherklärung oder Rechtsverordnung erstreckten Arbeitsbedingungen auch für inländische Arbeitgeber. Insofern ist das Entsendegesetz nicht mehr eine rein international-privatrechtliche Regelung, sondern ein Teil des innerstaatlichen Mindestlohnrechts. Eine Rechtsverordnung hat anders als ein allgemeinverbindlicher Tarifvertrag keine Nachwirkung (*BAG* 20.4.2011 – 4 AZR 467/09, NZA 11, 1105).

In allen anderen Branchen besteht die Möglichkeit einer Rechtsverordnung nach § 7 a zur Erstreckung der Regelungen eines Tarifvertrages auf sämtliche Arbeitnehmer, wenn dies im öffentlichen Interesse geboten erscheint, insbesondere um einem Verdrängungswettbewerb über die Lohnkosten entgegen zu wirken.

Die Regelungen des AEntG sind zwingend. Gemäß § 9 Satz 3 unterliegen Ansprüche nach dem Gesetz keiner Ausschlussfrist, wenn diese nicht im Tarifvertrag selber geregelt ist. Eine arbeitsvertragliche Ausschlussfrist, die insoweit keine Ausnahme vorsieht, ist insgesamt nichtig. Das hat das *BAG* (24.8.2016 – 5 AZR 703/15, NZA 16,1539) jedenfalls für einen Vertrag entschieden, der nach Inkrafttreten der Verpflichtung zur Zahlung des Branchenmindestlohns vereinbart wurde. Für Altverträge wäre demgegenüber eine einschränkende Auslegung der Klausel im Hinblick auf den Vertrauensschutz denkbar. Denn die Vertragsparteien konnten die Unzulässigkeit der Klausel bei ihrem Abschluss ja noch nicht vorhersehen.

Die Kontrolle der Einhaltung des Entsendegesetzes ist den Zollbehörden gemäß § 16 anvertraut. Die Verletzung des Entsendegesetzes kann zum Ausschluss von der Vergabe öffentlicher Aufträge führen (§ 21). Außerdem droht ein Bußgeld bis zu 500000 Euro nach § 23. Ein Generalunternehmer haftet für die Zahlung des Mindestentgelts durch seinen Nachunternehmer gemäß § 14. Dies ist europarechtskonform (*EuGH* 12.10.2004 – C-60/03, NZA 04, 1211 – Wolff & Müller) und verfassungsgemäß (*BAG* 12.1.2005 – 5 AZR 617/01, AP Nr. 2 zu § 1 a AEntG). Zur Durchsetzung ihrer Rechte besteht für entsandte Arbeitnehmer die internationale Zuständigkeit deutscher Gerichte nach § 15.

Sonderregelungen gelten für die Pflegebranche, da diese zu einem erheblichen Teil durch kirchliche Träger betrieben wird und dort überwiegend keine Tarifverhandlungen stattfinden. Stattdessen ist eine Rechtsverordnung nach Vorschlag durch eine entsprechend zusammengesetzte Kommission nach §§ 11, 12 möglich. Davon wurde erstmals 2010 Gebrauch gemacht (vgl. Bericht in AuR 10, 368). Im Zuge des Pflegelöhneverbesserungsgesetzes (s. o. 1) wurde nun auch die Möglichkeit der Mindestlohnfestsetzung auf tarifvertraglicher Grundlage unter verfahrensmäßiger Einbeziehung der Kommission geschaffen, um eine Verbesserung der Arbeitsbedingungen des Pflegepersonals und damit mittelbar der Bedingungen der Pflege insgesamt zu erreichen (vgl. Einl. IV zum SGB XI, Nr. 30 XI).

III. Anwendungsprobleme, Rechtstatsachen und rechtspolitische Vorhaben

Bereits kurze Zeit nach Geltung des Mindestlohn-Tarifvertrages für den Bau ist deutlich geworden, dass mangels personeller Möglichkeiten der zuständigen Ämter seine durchgängige Einhaltung nicht zu gewährleisten war (vgl. NZA 97, Heft 16, S. VII). Eine beliebte Umgehungsvariante liegt dabei darin, dass die betroffenen ausländischen Arbeitnehmer zum Schein als »Selbstständige« auftreten (eingehend *Mankowski,* BB 97, 465; vgl. auch *Däubler,* EuZW 97, 613, 618).

Nachdem das AEntG auf Briefdienstleister erstreckt wurde und ein entsprechender Mindestlohntarif vereinbart wurde, den das BMA als Postmindestlohnverordnung verbindlich gemacht hatte, wurde diese Verordnung durch das *VG Berlin* für rechtswidrig erklärt, was im Ergebnis durch das *BVerwG* bestätigt wurde (28. 1. 2010 – 8 C 19.09, NZA 10, 718; ausführl. zum Ganzen Einl. III zum AEntG in 43. Aufl.). Die Frage des Umgangs mit konkurrierenden Tarifverträgen hat sich aber zunächst erledigt, weil die konkurrierende Gewerkschaft GNBZ nicht tariffähig ist (vgl. Einl. II 1 a zum TVG, Nr. 31) und damit die mit ihr geschlossenen Tarifverträge nichtig waren.

Derzeit gibt es allgemeinverbindliche Tarifverträge und Rechtsverordnungen nach dem Entsendegesetz in zahlreichen Branchen. Diese wurden im Bundesanzeiger bzw. im BGBl. veröffentlicht. Sie sind im Einzelnen auf der Homepage der Zollverwaltung abrufbar (http://www.zoll.de/DE/Fachthemen/Arbeit/Mindestarbeitsbedingungen/Mindestlohn-AEntG-Lohnuntergrenze-AUeG/mindestlohn-aentg-lohnuntergrenze-aueg_node.html, s. Fn. zu §§ 3, 7, 7 a).

Im Baugewerbe wurden 2011 Bußgelder in Höhe von knapp 11 Millionen Euro wegen Nichtgewährung des Mindestlohns festgesetzt, im Gebäudereinigungsgewerbe in Höhe von gut einer Dreiviertelmillion Euro (BT-Drs. 17/12834). Bis heute aber ist der behördliche Gesetzesvollzug von Defiziten gekennzeichnet. So wurde berichtet, dass trotz bekannter Missstände in der Fleischwirtschaft, die zu einer speziellen Regelung zur Sicherung der Arbeitnehmerrechte führten (GSA Fleisch, abgedruckt in Fn. 1 zu § 28 e SGB IV [Nr. 30 IV], die Zahl der Kontrollen durch die Finanzkontrolle Schwarzarbeit ab-, statt zugenommen hat (dazu »Ausgenommen«, SZ v. 13. 12. 2018, S. 13).

Die Bundesrepublik muss die neu gefasste Entsenderichtlinie (s. o. II 1) bis zum 30. 7. 2020 umsetzen. Zum Jahresende 2019 gab es dazu einen Referentenentwurf der Bundesregierung.

Weiterführende Literatur

Deinert/Heuschmid/Zwanziger-*Lakies,* Arbeitsrecht, § 49 (Allgemeiner Mindestlohn und Branchenmindestlöhne)

Bayreuther, Generalunternehmerhaftung nach dem Mindestlohngesetz und dem Arbeitnehmerentsendegesetz, NZA 2015, S. 961

Bieback u. a., Tarifgestützte Mindestlöhne (2007)

Böggemann, Arbeitsgerichtliche Rechtsprechung zum Lohnwucher, NZA 2011, S. 493

Deinert, Internationales Arbeitsrecht (2013), § 10 Rn. 50 ff.

Deinert, Sozial- und arbeitsrechtliche Fragen der Entsendung, Schriftenreihe des Deutschen Sozialrechtsverbandes, Bd. 68 (2018), S. 75

Janda, Die Durchsetzung der Rechte entsandte Arbeitnehmer, SR 2016, S. 1

Klein/Schneider, Die Umsetzung der Entsenderichtlinie, SR 2019, S. 72

Koberski/Asshoff/Eustrup/Winkler, Arbeitnehmer-Entsendegesetz, 3. Aufl. (2011)

Kocher, Mindestlöhne und Tarifautonomie, NZA 2007, S. 600

Lakies, Mindestlohngesetz, Basiskommentar, 3. Aufl. (2017)

Picker, Niedriglohn und Mindestlohn, RdA 2014, S. 25
Sittard, Im Dschungel der Mindestlöhne, RdA 2013, S. 301
Thüsing (Hrsg.), MiLoG und AEntG, 2. Aufl. (2016)
Ulber, Arbeitnehmerentsendegesetz, Basiskommentar (2009)
Ulber, Die Erfüllung von Mindestlohnansprüchen, RdA 2014, S. 176

Übersicht 75 a: Mindestlohn für nicht tarifgebundene AN

Allgemeinverbindlicherklärung des TV nach § 5 TVG • öffentliches Interesse oder • Sicherung der Funktionsfähigkeit einer gemeinsamen Einrichtung	**AEntG** TV • in Branche gem. §4 • über Entgelt, Urlaub, Urlaubskasse oder Arbeitsbedingungen i.S.d. §2 • Allgemeinverbindlicherklärung oder Rechtsverordnung nach §7 ↓ Zwingende Wirkung nach § 8	**MiLoG** allgemeiner gesetzlicher Mindestlohn von z.Zt. 8,84 €/Stunde	Bindende Entgeltfestsetzung für Heimarbeiter durch **Heimarbeitsausschuss** nach §19 HAG • Verbände umfassen nur eine Minderheit • unzulängliche Arbeitsbedingungen

Sittenwidrigkeit (§138 BGB) unter Berücksichtigung aller Umstände des Einzelfalls; bei Üblichkeit des Tariflohns (mehr als 50% tarifgebundene AG oder tarifgebundene AG beschäftigen mehr als 50% der AN): Unterschreitung des Tariflohns um 1/3

Gesetz über zwingende Arbeitsbedingungen für grenzüberschreitend entsandte und für regelmäßig im Inland beschäftigte Arbeitnehmer und Arbeitnehmerinnen (Arbeitnehmer-Entsendegesetz – AEntG)

vom 20. April 2009 (BGBl. I 799),
zuletzt geändert durch Gesetz vom 22. November 2019 (BGBl. I 1756)

(Abgedruckte Vorschriften: §§ 1 – 19, 23)

Abschnitt 1 – Zielsetzung

§ 1 Zielsetzung Ziele des Gesetzes sind die Schaffung und Durchsetzung angemessener Mindestarbeitsbedingungen für grenzüberschreitend entsandte und für regelmäßig im Inland beschäftigte Arbeitnehmer und Arbeitnehmerinnen sowie die Gewährleistung fairer und funktionierender Wettbewerbsbedingungen durch die Erstreckung der Rechtsnormen von Branchentarifverträgen. Dadurch sollen zugleich sozialversicherungspflichtige Beschäftigung erhalten und die Ordnungs- und Befriedungsfunktion der Tarifautonomie gewahrt werden.

Abschnitt 2 – Allgemeine Arbeitsbedingungen

§ 2 Allgemeine Arbeitsbedingungen Die in Rechts- oder Verwaltungsvorschriften enthaltenen Regelungen über

1. die Mindestentgeltsätze einschließlich der Überstundensätze,
2. den bezahlten Mindestjahresurlaub,
3. die Höchstarbeitszeiten und Mindestruhezeiten,
4. die Bedingungen für die Überlassung von Arbeitskräften, insbesondere durch Leiharbeitsunternehmen,
5. die Sicherheit, den Gesundheitsschutz und die Hygiene am Arbeitsplatz,
6. die Schutzmaßnahmen im Zusammenhang mit den Arbeits- und Beschäftigungsbedingungen von Schwangeren und Wöchnerinnen, Kindern und Jugendlichen und
7. die Gleichbehandlung von Männern und Frauen sowie andere Nichtdiskriminierungsbestimmungen

finden auch auf Arbeitsverhältnisse zwischen einem im Ausland ansässigen Arbeitgeber und seinen im Inland beschäftigten Arbeitnehmern und Arbeitnehmerinnen zwingend Anwendung.

Abschnitt 3 – Tarifvertragliche Arbeitsbedingungen

§ 3 Tarifvertragliche Arbeitsbedingungen[1] Die Rechtsnormen eines bundesweiten Tarifvertrages finden unter den Voraussetzungen der §§ 4 bis 6 auch auf Arbeitsverhältnisse zwischen einem Arbeitgeber mit Sitz im Ausland und seinen im räumlichen Geltungsbereich dieses Tarifvertrages beschäftigten Arbeitnehmern und Arbeitnehmerinnen zwingend Anwendung, wenn der Tarifvertrag als Tarifvertrag nach § 4 Absatz 1 Nummer 1 für allgemeinverbindlich erklärt ist oder eine Rechtsverordnung nach § 7 oder § 7 a vorliegt. Eines bundesweiten Tarifvertrages bedarf es nicht, soweit Arbeitsbedingungen im Sinne des § 5 Nummer 2, 3 oder 4 Gegenstand tarifvertraglicher Regelungen sind, die zusammengefasst räumlich den gesamten Geltungsbereich dieses Gesetzes abdecken.

§ 4 Branchen (1) § 3 gilt für Tarifverträge
1. des Bauhauptgewerbes oder des Baunebengewerbes im Sinne der Baubetriebe-Verordnung vom 28. Oktober 1980 (BGBl. I S. 2033), zuletzt geändert durch die Verordnung vom 26. April 2006 (BGBl. I S. 1085), in der jeweils geltenden Fassung einschließlich der Erbringung von Montageleistungen auf Baustellen außerhalb des Betriebssitzes,
2. der Gebäudereinigung,
3. für Briefdienstleistungen,
4. für Sicherheitsdienstleistungen,
5. für Bergbauspezialarbeiten auf Steinkohlebergwerken,
6. für Wäschereidienstleistungen im Objektkundengeschäft,
7. der Abfallwirtschaft einschließlich Straßenreinigung und Winterdienst,
8. für Aus- und Weiterbildungsdienstleistungen nach dem Zweiten oder Dritten Buch Sozialgesetzbuch und
9. für Schlachten und Fleischverarbeitung.

(2) § 3 gilt darüber hinaus für Tarifverträge aller anderen als der in Absatz 1 genannten Branchen, wenn die Erstreckung der Rechtsnormen des Tarifvertrages im öffentlichen Interesse geboten erscheint, um die in § 1 genannten Gesetzesziele zu erreichen und dabei insbesondere einem Verdrängungswettbewerb über die Lohnkosten entgegen zu wirken.

§ 5 Arbeitsbedingungen Gegenstand eines Tarifvertrages nach § 3 können sein
1. Mindestentgeltsätze, die nach Art der Tätigkeit, Qualifikation der Arbeitnehmer und Arbeitnehmerinnen und Regionen differieren können, einschließlich der Überstundensätze,
2. die Dauer des Erholungsurlaubs, das Urlaubsentgelt oder ein zusätzliches Urlaubsgeld,
3. die Einziehung von Beiträgen und die Gewährung von Leistungen im Zusammenhang mit Urlaubsansprüchen nach Nummer 2 durch eine gemein-

---

1 Tarifverträge abrufbar unter http://www.zoll.de/DE/Fachthemen/Arbeit/Mindestarbeitsbedingungen/Mindestlohn-AEntG-Lohnuntergrenze-AUeG/mindestlohn-aentg-lohnuntergrenze-aueg_node.html.

same Einrichtung der Tarifvertragsparteien, wenn sichergestellt ist, dass der ausländische Arbeitgeber nicht gleichzeitig zu Beiträgen zu der gemeinsamen Einrichtung der Tarifvertragsparteien und zu einer vergleichbaren Einrichtung im Staat seines Sitzes herangezogen wird und das Verfahren der gemeinsamen Einrichtung der Tarifvertragsparteien eine Anrechnung derjenigen Leistungen vorsieht, die der ausländische Arbeitgeber zur Erfüllung des gesetzlichen, tarifvertraglichen oder einzelvertraglichen Urlaubsanspruchs seines Arbeitnehmers oder seiner Arbeitnehmerin bereits erbracht hat,

4. die Anforderungen an die Unterkünfte von Arbeitnehmern und Arbeitnehmerinnen, wenn sie vom Arbeitgeber für Arbeitnehmer und Arbeitnehmerinnen, die von ihrem regelmäßigen Arbeitsplatz entfernt eingesetzt werden, zur Verfügung gestellt werden, und
5. Arbeitsbedingungen im Sinne des § 2 Nr. 3 bis 7.

Die Arbeitsbedingungen nach Satz 1 Nummer 1 bis 3 umfassen auch Regelungen zur Fälligkeit entsprechender Ansprüche einschließlich hierzu vereinbarter Ausnahmen und deren Voraussetzungen.

§ 6 Besondere Regelungen (1) Dieser Abschnitt findet keine Anwendung auf Erstmontage- oder Einbauarbeiten, die Bestandteil eines Liefervertrages sind, für die Inbetriebnahme der gelieferten Güter unerlässlich sind und von Facharbeitern oder Facharbeiterinnen oder angelernten Arbeitern oder Arbeiterinnen des Lieferunternehmens ausgeführt werden, wenn die Dauer der Entsendung acht Tage nicht übersteigt. Satz 1 gilt nicht für Bauleistungen im Sinne des § 101 Abs. 2 des Dritten Buches Sozialgesetzbuch und nicht für Arbeitsbedingungen nach § 5 Nummer 4 und 5.

(2) Im Falle eines Tarifvertrages nach § 4 Absatz 1 Nr. 1 findet dieser Abschnitt Anwendung, wenn der Betrieb oder die selbstständige Betriebsabteilung im Sinne des fachlichen Geltungsbereichs des Tarifvertrages überwiegend Bauleistungen gemäß § 101 Abs. 2 des Dritten Buches Sozialgesetzbuch erbringt.

(3) Im Falle eines Tarifvertrages nach § 4 Absatz 1 Nr. 2 findet dieser Abschnitt Anwendung, wenn der Betrieb oder die selbstständige Betriebsabteilung überwiegend Gebäudereinigungsleistungen erbringt.

(4) Im Falle eines Tarifvertrages nach § 4 Absatz 1 Nr. 3 findet dieser Abschnitt Anwendung, wenn der Betrieb oder die selbstständige Betriebsabteilung überwiegend gewerbs- oder geschäftsmäßig Briefsendungen für Dritte befördert.

(5) Im Falle eines Tarifvertrages nach § 4 Absatz 1 Nr. 4 findet dieser Abschnitt Anwendung, wenn der Betrieb oder die selbstständige Betriebsabteilung überwiegend Dienstleistungen des Bewachungs- und Sicherheitsgewerbes oder Kontroll- und Ordnungsdienste erbringt, die dem Schutz von Rechtsgütern aller Art, insbesondere von Leben, Gesundheit oder Eigentum dienen.

(6) Im Falle eines Tarifvertrages nach § 4 Absatz 1 Nr. 5 findet dieser Abschnitt Anwendung, wenn der Betrieb oder die selbstständige Betriebsabteilung im Auftrag eines Dritten überwiegend auf inländischen Steinkohlebergwerken

Grubenräume erstellt oder sonstige untertägige bergbauliche Spezialarbeiten ausführt.

(7) Im Falle eines Tarifvertrages nach § 4 Absatz 1 Nr. 6 findet dieser Abschnitt Anwendung, wenn der Betrieb oder die selbstständige Betriebsabteilung gewerbsmäßig überwiegend Textilien für gewerbliche Kunden sowie öffentlich-rechtliche oder kirchliche Einrichtungen wäscht, unabhängig davon, ob die Wäsche im Eigentum der Wäscherei oder des Kunden steht. Dieser Abschnitt findet keine Anwendung auf Wäschereidienstleistungen, die von Werkstätten für behinderte Menschen im Sinne des § 219 des Neunten Buches Sozialgesetzbuch erbracht werden.

(8) Im Falle eines Tarifvertrages nach § 4 Absatz 1 Nr. 7 findet dieser Abschnitt Anwendung, wenn der Betrieb oder die selbstständige Betriebsabteilung überwiegend Abfälle im Sinne des § 3 Absatz 1 Satz 1 des Kreislaufwirtschaftsgesetzes sammelt, befördert, lagert, beseitigt oder verwertet oder Dienstleistungen des Kehrens und Reinigens öffentlicher Verkehrsflächen und Schnee- und Eisbeseitigung von öffentlichen Verkehrsflächen einschließlich Streudienste erbringt.

(9) Im Falle eines Tarifvertrages nach § 4 Absatz 1 Nr. 8 findet dieser Abschnitt Anwendung, wenn der Betrieb oder die selbstständige Betriebsabteilung überwiegend Aus- und Weiterbildungsmaßnahmen nach dem Zweiten oder Dritten Buch Sozialgesetzbuch durchführt. Ausgenommen sind Einrichtungen der beruflichen Rehabilitation im Sinne des § 51 Absatz 1 Satz 1 des Neunten Buches Sozialgesetzbuch.

(10) Im Falle eines Tarifvertrages nach § 4 Absatz 1 Nummer 9 findet dieser Abschnitt Anwendung in Betrieben und selbständigen Betriebsabteilungen, in denen überwiegend geschlachtet oder Fleisch verarbeitet wird (Betriebe der Fleischwirtschaft) sowie in Betrieben und selbstständigen Betriebsabteilungen, die ihre Arbeitnehmer und Arbeitnehmerinnen überwiegend in Betrieben der Fleischwirtschaft einsetzen. Das Schlachten umfasst dabei alle Tätigkeiten des Schlachtens und Zerlegens von Tieren mit Ausnahme von Fischen. Die Verarbeitung umfasst alle Tätigkeiten der Weiterverarbeitung von beim Schlachten gewonnenen Fleischprodukten zur Herstellung von Nahrungsmitteln sowie deren Portionierung und Verpackung. Nicht erfasst ist die Verarbeitung, wenn die Behandlung, die Portionierung oder die Verpackung beim Schlachten gewonnener Fleischprodukte direkt auf Anforderung des Endverbrauchers erfolgt.

§ 7 Rechtsverordnung für die Fälle des § 4 Absatz 1[1] (1) Auf gemeinsamen Antrag der Parteien eines Tarifvertrages im Sinne von § 4 Absatz 1 sowie §§ 5 und 6 kann das Bundesministerium für Arbeit und Soziales durch Rechtsverordnung ohne Zustimmung des Bundesrates bestimmen, dass die Rechtsnormen dieses Tarifvertrages auf alle unter seinen Geltungsbereich fallenden und

1 Verordnungen abrufbar unter http://www.zoll.de/DE/Fachthemen/Arbeit/Mindestarbeitsbedingungen/Mindestlohn-AEntG-Lohnuntergrenze-AUeG/mindestlohn-aentg-lohnuntergrenze-aueg_node.html.

nicht an ihn gebundenen Arbeitgeber sowie Arbeitnehmer und Arbeitnehmerinnen Anwendung finden, wenn dies im öffentlichen Interesse geboten erscheint, um die in § 1 genannten Gesetzesziele zu erreichen.

(2) Kommen in einer Branche mehrere Tarifverträge mit zumindest teilweise demselben fachlichen Geltungsbereich zur Anwendung, hat der Verordnungsgeber bei seiner Entscheidung nach Absatz 1 im Rahmen einer Gesamtabwägung ergänzend zu den in § 1 genannten Gesetzeszielen die Repräsentativität der jeweiligen Tarifverträge zu berücksichtigen. Bei der Feststellung der Repräsentativität ist vorrangig abzustellen auf

1. die Zahl der von den jeweils tarifgebundenen Arbeitgebern beschäftigten unter den Geltungsbereich des Tarifvertrages fallenden Arbeitnehmer und Arbeitnehmerinnen,
2. die Zahl der jeweils unter den Geltungsbereich des Tarifvertrages fallenden Mitglieder der Gewerkschaft, die den Tarifvertrag geschlossen hat.

(3) Liegen für mehrere Tarifverträge Anträge auf Allgemeinverbindlicherklärung vor, hat der Verordnungsgeber mit besonderer Sorgfalt die von einer Auswahlentscheidung betroffenen Güter von Verfassungsrang abzuwägen und die widerstreitenden Grundrechtsinteressen zu einem schonenden Ausgleich zu bringen.

(4) Vor Erlass der Rechtsverordnung gibt das Bundesministerium für Arbeit und Soziales den in den Geltungsbereich der Rechtsverordnung fallenden Arbeitgebern sowie Arbeitnehmern und Arbeitnehmerinnen, den Parteien des Tarifvertrages sowie in den Fällen des Absatzes 2 den Parteien anderer Tarifverträge und paritätisch besetzten Kommissionen, die auf der Grundlage kirchlichen Rechts Arbeitsbedingungen für den Bereich kirchlicher Arbeitgeber zumindest teilweise im Geltungsbereich der Rechtsverordnung festlegen, Gelegenheit zur schriftlichen Stellungnahme innerhalb von drei Wochen ab dem Tag der Bekanntmachung des Entwurfs der Rechtsverordnung.

(5) Wird in einer Branche nach § 4 Absatz 1 erstmals ein Antrag nach Absatz 1 gestellt, wird nach Ablauf der Frist nach Absatz 4 der Ausschuss nach § 5 Absatz 1 Satz 1 des Tarifvertragsgesetzes (Tarifausschuss) befasst. Stimmen mindestens vier Ausschussmitglieder für den Antrag oder gibt der Tarifausschuss innerhalb von zwei Monaten keine Stellungnahme ab, kann eine Rechtsverordnung nach Absatz 1 erlassen werden. Stimmen zwei oder drei Ausschussmitglieder für den Antrag, kann eine Rechtsverordnung nur von der Bundesregierung erlassen werden. Die Sätze 1 bis 3 gelten nicht für Tarifverträge nach § 4 Absatz 1 Nummer 1 bis 8.

§ 7 a Rechtsverordnung für die Fälle des § 4 Absatz 2[1] (1) Auf gemeinsamen Antrag der Parteien eines Tarifvertrages im Sinne von § 4 Absatz 2 sowie §§ 5 und 6 Absatz 1 kann das Bundesministerium für Arbeit und Soziales durch Rechtsverordnung ohne Zustimmung des Bundesrates bestimmen, dass die

1 Verordnungen abrufbar unter http://www.zoll.de/DE/Fachthemen/Arbeit/Mindestarbeitsbedingungen/Mindestlohn-AEntG-Lohnuntergrenze-AUeG/mindestlohn-aentg-lohnuntergrenze-aueg_node.html.

Rechtsnormen dieses Tarifvertrages auf alle unter seinen Geltungsbereich fallenden und nicht an ihn gebundenen Arbeitgeber sowie Arbeitnehmer und Arbeitnehmerinnen Anwendung finden, wenn dies im öffentlichen Interesse geboten erscheint, um die in § 1 genannten Gesetzesziele zu erreichen und dabei insbesondere einem Verdrängungswettbewerb über die Lohnkosten entgegenzuwirken. Eine Rechtsverordnung, deren Geltungsbereich die Pflegebranche (§ 10) erfasst, erlässt das Bundesministerium für Arbeit und Soziales im Einvernehmen mit dem Bundesministerium für Gesundheit ohne Zustimmung des Bundesrates. Im Fall einer Rechtsverordnung nach Satz 2 sind auch die in Absatz 1 a genannten Voraussetzungen zu erfüllen und die in § 11 Absatz 2 genannten Gesetzesziele zu berücksichtigen.

(1 a) Vor Abschluss eines Tarifvertrages nach Absatz 1, dessen Geltungsbereich die Pflegebranche erfasst, gibt das Bundesministerium für Arbeit und Soziales auf gemeinsame Mitteilung der Tarifvertragsparteien bekannt, dass Verhandlungen über einen derartigen Tarifvertrag aufgenommen worden sind. Religionsgesellschaften, in deren Bereichen paritätisch besetzte Kommissionen zur Festlegung von Arbeitsbedingungen auf der Grundlage kirchlichen Rechts für den Bereich kirchlicher Arbeitgeber in der Pflegebranche gebildet sind, können dem Bundesministerium für Arbeit und Soziales innerhalb von drei Wochen ab der Bekanntmachung jeweils eine in ihrem Bereich gebildete Kommission benennen, die von den Tarifvertragsparteien zu dem voraussichtlichen Inhalt des Tarifvertrages angehört wird. Die Anhörung erfolgt mündlich, wenn dies die jeweilige Kommission verlangt oder die Tarifvertragsparteien verlangen. Der Antrag nach Absatz 1 erfordert die schriftliche Zustimmung von mindestens zwei nach Satz 2 benannten Kommissionen. Diese Kommissionen müssen in den Bereichen von Religionsgesellschaften gebildet sein, in deren Bereichen insgesamt mindestens zwei Drittel aller in der Pflegebranche im Bereich von Religionsgesellschaften beschäftigten Arbeitnehmer beschäftigt sind. Mit der Zustimmung einer Kommission werden etwaige Mängel im Zusammenhang mit deren Anhörung geheilt.

(2) § 7 Absatz 2 und 3 findet entsprechende Anwendung.

(3) Vor Erlass der Rechtsverordnung gibt das Bundesministerium für Arbeit und Soziales den in den Geltungsbereich der Rechtsverordnung fallenden und den möglicherweise von ihr betroffenen Arbeitgebern sowie Arbeitnehmern und Arbeitnehmerinnen, den Parteien des Tarifvertrages sowie allen am Ausgang des Verfahrens interessierten Gewerkschaften, Vereinigungen der Arbeitgeber und paritätisch besetzten Kommissionen, die auf der Grundlage kirchlichen Rechts Arbeitsbedingungen für den Bereich kirchlicher Arbeitgeber festlegen, Gelegenheit zur schriftlichen Stellungnahme innerhalb von drei Wochen ab dem Tag der Bekanntmachung des Entwurfs der Rechtsverordnung. Die Gelegenheit zur Stellungnahme umfasst insbesondere auch die Frage, inwieweit eine Erstreckung der Rechtsnormen des Tarifvertrages geeignet ist, die in § 1 genannten Gesetzesziele zu erfüllen und dabei insbesondere einem Verdrängungswettbewerb über die Lohnkosten entgegenzuwirken. Soweit der Geltungsbereich der Rechtsverordnung die Pflegebranche erfasst, umfasst die Gelegen-

heit zur Stellungnahme insbesondere auch die Frage, inwieweit eine Erstreckung der Rechtsnormen des Tarifvertrages geeignet sind, die in § 11 Absatz 2 genannten Gesetzesziele zu erfüllen.
(4) Wird ein Antrag nach Absatz 1 gestellt, wird nach Ablauf der Frist nach Absatz 3 der Ausschuss nach § 5 Absatz 1 Satz 1 des Tarifvertragsgesetzes (Tarifausschuss) befasst. Stimmen mindestens vier Ausschussmitglieder für den Antrag oder gibt der Tarifausschuss innerhalb von zwei Monaten keine Stellungnahme ab, kann eine Rechtsverordnung nach Absatz 1 erlassen werden. Stimmen zwei oder drei Ausschussmitglieder für den Antrag, kann eine Rechtsverordnung nur von der Bundesregierung erlassen werden.

§ 8 Pflichten des Arbeitgebers zur Gewährung von Arbeitsbedingungen (1) Arbeitgeber mit Sitz im In- oder Ausland, die unter den Geltungsbereich eines für allgemeinverbindlich erklärten Tarifvertrages nach § 4 Absatz 1 Nummer 1 sowie §§ 5 und 6 Absatz 2 oder einer Rechtsverordnung nach § 7 oder § 7 a fallen, sind verpflichtet, ihren Arbeitnehmern und Arbeitnehmerinnen mindestens die in dem Tarifvertrag für den Beschäftigungsort vorgeschriebenen Arbeitsbedingungen zu gewähren sowie einer gemeinsamen Einrichtung der Tarifvertragsparteien die ihr nach § 5 Nr. 3 zustehenden Beiträge zu leisten. Satz 1 gilt unabhängig davon, ob die entsprechende Verpflichtung kraft Tarifbindung nach § 3 des Tarifvertragsgesetzes oder kraft Allgemeinverbindlicherklärung nach § 5 des Tarifvertragsgesetzes oder aufgrund einer Rechtsverordnung nach § 7 oder § 7 a besteht
(2) Ein Arbeitgeber ist verpflichtet, einen Tarifvertrag nach § 4 Absatz 1 Nummer 1 sowie §§ 5 und 6 Absatz 2, der durch Allgemeinverbindlicherklärung sowie einen Tarifvertrag nach §§ 4 bis 6, der durch Rechtsverordnung nach § 7 oder § 7 a auf nicht an ihn gebundene Arbeitgeber sowie Arbeitnehmer und Arbeitnehmerinnen erstreckt wird, auch dann einzuhalten, wenn er nach § 3 des Tarifvertragsgesetzes oder kraft Allgemeinverbindlicherklärung nach § 5 des Tarifvertragsgesetzes an einen anderen Tarifvertrag gebunden ist.
(3) Wird ein Leiharbeitnehmer oder eine Leiharbeitnehmerin vom Entleiher mit Tätigkeiten beschäftigt, die in den Geltungsbereich eines für allgemeinverbindlich erklärten Tarifvertrages nach § 4 Absatz 1 Nummer 1 sowie §§ 5 und 6 Absatz 2 oder einer Rechtsverordnung nach § 7 oder § 7 a fallen, hat der Verleiher zumindest die in diesem Tarifvertrag oder in dieser Rechtsverordnung vorgeschriebenen Arbeitsbedingungen zu gewähren sowie die der gemeinsamen Einrichtung nach diesem Tarifvertrag zustehenden Beiträge zu leisten; dies gilt auch dann, wenn der Betrieb des Entleihers nicht in den fachlichen Geltungsbereich dieses Tarifvertrages oder dieser Rechtsverordnung fällt.

§ 9 Verzicht, Verwirkung Ein Verzicht auf den entstandenen Anspruch auf das Mindestentgelt nach § 8 ist nur durch gerichtlichen Vergleich zulässig; im Übrigen ist ein Verzicht ausgeschlossen. Die Verwirkung des Anspruchs der Arbeitnehmer und Arbeitnehmerinnen auf das Mindestentgelt nach § 8 ist ausgeschlossen. Ausschlussfristen für die Geltendmachung des Anspruchs können ausschließlich in dem für allgemeinverbindlich erklärten Tarifvertrag nach den §§ 4 bis 6 oder dem der Rechtsverordnung nach § 7 zugrunde liegenden Tarifvertrag geregelt werden; die Frist muss mindestens sechs Monate betragen.

Abschnitt 4 –Arbeitsbedingungen in der Pflegebranche

§ 10 Anwendungsbereich Dieser Abschnitt findet Anwendung auf die Pflegebranche. Diese umfasst Betriebe und selbstständige Betriebsabteilungen, die überwiegend ambulante, teilstationäre oder stationäre Pflegeleistungen oder ambulante Krankenpflegeleistungen für Pflegebedürftige erbringen (Pflegebetriebe). Pflegebedürftig sind Personen, die gesundheitlich bedingte Beeinträchtigungen der Selbständigkeit oder der Fähigkeiten aufweisen, deshalb vorübergehend oder auf Dauer der Hilfe durch andere bedürfen und körperliche, kognitive oder psychische Beeinträchtigungen oder gesundheitlich bedingte Belastungen oder Anforderungen nicht selbständig kompensieren oder bewältigen können. Keine Pflegebetriebe im Sinne des Satzes 2 sind Einrichtungen, in denen die Leistungen zur medizinischen Vorsorge, zur medizinischen Rehabilitation, zur Teilhabe am Arbeitsleben oder am Leben in der Gemeinschaft, die schulische Ausbildung oder die Erziehung kranker oder behinderter Menschen im Vordergrund des Zweckes der Einrichtung stehen, sowie Krankenhäuser.

§ 11 Rechtsverordnung (1) Das Bundesministerium für Arbeit und Soziales kann durch Rechtsverordnung ohne Zustimmung des Bundesrates bestimmen, dass die von der nach § 12 errichteten Kommission vorgeschlagenen Arbeitsbedingungen nach § 5 Nr. 1 und 2 auf alle Arbeitgeber sowie Arbeitnehmer und Arbeitnehmerinnen, die unter den Geltungsbereich einer Empfehlung nach § 12 a Absatz 2 fallen, Anwendung finden.

(2) Das Bundesministerium für Arbeit und Soziales hat bei seiner Entscheidung nach Absatz 1 neben den in § 1 genannten Gesetzeszielen die Sicherstellung der Qualität der Pflegeleistung sowie den Auftrag kirchlicher und sonstiger Träger der freien Wohlfahrtspflege nach § 11 Abs. 2 des Elften Buches Sozialgesetzbuch zu berücksichtigen.

(3) Vor Erlass einer Rechtsverordnung gibt das Bundesministerium für Arbeit und Soziales den in den Geltungsbereich der Rechtsverordnung fallenden Arbeitgebern und Arbeitnehmern und Arbeitnehmerinnen sowie den Parteien von Tarifverträgen, die zumindest teilweise in den fachlichen Geltungsbereich der Rechtsverordnung fallen, und paritätisch besetzten Kommissionen, die auf der Grundlage kirchlichen Rechts Arbeitsbedingungen für den Bereich kirchlicher Arbeitgeber in der Pflegebranche festlegen, Gelegenheit zur schriftlichen Stellungnahme innerhalb von drei Wochen ab dem Tag der Bekanntmachung des Entwurfs der Rechtsverordnung.

§ 12 Berufung der Kommission (1) Das Bundesministerium für Arbeit und Soziales beruft eine ständige Kommission, die über Empfehlungen zur Festlegung von Arbeitsbedingungen nach § 12 a Absatz 2 beschließt.

(2) Die Kommission wird für die Dauer von fünf Jahren berufen. Das Bundesministerium für Arbeit und Soziales kann die Dauer der Berufung verlängern, wenn die Kommission bereits Beratungen über neue Empfehlungen begonnen, jedoch noch keinen Beschluss über diese Empfehlungen gefasst hat. Die neue Berufung erfolgt in diesem Fall unverzüglich nach der Beschlussfassung, spätestens jedoch drei Monate nach Ablauf der fünfjährigen Dauer der Berufung.

(3) Die Kommission besteht aus acht Mitgliedern. Die Mitglieder nehmen ihre Tätigkeit in der Kommission ehrenamtlich wahr. Sie sind an Weisungen nicht gebunden.

(4) Das Bundesministerium für Arbeit und Soziales benennt acht geeignete Personen als ordentliche Mitglieder sowie acht geeignete Personen als deren Stellvertreter unter Berücksichtigung von Vorschlägen vorschlagsberechtigter Stellen. Vorschlagsberechtigte Stellen sind

1. Tarifvertragsparteien in der Pflegebranche, wobei
   a) in der Pflegebranche tarifzuständige Gewerkschaften oder Zusammenschlüsse von Gewerkschaften sowie
   b) in der Pflegebranche tarifzuständige Vereinigungen von Arbeitgebern oder Zusammenschlüsse von Vereinigungen von Arbeitgebern

jeweils für zwei ordentliche Mitglieder und zwei Stellvertreter vorschlagsberechtigt sind, und

2. die Dienstnehmerseite und die Dienstgeberseite paritätisch besetzter Kommissionen, die auf der Grundlage kirchlichen Rechts Arbeitsbedingungen für den Bereich kirchlicher Arbeitgeber in der Pflegebranche festlegen, wobei
   a) die Dienstnehmerseite sowie
   b) die Dienstgeberseite

jeweils für zwei ordentliche Mitglieder und zwei Stellvertreter vorschlagsberechtigt sind.

Vorschlagsberechtigte Stellen, die derselben der in Satz 2 Nummer 1 Buchstabe a bis Nummer 2 Buchstabe b genannten Gruppen angehören, können gemeinsame Vorschläge abgeben.

(5) Das Bundesministerium für Arbeit und Soziales fordert innerhalb einer von ihm zu bestimmenden angemessenen Frist zur Abgabe von Vorschlägen auf. Nach Fristablauf zugehende Vorschläge sind nicht zu berücksichtigen. Das Bundesministerium für Arbeit und Soziales prüft die Vorschläge und kann verlangen, dass für die Prüfung relevante Umstände innerhalb einer von ihm zu bestimmenden angemessenen Frist mitgeteilt und glaubhaft gemacht werden. Nach Fristablauf mitgeteilte oder glaubhaft gemachte Umstände sind nicht zu berücksichtigen.

(6) Überschreitet die Zahl der Vorschläge die Zahl der auf die jeweilige in Absatz 4 Satz 2 genannte Gruppe entfallenden Sitze in der Kommission, entscheidet das Bundesministerium für Arbeit und Soziales, welchen Vorschlägen zu folgen ist. Bei dieser Entscheidung sind zu berücksichtigen:

1. im Falle mehrerer Vorschläge von in der Pflegebranche tarifzuständigen Gewerkschaften oder Zusammenschlüssen von Gewerkschaften: deren Repräsentativität,
2. im Falle meherere Vorschläge von in der Pflegebranche tarifzuständigen Vereinigungen von Arbeitgebern odder Zusammenschlüssen von Vereinigungen von Arbeitgebern: die Abbildung der Vielfalt von freigemeinnützigen, öffentlichen und privaten Trägern sowie gleichermaßen die Repräsentativität der jeweiligen Vereinigung bzw. des jeweiligen Zusammenschlusses.

Die Repräsentativität einer Gewerkschaft oder eines Zusammenschlusses von Gewerkschaften beurteilt sich nach der Zahl der als Arbeitnehmer in der Pflegebranche beschäftigten Mitglieder der jeweiligen Gewerkschaft oder des jeweiligen Zusammenschlusses und der diesem Zusammenschluss angehörenden Gewerkschaften. Die Repräsentativität einer Vereinigung von Arbeitgebern beurteilt sich nach der Zahl der iin der Pflegebranche beschäftigten Arbeitnehmer, der Arbeitgeber Mitglieder der jeweiligen Vereinigung von Arbeitgebern sind und nach der Art ihrer Mitgliedschaft tarifgebunden sein können. Die Repräsentativität eines Zusammenschlusses von Vereinigungen von Arbeitgebern beurteilt sich nach der Zahl der in der Pflegebranche beschäftigten Arbeitnehmer, deren Arbeitgeber

1. Mitglieder des Zusammenschlusses sind und nach der Art ihrer Mitgliedschaft tarifgebunden sein können und
2. Mitglieder der diesem Zusammenschluss angehörenden Vereinigungen von Arbeitgebern sind und nach der Art ihrer Mitgliedschaft sowie der Mitgliedschaft der jeweiligen Vereinigung von Arbeitgebern tarifgebunden sein können.

Bei gemeinsamen Vorschlägen im Sinne des Absatzes 4 Satz 3 sind die auf die vorschlagsberechtigten Stellen entfallenden maßgeblichen Arbeitnehmerzahlen zu addieren.

(7) Scheidet ein ordentliches Mitglied oder ein Stellvertreter aus, benennt das Bundesministerium für Arbeit und Soziales eine andere geeignete Person. War das Bundesministerium für Arbeit und Soziales mit der Benennung des ausgeschiedenen ordentlichen Mitglieds oder des Stellvertreters dem Vorschlag einer vorschlagsberechtigten Stelle oder, im Falle eines gemeinsamen Vorschlage nach Absatz 4 Satz 3, vorschlagsberechtigter Stellen gefolgt, so erfolgt auch die neue Benennung unter Berücksichtigung deren Vorschlags. Schlägt die Stelle oder schlagen die Stellen innerhalb einer von dem Bundesministerium für Arbeit und Soziales zu bestimmenden angemessenen Frist keine geeignete Person vor, so entscheidet das Bundesministerium für Arbeit und Soziales über die Benennung. Absatz 5 Satz 3 und 4 gilt entsprechend.

(8) Klagen gegen die Benennung von Mitgliedern durch das Bundesministerium für Arbeit und Soziales haben keine aufschiebende Wirkung.

§ 12 a Empfehlung von Arbeitsbedingungen (1) Auf Antrag einer vorschlagsberechtigten Stelle im Sinne des § 12 Absatz 4 Satz 2 nimmt die Kommission

Beratungen auf. Hat das Bundesministerium für Arbeit und Soziales bekannt gegeben, dass Verhandlungen über einen Tarifvertrag im Sinne des § 7 a Absatz 1 a Satz 1 aufgenommen worden sind, so können drei Viertel der Mitglieder der Gruppen nach § 12 Absatz 4 Satz 2 Nummer 2 Buchstabe a und b gemeinsam verlangen, dass Beratungen über neue Empfehlungen frühestens vier Monate nach Ablauf der Frist für die Benennung von Kommissionen nach § 7 a Absatz 1 a Satz 2 aufgenommen oder fortgesetzt werden.

(2) Die Kommission beschließt Empfehlungen zur Festlegung von Arbeitsbedingungen nach § 5 Satz 1 Nummer 1 oder 2. Dabei berücksichtigt die Kommission die in den §§ 1 und 11 Absatz 2 genannten Ziele. Empfohlene Mindestentgeltsätze sollen nach der Art der Tätigkeit oder der Qualifikation der Arbeitnehmer differenzieren. Empfehlungen sollen sich auf eine Dauer von mindestens 24 Monaten beziehen. Die Kommission kann eine Ausschlussfrist empfehlen, die den Anforderungen des § 9 Satz 3 entspricht. Empfehlungen sind schriftlich zu begründen.

(3) Ein Beschluss der Kommission kommt zustande, wenn mindestens drei Viertel der Mitglieder

1. der Gruppen nach § 12 Absatz 4 Satz 2 Nummer 1 Buchstabe a und b,
2. der Gruppen nach § 12 Absatz 4 Satz 2 Nummer 2 Buchstabe a und b,
3. der Gruppen nach § 12 Absatz 4 Satz 2 Nummer 1 Buchstabe a und Nummer 2 Buchstabe a sowie
4. der Gruppen nach § 12 Absatz 4 Satz 2 Nummer 1 Buchstabe b und Nummer 2 Buchstabe b

anwesend sind und zustimmen. Ordentliche Mitglieder können durch ihre jeweiligen Stellevertreter vertreten werden.

(4) Die Sitzungen der Kommission werden von einem oder einer nicht stimmberechtigten Beauftragten des Bundesministeriums für Arbeit und Soziales geleitet. Sie sind nicht öffentlich. Der Inhalt ihrer Beratungen ist vertraulich. Die Kommission zieht regelmäßig nicht stimmberechtigte Vertreter des Bundesministeriums für Arbeit und Soziales und des Bundesministeriums für Gesundheit zu den Sitzungen hinzu. Näheres ist in der Geschäftsordnung der Kommission zu regeln.

§ 13 Rechtsfolgen Die Regelungen einer Rechtsverordnung nach § 7 a gehen den Regelungen einer Rechtsverordnung nach § 11 vor, soweit sich die Geltungsbereiche der Verordnungen überschneiden. Unbeschadet des Satzes 1 steht eine Rechtsverordnung nach § 11 für die Anwendung der §§ 8 und 9 sowie der Abschnitte 5 und 6 einer Rechtsverordnung nach § 7 gleich.

…

Abschnitt 5 – Zivilrechtliche Durchsetzung

§ 14 Haftung des Auftraggebers Ein Unternehmer, der einen anderen Unternehmer mit der Erbringung von Werk- oder Dienstleistungen beauftragt, haftet für die Verpflichtungen dieses Unternehmers, eines Nachunternehmers oder eines von dem Unternehmer oder einem Nachunternehmer beauftragten Verleihers zur Zahlung des Mindestentgelts an Arbeitnehmer oder Arbeitnehmerinnen oder zur Zahlung von Beiträgen an eine gemeinsame Einrichtung der Tarifvertragsparteien nach § 8 wie ein Bürge, der auf die Einrede der Vorausklage verzichtet hat. Das Mindestentgelt im Sinne des Satzes 1 umfasst nur den Betrag, der nach Abzug der Steuern und der Beiträge zur Sozialversicherung und zur Arbeitsförderung oder entsprechender Aufwendungen zur sozialen Sicherung an Arbeitnehmer oder Arbeitnehmerinnen auszuzahlen ist (Nettoentgelt).

§ 15 Gerichtsstand Arbeitnehmer und Arbeitnehmerinnen, die in den Geltungsbereich dieses Gesetzes entsandt sind oder waren, können eine auf den Zeitraum der Entsendung bezogene Klage auf Erfüllung der Verpflichtungen nach den §§ 2, 8 oder 14 auch vor einem deutschen Gericht für Arbeitssachen erheben. Diese Klagemöglichkeit besteht auch für eine gemeinsame Einrichtung der Tarifvertragsparteien nach § 5 Nr. 3 in Bezug auf die ihr zustehenden Beiträge.

Abschnitt 6 – Kontrolle und Durchsetzung durch staatliche Behörden

§ 16 Zuständigkeit Für die Prüfung der Einhaltung der Pflichten eines Arbeitgebers nach § 8, soweit sie sich auf die Gewährung von Arbeitsbedingungen nach § 5 Satz 1 Nummer 1 bis 4 beziehen, sind die Behörden der Zollverwaltung zuständig.

§ 17 Befugnisse der Behörden der Zollverwaltung und anderer Behörden Die §§ 2 bis 6, 14, 15, 20, 22 und 23 des Schwarzarbeitsbekämpfungsgesetzes sind entsprechend anzuwenden mit der Maßgabe, dass

1. die dort genannten Behörden auch Einsicht in Arbeitsverträge, Niederschriften nach § 2 des Nachweisgesetzes und andere Geschäftsunterlagen nehmen können, die mittelbar oder unmittelbar Auskunft über die Einhaltung der Arbeitsbedingungen nach § 8 geben,
2. die nach § 5 Abs. 1 des Schwarzarbeitsbekämpfungsgesetzes zur Mitwirkung Verpflichteten diese Unterlagen vorzulegen haben, und
3. die Behörden der Zollverwaltung zur Prüfung von Arbeitsbedingungen nach § 5 Satz 1 Nummer 4 befugt sind, bei einer dringenden Gefahr für die öffentliche Sicherheit und Ordnung die vom Arbeitgeber zur Verfügung gestellten Unterkünfte für Arbeitnehmer und Arbeitnehmerinnen zu jeder Tages- und Nachtzeit zu betreten.

Die §§ 16 bis 19 des Schwarzarbeitsbekämpfungsgesetzes finden Anwendung. § 6 Absatz 4 des Schwarzarbeitsbekämpfungsgesetzes findet entsprechende Anwendung. Für die Datenverarbeitung, die dem in § 16 genannten Zweck oder

der Zusammenarbeit mit den Behörden des Europäischen Wirtschaftsraums nach § 20 Abs. 2 dient, findet § 67 Absatz 3 Nummer 4 des Zehnten Buches Sozialgesetzbuch keine Anwendung. Das Grundrecht der Unverletzlichkeit der Wohnung (Artikel 13 des Grundgesetzes) wird durch Satz 1 Nummer 3 eingeschränkt.

§ 18 Meldepflicht (1) Soweit die Rechtsnormen eines für allgemeinverbindlich erklärten Tarifvertrages nach § 4 Absatz 1 Nummer 1, § 5 Satz 1 Nummer 1 bis 4 und § 6 Absatz 2 oder einer Rechtsverordnung nach § 7 oder § 7 a, soweit sie Arbeitsbedingungen nach § 5 Satz 1 Nummer 1 bis 3 vorschreibt, auf das Arbeitsverhältnis Anwendung finden, ist ein Arbeitgeber mit Sitz im Ausland, der einen Arbeitnehmer oder eine Arbeitnehmerin oder mehrere Arbeitnehmer oder Arbeitnehmerinnen innerhalb des Geltungsbereichs dieses Gesetzes beschäftigt, verpflichtet, vor Beginn jeder Werk- oder Dienstleistung eine schriftliche Anmeldung in deutscher Sprache bei der zuständigen Behörde der Zollverwaltung vorzulegen, die die für die Prüfung wesentlichen Angaben enthält. Wesentlich sind die Angaben über
1. Familienname, Vornamen und Geburtsdatum der von ihm im Geltungsbereich dieses Gesetzes beschäftigten Arbeitnehmer und Arbeitnehmerinnen,
2. Beginn und voraussichtliche Dauer der Beschäftigung,
3. Ort der Beschäftigung, bei Bauleistungen die Baustelle,
4. Ort im Inland, an dem die nach § 19 erforderlichen Unterlagen bereitgehalten werden,
5. Familienname, Vornamen, Geburtsdatum und Anschrift in Deutschland des oder der verantwortlich Handelnden,
6. Branche, in die die Arbeitnehmer und Arbeitnehmerinnen entsandt werden sollen, und
7. Familienname, Vornamen und Anschrift in Deutschland eines oder einer Zustellungsbevollmächtigten, soweit dieser oder diese nicht mit dem oder der in Nummer 5 genannten verantwortlich Handelnden identisch ist.

Änderungen bezüglich dieser Angaben hat der Arbeitgeber im Sinne des Satzes 1 unverzüglich zu melden.

(2) Der Arbeitgeber hat der Anmeldung eine Versicherung beizufügen, dass er seine Verpflichtungen nach § 8 einhält.

(3) Überlässt ein Verleiher mit Sitz im Ausland einen Arbeitnehmer oder eine Arbeitnehmerin oder mehrere Arbeitnehmer oder Arbeitnehmerinnen zur Arbeitsleistung einem Entleiher, hat der Entleiher unter den Voraussetzungen des Absatzes 1 Satz 1 vor Beginn jeder Werk- oder Dienstleistung der zuständigen Behörde der Zollverwaltung eine schriftliche Anmeldung in deutscher Sprache mit folgenden Angaben zuzuleiten:
1. Familienname, Vornamen und Geburtsdatum der überlassenen Arbeitnehmer und Arbeitnehmerinnen,
2. Beginn und Dauer der Überlassung,
3. Ort der Beschäftigung, bei Bauleistungen die Baustelle,

4. Ort im Inland, an dem die nach § 19 erforderlichen Unterlagen bereitgehalten werden,
5. Familienname, Vornamen und Anschrift in Deutschland eines oder einer Zustellungsbevollmächtigten des Verleihers,
6. Branche, in die die Arbeitnehmer und Arbeitnehmerinnen entsandt werden sollen, und
7. Familienname, Vornamen oder Firma sowie Anschrift des Verleihers.

Absatz 1 Satz 3 gilt entsprechend.

(4) Der Entleiher hat der Anmeldung eine Versicherung des Verleihers beizufügen, dass dieser seine Verpflichtungen nach § 8 einhält.

(5) Das Bundesministerium der Finanzen kann durch Rechtsverordnung[1] im Einvernehmen mit dem Bundesministerium für Arbeit und Soziales ohne Zustimmung des Bundesrates bestimmen,

1. dass, auf welche Weise und unter welchen technischen und organisatorischen Voraussetzungen eine Anmeldung, Änderungsmeldung und Versicherung abweichend von Absatz 1 Satz 1 und 3, Absatz 2 und 3 Satz 1 und 2 und Absatz 4 elektronisch übermittelt werden kann,
2. unter welchen Voraussetzungen eine Änderungsmeldung ausnahmsweise entfallen kann, und
3. wie das Meldeverfahren vereinfacht oder abgewandelt werden kann, sofern die entsandten Arbeitnehmer und Arbeitnehmerinnen im Rahmen einer regelmäßig wiederkehrenden Werk- oder Dienstleistung eingesetzt werden oder sonstige Besonderheiten der zu erbringenden Werk- oder Dienstleistungen dies erfordern.

(6) Das Bundesministerium der Finanzen kann durch Rechtsverordnung[2] ohne Zustimmung des Bundesrates die zuständige Behörde nach Absatz 1 Satz 1 und Absatz 3 Satz 1 bestimmen.

§ 19 Erstellen und Bereithalten von Dokumenten[3] (1) Soweit die Rechtsnormen eines für allgemeinverbindlich erklärten Tarifvertrages nach § 4 Absatz 1 Nummer 1, § 5 Satz 1 Nummer 1 bis 4 und § 6 Absatz 2 oder einer entsprechenden Rechtsverordnung nach § 7 oder § 7 a über die Zahlung eines Mindestentgelts oder die Einziehung von Beiträgen und die Gewährung von Leistungen im Zusammenhang mit Urlaubsansprüchen auf das Arbeitsverhältnis Anwendung finden, ist der Arbeitgeber verpflichtet, Beginn, Ende und Dauer der täglichen Arbeitszeit der Arbeitnehmer und Arbeitnehmerinnen spätestens bis zum Ablauf des siebten auf den Tag der Arbeitsleistung folgenden Kalendertages aufzuzeichnen und diese Aufzeichnungen mindestens zwei Jahre beginnend ab dem für die Aufzeichnung maßgeblichen Zeitpunkt aufzubewahren. Satz 1 gilt

---

1 **Vgl. Mindestlohnmeldeverordnung** – MiLoMeldV (abgedruckt in Fn. zu § 16 Abs. 5 MiLoG; Nr. 31 b).

2 Vgl. **VO zur Bestimmung der zuständigen Behörde nach § 18 Abs. 6 des Arbeitnehmer-Entsendegesetzes** (AEntGMeldstellV) vom 31. 8. 2009 (BGBl. I 3000), geändert durch Gesetz vom 3. 12. 2015 (BGBl. I 2178).

3 S. auch § 6 GSA Fleisch, abgedruckt in Fn. zu § 28 e SGB IV (Nr. 30 IV).

entsprechend für einen Entleiher, dem ein Verleiher einen Arbeitnehmer oder eine Arbeitnehmerin oder mehrere Arbeitnehmer oder Arbeitnehmerinnen zur Arbeitsleistung überlässt.
(2) Jeder Arbeitgeber ist verpflichtet, die für die Kontrolle der Einhaltung eines für allgemeinverbindlich erklärten Tarifvertrages nach § 4 Absatz 1 Nummer 1, § 5 Satz 1 Nummer 1 bis 4 und § 6 Absatz 2 oder einer entsprechenden Rechtsverordnung nach § 7 oder § 7 a erforderlichen Unterlagen im Inland für die gesamte Dauer der tatsächlichen Beschäftigung der Arbeitnehmer und Arbeitnehmerinnen im Geltungsbereich dieses Gesetzes, mindestens für die Dauer der gesamten Werk- oder Dienstleistung, insgesamt jedoch nicht länger als zwei Jahre in deutscher Sprache bereitzuhalten. Auf Verlangen der Prüfbehörde sind die Unterlagen auch am Ort der Beschäftigung bereitzuhalten, bei Bauleistungen auf der Baustelle.
(3) Das Bundesministerium für Arbeit und Soziales kann durch Rechtsverordnung ohne Zustimmung des Bundesrates die Verpflichtungen des Arbeitgebers oder eines Entleihers nach § 18 und den Absätzen 1 und 2 hinsichtlich einzelner Branchen oder Gruppen von Arbeitnehmern und Arbeitnehmerinnen einschränken.[1]
(4) Das Bundesministerium der Finanzen kann durch Rechtsverordnung im Einvernehmen mit dem Bundesministerium für Arbeit und Soziales ohne Zustimmung des Bundesrates bestimmen, wie die Verpflichtung des Arbeitgebers, die tägliche Arbeitszeit bei ihm beschäftigter Arbeitnehmer und Arbeitnehmerinnen aufzuzeichnen und diese Aufzeichnungen aufzubewahren, vereinfacht oder abgewandelt werden kann, sofern Besonderheiten der zu erbringenden Werk- oder Dienstleistungen oder Besonderheiten der Branche dies erfordern.[2]
…

§ 23 Bußgeldvorschriften (1) Ordnungswidrig handelt, wer vorsätzlich oder fahrlässig
1. entgegen § 8 Abs. 1 Satz 1 oder Abs. 3 eine dort genannte Arbeitsbedingung nicht oder nicht rechtzeitig gewährt oder einen Beitrag nicht oder nicht rechtzeitig leistet,
2. entgegen § 17 Satz 1 in Verbindung mit § 5 Abs. 1 Satz 1 Nummer 1 oder 3 des Schwarzarbeitsbekämpfungsgesetzes eine Prüfung nicht duldet oder bei einer Prüfung nicht mitwirkt,
3. entgegen § 17 Satz 1 in Verbindung mit § 5 Abs. 1 Satz 1 Nummer 2 des Schwarzarbeitsbekämpfungsgesetzes das Betreten eines Grundstücks oder Geschäftsraums nicht duldet,
4. entgegen § 17 Satz 1 in Verbindung mit § 5 Absatz 5 Satz 1 des Schwarz-

1 Vgl. **Verordnung zu den Dokumentationspflichten nach den §§ 16 und 17 des Mindestlohngesetzes und den §§ 18 und 19 des Arbeitnehmer-Entsendegesetzes in Bezug auf bestimmte bestimmte Arbeitnehmergruppen** (MiLoDokV) v. 29. 7. 2015 (BAnz. AT 31. 07. 2015 V1; abgedruckt in Fn. zu § 17 Abs. 3 MiLoG; Nr. 31 b).

2 Vgl. **Mindestlohnaufzeichnungsverordnung** – MiLoAufzV (abgedruckt in Fn. zu § 17 Abs. 4 MiLoG; Nr. 31 b).

arbeitsbekämpfungsgesetzes Daten nicht, nicht richtig, nicht vollständig, nicht in der vorgeschriebenen Weise oder nicht rechtzeitig übermittelt,
5. entgegen § 18 Abs. 1 Satz 1 oder Abs. 3 Satz 1 eine Anmeldung nicht, nicht richtig, nicht vollständig, nicht in der vorgeschriebenen Weise oder nicht rechtzeitig vorlegt oder nicht, nicht richtig, nicht vollständig, nicht in der vorgeschriebenen Weise oder nicht rechtzeitig zuleitet,
6. entgegen § 18 Abs. 1 Satz 3, auch in Verbindung mit Absatz 3 Satz 2, eine Änderungsmeldung nicht, nicht richtig, nicht vollständig, nicht in der vorgeschriebenen Weise oder nicht rechtzeitig macht,
7. entgegen § 18 Abs. 2 oder 4 eine Versicherung nicht, nicht richtig oder nicht rechtzeitig beifügt,
8. entgegen § 19 Absatz 1 Satz 1, auch in Verbindung mit Satz 2, eine Aufzeichnung nicht, nicht richtig, nicht vollständig oder nicht rechtzeitig erstellt oder nicht oder nicht mindestens zwei Jahre aufbewahrt oder
9. entgegen § 19 Abs. 2 eine Unterlage nicht, nicht richtig, nicht vollständig oder nicht in der vorgeschriebenen Weise bereithält.

(2) Ordnungswidrig handelt, wer Werk- oder Dienstleistungen in erheblichem Umfang ausführen lässt, indem er als Unternehmer einen anderen Unternehmer beauftragt, von dem er weiß oder fahrlässig nicht weiß, dass dieser bei der Erfüllung dieses Auftrags
1. entgegen § 8 Abs. 1 Satz 1 oder Abs. 3 eine dort genannte Arbeitsbedingung nicht oder nicht rechtzeitig gewährt oder einen Beitrag nicht oder nicht rechtzeitig leistet oder
2. einen Nachunternehmer einsetzt oder zulässt, dass ein Nachunternehmer tätig wird, der entgegen § 8 Abs. 1 Satz 1 oder Abs. 3 eine dort genannte Arbeitsbedingung nicht oder nicht rechtzeitig gewährt oder einen Beitrag nicht oder nicht rechtzeitig leistet.

(3) Die Ordnungswidrigkeit kann in den Fällen des Absatzes 1 Nr. 1 und des Absatzes 2 mit einer Geldbuße bis zu fünfhunderttausend Euro, in den übrigen Fällen mit einer Geldbuße bis zu dreißigtausend Euro geahndet werden.

(4) Verwaltungsbehörden im Sinne des § 36 Abs. 1 Nr. 1 des Gesetzes über Ordnungswidrigkeiten sind die in § 16 genannten Behörden jeweils für ihren Geschäftsbereich.

(5) Für die Vollstreckung zugunsten der Behörden des Bundes und der bundesunmittelbaren juristischen Personen des öffentlichen Rechts sowie für die Vollziehung des Vermögensarrestes nach § 111 e der Strafprozessordnung in Verbindung mit § 46 des Gesetzes über Ordnungswidrigkeiten durch die in § 16 genannten Behörden gilt das Verwaltungs-Vollstreckungsgesetz des Bundes.

...

31 b. Gesetz zur Regelung eines allgemeinen Mindestlohns (Mindestlohngesetz – MiLoG)

Aktuelle höchstrichterliche Rechtsprechung

Datum	Gericht/Az.	Fundstelle	Thema
30.1.19	BAG 5 AZR 556/17	NZA 19, 773	Praktikum
18.9.18	BAG 9 AZR 162/18	NZA 18, 1619	Verfallklausel

Einleitung

I. Gesetzeszweck und Entwicklung

Das Mindestlohngesetz wurde verkündet als Art. 1 des TarifautonomiestärkungsG (v. 11.8.14, BGBl. I 1348: Gesetzentwurf: BT-Drs. 147/14; zum vorausgehenden Referentenentwurf: *Spielberger/Schilling*, NZA 14, 414 ff.). Es bildet den Schlusspunkt einer lange dauernden rechtspolitischen Debatte um einen einheitlichen gesetzlichen Mindestlohn. Anfängliche Befürchtungen, ein gesetzlicher Mindestlohn könne für Arbeitnehmer die Gewerkschaftsmitgliedschaft unattraktiv machen, wichen allmählich der Erkenntnis, dass es durchaus Bereiche gibt, in denen es den Gewerkschaften nicht gelang, angemessene Arbeitsbedingungen durch Tarifverträge auszuhandeln. In jüngerer Zeit kam die Überlegung hinzu, dass ein allgemeiner Mindestlohn die Tarifautonomie stützt, indem Konkurrenz durch Außenseiter ausgeschaltet wird. Genau aus diesem Grunde ist das MiLoG Teil des TarifautonomiestärkungsG (vgl. *Waltermann*, AuR 15, 166, 166 f.).

Vielfach wird behauptet, Mindestlöhne vernichteten Arbeitsplätze, da die Beschäftigung für Arbeitgeber zu teuer würde. Dies konnte das IAB in einer Untersuchung zu den Folgen des Mindestlohns im Bauhauptgewerbe nicht bestätigen (IAB-Kurzbericht 4/12). Die schwarz-gelbe Koalition (2009 – 2013) war zunächst skeptisch, sogar in Bezug auf das seinerzeit geltende System branchenspezifischer Mindestlöhne (vgl. 39. Aufl., Einl. A zum AEntG, Nr. 31 a), und wollte das bisherige Konzept zunächst evaluieren. Entsprechende Beschäftigungsverluste ließen sich im Rahmen wissenschaftlicher Untersuchungen nicht feststellen, allerdings konnte man gerade in Ostdeutschland feststellen, dass Mindestlöhne Einfluss auf die Lohnverteilung unter den Beschäftigten haben (s. Schwerpunktheft des Journal for Labour Market Research 12, 187 ff.). Konkrete politische Ergebnisse sind daraus nicht erwachsen. Am Ende haben sich alle Parteien, sogar die FDP, in ihren Wahl-

programmen für die Bundestagswahl 2013 für Mindestlöhne in der einen oder anderen Form ausgesprochen (vgl. *Deinert/Kittner*, RdA 13, 265). Das hinderte aber nicht daran, einen Bundesratsentwurf (BR-Drs. 136/13) zunächst zu vertagen sowie Mindestlohnanträge der Fraktionen Bündnis 90/Die Grünen (BT-Drs. 17/13719) und Die Linke (BT-Drs. 17/13551) abzulehnen. Die dann gebildete Große Koalition nahm das Projekt eines allgemeinen gesetzlichen Mindestlohns dann jedoch in den Koalitionsvertrag auf (Deutschlands Zukunft gestalten, Koalitionsvertrag zwischen CDU, CSU und SPD, S. 48 f.). Das nun vorliegende Gesetz regelt die unterste Stufe eines abgestuften Konzepts von Mindestlöhnen (vgl. Einl. II 1 zum AEntG, Nr. 31 a): gesetzlicher Mindestlohn nach dem MiLoG – Branchenmindestlohn nach dem AEntG (Nr. 31 a) – Tariflohn nach dem TVG (Nr. 31).
Es wird überwiegend davon ausgegangen, dass ein gesetzlicher Mindestlohn verfassungsrechtlich zulässig ist (*Preis/Ulber*, in: Fischer-Lescano/Preis/Ulber, Verfassungsmäßigkeit des Mindestlohns, 2015, S. 59; *Barczak*, RdA 14, 290, *Lakies*, AuR 13, 69; *Picker*, RdA 14, 25, 28; a. A. *Lobinger*, ZfA 16, 99; vgl. insb. zum Verhältnis zur Tarifautonomie u. II 4). Bis zuletzt war rechtspolitisch besonders umstritten, für welche Bereiche Ausnahmen vom Mindestlohn zuzulassen sind (vgl. *Nielebock*, AiB 5/14, 34 ff.; Böckler impuls 2/14, S. 1). Das *BVerfG* hat in zwei Entscheidungen Verfassungsbeschwerden nicht zur Entscheidung angenommen, weil der Rechtsweg vor den Fachgerichten nicht erschöpft war. Das betraf einerseits die Verfassungsmäßigkeit der Melde- und Dokumentationspflichten und der Pflicht zur Zahlung des Mindestlohns für ausländische Arbeitgeber (*BVerfG* 25. 6. 2015 – 1 BvR 555/15, NZA 15, 864), andererseits die Verfassungsmäßigkeit der Ausnahme vom Mindestlohn für Kinder und Jugendliche (*BVerfG* 25. 6. 2015 – 1 BvR 37/15, NZA 15, 866).

II. Gesetzesinhalt

1. Höhe des Mindestlohns

Das Gesetz gewährleistete seit 1. 1. 2015 für alle Arbeitnehmer einen Mindestlohn in Höhe von 8,50 € pro Stunde. Künftige Änderungen der Höhe des Mindestlohnes erfolgen durch eine Rechtsverordnung der Bundesregierung gemäß § 11. Diese Rechtsverordnung kann nur auf Vorschlag der sog. Mindestlohnkommission nach §§ 4 ff. ergehen. Die Mindestlohnkommission hat je 3 stimmberechtigte Mitglieder auf Vorschlag der Spitzenorganisationen der Arbeitgeber und der Arbeitnehmer (§ 5) und je ein beratendes wissenschaftliches Mitglied auf Vorschlag der jeweiligen Spitzenorganisationen (§ 7) Der Vorsitzende der Mindestlohnkommission wird auf gemeinsamen Vorschlag der Spitzenorganisationen berufen. Sofern dies nicht gelingt, gibt es 2 Vorsitzende, die abwechselnd tätig werden (§ 6). Erstmalig hat die Mindestlohnkommission eine Anpassung zum 1. 1. 17 auf 8,84 € beschlossen. Seit 1. 1. 2020 beträgt der Mindestlohn 9,35 Euro (vgl. Fn. zu § 1). Alle 2 Jahre wird über Anpassungen beschlossen (§ 9 Abs. 1). Dabei soll sich die Mindestlohnkommission nachlaufend an der Tarifentwicklung orientieren (§ 9 Abs. 2 Satz 2). Dadurch soll ausgeschlossen werden, dass der Mindestlohn spätere Tarifverhandlungen präjudiziert. Zielsetzung der Anpassungsentscheidung muss sein, einen Mindestlohn zu finden, der einen angemessenen Mindestschutz der

Arbeitnehmer gewährleistet und funktionierende Wettbewerbsbedingungen ermöglicht, ohne die Beschäftigung zu gefährden (§ 9 Abs. 2 Satz 1).

2. Anwendungsbereich

Der Anwendungsbereich des Mindestlohns ist in § 22 geregelt. Danach haben zunächst alle Arbeitnehmer Anspruch auf den Mindestlohn. Eine Gleichstellung von Auszubildenden ist nicht vorgesehen (im Gegenteil: § 22 Abs. 3 schließt dies ausdrücklich aus). Um zu vermeiden, dass Jugendliche auf eine Berufsausbildung verzichten, um den im Vergleich zur Ausbildungsvergütung höheren Mindestlohn zu beanspruchen, gilt der Mindestlohn nach § 22 Abs. 2 für unter Achtzehnjährige ohne Berufsausbildung nicht (vgl. Einl. II 2 zum BBiG, Nr. 10). Die Verfassungsmäßigkeit dieser Regelung wurde bestritten (*Preis/Ulber*, in: Fischer-Lescano/Preis/Ulber, Verfassungsmäßigkeit des Mindestlohns, 2015, S. 188 ff.; a. A. *Sittard*, NZA 14, 951, 953). Außerdem wurde die Vereinbarkeit mit dem Verbot der Altersdiskriminierung nach der Richtlinie 2000/78/EG (vgl. Einl. I zum AGG, Nr. 2) in Zweifel gezogen (*Brors*, NZA 14, 938, 941 f.). Unabhängig davon besteht auch die Gefahr, dass in bestimmten Branchen reguläre Beschäftigung noch weiter durch Schüler-Arbeitsverhältnisse umgangen wird (Böckler impuls 6/14, S. 4). Demgegenüber können auch Praktikanten den Mindestlohn beanspruchen. Das gilt nicht nur für solche Praktikanten, die in Wirklichkeit »Arbeitnehmer« sind, diese können schon als Arbeitnehmer gemäß § 22 Abs. 1 Satz 1 den Mindestlohn beanspruchen, sondern auch für andere Praktikanten unter den näheren Voraussetzungen des § 22 Abs. 1 Satz 2 (vgl. Einl. II 2 zum BiBiG, Nr. 10; zu sog. Orientierungspraktika s. *BAG* 30. 1. 2019 – 5 AZR 556/17, NZA 19, 773). Keinen Anspruch auf den Mindestlohn haben nach § 22 Abs. 4 Satz 1 schließlich Langzeitarbeitslose im Sinne des § 18 Abs. 1 SGB III im unmittelbaren Anschluss an die Arbeitslosigkeit, also diejenigen, die nach einjähriger Arbeitslosigkeit eine Beschäftigung aufnehmen. Diese Ausnahme gilt für die ersten 6 Monate der Beschäftigung. Auf Antrag stellt die BA dazu Bescheinigungen aus. Von der Ausnahmeregelung wurde offensichtlich wenig Gebrauch gemacht (*vom Berge/Klingert/Becker/Lenhart/Trenkle/Umkehrer*, IAB-Kurzbericht 23/16). Schließlich gibt es Sonderregelungen für Zeitungszusteller gemäß § 24 Abs. 2, die sich zwischenzeitlich erledigt haben (zur Frage der Verfassungsmäßigkeit *BAG* 25. 4. 2018 – 5 AZR 25/17, NZA 18, 1145). Seit 2018 gilt für sie der Mindestlohn in der für alle gültigen Höhe.

3. Unabdingbarkeit und Fälligkeit

Der Mindestlohn ist zwingend gemäß § 3. Andere Mindestlöhne, etwa nach einer Rechtsverordnung auf Grundlage des AEntG, gehen dem MiLoG aber vor (*Preis/Ulber*, Ausschlussfristen und Mindestlohngesetz, S. 41). Die Unabdingbarkeit nach § 3 bedeutet: eine geringere Vergütung können die Vertragsparteien nicht vereinbaren. Wenn der Arbeitgeber eine verstetigte monatliche Vergütung zahlt, ist daneben immer eine Vergleichsrechnung anzustellen, um zu ermitteln, ob der Mindeststundenlohn für jede Stunde erreicht wurde (*Lambrich/Mitius*, DB 15, 126). Einer Entgeltumwandlung nach § 1 a BetrAVG steht das Gesetz aber nicht entgegen (*Jöris/v. Steinau-Steinrück*, BB 14, 2101, 2103). Die Rechtsprechung sieht im Mindestlohn einen gesetzlich begründeten Anspruch, der neben den vertraglichen Lohnanspruch tritt (*BAG* 25.5.2016 – 5 AZR 135/16, BB 16, 2621, Rn. 22). Der vertraglich vereinbarte Lohn ist deshalb nicht etwa mit der Folge nichtig, dass gemäß § 612 Abs. 2 BGB (Nr. 14) die übliche Vergütung verlangt werden könnte, was ja durchaus mehr sein kann als der gesetzliche Mindestlohn (in diesem Sinne etwa *Däubler*, NJW 14, 1924, 1927; *Bayreuther*, NZA 14, 865, 866; *Pötters/Krause*, NZA 15, 398).

Der Mindestlohn bezieht sich nach überwiegender Ansicht nur auf geleistete Arbeitsstunden, nicht auf Entgeltansprüche ohne Arbeitsleistung (*BAG* 25.5.2016 – 5 AZR 135/16, BB 16, 2621, Rn. 19; *Vogelsang/Wensing*, NZA 16, 141; a.A. *Waltermann*, AuR 15, 166, 170). Richtiger Ansicht nach ist er aber zumindest bei Entgeltfortzahlungstatbeständen, die sich nach der ausgefallenen oder der bisherigen Vergütung richten, ebenfalls zugrunde zu legen (*Viethen*, NZA Beilage 4/14, 143, 145; *Greiner/Strippelmann*, BB 15, 949 ff.; *Kocher*, AuR 15, 173, 175 ff.). Das hat das *BAG* in Bezug auf die Entgeltfortzahlung bei Krankheit und an Feiertagen nach dem EFZG (Nr. 18) sowie das Urlaubsentgelt nach § 11 BUrlG (Nr. 19) bestätigt (*BAG* 13.5.2015 – 10 AZR 495/14, NZA 15, 1127). Es spricht viel dafür, dass die Frage in Bezug auf das MiLoG nicht anders zu beantworten ist (a.A. *Thüsing/Hütter*, NZA 15, 970). Auch für Zeiten des Bereitschaftsdienstes ist der Mindestlohn zu zahlen (*BAG* 29.6.2016 – 5 AZR 716/15, NZA 16, 1332).

Ansprüche auf den Mindestlohn sind unbeschränkbar, unverzichtbar und ihre Verwirkung ist ausgeschlossen (§ 3). Daher können Mindestlohnansprüche auch durch Versäumen von Ausschlussfristen nicht untergehen. Das ist auch insoweit verfassungsgemäß, als Tarifverträge den Mindestlohn nicht einschränken können (*BAG* 20.6.2018 – 5 AZR 377/17, DB 18, 2766, Rn. 26 ff.). Das bedeutet, dass auch derjenige, der Anspruch auf einen Stundenlohn von 50 € hat, wenn er eine Ausschlussfrist versäumt, weiterhin zumindest den Mindestlohn verlangen kann. Eine Ausschlussklausel, die ganz allgemein Ansprüche aus dem Arbeitsverhältnis betrifft und damit auch Mindestlohnansprüche, ist allerdings nur insoweit unwirksam, als sie den gesetzlichen Mindestlohn erfasst (*BAG* 20.6.2018 – 5 AZR 377/17, DB 18, 2766, Rn. 25). Mit Rücksicht auf den Normzweck soll eine Ausschlussfrist darüber hinaus aber auch insoweit unwirksam sein, als sie einen Entgeltfortzahlungsanspruch bei Krankheit bis zur Höhe des Mindestlohns ausschließt (*BAG* 20.6.2018 – 5 AZR 377/17, DB 18, 2766, Rn. 33). Jedoch ist eine ab Inkrafttreten des MiLoG (1.1.2015) getroffene Ausschlussklausel wegen Intransparenz nach § 307 Abs. 1 Satz 2 BGB unwirksam, weil sie den Mindestlohn nicht ausnimmt und insoweit eine unzutreffende Rechtslage suggeriert (*BAG* 18.9.2018 – 9 AZR 162/18, NZA 18, 1619).

Im Übrigen haben auch Arbeitnehmer, die unter einem fremden Arbeitsrecht in Deutschland arbeiten, Anspruch auf den gesetzlichen Mindestlohn (s. Einl. III zur Rom I-VO, Nr. 14 a).

Der Mindestlohn ist eine absolute gesetzliche Untergrenze. Das bedeutet nicht, dass eine Vergütung, die dem Mindestlohn entspricht oder höher ist, damit automatisch angemessen und nicht sittenwidrig ist (vgl. auch *BAG* 18.11.2015 – 5 AZR

814/14, NZA 16, 494, Rn. 40). Im Gegenteil kann auch eine höhere Vergütung, je nach Tätigkeit, sittenwidrig sein (*Viethen*, NZA Beilage 4/14, 143, 144; *Bayreuther*, NZA 14, 865, 866; *Däubler*, NJW 14, 1924, 1927; *Sittard*, RdA 15, 99, 106).
Die Fälligkeit des Mindestlohns richtet sich gemäß § 2 Abs. 1 in erster Linie nach der vereinbarten Fälligkeit, wegen § 614 BGB normalerweise am Ende des jeweiligen Zeitabschnitts. Der Mindestlohn muss spätestens am letzten Bankarbeitstag des Folgemonats gezahlt werden (§ 2 Abs. 1 Satz 1 Nr. 2). Eine besondere Regelung enthält § 2 Abs. 2 für Arbeitszeitkonten, die innerhalb von 12 Monaten ausgeglichen werden müssen und nicht mehr als 50 % Überstunden enthalten dürfen. Demgegenüber sind nach § 2 Abs. 3 noch besonders bevorrechtigt Wertguthabenvereinbarungen nach §§ 7 b ff. SGB IV (Nr. 30 IV).

4. Verhältnis zu Tarifverträgen und anderen Mindestlohnregeln

Eine der umstrittensten Fragen des Mindestlohngesetzes war das Verhältnis zu abweichenden Tarifverträgen (vgl. *Picker*, RdA 14, 25, 34; *Düwell*, DB 14, 121). Klar ist zunächst, dass das Gesetz höheren tarifvertraglichen Löhnen nicht entgegensteht. Die Tarifautonomie wurde aber auch dafür reklamiert, zu Lasten des Arbeitnehmers vom gesetzlichen Mindestlohn abzuweichen (etwa *Wolf*, BB 21/14, S. I; zweifelnd an der Zulässigkeit der Regelung auch *Henssler*, RdA 15, 43, 44 ff.; *Löwisch*, NZA 14, 948; *Fischer*, ZRP 07, 20 ff.). Diese Argumentation ist fragwürdig. Denn die Zulassung von Abweichungen vom gesetzlichen Mindeststandard stellt die Notwendigkeit einer solchen gesetzlichen Regelung insgesamt infrage: Wenn der Gesetzgeber einen hinreichenden Schutz der Arbeitnehmer durch Tarifverträge nicht gewährleistet sieht und sich daher für berechtigt hält, anstelle der Tarifvertragsparteien selber eine Regelung zu treffen, kann er sie nicht hinterher wieder in das Belieben der Tarifvertragsparteien stellen. Dieser Einsicht folgt auch das Gesetz. Es ließ nur übergangsweise bis Ende 2017 abweichende Regelungen zu, um in Branchen, wo dies besondere Schwierigkeiten bereitet, eine »stufenweise Heranführung« zu ermöglichen (vgl. § 24; BT-Drs. 147/14, S. 47 f.). Das ging im Übrigen auch nur durch Mindestlohntarifverträge bzw. entsprechende Rechtsverordnungen nach dem Entsendegesetz oder nach § 3 a AÜG (vgl. Einl. II 2 zum AEntG, Nr. 31, sowie Einl. I 2 b und II 6 zum AÜG, Nr. 4).

5. Durchsetzung

Zur Gewährleistung, dass das MiLoG in der Praxis auch tatsächlich angewendet wird, enthalten §§ 14 ff. Bestimmungen über die Kontrolle und Durchsetzung durch die Behörden der Zollverwaltung (*Maschmann*, NZA 14, 929). Dazu gehört eine Meldepflicht für Arbeitgeber mit Sitz im Ausland (§ 16) sowie eine Aufzeichnungspflicht über die Arbeitszeiten in schwarzarbeitsgefährdeten Branchen nach § 17 (vgl. *Schrader/Novak*, NJW 15, 1783). Die Einzelheiten sind in der MiLoMeldV, MiLoGMeldStellV und der MiLoAufzV (s. Fn. zu § 16) enthalten. § 17 Abs. 3 ermächtigt das BMAS zum Erlass einer Verordnung, mit der Einschränkungen der Melde- und Dokumentationspflichten geregelt werden. Die auf dieser Grundlage erlassene MiLoDokV (Fn. zu § 17 Abs. 3) sieht eine Befreiung u. a. bei einer verstetigten monatlichen Vergütung von 2950 Euro brutto vor. Alternativ genügt bereits eine

monatliche Vergütung von 2000 Euro brutto, wenn sie nachweislich während der letzten 12 vollen Kalendermonate gezahlt wurde.
Die Verletzung der Pflicht zur Zahlung des Mindestlohns ist ebenso bußgeldbewehrt wie die systematische Inanspruchnahme von Unternehmen, die die Pflicht zur Zahlung des Mindestlohns verletzen (§ 21). Letzteres zeigt schon, dass der Gesetzgeber darauf setzt, dass auch Auftraggeber in die Pflicht genommen werden, die Einhaltung des Mindestlohns zu kontrollieren. Wichtigstes Instrument in diesem Zusammenhang ist § 13. Danach greift die Generalunternehmerhaftung nach dem Entsendegesetz (vgl. Einl. II 2 zum AEntG, Nr. 31 a) auch hinsichtlich der Zahlung des Mindestlohns nach dem MiLoG. Unternehmen, die mit einer Geldbuße von mindestens 2500 € belegt worden sind, werden von der Vergabe öffentlicher Aufträge nach § 19 ausgeschlossen. Eine Verbandsklagebefugnis, die von gewerkschaftlicher Seite gefordert worden war, wurde im Gesetz allerdings nicht verankert.

III. Anwendungsprobleme, Rechtstatsachen und Rechtspolitik

Der gesetzliche Mindestlohn hat mit seiner Einführung schätzungsweise 3,7 Mio. Arbeitnehmern höhere Lohnansprüche gebracht (*Deter*, AuR 15, 314). Freilich löst dies keineswegs sämtliche Probleme von Niedriglöhnen. Vielmehr ist davon auszugehen, dass Beschäftigung zum Mindestlohn keine ausreichende Einkommenssicherung für das Alter erwirtschaften kann, so dass nach derzeitigem Stand die Grundsicherung und damit der Steuerzahler für die Folgekosten aufkommen muss (*Waltermann*, NZS 17, 247).
Durch den Mindestlohn sank auch die Zahl derjenigen, die auf ergänzende Leistungen nach dem SGB II (Nr. 30 II) angewiesen sind (»Aufstocker«), desgleichen die Zahl der Minijobs (s. Einl. II 2 zum SGB IV, Nr. 30 IV). Allerdings war von Anfang an klar, dass die »Aufstocker« keineswegs komplett verschwinden würden (vgl. IAB-Kurzbericht 7/14), denn die Abhängigkeit von ergänzenden Grundsicherungsleistungen kann sich beispielsweise auch daraus ergeben, dass andere Personen der sog. Bedarfsgemeinschaft kein ausreichendes Einkommen haben, oder auch daraus, dass die Arbeitszeit nicht genügt, um ein ausreichendes Monatseinkommen zu erwirtschaften. Die oben beschriebene Befürchtung, dass der Mindestlohn Arbeitsplatzverluste mit sich bringe, hat sich weitgehend als unzutreffend erwiesen (vgl. IAB, Aktueller Bericht 18/16), die Arbeitslosenzahl hat im Gegenteil im ersten Halbjahr 2015 saisonbereinigt abgenommen (Böckler impuls 14/15, S. 2). Insgesamt ist ein starker Abgang von Minijobs in sozialversicherungspflichtige Beschäftigung zu beobachten gewesen (*vom Berge/Weber*, IAB-Kurzbericht 11/17). Profitiert haben von der Einführung des Mindestlohns nicht nur diejenigen, die zuvor einen niedrigeren Lohn bezogen haben, sondern die Betriebe haben auch in darüber liegenden Lohngruppen Erhöhungen eingeführt, um die Lohnspreizung zumindest teilweise aufrechtzuerhalten (Böckler Impuls 14/17, S. 2). Insgesamt scheint es möglich, dass durch den Mindestlohn positive gesamtwirtschaftliche Effekte eingetreten sind und noch werden, weil er Konsum und stabiles Wachstum fördert (*Herzog-Stein/Logeay/Nüß/Stein/Zwiener*, IMK Report 141).

Nicht alle Arbeitnehmer, die einen Anspruch haben, erhalten aber auch den Mindestlohn. Im ersten Halbjahr 2015 wurden immerhin 146 Ermittlungsverfahren wegen Verletzung der Pflicht zur Zahlung des Mindestlohns eingeleitet. Darüber hinaus wurden etwa ebenso viele Verfahren wegen Verletzung sonstiger Pflichten nach dem MiLoG eingeleitet (BT-Drs. 18/5807, S. 9). Im gesamten Jahr 2015 wurden insgesamt 705 Verfahren wegen Nichtgewährung des gesetzlichen Mindestlohns eingeleitet (BT-Drs. 18/8513, S. 2). Im ersten Halbjahr 2017 waren es bereits mehr als 2400 Verfahren (»Mehr Kontrollen bei Lohndrückern«, SZ v. 21. 9. 17, S. 6). Insgesamt sind vor allem Minijobber, Ausländer und Beschäftigte in Kleinunternehmen von Mindestlohnverstößen betroffen (»Betrug beim Mindestlohn«, ver.di publik 1/18, 1). Das gilt besonders für Arbeitnehmer in Betrieben ohne Tarifvertrag und Betriebsrat (Böckler impuls 2/18). Es wird befürchtet, dass der gesetzliche Mindestlohn Anlass gibt, weiterhin zunehmend auf echte oder vermeintliche Werkverträge auszuweichen (vgl. auch Einl. III 2 zum AÜG, Nr. 4). Ein Stück weit könnte dem begegnet werden durch Ausweitung des gesetzlichen Mindestlohns auf arbeitnehmerähnliche Personen (*Däubler*, NJW 14, 1924, 1926). Das ist im aktuellen Gesetz aber bislang nicht geschehen.

Ob die Pflicht zur Zahlung des Mindestlohns auch bei kurzzeitiger Beschäftigung in Deutschland und namentlich bei Transitfahrten mit Lastkraftwagen gilt, ist umstritten (krit. insoweit *Sittard*, NZA 15, 78 ff.; *Moll/Katerndahl*, DB 15, 555 ff.; *Franzen*, EuZW 15, 449 f.). Die Bundesregierung hat die Kontrollen ausländischer LKW im Transitverkehr mit Rücksicht auf eine Prüfung der Europarechtskonformität zunächst ausgesetzt (Mitt. in AuR 15, 182), was einer einstweiligen Abschaffung des Mindestlohns für diesen Bereich jedenfalls im Ergebnis gleichkommen dürfte. Ausgehend davon, dass der Mindestlohn auch für diese Gruppe anwendbar ist, hat die Kommission allerdings im Mai 2015 ein Vertragsverletzungsverfahren gegen die Bundesrepublik eingeleitet (Mitt. in EuZW 15, 411). Nach anderer Ansicht ist die Anwendung des Mindestlohns auch in diesen Konstellationen unionsrechtskonform (*Mankowski*, RdA 17, 273).

Die wichtigsten Fragen der Praxis drehen sich darum, welche Elemente zum Mindestlohn gehören, welche einzelnen Gehaltsbestandteile sich mithin als mindestlohnwirksam erweisen. In einer Entschließung des Bundesrates wurde die Bundesregierung aufgefordert, eine gesetzliche Klarstellung zu treffen (BR-Drs. 361/16), was bislang aber nicht geschehen ist. Das *BAG* (25. 5. 2016 – 5 AZR 135/16, BB 16, 2621, Rn. 32) hat entschieden, dass alle Leistungsansprüche, die im Austauschverhältnis für die Arbeitsleistung stehen, mindestlohnwirksam sind. Nur solche Ansprüche, die unabhängig von einer Arbeitsleistung bestehen oder die einer besonderen gesetzlichen Zwecksetzung unterliegen, wie etwa der Anspruch auf Zuschlag für Nachtarbeit gemäß § 6 Abs. 5 ArbZG, können nicht auf den Mindestlohn angerechnet werden. Dementsprechend sind beispielsweise eine Wechselschichtzulage oder eine allgemeine Leistungszulage auf den Mindestlohn anzurechnen (*BAG* 21. 12. 2016 – 5 AZR 374/16, NZA 17, 378). Dasselbe gilt für eine Anwesenheitsprämie (*BAG* 11. 10. 2017 – 5 AZR 621/16, NZA 17, 1598; 6. 12. 2017 – 5 AZR 864/16, NZA 18, 525), für eine Besitzstandszulage (*BAG* 6. 12. 2017 – 5 AZR 699/16, NZA 18, 582, Rn. 24 ff.), für ein zusätzliches Urlaubsgeld oder Weihnachtsgeld (*BAG* 25.5.2016 – 5 AZR 135/16, BB 16, 2621, Rn. 32 ff.; für eine Berücksichtigung allerdings lediglich im Zahlungsmonat sowie im Vormonat *Lakies*, AuR 14, 360, 361; vgl. auch *Sittard*, NZA 14, 951, 952), für Sonn. und Feiertagszuschläge (*BAG* 24.5.2017 – 5 AZR 431/16, NZA 17, 1387) sowie für eine Treueprämie (so *BAG* 22.3.2017 – 5 AZR 424/16, NZA 17, 1073, in Bezug auf einen Branchenmindestlohn). Dasselbe dürfte gelten für Schmutzzulagen und Erschwerniszulagen (*Nebel/Kloster*, BB 14, 2933, 2936). Auch gezahlte Überstundenzuschläge sind damit anzurechnen. Verneint wird die Einbeziehung vermögenswirksamer Leistungen in den Mindestlohn (*Däubler*, NJW 14, 1924, 1927). Auch Aufwendungsersatz kann nicht wirksam auf den Mindestlohn angerechnet werden (*Bayreuther*, NZA 14, 865, 869).

Teilweise haben Arbeitgeber versucht, einvernehmlich mit dem Arbeitnehmer Regelungen über Lohnbestandteile so umzugestalten, dass sie mindestlohnwirksam angerechnet werden können, ohne eine erhöhte Vergütung zahlen zu müssen. Teilweise wurde dies aber auch im Wege von Änderungskündigungen versucht. Dafür fehlt es aber in der Regel an den rechtlichen Voraussetzungen (vgl. *LAG Berlin-Brandenburg* 11.8.2015 – 19 Sa 819/15, 19 Sa 827/15, 19 Sa 1156/15, NZA-RR 16, 125).

Derzeit sind keine weiteren rechtspolitischen Initiativen zu erwarten. Vorübergehenden Überlegungen zu einer Ausnahme vom Mindestlohn für Flüchtlinge wurde letztlich nicht nachgegeben (Mitt. in AuR 16, 149). Abzuwarten bleibt die Evaluation des Gesetzes im Jahr 2020.

Weiterführende Literatur

Handbücher und Kommentare

Düwell/Schubert (Hrsg.), Mindestlohngesetz, 2. Aufl. (2017)
Fischer-Lescano/Preis/Ulber, Verfassungsmäßigkeit des Mindestlohns (2015)
Lakies, Mindestlohngesetz, Basiskommentar, 3. Aufl. (2017)
Riechert/Nimmerjahn, Mindestlohngesetz, 2. Aufl. (2017)
Schubert/Jerchel/Düwell, Das neue Mindestlohngesetz (2014)
Thüsing, AEntG und MiLoG, 2. Aufl. (2016)

Aufsätze

Schwerpunktheft: »Mindestlöhne in Deutschland – Erfahrungen und Analysen«, WSI-Mitt. 7/2017
Bayreuther, Der gesetzliche Mindestlohn, NZA 2014, S. 865
Bispinck, Stärkung für Lohngefüge und Tarifsystem, Mitb. 2014, S. 47
Bosch/Weinkopf, Revitalisierung der Tarifpolitik durch den gesetzlichen Mindestlohn?, Industrielle Beziehungen 2015, S. 305
Brors, Europäische Rahmenbedingungen für den neuen Mindestlohn und seine Ausnahmen, NZA 2014, S. 938
Däubler, Der gesetzliche Mindestlohn – doch eine unendliche Geschichte?, NJW 2014, S. 1924

Franzen, Das Gesetz zur Regelung des allgemeinen Mindestlohns (MiLoG), Jahrbuch des Arbeitsrechts 52 (2015), S. 67

Henssler, Mindestlohn und Tarifrecht, RdA 2015, S. 43

Heuschmid/Hlava, Die Durchsetzungsmechanismen des Mindestlohngesetzes, NJW 2015, S. 1719

Hlava, Der gesetzliche Mindestlohn – Reichweite, Durchsetzung und Auswirkungen, SR 2016, S. 17

Mankowski, Die Unionsrechtskonformität des Mindestlohngesetzes, RdA 2017, S. 273

Maschmann, Die staatliche Durchsetzung des allgemeinen Mindestlohns nach den §§ 14 ff. MiLoG, NZA 2014, S. 929

Picker, Niedriglohn und Mindestlohn, RdA 2014, S. 25

Sick, Das Risiko der »Auftraggeberhaftung« nach dem Mindestlohngesetz (MiLoG), RdA 2016, S. 224

Sittard, Das MiLoG – Ein Ausblick auf die Folgen und anstehende Weichenstellungen, NZA 2014, S. 951

Ulber, Personelle Ausnahmen und Einschränkungen im MiLoG, AuR 2014, S. 404

Vogelsang/Wensing, Mindestlohn ohne Arbeit – Gilt das MiLoG auch für Entgeltschutzansprüche?, NZA 2016, S. 141

Waltermann, Niedriglohnsektor und Mindestlohn – Nachhaltigkeit im Arbeitsrecht und Sozialrecht, NZS 2017, S. 247

Wank, Der Mindestlohn, RdA 2015, S. 88

Gesetzzur Regelung eines allgemeinen Mindestlohns (Mindestlohngesetz–MiLoG)

vom 11. August 2014 (BGBl. I 1348),
zuletzt geändert durch Gesetz vom 11. Juli 2019 (BGBl. I 1066)

Abschnitt 1 – Festsetzung des allgemeinen Mindestlohns

Unterabschnitt 1 – Inhalt des Mindestlohns

§ 1 Mindestlohn (1) Jede Arbeitnehmerin und jeder Arbeitnehmer hat Anspruch auf Zahlung eines Arbeitsentgelts mindestens in Höhe des Mindestlohns durch den Arbeitgeber.
(2) Die Höhe des Mindestlohns beträgt ab dem 1. Januar 2015 brutto *9,35* Euro je Zeitstunde. Die Höhe des Mindestlohns kann auf Vorschlag einer ständigen Kommission der Tarifpartner (Mindestlohnkommission) durch Rechtsverordnung der Bundesregierung geändert werden.[1]
(3) Die Regelungen des Arbeitnehmer-Entsendegesetzes, des Arbeitnehmerüberlassungsgesetzes und der auf ihrer Grundlage erlassenen Rechtsverordnungen gehen den Regelungen dieses Gesetzes vor, soweit die Höhe der auf ihrer Grundlage festgesetzten Branchenmindestlöhne die Höhe des Mindestlohns nicht unterschreitet. Der Vorrang nach Satz 1 gilt entsprechend für einen auf der Grundlage von § 5 des Tarifvertragsgesetzes für allgemeinverbindlich erklärten Tarifvertrag im Sinne von § 4 Absatz 1 Nummer 1 sowie §§ 5 und 6 Absatz 2 des Arbeitnehmer-Entsendegesetzes.

§ 2 Fälligkeit des Mindestlohns (1) Der Arbeitgeber ist verpflichtet, der Arbeitnehmerin oder dem Arbeitnehmer den Mindestlohn
1. zum Zeitpunkt der vereinbarten Fälligkeit,
2. spätestens am letzten Bankarbeitstag (Frankfurt am Main) des Monats, der auf den Monat folgt, in dem die Arbeitsleistung erbracht wurde,

zu zahlen. Für den Fall, dass keine Vereinbarung über die Fälligkeit getroffen worden ist, bleibt § 614 des Bürgerlichen Gesetzbuchs unberührt.
(2) Abweichend von Absatz 1 Satz 1 sind bei Arbeitnehmerinnen und Arbeitnehmern die über die vertraglich vereinbarte Arbeitszeit hinausgehenden und auf einem schriftlich vereinbarten Arbeitszeitkonto eingestellten Arbeitsstunden spätestens innerhalb von zwölf Kalendermonaten nach ihrer monatlichen

---

1 Die Zahl wurde entsprechend der Erhöhung des Mindestlohns korrigiert: Der Mindestlohn beträgt ab 1. 1. 2020 9,35 € je Zeitstunde gem. Zweite Verordnung zur Anpassung der Höhe des Mindestlohns (Zweite Mindestlohnanpassungsverordnung – **MiLoV2**) v. 13. 11. 2018 (BGBl. I 1876).

Erfassung durch bezahlte Freizeitgewährung oder Zahlung des Mindestlohns auszugleichen, soweit der Anspruch auf den Mindestlohn für die geleisteten Arbeitsstunden nach § 1 Absatz 1 nicht bereits durch Zahlung des verstetigten Arbeitsentgelts erfüllt ist. Im Falle der Beendigung des Arbeitsverhältnisses hat der Arbeitgeber nicht ausgeglichene Arbeitsstunden spätestens in dem auf die Beendigung des Arbeitsverhältnisses folgenden Kalendermonat auszugleichen. Die auf das Arbeitszeitkonto eingestellten Arbeitsstunden dürfen monatlich jeweils 50 Prozent der vertraglich vereinbarten Arbeitszeit nicht übersteigen.
(3) Die Absätze 1 und 2 gelten nicht für Wertguthabenvereinbarungen im Sinne des Vierten Buches Sozialgesetzbuch. Satz 1 gilt entsprechend für eine im Hinblick auf den Schutz der Arbeitnehmerinnen und Arbeitnehmer vergleichbare ausländische Regelung.

§ 3 Unabdingbarkeit des Mindestlohns Vereinbarungen, die den Anspruch auf Mindestlohn unterschreiten oder seine Geltendmachung beschränken oder ausschließen, sind insoweit unwirksam. Die Arbeitnehmerin oder der Arbeitnehmer kann auf den entstandenen Anspruch nach § 1 Absatz 1 nur durch gerichtlichen Vergleich verzichten; im Übrigen ist ein Verzicht ausgeschlossen. Die Verwirkung des Anspruchs ist ausgeschlossen.

Unterabschnitt 2 – Mindestlohnkommission

§ 4 Aufgabe und Zusammensetzung (1) Die Bundesregierung errichtet eine ständige Mindestlohnkommission, die über die Anpassung der Höhe des Mindestlohns befindet.
(2) Die Mindestlohnkommission wird alle fünf Jahre neu berufen. Sie besteht aus einer oder einem Vorsitzenden, sechs weiteren stimmberechtigten ständigen Mitgliedern und zwei Mitgliedern aus Kreisen der Wissenschaft ohne Stimmrecht (beratende Mitglieder).

§ 5 Stimmberechtigte Mitglieder (1) Die Bundesregierung beruft je drei stimmberechtigte Mitglieder auf Vorschlag der Spitzenorganisationen der Arbeitgeber und der Arbeitnehmer aus Kreisen der Vereinigungen von Arbeitgebern und Gewerkschaften. Die Spitzenorganisationen der Arbeitgeber und Arbeitnehmer sollen jeweils mindestens eine Frau und einen Mann als stimmberechtigte Mitglieder vorschlagen. Werden auf Arbeitgeber- oder auf Arbeitnehmerseite von den Spitzenorganisationen mehr als drei Personen vorgeschlagen, erfolgt die Auswahl zwischen den Vorschlägen im Verhältnis zur Bedeutung der jeweiligen Spitzenorganisationen für die Vertretung der Arbeitgeber- oder Arbeitnehmerinteressen im Arbeitsleben des Bundesgebietes. Übt eine Seite ihr Vorschlagsrecht nicht aus, werden die Mitglieder dieser Seite durch die Bundesregierung aus Kreisen der Vereinigungen von Arbeitgebern oder Gewerkschaften berufen.

(2) Scheidet ein Mitglied aus, wird nach Maßgabe des Absatzes 1 Satz 1 und 4 ein neues Mitglied berufen.

§ 6 Vorsitz (1) Die Bundesregierung beruft die Vorsitzende oder den Vorsitzenden auf gemeinsamen Vorschlag der Spitzenorganisationen der Arbeitgeber und der Arbeitnehmer.
(2) Wird von den Spitzenorganisationen kein gemeinsamer Vorschlag unterbreitet, beruft die Bundesregierung jeweils eine Vorsitzende oder einen Vorsitzenden auf Vorschlag der Spitzenorganisationen der Arbeitgeber und der Arbeitnehmer. Der Vorsitz wechselt zwischen den Vorsitzenden nach jeder Beschlussfassung nach § 9. Über den erstmaligen Vorsitz entscheidet das Los. § 5 Absatz 1 Satz 3 und 4 gilt entsprechend.
(3) Scheidet die Vorsitzende oder der Vorsitzende aus, wird nach Maßgabe der Absätze 1 und 2 eine neue Vorsitzende oder ein neuer Vorsitzender berufen.

§ 7 Beratende Mitglieder (1) Die Bundesregierung beruft auf Vorschlag der Spitzenorganisationen der Arbeitgeber und Arbeitnehmer zusätzlich je ein beratendes Mitglied aus Kreisen der Wissenschaft. Die Bundesregierung soll darauf hinwirken, dass die Spitzenorganisationen der Arbeitgeber und Arbeitnehmer eine Frau und einen Mann als beratendes Mitglied vorschlagen. Das beratende Mitglied soll in keinem Beschäftigungsverhältnis stehen zu
1. einer Spitzenorganisation der Arbeitgeber oder Arbeitnehmer,
2. einer Vereinigung der Arbeitgeber oder einer Gewerkschaft oder
3. einer Einrichtung, die von den in der Nummer 1 oder Nummer 2 genannten Vereinigungen getragen wird.

§ 5 Absatz 1 Satz 3 und 4 und Absatz 2 gilt entsprechend.
(2) Die beratenden Mitglieder unterstützen die Mindestlohnkommission insbesondere bei der Prüfung nach § 9 Absatz 2 durch die Einbringung wissenschaftlichen Sachverstands. Sie haben das Recht, an den Beratungen der Mindestlohnkommission teilzunehmen.

§ 8 Rechtsstellung der Mitglieder (1) Die Mitglieder der Mindestlohnkommission unterliegen bei der Wahrnehmung ihrer Tätigkeit keinen Weisungen.
(2) Die Tätigkeit der Mitglieder der Mindestlohnkommission ist ehrenamtlich.
(3) Die Mitglieder der Mindestlohnkommission erhalten eine angemessene Entschädigung für den ihnen bei der Wahrnehmung ihrer Tätigkeit erwachsenden Verdienstausfall und Aufwand sowie Ersatz der Fahrtkosten entsprechend den für ehrenamtliche Richterinnen und Richter der Arbeitsgerichte geltenden Vorschriften. Die Entschädigung und die erstattungsfähigen Fahrtkosten setzt im Einzelfall die oder der Vorsitzende der Mindestlohnkommission fest.

§ 9 Beschluss der Mindestlohnkommission (1) Die Mindestlohnkommission hat über eine Anpassung der Höhe des Mindestlohns erstmals bis zum 30. Juni 2016 mit Wirkung zum 1. Januar 2017 zu beschließen. Danach hat die Mindest-

lohnkommission alle zwei Jahre über Anpassungen der Höhe des Mindestlohns zu beschließen.
(2) Die Mindestlohnkommission prüft im Rahmen einer Gesamtabwägung, welche Höhe des Mindestlohns geeignet ist, zu einem angemessenen Mindestschutz der Arbeitnehmerinnen und Arbeitnehmer beizutragen, faire und funktionierende Wettbewerbsbedingungen zu ermöglichen sowie Beschäftigung nicht zu gefährden. Die Mindestlohnkommission orientiert sich bei der Festsetzung des Mindestlohns nachlaufend an der Tarifentwicklung.
(3) Die Mindestlohnkommission hat ihren Beschluss schriftlich zu begründen.
(4) Die Mindestlohnkommission evaluiert laufend die Auswirkungen des Mindestlohns auf den Schutz der Arbeitnehmerinnen und Arbeitnehmer, die Wettbewerbsbedingungen und die Beschäftigung im Bezug auf bestimmte Branchen und Regionen sowie die Produktivität und stellt ihre Erkenntnisse der Bundesregierung in einem Bericht alle zwei Jahre gemeinsam mit ihrem Beschluss zur Verfügung.

§ 10 Verfahren der Mindestlohnkommission (1) Die Mindestlohnkommission ist beschlussfähig, wenn mindestens die Hälfte ihrer stimmberechtigten Mitglieder anwesend ist.
(2) Die Beschlüsse der Mindestlohnkommission werden mit einfacher Mehrheit der Stimmen der anwesenden Mitglieder gefasst. Bei der Beschlussfassung hat sich die oder der Vorsitzende zunächst der Stimme zu enthalten. Kommt eine Stimmenmehrheit nicht zustande, macht die oder der Vorsitzende einen Vermittlungsvorschlag. Kommt nach Beratung über den Vermittlungsvorschlag keine Stimmenmehrheit zustande, übt die oder der Vorsitzende ihr oder sein Stimmrecht aus.
(3) Die Mindestlohnkommission kann Spitzenorganisationen der Arbeitgeber und Arbeitnehmer, Vereinigungen von Arbeitgebern und Gewerkschaften, öffentlich-rechtliche Religionsgesellschaften, Wohlfahrtsverbände, Verbände, die wirtschaftliche und soziale Interessen organisieren, sowie sonstige von der Anpassung des Mindestlohns Betroffene vor Beschlussfassung anhören. Sie kann Informationen und fachliche Einschätzungen von externen Stellen einholen.
(4) Die Sitzungen der Mindestlohnkommission sind nicht öffentlich; der Inhalt ihrer Beratungen ist vertraulich. Die übrigen Verfahrensregelungen trifft die Mindestlohnkommission in einer Geschäftsordnung.

§ 11 Rechtsverordnung (1) Die Bundesregierung kann die von der Mindestlohnkommission vorgeschlagene Anpassung des Mindestlohns durch Rechtsverordnung ohne Zustimmung des Bundesrates für alle Arbeitgeber sowie Arbeitnehmerinnen und Arbeitnehmer verbindlich machen. Die Rechtsverordnung tritt am im Beschluss der Mindestlohnkommission bezeichneten Tag, frühestens aber am Tag nach Verkündung in Kraft. Die Rechtsverordnung gilt, bis sie durch eine neue Rechtsverordnung abgelöst wird.

(2) Vor Erlass der Rechtsverordnung erhalten die Spitzenorganisationen der Arbeitgeber und Arbeitnehmer, die Vereinigungen von Arbeitgebern und Gewerkschaften, die öffentlich-rechtlichen Religionsgesellschaften, die Wohlfahrtsverbände sowie die Verbände, die wirtschaftliche und soziale Interessen organisieren, Gelegenheit zur schriftlichen Stellungnahme. Die Frist zur Stellungnahme beträgt drei Wochen; sie beginnt mit der Bekanntmachung des Verordnungsentwurfs.

§ 12 Geschäfts- und Informationsstelle für den Mindestlohn; Kostenträgerschaft (1) Die Mindestlohnkommission wird bei der Durchführung ihrer Aufgaben von einer Geschäftsstelle unterstützt. Die Geschäftsstelle untersteht insoweit fachlich der oder dem Vorsitzenden der Mindestlohnkommission.
(2) Die Geschäftsstelle wird bei der Bundesanstalt für Arbeitsschutz und Arbeitsmedizin als selbständige Organisationeinheit eingerichtet.
(3) Die Geschäftsstelle informiert und berät als Informationsstelle für den Mindestlohn Arbeitnehmerinnen und Arbeitnehmer sowie Unternehmen zum Thema Mindestlohn.
(4) Die durch die Tätigkeit der Mindestlohnkommission und der Geschäftsstelle anfallenden Kosten trägt der Bund.

Abschnitt 2 – Zivilrechtliche Durchsetzung

§ 13 Haftung des Auftraggebers § 14 des Arbeitnehmer-Entsendegesetzes findet entsprechende Anwendung.

Abschnitt 3 – Kontrolle und Durchsetzung durch staatliche Behörden

§ 14 Zuständigkeit Für die Prüfung der Einhaltung der Pflichten eines Arbeitgebers nach § 20 sind die Behörden der Zollverwaltung zuständig.

§ 15 Befugnisse der Behörden der Zollverwaltung und anderer Behörden; Mitwirkungspflichten des Arbeitgebers Die §§ 2 bis 6, 14, 15, 20, 22 und 23 des Schwarzarbeitsbekämpfungsgesetzes sind entsprechend anzuwenden mit der Maßgabe, dass
1. die dort genannten Behörden auch Einsicht in Arbeitsverträge, Niederschriften nach § 2 des Nachweisgesetzes und andere Geschäftsunterlagen nehmen können, die mittelbar oder unmittelbar Auskunft über die Einhaltung des Mindestlohns nach § 20 geben, und
2. die nach § 5 Absatz 1 des Schwarzarbeitsbekämpfungsgesetzes zur Mitwirkung Verpflichteten diese Unterlagen vorzulegen haben.

§ 6 Absatz 3 sowie die §§ 16 bis 19 des Schwarzarbeitsbekämpfungsgesetzes finden entsprechende Anwendung.

§ 16 Meldepflicht (1) Ein Arbeitgeber mit Sitz im Ausland, der eine Arbeitnehmerin oder einen Arbeitnehmer oder mehrere Arbeitnehmerinnen oder Arbeitnehmer in den in § 2 a des Schwarzarbeitsbekämpfungsgesetzes genannten Wirtschaftsbereichen oder Wirtschaftszweigen im Anwendungsbereich dieses Gesetzes beschäftigt, ist verpflichtet, vor Beginn jeder Werk- oder Dienstleistung eine schriftliche Anmeldung in deutscher Sprache bei der zuständigen Behörde der Zollverwaltung nach Absatz 6 vorzulegen, die die für die Prüfung wesentlichen Angaben enthält. Wesentlich sind die Angaben über

1. den Familiennamen, den Vornamen und das Geburtsdatum der von ihm im Geltungsbereich dieses Gesetzes beschäftigten Arbeitnehmerinnen und Arbeitnehmer,
2. den Beginn und die voraussichtliche Dauer der Beschäftigung,
3. den Ort der Beschäftigung,
4. den Ort im Inland, an dem die nach § 17 erforderlichen Unterlagen bereitgehalten werden,
5. den Familiennamen, den Vornamen, das Geburtsdatum und die Anschrift in Deutschland der oder des verantwortlich Handelnden und
6. den Familiennamen, den Vornamen und die Anschrift in Deutschland einer oder eines Zustellungsbevollmächtigten, soweit diese oder dieser nicht mit der oder dem in Nummer 5 genannten verantwortlich Handelnden identisch ist.

Änderungen bezüglich dieser Angaben hat der Arbeitgeber im Sinne des Satzes 1 unverzüglich zu melden.

(2) Der Arbeitgeber hat der Anmeldung eine Versicherung beizufügen, dass er die Verpflichtungen nach § 20 einhält.

(3) Überlässt ein Verleiher mit Sitz im Ausland eine Arbeitnehmerin oder einen Arbeitnehmer oder mehrere Arbeitnehmerinnen oder Arbeitnehmer zur Arbeitsleistung einem Entleiher, hat der Entleiher in den in § 2 a des Schwarzarbeitsbekämpfungsgesetzes genannten Wirtschaftsbereichen oder Wirtschaftszweigen unter den Voraussetzungen des Absatzes 1 Satz 1 vor Beginn jeder Werk- oder Dienstleistung der zuständigen Behörde der Zollverwaltung eine schriftliche Anmeldung in deutscher Sprache mit folgenden Angaben zuzuleiten:

1. den Familiennamen, den Vornamen und das Geburtsdatum der überlassenen Arbeitnehmerinnen und Arbeitnehmer,
2. den Beginn und die Dauer der Überlassung,
3. den Ort der Beschäftigung,
4. den Ort im Inland, an dem die nach § 17 erforderlichen Unterlagen bereitgehalten werden,
5. den Familiennamen, den Vornamen und die Anschrift in Deutschland einer oder eines Zustellungsbevollmächtigten des Verleihers,
6. den Familiennamen, den Vornamen oder die Firma sowie die Anschrift des Verleihers.

Absatz 1 Satz 3 gilt entsprechend.

(4) Der Entleiher hat der Anmeldung eine Versicherung des Verleihers beizufügen, dass dieser die Verpflichtungen nach § 20 einhält.

(5) Das Bundesministerium der Finanzen kann durch Rechtsverordnung im

Einvernehmen mit dem Bundesministerium für Arbeit und Soziales ohne Zustimmung des Bundesrates bestimmen,

1. dass, auf welche Weise und unter welchen technischen und organisatorischen Voraussetzungen eine Anmeldung, eine Änderungsmeldung und die Versicherung abweichend von Absatz 1 Satz 1 und 3, Absatz 2 und 3 Satz 1 und 2 und Absatz 4 elektronisch übermittelt werden kann,
2. unter welchen Voraussetzungen eine Änderungsmeldung ausnahmsweise entfallen kann, und
3. wie das Meldeverfahren vereinfacht oder abgewandelt werden kann, sofern die entsandten Arbeitnehmerinnen und Arbeitnehmer im Rahmen einer regelmäßig wiederkehrenden Werk- oder Dienstleistung eingesetzt werden oder sonstige Besonderheiten der zu erbringenden Werk- oder Dienstleistungen dies erfordern.[1]

---

1 **Verordnung über Meldepflichten nach dem Mindestlohngesetz, dem Arbeitnehmer-Entsendegesetz und dem Arbeitnehmerüberlassungsgesetz** (Mindestlohnmeldeverordnung – MiLoMeldV) vom 26. 11. 2014 (BGBl. I 1825), geändert durch Verordnung vom 31. 10. 2016 (BGBl. I 2494)

§ 1 Meldungen (1) Der Arbeitgeber mit Sitz im Ausland soll die Meldungen nach § 16 Absatz 1 des Mindestlohngesetzes und § 18 Absatz 1 des Arbeitnehmer-Entsendegesetzes sowie die Versicherung nach § 16 Absatz 2 des Mindestlohngesetzes und § 18 Absatz 2 des Arbeitnehmer-Entsendegesetzes elektronisch übermitteln. Für die elektronische Übermittlung hat er das Internetportal zu nutzen, das die Zollverwaltung zur Verfügung stellt.

(2) Absatz 1 gilt entsprechend für Entleiher

1. bei Meldungen
   a) nach § 16 Absatz 3 des Mindestlohngesetzes,
   b) nach § 18 Absatz 3 des Arbeitnehmer-Entsendegesetzes und
   c) nach § 17 b Absatz 1 des Arbeitnehmerüberlassungsgesetzes sowie
2. bei der Versicherung
   a) nach § 16 Absatz 4 des Mindestlohngesetzes,
   b) nach § 18 Absatz 4 des Arbeitnehmer-Entsendegesetzes und
   c) nach § 17 b Absatz 2 des Arbeitnehmerüberlassungsgesetzes.

(3) Bei der elektronischen Übermittlung nach den Absätzen 1 und 2 hat die Zollverwaltung Verfahren einzusetzen, die dem jeweiligen Stand der Technik entsprechen sowie die Vertraulichkeit und Integrität der Daten gewährleisten. Bei Nutzung allgemein zugänglicher Netze sind die Daten über das Internetportal Ende-zu-Ende zu verschlüsseln. Jede Meldung sowie die darin enthaltenen Datensätze sind systemseitig mit einem eindeutigen Kennzeichen zur Identifizierung zu versehen.

§ 2 Abwandlung der Anmeldung (1) Abweichend von der Meldepflicht nach § 16 Absatz 1 Satz 1 und 2 des Mindestlohngesetzes und § 18 Absatz 1 Satz 1 und 2 des Arbeitnehmer-Entsendegesetzes ist in den Fällen, in denen ein Arbeitgeber mit Sitz im Ausland Arbeitnehmerinnen und Arbeitnehmer

1. an einem Beschäftigungsort
   a) zumindest teilweise vor 6 Uhr oder nach 22 Uhr oder
   b) in Schichtarbeit,
2. an mehreren Beschäftigungsorten am selben Tag oder
3. in ausschließlich mobiler Tätigkeit

beschäftigt, eine Einsatzplanung vorzulegen.

(2) In den Fällen des Absatzes 1 Nummer 1 und 2 hat der Arbeitgeber in der Einsatzplanung für jeden Beschäftigungsort die dort eingesetzten Arbeitnehmerinnen und Arbeitnehmer mit Geburtsdatum auszuweisen. Die Angaben zum Beschäftigungsort müssen die Ortsbezeichnung, die Postleitzahl und, soweit vorhanden, den Straßennahmen sowie die Hausnummer enthalten. Der Einsatz der Arbeitnehmerinnen und Arbeitnehmer am Beschäftigungsort wird

(6) Das Bundesministerium der Finanzen kann durch Rechtsverordnung ohne Zustimmung des Bundesrates die zuständige Behörde nach Absatz 1 Satz 1 und Absatz 3 Satz 1 bestimmen.[1]

§ 17 Erstellen und Bereithalten von Dokumenten (1) Ein Arbeitgeber, der Arbeitnehmerinnen und Arbeitnehmer nach § 8 Absatz 1 des Vierten Buches Sozialgesetzbuch oder in den in § 2 a des Schwarzarbeitsbekämpfungsgesetzes genannten Wirtschaftsbereichen oder Wirtschaftszweigen beschäftigt, ist verpflichtet, Beginn, Ende und Dauer der täglichen Arbeitszeit dieser Arbeitnehmerinnen und Arbeitnehmer spätestens bis zum Ablauf des siebten auf den Tag der Arbeitsleistung folgenden Kalendertages aufzuzeichnen und diese Aufzeichnungen mindestens zwei Jahre beginnend ab dem für die Aufzeichnung maßgeblichen Zeitpunkt aufzubewahren. Satz 1 gilt entsprechend für einen Entleiher, dem ein Verleiher eine Arbeitnehmerin oder einen Arbeitnehmer oder mehrere Arbeitnehmerinnen oder Arbeitnehmer zur Arbeitsleistung in einem

---

durch die Angabe von Datum und Uhrzeiten konkretisiert. Die Einsatzplanung kann einen Zeitraum von bis zu drei Monaten umfassen. Beim Einsatz von Arbeitnehmerinnen und Arbeitnehmern im Geltungsbereich von Tarifverträgen für Bergbauspezialarbeiten auf Steinkohlebergwerken gilt der Schacht als Ort der Beschäftigung.

(3) In den Fällen des Absatzes 1 Nummer 3 hat der Arbeitgeber in der Einsatzplanung den Beginn und die voraussichtliche Dauer der Werk- oder Dienstleistung, die voraussichtlich eingesetzten Arbeitnehmerinnen und Arbeitnehmer mit Geburtsdatum sowie die Anschrift, an der Unterlagen bereitgehalten werden, zu melden. Die Einsatzplanung kann je nach Auftragssicherheit einen Zeitraum von bis zu sechs Monaten umfassen. Sofern die Unterlagen im Ausland bereitgehalten werden, ist der Einsatzplanung eine Versicherung beizufügen, dass die Unterlagen auf Anforderung der Behörden der Zollverwaltung für die Prüfung in deutscher Sprache im Inland bereitgestellt werden. Diesen Unterlagen sind auch Angaben zu den im gemeldeten Zeitraum tatsächlich erbrachten Werk- oder Dienstleistungen sowie den jeweiligen Auftraggebern beizufügen.

(4) Bei einer ausschließlich mobilen Tätigkeit im Sinne des Absatzes 1 Nummer 3 handelt es sich um eine Tätigkeit, die nicht an Beschäftigungsorte gebunden ist. Eine ausschließlich mobile Tätigkeit liegt insbesondere bei der Zustellung von Briefen, Paketen und Druckerzeugnissen, der Abfallsammlung, der Straßenreinigung, dem Winterdienst, dem Gütertransport und der Personenbeförderung vor. Das Erbringen ambulanter Pflegeleistungen wird einer ausschließlich mobilen Tätigkeit gleichgestellt.

(5) Die Absätze 1 bis 4 gelten entsprechend für Angaben des Entleihers auf Grund des § 16 Absatz 3 des Mindestlohngesetzes, des § 18 Absatz 3 des Arbeitnehmer-Entsendegesetzes und des § 17 b Absatz 1 des Arbeitnehmerüberlassungsgesetzes.

§ 3 Änderungsmeldung (1) Eine Abweichung der Beschäftigung von den in der gemeldeten Einsatzplanung nach § 2 Absatz 2 gemachten Angaben müssen Arbeitgeber oder Entleiher entgegen § 16 Absatz 1 Satz 3 und Absatz 3 Satz 2 des Mindestlohngesetzes, § 18 Absatz 1 Satz 3 und Absatz 3 Satz 2 des Arbeitnehmer-Entsendegesetzes und § 17 b Absatz 1 Satz 2 des Arbeitnehmerüberlassungsgesetzes nur melden, wenn der Einsatz am gemeldeten Ort um mindestens acht Stunden verschoben wird.

(2) Eine Abweichung der Beschäftigung von den in der gemeldeten Einsatzplanung nach § 2 Absatz 3 gemachten Angaben müssen Arbeitgeber oder Entleiher entgegen § 16 Absatz 1 Satz 3 und Absatz 3 Satz 2 des Mindestlohngesetzes, § 18 Absatz 1 Satz 3 und Absatz 3 Satz 2 des Arbeitnehmer-Entsendegesetzes und § 17 b Absatz 1 Satz 2 des Arbeitnehmerüberlassungsgesetzes nicht melden.

1 S. **Verordnung zur Bestimmung der zuständigen Behörde nach § 16 Absatz 6 des Mindestlohngesetzes** (MiLoGMeldStellV) vom 24. 11. 2014 (BGBl. I 1823), geändert durch Gesetz vom 3. 12. 2015 (BGBl. I 2178).

der in § 2 a des Schwarzarbeitsbekämpfungsgesetzes genannten Wirtschaftszweige überlässt. Satz 1 gilt nicht für Beschäftigungsverhältnisse nach § 8 a des Vierten Buches Sozialgesetzbuch.[1]

(2) Arbeitgeber im Sinne des Absatzes 1 haben die für die Kontrolle der Einhaltung der Verpflichtungen nach § 20 in Verbindung mit § 2 erforderlichen Unterlagen im Inland in deutscher Sprache für die gesamte Dauer der tatsächlichen Beschäftigung der Arbeitnehmerinnen und Arbeitnehmer im Geltungsbereich dieses Gesetzes, mindestens für die Dauer der gesamten Werk- oder Dienstleistung, insgesamt jedoch nicht länger als zwei Jahre, bereitzuhalten. Auf Verlangen der Prüfbehörde sind die Unterlagen auch am Ort der Beschäftigung bereitzuhalten.

(3) Das Bundesministerium für Arbeit und Soziales kann durch Rechtsverordnung ohne Zustimmung des Bundesrates die Verpflichtungen des Arbeitgebers oder eines Entleihers nach § 16 und den Absätzen 1 und 2 hinsichtlich bestimmter Gruppen von Arbeitnehmerinnen und Arbeitnehmern oder der Wirtschaftsbereiche oder den Wirtschaftszweigen einschränken oder erweitern.[2]

(4) Das Bundesministerium der Finanzen kann durch Rechtsverordnung im Einvernehmen mit dem Bundesministerium für Arbeit und Soziales ohne Zu-

---

1 S. auch § 6 GSA Fleisch, abgedruckt in Fn. zu § 28 e SGB IV (Nr. 30 IV).

2 Vgl. **Verordnung zu den Dokumentationspflichten nach den §§ 16 und 17 des Mindestlohngesetzes und den §§ 18 und 19 des Arbeitnehmer-Entsendegesetzes in Bezug auf bestimmte Arbeitnehmergruppen** (MiLoDokV) v. 29. 7. 2015 (BAnz. AT 31. 07. 2015 V1)

§ 1 (1) Die Pflicht zur Abgabe einer schriftlichen Anmeldung nach § 16 Absatz 1 oder 3 des Mindestlohngesetzes, die Pflicht zur Abgabe einer Versicherung nach § 16 Absatz 2 oder 4 des Mindestlohngesetzes sowie die Pflicht zum Erstellen und Bereithalten von Dokumenten nach § 17 Absatz 1 und 2 des Mindestlohngesetzes werden vorbehaltlich des Absatzes 3 dahingehend eingeschränkt, dass sie nicht gelten für Arbeitnehmer und Arbeitnehmerinnen, deren verstetigtes regelmäßiges Monatsentgelt brutto 2958 Euro überschreitet. Für die Ermittlung des verstetigten Monatsentgelts sind ungeachtet ihrer Anrechenbarkeit auf den gesetzlichen Mindestlohnanspruch nach den §§ 1 und 20 des Mindestlohngesetzes sämtliche verstetigte monatliche Zahlungen des Arbeitgebers zu berücksichtigen, die regelmäßiges monatliches Arbeitsentgelt sind. Satz 1 und Satz 2 gelten entsprechend für Arbeitnehmer und Arbeitnehmerinnen, deren verstetigtes regelmäßiges Monatsentgelt brutto 2000 Euro überschreitet, wenn der Arbeitgeber dieses Monatsentgelt für die letzten vollen zwölf Monate nachweislich gezahlt hat; Zeiten ohne Anspruch auf Arbeitsentgelt bleiben bei der Berechnung des Zeitraums von zwölf Monaten unberücksichtigt.

(2) Die in Absatz 1 Satz 1 genannten Pflichten nach § 16 Absatz 1 bis 4 und § 17 Absatz 1 und 2 des Mindestlohngesetzes sowie die entsprechenden Pflichten nach § 18 Absatz 1 bis 4 und nach § 19 Absatz 1 und 2 des Arbeitnehmer-Entsendegesetzes werden vorbehaltlich des Absatzes 3 dahingehend eingeschränkt, dass sie nicht gelten für im Betrieb des Arbeitgebers arbeitende Ehegatten, eingetragene Lebenspartner, Kinder und Eltern des Arbeitgebers oder, wenn der Arbeitgeber eine juristische Person oder eine rechtsfähige Personengesellschaft ist, des vertretungsberechtigten Organs der juristischen Person oder eines Mitglieds eines solchen Organs oder eines vertretungsberechtigten Gesellschafters der rechtsfähigen Personengesellschaft.

(3) In Bezug auf die in Absatz 1 oder 2 genannten Arbeitnehmer und Arbeitnehmerinnen hat deren Arbeitgeber diejenigen Unterlagen im Inland in deutscher Sprache bereit zu halten, aus denen sich die Erfüllung der in Absatz 1 oder 2 genannten Voraussetzungen ergibt.

§ 2 Diese Verordnung tritt am 1. August 2015 in Kraft. Gleichzeitig tritt die Mindestlohndokumentationspflichten-Verordnung vom 18. Dezember 2014 (BAnz AT 29. 12. 2014 V1) außer Kraft.

stimmung des Bundesrates bestimmen, wie die Verpflichtung des Arbeitgebers, die tägliche Arbeitszeit bei ihm beschäftigter Arbeitnehmerinnen und Arbeitnehmer aufzuzeichnen und diese Aufzeichnungen aufzubewahren, vereinfacht oder abgewandelt werden kann, sofern Besonderheiten der zu erbringenden Werk- oder Dienstleistungen oder Besonderheiten des jeweiligen Wirtschaftsbereiches oder Wirtschaftszweiges dies erfordern.[1]

§ 18 Zusammenarbeit der in- und ausländischen Behörden (1) Die Behörden der Zollverwaltung unterrichten die zuständigen örtlichen Landesfinanzbehörden über Meldungen nach § 16 Absatz 1 und 3.
(2) Die Behörden der Zollverwaltung und die übrigen in § 2 des Schwarzarbeitsbekämpfungsgesetzes genannten Behörden dürfen nach Maßgabe der datenschutzrechtlichen Vorschriften auch mit Behörden anderer Vertragsstaaten des Abkommens über den Europäischen Wirtschaftsraum zusammenarbeiten, die diesem Gesetz entsprechende Aufgaben durchführen oder für die Bekämpfung illegaler Beschäftigung zuständig sind oder Auskünfte geben können, ob ein Arbeitgeber seine Verpflichtungen nach § 20 erfüllt. Die Regelungen über die internationale Rechtshilfe in Strafsachen bleiben hiervon unberührt.
(3) Die Behörden der Zollverwaltung unterrichten das Gewerbezentralregister über rechtskräftige Bußgeldentscheidungen nach § 21 Absatz 1 bis 3, sofern die Geldbuße mehr als zweihundert Euro beträgt.

§ 19 Ausschluss von der Vergabe öffentlicher Aufträge (1) Von der Teilnahme an einem Wettbewerb um einen Liefer-, Bau- oder Dienstleistungsauftrag der in

---

1 **Verordnung zur Abwandlung der Pflicht zur Arbeitszeitaufzeichnung nach dem Mindestlohngesetz und dem Arbeitnehmer-Entsendegesetz** (Mindestlohnaufzeichnungsverordnung – MiLoAufzV) vom 26. 11. 2014 (BGBl. I 1824)
§ 1 Vereinfachung und Abwandlung der Pflicht zur Arbeitszeitaufzeichnung (1) Abweichend von § 17 Absatz 1 Satz 1 des Mindestlohngesetzes und § 19 Absatz 1 Satz 1 des Arbeitnehmer-Entsendegesetzes genügt ein Arbeitgeber,
1. soweit er Arbeitnehmerinnen und Arbeitnehmer mit ausschließlich mobilen Tätigkeiten beschäftigt,
2. diese keinen Vorgaben zur konkreten täglichen Arbeitszeit (Beginn und Ende) unterliegen und
3. sich ihre tägliche Arbeitszeit eigenverantwortlich einteilen,

seiner Aufzeichnungspflicht, wenn für diese Arbeitnehmerinnen und Arbeitnehmer nur die Dauer der tatsächlichen täglichen Arbeitszeit aufgezeichnet wird.
(2) Bei einer ausschließlich mobilen Tätigkeit im Sinne des Absatzes 1 handelt es sich um eine Tätigkeit, die nicht an Beschäftigungsorte gebunden ist. Eine ausschließlich mobile Tätigkeit liegt insbesondere bei der Zustellung von Briefen, Paketen und Druckerzeugnissen, der Abfallsammlung, der Straßenreinigung, dem Winterdienst, dem Gütertransport und der Personenbeförderung vor. Arbeitnehmerinnen und Arbeitnehmer unterliegen im Sinne des Absatzes 1 keinen Vorgaben zur konkreten täglichen Arbeitszeit, wenn die Arbeit lediglich innerhalb eines bestimmten zeitlichen Rahmens geleistet werden muss, ohne dass die konkrete Lage (Beginn und Ende) der Arbeitszeit durch den Arbeitgeber festgelegt wird. Eine eigenverantwortliche Einteilung der Arbeitszeit im Sinne des Absatzes 1 liegt vor, wenn Arbeitnehmerinnen oder Arbeitnehmer während ihrer täglichen Arbeitszeit regelmäßig nicht durch ihren Arbeitgeber oder Dritte Arbeitsaufträge entgegennehmen oder für entsprechende Arbeitsaufträge zur Verfügung stehen müssen. Die zeitliche Ausführung des täglichen Arbeitsauftrages muss in der Verantwortung der Arbeitnehmerinnen und Arbeitnehmer liegen.

den §§ 99 und 100 des Gesetzes gegen Wettbewerbsbeschränkungen genannten Auftraggeber sollen Bewerberinnen oder Bewerber für eine angemessene Zeit bis zur nachgewiesenen Wiederherstellung ihrer Zuverlässigkeit ausgeschlossen werden, die wegen eines Verstoßes nach § 21 mit einer Geldbuße von wenigstens zweitausendfünfhundert Euro belegt worden sind.

(2) Die für die Verfolgung oder Ahndung der Ordnungswidrigkeiten nach § 21 zuständigen Behörden dürfen öffentlichen Auftraggebern nach § 99 des Gesetzes gegen Wettbewerbsbeschränkungen und solchen Stellen, die von öffentlichen Auftraggebern zugelassene Präqualifikationsverzeichnisse oder Unternehmer- und Lieferantenverzeichnisse führen, auf Verlangen die erforderlichen Auskünfte geben.

(3) Öffentliche Auftraggeber nach Absatz 2 fordern im Rahmen ihrer Tätigkeit beim Wettbewerbsregister Auskünfte über rechtskräftige Bußgeldentscheidungen wegen einer Ordnungswidrigkeit nach § 21 Absatz 1 oder Absatz 2 an oder verlangen von Bewerberinnen oder Bewerbern eine Erklärung, dass die Voraussetzungen für einen Ausschluss nach Absatz 1 nicht vorliegen. Im Falle einer Erklärung der Bewerberin oder des Bewerbers können öffentliche Auftraggeber nach Absatz 2 jederzeit zusätzlich Auskünfte des Wettbewerbsregisters anfordern.

(4) Bei Aufträgen ab einer Höhe von 30000 Euro fordert der öffentliche Auftraggeber nach Absatz 2 für die Bewerberin oder den Bewerber, die oder der den Zuschlag erhalten soll, vor der Zuschlagserteilung eine Auskunft aus dem Wettbewerbsregister an.

(5) Vor der Entscheidung über den Ausschluss ist die Bewerberin oder der Bewerber zu hören.

§ 20 Pflichten des Arbeitgebers zur Zahlung des Mindestlohns Arbeitgeber mit Sitz im In- oder Ausland sind verpflichtet, ihren im Inland beschäftigten Arbeitnehmerinnen und Arbeitnehmern ein Arbeitsentgelt mindestens in Höhe des Mindestlohns nach § 1 Absatz 2 spätestens zu dem in § 2 Absatz 1 Satz 1 Nummer 2 genannten Zeitpunkt zu zahlen.

§ 21 Bußgeldvorschriften (1) Ordnungswidrig handelt, wer vorsätzlich oder fahrlässig

1. entgegen § 15 Satz 1 in Verbindung mit § 5 Absatz 1 Satz 1 Nummer 1 oder 3 des Schwarzarbeitsbekämpfungsgesetzes eine Prüfung nicht duldet oder bei einer Prüfung nicht mitwirkt,
2. entgegen § 15 Satz 1 in Verbindung mit § 5 Absatz 1 Satz 1 Nummer 2 des Schwarzarbeitsbekämpfungsgesetzes das Betreten eines Grundstücks oder Geschäftsraums nicht duldet,
3. entgegen § 15 Satz 1 in Verbindung mit § 5 Absatz 5 Satz 1 des Schwarzarbeitsbekämpfungsgesetzes Daten nicht, nicht richtig, nicht vollständig, nicht in der vorgeschriebenen Weise oder nicht rechtzeitig übermittelt,
4. entgegen § 16 Absatz 1 Satz 1 oder Absatz 3 Satz 1 eine Anmeldung nicht, nicht richtig, nicht vollständig, nicht in der vorgeschriebenen Weise oder

nicht rechtzeitig vorlegt oder nicht, nicht richtig, nicht vollständig, nicht in der vorgeschriebenen Weise oder nicht rechtzeitig zuleitet,
5. entgegen § 16 Absatz 1 Satz 3, auch in Verbindung mit Absatz 3 Satz 2, eine Änderungsmeldung nicht, nicht richtig, nicht vollständig, nicht in der vorgeschriebenen Weise oder nicht rechtzeitig macht,
6. entgegen § 16 Absatz 2 oder 4 eine Versicherung nicht, nicht richtig oder nicht rechtzeitig beifügt,
7. entgegen § 17 Absatz 1 Satz 1, auch in Verbindung mit Satz 2, eine Aufzeichnung nicht, nicht richtig, nicht vollständig oder nicht rechtzeitig erstellt oder nicht oder nicht mindestens zwei Jahre aufbewahrt,
8. entgegen § 17 Absatz 2 eine Unterlage nicht, nicht richtig, nicht vollständig oder nicht in der vorgeschriebenen Weise bereithält oder
9. entgegen § 20 das dort genannte Arbeitsentgelt nicht oder nicht rechtzeitig zahlt.

(2) Ordnungswidrig handelt, wer Werk- oder Dienstleistungen in erheblichem Umfang ausführen lässt, indem er als Unternehmer einen anderen Unternehmer beauftragt, von dem er weiß oder fahrlässig nicht weiß, dass dieser bei der Erfüllung dieses Auftrags
1. entgegen § 20 das dort genannte Arbeitsentgelt nicht oder nicht rechtzeitig zahlt oder
2. einen Nachunternehmer einsetzt oder zulässt, dass ein Nachunternehmer tätig wird, der entgegen § 20 das dort genannte Arbeitsentgelt nicht oder nicht rechtzeitig zahlt.

(3) Die Ordnungswidrigkeit kann in den Fällen des Absatzes 1 Nummer 9 und des Absatzes 2 mit einer Geldbuße bis zu fünfhunderttausend Euro, in den übrigen Fällen mit einer Geldbuße bis zu dreißigtausend Euro geahndet werden.

(4) Verwaltungsbehörden im Sinne des § 36 Absatz 1 Nummer 1 des Gesetzes über Ordnungswidrigkeiten sind die in § 14 genannten Behörden jeweils für ihren Geschäftsbereich.

(5) Für die Vollstreckung zugunsten der Behörden des Bundes und der bundesunmittelbaren juristischen Personen des öffentlichen Rechts sowie für die Vollziehung des Vermögensarrestes nach § 111e der Strafprozessordnung in Verbindung mit § 46 des Gesetzes über Ordnungswidrigkeiten durch die in § 14 genannten Behörden gilt das Verwaltungs-Vollstreckungsgesetz des Bundes.

Abschnitt 4 – Schlussvorschriften

§ 22 Persönlicher Anwendungsbereich (1) Dieses Gesetz gilt für Arbeitnehmerinnen und Arbeitnehmer. Praktikantinnen und Praktikanten im Sinne des § 26 des Berufsbildungsgesetzes gelten als Arbeitnehmerinnen und Arbeitnehmer im Sinne dieses Gesetzes, es sei denn, dass sie
1. ein Praktikum verpflichtend auf Grund einer schulrechtlichen Bestimmung,

einer Ausbildungsordnung, einer hochschulrechtlichen Bestimmung oder im Rahmen einer Ausbildung an einer gesetzlich geregelten Berufsakademie leisten,
2. ein Praktikum von bis zu drei Monaten zur Orientierung für eine Berufsausbildung oder für die Aufnahme eines Studiums leisten,
3. ein Praktikum von bis zu drei Monaten begleitend zu einer Berufs- oder Hochschulausbildung leisten, wenn nicht zuvor ein solches Praktikumsverhältnis mit demselben Ausbildenden bestanden hat, oder
4. an einer Einstiegsqualifizierung nach § 54 a des Dritten Buches Sozialgesetzbuch oder an einer Berufsausbildungsvorbereitung nach §§ 68 bis 70 des Berufsbildungsgesetzes teilnehmen.

Praktikantin oder Praktikant ist unabhängig von der Bezeichnung des Rechtsverhältnisses, wer sich nach der tatsächlichen Ausgestaltung und Durchführung des Vertragsverhältnisses für eine begrenzte Dauer zum Erwerb praktischer Kenntnisse und Erfahrungen einer bestimmten betrieblichen Tätigkeit zur Vorbereitung auf eine berufliche Tätigkeit unterzieht, ohne dass es sich dabei um eine Berufsausbildung im Sinne des Berufsbildungsgesetzes oder um eine damit vergleichbare praktische Ausbildung handelt.

(2) Personen im Sinne von § 2 Absatz 1 und 2 des Jugendarbeitsschutzgesetzes ohne abgeschlossene Berufsausbildung gelten nicht als Arbeitnehmerinnen und Arbeitnehmer im Sinne dieses Gesetzes.

(3) Von diesem Gesetz nicht geregelt wird die Vergütung von zu ihrer Berufsausbildung Beschäftigten sowie ehrenamtlich Tätigen.

(4) Für Arbeitsverhältnisse von Arbeitnehmerinnen und Arbeitnehmern, die unmittelbar vor Beginn der Beschäftigung langzeitarbeitslos im Sinne des § 18 Absatz 1 des Dritten Buches Sozialgesetzbuch waren, gilt der Mindestlohn in den ersten sechs Monaten der Beschäftigung nicht. Die Bundesregierung hat den gesetzgebenden Körperschaften zum 1. Juni 2016 darüber zu berichten, inwieweit die Regelung nach Satz 1 die Wiedereingliederung von Langzeitarbeitslosen in den Arbeitsmarkt gefördert hat, und eine Einschätzung darüber abzugeben, ob diese Regelung fortbestehen soll.

§ 23 Evaluation Dieses Gesetz ist im Jahr 2020 zu evaluieren.

§ 24 Übergangsregelung (1) Bis zum 31. Dezember 2017 gehen abweichende Regelungen eines Tarifvertrages repräsentativer Tarifvertragsparteien dem Mindestlohn vor, wenn sie für alle unter den Geltungsbereich des Tarifvertrages fallenden Arbeitgeber mit Sitz im In- oder Ausland sowie deren Arbeitnehmerinnen und Arbeitnehmer verbindlich gemacht worden sind; ab dem 1. Januar 2017 müssen abweichende Regelungen in diesem Sinne mindestens ein Entgelt von brutto 8,50 Euro je Zeitstunde vorsehen. Satz 1 gilt entsprechend für Rechtsverordnungen, die auf der Grundlage von § 11 des Arbeitnehmer-Entsendegesetzes sowie § 3 a des Arbeitnehmerüberlassungsgesetzes erlassen worden sind.

(2) Zeitungszustellerinnen und Zeitungszusteller haben ab dem 1. Januar 2015 einen Anspruch auf 75 Prozent und ab dem 1. Januar 2016 auf 85 Prozent des Mindestlohns nach § 1 Absatz 2 Satz 1. Vom 1. Januar 2017 bis zum 31. Dezember 2017 beträgt der Mindestlohn für Zeitungszustellerinnen und Zeitungszusteller brutto 8,50 Euro je Zeitstunde. Zeitungszustellerinnen und Zeitungszusteller im Sinne der Sätze 1 und 2 sind Personen, die in einem Arbeitsverhältnis ausschließlich periodische Zeitungen oder Zeitschriften an Endkunden zustellen; dies umfasst auch Zustellerinnen und Zusteller von Anzeigenblättern mit redaktionellem Inhalt.

32. Gesetz über Teilzeitarbeit und befristete Arbeitsverträge (Teilzeit- und Befristungsgesetz – TzBfG)

Aktuelle höchstrichterliche Rechtsprechung

1. Teilzeitarbeit

Datum	Gericht/Az.	Fundstelle	Thema
23.7.19	BAG 9 AZR 372/18	NZA 19, 1588	Benachteiligung Teilzeitbeschäftigter
19.12.18	BAG 10 AZR 231/18	NZA 19, 790	Tariflicher Mehrarbeitszuschlag für Teilzeitbeschäftigte

2. Befristung

Datum	Gericht/Az.	Fundstelle	Thema
7.11.19	EUGH C-396/18	NZA 19, 1555	Altersgrenze für Piloten
3.10.19	EUGH C-274/18	EuZW 19, 947	Benachteiligung wegen Befristung
20.6.19	EuGH C-72/18	NZA 19, 1195	Benachteiligung befristet beschäftigter AN gegenüber unbefristet beschäftigten Beamten
12.6.19	BAG 7 AZR 548/17	NZA 19, 1352	Anschlussbefristungsverbot
12.6.19	BAG 7 AZR 429/17	NZA 19, 1563	Anschlussbefristungsverbot
12.6.19	BAG 7 AZR 428/17	NZA 19, 1423	Auflösende Bedingung, Bestellung zum Geschäftsführer anderer Gesellschaft
12.6.19	BAG 7 AZR 317/17	NZA 19, 1568	Neugründungsprivileg

Datum	Gericht/Az.	Fundstelle	Thema
8.5.19	EuGH C-494/17	NZA 19, 1267	Benachteiligung wegen Befristung
17.4.19	BAG 7 AZR 410/17	NZA 19, 1223	Erleichterung der Befristung durch TV
17.4.19	BAG 7 AZR 323/17	NZA 19, 1271	Anschlussbefristungsverbot
17.4.19	BAG 7 AZR 292/17	NZA 19, 1355	Auflösende Bedingung
11.4.19	EuGH C-29/18 u.a.	NZA 19, 605	Benachteiligung wegen Befristung
20.3.19	BAG 7 AZR 409/16	NZA 19, 1274	Anschlussbefristungsverbot
23.1.19	BAG 7 AZR 733/16	NZA 19, 700	Anschlussbefristungsverbot
19.12.18	BAG 7 AZR 70/17	NZA 19, 523	Befristete Weiterarbeit nach Altersgrenze
21.11.18	EuGH C-245/17	NZA 19, 30 (LS)	Benachteiligung wegen Befristung
21.11.18	BAG 7 AZR 394/17	NZA 19, 309	Beendigung wegen Flugdienstuntauglichkeit, betriebliches Eingliederungsmanagement
21.11.18	BAG 7 AZR 234/17	NZA 19, 611	Vorübergehender Bedarf, Rechtsmissbrauch
15.11.18	BVerfG 1 BvR 1572/17	NZA 19, 302	Befristung bei Fachhochschulprofessur
25.10.18	EuGH C-331/17	NZA 18, 1535	Befristungsschutz für Musiker
24.10.18	BAG 7 AZR 92/17	NZA 19, 108	Befristung wegen Eigenart der Arbeitsleistung
20.9.18	EuGH C-466/17	NZA 18, 1540	Begrenzte Anrechnung von Vordienstzeiten aus befristeten Verträgen für Beamte
1.8.18	BAG 7 AZR 882/16	NZA 19, 314	Auflösende Bedingung, Bedingungskontrollklage

Datum	Gericht/Az.	Fundstelle	Thema
20.6.18	BAG 7 AZR 690/16	NZA 19, 324	Auflösende Bedingung, Betriebsratsmitglied
20.6.18	BAG 7 AZR 689/16	NZA 19, 331	Bedingungskontrollklage
23.5.18	BAG 7 AZR 16/17	NZA 18, 1549	Sachgrundbefristung aus Haushaltsgründen

Einleitung

I. Geschichtliche Entwicklung

Vorläufer des »Gesetzes über Teilzeitarbeit und befristete Arbeitsverträge« ist das »Beschäftigungsförderungsgesetz 1985« v. 26.4.1985 (BGBl. I 710). Dieses jeweils nur befristet geltende Gesetz war am 31.12.2000 ausgelaufen (zum bis dahin geltenden Befristungsrecht vgl. *Dörner,* ZTR 01, 485).

Das BeschFG 1985 war Kernstück einer arbeitsrechtlichen Deregulierungspolitik der Regierung *Kohl* mit der erklärten Absicht, Beschäftigung durch den Abbau von Schutzvorschriften zu fördern (vgl. *Buschmann,* AuR 17, G17). In diesem Fall wurde die Rechtsprechung des *Großen Senats des BAG,* wonach zur Vermeidung von Umgebungen des Kündigungsschutzes befristete Arbeitsverträge eines sachlichen Grundes bedürfen, durch den Gesetzgeber revidiert (vgl. *BAG* 12.10.1960 – GS 1/59, BAGE 10, 65, dazu *Kittner,* 50 Urteile, 2019, Nr. 12). Wegen dieser Aufweichung des Kündigungsschutzes als eines Herzstücks der arbeitsrechtlichen Schutzgesetzgebung sprach *Wilhelm Herschel,* einer der bedeutendsten deutschen Arbeitsrechtler, kurz vor seinem Tode von der »Gefährdung der Rechtskultur« (AuR 85, 265).

Seit dem 1.1.2001 ist das bis dahin geltende Beschäftigungsförderungsgesetz 1985 durch das »Gesetz über Teilzeitarbeit und befristete Arbeitsverträge und zur Änderung und Aufhebung arbeitsrechtlicher Bestimmungen« vom 21.12.2000 (BGBl. I 1966) abgelöst worden (zum Gesetz vgl. *Däubler,* ZIP 01, 217; *Hromadka,* BB 01, 615 und 674; *Kliemt,* NZA 01, 296; *Kossens,* AiB 01, 319; *Kröll,* PersR 01, 179; *Lakies,* DZWiR 2001, 1; *Plander,* ZTR 01, 499; *Preis/Gotthard,* DB 01, 145; *Thannheiser,* DiB 01, 167). Es dient der Umsetzung der beiden im Rahmen des sozialen Dialogs zustande gekommenen und durch die Richtlinien 1997/81/EG vom 15.12.1997 (ABl. L 14/9) und 1999/70/EG vom 28.6.1999 (ABl. L 175/43) verbindlich gemachten Vereinbarungen der Europäischen Sozialpartner über Teilzeitarbeit und über befristete Arbeitsverträge.

Neben besonderen Regelungen für Teilzeitbeschäftigte sowie für befristet Beschäftigte enthält das Gesetz das Verbot der Benachteiligung wegen Teilzeitarbeit bzw. wegen des befristeten Arbeitsvertrages. Eine unzulässige Benachteiligung, löst aber anders als Verstöße gegen das AGG (Nr. 2) keine Ansprüche auf eine Entschädigung aus (*BAG* 21.2.2013 – 8 AZR 68/12, NZA 13, 955).

Mit dem Rentenversicherungs-Leistungsverbesserungsgesetz (v. 23.6.14, BGBl.I 787) wurde zuletzt die Möglichkeit zur Befristung des Arbeitsvertrages über eine einzel- oder kollektivvertragliche Altersgrenze hinaus in §41 Satz3 SGB VI geschaffen.

Mit dem Gesetz zur Weiterentwicklung des Teilzeitrechts – Einführung einer Brückenteilzeit (v. 11.12.2018, BGBl.I 2384; *Bayreuther,* NZA 18, 1577; *Löwisch,* BB 183061; *Preis/Schwarz,* NJW 18, 3673; Entwurf: BT-Drs. 182/18) wurde die Möglichkeit geschaffen, die Arbeitszeit nur für einen bestimmten Zeitraum zu reduzieren (befristeter Teilzeitanspruch nach §9a). Darüber hinaus wurde die Variabilität von Abrufarbeit in §12 Abs.2 TzBfG beschränkt. Die Beweislast beim Anspruch auf vorrangige Berücksichtigung im Falle eines Wunsches nach Verlängerung der Arbeitszeit wurde auf den Arbeitgeber verschoben. Ferner wurde in §7 Abs.2 ein allgemeiner Erörterungsanspruch mit Blick auf eine Veränderung von Dauer und/oder Lage der Arbeitszeit eingeführt.

Durch das Dritte Bürokratieentlastungsgesetz (v. 22.11.2019, BGBl.I 1746) wurden Arbeitszeitverlängerungsverlangen und Ablehnung durch den Arbeitgeber nach §8 Abs.5 insofern erleichtert, als nunmehr die Textform gemäß §126b BGB genügt.

Als weiteres Befristungsgesetz wurde das »Gesetz über befristete Arbeitsverträge mit Ärzten in der Weiterbildung« vom 15.5.1986 (BGBl.I 742) verabschiedet (Nr.32b). Zum Hochschul- und Forschungsbereich s. Nr.32a.

II. Wesentlicher Inhalt des Gesetzes und Anwendungsprobleme

1. Befristete Arbeitsverträge

a) Wesentlicher Gesetzesinhalt

Überblick

Der Befristungsteil des TzBfG ist vor dem Hintergrund der Verpflichtung der Bundesrepublik Deutschland zur Umsetzung der EG-Richtlinie über befristete Arbeitsverträge (99/70/EG, s.o. I) zu sehen, die von den Mitgliedstaaten drei alternative Möglichkeiten zur Bindung und Beschränkung dieser Vertragsform verlangt:

(1) Bindung der Befristung an sachliche Gründe,
(2) Beschränkung der maximalen Dauer aufeinander folgender Verträge oder
(3) Beschränkung der Zahl der Verlängerungen derartiger Verträge.

Der deutsche Gesetzgeber hat sich für die Kombination der schon bisher bestehenden Möglichkeit der Befristungsbindung an sachliche Gründe mit einer gesetzlichen Höchstdauer begründungsloser Befristungen entschieden. Das ist nach Ansicht des *BAG* (19.3.2014 – 7 AZR 828/12, NZA-RR 14, 462, Rn.27) verfassungs- und europarechtsgemäß (i.E. ebenso *Bauer,* NZA 00, 756; *Löwisch,* NZA 00, 756 und 1044; *Hanau,* NZA 00, 1045; a.A. *Heuschmid,* AuR 14, 221). Die Befristung eines Arbeitsvertrages bedarf in jedem Fall der Schriftform (§14 Abs.4). Kommt der Vertrag bereits vor Unterzeichnung der Vertragsurkunde zustande, ist die Schriftform nicht gewahrt (*BAG* 14.12.2016 – 7 AZR 797/14, NZA 17, 638). Die Befristung ist aber dann nicht unwirksam, wenn sie nicht im Arbeitsvertrag ver-

einbart wurde, sondern aus einem auf das Arbeitsverhältnis anwendbaren Tarifvertrag folgt. Das gilt nicht nur bei normativer Tarifbindung, sondern auch, wenn die Arbeitsvertragsparteien auf den Tarifvertrag Bezug genommen haben (*BAG* 23.7.2014 – 7 AZR 771/12, NZA 14, 1341). Mangels abweichender Vereinbarung kann der befristete Arbeitsvertrag gemäß § 15 Abs. 3 nicht ordentlich gekündigt werden. Anders als in Bezug auf Kündigungen genießen betriebliche Interessenvertreter keinen besonderen Schutz vor Beendigung des Arbeitsvertrages infolge einer Befristung (s. Einl. II 4 zum KSchG, Nr. 25).
Mit dem Gesetz über Teilzeitarbeit und befristete Arbeitsverträge werden die wichtigsten Befristungsgründe, die bislang lediglich von der Rechtsprechung entwickelt worden waren, gesetzlich geregelt (§ 14 Abs. 1). Das Gesetz geht insoweit über den früheren Rechtszustand hinaus, als das Erfordernis des »sachlichen Grundes« nunmehr in Betrieben jeder Größenordnung gilt. Da die Notwendigkeit des »sachlichen Grundes« nicht mehr aus dem Verbot der Umgehung des KSchG hergeleitet wird, kommt es nicht mehr auf die Beschränkung des § 23 KSchG an (das ist auch europarechtlich notwendig, vgl. *Hanau,* NZA 2000, 1045). Für die Befristung genügt gemäß § 14 jeder sachliche Grund. Bei sog. Kettenbefristungen, bei denen der Arbeitsvertrag mehrfach hintereinander befristet verlängert wurde, soll allein die letzte Befristung kontrollierbar sein, die Fehlerhaftigkeit einer früheren Befristung ist dann unerheblich (8.5.1985 – 7 AZR 191/84, BAGE, 49, 73). Das lässt sich allerdings nach der Rechtsprechung des *EuGH* zu Kettenbefristungen in Vertretungsfällen (s. u.) nicht mehr vollständig durchhalten.
Besondere Befristungsmöglichkeiten sind in einzelnen Gesetzen vorgesehen, etwa in § 21 BEEG (Nr. 16), im WissZeitVG (Nr. 32 a) oder im ÄArbVtrG (Nr. 32 b). Für die Befristung von Arbeitsverträgen angestellter Hochschullehrer können die Länder Gesetze erlassen (*BAG* 11.9.2013 – 7 AZR 843/11, NZA 13, 1352).
Eine Verweigerung der Zustimmung zur Einstellung wegen unzulässiger Befristung (auch aufgrund eines Tarifvertrages) kann dem *BAG* zufolge nicht auf § 99 Abs. 2 Nr. 1 BetrVG gestützt werden (*BAG* 16.7.1985 – 1 ABR 35/83, NZA 86, 163).

Befristungen aus sachlichem Grund

§ 14 Abs. 1 S. 2 enthält eine Aufzählung möglicher sachlicher Gründe, die aber nicht abschließend ist. Eine Rechtfertigung aus sachlichem Grund, die unter keine der nachfolgenden Nummern fällt, kann etwa gegeben sein, wenn Drittmittel nur zeitlich begrenzt zur Verfügung stehen (*BAG* 16.1.2018 – 7 AZR 21/16, NZA 18, 663) oder wenn ein Arbeitsvertrag im Interesse der personellen Kontinuität der betrieblichen Interessenvertretung fortgesetzt wird (*BAG* 8.6.2016 – 7 AZR 467/14, NZA 16, 1535). Nicht als sachlicher Grund anzuerkennen ist der Umstand, dass eine bestimmte Beschäftigung bloße Nebentätigkeit ist (*BAG* 10.8.1994 – 7 AZR 695/93, NJW 95, 981).

- Eine Befristung, die mit vorübergehendem Bedarf (Nr. 1) begründet werden soll, setzt voraus, dass der Bedarf absehbar künftig wieder entfallen wird (*BAG* 12.9.1996 – 7 AZR 790/95, NZA 97, 313). Bei einem Dauerbedarf kann eine Befristung deshalb nicht auf Nr. 1 gestützt werden (*BAG* 17.3.2010 – 7 AZR 649/

08, NZA 10, 633). Ebenso wenig kann deshalb die Absicht, den Arbeitsplatz später mit einem Leiharbeitnehmer zu besetzen, die Befristung rechtfertigen (*BAG* 17. 1. 2007 – 7 AZR 20/06, DB 07, 864). Auch scheidet eine Rechtfertigung wegen vorübergehenden Bedarfs aus, wenn der Arbeitgeber mehr Arbeitnehmer eingestellt hat als für den prognostizierten Bedarf benötigt werden (*BAG* 14. 12. 2016 – 7 AZR 688/14, NZA 17, 411).

- Bei einer Befristung zur Vertretung (Nr. 3) muss der Fortfall des Vertretungsbedarfs in Zukunft prognostizierbar sein. Allerdings verlangt die Rechtsprechung nicht, dass die Dauer der Vertretung mit der prognostizierten Rückkehr des Vertretenen deckungsgleich ist (*BAG* 21. 2. 2001 – 7 AZR 200/00, AP Nr. 226 zu § 620 BGB Befristeter Arbeitsvertrag). Die Rechtsprechung hält auch mittelbare Vertretungen für zulässig, bei denen die Aufgaben des abwesenden Arbeitnehmers einem anderen zugewiesenen werden, der wiederum durch den befristet zu beschäftigenden Arbeitnehmer vertreten wird; der Arbeitgeber muss allerdings die Vertretungskette belegen (*BAG* 24. 8. 2016 – 7 AZR 41/15, NZA 17, 307; zu Bedenken hinsichtlich Vereinbarkeit mit Europarecht *Brose*, NZA 09, 706 ff.). Auf Vorlage des *BAG* (17. 11. 2010 – 7 AZR 443/09 (A), NZA 11, 34) hat der *EuGH* entschieden, dass auch bei ständig aufeinanderfolgenden Vertretungsbefristungen jede einzelne Befristung für sich sachlich gerechtfertigt sein kann. Es sei nicht zu verlangen, dass Arbeitgeber bestimmter Größenordnung, bei denen nach der Struktur der Belegschaft ständig mit Vertretungsfällen zu rechnen sei, automatisch unbefristete Verträge schließen. Allerdings seien alle mit der Verlängerung der Arbeitsverträge jeweils verbundenen Umstände zu berücksichtigen, weil diese Hinweise auf einen Missbrauch der Befristungsmöglichkeit geben könnten (*EuGH* 26. 1. 2012 – C-586/10, NZA 12, 135 – Kücük). In einer neueren Entscheidung geht der *EuGH* (14. 9. 2016 – C-16/15, NZA 16, 1265 – Pérez López) allerdings davon aus, dass bei einem strukturellen Mangel an Planstellen, der auf einen dauerhaften Bedarf an Vertretungskräften hinausläuft, ein unzulässiger Missbrauch der Befristungsmöglichkeiten gegeben sei. Auch wenn nur die letzte Befristung auf ihre Wirksamkeit hin geprüft wird, müssen frühere Befristungen bei dieser Kontrolle also mitberücksichtigt werden. Die Zahl und Dauer bisheriger Vertretungen lassen Anhaltspunkte für einen »institutionellen« Rechtsmissbrauch zu. Ausgehend von den Grenzwerten des § 14 Abs. 2 Satz 1 TzBfG für sachgrundlose Befristungen (Befristung und drei Verlängerungen innerhalb einer Gesamtdauer von zwei Jahren) hat die Rechtsprechung ein Konzept entwickelt, das ab einer gewissen Schwelle eine Missbrauchskontrolle nahelegt und ggf. sogar indiziert (*BAG* 26. 10. 2016 – 7 AZR 135/15, NZA 17, 382; dazu *Schwarze*, RdA 17, 302). Das Gebot der Missbrauchskontrolle gilt im Übrigen nicht nur für den Sachgrund der Vertretung, sondern auch bei anderen Befristungen aus Sachgründen (vgl. *BAG* 13. 2. 2013 – 7 AZR 225/11, NZA 13, 777, Rn. 36).
- Die Eigenart der Arbeitsleistung (Nr. 4) rechtfertigt die Befristung insbesondere bei programmgestaltenden Mitarbeitern des Rundfunks. Das folgt aus der Rundfunkfreiheit gemäß Art. 5 Abs. 1 Satz 2 GG, die das Recht der Anstalt umfasst,

dem Gebot der Vielfalt der Programminhalte auch bei der personellen Besetzung der Programmgestalter Rechnung zu tragen. Im Einzelfall bedarf es einer Abwägung zwischen den Auswirkungen auf die Rundfunkfreiheit und dem Bestandsschutzinteresse des Arbeitnehmers (*BAG*, NZA 14, 1018). Dasselbe gilt für die Arbeitsverhältnisse von Serienschauspielern im Hinblick auf die Kunstfreiheit (Art. 5 Abs. 3 GG, Nr. 20) des Arbeitgebers (*BAG* 30. 8. 2017 – 7 AZR 864/15, NZA 18, 229). Auch die Befristung eines Lizenzfußballspielers der 1. Bundesliga ist regelmäßig durch die Eigenart der Arbeitsleistung gerechtfertigt (*BAG* 16. 1. 2018 – 7 AZR 312/16, NZA 18, 703).

- Eine Befristung zur Erprobung (Nr. 5) ist nur möglich, wenn die Erprobungszeit in angemessenem Verhältnis zur in Aussicht genommenen Tätigkeit steht, wobei im Regelfall 6 Monate genügen (*BAG* 4. 12. 2013 – 7 AZR 457/12, NZA 10, 1293). War der Arbeitnehmer zuvor schon beim Arbeitgeber beschäftigt, ist eine Befristung zur Erprobung im Allgemeinen nicht gerechtfertigt (*BAG*, a. a. O.).
- Ein Befristungsgrund in der Person des Arbeitnehmers (Nr. 6) kann beispielsweise der eigene Wunsch des Arbeitnehmers sein, wenn er denn tatsächlich vorliegt. Für dessen Vorliegen ist entscheidend, ob sich der Arbeitnehmer auch dann, wenn ihm ein unbefristeter Vertrag angeboten worden wäre, für ein befristetes Arbeitsverhältnis entschieden hätte (*BAG* 18. 1. 2017 – 7 AZR 236/15, NZA 17, 849, Nr. 30). Auch die Begrenzung auf die Dauer einer Aufenthaltserlaubnis ist möglich (*BAG* 12. 2. 2000 – 7 AZR 863/98, NJW 00, 3084).
- Die Befristung aus Haushaltsgründen (Nr. 7) erfordert, dass die Stelle zu einem bestimmten Zeitpunkt mit Sicherheit entfällt (*BAG* 16. 1. 1987 – 7 AZR 487/85, NZA 88, 279). Ein bloßer »kw-Vermerk« genügt diesem Erfordernis nicht (*BAG* 2. 9. 2009 – 7 AZR 233/08, DB 09, 2439). Eine Selbstverwaltungskörperschaft, die wie die Bundesagentur für Arbeit selbst den Haushaltsplan für sich aufstellt, kann sich auf diesen Befristungsgrund nicht berufen (*BAG* 9. 3. 2011 – 7 AZR 728/09, NZA 11, 911).

Befristungen ohne Sachgrund

Daneben besteht – wie im Grundsatz bereits im BeschFG 1985 – die Möglichkeit einer begründungslosen Befristung, wenn der Arbeitsvertrag oder seine dreimalige Verlängerung nicht die Gesamtdauer von zwei Jahren überschreitet (§ 14 Abs. 2). Anzahl der Verlängerungen sowie Gesamtlänge der sachgrundlosen Befristungen können (auch kumulativ) durch Tarifvertrag erhöht werden gemäß § 14 Abs. 2 Satz 3. Eine tarifvertragliche Regelung darf aber nicht dem durch das Gesetz intendierten Schutz des Arbeitnehmers vor missbräuchlichen Befristungen zuwiderlaufen (*BAG* 18. 3. 2015 – 7 AZR 272/13, NZA 15, 821). Aus diesem Grund können die Tarifvertragsparteien die Dauer sachgrundloser Befristungen auf höchstens sechs Jahre erweitern und maximal eine neunmalige Verlängerung des sachgrundlos befristeten Arbeitsvertrages gestatten (*BAG* 17. 4. 2019 – 7 AZR 410/17, NZA 19, 1223).

Um eine missbräuchliche Aneinanderkettung begründungsloser und sachlich begründeter Befristungen zu verhüten, verbietet § 14 Abs. 2 Satz 2 die begrün-

dungslose Befristung, wenn mit demselben Arbeitgeber zuvor bereits ein befristetes oder unbefristetes Arbeitsverhältnis bestanden hat. Dies hat das *BAG* (6.4.2011 – 7 AZR 716/09, NZA 11, 905) einschränkend dahin ausgelegt, dass eine frühere Beschäftigung beim Arbeitgeber nur dann der sachgrundlosen Befristung entgegensteht, wenn sie nicht länger als 3 Jahre zurückliegt. Das *BVerfG* sieht darin eine unzulässige Rechtsfortbildung, so dass grundsätzlich jede Vorbeschäftigung der Befristung entgegensteht. Unzumutbar sei dies aber, wenn die Gefahr einer Kettenbefristung unter Ausnutzung der Unterlegenheit des Arbeitnehmers nicht bestehe, etwa wenn die frühere Beschäftigung sehr lange zurückliege, insbesondere bei früheren Nebenbeschäftigungen von Schülern oder Tätigkeiten als Werksstudenten, ferner bei Vorbeschäftigungen von sehr kurzer Dauer. Für diesen Fall sei eine verfassungskonforme Auslegung des Gesetzes geboten (*BVerfG* 6.6.2018 – 1 BvL 7/14 u.a., NZA 18, 774; dazu *Bayreuther*, NZA 18, 905; *Lakies*, AuR 18, 500). Daran hat das *BAG* seine Rechtsprechung nunmehr ausgerichtet. Insbesondere hat es sich in mehreren Entscheidungen mit der Frage auseinandergesetzt, wann eine Vorbeschäftigung so lange zurückliegt, dass die Anwendung des Vorbeschäftigungsverbots unzumutbar ist (zu den Voraussetzungen einer geringfügigen Nebenbeschäftigung während der Schul-, Studien- oder Ausbildungszeit: *BAG* 12.6.2019 – 7 AZR 429/17, NZA 19, 1563). Dies hat es selbst bei einem Zeitablauf von 15 Jahren verneint, mit der einfachen Argumentation, dass bei jeweils 15-jährigen Zwischenräumen im Laufe eines Erwerbslebens von typischerweise 40 Jahren insgesamt drei sachgrundlos befristete Arbeitsverträge möglich wären. Die sachgrundlose Befristung wäre dann nicht mehr die Ausnahme (*BAG* 17.4.2019 – 7 AZR 323/17, NZA 19, 1271). Im Übrigen hat das *BAG* klargestellt, dass Arbeitgeber, die sich auf die dreijährige Grenze der alten Rechtsprechung eingestellt hatten, keinen Vertrauensschutz genießen, der der Anwendung der neuen Grundsätze entgegenstünde. Zum einen sei diese Rechtsprechung schon bisher erheblicher Kritik ausgesetzt gewesen, zum anderen sei das *BAG* in Fragen des Verfassungsrechts ohnehin nicht die höchste Instanz, sondern vielmehr das *BVerfG* (*BAG* 23.1.2019 – 7 AZR 733/16, NZA 19, 700).
Eine nach § 14 Abs. 2 Satz 1 zulässige Verlängerung des befristeten Vertrages setzt voraus, dass aber die Verlängerungsvereinbarung noch vor Ablauf der Befristung getroffen wird und damit außer der Vertragslaufzeit keine weiteren Vertragsänderungen verbunden werden (*BAG* 4.12.2013 – 7 AZR 468/12, NZA 14, 623). Andernfalls handelt es sich um einen neuen Arbeitsvertrag, der dem vorerwähnten Anschlussbefristungsverbot unterliegt.
Mitunter wird versucht, das Anschlussbefristungsverbot nach Auslaufen der Möglichkeiten zur sachgrundlosen Befristung dadurch zu umgehen, dass der Arbeitgeber ein anderes Unternehmen einschaltet, das mit dem Arbeitnehmer einen Vertrag schließt und diesen an den alten Arbeitgeber zum Einsatz auf dem alten Arbeitsplatz verleiht. Handelt es sich dabei um ein bewusstes und gewolltes Zusammenwirken zur Umgehung des Anschlussbefristungsverbots, ist die Befristung des Vertrages unwirksam, obwohl sie nach dem Gesetz »formal« zulässig wäre. Dadurch entsteht allerdings kein Vertrag mit dem alten Arbeitgeber, sondern es bleibt beim Vertrag mit dem eingeschalteten neuen Arbeitgeber, der

allerdings nicht wirksam befristet ist und daher auf unbestimmte Zeit gilt (*BAG* 15.5.2013 – 7 AZR 525/11, DB 13, 2276; 25.6.2015 – 6 AZR 438/14, NZA 15, 1507; zur Beweislast in einem solchen Fall *BAG* 4.12.2013 – 7 AZR 847/12, NZA 14, 426). Dieser Rechtsprechung wurde entgegengehalten, dass sie nicht weit genug gehe. Unter Heranziehung der Erwägungen des *BVerfG* zum Anschlussbefristungsverbot sei dieses vielmehr im Falle einer Konzernverbindung erweiternd auszulegen, so dass eine sachgrundlose Befristung grundsätzlich ausscheiden müsse (*Greiner/Senk*, RdA 19,236).

Erleichterte Befristungen mit älteren Arbeitnehmern

Die (früher vorgesehene) weitergehende Möglichkeit begründungsloser Befristung allein im Hinblick auf das Alter eines Arbeitnehmers ist vom *EuGH* als Verstoß gegen das europäische Verbot der Altersdiskriminierung bewertet worden (22.11.2005 – C-144/04, AP Nr. 1 zu Richtlinie 2000/78/EG – Mangold). Die Bundesrepublik hat dem mit dem »Gesetz zur Verbesserung der Beschäftigungschancen älterer Menschen« vom 19.4.07 (BGBl. I 538) Rechnung getragen. Danach sind befristete Arbeitsverhältnisse mit Arbeitnehmern über 52 Jahren zulässig, wenn diese unmittelbar zuvor mindestens 4 Monate beschäftigungslos waren (§ 14 Abs. 3; vgl. *Bader*, NZA 07, 713; *Bauer*, NZA 07, 544; *Bayreuther*, BB 07, 1113; *Schiefer/Köster/Korte*, DB 07, 1081). Die Befristungsdauer darf aber insgesamt (unter Einschluss von Verlängerungen) 5 Jahre nicht überschreiten. Die h.M. geht davon aus, dass diese Befristungsmöglichkeit neben die Möglichkeit der Befristung ohne sachlichen Grund gemäß § 14 Abs. 2 tritt. Allerdings ist die vorausgegangene Beschäftigungslosigkeit nur gegeben, wenn diese unmittelbar vor der Befristung nach § 14 Abs. 3 gelegen hat. Die Europarechtsmäßigkeit und Verfassungsmäßigkeit der neuen Regelung nimmt das *BAG* jedenfalls für die erstmalige Befristung eines Arbeitsvertrages mit einem älteren Arbeitnehmer an, während es daran zweifelt, soweit weitere Befristungen dadurch ermöglicht werden sollen (*BAG* 28.5.2014 – 7 AZR 360/12, DB 14, 2475).

Befristung einzelner Arbeitsbedingungen

Die Regelungen über das Erfordernis eines sachlichen Grundes und über die Möglichkeiten sachgrundloser Befristungen gelten nur für Befristungen des Arbeitsvertrages insgesamt, die Befristung einzelner Arbeitsbedingungen unterliegt hingegen der Kontrolle am Maßstab der §§ 305 ff. BGB (vgl. Einl. II 8 zum BGB, Nr. 14; ebenso bei der befristeten Übertragung einer höherwertigen Tätigkeit, *BAG* 7.10.2015 – 7 AZR 945/13, NZA 16, 441). Allerdings hält das *BAG* befristete Arbeitszeiterhöhungen in erheblichem Umfang (um 25 % eines Vollzeitarbeitsverhältnisses) dann für eine unangemessene Benachteiligung i.S.d. § 307 Abs. 1 S. 1 BGB, wenn diese Umstände auch die Befristung eines gesonderten Arbeitsvertrages über die zusätzlichen Arbeitsstunden nicht nach dem TzBfG rechtfertigen könnten (*BAG* 15.12.2011 – 7 AZR 394/10, NZA 12, 674; 23.3.2016 – 7 AZR 828/13, NZA 16, 881).

Altersgrenzen

Altersgrenzen, mit deren Erreichen das Arbeitsverhältnis ohne eine Kündigung enden soll, unterliegen ebenfalls dem Befristungsrecht. Solche Altersgrenzenregelungen müssen daher dem Schriftformerfordernis des § 14 Abs. 4 genügen (*BAG* 25. 10. 2017 – 7 AZR 632/15, NZA 18, 507). Zulässigkeitsgrenzen ergeben sich zunächst aus § 41 S. 2 SGB VI, sofern sie auf einen Zeitpunkt vor dem regelmäßigen gesetzlichen Rentenalter bezogen sind (vgl. Einl. III zum SGB VI, Nr. 30 VI). Nach europäischem Unionsrecht sind Altersgrenzen darüber hinaus eine Ungleichbehandlung wegen des Alters, die aus arbeitsmarktpolitischen Gründen gerechtfertigt sein kann, jedoch nur, wenn eine ausreichende materielle Absicherung gewährleistet ist (*EuGH* 16. 10. 2007 – C-411/05, NZA 07, 1219 – Palacios de la Villa). Auf die Höhe der Rente, die der betreffende Arbeitnehmer erhält, kommt es nicht an (vgl. *EuGH* 5. 7. 2012 – C-141/11, NZA 12, 785 – Hörnfeldt). Das *BAG* (18. 6. 2008 – 7 AZR 116/07, NZA 08,1302) hält dementsprechend Altersgrenzen mit Erreichen des gesetzlichen Regelrentenzugangsalters für zulässig. Der *EuGH* hat dies auf Vorlage des *ArbG Hamburg* (20. 1. 09 – 21 Ca 235/08) letztlich unter Hinweis auf den weiten Gestaltungsspielraum der Tarifvertragsparteien gebilligt (*EuGH* 12. 10. 2010 – C-45/09, NZA 10, 1167 – Rosenbladt; vgl. *Joussen*, ZESAR 11, 201 ff.). Dementsprechend hat das *BAG* (8. 12. 2010 – 7 AZR 438/09, NZA 11, 586) eine auf das 65. Lebensjahr bezogene Altersgrenze im Tarifvertrag für den öffentlichen Dienst gebilligt. Eine Altersgrenze, die auf das 65. Lebensjahr bezogen ist, meint letztlich die jeweils maßgebliche Altersgrenze für die Regelaltersrente (vgl. *BAG* 9. 12. 2015 – 7 AZR 68/14, NZA 16, 695, für Arbeitsvertrag; *BAG* 13. 10. 2015 – 1 AZR 754/13, NZA 16, 54, für Betriebsvereinbarung). Nicht akzeptiert hat der *EuGH* (12. 9. 2013 – C-614/11, NZA 13, 1071 – Kuso) eine vertragliche Altersgrenze, die für Männer und Frauen mit Rücksicht auf das unterschiedliche Renteneintrittsalter nach dem einschlägigen Rentenrecht unterschiedlich ausfällt. Unzulässig ist eine Altersgrenze von 60 Jahren, also vor Erreichen der gesetzlichen Regelaltersrente, für Flugbegleiter (*BAG* 16. 10. 2008 – 7 AZR 253/07 (A), NZA 09, 378) ebenso wie für Piloten (*EuGH* 13. 9. 2011 – C-447/09, NZA 11, 1039 – Prigge u. a.; *BAG* 15. 2. 2012 – 7 AZR 946/07, NZA 12, 866; 18. 1. 2012 – 7 AZR 112/08, DB 12, 981). Der Arbeitgeber kann eine Altersgrenze, die vor Erreichen des Rentenalters wirken soll, nicht dadurch rechtfertigen, dass der Arbeitnehmer eine Ausgleichszahlung erhält (*BAG* 18. 1. 2017 – 7 AZR 236/15, NZA 17, 849, Rn. 37).

Auch in Betriebsvereinbarungen können Altersgrenzen geregelt werden (*BAG-Großer Senat* 7. 11. 1989 – GS 3/85, DB 89, 2336). Gebilligt hat das *BAG* mit Blick auf das Verbot der Altersdiskriminierung eine auf die Regelaltersgrenze der Rentenversicherung bezogene Altersgrenze in einer Betriebsvereinbarung. Diese solle sich nach der Rechtsprechung auch gegen eine günstigere vertragliche Regelung durchsetzen: Wenn der Arbeitgeber Allgemeine Geschäftsbedingungen verwende, mache er deutlich, dass er eine betriebseinheitliche Gestaltung wünsche, der Arbeitsvertrag sei dann offen für die Regelung durch Betriebsvereinbarung (*BAG* 5. 3. 2013 – 1 AZR 417/12, NZA 13, 916; vgl. Einl. II zum BetrVG, Nr. 12). Gleichermaßen hat das *BAG* eine Altersgrenze in einer kirchlichen Arbeitsrechtsregelung akzeptiert (*BAG* 12. 6. 2013 – 7 AZR 917/11, NZA 13, 1428). Die Einführung einer

Altersgrenze durch Betriebsvereinbarung bedarf allerdings mit Rücksicht auf das Prinzip des Vertrauensschutzes einer Übergangsregelung für rentennahe Arbeitnehmer (*BAG* 21.2.2017 – 1 AZR 292/15, BB 17, 1342).
Wenn das Arbeitsverhältnis durch eine Altersgrenze endet, besteht seit 1.7.2014 die Möglichkeit, das Vertragsende gemäß §41 Satz 3 SGB VI hinauszuschieben (dazu *Bader*, NZA 14, 749; *Bayreuther*, NZA Beilage 3/15, 84; *Waltermann*, RdA 15, 343; *Kleinebrink*, DB 14, 1490; *Poguntke*, NZA 14, 1372; *Giesen*, ZfA 15, 217). Dafür bedarf es keines Sachgrundes (*BAG* 19.12.2018 – 7 AZR 70/17, NZA 19, 523, Rn. 32 ff.). Notwendig ist, dass eine entsprechende Verlängerung, die sich nahtlos an den durch Altersgrenze ansonsten endenden Vertrag anschließt, noch während des laufenden Arbeitsverhältnisses vereinbart wird. Die Rechtsprechung wird aber zu klären haben, ob eine solche Verlängerung auch mit inhaltlichen Veränderungen des Arbeitsvertrages verbunden werden kann (offengelassen von *BAG* 19.12.2018 – 7 AZR 70/17, NZA 19, 523, Rn. 20 ff.). Problematisch an der Regelung ist, dass sie beliebig häufige Vertragsverlängerungen durch Befristungen vorsieht und dadurch zugleich die sozialpolitische Zielsetzung von Altersgrenzen insgesamt relativiert. Gleichwohl sieht der *EuGH* darin keine unzulässige Altersdiskriminierung, weil der Arbeitnehmer letztlich die zusätzliche Option erhält, statt aus dem Berufsleben auszuscheiden, für eine gewisse Zeit weiterzuarbeiten (28.2.2018 – C-46/17, NZA 18, 355, Rn. 26 ff. – John). Letztlich konnte der *EuGH* auch keine durchgreifenden Bedenken mit Blick auf die Befristungsrichtlinie erkennen, solange es sich nicht um ein Mittel zur Begründung von Kettenbefristungen handelt (ebd., Rn. 45 ff.). Das *BAG* ist dem gefolgt und sieht die Bestimmung als verfassungs- und unionsrechtskonform an (19.12.2018 – 7 AZR 70/17, NZA 19, 523). Unabhängig hiervon kann eine befristete Fortsetzung nach Überschreitung der Altersgrenze aber auch mit sachlichem Grund nach §14 Abs. 1 erfolgen (*BAG* 11.2.2015 – 7 AZR 17/13, NZA 15, 1066).

Entfristung und Vertragsverlängerung
Eine rechtsunwirksame Befristung hat zur Folge, dass das Arbeitsverhältnis als unbefristetes gilt (§16; vgl. *v. Koppenfels,* AuR 2001, 201). Eine hierauf gerichtete Klage muss beim Arbeitsgericht binnen drei Wochen nach dem vereinbarten Ende der Befristung erhoben werden (§17). Diese Klagefrist ist auch einzuhalten, wenn es Streit um den Eintritt einer auflösenden Bedingung gibt (*BAG* 4.11.2015 – 7 AZR 851/13, NZA 16, 634). Hat der Arbeitnehmer im Rechtsstreit ein für ihn günstiges Urteil erwirkt, muss der Arbeitgeber ihn bis zum rechtskräftigen Abschluss des Prozesses weiterbeschäftigen (*BAG* 22.7.2014 – 9 AZR 1066/12, NZA 14, 1330).
Der *EuGH* hat klargestellt, dass eine Vertragsverlängerung in einen unbefristeten Vertrag nach Ausschöpfung der Befristungsmöglichkeiten nicht mit einer Verschlechterung der Arbeitsbedingungen verbunden sein darf, wenn Tätigkeit und Aufgabe gleich bleiben (*EuGH* 8.3.2012 – C-251/11, EuZW 12, 305 – Huet).
Es besteht allerdings kein Anspruch auf Abschluss weiterer Verträge im Anschluss an einen rechtswirksam befristeten Vertrag. Ein solcher Anspruch kann sich aber aus anderen Gründen ergeben. Stellt sich die verweigerte Vertragsverlängerung

als unzulässige Maßregelung (§ 612 a BGB) dar, macht der Arbeitgeber sich schadensersatzpflichtig, ist aber analog § 15 Abs. 6 AGG nicht zum Abschluss eines Anschlussvertrages verpflichtet (*BAG* 21. 9. 2011 – 7 AZR 150/10, DB 12, 524).
Die gesetzliche Befristungsregelung kann durch Tarifvertrag oder Betriebsvereinbarung verbessert werden. Z. B. können im Rahmen von Auswahlrichtlinien gemäß § 95 BetrVG Übernahmepflichten des Arbeitgebers im Anschluss an befristete Arbeitsverträge geregelt werden.
Arbeitet der Arbeitnehmer mit Wissen des Arbeitgebers über die Befristung des Vertrages hinaus weiter, ohne dass der Arbeitgeber widerspricht, verwandelt sich das Arbeitsverhältnis nach § 15 Abs. 5 in ein unbefristetes. Wenn der Arbeitgeber allerdings ein Verlängerungsangebot unterbreitet, das der Arbeitnehmer nur innerhalb der Vertragslaufzeit annehmen können soll, sieht das *BAG* (7. 10. 2015 – 7 AZR 40/14, NZA 16, 358) darin zugleich einen Widerspruch gegen die Weiterarbeit ohne Unterzeichnung des Verlängerungsvertrages. Bei einer solchen Weiterbeschäftigung können deshalb nur Ansprüche aufgrund eines faktischen Arbeitsverhältnisses entstehen, von dem sich beide Seiten jederzeit lösen können.

b) Anwendungsprobleme

Die grundsätzlichen Befürchtungen, dass befristete Arbeit allmählich unbefristete Dauerarbeitsverhältnisse verdrängen könnte, haben sich nicht bewahrheitet. Jedoch ist offenkundig, dass die Unternehmen diese Möglichkeit zunehmend als personalpolitisches Instrument zur Erprobung neu eingestellter Arbeitnehmer nutzen, rund 10 % der befristet abgeschlossenen Neuverträge dienen der Deckung eines vorübergehenden Bedarfs (IAB-Kurzbericht 17/2019). Im Jahr 2018 waren 38 % der neu abgeschlossenen sozialversicherungspflichtigen Beschäftigungsverhältnisse befristet. Der Erprobungszweck findet auch eine Bestätigung in der Verteilung befristeter Arbeitsverhältnisse auf verschiedene Altersgruppen:

Anteil befristet Beschäftigter nach Altersgruppen

Altersgruppe	-24	25 – 34 30 – 35	35 – 44	45 – 54	55 – 64	Über 65
Anteil in Prozent	54,4	17,9	7,4	5,3	4,2	10,8

Quelle: Statistisches Bundesamt 2012 (www.destatis.de)

Allerdings ist die befristete Einstellung gerade für Berufsanfänger und für vormals Arbeitslose ein möglicher Weg in Beschäftigung (*Schäfer*, IW-Trends 1/2019). Dies bestätigt die Nutzung als Instrument verlängerte Probezeit. Dem entspricht auch, dass die Übernahmequote im Jahr 2018 bei 44,2 % lag (*Hohendanner*, IAB-Forum »Immer mehr befristet Beschäftigte werden übernommen«).

2. Teilzeitarbeit

a) Allgemeines

Im TzBfG wurde auch das Recht der Teilzeitarbeit neu geregelt. Dies ist vor dem Hintergrund der bereits am 20.1.2000 abgelaufenen Verpflichtung der Bundesrepublik Deutschland zur Umsetzung der EG-Richtlinie über Teilzeitarbeit (97/81/EG, s.o. I) zu sehen. Seine Regelungen über die Teilzeitarbeit entsprechen weitgehend den §§ 2–6 BeschFG 1985. Eine Neuerung bringt es lediglich hinsichtlich des – allerdings heftig umstrittenen – Anspruchs auf Verringerung der Arbeitszeit (s.u. b). Freilich hat auch dieser keinen Ansturm auf Teilzeitarbeit ausgelöst (*Bradtke* u.a., WSI-Mitt. 04, 138, 140).

Teilzeitarbeit hat in der Bundesrepublik Deutschland in den letzten Jahren stark zugenommen. Im Jahre 2007 waren fast 12 Mio. Menschen in Teilzeit beschäftigt, das sind etwa 1/3 aller Beschäftigten. Etwa 4/5 der Teilzeitbeschäftigten sind Frauen (*Vogel*, ZAF 09, 170). Rund ¼ davon leistet unfreiwillig Teilzeitarbeit, weil Vollzeitstellen nicht zur Verfügung stehen (iwd 24/09, S. 2). Für das Jahr 2016 waren die Zahlen mit 37,1 % nicht anders (Böckler Impuls 9/17,3).

b) Teilzeitarbeit – Grundmodell

Der Begriff der Teilzeitarbeit wird in § 2 Abs. 1 des Gesetzes definiert: Es handelt sich um Arbeitnehmer, deren regelmäßige Wochenarbeitszeit geringer ist als die vergleichbarer Vollzeitarbeitnehmer. Es kommt nicht darauf an, um wie viel die Arbeitszeit nach unten hin abweicht. § 2 Abs. 2 stellt klar, dass auch geringfügig Beschäftigte i.S. des § 8 Abs. 1 Nr. 1 SGB IV (vgl. Nr. 30 IV) zu den Teilzeitbeschäftigten zählen, auf die das Gesetz zur Anwendung kommt. Einen Spezialfall der Teilzeitarbeit stellt die Altersteilzeit dar (vgl. dazu auch das ATZG, Nr. 30 VIa).

Gleichbehandlung

Die fundamentale Schutzvorschrift für Teilzeitbeschäftigte ist das Diskriminierungsverbot des § 4. Danach dürfen Teilzeitbeschäftigte wegen der Teilzeitarbeit nicht schlechter behandelt werden als vergleichbare Vollzeitbeschäftigte. Insbesondere gilt dies für das Entgelt: Es ist dem Teilzeitbeschäftigten mindestens in dem Umfang zu gewähren, der dem Anteil seiner Arbeitszeit an der Arbeitszeit eines vergleichbaren vollzeitbeschäftigten Arbeitnehmers entspricht (»pro rata temporis«). Das bedeutet, dass Teilzeitbeschäftigte nicht vom Bezug von Jahressonderzahlungen und sonstigen geldwerten Leistungen ausgeschlossen werden dürfen. Diese Leistungen sind vielmehr arbeitszeitanteilig zu gewähren (vgl. schon die bisherige Rechtsprechung, *BAG* 6.12.1990 – 6 AZR 159/89, DB 91, 866: Weihnachtsgratifikation; 12.3.1996 – 3 AZR 993/94, DB 96, 2085: Betriebliche Altersversorgung). Allerdings bedarf die zeitanteilige Berücksichtigung ihrerseits einer Rechtfertigung nach dem Sachzweck der Regelung, wie dies etwa bei der Vergütung der Fall ist (ebenso bei Wechselschicht- und Schichtzulagen, *BAG* 25.9.2013 – 10 AZR 4/12, NZA-RR 14, 8; bei Kinderzuschlägen, die sich als Vergütung darstellen: *EuGH* 5.11.2014 – C-476/12, NZA 15, 170 – ÖGB/VÖBB). Wo Regelungen aber beispielsweise auf den Bestand des Arbeitsvertrages abstellen

(z. B. bei der Wartezeit nach § 1 Abs. 1 KSchG), sind Teilzeitbeschäftigte wie andere Arbeitnehmer zu behandeln. Bei der Berücksichtigung von Schwellenwerten kommt es darauf an, ob der Gesetzgeber eine nur anteilige Mitzählung von Teilzeitbeschäftigten vorgesehen hat, wie dies etwa in § 23 Abs. 1 S. 4 KSchG geschehen ist, nicht aber in § 1 BetrVG.
Die unterschiedliche Behandlung von Teilzeitbeschäftigten kann auch eine mittelbare geschlechtsspezifische Diskriminierung darstellen, wenn überwiegend Frauen davon betroffen sind (vgl. *EuGH* 7. 2. 1991 – C-184/89, AP Nr. 25 zu § 23 a BAT – Nimz). Eine entsprechende Ungleichbehandlung bedarf dann immer der Rechtfertigung nach dem AGG (Nr. 2). Auch bei der Gewährung von Überstundenzuschlägen kommt es für die Frage einer unzulässigen Benachteiligung letztlich auf den Zweck der Regelung an (vgl. *EuGH* 27. 5. 2004 – C-285/02, NZA 04, 783 – Elsner-Lakeberg). Das *BAG* (26. 4. 2017 – 10 AZR 589/15, NZA 17, 1069) geht dabei davon aus, dass eine tarifliche Regelung im Zweifel Überstundenzuschläge für die besondere Belastung durch Überschreiten der Vollzeitarbeit bezweckt und nicht eine Verteuerung der Arbeit bei Überschreiten der individuellen Arbeitszeit. Letztlich ist aber immer der Zweck im Wege der Auslegung des Tarifvertrages zu ermitteln. Geht es dabei um einen Ausgleich für die Belastungen durch Mehrarbeit, verstieße eine Regelung im Tarifvertrag auch gegen § 4 Abs. 1, sofern sie nur ab Überschreiten der Vollarbeitszeit vorgesehen ist (*BAG* 19. 12. 2018 – 10 AZR 231/18, NZA 19, 790).

Stellenbesetzung
Bei inner- und außerbetrieblichen Stellenausschreibungen muss nach betrieblicher Möglichkeit auch eine Besetzung mit Teilzeitkräften vorgesehen werden (§ 7 Abs. 1). Der Betriebsrat kann dies über sein Mitbestimmungsrecht gemäß § 93 Satz 1 BetrVG für innerbetriebliche Ausschreibungen erzwingen. Bei Verstößen hiergegen kann er seine Zustimmung zu einer Einstellung gemäß § 99 Abs. 2 Nr. 5 BetrVG verweigern.

Unbefristete Arbeitszeitverringerung
Jeder Arbeitnehmer hat einen Rechtsanspruch, seine Wochenarbeitszeit gemäß § 8 zu verringern (»Recht auf Teilzeitarbeit«; zur Durchsetzbarkeit in der betrieblichen Praxis *Perreng,* AiB 2001, 258; Checkliste 76). Auch Teilzeitbeschäftigten, also Arbeitnehmern, die bereits eine verringerte Arbeitszeit haben, steht dieser Anspruch zu (*BAG* 13. 11. 2012 – 9 AZR 259/11, NZA 13, 373). Voraussetzung hierfür ist

- eine Mindestbetriebsgröße von mehr als 15 Arbeitnehmern,
- eine Mindestbeschäftigungszeit von sechs Monaten und
- eine Geltendmachung der Arbeitszeitreduzierung mindestens drei Monate vor deren Beginn.

Das Verringerungsverlangen soll (nicht: muss) mit der gewünschten Verteilung der Arbeitszeit versehen werden (zum Verhältnis zur Mitbestimmung des Betriebsrats vgl. *BAG* 15. 12. 2008 – 9 AZR 893/07, NZA 09, 565). Nicht genügend ist ein Verringerungsverlangen, bei dem offen bleibt, in welchem Umfang künftig gearbeitet werden soll. Es ist aber zulässig, dem Arbeitgeber das Recht zur Bestimmung des Umfangs einzuräumen (*BAG* 16. 10. 2007 – 9 AZR 239/07, NZA 08, 289). Der Arbeitgeber hat das Verlangen des Arbeitnehmers mit diesem zu erörtern und muss es akzeptieren, wenn keine betrieblichen Gründe entgegenstehen. Solche Gründe liegen insbesondere darin, dass durch die Verringerung der Arbeitszeit die Organisation, der Arbeitsablauf oder die Sicherheit im Betrieb wesentlich beeinträchtigt wird. Das *BAG* hat hierzu eine Prüffolge der entgegenstehenden Gründe festgelegt (*BAG* 18. 2. 2003 – 9 AZR 164/02, DB 03, 2442), die sowohl hinsichtlich des Verringerungsverlangens als auch hinsichtlich der Verteilung greift (*BAG* 16. 3. 2004 – 9 AZR 323/03, NZA 04, 1047):

a) Zunächst ist das vom Arbeitgeber aufgestellte und durchgeführte Organisationskonzept festzustellen, das der vom Arbeitgeber als betrieblich erforderlich angesehenen Arbeitszeitregelung zugrunde liegt. Dieses Organisationskonzept ist inhaltlich nicht überprüfbar und außer im Falle von Willkür oder offensichtlicher Unsachlichkeit stets zu beachten.
b) Dann ist zu überprüfen, ob die vom Organisationskonzept bedingte Arbeitszeitregelung tatsächlich der gewünschten Änderung der Arbeitszeit entgegensteht.
c) Abschließend ist zu prüfen, ob das Gewicht der entgegenstehenden betrieblichen Gründe so erheblich ist, dass die Erfüllung des Arbeitszeitwunsches des Arbeitnehmers zu einer wesentlichen Beeinträchtigung der Arbeitsorganisation, des Arbeitsablaufs, der Sicherung des Betriebs oder zu einer unverhältnismäßigen wirtschaftlichen Belastung des Betriebs führen würde. Eine Abwägung mit den Interessen des Arbeitnehmers an einer Reduzierung der Arbeitszeit ist allerdings nicht vorgesehen (*BAG* 9. 12. 2003 – 9 AZR 16/03, NZA 04, 921).

Lehnt der Arbeitgeber den Wunsch des Arbeitnehmers ab und ist dieser damit nicht einverstanden, muss der Arbeitnehmer das Arbeitsgericht anrufen (*BAG* 18. 2. 1003 – 9 AZR 356/02, NZA 03, 911). Der Anspruch des Arbeitnehmers kann – wenn auch unter strengen Anforderungen an Glaubhaftmachung und Verfügungsgrund – durch einstweilige Verfügung durchgesetzt werden (vgl. *LAG Rheinland-Pfalz* 12. 4. 2002 – 3 Sa 161/02, NZA 02, 856). Der Arbeitnehmer kann eine erneute Verringerung seiner Wochenarbeitszeit erst wieder nach zwei Jahren geltend machen.
Will ein teilzeitbeschäftigter Arbeitnehmer seine Arbeitszeit (wieder) verlängern, muss ihn der Arbeitgeber bei der Besetzung eines entsprechenden freiwerdenden Arbeitsplatzes berücksichtigen, wenn nicht betriebliche Gründe oder die Belange sozial schutzwürdigerer anderer Arbeitnehmer dagegensprechen (§ 9, s. u. c). Die Arbeitszeiterhöhung kann aber im Allgemeinen nicht auf einer höherwertigen Stelle beansprucht werden (*BAG* 16. 6. 2008 – 9 AZR 781/07, DB 08, 2426). Der Arbeitgeber ist verpflichtet, Arbeitnehmer mit Interesse an Teilzeitarbeit auf entsprechende Arbeitsmöglichkeiten hinzuweisen (§ 7 Abs. 2).

Brückenteilzeit

Die Brückenteilzeit soll es ermöglichen, für eine bestimmte Zeit neben der Berufstätigkeit in größerem Umfang auch privaten Aufgaben und Interessen nachgehen zu können. Das soll insbesondere familiären Interessen, dem Wunsch nach einem fließenden Übergang in den Ruhestand, Weiterbildungswünschen, aber auch Freizeitinteressen, etwa wegen eines Ehrenamtes oder im Hinblick auf die Work-Life-Balance, Rechnung tragen (BT-Drs. 281/17, S. 5). Damit will man die sog. »Teilzeitfalle« vermeiden, die sich daraus ergibt, dass die Realisierung des Teilzeitwunsches im Sinne des § 8 in eine Einbahnstraße münden konnte, insoweit § 9 bislang keinen durchsetzbaren Rechtsanspruch auf Erhöhung der Arbeitszeit, sondern nur einen Anspruch auf vorrangige Berücksichtigung eingeräumt hat. Die im Vorhinein feststehende Zeit verschafft Arbeitgeber und Arbeitnehmer Planungssicherheit.

Der Rechtsanspruch auf eine zeitlich begrenzte Verringerung der Arbeitszeit gemäß § 9 a baut im Wesentlichen auf die Anspruchsvoraussetzungen und Verfahrensregelungen für den allgemeinen Anspruch auf unbefristete Arbeitszeitverringerung gemäß § 8 auf. Auch hier gibt es eine Wartezeit von 6 Monaten. Auch ist der Anspruch nicht an einen bestimmten Zweck für das freiwerdende Arbeitszeitvolumen geknüpft. Deswegen bleiben andere Ansprüche auf Arbeitszeitverringerung wegen bestimmter Zwecke, etwa nach dem PflegeZG (Nr. 30 XIa) oder dem BEEG (Nr. 16), daneben bestehen. Der Anspruch besteht nur in Unternehmen mit mehr als 45 Arbeitnehmern. Außerdem gibt es einen »Überforderungsschutz zugunsten des Arbeitgebers«, wenn dieser bis 200 Arbeitnehmer beschäftigt. Dazu sind in § 9 a Abs. 2 Höchstquoten für Arbeitsverhältnisse mit Brückenteilzeit vorgesehen. Wenn der Arbeitgeber den Anspruch wegen dieses Überforderungsschutzes abgelehnt hat, kann er frühestens nach einem Jahr erneut geltend gemacht werden.

Der Anspruch richtet sich auf einen im Vorhinein bestimmten Zeitraum zwischen einem und fünf Jahren, wobei dieses Zeitfenster nach Abs. 6 durch Tarifvertrag verlängert oder verkürzt werden kann.

Der Anspruch kann aus betrieblichen Gründen abgelehnt werden. Solche können etwa darin liegen, dass keine adäquaten Ersatzkräfte zu finden sind.

Nach Rückkehr zur alten Arbeitszeit kann der Arbeitnehmer frühestens nach zwei Jahren erneut einen Anspruch geltend machen. Dasselbe gilt, wenn der Arbeitgeber einen Anspruch berechtigt abgelehnt hat. Während der verkürzten Arbeitszeit können keine weiteren Ansprüche auf Veränderung der Arbeitszeit geltend gemacht werden. Das gilt aber nicht für Veränderungsansprüche auf der Grundlage anderer Gesetze, die als Spezialregelungen anzusehen sind.

c) Verlängerung der Arbeitszeit

Schon bisher war ein Anspruch auf einschränkungslose Verlängerung der Arbeitszeit nicht vorgesehen. Vielmehr ermöglicht § 9 nur eine vorrangige Berücksichtigung, wenn der Arbeitnehmer einen Wunsch nach Verlängerung der Arbeitszeit angezeigt hat. Im Zuge des Gesetzes zur Einführung der Brückenteilzeit (s. o. I) wurde eine Beweislastumkehr eingeführt. Der Arbeitgeber muss, um den Anspruch des Arbeitnehmers erfolgreich ablehnen zu können, darlegen und beweisen, dass ein entsprechender freier Arbeitsplatz nicht vorhanden ist, der Arbeitnehmer nicht mindestens gleich geeignet ist wie der bevorzugte Bewerber,

andere Arbeitszeitwünsche anderer teilzeitbeschäftigter Arbeitnehmer oder dringende betriebliche Gründe entgegenstehen.
Der Anspruch soll sich aber nur auf freie Arbeitsplätze beziehen. Wenn der Arbeitgeber hingegen lediglich freie Arbeitszeitvolumen zur Erhöhung der Arbeitszeit arbeitsplatzunabhängig zur Verfügung stellt, soll dies kein freier Arbeitsplatz sein, so dass eine vorrangige Berücksichtigung nicht beansprucht werden kann, sofern der Arbeitgeber seine Organisationsfreiheit nicht zur Umgehung von § 9 genutzt hat (*BAG* 17. 10. 2017 – 9 AZR 192/17, NZA 18, 174).
Die Verletzung des Anspruchs auf vorrangige Berücksichtigung gemäß § 9 führt dazu, dass im Falle der anderweitigen Besetzung des Arbeitsplatzes der Anspruch des übergangenen Arbeitnehmers entfällt (§ 275 Abs. 1 BGB). Er kann auch nicht im Wege des Schadensersatzes eine Verlängerung der Arbeitszeit verlangen. Dem soll § 15 Abs. 6 AGG (Nr. 2) entgegenstehen. Ein Schadensersatzanspruch richtet sich dementsprechend auf Geld (*BAG* 18. 7. 2017 – 9 AZR 259/16, NZA 17, 1401).

d) Anpassung der Arbeitszeit an den Arbeitsanfall

Insbesondere im Einzelhandel ist von den Unternehmen eine typische Form der Arbeit auf Abruf eingeführt worden: die »kapazitätsorientierte variable Arbeitszeit« (KAPOVAZ). Danach müssen sich die Arbeitnehmer – fast durchweg Frauen – jederzeit bereithalten, um je nach Geschäftsverlauf und Arbeitsanfall kurzfristig zur Arbeit zu kommen. Dabei stehen sich erhebliche Rationalisierungsgewinne der Unternehmen und eine bedrückende, weitestgehend rechtlose Situation der betroffenen Frauen gegenüber. Vielfach wurde dabei weder eine Mindestarbeitszeit garantiert, noch gab es längere Vorankündigungsfristen, noch wurde die Wartezeit vergütet. Derartige Vertragsgestaltungen waren inzwischen von der Rechtsprechung verboten worden (vgl. *BAG* 12. 12. 1984 – 7 AZR 509/83, NZA 1985, 321). Das TzBfG setzt nunmehr folgende Mindestbedingungen für die Arbeit auf Abruf fest:

- Es muss eine Mindestdauer der Arbeitszeit festgelegt werden. Fehlt es hieran, gelten mindestens 20 Stunden wöchentlich als vereinbart (§ 12 Abs. 1). Das *BAG* sah es jedoch als zulässig an, in einem vorformulierten Vertrag dem Arbeitgeber das Recht einzuräumen, die Arbeitszeit einseitig um bis zu 25 % zu erhöhen und um bis zu 20 % zu reduzieren (7. 12. 2005 – 5 AZR 535/04, AuR 06, 170; *Bauer/Günther*, DB 06, 950; *Benecke*, AuR 06, 337; *Preis/Lindemann*, NZA 06, 632; krit. *Decruppe/Utess*, AuR 06, 347). Daran anknüpfend hat das Gesetz zur Einführung der Brückenteilzeit die Variabilität von Abrufarbeit begrenzt. Nunmehr ist gemäß § 12 Abs. 2 bei einer Mindestarbeitszeit ein zusätzlicher Abruf von Arbeit im Umfang von maximal 25 % zulässig, bei einer Höchstarbeitszeit ein geringerer Abruf um maximal 20 %.
- Die konkrete Einsatzzeit muss mindestens vier Tage im Voraus mitgeteilt werden (§ 12 Abs. 3).
- Wenn die tägliche Dauer der Arbeitszeit nicht festgelegt ist, muss der Arbeitgeber den Arbeitnehmer jeweils mindestens für drei aufeinanderfolgende Stunden beschäftigen (§ 12 Abs. 1 Satz 3).

Diese Grundsätze gelten auch dann, wenn die Vertragsparteien keine Dauer der

Arbeitszeit festgelegt haben, der Vertrag ist dann nicht etwa unwirksam (*BAG* 24.9.2014 – 5 AZR 1024/12, NZA 14, 1328).

Der mit alledem bewirkte Schutz ist jedoch völlig unzureichend. Es bleibt vielmehr beim grundlegenden Risiko eines sehr unregelmäßigen Arbeitseinsatzes mit langen Freizeitperioden. Zudem gibt es einen einfachen Weg der Umgehung, der in moderne Tagelöhnerei mündet. Mit dem Abschluss von Rahmenverträgen, die je nach Bedarf den Abschluss von Einzelverträgen für die jeweiligen Einsätze vorsehen, hat man es nicht mehr mit Abrufarbeit zu tun. Das *BAG* stellt formal darauf ab, dass der Arbeitnehmer nach dem Rahmenvertrag nicht verpflichtet ist, auf Wunsch des Arbeitgebers die Arbeit anzutreten (*BAG* 15.2.2012 – 10 AZR 111/11, NZA 12, 733). Unzureichend wird dabei berücksichtigt, dass aus wirtschaftlichen Gründen oftmals keine Wahlfreiheit besteht. Immerhin unterliegen die Einzeleinsatzverträge dann dem Befristungskontrollrecht, dabei muss aber die Klagefrist des § 17 TzBfG gewahrt werden.

Der Betriebsrat hat ein Mitbestimmungsrecht hinsichtlich der Einführung von KAPOVAZ (*BAG* 28.9.1988 – 1 ABR 41/87, DB 89, 1033).

e) Arbeitsplatzteilung

Wenn zwei oder mehr Arbeitnehmer sich einen Arbeitsplatz teilen, spricht man von »Jobsharing«. Arbeitsplatzteilung mit Risikoübernahme durch den Arbeitnehmer wird vom TzBfG erlaubt. Zwar soll der eine Partner nur dann zur Vertretung des anderen verpflichtet sein, wenn dies für jeden einzelnen Vertretungsfall gesondert vereinbart wird (§ 13 Abs. 1 Satz 1). Abweichend davon lässt das Gesetz aber zu, dass die Vertretung auch vorab für den Fall eines dringenden betrieblichen Erfordernisses vereinbart wird; der Arbeitnehmer darf die Vertretung dann nur ablehnen, soweit sie ihm im Einzelfall unzumutbar ist (§ 13 Abs. 1 Satz 2). Das sind jedoch nur scheinbar wirksame Beschränkungen, denn welcher Arbeitnehmer kann sich darauf in dem Moment berufen, in dem der Arbeitgeber den Arbeitseinsatz verlangt?! Die hier strittigen Fragen lassen sich allemal erst im Nachhinein in einem Arbeitsgerichtsverfahren klären, und darauf wird sich kaum ein Arbeitnehmer, der einen solchen Vertrag akzeptiert hat, im konkreten Fall einlassen. Die einzige mit den Strukturen und dem Schutzgedanken des deutschen Arbeitsrechts zu vereinbarende Lösung bleibt deshalb das Verbot solcher im Voraus getroffenen Vertretungsvereinbarungen.

Zur Frage der Kündigung eines Partner-Arbeitnehmers, wenn der andere ausscheidet, wiederholt § 13 Abs. 2 Satz 1 lediglich, was bereits geltendes Recht war: eine solche Kündigung ist unwirksam (nach dem KSchG wäre dies weder ein Fall der verhaltens- noch der personen- noch der betriebsbedingten Kündigung). § 13 Abs. 2 Satz 2 schließt das Recht zur Änderungskündigung allerdings nicht aus. Doch bedarf auch eine solche eines Kündigungsgrundes, der im Allgemeinen nicht gegeben sein wird (es sei denn, es ließe sich nachweisbar kein Teilzeitarbeitnehmer finden, der das fehlende Zeitdeputat – ob im Jobsharing-System oder als schlichter Teilzeitarbeitnehmer – ausfüllt).

f) Abweichungen

§§ 12 Abs. 3 und 13 Abs. 4 lassen eine Abweichung von den Bestimmungen über die Teilzeitarbeit zuungunsten des Arbeitnehmers durch Tarifvertrag zu. Derartige verschlechternde Tarifverträge dürfen durch Vereinbarung zwischen tarifungebundenen Arbeitgebern und Arbeitnehmern übernommen werden. Im Übrigen steht der Schutz des Arbeitnehmers nicht zur Disposition. Deshalb kann der Anspruch auf Verringerung der Arbeitszeit nicht durch Betriebsvereinbarung eingeschränkt werden (*BAG* 20. 1. 2015 – 9 AZR 735/13, NZA 15, 816).

III. Rechtspolitische Diskussion

Obwohl die erwarteten Beschäftigungseffekte infolge sachgrundloser Befristungsmöglichkeiten (s. o. I) nicht in empirisch nachvollziehbarer Weise eingetreten sind (IAB-Stellungnahme 1/14, S. 7), ist derzeit eine Abschaffung der Möglichkeiten sachgrundloser Befristungen nicht beabsichtigt (s. aber Gesetzentwurf der Fraktion Die Linke, BT-Drs. 18/7). Die Große Koalition plant allerdings Begrenzungen (»Ein neuer Aufbruch für Europa, Eine neue Dynamik für Deutschland, Ein neuer Zusammenhalt für unser Land«, Koalitionsvertrag zwischen CDU, CSU und SPD, 19. Legislaturperiode, S. 52). Zunächst sollen sachgrundlose Befristungen nur noch bis zu 18 Monaten möglich sein und dies auch nur mit maximal einer Verlängerung. Kettenbefristungen über fünf Jahre hinaus sollen nicht mehr möglich sein. Damit werden auch Einsätze als Leiharbeiter in den letzten drei Jahren einbezogen. Auch das Anschlussbefristungsverbot soll anders ausgestaltet werden. Danach wird eine Befristung grundsätzlich unzulässig, wenn zuvor ein unbefristetes oder ein oder mehrere befristete Arbeitsverhältnisse mit einer Gesamtdauer von mindestens fünf Jahren bestanden haben. Ausnahmen sollen gelten, wenn die Befristung auf den Sachgrund der Eigenart des Arbeitsverhältnisses, etwa bei Künstlern oder Profisportlern, gestützt war.

Außerdem sollen Arbeitgeber mit mehr als 75 Beschäftigten nur noch höchstens 2,5 % der Belegschaft mit sachgrundlos befristeten Arbeitsverträgen beschäftigen dürfen. Bei Überschreitung der Quote wird jede sachgrundlose Befristung zum Zustandekommen eines unbefristeten Arbeitsverhältnisses führen.

Weiterführende Literatur

Zum TzBfG insgesamt

(s. o. I)

Arnold/Gräfl, TzBfG, 3. Aufl. (2012)

Boecken/Joussen, Teilzeit- und Befristungsgesetz: TzBfG, 5. Aufl. (2018)

Hahn/Pfeiffer/Schubert (Hrsg.), Arbeitszeitrecht, 2. Aufl. (2018)

Holwe/Kossens/Pielenz/Räder, Teilzeit- und Befristungsgesetz, Basiskommentar, 6. Aufl. (2019)

Laux/Schlachter, TzBfG 2. Aufl. (2011)

Meinel/Heyn/Herms, TzBfG, 5. Aufl. (2015)

Schiek, Das Teilzeit- und Befristungsgesetz, KJ 2002, S. 18
Straub, Erste Erfahrungen mit dem Teilzeit- und Befristungsgesetz, NZA 2001, S. 919

Zur Befristung von Arbeitsverträgen

(siehe auch Kommentare zum KSchG)

Deinert/Heuschmid/Zwanziger-*Lakies*, Arbeitsrecht, § 114 (Befristung, Bedingung)
Bader/Jörchel, Das Befristungsrecht weiter in Bewegung, NZA 2016, S. 1105
Dörner, Der befristete Arbeitsvertrag, 2. Aufl. (2011)
Dörner, Neues aus dem Befristungsrecht, NZA 2007, S. 57
Heuschmid, Die sachgrundlose Befristung im Lichte des Verfassungs- und Unionsrechts, AuR 2014, S. 221
Kossens, Aktuelle Rechtsprechung zum Befristungsrecht nach dem TzBfG, NZA-RR 2009, S. 233
Lakies, Befristete Arbeitsverträge (2016)
Linsenmaier, Befristung und Bedingung, RdA 2012, S. 193
Preis/Greiner, Befristungsrecht – Quo vadis?, RdA 2010, S. 148

Zur Teilzeitarbeit

Deinert/Heuschmid/Zwanziger-*Mayer*, Arbeitsrecht, § 121 (Teilzeit)
Bayreuther, Die neue Brückenteilzeit und andere Änderungen im TzBfG, NZA 2018, S. 1577
Böning, Reform des Teilzeitrechts, PersR 2/2019, S. 8
Franzen, Die Veränderung des Arbeitszeitvolumens im Spannungsverhältnis zwischen persönlichen und betrieblichen Arbeitszeitinteressen, SR 2019, S. 12
Löwisch, Neues Teilzeitrecht, BB 2018, S. 3061
Mayer, Weiterentwicklung des Teilzeitrechts – Einführung einer Brückenteilzeit zum 1. 1. 2019, AuR 2019, S. 104
Preis/Schwarz, Reform des Teilzeitarbeitsrechts, NJW 2018, S. 3673

Übersicht 76: Teilzeitanspruch

I. Voraussetzungen

1. Mindestbetriebsgröße mehr als 15 Arbeitnehmer
2. Mindestbeschäftigungszeit 6 Monate
3. Erneute Reduktion für Teilzeitbeschäftigte erst nach 2 Jahren

II. Arbeitnehmerwunsch nach Teilzeit

1. Kontakt mit dem Betriebsrat/Personalrat
2. Verringerungsverlangen i.S.d. Gesetzes
3. Erörterung mit dem Arbeitgeber
4. Bisherige Arbeitszeit
   - bisherige Wochenarbeitszeit
   - regelmäßige Überstunden
   - Verteilung der Arbeitszeit
5. Künftige Arbeitszeit
   - Reduzierungsvolumen
   - Reduzierung auf Dauer oder für begrenzten Zeitraum? (ab 45 Arbeitnehmer im Unternehmen)
   - mögliche Verteilung der neuen Arbeitszeit (Alternativen mit persönlichen Prioritäten)
   - Kürzung der Arbeit an einzelnen/allen Tagen oder Arbeit an weniger Tagen?

II. Ablehnungsgründe des Arbeitgebers

- Ist-Zustand der betrieblichen Organisaion
- Wesentliche Beeinträchtigung der Organisation, des Arbeitsablaufs oder der Betriebssicherheit durch Teilzeitwunsch, z. B.
  - Fehlende Ersatzkraft (Mangelberuf bzw. konkrete Arbeitsmarktlage)
  - Unentbehrlichkeit des Arbeitnehmers (Vertrauensstellung, persönliche Bedeutung für Geschäftspartner, Behörden etc.)
- Erheblichkeit der betrieblichen Gründe
- Überforderungsschutz in Unternehmen bis 200 Arbeitnehmern bei Brückenteilzeit

III. Verteilung des freiwerdenden Arbeitsvolumens

1. Aufstockung der Arbeitszeit bei interessierten Kollegen
2. Tausch mit interessierten Kollegen
3. Umorganisation der Abteilungsarbeit (Reduktion, Effektivierung)
4. Einstellung einer Ersatzkraft von außen

Übersicht 76 a: Befristung

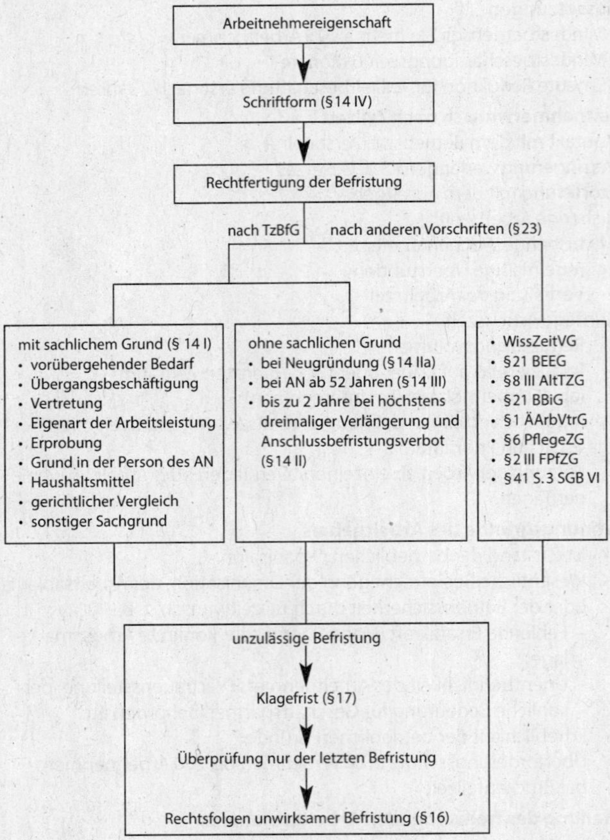

Gesetz über Teilzeitarbeit und befristete Arbeitsverträge (Teilzeit- und Befristungsgesetz – TzBfG)

vom 21. Dezember 2000 (BGBl. I 1966),
zuletzt geändert durch Gesetz vom 22. November 2019 (BGBl. I 1746)

Erster Abschnitt – Allgemeine Vorschriften

§ 1 Zielsetzung Ziel des Gesetzes ist, Teilzeitarbeit zu fördern, die Voraussetzungen für die Zulässigkeit befristeter Arbeitsverträge festzulegen und die Diskriminierung von teilzeitbeschäftigten und befristet beschäftigten Arbeitnehmern zu verhindern.

§ 2 Begriff des teilzeitbeschäftigten Arbeitnehmers (1) Teilzeitbeschäftigt ist ein Arbeitnehmer, dessen regelmäßige Wochenarbeitszeit kürzer ist als die eines vergleichbaren vollzeitbeschäftigten Arbeitnehmers. Ist eine regelmäßige Wochenarbeitszeit nicht vereinbart, so ist ein Arbeitnehmer teilzeitbeschäftigt, wenn seine regelmäßige Arbeitszeit im Durchschnitt eines bis zu einem Jahr reichenden Beschäftigungszeitraums unter der eines vergleichbaren vollzeitbeschäftigten Arbeitnehmers liegt. Vergleichbar ist ein vollzeitbeschäftigter Arbeitnehmer des Betriebes mit derselben Art des Arbeitsverhältnisses und der gleichen oder einer ähnlichen Tätigkeit. Gibt es im Betrieb keinen vergleichbaren vollzeitbeschäftigten Arbeitnehmer, so ist der vergleichbare vollzeitbeschäftigte Arbeitnehmer aufgrund des anwendbaren Tarifvertrages zu bestimmen; in allen anderen Fällen ist darauf abzustellen, wer im jeweiligen Wirtschaftszweig üblicherweise als vergleichbarer vollzeitbeschäftigter Arbeitnehmer anzusehen ist.
(2) Teilzeitbeschäftigt ist auch ein Arbeitnehmer, der eine geringfügige Beschäftigung nach § 8 Abs. 1 Nr. 1 des Vierten Buches Sozialgesetzbuch ausübt.

§ 3 Begriff des befristet beschäftigten Arbeitnehmers (1) Befristet beschäftigt ist ein Arbeitnehmer mit einem auf bestimmte Zeit geschlossenen Arbeitsvertrag. Ein auf bestimmte Zeit geschlossener Arbeitsvertrag (befristeter Arbeitsvertrag) liegt vor, wenn seine Dauer kalendermäßig bestimmt ist (kalendermäßig befristeter Arbeitsvertrag) oder sich aus Art, Zweck oder Beschaffenheit der Arbeitsleistung ergibt (zweckbefristeter Arbeitsvertrag).
(2) Vergleichbar ist ein unbefristet beschäftigter Arbeitnehmer des Betriebes mit der gleichen oder einer ähnlichen Tätigkeit. Gibt es im Betrieb keinen vergleichbaren unbefristet beschäftigten Arbeitnehmer, so ist der vergleichbare unbefristet beschäftigte Arbeitnehmer aufgrund des anwendbaren Tarifvertrages zu bestimmen; in allen anderen Fällen ist darauf abzustellen, wer im jeweiligen Wirtschaftszweig üblicherweise als vergleichbarer unbefristet beschäftigter Arbeitnehmer anzusehen ist.

§ 4 Verbot der Diskriminierung (1) Ein teilzeitbeschäftigter Arbeitnehmer darf wegen der Teilzeitarbeit nicht schlechter behandelt werden als ein vergleichbarer vollzeitbeschäftigter Arbeitnehmer, es sei denn, dass sachliche Gründe eine unterschiedliche Behandlung rechtfertigen. Einem teilzeitbeschäftigten Arbeitnehmer ist Arbeitsentgelt oder eine andere teilbare geldwerte Leistung mindestens in dem Umfang zu gewähren, der dem Anteil seiner Arbeitszeit an der Arbeitszeit eines vergleichbaren vollzeitbeschäftigten Arbeitnehmers entspricht.
(2) Ein befristet beschäftigter Arbeitnehmer darf wegen der Befristung des Arbeitsvertrages nicht schlechter behandelt werden als ein vergleichbarer unbefristet beschäftigter Arbeitnehmer, es sei denn, dass sachliche Gründe eine unterschiedliche Behandlung rechtfertigen. Einem befristet beschäftigten Arbeitnehmer ist Arbeitsentgelt oder eine andere teilbare geldwerte Leistung, die für einen bestimmten Bemessungszeitraum gewährt wird, mindestens in dem Umfang zu gewähren, der dem Anteil seiner Beschäftigungsdauer am Bemessungszeitraum entspricht. Sind bestimmte Beschäftigungsbedingungen von der Dauer des Bestehens des Arbeitsverhältnisses in demselben Betrieb oder Unternehmen abhängig, so sind für befristet beschäftigte Arbeitnehmer dieselben Zeiten zu berücksichtigen wie für unbefristet beschäftigte Arbeitnehmer, es sei denn, dass eine unterschiedliche Berücksichtigung aus sachlichen Gründen gerechtfertigt ist.

§ 5 Benachteiligungsverbot Der Arbeitgeber darf einen Arbeitnehmer nicht wegen der Inanspruchnahme von Rechten nach diesem Gesetz benachteiligen.

Zweiter Abschnitt – Teilzeitarbeit

§ 6 Förderung von Teilzeitarbeit Der Arbeitgeber hat den Arbeitnehmern, auch in leitenden Positionen, Teilzeitarbeit nach Maßgabe dieses Gesetzes zu ermöglichen.

§ 7 Ausschreibung; Erörterung; Information über freie Arbeitsplätze (1) Der Arbeitgeber hat einen Arbeitsplatz, den er öffentlich oder innerhalb des Betriebes ausschreibt, auch als Teilzeitarbeitsplatz auszuschreiben, wenn sich der Arbeitsplatz hierfür eignet.
(2) Der Arbeitgeber hat mit dem Arbeitnehmer dessen Wunsch nach Veränderung von Dauer oder Lage oder von Dauer und Lage seiner vertraglich vereinbarten Arbeitszeit zu erörtern. Dies gilt unabhängig vom Umfang der Arbeitszeit. Der Arbeitnehmer kann ein Mitglied der Arbeitnehmervertretung zur Unterstützung oder Vermittlung hinzuziehen.
(3) Der Arbeitgeber hat einen Arbeitnehmer, der ihm den Wunsch nach einer Veränderung von Dauer oder Lage oder von Dauer und Lage seiner vertraglich vereinbarten Arbeitszeit angezeigt hat, über entsprechende Arbeitsplätze zu informieren, die im Betrieb oder Unternehmen besetzt werden sollen.

(4) Der Arbeitgeber hat die Arbeitnehmervertretung über angezeigte Arbeitszeitwünsche nach Absatz 2 sowie über Teilzeitarbeit im Betrieb und Unternehmen zu informieren, insbesondere über vorhandene oder geplante Teilzeitarbeitsplätze und über die Umwandlung von Teilzeit- in Vollzeitarbeitsplätze oder umgekehrt. Der Arbeitnehmervertretung sind auf Verlangen die erforderlichen Unterlagen zur Verfügung zu stellen; § 92 des Betriebsverfassungsgesetzes bleibt unberührt.

§ 8 Zeitlich nicht begrenzte Verringerung der Arbeitszeit (1) Ein Arbeitnehmer, dessen Arbeitsverhältnis länger als sechs Monate bestanden hat, kann verlangen, dass seine vertraglich vereinbarte Arbeitszeit verringert wird.
(2) Der Arbeitnehmer muss die Verringerung seiner Arbeitszeit und den Umfang der Verringerung spätestens drei Monate vor deren Beginn in Textform geltend machen. Er soll dabei die gewünschte Verteilung der Arbeitszeit angeben.
(3) Der Arbeitgeber hat mit dem Arbeitnehmer die gewünschte Verringerung der Arbeitszeit mit dem Ziel zu erörtern, zu einer Vereinbarung zu gelangen. Er hat mit dem Arbeitnehmer Einvernehmen über die von ihm festzulegende Verteilung der Arbeitszeit zu erzielen.
(4) Der Arbeitgeber hat der Verringerung der Arbeitszeit zuzustimmen und ihre Verteilung entsprechend den Wünschen des Arbeitnehmers festzulegen, soweit betriebliche Gründe nicht entgegenstehen. Ein betrieblicher Grund liegt insbesondere vor, wenn die Verringerung der Arbeitszeit die Organisation, den Arbeitsablauf oder die Sicherheit im Betrieb wesentlich beeinträchtigt oder unverhältnismäßige Kosten verursacht. Die Ablehnungsgründe können durch Tarifvertrag festgelegt werden. Im Geltungsbereich eines solchen Tarifvertrags können nicht tarifgebundene Arbeitgeber und Arbeitnehmer die Anwendung der tariflichen Regelungen über die Ablehnungsgründe vereinbaren.
(5) Die Entscheidung über die Verringerung der Arbeitszeit und ihre Verteilung hat der Arbeitgeber dem Arbeitnehmer spätestens einen Monat vor dem gewünschten Beginn der Verringerung in Textform mitzuteilen. Haben sich Arbeitgeber und Arbeitnehmer nicht nach Absatz 3 Satz 1 über die Verringerung der Arbeitszeit geeinigt und hat der Arbeitgeber die Arbeitszeitverringerung nicht spätestens einen Monat vor deren gewünschten Beginn in Textform abgelehnt, verringert sich die Arbeitszeit in dem vom Arbeitnehmer gewünschten Umfang. Haben Arbeitgeber und Arbeitnehmer über die Verteilung der Arbeitszeit kein Einvernehmen nach Absatz 3 Satz 2 erzielt und hat der Arbeitgeber nicht spätestens einen Monat vor dem gewünschten Beginn der Arbeitszeitverringerung die gewünschte Verteilung der Arbeitszeit in Textform abgelehnt, gilt die Verteilung der Arbeitszeit entsprechend den Wünschen des Arbeitnehmers als festgelegt. Der Arbeitgeber kann die nach Satz 3 oder Absatz 3 Satz 2 festgelegte Verteilung der Arbeitszeit wieder ändern, wenn das betriebliche Interesse daran das Interesse des Arbeitnehmers an der Beibehaltung erheblich überwiegt und der Arbeitgeber die Änderung spätestens einen Monat vorher angekündigt hat.

(6) Der Arbeitnehmer kann eine erneute Verringerung der Arbeitszeit frühestens nach Ablauf von zwei Jahren verlangen, nachdem der Arbeitgeber einer Verringerung zugestimmt oder sie berechtigt abgelehnt hat
(7) Für den Anspruch auf Verringerung der Arbeitszeit gilt die Voraussetzung, dass der Arbeitgeber, unabhängig von der Anzahl der Personen in Berufsbildung, in der Regel mehr als 15 Arbeitnehmer beschäftigt.

§ 9 Verlängerung der Arbeitszeit Der Arbeitgeber hat einen teilzeitbeschäftigten Arbeitnehmer, der ihm in Textform den Wunsch nach einer Verlängerung seiner vertraglich vereinbarten Arbeitszeit angezeigt hat, bei der Besetzung eines Arbeitsplatzes bevorzugt zu berücksichtigen, es sei denn, dass
1. es sich dabei nicht um einen entsprechenden freien Arbeitsplatz handelt oder
2. der teilzeitbeschäftigte Arbeitnehmer nicht mindestens gleich geeignet ist wie ein anderer vom Arbeitgeber bevorzugter Bewerber oder
3. Arbeitzeitwünsche anderer teilzeitbeschäftigter Arbeitnehmer oder
4. dringende betriebliche Gründe entgegenstehen.

Ein freier zu besetzender Arbeitsplatz liegt vor, wenn der Arbeitgeber die Organisationsentscheidung getroffen hat, diesen zu schaffen oder einen unbesetzten Arbeitsplatz neu zu besetzen.

§ 9 a Zeitlich begrenzte Verringerung der Arbeitszeit (1) Ein Arbeitnehmer, dessen Arbeitsverhältnis länger als sechs Monate bestanden hat, kann verlangen, dass seine vertraglich vereinbarte Arbeitszeit für einen im Voraus zu bestimmenden Zeitraum verringert wird. Der begehrte Zeitraum muss mindestens ein Jahr und darf höchstens fünf Jahre betragen. Der Arbeitnehmer hat nur dann einen Anspruch auf zeitlich begrenzte Verringerung der Arbeitszeit, wenn der Arbeitgeber in der Regel mehr als 45 Arbeitnehmer beschäftigt.
(2) Der Arbeitgeber kann das Verlangen des Arbeitnehmers nach Verringerung der Arbeitszeit ablehnen, soweit betriebliche Gründe entgegenstehen; § 8 Absatz 4 gilt entsprechend. Ein Arbeitgeber, der in der Regel mehr als 45, aber nicht mehr als 200 Arbeitnehmer beschäftigt, kann das Verlangen eines Arbeitnehmers auch ablehnen, wenn zum Zeitpunkt des begehrten Beginns der verringerten Arbeitszeit bei einer Arbeitnehmeranzahl von in der Regel
1. mehr als 45 bis 60 bereits mindestens vier,
2. mehr als 60 bis 75 bereits mindestens fünf,
3. mehr als 75 bis 90 bereits mindestens sechs,
4. mehr als 90 bis 105 bereits mindestens sieben,
5. mehr als 105 bis 120 bereits mindestens acht,
6. mehr als 120 bis 135 bereits mindestens neun,
7. mehr als 135 bis 150 bereits mindestens zehn,
8. mehr als 150 bis 165 bereits mindestens elf,
9. mehr als 165 bis 180 bereits mindestens zwölf,
10. mehr als 180 bis 195 bereits mindestens 13,
11. mehr als 195 bis 200 bereits mindestens 14

andere Arbeitnehmer ihre Arbeitszeit nach Absatz 1 verringert haben.

(3) Im Übrigen gilt für den Umfang der Verringerung der Arbeitszeit und für die gewünschte Verteilung der Arbeitszeit § 8 Absatz 2 bis 5. Für den begehrten Zeitraum der Verringerung der Arbeitszeit sind § 8 Absatz 2 Satz 1, Absatz 3 Satz 1, Absatz 4 sowie Absatz 5 Satz 1 und 2 entsprechend anzuwenden.
(4) Während der Dauer der zeitlich begrenzten Verringerung der Arbeitszeit kann der Arbeitnehmer keine weitere Verringerung und keine Verlängerung seiner Arbeitszeit nach diesem Gesetz verlangen; § 9 findet keine Anwendung.
(5) Ein Arbeitnehmer, der nach einer zeitlich begrenzten Verringerung der Arbeitszeit nach Absatz 1 zu seiner ursprünglichen vertraglich vereinbarten Arbeitszeit zurückgekehrt ist, kann eine erneute Verringerung der Arbeitszeit nach diesem Gesetz frühestens ein Jahr nach der Rückkehr zur ursprünglichen Arbeitszeit verlangen. Für einen erneuten Antrag auf Verringerung der Arbeitszeit nach berechtigter Ablehnung auf Grund entgegenstehender betrieblicher Gründe nach Absatz 2 Satz 1 gilt § 8 Absatz 6 entsprechend. Nach berechtigter Ablehnung auf Grund der Zumutbarkeitsregelung nach Absatz 2 Satz 2 kann der Arbeitnehmer frühestens nach Ablauf von einem Jahr nach der Ablehnung erneut eine Verringerung der Arbeitszeit verlangen.
(6) Durch Tarifvertrag kann der Rahmen für den Zeitraum der Arbeitszeitverringerung abweichend von Absatz 1 Satz 2 auch zuungunsten des Arbeitnehmers festgelegt werden.
(7) Bei der Anzahl der Arbeitnehmer nach Absatz 1 Satz 3 und Absatz 2 sind Personen in Berufsbildung nicht zu berücksichtigen.

§ 10 Aus- und Weiterbildung Der Arbeitgeber hat Sorge zu tragen, dass auch teilzeitbeschäftigte Arbeitnehmer an Aus- und Weiterbildungsmaßnahmen zur Förderung der beruflichen Entwicklung und Mobilität teilnehmen können, es sei denn, dass dringende betriebliche Gründe oder Aus- und Weiterbildungswünsche anderer teilzeit- oder vollzeitbeschäftigter Arbeitnehmer entgegenstehen.

§ 11 Kündigungsverbot Die Kündigung eines Arbeitsverhältnisses wegen der Weigerung eines Arbeitnehmers, von einem Vollzeit- in ein Teilzeitarbeitsverhältnis oder umgekehrt zu wechseln, ist unwirksam. Das Recht zur Kündigung des Arbeitsverhältnisses aus anderen Gründen bleibt unberührt.

§ 12 Arbeit auf Abruf (1) Arbeitgeber und Arbeitnehmer können vereinbaren, dass der Arbeitnehmer seine Arbeitsleistung entsprechend dem Arbeitsanfall zu erbringen hat (Arbeit auf Abruf). Die Vereinbarung muss eine bestimmte Dauer der wöchentlichen und täglichen Arbeitszeit festlegen. Wenn die Dauer der wöchentlichen Arbeitszeit nicht festgelegt ist, gilt eine Arbeitszeit von 20 Stunden als vereinbart. Wenn die Dauer der täglichen Arbeitszeit nicht festgelegt ist, hat der Arbeitgeber die Arbeitsleistung des Arbeitnehmers jeweils für mindestens drei aufeinander folgende Stunden in Anspruch zu nehmen.
(2) Ist für die Dauer der wöchentlichen Arbeitszeit nach Absatz 1 Satz 2 eine Mindestarbeitszeit vereinbart, darf der Arbeitgeber nur bis zu 25 Prozent der

wöchentlichen Arbeitszeit zusätzlich abrufen. Ist für die Dauer der wöchentlichen Arbeitszeit nach Absatz 1 Satz 2 eine Höchstarbeitszeit vereinbart, darf der Arbeitgeber nur bis zu 20 Prozent der wöchentlichen Arbeitszeit weniger abrufen.
(3) Der Arbeitnehmer ist nur zur Arbeitsleistung verpflichtet, wenn der Arbeitgeber ihm die Lage seiner Arbeitszeit jeweils mindestens vier Tage im Voraus mitteilt.
(4) Zur Berechnung der Entgeltfortzahlung im Krankheitsfall ist die maßgebende regelmäßige Arbeitszeit im Sinne von § 4 Absatz 1 des Entgeltfortzahlungsgesetzes die durchschnittliche Arbeitszeit der letzten drei Monate vor Beginn der Arbeitsunfähigkeit (Referenzzeitraum). Hat das Arbeitsverhältnis bei Beginn der Arbeitsunfähigkeit keine drei Monate bestanden, ist der Berechnung des Entgeltfortzahlungsanspruchs die durchschnittliche Arbeitszeit dieses kürzeren Zeitraums zugrunde zu legen. Zeiten von Kurzarbeit, unverschuldeter Arbeitsversäumnis, Arbeitsausfällen und Urlaub im Referenzzeitraum bleiben außer Betracht. Für den Arbeitnehmer günstigere Regelungen zur Berechnung der Entgeltfortzahlung im Krankheitsfall finden Anwendung.
(5) Für die Berechnung der Entgeltzahlung an Feiertagen nach § 2 Absatz 1 des Entgeltfortzahlungsgesetzes gilt Absatz 4 entsprechend.
(6) Durch Tarifvertrag kann von den Absätzen 1 und 3 auch zuungunsten des Arbeitnehmers abgewichen werden, wenn der Tarifvertrag Regelungen über die tägliche und wöchentliche Arbeitszeit und die Vorankündigungsfrist vorsieht. Im Geltungsbereich eines solchen Tarifvertrages können nicht tarifgebundene Arbeitgeber und Arbeitnehmer die Anwendung der tariflichen Regelungen über die Arbeit auf Abruf vereinbaren.

§ 13 Arbeitsplatzteilung (1) Arbeitgeber und Arbeitnehmer können vereinbaren, dass mehrere Arbeitnehmer sich die Arbeitszeit an einem Arbeitsplatz teilen (Arbeitsplatzteilung). Ist einer dieser Arbeitnehmer an der Arbeitsleistung verhindert, sind die anderen Arbeitnehmer zur Vertretung verpflichtet, wenn sie der Vertretung im Einzelfall zugestimmt haben. Eine Pflicht zur Vertretung besteht auch, wenn der Arbeitsvertrag bei Vorliegen dringender betrieblicher Gründe eine Vertretung vorsieht und diese im Einzelfall zumutbar ist.
(2) Scheidet ein Arbeitnehmer aus der Arbeitsplatzteilung aus, so ist die darauf gestützte Kündigung des Arbeitsverhältnisses eines anderen in die Arbeitsplatzteilung einbezogenen Arbeitnehmers durch den Arbeitgeber unwirksam. Das Recht zur Änderungskündigung aus diesem Anlass und zur Kündigung des Arbeitsverhältnisses aus anderen Gründen bleibt unberührt.
(3) Die Absätze 1 und 2 sind entsprechend anzuwenden, wenn sich Gruppen von Arbeitnehmern auf bestimmten Arbeitsplätzen in festgelegten Zeitabschnitten abwechseln, ohne dass eine Arbeitsplatzteilung im Sinne des Absatzes 1 vorliegt.
(4) Durch Tarifvertrag kann von den Absätzen 1 und 3 auch zuungunsten des Arbeitnehmers abgewichen werden, wenn der Tarifvertrag Regelungen über die

Vertretung der Arbeitnehmer enthält. Im Geltungsbereich eines solchen Tarifvertrages können nicht tarifgebundene Arbeitgeber und Arbeitnehmer die Anwendung der tariflichen Regelungen über die Arbeitsplatzteilung vereinbaren.

Dritter Abschnitt – Befristete Arbeitsverträge

§ 14 Zulässigkeit der Befristung (1) Die Befristung eines Arbeitsvertrages ist zulässig, wenn sie durch einen sachlichen Grund gerechtfertigt ist. Ein sachlicher Grund liegt insbesondere vor, wenn

1. der betriebliche Bedarf an der Arbeitsleistung nur vorübergehend besteht,
2. die Befristung im Anschluss an eine Ausbildung oder ein Studium erfolgt, um den Übergang des Arbeitnehmers in eine Anschlussbeschäftigung zu erleichtern,
3. der Arbeitnehmer zur Vertretung eines anderen Arbeitnehmers beschäftigt wird,
4. die Eigenart der Arbeitsleistung die Befristung rechtfertigt,
5. die Befristung zur Erprobung erfolgt,
6. in der Person des Arbeitnehmers liegende Gründe die Befristung rechtfertigen,
7. der Arbeitnehmer aus Haushaltsmitteln vergütet wird, die haushaltsrechtlich für eine befristete Beschäftigung bestimmt sind, und er entsprechend beschäftigt wird oder
8. die Befristung auf einem gerichtlichen Vergleich beruht.

(2) Die kalendermäßige Befristung eines Arbeitsvertrages ohne Vorliegen eines sachlichen Grundes ist bis zur Dauer von zwei Jahren zulässig; bis zu dieser Gesamtdauer von zwei Jahren ist auch die höchstens dreimalige Verlängerung eines kalendermäßig befristeten Arbeitsvertrages zulässig. Eine Befristung nach Satz 1 ist nicht zulässig, wenn mit demselben Arbeitgeber bereits zuvor ein befristetes oder unbefristetes Arbeitsverhältnis bestanden hat. Durch Tarifvertrag kann die Anzahl der Verlängerungen oder die Höchstdauer der Befristung abweichend von Satz 1 festgelegt werden. Im Geltungsbereich eines solchen Tarifvertrages können nicht tarifgebundene Arbeitgeber und Arbeitnehmer die Anwendung der tariflichen Regelungen vereinbaren.

(2 a) In den ersten vier Jahren nach der Gründung eines Unternehmens ist die kalendermäßige Befristung eines Arbeitsvertrages ohne Vorliegen eines sachlichen Grundes bis zur Dauer von vier Jahren zulässig; bis zu dieser Gesamtdauer von vier Jahren ist auch die mehrfache Verlängerung eines kalendermäßig befristeten Arbeitsvertrages zulässig. Dies gilt nicht für Neugründungen im Zusammenhang mit der rechtlichen Umstrukturierung von Unternehmen und Konzernen. Maßgebend für den Zeitpunkt der Gründung des Unternehmens ist die Aufnahme einer Erwerbstätigkeit, die nach § 138 der Abgabenordnung der Gemeinde oder dem Finanzamt mitzuteilen ist. Auf die Befristung eines Arbeitsvertrages nach Satz 1 findet Absatz 2 Satz 2 bis 4 entsprechende Anwendung.

(3) Die kalendermäßige Befristung eines Arbeitsvertrages ohne Vorliegen eines sachlichen Grundes ist bis zu einer Dauer von fünf Jahren zulässig, wenn der Arbeitnehmer bei Beginn des befristeten Arbeitsverhältnisses das 52. Lebensjahr vollendet hat und unmittelbar vor Beginn des befristeten Arbeitsverhältnisses mindestens vier Monate beschäftigungslos im Sinne des § 138 Absatz 1 Nummer 1 des Dritten Buches Sozialgesetzbuch gewesen ist, Transferkurzarbeitergeld bezogen oder an einer öffentlich geförderten Beschäftigungsmaßnahme nach dem Zweiten oder Dritten Buch Sozialgesetzbuch teilgenommen hat. Bis zu der Gesamtdauer von fünf Jahren ist auch die mehrfache Verlängerung des Arbeitsvertrages zulässig.
(4) Die Befristung eines Arbeitsvertrages bedarf zu ihrer Wirksamkeit der Schriftform.

§ 15 Ende des befristeten Arbeitsvertrages (1) Ein kalendermäßig befristeter Arbeitsvertrag endet mit Ablauf der vereinbarten Zeit.
(2) Ein zweckbefristeter Arbeitsvertrag endet mit Erreichen des Zwecks, frühestens jedoch zwei Wochen nach Zugang der schriftlichen Unterrichtung des Arbeitnehmers durch den Arbeitgeber über den Zeitpunkt der Zweckerreichung.
(3) Ein befristetes Arbeitsverhältnis unterliegt nur dann der ordentlichen Kündigung, wenn dies einzelvertraglich oder im anwendbaren Tarifvertrag vereinbart ist.
(4) Ist das Arbeitsverhältnis für die Lebenszeit einer Person oder für längere Zeit als fünf Jahre eingegangen, so kann es von dem Arbeitnehmer nach Ablauf von fünf Jahren gekündigt werden. Die Kündigungsfrist beträgt sechs Monate.
(5) Wird das Arbeitsverhältnis nach Ablauf der Zeit, für die es eingegangen ist, oder nach Zweckerreichung mit Wissen des Arbeitgebers fortgesetzt, so gilt es als auf unbestimmte Zeit verlängert, wenn der Arbeitgeber nicht unverzüglich widerspricht oder dem Arbeitnehmer die Zweckerreichung nicht unverzüglich mitteilt.

§ 16 Folgen unwirksamer Befristung Ist die Befristung rechtsunwirksam, so gilt der befristete Arbeitsvertrag als auf unbestimmte Zeit geschlossen; er kann vom Arbeitgeber frühestens zum vereinbarten Ende ordentlich gekündigt werden, sofern nicht nach § 15 Abs. 3 die ordentliche Kündigung zu einem früheren Zeitpunkt möglich ist. Ist die Befristung nur wegen des Mangels der Schriftform unwirksam, kann der Arbeitsvertrag auch vor dem vereinbarten Ende ordentlich gekündigt werden.

§ 17 Anrufung des Arbeitsgerichts Will der Arbeitnehmer geltend machen, dass die Befristung eines Arbeitsvertrages rechtsunwirksam ist, so muss er innerhalb von drei Wochen nach dem vereinbarten Ende des befristeten Arbeitsvertrages Klage beim Arbeitsgericht auf Feststellung erheben, dass das Arbeitsverhältnis auf Grund der Befristung nicht beendet ist. Die §§ 5 bis 7 des

Kündigungsschutzgesetzes gelten entsprechend. Wird das Arbeitsverhältnis nach dem vereinbarten Ende fortgesetzt, so beginnt die Frist nach Satz 1 mit dem Zugang der schriftlichen Erklärung des Arbeitgebers, dass das Arbeitsverhältnis auf Grund der Befristung beendet sei.

§ 18 Information über unbefristete Arbeitsplätze Der Arbeitgeber hat die befristet beschäftigten Arbeitnehmer über entsprechende unbefristete Arbeitsplätze zu informieren, die besetzt werden sollen. Die Information kann durch allgemeine Bekanntgabe an geeigneter, den Arbeitnehmern zugänglicher Stelle im Betrieb und Unternehmen erfolgen.

§ 19 Aus- und Weiterbildung Der Arbeitgeber hat Sorge zu tragen, dass auch befristet beschäftigte Arbeitnehmer an angemessenen Aus- und Weiterbildungsmaßnahmen zur Förderung der beruflichen Entwicklung und Mobilität teilnehmen können, es sei denn, dass dringende betriebliche Gründe oder Aus- und Weiterbildungswünsche anderer Arbeitnehmer entgegenstehen.

§ 20 Information der Arbeitnehmervertretung Der Arbeitgeber hat die Arbeitnehmervertretung über die Anzahl der befristet beschäftigten Arbeitnehmer und ihren Anteil an der Gesamtbelegschaft des Betriebes und des Unternehmens zu informieren.

§ 21 Auflösend bedingte Arbeitsverträge Wird der Arbeitsvertrag unter einer auflösenden Bedingung geschlossen, gelten § 4 Abs. 2, § 5, § 14 Abs. 1 und 4, § 15 Abs. 2, 3 und 5 sowie die §§ 16 bis 20 entsprechend.

Vierter Abschnitt – Gemeinsame Vorschriften

§ 22 Abweichende Vereinbarungen (1) Außer in den Fällen des § 9 a Absatz 6, § 12 Absatz 6, § 13 Absatz 4 und § 14 Absatz 2 Satz 3 und 4 kann von den Vorschriften dieses Gesetzes nicht zuungunsten des Arbeitnehmers abgewichen werden.
(2) Enthält ein Tarifvertrag für den öffentlichen Dienst Bestimmungen im Sinne des § 8 Absatz 4 Satz 3 und 4, auch in Verbindung mit § 9 a Absatz 2, des § 9 a Absatz 6, § 12 Absatz 6, § 13 Absatz 4, § 14 Absatz 2 Satz 3 und 4 oder § 15 Absatz 3, so gelten diese Bestimmungen auch zwischen nicht tarifgebundenen Arbeitgebern und Arbeitnehmern außerhalb des öffentlichen Dienstes, wenn die Anwendung der für den öffentlichen Dienst geltenden tarifvertraglichen Bestimmungen zwischen ihnen vereinbart ist und die Arbeitgeber die Kosten des Betriebes überwiegend mit Zuwendungen im Sinne des Haushaltsrechts decken.

§ 23 Besondere gesetzliche Regelungen Besondere Regelungen über Teilzeitarbeit und über die Befristung von Arbeitsverträgen nach anderen gesetzlichen Vorschriften bleiben unberührt.

32 a. Gesetz über befristete Arbeitsverträge in der Wissenschaft (Wissenschaftszeitvertragsgesetz – WissZeitVG)

Aktuelle höchstrichterliche Rechtsprechung

Datum	Gericht/Az.	Fundstelle	Thema
19.12.18	BAG 7 AZR 79/17	NZA 19, 451	Befristung, künstlerisches Personal
25.4.18	BAG 7 AZR 82/16	NZA 18, 1576 (OS)	Wissenschaftliche Tätigkeit, Lehrkraft für besondere Aufgaben
21.3.18	BAG 7 AZR 437/16	NZA 19, 496 (OS)	Befristung, wissenschaftliches Personal

Einleitung

I. Geschichtliche Entwicklung

Seit Mitte der 70er Jahre sind an den Hochschulen mehr und mehr wissenschaftliche Mitarbeiter in befristeten Angestelltenverhältnissen tätig. Da sich ihre beruflichen Aussichten mit zunehmender Stellenknappheit immer mehr verschlechterten, wurde die Frage der Dauer und der Zulässigkeit solcher Befristungen zu einem ebenso zunehmenden sozialen und beruflichen Problem für diesen Personenkreis. Für den größten Teil der Betroffenen galt die Sonderregelung 2 y des BAT, dessen einschlägige Norm für die Zulässigkeit und Höchstdauer einer Befristung.

Für nach dem 26.6.1985 abgeschlossene befristete Arbeitsverträge mit wissenschaftlichem Personal an staatlichen oder staatlich finanzierten Forschungseinrichtungen wurde 1985 eine Sonderregelung im Hochschulrahmengesetz geschaffen (§§ 57 a ff.). Es erweiterte die Befristungsmöglichkeiten über hierfür geltende Tarifverträge hinaus. Gleichzeitig – und dies war sein schwerwiegendster Inhalt – sollten die arbeitsrechtlichen Vorschriften und Grundsätze über befristete Arbeitsverträge nur mehr insoweit anzuwenden sein, als sie diesem Gesetz nicht widersprachen (§ 57 a Satz 2 HRG). Mit dieser Vorschrift sollten bestehende tarifliche Regelungen abbedungen und künftige abweichende verhindert werden. Gleichwohl hat das *BVerfG* diese Regelung als verfassungsmäßig bezeichnet. Der Eingriff in die Tarifautonomie sei zulässig gewesen, weil der Gesetzgeber die

Kollision mit dem Grundrecht der Wissenschaftsfreiheit entsprechend habe entscheiden dürfen (*BVerfG* 24.4.1996 – 1 BvR 712/86, AuR 96, 371; hierzu krit. *Nagel,* RdA 97, 351).

Das *BVerfG* (27.7.2004 – 2 BvF 2/02, NJW 04, 2803) hat das im Jahre 2002 geänderte Hochschulrahmengesetz für verfassungswidrig erklärt, weil der Bund für die Regelung der sog. Juniorprofessur nicht zuständig war. Damit im Zusammenhang wurden auch die in das neugefasste HRG unverändert übernommenen Befristungsregelungen aufgehoben. Damit traten die §§ 57 a–57 e in alter Fassung an die Stelle der Neufassung; insofern galt wieder der unveränderte alte Rechtszustand. Zur Behebung der Rechtsunsicherheit hinsichtlich in der Zwischenzeit abgeschlossener Zeitverträge war das »Gesetz zur Änderung dienst- und arbeitsrechtlicher Vorschriften im Hochschulbereich« vom 27.12.2004 (BGBl. I 3835) ergangen (hierzu eingehend *Preis,* NJW 04, 2782).

II. Wissenschaftszeitvertragsgesetz

Mit dem Wissenschaftszeitvertragsgesetz vom 12.4.2007 (BGBl. I S. 506) wurden die §§ 57 a–57 e HRG ersetzt, dabei jedoch in einigen Punkten abgeändert. Das Gesetz schafft neben dem Teilzeit- und Befristungsgesetz Sonderregelungen zur Befristung von Arbeitsverhältnissen in Hochschulen und Forschungseinrichtungen. Zwar kommen auch an Hochschulen Befristungen nach § 14 TzBfG grundsätzlich in Betracht. Soweit eine Befristung, die mit der wissenschaftlichen Qualifizierung begründet wird, aber nicht auf das WissZeitVG gestützt werden kann, kommt wegen dessen Vorrangs eine Rechtfertigung der Befristung nach dem TzBfG nicht in Betracht (*BAG* 28.9.2016 – 7 AZR 549/14, NZA 17, 249). Wesentliche Änderungen traten durch das Erste Gesetz zur Änderung des Wissenschaftszeitvertragsgesetzes vom 11.3.2016 (BGBl. I 442) in Kraft (Gesetzentwurf: BR-Drs. 395/15; Beschlussempfehlung: BT-Drs. 18/7038).

Es wird unterschieden zwischen einer im Allgemeinen 6-jährigen sachgrundlosen Befristung für wissenschaftliches und künstlerisches Personal (§ 1) und einer Befristung wegen Drittmittelfinanzierung (§ 2 Abs. 2), die sich nach der Gesetzesänderung vom 11.3.2016 nicht mehr auf nichtwissenschaftliches Personal erstreckt. Auch bei einer rein lehrenden Tätigkeit kann wissenschaftliche Tätigkeit vorliegen, wenn sie sich nicht auf bloßes Repetieren beschränkt, sondern kritische Reflexion voraussetzt (*BAG* 20.4.2016 – 7 AZR 657/14, NZA 16, 1078). Desgleichen kann eine Lehrtätigkeit künstlerisch sein, wenn sie unmittelbar auf Befähigung der Studierenden zu eigenem schöpferisch-gestaltendem Wirken gerichtet ist (*BAG* 19.12.2018 – 7 AZR 79/17, NZA 19, 451). Demgegenüber sind Personen, die mit Hochschulverwaltungstätigkeiten befasst sind, kein wissenschaftliches Personal (*BAG* 24.2.2016 – 7 AZR 182/14, NZA 16, 949). Deren Arbeitsverträge können nur nach dem TzBfG (Nr. 32) befristet werden.

Im Grundsatz ist eine Befristung bis zu 6 Jahren vor der Promotion sowie bis zu 6 Jahren nach der Promotion zulässig, wenn sie zur eigenen wissenschaftlichen oder künstlerischen Qualifizierung erfolgt. Verlängerungen sind innerhalb dieser Zeiten möglich, aber auch der Neuabschluss eines Arbeitsvertrages (*BAG* 9.12.2015 – 7 AZR 117/14, NZA 16, 552). Die Befristungsdauer verlängert sich um

Kindererziehungszeiten von jeweils 2 Jahren sowie ebenfalls um 2 Jahre im Falle einer Behinderung oder schwerwiegenden chronischen Erkrankung. Die Verlängerung tritt kraft Gesetzes ein und setzt keinen Antrag voraus (*BAG* 25.4.2018 – 7 AZR 181/16, NZA 18, 1135). Die Befristungsdauer ist im Übrigen nach § 2 Abs. 1 Satz 3 angemessen an die angestrebte Qualifizierung anzupassen. Nicht in Anspruch genommene Zeiten vor der Promotion können auf die Befristungsdauer danach »aufgesattelt« werden. Das gilt aber nicht umgekehrt: Über 6 Jahre hinausgehende Beschäftigungszeiten vor der Promotion reduzieren nicht die zulässige Befristungsdauer nach der Promotion (*BAG* 24.8.2011 – 7 AZR 228/10, NZA 12, 385). Der *EuGH* (13.3.2014 – C-190/13, NZA 14, 475 – Márquez Samohano) erkennt an, dass die besondere Situation an Hochschulen erweiterte Befristungsmöglichkeiten rechtfertigen kann, verlangt aber, dass stets darüber gewacht wird, dass es sich nicht um eine missbräuchliche Nutzung der Befristungsmöglichkeiten handelt, bei der in Wirklichkeit ein ständiger und dauerhafter Bedarf gedeckt werden soll.

Die Befristung wegen Drittmittelfinanzierung ist nur zulässig, wenn die Mittel von vornherein nur zeitlich befristet zur Verfügung stehen (*BAG* 24.1.2013 – 8 AZR 706/11, DB 13, 1556). Sie kommt nur in Betracht, wenn der Arbeitnehmer zu mindestens 50 % seiner Arbeitszeit für das Drittmittelprojekt eingesetzt werden soll (*BAG* 8.6.2016 – 7 AZR 259/14, NZA 16, 1463).

§ 6 regelt die Befristung mit Studierenden, die wissenschaftliche oder künstlerische Hilfstätigkeiten erbringen. Deren Arbeitsverträge können bis zu 6 Jahren befristet und im Rahmen dieser Gesamtdauer auch mehrfach verlängert werden.

Ebenso wie schon das HRG verbietet § 1 Abs. 1 Satz 2 die Änderung der Befristungsregelung durch »Vereinbarung«, also auch durch Tarifverträge. Es gibt allerdings eine Ermächtigung zur Abweichung für bestimmte Fachrichtungen und Forschungsbereiche (§ 1 Abs. 1 Satz 3).

Weiterführende Literatur

Deinert/HeuschmidZwanziger-*Lakies,* Arbeitsrecht, § 114 (Befristung, Bedingung), Rn. 309 – 360

Bolenius/Böning, Befristungen in der Wissenschaft, PersR 4/2016, S. 14

Hauck-Scholz, Erneuter Systemwechsel bei Befristungen im Wissenschaftsbereich, RdA 2016, S. 262

Hedermann, Vereinbarkeit von befristeten Arbeitsverhältnissen nach dem WissZeitVG mit der europäischen Befristungsrichtlinie, ZESAR 2015, S. 109

Kroll, Die Novellierung des Wissenschaftszeitvertragsgesetzes, ZTR 2016, S. 235

Löwisch, Die Ablösung der Befristungsbestimmungen des Hochschulrahmengesetzes durch das Wissenschaftszeitvertragsgesetz, NZA 2007, S. 479

Maschmann/Konertz, Das Hochschulbefristungsrecht in der Reform: Die Novelle des Wissenschaftszeitvertragsgesetzes, NZA 2016, S. 257

Preis/Ulber, WissZeitVG, 2. Aufl. (2017)

Räder/Steinheimer, Das neue Wissenschaftszeitvertragsgesetz, PersR 2007, S. 328

Gesetz über befristete Arbeitsverträge in der Wissenschaft (Wissenschaftszeitvertragsgesetz – WissZeitVG)

vom 12. April 2007 (BGBl. I 506),
zuletzt geändert durch Gesetz vom 23. Mai 2017 (BGBl. I 1228)

§ 1 Befristung von Arbeitsverträgen (1) Für den Abschluss von Arbeitsverträgen für eine bestimmte Zeit (befristete Arbeitsverträge) mit wissenschaftlichem und künstlerischem Personal mit Ausnahme der Hochschullehrerinnen und Hochschullehrer an Einrichtungen des Bildungswesens, die nach Landesrecht staatliche Hochschulen sind, gelten die §§ 2, 3 und 6. Von diesen Vorschriften kann durch Vereinbarung nicht abgewichen werden. Durch Tarifvertrag kann für bestimmte Fachrichtungen und Forschungsbereiche von den in § 2 Abs. 1 vorgesehenen Fristen abgewichen und die Anzahl der zulässigen Verlängerungen befristeter Arbeitsverträge festgelegt werden. Im Geltungsbereich eines solchen Tarifvertrages können nicht tarifgebundene Vertragsparteien die Anwendung der tariflichen Regelungen vereinbaren. Die arbeitsrechtlichen Vorschriften und Grundsätze über befristete Arbeitsverträge und deren Kündigung sind anzuwenden, soweit sie den Vorschriften der §§ 2 bis 6 nicht widersprechen.
(2) Unberührt bleibt das Recht der Hochschulen, das in Absatz 1 Satz 1 bezeichnete Personal auch in unbefristeten oder nach Maßgabe des Teilzeit- und Befristungsgesetzes befristeten Arbeitsverhältnissen zu beschäftigen.

§ 2 Befristungsdauer; Befristung wegen Drittmittelfinanzierung (1) Die Befristung von Arbeitsverträgen des in § 1 Absatz 1 Satz 1 genannten Personals, das nicht promoviert ist, ist bis zu einer Dauer von sechs Jahren zulässig, wenn die befristete Beschäftigung zur Förderung der eigenen wissenschaftlichen oder künstlerischen Qualifizierung erfolgt. Nach abgeschlossener Promotion ist eine Befristung bis zu einer Dauer von sechs Jahren, im Bereich der Medizin bis zu einer Dauer von neun Jahren, zulässig, wenn die befristete Beschäftigung zur Förderung der eigenen wissenschaftlichen oder künstlerischen Qualifizierung erfolgt; die zulässige Befristungsdauer verlängert sich in dem Umfang, in dem Zeiten einer befristeten Beschäftigung nach Satz 1 und Promotionszeiten ohne Beschäftigung nach Satz 1 zusammen weniger als sechs Jahre betragen haben. Die vereinbarte Befristungsdauer ist jeweils so zu bemessen, dass sie der angestrebten Qualifizierung angemessen ist. Die nach den Sätzen 1 und 2 insgesamt zulässige Befristungsdauer verlängert sich bei Betreuung eines oder mehrerer Kinder unter 18 Jahren um zwei Jahre je Kind. Satz 4 gilt auch, wenn hinsichtlich des Kindes die Voraussetzungen des § 15 Absatz 1 Satz 1 des Bundeselterngeld- und Elternzeitgesetzes vorliegen. Die nach den Sätzen 1 und 2 insgesamt zulässige Befristungsdauer verlängert sich bei Vorliegen einer Behinderung nach

§ 2 Absatz 1 des Neunten Buches Sozialgesetzbuch oder einer schwerwiegenden chronischen Erkrankung um zwei Jahre. Innerhalb der jeweils zulässigen Befristungsdauer sind auch Verlängerungen eines befristeten Arbeitsvertrages möglich.

(2) Die Befristung von Arbeitsverträgen des in § 1 Abs. 1 Satz 1 genannten Personals ist auch zulässig, wenn die Beschäftigung überwiegend aus Mitteln Dritter finanziert wird, die Finanzierung für eine bestimmte Aufgabe und Zeitdauer bewilligt ist und die Mitarbeiterin oder der Mitarbeiter überwiegend der Zweckbestimmung dieser Mittel entsprechend beschäftigt wird; die vereinbarte Befristungsdauer soll dem bewilligten Projektzeitraum entsprechen.

(3) Auf die in Absatz 1 geregelte zulässige Befristungsdauer sind alle befristeten Arbeitsverhältnisse mit mehr als einem Viertel der regelmäßigen Arbeitszeit, die mit einer deutschen Hochschule oder einer Forschungseinrichtung im Sinne des § 5 abgeschlossen wurden, sowie entsprechende Beamtenverhältnisse auf Zeit und Privatdienstverträge nach § 3 anzurechnen. Angerechnet werden auch befristete Arbeitsverhältnisse, die nach anderen Rechtsvorschriften abgeschlossen wurden. Die Sätze 1 und 2 gelten nicht für Arbeitsverhältnisse nach § 6 sowie vergleichbare studienbegleitende Beschäftigungen, die auf anderen Rechtsvorschriften beruhen.

(4) Im Arbeitsvertrag ist anzugeben, ob die Befristung auf den Vorschriften dieses Gesetzes beruht. Fehlt diese Angabe, kann die Befristung nicht auf Vorschriften dieses Gesetzes gestützt werden. Die Dauer der Befristung muss bei Arbeitsverträgen nach Absatz 1 kalendermäßig bestimmt oder bestimmbar sein.

(5) Die jeweilige Dauer eines befristeten Arbeitsvertrages nach Absatz 1 verlängert sich im Einverständnis mit der Mitarbeiterin oder dem Mitarbeiter um

1. Zeiten einer Beurlaubung oder einer Ermäßigung der Arbeitszeit um mindestens ein Fünftel der regelmäßigen Arbeitszeit, die für die Betreuung oder Pflege eines oder mehrerer Kinder unter 18 Jahren, auch wenn hinsichtlich des Kindes die Voraussetzungen des § 15 Absatz 1 Satz 1 des Bundeselterngeld- und Elternzeitgesetzes vorliegen, oder pflegebedürftiger sonstiger Angehöriger gewährt worden sind,
2. Zeiten einer Beurlaubung für eine wissenschaftliche oder künstlerische Tätigkeit oder eine außerhalb des Hochschulbereichs oder im Ausland durchgeführte wissenschaftliche, künstlerische oder berufliche Aus-, Fort- oder Weiterbildung,
3. Zeiten einer Inanspruchnahme von Elternzeit nach dem Bundeselterngeld- und Elternzeitgesetz und Zeiten eines Beschäftigungsverbots nach den §§ 3 bis 6, 10 Absatz 3, § 13 Absatz 1 Nummer 3 und § 16 des Mutterschutzgesetzes in dem Umfang, in dem eine Erwerbstätigkeit nicht erfolgt ist,
4. Zeiten des Grundwehr- und Zivildienstes,
5. Zeiten einer Freistellung im Umfang von mindestens einem Fünftel der regelmäßigen Arbeitszeit zur Wahrnehmung von Aufgaben in einer Personal- oder Schwerbehindertenvertretung, von Aufgaben eines oder einer Frauen- oder Gleichstellungsbeauftragten oder zur Ausübung eines mit dem Arbeitsverhältnis zu vereinbarenden Mandats und

6. Zeiten einer krankheitsbedingten Arbeitsunfähigkeit, in denen ein gesetzlicher oder tarifvertraglicher Anspruch auf Entgeltfortzahlung nicht besteht.

In den Fällen des Satzes 1 Nummer 1, 2 und 5 soll die Verlängerung die Dauer von jeweils zwei Jahren nicht überschreiten. Zeiten nach Satz 1 Nummer 1 bis 6 werden in dem Umfang, in dem sie zu einer Verlängerung eines befristeten Arbeitsvertrages führen können, nicht auf die nach Absatz 1 zulässige Befristungsdauer angerechnet.

§ 3 Privatdienstvertrag Für einen befristeten Arbeitsvertrag, den ein Mitglied einer Hochschule, das Aufgaben seiner Hochschule selbständig wahrnimmt, zur Unterstützung bei der Erfüllung dieser Aufgaben mit überwiegend aus Mitteln Dritter vergütetem Personal im Sinne von § 1 Abs. 1 Satz 1 abschließt, gelten die Vorschriften der §§ 1, 2 und 6 entsprechend.

§ 4 Wissenschaftliches Personal an staatlich anerkannten Hochschulen Für den Abschluss befristeter Arbeitsverträge mit wissenschaftlichem und künstlerischem Personal an nach Landesrecht staatlich anerkannten Hochschulen gelten die Vorschriften der §§ 1 bis 3 und 6 entsprechend.

§ 5 Wissenschaftliches Personal an Forschungseinrichtungen Für den Abschluss befristeter Arbeitsverträge mit wissenschaftlichem Personal an staatlichen Forschungseinrichtungen sowie an überwiegend staatlich, an institutionell überwiegend staatlich oder auf der Grundlage von Artikel 91 b des Grundgesetzes finanzierten Forschungseinrichtungen gelten die Vorschriften der §§ 1 bis 3 und 6 entsprechend.

§ 6 Wissenschaftliche und künstlerische Hilfstätigkeiten Befristete Arbeitsverträge zur Erbringung wissenschaftlicher oder künstlerischer Hilfstätigkeiten mit Studierenden, die an einer deutschen Hochschule für ein Studium, das zu einem ersten oder einem weiteren berufsqualifizierenden Abschluss führt, eingeschrieben sind, sind bis zur Dauer von insgesamt sechs Jahren zulässig. Innerhalb der zulässigen Befristungsdauer sind auch Verlängerungen eines befristeten Arbeitsvertrages möglich.

§ 7 Rechtsgrundlage für bereits abgeschlossene Verträge; Übergangsregelung
(1) Für die seit dem 23. Februar 2002 bis zum 17. April 2007 an staatlichen und staatlich anerkannten Hochschulen sowie an Forschungseinrichtungen im Sinne des § 5 abgeschlossenen Arbeitsverträge gelten die §§ 57 a bis 57 f des Hochschulrahmengesetzes in der ab 31. Dezember 2004 geltenden Fassung fort. Für vor dem 23. Februar 2002 an staatlichen und staatlich anerkannten Hochschulen sowie an Forschungseinrichtungen im Sinne des § 5 abgeschlossene Arbeitsverträge gelten die §§ 57 a bis 57 e des Hochschulrahmengesetzes in der vor dem 23. Februar 2002 geltenden Fassung fort. Satz 2 gilt entsprechend für Arbeitsverträge, die zwischen dem 27. Juli 2004 und dem 31. Dezember 2004 abgeschlossen wurden.

(2) Der Abschluss befristeter Arbeitsverträge nach § 2 Abs. 1 Satz 1 und 2 mit Personen, die bereits vor dem 23. Februar 2002 in einem befristeten Arbeitsverhältnis zu einer Hochschule, einem Hochschulmitglied im Sinne von § 3 oder einer Forschungseinrichtung im Sinne von § 5 standen, ist auch nach Ablauf der in § 2 Abs. 1 Satz 1 und 2 geregelten jeweils zulässigen Befristungsdauer mit einer Laufzeit bis zum 29. Februar 2008 zulässig. Satz 1 gilt entsprechend für Personen, die vor dem 23. Februar 2002 in einem Dienstverhältnis als wissenschaftlicher oder künstlerischer Assistent standen. § 2 Abs. 5 gilt entsprechend.

§ 8 Evaluation Die Auswirkungen dieses Gesetzes werden im Jahr 2020 evaluiert.

32 b. Gesetz über befristete Arbeitsverträge mit Ärzten in der Weiterbildung (ÄArbVtrG)

vom 15. Mai 1986 (BGBl. I 742),
zuletzt geändert durch Gesetz vom 15. November 2019 (BGBl. I 1604)

Aktuelle höchstrichterliche Rechtsprechung

Datum	Gericht/Az.	Fundstelle	Thema
14.6.17	BAG 7 AZR 597/15	NZA 18, 40	Weiterbildung als Befristungsgrund

Einleitung

(siehe bei Nr. 32)

Gesetzestext

§ 1 Befristung von Arbeitsverträgen (1) Ein die Befristung eines Arbeitsvertrags mit einem Arzt rechtfertigender sachlicher Grund liegt vor, wenn die Beschäftigung des Arztes seiner zeitlich und inhaltlich strukturierten Weiterbildung zum Facharzt oder dem Erwerb einer Anerkennung für einen Schwerpunkt oder dem Erwerb einer Zusatzbezeichnung, eines Fachkundenachweises oder einer Bescheinigung über eine fakultative Weiterbildung dient.

(2) Die Dauer der Befristung des Arbeitsvertrags bestimmt sich im Rahmen der Absätze 3 und 4 ausschließlich nach der vertraglichen Vereinbarung; sie muß kalendermäßig bestimmt oder bestimmbar sein.

(3) Ein befristeter Arbeitsvertrag nach Absatz 1 kann auf die notwendige Zeit für den Erwerb der Anerkennung als Facharzt oder den Erwerb einer Zusatzbezeichnung, höchstens bis zur Dauer von acht Jahren, abgeschlossen werden. Zum Zweck des Erwerbs einer Anerkennung für einen Schwerpunkt oder des an die Weiterbildung zum Facharzt anschließenden Erwerbs einer Zusatzbezeichnung, eines Fachkundenachweises oder einer Bescheinigung über eine fakultative Weiterbildung kann ein weiterer befristeter Arbeitsvertrag für den Zeitraum, der für den Erwerb vorgeschrieben ist, vereinbart werden. Wird die Weiterbildung im Rahmen einer Teilzeitbeschäftigung abgeleistet und verlängert sich der Weiterbildungszeitraum hierdurch über die zeitlichen Grenzen der

Sätze 1 und 2 hinaus, so können diese um die Zeit dieser Verlängerung überschritten werden. Erfolgt die Weiterbildung nach Absatz 1 im Rahmen mehrerer befristeter Arbeitsverträge, so dürfen sie insgesamt die zeitlichen Grenzen nach den Sätzen 1, 2 und 3 nicht überschreiten. Die Befristung darf den Zeitraum nicht unterschreiten, für den der weiterbildende Arzt die Weiterbildungsbefugnis besitzt. Beendet der weiterzubildende Arzt bereits zu einem früheren Zeitpunkt den von ihm nachgefragten Weiterbildungsabschnitt oder liegen bereits zu einem früheren Zeitpunkt die Voraussetzungen für die Anerkennung im Gebiet, Schwerpunkt, Bereich sowie für den Erwerb eines Fachkundenachweises oder einer Bescheinigung über eine fakultative Weiterbildung vor, darf auf diesen Zeitpunkt befristet werden.

(4) Auf die jeweilige Dauer eines befristeten Arbeitsvertrags nach Absatz 3 sind im Einvernehmen mit dem zur Weiterbildung beschäftigten Arzt nicht anzurechnen:

1. Zeiten einer Beurlaubung oder einer Ermäßigung der Arbeitszeit um mindestens ein Fünftel der regelmäßigen Arbeitszeit, die für die Betreuung oder Pflege eines Kindes unter 18 Jahren oder eines pflegebedürftigen sonstigen Angehörigen gewährt worden sind, soweit die Beurlaubung oder die Ermäßigung der Arbeitszeit die Dauer von zwei Jahren nicht überschreitet,
2. Zeiten einer Beurlaubung für eine wissenschaftliche Tätigkeit oder eine wissenschaftliche oder berufliche Aus-, Fort- oder Weiterbildung im Ausland, soweit die Beurlaubung die Dauer von zwei Jahren nicht überschreitet,
3. die Elternzeit nach § 15 Abs. 1 des Bundeselterngeld- und Elternzeitgesetzes und Zeiten eines Beschäftigungsverbots nach den §§ 3 bis 6, 10 Absatz 3, § 13 Absatz 1 Nummer 3 und § 16 des Mutterschutzgesetzes, soweit eine Beschäftigung nicht erfolgt ist,
4. Zeiten des Grundwehr- und Zivildienstes und
5. Zeiten einer Freistellung zur Wahrnehmung von Aufgaben in einer Personal- oder Schwerbehindertenvertretung, soweit die Freistellung von der regelmäßigen Arbeitszeit mindestens ein Fünftes beträgt und die Dauer von zwei Jahren nicht überschreitet.

(5) Die arbeitsrechtlichen Vorschriften und Grundsätze über befristete Arbeitsverträge sind nur insoweit anzuwenden, als sie den Vorschriften der Absätze 1 bis 4 nicht widersprechen.

(6) Die Absätze 1 bis 5 gelten nicht, wenn der Arbeitsvertrag unter den Anwendungsbereich des Wissenschaftszeitvertragsgesetzes fällt.

(7) Die Absätze 1 bis 6 gelten auch für die Beschäftigten eines Psychotherapeuten im Rahmen einer zeitlich und inhaltlich strukturierten Weiterbildung zum Fachpsychotherapeuten.[1]

§ 2 Berlin-Klausel Dieses Gesetz gilt nach Maßgabe des § 13 Abs. 1 des Dritten Überleitungsgesetzes auch im Land Berlin.

§ 3 Inkrafttreten Dieses Gesetz tritt am Tag nach der Verkündung in Kraft.

1 Absatz 7 tritt am 1. 9. 2020 in Kraft.

33. Umwandlungsgesetz

Einleitung

I. Geschichtliche Entwicklung

»Umwandlung« bedeutet im weitesten Sinne die Umstrukturierung von Unternehmensträgern. Dabei kann man zwei grundlegende Typen von Umwandlung unterscheiden:

- die formwechselnde Umwandlung: eine fortbestehende Gesellschaft verwandelt sich in eine Gesellschaft anderer Rechtsform;
- die übertragende Umwandlung: Gesellschaftsvermögen geht auf einen anderen Rechtsträger über.

Bis zur Schaffung des Umwandlungsgesetzes war die Möglichkeit der Unternehmen, sich umzustrukturieren und umzuorganisieren, in vielen verschiedenen Gesetzen verstreut geregelt (Umwandlungsgesetz 1969, Aktiengesetz, Gesetz über die Kapitalerhöhung aus Gesellschaftsmitteln und über die Verschmelzung von Gesellschaften mit beschränkter Haftung, Genossenschaftsgesetz, Versicherungsaufsichtsgesetz). Für den Sonderfall der Unternehmensaufspaltung sind Sonderregelungen für den Bereich der neuen Bundesländer geschaffen worden (Gesetz zur Spaltung der von der Treuhand verwalteten Unternehmen; Gesetz zur Regelung offener Vermögensfragen).

Bereits 1980 hatte der Deutsche Bundestag im Rahmen der Änderung des GmbH-Gesetzes den Auftrag zur Rechtsbereinigung des Umwandlungsrechts gegeben (vgl. BR-Drs. 75/94, S. 72 f.). Das Bundesjustizministerium hat jedoch erst 1988 zunächst einen Diskussionsentwurf und 1992 einen Referentenentwurf zu einem Umwandlungsbereinigungsgesetz vorgelegt (vgl. Beilage zum BAnz. Nr. 214 a vom 5. 11. 1988; Beilage zum BAnz. Nr. 112 a vom 20. 6. 1992; hierzu *Zöllner,* ZGR 93, 334; *Ganske,* WM 93, 1117). Beiden Entwürfen war gemeinsam, dass ausdrücklich auf Vorkehrungen zum Schutze der Arbeitnehmer bei derartigen Umwandlungsvorgängen verzichtet wurde. Dies erfolgte in erklärter Distanzierung zu einem der Öffentlichkeit zusammen mit dem Referentenentwurf zur Kenntnis gebrachten Schreiben des Bundesministers für Arbeit und Sozialordnung vom 9. 4. 1992. Die Argumentation des Bundesjustizministeriums ging dahin, es sei systemfremd, Arbeitnehmerschutzrechte im Gesellschaftsrecht zu verankern.

Anfang 1994 wurde der Regierungsentwurf eines Gesetzes zur Bereinigung des Umwandlungsrechts verabschiedet (BR-Drs. 75/94 vom 4. 2. 1994 = identischer Entwurf der Fraktionen der CDU/CSU und FDP, BT-Drs. 12/6699 vom 1. 2. 1994; hierzu *Neye,* ZIP 94, 165). Gegenüber dem Referentenentwurf wurden einige Schutzvorschriften für Arbeitnehmer aufgenommen (Informationsrechte; Haftungsvorschrift bei Spaltung; ergänzende Regelungen zum BetrVG und KSchG). Jedoch wurden weitergehende Vorstellungen zur Mitbestimmungssicherung und Haftung für Arbeitnehmeransprüche nicht aufgegriffen (vgl. *Köstler,* Mitbest. 6/94,

6). Nach ersten Änderungsvorschlägen des Bundesrates (vgl. BR-Drs. 75/94) hat der Bundesrat gegenüber der Beschlussfassung des Bundestages den Vermittlungsausschuss angerufen, der auf seiner Sitzung am 31. 8. 1994 einige Änderungen empfahl (BR-Drs. 843/94). Diesen Änderungsvorschlägen des Vermittlungsausschusses haben der Bundestag am 22. 9. und der Bundesrat am 23. 9. 1994 zugestimmt. Auf ihnen beruht das sodann verabschiedete Gesetz zur Bereinigung des Umwandlungsrechts vom 28. 10. 1994 (BGBl. I 3210; zu einem Überblick *Lüttge,* NJW 95, 417).

Mit dem 2. Gesetz zur Änderung des Umwandlungsgesetzes vom 19. 4. 2007 (BGBl. I 542) wurden vor allem Anpassungen an die Regelung der Arbeitnehmerbeteiligung bei grenzüberschreitenden Verschmelzungen vorgenommen (vgl. MgVG, Nr. 26 c).

Mit dem 3. Gesetz zur Änderung des Umwandlungsgesetzes v. 11. 6. 2011 (BGBl. I 1338) wurde die Richtlinie 2009/109/EG, die auf eine Reduzierung von Verwaltungslasten bei Umwandlungen von in der EU ansässigen Unternehmen zielt, umgesetzt. Die Reduzierung der Informationspflichten im Allgemeinen wurde dabei durch Regelungen über die Zuleitung von Informationen an den Betriebsrat in §§ 62 Abs. 4 S. 4, Abs. 5 S. 4 kompensiert.

II. Wesentlicher Gesetzesinhalt

1. Grundlagen

Das UmwG regelt vier Umwandlungsarten (Übersicht 77):

- Verschmelzung;
- Spaltung;
- Vermögensübertragung;
- Formwechsel (§ 1 Abs. 1).

Verschmelzung bedeutet, dass entweder ein vorhandener Rechtsträger durch Übertragung des Vermögens auf einen anderen übernehmenden Rechtsträger übergeht oder zwei oder mehrere Rechtsträger durch Übertragung ihres Vermögens auf einen neuen Rechtsträger übergehen (§ 2). Die Anteilseigner der untergehenden Gesellschaft erhalten Anteile an der aufnehmenden bzw. neu gegründeten Gesellschaft. Die Möglichkeiten hierzu gab es noch auf bestimmte Gesellschaftsformen beschränkt bereits im vorher geltenden Recht.

Neu ist demgegenüber die Möglichkeit der *Spaltung.* Sie gab es bislang lediglich im Bereich der neuen Bundesländer (s. o. I). Das Gesetz kennt drei Formen der Spaltung (vgl. § 123):

- die sog. Aufspaltung: Bei ihr wird ein Unternehmen in mindestens zwei Teile zerlegt und hört anschließend als solches zu bestehen auf. Die Teile können entweder auf bereits existierende oder auf neu geschaffene Unternehmen übertragen werden;
- die sog. Abspaltung: Einzelne Vermögensbestandteile (z. B. Betriebe oder Betriebsteile oder auch nur Abteilungen) werden auf einen bestehenden oder neu gegründeten Rechtsträger übertragen. Hierbei bleibt das alte Unternehmen bestehen;
- die sog. Ausgliederung: Es handelt sich um den gleichen Vorgang wie bei der

Abspaltung, jedoch mit dem Unterschied, dass die Anteile am aufnehmenden Unternehmen bei der abgebenden Gesellschaft selbst liegen und nicht bei deren Anteilseignern.

In allen Fällen der Abspaltung gehen die übertragenen Vermögensbestandteile mit der Eintragung der Spaltung ins Handelsregister automatisch auf den Empfänger über.

Die *Vermögensübertragung* betrifft die Sonderfälle der Übertragung von einer privaten Gesellschaft auf die öffentliche Hand oder innerhalb verschiedener Gesellschaftstypen im Bereich der Versicherungswirtschaft (vgl. § 175).

Bei einem *Formwechsel* bleibt die Rechtsträgerschaft der Gesellschaft bestehen. Es wird lediglich eine andere Rechtsform angenommen (§ 190). Arbeitsrechtliche Folgen hat ein solcher Formwechsel nicht. Er kann allerdings zur Folge haben, dass für die neue Gesellschaftsform kein Aufsichtsrat zu bilden ist (z. B. wenn eine GmbH auf eine OHG übertragen wird). Dann fällt eine vorhandene Arbeitnehmerbeteiligung im Aufsichtsrat weg. Ist auch für die neu angenommene Rechtsform ein Aufsichtsrat zu bilden, bleiben die bisherigen Aufsichtsratsmitglieder im Amt (§ 203).

2. Arbeitsrechtliche Bestimmungen und Folgen

Das arbeitsrechtliche Interesse konzentriert sich demnach auf die Verschmelzung und die Spaltung. Zum Schutze von Arbeitnehmerinteressen sind – sehr unsystematische – einzelne Regelungen getroffen worden. Zu wichtigen Problemen, die erst aus Verschmelzungen und Spaltungen entstehen, fehlen jedoch Regelungen (z. B. zur Frage der Tarifbindung, s. u. Buchst. e; insg. *Deinert*, RdA 01, 368).

a) Informationsrechte

Der Wirtschaftsausschuss ist gemäß § 106 Abs. 3 Nr. 8 BetrVG über den Zusammenschluss oder die Spaltung von Unternehmen oder Betrieben zu informieren. Der Zusammenschluss und die Spaltung von Betrieben gelten als Betriebsänderungen im Sinne des § 111 Satz 2 Nr. 3 BetrVG. Hierüber ist der Betriebsrat rechtzeitig und umfassend zu unterrichten und die geplanten Änderungen sind mit ihm zu beraten (Checkliste 78).

Ein Verschmelzungsvertrag und ein Spaltungs- und ein Übernahmevertrag (hierzu *Heidenhain,* NJW 95, 2873) müssen ausdrücklich die Folgen der Verschmelzung bzw. Spaltung für die Arbeitnehmer und ihre Vertretungen und die insoweit vorgesehenen Maßnahmen darstellen (§ 5 Abs. 1 Nr. 9, § 126 Abs. 1 Nr. 11; zu den arbeitsrechtlichen Angaben *Däubler,* RdA 95, 136; *Hjort,* NJW 99, 750; *Trümner,* DB 96, 88; *Joost,* ZIP 95, 976). Spätestens einen Monat vor der Versammlung der Anteilseigner, in der über die Veränderung beschlossen werden soll, ist der Entwurf des Vertrages dem zuständigen Betriebsrat zuzuleiten (§ 5 Abs. 3; § 126 Abs. 3). Die Eintragung ins Handelsregister darf nur erfolgen, wenn hierüber ein schriftlicher Nachweis erbracht wird (§ 17 Abs. 1). Das Registergericht kann die Eintragung des Verschmelzungsvertrages ablehnen, wenn er keine nachvollziehbare Darstellung der arbeitsrechtlichen Folgen enthält (*OLG Düsseldorf* 25. 9. 1997 – 8 AZR 710/96, DB 98, 139 = Mitbest. 11/98, 63 mit Anm. *Köstler*).

b) Zuordnung der Arbeitnehmer

Bei einer Verschmelzung gehen alle Rechte der untergehenden Gesellschaft auf die übernehmende Gesellschaft über. Das gilt auch für die Arbeitsverhältnisse. Ein Recht zum Widerspruch wie bei einem Betriebsübergang gemäß § 613 a BGB hat keinen Sinn, weil es keinen Arbeitgeber mehr gibt, bei dem der Arbeitnehmer verbleiben könnte.

Anders sieht es bei der Spaltung aus. Die Zuordnung kann im Spaltungs- und Übernahmevertrag geregelt werden, bedarf aber der Zustimmung des Arbeitnehmers. Fehlt es an dieser, kann der Arbeitnehmer wählen, mit welchem Rechtsträger er sein Arbeitsverhältnis fortsetzen möchte (*BAG* 19. 10. 2017 – 8 AZR 63/16, NZA 18, 370).

Kommt bei einer Verschmelzung oder Spaltung ein Interessenausgleich zustande, so ist dieser für die Zuordnung der Arbeitnehmer maßgebend. Er kann durch das Arbeitsgericht nur auf grobe Fehlerhaftigkeit überprüft werden (§ 323 Abs. 2). Ist er grob fehlerhaft, ist der Interessenausgleich unverbindlich, so dass die Zustimmung des Arbeitnehmers zur Zuordnung des Arbeitsverhältnisses nicht entbehrlich ist (*BAG* 19. 10. 2017 – 8 AZR 63/16, NZA 18, 370, Rn. 37 ff.).

c) Haftung bei Spaltung in Betriebs- und Anlagegesellschaft

Aus steuer-, aber auch haftungsrechtlichen Gesichtspunkten werden Unternehmen oft so aufgeteilt, dass das Vermögen (Grundstücke, Maschinen) einer sog. Anlagegesellschaft zugeordnet wird, während eine vermögenslose Betriebsführungsgesellschaft die Arbeitgeberrolle übernimmt. Um die Arbeitnehmer bei derartigen Gestaltungen vor einem Leerlaufen ihrer Ansprüche zu schützen, wird für einen Gesamtzeitraum von bis zu 5 Jahren eine gesamtschuldnerische Haftung begründet (§ 134). In dem Umfang, in dem durch die Spaltung Vermögensteile entzogen wurden, kann bei der Bemessung eines Sozialplanvolumens auf das Vermögen der Anlagegesellschaft zurückgegriffen werden (*BAG* 15. 3. 2011 – 1 ABR 97/09, DB 11, 1698).

d) Übergang der Arbeitsverhältnisse

§ 324 ordnet ausdrücklich an, dass § 613 a Abs. 1 und 4 – 6 BGB unberührt bleibt. Das bedeutet, dass im Falle eines Betriebsübergangs zwingend die Regeln des § 613 a BGB zur Anwendung kommen und insoweit Vorrang vor den umwandlungsrechtlichen Bestimmungen haben (*BAG* 19. 10. 2017 – 8 AZR 63/16, NZA 18, 370, Rn. 26).

e) Weitergeltung von Tarifverträgen

Für eine tarifrechtliche Weitergeltung der Tarifverträge beim neuen Rechtsträger ist dessen Tarifbindung erforderlich. Bei Verbandstarifverträgen ist grundsätzlich erforderlich, dass das erwerbende Unternehmen Mitglied desselben Arbeitgeberverbandes ist. Ist dies nicht der Fall, werden die tariflichen Ansprüche der Arbeitnehmer jedenfalls nach § 613 a Abs. 1 Satz 2 BGB für die Dauer eines Jahres gesichert. Im Falle einer Aufspaltung und Abspaltung mit Übertragung auf eine selbst gegründete Gesellschaft gibt es jedoch in diesem Sinne keinen »anderen«

Inhaber, sondern es handelt sich um eine »Vervielfältigung« des alten Inhabers. Das spricht für eine Weitergeltung der Tarifverträge wie z.B. im Falle eines Verbandsaustritts. Beim Übergang eines Betriebs/Unternehmens mit Firmentarifvertrag tritt dagegen das aufnehmende Unternehmen voll in die tarifrechtliche Vertragsposition ein (*BAG* 24.6.1998 – 4 AZR 208/97, NJW 99, 812; vgl. *Däubler,* RdA 95, 142). Für den Fall der Spaltung zur Aufnahme durch einen anderen Rechtsträger verbleibt mangels anderweitiger Festlegung im Spaltungs- und Übernahmevertrag der übertragende Rechtsträger Partei des Tarifvertrages (*BAG* 21.11.2012 – 4 AZR 85/11, NZA 13, 512). Im Falle der Verschmelzung gilt ein Haustarifvertrag nach § 20 Abs. 1 Nr. 1 beim aufnehmenden Unternehmen weiter, so dass trotz bislang fehlender Tarifgebundenheit des aufnehmenden Arbeitgebers alle tarifgebundenen Arbeitnehmer tarifliche Rechte genießen. Das gilt dann nicht, wenn der Geltungsbereich des Haustarifvertrages Einschränkungen seines Anwendungsbereichs (etwa Geltung nur für bestimmte Betriebe) enthält (*BAG* 15.6.2016 – 4 AZR 805/14, NZA 17, 326).

f) Kündigungsrechtliche Stellung

Die kündigungsrechtliche Stellung eines Arbeitnehmers verschlechtert sich aufgrund der Spaltung oder Teilübertragung für die Dauer von zwei Jahren ab dem Zeitpunkt ihres Wirksamwerdens nicht (§ 323). Das hat vor allem Bedeutung für den Fall, dass die Übertragung auf einen Betrieb erfolgt, der weniger als 5 bzw. 10 Arbeitnehmer beschäftigt (vgl. § 23 KSchG, Nr. 25). Die Betriebszugehörigkeit zum vorhergehenden Rechtsträger ist anzurechnen (*Trümner,* AiB 95, 309).

Führen die an einer Spaltung beteiligten Unternehmen einen Betrieb anschließend gemeinsam weiter, so gilt dieser als ein Betrieb im Sinne des Kündigungsschutzrechts (zum Gemeinschaftsbetrieb allgemein vgl. Deinert/Heuschmid/Zwanziger-*Deinert,* § 5 Rn. 49 ff.).

g) Betriebsratsrechte

Führt die Spaltung eines Rechtsträgers zur Spaltung eines Betriebs, bleibt dessen Betriebsrat bis zur Neuwahl in den abgespaltenen Teilen, jedoch längstens für sechs Monate im Amt (Übergangsmandat; § 21 a BetrVG; hierzu *Bachner,* DB 95, 2068). Das gilt jedoch nicht, wenn in dem aufnehmenden Betrieb ein Betriebsrat existiert oder wenn der abgespaltene Teil weniger als 5 Arbeitnehmer hat (§ 21 a Abs. 1 Satz 2 BetrVG). Für den Fall, dass aufgrund der Spaltung mehrere Rechtsträger für einen Betrieb zuständig werden, jedoch keine Organisationsänderungen eintreten, liegt ein sog. gemeinsamer Betrieb vor (s. o. f). Es bleibt dann beim vorhandenen Betriebsrat und dessen Rechtsstellung. Falls bestimmte Betriebsratsrechte von der Größe eines Betriebs abhängig sind und diese nach Spaltung nicht mehr erreicht wird, kann die Fortgeltung der Betriebsratsrechte durch Betriebsvereinbarung oder Tarifvertrag vereinbart werden (§ 325 Abs. 2). Werden Betriebsteile, die bislang verschiedenen Betrieben zugeordnet waren, zu einem Betrieb zusammengefasst, so nimmt der Betriebsrat mit der größten Arbeitnehmerzahl das Übergangsmandat wahr (§ 21 a Abs. 2 BetrVG).

h) Arbeitnehmervertreter im Aufsichtsrat

Im Falle einer Verschmelzung geht die übertragende Gesellschaft unter. Mithin endet zwangsläufig die Existenz eines bei ihr gebildeten Aufsichtsrates. Die übergehenden Arbeitnehmer werden durch den bestehenden Aufsichtsrat der übernehmenden Gesellschaft vertreten. Hat diese noch keinen Aufsichtsrat (z. B. wegen zu geringer Arbeitnehmerzahl, vgl. § 1 DrittelBG, Nr. 26 a) oder ist sie neu gegründet worden, findet eine Neuwahl nach allgemeinen Regeln statt.

Entfallen bei einer Abspaltung oder Ausgliederung wegen nunmehr zu geringer Arbeitnehmerzahl die Voraussetzungen für eine Aufsichtsratsbeteiligung (z. B. Sinken unter 2000 Arbeitnehmer im Falle des MitbestG, Nr. 26), so finden die vorher geltenden Mitbestimmungsvorschriften noch für fünf Jahre Anwendung (§ 325 Abs. 1 Satz 1). Das gilt nicht, wenn die verbleibende Arbeitnehmerzahl auf unter ein Viertel der vom Gesetz verlangten Zahl sinkt (im Falle des MitbestG: unter 500 Arbeitnehmer, § 325 Abs. 1 Satz 2).

i) Sonderfall: Mitbestimmungs-Beibehaltung bei grenzüberschreitender Umwandlung

Im Falle grenzüberschreitender Fusionen kann es passieren, dass ein deutsches Unternehmen seine Mehrheitsbeteiligung an einem deutschen Tochterunternehmen oder einem Betrieb bzw. Betriebsteil auf ein ausländisches Unternehmen überträgt und damit unter die für die Anwendung eines Mitbestimmungsgesetzes erforderliche Arbeitnehmerzahl sinkt. Für diesen Fall soll das Mitbestimmungs-Beibehaltungsgesetz (siehe Fn. zu § 325) mit steuerrechtlichen Mitteln eine Mitbestimmungssicherung bewirken: Will das übertragene Unternehmen steuerliche Erleichterungen in Anspruch nehmen (z. B. Übertragung zum Buchwert statt zum tatsächlichen Wert), so muss es sich mitbestimmungsrechtlich so behandeln lassen, als würde der übertragende Betrieb oder Betriebsteil noch zu ihm gehören. Nimmt es allerdings die steuerlichen Vergünstigungen nicht in Anspruch, so entfällt eine Mitbestimmungsbeibehaltung (vgl. hierzu Bericht des BT-Ausschusses für Arbeits- und Sozialordnung, BT-Drs. 12/7735; *Wendeling-Schröder,* in Kittner, GewJB 1993, 466). Zum Schicksal der Mitbestimmung bei grenzüberschreitenden Verschmelzungen s. im Übrigen MgVG (Nr. 26 c)

III. Anwendungsprobleme, rechtspolitische Diskussion

Schon mit Inkrafttreten des Gesetzes war dessen arbeitsrechtliche Flankierung ungenügend. Deshalb bestehen seit Jahren Forderungen bezüglich einer Nachbesserung. Dazu gehören:

- vertragliche Öffnungsklausel zur Beibehaltung der Mitbestimmung auf Unternehmensebene,
- Kontinuität der Interessenvertretung bei Privatisierung der Dienststelle,
- Wahrung des durch Betriebsvereinbarungen begründeten sozialen Besitzstandes,
- Schutz vor Tarifflucht bei Herausfallen aus dem tariflichen Geltungsbereich und bei Wegfall der Tarifbindung,

- Klarstellung der Konzernhaftung für Sozialplanleistungen (*Düwell,* AuR 1994, 357 ff.; vgl. auch *Köstler,* Mitbest. 6/95, 6).

Weiterführende Literatur

Deinert/Heuschmid/Zwanziger-*Bachner/Krüger,* Arbeitsrecht, §§ 96 – 100 (Betriebsinhaberwechsel und Unternehmensumwandlung)

Schwerpunktheft »Umstrukturierung«, AiB 2003, Heft 7

Bachner, Individualarbeits- und kollektivrechtliche Auswirkungen des neuen Umwandlungsrechts, NJW 1995, S. 2881

Bachner/Gerhardt/Matthießen, Arbeitsrecht bei Umstrukturierung von Unternehmen und Betrieben, 5. Aufl. (2018)

Däubler, Das Arbeitsrecht im neuen Umwandlungsgesetz, RdA 1995, S. 136

Deinert, Arbeitsrechtliche Rahmenbedingungen und Folgen nationaler und transnationaler Umstrukturierungen von Betrieben und Unternehmen in Deutschland, RdA 2001, S. 368

Düwell, Umwandlung von Unternehmen und arbeitsrechtliche Folgen, NZA 1996, S. 393

Herbst, Arbeitsrecht im neuen Umwandlungsgesetz, AiB 1995, S. 5

Kreßel, Arbeitsrechtliche Aspekte des neuen Umwandlungsrechts, BB 1995, S. 925

Willemsen/Hohenstatt/Schweibert/Seibt, Umstrukturierung und Übertragung von Unternehmen, 5. Aufl. (2016)

Übersicht 77: Umwandlungen

	Verschmelzung	Spaltung		Vermögens-übernahme	Formwechsel
Art der Umwandlung	1. *Verschmelzung durch Aufnahme* = vollständiger Übergang auf einen *anderen* schon vorhandenen Rechtsträger (§ 2 Nr. 1)	1. *Aufspaltung* = Auflösung und Aufspaltung in mehrere Teile gegen Anteile bzw. Mitgliedschaften an den aufnehmenden Rechtsträgern für die Anteilseigner bzw. übertragende Mitglieder (§ 123)		Übertragung auf die öffentliche Hand gegen Entgelt oder im Bereich der Versicherungswirtschaft (§ 174)	Wechsel der Rechtsform unter Beibehaltung der Identität des Rechtsträgers
	2. *Verschmelzung durch Neugründung* = vollständiger Übergang auf neuen Rechtsträger (§ 2 Nr. 2)	1a. *Aufspaltung zur Übertragung* = Übergang der Teile an vorhandene Rechtsträger (§ 123 I 1)	1b. *Aufspaltung zur Neugründung* = Übergang der Teile auf neue Rechtsträger (§ 123 I 2)		
		2. *Abspaltung* = Teilübergang von einem im übrigen verbleibenden Rechtsträger gegen Anteile bzw. Mitgliedschaften an den aufnehmenden Rechtsträgern für die Anteilseigner bzw. Mitglieder (§ 123 II)			
		2a. *Abspaltung zur Übertragung* auf vorhandenen Rechtsträger (§ 123 II 1)	2b. *Abspaltung zur Neugründung* = Übergang auf neuen Rechtsträger (§ 123 I 2)		
		3. *Ausgliederung* = Variante der Abspaltung, bei der die Anteile an dem aufnehmenden Rechtsträger nicht an die Anteilseigner sondern den abgebenden Rechtsträger selbst übergehen (§ 123 III)			
Folgen für AN	Darstellung im Verschmelzungsvertrag (§ 5 I Nr. 9)	Darstellung im Spaltungs- und Übernahmevertrag (§ 126 I Nr. 11)		Darstellung im Übertragungsvertrag (§ 176 II)	Darstellung im Umwandlungsbeschluss (§ 194 I /)

Übersicht 78: Fragen des BR/WA an die Unternehmensleitung bei Spaltung

Lfd. Nr.	Fragen
1.	Art der Spaltung (Übersicht 77)
2.	künftige Anteilsverhältnisse
3.	Verschmelzungs- bzw. Spaltungs- und Übernahmevertrag mit Darstellung der Folgen für AN
4.	Anträge des Unternehmens an das Handelsregister
5.	Zeit- und Ablaufplan der Spaltung
6.	wirtschaftliche Gründe, Alternativen (Kosten/Nutzenrechnung)
7.	Gutachten/Untersuchungen zur geplanten Spaltung
8.	Zuordnung der Betriebsmittel
9.	Finanzausstattung der künftigen Gesellschaften
10.	Leitungsstruktur der künftigen Gesellschaften (Organigramm)
11.	Zusammenarbeit zwischen den künftigen Gesellschaften
12.	Auswirkungen auf Arbeitsorganisation
13.	Mitgliedschaft der künftigen Gesellschaften im Arbeitgeberverband
14.	Auswirkungen auf AN (Arbeitsplätze, Arbeitsanforderungen, Vertragsinhalte)
15.	Schicksal der TV
16.	Schicksal der BV
17.	betriebliche Altersversorgung
18.	Kompensationen im Falle von Verschlechterungen für AN
19.	künftige Situation von Betriebsverfassungsgremien
20.	Arbeitnehmervertretung im Aufsichtsrat

Umwandlungsgesetz

vom 28. Oktober 1994 (BGBl. I 3210; ber. BGBl. 1995 I 428),
zuletzt geändert durch Gesetz vom 19. Dezember 2018 (BGBl. I 2694)

(Abgedruckte Vorschriften: §§ 1, 2, 5, 123, 126 Abs. 1 Nrn. 9 und 11, Abs. 3, 132, 133 Abs. 1, 134, 135, 190, 191, 194 Abs. 1 Nr. 7, Abs. 2, 203, 322–325)

Erstes Buch – Möglichkeiten von Umwandlungen

§ 1 Arten der Umwandlung; gesetzliche Beschränkungen (1) Rechtsträger mit Sitz im Inland können umgewandelt werden
1. durch Verschmelzung;
2. durch Spaltung (Aufspaltung, Abspaltung, Ausgliederung);
3. durch Vermögensübertragung;
4. durch Formwechsel.

(2) Eine Umwandlung im Sinne des Absatzes 1 ist außer in den in diesem Gesetz geregelten Fällen nur möglich, wenn sie durch ein anderes Bundesgesetz oder ein Landesgesetz ausdrücklich vorgesehen ist.

(3) Von den Vorschriften dieses Gesetzes kann nur abgewichen werden, wenn dies ausdrücklich zugelassen ist. Ergänzende Bestimmungen in Verträgen, Satzungen oder Willenserklärungen sind zulässig, es sei denn, daß dieses Gesetz eine abschließende Regelung enthält.

Zweites Buch – Verschmelzung

§ 2 Arten der Verschmelzung Rechtsträger können unter Auflösung ohne Abwicklung verschmolzen werden
1. im Wege der Aufnahme durch Übertragung des Vermögens eines Rechtsträgers oder mehrerer Rechtsträger (übertragende Rechtsträger) als Ganzes auf einen anderen bestehenden Rechtsträger (übernehmender Rechtsträger) oder
2. im Wege der Neugründung durch Übertragung der Vermögen zweier oder mehrerer Rechtsträger (übertragende Rechtsträger) jeweils als Ganzes auf einen neuen, von ihnen dadurch gegründeten Rechtsträger

gegen Gewährung von Anteilen oder Mitgliedschaften des übernehmenden oder neuen Rechtsträgers an die Anteilsinhaber (Gesellschafter, Partner, Aktionäre oder Mitglieder) der übertragenden Rechtsträger.

…

§ 5 Inhalt des Verschmelzungsvertrags (1) Der Vertrag oder sein Entwurf muß mindestens folgende Angaben enthalten:

1. den Namen oder die Firma und den Sitz der an der Verschmelzung beteiligten Rechtsträger;
2. die Vereinbarung über die Übertragung des Vermögens jedes übertragenden Rechtsträgers als Ganzes gegen Gewährung von Anteilen oder Mitgliedschaften an dem übernehmenden Rechtsträger;
3. das Umtauschverhältnis der Anteile und gegebenenfalls die Höhe der baren Zuzahlung oder Angaben über die Mitgliedschaft bei dem übernehmenden Rechtsträger;
4. die Einzelheiten für die Übertragung der Anteile des übernehmenden Rechtsträgers oder über den Erwerb der Mitgliedschaft bei dem übernehmenden Rechtsträger;
5. den Zeitpunkt, von dem an diese Anteile oder die Mitgliedschaften einen Anspruch auf einen Anteil am Bilanzgewinn gewähren, sowie alle Besonderheiten in Bezug auf diesen Anspruch;
6. den Zeitpunkt, von dem an die Handlungen der übertragenden Rechtsträger als für Rechnung des übernehmenden Rechtsträgers vorgenommen gelten (Verschmelzungsstichtag);
7. die Rechte, die der übernehmende Rechtsträger einzelnen Anteilsinhabern sowie den Inhabern besonderer Rechte wie Anteile ohne Stimmrecht, Vorzugsaktien, Mehrstimmrechtsaktien, Schuldverschreibungen und Genußrechte gewährt, oder die für diese Personen vorgesehenen Maßnahmen;
8. jeden besonderen Vorteil, der einem Mitglied eines Vertretungsorgans oder eines Aufsichtsorgans der an der Verschmelzung beteiligten Rechtsträger, einem geschäftsführenden Gesellschafter, einem Partner, einem Abschlußprüfer oder einem Verschmelzungsprüfer gewährt wird;
9. die Folgen der Verschmelzung für die Arbeitnehmer und ihre Vertretungen sowie die insoweit vorgesehenen Maßnahmen.

(2) Befinden sich alle Anteile eines übertragenden Rechtsträgers in der Hand des übernehmenden Rechtsträgers, so entfallen die Angaben über den Umtausch der Anteile (Absatz 1 Nr. 2 bis 5), soweit sie die Aufnahme dieses Rechtsträgers betreffen.

(3) Der Vertrag oder sein Entwurf ist spätestens einen Monat vor dem Tage der Versammlung der Anteilsinhaber jedes beteiligten Rechtsträgers, die gemäß § 13 Abs. 1 über die Zustimmung zum Verschmelzungsvertrag beschließen soll, dem zuständigen Betriebsrat dieses Rechtsträgers zuzuleiten.[1]

…

Drittes Buch – Spaltung

§ 123 Arten der Spaltung (1) Ein Rechtsträger (übertragender Rechtsträger) kann unter Auflösung ohne Abwicklung sein Vermögen aufspalten

1 Ein Nachweis hierüber ist der Anmeldung zur Eintragung ins Handelsregister beizufügen (§ 17 Abs. 1).

1. zur Aufnahme durch gleichzeitige Übertragung der Vermögensteile jeweils als Gesamtheit auf andere bestehende Rechtsträger (übernehmende Rechtsträger) oder
2. zur Neugründung durch gleichzeitige Übertragung der Vermögensteile jeweils als Gesamtheit auf andere, von ihm dadurch gegründete neue Rechtsträger

gegen Gewährung von Anteilen oder Mitgliedschaften dieser Rechtsträger an die Anteilsinhaber des übertragenden Rechtsträgers (Aufspaltung).

(2) Ein Rechtsträger (übertragender Rechtsträger) kann von seinem Vermögen einen Teil oder mehrere Teile abspalten

1. zur Aufnahme durch Übertragung dieses Teils oder dieser Teile jeweils als Gesamtheit auf einen bestehenden oder mehrere bestehende Rechtsträger (übernehmende Rechtsträger) oder
2. zur Neugründung durch Übertragung dieses Teils oder dieser Teile jeweils als Gesamtheit auf einen oder mehrere, von ihm dadurch gegründeten neuen oder gegründete neue Rechtsträger

gegen Gewährung von Anteilen oder Mitgliedschaften dieses Rechtsträgers oder dieser Rechtsträger an die Anteilsinhaber des übertragenden Rechtsträgers (Abspaltung).

(3) Ein Rechtsträger (übertragender Rechtsträger) kann aus seinem Vermögen einen Teil oder mehrere Teile ausgliedern

1. zur Aufnahme durch Übertragung dieses Teils oder dieser Teile jeweils als Gesamtheit auf einen bestehenden oder mehrere bestehende Rechtsträger (übernehmende Rechtsträger) oder
2. zur Neugründung durch Übertragung dieses Teils oder dieser Teile jeweils als Gesamtheit auf einen oder mehrere, von ihm dadurch gegründeten neuen oder gegründete neue Rechtsträger

gegen Gewährung von Anteilen oder Mitgliedschaften dieses Rechtsträgers oder dieser Rechtsträger an den übertragenden Rechtsträger (Ausgliederung).

(4) Die Spaltung kann auch durch gleichzeitige Übertragung auf bestehende und neue Rechtsträger erfolgen.

…

§ 126 Inhalt des Spaltungs- und Übernahmevertrags (1) Der Spaltungs- und Übernahmevertrag oder sein Entwurf muß mindestens folgende Angaben enthalten:

1. – 8. *(nicht abgedruckt)*
9. die genaue Bezeichnung und Aufteilung der Gegenstände des Aktiv- und Passivvermögens, die an jeden der übernehmenden Rechtsträger übertragen werden, sowie der übergehenden Betriebe und Betriebsteile unter Zuordnung zu den übernehmenden Rechtsträgern;
10. *(nicht abgedruckt)*
11. die Folgen der Spaltung für die Arbeitnehmer und ihre Vertretungen sowie die insoweit vorgesehene Maßnahmen.

(2) *(nicht abgedruckt)*

(3) Der Vertrag oder sein Entwurf ist spätestens einen Monat vor dem Tag der Versammlung der Anteilsinhaber jedes beteiligten Rechtsträgers, die gemäß § 125 in Verbindung mit § 13 Abs. 1 über die Zustimmung zum Spaltungs- und Übernahmevertrag beschließen soll, dem zuständigen Betriebsrat dieses Rechtsträgers zuzuleiten.
...

§ 132 *(weggefallen)*

§ 133 Schutz der Gläubiger und der Inhaber von Sonderrechten (1) Für die Verbindlichkeiten des übertragenden Rechtsträgers, die vor dem Wirksamwerden der Spaltung begründet worden sind, haften die an der Spaltung beteiligten Rechtsträger als Gesamtschuldner. Die §§ 25, 26 und 28 des Handelsgesetzbuchs sowie § 125 in Verbindung mit § 22 bleiben unberührt; zur Sicherheitsleistung ist nur der an der Spaltung beteiligte Rechtsträger verpflichtet, gegen den sich der Anspruch richtet.
(2) – (6) *(nicht abgedruckt)*

§ 134 Schutz der Gläubiger in besonderen Fällen (1) Spaltet ein Rechtsträger sein Vermögen in der Weise, daß die zur Führung eines Betriebes notwendigen Vermögensteile im wesentlichen auf einen übernehmenden oder mehrere übernehmende oder auf einen neuen oder mehrere neue Rechtsträger übertragen werden und die Tätigkeit dieses Rechtsträgers oder dieser Rechtsträger sich im wesentlichen auf die Verwaltung dieser Vermögensteile beschränkt (Anlagegesellschaft), während dem übertragenden Rechtsträger diese Vermögensteile bei der Führung seines Betriebes zur Nutzung überlassen werden (Betriebsgesellschaft), und sind an den an der Spaltung beteiligten Rechtsträgern im wesentlichen dieselben Personen beteiligt, so haftet die Anlagegesellschaft auch für die Forderungen der Arbeitnehmer der Betriebsgesellschaft als Gesamtschuldner, die binnen fünf Jahren nach dem Wirksamwerden der Spaltung auf Grund der §§ 111 bis 113 des Betriebsverfassungsgesetzes begründet werden. Dies gilt auch dann, wenn die Vermögensteile bei dem übertragenden Rechtsträger verbleiben und dem übernehmenden oder neuen Rechtsträger oder den übernehmenden oder neuen Rechtsträgern zur Nutzung überlassen werden.
(2) Die gesamtschuldnerische Haftung nach Absatz 1 gilt auch für vor dem Wirksamwerden der Spaltung begründete Versorgungsverpflichtungen auf Grund des Betriebsrentengesetzes.
(3) Für die Ansprüche gegen die Anlagegesellschaft nach den Absätzen 1 und 2 gilt § 133 Abs. 3 Satz 1, Abs. 4 und 5 entsprechend mit der Maßgabe, daß die Frist fünf Jahre nach dem in § 133 Abs. 4 Satz 1 bezeichneten Tage beginnt.

§ 135 Anzuwendende Vorschriften (1) Auf die Spaltung eines Rechtsträgers zur Neugründung sind die Vorschriften des Zweiten Abschnitts entsprechend anzuwenden, jedoch mit Ausnahme der §§ 129 und 130 Abs. 2 sowie der nach § 125 entsprechend anzuwendenden §§ 4, 7 und 16 Abs. 1 und des § 27. An die Stelle der übernehmenden Rechtsträger treten die neuen Rechtsträger, an die Stelle der Eintragung der Spaltung im Register des Sitzes jeder der übernehmenden Rechtsträger tritt die Eintragung jedes der neuen Rechtsträger in das Register.

(2) Auf die Gründung der neuen Rechtsträger sind die für die jeweilige Rechtsform des neuen Rechtsträgers geltenden Gründungsvorschriften anzuwenden, soweit sich aus diesem Buch nichts anderes ergibt. Den Gründern steht der übertragende Rechtsträger gleich. Vorschriften, die für die Gründung eine Mindestzahl der Gründer vorschreiben, sind nicht anzuwenden.

…

Fünftes Buch – Formwechsel

§ 190 Allgemeiner Anwendungsbereich (1) Ein Rechtsträger kann durch Formwechsel eine andere Rechtsform erhalten.

(2) Soweit nicht in diesem Buch etwas anderes bestimmt ist, gelten die Vorschriften über den Formwechsel nicht für Änderungen der Rechtsform, die in anderen Gesetzen vorgesehen oder zugelassen sind.

§ 191 Einbezogene Rechtsträger (1) Formwechselnde Rechtsträger können sein:

1. Personenhandelsgesellschaften (§ 3 Abs. 1 Nr. 1) und Partnerschaftsgesellschaften;
2. Kapitalgesellschaften (§ 3 Abs. 1 Nr. 2);
3. eingetragene Genossenschaften;
4. rechtsfähige Vereine;
5. Versicherungsvereine auf Gegenseitigkeit;
6. Körperschaften und Anstalten des öffentlichen Rechts.

(2) Rechtsträger neuer Rechtsform können sein:

1. Gesellschaften des bürgerlichen Rechts;
2. Personenhandelsgesellschaften und Partnerschaftsgesellschaften;
3. Kapitalgesellschaften;
4. eingetragene Genossenschaften.

(3) Der Formwechsel ist auch bei aufgelösten Rechtsträgern möglich, wenn ihre Fortsetzung in der bisherigen Rechtsform beschlossen werden könnte.

…

§ 194 Inhalt des Umwandlungsbeschlusses (1) In dem Umwandlungsbeschluß müssen mindestens bestimmt werden:

1. – 6. *(nicht abgedruckt)*
7. die Folgen des Formwechsels für die Arbeitnehmer und ihre Vertretungen sowie die insoweit vorgesehenen Maßnahmen.

(2) Der Entwurf des Umwandlungsbeschlusses ist spätestens einen Monat vor dem Tage der Versammlung der Anteilsinhaber, die den Formwechsel beschließen soll, dem zuständigen Betriebsrat des formwechselnden Rechtsträgers zuzuleiten.

...

§ 203 Amtsdauer von Aufsichtsratsmitgliedern Wird bei einem Formwechsel bei dem Rechtsträger neuer Rechtsform in gleicher Weise wie bei dem formwechselnden Rechtsträger ein Aufsichtsrat gebildet und zusammengesetzt, so bleiben die Mitglieder des Aufsichtsrats für den Rest ihrer Wahlzeit als Mitglieder des Aufsichtsrats des Rechtsträgers neuer Rechtsform im Amt. Die Anteilsinhaber des formwechselnden Rechtsträgers können im Umwandlungsbeschluß für ihre Aufsichtsratsmitglieder die Beendigung des Amtes bestimmen.

...

Siebentes Buch – Übergangs- und Schlußvorschriften

...

§ 322 Gemeinsamer Betrieb[1] Führen an einer Spaltung oder an einer Teilübertragung nach dem Dritten oder Vierten Buch beteiligte Rechtsträger nach dem Wirksamwerden der Spaltung oder der Teilübertragung einen Betrieb gemeinsam, gilt dieser als Betrieb im Sinne des Kündigungsschutzrechts.

§ 323 Kündigungsrechtliche Stellung (1) Die kündigungsrechtliche Stellung eines Arbeitnehmers, der vor dem Wirksamwerden einer Spaltung oder Teilübertragung nach dem Dritten oder Vierten Buch zu dem übertragenden Rechtsträger in einem Arbeitsverhältnis steht, verschlechtert sich auf Grund der Spaltung oder Teilübertragung für die Dauer von zwei Jahren ab dem Zeitpunkt ihres Wirksamwerdens nicht.
(2) Kommt bei einer Verschmelzung, Spaltung oder Vermögensübertragung ein Interessenausgleich zustande, in dem diejenigen Arbeitnehmer namentlich bezeichnet werden, die nach der Umwandlung einem bestimmten Betrieb oder Betriebsteil zugeordnet werden, so kann die Zuordnung der Arbeitnehmer durch das Arbeitsgericht nur auf grobe Fehlerhaftigkeit überprüft werden.

§ 324 Rechte und Pflichten bei Betriebsübergang § 613 a Abs. 1, 4 bis 6 des Bürgerlichen Gesetzbuchs bleibt durch die Wirkungen der Eintragung einer Verschmelzung, Spaltung oder Vermögensübertragung unberührt.

1 Vgl. jetzt § 1 Abs. 2 BetrVG.

§ 325 Mitbestimmungsbeibehaltung[1] (1) Entfallen durch Abspaltung oder Ausgliederung im Sinne des § 123 Abs. 2 und 3 bei einem übertragenden Rechtsträger die gesetzlichen Voraussetzungen für die Beteiligung der Arbeitnehmer im Aufsichtsrat, so finden die vor der Spaltung geltenden Vorschriften noch für einen Zeitraum von fünf Jahren nach dem Wirksamwerden der Abspaltung oder Ausgliederung Anwendung. Dies gilt nicht, wenn die betreffenden Vorschriften eine Mindestzahl von Arbeitnehmern voraussetzen und die danach berechnete Zahl der Arbeitnehmer des übertragenden Rechtsträgers auf weniger als in der Regel ein Viertel dieser Mindestzahl sinkt.
(2) Hat die Spaltung oder Teilübertragung eines Rechtsträgers die Spaltung eines Betriebes zur Folge und entfallen für die aus der Spaltung hervorgegangenen Betriebe Rechte oder Beteiligungsrechte des Betriebsrats, so kann durch Betriebsvereinbarung oder Tarifvertrag die Fortgeltung dieser Rechte und Beteiligungsrechte vereinbart werden. Die §§ 9 und 27 des Betriebsverfassungsgesetzes bleiben unberührt.

---

1 Zur Mitbestimmungssicherung bei der Einbringung von Unternehmensteilen in Unternehmen verschiedener EG-Mitgliedstaaten gilt das **Mitbestimmungs-Beibehaltungsgesetz** (MitbestBeiG) vom 23. 8. 1994 (BGBl. I 2228), zuletzt geändert durch Gesetz vom 7. 12. 2006 (BGBl. I 2782):

§ 1 Führt eine in § 21 Abs. 1 des Umwandlungssteuergesetzes bezeichnete Einbringung von Anteilen oder eine in § 20 Abs. 1 des genannten Gesetzes bezeichnete Einbringung von Betrieben oder Teilbetrieben dazu, daß ein an dem Vorgang beteiligtes oder ein an ihm nicht beteiligtes Unternehmen die Voraussetzungen für die bis zu dem Vorgang bestehende Vertretung der Arbeitnehmer in Organen des Unternehmens nicht mehr erfüllt, so gilt der Vorgang als nicht geschehen, soweit es um die Voraussetzungen für die weitere Anwendung der im Zeitpunkt des Vorgangs angewandten Vorschriften über die Vertretung der Arbeitnehmer in Organen des Unternehmens geht. Voraussetzung für die Anwendung des Satzes 1 ist, dass die übernehmende Gesellschaft nicht unbeschränkt steuerpflichtig im Sinne des § 1 Abs. 1 des Körperschaftsteuergesetzes ist.

§ 2 (1) § 1 gilt nicht, wenn das eingebrachte Betriebsvermögen oder die an seine Stelle tretenden Anteile steuerrechtlich mit dem tatsächlichen Wert des eingebrachten Betriebsvermögens angesetzt werden.

(2) § 1 gilt ferner nicht, wenn die im Zeitpunkt des Vorgangs auf das Unternehmen angewandten Vorschriften über die Vertretung der Arbeitnehmer in dessen Organen eine Mindestzahl von Arbeitnehmern dieses Unternehmens voraussetzen und die nach diesen Vorschriften berechnete Zahl der Arbeitnehmer des Unternehmens auf weniger als in der Regel ein Viertel dieser Mindestzahl sinkt.

§ 3 Soweit nach § 1 die Konzernzugehörigkeit eines Unternehmens oder die Unternehmenszugehörigkeit eines Betriebs oder Teilbetriebs fingiert wird, sind die im Zeitpunkt des Vorgangs in dem betreffenden Unternehmen, Betrieb oder Teilbetrieb bestehenden tatsächlichen Verhältnisse maßgebend.

§ 4 *(nicht abgedruckt)*

34. Fünftes Gesetz zur Förderung der Vermögensbildung der Arbeitnehmer (5. Vermögensbildungsgesetz – 5. VermbG)

Einleitung

I. Geschichtliche Entwicklung

Der erste Vorläufer des 5. VermbG war das 1. VermbG vom 12. 7. 1961 (BGBl. I 909), das seinen Namen noch aus den politischen Motiven der damaligen CDU/CSU-Bundestagsmehrheit bezogen hatte: Im Sinne einer betriebsbezogenen, auf Partnerschaft zwischen Kapital und Arbeit angelegten »Vermögensbeteiligung« hatte dieses Gesetz eine steuerliche und sozialversicherungsrechtliche Begünstigung nur solcher vermögenswirksamen Leistungen bis zur Höhe von 312 DM jährlich vorgesehen, die auf freiwilligen Vereinbarungen zwischen Arbeitgeber und Arbeitnehmer beruhten. Tarifverträge waren ausdrücklich ausgeschlossen. Dieses Gesetz war ein Fehlschlag: 1963 hatte nur ca. 1 % der Unternehmer vermögenswirksame Leistungen erbracht, und zwar in 85 % aller Fälle durch Umwandlung bereits gezahlter freiwilliger Sozialleistungen.

Unter dem Eindruck dieses Misserfolges, vor allem aber im Hinblick auf die von den Kirchen und der IG Bau-Steine-Erden propagierte Idee eines sog. Investivlohnes (»Leber-Plan« vom September 1964) wurde im Wahljahr 1965 das 2. VermbG vom 1. 7. 1965 (BGBl. I 585) verabschiedet. Die Einbeziehung einer Förderung tarifvertraglich vereinbarter Leistungen bildete den Grundstein für die heutige Tarifvertragspraxis.

Das 2. VermbG hatte im Unterschied zum Zulagensystem des 3. VermbG die Sparbegünstigung der vermögenswirksamen Leistungen (312 DM) durch deren Steuer- und Sozialversicherungsbeitragsfreiheit bewirkt. Das begünstigte die Bezieher höherer Einkommen hinsichtlich des Sparerfolges, führte aber wegen des damit verbundenen Beitragsausfalls für die Bezieher niedrigerer Einkommen zu sozialversicherungsrechtlichen Nachteilen. Nach der Umstellung auf das System des 3. VermbG und der Erhöhung der begünstigten Leistungen auf 624 DM ist die grundsätzliche Kritik an dieser Form der Sparförderung verstummt.

Mit dem Subventionsabbaugesetz vom 26. 6. 1981 (BGBl. I 1181) und dem 2. Haushaltsstrukturgesetz vom 22. 12. 1981 (BGBl. I 1523) ist die staatliche Sparförderung erheblich beschnitten worden.

Die Änderungen aufgrund des »Gesetzes zur Förderung der Vermögensbeteiligung der Arbeitnehmer durch Kapitalbeteiligung (Vermögensbeteiligungsgesetz)« vom 22. 12. 1983 (BGBl. I 1592) beruhen auf einer ideologischen Wiederanknüpfung an die Zeit des 1. VermbG: Der von 624 DM auf 936 DM aufgestockte zulagenbegünstigte Betrag des 4. VermbG von 312 DM wird nur gefördert, wenn er im Unternehmen des Arbeitgebers angelegt wird. Änderungsanträge der SPD-Bundestagsfraktion, die auf die tarifliche Regelbarkeit solcher Anlageformen abzielten (BT-Drs. 10/762, 10/765, 10/767), wurden bei der Verabschiedung des Gesetzes abgelehnt.

Aufgrund des Zweiten Vermögensbeteiligungsgesetzes vom 19.12.1986 (BGBl. I 2595) heißt das Gesetz nunmehr »5. Vermögensbildungsgesetz«. Mit ihm ist der Weg des Vermögensbeteiligungsgesetzes 1983 konsequent weitergegangen worden: In den Kreis der begünstigten Anlagen sind Anteile an Kapitalanlagegesellschaften aufgenommen worden, die stille Beteiligungen an nicht börsennotierten Gesellschaften halten (zur Anwendung s. DB, Beilage 21/87). Dazu ist das Gesetz über Kapitalanlagegesellschaften entsprechend geändert worden (Art. 3 des 2. Vermögensbeteiligungsgesetzes). Die steuerliche Befreiung für die Ausgabe von Belegschaftsanteilen ist von 300 auf 500 DM erhöht worden. Auch bei dieser Gesetzgebung wurde ein Antrag der SPD-Fraktion zur Ermöglichung von Tariffonds (BT-Drs. 10/4747) abgelehnt (zu dieser Problematik s. *Hesse*, DB 86, 1210).

Durch das Mitarbeiterkapitalbeteiligungsgesetz v. 7.3.09 (BGBl. I 451) wurden der Steuerfreibetrag für Vermögensbeteiligungen von Arbeitnehmern auf 360 Euro angehoben, die Arbeitnehmersparzulage auf 20 % erhöht, die maßgeblichen Freibeträge angehoben sowie in §§ 90 l ff. des Investmentgesetzes Regelungen über Mitarbeiterbeteiligungen eingeführt (dazu *Lingemann/Gotham/Marchal*, DB 10, 446; zur Kritik an Funktionsmängeln vgl. Böckler impuls 14/2009, S. 2). Letztere betreffen sog. Mitarbeiterbeteiligungs-Fonds (vgl. 38. Aufl.). Sie wurden durch Gesetz v. 4.7.13 (BGBl. I 1981) wieder beseitigt, weil sie in der Praxis keine Bedeutung erlangten (BR-Drs. 791/12, S. 352). Mit dem Gesetz zur Umsetzung der Amtshilferichtlinie sowie zur Änderung steuerrechtlicher Vorschriften v. 26.6.13 (BGBl. I 1809) wurden verschiedene Korrekturen am 5. VermBG vorgenommen, insbesondere die Begünstigung eingetragener Lebenspartner und die Einführung einer elektronischen Vermögensbildungsbescheinigung (§ 15).

II. Wesentlicher Inhalt des Gesetzes

Im 5. VermbG ist von den ursprünglichen Vorstellungen des Gesetzgebers nur der Name geblieben: Seiner Substanz nach wie auch im Verständnis der Arbeitnehmer ist es ein »Gesetz zur Sparförderung für Arbeitnehmer«. Bei einer mehrjährigen Festlegung von Teilen seines Arbeitsentgelts erhält ein Arbeitnehmer bis zu einer bestimmten Einkommenshöhe für vermögenswirksame Leistungen eine Arbeitnehmer-Sparzulage (§ 13). Die Arbeitnehmer-Sparzulage ist seit dem 1.1.1999 gesplittet:

- Für Anlagen zum Wohnungsbau gibt es 9 % bis zum Höchstbetrag von 470 Euro.
- Für Anlagen in betrieblichen und außerbetrieblichen Beteiligungen gibt es 20 % bis zum Höchstbetrag von 400 Euro.

Beide Förderungen können nebeneinander in Anspruch genommen werden. Die vermögenswirksamen Leistungen können zusätzlich zum normalen Arbeitsentgelt auf Grund Tarifvertrag, Betriebsvereinbarung oder Einzelarbeitsvertrag vereinbart werden (§ 10 Abs. 1). Der Arbeitnehmer kann aber auch Teile seines

Arbeitsentgelts selbst anlegen (§ 11). Der Arbeitnehmer muss die freie Wahl zwischen allen Anlageformen haben (§ 12 Satz 1). In Tarifverträgen kann in dieser Hinsicht eine Beschränkung auf die Anlageformen des § 2 Abs. 1 Nr. 1 bis 5 vorgenommen werden (§ 12 Satz 2).
Ein Arbeitgeberzuschuss zu vermögenswirksamen Leistungen ist Bestandteil der Bruttovergütung. Da der Zweck der Leistung allerdings die Vermögensbildung ist, kann eine vermögenswirksame Leistung nicht auf einen Mindestlohn nach dem AEntG (Nr. 31 a) angerechnet werden (*BAG* 18. 4. 2012 – 4 AZR 168/10 (A), DB 13, 67). Für den gesetzlichen Mindestlohn kann nichts anderes gelten (Einl. III zum MiLoG, Nr. 31 b). Auf den Arbeitgeberzuschuss fallen Steuern und Sozialabgaben an und der Arbeitnehmer kann die Zahlung eines vorenthaltenen Zuschusses verlangen (*BAG* 19. 9. 2012 – 5 AZR 628/11, NZA 13, 330).

III. Rechtstatsachen

In Deutschland gab es 2009 insgesamt 4275 Unternehmen, in denen rund 2,3 Mio. Mitarbeiter mit 11 Mrd. Euro am Firmenkapital beteiligt waren. Im Vordergrund stehen dabei Belegschaftsaktien mit 7,6 Mrd. Euro, nennenswert sind des Weiteren stille Beteiligungen im Umfang von 1,6 Mrd. Euro und Genussrechte im Umfang von knapp 1,2 Mrd. Euro.
Aus Unternehmenssicht stehen die entsprechende Betriebsbindung der Arbeitnehmer und steuerliche Vorteile im Vordergrund (vgl. *Moderegger,* Arbeitgeber 93, 882; *Ricken,* NZA 99, 236).

Weiterführende Literatur

Deinert/Heuschmid/Zwanziger-*Trümner,* Arbeitsrecht, § 40 (Vermögensbildung, Vermögensbeteiligung)

Krause, in: Münchener Handbuch zum Arbeitsrecht, Bd. 1, 4. Aufl. (2018), § 68 (Vermögensbeteiligung und Vermögensbildung)

Schanz, Mitarbeiterbeteiligungsprogramme, NZA 2000, S. 626

Fünftes Gesetz zur Förderung der Vermögensbildung der Arbeitnehmer (Fünftes Vermögensbildungsgesetz) (5. VermbG)

in der Fassung der Bekanntmachung vom 4. März 1994 (BGBl. I 406), zuletzt geändert durch Gesetz vom 20. November 2019 (BGBl. I 1626)

(Abgedruckte Vorschriften: §§ 1 – 15)

§ 1 Persönlicher Geltungsbereich (1) Die Vermögensbildung der Arbeitnehmer durch vereinbarte vermögenswirksame Leistungen der Arbeitgeber wird nach den Vorschriften dieses Gesetzes gefördert.

(2) Arbeitnehmer im Sinne dieses Gesetzes sind Arbeiter und Angestellte einschließlich der zu ihrer Berufsausbildung Beschäftigten. Als Arbeitnehmer gelten auch die in Heimarbeit Beschäftigten.

(3) Die Vorschriften dieses Gesetzes gelten nicht

1. für vermögenswirksame Leistungen juristischer Personen an Mitglieder des Organs, das zur gesetzlichen Vertretung der juristischen Person berufen ist,
2. für vermögenswirksame Leistungen von Personengesamtheiten an die durch Gesetz, Satzung oder Gesellschaftsvertrag zur Vertretung der Personengesamtheit berufenen Personen.

(4) Für Beamte, Richter, Berufssoldaten und Soldaten auf Zeit gelten die nachstehenden Vorschriften dieses Gesetzes entsprechend.

§ 2 Vermögenswirksame Leistungen, Anlageformen (1) Vermögenswirksame Leistungen sind Geldleistungen, die der Arbeitgeber für den Arbeitnehmer anlegt

1. als Sparbeiträge des Arbeitnehmers auf Grund eines Sparvertrags über Wertpapiere oder andere Vermögensbeteiligungen (§ 4)
   a) zum Erwerb von Aktien, die vom Arbeitgeber ausgegeben werden oder an einer deutschen Börse zum regulierten Markt zugelassen oder in den geregelten Freiverkehr einbezogen sind,
   b) zum Erwerb von Wandelschuldverschreibungen, die vom Arbeitgeber ausgegeben werden oder an einer deutschen Börse zum regulierten Markt zugelassen oder in den Freiverkehr einbezogen sind, sowie von Gewinnschuldverschreibungen, die vom Arbeitgeber ausgegeben werden, zum Erwerb von Namensschuldverschreibungen des Arbeitgebers jedoch nur dann, wenn auf dessen Kosten die Ansprüche des Arbeitnehmers aus der Schuldverschreibung durch ein Kreditinstitut verbürgt oder durch ein Versicherungsunternehmen privatrechtlich gesichert sind und das Kreditinstitut oder Versicherungsunternehmen im Geltungsbereich dieses Gesetzes zum Geschäftsbetrieb befugt ist,
   c) zum Erwerb von Anteilen an OGAW-Sondervermögen sowie an als Son-

dervermögen aufgelegten offenen Publikums-AIF nach den §§ 218 und 219 des Kapitalanlagegesetzbuchs sowie von Anteilen an offenen EU-Investmentvermögen und offenen ausländischen AIF, die nach dem Kapitalanlagegesetzbuch vertrieben werden dürfen, wenn nach dem Jahresbericht für das vorletzte Geschäftsjahr, das dem Kalenderjahr des Abschlusses des Vertrags im Sinne des § 4 oder des § 5 vorausgeht, der Wert der Aktien in diesem Investmentvermögen 60 Prozent des Werts dieses Investmentvermögens nicht unterschreitet; für neu aufgelegte Investmentvermögen ist für das erste und zweite Geschäftsjahr der erste Jahresbericht oder der erste Halbjahresbericht nach Auflegung des Investmentvermögens maßgebend,

d) *(aufgehoben)*

e) *(aufgehoben)*

f) zum Erwerb von Genußscheinen, die vom Arbeitgeber als Wertpapiere ausgegeben werden oder an einer deutschen Börse zum regulierten Markt zugelassen oder in den Freiverkehr einbezogen sind und von Unternehmen mit Sitz und Geschäftsleitung im Geltungsbereich dieses Gesetzes, die keine Kreditinstitute sind, ausgegeben werden, wenn mit den Genußscheinen das Recht am Gewinn eines Unternehmens verbunden ist und der Arbeitnehmer nicht als Mitunternehmer im Sinne des § 15 Abs. 1 Satz 1 Nr. 2 des Einkommensteuergesetzes anzusehen ist,

g) zur Begründung oder zum Erwerb eines Geschäftsguthabens bei einer Genossenschaft mit Sitz und Geschäftsleitung im Geltungsbereich dieses Gesetzes; ist die Genossenschaft nicht der Arbeitgeber, so setzt die Anlage vermögenswirksamer Leistungen voraus, daß die Genossenschaft entweder ein Kreditinstitut oder eine Bau- oder Wohnungsgenossenschaft im Sinne des § 2 Abs. 1 Nr. 2 des Wohnungsbau-Prämiengesetzes ist, die zum Zeitpunkt der Begründung oder des Erwerbs des Geschäftsguthabens seit mindestens drei Jahren im Genossenschaftsregister ohne wesentliche Änderung ihres Unternehmensgegenstandes eingetragen und nicht aufgelöst ist oder Sitz und Geschäftsleitung in dem in Artikel 3 des Einigungsvertrages genannten Gebiet hat und dort entweder am 1. Juli 1990 als Arbeiterwohnungsbaugenossenschaft, Gemeinnützige Wohnungsbaugenossenschaft oder sonstige Wohnungsbaugenossenschaft bestanden oder einen nicht unwesentlichen Teil von Wohnungen aus dem Bestand einer solchen Bau- oder Wohnungsgenossenschaft erworben hat,

h) zur Übernahme einer Stammeinlage oder zum Erwerb eines Geschäftsanteils an einer Gesellschaft mit beschränkter Haftung mit Sitz und Geschäftsleitung im Geltungsbereich dieses Gesetzes, wenn die Gesellschaft das Unternehmen des Arbeitgebers ist,

i) zur Begründung oder zum Erwerb einer Beteiligung als stiller Gesellschafter im Sinne des § 230 des Handelsgesetzbuchs am Unternehmen des Arbeitgebers mit Sitz und Geschäftsleitung im Geltungsbereich dieses

Gesetzes, wenn der Arbeitnehmer nicht als Mitunternehmer im Sinne des § 15 Abs. 1 Nr. 2 des Einkommensteuergesetzes anzusehen ist,

k) zur Begründung oder zum Erwerb einer Darlehensforderung gegen den Arbeitgeber, wenn auf dessen Kosten die Ansprüche des Arbeitnehmers aus dem Darlehensvertrag durch ein Kreditinstitut verbürgt oder durch ein Versicherungsunternehmen privatrechtlich gesichert sind und das Kreditinstitut oder Versicherungsunternehmen im Geltungsbereich dieses Gesetzes zum Geschäftsbetrieb befugt ist,

l) zur Begründung oder zum Erwerb eines Genußrechts am Unternehmen des Arbeitgebers mit Sitz und Geschäftsleitung im Geltungsbereich dieses Gesetzes, wenn damit das Recht am Gewinn dieses Unternehmens verbunden ist, der Arbeitnehmer nicht als Mitunternehmer im Sinne des § 15 Abs. 1 Nr. 2 des Einkommensteuergesetzes anzusehen ist und über das Genußrecht kein Genußschein im Sinne des Buchstaben f ausgegeben wird,

2. als Aufwendungen des Arbeitnehmers auf Grund eines Wertpapier-Kaufvertrags (§ 5),
3. als Aufwendungen des Arbeitnehmers auf Grund eines Beteiligungs-Vertrags (§ 6) oder eines Beteiligungs-Kaufvertrags (§ 7),
4. als Aufwendungen des Arbeitnehmers nach den Vorschriften des Wohnungsbau-Prämiengesetzes; die Voraussetzungen für die Gewährung einer Prämie nach dem Wohnungsbau-Prämiengesetz brauchen nicht vorzuliegen; die Anlage vermögenswirksamer Leistungen als Aufwendungen nach § 2 Abs. 1 Nr. 2 des Wohnungsbau-Prämiengesetzes für den ersten Erwerb von Anteilen an Bau- und Wohnungsgenossenschaften setzt voraus, daß die Voraussetzungen der Nummer 1 Buchstabe g zweiter Halbsatz erfüllt sind,
5. als Aufwendungen des Arbeitnehmers

a) zum Bau, zum Erwerb, zum Ausbau oder zur Erweiterung eines im Inland belegenen Wohngebäudes oder einer im Inland belegenen Eigentumswohnung,

b) zum Erwerb eines Dauerwohnrechts im Sinne des Wohnungseigentumsgesetzes an einer im Inland belegenen Wohnung,

c) zum Erwerb eines im Inland belegenen Grundstücks zum Zwecke des Wohnungsbaus oder

d) zur Erfüllung von Verpflichtungen, die im Zusammenhang mit den in den Buchstaben a bis c bezeichneten Vorhaben eingegangen sind,

sofern der Anlage nicht ein von einem Dritten vorgefertigtes Konzept zu Grunde liegt, bei dem der Arbeitnehmer vermögenswirksame Leistungen zusammen mit mehr als 15 anderen Arbeitnehmern anlegen kann; die Förderung der Aufwendungen nach den Buchstaben a bis c setzt voraus, daß sie unmittelbar für die dort bezeichneten Vorhaben verwendet werden,

6. als Sparbeiträge des Arbeitnehmers auf Grund eines Sparvertrags (§ 8),
7. als Beiträge des Arbeitnehmers auf Grund eines Kapitalversicherungsvertrags (§ 9),

8. als Aufwendungen des Arbeitnehmers, der nach § 18 Abs. 2 oder 3 die Mitgliedschaft in einer Genossenschaft oder Gesellschaft mit beschränkter Haftung gekündigt hat, zur Erfüllung von Verpflichtungen aus der Mitgliedschaft, die nach dem 31. Dezember 1994 fortbestehen und entstehen.

(2) Aktien, Wandelschuldverschreibungen, Gewinnschuldverschreibungen oder Genußscheine eines Unternehmens, das im Sinne des § 18 Abs. 1 des Aktiengesetzes als herrschendes Unternehmen mit dem Unternehmen des Arbeitgebers verbunden ist, stehen Aktien, Wandelschuldverschreibungen, Gewinnschuldverschreibungen oder Genußscheinen im Sinne des Absatzes 1 Nr. 1 Buchstabe a, b oder f gleich, die vom Arbeitgeber ausgegeben werden. Ein Geschäftsguthaben bei einer Genossenschaft mit Sitz und Geschäftsleitung im Geltungsbereich dieses Gesetzes, die im Sinne des § 18 Abs. 1 des Aktiengesetzes als herrschendes Unternehmen mit dem Unternehmen des Arbeitgebers verbunden ist, steht einem Geschäftsguthaben im Sinne des Absatzes 1 Nr. 1 Buchstabe g bei einer Genossenschaft, die das Unternehmen des Arbeitgebers ist, gleich. Eine Stammeinlage oder ein Geschäftsanteil an einer Gesellschaft mit beschränkter Haftung mit Sitz und Geschäftsleitung im Geltungsbereich dieses Gesetzes, die im Sinne des § 18 Abs. 1 des Aktiengesetzes als herrschendes Unternehmen mit dem Unternehmen des Arbeitgebers verbunden ist, stehen einer Stammeinlage oder einem Geschäftsanteil im Sinne des Absatzes 1 Nr. 1 Buchstabe h an einer Gesellschaft, die das Unternehmen des Arbeitgebers ist, gleich. Eine Beteiligung als stiller Gesellschafter an einem Unternehmen mit Sitz und Geschäftsleitung im Geltungsbereich dieses Gesetzes, das im Sinne des § 18 Abs. 1 des Aktiengesetzes als herrschendes Unternehmen mit dem Unternehmen des Arbeitgebers verbunden ist oder das auf Grund eines Vertrags mit dem Arbeitgeber an dessen Unternehmen gesellschaftsrechtlich beteiligt ist, steht einer Beteiligung als stiller Gesellschafter im Sinne des Absatzes 1 Nr. 1 Buchstabe i gleich. Eine Darlehensforderung gegen ein Unternehmen mit Sitz und Geschäftsleitung im Geltungsbereich dieses Gesetzes, das im Sinne des § 18 Abs. 1 des Aktiengesetzes als herrschendes Unternehmen mit dem Unternehmen des Arbeitgebers verbunden ist, oder ein Genußrecht an einem solchen Unternehmen stehen einer Darlehensforderung oder einem Genußrecht im Sinne des Absatzes 1 Nr. 1 Buchstabe k oder l gleich.

(3) Die Anlage vermögenswirksamer Leistungen in Gewinnschuldverschreibungen im Sinne des Absatzes 1 Nr. 1 Buchstabe b und des Absatzes 2 Satz 1, in denen neben der gewinnabhängigen Verzinsung eine gewinnunabhängige Mindestverzinsung zugesagt ist, setzt voraus, daß

1. der Aussteller in der Gewinnschuldverschreibung erklärt, die gewinnunabhängige Mindestverzinsung werde im Regelfall die Hälfte der Gesamtverzinsung nicht überschreiten, oder
2. die gewinnunabhängige Mindestverzinsung zum Zeitpunkt der Ausgabe der Gewinnschuldverschreibung die Hälfte der Emissionsrendite festverzinslicher Wertpapiere nicht überschreitet, die in den Monatsberichten der Deutschen Bundesbank für den viertletzten Kalendermonat ausgewiesen wird, der dem Kalendermonat der Ausgabe vorausgeht.

(4) Die Anlage vermögenswirksamer Leistungen in Genußscheinen und Genußrechten im Sinne des Absatzes 1 Nr. 1 Buchstaben f und l und des Absatzes 2 Satz 1 und 5 setzt voraus, daß eine Rückzahlung zum Nennwert nicht zugesagt ist; ist neben dem Recht am Gewinn eine gewinnunabhängige Mindestverzinsung zugesagt, gilt Absatz 3 entsprechend.

(5) Der Anlage vermögenswirksamer Leistungen nach Absatz 1 Nr. 1 Buchstaben f, i bis l, Absatz 2 Satz 1, 4 und 5 sowie Absatz 4 in einer Genossenschaft mit Sitz und Geschäftsleitung im Geltungsbereich dieses Gesetzes stehen § 19 und eine Festsetzung durch Satzung gemäß § 20 des Genossenschaftsgesetzes nicht entgegen.

(5 a) Der Arbeitgeber hat vor der Anlage vermögenswirksamer Leistungen im eigenen Unternehmen in Zusammenarbeit mit dem Arbeitnehmer Vorkehrungen zu treffen, die der Absicherung der angelegten vermögenswirksamen Leistungen bei einer während der Dauer der Sperrfrist eintretenden Zahlungsunfähigkeit des Arbeitgebers dienen. Das Bundesministerium für Arbeit und Sozialordnung berichtet den gesetzgebenden Körperschaften bis zum 30. Juni 2002 über die nach Satz 1 getroffenen Vorkehrungen.

(6) Vermögenswirksame Leistungen sind steuerpflichtige Einnahmen im Sinne des Einkommensteuergesetzes und Einkommen, Verdienst oder Entgelt (Arbeitsentgelt) im Sinne der Sozialversicherung und des Dritten Buches Sozialgesetzbuch. Reicht der nach Abzug der vermögenswirksamen Leistung verbleibende Arbeitslohn zur Deckung der einzubehaltenden Steuern, Sozialversicherungsbeiträge und Beiträge zur Bundesagentur für Arbeit nicht aus, so hat der Arbeitnehmer dem Arbeitgeber den zur Deckung erforderlichen Betrag zu zahlen.

(7) Vermögenswirksame Leistungen sind arbeitsrechtlich Bestandteil des Lohns oder Gehalts. Der Anspruch auf die vermögenswirksame Leistung ist nicht übertragbar.

§ 3 Vermögenswirksame Leistungen für Angehörige, Überweisung durch den Arbeitgeber, Kennzeichnungs-, Bestätigungs- und Mitteilungspflichten

(1) Vermögenswirksame Leistungen können auch angelegt werden

1. zugunsten des nicht dauernd getrennt lebenden Ehegatten oder Lebenspartners des Arbeitnehmers,
2. zugunsten der in § 32 Abs. 1 des Einkommensteuergesetzes bezeichneten Kinder, die zu Beginn des maßgebenden Kalenderjahrs das 17. Lebensjahr noch nicht vollendet hatten oder die in diesem Kalenderjahr lebend geboren wurden oder
3. zugunsten der Eltern oder eines Elternteils des Arbeitnehmers, wenn der Arbeitnehmer als Kind die Voraussetzungen der Nummer 2 erfüllt.

Dies gilt nicht für die Anlage vermögenswirksamer Leistungen auf Grund von Verträgen nach den §§ 5 bis 7.

(2) Der Arbeitgeber hat die vermögenswirksamen Leistungen für den Arbeitnehmer unmittelbar an das Unternehmen oder Institut zu überweisen, bei dem sie angelegt werden sollen. Er hat dabei gegenüber dem Unternehmen oder

Institut die vermögenswirksamen Leistungen zu kennzeichnen. Das Unternehmen oder Institut hat die nach § 2 Abs. 1 Nr. 1 bis 5, Abs. 2 bis 4 angelegten vermögenswirksamen Leistungen und die Art ihrer Anlage zu kennzeichnen. Kann eine vermögenswirksame Leistung nicht oder nicht mehr die Voraussetzungen des § 2 Abs. 1 bis 4 erfüllen, so hat das Unternehmen oder Institut dies dem Arbeitgeber unverzüglich schriftlich mitzuteilen. Satz 1 bis 4 gelten nicht für die Anlage vermögenswirksamer Leistungen auf Grund von Verträgen nach den §§ 5, 6 Abs. 1 und § 7 Abs. 1 mit dem Arbeitgeber.

(3) Für eine vom Arbeitnehmer gewählte Anlage nach § 2 Abs. 1 Nr. 5 hat der Arbeitgeber auf Verlangen des Arbeitnehmers die vermögenswirksamen Leistungen an den Arbeitnehmer zu überweisen, wenn dieser dem Arbeitgeber eine schriftliche Bestätigung seines Gläubigers vorgelegt hat, daß die Anlage bei ihm die Voraussetzungen des § 2 Abs. 1 Nr. 5 erfüllt; Absatz 2 gilt in diesem Falle nicht. Der Arbeitgeber hat die Richtigkeit der Bestätigung nicht zu prüfen.

(4) *(weggefallen)*

§ 4 Sparvertrag über Wertpapiere oder andere Vermögensbeteiligungen (1) Ein Sparvertrag über Wertpapiere oder andere Vermögensbeteiligungen im Sinne des § 2 Abs. 1 Nr. 1 ist ein Sparvertrag mit einem Kreditinstitut oder einer Kapitalverwaltungsgesellschaft, in dem sich der Arbeitnehmer verpflichtet, als Sparbeiträge zum Erwerb von Wertpapieren im Sinne des § 2 Abs. 1 Nr. 1 Buchstaben a bis f, Abs. 2 Satz 1, Abs. 3 und 4 oder zur Begründung oder zum Erwerb von Rechten im Sinne des § 2 Abs. 1 Nr. 1 Buchstaben g bis l, Abs. 2 Satz 2 bis 5 und Abs. 4 einmalig oder für die Dauer von sechs Jahren seit Vertragsabschluß laufend vermögenswirksame Leistungen einzahlen zu lassen oder andere Beträge einzuzahlen.

(2) Die Förderung der auf Grund eines Vertrags nach Absatz 1 angelegten vermögenswirksamen Leistungen setzt voraus, daß

1. die Leistungen eines Kalenderjahrs, vorbehaltlich des Absatzes 3 spätestens bis zum Ablauf des folgenden Kalenderjahrs zum Erwerb der Wertpapiere oder zur Begründung oder zum Erwerb der Rechte verwendet und bis zur Verwendung festgelegt werden und
2. die mit den Leistungen erworbenen Wertpapiere unverzüglich nach ihrem Erwerb bis zum Ablauf einer Frist von sieben Jahren (Sperrfrist) festgelegt werden und über die Wertpapiere oder die mit den Leistungen begründeten oder erworbenen Rechte bis zum Ablauf der Sperrfrist nicht durch Rückzahlung, Abtretung, Beleihung oder in anderer Weise verfügt wird.

Die Sperrfrist gilt für alle auf Grund des Vertrags angelegten vermögenswirksamen Leistungen und beginnt am 1. Januar des Kalenderjahrs, in dem der Vertrag abgeschlossen worden ist. Als Zeitpunkt des Vertragsabschlusses gilt der Tag, an dem die vermögenswirksame Leistung, bei Verträgen über laufende Einzahlungen die erste vermögenswirksame Leistung, beim Kreditinstitut oder bei der Kapitalverwaltungsgesellschaft eingeht.

(3) Vermögenswirksame Leistungen, die nicht bis zum Ablauf der Frist nach Absatz 2 Nr. 1 verwendet worden sind, gelten als rechtzeitig verwendet, wenn

sie am Ende eines Kalenderjahrs insgesamt 150 Euro nicht übersteigen und bis zum Ablauf der Sperrfrist nach Absatz 2 verwendet oder festgelegt werden.

(4) Eine vorzeitige Verfügung ist abweichend von Absatz 2 unschädlich, wenn

1. der Arbeitnehmer oder sein von ihm nicht dauernd getrennt lebender Ehegatte oder Lebenspartner nach Vertragsabschluß gestorben oder völlig erwerbsunfähig geworden ist,
2. der Arbeitnehmer nach Vertragsabschluß, aber vor der vorzeitigen Verfügung geheiratet oder eine Lebenspartnerschaft begründet hat und im Zeitpunkt der vorzeitigen Verfügung mindestens zwei Jahre seit Beginn der Sperrfrist vergangen sind,
3. der Arbeitnehmer nach Vertragsabschluß arbeitslos geworden ist und die Arbeitslosigkeit mindestens ein Jahr lang ununterbrochen bestanden hat und im Zeitpunkt der vorzeitigen Verfügung noch besteht,
4. der Arbeitnehmer den Erlös innerhalb der folgenden drei Monate unmittelbar für die eigene Weiterbildung oder für die seines von ihm nicht dauernd getrennt lebenden Ehegatten oder Lebenspartners einsetzt und die Maßnahme außerhalb des Betriebes, dem er oder der Ehegatte oder der Lebenspartner angehört, durchgeführt wird und Kenntnisse und Fertigkeiten vermittelt werden, die dem beruflichen Fortkommen dienen und über arbeitsplatzbezogene Anpassungsfortbildungen hinausgehen; für vermögenswirksame Leistungen, die der Arbeitgeber für den Arbeitnehmer nach § 2 Absatz 1 Nummer 1 Buchstabe a, b, f bis l angelegt hat und die Rechte am Unternehmen des Arbeitgebers begründen, gilt dies nur bei Zustimmung des Arbeitgebers; bei nach § 2 Abs. 2 gleichgestellten Anlagen gilt dies nur bei Zustimmung des Unternehmens, das im Sinne des § 18 Abs. 1 des Aktiengesetzes als herrschendes Unternehmen mit dem Unternehmen des Arbeitgebers verbunden ist,
5. der Arbeitnehmer nach Vertragsabschluß unter Aufgabe der nichtselbständigen Arbeit eine Erwerbstätigkeit, die nach § 138 Abs. 1 der Abgabenordnung der Gemeinde mitzuteilen ist, aufgenommen hat oder
6. festgelegte Wertpapiere veräußert werden und der Erlös bis zum Ablauf des Kalendermonats, der dem Kalendermonat der Veräußerung folgt, zum Erwerb von in Absatz 1 bezeichneten Wertpapieren wiederverwendet wird; der bis zum Ablauf des der Veräußerung folgenden Kalendermonats nicht wiederverwendete Erlös gilt als rechtzeitig wiederverwendet, wenn er am Ende eines Kalendermonats insgesamt 150 Euro nicht übersteigt.

(5) Unschädlich ist auch, wenn in die Rechte und Pflichten des Kreditinstituts oder der Kapitalverwaltungsgesellschaft aus dem Sparvertrag an seine Stelle ein anderes Kreditinstitut oder eine andere Kapitalanlagegesellschaft während der Laufzeit des Vertrags durch Rechtsgeschäft eintritt.

(6) Werden auf einen Vertrag über laufend einzuzahlende vermögenswirksame Leistungen oder andere Beträge in einem Kalenderjahr, das dem Kalenderjahr des Vertragsabschlusses folgt, weder vermögenswirksame Leistungen noch andere Beträge eingezahlt, so ist der Vertrag unterbrochen und kann nicht fort-

geführt werden. Das gleiche gilt, wenn mindestens alle Einzahlungen eines Kalenderjahrs zurückgezahlt oder die Rückzahlungsansprüche aus dem Vertrag abgetreten oder beliehen werden.

§ 5 Wertpapier-Kaufvertrag (1) Ein Wertpapier-Kaufvertrag im Sinne des § 2 Abs. 1 Nr. 2 ist ein Kaufvertrag zwischen dem Arbeitnehmer und dem Arbeitgeber zum Erwerb von Wertpapieren im Sinne des § 2 Abs. 1 Nr. 1 Buchstaben a bis f, Abs. 2 Satz 1, Abs. 3 und 4 durch den Arbeitnehmer mit der Vereinbarung, den vom Arbeitnehmer geschuldeten Kaufpreis mit vermögenswirksamen Leistungen zu verrechnen oder mit anderen Beträgen zu zahlen.

(2) Die Förderung der auf Grund eines Vertrags nach Absatz 1 angelegten vermögenswirksamen Leistungen setzt voraus, daß

1. mit den Leistungen eines Kalenderjahrs spätestens bis zum Ablauf des folgenden Kalenderjahrs die Wertpapiere erworben werden und
2. die mit den Leistungen erworbenen Wertpapiere unverzüglich nach ihrem Erwerb bis zum Ablauf einer Frist von sechs Jahren (Sperrfrist) festgelegt werden und über die Wertpapiere bis zum Ablauf der Sperrfrist nicht durch Rückzahlung, Abtretung, Beleihung oder in anderer Weise verfügt wird; die Sperrfrist beginnt am 1. Januar des Kalenderjahrs, in dem das Wertpapier erworben worden ist; § 4 Abs. 4 Nr. 1 bis 5 gilt entsprechend.

§ 6 Beteiligungs-Vertrag (1) Ein Beteiligungs-Vertrag im Sinne des § 2 Abs. 1 Nr. 3 ist ein Vertrag zwischen dem Arbeitnehmer und dem Arbeitgeber über die Begründung von Rechten im Sinne des § 2 Abs. 1 Nr. 1 Buchstaben g bis l und Abs. 4 für den Arbeitnehmer am Unternehmen des Arbeitgebers mit der Vereinbarung, die vom Arbeitnehmer für die Begründung geschuldete Geldsumme mit vermögenswirksamen Leistungen zu verrechnen oder mit anderen Beträgen zu zahlen.

(2) Ein Beteiligungs-Vertrag im Sinne des § 2 Abs. 1 Nr. 3 ist auch ein Vertrag zwischen dem Arbeitnehmer und

1. einem Unternehmen, das nach § 2 Abs. 2 Satz 2 bis 5 mit dem Unternehmen des Arbeitgebers verbunden oder nach § 2 Abs. 2 Satz 4 an diesem Unternehmen beteiligt ist, über die Begründung von Rechten im Sinne des § 2 Abs. 1 Nr. 1 Buchstabe g bis l, Abs. 2 Satz 2 bis 5 und Abs. 4 für den Arbeitnehmer an diesem Unternehmen oder
2. einer Genossenschaft mit Sitz und Geschäftsleitung im Geltungsbereich dieses Gesetzes, die ein Kreditinstitut oder eine Bau- oder Wohnungsgenossenschaft ist, die die Voraussetzungen des § 2 Abs. 1 Nr. 1 Buchstabe g zweiter Halbsatz erfüllt, über die Begründung eines Geschäftsguthabens für den Arbeitnehmer bei dieser Genossenschaft

mit der Vereinbarung, die vom Arbeitnehmer für die Begründung der Rechte oder des Geschäftsguthabens geschuldete Geldsumme mit vermögenswirksamen Leistungen zahlen zu lassen oder mit anderen Beträgen zu zahlen.

(3) Die Förderung der auf Grund eines Vertrags nach Absatz 1 oder 2 angelegten vermögenswirksamen Leistungen setzt voraus, daß

1. mit den Leistungen eines Kalenderjahrs spätestens bis zum Ablauf des folgenden Kalenderjahrs die Rechte begründet werden und
2. über die mit den Leistungen begründeten Rechte bis zum Ablauf einer Frist von sechs Jahren (Sperrfrist) nicht durch Rückzahlung, Abtretung, Beleihung oder in anderer Weise verfügt wird; die Sperrfrist beginnt am 1. Januar des Kalenderjahrs, in dem das Recht begründet worden ist; § 4 Abs. 4 Nr. 1 bis 5 gilt entsprechend.

§ 7 Beteiligungs-Kaufvertrag (1) Ein Beteiligungs-Kaufvertrag im Sinne des § 2 Abs. 1 Nr. 3 ist ein Kaufvertrag zwischen dem Arbeitnehmer und dem Arbeitgeber zum Erwerb von Rechten im Sinne des § 2 Abs. 1 Nr. 1 Buchstaben g bis l, Abs. 2 Satz 2 bis 5 und Abs. 4 durch den Arbeitnehmer mit der Vereinbarung, den vom Arbeitnehmer geschuldeten Kaufpreis mit vermögenswirksamen Leistungen zu verrechnen oder mit anderen Beträgen zu zahlen.
(2) Ein Beteiligungs-Kaufvertrag im Sinne des § 2 Abs. 1 Nr. 3 ist auch ein Kaufvertrag zwischen dem Arbeitnehmer und einer Gesellschaft mit beschränkter Haftung, die nach § 2 Abs. 2 Satz 3 mit dem Unternehmen des Arbeitgebers verbunden ist, zum Erwerb eines Geschäftsanteils im Sinne des § 2 Abs. 1 Nr. 1 Buchstabe h an dieser Gesellschaft durch den Arbeitnehmer mit der Vereinbarung, den vom Arbeitnehmer geschuldeten Kaufpreis mit vermögenswirksamen Leistungen zahlen zu lassen oder mit anderen Beträgen zu zahlen.
(3) Für die Förderung der auf Grund eines Vertrags nach Absatz 1 oder 2 angelegten vermögenswirksamen Leistungen gilt § 7 Abs. 3 entsprechend.

§ 8 Sparvertrag (1) Ein Sparvertrag im Sinne des § 2 Abs. 1 Nr. 6 ist ein Sparvertrag zwischen dem Arbeitnehmer und einem Kreditinstitut, in dem die in den Absätzen 2 bis 5 bezeichneten Vereinbarungen, mindestens aber die in den Absätzen 2 und 3 bezeichneten Vereinbarungen, getroffen sind.
(2) Der Arbeitnehmer ist verpflichtet,
1. einmalig oder für die Dauer von sechs Jahren seit Vertragsabschluß laufend, mindestens aber einmal im Kalenderjahr, als Sparbeiträge vermögenswirksame Leistungen einzahlen zu lassen oder andere Beträge einzuzahlen und
2. bis zum Ablauf einer Frist von sieben Jahren (Sperrfrist) die eingezahlten vermögenswirksamen Leistungen bei dem Kreditinstitut festzulegen und die Rückzahlungsansprüche aus dem Vertrag weder abzutreten noch zu beleihen.

Der Zeitpunkt des Vertragsabschlusses und der Beginn der Sperrfrist bestimmen sich nach den Regelungen des § 4 Abs. 2 Satz 2 und 3.
(3) Der Arbeitnehmer ist abweichend von der in Absatz 2 Satz 1 Nr. 2 bezeichneten Vereinbarung zu vorzeitiger Verfügung berechtigt, wenn eine der in § 4 Abs. 4 Nr. 1 bis 5 bezeichneten Voraussetzungen erfüllt ist.
(4) Der Arbeitnehmer ist abweichend von der in Absatz 2 Satz 1 Nr. 2 bezeichneten Vereinbarung auch berechtigt, vor Ablauf der Sperrfrist mit eingezahlten vermögenswirksamen Leistungen zu erwerben

1. Wertpapiere im Sinne des § 2 Abs. 1 Nr. 1 Buchstaben a bis f, Abs. 2 Satz 1, Abs. 3 und 4,
2. Schuldverschreibungen, die vom Bund, von den Ländern, von den Gemeinden, von anderen Körperschaften des öffentlichen Rechts, vom Arbeitgeber, von einem im Sinne des § 18 Abs. 1 des Aktiengesetzes als herrschendes Unternehmen mit dem Unternehmen des Arbeitgebers verbundenen Unternehmen oder von einem Kreditinstitut mit Sitz und Geschäftsleitung im Geltungsbereich dieses Gesetzes ausgegeben werden, Namensschuldverschreibungen des Arbeitgebers jedoch nur dann, wenn auf dessen Kosten die Ansprüche des Arbeitnehmers aus der Schuldverschreibung durch ein Kreditinstitut verbürgt oder durch ein Versicherungsunternehmen privatrechtlich gesichert sind und das Kreditinstitut oder Versicherungsunternehmen im Geltungsbereich dieses Gesetzes zum Geschäftsbetrieb befugt ist,
3. Genußscheine, die von einem Kreditinstitut mit Sitz und Geschäftsleitung im Geltungsbereich dieses Gesetzes, das nicht der Arbeitgeber ist, als Wertpapiere ausgegeben werden, wenn mit den Genußscheinen das Recht am Gewinn des Kreditinstituts verbunden ist, der Arbeitnehmer nicht als Mitunternehmer im Sinne des § 15 Abs. 1 Nr. 2 des Einkommensteuergesetzes anzusehen ist und die Voraussetzungen des § 2 Abs. 4 erfüllt sind,
4. Anleiheforderungen, die in ein Schuldbuch des Bundes oder eines Landes eingetragen werden,
5. Anteile an einem Sondervermögen, die von Kapitalverwaltungsgesellschaften im Sinne des Kapitalanlagegesetzbuchs ausgegeben werden und nicht unter § 2 Abs. 1 Nr. 1 Buchstabe c fallen oder
6. Anteile an offenen EU-Investmentvermögen und ausländischen AIF, die nach dem Kapitalanlagegesetzbuch vertrieben werden dürfen.

Der Arbeitnehmer ist verpflichtet, bis zum Ablauf der Sperrfrist die nach Satz 1 erworbenen Wertpapiere bei dem Kreditinstitut, mit dem der Sparvertrag abgeschlossen ist, festzulegen und über die Wertpapiere nicht zu verfügen; diese Verpflichtung besteht nicht, wenn eine der in § 4 Abs. 4 Nr. 1 bis 5 bezeichneten Voraussetzungen erfüllt ist.

(5) Der Arbeitnehmer ist abweichend von der in Absatz 2 Satz 1 Nummer 2 bezeichneten Vereinbarung auch berechtigt, vor Ablauf der Sperrfrist die Überweisung eingezahlter vermögenswirksamer Leistungen auf einen von ihm oder seinem nicht dauernd getrennte lebenden Ehegatten oder Lebenspartner abgeschlossenen Bausparvertrag zu verlangen, wenn weder mit der Auszahlung der Bausparsumme begonnen worden ist noch die überwiesenen Beträge vor Ablauf der Sperrfrist ganz oder zum Teil zurückgezahlt, noch Ansprüche aus dem Bausparvertrag abgetreten oder beliehen werden oder wenn eine solche vorzeitige Verfügung nach § 2 Absatz 3 Satz 2 Nummer 1 und 2 des Wohnungsbau-Prämiengesetzes in der Fassung der Bekanntmachung vom 30. Oktober 1997 (BGBl. I S. 2678), das zuletzt durch Artikel 7 des Gesetzes vom 5. April 2011 (BGBl. I S. 554) geändert worden ist, in der jeweils geltenden Fassung unschädlich ist. Satz 1 gilt für vor dem 1. Januar 2009 und nach dem 31. Dezember 2008 abgeschlossene Bausparverträge.

§ 9 Kapitalversicherungsvertrag (1) Ein Kapitalversicherungsvertrag im Sinne des § 2 Abs. 1 Nr. 7 ist ein Vertrag über eine Kapitalversicherung auf den Erlebens- und Todesfall gegen laufenden Beitrag, der für die Dauer von mindestens zwölf Jahren und mit den in den Absätzen 2 bis 5 bezeichneten Vereinbarungen zwischen dem Arbeitnehmer und einem Versicherungsunternehmen abgeschlossen ist, das im Geltungsbereich dieses Gesetzes zum Geschäftsbetrieb befugt ist.

(2) Der Arbeitnehmer ist verpflichtet, als Versicherungsbeiträge vermögenswirksame Leistungen einzahlen zu lassen oder andere Beträge einzuzahlen.

(3) Die Versicherungsbeiträge enthalten keine Anteile für Zusatzleistungen wie für Unfall, Invalidität oder Krankheit.

(4) Der Versicherungsvertrag sieht vor, daß bereits ab Vertragsbeginn ein nicht kürzbarer Anteil von mindestens 50 Prozent des gezahlten Beitrags als Rückkaufswert (§ 169 des Versicherungsvertragsgesetzes) erstattet oder der Berechnung der prämienfreien Versicherungsleistung (§ 165 des Versicherungsvertragsgesetzes) zugrunde gelegt wird.

(5) Die Gewinnanteile werden verwendet
1. zur Erhöhung der Versicherungsleistung oder
2. auf Verlangen des Arbeitnehmers zur Verrechnung mit fälligen Beiträgen, wenn er nach Vertragsabschluß arbeitslos geworden ist und die Arbeitslosigkeit mindestens ein Jahr lang ununterbrochen bestanden hat und im Zeitpunkt der Verrechnung noch besteht.

§ 10 Vereinbarung zusätzlicher vermögenswirksamer Leistungen (1) Vermögenswirksame Leistungen können in Verträgen mit Arbeitnehmern, in Betriebsvereinbarungen, in Tarifverträgen oder in bindenden Festsetzungen (§ 19 des Heimarbeitsgesetzes vereinbart werden.

(2)–(4) *(weggefallen)*

(5) Der Arbeitgeber kann auf tarifvertraglich vereinbarte vermögenswirksame Leistungen die betrieblichen Sozialleistungen anrechnen, die dem Arbeitnehmer in dem Kalenderjahr bisher schon als vermögenswirksame Leistungen erbracht worden sind.

§ 11 Vermögenswirksame Anlage von Teilen des Arbeitslohns (1) Der Arbeitgeber hat auf schriftliches Verlangen des Arbeitnehmers einen Vertrag über die vermögenswirksame Anlage von Teilen des Arbeitslohns abzuschließen.

(2) Auch vermögenswirksam angelegte Teile des Arbeitslohns sind vermögenswirksame Leistungen im Sinne dieses Gesetzes.

(3) Zum Abschluß eines Vertrags nach Absatz 1, wonach die Lohnteile nicht zusammen mit anderen vermögenswirksamen Leistungen für den Arbeitnehmer angelegt und überwiesen werden sollen, ist der Arbeitgeber nur dann verpflichtet, wenn der Arbeitnehmer die Anlage von Teilen des Arbeitslohns in monatlichen der Höhe nach gleichbleibenden Beträgen von mindestens 13 Euro oder in vierteljährlichen der Höhe nach gleichbleibenden Beträgen von mindestens 39 Euro oder nur einmal im Kalenderjahr in Höhe eines Betrags von

mindestens 39 Euro verlangt. Der Arbeitnehmer kann bei der Anlage in monatlichen Beträgen während des Kalenderjahres die Art der vermögenswirksamen Anlage und das Unternehmen oder Institut, bei dem sie erfolgen soll, nur mit Zustimmung des Arbeitgebers wechseln.

(4) Der Arbeitgeber kann einen Termin im Kalenderjahr bestimmen, zu dem die Arbeitnehmer des Betriebs oder Betriebsteils die einmalige Anlage von Teilen des Arbeitslohns nach Absatz 3 verlangen können. Die Bestimmung dieses Termins unterliegt der Mitbestimmung des Betriebsrats oder der zuständigen Personalvertretung; das für die Mitbestimmung in sozialen Angelegenheiten vorgeschriebene Verfahren ist einzuhalten. Der nach Satz 1 bestimmte Termin ist den Arbeitnehmern in jedem Kalenderjahr erneut in geeigneter Form bekanntzugeben. Zu einem anderen als dem nach Satz 1 bestimmten Termin kann der Arbeitnehmer eine einmalige Anlage nach Absatz 3 nur verlangen

1. von Teilen des Arbeitslohns, den er im letzten Lohnzahlungszeitraum des Kalenderjahrs erzielt, oder
2. von Teilen besonderer Zuwendungen, die im Zusammenhang mit dem Weihnachtsfest oder Jahresende gezahlt werden.

(5) Der Arbeitnehmer kann jeweils einmal im Kalenderjahr von dem Arbeitgeber schriftlich verlangen, daß der Vertrag über die vermögenswirksame Anlage von Teilen des Arbeitslohns aufgehoben, eingeschränkt oder erweitert wird. Im Fall der Aufhebung ist der Arbeitgeber nicht verpflichtet, in demselben Kalenderjahr einen neuen Vertrag über die vermögenswirksame Anlage von Teilen des Arbeitslohns abzuschließen.

(6) In Tarifverträgen oder Betriebsvereinbarungen kann von den Absätzen 3 bis 5 abgewichen werden.

§ 12 Freie Wahl der Anlage Vermögenswirksame Leistungen werden nur dann nach den Vorschriften dieses Gesetzes gefördert, wenn der Arbeitnehmer die Art der vermögenswirksamen Anlage und das Unternehmen oder Institut, bei dem sie erfolgen soll, frei wählen kann. Einer Förderung steht jedoch nicht entgegen, daß durch Tarifvertrag die Anlage auf die Formen des § 2 Abs. 1 Nr. 1 bis 5, Abs. 2 bis 4 beschränkt wird. Eine Anlage im Unternehmen des Arbeitgebers nach § 2 Abs. 1 Nr. 1 Buchstaben g bis l und Abs. 4 ist nur mit Zustimmung des Arbeitgebers zulässig.

§ 13 Anspruch auf Arbeitnehmer-Sparzulage (1) Der Arbeitnehmer hat Anspruch auf eine Arbeitnehmer-Sparzulage nach Absatz 2, wenn er gegenüber dem Unternehmen, dem Institut oder dem in § 3 Absatz 3 genannten Gläubiger in die Datenübermittlung nach Maßgabe des § 15 Absatz 1 Satz 2 und 3 eingewilligt hat und sein Einkommen folgende Grenzen nicht übersteigt:

1. bei nach § 2 Abs. 1 Nr. 1 bis 3, Abs. 2 bis 4 angelegten vermögenswirksamen Leistungen die Einkommensgrenze von 20000 Euro oder bei einer Zusammenveranlagung nach § 26 b des Einkommensteuergesetzes von 40000 Euro oder

2. bei nach § 2 Abs. 1 Nr. 4 und 5 angelegten vermögenswirksamen Leistungen die Einkommensgrenze von 17900 Euro oder bei einer Zusammenveranlagung nach § 26 b des Einkommensteuergesetzes von 35800 Euro.

Maßgeblich ist das zu versteuernde Einkommen nach § 2 Absatz 5 des Einkommensteuergesetzes in dem Kalenderjahr, in dem die vermögenswirksamen Leistungen angelegt worden sind.

(2) Die Arbeitnehmer-Sparzulage beträgt 20 Prozent der nach § 2 Absatz 1 Nummer 1 bis 3, Absatz 2 bis 4 angelegten vermögenswirksamen Leistungen, soweit sie 400 Euro im Kalenderjahr nicht übersteigen, und 9 Prozent der nach § 2 Absatz 1 Nummer 4 und 5 angelegten vermögenswirksamen Leistungen, soweit sie 470 Euro im Kalenderjahr nicht übersteigen.

(3) Die Arbeitnehmer-Sparzulage gilt weder als steuerpflichtige Einnahme im Sinne des Einkommensteuergesetzes noch als Einkommen, Verdienst oder Entgelt (Arbeitsentgelt) im Sinne der Sozialversicherung und des Dritten Buches Sozialgesetzbuch; sie gilt arbeitsrechtlich nicht als Bestandteil des Lohns oder Gehalts. Der Anspruch auf Arbeitnehmer-Sparzulage ist nicht übertragbar.

(4) Der Anspruch auf Arbeitnehmer-Sparzulage entsteht mit Ablauf des Kalenderjahrs, in dem die vermögenswirksamen Leistungen angelegt worden sind.

(5) Der Anspruch auf Arbeitnehmer-Sparzulage entfällt rückwirkend, soweit die in den §§ 4 bis 7 genannten Fristen oder bei einer Anlage nach § 2 Abs. 1 Nr. 4 die in § 2 Abs. 1 Nr. 3 und 4 und Abs. 3 Satz 1 des Wohnungsbau-Prämiengesetzes vorgesehenen Voraussetzungen nicht eingehalten werden. Satz 1 gilt für vor dem 1. Januar 2009 und nach dem 31. Dezember 2008 abgeschlossene Bausparverträge. Der Anspruch entfällt nicht, wenn die Sperrfrist nicht eingehalten wird, weil

1. der Arbeitnehmer das Umtausch- oder Abfindungsangebot eines Wertpapier-Emittenten angenommen hat oder Wertpapiere dem Aussteller nach Auslosung oder Kündigung durch den Aussteller zur Einlösung vorgelegt worden sind,
2. die mit den vermögenswirksamen Leistungen erworbenen oder begründeten Wertpapiere oder Rechte im Sinne des § 2 Abs. 1 Nr. 1, Abs. 2 bis 4 ohne Mitwirkung des Arbeitnehmers wertlos geworden sind oder
3. der Arbeitnehmer über nach § 2 Abs. 1 Nr. 4 angelegte vermögenswirksame Leistungen nach Maßgabe des § 4 Abs. 4 Nr. 4 in Höhe von mindestens 30 Euro verfügt.

§ 14 Festsetzung der Arbeitnehmer-Sparzulage, Anwendung der Abgabenordnung, Verordnungsermächtigung, Rechtsweg (1) Die Verwaltung der Arbeitnehmer-Sparzulage obliegt den Finanzämtern. Die Arbeitnehmer-Sparzulage wird aus den Einnahmen an Lohnsteuer gezahlt.

(2) Auf die Arbeitnehmer-Sparzulage sind die für Steuervergütungen geltenden Vorschriften der Abgabenordnung entsprechend anzuwenden. Dies gilt nicht für § 163 der Abgabenordnung.

(3) Für die Arbeitnehmer-Sparzulage gelten die Strafvorschriften des § 370 Abs. 1 bis 4, der §§ 371, 375 Abs. 1 und des § 376 sowie die Bußgeldvorschriften

der §§ 378, 379 Abs. 1 und 4 und der §§ 383 und 384 der Abgabenordnung entsprechend. Für das Strafverfahren wegen einer Straftat nach Satz 1 sowie der Begünstigung einer Person, die eine solche Tat begangen hat, gelten die §§ 385 bis 408, für das Bußgeldverfahren wegen einer Ordnungswidrigkeit nach Satz 1 die §§ 409 bis 412 der Abgabenordnung entsprechend.

(4) Die Arbeitnehmer-Sparzulage wird auf Antrag durch das für die Besteuerung des Arbeitnehmers nach dem Einkommen zuständige Finanzamt festgesetzt. Der Arbeitnehmer hat den Antrag nach amtlich vorgeschriebenem Vordruck zu stellen. Die Arbeitnehmer-Sparzulage wird fällig

a) mit Ablauf der für die Anlageform vorgeschriebenen Sperrfrist nach diesem Gesetz,
b) mit Ablauf der im Wohnungsbau-Prämiengesetz oder in der Verordnung zur Durchführung des Wohnungsbau-Prämiengesetzes genannten Sperr- und Rückzahlungsfristen. Bei Bausparverträgen gelten die in § 2 Abs. 3 Satz 1 des Wohnungsbau-Prämiengesetzes genannten Sperr- und Rückzahlungsfristen und zwar unabhängig davon, ob der Vertrag vor dem 1. Januar 2009 oder nach dem 31. Dezember 2008 abgeschlossen worden ist,
c) mit Zuteilung des Bausparvertrags oder
d) in den Fällen unschädlicher Verfügung.

(5) Ein Bescheid über dei Ablehnung der Festsetzung einer Arbeitnehmer-Sparzulage ist aufzuheben und die Arbeitnehmer-Sparzulage ist nachträglich festzusetzen, wenn der Einkommensteuerbescheid nach Ergehen des Ablehnungsbescheides geändert wird und dadurch erstmals festgestellt wird, dass die Einkommensgrenzen des § 13 Absatz 1 unterschritten sind. Die Frist für die Festsetzung der Arbeitnehmer-Sparzulage endet in diesem Fall nicht vor Ablauf eines Jahres nach Bekanntgabe des geänderten Steuerbescheides. Satz 2 gilt entsprechend, wenn der geänderten Einkommensteuerfestsetzung kein Bescheid über die Ablehnung der Festsetzung einer Arbeitnehmer-Sparzulage vorangegangen ist.

(6) Besteht für Aufwendungen, die vermögenswirksame Leistungen darstellen, ein Anspruch auf Arbeitnehmer-Sparzulage und hat der Arbeitnehmer hierfür abweichend von § 1 Satz 2 Nummer 1 des Wohnungsbau-Prämiengesetzes eine Wohnungsbauprämie beantragt, endet die Frist für die Festsetzung der Arbeitnehmer-Sparzulage nicht vor Ablauf eines Jahres nach Bekanntgabe der Mitteilung über die Änderung des Prämienanspruchs.

(7) *(nicht abgedruckt, Verordnungsermächtigung*[1])

(8) In öffentlich-rechtlichen Streitigkeiten über die auf Grund dieses Gesetzes ergehenden Verwaltungsakte der Finanzbehörden ist der Finanzrechtsweg gegeben.

§ 15 Elektronische Vermögensbildungsbescheinigung, Verordnungsermächtigungen, Haftung, Anrufungsauskunft, Außenprüfung (1) Das Unterneh-

1 Vgl. **VO zur Durchführung des Fünften Vermögensbildungsgesetzes (VermBDV)** vom 20. 12. 1994 (BGBl. I 3904), zuletzt geändert durch Verordnung vom 12. 7. 2017 (BGBl. I 2360).

men, das Institut oder der in § 3 Absatz 3 genannte Gläubiger hat der für die Besteuerung des Arbeitnehmers nach dem Einkommen zuständigen Finanzbehörde nach Maßgabe des § 93 c der Abgabenordnung neben den in § 93 c Absatz 1 der Abgabenordnung genannten Daten folgende Angaben zu übermitteln (elektronische Vermögensbildungsbescheinigung), wenn der Arbeitnehmer gegenüber der mitteilungspflichtigen Stelle in die Datenübermittlung eingewilligt hat:

1. den jeweiligen Jahresbetrag der nach § 2 Abs. 1 Nr. 1 bis 5, Abs. 2 bis 4 angelegten vermögenswirksamen Leistungen sowie die Art ihrer Anlage,
2. das Kalenderjahr, dem diese vermögenswirksamen Leistungen zuzuordnen sind und
3. entweder das Ende der für die Anlageform vorgeschriebenen Sperrfrist nach diesem Gesetz oder bei einer Anlage nach § 2 Abs. 1 Nr. 4 das Ende der im Wohnungsbau-Prämiengesetz oder in der Verordnung zur Durchführung des Wohnungsbau-Prämiengesetzes genannten Sperr- und Rückzahlungsfristen. Bei Bausparverträgen sind die in § 2 Abs. 3 Satz 1 des Wohnungsbau-Prämiengesetzes genannten Sperr- und Rückzahlungsfristen zu bescheinigen unabhängig davon, ob der Vertrag vor dem 1. Januar 2009 oder nach dem 31. Dezember 2008 abgeschlossen worden ist.

Die Einwilligung nach Satz 1 ist spätestens bis zum Ablauf des zweiten Kalenderjahres, das auf das Kalenderjahr der Anlage der vermögenswirksamen Leistungen folgt, zu erteilen. Dabei hat der Arbeitnehmer dem Mitteilungspflichtigen die Identifikationsnummer mitzuteilen. Wird die Einwilligung nach Ablauf des Kalenderjahres der Anlage der vermögenswirksamen Leistungen, sind die Daten bis zum Ende des folgenden Kalendervierteljahres zu übermitteln.

(1 a) In den Fällen des Absatzes 1 ist für die Anwendung des § 72 a Absatz 4 und des § 93 c Absatz 4 Satz 1 der Abgabenordnung die für die Besteuerung der mitteilungspflichtigen Stelle nach dem Einkommen zuständige Finanzbehörde zuständig. Die nach Absatz 1 übermittelten Daten können durch die nach Satz 1 zuständige Finanzbehörde zum Zweck der Anwendung des § 93 c Absatz 4 Satz 1 der Abgabenordnung bei den für die Besteuerung der Arbeitnehmer nach dem Einkommen zuständigen Finanzbehörden abgerufen und verwendet werden.

(2) *(nicht abgedruckt, Verordnungsermächtigung)*

(3) Haben der Arbeitgeber, das Unternehmen, das Institut oder der in § 3 Abs. 3 Genannten zuständig ist, hat auf deren Anfrage Auskunft darüber zu erteilen, wie im einzelnen Fall die Vorschriften über vermögenswirksame Leistungen anzuwenden sind, die nach § 2 Absatz 1 Nummer 1 bis 5 und Absatz 2 bis 4 angelegt werden.

(4) Das Finanzamt, das für die Besteuerung nach dem Einkommen der in Absatz 3 Genannten zuständig ist, hat auf deren Anfrage Auskunft darüber zu erteilen, wie im einzelnen Fall die Vorschriften über vermögenswirksame Leistungen anzuwenden sind, die nach § 2 Abs. 1 Nr. 1 bis 5, Abs. 2 bis 4 angelegt werden.

(5) Das für die Lohnsteuer-Außenprüfung zuständige Finanzamt kann bei den

in Absatz 3 Genannten eine Außenprüfung durchführen, um festzustellen, ob sie ihre Pflichten nach diesem Gesetz oder nach einer auf Grund dieses Gesetzes erlassenen Rechtsverordnung, soweit diese mit der Anlage vermögenswirksamer Leistungen nach § 2 Abs. 1 Nr. 1 bis 5, Abs. 2 bis 4 zusammenhängen, erfüllt haben. Die §§ 195 bis 203 a der Abgabenordnung gelten entsprechend.

§§ 16–18 *(nicht abgedruckt)*

35. Zivilprozessordnung (ZPO)

Aktuelle höchstrichterliche Rechtsprechung

Datum	Gericht/Az.	Fundstelle	Thema
19. 9. 19	BGH IX ZB 2/18	DB 19, 2401	Erhöhung des unpfändbaren Einkommens

Einleitung

I. Zivilprozess und Zwangsvollstreckung – Grundlagen

Der Zivilprozess ist ein rechtlich geregeltes Verfahren vor den ordentlichen Gerichten in bürgerlichen Rechtsstreitigkeiten. Sein Ziel ist es (vgl. *Musielak, in:* Muslielak/Voit [Hrsg.], ZPO, 16. Aufl., 2019, Einl. Rn. 5),

- Rechte der Bürger nach gescheitertem Versuch einer gütlichen Einigung festzustellen oder zu gestalten (Erkenntnis- oder Urteilsverfahren),
- festgestellte Ansprüche zwangsweise durchzusetzen (Zwangsvollstreckung),
- gefährdete Rechte vorläufig zu sichern (Arrest oder einstweilige Verfügung).

Die diesem Ziel dienende ZPO ist »Rechtsdurchsetzungsrecht«. Ein solches Recht sorgt dafür, dass der Bürger nicht nur »recht hat«, sondern auch »recht bekommt«. *Fritz Baur* beschreibt die dabei existierenden und widerstreitenden Prinzipien folgendermaßen: »Für den Rechtsschutz des einzelnen ist eine effiziente Zwangsvollstreckung entscheidend – das beste materielle Recht, der beste Rechtsgang helfen wenig oder nichts, wenn die im Hintergrund stehende oder zu verwirklichende Zwangsvollstreckung versagt. Verhaltensnormen ohne Sanktionsmöglichkeit wären – so wie der Mensch nun einmal ist – in den Wind geschrieben. Andererseits zwingt der vom Staat garantierte Sozialschutz dazu, das Lebensrecht und die Lebensmöglichkeiten des Schuldners auch dem Gläubiger gegenüber durchzusetzen.« (NJW 87, 2636, 2641).

Das arbeitsgerichtliche Erkenntnisverfahren ist weitgehend im ArbGG geregelt, das aber in § 46 Abs. 2 eine Verweisung auf die ZPO enthält, die deshalb mangels abweichender Bestimmungen im ArbGG subsidiär zur Anwendung kommt.

Das 8. Buch der ZPO regelt Probleme der zwangsweisen Durchsetzung des Rechts im Verhältnis zwischen dem einzelnen Gläubiger und dem Schuldner. Ist ein Schuldner nicht mehr in der Lage, alle seine Gläubiger zu befriedigen, regelt das Insolvenzrecht in der InsO (Nr. 23) die daraus erwachsenden Verteilungsfragen und die Möglichkeiten der Unternehmenssanierung.

»Vollstreckung« bezweckt den staatlich durchgeführten Zugriff von Gläubigern auf das Vermögen des Schuldners zur Befriedigung ihrer nicht beglichenen Forderungen. Zum Vermögen eines Schuldners können neben Bargeld, Grundstücken und beweglichen Sachen Forderungen gegenüber einem Dritten (»Drittschuldner«) gehören. Hierfür regelt das 8. Buch der ZPO das Recht der Forderungspfändung. Eine solche erfolgt – auf den kürzesten Nenner gebracht – so, dass der Gläubiger aufgrund eines vollstreckbaren Titels eine Forderung des Schuldners gegenüber einem Dritten (Drittschuldner) durch das Amtsgericht zur Überweisung pfänden lässt. Ein solcher Pfändungs- und Überweisungsbeschluss

- verbietet dem Drittschuldner, an den Schuldner zu zahlen,
- verbietet dem Schuldner, weiter über seine Forderung zu verfügen,
- berechtigt den Gläubiger zur Verfügung über die Forderung (Auszahlung an sich oder Dritte),
- berechtigt und verpflichtet den Drittschuldner zur Leistung an den Gläubiger.

Wenn ein Arbeitnehmer Schuldner ist, können auch seine Ansprüche gegenüber dem Arbeitgeber, insbesondere der Anspruch auf Arbeitsentgelt, Gegenstand einer Forderungspfändung sein. Der Arbeitnehmer ist jedoch zur Bestreitung seines Lebensunterhalts typischerweise auf die laufenden Lohnzahlungen angewiesen. Der geltende Pfändungsschutz trägt dem vom *BVerfG* formulierten Inhalt des Sozialstaatsgebots Rechnung, wonach »dem Bürger das selbsterzielte Einkommen bis zu diesem Betrag – der im folgenden als Existenzminimum bezeichnet wird – nicht (zu) entziehen« ist (29. 5. 1990 – 1 BvL 20/84, 1 BvL 26/84, 1 BvL 4/86, BVerfGE 82, 60, 85). Eine »Kahlpfändung« würde ihm die Mittel zu einem menschenwürdigen Dasein entziehen und ihn auf die Sozialhilfe bzw. Grundsicherung verweisen mit der Folge, dass Gläubiger sich auf Kosten des Staates schadlos halten könnten. Außerdem drohte eine »Kahlpfändung«, den Anreiz zu regelmäßiger und legaler Arbeit zu beeinträchtigen. Gleichzeitig muss aber berücksichtigt werden, dass ein zu weitgehender Pfändungsschutz geeignet sein könnte, der Kreditfähigkeit der Arbeitnehmer zu schaden (vgl. *Schütte,* WSI-Mitt. 87, 107; *Arnold,* BB 78, 1314). Der besondere Pfändungsschutz für Arbeitseinkommen ist in §§ 850 – 850 k geregelt. Er ist arbeitsrechtlich im Zusammenhang mit den sonstigen Regelungen zur Lohnsicherung zu sehen (unten II 2 a).

Prozesse zur Durchsetzung privater Rechte dauern in der Regel sehr lange. Eine rechtskräftige Entscheidung könnte in vielen Fällen zur Verwirklichung des strittigen Rechts zu spät kommen und somit sinnlos werden. Hierzu regelt der 5. Abschnitt des 8. Buches der ZPO die Möglichkeiten des

- Arrestes (= Verfügungsverbot) und
- der einstweiligen Verfügung (= einstweiligen Regelung; hierzu unten IV).

II. Prozesskostenhilfe

Wie auch in anderen Verfahrensarten besteht die Möglichkeit, dass einer minderbemittelten Partei Prozesskostenhilfe gewährt wird. Denn das Rechtsstaatsprinzip (Art. 20 Abs. 3 GG) in Verbindung mit Art. 3 Abs. 1 GG verlangt, dass unbemittelte Parteien gleichen Zugang zum Gericht finden wie bemittelte (*BVerfG* 3. 3. 2014 – 1 BvR 1671/13, NZS 14, 336, unter Hinweis darauf, dass bei Akten öffentlicher Gewalt, wie insbesondere im Sozialrecht, die Rechtsweggarantie des Art. 19 Abs. 4 GG noch verstärkend hinzukomme). Das Recht der Prozesskostenhilfe wurde durch das Gesetz zur Änderung des Prozesskostenhilfe- und Beratungshilferechts v. 31. 8. 13 (BGBl. I 3533) mit Wirkung auch für das arbeitsgerichtliche Verfahren reformiert (dazu *Timme*, NJW 13, 3057 ff.; Entwurf: BR-Drucks. 516/12). Gestrichen wurde die Möglichkeit einer Beiordnung eines Rechtsanwalts, § 11 a ArbGG enthält nur noch einen Verweis auf das Prozesskostenhilferecht des allgemeinen Zivilprozesses. Das Gesetz diente erklärtermaßen der Reduzierung der Kosten für diese Instrumente. Die Prozesskostenhilfe nach §§ 114 ff. ZPO hat folgende Voraussetzungen:

- Eine Partei ist nach den persönlichen und wirtschaftlichen Verhältnissen außer Stande, die Kosten der Prozessführung ganz, zum Teil oder in Raten zu tragen,
- es besteht hinreichende Aussicht auf Erfolg,
- die Prozessführung erscheint nicht mutwillig (z. B. wenn satt einer kostengünstigeren Klageerweiterung ohne besonderen Grund eine zusätzliche Klage erhoben wird, *BAG* 8. 9. 2011 – 3 AZB 46/10, NZA 11, 1382) und
- Prozesskostenhilfe wurde beantragt.

Außerhalb eines gerichtlichen Verfahrens besteht für minderbemittelte Parteien die Möglichkeit, Beratungshilfe nach dem Beratungshilfegesetz (BerHG v. 18. 6. 1980, BGBl. I 689) in Anspruch zu nehmen (für das sozialrechtliche Verfahren vgl. auch Einl. zum SGB X, Nr. 30 X).

Die Rechtsprechung sieht die Möglichkeit kostenlosen Rechtsschutzes durch die Gewerkschaft als Vermögen im Sinne des Gesetzes an, so dass für Gewerkschaftsmitglieder Prozesskostenhilfe regelmäßig ausscheidet, wenn die Gewerkschaft den Rechtsschutz nicht abgelehnt hat oder davon auszugehen ist, dass dies geschehen werde. Ansonsten kann der Arbeitnehmer nur dann nicht auf gewerkschaftlichen Rechtsschutz verwiesen werden, wenn dies unzumutbar ist, etwa wegen Störung des Vertrauensverhältnisses zwischen Gewerkschaft und Mitglied (*BAG* 5. 11. 2012 – 3 AZB 23/12, NZA 13, 110; zur Versagung der Prozesskostenhilfe, wenn das Mitglied aus Gründen der Prozessführung während des Rechtsstreits aus der Gewerkschaft austritt, vgl. *BAG* 18. 11. 2013 – 10 AZB 38/13, NZA 14, 107).

III. Pfändungsschutz für Arbeitseinkommen

1. Geschichtliche Entwicklung

Schuldnerschutz für Arbeitnehmer durch Vollstreckungsbegrenzung ist Bestandteil der Modernisierung des Zivilrechts im 19. Jahrhundert. Zunächst wurde mit dem Gesetz des Norddeutschen Bundes »betreffend die Aufhebung der Schuldhaft« vom 29. 5. 1868 (BGBl. 237) diese altertümliche, menschenunwürdige und den Wirtschaftsverkehr lähmende Form der Zwangsvollstreckung abgeschafft. Kurz danach wurde das Gesetz »betreffend die Beschlagnahme des Arbeits- oder Dienstlohnes« vom 21. 6. 1869 (BGBl. 242) verabschiedet. Mit ihm wurde erstmals ein jährlicher Mindestbetrag von 400 Talern Arbeitseinkommen von der Beschlagnahme befreit (zum Folgenden *Arnold,* BB 78, 1315). Seither ist das System des Beschlagnahmeschutzes immer weiter ausgebaut worden, es wurden weitere Personenkreise (Beamte) und Leistungen einbezogen und die pfändungsfreien Beträge den steigenden Lebenshaltungskosten angepasst.

Das Gesetz von 1869 galt mit entsprechenden Veränderungen als Reichsgesetz bis 1934 und wurde durch das Gesetz zur Änderung von Vorschriften über die Zwangsvollstreckung vom 24. 10. 1934 (RGBl. 589) abgelöst. Durch die Lohnpfändungsverordnung vom 30. 10. 1940 (RGBl. I 1079) wurde der Pfändungsschutz für Arbeitnehmer und Beamte zusammengefasst und aus der ZPO herausgenommen.

Nach Gründung der Bundesrepublik wurde die weitergeltende Lohnpfändungsverordnung erstmals durch Gesetz vom 22. 4. 1952 (BGBl. I 247) geändert. Das Gesetz zur Änderung der Pfändungsfreigrenzen vom 26. 2. 1959 (BGBl. I 49) bettete diesen Regelungsbereich wieder in die ZPO ein.

Seither hat es – jeweils in größeren Abständen – Anhebungen der Pfändungsfreigrenzen zwecks Anpassung an die gestiegenen Lebenshaltungskosten und jeweiligen Sozialhilfesätze gegeben, zuletzt durch das Siebte Gesetz zur Änderung der Pfändungsfreigrenzen vom 13. 12. 2001 (BGBl. I 3638). Inzwischen sind die Pfändungsfreibeträge gemäß § 850 c Abs. 2 gesetzlich dynamisiert.

Der Schutz von bereits auf dem Konto des Arbeitnehmers eingegangenem Arbeitsentgelt wurde durch das Gesetz zur Reform des Kontopfändungsschutzes (vom 7. 7. 2009, BGBl. I 1707) neu geordnet (vgl. 2 b). Die Regelung wurde mit Gesetz vom 12. 4. 2011 (BGBl. I 615) noch einmal nachgebessert (vgl. *Becker*, NJW 11, 1317).

2. Wesentlicher Gesetzesinhalt

a) Pfändungsschutz als Form der Lohnsicherung

Pfändungsschutz für Arbeitseinkommen ist sozialer Schuldnerschutz. Im Verhältnis zum Arbeitgeber bedeutet er eine besondere Art der Sicherung der Arbeitsvergütung. Der Zweck besteht jeweils darin, dem Arbeitnehmer die für seinen Lebensunterhalt erforderliche tatsächliche Auszahlung seiner Vergütung zu sichern (hierzu eingehend Deinert/Heuschmid/Zwanziger-*Litzig,* § 47). In dieser Hinsicht gilt der nach der ZPO ermittelte pfändungsfreie Mindestbetrag (unten b, Übersicht 79) jeweils als Untergrenze des unverfügbaren und tatsächlich auszuzahlenden Betrages. Dies ist teils ausdrücklich gesetzlich geregelt, teils Ergebnis entsprechender Auslegung.

§ 400 BGB verbietet die *Abtretung* unpfändbarer Forderungen. Das ist für alle Formen privater Kreditaufnahme bedeutsam, bei denen eine Lohnabtretung als Sicherheit verlangt wird. Soweit pfändbare Forderungsteile zulässigerweise abgetreten worden sind, geht eine solche Abtretung einer späteren Pfändung vor.

Die Rechtsprechung lässt allerdings die Abtretung auch unpfändbarer Bestandteile des Arbeitseinkommens zu, wenn dem Arbeitnehmer die entsprechenden Beträge bar zugeflossen sind (*BGH* 10. 12. 1951 – GSZ 3/51, NJW 52, 337; *BAG* 10. 6. 1980 – 1 AZR 822/79, NJW 80, 1642, 1652). Das ist insbesondere bedeutsam, wenn in einem angeschlagenen Unternehmen, das die Löhne nicht mehr zahlen kann, ein Darlehensgeber den Arbeitnehmer auszahlt und mit der Abtretung des Lohnanspruches gleichzeitig den Anspruch auf das Insolvenzgeld erwirbt (§§ 170, 171 SGB III; vgl. *BSG* 8. 4. 1992 – 10 Rar 12/91, NZA 92, 859). An einen Vermieter ist die Vorausabtretung von unpfändbarem Arbeitseinkommen ausgeschlossen (*BAG* 21. 11. 2000 – 9 AZR 692/99, DB 01, 650).

Gemäß § 394 BGB darf der Arbeitgeber mit eigenen Forderungen gegenüber dem Arbeitnehmer nur bis zur Pfändungsfreigrenze *aufrechnen.* Zugelassen wird eine

Aufrechnung auch, wenn die Forderung des Arbeitgebers auf einer vorsätzlich begangenen unerlaubten Handlung oder Vertragsverletzung des Arbeitnehmers beruht (*BAG* 31. 3. 1960 – 5 AZR 441/57, 28. 8. 1964 – 1 AZB 414/63, AP Nr. 5 und 9 zu § 394 BGB; anders *BGH* 22. 4. 1959 – IV ZR 255/58, AP Nr. 4 zu § 394 BGB für Vertragsverletzungen). Dies darf aber nicht dazu führen, dass der Arbeitnehmer auf die Grundsicherung nach dem SGB II verwiesen wird (vgl. *BAG* 18. 3. 1997 – 3 AZR 756/95, AP Nr. 30 zu § 394 BGB).

Darüber hinaus können die folgenden Möglichkeiten des Arbeitgebers nur bis zur Grenze der sich aus der ZPO ergebenden Pfändungsfreigrenze ausgeübt werden:

- *Zurückbehaltungsrecht* (*BAG* 16. 10. 1967 – 5 AZR 464/66, AP Nr. 11 zu § 394 BGB);
- *Lohneinbehaltung* (Kaution);
- *Lohnverwirkung.*

Keine Rolle spielen die Pfändungsfreigrenzen in Fällen zulässiger Anrechnung von Arbeitsentgelt (z. B. bei Annahmeverzug gemäß § 615 Satz 2 BGB oder § 11 KSchG) und bei Lohnverwendungsabreden (Zahlung für bestimmte vom Arbeitnehmer bestimmte Zwecke, jedoch keine Abtretung).

b) Lohnpfändung

Die Pfändung von Arbeitseinkommen erfolgt auf Antrag des Gläubigers durch das zuständige Amtsgericht durch einen Pfändungs- und Überweisungsbeschluss (zu den Wirkungen o. I). Voraussetzung ist das Vorliegen eines vollstreckbaren Titels (Urteil, Vollstreckungsbescheid). Der Arbeitnehmer als Schuldner ist vorher nicht mehr anzuhören. Sieht der Gläubiger die Gefahr, dass er mit der Pfändung zu spät kommt, kann er gemäß § 845 eine Vorpfändung durch den Gerichtsvollzieher zustellen lassen; sie bewirkt einen Auszahlungsstopp.

Wenn der Arbeitgeber nicht an den Pfändungsgläubiger bezahlt, kann dieser die sog. Drittschuldnerklage erheben (hierzu *Staab,* NZA 93, 438). Der Arbeitgeber kann dann alle Einwendungen, die er sonst gegenüber einer Zahlung an den Arbeitnehmer hätte, vorbringen. Einwendungen gegen den Pfändungs- und Überweisungsbeschluss kann er im Wege der Erinnerung geltend machen. Mehrere Pfändungen werden in der Reihenfolge ihrer Zustellung beim Arbeitgeber berücksichtigt. Ist der Arbeitgeber unschlüssig darüber, welche Pfändung in welchem Umfang zu berücksichtigen ist, kann er den entsprechenden Betrag beim Amtsgericht hinterlegen.

Eine vor dem Zeitpunkt der Pfändung im Voraus abgetretene Entgeltforderung wird von einem Pfändungs- und Überweisungsbeschluss nicht erfasst (*BAG* 17. 2. 1993 – 4 AZR 161/92, DB 93, 1245). Eine Lohnpfändung wird gegenstandslos, wenn das Arbeitsverhältnis beendet wird. Vergütungsansprüche aus einem neuen Arbeitsverhältnis werden nur erfasst, wenn beide Arbeitsverhältnisse in einem inneren Zusammenhang stehen (*BAG* 24. 3. 1993 – 1 AZR 298/92, NJW 93, 2701).

Der Arbeitnehmer kann sich gegen einen Pfändungs- und Überweisungsbeschluss folgendermaßen wehren:

- durch eine *Vollstreckungsabwehrklage*, falls er Einwendungen vorbringen kann, die aus Vorgängen nach Erlass des Schuldtitels resultieren (Begleichung, Erlass oder Stundung der Schuld, § 767);

- durch eine *Erinnerung*, falls er sich gegen Mängel des Pfändungsverfahrens wendet (§ 766), oder
- durch *Antrag auf Heraufsetzung des Pfändungsfreibetrages*, falls sich die Bemessungsgrundlagen für den unpfändbaren Teil des Einkommens ändern (§ 850 g) oder das verbleibende Einkommen durch die Pfändung unter den Grundsicherungs- bzw. Sozialhilfebedarf sinken würde (§ 850 f Abs. 1);
- falls die Pfändung auf einem nur vorläufig vollstreckbaren Urteil beruht, durch *Rechtsmittel* hiergegen. Wird das Urteil aufgehoben, kann er Schadensersatz nach § 717 geltend machen;
- bei rechtskräftiger Verurteilung zu künftigen wiederkehrenden Leistungen (z. B. wegen Unterhaltszahlungen) kann bei wesentlicher Veränderung der tatsächlichen Umstände eine *Abänderungsklage* gemäß § 323 erhoben werden.

Der Pfändungsschutz für Arbeitseinkommen ist in den §§ 850 bis 850 k geregelt. Sein Grundgedanke besteht darin, dem Arbeitnehmer in jedem Falle einen bestimmten Betrag seines Arbeitseinkommens (§ 850) zu belassen und von der Pfändung auszunehmen (Übersicht 79). Dieser Betrag ist die sog. *Pfändungsfreigrenze.*

Dabei bleiben nach § 850 a im Falle normaler Gläubiger bestimmte Bezüge völlig pfändungsfrei (z. B. Urlaubsgeld, Aufwandsentschädigungen, 50 % der Mehrarbeitsvergütung usw.). Dazu zählen auch Weihnachtsvergütungen bis 500 €. Eine Jahressonderzahlung, die nicht aus Anlass von Weihnachten gezahlt wird, ist aber keine pfändungsfreie Weihnachtsvergütung in diesem Sinne (*BAG* 18. 5. 2016 – 10 AZR 233/15, NZA 16, 840). Zuschläge für Sonn- und Feiertagsarbeit, nicht aber für Samstagsarbeit oder Schichtarbeit, sind auf dieser Grundlage – im »Rahmen des Üblichen« pfändungsfrei (*BAG* 23. 8. 2017 – 10 AZR 859/16, NZA 17, 1548; zust. *BGH* 20. 9. 2018 – IX ZB 41/16, NJW 18, 3461). Als Rahmen des Üblichen sieht die Rechtsprechung in Anlehnung an § 3 b EStG Sonntagszuschläge bis 50 % und Feiertagszuschläge bis 125 % des Grundlohns an. Pfändungsfrei ist auch eine Kategorie »bedingt pfändbarer Bezüge« gemäß § 850 b, solange nicht erfolglos in das übrige Vermögen des Arbeitnehmers gepfändet worden ist.

Unpfändbar sind auch vermögenswirksame Leistungen und die Arbeitnehmersparzulage, weil sie nicht übertragbar sind (§ 851 ZPO, §§ 2 Abs. 7 Satz 2, 13 Abs. 3 Satz 2 5. VermBG, § 399 BGB).

Nicht pfändbar sind auch zweckgebundene Natural- oder Sachbezüge des Arbeitnehmers, weil sie durch eine Pfändung eine Veränderung ihres Inhalts erfahren würden (§ 851 i. V. mit § 399 BGB). Ihr Wert ist jedoch dem auf Geld lautenden Arbeitsentgelt hinzuzurechnen und erhöht so den zur Berechnung der Pfändungsfreigrenze zugrunde zu legenden Betrag.

Kostentragungsansprüche des Betriebsrats nach § 40 BetrVG (Nr. 12) sind ebenfalls unpfändbar (§ 851 i. V. m. § 399 BGB). Der Gläubiger, wegen dessen Forderung sich der Anspruch des Betriebsrats ergibt, kann allerdings den Anspruch des Betriebsrats pfänden (*BGH* 8. 11. 2017 – VII ZB 9/15, NZA 18, 126).

Unberücksichtigt bleiben Steuer- und Sozialabgaben (§ 850 e Nr. 1); bei der Bestimmung des pfändungsfreien Betrages wird vom Nettoeinkommen des Arbeitnehmers ausgegangen. Auch Pflichtbeiträge zur VBL im öffentlichen Dienst bleiben unberücksichtigt (*BGH* 15.10.2009 – VII ZB 1/09, NZS 10, 286). Um die Verschleierung von Arbeitseinkommen, z.B. durch formal zu niedriges Entgelt und »Schwarzzahlungen«, zu vermeiden, gilt im Verhältnis des Gläubigers zum Arbeitgeber eine »angemessene Vergütung« als geschuldet (§ 850 h Abs. 2; dazu *BAG* 22.10.2008 – 10 AZR 703/07, DB 09, 403). Abschlagszahlungen und Vorschüsse müssen einbezogen werden.

Auf Antrag des Gläubigers sind mehrere Arbeitseinkommen sowie Arbeitseinkommen und Ansprüche auf laufende Sozialleistungen zusammenzurechnen (§ 850 e Nr. 2 und 2 a; hierzu *BAG* 23.4.1996 – 9 AZR 940/94, BB 97, 2435). Arbeitslosengeld II wird aber nicht hinzugerechnet, wenn der Schuldner nur deshalb Arbeitslosengeld II erhält, weil sein Einkommen für andere Personen im Rahmen einer Bedarfsgemeinschaft berücksichtigt wird (*BGH* 25.10.2012 – IX ZB 263/11, NZA-RR 13, 147).

Die Höhe der Pfändungsfreigrenze ist in § 850 c festgelegt. Sie ist abhängig von der Zahl der zu unterhaltenden Personen. Die Beträge im Einzelnen sind in einer Tabelle enthalten (Anhang 2). Die Pfändungsfreigrenzen werden alle 2 Jahre der Entwicklung der Lebenshaltungskosten angepasst (§ 850 c Abs. 2 a), zuletzt mit Wirkung ab 1.7.2019 (vgl. Bekanntmachung in BGBl. 2019 I 443). Bei der Ermittlung des pfändungsfreien Betrages folgt das *BAG* (17.4.2013 – 10 AZR 59/12, NZA 13, 859; dazu *Hock/Hock*, ZTR 13, 471) im Widerspruch zur bisherigen Praxis der sog. Nettomethode. Das bedeutet, dass vom Gesamtbruttolohn die unpfändbaren Bezüge nach § 850 a abgezogen werden und im Anschluss die Steuern und Sozialabgaben auf den so noch verbleibenden Bruttobetrag, nicht etwa auf den gesamten Bruttolohn, wie er sich ohne Abzug der unpfändbaren Bezüge darstellen würde. Denn anderenfalls würden Steuern und Sozialabgaben für die unpfändbaren Bezüge doppelt berücksichtigt.

Das alles gilt nicht im Verhältnis zu Unterhaltsgläubigern des Arbeitnehmers. Es werden einzelne der im Normalfall unpfändbaren Bezüge erfasst (Mehrarbeitsvergütung, Urlaubsgeld, Gratifikationen), und die Pfändungsfreigrenze des § 850 c gilt nicht (§ 850 d). Das Gericht kann einen unter der Pfändungsfreigrenze liegenden »Selbstbehalt« des Arbeitnehmers festsetzen.

Nicht zum geschützten Arbeitseinkommen gehören Schadensersatzansprüche des Arbeitnehmers und Abfindungen wegen des Verlustes des Arbeitsplatzes gemäß §§ 9, 10 KSchG. Sind diese Leistungen für den Unterhalt des Arbeitnehmers und anderer Unterhaltsberechtigter erforderlich, kann das Gericht gemäß § 850 i dem Arbeitnehmer aber einen entsprechenden Betrag belassen.

Pfänden Gläubiger des Arbeitnehmers das Bankkonto, würde der Pfändungsschutz für Arbeitseinkommen ins Leere gehen. Der Gläubiger kann den Anspruch auf Auszahlung gegen die Bank pfänden. Das hatte nach bisherigem Recht die Folge, dass das Konto gesperrt war und der Arbeitnehmer einen Aufhebungsantrag beim Vollstreckungsgericht stellen musste. Dies war mit erheblichem Aufwand für Banken verbunden, was oftmals die Kündigung des Kontos zur Folge hatte. Durch das Gesetz zur Reform des Kontopfändungsschutzes (v. 7.7.09, BGBl. I 1707) wurde das Verfahren wesentlich erleichtert (dazu *Graf-Schlicker/Linder*, ZIP 09, 989; *Ahrens*, NJW 10, 2001). Nunmehr kann der Arbeitnehmer gemäß § 850 k ZPO von seiner Bank die Umwandlung eines normalen Girokontos in ein sog. P-Konto verlangen mit der Folge, dass er in Höhe des Pfändungsfreibetrages über das Guthaben verfügen kann. Für ein bereits gepfändetes Konto kann innerhalb von 4 Wochen der Antrag auf Umwandlung mit der Folge gestellt werden, dass die Pfändung in Höhe des Freibetrages unwirksam wird. Erhöhte Pfändungsfreibeträge kann der Arbeitnehmer in Anspruch nehmen, wenn er durch geeignete Unterlagen wie z. B. Bescheinigungen des Arbeitgebers Unterhaltspflichten nachweist oder das Kindergeld auf dem P-Konto eingeht, ferner dann, wenn das Vollstreckungsgericht einen höheren Pfändungsfreibetrag festsetzt. Arbeitsentgelt, über das bis zum Ablauf des Folgemonats nicht verfügt wurde, ist nach § 850 k Abs. 1 S. 2 wieder pfändbar. Wird das Arbeitseinkommen bar ausgezahlt und pfändet der Gläubiger direkt beim Arbeitnehmer, gewährt § 811 Nr. 8 Pfändungsschutz im Umfang wie bei einer Lohnpfändung beim Arbeitgeber. Erhöhte Gebühren für ein P-Konto darf die Bank nicht erheben (vgl. *BGH* 13. 11. 2012 – XI ZR 500/11, DB 12, 2920; dazu *Ahrens*, NJW 13, 975). Auch zusätzliche Entgelte, die beim Girokonto von Kreditinstituten nicht erhoben werden, können bei einem P-Konto nicht verlangt werden (*BGH* 16. 7. 2013 – XI ZR 260/12, DB 13, 2145).

Das Arbeitsverhältnis selbst bleibt aufgrund einer Lohnpfändung unverändert. Der Arbeitgeber ist zwar nicht zur Rechtsberatung des Arbeitnehmers verpflichtet. Aufgrund vertraglicher Nebenpflicht muss er jedoch den Arbeitnehmer auf etwaige Mängel des Pfändungsverfahrens hinweisen. Der Arbeitnehmer hat als Schuldner gemäß § 788 zwar die Kosten der Zwangsvollstreckung zu tragen, muss jedoch dem Arbeitgeber die Kosten für die Bearbeitung der Lohnpfändung nicht erstatten. Darüber kann auch mit dem Betriebsrat keine freiwillige Betriebsvereinbarung, z. B. mit pauschalierten Sätzen, abgeschlossen werden (*BAG* 18. 7. 2006 – 1 AZR 578/05, BB 07, 221 mit Anm. *Schielke*, BB 07, 378). Lohnpfändungen berechtigen grundsätzlich nicht zur Kündigung des Arbeitsverhältnisses; das wird erst im Falle sehr häufiger Pfändungen bei hieraus erwachsenden betrieblichen Störungen für möglich gehalten (*BAG* 4. 11. 1981 – 7 AZR 264/79, EzA § 1 KSchG Verhaltensbedingte Kündigung Nr. 9).

c) Pfändungsschutz für Sozialleistungen

Der Pfändungsschutz für Sozialleistungen (z. B. Arbeitslosengeld, Krankengeld, Rente) ist in §§ 54, 55 SGB I geregelt. § 53 Abs. 3 SGB I verweist unter bestimmten Voraussetzungen auf den Pfändungsschutz für Arbeitseinkommen (zur Pfändung von Ansprüchen auf Arbeitslosengeld II s. *BGH*, NZS 13, 315).

3. Anwendungsprobleme und Rechtstatsachen

Der maßgebende Hintergrund für den Arbeitnehmer-Pfändungsschutz ist der hohe Verschuldensgrad privater Haushalte und die Notwendigkeit bzw. »Versuchung« des leichten Konsumentenkredits (zum Folgenden *Hörmann*, Verbraucher und Schulden, 1987; *Schütte*, WSI-Mitt. 87, 107). Nach einem 1990 vorgelegten Forschungsbericht im Auftrage des Bundesjustizministeriums zur »Überschuldungssituation und Schuldnerberatung in der Bundesrepublik Deutschland« gab es im früheren Gebiet der Bundesrepublik insgesamt etwa 1,2 Millionen überschuldete Haushalte. 1992 war jeder fünfte Haushalt in der alten Bundesrepublik mit ca. 30000 DM verschuldet. In durchschnittlich 10 % aller Ratenkredite kommt es zum Zahlungsverzug und zur Kündigung, mithin den Grundlagen für eine spätere Pfändung. Dies ist häufig Ursache für wirtschaftlichen Ruin, Grundsicherungsbezug und unter Umständen Wohnungslosigkeit. Dem begegnet die Möglichkeit der Restschuldbefreiung im Verbraucherinsolvenzverfahren (vgl. Einl. II 5 zur InsO, Nr. 23).

IV. Einstweilige Verfügung

Mit einer einstweiligen Verfügung können Rechte gewahrt und geschützt werden, wenn das normale Gerichtsverfahren zu lange dauern würde. Es gibt folgende Arten von einstweiligen Verfügungen:

- die *Sicherungsverfügung* (§ 935); mit ihr soll die Durchsetzbarkeit eines Individualrechts gewahrt werden;
- die *Regelungsverfügung* (§ 940); sie dient der vorläufigen Regelung eines streitigen Rechtsverhältnisses;
- die von der Rechtsprechung entwickelte *Befriedigungs- oder Leistungsverfügung* (insgesamt *Koch,* in: ErfK, § 62 ArbGG Rn. 16).

Um eine einstweilige Verfügung zu erwirken, bedarf es eines Verfügungs*anspruchs* (der grundlegende Rechtsanspruch gegenüber dem Schuldner) und eines Verfügungs*grundes* (die Begründung für die Notwendigkeit einstweiligen Rechtsschutzes). Der Antrag auf einstweilige Verfügung bedarf der Glaubhaftmachung. Dies ist u. a. durch beigefügte eidesstattliche Erklärungen möglich. Die Entscheidung kann ohne mündliche Verhandlung ergehen. Deshalb ist das Institut der sog. Schutzschrift entwickelt worden. Damit kann jemand, der befürchtet, dass gegen ihn eine einstweilige Verfügung beantragt wird, dem Gericht vorab seine tatsächliche und rechtliche Sicht der Dinge darlegen (*Teplitzky,* NJW 80, 1667). Die IG Metall hatte solche Schutzschriften mehrfach bundesweit bei allen Amts- und Arbeitsgerichten zur Abwehr von einstweiligen Verfügungen gegen Warnstreiks eingereicht (abgedruckt: RdA 83, 174; hierzu *Leipold,* RdA 83, 164).

Die Vorschriften der ZPO über die einstweilige Verfügung gelten für das Urteilsverfahren vor dem Arbeitsgericht (§ 62 Abs. 2 ArbGG). Mit einigen Modifikationen gelten sie auch für das Beschlussverfahren (§ 85 Abs. 2 ArbGG).

Im Verhältnis zwischen einzelnem Arbeitnehmer und Arbeitgeber ist vor allem eine einstweilige Verfügung zur Durchsetzung des Weiterbeschäftigungsanspruchs eines gekündigten Arbeitnehmers von Bedeutung (hierzu Einl. III 4 zum KSchG, Nr. 25). Im Verhältnis zwischen Betriebsrat und Arbeitgeber geht es vor allem um die vorläufige Sicherung von Mitbestimmungsrechten (hierzu DKKW-*Klebe,* BetrVG, Einl. Rn. 220 ff.).

Weiterführende Literatur

Ahrens, Das neue Pfändungsschutzkonto, NJW 2010, S. 2001

Baumbach/Lauterbach/Albers/Hartmann, ZPO, 76. Aufl. (2018)

Deinert/Heuschmid/Zwanziger-*Litzig*, Arbeitsrecht, § 47 (Pfändung des Arbeitsentgelts)

Musielak/Voit, ZPO, 16. Aufl. (2019)

Prütting/Gehrlein (Hrsg.), ZPO, 11. Aufl. (2019)

Reifelsberger/Hufnagel, Die Pfändung von Arbeitslohn, DB 2017, S. 2159

Thomas/Putzo, ZPO, 40. Aufl. (2019)

Zöller, ZPO, 32. Aufl. (2018)

Übersicht 79: Pfändbares Arbeitseinkommen

Ermittlung des pfändbaren Teils des Arbeitseinkommens durch normalen Gläubiger[1]

Unpfändbar	Begrenzt pfändbar	Pfändbar[2]
Unpfändbare Bezüge (§ 850a)	Arbeitseinkommen (§ 850) (verschleiertes Arbeitseinkommen, § 850d),	Abfindungen Schadensersatz (§ 850)
Sachbezüge (§ 851) Vermögenswirksame Leistungen (§ 2 VII 5. VermBG; § 399 BGB) Arbeitnehmersparzulage (§ 13 III 5. VermBG, § 399 BGB)	+ Wert der Sachbezüge (§ 850e Nr. 3) – Steuern, Sozialabgaben (§ 850e 1)	
	– unpfändbare Bestandteile (§ 850a) – bedingt pfändbare Bestandteile (§ 850b)	
	= pfändbares Einkommen – Pfändungsfreigrenzen (§ 850c, Anlage 2)	
	= höchstens pfändbarer Betrag/Normalfall – gerichtlich festgelegter Abschlag, wenn Pfändungsfreigrenze unter Grundsicherung (§ 850f I)	
	= höchstens pfändbarer Betrag/Ausnahmefall	

[1] Im Falle von Unterhaltsgläubigern gelten die Pfändungsfreigrenzen des § 850c nicht, unpfändbare Bezüge gem. § 850a Nr. 1, 2 und 4 werden zur Hälfte berücksichtigt. Das Gericht setzt den „Selbstbehalt" des Arbeitnehmers fest (§ 850d).

[2] Festsetzung eines zum Unterhalt für den Arbeitnehmer und Unterhaltsberechtigten notwendigen Betrags durch das Gericht (§ 850i).

Zivilprozessordnung (ZPO)

vom 30. Januar 1877 (RBl. 83),
in der Fassung der Bekanntmachung vom 5. Dezember 2005 (BGBl. I 3202),
ber. am 14. Februar 2006 (BGBl. I 431),
zuletzt geändert durch Gesetz vom 12. Dezember 2019 (BGBl. I 2633)

(Abgedruckte Vorschriften: §§ 114, 811 Abs. 1 Nr. 4 a–8, Abs. 2, 828, 829, 832–836, 840, 841, 845–847, 850–851, 853, 935, 937, 938, 940, Anhang zu § 850 c)

Buch 1 – Allgemeine Vorschriften

…

Abschnitt 2 – Parteien

…

Titel 7 – Personen

§ 114 Voraussetzungen (1) Eine Partei, die nach ihren persönlichen und wirtschaftlichen Verhältnissen die Kosten der Prozessführung nicht, nur zum Teil oder nur in Raten aufbringen kann, erhält auf Antrag Prozesskostenhilfe, wenn die beabsichtigte Rechtsverfolgung oder Rechtsverteidigung hinreichende Aussicht auf Erfolg bietet und nicht mutwillig erscheint. Für die grenzüberschreitende Prozesskostenhilfe innerhalb der Europäischen Union gelten ergänzend die §§ 1076 bis 1078.
(2) Mutwillig ist die Rechtsverfolgung oder Rechtsverteidigung, wenn eine Partei, die keine Prozesskostenhilfe beansprucht, bei verständiger Würdigung aller Umstände von der Rechtsverfolgung oder Rechtsverteidigung absehen würde, obwohl eine hinreichende Aussicht auf Erfolg besteht.
…

Buch 8 – Zwangsvollstreckung

…

Abschnitt 2 – Zwangsvollstreckung wegen Geldforderungen

…

Untertitel 2 – Zwangsvollstreckung in körperliche Sachen

…

§ 811 Unpfändbare Sachen (1) Folgende Sachen sind der Pfändung nicht unterworfen:

1. – 4. *(nicht abgedruckt)*

4 a. bei Arbeitnehmern in landwirtschaftlichen Betrieben die ihnen als Vergütung gelieferten Naturalien, soweit der Schuldner ihrer zu seinem und seiner Familie Unterhalt bedarf;

5. bei Personen, die aus ihrer körperlichen oder geistigen Arbeit oder sonstigen persönlichen Leistungen ihren Erwerb ziehen, die zur Fortsetzung dieser Erwerbstätigkeit erforderlichen Gegenstände;
6. bei den Witwen und minderjährigen Erben der unter Nummer 5 bezeichneten Personen, wenn sie die Erwerbstätigkeit für ihre Rechnung durch einen Stellvertreter fortführen, die zur Fortführung dieser Erwerbstätigkeit erforderlichen Gegenstände;
7. Dienstkleidungsstücke sowie Dienstausrüstungsgegenstände, soweit sie zum Gebrauch des Schuldners bestimmt sind, sowie bei Beamten, Geistlichen, Rechtsanwälten, Notaren, Ärzten und Hebammen die zur Ausübung des Berufes erforderlichen Gegenstände einschließlich angemessener Kleidung;
8. bei Personen, die wiederkehrende Einkünfte der in den §§ 850 bis 850 b dieses Gesetzes oder der in § 54 Abs. 3 bis 5 des Ersten Buches Sozialgesetzbuch bezeichneten Art oder laufende Kindergeldleistungen beziehen, ein Geldbetrag, der dem der Pfändung nicht unterworfenen Teil der Einkünfte für die Zeit von der Pfändung bis zu dem nächsten Zahlungstermin entspricht;

9. – 13. *(nicht abgedruckt)*

(2) Eine in Absatz 1 Nr. 1, 4, 5 bis 7 bezeichnete Sache kann gepfändet werden, wenn der Verkäufer wegen einer durch Eigentumsvorbehalt gesicherten Geldforderung aus ihrem Verkauf vollstreckt. Die Vereinbarung des Eigentumsvorbehaltes ist durch Urkunden nachzuweisen.

…

Untertitel 3 – Zwangsvollstreckung in Forderungen und andere Vermögensrechte

§ 828 Zuständigkeit des Vollstreckungsgerichts (1) Die gerichtlichen Handlungen, welche die Zwangsvollstreckung in Forderungen und andere Vermögensrechte zum Gegenstand haben, erfolgen durch das Vollstreckungsgericht.

(2) Als Vollstreckungsgericht ist das Amtsgericht, bei dem der Schuldner im Inland seinen allgemeinen Gerichtsstand hat, und sonst das Amtsgericht zuständig, bei dem nach § 23 gegen den Schuldner Klage erhoben werden kann.

(3) Ist das angegangene Gericht nicht zuständig, gibt es die Sache auf Antrag des Gläubigers an das zuständige Gericht ab. Die Abgabe ist nicht bindend.

§ 829 Pfändung einer Geldforderung (1) Soll eine Geldforderung gepfändet werden, so hat das Gericht dem Drittschuldner zu verbieten, an den Schuldner zu zahlen. Zugleich hat das Gericht an den Schuldner das Gebot zu erlassen, sich jeder Verfügung über die Forderung, insbesondere ihrer Einziehung, zu enthalten. Die Pfändung mehrerer Geldforderungen gegen verschiedene Drittschuldner soll auf Antrag des Gläubigers durch einheitlichen Beschluss ausgesprochen werden, soweit dies für Zwecke der Vollstreckung geboten erscheint und kein Grund zu der Annahme besteht, dass schutzwürdige Interessen der Drittschuldner entgegenstehen.
(2) Der Gläubiger hat den Beschluss dem Drittschuldner zustellen zu lassen. Der Gerichtsvollzieher hat den Beschluss mit einer Abschrift der Zustellungsurkunde dem Schuldner sofort zuzustellen, sofern nicht eine öffentliche Zustellung erforderlich wird. An Stelle einer an den Schuldner im Ausland zu bewirkenden Zustellung erfolgt die Zustellung durch Aufgabe zur Post, sofern die Zustellung weder nach der Verordnung (EG) Nr. 1393/2007 noch nach dem Abkommen zwischen der Europäischen Gemeinschaft und dem Königreich Dänemark über die Zustellung gerichtlicher und außergerichtlicher Schriftstücke in Zivil- und Handelssachen vom 19. Oktober 2005 (ABl. L 300 vom 17. 11. 2005, S. 55, L 120 vom 5. 5. 2006, S. 23) zu bewirken ist.
(3) Mit der Zustellung des Beschlusses an den Drittschuldner ist die Pfändung als bewirkt anzusehen.
(4) Das Bundesministerium der Justiz und für Verbraucherschutz wird ermächtigt, durch Rechtsverordnung mit Zustimmung des Bundesrates Formulare für den Antrag auf Erlass eines Pfändungs- und Überweisungsbeschlusses einzuführen. Soweit nach Satz 1 Formulare eingeführt sind, muss sich der Antragsteller ihrer bedienen. Für Verfahren bei Gerichten, die die Verfahren elektronisch bearbeiten, und für Verfahren bei Gerichten, die die Verfahren nicht elektronisch bearbeiten, können unterschiedliche Formulare eingeführt werden.
…

§ 832 Pfändungsumfang bei fortlaufenden Bezügen Das Pfandrecht, das durch die Pfändung einer Gehaltsforderung oder einer ähnlichen in fortlaufenden Bezügen bestehenden Forderung erworben wird, erstreckt sich auch auf die nach der Pfändung fällig werdenden Beträge.

§ 833 Pfändungsumfang bei Arbeits- und Diensteinkommen (1) Durch die Pfändung eines Diensteinkommens wird auch das Einkommen betroffen, das der Schuldner infolge der Versetzung in ein anderes Amt, der Übertragung eines neuen Amtes oder einer Gehaltserhöhung zu beziehen hat. Diese Vorschrift ist auf den Fall der Änderung des Dienstherrn nicht anzuwenden.
(2) Endet das Arbeits- oder Dienstverhältnis und begründen Schuldner und

Drittschuldner innerhalb von neun Monaten ein solches neu, so erstreckt sich die Pfändung auf die Forderung aus dem neuen Arbeits- oder Dienstverhältnis.

§ 833 a Pfändungsumfang bei Kontoguthaben Die Pfändung des Guthabens eines Kontos bei einem Kreditinstitut umfasst das am Tag der Zustellung des Pfändungsbeschlusses bei dem Kreditinstitut bestehende Guthaben sowie die Tagesguthaben der auf die Pfändung folgenden Tage.

§ 834 Keine Anhörung des Schuldners Vor der Pfändung ist der Schuldner über das Pfändungsgesuch nicht zu hören.

§ 835 Überweisung einer Geldforderung (1) Die gepfändete Geldforderung ist dem Gläubiger nach seiner Wahl zur Einziehung oder an Zahlungs statt zum Nennwert zu überweisen.

(2) Im letzteren Fall geht die Forderung auf den Gläubiger mit der Wirkung über, dass er, soweit die Forderung besteht, wegen seiner Forderung an den Schuldner als befriedigt anzusehen ist.

(3) Die Vorschriften des § 829 Abs. 2, 3 sind auf die Überweisung entsprechend anzuwenden. Wird ein bei einem Kreditinstitut gepfändetes Guthaben eines Schuldners, der eine natürliche Person ist, dem Gläubiger überwiesen, so darf erst vier Wochen nach der Zustellung des Überweisungsbeschlusses an den Drittschuldner aus dem Guthaben an den Gläubiger geleistet oder der Betrag hinterlegt werden; ist künftiges Guthaben gepfändet worden, ordnet das Vollstreckungsgericht auf Antrag zusätzlich an, dass erst vier Wochen nach der Gutschrift von eingehenden Zahlungen an den Gläubiger geleistet oder der Betrag hinterlegt werden darf.

(4) Wird künftiges Guthaben auf einem Pfändungsschutzkonto im Sinne von § 850 k Absatz 7 gepfändet und dem Gläubiger überwiesen, darf der Drittschuldner erst nach Ablauf des nächsten auf die jeweilige Gutschrift von eingehenden Zahlungen folgenden Kalendermonats an den Gläubiger leisten oder den Betrag hinterlegen. Das Vollstreckungsgericht kann auf Antrag des Gläubigers eine abweichende Anordnung treffen, wenn die Regelung des Satzes 1 unter voller Würdigung des Schutzbedürfnisses des Schuldners für den Gläubiger eine unzumutbare Härte verursacht.

(5) Wenn nicht wiederkehrend zahlbare Vergütungen eines Schuldners, der eine natürliche Person ist, für persönlich geleistete Arbeiten oder Dienste oder sonstige Einkünfte, die kein Arbeitseinkommen sind, dem Gläubiger überwiesen werden, so darf der Drittschuldner erst vier Wochen nach der Zustellung des Überweisungsbeschlusses an den Gläubiger leisten oder den Betrag hinterlegen.

§ 836 Wirkung der Überweisung (1) Die Überweisung ersetzt die förmlichen Erklärungen des Schuldners, von denen nach den Vorschriften des bürgerlichen Rechts die Berechtigung zur Einziehung der Forderung abhängig ist.

(2) Der Überweisungsbeschluss gilt, auch wenn er mit Unrecht erlassen ist, zugunsten des Drittschuldners dem Schuldner gegenüber so lange als rechtsbeständig, bis er aufgehoben wird und die Aufhebung zur Kenntnis des Drittschuldners gelangt.
(3) Der Schuldner ist verpflichtet, dem Gläubiger die zur Geltendmachung der Forderung nötige Auskunft zu erteilen und ihm die über die Forderung vorhandenen Urkunden herauszugeben. Erteilt der Schuldner die Auskunft nicht, so ist er auf Antrag des Gläubigers verpflichtet, sie zu Protokoll zu geben und seine Angaben an Eides statt zu versichern. Der gemäß § 802 e zuständige Gerichtsvollzieher lädt den Schuldner zur Abgabe der Auskunft und eidesstattlichen Versicherung. Die Vorschriften des § 802 g bis 802 i, 802 j Abs. 1 und 2 gelten entsprechend. Die Herausgabe der Urkunden kann von dem Gläubiger im Wege der Zwangsvollstreckung erwirkt werden.
...

§ 840 Erklärungspflicht des Drittschuldners (1) Auf Verlangen des Gläubigers hat der Drittschuldner binnen zwei Wochen, von der Zustellung des Pfändungsbeschlusses an gerechnet, dem Gläubiger zu erklären:
1. ob und inwieweit er die Forderung als begründet anerkenne und Zahlung zu leisten bereit sei;
2. ob und welche Ansprüche andere Personen an die Forderung machen;
3. ob und wegen welcher Ansprüche die Forderung bereits für andere Gläubiger gepfändet sei;
4. ob innerhalb der letzten zwölf Monate im Hinblick auf das Konto, dessen Guthaben gepfändet worden ist, nach § 850 l die Unpfändbarkeit des Guthabens angeordnet worden ist, und
5. ob es sich bei dem Konto, dessen Guthaben gepfändet worden ist, um ein Pfändungsschutzkonto im Sinne von § 850 k Abs. 7 handelt.

(2) Die Aufforderung zur Abgabe dieser Erklärungen muss in die Zustellungsurkunde aufgenommen werden. Der Drittschuldner haftet dem Gläubiger für den aus der Nichterfüllung seiner Verpflichtung entstehenden Schaden.
(3) Die Erklärungen des Drittschuldners können bei Zustellung des Pfändungsbeschlusses oder innerhalb der im ersten Absatz bestimmten Frist an den Gerichtsvollzieher erfolgen. Im ersteren Fall sind sie in die Zustellungsurkunde aufzunehmen und von dem Drittschuldner zu unterschreiben.

§ 841 Pflicht zur Streitverkündung Der Gläubiger, der die Forderung einklagt, ist verpflichtet, dem Schuldner gerichtlich den Streit zu verkünden, sofern nicht eine Zustellung im Ausland oder eine öffentliche Zustellung erforderlich wird.
...

§ 845 Vorpfändung (1) Schon vor der Pfändung kann der Gläubiger auf Grund eines vollstreckbaren Schuldtitels durch den Gerichtsvollzieher dem Drittschuldner und dem Schuldner die Benachrichtigung, dass die Pfändung bevor-

stehe, zustellen lassen mit der Aufforderung an den Drittschuldner, nicht an den Schuldner zu zahlen, und mit der Aufforderung an den Schuldner, sich jeder Verfügung über die Forderung, insbesondere ihre Einziehung, zu enthalten. Der Gerichtsvollzieher hat die Benachrichtigung mit den Aufforderungen selbst anzufertigen, wenn er von dem Gläubiger hierzu ausdrücklich beauftragt worden ist. An Stelle einer an den Schuldner im Ausland zu bewirkenden Zustellung erfolgt die Zustellung durch Aufgabe zur Post, sofern die Zustellung weder nach der Verordnung (EG) Nr. 1393/2007 noch nach dem Abkommen zwischen der Europäischen Gemeinschaft und dem Königreich Dänemark über die Zustellung gerichtlicher und außergerichtlicher Schriftstücke in Zivil- und Handelssachen zu bewirken ist.
(2) Die Benachrichtigung an den Drittschuldner hat die Wirkung eines Arrestes (§ 930), sofern die Pfändung der Forderung innerhalb eines Monats bewirkt wird. Die Frist beginnt mit dem Tag, an dem die Benachrichtigung zugestellt ist.

§ 846 Zwangsvollstreckung in Herausgabeansprüche Die Zwangsvollstreckung in Ansprüche, welche die Herausgabe oder Leistung körperlicher Sachen zum Gegenstand haben, erfolgt nach den §§ 829 bis 845 unter Berücksichtigung der nachstehenden Vorschriften.

§ 847 Herausgabeanspruch auf eine bewegliche Sache (1) Bei der Pfändung eines Anspruchs, der eine bewegliche körperliche Sache betrifft, ist anzuordnen, dass die Sache an einen vom Gläubiger zu beauftragenden Gerichtsvollzieher herauszugeben sei.
(2) Auf die Verwertung der Sache sind die Vorschriften über die Verwertung gepfändeter Sachen anzuwenden.
…

§ 850 Pfändungsschutz für Arbeitseinkommen (1) Arbeitseinkommen, das in Geld zahlbar ist, kann nur nach Maßgabe der §§ 850 a bis 850 i gepfändet werden.
(2) Arbeitseinkommen im Sinne dieser Vorschrift sind die Dienst- und Versorgungsbezüge der Beamten, Arbeits- und Dienstlöhne, Ruhegelder und ähnliche nach dem einstweiligen oder dauernden Ausscheiden aus dem Dienst- oder Arbeitsverhältnis gewährte fortlaufende Einkünfte, ferner Hinterbliebenenbezüge sowie sonstige Vergütungen für Dienstleistungen aller Art, die die Erwerbstätigkeit des Schuldners vollständig oder zu einem wesentlichen Teil in Anspruch nehmen.
(3) Arbeitseinkommen sind auch die folgenden Bezüge, soweit sie in Geld zahlbar sind:

a) Bezüge, die ein Arbeitnehmer zum Ausgleich für Wettbewerbsbeschränkungen für die Zeit nach Beendigung seines Dienstverhältnisses beanspruchen kann;
b) Renten, die auf Grund von Versicherungsverträgen gewährt werden, wenn

diese Verträge zur Versorgung des Versicherungsnehmers oder seiner unterhaltsberechtigten Angehörigen eingegangen sind.

(4) Die Pfändung des in Geld zahlbaren Arbeitseinkommens erfasst alle Vergütungen, die dem Schuldner aus der Arbeits- oder Dienstleistung zustehen, ohne Rücksicht auf ihre Benennung oder Berechnungsart.

§ 850 a Unpfändbare Bezüge Unpfändbar sind

1. zur Hälfte die für die Leistung von Mehrarbeitsstunden gezahlten Teile des Arbeitseinkommens;
2. die für die Dauer eines Urlaubs über das Arbeitseinkommen hinaus gewährten Bezüge, Zuwendungen aus Anlass eines besonderen Betriebsereignisses und Treugelder, soweit sie den Rahmen des Üblichen nicht übersteigen;
3. Aufwandsentschädigungen, Auslösungsgelder und sonstige soziale Zulagen für auswärtige Beschäftigungen, das Entgelt für selbstgestelltes Arbeitsmaterial, Gefahrenzulagen sowie Schmutz- und Erschwerniszulagen, soweit diese Bezüge den Rahmen des Üblichen nicht übersteigen;
4. Weihnachtsvergütungen bis zum Betrage der Hälfte des monatlichen Arbeitseinkommens, höchstens aber bis zum Betrage von 500 Euro;
5. Heirats- und Geburtsbeihilfen, sofern die Vollstreckung wegen anderer als der aus Anlass der Heirat oder der Geburt entstandenen Ansprüche betrieben wird;
6. Erziehungsgelder, Studienbeihilfen und ähnliche Bezüge;
7. Sterbe- und Gnadenbezüge aus Arbeits- oder Dienstverhältnissen;
8. Blindenzulagen.

§ 850 b Bedingt pfändbare Bezüge (1) Unpfändbar sind ferner

1. Renten, die wegen einer Verletzung des Körpers oder der Gesundheit zu entrichten sind;
2. Unterhaltsrenten, die auf gesetzlicher Vorschrift beruhen, sowie die wegen Entziehung einer solchen Forderung zu entrichtenden Renten;
3. fortlaufende Einkünfte, die ein Schuldner aus Stiftungen oder sonst auf Grund der Fürsorge und Freigebigkeit eines Dritten oder auf Grund eines Altenteils oder Auszugsvertrags bezieht;
4. Bezüge aus Witwen-, Waisen-, Hilfs- und Krankenkassen, die ausschließlich oder zu einem wesentlichen Teil zu Unterstützungszwecken gewährt werden, ferner Ansprüche aus Lebensversicherungen, die nur auf den Todesfall des Versicherungsnehmers abgeschlossen sind, wenn die Versicherungssumme 3579 Euro nicht übersteigt.

(2) Diese Bezüge können nach den für Arbeitseinkommen geltenden Vorschriften gepfändet werden, wenn die Vollstreckung in das sonstige bewegliche Vermögen des Schuldners zu einer vollständigen Befriedigung des Gläubigers nicht geführt hat oder voraussichtlich nicht führen wird und wenn nach den Umständen des Falles, insbesondere nach der Art des beizutreibenden Anspruchs und der Höhe der Bezüge, die Pfändung der Billigkeit entspricht.

(3) Das Vollstreckungsgericht soll vor seiner Entscheidung die Beteiligten hören.

§ 850 c Pfändungsgrenzen für Arbeitseinkommen (1) Arbeitseinkommen ist unpfändbar, wenn es, je nach dem Zeitraum, für den es gezahlt wird, nicht mehr als

1178,59	Euro	monatlich,
271,24	Euro	wöchentlich oder
54,25	Euro	täglich

beträgt.

Gewährt der Schuldner auf Grund einer gesetzlichen Verpflichtung seinem Ehegatten, einem früheren Ehegatten, seinem Lebenspartner, einem früheren Lebenspartner oder einem Verwandten oder nach §§ 1615 l, 1615 n des Bürgerlichen Gesetzbuchs einem Elternteil Unterhalt, so erhöht sich der Betrag, bis zu dessen Höhe Arbeitseinkommen unpfändbar ist, auf bis zu

2610,63	Euro	monatlich,
600,80	Euro	wöchentlich oder
120,16	Euro	täglich

und zwar um

443,57	Euro	monatlich,
102,08	Euro	wöchentlich oder
20,42	Euro	täglich

für die erste Person, der Unterhalt gewährt wird, und um je

247,12	Euro	monatlich,
56,87	Euro	wöchentlich oder
11,37	Euro	täglich

für die zweite bis fünfte Person.[1]

(2) Übersteigt das Arbeitseinkommen den Betrag, bis zu dessen Höhe es je nach der Zahl der Personen, denen der Schuldner Unterhalt gewährt, nach Absatz 1 unpfändbar ist, so ist es hinsichtlich des überschießenden Betrages zu einem Teil unpfändbar, und zwar in Höhe von drei Zehnteln, wenn der Schuldner keiner der in Absatz 1 genannten Personen Unterhalt gewährt, zwei weiteren Zehnteln für die erste Person, der Unterhalt gewährt wird, und je einem weiteren Zehntel für die zweite bis fünfte Person. Der Teil des Arbeitseinkommens, der *3613,08 Euro* monatlich (*831,50 Euro* wöchentlich, *166,30 Euro* täglich) übersteigt, bleibt bei der Berechnung des unpfändbaren Betrages unberücksichtigt.

(2 a) Die unpfändbaren Beträge nach Absatz 1 und Absatz 2 Satz 2 ändern sich jeweils zum 1. Juli eines jeden zweiten Jahres, erstmalig zum 1. Juli 2003, entsprechend der im Vergleich zum jeweiligen Vorjahreszeitraum sich ergebenden prozentualen Entwicklung des Grundfreibetrages nach § 32 a Abs. 1 Nr. 1 des

1 Die Beträge in Absatz 1 wurden korrigiert gem. Pfändungsfreigrenzenbekanntmachung 2019 v. 4. 4. 2019, BGBl. I 443.

Einkommenssteuergesetzes; der Berechnung ist die am 1. Januar des jeweiligen Jahres geltende Fassung des § 32 a Abs. 1 Nr. 1 des Einkommenssteuergesetzes zugrunde zu legen. Das Bundesministerium der Justiz und für Verbraucherschutz gibt die maßgebenden Beträge rechtzeitig im Bundesgesetzblatt bekannt.

(3) Bei der Berechnung des nach Absatz 2 pfändbaren Teils des Arbeitseinkommens ist das Arbeitseinkommen, gegebenenfalls nach Abzug des nach Absatz 2 Satz 2 pfändbaren Betrages, wie aus der Tabelle ersichtlich, die diesem Gesetz als Anlage beigefügt ist, nach unten abzurunden, und zwar bei Auszahlung für Monate auf einen durch 10 Euro, bei Auszahlung für Wochen auf einen durch 2,50 Euro oder bei Auszahlung für Tage auf einen durch 50 Cent teilbaren Betrag. Im Pfändungsbeschluss genügt die Bezugnahme auf die Tabelle.

(4) Hat eine Person, welcher der Schuldner auf Grund gesetzlicher Verpflichtung Unterhalt gewährt, eigene Einkünfte, so kann das Vollstreckungsgericht auf Antrag des Gläubigers nach billigem Ermessen bestimmen, dass diese Person bei der Berechnung des unpfändbaren Teils des Arbeitseinkommens ganz oder teilweise unberücksichtigt bleibt; soll die Person nur teilweise berücksichtigt werden, so ist Absatz 3 Satz 2 nicht anzuwenden.

§ 850 d Pfändbarkeit bei Unterhaltsansprüchen (1) Wegen der Unterhaltsansprüche, die kraft Gesetzes einem Verwandten, dem Ehegatten, einem früheren Ehegatten, dem Lebenspartner, einem früheren Lebenspartner oder nach §§ 1615 l, 1615 n des Bürgerlichen Gesetzbuchs einem Elternteil zustehen, sind das Arbeitseinkommen und die in § 850 a Nr. 1, 2 und 4 genannten Bezüge ohne die in § 850 c bezeichneten Beschränkungen pfändbar. Dem Schuldner ist jedoch so viel zu belassen, als er für seinen notwendigen Unterhalt und zur Erfüllung seiner laufenden gesetzlichen Unterhaltspflichten gegenüber den dem Gläubiger vorgehenden Berechtigten oder zur gleichmäßigen Befriedigung der dem Gläubiger gleichstehenden Berechtigten bedarf; von den in § 850 a Nr. 1, 2 und 4 genannten Bezügen hat ihm mindestens die Hälfte des nach § 850 a unpfändbaren Betrages zu verbleiben. Der dem Schuldner hiernach verbleibende Teil seines Arbeitseinkommens darf den Betrag nicht übersteigen, der ihm nach den Vorschriften des § 850 c gegenüber nicht bevorrechtigten Gläubigern zu verbleiben hätte. Für die Pfändung wegen der Rückstände, die länger als ein Jahr vor dem Antrag auf Erlass des Pfändungsbeschlusses fällig geworden sind, gelten die Vorschriften dieses Absatzes insoweit nicht, als nach Lage der Verhältnisse nicht anzunehmen ist, dass der Schuldner sich seiner Zahlungspflicht absichtlich entzogen hat.

(2) Mehrere nach Absatz 1 Berechtigte sind mit ihren Ansprüchen in der Reihenfolge nach § 1609 des Bürgerlichen Gesetzbuchs und § 16 des Lebenspartnerschaftsgesetzes zu berücksichtigen, wobei mehrere gleich nahe Berechtigte untereinander den gleichen Rang haben.

(3) Bei der Vollstreckung wegen der in Absatz 1 bezeichneten Ansprüche sowie wegen der aus Anlass einer Verletzung des Körpers oder der Gesundheit zu

zahlenden Renten kann zugleich mit der Pfändung wegen fälliger Ansprüche auch künftig fällig werdendes Arbeitseinkommen wegen der dann jeweils fällig werdenden Ansprüche gepfändet und überwiesen werden.

§ 850 e Berechnung des pfändbaren Arbeitseinkommens Für die Berechnung des pfändbaren Arbeitseinkommens gilt Folgendes:

1. Nicht mitzurechnen sind die nach § 850 a der Pfändung entzogenen Bezüge, ferner Beträge, die unmittelbar auf Grund steuerrechtlicher oder sozialrechtlicher Vorschriften zur Erfüllung gesetzlicher Verpflichtungen des Schuldners abzuführen sind. Diesen Beträgen stehen gleich die auf den Auszahlungszeitraum entfallenden Beträge, die der Schuldner
   a) nach den Vorschriften der Sozialversicherungsgesetze zur Weiterversicherung entrichtet oder
   b) an eine Ersatzkasse oder an ein Unternehmen der privaten Krankenversicherung leistet, soweit sie den Rahmen des Üblichen nicht übersteigen.
2. Mehrere Arbeitseinkommen sind auf Antrag vom Vollstreckungsgericht bei der Pfändung zusammenzurechnen. Der unpfändbare Grundbetrag ist in erster Linie dem Arbeitseinkommen zu entnehmen, das die wesentliche Grundlage der Lebenshaltung des Schuldners bildet.

2 a. Mit Arbeitseinkommen sind auf Antrag auch Ansprüche auf laufende Geldleistungen nach dem Sozialgesetzbuch zusammenzurechnen, soweit diese der Pfändung unterworfen sind. Der unpfändbare Grundbetrag ist, soweit die Pfändung nicht wegen gesetzlicher Unterhaltsansprüche erfolgt, in erster Linie den laufenden Geldleistungen nach dem Sozialgesetzbuch zu entnehmen. Ansprüche auf Geldleistungen für Kinder dürfen mit Arbeitseinkommen nur zusammengerechnet werden, soweit sie nach § 76 des Einkommensteuergesetzes oder nach § 54 Abs. 5 des Ersten Buches Sozialgesetzbuch gepfändet werden können.

3. Erhält der Schuldner neben seinem in Geld zahlbaren Einkommen auch Naturalleistungen, so sind Geld- und Naturalleistungen zusammenzurechnen. In diesem Falle ist der in Geld zahlbare Betrag insoweit pfändbar, als der nach § 850 c unpfändbare Teil des Gesamteinkommens durch den Wert der dem Schuldner verbleibenden Naturalleistungen gedeckt ist.
4. Trifft eine Pfändung, eine Abtretung oder eine sonstige Verfügung wegen eines der in § 850 d bezeichneten Ansprüche mit einer Pfändung wegen eines sonstigen Anspruchs zusammen, so sind auf die Unterhaltsansprüche zunächst die gemäß § 850 d der Pfändung in erweitertem Umfang unterliegenden Teile des Arbeitseinkommens zu verrechnen. Die Verrechnung nimmt auf Antrag eines Beteiligten das Vollstreckungsgericht vor. Der Drittschuldner kann, solange ihm eine Entscheidung des Vollstreckungsgerichts nicht zugestellt ist, nach dem Inhalt der ihm bekannten Pfändungsbeschlüsse, Abtretungen und sonstigen Verfügungen mit befreiender Wirkung leisten.

§ 850 f Änderung des unpfändbaren Betrages (1) Das Vollstreckungsgericht kann dem Schuldner auf Antrag von dem nach den Bestimmungen der §§ 850 c, 850 d und 850 i pfändbaren Teil seines Arbeitseinkommens einen Teil belassen, wenn

a) der Schuldner nachweist, dass bei Anwendung der Pfändungsfreigrenzen entsprechend der Anlage zu diesem Gesetz (zu § 850 c) der notwendige Lebensunterhalt im Sinne des Dritten, Vierten und Elften Kapitels des Zwölften Buches Sozialgesetzbuch oder nach Kapitel 3 Abschnitt 2 des Zweiten Buches Sozialgesetzbuch für sich und für die Personen, denen er Unterhalt zu gewähren hat, nicht gedeckt ist,
b) besondere Bedürfnisse des Schuldners aus persönlichen oder beruflichen Gründen oder
c) der besondere Umfang der gesetzlichen Unterhaltspflichten des Schuldners, insbesondere die Zahl der Unterhaltsberechtigten, dies erfordern

und überwiegende Belange des Gläubigers nicht entgegenstehen.

(2) Wird die Zwangsvollstreckung wegen einer Forderung aus einer vorsätzlich begangenen unerlaubten Handlung betrieben, so kann das Vollstreckungsgericht auf Antrag des Gläubigers den pfändbaren Teil des Arbeitseinkommens ohne Rücksicht auf die in § 850 c vorgesehenen Beschränkungen bestimmen; dem Schuldner ist jedoch so viel zu belassen, wie er für seinen notwendigen Unterhalt und zur Erfüllung seiner laufenden gesetzlichen Unterhaltspflichten bedarf.

(3) Wird die Zwangsvollstreckung wegen anderer als der in Absatz 2 und in § 850 d bezeichneten Forderungen betrieben, so kann das Vollstreckungsgericht in den Fällen, in denen sich das Arbeitseinkommen des Schuldners auf mehr als monatlich *3571,14* Euro (wöchentlich *811,96* Euro, täglich *157,02* Euro) beläuft, über die Beträge hinaus, die nach § 850 c pfändbar wären, auf Antrag des Gläubigers die Pfändbarkeit unter Berücksichtigung der Belange des Gläubigers und des Schuldners nach freiem Ermessen festsetzen. Dem Schuldner ist jedoch mindestens so viel zu belassen, wie sich bei einem Arbeitseinkommen von monatlich *3571,14* Euro (wöchentlich *811,96* Euro, täglich *157,02* Euro) aus § 850 c ergeben würde.[1] Die Beträge nach den Sätzen 1 und 2 werden entsprechend der in § 850 c Abs. 2 a getroffenen Regelung jeweils zum 1. Juli eines jeden zweiten Jahres, erstmalig zum 1. Juli 2003, geändert. Das Bundesministerium der Justiz und für Verbraucherschutz gibt die maßgebenden Beträge rechtzeitig im Bundesgesetzblatt bekannt.

§ 850 g Änderung der Unpfändbarkeitsvoraussetzungen Ändern sich die Voraussetzungen für die Bemessung des unpfändbaren Teils des Arbeitseinkommens, so hat das Vollstreckungsgericht auf Antrag des Schuldners oder des Gläubigers den Pfändungsbeschluss entsprechend zu ändern. Antragsberechtigt ist auch ein Dritter, dem der Schuldner kraft Gesetzes Unterhalt zu gewähren

---

1 Die Beträge in Absatz 3 Satz 1 und 2 wurden korrigiert gem. Pfändungsfreigrenzenbekanntmachung 2019 v. 4. 4. 2019, BGBl. I 443.

hat. Der Drittschuldner kann nach dem Inhalt des früheren Pfändungsbeschlusses mit befreiender Wirkung leisten, bis ihm der Änderungsbeschluss zugestellt wird.

§ 850 h Verschleiertes Arbeitseinkommen (1) Hat sich der Empfänger der vom Schuldner geleisteten Arbeiten oder Dienste verpflichtet, Leistungen an einen Dritten zu bewirken, die nach Lage der Verhältnisse ganz oder teilweise eine Vergütung für die Leistung des Schuldners darstellen, so kann der Anspruch des Drittberechtigten insoweit auf Grund des Schuldtitels gegen den Schuldner gepfändet werden, wie wenn der Anspruch dem Schuldner zustände. Die Pfändung des Vergütungsanspruchs des Schuldners umfasst ohne weiteres den Anspruch des Drittberechtigten. Der Pfändungsbeschluss ist dem Drittberechtigten ebenso wie dem Schuldner zuzustellen.
(2) Leistet der Schuldner einem Dritten in einem ständigen Verhältnis Arbeiten oder Dienste, die nach Art und Umfang üblicherweise vergütet werden, unentgeltlich oder gegen eine unverhältnismäßig geringe Vergütung, so gilt im Verhältnis des Gläubigers zu dem Empfänger der Arbeits- und Dienstleistungen eine angemessene Vergütung als geschuldet. Bei der Prüfung, ob diese Voraussetzungen vorliegen, sowie bei der Bemessung der Vergütung ist auf alle Umstände des Einzelfalles, insbesondere die Art der Arbeits- und Dienstleistung, die verwandtschaftlichen oder sonstigen Beziehungen zwischen dem Dienstberechtigten und dem Dienstverpflichteten und die wirtschaftliche Leistungsfähigkeit des Dienstberechtigten Rücksicht zu nehmen.

§ 850 i Pfändungsschutz für sonstige Einkünfte (1) Werden nicht wiederkehrend zahlbare Vergütungen für persönlich geleistete Arbeiten oder Dienste oder sonstige Einkünfte, die kein Arbeitseinkommen sind, gepfändet, so hat das Gericht dem Schuldner auf Antrag während eines angemessenen Zeitraums so viel zu belassen, als ihm nach freier Schätzung des Gerichts verbleiben würde, wenn sein Einkommen aus laufendem Arbeits- oder Dienstlohn bestünde. Bei der Entscheidung sind die wirtschaftlichen Verhältnisse des Schuldners, insbesondere seine sonstigen Verdienstmöglichkeiten, frei zu würdigen. Der Antrag des Schuldners ist insoweit abzulehnen, als überwiegende Belange des Gläubigers entgegenstehen.
(2) Die Vorschriften des § 27 des Heimarbeitsgesetzes vom 14. März 1951 (BGBl. I S. 191) bleiben unberührt.
(3) Die Bestimmungen der Versicherungs-, Versorgungs- und sonstigen gesetzlichen Vorschriften über die Pfändung von Ansprüchen bestimmter Art bleiben unberührt.

§ 850 k Pfändungsschutzkonto (1) Wird das Guthaben auf dem Pfändungsschutzkonto des Schuldners bei einem Kreditinstitut gepfändet, kann der Schuldner jeweils bis zum Ende des Kalendermonats über Guthaben in Höhe des monatlichen Freibetrages nach § 850 c Abs. 1 Satz 1 in Verbindung mit § 850 c Abs. 2 a verfügen; insoweit wird es nicht von der Pfändung erfasst. Zum

Guthaben im Sinne des Satzes 1 gehört auch das Guthaben, das bis zum Ablauf der Frist des § 835 Absatz 4 nicht an den Gläubiger geleistet oder hinterlegt werden darf. Soweit der Schuldner in dem jeweiligen Kalendermonat nicht über Guthaben in Höhe des nach Satz 1 pfändungsfreien Betrages verfügt hat, wird dieses Guthaben in dem folgenden Kalendermonat zusätzlich zu dem nach Satz 1 geschützten Guthaben nicht von der Pfändung erfasst. Die Sätze 1 bis 3 gelten entsprechend, wenn das Guthaben auf einem Girokonto des Schuldners gepfändet ist, das vor Ablauf von vier Wochen seit der Zustellung des Überweisungsbeschlusses an den Drittschuldner in ein Pfändungsschutzkonto umgewandelt wird.

(2) Die Pfändung des Guthabens gilt im Übrigen als mit der Maßgabe ausgesprochen, dass in Erhöhung des Freibetrages nach Absatz 1 folgende Beträge nicht von der Pfändung erfasst sind:

1. die pfändungsfreien Beträge nach § 850 c Abs. 1 Satz 2 in Verbindung mit § 850 c Abs. 2 a Satz 1, wenn
   a) der Schuldner einer oder mehrerer Personen aufgrund gesetzlicher Verpflichtung Unterhalt gewährt oder
   b) der Schuldner Geldleistungen nach dem Zweiten oder Zwölften Buch Sozialgesetzbuch für mit ihm in einer Gemeinschaft im Sinne des § 7 Abs. 3 des Zweiten Buches Sozialgesetzbuch oder der §§ 19, 20, 39 Satz 1 oder 43 des Zwölften Buches Sozialgesetzbuch lebende Personen, denen er nicht aufgrund gesetzlicher Vorschriften zum Unterhalt verpflichtet ist, entgegennimmt;
2. einmalige Geldleistungen im Sinne des § 54 Abs. 2 des Ersten Buches Sozialgesetzbuch und Geldleistungen zum Ausgleich des durch einen Körper- oder Gesundheitsschaden bedingten Mehraufwandes im Sinne des § 54 Abs. 3 Nr. 3 des Ersten Buches Sozialgesetzbuch;
3. das Kindergeld oder andere Geldleistungen für Kinder, es sei denn, dass wegen einer Unterhaltsforderung eines Kindes, für das die Leistungen gewährt oder bei dem es berücksichtigt wird, gepfändet wird.

Für die Beträge nach Satz 1 gilt Absatz 1 Satz 3 entsprechend.

(3) An die Stelle der nach Absatz 1 und Absatz 2 Satz 1 Nr. 1 pfändungsfreien Beträge tritt der vom Vollstreckungsgericht im Pfändungsbeschluss belassene Betrag, wenn das Guthaben wegen der in § 850 d bzeichneten Forderungen gepfändet wird.

(4) Das Vollstreckungsgericht kann auf Antrag einen von den Absätzen 1, 2 Satz 1 Nr. 1 und Absatz 3 abweichenden pfändungsfreien Betrag festsetzen. Die §§ 850 a, 850 b, 850 c, 850 d Abs. 1 und 2, die §§ 850 e, 850 f, 850 g und 850 i sowie die §§ 851 c und 851 d dieses Gesetzes sowie § 54 Abs. 2, Abs. 3 Nr. 1, 2 und 3, Abs. 4 und 5 des Ersten Buches Sozialgesetzbuch, § 17 Abs. 1 Satz 2 des Zwölften Buches Sozialgesetzbuch und § 76 des Einkommensteuergesetzes sind entsprechend anzuwenden. Im Übrigen ist das Vollstreckungsgericht befugt, die in § 732 Abs. 2 bezeichneten Anordnungen zu erlassen.

(5) Das Kreditinstitut ist dem Schuldner zur Leistung aus dem nach Absatz 1 und 3 nicht von der Pfändung erfassten Guthaben im Rahmen des vertraglich

Vereinbarten verpflichtet. Dies gilt für die nach Absatz 2 nicht von der Pfändung erfassten Beträge nur insoweit, als der Schuldner durch eine Bescheinigung des Arbeitgebers, der Familienkasse, des Sozialleistungsträgers oder einer geeigneten Person oder Stelle im Sinne von § 305 Abs. 1 Nr. 1 der Insolvenzordnung nachweist, dass das Guthaben nicht von der Pfändung erfasst ist. Die Leistung des Kreditinstituts an den Schuldner hat befreiende Wirkung, wenn ihm die Unrichtigkeit einer Bescheinigung nach Satz 2 weder bekannt noch infolge grober Fahrlässigkeit unbekannt ist. Kann der Schuldner den Nachweis nach Satz 2 nicht führen, so hat das Vollstreckungsgericht auf Antrag die Beträge nach Absatz 2 zu bestimmen. Die Sätze 1 bis 4 gelten auch für die Hinterlegung.

(6) Wird einem Pfändungsschutzkonto eine Geldleistung nach dem Sozialgesetzbuch oder Kindergeld gutgeschrieben, darf das Kreditinstitut die Forderung, die durch die Gutschrift entsteht, für die Dauer von 14 Tagen seit der Gutschrift nur mit solchen Forderungen verrechnen und hiergegen nur mit solchen Forderungen aufrechnen, die ihm als Entgelt für die Kontoführung oder aufgrund von Kontoverfügungen des Berechtigten innerhalb dieses Zeitraums zustehen. Bis zur Höhe des danach verbleibenden Betrages der Gutschrift ist das Kreditinstitut innerhalb von 14 Tagen seit der Gutschrift nicht berechtigt, die Ausführung von Zahlungsvorgängen wegen fehlender Deckung abzulehnen, wenn der Berechtigte nachweist oder dem Kreditinstitut sonst bekannt ist, dass es sich um die Gutschrift einer Geldleistung nach dem Sozialgesetzbuch oder von Kindergeld handelt. Das Entgelt des Kreditinstituts für die Kontoführung kann auch mit Beträgen nach den Absätzen 1 bis 4 verrechnet werden.

(7) In einem der Führung eines Girokontos zugrunde liegende Vertrag können der Kunde, der eine natürliche Person ist, oder dessen gesetzlicher Vertreter und das Kreditinstitut vereinbaren, dass das Girokonto als Pfändungsschutzkonto geführt wird. Der Kunde kann jederzeit verlangen, dass das Kreditinstitut sein Girokonto als Pfändungsschutzkonto führt. Ist das Guthaben des Girokontos bereits gepfändet worden, so kann der Schuldner die Führung als Pfändungsschutzkonto zum Beginn des vierten auf seine Erklärung folgenden Geschäftstages verlangen.

(8) Jede Person darf nur ein Pfändungsschutzkonto unterhalten. Bei der Abrede hat der Kunde gegenüber dem Kreditinstitut zu versichern, dass er kein weiteres Pfändungsschutzkonto unterhält. Das Kreditinstitut darf Auskunfteien mitteilen, dass es für den Kunden ein Pfändungsschutzkonto führt. Die Auskunfteien dürfen diese Angabe nur verwenden, um Kreditinstituten auf Anfrage zum Zwecke der Überprüfung der Richtigkeit der Versicherung nach Satz 2 Auskunft darüber zu erteilen, ob die betroffene Person ein Pfändungsschutzkonto unterhält. Die Verarbeitung zu einem anderen als dem in Satz 4 genannten Zweck ist auch mit Einwilligung der betroffenen Person unzulässig.

(9) Unterhält ein Schuldner entgegen Absatz 8 Satz 1 mehrere Girokonten als Pfändungsschutzkonten, ordnet das Vollstreckungsgericht auf Antaga eines Gläubigers an, dass nur das von dem Gläubiger in dem Antrag bezeichnete Girokonto dem Schuldner als Pfändungsschutzkonto verbleibt. Der Gläubiger

hat die Voraussetzungen nach Satz 1 durch Vorlage entsprechender Erklärungen der Drittschuldner glaubhaft zu machen. Eine Anhörung des Schuldners unterbleibt. Die Entscheidung ist allen Drittschuldnern zuzustellen. Mit der Zustellung der Entscheidung an diejenigen Kreditinstitute, deren Girokonten nicht zum Pfändungsschutzkonto bestimmt sind, entfallen die Wirkungen nach den Absätzen 1 bis 6.

§ 850 l Anordnung der Unpfändbarkeit von Kontoguthaben auf dem Pfändungsschutzkonto Auf Antrag des Schuldners kann das Vollstreckungsgericht anordnen, dass das Guthaben auf dem Pfändungsschutzkonto für die Dauer von bis zu zwölf Monaten der Pfändung nicht unterworfen ist, wenn der Schuldner nachweist, dass dem Konto in den letzten sechs Monaten vor Antragstellung ganz überwiegend nur unpfändbare Beträge gutgeschrieben worden sind, und er glaubhaft macht, dass auch innerhalb der nächsten zwölf Monate nur ganz überwiegend nicht pfändbare Beträge zu erwarten sind. Die Anordnung kann versagt werden, wenn überwiegende Belange des Gläubigers entgegenstehen. Sie ist auf Antrag eines Gläubigers aufzuheben, wenn ihre Voraussetzungen nicht mehr vorliegen oder die Anordnung den überwiegenden Belangen dieses Gläubigers entgegensteht.

§ 851 Nicht übertragbare Forderungen (1) Eine Forderung ist in Ermangelung besonderer Vorschriften der Pfändung nur insoweit unterworfen, als sie übertragbar ist.
(2) Eine nach § 399 des Bürgerlichen Gesetzbuchs nicht übertragbare Forderung kann insoweit gepfändet und zur Einziehung überwiesen werden, als der geschuldete Gegenstand der Pfändung unterworfen ist.
…

§ 851 c Pfändungsschutz bei Altersrenten (1) Ansprüche auf Leistungen, die auf Grund von Verträgen gewährt werden, dürfen nur wie Arbeitseinkommen gepfändet werden, wenn

1. die Leistung in regelmäßigen Zeitabständen lebenslang und nicht vor Vollendung des 60. Lebensjahres oder nur bei Eintritt der Berufsunfähigkeit gewährt wird,
2. über die Ansprüche aus dem Vertrag nicht verfügt werden darf,
3. die Bestimmung von Dritten mit Ausnahme von Hinterbliebenen als Berechtigte ausgeschlossen ist und
4. die Zahlung einer Kapitalleistung, ausgenommen eine Zahlung für den Todesfall, nicht vereinbart wurde.

(2) Um dem Schuldner den Aufbau einer angemessenen Alterssicherung zu ermöglichen, kann er unter Berücksichtigung der Entwicklung auf dem Kapitalmarkt, des Sterblichkeitsrisikos und der Höhe der Pfändungsfreigrenze, nach seinem Lebensalter gestaffelt, jährlich einen bestimmten Betrag unpfändbar auf der Grundlage eines in Absatz 1 bezeichneten Vertrags bis zu einer Gesamtsumme von 256000 Euro ansammeln. Der Schuldner darf vom 18. bis zum

vollendeten 29. Lebensjahr 2000 Euro, vom 30. bis zum vollendeten 39. Lebensjahr 4000 Euro, vom 40. bis zum vollendeten 47. Lebensjahr 4500 Euro, vom 48. bis zum vollendeten 53. Lebensjahr 6000 Euro, vom 54. bis zum vollendeten 59. Lebensjahr 8000 Euro und vom 60. bis zum vollendeten 67. Lebensjahr 9000 Euro jährlich ansammeln. Übersteigt der Rückkaufwert der Alterssicherung den unpfändbaren Betrag, sind drei Zehntel des überschießenden Betrags unpfändbar. Satz 3 gilt nicht für den Teil des Rückkaufwerts, der den dreifachen Wert des in Satz 1 genannten Betrags übersteigt.
(3) § 850 e Nr. 2 und 2 a gilt entsprechend.

§ 851 d Pfändungsschutz bei steuerlich gefördertem Altersvorsorgevermögen Monatliche Leistungen in Form einer lebenslangen Rente oder monatlicher Ratenzahlungen im Rahmen eines Auszahlungsplans nach § 1 Abs. 1 Satz 1 Nr. 4 des Altersvorsorgeverträge-Zertifizierungsgesetzes aus steuerlich gefördertem Altersvorsorgevermögen sind wie Arbeitseinkommen pfändbar.
…

§ 853 Mehrfache Pfändung einer Geldforderung Ist eine Geldforderung für mehrere Gläubiger gepfändet, so ist der Drittschuldner berechtigt und auf Verlangen eines Gläubigers, dem die Forderung überwiesen wurde, verpflichtet, unter Anzeige der Sachlage und unter Aushändigung der ihm zugestellten Beschlüsse an das Amtsgericht, dessen Beschluss ihm zuerst zugestellt ist, den Schuldbetrag zu hinterlegen.
…

Abschnitt 5 – Arrest und einstweilige Verfügung

§ 935 Einstweilige Verfügung bezüglich Streitgegenstand Einstweilige Verfügungen in Bezug auf den Streitgegenstand sind zulässig, wenn zu besorgen ist, dass durch eine Veränderung des bestehenden Zustandes die Verwirklichung des Rechts einer Partei vereitelt oder wesentlich erschwert werden könnte.
…

§ 937 Zuständiges Gericht (1) Für den Erlass einstweiliger Verfügungen ist das Gericht der Hauptsache zuständig.
(2) Die Entscheidung kann in dringenden Fällen sowie dann, wenn der Antrag auf Erlass einer einstweiligen Verfügung zurückzuweisen ist, ohne mündliche Verhandlung ergehen.

§ 938 Inhalt der einstweiligen Verfügung (1) Das Gericht bestimmt nach freiem Ermessen, welche Anordnungen zur Erreichung des Zweckes erforderlich sind.
(2) Die einstweilige Verfügung kann auch in einer Sequestration sowie darin bestehen, dass dem Gegner eine Handlung geboten oder verboten, insbesondere

die Veräußerung, Belastung oder Verpfändung eines Grundstücks oder eines eingetragenen Schiffes oder Schiffsbauwerks untersagt wird.

...

§ 940 Einstweilige Verfügung zur Regelung eines einstweiligen Zustandes
Einstweilige Verfügungen sind auch zum Zwecke der Regelung eines einstweiligen Zustandes in bezug auf ein streitiges Rechtsverhältnis zulässig, sofern diese Regelung, insbesondere bei dauernden Rechtsverhältnissen zur Abwendung wesentlicher Nachteile oder zur Verhinderung drohender Gewalt oder aus anderen Gründen nötig erscheint.

...

Anhang (zu § 850 c)

Netto-Lohn monatlich			Pfändbarer Betrag bei Unterhaltspflicht für … Personen					
			0	1	2	3	4	5 und mehr
			in EUR					
	bis	1179,99	–	–	–	–	–	–
1180,00	bis	1189,99	0,99	–	–	–	–	–
1190,00	bis	1199,99	7,99	–	–	–	–	–
1200,00	bis	1209,99	14,99	–	–	–	–	–
1210,00	bis	1219,99	21,99	–	–	–	–	–
1220,00	bis	1229,99	28,99	–	–	–	–	–
1230,00	bis	1239,99	35,99	–	–	–	–	–
1240,00	bis	1249,99	42,99	–	–	–	–	–
1250,00	bis	1259,99	49,99	–	–	–	–	–
1260,00	bis	1269,99	56,99	–	–	–	–	–
1270,00	bis	1279,99	63,99	–	–	–	–	–
1280,00	bis	1289,99	70,99	–	–	–	–	–
1290,00	bis	1299,99	77,99	–	–	–	–	–
1300,00	bis	1309,99	84,99	–	–	–	–	–
1310,00	bis	1319,99	91,99	–	–	–	–	–
1320,00	bis	1329,99	98,99	–	–	–	–	–
1330,00	bis	1339,99	105,99	–	–	–	–	–
1340,00	bis	1349,99	112,99	–	–	–	–	–
1350,00	bis	1359,99	119,99	–	–	–	–	–
1360,00	bis	1369,99	126,99	–	–	–	–	–
1370,00	bis	1379,99	133,99	–	–	–	–	–
1380,00	bis	1389,99	140,99	–	–	–	–	–
1390,00	bis	1399,99	147,99	–	–	–	–	–
1400,00	bis	1409,99	154,99	–	–	–	–	–
1410,00	bis	1419,99	161,99	–	–	–	–	–
1420,00	bis	1429,99	168,99	–	–	–	–	–
1430,00	bis	1439,99	175,99	–	–	–	–	–
1440,00	bis	1449,99	182,99	–	–	–	–	–
1450,00	bis	1459,99	189,99	–	–	–	–	–
1460,00	bis	1469,99	196,99	–	–	–	–	–
1470,00	bis	1479,99	203,99	–	–	–	–	–
1480,00	bis	1489,99	210,99	–	–	–	–	–
1490,00	bis	1499,99	217,99	–	–	–	–	–
1500,00	bis	1509,99	224,99	–	–	–	–	–
1510,00	bis	1519,99	231,99	–	–	–	–	–
1520,00	bis	1529,99	238,99	–	–	–	–	–
1530,00	bis	1539,99	245,99	–	–	–	–	–
1540,00	bis	1549,99	252,99	–	–	–	–	–
1550,00	bis	1559,99	259,99	–	–	–	–	–

Netto-Lohn monatlich			Pfändbarer Betrag bei Unterhaltspflicht für … Personen					
			0	1	2	3	4	5 und mehr
			in EUR					
1560,00	bis	1569,99	266,99	–	–	–	–	–
1570,00	bis	1579,99	273,99	–	–	–	–	–
1580,00	bis	1589,99	280,99	–	–	–	–	–
1590,00	bis	1599,99	287,99	–	–	–	–	–
1600,00	bis	1609,99	294,99	–	–	–	–	–
1610,00	bis	1619,99	301,99	–	–	–	–	–
1620,00	bis	1629,99	308,99	–	–	–	–	–
1630,00	bis	1639,99	315,99	3,92	–	–	–	–
1640,00	bis	1649,99	322,99	8,92	–	–	–	–
1650,00	bis	1659,99	329,99	13,92	–	–	–	–
1660,00	bis	1669,99	336,99	18,92	–	–	–	–
1670,00	bis	1679,99	343,99	23,92	–	–	–	–
1680,00	bis	1689,99	350,99	28,92	–	–	–	–
1690,00	bis	1699,99	357,99	33,92	–	–	–	–
1700,00	bis	1709,99	364,99	38,92	–	–	–	–
1710,00	bis	1719,99	371,99	43,92	–	–	–	–
1720,00	bis	1729,99	378,99	48,92	–	–	–	–
1730,00	bis	1739,99	385,99	53,92	–	–	–	–
1740,00	bis	1749,99	392,99	58,92	–	–	–	–
1750,00	bis	1759,99	399,99	63,92	–	–	–	–
1760,00	bis	1769,99	406,99	68,92	–	–	–	–
1770,00	bis	1779,99	413,99	73,92	–	–	–	–
1780,00	bis	1789,99	420,99	78,92	–	–	–	–
1790,00	bis	1769,99	427,99	83,92	–	–	–	–
1800,00	bis	1809,99	434,99	88,92	–	–	–	–
1810,00	bis	1819,99	441,99	93,92	–	–	–	–
1820,00	bis	1829,99	448,99	98,92	–	–	–	–
1830,00	bis	1839,99	455,99	103,92	–	–	–	–
1840,00	bis	1849,99	462,99	108,92	–	–	–	–
1850,00	bis	1859,99	469,99	113,92	–	–	–	–
1860,00	bis	1869,99	476,99	118,92	–	–	–	–
1870,00	bis	1879,99	483,99	123,92	0,29	–	–	–
1880,00	bis	1889,99	490,99	128,92	4,29	–	–	–
1890,00	bis	1899,99	497,99	133,92	8,29	–	–	–
1900,00	bis	1909,99	504,99	138,92	12,29	–	–	–
1910,00	bis	1919,99	511,99	143,92	16,29	–	–	–
1920,00	bis	1929,99	518,99	148,92	20,29	–	–	–
1930,00	bis	1939,99	525,99	153,92	24,29	–	–	–
1940,00	bis	1949,99	532,99	158,92	28,29	–	–	–
1950,00	bis	1959,99	539,99	163,92	32,29	–	–	–

Netto-Lohn monatlich			Pfändbarer Betrag bei Unterhaltspflicht für … Personen					
			0	1	2	3	4	5 und mehr
			in EUR					
1960,00	bis	1969,99	546,99	168,92	36,29	–	–	–
1970,00	bis	1979,99	553,99	173,92	40,29	–	–	–
1980,00	bis	1989,99	560,99	178,92	44,29	–	–	–
1990,00	bis	1999,99	567,99	183,92	48,29	–	–	–
2000,00	bis	2009,99	574,99	188,92	52,29	–	–	–
2010,00	bis	2019,99	581,99	193,92	56,29	–	–	–
2020,00	bis	2029,99	588,99	198,92	60,29	–	–	–
2030,00	bis	2039,99	595,99	203,92	64,29	–	–	–
2040,00	bis	2049,99	602,99	208,92	68,29	–	–	–
2050,00	bis	2059,99	609,99	213,92	72,29	–	–	–
2060,00	bis	2069,99	616,99	218,92	76,27	–	–	–
2070,00	bis	2079,99	623,99	223,92	80,29	–	–	–
2080,00	bis	2089,99	630,99	228,92	84,29	–	–	–
2090,00	bis	2099,99	637,99	233,92	88,29	–	–	–
2100,00	bis	2109,99	644,99	238,92	92,29	–	–	–
2110,00	bis	2119,99	651,99	243,92	96,29	–	–	–
2120,00	bis	2129,99	658,99	248,92	100,29	1,08	–	–
2130,00	bis	2139,99	665,99	253,92	104,29	4,08	–	–
2140,00	bis	2149,99	672,99	258,92	108,29	7,08	–	–
2150,00	bis	2159,99	679,99	263,92	112,29	10,08	–	–
2160,00	bis	2169,99	686,99	268,92	116,29	13,08	–	–
2170,00	bis	2179,99	693,99	273,92	120,29	16,08	–	–
2180,00	bis	2189,99	700,99	278,92	124,29	19,08	–	–
2190,00	bis	2199,99	707,99	283,92	128,29	22,08	–	–
2200,00	bis	2209,99	714,99	288,92	132,29	25,08	–	–
2210,00	bis	2219,99	721,99	293,92	136,29	28,08	–	–
2220,00	bis	2229,99	728,99	298,92	140,29	31,08	–	–
2230,00	bis	2239,99	735,99	303,92	144,29	34,08	–	–
2240,00	bis	2249,99	742,99	308,92	148,29	37,08	–	–
2250,00	bis	2259,99	749,99	313,92	152,29	40,08	–	–
2260,00	bis	2269,99	756,99	318,92	156,29	43,08	–	–
2270,00	bis	2279,99	763,99	323,92	160,29	46,08	–	–
2280,00	bis	2289,99	770,99	328,92	164,29	49,08	–	–
2290,00	bis	2299,99	777,99	333,92	168,29	52,08	–	–
2300,00	bis	2309,99	784,99	338,92	172,29	55,08	–	–
2310,00	bis	2319,99	791,99	343,92	176,29	58,08	–	–
2320,00	bis	2329,99	798,99	348,92	180,29	61,08	–	–
2330,00	bis	2339,99	805,99	353,92	184,29	64,08	–	–
2340,00	bis	2349,99	812,99	358,92	188,29	67,08	–	–
2350,00	bis	2359,99	819,99	363,92	192,29	70,08	–	–

Netto-Lohn monatlich			Pfändbarer Betrag bei Unterhaltspflicht für … Personen					
			0	1	2	3	4	5 und mehr
			in EUR					
2360,00	bis	2369,99	826,99	368,92	196,29	73,08	–	–
2370,00	bis	2379,99	833,99	373,92	200,29	76,08	1,30	–
2380,00	bis	2389,99	840,99	378,92	204,29	79,08	3,30	–
2390,00	bis	2399,99	847,99	383,92	208,29	82,08	5,30	–
2400,00	bis	2409,99	854,99	388,92	212,29	85,08	7,30	–
2410,00	bis	2419,99	861,99	393,92	216,29	88,08	9,30	–
2420,00	bis	2429,99	868,99	398,92	220,29	91,08	11,30	–
2430,00	bis	2439,99	875,99	403,92	224,29	94,08	13,30	–
2440,00	bis	2449,99	882,99	408,92	228,29	97,08	15,30	–
2450,00	bis	2459,99	889,99	413,92	232,29	100,08	17,30	–
2460,00	bis	2469,99	896,99	418,92	236,29	103,08	19,30	–
2470,00	bis	2479,99	903,99	423,92	240,29	106,08	21,30	–
2480,00	bis	2489,99	910,99	428,92	244,29	109,08	23,30	–
2490,00	bis	2499,99	917,99	433,92	248,29	112,08	25,30	–
2500,00	bis	2509,99	924,99	438,92	252,29	115,08	27,30	–
2510,00	bis	2519,99	931,99	443,92	256,29	118,08	29,30	–
2520,00	bis	2529,99	938,99	448,92	260,29	121,08	31,30	–
2530,00	bis	2539,99	945,99	453,92	264,29	124,08	33,30	–
2540,00	bis	2549,99	952,99	458,92	268,29	127,08	35,30	–
2550,00	bis	2559,99	959,99	463,92	272,29	130,08	37,30	–
2560,00	bis	2569,99	966,99	468,92	276,29	133,08	39,30	–
2570,00	bis	2579,99	973,99	473,92	280,29	136,08	41,30	–
2580,00	bis	2589,99	980,99	478,92	284,29	139,08	43,30	–
2590,00	bis	2599,99	987,99	483,92	288,29	142,08	45,30	–
2600,00	bis	2609,99	994,99	488,92	292,29	145,08	47,30	–
2610,00	bis	2619,99	1001,99	493,92	296,29	148,08	49,30	–
2620,00	bis	2629,99	1008,99	498,92	300,29	151,08	51,30	0,94
2630,00	bis	2639,99	1015,99	503,92	304,29	154,08	53,30	1,94
2640,00	bis	2649,99	1022,99	508,92	308,29	157,08	55,30	2,94
2650,00	bis	2659,99	1029,99	513,92	312,29	160,08	57,30	3,94
2660,00	bis	2669,99	1036,99	518,92	316,29	163,08	59,30	4,94
2670,00	bis	2679,99	1043,99	523,92	320,29	166,08	61,30	5,94
2680,00	bis	2689,99	1050,99	528,92	324,29	169,08	63,30	6,94
2690,00	bis	2699,99	1057,99	533,92	328,29	172,08	65,30	7,94
2700,00	bis	2709,99	1064,99	538,92	332,29	175,08	67,30	8,94
2710,00	bis	2719,99	1071,99	543,92	336,29	178,08	69,30	9,94
2720,00	bis	2729,99	1078,99	548,92	340,29	181,08	71,30	10,94
2730,00	bis	2739,99	1085,99	553,92	344,29	184,08	73,30	11,94
2740,00	bis	2749,99	1092,99	558,92	348,29	187,08	75,30	12,94
2750,00	bis	2759,99	1099,99	563,92	352,29	190,08	77,30	13,94

Netto-Lohn monatlich			Pfändbarer Betrag bei Unterhaltspflicht für … Personen					
			0	1	2	3	4	5 und mehr
			in EUR					
2760,00	bis	2769,99	1106,99	568,92	356,29	193,08	79,30	14,94
2770,00	bis	2779,99	1113,99	573,92	360,29	196,08	81,30	15,94
2780,00	bis	2789,99	1120,99	578,92	364,29	199,08	83,30	16,94
2790,00	bis	2799,99	1127,99	583,92	368,29	202,08	85,30	17,94
2800,00	bis	2809,99	1134,99	588,92	372,29	205,08	87,30	18,94
2810,00	bis	2819,99	1141,99	592,92	376,29	208,08	89,30	19,94
2820,00	bis	2829,99	1148,99	598,92	380,29	211,08	91,30	20,94
2830,00	bis	2839,99	1155,99	603,92	384,29	214,08	93,30	21,94
2840,00	bis	2849,99	1162,99	608,92	388,29	217,08	95,30	22,94
2850,00	bis	2859,99	1169,99	613,92	392,29	220,08	97,30	23,94
2860,00	bis	2869,99	1176,99	618,92	396,29	223,08	99,30	24,94
2870,00	bis	2879,99	1183,99	623,92	400,29	226,08	101,30	25,94
2880,00	bis	2889,99	1190,99	628,92	404,29	229,08	103,30	26,94
2890,00	bis	2899,99	1197,99	633,92	408,29	232,08	105,30	27,94
2900,00	bis	2909,99	1204,99	638,92	412,29	235,08	107,30	28,94
2910,00	bis	2919,99	1211,99	643,92	416,29	238,08	109,30	29,94
2920,00	bis	2929,99	1218,99	648,92	420,29	241,08	111,30	30,94
2930,00	bis	2939,99	1225,99	653,92	424,29	244,08	113,30	31,94
2940,00	bis	2949,99	1232,99	658,92	428,29	247,08	115,30	32,94
2950,00	bis	2959,99	1239,99	663,92	432,29	250,08	117,30	33,94
2960,00	bis	2969,99	1246,99	668,92	436,29	253,08	119,30	34,94
2970,00	bis	2979,99	1253,99	673,92	440,29	256,08	121,30	35,94
2980,00	bis	2989,99	1260,99	678,92	444,29	259,08	123,30	36,94
2990,00	bis	2999,99	1267,99	683,92	448,29	262,08	125,30	37,94
3000,00	bis	3009,99	1274,99	688,92	452,29	265,08	127,30	38,94
3010,00	bis	3019,99	1281,99	693,92	456,29	268,08	129,30	39,94
3020,00	bis	3029,99	1288,99	698,92	460,29	271,08	131,30	40,94
3030,00	bis	3039,99	1295,99	703,92	464,29	274,08	133,30	41,94
3040,00	bis	3049,99	1302,99	708,92	468,29	277,08	135,30	42,94
3050,00	bis	3059,99	1309,99	713,92	472,29	280,08	137,30	43,94
3060,00	bis	3069,99	1316,99	718,92	476,29	283,08	139,30	44,94
3070,00	bis	3079,99	1323,99	723,92	480,29	286,08	141,30	45,94
3080,00	bis	3089,99	1330,99	728,92	484,29	289,08	143,30	46,94
3090,00	bis	3099,99	1337,99	733,92	488,29	292,08	145,30	47,94
3100,00	bis	3109,99	1344,99	738,92	492,29	295,08	147,30	48,94
3110,00	bis	3119,99	1351,99	743,92	492,29	298,08	149,30	49,94
3120,00	bis	3129,99	1358,99	748,92	500,29	301,08	151,30	50,94
3130,00	bis	3139,99	1365,99	753,92	504,29	304,08	153,30	51,94
3140,00	bis	3149,99	1372,99	758,92	508,29	307,08	155,30	52,94
3150,00	bis	3159,99	1379,99	763,92	512,29	310,08	157,30	53,94

Netto-Lohn monatlich			Pfändbarer Betrag bei Unterhaltspflicht für … Personen					
			0	1	2	3	4	5 und mehr
			in EUR					
3160,00	bis	3169,99	1386,99	768,92	516,29	313,08	159,30	54,94
3170,00	bis	3179,99	1393,99	773,92	520,29	316,08	161,30	55,94
3180,00	bis	3189,99	1400,99	778,92	524,29	319,08	163,30	56,94
3190,00	bis	3199,99	1407,99	783,92	528,29	322,08	165,30	57,94
3200,00	bis	3209,99	1414,99	788,92	532,29	325,08	167,30	58,94
3210,00	bis	3219,99	1421,99	793,92	536,29	328,08	169,30	59,94
3220,00	bis	3229,99	1428,99	798,92	540,29	331,08	171,30	60,94
3230,00	bis	3239,99	1435,99	803,92	544,29	334,08	173,30	61,94
3240,00	bis	3249,99	1442,99	808,92	548,29	337,08	175,30	62,94
3250,00	bis	3259,99	1449,99	813,92	552,29	340,08	177,30	63,94
3260,00	bis	3269,99	1456,99	818,92	556,29	343,08	179,30	64,94
3270,00	bis	3279,99	1463,99	823,92	560,29	346,08	181,30	65,94
3280,00	bis	3289,99	1470,99	828,92	564,29	349,08	183,30	66,94
3290,00	bis	3299,99	1477,99	833,92	568,29	352,08	185,30	67,94
3300,00	bis	3309,99	1484,99	838,92	572,29	355,08	187,30	68,94
3310,00	bis	3319,99	1491,99	843,92	576,29	358,08	189,30	69,94
3320,00	bis	3329,99	1498,99	848,92	580,29	361,08	191,30	70,94
3330,00	bis	3339,99	1505,99	853,92	584,29	364,08	193,30	71,94
3340,00	bis	3349,99	1512,99	858,92	588,29	367,08	195,30	72,94
3350,00	bis	3359,99	1519,99	863,92	592,29	370,08	197,30	73,94
3360,00	bis	3369,99	1526,99	868,92	596,29	373,08	199,30	74,94
3370,00	bis	3379,99	1533,99	873,92	600,29	376,08	201,30	75,94
3380,00	bis	3389,99	1540,99	878,92	604,29	379,08	203,30	76,94
3390,00	bis	3399,99	1547,99	883,92	608,29	382,08	205,30	77,94
3400,00	bis	3409,99	1554,99	888,92	612,29	385,08	207,30	78,94
3410,00	bis	3419,99	1561,99	893,92	616,29	388,08	209,30	79,94
3420,00	bis	3429,99	1568,99	898,92	620,29	391,08	211,30	80,94
3430,00	bis	3439,99	1575,99	903,92	624,29	394,08	213,30	81,94
3440,00	bis	3449,99	1582,99	908,92	628,29	397,08	215,30	82,94
3450,00	bis	3459,99	1589,99	913,92	632,29	400,08	217,30	83,94
3460,00	bis	3469,99	1596,99	918,92	636,29	403,08	219,30	84,94
3470,00	bis	3479,99	1603,99	923,92	640,29	406,08	221,30	85,94
3480,00	bis	3489,99	1610,99	928,92	644,29	409,08	223,30	86,94
3490,00	bis	3499,99	1617,99	933,92	648,29	412,08	225,30	87,94
3500,00	bis	3509,99	1624,99	938,92	652,29	415,08	227,30	88,94
3510,00	bis	3519,99	1631,99	943,92	656,29	418,08	229,30	89,94
3520,00	bis	3529,99	1638,99	948,92	660,29	421,08	231,30	90,94
3530,00	bis	3539,99	1645,99	953,92	664,29	424,08	233,30	91,94
3540,00	bis	3549,99	1652,99	958,92	668,29	427,08	235,30	92,94
3550,00	bis	3559,99	1659,99	963,92	672,29	430,08	237,30	93,94

Netto-Lohn monatlich			Pfändbarer Betrag bei Unterhaltspflicht für … Personen					
			0	1	2	3	4	5 und mehr
			in EUR					
3560,00	bis	3569,99	1666,99	968,92	676,29	433,08	239,30	64,94
3570,00	bis	3579,99	1673,99	973,92	680,29	436,08	241,30	95,94
3580,00	bis	3589,99	1680,99	978,92	684,29	439,08	243,30	96,94
3590,00	bis	3599,99	1687,99	983,92	688,29	442,08	245,30	97,94
3600,00	bis	3609,99	1694,99	988,92	692,29	445,08	247,30	98,94
3610,00	bis	3613,99	1701,99	993,92	696,29	448,08	249,30	99,94

Der Mehrbetrag über 3613,08 Euro ist voll pfändbar.

Wochensätze *(nicht abgedruckt)*

Stichwortverzeichnis*

* Erläuterung: Die fettgedruckten Ziffern bezeichnen das jeweilige Gesetz entsprechend seiner fortlaufenden Nummerierung im Text. Magere Ziffern bezeichnen den jeweiligen Paragraphen, römische Ziffern den Absatz, auf den sich das Stichwort bezieht.

Kompetenz verbindet

Kossens

Pflegezeitgesetz und Familienpflegezeitgesetz

Basiskommentar
4., überarbeitete und aktualisierte Auflage
2019. 215 Seiten, kartoniert
€ 24,90
ISBN 978-3-7663-6873-7

Das »Gesetz zur besseren Vereinbarkeit von Familie, Pflege und Beruf« entlastet Menschen, die Beruf und Pflege von Angehörigen in Einklang bringen müssen.

Klar, prägnant und gut verständlich erläutert der Basiskommentar die einzelnen Vorschriften des gesamten Pflegezeitrechts. Die vierte Auflage berücksichtigt die aktuelle Rechtsprechung der Arbeits- und Sozialgerichte.

Vorteile auf einen Blick:
- Beantwortet arbeits- und sozialversicherungs-rechtliche Fragen
- Berücksichtigt die aktuelle Rechtsprechung
- Zielt auf die Anforderungen und den Beratungbedarf von Betriebs- und Personalräten

Bund-Verlag